本書出版得到
安徽省古籍整理出版資金會資助
安徽省古籍整理出版辦公室資助

戴震全書

修訂本

第壹册

（清）戴震 撰

楊應芹 諸偉奇 主編

黄山書社

圖書在版編目(CIP)數據

戴震全書/(清)戴震撰;楊應芹,諸偉奇主編.—合肥:黄山書社,2009.12

ISBN 978-7-5461-0868-1

Ⅰ.①戴… Ⅱ.①戴…②楊…③諸… Ⅲ.①戴震(1723~1777)—全集 Ⅳ.①B249.61

中國版本圖書館CIP數據核字(2009)第209496號

本書出版得到 安徽省古籍整理出版基金會 / 安徽省古籍整理出版辦公室 資助

出版發行:黄山書社(合肥市翡翠路1118號出版傳媒廣場)
印　　刷:安徽新華印刷股份有限公司
經　　銷:新華書店
開　　本:880×1230　1/32
印　　張:149.375
字　　數:3000千
版　　次:2010年5月第1版
印　　次:2020年10月第2次印刷
定　　價:780.00元

安徽古籍叢書編印緣起

我國歷史悠久，典籍豐富。我省地處南北之交，學術尤擅其盛。數千年來，哲學、史學、文學、藝術、語言、科技，作者輩出，著述如林，或自名一家，或蔚然成派，多爲中華民族文化之菁華，有裨於社會主義文化之建設。允宜及時整理，以廣流傳。

粤自明清，以至近世，南北郡邑已有涇川叢書、龍眠叢書、貴池先哲遺書、南陵叢書諸刻。一九三一年，復有安徽叢書之編刊，所收皆皖人著作，分期影印。出至第六期，以抗戰軍興而中止。盛業未竟，論者惜之。

今者，中央倡導整理古籍，我省領導對此尤爲關心。省古籍整理出版規劃委員會幾經商討，決定編纂安徽古籍叢書。編纂宗旨是在歷史唯物主義指導下，批判繼承，古爲今用，弘揚民族優秀傳統文化，爲建設中國特色社會主義服務。最其體例，約有數端：一、所收皆爲歷代皖人著作，時間一般以辛亥革命之前爲限，根據内容，分類成輯。注意稿本、稀見本之搜輯與傳佈。二、整理方式包括輯、校、標點和注釋、今譯。校勘，力求採用善本爲底本，校以他書，或加補輯、編次。標點，採用新式標點。注釋，務求精確，但不作煩瑣考證。

整理中，儘量吸收國内外研究的新成果。

三、鑒於古籍之特點，所出各書多用繁體字，且版皆豎排，以期一律。

安徽古籍叢書編審委員會

一九八九年六月訂

二〇〇四年十一月修訂

修訂説明

戴震全書自一九九四年問世以來，得到學術界的高度關注和多方面指教。今黄山書社決定再版此書，也使我們得到進一步加工和修訂的機會。本次修訂，仍遵循初版的體例，以標點、校勘和部分注釋爲主要内容；同時根據近年來學術界同仁研究的新成果，增收了新發現的佚作，也剔除了誤收的文字。

增收的佚作有：吾十有五，旅酬下爲上，與錢大昕書，江慎修先生七十壽序，水經注校本識語。另外水地記初稿有幾種手稿殘卷，初版時因考慮到其内容基本與水地記初稿重複，故而未收列；然吉光片羽，亦彌足珍貴，故此次作爲附録而增收於水地記初稿之後。

戴震手書的無題詩「已有扁舟興，曾看過剡圖。翻思名手盡，誰復費工夫」，實乃米芾題砂步三首之一，而非戴震所作。又東鹿王封村廣福禪林記，雖有「戴震」、「東原」印記，但非戴震的手跡，當爲後世僞作。爲慎重起見，我們曾多方徵求意見，并作戴震遺墨辨正一文，連同原作複印件，發佈於黄山書社網站（二〇〇九年十二月二十一日）。

二〇一〇年三月

戴震畫像

（據《中國歷代名人圖鑒》印）

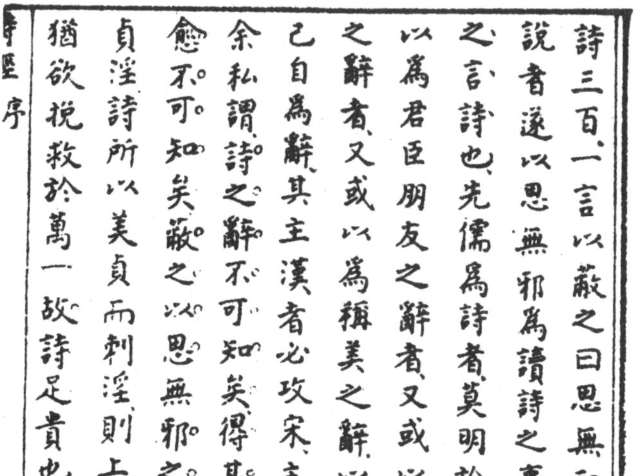

詩三百，一言以蔽之，曰思無邪，夫子之言詩也。而風
說者遂以思無邪爲讀詩之事，謂詩不皆無邪思也，
之言詩也。先儒爲詩者，莫明於漢毛、鄭，宋子朱子。然一詩而
以爲君臣朋友之辭者，又或以爲夫婦男女之辭，以爲刺譏
之辭者，又或以爲稱美之辭，以爲他人代爲辭者，又或以爲
己自爲辭，其主漢者必攻宋，主宋者必攻漢，此說之難一也。
余私謂詩之辭不可知矣，得其志則可通乎其辭，作詩之志
愈不可知矣，蔽之以思無邪之一言，則可通乎其志。風雖有
貞淫，詩所以美貞而刺淫，則上之教化有時寖微，而作詩者
猶欲挽救於萬一，故詩足貴也。三百皆無邪思也，況乎有本

《毛詩補傳》清抄本

（國家圖書館藏）

非男女之詩而說者亦以淫奔之情類之於是目其詩則爲褻狎戲謔之纖言而聖人顧錄之淫亂者作詩以自播聖人又播其纖言於萬世謂是可以考見其國之無政可以使後之人知所懲可以與南豳雅頌之章並列之爲經余疑其不然也宋後儒者求之不可通至指爲漢人襍入淫詩以足三百之數欲舉而去之其亦妄矣今就全詩考其名物字義於各章之下不以作詩之意衍其說蓋名物字義前人或失之者可以詳覈而知古籍具在有明證也作詩之意前人或失之者非論其世知其人固難以臆見定也姑以夫子之蔽夫三百者各推而論之以附於篇題後司馬氏有曰國風好色

周禮媒氏掌萬民之判凡男女自成名以上皆書年月日名焉令男三十而娶女二十而嫁凡娶判妻入子者皆書之中春之月令會男女於是時也奔者不禁若無故而不用令者罰之此立三十二十為嫁娶期盡之法周禮凡言會者皆謂歲計曰會男女成名以上既書其年月日名中春會合男女則使其屬稽之核之三十之男二十之女貧不能昏嫁者許其殺禮殺禮則媒妁通言而行謂之故曰於是時也奔者不禁奔之為妻者也記曰聘則為妻奔則為妾奔之為妾者也買妾者納財而不用禮因其不聘故謂之奔是奔乃合男女不備禮儀者凡三十之男二十之女非有故而後期者為不用令　非期盡非中春不禁之時而不行六禮者為不用令周禮中春之令專為不備六禮昏嫁之民糾察其殺禮之由凡昏娶備六禮者常也常則無長幼之

《杲溪詩經補注》手稿殘卷

（北京大學圖書館藏）

期亦無時月之限其殺禮不聘者權也權則限以長幼限以時月夫昏姻不使之六禮備則禮教不行夫婦之道闕而淫辟之罪繁不計少長以為之期則過其盛壯之年而失人倫之正不許其殺禮則所立之期不行殺禮而不限以時月則男女之訟必生周禮所言蓋是古人相承之治法摽有梅之詩即其見之民事者也梅之落喻女子有離父母之道及時當嫁耳首章言十猶餘七次章言十而餘三卒章言皆在頃筐喻待嫁者之先後畢嫁也桃夭哥于昏嫁之常者此哥于期盡而殺禮者也詩皆樂章三言求我庶士言嫁者之口皆所以慰此女之不得備禮塈如民之攸塈之塈息也頃筐塈之猶言寘諸頃筐迨其謂之者女子期盡禮殺使媒妁通言而行也

壽陽縣志序

披覽圖志，與讀史相表裏者也。而一州一縣，咸各有志，俾沿革、山川見歷代史者，於此可稽，因以近察政之體要、民之利病。故非通古今、明吏治，則撰次槩不足觀。歲

戊子，余奉

命撫晉，壽陽尹龔君來謁，知其有學，且能敬其職也。壽陽於春秋[illegible]馬首邑，漢榆次東境，縣之設起晉太康中，迨元魏氏省入中都，徙其戶於大陵城南，[illegible][illegible][illegible]置受陽縣，蓋其時兵燹之餘，荒蕪為墟矣。隋名魏所別置為文水縣，而復晉舊縣曰受陽。唐貞觀十一年改受作壽，始符

代鄂寶作《壽陽縣志序》手稿

（北京大學圖書館藏）

昔日迄於今不異然新舊唐書受參差互見讀史者
莫之能是正壽水控引山谿逕縣治南水北曰陽縣納
稱焉其水南入洞渦洞渦者同過也魏收地形志同過
水出木瓜嶺一出沾嶺一出大廉山一出原過祠下
膸四源冊繼云五水合道故曰同過今是水[illegible]導沾嶺
爲正源田[illegible]左合南谿水導木瓜嶺之源也冊過壽
陽而西塗水出大廉山塗谷南來會之原過水北來會
之塗水春秋時以名邑四源之外最大者壽水居四源
適中地魏收獨遺之酈道元注水經謂之黑水二子
西晉未遠於壽水俱無聞也又況生千百餘年後

戴震全書總目

序一

張岱年

戴東原是十八世紀中國唯物主義哲學家，又是乾嘉學派的樸學大師，對於經學、哲學以及天文學、地理學、算學等都做出了重要貢獻。他的思想顯露了初步的近代氣息，具有一定的啓蒙意義。宋代以來，哲學思想主要有三大學派：程朱學派以「理」爲世界本原，屬於客觀唯心主義；陸王學派以「心」爲世界本原，屬於主觀唯心主義；此外尚有以「氣」爲世界本原的唯物主義學派，其主要代表有張横渠、王船山和戴東原。東原對於程朱、陸王的學説進行了比較深刻的批判，從而發展了唯物主義哲學。

程朱學説是明清時代占統治地位的思想；明代中期以後，王陽明學説亦發生了巨大影響。朱學與王學立説不同，但都强調所謂「理欲之辨」。但王學末流違背了陽明本旨。東原提出了「理存於欲」的學説，對於所謂「理欲之辨」進行了比較鋭利的批判，在倫理學説發展史上有重要的意義。

宋明時代，心性問題成爲哲學的一個重要理論問題。朱晦庵主張「理具於心」，王陽明强調「心即理」。朱子所謂理是抽象的理性，陽明所謂心即是先驗的道德意識，都是脱離實際的空虛之論。戴東原提出了關於心的嶄新觀點，認爲心祇是認識作用，心並非具有內在之理，指出：「理義在事而接於我之心知。」(孟子字義疏證)這是對於先驗論的深刻批判，具有非常重要的理論意義。血氣心知有自具之能，口能辨味，耳能辨聲，目能辨色，心能辨夫理義。

東原之學，可以説會通義理之學與考據之學而爲一。他批評漢、宋之學云：「漢儒訓詁有師承，亦有時傅會，晉人傅會鑿空益多；宋人則恃胸臆爲斷，故其襲取者多謬。」(與某書)他主張研治經學應當「由字以通其詞，由詞以通其道」，「一字之義，當貫羣經，本六書，然後爲定」(與是仲明論學書)。在哲學上，東原力求排除宋儒所受佛老思想的影響而復歸於孔孟的本旨。實際上他已經揚棄了孔孟的唯心觀點。

對於清朝統治者借理學的名義來壓制人民，東原表現了强烈的義憤。他當然不敢明目張膽地誹議朝政，祇能以理學爲批判的對象。他指斥「以理殺人」説：「理欲之分，人人能言之。故今之治人者，視古賢聖體民之情，遂民之欲，多出於鄙細隱曲不措諸意，不足爲怪；而及其責以理也，不難舉曠世之高節，著於義而罪之……人死於法猶有憐之者，死於理，其誰憐之？」(孟子字義疏證)這裏所謂「舉曠世之高節，著於義而罪之」，顯然是指清代的殘酷的文字獄而言。戴氏的這些言論可以説也表現了一定的民主思想。

東原著作是價值極高的學術文獻。清代以來，戴氏文集、全集已有多種刊本。安徽省古籍整理出版規劃委員會重新編訂戴震全書，廣泛搜集東原遺著，力求全備；更精心校注，以期正確無誤；略以意類分，以期學者進行研究。希望這個新編戴震全書能爲學術研究工作提供更大的便利。是爲序。

序於北京大學

序二

許威漢

早在兩千多年前，語言學的三個中心是中國、印度和希臘。後來阿位拍語言學受到希臘語言學和印度語言學的影響而興起，中國語言學在先秦獨樹一幟：墨子經説、荀子正名闡述哲學見解而涉及語言理論，訓詁學萌芽於先秦而興盛於漢代。歷來語言學著作中，爾雅成爲訓釋詞義專書之祖，方言成爲比較方言學的前驅，釋名開語源學的先河，説文爲形成文字學基本理論奠定基礎。漢朝末年，應劭、服虔已悟出可利用聲韻切合原理注音，梵文拼音原理啓示後來反切的産生，反切又成爲韻書的基礎。韻書的出現標誌音韻學的誕生，用以分析漢語發音原理和發音方法的等韻學也相繼出現。漢、唐以來上述種種的共同特點是具有實用目的。

到了清代，特别是乾隆、嘉慶年間，我國傳統語言學在前代已有成績基礎上取得突出成就，文字、音韻、訓詁全面發展，治學方法也不斷納入科學軌道。誠如王力所説：「我們一方面承認中國自先秦時代就有了語言研究，但是另一方面也應該指出，嚴格的語言科學，祇能算是從這個時期開始」（王力中國語言學史）。這個時期，漢學師承，承前啓後。

江永推崇顧炎武，戴震師事江永「盡傳其學」，世稱「江戴」與「戴學」。戴震熟諳中國古典文獻，學問淵博，著作精湛，「樹風聲於當時，標新學於後世」。戴震弟子有段玉裁、王念孫諸名儒，世稱「段王」。王念孫、王引之是父子關係，學術上並稱「二王」。他們在學術上遞相承受，對後代有深刻影響，有人徑稱漢學爲清學。

戴震於經學、小學、哲學、天文、數學、歷史、地理都深有研究。在小學方面，發明六書「四體二用」説，提出聲轉説，作「轉語」以補爾雅、方言、釋名之缺，闡釋「訓詁聲音，相爲表裏」的訓詁原理和「疑於義者以聲求之，疑於聲者以義證之」的音義互證方法，主張以字考經，以經考義，義理、考據、辭章三者合一，訓詁與校讎密切聯繫。此類專著有聲韻考四卷、聲類表十卷、方言疏證十三卷、續方言二卷等。另有轉語二十章爲探求漢語源而作，惜書已不傳，僅轉語二十章序行世。幾百字的序固然未足以展示轉語全貌，但可窺見戴震進步的語言學構想。

戴震小學研究始終貫穿着一種既注重漢學師承又鋭意創新的精神。我們知道，任何學術研究不可能從零出發，繼承和創新是辯證的統一。戴震的治學之道，是符合客觀認識規律的。由此不妨説，戴震的卓越建樹同戴震治學的正確思想與正確的科學方法分不開。有鑒於此，兹特舉述如下數端。

其一，意識到有聲語言與概念的直接聯係。上述戴震提到「訓詁聲音，相爲表裏」，表明了語言與意義的關係，即現代説的聲音是語言的物質外殼。這就糾正了一千七百年來文字直接表示概念的錯覺，成爲清代訓詁學的精論。先秦墨子論述名實關係而涉及語言學，最早提出「聲出口，俱有名」的音義關係的卓見，戴震汲取前人論述精華而施之於語言訓釋實踐，并升華到理性認識。

其二，意識到語言的社會性。戴震治學反對孤證，重證據而不輕信，以書證書，縱横考索，這些便是對語言社會性認識的一種重要表現。盡管他還未能清楚地看到語言的本質，但在相當程度上意識到語言内部是統一的。語言内部的統一，則基於語言社會因素。

其三，意識到語言的系統性。現代科學技術發展中充當思維過程中的理論工具之一的系統論，要求人們把客觀世界看作統一整體（其中各個對象互相聯繫、互相制約），這統一整體在空間結構和時間結構上存在有序性，布局與發展有其規律性。戴震「凡同位則同聲，同聲則可以通乎其義；位同則聲變而同，聲變而同則其義亦可以比之而通」（轉語二十章序），就是意識到語言是一個系統而加以研究的。諸如此類，見於戴震涉足的各個語言研究領域。

其四，意識到古今差異性。乾嘉學派中佔主導地位的皖派導源於江永而成於戴震，俊秀輩出。他們糾正舊注，創立新説，在很大程度上得力於戴震。在古音方面，他們接受陳第的「時有古今，地有南北，字有更革，音有轉移」的灼見；在文獻訓釋方面，辨析古今，不爲成説膠固。至於仍帶有復古主義傾向，這是認識進程中出現的不平衡性，未可同日而語。

其五，以「精專」爲最高的學術追求。戴震治小學「貴精專不貴博，與其知十而皆非真，不若知一而爲真」。王國維説：「國初之學大，乾嘉之學精，咸道以降之學新。」戴震則是開乾嘉精專學術風尚的一代宗師。

其六，充分佔有材料。資料豐富全面而又真實可靠，才能形成正確的概念、判斷和推理。充分佔有材料的實質是尊重語言事實，尊重語言事實則有利防止臆測。充分佔有材料是江、戴、段、王治學最大特徵。漢代的聲訓精華少，糟粕多；清代的因聲求義精華多，糟粕少，這後者就跟充分佔有資料、尊重語言事實密不可分。至於後來某些人濫用因聲求義，背離正軌，當是另一回事。

總的説來，戴震治學的指導思想與方法論是十分值得重視的。哲學含義上的方法論，同世界觀是統一的；各門具體科學自身的方法論，涉及各自的方法論基礎、原則及具體研究方法。在人類認識史上的很長時期裏，方法論主要指思維過程中的方法論；現代科學技術的發展，數學、符號學、系統論、控制論、信息論等都充當思維過程中的理論工具進入方法論行列。難能可貴的是，早在十八世紀，戴震及其後起的乾嘉諸儒已經在學術研究中的許多方面作出了卓有成效的實踐。有人認爲：「明末西歐天文學已經傳入中國，江永、戴震都學過西歐天文學。一個人養成科學腦筋，一理通，百理融，研究起小學來，也就比前人高一等。」這些我們暫不作具體評論，但必須指出，在學術的繼承與發展的過程中，合理的借鑒還是相當必要的，何況借鑒本身也是一種發展。

科學的發展突出地表現出了歷史上多次出現的理論綜合和方法革新，没有例外，語言科學的發展自然也是順應這一歷史路綫的。戴震及其繼起者的卓越貢獻都證明了這一事實。鑽研戴學，固應重視内容的真知灼見，亦應重視方法的科學價值。今兹戴震全書整理出版，爲戴學建立了歷史豐碑，深爲志賀，謹爲之序，并祈與學研戴學、弘揚民族文化之同道者共勉。

一九九三年九月十一日於上海師大寓所

序 三

張秉倫

乾嘉時期，考據學進入全盛階段而成爲學界主流。以戴震爲代表的皖學，對科學技術極爲關注，他本人的科學技術基礎也相當雄厚，著述甚豐。

在天文學方面，戴震著有原象一卷、續天文略二卷，另有曆問、古曆考等衹見著録，未見刊行。戴氏天文著作多借西洋新法評述各家學術、考訂流變，或與古人辯難，立論自較清楚，亦有所創見，唯傳教士當時傳入的天文學知識水平有限，有關天體運行説亦據臆測之談，戴氏用力雖勤，然與事實相去甚遠，此自時代所限，不可苛求。在數學方面，戴震撰有策算一卷、句股割圜記三卷，前者專講乘除、開平方，後者對三角八綫和平面、球面、斜面三角形解法均有論述；另有準望簡法、句股割圜全義圖、割圜弧矢補論、方圜比例數表手稿各一卷等。然戴氏在數學史上的最大貢獻，還是他對古典算書的整理和校勘工作。他先後從永樂大典中輯出周髀、九章、海島、孫子、五曹等九部算經，以及收集到的影宋版張丘建算經、數術記遺，校勘後一併收入四庫全書，并將前七種收入武英殿聚珍書。使許多古算經失而復得，爲中國古代數學的存亡續絶做出了傑出的貢獻。在他的影響下，測圓海鏡、四元玉鑑、楊輝算法等數學名著又陸續被發現整理，自此掀起了乾嘉時期研究中國古代數學的高潮。在機械考工方面，戴震撰有贏旋車記、自轉車記、明堂考等文章，而考工記圖則是他對古代百工之事的科技名著考工記的最傑出研究，繪圖五十九幅，且詳加注釋，時人稱爲奇書。戴氏健在時，乾隆某年所上江西大鐘，正與考工記圖合；二百多年來，尤其是近幾十年考古發掘和研究，戴氏所繪之圖，又有被考古實物所證實。如「當兔在輿下正中」，與一九八〇年秦俑考古發掘的大型銅馬車構件不謀而合等。戴震又是一位精博於地輿之學的著名學者。他主修的汾州府志等，時人稱之爲「修志楷模」。他傾注了半輩子心血而校理的水經注，更是有口皆碑。此外，戴震對生物學和醫學也有過研究，近年發現的經雅手稿，就是一部辭典式的生物學專著，記述動植物四百多種。據揚州畫舫録載，戴震撰有金匱要略注，洪榜行狀言戴氏尚著有氣穴記、藏府象經論。這些著作皆散佚。據書名推測，前者爲東漢張仲景金匱要略作注，後二者大概爲中醫經絡穴位和臟腑學說之類的著作。他臨終前還準備爲王廷相作傷寒論注序。

作爲經學家的戴震，爲何如此廣泛涉獵科學技術，並進行比較專精的探索呢？戴震十七歲，就「有志聞道」，他治經數十年，以探索古今治亂之源。如果說他治學是手段，明道是目的，那麽研習科學技術則是他治經的必要前提和準備。他深有體會地說：「誦堯名，一用古義，蓋若劉原甫之禮補亡，欲踵古人傳記之後，體故不得不爾也。」因此阮元疇多人困惑不解，以至對戴震多所指責。其實吴思孝在序中已作了解釋：「記中立法稱算家雷同。又以吴思孝的名義將通行之平弧三角術語補注於後。這種顛倒古今之舉使許異」的術語來替代：稱角爲「弧」，弦爲「徑隅」，矩爲「邊」，正切爲「矩分」等等，不與當時盡相同。如句股割圜記，他不用當時通用的數學術語，而選用古名或徑造一些古老而「新解經考證、闡明辯難的形式寫成的，或者是爲治經之士而撰寫的，這與一般科學著作就不舁轎中人也」。正因爲他研習科學技術是爲「治經聞道」服務的，所以他的科技著作多以這類正人心的哲學著作，纔是他治學的真正目的。至於「六書、九數等事，如轎夫然，所以是一再聲明：「僕生平論述最大者，爲孟子字義疏證一書，此爲正人心之要。」可見疏證以求，刻意鑽研，從而成爲「百科全書式的學者」。但是戴震從來不以自然科學家自居，而論學書）正是這種認識，他對中國古代科學技術和當時已傳入中國的西方科學技術孜孜工之器不能因文而推其制。不知鳥獸蟲魚草木之狀類名號，則比興之意乖。」（與是仲明則迷於其方，莫辨其用。不知古今地名沿革，則禹貢職方失其處所。不知少廣旁要，則考而往，不知古音，徒强以協韻，則齟齬失讀。誦古禮經，先士冠禮，不知古者宮室衣服之制，典數行至『乃命羲和』，不知恒星七政所以運行，則掩卷不能卒業。誦周南、召南，自關雎人傳評曰：戴震「所爲步算諸書類皆以經義潤色，縝密簡要，準古作者」。段譜徑稱其科學著作「皆經也」。由於西學中源思潮的影響，他又本着「存古法以溯其源，秉新制以究其變」的原則，認爲於理可通者皆奉爲古法，其不可通者則詆爲後人臆説。這就不可避免地帶有穿鑿附會、妄改臆斷之處，加之當時傳教士傳入的自然科學内容並非西方最近的科學成就，戴震著作有不少與事實相去甚遠的成份。正如梁啓超所説：「先生於天文學所言，不能與今世科學家吻合，此自時代所限，不容苛求。」（戴東原先生傳）經學家和哲學家應該具備廣泛的科學知識，但没有理由要求每一個經學家或哲學家都是自然科學家，對戴震亦然。

那麼自然科學對戴震「治經聞道」、構建自己哲學理論體系産生了什麼影響呢？戴震以自然科學和訓詁爲治經之本，廣博的科學技術知識對戴震「治經明道」來説，猶如準備了渡江河之舟楫，欲登高之階梯。這不但爲他真正讀懂古籍掃清了語言文字以及天算、輿地、名物、典章制度等方面的障礙，而且對他會通諸經、發前人所未發、構建自己的學術體系也具有重要的意義。因此王昶説他的學問「苞羅旁蒐於漢、魏、唐、宋諸家，靡不統宗會元，而歸於自得；名物象數，靡不窮源知變，而歸於道理。本朝之治經者衆矣，要其先之以古訓，析之以羣言，究極乎天地人之故，端以東原爲首」（戴東原墓誌銘）。可見天文、數學等自然科學知識不僅是他的治經之本，而且是他道學的科學基礎，從而爲他的學術贏得了應有的地位。這是其一。其二，在自然觀方面，戴震明顯受到中國古代和當時已傳入中國的自然科學的影響，而且在一定程度上能夠擇善而從。他繼承和發揚了中國古代氣一元論，並吸收西方精密有據之術，堅持「氣」是宇宙萬物的本原，反復論證地圓之説，明確指出「天地無心而成化」（孟子私淑録），描繪出「天爲大圓，以地爲大圓之中心」、「大氣舉之」（續天文略）的宇宙圖景。他以「氣固而内行」來解釋天何以不墜，以及人立地球表面而何不傾跌的引力作用的猜測，雖未揭示問題的實質，但畢竟是從自然界本身去找原因。他對生物學和醫學的研究，使他對人的本質，包括人的知覺及其與自然界的關係，有一個較爲清晰的認識。他肯定人是有感情、有欲望、有生命知覺的現實的人，人欲是人生存的前提，「天下必無舍生養之道而得存者」（疏證），從而增强了他批判唯心主義理欲觀的自然科學基礎。但戴震的唯物主義自然觀是不徹底的，這與當時的科學水平，尤其是粗略的天文學、初等數學、直觀的生物學有關。其三，戴震由於受到西方數學，特别是歐幾里得幾何原本的影響，他在治經聞道過程中相當廣泛地應用了邏輯思維的方法，並以形式邏輯來構建自己的理論體系。如他在强調「分則得其專，合則得其和」（法象論）的分析綜合法的同時，更加重視分别門類的研究，以探求事物内在之理，要求「條分縷析」、「剖析至微」。所謂「理者，察之而幾微必區以別之名也」（疏證）。雖然他的觀察分析還停留在事物的表面，但這畢竟是明代的西學東漸以來我國當時科學水平在哲學上的反映。在演繹推理方面，他特別重視概念的界定，要求概念「至當」，進而運用概念去判斷推理。他説：「明理者，明其區分也，精義者，精其裁斷也」（疏證）；「施之以斷，則能明是非之曲致」（續天文略）。在歸納方面，他説：「一字之義，當貫羣經，本六書，然後爲定。」（與是仲明論學書）戴震甚至要求真理應具有幾何學的準確性：「夫天地之大，人物之蕃，事物之委曲，條分苟得其理矣。如直者之中懸，平者之中水，圓者之中規，方者之中矩，然後推諸天下萬事而準。」（疏證）雖然這些理想化的絶對真理在社會真理方面幾乎是難以實現的，但却反映了戴震受幾何學方法的影響。更爲典型的是孟子字義疏證，正是按照幾何原本那種「以前提爲依據，層層展開，重重開發」，累累交承，至終不絶的體例撰寫的。他不取傳統的「疏證」體例，而大至全書，細至各個章節，幾乎都遵循幾何原本中的定義、公理、證明、演繹等邏輯程序展開，致使全書層次分明，邏輯精密，析薪剖理，快捷明透，形成了一個體系性學説。這種邏輯方法雖然在十七八世紀風行歐洲，但在中國哲學史上運用這種方法，戴震却是第一人。它不僅給人耳目一新，而且標志着戴震在思維方式上已突破傳統而邁入近代。

自然科學及其方法不僅爲戴震哲學提供了科學前提，豐富了他的哲學内容，而且構建了他那邏輯嚴密的哲學體系，在中國哲學史上留下了絢麗的一筆。就此而言，自然科學這位「轎夫」確實爲戴震「治經聞道」立了一功。但是戴震在自然科學方面沒有也不可能有進一步深化，祇能苦苦掙扎在儒家經典的海洋之中。由於當時的社會條件，包括科學水平的限制，戴震科技著作中既有考工記圖和校訂古算經等精品，又有新舊雜陳、正誤並見的續天文略等著作。戴震的成功之處猶如一塊令人敬仰的豐碑，他的失誤亦可爲我們提供不少借鑒。

一九九四年四月五日

序　四

楊應芹

戴震全書共收著作三十八種，其中有十二種爲首次刊行。這批首刊著作以初稿居多。如毛詩補傳是杲溪詩經補傳、毛鄭詩考正的初稿；準望簡法、割圜弧矢補論等四種是句股割圜記的初稿；水地記初稿當然是相對於定本水地記而命名的；另外，經雅爲戴氏早年之作，也是初稿的形式。但是這批初稿的價值却非同尋常。一、就其篇幅、内容而言，皆多於定稿。如杲溪詩經補注，僅有周南、召南二卷，毛詩補傳則是戴震治詩的全稿，二十六卷。水地記初稿五册，分爲河水卷、濟水卷、淮水卷等，而定本水地記始自河出「昆侖之墟」，至「太行八陘」即卷終，衹記述了河水的一半。二、將初稿與定稿相比較，則可以看出什麽是戴震所説的「十分之見」，什麽是「未至十分之見」。如水地記，其初稿的考述基本上是從書本到書本，没有超出考據學的範疇，定本則注意到用文獻考證與實地考察相結合的方法來研究歷史地理。作者於乾隆己丑年（一七六九），「登吕梁、黄櫨、薛頡、狐岐及汾東綿山，親所經見，乃曉然於禹貢之文」，從而糾正了前人關於「壺口在冀州，梁、岐在雍州」的錯誤見解。北京大學圖書館收藏的水地記手稿殘卷，其中河出「昆侖之墟」有一稿與二稿之别，文字均與抄本不同，可見河水卷在初稿階段至少已三易其稿。由此亦可看出，戴震在治學的道路上，爲達到「十分之見」的境地而留下了深深的脚印。三、具有填補舊刊東原全集學術空白的作用。經雅一書，依據爾雅、方言，徵之於先秦文獻，分類考釋了野獸、家畜、禽鳥、蟲、魚、草、木，是一部辭典式的動植物專書，從内容到形式，在已刊著作中都未曾有過。因此，經雅的問世標志着戴震在生物學領域的成就，更足以説明他是一位百科全書式的學者。

其次，歷史地理之作在這批首刊著作中佔有突出的地位。水地記初稿有二十多萬字，代表了作者早期研究成果。水經考次則是他中期成果的代表。另外還有讀禹貢札記、壽陽縣志序、黄爐嶺候館闢路記等歷史地理考辨及山水游記文章十幾篇。

關於水地記初稿，孔繼涵於乾隆四十二年所作的序曰：「水地記乃戴東原先生二十餘年前流傳之底稿也。」該稿約有三分之一的篇幅引用了水經注的原文，令人驚歎的是：這些引文已基本上把經文與注文分别開來，文字也有十之七八同於殿本水經注。凡殿本有小字注曰訛、脱、衍、倒，水地記初稿引其文者，基本上都作了相應的改、補、删、乙。水地記初稿還間有出校者，如淮水卷引經文「又東逕新息縣南」，於「逕」字下小字注曰「當作過」。由此一注，可見戴震當年已意識到經文與注文用字的一大區别。

水經考次，就是乾隆三十年秋戴震所定的水經一卷。因爲該稿又附有作者「以河、江爲綱，按地望先後」而考定的水經一百二十三水的新次序，故名水經考次。不過水經正文的次序還是一仍其舊。該書由「水經」、「附考」、「後記」三部分構成。從混淆的經、注文之中分離出全部經文，又對錯簡、脱漏等加以考補，這當然都是大難度的工程，而最令人歎爲觀止的是，戴震於書後之中已總結出分辨經文與注文的四大義例：

> 水經立文，首云某水所出，已下不復重舉水名；而注内詳及所納小水，加以採摭故實，彼此相雜，則一水之名不得不循文重舉。水經叙次所過郡縣，如云「又東過某縣南」之類，一語實賅一縣；而注内則自縣西至東，詳記水歷委曲。水經所列即當時縣治；至善長作注時，已縣邑流移。注既附經，是以云「逕某縣故城」，經無有稱「故城」者也。凡經例云「過」，注例云「逕」。

這四大義例是戴震十多年來研究水經注的心血結晶，也是那個時代研究水經注的理論頂峰。遺憾的是段玉裁重編東原文集時，誤將此「書後」名爲書水經注後，而置成書於乾隆四十年的水經酈道元注序之後〔一〕，又「以其語已見於前篇」，而將這四大義例删去，乃至使如此重大的理論發現被蒙上了長達十年之久的時間塵埃。乾隆三十三年戴震應聘於方觀承，三十八年秋入四庫館，殿本水經注校成在三十九年。如果書水經後能因經韵樓本東原文集而完璧面世，世人定會把殿本水經注的校勘成就與十年前發現的四大義例相聯繫，則何至於懷疑「戴襲趙」，而釀成一場曠時百年的風波呢！但願水地記初稿、水經考次的問世，能使百年風波平息，並對所謂「襲趙」案畫上一個公正的句號。

最後值得一提的是，戴震晚年雖尖鋭地批判了程朱理學，但他對程朱本人却一直禮敬，尤其對朱熹更是如此。

戴震對程朱理學的批判，始於孟子私淑録。據繆荃孫藝風藏書記所記述，孟子私淑録當作於乾隆十六年（一七五一）春〔二〕。而在此兩年後所作的毛詩補傳序曰：「先儒爲詩者，莫明於漢毛、鄭，宋子朱子。」邢昺曰：「後人稱其先師之言，則以『子』冠氏上，所以明其爲師也，子公羊子、子沈子之類是也。若非己師而稱他有德者，則不以『子』冠氏上，直言某子，若高子、孟子之類是也。」〔三〕戴震於「朱子」前又冠以「子」，是私淑於朱熹的明證，由此亦可看出朱熹在他心目中的位置。戴震的著作，直至晚年的孟子字義疏證，始終尊稱爲「朱子」、「朱夫子」，亦偶稱字，但從不直呼其名。

爲什麼戴震既批判程朱理學，又始終如一尊重朱熹呢？要了解這個問題，必須搞清楚下列關係。一、戴震對程朱理學的批判，並不等於對程朱理學的全盤否定。程朱理學包括哲學、政治、經濟、文化、教育、歷史、宗教、語言、藝術等多種領域，其内容博大精深。戴震批判的主要對象衹是程朱唯心主義的認識論和理欲觀，這衹是哲學範疇内容的一部分。二、戴震治學的原則是實事求是，即既不主漢，也不主宋。所謂「不主」，並不等於不繼承、不借鑒，歷史發展到一定的時期，任何新的學術流派都不可能是從零開始的。戴震用前儒的話説：「四子書，六經之階梯；小學、近思録，四子書之階梯。」（戴東原先生文三字經箋注叙）這可以説是戴震繼承程朱理學的公開宣言。漢儒牽强附會，爲毛詩作小序，詩集傳盡皆棄之，以詩解詩；而毛詩補傳「不以作詩之意衍其説」，實際上是對詩集傳解詩方法的繼承。戴學是對程朱理學多方面的繼承，通覽戴震全書，自毋庸待言。三、任何一種新的有成就的學術流派，它不但要繼承，更重要的是批判，因爲祇有運用了批判的武器，才能揚棄並超越舊有的學術理論，從而登上新的高峰。戴震不正是拋棄了程朱客觀唯心主義的哲學糟粕，方才成爲有近代啓蒙意義的唯物主義哲學思想家嗎？因此從歷史的淵源關係來看，我們不妨説戴學是批判繼承而發展了的程朱理學。四、明清時代，作爲封建王朝御用工具的所謂「程朱理學」，已完全背離了程朱的初衷。朱子語類曰：「天理衹是仁義理智之總名。」又曰：「飲食者，天理也；要求味美，人欲也。」半壁江山的南宋小朝廷，苟執於臨安之一隅，高宗趙構、孝宗趙昚乃代代昏君，奸臣秦檜、韓侂胄等先後當政，朝綱不振，戰亂頻仍，生靈涂炭，真是君不君、臣不臣、國將不國、民不聊生。朱熹在這種情況下提出「存天理、滅人欲」，是他憂國憂民思想的反映，具有歷史的進步意義。這與既不能「體民之情」，且又「以理殺人」的明清所謂「程朱理學」相比，絶不可同年而語。五、戴震晚年對程朱理學的批判尤其激烈，似爲勢不兩立。而究其真諦，乃醉翁之意不在酒。悲慘的社會現實是「酷吏以法殺人，後儒以理殺人」（與某書），「今人無論正邪，盡以意見誤名之曰理而禍斯民」（與段玉裁書之十）。戴震面對如此的社會現實表現出極大的義憤，他要挺身反抗，但滿清王朝的統治者一向凶狠殘暴，文網嚴密，作爲一個經學家，他衹有以孔孟衛道士的身份，打着批判程朱理學的旗幟，這樣才能把鬥争的矛頭指向滿清統治者；並同時「正人心」，教訓那些客觀上已成爲幫凶而不自悟的「迂儒」（語見與某書）們。戴震之用心，可謂良苦。

作爲戴震全書的編纂者，有幸先睹這批深鎖於金匱石室的珍籍，故且略陳管見，以期同仁是正。

一九九四年六月於安徽大學

〔一〕水經酈道元注序，即自刻本水經注之序。該序未署時間，自刻本亦無刊行年月。段譜云，自刻本「與聚珍板同時而出」。胡適説：「聚珍板的水經注是乾隆四十年排印發行的。」（臺灣胡適紀念館編胡適手稿第一集一卷一五八頁）乾隆四十一年十一月二十二日，戴震在京作與段玉裁書之八，同時寄去了十四册裝自刻本水經注。故可斷定，自刻本水經注當成書於乾隆四十年或四十一年。

〔二〕詳見藝風藏書記卷一。

〔三〕見論語注疏，中華書局縮印本十三經注疏下册二四五七頁上欄。

凡例

一、尚書義考等專門著作的編次，採取段玉裁「略以意類分，次其先後」的辦法，使之與經韻樓本文集一至八卷的内容編次基本相一致。

二、每種專門著作之前，均作有説明。其内容爲：成書年代、背景，主要内容與學術價值，版本源流及收藏情況，底本和校本等。首次刊出的書稿需作真僞考證。

三、音義用法完全相同的異體字，一般改爲通行的繁體字。與現代簡化字相同的異體字，如属、弃、乱等，根據底本情況，或保留原字，不再改爲對應的繁體。

四、爲保留底本的面貌，部分校改的文字使用增删符號。即原本錯衍倒的文字加圓括號（ ），表示删去；補正鈎乙的文字加六角號〔 〕，表示爲整理者所增改。

五、書中引文，一般均以通行本（如十三經用注疏本、二十四史用中華標點本、四部書用四部叢刊或四部備要本）進行了對校。凡字句不同而與原書意思没有出入者，概不校改。對於有删節的引文也加引號，以示起迄。

六、本書的簡注，僅限於意義用法特殊、且容易産生歧解的語詞，或鮮爲人知的名物。凡常見辭典工具書可查到的詞語，一般不注。

戴震全書第一册目次

卷三　國風三　邶

卷九　國風九　魏

卷十　國風十　唐

卷十九　小雅四　楚茨之什

卷二十　小雅五　角弓之什

卷二十一　大雅一　文王之什

卷二十二　大雅二　民勞之什

卷二十三　大雅三　雲漢之什

卷二十四　頌一　周頌

毛鄭詩考正

戴震全書之一

尚書義考

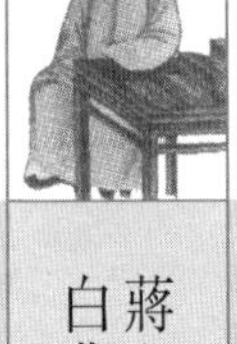

蔣立甫◎整理
白兆麟◎審訂

説明

尚書義考係戴震未成書中之一種。據本書義例稱，原定虞夏書四篇，商書五篇，周書十九篇，惜最後衹成虞書一篇（二卷）。本書義例堪稱詳備，從尚書今古文的傳授存佚、篇章分合，至各類舊注的去取原則、轉録格式等等，無不一一説明，足見著者對編撰是書的深思熟慮與審慎的態度。文集卷一有尚書今文古文考一篇，約相當義例前四條，段玉裁戴東原先生年譜引著者言「此篇極認真」。這也適用於評尚書義考，從已成二卷可知：著者於經文異同考訂，確實一絲不苟。其書既於經文下標明「某，當從古本作某」，又在「按語」中詳加辨識，務在求實。至於詞語訓詁，不但廣采漢人傳注，而且對宋以後訓釋也有所甄擇，不厭其煩地具列異義，然後再加「按語」折衷之，從而以明去取，如卷一「以殷仲春」句，馬融、鄭玄釋「殷」爲「中」，蘇軾釋爲「當」，戴氏則據史記天官書宋均、張守節注而同意蘇説。或諸説未安，則旁推交通，以出己見，如卷二「弗嗣」，孔傳、林之奇、許謙皆解「嗣」爲「繼位」，而戴氏則以毛詩韓詩「嗣」「怡」互通爲證，指出「弗嗣」即「不怡」，與史記載「舜讓於德不懌」相合；又如「惟刑之謐哉」句，舊釋「謐，静也」，戴氏則據毛傳「溢，慎也」，又説文引詩「溢」作「謐」，因釋「謐」爲「愼也」。此確如戴氏自評「義尤切至」。其於名物典制、天文曆象的考究，往往博引旁證，窮源竟流，如卷一中釋「以親九族」與「日中星鳥」，卷二中釋「禋于六宗」與「璿璣玉衡」等，無不洋洋灑灑數百言，乃至兩千餘言。而最難能可貴之處，還在於著者不存今文古文、漢學宋學門户之見，與同時代人相比，顯示出一代宗師的大度。孫星衍撰尚書今古文注疏較戴氏晚四十餘年，其序中雖也宣稱「遍采古人傳記涉書義者」，然祇限於「自漢魏迄隋唐，不取宋已來諸人注者」，學術識見似不及戴氏宏通。惟尚書義考祇完成全書二十八分之一，其學術影響自然不及孫書。即就已成的篇章言，亦非最後定稿，如有的「按語」繁碎冗長，釋義也偶有失當。但其資料豐富，則是他書所未及。

段著戴譜斷尚書今文古文考作於癸酉至癸未十年内，即著者三十一歲至四十一歲間。此篇與本書前四條義例意同而文約，或即從義例中抉出改寫，如文集中生民解出自毛鄭詩考正，摽有梅解出自杲溪詩經補注，殆同。尚書義考作時亦在此十年間歟？

尚書義考有清抄本，藏北京圖書館。抄本卷二第五五頁末有「乾隆四十二年八月二十五日校」字樣，戴氏去世在是年五月二十七日，相去祇三月。此本抄寫開始於其生前或是死後，已不可知。另有聚學軒叢書本，校刊者劉世珩稱：「今得稿本於曲阜孔氏，原書二卷，例十三條（按：應是十四條）亟梓行之。」二本相校，祇有極少數文字差異，訛誤處亦多相同。就總體言之，抄本錯誤處多於刊本，但仍不失其參校價值。安徽叢書本據聚學軒叢書本影印。今以安徽叢書本爲底本，校以抄本。

尚書義考義例[一]

一．今文尚書漢時博士所習，以隸傳寫，故稱「今文」。史記儒林列傳云：「秦時焚書，伏生壁藏之。漢定，伏生求其書，亡數十篇，獨得二十九篇。即以教於齊魯之間，伏生教濟南張生及歐陽生。」漢書儒林傳云：「歐陽生，字和伯，千乘人也。事伏生，授兒寬，寬又受業孔安國。歐陽、大小夏侯氏學，皆出於寬。」此所謂今文者也。伏生書無大誓[二]。劉向別録云：「民有得大誓書於壁内者，獻之，與博士使讀説之，數月，皆起傳以教人。」劉歆移書太常博士曰：「孝文皇帝始使掌故晁錯從伏生受尚書。尚書初出屋壁，朽折散絶。大誓後得，博士集而讀之。」鄭康成書論曰：「民間得大誓。」據此，則伏生所傳僅二十八篇。太常蓼侯孔臧與安國書曰：「臧聞尚書二十八篇，取象二十八宿，何圖乃有百篇？」[三]是也。而史記稱二十九篇者，孔穎達云「司馬遷在武帝時見大誓出而得行，入於伏生所傳内，故爲總之。並云伏生所出，不復曲別分析云『民間所得』，其實得時不與伏生所傳同也」。孔氏此説得之。朱彝尊謂「二十八篇及百篇之序爲二十九」，不知序與古文並出，故孔臧言「何圖乃有百篇」，非傳自伏生無疑。今惟據二十八篇爲本。

一．漢時所傳之古文尚書，許慎説文解字序論六體書〔四〕，一曰古文，孔子壁中書也。蓋如商周彝鼎之文，故稱古文。史記儒林傳云：「孔氏有古文尚書，而安國以今文讀之，因以起其家。逸書得十餘篇。蓋尚書滋多於是矣。」劉歆遺書太常博士曰〔五〕：「魯恭王壞孔子宅，欲以爲宫，而得古文於壞壁之中：逸禮有三十九，書十六篇。天漢之後，孔安國獻之，遭巫蠱倉卒之難，未及施行。」漢書藝文志云：「以考二十九篇，得多十六篇。」儒林傳云：「安國爲諫議大夫，授都尉朝，而司馬遷亦從安國問，故遷書載堯典、禹貢、洪範、微子、金縢諸篇多古文説。都尉朝授膠東庸生。」荀悦漢紀云：「魯恭王壞孔子宅，得古文尚書多十六篇，武帝時孔安國家獻之。」馬融書序云：「逸十六篇，絶無師説。」此十六篇者，孔穎達云：「鄭注書序：舜典一、汨作二、九共九篇十一、大禹謨十二、益稷十三、五子之歌十四、胤征十五、湯誥十六、咸有一德十七、典寶十八、伊訓十九、肆命二十、原命二十一、武成二十二、旅獒二十三、冏命二十四。以此二十四爲十六卷，以九共九篇共卷，除八篇，故爲十六。」又云：「鄭玄於伏生二十九篇之内，分出盤庚二篇、康王之誥，又泰誓三篇，爲三十四篇。更增益僞書二十四篇，爲五十八。故藝文志、劉向别録云五十八篇〔六〕。」穎達不知劉向、班固所見爲真古文，而以爲張霸之徒僞造。史言霸所僞造，乃百兩篇，非二十四也。桓譚新論云：「古文尚書，舊有四十五卷，爲四十八篇[七]。」蓋二十九與十六合爲四十五，漢書藝文志列「尚書古文經四十六卷，爲五十七篇」。增多百篇之序一卷，缺武成一篇。鄭康成云：「武成逸篇建武之際亡。」是也。古文藏於秘府，故又稱中古文。「劉向以中古文校歐陽、大小夏侯三家經文，酒誥脱簡一，召誥脱簡二。文字異者七百有餘，脱字數十」[八]，是也。以不立於學官，故謂之逸篇，劉向、劉歆、班固、賈逵皆得見之。成帝時民間則有膠東庸生之遺學，建初、延光、光和中嘗詔選高才生能通者，以扶微學，廣異義。後漢之儒如尹敏、周防、孔僖、杜林、衛宏諸人並傳古文。然賈、馬、鄭雖注古文，僅及今文所有者，不注逸篇，必逸篇殘缺失次，不復能成讀，其後遂漸亡矣。

一．馬鄭本皆有百篇之序，合爲一篇。其舊次湯誓在臣扈後，咸有一德在湯誥後，周官在立政前，蔡仲之命、費誓在吕刑前。孔穎達云：「鄭依賈氏所奏，別録爲次」是也。今仍復其舊次爲一篇，附於二十八篇之後。

一．東晉元帝時，豫章内史梅賾奏上古文尚書孔安國傳。賾自言受之臧曹，曹受之梁柳，柳受之蘇愉，愉受之鄭沖。陸德明云：「孔傳古文尚書亡舜典一篇，購不能得。齊明帝建武中，吴興姚方興采馬王之注，造孔傳舜典一篇，云於大航頭買得，上之。梁武時爲博士，議曰：「孔序稱伏生誤合五篇，皆文相承接，所以致誤，舜典首有『曰若稽古』，伏生雖昏耄，何容合之？遂不行用。」又云：「永嘉喪亂，衆家之書並滅亡，而古文孔傳始興。近惟崇古文，馬、鄭、王注遂廢。時以王肅注頗類孔氏，故取王注，從『慎徽五典』以下爲舜典，以續孔傳〔九〕。」孔穎達云：「至晉世肅注書始似竊見孔傳〔一〇〕，故注亂其紀綱爲夏太康時。」又云：「王肅之注尚書其言多同孔傳。」如陸氏、孔氏所言，今之古文尚書及孔傳殆出於王肅，猶之孔子家語出於王肅私定也。肅欲奪鄭氏而冀行其學，故往往假託以爲佐證。東晉古文增多之篇與十六篇異者：仲虺之誥、太甲三篇、説命三篇、大誓三篇、微子之命、蔡仲之命、周官、君陳、畢命、君牙凡十六篇；其餘如大禹謨、五子之歌、胤征、湯誥、伊訓、咸有一德、武成、旅獒、冏命凡九篇，篇名雖同，其文未必符合。自宋吴棫、朱子始疑之，元吴澄、明梅鷟辨之尤力，至閻若璩尚書古文疏證剖核明晰，無庸更議矣。今別爲一編，附於二十八篇及百篇之序後，庶幾不相淆雜。

一、今文、古文傳本各異，其東晉孔傳未出以前，所引尚書皆古本也。今於案語内論其異同得失，而經文之下則云某當從古本作某。概稱古本〔一一〕，以明不必存今文、古文之見。至如堯典「慎徽五典」上二十八字，今删去，別見後增多之篇内；其「慎徽五典」

以下，分爲舜典，臯陶謨「帝曰：來，禹，汝亦昌言」以下分爲益稷，顧命「王出在應門之内」以下分爲康王之誥，今仍合爲堯典、臯陶謨、顧命。

一、爾雅解釋詩書，漢儒釋經多宗之，則注内已見采録，如詩有毛傳鄭箋，禮有鄭氏注，並宜全載其文，然後附以諸儒之説。惟尚書無漢儒全注，今經文之下，即取爾雅以存古義。

一、今文尚書歐陽和伯及夏侯勝、夏侯建所傳，古文尚書膠東庸生及衛宏、賈逵、馬融、鄭康成所傳，其本久亡，惟見於經史傳注。引今文作某，馬鄭本作某，而東晉古文與二十八篇同者，雖有改易，皆不出馬、鄭、王之本，自東晉以來行之既久，今姑就其書詳考各本異同，訂其得失。

一、歐陽、大小夏侯學，惟許慎五經異義多載其説，其旁見於他書者甚少。賈、馬、鄭之注則猶可搜輯。宋王應麟撰集古文尚書鄭氏注十一卷，於鄭氏一家亦未能詳備，又多訛舛，且徵引之體不拘本文，或因辨論所涉〔一三〕，約略其意，不得掇出冠以漢儒之名。今但列引之者名氏或書名於上，如陸德明釋文、孔穎達義疏以及史記集解等。書内稱「馬云」「鄭云」，而「鄭注」又單稱「注云」，與兼言馬鄭，或舉姓略名，或姓名並稱之類，各如其舊，庶免掇拾爽失之病。

一・注内引先儒之説，始見稱某氏，某下繫以書名；次條以下惟稱某氏某曰。至孔安國傳，雖晉人僞託，大抵多襲用古注，其與賈、馬、鄭、王同者，無庸重見，惟删取其異者，次古注之後，或亦古注所有，特不可考耳。不稱「孔氏安國曰」，惟稱「孔傳曰」，以别真僞。書内所引多與今注疏本異者，係從宋本校正。

一・古人語言文字多失傳，以今人所知字義讀古人書，往往扞格。書自唐虞而下，詩自商而下，易始庖犧，然有象而無辭，與諸經皆自周而下，故有書契以來，莫古於尚書。漢儒訓詁各有師承，又去古未遠，使其説皆存，用備參稽，猶不足以盡通於古，况散逸既多，則見者可忽視之乎〔一三〕？故是編於各書所引歐陽、大小夏侯氏説及賈、馬、鄭之注，詳略必載。古注語簡義精，雖盡收不見其多；至宋以來鑿空衍説，載之將不勝載，故嚴加删汰。

一・數義各異者，倣許氏五經異義之意，具列其説，加案語折衷之，以其人之先後爲次。至轉相祖襲，則惟載其創立是説者，或後人因前説引伸，或後之特見偶與前人合，而語更詳明，皆作小字附前説之下。

一・漢書言司馬遷亦從安國問，故遷書多古文説。又許慎説文解字所引書與今本異，慎自序云：「其稱易孟氏、書孔氏、詩毛氏、禮周官、春秋左氏、論語、孝經皆古文也。」此所謂古文，乃孔氏所傳之真古文，非東晉以後所謂古文者也。今於案語内並備論之。

一．是編雖備列異説，意主於發明經義，故案語内或折衷諸家，聊出所見，以明去取；或諸家説皆未及，則旁推交通以得其義。

一．揚雄法言云：「虞夏之書渾渾爾，商書灝灝爾，周書噩噩爾。」鄭康成書贊云「三科之條」，以虞夏同科也。孔穎達云：「馬融、鄭玄、王肅別録題皆曰虞夏書。」今定虞夏書四篇，商書五篇，周書十九篇。其篇第費誓在呂刑前，據賈鄭舊次也。

校注

〔一〕義例　抄本作「凡例」，書於每頁中縫，與此不同。

〔二〕大誓　尚書正義、尚書今古文注疏皆作「泰誓」。

〔三〕何　孔叢子連叢子上作「河」，其文是「河圖古文，乃有百篇耶」。嚴可均所輯全漢文同孔叢子。史記儒林傳索隱引作「何」，與戴同。東原文集尚書今文古文考載臧鏞堂按語云：「孔叢子僞書，不足據。」

〔四〕六體　許慎説文解字叙作「八體」。下句「一曰古文」作「一曰大篆」。段玉裁注：「不言古文者，古文在大篆中也。」

〔五〕遺書　本文前引作「移書」。當依前文，「移」是一種文體，文心雕龍檄移篇云：「劉歆之移太常，辭剛而義辨，文移之首也。」

〔六〕漢書藝文志班固自注「五十七篇」，此言「五十八篇」，係孔疏原誤，下文戴氏引已糾正。

〔七〕四十八篇　太平御覽卷六〇八引作「十八篇」，嚴可均以爲上脱「五」字，當爲「五十八篇」。按：文集尚書今文古文考引新論正作「五十八篇」，此「四十八篇」當據改。

〔八〕以上所引爲漢書藝文志文，有删節。

〔九〕以上引經典釋文前後移置，但原意未改，故仍用引號。

〔一〇〕至　原置「肅」字上，今依尚書正義移置「晉」字前。

〔一一〕概　原作「暨」，據抄本改。

〔一二〕辨　抄本作「辯」。

〔一三〕則　抄本作「其」。

尚書義考卷一

虞夏書一

堯典第一

粤若稽古帝堯。鄭玄注曰：稽，同也。古，天也。言能同天而行者帝堯。」

曰若稽古「曰」當從古本作「粤」。

爾雅：「粤，于也。若，順也。」

後漢書李固傳注曰：「書曰：

三國志三少帝紀：「帝問曰：鄭玄云『稽古，同天。言堯同於天也』。王肅云『堯順考古道而行之』。二義不同，何者爲是？博士庾峻對曰：先儒所執，各有乖異，臣不足以定之。然洪範稱『三人占，從二人之言』，賈馬及肅皆以爲『順考古道』。以洪範言之，肅義爲長。帝曰：仲尼言『惟天爲大，惟堯則之』。堯之大美在乎則天，順考古道，非其至也。今發篇開義以明聖德，而舍其大，更稱其細，豈作者之意乎？」孔氏穎達尚書正義曰：「鄭玄信緯，訓稽爲同，訓古爲天，言能順天而行之，與之同功。古之爲天，經無此訓。」

林氏之奇尚書解曰：「李校書推本古文書，以『曰』字爲『越』，與召誥『越若來三月』同。程氏云：『若稽古』者，史官之體，發論之辭也。史官記載前世之事，謂考古某人之事，爲如此也。蘇氏云：史官之爲此書也，謂吾順考在昔，而得其爲人之大凡如此。其説比先儒爲優。然虞書謂堯爲古可也，爲皋陶其時尚存，亦謂之古，可乎？若從周官『唐虞稽古』之文，以稽古爲堯，則下加『曰』字又爲難説。如『允迪厥德』，皋陶之言也，謂『若稽古皋陶曰』可也。『放勳』以下非堯之言，而加『曰』字，則其義不行。此説爲難折，故當闕之，以俟知者。」

劉氏安世尚書解曰：「當爲『粵若稽古』。粵若，發語之辭。所謂『越若來三月』是已。」

案：發端之辭，或言「于」，或言「爰」，或言「粵」，聲義相近。説文：「粵，于也。審慎之辭，周書『粵三日丁亥』〔二〕。」據説文，「粵」爲本字，其作「越」，或作「曰」，並六書之假借。爾雅釋詁：「粵、于、爰，曰也。爰、粵，于也。」「粵」與「曰」重出，於六書爲疏。爾雅釋言：「若、惠，順也。」「若」與「如」一聲之轉，「惠」與「順」一聲之轉。説文：「如，從隨也。」從隨之義，引而伸之爲順、爲同。篇内「若」字多矣，皆相因無異解，不得合「曰若」二字爲發語辭。召誥之「越若來三月」，越者，發端語辭。徐鍇説文繫傳釋「粵三日」云：「心中暗數其日數，然後言之。」若來三月，則由二月順數之，至方來之三月也〔二〕。「若」字宜從古注。稽古，猶言考之昔者，凡已往則稱古昔。盤庚篇謂前王曰「古我先王」，孟子書謂數日之間爲昔者，是也。前史所注記，後史從而删取成篇，故發端言「粵若稽古」，猶後人言「謹案」云爾。明不敢以臆見爽失其實也。自漢迄今並誤讀「粵若稽古帝堯」爲句，漢唐諸儒以「稽古」屬堯，鄭康成訓「稽古」爲「同天」，於字義全非。賈逵、馬融、王肅皆爲「堯考古道」，而梅賾奏上之古文尚書孔安國傳亦同。孔傳本晉人僞撰，襲取賈、馬之注，故魏博士庾峻引賈、馬及肅，而不言安國。周官「唐虞稽古」又僞古文語，與僞傳同出一説也。宋儒以「稽古」屬史官，而未明於「粵若稽古」四字句絶，其下文「帝堯曰放勳」，記帝名號也。皋陶謨與堯典一例，下文「皋陶曰」則直記皋陶之言也，林氏疑於兩「曰」字由句讀失傳耳。

帝堯曰放勳「勳」亦（同）〔通〕作「勛」〔三〕。

爾雅：「勳，功也。」

陸氏德明經典釋文曰：「堯，唐帝名。馬融云：謚也。翼善傳聖曰堯。放，方往反。徐云：鄭王如字。馬云：放勳，堯名。皇甫謐同。一云放勛，堯字。」

孔傳曰：「言堯放上世之功化。」

蘇氏軾書傳曰：「放，法也。有功而可法曰『放勳』。此論其德之辭也。自孟子、太史公咸以『放勳』、『重華』、『文命』爲堯、舜、禹之名。然有不可者，以類求之，則皋陶爲名『允迪』乎？」

林氏之奇曰：「李校書曰：放者，大而無所不至也。」夏氏僎尚書解曰：「堯功勳放於四海。」

黄氏度書説曰：「放，古倣字。放勳，謂倣古而有其功也。」

陳氏大猷書集傳或問曰：「或問堯、舜、禹、湯，先儒或以爲名，或以爲謚，何也？曰：陳氏謂觀『師錫帝曰虞舜』〔四〕，『曰格汝舜』，『曰來禹』，『曰棄』，『曰皋陶』，『曰咨垂』，『曰咨益』，例以名命之，則舜禹當爲名，舜禹爲名，則堯亦名也。檀弓曰：『死謚，周道也。』至周而後有謚。惟論語曰『予小子履』，履爲名，則『湯』非名矣。説者又謂湯名天乙，改爲履，此則不可知。」

顧氏炎武日知録曰：「堯、舜、禹皆名也，古帝王皆以名紀。胡文定修春秋劄子：「臣聞古者，不以名爲諱，堯典稱有鰥在下，曰虞舜。則堯舜者，固二帝之名。而堯典乃虞氏史官所作，直載其君之名而不諱也。」考之尚書，帝曰『格汝舜』、『格汝禹』，名其臣也。堯崩之後，舜與其臣言，則曰『帝』。不敢名其君也。自啓至發，皆名也。夏后氏之季，始有以十干爲號者，桀之癸，商之報丁、報乙、報丙、主壬、主癸，皆號，以代其名。白虎通曰：「殷質，以生日名子。」自天乙至辛，皆號也。太甲、沃丁、仲丁、河亶甲、祖乙、盤庚，皆以爲書篇之名，惟其號也。商之王著號不著名，而名之見於經者二：天乙之名履，辛之名受是也。武庚亦是號，禄父乃名也。曰湯、曰紂，則亦號也。號則臣子所得而稱，故伊尹曰『惟尹躬及湯』，頌曰『武湯』、曰『成湯』、曰『湯孫』〔五〕，是也。多士言「爾先祖成湯」，對其臣子稱之。曰文祖、曰藝祖、曰神宗、曰皇祖、曰烈祖、曰高祖、曰高后、曰中宗、曰高宗，而廟號起矣。曰玄王、曰武王，而謚立矣。自夏以前純乎質，故帝王有名而無號；自商以下寖乎文，故有名有號，而德盛者有謚以美之。於是周公因而制謚，自天子達於公卿、大夫，美惡皆有謚，而十干之號不立。史記齊太公世家「太公子丁公」，「丁公子乙公」，「乙公子癸公」，猶用商人之稱。陸淳曰：「史記、世本，厲王以前諸侯有謚者猶少，其後乃皆有謚。」然王季已上不追謚，猶用商人之禮焉。」

胡氏渭禹貢錐指曰：「記當時之言動，君不可與臣俱名，故名臣，而稱其君曰帝。篇中稱名者，惟發端『曰若稽古帝某』。書名則垂諸簡策，以詔來世，與敘述之文不同。故二典、謨、貢不嫌以名著也。或曰史遷云舜名重華，禹名文命，由此推之，則放勳亦名也。孟子再稱『放勳』，屈原三稱『重華』。堯、舜、禹豈有二名哉？曰放勳、重華、文命皆號也，而亦可謂之名。閻百詩曰『名者，號也。言舜號曰重華，禹號曰文命』云爾。孔疏云『人有號、謚之名。』余謂名曰重華，名曰文命，此生號之名也。孟子名之曰幽厲，此死謚之名也，皆得謂之名。然則典貢之上曷不繫以號？曰上古淳樸，無嫌於名，故不必以號著也。商則稍有所嫌矣。湯，號也，亦曰成湯、武湯，與放勳、重華、文命同。其名曰履，論語云『予小子履』是也。避名著號，故書有湯征、湯誓、湯誥。商人以十干爲號自上甲微始〔六〕。魯語：展禽曰『上甲微，能師契者也，商人報焉〔七〕。』上甲者，十干之號，微其名也。湯號天乙，而更有美號，故以『湯』著，後王無他美號，則亦以十干之號著而不名，故書有太甲、沃丁、仲丁、河亶甲、祖乙、盤庚。又有廟號，太甲爲太宗，太戊爲中宗，武丁爲高宗，故書有高宗肜日、高宗之訓、太甲三篇，及身而作，史亦不追改也。高宗二篇，據殷本紀爲其子祖庚時作，故稱廟號。序以爲祖己訓高宗，誤也。周人以諱事神，死則制爲謚，以易其名，故書有康王之誥，以謚著焉。」文侯之命，臣亦稱謚。據左傳：成王命魯公以伯禽，命唐叔以唐誥。伯禽、唐誥，皆誥命篇名也〔八〕。文侯之命，初亦當類此，其以謚著者，蓋史所追改。

案：「曰放勳」三字爲句，猶「曰虞舜」三字爲句也。放勳、重華，皆臣民推美之號，猶湯之爲美號也。「放」字之義，林氏引李校書之説得之。

欽明文思安安「思」，當從古本作「塞」。「安安」，當從古本作「晏晏」。

爾雅：「欽，敬也。」

陸氏德明曰：「馬云：威儀表備謂之欽，照臨四方謂之明，經緯天地謂之文，道德純備謂之思。」孔氏穎達曰：「鄭玄云：敬事節用謂之欽，照臨四方謂之明，經緯天地謂之文，慮深通敏謂之思。其敬、明、文、思爲次者。顧氏云：隨便而言，無義例也。」孔傳曰：「以敬、明、文、思之四德，安天下之當安者也。」林氏之奇曰：「下文『黎民於變時雍』，方是安天下之所當安者。此謂安安者，蓋言堯有欽、明、文、思之四德，安而行之，非事於勉强修爲，若孟子所謂性者也。」朱子語録曰：「能敬便能明，惟明故文理詳察，粲然可觀，而意思自是深遠。安安只是重疊字，若『小心翼翼』，『成性存存』。言堯之欽、明、文、思皆出於自然，不勉强也。」

案：後漢書馮(異)〔衍〕傳「思唐虞之晏晏〔九〕」，注引考靈耀曰：「放勛欽明文思晏晏。」鄭玄注曰：「寬容覆載謂之晏。」又第五倫傳「體晏晏之姿〔一〇〕」，注引尚書考靈耀「堯文塞晏晏」。據馬、鄭本皆作「文思」，而後漢書注兩引考靈耀，一作「思」，一作「塞」，宜以作「塞」爲正。其作「思」者，後人習見「思」，罕見「塞」，涉筆遂爲「思」耳。凡言德性，「明」與「誠」盡之矣。塞，即誠也。中庸曰：「道之不行也，我知之矣。智者過之，愚者不及也。」蓋智者恃其明，以爲施諸行不失，而其失多矣。堯之德欽，所以大其明也。論語曰：「十室之邑，必有忠信如丘者焉，不如丘之好學也。」忠信，亦誠之屬也。文之以禮樂，則學以進於純粹矣。堯之德文，所以成其「塞」也。晏晏者，形容其「欽明文塞」出於自然也。

允恭克讓

爾雅：「允，信也。克，能也。」蘇氏軾曰：「恭有僞，讓有不克，故以允克爲賢。」

孔氏穎達曰：「鄭玄云：不懈於位曰恭，推賢尚善曰讓。」

案：史臣稱堯之「欽明文塞」，以晏晏形容之。四者，德之有於中者也。見其晏晏然著乎外，即孟子所謂「睟然，見於面，盎於背，施於四體，四體不言而喻」也。恭讓皆在外，而實本乎内，故曰允、曰克。

光被四表，格于上下。「光」，當從古本作「横」，爾雅、説文並作「桄」。

爾雅：「桄，充也。格，至也。」孔傳曰：「光，充也。既有四德，又信恭能讓，故其名聞，充溢四表，至于天地。」

孔氏穎達曰：「界外之畔爲表。」

案：漢書王莽傳「昔唐堯横被四表」，後漢書馮異傳「横被四表，昭格上下」，又班固西都賦「横被六合」，王子淵聖主得賢臣頌「化溢四表，横被無窮」。爾雅釋言曰：「桄、熲，充也。」釋文：「桄，孫作光，古黄反。」許氏說文解字「桄」字下云「充也」，蓋古字「桄」與「横」通用，遂訛而爲「光」。樂記：「鐘聲鏗，鏗以立號，號以立横，横以立武。」鄭康成注云：「横，充也。謂氣作充滿也。」釋文：「横，古曠反。」孔子閑居篇：「夫民之父母乎，必達於禮樂之原，以致五至而行三無，以横於天下。」鄭注云：「横，充也。」疏不知其義出爾雅。史言堯之德「横被四表」，正如記所稱「横於天下」、「横乎四海」也。東晉所出之孔傳云「光，充也」，應是襲漢人舊解經之文義。「横四表」「格上下」對舉，充盛所及曰横，貫通所至曰格。四表有人民，故言「被」。上下謂天地，故言「于」。詩周頌噫嘻篇鄭箋舉「光被四表，格于上下」二語，疏引注云：「言堯德光耀及四海之外，至於天地。所謂大人與天地合其德，與日月齊其明。」此所謂注，或馬、鄭、王之注，然以光爲光耀，則漢時相傳之本亦自不一。蔡氏沈云「光，顯也」，又以「被四表，格上下」對言之，失古人屬辭之意。

克明俊德「俊」，亦通作「駿」。

爾雅：「駿，大也。」

孔氏穎達曰：「鄭玄云：俊德，賢才兼人者。」孔傳曰：「能明俊德之士任用之。」蘇氏軾曰：

「明，揚也。俊，傑也。堯之政以舉賢爲首，親親爲次。」陳氏大猷書集傳或問曰：「或問克明俊德，諸家皆以爲堯自德，如何？曰上文言『欽明』『光被』，已載堯之明德，不應於此又言。伊川、東萊舉中庸九經之序〔一二〕，尊賢在親親之先，可謂有據。兼經文言俊乂、俊民、俊有德，並是賢俊之德。俊之爲義，非所以名聖人之德也。曰：然則大學言帝典曰『克明俊德』，皆自明也，非歟？曰：經傳所引經文姑借以發明己意，非必盡與出處本意相合。如『於緝熙敬止』，詩之本旨，『止』字即訓助語，而大學乃以爲『知止』之止。禮記中此類極多，固難相律。」

朱子語録曰：「克明俊德，是明明德之義，與『文王克明德』同。問：堯典自『欽明文思』已下，皆説堯之德，則所謂『克明俊德』者，古注作『能明俊德之人』，似有理。曰：且看文勢，不見有用人意。」

案：夏小正正月「時有俊風」，説曰：俊者，大也。古字俊、駿通。凡德行、行事苟有所失，則如日月之蔽虧。克明者，言大德之昭顯，無或蔽虧也。大學「明明德」之義本乎此。以德行、行事之大謂之大德，以人所瞻仰謂之明德，其實一也。陳氏引「敬止」，止字訓語助辭。考之詩「緝熙」「敬止」對稱，緝熙言繼其光明，敬止言敬其所止。止字無從定爲語辭，古人引詩、書必無並其字義失之者。

以親九族，九族既睦。

許氏慎五經異義曰：「九族，今戴禮、尚書夏侯、歐陽説云：九族乃異姓有親屬者。父族四：五屬之内爲一族，父女昆弟適人者與其子爲一族，己女昆弟適人者與其子爲一族，己之女子子適人者與其子爲一族。母族三：母之父姓爲一族，母之母姓爲一族，母女昆弟適人者與其子爲一族。妻族二：妻之父姓爲一族，妻之母姓爲一族。古尚書説：九族者，上從高祖下至玄孫凡九，皆爲同姓也。謹案：禮緦麻三月已上服，恩之所及。禮爲妻父母有服，明在九族中也。九族不得但施於同姓。」鄭駁云：「玄之聞也，婦人歸宗。女子雖適人，字猶繫姓，明不與兄父爲異族。其子則不然，昏禮：請期辭曰『惟是三族之不虞』。欲及今三族未有不億度之事而迎婦也〔一二〕。如此所云，則三族不當有異姓，異姓其服皆緦麻。禮雜記下：緦麻之服，不禁嫁女取妻。是爲異姓不在族中明矣。周禮小宗伯：掌三族之别。喪服小記説「服」之義曰：「親親，以三爲五，以五爲九。以此言之，如高祖至玄孫昭然察矣〔一三〕。」

後漢書班固傳注曰：「尚書曰『九族既睦』，鄭玄注云『睦，親也』。」孔氏穎達曰：「睦，即親也。章，即明也。雍，即和也。各自變文，以類相對。」

陸氏德明曰：「九族，上自高祖，下至玄孫，凡九族。馬、鄭同。」孔傳曰：「以睦高祖玄孫之親也。」

林氏之奇曰：「高祖非己所得而逮事，玄孫非己所得而及見，若必謂非高祖玄孫之親，但據其族繫出於高祖者，則但本宗族亦何以爲九族哉？朱子語録：「問九族爲上至高祖下至玄子女子之夫家。母族謂母之本族、母族與姨母之家。妻族謂妻之本族與其母族，是也。」又曰：「九族，且從古注。」又曰：「九族以三族言者較大。」蔡氏沈集傳曰：「九族，高祖至玄孫之親，舉近以該遠。五服，異姓之親亦在其中也。」

孫，林氏謂如此祇是一族。九族者：父族四，母族三，妻族二。是否？曰：父族謂本族、姑之夫家、姊妹之夫家、

敦宗睦族之道，必偏內外之親。」

陳氏大猷書集傳吴氏曰：「九族者，數之極。凡王者於祖免之親，同姓之國，皆所當親也。」

王氏充耘讀書管見曰：「『既』字當訓『盡』，如『既用』之『既』，言無一人不親睦也。」

顧氏炎武曰：「爾雅於內宗曰族，於母妻則曰黨。而昏禮及仲尼燕居三族之文，康成並釋爲父、子、孫。儀禮士昏禮「三族之不虞」，注：三族，謂父昆弟、己昆弟、子昆弟。」禮記仲尼燕居篇「故三族和也」，注：「三族，父、子、孫也。」杜元凱乃謂『外祖父、外祖母、從母子及妻父、妻母、姑之子、姊妹之子、女子(子)之子、非己之同族，皆外親有服而異族者』〔一四〕。孔氏正義謂『高祖玄孫無相及之理』。左氏桓公六年注疏。不知高祖之昆弟與玄孫之昆弟固可以相及。禮小記曰：『親親者，以三爲五，以五爲九，上殺下殺旁殺而親畢矣。』是所謂九族者也。」春秋魯成公十五年宋共公卒。傳曰：「二華，戴族也；司城，莊族也；六官者皆桓族也。」共公距戴公九世。宋洪邁容齋隨筆言「嗣濮王士歆，在隆興爲從叔祖，在紹熙爲曾叔祖，在慶元爲高叔祖〔一五〕」。

案：古人宗族稱謂，同祖而下，曰世父、叔父、從父昆弟；同曾祖而下，曰從祖祖

父、從祖父、從祖昆弟；同高祖而下，曰族曾祖父、族祖父、族父、族昆弟。服制則同祖而下大功，同曾祖而下小功，同高祖而下緦。世父母、叔父母之期也〔一六〕，加隆也。爾雅「族昆弟之子相謂爲親同姓」，注云「同姓之親，無服屬」。明服之制，止於同高祖而下也。昏禮：請期辭曰「惟是三族之不虞」，鄭以緦麻之服，不禁嫁女取妻，明異姓不在族中。據雜記云：「大功之末，可以冠子，可以嫁子。父小功之末，可以冠子，可以嫁子，可以取婦。己雖小功，既卒哭，可以冠、取妻。」父小功，己爲之緦者也。昏禮以己上對父、下對子言之。己小功之末，乃可取婦，於子實緦麻之服。自子而數至族曾祖父，不得爲三族矣。族曾祖父同高祖者也，夏侯、歐陽説謂「五屬之内爲一族」，指此。鄭氏謂「女子雖適人，不與父兄爲異族」，考之服屬，姑姊妹之外，有父之姑、從父姊妹及從祖姑姊妹適人者，若姑姊妹女子子别於五屬，則無以該之。儀禮緦麻三月者，列外孫、甥、姑之子，因姑姊妹女子子而及之，爲九族之三。又列舅與舅之子，此二者統於母之父姓。杜元凱獨舉外祖父，則遺此矣。又别從母及其子爲二，而遺五屬之内，尤失之。顧氏援爾雅於内宗曰族，於母妻則曰黨，證異姓不得言族。夫異姓之不得引爲己族，故就己而言，則於母妻稱黨。各就其族而言，固各爲一族，合之有九也。況堯典之九族，該舉甚廣，九族不必盡有服屬。詳言之曰九族，概言之曰三族。周禮：「小宗伯掌三族之別，以辨親疏。」仲尼燕居篇曰：「以之閨門之内有禮，故三族和也。」三族承閨門言，不遺母黨、妻黨可知。「三族不虞」之辭，不過泛言，在喜樂時，本無庸拘泥。至喪服小記「親親以三爲五，以五爲九」，專以明「上殺下殺旁殺」之等，論服制，非論族屬。顧氏謂高祖之昆弟與玄孫之昆弟，固可以相及。據五屬，高祖之昆弟於己爲親同姓，若謂同高祖而下有爲玄孫之昆弟者，然皆服既窮，戚既單。使廣推及此，又不得以九爲限，徒因「以五爲九」之文附會九族，而不知義各有當也。

平章百姓，百姓昭明。「平」，當從古本作「便」，亦通作「辯」。下「平秩」「平在」並同。〔一七〕

史記五帝本紀「便章百姓」，裴駰集解：「鄭玄云：百姓，羣臣之父子兄弟。」

後漢書劉愷傳注曰：「尚書曰『辯章百姓』，鄭玄注云：『辯，別也。章，明也。』」

孔傳曰：「百姓，百官也。」蘇氏軾曰：「百姓，凡國之大族，民之望也。方是時，上世帝皇之子孫其得姓者，蓋百餘族而已，故曰百姓。」陳氏大猷曰：「按史記：黄帝二十五子，得姓者十四人。上古必得位尊顯者始得姓，故百姓多指百官。其後人皆有姓，故百姓多指民。」

林氏之奇曰：「平章者，平章百官之職業而升黜之，後世以宰相爲平章，事蓋出於此。」

朱子語録曰：「平章百姓，祇是近處百姓；黎民，合天下民言之。典謨中『百姓』祇是説民，如『罔咈百姓』之類。」若國語説『百姓』，則多説百官族姓。」蔡氏沈曰：「平，均。章，明也。百姓，畿内民庶也。」

案：詩小雅「平平左右」，韓詩作「便便」，可證。史記「便章」，乃書之本文。索隱云：「今文作辯章。」鄭所注者古文，其本亦作「辯章」矣。詩小雅「羣黎百姓，徧爲爾德」，毛傳曰：「百姓，百官族姓也。」周語「百姓兆民」，韋昭注曰：「百姓，百官也。官有世功受氏姓也。」楚語子期對昭王曰：「民之徹官百，王公之子弟之質能言能聽徹其官者，而物賜之姓以監其官，是爲百姓。」注云：「徹，達也。自以名達於上者，有百官也。質，有賢行〔一八〕。物，事也。以功事賜之姓，官有世功，則有官族，若太史、司馬之屬。」據此，則百姓之稱，周時猶不指民，而謂唐虞時即以指民，非也。「罔咈百姓」，語見僞古文，不足引以相證。

協和萬邦，黎民於變時雍。

爾雅：「黎，衆也。時，是也。雍雍，和也。」

林氏之奇曰：「於變者，唐孔氏曰：其萬國之衆人，於是變化從上。子和云：於者，歎美之辭也。蓋言之不足，故嗟歎之，與詩所謂『於論鼓鐘』之『於』字同。當從子和之説。時雍者，孔氏云：是以風俗大和。程氏曰：化成俗美而時雍和。程氏之説善。」

案：時雍，猶言斯和耳。萬邦君長，亦在百官族姓之内，故此遂言黎民。凡在民上者，欲其昭明。民則能使由之，不能使知之也。至於從化而無乖戾，可以觀治教矣。

乃命羲和

陸氏德明曰：「馬云：羲氏掌天官。和氏掌地官。四子掌四時。」孔氏穎達曰：「馬融、鄭玄皆以此『命羲和』者，命爲天地之官。下云『分命』『申命』，爲四時之職。」

周禮疏曰：「堯典『乃命羲和』注云：『高辛之世命重爲南正，司天；犂爲火正，司地。堯育重、犂之後羲氏、和氏之子賢者，使掌舊職天地之官。亦紀於近，命以民事。其時官名蓋曰稷、司徒。』」孔氏穎達曰：「楚語：少昊氏之衰，九黎亂德，民神雜擾，不可方物。顓頊受之，乃命南正重司天以屬神，火正黎司地以屬民。使復舊常，無相侵瀆。其後三苗復九黎之德，堯復育重、黎之後，不忘舊者，使復典之。吕刑先重後黎，此文先羲後和。揚子法言曰：羲近重，和近黎。是羲承重，而和承黎矣。吕刑稱『乃命重、黎』，與此『命羲、和』爲一事也。羲和雖别爲氏族，而出自重黎，故吕刑以重、黎言之。鄭注：黎爲高辛氏火正。則高辛亦命重、黎，故鄭玄於此注云：高辛氏世，命重爲南正司天，黎爲火正司地。楚世家云：重黎爲帝嚳火正，能光融天下。帝嚳命曰祝融。共工氏作亂，帝嚳使重黎誅之而不盡。帝乃以庚寅日誅重黎，而以其弟吴回爲重黎，復居火正，爲祝融。案：昭二十九年左傳稱少昊氏有子曰重，顓頊氏有子曰黎。則重、黎二人，各出一帝，而史記並以重黎爲楚國之祖。束晳譏馬遷並兩人以爲一，謂此是也。鄭答趙商云：先師以來，皆云火當爲北，當云黎爲北正。高辛所命明是重、黎之後，世以重、黎爲號。」

林氏之奇曰：「唐孔氏謂羲、和爲氏族，下云『咨，汝羲暨和』，則似名矣，非氏族也。王氏云：散義氣以爲羲，斂仁氣以爲和。日出之氣爲羲，羲者，陽也。利物之謂和，和者，陰也〔一九〕。羲、和即人之名，安有陰陽仁義之説哉？」

陳氏櫟書集傳纂疏曰：「愚謂重、黎自掌天地神民，羲、和自掌四時作曆，當是兩官。紛紜之説不足泥，四子先總命之，繼分命之，末又總命之。雖分方與時，其實通掌。」

欽若昊天「昊」，當從説文作「昦」。

許氏慎五經異義曰：「今尚書歐陽説曰：『春曰昦天，夏曰蒼天，秋曰旻天，冬曰上天，總爲皇天。』爾雅亦云。古尚書説云：天有五號，各用所宜稱之。尊而君之，則曰皇天；元氣廣大，則稱昦天；仁覆慜下，則稱旻天；自上監下，則稱上天；遠視之蒼蒼然，則稱蒼天。」謹案：尚書『堯命羲和，欽若昦天』，總敕四時，知昦天不獨春也。春秋左傳曰：『夏四月己丑，孔丘卒』，稱曰『旻天不弔』〔二〇〕，時非秋也。」鄭駁云：「玄之聞也，爾雅者，孔子門人所作，以釋六藝之言，蓋不誤也。春氣博施，故以廣大言之；夏氣高明，故以遠言之；秋氣或殺或生，故以慜下言之；冬氣閉藏而清察，故以監下言之。皇天者，其尊大號。六藝之中諸稱天者，以己情所求言之耳，非必於其時稱之。浩浩昦天，求天之博施；蒼天蒼天，求天之高明；旻天不弔，則求天之殺生若察當其宜；上天同雲，求天之所爲當順於時也。此之求，猶人之所事，各從其主耳。於是，則『堯命羲和，欽若昦天』，孔丘卒，稱『旻天不弔』，無可怪耳。」

曆象日月星辰，敬授人時。「人」，當從古本作「民」。

孔氏穎達曰：「二十八宿隨天轉運，更互在南方，每月各有中者。日行遲，月行疾，每月之朔，月行及日而與之會，其必在宿，分二十八宿，是日月所會之處。辰，時也。集會之時，故謂之辰。日月所會與四方中星俱是二十八宿，舉其人目所見，以星言之；論其日月所會，以辰言之。益稷稱『古人之象，日月星辰』，共爲一象，由其實同故也。周禮大宗伯云『實柴祀日月星辰』。鄭玄云『星謂五緯，辰謂日月所會十二次』。以星辰爲二者。五緯與二十八宿俱是天星，天之神祇，禮無不祭。此『敬授人時』，無取五緯之義，故鄭玄于此注以星辰爲一。」

蘇氏軾曰：「曆者，其書也。象者，其器也，璿璣玉衡之類，是也。或曰辰，三辰，心、伐、北辰也。」

林氏之奇曰：「薛氏云：周建子，天時也；商建丑，地時也；夏建寅，人時也。堯之所授爲人事而已，以建寅之月授之，故曰『敬授人時』。此說雖近似，然改正朔始於商時，堯舜之世無三正之異，故春秋疏舉鄭氏曰『正朔三而改，自古皆相變』，而以其說爲不然，謂古惟用夏正，惟商革夏命，而用建丑，周革商命，而用建子。觀此説，則薛氏之説，亦不可用矣。『人時』，史記作『民時』。」

分命羲仲，宅嵎夷，曰暘谷。寅賓出日，平秩東作。「宅」，當從古本作「度」。

爾雅：「寅，敬也。」

周禮疏曰：「分命羲仲，申命羲叔，分命和仲，申命和叔，使分主四方。注：仲、叔，亦羲、和之子。堯既分陰陽四時，又命四子爲之官。掌四時者，字曰仲、叔。疏又曰「分命仲叔」。注云「官名」。則掌天地者，其曰伯乎？」閻氏若璩尚書古文疏證曰：「朱子言羲和即是下四子，或云有羲伯、和伯共六人，未必是。」金仁山案：「尚書大傳：舜巡四岳，奏羲伯之樂、和伯之樂。則羲伯、和伯當有其人。蓋四子分職，必有二伯以總之，不然曆法無統矣。説至確。羲伯、和伯官在國都中〔二一〕，四子則分遣之，測驗于四極之地。羲伯、和伯猶今監正、監副，四子則猶今春官正、夏官正、秋官正、冬官正。又古者太史職掌察天文、記時政；漢時太史公掌天官，不治民，而紬石室金匱之書，猶是任也。」

陸氏德明曰：「馬云：嵎，海嵎也。夷，萊夷也。暘谷、海嵎，夷之地名。王氏應麟困學紀聞曰：「今按：史記堯本紀『居郁夷』，正義『郁音隅』，夏本紀『嵎夷既略』。索隱云：『今文尚書及帝命驗並作禺鐵』」。胡氏渭曰：「銕，古文鐵。從夷則可讀爲夷，不當作鐵。其作鐵者，蓋後人傳寫之誤。説文：暘山在遼西〔二二〕。一曰嵎鐵，暘谷也。既在遼西，則冀域而非青域。薛士龍云：嵎夷，今登州。齊乘因以甯海州爲禺夷，近世皆宗其説。余按：封禪書『秦始皇東游海上，祠齊之八神，其七曰日主，祠成山。成山斗入海，最居齊東北隅，以迎日出云』。韋昭曰：『成山在東萊不夜縣』。今文登縣東北百八十里有成山是也。自古相傳爲日出之地，謂羲仲之所宅在此，頗近理。然文登與萊州接壤，禹既略嵎夷，不應越萊夷而治濰淄，是則可疑耳。且朝鮮更在成山之東，寅賓出日，尤爲得宜。范史以東夷九種爲嵎夷，必有根據。杜氏通典亦用其說。通鑑唐高宗顯慶元年，命蘇定方伐百濟，以新羅王。春秋爲嵎夷道，行軍總管，是亦以東夷爲嵎夷也。元史天文志言：郭守敬爲太史，四海測景之所凡二十七，東極高麗，西至滇池，南踰朱崖，北盡鐵勒，皆古人所未及。高麗即古朝鮮，北極出地三十八度與登州同。後世朝鮮爲外國，測景但可在登州。堯時嵎夷爲青域，則測景自當在朝鮮也。」賓，徐音儐，馬云從也。

平，馬作『苹』，云使也。」

孔氏穎達曰：「鄭玄云：寅賓出日，謂春分朝日。蔡氏沈曰：「蓋以春分之旦，朝方出之日，而識其初出之景也。」鄭以作爲生，計秋言西成，春宜言東生。」林氏之奇曰：「東作，謂萬物發生於東耳，非取於農作之義也。惟曾氏謂春爲陽中，萬物以生；秋爲陰中，萬物以成。且引詩『薇亦作止』，老子『萬物並作』爲證。此可以補先儒之失。」

孔傳曰：「宅，居也。東表之地稱嵎夷。暘，明也。日出於谷而天下明，故稱暘谷。暘谷、嵎夷一也。孔氏穎達曰：「據日所出謂之暘谷，指其地名，則稱嵎夷。居者，居其官，不居其地，居在帝都而遥統領之。王肅云：皆居京邸而統之〔一三〕，亦有時述職。」蔡氏沈曰：「嵎夷，即禹貢『嵎夷既略』者也。曰暘谷者，取日出之義。羲仲所居官次之名，蓋官在國都，而測候之所則在於嵎夷東表之地也。」賓，導。秩，序也。

平均次序東作之事，以務農也。」

蘇氏軾曰：「禹貢：嵎夷在青州。」又曰：「暘谷則其地近日而先明，當在東方海上。以此推之，則昧谷當在西極，朔方幽都當在幽州，而南交爲交趾明矣。當是致日景以定分、至，然後曆可起也，故使往驗於四極，非當居也。」

林氏之奇曰：「據孔氏云：賓，導也。則音儐者，是與『儐相』之儐同。『賓出日』『餞納日』，蓋將以候日晷之早晚，以驗晷刻之長短也。帝嚳歷日月而迎送之，即此法也。陰陽四時之氣，運於天地之間，造化密移，莫不有序。平秩、平在者，蓋所以候其氣節之早晚，如後世分定二十四氣之類，是也。」

朱子語録曰：「宅字古與『度』字通，見周禮注等書者非一。『宅嵎夷』之屬，皆謂度日景於此。」

金氏履祥尚書表注曰：「帝堯以嵎夷正東方之景，青境實跨有東夷。」胡氏渭曰：「後漢書：東夷有九種，昔堯命羲仲，宅嵎夷，曰暘谷，蓋日之所出也。是以九夷爲嵎夷。金説本此。」

案：周禮縫人注曰「書度西」。以是例之，鄭康成本當作「度嵎夷」、「度南交」、「度朔方」。古音「宅」讀如「度」，分四方測景，故言度。王肅釋「宅」爲「居」，遂不可通。蔡氏以暘谷爲所居官次之名，尤非。寅賓，史記作「敬道」，即其字義。平秩，史記作「便程」，索隱引尚書大傳「辯秩東作」，便，即「辯」也。

日中星鳥，以殷仲春。

陸氏德明曰：「殷，馬、鄭云中也。」

孔氏穎達曰：「馬融云：古制，刻漏晝夜百刻。晝長六十刻，夜短四十刻；晝短四十刻，夜長六十刻；晝中五十刻，夜亦五十刻。隋書天文志曰：「昔黄帝創觀漏水，周禮挈壺氏則其職也。其法，總以百刻，分於晝夜，晝有朝，有禺，有中，有晡，有夕。夜有甲乙丙丁戊。漢哀帝時改用晝夜百二十刻，尋亦寢廢。梁天監六年，武帝以晝夜百刻分配十二辰，辰得八刻，仍有餘分，乃以晝夜爲九十六刻，一辰有全刻八焉。至大同十年，又改用一百八刻，依尚書考靈耀晝夜三十六頃之數，因而三之。陳文帝天嘉中亦命舍人朱史造漏，依古百刻爲法。」五代會要曰：「晉天福三年，司天臺奏漏刻經云：晝夜一百刻，分爲十二時，六十分爲一刻，一時有八刻二十分。四刻十分爲正前，十分四刻爲正後，二十分中心爲時正。上古以來皆依此法。」王氏逵蠡海集曰：「百刻之説，每刻分爲六十分，百刻共六千分，數於十二時，每時得五百分。如此則一時佔八刻零二十分。將八刻截作初、正各四刻，卻將二十分零頭數以作初初、正初，微刻各一十分也。」馬融、鄭玄以爲星鳥、星火，謂正在南方。春分之昏，七星中。仲夏之昏，心星中。秋分之昏，虚星中。冬至之昏，昴星中。舉仲月以統一時。王肅以所宅爲孟月，日中、日永爲仲月，星鳥、星火爲季月。以殷、以正皆總三時之月。讀仲爲中，言各正三月之中氣也。」

周禮小司馬疏曰：「鄭注堯典云：日中者，日見之漏與不見者齊。日長者，日見之漏五十五刻，於四時最長也。夜中者，日不見之漏與見者齊。日短者，日見之漏四十五刻，於四時最短。」孔氏穎達曰：「天之晝夜以日出入爲分，人之晝夜以昏明爲限。日未出前二刻半爲明，日入後二刻半爲昏，損夜五刻以裨於晝，則晝多於夜復較五刻。古今曆術與太史所候，皆云夏至之晝六十五刻，夜三十五刻。冬至之晝四十五刻，夜五十五刻。春分秋分之晝五十五刻，夜四十五刻。此其不易之法。然今太史細候之法〔二四〕，則較常法半刻也。從春分至於夏至晝漸長，增九刻半，夏至至於秋分所減亦如之。從秋分至於冬至，晝漸短，減十刻半，從冬至至於春分，其增亦如之。又於每氣之間增減刻數有多有少，不可通而爲率。漢初未能審知，率九日增減一刻，和帝時待詔霍融始請改之。鄭注與曆不同，故王肅難云：知日見之漏減晝漏五刻，不知馬融爲傳已改之矣，因馬融所減而又減之，故日長爲五十五刻，因以冬至反之，取其夏至夜刻以爲冬至晝短〔二五〕，此其所以誤耳。」

詩七月疏曰：「堯典注云：星鳥，鶉火之方。」朱子曰：「中星或以象言，或以次言，或以星言。蓋星適當昏中，則以星言，如星虛星昴是也。星不當中而適當其次者，則以次言，如星火是也。次不當中，而適界於兩次之間者，則以象言，如星鳥是也。」

孔傳曰：「鳥，南方朱鳥七宿也。殷，正也。春分之昏，鳥星畢見，以正仲春之氣節，轉以推季孟，則可知矣。」

蘇氏軾曰：「殷，當也。」

林氏之奇曰：「鳥、火、虛、昴，皆是分、至之昏見於南方，直正午之中星。王子雍謂星鳥、星火、星虛、星昴，季月也。蓋不知曆家有歲差之法，以月令日在某宿求之，所以不合。月令日在某宿，比之堯時則已差矣。歲差之法乃曆家之所通知，先儒未之思耳。」

案：古法晝夜百刻，後代或改用百二十刻，或用九十六刻，或用百八刻。取於分隸十二辰，每一辰爲十刻、八刻、九刻，無奇零耳。百刻之分，隸十二辰也，每一辰八刻二十分。此二十分，據五代會要之時正，居一辰之中〔二六〕，而分前四刻爲正前，後四刻爲正後。據蠡海集，則分十分爲初初，刻在初一刻之前；十分爲正初，刻在正一刻之前。二法皆通。其晝夜永短之故，蓋由人所居有南北，則北極、赤道因而異勢。於是日躔之發斂，每日成一左旋之規，在平地上下隨其南北不同。就中土言之，春、秋分日值赤道，其左旋之規赤道是也。與地平交於卯酉，地平上下之度適均，故晝夜平分。冬至在赤道南，其左旋之規外衡是也。與地平交於辰申，地平上之度少，故晝短，地平下之度多，故夜永。夏至在赤道北，其左旋之規内衡是也。與地平交於寅戌，地平上之度多，故晝永，地平下之度少，故夜短。自中土而北，北極去地愈遠，赤道去地愈近，則夏至左旋之規在地平上之度愈多，冬至左旋之規在地平下之度愈多，而永者愈永，短者愈短。至北極正當天頂，赤道環地平如帶，則春分至秋分爲晝，秋分至春分爲夜。自中土而南北極，去地愈近，赤道去地愈遠，則夏至左旋之規在地平上之度漸少，冬至左旋之規在地平下之度漸少，永短皆漸減。至赤道正當天頂，南北極皆適準地平，則日躔雖有發斂，而無永短。又黄道交於赤道，二分前後，交之勢斜，則發斂疾，數日而差一刻。二至前後，勢近平則發斂遲，半月而差一刻。此隨時隨地永短各殊也。古法晝長六十刻，晝短四十刻，約計大致云爾。據中土所見日出入，晝長踰六十刻，晝短不及四十刻也。古又有以日未出前二刻半爲明，日入後二刻半爲昏，合之五刻。損夜以裨於晝。鄭康成注儀禮云「日入三商爲昏」，疏以爲三刻。凡言三刻、言二刻半者，亦約計大致云爾。日未出前及日入後，距北平十八度奇皆有光。惟春、秋分左旋之規即赤道，其度最廣，昏明各分五刻。冬、夏至左旋之規其度狹，則昏明分且非五刻之可限也。至若人所居愈北，赤道距天頂愈遠，地平下十八度奇，左旋之規以斜當其正，遠踰乎十八度矣。人所居愈南，赤道距天頂愈近，地平下十八度奇，左旋之規勢漸正而與之等，此昏明則分之亦隨時隨地各殊也。大抵北極出地幾五十度，則夏至夜半猶有光，故唐書天文志言「骨利幹居瀚海之北，北距大海，晝長而夜短。既夜，天如曛不暝，夕胹羊髀纔熟而曙」。又言「凡晷差，冬夏不同，南北亦異。今爲覆矩圖，南至丹穴〔二七〕，北暨幽都，每極移一度，輒累其差，可以稽日食之多少，定晝夜之長短，而天下之晷皆協其數矣」。自古論晝夜永短，以南北里差言，實始乎此。

又案：日中、宵中、日永、日短，此分至之不變者也。星鳥、星火、星虛、星昴，舉昏見南方之星以知時節。天左旋，日月星皆右旋，而北極爲左旋之樞，以正南北；赤道爲天之中帶，以正東西，以界南北。左旋者，東西旋也。右旋者，迆而爲南北旋也。月二十七日，小餘不及三分日之一，出入於黄道一終。其行黄道之南謂之陽曆，行黄道之北謂之陰曆。日躔黄道三百六十五日，小餘不及四分日之一，出入於赤道一終。自春分至秋分，日之發斂在赤道之北；自秋分至春分，日之發斂在赤道之南。恒星，或謂之列星，或謂之經星，古人分之爲四象、爲二十八宿、爲十二次，凡二萬餘年出入於赤道一終。近春分，黄赤道之交，古在赤道南者，今右旋入赤道北矣。近秋分，黄赤道之交，古在赤道北者，今右旋出赤道南矣。此日月星迆而南北旋之驗也。遲速不同，其皆右旋則同。以日言之，夏至而後自北發南，冬至而後自南斂北。歲一南至，一北至，右旋之爲南北旋明矣。有南北旋以成寒暑，有東西旋以成晝夜，昔儒惑於左右之名，以爲日月與天皆左旋，少遲則反右，是知有東西旋，而不察其何以南北發斂也。又昔人所謂天者，即以四象、二十八宿當之，其言天左旋，即指恒星，而不知恒星亦右旋，特其推移甚微，六七十年纔及一度，仰觀不覺耳。晉虞喜之言曰：「堯時冬至日短，星昴。今二千七百餘年，乃東壁中，則知每歲漸差之所至。」言歲差始此。稽諸載籍，堯典、夏小正所言星象相近，詩三百篇暨初，冬至屬星紀之中，故曰日至其初爲節氣，至其中爲中氣。此由不明二十八宿，雖與列宿分十二次，推步家本未區別爲二。即以星紀至析木十二次之名，名黄道十二宫。漢時未覺冬至日纏於宿度相差，以其時節氣日纏所在分十二次，大雪屬星紀之言，日纏惡得有差，古今節氣日所在之宿以漸而異，由星右移故也。黄道分十二宫，爲冬至；未值赤道之北最遠，不爲夏至；未值二道之交，不爲春、秋分。據黄道千歲之日至起子半，歷十二宫而復起其所，無毫末之差。使未值赤道之南最遠，不子宫之半。夏至日值赤道北最遠，是爲午宫之半。春分卯宫之半。秋分酉宫之半。道，半在赤道南，半在赤道北，春、秋分日值二道之交。冬至日值赤道南最遠，是爲客，夫借恒星以紀日月之纏離可也。謂日右旋，歲歲於天有差，非也。黄道斜絡赤自爲歲，謂歲周不及天周。所云天周，亦指恒星言之，以恒星譬之郵程，日月譬之過之推移，表以示民，非明知恒星右旋一同乎日月之右旋歟？推步家分天自爲天，歲西流於星後一次，故於時後一月。然不聞古人疑之，亦不聞古人謂之差，而隨其世令「季夏之月，昏火中」，則六月昏中暑退，十有二月旦中寒退。而七月初昏，大火昏大火中。流火宜在六月，豳詩「七月流火」，春秋傳張趯曰「火星中而寒暑退」，月國語、左氏春秋、月令所言星象相近。堯時日永，星火以正仲夏。夏小正五月，初近黄道之星，而日星各自運行也。列宿十二次，因星得名，終古不變。宋書大明六年，南州從事史祖沖之曰：「次隨星名，義合宿體，分至雖遷，而厥位不改。」斯言足正十二次隨節氣、中氣推移之謬矣。黄道十二宫，大雪子宫之初，冬至子宫之中，芒種午宫之初，夏至午宫之中，二十四氣各有定在，亦終古不變。所謂日至其初爲節氣，至其中爲中氣者，加於黄道十二宫，斯至當不易。古曆皆節氣過宫，節謂兩節之間，中謂一宫之中。西域諸國推步日躔以中氣過宫，冬至屬星紀之初，小寒屬星紀之中，故於冬至曰某日某刻日躔星紀之次，則中氣居兩宫之間，而節氣反居一宫之中，名與實悖。又襲用星紀至析木等名，冬至日在析木之箕半二三度，猶曰日躔星紀，其宫界從中氣而定，故僅差半次，苟正中節之名。使宫界從節氣而定，則析木全改爲星紀，十二次名義悉因之淆惑，越四千餘年。將東陸三次全改爲北陸三次，此由不知十二次之名起於列宿，不可以名黄道十二宫也。與漢時昧於日星運行，所以失不同，而其失則同。左氏春秋「玄枵，虚中」，又言婺女爲玄枵之維首，是婺女值玄枵之初，虚值玄枵之中，十二次宜準是遞之。凡一規皆可分十二宫，皆可以十二子名之，十二子分奠四方，亥子丑位北，寅卯辰位東，巳午未位南，申酉戌位西，是爲四方之定位。十二次配十二子，北陸三次：星紀丑、玄枵子、娵訾亥。西陸三次：降婁戌、大梁酉、實沈申。南陸三次：鶉首未、鶉火午、鶉尾巳。東陸三次：壽星辰、大火卯、析木寅。自昔相配如是，究其實，丑配十二次星紀，非丑配黄道冬至也。冬至必建子月，則宜爲子宫之半明矣。天地之定位，赤道居正卯、正酉，春秋分值二道之交，非卯宫、酉宫之半而何？是故黄道十二宫宜順序十二月建以爲之定名。西洋人又稱黄道冬至爲丑宫，而春分爲戌，秋分爲辰，名義安在？蓋不惟十二次之名不可襲，即十二次配十二子之名亦不可襲。凡舉星象十二次及黄道十二宫，名實之際所宜察也。史記「衡殷南斗」，宋均云「殷，當也」。又「衡殷中州河濟之間」，張守節云「殷，當也」。當，謂相當值。

厥民析，鳥獸孳尾。「孳尾」，當從古本作「字微」。

爾雅：「厥，其也。」

孔傳曰：「冬寒無事，並入室處。春事既起，丁壯就功。言其民老壯分析。乳化曰孳。交接曰尾也。」

案：析，謂分散而適野。孳尾，史記作「字微」。「孳、字」「尾、微」，聲義通，言字養其生之微者。説文云「字，乳也」。詩「瑣兮尾兮」，尾亦微也。

申命羲叔宅南交。平秩南訛，敬致。

爾雅：「申，重也。訛，化也。」孔氏穎達曰：「禾苗秀穗，化成子實，亦胎生乳化之類。」

孔氏穎達曰：「鄭云：夏不言『曰明都』，三字摩滅也。王肅以夏無『明都』，避敬致。」

史記索隱曰：「南方地有名交趾者，或古文略舉一字名南交，即是交趾不疑也。」劉氏敞曰：「本言宅南曰交趾，傳寫脱二字耳。」黄氏度曰：「案漢初置交趾郡，後置交州。杜佑通典曰：復禹舊號，是則本名交，後世增益之也。」

林氏之奇曰：「南交，孔氏云：夏與春交。王氏云：南方相見之時，陰陽之所交也。此説不然，蓋南交即交趾也。史記五帝本紀曰：黄帝之地『北至於幽陵，南至於交趾』，則交趾之對幽都，由來尚矣。交趾在正南，故曰『南』。『敬致』，孔氏謂敬行其教，以致其功。其説不然，周官春夏致日，秋冬致月。左氏曰『日官居卿以底日』。則敬致者，致日之謂也。」

惠氏棟尚書古義曰：「平秩南訛，史記作『南僞』。司馬貞本又作『爲』，云『爲，依字讀。春言東作，夏言南爲，皆是耕作營爲勸農之事。』棟案『僞』與『訛』古字本通。毛詩無羊曰『或寢或訛』，傳云『訛，動也』。韓詩作『譌』。薛夫子云『訛，覺也』。説文引詩『民之譌言』，今正月詩作『訛』，箋又訓『訛』爲『僞』，僞亦與訛通，故王莽傳又作『南僞』。索隱作『爲』者，古僞字皆省文作『爲』。淮南天文曰『歲大旱，禾不爲』，高誘曰『爲，成也』。禾成於夏，故曰『南爲』。此與『東作西成』皆言農事。索隱本是也。」

案：惠氏引高誘注淮南天文證「禾成於夏，故曰南爲」，與孔穎達正義言「禾苗秀穗，化成子實」同一義。索隱以「耕作營爲」解「東作」「南爲」，非也。周官：「土方氏掌土圭之法，以致日景。」鄭注云：「致日景者，夏至景尺有五寸，冬至景丈三尺，其間則日有長短。」隋書天文志：「劉焯云：周官夏至日景尺有五寸。張衡、鄭玄、王蕃、陸績先儒等，皆以爲景千里差一寸。言南戴日下萬五千里，表景正同，天高乃異。考之算法，必爲不可。寸差千里，亦無典説，明爲意斷，事不可依。今交、愛之州，表北無景，計無萬里，南過戴日。是千里一寸，非其實差。」又載姜岌言地有游氣，故參伐在旁則其間疏，在上則其間數。日晨夕近地，故色赤而大，無游氣則色白，大不甚矣〔二八〕。今考一歲之推步起冬至，而堯典「敬致」言於仲夏，周官日至之景，亦據夏至言。蓋冬至日在赤道南，去地平近，夏至日在赤道北，去地平遠。近則游氣能映小爲大，升卑爲高。遠則出游氣而上，漸還其本體。故冬夏致日於仲夏尤準。古人因表景知黄赤道高下，猶唐以來測北極高下也。赤道距北極四分天周之一，南行二百餘里，而北極下一度，則赤道高一度。北行二百餘里，而北極高一度，則赤道下一度。環地之周，上應天周。晉書天文志王蕃曰：「前儒舊説，天地之體，狀如鳥卵，天包地外，猶殼之裹黄也。」由此言之，天即成大圜〔二九〕，地又以圜體處其中，故大圜之中心即地體之中心。人所居者，地體外周，猶卵黄之上也。距中心爲圜徑之半，古割圜術，自圜之中心弧分之，割圜周成弧背，而得句股弧矢之用。凡推算所得者，皆據圜之中心與外周相應，天之實象也。測望所得者，人居地體外周，較諸推算所得，隔地半徑，於是差數又生焉。凡爲差者數端，致日所當知也。

日永星火，以正仲夏。

詩七月疏曰：「堯典注云：星火，大火之屬。司馬之職，治南岳之事，得則夏氣和。夏至之氣，昏火星中。鄭志曰：日永星火，此謂大火也。大火，次名。東方之次，有壽星、大火、析木三者，大火爲中。故尚書舉中以言焉。」金氏履祥曰：「心宿有三星，中一星名曰大火。」

案：十二次之名，周人之文始舉之。唐虞時，仲春初昏，適朱鳥七宿在南，蒼龍七宿在東，白虎七宿在西，玄武七宿在北。列星旋轉，隨時不同，本無東西南北之别。其曰南陸、東陸、西陸、北陸，各以方位言者，疑即唐虞時據仲春初昏名之。然則四象，蓋辨自羲和，而十二次首星紀，殆因周時冬至日在牽牛，遂以是爲紀之首。十二次蓋周人所定矣。夏小正「五月初昏大火中」，説曰「大火者，心也」。不必爲次名。

厥民因，鳥獸希革。

詩斯干疏曰：「堯典注云：夏時，鳥獸皮疏毛見。」

孔傳曰：「因，謂老弱因就在田之丁壯，以助農也。夏時鳥獸毛羽希少改易。革，改也。」

案：革，猶皮也。於夏言「希革」，於冬言「氄毛」。鄭注得之。

分命和仲宅西，曰昧谷。寅餞納日，平秩西成。「昧」當從古本作「柳」。

史記五帝本紀：「居西土，曰昧谷。」集解：「徐廣曰：『西者，今天水之西縣也。一作柳谷。』駰案：鄭玄曰『西者，隴西之西，今人謂之兑山。』」

陸氏德明曰：「餞，馬云：滅也。滅，猶没也。」

孔氏穎達曰：「鄭玄以寅餞納日謂秋分夕月也。」

周禮縫人注曰〔三〇〕：「柳之言聚，諸飾之所聚。書曰：『分命和仲，度西，曰柳穀。』」疏曰：柳者，諸色所聚。日將没，其色赤，兼有餘色，故曰柳穀。」惠氏棟曰：「穀與谷通，『臧與穀二人相與牧羊』〔三一〕，崔譔本穀作谷。鄭注尚書從古文作『昧谷』，故虞仲翔『奏鄭解尚書違失事目』，言古文篆丣字讀當爲柳，古柳、丣同字，而以爲昧〔三二〕。棟案：史記亦作『柳谷』，此古文也。鄭康成依賈逵所奏，定爲『昧谷』，故虞氏駁之。管子幼官篇言『春三丣同事，秋三丣同事』。説文曰：兆，冒也。二月萬物冒地而出，象開門之形。故二月爲天門。丣，古文酉。丣爲春門，萬物已出。（丣）〔酉〕爲秋門，萬物已入。從一丣，閉門象也。柳、丣同字。日出於暘谷，入於柳谷。西者，隴西西縣之八兑山，一日兑山。」

孔傳曰：「昧，冥也。日入於谷而天下冥，故曰昧谷。昧谷曰西，則嵎夷東可知也。餞，送也。日出言導，日入言送，因事之宜。」

宵中星虚，以殷仲秋。

爾雅：「宵，夜也。」孔傳曰：「春言日，秋言夜，互相備。」

詩七月疏曰：「堯典注云：虚，玄武中宿也〔三三〕。」

史記索隱曰：「虚，舊依字讀，而鄒誕生音墟。案：虚星主墳墓，鄒氏或得其理。」

厥民夷，鳥獸毛毨。

孔傳曰：「夷，平也。老壯在田，與夏平也。林氏之奇曰：「於夏既言老弱因就在田，於秋又言與夏平，則是三時之辭其言無異。程氏謂秋稼將成，歲事將畢，民獲卒歲之實，心力平夷安舒也。」毨，理也，毛更生整理。」

陸氏德明曰：「毨，説文云：仲秋鳥獸毛盛，可選取以爲器用也。」

蘇氏軾曰：「農事至秋稍緩，可以漸休，故曰夷。」

案：夷字之義，蘇氏得之。毨，洗聲，義相通。程子云「澤好也」。

申命和叔，宅朔方，曰幽都。平在朔易。

爾雅：「朔，北方也。在，察也。」

孔氏穎達曰：「人則三時在野，冬入隩室。物則三時生長，冬入囷倉。是人之與物皆改易也。王肅云：『改易者，謹約蓋藏，循行積聚。』引詩：『嗟我婦子，曰爲改歲，入此室處。』三時皆言『平秩』，此獨言『平在』者，以三時乃役力田野，當次序之，冬則物皆藏入，須省察之。」

史記：「居北方，曰幽都。便在伏物。」索隱曰：「案山海經曰『北海之內，有山名幽都』，蓋是也。使和叔察北方藏伏之物，謂人畜積聚等冬皆藏伏。尸子亦曰『北方者，伏方也』。今案：大傳云『便在伏物』，太史公據之而書。禮：十二月，天子與公卿大夫共飭國典，論時令，以待來歲之宜。」

蘇氏軾曰：「朔易，歲於此改易也。」

黄氏度曰：「北限沙漠，荒茫幽遠〔三四〕，山川不可見，故稱朔方，以爲大界。」

案：在、察聲義通。凡六書之假借，依聲託事也。

日短星昴，以正仲冬。

詩七月疏：「堯典注云：昴，白虎中宿也。」

齊氏召南曰：「堯時冬至日躔所在，術家多以意說。宋何承天、隋袁充皆謂日在須女十度，已爲近之。唐一行直謂日在虛一，則星火、星昴皆以仲月昏中，得其解矣。」

厥民隩，鳥獸氄毛。「隩」，當從古本作「燠」。

陸氏德明曰：「隩，馬云：煖也。氄，馬云：温柔貌。」

孔傳曰：「隩，室也。民改歲入此室處，以避風寒也。林氏之奇曰：「胡氏謂若如孔氏之說，當作『奥』字讀，據陸氏釋文云：於六反。冬寒，民集隱煖，此說爲是。」鳥獸皆生耎毳細毛以自温。」

惠氏棟曰：「說文引云『鳥獸𣯡髦』，云『𣯡，毛盛也』。髦，古毛字。既夕記云『馬不齊髦』，鄭注云『今文髦爲毛，古文尚書毛皆作髦』。」

案：史記作「作民燠」。氄、茸、耎三字聲義通。

帝曰：「咨，女羲暨和，朞三百有六旬有六日，以閏月定四時成歲。允釐百工，庶績咸熙。」「定」，當從古本作「正」。

爾雅：「咨，嗟也。暨，與也。庶，衆也。績，業也，功也。咸，皆也。熙，光也，興也。」

春秋公羊傳隱公元年疏曰：「堯典鄭注云：以閏月推四時，使啓閉分至不失其常，著之用成歲曆，將以授民時，且記時事。」

孔傳曰：「帀四時曰朞。釐，理。工，官。熙，廣也。」

陸氏德明曰：「十日爲旬。」

孔氏穎達曰：「朞，即帀也。王肅云『朞，四時』是也。古時真曆遭戰國及秦而亡，漢存六曆，皆秦漢之際假託爲之，實不得正。要有梗概之言，周天三百六十五度四分度之一，而日日行一度，則一朞三百六十五日四分日之一。此言三百六十六日者，王肅云『四分日之一，又入六日之内，舉全數以言之，故云三百六十六日也』。斗之所建，是爲中氣，閏月所在，斗指兩辰之間，無中氣，故以爲閏也。」梅氏文鼎曰：「周天之度以十二分之，各得三十度奇，凡各月中中氣，皆在其三十度之中半；各月節氣，皆居其三十度之首尾。今依其説，斗柄所指，各在其月之辰，則交節氣日，斗柄所指必在兩辰之間矣。十二節氣日，皆指兩辰之間，又何以别其爲閏月乎？若夫閏月，則止有節氣，無中氣，其節氣之日固指兩辰之間矣。然惟此一日而已，其前半月後半月，並非兩辰之間也。地盤周圍分爲十二辰〔三五〕，首尾鱗次，如環無端，又何處設此三十度於兩辰間，以爲閏月三十日之指乎？斗杓之星距北極止二十餘度，必以北極爲天頂，而後可以定其所指之方。今中土所處在斗杓之南，仰而觀之，斗杓與辰極並在天頂之北。古人以星象授人時，若以歲差考之，則於今日並相差一二旬矣。然而各據其時之星象爲之著令，所以使民易知也，而終未有言斗柄指何方而作何事者，則以其方位之難定也。十二月建之非閏斗柄明矣。」

史記：「以閏月正四時。信飭百官，衆功皆興。」索隱曰：「日一日行一度，月一日行十三度十九分度之七。至二十九日半彊，月行天一帀，又逐及日而與會。一年十二會，是爲十二月。每月二十九日過半，年分出小月六，是每歲餘六日。又大歲三百六十六日〔三六〕，小歲三百五十五日。其實一歲惟餘十一日弱，未滿三歲，以成一月，則置閏。若三年不置閏，則正月爲二月。九年差三月，則以春爲夏。十七年差六月，則四時皆反。以此四時不正，歲不成矣。故傳曰『歸餘於終，事則不惑』是也〔三七〕。」

蘇氏軾曰：「有，讀爲又，古有、又通。熙，光明也。」

晁氏以道曰：「以閏月定四時，古文『定』作『正』，開元方誤作『定』。」

閻氏若璩尚書古文疏證曰：「天周之度，歲周之日，皆三百六十有五而又有餘分。自今歲冬至距來歲冬至爲一朞，歷三百六十五日而日行一周，凡四周積千四百六十則餘一日。析而四之，則四分之一也〔三八〕。經言『六日』者，舉其成數也。自正月朔日至十二月晦日爲一歲，得三百五十四日，三歲則多出三十二日有奇，所以置閏也。置閏之法，其先則三年一閏者二，繼以兩年一閏者一，續又三年一閏者二，繼以兩年一閏者一。如是七閏，然後氣朔分齊，是爲一章也。」

案：天度以日之平行爲準。度也者，行而過之之名。日一晝夜右旋所過是爲一度。自今歲冬至至來歲冬至，凡三百六十有六日，故曰朞三百有六旬有六日。以發斂一終言之，則三百六十五日，小餘不滿四分日之一，而日行適一周天。周髀算經及後漢永平中用四分法，皆三百六十五日四分日之一爲經歲，後世謂之歲周，又謂之歲實者也。即以是爲天周三百六十五度四分度之一，故後漢書曰「在天成度，在曆成日」，密計之實不及四分之一。後漢書又曰：「日月相推，日舒月速，當其同〔三九〕，謂之合朔。舒先速後，近一遠三，謂之弦。相與爲衡，分天之中，謂之望。以速及舒，光盡體伏，謂之晦。」蓋月有晦朔弦望之節，仰觀即得，古人因之以明民。日月之行，日平行一度，月平行十三度有奇，凡二十七日小餘不滿三分日之一，而月行適一周天，日已離其故處二十七度有奇，又必踰二日而後月始追及之，日月同度是爲合朔。其經月凡二十九日過半日，於是定之爲大月三十日，小月二十九日。其多一日者，餘分滿一日也。十二月，凡三百六十四日，於經歲差十日有奇，不及三年而差數之積滿一月。凡物候以日躔發斂爲本，故春夏秋冬從日而序，古人分之爲八節，爲二十四氣，皆平分經歲以爲之限。而寄見於月曰某月某日冬至，某月某日春分，使冬至恒在十一月，春分恒在二月，時序乃正。故曰以閏月正四時成歲。漢書曰：「啓閉者，節也。分至者，中也。節不必在其月，中必在正數之月」，「朔不得中，是謂閏月」。後漢書曰：「四時推移，故置十二中以定月位。有朔而無中者爲閏月。」此古人置閏之定法，然日月在天皆非平行。後漢書：「章帝使左中郎將賈逵問治曆者衛承、李崇、太尉屬梁鮪、司徒〔掾〕嚴勗〔四〇〕、太子舍人徐震、鉅鹿公乘蘇統及編訢、李梵等十人。逵論曰：今史官推合朔、弦、望月食加時，率多不中，在於不知月行遲疾意。梵、統以史官候注考校，月行當有遲疾。」宋書稱劉洪制遲疾法，以步月行。北齊書稱信都芳算月有頻大、頻小，食必以朔。隋書稱劉焯推二十四氣，皆有盈縮定日，春、秋分定日，去冬至各八十八日有奇，去夏至各九十三日有奇。唐書曰：「北齊張子信積候合食加時，覺日行有入氣差。至劉焯，立盈縮躔衰術。麟德曆因之更名躔差。」元史曰：「日有盈縮，月有遲疾，以盈縮、遲疾之數損益之，始爲定朔。古人立法簡而未密，初用平朔一大一小，故日食有在朔二，月食有在望前後者。」以上史家所言步氣朔之法，大致後代加密於前人。古有平氣、平朔而已，平氣亦謂之恒氣。唐麟德以來，定朔之法既行，而大衍曆議曰：「凡推日月度及晷漏、交食，依定氣。」注：「曆依恒氣。」夫定氣、定朔一也，用定朔而不用定氣者。凡立法不出二端：其一自然之限，天定之也。如日隨天而左以成晝夜，其循黄道右旋則成寒暑。月與日會爲朔，相對爲望，此當因天求合。純乎天，不參以人。定朔、定望，天象則然。其一因乎自然，復酌取中數以爲詳密之限，人所定也。如因晝夜而十分之，或十二分之，其刻漏則百分之；因寒暑而分至啓閉八分之，中氣、節氣各十二則二十四分之，此人之爲之。本宜以日數爲均，如晝夜之辰刻，不必拘泥夫天度者也。古推步法謂朔數不滿三十日爲朔虛〔四二〕，中數踰三十日爲氣盈，合氣盈、朔虛爲月閏。若定氣，均分天度以步日躔，度均而日數不均，多或三十餘日，少或二十九日有奇。今時之冬月，其定朔最大者，一月可容三氣，遇節氣在望，中氣一在朔一在晦，必前後兩月俱無中氣。既不可一歲再閏，又不可置閏於此月之前，不以後月爲閏，亂朔不得中是謂閏月之例。況古人言氣盈、朔虛，而用定氣又有氣虛也。設謂皆可不顧，惟一以天度爲準，則物候之變以漸。因乎日躔發斂，論南北，不論東西，宜均分冬夏至相距之四十餘度，以爲二十四。苟均分冬夏至之距，將節氣短長之差更甚，不拘泥南北發斂之正以取均，而徒拘泥其斜絡東西以取均，亦失所據矣。此用定朔不用定氣，所以行之久而未嘗有遷就之失也。

帝曰：「疇咨若時？登庸。」放齊曰：「胤子朱啓明。」帝曰：「吁！嚚訟，可乎？」

爾雅：「疇，誰也。時，是也。胤，繼也。」

陸氏德明曰：「胤，馬云：嗣也。訟，馬本作『庸』。」

孔氏穎達曰：「馬融以羲和爲卿官，堯之末年，皆以老死，庶績多闕，故求賢順四時之職，欲用以代羲和。馬融、鄭玄以爲帝之胤子曰朱也。」

周禮疏：「『帝曰疇次若時登庸』，鄭注云：堯末時，羲和之子皆死，庶績多闕，而官廢。當此之時，驩兜、共工更相薦舉。」

史記正義曰：「鄭玄云：帝堯胤嗣之子名曰丹朱，開明也。」

孔傳曰：「庸，用也。誰能咸熙庶績順是事者，將登庸之。放齊，臣名。胤國，子爵。朱，名。孔氏穎達曰：「夏王仲康之時，胤侯命掌六師。顧命陳寶有『胤之舞衣』。」啓，開也。吁，疑怪之辭。言不忠信爲嚚，又好爭訟。」

許氏謙讀書叢説曰：「登庸，未須便指曰禪位，大意亦是欲授相職，故放齊舉胤國之君。蓋堯庭大事，必咨四岳，治水、禪位是也。而此但曰疇，可見其輕重。若『朱』是丹朱，恐不必放齊舉。」

林氏之奇曰：「程氏謂堯老，廣求聖賢以遜帝王之意。故放齊以胤子朱對，不與上文相連。其説是也。而王氏以『若時登庸』與『若予采』相對爲言，謂『疇咨若時』者，咨順天道也。蔡氏沈曰：「堯言誰爲我訪問能順時爲治之人，而登用之乎？」『疇咨若予采』者，順人事也。此説則非。『疇咨若時』者，誰能順是登庸之任，蓋將授以天下也。」

案：「若時」，史記作「順此」；「胤子朱」，史記作「嗣子丹朱」，可爲確解矣。

帝曰：「疇咨若予采？」驩兜曰：「都！共工方鳩僝功。」帝曰：「吁！靜言庸違，象恭滔天。」

爾雅：「采，事也。都，於也。鳩，聚也。」

陸氏德明曰：「采，馬云：官也。僝，馬云：具也。」

史記集解：「鄭玄曰：共工，水官名。」周禮疏引注云：「共工，水官也。」

孔氏穎達曰：「舜典『命垂作共工』。知共工是官稱，鄭以爲其人名氏，未聞。先祖居此官，故以官氏也。」

孔傳曰：「驩兜，臣名。都，於，歎美之辭也。共工，官稱。僝，見也。歎共工能方方聚見其功也。靜，謀。滔，漫也。言共工自爲謀言。起用行事而背違之，貌象恭敬而心傲狠若漫天。言不可用。」

蘇氏軾曰：「方，類也。僝，布也。言共工能類聚而布其工也。靜則能言，用則違之，貌象恭敬，而實滅其天理。滔，滅也。」

林氏之奇曰：「曾氏云：誠者，天之道也。汩没其胸中之誠，故曰滔天。審如是説，則與下文『浩浩滔天』語意斷異。史記作『似恭漫天』，則與下文『滔天』爲一意。然而洪水之爲害，際天所覆，滔滔在是〔四二〕，謂之滔天可也。『象恭』云『滔天』，其説有理而難通，故齊唐以謂古者竹簡容二十字，自『象恭』至『滔天』始及一行，故傳者誤書『滔天』二字。」朱子曰：「『滔天』二字不可曉，與下文相似，疑有舛誤。」

案：方，讀爲旁。説文：「旁，溥也。」「逑，聚斂也。」「孱，具也。」引虞書「旁逑孱功」。「孱」與「僎」聲義通，左思魏都賦「孱拱木於山林」，注云「具材木」，是也。

帝曰：「咨！四岳：湯湯洪水方割，蕩蕩懷山襄陵，浩浩滔天。下民其咨，有能俾乂？」僉曰：「於，鯀哉！」帝曰：「吁，咈哉！方命圮族。」岳曰：「异哉！試可乃已。」帝曰：「往，欽哉！」九載，績用弗成。

爾雅：「洪，大也。懷，至也。襄，駕也。俾，使也。乂，治也。僉，皆也。圮，毁也，覆也。載，歲也。」

詩崧高疏：「堯典注云：堯之末年，庶績多闕，羲、和之子則死矣。孔氏穎達曰：「計堯在位六十餘年，乃命羲、和，蓋應早矣。若使成人見命，至此近將百歲，故馬、鄭以爲羲、和皆死。」於時分四岳，置八伯。四岳，四時官，主方岳之事。」周禮疏曰：「鄭云：四岳，四時之官，主四岳之事。始羲、和之時，主四岳者謂之四伯。至其死，分岳事置八伯，皆王官。其八伯惟驩兜、共工、放齊、鯀四人而已，其餘四人無文可知。」

史記集解：「馬融曰：鯀，臣名，禹父。」釋文引馬云「禹父也」。

陸氏德明曰：「咈，戾也。方命，馬云：方，放也。徐云：鄭、王音放。异，徐云：鄭音異，王音怡，已也。」

孔氏穎達曰：「鄭、王以方爲放，謂放棄教命。馬融云：『堯以大聖知時運當然〔四三〕，人力所不能治，下民其咨，亦當憂勞，屈己之是，從人之非，遂用於鯀。』李顒云：『堯雖獨明於上〔四四〕，衆多不達於下，故不得不副倒懸之望，以供一切之求耳。』」

孔傳曰：「四岳即上羲、和之四子，分掌四岳之諸侯，故稱焉。湯湯，流貌。割，害也，言大水方爲害。蕩蕩，言水奔突有所滌除也。懷，包。襄，上也。包山上陵。浩浩盛大若漫天。鯀，崇伯之名，朝臣舉之。凡言吁者，皆非帝意。咈，戾。族，類也。言鯀性狠戾，好此方命而行事，輒毁敗善類也。异，已也。已，退也。言餘人盡已，惟鯀可試，無成功乃退也。」

蘇氏軾曰：「太史公以羲和爲司馬之先，以四岳爲齊太公之祖，則四岳非羲和。當以史爲正。湯湯、蕩蕩、浩浩，皆水之狀也。水逆流曰襄。异，舉也。舉而試之，可以治水而已，無求其他。」

林氏之奇曰：「下民其咨，與『民咨胥怨』同。春秋外傳云：姬、姜之胤出於禹、四岳，而曰一王四伯。韋昭曰：四岳，官名，掌四岳之事，爲諸侯伯，故曰四伯。謂之四伯，則四岳爲四人也。」朱子語録曰：「四岳，管領十二牧者，通九官、十二牧爲二十二人，則四岳爲一人矣。堯欲巽以位，不成是與四人？」

黄氏度曰：「有材而不知，道逆而施之，鮮不敗其類者。」蔡氏沈曰：「方命者，逆命而不行也。王氏曰：圓則行，方則止。方命，猶今言廢閣。詔，令也。异，義未詳，疑是已廢而復强舉之之意。」劉氏三吾書傳會選曰：「异，孔傳訓已也，説文訓舉也。蔡傳蓋兼取二義。廣韻訓歎也。又列子楊朱篇『何以异哉』，張湛注：『异，古異字。』」

案：「方割」之方，亦讀爲旁，溥也。「方命」，史記作「負命」。方、負一聲之轉。張守節云：「負，違也。違負教命。」异，當從説文訓舉，言且舉之試用或可，而不可乃退。古人語多省略。

校注

〔一〕粤三日丁亥　説文段玉裁注云：「今召誥『越三日丁巳』，亥當作巳。」

〔二〕越若來三月　孫星衍尚書今古文注疏云「言於是而至三月也」，與戴説相近而更明晰。

〔三〕同　當作「通」，據抄本改。

〔四〕陳氏　指陳經，宋人，著有尚書詳解五十卷。

〔五〕頌　謂詩商頌。

〔六〕上甲微　韋昭國語解：「上甲微，契後八世，湯之先也。」董增齡國語疏引皇甫謐曰：「微，字上甲，其母以甲日生故也。」

〔七〕報　韋昭云：「報，報德之祭也。」

〔八〕左傳定公四年載有伯禽、康誥、唐誥、蔡等四篇逸書名。

〔九〕思唐虞之晏晏　見後漢書馮衍傳所載顯志賦，故知此「馮異傳」應是「馮衍傳」。

〔一〇〕晏晏　原作「晏然」，據後漢書第五倫傳改。

〔一一〕九經之序　中庸曰「凡爲天下有九經」，其所列次序是：修身、尊賢、親親、敬大臣、體羣臣子庶民、來百工、柔遠人、懷諸侯，即所謂「九經之序」。

〔一二〕不億度　儀禮士昏禮鄭玄注：「謂卒有死喪。」

〔一三〕以上引五經異義及鄭玄駁語見左傳桓公六年孔疏，文字小異。如「尚書夏侯、歐陽説」，孔引無「夏侯」二字，戴氏可能是據尚書堯典疏補。又「緦麻三月以上服」，孔引無「服」字。又「説服之義」，孔引「服」作「族」。

〔一四〕今據左傳桓公六年杜注刪「子」字。又「非」字，阮元刊本作「並」字，校云：「纂圖本、閩本、監本、毛本並誤『非』。」又楊伯峻春秋左傳注引此杜注後兩句作「女之子並己之同族，皆外親有服而異者也」，「女」字下刪一「子」字，「異」字下刪一「族」字。

〔一五〕據宋史卷二百四十五：士歆之父是趙仲湜，祖父是趙宗輔，封楚榮王。嗣濮王是趙宗楚。趙士歆死於慶元二年（一一九六），追封韶王。與洪邁記載不同。又「隆興」指宋孝王趙昚，「紹熙」指宋光宗趙惇，「慶元」指宋寧宗趙擴。

〔一六〕期　指期服，即服齊衰一年。

〔一七〕秩　原作「章」，據尚書原文改。

〔一八〕行　原作「質」，據國語楚語下韋昭注改。

〔一九〕陰　原作「陽」，據抄本改。

〔二〇〕稱曰　指魯哀公誄辭。

〔二一〕都　原作「子」，據抄本改。

〔二二〕暘山　説文「暘」作「崵」，胡渭禹貢錐指引亦同。又段注説文據玉篇及史記伯夷列傳正義作「首崵山」。

〔二三〕京邸　抄本作「京師」。

〔二四〕細　原作「氣」，據抄本改。

〔二五〕短　原作「刻」，據抄本改。

〔二六〕居　原作「若」，據抄本改。

〔二七〕南至丹穴　新唐書天文志「至」作「自」。

〔二八〕以上引姜岌語，與隋書天文志載文字頗不同，係敘其意。

〔二九〕大圜　原二字互倒，今據抄本乙正。下文有「大圜之中心即地體之中心」句即其證。

〔三〇〕禮　原作「氏」，據抄本改。

〔三一〕臧與穀二人相與牧羊　見莊子駢拇。

〔三二〕段玉裁古文尚書撰異以爲鄭注作「昧谷」，是從壁中古文尚書、周禮縫人鄭注作「柳穀」，乃取今文尚書。故斷鄭不誤，皆虞氏誤會。

〔三三〕玄武中宿也　詩七月孔疏原文「中」下有「虚」字。

〔三四〕幽　抄本作「悠」。

〔三五〕辰　原作「度」，據抄本改。

〔三六〕大　原作「六」，據抄本及史記索隱改。

〔三七〕不惑　史記索隱作「不悖」。

〔三八〕也　原與下句「經」字互乙，據抄本改正。

〔三九〕當其同　中華書局校點本後漢書律曆下「同」字下補有「所」字。按：揆之下文「日月同度是爲合朔」，疑此「同」字下當補「度」字。

〔四〇〕掾　原無，據中華書局校點本後漢書補。

〔四一〕爲　原作「以」，據抄本改。

〔四二〕在是　抄本作「皆是」。

〔四三〕大聖　原二字互倒，今據尚書正義乙正。

〔四四〕獨　原作「德」，據抄本及尚書正義改。

尚書義考卷二

堯典第一　　虞夏書二

帝曰：「咨！四岳，朕在位七十載，汝能庸命，巽朕位？」岳曰：「否，德忝帝位。」曰：「明明揚側陋。」師錫帝曰：「有鰥在下，曰虞舜。」帝曰：「俞，予聞。如何？」岳曰：「瞽子。父頑，母嚚，象傲。克諧以孝烝烝，乂不格姦。」帝曰：「我其試哉！」

爾雅：「朕，我也。忝，辱也。師，衆也。錫，賜也。俞，然也。諧，和也。烝，進也。格，至也。試，用也。」

陸氏德明曰：「朕，馬云：我也。巽，馬云：讓也。黄氏度曰：「易巽彖曰：以木巽火，火出而木泯也。」否，不也。虞，氏。舜，名也。馬云：舜，謚也。舜死後賢臣録之，臣子爲諱，故變名言謚。」

史記集解：「鄭玄曰：言汝諸侯之中，有能順事用天命者，入處我位，統治天下之事者乎？」

孔氏穎達曰：「文王世子論舉賢之法云：或以事舉，或以言揚。揚，亦舉也。王肅云：『古者將舉大事，訊羣吏，訊萬人。堯將禪位〔一〕，咨四岳，使問羣臣，衆舉側陋，衆皆讓與舜〔二〕。堯計事之大者莫過禪讓，必應博詢吏人，非獨在位。』鄭以師爲諸侯之師。王肅云：『虞，地名也。』皇甫謐云：『堯以二女妻舜，封之於虞，今河東太陽山西虞地，是也。』然則舜居虞地，以虞爲氏。堯封之，虞爲諸侯，及王天下，遂爲天子之號，故從微至著常稱虞氏。鄭玄云『試以爲臣之事』，王肅云『試之以官』。鄭、王皆以舜典合於此篇，故指歷試之事充此『試哉』之言。」

孔傳曰：「巽，順也。言四岳能用帝命。故欲使順行帝位之事也。錫，與也。無妻曰鰥。無目曰瞽。舜父有目不能分別好惡，故時人謂之瞽。配字曰瞍，瞍無目之稱也。心不則德義之經爲頑。象，舜弟之字也，傲慢不友，言並惡也。烝，進也，使進進以善自治，不至於姦惡也。」

蘇氏曰：「巽，受也。明其高明者，揚其側陋者，言不擇貴賤也。姦，亂也。舜能以孝和諧父母、昆弟，使進於德，不及於亂。」

林氏之奇曰：「瞽者，無目人也。蓋舜父名瞽瞍。詩曰『矇瞍奏公』，則瞍亦無目稱也。以其無目，故名曰瞽瞍，猶云黑臀、黑肩之類。史記云『盲者之子』，則舜父之無目也審矣。孔氏説非也。」

馬氏驌繹史曰：「史記：『重華父曰瞽瞍。瞽瞍父曰橋牛，大戴禮「橋」作「蟜」。橋牛父曰句望。大戴禮「望」作「芒」。句望父曰敬康，敬康父曰窮蟬，窮蟬父曰帝顓頊。』呂梁碑云：『舜祖幕，幕生窮蟬，窮蟬生敬康，敬康生喬牛，喬牛生瞽瞍，瞽瞍生舜。』中無『句望』一世。史記所叙黄帝以至三王皆同族異號，舜亦黄帝苗裔，蓋堯之羣從玄孫屬也。先儒非之曰：『以堯舜爲同族，則二女之妻幾於嬻姓亂序。』路史據國語，以爲舜之系出於虞幕，獨不祖黄帝。余因是反覆詳究，不獨舜不祖黄帝，即顓頊亦不當祖黄帝。國語史伯之言曰：『成天地之大功者，其子孫未嘗不章，虞、夏、商、周是也。虞幕能聽協風以成樂物生[三]』。韋昭注「幕即虞思」，非也。左傳史趙之言曰『自幕至於瞽瞍，無違命，舜重之以明德』，是舜之祖幕審矣。國語又曰『幕能帥顓頊者也』，左氏傳又曰『陳，顓頊之族也』，是幕之祖顓頊亦審矣。史記之誤，由於輕信世本。世本一書出於周末，采記前代之世次必多遺脱。史記用之，而不知其察也。然如窮蟬以下諸名，必非鑿空增設，再加以虞幕，而幕亦未必即顓頊之子、窮蟬之父也。國語：『少昊氏之衰，九黎亂德，顓頊受之。』蓋少昊一代之通稱，非當其世而遽衰也。然則顓頊之去黄帝，中間曠隔，何得爲黄帝之孫、昌意之子？且顓頊不知傳歷幾世而後高辛氏興，將帝嚳上至黄帝，又不止三世矣。春秋命曆序曰：「黄帝傳十世，少昊傳八世，顓頊傳二十世。帝嚳傳十世。」此雖緯讖雜説，不足深信，然而足以補遷史之疏，濟諸説之窮，未可盡棄也。古者帝王一代之興，必建立名號，至於世及相承，則因之而不改。太皞十五世皆襲庖犧氏之號，神農八世皆以炎帝稱。何獨黃帝之後世世殊稱也哉！漢書帝系曰『顓頊五世而生鯀』，則鯀又非顓頊之子，是夏之上世史有遺脱矣。左傳稱高陽氏之才子八愷，高辛氏之才子八元，此十六族者，世濟其美。杜預注云：「皆其苗裔。」夫高辛之苗裔，堯未能舉，是嚳、堯亦非父子相承。或高辛氏歷世既久，及摯而衰，堯始起而代之。則堯之上世，史亦有遺脱矣。」

案：「我其試哉」之上，孔穎達云：「馬、鄭、王本説此經皆無『帝曰』」，史記於此作『堯曰吾其試哉』，東晉所出之古文尚書，殆因史記之文加之耳。舜祖虞幕，是以世稱虞氏。馬宛斯論少皞、顓頊、帝嚳、帝堯其上世史皆失考，足以祛疑解惑。少皞、顓頊、帝嚳非黃帝後，堯及稷、契非帝嚳後，治經者不可不知也。

女于時，觀厥刑于二女。釐降二女于嬀汭，嬪于虞。帝曰：「欽哉！」

爾雅：「刑，法也。降，下也。嬪，婦也。」

酈氏道元水經注：「蒲坂縣，魏秦州刺史治，太和遷都罷州，置河東郡。郡南有歷山，有舜井，嬀、汭二水出焉。南曰嬀水，北曰汭水，西逕歷山下。尚書所謂『釐降二女於嬀汭』也。王肅曰『嬀汭，虞地名』，馬季長曰『水所出曰汭』，然則汭似非水名。而今見有二水異源同歸，渾流，西注入於河。」

孔氏穎達曰：「以女妻人謂之女。鄭云：『不言妻者，不告其父，不序其正。』嬀水，在河東虞縣歷山西，西流至蒲坂縣，南入於河。虞與嬀汭一地，分爲二文。汭，水涯也。鄭云『汭之言内也』。史記索隱曰：「皇甫謐云：嬀水在河東虞鄉縣歷山西。汭，水涯也。猶洛汭、渭汭然也。」正義曰：「括地志云：嬀水源出蒲坂河東南山〔四〕。按地志云河東郡青山東，山中有二泉，下南流者嬀水，北流者汭水。二水異源合流，出谷西注河。薛氏季宣曰：「嬀水出解州解縣，至河中河東縣入河。汭，小水入大水也。」

陸氏德明曰：「汭，水之内也。杜預注左傳云：水之隈曲曰汭。」

孔傳曰：「舜爲匹夫，能以義理下帝女之心，於所居嬀水之汭，使行婦道於虞氏也。」

蘇氏軾曰：「婦敬曰嬪。虞，其族也。舜能使二女不獨敬其親，而通敬其族。」

朱子語録曰：「『我其試哉』至於『二女』，皆堯言。『釐降』至於『虞』，乃史官之辭。『帝曰欽哉』是堯戒二女之辭。釐，訓治。釐降，止是經理二女下降時事。」

案：「女于時，觀厥刑于二女」，此史臣之辭。女于時，言于是女之，史記云「于是堯妻之二女」是也。古人便文倒句多如此。嬀水，在今山西蒲州府南三十里，因其兩源雙導，後人遂以「嬀汭」二字分而名之，蓋出於方俗之附會，不足據證。汭，説文「水相入也」。既曰「于嬀汭」，又曰「于虞」，辭繫不省者。「釐降」，堯治嫁事也。嬪，則爲婦也。公羊春秋：「天子嫁女於諸侯，必使諸侯同姓者主之。」帝女下嫁，蓋使嬀汭之諸侯主之，禮或然歟！

慎徽五典，五典克從。納于百揆，百揆時叙。賓于四門，四門穆穆。納于大麓，烈風雷雨弗迷。

爾雅：「徽，善也。典，常也，經也。揆，度也。時，是也。穆穆，敬也，美也。」陸氏德明曰：「徽，王云：美也；馬云：善也。麓，王云：録也；馬、鄭云：山足也。」史記索隱曰：「穀梁傳云：『林屬於山曰麓。』是山足曰麓。」史記集解：「鄭玄曰：五典，五教也。蓋試以司徒之職。馬融曰：四門，四方之門。諸侯羣臣朝者，舜賓迎之，皆有美德也。」孔氏穎達曰：「鄭玄以賓爲擯，謂舜爲上賓以迎諸侯。王肅云：堯得舜任之事無不統，自『慎徽五典』以下是也。」孔傳曰：「五典，五常之教：父義、母慈、兄友、弟共、子孝〔五〕。揆，度也，度百事，總百官。麓，録也，使大録萬機之政。陰陽和，風雨時，各有其節，不有迷錯愆伏。」

程子曰：「五典，謂父子有親，君臣有義，夫婦有別，長幼有序，朋友有信也。五者，人倫也。言長幼，則兄弟尊卑備矣。言朋友，則鄉黨賓客備矣。」王氏應麟困學紀聞曰：「五典克從，孔傳本於左氏，程子解本孟子。左氏言五教，不及君臣、夫婦、朋友。天叙有典，而遺其三焉，惟孟子得之。」蘇氏軾曰：「徽，和也。或曰大麓，泰山麓也。古者易姓告代，必因泰山，除地爲墠，以告天地，故謂之禪。其禮既不經見，而堯乃於未告舜禪之前、先往泰山以易姓告代，豈事之實也哉？林氏之奇曰：「納于大麓，所謂薦之於天是也。烈風雷雨弗迷，所謂使之主祭而百神享之是也。說者以謂麓，地名也，即禹貢所謂『大陸既作』也。又說者以謂麓，泰山之足，若梁父之類，然經無明文。孔氏謂『陰陽和，風雨時』。既曰『陰陽和，風雨時』，則不應又有『烈風雷雨』也。程子曰：『無烈風雷雨之迷錯，其辭亦不順。』孫博士曰：『陰陽以散而生風，至於烈風，則陰陽之極也。陰陽薄而成雷，陰陽亨而成雨。雷雨，則陰陽相成之極也。陰陽之極，多迷而不復常，則爲物之害。聖人在上，德足以當天心，雖風之烈，而雷雨不至於迷而害物，則陰陽之不失其序。』此說粗通矣。」時氏瀾曰：「『大麓』之說不同，曰泰山之麓者，頗近意。堯使舜攝行祭事於泰山之麓，孟子云『使之主祭而百神享之』，言至祭而風雨不迷，陰陽和調也。」朱子語録：「問『納大麓』恐是爲山虞之官，曰若此則其職益卑，且合從史記說，雖遇烈風雷雨弗迷其道也。若主祭之說，某不敢信，若是舜主祭而乃有烈風雷雨，豈是好事？」太史公曰：『堯使舜入山林川澤，暴風雷雨，舜行不迷。』此其實也。堯之所以試舜者，亦多方矣，洪水爲患，使舜入山林，相視原隰。雷雨大至，衆懼失常，而舜不迷，其度量有絶人者。」蔡氏沈曰：「遇烈風雷雨非常之變，而不震懼失常，非固聰明誠智確乎不亂者，不能也。易：

『震驚百里，不喪七鬯。』意爲近之。」

案：「慎徽五典」，敷教於天下也。「納于百揆」，總百官也。「賓于四門」，率諸侯也。「納于大麓」，蓋嘗有巡行在外之時，舉其所經所值一事言之。古者山林荒遠之地，易於迷失，故易曰「即麓無虞，惟入于林中」，言就山麓而無虞人導之，則將陷入于林莽之中，迷不知所鄉也。上三者德禮政教之顯，而此尤足以見立德之本，聖人之誠敬所存。若滯於一端求之，則非矣。

帝曰：「格汝舜，詢事考言，乃言厎可績，三載。汝陟帝位。」舜讓于德，弗嗣。「弗嗣」，當從古本作「不怡」。

爾雅：「格，來也，至也。詢，謀也。厎，致也。陟，陞也。怡，樂也。」

陸氏德明曰：「厎，王云：致也。馬云：定也。」

史記：「舜讓於德不懌。」集解：「鄭玄曰：『三年者，賓四門之後三年也。』」徐廣曰：「今文尚書作『不怡』。怡，懌也。」

史記索隱曰：「今文作『不怡』，怡即懌也。謂辭讓於德不堪，所以心意不悅懌也。」

胡氏士行曰：「天地萬物之責，一旦將任之，惕然如不勝。此堯之兢兢，舜之業業，文王之純亦不已，非具文之遜也。」

孔傳曰：「乃，汝也。汝言致可以立功三年矣。董氏鼎曰：「陸農師點『乃言厎可績三載』句。」朱氏升曰：「訪問所行之事，而稽考所言，則汝言之致可有功三載矣。」舜讓于德不堪，不能嗣成帝位也。」

林氏之奇曰：「王氏云：讓于德者，讓有德之人也。弗嗣，弗肯陟帝位以嗣堯也。」

許氏謙曰：「『讓德弗嗣』之下，王魯齋先生謂堯試舜如此之詳，而『讓德弗嗣』之下無再命之辭，巽位之際亦無丁寧告戒之語，何也？按：論語『堯曰』篇首二十字，乃此脱文也。」

案：「舜讓于德」，蓋以己之德不堪爲辭，如岳之言「否德忝帝位」者，史臣約略之，但曰「讓于德」云耳。堯、舜之讓，本以天下爲重任，而其身無樂有天下之心。既無樂有天下之心，則堯以重任授舜，舜豈宜辭而不受！如曰讓于有德之人，則便當舉此人，如岳之舉舜，否則讓屬虚文，聖人豈爲之哉？然必無不讓者，臨事而懼之，誠雖小節，必恐其不勝，況任天下重器而不爲之變動恐懼，則非也。是以至德猶懼德薄，史臣記其授受之時，不怡見於貌。「不怡」也者，惕然内變，精誠外著也。古字嗣、怡聲同，毛詩「子寧不嗣音」，韓詩作「不詒音」，亦怡、嗣互出之證。若以「不嗣帝位」爲解，則於聖人之仁，以天下爲己任，聖人之心，不以己爲至德，二者合而爲一之極致，與夫聖人之誠讓非虚文，皆不可見。且下文「受終」以承「弗嗣」，亦扞格不可通矣。此一字之誤，關於至道者非淺小也。

正月上日，受終于文祖。

陸氏德明曰：「王云：文祖，廟名。馬云：文祖，天也。天爲文萬物之祖，故曰文祖。」史記：「文祖者，堯大祖也。」孔傳：「文祖者，堯文德之祖廟也。」蘇氏軾曰：「上日，上旬日也。受堯之終，必於堯之祖廟。有事於祖廟，則餘廟可知。」王氏炎曰：「文祖，堯所從受天下者也。」集解：「馬融曰『上日，朔日也』。鄭玄曰『文祖者，五府之大名，猶周之明堂』。」史記正義曰：「鄭玄云：『帝王易代，莫不改正。堯正建丑，舜正建子，此時未改堯正，故云正月上日也』〔六〕。」孔氏穎達曰：「鄭玄以爲帝王易代，莫不改正。堯正建丑，舜正建子，此時未改堯正，故云正月上日。即位乃改堯正，故云月正元日，是以異文。先儒王肅等以爲惟殷周改正，易民視聽，自夏以上，皆以建寅爲正。此篇二文不同，史異辭耳。」林氏之奇曰：「上日，曾氏云：所謂上辛、上丁、上戊之類。然月令『仲春之月，擇元日，命民社』，則元日亦不必爲朔日也。受終而不言舜者，蒙上之文也。薛氏云『受天下於人，必告於其人之從受者』，此論當矣。」

在璿璣玉衡，以齊七政。「璿璣」，當從古本作「旋機」。

爾雅：「在，察也。」

史記集解：「鄭玄曰『璇璣玉衡，渾天儀也。七政，日月五星也』。」陳氏大猷曰：「人有政耳，天豈有政乎？曰此但譬喻之辭，日月五星司天之政，亦猶人之有政也。故以政言之耳。」

史記正義：「蔡邕云『玉衡長八尺，孔徑一寸，下端望之，以視星宿，蓋縣機以象天〔七〕，而以衡望之，轉機窺衡，以知星宿。機徑八尺，圓周二丈五尺而强也』。鄭玄云『運轉者爲機，持正者爲衡』。」隋書天文志：「馬季長創謂機衡爲渾天儀。鄭玄亦云：『其運轉者爲機，其持正者爲衡，皆以玉爲之。七政者，日月五星也。以機衡視其行度，以觀天意也。』」孔傳曰：「七政，日月五星各異政。舜察天文，齊七政，以察己當天心與否也〔八〕。」朱子語録曰：「孔注謂舜察天文，齊七政，以審己當天心與否，未必然。止是從新整理起，此是最先當理會者。」

孔氏穎達曰：「馬融云：渾天儀可轉旋，故曰機〔九〕。衡，其横簫所以視星宿也。以璿爲機，以玉爲衡，蓋貴天象也。日月星皆以璿璣玉衡度，知其盈縮進退，失政所在。」

史記天官書：「北斗七星，所謂『璇璣、玉衡，以齊七政』。」索隱曰：「馬融云『璿，美玉也。機，渾天儀，可轉旋，故曰機。衡，其中横筩。以璿爲璣，以玉爲衡，蓋貴天象也。七政者，北斗七星，各有所主：第一曰主日法天〔一〇〕；第二曰主月法地；第三曰命火，謂熒惑也；第四曰殺土，謂填星也；第五曰伐水，謂辰星也；第六曰危木，謂歲星也；第七曰罰金，謂太白也。日月五星各異政，故曰七政也。」

尚書大傳：「璇璣者何也？傳曰：璇者，還也。機者，幾也，微也。其變幾微而所動者大，謂之璇璣。是故璇璣謂之北極。」

案：　璇璣、玉衡，先儒徒據漢以後之渾天儀爲説，皆失之。揚雄法言：「或人問渾天於雄，雄曰：洛下閎營之，鮮于妄人度之，耿中丞象之，幾幾乎莫之違也。」渾天之器，創於此三人，遂以其轉旋名之曰璇璣，以其中之窺管名之曰玉衡，雖襲取古名，非唐虞時所謂機衡也。考之周髀算經，謂赤道極曰正北極，謂黄道極曰北極璇機。正北極者，左旋之樞。北極璇璣者，右旋之樞。左旋之樞，即論語、爾雅之北辰，隋書天文志謂之不動處者也。右旋之樞，環繞正北極，晝夜一周而過一度。冬至夜半起正北極下子位，夏至夜半起正北極上午位，春分夜半起正北極左卯位，秋分夜半起正北極右卯位，是爲璇璣四游，即吴太常姚信昕天論所云「冬至極低，夏至極高」者也。璇璣順月建推移，夜半所至，用知日躔發斂，而黄道之高下亦昭然矣。衡，横也，横界。冬夏至相距四十餘度之間，古有分至啓閉，謂之八節，準以設衡。宜爲衡者五，外衡冬至，内衡夏至，中衡春秋分，自内而外爲之次。五衡相距不均，其於黄道得均分之限八。日躔斂北，入次四衡爲春，入次二衡爲夏，當其衡啓也。日躔發南，出次二衡爲秋，出次四衡爲冬，當其衡閉也。周髀之七衡、六間，則當其衡爲十二中氣，當其間爲十二節氣。惜乎漢以來爲渾天儀，未能深考機衡本象，使古者測天之器不傳。釋堯典者，因漢制附會，故似同而異，似是而非。鄭康成以日月五星謂之七政」； 其注尚書大傳又云「七政，謂春、夏、秋、冬、天文、地理、人事，所以爲政也」； 司馬子長作天官書，馬季長注尚書，皆以爲北斗七星。 三說參差，非有明證。 堯典「曆象日月星辰」，星謂中星，初不及五緯。 洪範：「五紀：一曰歲，二曰月，三曰日，四曰星辰，五曰曆數。」其星辰同於堯典。 孔穎達曰：「五星所行，下民不以爲候。」其說得之。 五星，至後代推測漸詳。 堯命羲和，敬授民時，無取乎此。 即推之不失，亦非正四時成歲攸關，何以與此〔日〕月並列稱七政乎〔一一〕？ 天道遠，不必盡知，無傷於大智。 如日月食、五星掩犯，古人皆不豫推。 惟日月運行，寒暑物候，因之變遷，準是出政，乃敬天時，重民事也。 然則政之爲言，實人有政，非天有政甚明。 以人之有政論，其一爲歲之政，分至啓閉，如祭祀典禮、登臺書雲物之屬是也。 其一爲月之政，如聽朔、朝廟之屬是也。 既謹因歲月以明其節之大，于是遂順時序，而舉夫木火土金水五者之政，如法制禁令、協天時而布其事是也。 皋陶謨曰「撫于五辰，庶績其凝」，堯典曰「庶績咸熙」。 庶績之熙也、凝也，由政之得宜，而政之得宜由順天。 在璿璣玉衡者，審驗天行也。 以齊七政者，齊人事合天也，「庶績熙凝」之本也。

肆類于上帝

陸氏德明曰：「王云：上帝，天也。馬云：上帝，太一神，在紫微宫，天之最尊者。」孔傳曰：「肆，遂也。」程子曰：「肆，遂也。猶後之屬文者言『於是』也。」禮記疏曰：「異義：夏侯、歐陽説『類，祭天者，以事類祭之』，古尚書説『非時祭天謂之類』。許慎謹案：周禮郊天無言類者，知類非常祭。從古尚書説，史記正義曰：「五經異義云『非時祭天謂之類』，言以事類告也。時舜告攝，非常祭也。」鄭氏無駁，與許同也。鄭又以『類』雖非常祭，亦比類正禮而爲之，故小宗伯注云『類者，依其正禮而爲之』，是也。」孔氏穎達曰：「詩云『是類是禡』，周禮肆師云『類造上帝』，王制云『天子將出，類乎上帝』，所言類者，皆是祭天之事，言以事類而祭也。周禮小宗伯云：『天地之大災，類社稷，則爲位。』是類之爲祭所及者廣。」蘇氏軾曰：「凡祀上帝必及地示，何以知其然也？以郊之有望知之。春秋書『不郊，猶三望』，傳曰：『望，郊之細也』〔一二〕。書曰：『庚戌，柴望，大告武成。』柴，祀天也。望，祀山川也，而禮成於一日。祀山川而不祀地，此理之必不然者也，是以知祀天必及地也。詩曰『昊天有成命』，郊祀天地也〔一三〕。漢以來學者考之不詳。而世主或出其私意，五時祭帝汾陰祀后土〔一四〕，而王莽始合天地。世祖以來，或合或否，而唐明皇始下詔合祀。至於今者疑焉，以謂莽與明皇始變禮，而不知祀天之必及地，蓋自舜以來見于經矣。」

林氏之奇曰：「周禮肆師『類造上帝』，注云『類祈因郊祀而爲之』〔一五〕。蓋郊祀者，祭昊天之常祭也，非常祭而祭告於天，則其禮依郊祀而爲之，故謂之類。」黄氏鎮成曰：「按：天子祭天地郊祀，祭之常也。郊迎長日之至，冬至祭之，時也。今以攝告，則非常也。以正月有事，則非時也。然祀天之禮不可以不備，故依郊祀爲之而曰類。類，猶似也。」

禋于六宗

許氏慎五經異義曰：「今尚書歐陽、大小夏侯説：『六宗者，上不及天，下不及地，旁不及四方〔一六〕，居中央，恍惚無有，神助陰陽變化，有益於人，故郊天並祭之。』朱氏升書經旁注曰：「上下四方六合宗主之神。」古尚書説：賈逵等云：『六宗者，天地屬神之尊者。謂天宗三，地宗三。天宗：日、月、北辰。地宗：岱山、河、海。日、月爲陰陽宗，北辰爲星宗，岱爲山宗，河爲水宗，海爲澤宗。祀天則天文從，祀地則地理從。』謹案：夏侯、歐陽説『宗實一而有六』，名實不相應。春秋：魯郊祭、三望，言郊天，祭日、月、星、河、海、山，凡六宗。魯下天子，但祭其分野星、其國山川，故言三望。六宗，與古尚書説同。」鄭駁云：「玄之聞也，書曰：『肆類于上帝，禋于六宗，望于山川，偏于羣神。』此四物之類也，禋也、望也、偏也，所祭之神各異。六宗言禋，山川言望，則六宗無山川明矣。周禮大宗伯曰：『以禋祀祀昊天上帝，以實柴祀日、月、星、辰，以槱燎祀司中、司命、風師、雨師。』凡此所祭皆天地也〔一七〕。禮記郊特牲曰：『郊之祭也，迎長日之至也，大報天而主日也。兆於南郊，就陽位也。掃地而祭，於其質也。』祭義曰：『郊之祭，大報天而主日，配以月。』則郊祭併祭日月可知。其餘星也、辰也、司中、司命、風師、雨師，此之謂六宗，亦自明矣。」周禮大宗伯疏曰：「禮論：王莽時，劉歆、孔昭以爲易震、巽等六子之卦爲六宗。至魏明帝時，詔命王肅議六宗，取家語宰我問六宗，孔注尚書與此同。張融注從鄭君，於義爲允。」續漢志劉昭注：月令『孟冬祈于天宗』，盧植注云：『天宗，六宗之神。』六宗之議，自伏生及後代，各有不同。伏生、馬融曰：『萬物非天不覆，非地不載，非春不生，非夏不長，非秋不收，非冬不藏。禋于六宗，此之謂也。』歐陽和伯、夏侯建曰：『六宗，上不謂天，下不謂地，旁不謂四方，在六者之間，助陰陽變化者也。』劉歆曰：『六宗謂水、火、雷、風、山、澤也〔一八〕。』賈逵曰：『六宗謂日宗、月宗、星宗、岱宗、河宗、海宗也。』鄭玄云：『六宗，星、辰、司中、司命、風師、雨師也。星，五緯也。辰，謂日月所會十二次也。司中、司命文昌第五、第四星也。風師，箕也。雨師，畢也。』晉武帝初，司馬紹統表駁之曰：『臣以爲帝在於類，則禋者非天。山川屬望，則海岱非宗。宗猶包山，望何秩焉？伏與歆、逵失其義也。六合之間，非制典所及；六宗之數，非一位之名。陰陽之説，又非義也。併五緯以爲一，分文昌以爲二，箕、畢既屬於辰，風師、雨師復特爲位，玄之失也。安國按祭法爲宗，而除其天地於上，遺其四方于下，取其中以爲六宗。四時、寒暑、日月、衆星併水旱，所宗者八，非但六也。傳曰：山川之神，則水旱厲疫之災，於是乎禜之。日月星辰之神，則雪霜風雨之不時，於是乎禜之。又曰：龍見而雩。如此，禜者，祀日月星辰山川之名；雩者，周人四月祭天求雨之稱也。雪霜之災，非夫禜之所禳〔一九〕，雩祭之禮，非正月之所祈。周人之後説有虞之典〔二〇〕，故于學者未盡喻也。且類于上帝，即禮天也。望于山川，禜所及也。案周禮云，昊天上帝，日月星辰，司中司命，風師雨師，社稷五祀五嶽，山林川澤，四方百物。又曰：兆五帝於四郊，四類四望亦如之。無六宗之兆。祭法云〔二一〕：祭天、祭地、祭時、祭寒暑日月星、祭水旱、祭四方，及山林川谷丘陵，能出雲爲風雨、見怪物，皆曰神〔二二〕。有天下者祭百神，非此族也，不在祀典，復無六宗之文。明六宗所禋，即祭法之所及，周禮之所記〔二三〕，即虞書之所宗，不宜特復立六宗之祀也。春官大宗伯之職掌玉作六器，以禮天地四方。以蒼璧禮天，以黄琮禮地，以青珪禮東方，以赤璋禮南方，以白琥禮西方，以玄璜禮北方。天宗，日月星辰寒暑之屬也；地宗，社稷五祀之屬也；四方之宗者，四時五帝之屬也。如此，則羣神咸秩而無廢，百禮徧修而不瀆於理爲通。』幽州秀才張髦又上疏曰：『禋于六宗，祀祖考所尊者六也。何以考之？周禮及禮記王制天子將出，類乎上帝，宜乎社，造乎禰。巡狩四方，覲諸侯，歸格于祖禰，用特。堯典亦曰：肆類于上帝，禋于六宗，望于山川，徧于羣神。班瑞于羣后，肆覲東后。協時月正日，同律度量衡。』巡狩一歲一周，爾乃『歸格于藝祖，用特』。臣以尚書與禮王制同事一義，符契相合。禋于六宗，正謂祀祖考宗廟也。文祖之廟六宗，則三昭三穆也。太學博士吴商以爲禋之言煙也，三祭皆積柴而實牲體，然以升煙而報陽，非祭宗廟之名也。鄭所以不從諸儒之説者，將欲據周禮禋祀皆天神也。日、月、星、辰、司中、司命、風師、雨師凡八，而日、月並從郊，故其餘爲六宗也。以書『禋于六宗』，與周禮事相符，故據以爲説也。且文昌雖有大體，而星名異，其目不同〔二四〕，故隨事祭之。而言文昌七星，不得偏祭其第四第五，此爲周禮。復不知文昌之體，而又妄引爲司中、司命。箕、畢二星既不繫於辰，且同是隨事而祭之例，又無嫌於所繫者。范甯注虞書曰：『考觀衆議，各有説難。鄭氏證據最詳，是以附之。案六宗衆義，未知孰是。』虞喜别論云〔二五〕：『地有五色，太社象之。總五爲一則成六，六爲地數。推案經句，闕無地祭，則祭地。』臣昭謂虞喜以祭地，近得其實。而分彼五色合爲六，又不通禋，更成疑昧。尋虞書所稱『肆類于上帝』，是祭天。天不言天而曰上帝，帝是天神之極，舉帝則天神斯盡，日月星辰從可知也。『禋于六宗』，是實祭地。地不言地而曰六宗，宗是地數之中〔二六〕，舉中是以該數〔二七〕，社稷等祀從可知也。天稱神上，地表數中，仰觀俯察，所以爲異。宗者，崇尊之稱，斯亦盡敬之謂也。禋也者，䄍祭之言也，實䄍瘞之異稱，非周禋之祭也。夫置字涉神，必以今之示，今之示即古之神，所以社稷諸字莫不以神爲體。虞書不同，祀名斯隔。周禮改煙〔二八〕。音形兩異。虞書改土〔二九〕，正元祭義。此焉非疑，以爲可了，豈六置宗更爲旁祭乎？風俗通曰：『周禮以爲槱燎，祀司中、司命，文昌上二星也〔三〇〕。槱燎，積薪燔柴也。今民猶祠司命耳〔三一〕，刻木長尺二寸爲人像，行者置篋中，居者別作小居。齊地大尊重之〔三二〕，汝南諸郡亦多有者，皆祀以豬，率以春秋之月。』」

陸氏德明曰：「禋，王云：絜祀也。馬云：精意以享也。六宗，王云：四時、寒暑、日月星、水旱也。馬云：天地四時也。」史記集解：「鄭玄曰：『六宗，星辰、司中、司命、風師、雨師也。』駰案：『六宗義衆矣，愚謂鄭説爲長。』」

案：覲禮：「諸侯覲于天子，爲宮方三百步，四門，壇十有二尋，深四尺，加方明于其上。方明者，木也。方四尺，設六色：東方青，南方赤，西方白，北方墨，上玄、下黃。設六玉：上圭下璧，南方璋，西方琥，北方璜，東方圭。天子出，拜日于東門之外，反祀方明。禮日於南門外，禮月與四瀆于北門外〔三三〕，禮山川丘陵于西門外。祭天燔柴，祭山丘陵升，祭川沈，祭地瘞。」鄭注云：「方明者，上下四方神明之象也。有象者，猶宗廟之有主乎。六色象其神，六玉以禮之。」司盟職曰「北面詔明神」，言北面詔明神，則明神有象也。象者，其方明乎？燔柴升沈瘞，祭禮終矣、備矣。郊特牲曰：「郊之祭也，迎長日之至也，大報天而主日也。」宗伯職曰「以實柴祀日月星辰」，則燔柴祭天謂祭日也。柴爲祭日，則祭地瘞者，祭月也。據儀禮方明之祀，行之于合諸侯。以春拜日，夏禮日，秋禮月與四瀆，冬禮山川丘陵，分之於四時，出所爲宫之門外，行燔柴升沈瘞之禮，而皆反祀方明於壇。蓋變堯典「類上帝，禋六宗，望山川，徧羣神」者，損益用之。方明，即六宗也。漢書引伊訓曰：「伊尹祀于先王，誕資有牧方明〔二四〕。」是周沿于殷之證。殷初宜承乎夏，實上起唐虞矣。周禮大宗伯以玉作六器，以禮天地四方，以蒼璧禮天，以黄琮禮地，以青圭禮東方，以赤璋禮南方，以白琥禮西方，以玄璜禮北方，與典瑞「四圭有邸以祀天，兩圭有邸以祀地」者異。然則大宗伯之六器禮天地四方，即祀方明所用六玉矣。五經異義載今尚書歐陽、大小夏侯説「指上下四方之宗」，其説必傳之自古。周人既祀昊天上帝，又祀五帝，而合諸侯又祀方明，則唐虞之既「類上帝」，又「禋六宗」，事固相因者也。

望于山川

孔傳曰：「九州名山大川、五岳四瀆之屬，皆一時望祭之。」

徧于羣神

史記「辯於羣神」，集解徐廣曰：「辯，音班。」騆案：「鄭玄曰『羣神若丘陵墳衍』。」

輯五瑞，既月乃日，覲四岳羣牧，班瑞于羣后。

爾雅：「覲，見也。班，賦也。后，君也。」

陸氏德明曰：「輯，王云：合；馬云：斂也。」

史記集解：「馬融曰：『輯，斂也。五瑞，公侯伯子男所執，以爲瑞信也。堯將禪舜，使羣牧斂之，使舜親往班之。』」

孔傳曰：「既，盡。班，還也。舜斂公侯伯子男之瑞圭璧，盡以正月中，乃日日見四岳及九州牧監，還五瑞於諸侯，與之正始。」蘇氏軾曰：「古者朝覲贄玉，已事則還之。故始輯而終班。」程子曰：「輯，斂。五瑞，徵五等諸侯也。至月終則四方諸侯至矣，遠近不同，來有先後，故日日見之，不如他朝會之同期於一日也。蓋欲以少接之，則得盡其詢察之意也。既見，則頒還其瑞玉。」

劉氏敞七經小傳曰：「輯五瑞者，收諸侯圭瑞還之王府。既月乃日者，既正月之明日。謂二月朔耳。輯五瑞，必俟既月之明日頒之諸侯者，以新曆數也。」

案：日者，擇其日之謂。朝覲禮大，待諸侯齊至，然後擇覲日，史記所謂「擇吉月日」是也。言「輯五瑞」，則知諸侯咸至，言「班瑞于羣后」，則知同時覲而班之。

歲二月，東巡守，至于岱宗，柴，望秩于山川。

爾雅：「河東岱，泰山爲東岳。祭天曰燔柴。」漢書地理志：「泰山郡博岱山在西北。」

史記集解：「馬融曰：『舜受終後五年之二月。』鄭玄曰：『建卯之月也。柴祭東嶽者，考績〔三五〕。柴，燎也。』」

春秋公羊傳隱公八年疏：「鄭注：『歲二月者，正歲建卯之月也。巡守者，行視所守也。岱宗者，東岳名也。柴者，考績燎也〔三六〕。望秩於山川者，徧以尊卑祭之。五岳視三公，四瀆視諸侯。其餘小者，或視卿大夫，或視伯子男矣。秩，次也。』」

陸氏德明曰：「馬云：『祭時積柴加牲其上而燔之。』」

詩周頌般疏：「堯典注云：『徧以尊卑次秩祭之。』」

後漢志注：「范甯曰：『巡守者，巡行諸侯所守。二月直卯，故以東巡守也。祭山曰燔。柴，積薪加牲於其上而燔之也。』」

孔傳曰：「諸侯爲天子守土，故稱守。巡行之，既班瑞之明月，乃順春東巡守。岱宗，泰山爲四岳宗。燔柴，祭天告至也。」

林氏之奇曰：「歲二月者，來歲之二月，故加『歲』一字於其中。蓋前一年羣后來朝，故至明年舜乃巡狩，考制度於四岳，非與覲岳牧頒瑞用在一年之中。」蔡氏沈曰：「歲二月，當巡守之年二月也。」

乃復。

案：岱宗，應劭云「宗者，長也，爲五岳之長」是也。山在今山東泰安府治北五里。肆覲東后，協時月正日，同律、度、量、衡。修五禮，五玉、三帛、二生、一死贄，如五器，卒乃復。

爾雅：「卒，已也，終也。復，返也。」陸氏德明曰：「王云：同，齊也。律，六律也。馬云：律，法也。鄭云：同陰律也。」史記集解：「馬融曰：『五禮，吉、凶、軍、賓、嘉也。三帛，三孤所執也。贄：二生羔、雁，卿大夫所執；一死雉，士所執。五器，上五玉，禮終則還之，三帛已下不還。』孔傳曰：「復，還也。器謂圭璧也。」程子曰：「諸侯尊而贄重，故已覲則復還其玉，餘則否，所以禮答列辟也。五器，即五瑞，以其物言則玉，以其實言則瑞，以成形言則器。」」春秋公羊傳隱公八年疏：「鄭注：『東后，東方之諸侯也。協正四時之月數及日名，備有失誤者。度，丈尺。量，斗斛。衡，斤兩。五禮，公、侯、伯、子、男朝聘之禮矣。程子曰：「所至協正時日，同其度量，正五等諸侯之秩序，制度之等差，是修五禮也。五等之制，古有之矣。防其亂，故巡守，所至必修明也。正其五等制度，并其君臣所執圭幣，皆使合理也。」五玉，瑞節。執之曰瑞，陳列曰玉也〔三七〕。三帛，所以薦玉也。受瑞玉者，以帛薦之。帛必三者，高陽之後用赤繒〔三八〕，高辛之後用黑繒，其餘諸侯皆用白繒，周禮改之爲纁也。二生、一死者贄，羔、雁生也，卿大夫所執；雉死，士所執也。如者，以物相授與之言。授贄之器有五，卿、大夫、上士、中士、下士也，器各異飾，飾未聞所用也。周禮改之，飾羔雁飾雉，執之而已，皆去器。卒，已也。復，歸也。巡守禮畢，乃反歸矣。每歸，用特牛告於文祖矣。』」

孔氏穎達曰：「王肅云：『三帛，纁、玄、黄也。附庸與諸侯之適子、公之孤執皮帛，其執之色未詳聞；或曰孤執玄，諸侯之適子執纁，附庸執黄。』王肅之注尚書，其言多同孔傳。如，若也。聘義曰：『以圭璋聘，重禮也。已聘而還圭璋，此輕財而重禮之義也。』聘義主於説聘，其朝禮亦然。」

劉氏敞曰：「如者，同也。五器者，吉凶禮樂及戎器同之，一制度也。」蔡氏沈曰：「『五玉三帛二生一死贄』，此九字當在『肆覲東后』之下，『協時月正日』之上。」劉侍講曰：「五器，即五禮之器也。卒乃復者，數事皆畢，則不復東行而遂西向，且轉而南行也，故曰『卒乃復』。」

案：五禮以周之吉、凶、軍、賓、嘉言者，非也。蓋不惟唐虞時未必分設此名。此五者，乃人事之經，鉅細畢核，委曲繁重，豈覲於方岳下之頃所能舉而修之！後儒兼以五器爲五禮之器，其器又何以備稽哉！當從鄭説爲公侯伯子男朝聘之禮，率羣后行之，即所以修明之也。時月正日，布政之大者。正日，謂正朔也。律度量衡，法制之大者」，公侯伯子男各依其命數之儀、爵秩等威之大者，於巡守協之、同之、修之，皆一時所能徧之大端，不可使之或失者也。下即言所執五等玉瑞，及諸臣所執幣物爲贄，其贄若五玉之器，禮終乃還之，以覲時禮儀所關，故接「修五禮」之下。覲禮曰「乃朝以瑞玉」，聘禮曰「凡四器者，惟其所寶」，注云「四器，謂圭、璋、璧、琮」，此器、玉、瑞互稱之明證。

五月，南巡守，至于南岳，如岱禮。

爾雅：「江南，衡。霍山爲南岳。」漢書地理志：「長沙國湘南，禹貢衡山在東南，荆州山。」王制疏曰：「爾雅釋山『霍山爲南岳』，郭注云：『山在衡陽湘南縣南。』又云：『今在廬江灊縣西。漢武帝以衡山遼曠，因讖緯皆以霍山爲南岳，故移其神於此。其土俗人皆呼之爲南岳。南岳本自以兩山爲名，非從近也。而學者多以霍山不得爲南岳，又以漢武帝始乃名之，即如此言，謂武帝在爾雅前乎，斯不然矣。』如郭此言，則南岳衡山自有兩名，一名衡山，一名霍山，自漢武帝以來，始徙南岳之神於廬江霍山耳。」爾雅疏曰：「孫炎以霍山爲誤，當作衡山。案書傳虞夏傳及白虎通、風俗通、廣雅並云：霍山爲南岳。豈諸文皆誤，明是衡山一名霍山也。注即天柱山，灊水所出。此據作注時霍山爲言也。此山本名天柱，漢武帝移江南霍山之祀於此，故又名霍山。其經之霍山即『江南，衡』是也。」

案：衡山在今湖廣衡州府衡山縣西北三十里，接衡陽及長沙府界。水經注云：「山經謂之岣嶁山，爲南岳也。」

八月，西巡守，至于西岳，如初。

爾雅：「河南，華。華山爲西岳。」漢書地理志：「京兆尹華陰，故陰晉。太華山在南，豫州山。」

案：西岳華山，禹貢謂之太華，今在陝西同州府華陰縣南十里；其西八十里有少華，峰勢相連。西京賦曰「綴以二華」是也。九域志「華山，四州之際，東北冀，東南豫，西南梁，西北雍。」

十有一月朔巡守，至于北岳，如西禮。當從馬鄭本作「如初」。

爾雅：「河北，恒。恒山爲北嶽。」漢書地理志：「常山郡上曲陽，恒山北嶽在西北，并州山。」

陸氏德明曰：「『至於北岳，如西禮』，方興本同，馬本作『如初』。」春秋公羊傳隱公八年疏：「鄭注五月不言初者，以其文相近；八月、十一月言初者，文相遠故也。」

案：今直隸定州曲陽縣西有上曲陽故城。韓琦岳廟碑曰：「恒山，一名大茂山也。」

歸，格于藝祖，用特。

陸氏德明曰：「藝，馬、王云：禰也。」程子曰：「歸格，告至于祖廟也。止言祖廟，舉尊耳，實皆告也。四時之祭則各有牲。如告朔、告至之類，非祭也，共用一牲而已，故云『用特』。薛氏季宣曰：「藝祖，王考也。孔子論巡守禮告於祖廟、考廟。舜時瞽瞍尚在，故但告王考也。」

孔氏穎達曰：「四巡之後，乃云『歸格』，則是一出而周四岳。鄭玄以爲每岳禮畢而歸，仲月乃更復去。」林氏之奇曰：「一年而巡四岳，胡舍人尚計其地理，考其日程，而謂不能周歷萬五千里。若巡一岳歸，至于仲月復往，則一歲周數萬里，此必無之理也。」

孔傳曰：「巡守四岳，然后歸，告至文祖之廟。藝，文也。蔡氏沈曰：『藝祖，疑即文祖。或曰：文祖，藝祖之所自出，亦未有所考證也。』言祖則考著。特，一牛。」

案：歸而告至，事祖禰之道也。藝祖，當爲舜之祖，以爲文祖者，非也。前「受終」義繫乎堯，故於堯之祖。此告至，義繫乎舜，於舜之祖審矣。

五載一巡守，羣后四朝。敷奏以言，明試以功，車服以庸。

爾雅：「庸，勞也。」

陸氏德明曰：「四朝，馬、王皆云：四面朝於方岳之下。鄭云：四朝，四季朝京師也。」

史記集解：「鄭玄曰：巡守之年，諸侯見於方岳之下，其間四年，四方諸侯分來朝於京師也。」蔡氏沈曰：「五載之内，天子巡守者一，諸侯來朝者四。蓋巡守之明年，則東方諸侯來朝於天子之國，又明年則南方之諸侯來朝，又明年則西方之諸侯來朝，又明年則北方之諸侯來朝。又明年則天子復巡守。」

孔傳曰：「敷，陳。奏，進也。諸侯四朝，各使陳進治理之言。明試其言以要其功，功成則賜車服，以表顯其能用也。」

程子曰：「自『歲二月』以下，言巡守之事，非是當年二月便往，亦非一歲之中徧歷五岳也。每五載一巡守，則一方之諸侯朝於岳下，故曰『四朝』。巡守非能徧至諸國也。至方岳，則覲見一方之君，使各進陳其爲治之説。其言之善者則從之，而明考其功，有其功則賜車服，以旌其功也。」

劉氏敞曰：「五載一巡守者，唐虞氏分天下五服，其在畿内甸服之君，則皆執事之人也，朝夕見焉，故不特修朝覲之禮。至于侯服，當朝一年；綏服，當朝二年；要服，當朝三年；荒服，當朝四年。綏服下諸侯畢見一朝。一朝，則天子巡守，故五載一巡守也。」林氏之奇曰：「周官之六年五服一朝，又六年王乃時巡，考制度於四岳，諸侯各朝于方岳，大明黜陟。此則唐虞之禮也。但其年歲久近之不同耳。胡氏既疑舜之時不能一載而巡守，謂一年而東，一年而南，一年而西，一年而北，此羣后所以四朝也。五載之中，一歲息駕。信如此説，則是諸侯惟朝天子於方岳之下，而未嘗朝於京師也。五載一巡守，蓋巡守於方岳之下，而諸侯來朝京師，則有敷奏以言、明試以功、車服以庸之三事也。蓋苟以封建爲國，則巡守朝覲之時，不可以不嚴。周東遷之後，此禮皆廢。於是强陵弱、衆暴寡，大併小，而周道陵夷，不可復振。論者不探其本，如柳子厚則以封建爲不可行，此蓋未嘗深考唐虞致治之績也。」陳氏大猷曰：「葉氏謂侯、綏、要、荒各年一朝，四年而周。是一歲朝一服之侯也。夫聖人詳内略外，要荒之君政事尚從疏闊，豈與侯、綏之諸侯均責其四歲一朝乎？周官止言六年五服一朝，而不及於四服。記言『四塞世告至』正爲此也。孫氏謂甸服之君朝夕見焉，故無朝覲之禮，夫唐虞甸服不以封，至侯服始有采，謂甸服之有君，已不合矣。至謂侯服一年一朝，則是服之間四年四朝也。以綏服兩年一朝，則是四年兩朝也。要服三年一朝，則不及四年而朝。惟荒服爲四年一朝耳，概之四朝之數皆不合，兼要、荒必無四年一朝之理。」

案：鄭氏説一歲周於四岳之下，謂之一巡守。而分四方諸侯，以四年偏來一朝，謂之四朝，不可也。況禹貢之甸、侯、綏、要、荒五服，必唐虞相承之制，以定朝貢之節。而甸服外之百里，始爲卿大夫采邑，未有諸侯。其外之百里男邦，又其外之三百里諸侯，此於京師不出千里，雖歲一朝，尚不爲數。綏服分内之三百里揆文教，外之二百里奮武衛，於京師踰千里，又其外要服、荒服益遠矣。周官大行人職曰：「邦畿方千里，其外方五百里，謂之侯服，歲一見。又其外方五百里，謂之甸服，二歲一見。又其外方五百里，謂之男服，三歲一見。又其外方五百里，謂之采服，四歲一見。又其外方五百里，謂之衛服，五歲一見。又其外方五百里，謂之要服，六歲一見。九州之外，謂之蕃國，世一見。」謂夷服、鎮服、蕃服也。周官經言方則面二百五十里。周之侯甸當禹貢侯服，男采當禹貢綏服，衛、要當禹貢要服，夷、鎮當禹貢荒服。然則禹貢之侯服，周且分一歲、二歲矣，綏服分三歲、四歲，要服分五歲、六歲，而荒服世乃一見者也。豈唐虞不分遠近爲等差，不然矣。意羣后四朝，特以侯服言之，此外别有年限，略而不言也。上記攝帝位之初，巡守至方岳下，因舉歲一朝之諸侯，有敷奏以言，明試以功，車服以庸之法。本非於此詳言制度，故不備舉。敷，如敷求之敷，徧也。故史記作「徧告以言」。庸，如功庸之庸。國語曰「無功庸者，不敢居位」。

肇十有二州，封十有二山，濬川。

爾雅：「肇，始也。濬，深也。」

史記集解：「馬融曰：禹平水土，置九州，舜以冀州之北廣大，分置并州，燕、齊遼遠，分燕置幽州，分齊爲營州。閻氏若璩曰：「青之分而爲營也，不獨以地廣，實以吏民艱於涉海，故别置一州，以避其險。」於是爲十二州也。程子曰：「上古九州，治水之後，禹别正其九州之封界，舜始分爲十二州，在洪水既平之後。」鄭玄曰：更爲之定界，治水害也。」

孔傳曰：「封，大也。每州之名山，殊大之以爲其州之鎮。程子曰：「封十有二山，蓋表其山爲一州之鎮耳。」蔡氏沈曰：「如職方氏言揚州其山鎮曰會稽之類。」有流川，則深之使通利。」

孔氏穎達曰：「左傳云『昔夏之方有德也，貢金九牧』。則禹還置九州，其名蓋如禹貢，其境不可知也。」陳氏櫟曰：「舜即位之初，咨十有二牧，後又曰州十有二師，則舜世分九州爲十二州，審矣。左氏宣三年『昔夏之方有德也，貢金九牧』，則至夏禹之世又併十二州爲九州，亦審矣。」

蘇氏軾曰：「封，封殖也。十二州之名山，皆禁採伐也。」林氏之奇曰：「洪水既平之後，封殖其山而加樹藝焉。凡十有二州之山，皆封殖之。如九山刊旅，謂凡九州之山皆得刊木而旅祭也。」陳氏大猷曰：「王氏說封山，則材木不可勝用。濬川，則穀米不可勝食。張氏推其説以爲此王道之始，正合孟子之言。如何曰肇州封山濬川？皆疆理地勢之事，故連言之。王説乃虞衡之職，不應言於肇州之後，若以爲王道之始，何不及分田制産之事乎？」

案：周禮有并州、幽州。爾雅有營州。孔穎達以爲職方、爾雅「州名必因於古」，是也。濬、浚古字通。説文：「浚，深通川也。」分州、表鎮、通川，蓋舜初攝帝位時事，此與巡守類叙。殛鯀與象，以典刑類序。其實因鯀功用弗就，故舜有濬川之政。殛鯀興禹斷非一時。鯀既殛，禹未興，舜必慎求其人而後得禹。計舜即位後命官，禹作司空未數年，故仍勉其平水土。前以司空治水，後以百揆治水也。舜攝二十八載，而禹治水時方娶，是鯀遏在羽山，禹之年甚幼，固顯然者。方鯀殛死，憂在洪水，有浚川之政，及後之命禹治水，兩不相蒙。濬川者，舜救一時之患。舉禹者，舜定萬世之安。禹治水，舜既分十二州矣，故曰州有十二師。而作貢又在後，復别爲九州。時有所宜，各從其宜而已。

象以典刑，流宥五刑，鞭作官刑，扑作教刑，金作贖刑，眚災肆赦，怙終賊刑。「欽哉，欽哉！惟刑之恤哉！」「恤」，當從古本作「謐」。

爾雅：「典，常也，經也。怙，恃也。」

史記集解：「馬融曰：『言咎繇制五常之刑，無犯之者，但有其象，無其人也。流，放。宥，寬也。一曰幼少，二曰老耄，三曰惷愚。五刑：墨、劓、剕、宫、大辟。朱子語録：「問：五刑，吴才老説是五典之刑，如所謂不孝、不弟之刑。曰：『此是亂説。人有罪，合用五刑，如何不用？』」困學紀聞云：「范蜀公正書曰：『舜之五刑：流也、官也、教也、贖也、賊也。』流宥五刑者，舜五流以宥三苗之劓、刖、剕、宫、大辟。皇王大紀之説本諸此，而以墨、劓、剕、宫、大辟爲賊刑之科目。」官刑，爲辨治官事者爲刑。蘇氏軾曰：「官刑，以治庶人在官慢於事，而未入於刑者。」金，黄金也。意善功惡，使出黄金贖罪，坐不戒慎者。鄭玄云：『朴，檟楚也。扑爲教官爲刑者。孔傳云：「不勤道業，則撻之。」眚災，爲人作患害者也。過失，雖有害則赦之。怙其姦邪，終身以爲殘賊，則用刑之。』孔氏曰：「春秋言『肆眚』者，皆謂緩縱過失之人。」蘇氏曰：「易曰『無妄行有眚』，眚，亦災也。眚災者，猶曰不幸，非其罪也。終不改也，賊害也。恃惡不悛以害人，則刑之。」徐廣曰：今文云『惟刑之謐哉』。爾雅曰『謐，静也』。」

陸氏德明曰：「馬云：宥，三宥也。」

史記正義：「鄭玄云：『三宥，一曰弗識，二曰過失，三曰遺忘也。』」周禮司刑疏：「鄭注堯典云：『正刑五，加之流宥、鞭、朴、贖，此之謂九刑者。』」孔氏穎達曰：「鄭玄曰：『其輕者，或流放之，四罪是也。』王肅云：『謂君不忍刑殺，宥之以遠方。言宥五刑，則正五刑見矣。』」

孔傳曰：「象，法也。法用常刑，用不越法也。孔氏穎達曰：「五刑雖有常法，所犯未必當條，皆須原其本情，然后斷決，使不越法。」眚，過。災，害。肆，緩。賊，殺也。過而有害，當緩赦之。怙姦自終，當刑殺之也。」程子曰：「象以典刑，象罪之輕重立爲常典。眚，謂過失入於罪者。災，謂非人所致而至者。赦，除釋之也。眚者肆之，災者赦之也。雖罪非固犯，失由於人故，必致法，矜其情而緩之耳。災非由人，宜加恤也，故直赦之。怙恃其惡與終固其非者，凶惡之民也，故殘害之以刑，使不得爲人害也，是賊刑也。」

蘇氏軾曰：「典刑，常刑也。殺人者死，傷人者刑，象其所犯。黄氏度曰：「象者，像也。像其事也。刑有輕重，像其事而用之，是謂常刑。」作五流之法，以宥五刑之輕者。墨，薄刑也。其宥乃至於流乎？曰刑者，終身不可復，而流者，有時而釋，不賢於刑之乎？過誤而入於刑與罪疑者，皆入金以贖。」蔡氏沈曰：「據此經文則五刑有流宥而無金贖，周禮秋官亦無其文，至吕刑乃有五等之罰。疑穆王始制之，非法之正也。蓋當刑而贖，則失之輕，疑赦而贖，則失之重。且使富者幸免，貧者受刑，又非所以爲平也。」

林氏之奇曰：「王氏云：象者，垂以示人之謂。若周官『垂法象魏』是也。此説比先儒爲長，蓋王者之法如江河，必使易避而難犯，故必垂以示之，使知避之。周官司寇『正月之吉始和，布刑于邦國都鄙，乃縣刑象之法于象魏，使萬民觀刑象，挾日而斂之』，此則唐虞之象，以典刑之意也。而説者多以象刑爲畫象，其説出於大傳與漢帝之詔〔三九〕，薛氏又論『世俗以爲畫衣冠異章服爲象刑』，豈非讀舜典而誤與？此説有理。」

案：象刑之義，林氏所論當矣。蘇氏謂過誤而入於刑與罪疑者，皆入金以贖。此與肆其眚者之亦屬過誤，何一入金，一緩縱歟？馬融以爲「意善功惡，坐不戒慎」是，準事論刑〔四〇〕，不得謂之過誤，而意雖可原，宜以不戒慎罰之金者也。罪與人同，意與人異，乃入於此。眚本自眚，惜其義爲一時迷謬，得過之名。災本天災，絶無因而入於罪戾。斯名爲災，故眚則肆之，災則赦之。有恃而犯爲怙；長惡不悛爲終；春秋傳：叔向之言曰「殺人不忌爲賊」。此三者皆必刑。詩「假以溢我」，左傳引作「何以恤我」，説文引作「誐以謐我」。毛詩訓「溢」爲「慎」，義出爾雅。而「溢、慎、謐」，爾雅又皆訓「静」。故史記云「惟刑之静哉」。謐之爲静，雖爾雅正訓，而「謐刑」爲「慎刑」，義尤切至。

流共工于幽洲，放驩兜于崇山，竄三苗于三危，殛鯀于羽山，四罪而天下咸服。「洲」，當從古本作「州」。

陸氏德明曰：「王云：三苗，國名。」

孔氏穎達曰：「鄭玄云：舜不刑此四人者，以爲堯臣，不忍刑之。」林氏之奇曰：「殛鯀于羽山，説者多以爲殺之，遂舉洪範『鯀則殛死』之言爲證，是不然。使鯀之罪，果在所當殺，則直殺之矣，何必殛之羽山？洪範所謂『殛死』者，正如後世史傳言『貶之』也〔四二〕，太祖皇帝讀書，歎曰：『堯舜之始，四凶之罪止從投竄，何近代法網之密也！』」

史記集解：「馬融曰：『三苗，國名也。幽州，北裔也。崇山，南裔也。三危，西裔也。殛，誅也。羽山，東裔也。』」程子曰：「流者，去遠之也，如水流去。放者，屏斥之。竄者，投置之。殛，則誅死之也。」

孔傳曰：「幽洲，北裔。水中可居曰洲也。崇山，南裔。三苗，國名。縉雲氏之後爲諸侯，號饕餮。三危，西裔也。殛、竄、放、流，皆誅也。異其文，述作之體也。羽山，東裔，在海中也。」孔氏穎達曰：「左傳説此事，言『投諸四裔』。釋地云『燕曰幽洲』，禹貢羽山在徐州，三危在雍州。三者所居皆言山名。共工所處不近大山，故舉州言之。此流四凶，在治水前，於時未作十有二州，則無幽州之名，而云幽州者，史據後定言之。禹貢無崇山，不知其處，蓋在衡嶺之南也。昭元年左傳説自古諸侯不用王命者，『虞有三苗，夏有觀、扈』。杜預言『三苗地闕，不知其處』。鄭玄具引左傳之文，乃云『命驩兜舉共工，則驩兜爲渾敦也，共工爲窮奇也，鯀爲檮杌也，而三苗爲饕餮亦可知』。漢書地理志『羽山在東海郡祝其縣西南』。洪範云『鯀則殛死，禹乃嗣興』。僖三十三年左傳云『舜之罪也殛鯀，其舉也興禹』。襄二十一年左傳云『殛鯀而禹興』，皆言殛鯀而後用禹爲治水。而鄭玄以爲禹治水事畢乃流四凶，故王肅難鄭言：『若待禹治功成，而後以鯀爲無功而殛之，是爲舜用人子之功而流放其父，則禹之勤勞，適足使父致殛，爲舜失五典克從之義，禹陷三千莫大之罪，進退無據，亦甚迂哉！』薛氏季宣曰：「三苗，舊説爲岳州地，蓋以吴起所稱洞庭彭蠡與韓嬰衡山準之。羽山、三危皆見禹貢。幽州，今燕雲路，舜十二州之一也。崈，古嵩字。漢世嵩高猶曰『崈高』，今交趾驩州及澧州澧陽縣、鄂州崇陽縣皆有崇山，稱放驩兜之地，皆傅會之説耳。」

案：幽州，史記作「幽陵」。又稱「顓頊四方所及，北至於幽陵」。幽州之名，或起於幽陵矣。今順天府密雲縣東北塞外有故共城，括地志作「龔城」，於秦漢屬漁陽郡。崇山今在湖廣澧州永定縣，西漢武陵郡充縣也。三苗，吴起所云「三苗之國，左洞庭，右彭蠡」是也，今爲湖廣武昌、岳州二府、江西九江府地。三危，黑水所經，後人以古瓜州之山當之，謂之三危山，在今嘉峪關外漢敦煌地。左氏春秋「允姓之姦居於瓜州」，不言三苗，而敦煌之水不得入南海，今所謂三危山者，其下亦無水以當黑水，則三危宜近怒江，今怒江實古黑水也。羽山在今登州蓬萊縣東南三十里，古萊夷地。寰宇記：「縣南有鯀城，四罪皆流耳。」説文：「殛，殊也。」漢詔曰「骨肉之親，粲而不殊」，言明於仁恩而不離絶。是「殛」即「離絶」之謂。古人一事累言之，往往變其文，後人因字附會，求罪之重輕，非也。

二十有八載，帝乃殂落。百姓如喪考妣。三載，四海遏密八音。

爾雅：「殂、落，死也。林氏曰：『人之死也，魂氣歸於天，故謂之殂。體魄降於地，故謂之落。』父爲考，母爲妣。遏，止也。密，静也。」

史記：「堯立七十年得舜，二十年而老。今史記各本皆作「二十年而老」，「十」字衍文。今舜攝行天子之政，薦之於天，堯辟位凡二十八年而崩。孔傳曰：「堯年十六即位，七十載求禪，試舜三載，自正月上日至崩二十八載。堯凡壽百一十七歲也。」孔氏穎達曰：「案求禪之年，即得舜而試之，求禪試舜其在一年也，更得二年，即爲歷試三年。故王肅云徵用三載，其一在徵用之年，其餘二載與攝位二十八年，凡三十歲也。以此計之，惟有百一十六歲，不得有七，蓋誤也。」蔡氏沈曰：「堯十六即位，在位七十載，又試舜三載，老不聽政二十八載乃崩，在位通計百單一年。」王氏天與曰：「邵子皇極經世，紀堯甲辰年即位，癸丑徵舜登庸，乙卯遜於位，至舜二十八年乃殂落，通在位一百年。」百姓悲哀，如喪父母，三年黄氏度曰：「臣爲君服三年始於此。」四方莫舉樂，以思堯。」集解：「徐廣曰『堯在位凡九十八年』。駰案：皇覽曰『堯冢在濟陰城陽』。劉向曰『堯葬濟陰，丘隴山〔四二〕』。呂氏春秋曰『堯葬穀林』。皇甫謐曰『穀林即城陽』。史記正義曰：「括地志云『堯陵在濮州雷澤縣西三里』。郭緣生述征記云：『城陽縣東有堯冢，亦曰堯陵，有碑』是也。括地志云：『雷澤縣本漢城陽也。』」堯都平陽，於詩唐國。」

案：古字密、謐通，詩「夙夜基命宥密」，賈誼新書引作「宥謐」。説文云「謐，無聲也」。

月正元日，舜格于文祖。

爾雅：「元，始也。」孔氏穎達曰：「王肅云『月正元日』，猶言『正月上日』，變文耳。禮云『令月吉日』，又變文言『吉月令辰』，此之類也。」

詢于四岳，闢四門，明四目，達四聰。

爾雅：「詢，謀也。」詩緇衣疏「舜典云『闢四門』者，注云：『卿士之職，使爲己出政教。金氏履祥曰：「闢四門者，來四方之賢。明四目者，察四方之事。達四聰者，通四方之言。皆四岳職也。」王氏充耘曰：「詢于四岳，非謀治於四岳之官，蓋咨詢皆命官之辭，作書者變文錯綜用字耳。下文闢四門、明四目、達四聰，即四岳職事。若以詢四岳，非命四岳以職事，則後面總命二十二人，無乃欠一人乎？」天下言四門者，亦因卿士之私朝在國門，魯有東門襄仲，宋有桐門右師，是後之取法於前也。』」孔傳曰：「開闢四方之門未開者，廣致衆賢也，廣視聽於四方，使天下無壅塞也。」陳氏大猷曰：「明四目、達四聰，不過謂使四方之聞見皆無壅於上耳。」

案：四岳，總四方之諸侯。鄭注以「闢四門，明四目，達四聰」爲其職，得之。

咨十有二牧，曰：「食哉，惟時！柔遠能邇，惇德允元。而難任人，蠻夷率服。」

爾雅：「咨，謀也。柔，安也。邇，近也。惇，厚也。任，佞也。率，循也。」

孔氏穎達曰：「王肅云：能安遠者，先能安近。」

孔傳曰：「所重在於民食，惟當敬授民時也。元，善之長也。言當安遠乃能安近，厚行德信，使足長善。佞人斥遠之，則忠信昭於四夷，皆相率而來服也。」

蘇氏軾曰：「能，讀如不相能之能。柔懷遠者，使與近者相能。」

林氏之奇曰：「此則咨在外之十有二牧也。李校書曰：『能者，耐也。古者能、耐同字。能邇者，居上以寬之謂也。』其意蓋以能邇爲耐邇者，若俗所謂忍耐得事，恐亦不然。謂能邇爲居上以寬者，亦非也。某竊謂『惇德允元，而難任人』，此能邇之道也。德者，有德也。元者，善人也。曰惇、曰允，厚之、信之之謂也。難者，遏絶之使不得進也。自古蠻夷所以敢憑陵中國者，皆由守土之臣不能用寬厚長者之道，行優游寬大之政，以忠信鎮服蠻夷，邀功生事，開邊鄙之隙者衆也。」

案：詩大雅「柔遠能邇」，鄭箋云：「能，猶伽也。安遠方之國，順伽其近者。」釋文云：「能，徐云：毛如字，鄭奴代反。伽，檢字書未見所出，廣雅云：『如，若也，均也。』義音相似，而字則異。舊音如庶反，義亡難見。」疏云：「謂順適其意也。能邇，謂惠中國。柔遠，即綏四方也。」今以聲義考之，能、而、如、若，一聲之轉。後漢督郵斑碑「柔遠而邇」，易「利建侯而不寧」，釋文云「鄭讀而曰能」。能，猶安也。禮運「聖人耐以天下爲一家」，注云「耐，古能字」。疏云：「亦有誤不安『寸』直作而字。」劉向説苑「能」字皆爲「而」也。爾雅：「若，善也，順也。」蓋柔有使之馴伏意，能有與之調善意。下「敦德」「允元」對文，則「柔遠」「能邇」之爲對文，明矣。」

舜曰：「咨，四岳，有能奮庸熙帝之載，使宅百揆。亮采惠疇？」僉曰：「伯禹作司空。」帝曰：「俞。咨禹：汝平水土，惟時懋哉！」禹拜稽首，讓于稷、契暨皋陶。帝曰：「俞。汝往哉！」

爾雅：「宅，居也。亮，導也，右也。采，事也。惠，順也。時，是也。懋，勉也。」

史記集解：「馬融曰『奮，明。庸，功也。』鄭玄曰：『然其舉得其人。汝往居此官，不聽其所讓也。』」

孔氏穎達曰：「鄭玄云『載，行也』。王肅云『載，成也』。鄭云『時天下賴后稷之功，故以官名通稱』。」

周禮疏：「堯典『伯禹作司空』，鄭云『初，堯冬官爲共工，舜舉禹治水，堯知其有聖德必成功，故改命司空，以官名寵異之，非常官也。至禹登百揆之任，舍司空之職，爲共工與虞，故曰：垂作共工，益作朕虞。』」

陸氏德明曰：「懋，王云：勉也。馬云：從也。」

孔傳曰：「奮，起。庸，功。載，事也。訪羣臣有能起發其功，廣堯之事者。亮，信也。求其人使居百揆之官，信立其功，順其事者，誰乎？蘇氏軾曰：『奮，立也。有能立功光堯之事者，當使宅百揆，其能信事而順者誰乎？』禹代鯀爲崇伯，入爲天子司空。居稷官者，棄也。契、皋陶，二臣名也。稽首，首至地也。」

林氏之奇曰：「爾雅『左右，亮也』。以是『亮』有輔相之義，亮采者，輔相朝廷之事。疇，如『九疇』之疇，謂天下之事，各以其類無不順也。」蔡氏沈曰：「亮，明也。一說亮，相也。舜言奮起事功，以廣帝堯之事者，使居百揆之位，以明亮庶事，而順成庶類也。以司空兼百揆，如周以六卿兼三公也。」

時氏瀾曰：「惠疇者，謂順天下人才而任之，人各有所長，順而任之而已。」

案：百揆，於百官之事無不統。禹以司空治水，舜謀百揆之官，皆以禹方爲司空對，故舜則舉其所爲未竟者，命之終事。考國語諸書，內而百僚，外而羣牧，皆佐禹治水者，禹治水總百官可知。「亮采」，史記作「相事」，即其義也。古字疇、儔通。

帝曰：「棄，黎民阻飢，汝后稷播時百穀。」

爾雅：「阻，難也。后，君也。朱子曰：「后，謂有部之君，所謂三后。后夔皆有爵土之稱也。」時，是也。」

陸氏德明曰：「阻，王云：難也。」

詩周頌思文傳：「黎民阻飢，后稷播殖百穀。」釋文曰：「馬融注尚書作『祖』，云『始也』。史記：「舜曰『棄，黎民始飢』。」集解徐廣曰：「今文尚書作『祖飢』。祖，始也。」疏曰：「舜典注云：祖，讀曰阻。阻，厄也。時，讀曰蒔。始者洪水時，衆民厄於飢，汝居稷官，播蒔五穀，以救活之。」周禮疏：「汝后稷。注：稷，棄也。初，堯天官爲稷。」

孔氏穎達曰：「王肅云：播，敷也。」

史記正義曰：「播時，謂順四時而種百穀。」

孔傳曰：「播，布也。衆民之難在於飢，汝后稷布種是百穀以濟之。美其前功，以勉之也。」

案：「阻」之義爲難、爲厄。「時」，當訓是。

帝曰：「契，百姓不親，五品不遜，汝作司徒，敬敷五教，在寬。」

史記集解曰：「鄭玄曰：五品，父母兄弟子也。王肅曰：五，五常也。馬融曰：五教，五品之教。」孔氏穎達曰：「品，謂品秩。一家之内尊卑之差，即父母兄弟子是也。教之義、慈、友、恭、孝，此事可常行，乃爲五常耳。文十八年左傳曰『布五教於四方，父義、母慈、兄友、弟恭、子孝』。是布五常之教也。」蘇氏軾曰：「以此教民，必寬而後可，亟則以德爲怨，否則相率爲僞。」陳氏大猷曰：「敷，有宣、布二義，宣謂闡明之，布謂班行之。兼此二義，方能敷教。」

孔傳曰：「遜，順也。」

林氏之奇曰：「五品，五典之教，皆言人倫也。竊謂左傳之言，不如孟子之説爲盡。」

案：鄭氏注「辯章平姓」，爲羣臣之父子、兄弟。國語言百姓，亦云王公之子弟，韋昭以「官族」釋之。蓋百官即拔出其中，故欲其昭明，欲其親愛遜順。此黎民所視之以從化而無違戾也。父子、君臣、夫婦、昆弟、朋友，有尊卑少長之差，故稱五品。孟子之言親、義、别、序、信，則五教也。

帝曰：「皋陶，蠻夷猾夏，寇賊姦宄，汝作士。五刑有服，五服三就；五流有宅，五宅三居：惟明克允。」

史記集解：鄭玄曰：「猾夏，侵亂中國也。」馬融曰：「士，獄官之長。五刑，墨、劓、剕、宫、大辟。三就，謂大罪陳諸原野，次罪於市朝，同族適甸師氏。既服五刑，當就三處。五流，謂在八議，君不忍刑，宥之以遠。五等之差亦有三等之居：大罪投四裔，次九州之外，次中國之外。當明其罪，能使信服之。」孔氏穎達曰：「定十年左傳云『裔不謀夏，夷不亂華』，是中國爲華夏也。成十七年左傳云『亂在外爲姦，在内爲宄』。周禮司寇之屬有士師、卿士等，皆以士爲官名。

鄭玄云『士，察也。主察訟獄之事』。月令云『命大理』。昭十四年左傳云『叔魚攝理』，是謂獄官爲理官也。魯語云『刑五而已，大刑用甲兵，次刑斧鉞，中刑刀鋸，其次鑽笮，薄刑鞭朴以威民。故大者陳之原野，小者致之市朝。五刑三次』。所言三次，即此『三就』是也。惟死罪當分就處所，其墨、劓、剕、宫，無常處可就也。馬、鄭、王三家皆以『三就』爲『原野』也，『市朝』也，『甸師氏』也。案刑於甸師氏者，王之同族，刑於隱者，不與國人慮兄弟耳，非所刑之正處。此言正刑，不當數甸師也。又市、朝異所，不得合以爲一。王肅云：『惟明其罪，能使之信服。』薛氏季宣曰：「禮『大刑用甲兵』，則蠻夷盜賊之事，亦領於士師也。」

周禮司刑疏：「舜典云『寇賊姦宄』，鄭注云：『强聚爲寇，殺人爲賊，起内爲姦、起外爲宄。御姦以德，御宄以刑。』」

禮記王制疏：「虞書曰『五流有宅，五宅三居』，鄭注云：『宅，讀曰咤，懲刈之器。謂五刑之流，皆有器懲刈。五咤者，是五種之器，謂桎一梏二拲三。三處者，自九州之外，至于四夷，三分其地遠近，若周之夷服、鎮服、蕃服。』」

孔傳曰：「猾，亂也。士，理官也。服，從也。言得輕重之中正也。既從五刑謂服罪也。行刑當就三處：大罪於原野，大夫於朝，士於市也。五刑之流各有所居，五居之差有三等之居：大罪四裔，次九州之外，次千里之外。」

林氏之奇曰：「此非境外之蠻夷。舜之世，九州之内蓋有蠻夷與吾民錯居境内，冀州、揚州之島夷，青州之萊夷，徐州之淮夷、梁州之和夷是也。王氏云：行刑者或就重，或就輕，或就輕重之中，此之謂三就。流者，或居遠，或居近，或居遠近之中，此之謂三居。此説爲善，蓋教皋陶原情而定罪耳。此所貴於『惟明克允』也。」

黄氏度曰：「服，言罪各有狀，使服其刑。吕刑『上服下服』是也。五刑以輕重爲三等，曰三就。就猶成也，成其罪也。大辟重，宫、刵次之，墨、劓又次之。刑有五，流而宥之亦有五，若今所謂加役牢城不刺面之等，當時宜有其名也，而亦以所居遠近爲三等，曰三居。」

朱子曰：「三就，若大辟則就市，宫刑則如漢時就蠶室，其墨、劓、刵既非死刑，則就僻處。當風必致殺人，聖人既全其生，不忍如此。三居，如居四海之外，九州之内，或近甸，皆以輕重爲差。」

孫氏覺曰：「惟明，則情僞畢知。克允，則輕重適當。陳氏大猷曰：夏氏謂惟明則能原情定罪，得其允當。」

應氏鏞曰：「刑與事稱之謂服。就者，獄辭之成者，一就之不足而至於再，再就之不足而至於三，謂三就也。易曰『革言三就』，豈非參錯審訂，省其已成之説乎。周禮有『三刺』、『三赦』、『三宥』之法，王制：『三公以獄之成告於王，王三宥，然後制刑。』蓋雖後世斷刑，尚有三覆奏、五覆奏者，況隆古之盛乎！」

案：服，謂服罪之實狀也。宅，史記作「度」，謂流有等差，審度當其輕重也。就、居，以處所言者近之。

帝曰：「疇若予工？」僉曰：「垂哉！」帝曰：「俞。咨，垂，汝共工。」垂拜稽首，讓于殳、斨暨伯與。帝曰：「俞。往哉！汝諧。」

爾雅：「諧，和也。」

史記集解馬融曰：「工，謂主百工之官也。共工爲司空，共理百工之事。」

孔傳曰：「垂，臣名也。共，謂共其職事。殳斨、伯與，二臣名也。」

蘇氏軾曰：「諧，宜也。」王氏充耘曰：「禹讓稷、契、皋陶，而用稷、契、皋陶，伯夷讓夔、龍，而用夔、龍，故皆不言『汝諧』，是聽其讓也。益讓朱、虎、熊、羆，而未嘗用朱、虎、熊、羆，垂讓殳斨、伯與，而未嘗用殳斨、伯與，故各言『汝諧』，言惟汝可以宜此職耳。」

林氏之奇曰：「禹讓稷、契、皋陶三人也，則曰『讓于稷、契暨皋陶』。伯夷讓于夔、龍二人也，則曰『讓于夔、龍』。此之所讓與禹正同，然中加『暨』字，則其爲三人也無疑矣。殳一也，斨二也，伯與三也。」朱子曰：「殳以積竹爲兵，建兵車者。斨，方銎斧也。古多以其所能爲名『殳斨』豈能爲二器者與？」

案：「殳斨暨伯與」，當從林氏説爲三人。此三人應是工官之佐，仍各居其官可知。「汝諧」者，與其佐協和在官也。

帝曰：「疇若予上下草木鳥獸？」僉曰：「益哉！」帝曰：「俞。咨，益，汝作朕虞。」益拜稽首，讓于朱、虎、熊、羆。帝曰：「俞。往哉！汝諧。」「僉曰」，當從古本作「禹曰」。

史記集解馬融曰：「上謂原，下謂隰。虞，掌山澤之官名。」

孔氏穎達曰：「馬、鄭、王本皆爲『禹曰益哉』。鄭玄云『言朕虞重鳥獸草木』。」

孔傳曰：「上謂山，下謂澤。朱虎、熊羆，二臣名也。」史記索隱曰「即高辛氏之子伯虎、仲熊也」。

林氏之奇曰：「朱、虎、熊、羆，據左傳載『高辛氏之子，有伯虎、仲熊』。『虎』與『熊』既爲二人，則『朱』與『羆』亦當爲二人矣。蔡氏沈曰：「意以獸爲名者，亦以其能服是獸而得名歟？」朱博士云：『殳、斨、伯與三人也，故言暨以別之。朱、虎、熊、羆，四人也，故不言暨。』此說爲善。」

案：「朱、虎、熊、羆」，當從林氏說爲四人。史記云：「舜曰往矣，汝諧。遂以朱、虎、熊、羆爲佐。」亦以「汝諧」之云，該及其所薦者。

帝曰：「咨，四岳，有能典朕三禮？」僉曰：「伯夷。」帝曰：「俞。咨，伯，汝作秩宗，夙夜惟寅，直哉惟清。」伯拜稽首，讓于夔、龍。帝曰：「俞。往，欽哉！」

爾雅：「夙，早也。寅，敬也。」

史記集解：「馬融曰：『三禮，天神、地祇、人鬼之禮也。』鄭玄曰：『天事、地事、人事之禮也。主秩次尊卑。』」

孔傳曰：「伯夷，臣名，姜姓也。孔氏穎達曰：「鄭語云『姜，伯夷之後也。伯夷能禮於神以佐堯』，是伯夷爲姜姓也。」林氏之奇曰：「國語以姜姓爲四岳之後，又以爲伯夷之後。韋昭遂謂即四岳。經云『咨，四岳，有能典朕三禮？僉曰：伯夷』，豈四岳以是自薦也，揆之人情，決不如此。則伯夷之爲姜姓，雖先儒有所據而云，亦未可信。」宗，尊也。主郊廟之官也。孔氏穎達曰：「此時秩宗，即周禮之大宗伯也。」蔡氏沈曰：「典，主也。宗，祖廟也。秩宗，主叙次百神之官，而專以秩宗名之者，蓋以宗廟爲主也。周禮亦謂之宗伯，而都家皆有宗人之官，以掌祭祀之事，亦此意也。」王氏天與曰：「夏氏曰：宗，如『宗主』之宗，故長子主器，謂之宗子。秩宗云者，豈非以天秩之禮，而是禮彼實主之乎〔四三〕？故成周掌邦禮者，謂之宗伯；掌都家之禮者，謂之都宗人、家宗人。」夔、龍，二臣名也。」

案：周始分吉、凶、軍、賓、嘉爲五禮。唐、虞時統名天地人之禮耳也。此三禮者，五禮畢具其中。鄭康成禮論曰「唐、虞有三禮，至周分爲五禮」，是也。伯夷四岳，何必不皆姜姓？林氏疑之未當。

帝曰：「夔，命汝典樂，教胄子，直而温，寬而栗，剛而無虐，簡而無傲。詩言志，歌永言，聲依永，律和聲。八音克諧，無相奪倫，神人以和。」

爾雅：「永，長也。」

陸氏德明曰：「王云〔四四〕：胄子，國子也。馬云：胄，長也。教長天下之子弟。」

史記集解：「鄭玄曰：『胄子，國子也。聲之曲折又依長言，聲中律乃爲和也。神人以和，祖考來格，羣后德讓，其一隅也。』馬融曰：『正直而色温和，寬大而謹敬戰栗也。歌所以長言詩之意也。』」

孔傳曰：「子，謂天子以下至卿大夫子弟也。聲，謂五聲，宫、商、角、徵、羽也。律，謂六律六吕，十二月之音氣也。倫，理也。」陳氏大猷曰：「諧是衆音和協，倫是各音條理。」

蘇氏軾曰：「教者，必因其所長而輔其所不足。直者患不温，寬者患不栗，剛者患虐，簡者患傲。聲者，樂聲也。永者，人聲也。樂聲升降之節，視人聲之所能，至則爲中聲，是謂聲依永。」

案：聲、律，皆所以均節高下之度數也。歌以永長其言，而五聲隨其鉅細所中，故曰「歌永言，聲依永」也。律則準聲之鉅細調和之，使成節奏，故曰「律和聲」。凡作樂以人聲爲本，而金、石、絲、竹、匏、土、革、木之八音應之。

夔曰：「於，予擊石拊石，百獸率舞。」

蘇氏軾曰：「此舜命九官之際也，無緣夔於此獨稱其功。此益稷之文也，簡編脱誤復見於此。」劉氏敞曰：「益稷之末又有夔曰『於，予擊石拊石，百獸率舞』。然則舜典之末衍一簡也。何以知之邪？方舜之命二十二人，莫不讓者，惟夔、龍爲否，則亦已矣。又自贊其能，夔必不爲也。」時氏瀾曰：「或者以爲簡脱亦未可知，不然，夔若自言其功，蓋聞舜之言心領神受，曰於予擊拊之際，百獸尚將率舞，則神人以和可知。」

案：蘇氏、劉氏以此條爲簡編衍誤，得之。然史記於此命官，亦載夔之言，則漢初已訛舛矣。

帝曰：「龍，朕堲讒説殄行，震驚朕師。命汝作納言，夙夜出納朕命，惟允。」

爾雅：「殄，絶也。震，動也。震驚，懼也。」

史記集解：「鄭玄曰：『所謂色取仁而行違，是驚動我之衆臣，使之疑惑。』」

孔傳曰：「堲，疾也。言我疾讒説絶君子之行，而動驚我衆，欲遏絶之也。納言，喉舌之官也。聽下言納於上，受上言宣於下，必以信也。」

蘇氏軾曰：「絶行，獨行行之，不可繼者也。」

陳氏櫟曰：「愚謂欲其審君命之當否，當者出之，否者納之，惟在於允當。如後世批敕之官，庶於『朕命』二字明順。」

案：周禮稻人「夏以水殄草而芟夷之」，鄭注云：「殄，病也，絶也。」讒説殄行，謂足以傷病人之德行，舉其爲害之實也。出納朕命，不得專爲聽下言納於上。詩大雅烝民篇曰「出納王命，王之喉舌」，鄭箋云：「出王命者，王日所自言承而施之也。納王命者，時之所宜復於王也。」然其官名「納言」，且告之曰「朕聖讒説殄行，震驚朕師」，是讒説之可畏，欲其審察下言，不惑於讒説，然後出納上之命。出者，出宣之也。納者，入陳之也。蓋上之命既允，則直出宣之；上之命未允，則必入陳其當否，歸於允乃出之。故曰「夙夜出納朕命，惟允」。陳氏謂「如後世批勑之官」，得之。

帝曰：「咨，汝二十有二人，欽哉！惟時亮天功。」

史記集解：「馬融曰：『稷、契、皋陶皆居官久，有成功，但述而美之，無所復勑。禹及垂以下皆初命，凡六人，與上十二牧四岳，凡二十二人。』鄭玄曰：『皆格於文祖時所勑命也。』」

孔氏穎達曰：「鄭玄云自『咨，十有二牧』至『帝曰：龍』，皆月正元日格於文祖所勑命也。鄭以爲二十二人，數殳、斨、伯與、朱、虎、熊、羆，不數四岳。」

蘇氏軾曰：「堯欲使巽朕位，則非四人明矣。二十二人，蓋十二牧、四岳、九官也。而舊説以爲四人，蓋每訪四岳，必『僉曰』以答之。訪者一而答者衆，不害四岳之爲一人也。亮，弼也。」

林氏之奇曰：「此四岳、九官、十二牧，當有二十五人，但言二十二人者，蓋或有兼居岳牧之任者，或有在州牧之中而居九官之列者，不得而知也。」

案：二十有二人，皆主達官言之，故不數殳、斨、伯與及朱、虎、熊、羆。蘇氏以四岳一人，合十二牧、九官適二十二人，得之。四岳、百揆皆官名，必無命百揆，而不命四岳者。詢於四岳、咨十有二牧，是就其舊職詢之、咨之。國語曰「咨親爲詢」，殊其文以別異之，非不命以職事者也。

三載考績。三考，黜陟幽明，庶績咸熙。分北三苗。

爾雅：「績，事也，業也，功也。」

史記集解：「鄭玄曰：『所竄三苗爲西裔諸侯者猶爲惡，乃復分析流之〔四五〕。』」

孔氏穎達曰：「鄭玄以爲流四凶者，卿爲伯、子，大夫爲男，降其位耳，猶爲國君。故以『三苗爲西裔諸侯猶爲惡，乃復分北流之』。王肅云：『三苗之民有赦宥者，復不從化，不令相從，分北流之。』」

孔傳曰：「九歲則能否幽明有別，黜退其幽者，升進其明者。」

蘇氏軾曰：「苗之國，在洞庭右彭蠡，南方之國也。而竄之西裔，必竄其君耳，其民未也。至此治功大成，而苗民猶不服，故分北之。」

惠氏棟曰：「分北三苗，北讀爲別，北、八，字相似。說文於八部曰『八，別也』，又丫部曰

『兆，古文別』。許君學于賈逵，逵傳古文尚書，必得其實。虞翻曰：「鄭注尚書『分北三苗』，北，古別字。又訓北，言北猶別也。若此之類，誠可怪也。棟謂北字似別，非古別字。又『北』與『𠔁』異，不得言北爲別也。虞鄭皆失之〔四六〕。苗本一也，分別流之，故有三苗。猶三危本一也，三苗分三危之地，亦因分別而言，蓋依三居之法，離絶之使不得通也。」

案：前言「竄三苗于三危」，此言「分北三苗」，臯陶謨言「苗頑弗即功」，皆兼其君民言之。三苗應是同在一地，而其別有三，仍分三處竄之。危，蓋地名，分其地爲三，故曰「三危」。後人以卑羽山三峰傅會「三危」之名，於黑水遠矣。分北者，未竄之餘民弗即功者，分別之，使各隨其君也。蓋其頑亦可矜，徙之不使居舊土而已。

舜生三十徵庸，三十在位，五十載陟方，乃死。

爾雅：「徵，召也。陟，陞也。」

史記：「舜年二十以孝聞，年三十堯舉之，年五十攝行天子事，年五十八堯崩，年六十一代堯踐帝位。踐帝位三十九年，南巡守，崩於蒼梧之野。葬於江南九疑，是爲零陵。」

集解：「皇甫謐曰：『舜所都，或言蒲阪，或言平陽，或潘。潘，今上谷也。』皇覽曰：『舜冢在零陵營浦縣。其山九谿皆相似，故曰九疑。』傳曰『舜葬蒼梧，象爲之耕。』禮記曰『舜葬蒼梧，二妃不從』。山海經曰『蒼梧山，帝舜葬於陽，帝丹朱葬於陰〔四七〕』。皇甫謐曰『或曰二妃葬衡山』。」史記正義曰：「括地志云：『平陽，今晉州城是也。潘，今嬀州城是也。蒲阪，今蒲州南二里河東縣界蒲阪故城是也。』」黄氏度曰：「案孟子『舜卒於鳴條』，在安邑，則舜故都也。舜禪與堯有不同者，舜世禹雖攝大政，令猶自舜出，故舜親巡守，陟四方高山祭天，覲諸侯，謂之陟方。頌曰『陟其高山』，後世緣此謂之登封，謂之升中。」薛氏季宣曰：「書傳多稱舜南巡守而崩于蒼梧九疑。惟孟子以爲舜遷負夏，卒於鳴條。吕氏春秋：舜葬於紀。韓子以爲舜老而禹攝矣〔四八〕，尚何南方之守？且南方地下，不可謂之陟方。稽於吕孟之書，其説當矣。蒼梧山在海州界，近莒之紀城，舜後虞國在應天虞城。鳴條亭在陳留之平丘。負夏，今兖州之瑕丘。則蒼梧不在南也。記曰：舜葬蒼梧之野，二妃未之從也。今二妃墓在蒲阪。」

孔氏穎達曰：「鄭讀此經云『舜生三十』，謂生三十年也。『登庸二十』，謂歷試二十年。『在位五十載，陟方乃死』，謂攝位至死爲五十年，舜年一百歲也。」

孔傳曰：「方，道也。舜即位五十年，升道南方巡守，死於蒼梧之野而葬焉。三十徵庸，三十在位，服喪三年，其一在三十之數，爲天子五十年，凡壽百一十二歲。」蘇氏軾曰：「爲民者三十載，歷試三載，攝位二十八載，通爲三十，堯崩，舜服喪三年然後即位，蓋年六十二矣，在位五十載而崩，壽百有一十二歲者。以爲舜巡守南方，死於蒼梧之野，韓愈以爲非。其説曰『陟方者，猶曰升遐爾』。書曰『惟新陟王』是也。傳書者以『乃死』爲『陟方』之訓，蓋其章句，而後之學者誤以爲經文。此説爲得之。」林氏之奇曰：「陟方者，猶云升遐也。乃死，謂升遐而死，猶云『帝乃殂落』也。楊子曰『黄帝、堯、舜殂落而死』，與『陟方乃死』文勢正同。」蔡氏沈曰：「韓子曰：帝王之没皆曰陟。陟，昇也，謂昇天也。書曰『殷禮陟配天』，言以道終，其德協天也。

故書紀舜之没云『陟』。其下言『方乃死』者，所以釋陟爲死也。案此得之，但不當以『陟』爲句絶耳。方，猶『雲徂乎方』之方。」

案：陟方，朱升旁注云〔四九〕「巡守而升方岳」，於義爲近。史記云「南巡守，崩於蒼梧之野，葬於江南九疑」，與禮記合。孟子所言多戰國時異説，不必爲通證。

校注

〔一〕禪　抄本作「讓」。

〔二〕讓　尚書正義引作「願」。

〔三〕能聽協風以成樂物生　引見國語鄭語，韋昭解云：「協，和也。言能聽知和風，因時順氣，以成萬物，使之樂生者也。」

〔四〕嬀水　史記正義引括地志作「嬀汭水」。

〔五〕共　抄本作「恭」。

〔六〕抄本於「未改」絶句，以下作「故依堯正月上日也」，與史記正義引文同，底本此處有删改。

〔七〕機　此及下文三「機」字，史記正義引皆作「璣」。又下文夾注三「機」字，隋書天文志引亦皆作「璣」。

〔八〕以察己　抄本作「以審己」，與阮元刊本同。阮校云：「古本作以政察己。」底本此處「察」字上有墨釘，似是聚學軒叢書校者抹去「政」字。

〔九〕機　此及下「機」字，阮元刊本皆作「璣」。

〔一〇〕主日　史記索隱引馬融注作「正日」。

〔一一〕日　原無，據抄本補。

〔一二〕郊之細也　「細」，左傳宣公三年作「屬」。

〔一三〕地　原無，據抄本及毛詩序補。

〔一四〕帝　原作「地」，據抄本改。

〔一五〕類祈因郊祀而爲之　周禮正義作「類禮依郊祀而爲之」。按：「祈」爲「禮」之誤，因、依意同。

〔一六〕四方　周禮大宗伯正義引作「四時」。按：漢書郊祀志作「四方」，爲戴氏所本。皮錫瑞尚書通論云：「漢志變『四時』爲『四方』者，蓋東方春，南方夏，西方秋，北方冬，其義不殊也。」

〔一七〕所祭皆天地也　周禮大宗伯正義引「地」作「神」。依上文所言，作「神」似是。

〔一八〕山　原作「川」，據中華書局校點本後漢書劉昭注改。

〔一九〕夫　原作「天」，據後漢書劉昭注改。

〔二〇〕典　原作「興」，據後漢書劉昭注改。

〔二一〕云　後漢書劉昭注作「之」。

〔二二〕皆曰神　後漢書劉昭注作「皆是」，此戴氏據禮記祭法改劉注。

〔二三〕記　後漢書劉昭注作「祀」。

〔二四〕其目　後漢書劉昭注作「其日」，全晉文載同。

〔二五〕喜　原作「書」，據抄本及後漢書劉昭注改。

〔二六〕宗是地數之中　後漢書無『宗』字，校點者補作「六」，與戴氏引不同。

〔二七〕是　原作「足」，據抄本及後漢書劉昭注改。

〔二八〕禮　原作「體」，據抄本及後漢書劉昭注改。
〔二九〕土　原作「二」，據抄本及後漢書劉昭注改。
〔三〇〕二星　後漢書劉昭注引作「六星」。尚書正義引鄭注「司中、司命，文星第五第四星也」，據此似作「二星」爲是。
〔三一〕祠　原作『置』，據後漢書劉昭注改。
〔三二〕齊　原作「齋」，據後漢書劉昭注改。
〔三三〕四　原作「西」，據抄本及儀禮覲禮改。
〔三四〕此引伊訓見漢書律曆志下，今古文尚書伊訓無「誕資有牧方明」句。
〔三五〕續　原作「積」，據抄本及中華書局校點本史記改。
〔三六〕續　原作「積」，據抄本及公羊傳疏改。其下又衍「柴」字，據公羊傳疏刪。
〔三七〕玉　原作「至」，據公羊傳疏引鄭注改。
〔三八〕繒　此及下文二「繒」字，原皆作「繪」，據公羊傳疏引鄭注改。
〔三九〕與漢帝之詔　指漢書武帝紀詔曰：「朕聞昔在唐虞畫象而民不犯。」
〔四〇〕事　原作「是」，據抄本改。
〔四一〕貶之　抄本作「貶死」。
〔四二〕丘隴山　中華書局校點本史記集解作「丘隴皆小」。
〔四三〕而是禮彼實主之乎　夏僎尚書詳解原文無「是禮」二字。又下文「掌都家之禮」，原文「家」作「宗」；上文「主器」，作「主祭祀」。

〔四四〕云　原誤作「公」，據抄本及經典釋文改。

〔四五〕分析流之　抄本作「分北流之」，尚書正義引鄭注同抄本。孔穎達疏云「北，背」。江聲尚書集注音疏云：「分析，即分別也。」實文異而意近。

〔四六〕鄭　原作「翻」，據抄本改。

〔四七〕帝丹朱　史記集解引山海經無「帝」字，今上海古籍出版社出版袁珂山海經校譯海内南經有「帝」字。

〔四八〕韓子　抄本作「韓氏」，即韓愈。

〔四九〕旁注　原二字互倒，據抄本乙正。

戴震全書之二

毛詩補傳

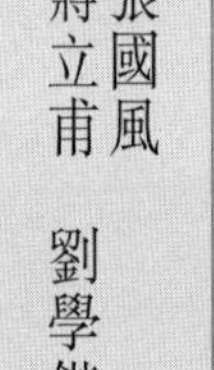

張國風　劉學鍇　◎整理
蔣立甫　　　　　◎審訂

説明

毛詩補傳，原抄本題名戴氏經考，有「汪灼校書藏畫之印」和「葉氏德輝鑒藏」等印章。該本現藏國家圖書館。葉氏郎園讀書志卷一記有戴震詩考四册，注曰「精鈔稿本」，並指出：「此戴東原毛鄭詩考正四卷之原稿也。」〔一〕這裏説的戴震詩考即戴氏經考。

抄本序，即經韻樓本文集卷十毛詩補傳序，個别文字有出入。又卷一書小雅後，節自抄本目録小雅鹿鳴之什按語；書鄭風後等篇，亦可自抄本中找出多處大段相同的文字。其次，書小雅十月之交篇後、詩生民解、周之先世不窋以上闕代系考均出自毛鄭詩考正，而這幾篇文章都可以從抄本中找到相同或相關的内容。由此亦可看出毛鄭詩考正與抄本的關係。「震爲詩補傳未成，别録辨證成一帙」（見文集卷十詩比義述序），「一帙」即指毛鄭詩考正。所謂「未成」，並非未完稿，而是「此書尚俟改正」。另外虞東學詩、毛詩後箋等著作引用戴説，有的不見於已刊著作，現亦從抄本戴氏經考中找到了出處。

由於毛詩補傳未刊行於世，兩百年來頗生誤解。孔廣森云「别爲詩補傳未成，成周南、召南二卷」，梁啓超則據此斷定「杲溪詩經補注即詩補傳也」〔二〕。爲消除誤會及其影響，我們認爲有必要恢復毛詩補傳原名，或稱詩經補傳，簡稱詩補傳，而不再稱其爲戴氏經考。

毛詩補傳序曰：「今就全詩考其字義名物於各章之下，不以作詩之意衍其説。蓋字義名物前人或失之者，可以詳核而知，古籍具在，有明證也。作詩之意，前人既失其傳者，非論其世知其人，固難以臆見定也。姑以夫子之斷夫三百者，各推而論之，用附於篇題後。」梁啓超評曰此「則洵治詩良法也」〔三〕。通觀毛詩補傳全帙，符合這一寫作宗旨。雖然毛鄭詩考正吸取了詩補傳的部分内容，杲溪詩經補注「識見稍定」，但畢竟都不是作者治詩的全稿，故後人爲之歎息：「戴東原輩雖草創體例，而没有完書。」〔四〕而我們今天能見到「完書」，總算是幸運的。段著戴譜載：乾隆十八年癸酉（一七五三）仲夏，詩補傳成。是年戴震三十歲，且作者也自認爲此書尚不成熟，但我們却能由此看到戴震治詩的全貌，同時也能從一個側面看到戴震一生治學所走過的路程。這正是毛詩補傳的價值所在。

〔一〕見郘園讀書志一九二八年排印本，一册一卷第四十五頁。
〔二〕戴東原著述纂校書目考第八七頁，中華書局影印本飲冰室合集第五册。
〔三〕同右，第八八頁。
〔四〕中國近三百年學術史第一八四頁，中華書局影印本飲冰室合集第十册。

序

「詩三百，一言以蔽之，曰『思無邪』」，夫子之言詩也。而風有貞淫，說者遂以「思無邪」爲讀詩之事〔一〕，謂詩不皆無邪思也〔二〕，非夫子之言詩也。

先儒爲詩者，莫明於漢毛、鄭，宋子朱子〔三〕。然一詩而以爲君臣朋友之辭者，又或以爲夫婦男女之辭；以爲刺譏之辭者，又或以爲稱美之辭；以爲他人代爲辭者，又或以爲己自爲辭。其主漢者必攻宋，主宋者必攻漢，此說之難一也。余私謂詩之辭不可知矣，得其志則可通乎其辭。作詩之志愈不可知矣，蔽之以「思無邪」之一言〔四〕，則可通乎其志。風雖有貞淫，詩所以美貞而刺淫〔五〕，則上之教化有時寖微，而作詩者猶欲挽救於萬一〔六〕，故詩足貴也，三百皆無邪思也〔七〕。況乎有本非男女之詩，而說者亦以淫奔之情類之〔八〕，於是目其詩則爲褻狎戲謔之穢言，而聖人顧録之；淫亂者作詩以自播〔九〕，聖人又播其穢言於萬世；謂是可以考見其國之無政，可以使後之人知所懲〔一〇〕，可以與南、豳、雅、頌之章並列之爲經。余疑其不然也。宋後儒者求之不可通，至指爲漢人雜入淫詩〔一一〕，以足三百之數，欲舉而去之，其亦妄矣！

今就全詩考其名物字義於各章之下，不以作詩之意衍其説。蓋名物字義，前人或失之者，可以詳覈而知，古籍具在，有明證也。作詩之意，前人或失之者〔一二〕，非論其世、知其人，固難以臆見定也。姑以夫子之蔽夫三百者〔一三〕，各推而論之，以附於篇題後。司馬氏有曰：「國風好色而不淫，小雅怨誹而不亂。」又曰：「三百篇，皆聖賢發憤之所爲作也。」〔一四〕余亦曰：三百篇皆忠臣、孝子、賢婦、良友之言也，而又有立言最難、用心獨苦者〔一五〕，則大忠而託之詭言遜辭，亦聖人之所取也。是余之私論也〔一六〕。昭陽作噩日躔豕韋之次戴震序〔一七〕。

校注

〔一〕遂　東原文集（經韻樓本，下稱文集）所載毛詩補傳序作「因」。「無邪」上無「思」字。
〔二〕文集「邪」下無「思」字。
〔三〕「莫明」二句　文集作「莫明於漢之毛、鄭，宋之朱子」。
〔四〕蔽　文集作「斷」。
〔五〕美貞而刺淫　文集作「表貞止淫」。
〔六〕文集「挽」字上有「覬」字。
〔七〕文集「邪」字上無「思」字，「邪」字下無「也」字，而多「至顯白也」一句。

〔八〕以淫奔之情類之　文集作「以淫泆之情概之」。

〔九〕淫亂者作詩以自播　文集作「淫泆者甘作詩以自播。」

〔一〇〕使　文集作「俾」。

〔一一〕雜　文集作「竄」。

〔一二〕或失之者　文集作「既失其傳者」。

〔一三〕蔽　文集作「斷」。

〔一四〕文集「三百篇」前有「詩」字。又「皆聖賢」作「大抵聖賢」，與太史公自序同。

〔一五〕而又有　文集作「其間有」。

〔一六〕文集無「是余之私論也」一句，而多「必無取乎小人而邪僻者之箴言，以與聖賢相雜厠焉」兩句。

〔一七〕文集作「乾隆癸酉仲夏戴震撰」，與此以太歲紀年月同。

毛詩目録

毛詩序曰：「詩者，志之所之也。在心爲志，發言爲詩。」鄭康成曰：「詩者，弦歌諷喻之聲也。唐虞始造其初，至周分爲六詩。」余曰：周禮太師「教六詩，曰風、曰賦、曰比、曰興、曰雅、曰頌」。風、雅、頌，作詩有此三體也。賦、比、興，詩之辭有此三義也。賦者，指明而敷陳之也，如「窈窕淑女，君子好逑」，即賦也。比者，託事比擬，不必明言而意自見也，如鴡鳩通篇爲鳥言是也。興者，假物引端也，如「關關雎鳩，在河之洲」之類是也。樛木之詩，先儒以爲興，是葛藟但興福履爾。然以是詩爲「后妃逮下」，故衆妾稱願之，詩中無從知其爲衆妾所作，徒因樛木下垂、葛藟上蔓，喻后妃逮下、衆妾上附，非比而何？麟之趾，先儒亦以爲興，然又曰「于嗟麟兮」，歎美公子爲麟也。麟喻公子，趾、定、角，喻公子振振仁厚。于是歎麟即歎公子，非比而何？「洌彼下泉，浸彼苞稂」，先儒謂比王室陵夷、小國困弊，即以興下愾然念周京。葛覃主乎思歸寧，本非自爲絺綌，然因服葛時有感，追念未嫁在父母家曾爲之。首章並及「（葛）〔維〕葉萋萋，黄鳥（于）飛（鳴）」，總謂之賦。黍離、泮水等詩，先儒又有「賦其事以起興」之説。然則賦也、比也、興也，特作詩者之立言置辭，不出此三者；若强析之，反自亂其例。蓋情動于中而形于言，何嘗以例拘？既有言矣，就其言觀之，非指明敷陳，則託事比擬，非託事比擬，則假物引端。引端之辭，亦可寄意比擬，比擬之辭，亦可因以引端。敷陳之辭，又有虚實、淺深、反側、彼此之不同，而似于比擬、引端，往往有之。此三者在經中，不解自明；解之，反滯于一偏矣。

國風

毛詩序曰：「風，風也、教也。風以動之，教以化之。」又曰：「上以風化下，下以風刺上，主文而譎諫，言之者無罪，聞之者足以戒，故曰風。至于王道衰，禮義廢，政教失，國異政，家殊俗，而變風、變雅作焉。國史明乎得失之迹，傷人倫之變〔一〕，哀刑政之苛，吟詠性情〔二〕，以風其上，達于事變而懷其舊俗者也。故變風發乎情，止乎禮義。發乎情，民之性也；止乎禮義，先王之澤也。是以一國之事繫一人之本，謂之風。」余曰：風、雅之有正變也，所言者治世之正事，則爲正；所言者亂世之變事，則爲變。先儒謂變風有里巷狹邪之所作，豈變雅亦亂人所作乎？今人于先儒之説不敢少異，而獨指聖賢「思無邪」之書爲亂言邪辭。考其説之所據，以爲如春秋書亂賊爾，存之可以識其國亂無政。

然春秋時諸國燕享所賦，多今人所謂淫亂之辭者。鄭六卿餞韓宣子于郊，賦其本國之淫詩〔三〕，豈亦播其國亂無政乎？若曰賦詩斷章，則亦有當辨者。五倫之理，本自相通，或朋友、兄弟、夫婦之詩，用之于君臣；或男女之詩，用之于好賢。然不可以小人之言加之君子，鄙褻之事誦之朝廷、接之賓客。以是斷之，變風止乎禮義，信矣。

周南

毛詩序曰：「關雎、麟趾之化，王者之風，故繫之周公。南，言化自北而南也。鵲巢騶虞之德，諸侯之風也，先王之所以教，故繫之召公。周南召南，正始之道，王化之基。」鄭氏詩譜曰：「周召者，禹貢雍州岐山之陽地名。今屬右扶風美陽縣。美陽，今陝西鳳翔府岐山縣。周之先公曰太王者，避狄難，自豳始遷焉。文王作邑于豐，乃分岐邦周召之地，爲周公旦、召公奭之采地。初，古公亶父，『聿來胥宇』，『爰及姜女』。其後大任思媚周姜，大姒嗣徽音，歷世有賢妃之助，以致其治。文王刑于寡妻，至于兄弟，以御于家邦。是故二國之詩，以后妃夫人之德爲首。」余曰：南、豳、雅、頌，或特作詩以爲樂章，或采所有之詩定爲樂章。漢儒有謂關雎爲畢公作者，當時或有傳書，如金縢、左傳、國語言周公作鴟鴞、常棣、時邁、思文之類，今不可考矣。周南、召南所謂房中之樂、鄉樂是也。儀禮合樂，周南：關雎、葛覃、卷耳；召南：鵲巢、采蘩、采蘋。又射節用騶虞、貍首〔四〕、采蘋、采蘩。其采蘋則本爲女子教成之祭而作。古人樂章，一詩而數用有如此。

召南

關雎　葛覃　卷耳　樛木
螽斯　桃夭　兔罝　芣苢
漢廣　汝墳　麟之趾

漢右扶風雍縣，南有召亭括地志：「召亭，在岐山縣西南十里。」召，蓋在周邑之西。

鵲巢　采蘩　草蟲　采蘋
甘棠　行露　羔羊　殷其靁
摽有梅　小星　江有汜　野有死麕
何彼禯矣　騶虞

邶

詩譜曰：「邶、鄘、衛者，商紂畿內之地紂都河內朝歌，其故城在今衛輝府淇縣東北。其封域在禹貢冀州太行之東，北踰衡漳〔五〕，東及兗州桑土之野。自紂城而北謂之邶，今邶城在衛輝府東北。南謂之鄘，今衛輝府新鄉縣西南三十二里，有古鄘城。東謂之衛。」劉安世曰：「邶、鄘、衛本商之畿内，故序王之上。」余曰：三國皆衛風，猶以舊名列在太師者，分繫之爾。衛始居河、淇間，故殷墟，文公遷于楚丘，今衛輝府滑縣東六十里，衛南廢縣是。成公又遷于帝丘。故顓頊之墟。今大名府開州有顓頊城。

柏舟　緑衣　燕燕　日月
終風　擊鼓　凱風　雄雉
匏有苦葉　谷風　式微　旄丘
簡兮　泉水　北門　北風
静女　新臺　二子乘舟

鄘

柏舟　牆有茨　君子偕老　桑中
鶉之奔奔　定之方中　蝃蝀　相鼠
干旄　載馳

衛

淇奥　考槃　碩人　氓
竹竿　芄蘭　河廣　伯兮
有狐　木瓜

王

詩譜曰：「王城者，周東都。王城，畿内方六百里之地。其封域，在禹貢豫州太華、外方之間〔六〕。北得河陽，漸冀州之南。」余曰：周興于岐，故西都之詩，分繫二公。其采邑則始興之地，其人則布政之大臣也。東都，使諸侯朝覲于王之所，故曰王城，是以王名其地也。以王名其地，而其地所采詩謂之王。是亦以地繫詩也，又何疑乎？漢志：「河南郡河南縣，故郟鄏地。周武王遷九鼎，周公致太平，營以爲都，是爲王城。至平王居之。」今河南府城西有郟鄏陌。

黍離　君子于役　君子陽陽　揚之水
中谷有蓷　兔爰　葛藟　采葛

大車　丘中有麻

鄭

詩譜曰：「初，宣王封母弟友于宗周畿内咸林之地，是爲鄭桓公。今京兆鄭縣，是其都也。今陝西同州府華州。其子武公，與晉文侯定平王于東都王城，取十邑之地。右洛左濟，前華後河，食溱洧焉。今河南新鄭是也。」新鄭今屬許州府。顧炎武曰：「自邶至曹皆周初太師之次序。先邶、鄘、衛，殷之故都也；次之以王，周東都也。何以知其周初之次序？邶鄘也，晉而謂之唐也，皆西周之舊也。惟鄭乃宣王所封，中興之後，始立其名于太師，而列于諸國之先者，鄭亦王畿之内也，故次于王也。桓公之時，其詩不存，故首緇衣也。」余曰：據國語，鄭桓公有滅虢、鄶等十邑之謀，武公卒取之。而鄭之名列在太師者，西鄭也，既滅虢、鄶等十邑，遂居是濟、洛、河、潁之間，以始受封之鄭名之，所謂新鄭。今所繫詩，新鄭之詩也。鄭之名不改，故太師所列亦不改也。

緇衣　將仲子　叔于田　大叔于田
清人　羔裘　遵大路　女曰鷄鳴
有女同車　山有扶蘇　蘀兮　狡童

褰裳　丰　東門之墠　風雨

子衿　揚之水　出其東門　野有蔓草

溱洧

夫子曰：「鄭聲淫。」樂記曰：「鄭衛之音，亂世之音也，比于慢矣〔七〕。桑間濮上之音，亡國之音也，其政散，其民流，誣上行私，而不可止也。」魏文侯曰：「吾端冕而聽古樂，則唯恐卧；聽鄭衛之音，則不知倦。」子夏謂其所好者溺音。夫所謂聲、所謂音者，非謂其詩也，亦非方土音聲之謂也。此靡靡之樂、滌濫之音，作于鄭、衛桑間濮上者爾。他國之人奏之，而皆爲淫聲溺音，雖南、豳、雅、頌之章，令奏而歌之，詩章自正、音聲自淫也。此夫子之所放所惡而不可復御者也。鄭衛之音，非鄭詩、衛詩；桑間濮上之音，非桑中一詩，其義甚明。南、豳、雅、頌，用之于樂，然而樂章也，非樂也。樂者，笙、籥、琴、瑟、鐘、鼓之屬也。是故雅詩非雅樂也。器之所奏者樂也，音聲也。樂與音則又有辨矣。而詩之與樂與音聲，斷斷乎其不可溷淆言之者也。桑間濮上其染于淫，自紂時已然。史記言中山猶有沙丘，紂淫地，餘民亦其類也。然濮上亦隨時而變，紂時及衛之先，淫地也，至周末則好氣任俠。故史記云：「濮上之邑徙野王，野王好氣任俠，衛之風也。」鄭注樂記「桑間濮上之音」，引「紂作靡靡之樂」爲證，不引桑中之詩，明桑間濮上其音之由來已久，不因桑中詩也。許氏異義，以鄭詩解「鄭聲淫」，而康成駁之曰：「左傳説煩手淫聲，謂之鄭聲，言煩手躑躅之聲，使淫過矣。」此説辨别精微。淫聲者，煩手躑躅之聲也。琴瑟稱雅樂，君子無故不徹琴瑟，而伎者鼓鳴瑟揳鳴琴以奔富厚，則爲煩手躑躅之聲。而音之來自琴瑟者，無非淫，猶以淫聲歌詩辭，而音之來自口者，無非淫也。人爲之，非詩與樂器爲之也。邶、鄘、衛之緑衣、燕燕、柏舟等篇，鄭之女曰鷄鳴，何愧二南？是知夫子之言「鄭聲淫」，樂記之言「桑間濮上之音」，不可據以論詩辭也。

齊

詩譜曰：「齊者，古少皞之世爽鳩氏之墟。周武王伐紂，封太師吕望于齊，是謂齊太公。都營丘，在禹貢青州岱山之陰，濰淄之野。」余曰：營丘在臨淄，漢齊郡治。今青州府北五十里有臨淄故城，又名齊城是也。水經注：「淄水逕牛山西、又東逕臨淄故城南，又北逕其城東。」爾雅：「水出其左營丘。」淄水過營丘左，是其義也。牛山亦名南郊山，在齊城南今臨淄縣南十里。山下有天齊淵，五泉並出，齊之名起于此，其水北注于淄。

鷄鳴　還　著　東方之日
東方未明　南山　甫田　盧令

敝笱　載驅　猗嗟

魏

詩譜曰：「魏者，虞舜、夏禹所都之地，在禹貢冀州雷首之北、析城之西，周以封同姓焉。其封域，南枕河曲，北涉汾水。」余曰：魏詩蓋作于未滅，非既併于晉之詩也。漢志：河北，詩魏國，屬河東郡。今解州芮城縣有河北故城。雷首在其北十許里。譜云：「雷首之北」，「北」當作「南」。水經注曰：「澗水出于薄山，南流逕河北故城西，故魏國也。今城南、西二面並去大河可二十餘里，北去首山一十許里。處河、山之間，土地迫隘。」

葛屨　汾沮洳　園有桃　陟岵

十畝之間　伐檀　碩鼠

唐

詩譜曰：「唐者，帝堯舊都之地，今曰太原晉陽。今太原縣屬山西太原府。成王封母弟叔虞于堯之故墟，曰唐侯。南有晉水，至子燮改爲晉侯。其封域，在禹貢冀州太行、恒山之西，太原太岳之野。」余曰：唐後改曰晉，而唐之名列在太師者不改，從乎始封而已。據春秋，時晉本都翼，河東郡絳邑東，杜預云八十里。故翼城是也。今平陽府翼城縣東南，有古翼城。及昭侯封桓叔于曲沃，桓叔之孫武公滅翼，代爲晉侯，都曲沃，今聞喜縣。子獻公城絳居之，今太平縣南二十五里，土人呼故晉城。而謂曲沃爲下國。至景公，遷于新田，今曲沃縣。命之爲絳。土人呼王官城。謂故都之絳爲故絳，相去五十里。此晉四都之可考者也。然史記、漢志、詩譜、水經注諸書，已棼然淆亂矣。

秦

蟋蟀　山有樞　揚之水　椒聊
綢繆　杕杜　羔裘　鴇羽
無衣　有杕之杜　葛生　采苓

詩譜曰：「秦者，隴西谷名。漢志云：今隴西秦亭、秦谷是也。今秦州清水縣，有故秦城。于禹貢近雍州鳥鼠之山。堯時有伯翳者，佐禹治水，賜姓曰嬴。周孝王使其末孫非子養馬于汧、渭之間，封爲附庸，邑之于秦谷，至曾孫秦仲，宣王又命作大夫。秦仲之孫襄公，平王之初，興兵討西戎以救周，始列爲諸侯，遂横有周西都之地。其封域，東至迆山，在荆、岐、終南、惇物之野。至玄孫德公，又徙于雍云。」今鳳翔府鳳翔縣。

車鄰　駟驖　小戎　蒹葭
終南　黃鳥　晨風　無衣
渭陽　權輿

陳

詩譜曰：「陳者，太皞虙戲氏之墟，帝舜之冑，有虞閼父者，爲周武王陶正，武王賴其利器用與其神明之後，封其子嬀滿于陳，都于宛丘之側，是曰陳胡公，以備三恪〔八〕，妻以元女太姬。其封域，在禹貢豫州之東，其地廣平，無名山大澤，西望外方，東不及明豬。」余曰：漢志，陳故國屬淮陽。今陳州府淮寧縣。

宛丘　東門之枌　衡門　東門之池
東門之楊　墓門　防有鵲巢　月出
株林　澤陂

檜

詩譜曰：「檜者，古高辛氏火正祝融之墟，檜國，在禹貢豫州外方之北，滎波之南，居溱溱洧之間。祝融氏名黎，其後八姓，已、董、彭、秃、妘、曹、斟、芈。唯妘姓檜者處其地焉。其國北鄰于虢。」此東虢也。故城在今開封府汜水縣東十里。漢之河南滎陽有虢亭是也。杜預曰：「故鄶國在滎陽密縣東北。」今許州府密縣。余曰：「外方之北」，「北」當作「東」。徐廣曾辨之曰：鄶在密縣，不得在外方之北也。

羔裘　素冠　隰有萇楚　匪風

曹

詩譜曰：「曹者，禹貢兖州陶丘之北，地名。周武王既定天下，封弟叔振鐸于曹，今曰濟陰定陶是也。」今山東曹州府定陶縣西北四里有定陶故城。

蜉蝣　候人　鳲鳩　下泉

豳

班固漢志曰：「右扶風栒邑有豳鄉，詩豳國公劉所都。」今陝西邠州也。詩譜曰：「其封域，在禹貢雍州岐山之北，原隰之野。」余曰：周自后稷封邰，今乾州武功縣南八里，古邰城是。其後當夏之衰，疑孔甲時。不窋失官，自竄于戎狄之間。公劉思舊土，復得有邰故地，涉渭取厲取鍛，非得郃無由至渭也。乃邑于豳而居之。至太王又避狄居岐。文王遷豐，武王遷鎬，其後皆爲西周畿内之地。豳在郃北百餘里，不窋城又在豳北二百餘里。今慶陽府安化縣有不窋城。府東三里，有不窋塚。岐在郃西北無百里，豐在岐山東南三百餘里，鎬在豐東二十五里。舊謂公劉，后稷之曾孫，自郃徙豳，史失其傳也。周世之國無豳，故繫國風之末。

七月　鴟鴞　東山　破斧
伐柯　九罭　狼跋

小雅

毛詩序曰：「言天下之事，形四方之風，謂之雅。雅者，正也，言王政之所由廢興也。政有大小，故有小雅焉、有大雅焉。」

鹿鳴之什

鹿鳴　四牡　皇皇者華　常棣
伐木　天保　采薇　出車

杕杜　南陔闕　白華闕　華黍闕
魚麗　由庚闕　南有嘉魚　崇丘闕
南山有臺　由儀闕　蓼蕭　湛露
彤弓　菁菁者莪

詩譜曰：「小雅十六篇爲正經。」余曰：正經二十二篇，笙詩六篇闕，故十六篇也。以什首分卷目，先儒各不同。今不限于十篇爲什，如屈原賦九歌，實十一篇也。風雅有正變之説，漢儒言之太泥，姑存其説，使學者或考于此。采薇、出車、杕杜，漢世有謂爲懿王時詩者，據詩中曰「天子」、曰「王命」，毛、鄭解爲「殷王」，徒泥正雅作于周初爾。苟其詩得乎義之正而爲治世之正事，何必非正雅邪？文王未嘗自稱王，成、康已後昭、穆、共、懿、孝、夷、厲、宣八王，而宣王命吉甫北征，曰「玁狁孔熾」。則前此二百餘年間，固亦有玁狁崛强之事矣。宣王之臣皇父謂南仲爲太祖，豈必遠求南仲于文王時乎？文王之臣，亦未聞有南仲者矣。南陔已後，則又周初雅樂，未可以今之詩篇次第定作詩世次也。

六月之什

六月　采芑　車攻　吉日

鴻雁　庭燎　沔水　鶴鳴
祈父　白駒　黄鳥　我行其野
斯干　無羊

自六月至無羊十四篇，舊説以爲宣王時詩。

節南山之什

節南山　正月　十月之交　雨無正
小旻　小宛　小弁　巧言
何人斯　巷伯　谷風　蓼莪
大東　四月　北山　無將大車
小明　鼓鐘

節南山以下，舊説以爲幽王時詩。朱子嘗疑楚茨至車舝十篇爲正雅，錯脱在此，魚藻、采菽、黍苗、隰桑、瓠葉同。黍苗言召伯營謝，與大雅崧高皆宣王封申伯事。然則詩篇次第，不可以定作詩之世次，明矣。

楚茨之什

角弓之什

大雅

文王之什

文王　大明　綿　棫樸
旱麓　思齊　皇矣　靈臺
下武　文王有聲　生民　行葦
既醉　鳧鷖　假樂　公劉
泂酌　卷阿

詩譜曰：「大雅十八篇爲正經。」

民勞之什

民勞　板　蕩　抑
桑柔

自民勞至桑柔五篇，舊説以爲厲王時詩，然衛武公作抑，據國語，則年九十有五矣。武公以宣王三十六年即位，作抑詩之時，雖不必九十五，當在宣王以後也。宣王在位四十六年，幽王十一年，平王五十一年。武公九十五，則當平王二十三年。

雲漢之什

雲漢　崧高　烝民　韓奕
江漢　常武　瞻卬　召旻

自雲漢至常武六篇，舊説宣王時詩，瞻卬、召旻二篇幽王時詩。

周頌

毛詩序曰：「頌者，美盛德之形容，以其成功告于神明者也。」孔穎達正義曰：「雅不言周，頌言周者，以別商、魯也。」

清廟　維天之命　維清　烈文
天作　昊天有成命　我將
時邁　執競　思文　臣工
噫嘻　振鷺　豐年　有瞽

潛　雝　載見　有客

武　閔予小子　訪落　敬之

小毖　載芟　良耜　絲衣

酌　桓　賚　般

魯頌

詩譜曰：「魯者，少昊摯之墟也。國中有大庭氏之庫，則大庭氏亦居茲乎？其封域，在禹貢徐州大野蒙羽之野。」正義曰：「漢志云周興，以少昊之虛曲阜封周公子伯禽爲魯侯，以爲周公主。」應劭云：「曲阜在魯城中，委曲長七八里。」括地志云：兗州曲阜縣漢爲魯縣外城，即伯禽所築古魯城。曲阜縣，今屬兗州府。顧炎武曰：「魯之頌，頌其君而已，而列之周頌之後者，魯人謂之頌也。」余曰：魯頌，頌之體變矣，然不可謂之風。其始作之也，即以爲頌而作之。毛詩序云「季孫行父請命于周，而史克作是頌」，未聞其所據。詩僅四篇，皆爲頌僖公，亦可疑也。

駉　有駜　泮水　閟宮

商頌

毛詩序曰：「微子至于戴公，其間禮樂廢壞，有正考甫者得商頌十二篇于周之太師，以那爲首。」詩譜曰：「商者，契所封之地，今陝西商州。十四世至湯，則受命代夏桀，定天下。商德之壞，武王伐紂，乃以陶唐氏火正閼伯之墟，封紂兄微子啓爲宋公，代武庚爲商後。其封域在禹貢徐州泗濱，西及豫州盟豬之野。」吴澄曰：「太師所職者當代之詩也，商則先代之詩，故次之周、魯之後。」余曰：商頌列於周、魯後，猶豳列于國風後也。十二篇，後亡其七。漢志云：周封微子于宋，今之睢陽是也。今河南歸德府治商丘縣，即漢睢陽，故城在縣南。

那　烈祖　玄鳥　長發

殷武

校注

〔一〕變　毛詩序作「廢」。

〔二〕性情　毛詩序作「情性」。

〔三〕事見左傳昭公十六年。鄭六卿所賦詩有野有蔓草、羔裘、褰裳、風雨、有女同車、蘀兮，皆見今鄭風。

〔四〕貍首　鄭玄禮記射義注：「貍首，逸。」

〔五〕衡漳　漳水古稱。毛詩正義云：「鄭注禹貢云：『衡漳』者，漳水横流。」

〔六〕太華　即華山。　外方，即嵩高。

〔七〕比于慢矣　毛詩正義云：「比，猶同也。鄭國之音好濫志，衛國之樂促使煩志，並是亂世之音也。雖亂而未滅亡，故云『比於慢』。」

〔八〕三恪　左傳襄公二十五年杜預注：「周得天下，封夏、殷二王後。又封舜後，謂之恪。並二王後爲三國。其禮轉降，示敬而已，故曰三恪。」

毛詩補傳卷一

國風一

周南

關關雎鳩，在河之洲。窈窕淑女，君子好逑。

毛傳：「關關，和聲也。雎鳩，王雎也。鳥摯而有別。古字摯、鷙通。夏小正「鷹始摯」、曲禮「前有摯獸」可證。水中可居者曰洲。窈窕，幽閒也。淑，善。逑，匹也。」震按：雎鳩，或謂之鶚，性好呼報切峙，所謂鶚立，故少皞司馬之官曰雎鳩氏。詩但興虛應切于和鳴，不必泥其物類也。

參差荇菜，左右流之。窈窕淑女，寤寐求之。求之不得，寤寐思服蒲北切。悠哉悠哉，輾轉反側。

毛傳：「荇，接余也。寤，覺。寐，寢也。」震按：荇，或謂之屏風。又名水鏡草、靨子菜、荇絲菜、金蓮子。夏月開黄華。取其白莖，可爲羹芼。思服，王肅云：「服，膺。思，念之。」窈窕淑女，參差荇菜，左右采此禮切之。窈窕淑女，琴瑟友羽己切之。參差荇菜，左右芼之。窈窕淑女，鐘鼓樂音洛之。

鄭箋：「琴瑟在堂，鐘鼓在庭。」震按：芼，禮所謂鉶芼也。芼之，與檀弓「醢之」語同。儀禮：「鉶芼牛藿、羊苦、豕薇。」内則「雉兔皆有芼」，昏義「芼之以蘋藻」。肉謂之羹，菜謂之芼，肉謂之醢，菜謂之菹。菹、醢生爲之，是爲豆實。芼則湆烹之。故菹、芼有别。三言「左右」者，流水之左右，明其所産也。人手之左右，鼎鉶之左右，明其取而用也。

關雎三章，求賢妃也。其次章曰「求之不得」，難之也。難之也者，重之也。蓋周初作之以爲房中之樂。南、豳、雅、頌，固有專爲樂章，非咏時事者。周家歷世有賢妃之助，故周南首關雎，召南首鵲巢，所以正内德、慎昏姻之際。毛詩序：「后妃之德也。風之始也，所以風天下而正夫婦也。故用之鄉人焉，用之邦國焉。」

葛之覃兮，施以豉切于中谷。維葉萋萋，黄鳥于飛，集于灌木，其鳴喈喈居奚切。

毛傳：「覃，延也。葛所以爲絺綌，女功之事煩辱者。施，移也。中谷，谷中也。萋萋，茂盛貌。黄鳥，摶黍也。灌木，叢木也。喈喈，和聲之遠聞音問也。」震按：黄鳥，經或謂之蒼庚，夏小正傳謂之商庚，亦謂之長股。爾雅謂之黧鶩同黃，亦謂之楚雀。又名皇、黃鸝、黃袍、黃栗留、黃鶯兒。灌，聚也。故爾雅「木族生爲灌」。

葛之覃兮，施于中谷。維葉莫莫，是刈是濩。爲絺爲綌去略切，服之無斁弋灼切。毛傳：「濩，煮之也。戴侗曰：「濩，漚治也。」精曰絺，麤曰綌。斁，厭也。」鄭箋：「女在父母之家，未知將所適，故習之以絺綌煩辱之事。」集傳：「莫莫，茂密貌。」

言告師氏，言告言歸。薄污我私，薄澣我衣。害與「曷」通澣害否平鄙切？歸寧父母滿以切。毛傳：「師，女師也。污，煩也。鄭箋：「煩，煩撋之用功深。澣，謂濯之爾。」阮孝緒字略云：「煩撋，猶挼莏也。」私，燕服也。害，何也。寧，安也。父母在，則有時歸寧爾。」集傳：「言，辭也。薄，猶少也。」劉瑾曰：「如『言采』『言念』『薄言』『駕言』之類，皆語辭也。」震按：爾雅：「言，我也。」故毛、鄭據以説詩。卬、吾、言、我，一聲之轉，或五方異語有之。詩中但爲辭助。易「説與「悦」同言乎兑」、「成言乎艮」，「言」亦辭助也。

葛覃三章　思歸寧也。禮后夫人親蠶不親葛。蓋當服葛之時，猶念未嫁在父母家，曾任葛事之勤而追賦之，所以感而思歸寧者也。

采采卷耳，不盈頃筐。嗟我懷人，寘彼周行胡郎切。

毛傳：「卷耳，苓耳也。頃筐，畚屬。」韓傳：「頃筐，欹筐也。」震按：卷耳，屈原賦謂之葹，或謂之枲耳，或謂之蒼耳。又名胡枲、常枲，俗呼常思菜，即常枲，語之轉。行，猶路也。周行、周道一也。寘也者，思之不能寘也。故荀子曰：「頃筐易滿也，卷耳易得也，然而不可以貳周行。」

陟彼崔嵬，我馬虺隤。我姑酌彼金罍，維以不永懷胡猥切。

毛傳：「陟，升也。虺隤，病也。姑，且也。永，長也。」震按：已下曰我，皆我所懷者，想其勞苦，欲其且酌酒以解憂。崔嵬，高貌。凡高山，其下多石，故爾雅：「石戴土謂之崔嵬。」罍形似壺，説文：「罍，龜目酒樽，刻雲雷象。」

陟彼高岡，我馬玄黄。我姑酌彼兕觥古黄切，維以不永傷。

毛傳：「山脊曰岡。玄馬病則黄。兕觥，角爵也。」爾雅：「兕，似牛。」

陟彼砠矣，我馬瘏矣，我僕痡矣，云何吁矣。

毛傳：「瘏，病也。痡，亦病也。」震按：砠字旁石，石上見也。故爾雅「土戴石爲砠」。釋名：砠，臚然也。僕，御車者也。吁，歎聲，如聞勞苦吁歎也。卷耳在家思外，陟岵則在外而思家人，嗟歎之言，詩體多如此。

卷耳四章　思君子之勞于行邁也。是詩之興也，其當文王與紂之事乎？卷耳思者在上，汝墳思者在下，可以觀周德矣。春秋傳曰：「『嗟我懷人，寘彼周行』，能官人也。王及公、侯、伯、子、男，甸、采、衛、大夫，各居其列，所謂周行也[一]。」義取斷章。

詩中「周行」凡三見：「寘彼周行」、「行彼周行」，皆謂道路也；「示我周行」，示以道義，亦猶示以道路也。行爲行列，特字意旁通。毛、鄭説詩求合于左傳。後三章指使臣言之，朱子謂其言親暱，非后妃之所得施于使臣，故集傳以爲思念君子，得之矣。然于後三章，直作后妃自賦其事，則以婦人而登山、乘馬、飲酒，雖曰託言，亦安得爲貞静專一之至乎？首章既懷文王在道路，則「陟山」謂文王陟也，酌酒謂文王酌也。

南有樛木，葛藟纍之。樂音洛只君子，福履綏之。

毛傳：「木下曲曰樛。履，祿。綏，安也。」釋文：「纍，纏繞也。」震按：爾雅：「諸慮，山藟。」郭注：「今江東呼藟爲藤，似葛而麤大。」只，辭助。

南有樛木，葛藟荒之。樂只君子，福履將之。

毛傳：「荒，奄。將，大也。」鄭箋「將，猶扶助也」，亦通。

南有樛木，葛藟縈之。樂只君子，福履成之。

毛傳：「縈，旋也。成，就也。」

樛木三章　下美上也。毛詩序曰：「后妃逮下也。」據此爲義，詩中君子，蓋通文王、后妃言之也，下謂上之統辭也。鄭箋：「君子，指文王。」朱子謂恐太隔越，故集傳云：「自衆妾而指后妃，猶言小君内子也。」竊疑此解亦未自然，詩言「樂只君子」多矣，不應此處獨爲「小君内子」之稱。蓋衆妾和樂于文王、后妃之德，「君子」猶曰在上之人爾。

螽斯羽，詵詵兮。宜爾子孫，振振音真兮。

毛傳：「詵詵，衆多也。與「駪駪」聲義通。振振，仁厚也。」「振振公子」、「振振君子」，義同。震按：詩興虚應切于螽之衆多，不泥其物類也。螽，草蟲以股鳴者。斯，辭也如「鷽斯」、「斯干」之「斯」。或曰螽斯，或曰斯螽，便文協句爾。

螽斯羽，薨薨兮。宜爾子孫，繩繩兮。

集傳：「薨薨，羣飛聲。」震按：繩繩，不絶也。與大雅「子孫繩繩」義同。

螽斯羽，揖揖子入切兮。宜爾子孫，蟄蟄兮。

震按：揖揖，斂翅聲。蟄蟄，和輯也。

螽斯三章　下美上也。樛木歌于前，螽斯歌于後，可以觀仁矣。毛詩序：「后妃子孫衆多也。」

桃之夭夭，灼灼其華芳無切。之子于歸，宜其室家古胡切。

毛傳：「桃有華之盛者。夭夭，其少壯也。灼灼，華之盛也。于，往也。」震按：爾雅：「之子者，是子也。」春秋傳曰：「禮，婦人謂嫁曰歸。反曰來歸。從人者也〔二〕。」少，詩照切。

桃之夭夭，有蕡其實。之子于歸，宜其家室。

震按：蕡，枲實。有蕡，言繁纍如蕡實之盛也。

桃之夭夭，其葉蓁蓁。之子于歸，宜其家人。

集傳：「蓁蓁，葉之盛也。」

桃夭三章　夏小正「二月，綏多女士」，此其時也〔三〕。家之大善曰宜。

肅肅兔罝子余切，椓之丁丁陟耕切。赳赳武夫，公侯干城。

毛傳：「肅肅，敬也。兔罝，兔罟也。丁丁，椓杙聲也。」爾雅：「樴謂之杙。」李巡云：「杙，謂橜也。」「赳赳，武貌。干，扞也。」孫炎云：「干盾所以自蔽扞也。」

肅肅兔罝，施于中逵。赳赳武夫，公侯好仇渠之切。

毛傳：「逵，九達之道。」震按：爾雅：「仇，匹也。」

肅肅兔罝，施于中林。赳赳武夫，公侯腹心。

毛傳：「中林，林中。」正義：「臣之倚用，如己腹心。」震按：爾雅：「野外謂之林。」兔罝三章　于兔罝，見不忘恭敬，民之主也。金履祥曰：「按墨子書：『文王舉閎天、泰顛于罝網之中〔四〕，授之政，西土服。』此與兔罝之詩辭意吻合。」據金氏説，則詩中「武夫」，推本其所爲而質言之也，尚德非尚力也。

采采芣苢，薄言采此禮切之。采采芣苢，薄言有羽己切之。

毛傳：「芣苢，馬舄。馬舄，車前也。」陸璣曰：「今藥中車前子是也。其子治婦人難産。」震按：芣苢，或謂之陵舄，或謂之當道。又名勝舄、牛遺。「采之」，往采也。「有之」，見其有也。

采采芣苢，薄言掇之。采采芣苢，薄言捋之。

震按：掇，取之易也。捋，一手持其物，一手捋取之也。車前之用在子，故捋之。毛傳：「掇，拾也。」

采采芣苢，薄言袺之。采采芣苢，薄言襭之。

毛傳：「袺，執衽也。扱衽曰襭。」震按：玉藻：「衽當旁，蓋以襟貯之而扱諸帶。」釋文：「衽，衣際也。」

芣苢三章　室家和平，婦人采芣苢而相與樂也。毛詩序曰：「和平則婦人樂有子矣。」蓋以芣苢爲能治妊也。何以繫之周南也？室家和平，天下和平之徵也。于此見王者之風也。采芣苢，細事也，以治姙豫需也，婦人而賦其事，則微者也，非甚盛德，其孰能與于此！

南有喬木，不可休思俗本譌作「息」。毛傳、集傳解「思」字皆在「喬木」之下、「漢」之上。王應麟云：「朱子從韓詩作『休思』。」則毛詩、韓詩、朱子三家並同矣。」漢有游女，不可求思。漢之廣矣，不可泳于詠切思。江之永于廣切矣，不可方思。

毛傳：「喬，上竦也。思，辭也。潛行爲泳。永，長也。」震按：周禮職方氏荆州「其川江漢」。方，或謂之筏，或謂之箄。

翹翹錯薪，言刈其楚。之子于歸，言秣其馬滿補切。漢之廣矣，不可泳思。江之永矣，不可方思。

毛傳：「錯，雜也。秣，養也。」震按：翹翹，高起也。楚，荆也。

翹翹錯薪，言刈其蔞力侯切。之子于歸，言秣其駒居侯切。漢之廣矣，不可泳思。江之永矣，不可方思。

震按：蔞，蔞蒿。爾雅謂之蔏蔞，亦謂之購。馬二歲曰駒。

漢廣三章　民知有禮也。是女也，禮不備不可求，猶舟楫不備不可濟也。婦人謂嫁曰歸，凡詩言「之子于歸」，在女子則適人之正也。秣馬也者，欲駕車往迎之辭也。親迎，禮之正也。設言以禮嫁，則以禮娶。而願秣馬以致欣慕也。昏禮：「士妻始嫁，乘夫家之車，其馬謂裧車之馬與〔五〕？」毛詩序曰：「文王之道被于南國，美化行乎江漢之域，無思犯禮，求而不可得也。」

遵彼汝墳，伐其條枚。未見君子，惄如調張留切飢。

毛傳：「遵，循也。汝，水名也。墳，大防也。枝曰條，幹曰枚。正義云：「枝者，木大不可伐其幹，取條而已。枚，細者，可以全伐之也。」惄，飢意也。調，朝也。」震按：汝水出高陵山，漢志汝南郡定陵。入淮。至新蔡，過郡四，行千三百四十里。惄，心虛無所凭也。調、朝語之轉。

遵彼汝墳，伐其條肄。既見君子，不我遐棄。

毛傳：「肄，餘也，斬而復生曰肄。遐，遠也。」

魴魚赬尾，王室如燬。雖則如燬，父母孔邇。

毛傳：「赬，赤也。魚勞則尾赤。燬，火也。孔，甚。邇，近也。」震按：魴，爾雅謂之魾，或謂之緺。

汝墳三章　婦人慰其夫從征役之勞也。毛詩序曰：「文王之化行乎汝墳之國。婦人能閔其君子，猶勉之以正也。」余以謂非勉也，體其志而歌以慰之也。畏王室之酷烈，遠離父母矣，今猶然孔邇也。孔邇云者，一家之内侍養可樂以忘其前日征役勞苦也。汝墳之相慰如是，其夫婦可不謂皆至賢乎？何以繫之周南也？殷失民也，其國徒以文王之命服事殷也，令之而不怨矣。集傳曰「父母，指文王也」，余以謂此婦人也，知家之父母之爲親也，徑省其辭曰父母而已，未知其指文王也。汝旁之君，遵文王之化，化其國中，則亦賢君也，民不宜近舍其君而疎遂加之方伯也〔六〕。若周民或可矣。其伐薪，代孝子養父母也。汝墳之詩，見君民之分焉，見父母之親焉，見夫婦之仁焉，非王者之風何以有此？

麟之趾，振振音真公子。于嗟麟兮。

毛傳：「趾，足也。振振，信厚也。于嗟，歎辭。」正義：「此直以麟比公子爾。」震按：爾雅：「麟，麕身，牛尾，一角。」鄭箋：「麟，角之末有肉。」春秋傳曰「有麕而角者」是也。于、吁古字通。

麟之定，振振公姓。于嗟麟兮。

毛傳：「定，題也。」震按：姓，孫語之轉。題，額也。

麟之角古屋切，振振公族。于嗟麟兮。

震按：族，九族。自高祖至玄孫之親也。禮小記曰〔七〕：「親親以三爲五，以五爲九，上殺所戒切、下殺、旁殺而親畢矣〔八〕。」

麟之趾三章　以麟之仁，喻公子之仁也。麟之仁，見其趾、額、角矣。公子之仁，則見其振振矣。

周南十一篇，三十四章，百五十九言，六百三十名。

校注

〔一〕春秋傳　此指左傳。所引見襄公十五年傳文。杜預注：「言自王以下，諸侯大夫各任其職，則是詩人周行之志也。甸、采、衛，五服之名也。」又注：「五百里爲一服。」

〔二〕春秋傳　此指公羊傳。所引見隱公二年傳文。

〔三〕此其時也　周禮媒氏「中春之月，令會男女」，鄭玄注：「中春陰陽交，以成婚禮，順天時也。」此即戴氏「此其時」之意。

〔四〕閎夭、泰顛　二人皆周大臣，據史記周本紀，西伯昌被紂王囚于羑里，閎夭曾以計救出西伯昌。周建國二人皆有功。

〔五〕 裧車 有帷幕的車。

〔六〕 此處杲溪詩經補注改爲「民不父母其君，而以目方伯，又不然矣」（「方伯」指文王），意思更明晰。

〔七〕 小記 指喪服小記。

〔八〕 禮記喪服小記鄭玄注：「己上親父，下親子，三也。以父親祖，以子親孫，五也。以祖親高祖，以孫親玄孫，九也。殺謂親益疏者，服之則輕。」

毛詩補傳卷二

國風二

召南

維鵲有巢，維鳩居之。之子于歸，百兩御之。

毛傳：「鳩，鳲鳩，秸鞠也。鳲鳩不自爲巢，居鵲之成巢。百兩，百乘也。諸侯之子，嫁于諸侯，送御皆百乘。」鄭箋：「御，迎也。」震按：御、迎，語之轉。

維鵲有巢，維鳩方之。之子于歸，百兩將之。

毛傳：「將，送也。」震按：古字方、房通。如「既方既皁」「實方實苞」，方即房字。房之〔一〕，猶居之也。

維鵲有巢，維鳩盈之。之子于歸，百兩成之。

毛傳：「盈，滿也。」鄭箋：「滿者，言衆媵姪娣之多。」震按：春秋傳曰：「諸侯娶一國，則二國往媵之，以姪娣從。」成之，成其夫人之禮也。

鵲巢三章　言夫人始嫁之盛禮也。昏禮，治化之原也，故其禮重。禮重，所以使人知夫婦之正也，所以使人修其内德而不敢苟也。鵲巢之詩，亦周初作之，以爲房中之樂。凡樂章或言德焉，或言禮焉。

于以采蘩？于沼于沚。于以用之？公侯之事鉏里切。

毛傳：「公侯夫人執蘩菜以助祭。」鄭箋：「于以，猶言往以也。執蘩菜者，以豆薦蘩菹。」劉彝曰：「尊祭祀，故直謂之『事』，春秋『有事于太廟』是也。」震按：夏小正「二月采蘩」，豆實也。傳謂之由胡，亦謂之蘩母，亦謂之旁勃。沼，曲池也。爾雅：「小渚曰沚。」

于以采蘩？于澗之中。于以用之？公侯之宫。

毛傳：「山夾水曰澗。宫，廟也。」

被之僮僮，夙夜在公。被之祁祁，薄言旋歸。

毛傳：「僮僮，竦敬也。夙，早也。祁祁，舒遲也。去事有儀也。」震按：古字被、髲通，益髲也，亦謂之髢。此言髲，鄘言髢，皆不在首服副編次之數上聲，其上仍加副焉。首服之次，儀禮謂之被裼。即髲髢。以此被爲次，説詩之疎也。釋名：「髲，被也。髮少者得以被助其髮也。」

采蘩三章　夫人奉祭祀也。有致敬之心，又惟恐有愆于儀也。夫人之職，莫大乎奉祭祀，故射義曰：「采蘩者，樂不失職也。」蘩以爲菹，夏小正、春秋傳言之矣。

喓喓草蟲，趯趯阜螽。未見君子，憂心忡忡。亦既見止，亦既覯止，我心則降户工切。

毛傳：「喓喓，聲也。趯趯，躍也。忡忡，猶衝衝也。止，辭也。覯，遇。降，下也。」震按：「阜」如「四牡孔阜」之「阜」，大也。猶曰喓喓有聲者，草中蟲也。趯趯然躍者，螽之大者也。聞其聲泛曰草蟲而已，見其物乃曰阜螽。爾雅以斯螽、阜螽、草蟲爲三類，因詩傳會，非詩意也。毛傳：「草蟲，常羊也。阜螽，蠜也。」周南「螽斯」、豳「斯螽」，毛傳皆云「蚣蝑也」。毛氏之説本于爾雅：皇螽，蠜。草螽，負蠜。蜇螽，蚣蝑。詳考之詩，乃知爾雅此條不足據。詩衹言螽，未嘗分别其種類，草蟲本無定指。阜，大也。斯，辭助。阜之爲皇，斯之爲蜇，字體贅且謁，不合經義。竊謂詩之難言，爾雅猶或失之，況後人乎？

陟彼南山，言采其蕨。未見君子，憂心惙惙。亦既見止，亦既覯止，我心則説音悦。

毛傳：「蕨，鼈也。釋文云：『其初生似鼈脚，故名焉。』惙惙，憂也。」

陟彼南山，言采其薇。未見君子，我心傷悲。亦既見止，亦既覯止，我心則夷。

毛傳：「薇，菜也。夷，平也。」震按：薇，禮以芼豕，説文：「薇，似藿。」

草蟲三章　思念君子行役之詩。

于以采蘋？南澗之濱。于以采藻？于彼行潦。

毛傳：「蘋，大蓱也。濱，厓也。藻，聚藻也。行潦，流潦也。」震按：蘋，白蘋也。或謂之芣菜。又名四葉菜，五月有白華。爾雅：「萍，蓱。郭注：「水中浮蓱，江東謂之薸。」其大者蘋。」蘋與蓱雜生而大，故爾雅連文釋之。蓱無莖，蘋有莖，實二類也。鄭箋：「蘋之言賓也，藻之言澡也。婦人之行尚柔順，自潔清，故取名以爲戒。」

于以盛音成之？維筐及筥。于以湘之？維錡及釜。

毛傳：「方曰筐。圜曰筥。湘，亨也。錡，釜屬。有足曰錡。」鄭箋：「亨蘋藻者，于魚湆之中，是鉶羹之芼。」震按：周禮四豆之實，無荇菜、蘋、藻。考之詩、禮皆爲芼，非爲菹也。菹與醢相從，實諸豆，無亨事者也。芼與羹相從，實諸鉶，必湆亨之。

于以奠之？宗室牖下音户。誰其尸之？有齊與齋通季女。

毛傳：「奠，置也。宗室，大宗之廟也。尸，主。齊，敬。季，少詩照切也。」鄭箋：「牖下，户牖間之前。祭不于室中者，凡昏事，于女禮設几筵于户外，此其義也與音餘？」震按：祭事皆在室中之奧，此獨言牖下，異于常奉祭事者也。考之詩、禮，奧與牖下各殊。室西南隅爲奥，去户遠，其地幽奥，故名。牖去户近。牖下或室中，或户外，以女禮則知爲户外也。

采蘋三章　女子教成之祭，詩言其禮，以爲樂章也。所以使人知敬也，所以重教也。射義曰：「采蘋者，樂循法也。」謂循其教之法度。禮：「先嫁三月，祖廟未毁，教于公宫。祖廟既毁，教于宗室。教以婦德、婦言、婦容、婦功。教成祭之，牲用魚，芼之以蘋、藻，所以成婦順也。」穆叔曰[二]：「濟澤之阿，行潦之蘋、藻，寘諸宗室，季蘭尸之，敬也。」毛詩序：「大夫妻能循法度也。能循法度，則可以承先祖共祭祀矣。」其曰循法度，本之射義。其曰「大夫妻」，徒因詩中「宗室」字傅會爾。主婦薦豆無取乎蘋藻。常奉祭事，在禮無有用蘋藻者，則采蘋藻者，不可通。豆實菹醢，作菹之法，生爲之則曰湘之。曰錡釜，不可通。祭事奠于奥，則曰牖下，不可通。王肅解「奥即牖下」，以臆説强合，故孔穎達駁之曰：「經典未有以奥爲牖下者矣。」夫氏奉祭事，婦人助祭，不得專美之，則曰尸之，不可通。入廟稱婦，則曰季女，不可通。于詩辭一無可通矣。詩之外，儀禮、禮記、左傳皆不可通。所謂失之毫釐，差以千里也。

蔽芾甘棠，勿翦勿伐，召伯所茇。

毛傳：「翦，去。伐，擊也。茇，草舍也。」謂草中舍止。集傳：「蔽芾，盛貌。」震按：甘棠，白棠也。或謂之梈。赤棠，謂之杜。爾雅「杜甘，棠」，猶言杜之甘者曰棠。與「梨山，樆」、

「榆白，枌」，同一語例。杜，澀棠甘，俚語云「澀如杜」。以甘棠爲杜，失爾雅之讀田候切也。

蔽芾甘棠，勿翦勿敗蒲寐切，召伯所憩。

毛傳：「憩，息也。」

蔽芾甘棠，勿翦勿拜博制切，召伯所説音稅。

毛傳：「説，舍也。」嚴粲曰：「拜，挽其枝以至地也。」

甘棠三章　周人之思召公也。

厭浥行露，豈不夙夜羊茹切，謂行多露。

毛傳：「厭浥，溼意也。行，道也。」

誰謂雀無角古屋切，何以穿我屋？誰謂女音汝無家古胡切，何以速我獄？雖速我獄，室家不足。

毛傳：「速，召。獄，埆也。」鄭箋：「室家不足，謂媒妁之言不和，六禮之來彊委之。」正義：「以男速女而獄，幣若不備，不得訟也。明男女賢與不肖，各有其耦。女所不從，男子彊來。」震按：無家，言無許爲室家之約。不足，言室家之道闕，以明其始之未嘗許也。彊，其丈切。

誰謂鼠無牙五胡切，何以穿我墉？誰謂女無家，何以速我訟？雖速我訟，亦不女亦音汝從！

毛傳:「墉,牆也。」陸佃曰:「鼠有齒而無牙。」

行露三章　女子以正自守也。早暮而出者,則露沾濡之矣。多露猶畏之,況甚于多露者乎。女子之道,既字則從乎人。人之失德也者,猶多露之可畏也。故女子許嫁,不可不慎也。人各有耦也,豈不欲嫁?畏非耦也。首章之辭微,後二章之辭直。「雀無角」「鼠無牙」,似有而實無也。以言乎罔之以獄訟,而實未嘗許爲室家也。故曰「女無家」,曰「室家不足」,且終絶之曰「亦不女從」。「誰謂」云者,衆不能察而歸之聽斷者之明也。若非聽斷者之明,是安得伸其志哉!行露之詩,當宣化之始乎,猶有男女之訟焉。暴者以止,貞者以勸,則化行如流水也。男女之訟,貞淫應之矣。毛詩序:「召伯聽訟也。」或曰韓嬰、劉向皆以爲「既許嫁矣,見一禮不備,迎之不往」,非與?曰非也。既許嫁則夫婦之義大,禮不備,失之小也,苟以小失而廢大義,惡足取之乎經?

羔羊之皮蒲何切,素絲五紽。退食自公,委蛇委蛇唐何切。

毛傳:「古者素絲以英裘。公,公門也。」鄭箋:「委蛇,委曲自得之貌。」震按:羔裘,諸侯視朝直遥切之服。在朝君臣同服,卿大夫以袪飾降于君。退朝而食,自公門出,見者賦以美之。紽，絲之下垂也。其英飾五，故曰五紽。

羔羊之革，素絲五緎。委蛇委蛇，自公退食。

毛傳：「革，猶皮也。緎，縫符用切也。」

羔羊之縫符龍切，素絲五緫子公切。委蛇委蛇，退食自公。

震按：緫，謂合絲爲紃也。紽、緎、緫，一物而異言之。

羔羊三章　美官職修也。無貪求則無苛法，無苛法則庶人不駭政。官民無事，政明而頌聲作矣。故望其服飾容度，誠有味其言之也。

殷音隱其雷，在南山之陽，何斯違斯？莫敢或遑。振振音真君子，歸哉歸哉！

毛傳：「殷，雷聲也。山南曰陽。違，去。遑，暇也。振振，信厚也。」

殷其雷，在南山之側，何斯違斯？莫敢遑息。振振君子，歸哉歸哉！

殷其雷，在南山之下音户，何斯違斯？莫或遑處。振振君子，歸哉歸哉！

殷其雷三章　思念君子從役之勞也。張子曰：「如『鶺鳴』『婦歎』之義〔三〕，將風雨，則思念行者。」

摽婢小切有梅，其實七兮。求我庶士，迨其吉兮。

毛傳：「摽，落也。」鄭箋：「庶，衆。迨，及也。」

摽有梅，其實三疏簪切兮。求我庶士，迨其今兮。

摽有梅，頃筐塈之。求我庶士，迨其謂之。

震按：塈，息也。梅在筐爲息，對將落言也。謂之，媒妁通語也。

摽有梅三章　女子待禮而行也，未失正也。是女也，必孤弱無主者，是以時過而懼。在家無主，故思既嫁而得主有常也。孔子曰：「愆期之志，有待而行也〔四〕。」此之謂與？

嘒彼小星，三五在東。肅肅宵征，夙夜在公。寔命不同。

毛傳：「嘒，微貌。宵，夜。征，行也。」鄭箋：「凡妾御於君，不當夕。」

嘒彼小星，維參與昴莫後切。肅肅宵征，抱衾與裯。寔命不猶。

毛傳：「參，伐也。昴，留也。昴之言留，釋名。衾，被也。猶，若也。」正義：「天文志云『參，白虎宿，三星直，下有三星鋭曰伐〔五〕。』周禮『熊旂六旒，以象伐』，注云『與參連體而六星』，公羊傳『伐爲大辰』，皆互舉相見之文也。」震按：天官書：「昴曰髦頭，胡星也。爲白衣會。」昴，諦視之，有三十六星。昔人但言六星，或言七星，據其顯明者爾。餘小星，望之似白氣。裯，短衣也，或謂之汗襦，或謂之衹裯。毛傳：「裯，襌被也。」于古無考。鄭箋：「裯，牀帳也。」鄭蓋讀裯如幬，然妾至抱及帳，似太煩。

小星二章　于小星，見下之不踰也。辛伯曰：「並后匹嫡，亂之本也。」小星之詩，可謂進御以禮矣。無内嬖也，無嫉妒也，無僭恣也，一詩而三善備。」毛詩序：「惠及下也。」

江有汜。之子歸，不我以。不我以，其後也悔。

毛傳：「決復入爲汜。」鄭箋：「婦人謂嫁曰歸。以，猶與也。」

江有渚。之子歸，不我與。不我與，其後也處。

毛傳：「渚，小洲也。」

江有沱。之子歸，不我過音戈。不我過，其嘯也歌。

毛傳：「沱，江之别者。」鄭箋：「嘯，蹙口而出聲。」震按：以、與、過，一義也，變文合韻。「不我過」，所謂無有過而問者。

江有汜三章　妾媵言嫡之辭也，于此見悔過之不可以已也。能悔過，則人心平矣，故曰迨其後也，乃悔而相處也，則其時之憤以嘯也，亦轉而歌也。前二章，言嫡之悔，後一章，言己之情。沱，荆州之沱也。

野有死麕，白茅包逋侯切之。有女懷春，吉士誘之。

陸璣曰：「麕，麞也。」震按：「有女懷春」，言長張丈切而及時之女也。夏小正：「二月，綏多女士。傳曰綏，安也〔六〕。冠古玩切子取七句切婦之時也。」故女子當春而懷昏姻，謂之懷春。吉士，善士也。

林有樸樕，野有死鹿，白茅純讀如屯束，有女如玉。

毛傳：「樸樕，小木也。爾雅「樸樕，心」。某氏曰：「斛樕也。」純束，猶包之也。」

舒而脱脱兮，無感我帨兮！無使尨也吠！

毛傳：「脱脱，舒遲也。感，動也。帨，佩巾也。尨，狗也。」

野有死麕三章　于野有死麕見女子有不可犯之容也。懷春者，設言女之情。誘之者，託言己之願。如玉者，悦其色之美。脱脱者，敬其度之莊。曰我，代辭也。猶言無動其帨，無驚其犬云爾，畏其自持之嚴也。其吉士好色而不至于淫，其女子含貞一而不可犯干。詩于善兼之矣。此詩舊説不可通。因讀神女賦得其解。宋玉所賦之神女，其猶在此下與？

何彼襛俗譌作「穠」。依石經及注疏、說文正之。矣？　唐棣之華芳無切。曷不肅雝？　王姬之車音居。

釋文云：「古讀華爲敷，與居爲韻。」

毛傳：「襛，猶戎戎也。唐棣，栘也。肅，敬。雝，和。」震按：襛，說文「衣厚貌」，華之盛如之也。唐棣，或謂之鬱，或謂之車下李。栘、鬱，蓋語之轉。以栘爲夫栘似白楊，說爾雅者之疏也。

何彼襛矣？　華如桃李。平王之孫，齊侯之子。

其釣維何？　維絲伊緡。齊侯之子，平王之孫。

毛傳：「伊，維。緡，綸也。」

何彼襛矣三章　王姬下嫁也，取肅雝焉。作詩之時未聞。毛傳：「平，正也。武王女，文王孫，適齊侯之子。」鄭箋：「正王者，德能正天下之王。」正義云：「大誥注：受命曰寧王，承平曰平王。」王介甫曰：「所謂平王者，猶格王、寧王而已。所謂齊侯者，猶康侯、寧侯而已。」洪容齋曰：「春秋莊公元年，當周莊王之四年，齊襄公之五年，書王姬歸于齊。莊公十一年，當莊王之十四年，齊桓公之三年，又書王姬歸于齊。莊王爲平王之孫，則所嫁王姬，當是姊妹。齊侯之子，即襄公、桓公，二者必居一于此矣。」顧寧人曰：「成王時，齊侯則太公，而以武王之女適其子，是甥舅爲婚。周之盛時，必無此事。逮成王顧命，丁公始見於經，而去武王三十餘年，又必無未笄之女矣。」震按：太公之卒百有餘歲，管、蔡亂後，猶受命征淮夷。顧氏之説是也。若春秋之兩書王姬，則未知爲桓王之女與？莊王之女與？桓王在位二十五年，此時必無姊妹。故洪氏但以爲莊王姊妹。然桓王乃洩父之子，平王之孫也。桓王之女，則洩父之孫。莊王之女，則桓王之孫。洩父早死，故平王之後即桓王。洪氏遂謂莊王爲平王之孫，失之也。襄公、桓公皆娶王姬。襄公諸兒，僖公之子也。桓公小白，亦僖公之子，襄公之弟也。集傳存或説「齊侯即襄公諸兒」，亦失之。諸兒已立爲齊侯五年，而後娶王姬，小白已立爲齊侯三年，而後娶王姬，然則與詩言齊侯之子者未協矣。曰孫，子未立之辭也。曰子，父在之辭也。

彼茁者葭古胡切，壹發五豝博姑切。于嗟乎，騶虞。

毛傳：「茁，出也。葭，蘆也。虞人翼五豝，以待公之發。」鄭箋：「記蘆始出者，著春田之早晚。君射一發而翼五豝者，戰禽獸之命。必戰之者，仁心之至。」正義：「翼，驅也。君止一發中陟仲切，則殺一而已。」震按：葦，未秀爲蘆。田豕二歲曰豝。騶，趣馬也。虞，虞人也。月令：「天子乃教於田獵，以習五戎、班馬政〔七〕，命僕及七騶咸駕。」皇甫侃云：「天子馬有六種。種别有騶，又有總主之人，故爲七騶。」春秋傳：「程鄭爲乘馬御，六騶屬焉，使訓羣騶知禮。」杜預云：「六騶，六閑之騶。」周禮：「諸侯有六閑馬。」又豐點爲「孟氏之御騶」。疏云：「騶者，掌馬之官，兼掌御事。」易象：「即麓無虞，惟入于林中。」周禮有山虞、澤虞，「大田獵，則萊山田澤野」。蓋田獵騶與虞共有事，詩因而兼言兩官爾。舉騶虞，則騶之知禮、虞之供職可知。而騶虞已上之官亦可知，歎美騶虞，意不在騶虞也。所以美君也。壹發者君也。

彼茁者蓬，壹發五豵。于嗟乎，騶虞。

毛傳：「蓬，草名也。一歲曰豵。」

騶虞二章　于騶虞見春蒐之禮也，除田豕也。君舉其禮，騶御、虞人供其命，民樂而歌其事。歎騶虞，美君也。雖騶御虞人之微而詩及之，則備官又可知也。故射義曰：「騶虞者，樂官備也。」毛傳：「騶虞，義獸也。白虎黑文。」然而爾雅未聞也。說射義者，以「五豝」喻人材之多，其儗之爲失倫矣。以「騶虞」配「麟趾」，斷爲獸名者，迂說也。諸子之書，或以爲獸名，或以爲馬名，皆不足據。如山海經、太公六韜，本後人僞書，託之前古。淮南鴻烈等，則皆失詩之指，好異而傅會其說者也。先儒歐陽永叔、嚴坦叔于是詩反覆辨之，今更推廣其說云。

召南十四篇，四十章，百七十七言，七百一十名。

校注

〔一〕房之　杲溪詩經補注作「方之」。

〔二〕所引穆叔云云，係左傳襄公二十八年文，杲溪詩經補注「穆叔曰」前有「春秋傳」三字，依例當有。

〔三〕鸛鳴婦歎之義　詩豳風東山「鸛鳴于垤，婦歎于室」，箋云：「鸛，水鳥，陰雨則鳴，行者於陰雨尤苦，婦念之則歎于室也。」

〔四〕所引係周易歸妹文，原文無「孔子曰」三字。周易正義：「嫁宜及時，今乃過期而遲歸者，此嫁者之志正欲有所待而後乃行也。」

〔五〕下有三星鋭曰伐　毛詩正義「鋭」作「旒」。漢書天文志「伐」作「罰」。

〔六〕中華書局點校本大戴禮記解詁載夏小正篇無「傳曰」二字。

〔七〕五戎　謂弓矢、殳、矛、戈、戟五種兵器。又下句「班馬政」，禮記月令孔穎達疏：「謂班（頒）布乘馬之政令。」

毛詩補傳卷三

國風三

邶

汎彼柏舟，亦汎其流。耿耿不寐，如有隱憂。微我無酒，以敖五候切以遊。

毛傳：「汎，流貌。耿耿，猶儆儆也。隱，痛也。非我無酒可以敖遊忘憂也。」

我心匪鑒，不可以茹。亦有兄弟，不可以據。薄言往愬，逢彼之怒。

毛傳：「鑒，所以察形也。茹，度也。據，依也。」鄭箋：「責之以兄弟之道，謂同姓臣也。」震按：末言不能奮飛，則雖見棄而不忍去，如屈原作離騷之意，以爲同姓臣者是也。君含怒以待臣，而泛言兄弟不可恃，不敢斥君也。

我心匪石常約切，不可轉也。我心匪席祥勺切，不可卷也。威儀棣棣，不可選也。

毛傳：「石雖堅，尚可轉。席雖平，尚可卷。君子望之儼然可畏。禮容俯仰，各有威儀爾。棣棣，富而閑習也。」鄭箋：「言己心志堅平，過于石席。」震按：選，當如「弗去懼選」之「選」。

憂心悄悄，愠于羣小。覯閔既多，受侮不少。静言思之，寤辟又作「擘」，避亦切。有摽符小切。

毛傳：「閔，病也。辟，拊心也。摽，拊心貌。」震按：爾雅：「悄悄，愠也。」

日居月諸，胡迭而微？心之憂矣，如匪澣衣。静言思之，不能奮飛。

毛傳：「如衣之不澣矣，不能如鳥奮翼而飛去。」鄭箋：「微，謂虧傷也。臣不遇于君，猶不忍去，厚之至也。」正義：「居諸者，語助也。」檀弓「何居」，注云：「居，語助也。」左傳「忽諸」，服虔云：「諸，辭。」

柏舟五章　一章言憂之如舟流而靡止也。二章言不度怒之繇來也。三章言不改己志，好脩以爲常也。四章言小人成羣亦足愠也。五章言讒諂蔽明，如日月之迭虧也。屈原之作離騷，其辭義亦有合乎此。集傳以爲「婦人不得于其夫」。又因列女傳疑莊姜之詩。莊姜，齊東宮得臣之妹，未聞怒于齊兄弟也。婦人在家從父，適人從夫，且胡爲乎據兄弟也？若列女傳，則爲宣夫人，衛無宣夫人也者，不知其何謂也？其説曰：衛人愬于齊兄弟，又與詩相刺謬矣。或曰「不能奮飛」，婦人之辭也。余曰：婦人本無去之義。不言之則義全，言之則義乖。臣而不能去，非不能也，純臣也。故毛詩序曰「言仁而不遇也」，又以是知爲同姓臣也。仁人處此，何忍去國？

緑兮衣兮，緑衣黄裏。心之憂矣，曷維其已。

毛傳：「緑，間古莧切色。黄，正色。憂雖欲自止，何時能止也。」

緑兮衣兮，緑衣黄裳。心之憂矣，曷維其亡。

毛傳：「上曰衣，下曰裳。」鄭箋：「亡之言忘也。」

緑兮絲兮，女所治兮。我思古人，俾無訧于其切兮。

毛傳：「俾，使。訧，過也。」震按：上以緑喻妾，以緑之爲衣喻妾上時掌切。僭。此更言絲者，方其爲絲未爲衣也，繇女治之，以爲衣則衣矣。其故在所治也，喻妾上僭，繇君子之嬖之爾，于妾乎何責？夫不責妾而惟思古人善處之道，反己使無過焉，可謂至賢矣。

絺兮綌兮，凄其以風孚金切。我思古人，實獲我心。

女，崔云：「毛如字，鄭音汝。今按：如字是也。」

鄭箋：「絺綌，所以當暑，今以待寒，喻其失所也。」

緑衣四章　毛詩序：「衛莊姜傷己也。妾上僭，夫人失位而作是詩也。」

燕燕于飛，差池其羽。之子于歸，遠送于野上與切。瞻望弗及，泣涕如雨。

毛傳：「燕燕，鳦也。正義：「即今之燕也，古人重言之。漢書童謡云『燕燕尾涎涎』是也。」瞻，視也。」李樗曰：「左氏『何敢差池』，杜元凱以爲不齊也。」震按：燕、鳦語之轉，古謂之玄鳥，或謂之鷾鴯。即鳦、兒二聲也，見莊子。戴嬀大歸于陳，因州吁之亂，事見春秋傳。釋文：「戴，謚也。嬀，陳姓也。」

燕燕于飛，頡之頏之。之子于歸，遠于將之。瞻望弗及，佇立以泣。

毛傳：「佇立，久立也。」鄭箋：「將，亦送也。」震按：頡頏，飛上下貌。

燕燕于飛，下上其音。之子于歸，遠送于南泥心切。瞻望弗及，實勞我心。

毛傳：「陳在衛南。」

仲氏任入林切只，其心塞淵一均切。終温且惠，淑慎其身。先君之思，以勗寡人。

毛傳：「仲，戴嬀字也。塞，實。或作「𡒊」，於例切。淵，深也。惠，順也。勗，勉也。」鄭箋：「任者，以思相親信也。温，謂顔色和也。戴嬀思先君莊公之故，故將歸，猶勸勉寡人以禮義。寡人，莊姜自謂也。」

燕燕四章　毛詩序：「衛莊姜送歸妾也。」

日居月諸，照臨下土。乃如之人兮，逝不古處。胡能有定，寧不我顧？

毛傳：「胡，何也。」鄭箋：「之人，是人也，謂莊公也。」集傳：「逝，發語辭。」沈守正曰：「怨，非詩意也。大意謂斯人之不古處也。不知胡時能有定乎，使其定也，寧終棄我而不顧乎？」震按：以日月之照臨覆冒，喻莊公之當我顧我報。古處，古人相處之有其禮也。寧，猶寧詎也。徐言則曰「寧詎」，疾言曰「寧」。「寧不」與「必且」相近。

日居月諸，下土是冒莫候切。乃如之人兮，逝不相好許候切。胡能有定，寧不我報博候切？

毛傳：「冒，覆也。」鄭箋：「覆，猶照臨也。」震按：報，謂恩意酬答也。

日居月諸，出自東方。乃如之人兮，德音無良。胡能有定，俾也可忘。

鄭箋：「無善恩意之聲語魚據切于我也。俾，使也。使是無良可忘也。」震按：有定則忘其已往之言辭無善矣，故期望于使可忘也。此又以日月之出有常處昌慮切，喻莊公之當有常禮待己，而思忘其所處之變。

日居月諸，東方自出。父兮母兮，畜我不卒。胡能有定，報我不述。

毛傳：「畜，養。卒，終也。述，循也。」震按：有定，則酬答我，而不循其已往之所行也。是詩皆反覆期望之辭。舊説怨且怒，與緑衣之言異矣。

日月四章　毛詩序：「衛莊姜傷己也。」集傳：「此詩當在燕燕之前，下篇放此。」

終風且暴，顧我則笑。謔浪笑敖，中心是悼。

毛傳：「終日風爲終風。暴，疾也。」顧夢麟曰：「謔而浪，非常謔也。笑而敖，非誠笑也。」

終風且霾謨悲切，惠然肯來陵之切。莫往莫來，悠悠我思。

毛傳：「霾，雨于傅切土也。」

終風且曀，不日有音又曀。寤言不寐，願言則嚏。

毛傳：「陰而風曰曀。」鄭箋：「有，又也。嚏，讀當爲不敢嚏咳之嚏。」震按：願言則嚏，謂每願則如氣之閉而欲嚏也。

曀曀其陰，虺虺其雷。寤言不寐，願言則懷胡棍切。

徐光啓曰：「懷，懷抱不釋之意。」震按：每願則懷抱不釋也。

終風四章　毛詩序：「衛莊姜傷己也。」

擊鼓其鏜，踊躍用兵補芒切。土國城漕，我獨南行户郎切。

毛傳：「鏜然，擊鼓聲也。漕，衛邑也。」震按：兵，五兵。土國，役土功國中。漕在河南，故鄘地。漢東郡白馬縣是也。今河南衛輝府滑縣南二十里，有白馬故城。

從孫子仲，平陳與宋。不我以歸，憂心有忡。

鄭箋：「平，成也。以，猶與也。」震按：衛有孫氏，子仲，字也。陳、宋在禹貢徐、豫之境，皆衛之南。

爰居爰處，爰喪息浪切其馬滿補切。于以求之？于林之下音户。

鄭箋：「爰，於也。」

死生契闊，與子成説。執子之手，與子偕老魯吼切。

震按：契，合之密也。闊，間古莧切之遠也。契闊，即合離之意。今通言契闊爲間闊，失之也。契闊，聲偶相同，非雙聲字。成説，指死生合離，不相忘棄之言。追其昔時與室家相訣别丁寧約誓如此。

于嗟闊兮，不我活兮。于嗟洵兮，不我信古字與「伸」通。兮。

歎離别之久闊，不得相依以生活，又歎偕老之信誓不得伸也。

擊鼓五章　一章言從征之危也。二章言踰時不歸也。三章言怠而失伍也。四章言室家之情也。五章言死亡之懼也。毛詩序：「怨州吁也。」未聞其審。余嘗辨之曰：州吁之日促矣，三月弑桓公，九月殺之于濮，城漕之役未有聞焉。夏，宋、衛、陳、蔡伐鄭，圍其東門，五日而還。

秋，魯、宋、衛、陳、蔡復伐鄭，敗鄭徒兵，取其禾而還。詩何以云「不我以歸」、「于嗟闊兮」也？州吁之後六十年至戴公，左氏云「廬于曹焉」。詩序亦云「野處漕邑焉」，「露于漕邑焉」。豈其已城也而云然？以是知擊鼓爲州吁事不審，信也。

凱風自南泥心切，吹彼棘心。棘心夭夭，母氏劬勞。

毛傳：「南風，謂之凱風。」

凱風自南，吹彼棘薪。母氏聖善，我無令人。

毛傳：「令，善也。」震按：此自言七子中無一人令善，故母不安之也。

爰有寒泉，在浚之下音户。有子七人，母氏勞苦。

毛傳：「浚，衛邑也。」王應麟曰：「水經注：『濮水枝津，東逕浚城南，而北去濮陽三十五里〔一〕。城側有寒泉岡。』」震按：又自責使母勞苦，故不安之也。推原不安之也者，冀猶或安之也。

睍睆黄鳥，載好其音。有子七人，莫慰母心。

震按：睍睆，鳥窺睇貌。載，則也。

凱風四章　孝子自責以止母心也。孟子曰：「凱風，親之過小者也。」婦人之過，莫大乎閨門失德。凱風作于母之未嫁，欲慰以止之也。雖不安其室，而有欲嫁之志，然非淫亂比也。故曰「過小者也」。聖善云者，但見于志，未成于事，猶一以無過之辭。

雄雉于飛，泄泄其羽。我之懷胡根切矣，自詒伊阻。

毛傳：「詒，遺羊類切也。」集傳：「泄泄，飛之緩也。阻，隔也。」

雄雉于飛，下上其音。展矣君子，實勞我心。

毛傳：「展，誠也。」

瞻彼日月，悠悠我思。道之云遠，曷云能來陵之切。

百爾君子，不知德行户郎切。不忮不求，何用不臧？

毛傳：「忮，害。臧，善也。」震按：「展矣君子」，既指其夫，此君子不當泛指。百謂凡百所爲也。道遠不來，則其君子之所爲皆不知矣，故言凡百之在爾君子，今不知于德行何如，然念其平日之不忮求，亦焉往不善乎。又美之以自慰若是。

雄雉四章　思君子久從征役也。不忮不求，可以知德行之全矣。此婦人之深知其君子也。以是爲，雖處亂世無傷也。

匏有苦葉，濟有深涉。深則厲，淺則揭。

毛傳：「濟，渡也。揭，褰衣也。」震按：厲，不成梁之名。説文云：「履石渡水也。」引詩「深則砅」。蓋淺水褰衣而過，稍深必有厲乃可過。今山澗中水深一二尺，多置石，令人步。若更深，則宜爲梁矣。有狐篇以「淇梁」、「淇厲」並舉是也。

有瀰濟盈，有鷕雉鳴。濟盈不濡軌居酉切，雉鳴求其牡莫九切。

毛傳：「鷕，雌雉聲也。濡，漬也。飛曰雌雄，走曰牝牡。」鄭箋：「渡深水者必濡其軌，言不濡者，喻夫人犯禮而不自知。雉鳴〔反〕求其牡，喻夫人所求非所求。」震按：瀰、滿，聲義相邇。軌，毛詩作軓，説者又與「軹」相溷。羅中行謂轂末亦爲軌。謬甚。轂末乃軹也。軌，車轍也。軓，前軫也。軹，轂末也。三字傳寫易譌。此詩斷爲車轍之軌，以古音考之，軓範同軹釋名「指也」。皆不可協矣。

雝雝鳴雁，旭日始旦。士如歸妻，迨冰未泮。

毛傳：「旭日始出，謂大昕之時。日未出已明爲昕生，至日出益明爲大昕也。泮，散也。」鄭箋：「自納采至請期用昕，親迎用昏。冰未散，正月中已前也。二月可以昏矣。」正義：「六禮惟納徵用幣，餘皆用鴈也。」嚴粲曰：「士猶以禮而成昏，豈可以國君而肆情犯禮。」

招招舟子，人涉卬否平鄙切。人涉卬否，卬須我友羽己切。

毛傳：「招招，號召之貌。號，户羔切。舟子，舟人，主濟渡者。卬，我也。人皆涉，我友未至，我獨待之而不涉，以言室家之道，非得所適，貞女不行。非得禮義，昏姻不成。」

匏有苦葉四章　毛詩序：「刺衛宣公也。公與夫人並爲淫亂。」鄭箋：「夫人謂夷姜。」是詩之刺也，其辭微。惡之甚，而不欲顯言之。凡刺君之辭微而婉。

習習谷風孚金切，以陰以雨。黽勉同心，不宜有怒。采葑采菲，無以下體。德音莫違，及爾同死。

毛傳：「東風謂之谷風。葑，須也。爾雅：「須，葑蓯。」菲，芴也。下體，根莖也。」鄭箋：「此二菜者，蔓菁與葍之類也。皆上下可食。」釋文：「黽勉，猶勉勉也。」震按：習習，言東風習至，陰雨象也。陰雨者，風使之然。同心爲夫婦，怒者疇使之邪？固不宜有也。葑，禮謂之菁，或謂之蕘，或謂之蔓菁，或謂之蕪菁，或謂之大芥。今蜀人呼諸葛菜。邢昺、鄭樵以爾雅蕵蕪爲詩之葑，誤矣。菲，爾雅亦謂之葸菜，或謂之宿菜。葸、宿，語之轉。或謂之土瓜。采葑、菲者，節取其上而留其下體，故賦詩者或以爲取節之喻，或以爲不盡利之喻。在此詩，則旨蓄御冬之意也。言留爲後日用之，以興虛應切夫婦恩意之深，當終莫違，至于同死。

行道遲遲，中心有違。不遠伊邇，薄送我畿。誰謂荼苦？其甘如薺。宴爾新昏，如兄如弟。

毛傳：「畿，門内也。荼，苦菜也。宴，安也。」震按：荼，經亦謂之苦，或謂之游冬。又名苦蕒。薺，冬生而夏死。師曠所謂甘草先生，月令所謂靡草死，薺其屬也。

涇以渭濁，湜湜其沚。宴爾新昏，不我屑以。毋逝我梁，毋發我笱。我躬不閱，遑恤我後。

毛傳：「逝，之也。梁，魚梁。笱，所以捕魚也。閱，容也。」吕祖謙曰：「詩人多述土風，此衛詩而遠引涇、渭者，蓋涇濁渭清，天下所共知。涇，新昏也。渭，舊室也。涇、渭既合，則清濁易惑。于洲渚淺處視之，渭之清猶可見也。」震按：涇出幵頭山，漢志：「山在安定郡涇陽縣西。」今在陝西平涼府平涼縣西一百里。涇陽故城在縣西南。東南入渭，至陽陵。其故城在今西安府高陵縣西南二十里。湜湜，説文：「水清底見音現也。」

就其深矣，方之舟之。就其淺矣，泳之游之。何有何亡，黽勉求之。凡民有喪，匍匐救之。

震按：匍匐，伏行貌。

不我能慉，反以我爲讎。既阻我德，賈用不售。昔育恐育鞫，及爾顛覆。既生既育，比予于毒。

毛傳：「鞠，窮也。」震按：慉，盡心力也，承上「黽勉」、「匍匐」，言不以我爲能盡心力。阻，隔絶也。言不復念及之。育，猶粥也。昔時相與粥養，惟恐粥養之窮乏也。既生，既遂其生。既育，既安于所養。

我有旨蓄，亦以御冬。宴爾新昏，以我御窮。有洸有潰，既詒我肄。不念昔者，伊余來塈。

毛傳：「旨，美。御，禦也。洸洸，武也。潰潰，怒也。肄，勞也。塈，息也。」震按：藏菜爲去聲冬計，勤勞爲室家，爲去聲偕老計也。今徒以御窮，至後棄之。洸潰而遺羊類切以勞，不念昔之來相安息，終責以得新忘舊也。肄，爾雅作勩。

谷風六章　賢而見棄也。毛詩序：「刺夫婦失道也。衛人化其上，淫于新昏而棄其舊室，夫婦離絶，國俗傷敗焉。」

式微式微，胡不歸？微君之故，胡爲乎中露！

鄭箋：「式微式微者，微乎微者也。式，發聲也。」震按：中露，猶言露宿野處。

式微式微，胡不歸？微君之躬，胡爲乎泥中！

李樗曰：「凡失國者，云越在草莽，卑賤曰辱在泥塗。」

式微二章　于式微，見衛之卑黎侯也。「式微式微」，卑甚也。臣從君暴露于外，分之無可如何也，君其無多辱。魯昭公之亡在齊也，子家子曰：「齊卑君矣，君祇辱焉。勸之以一乘入于魯師。」余以是知式微之義也。黎在壺關。屬上黨，今山西潞安府黎城縣東北有故黎城，長治縣東南有壺關故城。毛詩序：「黎侯寓于衛，其臣勸以歸也。」

旄丘之葛兮，何誕之節資悉切兮。叔兮伯兮，何多日也？

毛傳：「前高後下曰旄丘。誕，闊也。」鄭箋：「叔伯，字也。」

何其處也？必有與也。何其久舉里切也？必有以也。

集傳：「與，與國也。以，他故也。」

狐裘蒙戎，匪車不東。叔兮伯兮，靡所與同。

毛傳：「不東，言不來東也。」鄭箋：「黎國在衛西，今所寓在衛東。」震按：狐裘之敝，則蒙戎然。「匪車不東」，泛見道路之車東來者也。「靡所與同」，所者，舉極一人之辭，言衛諸臣曾無一人與東來之車同至也。久不見有所至者，衛不恤己可知矣。

瑣兮尾兮，流離之子。叔兮伯兮，褎由救切如充耳。

王氏曰：「黎侯之臣子，流離失職，故瑣尾也。」震按：瑣，小也。尾，微也。褎如，塞貌。

充耳，瑱也。「褎如充耳」，猶言充耳褎如，倒語也。鄭詩「婉如清揚」，猶言「清揚婉如」，語亦同。

旄丘四章　黎侯寓于衛東，漢因以名邑，東郡黎邑是也。望人不至者，見道路之人皆疑之，迨近而知非其人也。望衛之恤己者，見車之東來皆疑之。既久而衛諸臣曾無一同來者也。衛蓋嘗許之救矣，故首章有「何多日」之云。許之而不見救，徒使其流離在衛，黎之臣子所以怨望而終責之。

簡兮簡兮，方將萬舞。日之方中，在前上處。

毛傳：「以干羽爲萬舞。」鄭箋：「將，且也。」集傳：「簡，簡易不恭之意。」

碩人俁俁，公庭萬舞。有力如虎，執轡如組。

毛傳：「俁俁，容貌大也。」震按：轡，靶也。組，絛也。圜曰組，扁曰紃。如組，手調柔善也。

左手執籥，右手秉翟直駁切。赫如渥赭，公言錫爵。

毛傳：「翟，翟羽也。赫，赤貌。渥，厚漬也。」正義：「鄭于周禮笙師及少儀明堂位注皆云：籥如笛，三孔。」毛傳「六孔」，廣雅「七孔」，並非。集傳：「赭，赤色也。公言錫爵，即儀禮燕飲而獻工之禮也。」

山有榛，隰有苓力珍切。云誰之思？西方美人。彼美人兮，西方之人兮。

毛傳：「榛，木名。下溼曰隰。苓，大苦。」集傳：「榛似栗而小。西方美人，託言以指西周之盛王。又曰西方之人者，歎其遠而不得見之辭也。」

簡兮四章　思明王也。所言者據當時，所志者在往古，其曰西方之人，猶匪風言「誰將西歸」，周猶在西也。西周衰矣，身所未至，故但思其盛也。孔氏以爲衛宣公時詩，失其世次爾。集傳曰：「賢者不得志而仕于伶官，有輕世肆志之心焉，故其言如此。若自譽而實自嘲也。」

毖彼泉水，亦流于淇。有懷于衛，靡日不思。孌彼諸姬，聊與之謀謨悲切。

毛傳：「泉水始出，毖然流也。淇，水名也。孌，好貌。諸姬，同姓之女。」集傳：「諸姬，謂姪娣也。」震按：泉水，即下肥泉，亦謂之百泉，在衛西北。淇水出沮洳山，山在河內郡隆慮，今河南彰德府林縣。東入河。至黎陽，今直隸大名府濬縣。

出宿于泲，飲餞于禰。女子有行，遠于萬切父母兄弟。問我諸姑，遂及伯姊。

毛傳：「泲，地名。祖而舍與「釋」通軷飲酒于其側曰餞。禰，地名。」鄭箋：「行，道也。」

王氏曰：「泲、禰，蓋父母之國地名，欲歸則又思嫁時出宿飲餞。」震按：「女子有行，遠父母兄弟」二語，詩中凡數見，猶言女子生而有出嫁之道爾。此與竹竿言之，皆自以女子則必遠離親親爲憾。姑姊，婦人所相與處者之通稱。諸姑，猶男子之言諸父、諸舅與餘音凡尊稱之曰諸姑，親稱之曰伯姊，既謀于諸姬，更廣問之。

出宿于干，飲餞于言。載脂載舝，還音旋車言邁莫制切。遄臻于衛，不瑕有害胡憩切。

毛傳：「遄，疾。臻，至也。」鄭箋：「言還車者，嫁時乘來，今思乘以歸。」震按：干、言，所嫁國之地。泲、禰、干、言，地所在皆未聞。軸端之鍵以制轂者謂之舝。轄、鎋通。邁，遠行也。瑕、何語之轉。不瑕，疑而度之之辭，恐或害于禮也。

我思肥泉，兹之永歎。思須與漕徂候切，我心悠悠。駕言出遊，以寫我憂。

毛傳：「所出同，所歸異，爲肥泉。須、漕，衛邑也。寫，除也。」震按：兹、滋，古字通，益也。水經注曰：「濮渠又東逕須城北，衛詩云『思須與漕』也。」須在長垣東、濮陽西。

泉水四章 毛詩序：「衛女思歸也。嫁于諸侯，父母終，思歸寧而不得，故作是詩以自見也。」鄭箋：「國君夫人，父母在則歸寧，没則使大夫寧于兄弟。衛女之思歸，雖非禮，思之至也。」

出自北門，憂心殷殷。終窶且貧，莫知我艱居銀切。已焉哉！天實爲吾何切之，謂之何哉？

或以「哉」「之」爲韻亦通。哉，將黎切。

震按：「窶，窮陋也。」

王事適我，政事一埤益我。我入自外，室人交徧讁我。已焉哉！天實爲之，謂之何哉？

毛傳：「適，之。埤，厚也。讁，責也。」顧炎武曰：「凡交于大國，朝聘、會盟、征伐之事，謂之王事。其國之事，謂之政事。」

王事敦都回切我，政事一埤遺唯季切我。我入自外，室人交徧摧我。已焉哉！天實爲之，謂之何哉？

毛傳：「遺，加也。摧，沮也。」鄭箋：「敦，猶投擲也。」

北門三章　嚴粲曰：「此蓋從事獨賢之歎也，但言貧窶，則不見知于君可知，非計禄也。」

北風其涼，雨于付切雪其雱。惠而好呼報切我，攜手同行户郎切。其虛其邪讀如徐，既亟只且子余切。

毛傳：「北風，寒涼之風。雱，盛貌。惠，愛也。」震按：亟，疾也。畏禍亂之已疾，不敢寬虛徐緩而不避去也。

北風其喈居奚切，雨雪其霏。惠而好我，攜手同歸。其虛其邪，既亟只且。

震按：喈喈然，有聲也。霏，紛飛而下也。

莫赤匪狐，莫黑匪烏。惠而好我，攜手同車音居。其虛其邪，既亟只且。

震按：狐則皆赤矣，烏則皆黑矣，以喻其政之皆亂。「莫赤匪狐」、「莫黑匪烏」，語意與「莫高匪山」、「莫浚匪泉」相似。言山極高，泉極浚也。

北風三章　程子曰：「君子見幾而作，相招無及于禍患也。」

靜女其姝昌由切，俟我于城隅魚侯切。愛古字與「僾」通而不見，搔首踟蹰〔二〕直由切。

毛傳：「靜，貞靜也。」震按：姝，美好也。城隅，城角浮思，其制見考工記。城隅在城之上，高于城。言城隅，以表至城下將入門之所也。愛，仿佛若見音現若否也。古者諸侯娶必有媵，自郊外至城隅，待禮迎之，然後入。不見，謂望之未至也。

靜女其孌，貽我彤管。彤管有煒，説音悦懌女音汝，舊如字，非美。

毛傳：「古者后夫人必有女史彤管之法，〔史不記過，其罪殺之〕。后妃羣妾以禮御于君所，女史書其日月，授之以環以進退之。生子月辰，則以金環退之。當御者以銀環進之，著知略切于左手。既御，著于右手。事無大小，記以成法。煒，赤貌。」鄭箋：「彤管，筆赤管也。」震按：女美，指彤管也。彤管有煒，美矣，實因靜女所貽而説懌之。以彤管寄意規誨，固當説懌者也。

自牧歸荑，洵美且異。匪女音汝之爲美，美人之貽。

毛傳：「荑，茅之始生也。」集傳：「女，指荑而言也。」震按：郊外謂之牧，本其來自牧言之。荑，微物也。曰「洵美且異」，因又曰「匪女之爲美」，深致其欣慕静女之意。美其管，美其荑，設言之以欣慕其人爾，非實有貽贈之事也。

静女三章　思賢媵也。一章思其人之已至，以俟迎者，然而迎之不見。二章思其所秉持之物或來致貽，則説懌深也。三章思其至于郊外而歸之荑，則物又以人美也，不見其人，即思見其物。静女之詩，所謂賢賢易色矣。衛人擬其君之宫中無是女以備嬪媵及女史之法廢也。故其詩非蕩佚之言也，所以譏蕩佚者之言也。蕩佚者，無貞静之操。曰静女，明不淫也。蕩佚者，無取乎彤管。女史曰彤管，主乎宫中之宜有法度也。春秋傳曰「静女之三章，取彤管焉」是也〔三〕。歸荑，亦以爲潔白之喻。若蕩佚者，曷取是？其辭微，其志莊，其稱物也可以訓，其思美也，不動于淫。使徒以色而已矣，豈足美哉！豈足取之乎詩！毛詩序：「刺時也，衛君無道，夫人無德。」

新臺有泚，河水瀰瀰。燕婉之求，籧篨不鮮先稽切。

毛傳：「泚，鮮明貌。瀰瀰，盛貌。燕，安。婉，順也。籧篨，不能俯者。」鄭箋：「籧篨口柔，常觀人顔色而爲之辭。」震按：燕婉，相與美好也。籧篨，麤竹席圍以爲囷者，人不能俯之疾似之，故因以名疾。晉語云：「籧篨不可使俯」，是也。仰觀顔色，巧言好辭以媚人，病若籧篨矣。故爾雅又云：「籧篨，口柔也。」宣公自媚于齊女，非其所求爲燕婉者也。徒有籧篨之狀，見之不鮮。鮮之言新。史記：「數見不鮮。」

新臺有洒先典切，河水浼浼美辨切。燕婉之求，籧篨不殄與「腆」通。

鄭箋：「殄，當作腆。腆，善也。」正義：「腆與殄，古今字之異。故儀禮注云：『腆，古文字作殄。』是也。」

震按：洒，澤貌。浼浼，流濁也。

魚網之設，鴻則離良何切之。燕婉之求，得此戚七宿切，蹙同。施。詩戈切，或式支切，則與之韻。說文引詩作「得此䵳鼀」，䵳，亦作鼀。

毛傳：「言所得非所求也。戚施，不能仰者。」鄭箋：「戚施面柔，下遐嫁切人以色。」震按：戚施，詹蟾同諸蠩蜍同也。首連于腹，常俯而不可立，人不能仰之疾似之。晉語云：「戚施不可使仰」，是也。俯首卑體以媚人，病若戚施矣。故爾雅又云：「戚施，面柔也。」籧篨、戚施並以物名爲疾名，又以疾名爲媚態之名，宣公非有此疾，形容其强其丈切與齊女爲昏之媚態而已矣。醜其狀而惡烏路切之也。

新臺三章　毛詩序：「刺衛宣公也。納伋之妻，作新臺于河上而要之，國人惡之，而作是詩也。」

二子乘舟，汎汎其景影同，居養切。願言思子，中心養養。

毛傳：「二子，伋、壽也。養養然，憂不知所定。」

二子乘舟，汎汎其逝。願言思子，不瑕有害胡憩切。

毛傳：「逝，往也。」震按：上章曰景，疑其在舟中，望舟之景而思之。此章曰逝，言有往無反，疑其或遇害也。

二子乘舟二章　據春秋傳，伋子、壽子皆死于莘，未渡河也。莘，河上邑也。適齊必繇莘渡河。衛之人聞其使諸齊也，故以乘舟不反念之。雖死是間，不忍明其死是間也。史記，太史公曰：「余讀世家言，至于宣公之子，以婦見誅，弟壽爭死以相讓，此與晉太子申生不敢明驪姬之過同，俱惡傷父之志。然卒死亡，何其悲也！或父子相殺，兄弟相戮，亦獨何哉！」

邶十九篇，七十二章，三百六十三言，千四百六十六名。

校注

〔一〕而　商務印書館國學基本叢書本水經注作「西」，按云：「西，近刻訛作而。」

〔二〕搔　原作「慅」，據毛詩、三家詩改。

〔三〕取彤管焉　此左傳定公九年文，杜預注「彤管，赤管筆。女史記事規誨之所執」，即所謂「靜女之三章，取彤管焉」的意思。

毛詩補傳卷四

國風四

鄘

汎彼柏舟，在彼中河。髧彼兩髦，實維我儀牛何切。之死矢靡它！「他」同，湯何切。母也天鐵因切只，不諒人只！

毛傳：「髦者，髮至眉，子事父母之飾。儀，匹也。矢，誓。靡，無。之，至也。至己之死，信無它心。諒，信也。」正義：「內則注云『髦者，用髮爲之。象幼時鬌，其制未聞』。鬌以挾囟，故兩髦也。」玉藻云：「親没不髦。」集傳：「髧，髮垂貌。」

汎彼柏舟，在彼河側。髧彼兩髦，實維我特。之死矢靡慝！母也天只，不諒人只！

毛傳：「特，匹也。慝，邪也。」

柏舟二章　毛詩序：「共姜自誓也。衛世子共伯蚤死，其妻守義，父母欲奪而嫁之，誓而弗許，故作是詩以絶之。」據此，與衛世家言不合〔一〕。傳聞各異，闕疑焉可也。是詩也，貞婦之志也。

牆有茨，不可埽蘇后切也。中冓之言，不可道徒厚切也。所可道也，言之醜也。

毛傳：「茨，蒺藜也。」震按：冓者，冓材所以成室。中冓，則四面冓合之中，言乎其幽隱也。

牆有茨，不可襄也。中冓之言，不可詳也。所可詳也，言之長也。

毛傳：「襄，除也。」

牆有茨，不可束也。中冓之言，不可讀也。所可讀也，言之辱也。

毛傳：「束而去之。」

牆有茨三章　毛詩序：「衛人刺其上也。公子頑通乎君母，國人疾之而不可道也。」

君子偕老，副笄六珈居何切。委委佗佗，如山如河，象服是宜牛何切。子之不淑，云如之何？

毛傳：「副者，后夫人之首飾。笄，衡笄也。珈，笄飾之最盛者，所以别尊卑。」鄭箋：「珈之言加也，副既笄而加飾，如今步摇上飾，古之制所有未聞。象服者，謂揄翟、闕翟也。人君之象服，則舜所云予欲觀古人之象，日月星辰之屬。」震按：周禮「追師掌王后之首服，爲副編次追衡笄」，鄭注：「副之言覆，所以覆首爲之飾，其遺象若今步摇矣，釋名云：『步摇，上有垂珠，步則摇也。』服之以從王祭祀。編，編列髮爲之，其遺象若今假紒矣，服之以桑也〔一〕。次，次第髮長短爲之，服之以見王。追，猶治也。王后之衡、笄，皆以玉爲之。惟祭服有衡，垂于副之兩旁當耳。其下以紞縣「懸」同瑱。笄，卷髮者。」正義引此注有衍字，後人遂不知衡、笄爲二物矣。

玼兮玼兮，其之翟徒歷切也。鬒髮如雲，不屑髢也。玉之瑱也，象之揥也，揚且子餘切之晳从白，析聲。思歷切。也。胡然而天也，胡然而帝也。

毛傳：「玼，鮮盛貌。瑱，塞耳也。揥，所以摘髮也。揚，眉上廣。晳，白晳。」鄭箋：「侯伯夫人之服，自揄翟而下，如王后焉。髢，髮也。」釋文：「鬒，説文云髮稠也。」毛傳：「鬒，黑髮也。」服虔注左傳云：「髮美爲鬒。」震按：周禮：「内司服掌王后之六服：褘衣、揄翟、闕翟、鞠衣、展衣、椽衣。」鄭注：「王后之服，刻繒爲之形而采畫之，綴于衣。褘衣，畫翬者。揄翟，畫鷂者。爾雅：『伊、洛而南，素質，五采皆備成章曰翬。江、淮而南，青質，五采皆備成章曰鷂。』闕翟，刻而不畫。從王祭先王，則服褘衣。祭先公，則服揄翟。祭羣小祀，則服闕翟。鞠衣，黄，桑服也。展衣，以禮見王及賓客之服。椽衣，御于王之服，亦以燕居。男子之椽衣黑，則是亦黑也。以下推次其色，則闕翟赤，（榆）〔褕〕翟青，色取五行相生。禕衣玄。」取天色。此章舉祭服言之，以夫人之尊，禮接于天帝神明，其服飾容貌之盛，亦如天如帝焉。問其胡然而如是，蓋所以然者，君子偕老之故也。問以深刺之。

瑳兮瑳兮，其之展也。蒙彼縐絺，是紲袢也。子之清揚，揚且之顔也。展如之人兮，邦之媛也。

毛傳：「蒙，覆也。絺之靡者爲縐，是當暑袢延之服也。清，視清明也。揚，廣揚而顔角豐滿。展，誠也。美女爲媛。」鄭箋：「后妃六服之次，展衣宜白。縐絺，絺之蹙蹙者。展衣，夏則裏衣於既切。縐絺，此以禮見于君及賓客之盛服也。媛者，邦人所依倚以爲援助也。」震按：瑳，説文云「玉色鮮白」，與展衣白義合。蒙者，展衣以覆縐絺之上也。紲袢，袢延，蓋古有是語，今並未聞。縐絺精而細靡，當暑用爲服。疑詩意言其無流汗沾濡之苦，服之在體，熱氣散解，袢延而寬也。紲之言洩，袢之言泮。延，寬舒也。凡言眉目之際美好曰清揚。美女爲媛，猶美士爲彦，皆德美之稱，非美其色也。有德美爲君夫人，乃可稱邦之媛。惟與君子偕老，故宜服此展衣，而無媿于先君與賓客，則其人誠邦之媛也。此又詠歎以深刺之。

君子偕老三章　毛詩序：「刺衛夫人也。」夫人，鄭箋爲宣姜。

爰采唐矣，沬之鄉矣。云誰之思？美孟姜矣。期我乎桑中，要於遥切我乎上宫，送我乎淇之上矣。

毛傳：「唐，蒙，菜名。沬，衛邑。姜，姓也。言世族在位，有是惡行下孟切。桑中、上宫，所期之地。淇，水名也。」鄭箋：「此思孟姜之愛厚己也。」正義：「紂都朝歌，朝歌即沬也。」酒誥注云：「沬邦，紂之都所處也。」震按：唐，未聞其物。爾雅云：「唐、蒙，女蘿。女蘿，菟絲。」又云：「蒙，玉女。」此條字有衍誤，不可據。更詳小雅頍弁。孟，謂長張丈切而已嫁者。所思皆貴姓，欲刺世族在位之家，故舉其所與爲昏也者以言焉。鄭注樂記云：「濮上之地有桑間者。」此詩言桑中、淇上。桑中、桑間，地或同或異無以證之。

爰采麥矣，沬之北矣。云誰之思？美孟弋與姒通矣。期我乎桑中，要我乎上宫，送我乎淇之上矣。

毛傳：「弋，姓也。」集傳：「弋，春秋或作『姒』。」春秋「定姒」，公、穀作「定弋」。

爰采葑矣，沬之東矣。云誰之思？美孟庸矣。期我乎桑中，要我乎上宫，送我乎淇之上矣。

毛傳：「庸，姓也。」傅寅曰：「孟庸，當是鄘國之姓。」

桑中三章　毛詩序：「刺奔也。」余曰：詩言女之奔，直目孟姜、孟弋、孟庸，而無所隱諱，此顯刺也。衛之世族在位，皆惡聞之者也。以其所惡聞者，使聞之，或庶幾有救焉。苟有救于俗，詩之爲功亦大矣。故託爲之人，代爲之語，無害乎賢者閔時疾俗之意，主文譎諫之法。孟子所謂不以辭害意，若此類是也。不然，是穢言而已矣。後世不少哇淫之曲，豈亦可與聖經比倫也哉！

鶉之奔奔，鵲之彊彊音姜。人之無良，我以爲兄虛王切。

毛傳：「兄，謂君之兄。」鄭箋：「奔奔、彊彊，言其居有常匹，飛則相隨之貌。」集傳：「鶉，鵪屬。屈大均曰：「鵪，色黑無斑。始繇鼠化，終復爲鼠。夏有冬無。鶉，毛有斑點，始繇蝦蟆、黃魚化。終以卵生，四時常有。今通呼爲鵪鶉矣。」」人，謂公子頑。」

鵲之彊彊，鶉之奔奔。人之無良，我以爲君。

毛傳：「君，國小君。」集傳：「人，謂宣姜。」

鶉之奔奔二章　毛詩序：「刺衛宣姜也。」余曰：此詩所以發惠公之羞惡，不徒疾宣姜與頑也。猶桑中之詩所以發世族在位之羞惡也。詩中凡曰「我」者，其爲託辭多矣。

定之方中，作于楚宮。揆之以日，作于楚室。樹之榛栗，椅桐梓漆，爰伐琴瑟。

毛傳：「定，營室也。楚宮，楚丘之宮也。揆，度也。室，猶宮也。椅，梓屬。」震按：定爲大水，春秋傳「水昏正而栽」是也〔三〕。說文：「栽，築牆長版也。」杜預云：「于是樹版榦而興作。」周時，建亥之月，日在尾，故初昏定中。唐虞建戌之月，今建子之月，其象如此。然則土功視定中爲候，據周制爾。營室之名，或亦起于周也。更詳豳七月。揆日，謂爲規識音志景「影」同以正四方。椅，或謂之文梓。桐，白桐也。爾雅謂之榮。梓，白楸也。赤者謂之楸。

升彼虚起居切矣，以望楚矣。望楚與堂，景山與京居良切，降觀于桑。卜云其吉，終然今本作「焉」，依石經正之。允臧。

毛傳：「虚，漕虚也。楚丘有堂邑者。景山，大山。京，高丘也。龜曰卜。允，信。臧，善也。」鄭箋：「自河以東，夾于濟水。文公將徙，登漕之虚以望楚丘。觀其旁邑及其丘山，審其高下所依倚，乃後建國焉。慎之至也。」

靈雨既零力珍切，命彼倌人，星言夙駕，說音稅于桑田徒鄰切。匪直也人。秉心塞淵一均切，騋牝三千倉新切。

毛傳：「零，落也。倌人，主駕者。秉，操也。馬七尺已上曰騋。」鄭箋：「靈，善也。」震按：直、特，語之通轉。惟「秉心塞淵」，故不特戴星早駕，急農事以蕃育人民也。言乎國之富，則騋牝亦有三千矣。此章本美文公盡心于人民，美之不已，而末及馬之衆多。「匪直也人」，接上于人如此，以起下「秉心塞淵」，更推原其爲去聲人民者之出乎是，又能致國富也。詩中凡此類，當知古人行文之法通之。

定之方中　毛詩序：「美衛文公也。」正義云：「左傳元年，革車三十乘，季年乃三百乘。其騋牝三千，亦末年之事也。此詩蓋末年始作。」

蝃蝀在東，莫之敢指。女子有行，遠于萬切父母兄弟。

毛傳：「蝃蝀，虹也。」鄭箋：「婦人，生而有適人之道。何憂于不嫁而爲淫奔之過乎？惡烏路切之甚。」

朝隮于西，崇朝其雨。女子有行，遠兄弟父母滿補切。

毛傳：「隮，升。崇，終也。從旦至食時爲終朝。」鄭箋：「朝有升氣于西方，終其朝則雨，氣應自然，以言婦人生而有適人之道，亦性自然。」正義：「視祲注云：隮，虹也。由升氣所爲，故號虹爲隮。鄭司農亦云『隮者，升氣』，是也。」震按：越人謂虹爲鱟，故曰朝日鱟，不待晝。

乃如之人也，懷婚姻也，大無信也，不知命彌吝切也。

王氏曰：「男女之欲，性也，有命焉。君子不謂性也，今也從欲而不知命有所制，此之謂不知命也。」震按：貞潔自持爲信。

蝃蝀三章　毛詩序：「止奔也」。

相息亮切鼠有皮蒲何切，人而無儀牛何切。人而無儀，不死何爲吾何切？

毛傳：「相，視也。」鄭箋：「儀，威儀也。」

相鼠有齒，人而無止。人而無止，不死何俟？

鄭箋：「止，容止。」

相鼠有體，人而無禮。人而無禮，胡不遄死？

毛傳：「體，支體也。遄，速也。」

相鼠三章　毛詩序：「刺無禮也」。

孑孑干旄，在浚之郊。素絲紕之，良馬四之。彼姝者子，何以畀之？

毛傳：「畀，予也。」正義：「爾雅云注與「屬」通旄首曰旌，則干旄、干旌一也。既設旒、縿，有旃旟之稱。」集傳：「孑孑，特出之貌。」震按：紕，邊飾也。素絲爲組，飾旒之邊，故此云「紕之」，下又云「組之」。

孑孑干旟，在浚之都。素絲組之，良馬五之。彼姝者子，何以予之？

毛傳：「鳥隼曰旟。」震按：車，四馬爾。五、六，言其盛。蓋隨之爲備。

孑孑干旌，在浚之城。素絲祝之，良馬六之。彼姝者子，何以告姑沃切之？

震按：祝之，言綴。鄭箋：「祝，當作屬。屬，著也。」

干旄三章　毛詩序：「美好善也」。

載馳載驅祛由切，歸唁衛侯。驅馬悠悠，言至于漕徂侯切。大夫跋涉，我心則憂。

毛傳：「弔失國曰唁。悠悠，遠貌。草行曰跋。水行曰涉。」鄭箋：「載之言則也。」集傳：「未至，而許之大夫有奔走跋涉而來者，夫人知其必將以不可歸之義來告，故心以爲憂也。」

既不我嘉，不能旋反。視爾不臧，我思不遠。既不我嘉，不能旋濟。視爾不臧，我思不閟。

毛傳：「閟，閉也。」鄭箋：「嘉，善也。」李樗曰：「不能旋濟者，言歸衛必濟水也。」鄧元錫曰：「視爾，則不我嘉，然我揆所思，亦各有道焉，不遠也。」

陟彼阿丘祛其切，言采其蝱謨郎切。女子善懷胡偎切，亦各有行户郎切。許人尤于其切之，衆穉且狂。

毛傳：「偏高曰阿丘。蝱，貝母也。行，道也。尤，過也。」

我行其野，芃芃其麥。控于大邦，誰因誰極。大夫君子，無我有尤。百爾所思，不如我所之。

毛傳：「麥芃芃然，方盛長張丈切。控，引。極，至也。」鄭箋：「君子，國中賢者。」

載馳四章　春秋傳曰：「許穆夫人賦載馳。」許，漢志：「在潁川。禹貢豫域也。」今河南許州府是。

鄘十篇，二十九章，百七十六言，七百二十七名。

校注

〔一〕與衛世家言不合　史記衛康叔世家載：衛釐侯四十二年，太子共伯餘立爲君，其弟和，以襲攻共伯於墓上，共伯入釐侯墓道自殺。衛人因葬之釐侯旁，謚曰共伯。

〔二〕阮元校周禮正義以爲「以」字下「桑」字上脱「告」字。按：告桑，即告喪。喪服注：「桑，猶喪也。」

〔三〕水昏正而栽　見左傳莊公二十九年。惠棟云：「水，即營室。昏正者，昏中也。」按：水，即定星，故戴氏云「定爲大水」。

毛詩補傳卷五

國風五

衛

瞻彼淇奥於六切，緑與「菉」通竹韓詩作「苋」〔一〕猗猗於何切。有匪與「斐」通君子，如切如磋，如琢如磨。瑟兮僩兮，赫兮咺韓詩作「宣」兮。有匪君子，終不可諼兮。

毛傳：「奥，隈也。緑，王芻也。竹，萹竹也。猗猗，美盛貌。匪，文章貌。治骨曰切，象曰磋，玉曰琢，石曰磨。諼，忘也。」釋文：「僩，説文云：武貌。」曹粹中曰〔二〕：「瑟，縝密也。如『瑟彼玉瓚』之瑟。」震按：緑，小雅「終朝采緑」是也。或謂之藎草，或謂之莀莎。又名鹿蓐。江襄人鬻以染黄。萹竹，爾雅謂之萹蓄。水生者謂之薄。緑、菉，竹、苋，匪、斐，咺、宣，古今字假借通用。

瞻彼淇奥，緑竹青青子丁切。與「菁」通。有匪君子，充耳琇瑩，會古外切弁如星。瑟兮僩兮，赫兮咺兮。有匪君子，終不可諼兮。

毛傳：「青青，茂盛貌。充耳，謂之瑱。弁，皮弁。」鄭箋：「會，謂弁之縫符用切中，飾之以玉，皪皪而處，狀似星也。天子之朝直遥切服皮弁，以日視朝。」在朝君臣同服。武公入相于周，故爲在王朝之服。震按：說文：「琇，石之次玉者。瑩，玉色。」逸論語曰：『如玉之瑩。』」

瞻彼淇奧，綠竹如簀。有匪君子，如金如錫，如圭如璧。寬兮綽兮，猗重直恭切較兮。善戲謔兮，不爲虐兮。

毛傳：「綽，緩也。」正義：「輿人注云：『較，兩輢上出式者。』則較謂車兩旁。」集傳：「猗，歎辭也。」震按：簀，牀笫也，二草之藉于地如之。爾雅「肉倍好謂之璧〔三〕」。輿有較有式，皆車闌上木。式卑于較，以便嚮前有事。式，所以下納陰版，揜車前三面，其深三分隧之一。較，所以下納輢版，揜車後兩旁，其深三分隧之二，即爲較之長。式崇三尺三寸，較崇五尺五寸。呂大鈞以式較爲前一後二之中橫木，謬甚。重較，左右兩較，望之而重也。毛氏謂「重較，卿士之車」，因詩傳會爾，非禮制也。

淇奧三章　毛詩序：「美武公之德也。」

考槃在澗，碩人之寬。獨寐寤言，永矢弗諼。

毛傳：「槃，樂音洛也。」震按：考，猶終也。毛傳：「考，成也。」成，亦終也。言終樂在澗。是即爲碩人之廣居。獨處而寐，既寤而言，自得之樂，亦終不忘而已矣。

考槃在阿，碩人之薖。獨寐寤歌，永矢弗過。

毛傳：「曲陵曰阿。」集傳：「永矢弗過，自誓所願不踰于此。若將終身之意也。」震按：薖，義闕，據韓詩，美也。釋文云：「薖，韓詩作㦙。㦙，美貌。」蓋以在阿即爲美居，故歌于斯而願不踰焉。

考槃在陸，碩人之軸。獨寐寤宿，永矢弗告姑沃切。

正義：「釋地云：高平曰陸，大陸曰阜。」集傳：「寤宿，已覺而猶卧也。弗告者，不以此樂告人也。」震按：軸，義亦闕。凡車軸之在轂中，轂輻牙旋轉而軸常不動。此山澗陵阿中，有高平之陸，遠于人世，或以在陸爲軸藏深居，故曰「碩人之軸」。與弗告亦協，深藏，故弗告也。然字有假借，而古今語異，則又不可彊其丈切通矣。

考槃三章　毛詩序：「刺莊公也，不能繼先(王)〔公〕之業，使賢者退而窮處。」朱子曰：「美賢者窮處而能安其樂之詩。」或曰：一詩而美刺異其説，何也？余曰：皆是也。美也者，詩之辭也。刺也者，詩之意也。賢者窮處山澗之中，無戚戚之意，則美在賢者。使賢者徒終于此，君之問不至，則刺在國君。「永矢」之云，知其不可爲而不復欲有爲也，非君子之志也。觀仲氏之語丈人可知矣〔四〕。

碩人其頎，衣錦褧衣。齊侯之子，衛侯之妻，東宫之妹，邢侯之姨，譚公維私。

毛傳：「頎，長貌。錦，文衣也。東宫，齊太子也。女子後生曰妹。妻之姊妹曰姨，姊妹之夫曰私。」鄭箋：「褧，禪也。」玉藻：「禪爲絅。」褧、絅同。正義：「太子居東宫，因以東宫表太子，繫太子言之，明與同母，見夫人所生之貴。邢侯、譚公，皆莊姜姊妹之夫，互言之爾。」春秋：「譚子奔莒」，則譚子爵，言公者，蓋依臣子之稱，便文。范處義曰：「碩人，蓋男子婦人有德者之通稱也。」震按：邢，在禹貢冀州之域，漢之趙襄國。今直隸順德府。譚，在禹貢青州之域，漢濟南東平陵今屬山東。水經注：「武原水，出譚城南平澤中。北逕譚城東，又北逕東平陵縣故城西，故陵城也。」

手如柔荑，膚如凝脂，領如蝤蠐，齒如瓠犀。螓首蛾眉。巧笑倩倉晉切兮，美目盼匹晉切兮。

毛傳：「如荑之新生。如脂之凝。領，頸也。蝤蠐，蝎蟲也。瓠犀，瓠瓣。螓首，顙廣而方。倩，好口輔。牙外頰下。盼，黑白分。」鄭箋：「螓，謂蜻蜻也。」震按：蝤蠐，爾雅謂之蝎，列子：「人之有慾，如身之有蝎。」此非蠆尾之蝎也。亦謂之蛣蝠，亦謂之桑蠹，身長潔白。螓，小蟬有文者，夏小正謂之札，傳謂之寧縣。爾雅注引作「虎懸」。蛾，爾雅謂之羅，兩眉長曲如畫。蠶爲蛹，蛹爲蛾。

碩人敖敖，説音稅于農郊。四牡有驕起橋切，朱幩鑣鑣，翟茀以朝直遥切。大夫夙退，無使君勞。

毛傳：「敖敖，長貌。農郊，近郊。驕，壯貌。鑣鑣，盛貌清人「駟介麃麃」同。翟，翟車也。夫人以翟羽飾車。茀，蔽也。大夫未退，君聽朝直遥切于路寢，夫人聽内事于正寢。大夫退，然後罷。」正義：「其初來嫁，則説舍于衛之近郊，而整其車飾，以入君之朝。婦人乘車不露見音現，車之前後，設障以自隱蔽，謂之茀。因以翟羽爲之飾。」震按：幩，説文云：「馬纏鑣扇汗也。」蓋馬銜外鐵名鑣，亦名扇汗，又名排沫，爾雅名钀。纏鑣者名幩。

河水洋洋，北流活活古闊切。施罛濊濊，鱣鮪發發補米切。葭菼揭揭。庶姜孽孽，庶士有朅。

毛傳：「洋洋，盛大也。活活，流也。罛，魚罟。鮪，鮥也。發發，盛貌。菼，薍也。揭揭，長也。孽孽，盛飾。朅，武壯貌。」鄭箋：「庶姜，謂姪娣。此章言齊地廣饒，士女佼好，禮儀之備。」集傳：「濊濊，罟入水聲也。庶士，謂媵臣。」震按：鱣，鋭首，豐肉，有甲，口在頷下。江東呼黄魚。毛傳云：「鱣，鯉也」，失爾雅之讀。鮪，似鱣而青黑。大者周禮謂之王鮪，小者爾雅謂之鮥，亦謂之叔鮪。夏小正：「二月祭鮪。」傳曰：「鮪者，魚之先至者也。」蜀人謂鮪爲鮔鱈。見相如賦。鱣大者千餘斤，鮪大不過七八尺。鱣純灰色，無文，肉黄。鮪，肉白。萑未秀爲菼，爾雅亦謂之騅，騅其色也。萑之小者謂之蒹，爾雅謂之薕，今人通謂之荻。凡曰葭菼、曰蒹葭、曰萑葦、曰蘆荻，皆二物並舉。葭、蘆、葦，一物也；菼、薍、蒹、薕、萑、荻，一物也，説者多溷。

碩人四章　毛詩序：「閔莊姜也。莊公惑于嬖妾，使驕上僭。莊姜賢而不答，終以無子，國人閔而憂之。」余讀碩人之詩，而知詩之爲辭，與作詩之意，誠不可一概論也。是詩辭若美莊姜，而意則閔之。春秋傳曰：「衛莊公娶于齊東宫得臣之妹，曰莊姜。美而無子，衛人所爲賦碩人也。」亦言乎閔之之意也。作詩者之意，有但求之乎辭而未必能得者，又當論其世知其人焉。凡爲美爲刺，類如是。

氓之蚩蚩，抱布貿絲。匪來貿絲，來即我謀謨悲切。送子涉淇，至于頓丘祛其切。匪我愆期，子無良媒。將七羊切子無怒，秋以爲期。

毛傳：「氓，民也。丘一成爲頓丘。愆，過也。」鄭箋：「將，請也。」集傳：「蚩蚩，無知之貌。」震按：貿，交易也。淇水逕頓丘西北。漢志：「東郡有頓丘，邑以丘名。」丘在今濬縣西。

乘彼垝垣，以望復關。不見復關，泣涕漣漣。既見復關，載笑載言。爾卜爾筮，體無咎言。

以爾車來，以我賄遷。

毛傳：「垝，毁也。龜曰卜，蓍曰筮。體，兆卦之體。賄，財。遷，徙也。」震按：復關，在故黄河北岸，漢濮陽今開州。

桑之未落，其葉沃若。于嗟鳩兮，無食桑葚。于嗟女兮，無與士耽特林切。士之耽兮，猶可説也。女之耽兮，不可説也。

毛傳：「沃若，猶沃沃然。鳩，鶻鳩也。耽，樂音洛也。」鄭箋：「説，解也。」釋文：「葚，桑實也。」震按：鶻鳩，經亦謂之鳴鳩。爾雅謂之鶻鵃，或謂之鷽鳩。似山鵲而短尾，多聲。春來冬去，故少皥司事之官曰鶻鳩氏。魯頌、陳風之鴞，或以爲即此。司馬彪云「鴞，小鳩可炙者」，是也。

桑之落矣，其黄而隕。自我徂爾，三歲食貧。淇水湯湯音傷，漸子廉切車帷裳。女也不爽，士貳其行户郎切。士也罔極，二三其德。

毛傳：「湯湯，水盛貌。爽，差也。」鄭箋：「徂，往也。幃裳，童容也。」正義「以幃障車之旁如裳，以爲容飾，故或謂之幃裳。或謂之童容。」震按：漸、浸子鴆切，語之轉。罔極，謂德之二三無窮極也。

三歲爲婦扶委切，靡室勞矣。夙興夜寐，靡有朝矣。言既遂矣，至于暴矣。兄弟不知，咥其笑矣。静言思之，躬自悼矣。

鄭箋：「靡，無也。無有朝者，常早起夜卧，非一朝然。遂，猶久也。謂三歲之後，見遇浸子鴆切薄，乃至見酷暴。兄弟在家，不知我之見酷暴。若其知之，則咥咥然笑我。」嚴粲曰：「始爲所誘，今爲所暴，故恐兄弟笑之。此承上文『漸車帷裳』，見棄而歸，在途自念之辭，羞見兄弟也。」震按：無室勞，無可舉一事以爲勞，謂事事勤勞也。言，並辭助。

及爾偕老，老使我怨。淇則有岸，隰則有泮。總角之宴，言笑晏晏。信誓旦旦，不思其反。反是不思，亦已焉哉將黎切！

毛傳：「總角，結髮也。晏晏，和柔也。」鄭箋：「老乎汝反薄我，使我怨也。泮讀爲畔。畔，涯也。」正義：「定本云，旦旦，猶怛怛。說文引詩作「信誓悬悬」。震按：「及爾偕老」，信誓之辭也。「老使我怨」，猶言偕老之謂何，今乃使我怨矣。蓋三歲而見棄，故詰前約誓之言。反，反覆也。「不思其反」，謂約誓之時，惻怛申信，不思其後之反覆。「反是不思」，謂反覆至是，曾不早思。

氓六章　毛詩序：「刺時也。宣公之時，禮義消亡，淫風大行，男女無别，遂相奔誘。華落色衰，復相棄背，或乃困而自悔，喪其妃耦，故序其事以風焉。」陳鵬飛曰：「詩人蓋有所指，而備一人之始末以爲戒也。」

籊籊竹竿，以釣于淇。豈不爾思？遠莫致之。

毛傳：「籊籊，長而殺所戒切也。」

泉源在左，淇水在右羽己切。女子有行，遠于萬切父母兄弟。

淇水在右，泉源在左。巧笑之瑳，佩玉之儺。

集傳：「瑳，鮮白色。笑而見音現齒，其色瑳然。」嚴粲曰：「儺，柔緩也。腰身裊儺也。」

淇水滺滺，檜楫松舟。駕言出遊，以寫我憂。

毛傳：「滺滺，流貌。檜，柏葉松身。楫，所以櫂舟也。」

竹竿四章　毛詩序：「衛女思歸也。」

芄蘭之支，童子佩觿。雖則佩觿，能不我知。容兮遂兮，垂帶悸兮。

毛傳：「芄蘭，草也。觿，所以解結，成人之佩也。」釋文：「悸，垂貌。」正義：「釋草云：『雚，芄蘭。』郭注：『蔓生，斷之有白汁，可啖。』陸璣疏云：『一名蘿摩，幽州人謂之雀瓢。』」嚴粲曰：「『容，雍容也。』離騷云：『遵赤水而容與。』祭義云：『及祭之後，陶陶余昭切遂遂，如將復入然。』蓋舒緩之狀。」震按：方言：「知，愈也。」病愈亦謂之知。史傳有「幾日知」之語。蓋古語之别，而今人失其解矣。

芄蘭之葉，童子佩韘。雖則佩韘，能不我甲古協切。容兮遂兮，垂帶悸兮。

鄭箋：「韘之言沓，所以彄沓手指。」又名極。正義：「大射云：朱極三。注云：以朱韋爲之，食指、將指、無名指。小指短，不用。」集傳：「甲，長張丈切也。」

芄蘭二章　詩義闕。余疑刺躁進也。世卿擅權，則有童子而急使之服成人之佩，以受高爵厚禄者矣。賢才反辱于下而不得進，故曰「能不我知」、「能不我甲」，疾之之辭也。

誰謂河廣？一葦杭之。誰謂宋遠？跂予望之。

毛傳：「杭，渡也。」正義：「此假有渡者之辭，非嚮宋渡河也。文公之時，衛已在河南，自衛適宋不渡河。」詩蓋興體。

誰謂河廣？曾不容刀。誰謂宋遠？曾不崇朝。

鄭箋：「小船曰刀。」

河廣二章　毛詩序：「宋襄公母歸于衛，思而不止，故作是詩也。」鄭箋：「宋桓公夫人，衛文公之妹，生襄公而出。襄公即位，夫人思宋，義不可往。」吕祖謙曰：「説苑：宋襄公爲太子，請于桓公曰：『請使目夷立。』公曰：『何故？』對曰：『臣之舅在衛，愛臣，若終立，則不可以往。』不曰欲見母而曰欲見舅者，恐傷其父之意也。」余曰：襄公不得往衛，其母不得往宋，詩作于襄公既即位明矣。衛之敗也，宋桓公逆諸河，立戴公以廬于曹。「漕」同。宋桓夫人之出，其在此後與？至襄公即位，當衛文公九年，是時宋、衛皆在河南，非復河北之衛也。然則以河爲興也。集傳以爲賦，而曰衛在河北，宋在河南。又曰襄公即位，夫人思之。二説自相矛盾，蓋偶未考，失之。

伯兮朅兮，邦之桀兮。伯也執殳徒侯切，爲王前驅祛由切。

毛傳：「朅，武貌。殳，長丈二而無刃。」鄭箋：「伯，君子字也。桀，英桀，言賢也。」

自伯之東，首如飛蓬。豈無膏沐，誰適都歷切爲容。

毛傳：「適，主也。」吕祖謙曰：「沐，蓋潘也。」左傳：「遺羊類切之潘沐。」杜預云：「潘，米汁，可以沐頭。」

其雨其雨，杲杲出日。願言思伯，甘心首疾。

震按：日出東方爲杲。

焉得諼草，言樹之背。願言思伯，使我心痗。

毛傳：「背，北堂也。痗，病也。」震按：諼草，謂令人善忘之草，無之故曰「焉得」。古今注以爲「丹棘，一名忘憂草」，于詩不必舉一草當之。東房半以北爲北堂，無北壁，其下有側階。

伯兮四章　思念君子久勞從王之詩。

有狐綏綏，在彼淇梁。心之憂矣，之子無裳。

毛傳：「石絶水曰梁。」嚴粲曰：「綏，本訓安，則綏綏，安綏之意也。狐性多疑，綏綏，則獨行而遲疑也。」

有狐綏綏，在彼淇厲。心之憂矣，之子無帶子計切。

有狐綏綏，在彼淇側。心之憂矣，之子無服蒲北切。

有狐三章　詩義闕。余疑憂國之人民離散窮窶也。

投我以木瓜古胡切，報之以瓊琚。匪報博候切也，永以爲好許候切也。

毛傳：「木瓜，楙木也。琚，佩玉名。」震按：瓊，玉色精美之稱。

投我以木桃，報之以瓊瑶。匪報也，永以爲好也。

震按：木桃，楂也。瑶，玉之次。禮「玉爵獻卿，瑶爵獻大夫」，瑶蓋次于玉者也。

投我以木李，報之以瓊玖舉里切。匪報也，永以爲好也。

震按：木李，榠楂也。玖，説文云：「石之次玉黑色者。」

木瓜三章　孔子曰：「吾于木瓜，見苞苴之禮行。」見毛傳。鄭箋云：「以果實相遺者，必苞苴之。尚書曰『厥苞橘柚』。」毛詩序：「美齊桓公也。衛國有狄人之敗，出處于漕。齊桓公救而封之，遺之車馬器服焉。衛人思之，欲厚報之而作是詩也。」或曰，齊桓之惠，豈止木瓜之比。余曰：詩之意，蓋以薄施猶當厚報，欲長以爲好而不忘，況齊桓之于衛，有非常之賜乎。衛詩終木瓜，可爲施者報者勸矣。

衛十篇三十四章，二百三言，八百二十一名。

校注

〔一〕韓詩作莌　王先謙三家詩義疏云「竹」，「韓詩作薄」，戴氏説與王異，恐係據釋文「竹，本或作莌」，徑以此本爲韓詩。

〔二〕曹粹中　原「粹中」二字互倒，據宋史卷二百〇四藝文志乙正。曹著有詩説三十卷。

〔三〕肉倍好　指邊大孔小之璧。郭璞爾雅注：「肉，邊。好，孔。」

〔四〕仲氏之語丈人可知矣　指論語微子篇所載仲由評論隱者丈人的話：「子路曰：不仕無義。長幼之節，不可廢也；君臣之義如之何其廢之？欲潔其身，而亂大倫。君子之仕也，行其義也。」故戴氏以爲碩人窮處山澗「非君子之志也」。

毛詩補傳卷六

國風六

王

彼黍離離良何切，彼稷之苗。行邁靡靡莫婆切，中心摇摇。知我者謂我心憂，不知我者謂我何求。悠悠蒼天鐵因切，此何人哉？

毛傳：「邁，行也。靡靡，猶遲遲也。悠悠，遠意。據遠視之蒼蒼然，則稱蒼天。」正義：「離離，秀而垂也。摇摇，心憂無所附著之意。」震按：黏者爲黍，不黏者爲稷。稷，古謂之粢，或謂之穄。郭璞云：「今江東呼粟爲粢。」邢昺謂「粢、稷、粟一物」，不察之論也。

彼黍離離，彼稷之穗。行邁靡靡，中心如醉。知我者謂我心憂，不知我者謂我何求。悠悠蒼天，此何人哉？

彼黍離離，彼稷之實。行邁靡靡，中心如噎於悉切。知我者謂我心憂，不知我者謂我何求。悠悠蒼天，此何人哉？

正義：「噎者，咽喉蔽塞之名。憂深不能喘息，如噎之然。」

黍離三章　毛詩序：「閔宗周也。周大夫行役，至于宗周。過故宗廟宫室，盡爲禾黍。閔周室之顛覆，彷徨不忍去而作是詩也。」集傳曰：「既歎時人莫識己意，又傷所以致此者果何人哉，追怨之深也。」

君子于役，不知其期，曷至哉將黎切？雞棲于塒，日之夕矣，羊牛下來陵之切。君子于役，如之何勿思！

毛傳：「鑿牆而棲曰塒。」鄭箋：「何時當來至哉，思之甚。」

君子于役，不日不月，曷其有佸？雞棲于桀，日之夕矣，羊牛下括。君子于役，苟無飢渴。

毛傳：「佸，會也。雞棲于杙爲桀。括，至也。」鄭箋：「苟，且也。且得無飢渴，憂其飢渴也。」

君子于役二章　言行役無期度也。是詩曰「不知其期，曷至哉」，又曰「不日不月，曷其有佸」，而揚之水曰「曷月予還歸哉」。于二詩，見周人之怨思也。君子于役怨者在内，揚之水怨者在外，遠乎采薇、杕杜之義矣。毛詩序：「刺平王也。」或曰詩但爲室家憂思感傷之辭，何用見其刺平王？余曰：賢者吟詠性情以風其上，則託言室家之情，豈不可也！揚之水繫之平王而無所于疑，則是詩何必非平王也。

君子陽陽，左執簧，右招我由房。其樂音洛只且子徐切。毛傳：「陽陽，無所用其心也。」史記：「意氣陽陽，甚自得。」簧，笙也。國君有房中之樂。」鄭箋：「由，從也。」正義：「簧者，笙管之中金薄鍱也。笙必有簧，故以簧表笙。」

君子陶陶余侯切，左執翿徒侯切。右招我由敖五侯切。其樂只且。毛傳：「陶陶，和樂音洛貌。翿，纛也，翳也。」又名羽葆幢。震按：敖，義闕。鄭箋以爲燕舞之位〔一〕。范處義云「人君遨遊之所」，亦通。

君子陽陽二章　亦簡兮之義。此則其僚友所歌。嚴粲曰：「君子之樂如此，蓋非所樂而樂焉，知時事之不可爲矣。」

揚之水，不流束薪。彼其音記之子，不與我戍申。懷胡偎切哉懷哉，曷月予還歸哉？毛傳：「戍，守也。申，姜姓之國，平王之舅。」鄭箋：「平王母家申國，在陳、鄭之南，迫近彊楚，王室微弱而數音朔見侵伐，王是以戍之。」集傳：「揚，悠揚也。水緩流之貌。」震按：之子，鄭氏指「處者」是也。蓋遠戍之苦，因思處者，而懷其室家焉。申，在禹貢豫州之域。漢志：「南陽宛，故申伯國。」在今南陽府。

揚之水，不流束楚。彼其之子，不與我戍甫。懷哉懷哉，曷月予還歸哉？

毛傳：「楚，木也。甫，諸姜也。」正義：「尚書有呂刑之篇，禮記引之皆作『甫刑』。周語云：『胙四岳爲侯伯，賜姓曰姜，氏曰有呂。』又曰：『申、呂雖衰，齊、許猶在。』是申與甫、許同爲姜姓。」震按：呂亦豫域。呂氏春秋：「呂在宛西。」亦在今南陽府。

揚之水，不流束蒲。彼其之子，不與我戍許。懷哉懷哉，曷月予還歸哉？

毛傳：「許，諸姜也。」鄭箋：「蒲，蒲柳。」左傳：「董澤之蒲，可勝既乎。」震按：蒲柳，楊也。

揚之水　言戍無期度，久而不得代也。毛詩序：「刺平王也。不撫其民，而遠屯戍于母家。周人怨思焉。」王應麟曰：「營謝戍申，其篤于母家一也。一美焉，一刺焉，宣王親親，平王忘仇也。」竹書紀年：「平王三十三年，楚人侵申。三十六年，王人戍申。」

中谷有蓷，嘆其乾古寒切矣。有女仳離，嘅其嘆矣。嘅其嘆矣，遇人之艱難矣。

毛傳：「仳，别也。」正義：「説文云：嘆，熯也。」震按：蓷，爾雅謂之萑，毛傳作「雖」。方莖，白華，或謂之益母，或謂之充蔚。乾，失水之地也。

中谷有蓷，嘆其脩矣。有女仳離，條其歗息救切矣。條其歗矣，遇人之不淑矣。

集傳：「脩，長也。古者謂死喪飢饉，皆曰不淑。」嚴粲曰：「長茂者亦爲所嘆。」范王孫曰：「條者，長遠之義。漢郊祀歌『聲氣遠條』。」

中谷有蓷，嘆其溼矣。有女仳離，啜其泣矣。啜其泣矣，何嗟及矣。

震按：蓷生下溼，始乾地受暵，次脩且暵，承「暵其乾」言，終則下溼之地亦受暵，蓋非復下溼矣。

中谷有蓷三章　毛詩序：「閔周也。夫婦日以衰薄，凶年飢饉，室家相棄爾。」范處義曰：「以脆弱之物，喻衰薄之俗，蓋有深意。使堅强之物，雖遇旱暵，未至俱燥。使忠厚之俗，雖遇凶歉，未至相棄。」謝枋得曰：「夫婦，人之大倫。飢饉而相棄，人道之大變，婦無一語怨其夫，而有哀矜惻怛之意焉。知其無可奈何而安之若命，此義婦也，與忠臣孝子同道矣。」

有兔爰爰，雉離于羅。我生之初尚無爲吾何切，我生之後逢此百罹良何切。尚寐無吪！

毛傳：「爰爰，緩意。鳥網爲羅。罹，憂。吪，動也。」

有兔爰爰，雉離于罦。我生之初尚無造徂苟切，我生之後逢此百憂。尚寐無覺古候切！

毛傳：「罦，覆車也。」

有兔爰爰，雉離于罿。我生之初尚無庸，我生之後逢此百凶。尚寐無聰！

毛傳：「罿，罬也。庸，用也。聰，聞也。」震按：無爲、無造、無庸，皆言無事變之時。爾雅：「繴，謂之罿。罿，罬也。罬，謂之罦。罦，覆車也。」郭璞云：「今之翻車也。有兩轅，中施罥以捕鳥。展轉相解，廣異語。」

兔爰三章　賢者不忍見亂也。毛詩序：「閔周也。」

緜緜葛藟，在河之滸。終遠于萬切兄弟，謂他人父。謂他人父，亦莫我顧。

毛傳：「緜緜，長不絶之貌。水厓曰滸。」鄭箋：「兄弟，猶言親族也。」

緜緜葛藟，在河之涘。終遠兄弟，謂他人母滿彼切。謂他人母，亦莫我有羽已切。

毛傳：「涘，厓也。」鄭箋：「有，識音志有也。」左傳「不有寡君」，杜注：「有，相親有。」

緜緜葛藟，在河之漘。終遠兄弟，謂他人昆。謂他人昆，亦莫我聞。

毛傳：「漘，水隒也。隒，阪也。昆，兄也。」

葛藟三章　周道親親之廢也。葛藟猶能庇其本根，宗族也者，人之本根也。宗族不相庇，他人又何望焉？詩蓋陳其理以風。毛詩序：「王族刺平王也。周室道衰，棄其九族焉〔二〕。」

彼采葛兮，一日不見，如三月兮！

毛傳：「一日不見于君，憂懼于讒矣。」震按：葛自始生至成就，三月而可刈。是采葛者，閱三月見之而轉變大異也。今一日不見于君，而轉變之速已如三月，明讒人之能使君心立變如是。先儒之説，往往失詩中託物爲興虚應切之義，則此詩不可讀矣。

彼采蕭疎鳩切兮，一日不見，如三秋兮！

震按：蕭，爾雅謂之萩七由切，作「荻」者，誤。禮注謂之薌蒿，至秋後乃可取爲用，故又以興讒之使君心立變，即如三秋然。

彼采艾魚肺切，兮，一日不見，如三歲兮！

震按：艾，爾雅謂之冰臺，或謂之醫草。艾之用，以久者善，所謂求三年之艾是也。故以興讒之使君心立變，又即如三歲然。

采葛三章　言君心變于讒之易也。采葛者，期以三月。采蕭者，期以三秋。采艾者，期以三歲。今讒言之行也，一日不見，而即如三月、三秋、三歲焉。以采三物者之觀于物變，未有若此之速者也，是可懼也。故毛詩序曰：「懼讒也。」以爲男女之辭，則穢言矣，無足取矣。

大車檻檻，毳衣如菼。豈不爾思，畏子不敢。

毛傳：「大車，大夫之車，檻檻，車行聲也。菼，騅也。」「騅」或作「騅」，義通。鄭箋：「毳衣之屬，衣繢而裳繡，皆有五色焉，其青者如騅。郭璞云：「在青白之間。」子者，稱所尊敬之辭。」正義：「司服：子男之服，自毳冕而下，卿大夫之服，自玄冕而下。此陳子男爲大夫，仍得服毳冕也。」震按：夏小正傳：「雈未秀爲菼。葦未秀爲蘆。」説文：「菼，雈之初生。」毛傳乃云：「蘆之初生者也。」「萑」字譌寫作「蘆」爾，後儒因此，遂溷淆二物矣。

大車哼哼，毳衣如璊。豈不爾思，畏子不奔。

毛傳：「哼哼，重遲之貌。」釋文：「璊，説文云『玉赬色也』。」

穀則異室，死則同穴户橘切。謂予不信，有如皦日。

毛傳：「穀，生。皦，白也。」鄭箋：「穴，謂塚壙中也。」

大車三章　毛詩序：「刺周大夫也。禮義陵遲，男女淫奔，故陳古以刺今大夫不能聽男女之訟焉。」集傳：「周衰，大夫猶有能以政刑治其私邑者，故淫奔者畏而歌之如此。」余以謂男女淫奔，相與期約，事之有者也。作爲詩歌用自播焉，事之必不有者也。故凡淫奔者之言，作刺者述之之言也。此詩述其畏大夫，又述其死生相約誓，何也？謂其思之非不若是甚也，然而且畏也，奈何今之大夫不能畏其民也。然則不陳古之德化，而徒言畏威之末何也？有其末者，進之以本，無其末者，風之以末，可以知本者爲言其本，不可以知本者爲言其末也。

丘中有麻莫婆切，彼留子嗟子娑切。彼留子嗟，將七羊切其來施施詩戈切。

毛傳：「留，大夫氏。子嗟，字也。」鄭箋：「施施，舒行伺閒音閑獨來見己之貌。」震按：漢志：河南郡緱氏縣有劉聚，周大夫劉子邑。古字留、劉通。

丘中有麥，彼留子國于逼切。彼留子國，將其來食。

毛傳：「子國，子嗟父。」正義云：「毛時書籍猶多，或有所據。」鄭箋：「著其世賢。」嚴粲曰：「庶幾從我食，猶言中心好呼報切之，曷飲於鴆切食音嗣之之意。」

丘中有李，彼留之子。彼留之子，貽我佩玖舉里切。

震按：上二章思其或來。此章則以不來而識音志其所貽，明不忘也。玉所以比德，言嘗有美德及己。

丘中有麻三章　毛詩序：「思賢也。」或曰二留之事，他書未有聞焉。余曰：古籍散亡，賢人之湮没而不稱者，豈可勝道哉！二留得以氏字著于詩，毛氏授經大儒，去古未遠，又知子國爲子嗟父，必非無據而鑿空言之者也。然則二留可謂彰彰矣。父子俱退處丘壑，故指丘中有所殖之處，以表其人而思之。其昔之在官，有德以加于人，詩是以終之曰「貽我佩玖」。是詩也，願其來也，懷其德也。賢之使人勤思，宜録以示後。若以爲蕩佚者之穢言，則亦不足録焉已矣。

王十篇，二十八章，百六十二言，六百五十三名。

校注

〔一〕燕舞　胡承珙毛詩後箋據釋文「敖，遊也」，謂其「燕遊之舞」。燕遊，宴飲遊樂。

〔二〕刺平王也　陳奂詩毛氏傳疏根據釋文定本載崔靈恩、皇甫謐皆以爲桓王詩，「群書治要亦作刺桓王」，認爲作「平王者」，係「轉寫者之誤」。　又「九族」，鄭箋：「據己上高祖下及玄孫之親。」

毛詩補傳卷七

國風七

鄭

緇衣之宜牛何切兮，敝，一字句絶。予又改爲吾何切兮。適子之館兮，還，一字句絶。予授子之粲兮。

毛傳：「緇，黑色。粲，餐也。」鄭箋：「緇衣者，居私朝直遥切之服也。天子之朝服，皮弁服也。」

緇衣之好許厚切兮，敝，予又改造徂苟切兮。適子之館兮，還，予授子之粲兮。

緇衣之蓆詳匀切兮，敝，予又改作兮。適子之館兮，還，予授子之粲兮。

毛傳：「蓆，大也。」

緇衣三章　毛詩序：「美武公也。」

將七羊切仲子兮，無踰我里，無折我樹杞！　豈敢愛之，畏我父母滿彼切。仲可懷胡偎切也，父母之言，亦可畏於非切也。

毛傳：「將，請也。里，居也，二十五家爲里。杞，木名也。」陸璣曰：「杞，柳屬也。生水旁。」

將仲子兮，無踰我牆，無折我樹桑。豈敢愛之，畏我諸兄虚王切。仲可懷也，諸兄之言，亦可畏也。

將仲子兮，無踰我園，無折我樹檀。豈敢愛之，畏人之多言。仲可懷也，人之多言，亦可畏也。

毛傳：「檀，强韌之木。」陸璣曰：「檀，與繫迷相似，又似駮馬。駮馬，梓榆。故里語曰：斫檀不諦得繫迷，繫迷尚可得駮馬方音讀母果切。繫迷，一名挈榼。故齊人諺曰：『上山斫檀，挈榼先殫。』」

將仲子三章　戒奔也。或曰是自道其拒之之辭也。曷謂之戒奔也？曰詩之拒也、畏也，將由乎悔而畏與？是始乎不畏，終乎畏也。性生耻，耻生悔，悔生憤，憤生恚。憤恚甚乎中，則其辭不宜若是也。將由乎悔與？是畏其覺之，又焉用自播之，而使詩口于人也？詩口于人，是又以覺之爲無傷，而莫之或畏也。以是知非自道其拒之之辭也，託爲之人代爲之語，以戒奔也。使夫聞是詩者而猶知父母、諸兄、人之多言之可畏也。性失，救之以耻。耻失，救之以畏。

叔于田徒鄰切，巷無居人。豈無居人？不如叔也，洵美且仁。

毛傳：「叔，大音泰叔段也。田，取禽也。巷，里塗也。」

叔于狩，巷無飲酒。豈無飲酒？不如叔也，洵美且好許厚切。

毛傳：「冬獵曰狩。」鄭箋：「飲酒，謂燕飲也。」鄒泉曰：「好，指其獻酬懽洽而言。」

叔適野上與切，巷無服馬滿補切。豈無服馬？不如叔也，洵美且武。

鄭箋：「服馬，猶乘馬也。」鄒泉曰：「武，指其控御馳騁之武勇。」

叔于田三章　毛詩序：「刺莊公也。」余曰：二詩言段恃材藝，好武勇，寵驕而不知降，公奈何不納諸教誨也。故二詩非美段，乃病段也，病段所以風公也。

叔于田，乘乘下繩證切馬滿補切。執轡如組，兩驂如舞。叔在藪蘇后切，火烈具舉。襢裼暴虎，獻于公所。將七羊切叔無狃，戒其傷女音汝。

毛傳：「叔之從公田也。藪，澤。具，俱也。襢裼，肉袒也。暴虎，空手以搏之。狃，習也。」鄭箋：「在旁曰驂。」

叔于田，乘乘黄。兩服上襄，兩驂雁行户郎切。叔在藪，火烈具揚。叔善射都故切忌音記，又良御忌，抑磬控忌，抑縱送忌。

毛傳：「四馬皆黄。忌，辭也。」鄭箋：「兩服，中央夾轅者。襄，駕也。」震按：上，猶前也。磬控，言其御之良也。縱送，言其射之善也。

叔于田，乘乘駂補苟切〔一〕。今本譌作「鴇」。兩服齊首，兩驂如手。叔在藪，火烈具阜。叔馬慢忌，叔發罕忌，抑釋掤忌，抑鬯弓古弘切忌。

毛傳：「驪白雜毛曰駂。阜，盛也。掤，所以覆矢。鬯弓，弢弓。」鄭箋：「田事且畢，則其馬行遲，發矢希。」釋文：「掤，馬云：櫝丸蓋也。」杜預云：「櫝丸，箭筩也。」震按：鬯，弓衣也。掤，左傳作「冰」。鬯、韔通。

大叔于田三章　段有京城大叔之稱，故題大叔以別于前篇也。「大」讀如「泰」者是。首章辭若愛段而實病之。毛詩序：「刺莊公也。」

清人在彭薄郎切，駟介旁旁，二矛重直龍切英於良切，河上乎翱翔。

毛傳：「清，邑也。彭，衛之河上，鄭之郊也。介，甲也。重英，矛有英飾也。」鄭箋：「清者，高克所帥衆之邑也。駟，四馬也。二矛，酋矛、夷矛也。」正義：「旁旁然不息。鄭之郊，郊謂二國郊境，非近郊、遠郊也。碩鼠云『適彼樂郊』，亦總謂境爲郊也。」震按：清，漢志河南郡中牟，即其地。有清池水，縣西有清陽亭。

清人在消，駟介麃麃。二矛重喬，河上乎逍遥。

毛傳：「消，河上地也。麃麃，武貌。」鄭箋：「喬，矛矜近上及室題，所以縣音懸毛羽。」室，鍪室也。題，識也。

清人在軸，駟介陶陶徒侯切。左旋右抽，中軍作好許候切。

毛傳：「軸，河上地也。陶陶，驅馳之貌。」鄭箋：「左，左人，謂御者。右，車右也。中軍，爲將子亮切也。高克之爲將，久不得歸，日使其御者習旋車，車右抽刃，自居中央，爲軍之容好而已。兵車之法，將居鼓下，故御者在左。」此將所乘車，若士卒車，左持弓，右持矛，御者在中。

清人三章　春秋傳曰：「鄭人惡高克，使帥師次于河上，久而弗召，師潰而歸。高克奔陳，鄭人爲之賦清人。」毛詩序：「刺文公也。」

羔裘如濡人侯切，洵直且侯。彼其之子，舍命不渝容周切。

毛傳：「如濡，潤澤也。渝，變也。」韓傳：「侯，美也。」鄭箋：「舍，猶處也。」

羔裘豹飾，孔武有力。彼其之子，邦之司直。

毛傳：「豹飾，緣悦絹切以豹皮也。孔，甚也。司，主也。」

羔裘晏兮，三英粲兮。彼其之子，邦之彦兮。

毛傳：「晏，鮮盛貌。彦，士之美稱。」程子曰：「三英者，若『素絲五紽』之類，蓋衣服制度之節。」

羔裘三章　毛詩序：「刺朝也。言古之君子以風其朝焉。」集傳曰：「蓋美其大夫之辭。」二説並通。

遵大路兮，摻執子之袪兮。無我惡烏路切兮，不寁故也。

毛傳：「摻，擥。引取也。袪，袂也。寁，速也。」嚴粲曰：「寁，猶言倉卒音猝也。子無惡我而倉卒于故舊也，謂棄去之速也。」

遵大路兮，摻執子之手兮。無我魗兮，不寁好許候切也。

毛傳：「魗，棄也。」釋文：「魗，本亦作歉，又作斅。市由反。」

遵大路二章　毛詩序：「思君子也。」余曰：詩但以不遽絶舊好爲辭，而其感賢而留之之意，則在言外。人實少其君，而曰「無我惡」，不與之言君臣，而與之言僚友。風人之言類如是。

女曰：「鷄鳴。」士曰：「昧旦。」「子興視夜，明星有爛。」「將翺將翔，弋鳧與雁。」

鄭箋：「此夫婦相警覺以夙興，言不留色也。弋，繳射也。」震按：太白晨出東方爲啓明。爾雅云：「明星謂之啓明。」太白在日下，一晝夜左旋不及日不啻五分度之三，不及恒星不啻一度五分度之三。其不及日，即爲一晝夜不及天之數，幾六百日，而不及天者，漸退復其故處今步算家謂太白約二百二十四日右旋一周天，非理之實。此平行實度，其高下之行，星常附于日，成環日之象。故終古與日不相離也。周天之度，凡三百有音又六十。鳧，爾雅謂之沉鳧，又名鷉。或謂之熕鶩。雁，或謂之駕鵞。左傳作「駕鵞」。白者爲白雁，蒼者謂之蒼駕。方言作「駉」。小雁謂之鵙。

弋言加居何切之，與子宜牛何切之。宜言飲酒，與子偕老魯叹切。琴瑟在御，莫不静好許厚切。

毛傳：「宜，肴也。君子無故不徹琴瑟。」集傳：「加，中去聲也。」史記所謂以弱弓微繳加歸雁之上是也。」或作「加諸鳧雁之上」，非。

知子之來陵之切之，雜佩以贈當作「貽」，字形之譌。之。知子之順之，雜佩以問之。知子之好許候切之，雜佩以報博候切之。

集傳：「來之，致其來者。順，愛也。」

女曰鷄鳴三章　毛詩序：「刺不説德也。陳古義以刺今不説德而好色也。」

有女同車音居，顔如舜華芳無切。將翺將翔，佩玉瓊琚。彼美孟姜，洵美且都。

毛傳：「親迎同車也。舜，木槿也。佩有琚瑀，所以納閒説文「瑀，石之次玉者。」孟姜，齊之長張丈切女。都，閑也。」羅中行曰：「琚，處佩之中，所以貫瓊珠，而上繫于珩，下維璜半璧也衝牙者也。」

有女同行户郎切，顔如舜英於良切。將翺將翔，佩玉將將七羊切。彼美孟姜，德音不忘。

毛傳：「英，猶華也。將將鳴玉而後行。」鄭箋：「女始乘車，壻御輪三周。御者代壻。」

有女同車二章　思大援也。其思大援何也？惡突也。春秋傳于忽之成昏于陳也，則記之。于忽之再辭昏于齊也，則記之。齊先以文姜妻忽，忽辭。文姜既嫁于魯，後凡四年，忽救齊，敗戎師。齊侯又請以他女妻之，忽又辭。于祭仲之諫忽無大援將不立也，則又記之。忽之辭昏，左氏許之矣，曰「善自爲謀」。然而推原其出奔，則以忽無齊之援，而突有宋之援也。彼美孟姜云者，思之故美之，不必齊卒爲之援，而姜果齊之賢女也，惡突也。毛詩序：「刺忽也。」傳其事者亡其義與！

山有扶蘇，隰有荷華芳無切。不見子都，乃見狂且子餘切。

毛傳：「扶蘇，扶胥，小木也。荷華，扶渠也。子都，世之美好者也。狂，狂人也。且，辭也。」正義：「都，謂美好而閑習于禮法。」震按：「狂」對「都」言，則肆無禮法者。

山有喬松〔二〕，隰有游龍。不見子充，乃見狡童。

毛傳：「龍，紅草也。今水紅。子充，良人也。」鄭箋：「狡童，有貌而無實。」正義：「充者，實也。言其性行充塞良善之人。」

山有扶蘇二章　刺權寵也。言朝無良臣，但見狂狡也。毛詩序：「刺忽也。所美非美然。」余聞之春秋傳曰：「初，鄭伯將以高渠彌爲卿，昭公惡之，固諫不聽。昭公立，懼其殺己也。辛卯，弑昭公而立公子亹。君子謂昭公知所惡矣。」蓋知所惡而不能除之，以及于難。失在孤立而舉事疏，未嘗倒施其好惡如序所云也。鄭之禍，莊公爲之也，詩所以刺高渠彌、祭仲之屬也〔三〕。

蘀兮蘀兮，風其吹昌戈切女音汝。叔兮伯逋各切兮，倡予和胡卧切女。

毛傳：「蘀，槁也。」震按：以槁當風吹摇不定之象。

蘀兮蘀兮，風其漂女。叔兮伯兮，倡予要於遥切女。

呂祖謙曰：「要，謂要結也。」

蘀兮二章　鄭人望諸大夫之能定君者也。毛詩序：「刺忽也。」傳其事而亡其義。

彼狡童兮，不與我言兮。維子之故，使我不能餐兮。

彼狡童兮，不與我食兮。維子之故，使我不能息兮。

狡童二章　刺權寵也。「不與我言」、「不與我食」，禮所謂「朝不坐，燕不與」也。

明己位卑，不與彼同位，徒憂君之故而力不足，至于不能餐、不能寢焉。或曰權臣專政必朝樹私黨，雖有憂國之賢者，不與共言事、不與共食禄。蓋賢人不得在君側而言其憂深如此。毛詩序：「刺忽也。」亦傳其事而亡其義也。

子惠思我，褰裳涉溱。說文作「潧」。子不我思，豈無他人？狂童之狂也且子餘切！

毛傳：「惠，愛也。溱，水名也。」正義：「狂童之狂也且，言其日益爲狂。」震按：溱水，出鄶城西北，鄶見序論。經鄶城入洧。

子惠思我，褰裳涉洧。子不我思，豈無他士？狂童之狂也且！

震按：洧，出陽城山，潁川陽城。東南入潁。至長平，屬汝南。

褰裳二章　毛詩序：「思見正也。狂童恣行。國人思大國之正己也。」鄭箋曰：「子者，斥大國之正卿。子若愛而思我，我則揭衣渡溱水往告難也。」正義曰：「溱、洧大水，未必褰裳可渡，示以告難之疾意爾。作亂不已，故鄭人思欲告急也。」余曰：詩之義隱，當以近古者證明之。春秋傳：「晉韓起聘于鄭，鄭六卿餞宣子于郊，子太叔賦褰裳，宣子曰：『起在此，敢勤子至于他人乎？』子太叔拜，宣子曰：『善哉，子之言是。不有是事，其能終乎？』」詩之本意，以「狂童之狂」指國之權寵日爲狂行，以涉溱、洧爲奔告大國。子太叔賦是詩，則以「狂童」喻侵陵己者。而

「子惠思我」指韓起，「褰裳涉溱」指與晉往來親好，故宣子受之曰：「起在此」，又善其言「褰裳涉溱」，託意親好于晉，終必踐其言，故曰：「不有是事，其能終乎？」凡詩稱「豈無他人」，皆申言其意嚮所專，若曰不告他人而告子者，以子能恤己也。「豈無他人」，彼不恤己，故不往告也。使「子不我思」，我必不急而告子矣。「狂童之狂」如是，子寧能坐視之乎？其言迫，其辭反。式微之勸歸有似怨君，亦反辭類也。若以爲男女戲謔之穢言，子太叔不宜歌于燕享賓客，「狂童之狂」，褻狎之甚者，宣子豈堪任受邪？

子之丰兮，俟我乎巷胡貢切兮，悔予不送兮。

毛傳：「丰，豐滿也。」

子之昌兮，俟我乎堂兮，悔予不將兮。

毛傳：「昌，盛壯貌。」鄭箋：「將，亦送也。」

衣錦褧衣，裳錦褧裳。叔兮伯兮，駕予與行户郎切。

正義：「婦人之服不殊裳，而經衣裳異文者，以其衣裳别名。詩須韻句，故别言之爾。」

裳錦褧裳，衣錦褧衣。叔兮伯兮，駕予與歸。

丰四章　毛詩序：「刺亂也。昏姻之道缺，陽倡而陰不和，男行而女不隨。」余曰：

此坊記所謂親迎婦猶有不至者是也。蓋言夫俗之衰薄，昏姻而卒有變志，非男女之情，而其父母之惑也。故託爲女子自怨之辭以刺之。或曰怨則何以言「悔予不送」？曰女子固不得而送也。以禮則不得送，以義則當隨。自女子言之，可云「悔不送」，不可云「悔不隨」。悔也者，用是見男女之情也。情不得徑遂，故託言之乎送。使曰「悔予不隨」，是徑遂也，幾于自主之也，而又何悔焉！「悔不送」，以明己之不得自主，而志終欲隨之。後二章，望其復迎己以行。昏禮以名通，在女子不必知其夫之字也，「叔兮伯兮」便文連稱，不知其字之辭，非不知其人也。焉有待迎己而不知其人者？或曰女子始有所爲留者非與？曰非也。凡後世昏姻變志，皆出于父母，不出于女子。詩言迎者之美，固所願嫁也，必無自主不嫁者也。此託爲女子之辭，正以見惑由父母爾。使父母知男女之情如此，惑亦可以解矣。凡刺詩，道人之情，以救乎俗也，故足録也。若穢言之甚者，豈足録哉！

東門之墠，茹藘在阪。其室則邇，其人甚遠。

毛傳：「東門，城東門也。墠，除地町町者。茹藘，茅蒐也。」李巡曰：「茅蒐，一名茜「蒨」同。可以染絳。」集傳：「陂者曰阪。」

東門之栗，有踐家室。豈不爾思，子不我即。

毛傳：「栗，行上栗也。正義云：「左傳：『趙武、魏絳斬行栗。』杜預云：『行栗，表道樹。』即，就也。」集傳：「踐，行列貌。」

東門之墠二章　毛詩序：「刺亂也。男女有不待禮而相奔者也。」余曰：詩蓋言男女之際，許嫁有禮，雖室邇不得相親，雖思爲室家，必男先于女以禮迎己。託爲思不越禮者之言如是，以刺不待禮而相奔之非也。

風雨淒淒，鷄鳴喈喈居奚切。既見君子，云胡不夷！

毛傳：「風且雨淒淒然，鷄猶守時而鳴喈喈然。胡，何。夷，説音悦也。」范處義曰：「鷄鳴必以時，爲德之信，故詩人有取焉。」

風雨瀟瀟蘇鳩切，鷄鳴膠膠居由切。既見君子，云胡不瘳！

毛傳：「瀟瀟，暴疾也。膠膠，猶喈喈也。瘳，愈也。」

風雨如晦，鷄鳴不已。既見君子，云胡不喜！

毛傳：「晦，昏也。」鄭箋：「已，止也。鷄不爲于僞切如晦而止不鳴。」

風雨三章　毛詩序：「思君子也。亂世則思君子不改其度焉。」余曰：據序言之，既見君子，意之之辭也。如草蟲「亦既見止」，出車「既見君子」之義。其卒章曰：「風雨如晦」，如晦者，非晦也。晝而如晦，不辨其時，惟鷄鳴之辨之也。鷄之鳴也有常，故于風雨之日聞鷄鳴而思君子。惟君子爲能有常度，不隨亂世改移者也。此賢者發憤之所爲作，感傷之病見乎辭矣。或曰「淫奔詩也」非與？曰非也。名者，人治之大者也。正名，聖人所嚴也。君子淑女之名正，則人樂其名。樂其名，是使人好德也。君子淑女之名不正，則人不樂其名。不樂其名，是亂天下之德也。風雨之稱「君子」，東門之池之稱「淑姬」，以德則宜録之經，以亂則不宜録之經，正名而已矣。

青青子衿，悠悠我心。縱我不往，子寧不嗣音？

毛傳：「青衿，青領也。」鄭箋：「禮，父母在，衣純章允切以青。嗣，續也。」

青青子佩，悠悠我思。縱我不往，子寧不來陵之切！

正義：「佩玉以組綬帶之。青青，謂組綬也。」嚴粲曰：「既不繼聲問，亦不來訪。」

挑他羔切兮達他末切兮，在城闕兮。一日不見，如三月兮！

震按：上二章言「青青子衿」、「青青子佩」，以想見其在學校中之容度。此言「挑兮達兮」，則指其不親學之轉變大異也。嚮之謹度習禮于學校中者，今挑達在城闕，故承之曰「一日不見，如三月」，明一日廢學，則容度立變，如隔三月之久。每三月，爲春夏秋冬之一限，天氣人事物候一改易，故舉以况焉。先儒往往失詩之辭意，則莊語疑之爲儇薄矣。

子衿三章　毛詩序：「刺學校廢也。亂世則學校不修焉。」程子曰：「世治則庠序之教行，有法以率之。不率教者，有至于移屏不齒。又禮義廉讓之風所漸陶，父兄朋友之義所勸督，故人莫不强于進學。及夫亂世，上不復主其教，則無以率之。風俗雜亂浮偷，父兄所教者趨利，朋友所習者從時，故人莫不肆情廢惰，爲自棄之人。雖有賢者欲强之于學，亦豈能也！故悲傷之而已〔四〕。」余曰：詩但以學子廢業爲辭，而其本由于上，固可知，風人之言微而婉也。

揚之水，不流束楚。終鮮息淺切兄弟，維予與女音汝。無信人之言，人實迋女。

揚之水，不流束薪。終鮮兄弟，維予二人。無信人之言，人實不信。

揚之水二章　毛詩序：「閔無臣也。」余曰：終鮮兄弟，鄭箋謂「忽兄弟争國，親戚相疑」是也。「無信人之言」，吕氏讀詩記謂「其臣大抵懷二心而外市」是也。

出其東門，有女如雲。雖則如雲，匪我思存。縞衣綦巾，聊樂音洛我員音云。

毛傳：「如雲，衆多也。縞衣，白色。綦巾，蒼艾色。」鄭箋：「此如雲者，皆非我思所存也。縞衣綦巾，所爲于僞切作者之妻服也。綦，綦文也。」正義：「廣雅云：『縞，細繒也。』戰國策云：『强弩之餘，不能穿魯縞。』然則縞是薄繒，不染，故色白也。蒼，即青也。艾，謂青而微白，爲艾草之色也。巾上爲此蒼文，非全用蒼色爲巾。」震按：縞，或謂之鮮支，或謂之素。員，旋也，言聊樂與我周旋。釋文：「員，本亦作云。」按：小雅「昏姻孔云」，左傳「其誰云之」，古字員、云通，皆周旋之義。

出其闉闍，有女如荼。雖則如荼，匪我思且子餘切。縞衣茹藘，聊可與娛。

毛傳：「闉，曲城也。闍，城臺也。荼，英荼也。茹藘，茅蒐之染。娛，樂音洛也。」鄭箋：「荼，茅秀。」震按：萑茅之英秀謂之荼。且，猶留也。言非我思之所留。雙聲爲次且，單言爲且。故且有留義。鄭箋：「匪我思且，猶非我思存也。」

出其東門二章　毛詩序：「閔亂也。」朱子曰：「惡淫奔者之辭。」余以謂詩蓋風夫説色而棄其室家者也。

野有蔓草，零露漙兮。有美一人，清揚婉兮。邂逅相遇，適我願兮！

毛傳：「蔓，延也。漙漙然，盛多也。清揚，眉目之間婉然美也。邂逅，不期而會。」

野有蔓草，零露瀼瀼，有美一人，婉如清揚。邂逅相遇，與子偕臧！

毛傳：「瀼瀼，盛貌。」震按：「婉如清揚」，猶言清揚婉如。偕臧，相與以善道也。

野有蔓草二章　毛詩序：「思遇時也。」余曰：此思見賢者之辭，庶幾邂逅遇之也。序以爲思遇時，猶記言樂會時。貍首逸詩見于檀弓。「貍首之斑然，執女音汝，如字者非。手之卷然」，二語爲一章，興體也。卷然，卷卷不已之意。古字卷、惓通。既遇會之時，執手相樂也。此詩則未遇而思遇會之時，所願不出乎善，君子之願也夫。

溱與洧，方涣涣兮。士與女，方秉蕑兮。女曰：「觀乎？」士曰：「既且子餘切。」「且往觀乎！洧之外，洵訏且樂音洛。」維士與女，伊其相謔，贈之以勺藥。

毛傳：「涣涣，盛也〔五〕。蕑，蘭也。訏，大也。勺藥，香草。」鄭箋：「仲春之時，冰以釋，水則涣涣然。」震按：溱、洧至新鄭已合流，故兼舉二水，又單舉一水。括地志：「古新鄭城南，洧與溱合。」蘭，或謂之水香，或謂之省頭香。又呼都梁香。勺藥，屈原賦謂之留夷，廣雅謂之攣夷，或謂之餘容。又名可離。

溱與洧，瀏其清矣。士與女，殷其盈矣。女曰：「觀乎？」士曰：「既且。」「且往觀乎！洧之外，洵訏且樂。」維士與女，伊其將謔，贈之以勺藥。

毛傳：「瀏，深貌。殷，衆也。」嚴粲曰：「將，相將也，方且也，猶將安、將樂之將。」

溱洧二章　止游女也。鄭俗以三月合于溱、洧之上，以自祓除。見十道志。蓋國人成風如是。因而至于士女相襍，淫泆甚衆，故序其戲謔之言、投贈之事，使凡有妻子之託是以游者，皆惡聞之而各自救止，則風俗猶可挽正也。夫未有言人之妻子與人戲謔而不愧且怒者，則詩固風諫之所爲作也。毛詩序：「刺亂也。」

鄭二十一篇，五十三章，二百八十九言，千一百六十七名。

校注

〔一〕切　原作「初」，徑改。

〔二〕喬　詩經通行本皆作「橋」。喬、橋古通，高也，戴氏用本字。

〔三〕事見左傳　桓公十五年、十八年。

〔四〕見二程集程頤經説卷三。

〔五〕「涣涣，盛也」　毛傳原文「盛」上有「春水」二字，依文意似不當省略。

毛詩補傳卷八

國風八

齊

雞既鳴矣，朝直遥切既盈矣。匪雞則鳴，蒼蠅之聲。

東方明謨郎切矣，朝既昌矣。匪東方則明，月出之光。

蟲飛薨薨，甘與子同夢莫登切。會且歸矣，無庶予子憎。

鄭箋：「庶，衆也。無使衆臣以我故憎惡烏路切于子。」姚舜牧曰：「朝無會歸之理，甚言起不早，臣子之心將厭倦欲歸爾。」

雞鳴三章　言夫人警君勤政也。

子之還音旋兮，遭我乎峱之間兮。並驅從兩肩兮，揖我謂我儇兮。

毛傳：「還，便（旋）〔捷〕之貌。韓詩作「嫙嫙」，好貌。猺，山名。從，逐也。獸三歲曰肩。儇，利也。」

子之茂莫口切兮，遭我乎猺之道徒苟切兮。並驅從兩牡兮，揖我謂我好許厚切兮。

毛傳：「茂，美也。」

子之昌兮，遭我乎猺之陽兮。並驅從兩狼兮，揖我謂我臧兮。

還三章　毛詩序：「刺荒也。」郝敬曰：「詩述民間尚勇好勝之習，見化之所從來爾。時雖霸業未興，而功利夸詐已有其漸矣。」

俟我於著與「宁」通乎而，充耳以素乎而，尚之以瓊華芳無切乎而。

毛傳：「門屏之間曰著。」集傳：「尚，加也。」震按：充耳，即瑱也。瑱必有紞縣「懸」同之。織絲爲紞，具素青黄之色相雜配而成。瑱用玉石，瓊本玉色精美之稱。美石次玉者亦得通稱。玉石美而光瑩如華、如英，故曰「瓊華」、「瓊瑩」、「瓊英」也。

俟我於庭乎而，充耳以青乎而，尚之以瓊瑩乎而。

震按：堂下至門謂之庭，庭蓋三其堂深。

俟我於堂乎而，充耳以黄乎而，尚之以瓊英於良切乎而。

著三章　毛詩序：「刺時也。時不親迎也。」余曰：婦至壻之門，乃見其俟己。繇著至庭、至堂，入之序也。故張子曰「著，夫家之著也」，如是，則不親迎也。

東方之日兮，彼姝者子，在我室兮。在我室兮，履我即子悉切兮。

鄭箋：「即，就也。」震按：古者爲堂，南北五架。正中曰棟，次棟曰楣，北楣以北爲房與室，皆賓客所至也。「履我」云者，言步履相親接。凡朋友之惠愛靡已，行路有交手之好〔一〕，室中有接履之親〔二〕。形之歌詠，樂音洛周旋也。

東方之月兮，彼姝者子，在我闥兮。在我闥兮，履我發兮。

震按：闥，即户也。史記：「高祖卧禁中，詔户者無得入群臣。噲乃排闥直入。」張守節云：「宫中小門。」發，始發行也。

東方之日二章　詩義闕。余疑此屈原賦所謂「留靈脩兮憺忘歸」也。首章于室曰即，繫之以「東方之日」。次章于闥曰發，繫之以「東方之月」。猶言從旦來就于室，夕乃嚮闥發去爾。有親故好會，終日不倦之意。「彼姝者子」，干旄以目賢者，則此亦美所見之人也。夕而月見東方，爲月近望時其明盛，歸者因以後焉。

東方未明謨郎切，顛倒衣裳。顛之倒之，自公召之。

鄭箋：「羣臣之朝直遥切，別色始入。」

東方未晞，顛倒裳衣。倒之顛典因切之，自公令力珍切之。

毛傳：「晞，明之始升。」

折柳樊圃，狂夫瞿瞿。不能辰夜羊茹切，不夙則莫音暮。

毛傳：「柳，柔脆之木。樊，藩也。圃，菜園也。辰，時也。」震按：折柳爲圃之樊，狂夫猶顧之瞿然，知其有限。令不失之早，則失之晚，是定限之大者而不顧。辰夜，謂時其夜，以掌漏刻之節者言也。

東方未明三章　毛詩序：「刺無節也。朝廷興居無節，號令不時，挈壺氏不能掌其職焉。」郝敬曰：「興居號令，非辰夜者所得司。無所歸咎，不敢斥君，而求諸挈壺氏，所謂敢告僕夫云爾。」

南山崔崔，雄狐綏綏。魯道有蕩，齊子由歸。既曰歸止，曷又懷胡偎切止？

毛傳：「崔崔，高大也。蕩，平易也。齊子，文姜也。」王肅曰：「文姜既嫁于魯，適人矣，何爲復思與之會而淫乎？」蘇轍曰：「人君之尊，如南山之崔崔。襄公之行下孟切，如雄狐之綏綏。疾其以人君而爲此行也。」

葛屨五兩音亮，冠緌雙所工切止。魯道有蕩，齊子庸止。既曰庸止，曷又從止？

毛傳：「庸，用也。」蘇轍曰：「『葛屨五兩』，則屨具于下矣。『冠緌雙止』，則緌具于上矣。言文姜有匹于魯，而襄公有耦于齊，曷爲又相從哉！」

蓺麻如之何？衡從足容切其畝滿彼切。取七喻切妻如之何？必告父母滿彼切。既曰告止，曷又鞠止？

毛傳：「蓺，樹也。衡獵之，從獵之，然後得麻〔三〕。鞠，窮也。」正義云：「何爲又使窮極邪意而至齊乎？」鄭箋：「又非魯桓。」

析薪如之何？匪斧不克。取妻如之何？匪媒不得。既曰得止，曷又極止？

毛傳：「克，能也。」

南山四章　毛詩序：「刺襄公也。」

無田音佃甫田徒鄰切，維莠驕驕。無思遠人，勞心忉忉。

毛傳：「甫，大也。忉忉，憂勞也。」震按：莠，幽莠也。又名狗尾。驕驕，長張丈切茂也。

無田甫田，維莠桀桀。無思遠人，勞心怛怛旦末切。

震按：桀桀，高大也。怛怛，慘切也。

婉兮孌兮，總角丱兮。未幾居豈切見兮，突而弁兮。

毛傳：「婉孌，少詩照切好貌。弁，冠也。」釋文：「方言云：『凡卒音猝相見謂之突。』」集傳：「丱，兩角貌。」震按：總角之童子，未幾而加冠成人，惟脩德者如之。

甫田三章　毛詩序：「刺襄公也。無禮義而求大功，不修德而求諸侯。志大心勞，所以求者非其道也。」

盧令令力珍切，其人美且仁。

毛傳：「盧，田犬。令令，纓環聲。」震按：黑犬謂之盧。

盧重直龍切環，其人美且鬈。

毛傳：「重環，子母環也。」震按：説文：「鬈，髮好也。」

盧重鋂，其人美且偲桑之切。

毛傳：「鋂，一環貫二也。」集傳：「偲，多鬚之貌。」

盧令三章　毛詩序：「刺荒也。」朱子曰：「義與還同。」

敝笱在梁，其魚魴鰥居銀切。齊子歸止，其從才用切如雲。

毛傳：「如雲，言盛也。」震按：鰥魚，今未聞其物。

敝笱在梁，其魚魴鱮。齊子歸止，其從如雨。

毛傳：「如雨，言多也。」鄭箋：「鱮，似魴而弱鱗。」釋文：「鱮，廣雅云『鰱也』。」

敝笱在梁，其魚唯唯。齊子歸止，其從如水。

毛傳：「唯唯，出入不制。」鄭箋：『行相隨順之貌。』水，喻衆也。」

敝笱三章　毛詩序：「刺文姜也。齊人惡魯桓公微弱，不能防閑文姜，使至淫亂，爲二國患焉。」余曰：笱所以取魚，敝笱則取之而不能制之。詩指桓公明矣。春秋傳桓公十八年春，「公將有行，遂與姜氏如齊。申繻曰：『女有家，男有室，無相瀆也。易此必敗。』」公違申繻之諫，由不勝文姜故也。其從之者衆多，用見桓之聽于姜，而魯諸臣無有能止之者。或曰何用見其非指莊公？曰莊公嗣位，夫人孫于齊矣，詩非爲孫而作也。其後復還魯，肆然屢越境以會齊侯，皆非歸齊也。載驅刺之矣，言其渡汶，不言歸也。

載驅薄薄，簟茀朱鞹。魯道有蕩，齊子發夕祥勺切。

毛傳：「薄薄，疾驅聲也。簟，方文席也。車之蔽曰茀。發夕，自夕發至旦。」震按：鞹、革，語之轉。以朱革鞔車軾中也。

四驪濟濟，垂轡瀰瀰。魯道有蕩，齊子豈開改切弟待易切。

毛傳：「濟濟，美貌。瀰瀰，衆也。集傳：「柔貌。」言文姜于是樂音洛易然。」

汶水湯湯失章切，行人彭彭薄郎切。魯道有蕩，齊子翺翔。

毛傳：「湯湯，大貌。彭彭，多貌。翺翔，猶彷徉也。」震按：汶水出原山之陽。又名馬耳山、岳陽山、餄山，在萊蕪西南，今縣東北。西南逕徂徠山、亭亭山、汶陽故城、魯蛇淵囿、闡邑，至安山入濟。安山在今東平州西南。

汶水滔滔他侯切，行人儦儦必幽切。魯道有蕩，齊子遊敖五侯切。

毛傳：「滔滔，流貌。儦儦，衆貌。」

載驅四章　朱子曰：「此亦刺文姜之詩。」

猗嗟昌兮，頎而長兮。抑若揚兮，美目揚兮。巧趨蹌兮，射則臧兮。

毛傳：「猗嗟，歎辭。」集傳：「抑而若揚，美之盛也。」

猗嗟名兮，美目清兮。儀既成兮，終日射侯，不出正音征兮。展我甥兮。

毛傳：「目上爲名。」鄭箋：「成，猶備也。正，所以射于侯中者。天子五正，諸侯三正，大夫二正，〔士一正〕，外皆居其侯中參音三分之一焉。姊妹之子曰甥。」

猗嗟孌兮，清揚婉兮。舞則選雪戀切兮，射則貫兮。四矢反兮，以禦亂兮。

鄭箋：「反，復也。禮射三而止。每射四矢，皆得其故處昌慮切，此之謂復。射必四矢者，象其能禦四方之亂也。」正義：「貫，謂穿侯。」

猗嗟三章　春秋莊公四年，書「公及齊人狩于禚」。公羊、穀梁作「郜」。穀梁傳曰：「齊人者，齊侯也。其曰人何也？卑公之敵，所以卑公也。何爲卑公也？不復仇而怨不釋，刺釋怨也。」詩之作，蓋亦于此時。以其與齊侯賓射燕好，趨蹌進止而刺之。春秋舉大，故書其狩。詩人舉細，故言其射。春秋譏不復仇，詩譏文姜之事。如莊公者，既不知怨，又不知愧也。始疑其頑而無知，今一見之而可以禦亂也，則甚可歎也。詩之辭義如是。毛詩序：「刺魯莊公也。」

齊十一篇，三十四章，百四十三言，六百二十二名。

校注

〔一一〕交手　猶言執手。

〔二〕接履　形容坐得近，與「促膝」略同。

〔三〕然後得麻　毛傳原文「然」上有「種之」二字，鄭箋「樹麻者必先耕其田，然後樹之」，故知「種之」二字不可省略。又上「衡獵之，從獵之」之「獵」，陳奐詩毛氏傳疏云：「獵與躐通。」王先謙三家詩義疏曰：「獵者，踐治其田，往來捷獵，非謂田獵。」

毛詩補傳卷九

國風九

魏

糾糾葛屨，可以履霜。摻摻女手，可以縫裳。要於遥切之襋之，好人服蒲北切之。

毛傳：「糾糾，猶繚繚也。夏葛屨，冬皮屨，葛屨非所以履霜。摻摻，猶纖纖也。婦人三月廟見賢遍切，然后執婦功。襋，領也。」説文云：「衣領也。」鄭箋：「言女手者，未三月未成爲婦。裳，男子之下服，賤又未可使縫。」正義：「要，謂裳要。」嚴粲曰：「好人，泛言尊貴者，不欲斥其君也。」

好人提提，宛然左辟音避，佩其象揥。維是褊心，是以爲刺。

毛傳：「提提，安諦也。」集傳：「宛然，讓之貌也。讓而辟者必左。」

葛屨二章　毛詩序：「刺褊也。魏地陿隘，其民機巧趨利，其君儉嗇褊急，而無德以將之。」王志長曰：「當時魏之卿大夫，皆習其君之教，而爲此褊急無禮之行，故以爲刺也。佩其象揥，則非士庶已下可知。汾沮洳『殊異乎公路』、『殊異乎公族』，風人之意蓋昭然矣。不然，風之趨于奢與惰也，若水之就下也。而謂聖人汲汲以刺褊立教，令奢與惰者得藉口哉。」

彼汾沮子預切洳，言采其莫音暮。彼其音記之子，美無度。美無度，殊異乎公路。

毛傳：「汾，水也。沮洳，其漸接廉切洳者。莫，菜也。路，車也。」鄭箋：「美無有度，言不可尺寸。公路，主君之輅車。晉趙盾爲輅車之族是也。」見左傳宣二年。正義：「沮洳，潤澤之處昌慮切。公路與公行，一也。以其主君路車，謂之公路；主兵車之行户郎切列者，則謂之公行。」震按：汾水出管涔山，又名燕京山，在太原汾陽之北。今靜樂縣。西南入河。至汾陰，今榮河縣。周禮冀州浸也〔一〕。莫，或謂之甘絳，或謂之酸迷，或謂之茂子。莫、茂、迷，語之轉。

彼汾一方，言采其桑。彼其之子，美如英於良切。美如英，殊異乎公行户郎切。

彼汾一曲，言采其藚。彼其之子，美如玉。美如玉，殊異乎公族。

毛傳：「藚，水舄也。」鄭箋：「公族，主君同姓昭穆也。」震按：藚，爾雅謂之牛脣，或謂之蓟菜。生水旁，葉似澤舄而小，故有水舄之名。陸璣以爲澤舄，鄭樵以爲續斷，並非。

汾沮洳三章　毛詩序：「刺儉也。」

園有桃，其實之殽。心之憂矣，我歌且謠。不知我者，謂我士也驕。彼人是哉將黎切，子曰何其音基？心之憂矣，其誰知之？其誰知之，蓋亦勿思！

毛傳：「徒歌曰謠。」集傳：「殽，食也。」季本曰：「士，未仕之稱。驕者，以其輕世肆志而言。彼人，指當國之人也。以當國者爲是，則同流合污之類，所以爲不知我也。」張彩曰：「何其，猶檀弓言『何居』，蓋述譏己者反問之辭，言不喻其志也。」

園有棘，其實之食。心之憂矣，聊以行國于逼切。不知我者，謂我士也罔極。彼人是哉，子曰何其？心之憂矣，其誰知之？其誰知之，蓋亦勿思！

毛傳：「棘，棗也。」鄭箋：「聊，且略之辭也。」

園有桃二章　毛詩序：「刺時也。」集傳曰：「詩人憂其國小而無政，故作是詩。」

陟彼岵兮，瞻望父兮。父曰：「嗟，予子行役，夙夜無已。上慎旃哉，猶來無止！」

毛傳：「旃，之也。」李樗曰：「左傳：『秦子、梁子，以公旗避于下道，是以皆止是。』古者見獲于敵皆謂之止。」震按：爾雅釋山：「多草木，岵。」釋名：「岵，怙也。」人所怙取以爲事用也。上、尚同。

陟彼屺兮，瞻望母滿彼切兮。母曰：「嗟，予季行役，夙夜無寐。上慎旃哉，猶來無棄！」

毛傳：「季，少詩照切子也。」震按：釋山：「無草木，屺。」「峐」同。釋名：「屺，圮也，無所出生也。」

陟彼岡兮，瞻望兄虛王切兮。兄曰：「嗟，予弟行役，夙夜必偕舉里切。上慎旃哉，猶來無死！」

集傳：「必偕，言與其儕同作同止，不得自如也。」

陟岵三章　毛詩序：「孝子行役，思念父母也。」

十畝之間兮，桑者閑閑兮。行與子還本亦作「旋」。兮。

震按：十畝者，特言地之小，不必爲定制也。桑者，采桑之婦。則「子」自家之妻子也。閑閑，習其事而自得之貌。

十畝之外兮，桑者泄泄兮，行與子逝兮。

震按：泄泄，舒徐容與也。與左傳「其樂也洩洩」同。

十畝之間二章　賢者與其妻子偕遁之詩。

坎坎伐檀兮，寘之河之干兮，河水清且漣猗。不稼不穡，胡取禾三百廛兮！不狩不獵，胡瞻爾庭有縣音玄貆兮！彼君子兮，不素餐兮！

毛傳：「坎坎，伐檀聲。干，厓也。風行水成文曰漣。伐檀以俟世用，若俟河水清且漣。種之曰稼，斂之曰穡。一夫之居曰廛。素，空也。」鄭箋：「貉子曰貆。」震按：伐檀以用爲車，蓋輪人之事。言之者，因所聞所見爲興虛應切。以喻急待其用者寘之不用也。魏地濱黄河，此言黄河明矣。周詩有之曰，「俟河之清，人壽幾居豈切何！」以河清爲難待之辭自古有。然則此固因賢之不見用，而歎待時之明之難也，興于河干而遂及是。立言之體，不可以例拘，亦所謂比也。下文譏在位之素餐，盈廩充庖，皆非繇己稼穡田獵而得也。食人之食而無功德及人，何哉？首三言歎君子之不用；中四言譏小人之得禄；末二言以爲苟用君子必不如斯，互文以見意。

坎坎伐輻筆力切兮，寘之河之側兮，河水清且直猗。不稼不穡，胡取禾三百億兮！不狩不獵，胡瞻爾庭有縣特兮！彼君子兮，不素食兮！

毛傳：「直，直波也。」鄭箋：「十萬曰億，三百億，禾秉之數。」震按：檀木宜爲輻，伐輻即伐檀也。鄭注考工記云：「今世轂用雜榆，輻以檀，牙以橿也〔二〕。」特，大牡獸也。

坎坎伐輪兮，寘之河之漘兮，河水清且淪猗。不稼不穡，胡取禾三百囷兮！不狩不獵，胡瞻爾庭有縣鶉兮！　彼君子兮，不素飧兮！

毛傳：「淪，小風水成文，轉如輪也。圜者爲囷。釋文：「囷，圜倉。」鶉，鳥也。熟食曰飧。」

震按：輪輮謂之輻，伐輪即伐輻也。檀、輻、輪，變文以就韻爾。

伐檀三章　刺時也。毛詩序以爲「刺貪」，則無功而食曰貪是也。然而棄賢之刺，亦詩人之本志也。集傳以爲「後世若徐穉之流〔三〕，後漢人。非其力不食，其厲志蓋如此」。則處士之義，固可爲勞力者之爲也。然而非所以概卿大夫也。

碩鼠碩鼠，無食我黍。三歲貫女音汝，莫我肯顧。逝將去女，適彼樂音洛土。樂土樂土，爰得我所。

集傳：「貫，習也。」

碩鼠碩鼠，無食我麥。三歲貫女，莫我肯德。逝將去女，適彼樂國于逼切。樂國樂國，爰得我直。

震按：直，謂遂其性也。

碩鼠碩鼠，無食我苗。三歲貫女，莫我肯勞。逝將去女，適彼樂郊。樂郊樂郊，誰之永號。彼樂郊，則誰長號乎！謂無歎息愁恨之聲也。

嚴粲曰：「魏人爲于僞切爾重斂吕驗切所迫，至于長號。」

碩鼠三章　毛詩序：「刺重斂也。」嚴粲曰：「碩鼠，指聚斂之臣。」

魏七篇，十八章，百二十八言，五百五十九名。

校注

〔一〕冀州浸也　見周禮夏官職方氏，其文是冀州「其浸汾、潞」。

〔二〕牙　指車輪外周。

〔三〕徐穉　見後漢書卷五十三。本傳稱徐穉：「家貧，常自耕稼，非其力不食。恭儉義讓，所居服其德。」

毛詩補傳卷十

國風十

唐

蟋蟀在堂，歲聿其莫音暮。今我不樂音洛，日月其除。無已大音泰康，職思其居。好呼報切樂無荒，良士瞿瞿。

毛傳：「蟋蟀，蛬也。九月在堂。聿，遂。除，去也。康，樂。職，主也。瞿瞿然，顧禮義也。」震按：蟋蟀，小蟲以注鳴者〔一〕。禮注謂之精列，亦作「蜻蛚」。或謂之趣織。亦作「趨織」、「促織」。方言：「南楚之間謂之王孫。」

蟋蟀在堂，歲聿其逝。今我不樂，日月其邁莫制切。無已大康，職思其外。好樂無荒，良士蹶蹶。

毛傳：「蹶蹶，動而敏于事。」歐陽氏曰：「職思其外者，謂廣爲周慮也。」

蟋蟀在堂，役車其休。今我不樂，日月其慆他侯切。無已大康，職思其憂。好樂無荒，良士休休。

毛傳：「慆，過也。」鄭箋：「庶人乘役車。役車休，農事畢，無事也。」

蟋蟀三章　于蟋蟀，取樂而不荒焉。是詩也，勤儉用禮，憂深思遠之言也。人情促，當進之以樂，樂，當進之以思。

山有樞昌由切，隰有榆容周切。子有衣裳，弗曳弗婁。子有車馬，弗馳弗驅祛由切。宛其死矣，他人是愉容周切！

毛傳：「樞，荎也。婁，亦曳也。愉，樂音洛也。」震按：樞，爾雅注謂之刺榆。榆，或謂之零榆。爾雅「榆白，枌」，言榆之白者曰枌。故毛傳于陳東門之枌云「枌，白榆也」。集傳「榆，白枌也」，誤，失爾雅之讀。于陳風則從毛傳不誤。

山有栲去九切，隰有杻。子有廷內，弗洒弗埽蘇后切。子有鐘鼓，弗鼓弗考去九切。宛其死矣，他人是保補苟切！

毛傳：「栲，山樗。俚語「杶樗栲漆，相似如一」。杻，檍也。考，擊也。」震按：杻，爾雅注謂之土橿。

山有漆，隰有栗。子有酒食，何不日鼓瑟？且以喜樂音洛，且以永日。宛其死矣，他人入室！

山有樞三章　言迫促而無遠慮，所有將非其子孫之有也。史記昭侯元年，封成師于曲沃，號曰桓叔。危不自安，故封之，然不圖所以善。後七年，潘父果弑昭侯而迎曲沃桓叔。是詩之作蓋爲此與？其辭危，有朝不謀夕之憂，明曲沃將代晉也。則衣裳車馬鐘鼓，又安能世世萬子孫長守也，故終之曰「他人入室」。古者非處位尊，不得有車馬鐘鼓。毛詩序「刺昭公也」，固有據而言矣。詩主昭侯而泛曰「子」，微辭也。辭不目君，則曰「宛其死矣」。不嫌亟遽出之。曰「他人」，非其子孫之謂也。桓叔以親親而爲逆亂之謀，亦惡在非他人也，推而遠之可也。潘父之禍端，已見于前，然而不能保其子孫可言也，不能保其身，不可言也。

揚之水，白石鑿鑿子洛切。素衣朱襮，從子于沃鬱縛切。既見君子，云何不樂音洛！

毛傳：「鑿鑿，鮮明貌。襮，領也。諸侯繡黼丹朱中衣。沃，曲沃也。」鄭箋：「丹朱爲純直允切也。」正義：「釋器云黼領謂之襮。孫炎曰繡刺黼文以褗領。郊特牲云繡黼丹朱中衣，大夫之僭禮也。大夫服之則爲僭，知諸侯當服之。中衣者，朝直遥切服、祭服之裏衣也。其制如深衣，中衣之袖小長爾。」地理志：「河東聞喜縣故曲沃。」今平陽府聞喜縣。應劭云「武帝于此聞南越破，改曰聞喜」。震按：諸侯以素絲爲中衣，純之以丹朱，領繡黼焉。明曲沃將爲亂，而與亂之人，進此諸侯之服，國人且從之也。詩之作，若已覺潘父之謀者而發之。

揚之水，白石皓皓胡口切。素衣朱繡，從子于鵠胡候切。既見君子，云何其憂！

毛傳：「皓皓，潔白也。鵠，曲沃邑也。」正義云：「其都在曲沃，其旁更有邑。」

揚之水，白石粼粼。我聞有命，不敢以告人。

毛傳：「粼粼，清澈也。」劉敞曰：「我聞有命者，道民將叛之實也。」

揚之水三章　明曲沃謀晉而變將自内起也。或曰是從叛之辭也。曰非也。歌其事則語泄，語泄則謀敗，非所以成之也。然則何不入告于君而急圖之？曰非親臣也。雖有智士，箝口而不敢言，國之所以不可爲也。于山有樞，見昭侯之不能遠慮其子孫，于揚之水，見昭侯之不能用智士，是以卒及于難。然則君子而自爲叛逆之辭，何也？曰：此所謂立言最難，用心獨苦者也，故詭其辭而婉道之。説詩者不以辭害意，庶幾忠臣之志不没以千古也。君民之際，每若泛語矣，危亂之國多詭辭矣。「不學詩，無以言」，夫言豈一端哉！善乎嚴坦叔推論之也，其説曰：「昭公諸詩皆以沃强爲憂。此詩末章之云，蓋反辭以見意。故泄其謀，欲昭公知之，忠之至也。自桓叔至武公，屢得志矣。而晉人終不服，相與攻而去之。其後更六世，逾六七十載，迫于王命，而後不敢不聽。在昭公之初，晉人之心豈從沃哉！若助桓叔而匿其情，則此詩不作可也。亦既聲之于詩，使采詩者颺之以風其君矣，安在其爲匿之也？故言不敢告人者，乃所以告昭公，言我聞有命者，又以見其事已成，禍至甚迫，所以激發昭公者至切切也」。

椒聊之實，蕃衍盈升。彼其音記之子，碩大無朋。椒聊力求切且子餘切，遠條徒求切且。

毛傳：「椒聊，椒也。朋，比也。條，長也。」禹貢「厥木惟條」。震按：椒聊，雙聲。小椒之申重直恭切繁纍者，屈原賦謂之申椒，亦謂之露申，若繁露也。大椒謂之椴。

椒聊之實，蕃衍盈匊。彼其之子，碩大且篤。椒聊且，遠條且。

毛傳：「兩手曰匊。篤，厚也。」

椒聊二章　毛詩序：「刺晉昭公也。」嚴粲曰：「此詩言桓叔之强而不及昭公，其意則憂昭公之弱，而非主桓叔。言在此而意在彼也。」

綢繆芒侯切束薪，三星在天鐵因切。今夕何夕？見此良人。子兮子兮，如此良人何！

毛傳：「綢繆，猶纏綿也。在天，謂始見賢遍切東方也。」鄭箋：「三星，謂心星也。」正義：「如何，猶奈何。」王氏曰：「『見此良人』，言女子之失時者也。」震按：日入三商刻也。而心見賢遍切于東〔二〕。周爲辰月之末，大梁西没也。日在大梁。如、奈語之通轉。

綢繆束芻窗侯切，三星在隅魚侯切。今夕何夕？見此邂逅。子兮子兮，如此邂逅何！

毛傳：「隅，東南隅也。」集傳：「昏見之星至此則夜久矣。此爲夫婦相語魚據切之辭也。」唐汝諤曰：「張南軒疑昏姻不得稱邂逅，然而得自過時，喜出望外，亦若有不期而會者，故云〔三〕。」

綢繆束楚，三星在户。今夕何夕？見此粲者掌與切。子兮子兮，如此粲者何！

王氏曰：「見此粲者，言男子之失時也。」震按：在户，猶夏小正言「漢案户，直音值户也〔四〕」。昏見之星，至夜半直户之南。

綢繆三章　毛詩序：「刺晉亂也。國亂，則昏姻不得其時焉。」朱子曰：「此但爲昏姻者相得而喜之辭。」余曰：三章皆男女意中所自言，而必不可以出諸口者也。詩人述其意如是爾。歌之者所以使上之人聞之也。

有杕之杜，其葉湑湑。獨行踽踽，豈無他人？不如我同父。嗟行之人，胡不比毗志切焉？人無兄弟，胡不佽焉？

毛傳：「杕，特貌。杜，赤棠也。踽踽，無所親也。」震按：湑湑，潤澤貌。何不比，言無與相比。佽，猶隨也。何不佽，言無與相隨。觀行路之人之不相比，無兄弟者之不有人相隨，則他人不若親親，明矣。

有杕之杜，其葉菁菁。獨行睘睘。豈無他人？不如我同姓。嗟行之人，胡不比焉？人無兄弟，胡不佽焉？

毛傳：「菁菁，葉盛也。睘睘，無所依也。」

杕杜二章　感于行路以教恩也。

羔裘豹袪，自我人居居。豈無他人？維子之故。

毛傳：「袪，袂也。」震按：居居，共安也。出自我之人則與之居居然在位，言其大夫之黨所私也。豈無他人乎？是維子之故舊所以親比毗志切爾。我，就大夫言。子，則詩人目大夫也。

羔裘豹褎，自我人究究。豈無他人？維子之好許候切。

毛傳：「褎，猶袪也。」震按：究究，共相究議也。

羔裘二章　惡朝進私人也。其大夫暱舊黨好，以相與「居居」、「究究」在位，國人惡之。爾雅「居居、究究，惡也」。惡，烏路切。郭注云：「皆相憎惡。讀烏各切者，非。」謂惡其居居究究爾。如「丁丁嚶嚶，相切直也」。因詩中言求友，故云然。「藹藹萋萋，臣盡力也」。因詩中言求賢，故云然。皆泛據詩之大意，不專釋文字者。先儒以爾雅說詩，並失其傳焉。

肅肅鴇羽，集于苞栩。王事靡盬，不能蓺稷黍。父母何怙？悠悠蒼天，曷其有所？

毛傳：「肅肅，鴇羽聲也。集，止。苞，稹。孫炎云：「物叢生曰苞，齊人名曰稹。」栩，杼也。鴇之性不樹止。怙，恃也。」鄭箋：「蓺，樹也。」震按：鴇似雁，虎文，無後趾。或謂之鴻豹，或謂之獨豹。栩，不冬彫者爲櫟。或謂之柞。其實謂之橡，或謂之皂斗。盬，猶隙也。靡盬，言無間隙。毛傳：「盬，不攻緻也。」于四牡云：「盬，不堅固也。」正義：「盬與蠱，字異義同。」

肅肅鴇翼，集于苞棘。王事靡盬，不能蓺黍稷。父母何食？悠悠蒼天，曷其有極？

肅肅鴇行户郎切，集于苞桑。王事靡盬，不能蓺稻粱。父母何嘗？悠悠蒼天，曷其有常？

震按：稻，經亦謂之稌。粱，今謂之粟。黏者謂之秫。爾雅又名衆，音終。

鴇羽三章　民苦于征役，不得養父母也。

豈曰無衣句？七兮。不如子之衣，安且吉兮！

毛傳：「侯伯之禮七命，冕服七章。諸侯不命于天子，則不成爲君。」正義：「天子命諸侯，必賜之以服。故請其衣，就天子之使所吏切。請天子之衣，故云子之衣也。」嚴粲云：「子者，指天子之使言之。」震按：首言豈無是七章之衣，以表其嚮之僭竊。

豈曰無衣？六兮。不如子之衣。安且燠兮！

毛傳：「天子之卿六命，車旗衣服以六爲節。燠，煖也。」震按：天子之卿，出封爲侯伯，則加一等。晉分曲沃與桓叔，師服曰「天子建國，諸侯立家，今晉甸侯也，而建國」，然則沃自爲國矣。沃之始封非王命，或當時未儼然同于侯伯，而視大國孤卿則已過制，乃從天子之卿命數，未幾更僭竊爲侯伯。故詩人表其有無君之心而僭七命之服，又言其始用六命之服。今賂周而請命，徒欲强其丈切脅晉之衆，以求安定無後患爾。託辭爲請于天子之使，但曰「子」不曰「王」，亦以見無王之道也。于是乎僭逆篡奪之罪不勝書蒸切誅，而周之失亦顯然矣。

無衣二章　惡亂也。晉人刺周之受賂，以錫弑君者服，故本其請命之意言之。安也者，不安之辭也，明晉人之不服也。其不服何也？天理之在人心者不去也。周于是乎失天，奚以得諸侯？齊桓公以是年始霸云。

有杕之杜，生于道左。彼君子兮，噬肯適我？中心好呼報切之，曷飲於鴆切食音嗣之。鄭箋：「道左，道東也。曷，何也。」集傳：「噬，發語辭。」釋文：「噬，韓詩作逝。」震按：章末言何以得飲食之，好之深也。

有杕之杜，生于道周。彼君子兮，噬肯來遊？中心好之，曷飲食之。

毛傳：「周，曲也。」

有杕之杜二章　求賢也。

葛生蒙楚，蘞蔓于野上與切。予美亡此，誰與音餘。如字者，非。獨處！

震按：蘞，烏蘞莓也。或謂之龍葛，或謂之烏服。亡此，言不在此也。漢書：「不以在亡爲辭。」予所美之人而不在此，留誰獨處哉！反顧隻身，吁歎慨傷之辭。誰與，自問也。其夫從軍不歸，生死未可知，留一婦人于家，無所依託，故以葛蘞爲興虛應切。而曰誰與獨處，明其爲一婦人，隻身無託也。「誰與獨處」四字一氣連下，舊説「與」如字，誰與乎，獨處而已。既言夫不在，又泛言誰與，其辭亦悖于義。

葛生蒙棘，蘞蔓于域。予美亡此，誰與獨息！

毛傳：「域，營域也。息，止也。」

角枕粲兮，錦衾爛兮。予美亡此，誰與獨旦！

集傳：「獨旦，獨處至旦也。」

夏之日，冬之夜羊茹切。百歲之後，歸于其居。

鄭箋：「思者于晝夜之長時尤甚。居，墳墓也。言此者，婦人專一，義之至，情之盡。」

冬之夜，夏之日。百歲之後，歸于其室！

鄭箋：「室，猶冢壙也。」

葛生五章　婦人哀思也。攻戰不休，趣于死地。民從軍不返，其妻自傷無依，而一心乎君子，貞婦也夫！

采苓采苓力珍切，首陽之巔典因切。人之爲言韻旃、然、焉，苟亦無信。舍音捨旃舍旃，苟亦無然。人之爲言，胡得焉？

毛傳：「苓，大苦也。首陽，山名也。」鄭箋：「苟，且也。」震按：首陽，禹貢謂之雷首，或謂之陑山，或謂之襄山，或謂之薄山，或謂之歷山，在蒲坂南。迤邐而東，隨地異名。又名首山、堯山、獨頭山、中條山。漢屬河東郡，今平陽府蒲州。「苟亦無信」，猶言且勿信之也。「之焉」之合聲爲旃。無然，勿以爲然也。胡得焉，謂何所得而言此，明讒言之不實也。詩中語之複，辭之贅，欲聽言者之少加察，而于言必求其所以言也。

采苦采苦，首陽之下後五切。人之爲言，苟亦無與。舍旃舍旃，苟亦無然。人之爲言，胡得焉？

毛傳：「苦，苦菜也。」正義云「此荼也」。集傳：「與，許也。」

采葑采葑，首陽之東。人之爲言，苟亦無從。舍旃舍旃，苟亦無然。人之爲言，胡得焉？

采苓三章　刺信讒也。聽言者猶采物然，身親其地，知其有無矣；目覩其物知其是否矣；諦而審之，辨其疑似矣。人之爲言，以無爲有，以非爲是，以似爲真者，比比若此。姑置之而徐驗之，則其情僞無所逃矣。吕伯恭曰：「毛氏以采苓爲細事，首陽爲幽辟。孔氏引而伸之，謂讒言之起，由君數問小事于小人。雖求之太過，然實天下之名言也。」

唐十二篇，三十三章，二百五言，八百一十名。

校注

〔一〕注　指蟲嘴。

〔二〕三商　古代漏刻計時名，亦稱商或刻。鄭玄士昏禮目録云：「日入三商爲昏。」

〔三〕引唐氏語，見其所著毛詩微言中。

〔四〕「漢案户，直户也」　謂銀河正當南北。

毛詩補傳卷十一

國風十一

秦

有車鄰鄰，有馬白顛典因切。未見君子，寺人之令力珍切。

毛傳：「鄰鄰，衆車聲也。白顛，的顙也又名戴星馬。寺人，内小臣也。」鄭箋：「欲見國君者，必先令寺人使傳告之。」

阪有漆，隰有栗。既見君子，並坐鼓瑟。今者不樂音洛，逝者其耋地一切！

毛傳：「八十曰耋。」鄭箋：「並坐鼓瑟，君臣以閒音閑暇燕飲相安樂也。」黄佐曰：「並坐者，同坐，非並肩而坐也。」

阪有桑，隰有楊。既見君子，並坐鼓簧。今者不樂，逝者其亡！

車鄰三章　毛詩序：「美秦仲也。秦仲始大，有車馬、禮樂、侍御之好焉。」余曰：

秦仲以附庸爲宣王大夫，于其國則稱君，得有寺人。鄭語：「桓公問于史伯曰，姜、嬴其孰興？對曰，國大而有德者近興。秦仲、齊侯，姜、嬴之雋也。且大，其將興乎？」蓋秦自非子已來，至秦仲而大。前此地小僻陋，今乃創見中國之儀焉，故歌以美之。呂伯恭論之曰：「『既見君子，並坐鼓瑟』，簡易相親之俗也。『今者不樂，逝者其耋』，悲壯感歎之氣也。秦之强以此，而止于爲秦亦以此。」

駟驖孔阜，六轡在手。公之媚子，從公于狩。

毛傳：「驖，驪。阜，大也。冬獵曰狩。」鄭箋：「六轡在手，言馬之良也。」正義：「每馬有二轡，驂馬内轡，納之于觼，故在手者惟六轡爾。媚，愛也。」嚴粲曰：「在手，言把握其轡，能制馬之遲速，惟手之是聽也。」震按：驖，月令所謂鐵驪也。

奉時辰牡，辰牡孔碩常約切。公曰左之，舍音捨拔蒲末切則獲黄郭切。

毛傳：「時，是。辰，時也。冬獻狼，夏獻麋，春秋獻鹿豕群獸。拔，矢末也。」鄭箋：「奉是時牡者，謂虞人也。左之者，從禽之左射之也。拔，括也。」

遊于北園，四馬既閑。輶車鸞鑣，載獫歇「猲」通驕。「獢」通，許喬切。

毛傳：「閑，習也。輶，輕也。獫歇驕，田犬也。長喙曰獫，短喙曰歇驕。」鄭箋：「輕車，驅逆之車也。」正義：「天子馬六種，種馬、戎馬、齊馬、道馬、田馬、駑馬。諸侯四種無種、戎。田獵所以教戰，諸馬皆須調習，故因田馬調和，廣言四種皆習也。」震按：大戴禮云：「在衡爲鸞，在軾爲和，馬動而鸞鳴，鸞鳴而和應。」詩蓋言覩其輕車及鸞與鑣，則載田犬焉。狩畢而遊，馬不馳騁，犬休之車中。先儒謂鸞在鑣，因詩傳會，非禮制也。

駟驖三章　毛詩序：「美襄公也。始命，鄭箋：「命爲諸侯也。」有田狩之事，園囿之樂焉。」

小戎俴收，五楘梁輈，游環脅驅祛由切，陰靷鋈續，文茵暢轂，駕我騏馵。言念君子，温其如玉。在其板屋，亂我心曲。

毛傳：「小戎，兵車也。俴，淺。收，軫也。楘，歷録也。一輈五束，束有歷録。正義：「歷録然，文章之貌也。」游環，靳環也。「靳」或作「靷」。釋文：「沈云：舊本皆作靳。左傳：如驂之有靳。」陰，揜軓也。暢轂，長轂也。西戎板屋。」鄭箋：「游環，在背上無常處昌慮切，貫驂之外轡以禁其出。脅驅者，著直略切服馬之外脅，以止驂之入。揜軓，在軾前垂輈上。鋈續，白金飾續靷之環。」釋文：「文茵，以虎皮爲茵。茵，車席也。」正義：「靷者，以皮爲之。繫于陰板之上。驂馬頸不當衡，別爲二靷以引馬。左傳：兩靷將絶。是横軓之前，別有驂馬二軜也。」震按：枕輿下者謂之軫，輿下四面材之通稱也。考工記：「軫之方也，以象地也。」前軫謂之軓。淺軫，謂隧四尺四寸，視大車爲淺也。大車牝服八尺。輚謂之輈，出軓前，則穹曲而上至頸，以軓持衡焉。衡之長容兩服。長轂，謂三尺二寸之轂，視大車爲長也。大車轂長尺五寸。綦毛謂之騏。膝上白謂之馵。釋名：「鋈，金塗沃也。治白金以沃灌靷環也。」

四牡孔阜，六轡在手。騏駵是中，陟林切，從方音。騧驪是驂。龍盾之合，鋈以觼軜。奴合切。言念君子，温其在邑。於合切。方何爲期？胡然我念之。

毛傳：「黄馬黑喙曰騧。龍盾，畫龍于盾也。合，合而載之。軜，驂内轡也。」鄭箋：「赤身黑鬣曰駵。中，中服也。驂，兩騑也。鋈以觼軜，軜之觼以白金爲飾也。軜繫于軾前。」正義：「驂馬欲入，則偪于脅驅。内轡不須牽挽。」震按：説文：「觼，環之有舌者。」

俴駟孔羣，厹矛鋈錞。音敦。蒙伐有苑，音韞。虎韔鏤膺，交韔二弓。古弘切。竹閉緄縢。言念君子，載寢載興，厭厭於鹽切良人，秩秩德音。與膺、弓、縢、興爲韻，蓋方音之借。

毛傳：「俴駟，四介馬也。介，甲也。厹矛，三隅矛也。伐，中干也。苑，文貌。韔，弓室也。交韔，交二弓于韔中也。閉，紲。閉、柲通，弓檠也。考工記注：「紲，弓柲也。」緄，繩。縢，約也。

厭厭，安静也。秩秩，有知音智也。」鄭箋：「俴，淺也，謂以薄金爲介之札。甚羣者，言和調也。蒙，厖也。畫襍羽之文于伐，故曰厖伐。」正義：「曲禮：『進戈者前其鐏，後其刃。進矛戟者前其錞。』注云：『鋭底曰鐏，平底曰錞。』」范處義曰：「韔以虎皮爲之，而以金鏤飾其膺也。膺，胸也。謂弓室之胸也。」

小戎三章　討西戎也。言其軍容之盛，乃後及室家私情焉，自車鄰至此，凡三篇。及終南、無衣，皆秦始興之規也。其氣樂然好戰，尚武事而已。周竟變爲秦，悲夫。

蒹葭蒼蒼，白露爲霜。所謂伊人，在水一方。遡洄從之，道阻且長。遡游從之，宛在水中央。

毛傳：「蒹，薕。葭，蘆也。逆流而上曰遡洄。順流而涉曰遡游。」鄭箋：「宛，坐見貌。」

蒹葭凄凄，白露未晞。所謂伊人，在水之湄。遡洄從之，道阻且躋。遡游從之，宛在水中坻。

毛傳：「晞，乾也。躋，升也。」鄭箋：「升者，言其難至如升阪。」正義：「釋水云：水、草交爲湄，小沚曰坻。」

蒹葭采采此禮切，白露未已。所謂伊人，在水之涘。遡洄從之，道阻且右羽己切。遡游從之，宛在水中沚。

毛傳：「涘，厓也。右，出其右也。小渚曰沚。」震按：采采，光澤貌。與曹風「采采衣服」義同。出其右，即今人言相左之意。左右皆不相值也。

蒹葭三章　詩義闕。余疑賢者志高而遠遯，知其在蒹葭水際，作是以思之。欲從靡由，庶幾一遇焉。遡洄不得，則遡游或得，蓋互文也。秦，周之舊也，失之于戎，而平王以賜秦襄公，其子文公卒伐戎取其地。數十年之間，必有周之遺民，志行甚高而不肯出者，則此詩或指其人也。

終南何有羽己切？有條有梅。君子至止，錦衣狐裘渠之切。顔如渥丹，其君也哉將黎切！

毛傳：「終南，周之名山中南也。條，槄。梅，枏也。」鄭箋：「諸侯狐裘錦衣以裼之。」正義：「白狐皮爲裘，其上加錦衣以爲裼。其上又加皮弁服也。玉藻注：『袒而有衣曰裼。』諸侯在國，其皮弁服皆服麑裘，不服狐白。在天子之朝直遥切廷，服此服爾。受天子之賜，歸則服之，以告廟而已。于後不復服之。」震按：終南，漢志以爲太一山，在武功東，今鳳翔府郿縣東四十里有武功故城。或以爲終南即秦嶺，而終南、太一爲二山。西京賦云「于前則終南、太一」，西征賦云「面終南而背雲陽」，又云「太一巃嵸」，是也。太一山，水經注又謂之太白山。終南，三秦記謂之地肺。梠，爾雅謂之山榎。注謂之山楸、柟，或謂之交讓木。條、梠語之轉。梅、柟之訓已見爾雅，或各從其方言也。

終南何有？有紀有堂。君子至止，黻衣繡裳。佩玉將將七羊切，壽考不忘。

毛傳：「紀，基也。堂，畢道平如堂也。黑與青謂之黻，五色備謂之繡。」鄭箋：「畢，終南山之道名，邊如堂之墻然。」正義：「黻皆在裳。言黻衣者，衣大名，與繡裳異其文爾。」

終南二章　毛詩序：「戒襄公也。能取周地，始爲諸侯，受顯服，大夫美之，故作是詩以戒勸之。」李樗曰：「按秦本紀，自西戎侵奪岐、豐之地，周遂東遷。雖使秦取岐、豐之地，而終襄公之世不能取之。但十二年伐戎至岐而卒，其子文公于是伐戎取其地。」余曰：序所謂襄公能取周地者，據周賜之爲言也。

交交黄鳥，止于棘。誰從穆公？子車奄息。維此奄息，百夫之特。臨其穴户橘切，惴惴其慄。彼蒼者天殲因切，殲我良人！如可贖兮，人百其身！

毛傳：「殲，盡。良，善也。」鄭箋：「穴，謂塚壙中也。秦人哀傷此奄息之死，臨視其壙，皆爲于僞切之悼慄。」正義：「交交，飛而往來貌。」

交交黄鳥，止于桑。誰從穆公？子車仲行户郎切。維此仲行，百夫之防。臨其穴，惴惴其慄。彼蒼者天，殲我良人！如可贖兮，人百其身！

交交黄鳥，止于楚。誰從穆公？子車鍼虎。維此鍼虎，百夫之禦。臨其穴，惴惴其慄。彼蒼者天，殲我良人！如可贖兮，人百其身！

黄鳥三章　春秋傳：「秦伯任好卒，以子車氏之三子奄息、仲行、鍼虎爲殉。皆秦之良也，國人哀之，爲之賦黄鳥。」應劭曰：「秦穆公與羣臣飲酒酣，公曰：『生共此樂，死共此哀。』于是奄息、仲行、鍼虎許諾。及公薨，皆從死。」鄭箋：「所謂自殺以從死，得其實矣。然則三子方以勇于死爲義，而國人臨其穴而弔之，則惴惴其慄者，何也？慄天之殲我良人如是也。無所歸咎而呼天。于此見秦俗之不臧而三良之未聞大道也。」

鴥彼晨風孚金切，鬱彼北林。未見君子，憂心欽欽。如何如何？忘我實多。

毛傳：「鴥，疾飛貌。晨風，鸇也。思望之，心中欽欽然。」陸璣曰：「鸇，似鷂，青黄色，燕頷，勾喙。嚮風摇翅，乃因風飛急，疾擊鳩、鴿、燕、雀食之。」

山有苞櫟歷各切，隰有六駮。未見君子，憂心靡樂音洛。如何如何？忘我實多。

陸璣曰：「秦人謂柞櫟爲櫟。河内人謂木蓼爲櫟。」此秦詩也，宜從其方土之言，柞櫟是也。駮馬，梓榆也。其樹皮青白駮犖，遥視似駮馬。爾雅：「駮，如馬，倨牙，食虎豹。」故謂之駮馬。

山有苞棣，隰有樹檖。未見君子，憂心如醉。如何如何？忘我實多。

毛傳：「檖，赤羅也。」陸佃云：「其文細密如羅，故曰羅。」郭璞曰：「今楊檖也。實似梨而小。」又名鹿梨、鼠梨。

晨風三章　毛詩序：「刺康公也。忘穆公之業，始棄其賢臣焉。」鄧元錫曰：「惟忘故棄，棄不得見而憂。蓋秦人忘功記過，嗜殺、好兵，與國相終始焉。」余以謂右説君子，指君也，車鄰、終南之言君子是也。集傳：「此與扊扅之歌同意〔二〕，蓋秦俗也。歌曰：「百里奚，五羊皮。臨别時〔二〕，烹伏雌，炊扊扅。今富貴，忘我爲。」趙一元曰：「夫秦民輕生樂戰，棄其室家而莫之顧，寧保其無相忘乎？視汝墳、殷雷之風遠矣。」余以謂右説君子，婦人指其夫也。小戎之言君子是也。詩之説無從定矣，苟非大遠乎義，兼收而並存之可也。

豈曰無衣？與子同袍蒲侯切。王于興師，修我戈矛，與子同仇！

震按：釋名：「袍，丈夫著直略切下至跗者也。」考工記：「戈柲六尺有六寸。酋矛常有四尺。夷矛三尋。」有，音又。八尺曰尋，倍尋曰常。戈之直援可刺人。胡橫刃可斬人。或謂之句孑戟，或謂之雞鳴，或謂之擁頸。

豈曰無衣？與子同澤達各切。王于興師，修我矛戟訖約切，與子偕作！

鄭箋：「澤，褻衣，近污垢。澤亦作「襗」。戟，車戟常也。」震按：釋名：「汗衣，詩謂之澤，受汗澤也。或曰鄙袒，或曰羞袒。作之用六尺裁足覆胸背，言羞鄙于袒而衣於既切此爾。」戟，三鋒戟也。刺直刃，可刺。援外句，亦可格刺。胡內句如覆矩，可鉤。

豈曰無衣？與子同裳。王于興師，修我甲兵補芒切，與子偕行郎户切。

無衣三章　史記：「秦仲立二十三年，死于戎。有子五人，其長者曰莊公〔三〕。周宣王乃召莊公昆弟五人，與兵七千人，使伐西戎，破之。于是復予秦仲後，及其先大駱地犬丘並有之。爲西垂大夫。」金履祥以無衣詩繫之此時。據詩中言「王于興師」，其説似得之。蓋追其嚮之同衣，以起今之同仇也。

我送舅氏，曰至渭陽。何以贈之？路車乘繩證切黄。

毛傳：「母之昆弟曰舅。贈，送也。乘黄，四馬也。」鄭箋：「渭，水名也。秦是時都雍，至渭陽者，蓋東行送舅氏于咸陽之地。」漢志：「右扶風渭城。故咸陽，今咸陽縣東北十七里，有渭城故城。」

我送舅氏，悠悠我思。何以贈之？瓊瑰玉佩。

震按：瓊瑰，或謂之玫瑰，火齊珠也。言贈之瓊瑰與玉佩。

渭陽二章　穆公納晉公子重耳，康公其甥也，送之而作。嚴粲曰：「送舅涉渭，至水之北。何以贈舅氏乎？惟路車乘馬而已。歉然猶以爲薄，意有餘也。如采菽云『雖無予之，路車乘馬』也。」

於我乎，夏屋渠渠，今也每食無餘。于嗟乎，不承權輿。

毛傳：「夏，大也。承，繼也。權輿，始也。」震按：二章皆據燕食之際禮意寖薄而言。夏屋，猶大房與音餘？「周以房俎〔四〕」，此亦其義也。渠渠，俎實之盛。

於我乎，每食四簋居酉切，今也每食不飽補苟切。于嗟乎，不承權輿。

毛傳：「四簋，黍稷稻粱。」正義：「考工記：『旊人爲簋，其實一觳，豆實三而成觳。』四升曰豆。地官舍人注云：『方曰簠，圜曰簋。』秋官掌客注云：『簠，稻粱器也。簋，黍稷器也。』主國之君與聘客禮食，備設器物，故稻粱在簠。此言每食，則平常燕食，器物不具，故稻粱在簋。」震按：不飽，爲于僞切不備諸飯之品，失養賢之禮。

權輿二章　毛詩序：「刺康公也。忘先君之舊臣與賢者，有始而無終也。」余曰：昔者孔子食于季氏，不辭，不食肉而飧。此之謂每食不飽。昔者孔子曰：「吾食于少施氏而飽。少施氏食我以禮。吾祭，作而辭曰，疏食，不足祭也。吾飧，作而辭曰，疏食也，不敢以傷吾子。」

秦十篇，二十七章，百七十七言，七百一十八名。

校注

〔一〕戾麘之歌　顏氏家訓書證篇作「古樂府歌百里奚詞」。

〔二〕臨　顏氏家訓書證篇作「憶」。

〔三〕者　原脱，據史記秦本紀補。

〔四〕房俎　指玉飾有足的祭器。

毛詩補傳卷十二

國風十二

陳

子之湯與「蕩」通兮，宛丘之上兮。洵有情兮，而無望兮。

鄭箋：「其威儀無可觀望而則傚。」震按：水經注「宛丘，在陳城南道東」，詩譜言「陳都于宛丘之側」是也。漢淮陽陳縣，今陳州府淮寧縣。爾雅：「宛中，宛丘。丘上有丘爲宛丘。」郭注：「宛，謂中央隆高。」

坎其擊鼓，宛丘之下後五切。無冬無夏後五切，值其鷺羽。

毛傳：「坎坎，擊鼓聲。鷺鳥之羽，可以爲翳。」正義：「釋鳥云：鷺，舂鉏。」陸佃云：「步于淺水，好自低昂，故曰舂鉏也。」郭璞曰：「白鷺也。」

坎其擊缶，宛丘之道徒苟切。無冬無夏，值其鷺翿徒候切。

毛傳：「盎謂之缶。　翿，翳也。」正義：「史記藺相如使秦王鼓缶。」缶，瓦器。可以節樂。若今擊甌。

宛丘三章　刺蕩也。　毛詩序：「刺幽公也。淫荒昏亂，游蕩無度焉。」傳曰：「子，大夫也。」鄭箋曰：「子者，斥幽公也。」正義云：「公羊傳：『公子翬謂隱公曰：百姓安子，諸侯説子。』則諸侯之臣，亦呼君曰子。」余以謂傳是也，意主于君，而辭則言所從之大夫，及擊鼓缶持翳舞之屬，此杜蕢飲師曠、李調之意也〔一〕。

東門之枌，宛丘之栩。　子仲之子，婆娑其下後五切。

毛傳：「枌，白榆也。郭璞云：「枌榆，先生葉，却著莢，皮色白。」栩，杼也。　子仲，陳大夫氏。　婆娑，舞也。」震按：斥言子仲氏女，猶桑中刺世族在位之意。

穀旦于差倉何切，南方之原。　不績其麻莫婆切，市也婆娑。

毛傳：「穀，善也。」鄭箋：「差，擇也。」震按：穀旦，如鄭用三月上巳之類。于差，于是日擇選女色也。　南方之原，如鄭合于溱、洧上之類。　但此言績麻，則在秋爾。　市，原野之市也。

穀旦于逝，越以鬷邁莫制切。　視爾如荍，貽我握椒。

毛傳：「逝，往。邁，行也。荍，芘芣也。」鄭箋：「越，于。鬷，總也。」正義謂「男女總集而合行也。上章于差，謂男來擇女。此言于逝，謂女往從男。」荍，郭璞曰：「今荊葵也。似葵，紫色。」震按：「越以鬷邁」，猶溱洧所謂「殷其盈矣」是也。「視爾如荍」，猶所謂「伊其相謔」是也。「貽我握椒」，猶所謂「贈之以勺藥」是也。

東門之枌三章　毛詩序：「疾亂也。幽公淫荒。風化之所行，男女棄其舊業，亟會于道路，歌舞于市井爾。」余曰：桑中所以發世族在位之羞惡也，其此詩首章之意乎！溱洧所以止婦女遊觀也，所以使凡有妻子淫于觀者知所羞惡也，其此詩後二章之意乎！風同鄭、衛。國小，是以速亡焉。

衡門之下，可以棲遲。泌之洋洋，可以樂音洛飢。

毛傳：「衡門，衡木爲門，言淺陋也。棲遲，遊息也。泌，泉水也。」

豈其食魚，必河之魴？豈其取音娶妻，必齊之姜？

豈其食魚，必河之鯉？豈其取妻，必宋之子？

衡門三章　毛詩序：「誘僖公也。愿而無立志。故作是詩以誘掖其君也。」集傳：「此隱居自樂而無求者之辭。」余曰：是詩也，以一國言之，國雖小可以興治，不必待大國然後可爲。義如是也。以一人言之，雖窮餓可以樂道，而不必求奉身之厚以自快。義又如是也。三百篇失其傳矣，苟無害乎義，不失乎辭，可以之此，可以之彼者，則未知其孰是也。兼收而並存之可也。

東門之池唐何切，可以漚麻莫婆切。彼美淑姬，可與晤歌。

震按：水經注「陳城東門内有池，池水東西七十步，南北八十許步，水至清潔而不耗竭」，然則詩人以興虚應切淑姬，或取此也。姬，周姓也。

東門之池，可以漚紵。彼美淑姬，可與晤語。

東門之池，可以漚菅。彼美淑姬，可與晤言。

震按：菅，似茅而大，其蒻可爲屨〔二〕。爾雅：「白華，野菅。」説者以爲漚治之名，黄菅謂之蔽。

東門之池三章　毛詩序：「刺時也。疾其君之淫昏，而思賢女以配君子也。」余曰：淑也者，賢名也。姬也者，尊姓也。詩之言「可」，以風不可也。言「淑」，以風不淑也。麻紵菅蔽，物之質而事之勞者也，則其稱物也可以訓而弗動于淫也。三言「淑姬」，但曰「晤歌」、「晤語」、「晤言」，無謔辭焉。歌以感心、以陳古語；言以合道，以稽述德行，先儒所謂相切化使君爲善也。董彦遠曰：陳因元女以封，故詩人猶言淑姬，善夫其爲詩也見于微。詩之説無從定矣。正名以表德，發微以觀志，已而已矣。「已而」，即此而。

東門之楊，其葉牂牂。昏以爲期，明星煌煌。

毛傳：「牂牂然，盛貌。」鄭箋：「楊葉牂牂，三月中也。親迎之禮以昏時。」集傳：「明星，啓明也。」

東門之楊，其葉肺肺。昏以爲期，明星晢晢。

東門之楊二章　毛詩序：「刺時也。昏姻失時，男女多違。親迎，女猶有不至者也。」余聞之坊記曰：「子云：昏禮，壻親迎，見于舅姑。爾雅：「妻之父爲外舅，妻之母爲外姑。」舅姑承子以授壻，恐事之違也。以此坊民，婦猶有不至者。」余聞之春秋傳：「鄭徐吾犯之妹美，公孫楚聘之矣。公孫黑又使强委禽焉。犯懼，告子産。子産曰：是國無政，非子之患也。」犯之懼，蓋懼不能理。則于其娶也必相奪。夫以大夫之家且然，況小民乎！小民之所以多違，乃昏姻失時致之也。失時，則儀節必略，而舉行必促期，一時之並至而不能理者，猾詐之民，非中道邀之，則争鬬阻之，不必其父母之有異志與其女之留他色也。詩託親迎女猶不至爲辭，視鄭之丰又別，意主乎刺國無政爾。此聖人取之以使人達于政也。

墓門有棘，斧以斯之。夫也不良，國人知之。知而不已，誰昔然矣！

毛傳：「墓門，墓道之門。斯，析也。」鄭箋：「誰昔，昔也。」誰昔，猶疇昔。郭璞云：「誰，發語辭。」震按：夫也，猶檀弓「是夫」也。郊特牲注云：「夫之言丈夫也。」

墓門有梅，有鴞音嘲萃止。夫也不良，歌以誶息淬切，今譌作「訊」，非。之。誶予不顧，顛倒思予！

毛傳：「萃，集也。誶，告也。」震按：鴞，司馬彪云：「小鳩，可炙者。」莊子：「鳩鴞之在籠。」鴞、鶌古字通。蓋鶻鶌也。說者往往與鴟鴞釋文「吁橋切」。溷。鴟鴞，即鴟鵂，語之轉，合鴟鴞二字爲名，與此單名鴞者聲義各別。鴞之爲鳥多聲，「墓門有梅」，則宜來此羣聲矣。夫也不良，則宜歌以告之矣。鴞食梅黮，魯頌「翩彼飛鴞，集于泮林，食我桑黮，懷我好音」，衛風「于嗟鳩兮，無食桑葚黮同」，又戒其過食則醉也。若鴟鴞，不翩然而飛，不羣集，不食梅黮，其惡聲終古不化爲好音。且此詩義取多聲，于惡聲無取。「誶予不顧」，猶言不顧予誶。誶，諸本皆作「訊」音信。以韻考之不協。誶，告；訊，問。義訓相反。釋文云「訊，又作誶」。徐「息悴反」。今從徐音。

墓門二章　毛詩序：「刺陳佗也。」薛志學曰：「上章言積惡不悛，而追咎其始，深絶之也。下章言悔過無及，而永思其終。微教之也。」佗之事見于春秋三傳，當如詩所刺，此序未可盡非。

防有鵲巢，邛有旨苕。誰侜予美？心焉忉忉。

毛傳：「邛，丘也。苕，草也。」陸璣曰：「苕，苕饒也。幽州人謂之翹饒。」震按：防，隄防。侜，説文：「有廱蔽也。」毛傳：「侜，張誑也。」程子曰：「侜謂譸張，迂迴。誑罔人者，必迂曲以致其惡。」

中唐有甓，邛有旨鷊。誰侜予美？心焉惕惕。

毛傳：「甓，瓴甋也。又名甗甎。鷊，綬草也。」今人呼書帶草。正義：「釋宮云：廟中路謂之唐。」

防有鵲巢二章　毛詩序：「憂讒賊也。」程子曰：「予美，心所賢者，憂讒誣賢善也。」歐陽詩本義云：「讒言惑人，非一言一日之致，必由累積而成。如防之有鵲巢，漸積構成之爾。又如苕饒，蔓引牽連。中唐有甓，非一甓也，亦以積累而成。旨鷊，綬草。襍衆色以成文。猶多言交織以成惑。義與貝錦同。」此説似得詩人託物微意。

月出皎兮，佼人僚兮。舒窈糾居小切兮，勞心悄兮。

毛傳：「皎，月光也。僚，好貌。悄，憂也。」震按：窈糾、懮受、夭紹，並雙聲形容之辭，義相因爾。幽思鬱結，庶幾得一人以舒解之也。然其人卒不可得，則勞心益甚矣。

月出皓胡口切兮，佼人懰兮。舒懮受兮，勞心慅此苟切兮。

震按：懰，心意順適也。慅，説文「動也」。

月出照兮，佼人燎兮。舒夭於表切紹兮，勞心懆七早切。今譌作「慘」，非。兮。

震按：燎，顔色光明也。懆，説文：「愁不安也。」諸本皆作「慘」七感切，俗書譌溷，于韻亦不協。慘，説文「毒也」，義訓各殊。

月出三章　詩義闕。余疑憂者獨處而思舒也，覩月出，感佼人。佼之言好也。方言：「自關而東，河、濟之間，凡好謂之佼。」惟無是人以知我心之憂，故空思之而無所終止。憂深矣曷能舒，勞心何日釋乎？屈原賦二十五篇，其離憂之辭，往往類此。

胡爲乎株林？從夏南泥心切。匪適株林，從夏南！

毛傳：「株林，夏氏邑也。夏南，夏徵舒也。」張彩曰：「意當時靈公諱言夏氏，而託株林以爲辭，故詩云然。」

駕我乘繩證切，「乘駒」同。馬滿補切，說音稅于株野上與切。乘我乘駒居侯切，朝食于株陟由切。

震按：此章蓋爲靈公之言。

株林二章　毛詩序：「刺靈公也。淫乎夏姬，驅馳而往，朝夕不休息焉。」

彼澤之陂彼禾切，有蒲與荷。有美一人，傷如之何！寤寐無爲吾何切，涕泗滂沱！

毛傳：「陂，澤障也。荷，芙蕖也。自目曰涕，自鼻曰泗。」

彼澤之陂，有蒲與蕑。有美一人，碩大且卷「鬈」同。寤寐無爲，中心悁悁！

彼澤之陂，有蒲菡萏。有美一人，碩大且儼。寤寐無爲，輾轉伏枕！

毛傳：「儼，矜莊貌。」釋文：「未開曰菡萏，已發曰芙蕖。」

澤陂三章　詩義闕。余疑傷亂亡也。賢者隱處澤陂之際，無與拯亂，國近滅亡，是以傷之而無可奈何。或覺或寢，不復有爲，至于涕泗滂沱，心痟體煩焉。考槃之辭緩，澤陂之意蹙，然皆詩人憂國事悲賢者之所爲作也。

陳十篇，二十六章，百二十四言，四百九十六名。

校注

〔一〕此杜蕢飲師曠、李調之意也　見禮記檀弓下。晉大夫荀盈死而未葬。晉平公飲酒奏樂，師曠、李調陪飲。杜蕢以爲大臣喪，君臣飲酒奏樂違禮，故罰師曠、李調以諷諫平公。戴氏以爲宛丘「意主于君，而辭則言所從之大夫」，與杜蕢罰酒意正同。

〔二〕蒴　指菅徑。

毛詩補傳卷十三

國風十三

檜

羔裘逍遥，狐裘以朝直遥切。豈不爾思？勞心忉忉。

羔裘翱翔，狐裘在堂。豈不爾思？我心憂傷。

正義：「上言以朝，謂日出視朝。此云在堂，謂正寢之堂。人君日出視朝，乃退適路寢，以聽大夫所治之政。二者于禮同服羔裘。今檜君皆用狐裘，故二章各舉其一。」

羔裘如膏，日出有曜。豈不爾思？中心是悼。

毛傳：「日出照曜，然後見其如膏。」正義：「羔裘既美，則狐裘亦美可知。」

羔裘三章　毛詩序：「大夫以道去其君也。國小而迫，君不用道，好絜其衣服，逍遥遊燕，而不能自强于政治，故作是詩也。」蘇轍曰：「檜君好盛服，故以其朝服燕，而以其朝天子之服朝。夫君之爲是也，則過矣。然而非大惡也，而大夫以是去之，何哉？孔子之去魯，爲女樂故也，而曰膰肉不至〔一〕，蓋諱其大惡，而以微罪行。檜大夫之羔裘，則孔子之膰肉也與？此所謂以道去其君也。」余曰：「豈不爾思」，去而猶不忍也。留亦憂傷，去亦憂傷，君子之情，無所或間。

庶見素冠兮，棘人欒欒兮，勞心慱慱兮。

毛傳：「庶，幸也。棘，急也。欒欒，瘠貌。慱慱，憂勞也。」鄭箋：「喪禮，既祥祭而縞冠素紕。時人皆解佳賣切緩，無三年之恩于其父母，而廢其喪禮，故覬幸一見素冠急于哀戚之人，形貌欒欒然腴瘠也。勞心者，憂不得見。」正義：「經傳之言素者，皆謂白絹。玉藻注：『紕緣邊也。』間傳注：『黑經白緯曰縞，其冠用縞。以素爲紕，故謂之素冠也。』」

庶見素衣兮，我心傷悲兮。聊與子同歸兮。

鄭箋：「除成喪者，成，成人也。其祭也朝直遥切服縞冠。朝服，緇衣素裳。然則此言素衣者，謂素裳也。聊，猶且也。」正義：「裳而言衣，衣是大名。曲禮云：『兩手摳衣，謂裳緝也。』是裳得稱衣，故取衣爲韻。」季本曰：「以其可與共學，故欲與同歸也。」

庶見素韠兮，我心蘊結居質切兮，聊與子如一兮。

鄭箋：「祥祭，朝服素韠者，韠從裳色。」集傳：「韠，蔽膝也。以韋爲之。冕服，謂之韍。其餘曰韠。蘊結，思之不解也。」黄一正曰：「如一，謂其志同也。」

素冠三章　毛詩序：「刺不能三年也。」鄭箋曰：「喪禮，子爲父，父卒爲母，皆三年。時人恩薄，禮廢不能行也。」

隰有萇楚，猗於可切儺乃可切其枝。夭之沃沃，樂音洛子之無知。

毛傳：「萇楚，銚弋也。又名羊桃、鬼桃。猗儺，柔順也。夭，少詩照切也。」

隰有萇楚，猗儺其華芳無切。夭之沃沃，樂子之無家古胡切。

隰有萇楚，猗儺其實。夭之沃沃，樂子之無室。

隰有萇楚三章　集傳：「政煩賦重，人不堪其苦，歎其不如草木之無知而無憂也。」

匪風發兮，匪車偈兮，顧瞻周道，中心怛旦末切兮！

毛傳：「發發，飄風。偈偈，疾驅。怛，傷也。」張子曰：「人之不安，常如在風中車上。」

震按：偈，揭起也。

匪風飄兮，匪車嘌兮。顧瞻周道，中心弔兮！

毛傳：「迴風爲飄。弔，傷也。」震按：嘌，摇動也。本又作「票」。説文：「疾也。」

誰能亨魚？溉之釜鬵。誰將西歸？懷之好音。

毛傳：「溉，滌也。鬵，釜屬。」釋文：「亨，普耕切，「烹」同。煮也。」鬵，説文云：「大釜也。一曰，鼎大上小下若甑曰鬵。」

匪風三章　思王也。周之盛也，天子能治亂持危，而諸侯時朝聘于王，各兢兢以治其國。至是上下廢弛，賢者見朝聘之怠，而知亂靡有止矣，故憂而思之。

檜四篇，十二章，四十五言，百九十四名。

校　注

〔一〕孔子去魯事，見史記孔子世家。魯君與季桓子沉迷于齊所贈之女樂，郊祀不致膰肉（祭肉）於大夫，表明已無心國政，故孔子去魯適衛。

毛詩補傳卷十四

國風十四

曹

蜉蝣之羽，衣裳楚楚。心之憂矣，於我歸處。

毛傳：「蜉蝣，渠略也。朝生夕死。」震按：蜉蝣，蓋羽蟲似粉蝶者。楚楚，整飾貌。蜉蝣之有羽，是亦衣裳楚楚也。然其爲時暫矣。過此且於我乎歸處，故深憂之。夫蜉蝣之羽，無異人之衣裳楚楚，可言也。人之衣裳楚楚，無異蜉蝣之羽，不可言也。憂蜉蝣之將與我同歸，以言我之將與蜉蝣同歸也。人皆爲蜉蝣，我豈能獨久乎！共處此國，固共受其敗。子產謂子皮曰：「棟折榱崩，僑將厭於甲切焉。敢不盡言〔一〕。」作是詩者意若此矣。

蜉蝣之翼，采采衣服蒲北切。心之憂矣，於我歸息。

毛傳：「息，止也。」震按：采采，光澤貌。

蜉蝣掘閱，麻衣如雪。心之憂矣，于我歸説音稅。

鄭箋：「説，猶舍息也。」震按：掘閱，蓋雙聲，揚起貌。掘，説文引詩作「堀」，云突也。毛傳：「掘閱，容閱也。」鄭箋：「掘閱，掘地解閱。謂其始生時也。」今考掘、崛通，有崛起之義。閱、越通，有越揚之義。觀其振羽揚起，鮮色潔白，是亦「麻衣如雪」也。此又因色取以況焉。

蜉蝣三章　毛詩序：「刺奢也。」余曰：國奢必速之敝。曹，小國也，而好奢成風，君子憂死亡之無日焉。

彼候人兮，何音荷戈與祋。彼其音記之子，三百赤芾。

毛傳：「候人，道路送迎賓客者。何，揭。祋，殳也。芾，韠也。一命緼芾黝珩〔二〕。再命赤芾黝珩。三命赤芾蔥珩。大夫已上赤芾乘軒。」

維鵜在梁，不濡其翼。彼其之子，不稱尺證切其服蒲北切。

毛傳：「鵜，洿澤鳥也。」震按：鵜，莊子謂之鵜胡。頷下有胡，鵜胡之轉語爲淘河。山海經名犁鶘，俗呼水流鵝。

維鵜在梁，不濡其味。彼其之子，不遂其媾。

毛傳：「咮，喙也。媾，厚也。」鄭箋：「遂，猶久也。」震按：將不能久其寵遇之厚，見國家傾亡之勢已成。

薈兮蔚兮，南山朝隮。婉兮孌兮，季女斯飢。

毛傳：「隮，升雲也。婉，少詩照切貌。孌，好貌。」震按：山之薈蔚則能興雲。今季女婉孌，徒使之守飢，以喻君子不見用也。

候人四章　毛詩序：「刺近小人也。共公遠君子而近小人焉。」余曰：前三章言小人無功而居官。卒章言君子有德教而窮處。春秋傳晉文公入曹，數之以其不用僖負羈，而乘軒者三百人也〔三〕，故詩曰「三百赤芾」。

鳲鳩在桑，其子七兮。淑人君子，其儀一兮。其儀一兮，心如結居質切兮！

毛傳：「鳲鳩，秸鞠也。」震按：鳲鳩，或謂之布穀，方俗謂之郭公，其聲云。春秋傳：「鳲鳩氏，司空也。」杜注：「鳲鳩平均，故爲司空，平水土。」又名結誥、擊穀、穫穀、桑鳩、撥穀。方言溷鳲鳩、戴勝爲一，失之矣。

鳲鳩在桑，其子在梅。淑人君子，其帶伊絲。其帶伊絲，其弁伊騏。

毛傳：「弁，皮弁也。」鄭箋：「其帶伊絲，謂大帶也。大帶用素絲，有雜色飾焉。騏當作璪，以玉爲之。」正義：「顧命『四人騏弁執戈』，注云：青黑曰騏，禮無騏色之弁。而顧命有之者，以新王即位，特設此服，使士服此騏弁，執兵衛王。璪，常服也。此言諸侯常服，故知騏當作璪。」

鳲鳩在桑，其子在棘。淑人君子，其儀不忒。其儀不忒，正是四國。于逼切。

鳲鳩在桑，其子在榛。淑人君子，正是國人。正是國人，胡不萬年。泥因切。

鳲鳩四章　毛詩序：「刺不一也。」正義云：「經四章，皆美用心專一之人，舉善以駁時惡。」余曰：詩所稱淑人君子，泛辭也。是以知爲刺也。詩之美者，得國行權之人也，惟人君足以當之。曹之先或有是君與！然而既曰「淑人」，又曰「君子」，思有是人也，則不必其有也。凡刺君之辭微而婉，善于立言，類如此矣。故曰「不學詩，無以言」。

冽彼下泉，浸彼苞稂。愾我寤歎，念彼周京。居良切。毛傳：「冽，寒也。下泉，泉下流也。稂，童粱。」又名狼尾。震按：愾然于方寤而即歎，念之至切也。周京，京師也。天子所居。

冽彼下泉，浸彼苞蕭。蘇鳩切。愾我寤歎，念彼京周。

冽彼下泉，浸彼苞蓍。愾我寤歎，念彼京師。

毛傳：「蓍，草也。」震按：蓍，蒿屬，莖可用筮。

芃芃黍苗，陰雨膏之。四國有王，郇伯勞力報切之。

毛傳：「芃芃，美貌。小雅傳：「芃芃，長大貌。」郇伯，郇侯也。」鄭箋：「有王，謂朝直遥切聘于天子也。」左傳：「諸侯有王，王有巡守。」正義：「左傳，富辰稱畢、原、酆、郇，文之昭也〔四〕。」震按：水經注：「服虔云：郇在解縣東，郇瑕氏之墟也。」今解故城東北二十四里有故城，在猗氏故城西北。鄉俗名之爲郇城。今平陽府臨晉縣西有解故城。漢志屬河東郡。杜預以爲郇城在解西北者，誤。

下泉四章　毛詩序：「思治也。」

曹四篇，十五章，六十八言，二百七十二名。

校注

〔一〕子産語子皮事，見左傳襄公三十一年。子産的意思以爲子皮若敗，自己亦將連累受害。戴氏借此闡明蜉蝣作詩之意亦同此，詩人流露出國家傾覆之憂。

〔二〕一命　周朝官階從「一命」至「九命」，「一命」最低微。

〔三〕乘軒者三百人　見左傳僖公二十八年。

〔四〕文之昭也　即文王之子。事見左傳僖公二十四年。

毛詩補傳卷十五

國風十五

豳

七月流火虎委切，九月授衣。一之日觱發，二之日栗烈。無衣無褐，何以卒歲？三之日于耜，四之日舉趾。同我婦子，饁彼南畝滿彼切，田畯至喜。

毛傳：「火，大火也。流，下也。九月霜始降，婦功成，可以授冬衣矣。一之日，周正月也。觱發，風寒也。二之日，殷正月也。栗烈，寒氣也。三之日，夏正月也。豳土晚寒。釋文云：「謂節晚而氣寒也。」于耜，始修耒耜也。四之日，周四月也，民無不舉足而耕矣。饁，饋也。田畯，田大夫也。」鄭箋：「大火者，寒暑之候也。火星中而寒暑退。故將言寒，先著火所在。寒退，謂十二月旦火中。暑退，謂六月昏火中。此據周爲然爾。褐，毛布也。卒，終也。此二正之月，人之貴者無衣，賤者無褐，將何以終歲乎？是故八月則當績也。此章陳人以衣食爲急，餘章廣而成之。」曹粹中曰：「公劉正當夏時，所用者夏正也。」震按：據周之「五月初昏大火中」，則流火自六月矣。所以異者，日左旋一周而成晝夜，恒星左旋速於日。恒星謂之經星，平分之爲十二次，爲三百六十度。用邵子之率。一晝夜幾過日一度，今步算家謂之日右旋一度。漸進至一月而過一次。滿一歲之日，三百六十五日幾三時。則幾復其故處。所差甚微，約三千六百分度之五十一。今步算家一度爲六十分，一分爲六十秒，則差五十一秒也。是爲恒星差。昔人謂之歲差，西洋謂之恒星東行。蓋以其過而稍不足一周者爲差。鎮星土歲星木熒惑火三者之差，亦生于過。太白金辰星水月三者之差，則生于不及。在日上者愈遠，其行愈速，故過。在日下者愈近下，其行愈遲，故不及。凡言天者，不知以日爲主而齊其上下之過、不及，是以紛糾刺繆。余謂寒暑晝夜皆繇于日當準之爲中數，無過不及明矣。積恒星所差，二千一百餘年而移一次。故堯典、夏小正之列宿，合之詩經、左傳、月令、周髀，其差移一次。今則又一次矣。如此十二次遞改，二萬五千餘年，乃復從其始。昔人創歲差之說，始于虞喜。尚未得其所以然。强其丈切分周天歲周，亦曰歲實。謂歲周不盡周天，此乃以恒星之過而稍不足一周者，反言之爲日之退而歲不滿一周也。今步算家又謂恒星循黄道東行，則不足之差數，以爲退行所實歷，失理之實，無異前説。恒星七政，在天道本順而盡目爲逆，豈非言天者之大惑乎？附余之論，以待識者擇焉。子丑寅卯之月，變言日者，自大撓作甲子，以十二子爲地支，分奠四方。東寅卯辰，南巳午未，西申酉戌，北亥子丑。堯典又以四方配四時。春東，夏南，秋西，冬北。則十二子之爲十二月建，繇來久矣。以之繫日，子爲一，丑爲二，以次而終十二月之日，詩之屬之欲切辭，不可云十有音又一月，十有二月，故變文一之日、二之日爾。正月二月之稱三之日、四之日，文連及也。九月十月，不可云十一之日十二之日，故卒章因二之日連至四之日，下變文九月十月第四章有十月，有一之日、二之日，亦宜變文也。先儒不知屬辭宜然，往往失之鑿。詩中又曰春日，曰蠶月，紀時之法，不泥于一。而要之祇用夏正，非雜舉周正。是以二之日而下言卒歲。所謂月建者，配之而當其位曰建，言斗杓所指者失之也。見僞周書又謂閏月斗指兩辰之間，尤謬。斗杓古今差移，豈可通之久遠乎？田畯至喜，言至而喜其餉之不空苦貢切乏。其周詳于小民若是。

七月流火，九月授衣。春日載陽，有鳴倉庚古郎切。女執懿筐，遵彼微行户郎切，爰求柔桑。春日遲遲，采蘩祁祁。女心傷悲，殆及公子同歸。

毛傳：「倉庚，離黄也。懿筐，深筐也。懿者深邃之言。微行，墻下徑也。蘩，白蒿也，所以生蠶。」鄭箋：「載之言則也。陽，温也。温而倉庚又鳴，可蠶之候也。柔桑，穉桑也。

蠶始生，宜稺桑。」曹粹中曰：「預有離親之感而傷悲，亦忠厚也。」震按：親迎同車，故曰「同歸」。猶鄭之丰「駕予與歸」，可言「與」，亦可言「同」矣。

七月流火，八月萑葦。蠶月條桑，取彼斧斨，以伐遠揚。猗於綺切彼女桑。七月鳴鵙，八月載績。載玄載黄，我朱孔陽，爲公子裳。

毛傳：「薍爲萑，葭爲葦。豫畜萑葦，可以爲曲也。曲，薄也。斨，方銎也。銎，斧空也。遠，枝遠也。揚，條揚也。女桑，荑桑也。鵙，伯勞也。載績，絲事畢而麻事起矣。玄，黑而有赤也。朱，深纁也。陽，明也。」鄭箋：「伯勞鳴，將寒之候也。五月則鳴。豳地晚寒，鳥物之候，從其氣焉。」震按：夏小正傳云：「未秀則不爲萑葦，秀然後爲萑葦。」又云：「萑未秀爲菼，葦未秀爲蘆。」條桑，條如「厥木惟條」之條，修暢也。當蠶月則有修暢之桑矣。視其遠枝揚起者伐之，養桑之法宜然也。猗如「猗重直恭切較兮」之猗，歎美辭也。鵙，春秋傳謂之伯趙，以夏至鳴，冬至止。故少皞司至之官曰伯趙氏。夏小正：「五月鴂則鳴。」月令：「仲夏鵙始鳴。」夏小正傳謂之百鷯。屈原賦謂之鶗鴂。揚雄反騷作「鷤䳏」，張衡思玄賦作「鶗鴂」，禮注謂之博勞。

四月秀葽，五月鳴蜩。八月其穫，十月隕蘀。一之日于貉，取彼狐狸，爲公子裘渠之切。二之日其同，載纘武功。言私其豵，獻豣于公。

毛傳：「葽，葽草也。穫，禾可穫也。隕，墜也。纘，繼。功，事也。豕一歲曰豵，三歲曰豣。大獸公之，小獸私之。」鄭箋：「于貉，往搏貉以自爲裘也。狐狸以共與「供」通尊者。言此者，時寒宜助女功。其同者，君臣及民因習兵俱出田也。」震按：葽，夏小正謂之幽〔二〕。四月王萯秀、秀幽。書傳通謂之「莠葽」。幽、莠語之轉。國策：「幽，莠之幼也，似禾。」或合言，或分言者，猶杜衡之或云杜或云衡也。爾雅：「杜，土鹵。」相如賦：「其東則有蕙圃衡蘭。」蜩，小蟲以旁鳴者，通謂之蟬。五采具謂之良蜩，小而善鳴者謂之螗蜩，亦謂之蝘。又名胡蟬、螗蛦。草木彫者曰蘀。貉，似狐，善睡，鋭喙，彗尾，大者謂之封狐。莊子作「豐狐」。貍，黃黑斑文，或謂之不來。又名猍狧。

五月斯螽動股，六月莎雞振羽。七月在野上與切，八月在宇，九月在户。十月蟋蟀入我牀下後五切。穹窒熏鼠，塞向墐户。嗟我婦子，曰爲改歲，入此室處。

毛傳：「室，塞也。向，北出牖也。墐，塗也。庶人蓽户。」震按：莎雞，小蟲以翼鳴者。爾雅謂之螒，亦謂之天雞，或謂之絡緯，或謂之蒲錯。又名梭雞、紡緯。宇，謂簷下已内也。户，謂堂户間也。寒漸至，則人之居處依于内。不惟人依内也，至十月而蟋蟀入我牀下矣。穹，屋高際也。冬寒無事，聿爲歲之將改，民入室處。待春事起乃丁壯就田爾。既卒歲，始改歲，則在十二月終。言改歲，以見三時勤勞，至此歲已云莫音暮，非謂改歲然後入室也。如今人夏夜趨涼，露坐屋外，七月猶然，此之謂「在野」。八月則不甚露坐，而仍于宇下散處，以避餘熱，此之謂「在宇」。九月則近外薄寒覺體，必于堂户間矣。十月已後，當塗塞避寒，入處室中，此之謂「在户」。而更繼以入此室處也。在也者，非謂寢也。懼熱則疎散在外，畏寒則漸移在内。或曰何以知在之爲人？曰動股者，斯螽也。振羽者，莎雞也。入我牀下者，蟋蟀也。明舉三物以紀候，而在野、在宇、在户，不言物，則以人之早晚居處見將寒之候也。猶食鬱、亨葵、剥棗，不必言人而知爲人也。于物覺之，于人覺之，物候人事，相錯言焉。

六月食鬱及薁，七月亨普庚切葵及菽，八月剥棗子苟切，十月穫稻徒苟切，爲此春酒，以介眉壽。七月食瓜古胡切，八月斷壺，九月叔苴，采荼薪樗，食音嗣我農夫。

毛傳：「鬱，棣屬。薁，蘡薁也。廣雅名蘡舌。剥，擊也。春酒，凍醪也。眉壽，豪眉也。壺，瓠也。叔，拾也。苴，麻子也。樗，惡木也。」鄭箋：「介，助也。」震按：鬱，車下李也。葵，露葵也。又名滑菜。禮以爲菹。菽，豆也。壺，瓠之有柄者，或謂之縣音懸匏。樗，或謂之虎目。

九月築場圃，十月納禾稼古護切，黍稷重直容切穋，禾麻菽麥。嗟我農夫，我稼既同，上入執宫功。晝爾于茅莫侯切，宵爾索綯徒侯切，亟其乘屋，其始播百穀。

毛傳：「春夏爲圃，秋冬爲場。鄭箋云：「場、圃同地，自物生之時，耕治之以種菜茹，至物盡成熟，築堅以爲場。」後熟曰重，先熟曰穋。宵，夜。綯，絞也。乘，升也。」鄭箋：「納，內也，治于場而內之囷倉也。既同，言已聚也。可以上入都邑之宅，治宮中之事矣。于是時，男之野功畢。」王氏曰：「無曠土，故築場于圃。」震按：以手挼絞曰索。索綯，謂索而絞之。

二之日鑿冰沖沖轉讀直林切，三之日納于凌力證切陰。四之日其蚤，與「早」通，子苟切。獻羔祭韭。九月肅霜，十月滌場。朋酒斯饗，曰殺羔羊。躋彼公堂，稱彼兕觥古黄切，萬壽無疆！

毛傳：「冰盛水腹，堅厚也。則命取冰于山林。沖沖，鑿冰之意。凌陰，冰室也。滌場，功畢入也。正義云：「在場之功畢，已入倉，故滌埽其場。」兩樽曰朋。疆，竟也。」鄭箋：「古者日在北陸星紀：「玄枵，娵訾之口，北陸也。」據周子丑寅月，日所躔。而藏冰，西陸朝覿降婁、大梁、實沈，西陸也。據周卯辰巳日，日躔所過則朝見。而出之。祭司寒而藏之，獻羔而啓之。其出之也，朝直遥切之禄位，賓食喪祭，于是乎用之。月令：『仲春，天子乃獻羔開冰，先薦寢廟。』周禮：『凌人之職，夏頒冰掌事。王以冰頒賜，則主爲之。秋刷。』清除其室。邱氏曰：「肅，嚴氣也。」

七月八章　毛詩序：「陳王業也」，嚴粲曰：「七月陳豳民農桑之事，而首序謂之王業，猶孟子謂之王道也。蓋周以農事開國，而豳者豐、鎬之基也。」

鴟鴞吁橋切鴟鴞，既取我子，無毁我室。恩斯勤斯，鬻子之閔斯！

毛傳：「鴟鴞，鸋鴂也。郭璞云「鴟類」。恩，愛。閔，病也。」集傳：「鬻，養也。」震按：鴟鴞，或謂之鴟鵂見莊子，語之轉也。説文謂之鵂鶹，晝瞑夜見，破鳥巢食其子。

迨天之未陰雨，徹彼桑土韓詩作「杜」，綢繆牖户。今女音汝下民，或敢侮予。

毛傳：「迨，及。徹，剥也。桑土，桑根也。」釋文云：「方言：東齊謂根曰杜。」朱得之曰：「取子出于意料所不及，則下民之侮，安知其必無情之切而急，慮之遠而周也。」

予手拮音結据，予所捋荼，予所蓄租，予口卒瘏。曰予未有室家占胡切。

毛傳：「拮据，撠挶也。並雙聲。韓詩云：「口足爲事曰拮據。」荼，萑苕也。瘏，病也。」震按：租，田中禾藁也。

予羽譙譙，予尾翛翛。予室翹翹，風雨所漂摇。予維音曉曉！

毛傳：「譙譙，殺色界切也。翛翛，敝也。翹翹，危也。曉曉，懼也。」鄭箋：「音曉曉然，恐懼告愬之意。」

鴟鴞四章　毛詩序：「周公救亂也。成王未知周公之志，公乃爲詩以遺王，名之曰鴟鴞焉。」詳書金縢。

我徂東山，慆慆不歸。我來自東，零雨其濛。我東曰歸，我心西悲。制彼裳衣，勿士行戶剛切枚。蜎蜎者蠋，烝在桑野上與切。敦都回切彼獨宿，亦在車下後五切。

毛傳：「慆慆，言久也。濛，雨貌。士，事也。蜎蜎，蠋貌。」正義：「大司馬注云：枚如箸，銜之，有繣結項中。軍法止語，爲于僞切相疑惑。」震按：「勿士行枚」，言願無復從事于行陳直震切銜枚，衣敝而新制，以是祝也。蠋，似蠶而青，蹟首睅目，生葵及藿中。爾雅謂之蚅，亦謂之烏蠋，或謂之藿蠋。見莊子。烝，衆也。

我徂東山，慆慆不歸。我來自東，零雨其濛。果贏之實，亦施以豉切于宇，伊威在室，蠨蛸在戶。町畽鹿場，熠燿宵行戶郎切。不可畏於非切也，伊可懷胡偎切也。

毛傳：「果贏，栝樓也。又名地樓、天瓜，根名白藥，俗呼天華粉。伊威，委黍也。蠨蛸，長踦也。小蜘蛛長股者。熠燿，燐釋文云：「字又作粦。」也。燐，螢火也。」以其似野燐，故有燐之名。震按：伊威，小蟲溼生者。爾雅謂之蟠，亦謂之鼠負。町畽，田踐處昌慮切也。熠燿，爾雅謂之即炤，或謂之腐蠸。見莊子，又名夜光。李陵詩「熠燿東南飛」，字書作蝹蝓，古文假借。宵行，夜飛往來也。集傳以宵行爲蟲名，古書中無此說。如蠶尾有光之蟲，乃蛆螢，亦不聞名宵行。螢火多至滿野，蛆螢不過一二在地，人頗不覺。或曰卒章又以熠燿爲鳥羽光明，與螢火之名不相戾乎？曰：此蟲本以其光熠燿然故名。是蟲之名因義而有也。名與義，皆不自作詩時起，固不必相避者也。凡一字數解者，用之皆不相避，又何疑于此。伊威、蠨蛸、町畽、熠燿，並雙聲之爲物名者。我徂東山，慆慆不歸。我來自東，零雨其濛。鸛鳴于垤，婦歎于室。洒埽穹窒，我征聿至。有敦都回切瓜苦，烝在栗薪。自我不見，于今三年泥因切。

鄭箋：「鸛，水鳥也，將陰雨則鳴。」震按：鸛，或謂之鸛雀，莊子作「觀雀」，楊震傳作「冠雀」。或謂之皂帔，似鶴而尾翅黑。又名皂裙、黑尻、負釜、背竈。垤，小阜也。既曰零雨其濛，又以鸛鳴知雨何也？零雨其濛，記時之辭也。言當春日多雨之時而來自東，故以冠各章之首。

我徂東山，慆慆不歸，我來自東，零雨其濛。倉庚于飛，熠燿其羽。之子于歸，皇駁其馬滿補切。親結其縭良何切，九十其儀牛何切。其新孔嘉居何切。其舊如之何？

毛傳：「黃白曰皇。爾雅作「騜」。騂白曰駁。縭，婦人之褘也。孫炎云：『褘，帨巾也。』母戒女，施衿結帨。九十其儀，言多儀也。」鄭箋：「倉庚仲春而鳴，嫁取七喻切之候也。熠燿其羽，羽鮮明也。」曹粹中曰：「新娶者猶甚善其配，又況舊有偕老之志，久別而復見者乎？」

東山四章　毛詩序：「周公東征也。一章言其完也。二章言其思也。三章言其室家之望女也。四章樂男女之得及時也。君子之于人，序其情而閔其勞，所以說也。」

說以使民，民忘其死，其惟東山乎？」

既破我斧，又缺我斨。周公東征，四國是皇。哀我人斯，亦孔之將。

毛傳：「隋銎曰斧。釋文云：「孔形狹而長也。」皇，匡也。將，大也。」

既破我斧，又缺我錡居何切。周公東征，四國是吪。哀我人斯，亦孔之嘉居何切。

毛傳：「鑿屬曰錡。韓詩云「木屬」。吪，化也。」震按：說文：「錡，鉏鋤也。」鑿屬之說合矣。蓋兵器之有鉏鋤者〔三〕。

既破我斧，又缺我銶。周公東征，四國是遒。哀我人斯，亦孔之休。

毛傳：「木屬曰銶。韓詩云「鑿屬也」。遒，固也。休，美也。」釋文：「銶，一解云今之獨頭斧。」

破斧三章　毛詩序：「美周公也。」朱子曰：「此歸士美周公之辭。」

伐柯如何？匪斧不克。取七喻切妻如何？匪媒不得。

毛傳：「柯，斧柄也。」震按：言事各有因，今之得見周公，亦猶是也。

伐柯伐柯，其則不遠。我覯之子，籩豆有踐。

毛傳：「踐，行戶郎切列貌。」鄭箋：「覯，見也。之子，是子也。斥周公也。」與九罭篇同。震按：東人雖願見周公，固無法也，自見後喜説音悦。追言之，一若其法之甚邇矣。章首二言之意如是。下又喻見公之甚邇，即若籩豆陳列，接之几席間。「籩豆有踐」與「其則不遠」意相因。

伐柯二章　毛詩序：「美周公也。」東人喜得見周公之辭。上章以伐柯取妻二事爲比，此章不及取妻。古人文辭，非若後世之拘。

九罭之魚，鱒魴。我覯之子，袞衣繡裳。

毛傳：「九罭，緵罟，小魚之網也。又名百囊網。袞衣，卷龍也。」震按：鱒，爾雅謂之鮅，似鯤而赤目，多細文，食螺蚌。畫龍于衣謂之袞。袞、卷語之轉。

鴻飛遵渚，公歸無所，于女音汝信處。

毛傳：「再宿曰信。」集傳：「女，東人自相女也。東人聞成王將迎周公，又自相謂而言，鴻飛則遵渚矣，公歸豈無所乎？今特於女信處而已。」

鴻飛遵陸，公歸不復，于女信宿。

集傳：「不復，言將留相息亮切王室而不復來東也。」

是以有袞衣兮，無以我公歸兮，無使我心悲兮！

集傳：「承上二章，言周公信處信宿于此，是以東方有此服袞衣之人。又願其且留於此，無遽迎公以歸，歸則將不復來，而使我心悲也。」

九罭四章　毛詩序：「美周公也。」沈守正曰：「此詩作于將歸之時，首章叙得見之喜。下三章切願留之情。」

狼跋其胡，載疐其尾。公孫音遜碩膚，赤舃几几。

毛傳：「跋，躐。謂躐胡而前倒也。說文：「跋，蹎跋也。」疐，跲也。說文：「跲，躓也。」老狼有胡。謂頷垂胡。進則躐其胡。退則跲其尾。謂卻頓而倒于尾上也。碩，大。膚，美也。」正義：「赤舃，冕服之舃。複下曰舃，單下曰屨。上公九命，得服袞冕，故履赤舃。」程子曰：「周公以謙遜自處，雖在危疑之地，安步舒泰，赤舃幾幾然也。」集傳：「孫，讓也。幾幾，安重貌。」

狼疐其尾，載跋其胡。公孫碩膚，德音不瑕。

鄭箋：「不瑕，言不可疵瑕也。」正義：「瑕者，玉之病。」程子曰：「周公之處己也。夔夔然存恭畏之心，其存誠也，蕩蕩然無顧慮之意。所以不失其聖，而德音不瑕也。」震按：凡善之見音現乎辭曰德音，此則以人之稱頌公者言。

狼跋二章　毛詩序：「美周公也。」

豳七篇，二十七章，二百三言，八百五十九名。

校注

〔一〕星火　即下文夏小正之「大火」。

〔二〕葽，夏小正謂之幽　檢夏小正無「葽謂之幽」之釋，下文夾注即是夏小正語。鄭箋：「夏小正『四月，王萯秀』，葽其是乎？」此可能爲戴氏所本。又王先謙詩三家義集疏引皮嘉佑云「震謂葽者幽莠也」，係據毛鄭詩考正，與此異。

〔三〕鉏鋙　陳奐以爲「穿木之器，其端鉏鋙然。『鉏鋙』猶『齟齬』也。」

毛詩補傳卷十六

小雅一

鹿鳴之什

呦呦鹿鳴，食野之苹。我有嘉賓，鼓瑟吹笙。吹笙鼓簧，承筐是將。人之好呼報切我，示我周行户郎切。

毛傳：「筐，篚屬，所以行幣帛也。」鄭箋：「苹，藾蕭也。承，猶奉也。」集傳：「呦呦，聲之和也。周行，大道也。古者於旅乞語[一]，故欲於此聞其言也。」

呦呦鹿鳴，食野之蒿。我有嘉賓，德音孔昭。視與「示」通民不恌，君子是則是傚。我有旨酒，嘉賓式燕以敖。

毛傳：「蒿，菣也。恌，愉愉、偷通也。敖，遊也。」震按：菣，或謂之方潰，或謂之青蒿，或謂之草蒿。荆楚之間謂蒿爲菣，去刃切。

呦呦鹿鳴，食野之芩。我有嘉賓，鼓瑟鼓琴。鼓瑟鼓琴，和樂且湛持林切。我有旨酒，以燕樂音洛嘉賓之心。

毛傳：「湛，樂之久。燕，安也。」陸璣曰：「芩，葉如竹，蔓生澤中下地鹹處，牛馬亦喜食之。」

鹿鳴三章　毛詩序：「燕羣臣嘉賓也。」集傳：「記曰〔二〕，私惠不歸德，君子不自留焉。蓋其所望於羣臣嘉賓者，惟在於示我以大道，則必不以私惠爲德而自留矣。」

四牡騑騑，周道倭遲。豈不懷歸？王事靡盬，我心傷悲。

毛傳：「騑騑，行不止之貌。倭遲，歷遠之貌。『思歸』者，私恩也。『靡盬』者，公義也。『傷悲』者，情思息嗣切也。」鄭箋〔三〕：「無私恩，非孝子也。無公義，非忠臣也。君子不以私害公，不以家事辭王事。」

四牡騑騑，嘽嘽駱馬滿補切。豈不懷歸？王事靡盬，不遑啓處。

毛傳：「嘽嘽，喘息之貌。馬勞則喘息。白馬黑鬣曰駱。啓，跪。處，居也。」

翩翩者鵻，載飛載下後五切，集于苞栩。王事靡盬，不遑將父。

毛傳：「鵻，夫不也。爾雅作「鳺鴀」。鳺，方扶切。鴀，方浮切。將，養以尚切也。」震按：鵻鳩，春秋傳謂之祝鳩，祝、鵻語之轉。「鵻」或譌作「鶽」。或謂之鶉鳩，鳺鴀，即鶉鳩，聲音相禪。鶉，集傳譌作「鵓」。或謂之楚鳩。鵻性孝，故少皞司徒之官曰祝鳩氏。鵻从鳥，隹聲。爾雅又名隹其。隹即鵻之省文，其即鳩聲之轉。

翩翩者鵻，載飛載止，集于苞杞。王事靡盬，不遑將母滿彼切。

毛傳：「杞，枸檵也。」又名苦杞、地骨。

駕彼四駱，載驟駸駸。豈不懷歸？是用作歌，將母來諗。

毛傳：「駸駸，驟貌。」鄭箋：「諗，告也。君勞力報切使所吏切臣，述叙其情。」

四牡五章　毛詩序：「勞使臣之來也。」

皇皇者華芳無切，于彼原隰。駪駪征夫，每懷靡及。

毛傳：「皇皇，猶煌煌也。高平曰原，下溼曰隰。駪駪，衆多之貌。征夫，行人也。」震按：「每懷靡及」，言其懷思常如不及，以起下訪問必周。蓋歌美使所吏切臣，而臣之聞此，則若君教戒之也。

我馬維駒居侯切，六轡如濡而由切。載馳載驅祛由切，周爰咨諏。

毛傳：「訪問於善爲咨，咨事爲諏。」說文：「諏，聚謀也。」鄭箋：「如濡，言鮮澤也。」〔四〕

我馬維騏，六轡如絲。載馳載驅，周爰咨謀謨悲切。

毛傳：「如絲，言調忍音刃也。咨事之難易以豉切爲謀。」震按：謀，猶慮也。

我馬維駱，六轡沃若。載馳載驅，周爰咨度待洛切。

毛傳：「咨禮義所宜爲度。」震按：度，審量也。

我馬維駰，六轡既均。載馳載驅，周爰咨詢。

毛傳：「陰白雜毛曰駰。陰，淺黑，今之泥驄。均，調也。親戚之謀爲詢。」正義：「諏謀度詢，俱訪於周。而必爲比次者，以咨是訪名，所訪者事，故先咨諏。事有難易，故次咨謀。既有難易，當訪禮法所宜，故次咨度。所宜之內，當有親疏，故次咨詢。」戴侗曰：「詢，俯問、博問也。」震按：諏謀度詢，不必泥其次第，然義可參考。

皇皇者華五章　毛詩序：「君遣使臣也。」

常棣之華，鄂「萼」同不方於切韡韡。凡今之人，莫如兄弟。

毛傳：「常棣，棣也。韡韡，光明也。」鄭箋：「承華者曰鄂。不，當作柎。柎，鄂足也。」古聲不、柎同。震按：常棣或謂之爵李，或謂之郁李。爾雅：「唐棣，栘。常棣，棣。」晉宣室閣銘：「華林園中，有車下李三百十四株，郁李一株。」車下李，即唐棣也。郁李，即常棣也。不，讀如「華不注」之不。華不，華跗也。

死喪之威，兄弟孔懷胡偎切。原隰裒矣，兄弟求矣。

毛傳：「威，畏。懷，思也。裒，聚也。」

脊令在原，兄弟急難乃旦切。每有良朋，況也永歎吐丹切。

毛傳：「脊令，雝渠也，飛則鳴，行則摇。又名錢母、連錢、雪姑。況，茲與『滋』通。永，長也。」震

按：茲，益也。雖有良朋，徒滋之長歎也。

兄弟鬩于墻，外禦其務文甫切。每有良朋，烝也無戎而渚切。

毛傳：「鬩，狠也。戎，相息亮切也。」鄭箋：「禦，禁。務，侮也。兄弟雖内鬩而外禦侮

也。」震按：爾雅：「烝，衆也。」言雖衆猶無助。

喪亂既平，既安且寧。雖有兄弟，不如友生。

歐陽詩本義曰：「此乃責之之辭，所謂弔其不咸也。」

儐爾籩豆徒候切，飲酒之飫鳥候切。兄弟既具，和樂且孺而候切。

毛傳：「儐，陳。飫，私也。不脱屨升堂謂之飫。周語：「王公立飫，則有房烝。親戚燕饗，則有殽

烝。」又云：「飫以顯親，燕以合好。」飫立，故不脱屨。孺，屬也。」

妻子好呼報切合，如鼓瑟琴。兄弟既翕，和樂且湛持林切。

宜爾室家古胡切。樂爾妻帑。是究是圖，亶其然乎！

毛傳：「帑，子也。圖，謀。亶，信也。」

常棣八章　毛詩序：「燕兄弟也。閔管、蔡之失道，故作常棣焉。」

伐木丁丁陟耕切，鳥鳴嚶嚶。出自幽谷，遷于喬木，嚶其鳴矣，求其友聲。相息亮切彼鳥矣，猶求友聲；矧伊人矣，不求友生？神之聽之，終和且平。

毛傳：「丁丁，伐木聲也。幽，深。喬，高也。矧，況也。」鄭箋：「嚶嚶，兩鳥聲也。相，視也。」

伐木許許，釃酒有藇。既有肥羜，以速諸父。寧適不來，微我弗顧。於粲洒埽蘇后切，陳饋八簋居酉切。既有肥牡，以速諸舅。寧適不來，微我有咎。

毛傳：「以筐曰釃，釋文謂以筐漉酒。以藪曰湑。正義：「藪，草也。釃酒者，或用筐，或用草。」藇，美貌。羜，未成羊也。粲，鮮明貌。圓曰簋。咎，過也。」鄭箋：「速，召也。」震按：許許，說文引詩作「所所」，伐木聲也。寧，猶寧詎也。微，猶非也。寧詎適有不來者乎？非我敢不顧念也，非我之有過愆也，望其畢來之辭。

伐木于阪，釃酒有衍。籩豆有踐，兄弟無遠。民之失德，乾餱以愆。有酒湑我，無酒酤我。

坎坎鼓我，蹲蹲舞我。迨我暇胡故切矣，飲此湑矣。

毛傳：「踐，陳列貌〔五〕。餱，食也。湑，莤之也。釋文：「莤，所六反。與左傳『縮酒』同義。謂以茅泲之而去其糟也。」酤，一宿酒也。蹲蹲，舞貌。」集傳：「衍，多也。無遠，皆在也。」

伐木三章　毛詩序：「燕朋友故舊也。」

天保定爾，亦孔之固。俾爾單厚，何福不除直慮切？俾爾多益，以莫不庶。

毛傳：「固，堅也。庶，衆也。」鄭箋：「保，安。單，盡也。」震按：除，如「日月方除」之除，除之言易也，往來日新之意。

天保定爾，俾爾戩穀。罄無不宜，受天百禄。降爾遐福，維日不足。

毛傳：「罄，盡也。」鄭箋：「遐，遠也。」戴侗曰：「戩，與盡聲相近。戩穀，謂盡善也。」

天保定爾，以莫不興。如山如阜，如岡如陵。如川之方至，以莫不增。

毛傳：「高平曰陸，大陸曰阜，大阜曰陵。」鄭箋：「興，盛也。川之方至，謂其水縱長之時也。」

吉蠲爲饎，是用孝享。禴祠烝嘗，于公先王。君曰卜爾，萬壽無疆。

毛傳：「吉，善。蠲，絜也。饎，酒食也。享，獻也。春曰祠，夏曰禴，秋曰嘗，冬曰烝。

卜，予也。君，先君也。」鄭箋：「公，先公。『君曰卜爾』者，尸嘏主人，傳神辭也。」神之弔矣，詒爾多福筆力切。民之質矣，日用飲食。羣黎百姓，徧爲爾德。毛傳：「弔，至。詒，遺也。百姓，百官族姓也。」集傳：「質，實也，言其質實無僞，日用飲食而已。」震按：「徧爲爾德」，言其德之足法也。

如月之恒，如日之升。如南山之壽，不騫不崩〔六〕。如松柏之茂，無不爾或承。毛傳：「恒，弦。升，出也。言俱進也。騫，虧也。」鄭箋：「月上弦而就盈，日始出而就明。或之言有也。如松柏之枝葉常茂盛，青青相承，無衰落也。」

天保六章　毛詩序：「下報上也。」

采薇采薇，薇亦作止。曰歸曰歸，歲亦莫亦作「暮」止。靡室靡家古胡切，玁狁之故。不遑啓居，玁狁之故。作，似有「臧助切」之音。毛傳：「作，生也。玁狁，北狄也。」鄭箋：「莫，晚也。靡，無也。」

采薇采薇，薇亦柔止。曰歸曰歸，心亦憂止。憂心烈烈，載飢載渴。我戍未定，靡使歸聘。毛傳：「聘，問也。」鄭箋：「柔，謂脆脕之時。烈烈，憂貌。則飢則渴，言其苦也。定，止也。」

采薇采薇，薇亦剛止。曰歸曰歸，歲亦陽止。王事靡盬，不遑啓處。憂心孔疚居至切，我行不來六直切。

毛傳：「疚，病也。」鄭箋：「剛，謂少堅忍時。十月爲陽〔七〕。來，猶反也。據家曰來。」

彼爾維何？維常之華芳無切。彼路斯何？君子之車九魚切。戎車既駕，四牡業業。豈敢定居，一月三捷！

毛傳：「爾，華盛貌。常，常棣也。業業然，壯也。捷，勝也。」鄭箋：「君子，謂將子亮切率與帥通。」震按：卿大夫之車曰路者，王賜之大路，故得稱路也。左傳：「鄭子蟜卒，晉請王追賜之以大路。叔孫豹聘於王，王賜之大路。」

駕彼四牡，四牡騤騤。君子所依，小人所腓。四（馬）〔牡〕翼翼，象弭魚服蒲北切。豈不日戒訖力切，玁狁孔棘！

毛傳：「騤騤，强也。」鄭箋：「弭，弓反末彆者，彆，弓戾也。弓末名弭，弛之則反戾。以象骨爲之。服，矢服也。戒，警勑軍事也。棘，急也。」正義：「魚服，以魚皮爲矢服。」陸璣疏曰：「魚獸似豬，東海有之。」震按：腓，亦謂之腨。脛下前爲胻，後爲腓。「所腓」言步卒隨車如腓也。

昔我往矣，楊柳依依。今我來思，雨雪霏霏。行道遲遲，載渴載飢。我心傷悲，莫知我哀於希切。

毛傳：「楊柳，蒲柳也。霏霏，甚也。遲遲，長遠也。」正義：「此遣戍役豫叙得還之日，總述往反之辭。」

采薇六章　毛詩序：「遣戍役也。」

我出我車，于彼牧莫逼切矣。自天子所，謂我來六直切矣。召彼僕夫，謂之載節力切矣。王事多難乃旦切，維其棘矣。

毛傳：「僕夫，御夫也。」震按：此將子亮切率與「帥」通辭也。

我出我車，于彼郊矣。設此旐矣，建彼旄矣。彼旟旐斯，胡不旆旆？憂心悄悄，僕夫況瘁。

毛傳：「龜蛇曰旐。旄，干旄。鳥隼曰旟。旆旆，旒垂貌。」鄭箋：「設旐者，屬之於干旄而建之戎車。況，茲與「滋」通也。將率既受命，行而憂，臨事而懼也。御夫則茲益憔悴，憂其馬之不正。」

王命南仲，往城于方。出車彭彭薄郎切，旂旐央央。天子命我，城彼朔方。赫赫南仲，玁狁于襄。

毛傳：「方，朔方。交龍爲旂。央央，鮮明也。襄，除也。」震按：此章爲戍役之辭，而

「天子命我」二言，戍役述南仲辭也。

昔我往矣，黍稷方華芳無切。今我來思，雨雪載塗。王事多難，不遑啓居。豈不懷歸？畏此簡書。

毛傳：「塗，凍釋也。簡書，戒命也。」曹粹中曰：「南仲既襄玁狁，則思歸矣。繼得伐西戎之命，不敢或違，故曰畏此簡書。」震按：此亦爲將率之辭。

喓喓草蟲，趯趯阜螽。未見君子，憂心忡忡。既見君子，我心則降户工切。赫赫南仲，薄伐西戎。

震按：此章爲南仲家人思望之辭。

春日遲遲，卉木萋萋。倉庚喈喈居奚切，采蘩祁祁。執訊獲醜，薄言還音旋歸。赫赫南仲，玁狁于夷。

毛傳：「卉，草。夷，平也。」鄭箋：「訊，言。醜，衆也。執其可言問所獲之衆以歸者，當獻之也。」震按：此亦爲戍役之辭。

出車六章 毛詩序：「勞還率也。」

有杕之杜，有睆其實。王事靡盬，繼嗣我日。日月陽止，女心傷止〔八〕，征夫遑止。

暇，十月爲陽。遑，暇也。毛傳：「睆，實貌。」鄭箋：「嗣，續也。續嗣其日，言常勞苦無休息。十月爲陽。遑，暇也。」王質曰：「繼嗣我日，積日爲月而至于陽。」

有杕之杜，其葉萋萋。王事靡盬，我心傷悲。卉木萋止，女心悲止，征夫歸止。

陟彼北山，言采其杞。王事靡盬，憂我父母滿彼切。檀車幝幝，四牡痯痯，征夫不遠。

毛傳：「幝幝，敝貌。痯痯，罷音皮貌。」

匪載匪來六直切，憂心孔疚居至切。期逝不至，而多爲恤。卜筮偕舉里切止，會言近渠豈切止，征夫邇止。

毛傳：「逝，往。恤，憂也。」鄭箋：「偕，俱。會，合也。或卜之，或筮之，俱占之。合言于繇爲近。」

杕杜四章　毛詩序：「勞還役也。」

南陔　辭亡

白華　辭亡

華黍　辭亡。鄭箋曰：「此三篇者，鄉飲酒、燕禮用焉。曰：『笙入，立于縣中，奏南陔、白華、華黍』是也。孔子論詩，雅、頌各得其所，時俱在爾，篇第當在此。遭戰國及秦之世而亡之。」余曰：六亡詩之篇名，蓋取之辭中，亦猶關雎、葛覃、卷耳之類。必辭中有其字，然後有此名，非空名也，以是知其辭亡也。儀禮以其詩被之于笙，而曰樂曰奏，猶鄉射禮「樂正命太師曰奏騶虞」。而周禮鐘師、騶虞、貍首、采蘋、采蘩皆曰奏。籥章「龡豳詩」、「龡豳雅」、「龡豳頌」，則豳被于籥而曰龡。燕禮：「升歌鹿鳴，下管新宮。」左傳：「宋公享昭子，賦新宮。」一詩而或被于管，或賦其辭，以是知笙詩、籥詩、管詩之未嘗無辭也。其所以亡，或因別有笙譜。習者取詩簡合之，殘滅之餘，全詩不見矣。毛詩序雖有其義，余不敢據也。

魚麗力馳切于罶，鱨鯊桑何切。君子有酒，旨且多。

毛傳：「麗，歷也。罶，曲梁也。寡婦之笱也。鱨，揚也。又名黃鱨、黃揚、黃頰魚。鯊，鮀也。」又名吹沙、重唇。

魚麗于罶，魴鱧。君子有酒，多且旨。

毛傳：「鱧，鮦也〔九〕。」震按：鱧，魚之鷙者。其膽甘，大者謂之鰹，小者謂之鮵。俗呼烏魚、七星魚。

魚麗于罶，鰋鯉。君子有酒，旨且有羽己切。

震按：鰋，郭璞云「今偃額白魚」。毛傳以鮎訓鰋，失爾雅之讀田候切也。

物其多矣，維其嘉居何切矣。

物其旨矣，維其偕舉里切矣。

物其有矣，維其時矣。

魚麗六章　集傳：「此燕饗通用之樂歌，即燕饗所薦之羞，而極道其美且多，見主人禮意之勤，以優賓也。」

由庚　辭亡

南有嘉魚，烝然罩罩。君子有酒，嘉賓式燕以樂音洛。

毛傳：「江、漢之間，魚所産也。罩罩，篧也。」捕魚籠也，又名楚篧，或以竹，或以荆爲之。

王肅曰：「烝，衆也。」正義：「重云罩罩者，非一也。」

南有嘉魚，烝然汕汕。君子有酒，嘉賓式燕以衎。

毛傳：「汕汕，樔也。衎，樂也。」鄭箋：「樔者，今之撩罟也。」李巡云：「以薄汕魚。」

南有樛木，甘瓠纍之。君子有酒，嘉賓式燕綏之。

翩翩者鵻，烝然來六直切思。君子有酒，嘉賓式燕又夷至切思。

鄭箋：「又，復也。」正義：「思皆爲辭。燕又燕，頻與之燕，言親之甚也。」

南有嘉魚四章　毛詩序：「樂與賢也。」

崇丘　辭亡

南山有臺田飴切，北山有萊陵之切。樂音洛只君子，邦家之基。樂只君子，萬壽無期。

毛傳：「臺，夫須也。」震按：臺，今之山莎也，可爲簑笠。萊，藜也。

南山有桑，北山有楊。樂只君子，邦家之光。樂只君子，萬壽無疆。

南山有杞，北山有李。樂只君子，民之父母滿彼切。樂只君子，德音不已。

南山有栲去九切，北山有杻。樂只君子，遐不眉壽。樂只君子，德音是茂莫口切。

南山有枸古厚切，北山有楰容九切。樂只君子，遐不黃耇。樂只君子，保艾爾後。

毛傳：「枸，枳枸。楰，鼠梓。黃，黃髮也。舍人曰：「老人髮白復黃也。」耇，老。孫炎曰：「耇，面凍梨色如浮垢。」艾，養。保，安也。」震按：枳枸，亦謂之椇，枸、椇，一聲之轉，今人直讀枸如椇矣。或謂之雞距、又名樹密、白石、木珊瑚、枳枸。説文作「積椒」。鼠梓，或謂之虎梓，或謂之苦楸。

南山有臺五章　毛詩序：「樂得賢也。」余曰：魚麗盡燕賓之誠敬也，南有嘉魚，有與賢不倦之意焉，南山有臺，有得賢以保其子孫黎民之意焉。皆爲樂工之辭。而燕饗賓客通用之。

由儀　辭亡。鄭箋曰：「此三篇者，鄉飲酒、燕禮亦用焉。曰：乃間歌魚麗，笙由庚。歌南有嘉魚，笙崇丘。歌南山有臺，笙由儀。」

蓼音六彼蕭斯，零露湑兮。既見君子，我心寫想羽切兮。燕笑語兮，是以有譽處兮。

毛傳：「蓼，長大貌。湑湑然，蕭上露貌。寫，輸寫其心也。」

蓼彼蕭斯，零露瀼瀼。既見君子，爲龍古字龍、寵通。爲光。其德不爽，壽考不忘。

毛傳：「瀼瀼，露蕃貌。」

蓼彼蕭斯，零露泥泥。既見君子，孔燕豈亦作「愷」弟亦作「悌」。宜兄宜弟，令德壽豈去幾切。

毛傳：「泥泥，霑濡也。豈，樂音洛。弟，易夷豉切也。」

蓼彼蕭斯，零露濃濃。既見君子，鞗革沖沖。和鸞雝雝，萬福攸同。

毛傳：「濃濃，厚貌。鞗，轡也。革，轡首也。沖沖，垂飾貌。」韓傳：「鸞在衡，和在軾。」

大戴禮：「在衡爲鸞，在軾爲和。馬動而鸞鳴，鸞鳴而和應。」

蓼蕭四章　集傳：「諸侯朝于天子，天子與之燕以示慈惠，故歌此詩。」

湛湛露斯，匪陽不晞。厭厭於鹽切夜飲，不醉無歸。

毛傳：「湛湛，露茂盛貌。陽，日也。晞，乾也。厭厭，安也。夜飲，私燕也。」鄭箋：「燕飲之禮，宵則兩階及庭門，皆設大燭焉。」

湛湛露斯，在彼豐草此苟切。厭厭夜飲，在宗載考去苟切。

毛傳：「豐，茂也。夜飲必於宗室。」鄭箋：「載之言則也。考，成也。」輔廣曰：「載考，謂成其禮。」

湛湛露斯，在彼杞棘。顯允君子，莫不令德。

其桐其椅於何切，其實離離良何切。豈弟君子，莫不令儀牛何切。

毛傳：「離離，垂也。」

湛露四章　毛詩序：「天子燕諸侯也。」春秋傳：甯武子曰「昔諸侯朝正於王，王宴樂之，於是乎賦湛露。則天子當陽，諸侯用命也〔一〇〕。」

彤弓弨兮，受言藏之。我有嘉賓，中心貺之。鐘鼓既設，一朝饗之。

毛傳：「彤弓，朱弓也。弨，弛貌。」鄭箋：「貺者，欲加恩惠也。大飲賓曰饗，一朝，猶早朝。」正義：「一朝者，王殷勤于賓，早朝而即行禮。」呂祖謙曰：「弓人所獻，藏之王府以待有功。」

彤弓弨兮，受言載子置切之。我有嘉賓，中心喜之。鐘鼓既設，一朝右羽己切之。

集傳：「載，抗之也。」劉瑾曰：「載彤弓於弓檠，抗弓體使正，言其藏之謹也。」震按：右，勸尚也。

彤弓弨兮，受言櫜居侯切之。我有嘉賓，中心好許侯切之。鐘鼓既設，一朝醻之。

毛傳：「櫜，韜也。醻，報也。」鄭箋：「飲酒之禮，主人獻賓，賓酢主人，主人又飲而酌賓，謂之醻。醻，猶厚也，勸也。」

彤弓三章　毛詩序：「天子錫有功諸侯也。」春秋傳甯武子曰：「諸侯敵王所愾，而獻其功，王於是乎賜之彤弓一，彤矢百，玈弓矢千，以覺報宴。」

菁菁者莪，在彼中阿。既見君子，樂音洛且有儀牛何切。

毛傳：「菁菁，盛貌。莪，蘿蒿也。又名抱孃蒿。大陵曰阿。」

菁菁者莪，在彼中沚。既見君子，我心則喜。

菁菁者莪，在彼中陵。既見君子，錫我百朋。

震按：二貝爲朋。

汎汎楊舟，載沈載浮。既見君子，我心則休。

菁菁者莪四章　毛詩序：「樂育材也。」余曰：此天子以時視學，學士見而美之也。錫我百朋，樂其教育之辭與？

鹿鳴之什十六篇，七十六章，四百三十五言，千七百五十一名。六篇有目辭亡。

校　注

〔一〕乞　原作「也」，據影印宋刊本詩集傳改。

〔二〕記曰　詩集傳原文無此二字，此爲戴氏所加。其下「私惠」兩句係禮記緇衣篇文。

〔三〕鄭箋　毛詩正義作「箋云」。阮元校云：「正義云集注及定本皆無『箋云』兩字，是。自此盡『辭王事』，並屬傳也。」

〔四〕鄭箋　二字原脱，「如濡言鮮澤也」六字誤置在「毛傳」下，今依阮元校本毛詩正義改正。又「説文諏聚謀也」

六字從末尾移「鄭箋」前，並依本書義例改爲小字夾注。

〔五〕「踐，陳列貌」爲鄭箋。

〔六〕騫　原作「搴」，據毛詩原文改。下引毛傳「騫」字不誤。

〔七〕十月爲陽　阮元校本毛詩正義載鄭箋「陽」字下有「時」字。

〔八〕傷　原作「悲」，據毛詩原文改。

〔九〕「鱧，鮦也」　陳奐詩毛氏傳疏作「鱧，鯇也」，並考證因爾雅定本「改此傳文『鯇』作『鮦』」，其紕繆甚矣」。王先謙詩三家義集疏「鮦」作「鯇」與陳本同，並引馬瑞辰曰：「鯇、鱓古今字，即今俗稱鱓子魚。」

〔一〇〕所引甯武子語見左傳文公四年。

毛詩補傳卷十七

小雅二

六月之什

六月棲棲，戎車既飭。四牡騤騤，載是常服蒲北切。玁狁孔熾，我是用戒訖力切。鹽鐵論引此仍作「戒」，今譌作「急」。非韻。王于出征，以匡王國于逼切。

毛傳：「熾，盛也。」鄭箋：「記六月者，盛夏出兵，明其急也。戎車之常服，韋弁服也。以淺赤韋爲弁，又以爲衣，而素裳白舄也。匡，正也。」集傳：「棲棲，猶皇皇，不安之貌。」

比毗志切物四驪，閑之維則。維此六月，既成我服。我服既成，于三十里。王于出征，以佐天子。

毛傳：「則，法也。師行三十里。」正義：「校人注云『毛馬，齊其色。物馬，齊其力』。然則比物者，比同力之物。戎事齊力尚强，不取其色。而言四驪者，雖以齊力爲主，亦不厭其同色也。」

四牡脩廣，其大有顒。薄伐玁狁，以奏膚公。有嚴有翼，共武之服。共武之服，以定王國。

毛傳：「脩，長。廣，大也。顒，大貌。膚，大。公，功也。嚴，威嚴也。翼，敬也。」鄭箋：「服，事也。」

玁狁匪茹，整居焦穫。侵鎬及方，至于涇陽。織音志文鳥章，白旆央央。元戎十乘繩證切，以先啓行户郎切。

毛傳：「焦穫，周地接于玁狁者。鳥章，錯革鳥爲章也。鳥隼爲旟。白旆，繼旐者也。央央，鮮明貌。元，大也。夏后氏曰鉤車，先正也。鉤鞶行曲直有正也。殷曰寅車，先疾也。寅，進也。周曰元戎，先良也。」鄭箋：「茹，度徒洛切也。鎬也、方也，皆北方地名。王基云：「鎬去京師千里。」織，徽織也(一)。」正義：「在軍爲徽號之織，史記、漢書謂之旗幟。」震按：焦穫，藪，爾雅注以爲瓠中，又名冶谷，河渠書：「秦鑿涇水自中音仲山即今九嵕之東仲山。西邸瓠口爲渠。」瓠口，封禪書所謂寒門谷口。冶水出谷處，亦謂之東谷口也。在馮翊池陽，故其語曰「田于何所，池陽谷口」。今西安府三原縣。涇陽，漢涇陽朝那之地，屬安定，今平涼府平涼縣。皆周京之西北。

戎車既安，如輊如軒。四牡既佶，既佶且閑。薄伐玁狁，至于大音泰原。文武吉甫，萬邦爲憲。

毛傳：「輊，摯也。吉甫，尹吉甫也，有文有武。憲，法也。」鄭箋：「戎車之安，從後視之如摯，從前視之如軒，然後適調也。佶，壯健之貌。吉甫，此時大將子亮切也。」震按：車前下曰輊，前高曰軒。大原，漢書賈捐言「秦地北不過太原」者是也。在漢安定高平，今平涼府固原州。非晉地之太原也。晉之太原在今山西太原府周京之東千餘里，去涇陽遠甚。

吉甫燕喜，既多受祉。來歸自鎬，我行永久舉里切。飲於鴆切御諸友羽己切，炰鱉膾鯉。侯誰在此里切矣，張仲孝友。

毛傳：「祉，福也。侯，維也。善父母爲孝，善兄弟爲友。」鄭箋：「張仲，吉甫之友。」震按：鎬當近高平。玁狁之侵，自鎬、方至涇陽，故伐之自涇陽逐至高平也。御，猶迓也。

六月六章　毛詩序：「宣王北伐也。」

薄言采芑，于彼新田徒鄰切，于此菑畝滿彼切。方叔涖止，其車三千倉新切，師干之試。方叔率止，乘其四騏，四騏翼翼。路車有奭，簟茀魚服蒲北切，鉤膺鞗革。

毛傳：「芑，菜也。田一歲曰菑，二歲曰新田，三歲曰畬。方叔，卿士也，受命而爲將子亮切也。涖，臨也。奭，赤貌。」鄭箋：「率者，率此戎車士卒而行也。翼翼，壯健貌。」程子曰：「師干，猶今云兵甲也。試，肄習也。衆且練也。」震按：芑，或謂之苦苣，或謂之白苣。陸璣云：「似苦菜也。莖青白色，摘其葉，白汁出，脆，可生食。」鉤，周禮注云：「婁領之鉤也。」膺，婁胸也。

薄言采芑，于彼新田，于此中鄉。方叔涖止，其車三千，旂旐央央。方叔率止，約軝錯衡戶郎切，八鸞瑲瑲。服其命服，朱芾斯皇，有瑲葱珩戶郎切。

毛傳：「軝，長轂之軝也，朱而約之。錯衡，文衡也。瑲瑲，聲也。朱芾，黄朱芾也。皇，猶煌煌也。瑲，珩聲也。葱，蒼也。三命葱珩。」震按：幬轂革謂之軝。朱而約之，言朱其革以幬于幹也軝，亦作「軧」。

鴥彼飛隼息止切，其飛戾天鐵因切，亦集爰止。方叔涖止，其車三千，師干之試。方叔率止，鉦人伐鼓，陳師鞠旅。顯允方叔，伐鼓淵淵一均切，振旅闐闐徒鄰切。

毛傳：「戾，至也。伐，擊也。鞠，告也。淵淵，鼓聲也。入曰振旅，復長張丈切幼也。」鄭箋：「隼，急疾之鳥也。鉦也、鼓也，各有人焉。言鉦人伐鼓，互言爾。程子曰：「鉦人，擊鉦者。伐鼓，擊鼓者。」二千五百人爲師，五百人爲旅，此言將戰之日，陳列其師旅誓告之也。陳師、告旅，亦互言之。伐鼓淵淵，謂戰時進士衆也。至戰止將歸，又振旅伐鼓闐闐然。

振，猶止也。旅，衆也。春秋傳曰：出曰治兵，入曰振旅，其禮一也。」正義云：「謂擊鼓動衆，坐作進退如一也。」震按：鉦，或謂之丁寧。國語云：「戰以錞于、丁寧，儆其民也〔二〕。」

蠢爾蠻荆，大邦爲仇。方叔元老魯吼切，克壯其猶。方叔率止，執訊獲醜。戎車嘽嘽，嘽嘽焞焞，如霆如雷。顯允方叔，征伐玁狁，蠻荆來威。

毛傳：「蠻荆，荆州之蠻也。元，大也。嘽嘽，衆也。焞焞，盛也。」鄭箋：「猶，謀也。方叔先與吉甫征伐玁狁，今特往伐蠻荆。」

采芑四章　毛詩序：「宣王南征也。」

我車既攻，我馬既同。四牡龐龐盧紅切，駕言徂東。

毛傳：「攻，堅。同，齊也。宗廟齊豪，尚純也。戎事齊力，尚强也。田獵齊足，尚疾也。龐龐，充實也。東，洛邑也。」

田車既好許厚切，四牡孔阜。東有甫草此苟切，駕言行狩。

鄭箋：「甫草者，甫田之草也。鄭有圃田。」正義：「職方豫州其澤藪曰圃田。宣王之時，未有鄭國，圃田在東都畿内，故宣王得往田焉。」震按：圃田，一名原圃。漢志：「河南中牟，圃田澤在西。」今屬河南開封府。

之子于苗，選徒囂囂。建旐設旄，搏獸于敖。

毛傳：「之子，有司也。夏獵曰苗。囂囂，聲也，維數車徒者爲有聲也。」鄭箋：「敖，鄭地。今近滎陽。」震按：敖山在滎陽西北，山上有城。秦置倉于其中，故亦曰敖倉。城屬河南。今河南開封府滎澤縣。

駕彼四牡，四牡奕奕。赤芾金舄，會同有繹。

毛傳：「言諸侯來會也。時見曰會，殷見曰同。」正義：「此云金舄者，即禮之赤舄也。加金爲飾，故謂之金舄。」程子曰：「有繹，聯屬。」

決拾既佽，弓矢既調。射夫既同，助我舉柴子智切。

毛傳：「決，鉤弦也。拾，遂也。柴，積也。」説文引詩作「𩫖」。張衡西京賦作「掌」。鄭箋：「佽，謂手指相次比也。調，謂弓强弱與矢輕重相得。」正義：「決，著直略切于右手大指，所以鉤弦開體。遂，著于左臂所以遂弦。」集傳：「射夫，蓋諸侯來會者。同，協也。」

四黄既駕古卧切，兩驂不猗於何切。不失其馳唐何切，舍音捨矢如破。

集傳：「猗，偏倚不正也。馳，馳驅之法也。」

蕭蕭馬鳴，悠悠旆旌。徒御不驚，大庖不盈。

集傳：「蕭蕭、悠悠，皆閑暇之貌。徒，步卒也。御，車御也。驚，如漢書『夜，軍中驚』之驚。不驚，言比卒事不喧嘩也。大庖，君庖也。不盈，言取之有度，不極欲也。」

之子于征，有聞音問無聲。允矣君子，展也大成。

程子曰：「『有聞無聲』，聞師之行，而不聞其聲，言至肅。」

車攻八章　毛詩序：「宣王復古也。宣王能内修政事，外攘夷狄，復文武之竟土。修車馬，備器械，復會諸侯于東都，因田獵而選車徒焉。」

吉日維戊莫口切，既伯既禱丁口切。田車既好許厚切，四牡孔阜。升彼大阜，從其羣醜。

毛傳：「伯，馬祖也。」鄭箋：「戊，剛日也。醜，衆也。田而升大阜，從禽獸之羣衆也。」

正義：「鄭云『馬祖，天駟』。釋天云『天駟，房也』。孫炎曰『龍爲天馬，故房四星謂之天駟』。鄭亦引孝經説曰『房爲龍馬』是也。」

吉日庚午，既差我馬滿補切。獸之所同，麀鹿麌麌。漆、沮之從，天子之所。

毛傳：「外事以剛日。差，擇也。鹿牝曰麀。麌麌，衆多也。從漆沮驅禽，而至天子之所。」鄭箋：「同，猶聚也。」震按：漆、沮，在涇東渭北，先儒以雍州浸之洛水當之。漆水，酈道元以爲濁水，首受大黑泉者。出馮翊雲陽，今西安府淳化縣。沮水，出子午嶺。在北地直路，今延安府鄜州中部縣。洛水，出白於山。又名女郎山，在北地郁郅，今慶陽府安化縣。自秦、漢之際，鑿引諸渠以資灌溉。漆、沮與洛入渭故道，不可考矣。洛大而漆、沮小。禹貢言漆、沮不言洛，豈洛無待施功，亦猶彭蠡以上之山水不見于經邪？漆、沮皆洛西之水，與「自土沮漆」者別。

瞻彼中原，其祁孔有羽己切。儦儦俟俟，或羣或友羽己切。悉率左右羽己切，以燕天子。

毛傳：「祁，大也。趨則儦儦，行則俟俟。獸三曰羣，二曰友。」

既張我弓，既挾我矢。發彼小豝，殪此大兕。以御賓客，且以酌醴。

毛傳：「殪，一發而死。言能中微而制大也。」

吉日四章　毛詩序：「美宣王田也。」

鴻雁于飛，肅肅其羽。之子于征，劬勞于野上與切。爰及矜人，哀此鰥寡。

毛傳：「肅肅，羽聲也。劬勞，病苦也。矜，憐也。老無妻曰鰥，偏喪息浪切曰寡。」集傳：「征，行也。」

鴻雁于飛，集于中澤達各切。之子于垣，百堵皆作。雖則劬勞，其究安宅達各切。

毛傳：「中澤，澤中也。一丈爲板，五板爲堵。」正義：「板廣二尺，故周禮說一堵之牆，長丈高一丈。」集傳：「究，終也。」

鴻雁于飛，哀鳴嗸嗸。維此哲人，謂我劬勞。維彼愚人，謂我宣驕。

鴻雁三章　毛詩序：「美宣王也。萬民離散，不安其居，而能勞來還定，安集之。至于矜寡，無不得其所焉。」

夜如何其音基？夜未央，庭燎之光。君子至止，鸞聲將將「鏘」同。

毛傳：「庭燎，大燭。」于庭設大燭。震按：胡周父訓央爲中。夜未中而曰庭燎、鸞聲，王心警于視朝直遥切。意之之辭也。

夜如何其？夜未艾魚肺切，庭燎晣晣。君子至止，鸞聲噦噦。

夜如何其？夜向晨，庭燎有煇許云切。君子至止，言觀其旂渠斤切。

毛傳：「煇，光也。」鄭箋：「朝禮，別色始入。」

庭燎三章　毛詩序：「美宣王也。」

沔彼流水，朝直遥切宗于海虎洧切。鴥彼飛隼息止切，載飛載止。嗟我兄弟，邦人諸友羽己切，莫肯念亂，誰無父母滿彼切！

毛傳：「沔，水流滿也。」

沔彼流水，其流湯湯失羊切。鴥彼飛隼，載飛載揚。念彼不蹟，載起載行户郎切。心之憂矣，不可弭忘。

毛傳：「不蹟，不循道也。弭，止也。」鄭箋：「湯湯，波流盛貌。」集傳：「載起載行，言憂念之深，不遑寧處也。」

鴥彼飛隼，率彼中陵。民之訛言，寧莫之懲！我友敬矣，讒言其興。章首脱二句。

沔水三章　集傳：「此憂亂之詩。」陳櫟曰：「始念亂而憂及父母，終憂讒而敬以反身。憂之中不忘孝敬，詩人忠厚之意也。」

鶴鳴于九皋，聲聞音問于野上與切。魚潛在淵，或在于渚。樂音洛彼之園，爰有樹檀，其下維蘀。他山之石常約切，可以爲錯。

韓傳：「九皋，九折之澤。」震按：王逸注楚辭云「澤曲曰皋」。錯，説文「厲石也」。説文引詩作「厝」。

鶴鳴于九皋，聲聞于天鐵因切。魚在于渚，或潛在淵一均切。樂彼之園，爰有樹檀，其下維穀。他山之石，可以攻玉。

震按：穀，楮也。

鶴鳴二章　毛詩序：「誨宣王也。」

祈父音甫，予王之爪牙五胡切。胡轉予于恤，靡所止居？

毛傳：「祈父，司馬也，職掌封圻之兵甲。祈、圻、畿同。恤，憂也。」震按：凡軍士皆王之爪牙也，不宜使爪牙困敝，何使之轉于憂恤中，無復安居之望乎！詩作于役久困敝，非謂不應從征也。「轉」之爲言，有遷轉不已之意。

祈父，予王之爪士。胡轉予于恤，靡所底止？

祈父，亶不聰。胡轉予于恤，有母之尸饔！

毛傳：「熟食曰饔。」

祈父三章　毛詩序：「刺宣王也。」呂祖謙曰：「責司馬者，不敢斥王也。」王應麟曰：「通鑑外紀：宣王三十三年，王伐太原戎，不克。三十八年，王伐條戎、奔戎，王師敗績。三十九年，戰于千畝，王師敗績于姜氏之戎。四十一年王征申戎，破之。轉予于恤，蓋謂此四役也。」

皎皎白駒，食我場苗。縶之維之，以永今朝。所謂伊人，於焉逍遥？

毛傳：「縶，絆。維，繫也。」正義：「此宜云圃，而曰場者，以場圃同地爾。」嚴粲曰：「圃中之苗，則菜茹之嫩者。」

皎皎白駒，食我場藿。縶之維之，以永今夕祥勺切。所謂伊人，於焉嘉客克各切？

震按：說文：「藿，菽之少去聲也。」

皎皎白駒居侯切，賁音奔然來思。爾公爾侯，逸豫無期。慎爾優游，勉爾遁思。

毛傳：「賁，飾也。」

皎皎白駒，在彼空谷。生芻一束，其人如玉。毋金玉爾音，而有遐心。

鄭箋：「毋愛女音汝聲音，而有遠我之心。」

白駒四章　毛詩序：「大夫刺宣王也。」鄭箋曰：「刺其不能留賢也。」

黃鳥黃鳥，無集于穀，無啄我粟。此邦之人，不我肯穀。言旋言歸，復我邦族。

毛傳：「穀，善也。」鄭箋：「復，反也。」

黃鳥黃鳥，無集于桑，無啄我粱。此邦之人，不可與明謨郎切。言旋言歸，復我諸兄虛王切。

黃鳥黃鳥，無集于栩，無啄我黍。此邦之人，不可與處。言旋言歸，復我諸父。

黃鳥三章　毛詩序：「刺宣王也。」集傳：「民適異國，不得其所，故作此詩。」

我行其野上與切，蔽芾其樗。昏姻之故，言就爾居。爾不我畜，復我邦家占胡切。

毛傳：「畜，養也。」鄭箋：「婦之父壻之父相謂昏姻。」

我行其野，言采其蓫。昏姻之故，言就爾宿。爾不我畜，言歸思復。

震按：蓫，莊子謂之羊奚，廣雅謂之羊蹏。蓫，亦作「蓄」。廣雅訛作「堇」，又名禿菜。

我行其野，言采其葍筆力切。不思舊姻，求爾新特。成論語作「誠」不以富方未切，亦祇以異。

鄭箋：「葍，葍也。」震按：葍，詩疏謂之燕葍，或謂之蒤。

我行其野三章　毛詩序：「刺宣王也。」集傳：「民適異國，依其昏姻，而不見收恤，故作此詩。」

秩秩斯干，幽幽南山。如竹苞逋侯切矣，如松茂莫口切矣。兄及弟矣，式相好許候切矣，無相猶當作「尤」矣。

集傳：「干，水涯也。」

似續妣祖，築室百堵，西南其户。爰居爰處，爰笑爰語。

毛傳：「似，嗣也。」鄭箋：「妣，先妣姜嫄也。祖，先祖也。」正義：「天子之宫，其室非一。在北者南户，在東者西户爾。故孫毓云猶東南其畝。」

約之閣閣，椓之橐橐。風雨攸除直慮切，鳥鼠攸去，君子攸芋香于切。

毛傳：「閣閣，猶歷歷也。橐橐，用力也。芋，大也。」鄭箋：「約，縮板也。」

如跂斯翼，如矢斯棘，如鳥斯革。如翬斯飛，君子攸躋。

毛傳：「躋，升也。」鄭箋：「伊、洛而南，素質五色皆備成章曰翬。」集傳：「跂，竦立也。翼，敬也。棘，急也。矢行緩則枉，急則直也。革，變。翬，雉也。言其大勢嚴正，如人之竦立而其恭翼翼也。其廉隅整飭，如矢之急而直也。其棟宇峻起，如鳥之警而革也。其簷阿華采而軒翔，如翬之飛而矯其翼也。」

殖殖其庭，有覺其楹，噲噲其正，噦噦其冥，君子攸寧。

毛傳：「殖殖，言平正也。有覺，言高大也。」鄭箋：「覺，直也。噲噲，猶快快也。」集傳：「正，向明之處也。噦噦，深遠之貌。冥，奧窔之間也。」

下莞上簟徒錦切，乃安斯寢。乃寢乃興，乃占我夢莫登切。吉夢維何？維熊維羆彼禾切，維虺維蛇唐禾切。

鄭箋：「莞，小蒲之席也。竹葦曰簟。」震按：熊，似豕，蹯類人掌。山居冬蟄。羆，如熊，黃白文。虺，似蛇而小，土色，所在有之。非爾雅之蝮虺也。吳語曰：「爲虺弗摧，爲蛇將若何。」

大人占之，維熊維羆。男子之祥。維虺維蛇，女子之祥。

乃生男子，載寢之牀，載衣於既切之裳，載弄之璋。其泣喤喤胡光切，朱芾斯皇，室家君王。

毛傳：「半珪曰璋。皇，猶煌煌也。芾者，天子純朱，諸侯黄朱。」

乃生女子，載寢之地，載衣之裼，載弄之瓦五果切。無非無儀牛何切，唯酒食是議牛何切，無父母詒罹良何切。

毛傳：「裼，褓也。裼，韓詩、説文並作『禘』，齊人名小兒被爲禘。瓦，紡塼也。罹，憂也。」鄭箋：「儀，善也。婦人無所專於家事：有非，非婦人也；有善，亦非婦人也。」

斯干九章　毛詩序：「宣王考室也。」鄭箋：「考成也。」

誰謂爾無羊？三百維羣。誰謂爾無牛？九十其犉。爾羊來思，其角濈濈。爾牛來思，其耳溼溼。

毛傳：「聚其角而息，濈濈然。説文：『濈，和也。』呞而動其耳，溼溼然。呞、齝、齝通。」震按：爾雅「牛七尺爲犉」。

或降于阿，或飲于池唐何切，或寢或訛。爾牧來思，何何可切蓑何笠，或負其餱。三十維物，爾牲則具轉讀其未切，與物韻。

毛傳：「訛，動也。何，揭也。」何楷曰：「物，謂毛物。」

爾牧來思，以薪以蒸，以雌以雄于陵切。爾羊來思，矜矜兢兢，不騫不崩。麾之以肱，畢來既升。

毛傳：「矜矜兢兢，以言堅强也。騫，虧也。崩，羣疾也。肱，臂也。升，升入牢也。」鄭箋：「此言牧人有餘力則取薪蒸，搏禽獸以來歸也。粗曰薪，細曰蒸。」

牧人乃夢，衆維魚矣，旐維旟矣。大人占之，衆維魚矣，實維豐年泥因切。旐維旟矣，室家溱溱。

毛傳：「陰陽和則魚衆多矣。溱溱，衆也。旐旟，所以聚衆也。」鄭箋：「溱溱，子孫衆多也。」震按：「衆維魚矣」，言夢而見魚之衆有〔三〕。「旐維旟矣」，言夢而見旐與旟。

無羊四章　毛詩序：「宣王考牧也。」

六月之什十四篇，五十九章，三百七十五言，千五百三名。

校　注

〔一〕徵織　阮元校以爲「徵」當作「徽」，「釋文、正義皆作「徽」。　又陳奂詩毛氏傳疏認爲「織，當作識」。王先謙詩三家義集疏箋作「徽識」。段玉裁說文注云：「微，各書作徽，容是叚借。」

〔二〕戰以錞于、丁寧　見國語晉語五，韋昭注：「錞于，形如碓頭。」周禮地官鼓人鄭玄注：「其形圓如碓。」又吴語「鳴鐘鼓丁寧」，韋注：「丁寧，鉦也。」此或爲戴氏所本。

〔三〕衆有　謂衆多。列子說符張湛注：「有，猶富也。」「富」與「多」意通。

毛詩補傳卷十八

小雅三

節南山之什

節彼南山，維石巖巖。赫赫師尹，民具爾瞻。憂心如惔，不敢戲談。國既卒斬，何用不監？

毛傳：「節，高峻貌。節，亦作「巀」。師，大音泰師，周之三公也。尹，尹氏，爲大師。惔，燔也。卒，盡。斬，斷。監，視也。」

節彼南山，有實其猗於何切。赫赫師尹，不平謂何？天方薦瘥，喪息浪切亂弘多。民言無嘉，憯莫懲嗟子婆切。居何切，

毛傳：「薦，重薦、荐通。瘥，病。弘，大也。憯，曾也。」震按：「有實其猗」，言草木之猗猗長茂者，皆能成其實，以見生物之平也。

尹氏大音泰師，維周之氐。秉國之均與「鈞」通，四方是維。天子是毗，俾民不迷。不弔昊天，

不宜空我師。

毛傳：「氐，本也。空，窮也。」鄭箋：「毗，輔也。」集傳：「弔，愍。師，衆也。」震按：均，讀如「鈞石」之鈞。「秉國之均」，猶言持國之權衡也。

弗躬弗親，庶民弗信。弗問弗仕，勿罔君子。式夷式已，無小人殆養里切。瑣瑣姻亞，則無膴仕。

毛傳：「夷，平也。瑣瑣，小貌。兩壻相謂曰亞。膴，厚也。」王氏曰：「已，廢退也。孟子所謂『士師不能治事則已之』，與此『已』同義。」集傳：「仕，事。罔，欺也。」

昊天不傭，降此鞠訩。昊天不惠，降此大戾。君子如屆居氣切，俾民心闋苦聿切。君子如夷，惡烏怒切怒是違。

毛傳：「傭，均。闋，息。違，去也。」鄭箋：「屆，至也。」集傳：「鞠，窮。訩，亂也。」

不弔昊天，亂靡有定。式月斯生，俾民不寧。憂心如酲，誰秉國成？不自爲政，卒勞百姓。

毛傳：「酒病曰酲。」嚴粲曰：「國之有成，乃法度紀綱。一成而不可變，人主所操執，天下所遵守者。今誰秉持之乎？師尹實秉持之。而乃不自爲政，信任姻亞，羣小用事，終勞苦我百姓也。」

駕彼四牡，四牡項領。我瞻四方，蹙蹙靡所騁。

毛傳：「項，大也。」鄭箋：「蹙蹙，縮小之貌。」

方茂爾惡，相息亮切爾矛矣。既夷既懌，如相醻矣。

正義：「言相惡既深，和解又疾，皆是無常小人。故使政教亂也。」

昊天不平，我王不寧。不懲其心，覆怨其正。

集傳：「尹氏之不平，若天使之，故曰『昊天不平』。若是，則我王亦不得寧矣。然尹氏猶不自懲創其心，乃反怨人之正己者，則其爲惡何時而已哉！」

家父音甫作誦，以究王訩。式訛爾心，以畜許六切萬邦卜工切。

毛傳：「家父，大夫也。」鄭箋：「訛，化也。」

節南山十章據春秋傳，此詩篇題但有「節」之一字。

毛詩序：「家父刺幽王也。」

正月繁霜，我心憂傷。民之訛言，亦孔之將。念我獨兮，憂心京京居良切。哀我小心，癙憂以痒。

毛傳：「正月，夏之四月。建巳之月純陽用事。將，大也。京京，憂不去也。」鄭箋：「訛，僞也。」集傳：「癙憂，幽憂也。痒，病也。」

父母生我，胡俾我瘉容九切？不自我先，不自我後。好言自口，莠言自口。憂心愈愈容九切，是以有侮莫厚切。

毛傳：「痡，病也。愈愈，憂懼也。」顧炎武曰：「莠言，穢言也。」

憂心惸惸，念我無禄。民之無辜，并其臣僕。哀我人斯，于何從禄？瞻烏爰止，于誰之屋？

毛傳：「惸惸，憂意也。」鄭箋：「無禄者，言不得天禄。自傷值今生也。辜，罪也。言王既刑殺無罪，并及其家之賤者，不止于所罪而已。當于何從得天禄，免于是難？」朱善曰：「于誰之屋，未見其所止之處也。」

瞻彼中林，侯薪侯蒸。民今方殆，視天夢夢莫登切。既克有定，靡人弗勝。有皇上帝，伊誰云憎？

鄭箋：「侯，維也。」集傳：「夢夢，不明也。皇，大也。上帝，天之神也。」震按：自方危殆之時，視天夢夢然，不知天之意。使人能有定，則亦無人不勝天者矣。天本未嘗有所憎惡烏路切故也。既克云者，期望以人定勝天之理，不至終危殆不救也。

謂山蓋卑，爲岡爲陵。民之訛言，寧莫之懲。召彼故老，訊之占夢。具曰予聖，誰知烏之雌雄于陵切！

毛傳：「訊，問也。」集傳：「故老，舊臣也。占夢，官名。掌占夢者也。」

謂天蓋高，不敢不局居亦切。謂地蓋厚，不敢不蹐。維號斯言，有倫有脊。哀今之人，胡爲虺蜴？

毛傳：「局，曲也。蹐，累足也。脊，理也。蜴，螈也。」爾雅：「蠑螈，蜥蜴。」螈，史記作蚖。鄭箋：「虺蜴之性，見人則走，哀哉今之人，何爲若是？傷時政也。」正義云：「民聞王政，莫不逃避。」

瞻彼阪田，有菀其特。天之扤我，如不我克。彼求我則，如不我得。執我仇仇，亦不我力。

毛傳：「扤，動也。搖動摧兀之意。仇仇，猶謷謷也。」爾雅：「仇仇、敖敖，傲也。」郭注：「皆傲慢賢者。」鄭箋：「阪田，崎嶇墝埆之處，而有菀然茂特之苗。彼，彼王也。王之始徵求我，如恐不得我，王既得我，執留我。其禮待我謷謷然，亦不問我在位之功力，言其有貪賢之名，無用賢之實。」

心之憂矣，如或結之。今茲之正，胡然厲矣。燎之方揚，寧或滅之。赫赫宗周，褒姒威之。

毛傳：「厲，惡也。宗周，鎬京也。褒，國也。姒，姓也。威，滅也。有褒國之女，幽王惑焉，而以爲后。」鄭箋：「正，長也。心憂如有結之者，憂今此之君臣，何一然爲惡如是。火田爲燎。」

終其永懷，又窘陰雨。其車既載去聲，乃棄爾輔。載如字輸爾載去聲，將七羊切伯助予。

毛傳：「將，請。伯，長張丈切也。」鄭箋：「以車之載物，喻王之任國事也。棄輔，喻遠于萬切賢也。輸，墮也。棄女車輔，則墮女之載才再切，乃請長者見助，以言國危而求賢者已晚矣。」正義：「爲車不言作輔，蓋如今人縛杖于輻，以防輔車也。」

無棄爾輔，員音云于爾輻筆力切。屢顧爾僕，不輸爾載節力切。終踰絶險，曾是不意於力切。

毛傳：「員，益也。」胡一桂曰：「此尚欲救其危亡，教之用賢也。言苟能如上文所戒，尚可以踰歷絶險之地而保其終也。顧乃曾是不以爲意乎！」

魚在于沼，亦匪克樂音洛。潛雖伏矣，亦孔之炤。憂心慘慘當作「懆」，念國之爲虐。

彼有旨酒，又有嘉殽。洽比毗志切其鄰，昏姻孔云本又作「員」。念我獨兮，憂心慇慇。

毛傳：「洽，合。云，旋也。甚相與周旋。慇慇然痛也〔一〕。」

佌佌彼有屋，蔌蔌方穀。釋文云：「方穀，本或作『方有穀』者，非也。」民今之無禄，天夭是椓都木切。

毛傳：「佌佌，小也。蔌蔌，陋也。哿，可。獨，單也。」鄭箋：「穀，禄也。」集傳：「夭，禍。椓，害也。亂至於此，富人猶或可勝，惸獨甚矣。」

哿矣富人，哀此惸獨。

正月十三章　毛詩序：「大夫刺幽王也。」

十月之交，朔月辛卯〔二〕莫後切。日有食之，亦孔之醜。彼月而微，此日而微。今此下民，亦孔之哀於希切。

毛傳：「之交，日月之交會。月臣道。日君道。」鄭箋：「周之十月，夏之八月也。」震按：交者，月道交于黄道也。月以黄道爲中，其南至，則在黄道南不滿六度。步算家謂之陽曆。其北至，則在黄道北不滿六度。謂之陰曆。其自北而南，其交爲中交。斜穿黄道而過，是爲交。交乃有食。以步算之法上推，幽王六年乙丑建酉之月，辛卯朔，辰時日食。詩據周正十月，非夏正以爲夏十月、周十二月建亥者，失之。凡日食，月揜日也。日左旋一周而成晝夜。當準之爲中數。月左旋遲於日，一晝夜平行不及日十二度有奇，今步算家度已下分秒微，皆六十迭析，是爲十一分二十六秒四十一微奇。漸差至十四日，不啻四分日之三授時曆：望策十四萬七千六百五十二分九十六秒半，日百刻，刻百分，分百秒也。是爲望。距半周天，望之半爲弦。弦策七萬三千八百二十六分四十八秒，小餘二五。上弦月在日東，下弦月在日西，皆相距天周四之一，二十九日半有奇，朔策二十九萬五千三百零五分九十三秒。于天適不及一周。整用之爲大月三十日，小月二十九日，由此定。恒星左旋速于日，一晝夜幾過一度，在今度法爲五十九分八秒十九微奇。則月不及恒星十三度有奇，十分三十五秒一微奇。二十七日三時不啻四分時之三，二十七萬三千二百一十五分八十五秒奇。而于恒星一周。蓋恒星過而月不及，其不及日，即爲晝夜不及天周之數。若併恒星之過爲不及天周，謂月晝夜右旋十三度有奇者，非理之實。不幾一晝夜而增天周一度乎？太白辰星二者之平行不及亦然。辨於其理，然后立法不惑。月在日之下，人又在月之下。三者相準，則有日食。故日食恒在朔，日月正相封。日而地在中央，三者相準則有月食。故月食恒在望。月食由于地影，其理前人未知也。日食則主於人目，蓋月卑日高，相去尚遠，人自地視之，其食分之淺深，及虧復之時刻，隨南北東西而移。故視會與實會不同。步算家立三差求之，高下差也，東西差也，南北差也。前人之爲術疏，有當食不食，不當食而食之説，占家之妄也。然則日月之行有常度，終古不變。而聖人以爲天變而畏何也？曰：日月之主乎明者常也，其有所掩之者，則爲變也。君道比於日，故以日引喻尤切，宜常明而不宜有蔽者也。聖人恐懼脩省，無時不然。所謂日食修德，月食修刑，又其次矣。古人鑒白圭之玷而慎言，豈以玉之玷爲災異乎？此詩借日食以警王，欲王自知其掩蔽爾。知其爲一時所掩蔽而醜之，則修德而復乎常明之體矣。

日月告凶，不用其行戶郎切。四國無政，不用其良。彼月而食，則維其常。此日而食，于何不臧！

震按：行，道也。日月以常明爲道，有時虧食以告凶于上，是不用其道也。告凶，所謂日月之災是也。君當用善以爲政，今四國無政，是不用其良也。日之所繫大矣，故其食非月食之比。以喻君之所繫大也。

爗爗震電，不寧不令力珍切。百川沸騰，山冢崒崩。高岸爲谷，深谷爲陵。哀今之人，胡憯莫懲！

毛傳：「震，雷也。沸，出。騰，乘也。山頂曰冢。」鄭箋：「崒者，崔嵬。憯，曾也。」震按：上以日食爲戒，此則陳當時災異。

皇父音甫卿士，番維司徒。家伯維宰樊里切，仲允膳夫。棸子内史，蹶維趣七走切馬滿補切。楀維師氏，豔妻煽方處。

毛傳：「豔妻，褒姒。美色曰豔。煽，熾也。」鄭箋：「皇父、家伯、仲允皆字。番、棸、蹶、楀皆氏。」正義：「六卿之外，更爲都官，總統六官之事，故謂之卿士。」震按：王之不明，如日之食也。權寵亂政，如川震山崩也。故言天地而繼之以人事，執此以斷災異可也。

抑此皇父，豈曰不時。胡爲我作，不即我謀謨悲切？徹我牆屋，田卒汙音烏萊陵之切。曰予不戕，禮則然矣。

毛傳：「下則汙，高則萊。」萊者，草穢之名。震按：此言皇父不問農時以役使其民，而猶借禮文過也。

皇父孔聖，作都于向。擇三有事，亶侯多藏才浪切。不憖遺一老，俾守我王。擇有車馬，以居徂向。

鄭箋：「專權足己，自比聖人。作都立三卿，皆取聚斂之臣。言不知厭也。禮，畿内諸侯二卿。憖者，心不欲自强其丈切之辭也。言盡將舊在位之人與之皆去，無留衛王。又擇民之富有車馬者，以往居於向也。」正義：「左傳：桓王與鄭十二邑，向在其中。杜預云：河内軹縣西，有地名向上。則向在東都之畿内也。」今懷慶府濟源縣西南有向城。

黽勉從事，不敢告勞。無罪無辜，讒口囂囂。下民之孽，匪降自天鐵因切。噂沓背蒲昧切憎，職競由人。

毛傳：「噂，猶噂噂。沓，猶沓沓。職，主也。」鄭箋：「噂噂沓沓，相對談語，背則相憎，逐爲此者，主由人也。」

悠悠我里，亦孔之痗。四方有羨，我獨居憂。民莫不逸，我獨不敢休。天命不徹直質切，我不敢效我友自逸。

毛傳：「悠悠，憂也。里，居也。痗，病也。羨，餘也。」集傳：「徹，均也。」

十月之交八章　史記：「幽王二年，三川震竭，岐山崩。」以步算推，十月辛卯，日有食之，在幽王六年。見唐書志。毛詩序：「大夫刺幽王也。」

浩浩昊天，不駿其德。降喪饑饉，斬伐四國于逼切。昊天疾威，正義云：「上有昊天，明此亦昊天。定本皆作『昊天』。俗本作『旻天』，誤也。」弗慮弗圖。舍音捨彼有罪，既伏其辜。若此無罪，淪胥以鋪。

毛傳：「穀不熟曰饑，蔬不熟曰饉。」鄭箋：「胥，相。鋪，徧也。」集傳：「駿，大。德，惠。舍，置。淪，陷也。」

周宗既滅，靡所止戾。正大夫離居，莫知我勩。三事大夫，莫肯夙夜弋灼切。邦君諸侯，莫肯朝夕祥勺切。庶曰式臧，覆出爲惡。

毛傳：「戾，定也。勩，勞也。覆，反也。」鄭箋：「正，長張丈切也。」集傳：「宗，族姓也。三事，三公也。大夫，六卿及中下大夫也。」

如何昊天鐵因切，辟言不信。如彼行邁，則靡所臻。凡百君子，各敬爾身。胡不相畏，不畏于天！

毛傳：「辟，法也。」鄭箋：「如何乎昊天，痛而愬之也。」

戎成不退，飢成不遂。曾我暬御，憯憯日瘁。凡百君子，莫肯用訊當作「誶」。聽言則答，譖言則退。

毛傳：「戎，兵。遂，安也。暬御，侍御也。瘁，病也。」鄭箋：「訊，告也。」誶之爲訊，蓋傳寫之譌。誶，告也。息悴切。訊，問也。思晉切。集傳：「雖王有問而欲聽其言，則亦答之而已，不敢盡言也。」朱善曰：「譖言則退，謂引身遠避其禍也。」

哀哉不能言，匪舌是出尺遂切，維躬是瘁。哿矣能言，巧言如流，俾躬處休。

集傳：「言之忠者，當世之所謂不能言者也。故非但出諸口，而適以瘁其躬。佞人之言，當世所謂能言者也，故巧好其言，如水之流無所凝滯，而使其身處於安樂之地。蓋亂世昏主，惡忠直而好諛佞類如此。詩人所以深歎之也。」

維曰于仕，孔棘且殆養里切。云不可使，得罪于天子。亦云可使，怨及朋友羽己切。

毛傳：「于，往也。」鄭箋：「棘，急也。不可使者，不正不從也。可使者，雖不正，從也。」

正義：「朋友之道，相切以善。今從若爲惡，故朋友怨之。」

謂爾遷于王都，曰予未有室家古胡切。鼠思息嗣切泣血虛屈切，無言不疾。昔爾出居，誰從作爾室？

毛傳：「無聲曰泣血。」震按：鼠思，詩人自言其幽思也。無言不痛疾，告以己之情。「誰從作爾室」，又詰其不肯遷也。

雨無正七章　毛詩序：「大夫刺幽王也。」余曰：節南山言「國既卒斬」，正月言「赫赫宗周，褒姒威之」，十月之交言「豔妻煽方處」，雨無正言「周宗既滅」，毛詩序皆以爲刺幽王。據辛卯朔日食爲幽王六年，而其辭有似西周已亡者何也？蓋猶祖伊之言「天既訖我殷命」〔三〕，殷之即喪云爾。不必疑爲東遷後之小雅矣。

旻天疾威，敷于下土。謀猶回遹，何日斯沮在呂切。謀臧不從，不臧覆用。我視謀猶，亦孔之邛。

毛傳：「敷，布也。回，邪。遹，辟。邛，病也。」鄭箋：「沮，止也。」

潝潝訿訿，亦孔之哀於希切。謀之其臧，則具是違。謀之不臧，則具是依。我視謀猶，伊于胡底之履切，或作「底」，非。

震按：潝潝，劉向所謂「衆小在位，而從邪議，〔歙歙〕相是」也〔四〕。訿訿，詆毁君子也。其黨同伐異如是，何以供君之職！故爾雅云「潝潝訿訿，莫供職也」。

我龜既厭於合切，不我告猶。謀夫孔多，是用不集。昨合切，首句與此句韻。發言盈庭，誰敢執其咎！如匪行邁謀，是用不得于道徒苟切。

鄭箋：「君臣之謀事如此，與不行而坐圖遠近，是于道路無進於跬步何以異乎？」

哀哉爲猶，匪先民是程，匪大猶是經，維邇言是聽，維邇言是爭。如彼築室于道謀，是用不潰于成。

毛傳：「程，法。經，常。潰，遂也。」蘇轍曰：「築室于道，而與行道之人謀之。人心不同而皆聽焉，是以不能遂成也。」

國雖靡止，或聖或否音鄙。民雖靡膴，或哲或謀謨悲切，或肅或艾魚肺切。如彼泉流，無淪胥以敗蒲寐切。

毛傳：「艾，治也。」鄭箋：「書曰：『睿作聖，明作哲，聰作謀，恭作肅，從作艾。』詩人之意，欲王敬用五事，以明天道，故云然。」釋文：「膴，大也。」集傳：「止，定也。」

不敢暴虎，不敢馮河。人知其一，莫知其他湯何切。戰戰兢兢，如臨深淵一均切，如履薄冰。

毛傳：「徒涉曰馮河，徒搏曰暴虎。戰戰，恐也。兢兢，戒也。」

小旻六章　言不用善謀之禍也。毛詩序：「大夫刺幽王也。」

宛彼鳴鳩，翰飛戾天鐵因切。我心憂傷，念昔先人。明發不寐，有懷二人。

毛傳：「宛，小貌。鳴鳩，鶻鵰。爾雅作「鶌」。戾，至也。」集傳：「翰，羽也。明發，謂將旦而光明開發也。」

人之齊聖，飲酒温克。彼昏不知，壹醉日富方未切。各敬爾儀，天命不又夷至切。

集傳：「富，猶甚也。言齊聖之人雖醉，猶温恭自持以勝，所謂不爲酒困也。彼昏然而不知者，則一於醉而日甚矣。」

中原有菽，庶民采此禮切之。螟蛉有子，蜾蠃負扶委切之。教誨爾子，式穀似之。

毛傳：「螟蛉，桑蟲也。又名戎女。蜾蠃，蒲盧也。又名蠮螉、土蜂。負，持也。」震按：「中原有菽」，則庶民采之而賴其利，螟蛉雖有子，乃爲蜾蠃持取之而不能有。人當教誨其子，以爲己之所賴。否則雖有而亦不有矣。「式穀似之」者，使善道相似續也。古字似、嗣通，「似續妣祖」可證。

題大計切彼脊令音零，載飛載鳴。我日斯邁莫制切，而月斯征。夙興夜寐，無忝爾所生。

毛傳：「忝，辱也。」鄭箋：「題之爲言視睇也。」集傳：「而，汝也。」

交交桑扈，率場啄粟。哀我填與「瘨」通寡果五切，宜岸宜獄。握粟出卜，自何能穀？

毛傳：「桑扈，竊脂也。」古字竊、淺通。淺白色雀也。亦猶竊玄、竊藍、竊黃、竊丹之名。釋文：「岸，韓詩作『犴』」，云：「鄉亭之繫曰犴，朝廷曰獄。」集傳：「填，病也。」震按：此見桑扈之相率而啄粟于場，以歎人之不如也。

温温恭人，如集于木。惴惴小心，如臨于谷。戰戰兢兢，如履薄冰。

小宛六章　毛詩序：「大夫刺幽王也。」余曰：戒王也。其曰「天命不又」，以天戒之也。曰「念昔先人」，曰「有懷二人」，曰「無忝爾所生」，以祖戒之也。又曰「哀我填寡，宜岸宜獄」，亦傷刑政之虐。似非一人一家之相戒也。史記幽王竟廢申后及太子，以褒姒爲后，伯服爲太子。此詩言「教誨爾子，式穀似之」，或如衛石碏諫莊公云「臣聞愛子，教之以義方，弗納於邪」，殆未廢之先而進規者。據毛傳云：「先人，文武也。」然則是詩必同姓大夫所作，姑附余之説，以俟後之讀者深考焉。

弁薄干切彼鷽斯，歸飛提提是移切。民莫不穀，我獨于罹良何切。何辜于天，我罪伊何？心之憂矣，云如之何！

毛傳：「鷽，卑居。卑居，雅烏也。又名楚烏，腹下白。幽王取七住切申女，生大音泰子宜咎。又説音悦褒姒，生子伯服，立以爲后，而放宜咎，將殺之。」集傳：「弁，飛拊翼貌。提提，羣飛安閑之貌。」

踧踧周道徒苟切，鞫爲茂草此苟切。我心憂傷，惄焉如擣丁口切。假寐永歎，維憂用老魯吼切。心之憂矣，疢如疾首。

毛傳：「踧踧，平易也。鞫，窮也言窮塞。擣，心疾也。」鄭箋：「不脱冠衣而寐曰假寐。」

震按：説文：「疢，熱病也。」此言疾在首疢如也。

維桑與梓，必恭敬止。靡瞻匪父，靡依匪母滿彼切。不屬音燭于毛，不離于裏！天之生我，我辰安在此里切？

毛傳：「辰，時也。」集傳：「屬，連也。離，麗也。裏，心腹也。」

菀音鬱彼柳斯，鳴蜩嘒嘒。有漼者淵，萑葦淠淠。譬彼舟流，不知所屆居氣切。心之憂矣，不遑假寐。

毛傳：「漼，深貌。淠淠，衆也。」鄭箋：「柳木茂盛則多蟬，淵深而旁生萑葦，言大者之旁，無所不容。」

鹿斯之奔，維足伎伎。雉之朝雊，尚求其雌。譬彼壞音回木，疾用無枝。心之憂矣，寧莫之知。

毛傳：「伎伎，舒貌。壞，瘣也。」鄭箋：「雊，雉鳴也。」釋文、爾雅云：「瘣木，苻婁。」郭云：「尪傴瘻腫，無枝條也。」

相息亮切彼投兔，尚或先蘇鄰切之。行有死人，尚或墐之。君子秉心，惟其忍之。心之憂矣，涕既隕之。

毛傳：「墐，路冢也。」

君子信讒，如或醻之。君子不惠，不舒究之。伐木掎居我切矣，析薪杝湯可切矣。舍音捨彼有罪，予之佗吐賀切矣。

毛傳：「伐木者掎其巔，析薪者隨其理。佗，加也。」鄭箋：「醻，旅醻也。如醻之者，謂受而行之。」

莫高匪山，莫浚匪泉。君子無易以豉切由言，耳屬音濁于垣。無逝我梁，無發我笱。我躬不閱，遑恤我後。

毛傳：「浚，深也。」呂祖謙曰：「唐德宗將廢太子而立舒王，李泌諫之，且曰：『願陛下還宫勿露此意，左右聞之，將樹功於舒王，太子危矣。』此正『君子無易由言，耳屬于垣』之謂也。小弁之作，太子既廢矣，而猶云爾者，蓋推本亂之所由生，言語以爲階也。」

小弁八章　毛詩序：「刺幽王也。太子之傅作焉。」

悠悠昊天，曰父母且七餘切。無罪無辜，亂如此幠或作「憮」，非。昊天已威，予慎無罪。昊天泰幠，予慎無辜。

毛傳：「幠，大也。慎，誠也。」鄭箋：「已、泰，皆甚也。」

亂之初生，僭始既涵。亂之又生，君子信讒。君子如怒，亂庶遄沮辭吕切。君子如祉，亂庶遄已。

毛傳：「涵，容也。遄，疾。沮，止也。」震按：僭者，侵踰其上也，所謂「賤妨貴，少陵長，遠間親，新間舊」之類。於其始，容之而不怒，則讒亂日甚矣。祉者，納善之謂也。君子屢盟謨郎切，亂是用長竹丈切。君子信盜，亂是用暴。盜言孔甘，亂是用餤。匪其止共音恭，維王之邛。

毛傳：「餤，進也。」鄭箋：「盜，謂小人也。邛，病也。小人好爲讒佞，既不共其職事，又爲王作病。」

奕奕寢廟，君子作之。秩秩大猷，聖人莫之。他人有心，予忖度之。躍躍他歷切毚兔，遇犬獲黄郭切之。

毛傳：「毚兔，狡兔也。」集傳：「莫，定也。」

荏染柔木，君子樹之。往來行言，心焉數所主切之。蛇蛇以支切碩言，出自口矣。巧言如簧，顔之厚矣。

毛傳：「荏染，柔意也。柔木，椅桐梓漆也。」集傳：「蛇蛇，安舒也。碩，大也，謂善言也。」

彼何人斯，居河之麋。無拳無勇，職爲亂階居奚切。既微且尰，爾勇伊何。爲猶將多，爾居徒幾居豈切何。

毛傳：「水草交謂之麋湄同。拳，力也。骭瘍爲微，腫足爲尰。」鄭箋：「賤而惡烏路切之，故曰『何人』。言力勇者，謂易誅除也，職，主也。將，大也。」

巧言六章　毛詩序：「刺幽王也。大夫傷於讒，故作是詩也。」鄒泉曰：「讒人本不難知，不難辨，不難除，宜其無讒也。特以王心信之而不悟，此大夫所以傷於讒也。」

彼何人斯？其心孔艱居銀切。胡逝我梁，不入我門？伊誰云從？維暴之云。

集傳：「艱，險也。」震按：暴，畿內采邑，又名暴隧。後屬鄭〔五〕。

二人從行，誰爲此禍？胡逝我梁，不入唁我？始者不如今，云不我可。

鄭箋：「二人者，謂暴公與其侶也。」

彼何人斯，胡逝我陳？我聞其聲，不見其身。不愧于人，不畏于天鐵因切！

毛傳：「陳，堂塗也。」范處義曰：「逝我陳，則不止逝我梁。我已聞其聲，則又近矣，而不使我見其身，意其陰有窺伺，蹤迹詭秘也。於是歎曰：爾爲此舉，固以人爲可欺而不愧也，獨不畏于天乎？」

彼何人斯？其爲飄風孚金切。胡不自北，胡不自南泥心切？胡逝我梁，祇攪我心？

毛傳：「攪，亂也。」

爾之安行，亦不遑舍商羽切。爾之亟行，遑脂爾車。壹者之來，云何其盱？

震按：盱，説文：「張目也」。

爾還而入，我心易也，還而不入，否難知也。壹者之來，俾我祇也。

毛傳：「易，説也。」説、悦同。鄭箋：「還，行反也。祇，安也。」

伯氏吹壎，仲氏吹篪，及爾如貫，諒不我知。出此三物，以詛爾斯。

毛傳：「土曰壎，鋭上、平底、六孔。竹曰篪。八孔，一孔上出，横吹之。三物，豕、犬、鷄也。」

集傳：「如貫，如繩之貫物也。諒，誠也。」

爲鬼爲蜮，則不可得。有靦面目，視人罔極。作此好歌，以極反側。

毛傳：「蜮，短狐也。又名射工、谿毒、水弩、射影。靦，姡也。」説文：「靦，面見也。姡，面醜也。」鄭箋：「使女爲鬼爲蜮也，則女誠不可得見也。姡然有面目，女乃人也。人相視無有極時，終必與女相見。」正義：「反側者，翻覆之義。」

何人斯八章　毛詩序：「蘇公刺暴公也。暴公爲卿士而譖蘇公焉，故蘇公作是詩以絶之。」漢志：河内温故國己姓。蘇忿生所封古温城，在今縣西南三十里，屬懷慶府。

萋兮斐兮，成是貝錦。彼譖人者，亦已大泰音甚。

毛傳：「萋斐，文章相錯也。」震按：貝錦，貝有玄紫黃白之文，如錦也。此比讒者之文致其辭，不知其由來。

哆兮侈兮，成是南箕。彼譖人者，誰適都歷切與謀謨悲切？

集傳：「適，主也。」嚴粲曰：「箕，東方之宿。考星者多驗於南方，故曰南箕。」震按：說文：「哆，張口也。」天官書：「箕爲敖客，曰口舌。」此比讒者之口舌張大，調弄無已也。

緝緝翩翩枇實切，謀欲譖人。慎爾言也，謂爾不信。

毛傳：「緝緝，口舌聲。翩翩，往來貌。」

捷捷幡幡，謀欲譖言。豈不爾受，既其女音汝遷。

集傳：「捷捷，儇利貌。幡幡，反覆貌。」嚴粲曰：「女能譖人，人亦能譖女。其禍將還及女矣。」

驕人好好許厚切，勞人草草此苟切。蒼天蒼天鐵因切，視彼驕人，矜此勞人。

毛傳：「好好，喜也。草草，勞心也。」

彼譖人者，誰適與謀？取彼譖人，投畀豺虎。豺虎不食，投畀有北。有北不受，投畀有昊胡口切！

毛傳：「投，棄也。北方寒涼而不毛。昊，昊天也。」鄭箋：「付與昊天，制其罪也。」震按：豻，似狗，長尾，白頰，毛黄赤，高前廣後。

楊園之道，猗於綺切于畝丘祛其切。寺人孟子，作爲此詩。凡百君子，敬而聽之。

毛傳：「猗，加也。」集傳：「楊園，下地也。畝丘，高地也。寺人，内小臣。蓋以讒被宫而爲此官也。孟子，其字也。楊園之道，而猗于畝丘，以興賤者之言，或有補於君子也。」震按：爾雅「如畝，畝丘」，郭璞云：「丘有隴界如田畝。」

巷伯七章　毛詩序：「刺幽王也。寺人傷于讒，故作是詩也。」正義：「王肅曰：今後宫稱永巷，是宫内道名也。伯，長也。主宫内道官之長。」集傳曰：「即寺人也，故以名篇。」

習習谷風，維風及雨。將恐將懼，維予與女音汝。將安將樂音洛，女轉棄予。

鄭箋：「將，且也。」震按：習習，風習至也。

習習谷風，維風及頹，將恐將懼，寘予于懷胡偎切。將安將樂，棄予如遺。

毛傳：「頹，風之焚輪者也。」鄭箋：「如遺者，如人行道遺忘物，忽然不省存也。」正義：「孫炎曰：迴風從上下曰頹。」

習習谷風，維山崔嵬。無草不死，無木不萎。忘我大德，思我小怨。

毛傳：「崔嵬，山顛也。」

谷風三章　集傳：「此朋友相怨之詩。」

蓼蓼者莪，匪莪伊蒿。哀哀父母，生我劬勞。

毛傳：「蓼蓼，長大貌。」震按：莪，俗呼抱孃蒿，詩意或有取也。

蓼蓼者莪，匪莪伊蔚。哀哀父母，生我勞瘁。

毛傳：「蔚，牡菣也。」又名齊頭蒿。

瓶之罄矣，維罍之恥。鮮息淺切民之生，不如死之久舉里切矣。無父何怙，無母滿彼切何恃？出則銜恤，入則靡至。

毛傳：「罄，盡也。鮮，寡也。」曹粹中曰：「以無怙恃，故謂之鮮民，孝子出必告，反必面。今出而無所告，故銜恤。上堂入室而不見，故靡至也。」

父兮生我，母兮鞠我。拊我畜我，長竹丈切我育我，顧我復我，出入腹我。欲報之德，昊天罔極！

鄭箋：「顧，旋視也；復，反覆也；腹，懷抱也。」

南山烈烈，飄風發發。民莫不穀，我獨何害胡憩切？

毛傳：「發發，疾貌。」集傳：「烈烈，高大貌。」

南山律律，飄風弗弗。民莫不穀，我獨不卒。

鄭箋：「卒，終也。我獨不得終養父母，重自哀傷也。」王氏曰：「南山之勢律律，蓋崒嵂之謂也。」震按：弗、拂字通。

蓼莪六章　李樗曰：「孝子行役而喪親之所作也。」

有饛簋飧，有捄棘匕。周道如砥，其直如矢。君子所履，小人所視。睠言顧之，潸焉出涕。

毛傳：「饛，滿簋貌。飧，熟食，謂黍稷也。匕，所以載鼎實。睠，反顧也。潸，涕下貌。」震按：匕之用有三：以別出牲體，以挹湇，以取黍稷。捄，匕端勺貌。砥，密石也，施砥則平矣。

小東大東，杼柚其空。糾糾葛屨，可以履霜。佻佻公子，行彼周行胡郎切。既往既來六直切，使我心疚居至切。

毛傳：「空，盡也。」鄭箋：「疚，病也。」集傳：「小東大東，東方小大之國也。自周視之，則諸侯之國，皆在東方。杼，持緯者也。柚，受經者也。釋文云：「本亦作軸。」佻，輕薄不奈勞苦之貌。周行，大路也。」

有洌氿泉，無浸穫薪。契契寤歎，哀我憚與癉通人。薪是穫薪，尚可載節力切也。哀我憚人，亦可息也。

毛傳：「洌，寒意也。側出曰氿泉。穫，艾也。艾、刈同。契契，憂苦也。憚，勞也。」釋文云：「字亦作癉。」

東人之子，職勞不來六直切。西人之子，粲粲衣服蒲北切。舟人之子，熊羆是裘渠之切。私人之子，百僚是試。

毛傳：「來，勤也。西人，京師人也。粲粲，鮮盛貌。舟人，舟楫之人。熊羆是裘，言富也。私人，私家人也。是試，用於百官也。」鄭箋：「職，主也。東人勞苦，而不見謂勤，正義云：「以不被勞來爲不見勤。」京師人衣服鮮潔而逸豫。」朱善曰：「別舟人、私人言之者，舉賤以見音現其餘也。」

或以其酒，不以其漿。鞙鞙佩璲，不以其長。維天有漢，監亦有光。跂彼織女，終日七襄。

毛傳：「鞙鞙，玉貌。字或作「琄」。璲，瑞也。漢，天河也。跂，隅貌。」鄭箋：「佩璲者，以瑞玉爲佩。佩之鞙鞙然，居其官職，非其才之所長也。徒美其佩而無其德，刺其素餐。爾雅：「皋皋琄琄，刺素食也。」監，視也。襄，駕也。駕謂更其肆也。從旦〔至〕莫音暮七辰，〔辰〕一移〔六〕，因謂之七襄。」孫毓曰：「織女三星，跂然如隅。」震按：天漢在箕、斗之間，無數小星，望之若雲氣，故又謂之雲漢。織女在婺女北，亦謂之天女孫。此已下皆刺無實有名，以酒而曾非漿，佩璲在官而曾非才之長，天漢雖視之有光如河漢，非實漢也。織女日更七次，非實織也。

雖則七襄，不成報章。睆彼牽牛，不以服箱。東有啓明謨郎切，西有長庚古郎切。有捄天畢，載施之行戶郎切。

毛傳：「不能反報成文章也。睆，明星貌。河胡可切鼓謂之牽牛。箱，大車之箱也。日旦出謂明星爲啓明。日既入謂明星爲長庚。庚，續也。捄，畢貌。畢所以掩兔也，何嘗見其可用乎？」鄭箋：「織女有織名爾，駕則有西無東，不如人織，相反報成文章。啓明、長庚，皆有助日之名，而無實光也。祭器有畢者，所以助載鼎實。今天畢則施于行列而已。」震按：天官書：牽牛「其北河鼓」，亦可通名牽牛爲河鼓也。韓詩說：太白晨出東方爲啓明，昏見西方爲長庚。畢八星，或謂之濁，或謂之罕車。二星直上如柄，六星曲爲兩行，張其口，如畢網。以爲掩兔之畢，義尤顯。祭器之畢，象亦同也。

維南有箕，不可以簸揚。維北有斗，不可以挹酒漿。維南有箕，載翕其舌。維北有斗，西柄之揭。

鄭箋：「翕，猶引也。」震按：斗柄當心、尾之間，箕見南方，則北斗柄固迆西矣。揭，揭然柄見也，上三章内，以天象比王官，言其居上而無實利。末更終之以不但無利，且欲取于下，令人見之生畏也。

大東七章　毛詩序：「刺亂也。東國困於役而傷於財。譚大夫作是詩以告病焉。」

四月維夏後五切，六月徂暑。先祖匪人，胡寧忍予？

毛傳：「徂，往也。六月火星中，暑盛而往矣。」集傳：「我先祖豈非人乎？何忍使我遭此禍也。無所歸咎之辭也。」

秋日淒淒，百卉具腓。亂離瘼矣，爰其適歸？

毛傳：「淒淒，涼風也。卉，草也。離，憂。瘼，病也。」韓傳：「腓，變也。」杜預曰：「爰，於也。言禍亂憂病，於何所歸乎？」顧炎武曰：「古本並作『爰』，左氏宣十二年傳引此亦作『爰』。朱子依家語改作『奚』。」

冬日烈烈，飄風發發。民莫不穀，我獨何害胡憩切！

（毛傳）〔鄭箋〕〔七〕：「烈烈，猶栗烈也。」

山有嘉卉，侯栗侯梅。廢爲殘賊，莫知其尤于其切。

（毛傳）〔鄭箋〕：「嘉，善。侯，維也。（鄭箋）尤，過也。」集傳：「廢，變也。」

相息亮切彼泉水，載清載濁徒谷切。我日構禍，曷云能穀？

鄭箋：「構，猶合集也。」

滔滔江漢，南國之紀。盡瘁以仕，寧莫我有羽己切。

集傳：「紀，綱紀也。謂經帶包絡之也。」震按：有，念之也。「盡瘁以仕」矣，則寧詎莫我有乎？莫，泛辭。寧，不然之辭。猶云宜其有念我之盡瘁者。

匪鷻匪鳶以旬切，翰飛戾天鐵因切。匪鱣匪鮪，潛逃于淵一均切。

毛傳：「鷻，雕也。」説文引詩曰「匪䲸匪鳶」，今「䲸」譌作「鶉」。范處義曰：「言君子遭禍，不能飛潛。無所避也。」震按：鷻、雕一聲之轉，或謂之沸波。鳶，鴟也，亦一聲之轉。禮注謂之「鴟」。

山有蕨薇，隰有杞桋。君子作歌，維以告哀於希切。

毛傳：「杞，枸檵也。桋，赤楝也。」

四月八章　毛詩序：「大夫刺幽王也。在位貪殘，下國構禍。怨亂並興焉。」

陟彼北山，言采其杞。偕偕士子，朝夕從事鉏里切。王事靡盬，憂我父母滿彼切。

毛傳：「偕偕，强壯貌。士子，有王事者也。」鄭箋：「朝夕從事，言不得休止。」

溥天之下後五切，莫非王土。率土之濱，莫非王臣。大夫不均，我從事獨賢。

毛傳：「溥，大。率，循。濱，涯也。」震按：賢，多也，猶「其賢於某若干純」之賢〔八〕。孟子「我獨賢勞」，即所謂勞事獨多也。

四牡彭彭，王事傍傍布彭切。嘉我未老？鮮息淺切我方將。旅力方剛，經營四方。

毛傳：「彭彭然不得息，傍傍然不得已。將，壯也，善也。」集傳：「旅與膂同。」

或燕燕居息，或盡瘁事國于逼切。或息偃在牀，或不已于行户郎切。

或不知叫號胡毛切，或慘慘劬勞。或棲遲偃仰，或王事鞅掌。

毛傳：「鞅掌，失容也。」正義：「傳以鞅掌爲煩勞之狀，故云失容。言事煩鞅掌然，不暇爲容儀也。今俗語以職煩爲鞅掌，其言出於此傳也。」震按：慘慘，説文：「愁不安也。」今譌作「慘」，非。釋文云：「字又作懆，從之。」

或湛都南切樂音洛飲酒，或慘慘畏咎。或出入風音諷議牛何切，或靡事不爲吾何切。

北山六章　毛詩序：「刺幽王也。役使不均，己勞於從事，而不得養其父母焉。」

無將大車，祇自塵兮。無思百憂，祇自疷「痻」同。今作「疷」、「痻」，唐人避太宗諱，凡字從民者皆省而爲氏。兮。

毛傳：「大車，小人之所將也。疷，病也。」

無將大車，維塵冥冥。無思百憂，不出于熲。

集傳：「熲與耿同。小明也。在憂中耿耿然，不能出也。」

無將大車，維塵雝兮。無思百憂，祇自重直用切兮。

鄭箋：「雝，猶蔽也。重，猶累也。」

無將大車三章　黄震曰：「世既亂矣，力微而挽重。無益於事，與『無田甫田』之意同。」

明明上天鐵因切，照臨下土。我征徂西蘇鄰切，至于艽野上與切。二月初吉，載離寒暑。心之憂矣，其毒大音泰苦。念彼共音恭人，涕零如雨。豈不懷歸？畏此罪罟。

毛傳：「艽野，遠荒之地。初吉，朔日也。罟，網也。」鄭箋：「憂之甚，心中如有藥毒也。」

昔我往矣，日月方除直慮切。曷云其還，歲聿云莫音暮。念我獨兮，我事孔庶。心之憂矣，憚與「癉」通我不暇胡故切。念彼共人，睠睠懷顧。豈不懷歸？畏此譴怒。

毛傳：「除，除陳生新也。憚，勞也。」亦作癉。

昔我往矣，日月方奥。「燠」同，於六切。曷云其還，政事愈蹙。歲聿云莫，采蕭穫菽。心之憂矣，自詒伊戚七六切。念彼共人，興言出宿。豈不懷歸？畏此反覆。

毛傳：「奥〔九〕，煖也。蹙，促也。戚，憂也。」鄭箋：「詒，遺唯季切也。我冒亂世而仕，自遺此憂，悔仕之辭。興，起也。夜卧起宿於外，憂不能宿於内也。反覆，謂不以正罪見罪。」

嗟爾君子，無恒安處。靖共爾位，正直是與。神之聽之，式穀以女音汝。

毛傳：「靖，謀也。」集傳：「以，猶與也。」謝枋得曰：「靖，如自靖自獻之靖。凡事謀之心而安也。共，如温共朝夕之共。凡事共敬而不敢慢也。」

嗟爾君子，無恒安息。靖共爾位，好呼報切是正直。神之聽之，介爾景福筆力切。

毛傳：「息，猶處也。介、景，皆大也。」

小明五章　毛詩序：「大夫悔仕於亂世也」。范處義曰：「已則悔仕，又以勉同列，蓋賢者雖不得志，不忘體國。斯其所以爲忠厚歟！」

鼓鍾將將七羊切，淮水湯湯音傷，憂心且傷。淑人君子，懷允不忘。

鄭箋：「爲之憂傷者，嘉樂不野合，犧象不出門，今乃於淮水之上作先王之樂，失禮尤甚。」輔廣曰：「懷允不忘，言其傷今思古而信不能忘也。」

鼓鐘喈喈居奚切，淮水湝湝户奚切，憂心且悲。淑人君子，其德不回。

毛傳：「回，邪也。」

鼓鐘伐鼛居侯切，淮有三洲〔一〇〕，憂心且妯。淑人君子，其德不猶。

毛傳：「鼛，大鼓也。三洲，淮上地。妯，動也。」

鼓鐘欽欽，鼓瑟鼓琴。笙磬同音。以雅以南泥心切。以籥不僭子林切。

鄭箋：「同音者，謂堂上堂下，八音克諧。」震按：雅南，謂樂章也。僭，侵踰也。

鼓鐘四章　毛詩序：「刺幽王也。」余曰：毛傳言幽王會諸侯於淮上，鄭康成又嘗據韓詩説，以爲昭王時鼓鐘之詩所爲作，皆未聞其審。

節南山之什十八篇，百二十一章，八百言，三千二百五十八名。

校注

〔一〕慇慇　原作「慇殷」，據阮元校本毛詩正義改。

〔二〕月　原作「日」，據詩集傳等改。毛詩後箋曰：「『朔月辛卯』，毛氏汲古閣本『月』誤作『日』。明監本以上皆作『月』。段氏詩小學引劉向封事、後漢丁鴻傳（據明汪文盛本）、李賢注章帝紀、吕氏讀詩記皆作『月』。」

〔三〕祖伊之言見書西伯戡黎。此乃紂臣祖伊獲悉西伯侯姬昌平定黎國後警告紂時所説。

〔四〕劉向語見漢書卷三十六劉向上封事文。「歙歙」二字原脱，據上封事文補。「歙歙」同「潝潝」，王先謙詩三家義集疏云：「劉以『歙歙』爲『相是』之義，言其背正黨邪，翕然同聲，不顧是非也。」

〔五〕又名暴隧，後屬鄭　左傳成公十五年：「楚子侵鄭，及暴隧。」此或爲戴氏所據。

〔六〕從旦至莫七辰，辰一移　「至」字與第二個「辰」字原缺，按文意當有，阮元校云「有至字辰字者是也」，今據補。

〔七〕原「鄭箋」誤作「毛傳」，據阮元校本毛詩正義改正。下同。

〔八〕其賢於某若干純　見禮記投壺。禮記正義「賢謂勝」，計算投壺所中雙數爲純。故「某賢於某若干純」，即多若干雙。戴氏釋此「賢」字爲多，與「勝」相近。

〔九〕奥　原作「燠」，據阮元校本毛詩正義改。

〔一〇〕淮有　原作「淮水」，據阮元校本毛詩正義改。

毛詩補傳卷十九

小雅四

楚茨之什

楚楚者茨，言抽其棘。自昔何爲？我藝黍稷。我黍與與音餘，我稷翼翼。我倉既盈，我庾惟億〔一〕。以爲酒食，以享以祀，以妥以侑夷至切，以介景福筆力切。

毛傳：「抽，除也。露積曰庾。妥，安坐也。侑，勸也。」鄭箋：「茨，蒺藜也。伐除蒺藜與棘，自古之人，何乃勤苦爲此事乎？我將得黍稷焉〔二〕。茨言『楚楚』，棘言『抽』，互辭也。黍與與，稷翼翼，蕃廡貌。倉言『盈』，庾言『億』，亦互辭，喻多也。十萬曰億。享，獻也。以黍稷爲酒食，獻之以祀先祖。既又迎尸，使處神坐而食之。爲于僞切其嫌不飽，祝以主人之辭勸之。」

濟濟子禮切蹌蹌，絜與「潔」通爾牛羊，以往烝嘗。或剥或亨鋪郎切，或肆或將。祝祭于祊補光切，祀事孔明謨郎切。先祖是皇，神保是饗。孝孫有慶祛羊切，報以介福，萬壽無疆。

毛傳：「濟濟蹌蹌，言有容也。亨，飪之也。肆，陳也。祊，門内也。皇，大。保，安也。」鄭箋：「冬祭曰烝，秋祭曰嘗。祭祀之禮，各有其事，有解剥其皮者，有煮熟之者，有肆其骨體於俎者，有奉持而進之者。明，猶備也，絜也。孝子不知神之所在，故使祝博求之平生門内之旁，待賓客之處昌慮切。」

執爨踖踖七略切，爲俎孔碩常約切。或燔或炙陟略切，君婦莫莫。爲豆孔庶陟略切，爲賓爲客克各切。獻醻交錯，禮儀卒度徒洛切。笑語卒獲黄郭切，神保是格剛鶴切。報以介福，萬壽攸酢。

毛傳：「爨，饔爨、廩爨也。饔爨以煮肉，廩爨以炊米。少牢云：「饔爨在門東南北上，廩爨在饔爨之北。」莫莫，言清静而敬至也。豆謂内羞、庶羞也。内羞，房中之羞。東西爲交，邪行爲錯。度，法度也。獲，得時也。格，來。酢，報也。」鄭箋：「燔，燔肉也。炙，肝炙也。皆從獻之俎也。特牲：「主人獻尸，賓長以肝從。主婦獻尸，兄弟以燔從。」始主人酌賓爲獻，賓既酌主人，謂既酢。主人又自飲酌賓曰醻。至旅而爵交錯以偏。卒，盡也。古者於旅也語。」

我孔熯矣，式禮莫愆。工祝致告，徂賚孝孫。苾芬孝祀，神嗜飲食。卜爾百福筆力切，如幾如式。既齊既稷，既匡既敕。永錫爾極，時萬時億。

毛傳：「熯，敬也。善其事曰工。賚，予也。幾，期。式，法也。」鄭箋：「其來如有期矣，多少如有法矣。」正義：「須而即來，不遲晚也。來必豐足，不之少也。」稷，疾。勑，固也。」王肅云：「執事已整齊，已極疾，已誠正，已固慎也。」

禮儀既備，鐘鼓既戒訖力切。孝孫徂位，工祝致告。神具醉止，皇尸載起。鼓鐘送尸，神保聿歸。諸宰君婦，廢徹不遲。諸父兄弟，備言燕私。

毛傳：「致告，告利成也。」少牢注：「利，猶養也。成，畢也。孝子之養禮畢。」鄭箋：「鐘鼓既戒，戒諸在廟中者，以祭禮畢，孝孫往位，堂下西面位也。廢，去也。尸出而可徹，諸宰徹去諸饌，君婦籩豆而已。不遲，以疾爲敬也。祭祀畢，歸賓客豆俎〔三〕，同姓則留與之燕，所以尊賓客、親骨肉也。」

樂具入奏倉木切，以綏後禄。爾殽既將，莫怨具慶祛羊切。既醉既飽補苟切，小大稽首。神嗜飲食，使君壽考去九切。孔惠孔時，維其盡之。子子孫孫，勿替引之。

鄭箋：「小大，猶長幼也。燕已醉飽，皆再拜稽首，曰：神乃歆嗜君之飲食，使君壽且考。此其慶辭。惠，順也。」

楚茨六章　一章言田功也。二章言薦牲求神也。三章言從獻薦豆也。四章言受嘏也。五章言送神徹饌也。六章言宗族燕飲也。叙陳宗廟之祭。

信彼南山，維禹甸韓詩作「敶」，直鄰切。之。畇畇原隰，曾孫田徒鄰切之。我疆我里，東南其畝滿彼切。

毛傳：「甸，治也。畇畇，墾辟貌。疆，畫經界也。理，分地理也。」何楷曰：「韋昭云：下曰畎，高曰畝。畝，隴也。」

上天同雲，雨于付切雪雰雰。益之以霢霂，既優既渥於谷切。既霑既足，生我百穀。

毛傳：「雰雰，雪貌。豐年之冬，必有積雪。小雨曰霢霂。」

疆埸翼翼，黍稷彧彧于逼切。曾孫之穡，以爲酒食。畀我尸賓，壽考萬年泥因切。

毛傳：「埸，畔也。彧彧，茂盛貌。」

中田有廬，疆埸有瓜古胡切。是剝是菹，獻之皇祖。曾孫壽考，受天之祜。

祭以清酒，從以騂牡莫九切。享于祖考去九切，執其鸞刀。以啓其毛，取其血膋。

毛傳：「周尚赤也。鸞刀，刀有鸞者。鸞，即鈴也。言割中節也。」鄭箋：「祭之禮，先以鬱鬯降神，然后迎牲，享于祖考，謂納亨音烹時。毛，以告純也。膋，脂膏也。血以告殺。膋以升臭。合之黍稷，實之於蕭，合馨香也。」

是烝是享，苾苾芬芬。祀事孔明謨郎切，先祖是皇。報以介福，萬壽無疆。

毛傳：「烝，進也。」

信南山六章　亦宗廟之祭。

倬彼甫田徒鄰切，歲取十千倉新切。我取其陳，食音嗣我農人，自古有年泥因切。今適南畝滿彼切，或耘或耔，黍稷薿薿。攸介攸止，烝我髦士。

毛傳：「十千，言多也。耘，除草也。耔，雝本也。烝，進。髦，俊也。」孫毓曰：「凡詩賦之作，皆總舉衆義，從多大之辭，非如記事立制，必詳度量之數。甫田，猶下篇言『大田』爾。『歲取十千』，亦猶頌云『萬億及秭』，舉大數，且以協句。言所在有大田，皆有十千之收。推而廣之，以見天下皆豐。」震按：倬，韓詩作「箌」〔四〕。爾雅：「箌，大也。」歲取十千，即所謂「有年」也。介者，介乎田間也。

以我齊音資明謨郎切，與我犧羊，以社以方。我田既臧，農夫之慶祛羊切。琴瑟擊鼓，以御田祖，以祈甘雨，以介我稷黍，以穀我士女。

毛傳：「器實曰齊齍、粢同。在器曰盛氏征切。田祖，先嗇也。穀，善也。」鄭箋：「御，迎也。」震按：水土之神曰社。四方之氣，利我嘉穀，故又祀方。周禮作「祊」。社非祭地，方非方望。周禮「后土」與「社」爲二。春秋傳「后土則社」，謂人爲后土之官以配社者爾。因人官名后土，與地之名后土相譌，先儒紛紛聚訟矣。

曾孫來止，以其婦子，饁彼南畝滿彼切，田畯至喜。攘其左右，嘗其旨否。禾易以豉切長畝，終善且有羽己切。曾孫不怒，農夫克敏毋鄙切。

毛傳：「易，治也。長畝，竟畝也。」戴侗曰：「攘，援袂出臂也。」震按：左右，手也。出手而取以嘗之。

曾孫之稼，如茨如梁。曾孫之庾，如坻如京居良切。乃求千斯倉，乃求萬斯箱。黍稷稻粱，農夫之慶祛羊切。報以介福，萬壽無疆。

毛傳：「梁，車梁也。京，高丘也。」鄭箋：「茨，屋蓋也。坻，水中之高地也。」正義：「報者，自神之辭。明求神而得報。」震按：凡祭祀樂章，末皆綴以頌禱之辭，不與上文爲義也。

甫田四章　祭方社田祖，兼報祈言之。

大田多稼，既種章勇切既戒訖力切，既備乃事。以我覃以冉切耜，俶載南畝滿彼切。播厥百穀。既庭且碩常約切，曾孫是若。

毛傳：「覃，利也。與「剡」通。庭，直也。」鄭箋：「若，順也。」正義：「王肅以俶爲始，載爲事，言用我之利耜，始發事於南畝。」震按：擇種豫戒，所以備乃田事也。爾雅：「俶，始也。」鄭注：「禹貢云，載之言事。」韋昭同。

既方既阜徂苟切，既堅既好許厚切，不稂不莠。去起吕切其螟螣，及其蟊賊，無害我田穉！田祖有神，秉畀炎火虎委切。

毛傳：「實未堅者曰阜。稂，童粱也。莠，似苗也。稂，狼尾草。莠，狗尾草。食心曰螟，似子方，而頭不赤。食葉曰螣，月令：「百螣，鄭注：螣，蝗之屬。」食根曰蟊，食節曰賊。」似桃李中蠹蟲，赤頭，身長而細爾。鄭箋：「方，房也，謂孚甲始生而未合時也。」

有渰萋萋，興雨祁祁。雨于付切我公田，遂及我私。彼有不獲穉，此有不斂穧。彼有遺秉，此有滯穗，伊寡婦之利。

毛傳：「渰，雲興貌「黤」同。祁祁，徐也。秉，把也。」震按：穧、穳通，積禾也。

曾孫來止，以其婦子，饁彼南畝滿彼切，田畯至喜。來方禋祀，以其騂黑，與其黍稷，以享以祀，以介景福筆力切。

鄭箋：「陽祀用騂牲，陰祀用黝牲。」震按：周禮「以禋祀祀昊天上帝」，此言曾孫之來，將於秋成而禋祀得福焉。舉大以該細，不止一祀也。方，將也。

大田四章　楚茨已下四詩，皆言農事與祭祀。然翫其辭意，非用於祭祀之樂章也。亦猶豳詩之爲陳王業爾。周以農事開國，故言之也特詳。風有七月，雅有楚茨、信南山、甫田、大田，頌有思文、臣工、噫嘻、豐年、載芟、良耜。周禮籥章：「中春〔晝〕擊土鼓〔五〕，龡豳詩，以逆暑。中秋夜迎寒，亦如之。凡國祈年於田祖，龡豳雅〔六〕，以樂田畯。國祭蜡，則龡豳頌，以息老物。」先儒但以七月一詩當之，則于祈年祭蜡，詩辭中固不能該之矣。七月備言寒暑之事，用之逆暑迎寒可也。「豳雅」「豳頌」宜列于雅、頌，今無明據。雅惟甫田可用之祈年，頌惟豐年可用之祭蜡。或豳雅四篇，豳頌五篇，而祈年祭蜡可用，則此二篇歟？周家言農事，推本于豳，故于風詩、雅詩、頌詩皆有述作焉。周禮明列之爲三，不得合指一篇也。

瞻彼洛矣，維水泱泱。君子至止，福禄如茨。韎韐有奭，以作六師。

毛傳：「泱泱，深廣貌。〔韎〕韐所以代韠〔七〕也。鄭箋：「合韋爲之。」天子六軍。」釋文：「奭，赤貌。」吕祖謙曰：「此詩所謂洛，蓋指東都也。」震按：説文：「韎，茅蒐染韋也。」

瞻彼洛矣，維水泱泱。君子至止，鞞琫有珌。君子萬年，保其家室。

震按：釋名：「刀，其室曰削。「鞘」同。室口之飾曰琫。「鞛」同。「琫」，捧也。捧，束口也。下末之飾曰鞞。」「琕」同。琕，卑也。在下之言也。蓋鞞琫皆佩刀削之飾。珌則玉飾之貌也。天子玉琫而珧鞞，説文：「珧，蜃甲也。所以飾物。」諸侯璗琫而璆鞞，爾雅：「黄金謂之璗，其美者謂之璆。」大夫鐐琫而鏐鞞，爾雅：「白金謂之鐐，其美者謂之鏐。」士珌琫而珌鞞。說文：「珌，蜃屬。」鞞，毛詩、說文諸書皆作珌，其譌久矣。鞞琫有珌，亦猶韎韐有奭爾。說文「鞞，刀室也」；珌，佩刀下室」，並誤。

瞻彼洛矣，維水泱泱。君子至止，福禄既同。君子萬年，保其家邦卜工切。

瞻彼洛矣三章　集傳：「此天子會諸侯於東都以講武事，而諸侯美天子之詩。」

裳裳者華，其葉湑兮。我覯之子，我心寫想羽切兮。我心寫兮，是以有譽處兮。

毛傳：「裳裳，猶堂堂也。湑，盛貌。」

裳裳者華，芸其黄矣。我覯之子，維其有章矣。維其有章矣，是以有慶祛羊切矣。

毛傳：「芸，黄盛也。」

裳裳者華，或黄或白僕各切。我覯之子，乘其四駱。乘其四駱，六轡沃若。

左之左之，君子宜牛何切之。右之右羽已切之，君子有羽已切之。維其有之，是以似之。

毛傳：「似，嗣也。」子孫世嗣其祖德。

裳裳者華四章　集傳：「此天子美諸侯之辭。」

交交桑扈，有鶯其羽。君子樂音洛胥，受天之祜。

毛傳：「鶯然有文章。」集傳：「胥，語辭。」震按：爾雅「桑扈，竊脂」。竊、淺古字通。爾雅：「虎竊毛謂之虦猫〔八〕。」郭云：「竊，淺也。」脂，白色也。與竊玄、竊藍、竊黄、竊丹皆以色名。淺言其非正純色爾。淮南子言：竊脂不食粟〔九〕。鄭氏遂以「率場啄粟」爲失其天性〔一〇〕，皆附會之失。爾雅重直容切見爲兩條。郭璞以兩解分屬之。一注云「諸扈皆因其毛色、音聲以爲名」。一注云「俗謂之青雀，觜曲，食肉，好盜脂膏，因名云」。集傳于小宛云「俗呼青觜，肉食」，則從郭璞而又有脱誤。然無桑扈、竊脂二名並同之理。淮南之言多不經，其不足從明甚。

交交桑扈，有鶯其領。君子樂胥，萬邦之屏。

毛傳：「領，頸也。屏，蔽也。」

之屏之翰，百辟爲憲。不與「丕」通，下同。戢不難諸何切，受福不那。

毛傳：「翰，幹。憲，法也。戢，聚也。」鄭箋：「辟，君也。」震按：古字不、丕通，古鐘鼎銘識「丕」並作「不」。大也。那，安也。如「有那其居」之「那」，言大戢斂、大畏難，正義：「難者，戒懼之辭。」則受福亦大安矣。凡詩中「不顯」「不承」「不時」「不寧」「不康」，「不」皆宜爲「丕」。詩之「不顯」「不承」，即書之「丕顯」「丕承」也。

兕觥其觩，旨酒思柔。彼交匪敖五侯切，萬福來求。

鄭箋：「賢者居處恭，執事敬，與人交必以禮，則萬福之禄就而求之。」集傳：「思，語辭也。敖、傲通。」

桑扈四章　集傳：「此亦天子燕諸侯之詩。」

鴛鴦于飛，畢之羅之。君子萬年，福禄宜牛何切之。

毛傳：「鴛鴦，匹鳥也。」又名黄鴨。

鴛鴦在梁，戢其左翼。君子萬年，宜其遐福筆力切。

韓傳：「戢，捷也。捷其噣於左也。」見釋文。捷、插同。

乘繩證切馬在廐，摧之秣之。君子萬年，福禄艾魚肺切之。

毛傳：「摧，莝也。說文：「莝，斬芻。」秣，粟也。艾，養也。」

乘馬在廐，秣之摧之。君子萬年，福禄綏之。

鴛鴦四章　此亦諸侯美天子之詩。

有頍者弁，實維伊何？爾酒既旨，爾殽既嘉居何切。豈伊異人，兄弟匪他湯何切。蔦與女蘿，施以豉切于松柏逋各切。未見君子，憂心奕奕弋灼切。既見君子，庶幾說音悦懌弋灼切。

毛傳：「頍，弁貌。弁，皮弁也。蔦，寄生也。又名寄屏、寓木、宛童。奕奕然無所薄也。」震按：女蘿，松蘿也，色青。菟絲，色黄赤如金。二草嘗蔓連，爾雅遂合爲一物，非也。古樂府：「南山冪冪菟絲華，北陵青青女蘿樹，由來華葉同一根，今日枝條分兩處。」古詩：「與君爲新婚，菟絲附女蘿。」

有頍者弁，實維何期音基？爾酒既旨，爾殽既時。豈伊異人，兄弟具來陵之切。蔦與女蘿，施于松上。未見君子，憂心怲怲。既見君子，庶幾有臧。

毛傳：「怲怲，憂盛滿也。」鄭箋：「何期，猶伊何也。期，辭也。」

有頍者弁，實維在首。爾酒既旨，爾殽既阜。豈伊異人，兄弟甥舅。如彼雨于付切雪，先集維霰。死喪息浪切無日，無幾居豈切相見。樂音洛酒今夕，君子維宴。

鄭箋：「阜，猶多也。將大雨雪，始必微温，雪自上下，遇温氣而摶，謂之霰。久而寒勝，則大雪矣。曾子天圜篇：「陰之專氣爲霰。」説文：「霰，稷雪也。」震按：常棣燕兄弟，云「死喪之威」，「原隰裒矣」，「兄弟急難」，「兄弟鬩于牆」，皆情至之言，且以誨警也。此言「死喪無日，無幾相見」，以勸樂飲酒。此之謂親愛篤摯。

頍弁三章　集傳：「此亦燕兄弟親戚之詩。」

間關車之舝兮，思孌季女逝兮。匪饑匪渴，德音來括。雖無好友羽己切，式燕且喜。

毛傳：「括，會也。」季本曰：「凡人之德，賴友以成，既得季女之賢，自足以助我成德。

雖無好友，而式燕且喜矣。此則以得賢女爲慶也。」震按：舝，制轂外出之鍵也。設舝而行，聲間關然。

依彼平林，有集維鷮。辰彼碩女，令德來教。式燕且譽，好呼報切爾無射都故切。

毛傳：「依，茂木貌。鷮，雉也。説文：「走鳴長尾雉也。」辰，時也。」鄭箋：「射，厭也。」

雖無旨酒，式飲庶幾。雖無嘉殽，式食庶幾。雖無德與女音汝，式歌且舞。

震按：此章欲其飲食歌舞以相親説音悦。

陟彼高岡，析其柞薪。析其柞薪，其葉湑兮。鮮息淺切我覯爾，我心寫想羽切兮。

震按：「鮮我覯爾」，猶言鮮矣我之得見爾，以其賢爲世所罕也。

高山仰止，景行行户郎切止。四牡騑騑，六轡如琴。覯爾新昏，以慰我心。

毛傳：「景，大也。」正義：「執其六轡，緩急調和，如琴瑟之相應也。」

車舝五章　集傳：「此燕樂其新昏之詩。」

營營青蠅，止于樊。豈開在切弟音悌君子，無信讒言。

震按：營營，説文引詩作「謍謍」，小聲也。青蠅，或謂之景迹。陸佃云：「首赤如火，背若負金。」

營營青蠅，止于棘。讒人罔極，交亂四國于逼切。

營營青蠅，止于榛。讒人罔極，構我二人。

鄭箋：「構，合也。合，猶交亂也。」正義：「構者，構合兩端，令二人彼此相嫌，交更惑亂。與上章義同。」

青蠅三章　毛詩序：「大夫刺幽王也。」

賓之初筵，左右秩秩。籩豆有楚，殽核維旅。酒既和旨，飲酒孔偕舉里切。鐘鼓既設書質切，舉醻逸逸。大侯既抗，弓矢斯張。射夫既同，獻爾發功。發彼有的丁藥切，以祈爾爵。

毛傳：「楚，列貌。殽，豆實也。旅，陳也。逸逸，往來次序也。大侯，君侯也。抗，舉也。的，質也。侯中所射之處。祈，求也。」鄭箋：「筵，席也。豆實，菹醢也。籩實，有桃梅之屬。和旨，調美也。衆賓之飲酒，又威儀齊一。鐘鼓於是言既設者，將射故縣音懸也〔一二〕。獻，猶奏也。」震按：射義曰：「詩云『發彼有的，以祈爾爵』。祈，求也，求中以辭爵也。酒者所以養老也，所以養病也。求中以辭爵者，辭養也。」

籥舞笙鼓，樂既和奏倉木切。烝衎烈祖，以洽百禮。百禮既至，有壬有林。錫爾純嘏，子孫其湛持林切。其湛曰樂，各奏爾能奴怡切。賓載手仇渠之切，室人入又夷至切。酌彼康爵，以奏爾時。

毛傳：「壬，大。林，君也。」鄭箋：「子孫各奏爾能者，各酌獻尸，尸酢而卒爵也。室人，有室中之事者，謂佐食也。又，復也。室人復酌爲加爵。康，虚也。溓、歉同。爾雅：『溓，虚也。』說文：『溓，水虚也。歉，飢虚也。』時，謂心所尊者也。」正義：「酌彼空虚之爵，以進汝之此時中心所尊敬者。」震按：「有壬有林」，猶言宜大宜君也。即錫嘏之意。手，執也。如「手劍」「手弓」之「手」。凡物相耦曰仇。特牲饋食之禮，篚「實二爵，二觚，四觶」，故因謂爵之相耦匹爲仇也。賓執其一以獻尸，爵止，其一則主人致爵于主婦。康、空一聲之轉。方言：「溓，空也。」既旅而二觶皆空〔一二〕。賓弟子、兄弟弟子乃各舉觶于其長，行無算爵〔一三〕，惟其所欲進，不以序也。此爵，謂觶也，爵者通名。

賓之初筵，温温其恭。其未醉止，威儀反反。曰既醉止，威儀幡幡。舍音捨其坐遷，屢舞僊僊。其未醉止，威儀抑抑於逸切。曰既醉止，威儀怭怭。是曰既醉，不知其秩。

毛傳：「反反，言重慎也。幡幡，失威儀也。抑抑，慎密也。怭怭，媟嫚也。秩，常也。」

賓既醉止，載號胡毛切載呶奴侯切。亂我籩豆徒侯切，屢舞僛僛。是曰既醉，不知其郵于其切。側弁之俄，屢舞傞傞。既醉而出，並受其福筆力切。醉而不出，是謂伐德。飲酒孔嘉居何切，維其令儀牛何切。

毛傳：「號呶，號呼讙呶也。傲傲，舞不能自正也。傞傞，不止也。」鄭箋：「郵，過。側，傾也。俄，傾貌。出，猶去也。賓醉則出，與主人俱有美譽。醉至若此，是誅伐其德也。」

凡此飲酒，或醉或否音鄙。既立之監，或佐之史。彼醉不臧，不醉反恥。式勿從謂，無俾大怠養里切。匪言勿言，匪由勿語。由醉之言，俾出童羖。三爵不識，矧敢多又夷至切。

毛傳：「羖，羊不童也。」正義：「燕禮鄉射，並立司正。鄉射注云：『解音懈倦失禮者，立司正以監之，察儀法也。』」震按：式勿，猶言法禁也。從而告之，無使其甚怠。勿言勿語，即「式勿」之謂也。羊牡曰羝，黑羝曰羖，童，無角也。

賓之初筵五章　韓詩序：「衛武公飲酒悔過也。」

魚在在藻，有頒符云切其首。王在在鎬，豈樂音洛飲酒。

毛傳：「頒，大首貌。」鄭箋：「豈，亦樂也。」震按：徐廣云：「鎬在上林、昆明北，有鎬池，去豐二十五里。」蓋鎬因水爲名，在長安西南。渭水與豐水會于短陰山，又東北與鎬〔水合〕〔一四〕。灞、滻、涇、渭、豐、鎬、澇、潏，是爲八川。今西安府長安縣西南漢上林苑地。

魚在在藻，有莘其尾。王在在鎬，飲酒樂豈。

毛傳：「莘，長貌。」

魚在在藻。依于其蒲。王在在鎬。有那其居。

鄭箋：「那，安貌。」

魚藻三章　集傳：「此天子燕諸侯，而諸侯美天子之詩也。」

采菽采菽，筐之筥之。君子來朝直遥切，何錫予音與之？雖無予之，路車乘繩證切馬滿補切。又何予之？玄袞及黼。

毛傳：「白與黑謂之黼」。鄭箋：「玄袞，玄衣而畫以卷龍也。」

觱沸檻胡覽切泉，言采其芹。君子來朝，言觀其旂渠斤切。其旂淠淠，鸞聲嘒嘒。載驂載駟，君子所届。

〔毛傳〕〔一五〕：「觱沸，泉出貌。檻泉，正出也。淠淠，動也。嘒嘒，中節也。」鄭箋：「芹，菜也。可以爲菹。」集傳：「届，至也。」震按：爾雅：「芹，楚葵。」又名水英。

赤芾在股，邪幅在下后五切。彼交匪紓，天子所予。樂音洛只君子，天子命彌吝切之。樂只君子，福禄申之。

毛傳：「諸侯赤芾。邪幅，幅偪也。所以自偪束也。內則亦單云「偪」。紓，緩也。」鄭箋：

「芾，大。古蔽膝之象也。冕服謂之芾。其他服謂之韠，以韋爲之。其制：上廣一尺，下廣二尺，長三尺，其頸五寸，肩革帶博二寸。脛本曰股。邪幅，如今行縢也。偪束其脛，自足至膝，故曰在下。彼與人交接，自偪束如此，則非有解怠紓緩之心，天子以是故賜予之。」

維柞之枝，其葉蓬蓬。樂只君子，殿多見切天子之邦卜工切。樂只君子，萬福攸同（一六）。平平左右，亦是率從。

毛傳：「蓬蓬，盛貌。殿，鎮也。平平，辯治也。」黄佐曰：「辯而不雜，治而不亂，乃整齊意。言其威儀如此也。」震按：平平，韓詩作「便便」。爾雅：「便便，辯也。」

汎汎楊舟，紼纚維之。樂只君子，天子葵之。樂只君子，福禄膍之。優哉游哉，亦是戾矣。

毛傳：「紼，繂也。纚，綏也。葵，揆也。膍，厚也。戾，至。」唐汝諤曰：「左右之從，與優游之戾，見不獨君子賢，而其旅亦賢。不獨在朝時敬，而在道時已敬。」震按：繂，大索也。綏，小索也。

采菽五章　韋昭曰：「王賜諸侯命服之樂也（一七）。」

楚茨之什十四篇，五十九章，四百五十六言，千八百三十九名。

校注

〔一〕惟　毛詩各本皆作「維」。

〔二〕得　阮元校云：「小字本相臺本『得』作『樹』。按：作『樹』是也。」

〔三〕歸賓客豆俎　阮元校云：「小字本相臺本『豆』作『之』。按：『豆』字誤也。」

〔四〕韓詩作箌　釋文：「倬，韓詩作箌。」此戴氏所本。又玉篇草部：「韓詩『菿彼圃田』，毛詩作『倬』，又音到。」陳喬樅詩經四家異文考云：「此釋文譌『菿』爲『箌』也。」盧文弨曰：「徐鯤謂説文無『箌』字，惟玉篇竹部有之，云『捕具也』。又作『罩』，是『箌』即『罩』之異文……據此則韓詩作『菿』可知。釋詁郭注『箌義未聞』，郭璞豈不見韓詩？使韓果作『箌』字，何云『未聞』耶？然其誤自陸德明始，而邢昺因之。」

〔五〕書　原脱。下文有「夜迎寒」，相偶爲文，此「書」字不應省略，故據周禮籥章補。

〔六〕「歈豳雅」下及後文「歈豳頌」下，周禮籥章原文皆有「擊土鼓」三字。

〔七〕韎　原脱，據阮元校本毛詩正義補。

〔八〕爾雅　二字原缺，據本書夾注體例當有「爾雅」書名，今依例補。

〔九〕竊脂不食粟　出淮南子説林訓，其文是「馬不食脂，桑扈不啄粟，非廉也」。

〔一〇〕鄭氏　即鄭玄。注文見小雅小宛鄭箋。

〔一一〕故　原誤作「改」，據毛詩正義改。

〔一二〕旅　儀禮特牲饋食禮鄭注：「旅，行也。受行酬也。」

〔一三〕無算爵　儀禮有司徹鄭注「算，數也」，謂賓主相酬，「唯己所欲，無有次第之數也」。

〔一四〕又東北與鎬水合　「水」字原脱，又「合」字剥脱爲「口」，因戴氏此處係據水經渭水注，其文是「渭水又東與豐水會於短陰山……又東北與鎬水合」，故據補「水合」二字。鄗水，即鎬水。

〔一五〕毛傳　二字原脱，據毛詩正義補。

〔一六〕萬福　原誤作「福禄」，據阮元校本毛詩正義改。

〔一七〕見國語晉語韋昭注，陳喬樅認爲韋説「與白虎通説合」。

毛詩補傳卷二十

小雅五

角弓之什

騂騂角弓，翩其反矣。兄弟昏姻，無胥遠矣。

毛傳：「騂騂，調利也〔一〕。」鄭箋：「胥，相也。」

爾之遠矣，民胥然矣。爾之教矣，民胥效矣。

此令兄弟，綽綽有裕羊書切。不令兄弟，交相爲瘉容九切。

民之無良，相怨一方。受爵不讓，至于已斯亡。

朱公遷曰：「已斯亡者，亡而後已也。」

老馬反爲駒居侯切，不顧其後胡口切。如食宜饇烏侯切，如酌孔取此苟切。

震按：此章言小人知進而不知止。饇，厭滿也。小人之食宜厭滿而已，不知禮義也。小人之酌，甚取之而已，不知節度也。

毋教猱升木，如塗塗附。君子有徽猷，小人與屬。

毛傳：「猱，猨屬。塗，泥。附，著也。徽，美也。」劉彝曰：「小人之爲不善，皆爲所自能。今又以倡之，是教猱升木也。小人樂音洛於不善，而又益之以不善之教，是以塗塗附其塈，且相著，不可脱矣。非所以爲上之道也。故陳爲上之道曰『君子有徽猷，小人與屬』也。」震按：猱，今之猴也。或謂之王孫，或謂之沐猴，或謂之獮猴。屬，謂相依相聯也。爲不善，其習甚易。轉而爲善，其性亦甚易。使之相與聯屬，則不相怨矣。

雨雪瀌瀌，見晛曰韓詩、劉向並作「聿」。消。莫肯下遺嫁切遺，式居婁與「屢」通，力住切。驕。

毛傳：「晛，日氣也。」釋文：「婁，數也。」荀子作「屢」。震按：「莫肯下遺」，張子謂「不肯貶下而遺棄之」是也。「式居婁驕」，正義謂「居處數色角切爲驕慢之行」是也。

雨雪浮浮，見晛曰流。如蠻如髦當作「髳」，莫浮切，我是用憂。

毛傳：「蠻，南蠻也。髦，夷髦也。」鄭箋：「髦，西夷別名。」

角弓八章　毛詩序：「父兄刺幽王也。不親九族而好讒佞，骨肉相怨，故作是詩也。」

有菀者柳，不尚息焉。上帝甚蹈徒候切，無自暱焉。俾予靖之，後予極焉。

毛傳：「蹈，動。暱，近也。」集傳：「靖，安也。極，求之盡也。使我朝直遥切而事之以靖王室，後必將極其所欲以求於我。蓋諸侯皆不朝而已獨至，則王必責之無已。如齊威王朝周而後反爲所辱也。」震按：蹈，謂變動不常，令人畏而不敢近。借上帝以喻王也。

有菀者柳，不尚愒焉。上帝甚蹈[二]，無自瘵側例切焉。俾予靖之，後予邁莫制切焉。

毛傳：「愒，息也。瘵，病也。」集傳：「邁，過也。求之過其分也。」震按：「無自瘵」，言無自取病也。邁，遠行也，無有所止之意。

有鳥高飛，亦傅音附于天鐵因切。彼人之心，于何其臻？曷予靖之？居以凶矜居銀切。

震按：傅，比近也。漢人稱「傅婢」本此義。曷，何也。何予能靖之，居然以取凶矜而已。畏禍之獨及己也。

菀柳三章　毛詩序：「刺幽王也。暴虐無親，而刑罰不中，諸侯皆不欲朝，言王者之不可朝事也。」

彼都人士，狐裘黄黄。其容不改，出言有章。行歸于周，萬民所望。

彼都人士，臺笠緇撮。彼君子女，綢直如髮。我不見兮，我心不説音悦。

毛傳：「緇撮，緇布冠也。」震按：言髮之綢緻且直，故曰綢直有如此髮者。古語類倒如此。

彼都人士，充耳琇實。彼君子女，謂之尹吉。我不見兮，我心苑結。

鄭箋：「吉，讀爲姞。尹氏、姞氏，周室昏姻之舊姓也。人見都人之家女，咸謂之尹氏姞氏之女。言有禮法。」震按：琇實，王肅云「以美石爲瑱，實塞其耳」，是也。苑、緼聲義通。

彼都人士，垂帶而厲。彼君子女，卷音權髮如蠆丑制切。我不見兮，言從之邁莫制切。

毛傳：「厲，帶之垂者。」鄭箋：「蠆，螫尾也。尾末揵然，似婦人髮末曲上卷然。」正義：「禮『斂髮無髢』。而有曲者，以長者盡皆斂之，不使有餘。而短者若鬢傍不可斂，則因曲以爲飾。」

匪伊垂之，帶則有餘。匪伊卷之，髮則有旟。我不見兮，云何盱矣。

毛傳：「旟，揚也。」

都人士五章首章惟毛詩有之，三家皆無。毛詩序：「周人刺衣服無常也。古者長民，衣服不貳。從容有常，以齊其民，則民德歸壹。傷今不復見古人也。」余曰：詩人所陳，皆儉以正者。狐黄，狐之下者也。臺笠，草笠，野服也。緇撮，太古冠也。撮髮而已。稱士又止於充耳垂帶，稱女止于髮美。然儉而不陋，則以士有行也，「其容不改，出言有章」是也。女有儀也，「謂之尹姞」是也。作是詩者，其以刺時之奢淫而不知禮法乎？

終朝采緑，不盈一匊。予髮曲局，薄言歸沐。

毛傳：「局，卷音權也。婦人夫不在，則不容飾。」說文：「在手曰匊。」

終朝采藍，不盈一襜。五日爲期，六日不詹。

毛傳：「衣蔽前謂之襜。詹，至也。」鄭箋：「藍，染草也。五日六日者，五月之日、六月之日也。期至五月而歸，今六月猶不至，是以憂思。」震按：襜，婦人深衣當鉤邊前衽也。釋名：「衽，襜也。在旁襜襜然也。」襜襜有宏裕意。詹、至一聲之轉。

之子于狩，言韔其弓古弘切。之子于釣，言綸之繩。

其釣維何？維魴及鱮。維魴及鱮，薄言觀者掌與切。

采緑四章　毛詩序：「刺怨曠也。幽王之時多怨曠者也。」正義云：「以怨曠者，爲行役過時，是王政之失，故録之以刺王也。」

芃芃黍苗，陰雨膏之。悠悠南行，召伯勞力報切之。

我任我輦，我車我牛魚其切。我行既集，蓋云歸哉將黎切。

毛傳：「任者，負任。輦者，輓車。車者，將牛車。牛者。」周禮「牽傍」是也。鄭箋：「集，猶成也。」何楷曰：「蓋者，未定之辭。功既就，庶可言歸也。」

我徒我御，我師我旅。我行既集，蓋云歸處。

鄭箋：「步行曰徒，五百人爲旅，五旅爲師。」

肅肅謝功，召伯營之。烈烈征師，召伯成之。

震按：荆州記：棘陽「東北百里有謝城」。見後漢書郡國志。棘陽，屬南陽郡。今河南汝寧府信陽州。

原隰既平，泉流既清。召伯有成，王心則寧。

鄭箋：「召伯營謝邑，相其原隰之宜，通其水泉之利。此功既成，宣王之心則安也。」

黍苗五章　以大雅崧高證之，此宣王時詩明矣。

隰桑有阿，其葉有難諾何切。既見君子，其樂音洛如何！

毛傳：「阿然，美貌。難然，盛貌。」

隰桑有阿，其葉有沃鬱縛切。既見君子，云何不樂！

隰桑有阿，其葉有幽。既見君子，德音孔膠居由切。

毛傳：「幽，黑色也。膠，固也。」

心乎愛於既切矣，遐不謂矣！中心藏之，何日忘之！

集傳：「遐與何同，表記作瑕。」鄭氏注曰：「瑕之言胡也。謂，猶告也。」

隰桑四章　集傳：「此喜見君子之詩。」

白華菅兮。白茅束兮。之子之遠，俾我獨兮。

毛傳：「白華，野菅也。已漚爲菅。」

英英白雲，露彼菅茅莫侯切。天步艱難，之子不猶。

滮池北流，浸彼稻田徒鄰切。嘯歌傷懷，念彼碩人。

毛傳：「滮，流貌。」王應麟曰：水經注：「鄗水又北流，西北注，與滮池合。水出鄗池西，而北流入于鄗。」震按：水經注又云：「滮，流浪也〔三〕，而世傳以爲水名矣。」

樵彼桑薪，卬烘于煁。維彼碩人，實勞我心。

毛傳：「卬，我。烘，燎也。煁，烓竈也。」說文：「烓，行竈也。」郭璞曰：「今之三隅竈。」孔穎達曰：

「無釜之竈，燃火以照物。若今之火爐也。」

鼓鐘于宮，聲聞音問于外。念子懆懆，視我邁邁莫制切。毛傳：「邁邁，不説音悦也。」震按：懆懆，説文「慦不安也」。邁邁，韓詩、説文俱作『怖怖』蒲昧切。恨，怒也。韓詩云「意不説好也」。

有鶖在梁，有鶴在林。維彼碩人，實勞我心。毛傳：「鶖，禿鶖也。」又名扶老，如鶴而大。貪饕之鳥也。

鴛鴦在梁，戢其左翼。之子無良，二三其德。

有扁斯石，履之卑兮。之子之遠，俾我疷兮！毛傳：「扁扁，乘石貌。王乘車履石。疷，病也。」鄭箋：「王后出入之禮，與王同，其行登車，亦履石。」正義：「夏官隸僕云：『王行則洗乘石。』鄭司農云：『乘石，所登上車之石也。』」

白華八章　毛詩序：「刺幽王廢申后也。」

緜蠻黄鳥，止于丘阿。道之云遠，我勞如何！飲於鴆切之食音嗣之，教之誨之。命彼後車，謂之載子置切之。

毛傳：「丘阿，曲阿也。」正義：「卷阿云『有卷者阿』，知丘阿是丘之曲中也。」集傳：「綿蠻，鳥聲。」鄒泉曰：「飲之食之，欲其周恤乎己也。教之誨之，欲其指示乎己也。後車載之，欲其振拔乎己也。」

綿蠻黄鳥，止于丘隅魚侯切。豈敢憚行，畏不能趨七騶切。飲之食之，教之誨之。命彼後車，謂之載之。

鄭箋：「丘隅，丘角也。」

綿蠻黄鳥，止于丘側。豈敢憚行，畏不能極。飲之食之，教之誨之。命彼後車，謂之載之。

鄭箋：「丘側，丘旁也。極，至也。」張彩曰：「行百里者半九十，言末路之難也。故曰『畏不能極』。」

綿蠻三章　毛詩序：「微臣刺亂也。」鄭箋曰：「微臣，謂士也。古者卿大夫出行，士爲末介。士之禄薄，或困之於資財，則當賙贍之。」集傳曰：「爲鳥言以自比也。」

幡幡瓠葉，采之亨鋪郎切之。君子有酒，酌言嘗之。

有兔斯首，炮之燔之。君子有酒，酌言獻之。

毛傳：「毛曰炮，加火曰燔。」集傳：「有兔斯首，一兔也。猶數魚以尾也。」

有兔斯首，燔之炙陟略切之。君子有酒，酌言酢之。

有兔斯首，燔之炮蒲侯切之。君子有酒，酌言醻之。

瓠葉四章　集傳：「此亦燕飲之詩。」

漸漸士銜切之石，維其高矣。山川悠遠，維其勞矣。武人東征，不皇今本作「遑」，從石經、注疏本正之。朝直遥切矣。

毛傳：「漸漸，山石高峻。」鄭箋：「武人，謂將子亮切率與「帥」通也。」正義：「詩中諸言『不皇』，多爲不暇。」鄭箋：「皇，王也。」可證今本之非。集傳：「言無朝旦之暇也。」

漸漸之石，維其卒在律切矣。山川悠遠，曷其没矣。武人東征，不皇出矣。

毛傳：「没，盡也。」鄭箋：「卒者，崔嵬也。謂山巔之末也。」卒、崒同。集傳：「不皇出，謂但知深入，不暇謀出也。」

有豕白蹢，烝涉波矣。月離于畢，俾滂沱矣。武人東征，不皇他湯何切矣。

毛傳：「蹢，蹄也。畢，濁也〔四〕。」鄭箋：「烝，衆也。」歐陽永叔曰：「謂在險阻之中，惟雨是憂。不遑及他也。」震按：離，麗也。月離畢，謂逡大梁、實沈之間。

漸漸之石三章　毛詩序：「下國刺幽王也。戎、狄叛之，荆、舒不至，鄭箋：「荆，謂楚也。舒，舒鳩、舒蓼、舒庸之屬。」乃命將率東征。役久病在外，故作是詩也。」

苕音條之華，芸其黄矣。心之憂矣，維其傷矣！

毛傳：「苕，陵苕也。」震按：陵苕，今之淩霄也。或謂之紫葳。又名瞿陵、陵時。黄華謂之蔈。白華謂之茇。

苕之華，其葉青青子零切。知我如此，不如無生。

牂羊墳首，三星在罶。人可以食，鮮息淺切可以飽補苟切。

毛傳：「牂羊，牝羊也。墳，大也。」集傳：「罶中無魚而水静，但見三星之光而已。」震按：牝白曰牂。鄭樵云：「牝羊首小，今也羸瘦，反首大而身小。」

苕之華三章　毛詩序：「大夫閔時也。幽王之時，西戎、東夷交侵中國，師旅並起，因之以飢饉。君子閔周室之將亡，傷己逢之，故作是詩也。」

何草不黄，何日不行户郎切。何人不將，經營四方。

何草不玄胡雲切，何人不矜居銀切。哀我征夫，獨爲匪民！

鄭箋：「玄，赤黑色。無妻曰矜。從役者皆過時不得歸，故謂之矜。」韓詩作「鰥」。

匪兕匪虎，率彼曠野上與切。哀我征夫，朝夕不暇胡故切。

有芃者狐，率彼幽草此苟切。有棧之車，行彼周道徒苟切。

毛傳：「棧車，役車也。」集傳：「芃，尾長貌。」

何草不黄四章　毛詩序：「下國刺幽王也。」

角弓之什十二篇，五十四章，二百五十言，千二名。

校注

〔一〕利　阮元校云：「閩本、明監本、毛本『利』誤作『和』。」戴氏原據誤本作「和」，今正。

〔二〕蹈　原作「慆」，據阮元校本毛詩正義改。

〔三〕「滮，流浪也」　此系水經注引毛傳文，原文「滮」字前有「毛詩曰」三字。戴氏省略似不妥。按：王先謙以爲據毛傳「流浪」蓋「流貌」之誤。

〔四〕畢，濁也　戴氏從史記集解及釋文引毛傳，與今通行本毛詩作「畢，噣也」不同。陳奂詩毛氏傳疏：「此當依史記作『濁』，讀爲觸，爲正字。」

毛詩補傳卷二十一

大雅一

文王之什

文王在上，於音烏昭于天鐵因切。周雖舊邦，其命維新。有周不與「丕」通，「不時」同。顯，帝命不時。文王陟降，在帝左右羽已切。

毛傳：「於，歎辭。」歐陽永叔曰：「『文王在上，於昭于天』者，據武王以爲言也。言武王雖滅殷而有天下，然由文在上，其德昭著于天也。『周雖舊邦，其命維新』者，據后稷、公劉以來爲言也。言周自上世以來，爲周久矣，至文王始受天之眷命而興盛也。」朱子曰：「德顯命時，間不容息，蓋以文王德合乎天。一陟一降，常在上帝之左右，與之同運而無違也。」震按：「不顯」「不時」，即「丕顯」「丕時」。

亹亹文王，令聞音問不已。陳錫哉周，侯文王孫子。文王孫子，本支百世。凡周之士，不顯亦與「奕」通世。

毛傳：「亹亹，勉也。侯，維也。本，本宗也。支，支子也。」鄭箋：「哉，始也。勉勉乎不倦，文王之勤用明德也。其善聲聞，日見稱歌，無止時也。乃由能敷恩惠之施，以受命造始周國。」左傳兩引「陳錫載周」，皆曰「能施也」。震按：亦世，即奕世。

世之不顯，厥猶翼翼。思皇多士，生此王國于逼切。王國克生，維周之楨。濟濟子禮切多士，文王以寧。

毛傳：「思，辭也。楨，幹也。」鄭箋：「猶，謀也。」集傳：「皇，美也。」

穆穆文王，於音烏緝熙敬止。假古雅切哉天命，有商孫子。商之孫子，其麗不億。上帝既命，侯于周服蒲北切。

毛傳：「麗，數也。」集傳：「穆穆，深遠之意。緝，續。熙，明。亦不已之意。止，語辭。假，大也。不億，不止於億也。侯，維也。」

侯服于周，天命靡常。殷士膚敏，祼將于京居良切。厥作祼將，常服黼冔。王之藎臣，無念爾祖。

毛傳：「膚，美。敏，疾也。祼，灌鬯也。冔，殷冠也。夏后氏曰收，周曰冕。藎，進也。」

集傳：「藎，言其忠愛之篤，進進無已也，於是呼王之藎臣而告之曰，得無念爾祖文王之德乎？蓋以戒王而不敢斥言，猶所謂敢告僕夫云爾。」

無念爾祖，聿修厥德。永言配命，自求多福筆力切。殷之未喪息浪切師，克配上帝。宜鑒于殷，駿命不易以豉切。

毛傳：「駿，大也。」鄭箋：「師，衆也。」集傳：「聿，發語辭。」震按：惟修德，乃能常合天命而爲大君。配命，配上帝，皆能君天下之意，即所謂「駿命」也。

命之不易，無遏爾躬轉讀居人切。宣昭義問，有音又虞殷自天錢因切。上天之載，無聲無臭。儀刑文王，萬邦作孚方由切。

毛傳：「義，善。虞，度也。載，事。刑，法。孚，信也。」鄭箋：「有，又也。」集傳：「遏，絶也。問、聞音問通。」

文王七章　毛詩序：「文王受命作周也。」嚴粲曰：「作，造也。造周之王業，猶康誥言肇造區夏也。」集傳：「東萊吕氏曰：『吕氏春秋引此詩，以爲周公所作。』味其詞意，信非周公不能作也。」

明明在下，赫赫在上。天難忱斯，不易以豉切維王。天位殷適音的，使不挾子燮切四方。

毛傳：「忱，信也。紂居天位，而殷之正適也。」集傳：「明明，德之明也。赫赫，命之顯也。不易，難也。」震按：古字挾、浹通，帀也。

摯仲氏任音壬，自彼殷商。來嫁于周，曰嬪于京告良切。乃及王季，維德之行户郎切。大音泰任有身，生此文王。

毛傳：「摯國任姓之中音仲女也。嬪，婦也。王季，大音泰王之子，文王之父也。」集傳：「殷商，商之諸侯也。京，周京也。」詩人之追稱。震按：摯，任姓之國也。其地未聞。鄭箋「從殷商之畿内，嫁爲婦於周之京」，據經立説爾。集傳以商之諸侯言，則不必畿内矣。後漢郡國志「汝南、平輿有摯亭」，無以證其爲故摯國否也。及，猶隨也。如「六師及之」之「及」。身、娠同。説文：「女妊身動也。」

維此文王，小心翼翼。昭事上帝，聿懷多福筆力切。厥德不回，以受方國于逼切。

天監在下，有命既集昨合切。文王初載，天作之合。在洽之陽，在渭之涘。文王嘉止，大邦有子。

毛傳：「集，就。合，配也。」集傳：「載，年也。」震按：漢馮翊郃陽，詩所謂「在洽之陽」也。水經注：「郃陽城故有莘邑。城南有瀵水東注于河。水南猶有文母廟，去城一十五里。水即郃水也。」莘國在今西安府郃陽縣南二十里。「在渭之涘」，濱渭北也。昏禮，於五禮屬嘉禮。

大邦有子，俔天之妹。文定厥祥，親迎魚敬切于渭。造舟爲梁，不與「丕」通顯其光。

震按：說文：「俔，譬諭也。」

有命自天鐵因切，命此文王。于周于京居良切，纘女維莘。長張丈切子維行户郎切，篤生武王。保右音祐命爾，燮伐大商。

毛傳：「纘，繼也。莘，大姒國也。長子，長女也。篤，厚。右，助。燮，和也。」集傳：「行，嫁也。」朱善曰：「有太任以爲之母，有太姒以爲之婦，故謂之纘，言女德之有繼也。既生文王于前，又生武王于後，故謂之篤。言天命之匪懈也。其伐商也，上以順乎天，下以應乎人，故謂之燮。言其無慚德也。」

殷商之旅，其會如林。矢于牧野上與切，維予侯興方音偶借。上帝臨女音汝，無貳爾心。

毛傳：「矢，陳也。」集傳：「牧野，在朝歌南七十里。侯，維。貳，疑也。」震按：牧野，竹書、說文、水經注俱作「坶野」，水經注引詩「坶野洋洋」。在河内汲縣今河南衛輝府汲縣。

牧野洋洋，檀車煌煌，駟騵彭彭薄郎切。維師尚父音甫，時維鷹揚。涼韓詩作「亮」。彼武王，肆伐大商，會朝清明謨郎切。

毛傳：「洋洋，廣也。煌煌，明也。駵馬白腹曰騵。師，大音泰師也。鷹揚，如鷹之飛揚也，涼，佐也。」鄭箋：「尚父，吕望也。會，合也。合兵以清明。」曹粹中曰：「武成云『陳于商郊，俟天休命』。孔安國云：『休命，謂雨止畢陳也。』六韜云：『武王東伐，至河上，雨甚雷疾，大公率衆先涉，然則至畢陳，乃雨止而清明。』」震按：時，是也。鷹，春秋傳謂之爽鳩，屈原賦謂之蒼鳥。肆，狠突也。皇矣「是伐是肆」。

大明八章　集傳：「此亦周公戒成王之詩。」

綿綿瓜瓞地一切，民之初生，自土沮漆。古公亶都但切父音甫，陶復陶穴户橘切，未有家室。

毛傳：「綿綿，不絶貌。瓞，瓝也。」鄭箋：「復者，復于土上。鑿地曰穴。」震按：爾雅「瓞，瓝。其紹瓞」。瓞瓝，皆小瓜，故以瓝釋瓞。而紹者爲瓞，非紹者爲瓝。故又曰「其紹瓞」以別之。瓝者，小瓜之種。瓞者，繼本之瓜也。埤雅云「今驗近本之瓜常小，末則復大」，于詩意物理，皆得之矣。生之言興也。此「沮漆」在涇西，與禹貢、小雅之漆沮中隔涇水。此「沮」，未聞。此漆，漢以名縣，右扶風漆縣，水在縣西，今西安府邠州。北流注于涇。又名白土川。説文：「出杜陽岐山之漆水」，闞駰、酈道元皆云「謂之漆渠」，合杜水、岐水至美陽注于雍水以入渭。則皆岐周水爾。杜陽，今鳳翔府麟游縣。美陽，今爲岐山、扶風二縣。雍入渭在武功縣界。余又疑，禹貢、小雅、周頌之漆沮，即子午嶺之沮水。古名漆沮水，惟其爲一水之名，故每必連二字言之。此但指漆縣西之漆水。沮者，水旁淹漬沮洳也。土，則平土可居也。彼沮洳漆水之旁，有土可宅，故曰「自土沮漆」。其他名漆水者甚衆，非詩、書所稱。不必其名起于古。況涇之東西相去不遥，何以曰「漆」曰「沮」，二名並同？俟知者決擇焉。陶，甄也。燒成之則爲瓴甋。復穴而居，僅賴此爲之。説文：「寝，地室也。謂在地上。穴，土室也。謂在土中。」引詩作「陶覆陶穴」，以居之陋不可言有室家，故曰「未有家室」。

古公亶父，來朝走馬滿補切。率西水滸，至于岐下后五切。爰及姜女，聿來胥宇。

毛傳：「姜女，太姜也。胥，相息亮切也。」震按：豳值岐北而少東，孟子言：「去豳，踰梁山，邑於岐山之下居焉。」此梁山與詩、書、春秋、爾雅之梁山異，在涇西岐東，正當豳之南。山在今乾州西北五里。然則「率西水滸」，爲自東向西，循水厓而上。水滸，渭水北厓也。程大昌雍録謂「渭水即在梁山下之南。循渭而上，可以達岐」。閻若璩云：「自豳抵岐二百五十餘里，山適界乎一百三十里之間。後秦始皇幸梁山宫，從山上見丞相車騎衆，弗善。亦此梁山也。」二説考覈至精，前人所不及。岐山在美陽西北中水鄉，周太王所邑。山在今鳳翔府岐山縣東北十里。

周原膴膴，堇荼如飴。爰始爰謀謨悲切，爰契我龜。曰止曰時，築室于兹。

毛傳：「堇，菜也。」鄭箋：「周之原地，在岐山之南。膴膴然肥美。其所生菜，雖有性苦者，甘如飴也。此地將可居，故於是始與豳人之從己者謀，謀從。又於是契灼其龜而卜之，卜之則又從矣。時，是也。卜從則可止居，於是可作室家於此，定民心也。」震按：堇，或謂之堇葵，或謂之苦堇。乾堇謂之荁。夏小正「二月榮堇」。采蘩傳曰「皆豆實也」。又有堇草，爾雅：「芨，堇草。」郭注：「即烏頭也。」孔穎達據以釋詩，非是。烏頭，一名烏喙，一名奚毒。晉語：「驪姬置鴆於酒，置堇於肉。」賈逵云：「堇，烏頭也。」蘇秦曰：「人之飢，所以不食烏喙者，以其雖偷充腹，而與死同患也。」淮南子曰：「天下之物，莫凶於奚毒。」後魏書曰：「匈奴秋收烏頭，爲毒藥以射禽獸。」不得爲詩人與「荼」並咏之「堇」，明矣。

迺慰迺止，迺左迺右羽已切。迺疆迺理，迺宣迺畝滿彼切。自西徂東，周爰執事鉏里切。

毛傳：「慰，安也。」震按：左右，繼慰止而言，皆奠居事也。宣畝，繼疆理而言，皆授田事也。宣者，宣布之義。畝如「東南其畝」之畝，謂分布其田而使畝之。「自西徂東，周爰執事」，又繼宣畝而言，則巡行國中，視其所當爲者，無不使民爲之以興利也。大雅「自西徂東，靡所定處」，言無安居之所。亦以「自西徂東」爲包舉域中之辭。張橫渠言：「大王辟國已甚大」，或亦謂此。

乃召司空，乃召司徒，俾立室家古胡切。其繩則直，縮版以載節力切，作廟翼翼。

鄭箋：「司空，掌營國邑。司徒，掌徒役之事。繩者，營其廣輪方制之正也。既正，則以索縮其築版，上下相承而起。」

捄音鳩之陾陾音仍，度待洛切之薨薨，築之登登，削屢馮馮扶冰切。百堵皆興，鼛鼓弗勝音升。

毛傳：「陾陾，衆也。登登，用力也。削牆鍛屢之聲，馮馮然。」鄭箋：「捄，捊也。匊取曰「捊」。度，猶投也。築牆者捊聚壤土，盛之以虆〔一〕，而投諸版中。五版爲堵。興，起也。百堵同時起，鼛鼓不能止之使休息也。周禮曰『以鼛鼓鼓役事』。」「鼛鼓」，亦作「皋鼓」，章俊卿曰：「春秋傳曰：魯人之皋。皋，緩也。役事以勿急爲義，故以皋鼓節之。」

迺立皋門，皋門有伉。迺立應門，應門將將七羊切。迺立冢土，戎醜攸行户郎切。

毛傳：「王之郭門曰皋門。伉，高貌。王之正門曰應門。將將，嚴正也。戎，大。醜，衆也。冢土，大音泰社也。起大事，動大衆，必有事乎社而后出，謂之宜。」宜，祭社之名也。震按：天子五門：皋、庫、雉、應、路。諸侯三門：庫、雉、路。皋、郭語之轉。郭門，外門也。諸侯之外門謂之庫門。中門謂之雉門，亦謂之闕門，有兩闕，周禮所謂「象魏」，春秋所謂「兩觀」是也。路寢之門謂之路門，亦謂之虎門，亦謂之畢門。路寢之朝，直遥切。謂之燕朝，路門之外謂之正朝，亦謂之治朝。又名内朝。外門之内謂之外朝。此所稱皆追美之辭，蓋以後日天子之制名其前所立者爾，亦猶言王季、文王之時而稱「京」也。

肆不殄厥愠，亦不隕厥問。柞棫拔蒲寐切矣，行道兑矣，昆夷駾矣，維其喙矣。

毛傳：「肆，故今也。隕，墜也。駾，突也。」奔突之義。鄭箋：「棫，白桵也。」即今藥中蕤核。集傳：「殄，絶也。問，聞通，謂聲譽也。拔，挺拔而上，不拳曲蒙蔽也〔二〕。兑，通也。始通道於柞棫之間也。喙，息也。」

虞芮質厥成，文王蹶厥生。予曰有疏附符書切，予曰有先蘇薦切後胡口切，予曰有奔奏子苟切，予曰有禦侮莫厚切。

毛傳：「成，平也。蹶，動也。相息亮切道音導前後曰先後，武臣折衝曰禦侮。」鄭箋：「疏附，使疏者親也。奔奏，使人歸趨之。」震按：虞芮皆黄河之北厓。虞在厎柱西北。漢河東太陽虞山上有虞城。史記作吴城。太陽故城，在今平陸縣東北。厎柱在太陽縣東水中。在今平陸縣東南五十里。芮又在虞西北今芮城縣。黄河在縣南二十里。蹶者，驚遽蹶然而起也。首章言民之初生，至此虞芮質平之後益張盛矣。生之言興也。

綿九章　毛詩序：「文王之興本由太王也。」集傳：「此亦周公戒成王之詩。」

芃芃棫樸，薪之槱之。濟濟子禮切辟王，左右趣此苟切之。

毛傳：「樸，枹木也。苞、枹同。槱，積也。趣，趨也。」鄭箋：「辟，君也。」

濟濟辟王，左右奉璋。奉璋峨峨，髦士攸宜牛何切。

鄭箋：「璋，璋瓚也。祭祀之禮，王祼以圭瓚，諸臣助之。亞祼以璋瓚。」震按：圭與璋以爲瓚柄，宗廟有祼用之。

淠彼涇舟，烝徒楫即入切之。周王于邁，六師及之。

毛傳：「淠，舟行貌。楫，櫂也。」鄭箋：「烝，衆也。于，往。邁，行也。」震按：及，猶隨也。

倬彼雲漢，爲章于天鐵因切。周王壽考，遐不作人。

毛傳：「雲漢，天河也。」程子曰：「作，興起之于善也。」集傳：「文王九十七乃終，故言壽考。遐與何同。」震按：倬，明也。

追對回切琢其章，金玉其相。勉勉我王，綱紀四方。

毛傳：「相，質也。」戴侗曰：「追，文之突出者也。琢，文之刻入者也。凡爲綱者，必先有紀。衆目紀焉，然后設綱以舉。」

棫樸五章　集傳：「此亦以詠歌文王之德。」

瞻彼旱麓，榛楛濟濟子禮切。豈弟君子，干禄豈弟。

毛傳：「旱，山名也。麓，山足也。濟濟，衆多也。」程子曰：「爲善而獲福，所謂自求多福，乃干禄也。」震按：楛，赤荆也。

瑟彼玉瓚，黄流在中。豈弟君子，福禄攸降户工切。

鄭箋：「黄流，秬鬯也。圭瓚之狀，以圭爲柄，黄金爲勺，青金爲外，朱中央矣。」正義：「秬鬯者，釀秬爲酒，以鬱金之草和之，使之芬香條鬯，故謂之秬鬯。草名鬱金，則黄如金色，酒在器流動，故謂之黄流。」震按：瑟，堅密也。「瑟彼柞棫」，亦言其木堅密。

鳶飛戾天鐵因切，魚躍于淵一均切。豈弟君子，遐不作人。

清酒既載子置切，騂牡既備。以享以祀，以介景福筆力切。

瑟彼柞棫，民所燎矣。豈弟君子，神所勞力報切矣。

莫莫葛藟，施以豉切于條枚。豈弟君子，求福不回。

旱麓六章　集傳同上篇。

思齊側皆切大任，文王之母滿彼切。思媚周姜，京室之婦扶委切。大姒嗣徽音，則百斯男泥心切。

毛傳：「齊，庄也。周姜，大姜也。大姒，文王之妃也。」鄭箋：「徽，美也。」

惠于宗公，神罔時怨，神罔時恫。刑于寡妻，至于兄弟，以御于家邦卜工切。

毛傳：「恫，痛也。刑，法也。」鄭箋：「惠，順也。御，治也。」書「越乃御事」。集傳：「宗公，宗廟先公也。寡妻，猶言寡小君也。」

雝雝在宮，肅肅在廟。不顯亦臨，無射音亦亦保。

嚴粲曰：「無射，如孔子云『學不厭』，如董仲舒云『復而不厭之謂道』，言安行之久也。」

肆戎疾不殄，烈假古雅切不瑕。不聞亦式，不諫亦入。

毛傳：「肆，故今也。戎，大也。烈，業。假，大也。」集傳：「疾，猶難乃旦切也。大難，如羑里之囚，及昆夷、玁狁之屬也。瑕，過也。此兩句與『不殄厥愠，不隕厥問』相表裏。聞，前聞也。雖事之無所前聞者，而亦無不合於法度。雖無諫諍之者，而亦未嘗不入于善。」

肆成人有德，小子有造。古之人無斁，譽髦斯士。

毛傳：「造，爲也。」正義云：「有爲者，謂所習有業，不虚廢也。」鄭箋：「以身化其臣下，故令此士皆有名譽於天下，成其俊乂之美也。」

思齊五章　集傳：「此詩亦歌文王之德，而推本言之。」

皇矣上帝，臨下有赫黑各切。監觀四方，求民之莫。維此二國，其政不獲黄郭切。維彼四國，爰究爰度。上帝耆之，憎其式廓。乃眷西顧，此維與宅達各切。

毛傳：「皇，大。莫，定也。四國，四方也。宅，居也。」程子曰：「式廓，謂規限也，猶言規模範圍也。憎字與增同。」集傳：「此，謂岐周之地也。以此岐周之地與太王爲居宅也。」震按：「此二國」，自言周與殷也。「其政不獲」，言一治一亂，其政相反而不相得也。然則周能安定斯民，天意當在周矣。又究度彼四方之國者，明天非私於有周。苟足以當上帝之意者，則莫不增廣其疆域。究度之後，而惟眷顧西土，遂以此岐周與太王，使居之爲有天下之基矣。耆讀若指，釋名云「耆，指也」。聲義本相通。「上帝耆之」，猶言天意所屬。舊以二國爲殷夏，言夏則遠矣

作之屏之，其菑其翳，修之平之，其灌其栵。啓之辟之，其檉其椐。攘之剔之，其檿其柘都故切。帝遷明德，串古患切夷載路。天立厥配，受命既固。

毛傳：「木立死曰菑，自斃爲翳。灌，叢生也。檉，河柳也。椐，樻也。檿，山桑也。」程子曰：「作之，謂拔之。屏之，謂去之。行生曰栵，謂修治其叢列，使疏密正直得其宜。啓之辟之，謂芟除也。攘之剔之，謂穿剔去其繁冗，使成長張文切也。」集傳：「明德，謂明德之君，即太王也。乃上帝遷此明德之君，使居其地。」震按：檉，或謂之朱楊，或謂之雨師。椐，今靈壽木也。串，謂行者往來連貫，則其人衆也。夷，易也，平也。謂無艱險，則道路治也。載路，言以此載達于路，凡岐之路皆然。頌所謂「彼徂者岐，有夷之行」是

也。「厥聲載路」，謂其聲載達于路。義可互考。德可配天而天立之，是天自立其配也。此之受命，不既固乎？故終之曰「天立厥配，受命既固」。

帝省昔井切其山，柞棫斯拔蒲昧切，松柏斯兑。帝作邦作對，自大伯王季。維此王季，因心則友羽己切。則友其兄虚王切，則篤其慶祛羊切，載錫之光。受禄無喪息浪切，奄有四方。

鄭箋：「省，善也。」震按：「帝作邦作對」，言上帝既立之爲大邦，又生可以對答天心者，謂文王也。自太伯、王季相友愛之時，而文王已生。然王季之友其兄，根于其心，惟知友愛而已，以見太伯之讓。王季雖受之而非其心，古之聖人，重親親而輕有天下，大都如此。「則篤其慶」，謂既受太伯之讓，又能厚其慶美，以流及子孫。「載錫之光」，謂則受光顯之賜，如竹書言「殷王命之作伯」是也。奄，覆冒也。

維此王季，帝度待洛切其心，貊其德音。其德克明，克明克類，克長張丈切克君。王此大邦，克順克比毗至列。比于文王，其德靡悔虎洧切。既受帝祉，施以豉切于孫子。

毛傳：「貊，静也。」正義：「左傳、樂記、韓詩『貊』皆作『莫』。」杜預云：「莫然清静。」程子曰：「類，肖也。今人能知而弗克踐之者，明及之而行去聲弗類也。長，謂能居長上之道。君，謂能君撫人民。」嚴粲曰：「順，言不擾。比，則驩然相愛矣。比及文王，其德無有可悔。人有過則悔恨，靡悔則無過。從容中道，無毫髪之歉也。」震按：「度其心」，謂以權度予其心。「其德克明」，謂德之明。「克明克類」，謂心之明、行之類。帝謂文王：「無然畔援，無然歆羡，誕先登于岸。」密人不共音恭，敢距大邦卜工切，侵阮徂共。王赫斯怒，爰整其旅，以按徂旅，以篤〔于〕周祜，以對于天下後五切。

毛傳：「按，止也。」程子曰：「文王赫然而怒，整其師旅，以遏止密人徂共之師，救亂安人，以厚周家之福，以答天下望周之心也。」吕大臨曰：「文王以無心得天下，雖赫怒用師，皆出於無心也。畔援、歆羡，皆有心者也。」震按：前云「帝作邦作對」，謂生文王能對答天心也。以下「帝謂文王」，猶曰天心如是，而文王所爲，與之合爾。岸，說文「水厓而高者」。毛傳：「岸，高位也。」蓋先自登於高，則天下皆後我而卑者矣。惟不外求而内修德政者能之。此言文王初無是「畔援」「歆羡」之私，而其所自至，如先立高岸之地以臨天下，是以密人侵阮，而遂赫怒用師。非止爲于爲切一人而已，乃以答于天下也。密須之國，在漢安定陰密。今平涼府涇州。阮，未聞。梁益云：「虞公所奔之共池，則在今山西平陽府平陸縣西四十里許。地形遠隔。」

依其在京居良切，侵與「寑」通，七稔切。自阮疆，陟我高岡。無矢我陵，我陵我阿。無飲我泉，我泉我池唐何切。度其鮮音仙原，居岐之陽，在渭之將。萬邦之方，下民之王。

毛傳：「矢，陳也。將，側也。」鄭箋：「方，猶嚮也。」集傳：「依，安貌。京，周京也。」震按：上章言伐密之事。此章言遷邑之事。「依其在京」，亦猶「于京斯依」。侵、寖，古字通，息也。言兵之寖。蓋自阮疆一舉，于是升高以審地勢，相其陵阿泉池，必無敢陳師飲水於我地者。此承上兵寖而言。「鮮原」，當爲地名。規度而徙居焉。孔穎達釋詩譜云：「周書稱王季宅程，皇矣説文王既伐密須，度其鮮原，居岐之陽，不出百里，則王季居程，亦在岐南。程是周地之小別也。」據此，則王季自周徙程，文王自程而徙於鮮原，後又自鮮原徙豐。

帝謂文王：「予懷明德，不大聲以色，不長張丈切夏以革。不識不知，順帝之則。」帝謂文王：「詢爾仇方，同爾兄弟。以爾鉤援，與爾臨衝，以伐崇墉。」

毛傳：「仇，匹也。鉤，鉤梯也〔三〕。所以鉤引上城者。正義「以爲雲梯」。臨，臨車也。正義云「在上臨下之名」。衝，衝車也。正義云「從旁衝突之稱」。墉，城也。」集傳：「懷，眷念也。以，猶與也。」震按：方言：「自關而西秦晉之間，凡物之壯大者而愛偉之謂之夏。」革如「革鳥」之「革」。猛，疾也。夏革，言彊大猛疾。文王不暴著于形跡而民自化，不尊尚其功力而人自服。無私智計度待洛切，順乎天理之自然。詩人於文王伐密伐崇，必推本其應天無私，於此見聖人用兵皆道德矣。仇方，即謂兄弟之國也。其强大與己匹者，與之詢謀，而連合衆國，然後興師。亦以崇之國大暴亂故也。崇，古有扈地。漢右扶風鄠縣。

今屬西安府。

臨衝閑閑，崇墉言言，執訊連連，攸馘安安。是類是禡，是致是附符書切，四方以無侮莫厚切。

臨衝茀茀，崇墉仡仡。是伐是肆，是絶是忽，四方以無拂。

毛傳：「言言，高大也。攸，所也。不服者，殺而獻其左耳曰馘。茀茀，彊盛也。」鄭箋：「類也、禡也，師祭也。伐，謂擊刺之。肆，犯突也。」正義：「安安然，不暴疾也。」集傳：「閑閑，徐緩也。致，致其至也。附，使之來附也。仡仡，堅壯貌。」

皇矣八章　集傳：「此詩叙太王、太伯、王季之德，以及文王伐密伐崇之事也。」

經始靈臺，經之營之。庶民攻之，不日成之。

毛傳：「經，度之也。攻，作也。」鄭箋：「度始靈臺之基址，營表其位。」

經始勿亟，庶民子來六直切。王在靈囿夷至切，麀鹿攸伏蒲北切。

毛傳：「囿，所以域養禽獸也。麀，牝也。」鄭箋：「亟，急也。」

麀鹿濯濯，白鳥翯翯。王在靈沼，於音烏牣魚躍。

毛傳：「濯濯，娛游也。牣，滿也。」震按：翯翯，張羽皙澤也。

虡業維樅，賁符雲切鼓維鏞。於音烏，「於樂」同。論鼓鐘。於樂音浴辟廱。

毛傳：「植者曰虡，横者曰栒。業，大版也。樅，崇牙也。賁，大鼓也。鏞，大鐘也。」震按：「於論」，美其可論也，樂記所謂「論倫無患」是也。「於樂」，美其可樂也。辟廱，義未聞。周鼎銘有云「王在辟宫，獻工錫章」。史記云：「豐鎬有天子辟池。」譙周云「成王作辟上宫」，此單言「辟」者也。周頌云「于彼西雝」。毛傳：「雝，澤也。」古銘識有云「王在雝上宫」，此單言「雝」者也。其曰「辟上」、「雝上」，則以名池名澤，而作宫其上，宫因水爲名也。漢初説禮者，規放故事，始援大雅、魯頌立説，謂「天子曰辟雝，諸侯曰泮宫」，如誠學校重典，不應周禮不一及之，而但言成均、瞽宗，他國且不聞有所謂「泮宫」者。趙岐注孟子云：「雪宫，離宫之名也。宫中有苑囿臺池之飾，禽獸之饒。」此詩靈臺、靈沼、靈囿與「辟雝」連稱，抑亦文王之離宫乎？閒燕則講法論樂于此，不必主以爲太學，于詩前後尤協矣。

於論鼓鐘，於樂辟廱。鼉鼓逢逢，矇瞍奏公。

毛傳：「逢逢，和也。公，事也。」震按：鼉，或謂之土龍。矇瞍，樂官也。

靈臺五章以韻求之，仍從毛鄭五章章四句之舊。美文王也。

下武維周，世有哲王。三后在天，王配于京居良切。

毛傳：「三后，太王、王季、文王也。王，武王也。」鄭箋：「下，猶後也。後人能繼先祖者，維有周家最大，世世益有明知之王，謂大王、王季、文王稍就盛也。此三后既没登假〔四〕，精氣在天矣，武王又能配行其道于京，謂鎬京也。」震按：武，跡也。下武，謂後人繼承先祖之步武。

王配于京，世德作求。永言配命，成王之孚方由切。

蘇轍曰：「作，起也。起而求其先世之德以繼之也。」震按：武王能永合天命，而孚于天下，是之謂成其王者之孚〔五〕。

成王之孚，下土之式。永言孝思，孝思維則。

震按：「孝思」，以孝發于思也。所思皆天下之至則，而本乎「世德作求」，安往而非孝哉！故下章又歎其昭昭然能嗣先世之事也。

媚茲一人，應侯順德。永言孝思，昭哉嗣服蒲北切。

毛傳：「一人，天子也。侯，維也。」鄭箋：「媚，愛也。服，事也。」集傳：「應，如『丕應徯志』之『應』，言天下之人，皆愛戴武王以爲天子，而所以應之，維以順德。」

昭茲來許，繩其祖武。於萬斯年，受天之祜。

集傳：「『昭茲』承上句而言。茲、哉聲相近，古蓋通用也。來，後世也。許，猶所也。

繩，繼也。言武王之道，昭明如此，來世能繼其跡，則久荷天禄而不替矣。」

受天之祜，四方來賀。於萬斯年，不遐有佐。

震按：貢獻之殊禮曰賀。佐，謂福助也。

下武六章　美武王也。

文王有聲，遹駿有聲。遹求厥寧，遹觀厥成。文王烝哉！

毛傳：「烝，君也。」鄭箋：「駿，大也。」集傳：「遹，疑與聿同，發語辭。」

文王受命，有此武功。既伐于崇，作邑于豐。文王烝哉！

震按：豐在漢右扶風鄠東鄠故城在今縣北二里，屬西安府。孔穎達云「豐在岐山東南三百餘里」，是也。

築城伊淢「洫」同，作豐伊匹。匪棘其欲，遹追來孝許候切。王后烝哉！

毛傳：「淢，成溝也。」鄭箋：「方十里曰成，淢，其溝也韓詩作「洫」。棘，急也。」集傳：「匹，稱昌孕切也。言文王營豐邑之城，因舊溝爲限而築之。其作邑居，亦稱其城而不侈大，皆非急成己之所欲也。特追先人之志，而來致其孝爾。」

王公伊濯，維豐之垣。四方攸同，王后維翰。王后烝哉！

毛傳：「濯，大。翰，幹也。」鄭箋：「公，事也。文王述行太王、王季之王業，其事益大，作邑于豐。城之既成，又垣之立宮室，乃爲天下所同心而歸之。王后爲之幹者，正其政教，定其法度。」

豐水東注，維禹之績。四方攸同，皇王維辟必亦切。皇王烝哉！

鄭箋：「績，功。辟，君也。豐邑在豐水之西，鎬京在豐水之東。」相去二十五里。震按：漢志：「鄠，古國。有扈谷亭，〔扈〕〔六〕，夏啓所伐。豐水出東南，又有潏水，皆北過上林苑入渭。」此云「東注」者，以既同于渭言，猶漢既入江，仍得稱漢也。

鎬京辟廱，自西自東，自南自北。無思不服蒲北切。皇王烝哉！

考卜維王，宅是鎬京居良切。維龜正之，武王成之。武王烝哉！

鄭箋：「考，猶稽也。宅，居也。稽疑之法，必灼龜而卜之。」

豐水有芑。武王豈不仕！詒厥孫謀，以燕翼子。武王烝哉！

毛傳：「芑，草也。仕，事。燕，安。翼，敬也。」震按：此「芑」字亦作「莒」。呂覽「菜之美者，雲夢之莒」是也。或謂之水蕨。詩有三芑：「薄言采芑」，毛傳「芑，菜也」，余謂「白苣」也。「維穈維芑」，毛傳「芑，白苗也」，余謂「白黍」也。此芑，毛傳「芑，草也」，余謂「水蕨」也。

文王有聲八章　集傳：「此詩言文王遷豐、武王遷鎬之事。」

厥初生民，時維姜嫄。生民如何？克禋克祀，以弗無子。履帝武敏母鄙切歆，攸介攸止，載震載夙，載生載育，時維后稷。

毛傳：「履，踐也。武，跡也。」鄭箋：「時，是也。帝，上帝也。敏，拇也。」正義：「左傳『邑姜方震大叔』，『后緡方震』，皆謂有身爲震也。」許謙曰：「『弗無』之爲言有也。如『莫匪爾極』者，皆是爾極也。『求福不回』者，求福之正也。『方社不莫』者，祭之早也。『其則不遠』者，則之近也。此類皆詩人之反辭。他書如『不有君子』者，無君子也。『無非事』者，皆是事也。其類不一。」蓋姜嫄者，姜姓之處女，謂姜嫄能禋能祀，是以有子。震按：「克禋克祀」，禋、祀者，皆事天之名。德可以當神明，然後能事天。姜嫄無夫而生子，故推明其德之能禋祀上帝，即魯頌所云「赫赫姜嫄，其德不回，上帝是依」是也。姜嫄之德不回，其生后稷，斷然出於天矣。凡言德行去聲至於能事天，皆純粹無疵之極辭。不如是，不足以明天人感通之理。伊尹曰：「惟尹躬暨湯，咸有一德，克享天心。」享即享祀之名，詩之「克禋克祀」，與書之「克享」同。克也者，不有是事也。自孔子没而微言絶，帝系、史記諸書已迷失其指。余以詩解詩，不敢舍音捨經從傳也。爾雅云：「履帝武敏。武，跡也。敏，拇也。」説文：「拇，將指也。」敏、拇，語之轉。其履僅當跡之大指。不知跡之由來，故歸之帝，亦以其大非人所可比也。介，如「介居」之「介」，左傳：「介居二大國之間。」歆然於所介所止，或以「歆」屬上爲讀由候切，于文理不協。凡子將生，必夙警其母，謂之夙。夙者，警也，知其將生也。

誕彌厥月，先生如達。不坼不副匹亦切，無菑無害胡憩切。以赫厥靈，上帝不與「丕」通，「不康」同。寧。不康禋祀，居然生子！

毛傳：「彌，終也。」鄭箋：「康、寧，皆安也。」集傳：「誕，發語辭。」震按：彌、滿，語之轉。凡不覺而自生者謂之「達」。如達，言至順而易，如不覺也。姜嫄未嘗生子，初生后稷一人而已，故言先生以表之。離母體而母不加病，是天以顯赫其靈異。古字不、丕通。姜嫄之德不回，是能禋祀上帝也。上帝是依，降之聖子，是上帝丕寧也。既曰丕寧，又曰丕康禋祀，申重言之，明其丕寧即如丕康禋祀。惟實無禋祀之事，而天人之感通，其義一如禋祀，故借以爲言。既使之居然生此聖子，豈非丕康禋祀而泛泛者能之乎？以「克禋克祀」，明姜嫄之德，因以丕康禋祀，申丕寧之意。非禋祀則天人之故不可言，莫明於言，禋祀以見天人感通之無可疑也。此微旨也，聖人所難言者也。後儒因詩中曰「禋祀」，曰「上帝」，而以爲實事，必帝妃始可當之，則胡爲反以生子爲異事乎？

誕寘之隘巷，牛羊腓字之。誕寘之平林，會伐平林。誕寘之寒冰，鳥覆翼之。鳥乃去矣，后稷呱矣。實覃實訏，厥聲載路。

毛傳：「覃，長。訏，大也。」許謙曰：「嬰兒不能跂乳，牛羊俯傴而乳字之，在其腓間，故曰腓字。」震按：「會伐平林」，史記言「會山林多人」是也。始棄于隘巷，以隘陋人不常到，而見牛羊腓字之。然猶未驚異。更欲遠棄平林，值人伐平林，故遂棄于寒冰無人之處。欲棄其子，亦避人多故爾。至寒冰則無人畜所到，而鳥又覆翼之，是天顯其異也。載路，謂其聲大載達于道路也。舊說姜嫄爲帝嚳元妃見帝系。或又以爲當堯之時，爲高辛氏之世妃，正義云：「謂爲其後世子孫之妃也。」祠高禖，祓除無子，求有子。及生子月辰，又居側室，肅戒不復御。鄭箋：「夙，肅也。」若是，則姜嫄有夫而求子，反以生子歸于履跡，而斷爲非父所生，是妄也。周禮享先妣，在享先祖之前。鄭注：「周立廟自后稷爲始祖。姜嫄無所妃，是以特立廟而祭之。」然則周人特立姜嫄之廟，明姜嫄始終無夫矣。史稱漢高祖感生之異，劉媪嘗息大澤之陂，夢與神遇。是時雷電晦冥，太公往視，則見蛟龍于其上。已而有身。司馬遷、班固所紀，即當漢世，必無敢誣罔。不聞謂劉媪無夫生子，蓋以爲此時表見之祥，非有身本乎此也。書后稷名棄，正以棄之故名，亦無夫生子之證。或曰：姜嫄終爲處女不嫁乎？余曰：以其既生后稷，神異若是，或終不嫁，事理可知者也。或曰：毛傳于「履帝武敏」云「帝，高辛氏之帝也」，稷仍爲帝生之子。此章詩人設言之，非歟？余曰：非也。未嘗棄而言之，誣也。帝妃而不與帝同廟食，悖也。帝子而棄之，惑也。三者無一是矣。

誕實匍匐，克岐克嶷，以就口食，蓺之荏菽，荏菽旆旆，禾役穟穟，麻麥幪幪，瓜瓞唪唪。

毛傳：「岐，知意也。荏菽，戎菽也。旆旆然，長也。役，列也。穟穟，苗好美也。幪幪然，盛茂也。唪唪〔然〕，多實也〔七〕。」鄭箋：「蓺，樹也。戎菽，大豆也。」集傳：「就，向也。口食，自能食也。」震按：嶷，特立貌。荏、戎語之轉。

誕后稷之穡，有相息亮切之道徒苟切。茀厥豐草此苟切，種之黄茂莫口切。實方實苞逋候切，實種章勇切實褎，實發實秀，實堅實好許厚切，實穎實栗。即有邰家室。

毛傳：「相，助也。茀，治也。黄，嘉穀也。茂，美也。褎，長張丈切也。發，盡發也。穎，垂穎也。」鄭箋：「栗，成就也。」集傳：「方，房也。苞，甲而未拆也。種，甲拆而可爲種也。」震按：吐華曰秀，成稃曰堅，粒滿曰好，穗垂曰穎，縝足曰栗。「邰」，亦作「斄」。漢志「右扶風斄縣下云：周后稷所封。」師古云：「讀與邰同，音胎。」史記云樊噲「從攻雍、斄城先登」，即此。孔穎達云：「岐在斄之西北無百里也。」今乾州武功縣。

誕降嘉種章勇切，維秬維秠，維穈維芑。恒古鄧切之秬秠，是穫是畝滿彼切。恒之穈芑，是任音壬是負扶委切，以歸肇祀。

毛傳：「秬，黑黍也。秠，一稃二米也。穈，赤苗也。芑，白苗也。恒，徧〔八〕。肇，始也。」集傳：「降，降是種于民也，書曰『稷降播種』，是也。稷始受國爲祭主，故曰肇祀。」震按：丹黍謂之穈，白黍謂之芑。{內則「白黍」是也。}黍粒有赤、白、黑數種。苗色亦同。以穈、芑爲赤粱粟、白粱粟，説爾雅者之疎也。畝，謂獲終其畝也。

誕我祀如何？或舂或揄，或簸或蹂。釋之叟叟{蘇侯切}，烝之浮浮。載謀載惟，取蕭祭脂，取羝以軷。載燔載烈，以興嗣歲。

毛傳：「揄，抒臼也。{正義云：『謂抒米以出臼也。』}釋，淅米也。叟叟，聲也。浮浮，氣也。取蕭合黍稷，臭達牆屋，{信南山傳：膋，脂膏也。膋以升臭。}先奠而後爇蕭，合馨香也。羝羊，牡羊也。軷，道祭也。傅火曰燔。貫之加于火曰烈。{正義云：『即今之炙肉也。』}」鄭箋：「釋之烝之，以爲酒及簠簋之實。惟，思也。烈之言爛也。」集傳：「我祀，承上章而言后稷之祀也。蹂，蹂禾取穀以繼之也。謀，卜日擇士也。惟，齋戒具脩也。」嚴粲曰：「內言焫蕭，外言軷，則羣祀皆舉矣。」震按：上章云肇祀，有祀事之始也。此云「以興嗣歲」，猶言以啓將來繼之無窮也。

卬盛{音成}于豆，于豆于登。其香始升，上帝居歆。胡臭亶{都但切}時！后稷肇祀，庶無罪悔{虎洧切}，以迄于今。

毛傳：「卬，我也。木曰豆，瓦曰登。豆，薦葅醢也。登，大羹也。迄，至也。」鄭箋：「胡之言何也。亶，誠也。」集傳：「此章言其尊祖配天之祭。其香始升，而上帝已安而饗之，言應之疾也。此何但芳臭之薦，信得其時哉！蓋自后稷之肇祀，則庶無罪悔而至于今矣。」

生民八章　毛詩序：「尊祖也。后稷生於姜嫄，文武之功起於后稷，故推以配天焉。」吴澂曰：「頌有『思文后稷』矣，生民乃祭之後飲酒受釐時所歌，施於人而非施於鬼神者，自當爲雅。蓋祭祀之時，歌之於鬼神者，頌詩也。受釐之時，歌之於生人者，雅詩也。」

敦徒端切彼行葦，牛羊勿踐履。方苞方體，維葉泥泥乃禮切。戚戚兄弟，莫遠具爾。或肆之筵，或授之几。

毛傳：「敦，聚貌。行，道也。葉初生泥泥。戚戚，内相親也。肆，陳也。」鄭箋：「莫，無也。具，猶俱也。王與族人燕，年稚者爲于僞切設筵而已，老者加之以几。」正義：「至秋乃成爲葦。此時未成，故曰方。」震按：莫遠，則近也。爾，猶此也。無有在遠者，而皆於此相親也。

肆筵設席祥勺切，授几有緝御。或獻或酢，洗爵奠斝古護切。醓醢以薦，或燔或炙陟略切。嘉殽脾臄，或歌或咢。

毛傳：「設席，重直龍切席也。斝，爵也。夏曰醆，殷曰斝，周曰爵。歌者，比於琴瑟也。徒擊鼓曰咢。」鄭箋：「緝，猶續也。御，侍也。李樗曰：「緝御，即周禮所謂更僕是也。」進酒於客曰獻，客答之曰酢。主人又洗爵醻客，客受而奠之，不舉也。」震按：臄，説文作「谷」，口上阿也。又作「㗂」。

敦弓既堅居因切，四鍭既鈞，舍音捨矢既均，序賓以賢下珍切。敦弓既句古侯切，既挾四鍭。四鍭如樹上晝切，序賓以不侮莫後切。

毛傳：「敦弓，畫弓也。天子敦弓。」鄭箋：「舍之言釋也。射禮，搢三挾一個，言已挾四鍭，則已遍釋之。不侮者，敬也。」輔廣曰：「前四句言射而中去聲，又以中多爲賢。後四句言射而貫革，又以不侮爲德。」震按：敦、雕語之轉。「敦」如字，不必音雕。矢有鍭矢、茀矢、殺矢之屬，其分訂各不同。矢人定其鈞量矣。此共四鍭矢，而曰既鈞者，言其鈞量之齊，四矢若一也。弓既堅勁，矢既齊鈞，放之既均中，賓皆獲多，美之之辭也。句、彀通。張，滿也。「如樹」，正義云「如手就樹之」，是也。爾雅：「金鏃翦羽謂之鍭。」

曾孫維主當口切，酒醴維醹。酌以大斗當口切，以祈黄耇古厚切。黄耇台背，以引以翼。壽考維祺，以介景福筆力切。

毛傳：「醹，厚也。正義云：『謂酒之醇者。』台背，大老也〔九〕。祺，吉也。」鄭箋：「黄，黄髮也。耇，凍梨也。面凍梨色，似浮垢。台之言鮐也，大老則背有台文〔一〇〕。」集傳：「祈，求也。『以祈黄耇』，猶曰『以介眉壽』云爾。古器物款識云：「用蘄萬年」，「用蘄眉壽，永命多福」，「用蘄眉壽，萬年無疆」，皆此類也。引，導。翼，輔也。此頌禱之詞。欲其飲此酒而得老壽，又相引導輔翼，以享壽祺，介景福也。」震按：古者適孫則曰曾孫。書曰「有道曾孫」，考工記曰「曾孫諸侯」，是也。此燕族人，故稱曾孫。明祖之適孫，以與同祖之人燕于此也。斗，酌器也。有柄有勺。儀禮作「枓」。漢禮器制度注：「勺五升，徑六寸，長三尺。」

行葦四章　王與族人燕射之詩。

既醉以酒，既飽以德。君子萬年，介爾景福筆力切。

既醉以酒，爾殽既將。君子萬年，介爾昭明謨郎切。

昭明有融，高朗令終。令終有俶，公尸嘉告。

毛傳：「俶，始也。」震按：公尸，先公之尸也周禮有享先王享先公。

其告維何？籩豆静嘉居何切。朋友攸攝，攝以威儀牛何切。

集傳：「朋友，指賓客助祭者。」震按：攝，歛持也。言朋友爲之歛持，使威儀無愆。

威儀孔時，君子有孝子。孝子不匱，永錫爾類。

毛傳：「匱，竭。類，善也。」集傳：「孝子，主人之嗣子也。儀禮祭祀之終，有嗣舉奠。」

其類維何？室家之壼。君子萬年，永錫祚胤。

震按：爾雅「宫中衖謂之壼」。說文作「𡈼」。從口，象宫垣道上之形，即漢後宫稱永巷是也。「室家之壼」，猶云在居室之内爾。此句無義，舊說誤。蓋所謂「錫類」者，錫之祚、錫之胤也。福禄流于後曰祚，子孫相承續曰胤，居室内之善，莫善于此，故欲永之萬年焉。

其胤維何？天被皮寄切爾禄。君子萬年，景命有僕。

毛傳：「僕，附也。」震按：僕、樸音同，即「樸屬」之義。考工記鄭注云：「樸屬，猶附著，堅固貌也。」此承上「錫胤」言天命固附，是子孫世世相傳之謂。

其僕維何？釐爾女士。釐爾女士，從以孫子。

毛傳：「釐，予也。」鄭箋：「予女『汝』同以女而有士行者，謂生淑媛，使爲之妃。從，隨也。又使生賢知音智之子孫以隨之。」震按：景命屬子孫，則必子孫賢知。子孫賢知，則必有賢妃以生之。詩人言福禄，無非言德行去聲。然則妃匹之際，保傅之法，可勿重哉？

既醉八章　受釐陳戒之辭。

鳧鷖在涇，公尸來燕來寧。爾酒既清，爾殽既馨。公尸燕飲，福禄來成。

正義：「蒼頡解詁云：『鷖，鷗也。一名水鴞。』」震按：豐水、鎬水自南注于渭。涇水自北來注于渭。相去皆不遠。禹貢「渭水東會于豐，又東會于涇」，是也。豐水至咸陽縣東南三里入渭。鎬又在東，亦咸陽縣界。涇水至高陵縣西南三十里入渭。皆屬西安府。

鳧鷖在沙桑何切，公尸來燕來宜牛何切〔一一〕。爾酒既多，爾殽既嘉居何切。公尸燕飲，福禄來爲吾何切。

鳧鷖在渚，公尸來燕來處。爾酒既湑，爾殽伊脯。公尸燕飲，福禄來下後五切。

鳧鷖在潨，公尸來燕來宗。既燕于宗，福禄攸降户工切。公尸燕飲，福禄來崇。

毛傳：「潨，水會也。宗，尊也。」「來宗」之宗。集傳：「『于宗』之宗，廟也。」

鳧鷖在亹，公尸來止熏熏。旨酒欣欣，燔炙芬芬。公尸燕飲，無有後艱居銀切。

毛傳：「亹，山絶水也。鄭箋：「亹之言門也。」熏熏，和説音悦也。欣欣然，樂音洛也。芬芬，香也。」顔師古曰：「亹者，水流峽山岸，深若門也。」見地理志金城郡注。

鳧鷖五章　此與絲衣，皆繹曰燕尸也。繹，又祭也。絲衣用于正樂，此蓋用于無算樂〔一二〕。正樂，神事也。言其事神之敬，故爲頌詩。無算樂，人事也。言神釐之福禄，故爲雅詩。頌者，下奉上，告神明也。雅者，道德行，備訓戒也。雅頌之别，後人或失之矣。凡燕飲，皆有正樂，又有無算樂。天子之繹禮雖亡，然位尊者禮隆，可推而知。大夫賓尸，末亦行無算爵。見有司徹。以他禮此時即云無算樂準之，賓尸亦必有樂，但他禮，樂惟欲，祭則更爲之。作詩以美王祭者也。

假與「嘉」通樂音洛君子，顯顯令德。宜民宜人，受禄于天鐵因切。保右音佑命彌吝切之，自天申之。

毛傳：「宜民宜人，宜安民、宜官人也。申，重直龍切也。」

干禄百福筆力切，子孫千億。穆穆皇皇，宜君宜王。不愆不忘，率由舊章。

威儀抑抑於逸切，德音秩秩。無怨無惡烏路切，率由羣匹。受福無疆，四方之綱。

嚴粲曰：「『不愆不忘』，爲『率由舊章』言之也。『無怨無惡』，爲『率由羣匹』言之也。」何楷曰：「羣臣之才品高下不同，各循其匹而衡量之，蓋大以成大，小以成小，所謂建官惟賢，位事惟能，正自如此。」

之綱之紀，燕及朋友羽己切。百辟卿士，媚于天子。不解音懈于位，民之攸塈。

毛傳：「朋友，羣臣也。塈，息也。」

假樂四章　毛詩序：「嘉成王也。」余曰：天子燕羣臣，上下相嘉以德，故其所用樂章，或以明上之意，或以明下之意。假樂，下美上也。

篤公劉，匪居匪康。迺埸迺疆，迺積迺倉。迺裹餱糧，于橐于囊。思輯用光，弓矢斯張，干戈戚揚，爰方啓行户郎切。

毛傳：「篤，厚也。小曰橐，大曰囊。戚，斧也。揚，鉞也。」震按：祭側界切公謀父諫穆王曰：「昔我先王〔一三〕，世后稷以服事虞夏。及夏之衰也，棄稷弗務。我先王不窋用失其官，而自竄於戎狄之間。」蓋不窋已上，世爲后稷之官。所謂夏之衰，疑當孔甲時。史記：「孔甲淫亂，夏后氏德衰。諸侯畔之。」禹至孔甲更十餘君。據史記，十一世十四君。則有邰始封至不窋，中間失其世次，必非如史記所云「封棄于邰」、「子不窋即繼立」也。孔甲之後，帝皋、帝發、帝桀。不窋之後，鞠、公劉。漢劉敬對高帝曰：「周之先，自后稷，堯封之邰。積德累善十有餘世，公劉避桀居豳。」是邰始封至公劉十餘世也。其云避桀則非，而繫之桀時則近之。湯伐桀至紂十七世，公劉至文王亦十餘世。史記十二世，世本十六世。豳在邰北百餘里，邰，今武功縣。豳今邠州。皆屬西安府。不窋所竄，又在豳北二百餘里。今慶陽府安化縣有不窋城，漢北地郡郁郅也。不窋避夏亂，自邰而遠竄。公劉思舊土，不安居于戎狄，聚糧治兵而來，復遷于近。詩曰「匪居匪康」，「思輯用光」，書曰「公劉克篤前烈」，正謂此。明于其世次，又明于地形，庶幾可以言當時之事矣。

篤公劉，于胥斯原。既庶（且）〔既〕繁，既順迺宣，而無永歎。陟（降）〔則〕在巘，復降在原。何以舟之？維玉及瑶，鞞琫容刀。

毛傳：「胥，相息亮切也。巘，小山別於大山也。舟，帶也。下曰鞞，上曰琫。」此傳不訛，瞻彼洛矣傳，蓋傳寫有失。震按：庶，繁，言從之來遷者衆也。既順民心，迺宣布其田里，而後民無永歎者，是以躬自陟降以相息亮切度待洛切之也。容刀，佩刀也。

篤公劉，逝彼百泉，瞻彼溥原。迺陟南岡，迺覯于京居良切。京師之野上與切，于時處處，于時廬旅，于時言言，于時語語。

毛傳：「溥，大。覯，見也。廬，寄也。直言曰言，論難乃旦切曰語。」鄭箋：「時，是也。廬舍其賓旅。」

篤公劉，于京斯依。蹌蹌濟濟子禮切，俾筵俾几，既登迺依。迺造七到切其曹祖侯切，執豕于牢郎侯切，酌之用匏蒲侯切。食音飼之飲於鴆切之，君之宗之。

毛傳：「曹，羣也。」鄭箋：「蹌蹌濟濟，士大夫之威儀也。俾，使也。宗，尊也。」震按：「俾筵俾几」，使小臣設几筵于朝直遥切也。「既登乃依」，君升朝依于朝位也。羣臣蹌濟以俟，然後君出受朝禮之序也。既畢，復置酒，與其臣燕飲。先朝以正君臣，復燕飲以相慰勞力報切。于是始正中國之儀，而君于斯土，尊于臣民焉。造，詣也。古人謂羣處爲曹。説文云「曹，治事者」。然則畜牧各有其羣，故曰「乃造其曹」歟。此詣畜牧之處，取豕以爲殽。言于「既登乃依」之下，明朝與燕爲兩事也。

篤公劉，既溥既長，既景迺岡，相息亮切其陰陽。觀其流泉，其軍三單。度徒洛切其隰原，徹田爲糧。度其夕陽，豳居允荒。

毛傳：「既景迺岡，考于日景，參之高岡。山西曰夕陽。荒，大也。」鄭箋：「於山之脊，觀相其陰陽、寒煖所宜，流泉浸子鴆切潤所及。大國三軍〔一四〕，以其餘卒爲羨。單者，無羨卒也。允，信也。」正義：「徹，乃周之税法。公劉，夏時諸侯，而言徹者，以其俱是什一，其名可以相通故也。」集傳：「溥，廣也。言其芟夷墾辟，土地既廣而且長也。」此言辨土宜以授所徙之民，定其軍賦與其税法，又度山西之田以廣之，而豳人之居於此益大矣。」震按：單，猶特也。徹，通也。周法通夏殷之制，追述前事，以時制言之，明公劉遷定賦税，皆政之大端，以次畢舉爾，非謂法之所創立也。

篤公劉，于豳斯館。涉渭爲亂，取厲取鍛。止基迺理，爰衆爰有羽己切。夾其皇澗。遡其過古禾切澗，止旅迺密，芮鞫之即。

毛傳：「館，舍也。正絶流曰亂。皇，澗名也。遡，嚮也。過，澗名也。」鄭箋：「止基，作宮室之功止〔一五〕，而後疆理其田野，校其夫家人數日益多矣，器物有足矣皆布居澗水之旁。水之外曰鞫。」震按：厲，磨刀刃石也。鍛，所以捶鍊金者。皇澗、過澗，蓋皆芮北小水。「芮」亦作「汭」。職方雍州「其川涇汭」是也。芮水出弦蒲藪，漢右扶風汧縣，今鳳翔府隴州西四十里。東入涇。過長武縣南，邠州北。長武，本漢鶉觚縣地。芮鞫，芮水之南也。即，就也。水北入滿，又就水南而營居之。此章追陳始館于豳，以及後之居民日益繁盛言之。豳地在渭水之北百有餘里，其曰涉渭，則有邰故封，公劉已復得之。不遷于邰者，建國居民，以時與地之宜而已。

公劉六章　毛詩序：「召康公戒成王也。成王將涖政，戒以民事，美公劉之厚於民而獻是詩也。」

洞酌彼行潦，挹彼注兹，可以餴饎。豈弟君子，民之父母滿彼切。

毛傳：「洞，遠也。饎，酒也。」震按：說文：「餴，滫飯也。」謂中熟而溲，和去聲之以湯，覆炊爲饎也。

洞酌彼行潦，挹彼注兹，可以濯罍。豈弟君子，民之攸歸。

洞酌彼行潦，挹彼注兹，可以濯溉。豈弟君子，民之攸塈。

洞酌三章　毛詩序：「召康公戒成王也。」

有卷音權者阿，飄風自南泥心切。豈弟君子，來游來歌，以矢其音。

毛傳：「卷，曲也。矢，陳也。」鄭箋：「大陵曰阿。」

伴奐爾游矣，優游爾休矣。豈弟君子，俾爾彌爾性，似先公酋矣。

毛傳：「伴奐，廣大有文章也。似，嗣也。」震按：彌，盡也。酋，久也。

爾土宇昄章，亦孔之厚矣。豈弟君子，俾爾彌爾性，百神爾主當口切矣。

毛傳：「昄，大也。」

爾受命長矣，茀禄爾康矣。豈弟君子，俾爾彌爾性，純嘏爾常矣。

鄭箋：「予福曰嘏。」曹粹中曰：「草多謂之茀。茀禄，言得福之蕃茂也。」

有馮符冰切有翼，有孝有德，以引以翼。豈弟君子，四方爲則。

震按：馮，滿也，謂忠誠滿于内。翼，盛也，謂威儀盛于外屈原天問「馮翼惟像」，則以「馮翼」爲氣化之充滿盛動。以翼之。翼，輔也。

顒顒卬卬，如圭如璋，令聞音問令望。豈弟君子，四方爲綱。

鄭箋：「令，善也。王有賢臣，與之以禮義相切磋。體貌則顒顒然敬順，志氣則卬卬然高朗，如玉之圭璋也，人聞之則有善聲譽，人望之則有善威儀，德行去聲相副。綱者，能張衆目。」

鳳皇于飛，翽翽其羽，亦集爰止。藹藹王多吉士。維君子使，媚于天子。

毛傳：「雄曰鳳，雌曰皇。」鄭箋：「翽翽，羽聲也。」震按：藹藹，蔚美也。

鳳皇于飛，翽翽其羽，亦傅音附于天鐵因切。藹藹王多吉人，維君子命，媚于庶人。

鳳皇鳴矣，于彼高岡。梧桐生矣，于彼朝陽。菶菶萋萋，雝雝喈喈居奚切。

毛傳：「山東曰朝陽。」

君子之車，既庶且多。君子之馬滿補切，既閑且馳唐何切。矢詩不多，維以遂歌。

卷阿十章　毛詩序：「召康公戒成王也。言求賢用吉士也。」

文王之什十八篇，百一十五章，七百三十三言，二千九百九十五名。

校注

〔一〕盛　原作「乘」，據阮元校本毛詩正義改。

〔二〕蔽　原作「密」，據影印宋刊本詩集傳改。

〔三〕梯　原誤作「車」，據毛詩正義改。

〔四〕假　阮元校本毛詩正義作「遐」。疏引曲禮下云：「天子崩，告喪曰『天王登遐』，注云：『登，上也。遐，已也。上已者，若仙去去耳。』」按：釋文作「假」，云「假，音遐。本或作遐」。阮元校云：「作『假』者，依釋文改耳。」

〔五〕孚　毛傳：「孚，信也。」

〔六〕扈　原無，據漢書地理志補。

〔七〕以上「好美」「盛茂」，阮元校皆以爲誤倒，當正爲「美好」、「茂盛」。又「然」字原無，據毛詩正義補。

〔八〕偏　原作「偏」，據毛詩正義改。

〔九〕大老　原作「大考」，據毛詩正義改。陳奂詩毛氏傳疏云：「大老，猶言大壽。」

〔一〇〕以上引鄭箋系原兩段文字合成，「湅梨也」以上截自本篇「毛序」下箋文，其下截自本篇末章箋文。

〔一一〕燕　原作「享」，據毛詩正義改。

〔一二〕無算樂　謂演奏或單用風樂、雅樂，或合用二樂，可隨意而行，「盡歡而止」（鄭玄語）。算，數也，指次第。

〔一三〕「昔我」句　原無「王」字。原抄本此行上有眉批云：「宋本國語作『昔我先王世后稷』。」按：宋本即宋宋庠所輯之國語補音。今據補。

〔一四〕大國三軍　鄭箋原文作「大國之制三軍」，依本章後文「震按」謂「追述前事，以時制言之」，鄭箋中「之制」二字似不應略去。

〔一五〕止　原作「也」，據毛詩正義改。

毛詩補傳卷二十二

大雅二

民勞之什

民亦勞止，汔可小康。惠此中國，以綏四方。無縱詭隨，以謹無良。式遏寇虐，憯不畏明䜈郎切。柔遠能邇，以定我王。

毛傳：「中國，京師也。四方，諸夏也。憯，曾也。柔，安也。」鄭箋：「汔，幾音祈也。京師者，諸夏之根本。」集傳：「明，天之明命也。能，順習也。」嚴粲曰：「詭，詐也。懷詐面從也。」震按：無縱詭隨之人，以謹防其無良。又遏止寇虐者，爲其不畏明命而毒民。詭隨寇虐，惡之見于事也。無良不畏明，惡之根于心也。無良則莫不詭隨矣，不畏明則肆其寇虐矣。小人之害國家，大都不出此二者。此章推論其心，以下直舉其害。

民亦勞止，汔可小休。惠此中國，以爲民逑。無縱詭隨，以謹惛怓奴侯切。式遏寇虐，無俾民憂。無棄爾勞，以爲王休。

鄭箋：「勞，猶功也。」嚴粲曰：「無縱詭隨之人，以防其惛怓，惑亂主聽也。」鄒泉曰：「逑，聚也。聚其渙散之心而一之也。」

民亦勞止，汔可小息。惠此京師，以綏四國于逼切。無縱詭隨，以謹罔極。式遏寇虐，無俾作慝。敬慎威儀，以近有德。

民亦勞止，汔可小愒。惠此中國，俾民憂泄。無縱詭隨，以謹醜厲。式遏寇虐，無俾正敗蒲寐切。戎雖小子，而式弘大特計切。

毛傳：「愒，息。泄，去也。」鄭箋：「厲，惡也。戎，猶女音汝也。」

民亦勞止，汔可小安。惠此中國，國無有殘。無縱詭隨，以謹繾綣。式遏寇虐，無俾正反。王欲玉女音汝，是用大諫。

正義：「左傳『繾綣從公，無通内外』，則繾綣者，牢固相著直略切之意。」震按：既牢固以結于君，則正者無不反之。非特敗之已也。

民勞五章　毛詩序：「召穆公刺厲王也。」顧炎武曰：「民勞本召穆公諫王之辭，乃託爲王意，以戒公卿百執事之人，故曰『王欲玉女』，『是用大諫』，猶之『轉予于恤』而呼祈父，『從事不均』而怨大夫，所謂言之者無罪而聞之者足以戒也。」

上帝板板，下民卒癉。出話不然，爲猶不遠。靡聖管管，不實于亶丁旦切。猶之未遠，是用大諫。

毛傳：「板板，反也。癉，病也。管管，無所依繫。亶，誠也。」鄭箋：「猶，謀也。」

天之方難，無然憲憲。天之方蹶，無然泄泄。辭之輯矣，民之洽侯合切矣。辭之懌弋灼切矣，民之莫矣。

毛傳：「憲憲，猶欣欣也。蹶，動也。泄泄，猶沓沓也。輯，和。洽，合。懌，説。莫，定也。」

我雖異事，及爾同寮。今本作「僚」。我即爾謀，聽我囂囂。我言維服，勿以爲笑。先民有言，詢于芻蕘。

毛傳：「寮，官也。囂囂，猶警警也。芻蕘，薪采者。」鄭箋：「即，就也。服，事也。」

天之方虐，無然謔謔。老夫灌灌，小子蹻蹻。匪我言耄，爾用憂謔。多將熇熇，不可救藥。

毛傳：「灌灌，猶款款也。至誠款實。蹻蹻，驕貌。熇熇然，熾盛也。」

天之方懠，無爲夸毗。威儀卒迷，善人載尸。民之方殿屎，則莫我敢葵。喪息浪切亂蔑資，曾莫惠我師。

毛傳：「懠，怒也。夸毗，體柔人也。殿屎，呻吟也。蔑，無也。」鄭箋：「葵，揆也。」王介甫曰：「善人載尸，畏禍故也。」震按：資，謂資救也。

天之牖民，如壎如篪，如璋如圭，如取如攜。攜無曰益，牖民孔易以豉切。民之多辟匹亦切，無自立辟。

毛傳：「如壎如篪，言相和胡臥切也。如璋如圭，言相合也。如取如攜，言必從也。」釋文：「辟，邪也。」正義：「半圭爲璋，合二璋則成圭。」

价人維藩，大音泰師維垣，大邦維屏，大宗維翰，懷德維寧，宗子維城。無俾城壞，無獨斯畏。

集傳：「价，大也，大德之人也。大宗，强族也。宗子，同姓也。」

敬天之怒，無敢戲豫。敬天之渝容周切，無敢馳驅袪由切。昊天曰明謨郎切，及爾出王與「往」通。昊天曰旦，及爾游衍。

毛傳：「旦，明也。」鄭箋：「渝，變也。」朱善曰：「及爾出王，言一出入之際，而天必與之俱也。及爾游衍，言一動念之頃，而天必與之同也。此所謂『陟降厥士，日監在兹』也。」

板八章　毛詩序：「凡伯刺厲王也。」鄭箋：「凡伯，周同姓。周公之胤也。」

蕩蕩上帝，下民之辟。必亦切，君也。疾威上帝，其命多辟。匹亦切，亦作「僻」。天生烝民，其命匪諶。靡不有初，鮮息淺切克有終。轉讀職金切。

文王曰咨，咨女音汝殷商！曾是彊禦，曾是掊克，曾是在位，曾是在服蒲北切。天降滔德，女音汝興是力。

毛傳：「咨，嗟也。服，服政事也。滔，慢也。」釋文：「掊，聚斂也。」謝枋得曰：「禦，如『禦人於國門之外』之禦。」震按：掊克，以聚斂爲能也。「女興是力」，謂起之「在位」「在服」而堅任之。

文王曰咨，咨女殷商！而秉義類，彊禦多懟。流言以對，寇攘式内。侯作與『詛』通侯祝之救切。靡屆靡究。

毛傳：「屆，極。究，窮也。」鄭箋：「義之言宜也。類，善也。侯，維也。」顧炎武曰：「『强禦多懟』，即上章所云强禦之臣也。其心多所懟疾，而獨窺人主之情，深居禁中，而好聞外事，則假流言以中去聲傷之。如此，則寇賊生乎内，而怨詛興乎下矣。」

文王曰咨，咨女殷商！女炰烋于中國，斂怨以爲德。不明爾德，時無背無側。爾德不明謨郎切，以無陪無卿祛良切。

毛傳：「炰烋，猶彭亨也。」集傳：「斂怨以爲德，多爲可怨之事。而反自以爲德也。」震按：怒氣彭亨然。時，是也。以德正之，則違背傾側見矣。不明其德，而與違背傾側之人俱，是無從辨其背側也。德明則能任賢，以爲副貳公卿。德不明，是以輔佐無人。

文王曰咨，咨女殷商！天不湎爾以酒，不義從式。既愆爾止，靡明靡晦，式號式呼，俾晝作夜羊茹切。

毛傳：「義，宜也。」鄭箋：「式，法也。不宜從而法行之。」集傳：「止，容止也。」

文王曰咨，咨女殷商！如蜩如螗，如沸如羹古郎切。小大近喪息浪切，人尚乎由行户郎切。内奰于中國，覃及鬼方。

毛傳：「蜩，蟬也。螗，蝘也。奰，怒也。鬼方，遠方也。」集傳：「如蟬鳴，如沸羹，皆亂意也。小者大者幾於喪亡矣，尚且由此而行，不知變也。覃，延也。言自近及遠，無不怨怒也。」

文王曰咨，咨女殷商！〔匪〕上帝不時，殷不用舊巨已切。雖無老成人，尚有典刑。曾是莫聽，大命以傾。

文王曰咨，咨女殷商！人亦有言，顛沛之揭，枝葉未有害胡憩切，本實先撥。殷鑒不遠，在夏后之世。

毛傳：「顛，仆也。揭，見根貌。」震按：沛亦作「迹」，説文「前頓也」。

蕩八章　毛詩序：「召穆公傷周室大壞也。」

抑抑威儀，維德之隅魚侯切。人亦有言，靡哲不愚魚候切。庶人之愚，亦職維疾。哲人之愚，亦惟斯戾。

毛傳：「抑抑，密也。隅，廉也。職，主也。」鄭箋：「人密審於威儀抑抑然，是其德必嚴正也。古之賢者，道行心平，可外占而知内，如宫室之制。内有繩直，則外有廉隅。」集傳：「戾，反也。」范處義曰：「人雖或哲或愚，然不知修德，則形於威儀者必不能善，所謂『靡哲不愚』也。『庶人之愚』，由其疾之使然也，如所謂民有三疾是也。『哲人之愚』，則以不知修德，亦自戾其性，如所謂罔念作狂是也。」

無競維人，四方其訓之。有覺德行，四國順之。訏謨定命，遠猶辰告轉讀古得切。敬慎威儀，維民之則。

毛傳：「覺，直也。訏，大。謨，謀。辰，時也。」鄭箋：「競，强也。猶，圖也。」集傳：「定，審定不改易也。命，號令也。辰告，謂以時播告也。」

其在于今，興迷亂于政。顛覆厥德，荒湛都南切于酒。女音汝雖湛樂音洛從，弗念厥紹。罔敷求先王，克共九勇切明刑。

毛傳：「紹，繼。共，執。刑，法也。」鄭箋：「興，猶尊尚也。」集傳：「湛樂從，言惟湛樂之是從也。紹，謂所承之緒也。敷求先王，廣求先王所行之道也。」

肆皇天弗尚，如彼泉流，無淪胥以亡。夙興夜寐，灑埽廷內，維民之章。修爾車馬，弓矢戎兵補芒切，用戒戎作，用逷蠻方。

毛傳：「章，表也。逷，遠也。」

質爾人民，謹爾侯度，用戒不虞。愼爾出話，敬爾威儀牛何切，無不柔嘉居何切。白圭之玷，尚可磨也。斯言之玷，不可爲吾何切也。

毛傳：「質，成也。玷，缺也。」

無易以豉切由言，無曰苟矣。莫捫朕舌，言不可逝矣。無言不讎，無德不報博候切。惠于朋友羽己切，庶民小子。子孫繩繩，萬民靡不承。

毛傳：「捫，持也。」集傳：「逝，去。讎，答。承，奉也。」

視爾友君子，輯柔爾顏，不遐有愆。相息亮切在爾室，尚不愧于屋漏。無曰不顯，莫予云覯。神之格剛鶴切思，不可度待洛切思，矧可射弋灼切思！

毛傳：「輯，和也。西北隅謂之屋漏。格，至也。」鄭箋：「遐，遠也。射，厭也。」

辟必亦切爾爲德，俾臧俾嘉居何切。淑愼爾止，不愆于儀牛何切。不僭不賊，鮮息淺切不爲則。

投我以桃，報之以李。彼童而角，實虹小子。

毛傳：「僭，差也。虹，潰也。」集傳：「辟，君也。」震按：虹，潰惑也。

荏染柔木，言緡之絲。温温恭人，維德之基。其維哲人，告之話言，順德之行。其維愚人，覆謂我僭，民各有心。

毛傳：「話言，古之善言也。」鄭箋：「覆，猶反也。僭，不信也。」

於音烏乎音呼小子，未知臧否音鄙。匪手攜之，言示之事。匪面命之，言提其耳。借曰未知，亦既抱子。民之靡盈，誰夙知而莫音暮成？

毛傳：「莫，晚也。」集傳：「人若不自盈滿，能受教戒，則豈有既早知而反晚成者乎？」

昊天孔昭，我生靡樂音洛。視爾夢夢平聲，我心慘慘今譌作「懆」。誨爾諄諄，聽我藐藐美駁切。匪用爲教，覆用爲虐。借曰未知，亦聿既耄。

震按：「覆用爲虐」，何楷云「反以我言太多，爲將欲煩苦之」是也。

於乎小子，告爾舊止！聽用我謀，庶無大悔虎洧切。天方艱難，曰喪息浪切厥國于逼切。取譬不遠，昊天不忒。回遹其德，俾民大棘。

抑十二章　集傳：「衛武公作此詩，使人日誦於其側以自警。」余曰：小雅言人而不及天，有怨而呼天者，非言天者也。大雅言人則原於天，有以見天人之通焉。此大、小雅之所以分也。不然，衛武自戒爾，何以爲大雅乎？

菀彼桑柔，其下侯旬，捋采其劉。瘼此下民，不殄心憂。倉初亮切兄音況填與「瘨」通兮。倬彼昊天鐵因切，寧不我矜居銀切？

毛傳：「菀，茂貌。旬，言陰均也。劉，爆爍而希也。瘼，病也。」鄭箋：「殄，絶也。倬，明大貌。」集傳：「倉兄，與『愴怳』同。悲閔之意也。」震按：填，病也，如「哀我填寡」之填。

四牡騤騤，旟旐有翩。亂生不夷，靡國不泯。民靡有黎，具禍以燼。於音烏乎音呼有哀於希切，國步斯頻。

毛傳：「夷，平。泯，滅也。頻，急也。」集傳：「黎，黑也。謂黑首也。」

國步蔑資，天不我將。靡所止疑，云徂何往〔一〕？君子實維，秉心無競其亮切。誰生厲階居奚切，至今爲梗古黨切！

毛傳：「疑，定也。梗，病也。」鄭箋：「將，猶養也。」集傳：「疑，讀如儀禮『疑立』之疑〔二〕。」何楷曰：「言柄政之君子，實爲國家之所繫維。其所以執持其心者，當以無所爭競爲主，用養和平之福。誰爲興兵構怨之謀，以階之厲，使從役之民，飄泊靡定，至今如梗乎？」震按：疑、凝語之轉。

憂心慇慇，念我土宇。我生不辰，逢天僤怒。自西徂東，靡所定處。多我覯痻，孔棘我圉。

毛傳：「宇，居。僤，厚也。圉，垂也。」鄭箋：「痻，病也。」

爲謀爲毖，亂況斯削。告爾憂恤，誨爾序爵。誰能執熱，逝不以濯？其何能淑，載胥及溺。

毛傳：「毖，慎也。濯，所以救熱也。」鄭箋：「逝，猶去也。」正義云：「誰能執火熱之物而去之，不以水濯手者乎？」蘇轍曰：「王豈不謀且慎哉，然而不得其道，適所以長張丈切亂而自削爾。賢者之能已亂，猶濯之能解熱。」

如彼遡風孚金切，亦孔之僾。民有肅心，荓云不逮徒既切。好呼報切是稼穡，力民代食。稼穡維寶補茍切，代食維好許厚切。

毛傳：「遡，鄉。僾，唈。荓，使也。」鄭箋：「肅，進。逮，及也。」范處義曰：「言亂政之拂人情，所向不遂如此。惟不得已而歸，耕治稼穡，庶可用力于民事，以代禄食爾。」震按：「荓云不逮」，言使之不得進，如鄉風者之不能喘息，是以惟甘稼穡力民事也。

天降喪息浪切亂，滅我立王。降此蟊賊，稼穡卒痒。哀恫中國，具贅卒荒。靡有旅與「膂」通力，以念穹蒼。

毛傳：「荒，虛也。穹蒼，蒼天。」鄭箋：「卒，盡。痒，病也。恫，痛也。」集傳：「贅，言危也。春秋傳曰：『君若綴旒然』，與此『贅』同。」

維此惠君，民人所瞻。秉心宣猶，考慎其相息亮切。維彼不順，自獨俾臧。自有肺腸，俾民卒狂。

鄭箋：「惠，順。順道之君。宣，遍。猶，謀。相，助也。」

瞻彼中林，甡甡其鹿。朋友已譖，不胥以穀。人亦有言，進退維谷。

毛傳：「甡甡，衆多也。谷，窮也。」鄭箋：「譖，不信也。胥，相也。穀，善也。」

維此聖人，瞻言百里。維彼愚人，覆狂以喜。匪言不能奴怡切，胡斯畏忌？

鄭箋：「聖人所視而言者百里，言見事遠。」

維此良人，弗求弗迪徒六切。維彼忍心，是顧是復。民之貪亂，寧爲荼毒？

毛傳：「迪，進也。」震按：迪、達一聲之轉，謂達而進用之。荼毒，猶言苦毒也。

大風有隧，有空大谷。維此良人，作爲式穀。維彼不順，征以中垢。

毛傳：「隧，道也。中垢，言闇冥也。」鄭箋：「作，起。征，行也。」范處義曰：「大風之徑隧，由空谷而起，喻民之善惡皆有所從來。王能用善良之人，則民作而應之，皆爲善行去聲。或用不順之人，則民之所行，皆垢穢之事。」震按：中垢，猶「中谷」「中林」，謂塵垢之中，被垢深也。

大風有隧，貪人敗類。聽言則對，誦言如醉。匪用其良，覆俾我悖。

集傳：「敗類，猶言圮族也。」震按：聽言，凡聽人之言也。對，猶答也。誦言，爲之誦規誨之言也。覆，反。俾，使。悖，怒也。言反使其怒氣加於我。

嗟爾朋友，予豈不知而作？如彼飛蟲，時亦弋獲黄郭切。既之陰音蔭女音汝。反予來赫黑各切。

鄭箋：「之，往也。既往覆陰女，女反赫我，出言悖怒，不受忠告。」集傳：「『如彼飛蟲，時亦弋獲』，言己之言或亦有中去聲，猶曰千慮而一得也。赫，威怒之貌。」震按：作，猶發也。飛蟲，羽屬。

民之罔極，職涼善背。爲民不利，如云不克。民之回遹，職競用力。

毛傳：「涼，薄也。」鄭箋：「職，主也。克，勝也。爲政者害民，如恐不得其勝。競，逐也。言民之行去聲維邪者，主由爲政者逐用强力相尚故也。」震按：「職涼善背」，言主由此輩之多涼德而善欺背。

民之未戾，職盜爲寇。諒曰不可，覆背善詈。雖曰匪予，既作爾歌！唐石經「諒曰不可」與「職涼善背」諒、涼字異。今本俱譌作「涼」，非也。

毛傳：「戾，定也。」鄭箋：「爲政者主作盜賊爲寇害，令民心動搖不安定也。」朱善曰：「『職競用力』，指暴虐之臣言之也。『職盜爲寇』，指聚斂之臣言之也。上有聚斂之臣，則民亦怨咨而不定矣。『諒曰不可』者，外爲正直之言。『覆背善詈』者，陰爲險詐之行。然亦孰得而擀之哉！　此我之所以既作爾歌也。」

桑柔十六章　毛詩序：「芮伯刺厲王也。」左傳云：「周芮良夫之詩。」

民勞之什五篇，四十九章，四百四言，千六百四十七名。

校注

〔一〕徂　原作「阻」，據阮元校本毛詩正義改。

〔二〕疑立　原作「儀立」，據影印宋刊本詩集傳改。

毛詩補傳卷二十三

大雅三

雲漢之什

倬彼雲漢，昭回于天鐵因切。王曰於音烏乎音呼，何辜今之人？天降喪息浪切亂，饑饉薦臻。靡神不舉，靡愛斯牲。圭璧既卒，寧莫我聽？

毛傳：「回，轉也。薦，重。臻，至也。」鄭箋：「雲漢，謂天河也。昭，光也。精光轉運於天。時旱渴雨，故宣王夜仰視天河，望其候焉。」集傳：「卒，盡也。」

旱既大甚，蘊隆蟲蟲。不殄禋祀，自郊徂宮。上下奠瘞，靡神不宗。后稷不克，上帝不臨。耗斁丁故切下土，寧丁我躬？

毛傳：「蟲蟲而熱。上祭天，下祭地，奠其禮，瘞其物。宗，尊也。國有凶荒，則索鬼神而祭之。丁，當也。」一聲之轉。鄭箋：「宮，宗廟也。斁，敗也。」集傳：「蘊，蓄。隆，盛也。克，勝也。言后稷欲救此旱災而不能勝也。」震按：寧、乃語之轉，下「胡寧」，猶言「何乃」也，五方異語爾。

旱既大甚，則不可推吐雷切。兢兢業業，如霆如雷。周餘黎民，靡有孑遺。昊天上帝，則不我遺。胡不相畏，先祖于摧？

毛傳：「推，去也。兢兢，恐也。業業，危也。」季本曰：「民無遺，則我無所依。是即天不我遺也。先祖之業，以得民而成，無民則先祖之業亦摧落矣。安可不畏？」

旱既大甚，則不可沮在呂切。赫赫炎炎，云我無所。大命近止，靡瞻靡顧。羣公先正，則不我助。父母先祖，胡寧忍予？

毛傳：「沮，止也。赫赫，旱氣也。炎炎，熱氣也。大命近止，民近死亡也。先正，百辟卿士也。」鄭箋：「百辟卿士，雩祀所及者。」正義：「正者，長也。先世爲官之長。月令：『仲夏，乃命百官雩祀百辟、卿士有益於民者。』」

旱既大甚，滌滌山川樞倫切。旱魃爲虐，如惔如焚。我心憚暑，憂心如熏。羣公先正，則不我聞。昊天上帝，寧俾我遯？

毛傳：「山無木，川無水。魃，旱神也。惔，燎之也。熏，灼也。」鄭箋：「憚，猶畏也。」震按：寧俾我遯，謂天乃使我不能安于其位而遯去也。

旱既大甚，黽勉畏去。胡寧瘨我以旱？憯不知其故。祈年孔夙，方社不莫音暮。昊天上帝，則不我虞。敬恭明神，宜無悔怒。

毛傳：「悔，恨也。」鄭箋：「瘨，病也。曾不知爲政所失而致此害。虞，度也。」正義：「月令：孟春祈穀于上帝。孟冬祈來年于天宗。」蘇轍曰：「棄位以避憂患，非人主之義。故黽勉不去以求濟斯難乃旦切。畏，不敢也。」

旱既大甚，散無友紀。鞫哉庶正，疚哉冢宰，趣七口切馬師氏，膳夫左右羽己切，靡人不周，無不能止。瞻卬與「仰」通昊天，云如何里與「悝」通？

毛傳：「歲凶年穀不登，則趣馬不秣，師氏弛其兵，馳道不除，祭事不縣音懸，膳夫徹膳，左右布而不脩，大夫不食粱，士飲酒不樂音洛。周，救也。無不能止，言無止不能也。無有以爲不能而止。里，憂也。」釋文本亦作「瘇」，爾雅作「悝」。鄭箋：「人君以羣臣爲友。鞫，窮也。庶正，衆官之長張丈切也〔一〕。疚，病也。」嚴粲曰：「今羣臣以救旱之急，於常務之可緩者不暇整之，故云『散無友紀』也。」

瞻卬昊天，有嘒其星。大夫君子，昭假音格無贏。大命近止，無棄爾成。何求爲我？以戾庶正。瞻卬昊天，曷惠其寧？

毛傳：「嘒，衆星貌。假，至也。戾，定也。」鄭箋：「使女音汝無棄成功者何？但求爲我身乎？乃欲以安定衆官之長張丈切憂其職事。」正義：「上閔羣臣同恤，此又勸以終之。」

雲漢八章　毛詩序：「仍叔美宣王也。宣王承厲王之烈，内有撥亂之志，遇災而懼，側身修行，欲銷去之。天下喜於王化復行，百姓見憂，故作是詩也。」

崧高維嶽，〔峻〕〔駿〕極于天鐵因切。維嶽降神，生甫及申。維申及甫，維周之翰。四國于蕃，四方于宣。

毛傳：「崧，高貌。山大而高曰崧。嶽，四嶽也。東嶽岱，南嶽衡，西嶽華，北嶽恒。堯之時，姜氏爲四伯，掌四嶽之祀。述諸侯之職於周，則有甫、有申、有齊、有許也。駿，大。極，至也。」

亹亹申伯，王纘之事，于邑于謝，南國是式。王命召伯逋各切，定申伯之宅達各切。登是南邦卜工切，世執其功。

毛傳：「謝，周之南國也。召伯，召公也。登，成也。」

王命申伯，式是南邦。因是謝人，以作爾庸。王命召伯，徹申伯土田。王命傅御，遷其私人。

毛傳：「私人，家臣也。」鄭箋：「庸，勞也。」集傳：「傅御，申伯家臣之長張丈切也。」

申伯之功，召伯是營。有俶其城，寢廟既成。既成藐藐美駁切，王錫申伯遭各切。四牡蹻蹻居約切，鉤膺濯濯。

毛傳：「藐藐，美貌。蹻蹻，壯貌。濯濯，光明也。」

王遣申伯，路車乘繩證切馬滿補切，我圖爾居，莫如南土。錫爾介圭，以作爾寶補苟切。往近音記王舅，南土是保補苟切。

毛傳：「寶，瑞也。申伯，宣王之舅也。」鄭箋：「近，辭也，聲如『彼記之子』之記。」王風「彼其之子」，鄭箋云：「其或作『記』，或作『己』，讀聲相似。」

申伯信邁，王餞于郿。申伯還南，謝于誠歸。王命召伯，徹申伯土疆。以峙其粻，式遄其行户郎切。

鄭箋：「時王蓋省岐周，故于郿。」云正義云：「申在鎬京之東南，自鎬適申，塗不經郿。」『謝于誠歸』，誠歸于謝。峙其糧者，令廬市有止宿之委於僞切積子賜切。」震按：水經注「渭水逕郿縣故城南」，漢右扶風郿縣，其故城在今鳳翔府郿縣東北十五里。郿在岐周之東，鎬京之西北。

申伯番番，既入于謝，徒御嘽嘽。周邦咸喜，戎有良翰。不與「丕」通顯申伯，王之元舅，文武是憲。

毛傳：「番番，勇武貌。」鄭箋：「戎，猶女音汝也。憲，表也。言爲文武之表式。」震按：嘽嘽，衆聲也。

申伯之德，柔惠且直。揉此萬邦，聞音問于四國于逼切。吉甫作誦，其詩孔碩常約切，其風肆好，以贈申伯逋各切。

毛傳：「吉甫，尹吉甫也。」鄭箋：「揉，順也。」集傳：「揉，治也。」震按：順而治之曰揉，蓋兼二義。

崧高八章　申伯歸謝也。

天生烝民，有物有則。民之秉彝，好呼報切是懿德。天監有周，昭假音格于下后五切。保兹天子，生仲山甫。

毛傳：「烝，衆。物，事。則，法。彝，常。懿，美也。」鄭箋：「秉，執也。假，至也。」震按：詩美仲山甫德之純粹而克全，故推本性善以言之。則者，事物當然之理。天以此生人，而人得之以爲性，故性無不善。而情之所發見音現亦必歸於善焉。其曰秉彝，以此爲可執，以此爲常也。言理之至精者也。水經注，平魯城東對樊，仲山甫之所封也。今襄陽府〔二〕。

仲山甫之德，柔嘉維則。令儀令色，小心翼翼。古訓是式，威儀是力。天子是若，明命使賦。

毛傳：「若，順。賦，布也。」鄭箋：「嘉，美。令，善也。善威儀，善顔色，容貌翼翼然恭敬。力，猶勤也〔三〕。」

王命仲山甫，式是百辟必亦切。纘戎祖考去九切，王躬是保補苟切。出納王命，王之喉舌。賦政于外，四方爰發。

毛傳：「喉舌，冢宰也。」鄭箋：「戎，猶女音汝也。出王命者，王口所自言，承而施之也。納王命者，時之所宜，復于王也。以布政於畿外，天下諸侯於是莫不發應。」

肅肅王命，仲山甫將之。邦國若否音鄙，仲山甫明謨郎切之。既明且哲，以保其身。夙夜匪解音懈，以事一人。

毛傳：「將，行也。」鄭箋：「肅肅，敬也。言王之政教甚嚴敬也。仲山甫則能奉行之。若，順也。順否，猶臧否，謂善惡也。」

人亦有言：柔則茹之，剛則吐之。維仲山甫，柔亦不茹，剛亦不吐。不侮矜與「鰥」通寡果五切，不畏彊禦。

人亦有言：德輶如毛，民鮮息淺切克舉之。我儀圖之，維仲山甫舉之，愛莫助之。衮職有闕，維仲山甫補之。

鄭箋：「輶，輕也。袞職者，不敢斥王之言也。」集傳：「儀，度也。」

仲山甫出祖，四牡業業，征夫捷捷，每懷靡及。四牡彭彭薄郎切，八鸞鏘鏘。王命仲山甫，城彼東方。

毛傳：「東方，齊也。古者諸侯之居逼隘，則王者遷其邑而定其居。」鄭箋：「祖者，將行犯軷之祭也。」震按：齊曾徙薄姑，後復都臨菑。水經注薄姑故城在臨菑縣西北五十里，濟水逕其北。史記：「胡公徙薄姑。」

四牡騤騤，八鸞喈喈居奚切。仲山甫徂齊，式遄其歸。吉甫作誦，穆如清風孚金切。仲山甫永懷，以慰其心。

毛傳：「遄，疾也。言周之望仲山甫也。清微之風，化養萬物者也。」鄭箋：「望之，故欲其用是疾歸。穆，和也。吉甫作此工歌之誦，其調和人之性，如清風長養萬物然〔四〕」。集傳：「穆，深長也。」震按：惟深長，故善調和。永懷，言其愛君之心。則式遄其歸，雖以周人繫望美之，亦推本仲山甫之意，不欲久離君側也。詩中一語，每含數義，以此例之。

烝民八章　仲山甫城齊也。

奕奕梁山，維禹甸之，有倬其道徒苟切。韓侯受命彌吝切，王親命之：纘戎祖考去九切，無廢朕命。夙夜匪解音懈，虔共音恭爾位。朕命不易，榦不庭方，以佐戎辟必亦切。

毛傳：「奕奕，大也。甸，治也。」鄭箋：「朕，我也。作楨榦而正之，以佐助女音汝君。女君，王自謂也。」朱子曰：「將言韓侯，故先序其國，曰梁山之下，有倬然之道，此韓侯之所從朝直遥切周以受命者也。」梁益曰：「左傳以王命討不庭，説者曰：下之事上，皆成禮於庭中。不庭，言不趨走於庭。」震按：梁山，在燕烏賢切方城之北。水經注云：「濕水徑良鄉縣之北界〔五〕，歷梁山南。」又云「山有燕刺王旦之陵」，即此梁山也，其東南有韓城。漢志：涿郡有故安、良鄉二縣。廣陽國有方城縣，今之固安縣。即方城、固安二縣地。與良鄉縣並屬順天府。韓蓋近燕，後爲燕所併。受命，謂命爲北方牧伯。説經者不知近燕有梁山、有韓城，而以晉地之梁山韓原今爲韓城縣當之，西周梁山在畿内，則韓爲畿内之國。于詩辭曰「入覲」，曰「燕師所完」，曰「其追其貊，奄受北國」，皆不可通矣。

四牡奕奕，孔脩且張。韓侯入覲，以其介圭，入覲于王。王錫韓侯，淑旂綏章，簟茀錯衡户郎切，玄衮赤舄，鉤膺鏤鍚，鞹鞃淺幭，鞗革金厄。

毛傳：「脩，長。張，大也。綏，大綏也。鞹，革也。鞃，軾中也。淺，虎皮淺毛也。幭，覆軾也。」幭、複、幦同。鄭箋：「善旂，旂之善色者也。眉上曰鍚，刻金飾之，今當盧也。當馬之額盧。鞗革，謂轡也。爾雅「轡首謂之革」。以金爲小環，往往纏搤之。」正義：「天官夏采注云，徐州貢夏翟之羽，有虞氏以爲綏。後世或無，染鳥羽象而用之，或以旄牛尾爲之，綴於幢上，所謂注旄於竿首者。然則綏者，即交龍旂竿所建，與旂共一竿，爲貴賤之表章，故云綏章。」震按：車前三分隧之一皆爲軾中，其軓革謂之鞃，軾中以軾深言。輿自後至前爲深。鞹鞃，齊風所謂「朱鞹」。爾雅「輿革前謂之鞎」者是也。郭璞云：「以韋靶車軾。」邢昺云：「靶謂鞔也。」廣韻曰：「軷鞃，軾中靶也。」厄亦作「扼」、「搹」、「搤」，兩指圍握也，喪服傳「苴絰大搹。」士喪禮「單作鬲」。鄭注「中人之扼圍九寸」。故以爲環名。爾雅「載轡謂之轙」，厄即轙，在衡上，爲轡所貫。

韓侯出祖，出宿于屠說文作「鄘」。顯父音甫餞之，清酒百壺。其殽維何？炰鼈鮮魚。其蔌維何？維筍及蒲。其贈維何？乘繩證切馬路車。籩豆有且子餘切，侯氏燕胥。

毛傳：「屠，地名也。蔌，菜殽也。蒲，蒲蒻也。」鄭箋：「顯父，周之公卿也。筍，竹萌也。蒲，深蒲也。且，多貌。」震按：屠，說文「左馮翊鄘陽亭」是也。潏水，李氏云「同州鄘谷」。蒲白謂之蒻。

韓侯取七喻切妻，汾王之甥，蹶父音甫之子。韓侯迎去聲止，于蹶之里。百兩音亮彭彭薄郎切。

八鸞鏘鏘，不與「丕」通顯其光。諸娣從之，祁祁如雲。韓侯顧之，爛其盈門。

毛傳：「蹶父，卿士也。祁祁，徐靚也。靚、婧、竫同。如雲，言衆多也。」鄭箋：「汾王，厲王也。厲王流于彘。彘在汾水之上，故時人因以號之，猶言莒郊公、黎比公也。」正義云：「莒在東夷，不爲君謚，每世皆以地號公。」

蹶父孔武，靡國不到。爲于僞切韓姞相息亮切攸，莫如韓樂音洛。孔樂韓土，川澤訏訏，魴鱮甫甫，麀鹿噳噳，有熊有羆，有猫有虎。慶既令居，韓姞燕譽。

毛傳：「姞，蹶父姓也。訏訏，大也。甫甫然大也。噳噳然衆也。猫，似虎，淺毛者也。」鄭箋：「相，視。攸，所也。蹶父甚武健。爲王使所吏切於天下，國國皆至。爲于僞切其女韓侯夫人姞氏，視其所居，韓國最樂。」集傳：「慶，喜。令，善也。喜其有此善居也。燕，安。譽，樂也。」震按：韓去周鎬京甚遠。蹶父靡國不到，是以知其富樂。

溥彼韓城，燕烏賢切師所完。以先祖受命，因時百蠻。王錫韓侯，其追其貊末各切。奄受北國，因以其伯逋各切。實墉實壑，實畝實籍秦勺切。獻其貔皮蒲何切，赤豹黄羆彼禾切。

毛傳：「師，衆也。因時百蠻長張丈切，是蠻服之百國也。追貊，戎狄國也。」鄭箋：「籍，税也。」釋文：「壑，城池也。」正義：「經傳説貊多是東夷。故職方『九貊』，鄭志答趙商云『即九夷也』。又秋官『貊隸』注云『征東北夷所獲』。至於漢氏之初，其種皆在東北。

釋獸云：『貔，白狐，其子穀。』郭璞曰：『一名執夷，虎豹之屬。』陸璣疏云：『遼東人謂之白羆。』」呂祖謙曰：「春秋之時，城邢、城楚丘、城緣陵、城杞之類，皆合諸侯爲之。命燕城韓，固常政也。」顧炎武曰：「水經注：聖水徑方城縣故城北，又東南徑韓城東。王肅曰：今涿郡方城縣有韓侯城，世謂寒號，非也。」方城縣，前漢屬廣陽，後漢屬涿，晉屬范陽，魏書地形志屬范陽郡方城縣，有韓侯城。震按：韓近燕，故使燕衆築完之。王肅、孫毓皆謂「燕，北燕國」，是也。

韓奕六章　韓侯來覲也。

江漢浮浮，武夫滔滔他侯切。匪安匪游，淮夷來求。既出我車，既設我旟。匪安匪舒，淮夷來鋪。

鄭箋：「江漢之水合而東流浮浮然。宣王於是水上，命將子亮切率與「帥」通遣士衆。使循流而下滔滔然，其順王命而行，非敢斯須自安也，非敢斯須游止也。主爲來求淮夷所處，據至其境，故言來。」集傳：「鋪，陳也。陳師以伐之也。」震按：淮夷，淮南之夷，在揚域。

江漢湯湯書羊切，武夫洸洸。經營四方，告成于王。四方既平，王（心）〔國〕庶定。時靡有爭，王心載寧。

江漢之滸，王命召虎：式辟四方，徹我疆土。匪疚匪棘，王國來極。于疆于理，至于南海虎洧切。

毛傳：「召虎，召穆公也。」鄭箋：「疚，病。棘，急。極，中也。」集傳：「言江漢既平，王又命召公闢四方之侵地，而治其疆界。非以病之，非以急之也，但使其來取正於王國而已。於是遂疆理之，盡南海而止也。」郝敬曰：「來極，猶之歸極。則壤視中國也。」

王命召虎，來旬來宣。文武受命，召公維翰。無曰予小子，召公是似。肇敏戎公，用錫爾祉。

毛傳：「旬，遍也。召公，召康公也。似，嗣。公，事也。」鄭箋：「戎，猶女音汝也。」集傳：「予小子，王自稱也。肇，開也。」

釐爾圭瓚，秬鬯一卣。告于文人，錫山土田徒鄰切。于周受命彌吝切，自召祖命。虎拜稽首，天子萬年泥因切。

毛傳：「釐，賜也。文人，文德之人也。」鄭箋：「周，岐周也。拜稽首者，受王命策書也。臣受恩，無可以報謝者，稱言使君壽考而已。」集傳：「文人，先祖之有文德者，謂文王也。蓋古者爵人必於祖廟，示不敢專也。又使往受命於岐周，從其祖康公受命於文王之所，以寵異之。」

虎拜稽首，對揚王休。作召公考，天子萬壽。明明天子，令聞音問不已。矢其文德，洽此四國于逼切。

毛傳：「考，成也。」鄭箋：「對，答。休，美也。」集傳：「揚，稱。矢，陳也。言穆公既受賜，遂答稱天子之美命，作康公之廟器，而勒王策命之辭，以考其成，且祝天子以萬壽也。」

江漢六章　召穆公平淮夷也。崧高已下四篇，序皆云「尹吉甫美宣王也」。

赫赫明明，王命卿士，南仲大音泰，下同。祖，大師皇父音甫。整我六師，以修我戎而渚切。既敬既戒訖力切，惠此南國于逼切。

鄭箋：「宣王之命卿士爲大將子亮切也，乃用其以南仲爲大祖者，今大師皇父是也。命將必本其祖者，因有世功，于是尤顯。大師者，公兼官也。」

王謂尹氏，命程伯休父音甫，左右陳直覲切行户郎切。戒我師旅，率彼淮浦，省此徐土。不留不處，三事就緒。

毛傳：「尹氏掌命卿士。程伯休父始命爲大司馬。浦，涯也。」鄭箋：「緒，業也。王又使軍將子亮切豫告淮浦徐土之民云：不久處於是也。女音汝三農之事，皆就其業。爲于僞切其驚怖，先以言安之。」

赫赫業業，有嚴天子。王舒保作，匪紹匪遊，徐方繹騷蘇侯切。震驚徐方，如雷如霆，徐方震驚。

毛傳：「舒，徐也。保，安也。」鄭箋：「作，行也。」嚴粲曰：「王乃舒徐而安行，依於軍法日行三十里，進兵不急，人自畏威，徐方之人，皆絡繹騷動矣。」震按：紹，如「天紹」之「紹」，急也。

王奮厥武，如震如怒。進厥虎臣，闞如虓虎。鋪敦淮濆，仍執醜虜。截彼淮浦，王師之所。

毛傳：「虎之自怒虓然。仍，就也。釋文：仍，本或作「扔」。」集傳：「進，鼓而進之也。鋪，布也，布其師旅也。敦，厚也，厚集其陳也。」震按：闞、吼一聲之轉，闞、喊同，虓、哮同，與闞亦一聲之轉。皆怒聲也。

王旅嘽嘽，如飛如翰，如江如漢，如山之苞逋侯切，如川之流。緜緜翼翼，不測不克，濯征徐國于逼切。

毛傳：「苞，本也。濯，大也。」鄭箋：「其行疾自發舉，如鳥之飛也。翰，其中豪俊也。江漢，以喻盛大也。山本，以喻不可驚動也。川流，以喻不可禦也。其勢不可測度，不可攻勝。」

王猶允塞，徐方既來六直切。徐方既同，天子之功。四方既平，徐方來庭。徐方不回，王曰(旋)〔還〕歸。

常武六章 毛詩序：「召穆公美宣王也。有常德以立武事，因以爲戒然。」

瞻卬與「仰」通昊天，則不我惠。孔填與「瘨」通不寧，降此大厲。邦靡有定，士民其瘵。蟊賊蟊疾，靡有夷届。罪罟不收，靡有夷瘳。

毛傳：「瘵，病也。」集傳：「夷，平也。」震按：填如「哀我填寡」之「填」，病也。届，止也。小人之爲蟊賊，則肆其蟊疾，而無有平止。刑罪之爲網罟，則張設不斂，而無有平愈。

人有土田徒鄰切，女音汝反有之。人有民人，女覆奪之。此宜無罪，女反收之。彼宜有罪，女覆説音脱之。

哲夫成城，哲婦傾城。懿厥哲婦扶委切，爲梟爲鴟。婦有長舌，維厲之階居奚切。亂匪降自天，生自婦人。匪教匪誨，時維婦寺。

鄭箋：「城，猶國也。」震按：梟，爾雅謂之鸋鴂，性反噬，鴟類不一，皆性貪殘〔六〕。爾雅有鴟鴞、茅鴟、怪鴟、梟鴟。凡人之多言，猶獲其教誨之益。婦與寺，適以多言生亂而已。

鞫人忮忒，譖始竟背。豈曰不極，伊胡爲慝？如賈音古三倍，君子是識。婦無公事，休其蠶織。

毛傳：「忮，害。忒，變也。」鄭箋：「鞫，窮也。好窮屈人之語，忮害轉化，其言不常。識，知也。賈物而有三倍之利者，小人所宜知也，君子反知之，非其宜也。今婦人休其蠶桑織紝之職，而與朝廷之事，其爲非宜，亦猶是也。」震按：「譖始竟背」，謂陰毀人於始，而終自背戾。豈自知其不有窮極乎？反以是爲何足爲過惡矣。

天何以刺？何神不富方未切？舍爾介狄與「逖」通，維予胥忌。不弔不祥，威儀不類。人之云亡，邦國殄瘁。

毛傳：「刺，責。富，福。逖，遠也。」

天之降罔，維其優矣。人之云亡，心之憂矣。天之降罔，維其幾矣？人之云亡，心之悲矣。

鄭箋：「幾，近也。」集傳：「罔，罟。優，多也。」

觱沸檻胡覽切泉，維其深矣。心之憂矣，寧自今矣。不自我先，不自我後轉讀下五切。藐藐昊天，無不克鞏。無忝皇祖，式救爾後。

毛傳：「鞏，固也。」集傳：「藐藐，高遠貌。」

瞻卬七章　毛詩序：「凡伯刺幽王大壞也。」

旻天疾威，天篤降喪息浪切。瘨我饑饉，民卒流亡。我居圉卒荒。天降罪罟，蟊賊内訌。昏椓靡共與「恭」通，潰潰回遹，實靖夷我邦卜工切。

毛傳：「訌，潰也。椓，夭椓也。潰潰，亂也。夷，平也。」集傳：「昏椓，昏亂椓喪之人也。靖，治也。言此蟊賊昏椓者，皆潰亂邪僻之人，而王乃使之治平我邦，所以致亂也。」

皋皋訿訿，曾不知其玷。兢兢業業，孔填與「瘨」通不寧，我位孔貶。

毛傳：「皋皋，頑不知道也。訿訿，窳不供事也。」

如彼歲旱，草不潰茂，如彼棲苴。我相息亮切此邦，無不潰止。

毛傳：「潰，遂也。「潰茂」之「潰」。苴，水中浮草也。」鄭箋：「王無恩惠於天下。天下之人如旱歲之草，皆枯槁無潤澤，如樹上之棲苴。潰，亂也。春秋傳曰『國亂曰潰』。」

維昔之富方未切不如時，維今之疚居至切不如兹。彼疏斯粺蒲寐切，胡不自替？職兄音況斯引。

毛傳：「往者富人賢，今也富讒佞。今則病賢也。替，廢。兄，兹與「滋」通也。引，長也。」

鄭箋：「疏，粗也，謂糲米也。米之率，糲十，粺九，鑿八，侍御七。」九章粟米法，粟率五十，糲米三十，粺二十七，鑿二十四，御二十一，此約略言之。蘇轍曰：「君子與小人，精粗之不同，可指而知也。小人曷不自替以避君子，而乃自任以長張丈切此亂也。」震按：昔之富善人不如是乎，今之病善人不又如茲乎，則由小人在位故也。

池之竭矣，不云自頻。泉之竭矣，不云自中。溥斯害胡憩切矣，職兄斯弘，不烖我躬？

毛傳：「頻，厓也。泉水從中以益者也。」鄭箋：「池水之溢，由外灌焉。溥，猶徧也。」正義：「在位小人，乃復主益此亂，使之更大，豈得不災害我身乎？」

昔先王受命，有如召公，日辟國百里，今也日蹙國百里。於音烏乎音呼哀哉將黎切！維今之人，不尚有舊巨已切！

召旻七章　毛詩序：「凡伯刺幽王大壞也。」

雲漢之什八篇，五十六章，四百七十九言，千九百四十六名。

校注

〔一〕衆　原作「庶」，據阮元校本毛詩正義改。

〔二〕襄陽府　疑爲「懷慶府」之誤。

〔三〕自「嘉美」至「恭敬」句原誤入毛傳，今依毛詩正義移入鄭箋。

〔四〕長養　毛詩正義作「之養」。

〔五〕漯　原誤作「濕」，據水經注卷十四改。

〔六〕戴氏以「鶹鷅」爲「梟」，係據陸璣草木鳥獸蟲魚疏和郭璞爾雅注，非爾雅原文。

毛詩補傳卷二十四

頌一

周頌

於音烏穆清廟，肅雝顯相息亮切。濟濟子禮切多士，秉文之德。對越在天，駿奔走在廟。不與「丕」通，下同。顯不承，無射音亦於人斯。

震按：古人凡言文者，彰明純粹之謂。則秉文之德，言秉持彰明純粹之德，夫然後可以對於在天之靈，而駿奔走以事在廟之主矣。越、於語之轉。駿，猶敏也。又推本先王之丕顯於前，丕承於後是以人心自無厭倦也。書曰「丕顯哉！文王謨。丕承哉！武王烈」，亦此義。古字「丕」通作「不」。

清廟　毛詩序：「祀文王也。周公既成洛邑，朝諸侯，率以祀文王焉。」集傳：「書稱：『王在新邑，烝祭歲，文王騂牛一，武王騂牛一。』而此其升歌之辭也。」余曰：

據洛誥「成王烝祭文武」，則詩中「丕顯」頌文王，「丕承」頌武王，明矣。洛誥又云「王賓殺禋咸格」，蓋在周公相成王朝諸侯之後，故咸至廟助祭。

維天之命，於音烏，下同。穆不已。於乎音呼不與「丕」通顯，文王之德之純！假以溢我，我其收之。駿惠我文王，曾孫篤之。

震按：文王有純德，故天命周不已。假，大也。其大如是。有以流溢及我，我庶幾能收之。收，猶取也，保也。敏順我文王，曾孫世世篤之。春秋傳：「何以恤我，我其收之。」杜注「逸詩」。襄公二十七年左傳。朱子以「假」「溢」爲誤字，義亦通〔二〕。

維天之命　毛詩序：「大平告文王也。」

維清緝熙，文王之典。肇禋，迄用有成，維周之禎。

震按：文王清明之法，實開始禋祀之盛禮，故至今用之有成。是周所以成功，其祥先見文王時也。蓋盛禮舉在成功以後，而功成由用文王之法，則祥已見於法，本文王肇之矣。歸功之辭，而意旨甚深遠。

維清　毛詩序：「奏象舞也。」象舞，象文王武功之舞。余曰：歌維清舞象舞，歌與舞相節宣謂之奏。凡用象舞皆歌此矣。

烈文辟必亦切公，錫茲祉福。惠我無疆，子孫保之。無封靡于爾邦卜工切，維王其崇之。念茲戎功，繼序其皇之。無競維人，四方其訓之。不與「丕」通顯維德，百辟其刑之。於音烏乎音呼，前王不忘！

鄭箋：「惠，愛也。」正義：「釋詁云：叙，緒也，則繼父祖之胤緒也。」王介甫曰：「戒之以無封以專利，無靡以傷財，則王之所崇也。」震按：烈文者，有功烈有文德也。王，先王也。此詩成王之辭。維王其崇之，言是乃先王之所崇尚。戎功，翼戴文武佐定天下之大功也。

烈文 毛詩序：「成王即政，諸侯助祭也。」余曰：成王即政之初，其助祭諸侯，往往佐文武立功者，故篇首曰「烈文辟公」，美其功也。中曰「念茲戎功」，使無替厥功也。終曰「前王不忘」，相與懷文武之德也。詩陳勸戒諸侯之辭，而列之頌者，歸於頌美先王也。蓋亦正樂所用。至旅酬後行無算爵，乃有無算樂，則列之雅矣。

天作高山，大音泰王荒之。彼作矣，文王康之。彼徂者岐今本作「彼徂矣岐」。有夷之行户郎切，子孫保之。

鄭箋：「徂，往也。行，道也。」集傳：「荒，治也。夷，平也。」震按：「荒」治之義，出於㡆。考工記「治絲練者曰㡆人」，亦作「㡆」。先鄭云「讀如『芒芒禹迹』之芒」。說文云「讀若荒」。當從說文。書「荒度土功」。荒，治也。度，圖也。「彼徂者岐，有夷之行」，言岐山之道，民所歸往，視之坦然平易以豉切。蓋心說音悅而願歸之，故無阻難也。

天作　集傳：「此祭太王之詩。」

昊天有成命，二后受之。成王不敢康，夙夜基命宥密。於音烏緝熙，單與「殫」通厥心，肆其靖之。

毛傳：「二后，文、武也。基，始。宥，寬也。」何楷曰：「宥，說文云『寬也』。密，當依新書作『謐』。說文云：『靜語也。一曰無聲也。』禮孔子閒居篇，孔子曰：『夙夜其音基命宥密，無聲之樂也。』今按，密通爲謐，乃無聲之義。」震按：繼體之君，亦莫非承天命而始之終之。洛誥曰：「王如弗敢及天基命定命。」王晦叔云：「承天命以作新邑，是謂基命。都邑既成，久安長治，是謂定命。」此基命，則謂成王繼立，始承天命。蓋一王之始，天亦與之爲始。一王之終，天亦與之爲終。能成始成終者，斯可謂之哲王矣。成王繼文武受命之後，不敢以天既有成命而自怠，所以能新受天命也。基命也者，能新受天命之謂也。伊尹告太甲曰「今嗣王新服厥命，惟新厥德」，皆以一人言，非統一代言。靖，説文：「立竫也。竫，亭安也。」未安定而使之厎於安定曰靖。「於緝熙，單厥心，肆其靖之」，言自始至終，常如一日也。靖也者，凝命定命也，殫而後靖也，由勉强其丈切以成其自然也。

昊天有成命　集傳：「國語叔向引此詩而言曰：『是道成王之德也。成王能明文昭定武烈者也。』以此證之，則其爲祀成王之詩無疑矣。」

我將我享，維羊維牛魚其切，維天其右夷至切之。儀式刑文王之典，日靖四方。伊嘏文王，既右饗之。我其夙夜，畏天之威，于時保之。

毛傳：「享，獻也。」王志長曰：「按彭山季氏云：周禮羊人曰『積，共與「供」通羊牲』，謂積柴祭天，則用羊實柴也。先柴而後獻，故『維羊』文在『維牛』之上。將者奉羊以供柴，享者獻牛以供祀。理或然與？」震按：右，猶尚也。謂來加於上也。周禮大宗伯注云：「祀五帝，亦用實柴之禮。」

我將　毛詩序：「祀文王於明堂也。」正義曰：「即孝經所謂宗祀文王於明堂以配上帝是也。」曲禮「大享不問卜」，注云：「祭五帝於明堂，莫適卜。」月令季秋「大享帝」，注云：「言大享者，徧祭五帝。」是於明堂有總祭五帝之禮。余曰：冬至祀天於圜丘，報始也，故以后稷配。季秋享五帝於明堂，報成也，故以文王配。周禮有祀天旅上帝之文。司服，王之吉服，祀昊天上帝，則服大裘而冕。祀五帝亦如之。五帝即天也，而分言之者，統宰乎上，則曰昊天上帝。五方皆天，而祈報風雨寒暑，則於五方之天，故曰五帝，亦曰上帝。此詩曰「維天其右之」，以五方之天言也。孝經曰「以配上帝」，謂五帝爲上帝也。先儒於周所云「祀昊天上帝」，又云「旅上帝」〔二〕，祀五帝」，而疑上帝不宜有二義。又同一天不宜分之爲五。余以謂祀天又旅上帝，猶祀地又旅四望也。圜丘祀天，方丘祀地，合天地之神，而凡屬天者無非天，凡屬地者無非地也。大司樂稱「天神皆降」，「地示皆出」是也。祀上帝四望，則人所嚮對之天地。而天道曰圜，故主乎五。地道曰方，故主乎四。十日爲天干，分配東、南、中、西、北。十二子爲地支，只分配四方，亦此義。蓋全體之天地渾圜不可以數分，據人所見之天地，亦何在非神，而立爲五帝四望之祀，以盡事神之義也。既統事之，又分事之，其義始盡焉爾。然則曰「祀天」、曰「祀昊天上帝」者，兼五帝在内言之也。曰「旅上帝」、曰「祀五帝」者，不兼全體之天也。地四望亦如是也。知聖人制禮之意者，庶幾可與於此矣。

時邁其邦，昊天其子之，實右序有周。薄言震之，莫不震疊。懷柔百神，及河喬嶽。允王維后！明昭有周，式序在位。載戢干戈，載櫜弓矢。我求懿德，肆于時夏，允王保之。

毛傳：「邁，行。疊，懼也。戢，聚。櫜，韜也。」鄭箋：「肆，陳也。」集傳：「夏，中國也。」震按：邁，遠行也。右，猶尚也。

時邁　毛詩序：「巡守告祭柴望也。」正義曰：「宣十二年左傳云：『昔武王克商，作頌曰：『載戢干戈。』』明此篇武王事也。國語稱周公之頌曰：『載戢干戈。』明此詩周公作也。」余曰：以下三詩，先儒以當九夏之三〔三〕，傅會非是。

執競武王，無競維烈。不顯成康，上帝是皇。不與「丕」通。自彼成康，奄有四方，斤斤紀覲切其明。鐘鼓喤喤胡光切，磬筦將將七羊切，降福穰穰。降福簡簡，威儀反反。既醉既飽，福禄來反。謨郎切。

毛傳：「斤斤，明察也。簡簡，大也。」鄭箋：「競，强也。」正義：「祭末旅酬，下及羣臣，故有醉飽之義。」震按：言武王持其强道，故其功烈亦莫强。丕顯乎功之成，居之康，爲上帝之所皇大。自彼功成居康，以「奄有四方」，斤斤然其明著無已也。「反反」，詳習重踐之意。「來反」，重至也。「重」皆直用切。或以詩中「成康」爲成王、康王，余謂，下武言「成王之孚」，美武王成其王者之孚于天下也。其詩疑周公之詩。昊天有成命言「成王不敢康」，乃康王祭成王之辭。此詩「丕顯成康」，則成王祭武王之辭。昊天有成命「二后受之」，總言二后，略辭也，意主于美成王。此詩乃但舉「成」「康」字，若以爲美成王、康王，似率爾並稱，辭旨不恭。而「自彼成康，奄有四方」，亦不可通。以祭禮考之，常祭各于其廟，合祭皆在太廟，周家必無合祭武王、成、康而上不及文王者矣。

執競　毛詩序：「祀武王也。」

思文后稷，克配彼天。立箋云「當作粒」我烝民，莫匪爾極。貽我來牟，帝命率育。無此疆爾界，陳常于時夏。

集傳：「思，語辭。文，言有文德也。」震按：「莫匪爾極」，言後世粒食之民，莫非稷爲之極，使衆知趨之。來、秾同。説文云：「齊謂麥，秾也。」牟，亦作「麰」，説文云：「來麰，麥也。」其訓「來」字，則云：「來麰，一來二縫〔四〕，象芒朿之形。」又云：「麥，芒穀。」蓋麥皆有芒，而「來」即「麥」之通名。牟、芒，語之轉。因以牟連言之，故曰「來麰」，亦曰「麰趙岐注孟子謂麰麥爲大麥。張揖遂别「來」爲「小麥」，未足據。

思文　毛詩序：「后稷配天也。」正義曰：「國語云：周文公之爲頌曰『思文后稷，克配彼天』，是此篇周公所自歌。」孝經云：「昔者周公郊祀后稷以配天，是后稷配天，周公爲之。」余曰：此冬至祀天於南郊而以后稷配也。即大司樂所謂「冬至至於地上之圜丘」者是也。周之制禮作樂，成於周公，故其詩周公所作，其禮周公定之。周禮圜丘之外更無南郊，而又兆五帝於四郊，明圜丘即南郊，祀昊天上帝，四郊祀五帝，而於天有統事分事之義。南郊惟冬至一舉，四郊則立春、立夏、立秋、立冬四舉，又季秋明堂大享焉。先儒分圜丘、南郊爲二：謂嚳配圜丘，稷配南郊。則圜丘祭天，南郊又祭何如神？緯書感生帝之説，豈足信乎？帝系云「帝嚳上妃姜嫄」，國語云「周人禘嚳」，本皆失實之辭。史記祭法襲之爲説，遂牢不可破。大傳、喪服小紀並云：王者禘其祖之所自出，以其祖配之，不必所自出之爲帝也。説文：「禘，諦祭也。」何休云「禘，猶諦也。審諦無所遺失。」杜預云：「大祭以審昭穆謂之禘。」禘主乎審諦始祖以下，不主乎祭帝亦明矣。使嚳誠爲周家祖所自出之帝，何雅頌中言姜嫄，言后稷，竟無一語上遡及嚳？且姜嫄有廟，而嚳無廟。若曰履巨跡生棄，不屬之嚳，則嚳明明非其自出。曾謂審諦之祭而蒙昧若是乎？國語、祭法言虞、夏、商、周之宗祖郊禘，相與互異，實無一可通。孟子於周班爵禄制，不聞其詳。春秋左氏、公羊、穀梁三傳，於魯祭祀禮樂，已各持其說，參互不齊。安在作國語、帝系、祭法等書者之無誤乎？余謂后稷更無所祖，周之始祖斷自后稷。惟姜嫄不可無廟，故始祖廟之上，別立姜嫄廟。大司樂「享先妣」在「享先祖」之前，此后稷無所祖之明證。「禮不王不禘」，王者禘其祖之所自出，而以其祖配之。祖者，凡先祖之通辭也。祖之所自出者，謂始祖也。禘於始祖之廟，而以凡有廟無廟之主，皆配食於始祖，故可言審諦無遺失，亦可言昭穆之次審諦而不亂。見左傳閔公二年注疏。趙匡說春秋，以爲王者既立始祖之廟，又推始祖所自出之帝，祀之於始祖之廟，而以始祖配之。此謬於大傳、喪服小記之義者也。趙氏不及群廟與毁廟之主，謬一。改祖爲始祖，謬二。改祖之所自出，爲始祖所自出之帝，謬三。聖人郊禘大禮，後人支離傳會以汩之，附余之辨，以待識者擇焉。

嗟嗟臣工，敬爾在公。王釐爾成，來咨來茹。嗟嗟保介，維莫音暮之春。亦又何求？如何新畬？於音烏皇來牟，將受厥明。明昭上帝，迄用康年泥因切。命我衆人，庤乃錢子踐切鎛，奄觀銍艾與「刈」通。

毛傳：「嗟嗟，敕之也。工，官也。庤，具。錢，銚。鎛，鎒也。」鄭箋：「茹，度也。保介，車右也。月令：『孟春，天子親載耒耜，措之於參保介之御間。』莫，晚也。」集傳：「釐，賜也。明「厥明」之「明」。上帝之明賜也。言麥將熟也。」戴侗曰：「凡地薅薙爲菑，墾種爲畬。」震按：銚、𣂬同。又作𣂬、銚。鎒，耨、槈同。說文：「薅器也。」爾雅謂之𨪑鍤同，或謂之𨪑，又作「釫」，芣鏵。或謂之銷，插地起土器也。鎛，說文：「鎛器也。」銍，說文：「穫禾短鎌也。」艾，刈鉤也，或謂之鎌，或謂之鉊。

臣工　毛詩序：「諸侯助祭，遣於廟也。」正義曰：「經陳戒諸侯之臣，使助其公事。又戒車右，令及時勸農。天子賓敬諸侯，不敕其身。戒其臣，亦所以戒諸侯。」余曰：詩中言「王釐爾成」，明先王既賜之以成法，今當申之也。於廟重述祖也。

噫嘻成王，既昭假音格爾。率時農夫，播厥百穀。駿發爾私，終三十里，亦服爾耕，十千維耦。

毛傳：「成王，成是王事也。私，民田也。言上欲富其民，而讓于下，欲民之大發其私田爾。終三十里，言各極其望也。」鄭箋：「發，伐也。」以耜擊伐北地，使之發起也。正義：「人目之望，所見極於三十。每各極望則徧及天下矣。三十以極望爲言，則十千維耦者，以萬爲盈數，故舉之以言。」王肅云：「三十里，天地合。言人目所望三十里而天地合，於三十里外不復見之。是爲極望也。」震按：詩凡言「昭假」者，皆昭明其德以感格乎神也。雲漢：「大夫君子，昭假無贏。」烝民：「天監有周，昭假于下。」長發：「昭假遲遲。」爾，如「莫遠具爾」之「爾」，此也。言既昭假于此，則將率農播種而徧使之盡力焉。首曰「成是王事」者，民事即王事也。欲成其王事，故昭假上帝，爲民事祈禱也。周髀言地形滂沲四隤而下，則平望終於三十里。其外隤下不可復見，望之但若天地際合。

噫嘻　毛詩序：「春夏祈穀於上帝也。」余曰：此兆五帝於四郊之事也。在郊皆以后稷配，惟明堂大享以文王配。

振鷺于飛，于彼西雝。我客戾止，亦有斯容。在彼無惡烏路切，在此無斁都故切。庶幾夙夜羊茹切，以永終譽。

毛傳：「振振，羣飛貌。鷺，白鳥也。雝，澤也。」鄭箋：「在彼，謂居其國無怨惡之者。在此，謂其來朝，人皆愛敬之，無厭之者。」震按：鷺之飛翔有序，所謂「鷺序」是也。故以爲容儀之喻，或曰鷺色白，蓋專言宋之至也〔五〕。

振鷺　毛詩序：「二王之後來助祭也。」

豐年多黍多稌，亦有高廩，萬億及秭。爲酒爲醴，烝畀祖妣。以洽百禮，降福孔皆舉里切。
毛傳：「稌，稻也。一聲之轉。皆，徧也。」鄭箋：「烝，進。畀，予也。」震按：萬億，言穀數多也。秭、穧同，刈禾聚把之名。萬億及秭，合積粟積禾爲辭。粟可量，舉其數至於萬億，禾則稾實并刈者，不必舉其數，但曰及秭，明亦若萬億之多也。百禮，凡衆禮也。古者歸餼有米有禾，故皆積焉。

豐年　毛詩序：「秋冬報也。」余曰：春夏曰祈，秋冬曰報，皆兆五帝於四郊之事也。春夏之樂章言耕種，秋冬之樂章言斂藏，蓋祀五帝，無非爲農事而已。南郊之祀以冬至，王者之專事天也，郊之大者也。四郊之祀以立春、立夏、立秋、立冬，王者之爲民事事天也，郊之細者也。大主統，細主分，而禮之隆殺如之。專事天，不敢或瀆也，故歲一舉。爲民事事天，不敢不詳也，故四時迭舉。聖人制禮之精意也。

有瞽有瞽，在周之庭。設業設虡，崇牙樹羽，應田音胤縣音懸鼓，鞉磬柷圉。既備乃奏，簫管備舉。喤喤厥聲，肅雝和鳴，先祖是聽。我客戾止，永觀厥成。
毛傳：「瞽，樂官也。業，大板也。所以飾栒爲縣也。捷業如鋸齒，植者爲虡，衡者爲栒。

崇牙，上飾卷然，可以縣也。樹羽，置羽也。應，小鞞也。鞉，小鼓也。柷，木椌也。圉，楬也。」鄭箋：「田，當作𢄼。小鼓在大鼓旁，應鞞之屬也。」正義：「牙，即業之上齒也。置羽者，置之于栒虡之上角。春官小師注云：『鞉如鼓而小，持其柄搖之，旁耳遠自擊。』〔六〕郭璞云：『柷如漆桶，方二尺四寸，深一尺八寸，中有椎柄連底挏之，令左右擊。敔如伏虎，背上有二十七鉏鋙，刻以木，長尺櫟之〔七〕。圉、敔同。簫大者編二十三管，長尺四寸，小者十六管，長尺二寸。簫一名籟。管長尺圍寸〔八〕，併漆之，有底。賈氏以爲如篪，六孔。』」震按：管蓋似篪而六孔，篪則八孔。皇甫侃云：「崇牙者，崇重直容切也。謂刻畫大板，重疊爲牙。」

有瞽　毛詩序：「始作樂而合乎祖考也。」

猗於宜切與音余漆沮，潛與槮、涔通有多魚。有鱣有鮪，鰷鱨鰋鯉。以享以祀，以介景福筆力切。

毛傳：「潛，槮也。」槮亦作「糝」。鄭箋：「鰷，白鰷也。」孫炎曰：「積柴養魚曰槮。」震按：渭，南合豐鎬之水，北合涇水，過漆沮入河。大雅「豐水東注」，指渭水也。此漆沮亦指渭之下流，以魚自下而上過漆沮來者也。

潛　毛詩序：「季冬薦魚，春獻鮪也。」周禮：「𩰫人春獻王鮪。」夏小正：「二月祭鮪。」月令：「季冬，命漁師始魚，天子親往，乃嘗魚，先薦寢廟。季春，天子始乘舟，薦鮪於寢廟。」

有來雝雝，至止肅肅。相息亮切維辟必亦切公，天子穆穆。於音烏薦廣牡，相同上予肆祀。假哉皇考去九切，綏予孝子。宣哲維人，文武維后。燕及皇天鐵因切，克昌厥後。綏我眉壽，介以繁祉。既右烈考去九切，亦右文母滿彼切。

毛傳：「廣，大也。燕，安也。」正義：「天子薦進大牡之牲，其時辟公助祭，陳其祭祀之饌。」震按：肆，陳也。考者，廟稱通辭，如所謂考廟、王考廟、皇考廟、顯考廟、祖考廟是也。子者，亦在廟通辭，如所謂入廟門則全乎臣、全乎子是也。爾雅「父母以上皆稱王父、王母」，亦其義也。皇，美大稱也。烈，猶顯也。鄭氏以爲光明之考、文德之母。則皇考、烈考，自考以上皆得言之。文母，自母以上皆得言之。而詩中曰「天子」，曰「孝子」，又明明爲美主祭者之辭，非主祭者自爲辭，則皆通稱無礙矣。「綏予孝子，宣哲維人，文武維后。燕及皇天，克昌厥後」，言皇考之安我孝子，使之世世有通哲者爲之臣，備文武之德者以爲君，庶幾事天昌後，永久不替。歸福于主祭者之辭也。「綏我眉壽，介以繁祉」，又言安我孝子以眉壽多福，蒙上而言爾。右，猶尚也。此詩及徹所歌，故辭義如是。

雝　毛詩序：「禘太祖也。」余曰：此詩禘祭之末及徹所用也。周禮樂師「及徹，帥學士而歌徹」，鄭注「徹者歌雝」是也。名曰雝者，以詩中之辭名之也。名曰徹者，以所用之事名之也。周禘歌雝於徹，魯僭用禘，則亦歌雝於徹。至後，三家亦以雝徹。天子之樂章下用於大夫，而不自知其無取於義，相襲然也。據此言之，雝繫於禘明矣。后稷，周之始祖，其廟爲太廟。蓋禘於太廟，而以凡有廟無廟之主，配食於后稷，所謂「王者禘其祖之所自出，而以其祖配之」，是也。尸出而徹，故言薦牲陳俎以受福，而歸美於主祭者也。舊説爲美祖考，失之矣。

載見賢偏切辟必亦切王，曰求厥章。龍旂陽陽，和鈴央央。鞗革有鶬，休有烈光。率見同上昭考，以孝以享，以介眉壽。永言保補苟切之，思皇多祜。烈文辟公，綏以多福，俾緝熙于純嘏果五切。

毛傳：「和在軾前，鈴在旂上。昭考，武王也。」文王爲穆考，武王爲昭考。集傳：「載，則也。發語辭也。章，法度也。思，語辭。皇，大也，美也。」黄櫄曰：「君臣之間，並受多福。」

載見　集傳：「此諸侯助祭於武王廟之詩。」

有客有客，亦白其馬滿補切。有萋有且子餘切，敦與「追」同，都回切。琢其旅。有客宿宿，有客信信。言授之縶，以縶其馬。薄言追之，左右綏之。既有淫威，降福孔夷。

毛傳：「殷尚白也。一宿曰宿，再宿曰信。淫，大。夷，易也。」集傳：「左右綏之，言所以安而留之者無方也。」曹粹中曰：「威，等威也。」震按：有萋，盛也。有且，多也。「籩豆有且」，義同。敦琢，謂整治分明，如玉文之有敦起，有琢下〔九〕，文章分明也。

有客　毛詩序：「微子來見祖廟也。」余曰：於有客見周之不敢臣微子也。不言助祭，而但爲愛客而留之之辭，以其見於祖廟爲榮焉。敬以事祖，順以待人，「至敬盡順」，此之謂也。

於音烏皇武王，無競維烈。允文文王，克開厥後。嗣武受之，勝殷遏劉，耆定爾功。

毛傳：「劉，殺也。」震按：耆，指也。「如是」之合聲爲「爾」，故爾、此義相近。

武　毛詩序：「奏大武也。」鄭箋曰：「大武，周公作樂所爲舞也。」

閔予小子，遭家不造徂苟切，嬛嬛在疚。於音烏乎音呼皇考去九切，永世克孝許侯切！念茲皇祖，陟降庭止。維予小子，夙夜敬止。於乎皇王，繼序思不忘！

毛傳:「序,緒也。」鄭箋:「閔,悼傷之言也。遭武王崩,家道未成,嬛嬛然孤特,在憂病之中。崔本「嬛」作「煢」。於乎,我君考武王,長世能孝,謂能以孝行爲子孫法度,使長見行也。於乎君王,歎文王、武王也。」震按:「永世克孝」,猶云其能孝可以永世行之。古語類倒,又言武王常念文王之道,一陟一降於庭,皆效法文王而行之,即訪落所謂「紹庭上下,陟降厥家」也。蓋其孝可永世在此,而文武之緒在此矣。

閔予小子　毛詩序:「嗣王朝於廟也。」

訪予落止,率時昭考。於音烏乎音呼悠哉將黎切,朕未有艾魚肺切!將予就之,繼猶判渙。維予小子,未堪家多難。紹庭上下後户切,陟降厥家古胡切。休矣皇考,以保明其身!

毛傳:「落,始也。」震按:艾,爾雅「歷也」。將,進一聲之轉。就,即也。雖欲進予而就之,繼猶恐判渙然廣大,予小子未勝平聲任此多難也。鄭箋云:「未任統理國家衆難成之事。」判渙,即伴奐。又歎美武王能紹文王之道,家庭上下,陟降無不由之。故其身安固尊顯,此成王之知難,而又致其慕如是。鄭箋云:「繼文王陟降庭止之道。」又云:「我君考武王,能以此道尊安其身。」今從其意,但箋語有未當者,故不引入。

訪落　毛詩序:「嗣王謀於廟也。」

敬之敬之，天維顯思，命不易以筥切哉將黎切！無曰高高在上，陟降厥士，日監在茲。維予小子，不聰敬止。日就月將，學有緝熙于光明謨郎切。佛音弼時仔肩，示我顯德行户浪切。

毛傳：「士，事也。」鄭箋：「佛，輔也。」震按：仔，説文「克也」。肩，任也。

敬之　首言天命之當敬，次言己之闇怠，惟願學以明之。終求輔弼之示以德行去聲可行。毛詩序曰：「羣臣進戒嗣王也。」蓋以篇首爲戒之之辭。余謂不然也。行文之體，有先言己，而順達其意者；亦有先言其意，而以己承接之者，故説經貴知其文理也。

予其懲而毖後患，莫予荓蜂，自求辛螫。肇允彼桃蟲，拚芳煩切飛維鳥。未堪家多難，予又集于蓼。

毛傳：「毖，慎也。桃蟲，鷦也。我又集于蓼，言辛苦也。」集傳：「荓，使也。」震按：蜂，禮謂之范。桃蟲，莊子謂之鷦鷯，方言謂之工爵，亦謂之桑飛。又名女匠、巧婦、布母、襪爵、鷦䳜、鷦鸎、過贏、鸋鴂、蒙鳩、黄脰雀、雌名鳰。詩言始信彼桃蟲雖小，拚然而飛，厥亦維鳥。説者謂鷦鷯始小終大；鄭箋謂爲題肩，或曰鴞；陸璣謂「其雛化而爲鵰，故俗語鷦鷯生鵰」：

皆因詩附會，非其實也。詩但云拚飛，不以爲生長張丈切變化明矣。

小毖　毛詩序：「嗣王求助也。」鄭箋曰：「天下之事，當愼其小。」余曰：「小毖」之名，取之詩中，而以義足成之者也。

載芟載柞，其耕澤澤達各切。千耦其耘，徂隰徂畛。侯主侯伯，侯亞侯旅，侯彊侯以。有嗿其饁，思媚其婦扶委切，有依其士。有略其耜，俶載南畝滿彼切。播厥百穀，實函斯活。驛驛其達，有厭其傑。厭厭其苗，綿綿其麃與「穮」通。載穫濟濟子禮切，有實其積子賜切，萬億及秭。爲酒爲醴，烝畀祖妣，以洽百禮。有飶其香，邦家之光。有椒其馨，胡考之寧。匪且有且，匪今斯今，振古如兹。

毛傳：「除草曰芟，除木曰柞。主，家長張丈切也。伯，長同上子也。亞，仲叔也。旅，子弟也。略，利也。一聲之轉。且，此也。一聲之轉。振，自也。振，本振起之義。」鄭箋：「以，謂閒民，今時傭賃也。春秋之義，能東西之曰『以』。將耕，先始芟柞其草木，土氣烝達而和，耕之則澤澤然解散。於是芸除其根株，輩作者千耦，言趨時也。或往之隰，或往之畛，父子餘夫俱行。彊有餘力者相助。又取傭賃。依之言愛也。一聲之轉。函，含也。活，生也。其種皆成好含生氣。達，出地也。」集傳：「隰，爲田之處也。畛，田畔也。嗿，衆飲食聲也。士，夫也。俶，始。載，事也。厭，受氣足也。濟濟，人衆貌。實，積之實也。積，露積也。」范處義曰：「説文云：飶，食之香。有飶，言其饌也。説文：「饌，具食也。」楚辭曰：『奠桂酒兮椒漿。』有椒，言其酒也。」震按：説文：「媚，説也。」説、悦同。穮，耕禾間也。考，老也。胡，遐聲義通。壽考遐久，故曰胡考。

載芟　毛詩序：「春籍田而祈社稷也〔一〇〕。」

畟畟良耜，俶載南畝滿彼切。播厥百穀，實函斯活。或來瞻女音汝，載筐及莒，其饟與「餉」通伊黍。其笠伊糾，其鎛斯趙，以薅荼蓼。荼蓼朽止，黍稷茂莫口切止。穫之挃挃，積之栗栗。其崇如墉，其比毗至切如櫛，以開百室。百室盈止，婦子寧止。殺時犉牡，有捄音蚪其角古屋切。以似以續，續古之人。

毛傳：「趙，刺也。蓼，水草也。挃挃，穫聲也。以似以續，嗣前歲，續往事也。」鄭箋：「瞻，視也。有來視女汝同，謂婦子來饁者也。」集傳：「糾然，笠之輕舉也。」震按：畟畟，説文云「治稼畟畟進也」。畟，進一聲之轉。廣韻「畟，音即」。蓋言治稼之人，畟畟然勤敏，持其良耜以伐起土，猶「肅肅兔罝」，焦氏易林云：「兔罝之容，不失其恭，亦謂其人之肅肅也。」薅，説文：「拔去田草也。」蓼，水生者，爾雅謂之蘠，亦謂之虞蓼，或謂之澤蓼；

陸生者謂之荼。爾雅作「蒤」。爾雅謂之委葉，或謂之毛蓼。栗栗，積之實緻也。牛七尺爲犉。

良耜　毛詩序：「秋報社稷也。」

絲衣其紑符其切，載弁俅俅渠之切。自堂徂基，自羊徂牛魚其切。鼐鼎及鼒，兕觥其觩，旨酒思柔。不吴不敖五侯切，胡考之休。

毛傳：「絲衣，祭服也。紑，絜鮮貌。俅俅，恭順貌。基，門塾之基。大鼎謂之鼐，小鼎謂之鼒。吴，譁也。」鄭箋：「載，猶戴也。弁，爵弁也。爵弁而祭於王，士服也。繹禮輕，使士升門堂，視壺濯及籩豆之屬，降往於基，告濯具。又視牲，從羊之牛，反告充已，乃舉鼎鼏告絜。禮之次也。鼎圜弇上謂之鼒。」正義：「爵弁之服，玄衣纁裳，皆以絲爲之。」釋宫云：「門側之堂謂之塾。」孫炎曰：「夾門堂也。」郊特牲曰：「繹之於庫門内，祊之於東方，失之矣。」注云：「祊之禮，宜於廟門外之西室。繹又於其堂，二者同時而大名曰繹。」

絲衣　毛詩序：「繹賓尸也。」鄭箋曰：「繹，又祭也。天子諸侯曰繹，以祭之明日，卿大夫曰賓尸，與祭同日。周曰繹。商謂之肜。」正義曰：「繹祭之禮，主爲賓事此尸，但天子諸侯禮大，異日爲之，別爲立名，謂之爲繹，言其尋繹昨日。卿大夫禮小，同日爲之，不別立名，直指其事，謂之賓尸爾。此序言繹者，是此祭之名。賓尸，是此祭之事，故特詳其文也。經之所陳，皆繹祭始末之事也。初言卑者恭順，則當祭尊者可知。祭末舉其不慢，則當祭敬明矣。」

於音烏鑠王師，遵養時晦。時純熙矣，是用大介居氣切。我龍與「寵」通受之，蹻蹻王之造徂苟切。載用有嗣，實維爾公允師。

毛傳：「蹻蹻，武貌。造，爲也。公，事也。」鄭箋：「介，助也。」震按：鑠、爍同，說文：「灼爍，光也。」爾雅：「遵，循也。」蓋時晦則晦，故循時而安養百姓，有灼爍然之師而不用。至時明則明，故寵受天之大助，用之爲蹻蹻王者之爲。載，則也。爾，猶此也。則有嗣武用衆者，實維此事。允師，言有衆不可輕用也。

酌　毛詩序：「告成大武也。言能酌先祖之道以養天下也。」

綏萬邦，屢豐年。天命匪解音懈。桓桓武王，保有厥士。于以四方，克定厥家。於音烏昭于天，皇以間古莧切之。

毛傳：「間，代也。」正義：「左傳云：『昔周饑，克殷而年豐。』是伐紂之後即有豐年也。」李樗曰：「保有厥士，與熊羆之士、虎賁之士同。」震按：天命不懈倦於周，以之代殷，所以屢豐年之故也。「于以四方」，言往用之四方。皇，如「惟皇上帝」之「皇」，謂天也。屈原賦「陟陞皇之赫戲兮」，義同。

桓　毛詩序：「講武類禡也。桓，武志也。」鄭箋曰：「類也、禡也，皆師祭也。」

文王既勤止，我應受之。敷時繹思。我徂維求定，時周之命，於音烏繹思！

震按：「我應受之」，謂應天受命也。思，辭助也。「敷時繹思」，謂布是文王之事，而尋繹繼承之也。「我徂維求定」，謂往克商求安定天下也。「時周之命」，謂是天命之集於周也。與般之末句義同。「於繹思」，歎美其尋繹繼承之善也。或曰，歎美所繹者也。

賚　毛詩序：「大封於廟也。賚，予也。言所以錫予善人也。」余曰：大封諸侯，武王之事也。頌作於成王時，所以推明其事而美之。則詩頌美武王，非爲諸侯言明矣。有天命然後可以大封，而繹繼文王以往求定，實受命之所自。篇首述武王之意，末二句則贊美之辭。著之樂章，使天下咸知周受命之正也。或曰：詩則曷爲不言大封？余曰：大封者，既定之後也。求定者，武王之志也。敷繹者，受命之本也。明其志，推其本，大封以告諸侯。豈有外是哉！或說曰：通篇皆歸美文王也。

於皇時周！陟其高山，嶞山喬嶽，允猶翕河。敷天之下，裒時之對，時周之命。

毛傳：「裒，聚也。」震按：爾雅：「巒，山嶞。」嶞、橢聲義通。圜長曰橢。凡山之巒皆不正圜，故又名嶞，則山之圜而長者。喬、嶠同。爾雅「鋭而高嶠」是也。河會衆流，不翕則泛溢，水性不常，不允則不久翕。山主静，故以形言，曰「嶞」、曰「喬」。水主動，故以性言，曰「允」、曰「翕」。「於皇時周」，言周既代殷也。「陟其高山」，所至而登者也，嶞然圜而長者之山，喬然鋭而高者之嶽。允矣如此常翕者之河。以及普天之下，莫不聚於是而對之，是周之受命而於此秩祭也〔二一〕。

般　毛詩序：「巡守而祀四嶽河海也。」余曰：時邁，燔柴祀天，告以方望之事也〔二二〕。般，則望而秩祭山川也。非受命不得巡狩，猶之非受命不得大封。故時邁曰「昊天其子之」，而賚與般皆曰「時周之命」。般，旋也。旋徧天下也。高山，岱宗與？於岱宗合祀百神，又分巡而祀之。

周頌三十一篇，三百三十六言，千三百八十五名。

校注

〔一〕詩集傳以爲「假」「溢」當依左傳作「何」、「恤」。

〔二〕旅　論語八佾「旅於泰山」，馬融曰：「旅，祭名也。」鄭玄注：「旅，陳也。陳其祭事以祈焉，禮不如祀之備也。」

〔三〕九夏　古樂名。周禮鍾師謂：「王夏、肆夏、昭夏、納夏、章夏、齊夏、族夏、祴夏、驁夏。」

〔四〕一來二縫　説文段注以爲當作「二麥一夆」，注云：「夆者，束也。二麥一夆爲瑞麥。」

〔五〕專言宋之至也　此對毛序「二王之後來助祭」而言，鄭箋「二王，夏殷也。其後杞也、宋也。」戴氏所引「或曰」與毛序不同。

〔六〕擊　原作「繫」，據阮元校本毛詩正義及爾雅釋樂郭注改。

〔七〕長尺　指其刻木長一尺。櫟，擦。「櫟之」言敔演奏是以所刻尺長木棒，磨擦其背上的鉏鋙（鋸齒狀）發聲。

〔八〕管長尺圍寸　依毛詩正義及爾雅釋樂郭注當是釋「大管」語。管，亦樂器名，有大中小三種型號，「長尺圍寸」乃大管。

〔九〕敦起琢下　陳奐詩毛氏傳疏云：「敦琢，猶雕琢。」馬瑞辰（毛詩傳箋通釋）謂「敦、雕古今字」。

〔一〇〕籍　阮元校云：「作『籍』，依正義也。經注本作『藉』，依石經也。」

〔一一〕秩祭　即公羊傳僖公三十年「天子秩而祭之」，注云：「秩者，隨其大小尊卑高下所宜。」

〔一二〕方望　公羊傳僖公三十一年何休注：「方望，謂郊時所望，祭四方群神、日月星辰、風伯雨師、五嶽四瀆及餘山川三十六所。」望，郊祭山川之名。

毛詩補傳卷二十五

頌二

魯頌

駉駉牡馬滿補切，在坰之野上與切。薄言駉者掌與切，有驈有皇，有驪有黃，以車彭彭薄郎切。思無疆，思馬斯臧。

毛傳：「駉駉，良馬腹幹肥張也。坰，遠野也。」爾雅：「邑外謂之郊，郊外謂之牧，牧外謂之野，野外謂之林，林外謂之坰。」驪馬白跨曰驈。」馬名見前者，并不贅注。

駉駉牡馬，在坰之野。薄言駉者，有騅有駓，有騂有騏，以車伾伾。思無期，思馬斯才。

毛傳：「黃白雜毛曰駓。伾伾，有力也。」震按：說文：「騅，蒼黑襍毛。騂，赤色也。」

駉駉牡馬，在坰之野。薄言駉者，有驒有駱，有駵有雒下各切，以車繹繹弋灼切。思無斁弋灼切，思馬斯作。

毛傳：「青驪驎曰驒。郭璞云：「色有深淺，斑駁隱粼，今之連錢驄。」黑身白鬣曰雒。」何楷曰：「作，即易震卦『爲作足』之作，謂奮迅而動作也。」震按：雒，當從説文作「騅」。

駉駉牡馬，在坰之野。薄言駉者，有駰有騢洪孤切。有驔有魚，以車祛祛。思無邪詳余切，思馬斯徂。

毛傳：「彤白雜毛曰騢。色似鰕魚。爾雅謂之赭白馬。豪骭曰驔。膝以下毛豪長者。二目白曰魚。似魚目。祛祛，强健也。」

駉四章　毛詩序：「頌僖公也。」

有駜有駜，駜彼乘繩證切黄。夙夜在公，在公明明謨郎切。振振鷺，鷺于下後五切。鼓咽咽，醉言舞，于胥樂音洛兮！

毛傳：「駜，馬肥强貌。」集傳：「明明，辨治也。咽與淵同，鼓聲之深長也。」

有駜有駜，駜彼乘牡。夙夜在公，在公飲酒。振振鷺，鷺于飛。鼓咽咽，醉言歸，于胥樂兮！

有駜有駜，駜彼乘駽。夙夜在公，在公載燕。自今以始，歲其有羽己切。君子有穀，詒孫子。于胥樂兮！

毛傳：「青驪曰駽。歲其有年也。」鄭箋：「穀，善也。」

有駜三章　毛詩序：「頌僖公君臣之有道也。」

思樂音洛泮水，薄采其芹。魯侯戾止，言觀其旂渠斤切。其旂茷茷，鸞聲噦噦。無小無大特計切，從公于邁莫制切。

集傳：「思，發語辭也。茷茷，飛揚也。噦噦，和也。」戴侗曰：「魯有泮水，作宮其上，謂之泮宮。」通典：兗州泗水縣有泮水。一統志：泮水，一名雩水，源出曲阜縣治，而流至兗州府城東入泗。泗水縣，即魯卞邑也。

思樂泮水，薄采其藻。魯侯戾止，其馬蹻蹻。其馬蹻蹻，其音昭昭。載色載笑，匪怒伊教。

毛傳：「其馬蹻蹻，言强盛也。」鄭箋：「其音昭昭，僖公之德音。」震按：凡畏威而遠罪之事皆曰教。「匪怒伊教」，言非由怒而足以教化人，所以申明其德音之昭昭也。或以此一語證泮宮爲諸侯之學，於詩意亦謬矣。

思樂泮水，薄采其茆莫後切。魯侯戾止，在泮飲酒。既飲旨酒，永錫難老魯吼切。順彼長道徒苟切，屈此羣醜。

毛傳：「茆，鳧葵也。醜，衆也。」震按：茆，說文謂之蓴，或謂之水葵，或謂之蓴菜。蓴，亦作「蒓」。

穆穆魯侯，敬明其德。敬慎威儀，維民之則。允文允武，昭假音格烈祖。靡有不孝，自求伊祜。

明明魯侯，克明其德。既作泮宮，淮夷攸服蒲北切。矯矯（武）〔虎〕臣，在泮獻馘。淑問如皋陶以周切，在泮獻囚。

鄭箋：「囚，所虜獲者。」

濟濟子禮切多士，克廣德心。桓桓于征，狄與「逖」通彼東南泥心切。烝烝皇皇，不吴不揚。不告于訩，在泮獻功。

釋文：「逖，遠也。」王介甫曰：「攘而逖之也。」震按：方言：「吴，大也。」説文：「吴，大言也。」徐鍇曰：「今寫詩者改『吴』作『吳』，又音乎化切。其謬甚矣。」

角弓其觩，束矢其搜。戎車孔博，徒御無斁弋灼切。既克淮夷，孔淑不逆宜略切。式固爾猶，淮夷卒獲。

正義：「搜爲矢行之聲。」

翩彼飛鴞音嘲，集于泮林。食我桑黮，懷我好音。憬彼淮夷，來獻其琛。元龜象齒，大賂南金。

毛傳：「琛，寶也。元龜尺二寸。賂，遺唯季切也。南，謂荊揚也。」鄭箋：「大，猶廣也。廣賂者，賂君及卿大夫也。正義云：「春秋襄二十五年，晉帥諸侯伐齊。齊人賂晉侯，自六正、五吏、三十帥及處守者皆有賂。」是及羣臣。荊揚之州，貢金三品。」震按：司馬彪云：「鴞，小鳩，可灸者〔二〕。」小鳩，鶻鵃也，似山鵲而短尾，多聲，好食桑黮。泮林，泮水上之林木也。憬，說文「覺寤也」。

泮水八章　春秋僖公十三年夏，會于鹹。左傳云「淮夷病杞故」，杜注：「淮夷，爲魯東夷」者〔三〕，是也。十六年冬，會于淮。左傳云「謀鄫」，杜注：「鄫爲淮夷所病故。」蓋杞、莒、鄫皆魯之東。杞近北，鄫近南，外薄淮夷。齊桓公會諸侯而城緣陵遷杞，又城鄫，不果城而還。其不以師伐淮夷，必有淮夷求成獻賂之事，不足書，故不見於經傳。此詩魯人頌美其君。至五章以後，乃及淮夷，非全無是事而徒言之也。淮夷近魯，魯所當使之服，則詩又以勉魯侯矣。泮宮也者，其魯人於是祀后稷乎？魯不得立后稷廟，而郊祀后稷，故作宮於都南。禮器曰：「魯人將有事於上帝，必先有事於頖宮。」頖、泮同，古字假借。鄭注：「告后稷也。告之者，將以配天。」然則詩曰「從公于邁」，曰「昭假烈祖，靡有不孝」，明在國都之外祀后稷之地。曰「既作泮宮」，作者有加於舊也。曰獻馘、獻囚、獻功，蓋魯亦於祀后稷之地賞有功也。

書所謂「用命賞于祖」也。泮宮爲學宮，其説起於漢，前此未有聞焉。「辟廱」「泮宮」，周禮、孟子皆不言。若果學宮，則有周一代大典也，不應遺失之。

閟宮有侐，實實枚枚。赫赫姜嫄，其德不回。上帝是依，無災無害。彌月不遲，是生后稷。降之百福筆力切，黍稷重直容切穋，稙穉菽麥。奄有下國于逼切，俾民稼穡。有稷有黍，有稻有秬。奄有下土，纘禹之緒。

毛傳：「侐，清靜也〔三〕。枚枚，礱密也。先種曰稙，后種曰穉。」

后稷之孫，實維大音泰王。居岐之陽，實始翦商。至于文武，纘大王之緒。致天之届，于牧之野上與切。無貳無虞，上帝臨女音汝。敦都回切商之旅，克咸厥功。王曰叔父，建爾元子，俾侯于魯。大啓爾宇，爲周室輔。

毛傳：「王，成王也。元，首。宇，居也。」鄭箋：「咸，同也。叔父，謂周公也。」震按：敦，説文「一曰誰何也」。史記：「信臣精卒，陳利兵而誰何。」崔浩云：「何或爲呵。」漢舊儀：「宿衛郎官分五夜誰呵，呵夜行者誰也。」蓋「敦商之旅」，猶曰「遏商之旅」，敦從攴，文，本督責之義。敦、篤、督一聲之轉。誰呵，亦呵止也。

乃命魯公，俾侯于東。錫之山川，土田附庸。周公之孫，莊公之子，龍旂承祀，六轡耳耳。

春秋匪解音懈，享祀不忒。皇皇后帝，皇祖后稷，享以騂犧虛何切，是饗是宜牛何切，降福既多。周公皇祖，亦其福女音汝。

鄭箋：「皇皇后帝，謂天也。」集傳：「耳耳，柔從也。」震按：「周公皇祖」，猶曰「皇祖周公」，倒句以就韻爾。

秋而載嘗，夏而楅衡户郎切。白牡騂剛與「犅」通，犧尊將將七羊切。毛炰胾羹古郎切，籩豆大房。萬舞洋洋，孝孫有慶祛羊切。俾爾熾而昌，俾爾壽而臧。保彼東方，魯邦是常。不虧不崩，不震不騰。三壽作朋，如岡如陵。

毛傳：「白牡，周公牲也。騂剛，魯公牲也。羹，大音泰羹，鉶羹也。大房，半體之俎也。」鄭箋：「秋將嘗祭，於夏則養牲，楅衡其牛角。」正義：「何休云『白牡，殷牲也』。說文云『犅，特也』。白牡謂白特，騂犅謂赤特也。」王肅云：「大音泰和中，魯郡於地中得齊大夫子尾送女器有『犧尊』，以犧牛爲尊。博古圖所載犧尊，牛形，開其背受酒。然則象尊，尊爲象形也。」地官封人「祭祀有毛炰之豚」，注云「爓去其毛而炰之也」。胾，謂切肉。特牲注云「大羹，湆煮肉汁不和去聲。貴其質也」。鉶羹，肉汁之有菜和者也。大羹，謂太古之羹。鉶羹，謂盛氏任切之鉶器。其大羹則盛之於登。以大爲名，故不舉所盛之器也。明堂位「周以房俎」，注云：「房，謂足下跗也，上下兩間，有似於堂房然。」周語：「禘郊之事，則有全烝。王公立飫，則有房烝。親戚燕饗，則有殽烝。」全烝，謂全載牲體。殽烝，謂體解節折。則房烝是半體可知。言禘郊乃有全烝，宗廟之祭唯房烝爾。王應麟曰：「晉姜鼎銘曰：『保其子孫，三壽是利。』魯頌『三壽作朋』，蓋古語也。」震按：載之言事也。與「三壽」之人作朋，則多壽可知。疑古亦有三等壽之稱，下又曰「如岡如陵」，引而極之也。

公車千乘繩證切，朱英綠縢，二矛重直容切弓古弘切。公徒三萬，貝冑朱綅，烝徒增增。戎狄是膺，荆舒是懲，則莫我敢承。俾爾昌而熾，俾爾壽而富方未切。黄髮台背，壽胥與試。俾爾昌而大特計切，俾爾耆而艾魚肺切。萬有千歲，眉壽無有害胡憩切。

毛傳：「大國之賦千乘。朱英，矛飾也。貝冑，貝飾也。朱綅，以朱綅綴之。增增，衆也。膺，當也。」鄭箋：「兵車之法，左人持弓，右人持矛，中人御。懲，艾也。僖公與齊桓舉義兵，北當戎與狄，南艾荆及羣舒，舒鳩、舒蓼、舒庸之屬。天下無敢禦也。」震按：鄭注小司徒引司馬法：「井十爲通，通爲匹馬。士一人，徒二人。通十爲成。成百井，革車一乘，士十人，徒二十人。十成爲終，終千井，革車十乘，士百人，徒二百人。十終爲同，同方百里，萬井，革車百乘，士千人，徒二千人。士，甲士；徒，步卒也。千乘，士徒共三萬人。」與此詩「公車千乘」「公徒三萬」正合。分言之，則曰士、曰徒，合言之則皆

「公徒」爾。武王革車三百乘，虎賁三千人，齊侯使公子無虧帥車三百乘，甲士三千人。蓋不言步卒，而但舉甲士，亦與此合。鄭氏箋詩，以大國三軍解之。萬二千五百人爲軍，三軍合三萬七千五百人，舉成數，乃削去七千五百。其答臨碩又不自安，而兩其説，以爲二軍。二萬五千人。必增五千言之，乃有三萬。皆非也。杜注春秋「作丘甲」云：「周禮：九夫爲井，四井爲邑，四邑爲丘。此小司徒職文。丘十六井，出戎馬一匹，牛三頭。此前漢刑法志文，非周禮。四丘爲甸，亦小司徒職文。甸六十四井。出長轂一乘，戎馬四匹，牛十二頭，甲士三人，步卒七十二人。」亦刑法志，非周禮。其説據漢書刑法志，雜入於周禮。刑法志乃總言殷周立司馬之官，其制如此，不必其果合殷周也，而專以言周禮可乎？刑法志亦本司馬法，然司馬法乃六國時齊威王大夫等追論古法爲之，不可謂之周禮也。但其時近古，所言有合有不合，必合於經者方可取證。正義引之，斷其不與此合，而云計千乘有七萬五千人，則是六軍矣。集傳兩據，以「公車千乘」爲十萬人，於一乘七十五人之外，加將重車者二十五人。唐初諸儒尚未有此説。「公徒三萬」爲三軍之步卒，二萬七千人，增三千言之，乃有三萬。又不計甲士三人，及將重車者二十五人。爲車三百七十五乘。詩中二語不相通若是，恐未然矣。其一乘百人也，取杜牧注孫子之説「甲士三人，步卒七十二人之外，加炊家子十人，固守衣裝五人〔四〕，廄養五人，樵汲五人」，凡二十五人。如此成百人。豈古人立法必泥全數乎？後儒又據此爲司馬法。則唐孔穎達、賈公彦疏釋諸經時，尚未知有此說也。綅，說文「絳綫也」。「壽胥與試」承「黃髮台背」爲辭，言凡此諸壽之徵，皆與歷試也。

泰山巖巖，魯邦所詹與「瞻」通。奄有龜蒙，遂荒大東，至于海邦卜工切，淮夷來同。莫不率從，魯侯之功。

毛傳：「龜，山也。蒙，山也。」鄭箋：「荒，奄也。大東，極東。海邦，近海之國也。」震按：泰山，虞書謂之岱宗。博物志一名「天孫」。漢志「在泰山郡博縣西北」。山在今泰安府北。龜山，水經注云在博縣北一十五里，山在今泗水縣東北，新泰縣東南。泗水屬兗州府，新泰屬泰安府。山北即龜陰之田也。蒙山當魯境之東，故曰東蒙，亦謂之東山。劉芳徐州記「蒙山高四十里，長六十九里」。漢志「在蒙陰縣西南」。在今縣南四十里。顓臾國，在蒙山下，其西南接費兵媚切矣。

保有鳧繹弋灼切，遂荒徐宅達各切。至于海邦卜工切，淮夷蠻貊末各切。及彼南夷，莫不率從。莫敢不諾，魯侯是若。

毛傳：「鳧，山也。繹，山也。若，順也。」震按：鳧繹二山相邇。繹山，亦謂之鄒山，邾文公遷於繹，邾城在山南二里，漢志「山在魯國騶縣北」。今在兗州府鄒縣東南。鳧山在鄒縣接魚臺界。

天錫公純嘏果五切，眉壽保魯。居常與許，復周公之宇。魯侯燕喜，令妻壽母滿彼切。宜大夫庶士，邦國是有羽己切。既多受祉，黄髮兒齒。

鄭箋：「許，許田也。魯朝宿之邑也。『常』，或作『嘗』，在薛之旁。春秋魯莊公三十一年『築臺于薛』是與音餘？六國時齊有孟嘗君，食邑于薛。」震按：史記越世家「越王曰：願齊之試兵南陽莒地，以聚常郯之境」，索隱云：「常，邑名。蓋田文所封之邑。郯，故郯國。二邑皆齊之南地。」據此，則常在薛旁明矣。漢爲魯國薛縣。今薛城在兖州府滕縣南四十里。許田近許，漢爲潁川郡許縣地。獻帝徙都，改曰許昌，其故城南四十里有魯城。今許州府西南。周公廟在其中，見括地志。鄭伯欲易許田，以請祀周公爲辭，爲其廟存也。桓公時既易與鄭，此詩猶言之者，春秋書曰「鄭伯以璧假許田」，假也者，不絕之辭也，明許田不可絕之乎魯也。鄭人來言曰假，因書假以見義，詩之意猶是也。

徂來之松，新甫之柏逋各切。是斷音短是度待洛切，是尋是尺昌約切。松桷有舄七略切，路寢孔碩常約切。新廟奕奕弋灼切，奚斯所作。孔曼且碩，萬民是若。

毛傳：「八尺曰尋。桷，榱也。舄，大貌。路寢，正寢也。曼，長也。」鄭箋：「奚斯作者，教護屬功，課章程也。」震按：水經注：「汶水逕徂徠山西，山多松柏，詩所謂『徂徠之松』也。」鄒山記曰：「徂徠山在梁甫、奉高、博三縣界，猶有美松，亦曰尤崍之山也。」今泰安府有梁甫、奉高、博三縣故城，山在府東南四十里。王應麟云：「後魏地形志：魯郡汶陽縣，有新甫山。」

閟宫九章　毛鄭皆以閟宫爲姜嫄廟，鄭箋於末章「新廟奕奕」又云「姜嫄之廟，廟之先也」。孔穎達推其義曰：「欲見姜嫄之廟既新之，則餘廟毁壞亦修之。」余因是知作詩者之辭未嘗泛溢也。首曰「閟宫有侐，實實枚枚」，既繼曰「赫赫姜嫄，其德不回」，若非覩其廟因頌其德，則立言之體亦不協矣。其曰「是生后稷」，明有姜嫄廟之所以然也。由后稷及大王、文、武固皆姜嫄之子孫也，並言魯之祀上帝后稷，明魯有姜修廟之所以然也。以下美魯侯能奉祭祀，謹修廟寢，而有此「新廟奕奕」，言一姜嫄廟而餘廟可見。以姜嫄爲廟之先且遠故也。魯何以作姜嫄廟？周立太廟事后稷，别立姜嫄廟，魯侯承祀，曰「皇皇后帝，皇祖后稷」矣，以事后稷之義，遂作姜嫄廟也，準乎周也。周何以作姜嫄廟？周祖后稷，於上更無可推。而后稷非無母之子，然而廟制止於后稷有廟，合諸帝王而可同。先祖之前有先妣，乃周家之所獨。周禮享先妣與天神、地示、四望、山川，皆分用前古之樂。享先祖，用當代之樂。此禮意之至微也，亡於禮者之禮也〔五〕。姜嫄廟，不在廟制之内，故周推事后稷以事之，魯亦推事后稷以事之矣。姜嫄者名乎？曰：非也。姜也者，其姓也；嫄也者，原也，言周之原於此也。特立之文以號之也。何以謂之閟宫？閟，閉也，幽深之義也。以是爲姜嫄之德也，其亦猶稱廟之以謚與？

魯頌四篇，二十四章，二百四十三言，九百七十一名。

校注

〔一〕所引司馬彪注見莊子齊物論釋文。原係注「見彈而求鴞炙」句，故云「可炙」。

〔二〕所引杜注見左傳昭公十七年「淮夷與之」句注，而此處僖公十三年首見「淮夷」卻未注，恐杜氏偶疏。

〔三〕清静　通行本毛傳皆作「清净」。戴氏作「清静」係據釋文。

〔四〕裝　原作「凝」，據孫子作戰篇杜牧注改。

〔五〕亡於禮者之禮　據周禮大司樂及鄭注，周於祖廟外特立姜嫄廟而祭之，又享姜嫄用湯時樂舞大濩，而享先祖則用當代樂舞大武。此即「亡於禮者之禮」的意思。

毛詩補傳卷二十六

頌三

商頌

猗於何切與音餘，下同。那與，置我鞉鼓。奏鼓簡簡，衎我烈祖。湯孫奏假音格，綏我思成。鞉鼓淵淵，嘒嘒管聲。既和且平，依我磬聲。於赫湯孫，穆穆厥聲。庸與「鏞」通鼓有斁弋灼切，萬舞有奕弋灼切。我有嘉客克各切，亦不夷懌弋灼切。自古在昔七各切，先民有作。温恭朝夕祥勺切，執事有恪。顧予烝嘗，湯孫之將。

毛傳：「猗，歎辭。衎，樂音洛也。大鐘曰庸。斁斁然盛也。奕奕然閑也。夷，説也。」集傳：「置，陳也。」震按：那，安也。奏假而神明來假，是所思之皆就也，故曰「綏我思成」，又曰「賚我思成」。若神明不來，則所思不能就矣。「思成」之義當如是。「亦不」之爲言猶「不亦」也，古語倒轉也。「烈祖」「湯孫」蓋商人廟中之通辭。

那　毛詩序：「祀成湯也。」

嗟嗟烈祖，有秩斯祜。申錫無疆，及爾斯所。既載清酤，賚我思成。亦有和羹，既戒既平。鬷假音格，下同。無言，時靡有爭。綏我眉壽，黄耇無疆。約軝錯衡户郎切，八鸞鶬鶬。以假以享，我受命溥將。自天降康，豐年穰穰。來假來饗，降福無疆。顧予烝嘗，湯孫之將。

毛傳：「秩，常也。」歐陽永叔曰：「上言以享者，謂諸侯來助祭，致享於神也。下云來饗者，謂神來至而歆饗也。」震按：鬷、奏、進一聲之轉，故義皆通用。「溥將」之「將」，大也。

烈祖　毛詩序：「祀中宗也。」

天命玄鳥，降而生商，宅殷土芒芒。古帝命武湯，正域彼四方。方命厥后，奄有九有羽已切。商之先后，受命不殆養里切，在武丁孫子。武丁孫子，武王靡不勝平聲。龍旂十乘繩證切，大糦是承。邦畿千里，維民所止，肇域彼四海虎洧切。四海來假，音格，下同。來假祁祁。景員維河，殷受命咸宜牛何切，百禄是何「荷」同。

毛傳：「玄鳥，鳦也。芒芒，大貌。九有，九州也。武丁，高宗也。」鄭箋：「糦，黍稷也。

假，至也。」集傳：「古，猶昔也。帝，上帝也。」震按：契因鳦卵之事，故以子爲姓。后稷因生而弃之，故名弃。生民「履帝武敏，歆攸介攸止」，是弃感生之異。此詩「天命玄鳥，降而生商」，是契感生之異。蓋簡狄見鳦卵，心忻然遂身動。屈原天問「玄鳥致詒，女何嘉」，嘉謂嘉詳而有子。因所見忻動，氣化靈異，理固有之。吞卵之説，膠於實有物，似非理矣。其或弃或不弃，上古人心醇質，以爲不祥則弃之，不以爲不祥則不弃，無他故也。帝堯、稷、契皆斷非帝嚳之子。史失其傳平聲，百家騰説，無足據者。漢時緯書有命歷序，言少昊傳八世，顓頊傳九世，帝嚳傳十世，雖與帝系、五帝德諸書並屬之不足信，然已互異如此。毛氏於生民及此詩，並據玄鳥至之日祠郊禖言之，后稷有「誕彌厥月，寘之寒冰」爲證，然於事甚常，而詩辭反可怪，況祠高禖求有子，以玄鳥至爲候，或正因玄鳥致詒生契，後世以爲嘉祥而成禮俗爾。「方命厥后」，隨其方而命羣后諸侯也。「武丁孫子」，對上先后言。王肅云：「商之先君成湯受天命，所以不危殆者在武丁之爲人孫子也。」其説得之。武王，湯號也。武丁之爲孫子，於湯之事無有不能勝任者。此上皆美武丁能纘湯，下乃及子孫之奉祭者，仍其邦畿肇域，而受命不替焉。景山，在偃師南，今河南府偃師縣治，即偃師故城。有尸鄉，湯所都在縣西。春秋時之尸氏，古西亳也。員、隕、云，古字通，旋也。」「景員維河」，言景山與河，旋繞四固。「員」字在句中，古語往往如此。

玄鳥　毛詩序：「祀高宗也。」

濬哲維商，長發其祥。洪水芒芒，禹敷下土方。外大國是疆，幅隕音員既長。有娀方將，帝立子生商。

毛傳：「濬，深也。幅，廣也。有娀，契母也。將，大也。」江先生曰：「有娀方將，猶言簡狄之後欲大爾。帝於此時，即立子姓而興商。」震按：契爲司徒而封於商，是商以濬哲開始也。「幅隕既長」，言中國廣周之遠。長之言遠也。此章明有商之始，當洪水之時，天意已興之矣。史記：「桀敗於有娀之虚，桀奔於鳴條。」鳴條在安邑。今屬直隸解州。有娀之虚，當在蒲坂東南，安邑西北。蒲坂今山西蒲州府。此有娀，但指契母，非言其國。

玄王桓撥，受小國是達，受大國是達。率履不越，遂視既發。相息亮切土烈烈，海外有截。

毛傳：「玄王，契也。撥，治。履，禮也。相土，契孫也。」鄭箋：「發，行也。截，整齊也。」集傳：「桓，武也。受小國、大國，無所不達，言其無所不宜也。」徐常吉曰：「視，與『視民不恌』之視同。」震按：玄者，以其有濬哲之德言。王，則自後世之爲王呼之也。「遂視既發」，言遂以其率履不越者示民，教令既發行無阻塞也。

帝命不違，至于湯齊。湯降不遲，聖敬日躋。昭假音格遲遲，上帝是祇，帝命式于九圍。

毛傳：「九圍，九州也。」鄭箋：「祇，敬也。」集傳：「降，猶生也。湯之生也，應期而降，適當其時。」震按：「至于湯齊」，言天命不去，自商之先祖至湯如一也。天於商既若此，而湯之德又日加不已，故天卒命之法於天下。

受小球大球，爲下國綴旒。何音荷天之休，不競不絿，不剛不柔。（布）〔敷〕政優優，百禄是遒。

毛傳：「球，玉。綴，表。旒，章也。遒，聚也。」正義：「冕之所垂及旌旗之節，皆謂之旒。旒者，所以章明貴賤，故爲章也。」震按：孔子三朝記云「所以爲儀綴于國」。曾子制言云「行爲表綴于天下」。此綴旒，亦猶「表綴」「儀綴」也。綴有飾義。言爲下國望而取法。競，争逐也。絿，急引也本引絲之急。

受小共與「供」通，下同。大共，爲下國駿厖莫工切。何天之龍「寵」同，敷奏其勇，不震不動，不戁不竦，百禄是總。

毛傳：「駿，大。厖，厚也。戁，恐。竦，懼也。」震按：凡大而厚則可恃。上章綴旒者，望之以爲法也。此章駿厖者，恃之以爲安也。上章言政，此章言勇。上章但言球玉，此章則言供貢，其義各相配。

武王載旆，有虔秉鉞。如火烈烈，則莫我敢曷與「遏」通。苞有三蘖，莫遂莫達，九有有截。

韋顧既伐，昆吾夏桀。

毛傳：「武王，湯也。苞，本。蘖，餘也。」集傳：「虔，敬也。言恭行天討也。」鄒泉曰：「遂，肆其惡也。達，行其志也。」震按：韋，即豕韋，在漢白馬。今河南衛輝府滑縣東南。顧，在范。今山東東昌府范县東南。有故范城。昆吾，在濮陽。今開州西南有濮陽故城。皆屬東郡。桀都安邑，屬河東。

昔在中葉，有震且業。允也天子〔一〕，降予卿士。俗本「予」譌作「于」，非。實維阿衡戶郎切，實左音佐右音佑商王。

毛傳：「葉，世也。業，危也。阿衡，伊尹也。」鄭箋：「下予之卿士，謂生賢佐也。」震按：「有震且業」，言皆震恐而危懼也。

長發七章　毛詩序：「大禘也。」劉原甫曰：「禘於太祖，則功臣與祭，故末章言伊尹也。」余曰：商書曰：「茲予大享于先王，爾祖其從與享之。」何休謂禘所以異於祫者，功臣皆祭也。考商人祖契，以上更無可推，故首章但言有娀，猶周之但言姜嫄也。不然，則知母而不知父。舍德行人事，而言履跡、言玄鳥，商周之禮與詩咸悖矣。禮：「王者禘其祖之所自出，而以其祖配之。」喪服小記、大傳並同。配謂合食。凡有廟無廟之主皆在，非配止可一人也。祖者，凡先祖之通辭。祖之所自出，則所謂鼻祖。商之契，周之弃是也。喪服子夏傳云：「諸侯及其太祖，天子及其始祖之所自出。諸侯之太祖，謂始封之君。則天子之始祖，謂始王之君也。魯周公廟爲太廟，是始封之祖稱太祖矣。周文、武廟爲世室，后稷廟爲太廟。是始王之祖不稱太祖。故言始祖之所自出，不言大祖之所自出。商出於契，周出於弃，而以太祖稱契弃，不得不變言始祖以稱始王天下之祖。」此子夏傳與小記、大傳其義同也。商周皆禘嚳，余不敢謂然。

撻彼殷武，奮伐荆楚。罙面規切入其阻，裒荆之旅。有截其所，湯孫之緒。

毛傳：「撻，疾意也。裒，聚也。」鄭箋：「罙，冒也。」集傳：「殷武，殷王之武也。湯孫，謂高宗。」

維女音汝荆楚，居國南鄉。昔有成湯，自彼氐羌，莫敢不來享，莫敢不來王，曰商是常。

鄭箋：「氐、羌，夷、狄國在西方者也。享，獻也。世見曰王。此所用責楚之義。」

天命多辟必亦切，設都于禹之績。歲事來辟，勿予禍適與「謫」通，稼穡匪解。「懈」同，訖寐切。

鄭箋：「來辟，猶來王也。」集傳：「多辟，諸侯也。」項安世曰：「言以歲事享於君，而冀以免於禍適。奉其稼穡而不敢解也。」

天命降監，下民有嚴。不僭不濫，不敢怠遑。命于下國于逼切，封建厥福筆力切。

毛傳：「不僭不濫，賞不僭，刑不濫也。封，大也。」震按：天之監視惟在民，故民實可畏。下國無不歸之，乃爲有天下，故曰「命于下國」，猶言下國命之爲天子也。首言「撻彼殷武」，而此曰「下民有嚴」「命于下國」，其於天下之民與諸侯，豈徒恃厥武哉！

商邑翼翼，四方之極。赫赫厥聲，濯濯厥靈。壽考且寧，以保我後生。

毛傳：「商邑，京師也。」

陟彼景山，松柏丸丸。是斷音短是遷，方斲是虔。松桷有梴，旅楹有閑，寢成孔安。

毛傳：「丸丸，易直也。梴，長貌。」集傳：「方，正也。虔，亦截也。旅，衆也。閑，閑然而大也。寢，廟中之寢也。安，所以安高宗之神也。」

殷武六章　毛詩序：「祀高宗也。」集傳：「此蓋特爲百世不遷之廟，既成始祔而祭之之詩也。」

商頌五篇，十六章，百五十四言，六百四十一名。

校注

〔一〕也　原作「矣」，據毛詩正義、詩集傳、詩毛氏傳疏諸本改。

戴震全書之三

毛鄭詩考正

孫以昭◎整理
劉學鍇◎審訂

説明

毛鄭詩考正是戴震研究詩經的代表性著作。詩比義述序曰：「昔壬申、癸酉歲，震爲詩補傳未成，别録書内辨證成一帙。」這就是説，本書是挑選了詩補傳的部分要點，又進一步考訂加工而成。詩補傳實乃本書成稿的基礎，因此段著戴譜云：「毛鄭詩考正初名詩補傳。」

關於毛鄭詩考正的内容，周中孚鄭堂讀書記卷八評介曰：「是書於毛傳、鄭箋無所專主，多自以己意考證。或專摘傳箋考證之，或專摘一家考證之，或止摘經文考證之。大都俱本古訓古義，惟求其是，而仍以輔翼傳箋爲主，非若宋人説詩諸書，專以駁斥毛鄭而别名一家也。」這一評介是中肯的，不但抓住了毛鄭詩考正的内容要點，而且揭示了該書的學術價值和地位。「惟求其是」，不主一家，實開一代詩經研究的務實之風，其後焦循作毛詩補疏、陳喬樅作毛詩鄭箋改字説、馬瑞辰作毛詩傳箋通釋、陳奂作詩毛氏傳疏等俱受其沾溉。

毛鄭詩考正刻本有微波榭本、皇清經解本、指海本，國家圖書館還藏有吴騫批校的清抄本。安徽叢書本據微波榭本影印。今以安徽叢書本爲底本，以别本參校。

毛鄭詩考正卷首

鄭氏詩譜

鄭氏譜亡，歐陽永叔得其殘本于絳州，取孔穎達正義所載之文補之。今其譜又復譌闕，聊加訂正以存梗槩。戴震識。

詩之興也，諒不於上皇之世。大庭、軒轅逮於高辛，其時有亡，載籍亦蔑云焉。虞書曰：「詩言志，歌永言，聲依永，律和聲。」然則詩之道放於此乎？有夏承之，篇章泯棄，靡有孑遺。邇及商王，不風不雅，何者？論功頌德，所以將順其美；刺過譏失，所以匡救其惡。各於其黨，則爲法者彰顯，爲戒者著明。周自后稷播種百穀，黎民阻飢，茲時乃粒，自傳於此名也。陶唐之末中葉公劉亦世修其業，以明民共財。至於太王、王季，克堪顧天。文武之德，光熙前緒，以集大命於厥身，遂爲天下父母，使民有政有居。其時詩：風有周南、召南；雅有鹿鳴、文王之屬。及成王、周公致太平，制禮作樂，而有頌聲興焉，盛之至也。本之由此風雅而來，故皆録之，謂之詩之正經。後王稍更陵遲，懿王始受譖，亨齊哀公，夷身失禮之後，邶不尊賢。自是而下，厲也幽也，政教尤衰，周室大壞。十月之交、民勞、板、蕩，勃爾俱作，衆國紛然，刺怨相尋。五霸之末，上無天子，下無方伯，善者誰賞，惡者誰罰，紀綱絶矣。故孔子録懿王、夷王時詩，訖於陳靈公淫亂之事，謂之變風、變雅。以爲勤民恤功，昭事上帝，則受頌聲，弘福如彼。若違而弗用，則被劫殺，大禍如此。吉凶之所由，憂娱之萌漸，昭昭在斯，足作後王之鑒，於是止矣。夷厲已上，歲數不明。太史年表自共和始，歷宣、幽、平王而得春秋次第，以立斯譜。欲知源流清濁之所處，則循其上下而省之；欲知風化芳臭氣澤之所及，則傍行而觀之。此詩之大綱也。舉一綱而萬目張，解一卷而衆篇明，於力則鮮，於思則寡。其諸君子亦有樂於是與？

周南　召南

周召者，禹貢雍州岐山之陽地名，今屬右扶風美陽縣。漢志：美陽，岐山在西北，今爲岐山縣，屬鳳翔府。山在縣東北十里。地形險阻，而原田肥美。周之先公曰大王者，避狄難，自豳始遷焉，而修德建王業。商王帝乙之初，命其子王季爲西伯，至紂又命文王典治南國江、漢、汝旁之諸侯，於時三分天下有其二，以服事殷，故雍、梁、荆、豫、徐、揚之人咸被其德而從之。文王受命，作邑於豐，乃分岐邦周、召之地爲周公旦、召公奭之采地，漢右扶風雍縣南有召亭。括地志：召亭在岐山縣西南十里〔一〕。施先公之教於己所職之國。武王伐紂，定天下，巡守述職，陳誦諸國之詩，以觀民風俗。六州者，得二公之德教尤純，故獨録之，屬之大師，分而國之。其得聖人之化者謂之周南，得賢人之化者謂之召南，言二公之德教，自岐而行於南國也。乃棄其餘，謂此爲風之正經。初，古公亶父聿來胥宇，爰及姜女。其後大任思媚周姜，太姒嗣徽音，歷世有賢妃之助，以致其治。文王刑於寡妻，至於兄弟，以御於家邦。是故二國之詩以后妃、夫人之德爲首，終以麟趾、騶虞，言后妃、夫人有斯德，興助其君子，皆可以成功，至於獲嘉瑞。風之始，所以風化天下而正夫婦焉。故周公作樂，用之鄉人焉，用之邦國焉。或謂之房中之樂者，后妃、夫人待御於其君子〔二〕，女史歌之，以節義序故耳。射禮：天子以騶虞，諸侯以貍首，大夫以采蘋，士以采蘩爲節。今無貍首，周衰，諸侯並僭而去之，孔子録詩不得也。爲禮樂之記者，從後存之，遂不得其次序。周公封魯，死謚曰文公，召公封燕，死謚曰康公，元子世之。其次子亦世守采地，在王官。春秋時周公、召公是也。問者曰：周南、召南之詩爲風之正經則然矣，自此之後，南國諸侯政之興衰，何以無變風？答曰：陳諸國之詩者，將以知其缺失，省方設教爲黜陟。時徐及吴楚僭號稱王，不承天子之風，今棄其詩，夷狄之也。其餘江、黄、六、蓼之屬，既驅陷於彼俗，又亦小國，猶邾、滕、紀、莒之等夷，其詩蔑而不得列於此。

文王	武王
周南：關雎、葛覃、卷耳、樛木、螽斯、桃夭、兔罝、芣苢、漢廣、汝墳、麟之趾 召南：鵲巢、采蘩、采蘋[三]、草蟲、行露、羔羊、殷其雷、摽有梅、小星、江有汜、野有死麕、騶虞	召南：甘棠、何彼襛矣

邶鄘衛

邶、鄘、衛者，商紂畿内方千里之地，其封域在禹貢冀州大行之東，北踰衡漳，東及兗州桑土之野。周武王伐紂，以其京師封紂子武庚爲殷後。庶殷頑民，被紂化日久，未可以建諸侯，乃三分其地置三監，使管叔、蔡叔、霍叔尹而教之。自紂城而北謂之邶，南謂之鄘，東謂之衛。古邶城在今衛輝府東北。古鄘城在新鄉縣西南三十二里〔四〕。衛始居河淇間故殷墟，今淇縣東北有朝歌故城。文公遷于楚丘，今滑縣東六十里故衛南縣是也。成公又遷于帝丘，故顓頊之墟，今大名府開州有顓頊城。武王既喪，管叔及其羣弟見周公將攝政，乃流言於國曰：公將不利於孺子。周公避之，居東都二年，秋大熟未穫，有雷電疾風之異。乃後成王悦而迎之反，而遂居攝。三監導武庚叛，成王既黜殷命，殺武庚，復伐三監，更於此三國建諸侯，以殷餘民封康叔於衛，使爲之長。後世子孫稍併彼二國，混而名之。七世至頃侯，當周夷王時，衛國政衰，變風始作。故作者各有所傷，從其國本而異之，爲邶、鄘、衛之詩焉。

夷王	頃侯　邶柏舟
厲王	頃侯　釐侯
共和	釐侯
宣王	釐侯　武公　鄘柏舟　右武公
幽王	武公
平王	武公　莊公　桓公　衛淇澳　右武公　邶綠衣　衛考槃　碩人　右莊公
桓王	州吁　宣公　惠公　邶燕燕　日月　終風　擊鼓　凱風　右州吁　邶雄雉　匏有苦葉
莊王	黔牟　惠公復位
釐王	惠公
惠王	惠公　懿公　戴公　文公　鄘載馳　右戴公　衛木瓜　鄘定之方中　蝃蝀　相鼠　干旄
襄王	文公　衛河廣

谷風
式微
旄丘
簡兮
泉水
北門
北風
靜女
新臺
二子乘舟
衛氓
竹竿
伯兮
有狐
右宣公
鄘牆有茨
君子偕老
桑中
鶉之奔奔
衛芄蘭
右惠公

右文公

檜　鄭〔五〕

檜者，古高辛氏火正祝融之墟。檜國在禹貢豫州外方之北，滎波之南，居溱洧之間。檜在外方之東，今許州府密縣。徐廣曾辯之曰：「檜在密縣，不得在外方之北也。」漢河南滎陽有虢亭。所謂東虢，在今開封府汜水縣東十里。祝融氏名黎，其後八姓，唯妘姓檜者，處其地焉。周夷王、厲王之時，檜公不務政事，而好絜衣服，大夫去之，於是檜之變風始作。其國北鄰於虢。初，宣王封母弟友於宗周畿内咸林之地，是爲鄭桓公，今京兆鄭縣是其都也。鄭縣，今同州府華州。又〔云〕爲幽王大司徒，甚得周衆與東土之人。問於史伯曰：「王室多故，余懼及焉，其何所可以逃死？」史伯曰：「其濟、洛、河、潁之間乎？是其子男之國，虢、鄶爲大，虢叔恃勢，鄶仲恃險，皆有驕侈怠慢之心，加之以貪冒。君若以周難之故，寄帑與賄，不敢不許，是驕而貪，必將背君。君以成周之衆，奉辭罰罪，無不克矣。若克二邑，鄢、蔽、補、丹、依、𬯎、歷、華〔六〕，君之土也，修典刑以守之，惟是可以少固。」桓公從之言，然之。後三年幽王爲犬戎所殺，桓公死之。其子武公與晉文侯定平王於東都王城，卒取史伯所云十邑之地，右洛左濟、前華後河，食溱洧焉，今河南新鄭是也。新鄭今屬許州府。武公又作卿士，國人宜之，鄭之變風又作。

夷王厲王	檜羔裘 素冠 隰有萇楚 匪風 右四詩檜無世次 其詩在夷厲之間
共和	
宣王	桓公〔七〕
幽王	武公
平王	武公 莊公 緇衣 右武公 將仲子 叔于田 大叔于田
桓王	莊公 昭公 厲公 羔裘 遵大路 女曰雞鳴 右莊公 有女同車 右昭公 褰裳 右厲公
莊王	昭公復位 子亹 子儀 山有扶蘇 擇兮 狡童 丰 東門之墠 風雨 子衿 揚之水 右昭公
釐王	子儀 厲公復位
惠王	厲公 文公 出其東門〔八〕 野有蔓草 溱洧 右厲公 清人 右文公

齊

齊者，古少皞之世，爽鳩氏之墟。周武王伐紂，封太師吕望於齊，是謂齊太公。地方百里，都營丘。營丘在臨淄，漢齊郡治，今青州府北五十里有臨淄故城，又名齊城是也。漢志：北海郡營陵，或曰營丘。應劭以爲師尚父所封，今昌樂縣東南五十里營丘城是也。據史記稱，萊侯與太公争營丘，營丘邊萊，則應説得之。胡公徙都薄姑，在今博興縣東南。獻公乃徙都臨淄城，内有丘，因以始都之名加之耳。

周公致太平，敷定九畿，復夏禹之舊制。成王用周公之法制，廣大邦國之境，而齊受上公之地，更方五百里〔九〕。其封域東至於海，西至於河，南至於穆陵，北至於無棣，在禹貢青州岱山之陰，濰淄之野。其子丁公嗣位於王官。後五世哀公政衰，荒淫怠慢，紀侯譖之於周懿王，使烹焉，齊人變風始作。

懿王	哀公 胡公	雞鳴 還 著 東方之日 東方未明 右哀公
孝王	胡公	
夷王	胡公 獻公	
厲王	獻公 武公	
共和	武公	
宣王	武公 厲公 文公 成公 莊公	
幽王	莊公	
平王	莊公 釐公	
桓王	釐公 襄公	
莊王	襄公	南山 甫田 盧令 敝笱 載驅 猗嗟

魏

魏者，虞舜、夏禹所都之地，在禹貢冀州雷首之北，析城之西，漢志：河北，詩魏國，屬河東郡。今解州芮城縣有河北故城，雷首在其北十許里，當云雷首之南。周以封同姓焉。其封域，南枕河曲，北涉汾水。昔舜耕於歷山，陶於河濱，禹菲飲食而致孝乎鬼神，惡衣服而致美乎黻冕，卑宮室而盡力乎溝洫，此一帝一王，儉約之化於時，猶存及今。魏君，嗇且褊急，不務廣修德於民，教以義方。其與秦晉鄰國，日見侵削，國人憂之。當周平、桓之世，魏之變風始作。至春秋魯閔公元年，晉獻公竟滅之，以其地賜大夫畢萬，自爾而後，晉有魏氏。

平王	桓王
葛屨	
汾沮洳	
園有桃	
十畝之間	陟岵

右一君時詩。

伐檀
碩鼠

右一君時詩，魏無世次，其詩在平桓之間。

唐

唐者，帝堯舊都之地，今日太原晉陽是。晉陽，今太原縣，屬太原府。堯始居此，後乃遷河東平陽。成王封母弟叔虞於堯之故墟，曰唐侯。南有晉水，至子燮改爲晉侯。其封域在禹貢冀州太行、恒山之西，太原、太岳之野。至曾孫成侯南徙，居曲沃近平陽焉。晉本都翼，漢河東郡絳邑東八十里故翼城是也，在今平陽府翼城縣東南。及昭侯封桓叔於曲沃，桓叔之孫武公滅翼，代爲晉侯，而都曲沃，今聞喜縣也。子獻公城絳居之，今太平縣南二十五里，土人呼故晉城者是，而謂曲沃爲下國。至景公遷於新田，命之爲絳，在今曲沃縣，土人呼王官城，於是謂故都之絳爲故絳，相去五十里。此晉四都之可考者也。然史記、漢志、詩譜、水經注諸書已棼然淆亂矣。昔堯之末，洪水九年，下民其咨，萬國不粒，於時殺禮以救艱厄，其流乃被於今。當周公、召公共和之時，成侯曾孫僖侯，甚嗇愛物，儉不中禮，國人閔之，唐之變風始作。其孫穆侯又徙於絳云。

共和	靖侯　釐侯
宣王	釐侯　獻侯　穆侯　殤叔　蟋蟀〔一〇〕　右釐侯
幽王	殤叔　文侯
平王	文侯　昭侯　孝侯　鄂侯　山有樞　揚之水　椒聊　綢繆　杕杜　羔裘　鴇羽　右昭侯
桓王	鄂侯　哀侯　小子侯　晉侯緡
莊王	晉侯緡
釐王	晉侯緡　武公　無衣　有杕之杜　右武公
惠王	獻公　葛生　采苓

秦

秦者，隴西谷名，於禹貢近雍州鳥鼠之山。今秦州清水縣有故秦城。堯時有伯翳者，實臯陶之子，佐禹治水。水土既平，舜命作虞官，掌上下草木鳥獸，賜姓曰嬴。歷夏商興衰，亦世有人焉。周孝王使其末孫非子養馬於汧渭之間，孝王爲伯翳能知禽獸之言，子孫不絶，故封非子爲附庸，邑之於秦谷。至曾孫秦仲，宣王又命作大夫，始有車馬禮樂侍御之好，國人美之，秦之變風始作。秦仲之孫襄公，平王之初，興兵討西戎以救周。平王東遷王城，乃以岐豐之地賜之，始列爲諸侯，遂横有周西都宗周畿内八百里之地。其封域，東至迆山，在荆、岐、終南、惇物之野。今鳳翔縣，屬鳳翔府。至玄孫德公又徙於雍云。

宣王	秦仲 莊公 車鄰 右秦仲
幽王	莊公 襄公
平王	襄公 文公 駟驖 小戎 蒹葭 終南 右襄公
桓王	文公 寧公 出公〔二〕 武公
莊王	武公
釐王	武公 德公
惠王	德公 宣公 成公 穆公
襄王	穆公 康公 黃鳥 右穆公 晨風 無衣 渭陽 權輿 右康公

陳

陳者，太皞伏戲氏之墟。帝舜之冑，有虞閼父者，爲周武王陶正，武王賴其利器用與其神明之後，封其子嬀滿於陳，都於宛丘之側。漢志：陳故國屬淮陽，今陳州府淮寧縣。是曰陳胡公，以備三恪，妻以元女大姬。其封域在禹貢豫州之東，其地廣平，無名山大澤，西望外方，東不及明豬〔一二〕。大姬無子，好巫覡禱祈鬼神歌舞之樂，民俗化而爲之。五世至幽公，當厲王時，政衰，大夫淫荒，所爲無度，國人傷而刺之，陳之變風作矣。

共和	幽公 釐公	宛丘 東門之枌 右幽公
宣王	釐公 武公	衡門 東門之池 東門之楊 右釐公
幽王	武公 夷公 平公	
平王	平公 文公 桓公	
桓王	桓公 陳佗 厲公 莊公	墓門 右陳佗
莊王	莊公 宣公	
釐王 惠王	宣公	
襄王	宣公 穆公 共公	防有鵲巢 月出 右宣公
頃王	共公 靈公	
匡王 定王	靈公	株林 澤陂 右靈公

曹

曹者，禹貢兗州陶丘之北地名。周武王既定天下，封弟叔振鐸於曹，今曰濟陰定陶是也。今山東曹州府定陶縣西北四里，有定陶故城。其封域在雷夏菏澤之野。昔堯嘗遊成陽，死而葬焉。舜漁於雷澤，民俗始化。其遺風重厚，多君子，務稼穡，薄衣食，以致畜積。夾於魯、衛之間，又寡於患難。末時，富而無教，乃更驕侈。曹之後世〔一三〕，雖爲宋所滅，宋亦不數伐曹，故得寡於患難。十一世當周惠王時，政衰，昭公好奢而任小人，曹之變風始作。

惠王	襄王	頃王
莊公 釐公 昭公 共公 蜉蝣〔一四〕 右昭公	共公	共公 候人〔一五〕 鳲鳩 下泉

豳

豳者，后稷之曾孫曰公劉者，自邰而出，所徙戎狄之地名，今屬右扶風栒邑。今邠州。公劉以夏后大康時失其官守，竄於此地，猶修后稷之業，勤恤愛民，民咸歸之，而國成焉。其封域在禹貢雍州岐山之北，原隰之野。不窋，當孔甲時失其官，自邰而遠竄。邰即今乾州武功縣南八里古釐城。豳在邰北百餘里，不窋所竄又在豳北二百餘里，今慶陽府安化縣有不窋城，府東三里有不窋塚。公劉蓋當夏桀時實復有邰，故封而都於豳耳。詩言「涉渭」、「取厲取鍛」，非得邰無由至渭也。至商之末世，太王又避戎狄之難，而入處於岐陽，民又歸之。公劉之出，太王之入，雖其有異，由有事難之故，皆能守后稷之教，不失其德。成王之時，周公避流言之難，出居東都二年，思公劉、太王居豳之職，憂念民事至苦之功，以比序己志。後成王迎而反之，攝政致太平。其出入也，一德不回，純似於公劉、太王之所爲。太師大述其志，主意於豳公之事，故別其詩以爲豳國變風焉。

成王 周公〔一六〕	七月〔一七〕 鴟鴞 東山	破斧 伐柯 九罭 狼跋

王〔一八〕

王者，周東都王城，畿内方六百里之地。其封域在禹貢豫州太華、外方之間，北得河陽，漸冀州之南。始武王作邑於鎬京，謂之宗周，是爲西都。周公攝政五年，成王在豐，欲宅洛邑，使召公先相宅。既成，謂之王城，是爲東都，今河南是也。漢志：河南郡河南縣，故郟鄏地。周武王遷九鼎，周公致太平，營以爲都，是爲王城。至平王居之。今河南故城西有郟鄏陌。召公既相宅，周公往營成周，今洛陽是也。成王居洛邑，遷殷頑民於成周，復還歸，處西都。至於夷厲，政教尤衰。十一世幽王嬖褒姒，生伯服，廢申后，太子宜咎奔申。申侯與犬戎攻宗周，殺幽王于戲。晉文侯、鄭武公迎宜咎于申而立之，是爲平王。以亂故，徙居東都王城。王城，漢爲河南縣，成周爲洛陽縣。今洛陽縣西北有河南故城，東北二十里有洛陽故城，二城相距四十里。於是王室之尊，與諸侯無異。其詩不能復雅，故貶之，謂之王國之變風。

平王	黍離　君子于役　君子陽陽　揚之水　中谷有蓷　葛藟
桓王	兔爰　采葛　大車
莊王	丘中有麻

小雅　大雅

小雅、大雅者，周室居西都豐鎬之時詩也。始祖后稷由神氣而生，有播種之功於民。

公劉至於太王、王季，歷及千載，越異代而列世載其功業，爲天下所歸。文王受命，武王遂定天下。盛德之隆，大雅之初起，自文王至於文王有聲，據盛隆而推原天命，上述祖考之美。小雅自鹿鳴至於魚麗，先其文所以治內，後其武所以治外，此二雅逆順之次，要於極賢聖之情，著天道之助，如此而已矣。又大雅生民及卷阿，小雅南有嘉魚下及菁菁者莪，周公、成王之時詩也。傳曰：「文王基之，武王鑿之，周公内之。」謂其道同終始相成。比而合之，故大雅十八篇，小雅十六篇爲正經。其用於樂，國君以小雅，天子以大雅，然而饗賓或上取，燕或下就，何者？天子饗元侯，歌肆夏，合文王；諸侯歌文王，合鹿鳴。諸侯於鄰國之君，與天子於諸侯同。天子、諸侯燕羣臣及聘問之賓，皆歌鹿鳴，合鄉樂。此其著略大校，見在書籍，禮樂崩壞，不可得詳。大雅民勞、小雅六月之後皆謂之變雅，美惡各以其時，亦顯善懲過，正之次也。問者曰：常棣閔管蔡之失道，何故列於文王之詩？曰：閔之。閔之者，閔其失兄弟相承順之道，至於被誅；若在成王、周公之詩，則是彰其罪，非閔之，故爲隱推而上之，因文王有親兄弟之義。又問曰：小雅之臣，何以獨無刺厲王？曰：有焉，十月之交、雨無正、小旻、小宛之詩是也。漢興之初，師移其第耳。亂甚焉。既移文改其目，義順上下，刺幽王亦過矣。

文王	小雅 鹿鳴 四牡 皇皇者華 伐木 天保 采薇 出車 杕杜 大雅 文王 大明 綿 棫樸 旱麓 思齊 皇矣 靈臺
武王	小雅 南陔 白華 華黍 魚麗 大雅 下武 文王有聲
成王	小雅 由庚 南有嘉魚 崇丘 南山有臺 由儀 常棣 蓼蕭 湛露 彤弓 菁菁者莪 大雅 生民 行葦 既醉 鳧鷖 假樂 公劉 泂酌 卷阿
康	
昭	
穆	
共	
懿	
孝	
夷	
厲王	小雅 十月之交 雨無正 小旻 小宛 大雅 民勞 板 蕩 抑 桑柔
共和	
宣王	小雅 六月 采芑 車攻 吉日 鴻鴈 庭燎 沔水 鶴鳴 祈父 白駒 黃鳥 我行其野 斯干 無羊 大雅 雲漢 崧高 烝民 韓奕 江漢 常武
幽王	小雅 節南山 正月 小弁 巧言 何人斯 巷伯 谷風 蓼莪 大東 四月 北山 無將大車 小明 鼓鐘 楚茨 信南山 甫田 大田 瞻彼洛矣 裳裳者華

桑扈
鴛鴦
頍弁
車舝
青蠅
賓之初筵
魚藻
采菽
角弓
菀柳
都人士
采緑
黍苗
隰桑
白華
緜蠻
瓠葉
漸漸之石
苕之華
何草不黄

大雅

瞻卬
召旻

周頌

周頌者，周室成功，致太平德洽之詩。其作，在周公攝政、成王即位之初。頌之言容，天子之德，光被四表，格于上下，無不覆燾，無不持載，此之謂「容」。於是和樂興焉，頌聲乃作。禮運曰：「政也者，君之所以藏身也。是故，夫政必本於天，殽以降命，命降於社之謂殽地；降於祖廟之謂仁義；降於山川之謂興作；降於五祀之謂制度。」又曰：「祭帝於郊，所以定天位；祀社於國，所以列地利。祖廟所以本仁，山川所以儐鬼神，五祀所以本事。」又曰：「禮行於郊，而百神受職焉；禮行於社，而百貨可極焉；禮行於祖廟，而孝慈服焉；禮行於五祀，而正法則焉。故自郊、社、祖廟、山川、五祀，義之修，禮之藏也。」功大如此，可不美報乎！故人君必潔其牛羊，馨其黍稷，齊明而薦之，歌之舞之，所以顯神明、昭至德也。

成王 周公					
清廟	維天之命	維清	烈文	天作	昊天有成命
我將	時邁	執競	思文	臣工	噫嘻
振鷺	豐年	有瞽	潛	雝	載見
有客	武	閔予小子	訪落	敬之	小毖
載芟	良耜	絲衣	酌	桓	賚
般					

魯頌

魯者，少昊摯之墟也。國中有大庭氏之庫，則大庭氏亦居茲乎？在周公歸政成王，封其元子伯禽於魯，其封域在禹貢徐州大野蒙羽之野。今兗州府曲阜縣，漢爲魯縣，其外城即古魯城。自後政衰，國事多廢。十九世至僖公，當周惠王、襄王時，而遵伯禽之法，養四種之馬，牧於坰野，尊賢禄士，修泮宮，守禮教〔一九〕。僖十六年冬，會諸侯於淮上，謀東略，公遂伐淮夷。僖二十年，新作南門，又修姜嫄之廟，至於復魯舊制，未徧而薨。國人美其功，季孫行父請命於周而作其頌。文公十三年，太室屋壞。初，成王以周公有太平制典法之勳，命魯郊祭天、三望，如天子之禮。故孔子録其詩之頌，同於王者之後。問者曰：列國作詩，未有請於周者，行父請之，何也？曰：周尊魯巡守述職，不陳其詩，至於臣頌君功，樂周室之聞，是以行父請焉。周之不陳其詩者爲優耳，其有大罪，侯伯監之，行人書之，亦云覺焉〔二〇〕。

惠王	襄王
莊公 閔公 僖公	僖公 駉 有駜 泮水 閟宫

商頌

商者，契所封之地。今商州。有娀氏之女名簡狄者，吞鳦卵而生契。堯之末年，舜舉爲司徒，有五教之功，乃賜姓而封之，世有官守。十四世至湯，則受命伐夏桀，定天下。後世有中宗者，嚴恭寅畏，天命自度，治民祗懼，不敢荒寧。後有高宗者，舊勞於外，爰洎小人。作其即位，乃或諒闇，三年不言，言乃雍。不敢荒寧，嘉静殷邦。至於大小，無時或怨。此三王有受命中興之功，時有作詩頌之者。商德之壞，武王伐紂，乃以陶唐氏火正閼伯之墟，封紂兄微子啓爲宋公，代武庚爲商後。其封域在禹貢徐州泗濱西及豫州盟豬之野。漢志云：周封微子于宋，今之睢陽是也。今歸德府治商丘縣即漢睢陽，故城在縣南。自後政衰，散亡商之禮樂。七世至戴公時，當宣王大夫正考父者，校商之名頌十二篇於周太師，以那爲首，歸以祀其先王。孔子録詩之時，則得五篇而已，乃列之以備三頌，著爲後王之義，監三代之成功，法莫大於是矣。問者曰：列國政衰則變風作，宋何獨無乎？曰：有焉，乃不録之。王者之後，時王所客也。巡守述職，不陳其詩，亦示無貶黜客之義也。又問曰：周太師何由得商頌？曰：周用六代之樂，故有之。

成湯	那
外丙	
仲壬	
太甲	
沃丁	
太庚	
小甲	
雍己	
太戊	烈祖
中丁	
外壬	
河亶甲	
祖乙	
祖辛	
沃甲	
祖丁	
南庚	
陽甲	
盤庚	
小辛	
小乙	
武丁	玄鳥 長發 殷武
祖庚	

校注

〔一〕召亭　清抄本吴騫眉批（以下簡稱吴批）曰：閻若璩云：「召亭有二：岐州岐山縣西南十里者，文王時召公食采邑；絳州垣縣者，春秋時召公食采邑。」

〔二〕待御　吴批曰：「待」，繹史作「侍」，與正義同。詩緝同。

〔三〕采蘋　吴批曰：采蘋應在草蟲後。歐補在草蟲後。繹史無采蘋。

〔四〕鄘城　吴批曰：明一統志：「古鄘城在衛輝府東北一十三里。」又：「新鄉縣西南三十二里有古鄘國。」今此作「城」，疑誤。

〔五〕檜鄭　吴批曰：繹史分爲一檜譜，至「北鄰於虢」，次陳譜後。「初，宣王封母弟」下，爲鄭譜，次王譜後。按歐公補亡後序云：「黜檜後陳，此今詩次第也。」然其爲圖，以檜合鄭者，以鄭本檜故地。又孔穎達云：「譜言『北鄰於虢』者，以鄭滅虢、檜而處之，先譜檜而接説鄭，故特著此言爲史伯之言張本也。」

〔六〕疇　史記鄭世家裴駰集解引虞翻曰作「睬」。又「華」作「莘」。

〔七〕桓公　吴批曰：據譜，桓公又爲幽王大司徒。又十月之交正義引鄭語云：幽王八年桓公爲司徒。

〔八〕出其東門　吴批曰：歐譜：出其東門、野有蔓草列在釐王之世。繹史並溱洧三篇皆列於釐世。按：序稱公子五争，考春秋莊公十四年，厲公復入而五争始熄。是歲爲僖王二年。又四年惠王乃立。則三詩宜刊於僖王者是也。

〔九〕方　吴批曰：繹史作「立」。

〔一〇〕蟋蟀　吴批曰：蟋蟀，繹史列於共和。

〔一一〕出公　吴批曰：秦本紀作「出子」。

〔一二〕明豬　古地名，在商丘東北。書禹貢作「孟豬」，亦作「盟豬」、「明都」、「望諸」。

〔一三〕「曹之後世」至「患難」　吴批曰：繹史無此二十一字，詳文義似爲孔穎達正義語誤入耳。

〔一四〕蜉蝣　吴批曰：按釋文云：「譜又云：蜉蝣至下泉四篇，共公時作。」今譜中未見。

〔一五〕候人　吴批曰：繹史，候人三詩皆列於襄王。按歐補云：共公以下無詩。共公卒於頃王元年，不應在襄世三十餘年反無一詩，竊謂繹史是也。歐序謂世次不可考者，皆列於最後，故三詩皆列於頃世。第共公卒於頃王元年秋，如三詩序云，共公近小人及侵刻下民等，不必定屬臨卒之數日間，故依馬氏爲允。

〔一六〕周公　吴批曰：周公，歐譜列成王下。

〔一七〕七月　吴批曰：七詩（指七月至狼跋）歐、馬俱平列。

〔一八〕王　吴批曰：繹史，王譜次邶、鄘、衛之後。

〔一九〕守禮教　吴批曰：「守」，繹史作「崇」。

〔二〇〕云　吴批曰：正義作「示」，此疑誤。

毛鄭詩考正卷一

周南　關雎首章　傳：「雎鳩，王雎也。鳥摯而有別。」箋云：「摯之言至也，謂王雎之鳥，雌雄情意至，然而有別。」震按：古字「鷙」通用「摯」。夏小正「鷹始摯」，曲禮「前有摯獸」，是其證。春秋傳：郯子言少皞以鳥名官，雎鳩氏，司馬也。説曰〔一〕：「鷙而有別，故爲司馬，主法制。」義本毛詩，不得如箋所云明矣。後儒亦多有疑猛鷙之物不可以興淑女者，考詩中比興，如螽斯但取於衆多，雎鳩取於和鳴及有別，皆不必泥其物類也。

傳：「窈窕，幽閒也。」震按：窈窕，謂容也，其容幽閒窈窕然。禮四教：婦德、婦言、婦容、婦功。容者，德之表。

二章　傳：「流，求也。」震按：義本爾雅。考詩意，謂荇菜生流水之次，有潔濯之美，可以當求取耳。

箋云：「左右，助也。」震按：左右，謂身所瞻顧之左右也。

五章　傳：「芼，擇也。」震按：爾雅：「芼，搴也。」郭注云：「謂拔取菜。」吕伯恭讀詩記引董氏云：「芼，熟薦之也。」説各不同，皆緣辭生訓耳。「芼」，從草，毛聲，菜之亨於肉滑者也。考之禮，羹、芼、菹、醢，凡四物。肉謂之羹，菜謂之芼，肉謂之醢，菜謂之菹。菹、醢生爲之，是爲豆實，芼則滑烹之，禮注：「滑，肉汁也。」芼之言用爲鉶芼。孔沖遠義疏以周官醢人陳四豆之寔，無荇菜，而謂詩咏時事用殷禮。由「芼」字失其義，故不知詩中已明言爲「芼」，非爲「菹」也。「菹」與「醢」相從實諸豆，周禮七菹：韭菹、菁菹、茆菹、葵菹、芹菹、菭菹、筍菹，是也。芼與羹相從實諸鉶，儀禮：「鉶芼：牛藿、羊苦、豕薇。」昏義：「牲用魚，芼之以蘋藻。」內則：「雉、兔皆有芼。」是也。

葛覃三章　傳：「言，我也。」震按：義本爾雅。詩中「言」與「云」互用，皆辭助。

卷耳二章　傳：「崔嵬，土山之戴石者。」震按：此及下傳疑轉寫互譌。崔嵬，高貌也。凡高山其下多石爲之基，故爾雅：「石戴土謂之崔嵬。」

四章　傳：「石山戴土曰砠。」震按：「砠」字從石，以石上見也，故爾雅：「土戴石爲砠。」

漢廣首章：「南有喬木，不可休思。」　傳：「思，辭也。」震按：經文「思」或作「息」者，轉寫之譌。爾雅：「休，蔭也。」郭本作「庥，廕也」。字通用。「休」、「求」、「泳」、「方」各爲韻，「思」皆句末辭助。韓詩外傳引此作「不可休思」。凡詩中用韻之句，韻下有一字或二字爲辭助者，必連用之，數句並同，不得有異。惟「不可休思」「思」譌作「息」，及「歌以誶止」「止」譌作「之」，遂亂其例。

召南 鵲巢二章「維鳩方之」 傳：「方，有也。」震按：詩中「方」、「房」通用。 小雅「既方既阜」，大雅「實方實苞」，箋云：「方，房也。謂孚甲始生而未合時也。」是「方」有「房」義。 漢書 地理志 山陽郡 方與，晉灼云：「音房豫。」是「方」有「房」音，「方之」猶「居之」也。

羔羊首章 傳：「大夫羔裘以居」。震按：羔裘，諸侯視朝之服。傳因「退食自公」爲退朝而燕居，故云「羔裘以居」。考之詩辭，蓋在朝方退，自公門出，見者賦以美之也。

騶虞首章 傳：「騶虞，義獸也，白虎黑文。」震按：騶虞之爲獸名，既不見於爾雅，説者或以爲囿名，或以爲馬名，皆不足據證。 漢 許叔重 五經異義載韓、魯説云：「騶虞，天子掌鳥獸官，於射義，所謂『樂官備』也。」義似明切。 蓋騶，趣馬也。 虞，虞人也。 月令：「天子乃教於田獵，以習五戎，班馬政，命僕及七騶咸駕。」皇甫侃云：「天子馬六種，種別有騶。 又有總主之人，故爲七騶。」春秋傳：「程鄭爲乘馬御，六騶屬焉，使訓羣騶知禮。」杜注云：「六騶，六閑之騶。」又豐點爲孟氏之御騶，孔沖遠云：「掌馬之官，兼掌御事。」周官：山虞、澤虞，「大田獵，則萊山田、澤野」，據是言之，騶與虞田獵必共有事，詩因而兼言兩官耳。 舉騶虞，則騶之知禮，虞之供職可知，而騶虞已上之官大遠乎騶虞之微者，尤可知。 歎美騶虞，意不在騶虞也，所以美君也。 壹發者，君也。

邶緑衣三章「女所治兮」　震按：陸德明釋文：「女，崔云：毛如字，鄭音汝。」今考如字是也。上以緑喻妾，以緑之爲衣，喻妾上僭。此更言絲者，方其爲絲，未爲衣也，由女工治之，以爲衣則衣矣，其故在所治也。喻妾上僭，君子嬖之則然耳，於妾何責。覩異日州吁之事，則前兩章憂不徒在己之失位，此又能不責衆妾而思古人善處之道，反己使無過焉，所以爲賢。

日月首章「逝不古處」　震按：古處，謂凡相處之以禮，稽於古而不可易者是也。苟能有定，則寧終不我念，不我答乎？「俾也可忘」，言己往之德音無良者，使可忘也。箋云：「寧，猶曾也。」震按：寧，猶豈也。篇内四言「胡能有定」，皆反覆期望之辭。「報我不述」，言以恩意酬答，不復循其已往之行也。前二章以日月之照臨覆冒，喻君子之當我顧、我報，後二章以日月之出有常所，喻君子之當有常禮待己。舊説辭意過於怨，與緑衣之言異矣。

雄雉四章「百爾君子，不知德行。」　震按：上言「展矣君子」，既婦人謂夫之稱，此君子不當如箋説爲衆君子。蓋「百爾君子」，謂凡所爲之在君子者也。道遠不來，今既不知君子之德行矣，然念其平日之不忮不求，有素履可信者如是，則亦焉往不善乎？又美之而以自慰也。

匏有苦葉首章　傳：「以衣涉水爲厲，謂由帶已上也。」震按：義本爾雅。然以是説詩，既以衣涉水矣，則何不可涉乎？似與詩人託言「不度淺深，將至於溺不可救」之意未協。許叔重説文解字「砅，履石渡水也」，引詩「深則砅」，字又作「濿」，省用「厲」。酈道元水經注河水篇云：「段國沙州記：吐谷渾於河上作橋謂之河厲。」此可證橋有厲之名。詩之意以淺水可褰衣而過，若水深則必依橋梁乃可過，喻禮義之大防不可犯。衛詩「淇梁」、「淇厲」並稱，「厲」固「梁」之屬也。足以證説文之有師承。

二章　傳：「由輈已上爲軓」。震按：詩以「軌」與「牡」韻，當爲車轍之軌，古音讀如「九」。毛詩蓋譌作「軓」，遂以車軾前之軓解之。「軓」讀如「范」，不與「牡」協。釋文又有「車轊頭」之説。轂末名軹，軸末名轊，周禮大馭「祭兩軹」，禮記少儀篇作「祭左右軌」。「軌」乃「軹」之譌。杜子春改大馭之「軹」爲「軹」，蓋轂末名軹者，漢人通譌作「軹」，遂改「軹」以從之，於是經書、字書不復有「軹」字，而轂末與輢之植者、衡者並名「軹」矣。一車之中，二名溷淆，轂末、軸末又溷而同名，「軹」、「軌」、「軓」三字更轉寫互譌，此釋文「車轊頭」之説所由起。「軹」从車，幵聲，讀如「笄」，轂末也。「軹」从車，只聲，輢内之軨也。「軌」从車，九聲，車轍也。「軓」从車，凡聲，車軾前也。經傳中譌文相承，當各詳審正之。

谷風五章　傳：「慉，養也。」箋云：「慉，驕也。」震按：説文「慉，起也」，引此詩。小雅蓼莪篇「拊我畜我」，箋亦訓爲「起」。「起」如晉語「世相起也」之「起」，韋注云：「起，扶持也」。「不我能慉」，蓋承上章「何有何亡，黽勉求之。凡民有喪，匍匐救之」，自言盡心力如此，而其夫乃不以爲能相扶持起家，反仇視之。蓼莪篇上言「鞠我」，既爲哺養，下言「育我」，又爲覆育，而「畜我」承「拊我」下。拊，撫摩也；畜，扶持也。「畜」亦當作「慉」，省文假借耳。

傳：「阻，難也。」震按：阻，絶隔也，不復念及之謂。「既阻我德，賈用不售」，言既不復念我之善，如賈之不見售。

静女首章「俟我于城隅」　傳：「城隅，以言高而不可踰。」箋云：「自防如城隅。」震按：傳箋皆就城隅取義，非詩意也。城隅之制，見考工記。許叔重五經異義古周禮説云：「天子城高七雉，隅高九雉。公之城高五雉，隅高七雉。侯、伯之城高三雉，隅高五雉。」據記考之，公、侯、伯之城，皆當高五雉，城隅與天子宫隅等，門臺謂之宫隅，城臺謂之城隅，天子、諸侯臺門，以其四方而高，故有隅之稱。言「城隅」以表至城下將入門之所也。「静女其姝，俟我于城隅」，此媵俟迎之禮。諸侯娶一國，二國往媵之，以姪娣從。冕而親迎，惟嫡夫人耳。媵則至乎城下以俟迎者，然後入。「愛而不見」，迎之未至也。「愛而」，猶「隱然」。説文引此作「僾」。郭注方言引此作「薆」。彤管之法，女史書宫中之法度，故春秋傳曰：「静女之三章，取彤管焉。」「自牧歸荑」，言乎説舍近郊也。爾雅：「郊外謂之牧。」「荑」亦以爲潔白之喻。美其管，美其荑，設言以欣慕其人耳。始思見其人，繼思得見其物；始言至城下，終乃言至於郊，非寔有是事可知。静女之刺，思賢媵，懷女史之法者也。蓋衛人擬其君之宫中無是女以備嬪媵及女史之法廢也。學者罕聞城隅，而詩遂失其傳矣。

二章「説懌女美」　震按：「女」當音「汝」，指彤管言，與下章「匪女之爲美」，指荑而言同。彤管有煒，美矣，寔因静女所貽而説懌之。以彤管寄意規過，故當悦懌者也。

新臺首章　傳：「籧篨，不能俯者。」箋云：「籧篨口柔，常觀人顔色而爲之辭，故不能俯者也。」震按：方言：「簟或謂之籧苗，其麤者謂之籧篨〔二〕」。蓋粗竹席之用以爲困者。晉語曰「籧篨不可使俯」，以其疾似之，故名。爾雅：「籧篨，口柔也。」柔者，媚也，以言媚人者，常仰觀顔色，病若籧篨之不能俯，故又爲口柔之名。「籧篨不鮮」，言宣公媚於齊女，徒有籧篨之狀，見之不新。「鮮」讀如史記「數見不鮮」之「鮮」。下章「不殄」當從箋讀爲「腆」。腆，善也。儀禮「腆」字，古文皆作「殄」。

三章　傳：「戚施，不能仰者。」箋云：「戚施面柔，下人以色，故不能仰也。」震按：傳本國語，箋本爾雅，然未詳「戚施」所由名。説文引詩作「得此䵷䵶」。䵷，七宿切；䵶，式支切。又名鼀䵷。鼀，力竹切，説文誤併「鼀」與「䵷」爲一字，並讀「七宿切」，於「鼀」字下云：「圥當作鼀。鼀當作䵷。詹諸也。詹諸，即蟾蠩。其鳴詹諸，其皮鼀鼀，當作䵷䵷。其行圥圥。」當作鼀鼀。於「䵶」字下云：「䵷䵶，詹諸也。言其行䵶䵶。」「鼀䵷」之「鼀」，説文但用「圥」，今爾雅轉寫譌作「鼁」。釋魚篇云：「鼁䵷，詹諸。」陸氏釋文：「鼁，起據反。䵷，音秋。」並非也。「䵷䵶」古字通用「戚施」，「戚」當讀「七宿切」，以其皮戚戚，其行施施，故名。詹諸爲物，狀卑俛，故不可使仰之。疾似之。籧篨、戚施本物名，因以爲疾名，又因疾名而爲口柔面柔之名。宣公非兼有二疾，狀其媚於齊女之可醜而已，言非燕婉之求，徒强爲此態也。

鄘君子偕老首章　傳：「笄，衡笄也」。震按：衡與笄二物。鄭康成注周禮追師云：「王后之衡、笄，皆以玉爲之。惟祭服有衡，正義引此注「衡」下加「笄」字，非是。垂於副之兩旁當耳，其下以紞縣瑱。笄，卷髮者。」正義去此四字，非是。後儒考之未審，遂以鄭注「衡」之制移之於「笄」矣。

三章「瑳兮瑳兮，其之展也。」　傳：「禮有展衣者，以丹縠爲衣。」箋云：「后妃六服之次，展衣宜白。」震按：鄭説詳周禮内司服注，辭證明審。説文「瑳」字注云：「玉色鮮白」，亦與展衣白義合。

定之方中三章「匪直也人，秉心塞淵，騋牝三千。」震按：舊説失詩之辭意，上言戴星早駕，乃其急農事以蕃育人民，出於秉心之塞淵者也。此章本指美文公盡心於人民，美之不已，而末及馬之衆多。言非特於人其秉心如是也，即所以致國之富者，騋牝已三千矣。

衛淇奥首章　傳：「緑，王芻也。竹，扁竹也。」震按：義本爾雅。緑，即所謂「終朝采緑」。禮記大學篇引此作「菉」。後言「緑竹如簀」，則二草之藉於地，如薦簀也。

三章　傳：「重較，卿士之車。」震按：較在輢上，車之兩旁可凭者。以其間寬廣，言君子之寬仁自得。左右兩較望之而重，故曰「重較」。承上「寬兮綽兮」，「重」據左右言，明矣。此不獨卿士之車爲然。傳因詩傅合，非禮制也。

氓五章「靡室勞矣」　震按：言無可舉一事以爲勞，則室家之務，事事勤勞也。

木瓜首章　傳：「瓊，玉之美者。」震按：瓊，非玉之名，凡言玉色美曰瓊，言他物之美潔如玉，亦瓊加之。

二章　傳：「瓊瑶，美玉。」震按：瑶，蓋玉之次，故禮：玉爵獻卿，瑶爵獻大夫。

王大車首章　傳：「菼，騅也，蘆之初生者也。」震按：「蘆」字譌，當作「萑」。孔沖遠不能考正，而溷「蘆」、「菼」爲一，非也。夏小正「七月秀雚葦」，傳曰：「未秀則不爲雚葦，秀然後爲萑葦，故先言秀。」又曰：「萑未秀爲菼〔三〕，葦未秀爲蘆。」是「菼」與「蘆」乃萑、葦二物初生之名。凡詩中曰蒹葭，曰葭菼，曰萑葦，及今人曰蘆荻，皆並舉二物，蒹、萑、菼，一也；葭、蘆、葦，一也。許叔重說文解字多本毛詩，於「菼」字云：「萑之初生。」然則毛詩轉寫譌失，顯然矣。

鄭羔裘首章「舍命不渝」　箋云：「舍，猶處也。」震按：古字「舍」、「釋」通。禮記「舍菜」即「釋菜」是也。又「澤」、「釋」亦通。考工記：「水有時以凝，有時以澤。」謂凝冰復釋，故李軌音釋，是也。管子引此詩作「澤命不渝」。「澤」與「舍」義並爲「釋」，言自受命於君，以至復命而後釋，終始如一也。

遵大路二章　傳：「䰻，棄也。」震按：說文引此詩作「㪉」，義與傳同，當讀市由切。

女曰鷄鳴三章「雜佩以贈之」　震按：以韻讀之，「贈」當作「貽」，蓋字形轉寫之譌。

出其東門首章「聊樂我員」　震按：「員」，旋也。言聊樂於與我周旋。下章又言聊可與之歡娛，「娛」對「員」爲義，古字「云」、「員」通。小雅正月篇「昏姻孔云」，釋文謂本又作「員」。春秋傳曰：「其誰云之。」「云」與「員」皆周旋相親之意。

二章　箋云：「匪我思且，猶非我思存也。」震按：釋文「且，音徂」，引爾雅云：「存也」。今考爾雅「徂」有兩義：一云「往也」，一云「存也」。古字省，「徂」通用「且」。「思且」

對「思存」爲義，「匪我思且」，言非我思之所往也。

齊載驅首章　傳：「發夕，自夕發至旦。」震按：「發」，又有發卸之義。方言云：「發，舍車也。東齊海、岱之間，謂之發，宋、趙、陳、魏之間謂之稅。」然則「發夕」謂夕而卸車輿，正合齊人語。又郭璞云：「今通言發寫。」「寫」即「卸」字。古音夕，似略切。「發夕」與「發卸」語之轉耳，不必作「朝夕」之「夕」解。「發夕」，謂解息車徒，與「豈弟」、「翱翔」、「遊敖」尤語意相邇。一章言車徒休解，二章言安行樂易，三章言翱翔以往，四章遊敖自縱，皆在道路指目之。

魏陟岵首章　傳：「山無草木曰岵。」震按：此與下傳疑轉寫互譌。爾雅釋山曰：「多草木，岵。」劉熙釋名云：「岵，怙也，人所怙取以爲事用也。」

二章　傳：「山有草木曰屺。」震按：「屺」亦作「峐」。爾雅釋山曰：「無草木，峐。」劉熙釋名云：「屺，圮也，無所出生也。」

伐檀首章「坎坎伐檀兮，寘之河之干兮。」　震按：檀者，堅韌之木，其材中車輻。輻，輪轑也，故下云「伐輻」、「伐輪」，變文以就韻耳。伐檀乃寘之河干，蓋詩人因所聞所見而言之，以喻急待其用者寘之不用也。因歎河水之清，而譏在位者無功倖禄，居於污濁，盈廩充庖，非由己稼穡田獵而得者也〔四〕。食民之食，而無功德及於民，是謂素餐也。首二言，歎君子之不用；中五言，譏小人之倖禄；末二言，以爲苟用君子，必不如斯，互文以見意。

碩鼠二章　傳：「直，得其直道。」箋云：「直，猶正也。」震按：箋與傳相足，其説是也。論語曰：「人之生也直。」「得我直」，謂得遂其性，不違生人之正道。

唐蟋蟀首章　傳：「聿，遂。」震按：文選注引韓詩薛君章句云：「聿，辭也。」春秋傳引詩「聿懷多福」，杜注云：「聿，惟也。」皆以爲辭助。詩中「聿」、「曰」、「遹」三字互用。爾雅：「遹，自也。」「述也。」禮記引詩「聿追來孝」，今詩作「遹」。七月篇「曰爲改歲」，釋文云：「漢書作『聿』。」角弓篇「見晛曰消」，釋文云：「韓詩作『聿』，劉向同。」傳於「歲聿其莫」釋之爲「遂」，於「聿修厥德」釋之爲「述」；箋於「聿來胥宇」釋之爲「自」，於「我征聿至」、「聿懷多福」、「遹駿有聲」、「遹求厥寧」、「遹觀厥成」、「遹追來孝」，並釋之爲「述」。今考之，皆承明上文之辭耳，非空爲辭助，亦非發語辭，而爲「遂」、爲「述」、爲「自」，緣辭生訓，皆非也。説文有「欥」字，注云：「詮詞也。從欠，從曰；曰亦聲。」引詩「欥求厥寧」，然則「欥」蓋本文，省作「曰」，同聲假借，用「聿」與「遹」。詮詞者，承上文所發端，詮而繹之也。

鴇羽首章　傳：「盬，不攻緻也。」震按：四牡傳又云：「盬，不堅固也。」周禮典婦功「辨其苦良」，注云：「鄭司農『苦』讀爲『盬』，謂分別其縑帛與布紵之麤細。」典絲注云：「受其麤盬之功，以給有司之功用。其良功者，典婦功受之，以共王及后之用。」此可與毛詩相發明，「盬」即「良盬」之「盬」，「王事靡盬」，言以王事之故，必當無盬，盡力爲之也。

葛生首章「予美亡此，誰與獨處。」　震按：漢書云：「不以在亡爲辭。」亡此者，今不在此也。既言其夫今不在此，而又曰「誰與」，非義也。「誰與獨處」亦不辭，「與」當音「餘」。「誰與」，自問也。「誰與獨處」，與檀弓「誰與哭者」語同。其夫從征役不歸，生死未可知，婦嗟無所依託，故以葛蘞之必得所依爲興，而言予所美之人不在此，留誰獨處哉？反顧歎傷之辭，明其爲一婦人隻身無託也。

秦駟驖三章　箋云：「置鸞於鑣，異於乘車也。」震按：田車亦無鸞在鑣之制。蓋「輶車鸞鑣」本非對文，輶車也，鸞也，鑣也，三者皆因所見言之耳。

小戎首章　傳：「游環，靷環也。」震按：釋文作「靳環」，引沈重云：「舊本皆作靳。」今考下言「陰靷鋈續」，傳曰：「續，續靷也。」箋曰：「鋈續，白金飾續靷之環。」然則「靳環」與「靷環」乃二物，詩並言之，轉寫譌溷，后人遂莫之辨。春秋傳言「如驂之靳」。說文：「靳，當膺也。」蓋詩謂之「游環」，春秋傳謂之「靳」，漢時謂之「當膺」。驂從靳而後於兩服，其首正當兩服之胸，於此有環以貫其外轡。箋曰：「游環在背上無常處，貫驂之外轡，以禁其出。」釋名曰：「游環在服馬背上，驂馬之外轡貫之。」可與箋相足。下「陰靷」，傳、箋不詳其所在。孔沖遠云：「以皮爲之，繫於陰板之上，驂馬頸不當衡，別爲二靷以引車。」今考車前揜版，其上不堪任，今時車騑馬之靷繫於軸，古亦宜然。以其自下而出於揜軓之前，故稱「陰靷」耳。

蒹葭三章　傳：「采采，猶萋萋也。」震按：此與曹詩「采采衣服」，皆言其色之光澤。

無衣二章　傳：「澤，潤澤也。」箋云：「澤，褻衣，近污垢。」震按：釋名云：「汗衣，詩謂之『澤』，受汗澤也。或曰鄙袒，或曰羞袒，作之用六尺，裁足覆胸背，言羞鄙於袒而衣此耳。」

權輿首章　傳：「夏，大也。」箋云：「屋，具也。」震按：傳箋皆本爾雅。郭本爾雅「屋」作「握」，李巡本作「幄」。然經傳中言「夏屋」多矣，皆爲覆笮屋之名。此詩二章，據燕食之際禮意寖薄，而言或俎豆之盛，稱之爲「夏屋渠渠」，猶魯頌言「籩豆大房」，國語言「王公立飫則有房烝」，禮記言「周以房俎」，義蓋近之。

陳墓門二章　傳：「鴞，惡聲之鳥也。」震按：此及魯頌「翩彼飛鴞」皆讀雩喬切，司馬彪以爲小鳩，是也。似山鵲而小，短尾，多聲。春秋傳謂之「鶻鳩」。「鴟鴞」之「鴞」讀吁驕切，即「鴟鴞」語之轉耳。「鴟鴞」合二字爲名，不可單言「鴞」，亦不可單言「鴟」。「鴟」者，今之「鷂」也。說者往往溷「鴞」與「鴟鴞」爲一物，此詩以多聲興下歌以告誄，義無取於惡聲，說者則以爲歌彼之惡，魯頌稱「懷我好音」，非惡聲之鳥所能，又以爲食桑黮而改其鳴，恐皆未合詩之意。

「歌以訊之，訊予不顧。」 傳：「訊，告也。」震按：「訊」乃「誶」字轉寫之譌。毛詩云「告也」，韓詩云「諫也」，皆當爲「誶」。「誶」音「碎」，故與「萃」韻。「訊」音「信」，問也。於詩義及音韻咸扞格矣。屈原賦離騷篇「謇朝誶而夕替」，王逸注引詩「誶予不顧」。又爾雅：「誶，告也。」釋文云：「沈音粹，郭音碎。」則郭本「誶」不作「訊」明矣，今轉寫亦譌。張衡傳 思玄賦注引爾雅仍作「誶」。釋文於此詩云：「本又作『誶』，音信。徐息悴反。」蓋於「誶」、「訊」二字未能決定也。

月出三章「勞心慘兮」 震按：慘，七感切。方言云「殺也」，說文云「毒也」，音義皆於詩不協，蓋「懆」字轉寫譌爲「慘」耳。「懆」，千到切，故與「照」、「燎」、「紹」韻。說文「懆，愁不安也」，引詩「念子懆懆」。今詩中正月篇「憂心慘慘」，北山篇「或慘慘劬勞」，抑篇「我心慘慘」，皆「懆懆」之譌。釋文於北山篇云「字亦作懆」，於白華篇「念子懆懆」云「亦作慘慘」，蓋未能決定二字音義，亦猶「誶」與「訊」之溷淆矣。

檜匪風首章「匪車偈兮」　震按：漢書王吉傳引此作「揭兮」。揭者，疾驅揭起也。

曹蜉蝣首章「於我歸處」　震按：詩言蜉蝣之有羽，是亦衣裳楚楚也，然其爲時暫矣。過此且於我乎歸處，心憂之而不能已，其辭若有難顯言者。蓋蜉蝣之羽，無異人之衣裳楚楚，可言也。人之衣裳楚楚，無異蜉蝣之羽，不可言也。憂蜉蝣之於我歸處，以言我之將與蜉蝣同歸也。人皆爲蜉蝣，我豈能獨久乎！共處此國，固共受其敗。子産謂子皮曰：「棟折榱崩，僑將厭焉，敢不盡言。」作是詩者，意若此矣。

三章　傳：「掘閲，容閲也。」箋云：「掘閲，掘地解閲，謂其始生時也。以解閲喻君臣朝夕變易衣服也。」震按：「掘」，説文引此作「堀」，云「突也」。突者，堀起之意，即箋所謂「掘地」也。荀子言：「良賈不爲折閲不市。」折，損也；閲，賣也。蓋「閲」與「脱」通。箋所謂「解閲」，正此義。然則「蜉蝣掘閲」，宜從箋説爲始生時堀起解脱。「堀」、「掘」通用，「閲」讀爲「脱」。

候人四章　傳：「薈蔚，雲興貌。隮，升雲也。」震按：前三章言小人之不克稱其寵遇，此章則言君子雖遭退廢，處困窮不失常度。故曰薈蔚然者，南山之朝朝升雲也，婉孌然者，季女之於斯守飢也，蓋美其守而悲之。

豳七月首章「七月流火」　震按：月令：「季夏之月，日在柳，昏火中。」故孟秋之月火西流，此惟周時則然。虞夏書堯典「日永星火，以正仲夏」，與夏小正所云「五月初昏大火中」者合，蓋六月流火矣。今時寔八月流火，正授衣之時。凡以星紀候，二千一百餘年差一次，於時差一月，所以然者，恒星右旋，二萬五千餘年而一周，其東移甚微。以是爲星直黄道之差數，謂之歲差。日發斂一終而成歲，差數生於恒星，不生於黄道。是故歲功終古不忒，而夏小正、月令之中星，隨時爲書以示民。定十二次之名屬恒星，中氣、節氣屬黄道。恒星歲歲漸移，而日躔黄道無過不及。斯可於古今星象之不同無惑也。

傳：「一之日，十之餘也。一之日，周正月也。二之日，殷正月也。三之日，夏正月也。四之日，周四月也。」震按：後儒以是詩爲周正所自起，又或於言日言月穿鑿爲之説，皆非也。自大撓作甲子，以十二子正四方，卯爲正東，午爲正南，酉爲正西，子爲正北。丑、寅爲東北之維，辰、巳爲東南之維，未、申爲西南之維，戌、亥爲西北之維。堯典又以四方配四時，春東作，夏南訛，秋西成，冬朔易。則十二子之爲十二月建，由來久矣。十二子始正北，子爲一，丑爲二，寅爲三，卯爲四。以之繫日，子月可云一之日，丑月可云二之日，寅月可云三之日，以次而終於十二。若言十有一月觱發，十有二月栗烈，則失詩辭之體，故變文稱一之日、二之日。下三之日、四之日，不復稱正月、二月，連文也。九月、十月，若言十有一之日，十有二之日，亦失詩辭之體，故卒章因二之日連至四之日，下變文稱九月、十月。詩中又曰「春日」、曰「蠶月」，紀時之法不泥一定，各隨乎文之自然。而要之，止用夏正，非雜舉周正，是以二之日而言卒歲。凡所以表民事，莫善於夏正也。

二章「殆及公子同歸」　震按：經、傳中男女皆曰子。後「爲公子裘」，自豳民之男子言之，謂豳公之子也。此及「爲公子裳」自豳之女子言之，則謂公之女公子也。春秋傳有女公子之稱。言者異，其所指因之而異自見。公之女公子及民之女子有及時將嫁者，詩託此爲之辭曰「殆及公子同歸」，言將與公之子同時而嫁也。婦人謂嫁曰歸。於言外見上下相知如一家矣。

三章　箋云：「條桑，枝落之，采其葉也。」震按：「條」如「厥木惟條」之「條」。爾雅釋木云：「桑、柳醜條」，醜，類也。郭注云「阿那垂條」，是也。

「猗彼女桑」　傳：「角而束之曰猗。」震按：「猗」如「有寔其猗」之「猗」，猗然長茂也。

四章「四月秀葽」　箋云：「夏小正：四月王萯秀，葽其是乎。」震按：葽者，幽莠也。戰國策云：「幽莠之幼也，似禾。」夏小正「四月秀幽」，「幽」、「葽」語之轉耳。

「十月隕蘀」　傳：「蘀，落也。」震按：草木之將落者曰「蘀」。鄭詩蘀兮篇傳：「蘀，槁也。」箋云：「槁，謂木葉也。」

五章「曰爲改歲」　震按：「聿爲改歲」，猶言歲之將改也。既卒歲始改歲，言改歲者，以見三時勤勞，至此冬寒無事，待春乃農事又起，今且入處於室，以避寒耳，非謂改歲然後入室也。

東山首章「烝在桑野」　震按：爾雅：「烝，衆也。」

破斧首章「四國是皇」　震按：詩之辭意，「皇」當爲「皇遽」之「皇」，言以四國之故，皇遽不寧，故下云「哀我人斯」。

二章「又缺我錡」　傳：「鑿屬，曰錡。」震按：下章傳「木屬，曰銶」，而韓詩「錡，木屬；銶，鑿屬。」說文無「銶」字，木部「梂」字解云「一曰鑿首」。陸德明釋文「銶」一解云「今之獨頭斧」。管子書論山鐵，稱一農之事必有一耜、一銚、一鎌、一鎒、一椎、一銍，然後成爲農。一車必有一斤、一鋸、一釭、一鑽、一鑿、一銶、一軻，然後成爲車。一女必有一刀、一錐、一箴、一鉥，然後成爲女。「錡」與「銶」，今古器物異制殊名，蓋莫可考。司馬法曰：「輦：一斧、一斤、一鑿、一梩、一鋤，周輦加二板二築。」詩之所舉，輜輦任器與？

「四國是吪」　震按：程子云：「吪，動也。爲是四國之亂振動。」

三章「四國是遒」　震按：說文「遒，迫也。」程子云：「加切於吪。」

校注

〔一〕説曰　指左傳昭公十七年杜注。

〔二〕䴥　原誤作「麗」，據方言疏證改。

〔三〕未秀爲葼　原作「未爲秀葼」，據皇清經解本改。

〔四〕「非」字下原衍「非」，據皇清經解本改。

毛鄭詩考正卷二

小雅 常棣首章「鄂不韡韡」 箋云：「承華者曰鄂。『不』，當作『柎』；柎，鄂足也。古聲不、柎同。」震按：「鄂不」，今字爲「萼跗」。國語「華不注之山」，韋昭云：「華，齊地。不注，山名。」又「韎韋之跗注」，雜問志作「不注」，杜預云：「戎服，若袴而屬於跗，與袴連。」蓋「不注」今字爲「跗屬」也。此「跗」通用「不」之明證。學者不究六書之義，習於所知，駭所不知，於是經益不可治矣。程子云：「常棣華萼相承甚力，故以興兄弟。」

三章「況也永歎」 傳：「況，茲。」震按：「茲」，今通用「滋」。説文「茲」字注云「艸木多益」。「滋」字注云：「益也。」韋昭注國語云：「況，益也。」詩之辭意，言不能如兄弟相救，空滋之長歎而已。

四章「每有良朋，烝也無戎。」 傳：「烝，填。」箋云：「古聲『填』、『寘』、『塵』同。」震按：烝，衆也，語之轉耳。朋友雖衆，猶無助，以甚言兄弟之共禦侮也。

伐木二章「寧適不來，微我弗顧。」 震按：此言寧適有不來者乎？喜其畢來之辭也。微，猶非也。如「微我無酒」之「微」。以其畢來，明庶幾非我不顧，非有過愆，惓惓致其親好如是。箋云：「寧召之適自不來，無使言我不顧念。」意轉疏矣。

三章「兄弟無遠」　箋云：「兄弟，父之黨，母之黨。」震按：箋據上章言「諸父」、「諸舅」，故以爲「父之黨，母之黨」。考之經傳，天子謂同姓諸侯曰伯父、叔父，異姓曰伯舅、叔舅，諸侯謂大夫亦然。稱之父、舅，尊之也，蓋同姓異姓畢舉矣。舉凡異姓，不專爲母之黨。此章言兄弟，即上所稱諸父、諸舅，亦同姓異姓畢舉之辭。稱之兄弟，親之也。兄弟與昆弟，在儀禮喪服、爾雅釋親截然有辨。喪服記曰：「兄弟皆在他邦，加一等，不及知父母與兄弟居，加一等。」傳曰：「何如則可謂之兄弟？」傳曰：「小功已下爲兄弟。」此傳中引傳相證明也。蓋惟小功已下漸即於疏，故加等。若大功已上，則昆弟也，世父母、叔父母也，從父、昆弟也，豈可以皆在他邦及少孤相依而加等哉？期與大功之親，分當相恤，其不相恤，是賊其性者也。小功已下而相恤，斯進之也。記又曰：「夫之所爲兄弟服，妻降一等。」篇内明言夫之昆弟無服，此兄弟服，即所謂小功者兄弟之服是也。謂夫爲之小功者，妻降一等，則緦。如從祖祖父母、從祖父母及外祖父母、從母在「小功」章，夫之諸祖父母在「緦麻」章，此降一等之謂。禮記服問篇，「公子之妻，爲公子之外兄弟」，「謂爲夫之外祖父母、從母緦也」。外親之服，惟外祖父母以尊加，從母以名加，此二者小功，其餘皆緦。夫爲之緦者，妻降一等則無服。禮之稱兄弟通乎尊卑如是。爾雅釋親曰：「父之黨爲宗族，母與妻之黨爲兄弟。」又曰：「婦之黨爲婚兄弟，壻之黨爲姻兄弟。」通其義，凡同姓、異姓既漸即於疏者，而與之相親好，皆得稱兄弟。在喪服，則小功已下爲兄弟，散文則昆弟亦曰兄弟。以是求之諸經及傳記，其義例異同，可無扞格矣。

「無酒酤我」　傳：「酤，一宿酒也。」震按：此設言若無酒則我猶卒爲一宿之酒，而不以無爲辭。

天保五章「羣黎百姓」　傳：「百姓，百官族姓也。」震按：韋昭注國語云：「百姓，百官有世功者。」又云：「百姓，百官也。官有世功，受氏姓也。」凡經、傳言百姓，皆此義；惟東晉（枚）〔梅〕賾奏上之古文尚書謂庶民爲百姓，與伏生所傳二十八篇中異指。

「偏爲爾德」　震按：百姓之爲德，皆法上之德，言其德足法也。

出車三章「王命南仲」　傳：「王，殷王也。南仲，文王之屬。」震按：毛詩篇義以采薇、出車、杕杜三詩繫之文王〔二〕。時文王猶服事殷，故於詩中曰「天子」、曰「王命」，以爲殷王，徒泥正雅作於周初耳。苟其詩得乎義之正，而爲治世之正事，何必非正雅乎？成、康已後，昭、穆、共、懿、孝、夷、厲、宣八王，而宣王命吉甫北征，曰「玁狁孔熾」，則前此二百餘年間，固亦有玁狁崛彊之事矣。宣王之臣皇父謂南仲爲太祖，豈必遠求南仲於文王時乎？漢世有謂采薇爲懿王時詩者，雖未爲通證，其非文王時，則決然可知，文王之臣亦不聞有南仲也。

魚麗三章　傳：「鰋，鮎也。」震按：爾雅釋魚首列「鯉」、「鱣」、「鰋」、「鮎」、「鱧」、「鯇」六名，當從郭注爲六物。

「旨且有」　震按：有，猶備也。義進於多。後三章曰「嘉」曰「旨」，皆美也。曰「偕」曰「有」，皆備也。多貴其美，美貴其備，備貴其時。酒之備，謂諸酒；物之備，謂水陸之羞。

南有嘉魚首章「烝然罩罩」　震按：烝然，衆也。罩罩，疊字形容之辭，不當爲捕魚器。説文引詩「烝然䱇䱇」，蓋與「掉」通。魚摇掉也，故以興燕樂。

二章「烝然汕汕」　震按：説文云「魚游水貌」，引此詩。

蓼蕭首章「燕笑語兮，是以有譽處兮。」　震按：燕，安也。後「孔燕豈弟」同。諸侯來朝無愆，則天子嘉之，而與之燕見笑語。由天子嘉之，則諸侯幸於無過，而處其國得長保康樂也，寓勸戒者深矣。

四章　傳：「在軾曰和，在鑣曰鸞。」震按：韓詩云：「鸞在衡，和在軾。」大戴禮云：「在衡爲鸞，在軾爲和。馬動而鸞鳴，鸞鳴而和應。」在鑣之説誤。

六月首章「我是用急」　震按：鹽鐵論引此作「我是用戒」。戒，猶備也。治軍事爲備禦曰戒。譌作「急」，義似劣矣。「急」字於韻亦不合。采薇篇「翼」、「服」、「戒」、「棘」爲韻，常武篇「戒」、「國」爲韻。

四章「整居焦穫」　傳：「焦穫，周地接于玁狁者。」震按：孔沖遠以郭璞爾雅注池陽之瓠中，當此詩焦穫：池陽，今之西安府三原縣，漢屬左馮翊，是直逼周京矣。非也。既整其衆，處于焦穫，乃「侵鎬及方，至于涇陽」，則焦穫在外，鎬、方、涇陽在內。下章言「薄伐玁狁，至于大原」，卒章言「來歸自鎬」，則焦穫、鎬、方在大原、涇陽之間。王師逐之至大原，後仍軍于鎬，平定然後歸也。涇陽，漢安定郡朝那涇陽之地，今平涼府平涼縣。大原，即安定郡高平，今平涼府固原州。後儒不審地形，以晉陽之太原，池陽之瓠中牽合誤證。顧炎武云：「國語：宣王料民于大原，必不料之于晉國。」以國語宣王事證此詩，非無關究者矣。

采芑二章「約軝錯衡」　傳：「軝，長轂之軝也，朱而約之。」震按：「軝」，説文亦作「軝」，從革。孔沖遠以軝爲長轂名，非也。軝，即考工記之幬革。朱而約之者，朱其革以幬於轂也，惟長轂盡飾，大車短轂則無飾，故曰長轂之軝。

車攻二章「東有甫草」　傳：「甫，大也。」箋云：「甫草者，甫田之草也。鄭有圃田。」震按：古字「甫」、「圃」通，義皆爲大。國語曰「藪有圃草，囿有林池」，韋注云：「圃，大也。必有茂大之草以財用之也。」詩之「甫草」，即國語「圃草」耳，不必如箋説。又李善注文選引韓詩「東有圃草」，薛君章句云：「圃，博也。有博大茂草也。」

吉日二章「漆沮之從」震按：此即禹貢之「漆沮」，合二字爲水名者，分言之則非也。在涇東渭北。酈道元水經注以爲雲陽縣東大黑泉，東南流謂之漆沮水，逕萬年縣故城北爲櫟陽渠；又南屈更名石川水，南入於渭。雲陽，今淳化縣，萬年故城，在今臨潼縣東北七十里，並屬西安府。程泰之雍録云：「禹貢漆沮，惟石川河正當其地。」

無羊首章「九十其犉」傳：「黄牛黑脣曰犉。」震按：爾雅通謂黑脣者爲犉。又云：「牛七尺爲犉。」詩之義，犉言肥大者之多。

四章「衆維魚矣」，「旐維旟矣」。震按：二句雖皆以「維」字爲辭助，不拘於對文，詩中如此類甚多，蓋言夢而見魚之衆有，又見旐與旟耳。

節〔南山〕三章「秉國之均」傳：「均，平。」震按：漢書引此作「秉國之鈞」。鈞，謂鈞石權衡。

六章「誰秉國成」傳：「成，平也。」震按：古義「成」與「平」互訓，平斷之曰平，定其議曰成。在春秋兩國相和講，則平解曰平，其結好之議曰成。在獄訟，則平治之曰平，所劾罪寔曰成，往蒞之以驗其狀亦曰成。又百官之計要通曰成。周禮大宰之職所謂「以官成待萬民之治」，有聽政役、聽師田、聽閭里、聽稱責、聽禄位等。此詩所以致刺於秉國成者，不自聽治，而百官族姓終受亂政勞敝也。

正月四章「民今方殆，視天夢夢。既克有定，靡人不勝。有皇上帝，伊誰云憎。」震按：以正陽之月而繁霜，似天之降災。然治亂在人而已，故言自民今方殆之時，視天意似夢夢然不可知，使人既能有定，則亦無人不勝天者矣。非天寔有憎於人，特人之取憎於天故也。期望以人定勝天之理，不至終危殆不救。有定，謂改其暴虐不常，循於治道。

十三章「蔌蔌方穀」　震按：釋文云：「本或作『方有穀』，非也。」考今本，并誤增「有」字，當從釋文爲正。

十月之交首章　傳：「之交，日月之交會。」箋云：「周之十月，夏之八月也。八月朔日，日月交會而日食。」震按：劉原甫始疑爲夏正十月，非也。梁虞劆、唐傅仁均及一行，並推周幽王六年乙丑歲建酉之月辛卯朔辰時日食。近閻百詩尚書古文疏證初亦用劉原甫説，謂虞劆諸人傅會，後既通推步，上推之正合，復著論自駁舊時之失。然其言曰：「康成考之方作箋。」又曰：「經解不可盡拘以理者，此類是也。」則又不然。毛詩篇義云「刺幽王」，箋乃謂「當爲刺厲王」，豈與所推合乎？康成蓋決以理而已。趙子常云：「詩本歌謡，又多民事，故或用夏正，以便文通俗。」子常此論，明詩中用夏正者，原無所拘滯。然則十月之交篇，舉斯時日食以陳諫，泥何例必取夏正，而廢周一代正朔之大爲不可用乎？病在析理未精，猥以爲「經解不可盡拘以理」，是開解經者之弊也。國語幽王二年，西州三川皆震，三川竭，岐山崩。此詩所謂「百川沸騰，山冢崒崩。高岸爲谷，深谷爲陵」，正指其事。詩繫之幽王，國語亦其一證。古無推日食法，魏黃初已後，始課日食疏密，及張子信而益詳。然唐宋推步家猶未能立法無舛，有當食不食、不當食而食之謬説，載在史志。大致日月交食一事，可以驗推步得失，其有不應，失在立法，不失在天行也。使有變動失行，則必不可以得其準，無從立推之之常法矣。或曰：日食既預推而得，聖人畏天變之意何如？曰：此變其懸象著明之常，不必爲變其行度之常也。豈有天變見於上，而聖人不恐懼修省者乎？人君日食修德，月食修刑，依乎陰陽立義，無非敬天畏天之誡耳。或曰：詩言「亦孔之醜」，又言「彼月而食，則維其常。此日而食，于何不臧」，何也？曰：此以王不知事天，而但陳天變以諫戒也。懸象著明莫大乎日月，猶有時蔽虧，人君而可自謂無蔽無足虧君德乎？日，君象；月，臣象。日失其明，俾晝作夜，君德如斯，豈不甚醜？冀王反己自責，知其蔽而醜之，則修德而復乎常明之體矣。凡日月之行，日躔一度，則月逡十三度有奇。三百六十五日不及四分日之一，日躔黄道一周。月道交於黄道，半在其南，半在其北，最遠相距不滿六度。二十七日過四分日之一而月逡一周，二十九日過半日而月與日會。整用之爲大月三十日，小月二十九日。朔策歲氣相校，於是爲小歲十二朔，大歲十三朔，以正四時。大歲者，有閏月之年也。日月雖會，非當其道之交，不食；近交乃有食。朔，齊行也；望，遥對也。日蔽於月體，故日食恒在朔；月蔽於地影，故月食恒在望。日高而月卑，其間相去甚遠，又以實體揜蔽者，易地則殊觀，故日食各地不同。月之食乃適爲虚影所揜蔽，故其食分之淺深，天下皆同。張衡靈憲云：「當日之衝光常不合者，蔽於地也。是謂闇虚，月過則食。」闇虚云者，闇而異於實體，即地影之名。

八章「悠悠我里，亦孔之痗。」傳：「悠悠，憂也。里，居也。痗，病也。」震按：悠悠，長也。里，如雲漢篇云「如何里」之「里」。古字「里」、「悝」通，憂也。言憂之長至於甚病。

雨無正首章「昊天疾威」震按：孔沖遠云：「上有『昊天』，明此亦昊天。定本皆作『昊天』，俗本作『旻天』，誤也。」陸德明云：「本有作『昊天』者非也。」今考巧言首章，三言「昊天」，不變文相避，孔説爲得。

四章「莫肯用訊」震按：「訊」乃「誶」字轉寫之譌。誶，告。訊，問。聲義不相通借。

小旻二章「潝潝訿訿」震按：「訿訿」，劉向以爲背君子，是也。豈有小人而謀臧者哉！詩中言「謀臧」，謂君子之謀也。「不臧」，謂小人之謀也。君子之謀出，則衆小在位訿訿然詆毁而共違之。小人之邪議，則潝潝然一倡衆和而共依從之。其黨同伐異如是，何以供君之職，故爾雅云：「潝潝訿訿，莫供職也。」

五章「民雖靡膴」　震按：韓詩作「靡腜」，以韻讀之，當從韓詩爲正。腜，莫杯切，美也。左思魏都賦：「腜腜坰野。」「民雖靡腜」，言雖無畢具美德者，固「或哲或謀，或肅或艾」矣。

巷伯五章「驕人好好」　震按：爾雅：「旭旭，憍也。」郭注云：「小人得志憍蹇之貌。」讀「旭」爲「好」。今考「好」與「旭」，古音並許九切。

蓼莪首章「匪莪伊蒿」　震按：莪，俗呼抱孃蒿，可以知詩之取義矣。四牡篇以「翩翩者鵻」，興將父將母，鵻即祝鳩。春秋傳：「祝鳩氏，司徒也。」説曰：「鵻性孝，故爲司徒，主教民。」此學詩者所以勿忽於草木鳥獸之微也。

三章「鮮民之生」　傳：「鮮，寡也。」震按：春秋傳：「葚鮮者。」謂不得以壽終爲鮮。鮮似有少福之意，名無怙恃曰鮮民。

大東首章「有捄棘匕」　震按：匕之用三：以別出牲體，以挹湆，以取黍稷。捄，匕端勺貌。

二章「杼柚其空」　箋云：「譚無他貨，維絲麻耳，今盡杼柚不作也。」震按：方言云：「土作謂之杼，木作謂之柚。」言役作於周而至窮空也。

五章　震按：此已下皆刺虚名無其實：以酒而曾非漿；佩璲在官而曾非才之長；天漢，視之有光如河、漢，非實漢也；織女日更七次，非實織也。

六章「不成報章」　傳：「不能反報成章也。」箋云：「織女有織名耳，駕則有西無東，不如人織相反報成文章。」震按：織者之行緯，一往必有一復，如是而成布帛。經緯有章，故曰報章。織女雖日更七次，有往無復，非實能成此絲縷往復之章。報者，復也，往來之謂也。

七章「維北有斗，西柄之揭。」　震按：揭然，斗柄貌。斗柄當心、尾之間，箕見於南方，則斗柄固迤西矣，不必如孔沖遠説以所謂南斗者當之也。上三章内，以天象比王官，言其居尊顯之位，無利澤及民，末更終之以且欲貪取於民，令人見之而畏。

四月首章「胡寧忍予」　箋云：「寧，猶曾也。」震按：寧，猶乃也，語之轉。下「寧莫我有」同。

三章「爰其適歸」　箋云：「爰，曰也。」震按：春秋宣十二年傳引此詩，杜注云：「爰，於也。言禍亂憂病，於何所歸乎？」此猶未得語意。王介甫云：「亂出乎上，而受患常在下，及其極也，乃適歸乎其所出矣。」

北山二章「大夫不均，我從事獨賢。」　傳：「賢，勞也。」震按：賢之本義，多也，從貝，臤聲。此與禮投壺「射某賢於某若干純」之「賢」皆用本義。孟子説此詩曰：「此莫非王事，我獨賢勞也。」謂從事獨多，人逸己勞，如詩之後三章所云是也。增成勞字，明作詩之志，以勞不得養父母而爲此言，非以「勞」釋「賢」。箋就賢才説，尤失之。凡字有本義，屬乎偏旁，其因而推廣之義，皆六書之假借。「賢」本物數相校而多之名，因謂多才爲賢，又專謂多善行爲賢，由是習而忘乎作字之初矣。

四章「或慘慘劬勞」　震按：釋文云：「字亦作『懆』。」今考此及下章「或慘慘畏咎」，並「懆」字轉寫譌耳。慘，毒也。不可用爲叠字形容之辭。懆懆，愁不安也。

無將大車首章「祇自疷兮」　震按：白華篇與「卑」爲韻者，「疷」之本字也。此與「塵」爲韻者，乃「痻」字省作「疷」，又轉寫譌耳。釋文「都禮反」，誤，當音珉。

小明二章「昔我往矣，日月方除。」　箋云：「四月爲除。」震按：爾雅「四月爲余」，孫叔然本作「舒」。李巡云：「萬物生枝葉，故曰舒也。」鄭蓋讀「余」爲「除」，孫李之説，似優於鄭。爾雅「十二月爲涂」，廣韻「涂，直魚切」，「除」、「涂」正同音，古字通用。方以智云：「謂歲將除也。」其説得之。夏正十二月，周之二月，故首章曰：「二月初吉，載離寒暑。」此時正寒，歷暑至秋末尚未歸，故云爾。下章曰：「昔我往矣，日月方奥。」張以寧謂與「厥民隩」之義同，民方聚居於隩時。今考「方除」、「方奥」辭意，亦似迫於觱發、栗列之際而往，非春和氣温也。又蕭與菽皆收之於秋者，而曰「歲聿云莫，采蕭穫菽」，以夏正季秋，周之仲冬也。若夏正之歲莫，非采蕭穫菽時矣。倘自夏正二月春温時往，至於其秋，又不得言「載離寒暑」。詩用周正非夏正甚明。前六月篇「六月棲棲」，張以寧謂盛暑非玁狁入寇時。合以十月之交爲幽王六年建酉之月，詩中用周正不一而足。何説詩説春秋者盡欲歸之「行夏之時」一語，而謂古人皆不奉時王正朔，可乎？

甫田二章「以社以方」　箋云：「秋祭社與四方，爲五穀成熟，報其功也。」震按：水土之神曰社。四方之氣，利我嘉穀，故又祀方。社非祭地，方非方望。周禮后土與社爲二，而春秋傳曰「后土則社」者，謂后土之官以配社者耳。人官名后土，非謂社后土。中庸：「郊、社之禮，禘、嘗之義。」郊禮大，社禮小，舉二者以該事神之禮，故言事上帝，不言后土，非省文也。上帝至尊，既曰上帝，則百神可知。禘禮大，嘗禮小，亦舉二者以該宗廟之祭。

三章「攘其左右」　震按：攘，援袂出臂也。左右者，謂手耳，出臂而取以嘗之。

四章「報以介福，萬壽無疆。」　震按：孔沖遠云：「報者，自神之辭，明求神而得報。」其説近是。「報」猶「答」耳，凡祭社樂章，末皆綴以頌禱之辭，不與上文爲義。

大田四章「來方禋祀」　震按：方，且也。周禮以禋祀祀昊天上帝，此言曾孫之來，且於秋成而禋祀獲福，舉大以該細，不止一祀也。

瞻彼洛矣二章「鞞琫有珌」 傳：「鞞，容刀鞞也。琫，上飾。珌，下飾。珌下飾者，天子玉琫而珧珌，諸侯璗琫而璆珌，大夫鐐琫而鏐珌，士玢琫而玢珌。」震按：傳內「珌」字凡六見，皆當作「鞞」。「鞞琫有珌」，亦猶上章云「韎韐有奭」耳。奭，赤貌。珌，文飾貌。許氏說文云：「珌，佩刀下飾。」蓋其所見毛詩與今本同，遂取之以解字。「有奭」、「有珌」猶曰奭然、珌然。刀下飾，乃鞞也，字又作「琕」，說文以「鞞」爲刀室，殆誤會毛詩「鞞，容刀鞞也」之語。劉熙釋名云：「刀室曰削，俗作「鞘」。室口之飾曰琫，下末之飾曰琕。」可據以正說文。又「篤公劉」篇「鞞琫容刀」，傳云：「下曰琕，上曰琫。」以毛詩證毛詩，此傳「珌」字乃轉寫致譌無疑。

桑扈三章「不戢不難，受福不那。」 傳：「不戢，戢也。不難，難也。那，多也。不多，多也。」震按：古字「丕」通作「不」，大也。那，如「有那其居」之「那」，安也。言大自斂而不敢肆，大知難而不敢慢，則宜受福大安也。凡詩中「不顯」、「不承」、「不時」、「不寧」、「不康」，皆當讀爲「丕」。詩之「不顯不承」，即書之「丕顯」、「丕承」也。書立政篇「丕丕基」，漢石經作「不不其」。

車舝首章「間關車之舝兮」 傳：「間關，設舝也。」震按：軸端鍵謂之舝，所以制轂使不脫也。車行，則轂端鐵與牽相切有聲間關然。

二章「依彼平林，有集維鷮。」　震按：依然安適貌。與「依其在京」之「依」同。

四章「鮮我覯爾」　震按：言鮮矣，我之得見爾。美其賢之辭，言世所罕見也。

賓之初筵首章「以祈爾爵」　箋云：「發矢之時，各心競云：我以此求爵女。」震按：求爵女，則是相競云「求罰女」矣，非也。「爾爵」與上「獻爾發功」之「爾」，亦不得有異，言各自求中以辭爵耳。射義曰：「詩云：『發彼有的，以祈爾爵。』祈，求也。求中以辭爵也。酒者，所以養老也，所以養病也，求中以辭爵者，辭養也。」

二章「有壬有林」　傳：「壬，大。林，君也。」震按：傳本爾雅。然詩中如「有蕡」、「有鶯」之類，並形容之辭，此以形容「百禮既至」，禮無不備，而行之既盡其善，壬壬然盛大，林林然多而不亂。白虎通德論釋林鍾之義云：「林者，衆也，萬物成熟，種類衆多。」

「各奏爾能」　箋云：「子孫各奏爾能者，謂既湛之後，各酌獻尸，尸酢而卒爵也。士之祭禮，上嗣舉奠，因而酌尸。天子則有子孫獻尸之禮。」震按：康成此箋可以補禮經之闕，逸亡於禮而見於詩也。

「賓載手仇〔二〕，室人入又。」　傳：「手，取也。室人，主人也。主人請射於賓，賓許諾，自取其匹而射，主人亦入於次，又射以耦賓也。」箋云：「仇讀曰㪺。室人，有室中之事者，謂佐食也。又，復也。賓手挹酒，室人復酌爲加爵。」震按：此詩首章言射禮之飲酒，次章言祭禮之飲酒，兩不相蒙，傳説非也。「仇」之義爲「匹」，傳故傅合於射之耦。箋讀爲「斞」，音「俱」。以韻考之，不協，仍當如字。凡物相耦對曰仇。特牲饋食之禮實二爵二觚四觶於篚。兩兩相耦對，故因呼之曰仇，猶稱射者曰耦，稱賓曰三獻，稱嗣子曰舉奠。禮中因事與數以命其人及物者甚多，便文呼之，非其定名，往往失傳。「手」如「手劍」、「手弓」之「手」。「手仇」謂執爵，賓三獻，是其事。「室人入又」，則佐食爲加爵，士禮止有賓長爲加爵，不及佐食。天子之禮大，佐食亦爲加爵，「入又」言佐食，而賓長不言可知。

「酌彼康爵，以奏爾時。」箋云：「康，虚也。時，謂心所尊者也。」震按：箋據禮之次以詩指無算爵。言無算者，無次第之數，惟此時心所欲進，不必以序也。「康」、「空」語之轉。穀梁春秋「四穀不升謂之康」，注云：「康，虚。」字又作「漮」。方言云：「漮，空也。」既旅而二觶皆虚，賓弟子、兄弟弟子乃各舉觶，於其長行無算爵。此爵謂觶也，爵者，通名。詩中曰「能」、曰「仇」、曰「又」、曰「時」，並以指禮儀。四字甚虚，而所指四者，乃禮之大節目，非詳考於禮，深知其意，不能明也。

五章「式勿從謂，無俾大怠。」震按：勿有没音，「没」、「勉」語之轉。「式勿從謂」，言用勸勉之意從而謂之，以無使至甚怠也。曲禮「國中以策彗卹勿」，卹，蘇没切。勿，音没。注云：「卹勿，搔摩也。」劉向引詩「密勿從事」，今詩作「黽勉從事」。「密勿」，爾雅作「蠠没」。又鄭注禮記云：「勿勿，猶勉勉也。」盧辯注曾子立事篇「終身守此勿勿」，亦云「勿勿，猶勉勉」，此皆語之轉，當讀「勿」如「没」，而經師舊失其音，未通於古。

采菽三章「邪幅在下」　傳：「邪幅，幅，偪也，所以自偪束也。」箋云：「邪幅，如今行縢也。偪束其脛，自足至膝，故曰在下。」震按：春秋傳云：「袞、冕、黻、珽、帶、裳、幅、舄、衡、紞、紘、綖，昭其度也。」「幅」即詩之「邪幅」，蓋與「袞冕」之屬尊卑各有等差。内則「偪屨著綦」，釋文云：「偪，本又作『幅』。」蓋「幅」古音與「偪」同皆彼力切，二字通用。鄭注内則云：「偪，行縢。」是「偪」與「行縢」一物。而箋詩乃云：「邪幅，如今行縢也。」不以爲一物者，行縢無尊卑之異，止可以當内則庶人所服之偪。詩以「邪幅」配「赤芾」，諸侯之盛服，其儀制漢時已亡，姑就行縢言之耳。古者，登坐燕飲，於是跣以爲歡，失之亦爲不敬。故春秋傳：「衛侯與諸大夫飲酒，褚師聲子韤而登席，公怒。」罪其不跣韤也，解韤就席，必露見此邪幅，不可使無文飾，禮因之而爲儀制。此詩殆亦與諸侯燕飲所歌，以跣韤登坐，美其慎於威儀不怠也。

菀柳首章「上帝甚蹈」　傳：「蹈，動。」箋云：「蹈，讀曰悼。」震按：蹈謂動變不常。古音，蹈，徒侯切，與「柳」上去爲韻。

都人士二章「綢直如髮」　震按：以髮之綢緻且直，故曰綢直有如此髮，古語類倒如此。

校　注

〔一〕毛詩篇義　即毛詩序。

〔二〕載　原誤作「則」，據詩賓之初筵改。

毛鄭詩考正卷三

大雅文王首章「有周不顯，帝命不時。」傳：「不顯，顯也。顯，光也。不時，時也。時，是也。」箋云：「周之德不光明乎？光明矣。天命之不是乎？又是矣。」震按：詩之意，以周德昭於天，故曰丕顯；以天命適應乎民心，故曰丕時。箋於桑扈篇之「不戢」、「不難」、「不那」，生民篇之「不寧」、「不康」，直順其文説之，於此詩「不顯」、「不時」，清廟篇之「不顯不承」及詩中凡言「不顯」者，增「乎」字或「與」字於下以爲反言，讀傳者亦謂如箋之反言而已。合考前后，則傳意實不然。傳蓋以「不」字爲發聲。爾雅「不濇」，即詩所言「河之濇」，郭注云：「不，發聲。」又龜有「不類」「不若」，即周禮之「靁屬」「若屬」，「不」皆發聲，可據證也。然經傳中言「丕顯」多矣，古人金石銘刻，「丕顯」多作「不顯」，二字通用甚明。傳、箋各緣辭生訓，失其本始。

二章「陳錫哉周」傳：「哉，載。」箋云：「哉，始。」震按：春秋傳及國語引此詩皆作「陳錫載周」，而以能施及布利釋其指，蓋陳，布也。古字「載」與「栽」通，「栽」猶殖也，言文王能布大利於天下，以豐殖周。國語説之曰：「故能載周，以至於今。」是也。韋昭注國語，於前「夫利，百物之所生也，天地之所載也」及後晉語「公子縶曰：『君若求置晉君而載之』」，並注云：「載，成也。」「載」之爲「成」，緣辭生訓耳，義皆當爲蕃殖。中庸「栽者，培之」，鄭康成注云：「栽，讀如『文王初載』之『載』。」「栽」或爲「兹」，蓋「栽」、「載」古並音「兹」，「哉」亦同音，遂轉寫交通耳。下言「本支百世」，譬木得豐殖，而本幹及條枝盛長也。

四章「於緝熙敬止」　震按：緝熙者，言續其光明不已也。敬止者，言敬慎其止居不慢也。故禮記大學篇引之以明「止於至善」，緇衣篇引之以明「慎言行」。説詩者以「止」字爲辭助，而已於引詩扞格，則歸之斷章取義。考古人賦詩，斷章必依於義可交通，未有盡失其義誤讀其字者。使斷取一句而併其字不顧，是亂經也。

六章「永言配命」　震按：篇内「命」字凡八見，皆謂受天命爲天下君，惟修德能常合於天心。天命在是，即天心在是。「配命」、「配上帝」，皆德合天心之謂。「駿命不易」，言合天心之難也；不修德，則躬自絶於天矣。詩反覆陳戒如此。

大明首章「明明在下，赫赫在上。」　震按：在下者，人事；在上者，天命。此言天人之際明察顯赫。本章陳紂之所以亡，后七章陳周之所以興，皆人事之至明，而見天之至赫濯也。

二章「乃及王季」 箋云：「及，與也。」震按：「及」如「周王於邁，六師及之」之「及」，隨也。

四章「文王初載」 傳：「載，識。」震按：以「初載」爲始有識，緣辭生訓耳。鄭康成注中庸「栽者培之」云：「今時人名草木之植曰栽，築牆立版亦曰栽。」而讀「栽」如「文王初載」之「載」，蓋古字「栽」、「載」通，爲豐殖、爲樹立之義。「初載」謂初免於懷抱能自立之時。大姒以是時生，故曰「文王初載，天作之合」。言天若早爲之生配，是故適及文王嘉事至止之年，而「大邦有子」，亦在許字之年也。

八章「肆伐大商」 傳：「肆，疾也。」箋云：「肆，故今也。」震按：皇矣篇云：「是伐是肆。」「肆，犯突也。

緜首章「緜緜瓜瓞」 傳：「瓜，紹也。瓞，瓝也。」箋云：「瓜之本實，繼先歲之瓜必小，狀似瓝，故謂之瓞。」震按：爾雅云：「瓞，瓝。其紹瓞。」蓋瓝者，小瓜之種。瓞者，繼本之瓜，其小如瓝，故以瓝釋瓞。而紹者爲瓞，非紹者爲瓝，故又言「其紹瓞」，以別之。紹爲繼本也。陸農師云：「今驗近本之瓜常小，末則復大。」於詩意物理，皆得之矣。

「民之初生」 震按：生猶造也，追言周之初造。公羊春秋：「遂者何？生事也。」何休注云：「生，猶造也。」

「自土沮漆」　傳：「自，用。土，居也。沮，水。漆，水也。」震按：此漆水在涇西，與禹貢、小雅、周頌之漆沮水在涇東渭北者，中隔涇水。如舊説，沮漆爲二水名，以涇東渭北漆沮當之，則與豳地不相涉。漆沮亦一水之名，故詩書中必連二字稱舉。若説文出杜陽岐山之漆水，闞駰、酈道元皆云謂之漆渠，合杜水、岐水至美陽，注於雍水以入渭。杜陽，今鳳翔府麟遊縣。美陽，今爲岐山、扶風二縣。雍入渭，在武功縣界，是乃岐周水耳。豳地在涇之西南，詩譜云「岐山之北，原隰之野」是也，漢右扶風之漆與栒邑是其域。漆下云：「水在縣西。」蓋漢志漆水正與緜詩所言始居於豳合，其水北流，注於涇，又名白土川。漆與栒邑二縣，皆今之邠州。縣以水取名，則豳地之漆水在古必甚表著。涇西漆水，涇東漆沮水，二水相去百餘里。「沮漆」之「沮」，非水名。魏詩汾沮洳傳云：「沮洳，其漸洳者。」蓋水旁地之稱。詩推本遷岐所自，以太王未遷之前，居地迫小，近此沮洳漆水岸側，故曰「自土沮漆」。土其地之謂土，傳以「居」釋「土」字，得之。

「陶復陶穴，未有家室。」　傳：「陶其土而復之，陶其壤而穴之。」箋云：「復者，復於土上。鑿地曰穴，皆如陶然。本其在豳時也。」震按：箋直以「陶」爲「窯」，俗作窑。非也。鑿謂之陶，燒成謂之甓。今呼甓爲甎，呼陶爲土鑿。復穴而居，僅賴此爲之。説文：「寝，地室也。」謂在地上。「穴，土室也。」謂在土中。引詩「陶寝陶穴」。以居之陋，不可謂有室家，故曰「未有家室」。

二章「率西水滸，至于岐下。」　箋云：「循西水厓，沮漆水側也。」震按：豳值岐北而少東。孟子言：「去邠，踰梁山，邑於岐山之下居焉。」梁山在今乾州西北五里。此涇西岐東渭北之梁山，正當邠之南，踰梁山則不浮涇水入渭也。「率西水滸」者，既踰梁山，自東嚮西，循水厓而上，皆馬行，不舟楫。「水滸」，渭水北厓也。箋未審於地勢而云，失之。邠之漆水，北流注涇，既非適岐所取道；漆沮水遠在涇東，南流入渭，又所不由。程泰之雍録云：「渭水即在梁山下之南，循渭而上，可以達岐。」閻百詩云：「自邠抵岐二百五十餘里，山適界乎一百三十里之間。後秦始皇幸梁山宮，從山上見丞相車騎衆，弗善，亦此梁山也。」二説可據以證箋之誤。

三章「堇荼如飴」　傳：「堇，菜也。荼，苦菜也。」震按：堇有堇葵、苦堇之名，乾堇謂之苣堇，與荼皆味近苦。夏小正二月「榮堇采蘩」，傳曰：「皆豆實也。」爾雅又有「堇草」，郭注云：「即烏頭也。」孔沖遠以詩之「堇」爲「烏頭」，非是。烏頭，一名烏喙，一名奚毒。晉語「置堇於肉」，賈逵云：「堇，烏頭也。」蘇秦曰：「人之飢，所以不食烏喙者，以其雖偷充腹，而與死同患也。」淮南鴻烈曰：「天下之物，莫凶於奚毒。」後魏書曰：「匈奴秋收烏頭爲毒藥，以射禽獸。」不得爲詩所稱明矣。

四章「迺慰迺止，迺左迺右。迺疆迺理，迺宣迺畝。自西徂東，周爰執事。」震按：「左右」繼「慰止」而言，皆奠居事也。「宣畝」繼「疆理」而言，皆授田事也。「宣」，如春秋傳「宣汾洮」之「宣」，謂通洫澮。「畝」，謂因水地之宜而畝之，或南其畝，或東其畝也。「自西徂東，周爰執事」，又繼「宣畝」而言，則巡行國中，視其所當爲者，無不使民爲之以興利。桑柔篇：「自西徂東，靡所定處。」言無可安居之所，亦以「自西徂東」爲該舉域中之辭。

七章「迺立皋門，皋門有伉。迺立應門，應門將將。」傳：「王之郭門曰皋門。王之正門曰應門。美太王作郭門以致皋門，作正門以致應門焉。」箋云：「諸侯之宮，外門曰皋門，朝門曰應門，內有路門。天子之宮，加以庫雉。」震按：門之數，因乎朝者也。凡朝，皆三門。其數同者，以君國之事侔而體合，朝與門無虚設也。天子、諸侯皆三朝，則天子、諸侯君臣咸立於庭，朝有門而不屋，故雨霑衣失容則輟朝。天子、諸侯皆三門。天子謂之皋門，諸侯謂之庫門。天子謂之應門，諸侯謂之雉門。準考工記宮隅門阿之制言之，皋門崇七丈，天子之應門、路門，諸侯之庫門、雉門、路門，皆崇五丈，異其名，殊其制，所以辨等威也。考之經傳，不聞天子庫門、雉門，諸侯皋門、應門。而禮說曰天子五門：皋、庫、雉、應、路；諸侯三門：皋、應、路。與此詩箋説合，失其傳耳。禮記明堂位篇云：「太廟，天子明堂。

庫門，天子皐門。雉門，天子應門。」太廟、庫、雉據魯，而張大其擬於天子之明堂、皐、應，此正足爲天子三門無庫、雉，諸侯三門無皐、應之證。詩追美太王，不曰「庫」、「雉」而曰「皐」、「應」，蓋以後日天子之制稱其前所立者，猶詩中於王季、文王之時而稱周京也。郊特牲云「獻命庫門之内」，亦記者以魯用天子禮樂，故推魯事合於天子。

九章「虞芮質厥成，文王蹶厥生。」傳：「質，成也。成，平也。蹶，動也。」箋云：「虞芮之質平，而文王動其緜緜民初生之道，謂廣其德而王業大。」震按：成者，獄訟之情實，所謂獄成是也。質者，所以平斷此獄成而論定者也。通之，則凡簿書議奏待上論定皆謂之成。凡平報皆謂之質。王制：「百官各以其成質於三官，大司徒、大司馬、大司空以百官之成質於天子。百官齋戒受質。」鄭注云：「受平報也。」平斷畢報於下，是爲平報。蓋「質」「成」二字對文，成屬下，質屬上，其自下質於上，猶言待平斷於上耳。「虞、芮質厥成」是二國以其所由久争之成，質於文王。及至境，禮讓之心油然而生，遂相讓不争。是文王未嘗平斷之使受質以退，而實有以蹶然動其禮讓之心自生而退，故曰「文王蹶厥生」。下更歸於得人之盛，是以教化行，而感人心如此。

棫樸四章「倬彼雲漢」傳：「倬，大也。」震按：倬，明貌。

皇矣首章「維此二國，其政不獲。維彼四國，爰究爰度。」傳：「二國，殷、夏也。四國，四方也。」震按：泛言四方之國，故曰「彼四國」。傳説是也。詩中言「四國」者多矣，皆概舉之常辭，故可知。若「二國」，則無由知爲殷、夏，夏已遠，必不連及之。詩言周之興，周所代者，殷也，故稱之曰「此二國」。此者，舉近而切指之辭。「其政不獲」，言一治一亂，政相反，不相得。然則周能安定斯民，上帝之意，當在周矣。又究度四方之國者，明天非私於有周，苟足以膺天意所屬，則莫不增廣其疆限。究度之後，而惟眷顧西土，遂以此岐山之地與太王，乃宅是而爲有天下之基矣。

二章「天立厥配，受命既固。」傳：「配，媲也。」震按：上言岐地闢治，乃上帝遷明德之君於此，民歸往之者，習行平易，四達於道路，猶天作篇云「彼徂者岐，有夷之行」也。申之曰：「天立厥配，受命既固。」「配」當如「配命」「配上帝」之「配」，合於天心之謂。言天立其合天心者，方此之時，受命則既固，而宜後之日盛大也。立妃之説，辭不倫。

三章「帝作邦作對，自太伯、王季。」傳：「對，配也。」箋云：「作，爲也。天爲邦，謂興周國也。作配，謂爲生明君也。」震按：太伯之讓，實因文王，則「作對」宜爲生文王。能對答天心之君，莫文王若。後疊言「帝謂文王」，猶曰天心如是，而文王所爲與之合耳。上帝視此岐山之地，立之爲大邦，又生能對答之者。蓋自太伯、王季相友愛之時，而文王已生，天意已定也。然王季之友其兄，根於其心，惟知友愛而已，以見太伯之讓，王季雖受之而非其心。聖人重親親而輕有天下國家，大致如此。

五章「帝謂文王，無然畔援。無然歆羨，誕先登於岸。」震按：諸侯相攻伐，多出於畔援、歆羨之私，利其土地。此言文王伐密乃爲天吏以荅天下，無是畔援、歆羨。而其内修德政，早自爲大德大賢，乃可以治夫不受教令者，如先登高岸之上以臨下。是以密人侵阮，而遂赫怒用師，上則善承天意以厚周家之福，下則民迫望周以荅天下之心。「敢距大邦」云者，大邦宜治小侯，猶江、漢之紀理衆川，非以力言，實天定之。又與「誕先登于岸」相足互明。天之所定，未有不由己自至者。詩言聖人舉動無非天道，義蓋如此。

六章「侵自阮疆」震按：密須之國在漢安定郡陰密，今平涼府涇州也。共與阮宜皆爲周地，而阮則周之疆域接於密者。密人侵阮徂共，猶玁狁侵鎬及方，至于涇陽。鎬、方、共、阮，書傳闕逸，莫詳其地。鄭箋用魯詩説，以「阮」、「徂」、「共」爲三國，毛詩則「阮」、「共」爲地名，「徂旅」之「旅」亦爲地名。詳繹辭稱「侵阮徂共」，承「敢距大邦」下，爲密人抗周來侵無疑。「以按徂旅」，蒙上「徂共」之「徂」，以密人既侵阮，遂往共，周出師自先遏抑其往共之衆，此顯然可知者。惟「侵自阮疆」之文不可通。毛爲密人侵周阮地而升高崗，鄭爲周侵阮國下高崗陵阿泉池。言「我」者，據後得而有之爲言。後儒嚴坦叔以爲周師自阮疆而侵密，歐陽永叔以爲周師先據勝地而后侵之，密人不敢有其崗陵水泉。然則下即云「度其鮮原」，不幾令人疑周徙都於密乎？合之辭意，皆未安。疑「侵」當作「寢兵」之「寢」，息兵也，字形相似，又因上文「侵阮」而遂致譌。蓋上章言伐密之事，此章則言息兵後遷邑之事。文王安然在周之京，而密人既服，遂寢兵自阮疆歸。阮邑疆接於密之地，軍之所駐也。服密而歸，猶之「來歸自鎬」云耳。于是升高以審地勢而遷邑，相其陵阿泉池，可卜兵息境安，無或敢陳師飲馬於我地者，承「寢兵」而云然。以前此猶有密人來侵，服密后，德威更遠也。乃規度岐陽渭側鮮原，徙居焉。逸周書稱王季宅程，則文王自程徙此，皆不出岐陽百里之間。後伐崇而有其國，自此徙豐，在岐山東南三百餘里。

七章「不大聲以色，不長夏以革。不識不知，順帝之則。」震按：聲與色謂言貌，夏與革當謂威力。不大，不暴著之也。不長，不尊尚之也。中庸曰：「聲色之於以化民，末也。」此主國中化其明德，而不事於以言諭、以貌示。爾雅：「夏，大也。」方言：「自關而西，秦晉之間，凡物之壯大者而愛偉之曰夏。」「革」如爾雅「錯革鳥曰旟」之「革」，「革」有猛急之義。鄭志答張逸云「畫急疾之鳥隼」，是也。蓋「夏」謂威播遠大，「革」謂兵力彊勇。此主諸侯服其明德，而不事於以威制、以力勝。然但曰「不大」，曰「不長」，則皆有之，而人之化服，在德之明，不在此耳。「不識不知」，又謂無私智計度，惟順乎天道之宜。然詩於文王伐密伐崇，必推本於應天而無私，以見聖人用兵皆道德也。

「詢爾仇方，同爾兄弟。」傳：「仇，匹也。」箋云：「怨耦曰仇。」震按：文王伐罪之師，豈可以謀伐仇怨言乎？「仇」如「公侯好仇」之「仇」，傳據爾雅釋之爲「匹」，是也。仇方，大國也。兄弟，衆與國也。以崇疆暴不易伐，故詢之大國與己匹者，而連合衆與國，然後興師。當時大國小國，雖皆其服於文王者，文王未嘗稱王，則交鄰匹敵之義耳。殊其辭以別大小，故曰「詢」、曰「同」，曰「仇方」、曰「兄弟」，又大國或大夫至，小國君自至，如春秋時事也。國語曰：「咨親爲詢。」韋注云：「詢親戚之謀。」

靈臺四章「於論鼓鐘，於樂辟廱。」傳：「水旋丘如璧曰辟廱，以節觀者。」箋云：「論之言倫也。」震按：「論」、「倫」同音，故「倫」通用「論」。古字「經綸」亦通作「經論」。「辟廱」於經無明文，漢初説禮者規放故事，始援大雅、魯頌立説，謂天子曰辟廱，諸侯曰頖宮。盧植云：「漢文帝令博士諸生作王制篇。」如誠學校重典，不應周禮不一及之，而但言「成均」、「瞽宗」。孟子陳三代之學，亦不涉乎此。他國且不聞有所謂泮宮者。周鼎銘曰：「王在辟宮，獻工錫章。」左氏春秋曰：「鄭伯享王於闕西辟。」史記曰：「豐鎬有天子辟池。」譙周曰：「成王作辟上宮。」此單言「辟」者也。周頌曰：「于彼西雝。」傳云：「雝，澤也。」古銘識有曰：「王在雝上宮。」此單言「雝」者也。其曰「辟上」、「雝上」，則以名池名澤，而作宮其上，宮因水爲名也。趙岐注孟子「雪宮」云：「離宮之名也。宮有苑囿臺池之飾，禽獸之饒。」此詩「靈臺」、「靈沼」、「靈囿」，與「辟廱」連稱，抑亦文王之離宮乎？閒燕則遊止肆樂於此，不必以爲太學，於詩辭前後尤協矣。

下武首章　箋云：「下，猶後也。」震按：自上世數而下，故「下」有「後」義，「下武」，謂繼承步武，故曰「世有哲王」。國語：「在下守祀，不替其典。」注亦云：「下，後也。」屈原離騷之賦曰「及前王之踵武」。

三章「永言孝思，孝思維則。」　傳：「則其先人也。」震按：孝思，所思皆本於孝也。長此孝思，遂能所思無非至則。則者，準則之謂，不越畔，斯適當乎則矣。呂伯恭讀詩記説烝民之二章曰：「『柔嘉維則』，不過其則也；過其則斯爲弱，不得謂之柔嘉矣。」以例此詩所言「孝思」，何者是其則？凡人以心應萬事，心之官則思，未有不思而昏昧以行者。是終身之行，思統乎其全。惟仁人孝子，能盡人道，修己安百姓，舉動無不合於天則，斯以成其仁孝，否則仁孝有虧。由是言之，終身之行統於思，終身之思統於孝，行之則，思之則，孝之則，一也。詩美武王繼世德，定天下，所思不越乎則，皆本其作求之孝，故曰「孝思維則」。下章又申之曰昭哉嗣先世之事。此詩大指，合盡君道、盡子道爲一，以美前王，勵後王，重有望於爲孝子，即爲仁君也。通其義，雖舜禹所思，異其先人，而所思之本，在不忘孝，實無二致。

生民首章「厥初生民，時維姜嫄。」　震按：此詩異説紛然，秦漢間儒已莫能徵考，治經所當闕疑者也。然其事關禮典之大，又不可徒守闕疑之義。合詩禮綜覈之：周禮享先妣在享先祖之前，鄭注云：「周立廟自后稷爲始祖，姜嫄無所妃，是以特立廟而祭之。」然則周人特立姜嫄廟之意，非后稷更無所祖，而不得不妣姜嫄一人乎？　至於魯，蓋亦立姜嫄廟，謂之閟宫。魯何以作閟宫？　周立太廟事后稷，别爲姜嫄立廟，魯侯承祀，見於詩曰：「皇皇后帝，皇祖后稷。」見於禮曰：「魯人將有事於上帝，必先有事於頖宫。」鄭注云：「告后稷也。告之者，將以配天。」然則以周享先妣，推事后稷之義事之，魯亦推事后稷之義而事之乎？　帝系曰「帝嚳上妃姜嫄」，本失實之辭，徒以傅會周人禘嚳爲其祖之所自出。國語禘、郊、宗、祖、報五者，禘、郊與宗、祖之名異。有虞氏郊堯，商人禘舜。禮記祭法，易之以有虞氏郊嚳、宗堯，殷人禘嚳。嚳在郊、禘，未可知也。虞舍其先世而宗堯，是亂宗屬矣，非也。使嚳爲周家祖之所自出，何雅、頌中言姜嫄言后稷，竟無一語上溯及嚳？　且姜嫄有廟，而嚳無廟。若曰履跡感生，不得屬之嚳，則嚳明明非其祖之所自出。曾謂王者事祖禰之大義，而可蒙昧其間乎？　由是以言，周祖后稷於上更無可推。后稷非無母之子，故姜嫄不可無廟。始祖廟之外，别立姜嫄廟，不在廟制之數。周禮，享先妣與天神、地示、四望、山川，皆分用前代之樂，享先祖用周大武，此禮意之至微也，無於禮者之禮也。明乎禮，可以通詩。詩美姜嫄曰「克禋克祀，以弗無子」，何也？禋、祀並事天之名，德可以當神明，然後能事天。姜嫄無夫而生子，故推明其德之能禋祀上帝，即魯頌閟宫所稱「赫赫姜嫄，其德不回，上帝是依」是也。凡言德行至於能事天，皆純粹無疵之極辭。「克」也者，不有是事也。「以弗無子」者，許益之云：「『弗無』之爲言也，如『莫匪爾極』者，皆是爾極也。『求福不回』者，求福之正也。『方社不莫』者，祭之早也。『其則不遠』者，則之近也。」如許氏說，無庸破「弗」爲「祓」。然不直曰「是以有子」，而曰「以弗無子」，反言以見其非理之常，次章曰「上帝不寧，不康禋祀，居然生子」，何也？古字「丕」皆作「不」，前曰「以弗無子」，後曰「居然生子」，莫知其由也。氣化生人已後，既人類相生久矣，忽有界乎氣化之際者，而所生又非常之哲人，豈可謂之偶然乎？莫明於言禋祀獲福之常理，以見哲人降生與降福無二理也，聖人之所難言也。三章言生而棄之，感其異，然後收養之。后稷之名棄以此，此必非設言也，使未嘗棄而言之，是誣也。舊說：「祠高禖，祓除無子求有子，及生子月辰，又居側室，肅戒不御。」箋云：「夙之言肅也。」若是，則姜嫄有夫而求子，反以生子歸之履跡，決爲非父之子，至於棄之，是惑也。非父之子矣，又安得以嚳爲父乎？商人祖契，於上亦更無可推。故商頌言有娀，與周之但言姜嫄同。不然，何異知母而不知父？舍德行人事，而辭涉機祥怪迂，商周之禮與詩咸悖矣。稷契之生，既皆非常，或棄或否，何也？上古人心醇質，以爲不祥則棄，不以爲不祥則不棄，無他故也。

「載震載夙，載生載育。」傳：「夙，早。育，長也。」箋云：「夙之言肅也，有身而肅，戒不復御，後則生子而養長。」震按：説文：「夙，早敬也。」此詩下句言生而養長，上句蓋言既娠至於生，早敬不怠耳。

三章「牛羊腓字之」傳：「腓，辟。字，愛也。」震按：史記言馬牛過者皆辟不踐，用毛詩説耳。腨謂之腓，脛後也。「字」如春秋傳「使字敬叔」之「字」，養也。牛羊以乳就養之，則嬰兒在其脛腨間，故曰「腓字」，殆猶子文虎乳之之事。

「會伐平林」傳：「又爲人所收取之。」震按：既人所收取，當不復奪於人而棄矣。蓋生子以爲不祥，雖始棄，見牛羊腓字，猶但怪異之。徙而欲遠寘平林，適會伐平林多人，又避去，遂棄寒冰無人之所耳。至見鳥覆翼後，乃知天實生之，不敢終棄之也。

「厥聲載路」傳：「路，大也。」震按：凡物載之而遠，故「載」有「載達」、「載行」之義。逸詩「淑慎爾止，無載爾僞」，是行詐僞傳達於人。國語「登年以載其毒」，是行毒害達及於衆。皇矣篇「串夷載路」，言歸往者習行平易，四達於道路，即所謂「彼徂者，岐有夷之行」。此詩言聲音之大，達聞於道路。兩「載路」可互證。

五章「茀厥豐草，種之黄茂。實方實苞，實種實褎。實發實秀，實堅實好，實穎實栗。」傳：「方，極畝也。苞，本也。種，雜種也。褎，長也。發，盡發也。不榮而實曰秀。穎，垂穎也。栗，其實栗栗然。」箋云：「方，齊等也。苞，亦茂也。種，生不雜也。褎，枝葉長也。發，發管時也。栗，成就也。」震按：「實方」當與大田篇「既方」互考。「方」皆讀爲「房」，穀實外稃甲謂之「房」。「既房」，言既生稃甲時，「實房」，言生意欲萌未解稃甲時，即所謂「實函斯活」也。「實苞」，當與詩中凡言「苞」者互考，皆叢生豐緻根相連錯之謂。今方言猶呼叢爲本，與傳合。爾雅云：「苞，豐也。」「苞，稹也。」「如竹箭曰苞。」義互相足。鴇羽篇箋云：「稹者，根相迫迮梱致也。」孫炎云：「物叢生曰苞，齊人名曰稹。」「實苞」，即所謂「繹繹其達」時也〔二〕。「種」當如箋説。孔沖遠引「不稂不莠」申之，是叢生之後，乃能辨其苗盡得種之善，不雜稂莠其間也。「褎」則褎然其苗盛長，「發」則葉滿密後抽發其穗。秀者，如所謂「黍稷方華」也。「堅」則粒成而堅矣。「好」則粒齊而充，無耗減者矣。穗垂曰「穎」。良耜篇云：「積之栗栗。」爾雅：「栗栗，衆也。」郭璞云：「積，聚緻。」此言於堅好垂穎後，蓋在穗繁多緻密栗栗然，是爲豐熟。詩辭相比次，上下可推至其字義，推之經中有通證，庶少差失。説者往往緣辭生訓，偏舉一隅，惑滋多於是矣。

行葦首章「莫遠具爾」　箋云：「爾，謂進之也。」震按：爾，猶此也，如春秋傳「公與爲爾也」、「公與議爾也」。「爾」、「是」、「此」三字義通。言無有在遠者，皆具集於此相親接，爲之設筵授几。

既醉六章「室家之壼」　傳：「壼，廣也。」震按：爾雅：「宮中巷謂之壼。」「壼」字無他義，蓋言所錫之善，在屋室之内耳，下文始舉以實之。國語引此詩，説之曰：「壼也者，廣裕民人之謂也。」借居室所容，衍之爲廣裕民人，猶借「周行」二字衍之爲王及公、侯、伯、子、男、甸、采、衛、大夫，毛詩皆本其意。

公劉篇義　箋云：「公劉者，后稷之曾孫也。」震按：周自公劉始居豳，書傳闕逸，莫能詳其時世。考國語、史記所録祭公謀父諫穆王曰：「昔我先王〔二〕，俗本國語脱去「王」字，宋本及史記並有。世后稷以服事虞、夏。及夏之衰也，棄稷弗務，我先王不窋用失其官，而自竄於戎狄之間。」蓋不窋已上，世爲后稷之官，不知凡幾傳至不窋，然后失其官也。夏之衰，疑值孔甲時。史記稱孔甲淫亂，夏后氏德衰，諸侯畔之。殆后稷之官及有邰之封，此時乃相因而失。諸侯侵奪，天子不正之，是以遠竄。禹至孔甲三百餘年，據史記十一世十四君，則有邰始封至不窋，亦且十餘世。周本紀曰：「封棄於邰，號曰后稷，别姓姬氏。

后稷之興，在陶唐、虞、夏之際，皆有令德。后稷卒，子不窋立。不窋末年，夏后氏政衰，去稷不務，不窋以失其官而奔戎狄之間。不窋卒，子鞠立。鞠卒，子公劉立。」史記不曰「棄卒」，而曰「后稷卒」，且上承「后稷之興在陶唐、虞、夏之際，皆有令德」，此書法也。世次中闕，莫知其名，繼棄而爲后稷，謹修其官守，以至不窋，是不一人，故曰「皆有令德」。及最後爲后稷者卒，其子不窋立，末年而失其世世守官，微竄之際，殆不絶如縷，典文諜記，一切蕩然。雖公劉復立國於豳後，已無舊人能追先世之代系，故國語稱十五王，不數其皆有令德而世后稷者。漢劉敬對高帝曰：「周之先自后稷，堯封之邰，積德累善，十有餘世。公劉避桀居豳。」所謂「積德累善十有餘世」與本紀「皆有令德」之文，是漢初相傳，咸知不窋已上代系中隔矣。其曰「避桀」者，傳聞異辭。毛詩云：「遭夏人亂，迫逐公劉。」而繫之桀，時則近之。湯代桀，至紂十七世；據國語、史記，公劉至文王十二世。世本十六世。孔甲之後，帝皋、帝發、帝桀；不窋之後，鞠、公劉，此代系不相遠者。昔人致疑於自契至湯十四世，自后稷至文王十五世，湯文相去，隔商之六百祀。使知周之先自不窋，上闕代系，不得而數，斯可無惑也。國語曰：「孔甲亂夏，四世而殞。」則周人言夏之衰，指孔甲不指太康甚明。以地考之，豳在邰北百餘里。邰，今西安府武功縣；豳，今邠州。不窋所竄，又在豳北二百餘里，今慶陽府安化縣有不窋城。不窋遭迫逐，自邰而遠竄，公劉力能自興，於是思舊土，聚糧治兵而來，用復后稷之封。故詩曰：「思輯用光」，又曰「涉渭爲亂」，是有邰故封，至公劉而復。邰在渭北，非得邰無由絶渭而南也。岐山亦在其邦域之中，不處於邰者，地邑民居，以人與時之宜而已。

卷阿五章「有馮有翼」傳：「道可馮依以爲輔翼。」箋云：「馮，馮几也。翼，助也。」震按：馮，滿也，謂忠誠滿於内。翼之言盛也，謂威儀盛於外。「馮」、「翼」二字，古人多連舉。屈原賦之「馮翼惟象」，淮南鴻烈之「馮馮翼翼」，皆指氣化充滿盛作，然後有形與物。

民勞首章「無縱詭隨，以謹無良。式遏寇虐，憯不畏明。」震按：「無縱詭隨」、「式遏寇虐」，五章並言之，以對文見義。此蓋言無縱詭曲阿從之人，以愼防其無良。又止絶寇害暴虐者，爲其曾不畏明命而毒民。「詭隨」、「寇虐」，惡之見於事也；「無良」、「不畏明」，惡之根於其心也。無良則必詭隨矣，不畏明則滿其寇虐不顧矣。小人之害國家，大都不出此二者。又詭隨乎上，寇虐於下，二者亦恒相因，豈有無良而畏明也者？是章推論其心，後四章直舉其害。

板五章「喪亂蔑資」傳：「資，財也。」震按：予人以物曰資。上言民之呻吟無以爲生，此則言暴虐喪亂之政，無復有資救埤益國者，故繼之曰「曾莫惠我師」。

桑柔首章「倉兄填兮」　傳：「填，久也。」震按：「填」，如小宛篇「哀我填寡」之「填」徒典切。字亦作「瘨」，韓詩云：「瘨，苦也。」

三章「國步蔑資」　震按：言無或資救以埤益此國步者，承「國步斯頻」而云然。

六章「荓云不逮」　震按：詩中「云」字、「言」字皆爲辭助者，多矣。有進心而使之不敢前，所謂如遡風而行，不能喘息也。

十一章「弗求弗迪」　傳：「迪，進也。」震按：迪之言啓也，達也。見於尚書二十八篇者，所施不同，義歸於一。說者緣辭生訓，一篇之中，遂多差違。

十三章「聽言則對，誦言如醉。」　箋云：「對，答也。見道聽之言，則應答之。見誦詩書之言，則冥臥如醉。」震按：國語云：「聞一二之言，必誦志而納之，以訓道我。」又云：「倚几有誦訓之諫。」又云：「使工諫誦於朝。」凡誦者，皆爲誦成言以納箴諫。詩蓋謂聽人言則與之應答，非耳無聞知者也。及爲之誦言箴諫，乃如醉而漫不省者矣。

十五章「職涼善背」　傳：「涼，薄也。」箋云：「職，主。涼，信也。」震按：上多涼德而善欺背以害民，則民亦相欺而罔極矣；上行暴虐而競逐用力，則民亦巧避而回遹矣；上肆其貪而盜奪爲寇，是民愁苦而動搖不定矣。故詩連舉「民之罔極」、「民之回遹」、「民之未戾」，皆職由貪人敗類者在位所致，以見亂不起於民，當循其本也。苟亂成而讐民，亦大惑矣。

雲漢首章「寧莫我聽」　震按：寧，乃也，語之轉。篇内「寧丁我躬」、「胡寧忍予」、「寧俾我遯」、「胡寧瘨我以旱」，並同。「俾我遯」，言使我不能安於上位也。

韓奕首章「奕奕梁山」　震按：箋云「梁山，今左馮翊夏陽西北」，其説非也。夏陽之梁山在西周畿内。水經注：「高梁水首受灅水於戾陵堰[三]，水北有梁山，山有燕刺王旦之陵，故以戾陵名堰。水自堰枝分，東逕梁山南。」顧炎武云：「灅水徑良鄉縣之北界，歷梁山南，高梁水出焉。」是所謂「奕奕梁山」者矣。

二章「鞗革金厄」　傳：「厄，烏蠋也。」箋云：「以金爲小環，往往纏搤之。」震按：士喪禮「苴絰大鬲」，喪服作「搹」，説曰：「盈手曰搹，中人之手搤圍九寸。」蓋兩指搤合如環，謂之「搹」，因以爲環名。○説文「搹」、「扼」本一字，省作「鬲」、「戹」，俗書相仍，寫「戹」作「厄」。

三章「出宿于屠」　震按：「屠」即「鄜」。説文云「左馮翊鄜陽亭」，今西安府同州有鄜谷。

六章「溥彼韓城，燕師所完。」　箋云：「燕，安也。」震按：箋於篇義下云：「韓後爲晉所滅，故大夫韓氏以爲邑名焉。」箋蓋誤證耳。漢王符潛夫論曰：「昔周宣王時，有韓侯，其國近燕，故詩云：『普彼韓城，燕師所完。』其後韓西亦姓韓，爲衛滿所伐，遷居海中。」酈道元水經注曰：「聖水逕方城縣故城，李牧伐燕取方城是也。又東南逕韓城東。詩韓奕章曰：『溥彼韓城，燕師所完。王錫韓侯，其追其貊，奄受北國。』王肅曰：『今涿郡方城縣有韓侯城，世謂寒號，非也。』」釋文曰：「燕師，王肅、孫毓並云北燕國。」顧炎武曰：「蹶父之『靡國不到』，亦似謂韓土在北陲之遠也。」

校注

〔一〕繹繹　亦作「驛驛」，苗初生茁壯旺盛的樣子。

〔二〕王　原作「生」，據國語周語改。

〔三〕濼水　原作「漯水」，據戴校水經注改。下同。

毛鄭詩考正卷四

周頌清廟「秉文之德」傳：「執文德之人也。」箋云：「皆執行文王之德。」震按：詩中言文王不單舉「文」字，倘祀武王、成王必不可云「秉武之德」、「秉成之德」也。凡經傳以「文」贊美其人者不一，皆經緯明備、威儀敬慎之稱。能執是德，夫然後可以對於在天之靈，而駿奔走以執廟中之事矣。駿，猶敏也。

「不顯不承，無射於人斯。」震按：古字「丕」通作「不」。據洛誥，是爲成王七年，壬辰歲。周正之十二月戊辰在新邑烝祭文武之詩。周公相成王朝諸侯後，故咸至廟助祭。詩中「丕顯」頌文王，「丕承」頌武王甚明。蓋同一「丕顯」耳，以後承前則謂之「丕承」。此詩先言助祭者之致敬，而推本先王之丕顯於前，丕承於後，是以人心自無或厭倦。書曰：「丕顯哉，文王謨！丕承哉，武王烈！」與詩通。

維天之命「假以溢我」傳：「假，嘉。溢，慎。」箋云：「溢，盈溢之言也。以嘉美之道饒衍與我。」震按：説文「誐」字下云：「嘉，善也。詩曰：『誐以謐我。』」毛詩以「嘉」釋「假」，正合「誐」字之義。春秋傳引詩作「何以恤我」，轉寫譌失耳。爾雅釋詁云：「毖、神、溢，慎也。」又云：「恖、謐、溢、蟄、慎、貉、謐、顗、頠、密、寧，静也。」毛詩以「慎」釋「溢」，義本爾雅。而「溢」、「慎」、「謐」，爾雅又皆爲「静」。蓋「静」、「慎」意得交通，未有心氣不静而可謂之慎者，未有能慎而浮妄之動不除、不貊然寧静者。説文：「謐，無聲也。」史記「惟刑之静哉」，徐廣曰：「今文云『惟刑之謐哉』。」索隱曰：「恤、謐聲近。」又莊子書「以言其老洫也」，陸德明云：「本亦作『溢』，同音『逸』。」然則「謐」之爲「溢」爲「恤」，亦聲音字形轉寫譌失。古經難治，類若是矣。書之「謐刑」謂慎刑，伏生今文尚書足據。此詩承上「文王之德之純」而言。嘉以慎我，我其取之，思取法文王嘉美之純德，以敬慎也。

維清「肇禋，迄用有成。」震按：蔡邕書石經用魯詩，而其作獨斷云：「維清一章五句，奏象舞之所歌也。」蓋魯詩與毛詩皆以爲歌維清舞象箾矣。周人制禮作樂，推本功德所起。象文王時武功而作者，謂之象。維清專爲象舞之樂章，故歸功文王。而言此天下澄清光昭於無窮者，文王之法典，實開始禋祀皇天盛禮，以迄於今而有成，是周有天下之祥如此也。辭彌少，而意指極深遠。

烈文「維王其崇之」震按：此詩成王之辭。首言「烈文辟公」，美其有功烈有文德，則是先王之所大封，故繼曰：「錫兹祉福，惠我無疆。」錫者，本於上之辭。詩中言「我」者，多爲己與人共舉，親之之辭。先王既錫祉福，又且惠愛無有疆限，則子孫世世天子，世世諸侯，皆長保之。所以長保之道，勿封殖專利，勿侈靡傷貨，是乃先王之所崇尚。承上「錫」與「惠」指先王，則王爲自成王稱述先王也。

「念兹戎功」　傳：「戎，大。」震按：「戎功」，翼戴文武佐定天下之大功也。成王即政之初，其助祭諸侯，往往佐文武立功者，故篇首曰「烈文辟公」，美其功也。中曰「念兹戎功」，使勿替厥功也。終曰「於乎，前王不忘」，相與懷文武之德也。

天作「彼徂者，岐有夷之行。」　傳：「夷，易也。」箋云：「徂，往。行，道也。後之往者，又以岐邦之君有佼易之道故也。」震按：詩言岐山之道，民所歸往，視之坦然平易，蓋心悦而願歸之，故無艱阻也。後漢書 西南夷傳朱輔上疏曰：「臣聞詩云：『彼徂者，岐有夷之行。』傳曰：『岐道雖僻，而人不遠。』」章懷太子注云：「韓詩 薛君傳曰：『徂，往也。夷，易也。行，道也。彼百姓歸文王者，皆曰岐有易道，可往歸矣。易道謂仁義之道，而易行，故岐道阻險而人不難。』」據此與箋説以訂經之文。薛君治韓詩，鄭君治毛詩，「徂」字、「者」字，所授經無異，不知何時轉寫譌「者」作「矣」。而沈存中云：「『彼岨矣，岐有夷之行』，後漢書 朱浮傳作『彼岨者岐，有夷之行』。」王伯厚詩考序云：「朱文公集傳『彼岨者岐』，從韓詩。」今訂以韓詩 薛君 章句釋「徂」爲「往」，伯厚蓋未深覈而爲是言耳。沈所引後漢書乃朱輔疏，譌作朱浮傳，又譌「徂」作「岨」，或皆轉寫致誤。又驗其書所辨別，惟「矣」字「者」字殊，二字上皆作「岨」，不殊，殆欲證古經作「者」不作「矣」，而書經轉寫於「徂」字偏旁涉筆偶舛。集傳意在以險對夷，實緣沈存中筆談譌文，於中庸「蒲盧也」，亦取筆談之臆説改舊注。朱輔所引傳稱「岐道雖僻」，及薛君稱「岐道阻險」，但爲「有夷之行」發義，不涉「徂」字詁訓。後人因王伯厚之言，遂爲韓詩生一誤證。雖幸有韓詩「徂，往也」之解尚存，因沈存中之言檢朱浮傳無此語，且於後漢書留一疑。朱子博擇衆言（以）以訂古，猶憑譌文改經，是以詳摭論之。

昊天有成命　傳：「基，始。命，信。宥，寬。密，寧也。緝，明。熙，廣。單，厚。肆，固。靖，和也。」箋云：「『廣』當爲『光』，『固』當爲『故』，字之誤也。」震按：古字「單」、「亶」通。虞翻注國語，亦破「廣」爲「光」。荀子禮論「積厚者流澤廣」，大戴禮記載其文作「流澤光」，二字蓋互相涉。毛詩此篇傳義悉本國語，叔向説是詩曰：「頌之盛德也。」「是道成王之德也。成王能明文昭、能定武烈者也。夫道成命者，而稱昊天，翼其上也。二后受之，讓於德也。成王不敢康，敬百姓也。夙夜，恭也。基，始也。命，信也。宥，寬也。密，寧也。緝，明也。熙，廣也。亶，厚也。肆，固也。靖，龢也。其始也，翼上德讓，而敬百姓。其中也，恭儉信寬，帥歸於寧。其終也，廣厚其心，以固龢之。始於德讓，中於信寬，終於固龢，故曰成。」以叔向、晉之博聞者，又去作詩之時世未遠，詩教羣習，未失詁訓，語言未移，其説如此，後儒不能用其解者，今之去叔向，數倍於其去詩之作，併舉叔向所解説不能通之矣。古人謂全而無虧曰成，謂昭示明信曰命。天之昭示明信者，百物生生，同然無妄，是也。故曰：「維天之命，於穆不已。」又曰：「民受天地之中以生，所謂命也。是以有動作、禮義、威儀之則，以定命也。」不棄其命之謂定命，早夜敬恭其命、有始未竟之謂基命。凡德盛禮恭，皆終身如始，以爲未竟者也。「基」如太子晉稱「基德十五而始平」之「基」。前言自后稷之始基靖民，十五王而文始平之。以物皆得之無妄言謂之命，天道也。以物共睹之不渝言謂之信，人道也。故叔向於「夙夜基命」説之曰：「命，信也。」究其實，人道即天道。王者求盡天道，故詩不更其辭，知其源而本之曰「昊天有成命」，於是乎有畏天命之義。故叔向以爲翼上二后之能受。豈天諄諄然告之而聽受之乎？舉凡尚賢好德，使命之精微，隨動隨應，而皆有以不謬，斯之謂受。言乎受，則有虛衷納善之義。故叔向以爲「德讓」，而賈景伯、唐子正釋之曰「謂詢於八虞，訪於辛、尹之類」，是也。古人謂不自用爲讓，謂百官族姓爲百姓。詩中凡曰成王者，毛詩云：「成是王事也。」「不敢康」者，不泰然而居臣民之上，則有資於臣鄰之義。故叔向以爲敬百姓。寬仁曰宥，靜專寧一曰密，恭儉信寬，帥歸於寧者，寧一又其要道也。續代不絶曰緝，如「授几有緝御」之「緝」。古人謂前後翌代曰明，故以「明」釋「緝」，猶爾雅以「明」釋「翌」也。後不復舉「明」爲說，則「明」非取光明義可知。以緝熙者，但言熙繼不絕而已。起而有光曰熙，敦篤曰亶，重慎曰厚，極之曰肆，致極堅持、無所中變曰固，謀慮息安曰靖，調適平、不紛擾曰龢。故以「厚」釋「亶」，以「固」釋「肆」，以「龢」釋「靖」，蓋不已其光，敦重其心，以致極治道，於是乎平定息安天下合。是詩所道，庶幾謂之「成王」，成其王事而無闕失之稱。故叔向統繹全義，而以「故曰成」終其說，謂是乃爲成王之德也。是乃爲「能明文德而昭之謂成」，「能定武功而烈之謂成」也，是乃爲頌之極甚盛德也。頌之體，語少而意深遠。此詩蔡邕獨斷亦以爲郊祀天地之所歌，則魯詩與毛詩同。詩陳二后奉若天道成王事，求靖民之盛德，周之能事天地在是。毛鄭說詩，賈唐注國語皆以成王非謂周成王身，據叔向之全文可推也。

我將「維天其右之」　震按：冬至祀天於圜丘，報始也，故以后稷配；季秋享五帝於明堂，報成也，故以文王配。周禮有祀天「旅上帝」之文。司服：「王之吉服：祀昊天上帝則服大裘而冕，祀五帝亦如之。」五帝即天也，而分言之者，統宰乎上，則曰昊天上帝；五方皆天，而祈報風雨寒暑則於五方之天，故曰五帝，亦曰上帝。此詩曰「維天其右之」，五方之天也。周禮「旅上帝」，月令「季秋之月大饗帝」，孝經「宗祀文王於明堂，以配上帝」，皆五帝也。祀天又旅上帝，猶祀地又旅四望，既統事，又分事，其義始盡焉耳。

執競「不顯成康」　傳：「不顯乎，其成大功而安之也。」震按：「成」即成王事之謂，「康」如易稱「康侯治安」之謂也。言丕顯乎成王事，安國家，爲上帝之所皇大。自彼既成既安，以覆有四方，功烈斤斤然且明著無已。彼指其時。若以「成」「康」字爲成王、康王，則頌武王止云「執競」，云「無競維烈」，而頌成、康之「丕顯」、「上帝」、「皇大」之辭過於武，又直似武王尚未克定四方，自彼成、康而於是乎奄有，亦難通曉。以祭禮考之，時祭各於其廟，祫祭皆在太廟。周家既定禮典，後必無合祭武王、成、康而上不及文王者矣。

臣工「嗟嗟保介，維莫之春。」　箋云：「保介，車右也。月令：『孟春，天子親載耒耜，措之於參保介之御間。』莫，晚也。周之季春，於夏爲孟春，諸侯朝周之春。故晚春遣之，勑其車右以時事。介，甲也。車右，勇力之士，被甲執兵也。」震按：勑保介者，天子、諸侯耕藉勸農，保介乃同車之人，田器置於其間，故見諸詩辭，以命諸侯急農事。下云抑又何求乎？惟民之如何用力於新田、畬田者是急耳。麥則將受上帝明賜矣，盡力於耕，又將畀以豐年也。命農具、田器、錢鎛之屬，以豳詩合之，「三之日于耜，四之日舉趾」，是其事。夏小正「農緯厥耒」，「農率均田」，「初服於公田」，皆紀在正月，則莫春爲周之三月，夏之正月無疑。後人不解三代時月相變，在漢儒蓋明知之，無待辨論。故孟子「秋陽以暴之」，趙岐注云：「周之秋，夏之五六月，盛陽也。」禮記明堂位篇：「孟春祀帝於郊，配以后稷。」「季夏六月，以禘禮祀周於太廟。」孟春謂夏之仲冬，季夏六月謂孟夏四月，正與詩所言「莫春」合。後漢書陳寵傳云：「冬至之節，陽氣始萌，故十一月有蘭、射干、芸、荔之應。」「天以爲正，周以爲春。十二月陽氣上通，雉雊雞乳，地以爲正，殷以爲春。十三月陽氣已至，天地已交，萬物皆出，蟄蟲始振，人以爲正，夏以爲春。」何休注公羊春秋謂：「夏以建寅之月爲正，平旦爲朔，法物見，色尚黑。殷以建丑之月爲正，雞鳴爲朔，法物芽，色尚白。周以建子之月爲正，夜半爲朔，法物萌，色尚赤。」此三代時月正朔相變之義，陳寵、何休猶能言之。使四時不隨月而改，是周之時夏之時一也，孔子又何必言「行夏之時」乎？

噫嘻　傳：「噫，歎也。嘻，和也。成王，成是王事也。」箋云：「噫嘻，有所多大之聲也。假，至也。」震按：詩凡言「昭假」者，義爲昭其誠敬以假於神，昭其明德以假天。精誠表見曰昭，貫通所至曰格。「爾」之言「此」也，如「莫遠具爾」、「耆定爾功」之「爾」。詩首以「噫嘻」發辭，噫嘻，猶噫歆，祝神之聲。儀禮既夕篇曰「聲三」，注云：「三有聲，存神也。舊説以爲聲，噫興也。」「噫興」即「噫歆」。士虞篇注云：「聲者，噫歆也。」禮記曾子問篇注云：「聲，噫歆，警神也。」此詩春夏祈穀於上帝之所歌，故噫嘻於神，而言成是王事，昭假在此，以爲民祈禱。既祈之後，率農播種，而徧使之盡力焉。蓋民事即王事，重農乃所以成之也。周禮圜丘、四郊之祀，圜丘祀昊天上帝，四郊祀五帝，而統事天、分事天之義，於是乎備。圜丘惟冬至一舉，四郊則立春、立夏、立秋、立冬四舉。祀五帝無非重農爲民，以成王事而已。圜丘，郊之大者也，王者之專事天也。四郊，郊之細者也，王者之爲民事事天也。大主統，細主分，而禮之隆殺如之。專事天，不敢以瀆也，故歲一舉。爲民事事天，不敢不詳也，故四時迭舉。聖人制禮之精意也。

雝「綏予孝子」震按：詩中曰「天子穆穆」，明明爲美主祭者之辭，非主祭者自爲辭也。詩凡言「綏」者，如「綏以多福」、「綏我眉壽」、「以綏後禄」，辭義並歸主祭者受神降之福。此則下所云：使之世世有通哲者爲之臣，備文武之德者以爲君，而事天昌後永久不替，以及「眉壽」、「繁祉」是也。又廟號自考已上通稱「考」，如五廟：曰祖考廟，曰顯考廟，曰皇考廟，曰王考廟，曰考廟。爾雅釋親自父母已上不離「父」、「母」之稱，而主祭者入廟門則全乎子，子亦在廟通稱。箋以「烈考」、「文母」爲「光明之考」、「文德之母」，是「皇考」「烈考」「文母」祫祭統稱祖與妣之在廟中者，固無所隔也。蔡邕説此詩禘太祖之所歌，與毛詩同。篇名又謂之徹。周禮樂師「及徹，帥學士而歌徹」，鄭注云「徹者歌雝」，是也。周禘歌雝於徹。魯僭用禘，則亦歌雝於徹。至後，三家亦以雝徹，天子之樂章下用於大夫，而不自知其無取於義，相襲然也。尸出而徹，故言薦牲陳俎以受鬯，而歸福於主祭者。繫雝於徹，於禘祭之末，詩中辭義明顯可推。

武「耆定爾功」　震按：爾，猶此也。

閔予小子「陟降庭止」　震按：此言武王常念文王之道，一陟一降於庭，皆效法文王而行之，即訪落所謂「紹庭上下，陟降厥家」也。蓋其「克孝」可以永世爲子孫常者在此，而文武之緒在此矣。

訪落「於乎悠哉，朕未有艾。」　箋云：「艾，數。」震按：「艾」讀爲「芟刈」之「刈」。艾之言止也，有續未竟曰未艾。小雅庭燎之二章曰：「夜未艾」，後於「未央」，央，中也。先於「鄉晨」。春秋傳曰：「國未艾也。」又曰：「大勞未艾。」并未有竟、止之謂。此言「朕未有艾」者，循行昭考之道，未有可止，以見悠遠難終，故下云「繼猶判渙」。判渙，即伴奐，展舒而常不盡之意。

「休矣皇考，以保明其身。」　箋云：「美矣！我君考武王，能以此道尊安其身。謂定天下，居天子之位。」震按：上言「紹庭上下，陟降厥家」，即所謂「念兹皇祖，陟降庭止」也。歎美武王紹述文王之道，家庭上下陟降，無不由之以安固尊顯，此成王之知難，而又致其慕如是。

小毖「莫予荓蜂，自求辛螫。」傳：「荓蜂，摩曳也。」震按：爾雅：「甹夆，掣曳也。」注云：「謂牽挽。」今考詩辭，言我無牽挽，使失行而致辛毒，徒自求得之耳。此言懲於前，下則言愼於後。

絲衣「不吴不敖」傳：「吴，譁也。」震按：「吴」，方言云「大也」。說文云「大言也」。徐鍇以爲大言，故矢口以出聲。

酌「是用大介，我龍受之，蹻蹻王之造。」箋云：「介，助也。」震按：詩言武王時晦則晦，故有灼鑠之師。但遵時而安養，及時顯則顯，故天乃大助，而克寵受於天，成蹻蹻王者之爲。下言則有嗣之用衆者，實維此事。允師，明衆不可輕用也。

桓「皇以間之」傳：「間，代也。」震按：詩中未嘗一語及商，獨「間」之爲代商之字，於文無所承指，似難强通。蓋上言「保有厥士，于以四方，克定厥家」，則是保有其士衆，而往用之四方，遂克定周家王業。此所以「綏萬邦」者，豈復諸侯之事乎？實天子之事。而武王之德上昭乎天，天以武王代之。「皇」如「惟皇上帝」之「皇」，謂天也。「綏萬邦」，是代天子事。「克定厥家」，是代天子位。

賚「敷時繹思」震按：思，辭助也。言布是文王之事而尋繹之。故章末云「於繹思」，歎美武王繼承尋繹之善也。

「我徂維求定」　震按：謂往克商，求安天下。蓋聖人無取天下之意，有安天下之仁。

「時周之命」　箋云：「是周之所以受天命，而王之所由也。」震按：蔡邕亦以此詩爲大封於廟，賜有德之所歌，義與毛詩同。春秋傳引桓賚，并繫之武，則奏大武之所歌。大封正武王時功成之一事，舞大武，歌此諸篇，爲六成之節。頌作於成王時，所以推明武功而美之。則詩頌美武王，非爲諸侯言，明矣。樂記曰：「武，始而北出，再成而滅商，三成而南。」鄭注云：「每奏武曲一終爲一成。再奏象克殷時也，三奏象克殷有餘力而反也。」今考詩中「我徂維求定」之云，適合大封於旋反後。故春秋傳以賚爲其三，桓爲其六。詩章與舞之取義協，殆篇第未亂時舊次。有天命然後可以大封，而繹繼文王，求安天下，實受命所自。篇首述武王之意，末二句則致贊美之辭。著之樂章，使天下咸知周受命之正也。

般「嶞山喬嶽，允猶翕河。」　震按：爾雅：「巒，山嶞。」「嶞」與「橢」聲義通。圜長曰橢。凡山之形不正圜，故有嶞之名，謂山之圜而長者。「喬」與「嶠」同。爾雅：「鋭而高，嶠。」是也。河會衆流，不翕則泛溢；水性不常，不允則不久翕。山主乎静，故以形言，曰「嶞」曰「喬」。水主乎動，故以德言，曰「允」曰「翕」。「於皇是周」，言周既代殷也。「陟其高山」，謂方嶽也。山嶽之嶞者、喬者，河之翕而允矣，由地中行也，以及普天之下莫不聚於是而對之，是周之受命而於此秩祭也。古書「猶」、「由」交通，蓋同聲轉寫之譌，遂相沿爲古字通用，以免改字。詩篇取於義名般：般，旋也，旋徧天下也。時邁燔柴祀天，告以方望之事。般則望而秩祭山川，非受命不得巡狩，猶之非受命不得大封，故時邁曰「昊天其子之」，而賚與般皆曰「時周之命」云爾。

魯頌　泮水首章「思樂泮水」　震按：泮水出曲阜縣治，西流至兗州府城東入泗。通典云「兗州　泗水縣有泮水」，是也。泗水縣即魯卞邑。

二章「匪怒伊教」　震按：凡使民畏威而遠罪之事，無非教。此則言非由怒而足以教化人，所以申明其德音之昭昭也。或以此一語證「泮宮」爲諸侯之學，於詩意亦謬矣。

五章「既作泮宮，淮夷攸服。」　震按：穀梁春秋云：「作，爲也，有加其度也。」此「作泮宮」，蓋亦增益更治耳。魯有泮水，作宮其上。故他國絶不聞有泮宮，獨魯有之。泮宮也者，其魯人於此祀后稷乎？魯有文王廟，稱周廟，而郊祀后稷，因作宮於都南泮水上，尤非諸侯廟制所得及。宮即水爲名，稱泮宮。采蘩篇傳云：「宮，廟也。」是宮與廟異名同實。禮器曰：「魯人將有事於上帝，必先有事於頖宮。」「泮」與「頖」同聲假借。鄭注云：「告后稷也。告之者，將以配天。」然則詩曰「從公于邁」，曰「昭假烈祖，靡有不孝」，明在國都之外祀后稷之地。曰「獻馘」、「獻囚」、「獻功」，蓋魯於祀后稷之地時，亦就之賞有功也。王制篇之言作於漢文帝時，多涉傅會，未足據證。春秋僖十三年「夏，會于鹹」。魯、齊、宋、陳、衛、鄭、許、曹凡八國。左傳曰「淮夷病杞故」，「十六年冬，會于淮」。同前加邢，凡九國。左傳曰：「謀鄫，杜注云：「鄫爲淮夷所病故。」且東略也。」齊桓公會諸侯而城緣陵，遷杞又城鄫，不果城而還。其不以師加淮夷，必有淮夷求成獻賂之事。不足書，故不見於經傳。此詩至五章已後，乃及淮夷，非全無是事而徒侈言之矣。淮夷近魯，魯所當使之服，則詩又以勉魯侯矣。

閟宮二章「敦商之旅」　震按：「敦」於文從攴，隸省作「攵」。本督責之義。「敦」、「篤」、「督」語之轉。說文「敦」字下一曰：「誰何也。」史記：「信臣精卒，陳利兵而誰何。」崔浩云：「何或爲呵。」漢舊儀：「宿衛郎官分五夜誰呵，呵夜行者誰也。」誰呵亦即呵止。蓋「敦商之旅」，猶云「遏商之旅」耳。

三章「周公皇祖」　震按：皇祖周公，倒句以就韻。

四章「三壽作朋」　震按：「三壽」，謂上壽、中壽、下壽之人。「作朋」，言皆得與爲比壽。由是引而極之，故又曰「如岡如陵」。王伯厚云：「晉姜鼎銘曰：『保其子孫，三壽是利。』魯頌『三壽作朋』，蓋古語也。」

五章「公車千乘」　傳：「大國之賦千乘。」震按：鄭康成注周禮小司徒職引司馬法曰：

「六尺爲步，步百爲晦，晦百爲夫，夫三爲屋，屋三爲井，井十爲通。通爲匹馬。三十家，士一人，徒二人。通十爲成。成百井，三百家，革車一乘，士十人，徒二十人。十成爲終，終千井，三千家〔二〕，革車十乘，士百人，徒二百人。十終爲同。同方百里，萬井，三萬家，革車百乘，士千人，徒二千人。」以成三百家，家可任者一人計之，可任者三百人，而革車一乘，士徒三十人，是十而取一。周禮小司徒職曰「凡起徒役，無過家一人」者，宜謂此。司馬法一云：「九夫爲井，四井爲邑，四邑爲丘。丘十六井，有戎馬一匹，牛三頭，是曰匹馬丘牛。四丘爲甸。甸六十四井，出長轂一乘，馬四匹，牛十二頭，甲士三人，步卒七十二人，戈盾具，謂之乘馬。」考之小司徒職：「上地家七人，可任也者，家三人。中地家六人，可任也者，二家五人。下地家五人，可任也者，家二人。」通上中下地率之，凡二家五人。一成三百家，可任者計七百五十人，而長轂一乘，甲士、步卒合七十五人，亦十而取一。前法：家可任者一人，正卒也；此法：二家五人，通正、羨之卒也。除正卒二人，其餘二家三人爲羨卒，所謂以其餘爲羨。惟田與追胥竭作。起之作之，並十取一。然則百井九百夫之中，起正卒三十，羨卒四十五。六十夫而取二正卒、三羨卒，共五人。唐李靖稱曹公新書云：「攻車七十五人，前拒一隊，左、右角二隊，守車一隊，炊子十人，守裝五人，廄養五人，樵汲五人，共二十五人。攻守二乘，凡百人。」此即孫子所謂凡用兵之法，馳車千駟，革車千乘，帶甲十萬。實戰國時敝民窮師之爲，而包咸之徒信用王制傅會之説，以大必不踰百里。然不得言封建諸侯無千乘之國，遂謂十井爲乘，百里之國適千乘。俗儒治經，不能稽遠，語之以大國方數百里，則以爲失制。獨不疑十井共一乘，亡國之政，民不堪命不至是。是詩「公車千乘」，「公徒三萬」，與一乘士徒凡三十人者適合。魯，千乘之國，故曰「公車千乘」。康成箋詩據「大國三軍，合三萬七千五百人」，舉成數稱三萬，實減退七千五百人。其答林碩又云〔二〕：「二軍之大數，則實加五千人。」孔沖遠謂頌美僖公，宜多大其事。似二軍可稱三萬，三軍當稱四萬也。國語：管仲制萬人爲一軍，而曰「三萬人以方行于天下」。數雖與是詩相當，魯未必用齊法，宜據周禮「凡起徒役，無過家一人」之法釋詩，而二軍、三軍，勿泥其數可也。

「壽胥與試」　震按：胥，皆也。試，用也。言黄髮台背〔三〕，諸壽之徵，皆與之歷用備有也。

九章「新廟奕奕」　箋云：「修舊曰新。新者，姜嫄廟也。姜嫄之廟，廟之先也。」震按：首曰「閟宫有侐，實實枚枚」，即繼曰「赫赫姜嫄，其德不回」。若閟宫非姜嫄廟，無此立言之體矣。其曰「是生后稷」，曰「皇皇后帝，皇祖后稷，享以騂犧」，明郊祀后稷，因推后稷所生，此魯有姜嫄廟之所以然也。太王、文、武之興周，其祥固開於姜嫄者也。魯侯承祀，謹修廟寢，而有此「新廟奕奕」。言一姜嫄廟，而餘廟可見，以姜嫄爲廟之先且遠故也。魯有文王廟，不在廟制之内，故異其稱曰周廟。上泝至后稷，且至姜嫄，尤當異稱，故曰「泮宫」，曰「閟宫」。閟之言扃閉静慎也。以周之厥初生民，魯人又謂爲「禖宫」，神之也。毛詩引孟仲子曰：「是禖宫也。」康成詩譜云：「孟仲子者，子思弟子。」陸德明序録云魯人。

商頌　那「亦不夷懌」　震按：「亦不」，猶云「不亦」，古語然耳。

長發首章「有娀方將，帝立子生商。」　傳：「有娀，契母也。」震按：此有娀但指契母。「方將」者，言其後欲大耳。　史記云：「契長而佐禹，治水有功，封於商，賜姓子氏。」此詩言「洪水芒芒，禹敷下土方」，著契佐禹之功也。言帝「立子生商」，著受姓所起，由是世世相繼，商日以盛也。

三章「帝命不違，至于湯齊。」　震按：此言自商之先祖至湯，世有明德，天命不去，齊同以集有天下之大命。

四章「爲下國綴旒」　震按：孔子三朝記云：「所以爲儀綴于國。」曾子制言云：「行爲表綴于天下。」綴者，懸綴於高，民所瞻望之謂；旒，亦垂飾章美以示儀者也。言爲下國仰而取法。

「不競不絿」　傳：「絿，急也。」箋云：「競，逐也。」震按：絿本引絲之意。廣韻云：「急引也。」凡競逐躁急剛猛柔弱，皆害於施政教。

五章「爲下國駿厖」　傳：「駿，大。厖，厚也。」震按：「綴旒」，言望之以爲法也。「駿厖」，言恃之以爲安也。上章言政，此章言勇。上章但言球玉，此章則言供貢，義各相配。

校　注

〔一〕「三」字上原衍一「井」字，據周禮注疏删。

〔二〕林碩　孔穎達疏作「臨碩」。

〔三〕黄髮　「黄」字據皇清經解本補。

戴震全書

第肆册

修訂本

（清）戴震 撰
楊應芹 諸偉奇 主編

黄山書社

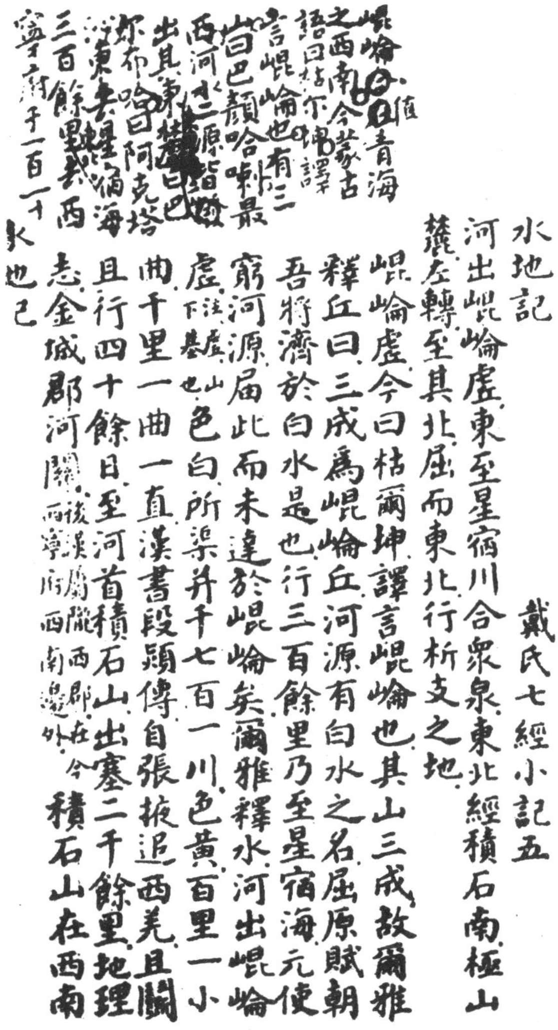
戴氏七經小記五
水地記
河出崐崘虛，東至星宿川，合衆泉，東北經積石南，極山麓，左轉至其北，屈而東北行，析支之地。
崐崘虛，今曰枯爾坤，譯言崐崘也。其山三成，故爾雅釋丘曰：三成爲崐崘丘。河源有白水之名，屈原賦朝吾將濟於白水是也。行三百餘里，乃至星宿海。元使窮河源，届此而未達於崐崘矣。爾雅釋水：河出崐崘虛（注：虛，山下基也），色白，所渠并千七百一川，色黃，百里一小曲，千里一曲一直。漢書段熲傳：自張掖追西羌，且鬭且行，四十餘日，至河首積石山，出塞二千餘里。地理志：金城郡河關（後漢屬隴西郡，在今西寧府西南邊外），積石山在西南
崐崘，今曰青海之西南，今蒙古語曰枯爾坤，譯言崐崘也。有三山，曰巴顏哈喇，最西，河之三源皆出其東，曰巴[illegible]，曰[illegible]布哈，曰阿克塔[illegible]，東去星宿海三百餘里，在西寧府千一百一十[illegible]也已

《水地記初稿》手跡之一
（北京大學圖書館藏）

羌中河水行塞外東北入塞內應劭曰禹貢析支屬
雍州在河關之西東去河關千餘里羌人所居謂之
河曲羌司馬彪曰西羌者自析支以西濱於河首左
右居也唐書吐谷渾傳侯君集與江夏王道宗趣南
路飲馬烏海經途二千餘里空虛之地又達於柏海
北望積石山觀河源之所出焉侯君集傳轉戰過星
宿川至於柏海北望積石山觀河源之所出吐蕃傳
穆宗長慶元年以大理卿劉元鼎為吐蕃會盟使使
還踰湟水至龍泉谷湟水至濛谷抵龍泉與河合故
謂西戎地曰河湟河之上流由洪濟梁元和郡縣圖志積石軍西
南一百四十里有洪濟梁西南行二千里水益狹春可涉秋夏乃

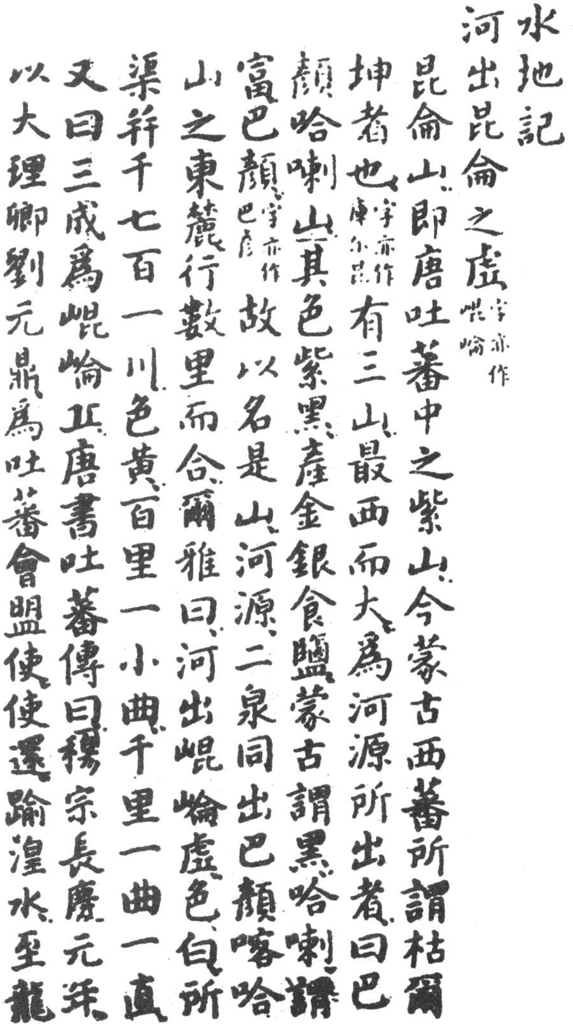
水地記

河出昆侖之虛（字亦作崐崘）

昆侖山即唐吐蕃中之紫山今蒙古西蕃所謂枯爾坤者也（字亦作庫爾崑）有三山最西而大爲河源所出者曰巴顏哈喇山其色紫黑產金銀食鹽蒙古謂黑哈喇謂富巴顏（字亦作巴彥）故以名是山河源二泉同出巴顏喀哈山之東麓行數里而合爾雅曰河出崐崘虛色白所渠并千七百一川色黃百里一小曲千里一曲一直又曰三成爲崐崘丘唐書吐蕃傳曰穆宗長慶元年以大理卿劉元鼎爲吐蕃會盟使使還踰湟水至龍

《水地記初稿》手跡之二

（北京大學圖書館藏）

泉谷西北望殺胡川哥舒翰故壁多在湟水至濛谷抵龍泉與河合河之上流由洪濟梁元和志積石軍西南一百四十里有洪濟橋西南行二千里水益狹冬春可涉秋夏乃勝舟其南三百里三山中高而四下曰紫山直大羊同國古所謂崐崘者也虜曰悶摩黎山東距長安五千里河源其間流澄緩下稍合衆流色赤行益遠它水幷注則濁故舉世謂西戎地曰河湟河源東北直莫賀延磧尾殆五百里磧廣五十里北自沙州西南入吐谷渾寖狹故號磧尾隱測其地蓋劍南之西元鼎所經見大略如此通智黃河源序曰巴彥喀哈山在西寧邊

水地記二　　戴氏七經小記五

河出崐崘虛東北經積石南循山之東麓左轉屈而東

（山脈西自金沙發源之阜石山旋繞東來河東南流折而北又轉東北屈二千七百餘里至積石對河州界）

北行折支之野

爾雅河出崐崘虛色白故河源有白水之目屈原賦朝吾將濟於白水是也今自積石溯而上河所出山曰枯爾坤譯言崐崘也有三山最西而大曰巴顏哈喇其色紫黑產金銀蒙古謂黑哈喇謂富巴顏故納斯稱東北去西寧邊外千四百五十六里山之東麓二泉並注行數里而合唐長慶元年大理卿劉元鼎為吐蕃會盟使使還吐蕃傳記其所經見曰由洪濟梁（唐志廓州西南百四十里爲洪濟橋）西南行二千里水益狹春可涉

《水地記初稿》孔氏原抄本

（南通市圖書館藏）

水地書

秋夏乃勝矛其南三百里三山中高而四下曰紫山直大羊同國唐會安大羊同國東接吐蕃西接小羊同北直于闐東西千里儀鳳來屬於吐蕃古所謂崐崘也虞曰悶摩黎山東距長安五千里河源其間流澄緩下稍合衆流色赤行益遠它水併注則濁河源東北直莫賀延磧尾殆五百里磧廣五十里北自沙洲西南入吐谷渾寖狹故號磧尾隱測其地蓋劍南之西此所言方向遠邇與今枯爾坤符崐崘之山三成故爾雅釋丘曰三成爲崐崘丘自枯爾坤東行三百餘里乃至星宿海元史地理志元十七年命都實爲招討使佩金虎符往求河源還報併圖其城傳位置以聞河源在土蕃朵甘思西鄙元置朵甘

今安西府治敦煌縣唐爲沙州治

河二源合而東南流名阿爾坦河又南屈東有小水自南水注之又東名納拉母拉麻山之水來納西拉薩山之水又東來納七根池水又東逕北至星宿海

戴震全書第四册目次

戴震全書之十七

原象

胡炳生◎整理
陳久金◎審訂

説明

原象八篇，前四篇初名釋天，分别以「璇璣玉衡」、「中星」、「土圭」和「五紀」爲篇名；後四篇實採自數學著作句股割圜記。據段玉裁戴東原先生年譜所云，這八篇成書均在乾隆壬午（一七六二年）之前。作者在他晚年將這八篇及迎日推策記合爲原象，作爲七經小記之一種。孔繼涵刊刻戴氏遺書時，將上述九篇合刻爲一種。安徽叢書所載原象據微波榭本影印。

原象所述係天文、算法的基本知識，其目的是爲讀經者參用。其中各篇的内容是：一、論日月運行軌道，以明四季成歲、歲月更迭、日食月食之理。二、論中星以明歲差。三、論土圭測影之法，以明里差。四、論日、月、星辰、曆數之「五紀」，以明曆法之宜隨時測驗。五至八、即句股割圜記。最後爲迎日推策記。原象五至八與句股割圜記有以下明顯差别：

第一、句股割圜記上卷分爲兩部分，分别列爲原象之五和之八。據錢寶琮先生在戴震算學天文著作考中稱：戴震曾將句股割圜記原稿屢屢改易。晚年纂七經小記時，「又撰文論量角單位，八線定義、方圓相容，整六邊形、整十邊形之周，半角正弦、半角正切，和角、較角之正弦、餘弦諸公式等事，凡五百十九字以補割圜記三篇之遺漏，爲原象之第八篇」。但戴氏句股割圜記最後定稿本，已將所補内容加入上卷。

第二、所用名詞術語不同。原象中採用較爲通俗者。如「限」改作「度」，「規限」改作「圜周」或「弧」，「徑隅」改作「弦」，「較」改作「差」。

第三、文字作個别調整和删略，使其前後一致，語言更加精練。如原象之七將割圜中卷所云「旁行觀之」的三種情況，皆按句、股、弦的次序調整一致。結尾處删略「右方儀」、「右次方儀」等分别羅列，總結爲：前五儀「以方直儀爲之通率」，後十儀「以次緯儀爲之通率」，從而使重點更加突出。

這次對原象的整理以安徽叢書本爲底本，校以昭代叢書本。關於五至八篇的注釋，可參閲句股割圜記校注文字。

原象

原象一

日循黄道右旋，斜絡乎赤道而南北者，寒暑之故也。其隨大氣而左，準赤道爲出没者，晝夜之故也[一]。

虞夏書以璇璣玉衡寫天，逸文猶見周髀之書。論語之北辰，周髀所謂正北極，是爲左旋之樞。日躔黄道[二]，其極周髀所謂北極璇璣，環正北極者也。月道之極，又環璇璣者也，是爲右旋之樞。

璇璣之環正北極而成規也。冬至夜漏中起正北極之下，日加卯在正北極左，日加午在正北極上，日加酉在正北極右。晝夜一周而過一度。均分其規位，十有二子[三]。春分夜漏中則起正北極之左，是爲建卯。夏至起正北極之上，是爲建午。秋分起正北極之右，是爲建酉。冬至而復起於正北極下，是爲建子。中氣十有二，皆中其建[四]。如是終古不變，以與日躔黄道相應。凡三百六十有五日小餘不滿四分日之一，日發斂一終[五]。

月道斜交乎黄道，凡二十有七日小餘不滿少半日，月遌其道一終。日月之會，凡二十有九日小餘過半日以起朔〔六〕。十二朔，凡三百五十有四日，小餘不滿四分日之一，而近歲終。積其差數置閏月，然後時序之從乎日行發斂者以正。故堯典曰：「朞三百有六旬有六日，以閏月正四時成歲。」

日兆月〔七〕，而月乃有光。人自地視之，惟於望得見其光之盈。朔則日之兆月，其光嚮日下，民不可得見。餘以側見而闕。日月之行，朔而薄於交道，日爲月所揜，則日食〔八〕。日高月卑，其間相去蓋遠，故其食分淺深，隨地之方所見者不同。望薄交道，而月入闇虚〔九〕，則月食。張衡靈憲之文曰：「當日之衝，光常不合者，蔽於地也，是謂闇虚，月過則食。」闇虚之爲地景，故食分淺深，見者皆同。

月出入黄道表裏，最遠不及六度。日發斂於赤道外、内四十餘度之間。赤道者，中衡也〔一〇〕。古有分、至、啓、閉，謂之八節〔一一〕，準以設衡。其五衡與外衡内衡，發斂所極至也。中衡，南北之中分也。自南斂北，入次四衡爲春，入次二衡爲夏；當其衡啓也。自北發南，出次二衡爲秋，出次四衡爲冬；當其衡、閉也。周髀之七衡六間，則準乎中氣十有二。外衡冬至，内衡夏至，中衡春、秋分，不相變革。

日之發斂，以赤道爲中。月之出入，以黄道爲中。此天所以有寒暑進退，成生物之功也。日月之赢縮遲疾〔一二〕，皆有規法，於以見運行之機。至動有常，是以曆數得而明之。凡地之方所近日下，盛陽下行，故暑。日遠側照，則氣寒。寒暑之候，因地而殊。中土值内衡之下已北；其外衡之下已南，寒暑與中土互易。中衡之下，兩暑而無寒，暑漸退如春秋分乃復。南北極下，凝陰常寒矣。

原象二

堯典：「日中星鳥，以殷仲春。日永星火，以正仲夏。宵中星虚，以殷仲秋。日短星昴，以正仲冬。」日夜分暨永短，終古不變者也。星鳥之屬，列星之舉目可見，大小有差，闊狹有常，相距不移徙者也。終古不變者，因乎地而生里差。相距不移徙者，以考日躔，而生歲差〔一三〕。

唐、虞時，春分日在胃、昴之間，故鳥中。夏至日在七星，故火中；火，心也。秋分日在氐、房之間，故虚中。冬至日在虚，故昴中。鳥南陸；蒼龍，房、心東陸；玄武，虚、危北陸；昴西陸〔一四〕。昴同日西下，必龍角東陞，鳥值南，虚在極之北，四正之位，各協其方。然則列星四象，辨自羲和。仲春初昏，不違天部也。夏小正「五月初昏大火中」，協於星火仲夏之交。而春秋傳〔一五〕張趯曰「火星中而寒暑退」，謂季冬寒退旦中，季夏暑退昏中也。

凡星未中，見而東陞；過中，乃西流。故豳詩曰「七月流火」。小正與堯典合，春秋傳與詩合。星以紀候者，先後一月。虞、夏日躔所在，與周差一次，與今差二次。星之見伏昏旦中〔一六〕，悉因之而異。此其大經也。

二十有八舍、十有二次〔一七〕，周時之文始詳。春秋傳「婺女爲玄枵維首」，又曰「玄枵，虚中也」。據是遞之，星紀，斗、牽牛也；玄枵，婺女、虚、危也；娵訾之口，營室、東壁也；降婁，奎、婁也；大梁，胃、昴也；實沈，畢、觜觿、參也；鶉首，東井、輿鬼也；鶉火，柳、七星、張也；鶉尾，翼、軫也；壽星，角、亢也；大火，氐、房、心也；析木之津，尾、箕也。玄枵，一曰天黿，一曰顓頊之虚。娵訾之口，一曰豕韋。斗或以建星；觜觿以罰；東井、輿鬼以狼、弧。營室謂之定；柳謂之咮；氐謂之本；房謂之駟；尾謂之依。大水，定也；鳥帑，軫也；亢、氐之間，天根也；房，農祥也。天策在尾旁；攝提俠、大角、南門在亢之南。斗杓是爲招揺，當依織女向降婁者也〔一八〕。

假恒星識日月之躔逡。恒星蓋二萬五千餘年右旋一終。古在赤道外者，今迆而入乎赤道内矣；古在赤道内者，今迆而出乎赤道外矣。星之與衡相值也，並古今殊。日發斂一終而成歲，於黄道無差數，冬至起外衡，仍復底外衡。而星則異其所，其爲差數也微，是謂歲差。故歲功終古不忒，而星之見伏昏旦中，隨時爲書以示民。千百年然後一易。周人以斗、牽牛爲紀首，命曰星紀。自周而上，日月之行不起斗、牽牛也。然則十有二次之名，蓋周時始定。唐、虞冬至日在虚，玄枵次也；今冬至日在箕初，析木之津也。

原象三

周官經：土圭之法〔一九〕，測土深、正日景，以求地中〔二〇〕。日南景短，日北景長，取中而得尺有五寸，以是求南北之中。日東景夕，日西景朝〔二一〕，時刻相差比，以是求東西之中。

蓋所謂測土深者，以南北言也。聖人南面而聽天下以法天，故南北爲經，東西爲緯；南北爲深、爲輪，東西爲廣。表景短長，即南北遠近，必測之而得。故曰測土深。

所謂正日景者，以東西言也。地中景正，日加午；東方已過午後而爲景夕，西方尚在午前而爲景朝。周髀立晝夜異處加四時相及之算，謂地中與東西相距四分圜周之一。則地中午，東方酉，西方卯。自卯至午，自午至酉，皆四時也〔二二〕。必正其日中之景，以審時之相差，故曰正日景。兼是二者，一爲南北里差，一爲東西里差。測，非獨夏至。夏至日中景最短，及其最長，皆以土圭度之。古人用是考黄、赤二道，猶漢已降之考北極高下也。土圭之法，不惟建王國用之。封國必以度地，以此知某國或偏南、偏北，或偏西、偏東〔二三〕，然後可定各地之分至啓閉。

陰陽大論之文曰：「地之爲下否乎？地爲人之下、太虚之中者也，馮乎大氣舉之也。」步算家考北極及月食，得地體周七萬二千里。環地之周，戴天曰上，履地曰下。南行近二百里，而北極下一度；北行近二百里，而北極高一度。處乎地者無攲側之患，何也？大氣使然也。

晝夜永短，南北以漸而差。南至赤道下，南北極與地適平，晝夜漏均無永短。北至極下，赤道與地適平如帶，自春分至秋分爲晝，秋分至春分爲夜。凡氣朔之時刻，漸西則氣朔早，漸東則氣朔遲。月過闇虚而虧食，西，見食早，東，見食遲。此地與天相應之大較也。地之廣輪，隨其方所，皆可假天度測之矣。

原象四

洪範五紀：一曰歲，二曰月，三曰日，四曰星辰，五曰曆數。分至啓閉，紀於歲者也；朔望朏霸〔二四〕，紀於月者也；永短昏昕，紀於日者也；列星見伏昏旦中，日月躔逡〔二五〕，紀於星辰者也；贏縮經緯，終始相差，紀於曆數者也。紀於歲者，察之日行發斂；紀於月者，察之日月之會，交道表裏；紀於日者，察之晝夜刻漏，出入里差；紀於星辰者，察之十有二次〔二六〕；紀於曆數者〔二七〕，隨時測驗，積微成著，修正而不失。

屈原賦之文曰：「圜則九重。」九重者，自下而上數之：月一，辰星二，太白三，日四，熒惑五，歲星六，填星七，恒星八〔二八〕。有象之高下止於八，並各爲右旋，然則大氣左旋而九與？

古之治曆者，考日月之行以授時，表中星以著候，不言五步也〔二九〕。漢以降，推測滋繁，於是五步之遲疾、留退、見伏有稽。

天左旋，日月星隨之而左者，晝夜之象也。各爲經緯，是以知日月星皆右旋。右旋者，發斂之軌也。日入次二衡而暑盛，出次二衡而暑以漸微；月入次二衡而減夏之暑、增冬之寒，出次二衡反是。是故，知日月出入之行，可以知寒暑之所由消息矣。

日之贏縮，月之遲疾，五步之益以留退，有規法，以知差數。日月五步循之而旋也，漸高則距地遠，而人視之加小；漸下測距地邇，而人視之加大。日月五步之規法，贏縮之故也。一逆一順，自然而成，至動有常之機也。

古寫天之器，莫善於璇機玉衡〔三〇〕。漢以降失其傳也久，可徵而復也，爲儀象考識日躔。渾圜而中規之象赤道，距規四分圜周之一設其樞象天極也。爲規載之，曰子午之規，半出於地平；規隨北極高下，以察各方之永短昏昕。斜絡赤道外内爲規，象黄道。距黄道四分圜周之一，是爲南北璇機。璇機者，黄道極也。

準赤道爲規法，二分之規曰中衡，赤道也。冬至之規，曰外衡；夏至之規，曰内衡。凡爲衡者五，應一歲之分至啓閉。衡百度，度六之，應晝夜之漏刻；刻七十有二分，以知里差。經歲三百六十有五日不滿四分日之一，以是爲日躔黄道之度分。是故，黄道，日也；赤道，刻也。星儀考識昏旦中，設其樞以象星極；爲游規而戴之，以知歲差。規設天極焉，載於子午之規，以周知一歲。婺女爲玄枵之維首。而周分十有二次，以紀日月之躔離。察玉衡以知左旋，察璇機以知右旋。天行之大致舉矣。

原象五

割圜之法，中其圜而觚分之，截圜周爲弧背。絙弧背之兩端曰弦，值弧與弦之半曰矢。弧矢之内成相等之句股二。半弧弦爲句，減矢於圜半徑，餘爲股。絙句股之兩端曰徑隅，亦謂之弦。句股之弦，得圜半徑也。

句股弦三矩方之，合句與股二方，適如弦之大方。

減矢於圜徑，餘爲股弦并，矢恒爲股弦差。差并相乘爲句之方。減句於圜半徑，餘爲次弧背之矢。倍股爲次弧弦。減次弧背之矢於圜徑，餘爲句弦并；其矢爲句弦差。差、并相乘，爲股之方。

引圜徑於弧背外成句股弦。弦背外之句謂之矩分，弦謂之徑引數；股得圜半徑也。次弧背外之股謂之次矩分，弦謂之次引數；句得圜半徑也。半弧弦謂之內矩分；次弧弦之半以爲股，謂之次內矩分。

方圜相函之體，用截圜之周徑而函句股差并之率，四分圜周之一如之。規方之四隅而函圜之周，凡四觚如之。因方以爲句股，函圜之半周，凡三觚如之。圜周之外內所成句股弦，皆方數也。隨徑隅所指，割圜周成弧背，皆規限也。限同，則外內相應；句股弦三矩通一爲率。外內相應，句股弦三矩通一爲率，斯可以小大互權矣。

圜之半容句股，則圜徑爲句股之弦。句與股復爲弦，而析之成同限之句股三。四分圜周之一，隨徑隅所指，成同限之句股三。

凡同限互權之率，句股之大恒也。句股應矩之方。變而三觚，不應矩之方，以句股御之，截爲句股六，而同限者各二。三三交錯，是以展轉互權。半弧背過四分圜周之一，以減圜半周而得外弧。三觚句於句股，截其內；三觚一倨句股，引而截其外。

所知之距爲弦，其對觚之規限內矩分爲之股；所測之距爲弦，測知之規限內矩分爲之股。或測知兩距一觚，所知之觚，所知之兩距旁之。則於圜半周減一觚規限，餘爲兩觚規限之并；半之，爲半并。兩距之差并，與半差弧、半并弧之矩分相應。

凡同限之句股弦，小大差并互爲方，其羃等也。凡三觚之截爲句股，兩弦之差并所爲方，及兩句之差并所爲方，其羃等也。

原象六

渾圜中其圜而規之，二規之交，循圜半周而得再交。距交四分圜周之一規之，翕闢之節也。緣是以爲經，謂之經度。横截經度之外，謂之緯度。經之内規之，謂之經弧。緯之内截其規，謂之緯弧。經緯之度界其外，經緯之弧截其内，是爲半弧背者四。以句股御之，半弧背之外内矩分平行相應，得同限之句股弦各四，古弧矢術之方直儀也。

儀不具次矩分之句股弦面各一；加一於四而五。是故參其體，兩其用。用也者，旁行而觀之也。旁行以用於經度，則經弧矩分爲句，緯度次内矩分爲之股；經弧内矩分爲句，緯弧次内矩分爲之弦。旁行用於緯度，則緯弧矩分爲句，經度次内矩分爲之股；緯弧内矩分爲句，經弧次内矩分爲之弦。旁行用於經弧，則經度矩分爲句，緯度徑引數爲之股；經度内矩分爲句，緯弧徑引數爲之弦。旁行用於緯弧，則緯度矩分爲句，經度徑引數爲之股；緯度内矩分爲句，經弧徑引數爲之弦。

儀之立也，爲方四成。旁行而得同限之句股四。經度矩分爲句，則緯度矩分爲之股；

經度内矩分爲句，則緯弧矩分爲之股；經弧矩分爲句，則緯度内矩分爲之股；經弧内矩分爲句，則緯弧内矩分爲之股。凡句股二十有四，爲互權之率五。遵古已降，推步起日至斯其本法也。

引而伸之，以經度爲節者，其二規皆緯也。自交以至經弧，謂之次緯儀。以緯度爲節者，其二規皆經也。自交以至緯弧，謂之次經儀。儀各爲半弧背者三，成圜周句股弦。於是命半弧背之外内矩分，曰方數句股弦。圜周句股弦，古弧矢術也，必以方數句股弦御之。方數爲典，以方出圜，立術之大恒也。

次緯儀經弧爲其句弧，緯度之次半弧背爲其股弧，緯弧之次半弧背爲其弦弧。弧之外内矩分平行相應，得方數句股弦各三。

儀不具次矩分之句股弦面各一，加一於三而四。旁行觀之，股弧徑引數爲股，則弦弧徑引數爲之弦，以用於句弧。弦弧次内矩分爲股，則句弧次内矩分爲之弦，以用於股弧。股弧次内矩分爲股，則句弧徑引數爲之弦，以用於弦弧。

儀之立也，旁行而得方數句股弦三，爲三成：股弧矩分爲股，則弦弧矩分爲之弦；句弧矩分爲句，則股弧内矩分爲之股；句弧内矩分爲句，則弦弧内矩分爲之弦。取節於方(道)〔直〕儀之經度爲其限。凡句股十有八，爲互權之率四。次經儀亦如之。

次緯儀翕闢之節，經度也。是故有經度互權之率。次經儀翕闢之節緯度也。有緯度互權之率。

距經緯之弧四分圜周之一規之，謂之外規。凡構綴之規法五，皆四分之，以爲其限，而交加前卻之。半弧背四，合而爲儀者五；以方直儀爲之通率。半弧背三，合而爲儀者十；次緯儀爲之通率。凡爲儀十有五，是謂一終，得方數句股弦三百。弧矢術之正整之就叙矣。

原象七

三觚非弧矢術之正，以句股弧矢御之。渾圜之規限，正視之中繩，側視之隨其高下而羨，惟平視之中規。胥以平寫之，循規限之端、竟半周得圜徑。衡截圜徑齊規限之末、抵外周，得規限所爲半弧弦。弧與弦易，正側之勢以爲平，於是命外周之限爲其限。

凡矢屬於規限之端，弦屬於規限之末，一從一衡相遇也。用矢，用半弧弦準是率率之。四分圜周之一，古推步法謂之一象限〔三二〕，是爲規限之一終。

率之變也：減兩距於圜半周，用其餘弧爲兩距；減對兩距之觚規限於圜半周，用其外弧，爲兩觚規限内矩分，共用之半弧弦也。餘一距及其對觚，共用之觚與距也。若三觚各以爲渾圜之一極，距觚四分圜周之一規之；三規之交成三觚三距。則觚同其距之規限，距同其觚之規限。前率，大小倨句之體更也；後率，觚與距之體更也。

句股互權之大恒；觚之規限内矩分，各與對距相應。三距爲渾圜之規限，則觚之規限内矩分與對距之内矩分相應。相應而展轉互權矣。所求非對距、對觚，則截之成圜周句股弦者二。各視次緯儀之率通之。

凡内矩分爲半弧弦，其弧背渾圜大規也。半弧弦不滿圜半徑者，以矢爲樞，以半弧弦規之，成渾圜之小規，衡截正視、側視之規。側視之規亦截小規，而與中圜之大規相應。截小規之徑爲大小矢，則與中圜大規之徑爲大小矢相應。

三觚之用，兩距差并也。所知之觚，或所求之觚、所知之兩距旁之。旁於觚之右距以平寫之，爲平視之規；則左距爲側視之規。截左距之末成小規，而識左距於平。兩距差弧、并弧之矢，差半之，爲矢半差，以爲句；小規之半徑爲之弦。以差弧與對距之兩矢差爲句，左距側視之規，截小規之徑成大小矢，爲之弦。如是得同限之句股二，而句與弦通一爲率。凡觚之規限，中圜大規也。大小規之半徑及其矢，並通一爲率。

若左距適四分圜周之一，則所成之規適爲中圜大規。若左右距相等，無差弧，則并弧之矢半之爲句，小規之半徑爲之弦，對距之矢爲句，小規之大小矢爲之弦。以觚求距，求對距之矢也。以距求觚，求觚之規限大小矢也。

原象八

爲矩以準望。凡百分以矩之，百分爲圜半徑。自一隅規之，其隅設垂綫，截一矩之規，成半弧背者二。規法三百八十有四限，限十之。一矩之規，其限九十有六〔三二〕。爲立成以起算。

積矩函分萬。如次矩分而一〔三三〕，得過滿百之矩分。凡規限，半弧背也。規限倍之爲半弧背，曰倍弧。規限之半，曰分弧。矩分以爲句，取次半弧背之分弧矩分，加於句爲之弦，得徑引數。反之，減次矩分於次引數，其差爲分弧之矩分。

方圜之周徑，信其周以爲袤，以徑爲廣，其冪咸四倍於方圜之冪。圜之内函方，其内復函圜，則内圜適外圜之半。方之内函圜，其内復函方，則内方適外方之半。

圜周六分之，其弧弦適圜半徑。是故，周三徑一者，六觚之周也。圜半徑爲股，半之爲句，求其弦；句弦差十之，是爲十觚之周。

小大兩弧之差并互權也。小弧次内矩分以爲弦，兩弧差并之内矩分半并爲之句，次内矩分半并爲之股；小弧内矩分以爲弦，兩弧差并之次内矩分半差爲之句，内矩分半差爲之股，有大弧互權之率。若大弧次内矩分以爲弦，兩弧差并之内矩分半差爲之句，次内矩分半并爲之股；大弧内矩分以爲弦，兩弧差并之次内矩分半差爲之句，内矩分半并爲之股，有小弧互權之率。

内矩分、次内矩分倍其數，合倍弧之大小矢，成同限之句股六。倍内矩分以爲弦，則倍弧之矢爲之句，其内矩分爲之股；倍次内矩分以爲弦，則倍弧内矩分爲之句，其大矢爲之股。

凡求倍弧，權其矢與内（分矩）〔矩分〕。凡求分弧，以矢與内矩分權之也。弧之外内句股弦，終於一矩之規。方圜之致備矣。

迎日推策記〔三四〕

日月之贏縮遲疾，步算家積驗於既往，定爲規法。日躔黄道，其高下逆順以成贏縮者，曰左旋之規。今步算家名本輪。下半周去地近爲卑；極近爲最卑。又名高衝。上半周去地遠爲高，極遠爲最高。本輪之左右遠近高卑適中，爲中距。中其規屬於黄道。循黄道而右，所謂平行者此也。凡三百六十五日小餘不及四分日之一，適終其道，謂之經歲；名平歲實，亦名恒歲實。其周曰右旋之規。中其規屬於左旋之規，隨之而左，名引數。歲不及一終〔三五〕。今步算家名均輪，以近本輪心爲最近。

謂差數爲最卑歲行，又剖之爲最卑日行。積至五十餘年而差及一度。日屬於右旋之規，隨之而右。左旋之規一終，右旋之規恒倍之而再終。名倍引數。四分左旋之規以爲四限，其下半周之半爲贏初；下半周爲縮末、贏初，兩限與平行之勢順而加速。上半周之半爲縮初。上半周爲贏末、縮初，兩限與平行之勢逆，故遲。自贏初至贏末，日之實體前於平行；爲加差。自縮初至縮末，日之實體後於平行也〔三六〕。爲減差，月道，今名白道。其高下之規法以生遲疾者，曰左旋之規。名本輪。其最卑名入轉，最高名月孛。中其規屬於月道。循月道而右，凡二十七日近少半日平行終其道；其周曰右旋之規。名均輪。中其規屬於左旋之規，隨之而左，名轉周。不及一終而差數生焉。今步算家謂差數爲最高行，又名月孛行。三千二百三十餘日，差數之積滿一周。四分左旋之規以爲四限，其上半周之半爲遲初；上半周爲疾末、遲初，兩限與平行之勢逆，故遲。下半周之半爲疾初。下半周爲遲末、疾初，兩限與平行之勢順而加速。遲初至遲末，猶日之縮初縮末也；疾初至疾末，猶日之贏初贏末也。自疾初，爲入轉；滿四限謂之轉終。

屬於右旋之規者，曰附綴之規；名負圈。合均輪全徑及次輪半徑爲負圈半徑，其心在均輪上，當次輪最近點對衝之處。其周曰次右旋之規。名次輪。其心在負圈上。負圈不旋轉。與右旋之規恒相切也，其周曰次左旋之規。名次均輪。其心在次輪上右旋，月在次均輪上左旋。月距日一度，則次右旋之規其旋也二度。名倍離。朔至望、望至朔而兩周。朔望時則次均輪心最近於均輪心；兩弦時最遠於均輪心。次左旋之規亦如之。朔望時，次均輪心正值次輪、均輪相切之處，從地心作直線過次均輪心，朔望時月必在下，兩弦時必在上，皆正當直線。月屬於次左旋之規，朔望恒旋而在下；上下弦恒旋而在上也。二十九日過日之半而月與日會，是謂朔策。有平朔，有定朔。平朔者，本輪心所到；定朔者，月之實體與日會。月道交於黄道，自南而北，其交曰中交。又名計都。於是月逡黄道之北，謂之陰曆。自北而南，其交曰正交。又名羅睺。今歐邏巴謂中交爲正，正交爲中。於是月逡黄道之南，謂之陽曆。其入陰曆也，已及六度；中土測之，尚在日南。其入陽曆也，尚差六度；中土測之，已在日南。黄道高於月道，故也。

月之南北行，以玉衡界黄道而八，古推步法謂之九道八行〔三七〕。其二十七日有奇，而月道一終也。二交不復於其所差而西，凡一度又幾度之半。步算家謂之交行，亦謂之羅計左旋行度。自外衡以起差數，三十交而值次四衡，三十交而值中衡赤道，三十交而值次二衡，三十交而值内衡，三十交而復值次二衡，如是以底於外衡。凡十有八年過年之半，而八行一終。

月道極之環繞黄極也，曰左旋之規。名白極，繞黄極本輪。以黄極爲之中，日月道極所屬之規，名負白極均輪。中其規屬於左旋之規，隨之而左。十八年過年之半而一終。交道之有差數，以此月道極所屬之規，亦左旋。其旋也，一月而再終。名倍離。朔、望，月道極近黄極，故月道與黄道相距，名黄白大距。爲之加邇焉。上下弦，月道極遠於黄極，故月道與黄道相其距爲之加遠焉。黄道與赤道相距，近較數百年間、漸差而近。雖翕闢之節未昭然明著，其故亦猶是也。

塡星、歲星、熒惑在日之上，爲三重。太白、辰星在日之下，爲二重〔三八〕。其規法高下逆順以成遲疾留退者，曰左旋之規。名本輪。中其規各屬於其道。循其道而右，其周曰右旋之規。名均輪。中其規屬於左旋之規，隨之而左。塡星、歲星、熒惑、太白左旋之規一終，右旋之規倍之而再終。辰星左旋之規一終，右旋之規其旋也再倍之而三終〔三九〕。五步之平行終其道也：塡星凡二十有九年幾年之半，歲星幾十有二年，熒惑幾二年，太白二百二十有四日過日之半，辰星過八十有八日。左旋之規不及一終而有差數生焉。皆名最高行。星所屬之規，名歲輪，又名次輪。中其規屬於右旋之規。在日上者三星，以日躔相推而遲，故星所屬之規右旋，在日下者星二，以速於日躔，故星所屬之規左旋。星之見伏，環日上下，各有定距成環日之規。名伏見輪。在日上者環日之規，類於左旋以就日；在日下者，類於右旋以就日也。

自赤道以會於天極，其度閒廣狹殊體。自赤道以視日月五步之道，其升降正斜殊勢。自地周上至恒星，其高下表裏殊觀。環地之周，上應天周，中其圜，是爲地體之中。故算之所得中乎地體，測望所得周乎地體，而兩者殊數。水土之氣烝而上浮，日月星之度閒以舒，下者以升，小者以大。晝夜旦夕其爲蒙氣殊變，贏縮遲疾至於蒙氣交錯，相差之明著者也〔四〇〕。若夫靡今靡古，莫知紀極。譬寸寸度之，至尺則差；銖銖權之，至兩則差。故設器觀象與法相濟，俾差數未睹者，仍之差數；既睹者，修而正之。此終始相差之無定者也。明著者立之法，無定者不改於其法，可以治曆矣。

校注

〔一〕黄道　太陽在天球上的視運行軌道。它與南北赤道斜交。右旋、左旋　這是中國古代關於天體運動的一種假設。它認爲整個天穹由東向南、向西、向北左旋，而日、月、五星則向相反方向右旋。左旋快，右旋慢，故日、月、五星看上去也在左旋。

〔二〕日躔　太陽在黄道上運行的度次。

〔三〕十有二子　亦即十二辰。把北斗七星繞正北極運行的圓周均分爲十二個方位，並用十二地支給每一方位命名，此即十二辰。

〔四〕中氣　一年二十四節氣之中，從冬至起逢單的節氣。即冬至、大寒、雨水、春分、穀雨、小滿、夏至、大暑、處暑、秋分、霜降、小雪共十二個。每個中氣皆與十二辰之一相應（即「中建」），又與太陽在黄道上的一定度次相對應。

〔五〕發斂一終　太陽在黄道上運行一周。自秋分至次年春分，謂之發；自春分至秋分，謂之斂。

〔六〕起朔　在一個朔望月裏，日、月、地有兩次大致在一直線上。當月在日、地之間時，謂之朔，作爲一個月的起始時刻。地在日、月之間，謂之望。

〔一七〕日兆月　太陽光照射到月球上而被反射。

〔一八〕朔而薄於交道　當一月之朔而迫近黄、白道交點時，則常發生日食。　薄，迫近之意。

〔一九〕闇虚　暗處，這裏指地球之影内。

〔二〇〕中衡　古代蓋天説天文學家假想以「七衡六間」圖來解釋一年中太陽運行規律。所謂七衡，即以地球爲中心畫七個圓。其間夾有六個圓環，稱爲六間。他們認爲：冬至太陽在外衡上運行，夏至太陽在内衡上運行，春、秋分時太陽在中衡上運行，一年之中太陽運行於七衡六間一周。

〔二一〕分至啓閉　分，指二分：春分、秋分。至，指二至：夏至、冬至。啓，指立春、立夏。閉，指立秋、立冬。它們是一年中八個重要的節氣。

〔二二〕贏縮遲疾　日、月、五星在各自的視運動軌道上的運動速度並不均勻，有時加速（贏），有時減速（縮）；有時快（疾），有時慢（遲）。

〔二三〕歲差　由於恒星運動所造成的太陽在黄道上冬至點每年後退的現象。根據測算，歲差值大約每年50″·2，七十一年又八個月相差一度。

〔二四〕東陸、西陸、南陸、北陸　合稱四陸，又稱四官，中國古代把天上星座按方位分爲東、南、西、北四官，以及天頂中官。並根據四官星象，想象成動物圖案：東陸青（蒼）龍，西陸白虎，南陸朱雀（鳥），北陸玄武（龜蛇）。

〔二五〕春秋傳　指春秋左氏傳。下同。

〔二六〕見伏昏旦中　皆就某星之象言之。見，同現，初昏時或黎明時見之於東方者。某星與日同時出没，其光被日光所掩，謂之伏。初昏或黎明時正南方中天之星，謂昏中或旦中，見、伏、昏中、旦中之星，可以作觀測節候的標誌。

〔一七〕二十八舍　即二十八宿。在四官基礎上將每官分爲三次、七宿，周天共十二次、二十八宿。二十八宿之名初見於春秋典籍，並有互異之處，至西漢淮南子始定。每宿選一恒星爲距度星。每宿所占開區度數不一，合起來爲三百六十五度又四分之一度。

四官、十二次、十二辰、二十八宿名稱對應如次：

四官	十二次	二十八宿	
東官青龍	壽星	辰	角、亢
	大火	卯	氐、房、心
	析木	寅	尾、箕
北官玄武	星紀	丑	斗、牛
	玄枵	子	女、虚、危
	娵訾	亥	室、壁
西官白虎	降婁	戌	奎、婁
	大梁	酉	胃、昴、畢
	實沈	申	觜、參
南官朱雀	鶉首	未	井、鬼
	鶉火	午	柳、星、張
	鶉尾	巳	翼、軫

〔一八〕關於十二次、二十八宿的名稱，我國古代典籍，如夏小正、詩經、周禮、呂氏春秋、淮南子、漢書律曆志等，取用不完全相同。這裏列舉了二十八宿的異名。

〔一九〕土圭　中國最古老的測天儀器，又稱圭表。它由兩部分組成：圭和表。圭爲方向南北水平放置的尺，表爲直立地面的標杆。利用一年中日影正午時的長短變化，不僅可以測地中，而且可以測定二十四節氣。利用一天之内日影方向的變化，可以計時。在兩個南北相距較遠的地方，在同一時刻用長度相同的土圭，測出里差，可以此估計兩地相距里程。

〔二〇〕測土深　即測南北地域的深（寬）度。　正日景，測日影的長度，以定季節或一天中之時刻。　地中，大地中心，周人以陽城（在河南登封縣境内）爲地中。

〔二一〕日東景夕，日西景朝　東方已是傍晚的夕景，西方還才是早上的朝景。

〔二二〕四時　即四個時辰。中國古代計時，從夜半子時開始至下一日夜半，一晝夜分爲十二個時辰，用十二地支來記名。卯至午、午至酉，皆首尾經四個時辰。

〔二三〕偏南、偏北、偏西、偏東　原文中「偏」皆誤爲「日」，今依經韻樓本東原文集卷五改。

〔二四〕朔望朏霸　古代人們對月相的描述。朔，黑月，指陰曆月初一日的月相。望，滿月，指陰曆月十五日的月相。朏，初生新月，指陰曆初三日的月相。霸，月虧缺的部分。

〔二五〕日月躔逡　原作「日躔月逡」，今依經韻樓本東原文集卷五改。

〔二六〕十有二次　經韻樓本東原文集卷五下有「暨星與黄、赤道相值」八字。

〔二七〕紀於曆數者　經韻樓本東原文集卷五下有「察之圭槷」四字。

〔二八〕辰星　即水星。　太白，即金星。　熒惑，即火星。　歲星，即木星。　填星，即土星。　以上合稱五星。

〔二九〕五步　指五星推步。推步，即天文測算。下文中所言「五步」實代指五星。

〔三〇〕璇機玉衡　此處指古代觀測天象的儀器。下文中「璇機」則指黄道極。

〔三一〕一象限　「限」字，據句股割圜記上補。

〔三二〕規法　這裏所取角度（或弧度）單位爲：一直角的九十六分之一爲一限。與句股割圜記上卷中的規法不同。

〔三三〕次矩分　「次」，據句股割圜記上補。

〔三四〕本篇以中國古代的右旋説來解釋天體運行。所謂右旋説，大意是：帶有衆多星辰的宇宙整個向左旋轉，而日、月和五大行星則在各自的圓軌道上作向右旋轉。我們所看到的日、月、五星的視運動，是這左旋、右旋兩種運動的合成。這種觀點與西方古希臘托勒密的本輪、均輪説有相通之處。這裏所説「左旋之軌」則相當於均軌。

〔三五〕這裏是説太陽的左旋之軌（本輪）慢，右旋之軌（均輪）快，由此而産生歲差。

〔三六〕平行　指日平均行度。

〔三七〕九道八行　中國古代對月行軌道的一種描述，類似於日行軌道的七衡六間的描述。

〔三八〕此處所説土星、木星、火星爲日上三重，金星和水星爲日下二重，是就圜「九重」的宇宙體系而説的。

〔三九〕這裏所説的五星左旋、右旋周次，是爲解釋它們不規則的視運動而設想的。其實並無此事。

〔四〇〕蒙氣　指地表上空之大氣層，它對天體發出的光有折射作用。這裏説：因蒙氣影響測量誤差，所以測得之數與推算之數「兩者殊數」。

戴震全書之十八

續天文略

胡炳生◎整理
陳久金◎審訂

説明

續天文略係戴震一部未完成之著作。從作者自序知，原書有十個篇目，而實成七篇，計上卷四篇：星見伏昏旦中、列宿十二次、黄道宿度；中卷三篇：七衡六間、晷景長短、北極高下。未成書的三篇：日月五步規法、儀象、漏刻，是爲下卷。該未完稿刊入微波榭戴氏遺書之中。安徽叢書即據此書影印。

乾隆中，朝廷開館續纂鄭樵通志，其中天文略想是初請戴震續之，因有此作。作者在自序中已經説及。他一方面指出天文略「徒襲舊史，未能擇之精、語之詳」；另一方面又説明寫作之目的在於「或補前書之闕遺，或賡所未及」。同時從其後所出欽定續通志天文略來看，不僅篇目所擬相同，而且前七篇文字基本上一致。可見戴氏所著七篇，實際上被朝廷採納。但不知是何原因，作者未將全稿寫完。

又據洪榜戴東原先生行狀稱，戴氏有曆問一卷、古曆考二卷；孔廣森總序中也有記載。但微波榭刊本卻無此二書。因而段玉裁在戴東原先生年譜中疑古曆考即續天文略。

從内容上看，該書係分類輯録古代典籍中有關天文曆法論述，並用案語形式加以辯證和評述。其學説觀點，大致與原象相同。

本次整理以安徽叢書本爲底本，并參校有關史志典籍。

續天文略序

臣震謹案：書言「敬授人時」。易言「天垂象，見吉凶」。其在周官，推步掌於馮相氏，占變掌於保章氏，各有專司。故司馬遷史記分爲八書之二。古者小民咸識天象，仰瞻星漢，用知時節而趣耕作。夏小正、月令諸書，示農事、女工勿怠緩也。而律設科條，私習天文有禁，乃以絶民間或妄語禨祥。是二者，又有宜講求、不宜講求之别矣。然施之於用雖二事，苟溯而上之，日月星運行有常，其爲體也則一。

宋鄭樵通志録步天歌兼及其注文，繼以晉書所列天漢起没、十二次度數、州郡躔次，又參以隋書所列七曜，述是數者，爲天文略〔一〕。樵稱：歌辭句中有圖，言下見象，不語休祥。而注内仍不免涉災祥休咎。至若十二次宿度，雜舉劉歆、費直、蔡邕三家。則由未解歲差，故存其殊，致莫之折衷。其以郡隸州國也，如曰燕、幽州，而所隸有西河、上郡、北地，此三郡實古雍州；曰衛而配以并州，下列安定、天水、隴西、酒泉、張掖、武都、金城、武威、敦煌，此九郡遠出雍西；曰魏而配以益州，隸廣漢、越嶲、蜀郡、犍爲、牂牁、巴郡、漢中於下，實非魏之疆土；曰秦雍州，而所隸乃雲中、定襄、雁門、代郡、太原、上黨，又屬戰國時趙域。晉書此條訛舛特甚，既無從是正，不宜取以滋惑。蓋天文一事，樵所不知，而欲成全書，固不可闕而不載，是以徒襲舊史，未能擇之精、語之詳也。

今更爲目十：曰星見伏昏旦中，曰列宿十二次，曰星象，曰黄道宿度，曰七衡六間，曰晷景短長，曰北極高下，曰日月五步規法，曰儀象，曰漏刻。或補前書闕遺，或賡所未及。凡占變推步不與焉。考自唐、虞已來，下迄元、明，見於六經史籍，有關運行之體者，約而論之，著於篇。

續天文略卷上

星見伏昏旦中

堯典舉四仲月昏中之星：日中星鳥，以殷仲春；日永星火，以正仲夏；宵中星虛，以殷仲秋；日短星昴，以正仲冬。夏小正從而廣之以紀候：正月，鞠則見，初昏參中，斗柄縣在下；三月，參則伏；四月，昴則見，初昏南門正；五月，參則見，初昏大火中；六月，初昏斗柄正在上；七月，漢案户，初昏織女正東鄉，斗柄縣在下則旦；八月，辰則伏，參中則旦；九月内火，辰繫於日；十月，初昏南門見，織女正北鄉則旦。唐、虞、夏相承未遠，故火中並繫之仲夏五月。而春秋傳張趯曰：火星中而寒暑退。則季冬十有二月，寒退旦中；季夏六月，暑退昏中也。凡星未中，見而東陞；過中，乃西流。周以夏正之六月昏火中，故豳詩曰「七月流火」。此歲差之大較。

周語虢文公曰：「農祥晨正，日月底于天廟，土乃脈發。」單子曰：「夫辰角見而雨畢，天根見而水涸，本見而草木節解，駟見而隕霜，火見而清風戒寒。營室之中，土功其始。火之初見，期于司里。」左氏春秋：「龍見而雩」，「凡土功，龍見而畢，務戒事也。火見而致用，水昏正而栽，日至而畢。」申豐曰：「古者日在北陸，而藏冰西陸，朝覿而出之，火出而畢賦。」月令：「孟春之月，日在營室，昏參中，旦尾中。仲春之月，日在奎，昏弧中，旦建星中。季春之月，日在胃，昏七星中，旦牽牛中。孟夏之月，日在畢，昏翼中，旦婺女中。仲夏之月，日在東井，昏亢中，旦危中。季夏之月，日在柳，昏火中，旦奎中。孟秋之月，日在翼，昏建星中，旦畢中。仲秋之月，日在角，昏牽牛中，旦觜觿中。季秋之月，日在房，昏虛中，旦柳中。孟冬之月，日在尾，昏危中，旦七星中。仲冬之月，日在斗，昏東壁中，旦軫中。季冬之月，日在婺女，昏婁中，旦氐中。是月也，日窮于次，月窮于紀，星回于天。」考驗歲差，積而踰二千年，列宿部星右移一次，其見伏昏旦中後一月。是以周人所言，與堯典、夏小正殊。下至於唐，復改月令以表其時之星候：孟春，日在虛，昏昴中，曉心中。仲春日在營室，昏東井中，曉箕中。季春日在婁，昏柳中，曉南斗中。孟夏日在昴，昏翼中，曉牽牛中。仲夏日在參，昏角中，曉危中。季夏日在東井，昏氐中，曉東壁中。孟秋日在張，昏尾中，曉婁中。仲秋日在角，昏南斗中，曉畢中。季秋日在角，昏牽牛中，曉東井中。孟冬日在房，昏虛中，曉張中。仲冬日在箕，昏營室中，曉軫中。季冬日在南斗，昏奎中，曉氐亢中。虞、夏冬至日在虛，殷在婺女，周在牽牛，漢已後在斗，元在箕。

凡日躔所在，其星同日出没，謂之伏；去日半次，而後朝覿。距日四分天周之一，昏旦正見於南方，是爲中星。以周、秦上校虞、夏，候差及一次，至元、明差及二次矣。

臣等謹案：星見伏昏旦中，古今不同。由於日躔所在之宿，驗之分至，歲有差移。大概近七十年而差及一度，踰二千年而差及一次。

唐、虞時，春分日在胃、昴之間，故鳥中；夏至日在七星，故火中；秋分日在氐、房之間，故虛中；冬至日在虛，故昴中。

夏小正於正月首云「鞠則見」。大戴禮記兼載其說。曰「鞠」者何也？星名也。自漢已來，天文志諸書無所謂「鞠星」者。「鞠」當爲「噣」。爾雅：「噣謂之柳。」虞、夏正月，日躔奎、婁。奎、婁西没，故柳東陞。詩召南：「三五在東。」毛傳云：「三心五噣。」鄭箋云：「噣在東方，正月時也。」可以訂正「鞠」爲「噣」字轉寫之訛。又四月言：「初昏南門正。」至十月言：「初昏南門見。」南門二星在亢、氐之南，四月日躔東井、輿鬼，故昏見於南方。十月日躔牽牛、南門，二星朝見於東南隅，非昏見也。「初昏」二字蓋後人誤加。

孔穎達云：「月令昏明中星皆大略而言。但一月之内有中者，即得載之。」又云：「凡十二月日之所在，或舉月初，或舉月末，皆據其大略。」此說得之王肅注堯典；不知月令季月昏中者，堯時仲月已昏中。其故，因歲差則然。强以所宅爲孟月，日中、日永爲仲月，星鳥、星火爲季月，讀「仲」爲「中」，言各正三月之中氣，最爲疏謬。

稽諸載籍，堯典、夏小正所言星候相近，詩三百篇暨國語、左氏春秋、月令所言星候相近。虞、夏與周先後一月，不聞古人以爲疑，而各隨其時代仰觀之象，著於令，以示民。則歲差之故，古人明知之。漢初乃失其傳，故冬至日在斗，而猶繫之牽牛。至永元十五年，造太史黃道銅儀，乃言冬至日在斗十九度四分度之一。

晉虞喜云：「堯時冬至日短星昴，今二千七百餘年乃東壁中，則知每歲漸差之所至。」後代言歲差始此。

歲差者，以日、星相較而差，非天行有差也。天之有南北極，爲左旋之樞，以定南北。天之有赤道爲左旋之中帶，以界南北。而黃極爲右旋之樞，距北極二十餘度。黃道爲右旋之中帶，斜交於赤道，半在赤道南，半在赤道北；最遠距赤道亦二十餘度，與黃極距北極相應。日循黃道右旋而成歲。冬至最南，夏至最北，相距四十餘度。自南斂北，其下值中土所居漸近，則寒退而暑進。自北發南，其下值中土所居漸遠，則暑退而寒進。日之右旋，發斂於四十餘度之間，於黃道適周，本無纖微差數。使發斂未終，則無以成歲矣。一歲之日躔，起冬至復值其起處；而列宿部星則稍移而前，不與起處相值。其間甚微，積而至於六七十年差一度。非日躔黄道有此差，蓋列宿部星亦循黄道右轉耳。

唐一行分天自爲天，歲自爲歲。其所謂天者，指列宿而言；所謂歲者，指日躔而言。分而二之是也。然立法乃減歲餘、益天周，謂歲周不及天周，則非也。當以黄道爲日星右旋之天周，不惟日循之而南北發斂以有寒暑，列宿部星亦循之而古今推移。右旋者，日月五星、列宿旋轉之實也，論南北，不論東西。左旋者，爲大氣所運，遂成東出西没之象，論東西，不論南北。雖名以左右，而非一順一逆。知南北與東西殊致，則無疑於日月星實右旋矣。知列宿部星之右旋，猶夫日月五星右旋，則無於歲差之故。而星見伏昏旦中，可以上推千古，下推億萬年而皆準。宋書南徐州從事史祖沖之曰：「中星見伏，記籍每以審時者，蓋以曆數難明，而天驗易顯。各據一代所合，以爲簡易之政也。」斯言得古人以星紀候之意。月各表一星，舉目即見，故也。

臣等又案：晉書天文志稱：周髀家云：「日月實東行，而天牽之以西没。譬之於蟻行磨石之上，磨左旋而蟻右去，磨疾而蟻遲，故不得不隨磨以左回焉。」此喻誠得之而未盡。儒者往往以右旋於左爲逆，遂疑日月亦左旋，因行遲而覺其右轉，則徒見左右順逆而生遲速之説。

明史天文志記〔二〕：洪武中，帝與羣臣論天與七政之行，皆以蔡氏左旋之説對。蔡氏説見書經集傳。帝曰：「朕自起兵以來，仰觀乾象，天左旋，七政右旋，曆家之論確然不易。爾等猶守蔡氏説，豈所謂格物知之學乎？」今考蔡氏説，本之張子、朱子。故自宋已來，儒者與步算家各持一議。

試就蟻行磨石之喻論之。不惟磨左旋而蟻右去也。磨石有上下之厚，均分其厚，於上下之中設一圈，又斜絡之設一圈交於中圈，半在中圈之上，至磨上側，半在中圈之下，至磨下側。蟻右行循此圈，自下側斜而上至上側；勢必斜而下至下側，適一周。此圈乃論上下，非與中圈同轉分遲速。知此，則赤道專論東西，黄道專論南北，其象顯然。

又昔人所謂天左旋，日月五星右旋者，天指列宿，則歲差之故不明。況列宿與日月五星合爲有象之天八。屈原賦天問篇何以言「圜則九重」？古九重天之説，以列宿與日月五星皆右旋、而南北推移；加大氣左旋爲九也。左旋之天一，右旋之天八。而列宿右旋甚微，且星漢周布以成渾體，其右旋必渾體全轉，故借之以顯指日月五星所在耳。雖列宿譬之郵程，日月五星譬之過客，未嘗不知列宿亦右轉也。惟列宿與日月五星皆右轉，人見其東出西没者，乃大氣運之而左，則九天之説顯然。漢已來不以歲差歸之列宿右旋，而以歲差歸之日躔不足，殊乖實驗，亦謬於古所謂「圜則九重」者也。

列宿十二次

古以星記日月之行。唐、虞時分四象而已，亦謂之四陸〔三〕。至周人言十二次、二十八星〔四〕始詳，左氏春秋梓慎曰：「元枵，虚中也。」裨竈以「婺女」爲元枵之「維首」。據是遞之，星次之大致可考。

爾雅釋天：壽星，角、亢也。大辰，房、心、尾也；大火謂之大辰。析木之津，箕、斗之間，漢津也。星紀，斗、牽牛也。元枵，虚也；顓頊之虚。虚也，北陸虚也。娵訾之口，營室、東壁也。降婁，奎、婁也。大梁，昴也；西陸，昴也。柳，鶉火也。爾雅所未舉者，實沈，參也；鶉首，東井、輿鬼也；鶉尾，軫也。元枵，一曰天黿；娵訾之口，一曰豕韋。東陸蒼龍七宿，爲壽星、大火、析木之津三次。北陸玄武七宿，爲星紀、元枵、娵訾之口三次。西方白虎七宿，爲降婁、大梁、實沈三次。南方朱鳥七宿，爲鶉首、鶉火、鶉尾三次。

宋書祖沖之曰：「臣以爲辰極居中，而列曜貞觀；羣象殊體，而陰陽區別。故羽介咸陳，則水火有位；蒼素齊設，則東西可準。非以日之所在定其名號也。次隨星名，義合宿體，分至雖遷，而厥位不改。」

臣等謹案：曲禮言：「前朱鳥，而後玄武；左青龍，而右白虎。」此列宿之四象。春秋傳有「日在北陸」及「西陸朝覿」之文。是四象，又即爲四陸。爾雅雖云「北陸虚也」，「西陸昴也」，實言「陸」則兼該三次；故舉中一宿，以見七宿。

天既動，體隨時不同，何以有南北東西之定方？據堯典「日中星鳥，以殷仲春」，鳥在南，則蒼龍在東，白虎在西，玄武在北。象各七宿，或見，或否，因其時之定位，命爲南北東西；移時則不同。越數千年，則仲春初昏亦不同。

然則分四象，始自羲和。可知周冬至日在牽牛，爲星紀之中；則斗值星紀之初，用是爲十二次紀首，故曰星紀。唐、虞冬至日在虚，乃元枵正中。元已來冬至日在箕，乃析木之津正中，不首斗、牽牛也。然則十二次之名始自周人可知。

漢費直、劉歆、蔡邕諸人未識歲差，各以節氣日所在宿度，分十二次之界。故劉、蔡並云：日至其初爲節氣，至其中爲中氣。晉虞喜始立歲差法，而祖沖之尤論之詳。後此推步家，雖知星次不隨日躔推移。然其十二次之界，不過損益漢志及月令章句爲之，咸非定論。星次起於周人，則當取春秋傳「元枵虚中」及「婺女爲元枵之維首」二語，就黄道均分其界，庶幾不大遠於古耳。

臣等又案：二十八宿乃星之當黄道者。日行黄道，雖借星以紀日躔，當分黄道自爲黄道，列宿自爲列宿。黄道以冬至爲最南，夏至爲最北，春秋分爲南北之中。列宿，則唐、虞時虚在最南；元已來，箕在最南。分至由於南北中一定之限，十二次專以星象爲限，不論黄道之南北中也。

星象

爾雅釋天略舉星名，史記天官書而大備，其傳蓋出於周、秦之際。晉已後志天文者，往往與之殊致，轉相祖述，浸失其本。言星象宜權輿於此〔四〕。

中官天極星〔五〕，其一明者，太一常居也。旁三星，三公，或曰子屬。後句四星，末大星正妃，餘三星後宫之屬也。環之匡衛十二星，藩臣。皆曰紫宫。前列直斗口三星，橢北端鋭〔六〕，若見若不，曰陰德，或曰天一。紫宫左三星曰天槍，右五星曰天棓。後六星絶漢抵營室，曰閣道。

北斗七星，杓攜龍角，衡殷南斗，魁枕參首。斗魁戴匡六星，曰文昌宫：一曰上將，二曰次將，三曰貴相，四曰司命，五曰司中，六曰司禄。在斗魁中，貴人之牢。魁下六星兩兩相比者，名曰三台〔七〕。柄，輔星〔八〕，杓端有兩星，一内爲矛，招摇；一外爲盾，天鋒。有句圜十五星，屬杓，曰賤人之牢。

東官蒼龍，房、心。心爲明堂，大星天王，前後星子屬。房爲府，曰天駟。其陰，右驂。

旁有兩星曰鈐。北一星曰牽。東北曲十二星曰旗。旗中四星曰天市。中六星曰市樓。房南衆星曰騎官。左角理〔九〕，右角將；大角者天王帝廷。其兩旁各有三星，鼎足句之，曰攝提。攝提者，直斗杓所指，以建時節，故曰攝提格。亢爲疏廟。其南兩大星，曰南門。氐爲天根，尾爲九子，箕爲敖客。南官朱鳥，權、衡。衡，太微三光之廷。匡衛十二星，藩臣。西將，東相；南四星，執法。中，端門；門左右，掖門。門内六星，諸侯。其内五星，五帝坐。後聚十五星蔚然，曰郎位。旁一星，將位也。廷藩西有橢星四〔一〇〕，曰少微、士大夫、權、軒轅。軒轅，黄龍體。前大星，女主象；旁六星，御者、後宫屬。東井爲水事。其西曲星曰鉞。鉞北，北河；南，南河。兩河天闕間，爲關梁。輿鬼，鬼祠事，中白者爲質。柳爲鳥注，七星，頸爲員官，張嗉爲厨，翼爲羽翮，軫爲車。其旁有一小星，曰長沙。軫南衆星，曰天庫，庫有五車。

西官咸池，曰天五潢。五潢，五帝車舍。水中有三柱。奎曰封豕，爲溝瀆。婁爲聚衆。胃爲天倉。其南衆星曰廥積。昴曰旄頭。畢曰罕車，其大星旁小星爲附耳。昴、畢間，爲天街。其陰，陰國；陽，陽國。參爲白虎。三星直是也爲衡石。下有三星鋭曰伐〔一一〕。其外四星左右肩股也。小三星隅置，曰觜觿，爲虎首。其南有四星，曰天厠。厠下一星，曰天矢。其西有句曲九星，三處羅：一曰天旗，二曰天苑，三曰九游。其東有大星，曰狼。下有四星，曰弧，直狼。狼比地有大星，曰南極老人。

北官玄武，虛、危。危爲蓋屋，虛爲哭泣之事。其南有衆星，曰羽林天軍。軍西爲壘，或曰鉞。旁有一大星，爲北落。危東六星，兩兩相比，曰司空。營室爲清廟，曰離宫、閣道。漢中四星，曰天駟。旁一星，曰王良。旁有八星絶漢，曰天潢。天潢旁，江星。杵曰四星在危南〔一二〕。河鼓東，匏瓜。南斗爲廟，其北建星。建星者，旗也。牽牛爲犧牲。其北河鼓。河鼓大星，上將；左右，左右將。婺女其北織女；織女，天女孫也。

紫宫，房心，權衡，咸池，虛危列宿部星，此天之五官坐位也，爲經不移徙，大小有差，闊狹有常。水、火、金、木、填星，此五星者，天之五佐，爲經緯，見伏有時，所過行贏縮有度。

臣等謹案：世所傳甘石星經，出於後人僞託。其積古已來，由略而詳者，天官書集其大成。篇内云：「漢之爲天數者，星則唐都，氣則王朔，占歲則魏鮮。」又自序云：「談爲太史公，太史公學天官於唐都。」然則遷述天官，即所謂唐都分其天部者也；雖兼存占氣、占歲之説，而以星爲本。

漢書天文志稱：「經星常宿中、外官，凡百一十八名，積數七百八十三。」中、外官者，中官及東南西北合而五，謂之五官坐位。索隱云：「案：天文有五官。官者，星官也。星座有尊卑，若人之官曹列位。故曰天官。」由是言之，今本史記乃作中宫、東宫、南宮、西宮、北宮，皆「官」字轉寫之訛。索隱於「中官」下引春秋元命包云：「官之言宣也。」於「紫宮」下引元命包：「宮之言中也。」今索隱中「官」併注，並訛作「宮」。

臣等又案：天官書言下有象，遠過後人述作。其中涉及占變者，今並削去。又篇內言「五官坐位不移徙，大小有差，闊狹有常」，可謂得其實矣。復有「心宿不欲直老人見王良策馬」等占，皆占星家妄生附會。古以列宿部星爲恒星，又謂之經星，終古如斯，初無變動。至若星之右旋以成歲差，乃渾體全轉，而座位相距之度分不改。

臣等又案：恒星右旋循黄道而宗黄極。故其在赤道内外，距北極遠近，古今不同；而在黄道内外，距黄極遠近，千古如一。隋書天文志言，賈逵、張衡、蔡邕、王蕃、陸績皆以北極紐星爲樞〔一三〕，是不動處也。祖暅之以儀準候，不動處在紐星之末，猶一度有餘。宋史載沈括渾儀議曰：「臣考驗極星，更三月而後知天中不動處遠極星乃三度有餘。」梅文鼎恒星紀要云：「極星，祖暅之時離不動處一度，沈括時遽離三度奇，至郭太史時仍三度奇。今以其儀器考之，則宋時離不動處正在二度左右耳。祖氏雖云離一度餘；若其真度，恐未及一度」。此專論近北極紐星古今去北極不同。其餘列宿部星古今距北極不同，做此。

臣等又案：晉書天文志引張衡云：「中外之官常明者，百有二十四，可名者，三百二十，爲星二千五百；微星之數蓋萬有一千五百二十」。又言：「後太史令陳卓總甘、石、巫咸三家所著星圖，大凡二百八十三官、千四百六十四星，以爲定紀。」

鄭樵志録步天歌於晉書已後，星名略備。其分三垣、二十八宿。在天官書，紫微垣爲中官，天市垣與蒼龍七宿爲東官，太微垣與朱鳥七宿爲南官，白虎七宿爲西官，玄武七宿爲北官。天官書出於唐郡，晉已後天文志咸本之。三國時吴太史令陳卓所有增出星名，已詳鄭氏天文略，兹不復贅。

黄道宿度

後漢志稱：「在天成度，在曆成日，居以列宿，終於四七。」此天度之所由起。以日循黄道右旋一晝夜所過，謂之一度；凡三百六十五日小餘不及四分日之一，右旋一周，古推步家約計，大致定爲歲周三百六十五日四分日之一，因以命度定爲天周之度。

永元四年，左中郎將賈逵論曰：臣前上傅安等用黄道度日月，弦望多近。史官一以赤道度之，不與日月同；於今曆弦望至差一日已上。輒奏以爲變，至以爲日卻縮退行於黄道，自得行度不爲變〔一四〕。願請太史官日月宿薄及星度課，與待詔星象考校。奏可。臣謹案：前對言冬至日去極百一十五度，夏至日去極六十七度，春秋分日去極九十一度。

赤道者爲中天，非日月道；而以遥準度日月，失其實行故也。如安言問，典星待詔姚崇、井畢等十二人皆曰：星圖有規法，日月實從黄道。官無其器，不如施行。

案：甘露二年，大司農中丞耿壽昌奏以圖儀度日月行，考驗天運狀。日月至牽牛、東井，日過度、月行十五度；至婁角，日行一度、月行十三度。赤道使然，此前世所共知也。如言黄道，有驗合天，日無前卻，弦望不差一日；比用赤道密近，宜施用。

十五年七月甲辰，詔書造太史銅儀〔一五〕。以角爲十三度，亢十，氐十六，房五，心五，尾十八，箕十，斗二十四四分度之一，牽牛七，須女十一，虚十，危十六，營室十八，東壁十，奎十七，婁十二，胃十五，昴十二，畢十六，觜三，參八，東井三十，輿鬼四，柳十四，星七，張十七，翼十九，軫十八，凡三百六十五度四分度之一。冬至日在斗十九度四分度之一。

臣等謹案：天本無度，因日躔以起度。度也者，行而過之之名。故日循黄道一晝夜，所過即爲一度。

黄道斜交於赤道。日躔自南斂北、自北發南，寒暑往來而成歲者，黄道事也。辨方位，計辰刻者，赤道事也。日右旋三百六十五日有奇於黄道一周，謂之歲周。因分天爲三百六十五度有奇，謂之天周。是度法本宜施於黄道，不宜施之於赤道。而漢元封七年，太中大夫公孫卿、壺遂、太史令司馬遷與侍郎尊、大典星射姓等，定東西、立晷儀、下漏刻，以追二十八宿相距於四方，徒有赤道宿度，無黄道宿度。

前漢志：「角十二，亢九，氐十五，房五，心五，尾十八，箕十一，斗二十六，牛八，女十二，虚十，危十七，營室十六，壁九，奎十六，婁十二，胃十四，昴十一，畢十六，觜二，參九，井三十三，鬼四，柳十五，星七，張十八，翼十八，軫十七。」此列宿相距，乃從赤道測其度數，下至唐初，相承不改。

開元中，詔梁令瓚作黄道游儀，測知畢、觜、參及輿鬼四宿赤道宿度，與舊不同：畢十七，觜一，參十，鬼三。宋皇祐已後，屢有改更。

元新制渾儀，測用二綫〔一六〕：角十二度十分，亢九度二十分，氐十六度三十分，房五度六十分，心六度五十分，尾十九度十分，箕十度四十分，斗二十五度二十分，牛七度二十分，女十一度三十五分，虚八度九十五分，太危十五度四十分，室十七度三十分，壁八度六十分，奎十六度六十分，婁十一度八十分，胃十五度六十分，昴十一度三十分，畢十七度四十分，觜五分，參十一度十分，井三十三度三十分，鬼二度二十分，柳十三度三十分，星六度三十分，張十七度二十五分，翼十八度七十五分，軫十七度三十分。

考觜、參二宿，漢定爲觜二、參九；唐爲觜一、參十；元則觜僅百分度之五，參十一度百分度之十。明崇禎元年測，改參前觜後。

蓋列宿循黄道右旋，以成歲差。其黄道度分有定，而從赤道視之，近二至者，度間必闊。赤道渾圓之中圍，周髀算經謂之中衡。冬至謂之外衡，夏至謂之内衡。其左旋皆準赤道，平行以成規法。外内衡小於中衡，則其應乎赤道也。外内衡度狹，中衡度闊。黄道亦渾圓之中圍，而勢斜側。當其與二至近，黄道以闊度應其狹度。故在黄道一度，在赤道必過乎一度。近二分，則斜側之勢乃顯。故在黄道一度，在赤道必不及一度。漢耿壽昌所謂「考驗天運狀日月〔一七〕，至牽牛、東井，日過度，月行十五度」。時牽牛近冬至、東井近夏至故也。

赤道宿度，因歲差而古今異致；向之平者，今值乎斜側；向之側者，今轉移近平。體勢殊觀。不惟觜西距星，從赤道視之，轉而在參西距星之東，鬼西距星亦可轉而在柳西距星之東；皆將前後易位，而不得不各改距星，始合黄道前後之定序。故宿度惟以黄道爲主而赤道可不論。況赤道以正時刻，非以正節氣，無取乎日躔宿度也。

然漢已來，皆先測赤道，乃用句股弧矢之術推算，以知黄道。測算有疏密，故史志所載黄道宿度，亦古今不同。

臣等又案：前漢未有黄道宿度。日月行黄道，而以赤道度遥準之，宜其差謬。後漢永元十五年始定黄道宿度。而唐已後，歲差之説行，損歲餘，益天周，乃以列宿右移之數爲日躔不足之數，虚增之爲天度。元至元中，定歲周三百六十五日二十四分二十五秒，天周三百六十五度二十五分七十五秒，歲差一分五十秒。虚增此一分五十秒者入各宿。

試據冬至論之，日行最南，測影最長，始得爲冬至。倘日躔不足一分五十秒，必待其更行一分五十秒然後爲最南。豈日行非最南，測影非最長，可截去不足之數，謂之冬至？是歲歲冬至皆非日南至矣。此由不知寒暑之故專屬黄道，論南北不論東西也。歲差之數不定，故史志所載天周亦不定。

又唐書天文志云：舊圖奎誤距西大星，今復距西南大星。張中央四星爲朱鳥嗉，外二星爲翼，比距以翼〔一八〕，而不距以膺；今復以膺爲距。此古今距星之有更易，黄道宿度千古不變。其不同之故有三：測算疏密一也，天周不定二也，距星更易三也。

校注

〔一〕天文略　南宋鄭樵著通志二百卷，天文略是其中一種。

〔二〕明史天文志　應爲「明史曆志」。

〔三〕四象　亦稱四陸，指古人按星象之不同將天空劃分爲四個方位的天區，即東陸蒼龍（一作青龍）、西陸白虎、南陸赤鳥、北陸玄武（龜蛇）。

〔四〕指史記天官書。

〔五〕中宫　天官書原作「中宫」。

〔六〕檐北端鋭　天官書原作「隋北端兑」。

〔七〕三台　天官書原作「三能」，集解曰「能音台」。

〔八〕柄輔星　此三字爲天官書所不載。

〔九〕左角理　天官書原作「左角李」，索隱曰「李即理」。

〔一〇〕檐星四　天官書原作「隋星五」。

〔一一〕三星鋭曰伐　天官書原作「三星兑曰罰」。

〔一二〕杵臼四星　天官書原作「杵臼四星」。

〔一三〕紐星　在天北極附近的一顆星，位於帝星與勾陳一之間。我國東漢至南北朝時曾以它作爲北極星。現在的北極星爲勾陳一（即小熊座 α 星）。

〔一四〕自得行度　後漢書律曆志原作「日得行度」。

〔一五〕銅儀　後漢書律曆志原作「黄道銅儀」。東漢永元十五年（公元一〇三年）和帝詔造太史黄道銅儀，此時賈逵（公元三十一——一〇一年）已經去世。

〔一六〕測用二綫　測至度，分二級單位。

〔一七〕考驗天運狀日月　後漢書律曆志中作「考驗天運狀日月行」。

〔一八〕比距以翼　「比」，新唐書作「北」。

續天文略卷中

七衡六間

春秋時，郯子述古少皞氏之官，有司分、司至、司啓、司閉。分者，春分、秋分；至者，冬至、夏至；啓者，立春、立夏；閉者，立秋、立冬，是爲八節。下至周之列國，凡分至啓閉，必書雲物〔一〕。其後，因而增詳，一歲分中氣、節氣二十有四。

周髀算經言：「七衡周而六間，以當六月。故日夏至在東井，極内衡；日冬至在牽牛，極外衡也。衡復更終冬至。故曰，一歲三百六十五日四分日之一。一歲一内極，一外極。常以夏至夜半時北極南游所極，冬至夜半時北游所極，冬至日加酉之時西游所極，日加卯之時東游所極，此北極璇璣四游。正北極璇璣之中，正北天之中。日出左而入右，南北行。故冬至從坎，陽在子，日出巽而入坤；夏至從離，陰在午，日出艮而入乾。外衡冬至，内衡夏至，六氣復返，皆謂中氣。」周髀所稱正北極者，左旋之樞，是爲赤道極。所稱北極璇璣者，右旋之樞，是爲黄道極。赤道正，而黄道半在其内，半在其外。日之行是以有發斂，此寒暑相代易之故也。

璇機距正北極，如内外衡距赤道之數。正北極居中，璇機環繞之而成規，晝夜一周又過一度。均分此規爲十二宫。璇機夜半至其初，爲節氣，至其中，爲中氣。中、節氣之距，凡十五日有奇。璇機之環繞正北極也，與日行發斂相應。是故北游所極，值正北子位，是爲建子〔三〕；於時，日值外衡而冬至。所謂「冬從坎陽在子」是也。南游所極，值正南午位，是爲建午。於時日值内衡而夏至。所謂「夏至從離陰在午」是也。璇機夜半所建，由子、丑、寅、卯、辰、巳六宫，以至於午，則日自南而斂北。由午、未、申、酉、戌、亥六宫，以至於子，則日自北而發南。如是終古不變。故十二月建，本於北極璇機。

宋書南徐州從事史祖沖之曰：「月位稱建，諒以氣之所本，名隨實著，非謂斗杓所指。近校漢時已差半次。審斗節時，其效安在？」然則月建之義，以表璇機。周髀稱「從坎」、「從離」，信而有徵也。

準一歲二十四氣以設衡。日至其衡爲中氣，璇機夜半，必建一宫之中；至其間爲節氣，璇機夜半必在兩宫之交。春正月建寅，其節氣立春，中氣曰啓蟄，後漢改爲穀雨；日入次五衡。二月建卯，其節氣曰雨水，後漢改爲驚蟄，中氣曰春分；日入中衡。三月建辰，其節氣曰穀雨，後漢改爲清明，中氣曰清明，後漢改爲穀雨；日入次三衡。夏四月建巳，其節氣曰立夏，中氣曰小滿；日入次二衡。五月建午，其節氣曰芒種，中氣曰夏至；日抵内衡而發南。六月建未，其節氣曰小暑，中氣曰大暑；，日出次二衡。秋七月建申，其節氣曰立秋，中氣曰處暑；，日出次三衡。八月建酉，其節氣曰白露，中氣曰秋分；，日出中衡。九月建戌，其節氣曰寒露，中氣曰霜降；，日出次五衡。冬十月建亥，其節氣曰立冬，中氣曰小雪；，日出次六衡。十有一月建子，其節氣曰大雪，中氣曰冬至；，日抵外衡而斂北。十有二月建丑，其節氣曰小寒，中氣曰大寒；，日入次六衡。此一歲機衡相應之大較也。

臣等謹按：：璇機今尚書作璿璣。伏生大傳及隋書所引並作璇機。璇取璇運之義，機即樞機。衡者，準之赤道而平也。

黄、赤道之極，皆天體璇運之樞機。惟赤道極居其所而不移徙，故步算家又謂之不動處。賈逵、張衡、蔡邕、王蕃、陸績皆以紐星爲不動處。梁祖暅之測紐星離不動處一度有奇，元郭守敬測三度有奇。由恒星有歲差，故近極之星其離之也，亦古今所測不同。赤道極今在句陳大星、紐星之間；，黄道極在紫微垣外，柱史星東南上弼少弼之間。

日隨大氣左旋，以成晝夜；，其右旋則自南斂北，復自北發南，以成寒暑。左旋者，晝夜之故也。右旋者，寒暑之故也。黄道極亦隨大氣而左，晝夜一周又過一度。是赤道極居中，黄道極環繞其外，晝夜旋運而有移徙，故古人以璇極名之。蓋同爲樞機，而有移徙、不移徙之殊。璇以言乎其移徙也。

日左旋晝夜一周，璇機左旋亦宜一周。所以又過一度者，日晝夜有右旋之一度。使日無此一度之減，則黄道極與日同一周矣。減日右旋一度，是黄道極左旋一周，而日未滿此一度；必於左旋補此一度之減，始成晝夜。故黄道極則過一度也。

冬至夜半，璇機在正北極下，是爲北游所極。日加卯之時，在正北極左，是爲東游所極。日加午之時，在正北極上，是爲南游所極。日加酉之時，在正北極右，是爲西游所極。此璇機之一日四游所極也。冬至夜半起正北，因晝夜過一度，積九十一日有奇，則春分夜半實爲東游所極。如是而夏至夜半，南游所極；秋分夜半，西游所極。此璇機之一歲四游所極也，古者冬夏致日。故周髀之文但舉二至，則二分可知。又錯舉冬至卯酉，則一晝夜必周四游，咸可知也。

吴太常姚信昕天論謂「冬至極低」、「夏至極起」，亦有見於黄道極低在赤道極之下，則近黄道之星應之而起；黄道極起在赤道極之上，則近黄道之星應之而低。晉書天文志譏之不解極指黄極故耳。

隋書天文志曰：「案虞書：『舜在璇機玉衡以齊七政。』馬季長創謂機衡爲渾天儀。鄭玄亦云其轉運者爲機，其持正者爲衡，皆以玉爲之。故王蕃云渾天儀者，羲和之舊器，積代相傳，謂之機衡。」此徒據漢所製渾儀以可旋轉謂之機，其横簫以視星辰者謂之衡。蔡邕云「懸機以象天，而衡望之。轉機闚衡，以知星宿」是也，與周髀所言「北極璇機」、「七衡六間」，指各不同。唐、虞機衡之制，周髀近之。

古未有二十四氣，蓋準八節爲之。宜設五衡：内衡夏至，次二衡立夏、立秋，中衡春分、秋分，次四衡立春、立冬，外衡冬至。日入次四衡爲春，入次二衡爲夏，出次二衡爲秋，出次四衡爲冬，而四時序矣。周末準十二中氣，故設七衡，衡之規法由來蓋遠。

臣等又按：夏小正啓蟄繫之正月。春秋左氏傳稱：凡祀，啓蟄而郊。又襄公七年，孟獻子曰：「夫郊祀后稷，以祈農事也。」是故啓蟄而郊，郊而後耕。杜預釋例云：「正月節立春，啓蟄爲中氣；二月節驚蟄，春分爲中氣。」杜氏不言雨水，而分啓蟄、驚蟄爲二。其釋例又云：傳曰「火伏而後蟄者畢」，此謂十月始蟄也。至十一月則遂閉之，猶二月之驚蟄。既啓之後，遂驚而走出，始蟄之後，又自閉塞也。此杜氏以意區分，非當時所用。漢志立春後次驚蟄下注：「今曰雨水。」次雨水下注：「今曰驚蟄。」次春分，次穀雨下注：「今曰清明。」次清明下注：「今曰穀雨。」蓋班固述劉歆原文於上，而以東漢時改易其先後者，注於下方。

孔穎達謂「太初以後，更改氣名，以雨水爲正月中、驚蟄爲二月節，非也」。然周髀算經即以啓蟄繼雨水，而逸周書、淮南子、易通卦驗皆先雨水後驚蟄。或周、秦間別傳與太初、三統異？或東漢用四分後，不知者習於其時所用以改古書？蔡邕月令章句復移驚蟄於雨水前。其作月令問答云：「問者曰：既不用三統，以驚蟄爲正月中、雨水爲二月節，皆三統法也。獨用之何？曰：孟春，月令曰蟄蟲始震，在正月也。仲春始雨水，則雨水二月也。以其合，故用之。」蔡氏但以釋經，至唐初傅仁均、李淳風之說行，則以之授時。開元後，又改從東漢，至今因之。

王應麟云：「改啓爲驚，蓋避景帝諱。」此說足正杜預之失。顧炎武云：「始雨水者，謂天所雨者水，而非雪也。今二月間尚有雨雪，惟南方地暖，有正月雨水者。當依古以驚蟄爲正月中，雨水爲二月節爲是。」南史宋孝武帝紀：大明元年正月庚午，都下雨水。蓋以雨水爲異。此說可與月令問答相發明。

二十四氣内二分、二至，以日夜分、南北至定名。分者，中分之適半也；至者，極也。周禮稻人：「夏以水殄草而芟夷之，澤草所生種之，芒種。」國語：「處暑之既至。」又云：「古者大寒降，土蟄，發水，虞於是講罛罶。」又云：「駟見而隕霜，隕霜而冬裘具。」荀卿書：「霜降逆女。」月令：「仲夏小暑至，孟秋白露降，季秋霜始降。」然則啓蟄、雨水、芒種、小暑、處暑、白露、霜降、大寒等名，各有所依以立義。特整齊之爲二十四，應起於周末耳。

臣等又案：十二月建，自逸周書以爲斗杓所指，漢人據之説經，劉宋祖沖之始辯其失。後儒多未考，宋書猶信所習聞。近梅文鼎設問答，辯證極詳。

問：行夏之時，謂以斗柄初昏，建寅之月爲歲首。議者以冬至既有歲差，則斗柄亦從之改度，今時正月不當仍爲建寅。曰：孟春正月自是建寅，非關斗柄。自大撓作甲子，以十二子爲地支，寅、卯、辰列東，巳、午、未列南，申、酉、戌列西，亥、子、丑列北。堯典「東作」、「南訛」、「西成」、「朔易」，此四時分配四方，而以春爲首之證也。既有四仲月，以居卯、午、酉、子之四正，自各有孟月、季月，以居四隅。仲春既正東爲卯月，其孟春必在東之北而爲寅月，何必待斗柄指寅乎？故「日中星鳥」、「日永星火」、「宵中星虛」、「日短星昴」並祇以晝夜永短爲憑，以昏中之星爲斷，未嘗一言及於斗柄也。孔子去堯時已及千五百歲，歲差之度已二十餘度。若堯時斗柄指寅，孔子時必在寅前二十度而指丑矣。歲差之法古雖未言，然而月令昏中之星不同於堯典，則實測當時之星度也。月令兼言旦中，又舉其日躔所在，兼舉十二月而備言之，可謂詳矣。然未嘗一語言斗柄建寅爲孟春。史記律書以十律配十二月之所建地支，而疏其義，兼八風、二十八舍以爲之説，而並不言斗建。天官書曰「杓攜龍角，衡殷南斗，魁枕參首」，「用昏建者杓」，「夜半建者衡」，「平旦建者魁」，而非僅斗杓，非止初昏。

問：說者又以各月斗柄皆指其辰，惟閏月則斗柄指兩辰之間，由今以觀其說亦非歟？曰：周天之度以十二分之，各得三十度奇。凡各月中氣，皆在其三十度之中半，各月節氣皆居其三十度之首尾。今依其說，斗柄所指各在其月之辰，則交節氣日，斗柄所指必在兩辰之間矣。十二節氣日皆指兩辰之間，又何以別其爲閏月乎？若夫閏月，則止有節氣、無中氣，其節氣之日固指兩辰之間矣。然惟此一日而已。其前半月、後半月，並非兩辰之間也。十二辰首尾鱗次，又何處設此三十度於兩辰間，以爲閏月三十日之所指乎？斗杓之星距北極止二十餘度，必以北極爲天頂，而後可以定其所指之方。今中土所處在斗杓之南，仰而觀之，斗杓與辰極並在天頂之北。故古人言中星，不方斗杓，蓋以此也。淮南子等書言「招摇東指而天下皆春」，不過大概言之，原非以此定月。古之人以星象授人時，若以歲差考之，則於今日並相差一二旬矣。然而當其時，各據其時之星象爲之著令，所以使民易知也。而終未有言斗杓指何方而作何事者，則以其方位之難定也。十二月建之非關斗柄，明矣。是故斗柄雖因歲差而所指不同，正月之建寅不可易也。此論足以申明宋書祖氏之説。今考夏小正舉斗柄者三：於正月云「初昏參中，斗柄縣在下」，則寅月指子矣，於六月云「初昏斗柄正在上」，則未月指午矣。於七月云「斗柄縣在其下則旦」，是申月指子而旦也。與中星表候同一例，不以爲月建。

祖氏、梅氏以歲差知月建，非因斗柄移辰，而不知北極璇璣冬至夜半恒指子，春分夜半恒指卯，夏至夜半恒指午，秋分夜半恒指酉。以四游所極推之餘月，則月建十有二，由璇機夜半所建，顯然。且璇機所建與日躔黄道發南斂北相應，實爲氣之所本。祖氏謂「諒以氣之所本」者，雖未能確言，其識卓矣。

晷景短長

周禮大司徒：「以土圭之法測土深，正日景，以求地中。日南，則景短多暑；日北，則景長多寒。日東，則景夕，多風；日西，則景朝，多陰。日至之景，尺有五寸，謂之地中。天地之所合也，四時之所交也，風雨之所會也，陰陽之所和也。然則百物阜安，乃建王國焉。制其畿，方千里而封樹之。」土方氏掌土圭之法，以致日景，以土地相宅，而建國都鄙。

周髀算經：「日運行處極北，北方日中，南方夜半。日在極東，東方日中，西方夜半。日在極南，南方日中，北方夜半。日在極西，西方日中，東方夜半。凡此四方者，天地四極四和。晝夜易處，加四時相及。然其陰陽所終，冬至所極，皆若一也。極下不生萬物。北極左右，夏有不釋之冰。中衡左右，冬有不死之草，夏長之類。此陽彰陰微，故萬物不死，五穀一歲再熟。凡北極之左右，物有朝生暮穫。」

後漢書律曆志：「日道發南，去極彌遠，其景彌長；遠長乃極，冬乃至焉。日道斂北，去極彌近，其景彌短；短近乃極，夏乃至焉。二至之中，道齊景正，春秋分焉。黄道去極，日景之生，據儀表也。冬至晷景丈三尺；小寒丈二尺三寸；大寒丈一尺；立春九尺六寸；雨水七尺九寸五分；驚蟄六尺五寸；春分五尺二寸五分；清明四尺一寸五分；穀雨三尺二寸；立夏二尺五寸二分；小滿尺九寸八分；芒種尺六寸八分；夏至尺五寸；小暑尺七寸；大暑二尺；立秋二尺五寸五分；處暑三尺三寸三分；白露四尺三寸五分；秋分五尺五寸；寒露六尺八寸五分；霜降八尺四寸；立冬丈四寸二分；小雪丈一尺四寸；大雪丈二尺五寸六分。」

唐書天文志：「宋元嘉中，南征林邑，五月立表望之，日在表北。交州景在表南三寸；林邑九寸一分。交州去洛，水陸之路九千里，蓋山川回折使之。然以表考其弦，當五千乎？開元十二年，測交州，夏至在表南三寸三分。鐵勒回紇在薛延陀之北，去京師六千九百里。其北又有骨利幹居瀚海之北，北距大海，晝長而夜短。既夜，天如曛，不暝，夕胹羊髀纔熟而曙。太史監南宫説擇河南平地設水準、繩墨，植表而以引度之。自滑臺始白馬，夏至之晷尺五寸七分〔三〕。又南百七十九步〔四〕，得浚儀岳臺晷尺五寸三分，又南百六十七里二百八十一步，得扶溝晷尺四寸四分；又南百六十里百一十步，至上蔡武津晷尺三寸六分半。大率五百二十六里二百七十步，晷差二寸餘。今以句股校，陽城中晷，夏至尺四寸七分八氂，冬至丈二尺七寸一分半；定春秋分五尺四寸三分。滑臺冬至丈三尺，定春秋分五尺五寸六分。浚儀冬至丈二尺八寸五分，定春秋分五尺五寸。扶溝冬至丈二尺五寸五分，定春秋分五尺三寸七分。上蔡武津冬至丈二尺三寸八分，定春秋分五尺二寸八分。比歲武陵晷，夏至七寸七分，冬至丈五寸三分，春秋分四尺二寸七分半。以圖測之，定氣四尺七分。蔚州横野軍夏至二尺二寸九分，冬至丈五尺八寸九分，春秋分六尺四寸四分半。以圖測之，定氣六尺六寸二分半。自陽城至武陵千八百二十六里七十六步，自陽城至横野軍千八百六十一里二百一十四步。又以圖校，安南日在天頂北二度四分，冬至晷七尺九寸四分，定春秋二尺九寸三分，夏至在表南三寸三分；其徑五千二十三里〔五〕，至林邑，日在天頂北六度六分彊，冬至晷六尺九寸，定春秋分二尺八寸五分，夏至在表南五寸七分，其徑六千一百一十二里。距陽城而北至鐵勒之地，則五月日在天頂南二十七度四分，北至晷四尺一寸三分，南至晷二丈九尺二寸六分，定春秋分晷五尺八寸七分；其没地纔五十餘度，夕没亥西，晨出丑東。校其里數，已在回紇之北，又南距洛陽九千八百一十五里。則極長之晝，其夕常明。然則骨利幹猶在其南矣。凡晷差。冬夏不同，南北亦異。今更爲覆矩圖，南自丹穴，北暨幽都，每極移一度，輒累其差，可以稽日食之多少，定晝夜之長短，而天下之晷皆協其數矣。」

元史天文志：「南海夏至景在表南，長一尺一寸六分，晝五十四刻，夜四十六刻。衡嶽夏至日在表端，無景，晝五十六刻，夜四十四刻。嶽臺夏至晷景長一尺四寸八分，晝六十刻，夜四十刻。和林夏至晷景長三尺二寸四分，晝六十四刻，夜三十六刻。鐵勒夏至晷景長五尺一分，晝七十刻，夜三十刻，北海夏至晷景長六尺七寸八分，晝八十二刻，夜一十八刻。大都夏至晷景長二尺三寸六分，晝六十二刻，夜三十八刻。」

臣等謹案：周禮土圭之法與唐之覆矩圖，皆因地體渾圓，準驗其南北東西里差。堯典命羲、和言宅嵎夷、宅南交、宅西、宅朔方，「宅」本作「度」，即四方測景。朱子云：「宅字，古與度字通，見周禮注等書者，非一宅嵎夷之屬，皆謂度日景於此。」此説與周禮測日南、日北、日東、日西合爲一義。

人所居附於地，目光察遠，皆直至其處。地雖圓體，百里數十里不足見其圓。而目之直注，四望皆天，似地與天際而平，不知地在天中。人目四望所見之星辰，與仰觀所見之星辰，並距地絶遠；又不知因目直注四望如一，即以爲平。其平，乃目於所見繩直而不少曲之平，非地面果平也。

天爲大圓，以地爲大圓之中心。大圓自周至中心，氣固而内行，皆爲自上而下。六合皆天，則六合皆上；地在中心，則中心爲下。以氣固而内行，故終古不墜。凡自上而墜於下者，隨大氣下行，遇地之實體乃止。如又下行至地之中心，必不得或過矣。天之至下，不在地體之周，而在地徑之半。人立於地體外周，戴天皆上，履地皆下。

陰陽大論黄帝問曰：「地之爲下否乎？」岐伯曰：「地爲人之下、太虚之中者也。」帝曰：「憑乎？」岐伯曰：「大氣舉之也。」大戴禮記單居離問於曾子曰：「天圓而地方，誠有之乎？」曾子曰：「天之所生上首，地之所生下首，上首謂之圓，下首謂之方。參嘗聞之夫子曰：天道曰圓，地道曰方。」盧辨注云：「道曰方圓耳，非形也。」

梅文鼎云：「以渾天之理徵之，地之正圓無疑也。所疑者，地既渾圓，則人居地上，各以所居之方爲正，遥觀異地皆成斜立，其人立處皆當傾跌，而今不然。豈非首戴皆天，足履皆地，初無攲側，不憂環立歟！」梅氏所謂「不憂環立」，推原其故，惟「大氣舉之」，一言足以蔽之。各方之天頂，則隨其人之環立而異。北極之下，以北極爲天頂，而赤道適準乎地平。南極之下，以南極爲天頂，而赤道亦適準乎地平。其處日過赤道，而出於地上爲晝，環行漸高至二十餘度，則又漸下而入於地下爲夜；氣候常寒而無暑。故周髀言「極下不生萬物」，又言「北極左右，夏有不釋之冰」，又言「物有朝生暮穫」。舉此以該南，南極左右亦如是也。赤道之下，以赤道爲天頂，而南北極適準乎地平，氣候兩暑而無寒。中土春秋分，彼方皆氣炎正夏，中土冬夏至，彼方皆氣平如春秋分。日出没於地，雖漸南、漸北，上下皆半周天，故無永短之異。周髀言「中衡左右，冬有不死之草」，又言「五穀一歲再熟」。中衡，即赤道也。

唐書稱「覆矩圖可以稽日食之多少，定晝夜之長短」。其察晷景也，兼論日在天頂若干度，及日出地上、日没地下若干度。元史夏至所測衡嶽則已無景，南海景在表南一尺六寸，北海景在表北六尺七寸八分。南至南海，夏至晝五十四刻，至北海晝八十二刻；北自北海夏至夜十八刻，至南海夜四十六刻。晝夜永短相差二十八刻。

惟地體渾圓，故人居其周，所戴之天頂，隨南北東西而移；黄赤道之高下，即隨其南北之遠近而殊。而日食分數，晝夜增損悉因之。夏日永，而地愈北愈增；冬日短，而地愈南愈損。此皆實測而得者也。

東西加時，史志未詳載。設以地之圓周四分之，就人所居之方爲中，其正東、正西與中央相距四分圓周之一。中表景正日加午，東方必過午後，而加酉爲景夕，西方必在午前，而加卯爲景朝。自卯至午，自午至酉，皆四時也。故周髀言「天地四極四和，晝夜異處，加四時相及」。步算家測月入闇虚，天下盡同也，而東西各地相距，視其遠近以察其時刻則至不同。由是言之，周禮「日南景短，日北景長」，言乎南北里差，以是準之也。

「日東景夕，日西景朝」，言乎東西里差，以是準之也。

臣等又案：漢人相傳「日景於地，千里而差一寸」。其說疏舛。隋書天文志劉焯云：「周官夏至日景尺有五寸。張衡、鄭玄、王蕃、陸績先儒等，皆以爲景千里差一寸。言南戴日下萬五千里，表景正同，天高乃異。考之算法，必爲不可。寸差千里亦無典說明，爲意斷事不可依。今交、愛之州，表北無景，計無萬里，南過戴日，是千里一寸非其實差。」

北極高下

唐書天文志：「交州望極纔高二十餘度，八月海中望老人星下，列星粲然，明大者甚衆，古所未識，乃渾天家以爲常没地中者也。大率去南極二十度已上，星則見。陽城以覆矩斜視，極出地三十四度十分度之四。自滑臺表視之，極高三十五度三分；自浚儀表視之，極高三十四度八分；自扶溝表視之，極高三十四度三分；上蔡、武津表視之，極高三十三度八分。雖秒分微有盈縮，難以目校，大率三百五十一里八十步，而極差一度。自此爲率推之，武陵按圖斜視，極高二十九度半；蔚州横野軍按圖斜視，極高四十度。又以圖校安南，極高二十度四分，林邑極高十七度四分，周圓三十五度，常見不隱。鐵勒之地極高五十二度，周圓百四度，常見不隱。」

元史天文志：「測景之所，凡二十有七。東極高麗，西至滇池，南踰朱崖，北盡鐵勒。自是八十年間，司天之官遵而用之，靡有差忒。南海北極出地一十五度，衡嶽二十五度，嶽臺三十五度，和林四十五度，鐵勒五十五度，北海六十五度，大都四十度太强，上都四十三度少，北京四十二度强，益都三十七度少，登州三十八度少，高麗三十八度少，西京四十度少，太原三十八度少，安西府三十四度半强，興元三十三度半强，成都三十一度半强，西涼州四十度强，東平三十五度太，大名三十六度，南京三十四度太强，河南府陽城三十四度太弱，揚州三十三度，鄂州三十一度半，吉州二十六度半，雷州二十度太，瓊州一十九度太。」

臣等謹案：古人土圭之法，以晷景知日行發斂，測二至之景，可以知黄道；測二分之景，可以知赤道。既知黄赤二道，則北極高下可推而知。然分、至有恒氣、定氣之殊。由於日躔贏縮不可得而齊，赤道爲天之中圍以界南北，而茫然無有憑實，非能目察定春秋分。推算失準，則日景亦不足據。黄道半在赤道外、半在赤道内，冬夏至距赤道最遠，若有限矣。而近二至前後數日，南北之差甚微，表景短長差在微茫。冬至日躔去地近，遊氣又甚。隋書姜岌言：「地有遊氣，故參伐在旁則其間疏；在上則其間數。日晨夕近地，故色赤而大，無遊氣則色白，大不甚矣。」宋沈括言：「在本局候景，入濁、出濁之節〔六〕，日日不同。」然則測景之難據，誠非一端。

唐開元間及元初，皆詳於測各方北極出地。極處無星，以近極大星，測其旋而上最高距地若干度，旋而下最低距地若干度。高低之中，即北極出地若干度也。極處雖無星，較黃、赤道爲有據而易明。北極之高下定，則距極四分天周之一爲赤道，可得其準。而外衡冬至，内衡夏至，及其餘中氣節氣日躔，距北極度分，悉推算不爽。故測北極，爲考日月星辰與夫天周、地體之大綱領，驗南北里差之至要也。

臣等又按：地體渾圓，因人目四望，似與天際而平，是爲地平。雖地之四面距星辰甚遠，與人在地上仰觀星辰相等，而人目不能曲觀地平下之星。故凡推算，各據人所立之方，上指天頂，平指天際，一縱一横，必相遇成正方。縱爲股，横爲句，渾圓之周以此截之而四。地在天之中心，應從地心爲縱横之交。地面至地心之差，爲地半徑。

古割圓之術，自圓之中心觚分之，割圓周成弧背。凡推算所得，皆圓之中心起算。測望所得在地面，較諸推算所得，隔地半徑。然以天視之，其差甚微。惟人居地之周，南北東西天頂隨之而移，則地平上下隨之而改。以中土北極出地、南極入地言之，漸北則北極出地漸高，非北極去地遠也；天頂距北極減一度，則北極距地平增一度。故北望地平下之星，今在地平上；南望地平上之星，今入地平下。漸南則北極出地漸低，非北極去地近也；天頂距北極增一度，則北極距地平減一度。故南望地平下之星，今在地平上；北望地平上之星，今入地平下。

唐志稱：「交州之南海中望老人星下，列星粲然，明大者甚衆。」此地體渾圓之義。愈北則南極左右嘗隱不見之規愈大；北極左右嘗見不隱之規亦甚大。北至於北極爲天頂，赤道適準乎地平；則赤道以北之星全見不隱，赤道以南之星全隱不見。南極爲天頂之方反是。南至於赤道爲天頂，南北極適準乎地平，則無常隱不見、常見不隱之星。此唐人得諸實測者，故周髀之説，至唐而明備。

唐以前，羲和之法失，而漢初草創，未聞四方測驗。元測景之所二十有七，自南海北極出地十五度、至北海北極出地六十五度。然則南、北海之相去，極高差五十度，即兩地之天頂相距五十度。以地應之，於地亦五十度也。

校　注

〔一〕雲物　日旁的雲彩等物，實代指星象。
〔二〕建子　「子」，原本誤作「於」，據周髀算經改。

〔三〕自滑臺始白馬　舊唐書作「始自滑州白馬縣」。

〔四〕又南百七十九步　里數有誤，依舊唐書擬作「又南一百九十八里百七十九步」。

〔五〕徑　這裏指陽城、安南兩地之間的直線距離。

〔六〕入濁出濁之節　即日落、日出之時。　濁，指濁氣，即蒙氣。

戴震全書之十九

水地記初稿

楊應芹◎整理
王文楚◎審訂

説明

我們先後查得水地記的兩種抄本：國家圖書館一册裝三卷本和江蘇省南通市圖書館五册裝六卷本。這兩種本子均爲孔繼涵的家抄本。國圖本有孔氏的親筆題序，南通本有孔氏親筆題的書名及所作的部分校改。南通本第一册爲記山、記郡、河水一，二至四册爲河水、濟水、淮水，第五册彙集了部分殘稿及作者讀胡渭禹貢錐指的内容摘抄。孔氏的校改在第一册。國圖本爲河水一、濟水、淮水，其中河水一與南通本朱筆校改後的文字完全相同，且全書行款一致，抄寫精美。可以判斷，南通本是原抄本，國圖本是以南通本作底本的精抄本。

孔氏於南通本第一册封面題曰「水地記初稿」，於其題下小字注「記山、記郡、河水一」。國圖本孔序詳細交代了初稿本的由來。在戴震生前，孔氏曾與他談及初稿本，他説：「是草稿者，不足存也。」而我們今天借助於這部初稿，卻可以更全面地看出戴震一生在治學道路上所留下的腳印。

除抄本之外，北京大學圖書館尚保存有水地記的手稿殘卷，其中有兩份皆爲「河出崑崙之虚」章，内容基本相同，而文字出入很大，與抄本初稿的文字亦相去甚遠。很明顯，這兩份殘卷是抄本初稿之前的一稿、二稿，可見河水在初稿階段至少是三易其稿。

水地記初稿本大量引用了水經注的原文，並進行了部分訂正。孔序曰初稿「乃戴東原先生二十餘年前之稿底」，可見戴震至遲在乾隆十九年入都前後就着手於水經注的研究了，他晚年之所以能在水經注的整理上取得登峰造極的成就，絶非偶然。

水地記的初稿未見四瀆之一的江水，但從禹貢錐指摘抄的内容，可以看出作者爲撰述江水所做的資料積累，故仍附之於後，以供參考。

南通本抄誤頗多。國圖本雖糾正了底本的部分錯誤，但又同時出現了新的錯漏。爲此，我們還是采用南通本爲底本，校以國圖本、北大藏手稿殘卷及有關典籍。

水地記初稿之一〔一〕

記山〔二〕

中國山川，維首起于西，尾終于東。河水所出山，其地曰崑崙之虛。今枯爾坤，值青海西南，自山東北至西寧府千四百五十餘里。河北之山，崑崙東千里而近，曰積石。在青海南境，東北至西寧府五百三十餘里。

鮮水西北，白龍堆沙之東：漢書地理志：「敦煌郡，正西關外有白龍堆沙。」今敦煌縣西百五十里，有壽昌故城，白龍堆在其西。曰三危，是山不協禹貢之文，其名蓋後起也，黑水經焉；俗呼卑羽山，在敦煌縣東南二十里，其山三峰峭絶。曰嘉峪；即璧玉山，在肅州西六十里。山之西麓即嘉峪關。曰祁連。山在張掖縣西南百里。

河、湟之北，弱水所出山曰窮石。括地志：「窮石山在刪丹西南七十里。」即今山丹縣蘭門山，縣在甘州府東南百八十里。其西北經峽谷，曰合黎。山在張掖縣西北四十里。

踰猪野而東，河西大山，曰賀蘭山。山在寧朔縣西六十里。

北望沙漠，北河之北，高闕東曰陰山〔三〕。在中受降城東北。

河曲外曰縁胡山。山在平魯縣西北，河水西來折南處。

汾水所出曰燕京，桑乾水之所潛也。寧武縣西南六十里，曰管涔山，縣西南四十里曰天池山，西南九十里曰蘆芽山，皆燕京之所盤迴也。

汾西河東：曰火山，在河曲縣西五里，河東岸有孔，以薪投之輒然。曰呂梁，山在永寧州東北百里，交城縣西北百五十里。曰狐岐，勝水出焉，在孝義縣西八十里，山之西爲寧鄉縣。曰姑射，山在臨汾縣西五十里。曰壺口。山在吉州西七十里河上。

漳水所出，曰少山。在樂平縣西南二十五里，南則漳水所出，北則同過水、沾水、鳴水所出。轉西：曰大廉，涂水出焉，在和順縣西北四十里，榆次縣東南。曰轑山、武山，二山分形如八字，俗呼八賦嶺，在和順縣西百二十里，榆次縣東南百二十里，南爲武山，武鄉水所出，北爲轑山，轑水所出，其北水入同過。曰侯甲，湼水出焉，在武鄉縣西北九十里。曰伏牛，銅鞮水出焉，在沁州西北三十五里，一名石磴山。曰謁戾，一名鹿臺山，在平遥縣西南四十里（四）。池邏而西爲綿山，在介休縣東南二十五里。沁源縣北百里，靈石縣東三十里，皆謁戾也。少水出焉。少水者，沁水也。

沁西已南：曰霍山，是爲太岳，中岳也，在霍州東南三十里，趙城縣東北十五里，其山東抵沁源，北跨靈石。曰析城，山在陽城縣西南七十里。曰王屋，山在陽城縣南八十里，濟源縣西八十里，垣曲縣東北百里。沇水潛焉。西抵河曲中，曰首山，是爲雷首。山在永濟縣東南四十五里，芮城縣北十五里之首陽山，北與永濟東南接境，安邑縣南三十里之中條山，解州南五里之檀道山，與雷首相連亘，寔一山之隨地異名，亦通謂之薄山。山之西，其水西南入于沁。

涑水、藍水、潞水所出山，曰發鳩。屯留縣西南八十里之盤秀嶺，長子縣西五十里之發鳩山，寔一山也。

自發鳩而南，沁水東、丹水西，曰太行。山在鳳臺縣南三十里，河內縣北二十里。

河北八陘，起西南而終于東北：曰軹關陘；在濟源縣西北十五里，當軹道之險。次二曰太行陘；在河內縣西北三十里，當羊腸阪之險；亦名丹陘。次三曰白陘；在輝縣西五十里。次四曰滏口陘；在磁州西北四十五里，武安縣東南二十里。次五曰井陘；在獲鹿縣西十里，亦曰土門關。次六曰飛狐陘；在廣昌縣北二十里。次七曰蒲陰陘；在易州西八十里，即紫荆關。次八曰軍都陘。在昌平州西北二十四里，是爲居庸南口，延慶州東南四十七里，爲居庸北口，相距四十里。爾雅：「山絶，陘。」蓋兩山中斷以成隘道也。軹關之山，與太行中隔沁水。白陘之山，與太行中隔丹水。井陘、滏口，與白陘中隔漳水。飛狐、蒲陰，與井陘中隔滹沱。其山脉連北岳恒山。軍都與蒲陰、飛狐中隔桑乾水。昔人或舉太行爲言，謂之「太行八陘」。述征記因謂「太行首始河內，北至幽州」，後人踵其謬，謂諸山因地立名，寔一太行。謬也。

河之北，潞水之南，丹水已東：曰壺關；山在長治縣東南十三里。曰沮洳，淇水出焉；在輝縣北九里。曰白祀，山在濬縣西二十里。東望大伾，山在濬縣東南二里，一名黎山。其間古河水經焉。

少山之東，南自漳水，北抵滹沱：曰神麢，滏水出焉；在磁州西四十里。曰三門，寖水出焉；在武安縣西北八十里，寖水今曰洺水。曰逢山，渚水出焉；在內丘縣西十五里。曰敦輿，泜水出焉；在臨城縣南七十里。曰贊皇，石濟水出焉；在贊皇縣西南二十里，縣因山受名。曰封龍；山在元氏縣西北五十里。曰萆山。在獲鹿縣西八里，一名抱犢山。

桑乾水所出，曰洪濤。在馬邑縣西北十五里。其南：曰句注；山在代州西北二十五里，亦兼雁門之稱。曰泰戲，滹沱出焉。在繁峙縣東北百二十里。

桑乾之南，滹沱之北：曰五臺；在五臺縣東北百四十里。曰恒山，周官經作常山，是爲北岳，恒水出焉；在渾源州南二十里，曲陽縣北百四十里，一名大茂山，阜平、唐縣、慶都皆緣其麓。曰淶山，淶水出焉；在保安州西南百二十里，一名礬石山。曰涿鹿，涿水出焉；在州西南九十里。曰大房。山在房山縣西五十里。

桑乾之北：曰白登；山在大同縣東七里。曰軍都；山在昌平州西北二十里。曰白浮。山在州東南十里，上有二龍潭。

濡水西：曰孤竹；山在盧龍縣西十五里。曰盤山；在薊州西北二十五里。曰燕山。在玉田縣西北二十五里。」

濡水東：曰馬都；山在遷安縣北百五十里。曰要孤；山在縣東北三里。曰雕崖；山在撫寧縣西北三十里。曰兔耳；山在縣西七里。曰碣石。山在昌黎縣北十五里。

渝水東、遼水西：曰臨渝。山在撫寧縣東八十里。曰醫無閭。山在廣寧縣西五里。遼水東，馬呰水、粟末水所出，曰長白。在會寧城南六十里，上有潭，周八十里，其深莫測。南流爲鴨緑江，即馬呰水。北流爲混同江，即粟末水。

青州海上，萬里沙之東：萬里沙，在掖縣東北三十里。曰之罘：山在福山縣東北三十五里。曰成山：在文登縣東北百五十里。曰不其：山在即墨縣東南四十里。曰嵎崵：山在棲霞縣東北二十里。曰萊山：在黄縣東南二十里。曰勞山：在縣東南六十里。曰鐵橛，膠水出焉：在膠州西南百二十里，一名膠山。曰琅邪。山在諸城縣東南百四十里。

沭水、游水之東：曰羽山：在贛榆縣西北八十里，郯城縣東七十里。曰朐山。在海州南四里。

濰水所出，曰屋山。在莒州西北九十里，一名濰山。濰水西：曰高臬，浯水出焉：山在州北百三十里。曰郚山：在安丘縣西南六十里。曰岞山：在縣東北四十里。曰大峴，是爲穆陵：在臨朐縣東南百五里，沂水縣東北百二十里。曰丸山：在臨朐縣東北三十里，一名丹山。曰沂山，沭水、沂水、巨洋水出焉。在臨朐縣南百五十里，沂水縣北百一十里，一名東泰山。

沂水西：曰新甫：山在新泰縣西北四十里。一名小泰山，一名宫山。曰云云：山在蒙陰縣東北三十里。曰具山：在蒙陰縣東北十五里，西北去敖山二十五里。曰嶅山：在縣西北三十五里，新泰縣東南十里。曰蒙山：在縣南四十里，費縣西北五十里，即東蒙。曰龜山：在泗水縣東北五十里，新泰縣西南四十里。曰陪尾，泗水出焉：在泗水縣東南五十里。曰尼山：在曲阜縣東南五十里。曰嶧山：在鄒縣東南二十五里。

曰嵬山：在縣西南五十里，魚臺縣東北六十里。曰狐駘：山在滕縣東南二十里。曰抱犢：山在嶧縣北六十里。又名君山、樓山、仙臺。曰葛嶧。山在縣東南十五里，邳州西北六里。

汶水、淄水所出，曰原山。在淄川縣南九十里，萊蕪縣東北七十二里，與益都縣接境。一名飴山，一名馬耳山。淄水南曰牛山。在臨淄縣南十里。北曰長白，山在章丘縣東三十里，鄒平縣西南十里，長山縣西南三十里。曰鐵山。在臨淄縣西八十里，接益都、新城之境。一名商山。

汶水左右：曰肅然。山在泰安縣東北七十里。曰岱宗，是爲東岳泰山：在縣北五里。曰社首：山在縣西南五里。一名高里山，一名亭禪山。曰徂徠：山在縣東南四十里。一名尤來山。曰石閭：山在縣南四十里。曰亭亭：山在石閭南五里。曰巫山。在肥城縣西北七十五里。

澤渚中，曰蜀山。在汶上縣西南四十里。其北，古濟瀆之左：曰良山：在東平州西南五十里，壽張縣南三十五里。漢時梁孝王嘗遊獵于此，因改「良」爲「梁」。曰安民：山在州西南三十五里。曰吾山：在東阿縣西北八里。一作魚山。曰茌山。在聊城縣東五十三里。

濟瀆之右：曰靡笄。山在歷城縣南十里。「靡」訛作「歷」，遂相傳爲歷山矣。曰華不注。山在縣東北十五里。濟、漯之北，曰馬谷。山在海豐縣北六十里，高三里，周六七里。

河南之山，洮水、桓水所出，曰西傾。一名嵹臺山，在洮州衛西南四百六里，括地志：「西傾山在臨潭縣西南三百三十六里。」衛西南七十里有臨潭城。其東北，渭水所出山，曰鳥鼠同穴。今渭源縣西十五里曰分水嶺，二十里曰鳥鼠山，二十五里曰南谷山、曰高城嶺，寔鳥鼠同穴一山也。渭水北曰瓦亭。山在秦安縣東北二百里，華亭縣西北百六十里。

涇水所出山曰笄頭。山在平涼縣西四十里。涇、渭之間：曰隴坻：，山在隴州西北六十里，清水縣東五十里。山有新故兩關：故關曰大震關，去隴州治七十里，去清水縣治五十里，新關曰安戎關，去隴州四十里。州西八十里有小隴山，東北去清水縣三十五里，長八十里，其頂曰分水嶺。曰岍山，嶽山也：，在隴州西南。州西四十里岍山，又曰吴山，州南八十里嶽山，寔一山耳。曰陳坂：，一名陳倉山，在寶雞縣東南四十里。曰雍山，雍水出焉：，在鳳翔縣西北三十里。曰岐山：，在岐山縣東北十里。曰梁山：，在乾州西北五里。曰九嵕：，山在醴泉縣東北六十里。涇源已西、已北，曰六盤。山在固原州西南三十里，隆德縣東二十里。

洛水所出山，曰白於。山在合水縣北二十里。涇東洛西：曰橋山：，在中部縣治北。曰嶻嶭：，山在涇陽縣北四十里，三原縣西北四十里。一名嵯峨山。曰中山：，在涇陽縣西北七十里，富平縣西北四十五里。曰荆山。在富平縣西南十里。河西洛東：曰孟門：，山在宜川縣東南二十里。曰龍門：，山在韓城縣東北八十里。曰梁山。在韓城縣西北九十里。洛源已北曰契吴。山在平夏城西北七十里。渭水之南：曰朱圉：，山在伏羌縣西南三十里。曰刑馬，藉水出焉：，在秦州西南九十里。曰祁山。在西和縣北七里。

漢水所出山，曰嶓冢。山在寧羌州東北四十里，沔縣西百二十里。

渭南漢北曰衙嶺，褒水出其陽，斜水出其陰。在郿縣西南三十里。自斜谷口，在郿縣西南三十里。南至褒谷口，在褒城縣北十里。凡四百七十里，棧山通道，南趣劍門，所謂棧道千里，惟褒、斜綰轂其口者也。陝西棧道長四百二十里。自鳳縣東北六十里草涼樓驛入棧道，六十里至縣城，有梁山驛；又六十里至二岔驛；又七十里至松林驛；又六十里至褒城縣之安山驛；又六十里至馬道驛；又五十二里至雞頭關；又八里至縣城，有開山驛；又五十里至黃沙驛，出棧道，路始平；又四十里至沔縣，有順政驛；又六十里至青陽驛；又四十里至金牛驛；又七十里至寧羌州之柏林驛；又南十里至州城；又南四十里至黃霸驛，驛南有七盤門〔五〕；又六十里至神宣驛；又七十里至朝天嶺，有朝天驛，自嶺西南百六十里至劍門；又六百三十里至成都。朝天嶺在廣元縣北六十里。其東曰駱谷，南北四百二十里。北口曰駱，在盩厔縣西南百二十里。南口曰儻，在洋縣北三十里。其中路屈曲八十里，凡八十四盤。又東曰子午谷，南北六百六十里。北口在長安縣南百里，南口在洋縣東百六十里。褒、斜已東至雒源，皆曰秦嶺，是爲終南。終南三谷，爲北道三：曰褒斜道，曰儻駱道，曰子午道。南達巴蜀，爲南道二：曰金牛道，自沔縣而西南至劍州之大劍關是也。曰米倉道，南鄭縣西南百四十里有米倉山，又南達于巴州。其南水入于漢，北水入于渭。終南之北：曰惇物；一名垂山，一名太白山，又名太一山。在郿縣東南四十里，武功縣西南九十里。曰牛首，澇水出焉；在鄠縣南二十五里。曰驪山；在臨潼縣東南二里。曰少華；山在華州南十里，東去太華八十里。曰太華，西岳也。在華陰縣南十里。

雒水、丹水所出山，曰冢嶺。在商州南六十里。

雒之北曰崤山。在永寧縣北六十里。

河中曰底柱。山在平陸縣東五十里，陝州西四十里。

瀍水所出山，曰穀城。山在洛陽縣西北五十里。其東：曰邙山：，在洛陽縣北十里。左傳：「王田于北山。」注云：「北芒也。」在河南府城北十里，連偃師、孟津、鞏三縣，綿亘四百里。曰郟山。在河南府西。亦曰郟鄏陌。雒之南：曰商山，楚水出焉：，在商州東南九十里。即商阪也，一名商洛山。曰熊耳，湍水、洱水出焉：，在內鄉縣東十二里。曰巒山，伊水出焉：，在盧氏縣東南百里。曰三塗：，山在嵩縣南八十里。曰大盂，汝水出焉：，在魯山縣西南七十里。曰伊闕：，山在洛陽縣西南三十里。左傳：「晉師納王，使女寬守闕塞。」曰百岯：，一名緱氏山，在偃師縣南四十里。曰轘轅：，山在鞏縣西南七十里。曰少室：，山在登封縣西十七里。曰太室，是爲外方：，山在縣北十里。一名崇高山。括地志：「嵩高山在陽城縣西北二十三里。」曰陽城，洧水出焉：，在縣北三十八里。曰敖山：，在河陰縣西二十里。曰黄堆，京水、索水出焉：，在滎陽縣東南二十五里。一名嵩渚山。曰梅山。在鄭州西南三十里。

外方之東南，曰陽乾，山在登封縣東二十五里。潁水出焉。潁、洧間：曰大隗，溱水出焉。一名具茨山，在新鄭縣西南四十里。曰陘山。在縣南三十里。

汝水南：曰衡山，醴水出焉：，在南陽縣北七十里。曰堯山，泜水出焉：，在魯陽縣西四十里。曰魚齒，湛水出焉。在汝州東南五十里。又南：曰方城，堵水出焉：，在裕州東北四十里。曰壺山，比水出焉：，在唐縣東北三十里。一名大胡山。曰中陽，瀙水出焉。在縣東七十里。一名慈丘山。

淮水所出山，曰桐柏。桐柏縣東一里曰桐柏山，縣西北三十里曰胎簪山，縣東三十里曰大復山，寔一山也。

淮北之山：曰奥來，石洋水出焉。在遂平縣西七十里。曰朗山，練水出焉。在確山縣西北四十里。

淮南之山：曰賢首，山在信陽州西南七十里。曰冥山，在州東南七十里。大隧、直轅、冥阨之塞，胥在是間。曰弋山，在光山縣北八十里。曰萊山，在光山縣南百五十里。一名天臺山。左氏春秋昭五年：「沈尹赤會楚子于萊山。」曰木陵，山在麻城縣西北八十里。曰黄武，黄水出焉，在木陵山東北。曰大蘇，灌水出焉，在商城縣東四十里。曰巴山，巴水、決水出焉，在霍丘縣西南八十里。漢志以爲禹貢之大別山，非也。曰多雲，在羅田縣北百五十里，英山縣西北百里。山之連亘曰岐嶺，北通光山、固始，最爲峻險，上有中岐嶺，下岐嶺，栗子、甕門四關。曰天柱，沘水、灊水出焉，在霍山縣南五里，灊山縣西北二十里。一名霍山，一名灊山，又名南岳山。曰盛唐，一名武陟山，在六安州西三十里。曰符度，在桐城縣東九十里，南望大江。曰雞鳴，肥水出焉，在合肥縣西四十里。曰莫邪，濠水出焉，在鳳陽縣西南八十里。曰塗山，在懷遠縣東南八里。曰浮山，在盱眙縣西百四十里。曰龜山，在縣東北三十里。曰都梁。山在縣東南五十里。涂水南曰柢箕。山在巢縣南三十七里。左氏春秋昭五年：「楚子遂觀兵于坻箕之山。」曰峴山。小峴山在含山縣北二十里，大峴山在縣東北十三里。曰梁山。在和州南六十里。亦曰西梁山；博望山爲東梁山。

漢東：曰大父，洞水出焉。在棗陽縣東北五十里。曰黄山，溠水出焉，在隨州西北二百里，跨唐縣界。曰厲山，在州北四十里。曰涓山，涓水出焉，在州西百二十里，京山縣北二十里。一名大洪山〔六〕。曰小別。俗呼甑山，在漢川縣南十里。涓水之左，曰章山。一名障山，在安陸縣東四十里。

漢之南、江之北：曰定軍；山在沔縣東南十里。曰巴山，巴江出焉；在南鄭縣西南百九里，西鄉縣南六十里，南江縣北二百里。一名大巴山，一名巴嶺。又有小巴山，在南江縣北百里，巴州東北二百九十里，北連大巴山。曰高梁；山在梁山縣北二十里。曰巫山；在巫山縣東三十里。曰方城；山在竹山縣東四十五里。曰武當；山在均州南百二十里。曰景山，沮水出焉；在房縣西南二百里。一名雁塞山。曰阜山；在房縣南五十里。左氏春秋文十六年：「楚大饑，戎伐其西南，至于阜山。」曰荆山，漳水出焉；在南漳縣西北八十里。曰峴山；在襄陽縣南七里。曰内方；一名章山，在荆門州東南百八十里。曰紀山；在江陵縣北四十里。曰大别。山在漢陽府城東北。一名魯山，一名翼際山。

白水之西，涪水之東，曰劍門。在劍州北二十五里。一名大劍山，其東北三十里爲小劍山。

江所出，曰岷山。在松潘衛西北徼外。

涪之西、江之東：曰石紐；山在石泉縣南一里。曰章山，雒水出焉；在什邡縣西北六十里。曰玉壘。山在灌縣西北三十里。

江之西曰蘆山，青衣水出焉。在蘆山縣東九里。

青衣水之東曰青城；山在灌縣西南五十里。曰蒙山；在名山縣西十五里。曰崌崍。山在彭山縣東北十五里。

青衣水之右，涐水之左：曰邛崍；山在滎經縣東四十里。曰峨眉。山在眉州南二百里，峨眉縣西百里。

洣水之右：曰石城；山在宜賓縣西南百里。曰朱提。山在縣西五十里。

犛水之左曰聳雪。一名玉龍山，在麗江府西北二十里。犛水之右：曰劍和，瀵溪出焉；在劍川州西四里。瀵溪一名漾瀵江。曰博南；山在永平縣西南四十里。曰罷谷，洱水出焉；在浪穹縣北二十里。洱水即葉榆河。曰點蒼；在大理府城西。曰巃岍；山在蒙化府西北三十五里。曰蒙樂。山在景東府北九十里。

盤江之南：曰句漏；山在廣西北流縣東北十五里。曰大容；山在容縣西北二十五里。曰烏蒙。山在祿勸州東北二百八十里。自是而東：曰木稀；山在畢節縣東四十里。曰紅崖；山在永寧州西北八十里。曰關索；山在州北百里。曰篏箕；山在貴陽府南五十里。曰綏陽；山在龍泉縣治北。曰銅崖；山在銅仁府城西南。曰武山，武溪出焉；在瀘溪縣西百八十里。曰酉陽，酉水出焉。在酉陽縣西北百八十里。

辰、沅之北：曰酉山；在辰州府西北四十里。又小酉山在府西北五十里。曰三峿，辰溪水出焉；在辰州府東二里。曰壺頭；山在辰州府東百三十里，桃源縣西二百里。曰武山，武陵溪水出焉；在常德府西二十五里。曰獨浮；山在澧州西南百三十五里，跨石門、武陵、桃源三縣界中。曰崇山；在永定縣西，大庸所城東。所在縣西南三十里。曰歷山，澧水出焉；在慈利縣西三十里〔七〕。曰荊門；山在宜都縣北五十里，江之南岸，北對虎牙山。曰唐糾〔八〕，資水出焉。在綏寧縣東南百里。

資、沅間：曰鄜粱，溆水出焉；在溆浦縣東。曰枉山，枉水出焉。在常德府東南十五里，一名善德山。

湘水、灕水所出山，曰陽海。山在興安縣南九十里，靈川縣東北九十里。其北，湘、資間：曰越城：，一名始安嶠，一名臨源嶺，在興安縣北三里，爲五嶺之一。曰衡山，是爲南岳：，在衡山縣西北三十里，盤踞衡陽、衡山、湘鄉、湘潭、善化五縣境(九)。曰韶山：，在湘鄉縣南四十里。曰梅山。在安化縣西南，南接新化縣境。其南，潯水、灕水間：曰都狼：，山在永寧州北六十里。曰峨山。在柳州府西三里。曰雷山。在府南三里。灕水、洭水間：曰靄石：，山在富川縣北一里。曰石門：，山在縣東三十里。曰橘山：，在賀縣北二十五里。曰桂陽：，山在連州西北二十五里。曰驃山：，在懷集縣南五里。曰北陀。山在昭平縣東八十里。洭水、湞水間：曰泠君，泠水出焉：，在樂昌縣北三十五里。曰監豪：，山在縣西六十里。曰鍾乳：，山在乳源縣北一里。曰桂原，桂水出焉：，在韶州府西北四十里。曰湞山。在英德縣北四十里。湘水之東：曰萌渚：，一名白芒嶺，在江華縣西一里，爲五嶺之一。曰九疑，洭水出焉，在寧遠縣南六十里：；藍山縣西南五十里。曰都龐：，一名揭陽嶺，在藍山縣南九十里，爲五嶺之一。俗呼黃蘗山。曰黃岑，在郴州南三十六里，宜章縣北六里。一名騎田嶺，爲五嶺之一。彭水出焉：，曰耒山，耒水出焉：，在桂陽縣南五里。曰大章：，山在上猶縣西八十里。曰茶山，茶水出焉：，在茶陵州西十五里。一名雲陽山。曰石含：，山在龍泉縣西百五十里。延袤數百里，跨永新及茶陵界。曰蹲山：，在安福縣西南百四十里。曰新茨：，山在縣西五十里。曰武公：，山在縣西百里，跨吉安、袁州及長沙境。曰羅霄，渝水出焉：，在萍鄉縣東六十里。曰楊岐，萍川水出焉：，在縣東北七十里。曰鍾山：，在新喻縣西四十里。曰蒙山：，在縣北九十里，上高縣南三十五里。曰黄岡：，山在新昌縣西八十里。曰厭原：，山在南昌府城西，湖漢水之外三十里，周三百里。一名南昌山。曰幕阜，繚水出焉：，在寧州西百九十里。曰傅陽：，山在德安縣南十二里。曰嶂山。一名廬山，在南康府西北二十里，九江府南二十五里。

湞水所出山，曰臺嶺。一名大庾嶺，在南雄府北六十里，南安府南二十五里，爲五嶺之一。湞水東、槎水西：曰機山：，在始興縣南十里。曰羅浮。山在增城縣東北三十里，博羅縣西北五十里。

槎水東、汀水西：曰新樂，湖漢水出焉，西流轉北入于彭蠡：，在汀州府西六十里。曰盤固：，山在會昌縣東南百二十里。曰四望：，山在縣南百二十里，東通武平，南抵程鄉。曰君山：，在縣南百八十五里。曰石徑：，山在武平縣西北。曰白鶴：，山在縣西十里，通江西、廣東要路也。曰鈴山：，在長寧縣西七十里。曰頂山：，在縣東南五十里，接廣東、福建之交。曰大望：，山在縣南二百里，接程鄉、平遠、興寧、龍川、和平諸縣〔一〇〕。曰明山：，在程鄉縣南四十里。曰銅鼓：，山在縣東南八十里。曰嵩螺：，山在長樂縣南九十里，西起歸善、海豐，東終于潮州府。曰揭陽：，山在揭陽縣西北百五十里，抵興寧、海豐界，潮州府西北五十里。雲落山，其南麓也。曰桑浦：，山在潮州府西南四十里，跨揭陽、海豐二縣界。曰潯洄：，山在潮陽縣北十里，澄海縣西五十里〔一一〕。曰大奚。山在新安縣南三百餘里，大海中〔一二〕，周迴三百餘里。

汀水已東：曰大宫：，山在龍巖州北五十里。曰良山：，在漳浦縣東南十五里。曰梁山：，在大埔縣西北二百里，漳浦縣西南三十里，盤踞大埔、南靖、詔安、漳浦四縣地。曰漸山；在詔安縣東五十里。曰龍門；山在海澄縣南。曰豐山；在清流縣南百二十里。曰鐵石；在縣東南五十里。曰香寮；山在寧洋縣南，有洞，可容數萬人。曰栟櫚；山在永安縣北三十里。曰良岡；山在長泰縣西北五十里。曰吴田；山在長泰縣東北五十里。曰大輪；山在同安縣東一里。曰飛船；一名戴雲山，在德化縣西北五十里。曰均山；在縣東北百八十里。曰陳巖；山在永春縣西二十六里。曰雲居；山在縣西二十里。曰大羽；山在城西北。曰鳳髻；山在縣治北。曰錦田；山在惠安縣西南四十里。曰松洋；山在縣東南三十餘里。曰大岞；山在惠安縣東南海中。曰石所；山在僊遊縣東北六十里。曰南日；山在莆田縣東百里海中。曰石竹；山在福清縣西二十四里。曰海壇；山在福清縣東南七十里海中。曰牛伯。山在長樂縣東六十里。

湖漢水之右已北：曰血木，盱水出焉；在廣昌縣西南二百四十里〔一三〕。曰金嶂，學溪水出焉；在縣西北四十里，南豐縣西南百里。曰石鼓；山在寧都縣西北十五里。一名金精山。曰雩山，雩水出焉，在雩都縣北三十五里。西南流注于湖漢水；曰覆笥；山在興國縣北百七里。曰石門；山在永豐縣南百六十里。曰鄰城；山在吉安府廬陵縣南四十里，周百里，接永豐、吉水界。曰青城〔一四〕；山在縣東南十五里。曰東田；一名東山，在吉水縣東二十里，綿亘二百里。曰軍山，宜水出焉；在南豐縣西北二十五里。曰漳原〔一五〕；山在臨川縣西四十里。曰大盤；山在樂安縣西北八十里，跨永豐、新淦二縣界〔一六〕。曰覆杯；一名杯山，在縣北三十里，其北接臨江、南昌二府界。曰狀泉；山在新淦縣東七十里。曰池山。在崇仁縣西四十一里，豐城縣南百二十里。

盱水之東：曰金鐃，山在泰寧縣西七十里，跨建寧、寧化二縣境。曰大坳，山在縣西六十里。曰黃
西，山在縣西四十里。曰鍾石，山在縣北十五里。曰南石，山在縣北三十里。曰封山，在將樂縣北五里。
曰杉嶺，在光澤縣西北九十里，新城縣東七十里。曰大和，山在光澤縣西百二十里，與南城縣接界。曰魚
蝓〔一七〕，山在南城縣東南八十里。曰劍山，在縣東八十里。曰雲林，山在金谿縣東四十里。曰靈谷，山
在臨川縣東南四十里，接金谿縣界。曰長林。在東鄉縣南三里。

杉嶺之東：曰雲際，在光澤縣東北百四十里。曰武夷，山在崇安縣南三十里。曰銅寶，膽水出
焉，在鉛山縣西南七里。曰荷湖，山在縣北十五里。曰硯山，在建陽縣東北三十五里。曰蕉源，山在縣
東北五十里。曰漁梁，建水出焉，在浦城縣北四十里。曰柘嶺，柘水出焉。在縣東北百二十里。

建水已東：曰松源，松溪水出焉，在慶元縣西南二十里。曰湛盧，山在松溪縣南二十里。曰茶
山，在建寧府東北二十里。曰霍童，山在寧德縣北五十里。曰洪山，在霞浦縣南三十五里。曰松
山〔一八〕，在縣東十里。曰桐山，在縣西北百六十里，接平陽縣界。曰石池，一名望海山，在縣西北七十里。
曰大姥，山在霞浦縣東北百里。曰東洛，山在平陽縣東南海中。曰南麂，山在縣東海中。曰許峰，山
在瑞安縣西十里。曰岷岡，山在永嘉縣西三十五里。曰青嶂，山在縣西北二十里。曰歐浦，山在縣西三
里。曰泉山，在縣東南四十里。一名大羅山。曰霓澳，在縣東百餘里。曰青澳。在縣東二百里海中。

衢溪水之東：曰石橋，山在西安縣南二十里。曰塘臺，山在縣東三十里。曰迷茨，山在縣東南五十里。一名紫微山。曰茭嶺，在宣平縣西六十里。曰玉巖，山在縣南六十里。曰銅釜，山在武義縣西三十里。曰八素，山在縣北四十里。曰縉雲，山在縉雲縣東二十三里。曰括蒼，山在縣東南百里，臨海縣西南四十里。曰南田，山在青田縣西南百五十里。曰雁蕩，山在樂清縣東九十里。曰楚門，山在縣東南百九十里。曰委羽，山在黃巖縣南五里。曰東鎮。山在縣東海中。

縉雲之北：曰石城，山在永康縣南十四里，地記以爲三天子都之一。曰大盆，畫溪、東陽溪出焉，在東陽縣南百三十里，天台縣西百八十里。曰東白，山在縣東北八十里。曰鐵巖，山在義烏縣東南二十里。曰大白，山在嵊縣西七十里。曰剡山，在縣治西北。曰深㚅，浦陽水出焉，在浦江縣西六十里。曰句乘，山在諸暨縣南五十里。曰若邪，山在紹興府東南四十五里。曰會稽。山在紹興府東南十二里。

大盆之北：曰金華。山在金華府北二十里。曰水山。在蘭溪縣北七十里。曰豐山。在紹興府東北六十二里。

大盆之東：曰天台，山在天台縣西北。曰宜山，在台州府臨海縣西六十里。曰大固，山在府治西北。曰芙蓉，山在府東二百里海中。曰天姥，山在新昌縣東南五十里。曰沃州，山在縣東三十里。曰雷山，在寧海縣西三十里。曰金庭，山在嵊縣東七十二里。曰天門，山在寧海縣北六十里〔一九〕。曰蒙頂，山在象山縣西北四十五里。曰三萼，山在縣南六十里海中。曰東門，山在縣南百二十里海中。曰南田：，山在縣南百五十里海中。曰金齒：，山在縣南百六十里海中。曰夏蓋：，山在上虞縣西北六十里。曰四明：，山在餘姚縣南百一十里，鄞縣西南百四十里。曰句餘：，山在慈谿縣西南四十里。曰車廄：，山在句餘之東里許，西去餘姚六十里，東去鄞縣亦六十里。曰伏龍：，山在定海縣西北八十里。首尾跨東西兩海門。曰蛟門：，山在縣東海中，去岸十餘里。曰金塘：，山在縣東南海中百里，周二百里，半潮可到。曰舟山。在縣東北二百里海中。

衢溪水所出：。曰仙霞：，山在江山縣南百里，東接處州，西連廣信。曰覆泉：，山在永豐縣東十二里〔二〇〕，有泉八十四所。曰鶴山：，在縣西二十里。曰常山：，一名信安嶺，在常山縣東三十里。曰懷玉：，山在玉山縣北百四十里。曰銅塘：，山在上饒縣東南八十五里。其山綿亘，東接浦城，南連崇安，北通永豐。今設隘戍守，故呼封禁山。曰靈山，弋溪、葛溪出焉：，在上饒縣北六十里。曰大茅：，山在德興縣東南百里。曰赭亭：，山在弋陽縣東五十里。曰鳴湖：，一名自鳴山，在貴溪縣西五十里。曰武陵。山在餘干縣東北三十里。

常山已北：曰梅嶺：，在壽昌縣西南四十里，接龍游境。曰金臺。山在縣南十五里。

懷玉之北迆西：曰石耳：，山在開化縣西八十里，周三百里，接婺源、德興二縣界。曰龍尾：，山在婺源縣東百里，一名羅紋山。曰天池：，一名顏公山。在休寧縣西南四十里。曰濬源：，一名鳳游山，在樂平縣東北八十里。曰浙源，漸溪出焉：，在婺源縣北七十里。曰齊雲：，一名白岳，在休寧縣西四十里。曰榔木。山在祁門縣東北五十里。

榔木已西迆北：曰馬迹：，山在饒州府東北五十里。曰浩山：，在彭澤縣東九十里。曰馬當：，山在縣東北四十里，東流縣西南七十里。曰小孤：，在彭澤縣北十里。曰武山：，在縣西南，與廬山夾彭蠡而峙。曰石鐘。山在湖口縣治之北。

舒溪之西：曰陵陽：，山在太平縣西六十里，石埭縣北五里。曰九華：，山在青陽縣西南四十里。曰渚湖：，山在貴池縣東南四十里。曰工山：，在南陵縣西三十里。曰孤圻。山在繁昌縣南十里。

榔木之北池東：曰大共：，山在祁門縣北五十里。曰武亭：，山在黟縣西南十八里。曰黃山：，在歙縣西北百二十里，太平縣南三十里。曰松蘿：，山在休寧縣北十五里。曰飛布：，山在歙縣北二十里。曰蘆山：，在績溪縣西北四十里。曰大鄣：，山在縣東六十里。曰文脊：，山在寧國縣西北三十里，周三百餘里，西接涇縣、旌德諸山，北接宣城柏(視)〔梘〕山。曰華陽：，山在宣城縣南百里。曰柏(視)〔梘〕。山在縣東南七十里。

大鄣已東：曰大明：，山在昌化縣西十里〔二二〕。曰富春：，山在桐廬縣西三十里。曰天目，山在於潛縣北四十里，臨安縣西五十里，安吉州西南七十五里。桐溪、苕溪、句溪出焉。

苕溪之東：曰胡洑：，山在富陽縣西南五十里。曰陽平：，山在縣南十五里。曰武林：，一名靈隱山，在杭州府西十二里。曰秦望：，山在府西南十里。曰皋亭：，山在府東北二十里。曰臨平：，山在府東北六十里。曰赭山：，在海寧縣西南五十里，與蕭山縣之龕山對峙，浙江由兩山間入海，謂之海門。曰秦駐：，山在海鹽縣南十八里。曰茶山：，在縣東南海中。曰天平。山在府西二十里〔二三〕。

苕水之西：曰封山：，在武康縣東十八里。曰禺山：，在封山東南二里。曰大、小雷山：，小雷山一名洞庭東山，在烏程縣北三十六里太湖中。大雷山一名洞庭西山，屬長興縣，二山相距六十里。曰夫椒：，山在蘇州府西南八十里太湖中。一名包山。曰姑蘇。山在府西三十里。曰羊山：，在金山縣東海中。曰崑山：，在崑山縣治西北。曰穿山。在太倉州東北五十里，去海二十餘里。

天目之西：，曰桐山，桐水出焉，在廣德州南十里〔二三〕。西北入丹陽湖：，曰赭山：，在蕪湖縣東北五里。曰青林：，山在當塗縣東南三十里。曰博望：，一名東梁山，在縣西南三十里。曰牛渚：，山在府西北二十四里〔二四〕。曰采石：，山在牛渚之北里許。曰衡山：，在當塗縣東北六十里，江寧府西南百二十里，周八十里，高二百丈。一名横望山。左氏春秋襄三年：「楚子重伐吴，克鳩兹至于衡山。」曰東廬：，山在溧水縣東二十里。曰牛首：，山在江寧府南三十里。曰鍾山：，在府治東北十五里。曰幕府：，山在府西北二十里。曰臨沂：，山在府東北四十里。曰攝山：，在府東北四十五里。曰句曲：，一名茅山，在句容縣東南四十五里，金壇縣西六十五里。曰金山：，在丹塗縣西北七里江中。曰蒜山：，在縣西三里。曰譙山：，一名焦山，在縣東北九里江中。曰圌山：，在縣東北六十里濱江。曰北固：，山在縣東北一里。曰經山：，在丹陽縣東北三十五里。曰黄山：，在武進縣西北七十里。曰慧山：，在無錫西五里。曰峨耳：，一名秦望山，在江陰縣西南二十七里。曰巫山：，在縣東北江中。曰覆釜：，山在常熟縣北四十里江濱。曰虞山：，在縣治西北。一名海隅山。曰蛇山。在崇明縣東二百餘里海中。

黑水之外，曰崑崙岡〔二五〕。土俗語訛字轉，曰「高黎共山」，在騰越州東北百二十里。

記郡

秦四十郡

秦并六國，罷侯置守，分天下以爲三十六郡。史記秦始皇本紀二十六年也。都咸陽。秦故都在今咸陽縣東三十里。

故函谷已西，函谷關在靈寶縣南十一里。濱渭，是爲内史。今西安府鳳翔縣是其地。

西踰河至洮水，爲隴西郡。今蘭州府、鞏昌府是其地。治狄道，即今狄道州。

白於已西，白於山在合水縣北二十里。濱於涇，迆北踰河，爲北地郡。今慶陽府、平涼府、寧夏府是其地。治義渠，即今寧州。

河西濱洛，爲上郡。今延安府、榆林府是其地。史記秦本紀：「魏築長城，自鄭濱洛已北，有上郡。惠文君十年，魏納上郡十五縣。」

表裏河山，爲九原郡。今鄂爾多斯右翼三旗是其地。元和郡縣圖志：「敬本古城，在中受降城北四十里。」鄭虔軍録曰：時人以張仁愿河外築三城，自古未有。敬本城周萬八百七十二步，濠塹深峻，亦古之堅守。賈眈古今述曰：「以地理求之，前代九原郡城也。」

陰山河曲間，爲雲中郡。今鄂爾多斯左翼三旗是其地。虞氏記：「趙武侯自五原河曲築長城，東至陰山，又於河西造大城，一箱崩不就，乃改卜陰山河曲而禱焉。晝見羣鵠遊於雲中，徘徊經日，見大光在其下〔二六〕，武侯曰：此爲我乎？乃即於其處築城。今雲中城是也。」孔穎達曰：「雲中城，在唐勝州榆林縣東北四十七里。」

句注而東，爲雁門郡。今朔州、應州、渾源州皆其境。

恒山之北，爲代郡。今大同府及蔚州皆其境。

汾川左右，太岳之北，爲太原郡。今太原府、汾州府皆其地。治晉陽，即今太原縣。史記秦本紀：「莊襄王三年，攻趙榆次、新城、狼孟，取三十七城。四年，初置太原郡。」

南及雷首，爲河東郡。今平陽府、蒲州府是其地。治安邑。

太行左轉〔二七〕，爲上黨郡。今潞安府、澤州府及沁州、遼州皆其境。魏書地形志：「上黨郡，秦治壺關。」其故城在今長治縣東南十六里。

洹、漳已北，爲邯鄲郡。今廣平府、彰德府是其地。治邯鄲。

大陸已北，踰滹沱，爲鉅鹿郡。今順德府、正定府是其地。治鉅鹿，即今平鄉縣。

恒山已東，涿、易、淶、治之間，爲上谷郡。今保定府、河間府、又順天府之南境西境及延慶州、保安州、宣化府皆其地。

沽水東及燕山，山在玉田縣西北二十五里。爲漁陽郡。今順天府東及薊州皆其境。

濡、渝、濡水，今呼灤河。碣石間，爲右北平郡。今永平府迆西北至熱河境是其地。

東及醫無閭，踰遼水，爲遼西郡、今錦州府是其地。遼東郡。今奉天府是其地。

函谷已東，河、伊、雒之間，爲三川郡。今河南府、開封府、懷慶府、衛輝府是其地。治洛陽。史記秦本紀，莊襄王元年，初置三川郡。

外方已南，汝、潁間，爲潁川郡。今禹州、汝州及陳州府、汝寧府是其地。治陽翟，即今禹州。史記秦始皇本紀：「十七年攻韓，盡納其地，以其地爲郡，命曰潁川。」

孟諸及菏、濟間，爲碭郡。今歸德府及碭山縣、亳州、濟寧州、東平州皆其境。治碭，即今碭山縣。

沙丘、濮、濟、漯已東，爲東郡。今大名府、東昌府及長清縣已西，是其地。治濮陽，即今開州。史記秦始皇本紀：「五年，攻魏，定酸棗、燕、虛、長平、雍丘、山陽城，皆拔之，取二十城。初置東郡。」

泰山東，濱海，爲齊郡。今青州府、濟南府、泰安府、登州府、萊州府皆其境。治臨淄。

蒙、羽、沂、沭間至海，爲琅邪郡。今兖州府東境，沂州、青州府南境，莒州、膠州皆其地。

嶧、繹已東，南及淮、海，爲薛郡。今兖州府東南及海州是其地。

泗、淮之交，爲泗水郡。今徐州、宿州、泗州、邳州是其地。治沛，今沛縣也。

漢之上游，褒谷、秦嶺已東南，爲漢中郡。今漢中府、鄖陽府是其地。史記秦本紀：「楚自漢中，南有巴、黔中。惠文君之後十三年，攻楚漢中，取地六百里，置漢中郡。」

桐柏、魯山已西南，爲南陽郡。今南陽府、襄陽府是其地。治宛，即今南陽縣。史記秦本紀：「昭襄王三十五年，初置南陽郡。」

沮、漳、雲夢已東踰江，爲南郡。今荆州府、安陸府、德安府、漢陽府、黄州府、武昌府及襄陽府之南境，皆其地。治郢，即今江陵縣。史記秦本紀：「昭襄王二十九年，攻楚取郢，爲南郡。」

江、淮、彭蠡間，爲九江郡。今鳳陽府、淮安府、揚州府、廬州府、滁州、和州及江境是其地。治壽春，即今壽州也。

江之上游，爲蜀郡。今成都府、雅州府、龍安府、潼川府、邛州及劍州西皆其境。史記秦本紀，昭襄王六年定蜀。

東踰潛抵巫峽，爲巴郡。今保寧府、順慶府、夔州府、重慶府及瀘州皆其境。治巴，即今巴縣。

澧、沅間，爲黔中郡。今辰州府、永順府、常德府及澧州皆其地。史記秦本紀：「取巫郡及江南爲黔中郡。」

衡山、湘、瀆之間，爲長沙郡。今長沙府、岳州府、衡州府、寶慶府及郴州、連州皆其境。

瀆江已南及漸水上游，爲鄣郡。今江寧府、太平府、寧國府、池州府、徽州府、嚴州府、湖州府及廣德州皆其境。

五湖具區，南踰漸水濱海，爲會稽郡。今蘇州府、常州府、鎮江府、松江府、嘉興府、杭州府、紹興府、寧波府、金華府、衢州府、處州府、温州府、台州府皆其境。史記秦始皇本紀：「二十五年定荆江南地，降越君，置會稽郡。」

又平百越，以爲四郡：灕水已西，爲桂林郡；今廣西境内府州縣是其地。南至海，爲象郡；今廣州府、雷州府、高州府，又梧州府之南境及安南皆其境。湞水左右已東，南濱海，爲南海郡；今廣州府、肇慶府、韶州府、南雄府、惠州府、潮州府及平樂府之東境〔二八〕、梧州府之東南境，皆其地。治番禺，即今廣州府倚郭縣。

東迆北濱海，爲閩中郡。今福建府州縣是其地。治侯官，即今福州府倚郭縣。

漢郡國百有三

漢都長安。即今西安府西北三十里長安故城。豳、岐、荆、華、龍門而東，太岳、王屋、太行之南，熊耳、伊闕、外方已北，東及圃田，迆北踰淇，爲司隸校尉部。分秦内史以爲三輔：皆治長安城中。曰京兆尹，今西安府及華州華陰、閿鄉皆其地。曰左馮翊，今西安府高陵已東及同州府皆其地。曰右扶風。今西安府咸陽已西及鳳翔府、乾州、邠州皆其地。曰河南，今河南府至開封府西境皆其地。岳陽至雷首仍曰河東郡。分三川郡曰弘農，今陝州商州及河南府、南陽府西境皆其地。曰河内。今懷慶府、衛輝府至彰德府南境皆其地。

東起白於、吴嶽、隴、洮，踰河、湟，及豬野、合黎、三危、玉門、陽關，爲涼州刺史部。分北地郡曰安定，今平涼府是其地。曰北地。今慶陽府西北至寧夏府皆其地。分隴西郡曰天水，今鞏昌府東境秦州皆其地。曰隴西。今狄道州至鞏昌府西境皆其地。武帝開河西爲郡四，曰武威，今涼州府是其地。曰張掖，今甘州府是其地。曰酒泉，今肅州是其地。曰敦煌。今安西府是其地。宣帝又分天水、隴西、張掖地曰金城。今蘭州府、西寧府及河州皆其地。

圁、洛已北，西起高闕，循陰山，東及句注、灅源而南〔二九〕，抵太行、涑、潞，爲并州刺史部。河西濱洛，仍曰上郡。分九原郡曰五原，今鄂爾多斯故豐州是其地。曰朔方。今鄂爾多斯故朔州是其地。分雲中郡曰雲中，今朔平府西境及歸化城皆其地〔三〇〕。曰定襄。今朔平府東南境是其地。句注、灅源已南，仍爲雁門、太原、上黨。分雲中、太原地曰西河。今鄂爾多斯故勝州已南及綏德州、榆林府、汾州府之西四屬皆其地。治平定縣。

洹、漳、太陸已北，踰滹沱、嘔夷，爲冀州刺史部。分邯鄲及東郡地曰魏，今彰德府北境及大名府皆其地。曰清河，今廣平府南至東昌府北境皆其地。曰趙國，今廣平府、順德府西境皆其地。曰廣平國。今廣平府東境及順德府南境皆其地。分鉅鹿郡曰鉅鹿，今順德府東境及正定府南境皆其地。曰常山，今正定府西南及趙州皆其地。曰真定國，今正定府是其地。曰信都國。今冀州、深州、景州皆其地。分上谷地曰中山國，今定州已北至保定府境是其地。曰河間國。今河間府是其地。

恒山、易、沽，東踰濡、遼、馬訾，爲幽州刺史部。恒山之北仍曰代。分上谷及鉅鹿地曰涿郡，今涿州、保定府及正定府東、河間府西皆其地。曰上谷，今宣化府、保安州、延慶州、昌平州皆其地。曰勃海。今滄州、天津府南至濱州之北，北至通州、霸州之南皆其地。分漁陽及上谷地曰廣陽國，今順天府之大興、宛平及良鄉、固安縣地皆其境。及曰漁陽。今薊州、通州及順義、密雲皆其地。其北已東，仍爲右北平、遼西、遼東。又平朝鮮，爲郡二：曰樂浪，今朝鮮西境是其地。曰玄菟。今朝鮮北境是其地。

成山、之罘而西，濰、淄已北，踰濟東濱海，爲青州刺史部。分齊郡及琅邪曰東萊，今登州府、萊州府是其地。曰膠東國，今平度州是其地。曰高密國今萊州府膠州已西是其地。曰北海，今青州府已東是其地。曰齊，今青州府是其地。曰菑川國，今濟南府東北至青州府西北皆其地。曰千乘，今青州府已北至濟南府東境皆其地。曰濟南，今濟南府是其地。曰平原。今德州、武定府皆其地。

泰山、龜、蒙已西，濮、汳及潁，爲兖州刺史部。分齊郡地曰泰山郡，今泰安府及長清縣是其地。曰城陽國。今莒州是其地。分東郡、碭郡地曰東郡，今大名府及東昌府是其地。曰東平國，今東平州、濟寧州是其地。曰山陽，今兖州府西至歸德府東境是其地。曰濟陰，今曹州、濮州是其地。曰陳留。今開封府東至歸德府西是其地。分潁川地曰淮陽。今陳州府西北境是其地。

外方之南，汝、潁已東，北及洙、泗，爲豫州刺史部。分潁川郡曰汝南，今汝寧府、北至陳州府、東至潁州府皆其地。曰潁川。今禹州、汝州及陳州府是其地。分泗水地爲沛郡，今宿州至壽州北是其地。改碭郡爲梁國。今歸德府及碭山縣是其地。分薛郡爲魯國。今兖州府是其地。

琅邪、沂、泗，南踰淮，爲徐州刺史部。蒙、羽、沂、沭間，仍曰琅邪郡。改薛郡曰東海。分泗水、九江地曰泗水國，今宿遷縣已東北是其地。曰楚國，今徐州及邳州是其地。曰臨淮，今泗州已東淮安府及揚州府北境是其地。曰廣陵國。今揚州府是其地。

岷山、嶓冢已南，西得沬、若，南及夜郎、滇，爲益州刺史部。漢之上游，仍爲漢中。分蜀郡曰廣漢，今漢州、綿州、潼川府、劍州皆其地。曰蜀。今成都府、龍安府及邛州、雅州皆其地。其北，開白馬氏地，以爲武都郡。今階州、徽州、寧羌州皆其地。潛、江之交，仍爲巴郡。開夜郎地爲郡二，曰犍爲，今眉州、嘉定府、叙州府皆其地。曰牂柯。今遵義府、廣西府、臨安府、普安州及思州府西皆其地。以邛都地爲越巂郡。今寧遠府是其地。滇地爲益州郡。今雲南澂江、武定、曲靖、楚雄、姚安等府皆其地。

荆、衡、江、漢之間爲荆州刺史部。桐柏、魯山已西南及荆山、沮、漳、雲夢，仍爲南陽郡、南郡。分南郡之東境曰江夏。今安陸府、德安府、黄州府、漢陽府皆其地。改黔中郡曰武陵。分長沙郡曰長沙國，今長沙府是其地。曰零陵，今永州府至全州皆其地。曰桂陽。今彬州、桂陽州及連州皆其地。

淮、江已南，彭蠡、贛川之首，池東北至海，爲揚州刺史部。分九江郡曰六安國，今廬州府西境至壽州南境是其地。曰九江，今壽州、滁州、和州至廬州府境是其地。曰廬江，今廬州府南至安慶府是其地。改鄣郡曰丹陽。五湖踰漸濱海，仍爲會稽。

盤水已東南濱海，爲交州刺史部。分桂林郡曰鬱林，今柳州府、潯州府、鬱林州及南寧等府是其地。曰蒼梧。今平樂府、梧州府及肇慶府是其地。分象郡曰合浦，今高州府、廉州府、雷州府及肇慶府南境是其地〔三一〕。曰日南，今瓊州府及占城國是其地。曰交阯，今安南國是其地。曰九真。今安南國西南境是其地。滇水已東，南濱海，仍爲南海郡。

凡郡、國百有三〔三二〕。縣邑千三百一十四〔三三〕，道三十二，侯國二百四十一。

唐十道二百九十三州

唐都長安。分天下爲十道。自潼關已西，南並終南，西阻隴，東濱河，北抵沙漠，爲關内道。州二十二。曰雍，開元三年曰京兆府〔三四〕，今爲西安府。乾寧初又置乾州。華，華陰郡，今屬同州府。於漢京兆尹地。曰同，馮翊郡，今同州府。左馮翊地。曰岐，扶風郡，至德二年曰鳳翔府。邠，新平郡，今仍爲邠州。隴，汧陽郡，今屬鳳翔府。右扶風地。曰坊，中部郡，今鄜州中部縣是其治。天祐初又置翟州，今鄜州洛川縣東南三十里鄜城故城是其治。鄜，洛交郡，今仍爲鄜州。丹，咸寧郡，今延安府宜川縣是其治。延，延安郡，今延安府。綏，上郡，今綏德州。上郡地。曰銀，銀川郡，今綏德州米脂縣西北百八十里榆林故城，即銀州治。開元九年分銀、勝二州地置麟州〔三五〕，亦曰新秦郡，今榆林府神木縣北四十里新秦故城，即麟州治。西河郡地。曰涇，安定郡，今屬平涼府。原，平涼郡，今平涼府鎮原縣是其治。大中五年又置武州，今鎮原縣西北百四十里蕭關城是其治。安定郡地。曰會，會寧郡，今蘭州府靖遠縣是其治。安定、天水、金城地。曰寧，彭原郡，今屬慶陽府。大中間又置衍州，今寧州南六十里定平城是其治。慶，安化郡，今慶陽府。鹽，五原郡，今靈州東南花馬池東五原城是其治。靈，靈武郡，今屬寧夏府。大中三年又置威州，今寧夏府中衛縣東南百五十里鳴沙城是其治。景福二年置警州，今寧夏府北六十里定遠城是其治。北地郡地。曰夏，朔方郡，今鄂爾多斯南境故夏州城，在榆林府西北二百里。開元二十六年又置宥州，亦曰寧朔郡，故城在今榆林府西。朔方郡地。曰豐，九原郡，今鄂爾多斯右翼三旗是其地。通典云：「北至黄河四十里，西至黄河百三十里。」五原郡地。曰勝，榆林郡今鄂爾多斯左翼三旗是其地，治榆林縣。其故城北去黄河五里，東去黄河五十里。雲中郡地。

踰隴而西，南界吐蕃，西踰流沙，北抵沙漠，爲隴右道。州二十。曰秦，天水郡，今仍爲秦州。天水郡地。曰渭，隴西郡，今鞏昌府。岷，和政郡，今屬鞏昌府。隴西郡地。曰成，同谷郡，今階州成縣西百三十里上禄故城是其治。武，武都郡。景福初改曰階州，今階州北三百一十里將利故縣是其治。武都郡地。曰洮，臨洮郡，故洮州衛西南七十里臨潭城是其治。宕，懷道郡，今岷州南百二十里有宕州城。疊，合川郡，故洮州衛南百八十里有疊州城。天寶初又置狄道郡，乾元初曰臨州，今爲狄道州，屬蘭州府。河，安鄉郡，今屬蘭州府。羌戎地。曰蘭，金城郡，今蘭州府。金城郡地。曰廓，寧塞郡，今西寧府南百八十里有廓州城。西羌地。鄯，西平郡，今西寧府。曰涼，武威郡，今涼州府。武威郡地。曰甘，張掖郡，今甘州府。張掖郡地。曰肅，酒泉郡，今仍爲肅州。酒泉郡地。曰瓜，晉昌郡，今安西府東二百八十里有瓜州城。沙、燉煌郡，今安西府。敦煌郡地。曰伊，伊吾郡，故哈密衛，在肅州西北千五百一十里。西域伊吾廬地。漢明帝時取其地置宜禾都尉。曰西，交河郡，故火州，在哈密西七百里，至肅州千七百五十里。庭，北庭郡，故火州北四百一十里有庭州城。西域車師地。西州即車師前王庭，漢元帝初元元年置戊已校尉。庭州即車師後王庭。

踰河而東，太行已北，西及恒山，北界匈奴，爲河東道。州十八。曰蒲，河東郡，今蒲州府。絳，絳郡，今仍爲絳州。慈，文城郡，今吉州。隰，大寧郡，今仍爲隰州。晉，平陽郡，今平陽府。河東郡地。曰澤，高平郡，今澤州府。潞，上黨郡，今潞安府。沁陽城郡，今仍爲沁州。箕，今遼州。上黨郡地。曰并，太原郡，今太原府太原縣是其治。汾，西河郡，今汾州府。忻，定襄郡，今仍爲忻州。嵐，樓煩郡，今太原府嵐縣是其治。太原郡地。曰石，昌化郡，今汾州府永寧州是其治。朔，馬邑郡，今屬朔平府。定襄、雁門地。曰代，雁門郡，今仍爲代州。雁門、太原地。曰雲，雲中郡，今大同府。定襄、雁門、代地。曰蔚。安邊郡，今大同府靈丘縣是其治。代郡地。

太行、恒山已東濱海，南抵河，北踰濡水，爲河北道。州二十三。曰懷，河内郡，今懷慶府。會昌二年又置孟州〔三六〕，今懷慶府孟縣西南三十里河陽城是其治。衛，汲郡，今衛輝府。河内郡地。曰相，鄴郡，今彰德府。武德初又置磁州，今屬廣平府。魏，魏郡，今大名府。武德四年又置澶州，今大名府清豐縣西南二十五里頓丘故城是其治。魏郡地。曰博，博平郡，今東昌府。東郡地。曰德，平原郡，今濟南府陵縣是其治。平原郡地。曰洺，廣平郡，今廣平府。廣平國地。曰貝〔三七〕，清河郡，今廣平府清河縣是其治。清河郡地。曰邢，鉅鹿郡，今順德府。趙，趙郡，今仍爲趙州。鉅鹿郡地。曰冀，信都郡，今仍爲冀州。信都國地。曰恒，常山郡，今正定府。常山郡地。曰定，博陵郡，今仍爲定州。中山郡地。曰深，饒陽郡，今深州饒陽縣是其治。瀛，河間郡，今河間府。景雲二年又置鄚州，今河間府任丘縣北三十里有鄚州故城。易，上谷郡，今仍爲易州。涿郡地。曰滄，景城郡，今屬天津府。貞元五年又置景州〔三八〕，今河間府景州東北四十里弓高城是其治。勃海郡地。曰嬀，嬀川郡，今宣化府懷來縣是其治。唐末置武州，今宣化府治文德城即其治。又置新州，今爲保安州，屬宣化府。上谷郡地。曰幽，范陽郡，今順天府。開元十八年置薊州，今屬順天府。大曆二年又置涿州〔三九〕，唐末置儒州，今爲延慶州，屬宣化府。燕，歸德郡，今順天府順義縣。燕國地。曰檀，密雲郡，今順天府密雲縣是其治。天寶初置歸化郡，今順天府懷柔縣。漁陽郡地。曰平，北平郡，今永平府。右北平、遼西地。曰營，柳城郡，故營州治柳城南至錦州百五十里。遼西地。

自關已東，河、淮之間，薄於海，爲河南道。州二十八。曰虢，弘農郡，今靈寶縣西南三十里弘農城是其治。陝，陝郡，今仍爲陝州。弘農郡地。曰洛，河南郡，今不改。汝，臨汝郡，今仍爲汝州。開元三年置仙州，今南陽府葉縣是其治。鄭，滎陽郡，今屬開封府。河南郡地。曰許，潁川郡，今仍爲許州。建中二年置溵州〔四〇〕，今許州郾城縣是其治。潁川郡地。曰豫，寶應初改曰蔡州，今汝寧府。潁，汝陰郡，今潁州府。汝南郡地。曰陳，淮陽郡〔四一〕，今陳州府。淮陽、汝南地。曰汴，陳留郡，今開封府。陳留郡地。曰宋，睢陽郡，今歸德府。光啓中置單州，今曹州府單縣是其治。梁國地。曰亳，譙郡，今仍爲亳州，屬潁州府。沛郡地。曰滑，靈昌郡，今衛輝府滑縣是其治。東郡地。曰濮，濮陽郡，今仍爲濮州，屬曹州府。曹，濟陰郡，今曹州府曹縣西北七十里濟陰城是其治。濟陰郡地。曰兖，魯郡，今兖州府。魯國地。曰鄆，東平郡，今泰安府東平州。東平國地。曰濟，濟陽郡，今濟南府長清縣西南二十五里盧城是其治。泰山郡地。曰齊，齊南郡，今濟南府。淄，淄川郡，今濟南府淄川縣是其治。濟南郡地。曰棣，樂安郡，今武定府。勃海、平原地。曰青，北海郡，今青州府。齊、北海地。曰萊，東萊郡，今萊州府。如意初又置登州，亦曰東牟郡，今登州府。東萊郡地。曰密，高密郡，今青州府諸城縣是其治。琅邪郡地。曰沂，瑯琊郡，今沂州府。海，東海郡，今仍爲海州。東海郡地。曰徐，彭城郡，今徐州府。楚國地。曰泗。臨淮郡，今仍爲泗州。臨淮郡地。

岷山已南，西界吐蕃，東通劍閣，南踰犛水，爲劍南道。州二十六。曰松，交川郡，今爲松潘衛。貞觀中置岷州，在衛西北；又置軌州、麟州、闊州、諾州，皆在衛境已西。當，江源郡，松潘南百八十里，故疊溪所西北二百七十里，有故當州城。扶，同昌郡，今階州文縣西北百六十里有扶州城。龍，江油郡〔四二〕，今龍安府。西羌地。曰文，陰平郡，今階州文縣是其治。始，先天二年改曰劍州，今屬保寧府。梓，梓潼郡，今潼州府。遂，遂寧郡，今潼川府遂寧縣是其治。廣漢郡地。曰綿，巴西郡，今仍爲綿州。翼，臨翼郡，故疊溪所西五里衛山故縣即其治。顯慶初置悉州，疊溪所西百九十里左封故縣是其治。儀鳳二年置南和州，天授二年曰静州，亦曰静川郡〔四三〕，疊溪所西三百六十里有静州城。天寶五年置昭德郡〔四四〕，亦曰真州，疊溪所西南百餘里真符縣是其治。茂，通化郡，今仍爲茂州。益，蜀郡，今成都府；又置漢州，今屬成都府；又置彭州，今成都府彭縣；又置蜀州，今成都府崇慶州。邛，臨邛郡，今仍爲邛州。維，維川郡，故威州，在成都府西五百五十里，雅州府北五百六十里。雅，盧山郡，今雅州府。大足初置黎州，其故城在雅州府西南二百四十里，故黎州千户所境。蜀郡地。曰眉，通義郡，今仍爲眉州。嘉，犍爲郡，今嘉定府。簡，陽安郡，今屬成都府。陵，仁壽郡，今資州仁壽縣是其治。榮，和義郡，今嘉定府榮縣是其治。資，資陽郡，今仍爲資州。乾元初置昌州，今重慶府榮昌縣是其治。普，安岳郡，今潼川府安岳縣是其治。瀘，瀘川郡〔四五〕，今仍爲瀘州。戎，南溪郡，今叙州府。犍爲郡地。曰嶲，越嶲郡，今寧遠府北二百八十里越嶲廳是其治。越巂郡地。曰姚。雲南郡，今姚安府。益州郡地。開元二十八年置奉州，亦曰保州，在故威州西北百三十里。

嶓冢、秦嶺已東南，江、漢之濱，西踰潛，東及夏水，爲山南道。州四十一〔四六〕。曰鳳，河池郡，今漢中府鳳縣是其治。興，順政郡，今漢中府略陽縣是其治。武都郡地。曰利，益昌郡，今保寧府廣元縣是其治。廣漢郡地。曰梁，漢中郡，今漢中府。洋，洋川郡，今漢中府西鄉縣是其治。金，安康郡，今興安州西南三里西城故縣是其治。房，房陵郡，今鄖陽府房縣是其治。漢中郡地。曰集，符陽郡，今保寧府南江縣是其治。壁，始寧郡，今保寧府通江縣是其治。巴，清化郡，今屬保寧府。閬，閬中郡，今保寧府。蓬，咸安郡，今順慶府儀隴縣南三十里蓬池故城是其治。渠，潾山郡，今順慶府渠縣是其治。果，南充郡，今順慶府。合，巴川郡，今屬重慶府。渝，南平郡，今重慶府。涪，涪陵郡，今屬重慶府。忠，南賓郡，今仍爲忠州。通，通川郡，今達州。萬，南浦郡，今夔州府萬縣是其治。開，盛山郡，今夔州府開縣是其治。夔，雲安郡，今夔州府。巴郡地。曰商，上洛郡，今仍爲商州。弘農郡地。曰均，武當郡，今屬襄陽府。鄧，南陽郡，今屬南陽府。唐，淮安郡，今南陽府唐縣是其治。隨，漢東郡，今屬德安府。南陽郡地。曰襄，襄陽郡，今襄陽府。歸，巴東郡，今屬宜昌府。峽，夷陵郡，今宜昌府。荆，江陵郡，今荆州府。南郡地。曰郢，富水郡，今安陸府。復，竟陵郡，今漢陽府沔陽州。江夏郡地。

江、淮之間，西及漢，東至海，爲淮南道。州十四。曰申，義陽郡，今汝寧府信陽州。南陽郡地。曰光，弋陽郡，今仍爲光州。汝南郡地。曰安，安陸郡，今德安府。沔，漢陽郡，今漢陽府。黃，齊安郡，今黃州府。蘄，蘄春郡，今屬黄州府。江夏郡地。曰舒，同安郡，今安慶府。廬，廬江郡，今廬州府。廬江郡地。曰壽，壽春郡，今屬鳳陽府。濠，鍾離郡，今鳳陽府。滁，永陽郡，今仍爲滁州。和，歷陽郡，今仍爲和州。九江郡地。曰揚，廣陵郡，今揚州府。廣陵國地。曰楚，淮陰郡，今淮安府。臨淮郡地。

涪水已東，北濱江，南及嶺嶠，東至海，爲江南道。州四十二。曰珍，夜郎郡，今遵義府桐梓縣是其治。播，播川郡，今遵義府。夷，義泉郡，今遵義府綏陽縣是其治。費，涪川郡，今思南府東北百里有費州城。牂柯郡地。曰溱，溱溪郡，今遵義府東南故榮懿縣是其治〔四七〕。南蠻地。曰南，南川郡，今重慶府南川縣是其治。黔，黔中郡，今酉陽州彭水縣是其治。思，寧夷郡，今思南府婺川縣是其治。巫，潭陽郡，今沅州府南五十里龍標城是其治。垂拱二年置錦州，今沅州府麻陽縣西三十里盧陽故縣是其治〔四八〕。長安四年置舞州，今沅州府西界峨山故縣是其治。辰，盧溪郡，今常德府。朗，武陵郡，今常德府。澧，澧陽郡，今仍爲澧州。武陵郡地。曰施，清江郡，今施南府。天授二年置溪州〔四九〕，今永順府。南郡地。曰岳，巴陵郡，今岳州府。潭，長沙郡，今長沙府。衡，衡陽郡，今衡州府。邵，邵陽郡，今寶慶府。道，江華郡，今屬永州府。長沙國地。曰永，零陵郡，今永州府。零陵郡地。曰郴，桂陽郡，今仍爲郴州。桂陽郡地。曰鄂，江夏郡，今武昌府。江夏郡地。曰江，潯陽郡，今九江府。廬江郡地。曰饒，鄱陽郡，今饒州府。乾元初置信州，今廣信府。洪，章郡，今南昌府。袁，宜春郡，今袁州府。吉，廬陵郡，今吉安府。撫，臨川郡，今撫州府。虔，南康郡，今贛州府。豫章郡地。曰歙，新安郡，今徽州府。宣，宣城郡，今寧國府。武德四年置池州，今池州府。睦，新定郡，今嚴州府。潤，丹陽郡，今鎮江府。至德二年置江寧郡，今江寧府。丹陽郡地。曰常，晉陵郡，今常州府。蘇，吴郡，今蘇州府。湖，吴興郡，今湖州府。杭，餘杭郡，今杭州府。越，會稽郡，今紹興府。開元二十六年置明州，今寧波府。婺，東陽郡，又陞爲金華府。武德四年置衢州，今衢州府。台，臨海郡，今台州府。括，縉雲郡，今處州府。上元二年置温州，今温州府。建，建安郡，今建寧府。福，長樂郡，今福州府。聖歷二年置武榮州，今泉州府。垂拱二年置漳州，今漳州府。開元二十四年置汀州，今汀州府。會稽郡地。

嶺嶠已東南際海，爲嶺南道。州六十八。曰桂，始安郡，今桂林府。乾封初置嚴州，今柳州府來賓縣是其治。開元中置淳州，今南寧府永淳縣是其治。融，融川郡，今柳州府融縣是其治。柳，龍城郡，今柳州府。粤，龍水郡，今慶遠府。芝，忻城郡，今慶遠府忻城縣是其治。象，象郡，今柳州府來賓縣東南故武化縣是其治。澄，賀水郡，今思恩府上林縣是其治。賓，安城郡，今屬思恩府。邕，郎寧郡，今南寧府。開元初置田州，今屬思恩府。横，寧浦郡，今屬南寧府。貴，懷澤郡，今潯州府貴縣是其治。繡，常林郡，今貴縣東南百里常林故縣是其治。潯，潯江郡，今潯州府。龔，臨江郡，今潯州府平南縣是其治。鬱林，鬱林郡，今鬱林州興業縣北五十里石南故縣是其治。平琴，平琴郡，今鬱林北百里容山故縣是其治。黨，寧仁郡，今鬱林州東北百二十里故善勞縣是其治。鬱林郡地。曰古，樂古郡〔五〇〕，今柳州府懷遠縣西北有古州蠻〔五一〕。環，正平郡，今慶遠府思恩縣西北有故環州。籠，扶南郡，今南寧府新寧州。瀼，臨潭郡，今南寧府南二百里有故瀼城。南蠻地。曰昭，平樂郡，今平樂府。賀，臨賀郡，今平樂府賀縣是其治。蒙，蒙山郡，今平樂府永安州。富，開江郡，今平樂府昭平縣是其治。梧，蒼梧郡，今梧州府。藤，感義郡，今梧州府藤縣是其治。義，連城郡，今梧州府岑溪縣是其治。封，臨封郡，今肇慶府封川縣是其治。康，晉康郡，今肇慶府德慶州。端，高要郡，今肇慶府。瀧，開陽郡，今羅定州。竇，懷德郡，今高州府信宜縣是其治。高，高涼郡，今高州府電白縣西北二十七里良德故城是其治。蒼梧郡地。曰新，新興郡，今肇慶府新興縣是其治。勤，銅陵郡，今肇慶府陽春縣北百里富林故縣是其治。春，南陵郡，今陽春縣是其治。恩，恩平郡，今肇慶府陽江縣是其治。容，普寧郡，今鬱林州北流縣是其治。巖，安樂郡，唐書：「調露二年析横、貴二州地置〔五二〕。」白，南昌郡，今鬱林州博白縣是其治。山，龍池郡，今博白縣南龍池故縣是其地。禺，温水郡，今博白縣東南百里峨石故縣是其治。潘，南潘郡，今高州府。辯，陵水郡，今高州府化州。大曆八年置順州，今鬱林州陸川縣東南五十里龍化故縣是其治。羅，招義郡，今高州府石城縣是其治。雷，海康郡，今雷州府。廉，合浦郡，今廉州府。欽，寧越郡，今屬廉州府。合浦郡地。曰牢，定川郡，今鬱林州。陸，玉山郡，今欽州西南百七十里烏雷故縣是其治。交，交阯郡，今交阯國都。武峨，武峨郡，領武峨等五縣。峰，承化郡，領嘉寧等三縣。湯，湯泉郡，領湯泉等三縣。交阯郡地。曰愛，九真郡，領九真等七縣。總章二年置福禄州，領柔遠等三縣。長，文陽郡，領文陽等四縣。驩，日南郡，領九德等六縣。九真郡地。曰瓊，瓊山郡，今瓊州府。開元初置萬安州，今瓊州府萬州。崖，珠崖郡，今瓊州府東北二百六十里故舍城縣是其治。振，延德郡，今瓊州府崖州。珠崖郡地。曰儋，昌化郡，今屬瓊州府。儋耳郡地。曰連，連山郡，今仍爲連州。韶，始興郡，今韶州府。桂陽郡地。曰廣，南海郡，今廣州府。岡，義寧郡，今廣州府新會縣是其治。循，海豐郡，今惠州府。潮，潮陽郡，今潮陽府。南海郡地。凡地凡爲州二百九十有三〔五三〕。

校注

〔一〕「初稿之二」四字爲整理所擬加。以下各卷有同於此者，不另注。

〔二〕「記山」及下文「記郡」二標題均爲整理者所擬加。

〔三〕高闕　原本誤作「高關」。按水經注卷三河水：「東逕高闕南」。

〔四〕西南　疑爲「東南」之誤。按嘉慶重修一統志卷四四汾州府山川：「麓臺山在平遥縣東南。」山西通志卷三四山川考四引舊通志云，麓臺山「在平遥縣東四十七里。」

〔五〕七盤門　疑爲「七盤關」之誤。按讀史方輿紀要卷五六：「寧羌州南四十里爲黄霸驛，驛南有七盤關。」

〔六〕北二十里　「北」下疑脱「百」字。按讀史方輿紀要卷七七京山縣：「大洪山在縣北百二十里，與隨州接界。」

〔七〕三十里　疑爲「三百里」之誤。按讀史方輿紀要卷七七慈利縣：「澧水發源縣西三百里之歷山。」

〔八〕唐糺　原本作「唐斜」。按宋版太平寰宇記卷一一五武岡縣：「唐糺山，漢志所謂都梁之路山，資水出焉。」

〔九〕湘潭　原本脱「湘」字。按讀史方輿紀要卷七五湖廣名山：衡山，「其在衡山縣境者，凡五十五峰；而在衡陽縣境者，凡七峰；在長沙府、湘鄉、湘潭、善化縣境者，凡十峰」。

〔一〇〕興寧　原本作「興平」。按讀史方輿紀要卷八八長寧縣：「大帽山，縣南二百里，與廣東程鄉、和平、興寧、龍川等縣接壤。」

〔一一〕澄海　原本作「海登」。按明嘉靖四十二年置澄海縣，屬潮州府。

〔一二〕三百餘里　「三」字疑衍。按嘉慶重修一統志卷四四一廣州府山川引舊志，謂大奚山「在新安縣南百餘里」。

〔一三〕二百四十里　疑有誤。按讀史方輿紀要卷八六、嘉慶重修一統志卷三二〇建昌府山川並載血木嶺「在廣昌縣南百二十里」。

〔一四〕青城　疑爲「青原」之誤。按讀史方輿紀要卷八七吉安府、嘉慶重修一統志卷三二七吉安府山川並載青原山在廬寧縣東南十五里。

〔一五〕漳原　疑爲「樟原」之誤。按讀史方輿紀要卷八六、嘉慶重修一統志卷三二二撫州府山川皆作「樟原」。

〔一六〕二縣　原本作「三縣」。按讀史方輿紀要卷八六樂安縣：「大盤山在縣西北八十里，跨新淦、永豐二縣界。」

〔一七〕魚蝓　原本作「魚鑰」。按嘉慶重修一統志卷三三〇建昌府山川作「魚蝓」。

〔一八〕松山　原本作「杠山」。按嘉慶重修一統志卷四三六福寧府山川：「松山在霞浦縣東十里。」

〔一九〕寧海縣　原本脱「海」字。按嘉慶重修一統志卷二九七台州府山川：「天門山在寧海縣北六十里。」

〔二〇〕東　疑爲「西北」之誤。按讀史方輿紀要卷八五永豐縣、嘉慶重修一統志卷三一四廣信府山川均作在「縣西北十二里」。

〔二一〕西十里　「西」下疑脱「八」字。按讀史方輿紀要卷九十昌化縣：「縣西八十里，又有大明山。」

〔二二〕山在府西　「府」上疑脱「蘇州」二字。按讀史方輿紀要卷二四蘇州府：「天平山在府西二十里。」

〔二三〕南十里　「南」下疑脱「八」字。按讀史方輿紀要卷二九廣德州：「南八十里曰桐山，亦曰桐源山，一名白石山，桐水發源於此。」

〔二四〕山在府西北　「府」上疑脱「太平」二字。按讀史方輿紀要卷二七太平府：「采石山在府西北二十五里，「南里許曰牛渚山」。

〔二五〕「記山」篇末，孔繼涵朱筆記曰：「乾隆丁酉七月十五日歸，自洪素人、金輔之所校此。」

〔二六〕大光　原本作「火光」，據殿本水經注卷三河水引文改。

〔二七〕太行左轉　戴氏所説的太行，皆謂沁水東、丹水西之間的這段山脈（詳見定本水地記「太行八陘」説）。作者是按黄河源流，自西向東記述水地的，上黨郡在太行之北，故曰「左轉」。

〔二八〕平樂府　原本作「樂平府」。按元改昭州爲平樂府，明、清因之。

〔二九〕灅源　「灅」疑爲「瀔」之誤。水經瀔水：「瀔水出雁門陰館縣，東北過代郡，桑乾縣南。」按句注山即雁門山，與瀔水源同在代縣西北，故「句注、瀔源」並稱。下同。

〔三〇〕朔平府　原本作「朔州府」。按清代雍正三年置朔平府，而無「朔州府」之置。

〔三一〕肇慶府　原本作「肇慶州」。按明洪武初爲肇慶州，十四年復爲府，清因之。前文已作「肇慶府」，故改之。

〔三二〕凡郡國百有三　本書上述列郡國百有二，據漢書地理志，脱漏屬於揚州刺史部的豫章郡。

〔三三〕縣邑　原本脱「邑」字。按漢書地理志下：「縣邑千三百一十四。」故據增。

〔三四〕三年　疑爲「元年」之誤。按元和郡縣圖志卷一、舊唐書及新唐書之地理志皆載開元元年，改雍州爲京兆府。

〔三五〕九年　疑爲「十二年」之誤。按新唐書地理志一：麟州，「開元十二年析勝州之連谷、銀城置」。唐會要卷七十一、太平寰宇記卷三十八均同此。

〔三六〕二年　疑爲「三年」之誤。按舊唐書、新唐書之地理志及唐會要卷七十，均載孟州置於會昌三年。

〔三七〕貝　原本作「具」。按元和郡縣圖志卷十六、舊唐書及新唐書之地理志、太平寰宇記卷五八，均爲「貝」，故據改。

〔三八〕五年　疑爲「二年」之誤。按元和郡縣圖志卷十八：景州「貞元二年於弓高縣重置」。

〔三九〕二年　疑爲「四年」之誤。按舊唐書及新唐書之地理志、太平寰宇記卷七十皆載大曆四年置涿州。

〔四〇〕溵州　原本作「激州」。按新唐書地理志二：「建中二年以郾城、臨潁、陳州之溵水置溵州。貞元二年州廢，縣還故屬。元和十二年復以郾城、上蔡、西平、遂平置溵州。」舊唐書地理志一、唐會要卷七十、太平寰宇記卷七皆作溵州。

〔四一〕淮陽郡　原本作「淮南郡」。按地望當作「淮陽郡」。又元和郡縣圖志卷八：「大業二年廢沈州入陳州，三年改爲淮陽郡。」舊唐書及新唐書之地理志、太平寰宇記卷十，均作「淮陽郡」。

〔四二〕江油郡　原本作「油口郡」。按舊唐書地理志四：「隋平武郡，武德元年改爲龍門郡，其年加『西』字。貞觀元年改爲龍州，天寶元年改爲江油郡。」新唐書地理志六、太平寰宇記卷八十四同。

〔四三〕静川郡　原本作「静州郡」。按通典卷一七六州郡六、新唐書地理志六、太平寰宇記卷八一均爲静川郡。

〔四四〕天寶　原本作「天保」。按唐無年號曰「天保」。新唐書地理志六、太平寰宇記卷八十，均載「天寶五年置昭德郡」。

〔四五〕瀘川郡　原本脱「川」字。按史無「瀘郡」。元和郡縣圖志卷三十三：「梁大通初，割江陽郡置瀘川，魏置瀘州，取瀘水爲名。隋大業三年改爲瀘川郡，武德元年復爲瀘州。」

〔四六〕州四十一　本書以下實列州三十三。

〔四七〕榮懿縣　原本作「營懿縣」。按史無「營懿縣」。通典卷一八三州郡十三、元和郡縣圖志卷三十、舊唐書及新唐書之地理志等均作「榮懿縣」。

〔四八〕麻陽縣　原本作「麻黄縣」。按清無「麻黄縣」。清史稿地理志十五：沅州府「領縣三。芷江，黔陽，麻陽」。

〔四九〕溪州　原本作「漢州」。按元和郡縣圖志卷三十：「天授二年割辰州大鄉、三亭二縣立溪州。」舊唐書、新唐書之地理志皆云天授二年置溪州。

〔五〇〕欒古郡　原本作「平樂郡」。朱筆校改「平欒」爲「盤古」，亦誤。按通典卷一八四州郡十四：「大唐置古州，或爲欒古郡。」舊唐書地理志四：「古州土地與瀼州置，天寶元年改爲欒古郡。」

〔五一〕懷遠縣　原本作「遠懷縣」，據嘉慶重修一統志卷四六三柳州府乙正。

〔五二〕三年　疑爲「二年」之誤。按新唐書地理志七作「調露二年」。

〔五三〕本卷之末　孔繼涵朱筆記曰：「丁酉五月廿八、廿九校。」

水地記初稿之二〔一〕

河水

河出崑崙虛，東北經積石南，循山之東麓，左轉，屈而東北，行析支之野。

爾雅：「河出崑崙虛，色白。」故河源有白水之目。屈原賦「朝吾將濟於白水」是也。今自積石溯而上〔二〕，河所出山曰枯爾坤，譯言崑崙也。有三山，最西而大曰巴顏哈喇，其色紫黑，産金銀。蒙古謂黑「哈喇」，謂富「巴顏」，故納斯稱。東北去西寧邊外千四百五十六里，山之東麓二泉並注，行數里而合。唐長慶元年，大理卿劉元鼎爲吐蕃會盟使，使還，吐蕃傳記其所經見，曰：「由洪濟梁唐志：廓州西南百四十里爲洪濟橋。西南行二千里，水益狹，春可涉，秋夏乃勝舟。其南三百里三山，中高而四下，曰紫山，直大羊同國，唐會要：大羊同國東接吐蕃，西接小羊同，北直于闐，東西千里，儀鳳末屬於吐蕃。古所謂崑崙也，虜曰悶摩黎山〔三〕。東距長安五千里，河源其間，流澄緩；下稍合衆流，色赤；行益遠，它水併注則濁。河源東北直莫賀延磧尾，殆五百里，磧廣五十里，北自沙州〔四〕，西南入吐谷渾寖狹，故號

『磧尾』，隱測其地，蓋劍南之西。」此所言方向、遠邇〔五〕，與今枯爾坤符。崑崙之山三成，故爾雅釋丘曰：「三成爲崑崙丘。」自枯爾坤東行三百餘里，乃至星宿海。元史地理志：

至元十七年〔六〕，命都實爲招討使，佩金虎符，往求河源。還報，併圖其城傳位置以聞。河源在土番朵甘思西鄙，元置朵甘思宣慰司，在今青海境内。有泉百餘泓，沮洳散渙，弗可逼視，方可七八十里，履高山下瞰，燦若列星，以故名火敦腦兒。火敦，譯言「星宿」也。朱思本曰：河源直四川馬湖蠻部之正西三千餘里，雲南麗江宣撫司之西北千五百餘里，水從地湧出如井。其井百餘，東北流百餘里，匯爲大澤，曰火敦腦兒。羣流奔湊近五七里，匯二巨澤，名阿刺腦兒〔七〕。自西而東，連屬吞噬。行一日，迤邐東騖成川，號赤賓河。又二三日，水西南來，名亦里〔赤〕〔出〕〔八〕。與赤賓河合。又三四日，水南來名忽闌。又水東南來，名也里术。合流入〔赤賓〕，其流寖大，始名黄河，然水猶清，人可涉。又一二日，歧爲八九股，名也孫幹倫，譯言九度，通廣五七里，可度馬。又四五日，水渾濁，土人抱革囊，騎過之。聚落糾木幹象舟，傅髦革以濟，僅容兩人。自是兩山峽束，廣可一里、二里，或半里，其深叵測。朵甘思東北有大雪山，名亦耳麻不莫刺，其山最高，譯言騰乞里塔，即崑崙也。山腹至頂皆雪，冬夏不消。自八九股〔水〕至崑崙，行二十日。河行崑崙南半日。河水北行，轉西流，過崑崙北，一向東北流〔九〕。

考元人所目之崑崙，乃禹貢積石山，在青海境，非崑崙也。故河源遠在其西南。河自枯爾坤東流三百餘里，乃至星宿海，蒙古謂星「鄂敦」，謂坦平「塔拉」，故其地名鄂敦塔拉〔一〇〕，東北去西寧邊外千一百一十五里。元使窮河源屆此而未達於崑崙矣。自鄂敦塔拉東北流，屈而東南，貫二巨澤。曰扎凌淖爾，曰鄂凌淖爾，二澤相距五十餘里，鄂凌已上，蒙古呼阿爾坦河，已下至歸德堡，呼呼喀屯河。又東流，南北屈折，經積石山南，回遠行七百餘里，復繞其東北。山有九峰，綿亘三百餘里，禹循行嘗及此，是以禹貢曰「導河積石」，當西寧邊外西南五百三十餘里。漢時謂河行積石山下曰河首。地理志：「金城郡河關，後漢屬隴西郡，在今西寧府西南邊外。積石山在西南羌中，河水行塞外，東北入塞內。」段熲傳：「自張掖追西羌，且鬭且行，四十餘(里)日，至河首積石山〔一一〕，出塞二千餘里。」司馬彪曰：「西羌者，自析支以西，濱於河首左右居也。」後漢書西羌傳〔一二〕：「永元十三年，燒當羌迷唐遠踰賜支河首，依發羌居。發羌世居析支河西，其後爲禿髮樊尼所據。樊尼者，南凉禿髮烏孤之子，以禿髮爲國號，語訛字變，遂爲吐蕃。唐書吐谷渾傳：「侯君集與江夏王道宗趣南路，飲馬烏海，隋志：「烏海在河源郡。」郡以大業(四)〔五〕年伐吐谷渾置，治赤水城。唐儀鳳二年復置河源軍。通典：「河源軍在鄯州西百二十里。」經途二千餘里空虛之地，又達於柏海，北望積石山，觀河源之所出焉。」侯君集傳：「轉戰過星宿川，至於柏海〔一三〕，北望積石山，觀河源之所出。乃旋師，與李靖會於大非川〔一四〕，平吐谷渾而還。」唐十道圖：「大非川在青海南，烏海、星宿海、柏海並在其西。」通鑑胡三省注：「自唐鄯州鄯城縣西行三百餘里，即大非川。」河自積石山北折而東北流，漢時謂之河曲，是爲禹貢析支地，後漢書作賜支，永元〔五年〕，迷唐率部落遠依賜支河曲是也。應劭曰：「禹貢析支屬雍州。」在河關之西，東去河關千餘里，羌人所居謂之河曲羌，今爲河州之西青海境。

禹本紀、山海經、淮南鴻烈諸書所言崑崙河源，轉相蹈襲，而水經云：「崑崙墟在西北，去嵩高五萬里，地之中也。其高萬一千里，河水出其東北陬，屈從其東南流，入於渤海。又出海外，南至積石山下，有石門，河水冒以西南流。又南出葱嶺山，其一源出于闐南山，北流與葱嶺〔所出〕河合〔一五〕，〔又〕東，注蒲昌海。又東，入塞，過敦煌、酒泉、張掖郡南。」崑崙、積石，徒取荒遠蹈襲之言以立文，非有證實葱嶺、于闐兩源，則又兼綴漢書，故錯雜不相蒙。漢敦煌，今安西府；酒泉，今肅州府。三郡遠在青海之北，於河不相遥屬。酈道元注於「積石」條下云：「山在隴西郡河關縣西南羌中。余考羣書，咸言河出崑崙，重〔河〕〔源〕潛發淪於蒲昌，出於海水，逕積石而爲中國河。而經文在此，似如不比積石，宜在蒲昌海下矣。」於「過敦煌、酒泉、張掖郡南」下云：「自此，經當求實致也。」又云：「河逕其南而纏絡遠矣。」訂正經文失次，且見其所言之非實致，及舉地闊遠，寔作水經者之疏也。史記大宛列傳，張騫使西域還，爲天子言：「于窴之西，窴、闐古字通用。水皆西流，注西海。其東則東（則）流，注鹽澤，潛行地下，其南則河源出焉。多玉石，河注中國。而樓蘭、姑師邑有城郭，（臨）鹽澤。鹽澤去長安可五千里。」其後騫死，漢使窮河源，河源出于窴，其山多玉石，采來，天子案古圖書，名河所出山曰崑崙云。考史記之文，漢使窮河源，河源出于窴，乃于窴河會葱嶺南河注鹽澤者之源，與張騫所言注中國河源、直鹽澤南二源殊指。漢書西域傳：「西域以孝武時通，本三十六國，其後稍分至五十餘，皆在匈奴之西，烏孫之南。南北有大山，中央有河，東西六千餘里，南北千餘里。東則接漢，（院）〔阸〕以玉門、陽關，玉門關在故壽昌縣西百十八里，陽關在縣西。壽昌本漢龍勒縣地，今安西府西百五十里有壽昌城。西則限以葱嶺。其南山，東出金城，與漢南山屬焉。其河有兩源：一出葱嶺山，一出于闐。于闐在南山下，其河北流，與葱嶺河合，東注蒲昌海。蒲昌海一名鹽澤者也，去玉門、陽關三百餘里，當作千三百餘里。前後漢書並脱去「千」字。廣袤三百里。其水亭居，冬夏不增減，皆以爲潛行地下，南出於積石，爲中國河云。」酈道元水經注詳記葱嶺、于闐二河所經。其説曰〔一一六〕：

一源西出捐毒之國，葱嶺之（山）〔上〕，西河舊事曰：「嶺在敦煌西八千里。」河源潛發其嶺，分爲二水，一水西逕休循國南，又逕難兜國北，又西逕月氏國南，又西逕安息南，與蜺羅跂禘水同注雷翥海。釋氏西域記曰：「蜺羅跂禘出阿耨達山之北，西逕于闐國。又西逕四大塔北，又西逕〔揵〕陀衛國北，其水至安息注雷翥海。」河水自葱嶺分源，逕岐沙谷，出谷分爲二水。一水東流，逕無雷國北。又東流，逕依耐國北。又東流，逕蒲犁國北，又東，逕皮山國北。又東，與于闐河合，南源導于闐南山，俗謂之仇摩置，自置北流，逕于闐國西。又西北流，注于河。即經所謂北注葱嶺河也。南河又東，逕于闐北。又東北，逕扞彌國北。又東，逕精絶國北。又東，逕且末國北。又東，右會阿耨達大水。其水北流逕且末南山，又北逕且末城西，曰且末河，東北流逕且末北，又流而左會南河。會流東逝，通爲注賓河。又東，逕鄯善國北，其水東注澤。澤在樓蘭國北，國當白龍堆，乏水草，常主發導，負水擔糧，迎送漢使，故俗謂是澤爲牢蘭海也。北河自岐沙東分南河，東北流，分爲二水，枝流出焉。北河自疏勒逕流南河之北，暨於温宿之南，左合枝水。枝水上承北河於疏勒之東，西北流逕疏勒國南；又東北，與疏勒北山水合；又東，逕莎車國南；又東南逕温宿國，於此枝河右入北河。〔北河〕又東，逕姑墨國南，姑墨川水注之。又東，逕龜兹國南。又東，左合龜兹川水。又東，左會敦薨之水。水出焉耆之北，敦薨之山，在匈奴之西，烏孫之東，二源俱導注於敦薨之藪。川流所積，〔渾〕〔潭〕水斯漲，溢而爲海。

敦薨之水自西海逕〔尉〕犁國，又西出沙山鐵關谷，又西南流，〔逕〕連城別注，裂以爲田。其水又屈而南，逕渠犁國西。又南，流注於河。〔河水〕又東，逕墨山國南。又東，逕注賓城南。又東，逕樓蘭城南。又東，注於泑澤，即經所謂蒲昌海也。水積鄯善之東北，龍城之西南。龍城，故姜賴之墟，地廣千里，皆爲鹽而剛堅，故蒲昌亦有鹽澤之稱。其中洄湍雷轉，爲隱淪之脈。當〔其〕澴流之上，飛禽奮翮於霄中者，無不墜於淵波矣。即河之所潛，而出於積石也。河水重源，又發於西塞之外，出於積石之山。山在西羌之中，燒當所居也。河水屈而東北流，逕於析支之地，是爲河曲矣。

于闐，今名和闐，在回部葉爾羌東南。葱嶺，在葉爾羌西。鹽澤，今名羅布淖爾，在回部闢展西南。阿耨達山，今名岡底斯，譯言羣山水根也。其水北流者，會葱嶺南河。于闐河東注牢蘭海，西流者會葱嶺西流之水，注雷翥海。岡底斯，直古且末國南。隋大業五年初，平吐谷渾於且末城，置且末郡。唐貞觀八年，遣李靖等攻吐谷渾，靖督諸軍經積石山河源，至且末，窮其西境。又檳榔江在雲南邊外古勇州，源出岡底斯東，名牙母藏布江。及恒水，岡底斯之西南北各有水，合而爲岡噶母倫江，即恒水。康泰扶南傳曰：「恒水之源，乃極西北，出崑崙山中，有五大源，諸水分流，皆出此五大源。枝扈黎大江出山西北流，東南注大海。枝扈黎即恒水也。」亦出岡底斯，流入南海。而檳榔江之東爲潞江、瀾滄江，又東爲金沙江。金沙江之源，其山與枯爾坤池邐相屬，以是知枯爾坤、岡底斯及于闐、葱嶺，揆諸地勢，脈絡連貫，爲西域羣山之脊。然西域河不與中國河流通，故有鹽澤潛行之説。蓋昔人言崑崙，其可指實者有四。一爲岡底斯。穆天子傳：「天子升於崑崙之丘，以觀黄帝之宫，而封豐隆之葬。天子自崑崙山入於宗周，乃里西土之數，自宗周瀍水已西，北至於河宗之邦，陽紆之山，三千有四百里。自陽紆西至河首四千里，合七千四百里。」道元言黄帝宫，即阿耨達宫是也。釋氏西域記曰：「阿耨達大山，其上有大淵水，宫殿樓觀甚大。山即崑崙山也。」今岡底斯有西王母瑶池，二澤相屬，即此所謂大淵水。一爲枯爾坤。山海經「西海之南，流沙之濱，赤水之後，黑水之前，有大山，名崑崙之丘」是也。西海，今名青海。流沙，唐書所謂「磧尾」。赤水，今之金沙江。亦名麗江。黑水，今之潞江。亦作怒江。又敦薨之水，道元詳其川流，引山海經曰：「敦薨之水，西流注於泑澤，出於崑崙之東北隅，寔惟河源者也。」崑崙河源，承泑澤下，亦指積石西南今枯爾坤矣。然則岡底斯、枯爾坤之稱崑崙，其來蓋久。一爲于（爲）闐南山。史記言「天子案古圖書，名河所出山曰崑崙」，是也。一爲葱嶺。道元引涼土異物（志）曰「葱嶺之水分流東西，西入大海，東爲河源，禹記所云崑崙者也」，是也。斯二者稱崑崙，别未之聞。

經　榆谷北。

河水自河曲東北流，經允川。漢永元十三年秋，迷唐將兵向塞，校尉周鮪與金城太守侯霸出塞，至允川，與迷唐戰，羌衆折傷，迷唐遂弱。後漢書注云：「允川去賜支河曲數十里，在大、小榆谷之西，金城塞外地也，爲羌豪依阻處。」河水又東，經大、小榆谷北，唐時謂之九曲河〔一七〕，於此有逢留之名。後漢書西羌傳：

永元五年，護羌校尉貫友出塞，攻迷唐於大、小榆谷，收麥數萬斛，遂夾逢留大河築城塢，作大航，造河橋，欲度河擊迷唐。十四年，隃麋相曹鳳上言：「西戎爲害，前世所患，臣不能紀古，且以近事言之。自建武已來，其犯法者常從燒當種起。所以然者，以其居大、小榆谷，土地肥美，又近塞内，諸種易以爲非，難以攻伐。南得鍾存以廣其衆，北阻大河因以爲固，又有西海魚鹽之利，(西海即青海。)緣山濱水，以廣田畜，故能强大，常雄諸種，恃其權勇，招誘羌胡。今者衰困，黨援壞沮，親屬離叛，餘勝兵者不過數百，逃亡棲竄，遠依發羌。臣愚以爲宜及此時，建復西海郡縣，規固二榆，廣設屯田，隔塞羌胡交關之路，遏絶狂狡窺欲之源。又殖穀富邊，省委輸之役，國家可以無西方之憂。」於是拜鳳爲金城西部都尉，將徙士屯龍耆。(後魏於此置北金城縣，西魏改曰龍支，本允吾縣地，西去小積石山九十八里。)後金城長史上官鴻上開置歸義、建威屯田二十七部，侯霸復上置東西邯，屯田五部，增留、逢二部，帝皆從之。列屯夾河，合三十四部。永建五年，護羌校尉韓皓轉湟中屯田，置兩河間，以逼羣羌。通鑑注云：「逢留大河及賜支河間也。」隋大業四年築長城，自榆谷而東，以禦吐谷渾。唐景雲初，吐蕃請河西九曲地，鄯州都督楊矩奏與之。吐蕃置洪濟、大漠門等城，又置獨山、九曲兩軍以守其地。地肥饒，吐蕃就之畜牧，因以入冠。矩悔懼自殺。開元五年，隴右節度郭知運大破吐蕃於九曲。天寶十二載，隴右節度哥舒翰，擊吐蕃，拔洪濟、大漠門等城，方輿紀要：「大漠門城在西寧鎮西二百餘里。」悉收九曲部落，置洮陽郡，築神策、宛秀二軍。通鑑注云：「大、小榆谷，即唐之九曲也，去積石三百里，水甘草良，宜畜牧。」河水又東北〔一八〕，經積石城北，或云即澆河故城也。唐貞觀十三年，於此置靖邊鎮。儀鳳二年，改爲積石軍，東去廓州百八十里。」宋志：「積石軍西至青海百〔餘〕里，南至蓋龍峗八十里。」其城西臨大澗，北枕黄河。宋時蕃名谿哥城。金置積石州，亦即此城。河水又東，經石城南。西魏以縣有化隆谷，改曰化隆；後周改曰廣威；隋仁壽初復曰化隆；唐爲廓州治，先天元年，改縣曰化成。南去黄河半里許。河水又東北，經邯川南，即漢之東西邯屯田處也〔一九〕。通典曰：「邯，水名也，分流左右。」舊唐書：「廓州化隆縣東，即古邯川地。」河水又東，經積石關北，下臨河津，曰黄河上渡路，達西寧。明初置茶馬司於河州，此爲市易之處，有官軍戍守。東去積石山五十里，或云即故臨津城也，隋爲臨津關。河水又東北，經小積石山南，水經注之唐述山也，東北去河州七十里〔二〇〕。括地志云：「大積石山在吐谷渾界，小積石山在枹罕縣西北。」元和郡縣圖志：「河出積石山西南羌中，今人目彼爲大積石，此爲小積石。」河水又東北，經西寧縣南，河去縣治百六十里。漢建安中，置西都縣，爲西平郡治。後魏置鄯州。後周又置樂都郡。隋開皇八年，改縣曰湟水。唐上元二年，没於吐蕃，呼青唐城。宋元符二年，仍置鄯州，崇寧三年，改爲西寧州。明初爲西寧衛，兼設茶馬司於此。今爲西寧府治〔二一〕。河水又東，經河州北，河去州治八十里，漢枹罕縣也。晉咸康初，改曰晉興，尋又置河州。後魏置枹罕鎮。唐天寶初，曰安鄉郡。金置平西軍。元爲河州路，而吐蕃等處宣慰司亦治此。明置河州，設茶馬司於此，製金牌信符，頒給諸番，遇有差發，合符乃應。初，曹國公李景隆奉使市馬，以茶五千餘斤，得馬萬三千五百餘匹。弘治末，都御史楊一清言：「唐時回紇入貢，即以馬易茶，宋熙寧間行之，所謂摘山之産易廄之良，無害而有利者也。我朝納馬謂之差發，如田之有賦，身之有庸，因納馬而酬茶，體尊名順，非互市交易之比。且西番爲中國籓籬，其人徒以資茶於我，絶之則死，故俛首服從。此制番之上策。頃自金牌制廢，私販盛行，失利垂六十年。豈徒邊方乏騎乘之用，彼番無資於我，跳梁自肆，將生意外之憂，徹籓籬之固，甚非計也。請申明舊制，使番族各共差發。」州北六十里至河津，曰黄河下渡路，達莊浪州，西有罕开谷。宋元嘉六年〔二二〕，河西王蒙遜伐西秦，西秦南安太守翟承伯等，據罕幵谷以應河西。州北二里有原，居民稠密，曰萬頃原。河水又東，離水經州城南，自右入焉〔二三〕。漢志金城郡白石，故城在今河州西。「離水出西塞外，東至枹罕入河」是也〔二四〕。水經注：河水自河曲，又東逕西海郡南。又東逕允川，而歷大榆谷、小榆谷北。羌迷唐、鍾存所居也。（殷）〔段〕國沙州記：「吐谷渾於河上作橋，謂之河厲〔二五〕。」河水右逕沙州北（殷）〔段〕國曰：「澆河水回洑曰澆。南涼禿髮烏孤以河南地爲澆河郡。西南百七十里有黄沙，南北百二十里，東西（七十里，西）極大楊川。」望黄沙，猶若人委乾糒於地，都不生草木，蕩然黄沙，周迴數百里。河水又東（北）流，入西平郡界。又東北，濟川水出濫瀆，東北流入大谷，北逕澆河城西南，北流注於河。河水又東，逕澆河故城北，有二城，東西角倚，東北去西平二百二十里。河水又東北，逕黄川城。又東，逕石城南，左合北谷水。又東北，逕黄河城南，西北去西平二百一十七里。又東北，逕廣違城北，烏頭川水發遠川，引納支津，北逕城東而北流，注於河。河水又東逕邯川城南，城之左右，歷谷有（三）〔二〕水，導自北山，（南逕邯亭，注於河。河水又東，臨津溪水注之，水自）南山，北逕臨津城西而北流，注於河。河水又東，逕臨津城北、白土城南。十三州志曰：「左南津西六十里（有）白土城，城在大河之北，而爲緣河濟渡之處。」河水又東，白土川水出白土城西北下，東南流逕白土城北，又東南注於河。河水又東北，參差夾岸，連(襄)〔壤〕負險相望。河北有層山，山甚靈秀，山峰之上，立石數百丈，亭亭桀竪，競勢爭高，遠望參參，若攢圖之託霄上。其下層巖峭舉，壁岸無階，縣巖之中，多石室焉。室中若有積卷矣，而世罕有津達者，因謂之積書巖。巖堂之内，每時見神人往還，彼羌目鬼曰「唐述」，復因名之爲唐述山。崖下有水，導自是山谿水，南注河，謂之唐述水。河水又東，歷鳳林北，鳳林，山名也，五巒俱峙。隋書地理志：「枹罕有鳳林山。」元和郡縣圖志：「在縣北三十五里。」秦州記曰：「枹罕原北名鳳林川，川中則黄河東流也。」河水又東，灕水導源塞外羌中，東北流，歷野虜中，逕消銅城西，又東北，逕(河)列城東。列水出西北谿，東北流逕列城北，右入灕水。灕水又北，逕可石孤城西，又東北，黑城谿水出西北山下，東南流逕黑城南。又東南，枝水左出焉。又東南入灕水。灕水又東北，逕榆城東，榆城谿水出素和細越西北山下，東南流逕細越川，又東南出狄周峽，東南黑城谿之枝津，東北逕黑城東，東北注之。又東南，逕榆城南，東北注灕水。灕水又東北，逕石門口，山高險峻絶，對岸若門，疑即皋蘭山(門)也。灕水又東北，皋蘭山水自山左右翼注灕水。灕水又東，白石川水出縣西北山下，東南流，枝津東注焉。白石川水又南逕白石城西而注灕水。

灕水又東，逕白石縣故城南。闞駰曰：「白石縣在狄道西北二百八十五里。」又東，逕白石山北，羅谿水出西南山下，東入灕水。灕水又東，左合罕幵南谿水，水出罕幵西，東南流逕罕幵南〔注之〕。十三州志曰：「廣大坂在枹罕西北，罕幵在焉。」灕水又東逕枹罕縣故城南。十三州志曰：「枹罕縣在郡西二百一十里，灕水在城南門前東過也。」灕水又東北，故城川水南源出西南山下，東北流逕金〔細北〕〔紐大〕嶺北，又東北逕一故城南，又東北與北水會。北源自西南逕故城北，右入南水，亂流東北注灕水。又東北，白石川之枝津，東逕白石城北，又東絶罕幵谿，又東逕枹罕城南，又東入灕水。灕水又東北，出峽北流，注於河。河水又逕左南城南。十三州志曰：「石城西百十里有左南城者也，津亦取名焉。」又東，逕赤岸北，即河夾岸也。秦州記曰：「枹罕有河夾岸，岸廣四十丈。」

又東，左則湟水西北來注之〔二六〕。湟水出西寧邊外西北青海之東，三泉分導，行二十餘里，匯爲名波洛沖克克河〔二七〕。青海亦稱西海。鮮、西，語之轉，故又曰鮮海，亦曰鮮水。漢時卑禾羌居此，故呼卑禾羌海。元鼎四年，先零羌與匈奴通，攻令居，圍枹罕，遣將李息、徐自爲擊平之，始置護羌校尉，羌乃去湟中，依西海、鹽池。神爵初，西羌叛，酒泉太守辛武賢請擊罕幵在鮮水上者。元始四年，王莽誘塞外羌獻鮮水海、允谷、鹽池，置西海郡。漢志：「金城郡臨羌，西北至塞外，有西王母石室、僊海、鹽池。北則湟水所出，東至允吾故城在今皋蘭縣西。通典云：「允吾在廣武西南。」入河。」隋書：「青海在吐谷渾中，周回千餘里，海中有小山，每冬冰合，以良牝馬置此山，至來春牧，馬皆孕生駒，號爲龍種。青海西十五里，吐谷渾伏俟城在焉。」隋伐吐谷渾得其地，以俗傳置牝馬於小山上，得龍種，因置馬牧，縱牝馬二千匹於川谷，以求龍種，無效而止。唐萬歲通天初，吐蕃請罷安西四鎮戍兵，并求分十姓突厥之地。郭元振議以青海吐谷渾爲國家要地，使吐蕃歸之〔二八〕，以易四鎮十姓，不果。湟水東南七十餘里，轉東四十餘里，入西寧西川邊内，是爲西寧河〔二九〕，又東南三百餘里，至莊浪衛所界入大通河，流兩岸之地，謂之湟中。漢建武十一年，馬援等擊破先零諸種羌時，議者以金城破羌之西，塗遠多寇，欲棄之。援因上言，破羌以西城多堅牢，易可依固，其田土肥壤，灌溉流通。如今羌在湟中，則爲害不休，不可棄也。從之。湟水又東北流，經臨羌城北，東去今西寧縣二百八十里。湟水又東流，經西寧縣北。又東，經四望峽。漢神爵元年，趙充國擊西羌。至金城，渡河，遣騎候四望峽中，無人。夜引兵上至洛都，西寧縣東北有洛都谷。喜曰：「吾知羌不能爲軍矣。使發數千人守在四望峽中，兵豈得入哉！」山峭夾水曰峽。四望山在湟水北，亦謂之土樓山，西去西寧縣百里。湟水又東流，浩亹水西來注之。漢志：「金城郡浩亹，即今碾伯縣。浩亹水出西塞外〔三〇〕，東至允吾入湟水。」湟水又東南，經允吾城北，城在臯蘭縣西北百三十里。湟水於此謂之鄭伯津。漢志：「金城郡令居，在西寧縣東北，晉省入西都縣。澗水出西北塞外，至縣西南，入鄭伯津。」湟水又東流，經大通縣南，又東經平番縣南，漢允街縣也。周地圖：「允街城，地勢極險阻，沮渠蒙遜增築，以爲防守之所。」通典：「允街城臨麗水，亦名麗水城。」湟水於此左合逆水。漢志：「金城郡允吾，逆水出參街谷，東至枝陽入湟。」湟水又東南至臯蘭縣，西注於河。唐書吐谷渾傳云〔三一〕：「湟水（至）〔出〕蒙谷，抵龍泉，與河合。」故舉世謂西戎地曰河湟。水經河水章：「東過金城允吾縣北。」酈道元注：

河水逕其南，不在其北。（西）〔南〕有湟水出塞外，東逕西王母石室、石釜、西海、鹽池北，東南流逕龍夷城。十三州志曰：「城在臨羌新縣西三百一十里。」王莽納西零之獻，以爲西海郡，治此城。又東南，逕卑禾羌海北，世謂之青海，東去西平二百五十里。湟水東流逕湟中城北，又東逕赤城北，而東入經戎峽口。羌水出西南山下，逕護羌城（北）〔東〕，又東北逕臨羌城西，東北流注於湟。湟（盧）水又東逕臨羌縣故城北。又東，盧谿水出西南盧川，東北流注於湟。湟水又東，逕臨羌新縣故城南。闞駰曰：「臨羌新縣在郡西百八十里。」湟水又東，溜谿、伏溜、石杜、蠡四川東北流注之。臨羌谿水發新縣西北，東南流，歷縣北，東南入湟。湟水又東，龍駒川水出西南山下，東北流逕龍駒城，北流注於湟。湟水又東，長寧川水出松山〔三二〕，東南流，晉昌川水注之。又東南，養女川水發養女北山，有二源，皆長湍遠發，南總一川，逕養女山，謂之養女川。闞駰曰：「長寧亭北有養女嶺，即浩亹山，西平之北山也。」亂流出峽，南逕長寧亭東，東北隅有金城，〔在〕西平西北四十里。長寧水又東南注於湟。湟水又東，牛心川水出西南遠山〔三三〕，東北流，逕牛心堆東，又北逕西平亭西，東北入湟。湟水又東，逕西平城北東城，即故亭也。魏黃初中，立西平郡，憑倚故亭，增築南、北、西三城，以爲郡治。湟水又東，逕土樓南，樓北倚山原，峰高三百尺，有若削成。在亭東北五里，右則五泉注之，泉發西平亭北，雁次相綴，東北流至土樓南，北入湟。湟水又東，右合葱谷水〔三四〕。水有四源，各出一谿，亂流注於湟。湟水又東，逕東亭北，東出漆峽，東流，右則漆谷常谿注之，左則甘夷川水入焉。又東，安夷川水發遠山〔三五〕，西北流，控〔引〕衆川，北屈逕安夷城西北，東入湟。湟水又東，逕安夷縣故城，〔在〕西平亭東七十里。闞駰曰：「四十里。」湟水又東，〔宜〕春水出東北〔宜〕春谿〔三六〕，西南流至安夷，南入湟，湟水又東，勒且谿水出縣東南勒且谿，今西寧縣東有勒姐嶺，勒姐羌居之。姊讀如紫，勒且即勒姐。北流逕安夷城東，而北入湟。湟水又東，逕樂都城南，東流逕破羌縣故城南。又東南，逕小晉興城北。闞駰曰：「允吾縣西四十里，有小晉興城也。」城在今皋蘭縣西南百七十里。湟水又東，與閤門河合，即浩亹河也。出西(北)塞外，東入塞，逕敦煌、酒泉、張掖南，東南逕西平之鮮谷塞尉故城南，又東南與湛水合。水有二源，西水出白嶺下，東源出於白岸谷，合爲一川。東南流至霧山，注閤門河。閤門河又東逕養女北山東南，南〔流〕川水出北山，南流入於閤門河。閤門河又東逕浩亹縣故城南，即今碾伯縣。又東，流注於湟。湟水又東，逕允吾縣北，爲鄭伯津。澗水出(縣北)令居縣西北塞外，南流逕其縣故城西，又南逕永登亭西，晉末，張寔分金城之令居、枝楊二縣地，立永登縣。歷黑石谷，南流注鄭伯津〔三七〕。湟水又東逕允街縣故城南，縣有龍泉，出允街谷，下入湟。湟水又東，逕枝陽縣，逆水出允吾縣之參街谷，東南流逕街亭城南，通典：「街亭城，沮渠蒙遜所築，地勢險隘。」通鑑注：「金城北有街亭城。」又東南，逕楊非亭北，晉書載記：「楊非在枝陽西北三百餘里。太元初，馬建自楊非退屯清塞。」或訛爲陽妃谷。又東南，逕廣武城西。城在皋蘭縣西百二十里。城之西南二十許里，水西有馬蹏谷。漢武帝聞大宛有天馬，遣李廣利伐之，始得此馬，有角爲奇，故漢〔武帝〕天馬之歌曰：「天馬徠兮歷無草，徑千里兮循東道。」胡馬感北風之思，遂頓羈絶絆，驤首而馳，晨發京城，夕至敦煌北塞外，長鳴而去，因名其處曰候馬亭。今晉昌郡南及廣武馬蹏谷盤石上，馬跡若踐泥中，有自然之形，故其俗號曰天馬徑。逆水又東，逕枝陽縣故城南，東南入於湟。湟水又東流，注於金城河。闞駰曰：「河至金城縣，謂之金城河。」河水又東，逕石城南，謂之石城津。

右則洮水，出西傾山，西南來注之。

洮水出故洮州衛西南西傾山〔三八〕，三百三十餘里。東麓有泉十餘泓，匯爲一川，東南流。括地志：「西傾山在臨潭縣西南三百六十六里。」山又有强臺之名〔三九〕。傾、强，語之轉也。漢書作西頃，魏書作西彊。强台，亦作𡺾臺。漢志：「隴西郡臨洮，洮水出西羌中，北至枹罕，東入河。禹貢西頃山在縣西。」沙州記：「洮水與墊江水俱出𡺾臺山。山南則墊江源，山東則洮水源。」方輿紀要云：「隋大業三年，裴矩撰西域圖記，從西傾以去，縱横所亘，將二萬里，益以西傾爲内外之界也。」洮之上源亦曰强川。蜀漢炎興元年，魏鄧艾遣王頎等攻姜維於沓中，在洮州衛西南，通鑑注：「沓中在諸羌中，即沙强之地。」維聞鍾會已入漢中，引還，魏將楊欣自甘松洮州衛西南有甘松城，後魏所置甘松縣也，以甘松嶺爲名，嶺在四川松潘衛西北三百里，與洮州衛接境。追躡維於强川口，在强臺山東南，即洮水口也。前涼張駿於此置强川郡。洮水東北經曾城北，晉洮陽縣，後周於此置洮州；隋省縣徙州治美相城；唐貞觀四年，置臨潭縣，八年，復徙洮州治此〔四〇〕，在故洮治，此在故洮州衛西南七十里，甚險固。洮水又東北，經故洮州衛南。去衛三十五里，水南有侯和城，蜀漢景曜末，姜維侵洮陽，魏鄧艾與戰於侯和，即此。後周改置美相縣，隋爲洮州治，唐徙州治臨潭，元徙於水北。洮水又東，經望曲谷，在岷州西南。後漢建初二年，馬防破諸羌於臨洮，其衆皆降，惟封養種豪布橋等屯望曲谷不下，防復擊破之。洮水又東經岷州北，秦臨洮縣地，西魏置溢樂縣，兼置岷州及同和郡治焉，隋改縣曰臨洮，唐天寶初改郡曰和政，宋省縣徙州治祐川城，明初置岷州衞。衞之北山曰岷山，色黑無草木，洮水經其下。又東北，經臨洮城北，東北去狄道州二百二十里。又東北，經索西城西，城在衞東北九十里，漢建初二年，車騎將軍馬防討隴西羌，道險車不得方駕，防設奇破之於索西，乃築索西城，徙隴西南部都尉居之，悉復諸亭候。洮水又北，經桑壁之西。晉永昌初，休屠王石武以桑壁降劉曜是也。亦曰桑城。洮水又東北，經安故城西，城東北去狄道州百六十里。洮水又北，歷鎖林峽。又北，經狄道州西南，去州治二里。晉惠帝置狄道郡，宋熙寧六年爲熙州治，金改曰臨洮府。洮水盤束山中〔四二〕，至是豁然奔流。又北，歷石井峽西南，去州治百二十里。又北，經皋蘭縣西，入於河。水經注：

洮水東北流，〔逕〕吐谷渾中。自洮強南北三百里中，地草徧是龍鬚，而無樵柴。又東北，逕洮陽曾城北。沙州記曰：「強城東北三百里有曾城，城臨洮水者也。」洮水又東，逕〔共〕〔洪〕和山南，城在四山中。洮水又東，逕迷和城北。即侯和城。又東，逕甘枳亭，歷望曲，去龍桑〔城〕二百里。洮水又東，逕臨洮縣故城北。又東北流，屈而逕索西城西。又屈而北，逕龍桑城西。又西北，逕步和亭東，步和川水出西山下〔四二〕，東北流出山，逕步和亭北，東北注洮。洮水又北出門峽，蕈川在狄道州南。水出桑嵐西谿，東流歷桑嵐川，又東逕蕈川北，東入洮。洮水又北歷峽，逕偏橋，出夷始梁，右合蕈塏川在狄道州南。水。（又東北）又東北，逕桑城東。又北，藍川狄道州南。水歷桑城北，東入洮。洮水又北，逕外羌城西。又北，逕和博城東，城在山内，和博川水出城西南山下，東北逕和博城南，東北注於洮。洮水又北，逕安故縣故城西。又北，逕降狄道故城西，漢書作狄道，無降字。又北，隴水注之，即山海經所謂濫水也。水出鳥鼠山西北高城嶺，西逕隴坻，其山崩落者，聲聞數百里。故揚雄稱響若坻頹是也。又西北歷白石山下。山在今皋蘭縣東南八十里。又西北，逕武階城南。城在今渭源縣西，漢書作武街。又西，逕狄道故城東。昔馬援爲隴西太守六年，爲狄道開渠，引水種秔稻，而郡中樂業，即此水也。又西北流，注於洮。洮水右合二水，左會大夏川水〔四三〕。水出西山，二源合舍而亂流，逕金柳城南。十三州志曰：「大夏縣西有故金（柳）〔紐〕城，去縣四十里，本都尉治。」又東北，逕大夏縣故城南。城在今河州東北八十里。又東北出山，注於洮。洮水又北，翼帶三水，亂流，北入河。

又東北，經榆中。

河水東流，經皋蘭縣北，蘭州府治也。北至河五里，本漢金城縣，西魏置子城縣，隋初置蘭州，義寧二年改縣曰五泉，宋崇寧三年置蘭泉縣〔四四〕。有故金城關，當山要隘處。闞駰十三州記「金城郡有金城關」是也。距府城二里，關下有浮梁，用巨舟二十四，爲達安西要津，曰鎮遠浮橋。河水又東，爲榆中，酈道元言「榆中在金城東五十許里者」是也。又東，經金縣北，河去縣六十里。又東北歷峽，其山夾岸參差，聳若列戟，河流其中。又東北，經祖厲城，東北去靜遠縣百三十里。河水又東北，經烏蘭津，舊嘗有橋。唐元和中，吐蕃欲作橋，貯材於河側，朔方常潛遣入，投之於河。及王佖爲朔方帥，吐蕃厚賂佖，遂作橋，又築月城守之。自是，朔方屢有寇警矣。津北距靖遠縣百餘里。河水又東北，經靖遠縣北，去城五里。城北有黄河堰，唐刺史安敬忠所築，以捍河流。縣本漢鸇陰縣地，後魏分置會寧縣，西魏置會州，大業七年分處西突厥部落於此，唐武德二年置西會州，宋崇寧中置敷文縣，爲會州治。政和五年，童貫遣秦鳳將劉仲武出會州，至清水河，築城屯守而還，賜名德威城。城在縣西，西去河四里。金改縣曰保川，明置靖遠衛。縣北有麥田城，城之東北有麥田山。晉時，隴西鮮卑乞伏氏自漠北移屯高平川，自高平遷麥田山〔四五〕，又自麥田遷度堅山。河水又北折而西，經鳴沙城北。西北去中衛縣百五十里，本後魏戍守處，後周保定二年，移會州治此，建德四年爲鳴沙鎮〔四六〕，隋開皇十九年，置環州及鳴沙縣，以在大河環曲中也。唐武德四年〔四七〕，移西會州於此，咸亨二年〔四八〕，置安樂州，以處吐谷渾部落，大曆中爲吐蕃所據。其後，吐蕃名長樂州。大中三年收復，改置威州，元立鳴沙縣。河水又北，經中衛縣南。舊爲寧夏中衛，河去城十五里，分流入城，復歸於河。縣境裂引資溉，有七星、棗園、石空、羚羊等渠，溉田千頃。七星渠在縣東南百二十里，溉田百二十餘頃。棗園渠在縣東九十里，溉田九十五頃，於此置屯田〔四九〕。石空渠在縣東七十里，溉田九十頃。羚羊渠在縣南四十里，溉田三百八十餘頃。白渠在縣東二十里，溉田九十頃。蜘蛛渠在縣西二十里，東北流，溉田幾二百頃。中渠在縣南五里，溉田百餘頃。又東北，經眴卷城西城，東北去靈州二百里。水經注：

河水又東南，逕金城縣故城北。有梁泉出縣之南山，其水北流注於河。

水經河水章：「又東過榆中縣北。」酈道元注：昔蒙恬爲秦北逐戎人，開榆中之地。按地理志，金城郡之屬縣也，故徐廣史記音義曰，榆中在金城。

水經：「又東過天水北界。」酈道元注：苑川水出勇士縣之子城南山〔五〇〕，今靖遠縣西南二百里有勇士城，隋初避太子諱，改稱健士城。東北流，歷此成川，世謂之子城川。又北逕牧師苑，故漢牧苑之地也。又曰苑川水地，爲龍馬之沃土，故馬援請與田户中分以自給也。有東西二苑城，相去七〔十〕里。西城即乞伏氏所都也。方輿紀要：「苑川城在靖遠衛西南。晉咸和中，隴西鮮卑乞伏述延始居苑川，咸安初乞伏司繁拒秦將王統於苑川，敗降秦。其後乞伏國仁據勇士城，苻登封爲苑川王，乞伏乾歸復自金城遷於西城，即苑川西城也。既又遷都苑川，蓋即苑川東城云。」又北入於河。

水經：「又東北過天水勇士縣北。」酈道元注：

水出縣〔山〕〔西〕，世謂之二十八渡水。東北流，谿澗縈曲，途出其中，逕二十八渡，行者勤於溯涉，故因名焉。北逕其縣而下注河。又有赤曄川水，南出〔赤〕蒿谷，北流逕赤曄川，又北逕牛官川。又北逕義城西北，北流歷三城川，而北注於河。

水經：「又東北，過安定北界麥田山。」酈道元注：

河水東北流逕安定祖厲縣故城西北。又東北，祖厲川水出祖厲南山〔五二〕，北流逕祖厲縣而西北流，注於河。河水又東北，逕麥田城西，方輿紀要：「麥田城在靖遠衛東北，晉咸和四年，乞伏述延見趙亡，懼，自苑川遷於麥田，即此城也。」又北，麥田泉水出城西北，西南流注於河。河水又東北，逕麥田山西〔谷，山〕在安定西北六百四十里。河水又東北，高平川水注之，即苦水也。水出高平大隴山苦水谷。隴山在今鎮原縣西七十里，有苦水谷。方輿紀要云：「對華亭小隴山而言，亦曰隴山。」建武八年，世祖征隗囂，吴漢從高平第一城苦水谷入，即是谷也。東北流逕高平縣故城東，城在今固原州西二里，其東有城曰第一城。方輿紀要云：「其城險固，故曰第一城也。」西十里有獨阜，阜上有故臺，臺側有風伯壇，故世俗呼此阜爲風堆。其水又北，龍泉水出縣東北七里龍泉，東北流，注高平川。川水北出〔秦〕長城，（長）城在縣北十五里。今固原州西北有古長城，元和志稱爲秦長城。又西北，流逕東、西二〔土〕樓故城門，北合一水。水有五源，咸出隴山西。東水發源縣西南二十六里湫淵，淵在四山中。方輿紀要：「朝那湫有二，一在舊縣東十五里，一在舊縣東北三十里，俱出山間。土人謂之東海、西海。二水相合，方四十里。水停不流，冬夏不增減，兩岸不生草木。封禪書湫淵祠朝那，即此」。湫水北流，西北出長城。次水出縣西南四十里長城西山中，北流逕魏行宮故殿東，次水出縣西南四十里山中，北流逕行宮故殿西。次水出縣西南四十八里，東北流。次水出縣西南六十里酸陽山，東北流。總爲一川，〔東〕逕西樓北，東注苦水。苦水又北與石門水合。水有五源，東水導源高平縣西八十里，西北流。次水出縣西百二十里如州泉，東北流，右入東水，亂流左會三川，參差相得，東北同爲一川，混濤歷峽，峽即隴山之北垂也，謂之石門口，水曰石門水，在縣西北八十餘里。在今鎮原縣西八十里。石門之水又東北注高平川水。川水又北，自延水注之。水西出自延谿，東流歷峽，謂之自延口，〔在〕縣（之）西北百里。又東北逕延城南，東入高平川。

川水又北逕廉城東，城在今鎮原縣東北。又北逕三水縣西，三水城在今鎮原縣東北百里。肥水出高平縣西北二百里牽條山西，東北流，若勃谿水二源，總歸一瀆，東北流入肥。肥水又東北流，違泉水導於若勃谿東，東北流入肥。肥水又東北〔出〕峽，注於高平川，方輿紀要：「肥水在鎮原縣西北四十里，又西北有自延水。」水東有山，山東有三水縣故城，西南去安定郡三百四十里。縣東有温泉，温泉東有鹽池。故地理志曰縣有鹽官。今於城之東北有故城，城北有三泉，疑即縣之鹽官也。高平川水又北入於河。河水又東北逕眴卷縣故城西，城在今靈州西南二百里。地理志曰河水別出爲河溝，東至富平，北入河。河水於此有上河之名也。城在今靈州西南。

又東北，經上河峽。

河水北流，經大石山，是爲上河峽，一名硤石山。唐武德九年，安州都督李靖與突厥戰於靈州之硤石，長慶初，靈武帥李進誠奏敗吐蕃於大石山下，皆謂此矣。又北，經富平城西。地志曰，黄河經靈州西爲河曲。河千里一曲，自澆河至眴卷縣，率東北流至富平，始曲而北流。河水又北，經靈州北，本漢富平、靈州二縣地。後魏太延二年，置簿骨律鎮，其故城在今州北。孝昌中，改置靈州，初在河北，後於果園所築城爲州治，兼置普樂郡，治迴樂縣。隋大業中，改郡曰靈武。唐開元九年，置朔方節度。安禄山之亂，朔方僚屬崔瀹等謀曰：「靈武兵食完富，若北收諸城兵，西發河、隴勁騎，南向以定中原，此萬世一時也。」因共奉牋迎太子至靈武，即位於郡城之南樓。宋初爲翔慶軍，咸平五年没於西夏，稱西平府。明爲靈州守禦千户所，洪武十七年，城圮於水，北徙七里。宣德三年，爲河水衝決，復東北徙五里。州境裂引河流，元和郡縣圖志：「後魏刁雍爲薄骨律鎮將，上表請開富平西三十里艾山舊渠，通河水，溉公私田四萬餘頃，人大獲其利。」又：「薄骨利渠在縣南六十里，溉田千餘頃。」州東有光禄渠，久廢。唐李聽爲夏綏銀宥節度使，引渠溉塞下地千頃，以省轉餉。州西有特進渠，唐長慶四年所開，溉田六百頃。史稱貞元七年，吐蕃寇靈州，陷水口支渠，敗營田。五代唐長興中，朔方帥張希崇，引河渠，興屯田，以省漕運，民夷悦之。州東南有斥鹵枯澤，謂之旱海。河水又北，經横城堡西。輿程志：「由清水營而西北四十里爲紅山堡，又四十里爲横城堡。西三里即黄河渡，渡河處有關。又西北四十里即寧夏鎮也。」清水營在靈州東八十里。五邊考：「套寇犯靈州，必由清水營入。清水營者，靈州之咽喉也，特設重兵戍守。隆慶五年，以西番順命，設馬市於此。」河水又北，經寧夏縣東，本漢富平縣地，後周置懷遠郡，治懷遠縣。宋爲懷遠鎮，乾興二年，西夏城懷遠，改爲興州，尋又爲興慶府，復曰中興府。元寧夏路治此。明初曰寧夏府，洪武九年置寧夏衛。今仍爲府，倚郭置寧夏、寧朔二縣。府西六十里，有賀蘭山。其山盤踞數百里，望如駿馬，北人呼駿馬曰「賀蘭」，故以名之。元和郡縣圖志云：「保静縣西南至靈州六十里，賀蘭山在縣西九十三里，與河東望雲山形勢相接，迆邐向北，經靈武縣。城在寧夏府南。又西北經保静縣西，城在府西南八十里。又西北經懷遠縣西，又北經定遠城西。城在府北六十里。又東北抵河，其抵河之處亦名乞伏山，在黄河西，從首至尾，有像月形，南北約長五百餘里，真邊城之巨防。山之東、河之西，有平田數千頃，可引水灌溉。如盡收地利，足以贍給軍儲也。」河西去城四十里，城東南有漢延渠，西南有唐來渠，裂河資溉各萬餘頃。唐書：「郭子儀請開御史渠，溉田二千頃。」又府東有尚書渠，與御史、光禄稱三渠。光禄渠在靈州。舊唐書：「大曆十三年，虜酋馬重英以四萬騎寇靈州，塞御史、尚書、光禄三渠水口，以擾屯田，〔爲〕朔方留後常謙光逐出塞。」後李聽爲都督長史，復導三渠。明弘治十三年，巡撫王珣言：「衛西山下更有漢、唐舊渠，元和志云：「千金〔陂〕在靈武縣北四十二里，長五十二里，闊十里。又有漢渠在靈武縣南五十里，從漢渠北流四十餘里，始爲千金大陂。」首尾三百餘里，兩〔岸〕高峻，中廣二十餘丈，今大半淤塞。請疏鑿成渠，修築東岸，積土削牆，山口要害，各設營堡，沿河按伏，以遏賊衝，且便軍民耕種。而城南五里分唐來渠東南溉田七百餘頃，復引入城中，以便民汲。」名紅花渠，又新渠亦在城南，分唐來渠溉田數百頃。河水又北，經平羅縣東，去縣治十五里，縣北六十里有鎮遠關，九邊考云「平羅當北面之衝，而鎮遠關寔爲外險」是也。明嘉靖中，總制王瓊築花馬池新邊，棄關不守，自是山後之寇益恣，議者引爲瓊咎。縣北八十里有黑山營，與鎮遠關相應援，亦嘉靖中廢。議者謂：河西營堡，惟平羅城三面受敵，河凍時，套寇踏冰入犯，非墩牆所能禦也；冰泮後，寇每用渾脱浮渡，擾我耕牧，則棄黑山營、鎮遠關而守平羅，殆非長算矣。

水經河水章：「又北，過北地富平縣西。」酈道元注：

河側有兩山相對，水出其間，即上河峽，世謂之爲青山〔峽〕。河水歷峽北注，枝分東出。河水又北，逕富平縣故城西。又北，〔逕〕薄骨律鎮城，「又北」下脱一「逕」字。城在河渚上，赫〔連〕果城也。桑果餘林，仍列洲上。訪諸耆舊，咸言故老宿彦云：赫連之世，有駿馬死此，取馬色以爲邑號，故目城爲「白口騮」，韻之謬，遂仍今稱。城在今靈州西南。河水又逕典農城東，世謂之〔故〕〔胡〕城。又北，逕上河城東，世謂之漢城。又北，逕典農城東，俗名之爲吕城。又東北，逕廉縣故城東。又北，與枝津合。水受大河，東北逕富平城，所在分裂，以溉田圃，北流入河，今無水。河水又東北，逕渾懷鄣西。太和初，三齊平，徙歷下民居此，遂有歷城之名矣，南去〔富平〕〔北地〕三百里。河水又東北，歷石崖山西，去〔富平〕〔北地〕五百里。山石之上，自然有文，盡若戰馬之狀，粲然成著，類似圖焉，故亦謂之畫石山也。

又北屈東，經高闕南、北假中，行陰山之陽。

河水北流，經故豐州西，隋開皇五年置，治九原縣，大業初爲五原郡，義寧初曰歸順郡。唐永淳二年，突厥畔部寇豐州，議者欲遂棄之，遷百姓於靈、夏。唐休璟言：「豐州阻河爲固，居賊衝要。秦、漢以來，列爲郡縣，土宜耕牧。隋季喪亂，遷百姓於寧、慶二州，致胡寇深侵，以靈、夏爲邊境。貞觀之末，募人實之，西北始安。今棄之，則河濱之地復爲賊有，靈、夏等州人不安業，非國家之利也。」乃不果棄。天寶初，曰九原郡。五代唐置天德軍，石晉初，爲契丹所有，稱應天軍。通典：「豐州北至黃河四十里，西至黃河百三十里，東北至黃河八十里。」地志云：「豐州東南去夏州五百里，去雲中故城四百二十里。」雲中城東南至大同府四百餘里。明一統志：「廢豐州在大同府西北四百二十里。」誤也。河水又北折而東，經高闕塞南。漢書：「元朔二年，衛青度西河至高闕，破匈奴。」通典云：「高闕在豐州河西。黃河自豐州西折而東，漢史因謂之西河也。」舊唐書：「高闕北距大磧口凡三百里。」方輿紀要：「臨戎縣北即高闕塞。」河水又東，經西受降城南，城東南去豐州城八十里，本漢臨河縣，唐景龍二年張仁愿築三受降城之一。開元初，爲河所圮，總管張説於城東別置新城。元和七年，河溢，城南面多毁壞。八年，振武帥李光進請修受降城，兼理河防。李吉甫請移治於天德軍北城。李絳、盧坦以爲：「舊城當磧口，據虜要衝，得制匈奴上策。又豐水美草，邊防所利，今避河患退二三里可矣，奈何捨萬代久安之策爲一時省費之謀？況天德故城僻處確瘠，去河絶遠，烽候警急，不相應接，虜忽唐突，勢無由知。是無故而蹙地二百里也！」城使周懷義奏利害與絳、坦同。上卒用吉甫策。考天寶八載，朔方節度使張齊丘於木剌山築城，號横塞軍，以郭子儀爲軍使，胡語謂之可敦城，東去中受降城二百餘里。十二載，安思順奏廢軍，請於大同川西築城，改名天安軍，即隋大同城故墟，東去木剌山二十里，去中受降城二百二十里，西少北去西受降城百八十里。乾元中，復西南移四里，寄治永清柵，柵本開元中所置。號天德軍，北城寔故大同城也。吉甫言「永清柵即隋大同城」，殊未辨析。河水又東，至石迹阜西，折而南流，經馬陰山西池東，經故朔方縣東北。括地志：「夏州朔方縣北什賁城，即漢武遺蘇建所築朔方城也。什賁之號益出番語。」宋白曰：「什賁故城即德静縣治。」河水又東，流經中受降城南。元和郡縣圖志：「三受降城，景雲三年朔方總管張仁愿所置也。先是朔方軍北與突厥以河爲界。河北岸有拂雲堆神祠，突厥將入寇，必先詣祠祭酹求福，因牧馬料兵而後渡河。時突厥默啜盡衆西擊突騎施娑葛，仁愿奏請乘虚奪取漠南之地，於河北築三受降城，首尾相應，絶其南寇之路。從之，六旬而三城俱就。以拂雲祠爲中城，與東西兩城相去各四百餘里，遥相應接。北拓三百餘里，於牛頭牟那山北置烽堠千八百所。自是突厥不得度山放牧，朔方無復寇掠，減鎮兵數萬人。」開元二年移安北都護府治中受降城，貞觀二十一年，鐵勒、回紇等十三部內附。永徽初，乃即古單于臺置燕然都護府，其東置翰海。翰海移置於磧北回紇部落，而徙翰海都護府於雲中古城，號雲中都護。磧以北番州悉隸翰海，磧南隸雲中。總章二年，又改翰海都護府爲安北。置屯田：二十一年，置朔方節度使於靈武，三受降城皆屬焉。東受降城在故勝州東北二百里。天寶初，王忠嗣置振武軍於東受降城東百餘里，本漢成樂縣，東南去今大同府三百餘里。賈耽古今述云：「振武城在朔州北三百五十里。」續通典云「其地據陰山之陽、黄河之北，其北七十里有黑沙磧」是也。元和六年，李絳言振武、天德左右良田萬頃，請擇能員開置營田，可以省費足食。於是詔以韓重華爲振武營田和糴水陸運使，起代北墾田三百頃。連二歲大熟，請益募人爲十五屯，屯置百三十人而種百頃。令各就高爲堡，東起振武，轉而西過雲州界，極于中受降城，出入河山之際六百餘里，屯堡相望，寇來不能爲暴，人得肆耕其中，少可以罷漕輓之費。朝廷從其議，列栅十二，墾田三千八百餘頃，歲收粟四十萬餘石。既而請益開田四千頃，則盡可以給塞下五城。振武、天德、靈武、監下、監城之軍。議格不行。唐史稱振武、天德良田廣袤千里。中受降城之北有敬本故城，元和郡縣圖志：「敬本故城在中受降城北四十里。」鄭虔軍録曰：『時人以張仁愿河外築三城，自古未有，敬本城周萬八百七十二步，濠塹深峻，亦古之堅守。』賈耽古今述曰：『以地理求之，前代九原郡城也。』」河行三受降城南，謂之北河。河北大山隨地易名，通得陰山之名。漢竟寧初，呼韓邪願保塞，因議罷邊備塞吏卒。郎中侯應曰：「北邊塞至遼東，外有陰山，東西千餘里，草木茂盛，多禽獸，本冒頓依阻其中，治作弓矢，來出爲寇，是其苑囿也。孝武出師征伐，斥奪此地，攘之於幕北。建塞徼，起亭隧，築外城，列屯戍，以守之，然後邊境得用少安。幕北地平，少水草，多大沙，匈奴來寇，少所蔽隱，從塞以南，徑深山谷，往來差難。邊長老言匈奴失陰山之後，過之未嘗不哭也。」九邊考：「自陰山而北皆大磧。磧東西數千里，南北亦數千里，無水草，不可駐牧。中國得陰山，則乘高一望，寇出没踪跡皆見。必踰大磧而居其北，去中國益遠，故陰山爲禦邊要地。陰山以南即爲漢南，彼若得陰山，則易以飽其力而内犯，此秦、漢、唐都關中，必逾河而北守陰山也(五二)。」水經河水章：「又北過朔方臨戎縣西。」酈道元注：

河水東北逕三封縣故城東。城在故夏州東南。十三州志曰：「在臨戎縣西百四十里。」又北，逕臨戎縣故城西。城在故夏州西北。又北，有枝渠東出，謂之銅口，東逕沃野故城南，在故夏州西。東注以溉田。河水又北，南河出焉。河水又北迆西溢於窳渾縣故城東。城在故夏州西北。其水積而爲(中屠)〔屠申〕澤，澤東西百二十里，闞駰謂之〔窳〕渾澤矣。

水經：「屈從縣北〔東〕流。」酈道元注：

河水屈而東流，爲北河。漢武帝元朔二年，大將軍衛青絶梓嶺，梁北河是也。東逕高闕南。史記：「趙武靈王既襲胡服，自代並陰山下，至高闕爲塞。」山下有長城，長城之際，連山刺天，其山中斷，兩岸雙闕，峨然雲舉，望若闕焉。即狀表目，故有高闕之名也。自闕北出(羌)〔荒〕中，闕口有城，跨山結局，謂之高闕戍，自古及今，常置重捍以防塞道。河水又東，逕臨河縣故城北。

水經：「至河目縣西。」酈道元注：

河水自臨河縣東逕陽山南，東流逕石跡阜西，是阜破石之文，悉有鹿馬之跡，故納稱焉。南屈逕河目縣，在北假中，自高闕以東，夾山帶河，陽山以西，皆北假也。北河又南，合南河，上承西河，東逕臨戎縣故城北，又東逕臨河縣南，又東逕廣牧縣故城北，城在故夏州東北。逕流二百許里，東會于河。河水又南，逕馬陰山西。又東南，逕朔方縣故城東北。詩所謂「城彼朔方」也。漢元朔二年，大將軍衛青取河南地爲朔方郡，使校尉蘇建築朔方城，即此城也。按魏土地記曰：「縣有大鹽池，其鹽大而清白，名曰青鹽，又名戎鹽，入藥分，漢置典鹽官。」池在新秦之中，薛瓚曰：秦逐匈奴，收河南地，徙民以寔之，謂之新秦。

水經：「屈南過五原西安陽縣南。」酈道元注：

河水自朔方東轉，逕渠搜縣故城北。又東，逕西安陽縣故城南。又東，逕田辟城南。漢志五原郡〔成〕宜下云：「中部都尉治原高，西部都尉治田辟。」

水經：「屈東過九原縣南。」酈道元注：

河水東逕成宜縣故城南。又東逕原亭城南。今漢志原高。又東，逕宜梁縣之故城南。闞駰曰：「五原西南六十里，今世謂之石崖城。」河水又東，逕稒陽城南，此城即稒陽塞，在稒陽縣西北，與後稒陽縣故城爲二。河陰縣故城北。又東，逕九原縣故城南，秦始皇置九原郡，治此。西北接對一城，蓋五原縣之故城也。其城南面長河，北背連山，秦始皇逐匈奴，並河以東，屬之（陶）〔陰〕山，築亭障爲河上塞。徐廣史記音義曰：「（陶）〔陰〕山在五原北。」即此山也。始秦三十四年，起自臨洮，東暨遼海，西並陰山，築長城，晝警夜作，民勞怨苦，故楊泉物理論曰，秦始皇使蒙恬築長城，死者相屬，民歌曰：「生男慎勿舉，生女哺用餔，不見長城下，尸骸相支拄。」其寃痛如此矣。

水經：「又東過臨沃縣南。」酈道元注：

河水又東，枝津出焉。又東流，石門水出石門山。漢志五原郡稒陽下云：「北出石門障，即此山。」東南流，逕臨沃城東，東南注於河。河水又東，逕稒陽縣故城南，城在故勝州西南。河水決其西南隅。又東南，枝津注焉，水上承大河於臨沃縣，東流七十里注于河。

河水又東，逕塞泉城南而東注。

東至緣胡山屈南〔五三〕，經天橋峽而南。

河水又東，經故勝州北，其地亦謂之榆中。戰國策：「趙武靈王胡服，率騎入胡，出於十年，西略胡地，至榆中。林胡王獻馬。」漢爲榆谿塞。勝州本林胡地，漢爲沙南縣地。隋開皇六年置榆林縣，二十年於此置勝州，大業三年爲榆林郡。通典：「勝州，東至黄河四十里，北至黄河五里，西北至黄河二十里。」河水又東至平魯縣西北，緣胡山之西。漢志「雲中郡楨陵，緣胡山在西北」是也。平魯縣屬朔平府，明成化十七年置平虜衛，東去大同府二百五十里。河水折而南流，經故東勝城西，本漢楨陵縣，唐元和七年，振武河溢，東受降城毁；寶曆元年，振武節度使張惟清以東城濱河，徙置綏遠烽南。元和郡縣圖志：「東受降城在榆林縣東北八里。」方輿紀要云在朔州西北四百里。即是時所徙治者矣。五代梁貞明二年，契丹破振武軍，勝州之民皆趨河東。石晉初，以代北地割屬契丹，契丹因移勝州及榆林縣於此，謂之東勝州〔五四〕。明洪武初，置東勝左右二衛，兵民皆耕牧河套中。永樂初，移就延、綏，其地遂墟。正統三年，邊將周諒言東勝州廢城西濱黄河，東接大同，南抵偏關，北連火山、榆陽等口，中有赤兒山，東西平坦二百餘里，其外連亘關山，寔胡寇出没必經之地，若屯軍此城，則大同右衛、静水坪、偏頭關、水泉營四處營堡皆在其内，可以不勞戍守，非惟可以捍蔽太原、大同，亦所以保障延安、綏德也。時不能用。嘉靖間，陳講亦言東勝撤而偏關之備急。兔毛川水出右玉縣東北十里響水溝，西流經城北，朔平府治也，水去城八里。馬營川水出左雲縣北十里橐駝山，縣本北魏太平縣地，其水西北流七十里，經府城北。去城七里，滄頭川水出平魯縣北三里泉兒山，縣本漢武川縣地。其水東流屈平，經威遠城南，城在右玉縣南五十里。明初置威遠衛於此。其水環城西而北，經府城西。廣義川水出右玉縣北二十里殺虎堡東山，流逕堡南，數水參差相得，合爲一川，西經故東勝州，入於河。河水又南，逕河濱城東，或曰右河濱戍也。唐貞觀三年，置雲州於此，因置河濱縣。四年，改爲威州。通典云：「縣東臨河岸，因名。」元和郡縣圖志云：「黄河經縣東十五步，闊一里，不通舡楫，即河濱關，渡處名君子津。」河水又西南流，經偏關縣西北，本樓煩地，東至平魯縣百七十里，東南至寧武府百八十里，西南至河曲縣百一十里。北漢劉鈞天會元年，設寨於韓光嶺，東有古城遺迹。元改名偏頭關。明洪武二十三年，鎮西衛指揮張賢改築城於西原，去舊址里許，自縣西北八十里至老牛灣邊牆。明崇禎九年，兵使盧友竹設老牛灣堡，俯瞰黄河，外接套地，爲邊戍要區。河自老牛灣西南流，關城南川水導源朔州，西北流注於河。河水又西南，經黄甫川東，自清水營東至黄甫川堡十五里，又東九里，渡河至偏〔五五〕。河自故豐州西，至故勝州東，三面環繞，周數千里，明時謂之河套。漢元朔二年，斥逐匈奴，遣衛青等度西河，歷高闕，收河南地。主父偃言：「河南地肥饒，外阻河，蒙恬城之以逐匈奴，内省轉輸戍漕，廣中國備邊之本也。」永建初，隴西羌亂，西河、上郡、朔方皆殘破。四年，虞詡上疏謂：「三郡沃野千里，水草豐美，土宜産牧，宜復營城邑，事耕屯。」從之。明初李文忠定大同，西略豐州，遂即勝州城東勝，以統套内之地。正德初，制臣楊一清言：「河套之地饒水草，宜五穀，本吾内地，初非寇巢。其地有受降城，據大河三面之險。當千里之蔽。國初舍受降而衛東勝，已失二面之險；又輟東勝以就延、綏，則以一面之地遮千餘里之衝，遂使套中六七千里之沃壤爲寇甌脱，外險盡失，寧夏屯卒反備南河，此陝西邊患所以相尋而不可解也。宜因時失策，一舉而廓清之，復收東勝，因河爲固，東接大同，西接寧夏，耕屯牧放，亘千百里，以壯軍實，以息内運，庶陝西可息肩耳。」時劉瑾專政，議遂寢。二十五年，督臣曾銑言：「河套爲我必守之地，自寇據套爲穴，深山大川，勢反在彼。彼得出没自繇，東西侵掠，守禦煩勞，三秦坐困，故套患不除，中國之禍未可量也。臣嘗度機宜，較量彼我。當秋高馬肥，弓矢勁利，糾合醜類，長驅深入。彼聚而攻，我分而守，此彼利而我詘之時也。及冬深水枯，分帳散牧，馬無宿藁，日漸羸瘠，比及春深，賊勢益弱。我則淬勵戈矛，多備火器，練兵秣馬，乘便而出，此我利而彼詘之時也。今禦邊者，不乘彼之詘，而用吾之利，常使得因其利而制吾之所詘，是以有敗無勝。爲今之計，宜益練士卒，多備矢石，每於春夏之交，攜五十日之餉，水陸並進，乘其無備，直擣巢穴，材官騶發，砲石雷激，則寇不能支矣。歲歲爲之，每出益厲，寇勢必折，將遁而出套恐後矣。俟其遠去，然後因祖宗之故疆，並河爲塞，修築墩臺，建置衛所，處分戍卒，講求屯政，以省全陝之轉輸，壯中國之形勢，此中興大烈也。」未幾，銑爲嚴嵩、仇鸞所搆論死，自是無議及河套者矣。九邊考：「明初設東勝衛於套北，又設延綏鎮於套南，藉如帶之河，相爲犄角，與雲川玉林衛所聲勢聯絡，以故關陝、晉雲之間，晏無邊警。套地長幾二千里，横數百里，山川環列，原田沃饒。黄河自寧夏横城繞入北地，至山西老牛灣入中國，其地與關中郊圻相接，若畫地而守之。每年防禦，唯在冬春四閱月，較易爲力。今棄爲異域，使寇雄長其中，南犯榆林，則關陝戒嚴；東犯偏關，則晉雲驚擾。唐築受降城，能遏敵於河外，今守榆林，乃養敵於套中，誠不知計所出也。又套以内，地廣田腴，亦有鹽池、海子，初時敵少過河，軍士多耕牧套内，益以樵採圍獵之利，故諸堡皆稱豐庶。自套内充斥，諸利盡失。」

河水又西南，經河曲縣西北，去縣五里。側岸有山，巖石俱赤，烟氣灼人。有石罅，投以薪輒燃，謂之火山。宋置火山軍，金置火山州，皆以是山名也。河水又西南，經天橋峽，東北去河曲縣治二十五里〔五六〕。兩岸壁立，相距六丈許，峽石上有疏鑿跡，咸以爲即水經注之吕梁洪，蓋禹鑿吕梁以通河流也。

水經河水章：「又東，過雲中楨陵縣南。又東，過沙南縣北，從縣東屈南，過沙陵縣西。」

酈道元注：

大河逕咸陽縣故城南，屈而流，白渠水注之，水出塞外，西逕定襄武進縣故城北，城在山西大同府西北塞外。西北逕成樂北。魏土地記曰：「雲中城東八十里有成樂城。」今雲中郡治。白渠水又西逕魏雲中宮南，魏土地記曰：「雲中宮在雲中故城東四十里。」白渠水又西南，逕雲中故城南。孔穎達曰：「雲中城在唐勝州榆林縣東北四十七里。」龍朔三年，置雲中都護府于此。麟德元年，改單于都護府，領金河一縣。通典：「單于都護府南至榆林郡百二十里，東南至馬邑郡三百五十里。」唐志：「單于府金河縣，魏道武所都。」秦、漢雲中郡地。通鑑注：「金河，漢之雲中郡城也，在隋榆林郡城東北四十里，自朔州至單于府凡三百五十七里。」又西北，逕沙陵縣故城南，在朔州西北。西注沙陵湖。白渠水，或以爲即今黑川水，俗呼黑河。地志：「黑川水出大青山東九十九泉，山東接察罕兒界，池北而西，抵奥兒都司，以黄河爲界，北有數口，胥通大漠，高百餘仞，袤三百餘里。其水西流逕歸化城南，去城二十里，又西逕脱脱城西南，伏流入於河。」又有芒干水出塞外，南逕鍾山，山即陰山〔五七〕。其水西南逕武皋縣，在大同府西北境。又南逕原陽縣故城西。又西南，武泉水出武泉縣之故城西南，城在大同府西。南流又西屈，逕北輿縣故城南。又西南，入芒干水，西南逕白道南谷口，有城在右，縈帶長城，背山面澤，自城北出有高阪，謂之白道嶺。括地志：「魏武川鎮北有白道谷，谷口有白道城。」方輿紀要：「白道在大同府北塞外，後魏雲中郡有白道嶺，白道川自白道北出，爲懷朔鎮。又西北爲沃野鎮，自白道而南爲武川鎮，又南即雲中城也。」沿路惟土穴出泉，挹之不窮。余每讀琴操，見琴慎相和，雅歌録曰「飲馬長城窟」，及其〔扳〕〔跋〕涉斯途，遠懷古事，始知信矣，非虚言也。顧贍左右，山椒之上有垣若頽基焉。沿谿亘嶺，東西無極，疑趙武靈王之所築也。芒干水又西南，逕雲中城北，白道中谿水發源武川北塞中，南流，逕武川鎮城，景明中築。西南流，歷谷，逕魏帝行宫東，城在白道嶺北阜上，其城圓〔角〕而不方，四門列觀，城内惟臺殿而已。其水又西南歷中谿，出山西南流，於雲中城北，南注芒干水。芒干水又西，塞水出懷朔鎮東北芒中，南流逕廣德殿西山下，歷谷，南出陰山，西南入芒干水。芒干水又西南，注沙陵湖，湖水西南入於河。或云七星湖，在歸化城西南七十里，西入河，即沙陵湖也。河水南入楨陵縣西北緣胡山，歷沙南縣東北兩山二縣之間而出。余以太和中爲尚書郎，從高祖北巡，親所逕涉。縣在山南，謂楨陵縣。北去雲中城百二十里。縣南六十里，有東西大山，山西枕河。河水南流，脈水尋經，殊乖川去之次，似非關究也。

水經：「又南過赤城〔東〕，又南過定襄桐過縣西。」酈道元注：

河水於二縣之間，濟有君子之名。濟在雲中城西南二百餘里。河水又東南，左合一水，水出契吴東山，西逕故里南，又西流注於河。河水又南，中陵川水出中陵縣西南山下，東北流逕中陵縣故城東。十三州志曰：「善無縣南七十五里有中陵縣。」其水又西北，逕善無縣故城西。城在今代州西北七十里。又西北流，一水出東山下，北俗謂之吐文水，北流逕鋤亭南，西流逕土壁亭南，西出峽，左入中陵水。中陵水又北分爲二水。一水東北流，謂之沃水，又東逕沃陽縣故城南，今偏關縣東北境。又東北逕沃陽縣城東，又東逕參合縣南，魏因參合陘以即名也，北俗謂之倉鶴陘。道出其中，亦謂之參合口，陘在縣之西北，縣西去沃陽縣故城二十里。縣北十里有都尉城。地〔里〕〔理〕志：「沃陽縣，西部都尉治」者也。其水又東北流，注鹽池，今鹽池西南去沃陽六十五里，池水瀓渟，淵而不流，東西三十里，南北二十里。池北七里，即涼城郡治。池西有舊城，俗謂之涼城，郡取名焉。城西三里有小阜，阜下有泉，東南流注池。中陵水自枝津西北流，一水出沃陽縣東北山下，北俗名烏伏真山，水曰誥升袁水。西南流逕沃陽縣，左合中陵川，亂流西南，與一水合，北俗謂之樹頹水。水出東山下，西南流，右合中陵川水。亂流西南注，分爲二水。左水枝分南出，北俗謂之太羅河；右水西逕故城南，北俗謂之昆新城。西南流注於河。河水又南，太羅水南流西轉，逕武州縣故城南。十三州志曰：「武州縣在善無〔城〕西南百五十里，北俗謂之太羅城。」其水西南流，注於河。河水又左得湳水口。水出西河美稷縣，在故勝州西南。東南流入長城東。鹹水出長城西鹹谷，東入湳。湳水又東南，渾波水出西北窮谷，東南流注於湳。湳水又東逕富昌縣故城南，又東流入於河。河水左合一水，出善無縣故城西南八十里，西流，歷於吕梁之山，而爲吕梁洪。其巖層岫衍，澗曲崖深，巨石崇竦，壁立千仞，河流激盪，濤湧雲襄，雷渀電洩，震天動地，蓋大禹所闢以通河也。司馬彪曰：「吕梁在離石縣西。」今於縣西歷山尋河，過無亘阻，至是乃爲巨嶮，即古吕梁矣，在離石北以東〔五八〕，可二百有餘里也。

歷孟門、壺口、龍門，得汾州。

河水西南經府谷縣東。縣本唐之府谷鎮，五代晉王存勗天祐七年改爲縣，八年置府州。北漢初，置永安軍。宋兼置麟府路軍馬司於此，崇寧初改爲靖康軍，政和五年賜郡名曰榮河。元初置芭州，其故城在縣東北九十里。明成化中，王復請移府谷堡於芭州舊城，邊臣盧祥言：「芭州城水泉枯涸，清水川正當衝要，水草可資，可立城堡。」清水川在縣北十五里，自沙漠界來，東流注於河。宋史：「康定中趙元昊寇麟府，議者請棄河外，保合河津，仁宗不許。麟府將張亢以府州東焦山有石巖穴，爲築東勝堡；下城傍有蔬畦，爲築金城堡；州北沙坑有水泉，爲築安定堡，置兵守之。戰於兔毛川，賊大潰。不踰月，築清塞、百勝、中候、建寧、鎮川五堡，方輿紀要：「建寧堡在縣西北七十里。」麟州之路始通。」東岸即保德州，相距不及一里。清漣川水出五寨縣東南蘆芽山下。縣本漢樓煩縣地，北魏爲秀容縣地，唐爲嵐谷縣地，宋爲嵐州及火山軍地，金爲樓煩、嵐谷二縣地，明置鎮西衛於此。東至寧武府治百里，東至神池縣九十里，北至偏關縣百四十里，西北至河曲縣界七十里，西至岢嵐州八十里，蘆芽山去縣六十里。山東爲寧化城，宋之寧化軍也，即隋汾陽宫城故址。東北去府城九十里，山高二十餘里，西接岢嵐，東帶寧武，南連静樂，自此南行爲汾西河東羣山。金蓮川水出荷葉坪之山，山在蘆芽山南，高千丈，終歲積雪，四面崇峻，其頂平夷，可容萬馬，土人以狀類呼爲荷葉坪。上有將臺遺址，其東别巒，金蓮川所導源也。有池深丈餘，周數丈，其水東流，與清漣川水合而北，引資灌溉，又北至縣城南，側城東注，復北流經城東。又北流六十里，右合神池縣西北山水。縣本漢中陵縣地，北魏爲永固縣地，隋爲開陽縣地，唐爲天安軍地，宋熙寧後，以分水嶺爲界，而縣爲遼之寧遠縣地，寧遠故城在五寨縣東北三十五里。金、元爲武州地，明置神池堡於此。其水南流轉而西，經五寨縣北，與清漣川水會流西注，經河曲縣南，去縣六十里，又西經保德州入於河。河曲縣志：「沙泉河在縣南六十里，出鎮西衛五所境，經縣界西流，由保德州入河。」寧武府志：「瀰連池澄空及底，流光若金，故又名金蓮池，在荷葉坪東馬頭山，東流至蘆芽山，净水池與清漣水合。清漣河出蘆牙山下，北流二十里，至縣之店坪村，經南山下，又北流三十五里，至薛家口，分爲二：一東北流，至縣之小武州而止；其一北流五里，經縣城南，折而東一里，至東關外。自東而北至三岔堡，折而西流六十里，入河曲縣與河曲沙泉水合，流八十里，經保德州花園子，入於黄河。行三百一十餘里，義井河出神池縣西北義井屯東北山趾，南流復西，至五寨縣三岔堡，與灡連水合。康熙中征噶爾丹，駐此乏水，而河流驟發，明日軍行，水亦復故，故有興龍河之稱。」河水又西南，經神木縣南，河去縣十里，狹而易渡。唐開元九年，叛胡及党項攻銀城、連谷，張説出合河關掩擊破之，追至駱駝堰，寇走入鐵建山。説安集党項，置麟州以鎮撫之。駱駝堰在縣西北百里。銀城本北魏之石城縣，北周改曰銀城，在今縣南四十里。連谷本隋之連谷鎮，唐貞觀八年改爲縣，在今縣北五十里。麟州城在今縣北四十里，天寶初割連谷、銀城二縣地，倚郭置新秦縣，尋改州爲新秦郡。宋乾德初，徙治吴見堡，即今縣治，五年置建寧軍，端拱初曰鎮西軍，金爲神木寨。元至元六年，置神木縣。縣西北有濁輪川，其水自河套來，東南流注於河。宋雍熙二年，王侁出銀州擊李繼遷於是川。縣西南百五十里，有屈野川，宋嘗置堡於此，曰屈野川堡。其水下流，注於河。河水又南，經興縣西，去縣五十里，縣西北五十里有合河城。元和志「合河縣，黄河在縣西二里」是也。蔚汾水出嵐縣東南六十里桃尖山，流經興縣南五十里。南川水出縣東南十八里合查山〔五九〕，西流注之，又西入於河。河水又南，經葭州東，去州一里。州治本北周之中鄉縣。隋改曰真鄉，唐武德二年置真州於此。宋元豐中，置葭蘆川寨，川在州西五里，亦謂之西州。元符二年，置晉寧軍。金大定二十年改爲晉寧州〔六〇〕，二十一年改曰葭州〔六一〕。金末倚郭置葭蘆縣。河水又南，經臨縣西，去縣百里。縣西北百一十里，側河有克胡寨，舊嘗設浮梁，金大定中築城戍守。其南二十里有曲峪村渡，又南三十里有郭家峪渡，又南四十里有保子峪渡，俱路通葭州，又南十二里索達安渡，路通吴堡縣。北周置烏突縣，隋改曰太和，其故城在今縣南。唐改置臨泉縣，其故城在今縣北少東四十里。元中統三年置臨州，明改州爲縣。湫水出興縣合查山，西南流，經臨泉故城南，又南經臨縣城東，又南屈而西注於河，即水經注之陵水也。河水又南，經吴堡縣東，去縣一里。縣本宋之吴堡寨，金改爲縣。縣西二十里，有清溝水，東流注於河。河水又南，經綏德州東，去縣百二十里，縣境有上郡城。括地志：「上郡故城在上縣東南五十里，戰國魏及秦上郡治也。」州西十五里，有魏所築長城。西魏置上縣，爲安寧郡治；隋大業初曰雕陰郡；唐貞觀二年，徙綏州治上縣。通典云：「貞觀初築。」州城周四里有奇，四面皆因石崖，甚險固。天寶初，改州爲上郡，縣曰龍泉。宋治平四年，復城其地，賜名綏德城。元豐七年，范純粹言：「綏德城當寇衝，請立爲軍。」從之。金爲綏德州。河之東即永寧州，去河百一十里，州本漢離石縣。東觀記：「西河郡治平定縣，方輿紀要：「平定城在榆林衛東南境。」離石在郡南五百九里。」永和五年，以匈奴寇掠，徙郡治離石。晉永興初爲劉淵所據，其後石勒置永石郡，北魏爲離石鎮，太和二十年置石城縣，北齊置昌化縣，爲懷政郡治，尋改郡曰離石，置西汾州，後周改曰石州。唐天寶初爲昌化郡，乾元初仍改曰石州。明萬曆二十三年，改曰永寧州，大曆中，置永安鎮于石州城内〔六二〕，以綏御党項。離石水出州北二百里赤洪嶺，是爲州之北川，南流經積翠山東。隋義寧初置方山縣，本在方山下，南去州七十里。唐武德二年置方州，金貞祐四年徙於積翠山，其故城南去州百四十里。離石水又南經方山西，吕梁山之水西流注之。禹貢「治梁及岐」，梁山即此山矣。離石水又南。東川水西流，經伏盧山南，山下有城曰盧城，其水又西經州城北，注北川，會流經州城西，迆而西流。寧鄉水出孝義縣西遠望山，西流轉北，經寧鄉縣城東，又北，與離石水合爲一川，西經故隰城縣南，漢縣也。其水又西，注於河。河水又南經寧鄉縣西。北周析離石置平夷縣。元和郡縣圖志：「黄河在縣西百四十五里。」金改曰寧鄉縣，西側河有故城，漢中陽縣也。河水又南，經青澗縣東。去縣百里有郭宗渡，爲津濟處。縣故寬州壘也，宋康定初，种世衡言：「壘當寇衝，右可固延安之勢，左可致河東之粟，北可圖銀、夏之舊，請即廢壘築之。」城成，賜名青澗。金大定二十二年，置青澗縣。朔水出故夏州西南，一名奢延水，俗呼無定河，東北流經奢延城南，城在故夏州西北。漢縣也。其水又東北，經故夏州南。晉義熙九年，赫連勃勃築城，名之曰統萬城。北魏始光四年襲破之，置統萬鎮。魏史云：「勃勃築統萬城，高十仞，基厚三十步，宮牆高五仞，其堅可以礪刀斧。太武克之，每言：『屈匄蒸土築城，而朕滅之，守國豈在城也？』」宋白曰：「赫連勃勃於晉義熙九年，蒸土築城，其城土白而堅。後唐長興四年，遣安重進等攻李彝興於夏州，州城堅如鐵石，劚鑿不能入。」太和十一年，改置夏州及化政郡，西魏改郡曰弘化，隋大業三年爲朔方郡，唐貞元三年置夏州節度，廣明初賜號定難軍，以授拓拔思恭，遂世據其地。宋淳化四年，朝議夏州深在沙漠，奸雄因以窃據，乃毀其城，遷其民於綏、銀。而党項在夏州境者，謂之平夏部，蓋夏州城亦曰平夏城也，在榆林西北二百里，東南至綏德州四百里。朔水又東，黑水出平夏城西北七十里契吴山，東南流注之。又東南經懷遠縣南，明成化九年置懷遠堡。自榆林鎮而西四十里爲響水堡，又西十里爲波羅堡，又四十里爲懷遠堡，又四十里爲威武堡，又五十里爲靖平堡。朔水又東流經米脂縣西，宋寶元中置米脂寨，金置米脂縣。西北百八十里有銀州城，北周保定二年置銀城防，三年改置銀州。通典云：「苻秦置驄馬城，即今銀州城。」土語謂驄馬爲「乞銀」。唐元和十一年，度支鹽鐵使言：「銀州水甘草豐，請置銀州監。」開成二年，銀州刺史劉源言：「銀州水草乏，恒徙牧綏州境，今綏南二百里，四隅險絶，四路不能通，以數十人守要，畜牧無足患也。」乃以隸銀州監。縣西北有明堂川，其水流合朔水。宋元豐五年，种諤議城銀州。徐禧上言「銀州雖據明堂、無定川之會，而故城東南已爲川水所吞，其西北又阻天塹」是也。米脂水在縣治東南，西流注於朔水。朔水又東南，經綏德州西北境，米脂縣西百里大理川之水東流注之。宋治平四年，种諤復綏州，夜渡大理水，軍於州西。既而趙卨請規大理河川建堡，畫稼穡之地三十里，以處降者。朔水又東南，經州城東，水東有朔方臺，相傳太子扶蘇所築。朔水又東南，經青澗縣東北，去縣八十里。又東南入於河。河水又南，經石樓縣西，去縣九十里。縣本漢土軍縣，北魏太平真君中置嶺西縣，太和二十一年改曰吐京，即「土軍」音之訛也。隋開皇十八年，改爲石樓縣。縣東有土軍水，西流經縣北，縣東牧馬川水北流注之，又西入於河。河水又南，經延川縣東。西魏置文安縣，隋開皇初改曰延川，以城北吐延水名之也。寰宇記云：「吐延川自綏德縣來。」流入於黄河。青澗水西出安定縣境，縣本宋之安定堡，其地曰馬蹶川，元改置縣，其水流經青澗縣城西，又東南經延川縣東城下，而東南注於吐延川。河東爲永和縣，西去河七十里，本漢狐讘縣地，其故城在今縣西南三十五里。曹魏置永和縣，在今縣西南九十里。北齊改置臨河縣於狐讘城〔六三〕。隋開皇十八年改曰永和。唐武德二年，徙治仙芝谷西，即今治也。谷在縣東北五里，仙芝水出焉。索陀川水出縣東北三十五里索陀谷，西南流注之，又西南入於河。河水又南經延長縣，東去縣三十五里。西魏置廣安縣，隋改曰延安，唐廣德二年改曰延長。延水出安塞縣西北蘆關嶺。有東西二城，去縣百七十里，亦曰蘆子關。唐杜甫詩：「延州秦北户，關防猶可倚。焉得一萬人，疾驅塞蘆子。」謂是關也。蔡夢弼曰：「去延州百八十里，有土門山，兩崖峙立如門，形若葫蘆，故謂之蘆子。」趙珣聚米圖經曰：「蘆關在延州塞門寨北十五里。」自蘆關南入塞門，謂之金明路。延水東流經縣北，去縣百里。縣本宋之安塞堡，元改爲縣。延水又東南，經延安府城東。府治膚施縣，西北百里有金明城。通典云：「古高奴也。」北魏太平真君十年，置廣洛縣，十二年置金明郡治焉，隋改縣曰金明。安寨縣北五十里金明川，寰宇記云「自蕃界來入縣境，西過而南，流至膚施界」，合於延水。而魏置延川，以延水名之也。隋大業初置膚施縣，又置延安郡治焉。唐中和三年，置保塞軍節度，光化初改曰寧塞軍，梁改爲忠義軍，後唐曰彰武軍，宋元祐四年爲延安府。延水又東流，經延長縣南，又東南注於河。河東爲大寧縣，去河七十五里，本北周所置也。蒲水出石樓縣東南六十里石樓山，流經蒲子城南。漢縣也，本魏之蒲陽。史記魏世家「襄王七年，秦降我蒲陽」是也。地理通釋云：「蒲陽故城，在隰川縣北四十五里，蒲水北。」北魏置吐京鎮，治蒲子城，後改鎮爲汾州。蒲水又南，經隰州城西。西魏置龍泉郡，其故城在今州北二里。北周置長壽縣，隋開皇四年置西汾州，五年改爲隰州，十八年改縣曰隰川，即今州治，唐天寶初曰大寧郡。蒲水又西南，經大寧縣東，南爲昕川，西經阜城寨，在縣西十里。行石峽中，崿流飛逝。又西，經桑俄里，崖壁峭舉，其深莫測。又西注於河。又龍窩水出永和縣境，南流經隰州西，又西南入於昕川，其水峻急。隰州南十里瀑布泉，一名龍子湫，其水西流，注於昕川。紫川水出隰州東山谷，其巖石皆紫，故名。經州南六十里仵城鎮而西，注於昕川。地志云：「自隰州來者曰蒲川，自吉州來者曰義亭川，自永和縣南流入境者曰麻東溝，自縣東來會者曰小道溝，合爲昕川。」縣西河津曰馬鬬渡，唐置馬鬬關於此〔六四〕。河水又南，經宜川縣東，去縣八十里。縣本西魏義川縣，又置汾州及義川郡，尋改州曰丹州，後周爲丹陽郡，其故城在今縣東北二十九里。唐永徽初，徙於赤石川口，天寶初曰咸寧郡，宋太平興國初改縣曰宜川。汾川水西自甘泉縣境，流經縣北，去縣八十里，東注於河。縣西南十里銀川，其水流繞縣城，而東注於河。河東爲吉州，漢北屈故城，在州東北二十一里。漢志：「河東郡北屈，禹貢壺口山在東南。」北魏延興四年置定陽縣，爲定陽郡治，即今州治也。東魏置南汾州，北齊曰西汾州，北周改爲汾州，隋開皇十六年改州曰耿州，十八年復爲汾州，改縣曰吉昌，大業初爲文城郡，唐武德八年曰慈州，五代唐改縣曰吉鄉，宋元祐初置吉鄉軍，金曰耿州，明昌初改曰吉州。壺口山在州西七十里。河西少北則孟門山也，在宜川縣東南二十里，山勢延綿，與東岸山夾河。酈道元謂「孟門即龍門之上口」是也。

元和郡縣圖志："汾川縣，黄河在縣東七里。河岸頓狹，狀似槽形，鄉人呼爲石槽，蓋禹治水鑿石導河之處。石槽長千步，闊三十步，懸水奔流，黿鼉魚鼈所不能遊。"汾川城在宜川縣東七十里。吉州西有河津，曰採桑津。河水又南，經鄉寧縣西，去縣八十里。縣本北魏之昌寧縣也，五代唐改曰鄉寧縣。東三十里鄂山之陰，鄂水出焉，西流經城南。羅峪水出縣東北高山俗呼高天山。西南流三十餘里，側城西南注於鄂水。鄂水又西入於河。河水又南，經河津縣西。去縣十五里，本漢皮氏縣，其故城在今縣西二里。漢志："河東郡皮氏耿鄉，故耿國。"北魏置龍門鎮於此，改縣曰龍門。括地志："故耿城今名耿倉城，在龍門縣東南十二里。"宋宣和初，改曰河津縣。元皇慶初，移治西一里，即今治。縣西北三十里，北周置龍門關，關下曰禹門渡。河西則禹貢之龍門山也，兩岸山勢若連，河扼東而出，酈道元以爲龍門下口。龍門山西南去韓城縣八十里，漢志"左馮翊夏陽，禹貢龍門山在西北"是也。河水又南，汾水注之。水經河水章："又南過西河圁陽縣東。"酈道元注：

圁水出上郡白土縣圁谷，東逕其縣南。東至長城，神衔水出縣南神衔山，出峽東至長城，入於圁。圁水又東逕鴻門縣，縣故鴻門亭。地理風俗記曰："圁陰縣西五十里有鴻門亭。"圁水又東，梁水出西北梁谷，東南流注於圁。圁水又東逕圁陰縣北。

又東，桑谷水出西北桑谿，東北流入於圁。圁水又東逕圁陽縣南，東流注於河。河水又南，端水西出號山，東流注於河。河水又南，諸次之水出上郡諸次山，東逕榆林塞，世又謂之榆林山。其水東入長城，小榆林水合焉。歷澗西北，窮谷其源也。又東，首積水西出首積谿，東注諸次水，又東入於河。河水又南，湯水出上申之山，東流注於河。

水經：「又南，離石縣西。」「又南」下脱一「過」字。酈道元注：

奢延水西出奢延縣西南赤沙阜，山海經所謂「生水出孟山」者也，又謂之朔方水。東北流，逕其縣故城南，城在故夏州西南。赫連龍昇七年，於是水之北，黑水之南，築大城，名曰統萬城。蒸土加功，雉堞雖久，崇墉若新，今夏州治也。奢延水又東北，温泉出沙谿，東南流注奢延水。奢延水又東，黑水出奢延縣黑澗，歷沙陵，注奢延水。奢延水又東，交蘭水出龜兹交蘭谷，東南流注奢延水。奢延水又東北流，鏡波水出南邪山南谷，東北流注奢延水。奢延水又東，逕膚施縣。帝原水西北出龜兹縣，縣因龜兹降胡著稱，東南注奢延水。又逕膚施縣南，秦昭王三年置，上郡治。東入五龍山，歷長城東，出於赤翟、白翟之中。平水出西北平谿，東南入奢延水。又東，走馬水出西南長城北陽周故城南橋山，東流，昔段熲追羌出橋門至走馬水，聞羌在奢延澤，即此處也。門即橋山之長城門也。一名青嶺門，在榆林府西南，陽周城又在其北，非今正寧縣北三十里之陽周城。始皇令太子扶蘇與蒙恬築長城，起自臨洮，至於碣石，即是城也。其水東北流入長城，又東北注奢延水。又東，白羊水出西南白羊谿，循谿東北注於奢延水。奢延水又東，入於河。河水又南，陵水出陵川北谿，南逕其川，西轉入河。河水又南，離石水出離石北山，南流逕離石縣故城西，後漢西河郡治也。其水又南出西轉，逕隰城縣故城南，胡俗語訛，尚有「千城」之稱。其水西流，注於河。

水經：「又南過中陽縣西。」此漢縣故城，在寧鄉縣西，下臨河。酈道元注：中陽故城在東，東翼汾水，不濱於河也。此三國時中陽，元和郡縣圖志孝義縣下云「魏移西河郡中陽於今理」是也。

水經：「又南，過土軍縣西。」酈道元注：吐京郡治，故城即土軍縣之故城也。胡、漢譯言，音訛僞變矣。其城圓長而不方，縣有龍泉，出城東南道左山下。牧馬川西北流，至其城東南。土軍水出道左高山，西南注之。又北屈逕其城東，西北入於河。河水又南合契水，傍谿東入，窮谷其源也。又南至禄谷水口，水源東窮此谿也。河水又南得大蛇水，發源谿首，西流入河。河水又南，右納辱水。山海經：「辱水出於烏山，俗謂之秀延水。」東流得浣水口，傍谿西轉，窮谿便即浣水之源也。辱水又東會根水西南谿下，根水所發而東北注辱水，東南露跳水出西露谿，東流，又東北入辱水，亂流注於河。河水又南，左合信支水，水發源東露〔溪〕而流入於河。河水又南，左會石羊水，循谿東入，導源窮谷，西流注於河。

水經：「又南，過上郡高奴縣東。」酈道元注：

域谷水東啓荒原，西歷長谿，西南入於河。河水又南，合〔孔〕谿口，水出孔山南，歷谿西流，注於河。孔山之上，有穴如車輪，三所，東西相當，相去各二丈許，南北直通，故謂之孔山也。山在蒲城西南三十餘里。山在今大寧縣西北四十里，高五里，盤踞十里，西接黃河，北及東俱接永和縣。河水又右會區水。山海經：「申山，區水出焉。」世謂之清水，東流入長城，逕老人山下。又東北，流至老人谷。又東，龍尾水出北地神泉鄣北山龍尾谿，東北流入清水。方輿紀要：「龍尾水出延安府北之龍尾谿下，流入延水。」清水又東，逕高奴縣合豐林水。地理志謂之洧水也。水上有肥，可接取用之。豐林川長津瀉注，北流會清水。隋開皇十八年，改廣武縣曰豐林縣，以是水名之也。其故城在延安府治東三十五里。又有谿谷水注之，水西出奚川，東南流入清水。清水又東注於河。方輿紀要：「清水在延安府西北廢金明縣境，經老人谷，俗呼老人水，下流合於延水。」河水又南，蒲川水出石樓山，南逕蒲城東，即重耳所奔之處也。又南歷蒲子縣故城西，今大魏之汾州治。徐廣晉紀稱「劉淵自離石南移蒲子」者也。闞駰曰：「蒲城在西北。」其水南出，得黄盧水口，〔水〕東出〔歷〕蒲子城南，東北入谷，極谿便水之源也。蒲水又南，合紫川水，水東北出紫川谷，西南合江水，水出江谷，而北入紫〔川〕水。紫〔川〕水又西北，入蒲水。蒲水又西南入於河。河水又南，黑水出定陽縣西山，二源奇發，同瀉一壑，東南流逕其縣北，又東南，右合定水，俗謂之白水也。水西出其縣南山定水谷，東逕定陽縣故城南，又東注於黑水，亂流東南入於河。

水經：「又南過河東北屈縣西。」酈道元注：

河水南逕北屈縣故城西，西四十里有風山，上有穴如輪，風氣蕭瑟，習常不止，當其衝所，略無生草，蓋常不定，衆風之門故也。風山西四十里，河南孟門山。河至此迆東，故謂右岸爲河南。淮南子曰：「龍門未闢，呂梁未鑿，河出孟門之上，大溢逆流，無有丘陵，高阜滅之，名曰洪水。」大禹疏通，謂之孟門。孟門即龍門之上口也，實爲黄河之巨阨，此石經始禹鑿，河中漱廣，夾岸崇深，傾崖返捍，巨石臨危，若墜復倚。其中水流交衝，素氣雲浮，往來遥觀者，常若霧露沾人，窺深悸魂。其水尚崩浪萬尋，懸流千丈，渾洪贔怒，鼓若山騰，濬波頹疊，迄於下口。有燕完水異源合舍，西流注河。

河水又南得鯉魚澗，歷澗東入，窮谿首便其源也。河水又南，羊求水東出羊求川，西逕北屈縣故城南，西流注於河。河水又南爲採桑津，春秋僖公八年，晉里克敗狄於採桑是也。

水經：「又南過皮氏縣西。」酈道元注：

赤水出西北罷谷川東，謂之赤石川。東入於河。河水又南，蒲水兩源並發，俱導一山，出(西)河陰山縣陰山東麓，南水東北與長松水合，水(出西)西出(三)〔丹〕陽山東，東北流，左入蒲水。又東北流，與北谿會，同爲一川，東北注河。河水又南，丹水西南出丹陽山，東北逕治〔官〕東，俗謂之丹陽城。城之左右猶有遺銅矣。其水東北會白水口，水出丹山東而西北注之，丹水又東北入河。河水又南，黑水西出丹山東，而東北入於河。河水又南至崿谷，傍谷東北窮澗，水源所導也，西南流注於河。河水又南，洛水自獵山枝分，東派東南注於河，昔魏文侯築館洛陰，指謂是水也。皮氏縣故城在龍門東南，不得延逕皮氏，方届龍門也。

水經：「又南出龍門口，汾水從東來注之。」酈道元注：

昔者大禹導河積石，疏決梁山，謂斯處也。即經所謂龍門矣。魏土地記曰：「梁山北有龍門山，大禹所鑿，通孟津河口，廣八十步，巖際鐫跡，遺功尚存。」

南得涑川〔六五〕，經雷首西。

河水南經韓城縣東，去縣十五里。縣本春秋時少梁，漢爲夏陽縣。河水又南經榮河縣西，去縣八里，縣北九里汾陰城，漢縣也。圖經云，城北去汾水三里，西北隅有丘曰脽丘，上有后土祠。隋遷於今治，唐開元十年改曰寶鼎，宋大中祥符三年改曰榮河。河水又南，經郃陽縣東，去縣四十里。又南，郃水注之。河東爲臨晉縣，去河三十里，縣東南十八里解城，漢縣也。隋置桑泉縣，唐天寶十載改曰臨晉縣。東北三十里有古桑泉城，古郇城在縣東北十五里。京相璠曰：「河東解縣西南五里，有故瑕城。」河水又南，經朝邑縣東，去縣二十八里。縣西南二里臨晉城，漢縣也，北魏置南五泉縣，西魏改曰朝邑。王城西去縣三十步。括地志曰：「王城即大荔戎城矣。」縣西北十三里有輔氏城。河之東爲永濟縣，蒲州府治也。府東南五里蒲坂城，漢縣也。北魏置秦州，尋改置河東郡，北周曰蒲州，唐開元八年置中都，改州爲河中府，天寶初曰河東郡。府東北二十六里，有涑水城，府南三十六里有羈馬城，府西門外臨河曰蒲津關，府南六十里曰風陵關。河水又南，涑水注之。又南，嬀水出府東南歷山，西流注之。又南，經雷首山西，山在府城南四十五里。雷水出雷首山，西南流注之。亦有涑水之目，水經注以爲左氏春秋之涑川，非也。

水經注：

河水又南，暢谷水自谿東南流，逕夏陽縣西北，東南注於河。河水又南逕梁山原東，原自山東南出至河。河水又南，崌谷水出縣西北梁山，東南流，横谿水出三累山，其山層密三成，山下水際有二石室，細水東流，注於崌谷。側谿山南有石室，西面有兩石室，北面有（一）〔二〕石室，皆因阿結牖，連扃接闥。東廂石上猶傳杵臼之跡，庭中亦有舊宇處。北坎室上有微涓石溜，豐周瓢飲，似是栖遊隱學之所。谿水又東南，逕夏陽縣故城北，東南注於河。今名瀵水，即崌谷之合聲，在韓城縣南十里。河水又南，陶渠水出西北梁山，東南流逕漢陽太守殷濟精盧（尚存）〔南〕。陶水又南，逕高門南，蓋層阜墮缺，故留高門之稱矣。又東南，逕華池南。池方三百六十步，在夏陽城西北四里許。高門東去華池三里。溪水又東南，逕夏陽故城南，又歷高陽宫北，又東南逕司馬子長墓北，墓前有廟。今地名芝川鎮。溪水東南流入河。陶渠今名芝川，在韓城縣南二十三里。昔魏文侯與吴起浮河而下，美河山之固，即於此也。河水又南，徐水出梁山，東南流逕漢武帝登仙宫東，東南流，絶彊梁〔原〕，右逕劉仲城北。徐廣史記音義「郃陽，國名，高祖八年侯劉仲」是也。其水東南逕子夏陵北，東入河。河水又南，逕子夏石室東，南北有二石室，臨側河岸，即子夏廟室也。

水經河水章：「又南過汾陰縣西。」注云：

河水東際汾陰脽、縣故城在脽側。魏土地記曰：「河東郡北八十里有汾陰城、北去汾水三里、城西北隅曰脽丘、上有后土祠。」封禪書曰「元鼎四年、始立后土祠於汾陰脽丘」是也。又有萬歲宮。河水又逕郃陽城東、故有莘邑矣。城北有(北)瀵水、南去二水各數里、其水東逕其城內、東入於河。又於城內側中有瀵水、東南出城、注於河。城南又有瀵水、東流注於河。水南猶有文母廟、廟前有碑、去城十五里、水即郃水也。河水又南、瀵水入焉。水出汾陰縣南四十里、西去河三里、平地開源、濆泉上湧、大幾如輪、深則不測、俗呼之爲瀵魁。古人壅其流以爲陂水、種稻、東西二百步、南北百餘步、在今榮河縣南二十里。地志云：「沮洳方丈、今運。」與郃陽瀵水夾河、河中渚上、又有一瀵水、皆相灊通。其水西南流、歷蒲坂西、西流注於河。河水又南、逕陶城西、南對蒲津關。

水經：「又南、過蒲坂縣西。」注云：

魏秦州刺史治。太(平)〔和〕遷都罷州、置河東郡、郡多流雜、謂之徙民、民有劉墮者、宿擅工釀、採挹河流、醞成芳酎、收於桑落之辰、故酒得其名。香醑之色、清白若滫漿焉、別調氛氳、不與佗同、蘭薰麝越、自成馨逸、方土之貢、選最佳酌矣。自王公庶友、牽拂相招者、每云「索郎有顧、思同旅語」。索郎、反語爲桑落也。郡南有歷山，有舜井，嬀、汭二水出焉。南曰嬀水，北曰汭水，西逕歷山下，尚書所謂「釐降二女於嬀汭」也。馬季長曰：「水所出曰汭。」然則汭似非水名，而今見有二水異源同歸，渾流西注，入於河。河水又南，逕雷首山西，山臨大河，北去蒲坂三十里，尚書所謂「壺口雷首」者。俗亦謂之堯山，山上有故城，世又曰堯城。地理志曰：「縣有堯山，有祠，雷首山在南。」「有祠」二字，今漢書作首山祠三字。又南，涑水注之。水出河北縣雷首山，縣北與蒲坂分，山有夷齊廟。闞駰十三州志曰：「山一名獨頭山，夷齊所隱也。」山南有古冢，陵柏蔚然，攢茂丘阜，俗謂之夷齊墓。其水西南流，亦曰雷水，穆天子傳曰「天子至於雷首，犬戎觴天子雷首之阿，乃獻良馬四六，天子使孔牙受之於雷水之干」是也。昔趙盾田首山，食祁彌明翳桑之下，即此也。涑水又西南流注於河，春秋左傳謂之涑川者也，俗謂之陽安澗水。

又南〔六六〕，得渭川，經華陰，屈而東，歷潼關。

河水又南，經華陰縣東北船司空，西漢縣也。其故城去縣五十里，渭水於此注河。縣東南五里陰晉城，春秋時晉邑，戰國屬魏。秦惠文君五年，魏納陰晉，於是更名寧秦，漢高帝八年又更名華陰。太華山在縣南十里，是爲西嶽。其西八十里曰少華山，在華州南十里。唐垂拱初，名縣曰仙掌，寶曆中曰太陰。河水自縣折而東流，經潼關北。關在縣東四十里。故潼亭，漢末移函谷關於此，因名潼關。晉義熙十三年，劉裕伐秦，前鋒王鎮惡自澠池徑抵潼關，檀道濟等自陝北渡河攻蒲阪。秦主泓使姚紹督軍五萬守潼關，又遣兵救蒲坂。沈林子謂檀道濟曰：「蒲阪城堅兵多，未可猝拔，不如并力爭潼關。若得之，蒲阪不攻自潰矣。」從之。姚紹出戰，大敗。紹復使姚鸞屯大路，即三崤路也。以絶道濟糧道，鸞分遣尹雅將兵戰於關南，皆爲晉軍所敗。紹又遣姚讚屯河上，以斷水道，亦敗走。裕尋至潼關，遂克之。既而裕自長安東還，夏王勃勃圖取關中，其臣王買德曰：「青泥、上洛，南北險要，青泥關見藍田縣。先遣遊軍斷之；東塞潼關，絶其水陸之路，三輔不足取也。」北史魏孝昌三年，關中亂，秦州賊莫折念生遣其黨據潼關，既而魏復得之。未幾，蕭寶夤以關中叛，遣兵守潼關，魏主遣長孫稚等討之。至恒農，楊侃謂稚曰：「昔魏武與韓遂、馬超據潼關相拒。遂、超之才，非魏武敵也，然而勝負久不決者，扼其險要故也。今賊守禦已固，雖魏武復生，無以施其智勇。請分兵自蒲阪而西。」從之。東魏天平二年，司馬子如等攻潼關，宇文泰軍霸上以備之。三年，高歡遣高敖曹趣上洛，竇泰趣潼關，歡軍蒲坂，造三橋，欲渡河。宇文泰謀先襲其潼關軍。關之左有谷，謂之小關。宇文深請選精鋭潛出小關擊賊，從之。竇泰敗走，歡軍乃退。隋大業七年，移潼關道於南北鎮城間，去舊關四里餘。唐史：潼關有南北二關城，煬帝各置都尉守之，謂爲都尉南城、都尉北城。唐天授二年，益移關向北近河爲路。開元十二年，以華州岳祠南爲通衢，舊入關而西路在岳北也。天寶十四載，安禄山陷東都，封常清敗走至陝，謂高仙芝曰：「潼關無兵，若賊豕突入關，則長安危矣！陝不可守，不如引兵先據潼關以拒之。」仙芝從之。賊至不得入。通典：「舊關在靈寶縣南。」今通塗反在關北，則舊關非衿束之要矣。今關即天授間所置，其地上躋高隅，俯視洪流，歷崤、函而至潼津，數百里間，盤紆峻極，寔爲天險。河之北岸爲風陵津，又北至蒲關六十里。河山之險，邐迆相屬，自此西望，川途曠然。開元而後牧華州者，多帶防禦潼關軍使，即漢設都尉之意也。宋室南遷，潼關入於金，而永興六路遂不可復。嘉定十五年，蒙古木華黎取金河中，遂趣長安。遣安赤將兵斷潼關，既而金人盡棄河北、山東、關、陝，惟守河南，保潼關，降人李昌國言於蒙古曰：「金遷汴將二十年，所恃以安者，惟潼關黄河耳。」明洪武二年，馮宗異破潼關，太祖曰：「潼關，三秦門户，扼而守之，李思齊輩如穴中鼠耳！」既而自關以西次第降下，三年置潼關衛。衛城東三里風陵津，其上即風陵關也。水經河水章：「又南至華陰潼關，渭水從西來注之。」注云：

河水歷船司空，與渭水會。地理志：京兆尹之屬縣也。河在關内南流，潼激關山，因謂之潼關。瀇水出松果之山，北流逕通谷，東北注於河。述征記所謂潼谷水者也。河水自潼關東北流入，側有長坂，謂之黄巷坂。傍絶澗，涉此坂以昇潼關，所謂泝黄巷以濟潼關矣。歷北出東崤，通謂之函谷關也。邃岸天高，空谷幽深，澗道之峽，車不方軌，號曰天險。故西京賦曰：「巖險周固，衿帶易守。」所謂秦得百二，并吞諸侯者也。是以王元説隗囂曰：「請以一泥丸，東封函谷關，圖王不成，其弊足霸矣。」郭緣生記曰：「漢末之亂，魏武征韓遂、馬超，連兵此地。」今際河之西，有曹公壘。道東原上，云李典營。義熙十三年，王師曾據此壘。西征記曰：「沿路逶迤，入函道六里，有舊城，城周百餘步，北臨大河，南對高山，姚氏置關以守峽，宋武王入長安，檀道濟、王鎮惡或據山爲營，或平地結壘，爲大小七營，濱帶河險，姚氏亦保據山原陵阜之上，尚傳故跡矣。」關之直北，隔河有曾阜，巍然獨秀，孤峙河陽，世謂之風陵，戴延之所謂風堆者也。九域志：「女媧墓在今潼關口河灘上，屹然介河，有木數株，雖暴漲不漂没也。」南則河濱姚氏之營，與晉對岸。

桃林塞、函谷關之北〔六七〕，過底柱。

河水又東經閿鄉縣北，去縣七里。縣東四十里，有湖城，漢縣也。隋開皇十六年，置閿鄉縣，即今治，西去潼關六十里。縣西北二十五里有黄巷坂，西南二十里有盤豆城，其西董杜原，去縣四十里，縣西有西董、陽平、坊郭三渠。明弘治中，知縣孟周所開，以資灌溉。

槃澗水出縣東南夸父山，山去縣二十五里，一名秦山。其水北流，經湖城西，去城二十五里，又北注於河。湖水亦出夸父山，東北流經湖城西門外，又北注於河。左氏春秋：「晉使詹嘉處瑕以守桃林之塞。」博物記：「桃林之塞在湖縣休與之山。」蓋自函谷以西，潼關以東，寔古桃林之野。晉守桃林塞，其後秦守在函谷關。自漢之季以來，争險在潼關。河北爲芮城縣，去河二十里。縣東北七里河北城，漢縣也，本詩之魏國。縣西有古芮城，商諸侯芮國也。西魏置安戎縣；北周改曰芮城。唐初置芮州。薄山在縣北十里。永樂澗在縣西二十里。洹泉導源縣東北中條山，去縣三十五里，亦曰洹澤，南流經縣東，注於河。故河津有洹津之名，西北去縣四十七里，東南去靈寶縣十里。河水又東，經靈寶縣北，去縣十里。縣西南三十里弘農城，漢縣也。隋開皇十六年，析置桃林縣。唐天寶初改曰靈寶。函谷關在縣南十一里，秦孝公置關於此。蘇秦曰：「秦東有崤、函之固。」括地志：「函谷故關在陜州桃林縣西南十二里。」有關城在谷中，深險如函，因名。其中劣通，東西十五里，絶岸壁立，其上柏林蔭谷中，殆不見日，荀卿謂之「松柏之塞」，西去長安四百里。秦法：日入則閉，雞鳴則開。漢初因其制，置關都尉守之。武帝元鼎三年，從楊僕言，徙故關於新安東界，以故關爲弘農縣，東徙蓋三百里，謂之新關。顏師古云「今桃林縣有洪溜澗水」，即古所謂函谷，其水北流入河。河水又東，經解州南，去州六十里。北魏置安定縣，西魏曰南解，尋改曰綏化，又曰虞鄉，唐初曰解縣，五代漢爲解州治。州西南五里石錐山，州南五里檀南山，州東南十五里白徑嶺，路通平陸，並中條山之别。河水又東，經平陸縣南。去縣三里。縣東北二十里鄍城，春秋時虞之鄍邑。縣東北四十五里虞城，虞國所都也。史記：「武王封周章弟虞仲於周之北故夏墟。」應劭云：「吴山上有虞城，周武王封泰伯後於此。」縣東五十里大陽城，漢縣也。號居上陽，故謂河北别邑曰下陽。公羊、穀梁二家傳春秋，並作夏陽。服虔云：「夏陽，虢邑也，在大陽東北三十里。」夏有大義，漢因以名縣，北魏河北郡治，北周改縣曰河北，即今治。唐天寶初，陝郡太守李齊物鑿三門瀆以便漕，得古鏵，上篆「平陸」二字，遂改縣名曰平陸。縣東二十里大陽津，東南去陝州治三里，春秋傳之茅津也。唐貞觀十一年，於茅津造浮梁，曰大陽橋，長七十六丈，廣二丈，尋廢。河水又東，經陝州北。本漢陝縣，北魏太和中爲陝州治，城東南有上陽城故址，虢所都也。州南二里有焦城，古焦國。焦水在州南三里，平地湧泉，北流注於河。曹水出州西南峴頭山，山去州四十里，其水北流注於河。槖水出州東槖山，山去州九十里。其水漫流，故又有漫澗之名，經州南而北注於河。州東南七十里崤陵關，是爲西崤，亦曰峽石塢。唐貞觀十四年置峽石縣，金置倉於此。其東崤曰盤崤，曰石崤，曰千崤，合曰三崤，山在永寧縣北六十里。河水又東，至底柱山。山在河中流，西去陝州四十里，去平陸縣五十里。河行其間，成三門。中門巖上有閣道，其牽泐石深尺許。左氏春秋：「伐鄍三門〔六八〕。」三門亦虞邑。蓋以近砥柱而名之歟。元和志：「禹鑿底柱。二石見於水中，若柱然。河水至此分爲三派，流出其間，故亦謂之三門。隋開皇三年，遣韋瓚自蒲、陝以東，募人能於洛陽運米四十石，經底柱之險，達於常平者，免其征戍」。常平倉置於陝州。十五年詔鑿底柱，大業七年底柱崩，偃河逆流數十里。唐貞觀十一年河溢，壞陝州河北縣。二十年幸河北〔六九〕，觀底柱，令魏徵勒銘。是時自洛至陝皆運於陸，行三百里，自陝至京乃運於水。顯慶元年，苑西監褚明，議鑿三門山，爲梁通陸運，後大匠楊務廉鑿棧以輓漕，舟人以爲苦。開元二十一年，轉運使裴耀卿以關中用度不給，請於河口置倉，即武牢倉。使吴船至彼，即輸米而去，官自雇載分入河、洛。又於三門東西各置一倉，至者貯納，水險則止，水通則下，或開山路，車運而過，則無復留滯，省費鉅萬。從之。明年遂於三門置倉，東曰集津，西曰鹽倉亦名三門倉。漕舟輸其東倉，而陸運以輸西倉，復以舟漕達關中，避三門水險。初，舟運江、淮粟至東都含嘉倉，陸運三百里至陝。自耀卿建議開三門山北路十八里，謂之北運，既避水險，而陸運庸錢亦省數十萬緡。二十九年，陝州刺史李齊物鑿底柱爲門以通漕，開山顛爲輓路，燒石沃醯而鑿之。天寶元年上言：三門運渠成，然棄石入河，激水益湍怒，舟不能入新門，候水漲，以人輓舟而上，歲漕經底柱，覆者幾半。貞元二年，陝虢觀察使李泌益鑿集津倉山西逕爲運道，屬於三門倉，遂罷南路陸運。宋乾德初，詔重鑿底柱三門。慶曆中，陝西用兵，歐陽修請案裴耀卿舊迹，以通漕運。水經注：

河水又東北，玉澗水注之，水南出玉溪，北流逕皇天原西。周固記：開山東首上平博，方可里餘，三面壁立，高千許仞，漢世祭天於其上，名之爲皇天原，上有漢武帝思子臺。又北逕閿鄉縣西。郡國志弘農湖縣有閿鄉，世謂之閿鄉水也。其水北流注於河。河水又東，逕閿鄉城北，全鳩澗水出南山，北逕皇天原東。述征記曰：「全節，地名也。」其西名桃原，古之桃林，周武王克殷休牛之地矣。圖經：「全節即漢書全鳩里，戾太子死處，在閿鄉縣東十里全鳩澗西。」晉太康地記曰：「桃林在閿鄉南谷中。」其水又北，注于河。

水經河水章：「又東，過河北縣南。」注云：

縣與湖縣分河。蓼水出襄山蓼谷，揚雄河東賦注：「襄山在潼關北十餘里。」西南注於河。河水又東，永樂澗水出薄山南流，逕河北縣故城西，故魏國也。今城南、西二面並去大河可二十餘里，北去首山十許里，處河山之間，土地迫隘，城內有龍泉，南流出城，又南，斷而不流。永樂溪水又南，入於河。今呼蒲蔔澗，在芮城縣西二十里。河水自河北城南，東逕芮城。二城之中有段干木冢。河水右會槃澗水，水出湖縣夸父山，北逕漢武帝思子宫歸來望(子)〔思〕臺東，又北流入於河。河水又東，逕湖縣故城北，湖〔水〕出桃林塞之夸父山，北逕湖縣東，而北流入於河。山海經：「夸父之山，其北有林焉，名曰桃林。」三秦記曰：「桃林塞在長安東四百里。」河水又東，柏谷水出弘農縣石隄山，北流逕其亭下。(昔)〔晉〕公子重耳出亡，及柏谷。漢武帝嘗微行此亭。谷水又北流入於河。河水又東，右合門水。洛水自上洛縣東北於拒陽城之西北分爲二水，枝渠東北出爲門水也。門水又東北歷陽華之山，又東北歷峽，謂之鴻關水。水東有城，即關亭也。水西有堡，謂之鴻關(島)〔堡〕。門水又東北歷邑川，〔二水注之〕。(燭)〔左〕水出陽華之(陽)〔陰〕，東北流，逕盛牆亭，東北流，與右水合，水出陽華之(陰)〔陽〕，東北流，逕盛牆亭東，東北與左水合，即山海經所謂「緡姑之水出於陽華之陰」者也。又東北，燭水注之。水有二源，左水南出衙嶺，世謂之石城山，其水東北流，逕石城西，東北合右水；右水出石城山，東北逕石城東，東北入左水。開山圖曰：「衙山在函谷山西南。」是水亂流，東注於緡姑之水。二水悉得通稱矣。歷澗東北出，謂之開方口，水側有阜，名方伯堆，堆上有城。又東北，逕邑川城南，亦曰竇門城，在函谷關南七里。又東北，田渠(川)水出衙山之白石谷，東北流逕故丘亭東，又逕鹿蹏山西，歷田渠川，西北流注於爓水。爓水又北入門水，水之左右即函谷山也。門水又北，逕弘農縣故城東，城即故函谷關校尉舊治處也。漢武帝元鼎四年，徙關於新安縣，以故關爲弘農縣，弘農郡治。其水側城北流，注於河。河之南畔，夾側水濆有津，謂之洹津。河北縣有洹水，南入於河。竹書穆天子傳：天子自巔軨乃次於洹水之陽。俗或謂之偃鄉澗水也。河水又東，左合一水，其水源疏引，俱導薄山，南流會成一川。其二水之内，世謂之閑原，言虞、芮所争之田，所未詳矣。又南注於河。河之右，曹水注之，水出南山，北逕曹陽亭西，魏氏以爲好陽。晉書地道記曰：「亭在弘農縣東十三里。」其水西北流，入於河。河水又東，菑水注之，水出常烝之山，西北逕曲沃城南，又屈逕其城西，西北入河。春秋文公十三年，晉侯使詹嘉守桃林之塞，處此以備秦。時以曲沃之官守之故，曲沃之名遂爲積古之傳矣。河水又東得七里澗，澗在陝城西七里。河水東合潐水，水導源常烝之山，山在陝城南八十里，二源雙導，同注一壑，而西北流注於河。

水經：「又東過陝縣北。」注云：

槖水出槖山，西北流，出谷謂之漫澗。安陽溪水出石崤南，西逕安陽城南，東合漫澗。又西逕陝縣故城南，濆谷水出近溪，北流注槖。又西北，逕陝城西，西北入於河。河北對茅(亭)〔城〕，茅戎邑也，津亦取名焉。春秋「文公三年，秦伯伐晉，自茅津濟，封崤尸而還」是也。東則咸陽澗水注之，水(北出)〔出北〕虞山南，至陝津注河。河南即陝城也。昔周、召分伯，以此城爲東、西之别，東城即虢邑之上陽也，虢仲之所都，爲南虢，三虢，此其一焉。其大城中有小城。故焦國也，武王以封神農之後於此。戴延之云：「城南倚山原，北臨黄河，懸水百餘仞，臨之者咸悚惕焉。」

水經：「又東過大陽縣南。」注云：

交澗水出吴山，東南流入河。交澗水在平陸縣西北五里中條山，東西二溝，流與中澗合，俗呼三汊澗。河水又東，路澗水亦出吴山，東逕大陽城西，西南流，入於河。河水又東，逕大陽縣故城南。又東，沙澗水北出虞山，東南逕傅巖，歷傅説隱室前，俗名之爲聖人窟。在平陸縣東三十五里。傅巖東北十餘里，即巔軨坂也。春秋左傳所謂「入自巔軨」者也。傅説傭隱，止息於此。橋之東北有虞原，原上道東有虞城。其城北對長坂二十許里，謂之虞坂，戴延之曰：「自上及下，七山相重。」戰國策曰：「昔騏驥駕鹽車上於虞坂，遷延負轅而不能進。」橋東北山溪中，有小水西南注沙澗，亂流逕大陽城東，河北郡治也。〔沙〕澗水南流注於河。河水又東，積石、土柱二溪，並北發大陽之山，南流入於河。是山亦通謂之薄山矣。

水經：「又東過砥柱間。」注云：

昔禹治洪水，山陵當水者鑿之，故破山以通河。河水分流，包山而過，山見水中若柱然，故曰砥柱也。三穿既決，水流疏分，指狀表目，亦謂之三門矣。山在虢城東北、太陽城東也。河之右，崤水注之。水出河南盤崤山。東北流，石崤水出石崤山。山有二陵，南陵，夏后皋之墓也；北陵，文王所避風雨矣。崤水又北，左合西水，亂流注於河。河水又東，千崤之水南導於千崤之山，北流，纏絡二道。漢建安中，曹公西討巴、漢，惡南路之險，故更開北道，自後行旅率多從之。其水北流注於河。河水翼岸夾山，巍峰（岐）〔峻〕舉，羣山叠秀，重嶺干霄。鄭玄按地說，河水東流，貫砥柱，觸閼流。余按，自砥柱已下，五户已上，五户灘西去陝州百六十里。其間百二十里，河中竦石桀出，勢連襄陸，蓋亦禹鑿以通河，疑此閼流也。其山雖闢，尚梗湍流，激石雲洄，澴波怒溢，合有十九灘，水流迅急，勢同三峽，破害舟船，自古所患。漢鴻嘉四年，楊焉言從河上下，患砥柱隘，可鐫廣之。上乃令焉鐫之，裁没水中，不能復去，而令水益湍怒，害甚平日。魏景初二年，遣都督沙丘部、監運諫議大夫寇〔慈〕，帥〔工〕五千人，歲常修治，〔以〕平河峘。晉泰始三年，遣監運大中大夫〔趙國，都匠中郎將河東〕樂世，帥衆五千餘人，修治河灘，事見五户祠銘。雖世代加功，水流湍湍，濤波尚屯，及其商舟是次，鮮不踟躕難濟。

經邙山北，至盟津而東。

河水又東，經澠池縣北，西去陝州百三十里。縣西四十里蠡城，曹魏澠池縣所徙治也。隋徙治大塢城，在今縣西南。唐貞觀三年，徙治雙橋，即今治。漢縣蓋亦在西。河北爲垣曲縣，去河二十里。縣西北二十里垣城，漢縣也。北魏皇興四年，改曰白水縣，以城東白水名之也，置邵郡，治陽胡城。魏書「陽胡城去軹關二百餘里」是也。在今縣東南二十里，春秋時晉之瓠丘也，即殽谷之北岸。博物記：「垣曲縣東九十里，有郫邵之阨。」後漢志：「垣有邵亭。」邵郡蓋以是名。北周兼置邵州，改縣曰亳城，以縣西北十五里亳城名縣也。宋曰垣曲縣。縣東北七十里㶟關。「㶟」，亦作「箕」。河水又東，經新安縣北，漢縣也，西去澠池縣九十里。北魏太和十二年，置新安郡，北周置中州，隋開皇十六年置穀州。縣東二里，函谷新關。漢元鼎三年，樓船將軍楊僕數有戰功，恥爲關外人，上書乞以家財東徙關，武帝爲徙於此。括地志云：「秦新安故城，在今澠池縣東十二里。」河水又東，經洛陽縣北，河南府治也，去河二十里。城内西偏，故郟鄏地也，又謂之郟，亦曰王城，洛誥所謂「卜澗水東，瀍水西，惟洛食」，康誥所謂「作新大邑於東國洛」

者也。至平王東遷，始居之王城。東三十餘里爲成周，所謂「又卜瀍水東，亦惟洛食」者也。子朝之亂，其餘黨多在王城，於是敬王徙都成周。其地小不受王都，乃包澤邑，以廣成周之城。澤邑一曰翟泉，舊在成周城北。其後，考王封弟揭於河南，以續周公之官職，是爲河南桓公。威烈王時，桓公之孫惠公，又封其少子班於鞏，以奉王於洛陽。洛陽即成周，河南即王城也。斯時周僅有洛陽、平陰、偃師、鞏、河南、穀城、緱氏，凡七邑。顯王二年，趙、韓因分周爲二，洛陽、平陰、偃師、鞏四邑屬東周，河南、穀城、緱氏三邑屬西周，而王居東周之洛陽。赧王復徙於王城。秦三川郡守治洛陽，漢爲河南郡治，光武定都於此，改洛爲雒。魚豢曰：漢火行忌水，「洛」去「水」而加「隹」。魏、晉仍爲洛陽，並置司州。北魏曰洛州，太和十七年營洛陽，徙都。東魏曰洛陽郡。北周大象初，以洛陽爲東京。隋大業初，於河南縣改營新都，前直伊闕之口，後依邙山之塞，東出瀍水之東，西踰澗水之西，洛水貫其中，以象天漢，横橋跨洛，謂之天津橋，乃徙洛陽縣入都城。唐開元初曰河南府。金興定初曰金昌府。而漢、魏、晉故都在今河南府東北二十里。府西北十八里有穀城。西南二十五里甘城，亦謂之石城。西南五十里前城，服虔曰：「前」，讀爲「泉」。即泉戎地，在伊闕南。府南七十五里新城，古戎蛮子邑。其西南有高都城，又其南七里有郊垂亭。故洛城西南有戎城，伊洛之戎也。府北十里北邙山，亦謂之北山。府西南三十里伊闕，亦曰闕塞，亦曰龍門。故洛陽城南有褚氏聚，西南有上程聚，古程國也。圖經：「郟山在郡西南，迆邐至城北二里曰邙山。」晉地道記：「河南城去洛城四十里。」王隱曰：「河南縣西南有蒯鄉。」杜預曰：「洛陽縣西南有大解、小解、新城，縣東南有蛮城。」河水又東，經濟源縣南，去縣七十里。縣城南十三里軹城，漢縣也。隋開皇十六年，析置濟源縣。縣西六十里齊子嶺，爲高齊、宇文周分界處。盤谷在縣北二十里。河水又東，經孟津縣北，去縣五里。閻百詩尚書古文疏證曰：「孟津之訛而南也，自東漢始。考更始二年，使朱鮪等屯洛陽，光武亦令馮異守孟津以拒之，是時孟津猶在北。安帝永初五年，羌入寇河東，至河內，百姓驚奔南渡河，使朱寵將五營士屯孟津。靈帝中平六年，何進謀誅宦臣，使丁原燒孟津，火照城中。城中者，洛陽城也。則已移其名於河之南。」金徙河清縣治孟津渡，改曰孟津縣，明嘉靖十七年圮於水，二十五年徙今治。縣西北小平津，津上有城，漢平縣也，靈帝時爲河南八關之一，亦曰小平城。縣東一里平陰城，地志並云「漢平陰」，非也。洛陽故城西北二十五里原陵，帝王世紀云：「在臨平亭東南，西望平陰。」大河繞其北，然則平陰在洛陽西北矣。十三州志云「縣在平津大河之南」，故名。河北爲孟縣，縣西南三十里河陽城，漢縣也。左氏春秋「王與鄭田」，盟其一也，後屬晉，謂之河陽。春秋書「天王狩於河陽」是也。戰國屬魏。其下有津，是爲盟津，字亦作「孟」。北齊置河陽關。北周建德六年置河陽總管府。隋置河陽宫於城内。唐武德四年置盟州，建中三年爲河陽三城節度使治，會昌三年曰孟州。金大定中，地爲河水所壞，徙治，土人呼爲上孟州，興定中復治故城，土人呼爲下孟州。元初復治上孟州，即今治。明改州爲縣。晉泰始中，杜預以孟津渡險，有覆溺之患，請建橋於富平津。議者以爲殷、周所都，歷聖賢而不作者，必不可作故也。預曰造舟爲梁，河橋之謂也，從之。北魏太和十七年，遷洛，命作河橋，河北側岸有二城相對，置北中郎府戍守之，因謂之北中城。宋白曰「河陽城，一名北中城」是也。東魏大象三年，築中潬城及南城。水中沙曰「潬」，中潬即洛陽北之中渚也。在黄河中，俗呼郭家灘。洛志：「魏都洛陽，以北中爲重地，北中不守，則可平行至洛陽。」三城記：「河陽北城，南臨大河，長橋架水，古稱設險；南城三面臨河，屹立水濱；中潬城表裏二城，南北相望。黄河兩派貫於三城之間，每秋水泛溢，南北二城皆有濡足之患，而中潬屹然如故。」宋史：「乾德三年，水漲壞中潬橋梁而城郭無恙。」政和七年，都水孟揚言：「舊河陽南北兩河分流，中潬繫浮梁，頃緣北河淤澱，水不通行，止於南河修築一橋，因此河項窄狹，水勢衝激，每遇漲水，多致損壞，欲措置開修北河，如舊修繫南北兩橋。」從之。縣西南五十里河清城，漢河陰縣地。唐武德二年置大基縣於此，先天二年改曰河清。宋開寶初，東徙三十里地名白坡鎮，即白坡谷也。金又徙於河之南。水經河水章：「又東過平陰縣北，清水從西北來注之。」注云：

清水出清廉山之西嶺，在垣曲縣西北。世亦之清營山。其水東南流出峽，峽左有城，蓋古關防也。清水歷其南，東流逕臯落城北，城在垣曲縣西北七十餘里。服虔曰：赤翟之都也。世謂之倚亳城，倚亳川水出北山礦谷，東南流注於清。清水又東逕清廉城南，又東南流，右會南溪水，水出南山而東注清水。又東，〔乾〕棗澗水出石人嶺下，南流，俗謂之扶蘇水。又南，歷好苗北馬頭山，在垣曲縣東北。亦曰白水原，西南逕垣曲縣故城北，西南流，注清水。〔水〕色白濁，初會清流，乃有玄素之異也。清水又東南，逕陽壺城東，即垣曲之壺丘亭。清水又東南，流注於河。此水入河處，在平陰之西，不得已過平陰，方云清水注河也，已過平陰始注河者，乃溹水。故注於下，辨正水經之誤。河水又東，教水出垣縣北教山，南逕輔山。〔山〕高三十餘里，上有泉〔源〕，不測其深，山頂周圓五六里，少草木。山海經：「孟門東南有平山，水出於其上，潛於其下。」又是王屋之次，疑即平山也。其水南流，歷鼓鍾上峽，懸洪五丈，飛流注壑，夾岸深高，壁立直上，輕崖秀舉，百有餘丈，峰次青松，巖懸赬石，於中歷落，有翠柏生焉，丹青綺分，望若圖繡矣。水廣十許步，南流歷鼓鍾川，分爲二澗：一澗西北出，百六十許里，山岫迴阻，纔通馬步，今聞喜縣東北谷口，猶有乾河里，故溝存焉，今無復有水；一水歷治官西，世人謂之鼓鍾城，在垣曲縣北六十里。城之左右，猶有遺銅及銅錢也。城西阜上有大泉，西流注澗，與教水合，伏入石下，南至下峽。其水重源(雙)〔又〕發，南至西馬頭山東截坡下，又伏流南十餘里復出，南入於河。是水冬乾夏流，今世猶謂之爲乾澗矣。河水(右)〔又〕與畛水合。水出新安縣青要山，今謂之(彊)〔疆山〕，北流注於河。河水又東，正回之水出䰠山，(彊)〔疆〕山東阜也。東流，俗謂之(彊)〔疆〕川水，又東逕(彊)〔疆〕治鐵官東，東北流注於河。河水又東，庸庸之水出河(南)〔東〕垣縣宜蘇山，俗謂之長泉水，北流分爲二水：一水北入河，一水東北流注於河。河水又東，逕平陰縣北。地理風俗記曰：「河南平陰縣，故晉陰地，陰戎之所居。」又曰：「在平城之南，故曰平陰也，魏文帝改曰河陰矣。」河水(左)〔又〕會瀵水，水出垣縣王屋(西山)〔山西〕瀵溪，夾山東南流，逕故城東，即瀵關也。瀵水西屈，逕關城南，歷軹關南，逕苗亭西，亭，故周之苗邑也。又東流注於河。經書清水，非也，是乃瀵水耳。

水經：「又東至鄧，湛水從北來注之。」注云：

洛陽西北四十里，故鄧鄉矣。

水經：「湛水出河内軹縣西北山，東過其縣北，又東過波縣之北，又東過毋辟邑南，又東南當平縣之東北，南入於河。」注云：

湛水出軹縣南原湛溪，南流，逕向城東。原經所注，斯乃溴川之所由，非湛水之間關也。是〔乃〕經之誤證耳。湛水自向城東南逕湛城東〔七〇〕，後漢郡國志「河陽縣有湛城」是也。湛水又東南逕鄧，南注於河，故河濟有鄧津之名矣。

水經注：

河水又東，逕河陽縣故城南，右逕臨平亭北。又東，逕洛陽縣北，河之南岸有一碑，北面題云：洛陽北界，〔津〕水二渚，分（爲）〔屬〕之也。上舊有河平侯祠。河水又東，逕平縣故城北，俗謂之小平也。有高祖講武場，河北側岸有二城相對，置北中郎府，徙諸從隸府户，并羽林虎賁領隊防之。河水南對首陽山，春秋所謂首戴也。上有夷齊之廟，又有周公廟。河南有鉤陳壘。河水於斯，有盟津之目。尚書所謂「東至於孟津」者也。又曰富平津，又謂之曰陶河。

得洛川、溴川，會濟故瀆。

河水又東，經鞏縣北，洛水注之，河去縣十里。縣西南三十里鞏城，周鞏伯邑也。漢爲縣，隋大業初徙治洛口，即今治。縣西南四十里訾城，亦曰東訾。其北三里有黄亭，春秋作「皇」。縣西南五十里鄩城，周之鄩邑。縣西南七十里轘轅山，其坂十有二曲。張儀請秦伐韓曰「下兵三川，塞轘轅、緱氏之口」者也。孔沖遠云：轘轅山在緱氏縣東南三十里，道路險阨，自古爲控守處，漢靈帝時爲河南八關之一。縣北十里洛口倉城，隋大業二年所築，周迴二十餘里，穿三千窖，窖容八千石，亦曰興洛倉。河水又東，溴水注之。又東，經温縣南，去縣二十里。縣西南三十里温城，漢縣也，本周司寇蘇忿生之邑，戰國時屬魏，唐徙治李城，即今治。河水又東，經汜水縣北，汜水注之，河去縣一里。春秋時鄭之制邑，亦曰虎牢，漢爲城皋縣，隋開皇十八年改曰汜水，唐開元十年移治武牢城，即今治也。因廟諱，改虎曰「武」。縣西二里有古關，即虎牢也，亦曰玉門。縣西十五里黄馬關，其坂曰黄馬坂。縣西南十里旋門關，漢靈帝時河南八關之一，其坂曰旋門坂。縣東四十里板城渚，亦曰坂渚，自旋門而東至板渚津，皆成皋關之道。地理通釋云：「成皋關在汜水縣南二里。」河北爲武陟縣，縣本漢武德、山陽二縣地，隋開皇十六年，析修武置武陟，大業初廢。唐武德二年，置陟州及修武縣，治濁鹿城，在今縣西北。四年改爲武陟縣，貞觀初徙今治。禹貢「濟水入於河」，宜在縣境。胡朏明云「濟水故瀆，即漢志所謂東南至武德入河者，南直成皋，今汜水河陰之界」是也。其後由温縣入河，則南直鞏縣，今其故道又盡陷河中，濟水惟從枝津之合溴水者，至孟縣東南入河，南直孟津縣。縣西南十一里懷城，禹貢「覃懷底績」，蓋在是間，南瀕於河。平原廣衍，並覃懷也。縣西南有侯人亭，左氏春秋鄇田之地也。水經注：

河水又東，湨水入焉。又東，濟水注焉。

水經河水章：「又東過鞏縣北。」注云：

河水於此有五社渡，爲五社津。縣北有山臨（城）〔河〕，謂之崟原丘。在鞏縣西北三十里，其下有穴，謂之鞏穴，直穴有渚，謂之鮪渚。周禮，春薦鮪。然非時及他處則無。故河自鮪穴已上，又兼鮪稱。

水經河水章：「洛水從縣西北流注之」。注云：

洛水於鞏縣，東〔逕〕洛汭，北對琅邪渚，入於河，謂之洛口矣。洛自縣西來，而北注河。清濁異流，皦焉殊別。

水經濟水章：「又東過成皋縣北，濟水從北來注之。」注云：

河水自洛口又東，左逕平（南）〔皋〕縣南，又東逕懷縣南，濟水故道之所入，與成皋分河（水）。河水（又）〔右〕逕黄馬坂北，謂之黄馬關。河水又東，逕旋門坂北，昇陟此坂，而東趣成皋也。河水東逕成皋大伾山下，此非禹貢之大伾。伾北即經所謂濟水從北來注之者也。今濟水自溫入河，不於此也，所入者，奉溝水耳。成皋縣之故城，縈帶伾阜，絶岸峻周，高四十許丈，城張翕險，崎而不平。春秋傳曰：「制，巖邑也，虢叔死焉。」穆天子傳：「天子射鳥獵獸於鄭圃，命虞人掠林，有虎在於葭中，天子將至，七萃之士高奔戎生（擒）〔捕〕虎而獻之天子，命之爲柙，畜之東虢，是曰虎牢。」然則虎牢之名自此始也。秦以爲關，漢乃縣之。城西北隅有小城，周三里，北面列觀，臨河岧岧孤上，景明中言之壽春，路直茲邑，昇眺清遠，勢盡川陸，羈途遊至，有傷深情。河水南對玉門，又東合汜水。又東，逕板城北，有津謂之板城渚口。河水又東逕五龍塢，北臨長河，塢有五龍祠。」。

東得少水〔七二〕，古河東迆北，得淇水，至漯川東北，經大伾西。

河水又東，沁水注之，即少水矣。河自孟津而下，去山脈遠行，平地無所束制，於是歷代改流不常，淮水已北，滹沱已南，皆其變徙之區。枯槽斷瀆，沮洳積潦，大抵昔爲改流所經者也。古大河自武陟縣南又東引，河東南爲汴渠，或謂之狼湯渠，亦曰石門水。河水自石門又東，經河陰縣北，石門去縣二十里。唐開元二十年，用裴耀卿議，置一倉於汴水達河之口，是謂河陰倉，在石門西，析汜水、滎澤二縣地置河陰縣。二十二年，於河口倉置輸場，江、淮舟運，悉輸河陰倉，更用河舟轉運至東都、陝州倉。二十三年，徙河陰縣治輸場之東渠口。大曆中，劉晏掌漕運，以爲江、汴、河、渭水力不同，教漕卒以江船達揚州，汴船達河陰，河船達渭口，渭船達太倉。元徙縣治於廣武山之大峪口。明洪武初，城圮於水，三年，徙今治。廣武山在今縣東北十里。括地志云：「在滎陽縣西二十里。」西征記曰：「有三皇山，或謂三室山。山上有二城，東者曰東廣武，西者曰西廣武，各在山一頭，相去二百餘步。其間隔深澗，漢祖與項籍語處。」縣西二十里敖山，秦置倉於此，是爲敖倉。酈食其說漢高帝曰「急進兵，收取滎陽，據敖倉之粟，塞成皋之險」是也。武帝曰：「洛陽有武庫，敖倉，天下衝阨。」永初四年，虞詡爲朝歌長，謁河內太守馬稜曰：「朝歌去敖倉百里，賊不知開倉招衆，劫庫兵，守成皋，此不足憂也。」括地志云：「敖倉在滎陽縣西北十五里，石門之東，北臨汴水，南帶三皇山。」河水又東，經獲嘉縣南〔七二〕。北魏末，分修武縣置北修武，隋開皇四年，徙獲嘉縣治此。縣東北二十里有茅亭，蘇忿生之邑也。河水又東，經滎澤縣北。縣北五里故城，隋已來舊治也，明成化八年爲河水所圮，十五年今治。縣西北十五里王宮城。左氏春秋「作王宮於踐土」，今故城內東北隅有踐土臺。河水又東，經新鄉縣南。晉太和五年，慕容臧築新樂城，北魏太和中徙獲嘉縣治此，隋開皇初於此置新鄉縣。縣西南十二里獲嘉城，漢縣也。河水又東，逕原武縣北，漢縣也。隋初曰原陵縣。東南二十里安城，史記魏世家「秦拔我安城，兵至大梁而去」是也。徐廣曰：「滎陽卷縣有長城，經陽武到密。」六國魏所築，縣北二十里黑陽山，東連陽武界。河水又東，經胙城縣北。縣西南燕故城，漢縣也。後漢爲燕縣，晉謂之東燕城，石勒置東燕郡，慕容德置東燕縣，皆因晉稱。隋開皇十八年，改曰胙城。金貞祐二年，城宜村，三年徙衛州治於宜村新城，五年以胙城爲倚郭縣，其地在今縣西南。縣東南有虚城，縣東三十里有桃城，戰國時魏之虚、桃。縣東北瓦亭，春秋「公會齊侯於瓦」是也。河水又東，經陽武縣北，漢縣也。縣東南五里博浪城，本博浪沙之地。司馬貞云「浚儀西北四十里有博琅城」是也。縣北十里有北埭城，又有南埭城，春秋所謂城埭。河水又東北，經延津縣北。縣北十五里酸棗城，漢縣也，本鄭之廩延。陳留志：「城内有韓王故宫闕。」蓋韓嘗都此。宋政和七年，改置延津縣。金貞祐三年，置延州。縣東南二里有酸棗山，河北爲汲縣，衛輝府治。府城西南二十五里汲城，漢縣也，晉汲郡治，東魏爲義州治，北齊爲伍城縣，隋開皇六年徙置汲縣，即今治，唐貞觀初徙衛州治此，金曰河平軍，元爲衛輝路。九域志汲縣有淇門鎮，元人運道，自封丘中欒鎮陸運至淇門是也，其地在府東北五十里。府東南二十五里有延津關。河水又東，至濬縣西南境，得淇水。又東，經遮害亭南，西去淇口十八里，東北去濬縣五十里。漢賈讓奏言：「臣竊按視遮害亭西十八里，至淇水口，迺有金隄，高一丈。自是東，地稍下，隄稍高，至遮害亭，高四五丈。往六七歲，河水大盛，增丈七尺。臣循隄上，行視水勢，南七十餘里，至淇口，水適至隄半，計出地上五尺所。今可從淇口已東爲石隄，多張水門。初元中，遮害亭下河去隄足數十步，至今四十餘〔歲〕，適至隄足。由是言之，其地堅矣。」河水又東至宿胥故瀆，北注爲河，東注爲漯。漢書溝洫志：司空掾王横言：「禹之行河水，本隨西山下東北去，周譜云定王五年河徙，則今所行非禹之所穿也。」横所謂「隨西山下東北去」者，即宿胥故瀆矣。河徙由漯川，其故瀆之口，戰國時謂之宿胥口。史記索隱云：「索胥蓋亦津名。」然則是地河津名索胥，河徙後即因其地以名。舊河是以有宿胥故瀆、宿胥口之目，舊河自是北流，經黎山西白祀山東。酈道元於河水章宿胥口云「舊河水北入也」，於淇水章云「瀆受河於頓丘縣遮害亭東黎山西」是也。黎山在濬縣東南二里，孔沖遠據漢書音義臣瓚之説，以爲禹貢大伾。括地志云：「大伾山今名黎陽東山，又名青壇山，在衛州黎陽縣南七里。」顧炎武肇域記云：「山上有青壇，漢光武平王郎，還至黎陽，築壇祭告天地百神，劉楨賦所謂青壇承祀，高碑頌靈者也。」地志云「故瀆在縣西十里」，亦曰西河。縣東北黎陽城，漢縣也。後漢有黎陽營，漢官儀曰：「中興以幽、冀、并州兵平定天下，故於黎陽立營。」兵鋒嘗爲天下冠。北魏孝昌中置黎陽郡，東魏置黎州，隋開皇三年置黎陽倉，漕河北之粟以輸京師。括地志云：「黎陽城西南有故倉城，相傳袁紹聚粟之所。」亦即隋開皇中置倉處也。宋端拱初，置通利軍於此；天聖中，城爲水所圮，移治於浮丘山西二里，政和三年，都水監請移軍城於大伾、三山之間，以就高卬，從之。五年，置濬州。明洪武三年改州爲縣。方輿紀要云：「宋置城於浮丘之西。明初徙縣治於浮丘東北平坡上，去舊治二里有奇。弘治十年築城，議者以城西連浮丘，登高內瞰，指顧畢盡，不可戍守。嘉靖二十九年，知縣陸光祖截舊城西南隅於城外，踞山岡險絶處改築今城，城小而堅，可恃爲固。」縣西南有雍榆城，縣西五十里衞城，隋衞縣也。胡朏明云：「縣北六里紫金山，在大伾之東北，縣東有鳳皇山，與紫金東西並峙。縣西南一里有浮丘山，高三十餘丈，縣治正跨其上，賈讓所謂『東山』也。縣西南四十餘里有同山，縣西二十里有白祀山，縣西北二十五里有枉人山，俗名上陽三山，賈讓所謂『西山』也。」縣西二十里長豐泊，水經注之白祀、同山二陂所匯也。范成大北使録云：「濬州城西南有積水若河。」河渠考云：「縣北四十里有大齊村，相傳黄河故道也，衆流所鍾，舊於村東故隄開以洩水，順流入衞水，萬曆十年爲滑縣民所壅，自縣已北皆被渰溺。」水經注於清水章云：「河徙南注，曹公開白溝，遏水北注，方復故瀆矣。」元和志云：「白溝水，隋導爲永濟渠，亦名御河。」考白溝即宿胥故瀆，魏武因舊跡開濬之，引河分灌，以通溝、名白溝。然全河東注故瀆，淤塞已久，分流勢弱，故遏淇水注之東北，又引漳注入。魏志「建安九年，遏淇水入白溝以通糧道，十八年鑿渠引漳水入白溝以通河」，是也。時魏之建國在鄴，漕運由河入白溝至鄴。隋書：「大業四年開永濟渠，引沁水南達於河，北通涿郡。」治薊縣，在今大興縣西南。而大業雜記云：「開永濟渠引汾水入河，又自汾水東北開渠，合渠水至於涿郡二千餘里通龍舟。」言汾水者誤，當從隋書作沁。其曰「入河」者亦誤，蓋是時沁水自武陟至汲，合清、淇之水入白溝，水部備考云：沁水一枝自武陟小原村東北，由紅荆口經衛輝府凡六十里，入衛河。昔隋煬帝引沁水北通涿郡，蓋即此地。猶魏書舉淇爲言耳。南達於河，則白溝、宿胥故瀆之舊也。白溝首起宿胥口，尾歸漢時清河。永濟渠因白溝更導而北，自隋至元通稱御河。稽其寔，白溝、永濟渠、御河之名，皆不得上被之清、淇，且以南達於河爲渠首。宋史河渠志則曰：「御河源出共城縣百門泉。」泉在今輝縣西北五里，水經注之「北門陂南流注清水」者也。以此知宋、元雖蒙御河之目，與隋異，致明始改曰衛河，以泉在衛地也。河水自大伾而北，歷枉人山東，山有三峰，如鼎峙，高六十餘丈，周三十里，其南北連亘巨岡，山有仰泉，其泉七十有二穴，土人以山善興雲雨，呼善化山。水經河水章：「又東過滎陽縣(北)」，蒗蕩渠出焉。」注云：漢靈帝建寧中，增修石門，以遏渠口。水盛則通注，津耗則輟流。河水又東北，逕卷之扈亭北。又東，逕八激隄北。漢永初七年，令謁者於岑於石門東積石八所，皆如小山，以捍衝波，謂之八激隄。河水又東，逕卷縣北。又東北，逕赤岸固北，而東北注。

水經：「又東北過武德縣東，沁水從西北來注之。」注云：

河水自武德縣東至酸棗縣西，濮水東出焉。今無水。河水又東北，通謂之延津。又〔逕〕東燕縣故城北，河水於是有棘津之名，亦謂之石濟津。在胙城縣東北。河水又東，淇水入焉，又東逕遮害亭南。又有宿胥口，舊河水北入也。

水經注淇水章：

淇水右合宿胥故瀆，瀆受河于頓丘縣遮害亭東，黎山西，頓丘故城在濬縣西。北會淇水處立石堰，遏水令更東北注。魏武開白溝，因宿胥故瀆而加其功也。故蘇代曰「決宿胥之口，魏無虛、頓丘」，虛即殷虛，在彰德府城北，戰國時河已徙，而宿胥口塞，故言決之，以灌二邑。即指是瀆也。淇水又東北流，謂之白溝，東北逕同山東。又北，逕白祀山東，東北逕枉人山東，牽城西。春秋左傳定公十(三)〔四〕年，「公會齊侯、衛侯于牽」者也。杜預曰：「黎陽東北有牽城。」即此城矣。又東北，逕石柱岡，東北注。

又北，蕩水西來注之。

河水又北，逕內黃縣西。魏所開白溝，則經縣南，非宿胥故瀆之舊矣。縣西北十八里內黃城，漢縣也，本魏之黃邑，宋徙于今治。縣東北二十七里繁陽城，亦漢縣，本魏之繁陽。縣東北柯城，縣北戲陽城，縣西十二里牽城，並春秋時魏地。蕩水出湯陰縣西牟山，山去縣四十里，東流注于黄澤。漢志「河（南）〔内〕郡蕩陰，蕩水東至内黄澤」是也。賈讓言：「内黄界中有澤，方數十里，環之有隄，往十餘歲，太守以賦民，民今起廬舍其中。」應劭云：「黄澤在内黄西。」酈道元云：「内黄縣右對黄澤。」地志：「縣西北二十里有潭，其水無源，或以爲即故黄澤也。」俗呼孟家潭。胡朏明以此地爲河所經，河徙後乃鍾爲黄澤，然則蕩水本入河矣。

淇水又東北，逕并陽城西。即蒹陽聚，在内黄縣南。又北，左合蕩水。

水經：「蕩水出河内蕩陰縣西山東，東下脱「流」字。又東北至内黄縣，入于黄澤。」注云：蕩水出蕩陰縣西石尚山，即牟山。東流逕其縣故城南。羑水出蕩陰西北韓大牛泉，東逕韓附壁北，又東逕羑城北，故羑里也。在湯陰縣北七里。水積成淵，方十餘步，深丈餘，東至内黄防水，出西山馬頭澗，東逕防城北，即防陵城，在安陽縣南十五里。東南流注于羑水，又東歷黄澤入蕩水。長沙溝水導源黑山北谷，在湯陰縣南三十里。東流逕晉鄙故壘北，即魏德故城，在湯陰縣南三十里。又東，謂之宜師溝，又東逕蕩陰縣南，又東逕枉人山，東北至内黄（澤）〔縣〕，入蕩水，亦謂之黄雀溝。是水秋夏則泛，春冬則耗。

北得洹水、漳水。

河水又北，逕安陽縣東，彰德府治也，本魏之寧新中〔七三〕。通鑑注云：「故城在今縣西北十里，秦更名安陽。」舊唐書「魏郡城在安陽西北七里」，漢郡治此。魏土地記〔七四〕：「安陽城在鄴城南四十里」。北周大象二年，徙相州治安陽城，因改安陽曰鄴。隋開皇十年，復曰安陽。五代晉天福三年改相州爲彰德軍，金爲彰德府。地志云：秦縣在今府城東南四十三里，晉置縣于今縣西南。隋開皇十年，復徙縣于洹川南，大業十年，移郡郭内。隋開皇十年，分安陽置相縣，今府西十五里相城是也。府東四十里永定城，與内黄縣接界，本晉之長樂縣，隋開皇八年改曰堯城，唐天祐中又改曰永定，宋天聖七年改曰永和。地志云，永定城東有鯀隄，今謂之三刃城。洹水古入于河，宜在是矣。河水又北，經臨漳縣東，本漢鄴縣地，今俗呼鄴故縣曰鄴鎮，漢縣也。初平二年，袁紹自爲冀州牧，鎮鄴。建安十五年〔七五〕，魏武建鄴都，作三臺，其後爲五都之一。晉建興初，改鄴曰臨漳，時已陷于劉聰。咸和六年，石勒營鄴宫。咸康初，石虎徙居之。升平初，慕容儁居之。北魏置相州，太和十七年築宫于鄴西，東魏遂都焉。北史：鄴有南北兩城，高歡遷其主至鄴，居北城，明年改築南城而居之，其後高洋亦居南城。北周建德六年滅齊，置六府于鄴城；宣政初以相州爲總管府；大象二年徙其居人南遷四十五里，以安陽城爲相州理所，改舊鄴爲靈芝縣。隋開皇十年復故。而東魏天平初，分鄴置臨漳縣。宋熙寧六年，省鄴入臨漳。明洪武十八年，臨漳縣城圮于水，因徙今治。地志云：「今縣城西南去舊城十八里，去故鄴城幾四十里。又故鄴都北城在鄴鎮東南一里有奇，南城在鄴鎮東南三里。」漢志：「魏郡鄴，故大河在東，北入海。」鄴東之故大河，寔禹貢河流矣。鄴城西北五里有祭陌，戰國之世，其俗有巫爲河伯娶婦事，祭于此陌。西門豹爲鄴令，投巫嫗及三老于河，淫祀遂絶。胡朏明云：「鄴本有河，故以河伯惑人。」其説是也。河水又東北，漳水入河，宜在是間，禹貢所謂「北過降水」也。酈道元云不遵其道曰降，義蓋本之昔儒禹貢言漳水曰降水、曰衡漳。唐孔沖遠作義疏云：「漳水横流入河，故曰横漳。」宋曾彦和云：「河自大伾折而北流，漳水東流注之。地形南北爲從，東西爲横，河北流而漳東流，則河從而漳横矣。」是説于衡漳之目亦未然。凡大水統納衆川，其爲一衡一從者多矣，何獨于漳言之，則漳之稱「衡漳」必前乎禹貢已有是目，殆以其衡決不常也。酈道元于斥漳平恩之間引尚書「覃懷底績，至于衡漳」，杜佑本之，謂漳水横流至肥鄉縣界入河。胡朏明亦用其説以釋禹貢，謂「北過降水在肥鄉、曲周二縣界已下，漳之所行即古大河。」考大河既在鄴東，漳行磁州南，臨漳北，其川自西而東已下，至曲周則自南而北之勢多，寔大河故道，漳之入河在成安已南，不得過其北，明矣。

又北至大陸之野。

河水又東北，經成安縣東。縣東南十三里斥丘城，漢縣也，本春秋時晉之乾侯。闞駰曰：「地多斥鹵，故曰斥丘。」北齊徙今治，改曰成安。又東北，經肥鄉縣西。縣西北七里邯溝城，漢縣也，後省入廣平，魏析置肥鄉縣。其故城在今縣南二十里，縣北三十里列人城，漢縣也。又東北，經曲周縣東。縣東南五十里平恩城，縣東南曲城，縣東北曲周城，並漢縣。唐曲周縣嘗治漢故縣之東北。通典云：「曲周故城在縣西南。」漢縣治此，今城唐所置也。然則今縣治，宋元祐二年所置歟？其間廢而復設，故不一其所。又東北，經平鄉縣東、廣宗縣西。平鄉即漢鉅鹿也，晉泰始初析置平鄉縣，尋廢。其故城在今縣東南二十里。北魏景明二年復置，治鉅鹿城。禹貢「大陸之野」宜在是間。漢志：「鉅鹿，禹貢大陸澤在北。」考禹貢之文，大陸非澤也，故曰「大陸既作，洪水初平，民得廣野，而耕作之。」大陸，地名耳。因地以名澤，故曰大陸澤，亦曰廣阿澤。山海經所謂泰陸之水，呂氏春秋九藪所謂「趙之鉅鹿」，乃目其澤水矣。今澤在任縣東北二十里，東西十三里，南北三十五里。元和志云：「東西二十里，南北三十里。」古時大河衍溢，澤宜大于今。大陸而北，即九河疏別之區，澤盖與徒駭灌輸也。平鄉之東爲廣宗縣，後漢析堂陽縣置廣宗。隋仁壽初，改曰宗城。其後漢析置經縣，劉昭續漢志「經縣西有薄洛津」，戰國策所謂「河、薄洛之水」，即此也。在今廣宗縣東二十里。北魏嘗徙治其故城，在今廣宗縣東二十里。宋白曰：「後漢于今縣西北二十里置經縣。後魏太和十五年，于今縣治移置經縣，廣宗郡理于此。北齊省郡及縣，嘗移武强縣治焉。後周復于此置廣宗郡。隋開皇三年郡廢，六年改置經城縣。」水經注：

漳水東北，逕列人縣故城南。又東北，逕平恩縣故城西，東北逕南曲縣故城西。應劭曰：「平恩縣北四十里有南曲亭，故縣也。」又逕曲周縣故城東。又北，逕巨橋邸閣西。地志：鉅橋倉在曲周縣東北。又北，逕鉅鹿縣城東。又歷經縣故城西。又逕沙丘臺東。漢志「鉅鹿，紂作沙丘臺，在東北七十里」是也。

湨水〔七六〕

湨水出禹貢冀州原山東南流。

湨水出濟源縣西北原山，去縣十里，一名琮山。其水南經原城西，一水出陽城縣西南山，一水導源陽城縣南溪，俱東南流注于湨。湨水又東南，經陽城東城，在濟源縣西南十五里，亦曰陽樊。服虔云：「陽，邑名。樊仲山父所居〔七七〕。」亦曰曲陽，魏襄王四年更名河雍，後又爲楊鄉。水經注：

湨水出原城西北原山勳掌谷，俗謂之爲白澗水，南逕原城（縣）西。春秋「會于湨梁」，謂是水之墳梁也。爾雅：「梁莫大于湨梁。」梁，水隄也。

左合濟水枝津。

陽城南溪水是爲湨之南源，東北流，漫澗水出軹關南，西來注之。關在濟源縣西北十五里。又東合北源。又東南，濟水枝津北來合于湨。今濟水正流又絶，惟從枝津南注，自此已下爲濟瀆、湨川之合流矣。水經注：

湨水又東南，逕陽城東，與南源合，水出陽城南溪，東北流，與漫流水合，水出軹關南，東北流，又北注于湨，謂之漫流口。湨水又東，合北水，亂流東南，左會濟水枝渠。又東，逕鍾繇塢〔北〕，世謂之鍾公壘。又東南，塗溝水出軹縣西南山下，北流東轉，入軹縣故城中，又屈而北流出軹郭，又東北注于湨。

又東南注于河。

湨水又東北，逕波城北，漢縣也。又東南，（玉）〔天〕漿澗出軹城西南，城在濟源縣南三十里。水經注謂之天漿水，出軹南皋向城北者也。向在軹西南，詩所謂「作都于向」即此矣。魏襄王四年更名高平。括地志云「高平故城在河陽縣西北四十里」，即向也。其水二溪東北會流，注于湨。湨水又東南，經孟縣北。去縣十五里，有橋曰穀旦橋，唐初嘗置穀旦縣於此。湨水又東南，經無辟城西，城在孟縣東南。湨水又東南，注於河。水經注：

湨水又東北，逕波縣故城北。又東南，天漿澗水出軹南皋向城北，城在皋上。闞駰十三州志曰：「軹縣南山西曲有故向城。」竹書紀年曰：「鄭侯使韓辰歸晉陽及向。二月，城陽、向，更名陽爲河雍，向爲高平。」即是城也。其水有二源俱導，各出一溪，東北流合爲一川，名曰天漿溪。又東北，逕一故城，俗謂之（治）〔冶〕城，亦曰（治）〔冶〕水。又東注于湨。湨水又東南，同水出南（源）〔原〕下，東北流逕白騎塢南，塢在原上，爲二溪之會，北帶深（湟）〔隍〕，三面阻險，惟西版築而已。在濟源縣南，漢末賊將白騎據此築塢，因名。東北流逕安國城西，又東北注湨水。湨水東南逕安國城東。又南，逕（無）〔毋〕辟邑西，世謂之無（辟）〔比〕城，亦曰馬髀城，皆非也。朝廷以居廢太子，謂之河陽庶人。湨水又南，注于河。

校注

〔一〕原作「水地記二」，下有「戴氏七經小記五」七字。小標題「河水」及以下各卷小標題，均爲整理者所加。

〔二〕「今自積石」句上，眉批曰：「山脈西自金沙發源之犁石山，蜿蜒東來，河東南流，折西北，又轉東北，歷二千七百餘里，至積石關河州界。」

〔三〕廣　原本誤作「虞」，據定本改。

〔四〕「北自沙州」句上，眉批曰：「今安西府治敦煌縣，唐爲沙州治。」

〔五〕「此所言方向」句上，眉批曰：「河二源合而東南流，名阿爾坦河。又南屈東，有小水自南注之。又東，右納拉母拖羅山之水，左納西拉薩山之水。又東，左納七根池水。又東迆北，至星宿海。」

〔六〕至元　原本漏「至」字，據手稿殘卷水地記補。

〔七〕「名阿剌腦兒」，以及下文「名亦里出」、「名忽闌」、「名也里术」等，原本均爲小字注文，今據元史地理志六改作正文。

〔八〕改「赤」爲「出」，據元史。下文類此改動，凡爲二十四史之引文，均據中華標點本，一般不再出校。

〔九〕「一向東北流」句上，眉批曰：「朱思本曰：『大概河源東北流，所歷皆西番地，至蘭州凡四千五百餘里。』」

〔一〇〕「故其地名鄂敦塔拉」句上，眉批曰：「自鄂敦他拉納衆泉，左則巴爾哈布山西南之水注之，右則哈喇答爾四千山北之水注之，三水通爲一川，俗呼古爾板索爾馬。又東南一大澤，曰南貫札凌淖尔，其澤周三百餘里。南北狹，東西長。河又東南流五十里，右納查克喇山之水。又東南，屈而東北，右納喀拉河。又東北貫一大澤，澤曰鄂凌淖尔，其澤亦周三百餘里。形如匏瓜，西南廣而東北狹。又東北流，屈五十餘里而東南納衆小水至巴顔圖渾嶺之麓，納左右川，南流百五十餘里。又東南，屈曲行七百餘里，經積石山南，納小水數十。又東流，屈而東北，右納三水，并名崑都。自積石山之東北流百五十餘里。又東北流三百餘里，至歸德堡。又東北流四百里，至積石關。自源至歸德堡，迴環屈折，通計二千三百餘里。」

〔一一〕「至河首積石山」句上，眉批曰：「今名阿木尼瑪勒占木遜山。西番謂祖，『阿木尼』；蒙古謂色斑駁，『瑪勒占』；謂冰，『木遜』。」

〔一二〕後漢書　原本作「漢書」。按西羌傳在後漢書卷八七。

〔一三〕「至於柏海」句上，眉批曰：「柏海即查靈、鄂靈二澤，而星宿川在其東，或黄河之别名，非星宿海也。」

〔一四〕「與李靖會於大非川」句上，眉批曰：「大非川宜濱青海之西，即今布喀河。」

〔一五〕「所出」二字，據四部叢刊本戴校水經注增補。以下凡水經注引文之增改均同此，一般不再出校。

〔一六〕「其説曰」以下引文爲節引，原本有雙排小注，實皆爲酈氏注，故改爲正文。

〔一七〕「唐時謂之九曲河」句上，眉批曰：「九曲在河州邊外西北，榆谷在西寧邊外西南。行都司志：『榆谷在金城西二百里。榆谷在河南，九曲在河西。』」

〔一八〕「河水又東北」句上，眉批曰：「東得洮水、湟水。」

〔一九〕「即漢之東西邯屯田處」句上，眉批曰：「自河源至此，屈曲行，凡二千七百餘里。」

〔二〇〕東北　疑爲「西北」之誤。按元和郡縣圖志卷三九：河州枹罕縣，「積石山，一名唐述山，今名小積石山，在縣西北七十里」。

〔二一〕「今爲西寧府治」句上，眉批曰：「又東北逕碾伯縣南，河西北去縣治三百七十里。」

〔二二〕元嘉　原本作「元喜」。按史無此年號。

〔二三〕「自右入焉」句上，眉批曰：「灕水出河州西南邊外，名阿拉藏河。東流會五、六小水，行四百餘里，折而東北入州境，由土門（州西南九十里）、槐樹（在上門關之東）、老鴉（州西九十里）三關入境，逕州南，去城五里，折而北入河，俗呼大夏河。」

〔二四〕「東至枹罕」句上，眉批曰：「河水又東至臯蘭縣西境，洮水自右注之，少東，湟水自左注之。」

〔二五〕「謂之河厲」句上，眉批曰：「水經河水章：『又東過隴西河關縣北，洮水從東南來流注之。』」按「注之」之下尚有「注云」二字，意謂〔二六〕眉批内容出自酈注。

〔二六〕「左則湟水西北來注之」句上，眉批曰：「湟水出西海鹽池北，東南流經四望峽南，又東，浩亹水西來注之。

又東，至鄭伯津。又東，澗水西來注之。又東，逆水西來注之。又東，入于河。」

〔二七〕湹　原本作「淮」，據文意改。

〔二八〕「使吐番歸之」句上，眉批曰：「青海在西寧府西五百餘里，周迴七百五十餘里。」

〔二九〕「是爲西寧河」句上，眉批曰：「熱水山在西寧邊外西南。山南出暖水，流入西海；山北出冷泉，即西寧河源。」

〔三〇〕「浩亹水出西塞外」句上，眉批曰：「浩亹水出甘州府西南番界，東南流逕大通縣南五里。又東南，逕碾伯縣東北，至平番縣界入湟。今呼大通河，入湟當在大通縣，似非浩亹水。」

〔三一〕吐谷渾傳　疑當作「吐蕃傳」。引文見新唐書卷二一六吐蕃傳下。

〔三二〕「長寧川水出松山」句上，眉批曰：「長寧川在西寧縣西北。」

〔三三〕「牛心川水出西南遠山」句上，眉批曰：「牛心川在西寧縣西南。」

〔三四〕「右合葱谷水」句上，眉批曰：「葱谷水在西寧縣東。」

〔三五〕「安夷川水發遠山」句上，眉批曰：「安夷川在西寧縣東。」

〔三六〕「宜春水出東北宜春谿」句上，眉批曰：「宜春水在碾伯縣西。」

〔三七〕「南流注鄭伯津」句上，眉批曰：「澗水在平番縣西，東南流入蘭州界，源出古浪縣南六十里，之安遠堡西南三十里，南流逕大通堡東五十里，又東南逕所西南四十里，又東逕紅城子入湟，名可可川。」

〔三八〕「洮水出故洮州衛」句上，眉批曰：「洮水出西傾山，東北流經望曲谷，又東屈北，隴水出鳥鼠，東南來注之。又東北，歷石井峽，北入于河。」

〔三九〕「山又有㶁臺之名」句上，眉批曰：「西傾山，番名羅插普喇山，近黃河，自東折西北之東岸，綿亘千餘里。」

〔四〇〕「復從洮州治此」句上，眉批曰：「元和郡縣圖志云：『城東北二面並枕洮水。』」

〔四一〕「洮水盤東山中」句上，眉批曰：「隴水出渭源縣西高城嶺，隴水與渭水同出是山。考縣西十五里曰分水嶺，二十里曰鳥鼠山，二十五里曰南谷山，而高城嶺在南谷山上，寔一山之所盤迴，禹貢統名之曰鳥鼠同穴。凡嶺西之水悉入洮，嶺東之水悉入渭。隴水西北流至狄道縣城東，而西南流入洮水，俗呼東峪河。」

〔四二〕「步和川水出西山下」句上，眉批曰：「步和水在岷州北。」

〔四三〕「左會大夏川水」句上，眉批曰：「大夏水出河州界麻山關（州東南四十里），大馬家灘火石界内，三派會流，東北逕臨洮府西北，去城十里，又東北入洮河。」

〔四四〕蘭泉縣　原本脱「泉」字。按宋會要方域六之二：「蘭泉縣，崇寧三年建。」

〔四五〕麥田山　疑「山」上脱「無孤」二字。按晉書卷一二五乞伏國仁載記：「僔大寒立，「遷於麥田無孤山」。

〔四六〕四年　疑爲「六年」之誤。按元和郡縣圖志卷四：「周保定二年於此置會州，建德六年廢都，立鳴沙鎮。」太平寰宇記卷三六所載同。

〔四七〕四年　疑爲「二年」之誤。按舊唐書卷三八地理志一謂「武德二年」。

〔四八〕二年　疑爲「三年」之誤。按新唐書卷三七地理志一謂「咸亨三年」，唐會要卷七〇、太平寰宇記卷三六同。

〔四九〕於此　「於」上疑脱「元」字。按讀史方輿紀要卷六二：「元於此置屯田。」

〔五〇〕「苑川水出勇士縣」句上，眉批曰：「苑川水出馬衡山，在狄道縣北九十里，金縣西南三十里，其山綿亘數百里，水出山峽，東北流逕金縣南門外。」

〔五一〕「祖厲川水出祖厲南山」句上，眉批曰：「祖厲川在會寧縣南二里，又北逕縣西，又北逕都城驛（縣北百六十里），合安定縣之東西二河，又北逕靖遠衛入河。祖厲城在靖遠衛西南百三十里。」

〔五二〕「必逾河而北守陰山」句上，眉批曰：「陰山即大青山，俟考。」

〔五三〕「東至緣胡山屈南」句上，眉批曰：「行禹貢雍州之東，冀州之西。」

〔五四〕「謂之東勝州」句上，眉批曰：「元志云，唐徙東受降城於綏遠烽南，即今州治也。」

〔五五〕「渡河至偏」句上，眉批曰：「關界其津濟處，俗呼娘娘灘，南去河曲縣九十里。偏關、河曲之間，明爲防戍要地。永樂初，山西奏寇犯灰溝村。宣德中，設灰溝營。東至偏關六十里、河曲縣七十里，值冰結，調重兵於此，謂之禦凍。嘉靖四十四年，寇襲，陷黄甫川堡。」

〔五六〕「東北去河曲縣治」句上，眉批曰：「縣南有水，俗呼大澗，導源朔州，西流經城南，去城百步，又西七里入河。」

〔五七〕「山即陰山」句上，眉批曰：「七星湖在歸化城西南百七十里，西入河，即沙陵湖也。」

〔五八〕「在離石北以東」句上，眉批曰：「左則離石水，出赤洪吕梁，東北來注之；右則朔水，西北來注之。」

〔五九〕十八里　疑爲「八十里」之誤。按讀史方輿紀要卷四〇興縣：「南川水在東南八十里，源出合查山。」嘉慶重修一統志卷一三六太原府山川同。

〔六〇〕二十年　疑爲「二十二年」之誤。按金史卷二六地理志下：葭州，「大定二十二年升爲晉寧州，二十四年更爲今名」。

〔六一〕二十一年　疑爲「二十四年」之誤。按見前條。

〔六二〕「置永安鎮于石州城内」句上，眉批曰：「州西百一十里孟門鎮，北周置定胡縣于此，武德三年置西定州，貞觀三年改縣曰孟門，七年復曰定胡。元和郡縣圖志：『黄河在縣西二百步。』」

〔六三〕臨河縣　原本作「臨和縣」。按元和郡縣圖志卷一二永和縣：「高齊後主於其置永和鎮，周宣帝廢鎮置臨河郡及臨河縣。」太平寰宇記卷四八同。

〔六四〕馬鬭關　原本作「高鬭關」。新唐書卷三九地理志三：隰州大寧縣，「西有馬鬭關」。

〔六五〕涑川　原本作「俠川」，據下文改。按，此涑川即發源於山西絳縣的涑水。

〔六六〕「又南」句上，眉批曰：「行禹貢豫州之北，冀州之南。」

〔六七〕桃林塞　原本作「姚林塞」，據下文改。

〔六八〕左　原本誤作「春」。引文見左傳僖公二年。

〔六九〕二十年　疑爲「十二年」之誤。按元和郡縣圖志卷六陝州：「貞觀十二年，太宗東巡，臨幸於此（指底柱），令魏徵勒銘。」

〔七〇〕「湛水自向城東南逕湛城東」句上，眉批曰：「或謂之隰城，溪曰隰澗。隰城在東，言此非也。」

〔七一〕「東得少水」句上，眉批曰：「行禹貢兗州之西，冀州之東。」

〔七二〕「經獲嘉縣南」句上，眉批曰：「地志云，自獲嘉西南四十里至新鄉縣南，又東北至胙城縣，又北接汲縣，皆有漢古堤。」

〔七三〕寧新中　原本脱「寧」字。按史記卷五秦本紀：昭襄王五十年，「即從唐拔寧新中，寧新中更名安陽。」

〔七四〕魏土地記　「魏」，原本作「晉」。據水經注卷九洹水改。

〔七五〕十五年　疑爲「十八年」之誤。三國志卷一武帝紀：建安十八年，「夏四月，至鄴。……五月丙申，天子使御史大夫郗慮持節策命公爲魏公……秋七月，始建魏社稷宗廟」。

〔七六〕標題爲整理者所加。原文即置於河水卷後，另頁起抄。

〔七七〕樊仲山父　原作「樊仲父山」。仲山甫亦作仲山父，因食采於陽樊，故以「樊」爲姓，國語周語即稱之爲樊仲山父。

水地記初稿之三

濟水

沇水出原虛，東流爲濟水，故瀆東迆南，入于河。

濟水有二源。東源在濟源縣西北二里，有濟瀆廟。其西二里爲西源，俗呼龍潭。潭之東北廟西，有古原城遺址，左氏春秋富辰所言「原，文之昭」，是其故虛也。漢志：「河東郡垣，禹貢王屋山在東北，沇水所出，東南至武德入河。」垣縣故城，在今垣曲縣東北二十里。王屋山在今濟源縣西八十里，西南去垣曲縣七十里，北去陽城縣八十里，爲三縣接境。括地志云：「沇水出王屋山頂崖下，石泉渟而不流，其深不測，既見而伏，至濟源縣西北二里平地，其源重發，而東南流。」元和志云：「濟水在濟源縣西北三里〔二〕，有二源。東源周圍七百步，其深莫測。西源周圍六百八十五步，深一丈。皆繚之以周牆。」李濂遊濟瀆記云：「濟瀆廟後有池，是爲東池，即東源，周僅百餘步。池西有石橋，橋西爲西池，周如東池。舊記濟水出王屋山頂太乙池，伏流地中，東行九十里，復見于此。其太乙池今亦涸矣。」劉漪西源辯曰：「濟水二源，舊志唯以廟垣石橋爲界。按水經注二源，一在原城東北，一在原城西南，爲地殊遠，不可以一橋之界，遂分東西，而謂二源俱在是也。意此爲濟水之東源，信矣。池西二里，又有一源，舊稱爲龍潭，時出時没，不關水旱，下流經濟廟南，會池水于東北，當爲濟之西源無疑也。」又云：「王屋山在王屋縣北十五里。」唐之王屋縣，北魏邵郡蒫平縣也，北周改曰王屋，懷州治焉，元并入濟源縣。禹貢「導沇水東流爲濟」，蓋泉源初出，名沇水也。今垣曲縣東十里有濟源山，地志以爲濟水出山之陽，水經注之東（沇）〔流〕水也〔二〕。西源先合是水，乃經原城南，東源南流，與之會。故酈道元又目東源爲北水，而禹貢析城山在陽城縣西南七十里，山下有池，其深莫測，亦相傳與濟瀆潛通，以濟水伏流，故析城、王屋池泉咸歸之濟矣。陽城縣西三十里濩澤城，漢縣也，北魏東徙，唐天寶初改曰陽城。沇水東南流，經濟源縣南，枝津右出，入于溴。沇水故瀆又東南，經河内縣西南，縣本漢河内郡野王，衛元君角自濮陽徙野王者也。晉爲河内郡治，北魏爲懷州治，隋改縣曰河内，元改州爲懷孟路，延祐中曰懷慶路，明爲懷慶府。府西南三十二里絺城，濟水經其北。左氏春秋「王與鄭人蘇忿生之田」，絺其一也。後漢志「河内郡波有絺城」，元和志「濟水經河内縣西南，去縣三十里」是也。濟、沇之名，爲川流互稱。濟水又東南，經温縣西南，漢故城在今縣西南三十里，濟水經其北，今縣即李城也。濟水又東南，後代穿渠，徑通故瀆，水斷不可復尋。酈道元于河水章成皋大伾山云：「鄭康成曰地喉也，沇出伾際矣。在河内修武、武德之界，濟沇之水與滎播澤出入自此。今濟水自温縣入河，所入者奉溝耳，即濟沇之故瀆矣。」于沁水章沙溝云：「先儒亦咸謂是溝爲濟渠，故班固及闞駰並言濟水至武德入河。蓋濟水枝瀆條分，所在布稱。」考沁水枝津〔三〕，自枋口南出爲朱溝。枋口堰舊以木爲門枋，魏典農中郎將司馬孚易以石，亦曰石門堰。隋盧賁、唐温造俱于此，開渠資溉，亦名廣濟渠。元中統三年〔四〕，更爲分水渠凡四，溉濟源、河内、河陽、温、武陟五縣民田三千餘頃，亘五百餘里，達于河，盖因朱溝相繼營造也。朱溝水東南流，右出爲奉溝，其水自今懷慶府城西東南流，經温縣城西，又東經平皋城南。城在温縣東南二十里，漢縣也，本春秋時邢丘，有平皋陂，周二十五里，陂南即大河矣。奉溝水自是南注于河。朱溝水自奉溝又東南，右泄爲沙溝，其水東南流經安昌城西，城在今懷慶府東南六十里。又東，經隰城北。左氏春秋亦作隰郕，京相璠曰：「在懷縣西南。」故懷城東北去今武陟縣十一里，左氏春秋王與鄭田，懷其一也。漢爲懷縣，後漢志「雒陽北百二十里」，河内郡治是也。又東，經殷城西，郭緣生述征記曰：「河之北岸，河内縣有殷城。」又東南，水積爲陂。又東南，注于河。道元之意，以奉溝入河爲濟之正瀆，所由以沙溝入河爲濟之枝渠。所由皆漢武德縣地，其故城在今武陟縣東。後代濟水于温城西，改流南泆，經温城西，又南經號公臺西。臺在今温縣西南。濟水自是南注于河。今是流亦湮，惟從枝津南注，合溴水入河。水經：「濟水出河東垣縣東王屋山，爲沇水。」注云：

今濟水重源，出温城西北平地，北魏時，濟水源爲軹縣境，當云出軹縣西北平地。東晉古文尚書孔傳云：「泉源爲沇，流去爲濟。」酈道元殆襲其文歟？孔沖遠義疏云：「見今濟水所出，在温之西北七十餘里。」水有二源。東源出原城東北。昔晉文公伐原以信而原降，即此城也。俗以濟水重源所發，因復謂之濟源城。其水南逕其城東故縣之原鄉，南流與西源合，西源出原城西，東（沇）〔流〕水注之。水出西南，東北流注于濟。濟水又東，逕原城南，東合北水，此北水謂東源，上東（沇）〔流〕別是一水。亂流東南注，分爲二水。一水東南流，俗謂之爲衍水。衍、沇聲相近，傳呼失實也。又東南，逕郄城北而出于温矣。郄，當作「絺」。

其一水枝津南流，注于溴。

水經：「又東至温縣西北，爲濟水。又東過其縣北。」注云：

濟水于温城西北與故瀆分，南逕温縣故城西，周畿内國，司寇蘇忿生之邑也。濟水南歷虢公臺西。皇覽曰：「温城南有虢公臺。」基址尚存〔五〕。濟水南流，注于河。濟水故瀆于温城西北東南出，逕温城北，又東逕虢公冢北。皇覽曰：「虢公冢在温縣郭東，濟水南大冢是也。」濟水當王莽之世，川瀆枯竭，其後水流逕通，津渠勢改，尋梁脈水，不與昔同。

水經：「屈從縣東南流，過墳城西，墳在今温縣東。又南當鞏縣北，南入于河。」注云：

濟水故瀆東南合奉溝水，水上承朱溝于野王城西，東南逕陽鄉城北。又東南，逕李城西。秦攻趙，邯鄲且降，傳舍吏子李同説平原君勝，分家財饗士，得敢死者三千人，李同與赴秦軍，秦軍退。李同死，封其父爲李侯。故徐廣曰「河内平皋縣有李城」即此城也。于城西南爲陂水，淹地百許頃，兼葭萑葦生焉，號曰李陂。又逕墳城西屈而東北，逕其城北。又東逕平皋城南，又南注于河。

水經注沁水章：

朱溝水上承沁水于沁水縣西北，自枋口東南流，奉溝水右出焉。又東南流，右泄爲沙溝水也。水分朱溝南派，東南逕安昌城西。又東逕隰城北，京相璠曰：「在懷縣西南。」又逕殷城西，東南流入陂，陂水又值東南流，入于河。先儒亦咸謂是溝爲濟渠。

其伏流者，泆出河之南，是爲滎播，久涸。

濟多伏流，自地中絶河而南。禹貢于導沇水曰「溢爲滎」，于豫州曰「滎播既豬」，蓋澤與河北濟沇潛通也。鄭康成曰：「今塞爲平地，滎陽民猶謂其處爲滎播，在其縣東。」吴幼清云：「濟既入河，其伏流者潛行地下，絶河而南，溢爲滎澤，再出于陶丘北。溢者，言如井泉，自中而滿，非有來處，如菏澤『被孟豬』之被；出者，言在平地，自下而涌，非有上流，如某水至某處之至。滎澤後既填塞，陶丘亦無竇，濟瀆故道不可復尋矣。」隋開皇四年，分滎陽縣地置廣武縣，仁壽初改曰滎澤，澤在縣南。括地志：「滎陽故城在滎澤縣西南十七里。」隋、唐已來，滎澤舊治在河之南、澤之北；明成化中，以河水壞城，南徙五里，今澤在縣北，值漢滎陽縣之東北。故漢志謂「軼出滎陽北地中」，而鄭君謂在縣東也。滎陽本殷之敖地，亦作「囂」。在敖山之陽，戰國韓謂之滎陽，其故城在今縣北。隋末徙治大索城，城在故京城西二十里。五代時徙滎陽縣治于京城西北三十里，是爲今之滎陽縣。胡朏明云：「司馬彪郡國志河内温下云：『濟水出，王莽時大旱，遂枯絶。』河南滎陽下云『有鴻溝水』，而不言滎澤，豈以其時已塞爲平地乎？濟枯之語繫之温縣，蓋專謂北源，故酈注于温縣濟水故瀆下言之，然北源東漢復出，水經歷歷可考。彪何以直言枯絶，而滎澤無文，則又似專指南源，此後人所以移其説于滎陽也。但濟水因旱而枯，旱止則當復舊。夏季伊、洛竭，商季河竭，周幽王時三川竭，諸水不聞，自此遂絶也。濟何獨一枯而不復出，且南北二源同此一濟，北源復出，南源何以終絶？後漢書王景傳云：「平帝之世，河、汴決壞，未及得修，汴渠東侵，日月侵毁。建武十年，陽武令張汜上言：河決積久，日月侵毁。濟渠所漂數十許縣。」明帝紀永平十三年，詔亦言「自汴渠決敗，六十餘歲，加頃年以來，雨水不時，汴渠東侵，日月益甚，水門故處，皆在河中，漭瀁廣溢，莫測圻岸。」當時汴、濟之區，河灾之羨溢爲害如此。濟渠即滎瀆，南去滎澤不過二十餘里，則固在所漂數十縣之中者也。河水氾濫，必至其處，歷六十年，而後已填淤之久，空實盡窒，地中伏流，不能上涌，滎澤之塞，寔由于此，豈因旱乾而遂塞哉？余闕曰：「河，天下之濁水也。水一石，率泥數斗。嘗道出梁宋，觀決河，凡水之所被，比其去，即穹居大木，盡没地中，漫不見踪跡。然則河侵滎澤去後，安得不塞爲平地？」鉅野縣志云：「元末河決，入鉅野，及徙後，澤遂涸爲平陸，其明徵也。彪得之傳聞，不暇深考，故言之不詳，世遂附會以爲滎澤陻塞之故，殊非事實。」

滎水故瀆，首受河于敖山東北，東南流，得郲水。又東，得馮池之水。又東，得旃然之水。

又東，至滎澤北，得濟隧之水。又東，得京水，東池北，注于濟。

滎水，周職方爲豫州川，亦謂之滎瀆。首受河于河陰縣西敖山東北，是爲滎口。有石門，所謂滎口石門也。東南流，右合郲水，京相璠曰「郲在敖北」是也。水首受河于河陰縣敖城西北，有石門，亦呼石門水。後代嘗濬之爲汴渠，去縣二十里，水經以爲蒗蕩渠，又以是爲濟水東流，經廣武山北。其山綿亘五十里，山麓南跨汜水縣，東跨滎澤縣。括地志：「山在滎陽縣西二十里。」一名三皇山，亦曰三室山。述征記：「山上一澗橫絶，相對皆立城塹，遂號東、西廣武。」渠水又東經敖山北，秦置倉于此，有敖倉城。括地志云「敖倉在滎陽縣西北十五里〔六〕，石門之東，北臨汴水，南帶三皇山」是也。又東，左會于滎瀆。又東，宿胥水受河于原武縣西北扈亭，春秋諸侯會之地也。其水東南流，注于滎水。滎水又東，合馮池水。漢志：「河南郡滎陽，馮池在西南。」其水東北流，謂之礫石溪，經敖山南，號亭北。應劭曰故虢國，今號亭是也。此鄭所取之。東號亦呼平眺城，在滎陽縣東北二十里。池水又東北注滎水。漢書溝洫志，賈讓言：「滎陽漕渠，其水門但用木與土耳。」如淳云：「今礫溪口是也。」顔師古云：「礫溪，溪名，即水經所云沛水東過礫溪者。」然則石門渠寔漢之滎陽漕渠，今水經作「東至北礫溪」，與師古所引異，後人謬有增改耳。滎水又東，右合旃然之水。又東至滎澤，濟隧水首受河于原武縣西北，南流經卷城東，城在原武縣西北七里，漢縣也，本魏之卷邑。又南，經衡雍城西，城在原武縣西北五里，春秋時鄭地也，亦曰垣雍。又南，注于滎澤，左氏春秋所謂「濟于濟隧」，謂是水也。滎水又東，經垂隴城北，自澤東出，東南經釐城東，水經注謂之南濟，右合黄水，亦曰京水也。旃然亦曰索水，今京、索二水合梅山之水，至中牟入汴〔七〕，非昔之纏絡矣。滎又東南，右出爲蒗蕩渠，漢志「河南郡滎陽有蒗蕩渠，首受沛，東南至陳入潁」是也。滎水又東北，經陽武縣城南。又東，爲白馬淵，在縣東南三里。唐載初元年，引汴水入白河，謂是淵之渠流矣，今涸。滎水又東，經封丘縣南，漢縣也。左氏春秋：「封父之繁弱。」通典云：「封丘，古封國也。」又東經祥符縣北，故浚儀也。漢志：「陳留郡浚儀，故大梁，魏惠王自安邑徙此。」晉地道記云：「故衛儀邑也。」北魏爲陳留郡治，東魏于此置梁州，北周改曰汴州。舊唐書云：「隋浚儀，在今縣北三十里，爲李密所陷，縣人王要漢率豪族置縣于（故）汴州城，義寧元年于縣復置汴州。（唐）武德四年，移縣于州北羅城，貞觀（中）〔元年〕移于州西一里〔八〕。」元和中移入郭内。方輿紀要云：「唐興元二年，自宋州徙宣武軍于此；朱梁建都爲東京開封府，晉復都此；漢、周皆因晉舊；宋太祖復定都焉；金曰汴京，宣宗遷都焉；元曰南京路，至元二十五年改作汴梁路〔九〕；明洪武初建北京于汴梁，復曰開封府。」漢浚儀城在府城西北，宋祥符中改縣曰祥符。又東南，經陳留縣北，漢故城在今縣北二十里。又東，經小黄城北，城在陳留縣東北三十里，漢縣也，晉爲陳留郡治，元延祐中，大河自小黄村口決入，下流合潁入淮，即于此也。滎水又東，經蘭陽縣東昏城北，城在縣東北二十里，漢縣也，本陽武之户牖鄉。括地志「東昏故城在陳留東北九十里〔一〇〕」是也。又東經濟陽城南，西去蘭陽縣五十里，東北去曹縣七十里，漢縣也。蘇代曰「決白馬之口，魏無外黄、濟陽〔一一〕」是也。又東，經戎城北。又東北，枝津東出爲菏水、滎水〔一二〕。又東北，經菏澤縣西南冤句城南，去縣四十里，漢縣也。又東，經菏澤縣南。又東，經曹縣西北濟陰城北，城去縣六十里。城東北五里有左岡，與菏澤、定陶二縣接界，即陶丘之別阜矣。故是城亦有左城之目。魏書：「孝昌三年置西兖州，治定陶，後徙左城。」隋置濟陰縣，爲曹州治。金大定二十七年，河決，曹、濮乃改築城于州之北原，徙州治焉。明年又徙治乘氏故城。明洪武初，以水患徙治安陵鎮，本戰國時齊之桂陵。二年，又徙槃石鎮西北，去安陵五十里。四年，改州爲縣。正統十年，別置曹州于金時故址，今爲曹州府，倚郭置菏澤縣。滎水又東北，經定陶城南，漢縣也。地理通釋云「濟陰西北三十七里，即定陶故城」，曹所都也。宋太平興國置廣濟軍。縣屢廢復置，漢故城在今縣西北四里，縣北有三鬷城。滎水又東流，合于菏水。菏水自曹縣西南五丈溝分滎水，溝去縣五十里。其水東流，經陶丘北。自是已下，蓋禹貢濟瀆之舊。考春秋「濟隧」之名，當爲濟通河之始。其西則有出河之濟，又西有滎口，又西有石門渠，交錯于滎澤北。其所纏絡，在今河陰、滎陽、滎澤、原武、陽武、封丘、祥符、陳留、蘭陽、曹州、曹縣、定陶之境，後代大河徙流，故渠盡湮，無復可考矣。曾彦和曰：「職方云其川滎、雒者，禹時，爲滎澤而已，至周則爲川。」穆天子傳「浮于滎水乃奏廣樂」是也。」水經濟水章：「與河合流，又東過成皋縣北，又東過滎陽縣北，又東至北礫溪南，礫溪即注之礫石溪水，無所謂「北礫溪」也。「北」字後人所加。東出過滎陽北。」陽字誤，當作澤。注云：

尚書曰「滎波既豬」，昔大禹塞其淫水，而于滎陽下引河，東南以通淮、泗，水經河水章：「又東過滎陽縣，蒗蕩渠出焉。」注云：「大禹塞滎澤，開之以通淮、泗，即經所謂蒗蕩渠也。」黄文叔云：「蒗蕩出河，斷非禹迹，後世不識聖人之意，妄鑒河爲瀆，或不順地防，或附屬不理孫，故其勢易決，且所爲通淮泗者，以舟楫之利也。菏已通矣，而何更用通蒗蕩哉？其曰禹塞淫水而鑿之者，春秋、戰國之世，商榷功利，而忽遠圖，並植私狥欲，而不顧大經，策謀之士託其名于禹，而世不察也。」河渠書云：「滎陽下引河東南爲鴻溝，以通宋、鄭、陳、蔡、曹、衛，與濟、汝、淮、泗會。」其在春秋、戰國之際明矣。濟水分河東南流。漢明帝之世，司空伏恭薦樂浪人王景，善能治水。顯宗詔與謁者王吳始作浚儀渠，此即景、吳所脩故瀆也。渠流東注浚儀，故復謂之浚儀渠。靈帝建寧四年，于敖城西北，壘石爲門，以遏渠口，謂之石門，故世亦謂之石門水。門廣十餘丈，西去河三里。魏太(中)和〔中〕，又更脩之，水北有石門亭，水南帶三皇山，亦謂之三室山。濟水又東，逕西廣武城北，山下有水，北流入濟，世謂之柳泉。濟水又東，逕東廣武城北，夾城之間，有絶澗斷山，謂之廣武澗。濟水又東，逕敖山北，詩所謂「薄狩于敖」者也，其山上有城，即殷仲丁之所遷也。秦置倉于其中，故亦曰敖倉城。濟水又東合滎瀆，瀆水受河水，有石門，謂之爲滎口石門也，而地形殊卑，蓋故滎播所導，自此始也。東南流注于濟，今無水。次東得宿須水口，水受大河，渠側有扈城，東南流注于濟，今無水。宿須在河之北，不在此也，蓋名同耳。自西緣帶山隰，秦、漢已來，亦有通否。濟水與河，渾濤東注，晉太和中，桓温北伐，將通之，不果而還。義熙十三年，劉公西征，又命寧朔將軍劉遵考仍此渠而漕之，始有激湍東注，而終山崩壅塞，劉公于北十里更鑿故渠通之。今則南瀆通津，濟水于此，又兼邲目。春秋宣公十三年晉、楚之戰，楚軍于邲，即是水也。京相璠曰在敖北。濟水又東，逕滎陽縣北。又東南，礫石溪水注之。水出滎陽城西南李澤，澤中有水，即古馮池也。地理志「滎陽城，馮池在西南」是也。東北流，歷敖山南，虢亭北。又東北，逕滎陽縣北斷山，東北注于濟，世謂之礫石澗，即經所謂礫溪矣。經云濟出其南，非也。濟東流，而礫溪東北注之，則濟至其北。水經不當言又東至礫溪南，今本水經注多訛爲經，前後復衺。胡朏明于「又東南，礫石溪水注之」下云：「『又東』二字爲句，『石』字衍，觀注云經所謂礫溪可知，上有『北礫溪』故此爲『南礫溪』。考礫石溪又明云謂之礫石澗，『石』字非衍也。此句非本經，經指上『又東至北礫溪南』句耳。『北礫溪』、『南礫溪』、『北』字、『南』字，皆後人謬加，因不辨一屬經〔一三〕，一屬注，徒見前後兩云礫溪，故强爲區別，胡君遂眩惑而未之察也。濟水又東，索水注之。又東，逕滎澤北，故滎水所都也。東南與濟隧合。濟隧上承河水于卷縣北河，南逕縣故城東，又南逕衡雍城西，與出河之濟會，出河之濟亦于卷縣首受河，濟隧在其東。南去新鄭百里，斯蓋滎播、河、濟，往復逕通矣。出河之濟，即陰溝之上源也。濟隧絶焉，出河之濟分左右二瀆，俱東絶濟隧，其左瀆逕衡雍城南。故世亦或謂其故道爲十字溝。自于岑造八激隄于河陰，水脈徑斷，故瀆難尋，又南會于滎澤。濟水又東，有垂隴城，濟瀆出其北。京相璠曰：「垂隴，鄭地。」今滎陽東二十里，有故隴城，世謂之都尉城，蓋滎陽典農都尉治，故變垂隴之名矣。澤際又有沙城，「澤」字誤，當作「瀆」。城左佩濟瀆，瀆際有故城。史記：「秦昭王〔四〕〔三〕十二年，魏冉攻魏，走芒卯，入北宅。」即故宅陽城也。竹書紀年：「王及鄭釐侯盟于巫沙，以釋宅陽之圍，歸釐于鄭。」濟水又東南，逕釐城東，春秋書公會鄭伯于時來，左傳所謂釐也。京相璠曰：「今滎陽縣東四十里，有故釐城。」濟水右合黄水，東南流，入陽武縣，歷長城東南流，蒗蕩渠出焉。濟水又東北流，逕陽武縣故城南，又東爲白馬淵，淵東西二里，南北百五十步，泉流名爲白溝，又東逕房城北，又東逕封丘縣南，又東逕大梁城北，東南逕倉垣城，又東逕小黄縣之故城北，又東逕東昏縣故城北，（武陽）〔陽武〕縣之户牖鄉矣。濟水又東，逕濟陽縣故城南。

水經：「又東，過陽武縣（北）〔南〕。又東，過封丘縣北。又東，過平丘縣南。又東，過濟陽縣北。此四語與下文川流不相連貫，蓋作水經者不分南、北濟，溷同爲一，酈道元不顯言其非，而以南濟、北濟分注之，今北濟别見于後。又東，過寃朐縣南。又東，過定陶縣南。」注云：南濟也。濟瀆自濟陽縣故城南，東逕戎城北，春秋隱公二年：「公會戎于潛。」杜預曰「陳留濟陽縣東南有戎城」是也。濟水又東北，菏水東出焉。濟水又東北，逕寃朐縣故城南。又東，逕秦相魏冉冢南。顧寧人云：「今曹縣有冉堌，爲秦相穰侯魏冉之冢。」又東北，逕定陶恭王陵南。在曹縣西北五十里。濟陰城北。墳南，魏郡治也，世謂之左城。即濟陰故城，後魏謂之孝昌城。濟水又東北，逕定陶縣故城南，側城東注。縣故三𩫖國也，周武王封弟叔振鐸之邑，故曹國也。

水經：「又屈從縣東北流。」注云：

南濟也。又東北，右合菏水。

伏流于陶丘北復出，東北爲菏澤，亦久涸。

漢志濟陰郡定陶下云：「禹貢陶丘在西南。陶丘亭。」帝王世紀云：「定陶西南有陶丘亭。」丘在今縣西南七里。禹貢濟水伏行地中者，復出于丘北東北流，氾水自左注之。又東北流，經定陶城南。又東北爲菏澤。漢志濟陰郡下云：「禹貢菏澤在定陶東。」唐貞觀初，省定陶入濟陰。通典于濟陰縣下云：「菏澤在縣東北九十里，故定陶城東北。」澤在今菏澤縣東南三十里，漢定陶地也。其涸已久，故酈道元不詳其所在。禹貢「導菏澤，被孟豬」，孟猪之藪，值菏澤東南，爾雅十藪，「宋有孟諸」是也。瀦、豬、諸、都四字，古通用。亦曰望諸，亦曰明都，字隨音轉耳，在商丘縣東北，接虞城之境。漢志：「梁國睢陽，故宋國。微子所封。禹貢盟諸澤在東北。」闞駰十三州記曰：「不言入而言被者，明不常入也，水盛方乃覆被矣。」元和志：「孟諸澤在虞城縣西北十里，周迴五十里。」寰宇記：「虞城孟諸澤，俗呼湄臺，盖澤中有臺也。」胡朏明云：「今虞城縣西北十里有孟諸臺，接商丘界。」即此。爾雅：「水草交曰麋。」麋，古「湄」字，盖以孟諸之「湄」得名也。金吉甫云：「自菏澤至孟諸，凡百四十里。」

水經注：

菏水上承濟水于濟陽縣東，世謂之五丈溝。又東，逕陶丘北，此後世滎水枝津至陶丘北，入于濟之故道耳，禹貢東出之文，非有上源也。墨子以爲釜丘也。荷水東北出于定陶縣北，屈左合氾水，氾水西分濟瀆，東北逕濟陰郡南，又東合于荷瀆，昔漢祖既定天下，即帝位于定陶氾水之陽。張晏曰：「氾水在濟陰界，取其氾愛弘大而潤下也。」荷水又東北，逕定陶縣南。又東北，右合黃水枝渠，渠上承黃溝，東北合荷而北注濟瀆也。

菏澤水自澤別，東入于泗。

濟水自菏澤東流，枝津右出爲荷水，東南流經乘氏城南，漢縣也。金大定二十八年，徙曹州治此，改縣曰濟陰。西南去故州城二十八里，在今曹縣東北五十里。又東，經金鄉縣西北，昌邑城北。城去縣四十里，秦縣也。又東，經金鄉故城南。又東，經東緡城北。城在金鄉縣東北二十里，漢縣也，本夏時有緡氏之虛，後漢分置金鄉縣。又東，經魚臺縣西北，重鄉城南。城去縣十一里。又東，經魚臺縣北。城北方與城，漢縣也，唐寶應初改曰魚臺，元和四年徙于魚臺市，即今治。又東，經武棠亭北。亭在縣東北十二里，春秋「棠」亦作「唐」，「公及戎盟于唐」是也。又東，至穀庭城，左會泗水。酈道元于泗水章云：「荷水東與泗水合于湖陵縣西六十里穀庭城下。」城在今魚臺縣東二十里，湖陵縣在今沛縣北五十里，與魚臺接境，禹貢「徐州浮于淮、泗，達于荷」，謂由是水至菏澤也。後人目是爲荷水矣。漢志山陽郡湖陵下云：「禹貢浮于泗、淮，當作淮、泗。通于河，當作菏。水在南。」許叔重説文解字菏字下云：「菏(澤)水在山陽湖陵(南)」，禹貢『浮淮、泗，達于菏』」。今禹貢及漢書「菏」皆轉寫訛作「河」，惟説文足資證寔。東晉古文尚書孔傳曰：「菏澤在湖陵。」襲叔重言。菏澤水者，以爲澤之所在謬矣。水經：「其一水東南流者，過乘氏縣(南)。」注云：

菏水分濟于定陶東北，東南右合黄溝枝流，俗謂之界溝也。北逕元氏縣故城西。「元氏」，當作「己氏。」又北，逕景山東。又北，逕楚丘城西。城在曹縣東南四十里，春秋時戎州己氏之邑，戎伐凡伯于楚丘以歸，即此地，非魏文公所遷之楚丘。郡國志曰：「成武縣有楚丘亭。」又東北，逕成武城西。又東北，逕郈城東。疑郈徙也，所未詳矣。又東北，逕梁丘城西。春秋「會于梁丘」者也。又東北，于乘氏縣西而北注菏水。菏水又東南，逕乘氏縣故城南，即春秋之乘丘也。故地理風俗記曰：「濟陰乘氏縣，故宋乘丘邑也。」

水經：「又東，過昌邑縣北。」注云：

菏水東逕昌邑縣故城北。地理志曰：「縣，故梁也。」漢景帝中(元)六年，分梁爲山陽國，武帝天漢四年，更爲昌邑國。

水經：「又東，過金鄉縣南。」注云：

菏水逕其故城南，世謂之故縣城北有金鄉山。

水經：「又東過東緡縣北。」注云：

菏水東逕東緡縣故城北，故宋地。邹(陽)〔衍〕曰「余登緡城，以望宋都」者也。

水經：「又東過方與縣北，爲菏水。」注云：

菏水東逕重鄉城南，左傳所謂臧文仲宿于重館者也。菏水又東逕武棠亭北，公羊以爲濟上邑也。城(北)有臺，高二丈許，其下臨水，昔魯侯觀魚于棠，謂此也。在方與縣故城北十里，經所謂菏水也。菏水又東，逕泥母亭北，春秋左傳盟于甯母，謀伐鄭也。菏水又東，與鉅野黃水合，菏(濟)〔澤〕別名也。黃水上承鉅澤諸陂，澤有濛澱、育陂。黃湖水東流，謂之黃水，又有薛訓渚水。自渚歷薛村前，分爲二流，一水東注黃水，一水西北入澤，即洪水也。黃水東南流，又東逕鉅野縣北。何承天曰：「鉅野湖澤廣大，南通洙、泗，北連清、濟。」舊縣故城正在澤中，故欲置戍于此城，城之所在，則鉅野澤也。衍東北出爲大野矣。昔西狩獲麟于是處也。皇覽曰：「山陽鉅野縣有肩髀冢，重聚大小，與闞冢等。」傳言蚩尤與黃帝戰，克之于涿鹿之野，身體異處，故別葬焉。黃水又東逕咸亭北，春秋焚咸丘者也。水南則金鄉〔山〕，縣之東界也。金鄉數山，皆空中穴口，謂之隧。山形峻峭，焦氏山東即金鄉山也。黃水又東〔南〕，逕任城郡之亢父縣故城西，夏后氏之任國也。漢章帝元和元年，別爲任城在北，縣有詩亭，春秋之詩國也。詩，即「邿」。其水謂之桓公溝，南至方與縣入于菏水。菏水又東，逕秦梁，夾岸積石一里，高二丈，言秦始皇東巡所造，因以名焉。水經：「又東，過湖陸縣南，東入于泗水。」菏澤水會泗水于穀庭城下，又東流六十里，乃至湖陵。湖陸即湖陵也。注云：

尚書曰「浮于淮、泗，達于河」當作「菏」。是也。

故瀆東北經大野之藪。

濟水東北經鉅野澤，爾雅十藪「魯有大野」是也。漢志：「山陽郡鉅野，大野澤在北。」元和志：「大野澤在鉅野縣東五里，南北三百里，東西百餘里。」胡朏明曰：「鉅野故城在今縣之西。」而何承天云：「舊縣故城皆在澤中。」則澤必不起自今縣之東北，可知也。蓋此地屢遭河患，漢元光三年，河決濮陽瓠子，注鉅野，通淮、泗，後二十餘年始塞。自是之後，五代晉開運初，宋咸平三年，天禧三年，熙寧十年，金明昌五年，河皆決入鉅野，溢于淮、泗；或由北清河入海，衝決填淤，高下易形。逮元至正四年，河又決入。及河南徙，澤遂涸爲平陸，而畔岸不可復識矣。」別濟水〔一四〕，水經注謂之北濟，自滎澤東流，經原武縣西北脩武亭南，又東經原武縣城南，又東經陽武縣城北，絶長城而東。徐廣曰「滎陽卷縣有長城，經陽武到密。」六國魏所築是也。又東，經延津縣南烏巢澤北。澤在縣東南。又東，經封丘縣南，枝津左出爲濮水。別濟水又東。經祥符縣北，又東，經陳留縣境。縣西北九十里有平丘城，西去封丘四十里，東北去長垣五十里，漢縣也。別濟經其縣南，又東，經東明縣武父城北，春秋「公會鄭伯，盟于武父」者也。城在縣西北。又東，經濟陽城北。又東北，經菏澤縣西煮棗城南。又東北，經宛句城北。又東，經呂都城南，漢縣也，在菏澤縣西南二十里。又東北，經菏澤縣南〔一五〕。又東北，經定陶縣北。又東北，左合濮水，右瀆入大野澤。水經濟水章：「又東，過陽武縣（北）〔南〕。又東，過封丘縣北。」注云：

北濟也，自滎澤東逕滎陽、卷縣之（修武）〔武脩〕亭南。春秋左傳「盟于脩澤」者也，鄭地矣。杜預曰：「卷東有（脩武）〔武脩〕亭。」濟水又東，逕原武縣故城南，春秋之原圃也。又東，逕陽武縣故城北。又東，絶長城。又東，逕酸棗縣之烏巢澤，（北澤）〔澤北〕有故〔市〕亭。晉太康地記曰：「澤在酸枣之東南。」濟瀆又東，逕封丘縣北，南燕縣之延鄉也，春秋爲長丘，濮水出焉。濟瀆又東逕大梁城之赤亭北而東注。

水經：「又東，過平丘縣南。」注云：

北濟也。縣故衛地，春秋「諸侯盟于平丘」是也。縣有臨濟亭，田儋死處也。又有曲濟亭，皆臨側濟水者。

水經：「又東，過濟陽縣北。」注云：

北濟也，自武父城北。闞駰曰：「在濟陽縣西北，鄭邑也。」東逕濟陽縣故城北，圈稱陳留風俗傳曰：「縣，故宋地也。」漢景帝中元六年，封梁孝王子明爲濟川王。應劭曰「濟川，今陳〔留〕濟陽縣」是也。北濟自濟陽縣北，東北逕煮棗城南，又東北逕冤朐縣故城北，又東北逕呂都縣故城（北）〔南〕，又東北逕定陶縣故城北。漢景帝中元六年，分梁于定陶，置濟陰國。又東北，濮水與濟同入鉅野。

北得汶水，經梁山東。

濟水自澤北出，經鄆城縣西南，魯之西鄆也。公羊春秋作「運」。北周置清澤縣，爲高平郡治〔一六〕。隋改縣曰萬安，開皇十年置鄆州于此，十八年改縣曰鄆城。金大定六年，以河患西徙十六里，即今治。地志云：「濟水故瀆在縣西南二十里。」濟水又北經汶上縣西北。縣北平陸城，漢東平陸縣也。應劭曰：「古厥國，今有厥亭是。」晉末徙治致密城。後漢志云「須昌有致密城，古中都」是也。劉宋爲平陸縣，北齊曰樂平，唐天寶初曰中都。舊唐書云：「中都本治致密城，在今縣西三十九里，天寶（中）〔元年〕移于今治。」金曰汶陽，泰和八年改曰汶上。濟水又北，經東平州西南，汶水注之。州本漢之東郡須昌縣，晉爲東平國治，隋開皇十六年改縣曰宿城〔一七〕，十六年析置須昌縣，今州西北十五里須昌城是也。唐貞觀八年徙鄆州治須昌，貞元四年改宿城曰東平，徙治郭下，元和中置天平軍節度，太和四年改東平曰天平，六年并入須昌。後唐改曰須城。宋咸平三年以河患，徙鄆于故宿城，而縣則仍曰須昌，爲郭下，政和初改州爲東平府。明洪武八年，爲東平州。濟水又北，經梁山東，山在州西南五十里，西北去壽張縣七十里，山南則梁山濼也〔一八〕，在壽張縣東。縣本齊之良邑，戰國時謂之壽邑，漢爲東郡壽良縣。應劭曰：「世祖叔父名良，故曰壽張。其故城在今東平州西南。劉宋曰壽昌，金大定七年，以河患徙治竹口鎮，十九年還舊治。明洪武初，徙于梁山之東，十四年徙今治，東南去漢縣五十里，竹口鎮在今縣西十五里。五代晉開運元年，滑州河決，浸汴、曹、濮、單、鄆五州之境，環梁山合于汶水，與南旺、蜀山湖連，瀰漫數百里。宋天禧三年，滑州之河決，歷澶、濮、曹、鄆，注梁山濼。咸平五年，詔漕臣按行梁山濼間，疏水入于淮。金明昌中，言者謂黄河已移故道，梁山濼水退，地甚廣，于是遣使安置屯田，已後遂成平地矣。亦曰張澤濼，熙寧十年，河南徙，會于梁山張澤濼是也。寔大野澤之下游，而南旺湖在汶上縣西南三十五里，則值大野東偏。濟水又北，經須朐城西安民亭東，今曰安民鎮，北即安民山，在東平州西南三十五里。又北經東阿縣西吾山東，山在縣西北八里，縣西二十五里東阿故城，秦縣也，本齊之柯邑。元和志：「魚山在東阿縣東南二十里。魚山即吾山也。」宋開寶八年，徙治南穀鎮，在今縣南十二里，太平興國三年，又南徙十八里利仁鎮，金徙治新橋鎮。南宋紹興三年。明洪武八年，南徙十里，治穀城，春秋時齊穀邑也。杜元凱以釋魯之小穀，謬矣。秦曰穀城，漢已來爲穀城縣，北齊并入東阿，今則穀城爲東阿縣治。沈存中云：「古説濟水伏流地中，今歷下，凡發地下，皆是流水。東阿亦濟水所經，取井水煮膠，謂之阿膠，其性趣下，清而且重，用攪濁水則清。」縣西十里有大清河，古濟瀆所經也。馬頰水自微鄉北首受濟，西北流經安山北，又西經桃城東。城在東阿縣西南四十里，西去張秋鎮十八里，有丘高數仞，即春秋齊之桃丘矣。杜元凱以爲衛地，非也。張秋鎮在東阿縣西南六十里，與壽張、陽穀接境，宋曰景德鎮，明曰安平鎮。馬頰水又東北經吾山南〔一九〕，注于濟。今俗呼小鹽河者，西自壽張、陽穀之境，流經張秋鎮東，至吾山入大清河，土人猶有馬頰河之稱，而呼大清河曰鹽河。濟水東北經平陰縣西。隋開皇十六年置榆山縣，今平陰縣西北二十里，榆山下故城是也。大業二年改曰平陰縣，西北十五里有大清河。濟水又東，經故平陰城西。城在今縣東北三十五里，本春秋齊之平陰，隋因以名縣。又東北，經長清縣洛當城西，城在縣西南。又東北，經盧城北。城在縣西南二十五里，漢縣也，本齊之盧邑，戰國時謂之博陽，漢文帝時分置濟北國，都焉，北魏置濟州，唐天寶初曰濟陽郡。又東北，經長清縣北。縣東南三十里長清城，盧縣長清鎮也，本齊之石窌，隋分置長清縣，宋至道二年徙今治。縣北有大清河，賓溪水出格馬山，山在縣東南六十里，齊閽人宿沙衛殺馬于隘，以塞道處也。其水西北流，注大清河，亦呼沙溝。濟水又東北，經齊河縣東。本禹城縣之齊河鎮，金大定八年分爲縣，城東門外有大清河。又東北，經歷城縣北。漢縣也，本齊之靡下，南有靡笄山，左氏春秋鞌之戰，「晉師從齊師至于靡笄之下」是也。靡、歷字形相似而訛。史記：「晉平公元年伐齊，齊靈公（與）戰（于）靡下。」徐廣云：「靡，當作『歷』。」蓋習訛已久，莫之是正，且改是以從非矣。晉永嘉初，爲濟南郡治，劉宋置冀州，北魏曰齊州，隋曰齊郡，唐天寶初曰臨淄郡，宋政和六年爲濟南府。府城西有歷下城，濼水出府城西南。其泉源曰趵突泉，東北流經城北。歷下諸泉匯而爲湖，曰大明湖，在府城内西北隅，周十餘里，由北水門出注于濼，東北經華不注之陰，東北入于海。濼水又東北注于濟，謂之濼口，今爲堰頭鎮，在府東北二十里，濟水又東北，華泉發于華不注山之下。山在府東北十五里，其水北注濟，今涸。巨合水出章丘縣西南雞山。山去縣四十里。其水二源並發，行五里許而合，北流經歷城縣東，巨合城西，城去縣七十里，縣之巨里聚也，今曰龍山鎮，故水亦呼龍山河矣。又北，武原水出府東南七十里譚城南平澤中，北流經城東，故譚國也。又東北經東平陵城西，城在府東南七十五里，漢縣也。又西北，經巨合城東，西出注巨合水，巨合水又西北經平臺城南，城在府東北五十里，漢縣也。後漢曰臺縣。又北，注濟。濟水又東北，經章丘縣西北菅城南。城去縣三十里，漢縣也。縣有漢陽丘故城，北齊徙高唐縣于故陽丘西北十里，隋開皇十六年改曰章丘縣，北三十里有小清河，古濟瀆所經也。又東，經邹平縣北，漢邹縣也，後漢曰邹平，其故城在今縣西南二十五里，宋景德初徙今治。縣北十八里有濟南郡城，漢郡治也。縣北十三里有小清河。滸山濼在縣西長白山下，山東北去縣十里，與章丘、長山二縣接境。濼去縣十五里，其水北注小清河。濟水又東北，經長山縣北。縣西南二十里於陵城，漢縣也，本齊之於陵，劉宋僑置廣川郡及武强縣于故於陵東北，北齊改郡曰東平原，隋開皇十八年改縣曰長山縣。西北三十里，有小清河。濟水又東北，經新城縣北，元析長山縣置也。又東北經高苑縣西南，漢縣也，晉爲樂安國治，劉宋于故縣西南二里改置長樂縣，即今治，隋開皇十八年改曰會城縣，西南七里有小清河。瀧水出益都縣西南孝感泉，泉在顏神鎮南三里孝婦祠下，戰國時齊人顏文妻也。鎮去縣百八十里，鎮西北去原山東麓二十里。輿程記：「鎮北去淄川縣三十里，西南去章丘縣百里。」劉宋青州刺史羊穆之，築城于陽水之北，名東陽，復城陽水之南，曰南陽，以東陽爲北青州治，其後直曰青州，北齊徙益都縣于此，隋因舊城改築益都城，爲北海郡治，金益都府及縣治南陽，明爲青州府治。瀧水北經淄川縣般陽城西南，城在縣治西，漢縣也。劉宋僑置清河郡及貝丘縣于此，開皇十八年改曰淄川。般水出縣東南二十里龍山，西北流入于瀧。瀧水又西北，經長山縣城南。又東北，經鄒平縣東。又西北，經梁鄒城南，城在鄒平縣北四十里，漢縣也。瀧水右轉，復經其城西，又北迆東，經新城縣西北，去縣二十三里，又東北至高苑縣西南，注于小清河。濟水又東北，經被陽城北，城在縣西南。又東北，經博興縣南。唐武德八年徙博昌治樂安城，即今治，五代唐改曰博興縣，南八里有小清河，漢博昌故城在今縣南二十里。又東北，經薄姑城北。城在縣東北十五里，古國也。又東北，經樂安縣北。縣東北二十里廣饒城，漢縣也，隋爲千乘郡治，金改置樂安縣，即今治，縣北十八里有小清河。又東北，爲馬車瀆，去縣五十里。濟水又東，經琅槐城北。城在樂安縣東北百一十里，漢志：「沇水東至琅槐入海。」馬車瀆首受鉅定，東北至琅槐入海。」馬車瀆，水經注所謂馬常坑也。其南爲壽光縣，西北五十里之清水泊，即漢志所謂鉅定。定，讀爲「淀」，蓋淄時之水，北連濟沇，下尾瀰漫是間也。考大清河在汶上縣已南，合諸山泉澤泊之水以成川者。元開會通河，絶之而過，今則自平陰縣南柳溝諸泉，由東平州城北，折而東北。夏秋，漕渠之水漲溢，則于張秋南啓減水牐洩入大清河。又北經東阿縣西，折而東北經其縣北，又東經平陰縣北，又東北經長清縣北，齊河縣東，又北經歷城縣北，而東北右會濼水，又北經臨邑縣東，又東北經濟陽縣南，又北經齊東縣北，又東北經惠民縣南，又東經青城縣北，濱州南，又東北經蒲臺縣北，又東北經高苑縣北，又北經利津縣東，而東北入于海。濼水自歷城縣趵突泉導而東北，會合衆泉，流經華不注山，合華泉，又東北入大清河。劉豫堰之使東，是爲小清河，經章丘、鄒平、長山、新城之北，而東北合瀧水，又經高苑、博興南，樂安北，入海。自歷城已東之水，昔入濟者，並注小清河，近時小清河淤塞不通利，而濼水復入大清河矣。杜預春秋釋例曰：「濟自滎陽卷縣，東經陳留至濟陰，北經高平，東經濟北，東北經濟南，至樂安博昌縣入海。」杜佑通典曰：「濟水因王莽末旱，渠涸，不復截河過。今東平、濟南、淄川、北海界中有水流入于海，謂之清河，寔菏澤、汶水合流而曰濟河，蓋因舊名，非本濟水也。」李吉甫元和郡縣志曰：「濟水自王莽末入河，同流於海」。知河南之地無濟水矣。自後所説，皆襲舊名，如鄆州之須昌，濟州之長清、盧縣，齊州之臨邑、豐齊、全節、臨濟、章丘，淄州之濟陽、長山、鄒平、高苑，青州之博昌諸縣界中，並有濟水，其後則不經博昌而改從棣州之蒲臺入海，是皆襲舊名而寔非濟也。黄文叔曰：「濟水雖絶，其瀆猶在，雖中間經穿鑿變易，或斷或續，然水之附入于其瀆者，猶可尋求緝之，以存禹迹，非無理也。」黄子鴻曰：「以水經注、元和志、寰宇記諸書考之，濟水最南，漯水在中，河水最北。今者小清所經，自歷城以東，如章丘、鄒平、長山、新城、高苑、博興、樂安諸縣，皆古濟水所行。而大清所經，自歷城以上至東阿，固皆濟水故道，而自歷城東北，如濟陽、齊東、青城諸縣，則皆古漯水所行，蒲臺以北，則故河水所經。蓋宋時河嘗行漯瀆，及河去則大清兼行河、漯二瀆；其小清所行則斷爲濟水故道也。」胡朏明曰：「釋例自卷縣、博昌而外，略舉郡名，故與水經不同。孔穎達以爲水流之道，今古或殊，杜據當時所見言之，與水經乖異，非也。晉時濟水之道，實與漢世不殊，文有詳略，非枯後復通，津渠勢改也。若夫唐之清河自須昌以下，所受惟菏、汶，則又有其故矣。蓋天寶之後，汴水堙廢，濟渠亦無受，菏澤以西竟成斷港，故元和志言濟自須昌始，而通典云濟河寔菏、汶之合流。其所謂菏者，即五丈溝之水，西自考城來者也。迨元人開會通河，引汶絶濟，以資運道；明永樂中，又于古四汶口之地築戴村壩，遏汶使西南流，惟小鹽河一綫洩入清河，清河賴諸山泉溝澤以成其川，并無菏、汶之可言矣。」水經：「又東，至乘氏縣西，分爲二。」注云：

春秋左傳僖公〔二〕〔三〕十一年，分曹地東傅于濟。濟水自是東北流，出鉅澤。

水經：「其一水東南流，其一水從縣東北流，入鉅野澤。」注云：

南爲菏水，北爲濟瀆，逕乘氏縣與濟渠、濮渠合。濟水故瀆又北，洪水上承鉅野薛訓渚，歷澤西〔北〕，又北逕鬫鄉城西，春秋「公會宋公于鬫。」皇覽曰：「蚩尤冢在東郡壽張縣鬫鄉城中，冢高七尺，常十月祠之，有赤氣出如絳，民名爲『蚩尤旗』。」又北與濟瀆合，自渚迄于北口百二十里，名曰洪水。桓温以太和四年率衆北入，掘渠通濟，至義熙十三年，劉武帝西入長安，又廣其功。自洪口已上，謂之桓公瀆。

水經：「又東北，過壽張縣西界，安民亭〔南〕，汶水從東北來注之。」注云：

濟水又北，汶水注之，戴延之所謂清口也。郭緣生述征記曰：「清河首受洪水，北注濟。」或謂清即濟也。禹貢「濟東北會于汶」。今枯渠注鉅澤，北則清〔水〕〔口〕，清水與汶會也。胡朏明云：「濟水改從澤西之清水而繞澤北，以會汶水，謂之清口。元和志須昌縣有濟水，南自鄆城界流入是也。」濟水又北，逕梁山東，袁宏〔出〕〔北〕征賦曰「背梁山，截汶波」即此處也。又北逕須朐城西，城臨側濟水，故須〔朐〕國〔風姓〕也。杜預曰「須朐在須昌縣西〔北〕」，非也。濟水西有安民亭，亭北對安民山，東臨濟水，水東即無鹽縣界也。濟水又〔北〕逕微鄉東，春秋「築郿」，京相璠曰：「公羊傳謂之微。」東平壽張縣西北三十里，有故微鄉，魯邑也。杜預曰：「有微子冢。」濟水又北，枝津〔西〕北出，謂之馬頰水。

水經：「又北過須昌縣西。」注云：

京相璠曰：「須、朐，一國二城兩名。」蓋遷都須昌，朐是其本。濟水于縣，趙溝水注之。

濟水又北，逕魚山東，左合馬頰水，水首受濟西北流，歷安民山北，又西流，趙溝水出焉，東北注于濟。馬頰水又逕桃城東，又東北逕〔魚〕山南，山即吾山也。山上有柳舒城，〔西〕去東阿城四十里。其水又東注于〔清〕濟，濟水自魚山北逕清亭東，春秋「公及宋公遇于清」。京相璠曰：「今濟北東阿東北四十里，有故清亭。」是〔下〕濟水通得清之目，水色清深，用兼厥稱矣。故燕王曰：「吾聞齊有清濟、濁河以爲固。」

水經：「又北過穀城縣西。」注云：側岸有尹卯壘，南去魚山四十餘里。魏土地記曰：「縣有穀城山，山出文石。」狼水出東南大檻山狼溪，西北逕穀城西。又北有西流泉，出城東近山，西北逕穀城北，西注狼水，又西北入濟水。城西北三里有項王羽之冢。濟水又北，逕周首亭西，今世謂之盧子城，濟北郡治也。京相璠曰：「今濟北所治盧子城，故齊周首邑也。」在今東阿縣東。

水經：「又北過臨邑縣東。」注云：水有石門。春秋：「齊、鄭盟于石門。」京相璠曰：「石門，齊地。」今濟北盧縣故城西南六十里，有故石門，去水三百步，蓋水瀆流移，故側岸也。濟水又北逕平陰城西。春秋：「齊侯禦諸平陰。」杜預曰「城在盧縣故城東北」，非也。京相璠曰：「平陰，齊地也。」在濟北盧縣故城西南十里。平陰城南有長城，東至海，西至濟，河道所由，名防門，去平陰縣三里。齊侯塹防門，即此也。其水引濟，故瀆尚存，今防門北有光里，齊人言「廣」與「光」同，即春秋所謂「守之廣里」者也。又云「巫山在平陰北」，今巫山之上有石室，世謂之孝子堂。濟水右迆，(過)〔遏〕爲湄湖，方四十餘里。濟水又東北至垣苗城西，故洛當城也。伏韜北征記曰：「濟水又與清河合流，至洛當者也。」宋武帝西征長安，令垣(遵)〔苗〕鎮此，故俗有垣苗〔城〕之稱。河水自四瀆口東北流而爲(浦)〔濟〕魏土地記曰：「盟津河別流十里，與清水合，亂流而東，逕洛當城北，黑白異流，涇、渭殊别，而東南注也。」

水經：「又東北，過盧縣北。」注云：

濟水東北與湄溝合，水上承湄湖，北流注濟。濟水又逕盧縣故城北，濟北郡治也。又逕什城北，城際水湄，故邸閣也。祝阿人孫什將家居之，以避時難，因謂之什城焉。濟水又東北，與中川水合，水東南〔出〕山茌縣之分水嶺，溪一源兩分，泉流半解，亦謂之「分流交」。半水南出太山，入汶；半水出山茌縣，西北流逕〔東〕太原郡南。郡治(山茌西)〔山爐固〕，北與(漢)賓(谷)〔溪〕水合，水出南格馬山，(漢)賓溪

〔谷〕北逕盧縣故城北、陳敦戍南，西北流與中川〔水〕合，謂之格馬口。其水又北，逕盧縣故城東，而北流入濟，俗謂之爲沙溝水。濟水又東北，右會玉水，導源太山琨瑞溪，西北流逕玉符山。又西北，逕獵山東。又西北，枕祝（柯）〔阿〕縣故城東，野井亭西。春秋昭公二十五年，經書「齊侯唁公于野井」，襄公十九年，「諸侯盟于祝（阿）〔柯〕」，左傳所謂督揚者也。故俗謂是水爲祝阿澗水，北流注于濟。濟水又〔東〕北，濼水出歷〔城〕縣故城西南，泉源上奮，水湧若輪，春秋「公會齊侯于濼」是也。城南對山，山下有大穴，謂之舜井。其水北爲大明湖，引瀆東入西郭，至歷城西，而側城北注，湖水上承東城，歷祠下泉，泉源競發。其水北流，逕歷城東，又北，引水爲流杯池，分爲二水，右水北出，左水西逕歷城北，西北爲陂，謂之歷水，與櫟水會。歷水枝津首受歷水于歷城東，東北逕東城西而北出郭，又北注濼水。又北，聽水出焉。濼水又北，流注于濟，謂之濼口。

濟水又東北，華不注山單椒秀澤，不連丘陵以自高，虎牙桀立，孤峰特拔以刺天，青崖翠發，望同點黛。山下有華泉，故京相璠春秋土地名曰：「華泉，華不注山下泉水也。」北絕聽瀆二十里，注于濟。

水經：「又東北，過臺縣北。」注云：

巨合水南出雞山西北，北逕巨合城西。又北，關盧水導源馬耳山，北逕博亭城西，西北流至平(陸)〔陵〕城，武原水出譚城南平澤中，北逕譚城東。又北，逕東平陵縣故城西。又北，逕巨合城東，合關盧水，(而)〔西出〕注巨合水，西北逕臺縣故城南，西北流，白野泉水出臺城西南，北逕留山西北流，而右注巨合水。又北，聽水注之。水上承濼水，東流北屈，又東北流，注巨合水。聽水俗呼響河。齊乘云：「大清河自齊河縣又北，經歷城上濼橋北，濼水分響河入焉。又東北逕華不注山陰，又東逕下濼堰，濼水舊入濟處，堰南即小清河。」亂流入于濟。濟水又東北，芹溝水出臺縣故城東南，西北流逕臺城東，又西北，入于濟。

水經：「又東北，過菅縣南。」〔注云〕：

右納百脈水，水出土鼓縣故城西，城在淄川縣西五十里。水源方百步，百泉俱出，故謂之百脈水。其水西北流，逕(楊)〔陽〕丘縣故城中，西北出城，北逕黄巾固，蓋賊所屯，故固得名焉。在章丘縣城北。百脈水又東北注于濟。濟水又東，有楊渚溝水(逕於)〔出逢〕陵故城西南〔二十里〕，西北逕土鼓城東，又西北逕章丘城東，又北逕甯〔戚城〕西，而北注于濟。

水經：「又東，過梁鄒縣北。」注云：

瀧水南出長城中，北流至般陽縣故城西，南與般水會。水出縣東南龍山，俗亦謂之左阜水，西北逕其城南，又南屈，西入瀧水，北逕其縣，西北流，至萌水口。萌水出西南甲山，一名夾谷山，在淄川縣西南三十里。東北逕萌山西，山在淄川縣西北二十五里。東北入于瀧〔水〕。瀧水又西北至梁鄒東南，魚子溝水南出長白山東柳泉口，逕於陵縣故城西，北流注于瀧水。瀧水，即古袁水也。故京相璠曰：「濟南梁鄒縣有袁水。」瀧水又西北，逕梁鄒縣故城南，又北，屈逕其城西，北流注濟。其城之東北，又有時水，西北注焉。

水經：「又東北過臨濟縣南。」注云：縣故狄邑也。晏謨齊記曰：「有南、北二城，隔濟水，南城即被陽縣之故城也，北枕濟水。」今渤海僑郡治。濟水又東北，池爲淵渚，謂之平州。〔漯〕沃〔縣〕側有平安〔縣〕故城。應劭曰：「博昌縣西南三十里有平安亭，故縣也。」世尚存平州之名矣。濟水又東北，逕高昌縣故城西。又東北，逕樂安縣故城南。伏琛齊記曰：「博昌城西北五十里有南、北二城，相去三十里，隔時、濟二水。」指此爲博昌北城，非也。濟水又經薄姑城北。又東北，逕狼牙固〔西〕而東北流也。

水經：「又東北，過利縣西。」〔注云〕：

晏謨曰：「縣在齊城北五十里。」

水經：「又東北過甲下邑，入于河。」注云：濟水東北至甲下邑南，東歷琅槐縣故城北。地理風俗記曰：「博昌東北八十里，有琅槐鄉，故縣也。」山海經曰：「濟水絶鉅野，注渤海，入齊琅槐東北者也。」又東北，河水枝津注之，水經以爲入河，非也，斯乃河水注濟，非濟入河。（水經）又東北入海。（注云）郭景純曰：「濟自滎陽至樂安、博昌入海。」今河竭，濟水仍流不絶，經言入河，二説並失。河水于濟、漯之北，别流注海，今所輟流者，惟漯水耳。

旃然水出嵩渚之山，故瀆東北注于滎水。

旃然水出滎陽縣東南嵩渚山，山去縣二十五里。左氏春秋：「楚伐鄭，右師〔涉〕潁，次于旃然。」即是水之側也。後代侵渠勢改，不與昔同。其故瀆東北流，經小索、大索城，謂之索水。又東，經號亭南。又東北，經滎陽城東。宋白曰「滎陽故城，在今縣南十七里平原上〔二〇〕，索水經其東」是也。又北，入于濟。水經注：索水出京縣西南嵩渚山，與東關〔分〕水〔同源分流〕，即古旃然水也。其水東北流，器難之水注之。山海經曰：「少陘之山，器難之水出焉，而北流注于侵。」即此水也。其水北流，逕金亭；〔又〕北，逕京縣故城西，入于旃然之水。城，故鄭邑也。

城北有壇山岡，其水亂流，北逕小索亭西。京相璠曰：「京有小索亭。」世語以爲索氏兄弟居此。（滎）〔索〕水又北逕大柵城東，晉滎陽民張卓、董邁等遭荒，鳩聚流離保固，名爲大柵塢。至太平真君年，穎州刺史崔白自虎牢移州治此。北魏泰常中置豫州，治虎牢。然則穎州乃豫州之訛。又東開廣舊城，創制改築焉。太和十七年，遷都洛邑，省州置郡。索水又屈而西流，梧桐澗水出西南梧桐谷，東北注于索，斯水時有通塞。索水又北屈東，逕大索城南。括地志云：「今滎陽縣，即大索城。小索故城在縣北四里。」方輿紀要云：「京城在滎陽縣東南三十里，大索城在京城西二十里，東北四里爲小索城。」考水經注，索水逕流之次，自京城北至小索亭，又北至大柵城，又屈而西，又北屈東至大索城，小索不得在大索之東北，明矣。北魏徙豫州治大柵塢，開廣舊城，改築後爲滎陽郡治。隋末徙滎陽縣治大索城，隋、唐之間，殆誤以大柵城爲大索城，而謂其東北大索城爲小索城。又東，逕虢亭南。又東北流，須水出京城東北二里榆子溝，或謂之小索水，東北（注）〔流〕，木蓼溝水上承京城南淵，東北入于須水。須水又東北，于滎陽縣城（東）〔西〕南，北注索。索水又東逕滎陽城南，又東逕周苛冢北，又東流，北屈西轉，北逕滎陽城東而北流，注濟水。濟渠水斷，汴溝惟承此始，故云汴受旃然矣。亦謂之鴻溝水，蓋因漢、楚分王，指水爲斷故也。

京水出滎陽縣西黄堆山〔二二〕，山即嵩渚山枝阜。東北經鄭州北故市城南，城去州三十五里，又東北分爲二，其一北入滎澤，其一右出爲黄雀溝。水經注：黄水發源京縣黄堆山，東南流，名祝龍泉。泉勢沸湧，狀若巨鼎(湯湯)〔揚揚〕。西南流，謂之龍項口，世謂之京水也。又屈而北，魚子溝水出石暗澗，東北流。又北，瀝瀝水出西溪，東流注于魚水。魚水又屈而西北，注黄水。黄水又北，逕高陽亭東。又北，至故市縣，重泉水出京城西南少陘山，東北流，又北逕高陽亭西，東北流注于黄水。又東北，逕故市縣故城南。溪又東北至滎澤南，分爲二水。一水北入滎澤，下爲船塘，俗謂之郟城陂，東西四十里，南北二十里，穆天子傳曰「甲(辰)〔寅〕，天子浮于滎水，乃奏廣樂」是也。一水東北流，即黄雀溝矣。穆天子傳曰「壬寅，天子東至于雀梁」者也。又東北，與靖水枝津合，二水之會爲黄泉，當作淵。東北流注于濟水。

靖水出鄭州西南梅山，山去州三十五里。其故瀆自梅山北溪東北流，經鄭州城西，州治即故管城。漢爲中牟縣地，隋開皇十六年，析置管城縣，爲管州治。而北魏泰常中，置豫州，治虎牢城，太平真君中徙治大栅塢，皇興中以虎牢爲北豫州。東魏天平初，置成皋郡。北周爲滎州及滎陽郡。隋開皇初曰鄭州；大業初，鄭州徙治管城。唐武德四年，仍置管州，治管城；鄭州治虎牢；貞觀七年改管州曰鄭州。宋兼置奉寧軍〔二二〕。靖水又東北，分爲二。其一東北合黄雀溝水，積成淵，曰黄淵，北注滎水。其一右出東北，至中牟縣西北，入圃田澤。澤去縣七里，爾雅十藪，「鄭有圃田」是也，東西五十里，南北二十六里，澤西有長城。水經注：

(十)〔不〕家溝出京縣東南梅山北溪。春秋「右迴梅山」，即是山也。其水自溪東北流，逕管城西，故管國也。左傳：「晉師救鄭，楚次管以待之。」杜預曰「京縣東北有管城」者是也。俗(又)謂之管水，〔又〕東北分爲二水。一水東北流，注黄雀溝，謂之黄淵，淵周百步。其一水東越長城，東北流，水積爲淵，南北二里，東西百步，謂之百尺水，北入圃田澤。

今京、索二水，並川流勢改。後唐同光二年，詔蔡州刺史朱勍，浚索水通漕。宋屢浚京、索二水，爲東京開封府金水河之源。方輿紀要：「鄭水源出梅山，京、索二水自滎陽而東，合于鄭水，又東北至中牟縣，溉田千餘頃，其餘水下入于汴。」

濮渠故瀆有二，其一首受滎水枝津，其一首受河，並導而東，合爲一川。

濮渠首受滎水枝津于封丘縣西南，東北流，引資灌溉。又東，經長垣縣西南匡城北。城去縣十五里。史記「孔子自匡至蒲」者也。述征記曰：「匡城周三里。」又東北，别濮水首受河于延津縣西北，東北流經酸棗城南。城在縣北十五里，漢縣也。又東經胙城縣西南。又東至長垣縣，與濮渠合。水經注：

濮水上承濟水于封丘縣，即地理志所謂「濮渠首受濟」者也。闞駰曰：「首受別濟，即北濟也。」其故瀆自濟東北流，左地爲高梁陂，方三里。濮水又東逕匡城北，孔子去衛適陳，遇難于匡者也。又東北，左會別濮水，受河于酸棗縣。故杜預云：「濮水出酸棗縣，首受河。」竹書紀年：「魏襄王十年十月，大霖雨疾風，河水溢酸棗郛。」漢世塞之，故曰文陘(酸)棗(也)〔野〕，今無水。其故瀆東北逕南、北二棣城間。左傳襄公五年，楚子囊伐陳，公會于城棣以救之者也。濮渠又東北逕酸棗故城南，韓國矣。漢官儀曰：「舊河隄謁者居之城西，有韓王望氣臺。」濮水北瀦成陂，陂方五里，號曰同池陂。又東逕胙亭東注，故胙國也。富辰所謂邢、茅、胙、祭，周公之胤也。濮渠又東北逕燕城(內)〔南〕，故南燕姞姓之國也。縣東爲陽清湖，陂南北五里，東西三十里，亦曰燕城湖，逕桃城南，城在延津縣北，括地志：「桃城在胙城縣東四十里。」即戰國策所謂酸棗、虚、桃者也，而東注于濮，俗謂之朝平溝。

又東，岐而二：右瀆東流，左納句瀆水而注鉅澤。

濮渠又東北。酸水首受河于延津縣西北，東流，經酸棗城北。又東，經胙城縣西。又東，經滑縣西南滑臺城南。通鑑注「滑臺城在白馬縣西南」是也。又東南，經瓦亭南。杜預曰「燕縣東北有瓦亭」是也，在今滑縣南。又東南，至長垣縣西，入于濮。濮渠又東，經長垣縣北，故蒲城也。春秋「齊侯、衛侯胥命于蒲」，子路爲蒲宰，皆即此矣。又東，經韋城南。城在滑縣東南五十里，故豕韋國也，彭姓。夏孔甲時，以劉累更豕韋之後。竹書：「劉累遷魯縣，帝皋召豕韋復其國。」賈逵曰：「武丁滅豕韋，以劉累之後代之。」然則兩廢而兩更也。周定王五年河徙後，大河經城下，其津曰韋津，字亦作「垝」，漢白馬縣地，隋開皇十六年置韋城縣，金時圮于水，縣廢。濮渠又東，經故長垣城北。漢縣也，在今縣東北三十五里。隋改置于故城西南十七里婦姑城，名縣曰匡城。五代梁復曰長垣。金初徙治柳塚村，在今縣東北七里。明洪武初，以水患徙治蒲城。又東北，經祭城北。又東，分爲二水，右渠東經滑縣東南須城北，城去縣二十八里。又東，經開州西南濮陽城北〔一三〕。城去州三十里，漢縣也。又東，經菏澤縣西北離狐城南。又東，經開州西南濮...

濮渠又東北。酸水故瀆首受河于酸棗縣，東逕酸棗城北，延津南，謂之酸水。竹書紀年「韓襄敗秦〔蘇〕胡于酸水」者也。又東北，逕燕城北。又東，逕滑臺城南。又東南，逕瓦亭南。春秋「公會晉師于瓦」，魯尚執羔，自是會始也。又東南，會于濮，世謂之百尺溝，濮渠之側有漆城。在長垣縣西二十里。或亦謂之(菀)〔宛〕濮亭。又有桂城，亦曰桂陵。史記齊威王使田忌擊魏之桂陵。濮渠又東，逕蒲城北，故衛之蒲邑。又東，逕韋城南，即白馬縣之韋鄉也。城西出而不方，城中有六大井，皆隧道下，俗謂之江井也。有馳道，自城屬于長垣。濮渠東絶馳道，逕長垣縣故城北。衛地也，故首垣矣。秦更今名。陳留風俗傳曰：「縣有防垣，故縣氏之。」縣有祭城，濮渠逕其北，鄭大夫祭仲之邑也。圈稱又言長垣縣有羅亭，故長羅縣也。有長羅澤，有長羅岡、蘧伯玉岡。陳留風俗傳曰：「長垣縣有蘧伯鄉，在縣東。有蘧亭、伯玉祠、伯玉冢。」在縣南十五里。濮渠又東，分爲二瀆，北瀆出焉。又東，逕須城北。詩云「思須與曹」也。又北，逕襄丘亭南。又東，逕濮陽縣故城南。又東，逕濟陰離狐縣故城南。又東北，逕鹿城南。又東，句瀆首受濮水枝渠于句陽縣東南，逕句陽縣故城南，春秋之穀丘也。左傳以爲句瀆之丘矣，縣處其陽，故縣氏焉。又東，入乘氏縣，左會濮水，與濟〔同〕入鉅野。

左瀆東流，枝津右出爲句瀆，又東北，合于羊里水。

左渠寔濮之故瀆，水經注以爲枝津。其水東經鉏丘城南，又東，經浚城南。城在開州西南。又東，枝別爲句瀆。又東北，經曹縣北垂亭西，左氏春秋謂之犬丘，杜預曰「句陽縣東北有垂亭」是也。又北，合于羊里水。漢志：「陳留郡封丘，濮渠首受泲，東北至都關入羊里水，過郡三，陳留、濟陰、山陽。行六百三十里。」是也。都關故城在今濮州東南，與菏澤縣東北接境。濮水于都關城東會羊里水。濮本河、濟之别流，歷代河徙其流，久湮不復可尋。水經注瓠子河章：

瓠子北有都關縣故城，縣有羊里亭，瓠河逕其南，爲羊里水。又東，右會濮水枝津，水上承濮渠，東逕鉏丘城南。京相璠曰：「今濮陽城西南十五里有沮丘城。」六國時，「沮」、「楚」同〔音〕，以爲楚丘，非也。又東，逕浚城南，（而）〔西〕北去濮陽三十五里，城側有寒泉岡，即詩所謂「爰有寒泉，在浚之下」。京相璠曰：「濮渠故道在濮陽南」者也。又東，逕句陽縣西，句瀆出焉。濮水枝津又東北逕句陽縣之小成陽（縣故）東垂亭西，而北入瓠河。

校注

〔一〕西北　原本作「東北」，據元和郡縣圖志卷五改。

〔二〕改「沇」爲「流」，據四部叢刊本戴校水經注。以下凡水經注引文之改動均同此，一般不另出校。

〔三〕沁水　「水」原本誤作「心」，據國家圖書館抄本改。

〔四〕三年　疑爲「二年」之誤。按元史卷六五河渠志二：「廣濟渠，世祖中統二年，提舉王允中、大使楊端仁奉召開河渠，「渠四道，長闊不一，計六百七十七里，經濟源、河内、河陽、温、武陟五縣」。

〔五〕尚存　「尚」，原本誤作「南」，據國圖本改。

〔六〕西北　「北」字疑衍。按史記卷七項羽本紀正義引括地志：「敖倉在鄭州滎陽縣西十五里。」

〔七〕中牟　原本作「中弁」。按讀史方輿紀要卷四七鄭州：「京、索二水自滎陽而東，合于鄭水，又東北至中牟縣。」

〔八〕去衍文「故」、「唐」，改「中」爲「元年」，均據中華書局標點本舊唐書。以下凡二十四史引文增改均同此，不另注。

〔九〕二十五年　原本誤作「十二年」，據中華書局排印本讀史方輿紀要卷四七改。

〔一〇〕東昏故城　原本誤作「東昏鎮」，據史記卷五六陳丞相世家正義引括地志改。

〔一一〕外黄　原本脱「外」字，據史記卷六九蘇秦列傳補。

〔一二〕菏水　原本作「荷水」。按水經注卷七：「又東北右合菏水，水上承濟水于濟陽縣東。」

〔一三〕不辨　原本作「不解」，據國圖本改。

〔一四〕「别濟水」句上，眉批曰：「其枝津自滎澤别行滎水之北，東入大野之藪。此改入滎水章。」

〔一五〕經菏澤縣南　「經」字據國圖本補。

〔一六〕高平郡治　「治」，原本誤作「改」，據國圖本改。

〔一七〕十六年　原本脱「十」字。按隋書卷三十地理志中：宿城，「後齊曰須昌，開皇十六年改焉」。

〔一八〕梁山濼　「濼」，原本誤作「樂」，據國圖本改。

〔一九〕又東北　「北」，原本誤作「山」。按水經注卷八濟水：「馬頰水又東北流逕魚山南，山即吾山也。」

〔二〇〕在今縣南　原本脱「南」字，據國圖本補。

〔二一〕「京水出滎陽縣」句上，眉批曰：「京水出黄堆之山，故瀆東北注滎澤。」

〔二二〕奉寧軍　原本脱「奉」字，據國圖本補。

〔二三〕濮陽城北　「北」字疑爲「南」字之誤。按水經注卷十八濟水：「濮水又東經濮陽縣故城南。」

水地記初稿之四

淮水

淮水出桐柏山。

淮水出桐柏縣西北胎簪山，山去縣三十里，即桐柏之枝巒也。地志云：縣西三十里有淮井，石砌水池，方七尺許，有泉三處湧出，即于池側伏流地中，經六七里成川。桐柏山在縣東一里，南接隨州界，西接棗陽界，奇峰秀舉。大復山在縣東三十里，亦桐柏之綿亘。漢志：「南陽郡平氏，禹貢桐柏大復山在東南，淮水所出，東南至淮陵當作「陰」。入海，過郡四，謂南陽、汝南、九江、臨淮。行三千二百四十里。」平氏故城在今桐柏縣西北四十里。水經：「淮水出南陽平氏縣胎簪山，東北過桐柏山。」注云：山海經曰：「淮出餘山。在朝陽東，今新野縣西有朝陽故城。義鄉西。」即義陽鄉。尚書「導淮自桐柏。」風俗通曰：「南陽平氏縣，桐柏大復山在東南，淮水所出也。」淮水與醴水同源俱導，西流爲醴，東流爲淮，潛流地下三十許里，東出桐柏之大復山南，謂之陽口，水南則復陽縣也。闞駰言復陽縣，湖陽之樂鄉也。元帝元延二年置，在桐柏大復山之陽，故曰復陽也。今桐柏縣東有復陽故城。山南有淮源廟，故經云東北過桐柏也。

東流，九渡水出鷄翅之山，南来注之，溮水西南来注之。

淮水循山麓東流，經信陽州北。去州治四十五里。九渡水出州南鷄翅山，山去州治九十里，亦呼鷄頭山。其水北流地東，入于淮，今合于溮水。溮水出隋州黄土山，東北流經信陽州賢首山西。山在州西南七里，有梁王壘。南齊建武二年，魏遣劉昶攻義陽，王廣之赴救，去城百里而軍，别將蕭衍請先進，率精兵間道夜發，徑上賢首山，去魏軍數里，魏人不敢逼。梁天監二年，魏元英寇義陽，司州刺史蔡道恭遣將楊由帥城外居民保賢首山，爲三栅，爲魏所陷。溮水又北屈而東，南經冥山北。山在州東南七十里，左氏春秋大隧、直轅、冥阸，胥在是間。吴師自豫章與楚夾漢，左司馬戌謂子常〔一〕曰：「子沿漢而與之上下，我悉方城外以毁其舟，還塞大隧、直轅、冥阸。子濟漢而伐之，我自後擊之，必大敗之。」七國時，魏公子無忌説安釐王曰：「秦伐楚，道涉谷〔二〕，行三千里，而攻冥阸之塞，所行甚遠，所攻甚難。」三隘道又統謂之城口，楚史皇言「塞城口而入」是也。南北朝時，義陽三關爲保淮西險要。西曰平靖關，西北去信陽州九十里，南去應山縣六十里，即楚之冥阨。東曰武陽關，西北去信陽州百五十里，西南去應山縣百三十里，又名澧山關，即楚之大隧。南曰黃峴關，北去信陽州九十里，南去應山縣亦九十里，又名百雁關，亦呼九里關。即楚之直轅。而義陽城在信陽州南四十里。梁天監二年，魏將元英等攻義陽，司州刺史蔡道恭拒守三年。道恭歿，義陽尋降于魏，魏因改置郢州治焉。七年，魏三關戍主侯登以城降梁，梁司州刺史馬僊琕謀固三關，使其將馬廣屯長簿，胡文超屯松峴。長簿在武陽關北，松峴在黃峴關北。八年，魏元英將取三關，至義陽，策之曰：「三關相須如左右手，若克一關，兩關不待攻而破。攻難不如攻易，宜先攻東關。」武陽關在東。又恐其并力于東，使李華向西關，平靖在武陽之西，故曰西關。分其兵勢。英自督諸軍向東關。至長簿，長簿潰，乃圍武陽，克之，進攻黃峴及西關，梁將皆走。普通五年，遣將李國興攻魏平靖關，楊乾攻武陽關及黃峴關，克之。進圍郢州，不克，三關尋入于魏。黃震有言：「彼得信陽，將與我分險而守。營要坡以抗武陽，要坡在武陽關北數里〔三〕。營鷄頭以抗平靖，營石門以抗黃峴。」石門山亦近黃峴關北。是舉三關棄之也。溮水又東迆北，注于淮。水經注：

又東逕義陽縣，縣南對固成山，山有水，注流數丈，洪濤灌山，遂成巨井，謂之石泉水，北流注于淮。淮水又逕義陽縣故城南，義陽郡治也，世謂之白茅城，其城圓而不方。闞駰言：「晉太始中，割南陽東鄙之安昌、平林、平氏、義陽四縣，置義陽郡于安昌城。」在今信陽州東北七十里。有九渡水注之，水出鷄翅山，溪澗瀠委，沿溯九渡。溪之東山有一水，發自山椒下，數丈素湍，直注頹波，委壑可數百丈，望之若霏幅練矣，下注九渡水，九渡水又北流注于淮。

水經淮水章：「東過江夏平春縣北。」注云：

淮水又東，油水出縣西南油溪，東北流逕平春縣故城南，城在州東南，晉太元中改曰平陽。又東曲，岸北有一土穴，徑尺，泉流下注，沿波三丈，入于油水，亂流南屈，又東北注于淮。淮水又東北逕城陽縣故城南，魏城陽郡治。又東北，大木水出大木山，在州南七里。山即晉車騎將軍祖逖自陳留將家避〔難〕所居也〔四〕。逖字士稚，後因以名山，又訛而爲士雅山。其水東逕（成）〔城陽〕縣北，而東入于淮。淮水又東北流，左會湖水，傍川西南出，窮（谷）〔溪〕得其源也。淮水又東逕安陽縣故城南，江國也，嬴姓。今其地有江亭。淮水又東，澌水南出大潰山，東北流，翼帶三川，亂流北注，又北逕賢首山西，又北出東南，屈逕仁順城南，故義陽郡治，分南陽置也。在信陽州南。本治在石城山上，因梁希侵逼，徙治此城。（齊）〔梁〕司州刺史馬（鮮卑）〔仙琕〕不守，魏置郢州也。澌水東南流，歷金山北，山無樹木，峻峭層峙。又東逕義陽故城北，城在山上，因倚陵嶺，周迴三里，是郡昔所舊治城，城南十五步，對門有天井，周百餘步，深丈。

東逕鍾武故城南，在州東南。又東逕石城山北，山甚高峻。史記曰：「魏攻冥阸。」音義曰：「冥阸，或言在鄳縣葙山也。」按呂氏春秋九塞，其一也。澌水逕鄳縣故城南，城在羅山縣西南黄峴關外。又東逕七井岡南，又東北注于淮。

東經弋山之陰。

淮水又東經確山縣南，去縣治四十里。羅山縣北。去縣治二十里。又東經真陽縣南。去縣治八十里。又東經息縣南，去縣治五里。弋山北，山南去光山縣八十里。水經注：淮水又東至谷口，谷水南出鮮金山，北流（至），瑟水出西南具山，東北逕光淹城東，而北逕青山東、羅山西，東北流注于谷水。谷水東北入淮水。

水經淮水章：「又東逕當作「過」。新息縣南。」注云：淮水東逕故息城南，春秋「鄭、息有違言」者也。城在今息縣西南七里。又東逕浮光山北，亦曰扶光山，即弋山也，又名浮弋山，相傳有濮公者隱，亦呼濮公山。逕新息縣故城南，應劭曰：「息後徙東，故加新也。」謂自西徙來東。又東，慎水出慎陽縣西，而東逕慎陽縣故城南。城在今正陽縣北四十里，顏師古曰：「慎字本作滇，音真，後誤爲慎耳。今猶有真丘、真陽縣，字並單作真，知其音不改也。闞駰云永平五年失印更刻，遂誤以水爲心。」又東流，積爲焦陂，陂水又東南流爲上慎陂，又東爲中慎陂，又東南爲下慎陂，皆與鴻郤陂水散流，其陂首受淮川，左結鴻陂。漢成帝時，翟方進奏毁之。建武中，汝南太守鄧晨欲脩復之，知許偉君曉知水脈，召與議之。偉君言：「成帝用方進言毁之，是後民失其利。」遂署都水掾，起塘四百餘里，百姓得其利。陂水散流，下合慎水，而東南逕息城北，又東南入淮，謂之慎口。淮水又東，〔申〕陂水上承申陂于新息縣北，東南流分爲二水，一水逕深丘西，又屈逕其南，南派爲蓮湖水，南流注于淮。淮水又左池，流結兩湖，謂之東、西蓮湖。淮水又東，右合壑水，水出白沙山，東北逕柴亭西，俗謂之柴水。又東北流，潭溪水發潭谷，東北流，右合柴水。柴水又東逕黄城西，故弋陽縣也。城内有二城，西即黄城也。柴水又東北入于淮，謂之柴口也。淮水〔又〕東北。申陂枝水首受陂水于深丘北，東逕釣臺南。臺在水曲之中，臺北有琴臺。又東逕陽亭南，東南合于淮。淮水又東逕淮陰亭北，又東逕白城南，楚白公勝之邑也，在今息縣東。東北去白亭十里。淮水又東逕長陵戍南。又東，青陂水分青陂東瀆，陂在新蔡縣西南。東南逕白亭西，又南于長陵戍東，東南入淮。

又東，黄武山、木陵山之水西南來，合流注之。

又東經光州北，去州治六十七里。黄水出麻城縣西北黄武山。東北流，木陵關水出縣西北木陵山，山去縣八十里，山上有關城，自關北至光山縣百三十里。宋史李埴奏復五關，言

「木陵關山路峭壁，委折而上」是也。亦作穆陵關。其水西北注于黃水。黃水又東北經光山縣南，去縣治五里。俗呼官渡河。又東北，縣南百里金泉山之水，俗呼梅林河，東北流注黃水。黃水又東北，經光州城西北，入城東出，昔時引渠資溉，黃水自城東屈而北，注于淮。

水經注：

淮水又東北，黃水出黃武山，東北流，木陵關水導〔源〕木陵山，西北流注于黃水。黃水又東逕晉西陽城南，在光山縣西南二十里。又東逕（南）光城南，光郡治。又東北逕（弦）〔高〕城南，故弦國也。在今光州西南。又東北逕弋陽郡北魏弋陽郡，其故城在今光州西北。東，有虞丘，又東北入于淮，謂之黃口。淮水又東北逕褒信縣故城南，而東注。褒信城在息縣東北七十里，值光州之北。

東得汝口。

淮水又東北，經固始縣北。去縣治七十里。湃水出麻城縣山中，北流經光州西南陰光關。關在長風城之北，亦曰南關。梁天監中，魏田益宗議取義陽，曰「二豫之軍，直指南關」者也。唐史陰山關在黃州麻城縣東北，地境相接矣。又東北經州東。去州治三十里。又東經固始縣南，又東北入于淮。淮水又東北，經朱皋鎮南，汝水注之。元至正十一年，劉福通攻潁州，據朱皋攻羅山、上蔡等縣是也。在固始縣東北六十里，阜陽縣南百二十里。水經：「又東過期思縣北。」注云：縣故蔣國，周公之後也。楚滅之以爲縣，城之西北隅，有楚相孫叔敖廟。淮水又東北，(淠)〔湃〕水出弋陽縣南垂山，西北流歷陰山關，逕二城間，西北出山，又東北流逕新城戍東，又東北得詔虞水口，西北去弋陽虞丘郭二十五里，水出南山，東北流逕詔虞亭東而北入(淠)〔湃〕水，又東北注淮，俗曰白鷺水。方輿紀要：「光州白露河在州東三十里，源出州南三十里之南岳山，東北流，又東入固始縣界。舊志云：源出麻城縣之分水嶺，北流經陰山關，而東北出。固始縣春河，在縣南十五里，出商城縣馬鞍山，東流入淮。白露河在縣西南三十里，自州境入，合于春河。有白露河土壩。天旱則築壩障水，入王道人等港，灌湖堰十有七。

水經淮水章：「東過原鹿縣南，汝水從西北來注之。」注云：縣即春秋鹿上也。今太和縣西有原鹿城。

又東，決水、灌水西南來，合流注之。

淮水又東經霍丘縣北，去縣治三十里。決水出縣西南巴山。漢志：「六安國安豐，禹貢大別山在西南。廬江郡雩婁，決水北至蓼入淮。」許叔重說文解字曰：「廬江有決水，出于大別山。」今縣西南八十里有雩婁城。左氏春秋「楚使薳啓彊待命于雩婁」，以備吳者也。其南即大別山，班孟堅以爲禹貢之大別，非也。巴水與決水同出是山，南北分流，亦呼分水山。決水北流，纏絡縣西而西北注，後代謂之史水。劉宋元嘉二十五年，以豫州蠻户置史水縣，在今霍丘縣北。水有二源，出商城縣南大、小牛山。山去縣治七十里。二川雙導，行六十里而合，東北經固始縣南。去縣治五十里。引資灌溉，志云：「史河入境，分爲二支，上一支曰清流，舊有閘二，曰上閘，一名均濟，曰中閘，一名清河，中閘承上閘爲啓閉，分入勝湖，共灌塘堰三十有六。下一支曰堪河，在縣東北蔣家阜，分洩，舊亦有閘二，曰普惠，曰均利，共灌湖堰十有六，今多湮廢。勝湖在縣東南六十里。」又東北經縣東。去縣治二十里。又東北，商城縣西南十里斛山之水，北流經縣西北，爲潭曰龍潭。又北經固始縣西。去縣治十五里。又東北經縣北而東，注于史水。俗呼曲河。方輿紀要：「固始縣西舊有曲河土壩，地名石嘴頭，天旱則築以障水，東入串子等堰，灌湖堰十有四，至九里溝，灌湖堰二十有八。余繼善曰：『西淤石嘴頭，而勝湖一帶之水源塞；北淤三叉口，而堪河之溥惠、均利二閘塞，邑之水利十失六七矣。』」史水又東經霍丘縣西，右合決水，蓋山源遠溯，川流同注，故互受通稱。灌水出商城縣東大蘇山，山去縣治四十里，東北流經固始縣南，去縣四十五里。又東北經霍丘縣故蓼城西，而北注于決水。城在縣西北，與固始縣接境。漢志：「六安國蓼，故國，皋陶後，爲楚所滅。」廬江郡下云：「金蘭西北有東陵〔五〕，淮水出。」「淮」當作「灌」，轉寫訛失耳。決水又北入于淮。

水經：「決水出廬江雩婁縣南大別山。」注云：

俗名之爲檀山峴，蓋大別之異名也。其水歷山委注而絡其縣也。

水經：「北過其縣東。」注云：

縣故吳也，春秋左傳「楚子、秦人侵吳，及雩婁，聞吳有備而還」是也。晉書地道記云「在安豐縣之西南」，即其界也。

水經：「又北過安豐縣東。」注云：

決水自雩婁北經雞備亭。春秋「吳敗諸侯之師于雞父」者也。安豐縣故城，今邊城郡治也。晉立安豐郡。決水自縣西北流，逕蓼縣故城東，又逕其北。又西北，灌水導源廬江金蘭縣西北東陵鄉大蘇山，褚先生所謂神龜出于江、灌之間，嘉林之中，蓋謂此〔水〕也。灌水東北逕蓼縣故城西，而北注決水。決水又北，右會陽泉水，水受決水，東北流逕陽〔泉〕縣故城東，城在霍丘縣西九十里。故陽泉鄉也。又西北流，左入決水，謂之陽泉口。方輿紀要云：「亦謂之陽宣口。」

水經：「又北入于淮。」注云：

俗謂之澮口，非也。斯決、灌之口矣。蓋灌、澮聲相倫，習俗害真耳。

又東，窮水西南來注之。

淮水又東，經潁上縣南。去縣治二十五里。窮水出霍丘縣西南，東北流注于淮。縣西南有三十里有棗林塘，周六里，是爲窮水之源。水經淮水章：「又東過廬江安豐縣東北〔六〕，決水從北來注之。」注云：

廬江，故淮南也。應劭曰：「故廬子國也。」決水自舒蓼北注，不于北來也。安豐東北注淮者，窮水矣，又非決水，皆誤耳。淮水又東，谷水上承富水，東南流逕原鹿縣故城北，城側水南，谷水又東逕富陂縣故城北。十三州志曰：「漢和帝永元九年，分汝陰置，多陂塘以溉稻，故曰富陂縣也。」谷水又東于汝陰城東南注〔淮〕。淮水又東北，左會潤水，水首受富陂，東南流爲高塘陂。又東積而爲陂，水東注焦陵陂，陂水北出爲鮦陂。陂水潭漲，引瀆北注汝陰。四周隍塹，下注潁水。焦湖東注，謂之潤水，逕汝陰縣東，逕荊亭北，而東入淮水。今阜陽縣南三十里有小潤河，縣南五十里有大潤河，東南流合爲一川，又東南經潁上縣西南，去縣治四十里，下注于淮。又東北，窮水入焉。水出六安國安（豐）〔風〕縣窮谷，在霍丘縣西南三十里，俗呼棗林塘，周六里。春秋「楚救灊，司馬沈尹戌與吳師遇于窮（谷）」者也。川流泄注于決水之右，北灌安（豐）〔風〕之左，世謂之安（豐）〔風〕水，亦曰窮水，音戎，竝聲相近，字隨讀轉。流結爲陂，謂之窮陂，塘堰雖淪，猶用不輟。陂水四分，農事用康，北流注于淮。京相璠曰：「今安（豐）

〔風〕有窮水，北入淮。」淮水又東，爲安（豐）〔風〕津，水南有城，故安（豐）〔風〕都尉治，後立霍丘戍。淮中有洲，俗號關洲。

又東，沘水出天柱山，南來注之。

淮水又東經壽州西，沘水出霍山縣南大柱山，山去縣五里。史記封禪書：「元封五年冬，巡南郡，至江陵，禮灊之天柱山，號曰南岳。」故是山亦襲衡山之稱。爾雅云：「江南，衡。」又云：「霍山爲南岳。」郭璞曰：「霍山，今在廬江灊縣，灊水出焉，別名天柱山。」漢武帝以衡山遠曠，故移其神于此，今彼土俗人皆呼之爲南岳。南岳本自以兩山爲名，非從近來也。而學者多以霍山不得爲南岳，又云漢武帝來始乃名之，即如此言謂武帝在爾雅前乎？斯不然矣，胡朏明曰：「按徐靈期記云：衡山爲南岳，其來尚矣。至于軒轅乃以灊霍之山爲其副焉，故爾（雅）云霍山爲南岳，此蓋本方士家言，漢武信之，遂移衡山之祭于灊霍。其實南岳曰衡山，初無二名，釋山後一條當是漢人所附益，璞據不經之言，以衡山一名霍山，自古已然，非由漢武帝，不亦謬乎？」漢志：「廬江郡灊，天柱山在南。有祠。沘山，沘水所出，北至壽春，入芍陂。」故灊城在縣東北三十里，沘山即天柱之別巒也。其水北流經縣東，又西經六安州西，又北經固始縣南，去縣治五十里。屈而東南，經霍丘縣南，又屈北逕其東，去縣治五十里。又北經壽州西，入于淮。楚相孫叔敖，引沘水作期思陂，爲子午渠，開六門，灌田萬頃。淮南子曰「孫叔敖決期思之水，灌雩婁之野」者也。一名芍陂，在今壽州東南六十里，故漢志謂「沘水至壽春入芍陂。」漢建初八年，王景徙廬江太守，郡界有故芍陂稻田，景驅率吏民，脩起蕪廢，灌田可萬頃。由是境内豐給。建安五年，劉馥爲揚州刺史，鎮合肥，廣屯田，脩芍陂、茹陂、七門、吴塘等堨〔七〕，以溉稻田，公私有積，歷代爲利。後鄧艾重脩芍陂，堰山谷之水，旁爲小陂五十餘所，沿淮諸鎮，並仰給于此。晉永和九年，姚襄自淮南進據芍陂，尋徙屯于盱眙，伏滔曰：「龍泉之陂，良疇萬頃。」謂芍陂也。宋元嘉七年，長沙王義欣爲豫州刺史，鎮壽陽。芍陂久廢，義欣修治隄防，因舊溝引沘水入陂，溉田萬餘頃，無復旱炎。隋開皇中，趙軌爲壽州長史。芍陂舊有五門堰，軌更開三十六門，灌田五千餘頃。元和志：「芍陂周三百二十四里，徑百里。」元至元二十一年，江淮行省言：「安豐芍陂可溉田萬頃，若立屯開耕，寔爲便益。」從之，于安豐立萬户府，屯户萬四千八百有奇。

水經淮水章：「又東北至九江壽春縣西，沘水、泄水舊訛作「洮水」、「洪水」。合北注之。又東，潁水從西北來流注之。」注云：

淮水又東，左合沘口。

水經：「沘水出廬江灊縣西南霍山東北。」注云：

沘字或作渒，東北逕博安縣，泄水出焉。

水經：「東北過六縣東。」注云：

渒水東北，右會蹹鼓川水，水出東南蹹川，西北流，左注渒水。渒水又西北逕馬亭城西，又西北逕六安縣故城西。縣，故(咎)〔皋〕陶國也。夏禹封其少子，奉其祀，今縣都陂中有大冢，民傳曰「公琴」者，即皋陶冢也。楚人謂冢爲「琴」。漢高帝元年別爲衡山國，武帝元狩二年爲六安國，晉太康三年，廬江郡治。今爲六安州。渒水又西北分爲二水，〔芍陂〕出焉。又北逕五門亭西，西北流逕安豐縣故城西，今霍丘縣西南二十里有安豐城。又北〔會〕濡水，亂流西北注。

水經：「北入于淮。」注云：

水之決會謂之沘口。

水經：「泄水出博安縣。」注云：

博安縣，地理志之博鄉縣也。泄水自縣上承沘水于麻步川，西北歷濡溪，謂之濡水。

水經：「北過芍陂，西與沘水合。」注云：

泄水自濡溪(口)〔逕〕安豐縣，北流注于渒。泄水今湮。

東至于潁尾。

淮水又東，經東、西正陽鎮，得潁水，是爲潁尾。左氏春秋「楚子狩于州來，次于潁尾」是也。東正陽在壽州西六十里，西正陽在潁上縣東南八十里，夾淮兩岸。水經注淮水章：

又東逕中陽亭，北爲中陽渡，水流淺磧，可以厲也。淮水又東流，與潁口會。

又東，肥水出鷄鳴山，南來注之。

淮水又東北，肥水出合肥縣西鷄鳴山。山去縣四十里，上有龍井。唐建中四年，淄青帥李納叛，斷淮西運道，水陸運使杜佑請改疏潁水通漕，因言廬、壽間有水道，而平岡亘其中，曰鷄鳴山，請疏其兩端以通舟，中間登陸四十里而近，則江、湖、黔中、嶺南、蜀、漢之粟，可方舟而下也。議未及行。肥水自山北流二十里，分爲二：右瀆東南流至城西，俗呼金斗河，即施水也，貫城而東。枝津左出，西流又分爲二，其一西注肥水，其一西北流爲陽湖，又西北亦入肥水。施水自枝津又東流五十里，注于巢湖，亦曰焦湖。湖周四百餘里，合肥、舒城、廬江、巢四縣之境環之，吞納衆川，導爲石梁、濡須、馬腸、裕溪等川，以注于江。肥水左瀆又北經霍丘縣東南，又北，右納施水枝津，左佩芍陂，又東北經壽州城東，又迤而西北，經城北，又西迤北，入于淮，謂之肥口，去州治十里。水經注淮水章：

東南逕倉陵北，魏書地形志：壽春有倉陵城。又東北流逕壽春縣故城西。楚考烈王自陳徙此，秦九江郡治，今爲壽州。兼得廬江、豫章之地，故以九江名郡。文〔潁〕〔穎〕曰：「史記貨殖傳曰，淮已北，沛、陳、汝南、南郡爲西楚；彭城已東，東海、吴、廣陵爲東楚；衡山、九江、江南豫章、長沙爲南楚。是爲三楚者也。」淮水又北，左合椒水，水上承淮水，東北流逕虵（地）〔城〕南，又歷其城東，亦謂之清水，東北流，注于淮，謂之清水口。

水經淮水章：「又東過壽春縣北，肥水從縣東北流注之。」注云：淮水于壽陽縣西北，晉孝武改壽春曰壽陽。肥水從城〔西〕而北，入于淮，謂之肥口。

水經：「肥水出九江成德縣廣陽鄉西。」注云：肥水出良餘山，俗謂之連枷山，亦或以爲獨山也。方輿紀要：「廬府西二十里大蜀山。爾雅云：獨者，蜀。山卓然孤立，登其巔，遠見二百餘里。又西二十里曰小蜀山。」北流分爲二水，施水出焉。肥水又北逕獲城東，城在霍丘縣東南。又北逕荻丘東，右會施水枝津，首受施水于合肥縣城東，西流逕成德縣，注于肥水。

水經：「北過其縣西，北入芍陂。」注云：肥水自荻丘北逕成德縣故城西，城在霍丘縣東南。又北逕芍陂東，又北逕死馬塘東，芍陂瀆上承井門與芍陂，更相通注。故經言入芍陂矣。肥水又北，右合閻潤水，上承施水于合肥縣，北流逕浚遒縣西，城在合肥縣北，劉宋僑置愼縣，在合肥縣東北七十里，趙宋紹興三十二年改曰梁縣。志云：「浚遒城在梁縣西三十里。」水積爲陽湖，陽湖水自塘西北逕死虎亭南，宋泰始二年，劉順等東據宛塘，築四壘。通典云：「宛塘，死虎之訛也。」齊永元二年，魏蕭懿遣裨將胡松屯死虎，即此。死虎壘在今壽州東四十餘里。夾橫塘西注。水分爲澗二：洛澗出焉，黎漿水受芍陂，陂水上承澗水于五門亭南，別爲斷神水，又東北逕五門亭東，亭爲二水之會。斷神水又東北逕神迹亭東，又北謂之豪水，雖廣異名，事寔一水。又東北逕白芍亭東，積而爲湖，謂之芍陂。陂周百二十許里，在壽春縣南八十里，言楚相孫叔敖所造。陂有五門，吐納川流，西北爲香門陂水，北逕孫叔敖祠下，謂之芍陂瀆，又北分爲二水，一水東注黎漿水。黎漿水東逕黎漿亭南，梁普通五年，裴邃拔荻城，又拔甓城，進屯黎漿，即此。東注肥水，謂之黎漿水口。

水經：「又北過壽春縣東。」注云：

肥水自黎漿北逕壽春縣故城東，爲長瀨津。又西北，右合東溪，溪水引瀆北(山)〔出〕，西南流注于肥。肥水又西逕東臺下，臺即壽春外郭東北隅阿之榭也。東側有一湖，三春九夏，紅荷覆水，引瀆城隍，水積成潭，謂之東臺湖，亦肥南播也。肥水西逕壽春縣〔故〕城北，右合北溪，水導北山，泉源下注漱石，頹隍水上，長林插天，高柯負日，溪水西南注于肥水。

水經：「北入于淮。」注云：

肥水又西分爲二水，右即肥之故瀆。遏爲船官湖。肥水左瀆又西逕石橋門北，亦曰草市門，外有石梁渡北洲。湖北對八公山，山無樹木，惟童阜耳。山上有淮南王劉安廟，有隱室石井。肥水又左納（葛）〔芍〕陂瀆，瀆水自黎漿分水，引瀆壽春北，逕芍陂門右，北入城。瀆水又北逕相國城東，劉武帝伐長安所築也。又北出城，注肥水。又西逕金城北，又西，左合羊頭溪水，水受芍陂，西北歷羊頭溪，謂之羊頭澗水。北逕熨湖，左會烽水瀆，瀆受淮于烽村南，下注羊頭溪，側逕壽春城西。又北歷象門，自沙門北出金城西門逍遥樓下，北注肥瀆。肥水北注舊瀆之横塘，爲玄康南路馳〔道〕，左通船官坊也。肥水逕玄康城西北流，注于淮，是曰肥口。

水經：「施水亦從廣陽鄉與肥水別，東南入于湖。」注云：受肥于廣陽鄉，東南流逕合肥縣。又東分爲二水，枝水北出焉，下注陽淵，即陽湖。施水又東逕湖口戍，東注巢湖，謂之施口。

淮水又北，夏肥水上承沙水于亳州境，北來注之。漢志「沛郡城父，夏肥水東南至下蔡入淮」是也。城父故城在今亳州東南七十里，下蔡故城在壽州北三十里。里道記：「下

東北至峽口。

蔡西抵正陽鎮五十五里。」今下蔡城西南十里有水，俗呼西肥河，東流十里入淮。而亳

州南百五十里有水，俗呼淝河，積潦成川，東南流經蒙城縣北，去縣治三十里。又東南經懷遠縣北，去縣治十五里。又東南，宿州南九十里龍山湖之水導而東南流，俗亦呼淝河，經懷遠縣東北，去縣治二十里。又東南合右水，而東南入于淮。蓋黄河變徙後，潁尾已東之水源流斷續，非復故道矣。淮水又東北經硤口，夾淮據險設硤石戍，東南去壽州二十五里。三國魏甘露元年，諸葛誕據壽春，司馬昭遣王昶軍硤石以逼之。晉太元八年，苻堅侵壽春，晉將胡彬赴援，聞城陷，因退保硤口。梁天監十四年，趙祖悦襲魏西硤石，據之以逼壽陽，更築外城，徙緣淮之民，以實城内。明年，魏揚州刺史李崇作浮橋于硤石戍間。陳大建五年，吴明徹等伐齊，軍至硤口，克其北岸城，南岸守者棄城走。蓋硤石二城，自古爲險要矣。水經注：

淮水又北，夏肥水注之。水上承沙水于城父縣，右出東南流，逕城父縣故城南。城在今亳州東南七十里。縣故焦夷之地。春秋左傳：「昭公九年，楚公子棄疾遷許于夷，寔城父。」杜預曰：「此時改城父爲夷者也。」以夷田在濮水西者，與城父人。然則濮水即沙水之兼稱，得夏肥之通目矣。夏肥水自縣又東逕思善縣之故城南，又東爲高陂，又東爲大宗陂，在下蔡城西北百二十里。水出分爲二流：南爲〔夏〕肥水，北爲雞陂。夏肥水東流，左合雞水，水出雞陂，東流爲黄陂，又東南流積爲茅陂，即湄陂，王伯厚玉海云：「下蔡西北六十里有黄陂，八十里有鷄陂，東北八十里有湄陂，皆隋末廢，唐復置，溉田數百頃。」又東爲鷄水。呂氏春秋「宋人有取道者，其馬不進，投之鷄水」是也。鷄水又會肥水，而亂流東注于淮。淮水又北逕山硤中，謂之硤石，對岸山上結二城，以防津要。

又東北，經莫邪山西，過沙汭，歷塗山、荆山，左得過口。

淮水又東北，經趙步南。步在壽州東北。自州西北二十五里花黶鎮，沿淮東北下百餘里，抵趙步。坎岸爲道以上下，謂之步。又東北抵梁城灘，又東北二十五里抵洛口。洛澗水出定遠縣西九十里青河澗，西北流壽州東境，又北經懷遠縣西南，注于淮。其地有洛河鎮，去縣七十里。淮水又東北，經鳳陽縣西南莫邪山西。山去縣八十里。又東北，經懷遠縣南，沙水注之。又東北，歷塗山西、荆山東而北注。塗山在懷遠縣東南八里，荆山在縣治西南，城跨其上。方輿紀要：「淮水在縣東南一里，介在荆、塗兩峽間，今名洪頭，有巨石横亘若門限，每冬水淺則見。」淮水出峽，過水注之，謂之過口。水經注：淮水又北。逕下蔡縣故城東，本州來之城也。吴季札始封延陵後邑州來，故曰延州來矣。春秋哀公二年，蔡成公自新蔡遷于州來，謂下蔡也。淮之東岸又有一城，下蔡新城也。通典：「梁于硤石山下築城以拒魏。」即下蔡新城也。二城對據，翼帶淮濆。淮水東逕八公山北，歷潘城南，置潘溪戍，戍東側潘溪，吐川納淮，更相引注。又東，逕梁城，在今鳳陽縣西南九十里。通鑑注云：「梁城在鍾離西南，壽陽東北。」臨側淮川。川左有湄城，淮水左迆爲湄湖。淮水又右納洛川于西曲陽縣北，水分閻溪，北流絶横塘，北逕蕭亭東。又北，鵲甫溪水出〔東〕鵲甫谷，西北逕鵲甫亭南，西北注于洛水，北逕西曲陽縣故城東。應劭曰：「縣在淮曲之陽，下邳有曲陽，故是加西也。」城在今定遠縣西北九十五里，中都志：「壽州東北八十三里有西曲陽故城。」洛澗北歷秦墟，下注淮，謂之洛口。經所謂淮水逕壽春縣，北肥水〔從〕縣東北注者也。蓋經之謬矣。考川定土，即實爲非，是曰洛澗，非肥水也。淮水又北，逕莫邪山西。山在今鳳陽縣西南八十里。山南有陰陵故城，在今定遠縣西北六十里。後漢九江郡治。

水經淮水章：「又東，過當塗縣北，過水從西北來注之。」注云：

淮水自莫邪山東北逕馬頭城北，魏馬頭郡治，故當塗縣之故城也。呂氏春秋曰：「禹娶塗山氏女，不以私害公，自辛至甲四日復往治水，故江、淮之俗以辛、壬、癸、甲爲嫁娶日也。」禹〔娶〕〔墟〕在山西南，縣即其地也。城在今懷遠縣西南二十里。通鑑注云：「當塗故城，南、北朝兵争之際，爲馬頭郡。」輿程記云：「今縣西二十二里地名馬頭城，爲往來渡淮者必經之地。」淮水又東北，濠水出莫邪山東北溪，溪水西北引瀆逕禹墟北，又西流注于淮。淮水又北，沙水注之。淮之西岸有平阿縣故城，在今懷遠縣北三十里。郡國志「平阿縣有當塗山」。郡國志無「當」字。淮〔出〕于荆山之左，當塗之右，奔流二山之間，而揚濤北注也。淮水于荆山之北，過水東南注之，又東北，逕沛郡義城縣東。故城在懷遠縣東北十五里。

又東，濠水出鍾乳山，西南來注之。

淮水又東，經鳳陽縣北。去縣治十里。又東，經臨淮縣城北，有浮橋，自古津要也。濠水出鳳陽縣東南七十里鍾乳山，亦呼濠塘山。其一源出縣西南莫邪山。二川東北流。至三牛城西南五十里昇高山下而合。又東北至城東十五里，有石絶水，謂之濠梁。今呼九虹橋。又東北經三牛城東，城自唐已來爲濠州治，在臨淮縣西南二里，西去鳳陽縣治二十里，東去鍾離城六里。又東北，經臨淮縣城東而注于淮。今呼新河口。淮水又東北，有洲曰邵陽洲，去臨淮縣十八里。又東北，有洲曰乘龍洲，去縣四十里。又東，渙水、澮水自西北來，合流注之，東經浮山之陰。淮水又東北，經五河縣東。去縣治一里。渙水故瀆首受蒗蕩渠于陳留縣東北，東南流經杞縣南，又東南經睢州南，又東南經寧陵縣西南、柘城縣東北，又東經商丘縣南，又東經永城縣南。今睢水在縣南者，即渙之故瀆，至縣東南乃别于睢。已上渙水無遺迹可尋矣。又東經宿州西南，去州治五十里。又東，澮水自亳州分汴水枝津東流，經永城縣南。去縣治二十里。又東經宿州西南，注于渙。已下今亦謂之澮水。又東南，泡水自亳州東北舒安湖東流，經永城縣南。去縣治五十五里。又東經宿州南，去州治九十里。東地北注涣水。涣水又東南經靈璧縣南，去縣治七十里。又東南經五河縣治南，入于淮。淮水又東，潼水出虹縣西羊城湖，東南流經縣南。又東南，經五河縣東北。沱水出宿州東南六十里紫亭湖，東流經靈璧縣西南，去縣治四十里。又東南經虹縣西，又東南經五河縣北，又東注于潼水，潼水又東入于淮。淮水又東，歷巉石山南、浮山北。巉石山在五河縣東三十里。泗州西百一十里，俗呼鐵鎖嶺。浮山在盱眙縣西百四十里，亦曰臨淮山。通典云："浮山去鍾離郡九十里。"山下有穴，名浮山洞，夏潦不能及，冬涸不加高，浮山之名亦以此。五代周顯德四年，破南唐水軍于洞口，即浮山洞口也。水經淮水章："又東過鍾離縣北。"〔注云〕：

世本曰："鍾離，嬴姓。"應劭曰："縣故鍾離子國，楚滅之以爲縣。"故城在今臨淮縣東四里。豪水出陰陵縣之陽亭北，小屈有石穴，不測所窮，言穴出鍾乳，所未詳也。豪水東北流逕其縣西，又屈而南轉東，逕其城南。又北歷其城東，逕小城而北流注于淮。淮水又東，逕夏丘縣南。故城在今虹縣東一里。又東，涣水此處有闕文。西入九里注之。涣水又東南流逕雍丘縣故城南，城即今杞縣治。又東逕承匡城，在今睢州西三十里。又東逕襄邑縣故城南。即今睢州治。故承匡、襄牛之地，宋襄公之所葬，故號襄陵矣。

西有承匡城，春秋「會于承匡」者也。秦始皇以承匡卑濕，徙縣于襄陵也。陳留風俗傳曰：「縣南有渙水，故傳曰睢、渙之間出文章，天子郊廟御服出焉。」尚書所謂「厥篚織文」也。渙水又東南逕已吾縣故城南，城在今寧陵縣西南三十里。又東逕鄫城北，今睢州東南有鄫亭。春秋：「仲孫蔑會齊、曹、邾、杞，次于鄫。」杜預曰：「陳留襄邑縣東南有鄫城。」渙水又東南逕鄢城北，寰宇記：「柘城縣北三十有故鄢城。」新城南。又東南，左合明溝，溝水自〔蓬〕洪陂東南流，謂之明溝，下入渙水。又逕亳城北，帝王世紀曰：「穀熟爲南亳，即湯都也。」十三州志曰：「漢武帝分穀熟置。」春秋「宋公子御說奔于亳」者也。渙水又東逕穀熟城南，城在今商丘縣東南四十里。又東逕楊亭北。京相璠曰宋地，今睢陽東南三十有故楊梁〔城〕，西北去梁國八十里。渙水又東逕沛郡之建平縣故城南。城在今永城縣西南，章懷太子曰：「建平故城一名馬頭城。」又東逕酇縣故城南，今永城縣南二十里有酇城橋。春秋「公會諸侯及齊世子光于鄬。」今其地鄬聚是也。渙水又東南逕費亭南。又東逕銍縣故城南。城在今宿州南四十六里。又東，苞水出譙城北白汀陂，城在今夏邑縣北三十六里。陂水東流，逕酇縣南，又東逕鄲縣故城南，又東逕嵇山北，嵇氏故居，嵇本姓奚，會稽人也。先人自會稽遷于譙之銍縣，故爲嵇氏，取稽字之上以爲姓，蓋志本也。苞水東流入渙。渙水又東南逕蘄縣故城南，地理志曰會〔左〕（右），渙水又東逕穀陽縣，又東南逕穀陽故城東北，城在今靈璧縣西北七十五里。右與解水會。水上承縣西南解塘，東北流逕穀陽城南，即穀水也。又東北注于渙。渙水又東南逕白石戍南，逕〔虹〕（蛟）城南，洨水注之，水首受蘄水于蘄縣，東南流逕穀陽縣，八丈故瀆出焉。又東，長直故溝上承蘄水，南會于洨。洨水又東南流于洨縣故城北，城在靈璧縣。蘇林曰：「洨有垓下聚。」又東南入于淮。淮水又東，至巉石山。潼水首受潼縣西南潼陂，故僮城在今虹縣東北七十里。南逕沛國夏丘縣絶蘄水。〔又南〕逕夏丘縣故城西，又東南流逕臨潼戍西，又東南至巉石西南入淮。淮水又東，逕浮山。山北對巉石山。

又東，經龜山之陰。

淮水又東，經泗州南，去州治一里。盱眙縣北。去縣治二里。又東北，經龜山北。顧景范曰：「泗州與盱眙兩城相距凡七里，自昔爲淮流襟束之處，汴水自河南界流經州城東而合于淮，謂之汴口。」宋時以此爲漕運要衝，今惟涓流可辨耳。由州城而東三十里，龜山峙焉，淮流至此，乃益折而北。又二十餘里，而洪澤、富陵、泥墩、萬家等湖環匯于淮之東岸。淮水泛溢，恒在于此州，逼淮而地下故也。胡朏明曰：「古汴水東流經彭城縣北，而東入于泗。」唐貞元中，韓愈佐徐州幕，有詩云「汴泗交流郡城角」，是其時汴水猶于州城東北隅合泗入淮也，不知何年改流從夏邑、永城、宿州、靈璧、虹縣至泗州兩城間，而入于淮。宋時，東南之漕率由此以達京師，南渡後漸堙。元泰定初，河行故汴渠，仍于徐州合泗水至清口入淮，而泗州之汴口遂廢。水經注：

淮水又東，逕徐縣南。故城在泗州西北四十里。歷澗水導徐城西北徐陂，陂水南流〔絕〕蘄水，逕歷澗〔戍〕西，東南流注于淮。淮水又東，池水出東城縣東北，流逕東城縣故城南，故東城在今定遠縣東五十五里。又東北歷二山間，東北入于淮，謂之池口。淮水又東，蘄水注之。水首受睢水于穀熟城東北，城在商丘縣東南四十里。東逕建成縣故城北，城在亳州東北八十里。又東南逕蘄縣，故城在今宿州南三十六里。縣有大澤鄉，在州西南。南則洨水出焉。蘄水又東南，長直故瀆出焉，又東入夏丘縣，東絕潼水，逕夏丘縣故城北，又東南逕僮縣南，又東流入徐縣，東絕歷澗。又東逕大徐縣故城南，今泗州東北八十里有大徐城，括地志云：「徐城縣北四十里有大徐城，即古徐國。」又東流注于淮。今蘄水在宿州南已上湮斷，無遺迹可尋，已下東流經虹縣東，又東北至睢寧縣，歸于睢水，非復舊流矣。淮水又東，歷客山，在盱眙縣東北五里，下瞰淮流，亦名陡山。陡或作斗。明一統志云：「山與都梁山相接，當淮流之險峻。」逕盱眙縣故城（西）〔南〕。通鑑注云：「陡山之東，古盱眙也。」

東北歷洪澤湖，又東北得泗水。今河水徙由淮泗之交已下，河行淮之故瀆矣。淮水又北迆東，經洪澤湖西。湖在清河縣南六十里，長八十里。淮水又東北，經清河縣南。去縣治五里。泗水自左注之，謂之清口。淮自盱眙城北，東北至清口，百五十里。今河、淮會于清口。清口已西，河行泗之故道，已東行淮之故道也。水經注：淮水又東，逕廣陵淮陽城〔南〕，〔城〕北臨泗水，阻于二水之間。述征記，淮陽太守治。今泗州東北百里，有淮陽城，值清河縣西南。寰宇記云：「在徐城縣東北百五十里，西臨淮水。」水經淮水章：「又東北，至（不）〔下〕邳淮陰縣西。泗水從西北來注之。」注云：淮、泗之會，即角城也。魏高閭曰「角城去淮陽十八里」是也。寰宇記：「角城在宿遷縣東南一百一十里。」左右兩川，翼夾二水，決入之所，所謂泗口也。

故瀆東北經末口，又東北枝別爲游水，又東北入于海。游水自淮北出，歷朐山、羽山，北迆東，注于海。

淮水故道又東北經末口，在山陽縣北五里。又東北經安東縣南，去縣治二里。枝津左出爲游水，北流。沭水左瀆俗呼北漣水，自沭陽縣分流，東南逕宿州東北。相水自嶧縣西，東南流經縣南，又東南注沭水左瀆。又東南經海州南，注于游水。游水又北經朐山西，山在州南四里。又北經郯城縣東羽山西，山去縣治七十里。又北迆東，經贛榆縣北。又東北入于海。漢志「臨淮郡淮浦，游水北入海」是也。淮浦即今安東縣治，淮水又東北入于海。水經淮水章：「又東，過淮陰縣北。中(川)〔瀆〕水出白馬湖，東北注之。」注云：「淮水右岸即淮陰也。城西二里有公路浦。又東逕淮陰縣故城北，城在今清河縣東南五里。北臨淮水，縣有中瀆水，首受江于廣陵郡之江都縣，縣城臨江，在今江都縣西南四十里，故城已圮于江。昔吳將伐齊，北霸中國，自廣陵城東南築邗城，寰宇記：「邗溝城在揚州西四里蜀岡上，漢後已荒圮，謂之蕪城。」城下掘深溝，謂之韓江，亦曰邗溟溝，自江東北通射陽湖。在山陽縣東南七十里，長三百里。地理志所謂渠水也，西北至末口入淮。自永和中，江都水斷，其水上承歐陽，今儀徵縣東北十里歐陽埭。引江入埭，六十里至廣陵城，通鑑注魏曹丕登廣陵故城，「即蕪城矣」。城東水上有梁，謂之洛橋。中瀆水自廣陵北出武廣湖東，俗呼甕子湖。陸陽湖西，今作緑洋湖，在高郵州南三十里，其西即甕子湖。二湖東西相直五里，水出其間，下注樊梁湖，在高郵州西北五十里。舊道東北至博芝、射陽二湖，博芝在射陽之南，亦作博支。西北出夾邪，乃至山陽矣。至永和中，患湖道多風，陳敏因穿樊梁〔湖〕北口，下注津湖，津湖在寶應縣南六十里。逕渡，渡十二里方達北口，直至夾邪。興寧中，復以津湖多風，又自湖南(北)口沿東岸二十里，穿渠入北口，自後行者不復由湖。自廣陵出山陽白馬湖，在寶應縣西北十五里。逕山陽城西，即射陽縣之故城也。在山陽縣東南。中瀆又東，謂之山陽浦，又東入淮，謂之山陽口。

水經：「又東，兩小水流注之。」注云：

淮水左逕泗水國南，故東海郡也。淩水注之，水出淩縣，東流逕其縣故城東，城在宿遷縣東南五十里。而東南流注于淮，即經所謂小水者也。

水經：「又東，至廣陵淮浦縣入于海。」注云：

應劭曰（浦岸）〔淮崖〕也。蓋側淮（瀆）〔瀆〕故受此名。淮水于縣枝分，北爲游水，歷朐縣與沭水合。又逕朐山西，山側有朐縣故城。即今海洲治。東北海中有大洲，謂之郁洲，今郁洲治。洲在海洲東北十九里，周數百里。通典云：「郁洲即田横所保。」游水又北逕東海利城縣故城東，城在今贛榆縣西南六十里。又北歷羽山西，又北逕祝其縣故城西。城在贛榆縣西五十里。縣之東有夾口浦。游水左逕琅琊計斤縣故城西。地理志曰：「莒子始起于此，後徙莒，故世謂之南莒也。」在贛榆縣北三十里，俗呼鹽倉城。游水又北逕贛榆縣北，故城在今縣北六十里。又東北逕紀鄣故城南，城在贛榆縣北七十五里。東北入海。爾雅：「淮別爲滸。」游水亦枝稱者也。

水經注：

沭水南逕建陵山西，山在沭陽縣西北百里。魏正（元）〔光〕中立大堨，遏水西流。沭水左瀆自大堰水斷，故瀆自下堰東南逕司吾城東，城在今宿遷縣北。又東南歷柤口城中。柤水出于楚之柤地，春秋「會吴于柤」，京相璠曰宋地，今彭城偪陽縣西北有柤水溝，去偪陽八十里。東南流逕偪陽縣故城東北，城在今嶧縣南五十里。偪陽，妘姓也。柤水南，亂于沂而注于沭，謂之柤口。東南至朐縣入游。

汝水出大盂山東北，經狼皋山之陽。

汝水出魯山縣西南盂山。山去縣治七十里，山頂平坳，四圍若城，俗呼太團城、小團城山。其水東北流，經伊陽縣西南太和山，北有太和谷。北魏于此置城，曰太和城。汝水又東北，經伊陽縣南，地志云：「縣南八里有窄口，汝水所經也。」魯山縣北。又東北經汝州西狼皋山南。山去州治六十里，州西廣成澤，周百里，去州四十里，漢置廣成苑于此。苑内有温泉，九源，東流，南注廣成澤。澤水東南入汝，汝水又東經州南。去州治五里。水經：「汝水出河南梁縣勉鄉西天息山。」在伊陽縣西二十里。注云：

地理志曰「出高陵山，即猛山也。」在舞陽縣北定陵城西。亦言出南陽魯陽縣之大盂山，唐初改魯陽曰魯山。又言出弘農盧氏縣還歸山。博物志曰汝出燕泉山，竝異名也。余以永平中蒙（陽）〔除〕魯陽太守，會上臺下列山川圖，以方誌參差，遂令尋其源流。汝水西出魯陽縣之大盂山蒙柏谷，巖鄣深高，山岫邃密，石徑崎嶇，人蹟裁交，西即盧氏界也。其水東北流，逕太和城西。城在今伊陽縣西南。又東流，逕其北。又東屆堯山西嶺下，山在魯山縣西四十里。水流兩分，一水東逕堯山南，爲滍水；一水東北出，爲汝水，歷蒙柏谷，左右岫壑争深，山阜競高，夾水層松茂柏，傾山蔭渚，故世人以名也。津流不已，北歷長白沙口，狐白溪水注之，夾岸沙漲若雪，其水南出狐白川，北流注汝水，又東北趣狼皋山也。

水經：「東過其縣北。」注云：

汝水自狼皋山東出峽，謂之汝阨也。東歷麻解城北，故鄤鄉城也，謂之蠻中。左傳「單浮餘圍蠻氏」者也。俗以爲麻解城，蓋蠻、麻聲讀近故也。今汝州西南有蠻城。汝水又逕周平城南，京相璠曰「霍陽山在周平城東南」者也。汝水又東，三屯谷水出南山，北流逕石（塲）〔堨〕東〔七〕，柱側刊曰：河南界。又有一碣題云：洛陽南界。其水又北流，注于汝。汝水又東，廣成澤水出狼皋山北澤中，東南流逕温泉南，温水數源，揚波于川，東南注廣成澤水，澤水又東南入于汝。汝水又東，得魯公水口，水上承陽人城東魯公陂。城古梁之陽人聚也。秦滅東周，徙其君于此。陂水東南流，合于澗水。水出（兆）〔北〕山，南流注之，又亂流注于汝。汝水之右，有霍陽聚，汝水逕其北，東合霍陽山水，水出南山，東北流逕霍陽聚東。春秋左傳「哀公四年，楚襲梁及霍。」服虔曰：「梁、霍，周南鄙也。」又逕梁城西，春秋周小邑也，于戰國爲南梁矣。故經云汝水逕其縣北，俗謂之治城，非也，以北有注城故也。今置治城縣治。霍陽山〔水〕又東北流注于汝。汝水又左合三里水，水北出梁縣西北，而東南流逕其縣故城西，故罴狐聚也。在汝州西北三十里。又東南逕注城南，史記「魏文侯三十（三）〔二〕年，敗秦于注」者也。在汝州西四十五里。括地志：「梁城在汝南，注城在汝北。」又與一水合，水發注城東坂下，東南流，注三里水，又亂流入于汝。汝水又東逕成安縣故城北，城在汝州西。又東爲周公渡，又東，黄水出梁山東南，逕周承休縣故城東，即今汝州治。爲承休水。漢武帝元鼎四年，幸雒陽，巡省豫州，觀于周室，邈而無祀，詢問耆老，乃得孽子嘉，封爲周子南君，以奉周祀。其水又東南逕白茅臺東，又南逕〔梁〕瞿鄉西，水積爲陂，世謂之黄陂，東轉逕其城南東流，右合汝水。

汝水又東南，經寶豐縣南。去縣治二里。又東南爲湖，廣二十里。名楊家湖，志云唐楊汝士居此，因名。又東南，扈澗水出郟縣北扈陽山，山去縣治三十里，即大劉山也。其水南流經縣西，去縣治十里。西南注汝。汝水又東南，經郟縣南。去縣治十里。又東南，經葉縣北。又東南，

東迆南，得湛水，東南枝別爲濆水。又東南，得泜水。

湛水注之。又東南，枝津左出爲濆水。又東南，經襄城縣西，泜水注之。又東南經縣南，水南有石堰，長五里。水經汝水章：「又東南（逕）〔過〕潁川郟縣南。」注云：

汝水東與張磨泉合，水發北阜，春夏水盛，則南注汝水。汝水又東，分爲西長湖。湖水南北五十餘步，東西三百步。汝水又東，扈澗水北出大劉山，南逕（水）〔木〕蓼堆東、郟城西，即今郟縣治。南流入于汝水。又右池爲湖，湖水南北八九十步，東西四五百步，俗謂之東長湖。湖水下入汝，古養水也。水出魯陽縣北將孤山北長岡下，數泉俱發，東歷永仁三堆南。又東逕沙川，世謂之沙水，歷山符壘北。又東逕沙亭南，故養陰里也。京相璠曰「在襄城郟縣西南」，俗名之爲沙城，非也。城處水之陽，而以陰爲稱，裂溉互移，致令川渠易容，津途（狀改）〔改狀〕，故物望疑焉。又右會堇溝水，水出沛公壘西六十許步，東北注養水。養水又東北入東長湖，亂注汝水也。汝水又逕郟縣故城南，潡水出魯陽縣之將孤山，東南流，東入父城縣，郟縣西四十里有父城。與桓水會。桓水出魯陽北山，水有二源，奇導于賈復城，合（一）爲一瀆，逕賈復城北，復南擊郾所築也。其水東北流至父城縣北，右注潡水，亂流又東北至郟入汝。汝水東南左合藍水，水出陽翟縣重嶺山，今禹州治，即陽翟城。東南流，逕紀氏城西。在郟城東北十餘里，其水又東南逕黃阜東，而南入汝。汝水又東南，白溝水出

(亭城西而南逕)夏亭城西，又南逕龍城西，城西北即摩陂也，在郟縣南。縱廣可十五里，魏青龍元年有龍見于郟之摩陂，明帝幸陂，觀龍于是，改摩陂曰龍陂，其城曰龍城。其水又南入于汝。汝水又東南，龍山水北流際父城縣故城東。又東北流，與二水合，俱出龍山，北流注之，又東北入于汝。汝水又東南，逕襄城縣故城南。其城南對汜城，在今襄城縣城南。京相璠曰周襄王居之，故曰襄城也。今置關于其下。汝水又東南，逕西不羹城南，城在襄城縣東南。又東南逕繁丘城南，而東南注。

水經：「又東南，過定陵縣北。」注云：

汝水又東南，逕定陵縣故城北。城在今舞陽縣北。水右則滍水左入焉，左則百尺溝出矣。溝水夾岸層崇，亦謂之爲百尺隄也。自定陵城北通潁水于襄城縣，潁盛則南播，汝泆則北注。溝在舞陽縣東北。溝之東有澄潭，號曰龍淵，在汝北四里許，南北百步，東西二百步，水至清深，(嘗)〔常〕不耗竭，佳饒魚筍。湖溢則東注滶水矣。汝水又東南，昆水注之。水出魯陽縣唐山，東南流逕昆陽縣故城西，又屈逕其城南，城在今葉縣北二十五里。又東逕定陵城南，又東注〔汝〕水，今昆水于舞陽入沙水，蓋水道徙矣。汝水又東，逕奇額城西北，今南潁川郡治也。在葉縣東北二十三里。濆水出焉。又東南，醴水出衡山，西南注之。

汝水又東南，經郾城縣北。醴水出南陽縣北衡山，山去縣治七十五里。其水東流，經葉縣北，縣西南苦(萊)〔菜〕山之水東流注之，俗呼燒車水，言漢光武燒王尋輜重于此，故因以名。又東，縣西城方城山之水北流爲陂，謂之葉西陂，東經城南而東北注于醴水。醴水又東經舞陽縣北，又東經郾城縣南，又東迆北注于汝。方輿紀要：「醴河經縣南境，至縣東螺灣渡，北流合汝河」。水經：「又東南過郾縣北。」注云：

汝水逕奇額城西，東南流。其城衿帶兩水，側背雙流。汝水又東南流，逕郾縣故城北，故魏下邑也，史記楚昭王伐魏取郾是也。即今郾城縣治。汝水又東，得醴(口水)〔水口〕，出南陽雉(山)〔縣〕，馬融廣成頌曰面據衡陰，指謂是山。在雉縣界，故世謂之雉衡山。醴水東流，歷唐山下，即(唐)〔高〕鳳所隱之山也。醴水又東南，與皋水合，水發皋山，東流注于醴水。醴水又東南，逕唐城北，南入城而西流出城，又屈而東南逕葉縣故城北。城在今縣東二十里。春秋：「昭公十五年，許遷于葉者也。」醴水又逕其城東，與燒車水合，水西出苦(萊)〔菜〕山山，東流側葉城南而下注醴水。醴水又東，與葉西陂水會。縣南有方城山，屈完所謂楚國方城以爲城者也。山有湧泉，北流畜之以爲陂。故塘方二里，陂水散流，又東逕葉城南而東北注醴水。醴水又東注葉陂。陂東西十里，南北七里，二陂並諸梁之所堨也。陂水又東逕㵲陽縣故城北，又東〔逕〕定陵城南，東與芹溝〔水〕合。其水導源葉縣，東逕潕陽城北，又東逕定陵縣南，又東南流注醴水。其水逕流昆、醴之間，纏絡四縣之中，疑即呂忱所謂峴水也。醴水東逕郾縣故城南，左入汝。汝水又東南流，逕鄧城西，城在郾城縣東南三十五里，亦曰鄧襄城。春秋左傳桓公二年，蔡侯、鄭伯會于鄧者也。

又東南，潕水西南來注之。

汝水又東南，潕水出泌陽縣北，平地騰湧，東北流，經舞陽縣東南，又東北注于汝。水經注：

汝水又東南流，潕水注之。

水經：「潕水出潕陰縣西北扶予山，東過其縣南。」注云：山海經曰：「朝歌之山，潕水出焉，東〔南〕流注于滎。」經書扶予者，其山之異名乎？滎水上承赭水，東流，左與西遼水合。又東，東遼水注之，俱導北山，而南流注于滎。滎水又東北，于潕陰縣北，故城在今泌陽縣北十里。左會潕水，不（得）出其縣南。城之東有馬仁陂，在今泌陽縣西北七十里，南與唐縣北接境。陂水三周其隍，潕水不得復逕其南也。且邑號潕陰，故無出南之理。潕水又東〔北〕，澧水注之，水出雉衡山，東南逕建城東。建，當爲卷字，讀誤耳。郡國志：「葉縣有卷城。」其水又東流入于潕。

潕水東北逕于東山西，西流入潕。上有脱文。潕水之左即黄城山也，水出黄城山，東北逕方城。郭仲産曰：「苦（萊）〔菜〕、于東之間有（方）〔小〕城，名方城，東臨溪水，苦（萊）〔菜〕即黄城也，及于東，通爲方城矣。」世謂之方城山，水東流注潕水。盛弘之云：「葉東界有故城，始犨縣東，至瀙水，達泚陽界，南北聯聯數百里，號爲方城，一謂之長城云。」酈縣有故城一面，未詳里數，號爲長城，即此城之西隅。其間相去六百里，若南北雖無基築，皆連山相接，而漢水流其南，故屈完答齊桓公云：「楚國，方城以爲城，漢水以爲池。」潕水又東北，歷舞陽縣故城南。

水經：「又東過西平縣北。」注云：縣，故柏國也。其西吕墟，即西陵亭也。晉太康地理志曰：縣有龍泉水，可以砥礪刀劍，特堅利，是以龍泉之劍爲楚寶也。縣出名金，古有鐵官。

水經：「又東過郾縣南。」注云：郾縣故城去此遠矣，不得過。

水經：「又東過定潁縣北，東入于汝。」注云：漢安帝永初二年，分汝南郡之上蔡縣置定潁縣。故城在上蔡縣北。

又東南，瀙水出慈丘之山，西來注之。

汝水又東南，經西平縣城北。去縣治二里，志云：「汝水在縣城西，水漲時派分入城，自西水門入，由東水門出，後數泛溢侵城郭，乃移水道于城北二里。」又東南，經上蔡縣西。去縣治五十里。又東南，經汝陽縣西。瀙水出唐縣東慈丘山，山去縣治七十里，即中陽山也。漢志：「南陽郡舞陰，中陰山，瀙水所出，東至蔡入汝。」許叔重說文解字：「瀙水出南陽舞陽縣中陽山，入潁。」縣當從漢志作舞陰，山當從說文作中陽。其水東北流，經舞陽縣南。又東南，經泌陽縣東北象河關，關去縣百二十里，爲東出遂平、西平，北達舞陽、葉之隘道。瀙水又東經遂平縣南，歧而二：其一東北流，瀷水出縣南，西來注之，又東至汝陽縣西北黄埠西，去縣治四十里。池而東南注于汝；其一東南流至汝陽縣西北，注于汝。水經汝水章：「又東南，過汝南上蔡縣西。」注云：「縣，故蔡國，周武王克殷，封其弟叔度于蔡。世本曰：『上蔡也。』」故城在今縣西南十里。

水經：「瀙水出潕陰縣東上界山。」注云：「山海經謂之視水也。郭景純注，或曰『視』宜爲『瀙』，出葴山。許慎云出中陽山，皆山之殊目也。而東與（此）〔泌〕水合，此句上有脱誤。水出潕陰縣旱山，東北流注瀙水。瀙水又東北，殺水出西南大熟之山，東北流入于瀙。瀙又東，得奥水口，水西出奥山，東入于瀙水。」

水經：「東過吴房縣南，故城即今遂平縣治。又東過灈陽縣南。」故城在遂平縣東南。注云：

應劭曰，灈水〔出〕吴房縣，東入溵，縣之西北，即兩川之交會也。

水經：「又東過上蔡縣南，東入汝。」

水經：「灈水出汝南吴房縣西北(興)〔奥〕山，東過其縣北，入于汝。」注云：縣西北有棠谿城，故房子國。今遂平縣西北百里有棠谿城。春秋定公五年，吴王闔閭弟夫槩奔楚，封之于棠谿，故曰吴房也。括地志：「棠谿城在郾城縣西八十五里。」郾城之西即遂平西北。山溪有白羊淵水，淵水下合灈水，灈水東逕灈陽縣故城西，東流入溵水，亂流逕其縣南，東入于汝。

又東南，練水出朗山，西來注之。

汝水又東南，練水出確山縣西北朗山。宋改曰樂山。山去縣治四十里，水出其麓，左右多軍壘，亦曰黄西水，東流經汝陽縣，又有練江之目，至城西北注于汝。汝水又東，經城北。秦觀曰：「汝水故道已亡，惟存别枝，水潦暴降，郡城恒有漲溢之患。」今城西北有黄公隄，又有岳公隄，皆在汝河東岸，逶迤五十里，廣四丈，高倍之，水漲時百里内皆蒙其利。萬曆中，按察司黄煒、邑令岳和聲所築，因名。

水經注：

汝水又東，逕懸瓠城北，今豫州刺史汝南郡治。即今汝寧府城，倚郭汝陽縣。城之西北，汝水枝别左出，西北流，又屈西東轉，又西南會汝，形若垂瓠，灣中有地數頃，上有栗園，栗小，殊不竝（故）〔固〕安之實也，然歲貢三百石，以充天府。水渚即栗州也。

又東南，溱水出桐柏山，西來注之。

汝水又東。溱水出桐柏縣桐柏山，東流經確山縣南，去縣治三十里。又東北經汝陽縣南，去縣治十八里。又東注于汝，謂之溱口。方輿紀要云：「溱水復分流東南出，逕平輿、安城故縣北，又折而南入真陽縣境，復東南流入息縣界，又東北經新蔡縣之官津店入于汝。」水經汝水章：「又東南，過平輿縣南。」注云：

溱水出浮石嶺北青衣山，亦謂之青衣水也。東南逕朗陵縣故城西。今確山縣西南三十五里有朗陵城。應劭曰：「西南有朗陵山，在確山縣西南四十里，俗呼馬鞍山。縣以氏焉。」溱水又南屈逕其縣南，又東北逕北宜春縣故城北，今汝陽縣西南六十七里有宜春城，後漢曰北宜春。又東北逕馬香城北，又東北入汝。汝水又東南。逕平輿縣南，安成縣故城北。二城竝在汝陽縣東南七十里。

又東南，得澺水。

汝水又東南，經新蔡縣南。去縣治十里有官津。又東南，澺水與瀙水別自左注之。汝水又東南，經息縣東北。青陂上承正陽縣瀙水，西來結而爲陂。陂在新蔡縣西南，其水東南注于汝。水經注：

汝水又東南，陂水首受慎水于慎陽縣故城南陂。陂水兩分：一水自陂北遶慎陽城四圍城塹，塹水又自瀆東北流注（七）〔北〕陂；一水自陂東北流積爲（同）〔鮦〕陂。陂水又東北，又結而爲陂，世謂之窖陂。陂水上承慎陽縣北陂，東北流積而爲土陂。陂水又東爲窖陂，陂水又東南流注壁陂，陂水又東北爲太陂，陂水又東入汝。汝水又東南，逕平陵亭北。又東南，逕陽遂鄉北。又東，逕櫟亭北，春秋之棘櫟也。杜預曰：「汝陰新蔡縣東北有櫟亭。」今城在新蔡故城西北，城北半淪水。今新蔡縣北二十五里有櫟城，俗呼野櫟店。汝水又東南，逕新蔡縣故城南，本呂地也。汝水又東南，左會澺水。又東南，逕下桑里，左迆爲横塘陂。又東北，爲青陂。又東南，逕壺丘城北。春秋左傳「文公九年，楚侵陳克壺丘」是也。汝水又東，青陂水上承慎水于慎陽縣之上慎陂右溝，北注馬城陂。陂西有黄丘亭。陂水于東逕新息亭北，又東爲鮦陂。陂水又東逕新息縣，結爲牆陂。陂水又東逕遂鄉東南而爲壁陂，又東爲青陂，陂東對大吕亭，春秋外傳曰：「南有荆蠻申、吕，姜姓矣。」西南有小吕亭，故此稱大也。漢建寧三年，新蔡長河南緱氏李言上請脩復青陂，司徒臣訓、尚書臣龔奏可（于）洛陽宫，〔于〕青陂東塘南樹碑，稱青陂在縣坤地，源起桐柏淮川，别流入于潺湲，逕新息牆陂，衍入褒信界，灌溉五百餘頃。陂水又東分爲二水：一水南入淮，一水東南逕白亭北，又東逕吴城南。史記「楚惠王二年，子西召太子建之子白勝于吴」，勝入居之，故曰吴(勝)〔城〕也。又東北屈逕壺丘東而北流，注于汝，世謂之溝溪水。汝水又東，逕褒信縣故城北而東注。」今息縣東北七十里有褒信城。

東南入于淮。

汝水又東南，經阜陽縣南，去縣治百里。而南入于淮。潁州志云：「汝水東北流至桃花店入州界，又東至永安廢縣，環地理故城，至朱皋鎮入于淮。」方輿紀要：「州西南百一十里汝水財州城，又西三十里有永安城，武德四年于汝水北岸置永安縣，尋廢，其市井猶存。州南百一十里汝水之陽有地理城。」水經：「又東至原鹿縣。」

注云：

汝水東南逕縣故城西。

水經：「南入于淮。」注云：

所謂汝口，側水有汝口戍，淮、汝之交會也。

湛水出魚齒山，東南流入于汝。

湛水出汝州東南魚齒山，山去州治五十里，其水東南流經葉縣北，去縣三十里。東南注汝。

水經注汝水章：

湛水出犨縣北魚齒山西北，今魯山縣東南五十里有犨城。東南流，歷魚齒山下爲湛浦，方五十餘步。春秋：「楚公子格及晉師戰于湛阪。」今水北悉枕翼山阜，于父城東南，湛水之北，山有長阪，蓋即湛水以名阪，故有湛阪之名也。湛水又東南逕蒲城北，京相璠曰「昆陽縣北有蒲城，蒲城北有湛水」者也。今葉縣東北有蒲城。湛水又東，于汝水九曲北東入汝。周禮：「荆州，其（浸）〔浸〕潁、湛。」鄭玄云：「未聞。」蓋偶有不照也。

波水出孤山，其南源出堯山，謂之泜水，合爲一川東流，魯關水南來注之。

波水出魯陽縣西孤山，俗呼歇馬嶺。其水南流與泜水合。泜水出縣西堯山。山去縣治四十里，亦曰大龍山，東流合于波水。已下互受通稱。周官經職方氏：「豫州，其（侵）〔浸〕波、溠。」左氏春秋：「晉陽處父侵蔡，楚子上救蔡，與晉師夾泜而軍。」杜注云：「泜水出魯陽縣，東經襄城定陵入汝。」水經作滍水。「滍」，即「泜」也。波、泜之水東流，經魯山縣南。魯關水出南陽縣北七十里分水嶺。嶺南之水入于淯，嶺北則魯關水出焉，東北流經南召縣北魯陽關南。去關七里。史記「趙惠文王九年，趙梁將兵，與齊合軍攻韓，至魯關下」是也。關控據險要，通典：汝州魯山縣，後周置三鵶鎮，在縣西南十九里，亦名平高城，以禦齊。齊亦于縣東北十七里置魯城，以禦周。」今三鴨路，自南陽縣北六十里向城而北曰石川，一名百重山。爲三鵶之第一。其北，分水嶺而北爲第二。由向城而北八十里爲魯陽關，在南召縣北五十里，魯山縣西南九十里，爲第三。北周建德四年，韋孝寬陳伐齊之策：一曰廣州義旅出自三鵶〔八〕，廣州治即今魯山縣。一曰三鵶已北、萬春已南，洛陽宮城正東曰萬春門。廣事屯田，預爲積備。魯關水又東北注于泜。水經：「滍水出南陽魯陽縣西之堯山。」注云：

堯之末孫劉累以龍食帝孔甲，孔甲又求之，不得，累懼而遷于魯縣，立堯祠于西山，謂之堯山。堯山在太和城東北，滍水出焉。歷太和川，東逕小和川，又東，温泉水注之，水出北山，七泉奇發，炎熱特甚。闞駰曰：「縣有湯水，可以療疾。」湯側又有寒泉，地勢不殊，而炎涼異致，雖隆火盛日，肅若冰谷。渾流同溪，南流注滍水。滍水又東逕胡〔木〕山，東流，又會温泉口，水出北山阜，炎勢奇毒，痾疾之徒，無能澡其衝漂。救瘵者，咸去湯十許步別池，然後可入。湯側有石銘云皇女湯，可以療萬疾者也。滍水又東，房陽川水出南陽雉縣西房陽川，北流注滍。滍水之北有積石焉，世謂女靈山。其山平地介立，不連岡以成高；峻石孤峙，不託勢以自遠。四面壁絶，極能靈舉，遠望亭亭，狀若單楹插霄矣。北面有如頹落，劣得通步。滍水又與波水合，水出霍陽西川大嶺東谷，俗謂之歇馬嶺，川曰廣陽川，非也，即應劭所謂孤山，波水所出也。其水又南逕蠻城下，蓋蠻別邑也。波水又南，分三川于白亭東，而滍水俱南入滍水。滍水自下，兼波水之通稱也。是故闞駰有東北至定陵入汝之文。滍水又東南，逕魯陽縣故城南。城即劉累之故邑也，有魯山，縣居其陽，故因名焉。滍水右合魯陽關水，水出魯陽關外分頭山橫嶺下夾谷，東北出，入滍。

東南經魯山之陽。

滍水東南經汝州魚齒山南。又東南，經葉縣東北。去縣治一里。又東，魯山縣西吳大嶺之水東流，經縣南。去縣治五里。又東，經葉縣北。去縣治二十里。又東南，合于泜水。又東，經舞陽縣東北。又東，至襄城縣西，入于汝。晉杜預鎮襄陽，引滍、淯之水，浸良田萬頃。

水經注：

滍水又東北，牛蘭水發縣北牛蘭山，東南逕魯陽城東。又東南，柏樹溪水出魯山北峽谷中，東南流逕魯山西，而南合牛蘭水。又東南，逕魯山南、南注于滍。滍水東逕應城南，城在魯陽縣東三十里。彭水注之，俗謂之小滍水，出魯陽縣南彭山蟻塢東麓，山在魯陽縣東南二十里。北流，逕彭山西。又東北流，直應城南而入滍。滍水又左合橋水，水出魯陽縣北恃山東南，逕應山北，又南逕應城西，謂之應水。滍水又東，逕犨縣故城北，出于魚齒山下。春秋「襄公十八年，楚伐鄭，次于魚陵，涉于魚齒之下」。所涉即滍水也。又東，犨水注之。水有二源：東源出其縣西南踐犢山東崖下，水方五十許步，不測其深，東北流逕犨縣南，又東北屈逕其縣東，而北合西源水。西源出縣西南頹山北阜下，東北逕犨城西，又屈逕其縣北，東合右水，亂流北注于滍。滍水又東南，逕昆陽縣故城北。

水經：「東北過潁川定陵縣西北，又東過郾縣南，東入于汝。」注云：

滍水東逕西不羹亭南。亭北背汝水，于定陵城北，東入汝。郾縣在南，不得過。

濆水首受汝東北流，枝渠左别爲大㶏水，東注潁。

濆水自葉縣東北别于汝，東北流。枝津左出爲大㶏水，東流經郾城縣南。又東，經商水縣北。又東流二十里，注于潁。水經注汝水篇：

汝水東南，逕奇額城西北，濆水出焉，世謂之大㶏水。爾雅：「汝有濆。」然則濆者，汝别也，故其下夾水之邑，猶流汝陽之名。

㶏水章：

汝水于奇額城西，别東派，時人謂之〔大〕㶏水。東北流，枝濆右出，世人謂之死汝也。别汝又東北，逕召陵城北，城在郾城縣東四十五里。練溝出焉。汝水又東，汾溝出焉。别汝又東，逕征羌城北，城在郾城縣東南。水南有汾陂，俗音「糞」。汾水自别汝東注而爲此陂，水積征羌城北四五里，方三十里許。濆左合小㶏水，水上承狼陂南流，名曰䨜水。青陵陂水自陂東注之。東迴又謂之小㶏水，而南注于大㶏水。大㶏水取稱，蓋藉㶏（汾）〔沿〕注而總受其目矣。又東逕西華縣故城南，又東逕汝陽縣故城北，城在今商水縣西北。東注于潁。

又東北，岐而二，左濆東流注潁。

濆水自枝津又東北，分爲二濆。左濆東南經郾城縣南，又東經商水縣南，又東南經項城縣西，又東南經新蔡縣北，又東經阜陽縣西，北注于潁。水經注潁水章：汝水枝津上承汝水別濆于奇額城東三十里，東南逕召陵縣故城南。春秋左傳齊桓公師于召陵，即此處也。城内有大井，徑數丈，水至清深。又東南逕征羌縣，故召陵縣之安陵鄉安陵亭也。建武十一年，以封中郎將來歙，歙以征定西羌功，故更名征羌。汝水別濆又東逕公路臺北，臺臨水，方百步，袁術所築。汝水別溝又東逕西門城，即南利也。城北三十里有熟城，號曰北利。故濆出于二利之間，間關汝陽之縣，世名之死汝，縣取水名，故曰汝陽。又東逕南頓縣故城，即今商水縣。又東南逕鮦陽城北，城在今新蔡縣北五十里。又東逕邸鄉城北，又東逕固始縣故城北。今在沈丘縣。地理志，縣，故寑也，寑丘在南，在縣南百步。別汝又東逕蔡岡北。在上蔡縣東五十里。又東北，逕胡城南，城在阜陽縣西北二里。而東歷汝陰縣故城西北，即今潁州府治，倚郭阜陽縣。東入潁水。

右瀆東南流，謂之澺水，注于汝。

瀆水右瀆，東南爲練溝，經郾城縣南，又東南經西平縣東，縣北十五里葦陂之水東流注之。俗呼周家泊。又東南經上蔡縣東，又東南經汝陽縣東北，去縣治十里，俗呼洪河爲澺水。又東經新蔡縣北，去縣治四里。又東南注于汝。水經注汝水章：

澺水上承汝水別流于奇額城東，東南流爲練溝，逕召陵縣西，東南流注，至上蔡西岡北爲黃陵陂。陂〔水〕東流于上蔡岡東爲蔡塘，又東逕平輿縣故城南爲澺水。縣，舊沈國也，有沈亭，本汝南郡治。澺水又東南，左池爲葛陂，在新蔡縣西北。明一統志：「汝陽縣西南三十里有葛陂。」蓋二縣接境。陂方數十里，陂水東出爲鮦水，俗謂之三丈陂，亦曰三嚴水。水逕鮦陽縣故城南。鮦陂東注爲富水，水積之處，謂之陂塘，津渠交絡，枝布川隰矣。澺水自葛陂東南逕新蔡縣故城東，而東南注于汝。

潁水出陽乾山，東經箕山之陰。

潁水出登封縣東陽乾山。山去縣二十五里，外方、少室之水皆流合焉。漢志：「潁川郡崈高，武帝置，以奉太室山，是爲中岳，古文以崈高爲外方也。師古曰：「崈，古崇字。」陽城陽乾山，潁水所出，東至下蔡入淮，過郡三，潁川、淮陽、沛。行千五百里。」崈高，即今登封，陽城故縣在東，相去二十八里。太室山在登封縣北十里，有外方、嵩高之目。少室山在縣西十七里，潁水控引山溪，東經箕山北，山在縣東南三十里，有嶍阪關，東出陽翟、許昌之道，其山亦呼嶍嶺。水經：「潁水出潁川陽城縣西北少室山。」注云：潁水有三源奇發，右水出陽乾山之潁谷。春秋潁考叔爲其封人。其水東北流。中水導源少室通阜。東南流逕負黍亭東。春秋「定公六年，鄭伐馮、滑、負黍」者也。馮敬通顯志賦曰：「求善卷之所在，遇許由于負黍。」京相璠曰「負黍在潁川陽城縣西北二十七里」，世謂之黃城也。亦或謂是水爲㶟水，東與右水合。左水出少室南溪，東合潁水。

水經：「東南過其縣南。」注云：潁水又東，五渡水導源崇高縣東北太室山東溪。春夏雨泛，水自山頂迭相灌澍，嶍流相承，爲二十八浦。（陽）暘旱輟津，石潭不耗，山下大（澤）（潭）周數里，而清深肅潔，水中有立石，高十餘丈，廣二十許步，上甚平整。其水東南流逕陽城西，石溜縈委，溯者五涉，故亦謂之五渡水，東南流入潁。五渡水在登封縣東北十五里。方輿紀要：「少陽河在縣西南十五里，源出少室山，入潁。縣西北八里又有雙溪水，源出嵩山麓，亦南流入潁。」潁水逕其縣故城南，周公以土圭測日景處。縣南對〔箕〕山，山上有許由冢，潁水逕其北，東與龍淵水合，其水導源龍淵，東南流逕陽城北，又東南入于潁。

又東，經禹山之陰。

潁水又東經禹州北。有禹山，在州城北，潁水之南。水經注：潁水又東，平洛溪水發玉女臺下平洛澗。呂忱所謂勺水出陽城山，蓋斯水也。又東南注于潁。潁水又東出陽（城）關，歷康城南，城在禹州西北三十里。夏少康故邑也。

水經：「又東南過陽翟縣北。」注云：潁水東南流經陽關聚，夾水相對，俗謂之東西二土城也。潁水又逕上棘城西，城在禹州南。又屈逕其城南。春秋左傳襄公十八年，「楚師伐鄭，城上棘以涉潁」者也。縣西有故堰，舊遏潁水枝流所出也。其故瀆東南逕三封山北，山在禹州西南二十里。今無水。渠中有泉流出，時人謂之嵎水，東逕三封山東，東南歷大陵西連山，亦曰啓筮亭，即鈞臺也。在禹州城北門外。春秋左傳曰「夏有鈞臺之饗」是也。其水又東南流，水積爲陂，陂方十里，俗謂之（鈞）臺陂。又西南流逕夏亭城西，又屈而南爲郟之摩陂。潁水自堨東逕陽翟故城北，今禹州治。夏禹始封于此爲夏國，故武王至周曰：「吾其有夏之居乎？」遂營洛邑。徐廣曰：「河南陽城陽翟，則夏地也。」春秋：「鄭伯突入于櫟。」服虔曰：「檀伯，鄭守櫟大夫；櫟，鄭之大都。」宋忠曰：「今陽翟也。」周末，韓景侯自新鄭徙都之。王隱曰：「翟本櫟也。」故潁川郡治也。

又東南，溴水出大騩山，北來注之。

潁水又東南經襄城縣北，有潁橋鎮，去縣治十五里。俗呼潁水曰渚河。又東南，經許州西。去州治四十里。又東南，〔經〕臨潁縣北。溴水出新鄭縣西南大騩山，山去縣治四十里。國語所謂「主芣、騩而食溱、洧」者也。漢志：「河南郡密，故國。有大騩山，溴水所出，南至臨潁入潁。」故密城在今密縣東南三十里，地相接也。其水東南流，經縣南陘山北，山去縣三十里。又南經長葛縣西。又東南經許州北。去州治二里。又東南爲陂，曰東湖，西去州治二十五里，多菱芡魚蝦之利。又東南經臨潁縣北，而東南注于潁。

水經：「又東南過潁陽縣西，又東南過潁陰縣西南。」注云：

應劭曰：「縣在潁水之陽，故邑氏之。」潁水又南逕潁鄉城西，潁陰縣故城在東北，舊許昌典農都尉治也。在禹州東南四十里。潁水又東南，逕柏祠曲東，歷岡丘城南，此句有脱誤。故汾丘也。杜預曰：「在襄〔城〕縣之東北。」逕繁昌故縣北，故城在今臨潁縣西北三十里。曲蠡之繁陽亭也。潁水又東南流，逕青陵亭城北，北對青陵陂，陂縱廣二十里，潁水逕其北，枝入爲陂。陂西則瀙水注之，水出襄〔城〕縣之邑城下，東流注于陂。陂水又東，入臨潁縣之狼陂。潁水又東南而歷臨潁縣也。

水經：「又東南過臨潁縣南，又東南過汝南㶏强縣北，洧水從河南密縣東流注之。」

注云：

臨潁，舊縣也。故城在今縣西北十五里。潁水自縣西〔注〕，小㶏水出〔焉〕。潁水又東南逕澤城北，即古城皋亭。元和郡縣圖志〔九〕：「臨潁皋，東南長五十里，名曰龍脾岡〔一〇〕。嵩高記：『嵩山東南三百里有龍脾，沃壤可居。』即今臨潁縣治也。」宋白曰：「隋大業四年，移縣理臨潁皋，寔岡阜也。杜預曰：繁昌縣東南有城皋亭。」春秋「公及諸侯盟于皋鼬」者也。皋、澤字相似，名與字乖耳。潁水又東逕㶏陽城南，㶏强城在東北，潁水不得逕其北也。許州西南有㶏强城。潁水又東南，溵水入焉，非洧水也。

水經：「溵水出河南密縣大騩山。」注云：

大騩即具茨山也。溵水出其阿，而流爲陂，俗謂之玉女池。東逕陘山北，史記「魏襄王六年，敗楚于陘」者也。山上有鄭祭仲冢，冢西有子產墓，墳東有廟，竝東北向鄭城。祭廟舊有一枯柏樹，其塵根故株之上，多生稚柏，列秀青青，望之奇可佳矣。溵水又東南，逕長社故城西北，城在長葛縣西一里。南濮、北濮二水出焉。見洧水。溵水又南逕鍾亭西，又南逕皇（帝）〔臺〕此處有脱誤。又東南逕關亭西，又東南逕宛亭西，鄭大夫宛射〔犬〕之故邑也。溵水又南分二水，一水南出，逕胡城東，故潁陰〔縣〕之狐人亭也。其水南結爲陂，謂之胡城陂。濮水自枝渠東逕曲强東，皇陂水注之，水出西北皇臺七女岡北，皇陂即古長社之濁澤也。在許州西。其陂水北對鷄鳴城，在尉氏縣西南三十里。即長社縣之濁城也。陂水東南流逕胡泉城北，故潁陰縣之狐宗鄉也。又東合狐城陂水，水上承陂水，而東南流注于黄水，謂之合作口，而東逕曲强城北，東流入濮水。濮水又東逕武亭間，兩城相對，疑是古之（岑）〔岸〕門。史遷所謂「走犀首于（岑）〔岸〕門」者也。徐廣曰「潁陰有（岑）〔岸〕亭」，未知是否。濮水又南逕射犬城東，即鄭公孫射犬（城）也，蓋俗謬耳。濮水又南逕潁陰縣故城西，又東逕許昌城南，城在許州東三十里。又東南與宣梁陂水合。陂上承狼陂于潁陰城西南，陂南北二十里，東西十里。春秋左傳「楚子伐鄭師于狼淵」是也。其水東南入許昌縣，逕巨陵城北，鄭地也。京相璠曰：「潁川臨潁縣東北二十五里有故巨陵亭，古大陵也。」在今臨潁縣北三十里。其水又東積而爲陂，謂之宣梁陂也。陂水又東南入濮水。濮水又西南流，逕陶城西，又東南逕陶陂東。

水經：「東南入于潁。」

東南得淯川。

潁水又東南，經西華縣城北。又東南，淯水注之。水經潁水章：「又東過西華縣北。」

注云：

縣北有習陽城，潁水經其南，經所謂洧水流注之也。

又東南，百尺溝首受沙水，北來注之。

潁水又東南，經商水縣北，去縣治三十里。陳州南。去州治十五里。百尺溝于州城東南受沙水，別而東南流，谷水自城西陂澤東流，經城南注之，又東南入于潁。水經：「又南過汝陽縣北。」注云：

縣故城南有汝水枝流，故縣得厥稱矣。闞駰曰：「本汝別流，其後枯竭，號曰死汝水。」潁水又東，大㶏水注之。又東南逕博陽縣城東，城在南頓縣北四十里。在今商水縣東北四十里。

水經：「又東南過南頓縣北，㶏水從西來注之。」注云：

㶏水于樂嘉縣入潁，博陽，王莽更名樂嘉。不至于頓。頓，故頓子國也，即今商水縣治。周之同姓。潁水又東南，逕陳縣南。今陳州。又東南，左會交口者也。

水經：「又東南至新陽縣北，蒗蕩渠水從西北來注之。」注云：

經云蒗蕩渠者，百尺溝之別名也。南合交口，新溝自是東出。潁上有堰，謂之新陽堰。新溝自潁北東出，縣在水北。應劭曰：「縣在新水之陽。」今縣故城在東，明潁水不出其北，蓋經誤耳。

水經注渠水章：

沙水南屈，逕陳城東，謂之百尺溝，又南分爲二水，（沙）〔新溝〕水出焉。溝水東南流，谷水注之，水源上承澇陂，陂在陳城西北，南暨（華）〔犖〕城，皆爲陂矣。陂水東流謂之谷水，東逕澇城北，王隱曰「北有谷水」是也。犖，即檉矣，經書「公會齊、宋于檉」者也。杜預曰：「檉，即犖也。」在陳縣西北爲（北）〔非〕，檉，小城也，在陳郡西南。華城在犖城南。谷水又東流逕陳城南，又東流，入于（沙沙）〔新溝〕水，又東南流，注于潁，謂之交口，水次有大堰，即古百尺堰也。蓋新水首受潁于百尺溝，故堰兼有新陽之名。

東南入于淮。

潁水又東南，經項城縣東。又東南，經沈丘縣東北。去縣治五里。又東南，經阜陽縣西，北池爲陂澤，曰西湖，長十里，廣二里。又東，經城北。又東，經留陵驛，去縣治六十里。又東南，經潁上縣西北江口驛，去縣治五十里，爲水陸衝要。又東南，經城東。又東南，至正陽鎮，入于淮。水經注：

潁水自（東堰）〔堰東〕南流，逕項縣故城北。故城在今項城縣東北六十里。又東，右合谷水，水上承平鄉諸陂，東北逕南頓縣故城南，側城東注。今其城在頓南三十里。又東逕項城中，楚襄〔王〕所郭，以爲別都，都内西南小城，項縣故城也，舊潁州治。谷水逕小城北，又東逕刺史賈逵祠北。祠在小城東。又東流，出城東注潁。潁水又東，側潁有公路城。潁水又東，逕臨潁城北，城臨水闕南面。又東，逕雲陽二城間，南北翼水。又東，逕丘頭。丘頭南枕水。魏書郡國志曰：「宣王軍次丘頭，王凌面縛水次，故號武丘矣。」潁水又東南〔流〕，于故城北，細水注之。水上承陽都陂，沙水所積爲陂。陂水枝分，東南出爲細水，東逕新陽縣故城北。又東南逕宋(公)縣故城北城在泰和縣西四十五里，亦曰潁陽城。秦伐魏取郪丘謂是邑矣。漢成帝綏和元年，詔封殷後于沛，以存三統。平帝元始四年，改曰宋公。章帝建初四年，徙邑于此，故號新郪，爲宋公國也。細水又南逕細陽縣，故城在阜陽縣西北四十里。新溝〔水〕注之。溝首受交口，東北逕新陽縣故城南，今無水，故渠舊道而已。東入澤渚而散流入細。細水又東南逕細陽縣故城南，又東南積而爲陂，謂之次塘，公私引裂，以供田溉。又東南流，屈而西南入潁。潁水又東南流，逕胡城東，故胡子國也。在阜陽縣西北二里。又東南，汝水枝津注之。又東，逕汝陰縣故城北。城西有一城，故陶丘也。

水經：「又東南至慎縣東南，入于淮。」注云：

潁水東南流，左合上吳、百尺二水，俱承次塘、細陂，南流注于潁。潁水又東南，江波水注之。水受大漴陂，陂水南流積爲江陂，南逕慎城西，城在潁上縣西北。側城南流，入于潁。潁水又逕慎縣故城南。縣，故楚邑。潁水又東南，逕蜩蟟郭東，俗謂之鄭城。在潁上縣南。宋白曰：「南、北朝畫淮爲守，關防莫謹于此。」隋大業三年，于今縣南故鄭城置潁上縣，以地枕潁水上流爲名也。唐武德初，移于今治。方輿紀要云：「潁上舊城在今縣北十二里，臨沙河，基址猶存，則今城又非唐初所移之城矣。」又東南，入于淮。春秋「楚子次于州來，次于潁尾」，蓋潁水之會淮也。

洧水出陽城山，東得溱水。

洧水出登封縣北陽城山，山去縣治三十八里。左氏春秋司馬侯曰：「四嶽、三塗、陽城、太室，九州之險也。」亦曰馬嶺山。其水東流，經密縣南。去縣治十五里。又東，溱水自左注之。俗呼雙泊河。水經：「洧水出河南密縣西南馬嶺山。」注云：水出山下，亦言出潁川陽城山。山在陽城縣之東北，蓋馬嶺之統目焉。洧水東南，逕一故臺南，俗謂之陽子臺。又東逕馬嶺塢北，〔塢〕在山上，塢下泉流北注，亦謂洧別源也，而入于洧水。洧水東流，綏水會焉，水出方山綏溪，即山海經所謂浮戲之山也。東南流，逕上郭亭南注洧。洧水又東，襄荷水出北山子節溪，東南注于洧。洧水又東會瀝滴泉水，出深溪之側，泉流丈餘，懸水散注，南流入洧。

水經：「東南過其縣南。」注云：

洧水又東（流南）〔南流〕，與承雲二水合，俱出承雲山，二源雙導，東南流注于洧，世謂之東、西承雲水。洧水又東，微水出微山，東北流入于洧。洧水又東逕密縣故城南，城在今縣東南三十里。春秋謂新城。洧水又左會璅泉水，水出玉亭西，北流注于洧。洧水又東南，馬關水出玉亭下，東北流歷馬關，又東北注于洧，洧水又東，武定水出北武定岡，西南流，又（屈）〔屈〕而東南，逕（零）〔零〕鳥塢西，側塢東南流，塢側有水，懸流赴壑，一匹有餘，直注澗下，淪積成淵，東南流入于洧。洧水又東，虎牘山水發南山虎牘溪，東北流，入洧。洧水又東南，赤澗水出武定岡，東南流逕皇臺岡下，又歷岡東，東南流注于洧。洧水又東南流，潧水注之。

又東南，得黄水。

洧水又東南，經陰阪之北，其地在新鄭縣西。又東經縣南。又東南，黄水自左注之。水經注：

洧水又東南，逕鄶城南，城在密縣東北五十里。劉楨云：「鄶在豫州外方之北，北鄰于號。」徐〔廣〕曰：「鄶在密縣，妘姓矣，不得在外方之北也。」洧水又東逕陰阪北，水有梁焉，俗謂是濟爲參辰口。左傳「晉師伐鄭，濟于陰阪，次于陰口而還」是也。在新鄭縣西。

水經：「又東過鄭縣南，潧水從西北來注之。」注云：

洧水又東逕新鄭故城中。城在今新鄭縣西北。又東爲洧淵水，今洧水自鄭城西北入而東南流，逕鄭城南，又東與黄水合，經所〔謂〕潧水，非也。

東南入于潁。

洧水又東經長葛縣北。去縣治三里。又東南經洧川縣南。又東南經鄢陵縣南。又東南經扶溝縣西。又東南經西華縣東，入于潁。漢志：「潁川郡陽城，陽城山，洧水所出，東南至長平入潁，過郡三，行五百里。」長平故城在今西華縣東南十八里。水經：「又東南過長社縣北。」注云：

洧水東南流，南濮、北濮二水入焉。首受溴水，川渠雙引，俱東注洧。洧水又東南，龍淵水出長社縣西北，有故溝上承洧水，水盛則通注龍淵水，（滅）〔減〕則津渠輟流。其瀆中濊泉南注，東轉（潙）〔爲〕淵，（渌）〔緑〕水平潭、清潔澄深，俯視游魚，類若乘空矣。又東逕長社縣故城北，鄭之長葛邑也。魏潁川郡治，稽諸故説，縣無龍淵水名，蓋出近世。京相璠春秋土地名曰：「長社北界有禀水。」〔但〕是水導源隍塹中，非北界之所謂。又按京、杜地名〔一二〕，竝云長社縣北有長葛鄉，斯乃縣徙于南矣。然則是水即禀水也。其水又東南逕棘城北，左傳所謂次于棘澤者也。禀水又東，左注洧水。洧水又東南，分爲二水。其枝水東(南)〔北〕流注沙，一水東逕許昌縣，故許國也。在許州東三十里。又東入汶倉城内，俗以是水爲汶水，故有汶倉之名，非也，蓋洧水之邸閣耳。洧、汶，語之轉。洧水水又東逕(陰)〔鄢〕陵縣故城南，李奇曰：「六國爲安陵也。」今鄢陵縣西北十五里有安陵城。洧水又東，(隱)〔鄢〕陵陂水出(隱)〔鄢〕陵南陂東，西南流注于洧。

水經：「又東南過新汲縣東北。」注云：

洧水自(隱)〔鄢〕陵東逕桐丘南，屈而南流，又東南逕桐丘城。在扶溝縣西二十里。京相璠曰：「西南去許昌故城可三十五里。」其城南即長隄，洧水之北防也。又東逕新汲縣故城北，城在洧水南隄上。方輿紀要：「新汲城在洧川縣南。」于水流之次不協，應在扶溝界。又東，洧水右迆爲濩陂。洧水又經匡城南，扶溝之匡亭也。方輿紀要：「匡亭在洧川縣東北。」亦于水流之次不協。又東，洧水(右)〔左〕迆，謂之大穴口。

水經：「又東南過茅城邑之東北。」注云：

洧水自穴口東南逕洧陽城西，南逕茅城東北。又南，左合(庚)〔甲庚〕溝，溝上承洧水，于大穴口東北枝分，東逕洧陽故城南，又東南爲鴨〔子〕陂，陂廣十五里，餘（陂）〔波〕南入甲庚溝，西注（又）〔洧〕東北瀉沙。洧水又南逕一故城西，世謂之思鄉城，西去洧水十五里。洧水又右合濩陂水，上承洧水于新汲縣，南逕新汲縣故城東。又南積而爲陂，陂之西北即長（舍）〔社〕城。陂水東翼洧隄，西面茅邑，自城北門列築隄道，迄于此岡。世尚謂之茅岡，即經所謂茅〔城〕邑地也。陂水北出，東入洧津，西納北異流。

水經：「又東過習陽城西，折入于潁。」注云：

洧水又東南逕辰亭東。京相璠曰：「潁川長平有故辰亭。」杜預曰：「長平縣東南有辰亭。」今此城在長平城西北，長平城在東南。長平東南淋陂北畔有一阜，東西減里，南北五十許步，俗謂之新亭臺，又疑是杜氏所謂辰亭，而未之詳也。洧水又南逕長平縣故城西，又南分爲二水。枝（水）〔分〕東出，謂之五梁溝，逕習陽城北，又東逕赭丘南，丘上有故城。又東逕〔長〕平城南，東注澇波。洧水南出，謂之鷄籠水，故水會有籠口之名矣。洧水又東逕習陽城西，西南折入潁。

溱水出鄶虛之西北，東南流注于洧。溱，說文作潧。

溱水出密縣東北，東南流經鄶縣西，又南注于洧。水經：「潧水出鄭縣西北平地。」

注云：

潧水出鄶城西北鷄絡塢下，東南流逕賈復城西，東南流，左合溰水，水出賈復城東，南流注于潧水。又南，左會承雲山水，水出西北承雲山，東南歷渾子岡東注，世謂岡峽爲五鳴口，東南流注于潧。潧水又東南流，歷下田川，逕鄶城西，謂之爲柳泉水也。又南，懸流奔壑，崩注丈餘，其下積水成潭，廣四十許步，淵深難測，又南注于洧。詩所〔謂〕溱與洧者也。

水經：「東過其縣北，又東南過其縣東，又南入于洧水。」注云：

自鄶、潧東南，更無別瀆，不得逕新鄭而會洧也。鄭城東入洧者，黄崖水也。蓋經誤證耳。

黄水出鄭虛之西北，東南注于洧。

黄水出新鄭縣西大山，一名自然山。山去縣治二十五里，東南流經華城西。又東南經鄭城東。又東南經燭城西，而南注于洧。水經注：

黄水出大山南黄泉，東南流逕華城西，史伯謂鄭桓公曰：「華君之土也。」韋昭曰：「華，國名矣。」黄水東南流，與(上)〔一〕水合，水出(兩塘中)〔華城南岡〕，一源兩分，泉流派别，東爲七虎澗水，西流即是水也。其水西南注于黄水。黄即春秋所謂黄崖也。又東南流，水側有二臺，謂之積粟臺，臺東即二水會也。捕（章）〔獐〕山水西流，注于黄水。黄水又南至鄭城北，東轉于城之東北，與黄溝合，水出捕（章）〔獐〕山，東南流至鄭城，東北入黄水。黄水又東南逕龍淵（泉）東南，七里溝水注之，水出隙侯亭東南平地，東注，又屈而南流，逕升城東，又東南歷燭城西，即鄭大夫燭之武邑也。又南流，注于洧。

校注

〔一〕左司馬　原本脱「馬」字，據左傳定公四年補。

〔二〕涉谷　原本作「涉山」，據史記卷四四魏世家改。

〔三〕要坡　原本誤作「在坡」，據國圖本改。

〔四〕避難　「難」字據四部叢刊本戴校水經注所增。以下凡水經注引文之增改，均同此，不另注。

〔五〕「金蘭西北」句上，眉批曰：「金蘭，故縣名。」

〔六〕安豐　水經注疏作「安風」。熊會貞按：「安豐在決水西，安豐之東北爲陽泉縣。陽泉之東爲安風縣。酈氏準以地望，知經之決水當爲窮水，窮水出安風。必是謂安風東北注淮者窮水，由此知所見經必作安風。」按，熊説是。安風在今安徽省霍丘縣南，安豐在今河南省固始縣南，二縣漢皆屬廬江郡，相距約百里。

〔七〕堨　原本誤作「塌」，據國圖本改。

〔八〕廣州　原本作「廣川」。按資治通鑑卷一七二韋孝寬上疏陳三策：「今廣州義旅出自三鵶。」胡三省注：「魏永安中，置廣州於魯陽。」

〔九〕元和郡縣圖志　原本誤作「郡國志」，據元和郡縣圖志卷八改。

〔一〇〕龍脾岡　「脾」，原本誤作「牌」。據元和郡縣圖志卷八改。下同。

〔一一〕京杜地名　指京相璠春秋土地名、杜預春秋釋地。

水地記初稿之五〔一〕

淄水出萊蕪縣東北原山之陰，山去縣治七十二里。東北流經淄川縣東南。去縣治七十里。又東北，經益都縣西。去縣治五十里。又東北，經牛山西，山在臨淄縣南十里。又東北，經縣城東。又東北，經樂安縣東南。去縣治五十里。又東北，經壽光縣西南，北陽水出益都縣西九會山，山去縣二十五里。亦作九迴山。東北流經廣固城，城在縣西北八里。又北，經堯山東。山在縣西北八里。又東至東陽城北〔二〕。在府城北。又東北，經石槽城。又北，經樂安縣東南。去縣治二十里。又東北，女水出臨淄縣牛首岡，與牛山相接，一名鼎足山。東北流經東安平城南，城在縣東十九里，俗呼石槽城，伏而復出于城之東北，至樂安縣東北入北陽水，又東至壽光縣入淄水。又北注清水泊，泊在縣西北五十里，即漢志鉅定。北接樂安東北馬車瀆，一名皮丘泊者也。時水出臨淄縣西南平地，亦曰䣛水，去縣治二十五里，地名矮槐樹。西北經黃山下。又北經愚公山下。山在縣西二十里。又屈而經杜山下。山在愚公山南。澅水出縣西，去縣治二十里。其地謂之澅中，俗呼宿留水，西北流注于時。今俗呼泥河，在金嶺鎮東。時水又北經西安城西，城在縣西三十里，春秋時之渠丘也，系水注之。又東北，經新城縣東南索鎮。時水至此，可通舟。縣東南鐵山之水注之。山在縣東南五十餘里。又北，經縣東。去縣治三十里。又東北，經博興縣南。又東，經樂安縣南。又東北，入于淄。繩水出故齊城西南申池，城西南曰申門，門外有申池。北流爲澠水，西流爲系水。繩水北流經博興縣南，入于時水。水側有貝丘，在縣南五里。系水亦屈而北流二十五里，歧爲二，並入于時水。

巨洋水出臨朐縣南沂山，山去縣治百五十里。東北流經朱虛城西，城在縣東南六十里。又北，經縣東南，去縣治一里。亦曰巨蔑水。又北，經委粟山東。山在縣東北三里。又北，經益都縣東南。洋水出縣西南石膏山，山去縣治二十五里，其水東北流經廣縣故城西，城在縣西南四里；又東北，經益都南北兩城間；又東，注巨洋水。又東北，經壽光縣東。去縣治十里。又東北，經黑冢泊。泊在縣東北五十里，亦曰烏常泛。又東北，經樂安縣東南，去縣治二十五里，縣西南二十里濼水河，縣北六十里支派溝俱入巨洋。又東北，入于海。巨洋水亦曰洱水，國語謂之具水，袁宏以爲巨昧，王韶以爲巨蔑，或曰朐瀰，或曰巨沫，或作鉅昧，或作洰波。

濰水出莒州西北屋山，山去州治九十里。東北流經諸城縣北。去縣治五里。又東北，經高密縣西南。去縣治五十里。又北，經安丘縣東。去縣治五十里。又東北，經淳于城東。城在縣東北三十里。又東北，東汶水出臨朐縣南沂山，其水東北流，經安丘縣北，又北過淳于城西，又東北入于濰。濰水又東北，經濰縣東。東南六十里。又東北，經昌邑縣東。去縣治二里。

又東北，入于海。

膠水出膠州西南鐵橛山。山去州治百二十里。北流經諸城縣東南五弩山。山去縣治八十里，鹵水入焉。又東北，經艾山。山在州南三十五里，艾水入焉。又北，經高密縣東。去州治八十里。又北，經昌邑縣東。去縣治五十里。又北，入于海。其入海之口俗呼海倉，與掖縣接境。

姑水出黄縣西南蹲狗山，山去縣治三十里。東南經福山縣東，去縣治一里。折而西南，經招遠縣界。又西南，經萊陽縣西。去縣治九十里。又西南，經平度州東。去州治八十里。又西南，至即墨城。城在州東南六十里，尤水注之。又南，經膠州東北。去州治三十里。又南，入于海。

尤水出掖縣東南山，去縣治三十里，俗呼馬鞍山。東南流經平度州東。又東南，入于姑水。俗呼小姑河。

潛水出漾水之南，西南流經廣元縣北神宣驛。驛去縣百三十里，當秦、蜀之衝要，西南朝貢通途也。其水南經龍洞口。又西南，右合嘉陵水。嘉陵水出寶雞縣西南大散嶺之嘉陵谷。嶺去縣治五十二里。西南流經鳳縣北。去縣治一里。又西，經兩當縣南。去縣治十里。又西南，經徽州南。去州治七十里。又西南，經略陽縣南。去縣治一里。又南，經寧羌州東，右合西漢水。又西南〔三〕，經廣元縣西。去縣治一里。又西南，經昭化縣東，去縣治三里。右合白水。西漢水出秦州嶓冢山，山在西南，流經西和縣北。去縣治一里。又西南，經成縣東南。去縣治百餘里。又西南，經階州東北，去州治二百四十里。折而東南，經略陽縣西北。去縣治百二十里，一名犀牛江。又東南，經寧羌州東，入于嘉陵水。又西南，經廣元縣西。去縣治一里。又西南，經昭化縣東。去縣治三里。右合白水，白水出洮州衛西南西傾山，白水江出香藏族，東流經廢疊州，又東經岷州西南，去衛五百里，蓋西傾山遠接番族也。東流經岷州衛南。去衛治百五十里。又東，經西和縣西南，去縣治五十里。折而南，經成縣西南，階州北。去州治三百二十里。又東南，經略陽縣西。去縣治百二十里。又南，經寧羌州西。又西南，經階州南。去州治二百餘里。又南，經文縣城東。又東南，經平武縣東。去縣治百五十四里。又東，經劍州北。去州治百四十里。又東，經昭化北。去縣治二十里。又東南，經縣東，去縣治三里。入于嘉陵水。又南，經劍州東。去州治七十里。又經蒼溪縣治東南〔四〕。又東南，經閬中縣南。去縣治二里。又東南，經南部縣南。又南，經蓬州治南。又西南，經南充縣治東〔五〕，又南，經岳池縣西。去縣治七十里。又東南，經定遠縣南，今改道經縣北。又南，經合州北。去州治五里。又東南，左合巴水。又南，右合涪水。又東南，入于江。

巴水出南江縣東北巴山。山去縣二百里。東北至南鄭縣百九十里。其水西南流，經縣治南。又南，經巴州東。去州治一里。又南，經蓬州東北。又東南，經營山縣東。又南，經渠縣東北，左合渠水。水出太平縣東北萬頃池。池去縣治八十里，爲漢水南興安州西群山所匯。其水西南流，經達州東。去州治三十五里。又西南，至渠縣東北，入于巴水。地名三會鎮。巴水又西南，經廣安州東北。去州治五里。又西南，經鄰水縣北。又西南，經合州東北，入于潛水。

涪水出松潘衛北山，俗呼小分水嶺。去衛治九十里。東南流經平武縣城南。又東南，經江油縣北。去縣治一里。又南，經劍州西南。又南，經彰明縣東。去縣治三里。又南，經綿州城西〔六〕。又東南，經羅江縣東。又東南，經三臺縣城北。又東南，經射洪縣東北。去縣治七里。又東南，經遂寧縣城南。又東南，經銅梁縣西南。去縣治九十里。又東南，經定遠縣西南。又東，經合州南。又東，入于潛水。

潛水上游不可考，水經注沔水章：「東北流得獻水口。庾仲雍云：是水南至關城，合西漢水。」漾水章：「劉澄之云：有水從沔陽縣故城在沔縣西南。南至梓潼、漢壽入大穴，暗通岡山。郭景純亦言是矣。郭璞云：「有水從漢沔陽縣南流至梓潼、漢壽入大穴中，通峒山下，西南潛出，一名沔水，舊俗云即禹貢潛也。」庾仲雍又言，漢水自武遂川南入蔓葛谷，越野牛逕至關城合西漢水。」潛水章：「鄭玄曰：漢別爲潛，其穴本小，水積成澤，流與漢合。大禹自導漢疏通，即爲西漢水也。故書曰：「沱、潛既導。」劉澄之稱白水入潛。庾仲雍云：墊江有別江出晉壽縣，即潛水也。」括地志：「潛水一名復水，今名龍門水，源出綿谷縣東龍門山大石穴下〔七〕。」蜀漢析葭萌置漢壽縣，其故城在廣元縣東，晉改曰晉壽，隋改曰綿谷。元和志：「龍門山在綿谷縣東北八十二里，潛水所出。」廣元縣舊志：「潛水源出縣北百三十餘里木寨山，流經神宣驛，又南二十里經龍洞口至朝天驛北，穿穴而出，入嘉陵江。朝天驛在縣北八十里。」王象之輿地紀勝云：「龍門洞在綿谷縣北，凡爲洞者三：自朝天驛入谷十五里，有石洞及第二第三洞，有水自第三洞發源，貫通兩洞，下合嘉陵江。」

雎水雎亦作沮，又作柤。出房縣西南景山，山去縣治二百里。其水東流，經南漳縣南。去縣治五十里。又東南，經遠安縣西北。去縣五十里。又東，經當陽縣北，去縣治一里。屈南經麥城西，城在縣東南五十里。又南，左合漳水。又南，經枝江縣東北入于江。漢志：「漢中郡房陵東山，沮水所出，東至郢入江，行七百里。」房陵城即房縣治，郢城今荆州府治。

漳水出南漳縣西北荆山，山去縣治八十里。其水東南流，經當陽縣北。去縣治四十里。又東南，經麥城東，而南合于雎水。左氏春秋：「楚昭王曰：江、漢、雎、漳，楚之望也。」漢志：「南郡臨沮，禹貢南條荆山在東北，漳水所出。」臨沮城在今南漳縣西南六十里。

沅水出芷江縣西羣山，東流經縣西南。去縣治五里。又東南，經黔陽縣城南。又東南，經會同縣西，去縣治五十里。轉而東北。朗溪水出黎平府東北境石流山，山在湖耳長官司東三十里，司在府東北百三十里。東流經會同縣西南。去縣治百里。又東北，經縣北入于沅。雄溪水出寶慶府界，經縣東，去縣治百里。入于沅。沅水又北，經辰溪縣西。去縣治一里。漵水出漵浦縣東鄜梁山，西北入于沅。辰溪水出沅陵縣東三峿山，山去縣二里，西南流經辰溪縣東南，去縣十里。又西南入于沅。沅水又東北，經盧溪縣南。武水出縣西武山，山去縣百八十里，東流入于沅。沅水又東，酉水出酉陽州西北酉陽山，山去州治百八十里，其水東南流經州東南，去州治九十里。又東至沅陵縣西，去縣治三里。入于沅。沅水又東南，經縣西南。去縣治三里。又東，樠溪經縣東北去縣治百里。注之。又東，經壺頭山，山在縣東百三十里，桃源縣西二百里。又東，經桃源縣東南。去縣治二十里。又東，經武陵縣城南，枉水出縣東南枉山，山去縣十五里，西流入于沅。沅水又東，經龍陽縣城北。又東，經沅江縣西南，去縣治里許。注于洞庭湖。

資水出綏寧縣東南唐斜山。山去縣治百里，東北去武岡州治亦百里。其水東北流經州北。又東北，經寶慶府城北。邵水出邵陽縣東龍山，山去縣八十里，西流經府城北，入于資水。資水又北，經新化縣東南。去縣十里。又北，經安化縣西。去縣治五十里。又東北，經益陽縣西南。去縣治五里。又東南，經寧鄉縣東北。去縣治百里。又東北，經沅江縣東，入于洞庭湖。

湘水出興安縣南陽海山，山去縣九十里。其水北流迆東，逕全州南。去州治一里。又北，經東安縣東。去縣治五十里。又東北，寧遠縣南六十里九疑山之水，西北流經道州城北，又北經永州府城西，而北入于湘。湘水又東北，經零陵縣北。去縣治十里。又東北，經祁陽縣東。

去縣二十里。祁水出邵陽界餘溪，東北流，經祁陽縣治北，又東入于湘。湘水又東，經常寧縣西北。又東，經衡州府城南。又東北，蒸水出邵陽縣東邪薑山，東北流經衡州府城北，而東入于湘。耒水出桂陽縣南耒山，山去縣治五里，西北流經興寧縣南。郴水出郴州南黄嶺山，山去州治三十六里，其水北流經州東，去州治一里。又東北入于耒水。耒水又西北經永興縣城東，又西北經耒陽縣東，去縣治十里。又西北經衡州府城東北，入于湘。湘水又北，經衡山縣東。去縣治三里。洣水出酃縣東洣泉，北流經茶陵州西北，又北經攸縣東。去縣治七里。攸水出安福縣封侯山西，流經攸縣東，注于洣。洣水又西經衡山縣東，注于湘。湘水又北，經湘潭縣西。又北，經長沙府城西。又北經湘陰縣西，而北入洞庭湖。

碣石以西之渤海〔八〕，即禹時逆河也。自天津衛直沽口與兖分界，又北歷寶坻縣東南，折而東歷豐潤、灤州、樂亭、盧龍、昌黎縣南。昌黎，漢絫縣，碣石在其地。渤海之北岸皆冀域也。自此以東則爲大海，東歷撫寧縣東南，又東歷山海關南，又東歷遼東寧遠、廣寧等衛南，是爲漢遼西郡地。又折而南歷海州衛西南衛在故遼東都司城南一百二十里。曰梁房口關，大遼水于此入海。關在益州衛西北九十里，海運舟由此入遼河。漢志：「望平縣，大遼水出塞外〔九〕，南至安市入海，行千二百五十里。」明一統志：「遼河自三萬衛西北入塞，南流經鐵嶺、瀋陽都司之西境、廣寧之東境，又南至海州衛西南入海。」遼西爲冀域，遼東爲青域。明遼東都指揮使司兼轄漢遼東、西二郡之地。都司城西四百二十里，爲廣寧衛，本遼東無慮縣也。衛西幽州域，衛東營州域。都司城東至鴨緑江五百六十里，與高麗分水。太康地志云：「樂浪遂城縣有碣石，長城所起。」通典云：「在今高麗舊界。」蓋即蒙恬所築起臨洮至遼東者也。東漢以來，故阯湮没，都司城北至三萬衛三百三十里，古肅慎氏地。衛西有開元城，金置會寧府，號爲上京，禹貢青州之北界，當極于此。衛東北距長白山千餘里，其水北流，爲混同江，南流爲鴨緑江。唐書東夷傳云「高麗馬訾水出靺鞨之白山，色若鴨頭」，即此江也。都司城南至旅順海口七百三十里，去登州不遠，順風揚帆，信宿可達。明初，遼東士子附山東鄉試，後以渡海之艱，改附順天，猶周之并營于幽也。渤海自天津衛直沽口與冀分界，南歷靜海縣東，又南歷滄州東，又南歷霑化、利津、蒲臺縣東，折而東歷樂安縣北，以小清河入海處與青分界。戰國策「蘇秦説齊曰北有渤海」，韓非子曰「齊景公與晏子遊于少海」。少海即渤海也，亦作勃澥。説文云「海之别又謂之裨海。」齊語「渠弭于有渚」，韋昭注云「渠弭，裨海」是也。列子曰：「勃海之東有大壑，名曰歸墟。歸墟者，尾閭也。」應劭曰：「海之横出者曰勃。」史記索隱：「崔浩曰勃，旁跌也。」旁跌出者，横在齊北，故齊都賦云「海旁出爲勃」。于欽齊乘曰「青州東北跨海，跨小海也」。蓋北徼之山循塞東入朝鮮，海限塞山，有此一曲，北至平州碣石，南至登州沙門島，是爲渤海之口，闊五百里，西入直沽幾千里。海水自日照縣東與徐分界。日照本漢海曲縣，屬琅邪郡，今屬青州府莒州。北歷諸城縣東，折而東北歷膠州、即墨、萊陽、棲霞、文登諸縣南，又東北出而西折，歷寧海州及福山、蓬萊二縣北，蓬萊，登州府治也。海在府城北五里，北與遼東相望，自新開海口而東北，抵金州衛南之旅順口三百里。而近有沙門、砣磯、鐵山諸島，可以泊舟避風，一帆徑度，亦不甚險。漢書：「元封二年，遣樓船將軍楊僕從齊浮勃海擊朝鮮。」元和志：「大人故〔城〕，在登州黄縣北二十里，司馬宣王伐遼東，造此城，運糧船從此入，今新羅、百濟往還常由于此。」又西歷招遠、掖縣、昌邑、濰縣，北與兖分界。海自江南山陽縣東，折而西北，爲淮水入海之口。其北岸則安東縣也，是爲徐域。海自縣東而北歷海州東，中有鬱林山，亦名鬱洲，北齊置東海縣，元和志云：「本漢贛榆縣地，俗謂之鬱州，亦謂之田横島。」又北歷贛榆縣東，又東北歷山東日照縣東，又東北歷諸城縣東至琅邪臺，過此則爲青域矣。海自山陽縣東北折而東南歷鹽城、興化、如皋縣東，又南至通州東，爲江水入海之口。其南岸則太倉州也。自州東又東南歷上海縣、金山衛東，又南歷浙江鎮海、象山縣，折而西歷寧海縣東，又西南歷黄巖、太平、樂清、瑞安、平陽縣東，又南歷福建福寧州東，又西南歷羅源、連江、長樂、福清縣東，又西南歷莆田、惠安、同安縣南，又西南歷海澄、漳浦、詔安縣東南，又西歷廣東澄海縣南，又西至潮陽縣南，揚州之海于此極矣。

河〔一〇〕

河自武陟縣南，東逕原武縣北。河去縣二十里，獲嘉新志云：「河舊在獲嘉縣南六十里。明天順六年，自武陟東入原武，不經縣界。洪武二十四年，河決原武之黑陽山，東逕開封城北五里，又南行至項城，經潁州潁上，東至壽州正陽鎮入淮，而故道遂淤。永樂九年，復疏入故道。正統末，決滎陽，衝張秋，又決孫家渡，全河南徙。景泰中，復決張秋，徐有貞作九偃八閘，濬漕渠四百餘里，名廣濟渠，河流始安。弘治二年，決原武，支派爲三：一自封丘金龍口直衝張秋；一出中牟下尉氏；一泛蘭陽至宿州，合汴渠。詔白昂脩塞之。」又東，逕陽武縣南。河去縣十餘里。自此至徐州城東北，黄河所行大抵皆汴水故道也。元至元二十五年，陽武諸縣，河決二十二所。泰定二年，決陽武，漂民居萬六千五百餘家，尋復塞治。明洪武十五年，河決陽武。天啓元年，決脾沙岡，由封丘、曹、單至考城，復歸舊河。又東，逕延津縣南。河舊在縣北。明成化十四年決縣西之㝵村，泛濫七十餘里。十五年，徙經縣南，入封丘界。又東，逕祥符縣北，河舊去城四十里。宋瑞平元年，趙葵入汴，蒙古引軍南下，決黄河寸金淀水灌之，官軍多溺死者，遂引還。明洪武中，河決原武，東經城北五里。正統十三年，河決滎陽，東過城西南，而城遂隔在河北。景泰四年塞之，始復故道。嘉靖十三年，決趙皮寨入淮，忽又自夏邑趨東北，經蕭縣，出徐州小浮橋下二洪。趙皮寨尋塞。十九年，決野雞崗，由渦口入淮，二洪大涸。崇禎十五年，賊于朱家寨決河以灌城，城陷，河自陳、潁諸州漫入淮、泗，今河在城北十里，朱家寨在城西北十七里。其北岸則封丘縣。河舊在縣西北四十餘里，元時徙經縣南，去縣五十一里。至大二年，決封丘。順帝至元初，復決。明弘治二年，決原武，其支流自荆隆口漫祥符，下曹、濮，衝張秋。五年，復決荆隆口，潰儀封之黄陵岡，更犯張秋，壞會通河，命劉太夏治之。七年，決陳橋集。嘉靖七年，復決于此。萬曆五年決荆隆口，長垣、東明幾于淪没。荆隆口即金龍口，在縣西南三十餘里。陳橋集在縣東南四十餘里，與祥符接界。又東，逕陳留縣北。河去縣三十里。按元大德元年，河決杞縣蒲口，則河當自陳留入杞，其後河徙而北，則自陳留入蘭陽、儀封，而杞界遂無河矣。又東，逕蘭陽縣南。河去縣十五里。又東，逕儀封縣南。河去縣二十里。縣東北五十里有黄陵岡，與曹縣接界。元時賈魯治河，功始于此。正德四年，河自儀封小宋集決，衝黃陵岡、埽壩，溢入賈魯河。賈魯河下流淤塞，遂南出曹、單二縣城下，直趨豐、沛，命官塞之。按蘭陽、儀封之河，舊出其縣北，與長垣、東明分水。金大定十二年，尚書省奏請增築隄岸，東明亦在其中。二十七年，令沿州縣官結銜并帶河防，而長垣與焉。可證元至元中，河屢決汴梁路，遂出蘭陽、儀封之南，而長垣、東明界中無河矣。**又東南，逕睢州北。**河去州七十里。**又東南，逕考城縣北。**河去縣三里，多衝決。賈魯河在縣北三十里。**又東南，逕商丘縣北，**商丘，歸德府治，城舊在河北。自元至元迄明正德，屢經河決城，或南或北，今河在城北三十里。賈魯河在城北四十里，其新集口、丁家道口皆河濱衝要也。嘉靖三十七年，新集河淤，河流于是一變。四十四年，河淤益甚，而運大受其病。未幾，河復決新集塞、寵家屯，東出沛之飛雲橋，穀亭、沙河、留城境山一帶盡塞。河臣潘季馴于三沽故道濬渠築隄，躬行督相，不三旬而告成。**其北岸則曹縣。**河在縣南四十里，黃陵岡在縣西南六十里，賈魯河在縣西北四十里。自黃陵岡至楊青村，皆元至正中賈魯所開也，明初猶爲運道。及弘治中，河決衝張秋，劉大夏先疏祥符、滎澤上流，又疏賈魯舊河四十里，然後于黃陵岡東西各築長隄二百里，金龍口亦築二百里，河由歸德、徐州以達于淮，決口始塞，名張秋曰安平鎮。正德四年，河決曹縣楊家口，奔流入單縣，直抵豐、沛，由飛雲橋入運。八年，又自曹縣西決，從縣北東行，曹、單以北、城武以南，田廬盡被漂沒。萬曆二十九年，河決商丘蒙城集東南之蕭家口，復南徙北去，曹縣五十里爲縣境患。**又東，逕虞城縣北。**河去縣十五里。**又東，逕夏邑縣北，**河去縣二十二里。**其北岸則單縣。**河去縣四十里。萬曆三十年，河決單之蘇莊，衝魚臺、豐、沛。明年，復決于此，衝入沛縣太行隄，灌昭陽湖，入夏鎮，橫衝運道，于是泇河之議起。湖在沛縣東北，地勢窪下。**又東，逕碭山縣北。**河舊在縣南三十里，嘉靖三十七年，河徙，始出縣北。**又東，逕豐縣南。**河去縣三十里，秦溝在東三十里，華山之北。又東，逕沛縣南，其南岸則蕭縣。沛縣西南有詡桑亭，瓠子歌曰「詡桑浮兮淮泗滿」，即此地也。河舊在蕭縣北五十里，去沛甚近，及萬曆三十四年，河歸故道，自是蕭去河裁十五里，而沛則去河五十餘里矣。河渠考云：「舊河自虞城達蕭縣北冀門集，出徐州小浮橋，所謂賈魯故河也。」嘉靖三十七年，河決秦溝，自新桃溝至朱珊渡一帶俱淤，惟冀門渡以東僅存舊流。四十四年，大河淤塞，自趙家圈泛濫而北，蕭縣境内一望瀰漫，朱衡始開新河，起夏鎮至留城百四十里，以避河水之險，而運道以安。隆慶四年，河決崔家口。萬曆五年，復南衝縣界。又東，逕徐州北，與泗水合。河自洲北東南流，至城東北合于泗水。泗水自沛縣入州境，循城而東，一曰清河，又曰泉河，其後爲運河，亦名閘河。元初，黄河由渦入淮。至泰定元年，由汴河決入清河，自是遂爲大河之經流。舊從城東北小浮橋合運河，明嘉靖三十七年河決，自商丘之新集出豐縣之秦溝，衝徐州之垞城，而小浮橋一帶漸淤，新河比故道高出三丈有餘，停阻泛濫，妨運殃民。萬曆初，議復老黄河故道，潘季馴疏言有五利，而不果行。迨三十四年，河臣李化龍，濬舊河自碭山縣朱旺口，東至小浮橋，由是歸故道。天啓四年大漲，灌州城，乃遷治于雲龍山。又東南，逕靈璧縣北。河去縣一百二十里。又東南，逕睢寧縣北，其北岸則邳州。睢寧在州南六十里，河去縣五十里，其地有羊山，東北去州三里。明萬曆中，潘季馴于羊山、龜山、土山相接處，創築横隄數十里，以防泛濫，即此。又半戈山在縣北五十里，東去州五里，州志云：黄河舊繞半戈山北，崇禎末改流羊山之南，水勢散漫，沙墊底高，于是青墩營、張家灣、大壩等處屢報口決，而邳歲受河患。泇河在州西北九十里，萬曆三十一年李化龍所開也，源出費、嶧諸山，左合沂、武，南入于淮。孫承宗曰：「漕河如身然。河南之蘭陽而上爲肩，山東之單縣而下爲腹，夏鎮而南爲股。河決蘭陽，經東長濫曹、濮，則横決張秋，而肩背潰；決單縣，則横截穀亭、沽頭，入昭陽湖，而胸腹潰；決夏鎮之蘇莊，則東西鎮口遂爲河奪，而股脛潰。劉公大夏治其上，法在以河避運，于是塞黄陵岡以保張秋。朱公衡治其中，法在以運避河，于是開南陽湖以安徐、沛。近開泇河稍倣南陽，然南陽之役，遏黄河之入沛者歸秦溝，而疏支河，殺薛沙水之勢。今欲全泇河，則朱旺口之大桃何可緩也！」又東，逕桃源縣北。河去縣百餘步。縣西北四十里，有九里岡，南臨黄河。又東，逕宿遷縣南。河去縣四里。又東，逕清河縣南，與淮水合。河去縣一里入淮處，謂之清口，本名泗口，自徐城東北至此皆古泗水，爲河所奪也。顧景范云：縣西三十里有三汊河口。泗水至此分爲大、小二清河，大清河經縣治東北入淮，俗稱老黄河，今堙；其小清河于縣治西南入淮，即今之清河也。又東，逕山陽縣北。河去縣五里。清江浦在城西，即今運河也。舊名沙河。宋志：「楚州北有山陽灣，湍流迅急，每沉溺。雍熙中，漕臣劉蟠議開沙河，避淮水之險。」是也。高家堰在府西南四十里。又東，逕安東縣南，而東北入于海。河去縣二里，自清口至此，皆古淮水爲河所奪也。海自鹽城縣東北，逕山陽縣東，折而西北，爲黄、淮入海之口。其北岸則安東也。縣志云：「過縣南東流五十里，又東北過雲梯關折旋入海。」按雲梯關在縣東北一百里，又東北一百二十里爲海岸墩臺，又東北六十里爲大海。淮南水利考云：海道自兗而北，以至于薊；自揚而南，以至于廣。其海口内外皆有山有島，惟淮口獨有沙，潮落微露其形，潮來則翻騰其上，勢若排天也。明隆慶中，黄決崔鎮以北，淮決高堰以東，清桃塞，海口堙，而高、寶諸州縣幾爲巨浸，于是復起潘季馴再董河道，塞崔鎮，隄歸仁，而黄水悉歸故河，築高堰、黄浦，而淮水復出清口，會黄東入于海，海口遂闢。

滹沱　衛

禮記：「晉人將有事于河，必先有事于晉池。」注云：「惡，當爲『虖』字誤也。」山海經曰：「泰戲之山，滹沲之水出焉。」戰國策：「蘇秦説燕曰，南有嘑沱、易水。」漢志代郡鹵城縣下云：「虖池河，東至參合入嘑沱別，并州川。從河東至文安入海，過郡六，行千三百七十里。」「「參合」當作「參户」，今河間府青縣南有參户故城。應劭云：「平舒縣西南五十里有參户亭，故縣也。」水經注：「章水自成平縣南，又東北左會虖沱别河故瀆，又東北合清河。又東北逕章武故城西，枝瀆出爲滅水。又東北逕參户亭，分爲二瀆，一水逕參户亭北，又東北逕平舒縣，注虖沱。」蓋即漢志所會「東至參户入虖沱别，從河東至文安入海」者也。 寰宇記鎮州真定縣蒲澤下引水經注云：「滹沱河水東逕常山城北，又東南爲蒲澤，濟水有梁焉，俗謂之蒲澤口。」又滋水下引水經云：「滋水又東至新市縣，入滹沱河。」又深州饒陽縣枯白馬渠下引水經云：「滹沱河又東，有白馬渠出焉。」又瀛州河間府大浦淀下引水經注云：「大浦下導陂溝，競奔咸注滹沱，是故人因決入之處，謂之百道口。」此四條檢今本無之，則似水經元有滹沱水篇，宋初尚存，而其後散逸。漢志代郡之鹵城，常山郡之蒲吾、靈壽、南行唐、新市，信都國之信都，河間國之弓高、樂成，勃海郡之成平、東光、參户、東平舒、文安，皆有滹沱河；弓高、樂成、參户，又有滹沱别水，而發源經過之地未悉。今據元和志所載，以補水經之闕。

滹沱水出代州繁時縣泰戲山，一名武夫山，在縣東南九十里。繁時本漢葰人縣，屬鴈門郡，漢末荒廢，晉改置繁時縣，周省，隋復置。葰，音「瓅」。滹沱一名泒水，許氏説文：泒水，葰人縣。成夫山，郭景純以爲鹵城縣武夫山。 括地志以爲孤阜山，寰宇記以爲平山，蓋皆泰戲之别名也。 西南流，逕唐林縣東。 縣東北至代州一百十里，本漢廣武縣，隋爲五臺、崞二縣地，今州西有廣武廢縣，蓋即唐林縣界也。 又西南，逕崞縣東。 縣東北至代州五十里，水去縣二百步。 又西南，逕秀容縣東，縣爲忻州治，水去縣三十二里。 東轉，逕定襄縣北。縣西至忻州四十五里，今治即陽曲故城，水去縣五里。又東，逕五臺縣西南。縣西北至代州一百二十里，水去縣三十五里。又東，逕盂縣北。縣西南至太原府二百二十里，水西自五臺縣界流入，南去縣百里。又東南，逕靈壽縣西南，衛水注之。縣東至恒州五十里，水去縣二十里。縣志云：「衛水在縣東十里，俗名雷溝河，源出縣東北十四里良同村，南流至縣東南，合滹沱河。」又東南，逕真定縣北。縣爲恒州治，水去縣一里。又東南，逕九門縣西。縣西至恒州三十里，水去縣四十九里。今藁城縣西北二十五里有九門城。又東南，逕藁城縣東。縣西北至州五十八里，水去縣二十九里。又東，逕鼓城縣北。縣西至恒州九十五里，水去縣十三里。寰宇記云：「隋開皇六年，分藁城地置昔陽縣，十八年改曰鼓城。」又東，逕無極縣北。縣北至定州八十里，水去縣三十里，水去縣二十五里，即冰合渡光武處，俗謂之危渡口。又東，逕深澤縣南。縣西北至定州九十里。又東北，逕鹿城縣西北，縣東至深州二十五里，水去縣四十二里，與博野縣分水。寰宇記：「滹沱河在博野縣東南三十五里。」又東，逕安平縣南。縣東南至深州五十三里，水去縣二十三里。泒水今名礓河，西自定州義豐縣界流入。又東北，逕饒陽縣北。縣西至深州三十里，水去縣四十五里。縣治晉魯口城也。公孫淵叛司馬宣王，征之，鑿滹沱入泒水，以運糧，因築此城。蓋滹沱有魯沱之名，因號魯口。後魏道武皇始三年，車駕幸魯口，即此地也。自此以下，當入瀛、莫二州境，而元和志亦闕。案，寰宇記瀛州河間縣西二十里，高陽縣東北十四里，莫州鄚縣南二里，霸州大城縣北一百三十里，文安縣西北三十里，皆有滹沱水，此即漢志所云「從河東至文安入海」者。以今輿地言之，繁時、代州、崞縣、忻州、定襄、五臺、盂縣並屬山西太原府。靈壽、真定、藁城、深澤、無極、並屬真定府。高陽、屬保定府。任丘、屬河間府。大城、文安並屬順天府。諸州縣界中，皆古滹沱水之所行也。宋初猶未改。自塘濼既興，引水歸北，而文安之瀆堙廢，遂以樂成今獻縣。之滹沱別水爲滹沱之正流，而故道不可復問。明天啓後，漸徙而南。至本朝順治二年，自東鹿南決入冀州，與漳水渾濤，而安平、饒陽之地不復滹沱矣。

滱　恒

周禮職方氏：「并州山鎮曰恒山，其川虖池、嘔夷。」嘔夷即後世所謂滱水也。山海經曰：「高是之山，滱水出焉，東流注于河。」漢志代郡靈丘縣下云：「滱河東至文安入大河，文安屬勃海郡。寰宇記文安故城在今縣東北三十里。過郡五，行九百四十里，并州川。」周禮注云：嘔夷，即祁夷，出平舒。按漢志代郡平舒縣有祁夷水，北至桑乾入沽。沽即濕水，亦名桑乾河。漢桑乾縣故城在今山西大同府蔚州西北，平舒則州屬廣靈縣也。縣南有壺流河，即祁夷水源，出縣西，東北流至蔚州入桑乾河，不經曲陽縣界。鄭説非是。以今輿地言之，渾源、靈丘、廣昌、並屬山西大同府。曲陽、屬直隸真定府。唐縣、定州、慶都、祁州、博野、蠡縣、高陽、安州、新安並屬保定府。任丘、屬河間府。文安屬順天府。諸州縣界中，皆古滱水之所行也，宋初猶未改。自咸平中何承矩興塘濼，以限契丹戎馬之足，于是始引水歸北，而文安之瀆遂空，其後滹水仍自蠡縣改流，經肅寧、河間、雄縣、任丘，以至文安，而不復北行。明時，則又自雄縣改流入霸州保定界，爲玉帶河，不復入文安矣。此恒水下流變徙之大略也。晁以道云：今之恒水西南流，至行唐縣東流入于滋水，元和志：滋水在行唐縣南二十六里。又東南，流入于衡水。元和志：長蘆水即衡漳故瀆，在衡水縣南。然則恒水之源，所謂恒陽溪者，亦改流南向，合于漳水，而曲陽以下，瀆同而源則非矣。

涇

周禮：「雍州，其川涇、汭。」寰宇記原州平高縣笄頭，一名崆峒山，下引水經注云：「蓋大隴山之異名，莊子謂黄帝學道于廣成子，蓋在此山。」百泉縣涇水下引水經：「涇水出安定涇陽縣高山。注云：「山海經曰高山，涇水出焉，東流注于渭，入關謂之八水。」彈箏峽下引水經注云：「涇水逕都盧山。山路之内，常有如彈箏之聲，行者聞之，鼓舞而去。」又云：「絃歌之山峽口，水流風吹，滴崖響如彈之韻，因名。」涇州靈臺縣蒲州下引水經注云：「蒲州水出南山蒲谷，東北合細川水，又東北合且氏川水。」邠州宜禄縣芮水下引水經注云：「汭水又東逕宜禄川，俗謂之宜禄川水。」芹川下引水經注云：「出羅山縣千子山，山一名千子嶺，東流逕宜禄縣北。」真寧縣大陵水下引水經注云：「大陵、小陵水出巡和南殊川，西南逕寧陽城，故豳詩云『夾其皇澗』，陵水即皇澗也。」乾州永壽縣高泉下引水經注云：「甘泉，即高泉山也。」耀州雲縣涇水下引水經注云：「涇水東流歷峽，謂之涇峽。」五龍谷泉下引水經注云：「五龍水出云陽宮西南。」雍州醴泉縣谷口城下引水經注云：「九嵕山東、仲山西，謂之谷口，即寒門也。」此皆言涇水，而今本無之。是水經元有涇水篇，宋初尚存，後乃亡之耳。涇水出平涼府平涼縣西笄頭山。縣爲府治，本漢涇陽縣。开頭山在崆峒山西，亦笄頭。史記，黄帝西至于崆峒，登笄頭之山是也。又作雞頭，秦始皇巡隴西北地，至雞頭山是也。元和志：「原州平高縣笄頭山，一名崆峒山，在縣西一百里。」又：「百泉縣西，至州九十里，涇水源出縣西南涇谷。」地理志：「涇陽縣笄頭山，涇水所出。」淮南子云：「笄頭山，一名薄落山。」故涇水亦曰薄落水。又南流逕都盧山，山路之中常如彈箏之聲，故行旅因爲彈箏峽。按百泉本漢朝那及涇陽地，今爲平涼縣地，故山入其界，平高即今固原州。元和志云「笄頭山在平高縣西百里」，誤也。平高當作平涼。東南流，逕其縣南。又東南，逕華亭縣東北。本漢汧縣地。又東，逕涇州南。本漢安定縣，唐爲保定縣，涇州治。元和志：「涇水在縣東一里。」又東，逕長武縣北，汭水入焉。本漢鶉觚縣地，唐爲宜禄縣。汭水源出鳳翔府隴州西四十里弦蒲藪，東流過長武縣南，而東注於涇。汭，一作「芮」。又東南，逕邠州北。本漢漆縣，唐爲新平縣，邠州治。元和志：「新平縣，涇水西北自宜禄縣界流入。」又東南，逕淳化縣西。本漢雲陽縣。元和志：涇水在雲陽縣西南二十五里。又南，逕永壽縣東。本漢漆縣地。元和志：「涇水自新平縣界流入。」舊志，涇水在東南五十五里。又南，逕醴泉縣東。本漢谷口縣，九嵕山在東北五十里。長安志云：「醴泉縣在九嵕山東，仲山西，當涇水出谷之處，故俗謂之谷口。」今縣東四十里，谷口城是。**又東南，逕涇陽縣南。**本漢池陽縣。晉惠帝析置涇陽縣。元和志云「苻秦置，今縣東南涇陽故城」是也。隋移今治。池陽故城在今縣西北二里，後周廢，入涇陽。溝洫志云：「秦令水工鄭國鑿涇水，自中山西邸瓠口爲渠，並北山東注洛，三百餘里，注填閼之水，溉舄鹵之地四萬餘頃，收皆畝一鍾。于是關中爲沃野，無凶年，秦以富彊，卒并諸侯，因名曰鄭國渠。」「至武帝元鼎六年，百三十六歲，兒寬爲左内史，奏請穿鑿六輔渠，以益溉鄭國旁高卬之田。後十六歲，大始二年，趙中大夫白公復奏穿渠，引涇水，首起谷口，尾入櫟陽，注渭中，袤二百里，溉田四千五百頃，因名曰白渠。民得其饒，歌之曰：『田于何所？池陽谷口。鄭國在前，白渠起後。舉臿爲雲，決渠爲雨。涇水一石，其泥數斗。且溉且糞，長我禾黍。衣食京師，億萬之口。』」言此兩渠饒也。渭按：中，讀曰「仲」，即今九嵕之東仲山也。邸，至也。瓠口，即治谷，亦稱瓠中。北山，即嵳嶭諸山也。涇水在今涇陽縣南七里。左傳：「成十三年，晉師及秦戰于麻隧，秦師敗績，晉師濟涇，及侯麗而還。襄十四年，晉師諸侯之師伐秦，濟涇而次，秦人毒涇上流，師人多死。」即此水也。仲山在縣西北七十里，東北接嵳峨山西麓，中隔治谷，西南連九嵕山，涇水經其中，治水出谷處，俗謂之東谷口，西距谷口二十餘里，即封禪書所謂寒門谷口也。宋至道初，議脩鄭、白渠，詔皇甫選、何亮相度，選等言：「鄭渠並仲水而東，鑿斷岡阜，首尾三百餘里，連亘山足，岸壁頹壞，堙廢已久。度其制置之始，涇河平淺，直入渠口。暨年代寖遠，涇河陡深，水勢漸下，與渠口相懸，水不能至。峻崖之處，渠岸久廢，實難致力。三白渠溉涇陽、櫟陽、高陵、雲陽、三原、富平六縣田三千八百五十餘頃，宜增築隄堰，固以護之。」自是以後，三白渠，屢加脩治，頗得其利，而鄭渠卒不可興復。元和志云：「大白渠在涇陽縣東北十里。中白渠首受大白渠，東流入高陵縣界。南白渠首受中白渠，東南流，亦入高陵縣界也。六輔渠在鄭渠上流之南。三白渠在鄭渠下流之南。」**又東南，逕高陵縣西，南入于渭水。**縣志云：涇水至縣西南上馬渡入渭。

洛漆沮

周禮：「雍州之浸曰渭、洛。」詩小雅曰：「瞻彼洛矣，維水泱泱。」毛傳云：「洛，宗周溉浸水也。」周語：幽王時，三川震。」韋昭云：「涇、渭、洛也。」史記周本紀：「西伯獻洛西之地於紂。」晉世家：「文公攘戎、翟，居於河西圁、洛之間。」魏世家：「築長城自鄭濱洛，以東有上郡。」漢志：「洛水出北地歸德縣北蠻夷中，入河。」山海經曰：「白於之山，洛水出於其陽，而東流注于渭。」元和志云：「白於山，一名女郎山，在洛源縣北三十里。」按歸德廢縣在今慶陽府安化縣東北，隋改曰洛源，五代時廢。寰宇記：「廢洛源縣在慶州東北二百七十里，白於山又在其北也。」慶陽舊志云山在合水縣北二十里，誤。水經無洛水之目，惟沮水、渭水注中各一見。然寰宇記慶州安化縣尉李下引水經注云：「尉李城亦曰不窋城。」白馬水下引水經注云：「洛川南逕尉李城，東北合馬嶺水，號白馬水。」華池縣子午山，舊名翟道山，一謂雞山，引水經注云：「有烏雞水出焉，西北注于洛水。」樂蟠縣有水出縣西北，引水經注云：「與青山水合。」寧州安定縣洛水下引水經：「一名馬嶺川水。注云：洛水又南，逕栒邑故城北，與新陽川水合。」珊瑚谷水下引水經云：「珊瑚水東南至栒邑入洛。」襄樂縣大延水下引水經注云：「大延、小延水出油水南延溪，西南流逕襄樂縣，南于延城西，二水合流。」油水下引水經云：「與追語川水並出東翟道山。」鄜州洛交縣白水經云：「白水源出分水嶺。」三川縣葦谷水下引水經注云：「自葦谷東南流入三川。」黄原水下引水經注云：「砂羅谷南流，逕黄原祠東，合葦川。」坊州中部縣石堂山下引水經注云：「豬水西出翟道縣西石堂山，本名翟道山。穆天子傳曰：癸酉，天子命駕八駿之駟，造父爲御，南征朔野，逕絶翟道，升于太行。翟道即縣西之石堂山也，郭璞以爲隴右狄道，非也。」淺石川下引水經云：「淺石川水出翟道山。」香水下引水經注云：「香川水出中部縣北。香水在縣西南三十七里，自宜君縣界來。南香水在縣南三十五里，出遺谷。」泥水下引水經云：「泥水出翟道縣泥谷。」蒲水下引水經注云：「蒲谷水源出中部縣蒲谷原。」丹州宜川縣丹陽川下引水經云：「蒲川水自鄜州洛川縣流入丹陽川。」延州膚施縣清水下引水經注云：「清水出上郡北，流至老人谷，俗謂老人谷水，又東逕高奴縣，合豐水。」同州馮翊縣商原下引水經注云：「洛水南逕商原西，俗謂許原也。」沙阜下引水經注云：「洛水東逕沙阜北，其阜東西八十里，南北三十里，俗名之曰沙苑。」澄城縣新城下引水經注云：「雲門谷水源出澄城縣界。」朝邑縣朝阪下引水經注云：「洛水東南歷彊梁原，俗所謂朝阪。」此皆言洛水，而今本無之。是水經元有洛水篇，宋初尚存，後乃亡之耳。洛水出安化縣東北白於山，安化，慶陽府治。本漢鬱郅縣，屬北地郡。今縣治即其故城。南流，逕廢洛源縣。府志云：

有蘆草溝，在安化縣北百七十里，即洛水之源。又東，逕保安縣西南。本唐永康鎮，宋治保安軍。又東南，逕安塞縣西。本漢高奴縣地。又南，逕甘泉縣西。本漢雕陰縣。寰宇記云：「洛水逕雕陰縣秦望山。」今縣南二十里雕陰山是也。又東南，逕鄜州東。本漢雕陰縣地，唐爲洛交縣，鄜州治。又南，爲三川水。慶陽之華池水、黑水流經此會，因名。亦謂之洛交水。又南，逕洛川縣西南。本漢鄜縣地。又南，逕中部縣東北。縣志云：縣東十里有古川口，即沮、洛交會處，亦曰龍首川。渭按：此不過沮水之枝津，至近世下流雍塞，不由富平入洛，則此遂爲二水交會之通川耳。又南，逕宜君縣東。又東南，逕白水縣東，與沮水合。沮水，舊循鄭渠，東至此入洛，今自富平界已絶。又東南，逕澄城縣西，與蒲城縣分水。澄城在同州北一百里，本漢徵縣。溝洫志云：「武帝用嚴熊言穿渠，自徵引洛水至商顔下，溉重以東萬餘頃，故惡地穿得龍骨，故名曰龍首渠。」商顔即今同州北三十五里之商原也。蒲城在華川北少西，一百二十里，本漢重泉縣。長安志：「洛水在蒲城縣東五十里。」又南，逕同州西南。本漢臨晉縣。又東，逕沙阜北。寰宇記云：「沙苑一名沙阜，在馮翊縣南十二里，其阜東西八十里，南北三十里。」又東南，逕朝邑縣西之朝阪。即彊梁原。元和志云：「朝邑縣，以北據朝坂爲名。」又南，自趙渡鎮歷華陰縣西北葫蘆灘入渭。水經注云：「渭水至華陰縣北，洛水入焉。闞駰以爲漆沮之水是也。」明成化中，洛水改流而東，過鎮南逕趨於河，不復至華陰入渭矣。漢志：歸德下云，「洛入河」。襄德下云，「入渭」。蓋雜採古記，故有不同。其曰入河者，以二水合流，渭亦可稱洛耳。或疑禹時漆沮本入河，其後改流入渭，明成化中乃復故，非也。然黄文叔云：「今洛入河處與渭稍離，亦水道改矣。」則似不始于成化，當考。

渭

渭水出陝西臨洮府渭源縣西鳥鼠山，本漢首陽縣，西魏改曰渭源。東流逕其縣北。縣徙而南，故水逕其北。漢志云山在首陽縣西南，而今在縣西，亦因是也。元和志：「渭川渭源縣鳥鼠山，一名青雀山，在縣西七十六里。渭水所出，有三源並下。」而縣志謂鳥鼠在縣西二十里，又西五里南谷山。恐非，當以元和志爲正。又東，逕隴西縣北。隴西，鞏昌府治，縣一里。又東，逕通渭縣北。又東，逕寧遠縣北。又東南，逕伏羌縣北。又東，逕秦安縣南。又東南，逕秦州北。州東五十里有渭水渡。又東南，逕清水縣西。清水在州東一百五十里。州志云：州東五十里有東柯谷，橋跨渭水上，與清水縣接界。又東南，逕隴州南。渭水自清水縣界東南流，繞隴坂南麓，入州境。又東逕州南，去州一百四十里。又北，逕寶雞縣南。水去縣一里，有渭河橋，跨其上。又東，逕岐山縣南。水去縣三十五里。又東南，逕扶風縣西南，水去縣二十里，有漳渠。郿縣北。水去縣三里。又東，逕武功縣南，水去縣二十里。盩厔縣北。水去縣五里。又東，逕興平縣南。又東，逕咸陽縣南，水去縣一里。鄠縣北，水去縣九十里。灃水東北流逕故長安城西，又北，至咸陽縣東南三里，而注于渭。經所謂會于灃也。渭水又東，逕長安縣北。長安與咸寧，並爲陝西布政司西安府治。咸寧治東偏，長安治西偏，渭水去城三十里。又東，逕咸寧縣北，本唐萬年縣。元和志：「渭水在縣北五十里。」高陵縣南，水去縣二十里。涇水自涇陽縣界，東南流至高陵縣西南三十里，與渭水合。經所謂又東會于涇也。又東，逕臨潼縣北。渭水北去州三十五里。又東，逕渭南縣北。元和志：「渭水南去渭南縣四里。」又東，逕同州南。渭水北去州三十五里。華州北。渭水南去州十二里。又東北，逕華陰縣北。華陰在華州東七十里，東至潼關衛四十里，渭水南去縣十五里。又東，入于河。是曰渭口。經所謂又東過漆沮入于河也。

酈元以濁水爲漆水，宋人則以銅官川水來合沮水者爲漆水，沮水出中部縣西北子午嶺，本漢馮翊翟道縣，姚秦改置中部縣，直路故城在焉。唐屬坊州。寰宇記云：「沮水自坊州昇平縣北子午嶺出，俗號子午水，下合榆谷、慈馬等川，遂爲沮水。」按昇平廢縣在今宜君縣西北三十五里，沮水所經，非所出也。子午山在中部縣北，亦曰子午嶺，沮水出焉，綿亘慶陽、延安二府之間，其南麓抵縣界，或云即橋山也。東南流，逕宜君縣東北，又東南逕同官縣西，又南逕耀州西而東會漆水。本唐華原縣。漆水出同官縣東北，西南流至縣城東北，注于銅官水，又西南至州南，與沮水合。寰宇記云：「華原縣水自東北同官縣界，來合沮水。」長安志云：「漆水經華原縣界十五里，南流合沮水入富平縣界，俗名石川水。」同官志云：「漆水在縣東北五十里，源出北高山，以其地多漆木而名，西南流合銅官川水。」耀州志云：「沮水經州城西，循西乳山東會漆水，漆水自同官縣西南流入州境，尹師澗水入焉。又南經五臺山西，至乳山與沮水合。」韓邦奇曰：「嘗至同官縣，見一大潭水涌出，三面皆青石。山如壁立，水流出東壑。問其居人，曰漆潭，正所謂自同官縣界來者。」沮水又東南，逕富平縣西南，今鄭渠堙廢，沮水不復東入洛。又東南，逕白水縣南而東注于洛。白水即沮水，今其水不至，縣南之水乃烏泥川之下流耳。然漆水原委宋人始言之，他無考據也。

漆

寰宇記云：「按水經注曰：漆水自宜禄縣界來，又東過漆縣北，今本水經注無此文，元和志云：「宜禄縣東至邠州八十一里。」今長武縣是。即今邠州所治也。今縣西九里有白土川東北流，經白土原東，陳陽原西，又東北注于涇水，恐是漢之漆水，但古今異名耳。麟遊之漆水，南流與杜陽水合，非漢之漆水也。」

灃

灃，一作豐，又作酆。漢志：「扶風鄠縣，古國，有扈谷亭。扈，夏啓所伐。酆水出東南，又有潏水，皆北過上林苑入渭。」水經無灃水之目，其附見渭水篇中者曰：「渭水自槐里縣故城南，槐里今爲興平縣。又東合甘水水出南山甘谷，北流至鄠縣合澇水，入渭。甘誓云「大戰于甘」，即此地。又東，豐水從南來注之。地説云：「渭水與豐水會于短陰山内，水會無他高山異巒，所有惟原阜石激而已。」漢書音義張揖曰：「酆水出鄠縣南山酆谷，北入渭。」長安志：「豐水出長安縣西南五十五里終南山豐谷，其源闊十五步，其下闊六十步，水深三尺，自鄠縣界來終縣界，由馬坊村入咸陽，合渭水。昔文王作豐，武王治鎬，詩詠其事。鄭康成云：

「豐在豐水之西，鎬在豐水之東，相去蓋二十五里也。」相如上林賦曰：「終始灞、滻，出入涇、渭，酆、鎬、潦、潏，紆餘委蛇，經營乎其内，蕩蕩兮八川分流，相背而異態。」李善注引關中記云：「涇、渭、灞、滻、酆、鎬、潦、潏凡八川也。」按「八川」，惟涇在渭北，餘皆在渭南，出南山谷中，北入渭。

雒

洛水出陝西西安府商州西熊耳山，東北流逕州東。春秋晉上洛邑，漢爲縣。又東北，逕洛南縣北。又東，逕河南府盧氏縣南。又東北，逕永寧縣南。本漢澠池縣之南境。又東北，逕宜陽縣北。宜陽在府西南七十里。又東，入洛陽縣界，逕河南故城南。自周靈王壅穀水，使東出王城北，合瀍水，南入洛，而城西之澗水遂爲死穀。及漢明帝復堨澗、瀍二水，使出洛陽故城北，爲千金渠。又東，過偃師縣南，東入于洛。偃師在府東七十里。而禹貢「東會澗、瀍」之舊迹，無復有存焉者矣。又東北，逕洛陽縣東南。又東，至洛陽故城南，伊水從偃師縣西來注之。又東，逕偃師縣南。北去縣五里。又東，逕鞏縣故城南。今縣在河南府東一百二十里，隋所遷也。又東北，至洛口入河。洛口在鞏縣故城東北三十里，今縣北少東八里。今洛水，自鞏界，東過汜水縣北。汜水故城皋西至鞏縣界十五里，又二十五里爲縣治。又東，從滿家溝入河，而洛口乃移于東，非復古之什谷矣。漢志弘農上雒縣下云：「禹貢雒水出冢領山，東北至鞏入河，過郡二，弘農、河南。行千七十里。」金吉甫曰：「北方諸水，雖大河亦冰，惟洛水不冰，所以謂之温洛。」漢志弘農新安縣下云：「禹貢澗水在東，南入雒。」按新安無雒，漢志云澗入雒，要其歸也，其實澗東合穀至河，南入雒。黽池縣下云：「穀水出穀陽谷，東北至穀城入雒。」水經注：「澗水出新安縣南白石山，東北流歷函谷東八特阪。」在今新安縣東。周書所謂「我卜澗水東」者也。舊與穀水亂流，入于洛，今穀水東入千金渠，澗水與之俱東入洛矣。穀水出弘農黽池縣南墦冢林穀陽谷，東北流歷黽池川。又東，逕秦、趙二城南。又東，逕土崤北。所謂三崤也。又東，左會北溪。又東，逕新安縣故城。括地志云：「秦新安故城，在今黽池縣東二十三里。」又東，逕千秋亭南。又東，逕缺門山，廣陽川水注之。又逕白超壘南。又東，會石默溪。又東，逕函谷關南，東北流，皂澗水注之。又東北，逕關城東。又合桑爽之水。又東，澗水注之，自下通謂之澗水，故尚書曰「伊、洛、瀍、澗既入于河」，而無穀水之目。又東，波水注之。又東，少水注之。今在新安縣東三十里。又東，俞隨之水注之。又東，逕穀城南。又東，逕河南王城北。又東，逕乾祭門北。」此周靈王壅穀入瀍之故道也。下文「東至千金堨」以下，則東漢以後陽渠、九曲、千金、五龍諸渠之故道，瀍、澗二水自此東注，而不復至王城東南入洛矣。今按後漢書王梁傳：「建武五年，爲河南尹，穿渠引穀水注洛陽城，東寫鞏川，及渠成而水不流。」張純傳：「建武二十三年，爲大司空，明年上時文反。穿陽渠，引洛水爲漕，百姓得其利。」太子賢注云：「陽渠在洛陽城南。」以酈注考之，堨東穀水有二道：一在洛陽城北，自皐門橋，在城之西北。潘岳西征賦曰「秣馬皐門」，即此處。東歷大夏門、北門之西頭一門，故夏門也。廣莫門，北城之東頭一門，故穀門也。屈南逕建春門石橋下，蓋即王梁之所引，道元所謂舊瀆者也。一在洛陽城南，自閶闔門，西城之北頭一門，故上西門也。南歷西陽門、城之正西門，故西明門也，亦曰雍門。西明門，西城之南頭一門，故廣陽門也。屈東歷津陽門、南城之最西一門，故津門也。宣陽門、南城之次西一門，故小苑門也，亦曰謻門。平昌門、城之正南門，故平門也。開陽門，南城之東頭一門，故建陽門也。穀水于城東南隅枝分北注，逕青陽門東，又北逕東陽門，又北逕故太倉西，又北入洛陽溝。青陽，東城之南頭一門，故清明門。東陽城之正東門，故中東門也。又東，逕偃師城南。又東，注于洛。蓋即張純之所穿，洛水篇云「洛水東過偃師縣南，又北，陽渠水注之」是也。此皆周靈王壅穀後，歷代遞遷之水道，非禹迹也。澗、穀二源至新安東而合流，自下得通稱，古謂之澗，周室東遷謂之穀，而澗之名遂晦。周語：靈王二十二年，穀、洛鬥，將毁王宫。王欲壅之，太子晉諫曰：「不可。」引共工、伯鯀之事以爲戒，王弗聽，卒壅之。韋昭注云：「鬥者，兩水格，有似于鬥。洛在王城之南，穀在王城之北，東入于瀍。至靈王時，穀水盛，出于王城之西，而南流合于洛水，毁王城西，南將及王宫，故齊人城郏壅之者。」壅，防穀水，使北出也。穀水出王城之西，而南合于洛水者，其故道也。靈王時偶值暴水，大至兩川相觸如格鬥然，故謂之「鬥」，非穀水本由城北入瀍，而今忽改道由城西入洛也。使穀水本由城北而東入于瀍，則洛誥何以指王城爲澗水東邪？且使穀水故道果在城北，則靈王壅之使北出是爲復禹之迹，太子晉亦何爲引共、鯀防川之害，以戒王哉？道元言靈王壅穀，其遺堰三隍尚存，今亦不可得詳。竊意此三隍者，皆在王城之西北。當時堰穀水使東出于城，北與瀍水會，折而南歷城東，至千金堨處，又南入洛。此蓋自靈王以迄西漢，穀水會洛之故道也。何以知之？以東漢作堨于河南城東十五里知之也。使穀水不由此入洛堨，何爲在此乎？道元云：「河南城西北，穀水之右有石磧，磧南出爲死穀。」穎容春秋條例言：西城梁門枯水處，世謂之死穀是也。死穀云者，以其有瀆而無水，蓋即靈王壅穀後，城西所存之枯渠矣。方輿紀要云：「自東漢引穀、洛之水以通漕，而瀍、穀非復故道。曹魏文、明之世，大營宮殿，分引支流，灌注苑囿。延及晉代，川谷漸移。及元魏遷都，更加營治，大約時所務者，都邑之漕渠而已。隋大業元年，改建東都，并河南、洛陽而一之，大變成周之轍。隋東都城即今河南府治，前值伊闕之口，後依邙山之塞，自周敬王、漢光武、魏文帝、晉武帝、後魏孝文帝，皆都故洛城，至是西移十八里，置都城焉。而通濟渠之復起，隋書：煬帝大業元年，開通濟渠，自西苑引穀、洛水達于河，自板渚引河通于淮。于時又以穀、洛二水周帀都城爲急，故復引穀南流，以會洛，從城西遶城而南，以達城東，經偃師、鞏縣之間，而注于洛口，其于千金、九曲之故迹，又未嘗過而問矣。元和志：「洛水在洛陽縣西南三里。西自苑内上陽之南瀰漫東流，宇文愷築斜堤束令東北流，形如偃月，謂之月陂。伊水在河南縣東南十八里。瀍水在河南縣西北六十里。西從新安縣東流入縣界。」又曰：「通津渠在河南縣南三里。隋分洛水西北，名千步磧渠，東北流入洛。」按瀍、澗水道之變，自東周始，靈王壅穀使東出，一變也。東漢引水爲漕渠，二變也。魏、晉引水灌苑囿，三變也。元魏決湖注瀍水，四變也。隋煬引水帀都城，五變也。其潁容所言死穀，抑亦古澗水歷王城西之明證也。

瀍

洛誥周公曰「我乃卜澗水東，瀍水西，惟洛食」，謂王城也。「我又卜瀍水東，亦惟洛食」，謂下都也。漢志：「瀍水出河南穀城縣朁亭北，東南入雒。」後漢志：「瀍水出河南穀城縣。」劉昭引博物記曰：「出朁亭山。」括地志云：「故穀城在河南縣西北十八里苑中。」西臨穀水。左傳定公八年，周大夫儋翩叛，單子伐穀城，即此。漢置穀城縣，魏省入河南縣。自故縣西北又三十二里，有穀城山，東連孟津縣界，即博物記所謂朁亭山也。王城即郟邑，漢爲河南縣，其故城在今洛陽縣西北。後漢志云：「河南周公所城雒邑。春秋時謂之王城。」劉昭引博物記曰：「王城方七百二十丈，郛方一十里，南望雒水，北至郟山。」地道記曰：「去雒城四十里。」下都即成周，漢爲洛陽縣，河南郡治，其故城在今洛陽縣東北二十里。後漢志云：「雒陽，周時號成周。」劉昭引帝王世紀曰：「城東西六里，南北九里。」元和志引華延儁洛陽記曰「東西七里」。二城東西相去四十里，而今洛陽縣居其中。隋大業初，營新都時，移二縣于都城内，金又省河南入洛陽。古時，澗水經河南故城西入洛，瀍水經河南故城東入洛。故澗水東、瀍水西爲王城，而瀍水東爲下都，洛誥之文甚明也。自周靈王壅穀水使東出于王城之北，則其勢必入于瀍水，而合流歷王城之東，以注于洛。時二水猶未經洛陽城也。迨東漢建都于此，自河南縣東十五里之千金堨，引水繞都城，南北以通漕，而瀍水始與穀水俱東注矣。古時瀍不合澗，亦不過洛陽縣南，而東至偃師也。穀水注云：「河南城西北，穀水之右有石磧，磧南出爲死穀，北出爲湖溝。魏太和四年，暴水流高三丈，此地下停流以成湖渚，造溝以通水，東西十里，決湖以注瀍水。」按曹魏明帝、元魏孝文帝皆有「太和」年號，明帝之太和終于六年，故方輿紀要謂穀水入瀍經城北，自元魏時始。然瀍水東出穀城山，東南流至王城東北，而南入于洛，周靈王壅穀使東注，勢必與之合。韋昭云「穀在王城之北，東入于瀍」是也。其元魏所決者磧北之湖水耳，澗、瀍之合實不自元魏時始也。

伊

漢志：「伊水出弘農盧氏縣熊耳山，東北入雒，過郡一，行四百五十里。」熊耳山在今河南府盧氏縣西南五十里，東連永寧，南接内鄉。括地志云：「伊水出盧氏縣東巒山。」一名悶頓嶺，今在縣東南百六十里。元和志云：「伊水出鸞掌山。」疑即是巒山。參考諸書，伊水出盧氏縣熊耳山，審矣。縣志云：「熊耳雖伊源之名，而無流衍之迹，其實出于悶頓嶺之陽，豈知古熊耳山盤基甚廣，即悶頓亦熊耳乎！」酈氏云：「即巄大同，陵巒互別。」兩言盡之矣。蔡傳據郭璞云「熊耳在上洛縣南」，以爲地志言出盧氏者非是，大謬。以今輿地言之，盧氏、嵩縣、伊陽、伊陽屬汝州，以伊水與嵩縣分界。洛陽界中，皆伊水之所經也。

漢

漢郊祀志：「秦祠沔于漢中。」地理志：「漢中有沔陽縣。」武都下云：「東漢水一名沔。」則沔、漢互稱，其來已久。而沮縣下又云：「沮水出東狼谷，南至沙羨南入江。荆州川。」沮，子余反。羨，音「夷」。按周禮「荆州川曰江、漢」，而無沮，是沮即沔也。元和志：「沮水出興州順政縣東北八十二里。」按沮縣故城在今漢中府略陽縣界。晉永嘉後没于氐羌，縣廢。後魏改置武興縣，又僑置略陽縣。西魏改略陽曰漢曲，隋又改曰順政，唐爲興州治，宋復改順政曰略陽。今在寧羌州北二百二十里。新城王尚書士禎撰蜀道驛程記，曰：「出沔縣西門，曲折行亂山中，沔水流經其中，略如棧道。但山庳無林木，沔流舒緩，不及褒水湍悍耳。西涉沮水，抵大安驛，有土城廢址，宋置大安軍。沔、沮之間，闊者未丈許，狹者才二三尺，沙石磷磷，深不没踝。自大安西南，亂山益稠。至金牛驛，北望見嶓冢山，峨然雲表，一小水自西東流，即所謂嶓冢導漾者也。水纔濫觴，不没梟鴈，合五丁峽水東流爲沔。其流始大金牛驛西三里，稍南入五丁峽，一名金牛峽。在寧羌州北三十里。峽口懸崖萬仞，陰風颯然，水白峽中噴薄而出。寧羌州在亂山中，無城堞，本沔縣羊鹿坪地。明洪武中，以山寇作亂，置寧羌衛于此。成化中，即衛建州治。自州行十里，渡水遇百牢關。關下有分水嶺。嶺東水皆北流，至五丁峽，北合漾水入沔。嶺西水皆南流，逕七盤關龍洞，合嘉陵水爲川江。」常璩言「沔出嶓冢合白水爲西漢」，明與導漾之文相悖。按通典嶓冢山有二，一在天水上邽，一在漢中金牛。雍大記云：「西漢水在西和縣源出嶓冢山，西流與馬池水合，此乃上邽之嶓冢，在今秦州。」又云：「漢江源出沔縣嶓冢山東流，入金州，此乃金牛之嶓冢。禹貢嶓冢導漾，乃沔縣之嶓冢，非秦州之嶓冢。」漾水出寧羌州北嶓冢山，寧羌在漢中府西北三百八十里。東北流逕沔縣西南，合沔水。又東，逕沔縣南。沔縣在府西少北九十里。又東，逕褒城縣南。在府西北四十里，沔水去縣二十四里。又東，逕南鄭縣南爲漢水，水去縣三里。經所謂「嶓冢導漾，東流爲漢」者也。又東逕城固縣南城固在漢中府東少北七十里，水去縣四里。舊志云：縣東二里有飲馬灘，每子午二時潮響如雷。又五里爲上濤、下濤，龍亭廢縣在縣東。龍亭山下，即龍下也。又東，逕洋縣南。洋縣在府東南一百二十里，水去縣二里。又東，逕西鄉縣東北。西鄉在府東南二百二十里。又東南，逕石泉縣南。石泉在興安州西二百五十里，水去縣五十步。又東，逕漢陰縣南。漢陰在州西少北一百六十里，水去縣八十里。又東，逕紫陽縣南。紫陽在州西南一百八十里。州志云：

有怯灘，在縣西十五里，水陡如鬭。又大力灘在縣西八里，兩岸夾石左右，有兩石觜，最爲舟楫患。又石梁灘在縣西，當任河水口中。宫灘在縣東南一里，極高陰，中流有柱石，怒濤之聲如雷。長灘在縣東四里，近汝河灘，不甚險，商舟停集，漁水絡繹，皆漢水所經也。又東北，逕興安州北。州志云：州境漢江多灘，麩灘、串灘、二郎灘爲險，而神灘尤甚。明成化十三年，知州鄭福於冱冬時用火燒石，疏鑿以殺其勢，舟行利焉。萬曆十一年，漢水溢壞州城，公私廬舍皆盡溺，死者數千人。州東一里有長春隄，成化八年，爲水衝壞，十五年，鄭福增築高堅，萬曆二十年復加脩築。又東，逕洵陽縣南。洵陽在州東一百二十里，水在縣南門外。又東，逕白河縣北。白河在州東南二百七十里。又東，逕鄖西縣南。鄖西在湖廣鄖陽府西一百四十里，水去縣五十里。又南，逕鄖縣南。明成化十二年，置鄖陽府，治鄖縣。舊志云：漢江自城西遶城南，寶蓋、天馬諸山皆錯列漢濱。又東，逕均州北。均州在襄陽府西北三百九十里，水去州四十里。經所謂「又東爲滄浪之水」者也。自均州以至漢陽，皆名滄浪之水，故曰是近楚都。又東南，逕光化縣西南。光化在襄陽西北一百八十里，水去縣十五里。又東南，逕穀城縣東北。穀城在府西北一百二十里，水去縣二十五里。又東南，逕襄陽縣北。縣爲襄陽府治。東南三十里，漢水中有龍尾洲。縣志云：漢水重濁，與大河相似，襄陽實當其衝，爲患最劇，自唐以來皆築隄遶城，以防潰決。明正統、嘉靖間，兩被漂溺，皆以大隄廢損故也。又云：嘉靖四十五年，漢水溢樊城。城北舊有大隄，城南面江一帶皆塼城，盡潰決。議者謂樊城潰則襄城無患，于是疏塞不蚤，樊城之富庶漸衰。又東南，逕宜城縣東。宜城在府東南一百二十里，水去縣四里。又南，逕鍾祥縣西。鍾祥爲安陸府治。又南，逕荆門州東。荆門在府西九十里，水去州一百二十里。又東南，逕京山縣西南。京山在府東一百五十里。又東，逕潛江縣北。潛江在府南少東二百十里，水去縣二十里。又東，逕景陵縣南。景陵在府東南二百十里，水去縣五十里。又東，逕沔陽州北。沔陽在府南少東三百三十里，水去州一百里。州志云：「漢水由荆門州界折而東，大小羣川咸匯焉，勢盛流濁，浸淫盪決，爲患無已。而潛江地居汙下，遂爲衆水之壑，一望瀰漫，無復涯際。漢水經其間，重湖浩渺，經流支川不可辨也。蓋漢水爲湖北之害，而襄、郢二州爲甚，潛江又承襄、郢之委流，當江、漢曲折迴合之處，瀦爲大澤，勢不能免矣。而景陵、沔陽又潛江之委流也。今沔陽四境惟湖陂，連亘幾數百里，皆爲漢水所匯，蓋漢水性曲，往往十里九灣，語曰：勁莫如濟，曲莫如漢。郢、沔之間，波流迴盪，瀦爲藪澤。小民見填淤之利，復從而隄防之。爲民牧者，又不講于節宣之宜，疏瀹之理，歲月之間，苟幸無事，大水時至，則委之洪濤中耳。童承叙曰：「漢水至濁，與江湖水合，其流必澄，故常填淤，而沮澤之區，因成沃壤，民漸芟剔，墾爲阡陌。又因其地之高下，脩隄防以障之。大者廣輪數十里，小者十餘里，謂之曰垸。其不可隄者，悉棄爲萊蕪。昔時院必有長，統丁夫，主脩葺。其後法久弊滋，脩不以時，院愈多水愈迫，客隄愈高，主隄愈卑，故水至不得寬緩，湍怒迅激，勢必衝齧。主隄先受其害，客隄隨之，泛濫汹涌，悉爲巨浸矣。」又東，逕漢陽縣北。縣爲漢陽府治，水去縣三里。又東，至大別山，折而南，是爲漢口，經所謂「過三澨，至大別，南入于江」者也。隄防考云：舊時漢水從黃金口入排沙口，東北折抱牯牛洲至鵝公口，又西南轉北至郭師口，對岸曰襄河口，約長四十里，然後下漢口。成化初，忽于排沙口下、郭師口上直通一道，約長十里，漢水徑從此下，而故道遂淤。今魚利略存，不通舟楫。俗呼爲襄河，以上流自襄陽來也。按漢水本行觸大別之陂而南回入江，今則自郭師口以上，決而東逕大別山，後入江，非復古之夏汭矣。漢志云：「東漢水一名沔，過江夏，謂之夏水，入江。」又云：「沮水，南至沙羡南入江，過郡五，武都、漢中、南陽、南郡、江夏。行四千里。」蓋曲莫如漢，故其所行有若是之遠也。

江

華陽國志曰：「岷山一名沃焦山，其踋曰羊膊，江水所出。」李膺益州記曰：「羊膊嶺水分二派：一東南流爲大江，一西南流爲大渡河。」太平寰宇記曰：「羊膊山在平康縣，縣屬松州，隋志：平康縣有羊腸山。腸蓋「膊」字之誤。山下有二神湫，大江始發之所。」范成大吴船録曰：「江源自西戎來，由岷山澗壑中出而合于都江。今世所云，止自中國言耳。」陸游入蜀記曰：「嘗登岷山，欲窮江源而不可得。蓋自蜀郡之西，大山廣谷谽谺起伏，西南走蠻箐中，皆岷山也。則江所從來遠矣。」王應麟通鑑地理通釋曰：「大渡河一名羊山江，源出鐵豹嶺，嶺即羊膊之異名也。」金履祥書注曰：「岷山數百峰，大西山爲最，大雪山三峰闖其後，冬夏如爛銀。一谷名鐵豹嶺者，有西岳廟，廟下名羊膊石，江水正源也。其西南分一源，又爲大渡河矣。」近南引江源記云：岷江發源于臨洮木塔山。山頂分東西流，南流八百里，經甘松嶺。又南，經漳臘堡西，其水漸大。復經鎌刀灣，達松潘下水關。臨洮，今陝西洮州衛也，在松潘之東北。江源果發此，則又自東北而來，與氐道西徼外之岷山相去懸絶。爲此説者，蓋因隋志云：「岷山在臨洮郡臨洮縣。」括地志云：「岷山在岷州溢樂縣。」見有一水自木塔山來入江者，遂以爲江水發源彼中，明與漢志相背。江水出四川松潘衛徼外岷山，流逕衛北。衛本禹貢梁州之域，後爲氐羌地。漢置湔氐道，屬蜀郡。唐爲嘉城縣，松州治。明置松潘衛，屬四川都司，在成都城西北七百六十里。元和志：「江源鎮在松州交川縣西北三十里。」**又東南，逕疊溪營西。**營在茂州西北一百二十里，本漢蜀郡蠶陵縣，唐爲翼。元和志：「大江經翼州城西，又經翼水縣西二百步。」按廢翼州在營西，翼水廢縣在營南。**又東南，逕茂州西。**茂州在成都府西北四百十五里，本漢汶江縣，後周改曰汶山縣，唐爲茂州治。元和志：「汶江，北自翼州南流，經汶山縣西二里。」**又西南，逕威州西，玉輪江注之。**威州在府西北四百五十里。本漢廣柔縣，唐爲薛城縣，維州治，其故城在今州北高碉山上。亦曰姜維城，州西北有滴博嶺。玉輪江即汶水。**又西南，逕保縣西。**保縣在茂州西南四十里，本漢綿虒縣，後周爲汶川縣。江源記：「岷江南入溢村，逕石紐至汶川，轉銀嶺，合草坡河至蠶崖，入灌口。」括地志：「石紐山在汶川縣西七十三里。」**又東南，逕灌縣西，沱水出焉。**灌縣在成都府西少北一百五十二里。唐爲導江縣。元和志：「大江西自茂州界流入，逕青城縣北二里。」寰宇記：「大皂江自灌口流經青城縣北，入温江縣界。」青城廢縣，在今灌縣西南。玉壘山在縣西北。離堆在縣西南，或曰即灌口山。宋河渠志：「皂江支流迤北曰都江口，置大堰，疏北流爲三：東曰外應口，溉導江、新繁、新都，達于金堂；東北曰三石洞口，溉導江、崇寧、九隴、濛陽，達于漢之洛；東南曰馬騎口，溉導江、崇寧、郫、温江、成都、華陽。」灌縣舊志：大江經縣西三十三里，分爲二派。其一東南經崇寧州至新津者，今謂之南江；其一東循灌城者，今謂之北江。北江又分爲三派。其一東南逕温江，過府城南，入新津，合大江者，爲流江；其一自縣寶瓶口，直東入五斗口，東北經郫、新繁過府城北，折而南，合流江者，謂之郫江；其一自寶瓶口東北穿三泊洞，又東北經新繁、新都至漢州入雒者，爲湔水。參考諸說，大皂江即鄢水，實岷江之正流，有元和、寰宇、九域等書可證。郫江即禹貢梁州之沱流江，乃李冰之所穿，與郫江爲一江者。郫江號北江，惟東合湔、雒，又東南至江陽入江者，爲禹貢之江沱。餘皆後人所穿鑿，或以郫江創自李冰，且指流江爲岷江之正道，大誤。詳見梁州。**江水又東南，逕温江縣西，崇慶州東。**温江在府西少南五十里，本漢郫、江原二縣地。元和志:「大江俗謂之温江,南流經縣西一里。」寰宇記:「鄙江一名皂里水,自青城縣南,流經温江縣,入江原縣界。」成都新志云:大皂江本岷江正流,自離堆鑿後,乃以流江爲正流,而以此爲南江。」崇慶在府西南九十里,本漢江原縣也。又東南,逕新津縣東北。流江注之新津,在崇慶州東南七十里,本漢武陽縣地。又東南,逕眉州東。眉州本漢武陽縣。元和志:「大江亦名導江,在彭山縣東七里。」又經通義、青神二縣東,皆去縣三里,今州北有武陽故城,隋改武陽曰通義,唐爲眉州治,彭山故城在州北,青神故城在州南,本朝康熙六年併入。又南,逕嘉定州東。嘉定本漢南安縣地,後周分置平羌縣,隋改曰青衣,又改曰龍游爲嘉州治。寰宇記:「導江水在平羌縣西二十步。」又云:「大江自平羌流入龍游縣界。」按平羌即今峨眉縣,在州西六十里。又東南,逕犍爲縣北。犍爲在州東南一百二十里,亦漢南安縣地。寰宇記:「導江水在玉津縣西五里,又在犍爲縣東二十步。」按玉津,唐屬嘉州,其廢址在今縣北。又東南,逕宜賓縣東北,合馬湖江。宜賓爲叙州府治,本漢僰道縣,犍爲郡治。元和志:「汶江流逕僰道縣東北,去縣十步。馬湖戍在縣西二十一里。」按馬湖江在縣南門外,即若水,下流亦曰瀘水,自馬湖府東北流入,至城西南一里爲蠻津口,又東合于大江。又東南,逕南溪縣南。南溪在府東南一百二十里,本漢僰道縣地。又東,逕江安縣北。江安在瀘州西南,本漢江陽縣地。又東,逕納溪縣北。納溪在州西南四十里,亦漢江陽縣地。又東北,逕瀘州東南,沱水合湔、雒諸水從西北來注之。瀘州本漢江陽縣,今州治即其故城,隋改縣曰瀘川,唐爲瀘州治。華陽國志:「江陽江中有大闕、小闕。季春,黄龍堆没闕即平。」元和志:「汶江水經瀘川縣南三十步。」寰宇記謂之瀘江。按雒江在州北,亦曰湔水,亦曰綿水,互受通稱。漢志云:「湔水出玉壘山東南,至江陽入江。」水經注云:「雒水與綿水合,又與湔水合,亦謂之郫江。」郫江即沱水也。沱水自灌縣西南,首受大江,東逕郫縣北。郫縣在成都府西四十五里。漢志：「蜀郡郫縣，禹貢江沱在西，東入大江。」元和志：「郫江一名成都江，經郫縣北三十一里。」又東，逕新繁縣南。新繁在府西北五十六里，本漢繁縣。括地志：「縣有繁江首受郫江，即禹貢江沱也。」元和志：「郫江在新繁縣南十一里。」九域志：「新繁有都江。」即所謂成都江也。又東，逕成都縣北。漢舊縣，蜀郡治，今爲四川布政司成都府治。水經注：「成都直西門曰郫江，北折左對繁田。」括地志：「郫江一名成都江，一名市橋江，一名永平江，亦曰中江，亦曰内江，西北自新繁界來。」又東，逕新都縣南。新都在府北五十里，漢舊縣。又東，逕金堂縣南。金堂在府東北七十里，本漢新都、牛鞞二縣地。郫江至縣東南，合湔水，亦曰五城水。酈道元云：「湔水東絶綿、雒，逕五城界至廣都北岸，南入于江，謂之五城水口。」此涪水枝津自五城縣界西合湔、郫，又西至成都城東南入于江也。又東，逕簡州北。簡州在府東一百五十里，本漢牛鞞縣。又東南，逕資陽縣西。資陽在州東南六十里，本漢資中縣地。又南，逕資縣西。資縣在府東三百里，本漢資中縣。又南，逕富順縣東。富順在叙州府東北一百八十里，本漢江陽縣地。又東南，逕瀘州北，又東南與江水會。酈道元云：「綿水至江陽縣方山下入江，謂之綿水口。」蓋自五城以下，湔、郫、綿、洛互受通稱，綿水口，即沱水口也。江水又東，逕合江縣北。合江在瀘州東一百二十里，本漢符縣。又東北，逕江津縣北。江津在重慶府南一百八十里，本漢江州縣地。又東北，逕巴縣東南，西漢、羌、白、涪、巴、渝諸水自北來注之。巴縣爲重慶府治，本漢江州縣，後周改曰巴縣，唐爲渝州治。按自渝上合州者謂之内江，庾仲雍所云「涪，内水」是也。自渝、戎、瀘上蜀者，謂之外江，庾仲雍所云「蜀，外水」是也。又東北，逕長壽縣南。長壽在府東三百三十里，本隋巴縣地。

又東，逕涪州北，涪陵江水自南來注之。涪州在府東四百五十里，本漢枳縣，隋改置涪陵縣，唐爲涪州治，大江在州北。方輿勝覽謂之蜀江，自成都登舟十二程，至此合黔江，即涪陵江也。又東北，逕酆都縣南。酆都在忠州西二百里，本漢枳縣地。又東北，逕忠州南。忠州在府東一百里，本漢臨江縣。又東北，逕萬縣南。萬縣在夔州府西四百五十里，本漢朐忍縣地。又東北，逕雲陽縣南。雲陽在府西一百七十里，本漢朐忍縣，後周改曰雲安。寰宇記：「蜀江在雲安縣南三十步。」又東，逕奉節縣南，夷水故道出焉。奉節，夔州府治，本漢魚復縣，唐改曰奉節。瞿塘峽在縣東，即古廣谿峽也。寰宇記云：「灩預堆周圍二十丈，在夔州西南二百步，蜀江中心。瞿塘峽口，冬水淺，屹然露百餘尺；夏水漲，没數十丈。亦曰『猶豫』，言舟子取途不決水派也。」范成大吴船録云：「峽中兩岸高巖峻壁，斧鑿之痕皴然，有黑石灘最號險惡。」按夷水一名清江。詳見荆州。又東，逕巫山縣南。巫山縣在府東一百三十里，本漢巫縣，巫峽在縣東四十里。吴船録云：「自巫縣下巫峽，灘瀧稠險，湍流洄洑，其危又過夔峽。三十五里至神女廟，廟前灘尤洶怒。」又東，逕巴東縣北。巴東在湖廣歸州西九十里，本漢巫縣地，梁爲歸鄉縣。又東，逕歸州南。歸州在荆州府西五百二十五里，本漢秭歸縣。又東，逕夷陵州南。夷陵在荆州府西少南二百里，本漢夷陵縣。又東，逕宜都縣北，與夷水合。宜都在州東南九十里，本漢夷道縣。夷水本首受奉節縣之大江，今建始縣北。建始在夔州府東南，本漢巫縣地，晉分置建始縣，屬建平郡，唐屬施州，縣南至州一百三十里。夷水故道自巫山縣南流入縣界。其故道皆已陻塞，惟從縣南，受施州衛開蠻界水，東逕巴東、長陽，長陽在夷陵州西南八十里，本漢佷山縣，屬武陵郡，隋更名長楊，唐改「楊」爲「陽」，其故城即今治。縣南七十里，廢巴山縣，即古捍關。至宜都縣北，又東入于江。經所謂「東別爲沱」者，禹所導：一爲梁州之沱，今郫江是也；一爲荆州之沱，古夷水是也。又東逕枝江縣北。枝江在荆州府西一百七十里。百里洲在縣東北六十里。嘉靖初，爲江水衝斷，今爲上百里洲、下百里洲。又東，逕松滋縣北。松滋在府西南一百二十里，本漢高縣地。又東，逕江陵縣南。江陵，荆州府治。隄防考云：大江流入郡境，自西而北而東而南，勢多紆折，南北兩岸俱平衍，下隰水易漫流，故有決溢之害。濱江諸縣，皆棄隄以爲岸衛，自松滋至巴陵之城陵磯，長亘六百餘里，北岸有陽州茅埠隄長亘七百餘里，咫尺不堅，千里爲壑。又東，逕公安縣北。公安在府東南一百二十里，本漢孱陵縣，有涔陽鎮，在公安故城東南。又東，逕石首縣北。石首在府東南一百八十里，本漢華容縣地。又東，逕監利縣西，華容縣北。監利在府東南二百里，本楚容邑，漢置華容縣，三國吴析置監利縣，其故城在今縣東北。章華臺在縣西北六十里。夏水篇云：「夏水東經華容縣南，又東逕監利縣南。」韋昭曰：「雲夢在華容縣。」郭景純言「東南巴丘湖」是也。今岳州府亦有華容縣，在府西少北一百五十五里，本漢孱陵縣地，晉分置南安縣，隋更名華容，非古華容也。又東至巴陵縣西北，會洞庭之水。巴陵，岳州府治，本漢下雋縣地。荆江口在縣西北。洞庭水入江處，亦名西江口，又名三江口。元和志：「巴陵城對三江口。」岷江爲西江，澧江爲中江，湘江爲南江。」按三江口北岸有楊林浦，一名楊葉洲，蓋即水經注所謂「巴陵故城西對長洲」者。此後世大江之經流，酈道元所稱北江者也。禹之所導則異于是。袁中道澧遊記曰：「酈道元注水經，于江陵枚迴洲下有南、北江之名，南江即江水由澧入洞庭道也。陵谷變遷，今之大江始獨專其澎湃，而南江之跡稍稍湮滅，僅爲衣帶細流，然江水會澧故道，猶可考云。」今按，小脩此義最爲精覈。水經

注：「澧水出武陵充縣西歷山，東過其縣南。今岳州府慈利縣所轄，永定、九溪二衛皆漢充縣地。歷山在永定衛西，澧水自衛界流逕九溪衛西。又東，逕零陽縣南。今慈利縣，北有零陽故城。又東，逕澧陽縣，右會溇水。謂之溇口，今石門縣西北有溇水。又東，逕澧陽縣南。縣南臨澧水，晉天門郡治，今在澧州西一百十里。又東，逕作唐縣北，作唐今爲安鄉縣，在澧州東南一百二十五里，北至公安縣界六十里。左合涔水，水出西南天門郡界，南逕岑坪屯，屯堨涔水，溉田數千頃，又東南流注於澧水。岑坪屯在今澧州界，州在岳州府西四百二十里，北至公安縣八十里。本漢零陵縣地，隋析置澧陽縣，其故城即今州治。澧水在州南三里。又東，澹水出焉。澧水又南，逕故郡城東，東轉逕作唐縣南。今安鄉縣東南有作唐故城。又東，逕安南縣南，今華容縣是。澹水注之。謂之澹口，王仲宣詩曰：「悠悠澹、澧」者也。又東，與赤沙湖會。河水北通江而南注澧，謂之決口。按赤沙湖在今華容縣西南，亦謂之赤亭湖，西接安鄉縣界。又東，至長沙下雋縣西北，東注于洞庭湖，俗謂之澧江口。」澧水自石門以西，與導江無涉，其南江會澧故道，參以近志，有可得而言者。江陵縣西南二十里有虎渡口，在龍洲之南。後漢郡守法雄有異政，猛虎渡江去，因名。宋乾道七年，湖北漕臣李燾脩虎渡隄，即此。水經注：「江水自枝迴洲分爲南、北二江，北江有故鄉洲，其下爲龍洲。」南江從此東南流，注于澧水，同入洞庭，蓋即所謂涔水也。澧州志云：「涔水爲岷江別派，從公安入境，爲四水口。」在州北七十里，東接安鄉湖口，北連荊江。又東南，流過焦圻一箭河，至匯口入澧，故稱涔澧。楚辭「望涔

陽兮極浦」，今公安舊縣東南有涔陽鎮，即其地也。澧水又東逕安鄉縣南，會赤沙湖，東距巴陵縣百里。而東入洞庭湖，湖在巴陵縣西南一百五十步。見元和志。此導江東至于澧，過九江至于東陵之故道也。江水自巴陵縣西北會洞庭湖，又東逕其縣北。水經注：「江水會湘水，又東逕忌置山南，江之右岸有城陵山。」按今巴陵縣北有忌置洲，宋書檀道濟等，討謝晦至忌置洲，列船過江，即此。其東有城陵磯，東北接臨湘縣界，磯下爲三湘浦。元和志云：「在巴陵縣東北十二里。」黃潤玉云：「今江水衝城陵磯而臨江驛，至岳陽湖口六十里，皆淤沙漲起，南環湖，北沿江，塞隘九江之口，其章華臺之水亦淤窄矣。」又東，逕臨湘縣北。臨湘在岳州府東北七十五里。晉以後爲巴陵縣地，宋析置臨湘縣。水經注：「江水自彭城磯東逕如山北，北對隱磯。二磯之間，大江中有獨石孤立，山東江浦世謂之白馬口。」按彭城磯在縣西江中。元和志云：「在巴陵縣東北九十四里。」蓋其時未有臨湘也。縣東北十里有白馬磯山，又有隱磯。又東，逕嘉魚縣西北，與沔陽州分水。嘉魚在武昌府西南二百五十里，漢沙羨縣地。隋爲蒲圻縣地。南唐分置嘉魚縣。沔陽在安陸府南少東三百三十里，本漢州陵縣。水經注：「江水東逕烏林南，吳黃蓋敗魏武于烏林是也。又東，右得蒲磯口，即陸口。陸水出下雋縣，東逕蒲圻縣北，又東逕蒲圻山北入江。」按蒲磯山在今蒲圻縣南五十里，圻與磯通。元和志云：「赤壁山在蒲圻縣西一百二十里，北臨大江。」蓋其時未有嘉魚也，今蒲圻臨江之地盡入嘉魚，而蒲圻無江水。又東，北逕江夏縣西，漢陽縣東。又北，漢水自北來注之。江夏爲湖廣布政司武昌府治，本漢沙羨縣地。漢陽爲漢陽府治，本春秋之夏汭，亦漢沙羨縣地。水經注：「江水自沙陽洲，又東逕百人山南，右逕赤壁山北，昔周瑜與黃蓋詐魏武大軍處也。江水又東，逕大軍山南。又東，逕小軍山南。又東，逕雞翅山北。又東，逕歎父山南，對歎洲，亦曰歎步。又東，逕魯山南，古翼際山也。山左即沔水口矣。江之右岸有船官浦，歷黄鵠磯西而南，是曰黄軍浦。船官浦東即黄鵠，東北對夏口城。魏黄初二年，孫權所築也。」按夏口故城在今江夏縣。西南魯山，即大別，在漢陽府城東北半里。黄鵠山在府城内西隅，聳峙江口，與大別對。鸚鵡洲在城西南二里大江中，尾直黄鵠磯。明季蕩滅小軍山，在漢陽縣西南五十五里。大軍山在縣西南六十里。百人山在縣西南八十里。**又北，折而東，逕武昌縣北，其對岸則黄陂縣、黄岡縣。**武昌縣在武昌府東北一百八十里，本漢鄂縣。黄陂在黄州府西二百四十里，本漢邾縣地。黄岡爲府治，本漢西陽、邾、西陵三縣。今縣西北有邾縣故城。水經注：「江水東逕邾縣南，右得黎磯，北對舉水。舉水出龜頭山，西南流注于江，謂之舉口，南對舉洲。左傳定公四年，吴、楚陳于柏舉，疑即此也。江水又東，逕邾縣故城南，南對蘆洲。又東，逕鄂縣北，右得樊口，左逕赤鼻山南。又東，逕西陽郡南，郡治即西陽縣也。江之右岸有鄂縣故城，今武昌也。城南有袁山，即樊山。北背大江，江上有釣臺。」按蘆洲在今武昌縣西二十里，一名伍洲。樊口在縣西北五里，陸游曰黄州，與樊口正相對。樊山在縣西一里，赤鼻山在黄州府城西北，蘇子瞻誤認爲赤壁。**又東，逕大冶縣北，蘄水縣南。**大冶在興國州西北百五十里，本漢鄂、下雉二縣地。蘄水在黄州府東少南百十里，本漢軑縣。水經注：「江水合巴水，又東逕軑縣故城南，故弦國也。城南對五洲，江水東會希水口。又東，逕西陵縣故城南，史記秦昭王遣白超代楚取西陵者也。又東，逕黄石山北，即黄石磯也。東山偏高，謂之西塞。」按黄石磯在大冶縣東北三十里。西塞山在縣東九十里。元和志云「在武昌縣東八十五里」，蓋與大冶分山也。蘄水縣南有希水，史記集解徐廣曰：「西陵屬，治夏。」正義曰：「括地志云西陵故城在黄州黄山西二里。」**又東，逕興國州北，蘄州南。**興國在武昌府東南三百六十里，本漢下雉縣兼鄂縣地。蘄州在黄州府東少南一百八十里，本漢蘄春縣。水經注：「江水自西塞山又東，蘄水注之。又東，逕蘄春故城南。又東，逕積布山南，西陽、尋陽二郡界也。又東，逕下雉縣北，利水從東陵西南注之。又東，左得青林口，水出廬江郡之東陵鄉。江夏有西陵縣，故是言東矣。尚書云江水過九江至于東陵者也。」按酈説非是，辯見荆州。又東，逕瑞昌縣北，廣濟縣南。瑞昌在江西九江府九十里，本漢柴桑縣地。廣濟在湖廣蘄州東七十里，本漢蘄春、尋陽二縣地。大江去縣七十里。又東，逕德化縣北，黄梅縣南。德化，九江府治。晉永興初，于此置尋陽郡。隋因改柴桑曰尋陽，而江北之名遂移于江南。黄梅在蘄州東百六十里，本漢尋陽縣，其故城在今縣東北。元和志：「大江在黄梅縣南一百里。」彭蠡澤在德化縣東南九十里，其水北注于江，此導江東迆北會于匯之所經也。又東北逕湖口縣北。又東北逕彭澤縣北，其對岸則宿松縣、望江縣。湖口在江西九江府東六十里，本漢彭澤縣。彭澤在府東一百二十里，本漢彭澤縣地。縣北大江中，有馬當山，陸龜蒙銘曰：「天下之險，在山曰太行，在水曰吕梁，合二險而爲一，又聞乎馬當。」宿松在江南安慶府西南二百六十里，本漢皖縣地，大江在縣南一百二十里。縣志云：「小孤山在縣東南一百二十里，舊時峙江北岸，與南岸彭郎磯相對，江水經此，湍急如沸。明成化十二年，江水忽分流于山北，流日益廣，自是屹立中流，大江澎湃，環于四面。」望江在府西南一百二十里，亦漢皖縣地。晉置大雷戍，即今縣治。大江在縣南十五里，楊溪河即古雷水也，亦曰雷池。又東北，逕東流縣西，其對岸則懷寧縣。東流在江南池州府西少南一百八十里，亦漢彭澤縣地。大江去縣一里。懷寧爲安慶府治，本漢皖縣，大江在南門外。又東北，逕貴池縣北，其對岸則桐城縣。貴池，池州府治，本漢石城縣。大江去縣五里。桐城在安慶府東北一百二十里，春秋桐國，漢置樅陽。史記：「秦始皇自雲夢浮江下，觀籍柯。」括地志云：「在同安縣東。」隋改樅陽曰同安也。漢書：「武帝自尋陽浮江，薄樅陽而出。」今縣東南，有射蛟臺。又東北，逕銅陵縣西。又東北，逕繁昌縣北，其對則無爲州。銅陵在池州府東北百里，本漢陵陽、春穀二縣地。大江去縣里許，鵲頭山在縣北。左傳昭五年，楚伐吴，吴人敗諸鵲岸，即此。繁昌在太平府西南百三十里，本漢春穀縣，大江去縣五十里。赭圻城西臨大江，吳所置赭圻屯也。縣東北三十里，江中有鵲尾洲。無爲在廬州府東南二百七十里，春秋巢國地，漢置居巢、襄安、臨湖三縣。水經注：「沔水與江水合流，又東合彭蠡澤。又東北，出居巢縣南，古巢國也，湯伐桀奔南巢，即此。江水自濡須口又東，左會柵口水，水遵巢湖，東過故東關城。又東南，流注于大江。」按州東少南九十里爲巢縣，漢居巢縣地。巢湖在縣西，亦作灤湖，又名焦湖。方輿勝覽云：「湖周四百餘里，占合肥、舒城、廬江、巢四縣之境，納諸水而注之江。」濡須水在縣南，源出巢湖，亦曰東關水。又按寰宇記：「江水在含山縣南一百七十里。」九域志亦云，含山縣有大江。蓋唐、宋時，其南境本瀕江，自明初，割縣南周興、銅城、梅山等鄉入無爲州，而縣界遂無江矣。**又東北，逕蕪湖縣西。又北，逕當塗縣西，其對岸則和州。**蕪湖在太平府南少西六十里，春秋吳鳩茲邑，漢置蕪湖縣。大江去縣五里，蟂磯在縣西七里江中。中江在縣南，一名蕪湖水。元和志云：「蕪湖水在當塗縣西南八十里，源出丹陽湖，西北流入大江。」寰宇記云：「蕪湖在蕪湖縣界，長七里。」縣志以縣東十五里天成湖當之，一名天聖湖。當塗，太平府治，本漢丹陽縣。牛渚山一名采石山，在縣西北二十五里，西臨大江，渡江至和州二十五里。陸游云：「古來江南有事，從采石渡者十之九，從京口渡者十之一。」蓋以江面狹于瓜洲也。和州在江南布政司西一百三十里，本漢歷陽縣。大江在州東南，江上有梁山。宋大明七年，祀梁山，大閱江中，立雙闕于山上。元和志云：「梁山在歷陽縣南七十里，東岸有博望山，屬姑孰。二山隔江相對，望之如門，南朝謂之天門山。」横江浦在州東南。元和志云：「歷陽縣東南二十六里，直江南采石渡處。」烏江浦在州東北，元和志云：「在烏江縣東四里，即亭長檥船處。」**又東北，逕江寧縣西，其對岸則江浦縣。**江寧與上元並爲江南布政司江寧府治。本戰國楚金陵，秦改曰秣陵，漢置秣陵縣，屬丹陽郡。其故城在今縣東南五里。寰宇記云：「大江從江寧縣西一百二十里，承和州、烏江、揚州、六合並分中流爲界。」胡三省曰：「江水東流自武昌以下，漸漸向北，蓋南紀諸山所迫，陂陁之勢漸使之然也。」至于江寧江流愈北，蓋建康當下流都會，望潯陽、武昌皆直南，望歷陽、壽陽皆直西，故建康謂歷陽皖城以西皆曰「江西」而江西亦爲建康爲「江東」。建康謂姑孰爲南州，京口爲北府，皆地勢然也。三山在縣西南五十七里，一名三山磯。又有歷山、慈姥山、落星山，皆西臨大江。江浦在府西四十里，本堂邑、全椒二縣地。舊志云：「大江在縣東南三里，自浦子口渡江至府觀音門二十里，而近一名安陽渡。」又云：「大江自梁山來曰揚子江，抵浦子口接六合縣界曰宣化江。」**又東北，逕上元縣北，其對岸則六合縣。**上元，本漢秣陵縣地，大江去縣二十餘里。有山踞江而出者曰焦家嘴。又東曰觀音山、燕子磯。又東歷濤山以接黃天蕩，在縣東北八十里。胡三省曰：「大江過昇州界浸以深廣，自老鸛觜渡白沙橫闊，三十餘里，俗呼黃天蕩。」六合在府東北百三十里，漢堂邑縣地。大江在縣東南。六合山在縣西北七十五里。隋開皇九年，晉王平陳于此。臨江觀渡兵馬。瓜步山在縣東南。宋元嘉二十七年，魏王燾至六合，登瓜步，隔江望秣陵，纔數十里。寰宇記引南兖州記云：「瓜步山東五里，有赤岸南臨江中，潮水自海入江，衝激六七百里，至此岸側，其勢始衰。」按枚乘七發言廣陵曲江之濤曰：「凌赤岸，篲扶桑。」郭璞江賦云：「鼓洪濤于赤岸，淪餘波于柴桑。」皆謂此也。輿地紀勝云：「滁河即古涂水，源出合巴縣，東流逕全椒、滁州、六合至瓜步入江。瓜步之東，又有石帆山，矗居江中。山東即黃天蕩，江流至此，波流甚險。」**又東，逕句容縣北，其北岸則儀真縣。**句容在府東九十里，本漢句容、江乘二縣。大江去縣七十里。龍潭鎮在縣西北八十里，逼臨大江。儀真在揚州府西七十里，本漢江都縣地，唐爲揚子縣。縣西二十里宣化鎮，有五馬渡，晉五王于此渡江，故名。**又東，逕丹徒縣北，其北岸則江都縣。**丹徒，鎮江府治。春秋吴朱方邑，漢置丹徒縣。北固山在府城北，下臨長江。京峴山在城東五里，即秦所鑿泄王氣處，吴謂之京口以此。蒜山在府西五里，有西津渡，北與瓜州對岸，舊名蒜山渡。金山在城西北七里江中，周必大筆録云：此山大江環繞，每大風四起，勢若浮動，名浮玉山。唐有裴頭陀于此開山得金，賜名金山。焦山在城東北九里江中，後漢焦先隱此，因名。旁有海門二山。金、焦相望十五里。江都，揚州府治，漢舊縣故城在今府城南四十六里，爲江水所浸。魏志，文帝黄初六年，行幸廣陵故城，臨江觀兵，即此地瓜洲鎮，在府城南四十五里，有渡以通鎮江。元和志云：「江都縣大江南對丹徒之京口，舊闊四十餘里，今闊十八里。」日知録云：「古時未有瓜洲。蔡寬夫詩話：潤州大江本與今揚子橋對岸，而瓜洲乃江中一洲耳，今與揚子橋相連矣。以故自古南北之津，上則由采石，下則由江乘，而京口不當往來之道。史記：秦始皇登會稽，還從江乘渡。正義云：江乘，故縣在今潤州句容縣北六十里。吴徐盛作疑城，自石頭至江乘。晉蔡謨自土山至江乘，鎮守八所，城壘凡十一處，皆以沿江爲防守之要。」今江乘去江幾二十里以外，皆爲洲渚，而渡口乃移于龍潭。又瓜洲既連揚子橋，江面益狹，而隋、唐之代，復以丹陽郡移治丹徒，于是渡者舍江乘而趨京口。宋乾道四年，築瓜洲南北城，而京口之渡至今因之。按揚子江今北去揚州府城四十里。唐書齊澣爲潤州刺史，州北距瓜步沙尾紆迴六十里，舟多敗溺。澣徙漕路由京口埭治伊婁渠以達揚子，歲無覆舟，減運錢數十萬。又立伊婁埭官，征其入。胡三省曰：「今之揚子橋，或是唐揚子縣治，所橋以此得名也。」地理志：「江都有江水祠，渠水首受江北，至射陽入湖，即邗溝也。」又東，逕丹陽縣北。又東，逕武進縣北，其北岸則泰州。丹陽在鎮江府東六十四里，本漢曲阿縣。大江在縣東北六十里。又東北十里爲包港，南接嘉山，北通大江。又東十里，則武進之孟瀆河口也。武進爲常州府治，春秋吴延陵邑，漢置毗陵縣。大江在縣北五十里。地理志：「毗陵季札所居，北江在北，東入海。」水經注云：「丹徒縣北二百步有故城，本毗陵郡治，舊去江三里，岸稍毁，遂至城下。江即北江也。」泰州在揚州府東一百二十里，本漢海陵縣，唐爲吴陵縣。大江在州南。漢志：「海陵有江海會祠。」又東，逕江陰縣北，其北岸則泰興縣、靖江縣、如皋縣。江陰在常州府東北九十里，本漢毗陵縣地。大江在縣北，有馬馱沙與泰興縣分領。君山臨江，南去縣二里，亦名瞰江山。泰興在揚州府東南一百四十里，唐爲海陵縣地。靖江在常州府東北一百十里，本唐海陵、吴陵二縣地。宋爲泰興縣地，元改屬江陰縣，明成化五年析置靖江縣。孤山舊在縣東北二十五里江中，成化八年後，潮沙壅積，轉而成田，今山在平陸。新志云：「大江舊分二派，繞縣南北，天啓以來，潮沙壅積，縣北大江竟爲平陵，因開界河與泰興分界，而大江惟經其東南，縣遂爲江北之地矣。」按漢吴王濞都廣陵，枚乘説濞曰：「轉粟西鄉，不如海陵之倉。」臣瓚云：「海陵，縣名也，有吴太倉。」又曰：「脩治上林，不如長洲之苑。」如淳云：「以江水洲爲苑也。」韋昭曰：「長洲在吴東，後漢省海陵入東陽縣。」郡國志臨淮郡東陽下云：「有長洲澤，吴王濞太倉在此。」然則長洲苑亦故海陵地也，今不知在何處。竊疑靖江縣大江舊分繞其南北，本是一洲，蓋即如淳所謂以江水洲爲苑者也。如皋在泰州東南一百四十五里，本後漢廣陵郡地，晉分廣陵置山陽郡，有如皋縣。隋省，唐析海陵縣地，置如皋鎮。五代時，南唐升爲縣，大江在縣南。**又東，逕常孰縣北，其北岸則通州。**常孰在蘇州府北八十里，本漢吴、毗陵二縣地。大江去縣四十里。福山臨江有港，東連大海曰福山港。通州在揚州府東四百里，本漢海陵縣之東境。狼山在州南十八里，布洲峽在洲南四十里江中。黄子鴻曰：「常孰與通州相對，古時縣界闊遠，故東北濱海，自明中葉分置太倉之後，凡縣境濱海之地，已割屬之。」今江自太倉之七鴉口始折，而南是爲大洋，其在本縣境者，自福山北距通州之狼山，水面不過百里，止可謂之江尾，而非海也。**又東，逕太倉州北，其北岸則海門縣。又東入于海。**太倉在蘇州府東北一百十里，本漢婁縣地。梁以後，爲昆山縣地。明初置太倉衛，弘治十年始割昆山、常孰、嘉定三縣地，置太倉州。婁江在州南，大海在州東北，南接嘉定，北接通州。郟亶水利書云：「今崑山之東，地名太倉，俗號岡身。」朱長文吴郡續圖經云：「濱海之地，岡阜相屬，謂之岡身。」州東北有七鴉浦，大江由此入海。海中有姚劉沙，直江口之東南，今爲崇明縣，在州東二百八里。元時海運從劉家港出海，至此放洋。海門在通州東一百里，本唐海陵縣之東洲鎮，五代時置海門縣。海舊在縣東十五里，有六港，皆東通大海，潮漲則盈，退則涸。其地爲海水所浸，吞食日廣，本朝康熙初縣治遂淪于海，今爲海門鄉併入州境。此東爲中江，入于海之所經也。

沱

河渠書：「蜀守冰鑿離碓，古「堆」字。辟沫水之害，穿二江成都之中。」溝洫志同，碓作「隼」。注引杜預益州記云：「二江者，郫江、流江也。」隋經籍志有益州記三卷，李氏撰，而無杜預之書。李氏者，李膺也，字公胤，梁益州別駕。初學記引任豫益州記曰：「郫江者，大江之支也，亦曰涪江，亦曰湔水，在蜀與洛水合。」又劉逵蜀都賦注「丙穴下」、劉昭注補郡國志廣都縣下，並引任豫益州記，此杜預當是任豫。豫通作「預」，任與「杜」字形相似而誤。揚雄蜀都賦曰：「兩江珥其前應。」風俗通曰：「李冰開成都兩江，溉田萬頃。」左思蜀都賦曰：「帶二江之雙流。」常璩華陽國志曰：「李冰壅江作堋，穿郫江、檢江，即流江。別支流，雙過郡下。」蓋自漢以來，皆以郫江爲沱水，流江爲大江。水經所叙江水自都安以至成都者，攷其原委，皆流江也。然流江實非大江。江原縣鄗水，江原今崇慶州，應劭曰：鄗因壽。近世謂之大皂江者，元和志：「鄗江一名皂江。」蓋壽音轉爲皂。則岷江之正流也。而班氏以爲首受江，故鄭康成云：「沱之類鄗，與郫俱爲沱。」而流江于是乎爲大江矣。推尋事理，李冰所穿之二江：一是流江，乃冰所創造，一是郫江，即禹貢之沱。時必淤淺，冰復從而濬之，遂并數爲二江。茲二江者，或稱內江、外江，或稱南江、北江，彼此參錯，未知誰是。

其湔水不經成都縣界，元史河渠志以郫、湔爲冰所穿之二江，大謬。郫江之爲沱水無疑矣。然世皆以灌縣西南至廣都北岸合流江者，爲郫江之起止，今成都城東南岸曲有合江亭，郫江入流江處也。則所行不過三百餘里。今按漢志：「綿虒縣，湔水東南至江陽入江。」江陽今瀘州。行千八百九十里。水經注云：「綿、雒二水與湔水合，亦謂之郫江。」郫江者，沱水也。既與湔水渾濤，則直至瀘州入江矣。安得以五城水口之枝津，爲沱水西合大江之正道哉？水經注云：「湔水東絶綿、洛，逕五城界至廣都北岸，南入於江，謂之五城水口。」蓋禹治梁州，特紀沱、潛，潛至廣元，至巴縣入江，行千餘里。沱自灌縣至瀘州入江，行千五百餘里，羣流湊集，源遥波濬。雖江、漢之别，而實爲州界，兩大川荒度之功，不遺餘力，此沱、潛所以與岷、嶓並志也。李冰鑿離堆是一事，穿二江又一事。水經注云：「沬水自蒙山至南安西溷崖，水脉漂疾，破害舟船，歷代爲患。李冰發卒鑿平溷崖，通正水路。」據此，則李冰所鑿當在漢南安界沬水中，南安今嘉定州地。離堆，蓋即道元所謂溷崖者是也。説者合兩事而爲一，遂謂離堆在今灌縣西南，因穿二江而鑿之，此地與沬水無涉，恐非。大抵岷山左右，其地名多古今舛戾。如羊膊嶺在天彭山北，而後世移之于汶山縣。天彭闕在湔氐道徼外，而後世移之于導江縣。靈關道屬越巂郡，而後世移之于漢嘉郡。談禹貢者，終當以古爲是，灌縣之離堆亦此類也。漢志：「蜀郡汶江縣，有江沱在西南，東入江。」近志以威州玉輪江當之。玉輪江即汶水也，水出岷山西玉輪坂下，非首受江者，不可謂沱。漢志所言，蓋即綿虒縣界，開明之所鑿。郭璞云：「玉壘，作東别之標者也。」開明，蜀王杜宇之相，七國時人，始鑿此渠，前古未有也。故蜀郡二江，沱於郫繫禹貢，而汶江不言禹貢。

沬水

漢志：「青衣縣有蒙山谿、大渡水。」蒙山谿即青衣水，大渡水即沬水也。以今輿地言之，青衣水自蘆山縣北東流入雅州，與沬水合。沬水自威州徼外東南流，經天全六番招討司西北。司本漢徙縣，晉改曰徙陽，元爲碉門宣撫司。又東南，經蘆山至雅州東，青衣水注之。又東，經洪雅、夾江、峨眉至嘉定州，會涐水入大江。二水本異源，酈道元云「濛水即大渡水」，據下流合處言之耳。

若水

漢志：「若水出蜀郡旄牛縣徼外，南至大莋入繩。今黎大所南，有旄牛故城，即漢縣。師古曰：「西南之徼，猶北方塞也。徼，工釣反。」繩水出越巂郡遂久縣徼外，東至僰道入江，行千四百里。」巂，先蕊反，今建昌衛治，即漢越巂郡邛都縣也。遂久，蜀漢改屬雲南。今按府縣圖志，若水在建昌衛，俗名打沖河，自冕山營西徼外，營故寧番衛，在建昌衛東北。東南流至衛西鹽井營，東南與雲南金沙江合。營在衛西。元和志：「嶲州昆明縣東北至州三百里，本漢定筰縣也。出鹽鐵，夷皆用之。漢將張嶷殺其豪率，遂獲鹽鐵之利。鹽井在縣城中，取鹽先積柴燒之，以水洗土，即成黑鹽。凡言筰者，夷人于大江水上置藤橋，謂之筰。其定筰、大筰，皆是近水置筰橋處。」筰與「笮」同。

犛水

金沙江源出吐蕃界，至共龍山犛牛石下南流漸廣，本名犛水，後訛爲麗水。東南流，經麗江府北。又東，經姚安府北，即鹽井衛東南。合打沖河。又東，合瀘水。又東，經會川營南。通典：「會川縣有瀘水。『五月渡瀘』，即此。」元和志：「嶲州南至瀘渡四百五十里。」又東，至東川府西，折而東北，經烏蒙府西北。又東北，經馬湖府南。又東，經敘州府南，而北入大江。雲南無水路行者以爲艱，惟由蜀浮金沙河可以直達南中。明正統、嘉靖、隆慶時，屢議開通，而不果行。至天啓時，安酋倡亂，貴陽道阻，復議開通。按察使莊祖誥議云：「自金沙江巡檢司開由白馬口，歷普隆、紅巖石、刺鮓至廣翅塘，皆祿勸州地。其下有三灘，水溢没石，乃可放舟，涸則躋岸纜空舟以行。又歷直勒村、駟村、土色，皆會禮州地，其下有雞心石，石如堆者三，纍纍江中。舟者相水勢緩急可行。又歷踏照亂得頭峽，刺鮓至粉壁灘甚駛，皆東川地。又歷驛馬河新灘至虎跳灘陰溝洞，皆巧家地。虎跳湍瀉，陡石不可容舟，陰溝二山頽集，水行山腹中，皆從陸過灘，易舟而下。又歷大、小流灘，爲蠻夷司地。又歷黄郎木鋪、貴溪塞業灘，至南江口爲烏門府地，始安流。自廣翅塘至南江，木商行之，可十日。又至文溪鐵索江邊數灘，歷麻柳灣教化巖，爲馬湖府地。又歷洩灘、蓮花三灘、會溪石角灘至敘州府。」其説甚詳晰，然是時明運將終，救敗不遐，徒託諸空言而已。鹽井營東南，蓋即漢大莋縣界，繩、若合流處。若爲建昌衛西之打沖河，繩則姚安府北之金沙江也。

彭蠡

彭蠡澤後稱彭蠡湖，在今江西南昌府城東北一百五十里，饒州府城西四十里，南康府城東五里，九江府城東南九十里，周迴四百五十里，浸四郡之境。亦曰鄱陽湖，以中有鄱陽山而名。俗因號在都昌者，爲東鄱湖，在南昌者，爲西鄱湖。湖又隋地而異名，其在星子縣東南接南昌界者曰宫亭湖。水經注云：「廬山南嶺下有神廟，號曰宫亭廟。故彭湖亦有宫亭之稱。」湖中有落星石，周迴百餘步，高五丈。其在都昌縣西南者，曰揚瀾湖，又北曰左里湖。通典云：「地在章江之左，因名。」元和志云：「揚瀾北曰左里，一作左蠡。」今縣西南九十里有左里城是也。其在餘干縣西北者曰擔石湖。通典云「鄱陽郡西北七十里至擔石湖」是也。輿程記云：「自湖口縣入彭蠡湖，經大孤山，至南康府百二十里。又二百五十里，至南昌府。至縣而東南，渡湖抵饒州，凡三百七十里。鄱陽山本名力士山，亦名石印山，東南去鄱陽縣百五十里，漢爲歷陵縣地。湖中又有康郎山，在餘干縣北八十里，爲風帆之表幟。大孤山在九江府德化縣東南四十里，與南康分界。水經注云：「有孤石介立湖中，周迴一里，竦立百丈，矗然高峻，特爲瓌異。」疑即爲此山。唐顧況詩「大孤山盡，小孤山出」，蓋彭澤縣之小孤山與此遥相望也。彭蠡所受有九水，劉歆云「湖漢等九水入彭蠡」是也。或曰「十川」，酈道元云「贛水總納十川，注于彭蠡」是也。漢志豫章郡贛縣下云：「豫章水出西南，北入大江。」贛縣，今贛州府治。雩都縣下云：「湖漢水，東至彭澤入江，行千八百九十里。」雩都故縣在今縣東四里。又鄱陽縣有鄱水，鄱陽故城在今饒州府鄱陽縣東北六十里。餘汗縣有餘水，今餘干縣即其故城。應劭曰汗音「干」。艾縣有脩水，艾縣故城在今寧州西一百里。南城縣有盱水，南城，今建昌府治。建城縣有蜀水，建城今高安縣，瑞州府治。宜春縣有南水，宜春，今袁州府治。南野縣有彭水，南野故城在今南安府南康縣西南。又長沙國安成縣有廬水，安成故城在今吉安府安福縣西五十里。皆入湖漢水。湖漢水與章水源異而流同，故志並云入江。彭水即豫章之上源，非有二水，是湖漢、豫章與鄱、餘、脩、盱、蜀、南、廬爲九水也。水經注則湖漢、豫章總謂之贛水。以今輿地言之，贛水自湖廣郴州宜章縣流入江西崇義縣界，歷上猶、南康、並屬南安府。贛縣、贛州府治。萬安縣和廬陵、吉水、永豐、並屬吉安府。峽江、新淦、清江、並屬臨江府。豐城至南昌入彭蠡湖。並屬南昌府。又北，歷星子、都昌並屬南康府。德化、湖口，並屬九江府。注于大江。春夏時，彭蠡浩蕩無涯，及乎霜降水涸，則贛川如帶而已。此水自昔有南江之稱，鄭康成說三江云：「右會彭蠡爲南江。」南史王僧辯傳：「陳霸先自嶺南起兵討侯景，出南江行至湓口。」胡三省云：「贛水謂之南江。」唐張九齡都督洪州，有望南江入始興郡路詩。又自豫章南還江上作云：「歸去南江水，磷磷見底清。」豫章水之爲南江，其來已久，非宋人臆説也。

分江水〔一二〕

漢志丹陽石城縣下云：「分江水首受江，東至餘姚入海，過郡二，行千二百里。」石城縣故城在今池州府貴池縣西七十里。此即南江之源委。過郡二，謂丹陽、會稽也。其在吳縣南者，即吳松江，乃中江之下流。班氏不知分江水至餘姚入海者，即古之南江，遂誤以松江當之耳。今按大江自西南來，至石城枝分爲分江水，至餘姚入海。又東北流，至蕪湖枝分爲永陽江，由吳松入海。其經流則東逕毗陵至江都入海。毗陵、江都最北，故謂之北江。石城、餘姚最南，故謂之南江。蕪湖、吳縣居二江之中，故謂之中江。中江貫震澤、松江，即其下流，不得復析爲南江。南江首受石城之大江，其自湖口洩入具區者，乃枝流；而東至餘姚入海者，其正流也。酈元恐違漢志，反以歷烏程縣南者爲枝流，而中江盡於荆溪，南江即是吳矣。非古人命名之本意也。酈道元云：「江水自石城東入爲貴口，東逕石城縣北。」今考池州府志，分江水、貴池水皆在貴池縣西。貴池水入江處名曰貴口，蓋分江之流久已中絶，故其水還注於江。而自湖口已東，歷烏程縣南，通餘姚與浙江合者，其故道亦無可考。蓋從烏程縣南，以東達餘姚，則必經今歸安、德清、石門界中，至海寧，由浙江以入海。海在海寧縣南十里，有捍海塘，縣東南至餘姚石棋山六十里。海寧地獨高，境内諸水皆北流，故宋元嘉及梁大通中，以滬瀆不通，嘗欲穿渠引吴興之水以瀉浙江，而功卒不立，蓋水性就下，地勢有所阻故也。南江必衰周時，吴、越以人力爲之，易致壅塞，歷世久遠，不可得詳。而南江即分江水，與松江之非南江，則固可以理斷也。漢志中江出蕪湖西南者，即今蕪湖之縣河、本中江，俗稱河，流經市中，東連黄池，入三湖，至銀林止。高淳之胥溪、在縣東南三十里，俗稱胥河。溧陽之永陽江、在縣北，上承溧水，即瀨水。宜興之荆溪也。自溧陽流逕縣南，又東匯爲洮湖，又東入震澤。寰宇記云：「荆溪即漢志蕪湖之中江也。」漢、魏間，蕪湖水已不復東，故水經有北江、南江，而無中江。韓邦憲廣通壩音「霸」，俗作「壩」，非。考曰：「廣通鎮在高淳縣東五十里，與溧陽接界，即宋鄧步鎮。世所謂五堰者也。西有固城、石臼、丹陽、南湖，受宣、歙、金陵、姑孰、廣德及大江水，東連三塔湖、長蕩湖、荆溪。震澤中有三五里頗高阜，春秋時吴王闔廬伐楚用伍員計，開渠以運糧，今尚名胥溪，及傍有伍牙山云。土音「負」訛爲牙。左傳襄公三年，楚子重伐吴，克鳩茲，至于衡山，杜注鳩茲，吴邑，在丹陽蕪湖縣東。衡山在吴興、烏程縣南。太平府志云：蕪湖縣東三十里故蕪湖城，即春秋吴鳩茲也，亦曰皋夷。哀公十五年，楚子西、子期伐吴，及桐汭，杜注宣城廣德縣西南有桐水，出白石山西北，入丹陽湖。

汭，水曲也。蓋由此道。鎮西有固城邑遺址，則吴所築以拒楚者也。自是湖流相通，東南連兩浙，西入大江，舟行無阻矣。而漢、唐來言地理者，遂以爲水源本通。漢書地理志云，中江出蕪湖縣西南，至陽羡入海。後漢書郡國志云，中江在蕪湖縣西。孔穎達書義疏亦引漢史爲證，蓋皆指吴所開者爲禹貢三江故道耳。」邦憲字子成，高淳縣人，嘉靖乙未進士，官屯田員外郎，著爲此論，真前人所未發。或曰胥溪爲吴開出，河典記曰：「河渠書云，於楚西方則通渠漢川、雲夢之際，東方則通溝江、淮之間，於吴則通渠三江、五湖。蓋通江於淮即夫差所開之邗溝，通湖於江，即闔廬所開之胥溪也。」韓氏之言，信而有徵矣。石城分江水亦是此類。古時大江與震澤元不相通，安得以後世鑿引之枝流，當禹貢三江之二哉？庾仲初名杲之，南齊人。揚都賦注曰：「今太湖東注爲松江，下七十里有水口分流，東北入海爲婁江，東南入海爲東江，與松江而三也。」陸德明釋文於「三江既入」下引吴地記，晉顧夷撰，見隋書經籍志。與仲初説同。而孔疏主班固之三江，不取其説，曰：「今南人以大江不入震澤，震澤之東別有松江等三江。案職方揚州，宜舉州内大川，其松江等雖出震澤入海，既近周禮，不應捨岷山大江之名，而記松江等小江。」此言良是，其後張守節解夏本紀，始以三江口爲言。至蔡傳，則排棄蘇氏，而專主仲初，相沿至今，牢不可破。推尋其故，蓋自唐以後，吴、越間爲財賦之藪，及五代時錢鏐保有此一方，徵歛頗急，而松江入海之口亦漸淤塞。宋元祐中，宜興人單鍔著吴中水利書，以濬松江爲第一義。南渡都臨安，仰給於浙西者尤重，時人熟見習聞，遂覺揚州之水無大且急於松江者，而以爲禹時亦然，因專主仲初之説。元、明以來，浙西之財賦甲於天下，而松江之淤塞日甚，凡言吴中水利者，皆因禹貢以自重。

太湖

山海經：「浮玉之山，北望具區。」注云：「太湖也。」爾雅：「十藪，吴、越之間具區。」注云：「具區，今吴縣西南太湖，即震澤也。」今按周禮：「揚州澤藪曰具區。」班固以爲即震澤。蓋自吴西南境東出爲松江，一名笠澤，在今吴縣界，北去吴五十里。水經注云：「笠澤在吴南松江左右。」國語：越伐吴，吴禦之笠澤，越軍江南，吴軍江北者是也。孔、郭指爲太湖，則誤矣。越絶書曰：「太湖周三萬六千頃。」水經注引韋昭曰：「方員五百里。」盧熊蘇州府志引顏真卿石柱記曰：「東西二百餘里，南北一百二十里，占蘇、湖、常三州。」唐志云：占蘇、湖、常、宣四州之境。考宣州界無太湖，志誤。王鏊姑蘇志曰：「四萬八千頃。」今按蘇之吴、吴江，湖之烏程、長興，常之宜興、武進、無錫，此七縣者皆瀕太湖。楊泉五湖賦云：「頭首無錫，足蹄松江，負烏程於背上，懷大吴以當胸。」數言可作圖經也。湖中有七十二山，其最著曰包山，山有洞室，入地潛行，俗謂之洞庭。江賦云「包山洞庭，巴陵地道，潛達旁通，幽岫窈窕」是也。夫椒山、左傳：「哀公元年，吴伐越，敗之于夫椒。」杜注云：「吴縣西南太湖中椒山也。」胥母山、越絶書：「闔閭旦食於紐山，晝遊胥母。」史記正義謂之莫釐山。盧熊府志云：「莫釐山本名胥母山，即今所稱洞庭東山也。」大雷山、小雷山，五湖賦云：「大雷、小雷，湍波相逐。」三山，張玄之吴興山墟名云：「三山在太湖中，白波天合，三點黛色。」其上源西北，有宣、歙、金陵、九陽江之水，由常州之百瀆以下；西南有苕、霅諸水，由湖州之七十二漊以入焉。百瀆在宜興者七十四，在武進者二十六。七十二漊在烏程者三十八，在長興者三十四。見王同祖太湖考，七十二漊本在湖州之境，近世割湖面全屬蘇州，故吴江縣志存七十二漊云：「皆在西南，受湖州入太湖之水。」其實漊屬湖州者尚多，吾友歸安鄭元慶芭畦語余曰：「按程大昌脩湖漊記云，湖漊三十六，其九屬吴江，其二十七屬烏程。宋紹興二年，知湖州王回脩之，改二十七漊，名曰豐、登、稔、熟、康、定、安、樂、瑞、慶、福、禧、和、裕、阜、通、惠、澤、吉、利、泰、興、富、足、固、益、濟，而皆冠以常字。今烏程諸漊之外，尚有大錢、小梅二港。而長興有三十四港，無一名漊者。總計苕、霅水入湖之口，共七十二。不專名漊，亦不盡屬湖州也。」余竊謂港即是漊，大錢、小梅、上港通三十六漊，計之得三十八，恰與太湖考之數相符。蓋吴江之九漊，割烏程以往屬，而長興則依然如故，特以俗呼爲港，遂忘其爲漊耳。皆所以宣通脈絡、殺其奔衝之勢，而歸於太湖者也。其下流爲松江，江水東北流，岐分爲三江口。史記正義云：「震澤在蘇州西南四十五里。三江者，在蘇州東南三十里，名三江口；一江西南上七十里至太湖，名曰松江，古笠澤江；一江東南上七十里至白蜆湖，今在吴江縣東南四十里。名曰上江，亦曰東江；一江東北下三百餘里入海，名曰下江，亦曰婁江。於其分處，號曰三江口。」松江東歷夏駕浦，又東爲青龍江，至南蹌浦口入海。浦在上海縣東。而太湖枝津則有崑山之劉家河、常熟之白茆港。兩縣境中又有三十六浦，在常熟者二十四水，入揚子江；在崑山者十二水，入于海。皆所以決壅滯而防泛濫，使民田無漂没之憂者也。今東壩堅固，宣、歙、金陵、九陽江之水，雖不入太湖，而東江久已淤塞，松江日漸淺隘，諸港浦亦多陻廢，湖水不能速達于海，事與禹貢時不同，此籌利者所以汲汲於下流之疏濬與！王同祖三江考曰：「朱長文吴郡續圖經云，崑山塘自郡城婁門，至崑山入海，即婁江，指今之劉家港。蓋謂松江東口入海者爲東江，劉家港入海者爲婁江，太湖東入吴江縣長橋合龎山湖者爲松江。三江之迹，其東江未嘗塞也，然婁自吴縣東南迤邐而來，過崑山東南至嘉定界入海，曰吴淞江口甚明。雖其支流有與劉家河相通者，而非江之正道，豈遂可指劉河爲婁江哉？按今太湖自吴江長橋東北合龎山湖者，又東南分流出白蜆江，急水入淀山湖，迤東入海者，爲東江。此單鍔水利書所謂『開白蜆江使水由華亭青龍江入海』者是也。但淀湖之東已塞，不復徑趨入海，而北流仍合松江，故曰東江已塞耳。自龎山湖過大姚浦，東北流入崑山縣界，經崑山南，又東南過石浦，出安亭江，過嘉定縣黄渡，入青龍江，由江灣青浦入海者，爲婁江。其安亭江在宋時已塞，單鍔所謂開安亭江使水由華亭青龍江入海是也。」渭按松江自吴縣西南下七十里爲三江口，則婁江之分派必不自婁門，始崑山塘之非婁江也，明矣。但其下流或合劉家河入海，未必如單鍔所言，由青龍江入海耳。東江久廢難考，水經注云：「吴記曰一江東南行七十里，入小湖，爲次谿，自湖東南出，謂之谷水。逕由拳縣故城下，即吴之柴辟亭故就李鄉，春秋之檇李城也。又東南逕嘉定縣城西，又東南逕鹽官縣故城南，又東出五十里有武原鄉，故越地也。秦于其地置海鹽縣，縣南有秦望山。谷水于縣出，爲敢浦，以通巨海。」此即庾仲初所謂「東南入海爲東江」者也。其分江入海皆在今浙江嘉興府界中，近世由淀山湖注青龍江入海者，疑是後來之改道，非古谷水之所經也。謂「東江已塞」亦不誤，曹胤儒海塘考云：「自唐開元以來，脩築捍塘禦鹹潮，以便耕稼。起杭之鹽官，迄吴松江，長一百五十里，而東江遂陻無考。」斯言得之矣已。

周禮：「揚州浸曰五湖。」據國語、史記、吴越春秋，則即是太湖。虞翻曰：「太湖東通松江，南通霅溪，西通荆溪，北通滆湖，東連韭溪，吴郡續圖經云，在嘉興。凡有五道，故名五湖。」韋昭曰：「五湖者，胥湖、蠡湖、洮湖、滆湖，就太湖而五，實一湖也。」前説較長，張勃、酈道元、張守節、陸龜蒙、李宗諤諸家之説，雖名稱各殊，道里互別，然皆在太湖上下二三百里之間；惟李善以洞庭湖、彭蠡、震澤、巢湖、鑑湖爲五湖；司馬貞以具區、洮、滆、彭蠡、青草爲五胡。夫洞庭、青草在荆域，而以爲五湖之一，則顯與職方相背矣，不可從。韓非子謂洞庭爲五湖，猶言五渚耳，此洞庭自爲五湖，與揚之五湖無涉。葉少蘊云：「凡言藪者，皆人所資以爲利，故曰藪，以富得民。而浸則但水之所鍾也。揚州之藪爲震澤，今平望、八赤、震澤之間，平望鎮在吴江縣南四十五里。八赤市在縣南二十里。震澤鎮在縣西南八十五里。水瀰漫而極淺，其蒲、魚、蓮、芡之利，人所資者甚廣，亦或可隄而爲田，與太湖異，所以謂之澤藪。然積潦暴至，無以洩之，則溢而爲害，所以謂之震澤。」黄子鴻申其義，曰：「今土人自包山以西，謂之西太湖，水始淵深。自莫釐、武山以東，謂之南湖，水極瀰淺，蓋即古之震澤。止以上流相通，後人遂混謂之太湖，誤矣。」渭按，此辨周官之藪浸，極其明晰。蓋自莫釐山以東，至平望、八赤之間，松江左右，笠澤之地，皆古具區，禹貢之震澤者也。鄭莒畦曰：「烏程有震澤上、下二鄉，今南潯、上林、軋村濱湖一帶，數十里皆是，亦即古具區，禹貢所謂震澤者也。故顏魯公作石柱記，其辭甚簡，必以震澤、太湖兩處見之。」班志曰在吳西，亦未當。具區之源，當與太湖俱來苕、霅。而水草所種，淺而易溢，太湖水西來泛濫，則澤水奔騰震蕩，自底定之後，始可陂障沮洳數十百里，民仰其利。故爾雅謂之藪，職方謂之澤藪，而五湖則別之曰浸，迨乎日久填淤，生殖漸繁，遂成沃壤。漢後諸儒求其地而不得，遂合五湖而一之，正義又曲爲之説，豈知三代以前，固有澤浸不同者哉！吾意今吳、越之交，凡濱湖而沃衍者，皆古震澤地。特世代荒遠，川隰更移，故其蹟不可詳耳。抑非獨此也，爾雅、周禮所載諸州澤藪，如陽紆、貕養、太陵、甫田、焦穫等，今皆變爲原陸，不能定其所在。蓋川浸通流，終古不改；藪澤稀水，最易澱淤。歷數千年而陻沒，不可考，無足怪者，奚獨具區爲然耳邪！

夷水

漢志：「南郡巫縣，夷水東至夷道入江，過郡二，行五百四十里。」今巫山縣東北有巫縣故城。水經：「夷水出巴郡魚復縣江，今奉節縣西十五里，有魚復故城。東南過佷山縣南。今長陽縣西有佷山故城。又東，過夷道縣北，今宜都縣西有夷道故城。東入于江。」注云：「夷水即佷山清江也。江水注謂之夷谿。水色清照十丈分沙石，因名清江。昔廩君浮此水，據捍關而王巴，捍與「扞」同。沙是以法孝直有言：『魚復、扞關，臨江據水，實益州禍福之門。』夷水又東，逕建平沙縣。沙縣下當有「渠」字。江水篇云：「烏飛水北流逕建平郡沙渠縣南。」元和志：「施州清江縣，本清南郡巫縣地，吴沙渠縣也。」縣有巫城水，南岸山道五百里，其水歷縣東，自沙渠入佷山縣，水流淺狹，裁得通船。又東，逕佷山縣故城南，縣即山以名，孟康曰：「音恒」。今世以「銀」爲音。南對長楊溪，溪水出西南射堂村谷中石穴，北流注于夷水。隋改佷山曰長楊，以溪得名。唐又改楊爲「陽」。又東北，逕夷道縣北。又東，逕宜都縣北，今縣治即宜都故城。東入大江，有涇、渭之比，亦謂之佷山北溪。」渭按夷水首出魚復江，尾入宜都，江行五百餘里，是亦荆州之沱也。古時自巴入楚避三峽之險，皆由此路。史記：「張儀説楚王曰：秦西有巴蜀，大船積粟起於汶山，浮江以下，至楚三千餘里。舫船載卒，一日行三百餘里，不至十日而拒扞關。扞關驚，則從境以東盡城守矣，黔中、巫郡非王之有。」黔中，漢爲武陵郡，即今常德府。巫郡，漢爲巫縣，即今巫山、巴東、建始三縣及施州衛地也。此言舟師由夷水入楚也，何以知之？楚世家：「肅王四年，蜀伐楚，取茲方。於是楚爲扞關以拒之。」後漢書：「李熊説公孫述曰：東守巴郡，拒扞關之口。」徐廣曰：「巴郡魚復有扞水、扞關。」後漢志同。章懷太子賢曰：「扞關故基，在今峽州巴山縣。」寰宇記云：「廢巴山縣在長陽縣南七十里，即古扞關是也。」唐志巴山縣，隋分佷山縣置，天寶八載省入長陽。水經注：

「江水自江關東逕弱關、捍關。」江關在今奉節東瞿唐峽口。注云弱關，在建平秭歸，今歸州也。蓋大江出三峽逕弱關，江沱出佷山，逕捍關，劃然兩道。儀言「浮江以下拒捍關」，則不經巫峽明矣。夷水受江處，不知何時日就陻塞。後漢建武中，公孫述遣將田戎等乘枋箄下江關，拔夷道、夷陵。光武命岑彭、吴漢伐之，彭擊破戎等，率舟師長驅入江關。漢留夷陵裝露橈船，將三萬人溯江而上，則皆取道於三峽，而不復由夷水矣。蓋其時水已淺狹，不勝戰艦。自後，荆、梁有事，苟用舟師，未有不由峽江者。然酈注云：「沙渠裁得通船」，則後魏時水道猶行，下逮唐初建始之北，遂成斷港，故章懷注西南夷傳云：「今施州清江縣夷水，一名鹽水，源出縣西都亭山。」清江廢縣亦在長陽縣界。寰宇記云：「夷水自施州開蠻界流入長陽縣。」明一統志云：「夷水源出舊施州開蠻界，流經建始、巴東、長陽，至宜都入江。」蓋不復知此水曲西北奉節之大江，而以爲西南施州衛之山源矣。其所謂都亭山者，即在開蠻界也。然自漢志已不言首受江，未知何故。班氏疏略頗多，水經注原委詳明，而又有張儀之言以爲證，無可疑者。禹導江自梁入荆，必浮此水也。

丹水

漢水北距洛水六七百里，欲自漢逾洛，則必溯山源而上，其惟丹水乎？漢志弘農郡丹水縣下云：「水出上雒冢領山，東至析入鈞。」師古曰：「鈞亦水名。」按今南陽府內鄉縣西南一百二十里，有丹水故城，南去丹水二百步。縣西有淅陽故城，本漢析縣也。上雒縣下云：「禹貢雒水出冢領山，東北至鞏入河。」今陝西西安府商州治，即漢上洛縣也。洛南縣亦上洛地。鞏縣今屬河南府。水經注：「丹水出京兆上洛縣西北冢領山，商州志：「秦嶺在州西八十里，其地有澗曰息邪澗，丹水所出。」東南流與清池水合。水出東北清池山。又東南，逕其縣南，楚水注之。水出縣西南楚山，昔四皓隱於此。丹水自倉野又東歷菟和山。左傳哀四年：「楚人謀北方，司馬起豐、析，以臨上洛。左師軍于菟和，右師軍于倉野。」杜預曰：「上洛縣東有菟和山。」今商州南百四十里有倉野聚。又東南，逕商縣，南歷少習，出武關。應劭曰：「秦之南關也。」通南陽郡。左傳哀四年：楚左司馬使謂晉陰地大夫曰：「將通于少習以聽命。」京相璠曰：「楚通上洛，扼道也。漢祖下析、酈，攻武關，文穎曰：武關在析縣西一百七十里。」按今商州東有商洛廢縣，即漢商縣也。商南、山陽、鎮安三縣亦商縣地。武關在州東一百八十里。又東南，流入臼口，歷其戍下。又東南，析水注之。水出析縣西北盧氏縣大蒿山，南流逕修陽故城北。又東逕析縣故城北，春秋之白羽也。又歷其縣東南，流至丹水縣，注于丹水。又東南，逕三户城。又逕丹水縣故城西南，縣有密陽鄉，古商密之地，楚申息之師所戍，春秋之三户也，今內鄉縣西南有三户城。又東南，流至其縣南。水南有丹崖山，頳壁霞舉。又南，逕南鄉縣故城東北。城在今南陽縣西南百里，本漢析縣地。又東，歷於中之北，所謂商於者也。張儀說楚絕齊，許以商於之地六百里，即此。裴駰曰：「有商城在於中，故曰商於。」杜佑曰：「今內鄉西七里有於村，亦曰於中。」丹水又南，合汮水，汮音市若切，蓋「汋」字之誤。汋與「均」同。謂之淅口。」均水注云：「均水出盧氏縣熊耳山，東南流逕其縣下，南逕南鄉縣。又南，與丹水合。又南，逕順陽縣，西有石山，南臨汋水。又南，流注于沔水，謂之汋口。」按今南陽府淅川縣東北三十里，有順陽故城，本漢淅縣之順陽鄉也。此注汋亦誤爲「汮」。渭按沔水注云：沔水自武當縣城東，城即今襄陽府荆州治。又東南，逕涉都縣東北，本築陽縣之涉都鄉。均水於此入沔，謂之均口。」在今穀城縣界，均、鈞同，或從水作汋。韻會均字下云：「隋置均州，取汋水名之。」是汋即「均」也。史承水經之誤，曰汮口。晉桓温伐秦水軍，自襄陽入汋口，至南鄉是也。或又曰汋，均口。齊陳顯達攻魏馬圈軍入汋，均口是也。楚通少習，漢入武關，皆在丹水之旁。而南朝北伐其舟師，必由均口而進，可見爲南北水陸之孔道。商州西北諸山，皆秦嶺也。冢領亦秦嶺之别名，丹水出其東南，洛水出其東北，中隔一嶺。陸行當不甚遠，禹貢逾洛之道，計無便於此者。以今輿地言之，浮漢水至穀城縣東北，入均口，泝丹水而上，經淅川、南陽、内鄉，抵商州導源之處，越冢領而北浮洛水，經盧氏、永寧、宜陽、洛陽、偃師至鞏縣，以達于南河，此荆州之貢道也。

校注

〔一〕段著年譜云水地記草稿「其叢殘則姑置之」，此稿似即由「叢殘」中所檢出謄抄者。

〔二〕東陽城　原本脱「東」字。按水經注卷二六淄水：「又東北逕東陽城北。」

〔三〕「又西南」至「右合白水」，連同注文共三十字，復見於下文，疑此處爲衍抄。

〔四〕「又經」句　原本作「又經蒼溪縣東南治」，不可通。按讀史方輿紀要卷六八蒼溪縣：「嘉陵江在縣治東南。」故據乙正。

〔五〕南充縣　「南」，原本作「西」。按讀史方輿紀要卷六八順慶府南充縣：「嘉陵江，府治東。」嘉慶重修一統志三九三順慶府山川：「嘉陵江，在南充縣東。」

〔六〕綿州城　「綿」，原本作「錦」。按四川無「錦州」，故據讀史方輿紀要卷六七、嘉慶重修一統志卷四一四綿州改。

〔七〕龍門山　原本脱「山」字。據史記卷二夏本紀正義引括地志增補。

〔八〕碣石以西之渤海　原本自該句起另頁謄抄。估計該句之前還有内容，但抄本的頁碼是連續的，可見在謄抄之前手稿已殘缺。

〔九〕大遼水　原本脱「大」字，據漢書卷二八地理志下補。

〔一〇〕「河」字原在書眉，現移下作小標題。下同。自此至卷末，均摘抄自胡渭禹貢錐指一書，估計係戴震爲作水地記而備用的材料之一。

〔一一〕自此以下，小標題均爲整理者所擬加。

附水地記手稿殘卷

水地記殘卷之一〔一〕

河出昆侖之虚。字亦作崑崙。

昆侖山，即唐吐蕃中之紫山，今蒙古西蕃所謂枯爾坤者也，字亦作「庫爾昆」。有三山。最西而大，爲河源所出者，曰巴顔哈喇山，其色紫黑，産金銀食鹽。蒙古謂黑，「哈剌」；謂富，「巴顔」，字亦作「巴彦」。故以名是山。河源二泉，同出巴顔喀哈山。之東麓，行數里而合。爾雅曰：「河出崑崙虚，色白，所渠并千七百一川，色黄。百里一小曲，千里一曲一直。」又曰：「三成爲崑崙丘。」唐書吐蕃傳曰：穆宗長慶元年，以大理卿劉元鼎爲吐蕃會盟使。使還，踰湟水，至龍泉谷，西北望殺胡川，哥舒翰故壁多在。湟水至蒙谷，抵龍泉與河合。河之上流，由洪濟梁元和志：積石軍西南一百四十里有洪濟橋。西南二千里，水益狹，冬春可涉，秋夏乃勝舟。其南三百里，三山，中高而四下，曰紫山，直大羊同國，古所謂崑崙者也，虜曰悶摩黎山。東距長安五千里，河源其間，流澄緩下，稍合衆流，色赤，行益遠，它水并注則濁，故舉世謂西戎地曰河湟。河源東北直莫賀延磧尾殆五百里，磧廣五十里，北自沙州，西南入吐谷渾寖狹，故號磧尾。隱測其地，蓋劍南之西。元鼎所經見，大略如此。通智黄河源序曰：巴彦喀哈山，在西寧邊外西南千四百五十六里。自索、羅兩湖上引三百餘里始至山根，寔地之脊㟴，勢處極高。形勢自金沙江源所來，從此分。其西北而下者，爲三危等山，繞沙州、安西等處抵嘉峪關爲大小諸山。其東下者，抵阿木泥瑪禪木孫大雪山，分隔黄河北，西海南岸至西寧爲大小諸山。其北下者，循西海北，盤旋大通河源、烏蘭木稜江之兩岸，散爲西寧之桌子山、松山，並甘肅涼之祁連、天山、合黎、龍首、焉支、大黄等山，重巒相接，抵寧夏爲賀蘭山。其東南而下者，沿黄河南岸，繞至洮河源之西傾山，支分四布，抵洮河、階、文、松、潘，散爲大小諸山，黄河發源於此山之陽，而支派緜亘，兩岸相續。蒙古、西蕃俱稱周圍羣山古名爲庫尔昆，華言黄河發於崑崙者，蓋指此也。

東北過星宿海，又東過二澤。

河水東北流三百餘里而至星宿海，又東歷查靈、鄂靈二澤。鄂靈已上，蒙古呼阿爾坦河，已下至歸德堡，呼喀屯河。元至元十七年，命都實爲招討使，往求河源：其後翰林學士潘昂霄撰爲河源志：臨川朱思本又得梵字圖書，而以華文譯之，皆起自星宿海，未達崑崙也。故元史地理志河源附録曰：河源在土蕃朵甘思西鄙，有泉百餘泓，沮洳散涣，弗可逼視，方可七八十里，履高山下瞰，燦若列星，故名火敦瑙兒。火敦，譯言「星宿」也。羣流奔湊，近五七里，匯二巨澤，名阿剌瑙兒。通智黄河源序曰：阿尔坦河，其源有二。出巴彦喀喇山之陽，東北交流三百餘里，會合南北查哈蘇泰等河，復收厄屯他拉萬餘泉水，歸入前索羅大湖，亦曰索羅麻，蕃稱水爲「索」，稱父爲「麻」。因水黄溜急，名爲阿尔坦河。蒙古稱金爲「阿爾坦」。厄屯他拉，在西寧旁外西南千一百一十五里，約有萬餘泉，流入阿尔坦河。登高眺望，猶列星然，蒙古名厄屯他拉，蒙古稱星爲「厄屯」，字亦作「鄂敦」，稱灘爲「他拉」。蕃名噶尔馬塘，蕃稱星爲「噶尔馬」，稱灘爲「塘」。書記所載黄河之源出於星宿海者，謂此也。前索羅大湖其形東西稍長，周闊二百餘里，因水色白，形長，西蕃又名查靈湖。蕃稱白爲「查」，稱長爲「靈」。阿尔坦河、厄屯他拉衆水，自西流入，由南而出，流五十餘里，入於後索羅大湖。亦曰索羅模，蕃稱母爲「模」。其形偏東北，勢亦稍長，周闊三百餘里，因水色微青，形長，西蕃又名厄靈湖。蕃稱青爲「厄」，字亦作「鄂」。前索羅湖之水，自西南流入，由東北而出，始爲哈屯河。亦曰哈屯郭兒，蒙古稱夫人爲「哈屯」，稱河爲「郭兒」，字亦作「喀屯」、「郭尔」。

至積石南，屈繞其東北。

河水自鄂靈澤數折而下，過積石南回，遠行七八百里，繞其東北，屈流積石之北、西海之南。

唐魏王泰所言，大積石山在吐谷渾界者也。在西寧邊外西南五百三十餘里，山有九峯，綿亘三百餘里。禹循行嘗及此。是以禹貢曰「導河積石」，漢人因謂之河首。元都實求河源，誤以積石爲崑崙。故元史曰：「朵甘思東北有大雪山，名亦耳麻不莫剌，其山最高，譯言騰乞里塔，即昆侖也。山腹至頂皆雪，冬夏不消。河行崑崙南，北行轉西流，過崑崙北，一向東北流。」胡朏明曰：「明太祖實録，鄧愈、沐英討土蕃，追至崑崙山，宣宗實録，李英追安定曲先賊，踰崑崙山，即都實之所謂騰乞里塔也。」通智黄河源序曰：

哈屯河，自後索羅湖流出，西北流五十餘里，折東南百餘里，向南百餘里，復偏東流七百餘里，折而西北三百餘里，向西遠朝阿木泥瑪禪木孫大雪山，字亦作阿木你麻纏母孫山。流二百里許，折而東北三百餘里，進歸德堡温泉口，又東四百餘里進河州積石關，已上河已三曲，通計二千五百餘里。臣通智等奉命西行，用繩丈路，儀器測量，沿河繞行，偏歷河源，竝金沙江、鴉蘆江、浪滄江、怒江等源，直過西藏三千里，抵恒河源而回，皆親臨目覩。書傳所載河源萬里始達中國者似太過，且稱入地伏流千里者亦無其事。又言黄河繞崑崙三帀者，蓋前人所到，從瑪禪大雪山，遥見黄河繞流其下，又見左右數河交流而入，未及詳辨，即指此大雪山爲崑崙，是以有三帀之説也。

此禮部右侍郎通智於雍正七年所序。

今考都實所言，河自崑崙南，北行轉西，於崑崙北，屈而東北流，與侍郎通智所序黄河繞流之大雪山，準驗程途，寔禹貢之積石。昔人隱淪重發之文，洵爲空語。河自積石而下，舊聞古記，乃有證實矣。漢書地理志：「積石山在河關縣西南羌中，河水行塞外，東北入塞。」酈道元水經注曰：「山在西羌之中，燒當所居也。」司馬彪曰：「西羌者，自析支已西，濱於河首左右居也。」

又屈而東北，歷析支之地。字亦作賜支。

應劭曰：「禹貢：析支在河關之西，東去河關千餘里，羌人所居，謂之河曲羌也。」酈道元曰：「河水屈而東北流，逕於析支之地，是爲河曲矣。」

又東，歷大榆、小榆谷北。

後漢書西羌傳：曹鳳上言：燒當居大、小榆谷，土地肥美，北阻大河，因以爲固者也。酈道元曰：

河水自河曲，逕西海郡南。又東逕允川，而歷大榆、小榆谷北。又東逕沙州北。段國曰：澆河西南百七十里有黄沙，沙南北百二十里，東西七十里，西極大楊川。望黄沙猶若人委乾糒於地，都不生草木，蕩然黄沙，沙州於是取號焉。河水又東北流，入西平郡界。又東，逕澆河故城北，有二城東西角倚，東北去西平二百二十里。河水又東，逕石城南。又東北，逕黄河城南，西北去西平二百一十七里。又東北，逕廣違城北。又東，逕邯川城南。又東，逕臨津城北、白土城南。十三州志曰：左南津西六十里白土城，城在大河之北，而爲緣河濟渡之處。又東北，河北有層山，山峰之上，立石數百丈，亭亭桀竪，競勢争高，遠望嵺嵺，若攢圖之託霄上。其下層巖峭舉，壁岸無階，縣巖之中多石室焉。室中若有積卷矣，而世士罕有津造者，因謂之積書巖。羌名唐述山。巖堂之内，每時見神人往還，彼羌目鬼曰唐述，因名之爲唐述山。

杜佑通典曰：「積石山，在今西平郡龍支縣南。」元和志曰：「積石山，一名唐述山，今名小積石山，在鄯州龍支縣西九十八里，河州枹罕縣北七十里。」黄子鴻曰：積石山本在徼外，自唐儀鳳二年，置積石軍於靖邊城，始移其名於内地矣。閻百詩曰：「隋大業五年，平吐谷渾，置河源郡，郡治古赤水城，以境有積石山也。」然此乃小積石山，即唐述山耳。故魏王泰曰：「大積石山在吐谷渾界，小積石山在枹罕縣西北。」枹罕縣，今臨洮府河州治，積石山在州西北七十里，積石關則又在州西北百二十里，較禹所導之積石河隔千有餘里。

又東，離水出塞外，西南來注之。離亦作灕。

漢書地理志：離水出白石縣西塞外，東至枹罕入河。酈道元曰：

河水東歷鳳林北。鳳林，山名也。五巒俱峙。又東，與灕水合，水導源塞外羌中。東北流，歷野虜中，逕消銅城西。又東，逕河列城東。又北，逕可石孤城西。又東北，逕榆城東。又東北，逕石門口，山險峻絶，對岸若門，故峽得厥名矣，疑即皐蘭山門也。漢書音義曰：皐蘭應在隴西塞外，河名也。孟康曰：山關名也。今是山去河不遠，故論者疑目河山之間矣。又東，逕白石縣故城南。闞駰曰：白石縣在狄道西北二百八十五里。又東，逕白石山北。又東，逕枹罕縣故城南。十三州志曰：枹罕縣在郡西二百一十里。又東北出峽，北流注於河。河水又東，逕左南城南。十三州志曰：石城西百四十里，有左南城者也，津亦取名焉。又東，逕赤岸北，即河夾岸也。秦州記曰：枹罕有河夾岸，岸廣四十丈。

又東，洮水出西傾，西南來注之。

漢書地理志：「洮水出臨洮縣西羌中，北至枹罕東入河。禹貢西頃山在縣西。」沙州記曰：「洮水與墊江水，俱出强臺山，山南則墊江源，山東則洮水源。」酈道元曰：强臺，西傾之異名也。洮水東北流吐谷渾中。自洮、强南北三百里中，地草徧是龍鬚，而無樵柴。洮水又東北流，逕會城北。沙州記曰：强城東北三百里有曾城，城臨洮水者也。又東逕共和山南，城在四山中。又東逕迷和城北，又東逕甘积亭，歷望曲，在龍桑西南，去龍桑二百里。又東逕臨洮縣故城北，又東北流，屈而逕索西城西。又屈而北，逕龍桑城西，而西北流，逕步和亭東。又北出門峽。又北，歷峽，逕偏橋，出夷始梁。又東北逕龍桑城東。又北逕外羌城西，又北逕和博城東，城在山內。又北逕安故縣故城西，縣在郡南四十七里。又北逕降狄道故城西。」漢隴西郡治。又北入河。

又東，湟水浩亹水出西海鹽池北，西北來注之。

漢書地理志：「臨羌縣西北至塞外，有西王母石室、僊海、鹽池。北則湟水所出，東至允吾入河。浩亹水出浩亹縣西塞外，東至允吾，入湟水。」水經序河水：「過敦煌酒泉張掖郡南，又東過隴西河關縣北，洮水從東南來流注之。又東，過金城允吾縣北。又東，過榆中縣北。又東，過天水北界。又北，過武威媼圍縣北，又東北，過天水勇士縣北。」酈道元曰：

金城郡治允吾，河水逕其南，不在其北，南有湟水，出塞外，東逕西王母石室、石釜、西海鹽池北。又東南流，逕龍夷城，故西零之地也。十三州志曰：城在臨羌新縣西三百一十里。西海郡治此城。又東南逕卑禾羌海北，有鹽池。世謂之青海，東去西平二百五十。

水地記殘卷之二[二]

河出崑崙虚，東至星宿川合衆泉，東北經積石南，極山麓，左轉，至其北，屈而東北，行析支之地。

崑崙虚，今曰枯爾坤，譯言崑崙也[三]。其山三成，故爾雅釋丘曰：「三成爲崑崙丘。」河源有白水之名，屈原賦「朝吾將濟於白水」，是也。行三百餘里乃至星宿海。元使窮河源，届此而未達於崑崙矣。爾雅釋水：「河出崑崙虚，注：虚，山下基也。色白，所渠并千七百一川，色黄。百里一小曲，千里一曲一直。」漢書段熲傳：「自張掖追西羌，且鬬且行四十餘日，至河首積石山，出塞二千餘里。」地理志：金城郡河關，後漢屬隴西郡，在今西寧府西南邊外。積石山在西南羌中。河水行塞外，東北入塞内。應劭曰：「禹貢析支屬雍州，在河關之西，東去河關千餘里，羌人所居，謂之河曲羌。」司馬彪曰：「西羌者，自析支以西濱於河首左右居也。」唐書吐谷渾傳：「侯君集與江夏王道宗趣南路，飲馬烏海，經途二千餘里空虚之地，又達於柏海，北望積石山，觀河源之所出焉。」侯君集傳：「轉戰過星宿川至於柏海，北望積石山，觀河源之所出。」吐蕃傳：穆宗長慶元年，以大理卿劉元鼎爲吐蕃會盟使。使還，踰湟水，至龍泉谷。湟水至濛谷，抵龍泉與河合，故謂西戎地曰河湟。河之上流，由洪濟梁元和郡縣圖志：積石軍西南一百四十里，有洪濟梁。西南行二千里，水益狹，春可涉，秋夏乃勝舟。其南三百里，三山，中高而四下曰紫山，直大羊同國，古所謂崑崙也，虜曰悶摩黎山。東距長安五千里，河源其間，流澄緩下，稍合衆流，色赤，行益遠，它水併注，則濁。河源東北直莫賀延磧尾，殆五百里。磧廣五十里，北自沙州，西南入吐谷渾寖狹，故號磧尾。隱測其地，蓋劍南之西。元史地理志：至元十七年，命都實爲招討使，佩金虎符，往求河源。還報，併圖其城傳位置以聞。河源在土蕃朶甘思西鄙，元置朶甘思宣慰司，在今青海境内。有泉百餘泓，沮洳散焕，弗可逼視，方可七八十里，履高山下瞰，燦若列星，以故名火敦腦兒。火敦，譯言星宿也。朱思本曰：河源直四川馬湖蠻部之正西三千餘里，雲南麗江宣撫司之西北千五百餘里。水從地湧出如井。其井百餘，東北流百餘里，匯爲大澤，曰火敦腦兒。羣流奔湊，近五七里，匯二巨澤，名阿剌腦兒。自西而東，連屬吞噬，行一日，迤邐東騖成川，號赤賓河。又二三日，水西南來，名亦里赤。與赤賓河合。又三四日，水南來，名忽闌。又水東南來，名也里朮。合流入，其流寖大，始名黄河，然水猶清，人可涉。又一二日，歧爲八九股，名也孫斡倫，譯言九度。通廣五七里，可度馬。又四五日，水渾濁，土人抱革囊騎過之，聚落糾木幹象舟，傅髦革以濟，僅容兩人。自是兩山峽束，廣可一里、二里或半里，其深叵測。朶甘思東北有大雪山，名亦耳麻不莫剌。其山最高，譯言騰乞里塔。即崑崙也。山腹至頂皆雪，冬夏不消。自八九股至崑崙，行二十日。河行崑崙南半日。河水北行，轉西流，過崑崙北，一向東北流，約行半月，至貴德州。今爲歸德堡，在河州西。

考元人所目之崑崙，乃禹貢積石山，在青海境，今名阿木尼瑪勒占木遜山。西蕃謂祖，「阿木尼」。非崑崙也，故河源遠在其西南。今枯爾坤三山，最西而大曰巴顏哈喇，其色紫黑，產金銀。蒙古謂黑，「哈喇」；謂富，「巴顏」。故納斯稱，即唐時所謂紫山。東北流三百餘里，至星宿川，衆泉競發，歷歷如星。蒙古謂星，「鄂敦」；謂坦平，「塔拉」。故其地名鄂敦塔拉，即元時所謂火敦腦兒者。東北去西寧邊外千一百一十四里，自星宿川東北流，屈而東南，貫二巨澤。曰扎凌淖爾，曰鄂凌淖爾，二澤相距五十餘里。鄂凌已上，蒙古呼阿爾坦河；已下至歸德堡，呼喀屯河。又東流，百五十五里。山之東麓，二泉並注，行數百里而合。東北去西寧邊外千四南北屈折，經積石山南，回遠行七八百里，復遶其東北。山有九峰，綿亘三百餘里，禹循行嘗及此，是以禹貢曰導河積石，當西寧邊外西南五百三十餘里。史記、漢書而外如禹本紀、山海經、淮南鴻烈諸書，所言崑崙河源，轉相蹈襲。而水經云：「崑崙墟在西北，去嵩高五萬里，地之中也。其高萬一千里，河水出其東北陬，屈從其東南流，入於渤海。又出海外，南至積石山，下有石門。河水冒以西南流，又南出葱嶺山。其一源出于闐南山，北流與葱嶺河合，東注蒲昌海。又東入塞，過敦煌、酒泉、張掖郡南。」崑崙、積石，徒取荒遠蹈襲之言立文，非有證實。葱嶺、于闐兩源，則又兼綴漢書，故錯雜不相蒙。漢敦煌，今安西府；酒泉，今肅州；張掖，今甘州府。三郡於河，不相遥屬。酈道元注於積石條下云：「山在隴西郡河關縣西南羌中。余考羣書，咸言河出崑崙，重源潛發，淪於蒲昌，出于海水。逕積石而爲中國河。而經文在此，似如不比積石，宜在蒲昌海下矣。」於「過敦煌酒泉張掖郡南」下云「自此，經當求實致也」。又云「河逕其南而纏絡遠矣」。訂正經文失次，且言其非實致，及舉地闊遠，寔作水經者之疎也。史記大宛列傳，張騫使西域還，爲天子言：「于寘之西，寘、闐古字通用。水皆西流，注西海；其東則東流，注鹽澤。鹽澤潛行地下，其南則河源出焉，多玉石，河注中國，而樓蘭、姑師，邑有城郭，臨鹽澤，鹽澤去長安可五千里。」其後騫死，漢使窮河源，河源出于寘，「其山多玉石，采來，天子案古圖書，名河所出山曰崑崙云」。考史記之文，漢使窮河源，河源出于寘，乃于寘河會葱嶺南河注鹽澤者之源，與張騫所言注中國河源，直鹽澤南，二源殊指。漢書西域傳：「西域以孝武時通，本三十六國，其後稍分至五十餘，皆在匈奴之西，烏孫之南。南北有大山，中央有河，東西六千餘里，南北千餘里，東則接漢，阸以玉門、陽關，西則限以葱嶺，其南山，東出金城，與漢南山屬焉。其河有兩原：一出葱嶺山，一出于闐。于闐在南山下，其河北流，與葱嶺河合，東注蒲昌海。蒲昌海，一名鹽澤者也。去玉門、陽關三百餘里〔四〕，廣袤三百里，其水亭居，冬夏不增減，皆以爲潛行地下，南出於積石，爲中國河云。」酈道元詳記葱嶺、于闐二河所經。其説曰：

一源西出捐毒之國，葱嶺之山，西河舊事曰：葱嶺在敦煌西八千里。河源潛發其嶺，分爲二水。一水西逕休循國南，又逕難兜國北，又西以逕罽賓國北，又西逕月氏國南，又西逕安息國南，與蜺羅跂禘水同注雷翥海。釋氏西域記曰：蜺羅跂禘，出阿耨達山之北〔五〕，西逕于闐國，又西逕西大塔北，又西逕陀衛國北，其水至安息注雷翥海。河水自葱嶺分源，逕岐沙谷，出谷分爲二水：一水東流逕無雷國北，又東流逕依耐國北，又東流逕蒲黎國北，又東逕皮山國北，又東與于闐河合，南源導于闐南山，俗謂之仇摩置，自置北流，逕于闐國西。又西北流注于河，即經所謂北注葱嶺河也。南河又東逕于闐北，又東北逕扜彌國北，又東逕精絶國北，又東逕且末國北，又東，右會阿耨達大水。其水北流，逕且末南山；又北，逕且末城西，曰且末河；東北流逕且末北，又流而左會南河。會流東逝，通爲注賓河，又東逕鄯善國北，其水東注澤。澤在樓蘭國北，國當白龍堆，乏水草，常主發導，負米擔糧，迎送漢使，故俗謂是澤爲牢蘭海也。北河自岐沙東，分南河。東北流，分爲二水，枝流出焉。北河自疎勒，逕流南河之北，暨於温宿之南，左合枝水。枝水上承北河於疎勒之東，西北流逕疎勒國南，又東北與疎勒北山水合，又東逕莎車國南，又東南逕温宿國，於此枝河右入北河。又東逕龜兹國南，又東，左合龜兹川水。又東，左會敦薨之水。又東逕姑墨國南，姑墨川水注之。又東逕注賓城南，又東逕樓蘭城南，又東注於泑澤，即經所謂蒲昌海也。水積鄯善之東北，龍城之西南，龍城故姜賴之虚。地廣千里，皆爲鹽而剛堅，故蒲昌亦有鹽澤之稱。其中洄湍雷轉，爲隱淪之脈，當環流之上，飛禽奮翮於霄中者，無不墜於淵波矣。即河之所潛而出於積石也。河水重源又發於西塞之外，出於積石之山，山在西羌之中，燒當所居也。河水屈而東北流，逕於析支之地，是爲河曲矣。

于闐，今名和闐，在回部葉爾羌東南。葱嶺在葉爾羌西。鹽澤，今名羅布淖爾，在回部闢展西南。阿耨達川，今名岡底斯，譯言羣山水根也。其水北流者，會葱嶺南河，東注牢蘭海；西流者，會葱嶺西流之水，注雷翥海。以是知岡底斯及于闐、葱嶺皆地勢隆高，脈絡連貫，爲西域羣山之脊。然西域河不與中國河流通，故有鹽澤潛行之説。蓋昔人言崑崙，其可指實者有四：一爲阿耨達山，穆天子傳：「天子升於崑崙之丘，以觀黄帝之宫，而封豐隆之葬。」天子自崑崙山入於宗周，乃里西士之數。自宗周瀍水已西，北至於河宗之邦，陽紆之山，三千有四百里，自陽紆西至河首四千里，合七千四百里。道元言「黄帝宫即阿耨達宫」，是也。釋氏西域記曰：阿耨達大山，其上有大淵水，宫殿樓觀甚大，山即崑崙山也。今岡底斯有西王母瑶池。二澤相屬，即此所謂大淵水。又檳榔江，在雲南邊外古勇州，源出岡底斯東，名牙母藏布江。及恒水，岡底斯之西南北，各有水，合而爲岡噶母倫江，即恒水。康泰扶南傳曰：「恒水之源，乃極西北，出崑崙山中，有五大源，諸水分流皆出此五大源。枝扈黎大江出山西北，流東南，注大海。枝扈黎即恒水也。」亦出岡底斯，流入南海。一爲枯爾坤，山海經「西海之南，流沙之濱，赤水之後，黑水之前，有大山名崑崙之丘」，是也。西海一名鮮水，一名卑禾羌海，一名青海。流沙，唐書所謂磧尾。赤水，今之金沙江。亦名麗江。黑水，今之潞江。亦作怒江。又敦薨之水，出敦薨之山，南流積爲大藪。名敦薨之藪。逕尉黎國，又西出沙山鐵關谷，又西南流連城別注，裂以爲田。桑弘羊曰：「臣愚以爲連城已西可遣屯田。」即此處。其水又屈而南逕渠黎國西，武帝通西域，屯渠黎，即此處。又東南流，而南會葱嶺北河，注泑澤，山在焉耆之北，匈奴之西，烏孫之東。道元詳其川流〔六〕，山海經曰「敦薨之水，西流注於泑澤，出於崑崙之東北隅，寔惟河源者也。」崑崙河源承泑澤下，亦指積石西南今枯爾坤矣。然則岡底斯枯爾坤之稱崑崙，其來蓋久。一爲于闐南山，史記言「天子案古圖書，名河所出山曰崑崙」，是也；一爲葱嶺。道元引涼土異物志曰「葱嶺之水，分流東西，西入大海，東爲河源，禹記所云崑崙者焉」，是也。斯二者稱崑崙，別未之聞。

經榆谷、唐之九曲。澆河、唐之積石軍。石城、唐之廓州。邯川，即東西邯。至小積石。即唐述山。

後漢書西羌傳：永元五年，護羌校尉貫友，出塞攻迷唐於大、小榆谷，收麥數萬斛，遂夾逢留大河築城塢，作大航，造河橋，欲度河擊迷唐，迷唐乃率部落遠依賜支河曲。賜析即析支。十三年秋，迷唐復將兵向塞，校尉周鮪與金城太守侯霸，出塞至允川，與迷唐戰。羌衆折傷，迷唐遂弱，遠踰賜支河首，依發羌居。明年，隃麋相曹鳳上言：「西戎爲害，前世所患，臣不能紀古，且以近事言之，自建武已來，其犯法者，常從燒當種起。所以然者，以其居大、小榆谷，土地肥美，又近塞内諸種，易以爲非，難以攻伐。南得鍾存以廣其衆，北阻大河，因以爲固，又有西海魚鹽之利，西海即青海。緣山濱水以廣田畜，故能强大，常雄諸種，恃其權勇，招誘羌胡。今者衰困，黨援壞沮，親屬離叛，餘勝兵者不過數百，逃亡棲竄，遠依發羌。臣愚以爲，宜及此時建復西海郡縣，規固二榆，廣設屯田，隔塞羌胡交關之路，遏絶狂狡窺欲之源。又植穀富邊，省委輸之役，國家可以無西方之憂。」於是拜鳳爲金城西部都尉，將徙士屯龍耆。後魏於此置北金城縣，西魏改曰龍支。本允吾縣地，西去小積石山九十八里。後金城長史上官鴻上開置歸義、建威屯田二十七部，侯霸復上置東西邯屯田五部，增留、逢二部，帝皆從之，列屯。水經注：

河水自河曲，又東逕西海郡南；又東逕允川南，歷大榆谷、小榆谷北，羌迷唐、鍾存所居也。段國沙州記：吐谷渾於河上作橋，謂之河厲。河水又逕沙州北。段國曰：澆河〔七〕南涼禿髮烏孤，以河南地爲澆河郡。西南百七十里有黄沙，南北百二十里，東西七十里，西極大楊川。望黄沙，猶若人委乾糒於地，都不生草木，蕩然黄沙，周迴數百里。河水又東北流入西平郡界。又東北濟川水出濫瀆，東北流入大谷，北逕澆河城西南，北流注于河。河水又逕澆河故城北，有二城東西角倚，東北去西平二百二十里。河水又東北逕黄川城，又東逕石城南，左合北谷水。又東北逕黄河城南，西北去西平二百一十七里。又東北逕黄川城，又東逕石城南，左合北谷水。又東北逕黄河城南，西北去西平二百一十七里。又東北逕廣違城北，烏頭川水發遠川，引納支津，北逕城東，而北流注于河。河水又東逕邯川城南。城之左右，歷谷有三水，導自北山，南逕邯亭注於河。河水又東，臨津谿水自南山，北逕臨津城西而北流注於河。河水又東逕臨津城北、白土城南。十三州志曰：左南津西六十里白土城，城在大河之北，而爲緣河濟渡之處。河水又東，白土川水出白土城西北下，東南流逕白土城北，又東南注於河。河水又東北，參差夾岸，連襄負嶮相望。河北有層山，山甚靈秀，山峯之上，立石數百丈，亭亭桀竪，競勢争高，遠望嵾嵾，若攢圖之託霄上。其下層巘峭舉，壁岸無階，縣巖之中多石室焉。室中若有積卷矣，而世士罕有津造者：因謂之積書巖。巖堂之内，每時見神人往還，彼羌目鬼曰唐述，復因名之爲唐述山。崖下有水，導自是山谿水，南注河，謂之唐述水。

西寧府南，至河州西小積石山，東去州治七十里。括地志：「大積石在吐谷渾界，小積石山在抱罕縣西北。」元和郡縣圖志：「河出積石山西南羌中，今人目彼爲大積石，此爲小積石。」胡三省資治通鑑注：「大、小榆谷即唐之九曲也，去積石軍三百里，水甘草良，宜畜牧。景雲初，吐蕃請河西九曲地，鄯州都督楊矩奏與之。土蕃置洪濟、大漠門等城，又置獨山、九曲兩軍以守其地，地肥饒，吐蕃就之畜牧，因以入寇。

又東，灕水西南來注之。

漢書地理志：金城郡白石，故城在今河州西。離水出西塞外，東至枹罕入河。今河州治即枹罕故城。水經注：

河水東歷鳳林北。鳳林，山名也。五巒俱峙。隋書地理志：枹罕有鳳林山。元和郡縣圖志：在縣北三十五里。秦州記曰：枹罕原北，名鳳林川，川中則黄河東流也。河水又東。灕水導源塞外羌中，東北流，歷野虜中，逕消銅城西。又東北逕河列城東。列水出西北谿，東北流逕列城北，右入灕水，灕水又北逕可石孤城西。又東北，黑城谿水出西北谿下，東南流逕黑城南。又東南，枝水左出焉。又東南入灕水。灕水又東北逕榆城東。

榆近河，以下流既治，可以少緩也。故次揚，次荆以□□淮，江淮治而水患平；次豫，次梁，次雍，以治江河上流之餘患，而雍最高，故終焉。八州皆言自某及某爲某州，而冀獨否。蓋以餘州所至而知之。先賦後田，不言貢篚，皆與餘州異。

既載，壺口治梁及岐。〔八〕

載之言事也。壺口在北屈。北屈今吉州，屬山西平陽府。壺口山在州西南七十里。夏陽今韓城縣，屬陝西西安府同州，梁山在縣西北九十里。少梁本秦邑。左傳文十年，晉人伐秦，取少梁，梁山由是入晉。美陽今岐山縣，屬鳳翔府。岐山在縣東北十里。蔡傳據晁以道說，以離石之穀積山、介休之狐岐山解禹貢梁、岐，非是。穀積山在今永寧州東北，去河一百五十餘里。狐岐在今孝義縣西，與介休縣接界，一名薛頡山，去河三百三十餘里。狐岐與寧鄉縣接界，不與介休接。

水地記殘卷之三

太皞伏羲氏，風姓，都陳，在豫州之域。左氏春秋梓慎曰：「陳，太皞之虛也。」

今河南陳州府，倚郭淮寧縣，本漢淮陽國陳縣，北齊徙項縣於此，隋改曰宛丘。酈道元水經注：「沙水又東逕陳城北，故陳國也。伏羲、神農並都之。城東北三十許里，猶有羲城實中。」

或言陳，雍州地名，後代乃名陳倉。伏羲氏生於成紀，陳西邇成紀，寔始居之，蓋東徙猶仍舊稱矣。

成紀故城，在今甘肅秦州秦安縣北三十里。宋徙成紀治上邽故城，今秦州西南也。金正隆中，析置秦安縣。陳倉故城，在今陝西鳳翔府寶雞縣東二十里。隋大業九年徙渭水北，即今治。唐乾元二年改曰寶雞。水經渭水，「又東過陳倉縣西」。注：「姚睦曰：黄帝都陳，言在此。榮氏開山圖注曰：伏犧生成紀，徙治陳倉，非陳國所建也。」成紀，漢屬天水郡。陳倉屬右扶風。

炎帝神農氏，姜姓。或言厲山氏、大庭氏，並炎帝之號。魯有大庭氏之庫，故傳記咸以爲炎帝都於魯，在徐州之域。

鄭康成注禮記云：厲山氏，炎帝也，起於歷山。或曰：有[九]

校　注

〔一〕「殘卷之二」四字爲整理者所擬加。以下同此，不另注。

〔二〕本題下原有「戴氏七經小記五」七字。

〔三〕眉批：崑崙值青海之西南，今蒙古語曰「枯尔坤」，譯言崑崙也。有三山：曰「巴顔哈喇」，最西，河水二源皆出其東麓；東二山曰「巴尔布哈」、曰「阿克塔沁」，東去星宿海三百餘里，東北去西寧府千一百一十四里。

〔四〕眉批：當作千三〔百〕(里)餘里，前後漢書並脱去「千」字。又批：王門關在故壽昌縣西北百八十里，陽關在縣西。壽昌本漢龍勒縣地，今安西府西百五十里有壽昌城。

〔五〕眉批：酈道元又引西域志云：「阿耨達大山其上有大淵水，宫殿樓觀甚大，此即崑崙也。」

〔六〕旁注：道元于敦薨水引。

〔七〕眉批：水回洑曰澆。

〔八〕旁注：胡朏明曰。又注：梁在離石，岐在兹氏。又眉批：鄭注，岐山在扶風美陽西北。

〔九〕其下無字，原稿如此。

戴震全書之二十

水地記

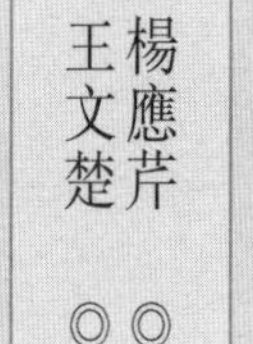

楊應芹◎整理
王文楚◎審訂

說明

孔繼涵抄得初稿本水地記，「與東原語及，東原曰是草稿者不足存也，遂出其已成之第一卷見付」（國圖本水地記孔序）。這「已成之第一卷」就是定本水地記河水一。定本與初稿相比較，有明顯的不同。初稿的每一章節基本上是先記述，後抄列水經注與之相關的内容以佐證，前後截然分開。就篇幅而言，有的章節後者要超過前者。定本則把記述與考證二者緊密相結合，水經注僅作爲引證材料之一，統攝於考述之中。初稿從書本到書本，没有超過考據學的範疇；定本於書本考據的同時，注意到實際考察的重要性。在「黄櫨之南勝水所出」一章中，作者特别做了這樣的説明：「余以己丑年遊其地，登吕梁、黄櫨、薛頡、狐岐及汾東綿山，親所經見，乃曉然於禹貢之文。」因此，作者敢於否定關於「壺口在冀州，梁、岐在雍州」等舊説，而提出自己的新看法。總之，與稿本相比，定本可以説是達到了「十分之見」的境地，是一部成熟的、有極高學術價值的地理著作。按其原計劃完成，列爲七經小記之一的水地記應寫到三十卷，然而令人遺憾的是天不假年，作者完成

第一卷的五天後，就突然與世長辭了。

定本水地記除南通、國圖本之外，還有微波榭等刻本。諸本相對照，仍以南通本爲善，故用以作底本，餘皆用作校本。

水地記

中國山川，維首起于西，尾終于東。河水所出，其地曰崑崙之虛，其山曰紫山。有三山：曰阿克塔沁，曰巴爾布哈，最西而大曰巴顏哈喇，其色紫黑，產金銀。番語謂黑「哈喇」，謂富「巴顏」，故納斯稱。自山東北至西寧府界，千四百餘里。唐長慶元年，大理卿劉元鼎爲吐蕃會盟使。使還，吐蕃傳記其所經見曰：「由洪濟梁西南行二千里，水益狹，春可涉，秋夏乃勝舟。其南三百里三山，中高而四下，曰紫山，直大羊同國，古所謂崑崙也，虜曰悶摩黎山。東距長安五千里，河源其間，流澄緩。東北直莫賀延磧尾殆五百里，磧廣五十里，北自沙州，西南入吐谷渾寖狹，故號『磧尾』。隱測其地，益劍南之西。」唐會要：「大羊同國東接吐蕃，西接小羊同，北直于闐，東西千里。」儀鳳末屬於吐蕃。此所言紫山與今巴顏哈喇符。崑崙之山三成，故爾雅釋丘曰：「三成爲崑崙丘。」元使求河源，誤以禹貢之積石爲崑崙。而自昔相傳，禹本紀、山海經、淮南鴻烈及水經諸書所言崑崙河源，輾轉蹈襲，鮮能證實。史記大宛列傳：張騫使西域還，爲天子言：『于寘之西，寘、闐，古字通用。水皆西流，注西海。其東則東流，注鹽澤。鹽澤潛行地下，其南則河源出焉。多玉石，河注中國。而樓蘭姑師邑有城郭，臨鹽澤。鹽澤去長安可五千里。」鹽澤今西蕃呼羅布淖爾，在安西府西少北邊外，此明言河注中國，源出鹽澤南。下乃云：「其後騫死，漢使窮河源，河源出于寘，其山多玉石，采來，天子案古圖書，名河所出山曰崑崙云。」則于寘河注鹽澤者之源，非騫所指注中國河源也。漢書西域傳：「西域以孝武時通，在匈奴之西，烏孫之南。南北有大山，中央有河，東西六千餘里，南北千餘里。東則接漢，阸以玉門、陽關，西則限以葱嶺。其南山，東出金城，與漢南山屬焉。其河有兩源，一出葱嶺山，一出于闐。于闐在南山下，其河北流，與葱嶺河合，東注蒲昌海。蒲昌，一名鹽澤者也，去玉門、陽關三百餘里，廣袤三百里。其水亭居，冬夏不增減，皆以爲潛行地下，南出于積石，爲中國河云。」玉門關在故壽昌縣西百一十八里，陽關在縣西六里。壽昌本漢龍勒縣地，今安西府西百五十里，有壽昌城。鹽澤去玉門、陽關千三百餘里，前、後漢書皆脱去「千」字，山海經雖語多荒略，雜然不一，其説然亦間有據依。其一云：「敦薨之山，敦薨之水出焉，而西流注于泑澤。出于崑崙之東北隅，實惟河源。」郭景純注云：「即河水出崑崙之墟。」酈道元水經注序敦薨之水，自焉耆國北，逕連城、渠犂南流，會于闐、葱嶺水，注泑澤。泑澤，亦鹽澤異名。此同于張騫所指中國河源由鹽澤潛行地下南出，殆有見于所謂星宿海者，其泉千百泓，散如列星，疑爲于闐、蔥嶺千有餘里之水，伏而復出歟？今番人亦多言鹽澤南磧地數百里，往往有小水上出成澤，爲潛行之徵。考之禹貢，於西戎舉其大者三國，崑崙屬國名，則所賅固不一山。而中國河源所出之山最顯著耳。爾雅「河出崑崙虛」，亦不曰山。察其地勢山脈，自紫山西連犛石山，今西番呼巴撒通拉木，在喇撒伊克招之北八百餘里，喇撒在四川打箭爐西北三千四百八十里，無城，有大廟，西番呼伊克招。又南迆西，連接恒水所出山，今番語呼岡底斯者，譯言羣山水根也，值西寧府西南五千五百餘里。綿亘二千里，皆古崑崙之虛也。犛水出犛石山，與河源相去厘三百六十餘里，中隔一嶺，即巴顏喀喇之嶺。犛水亦呼犛牛河，語之轉爲麗水，今名金沙江，西番呼木魯烏蘇，至喀木境，近雲南麗江府之北。又呼布賴楚。明洪武十一年，命宗泐往西番，十五年還。宗泐言河源出抹必力赤巴山。番人呼黄河爲抹處，犛牛河爲必力處。赤巴者，分界也。其山西南所出之水則流入犛牛河，東北之水是爲河源。必力處即「布賴楚」聲之轉也。岡底斯，水經注謂之阿耨達山，直古且末國南。隋大業五年，初平吐谷渾，于且末城置且末郡。唐貞觀八年，遣李靖等攻吐谷渾。靖督諸軍，經積石河源，至且末，窮其西境。水經注序阿耨達山數水，其北流者逕且末城西，左會于闐、葱嶺之水，入鹽澤；西流者逕于闐、安息，右會蔥嶺西流之水，入雷翥海。恒水則南流入南海。用是知由岡底斯延綿而西北抵葱嶺，實羣山之大脊。山海經：「西海之南，流沙之濱，赤水之後，黑水之前，有大山名崑崙之丘。」此語亦有據依者之一。西海，漢志爲僊海，水經注一名卑禾羌海，一名青海。流沙，唐書所稱「磧尾」。赤水，今之金沙江。黑水，今之潞江。亦作怒江。應劭曰：「禹貢析支屬雍州，在河關之西，東去河關千餘里，羌人所居，謂之河曲羌。」司馬彪曰：「西羌者，自析支以西、濱于河首左右居也。」後漢書作賜支。永元中，迷唐率部落遠依賜支河曲。涼土異物志曰：「古渠搜國，在大宛北界。」據是言之，河源已南，唐吐蕃，今西藏之境，古崑崙國在焉。積石已東北，今青海之境，古析支在焉。而漢通大宛西域，踰葱嶺而西，古渠搜在焉。三地大小諸國通稱西戎，繫于雍州，形勢蓋可得而詳也。

河北之山，崑崙東千里而近，曰積石。

禹貢：「導河積石。」其山自紫山岐分，循河北岸而東。積石之西，紫山之東，臨星宿海者，曰布虎吉魯懇，亦名枯爾坤，山有數峰。又東，曰阿克塔齊欽，有兩峰，望之如馬耳。又東，曰烏藍得什，南至扎凌淖爾四十里，山高大，頂平。又東有嶺，巖險多瘴氣，曰牟布拉克，西南至鄂凌淖爾五十里。又東，曰寒多嶺。又東大山，曰馬尼圖，西南至鄂凌淖爾百二十里，其崖壁有昔人刻識。又東，曰碧柳圖三山。其南有山，狀如牛，曰阿喇克沙兒，值黄河南流之東岸。又東，曰密里克，西至河濱八十里，山有峰如屏。相連有山曰布安。又東，禹貢之積石也，值西寧邊外西南五百餘里。漢志，「金城郡河關，積石山在西南羌中」是也。河關故縣，在今西寧府西南邊外，番語謂祖「阿木尼」，謂色斑駁「瑪勒占」，謂冰「木遜」，故呼積石山曰阿木尼瑪勒占木遜。其山有九峰，綿亘三百餘里，河行山南，繞東麓轉西，即梁寅河源記所言「河繞山之三面如玦然」。其西南山值河之東，曰哈爾吉。東有山，二峰高峻，曰阿木尼㲄懇古爾板。凡曰「阿木尼」者，皆番人所望祭大山。河西轉之左，曰烏藍芒奈，有嶺北枕河，曰哈爾吉，盛夏積雪，多瘴氣。元史地理志，都實言：「朵甘思東北有大雪山〔二〕，名亦耳麻不莫剌，其山最高，譯言騰乞里塔，番語謂天「騰乞里」。曰「塔」者，言平坦處。即崑崙也。山腹至頂皆雪，冬夏不消。」此云崑崙者誤，水經注唐述山，隋、唐間始有小積石之目。魏王泰括地志云：「大積石山在吐谷渾界，小積石山在枹罕縣西北。縣今河州。」元和郡縣圖志：「鄯州龍支縣，在今西寧府碾伯縣南。積石山在縣西九十八里。河州枹罕縣，積石山在縣西北七十里。」又云：「四瀆之中，河源最高，從高注下，其流峻急。禹貢：『導河積石，至于龍門。』又曰：『導洛自熊耳。』按洛水出上洛西山，經熊耳之北。所言導者，皆謂紀所施功，不必自其源也。」則吉甫直以小積石當禹貢之積石而爲之説。此山在酈道元注水經時，尚不名小積石，而太子賢注後漢書、杜佑作通典，乃與李吉甫同誤。後儒以之解經，至元人遂誤以大積石爲崑崙矣。河之西岸，青海西南三百餘里，曰占爾板依馬圖三山，多羅淖爾在是山之麓，東北曰蘇羅巴顔哈喇，多冷瘴，山有石崖，色黑。其東嶺曰蘇羅嶺，在青海南少西二百餘里。河北岸，青海南百里，有岡曰巴爾拖羅海岡，環青海十有五山，番人皆呼烏爾圖。青海中小山，曰觀駒島，近西岸有峰，曰插漢，東西對峙。魏書吐谷渾傳：「青海周圍千餘里，海内有小山，每冬冰合後，以良牝馬置此山，來春收之，所生之駒，號爲龍種。吐谷渾嘗得波斯馬，放入海，因生驄駒，能日行千里，世傳『青海驄』者是也。」隋書：「大業五年，置馬牧于青海渚中，以求龍種，無效而止。」

鮮水西北，白龍堆沙之東，曰三危，是山不協禹貢之文，其名蓋後起也。

鮮水，今之青海，番名呼呼淖爾，值沙磧之東，西寧府之西，肅州、甘州之南，積石之北。漢志：「敦煌郡，正西關外有白龍堆沙、蒲昌海。」西域傳：「鄯善，本樓蘭國，最在東垂，近漢，當白龍堆，乏水草。」元和郡縣圖志：「沙州燉煌縣，三危山在縣南三十里，山有三峰，故曰三危。」邊衛志：「白龍堆在沙州衛西，沙形蜿蜒如龍，或十餘丈，或四三丈，變改無定，東倚三危，北望蒲昌，爲極西要路。三危山在衛東南，衛本漢敦煌郡。考之虞夏書，曰「竄三苗于三危」，曰「黑水西河惟雍州」，曰「三危既宅，三苗丕叙」，曰「華陽黑水惟梁州」，曰「導黑水，至于三危，入于南海」。河既行積石之南，東北屈曲過雍州之北折南，左右冀、雍之間，爲龍門、西河，南抵華陰。而河所出山自枯爾坤，西南接岡底斯，西北爲于闐南山，直抵葱嶺，則河北之水不得絶之而南以入南海。今所謂三危山者，其下亦無水逕通。禹貢之黑水、三危，不在河北甚明。屈原賦天問篇曰：「黑水、玄趾，三危安在？」今河源之西南三百餘里，爲金沙江之源。又東南五百餘里，爲潞江之源。四周大山中，平野有澤，曰布哈淖爾，當大流沙之東，其水西北流百餘里，爲額爾機根淖爾。又東北流八十里，爲衣達淖爾，轉而東南百五十餘里，爲哈喇淖爾。水色深黑，故西番名是水曰哈喇烏蘇。番語謂黑「哈喇」，謂水「烏蘇」。潞江自發源即成池三，皆黝黑。在喇撒伊克招北二百八十里。其池殆所謂玄趾者歟？三危蓋其所經之地，歲久名湮，無從證實耳。崑崙、析支，禹貢于雍州言之。此水導源三池，去河源、金沙江源不遠，三源跂置如鼎足，皆在岡底斯東北。然則雍之西南境至此水上游，梁之西境至此水，可無疑也。左氏春秋：「王使詹桓伯辭於晉曰：先王居檮杌於四裔，以禦螭魅，故允姓之姦居於瓜州。」瓜州，漢敦煌也。允姓所居在瓜州，三苗所居在三危，後世失傳而一之，因命一山爲三危。而禹貢三危久没于西戎，周人已莫能言其處。瓜州值析支西北，三危蓋值崑崙東歟？

北地東，曰嘉峪。

山在今肅州西七十里。山之西麓即嘉峪關。讀史方輿紀要云：「國初收河西地，西抵玉門，北至沙漠，而仍以嘉峪爲中外巨防。」

弱水所出山，曰窮石。

淮南子言：「弱水出窮石。」漢志：「張掖郡删丹，桑欽以爲導弱水自此，西至酒泉、合黎。」許叔重説文解字：「岏山，或曰弱水之所出。」而十六國春秋又謂之蘭門山。括地志：「蘭門山，一名合黎，一名窮石山，在删丹縣西南七十里。」以弱水所出山，兼有合黎之目，蓋誤。

北池西，曰合黎。

禹貢：「導弱水，至于合黎。」其山在今甘州府北四十里，西北至高臺縣石峽口，延袤三百里。石峽口在鎮夷城西北七里，亦名羌谷口。漢志之羌谷水，今呼張掖河，俗呼黑河，蓋弱水之别源。鎮夷城東南至高臺縣百二十里，縣舊爲高臺所。陝西行都司志云：「黑河在高臺所北二百步，在鎮夷城西四里。」又云：「傍合黎山出羌谷口，北入亦集乃界。」元有亦集乃路，在甘州東北千五百里，其東北大澤，即居延澤也。

河湟之北大山，曰祁連山。

山在今肅州南百六十里，張掖縣西百里之黎園堡南九十里。西河舊事：「祁連山在張掖、酒泉二郡界上，東西二百餘里，南北百里，有松栢五木，美水茂草，山中冬温夏冷，宜牧放，牛羊充肥，乳酪美好。焉耆山東西百餘里，南北二十里，水草茂美，宜畜牧，與祁連同。匈奴失祁連、焉耆二山，乃歌曰：『亡我祁連山，使我六畜不蕃息。失我焉耆山，使我婦女無顏色。』」焉耆一作焉支，元和郡縣圖志：「甘州張掖縣，今甘州府治。祁連山在縣西南二百里。刪丹縣，元以後作山丹，今屬甘州府，西至府百二十里。焉支山在縣東南五十里。」今縣東西十里曰新河堡，又東四十里曰石峽堡。山在新河堡南五里，石硤堡南八里。唐書吐谷渾傳：「湟水至濛谷抵龍泉與河合，故舉世謂西戎地曰河湟。」元史地理志：「朱思本曰：湟水自祁連山下，正東流千餘里，注浩亹河，與黃河合。」

踰豬野之南，河西大山曰賀蘭山。

山在今寧朔、平羅、寶豐三縣西界。元和郡縣圖志：「靈州保靜縣，在今靈州東北，接寧夏縣界。賀蘭山在縣西九十三里。山有樹木青白，望如駮馬，北人呼駮馬爲『賀蘭』，故名。其山與河東望雲山形勢相接〔二〕，迆邐向北經靈武縣，在靈州西北。又西北經保靜西，又北經懷遠縣西，縣即今寧夏府治。又北經定遠城西，城在新渠縣北，南至府六十里。又東北抵河。其抵河之處亦名乞伏山，從首至尾，有像月形，南北約長五百餘里，真邊城之鉅防。山之東，河之西，有平田數千頃，可引水灌溉，如盡收地利，足以贍給軍儲也。」宋景祐以後，西夏據有其地，建宮山上，山徑五十餘所〔三〕。寧朔縣西南赤木口，尤屬要路，可容千馬。平羅縣北四十里打磑石，爲山後要路。漢志：「武威，休屠澤在東北，古文以爲豬野澤。」姑臧南山，谷水所出，北至武威入海。」今涼州府鎮番縣北，有武威故城。水經注云：「在姑臧城北三百里。」姑臧即今武威縣，東北至鎮番縣二百里。陝西行都司志：「姑臧南山，在涼州衛西南百二十里。雪山在永昌衛南百八十里，與涼州南山相連，炎夏積雪不消，亦名祁連山。」涼州衛，今爲府。永昌衛，今爲縣，東南至府百六十里。今考，祁連延袤千里，自酒泉、張掖至此，山勢相接，本一山之所盤迴。今寧夏有侍郎通智河源叙碑刻，其文云：「臣通智等奉命西行，用繩丈路，儀器測量，沿河繞行，徧歷河源，並金沙江、鴉蘆江、浪滄江、怒江等源。過西藏三千里，抵恒河源而回。巴顔哈喇山在西寧邊外千四百五十六里，形勢自金沙江源至此，從此枝分。其向西北而下者，爲三危等山，繞沙州、安西等處，抵嘉峪關，直達喀爾喀地。在準噶爾之東，黑龍江之西，鄂羅斯國之南，瀚海之北。東向而下者，分隔黄河北，西海南，至西寧。向北而下者，至阿木尼額庫山，在青海西北二百里。循西海北邊盤旋。大通河源，即浩亹水。元史地理志朱思本曰：「源自删丹縣南删丹山下，東南流七百餘里，注湟水。」爲甘肅涼之祁連、合黎、龍首、焉文等山，龍首山在山丹縣西北二十五里邊外。重巒相接，抵寧夏爲賀蘭山。其向東南已下者，沿黄河南岸，繞至洮河源西傾山，分枝四布，抵階、文、松潘，散爲大小諸山。」此所序，于形勢脈絡，大致不爽。

北河之北，高闕東，曰陰山。

河行三受降城之南，謂之北河。河北大山，隨地易名，通得陰山之目。史記：「趙武靈王築長城，自代竝陰山下，至高闕爲塞。秦始皇三十三年，西北斥逐匈奴，自榆中徐廣曰：「在金城。」今蘭州府治，本漢金城縣。竝河以東，屬之陰山，徐廣曰：「在五原北。」五原故城在九原城西北。以爲四十四縣〔四〕，城河上爲塞。又使蒙恬渡河取高闕、陶山、在今歸化城南百六十里。北假中，裴駰云：「北假北方田官，主以田假與貧人，故云北假。」築亭障以逐戎人。」漢書：「竟寧初，呼韓邪願保塞，因議罷邊備塞吏卒。郎中侯應曰：北邊塞至遼東，外有陰山，東西千餘里，草木茂盛，多禽獸，本冒頓依阻其中，治作弓矢，來出爲寇，是其苑囿也。孝武出師征伐，斥奪此地，攘之於幕北。建塞徼，起亭隧，築外城，列屯戍，以守之，然後邊境得用少安。幕北地平，少水草，多大沙，匈奴來寇，少所蔽隱，從塞以南徑深山谷，往來差難。邊長老言匈奴失陰山之後，過之未嘗不哭也。」水經注：「河水屈而東流，爲北河。漢武帝元朔二年，大將軍青絶梓嶺、梁北河是也。東逕高闕南。山下有長城，長城之際，連山刺天，其山中斷，兩岸雙闕，善能雲舉，望若闕焉。即狀表目，故有高闕之名也。自闕北出荒中，闕口有城，跨山結局，謂之高闕戍。自古迄今，常置重捍，以防塞道。自高闕以東，夾山帶河，陽山以往，皆北假也。陽山在鐵柱谷西北二百里。自谷東至歸化城三百六十里，南至黃河鄂爾多斯界五十里。今爲瓦喇所居，本中受降城地。始皇三十三年，起自臨洮，東暨遼海，西竝陰山，築長城。晝警夜作，民勞怨苦，故楊泉物理論曰：『秦始皇使蒙恬築長城，死者相屬。』民歌曰：『生男慎勿舉，生女哺用餔，不見長城下，尸骸相支拄。』其冤痛如此矣。」舊唐書：「高闕北距大磧口凡三百里。」元和郡縣圖志：「三受降城，景雲三年張仁愿所置。先是，朔方軍北與突厥以河爲界。河北岸有拂雲堆神祠，突厥將入寇，必先詣祠，祭酹求福，因牧馬料兵，而後渡河。時突厥默啜，盡衆西擊突騎施娑葛，仁愿奏請乘虚奪取漠南之地，於河北築三受降城，首尾相應，絶其南寇之路。從之。六旬而三城俱就。以拂雲祠爲中城，與東西兩城相去各四百餘里，遥相應接。北拓三百餘里，於牛頭牟那山北置烽堠千八百所。自是突厥不得度山放牧，朔方無復寇掠，減鎮兵數萬人。西受降城，東南渡河至豐州八十里，北至磧口三百里。中受降城，北至磧口五百里，敬本古城在中城北四十里。鄭虔軍録曰：『時人以張仁愿河外築三城，自古未有。今敬本城周萬八百七十二步，濠塹深峻，亦古之堅守。』賈耽古今述曰：『以地理求之，前代九原郡城也。』東受降城，東北至朔州四百里，北至磧口八百里。」今考唐開元二年，移安北都護府治中受降城，貞觀二十一年，鐵勒、回紇等十三部内附。永徽初乃即古單于臺置燕然都護府，其東置翰海都護府，分領羈縻府州。龍朔三年，改燕然都護府爲翰海，移置于磧北回紇部落，而徙翰海都護府於雲中古城，號雲中都護，磧以北番州悉隸翰海，南隸雲中。總章二年，又改翰海都護府爲安北。置屯田；二十一年置朔方節度使於靈武，三受降城皆屬焉。天寶初，王忠嗣置振武軍於東受降城。東百餘里，本漢成樂縣，東南去今大同府三百餘里。賈耽古今述云「振武城在朔州北三百五十里」，續通典云「其地據陰山之陽、黄河之北，其北七十里有黑沙磧」是也。天寶八載，朔方節度使張齊丘於木剌山築城，號横塞軍，以郭子儀爲軍使，胡語謂之可敦城，東去中受降城二百餘里。十二載，安思順奏廢軍，請於大同川西築城，改名天安軍，即隋大同城故墟，李吉甫言，永清栅即隋大同城，殊未辨析。東去木剌山二十里，去中受降城二百二十里，西少北去西受降城百八十里。乾元中復西南移四里，寄治永清栅，栅本開元中所置。號天德軍。元和六年，李絳言振武、天德左右良田萬頃，請擇能員開置營田，可以省費足食。於是詔以韓重華爲振武營田和糴水陸運使，起代北，墾田三百頃。連二歲大熟，請益募人爲十五屯，屯置百三十人而種百頃。令各就高爲堡，東起振武，轉而西過雲州界，極於中受降城，出入河山之際六百餘里，屯堡相望，寇來不能爲暴，人得肆耕其中，少可以罷漕輓之費。朝廷從其議，列栅十二，墾田三千八百餘頃，歲收粟四十萬餘石。既而請益開田四千頃，則盡可以給塞下五城。振武、天德、靈武、鹽、夏五城之軍。議格不行。元和七年，河溢，西受降城南面多毁壞。八年，振武帥李光進請修城，兼理河防。李吉甫請移治於天德軍北城。李絳、盧坦以爲：「舊城當磧口，據虜要衝，得制匈奴上策，又豐水美草，邊防所利；今避河患退二三里可矣，奈何捨萬代久安之策，爲一時省費之謀？況天德故城僻處确瘠，去河絶遠，烽候警急不相應接，虜忽唐突，勢無由知，是無故而蹙二百里也。」城使周懷義奏利害與絳、坦同，上卒用吉甫策。九邊考：「自陰山而北皆大磧。磧東西數千里，南北亦數千里，無水草，不可駐牧。中國得陰山，則乘高一望，寇出没踪跡皆見，必踰大磧而居其北，去中國益遠，故陰山爲禦邊要地。陰山以南即爲漠南，彼若得陰山，則易以飽其力而内犯，此秦、漢、唐都關中，必逾河而北守陰山也。」

河曲外，曰緣胡山。

山在歸化城之西，河水西來，觸山麓折而南。漢志：「雲中郡楨陵，其故城在歸化城之西，河東爲故楨陵縣，河西爲沙南縣。緣胡山在西北。」水經：「河水又東過雲中楨陵縣南。又東過沙南縣北，從縣東屈南，過沙陵縣西。」酈道元注云：「河水南入楨陵縣西北緣胡山，歷沙南縣東北兩山二縣之間而出。余以太和中爲尚書郎，從高祖北巡，親所逕涉。縣在山南，北去雲中城百二十里，縣南六十許里，有東、西大山，山西枕河，河水南流，脈水尋經，殊乖川去之次，似非關究也。」

汾水所出，曰燕京之山，桑乾水所潛也。

山在寧武縣西南四十里，漢汾陽縣地。山之盤踞，隨地異名，曰管涔山，曰樓子山，曰蘆芽山。漢志：「太原郡汾陽故城在今陽曲縣西北九十里。北山，汾水所出。」水經注云：「山海經：『管涔之山，汾水出焉。』十三州志曰：『出武州之燕京山，亦管涔之異名也。』其山重阜脩巖，有草無木，泉源導於南麓之下，蓋稚水濛流耳。」今泉源所出曰樓子山，在寧武縣西南六十里。又云：「桑乾水，潛承太原汾陽縣北燕京山之大池。池在山原之上，世謂之天池，方八里餘，其水陽熯不耗，陰霖不濫，無能測其淵深也。古老相傳，言嘗有人乘車于池側，忽過大風，飄之於水，有人獲其輪於桑乾泉，故知二水潛流通注矣。池東隔阜，又有一石池，今名元池，在天池東七里許。方可五六里，清深鏡潔，不異天池。」元和郡縣圖志云：「静樂縣，本漢汾陽地，管涔山在縣北百三十里，天池在縣北燕京山上。後魏孝文帝以金珠穿魚七頭放此池，後亦于桑乾泉得之。」

汾西河東，自燕京別而南，離石水所出，曰梁山。

山在今永寧州東北百三十里，東接交城縣界，北連赤谼嶺，接嵐縣界，西踰谿谷爲臨縣，一名呂梁。禹貢：「冀州，既載壺口，治梁及岐。」舊説云壺口在冀州，梁、岐在雍州，從東循山治水而西。蘇子瞻云：「梁、岐二山在雍州。今于冀言之者，因河而言，非以二山爲冀州之地也。」曾彦和云：「壺口、梁、岐，一役也，其施功皆同時，不可分言于二州，故併言于冀也。」王伯厚困學記聞云：「治梁及岐，若從古注則雍州山，距冀州甚遠。

閻百詩云：「梁山與壺口止隔一河耳，不得謂甚遠。考伯厚之言，乃以自梁及岐，其東西相去甚遠，不當偏舉一梁山議，其語有滲漏。」壺口、太原不相涉。」晁以道用水經注，以爲吕梁、狐岐。晁氏、王氏之説是也。考禹貢之文，自西而盡于東，故先壺口，以見龍門西河就治；而次梁、岐，次太原、岳陽，次覃懷，次衡漳。或舉山，或舉地。梁、岐之西水歸於河，梁、岐之東水歸于汾。此二山爲汾川以西、羣山自北而南之脊，舉之以見汾西河東，其地就治。太原則見汾東之地就治。岳陽在汾東沁西，覃懷在沁東而南近河，衡漳則漳水過臨漳而入河北注。觀此數語，冀州所宜治者全具于是。不得謂壺口一役兼及河西雍州也。況韓城之梁山雖近河，而渭北之岐山遠隔在漆、沮、涇水之西，誠使越漆、沮、涇水至乎岐下，則雍州自渭以北所當治者，幾于備舉，又于雍州言「涇屬渭汭」、「漆、沮既從」、「荆、岐既旅」，此三語爲復文矣。禹貢先分九州，後復統記山川。分者定其疆域，合者見其條貫，獨于發端之始，以雍州山隸冀州，何取乎先分後合，示人以截然有限域者，乃復淆紊其間歟？然謂禹貢梁、岐即今永寧州之吕梁、孝義縣之狐岐，亦有未盡。如淮出桐栢，渭出鳥鼠，後人舉其枝山，曰淮出胎簪，渭出南谷，蓋古者統以一名，後人往往隨地殊稱。今考赤洪、孝文、吕梁、劉王嶇諸山，實一山之所盤迴；薛頡、狐岐、高堂、玉泉諸山，亦一山之所盤迴。禹貢之梁、岐，統名也；今之吕梁、狐岐，特其中之一耳。蔡仲默書集傳亦取晁氏説，而援據悉謬。近閻百詩、胡朏明皆深于考訂者，咸謂蔡傳爲非，固失在蔡氏，不在晁以道。蔡傳一引爾雅、左氏、穀梁，證晉山宜屬冀州，蔡傳云：「爾雅梁山，晉望，即冀州呂梁也。春秋梁山崩，左氏、穀梁皆以爲晉山，則亦指呂梁矣。」不知春秋時，自魯文公十年，晉人伐秦取少梁，梁山由是入晉，迨後三晉既分，自河以西濱于洛，猶屬魏地，少梁之梁山，實河西大山，故晉望祭之。列國所望祭山川，及晉河東望祭之山，爾雅絶不一言，而獨曰「梁山晉望也」，正以河西近秦，故特表之。成公五年，梁山崩，壅遏河三日不流，晉君召伯宗而問焉，皆非離石呂梁。一引呂覽，蔡傳云：「呂不韋曰龍門未闢，呂梁未鑿，河出孟門之上。」語出尸子，淮南鴻烈亦襲之，所稱呂梁未鑿，雖後人失其所在，而離石縣之呂梁，西距河百五十餘里，隔越重山，不濱于河，無事疏鑿也。一引酈道元水經注，蔡傳云：「酈道元謂呂梁之石崇竦，河流激盪，震動天地，此爲禹治壺口，乃治梁也。」其本文云：「河水左合一水，出善無縣故城西南八十里，善無故城在今朔平府右玉縣南。西流，歷于呂梁之山，而爲呂梁洪。其山巖層岫衍〔五〕，澗曲崖深，巨石崇竦，壁立千仞，河流激盪，濤涌波襄，雷奔電洩，震天動地。昔呂梁未闢，河出孟門之上，蓋大禹所闢以通河也。司馬彪曰：『呂梁在離石縣西。』今于縣西歷山尋河，並無遏阻〔六〕，至是爲河之巨險，即呂梁矣。在離石北以東可二百有餘里。」後人以河曲縣西南二十五里之天橋峽，爲道元所謂呂梁洪，就水經注自北而南之次考之，地望適協其地，有禹鑿之跡。河自故東勝州境，轉而西南流八十里，至河曲縣西北；轉而西流九十里，逕天橋峽，下至保德州西五十里；折而南，逕興縣西；又南百七十里，至臨縣界。道元言呂梁洪在離石北以東可二百餘里，蓋據河至離石縣界爲言，因西流乃轉南，故曰以東，其指天橋峽無疑。司馬彪言呂梁在離石縣西者，即今永寧州北之呂梁，徒因離石縣有呂梁山，而河行離石之西，故云在縣西，實未深考之言。道元引而辯之，則以離石西界河無過阻，故溯流而上，以求其地，是道元以尸子、呂覽、淮南所言，呂梁不在離石，而遠在其北也。蔡氏援以證呂梁在離石，正與其説相刺謬，宜乎百詩、朏明不之取耳。

黄櫨之南，勝水所出，曰岐山。

黄櫨嶺在汾陽縣西六十里，永寧州東百有五里。東魏武定中，齊獻武出北道，度赤洪嶺；斛律金爲南道軍司，繇黄櫨嶺出，與之會。前代嘗置關嶺上，憑高爲固。岐山在孝義縣西百里，一名狐岐，西接寧鄉縣界，北連薛頡嶺，接汾陽縣界。其南坳曲間曰盤重原，原東谿澗俗呼曰北川，東入勝水。由原左轉，連岡而南，曰高唐山，東北距孝義縣治七十餘里，其南麓谿澗俗呼南川，逕故六壁府北，東入勝水，唐武德二年置高唐縣，以山氏縣。又連岡而南迆東，曰玉泉山，東北距縣治六十餘里。山之東北麓谿澗，俗呼左水者，是爲勝水，逕故六壁府南，又東合南北二川。自薛頡至玉泉，實一山盤屈而下，古通謂之岐山。蔡仲默書集傳言「岐山在介休縣」，取山海經「狐岐之山，勝水出焉，而東北流注于汾水」者綴其下。又引酈道元水經注，蔡傳：「岐山在今汾州介休縣。狐岐之山，勝水所出，東北流注于汾。酈道元云：後魏于狐岐置六壁，防離石諸胡，因爲大鎮。今六壁城在勝水之側，實古河逕之險阨。」按之本文乃云：「勝水西山狐岐之山，東逕六壁城南，魏朝舊置六壁于其下，防離石諸胡，因爲大鎮。勝水又東，合陽泉水。即南川。又東，逕中陽故城南。又東，合文水。文水又東南入于汾。」中陽故城，即孝義縣治，是山海經、水經注之狐岐，在今孝義縣西。宋熙寧五年，省孝義入介休，元祐元年復置孝義縣。至仲默時，已爲金地，無所廢置，當據元祐以後，言在今汾州孝義縣，不當據前此熙寧、元豐十餘年間，繫之介休也。今介休東南洪山，俗以爲狐岐，其泉源俗亦呼爲勝水，則隔越汾水，無所謂六壁，且去中陽故城甚遠。其下言：今六壁城在勝水之側，實古河逕之險阨。意以六壁城爲防守西來渡河而東之津要，不知北魏初，河東岸離石、吐京之地，萬山簇擁，悉匈奴五部餘衆所居，憑恃山險，未能即平。至狐岐以東，汾川左右，地勢坦平〔七〕，連接太原，本漢太原郡地，故于此置六壁，立爲鎮戍，以防狐岐以西、黄河以東山寇，西距黄河二百餘里，不可謂爲河逕之險阨。吕梁、狐岐之西，始爲今臨縣、永寧州及寧鄉、石樓。山在四州縣之東，而蔡氏云：「二山河水所經，治之所以開河道也。」將置此四州縣峻峰鉅嶺、萬山簇擁者于何地乎？然山海經言「勝水注于汾」，而水經注言「注文水」，則因汾川東西轉徙。驗之近事，數年以前原公水以下諸谿澗，皆自達汾水，不與水經注協，今則皆入文水，一如道元所見。余以己丑年遊其地，登吕梁、黄櫨、薛頡、狐岐及汾東綿山，親所經見，乃曉然于禹貢之文，惟壺口屬治河，餘則治汾、沁、漳、潞暨其間諸山澗谿谷。閻百詩尚書古文疏證云：「壺口在吉州西七十里，與河津縣西北三十里之龍門相連，河津縣近河岸之山，與壺口山中隔鄂水，不爲相連。與隔河之梁山對峙，經文遂連類而書，實有出于某州某山常例之外者。」胡朏明禹貢錐指云：「治梁所以終壺口之事，除河患也，其遂及岐者何？　蓋治梁已畢，若身遽渡河而東，則東方之事正多，不能速還，治雍當在數年之後，而梁、岐之間，其于帝都事勢，當日必有甚切而不容緩者，故治梁之餘，乘便施功，及岐而止。又洪水初平，艱食未奏，冀田厓第五等，而梁、岐之間去帝都最近，田既膏腴，轉輸又便，禹甸梁山之野，通渭水之漕，其爲帝都艱食計也切矣。及岐而止者，蓋岐西地高卬，洪水不爲灾，而東方事急，亦無暇西略故也。」二君咸申舊説，以梁、岐爲雍州山。夫禹貢先分别九州，初非于其間又牽合治水之先後緩急也，使冀州施功，西兼及雍，且遠踰漆、沮、涇水而西，不啻大半治之，則南亦可兼及豫，東亦可兼及兖，豈無相連之勢，施功同時者乎？　至推言雍便輸，論益密而益鑿矣。

西望孟門，夾束河流，曰壺口。

山在吉州西南七十里。漢志：「河東郡北屈，禹貢壺口山在東南。」今州東北有北屈故城，然則山當在其西南，作「東南」誤也。水經注：「河水南逕北屈縣故城西，西四十里有風山，上有穴如輪，風氣蕭瑟，習常不止，當其衝所，略無生草。風山西四十里，河南孟門山。河至此迆東，故謂右岸爲河南。淮南子曰：『龍門未闢，呂梁未鑿，河出孟門之上，大溢逆流，無有丘陵，高阜滅之，名曰洪水。』大禹疏通，謂之孟門。孟門，即龍門之上口也。實爲黄河之鉅阨，此石經始禹鑿，河中漱廣，夾岸崇深，傾崖返捍，鉅石臨危，若墜復倚。其中水流交衝，素氣雲浮，往來遥觀者，常若霧露沾人，窺深悸魄。其水尚崩浪萬尋，懸流千丈，渾洪贔怒，鼓若山騰，濬波頽疊，迄于下口。」元和郡縣圖志：「汾川縣，故城在今宜川縣東七十里。黄河在縣東七里〔八〕。河岸頓狹，狀似槽形，鄉人呼爲石槽，蓋禹治水鑿石導河之處。石槽長千步，闊三十步，懸水奔流，黿鼉魚鼈所不能游。」

汾水之左，自燕京别而東南。漳水所出，曰少山。

山在樂平縣西四十里，其南谷曰大要谷，東北距縣治二十五里。沾水出沾嶺，東入滹沱。同過水出陡泉嶺，西入汾。皆少山北嶺也。山海經：「少山，清漳之水出焉。」淮南子曰：「清漳出揭戾山。」高誘注：「山在沾縣。」漢志：「上黨郡沾大𡰥谷，𡰥，古腰字，譌作黽者，非。清漳水所出。」説文：「清漳出沾山大要谷。今樂平縣西南三十里，有沾縣故城。水經注：「清漳出沾縣故城東北，俗謂之沾山〔九〕，其山亦曰鹿谷山，水出大要谷，南流逕沾縣故城東。」元和郡縣圖志：「太原府樂平少山，一名河逢山，在縣西南三十里。」

右轉歷轑、武而西，少水所出，曰謁戾之山。少水者，沁水也。

轑山在和順縣西北百二十里。武山在縣西百二十里。轑水出轑山。武鄉水出武山。皆南入漳。二山判分如八字，寰宇記謂之八賦嶺。西北至榆次縣，亦百二十里。山北之水入于同過水。謁戾山在武鄉縣西百二十里，西北接祁縣、平遥縣，西南接沁源縣。一名麓臺山。迆邐而西爲綿山，其北爲介休縣，西爲靈石縣，皆謁戾山也。山海經：「謁戾之山，沁水出焉。」漢志：「上黨郡穀遠羊頭山世靡谷，沁水所出。」水經：「沁水出上黨涅縣謁戾山。」元和郡縣圖志：「沁州綿上縣，本漢穀遠縣地。羊頭山，一名謁戾山，在縣東北五十里，沁水所出。」寰宇記：「謁戾山，一名麓臺山。」今武鄉縣西五十五里，有涅縣故城，沁源縣城南有穀遠故城，縣北有綿上故城。

沁西，𣲖水所出，曰霍山。是爲太岳中岳也。

周官經：「冀州，其山鎮曰霍山。」晉語：「宰孔曰：景霍以爲城，而汾、河、涑、澮以爲淵。」山在今霍州東南三十里，岳陽縣北九十里，趙城縣東北四十五里，沁源縣西七十八里，北接靈石，南抵洪洞山，延袤八十里，高百餘丈。漢志：「河東郡彘，霍太山在東。」今霍州，即故彘縣。水經注：「汾水又南，與彘水合。出東北太岳山，禹貢所謂岳陽也，即霍太山矣。」讀史方輿紀要云：「霍山崎嶇險峻，界并、晉二州之間，實控阨之要。」

歷東陘而南，曰析城。

東陘山在翼城縣東北六十五里，沁水縣西北四十里。一名黑水嶺，宇文周改曰烏嶺。嶺東之水入于沁，嶺西之水入于汾、澮。析城山在陽城縣西南七十里。漢志：「河東郡濩澤，禹貢析城山在西南。」今縣西三十里有濩澤故城，水經注：「天井水出東陘山西南，北有長嶺，嶺上東西有通道，即鈃蹬也。上澗水歷析城山北，山在濩澤南，禹貢所謂『砥柱析城，至于王屋』也。山甚高峻，上平坦，下有二泉，東濁西清，左右不生草木，數十步外多細竹。」元和郡縣圖志：「澤州陽城縣，析城在縣西南七十五里，濩澤在縣西十二里。」寰宇記：「山頂有湯王池，俗傳湯旱祈雨于此。」今池西岸生龍鬚緑草，無林木。

迆東，沇水所潛，曰王屋。

山在陽城縣南八十里，東至濟源縣亦八十里，西南至垣曲縣百里。漢志：「河東郡垣，禹貢王屋山在東北，沇水所出。」今垣曲縣東北二十里有故垣城。括地志：「沇水出王屋山頂崖下，石泉渟而不流，其深不測，既見而爲伏，至濟源縣西北二里平地，其源重發。」李濂遊濟瀆記云：「舊記濟水出王屋山頂太乙池，伏流地中，東行九十里，復見于此。」其太乙池，今亦涸矣。

自東陘别而西，洮水所出山，曰清野。

山在聞喜縣東南九十里，俗呼小横嶺，東北接絳縣南四十里之大横嶺，東接垣曲縣西北八十里之清廉山，實一山也。水經注：「洮水出清野山，世人以爲清襄山也。清水出清廉山之西嶺，世亦謂清營山。」

又西南，曰薄山。

山在夏縣東南，垣曲縣西，亦曰中條山。山北爲安邑、解州、虞鄉、永濟，南爲芮城。一名襄山，史記封禪書：「薄山，襄山也。」徐廣云：「蒲坂縣有襄山。」今蒲州府倚郭永濟縣，城東南有蒲坂故城。水經注云：「涑水逕安邑故城西，城西南有鹽池，上承鹽水，水出東南薄山，西北流逕巫咸山北。」又云：「永樂澗水北出于薄山，南流逕河北縣故城西。」又云：「河水左合一水，其水二源疏引〔一〇〕，俱導薄山。南流會成一川。其二水之内，世謂之閑原。」今夏縣東五里有巫咸山，縣西北十五里有安邑故城。鹽池在今安邑縣西五里，解州東三里。河北故城在芮城縣東北里許。閑原在平陸縣西十五里。地志：分雲嶺在安邑縣西南四十里，接平陸縣界，中條山最高處也。横嶺在解州東二十里，跨安邑、平陸二縣界。舊自安邑運鹽，車由此，視虞坂較近，而徑險難行。其南通芮城，曰耳沒嶺。分雲嶺西二十里，曰五龍谷，北至州城五里，又西二十六里接虞鄉縣界。又西二十里曰王官谷。分雲嶺東北爲虞坂，南達平陸，北通安邑，東入夏縣界。坂東爲巫咸頂，在夏縣東南五里。又東北三十五里，接聞喜縣界。山之南，芮城縣北十五里，山陰石磴，名「百二十盤」，東接平陸縣界四十五里。山狹而長，西華嶽，東太行，此山居中，故曰中條。

西抵河曲中，雷水所出，曰首山，是爲雷首。

山在永濟縣南，漢志：「河東郡蒲反，雷首山在南。」水經注：「河水逕雷首山西，山臨大河，北去蒲坂三十里，尚書所謂壺口、雷首者。」寰宇記：「首陽山，即雷首山南阜也。」

自轑、武、候甲左轉，涑水、藍水、潞水所出，曰發鳩之山。

候甲嶺在武鄉縣西北百里，候甲水出焉，西北入于汾。湟水出焉，東南入于潞。水經注：「胡甲山有長坂，謂之胡甲嶺，即劉歆遂初賦所謂『越侯甲而長驅』者也。」蔡邕曰，侯甲亦邑名也。在祁縣。」發鳩山在今長子縣西南五十餘里，高平縣西北五十里。一名鹿谷山，一名廉山。北接盤秀嶺，所謂發鳩之谷也。嶺在屯留縣西南八十四里。亦曰鹿瀆山。山之西水入于沁，山之東水歸于潞。周官經：「冀州其川漳，其浸汾、潞。」後人以漳爲清漳，潞爲濁漳。漢志：「上黨郡長子鹿谷山，濁漳水所出。」說文：「涑水出發鳩山。」水經注：「漳水出鹿谷山，與發鳩連麓而在南。淮南子謂之發苞山。絳水出穀遠縣東發鳩之谷，謂之濫水。東逕屯留縣故城南，東北流入于漳，故桑欽云，絳水出屯留西南，東入漳。」魏書地形志：「長子縣有廉山，濁漳出焉。寄氏縣有盤秀嶺，藍水出其南，北流合濁漳。」今長子縣城西有故長子城，屯留縣西十里有故屯留城，縣西南七十里有寄氏故城。桑欽所稱絳水，漢志載其說，今本訛作入海，後人多以此水附合禹貢之降水，非也，此即藍水耳。寰宇記：「長子縣鹿谷山，冀州圖云山在縣西，有大道入壺口，東出達襄國。」壺口關在長治縣東南十六里。西登奚斯鉅嶺以達河東，陘阻千里。」

其南，沁水東、丹水西，曰太行。

山在鳳臺縣南三十里，河内縣北二十里。山脈北連發鳩，西以沁水爲界，東以丹水爲界。昔人謂太行連亘河北諸州，非也。漢志：「河内郡野王，太行山在西北。上黨郡高都莞谷，丹水所出，東南入泫水，有天井關。」野王，即今河内縣，高都故城在鳳臺縣東北。天井關在縣南，值羊腸坂之北。左氏春秋：「齊侯爲二隊，入孟門，登太行。」孟門，丹水所經，在鳳臺縣東三十五里。所謂殷紂之國，左孟門，右漳、滏是也。戰國策：「范睢曰：北斷太行之道，則上黨之師不下。」金史地理志，濟源縣有太行山。以沁水爲界，西爲王屋，東爲太行。考河北八陘，起西南，迆而東北。一曰軹關陘。在濟源縣西北十五里，當軹道之險。史記蘇秦説趙，曰「秦下軹道，則南陽危」是也。縣南十三里有軹縣故城。次二曰太行陘。在河内縣西北，一名丹陘，當羊腸坂之險。蔡澤所謂「決羊腸之險塞太行之口」，酈食其所謂「杜太行之道」者也。元和郡縣圖志：「懷州河内縣，太行陘在縣西北三十里〔一〕，闊三步，長四十里。」羊腸所經，瀑布縣流，實爲險隘。次三曰白陘。在輝縣西五十里，接修武縣界。或言白陘在解州東南十五里。水經注：「鹽池，山海經謂之鹽販之澤也〔二〕。澤南面層山，天巖雲秀，地谷淵深，左右壁立，間不容軌，謂之石門，路出其中，名之曰徑，南通上陽，北暨鹽澤。」元和郡縣圖志：「解縣，通路自縣東〔南〕踰中條山，出白徑，趨陝州之道也。」此徑舊志無作陘者，不必列爲八陘之一。次四曰滏口陘。在武安縣南三十里，與磁州接界。元和郡縣圖志：「磁州滏陽縣，鼓山亦名滏山，在縣西北四十五里。滏水出焉。泉源奮涌，若滏水之湯，故以滏口名之。八陘第四曰滏口陘，山嶺高深，實爲險阨。」讀史方輿紀要云：「滏口爲自鄴西出之要道。」次五曰井陘。在井陘縣東北五十里，與獲鹿縣接界。李左車謂井陘之道，車不可方軌，騎不得成列者也，吕氏春秋九塞之一。元和郡縣圖志：「獲鹿縣井陘口，今名土門口，在縣西南十里。」次六曰飛狐陘。在廣昌縣北二十里，路達宣府、大同，商旅畢集。水經注：「祁夷水東北得飛狐谷，即廣野君所謂杜飛狐之口也。魏土地記曰：代城南四十里有飛狐關。」元和郡縣圖志：「蔚州飛狐縣，飛狐道自縣北入嬀州懷（仁）〔戎〕縣界，即古飛狐口也。」次七曰蒲陰陘。在易州西八十里，亦曰子莊關，西南去廣昌縣百里，趨宣府、大同並四百七十里，凡小大隘口百有五所。水經注「子莊溪水，北出子莊關」是也。宋謂之金陂關，金名紫荆關。次八曰軍都陘。在昌平州西北四十里。南口城去州二十五里。自南口而上，山夾一澗，十五里爲關城。又八里爲上關，有小城。又十七里至八達嶺，下視居庸關，勢若建瓴。元人以此爲居庸北口。嶺北至延慶州三十三里，吕氏春秋九塞之一也。漢志：「上谷郡，居庸有關。」居庸故城在今延慶州東。水經：「濕餘水出上谷居庸關東。」注云：「關在沮陽城東南六十里居庸界，故關名矣。其水導源關山，南流歷故關下，谿之東岸有石室三層，其户牖扇扉，悉石也。蓋古關之候臺矣。南則絶谷，累石爲關垣，崇墉峻壁，非輕功可舉。山岫層深，側道褊狹，林障邃險，路才容軌，曉禽暮獸，寒鳴相和，羈官遊子，聆之者莫不傷思矣。其水歷山南逕軍都縣界，又謂之軍都關。續漢書曰『尚書盧植隱上谷軍都山』是也。其水南流出關，謂之下口，水流潛伏十許里。」軍都山在今昌平州西北二十里，懷來縣南五十里。北齊改居庸關曰納款關。唐十道志：「居庸關亦名薊門關。」軹關之山與太行中隔沁水，其山脈來自太岳。白陘之山與太行之中隔丹水，其山脈自發鳩别而東。井陘、滏口之山與白陘中隔漳水，其山脈自清漳之源沾嶺别而東。飛狐、蒲陰之山與井陘中隔滹沱，其山脈來自北岳。軍都之山與蒲陰中隔桑乾水，其山脈自大同府之外陰山别而東。太行之名尤顯著，故稱「太行八陘。」爾雅：「山絶陘，蓋兩山中絶以成隘道也。」元和郡縣圖志引述征記曰：「太行山首始於河内，北至幽州，凡有八陘。」後代史志地記多本其説，於軹關已北、軍都已南諸山，槩目以太行，其亦不達於理矣。

校注

〔一〕朵甘思　原本脱「朵」字，據元史卷六三地理志六補。

〔二〕「其山與河東望雲山」句上，國圖本有眉批曰：「衍，當作『其山阿東望雲中』。」按，此説是。張駒賢元和郡縣圖志考證云：「官本『其山』下有『與』字，南本同，疑後人妄增。按，河自靈州以北，其東無大山，各地書河東亦無『望雲山』之目。王右丞集趙殿成注引作『其山阿東望雲中』，當是原文，各本多誤。」

〔三〕山徑　「徑」，原本、刻本均作「經」，據國圖本改。

〔四〕四十四　原本作「三十六」，據史記卷六秦始皇本紀改。

〔五〕其山　「山」字原本脱，據水經注卷三河水補。

〔六〕並無　「並」，原本作「乃」，據水經注卷三河水改。

〔七〕坦平　原本誤作「垣平」，刻本誤同，據國圖本改。

〔八〕縣東　「東」，原本誤作「北」，據元和郡縣圖志卷三改。

〔九〕沾山　原本作「漳山」，據水經注卷十清漳水改。

〔一〇〕二源　「二」，原本作「三」，據水經注卷四河水改。又以下「二水」、「二」原本亦作「三」，同上改。

〔一一〕三十　原本誤作「二十五」，據元和郡縣圖志卷十六改。

〔一二〕謂之　原本脱此二字，據水經注卷六涑水補。

戴震全書之二十一

水經考次

楊應芹◎整理
王文楚◎審訂

説　明

段著戴譜三十年載：「是年秋，定水經一卷……今未著録，然别經於注，令經、注不相亂，此卷最爲明晰。後召入四庫館，纂修此書，綱領不外乎是，特於討論字句加詳耳。」我們今天所整理出版的水經考次，就是戴氏自定的水經一卷，祇不過多出了新考定的諸水排列的新序碼。

自定水經一卷包括三部分。一是從經、注混淆的水經注中分辨出的全部經文，自成一卷。二是考訂倒紊不可讀的經文、注文，附於水經之後，題作附考。三是後記一篇，該後記當題作「書水經後」，其中心内容是分辨經、注的四條義例。但是，該後記在段玉裁編入其經韻樓本東原文集時却誤增一「注」字，即誤題作「書水經注後」，且倒置於水經酈道元注序之後。而戴震作水經酈道元注序約晚於他作「書水經後」約十年〔一〕，又因「其語已見於前篇」〔二〕，而被删卻二百餘字，這其中包括四大義例，致使這一重大理論發現，被蒙上了近十年的時間塵埃。

自定水經一卷現存兩種抄本。一是乾隆三十七年孔氏家抄本，題名水經校稿，後歸李盛鐸，現藏北京大學圖書館（以下簡稱李本）。一是周叔弢家藏的抄本，題名水經考次，曾送給胡適，現藏國家圖書館（以下簡稱周本）。據胡適考證，此二本均是從乾隆三十年自定本抄出來的〔三〕。而李本業經孔繼涵朱筆校改，周本則保持原貌，且於後記天頭多出三條眉批。爲此我們選擇周本爲工作底本。

李本有兩個目録。一是舊本目録，與正文一致。一是新考定的目録，在其正文各水首句之天頭，均標有與其新目録相一致的序碼。如濟水爲「三十九」，淮水爲「五十一」，江水爲「七十一」等。周本的目録，是新考定的目録，没有舊本目録，但諸水首句天頭的新序碼都全部省卻了。任何一部書的目録皆決定於正文，對於水經的新目録來説，也應該是這樣。即先有一百二十三水内容的考次，然後才有考次的目録。因此，原天頭的考次序碼是不能少的，否則題爲水經考次就名不副實了。現特據李本，將其新考定的序碼標於各水之首〔四〕。

本書稿校注的内容主要爲兩方面。一是原書的眉批與旁批，因不便於原樣排版，皆移入校中。眉批多爲作者引酈注或加按語以糾正經文的訛誤，這是本書内容不可少的一部分。二是李本孔繼涵朱筆校改的内容，此對原稿多有訂正作用。

校注

〔一〕水經酈道元注序，即自刻本水經注序。該序未署年月，刻本亦無成書時間。乾隆四十一年十一月廿日，戴氏與段玉裁書，曾附寄「水經注全部計十四册」，這「十四册」裝便是自刻本水經注。據此則自刻本當成書於乾隆四十一年或稍前，水經酈道元注序約晚於水經一卷之後記十年。

〔二〕見東原文集覆校札記。

〔三〕詳見胡適水經考次跋。

〔四〕溱水作「百廿六」，應爲「百廿二」。「六」顯爲「二」之訛。一百二十三水之序碼，李本僅此一處抄誤。正文標碼已改正，不另出校説明。

水經考次目録

河　汾　晉水　文水　原公水　洞渦水　澮　涑　湛　沁　清　淇　蕩水　洹　濁漳
清漳　滱　易水　巨馬水　聖水　濕　濕餘水　沽河　鮑丘水　濡　大遼水　小遼水
浿
渭　漆　沮　滻　洛　穀水　澗　瀍　甘水　伊水
濟　汶　瓠子河　淄　巨洋水　濰　汶　膠水　泗　洙　沂　沭
淮　汝　潕　潕　溵　瀷　潁　濦　潩　洧　潧　渠　陰溝水　汳　獲水　睢水
決　泚　泄　肥
江　羌水　漾　涪　梓潼水　潛　夷水　沮　漳　沔　涔　均水　丹水　粉水　淯　湍
比水　白水　夏水　湏　漻　蘄水　施水
沫水　青衣水　若水　淹　油　澧　沅　延江水　資　湘　鍾水　深水　來水　洣　漉
漣　瀏　潙　廬江水　贛水
漸江水　桓水　葉榆河　温　存水　浪　灘　涯　溱　斤員水
江已南至日南二十水，禹貢山水澤地六十〔一〕

校注

〔一〕李本於新考定的目録之後，有朱筆批：「補水：滏、洺、滹沱、泒、滋、洛、豐、入渭。涇、見渭水篇。汭、滁、弱、黑。」

水經

一、

崑崙墟在西北，去嵩高五萬里，地之中也。其高萬一千里，河水出其東北陬，屈從其東南流，入于渤海。又出海外，南至積石山下〔一〕，有石門。河水冒以西南流〔二〕。又南出葱嶺山〔三〕，其一源出于闐國南山，北流與葱嶺河合〔四〕，東注蒲昌海〔五〕。又東入塞，過敦煌、酒泉、張掖郡南。又東過隴西河關縣北，洮水從東南來流注之。又東過金城允吾縣北。又東過榆中縣北。又東過天水北界。又北過武威媼圍縣東北〔六〕。又東北過天水勇士縣北。又東北過安定北界麥田山。又北過北地富平縣西。又北過朔方臨戎縣西，屈從縣北流，至河目縣西，屈南過五原西安陽縣南，屈東過九原縣南。又東過臨沃縣南。又東過雲中楨陵縣南。又東過沙南縣北，從縣東屈南，過沙陵縣西〔七〕。又南過赤城東。又南過定襄桐過縣西。又南過西河圁陽縣東。又南脱過字。離石縣西。又南過中陽縣西〔八〕。又南過土軍縣西。又南過上郡高奴縣東。又南過河東北屈縣西。又南過皮氏縣西〔九〕。又南出龍門口，汾水從東來注之。又南過汾陰縣西。又南過蒲坂縣西。又南至華陰縣潼關，渭水從西來注之。又東過河北縣南。又東過陝縣北。又東過大陽縣南。又東過砥柱間。又東過平陰縣北〔一〇〕，清水從西北來注之。又東至鄧〔一一〕，湛水從北來注之。又東過鞏縣北，洛水從縣西北流注之。又東過成皋縣北，濟水從北來注之。又東過滎陽縣北，蒗蕩渠出焉。又東北過武德縣東，沁水從西北來注之。又東北過黎陽縣南。又東北過衛國縣南〔一二〕。又東北過濮陽縣北〔一三〕，瓠子河出焉。又東北過東阿縣北。又東北過茌平縣西。又東北過高唐縣東〔一四〕。又東北過楊虚縣東〔一五〕，商河出焉。又東北過漯陰縣北。又東北過利縣北。又東北過甲下邑，濟水從西來注之。又東北入于海。酈注云：「河水枝津東逕甲下城南，東南歷馬常坑注濟。經言濟水注河，非也。河水自枝津東北流逕甲下邑北，又東北流，入于海。」

二、汾水出太原汾陽縣北管涔山〔一六〕，東南過晉陽縣東，晉水從縣南東流注之。又南，洞渦水從東來注之。又南過大陵縣東。又南過平陶縣東，文水從西來流注之。又南過冠爵津。又南入河東界。又南過永安縣西，歷唐城東。又南過楊縣東。又南過高梁邑西〔一七〕。又南過平陽縣東。又南過臨汾縣東。又屈從縣南西流。又西過長脩縣南。又西過皮氏縣南。又西至汾陰縣北，西注于河。

七、澮水出河東絳縣東澮交東高山〔一八〕，西過其縣南。又西南過虒祁宮南。又西至王澤，注于汾水。

八、涑水出河東聞喜縣東山黍葭谷〔一九〕，西過周陽邑南。又西南過左邑縣南。又西南過安邑縣西。又南過解縣東。又西南注于張陽池。

四、文水出大陵縣西山文谷〔二〇〕，東到其縣，屈南到平陶縣東北，東入于汾。

五、原公水出茲氏縣西羊頭山〔二一〕，東過其縣北。又東入于汾〔二二〕。

六、洞渦水出沾縣北山〔二三〕，西過榆次縣南，又西到晉陽縣南，西入于汾，出晉水下口者也〔二四〕。

三、晉水出晉陽縣西懸雍山〔二五〕，東過其縣南。又東入于汾水。

九、湛水出河内軹縣西北山。東過其縣北。又東過波縣之北。又東過毋辟邑南〔二六〕。又東南當平陰縣之東北〔二七〕，南入于河。

三九、濟水出河東垣縣東王屋山，爲沇水；東至温縣西北，爲濟水。又東過其縣北，屈從縣東南流，過墳城西〔二八〕，又南當鞏縣北，南入于河。與河合流，又東過成皋縣北，又東過滎陽縣北〔二九〕，又東至礫溪南，東出過滎澤北。又東過陽武縣北〔三〇〕。又東過封丘縣北。又東過平丘縣南。又東過濟陽縣北。又東過宛朐縣南。又東過定陶縣南。又屈從縣東北流。又東至乘氏縣西，分爲二；其一水東南流，其一水從縣東北流，入鉅野澤。又東北過壽張縣西界，安民亭南，汶水從東北來注之。又北過須昌縣西。又北過穀城縣西。又北過臨邑縣東。又東北過盧縣北。又東北過臺縣北。又東北過菅縣南。又東過梁鄒縣北。又東北過臨濟縣南。又東北過利縣西。又東北過甲下邑〔三一〕，入于河。又東北入海〔三二〕。其一水東南流者，過乘氏縣南。又東過昌邑縣北。又東過金鄉縣南。又東過東緡縣北。又東過方與縣北，爲菏水。又東過湖陸縣南〔三三〕，東入于泗水。又東南過沛縣東北。又東南過留縣北。又東過彭城縣北〔三四〕，睢水從西來注之〔三五〕。又東南過徐縣北。又東至下邳睢陵縣南〔三六〕，入于淮。

一一、清水出河内修武縣之北黑山，東北過獲嘉縣北。又東過汲縣北。又東入于河。

一〇、沁水出上黨涅縣謁戾山〔三七〕，南過穀遠縣東。又南過陽阿縣東。又南出山，過沁水縣北。又東過野王縣北。又東過周縣北。又東過懷縣之北。又東過武德縣南。又東南至滎陽縣北，東入于河。

一二、淇水出河内隆慮縣西大號山。東過内黄縣南，爲白溝，屈從縣東北與洹水合。又東北過館陶縣北。又東北過清淵縣西。又東北過廣宗縣東，爲清河。又東北過東武城縣西。又北過廣川縣東。又東過修縣南。又東北過東光縣西。又東北過南皮縣西。又東北過浮陽縣西。又東北過濊邑北，濊水出焉。又東北過鄉邑南。又東北過窮河邑南。又東北過漂榆邑，入于海。

一三、蕩水出河内蕩陰縣西山東，東北至内黄縣，入于黄澤。

一四、洹水出上黨泫氏縣，東過隆慮縣北。又東北出山，過鄴縣南。又東過内黄縣北，東入于白溝。

一五、濁漳水出上黨長子縣西發鳩山〔三八〕，東過其縣南，屈從縣東北流。又東過壺關縣北〔三九〕。又東北過屯留縣東。又東北過潞縣北〔四〇〕。又東過武安縣。又東出山，過鄴縣西。又東過列人縣南。又東北過斥漳縣南。又東北過曲周縣東。又東北過鉅鹿縣東。又北過堂陽縣西。又東北過扶柳縣北。又東北過信都縣西。又東北過下博縣之西。又東北過阜城縣北。又東北至昌亭，與虖池河會〔四一〕。又東北至樂成陵縣北别出。又東北過舒縣南〔四二〕。又東北過章武縣西。又東北過平舒縣南，東入海。

一六、清漳水出上黨沾縣西北少山大要谷〔四三〕，南過其縣西，又從縣南屈。東過涉縣西，屈從縣南，東至武安縣南黍窖邑，入于濁漳。

一八、易水出涿郡故安縣閻鄉西山〔四四〕。東過范陽縣南。又東過容城縣南。又東過安次縣南。又東過東州縣南〔四五〕，東入于海。

一七、滱水出代郡靈丘縣高氏山。東南過廣昌縣南。又東南過中山上曲陽縣北，恒水從西來注之。又東過唐縣南。又東過安憙縣南。又東過安國縣北。又東過博陵縣南。又東北入于易。

二〇、聖水出上谷，東過良鄉縣南。又東過陽鄉縣北〔四六〕。又東過安次縣南，東入于海。

一九、巨馬河出代郡廣昌縣淶山，東過迺縣北。又東南過容城縣北。又東過勃海東平舒縣北，東入于海。

二一、濕水出雁門陰館縣東北〔四七〕，過代郡桑乾縣南。又東過涿鹿縣北。又東南出山，過廣陽薊縣北。又東至漁陽雍奴縣西，入笥溝。

二二、濕餘水出上谷居庸關東，東流過軍都縣南。又東流過薊縣北。又北屈東南至狐奴縣西，入于沽河。

二三、沽河從塞外來〔四八〕，南過漁陽狐奴縣北，西南與濕餘水合，爲沽河。又東南至雍奴縣西，爲笥溝。又東南至泉州縣，與清河合，東入于海。清河者，派河尾也。

二四、鮑丘水從塞外來，南過漁陽縣東。又南過潞縣西。又南至雍奴縣北，屈東入于海。

二五、濡水從塞外來，東南過遼西令支縣北。又東南過海陽縣西〔四九〕，南入于海。

二六、大遼水出塞外衛白平山，東南入塞，過遼東襄平縣西。又東南過房縣西。又東過安市縣西，南入于海。

又玄兔高句麗縣有遼山，小遼水所出，西南至遼隊縣，入于大遼水也。

二八、浿水出樂浪鏤方縣，東南過臨浿縣[五〇]，東入于海。

三三、洛水出京兆上洛縣讙舉山，東北過盧氏縣南。又東北過蠡城邑之南。又東過陽市邑南。又東北過于父邑之南。又東北過宜陽縣南。又東北出散關南。又東北過河南縣南。又東過洛陽縣南，伊水從西來注之。又東過偃師縣南。又東北過鞏縣東。又北入于河。

三八、伊水出南陽縣西蔓渠山[五一]，東北過郭落山。又東北過陸渾縣南。又東北過新城縣南。又東北過伊闕中。又東北至洛陽縣南，北入于洛。

三六、瀍水出河南穀城縣北山，東與千金渠合。又東過洛陽縣南。又東過偃師縣。又東入于洛。

三五、澗水出新安縣南白石山，東南入于洛。

三四、穀水出弘農黽池縣南墦冢林穀陽谷，東北過穀城縣北。又東過河南縣北，東南入于洛。

三七、甘水出弘農宜陽縣鹿蹄山，東北至河南縣南，北入洛。

三〇、漆水出扶風杜陽縣俞山，東北入于渭。

三二、滻水出京兆藍田谷，北入于灞。

三一、沮水出北地直路縣，東過馮翊祋祤縣北，東入于洛。

二九、渭水出隴西首陽縣渭谷亭南鳥鼠山〔五一〕，東北過襄武縣北。又東過獂道縣南。又東過冀縣北。又東過上邽縣。又東過陳倉縣南〔五三〕。又東至美陽縣西，雍水從北來注之。又東過郿縣南。又東過武功縣北。又東，芒水從南來流注之。又東過槐里縣南。又東，澇水從南來注之。又東，豐水從南來注之。又東過長安縣北。又東過霸陵縣北，霸水從縣西北流注之。又東過鄭縣北。又東過華陰縣北。東入于河。

七三、漾水出隴西氐道縣嶓冢山，東至武都沮縣爲漢水。又東南至廣魏白水縣西〔五四〕。又東南至葭萌縣，東北與羌水合。又東南過巴郡閬中縣〔五五〕，東南入于江。

八三、丹水出京兆上洛縣西北冢嶺山，東南過其縣南。又東南過商縣南。又東南至丹水縣，入于均。

五二、汝水出河南梁縣勉鄉西天息山，東南過其縣北。又東南過潁川郟縣南。又東南過定陵縣北。又東南過郾縣北。又東南過汝南上蔡縣西。又東南過平輿縣南。又東至原鹿縣，南入于淮。

五七、潁水出潁川陽城縣西北少室山，東南過其縣南。又東南過陽翟縣北。又東南過潁陽縣西。又東南過潁陰縣西南。又東南過臨潁縣南。又東南過汝南㶏强縣北〔五六〕，洧水從河南密縣東流注之。又東過西華縣北。又南過汝陽縣北。又東南過南頓縣北，澧水從西來注之。又東南至新陽縣北，蒗蕩渠水從西北來注之。又東南至慎縣，東南入于淮。

六〇、洧水出河南密縣西南馬嶺山，東南過其縣南。又東過鄭縣南，潧水從西北來注之。又東南過長社縣北。又東南過新汲縣東北。又東南過茅城邑之東北。又東過習陽城西，折入于潁。

五九、潩水出河南密縣大騩山，東南入于潁。

六一、潧水出鄭縣西北平地，東過其縣北。又東南過其縣東。又南入于洧水。

六二、渠出滎陽北河，。東南過中牟縣之北。又東至浚儀縣。又屈南至扶溝縣北〔五七〕。其一者，東南過陳縣北，又東南至汝南新陽縣北。又東南過山桑縣北〔五八〕。又東南過龍亢縣南。又東南過義成縣西南，入于淮。

六三、陰溝水出河南陽武縣蒗蕩渠，東南至沛爲濄水〔五九〕。又東南至下邳淮陵縣，入于淮。

六四、汳水出陰溝于浚儀縣北。東至梁郡蒙縣爲獲水〔六〇〕，餘波南入淮陽城中〔六一〕。

六五、獲水出汳水于梁郡蒙縣北，東過蕭縣南〔六二〕，睢水北流注之。又東至彭城縣北，東入于泗。

六六、睢水出梁郡鄢縣〔六三〕，東過睢陽縣南。又東過相縣南，屈從城北東流，當蕭縣南，入于陂。酈注云：「睢水逕下相縣故城南，東南流入于泗，謂之睢口。經止蕭縣，非也。」

四一、瓠子河出東郡濮陽縣北河，東至濟陰句陽縣爲新溝。又東北過廩丘縣爲濮水。又北過東郡范縣東北爲濟渠，與將渠合。又東北過東阿縣東。又東北過臨邑縣西。又東北過茌平縣東爲鄧里渠。又東北過祝阿縣爲濟渠。又東北至梁鄒縣西分爲二〔六四〕：其東北者爲濟河，其東者爲時水〔六五〕。又東北至濟西，濟河東北入于海。時水東至臨淄縣西，屈南過太山華縣東。又南至費縣東入于沂。

四〇、汶水出泰山萊蕪縣原山，西南過其縣南。又東南過奉高縣北〔六六〕，屈從縣西南流，過博縣西北〔六七〕。又西南過魯國汶陽縣北〔六八〕，又西南過蛇丘縣南。又西南過剛縣北。又西過東平章縣南。又西南過無鹽縣南。又西南過壽張縣北。又西南至安民亭入于濟。

四七、泗水出魯卞縣北山，西南過魯縣北。又西過瑕丘縣東，屈從縣東南流，漷水從東來注之。又南過平陽縣西。又南過高平縣西，洸水從北西來流注之。又南過方與縣東，菏水從西來注之。又屈東南，過湖陸縣南，涓涓水從東北來流注之。又南過沛縣東〔六九〕。又東南過彭城縣東北。又東南過吕縣南。又東南過下邳縣西。又東南入于淮。

四九、沂水出泰山蓋縣艾山，南過琅邪臨沂縣東。又南過開陽縣東。又東過襄賁縣東，屈從縣南西流。又屈南過郯縣西。又南過良成縣西。又南過下邳縣西，南入于泗。

四八、洙水出泰山蓋縣臨樂山，西南至卞縣，入于泗。

五〇、沭水出琅邪東莞縣西北山〔七〇〕，東南過其縣東。又東南過莒縣東。又南過陽都縣東入于沂。

四三、巨洋水出朱虚縣泰山，北過其縣西。又北過臨朐縣東。又北過劇縣西。又東北過壽光縣西。又東北入于海。

四二、淄水出泰山萊蕪縣原山，東北過臨淄縣東。又東過利縣東。又東北入于海。

四五、汶水出朱虚縣泰山，北過其縣東。又東過淳于縣西。又東北入于濰。

四四、濰水出琅邪箕縣〔七一〕，東北過東武縣西。又北過平昌縣東。又北過高密縣西。又北過淳于縣東。又東北過都昌縣東。又東北入于海。

四六、膠水出黔陬縣膠山，北過其縣西。又北過夷安縣東。又北過當利縣西，北入于海。

八〇、沔水出武都沮縣東狼谷中，東過南鄭縣南。又東過城固縣南〔七二〕。又東過魏興安陽縣南，涔水出自旱山北注之。又東過西城縣南。又東過堵陽縣，堵水出自上粉縣，北流注之。又東過鄖鄉南。又東北流，又屈東南，過武當縣東北。又東南過涉都城東北。又東南過酇縣之西南。又南過穀城東。又南過陰縣之西。又南過築陽東〔七三〕，築水出自房陵縣，東過其縣南流注之。又東過山都縣東北。又東過襄陽縣北。又從縣東屈西南，淯水從北來注之。又東過中盧縣東，淮水自房陵縣淮山東流注之〔七四〕，又南過邔縣東北。又南過宜城縣東，夷水出自房陵縣，東流注之。又東過荊城東，又東南過江夏雲杜縣東，夏水從西來注之。又南至江夏沙羨縣北，南入于江。與江合流〔七五〕，又東過彭蠡澤。又東北出居巢縣南。又東過牛渚縣南。又東至石城縣〔七六〕，分爲二：其一東北流，其一又過毗陵縣北，爲北江。又東至會稽餘姚縣，東入于海。

七六、潛水出巴郡宕渠縣，南入于江。

八六、湍水出酈縣北芬山，南流過其縣東。又南過冠軍縣東。又東過白牛邑南。又東南至新野縣，東入于淯。

八二、均水出淅縣北山[七七]，南流過其縣之東。又南當涉都邑北，南入于沔。

八四、粉水出房陵縣，東流過郢邑南。又東過穀邑南。東入于沔。

八八、白水出朝陽縣西，東流過其縣南。又東至新野縣西，東入于淯。

八七、比水出比陽東北太胡山，東南流過其縣南，泄水從南來注之。又西至新野縣南入于淯。

五一、淮水出南陽平氏縣胎簪山，東北過桐柏山。又東過江夏平春縣北。又東過新息縣南。又東過期思縣北。又東過原鹿縣南，汝水從西北來注之。又東過廬江安豐縣東北，決水從北來注之。又東北至九江壽春縣西，沘水、泄水合北注之。又東，潁水從西北來流注之。又東過壽春縣北，肥水從縣東北流注之[七八]。又東過當塗縣北，濄水從西北來注之。又東過鍾離縣北。又東北至下邳淮陰縣西，泗水從西北來流注之。又東過淮陰縣北，中瀆水出白馬湖，東北注之。又東，兩小水流注之。又東至廣陵淮浦縣，入于海。

五三、澺水出南陽魯陽縣西之堯山，東北過潁川定陵縣西北。又東過郾縣南，東入于汝[七九]。

八五、淯水出弘農盧氏縣攻離山[八〇]，東南過南陽西鄂縣西北。又東過宛縣南。又屈南過淯陽縣東。又南過新野縣西，西過鄧縣東〔八一〕，南入于沔。

五八、㶏水出㶏強縣南澤中，東入潁。

五六、瀷水出汝南吴房縣西北興山〔八二〕。東過其縣北入于汝。

五五、溳水出潕陰縣東上界山，東過吴房縣南。又東過瀷陽縣南。又東過上蔡縣南，東入汝。

五四、潕水出潕陰縣西北扶予山〔八三〕，東過其縣南。又東過西平縣北。又東過郾縣南。又東過定潁縣北，東入于汝。

九〇、溳水出蔡陽縣，東南過隨縣西，又南過江夏安陸縣西。又東南入于夏。

九一、溳水出江夏平春縣西，南過安陸縣入于溳。

九二、蘄水出江夏蘄春縣北山，南過其縣西。又南至蘄口，南入于江。

六七、決水出廬江雩婁縣南大別山，北過其縣東。又北過安豐縣東，又北入于淮。

六八、沘水出廬江灊縣西南霍山東北，東北過六縣東，北入于淮。

六九、泄水出博安縣，北過芍陂，西與沘水合。西北入于淮。

七〇、肥水出九江成德縣廣陽鄉西，北過其縣西，北入芍陂。又北過壽春縣東，北入于淮。

九三、施水亦從廣陽鄉與肥水別，東南入于湖〔八四〕。

七八、沮水出漢中房陵縣淮水〔八五〕，東南過臨沮縣界。又東南過枝江縣東，南入于江。

七九、漳水出臨沮縣東荆山，東南過蓼亭。又東過章鄉南。又南至枝江縣北烏扶邑，入于沮。

八九、夏水出江流于江陵縣東南〔八六〕。又東過華容縣南。又東至江夏雲杜縣，入于沔。

七二、羌水出羌中參谷〔八七〕。又東南至廣魏白水縣與漢水合。又東南過巴郡閬中縣。又南至墊江縣東南入于沔。

七四、涪水出廣魏涪縣西北，南至小廣魏縣與梓橦水合。

七五、梓潼水出其縣北界，西南入于涪。又西南至小廣魏縣南，入于墊江。

八一、涔水出漢中南鄭縣東南旱山，北至沔陽縣〔八八〕，南入于沔。

七一、岷山在蜀郡湔氐道縣〔八九〕，大江所出，東南過其縣北。又東南過犍爲武陽縣，青衣水、沫水從西南來，合而注之。又東南過僰道縣北，若水、淹水合從西來注之。又東，渚水北流注之。又東過江陽縣南，洛水從三危山，東過廣魏雒縣南，東南注之。又東過符縣北邪東南，䲕部水從符關東北注之。又東北至巴郡江州縣東，强水、涪水、漢水、白水、宕渠水五水合，南流注之。又東至枳縣西，延江從牂牁郡北流西屈注之。又東過魚復縣南，夷水出焉。又東出江關，入南郡界。又東過巫縣南，鹽水從縣東南流注之。又東過秭歸縣之南。又東過夷陵縣南。又東南過夷道縣北，夷水從佷山縣南，東北注之。又東過枝江縣南，沮水從北來注之。又南過江陵縣南。又東至華容縣西，夏水出焉。又東南當華容縣南，涌水入焉。又東南，油水從西南來注之。又東至長沙下雋縣北，澧水、沅水、資水合，東流注之。湘水從南來注之。又東北至江夏沙羨縣西北，沔水從北來注之。又東過邾縣南。又東過鄂縣北〔九〇〕。又東過蘄春縣南，蘄水從北東注之。又東過下雉縣北，利水從東陵西南注之〔九一〕。

九五、青衣水出青衣縣西蒙山，東與沫水合也。至犍爲南安縣，入于江。

一一五、桓水出蜀郡岷山，西南行羌中，入于南海。

九六、若水出蜀郡旄牛徼外，東南至故關，爲若水也。南過越巂邛都縣西，直南至會無縣，淹水東南流注之。又東北至犍爲朱提縣西，爲瀘江水。又東北至僰道縣，入于江。

九四、沫水出廣柔徼外，東南過旄牛縣北。又東至越巂靈道縣，出蒙山南，東北與青衣水合，東入於江。

一〇一、延江水出犍爲南廣縣，東至牂牁鼈縣，東屈北流至巴郡涪陵縣，注更始水。又東南至武陵酉陽縣入于酉水。酉水東南至沅陵縣入于沅。

一一八、存水出犍爲郁鄢縣〔九二〕，東南至鬱林定周縣，爲周水。又東北至潭中縣，注于潭。

一一七、温水出牂牁夜郎縣，東至鬱林廣鬱縣，爲鬱水。又東至領方縣東，與斤員水合，東北入于鬱。

九七、淹水出越巂遂久縣徼外，東南至蜻蛉縣。又東過姑復縣南，東入于若水。

一一六、益州葉榆河，出其縣北界，屈從縣東北流，過不韋縣〔九三〕，東南出益州界，入牂牁郡西隨縣北，爲西隨水。又東出進桑關過交阯麊泠縣北，分爲五水，絡交阯郡中，至東界復合爲三水〔九四〕，東入海。

七七、夷水出巴郡魚復縣江東南佷山縣南〔九五〕。又東過夷道縣北，東入于江。

九八、油水出武陵孱陵縣西界，東過其縣北。又東北入于江。

九九、澧水出武陵充縣西歷山，東過其縣南。又東過零陽縣之北。又東過作唐縣北。又東至長沙下雋縣西北，東入于江。

一〇〇、沅水，出牂牁故且蘭縣，爲旁溝水。東至鐔成縣，爲沅水，東過無陽縣。又東北過臨沅縣南。又東至長沙下雋縣西，北入于江。

一一九、浪水出武陵鐔成縣北界沅水谷。南至鬱林潭中縣與鄰水合〔九六〕。又東至蒼梧猛陵縣，爲鬱溪。又東至高要縣爲大水。又東至南海番禺縣西，分爲二：其一南入于海；其一又東過縣東，南入于海。其餘又東至龍川縣爲涅水，屈北入員水。員水又東南一千五百里，入南海。

一〇二、資水出零陵都梁縣路山，東北過夫夷縣。又東北過邵陵縣之北。又東北過益陽縣北。又東與沅水合於湖中，東北入于江也。

一〇九、漣水出連道縣西，資水之別，東北過湘南縣南。又東北至臨湘縣西南，東入于湘。

一〇三、湘水出零陵始安縣陽海山，東北過零陵縣東。又東北過洮陽縣東。又東北過泉陵縣西。又東北過重安縣東。又東北過酃縣西，承水從東南來注之。又東北過陰山縣西，洣水從東南來注之。又北過醴陵縣西〔九七〕，漉水從東注之〔九八〕。又北過臨湘縣西，瀏水從縣西北流注之。又北，潙水從西南來注之。又北過羅縣西，溳水從東來流注之。又北過下雋縣西，微水從東來流注之。又北至巴丘山，入于江。

一二〇、灕水亦出陽海山，南過蒼梧荔浦縣。又南至廣信縣，入于鬱水。

一二三、溱水出桂陽臨武縣南，繞城西北屈東流。東至曲江安聶邑東，屈西南流。過湞陽縣，出洭浦關，與桂水合，南入于海。

一二一、洭水出桂陽縣盧聚，東南過含洭縣。南出洭浦關，爲桂水。

一〇五、深水出桂陽盧聚，西北過零陵營道縣南。又西北過營浦縣南，又西北過泉陵縣，西北七里至燕室，邪入于湘。

一〇四、鍾水出桂陽南平縣部山〔九九〕，北過其縣東。又東北過宋渚亭。又北過鍾亭與雞水合〔一〇〇〕。又北過魏寧縣之東。又東北入于湘。

一〇六、耒水出桂陽郴縣南山，北過其縣之西。又北過便縣之西。又西北過耒陽縣之東。又北過酃縣東，北入于湘。

一〇七、洣水出茶陵縣上鄉，西北過其縣西。又西北過攸縣南。又西北過陰山縣南。又西北入于湘。

一〇八、漉水出醴陵縣東漉山，西過其縣南。屈從縣西西北流，至漉浦，注入于湘。

一一〇、瀏水出臨湘縣東南瀏陽縣，西北過其縣，東北與涝溪水合〔一〇一〕，西入于湘。

一一一、潙水出豫章艾縣，西過長沙羅縣西。又西至累石山〔一〇二〕，入于湘水。

一一三、贛水出豫章南野縣，西北過贛縣東。又西北過盧陵縣西。又東北過石陽縣西。又東北過漢平縣南。又東北過新淦縣西。又北過南昌縣西。又北過彭澤縣西，北入于江。

一一二、盧江水出三天子都，北過彭澤縣西，北入于江。

一一四、漸江水出三天子都，北過餘杭，東入于海。

一一三、斤員水出交阯龍編縣，東北至鬱林領方縣，東注于鬱。

容容　夜　絪　湛　乘

牛渚　須無　無濡　營進　皇無

地零　侵黎　無會　重瀨　夫省

無變　由蒲　王都　融　勇外

右二十水從江已南至日南郡也。

嵩高爲中嶽，在潁川陽城縣西北。

泰山爲東嶽，在泰山博縣西北。

霍山爲南嶽，在廬江灊縣西南。

華山爲西嶽，在弘農華陰縣西南。

雷首山在河東蒲坂縣東南。

砥柱在河東大陽縣東河中。

王屋山在河東垣曲縣東北也〔一〇三〕。

太行山在河內野王縣西北。

恒山爲北嶽，在中山上曲陽縣西北。

碣石山在遼西臨渝縣南水中也。

析城山在河東濩澤縣西南。

太嶽山在河東永安縣。

壺口山在河東北屈縣東南。

龍門山在河東皮氏縣西。

梁山在馮翊夏陽縣西北河上。

荆山在馮翊懷德縣南。

岐山在扶風美陽縣西北。

汧山在扶風汧縣之西也。

隴山、終南山、敦物山，在扶風武功縣西南也。

西頃山在隴西臨洮縣西。

嶓冢山在隴西氐道縣之南。

鳥鼠同穴山在隴西首陽縣西南。

積石在隴西河關縣西南。山海經云：山在鄧林東，河所入也〔一〇四〕。

都野澤在武威縣東北。

合離山在酒泉會水縣東北。

流沙地在張掖居延縣東北。

三危山在燉煌縣南。

朱圉山在天水北、冀縣南。

岷山在蜀郡湔氐道西。

嶓冢山在弘農盧氏縣南〔一〇五〕。

荆山在南郡臨沮縣東北。

内方山在江夏竟陵縣東北。

大别山在廬江安豐縣西南。

外方山，崧高是也。

桐柏山在南陽平氏縣東南。

陪尾山在江夏安陸縣東北。

衡山在長沙湘南縣南。

九江地在長沙下雋縣西北。

雲夢澤在南郡華容縣之東。

東陵地在廬江金蘭西〔一〇六〕。

敷淺原地在豫章歷陵縣西。

彭蠡澤在豫章彭澤縣北。

中江在丹陽蕪湖縣南〔一〇七〕。東至會稽陽羨縣入于海。

震澤在吴縣南五十里。

北江在毗陵北界，東入于海。

嶧陽山在下邳縣之西。

羽山在東海祝其縣南也。

陶丘在濟陰定陶縣之西南。

菏澤在定陶縣東。

雷澤在濟陰成陽縣西北。

菏水在山陽湖陸縣南。

蒙山在太山蒙陰縣西南。

大野澤在山陽鉅野縣東北。

大邳地在河南城皋縣北〔一〇八〕。

明都澤在梁郡睢陽縣東北。

益州沱水在蜀郡汶江縣西南，其一在郫縣西南，皆還入江。

荆州沱水在南郡枝江縣。

三澨地在南郡邔縣北池〔一〇九〕。

右禹貢山水澤地所在，凡六十。

校注

〔一〕「南至積石山下」句　眉批曰：「酈注云：余考羣書，咸言河出崑崙，重源潛發，淪于蒲昌，出于海水。逕積石而爲中國河。而經文在此，似如不比積石，宜在蒲昌海下矣。」

〔二〕「河水冒以西南流」句　李本朱筆删去。

〔三〕南出　「出」，李本朱筆改作「入」。　又於「葱嶺山」下，增「又從葱嶺出而東北流」九字。

〔四〕葱嶺河　李本於「河」字上朱筆增「所出」二字。

〔五〕東注　李本於「東」字上朱筆增「又」字。

〔六〕又北　李本於「北」字上增「東」字。　又「媪圍縣東北」，李本朱筆改「東北」爲「南」字。

〔七〕「過沙陵縣」句　眉批曰：「酈注云：白渠水西北逕沙陵縣故城南，西注沙陵湖，湖水西南入於河，河水南入楨陵縣西北緣胡山，歷沙南縣東北兩山二縣之間而出。余以太和中親所逕涉，河水南流，脈水尋經，殊乖川去之次，似非關究也。」

〔八〕「又南過中陽縣」句　眉批曰：「酈注云：中陽縣隔越重山，不濱於河也。」

〔九〕「又南過皮氏縣」句　眉批曰：「酈注云：皮氏縣故城在龍門東南，不得延逕皮氏，方届龍門也。」

〔一〇〕「又東過平陰縣」句　眉批曰：「酈注云：河水又東逕平陰縣北，右會瀍水。經書清水，非也。是乃瀍水耳。」震按：注叙清水、教水、畛水、正回之水、庸庸之水入河後，河方東逕平陰。不得以清水繫之過平陰下，如經所次，則瀍水非清水。

〔一一〕「至鄧」下，李本朱筆增「又東過平縣北」六字。

〔一二〕衛國縣　李本朱筆删「國」字。

〔一三〕「又東北過濮陽縣」句　眉批曰：「酈注云：河水東北流而逕濮陽縣北，爲濮陽津。故城在南與衛縣分水，城北十里有瓠河口，河水又東北逕衛國縣南，東爲郭口津。」

〔一四〕「又東北過高唐縣」句　眉批曰：「酈注云：大河東北逕高唐縣故城西，大河逕其西而不出其東，經言出東，誤耳。」

〔一五〕「又東北過楊虚縣」句　眉批曰：「酈注云：楊虚城在高唐城之西南，經次于此，是不比也。」

〔一六〕管涔山　旁批曰：「今寧武縣西六十里。」

〔一七〕又南　李本朱筆改「又」爲「西」。

〔一八〕「澮水」句　旁批曰：「出今翼城縣東南十五里翔高山。」

〔一九〕「涑水」句　旁批曰：「出今絳縣南四十里横嶺山。」

〔二〇〕「文水」句　旁批曰：「出今交城縣西山。」又於「文谷」旁批曰：「在文水縣北二十里。」

〔二一〕「原公水」句　旁批曰：「出今汾陽縣西北二十五里白彪山。」

〔二二〕「又東入于汾」句　眉批曰：「酈注云：水注文湖，不注汾也。」

〔二三〕「洞過水」句　旁批曰：「出今樂平縣西三十餘里陡泉嶺之西。」

〔二四〕「出晉水下口者也」句　李本朱筆鈎去，且于句下注曰：「此句乃注文，今改正。」

〔二五〕懸瓮山　旁批曰：「今太原縣西南二十里。」

〔二六〕「又東過毋辟邑南」句　眉批曰：「過毋辟邑南句，酈注云：原經所注，斯乃溴川之所由，非湛水之間關也。是經之誤證耳。」

〔二七〕平陰縣　李本朱筆删「淦」字。

〔二八〕墳城　李本朱筆改「墳」爲「隤」。

〔二九〕「又東過滎陽縣」句　眉批曰：「酈注云濟水又東逕滎陽縣北。又東，礫石溪水注之，水出滎陽城西南李澤，東北注于濟，世謂之礫石澗，即經所謂礫溪矣。經云濟出其南，非也。」

〔三〇〕「又東過陽武縣北」等句　眉批曰：「據酈注：北濟自滎澤又東過陽武縣北，又東過封丘縣北，又東過平丘縣南，又東過濟陽縣北，又東過冤朐縣北，又東過定陶縣北，即闞駰所謂别濟。而南濟，則東過陽武縣南，又東過封丘縣南，又東過濟陽縣南，又東過冤朐縣南，又東過定陶縣南，又屈從縣東北流，不顯言經之訛濶耳。」

〔三一〕「又東北過甲下邑」句　眉批曰：「酈注云：濟水東北至甲下邑南，東歷琅槐縣故城北，又東北，河水枝津注之，水經以爲入河，非也。斯乃河水注濟，非濟入河。」

〔三二〕「又東北入海」句　李本朱筆删之。

〔三三〕「又東過湖陸縣南」句　李本「又」字上墨筆加「菏水」二字，後又以朱筆删之。

〔三四〕「又東過彭城縣北」句　眉批曰：「酈注云：濟水又南逕彭城縣之東北隅，不東過也。睢水自西注之，城北枕水湄。濟水又南逕彭城縣故城東，不逕其北也，蓋經誤證。」

〔三五〕睢水　李本朱筆改「睢」爲「獲」。

〔三六〕「又東至下邳睢陵縣」句　眉批曰：「酈注云：濟水與泗水渾淘東南流，至角城，同入淮。經書睢陵，誤耳。」

〔三七〕「沁水」句　旁批曰：「出今沁源縣北。」

〔三八〕長子縣西發鳩山　旁批曰：「今長子縣西五十里。」

〔三九〕「又東過壺關縣北」句　眉批曰：「酈注云：壺關縣在屯留東，不得先壺關而後屯留也。」

〔四〇〕「又東北過屯留縣東。又東北過潞縣北。」二句　李本朱筆改爲「又東北過屯留縣南，潞縣北。」

〔四一〕雩池河　李本朱筆旁批「滹沱」。

〔四二〕舒縣　武英殿本作「成平縣」。

〔四三〕清漳水　眉批曰：「此下今有滏水、大陸澤、寧晉泊諸水、滹沱水並缺。」又「少山大要谷」，旁批曰：「今樂平縣西南五十里。」

〔四四〕「易水出涿郡故安縣閻鄉西山」句　眉批曰：「此所言者據酈注爲南易，即雹水。注所叙者，逕范陽縣北，又東逕容城縣北爲中易，濡水爲北易。」

〔四五〕東州縣　李本朱筆改「東」爲「泉」。

〔四六〕「又東過陽鄉縣北」句　眉批曰：「酈注云：聖水東南逕陽鄉城西，不逕其北矣。」

〔四七〕濕水　濕，李本朱筆旁批「濕」作「㶟」。又「過廣陽薊縣北」句，眉批曰：「酈注云：濕水東北逕薊縣故城南，而不逕其北，蓋經誤證矣。」

〔四八〕沽河　李本朱筆改「沽」爲「潞」。

〔四九〕「又東南過海陽縣西」句　眉批曰：「酈注云：濡水又東南至絫縣碣石山，于此南入海，而不逕海陽縣西也。蓋經誤證耳。」

〔五〇〕「東南過臨貝縣」句　眉批曰：「酈注云：地理志：浿水西至增地縣入海。又漢興，以朝鮮爲遠，循遼東故塞至浿水爲界，蓋經誤證也。」

〔五一〕南陽縣　李本朱筆於「南陽」下增「魯陽」二字。

〔五二〕「渭水」句　眉批曰：「此下缺涇水、漆沮水、洛水，并渭之北入渭者。」

〔五三〕陳倉縣南　李本朱筆改「南」爲「西」。又其下「又東至……郿縣南」三句二十字，李本朱筆删之。

〔五四〕「又東南至廣魏白水縣西」句　眉批曰：「酈注云：白水東南逕白水縣故城東，經云漢水出其西，非也。」

〔五五〕「閬中縣」下　李本朱筆增「又東南過江洲縣東」八字。

〔五六〕「又東南過汝南濦强縣北」句　眉批曰：「酈注云：潁水又東逕濦陽城南，濦强城在東北，潁水不得逕其北也，潁水又東南，溵水入焉，非洧水也。西華縣北有習陽城，潁水經其南，經所謂洧水流注之也。」

〔五七〕「又屈南至扶溝縣北」句　眉批曰：「酈注云：沙水南逕扶溝縣故城東，又南逕小扶城西而東南流。又東南逕大扶城西，過水于是分焉，不得在扶溝北便分爲二水也。」

〔五八〕「又東南過山桑縣北」句　眉批曰：「酈注云：山桑故城在過水北，沙水不得逕其北明矣。經言過北，誤也。」

〔五九〕「東南至沛爲過水」句　眉批曰：「酈注云：過水受沙水于扶溝縣，不得至沛方爲過水也。」

〔六〇〕「東至梁郡蒙城縣爲獲水」句　李本墨筆于句下批曰：「『梁郡』當作『梁國』，下二條同。」

〔六一〕淮陽城　李本朱筆改「淮」爲「睢」。

〔六二〕「東過蕭縣南」句　眉批曰：「酈注云：箕谷水北流注獲，余嘗逕蕭邑城右，唯是水注獲水，更無别水，疑即經所謂睢水也。」

〔六三〕「睢水出梁郡鄢縣」句　眉批曰：「酈注云：睢水出陳留縣西蒗蕩渠，經言出鄢，非矣。」

〔六四〕「又東北至梁鄒縣西分爲二」句　眉批曰：「酈注云：脈水尋梁鄒，濟無二流，蓋經之誤。」按「梁鄒」，原作「梁騶」，據殿本、自刻本改。

〔六五〕「其東者爲時水」句　眉批曰：「酈注云：時水自西安城西南枝津別出，西北至梁鄒城入于濟，蓋時來注濟，若濟分東流，明不得以『時』爲名。尋時、濟更無别流南延華、費之所，斯爲謬矣。」

〔六六〕東南　李本朱筆改「東」爲「西」。又「奉高縣」原誤作「泰高縣」，胡適校改。

〔六七〕「過博縣西北」句　眉批曰：「酈注云：汶水南逕博縣故城東，屈從其城南西流，不在西北也。」

〔六八〕「又西南過魯國汶陽縣北」句　自刻本亦列爲經，而殿本列爲注文，「過」作「逕」。

〔六九〕又南　李本朱筆改「南」爲「東」。

〔七〇〕西北山　李本朱筆於「山」字上增「大弁」二字。按：此二字誤增。

〔七一〕「箕縣」下　李本朱筆加「濰山」二字。

〔七二〕城固縣　殿本、自刻本作「成固縣」。

〔七三〕築陽東　李本朱筆於「東」上加「縣」字。

〔七四〕「淮水自房陵縣淮山東流注之」句　李本於此句下朱筆批校曰：「殿本作維水、維山，有注。」

〔七五〕「與江合流」句　自刻本、殿本「與」字上有「沔水」二字。

〔七六〕「又東過牛渚縣。又東至石城縣」二句　眉批曰：「酈注謂安得逕牛渚而方届石城？震按：石城且在居巢之上。又『縣南』二字上有闕文。水經於『過彭蠡澤』下，當云『又東過皖縣南。』。又東至石城縣，分爲二：其一東北流，又東北出居巢縣南，又東過牛渚，又過毗陵縣北，爲北江；其一東至會稽餘姚縣，東入海。」

〔七七〕浙縣　「浙」，李本誤作「浙」，朱筆改作「析」。

〔七八〕「又東過壽春縣北，肥水從縣東北流注之」二句　眉批曰：「酈注云：淮水于壽春縣西北，肥水從城而北入于淮，謂之肥口。淮水又右納洛川於西曲陽縣北。經所謂淮水逕壽春縣北，肥水從縣東北注者也，蓋經之謬矣。是曰洛澗，非肥水也。」

〔七九〕「又東過郾縣南，東入于汝」二句　眉批曰：「酈注云：灈水東逕西不羹亭南，亭北背汝水于定陵城北，東入汝，郾縣在南，不得過。」

〔八〇〕攻離縣　李本朱筆改「攻」爲「支」。

〔八一〕西過　李本朱筆改「西」爲「又南」。

〔八二〕興山　李本朱筆改「興」爲「輿」。

〔八三〕「潕水出潕陰縣西北扶予山」句　眉批曰：「酈注云：滎水于潕陰縣北，左會潕水，之道稍西，不出其縣南。」

〔八四〕「東南入于湖」句　眉批曰：「入巢湖也。」

〔八五〕沮水　李本朱筆于此二字上加「南」。「淮水」，李本朱筆改爲「東山」。

〔八六〕江流　李本朱筆改「流」爲「津」。

〔八七〕參谷　李本朱筆于「谷」上加「狼」字。

〔八八〕沔陽縣　李本朱筆改「沔」爲「安」。
〔八九〕湔氐道縣　李本朱筆刪「湔」字。
〔九〇〕又東過　李本朱筆刪此三字。
〔九一〕刊水　李本朱筆改「刊」爲「利」。
〔九二〕郁鄢縣　李本朱筆改「鄢」爲「鄢」。
〔九三〕「過不韋縣」句　眉批曰：「酈注云：不韋縣北去葉榆六百餘里，榆水不逕其縣，自不韋北注者，盧倉禁水耳。」
〔九四〕東界　李本朱筆改「東」爲「南」。
〔九五〕佷山縣　李本「佷」字上有「過」字。
〔九六〕潭中縣　李本朱筆改「潭」爲「鐔」。
〔九七〕澧陵縣　李本朱筆改「澧」爲「醴」。
〔九八〕從東注之　李本朱筆增「南來」二字于「東」下。
〔九九〕部山　李本朱筆改「部」爲「都」。
〔一〇〇〕「又北過鍾亭與雞水合」句　眉批曰：「酈注云：雞水即桂水也。魏寧，故陽安也。縣南、西二面岨帶清溪，桂水無出縣東理。蓋縣邑流移，今古不同故也。」　又李本朱筆改「雞」爲「淮」。
〔一〇一〕滂溪水　李本朱筆刪「溪」字。
〔一〇二〕累石山　李本朱筆改「累」爲「磊」。
〔一〇三〕垣曲縣　李本朱筆刪「曲」字。

〔一〇四〕「山海經」以下十三字，李本朱筆鈎去。

〔一〇五〕嶓冢山　李本朱筆改「嶓冢」爲「熊耳」。

〔一〇六〕金蘭　李本朱筆于其下加「縣」字。

〔一〇七〕蕪湖縣　李本朱筆于其下加「西」字。

〔一〇八〕「大邳地在河南城皋縣北」句　眉批曰：「酈注云：大邳，山名，非地之名也。」

〔一〇九〕池　李本朱筆改爲「沱」。

附考

河水一

注：西望其山，有下誤接「坐梵天來」。兩峰雙立，至方石上東向下誤接「國也」。坐，梵天來至即是佛外祖下誤接「兩峰雙立」。此條從朱謀㙔所校而微異。國也。舊本有二，一本每頁二十二行，一本二十四行，每行皆二十字，注低一格則十九字。此係二十二行者，前後倒誤一頁。

注〔一〕：形如偃盆，下誤接「上有金臺玉闕」。下狹洪汝登脱此二字，據十三洲記補。上廣，故曰崑崙，至不可具記。下誤接「張華叙東方朔神異經曰」。上有金臺玉闕，至皆往來也，下誤接「上廣，故曰崑崙」。張華叙東方朔神異經曰。此條洪汝登所校正。

河水二〔二〕

注：有商賈、車船行旁國，下誤接「空須菩提」。爲書記也，至懸鉢虚下誤接「河水又東逕皮山國北」。空。須菩提置鉢，至俗與子合同。下誤接「爲書記也」。此條從朱謀㙔所校。河水又東逕皮山國北。

河水三

注：漢武帝元朔二年，大將軍衛青絶梓嶺梁北河是也。二十字當移前「河水又屈而東流爲北河」之下，「東逕高闕南」之上。

河水四

經：又東至鄧。四字當移後河水五「湛水從北來注之」之上。

河水五

注：洛陽西北四十二里，故鄧鄉矣。十二字當移前「河水又東逕河陽縣故城南」之上。

注：河水于縣，漯水注之。地理志曰：漯水出東郡武陽縣。今漯水上承河水于武陽縣東南，西北逕武陽新城東，曹操爲東郡所治也。引水自東門石竇，北注于堂池。池南故基尚存。中城内又有一石甚大，城西門名冰井門，門内曲中，冰井猶存。門外有故臺，號武陽臺，帀臺亦有隅雉遺迹。自「地理志」以下凡百字，又重見前「戴延之謂之武陽也」下。後人删此存彼，不知此下云「水自城東北逕東武陽縣故城南」。所謂「自城」者，正指武陽新城也，當删彼存此。

注：經言濟水注河，非也。二字誤接「倉子城」下。

淇水

注：淇絶于舊衛，即此也。淇水又東，下誤接「屈而西轉逕頓丘北」。合泉源水，下誤接「石也」，當移入濕水注。水有二源，至更相通注，河清滿二十四行者兩頁，誤入濕水注。水盛，北入故渠。

注：頓丘城南，廣陽里大冢者是也。淇水又北屈而西轉，逕頓丘北，至亦曰五軍也，誤接前淇水「又東下」。又屈逕頓丘縣故城西。于前「頓丘在淇水南下」，誤衍「又屈逕頓丘西」六字，而此處脱「又屈」二字。

易水

注：俗又以五公名居矣，下誤接「二館之城」。二城並廣一里許，俱在岡阜之上，上邪而下方，十八字誤接「館之于此」下。其水東南入于易水。

注：館之于此。下誤接「二城並廣一里許」。二館之城，至取暢林木。誤接「五公名居矣」下。濡水又東逕武陽城西北，舊堨濡水，枝流南入城逕柏冢西，冢垣城側，即水塘也。四周塋城深廣，有若城焉。夾塘崇峻，邃岸高深，參差交峙，迢遞相望，更爲佳觀矣。二十一字誤接「側城南

注易水」下。其水側有數墳陵，至又分爲二瀆，此下誤衍「一水東注金臺陂」七字。一水逕故安城西，側城南注易水，其一水東出，注金臺陂，陂東西六七里，南北五里，至南北如減，高十餘丈，下接「昔慕容垂之爲范陽也戍之即此」，凡十三字不知何處脱誤入此。左右百步有一釣臺，八字誤接「邃岸高深」之下，「參差交峙」之上。臺北有蘭馬臺，并悉高數丈，至可得而尋，下接「意欲圖還上京，阻于行旅，造次不獲遂心」，凡十六字及下「南垂言」三字，皆屬斷文錯亂，不可考識。訪諸耆舊。

㶟水

注：八風谷之緇下誤接「水有二源」，當移入淇水注。石也。太和二字誤入淇水注「五軍也」下〔三〕，「泉源水」上。殿之東北，至象蓋自「石也」下亦滿二十四行者兩頁，誤入淇水注。此條從朱謀㙔所校而微異。也，每月隨斗所建之辰，洛水注，又東至陽虛山，合玄扈之水。山海經曰：洛水東北流注各本脱此十四字。于玄扈之水是也。

穀水

注：北流注于穀，摯仲洽三輔決録注云，至我卜澗水東者是也「摯仲洽」以下七十九字，誤入澗水注内，上文又衍「山海經曰北流注于穀」九字。

注：藥草蔽翳，下誤接「渭水又東南得歷泉水」至「即洋水也北」凡三百二十二字，與渭水注重，當删此。山西北角築之。

渭水中

經：又東至美陽縣西，雍水從北來注之〔四〕。各本脱此十四字。注：渭水又東，雍水注之，水出雍山，東南流，歷中牢溪，世謂之中牢水，亦曰冰井水。南流逕胡城東，俗名也，蓋秦惠公之故居所謂祈年宫也，孝公又謂之槖泉宫。按地理志曰：在雍。崔駰曰：穆公冢在槖泉宫祈年觀下。劉向曰：穆公葬無丘壟處，余謂崔駰及皇覽謬各本脱此九十九字。志也，惠公孝公并是穆公之後，繼世之君，至其水又南流注于渭。「自志也」至此誤接「長安人劉終于崩」下，「渭水又東逕郿塢南」上。經：又東過郿縣南。各本脱此六字。注：渭水又東逕石原，至即此縣也。誤接渭水上「北去維堆城七十里」下。經：又東過武功縣北。至注：長安人劉終于崩，下誤接「志也惠公、孝公」。渭（又）〔水〕又東逕郿塢南」至「其愚如此」，誤接「雍水注渭」之下。之，水出太一山，其水沸涌如湯，杜彦達曰：可治百病，世清則疾愈，世濁則無驗。渭水又東流逕斄縣故城南，舊邰城，后稷封邑也。各本脱此五十七字。渭水又東，温泉水注脱此七字。洛谷之水出其南山洛谷，至一水北流注于渭也。自「渭水又東」誤接「其愚如此」。渭水又東逕盩厔縣故城北，各本

渭水下

經：又東，豐水從南來注之。注：豐水出豐溪，西北流分爲二水：一水東北流爲枝津，一水西北流，又北枝水自東入〔五〕。又北，昆明池水注之。又北逕靈臺西。又北至石墩注于渭。各本脱此五十四字。地説云：渭水又東與豐水會于短陰山内。

注：高門，長安城北門也，下誤接「又逕苻禺之山，北流入于渭」。亦曰厨門，其内有長安厨官在東，至于嗟，滕公居此誤接「今斯原夾二水也」下，「霸水又北會兩川」上。室，故遂葬焉，至謂之馬冢，誤接「帶劍上吾丘陵之西」下，「故渠又北分爲二渠，東逕虎圈南」上。經：又東過霸陵縣北，霸水從縣西北流注之。注：霸水，春秋土地名曰：古滋水矣，至今斯原夾二水也，下誤接「亦曰厨門」至「滕公居此。」霸水又北會兩川，故渠右出焉，至且田且漕，大以爲便，下誤接「今霸水又北逕秦虎圈東」，衍一「今」字，因「今無水」而訛。故渠又北分爲二渠，東逕虎圈南，而東入霸，一水此合渭，今無水。誤接「謂之馬冢」下，經「東入于河」前。霸水又北逕秦虎圈東，至帶劍上吾丘，陵之西下誤接「室故遂葬焉」。如北一里，即李夫人冢，至亦曰長山也，誤接「不得爲湖縣西」下，「三秦記曰」上。秦名天子冢曰山，至分卑尊之名者也，下誤接「渭水又東逕下邽縣故城南。」故渠又東逕漢丞相周勃冢南，至又逕藕原東，東南流注于渭水，誤接「尾入櫟陽是也，今無水」下，經「又東過鄭縣北」之前。逕新豐縣故城北，至

不得爲湖縣西。誤接「南出符石」下，「如北一里」上。蘇林曰：戲，邑名，至並南出廣鄉原北垂，俱北入渭，誤接「裴畢字君先立」下，「渭水又東與東石橋水會」上。渭水又東逕下邽縣故城南，至尾入櫟陽是也，今無水。誤接「分卑尊之名者也」下，「故渠又東逕漢丞相周勃冢南」上。經：又東過鄭縣北。注：渭水又東逕鑾都城北，至灌水又北注于渭。誤接「又逕藕原東，東南流注渭水」之後，經「又東過霸陵縣北」之前。渭水又東，合西石橋水，水南出馬嶺山，至裴畢字君先立。誤接「又逕苻禺之山北，流入于渭」下，「蘇林曰戲邑名」上。渭水又東與東石橋水會，至爲非矣，渠水又北注入渭，誤接「並南出廣鄉原北垂，俱北入渭」下。三秦記曰長安城，至井深五十丈，誤接「亦曰長山也」下，「秦名天子冢曰山」上。渭水又東逕定城北，至水即苻禺之水也，南出苻石。下誤接「逕新豐縣故城北」。又逕苻禺之山，北流入于渭。誤接「高門，長安城北門也」下，「渭水又東合西石橋水」上。經：東入于河。

潁水

注：封侍中辛毗爲侯國也。下誤接「潁水又東南逕柏祠曲東，歷岡臺北陂」。潁水又東南流，陂水注之，至疑故陶丘鄉，所未詳。誤接「俱承次塘、細陂南流，注于潁」下。經：又東南至慎縣，東南入于淮，至注：俱承次塘、細陂南流注于潁。誤接「盖潁水之會淮也」下，「潁水又東南流，陂水注之」上。潁水又東南逕柏祠曲東，歷岡臺北陂，至盖潁水之會淮也。誤接「封侍中辛毗爲侯國也」下，經「又東至

慎縣」之前。

沔水中

經：又東過堵陽縣，堵水出自上粉縣，北流注之。至注：習鑿齒又爲其宅銘焉，誤作沔水下，當移「又過襄陽」之前。沔水下，經：又東過襄陽縣北。至注：亦未必一得其實也，誤作沔水中，當移「又爲其宅銘焉」之後。

江水三

經：又東過下雉縣北，刊水從東陵西南注之〔六〕。以下大江入海似闕略不完。而「沔水與江合流，又東過彭蠡澤。又東過皖縣南。又東至石城縣分爲二：其一東北流，又東北出居巢縣南，（又東過）又東過牛渚、又東過毗陵縣北，爲北江。其一又東至會稽餘姚縣東入于海。」北江即大江，其餘姚入海者，乃漢書地理志之分江水。水經釋禹貢山水澤地所在云：「北江在毗陵北界，東入海。」合之沔水内所言北江，則大江入海，彼此互見而得矣。後人又補江水之文，徒多事也。

校注

〔一〕自「注」至本段末「校正」，原補寫在天頭，現特移於正文。「洪汝登」，即洪榜。

[二]「河水二」天頭上貼有一長紙條曰：「『旁行國』（按當作『行旁國』）下，當依注增『畫革旁行』。」

[三]五軍　自刻本、殿本水經注皆作「土軍」。

[四]「又東至美陽縣西，雍水從北來注之」二句　自刻本、殿本水經注皆無此經文。

[五]枝水　自刻本、殿本水經注皆作「交水」。

[六]刊水　自刻本、殿本水經注皆作「利水」。

水經書後〔一〕

夏六月，閲胡朏明禹貢錐指所引水經注，疑之，因檢酈氏書輾轉推求，始知朏明所由致謬之故。

水經立文，首云某水所出，已下不復重舉水名〔二〕；而注内詳及所納小水，加以採摭故實，彼此相雜，則一水之名不得不循文重舉。水經叙次所過郡縣，如云「又東過某縣南」之類，一語寔賅一縣；而注内則自縣西至東，詳記水歷委曲。水經所列即當時縣治，至善長作注時，已縣邑流移。注既附經，是以云逕某縣故城，經無有稱故城者也。凡經例云「過」〔三〕注例云「逕」。

是書至唐、宋間遂殘缺淆紊，經多誤入注内，而注誤爲經。校者往往以意增改。如河水注「北河又東逕莎車國南」，「北河又東南逕温宿國」，北河皆當作枝河，蒙上「左合枝水」之文。今本作「北河」者，殆後人所改。又如濟水，經文「東至北礫溪南」，注文「又東，南礫石溪水注之，水出滎陽城西南李澤，東北注于濟。世謂之礫石澗，即經所謂礫溪矣。經云濟水出其南，非也。」今注重列爲經。胡朏明引其文，乃曰「上有北礫溪，故此爲南礫溪，石字衍。」不知注明言礫石溪東北注濟，則濟寔過其北；且辨正經文不當云「至礫溪南」，其無二礫溪固顯然，「南」、「北」二字殆後人誤增〔四〕。書中類此者不勝悉數。

據崇文總目，酈氏書四十卷，亡其五。今仍作四十卷者，蓋後人所分以傅合其卷數。其三十四卷之首，「江水又東逕巫縣故城南」，乃上卷「又東過巫縣南」注文。注誤爲經，遂割分異卷。而元和志、寰宇記等書引水經注滹沱河、涇水、洛水，今皆無之。或在所亡之五卷内歟？

水經有郭璞注三卷，唐時猶存。杜氏通典引水經三事〔五〕，證其爲順帝以後纂叙。宋王伯厚通鑑地理通釋引水經四事，惟魏興安陽一事屬水經，餘三事皆酈注之誤爲經者矣。又郡國志：「桂陽郡漢寧，永和元年置。」吳改曰陽安，晉太康元年改曰晉寧，縣在桂陽郡東百二十里。三國時，吳與蜀分荆州，南郡、零陵、武陵已西爲蜀，江夏、桂陽、長沙已東爲吳，南陽、襄陽、南鄉三郡爲魏。吳志孫皓甘露元年十一月，「以桂陽南部爲始興郡，十二月晉受魏禪」，未聞魏取陽安事。而水經「鍾水北過魏寧縣之東」，蓋作水經者魏人，故于廣漢、漢寧悉改曰魏。其書寔出一手。舊唐志云郭璞撰，新唐志以爲桑欽。晁公武云欽爲此書，而後人附益，王伯厚云酈氏附益，皆非也。

今就酈氏所注，考定經文，别爲一卷，兼取注中前後倒紊不可讀者爲之訂正，以附于後。是役也，爲治酈氏書者棼如亂絲而還其注之脈絡，俾得條貫，非治水經而爲之也。乾隆三十年乙酉秋八月，休寧戴震記。

校注

〔一〕標題爲整理者所擬加。

〔二〕「已下不復重舉水名」句　眉批曰：「其一水因注分數卷者，後人於卷首加水名，應删去。」

〔三〕「凡經例云過」句　眉批曰：「偶有一二作『逕』者，乃後人轉寫之訛。」

〔四〕「南北二字殆後人誤增」句　眉批曰：「漢書溝洫志顔師古注引水經：『浉水東通礫溪。』無『北』字。」

〔五〕三事　經韻樓本東原文集卷六作「四事」。胡適於李本作眉批曰：「段刻作『四事』，『四』字是也。」

本書出版得到
安徽省古籍整理出版資金會資助
安徽省古籍整理出版辦公室資助

戴震全書

修訂本

第伍册

（清）戴震 撰

楊應芹 諸偉奇 主編

黄山書社

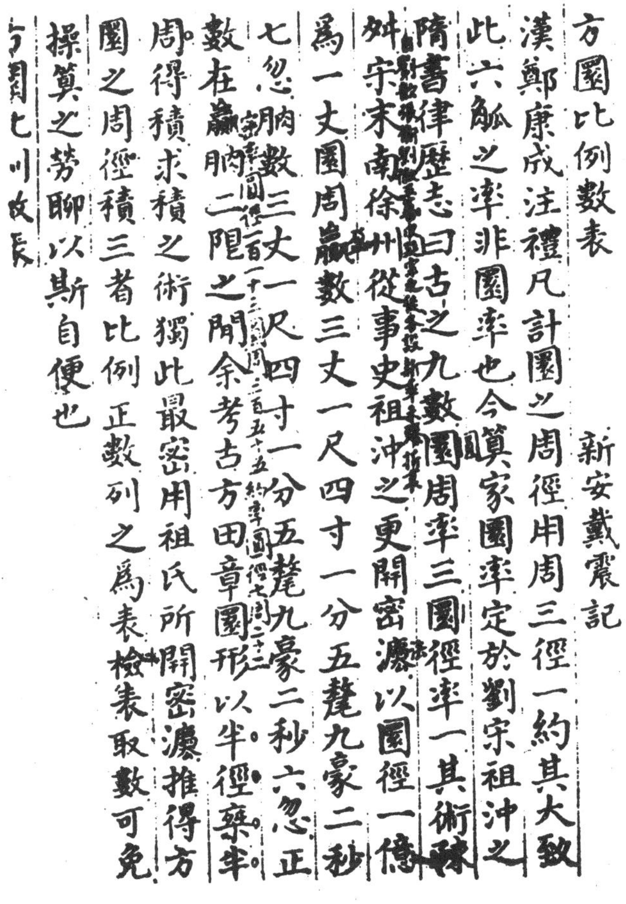
方圜比例數表　新安戴震記

漢鄭康成注禮凡計圜之周徑用周三徑一約其大致此六觚之率非圜率也今筭家圜率定於劉宋祖沖之隋書律歷志曰古之九數圜周率三圜徑率一其術疎舛宋末南徐州從事史祖沖之更開密法以圜徑一億為一丈圜周盈數三丈一尺四寸一分五釐九毫二秒七忽朒數三丈一尺四寸一分五釐九毫二秒六忽正數在盈朒二限之閒余考古方田章圜形以半徑乘半周得積求積之術獨此最密用祖氏所開密法推得方圜之周徑積三者比例正數列之為表檢表取數可免操筭之勞聊以斯自便也

《方圜比例數表》稿本

（北京大學圖書館藏）

圜徑求周

圜徑	圜周
〇一	〇三一四一五九二六五
〇二	〇六二八三一八五三〇
〇三	〇九四二四七七七九五
〇四	一二五六六三七〇六〇
〇五	一五七〇七九六三二五
〇六	一八八四九五五五九〇
〇七	二一九九一一四八五五
〇八	二五一三二七四一二〇
〇九	二八二七四三三三八五

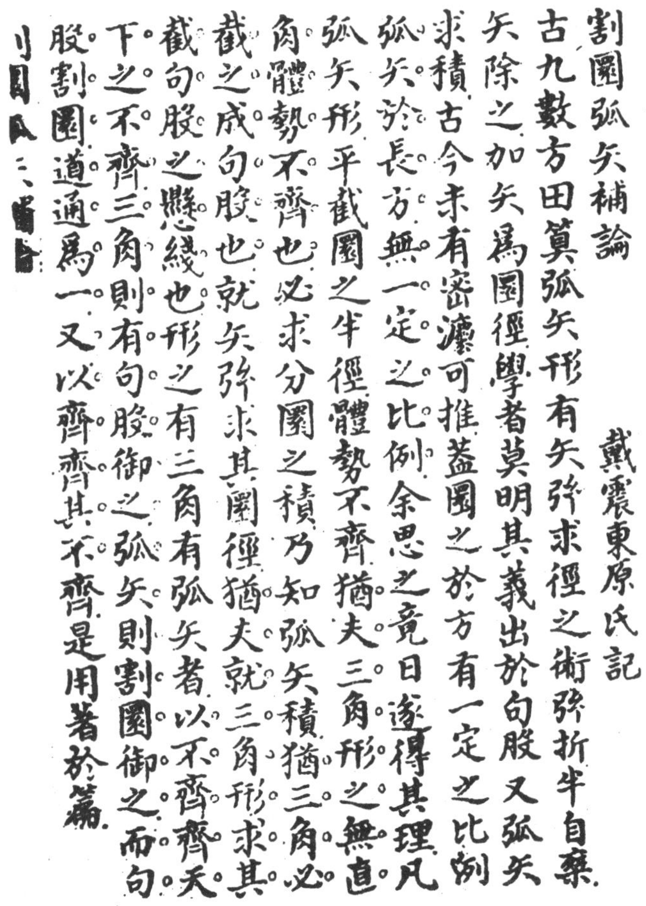
割圜弧矢補論　戴震東原氏記

古九數方田箕弧矢形有矢弦求徑之術弦折半自乘矢除之加矢爲圜徑學者莫明其義出於句股又弧矢求積古今未有密率可推蓋圜之於方有一定之比例弧矢於長方無一定之比例余思之竟日遂得其理凡弧矢形平截圜之半徑體勢不齊猶夫三角形之無直角體勢不齊也必求分圜之積乃知弧矢積猶三角必截之成句股也就矢弦求其圜徑猶夫就三角形求其截句股之懸綫也形之有三角有弧矢者以不齊齊夫下之不齊三角則有句股御之弧矢則割圜御之而句股割圜遂通爲一又以齊齊其不齊是用著於篇

《割圜弧矢補論》稿本

（北京大學圖書館藏）

割圜句股術言

割圜之瀍自圜心而觚分之截圜周爲弧背綴弧背之兩端曰弦弦截圜徑得矢弧矢之内成相等之句股二引矢至圜心爲之句弧背之弦爲之股圜半徑爲之弦股得半弧背之弦也句與股二者之名可互易

設句三股四弦五明之形之變悉準此半圜截一弧矢餘爲次弧矢全圜共得四弧矢而相等者二其内成倒順八句股皆相等今算家謂三邊之長短悉同爲相等形三角之度同而邊之長短不同爲同式形在渾圜三邊皆弧度則但有相等形無同式形 半弧背之弦即八綫之正弦合兩半爲通弦弧背之矢爲正矢半次弧背之弦爲餘弦其矢爲餘矢

戴震全書第五册目次

戴震全書之二十二

策算

胡炳生◎整理
何紹庚◎審訂

説明

策算一卷是戴震早年所作的一部算書，作者自序於乾隆甲子（一七四四年）長至日。孔繼涵刻微波榭叢書時，將其附刊於算經十書之後。

戴震所謂「策算」，即西洋籌算。它是借助於西洋納皮爾算籌來進行乘除和開方運算的一種籌算方法，於明末傳入我國。西方數字橫寫，故用直籌。爲符合當時中國文字直書習慣，清初梅文鼎改爲橫籌直書，并將籌上斜綫改成半圓弧。同時撰籌算七卷予以評述。戴氏爲區别西洋籌算與中國傳統籌算，乃易名前者爲「策算」，稱納皮爾籌爲「策」。他仍取橫籌直書之式，但將梅氏半圓弧復改爲原斜綫。其内容衹限於介紹西洋籌算之乘、除和開平方法，未載開立方法。所舉之算例皆取自周易、考工記和漢書律曆志等經籍，與梅氏書雜舉日用爲例不同。戴氏著此書，主要是提供給研治算學者之用，亦可供研治經史之士參考。

在注釋本文時，爲指示策算具體方法，在乘、除法的開頭算例中，列出籌式説明；其餘算例則不列籌式。本次整理以安徽叢書本爲底本。

策算

序

漢書律曆志：「算法用竹，徑一分，長六寸，二百七十一枚而成六觚爲一握。」古算之大略可考如是。其一枚謂之一算，亦謂之籌。梅福傳：「福上書曰：臣聞齊桓之時，有以九九見者。」所謂九九，蓋始一至九，因而九之〔一〕，終於八十一。周髀算經商高曰「數之法出於圓方，圓出於方，方出於矩，矩出於九九八十一」是也。以九九書於策，則盡乘除之用，是爲策算。策取可書，不曰籌而曰策，以別於古籌算，不使名稱相亂也。策列九位，位有上下。凡策，或木或竹，皆兩面，一與九、二與八、三與七、四與六共策，五之一面空之，爲空策。合五策而九九備。如是者十，各得十策。別用策一列，始一至九，各自乘得方冪之數，爲開平方策。算法雖多，乘除盡之矣。開方，亦除也。平方用廣，立方罕用。故策算專爲乘、除、開平方。舉其例，略取經史中資於算者，次成一卷，俾治九章算術者首從事焉。

乾隆甲子長至日東原氏戴震叙。

策式

第一	一	二	三	四	五	六	七	八	九
第二	二	四	六	八	一/	一/二	一/四	一/六	一/八
第三	三	六	九	一/二	一/五	一/八	二/一	二/四	二/七
第四	四	八	一/二	一/六	二/	二/四	二/八	三/二	三/六
第五	五	一/	一/五	二/	二/五	三/	三/五	四/	四/五
第六	六	一/二	一/八	二/四	三/	三/六	四/二	四/八	五/四
第七	七	一/四	二/一	二/八	三/五	四/二	四/九	五/六	六/三
第八	八	一/六	二/四	三/二	四/	四/八	五/六	六/四	七/二
第九	九	一/八	二/七	三/六	四/五	五/四	六/三	七/二	八/一
空									
平方	一	四	九	一/六	二/五	三/六	四/九	六/四	八/一

乘

凡兩數相乘，任以一爲實，一爲法[二]。列實從右向左，横書之。法有幾位，則用幾策。列策從上而下。凡上策之下位與下策之上位，相并成一數；滿十則進之於上數。策之九位，上下合爲九行。視實某數，於策某行取數，書所列實之上。列乘數，從實首至末，每行低一位；從實末至首，每行陞一位，以次列畢，横并之，書於左，有空行空位，必以圜表而識之[三]。定位法：視策所取之數，最上一位當法首萬[四]、千、百、十、單之位[五]；自上而下至單數之下一位，以實首之萬、千、百、十、單命之。

如易二篇之策，萬有一千五百二十。凡老陽策數四九三十六，老陰策數四六二十四，上下經陽爻、陰爻各一百九十二。其策數各若干？術以一百九十二爲法[六]，用第一、第九、第二策；以三十六爲實，視第三、第六行之數，并之，得陽爻六千九百一十二策。又以二十四爲實，視第二、第四行之數，并之，得陰爻四千六百八策。

三十六策	○五七六 一一五二	六九一二 千百十策

〔七〕〔八〕自上而下第三位爲單位〔九〕。

二十四策	○三八四 ○七六八	四六○八 千百十策

又如易六十四卦，焦氏易林「每卦變六十四」，共若干？術用第六、第四策，視第六、第四行之數，併之，此法，實皆六十四也。得四千九十六卦。

六十四卦	三八四 二五六	四○九六 千百十卦

自上而下第二位爲單位。

又如，古以二十四銖爲一兩，十六兩成一斤，三十斤成一鈞，爲銖若干？ 術：以二十四銖爲法，用第二、第四策。以十六兩爲實，視第一、第六行之數，併之，得三百八十四銖，爲一斤。合易二篇之爻，又以三百八十四爲法，用第三、第八、第四策。以三十斤爲實，視第三行之數，得一萬一千五百二十銖，爲一鈞。合易二篇之策。

○二四	一十
一四四	六兩
三八四	
百十銖	

一一五二	三十斤
萬千百十銖	

又如，量之本，出於黄鐘。一千二百黍實其龠，兩龠爲合，十合爲升。考工記嘉量鬴容六斗四升，計黍若干？ 術：以六斗四升爲法，用第六、第四策。以每升容二十龠爲實，視

第二行之數，得一千二百八十龠，爲一鬴所容。又以一千二百八十龠爲法，用第一、第二、第八策。以每龠容一千二百黍爲實，視第一、第二行之數，併之，得一百五十三萬六千黍。

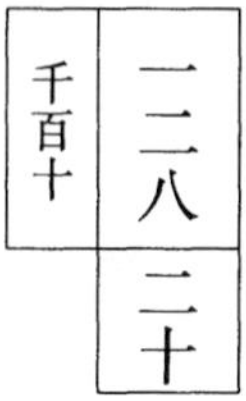

又如漢書律曆志以八十一爲日法〔一〇〕。又以章歲十九通之〔一一〕，得一千五百三十九，爲一日之小分。以四分歲周之一爲中法〔一二〕，凡十四萬五百三十小分。其一歲計日小分若干？術：以四爲法，用第四策。以十四萬五百三十爲實，取第一、第四、第五、第三行之數，中空千，應空一行，併之，得五十六萬二千一百二十，爲歲周。此審空行式。

或以十四萬五百三十爲法，用第一、第四、第五、第三策，中空千，應加空策一。以四爲實，視第四行之數，所得亦同。此加空策式。

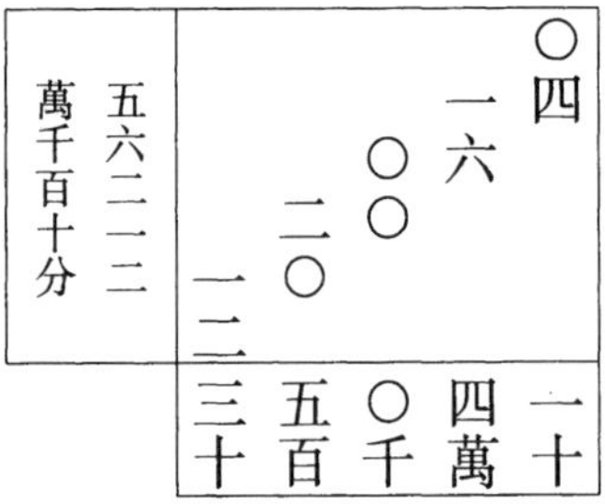

又如，皇極經世「一元[一三]，十二會，每會一萬八百年」，一元其年若干？術：以一萬八百年爲法，用第一、第八策，中空千，加空策一。以十二爲實，視第一、第二行之數，併之，得一十二萬九千六百年，爲一元。此亦加空策式。或以十二爲法，用第一、第二策。以一萬八

百爲實，視第一、第八行之數，併之，所得亦同。此亦審空行式。

○一○八
○二一六
一二九六
十萬千百
一十
二會

○一二
○○○
○九六
一二九六
十萬千百
一萬
○千
八百

除

凡除，必審定法、實，變動者爲實，如所分之物。不變動者爲法。如作幾分分之。法有幾位，則用幾策。列實從上而下直書之，至單位止；雖實不至單位，必以圈識之。視策之第幾行，其數有與實等，或差小於實者，以減實。不盡，又如法減之，實盡而止。除或不盡，則單位之下命爲幾分之幾。以策之行數爲所得數，列策數每行低一位；若低兩位，則有一空行；低三位，則有二空行也。策數書之於左，所減之餘書之於右。定位法：視所列實之位與法首萬、千、百、十、單之位相當者，其上一位爲單位。各對策所取之數，最上一位命其下所得數。

凡除不盡而命分。法爲分母，實爲分子，以少減多，迭更相減，求其等數〔一四〕。以等數除法、實，命爲幾分之幾。若有所命之分與他數相乘，則分母乘全數，納分子，然後以他數乘之。乘訖，仍以分母報除。若除有他數，或爲實或爲法，亦分母乘全數，納分子，又以分母乘他數，皆散全成積分，然後除。其無全數，徑用分子者，在乘，則乘訖以分母報除；在除，則以分母乘他數，散爲積分。凡兩數皆有所命之分，而分母不同，則分子亦異，各如上納分子訖，母互乘子，以齊其子；母相乘，以同其母，報除如上。

如漢書律曆志，黄鐘之實，十有七萬七千一百四十七。始於一，而三之，三三積之，曆十二辰之數。凡律吕用九，九絲爲毫，九毫爲氂，九氂爲分，九分爲寸。子一爲黄鐘之律，丑三爲絲法，卯二十七爲毫法，巳二百四十三爲氂法，未二千一百八十七爲分法，酉一萬九千六百八十三爲寸法。以寸、分、氂、毫、絲之法，除黄鐘之實，得寸、分、氂、毫、絲之數。列其算術〔一五〕：皆以黄鐘之實十七萬七千一百四十七爲實，以寸法一萬九千六百八十三，用第一、第九、第六、第八、第三策，得寸數九。以分法二千一百八十七，用第二、第一、第八、第七策得分數八十一。以氂法二百四十三，用第二、第四、第三策，得氂數七百二十九。以毫法二十七，用第二、第七策，得毫數六千五百六十一。以絲法三，用第三策，得絲數五萬九千四百十九。此空行式。

是爲寅九、辰八十一、午七百二十九、申六千五百六十一、戌五萬九千四百十九。陽辰順而左行，爲寸、分、氂、毫、絲之數；陰辰逆而右行，爲起寸、分、氂、毫、絲之法。

一七七一四七	一七七一四七
九寸	

實之第二位與法首相當，故上一位命爲單數。

〇〇二　八
一七七一四七
一七四九六
〇二一八七
八十
一分

實之第三位與法首相當。

二一八
〇〇　〇
一七七一四七
一七〇一
〇四八六
二一八七
七百
二十
九釐

實之第四位與法首相當。

〇〇二
〇一六
〇一五
一七七一四七

一六二
一三五
一六二
二七

六千
五百
六十
一毫

實之第五位與法首相當。

〇二
〇〇
〇二
一七七一四七

一五	二七	○○	一二	二七
五萬	九千	○百	四十	九絲

又如，太陽每歲行天三百六十度，分爲七十二候，每候幾度？

術：以七十二爲法，用第七、第二策。以三百六十爲實。視策行内有與實等之數，用減實，恰盡，得每候五度。

三六○	三六
	五度

實之第二位與法首相當。

又如，黄鐘之龠，容千二百黍，重十二銖。一鈞萬一千五百二十銖，爲龠若干？

術：以十二爲法，用第一、第二策。以萬一千五百二十爲實。視策行内之數，用減實，恰盡，得九百六十侖黍。

○○七
一一五二○
一○八　九百
○七二　六十

實之第四位與法首相當。

又如，漢書律曆志，三十斤成鈞，萬一千五萬二十銖〔一六〕，合易二篇之策。每一斤爲銖若干？術：以三十爲法，用第三策。以一萬一千五百二十爲實。視策行内之數，用減實恰盡，得三百八十四銖，合易二篇之爻。

一
二
一一五二○

實之第四位與法首相當。

○九	○二四	○一二
三百	八十	四銖

又如呂氏春秋，先爲黃鐘之宮，次制十二筒。蔡邕月令章句云：黃鐘之宮，爲黃鐘少宮也。半黃鐘九寸之數，管長四寸五分，此蓋用半律之法。後人未之考。今列其算〔一七〕：以上生者，四其實，三其法；以下生者，倍其實，三其法。黃鐘之宮四寸五分，上生林鐘：四其實，得十八；三除之，得六寸。林鐘下生太簇：倍其實，得十二；三除之，得四寸。太簇上生南呂：四其實，得十六，三除之，得五寸，餘一不盡，命爲三分寸之一。此命分法也。五寸爲全數，三爲分母，一爲分子。南呂下生姑洗：先以分母三乘五寸，得十五，納分子一，共十六，倍其實，得三十二；當以三除之，又以分母三報除。省兩偏除，爲一乘一除，則以三與三相乘爲九除之，得三寸，餘五不盡，命爲九分寸之五。姑洗上生應鐘：以分母九乘三寸，納分子五，四其實，得一百二十八；以九與三相乘爲二十七，除之得四寸，餘二十不盡，命爲二十七分寸之二十。應鐘下生蕤賓：以分母二十七乘四寸，納分子二十，倍其實得二百五十六；以

二十七與三相乘爲八十一除之，得三寸，餘十三，命爲八十一分寸之十三。蕤賓上生大吕：以分母八十一乘三寸，納分子十三，四其實，得一千二十四；以八十一與三相乘爲二百四十三除之，得四寸餘五十二，命爲二百四十三分寸之五十二。大吕上生夷則：以分母二百四十三乘四寸，納分子五十二，四其實，得四千九十六；以二百四十三與三相乘爲七百二十九除之，得五寸，餘四百五十一，命爲七百二十九分寸之四百五十一。夷則下生夾鐘：以分母七百二十九乘五寸，納分子四百五十一，倍其實，得八千一百九十二；以七百二十九與三相乘爲二千一百八十七除之，得三寸，餘一千六百三十一，命爲二千一百八十七分寸之一千六百三十一。夾鐘上生無射：以分母二千一百八十七乘三寸，納分子一千六百三十一，四其實，得三萬二千七百六十八；以二千一百八十七與三相乘爲六千五百六十一除之，得四寸，餘六千五百二十四，命爲六千五百六十一分寸之六千五百二十四。無射下生仲吕：以分母六千五百六十一乘四寸，納分子六千五百二十四，倍其實，得六萬五千五百三十六；以六千五百六十一與三相乘爲一萬九千六百八十三除之，得三寸、餘六千四百八十七，命爲一萬九千六百八十三分寸之六千四百八十七。乘除式如前。

又如儀禮注，二十兩曰溢，爲米一升二十四分升之一。以百二十斤曰石，爲米一斛計之，則十二斤爲一斗。斤，十六兩；兩，二十四銖；銖，十絫。十二斤爲絫四萬六千八十。

以十升分之，升得四千六百八絫。於二十兩爲絫四千八百内减此數，仍有一百九十二絫，不盡。以不盡之數與每一升爲絫四千六百八相减〔一八〕，適得一百九十二絫，是爲等數。以等數爲法，除每一升爲絫四千六百八，得分母二十四；以等數除不盡之一百九十二，得分子一，故命爲二十四分升之一。

又如，古曆皆以十九年氣朔分齊爲一章〔一九〕，日行十九周，月行二百五十四周。以是例之，日行一度，月行度若干？術：以月行二百五十四周爲實，以日行十九周爲法，除之，得十三，餘七，不盡，命爲日行一度，月行十三度十九分度之七。

又如，一章之内，日行十九周，月行二百五十四周。凡月周天，又追及於日而與之會，以成一月。於月二百五十四周减日十九周，得日月之會二百三十五，是爲章月。十九年爲章歲。平歲十二月，十九年凡二百二十八月，以减章月，餘七，得十九年七閏，而氣朔分齊。以是例之，一歲之閏餘若干？術：以章月爲實，以章歲爲法，除之，得十二月，餘七不盡，命爲一歲閏餘十九分月之七。

又如漢書律曆志，鄧平、落下閎以律起曆：律容一龠，積八十一寸，爲一日之分；月有二十九日八十一分日之四十三。以分母八十一乘二十九日，納分子四十三，得二千三百九十二，是爲月法，一月之日分也。以是例之，一歲十二月十九分月之七、其日分若干？

術：以分母十九乘十二月，納七，得二百三十五。以月法二千三百九十二乘之，得五十六萬二千一百二十，當以分母十九報除。因除不可盡，以十九乘日分八十一，得一千五百三十九，爲日之小分，即以五十六萬二千一百二十爲一歲之小分。置此小分爲實，以一千五百三十九爲法，除之，得三百六十五日，餘三百八十五不盡，命爲小餘一千五百三十九分日之三百八十五。合四年之小餘，得一千五百四十；滿一千五百三十九成日，仍有一分。此太初曆小餘四年而大於四分曆小餘一千五百三十九分日之一也。六千一百五十六年而差一日，六十一年過半年，而差一刻，古今歲實未有大於此者矣。

又如，後漢用四分曆，以蔀月九百四十爲一日之小分，以蔀日二萬七千七百五十九爲一月之小分〔二〇〕，以大周三十四萬三千三百三十五爲一歲之小分。置蔀日爲實，蔀月爲法，除之，得二十九日，餘四百九十九，命爲九百四十分日之四百九十九。置大周爲爲實，蔀月爲法，除之，得三百六十五日，餘二百三十五，命爲九百四十分日之二百三十五。置蔀日以平年十二月乘之，得三十三萬三千一百八。以蔀月爲法，除之，得三百五十四日，餘三百四十八。以甲子六十除十二月之日，得五甲子，餘五十四日。是爲大餘五十四，小餘三百四十八。史記曆書曆術甲子篇，太初元年大餘五十四，小餘三百四十八，即此數。四分曆推二十四氣，每一氣十五日三十二分日之七，故又以三十二爲日分。以二十四乘十五日，得三百六十日，適六甲子。以二十四乘餘分七，得一百六十八，是爲日餘。以三十二除日餘，得五日，餘八，是爲大餘五、小餘八。曆術甲子篇，太初元年又記大餘五，小餘八，即此數。史記當用太初曆，不當用四分曆，以此知曆術甲子篇乃後漢人竄入，非史記本文。太初曆，月法二千三百九十二，以平年十二月乘之，得二萬八千七百四。以日法八十一除之，得三百五十四日，餘三十當云：大餘五十四，小餘三十；大餘五，小餘三百八十五。前記朔數，後記中數，皆不與四分曆同。

又如回回曆，西域默狄納國王馬哈麻所作。日周分一千四百四十刻九十六，每刻十五分，分六十秒，以下皆六十遞析。三百六十五日爲平年，增一日爲閏年，一百二十八年而閏三十一日，是爲三百六十五日，小餘一百二十八分日之三十一，較四分曆一百二十八年閏三十二日，有一日之差。用一千萬爲日分，置三十一爲實，以一百二十八爲法，除之，得小餘二百四十二萬一千八百七十五分。四分曆小餘二百五十萬，大於此七萬八千一百二十五分。明萬曆三十八年以後至崇禎末，西洋人龐迪峨、熊三拔等所譯新法曆書云，西法歲三百六十五日四分日之一，每四歲之小餘成一日，因而置閏。百年中爲整年七十五，閏年二十五，共爲三萬六千五百二十五日。此即周髀算經「三百六十五日謂之經歲，餘四分日之一，積四年而增一日」也。新法曆書又云當神宗十六年戊子，第谷測春分時刻，與前弘治元年戊申，西城白耳瓦所測相較，定歲實三百六十五日二十三刻三分四十五秒。考其與回回曆異同：每日九十六刻，以分秒通之，得八萬六千四百秒爲日法。以十五乘二十三刻，納三分，又以六十乘之，納四十五秒，得二萬九百二十五秒。用一千萬爲日分，通法乘之，以每日八萬六千四百秒爲法，除之，得二百四十二萬一千八百七十五分。於回回曆之小餘不差分秒。其會望策二十九日五三〇五九三，亦云西史依巴谷考驗所得。於元郭守敬授時曆之朔策，二十九日五千三百五分九十三秒，亦不差分秒。西洋人舊法襲用中土古四分曆，其新法則襲回回曆，會望策又襲郭守敬，乃妄言第谷、巴谷測定，以欺人耳。

開平方〔二二〕

凡平方冪四面相等，有冪積，求其一面之數。置冪積爲實，列實自上而下至單位止，有空位，以圈識之。從單位起作點，每隔一位則點之。首位有點者，於上加一圈。平方策有二位，故二位爲一次商。實有幾點，則有幾次商。凡除實不盡，倍商數，用乘除一至九之策爲兩廉，用平方策爲隅。若策之數雖差小於實，而與點不相當，其下位過點而下，則知有空位。於兩廉所用策下，平方策上，加空策一。多空位者，審定加之。定位法：實有一點者，初商爲單位；有二點者，爲十；有三點者，爲百；以上準此。

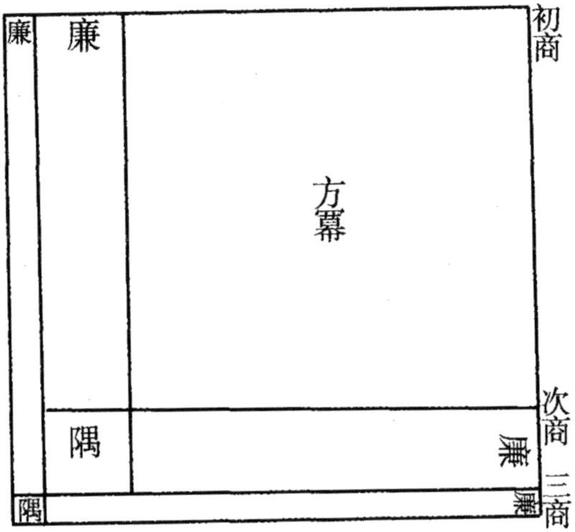

初商除内方冪，次商有兩廉冪及隅冪，三商亦有兩廉冪及隅冪，以後倣此。

如論語「道千乘之國」，馬融注云：「司馬法六尺爲步，步百爲晦，晦百爲夫，夫三爲屋，屋三爲井，井十爲通，通十爲成。成出革車一乘。然則千乘之賦，其地千成，居地方三百一十六里有畸。」按：成方十里，爲方一里者百，則千成爲方一里者十萬。

術：以十萬里爲平方冪積，列實一，下加五圈，識萬、千、百、十、單五位。從單位起作點，越十至百作點，越千至萬作點。用平方策開之。視第三行小於實，減九萬里，餘一萬里，定爲初商三百里。倍之，用第六策爲兩廉，用平方策爲隅。視第一行小於實，減六千一百里，餘三千九百里，定爲次商十里。合初商、次商倍之，用第六、第二策爲兩廉，用平方策爲隅。視第六行小於實，減三千七百五十六里，餘一百四十四里，不盡，是爲一面三百一十六里。若三百一十七里，則不足。故云：「居地方三百一十六里有畸。」

一四四
○三九
○一
一○、○○、○○、
○九
○六一
三七五六
三百
一十
六里

又如考工記：「輪人爲蓋，參分弓長，以其一爲之尊。」鄭注云：「六尺之弓，上近部平者二尺，爪末下於部二尺。二尺爲句，四尺爲弦，求其股，股十二。除之，面三尺幾半也。」按：股十二者，此句弦求股術。弦四自乘十六，爲弦實。句二自乘四，爲句實。減句實於弦實，餘十二，爲股實。凡方一尺，爲寸百，爲分萬。此方尺者，十二爲分，十二萬列實。一二下加四圈，識千、百、十、單四位。從單位起作點，用平方策開之。視第三行小於實，減九萬分，餘三萬分，定爲初商三百分。倍之，用第六策爲兩廉，用平方策爲隅。視第四行小於實，減二萬五千六百分，餘四千四百分，定爲次商四十分。合初商、次商倍之，用第六、第八策爲兩廉，用平方策爲隅。視第六行小於實，減四千一百一十六分，餘二百八十四分，不盡，是爲股長三尺四寸六分有畸，不足三尺五寸。故云：「面三尺幾半。」

○二八四	
○四四	
三	
一二、○○、○○、	
○九	三尺
二五六	四寸
四一一六	六分

又如考工記：「磬氏爲磬，倨句一矩有半。」鄭注云：「必先度一矩爲句，一矩爲股，而求其弦。既而以一矩有半，觸其弦，則磬之倨句也。」賈公彦疏云：「假令句股各一尺，今以一尺五寸觸兩弦。」按：句與股必横直正方相遇。古磬制不正方，謂之磬折。故先求句股弦，以明磬折之弦大於此磬之鼓，與股不相等。而定倨句之法，則度兩矩相等，一爲句，

一爲股，定之。設句長百分，自乘得萬分，股亦長百分，自乘得萬分，併之，二萬分，爲弦實。列實二，上加一圈，下加四圈。從單位起作點，用平方策開之。視第一行小於實，減一萬分，餘一萬分，定爲初商一百分。倍之，用第二策爲兩廉，用平方策爲隅。視第四行小於實，減九千六百分，餘四百分，定爲次商四十分。合初商、次商，倍之，用第二、第八策爲兩廉，平方策爲隅。視第一行小於實，減二百八十一分，餘一百一十九分，不盡，是爲弦長一尺四寸一分有畸。一矩有半，乃一尺五寸，大於弦。張兩矩就之，以爲磬折倨句之法。

一一九	○ 四	一	○二、○○、○○、	○一	○九六	二八一
一尺	四寸	一分				

校注

〔一〕九之　即九乘之，或九倍。

〔二〕實　即實數，指被乘數，或被除數，這里指被乘數。　法，即法數，指乘數或除數，這里指乘數。

〔三〕以圜表而識之　即以符號○表示數的空位或空行。

〔四〕法首　即法數的首位數字。下文中「實首」，即實數的首位數字。

〔五〕單　即個位。

〔六〕術　指策算乘法。具體方法和步驟例示如下：三十六（實數）乘以一百九十二（法數）

第一步，依法數從高位到低位數字，順次取第一、九、二這三策，上下對齊并排如上圖。

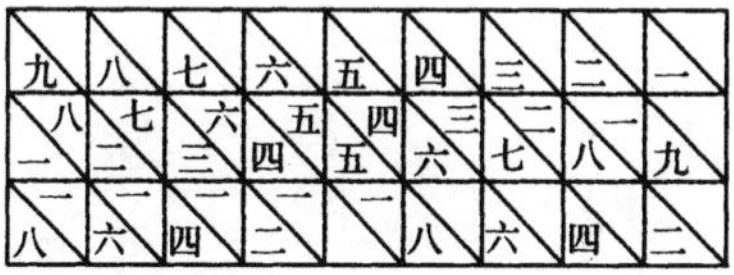

第二步，依實數從高位到低位數字，順次取第三列和第六列，并將其中同屬一斜行的數字相加；過十進一至上位。然後將各列數並排直行書寫；第二列比第一列低一位。再將兩列相加求和，此即積數。

第三列　○五七六

第六列　一一五二

相加得和　六九一二

數位　萬千百十單

因此，所求積數爲六千九百一十二。

〔七〕三十　指對應所列策的第三列(直行),「十」標明實數首位「三」爲十位的數字。

〔八〕六策　對應所列策的第六列,「策」標明「六」爲個位數及該數字單位名稱。最下面所記的十、策,與最左面的千、百、十、策,意義相同。

〔九〕第三位爲單位　標明所列各算策的位數。

〔一〇〕以八十一爲日法　在中國古代曆法中,朔望月日數所含分數的分母,稱爲「日法」。漢武帝時,鄧平、落下閎等人所制訂曆法:

$$一朔望月 = 29\frac{43}{81}日 = \frac{2392}{81}日$$

此行中朔望月日數的分母「八十一」,即爲「日法」。

〔一一〕章歲　中國古代曆法中的記年名稱有章、蔀、紀、元等。如以十九年爲一章歲,置七個閏月。因此,

$$一回歸年 = 12\frac{7}{19}朔望月 = \frac{235}{19}朔望月$$

$$= \frac{235}{19}\times\frac{2392}{81}日 = \frac{562120}{1539}日$$

$$= 365\frac{385}{1539}日$$

〔一二〕四分歲周之一爲中法　漢書律曆志稱:「四分月法,以其一乘章月,是爲中法。」由前注中可知,朔望月數值中的分子二三九二爲「月法」,回歸年數值中的分子二三五爲「章月」,由此可得「中法」數值:

$$中法 = \frac{2392}{4} \times 235 = 140530$$

此處使歲周的四分之一等於「中法」的數值。

〔一三〕元　「元」與「會」均爲記年名稱。

〔一四〕等數　即兩數之最大公約數。

〔一五〕列其算術　用策演算方法。具體算法步驟如下：

（一）求寸數。即計算：

177147 ÷ 19683 = ?

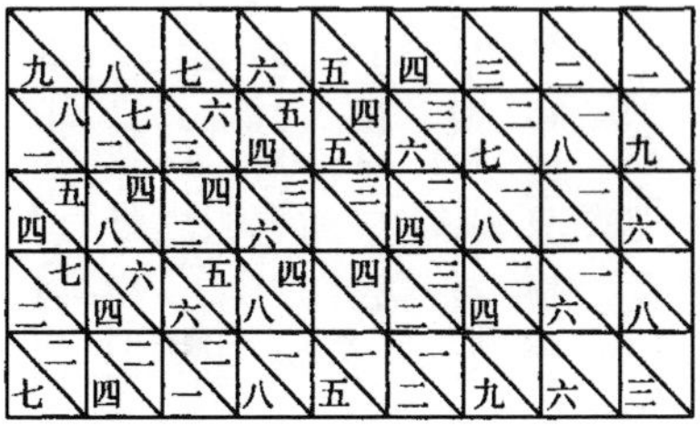

第一步，取第一、九、六、八、三共五根策，排列成上圖。

第二步，檢查各列所成之數，至第九列，恰爲被除數。即得商數九（寸）。

第九列：一七七一四七

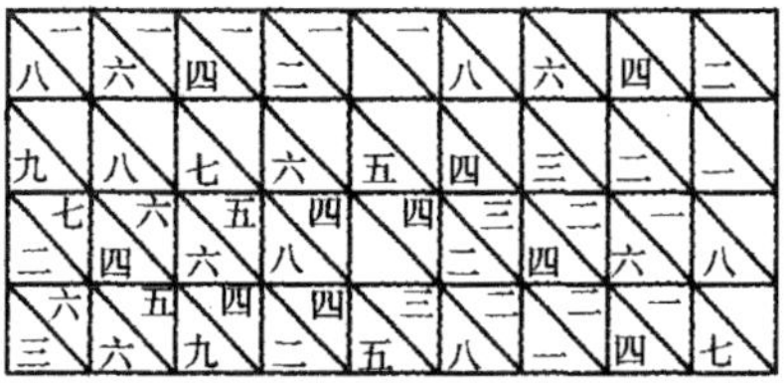

（二）求分數。即計算：

177147 ÷ 2187 = ?

第一步，取第二、一、八、七共四根策，排成上圖。

第二步，檢查各列數，至第八列爲一七四九六〇，略小於被除數一七七一四七，即得第一位商數八。二者相減，得餘數二一八七。

第八列：一七四九六〇

第三步，繼續求第二位商數。顯然得一，因此，求得的商數爲八十一。

〔一六〕萬一千五萬二十銖　爲「萬一千五百二十銖」之誤。

〔一七〕列其算　指十二律管（筒）長度的「三分損益」算法。十二律依次是：黄鐘、大吕、太簇、夾鐘、姑洗、仲吕、蕤賓、林鐘、夷則、南吕、無射、應鐘。先定黄鐘律管長度爲四寸半。由它開始，採用「三分損益」法產生其他各律。具體做法是：產生低音（上生）即乘三分之四（益三分之一），產生高音（下生）即乘三分之二（損三分之一）。由此算得林鐘（上生）、太簇（下生）等各律管的長度。

〔一八〕相減　指連續相減，直至所餘不超過減數時爲止。這裏從四千六百八連減一百九十二計二十三次，得差數一百九十二。

〔一九〕氣朔分齊　表示回歸年與朔望月經過十九年又回到原來的起點，形成二者的公共周期。「氣」指節氣，在這種場合多指冬至。「朔」指合朔。「分齊」指氣、朔與先前一致，没有餘分。

〔二〇〕蔀　中國古代曆法名詞，十九年爲一章，四章爲一蔀。一蔀中有九百四十個朔望月，稱爲蔀月。一蔀中有二萬七千七百五十九日，稱爲蔀日。

〔二一〕開平方　指策算開平方。其步驟與筆算開平方一樣，特點是用到平方策來估商。

戴震全書之二十三

算學初稿四種

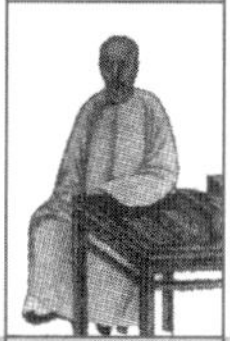

童曉嵐◎整理
何紹庚◎審訂

說明

算學初稿四種爲戴震的手稿。其中第一種名準望簡法，主要是利用西方幾何學中的三角法解説中國古老的勾股定理，並進一步説明如何利用勾股定理進行實際測量。準望，就是測量的意思。本書稿繪有三十幅測量及計算的幾何圖形。第二種名割圜弧矢補論。從幾何學的角度來看，圓實際是邊數爲N的正多邊形，當N趨向無窮大時的産物，因此計算圓的半徑、弦長、弧長等離不開三角法。本書稿稱之爲「補論」，顯然是在準望簡法的基礎上所作的，它進一步論證如何利用勾股定理來計算圓的半徑、弦長等，以及其間的比例關係。這份書稿有圖七幅。第三種題名句股割圜全義圖，本篇没有文字論述，主要是七幅以天體位置關係爲基本内容的幾何圖形。這些圖形以黑、紅、黄等顔色繪製。本篇意在表明，如何利用勾股定理，就黄道、赤道的位置關係，對天體進行測量的方法。第四種題名方圜比例數表，列有「圜徑求周」至「有圜徑自乘之冪求八綫表一分之分圜積」等十種比例關係的數據。其精確度均在小數點之後十位以上。

從上述内容看，這四種著作有證明、有圖形、有數據，它們是互相關聯的，反映了戴震早期利用西方幾何學理論研究中國古老算經並付之於實際測量的一種嘗試。這四種著述的内容，在後來正式成書的句股割圜記中均有所反映，但句股割圜記的論證更嚴密，圖形也更精確。因此這四種佚著顯然爲句股割圜記的成書基礎，屬於「未至十分之見」的著作，即早期未成熟的著作，從中我們可以看出戴震在治學道路上循序漸進，不斷攀登而留下的步步脚印，爲研究戴震早期學術路向及中國數學史提供了極爲珍貴的資料。

以上四種合訂爲一册。於準望簡法下署有「新安戴震記」，並加蓋「戴震」篆體陰文朱印。割圜弧矢補論、方圜比例數表也分别署「戴震東原氏記」、「新安戴震記」。原件現藏北京大學圖書館，皆有「麐嘉館」藏書印。

該手稿戴震曾兩次批改，一次是墨筆，一次是朱筆。但批改時有疏漏。如準望簡法「設去城十四丈測城高」，朱筆改第一個「城」爲「臺」，而第二個「城」字卻一仍其舊。因此整理以原底稿爲主，重要批改處，另出校説明。這樣既可看到此稿的原貌，也可看到作者後來修改的情況。

準望簡法

周髀曰：「數之法出於圜方，圜出於方，方出於矩，矩出於九九八十一。故折矩以爲句廣三、股脩四、徑隅五。」

圖一

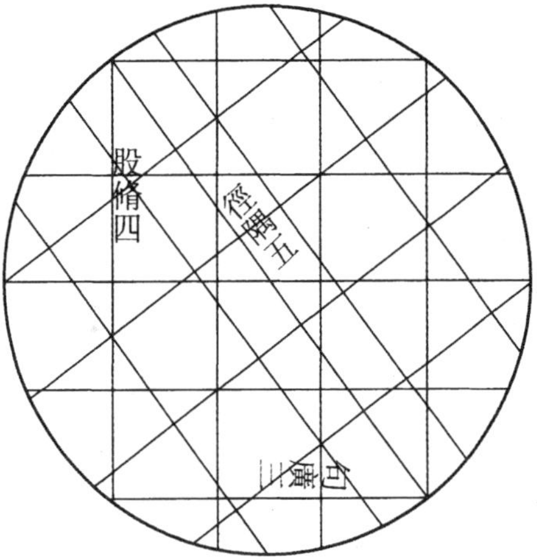

設圜内容長方，其廣三、其脩四、其斜弦必五。三角皆至圜邊、弦適得圜之徑。

圖二〔一〕

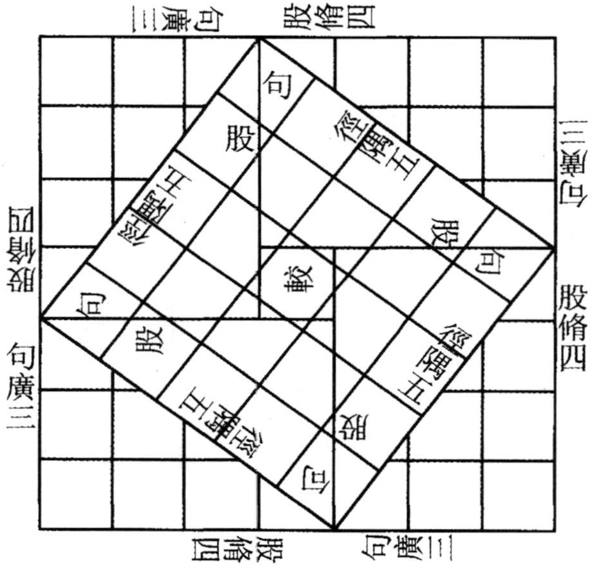

圖三

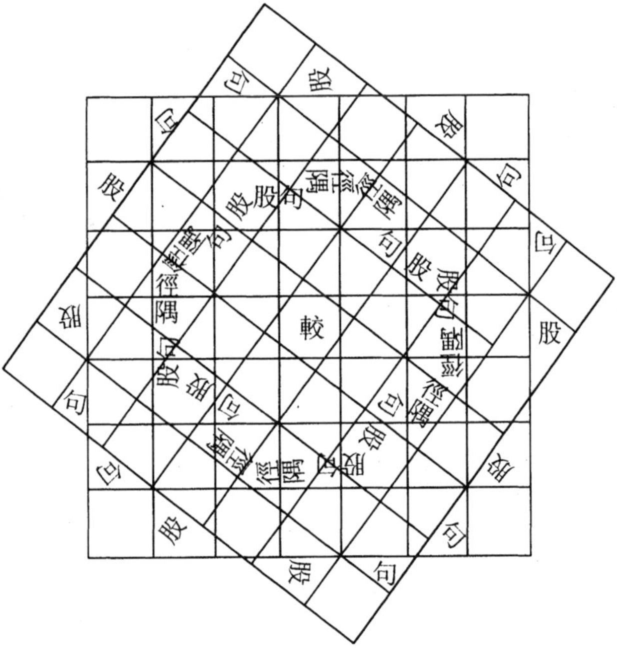

「既方其外，半其一矩，環而共盤，得成三、四、五。」

圖四[二]

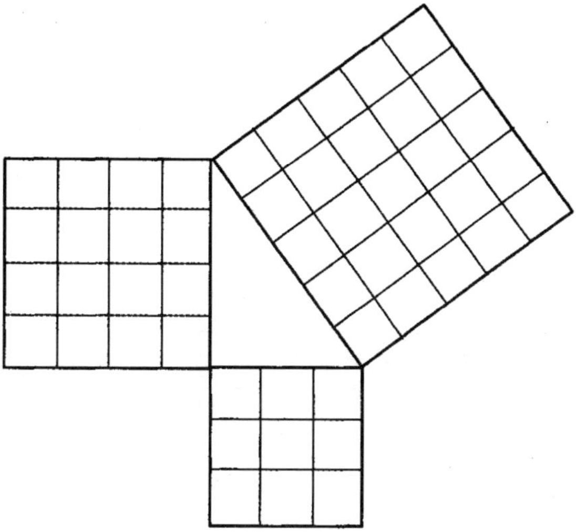

弦實内容一句實、一股實。併句實、股實即得弦實。

「兩距共長二十有五，是謂積矩。」以所積直計之，則曰長。弦自乘積二十五，爲最長之一矩。句自乘積九，股自乘積十六，合九與十六，亦長二十五，適與之等。成兩矩相等，以此爲積矩之通率。故句股求弦，則兩積相併；句弦求股，股弦求句，則兩積相減也。

圖五

句三自乘長九　　股四自乘長十六

弦五自乘長二十五

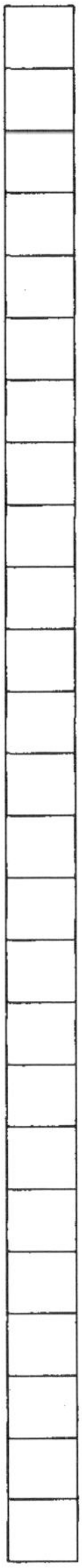

又曰：「平矩以正繩，偃矩以望高，覆矩以測深，卧矩以知遠，環矩以爲圜，合矩以爲方。方屬地，圜屬天，天圜地方，方數爲典，以方出圜。」又曰：「智出於句，句出於矩。」余考周髀之言[三]，欲補古者準望之法，擬而作器[四]，名之曰矩，從古所志也。

矩者，準望器也。有方度〔五〕，以句股爲用；有圜度，以徑隅爲用。方度〔六〕，四其積矩之長，凡百，方之縱横各十。每一度積百分〔七〕，縱横各十。矩積，爲度百，爲分萬也〔八〕。

此十度之矩〔九〕，大者可爲百度之矩，則矩積爲度萬〔一〇〕，爲分百萬。今步算家用八綫表，其數似密於此〔一一〕。然彼乃檢得之數未足爲密。八綫生於象限九十度。視垂綫所指象限弧度，與垂綫所指矩之度分，疏密固相等爾。

以矩之一角爲圜心，以其方之「十」度爲圜半徑〔一二〕，而規其弧，取周髀「環矩以爲圜」之義。弧得全圜四之一。唐、宋已來謂之一象，亦名象限。於圜心設垂綫以界左矩右矩，而得大小四句股。右矩，其邊爲髀。髀者，股也。異其名所以别於左矩之股。其平度截弧外爲句〔一三〕，於八綫名正切。弧内矩分隨徑隅所指爲小句於八綫名正弦，凡正弦、正切，反之，亦可名爲餘弦、餘切。髀設兩耳焉，視以爲準。

左矩，其邊爲定廣。廣亦句也。異其名，所以别於右矩之句。其平度截弧外爲股，於八綫名餘切。弧内隨徑隅所指爲小股。於八綫名餘弦，凡餘弦、餘切，反之，亦可名爲正弦、正切。股與髀對邊也，廣與句對邊也。

圖六

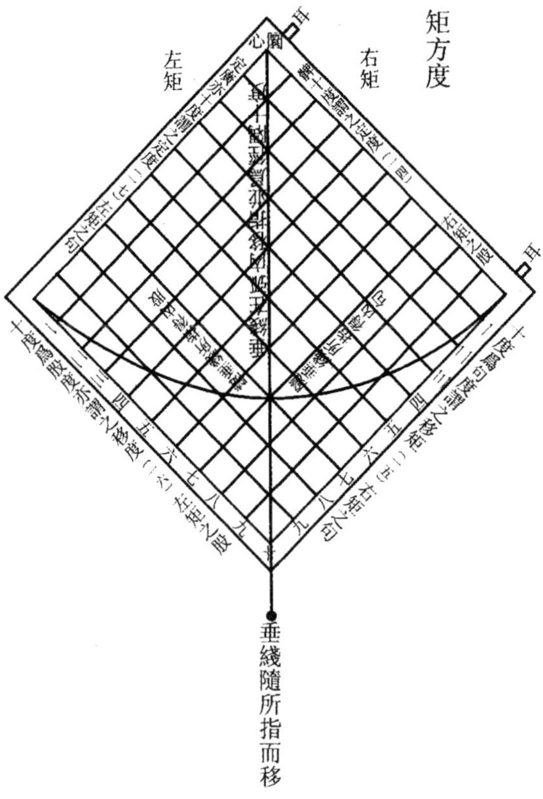

每度各有分此圖其略〔一八〕。移垂綫過十度，左矩右矩各以法互通之。

圖七、八

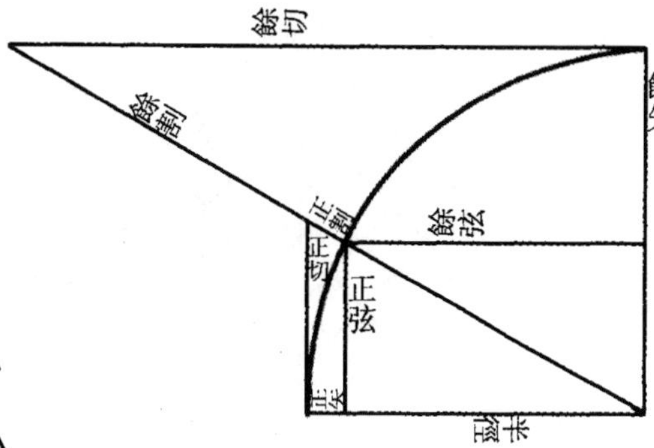

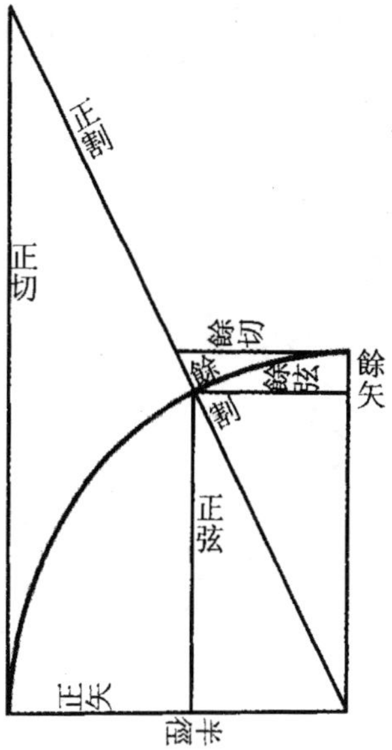

割圜八綫盡於一象，其正餘之名可以互易。八綫生於弧之度分，以圜出方也。矩則所謂方數爲典，以方出圜。

句過十度〔一九〕，則垂綫移在股。通之以所指股之度分爲法，矩積爲度百，爲分萬〔二〇〕。爲實，實如法而一，凡實如法而一，今名爲歸除。得句。

股過十度則垂綫移在句〔二一〕。通之以所指句之度分爲法，矩積爲實，實如法而一，得股。

準此以通之，而後矩不窮於用矣。

圖九〔二二〕

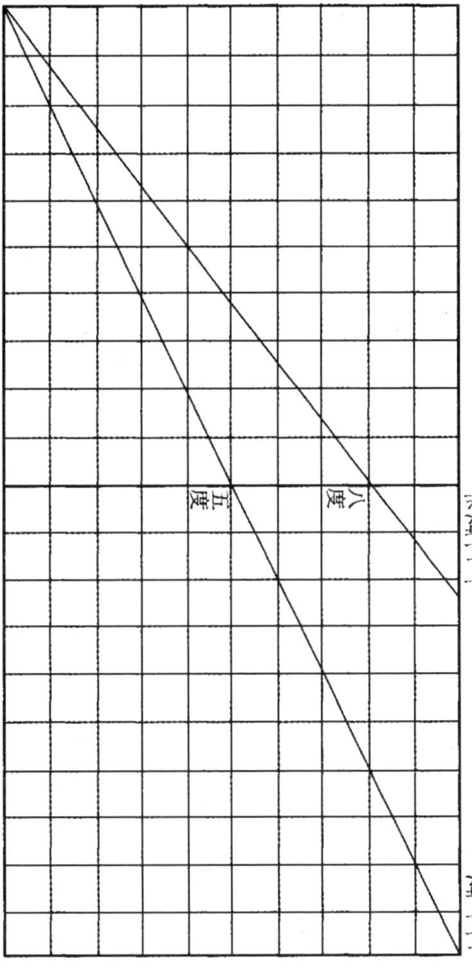

設垂綫指矩五度，引而長，必與二十度相值。垂綫指矩八度，引而長，必與十二度半相值。以方形明之，廣五，脩二十，其積必百，廣八，脩十二有半，其積亦百。又以句股比例明之，句五，股十；句十，股必二十，半與倍之比例也。句八股十；句十股必十二有半，四與五之比例也。

凡有高下形勢，或測其高，或測其遠者，高恒爲股，遠恒爲句。故矩之髀右矩。與股左矩。恒當高，句右矩。與廣左矩。恒當遠。

凡言當者，皆相爲比例。異乘同除，可以展轉互求。今以四率列之，二率三率相乘爲實，一率爲法，除之得第四率，爲所求之數。凡四率，二與一互易，則四與三互易，三與二互易，則四與一互易，皆相當之比例也。

設去城十四丈測城高〔二三〕，垂綫在股五度，通之得二十度。是爲城高七雉。即七丈。

此以定廣十度，當去城十四丈，股五度，當城高七丈。若以句二十度，當去城十四丈，則髀十度，當城高七丈。

圖十

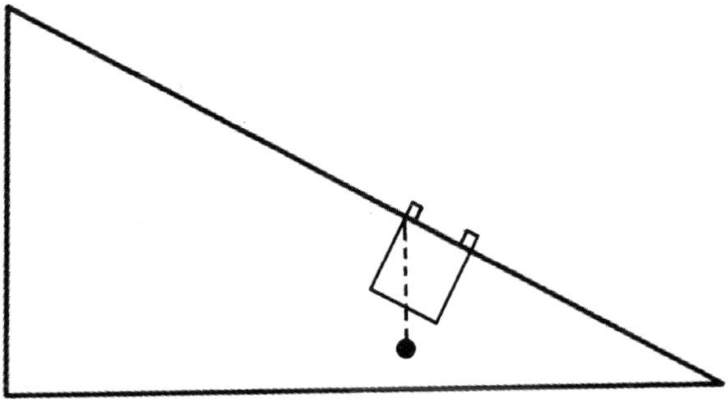

用左矩爲比例

一率　定廣十度　股五度
二率　股五度　定廣十度
三率　去城十四丈　城高七丈
四率　城高七丈　去城十四丈

用右矩爲比例

一率　句二十度　髀十度
二率　髀十度　句二十度
三率　去城十四丈　城高七丈
四率　城高七丈　去城十四丈

左矩之定廣，右矩之髀，皆十度以入算。降位即省除，陞位即省乘。

若重測，更辨定矩、移矩以當高遠之定與遷移。左矩之廣、右矩之髀，皆定矩也。左矩之股，右矩之句，皆移矩也。二遠一高成句股，遠有前後兩測也。宜用右矩，移矩在句。二高一遠成句股，高與高上之高兩測也。宜用左矩，移矩在股。移矩者有小大和較，以當重測之兩距。

設河左岸高於右岸。自右岸頫水測之，垂綫在股八度。退二丈一尺重測，垂綫在股五度。通之，得前測句十二度半，後測句二十度，此二遠一高，宜用右矩，故變股度爲句度。較七度半，是爲左岸高於右四仞，七尺曰仞，四仞二丈八尺。河闊四尋八尺曰尋。四尋三丈二尺。有三尺。此以兩句較七度半，當退二丈一尺；髀十度，當左岸高於右岸二丈八尺；前測句十二度半，當河闊三丈五尺。

圖十一

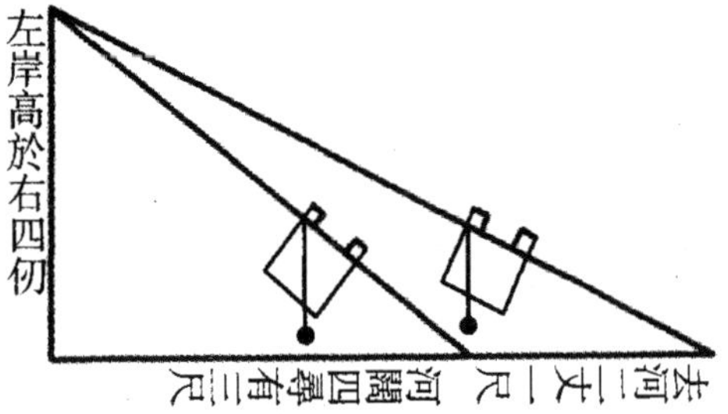

用右矩爲比例

一率　兩句較七度半　　兩句較七度半
二率　髀十度　　前測句十二度半
三率　右去河二丈一尺　　右去河二丈一尺
四率　左岸高於右二丈八尺　　河闊三丈五尺
一率　髀十度　　前測句十二度半
二率　前測句十二度半　　河闊三丈五尺
三率　左岸高於右二丈八尺　　髀十度
四率　河闊三丈五尺　　左岸高於右二丈
八尺
一率　髀十度　　前測句十二度半
二率　兩句較七度半　　兩句較七度半
三率　左岸高於右二丈八尺　　河闊三丈五尺
四率　右去河二丈一尺　　右去河二丈一尺

設河左高岸臨河有臺，高三仞。自河右岸頻水測左岸之高，垂綫在句八度。次測臺高，垂綫在句五度。通之，得前測股十二度半，後測股二十度，此二高一遠，宜用左矩，故變句度爲股度。較七度半，是爲左岸高於右五仞，河闊三尋有四尺。此以兩股較七度半，當臺高二丈一尺；前測股十二度半，當左岸高於右三丈五尺；定廣十度，當河闊二丈八尺。

圖十二

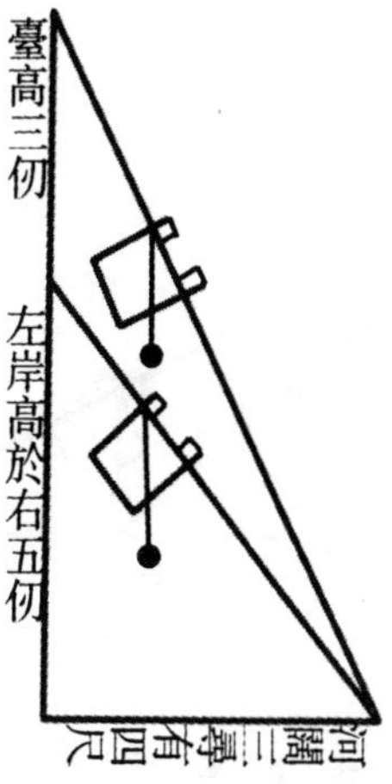

用左矩爲比例

一率	兩股較七度半	兩股較七度半
二率	前測股十二度半	定廣十度
三率	臺高二丈一尺	臺高二丈一尺
四率	左岸高於右三丈五尺	河闊二丈八尺

展轉互求與前同，惟用左矩爲異。

設池東西廣九丈一尺。池中立一竿。自東測竿杪，垂綫在股八度。又自西測之，垂綫在股五度。通之，得前測句十二度半，後測句二十度，和三十二度半，是爲竿杪下至與人目齊，凡二丈八尺，池東去竿三丈五尺，池西去竿五丈六尺。

此以兩句和當池廣，髀當池中立竿，兩測句度當竿東西去池畔。

圖十三

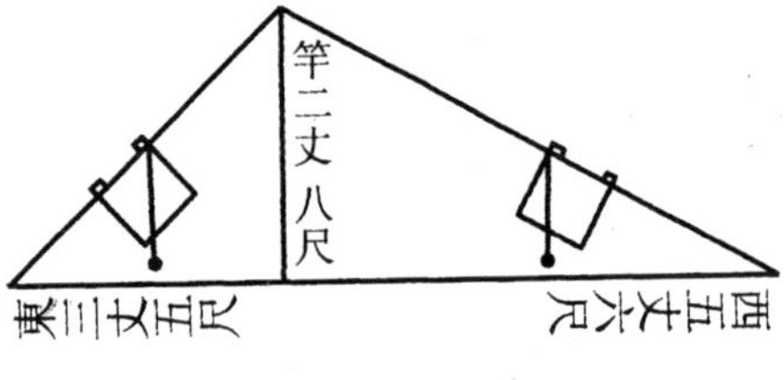

用右矩爲比例

一率　兩句和三十二度半　　髀十度

二率　髀十度　　前測句十二度半

三率　池廣九丈一尺　　竿二丈八尺

四率　竿二丈八尺　　池東去竿三丈五尺

展轉互求，悉與前同，惟以和較爲異。

凡測遠而無高下形勢者，惟以垂綫指所測，縱橫相當爲比例。矩向左測左，髀股橫而句廣縱，不遷矩重測，用句。若垂綫指股，則變爲句度。遷矩重測，用股。若垂綫指句，則變爲股度。

圖十四、五

不遷矩重測，所指有兩遠也。

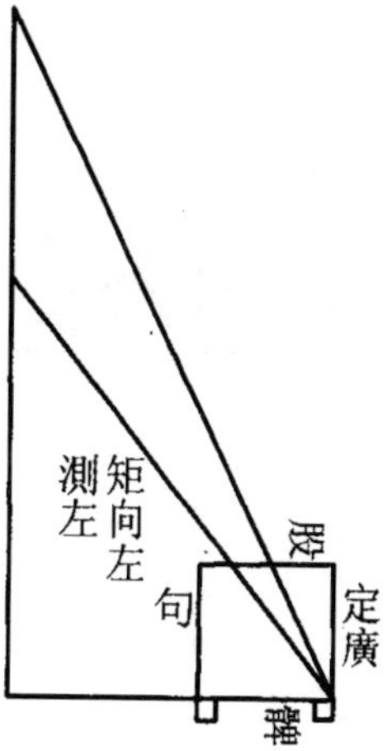

遷矩重測，兩矩有相去之數也。

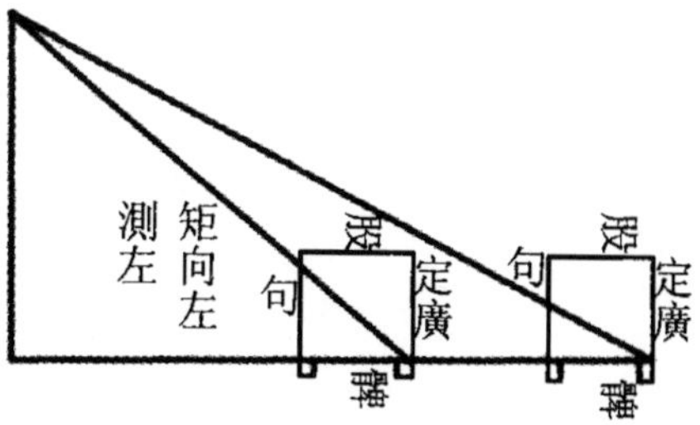

矩向右測右，髀股縱而句廣橫，不遷矩重測，用股；遷矩重測，用句。

圖十六、七

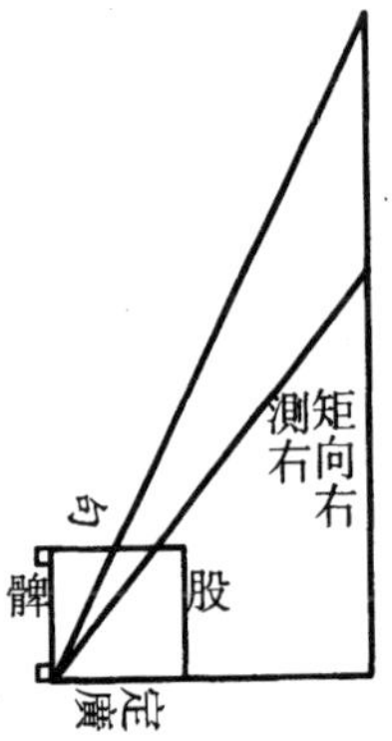

不遷矩重測

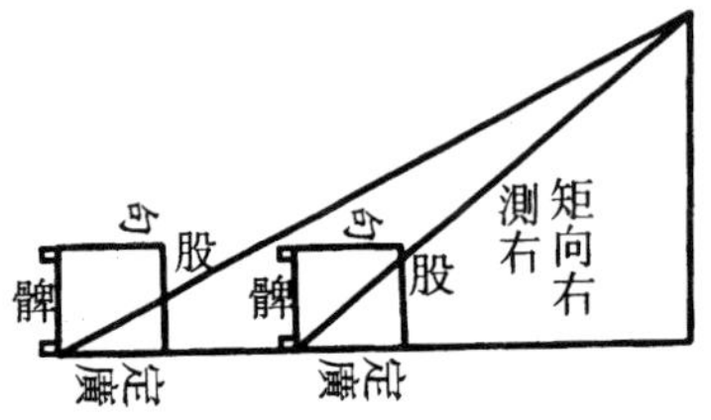

遷矩重測

準望之法，高深廣遠一也。皆以矩之句股，是爲小句小股，又爲原有之句，及原有之股。與所測之句股形，是爲大句大股，又爲今有之句求今之股，或今有之股求今之句。兩相當而互權，異乘同除得所求。重測者，和較之互權也。若更求人目斜距，則用矩分者，視内矩分，而以徑隅互權得之。規度全圜，全圜凡百應晝夜之數。度六十分，以十分爲一小度。應晝夜之刻分。易乾坤之策，凡三百有六十。

天本無度，步算家設度以推測日月星之行〔二四〕。古法〔二五〕，三百六十五度有奇，每晝夜日行一度。度者，行而過之之名。今用三百六十整度，便於布算，則每晝夜日行不及一度。雖失名度之義，算器無妨用之。

一矩之度〔二六〕，舉一反三之道也。其度二十有五，小度百有五十，分不容千有五百。則三分其小度，命以太少。三之一曰少半度，三之二曰太半度。併二少爲太，併一少一太爲一小度，二太而一小度有少半度，三太而二小度，三少一小度也。亦謂之三大分。矩之背重爲方，而規弧其中，左旋識其度分，以應乎天之左旋也。重爲方者，内方四帀如正矩，外方闕圜心之左右二邊，以正矩之方度識於内方，對圜心而隅出之。内方之内無方度，不以方圜相雜也。其外識之，所謂方數爲典也。非圜無以盡方之變，非方無以明圜之用。

圖十八〔二七〕

矩圜度作於正矩之背

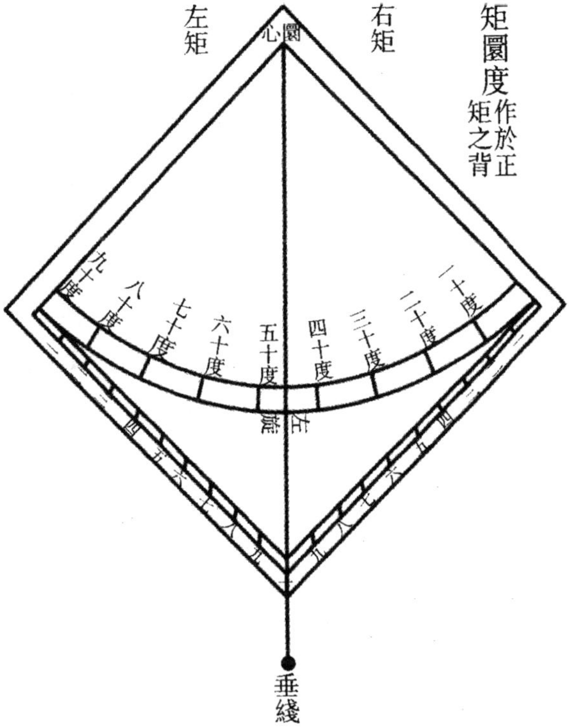

弧度九十，同象限儀，作矩時細分之。

外對圜心作方度與正矩，相應亦細分百分。

句股形，一直角，古亦名正角，今名正方角。二小角。今名爲鋭角。以直角爲圜心，所規之弧，全矩九十度也。二小角各爲圜心，其各所規之弧，併之，亦九十度。任以一爲本角，一爲對角，於九十度減本角弧度，餘爲對角弧度。

圖十九〔二八〕

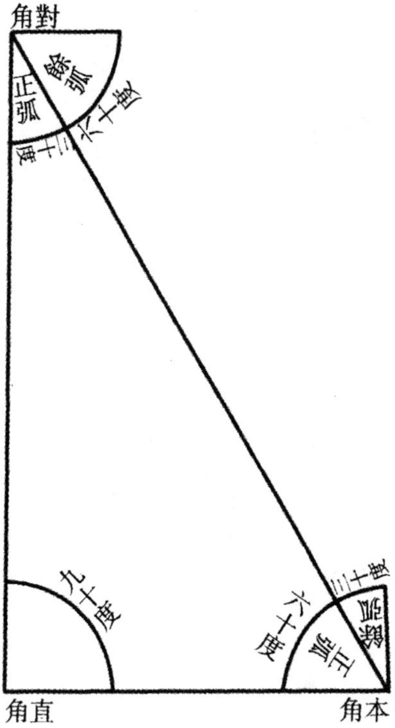

設本角六十度，對角必三十度。本角之正弧，與對角之餘弧等。本角之餘弧，與對角之正弧等。併兩角共九十度，與直角等。併本角、對角、直角，凡百八十度。

若無直角而成三小角者，各爲圜心，所規之弧皆不及九十度。併三弧共百八十度，減一弧，餘爲兩弧之和；減兩弧，則餘一弧。

圖二十〔二九〕

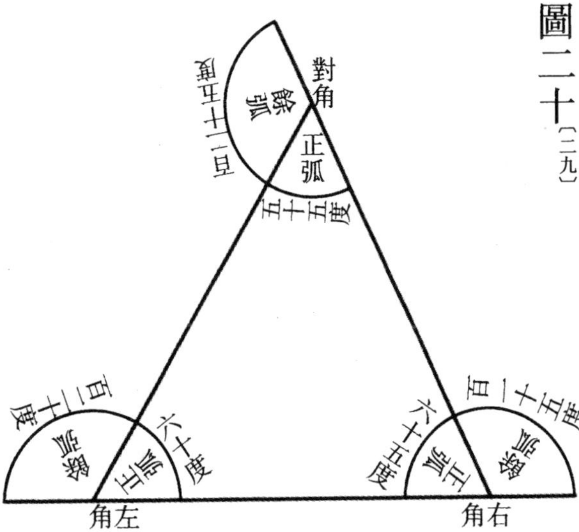

設右角六十五度，左角六十度，對角必五十五度。併右角、左角，共百二十五度，與對角餘弧等。併左角、對角，共百一十五度，與右角餘弧等。併對角、右角，共百二十度，與左角餘弧等。併右角、左角、對角，凡百八十度。

有一弧過九十度者，餘兩弧之和必不及九十度，是爲一大角，今名爲鈍角。二小角。

圖二十一〔三〇〕

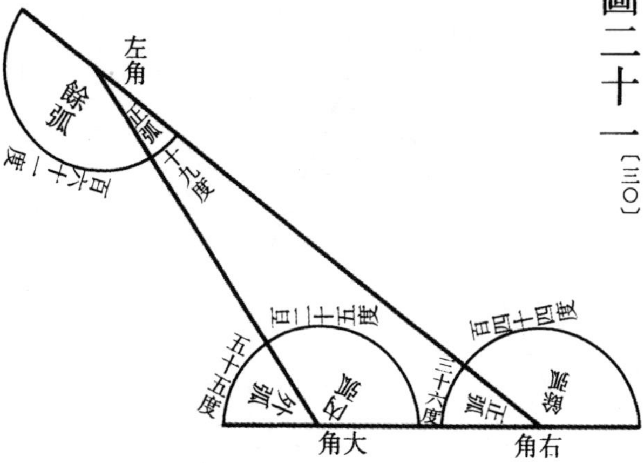

設大角百二十五度，右角三十六度，左角必十九度。併大角、右角，共百六十一度，與左角餘弧等。併右角、左角，五十五度，與大角外弧等。併左角、大角，共百四十四度，與右角餘弧等。併大角、右角、左角，凡百八十度。

凡比例互求之法，皆句股術也。句股應乎矩，矩出於九九八十一，是以有數可推，有例可比。三角中無直角，則不成句股，不應乎矩，無數可推，無例可比矣。必以句股御之〔三二〕，使成句股而止。此古者句股割圜所以盡測量之義也。

三角互爲圜心而規之，凡三弧。以句股御之，分其弧爲六，而同度者各二，是爲句股六。六直角。而三句股與三同度之句股可以比例互求。

三小角者，任以一角爲對角，其二角爲右角左角，右爲一，左爲二，對爲三。於九十度減右角弧度，餘爲對角之右弧，亦即爲左角之左弧；減左角弧度，餘爲對角之左弧，亦即爲右角之右弧；減對角弧度，餘爲右角之左弧，亦即爲左角之右弧。

圖二十二〔三三〕

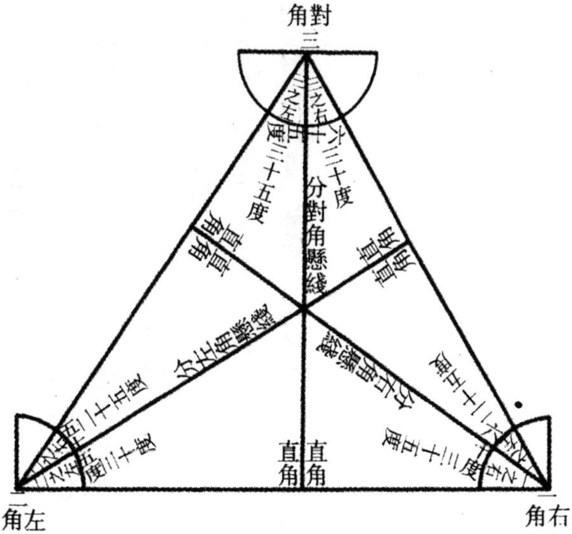

設對角六十五度，右角六十度，左角五十五度，是爲三小角共百八十度。三截直角成六句股，三十五度者二：三之左，一之右；三十度者二：二之左，三之右；二十五度者二：一之左，二之右。交錯相等，以生比例，得兩角一邊，可以知三角三邊矣。

梅定九平三角法舉要中，論三正弦與三邊比例，未知其可以比例之根生於句股同度也。

是故自一指三之内方度，即右角之正弦。當分對角之懸綫，二、三之距爲之弦。即右角之對邊。自三指一之内方度，即對角之正弦。當分右角之懸綫，一、二之距爲之弦。即對角之對邊。此三之左、一之右句股比例也。

一率　右角内方度　對角内方度
二率　二三之距　一三之距
三率　對角内方度　右角内方度
四率　一二之距　二三之距

自二指一之内方度，即左角之正弦。當分右角之懸綫，一、三之距爲之弦。即左角之對邊。自一指二之内方度，亦右角正弦。當分左角之懸綫，二、三之距爲之弦。此一之左、二之右句股比例也。

一率　左角内方度　右角内方度
二率　一三之距　二三之距

三率　右角内方度　左角内方度
四率　二三之距　一三之距

自三指二之内方度，亦對角正弦。當分對角之懸綫，一、二之距爲之弦。自二指三之内方度，亦左角正弦。當分左角之懸綫，一、三之距爲之弦。此二之左、三之右句股比例也。

一率　對角内方度　左角内方度
二率　一二之距　一三之距
三率　左角内方度　對角内方度
四率　一三之距　一二之距

一大角二小角者，大角必在二角之中，恒以爲三。餘或爲右，或爲左，紀以一、二。亦右爲一，左爲二。左右角不能於形内成句股，則引一、三之距爲底，一、二，二、三之距皆爲弦，截二句股。左角全弧爲一句股，加弧爲一句股。又引二、三之距爲底，一、二，一、三之距皆爲弦，截二句股。右角全弧爲一句股，加弧爲一句股。形外成同度之句股二，故大角有外弧二，小角各有加弧，截形内，分大角内弧。及合形外内，交錯而成同度之句股四，故大角有内右弧、内左弧，小角各有全弧。全弧者，合本弧、加弧也。是共爲句股六。於九十度減右角本弧，餘爲大角之内右弧，亦即爲左角之全弧；減左角本弧，餘爲大角之内左弧，亦即爲右角之全弧。於百八十度減大角内弧，餘爲外弧。如是者二：爲右外弧，左外弧。

二小角之和，必與大角之外弧相等。

大角之内弧，減九十度，餘必與加弧相等。

九十度減大角外弧，餘爲小角之加弧。減加弧，亦餘爲外弧。

大角用外弧，小角用本弧，以有加弧通其窮故也。

圖二十三〔三三〕

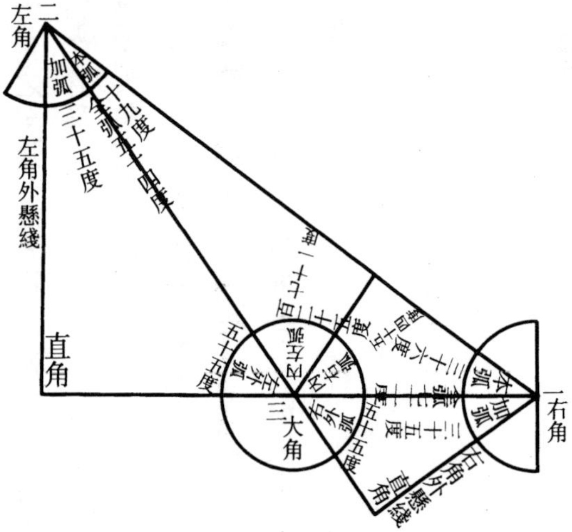

設大角百二十五度，右角十九度，左角三十六度，亦共百八十度。

截直角，成六句股，七十一度者二：三之左，一之全。五十四度者二：三之右，二之全。而二小角之加弧，皆三十五度。大角之外弧，左右爲用，皆五十五度。

是故自二指三之内方度，即左角之正弦。當分大角之懸綫，一、三之距爲之弦。即左角之對邊。自三指二之内方度，即大角左外弧之正弦。當左角之外懸綫，一、二之距爲之弦。即大角之對邊。以外懸綫當中懸綫觀之，亦即左外弧之對邊。此三之右、二之全句股比例也。

一率	左角内方度	外弧内方度
二率	一三之距	一二之距
三率	外弧内方度	左角内方度
四率	一二之距	一三之距

自一指三之内方度，即右角之正弦。當分大角之懸綫，二、三之距爲之弦。即右角之對邊。自三指一之内方度，即大角右外弧之正弦。當右角之外懸綫，一、二之距爲之弦。大角之對邊，亦即右外弧之對邊。此三之左、一之全句股比例也。

一率	右角内方度	外角内方度
二率	二三之距	一二之距

三率　外弧内方度　右角内方度

四率　一二之距　二三之距

自二指一之内方度，亦左角正弦。當右角之外懸綫，一、三之距爲之弦。自一指二之内方度，亦右角正弦。當左角之外懸綫，二、三之距爲之弦。皆以外懸綫當中懸綫觀之。此形外之句股比例也。

一率　左角内方度　右角内方度

二率　一三之距　二三之距

三率　右角内方度　左角内方度

四率　二三之距　一三之距

比例互求之術，知兩角弧度，則知三角弧度；三角共百八十度。知一邊，可以知三邊矣。凡小角皆用本弧，惟大角通之以外弧。若但知一角弧度，而兩邊測知其距，角或在兩邊之交，或不在兩邊之交。

角不在兩邊之交，一爲倚本角之邊，一爲對本角之邊。本角外之兩角，一爲兩邊所交之角，一爲虛一邊之角。截虛角之懸綫，當本角之內方度，其懸綫之弦，對本角之邊也。截本角之懸綫，當虛角之內方度，其懸綫之弦，倚本角之邊也。是爲同度之句股二。故比例以知虛角內方度，視矩得虛角弧度。

圖二十四〔三四〕

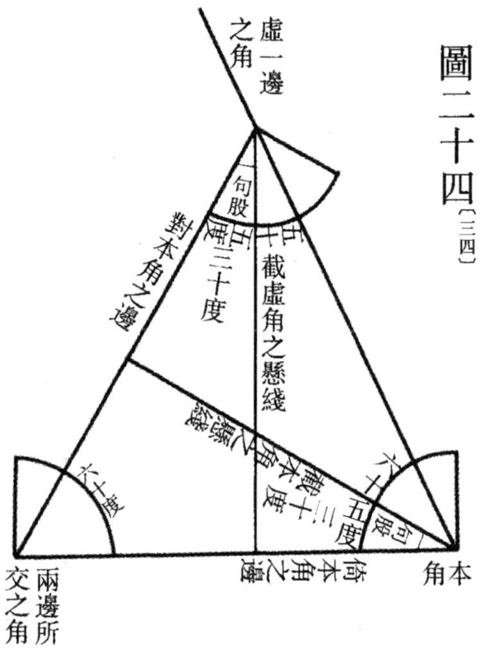

一率　對本角之邊
二率　本角內方度
三率　倚本角之邊
四率　虛角內方度

此借前三小角所設之度明其理。前以角之弧度求邊，此以邊求角之弧度，比例互求之術也。

既知兩角兩邊，則知其全。

凡懸綫，小角當其正弧之方度，正弧即本弧。大角之外弧，其方度與外懸綫相當，中外之致一也。

圖二十五、六

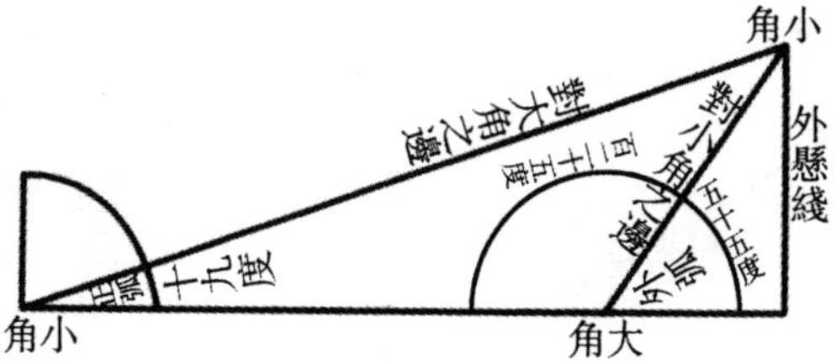

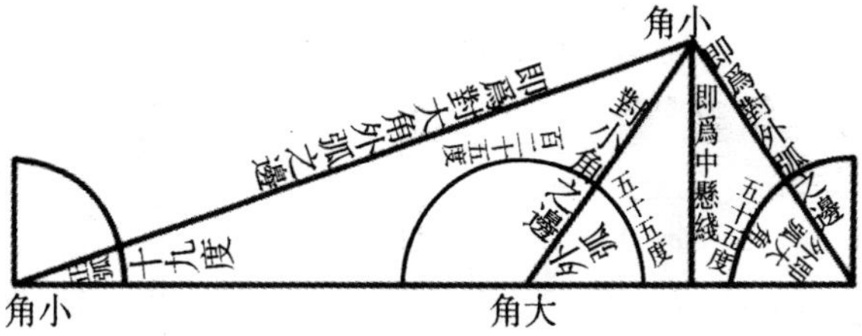

此借前一大角二小角所設之度明其理。上圖之外懸綫，變爲下圖之中懸綫。故當小角之方度者，又當大角外弧之方度。而對大角之邊，即爲大角外弧之對邊，對小角之邊，亦變爲對大角外弧之邊。三角之形不同，而理則一致。

交於大角之兩邊，任引一邊爲底，其理並同。

角在兩邊之交，一邊倚一虚角。以先求之一角爲截角，截之成兩句股，一爲本句股，一爲次句股。後求之一角爲次角。交於本角之兩邊，一爲倚截角之邊，一爲倚次角之邊。於九十度減本角弧度，餘爲本句股之截弧，倚截角之邊爲本句股之弦。倚次角之邊爲兩句之和。用截弧分兩句，徑隅十度。與内方度，截弧之正弦。當本句股之弦與句也。一率徑隅十度，二率截弧之内方度，三率倚截角之邊，求得四率，爲本句股之句。於倚次角之邊減所得句，餘爲次句股之句。又以本句股之句與次句股之句，當所截本句股之外方度截弧之正切。與次句股之外方度。次句股截弧之正切也。一率本句股之句，二率次句股之句，三率本句股之外方度，求得四率，爲次句股之外方度。視矩，併兩截弧，得先求之一角弧度。

凡同邊不同度之句股，皆用外方度比例。

若所得之句，大於倚次角之邊，則相減而得截角加弧之句。若本角爲大角，則用加弧求其句，合倚次角之邊爲全弧之句。

圖二十七、八、九

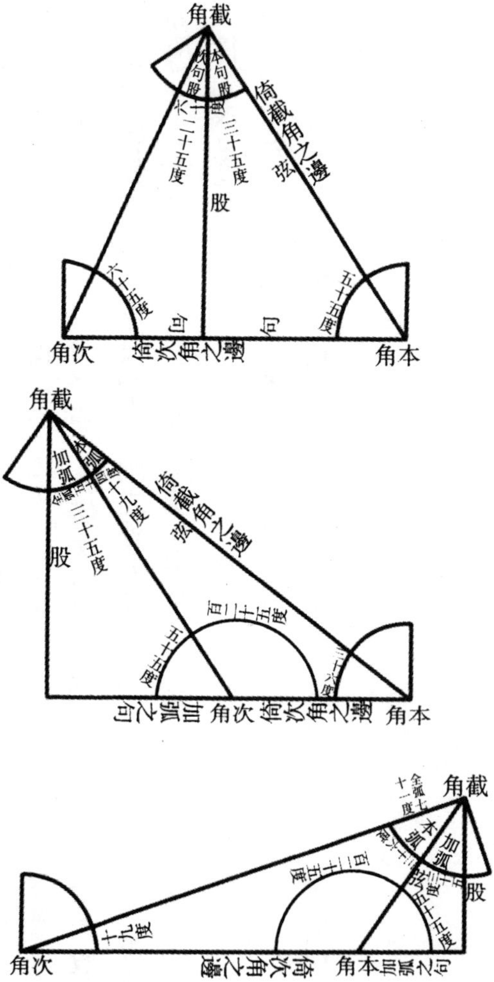
角截
本句股
次句股
倚截角之邊
弦
股
句
三十五度
二十五度
六十五度
五十五度
角次
倚次角之邊
角本
加弧
本弧
三十五度
十九度
百二十五度
五十五度
加弧之句
角次
倚次角之邊
角本
全弧七十二度
十九度
倚次角之邊
加弧之句

一術：角在兩邊之交於百八十度，減本角弧度，餘爲所求兩角之和。半之，爲半和度，具一小角及半較角也。兩角之和，割圜成弧矢。其弧矢之弦，截之爲兩角內方度之弦，成同度之句股二，皆以半較角之度爲其度。句股既同度，則弧矢之弦與兩角之內方度通爲一，猶兩角之對邊與其角之內方度通爲一也。理具前數圖中。弧矢之弦，折取其半，爲內方度，則與外方度通爲一。若過乎半，或不及半，則內與外成欹斜兩綫，不相比次，不得通爲一。凡內方度不隨和較爲比例，外方度隨其和較之半全，皆爲比例也。八綫或用正弦、餘弦，或用正切、餘切，其理如是。交於本角之兩邊，即所求兩角之對邊，故以兩邊相併爲和，相減爲較。取半和度之外方度，異乘同除，得半較角之外方度以加半和度，得一角弧度，以減半和度，得一小角弧度。加弧。

圖三十

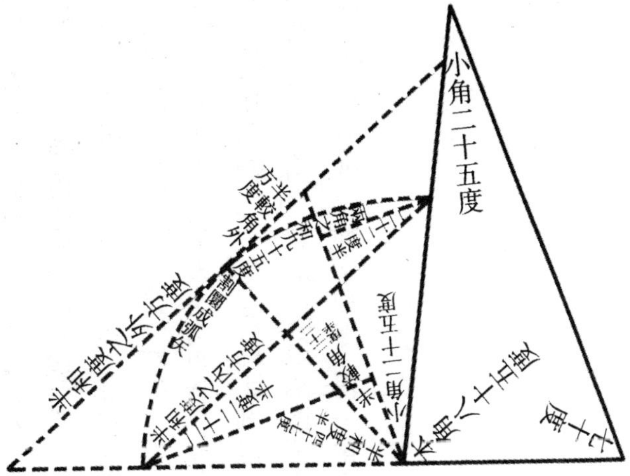

前術余所創，此術梅君定九所創，余因推明邊與角和較比例之理，亦生於同度二句股也。舍句股，無以御三角矣。

一率　兩邊之和
二率　兩邊之較
三率　半和度之外方度
四率　半較角外方度

舊術迂曲，兹不載。

三角形盡諸形之變，句股盡三角形之變。非句股則無以御三角形，推而至於句股法之所止也。是以數寸之矩能盡高深廣遠之比例也。

校注

〔一〕圖二上　眉批曰：「此二圖（指圖二和圖三）足明『半其一矩，環而共盤』之文。」圖次爲整理者所加。

〔二〕圖四上　眉批曰：「此及下圖（指圖五）明『兩矩共長二十有五』之文。」

〔三〕「余考周髀」句上　朱筆眉批曰：「正文别有定本記之於旁，餘未及改。俱已改定。」

〔四〕「欲補」以下二句　朱筆旁批曰：「二句，一本作『儗而作器，用補古者準望之法。』」

〔五〕度　朱筆旁批曰：「一本作數。」

〔六〕方度　眉批曰：「一本作『方數，百分之謂之矩分，每一分十之爲其小分，矩積爲分萬小分百之。』」

〔七〕「方之」句　朱筆旁批曰：「一本無下八句，作『小分十之，矩積爲大分萬，小分百之。』」

〔八〕「爲分萬也」句下　朱筆批曰：「矩百度自乘之，冪萬；每度十分，百度共千分，自乘之冪百萬，是謂矩積。」

〔九〕「此十度」以下二句　朱筆旁批曰：「一本『十』作『百』，『度』作『大分』。一本『大』作『小』，『可』作『或』，『百』作『十大分』。」

〔一〇〕「則矩積」二句　於「度」字旁批「大分」，於「萬」字旁批「『萬』作『百』」，於「分」字旁批「小」，於「百」字旁批「無百字」。

〔一一〕「今步算家」句　朱筆旁批曰：「一本『八綫表』下增三句云：『先得弧度，檢其直綫，以千萬爲半徑。』」

〔一二〕十度　朱筆旁批曰：「一本『十』作百分。」

〔一三〕平度　朱筆旁批作「矩分」。下同。

〔一四〕髀十度謂之定度　朱筆改作「髀百分謂之定度」。

〔一五〕十度爲句度謂之移矩　朱筆改作「句百分謂之移度」。又旁有朱筆批曰：「一本自一至九之下，皆有十字，十皆作百。」

〔一六〕十度爲股度亦謂之移度　朱筆改作「股百分，亦謂之移矩」。

〔一七〕定廣亦十度謂之定度　朱筆改作「定廣亦百分謂之定矩」。

〔一八〕每度各有分　朱筆旁批曰：「上句，一本作制矩細分之。」

〔一九〕十度　朱筆旁批作「百分」。下同。

〔二〇〕「爲度百」以下二句　朱筆旁批：「一本百作萬，萬作百萬。」

〔二一〕「股過十度」句上　眉批曰：「取徑引數以弧度減象限，餘爲次弧背。半之以其中　加於弧度，矩分必與本弧背之徑引數相等。」

〔二二〕圖九下　朱筆批曰：「一本『五』作『五十』，『八』作『八十』，『十二度半』作『百二十五度』，『二十』作『二百』。」

〔二三〕設去城十四丈測城高　朱筆改第一個「城」作「臺」。

按：以下正文數字皆有朱筆旁批，内容同此，不另出校記。

〔二四〕「步算家」句末　朱筆旁批曰：「小字及『天本無度』云云，悉删去。」

〔二五〕「古法」句上　朱筆眉批曰：「儗周髀之矩，故用古刻法。晝夜共百刻。每刻六分之，爲六小刻。每小刻又十分之，散於十二辰。每一辰八大刻，二小刻。以小刻當其初終，立法最密。梁天監中，改用整刻九十六。今歐邏巴度法，竊之回回曆三百六十刻法，竊之梁時所定九十六。」

〔二六〕「一矩之度」句　朱筆旁批曰：「一本合上爲一段。」

〔二七〕圖十八的圜度，朱筆改九十度爲一百五十度，且於圖中朱筆注曰：「圜度，每十度界改作百五十度。方度如前，改十爲百。」另於圖下有兩條朱筆批語，其一曰：「八綫表用九十度。今定矩圜度二十五，六分之爲小度百五十，又三分之爲大分四百五十。每度當其三度三十六分，每小度當三十六分，每大分當十二分，每小分當三分三十六秒。」另一曰：「八綫表六度，當矩圜度十度；三度當其五度；一度當一度太。」

〔二八〕圖十九　朱筆批曰：「一本『三十』作『五十』，『六十』作『百』，『九十』作『百五十』，『百八十』作『三百』。」

〔二九〕圖二十　朱筆批曰：「一本『五十五』作『九十一度太』，『六十』作『百』，『六十五』作『百八度少』，『百二十五』作『二百八度少』，『百二十』作『二百』，『百一十五』作『百九十一度太』，『百八十』作『三百』。」

〔三〇〕圖二十一　朱筆批曰：「一本『三十六』作『五十五』，『十九度』作『三十一度太』，『百二十五度』作『二百八度少』，『五十五度』作『九十一度太』，『百四十四』作『二百四十』，『百六十一』作『二百六十八度少』，『百八十』作『三百』。」

〔三一〕「必以句股御之」句上　朱筆眉批曰：「歐邏巴竊取句股爲三角法，猥云三角能御句股，句股不能御三角。梅勿庵書亦言之，以三角中無直角，非復句股比例可推，必用八綫表之正弦，乃得三邊互求之法。不知三角中成六句股，兩兩相等，交錯其間，以生比例。惜勿庵尚未明此關竅，不能羽翼古人。」

〔三二〕圖二十二　朱筆批曰：「一本『六十』作『百』，『六十五度』作『百八度少』，『五十五度』作『九十一度太』，『三十』作『五十』，『三十五』作『五十八度少』，『二十五』作『四十一度太』，『百八十』作『三百』。」

〔三三〕圖二十三　朱筆批曰：「一本『三十五度』作『五十八度少』，『五十四』作『九十』，『七十一度』作『百一十八度少』，餘同前改之。」

〔三四〕圖二十四　朱筆批曰：「度之數同前改之。」按：以下各圖皆有此批。

割圜弧矢補論[一]

古九數方田算弧矢形，有矢弦求徑之術，弦折半自乘，矢除之，加矢爲圜徑，學者莫明其義出於句股。又弧矢求積，古今未有密法可推，蓋圜之於方，有一定之比例，弧矢於長方，無一定之比例。余思之竟日，遂得其理。凡弧矢形，平截圜之半徑，體勢不齊，猶夫三角形之無直角，體勢不齊也。必求分圜之積，乃知弧矢積，猶三角必截之成句股也。就矢弦求其圜徑，猶夫就三角形求其截句股之懸綫也。形之有三角、有弧矢者，以不齊齊天下之不齊。三角則有句股御之，弧矢則割圜御之。而句股割圜，道通爲一，又以齊齊其不齊，是用著於篇。

割圜之法，自圜心而觚分之。截圜周爲弧背，絙弧背之兩端曰弦，弦截圜徑得矢。弧矢之內成相等之句股二，引矢至圜心爲之句，弧背之弦爲之股，圜半徑爲之弦，股得半弧背之弦也。句與股二者之名可互易。

圖三十一

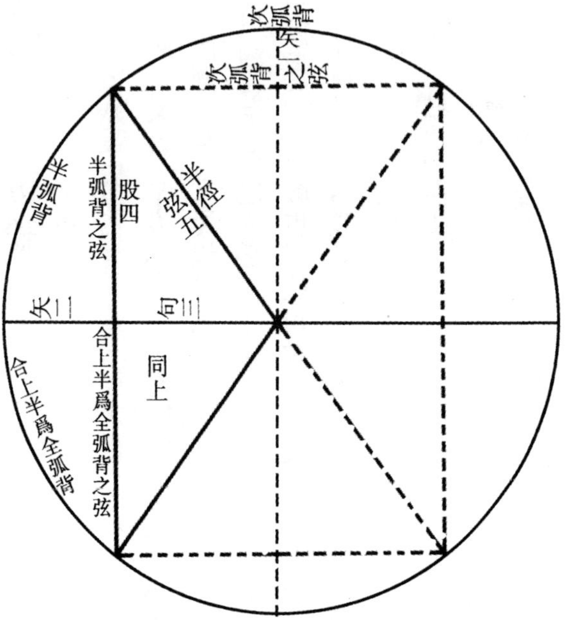

設句三股四弦五明之，形之變悉準此。

半圜截一弧矢，餘爲次弧矢。全圜共得四弧矢，而相等者二。其内成倒順八句股，皆相等。今算家謂，三邊之長短悉同，爲相等形；三角之度同而邊之長短不同，爲同式形。在渾圜，三邊皆弧度，則但有相等形無同式形。

半弧背之弦即八綫之正弦，合兩半爲通弦。弧背之矢爲正矢，半次弧背之弦爲餘弦，其矢爲餘矢。

減矢於圜半徑，餘爲句，倍之爲次弧背之弦。減矢於圜徑，餘爲句弦和，矢恒爲句弦較。和較相乘爲股實，平方開之，得股。倍之，即弧背之弦。

是爲矢徑求弦，又可以句弦求股，本術御之。

減半弧背之弦於圜半徑，餘爲次弧背之矢，亦謂之股弦較。減股弦較於圜徑，餘爲股弦和。和較相乘爲句實，平方開之，得句。減句於圜半徑，餘即弧背之矢。

是爲弦徑求矢，又可以股弦求句御之。

若先得弧矢形，規之成圜，引其矢爲之徑。半弧背之弦自乘爲股實，矢爲法除之，得句弦和。矢也者，句弦較也。併和較即圜徑。

是爲矢弦求徑。以和較比例明之：句弦較之於股，股之於句弦和，相當之比例也；股弦較之於句，句之於股弦和，相當之比例也。設句三股四弦五明之，三者之數有變，而其比例則同。

一率	句弦較二	句弦和八	股四	股四
二率	股四	股四	句弦較二	句弦和八
三率	股四	股四	句弦和八	句弦較二
四率	句弦和八	句弦較二	股四	股四

一率	股弦較一	股弦和九	句三	句三
二率	句三	句三	股弦較一	股弦和九
三率	句三	句三	股弦和九	股弦較一
四率	股弦和九	股弦較一	句三	句三

以同度之句股明之：半弧背之弦分圜徑而爲小大兩句股。兩句股之弦相交必成直角，則兩句股合之爲一大句股，圜徑即其弦也，兩句股之弦即其句與股也。凡句股形迭悉之，皆成同度之横竪兩句股，小大不同而其度同，亦名同式形。故小大爲比例。

圖三十二〔二〕

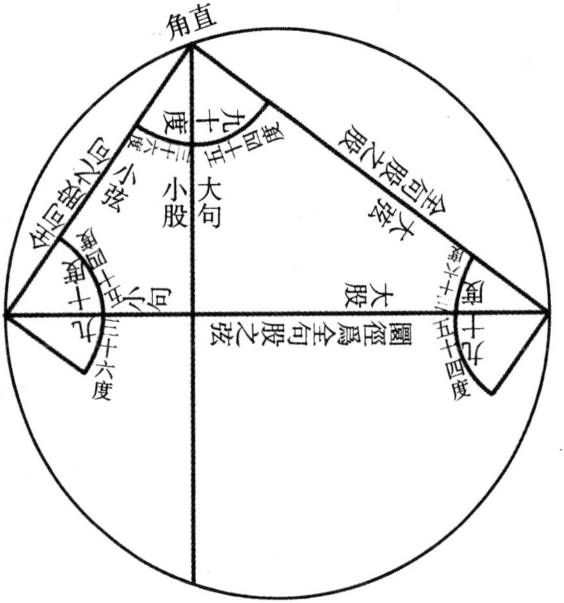

一率	小句	大句	小股	大股
二率	小股	大股	小句	大句
三率	大句	小句	大股	小股
四率	大股	小股	大句	小句

小句自乘，小股自乘，併之爲弦實，即全句股之句實。大句自乘，大股自乘，併之爲弦實，即全句股之股實。

句股求弦任得其一，可以比例互求。

一率	小句	小股	大股	大句
二率	小弦	小弦	大弦	大弦
三率	大句	大股	小股	小句
四率	大弦	大弦	小弦	小弦

凡圜徑求其周及弧背之數，徑率萬萬，周率三萬一千四百一十五萬九千二百六十五。以圜徑乘周率，得周。檢方圜比例數表，圜徑求周可免算。半徑乘半周得圜積。檢方圜比例數表，有方積求同徑之圜，積亦可省算。既得圜之周積，用矩以通之，圜半徑當矩，則半弧背之弦當內方度。減矢於圜半徑，以其餘當矩，則半弧背之弦當外方度。視矩，得半弧背之度，減矢於圜徑，以其餘當矩，則半弧背之弦當外方度。視矩圜度，倍之，亦得半弧背之度。通之以矩，而後弧背之數與其積，可借圜之周積爲比例矣。

一率	圜半徑	句	句弦和
二率	半弧背之弦	股	股
三率	矩百度	矩百度	矩百度
四率	內方度	外方度	外方度

以全圜度分當圜周，弧背之度當其弧，是爲截圜周一弧背之數。減一弧背於圜半周，餘爲次弧背。

一率	全圜度分	半圜度分	一矩之度分
二率	弧背度分	弧背度分	半弧背度分

三率　圜周　　　　圜半周　　　　四分圜周之一
四率　弧背　　　　弧背　　　　弧背

弧背半之，乘圜半徑，得分圜積。分圜者，自圜心而觚分之者也。爲弧矢形一，爲相等之句股形二。圜半徑減矢，以乘半弧背之弦，得兩句股形積。減分圜積，餘爲弧矢形之積。

不求弧背之數，則以全圜度分當圜積，弧背度分當分圜積。

一率　全圜度分　　半圜度分
二率　弧背度分　　弧背度分
三率　圜積　　　　半圜積
四率　分圜積　　　分圜積

方積圜積之比例，方積四萬萬，圜積三萬一千四百一十五萬九千二百六十五，方周圜周之比例同，皆與圜徑求其周之密率交通爲一也。

方圜相容之比例：方内容圜，圜内復容方，外方倍内方，因而通其率。圜内容方，方内復容圜，外圜倍内圜也。

圖三十三

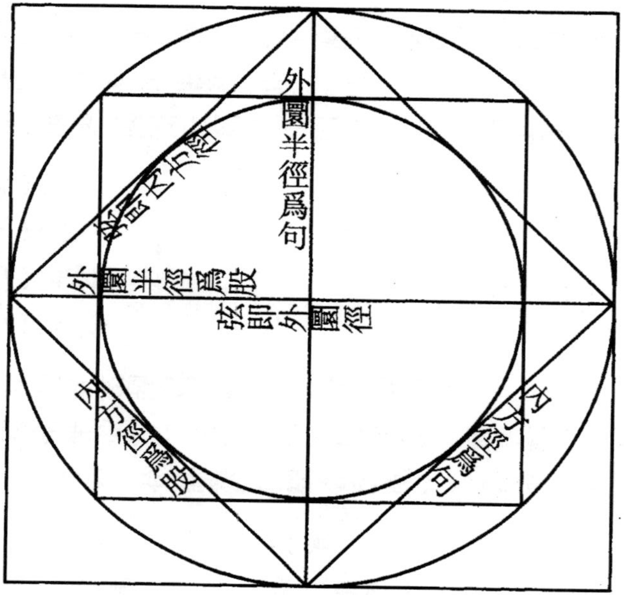

圖三十四

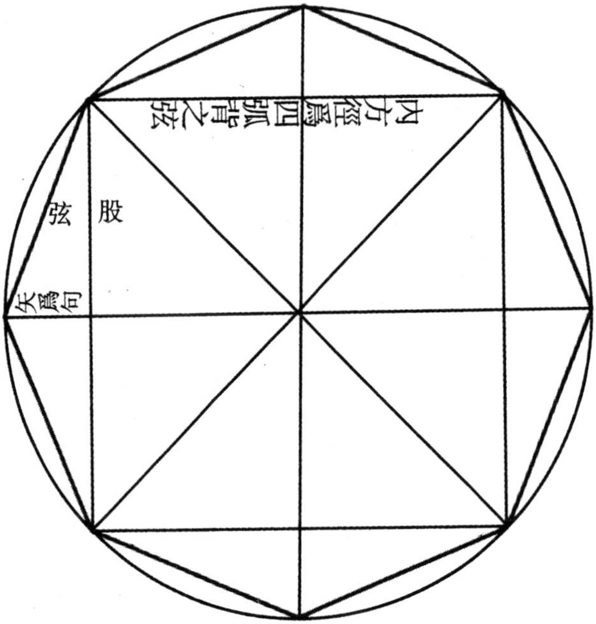

設句股相等，得圜半徑，求其弦，弦實即圜内容方之冪。句股相等得内方徑，求其弦，弦實即圜外切方之冪。圜徑減内方徑，餘半之，爲相等四弧背之矢。内方徑爲四弧背之弦，弦半之以爲股，以矢爲句，求其弦，得八觚之邊。遞開之，得圜徑求周之密率，猶言其失，億萬之秒忽而已。

設句半於弦，弦得圜半徑，則倍句與弦等，句弦較與句等，句弦較恒爲弧背之矢，倍句恒爲次弧背之弦。復以句弦較爲句，其弦亦必與圜半徑等，是爲分弧之弦。分弧者，矢中分弧背，爲相等之小弧矢形二也。分弧與次弧背既相等，圜周得相等之弧矢六，弧背之弦爲六觚之邊，皆與圜半徑等。故徑一圍三者，六觚之率，圜率或借用之。約計大略，無妨借用。

圖三十五

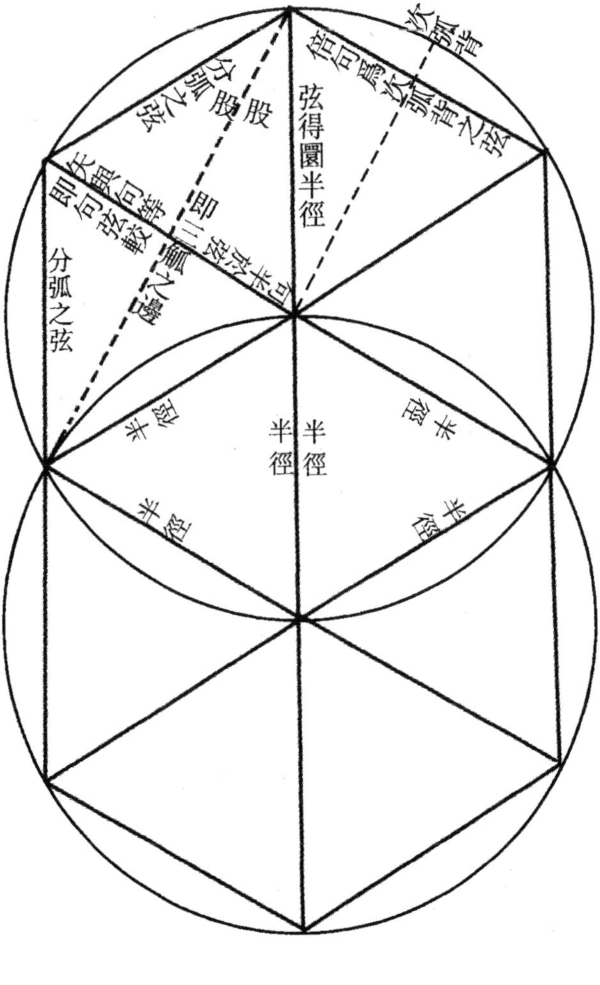
次弧背
倍句爲次弧背之弦
弦得圜半徑
股
分股弧之弦
矢與句等
即句弦較
即三事之邊
分弧之弦
半徑
半徑
半徑
半徑
半徑
半徑

設句半於股，股得圜半徑，求其弦。句弦較爲十觚之邊，減句弦較於股，餘半之，爲五觚外弧背之矢。矢徑求弦，得五觚之邊。

圖三十六

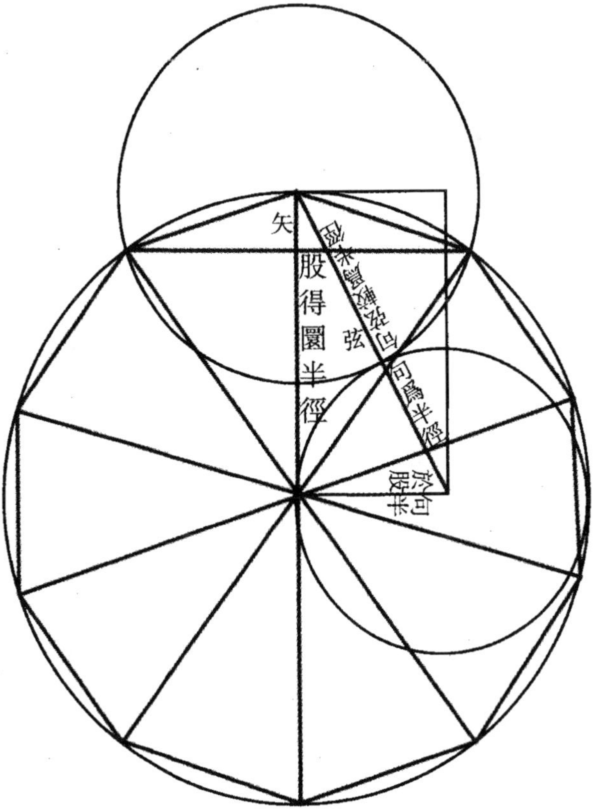

以句弦較爲句，圜半徑爲股，求其弦，亦得五觚之邊。

弦得圜半徑，而句半於股，則股與倍句通爲一。句弦和之一矩，兼夫股與句弦較之折矩、句弦和與股之折矩，隱具於句弦和之一矩，權四爲三，今算家謂之連比例，此兩矩爲連比例者也。復權三爲一。今算家謂之理分中末綫，句弦和爲全綫，倍句爲中數，句弦較爲末數，又名神分綫，此一矩自爲連比例者也。句股割圜之變，神而明之，存乎其人焉。

圖三十七

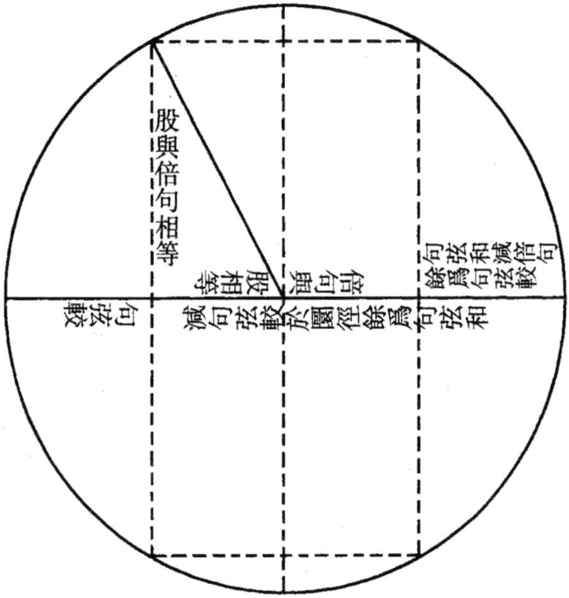

兩折矩爲連比例

一率　句弦和　句弦較

二率　股　股

三率　股

四率　句弦較　句弦和

一矩自爲連比例

一率　句弦和　句弦較

二率　倍句　倍句

三率　倍句　倍句

四率　句弦較　句弦和

理分中末綫

一率　全綫合中末二數　末數

二率　中數全綫之大分　中數

三率　中數　中數

四率　末數全綫之小分　全綫

凡大小二數合之成一數，或一數分之成大小二數，三數能叠次成連比例，其理具於此。引而伸之，更以大數與二數之和相併，則二數之和又爲大數。以小數與大數相較，得一小數，則大數又爲二數之和。可展轉生其比例，或任取一數與之比例，亦可以展轉相生也。

設數以千兆爲股，是爲大數，半之，五百兆爲句，求其弦，得千一百一十八兆，毛詩傳云："數億至億曰兆，萬萬億也。"九千八百九十四萬八千四百八十二强。共二十位。句弦較六百一十八兆有三百三十九萬八千八百七十四億，毛詩傳云："數萬至萬曰億，萬萬也。"九千八百七十四億九千八百九十四萬八千四百八十二强，是爲小數。共十九位。句弦和千六百一十八兆有三百三十九萬八千八百七十四億九千八百九十四萬八千四百八十二强，是爲二數之和。亦共二十位。更以股爲二數之和，則句弦較又爲大數，其小數三百八十一兆九千六百六十萬億有一千一百二十五億有一百有五萬一千五百一十八弱。共十九位。展轉相生，皆成連比例。

一率　一六一八〇三三九八八七四九八九四八四八二强　二數之和

二率　一〇〇〇〇〇〇〇〇〇〇〇〇〇〇〇〇〇〇〇　大數

三率　一〇〇〇〇〇〇〇〇〇〇〇〇〇〇〇〇〇〇　大數

四率　〇六一八〇三三九八八七四九八九四八四八二强　小數

一率　一〇〇〇〇〇〇〇〇〇〇〇〇〇〇〇〇〇〇　二數之和

二率　〇六一八〇三三九八八七四九八九四八四八二强　大數

三率　〇六一八〇三三九八八七四九八九四八四八二强　大數

四率　〇三八一九六六〇一一二五〇一〇五一五一八弱　小數

校　注

〔一〕題上有朱筆眉批曰：「弧三角法别見句股割圜全義。」

〔二〕圖三十二，朱筆批曰：「一本『三十六』作『六十』，『五十四』作『九十』，『九十』作『百五十』。」

句股割圜全義圖

圖三十八〔二〕

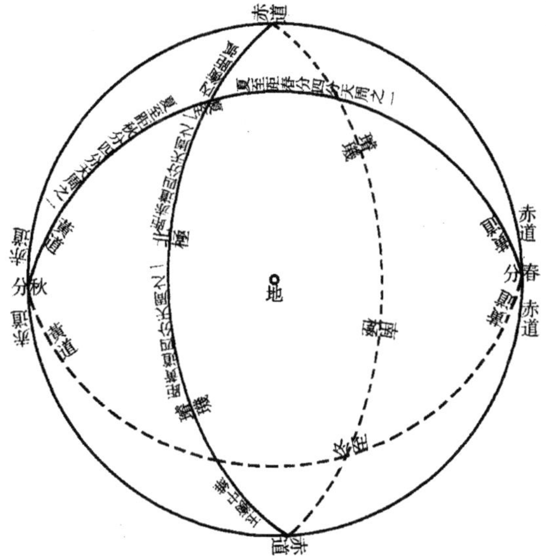

圖三十九〔二〕

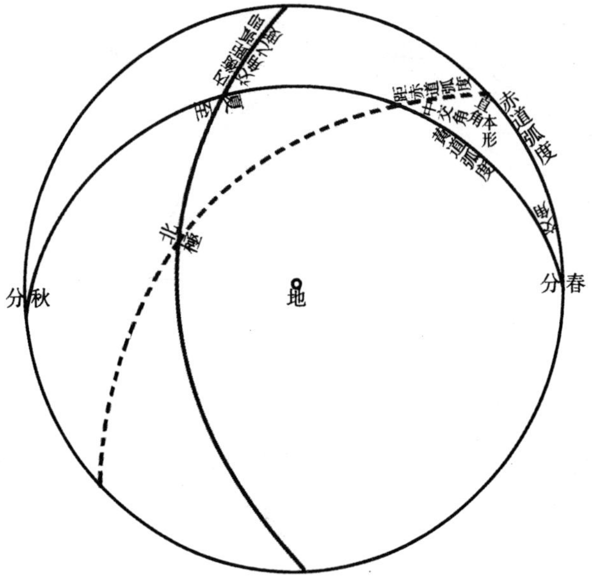

圖四十

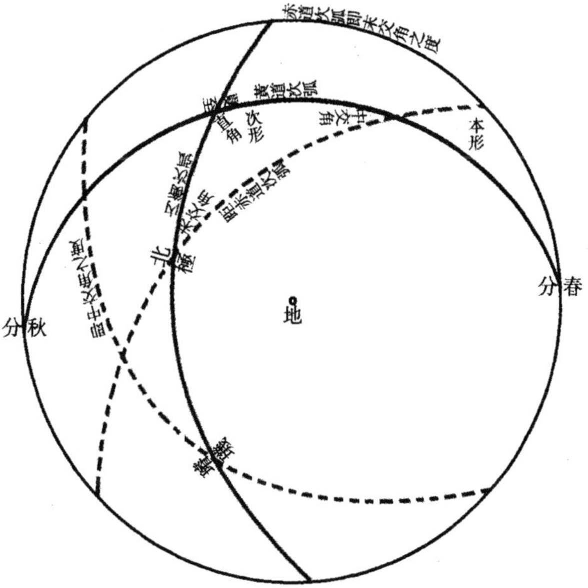

圖四十一

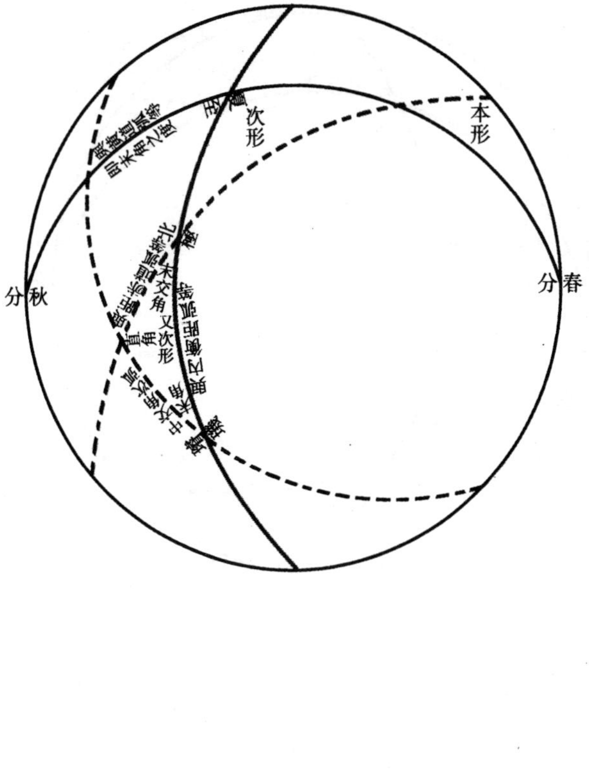

圖四十二

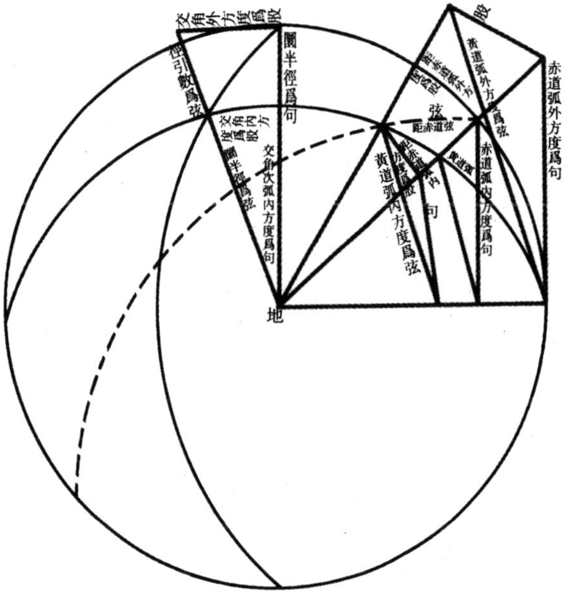

八綫比例之根：同度五句股，皆以交角之度爲其度。朱綫平置，黃綫側倚。

圖四十三

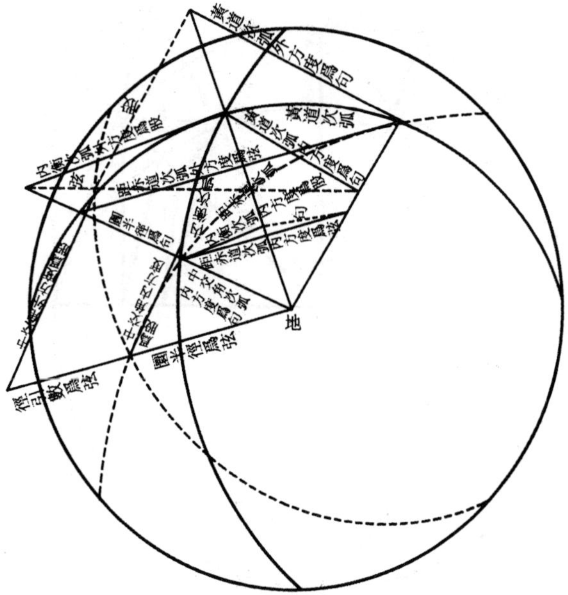

用次形比例之根：同度五句股，皆以中交角之度爲其度。

黄綫平置，墨綫側倚。

圖四十四

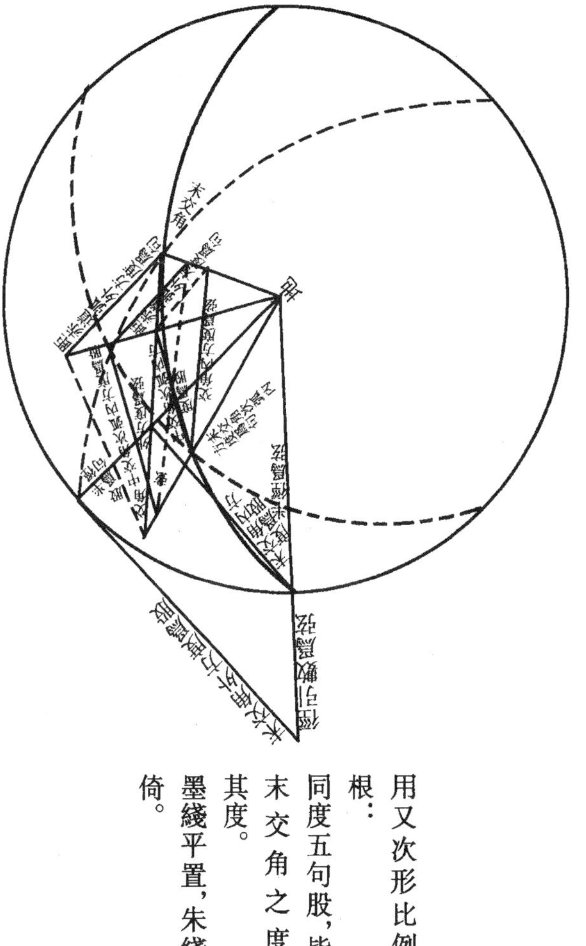

用又次形比例之根：同度五句股，皆以末交角之度爲其度。墨綫平置，朱綫側倚。

校注

〔一〕圖三十八　赤道(即外圜)、南北極爲朱色,黄道爲黄褐色。以下各圖大致同此,不另注。又該圖之下有批語曰:「製儀,小圈四:一赤、一黄、二白。大圈五:二青、一緑、一藍、一白、一赤、一黄。」這大概是作者準備重繪這些圖的計劃。

〔二〕圖三十九　「本形」二字爲朱筆,又圖四十增「次形」、又圖四十一增「又次形」,皆朱筆,可能爲後來修改時所增加。

方圜比例數表

漢鄭康成注禮，凡計圜之周徑，用周三徑一，約其大致，此六觚之率，非圜率也。今算家圜率，定於劉宋祖沖之。隋書律曆志曰：「古之九數，圜周率三，圜徑率一，其術疏舛。自劉歆、張衡、劉徽、王蕃、皮延宗之徒，各設新率，未臻折衷。宋末南徐州從事史祖沖之，更開密法，以圜徑一億爲一丈，圜周贏數三丈一尺四寸一分五釐九豪二秒七忽，朒數三丈一尺四寸一分五釐九豪二秒六忽，正數在贏朒二限之間。」余考古方田章，密率圓徑一百一十三，圓周三百五十五；約率圓徑七，周二十二。圜形以半徑乘半周得積。求積之術，獨此最密。用祖氏所開密法，推得方圜之周、徑、積三者比例正數，列之爲表。檢表取數，可免操算之勞，聊以斯自便也。

圜徑求周

圜徑	圜周
○一	○三一四一五九二六五
○二	○六二八三一八五三○

〇三	〇九四二四七七七九五
〇四	一二五六六三七〇六〇
〇五	一五七〇七九六三二五
〇六	一八八四九五五五九〇
〇七	二一九九一一四八五五
〇八	二五一三二七四一二〇
〇九	二八二七四三三三八五

圜周求徑

圜周	圜徑
一	〇三一八三〇九八八六五四七五强
二	〇六三六六一九七七三〇九五〇少弱
三	〇九五四九二九六五九六四二五少强
四	一二七三二三九五四六一九〇〇半强
五	一五九一五四九四三二七三七五太弱

六	一九〇九八五九三一九二八五〇太强
七	二二二八一六九二〇五八三二五太强
八	二五四六四七九〇九二三八〇一强
九	二八六四七八八九七八九二七六强

有方積求同徑之圜積

方積	圜積
一	〇七八五三九八一六二五
二	一五七〇七九六三二五〇
三	二三五六一九四四八七五
四	三一四一五九二六五〇〇
五	三九二六九九〇八一二五
六	四七一二三八八九七五〇
七	五四九七七八七一三七五
八	六二八三一八五三〇〇〇

九	七〇六八五八三四六二五

有圜積求同徑之方積

圜積	方積
〇一	〇一二七三二三九五四六一九强
〇二	〇二五四六四七九〇九二三八强
〇三	〇三八一九七一八六三八五七强
〇四	〇五〇九二九五八一八四七六强
〇五	〇六三六六一九七七三〇九五强
〇六	〇七六三九四三七二七七一四强
〇七	〇八九一二六七六八二三三三强
〇八	一〇一八五九一六三六九五二强
〇九	一一四五九一五五九一五七一强

有圜徑求同積之方徑有方周求同積之圜周，數同。

圜徑	方徑
一	○八八六二二六九二四九四六四二七强
二	一七七二四五三八四九八九二八五四强
三	二六五八六八○七七四八三九二八一强
四	三五四四九○七六九九七八五七○八强
五	四四三一一三四六二四七三二一三五强
六	五三一七三六一五四九六七八五六二强
七	六二○三五八八四七四六二四九八九强
八	七○八九八一五三九九五七一四一六强
九	七九七六○四二三二四五一七八四三强

有方徑求同積之圜徑有圜周求同積之方周，數同。

方徑	圜徑
○一	○一一二八三七九一六七七四强
○二	○二二五六七五八三三五四八强
○三	○三三八五一三七五○三二二强
○四	○四五一三五一六六七○九六强
○五	○五六四一八九五八三八七○强
○六	○六七七○二七五○○六四四强
○七	○七八九八六五四一七四一八强
○八	○九○二七○三三四一九二强
○九	一○一五五四一二五○九六六强

有圓徑自乘之冪求□度之分圓矩之圓度

方冪	矩背一小度之分圓積
一	〇〇〇一三〇八九九六九三七五
二	〇〇〇二六一七九九三八七五〇
三	〇〇〇三九二六九九〇八一二五
四	〇〇〇五二三五九八七七五〇〇
五	〇〇〇六五四四九八四六八七五
六	〇〇〇七八五三九八一六二五〇
七	〇〇〇九一六二九七八五六二五
八	〇〇一〇四七一九七五五〇〇〇
九	〇〇一一七八〇九七二四三七五

有圜徑自乘之冪求少半度之分圜積太半度倍之

方冪	矩背一大分之分圜積
一	〇〇〇四三六三三二三一二五
二	〇〇〇〇八七二六六四六二五〇
三	〇〇〇一三〇八九九六九三七五
四	〇〇〇一七四五三二九二五〇〇
五	〇〇〇二一八一六六一五六二五
六	〇〇〇二六一七九九三八七五〇
七	〇〇〇三〇五四三二六一八七五
八	〇〇〇三四九〇六五八五〇〇
九	〇〇〇三九二六九九〇八一二五

有圜徑自乘之冪求八綫表一度之分圜積

方冪	八綫表一度之分圜積
一	〇〇〇二一八一六六一五六二五
二	〇〇〇四三六三三二三一二五〇
三	〇〇〇六五四四九八四六八七五
四	〇〇〇八七二六六四六二五〇〇
五	〇〇一〇九〇八三〇七八一二五
六	〇〇一三〇八九九六九三七五〇
七	〇〇一五二七一六三〇九三七五
八	〇〇一七四五三二九二五〇〇〇
九	〇〇一九六三四九五四〇六二五

有圜徑自乘之冪求八綫表一分之分圜積

方冪	八綫表一分之分圜積
一	○○○○○三六三六一○二六○四一太
二	○○○○○七二七二二○五二○八三少
三	○○○○一○九○八三○七八一二五
四	○○○○一四五四四四一○四一六六太
五	○○○○一八一八○五一三○二○八少
六	○○○○二一八一六六一五六二五○
七	○○○○二五四五二七一八二二九一太
八	○○○○二九○八八二○八三三三少
九	○○○三二七二四九二三四三七五

□□□方□圓十一内容□圓十一方七祖沖之約率，李淳風用之。

□□□圓方二十一圓十一此李淳風所定。已上約率。

□□□□六此劉徽所定。方四，圓三一四一五九二六朒，七盈。此祖沖之所定。□□□圓立圓又容立方，外方五一九六一五二四二二七有奇，內方五□□□乘之冪三，內方徑自乘之冪一，外方積自乘之冪二十七，內□□□乘之冪一。此劉徽所推。□□□二十六，內方積五，圓積亦然。此張衡所定。方積八，圓積五。方積六，圓方六，立圓三一四一五九二六、七〔一〕。方周四，圓周三四六四三五。方周八，圓周六三二四五五有奇。

校　注

〔一〕六、七　意謂在六與七之間。

戴震全書之二十四

句股割圜記

胡炳生◎整理
何紹庚◎審訂

説明

句股割圜記三卷，爲戴震三十二歲（一七五五年）時入京館於紀昀家所作。乾隆二十三年（一七五八）歙縣吴思孝序刻初版。因原書文字簡古，作者假吴思孝之名自加圖作注（見段玉裁戴東原先生年譜）。該書初刻後，作者將原稿多次改易，所用名詞也前後不同。以晚年纂七經小記，以此三卷作爲原象第五、六、七三篇，並撰補遺一篇作爲原象第八篇。以後又將這篇補遺合併到割圜記上卷，成爲句股割圜記最後定稿本。這個定稿本刊入微波榭本算經十書，後安徽叢書據以影印。這次整理即以安徽叢書本爲底本。

勾股測望術和割圓術是中國古典數學的傳統内容，元郭守敬創用勾股弧矢法求赤道積度和赤道内外度，開始球面三角的研究。但此後三百年中無人繼武，到清初竟幾失傳。這時剛傳入的西方幾何、三角等學，能懂的人也極少，多賴天算家梅文鼎的疏解，才稍廣傳播。戴氏句股割圜記就是在這樣背景下寫作的。

是記立意在於：以中國傳統的勾股弧矢割圓術爲立法根據，推演三角學的基本公式，以求中西算學之會通。全書分上中下三卷。上卷論平面三角的基本概念、公式及平面三角形的解法，其中包括正弦定理和正切定理。中卷論球面直角三角形解法，其中介紹了「方直儀」等立體模型的用法。下卷論球面斜三角形的解法，其中包括球面三角正弦定理和正矢定理。就其内容而言，除餘弦定理外，平面三角和球面三角的基本公式都已包括，並用圖形來證明和説明。

若與梅文鼎同類著作平三角舉要、弧三角舉要相比，戴氏割圜三卷内容未出其範疇，而文字則簡古得多，雖加圖注也不易卒讀。如焦循在釋弧自序中云：「戴書務爲簡奥，變易舊名，恒不易了。」數學家尚如此説，對於一般治經者「參用」就更爲困難了。因此，戴氏以此作爲七經小記之一種，其目的未必能達到。但是他把數學提到治經的高度，「步算諸書，類皆以經義潤色，縝密簡要」。因此，正如阮元在疇人傳戴震傳中所贊：「蓋自有戴氏，天下學者乃不敢輕言算數，而其道始尊。」

句股割圜記上

割圜之法，中其圜而觚分之〔一〕。截圜周爲弧背，絙弧背之兩端，曰弦〔二〕。值弧與弦之半曰矢〔三〕。

凡圜周截之，其形勢如弓弩之弧，謂之弧背。凡兩直畫相交〔四〕，其交處成隅折，曰觚。觚者，稜角之謂。不圜而有方角，皆曰觚，六觚、八觚是也〔五〕。兩直畫之交，以所交爲圜之中心，外截圜周成四弧背。凡矢，必值弧背與弧弦之正中。元郭守敬授時曆草云：凡渾圜中割成平圜〔六〕。任割平圜之一分，成弧矢形，皆有弧背，有弧弦，有矢。割弧背之形而半之，則有半弧背，有半弧弦，有矢。

第一圖

兩直畫交於圜之中心所成之觚，或倨，或句，必兩兩相等而二[七]。其弧背亦兩兩相等而二，或過四分圜周之一，或不及四分圜周之一。

弧矢之内成相等之句股二。半弧弦爲句，減矢於圜半徑，餘爲股。緪句股之兩端曰徑隅，亦謂之弦。句股之弦，適圜半徑也。

凡直畫交於圜之中心，外抵圜周者，皆成圜徑。自中心至周，爲圜半徑。兩直畫之交截圜周，必外成弧矢形，内成三觚形。其矢引長之交於圜之中心，截三觚形成相等之兩句股。外用半弧背，内用一句股。授時曆草云：「因弧矢生句股形，以半弧弦爲句，矢減半徑之餘爲股，半徑則常爲弦。」

第二圖

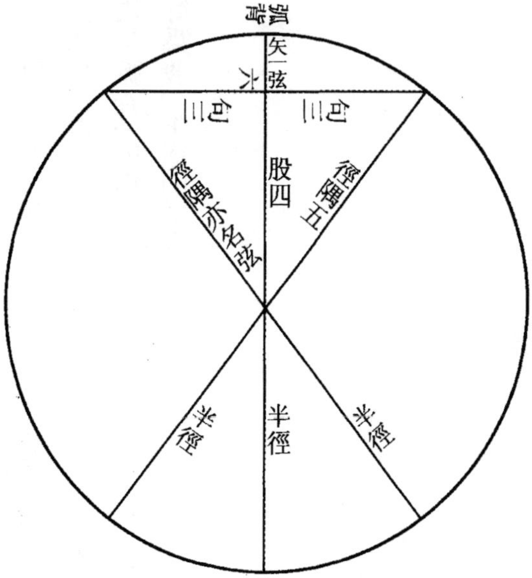

設矢一、弦六，圖之爲句三、股四、弦五。起其率，隨其短長小大之變，準此。凡弦不變而句與股隨弧大小者，以此爲率。

天體，渾圜也。如黄、赤道，各成一規，則皆平圜。古割圜法，以半弧背與句股合爲用。由乘除、開方以盡句股，由句股以盡弧矢，由弧矢以盡平圜、渾圜，步算之能事畢矣。

方圜之周、徑，信其周以爲袤，以徑爲廣，其冪咸四倍於方圜之冪〔八〕。算家圜率，定於祖沖之。隋漢儒釋經，於圜之周、徑，用周三徑一約計，大致非密率也。宋末南徐州從事史祖沖之書律曆志曰：「古之九數，圜周率三，圜徑率一，其術疏舛。更開密法。以圜徑一億爲一丈，圜周贏數三丈一尺四寸一分五釐九毫二秒七忽，朒數三丈一尺四寸一分五釐九毫二秒六忽，正數在贏、朒二限之間〔九〕。」後人用徑一，圍三一四一五九二六五入算，本於祖氏所推也。圜之周、徑求其冪，周與徑相乘，四而一，得圜冪。冪者，覆巾之名。故算家謂平圜、平方之積爲冪。猶方之周、徑相乘，四而一，爲方冪也。凡方徑一，周計之必四。故方内容圜，方冪四，圜冪則爲三一四一五九二六五。同徑之方冪與圜冪，亦猶同徑之方周與圜周，其差數適相符合。

圜之内函方，其内復函圜，則内圜適外圜之半〔一〇〕。方之内函圜，其内復函方，則内方適外方之半。句股之數，由斯起矣。

知方、圜，周、徑之率，則知同徑之方、圜，圜冪與方冪之差，亦猶圜周與方周之差也。知内外方倍、半之率，則知句股弦可以互求，亦猶方與斜可以互求也。

第三圖

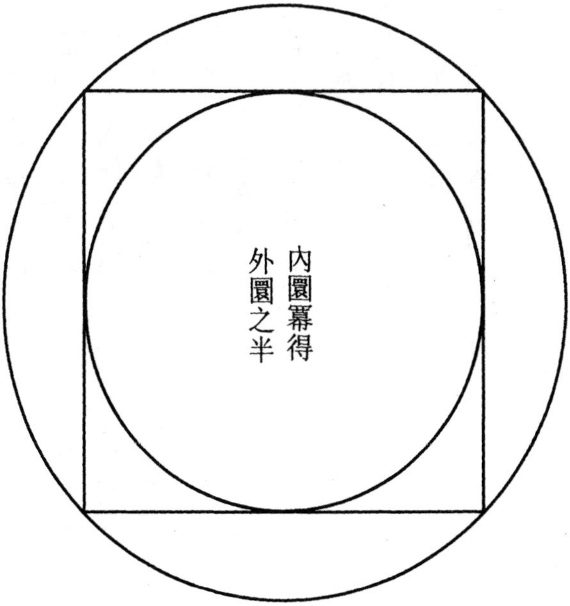

如外圜徑二萬分，周六萬二千八百三十一分八釐五毫有奇，冪三萬一千四百一十五萬九千二百六十分有奇；則內圜徑萬四千一百四十二分有奇，周四萬四千四百一十八分有奇，其圜冪萬五千七百零七萬九千六百三十二分有奇。凡圜之周與冪不可以圖，顯然。觀後圖內外方，其理亦互相通貫也。

第四圖

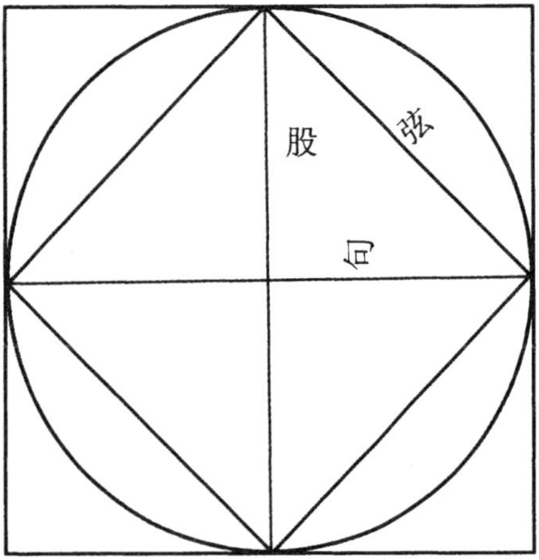

如外方徑二萬分，周八萬分，羃四萬萬分，則內方徑萬四千一百四十二分有奇，周五萬六千五百六十八分有奇，其方羃二萬萬分。於外方羃減內方，餘四隅，與內方剖之爲四，相等。

以外方之半徑爲句，半徑爲股，內方徑爲之弦，句成一小方，必得外方羃四之一；股成一小方如之。合二小方共得廿方羃之半〔一二〕。此而弦所成之方，即內方，亦得外方羃之半。此句股弦可以互求之根。故周髀算經欲陳句股術，先言數之法出於圜方。觀是圖顯然矣。

句股弦三矩，凡直畫有分數刻識者，謂之矩。方之，各自乘得方冪。合句與股二方，適如弦之大方。周髀算經云：「數之法出於圜方，圜出於方，方出於矩，矩出於九九八十一。故折矩，取十有二折之。以爲句廣三、股修四、徑隅五。」又云：「兩矩共長二十有五，是謂積矩。」積矩者，句實九，股實十六，弦實二十五。變方爲長觀之，合句實、股實爲一矩，弦實爲一矩，其長相等。句股弦之率，不在三、四、五適得整數，而在句自乘方、股自乘方合之爲弦自乘方。凡句股弦所爲方冪，並以率率之。

第五圖

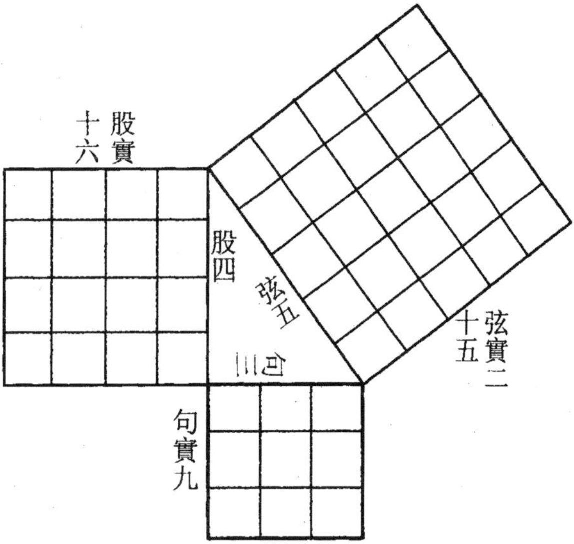

設句三、股四、弦五，圖之。併句實、股實爲弦實。於弦實内減句實，餘爲股實；減股實，餘爲句實。三矩互求之率，必得其二，則可以知其三。隨其大小短長，準此。

句股第一術〔一二〕

有句、有股，求其弦∴句自乘，股自乘，併之，開方得弦。如句七丈，股二十四丈。句自乘得四十九丈，股自乘得五百七十六丈。相併共六百二十五丈，爲弦實。開方，得弦二十五丈。

句股第二術

有句、有弦，求其股∴句自乘，弦自乘，相減，開方得股。如句八丈，弦十七丈。句自乘得六十四丈，弦自乘得二百八十九丈。相減，餘二百二十五丈，爲股實。開方，得股十五丈。

句股第三術

有股、有弦，求其句∴股自乘，弦自乘，相減，開方得句。凡曰句、曰股者，其名可互易。故與第二術同。

如股二十四丈，弦二十六丈。股自乘得五百七十六丈，弦自乘得六百七十六丈。相減，餘百丈。開方，得句十丈。

減矢於圜徑，餘爲股弦和，矢恒爲股弦較。凡兩數相併爲和，相減，餘爲較。和、較相乘，爲句之方。此借句股和較之率言之。在弧矢術，矢不及圜半徑，爲小矢∴過圜半徑，爲大矢。圜徑内減小矢，得大矢；減大矢，則得小矢。

第六圖

減句於圜半徑，餘爲次弧背之矢〔一三〕。倍股爲次弧弦。減次弧背之矢於圜徑，餘爲句弦和，其矢爲句弦較。和、較相乘，爲股之方。

股弦較、句弦較，皆小矢也。股弦和、句弦和，皆大矢也。句與股之名，可互易。弧背、次弧背之名，亦可互易。合弧背、次弧背，爲圜半周。合半弧背、次半弧背，爲四分圜周之一。合小矢、大矢，爲圜徑。合矢與次半弧弦，爲圜半徑。合半弧弦與次弧背之矢，亦爲圜半徑。

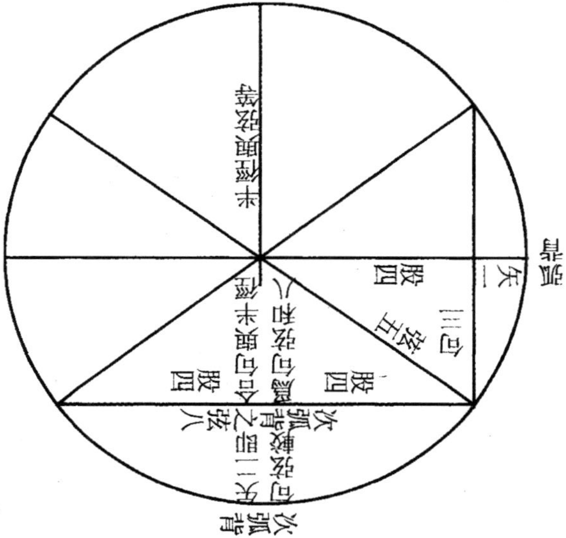

第七圖

句股第四術〔一四〕

有半弧弦，又名内矩分〔一五〕。有矢，求其圜徑：半弧弦自乘，矢除之，加矢，爲圜徑。

如半弧弦八丈，矢二丈半。弧弦自乘，得六十四丈爲實，矢二丈爲法，除之，得三十二丈，是爲大矢。加矢二丈，共三十四丈，爲圜徑。

句股第五術

有矢，有圜徑，求半弧弦：以矢爲股弦較，於圜徑減矢，餘爲股弦和。和、較相乘，開方得句。句即半弧弦，倍之爲全弦。

如矢二丈，圜徑五十二丈。圜徑内減矢，餘五十丈，是爲大矢。小矢大矢相乘，得百丈，爲句實。開方，得句十丈。

句股第六術

有半弧弦，有圜徑，求矢：以半弧弦與圜半徑相減，得次弧背之矢，爲句弦較；相併爲句弦和。和、較相乘，開方得股。股即次半弧弦，又名次内矩分〔一六〕。以減圜半徑，得矢。

如半弧弦七丈，圜徑五十丈。於圜半徑二十五丈内減半弧弦，餘十八丈，爲句弦較。以減圜徑，餘三十二丈，爲句弦和。和、較相乘，得五百七十六丈，爲股實。開方，得股二十四丈。以減圜半徑，餘一丈，爲矢。

方、圜相函之體，用截圜之周徑，而函句股和較之率，四分圜周之一如之。規方之四隅，而函圜之周，凡四觚如之。因方以爲句股，函圜之半周，凡三觚如之。

凡句股形，其一觚折而成方，倨句中矩。吳曰：「今名直角，又名正方角。」所規之弧，適四分圜周之一。餘兩觚所規之弧併之，亦適四分圜周之一。合三弧適圜半周。方形剖之成兩句股，故半於方形所函。

凡三觚形，不折而成方，或倨吳曰：「今名鈍角。」或句吳曰：「今名鋭角。」合三觚所規之弧，適圜半周。四觚剖之，成三觚者二，故半於四觚所函。知方形及四觚之函全圜，則知句股及三觚之函半圜也。

第八圖

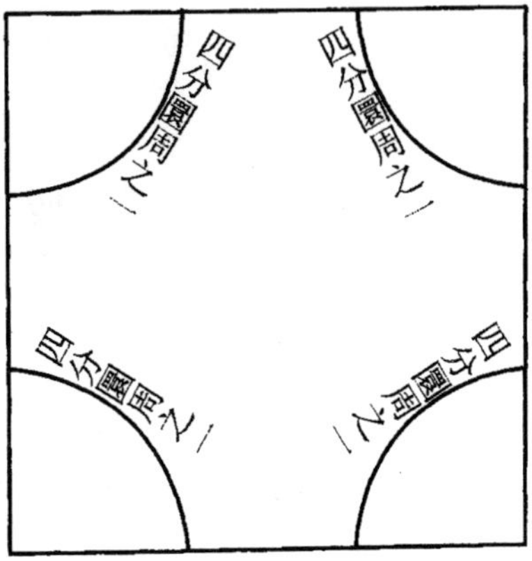

合四隅所規之弧，適得圜之角。

第九圖

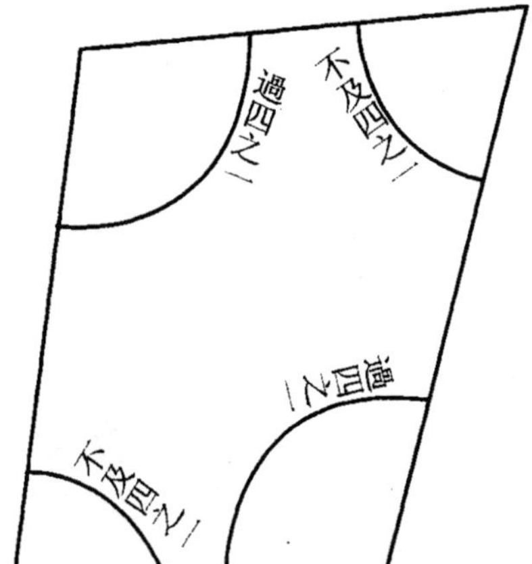

合四弧，亦得圜之角。

第十圖

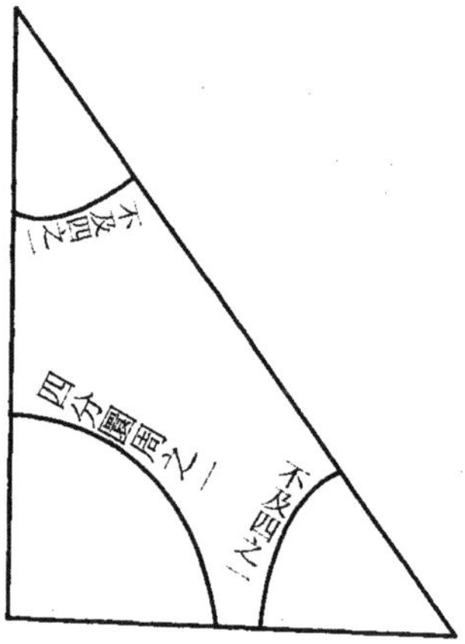

兩弧不及四分圜周之一者，測知一弧，以減四分圜周之一，則得其餘一弧。

第十一圖

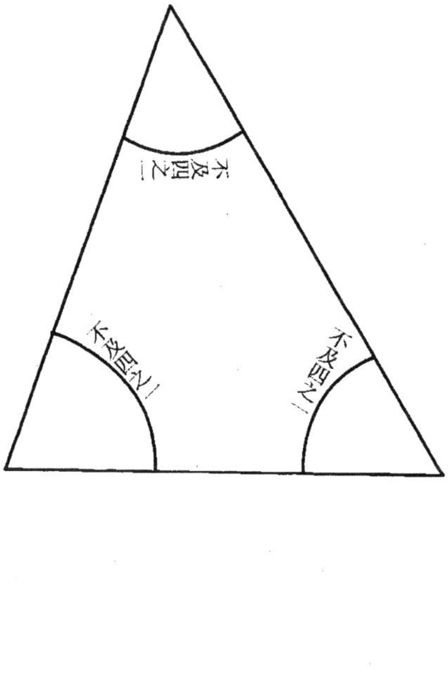

三弧皆不及四分圜周之一，測知一弧，以減半周，餘爲兩弧之和；減兩弧，則餘一弧。

第十二圖

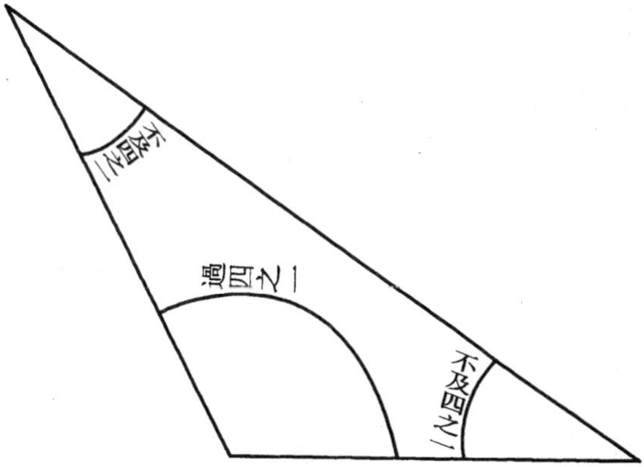

一弧過四分圜周之一，餘兩弧合之，必不及四分圜周之一。合三弧亦適半周。三觚形有二，其與半周相減之率同。

爲矩以準望〔一七〕，凡百分以矩之。百分爲圜半徑，自一隅規之〔一八〕。其隅設垂綫，截一矩之規，成半弧背者二。弧外之句謂之矩分〔一九〕。引徑隅爲弦，謂之徑引數，股適圜半徑也。次弧外之股，謂之次矩分，弦謂之次引數，句適圜半徑也。規法九十有六限，限四之。一矩之規，其限二十有四〔二〇〕。爲立成以起算。

周髀算經曰：「平矩以正繩，偃矩以望高，覆矩以測深，卧矩以知遠，環矩以爲圜，合矩以爲方。方屬地，圜屬天，天圜地方。方數爲典，以方出圜。」

劉徽注九章算術於方田章附割圜之説。以平圜徑二尺，半之一尺，爲圜裏六弧之一面〔二一〕。半徑爲弦，半面爲句。句弦求股，得股，轉減半徑得餘，爲小句。半面又爲小股，句股求弦，得小弦，是爲割六弧成十二弧之一面。如是，累析爲二十四弧、四十八弧、九十六弧。今圜周設九十六限，準諸割圜累析之數。

第十三圖

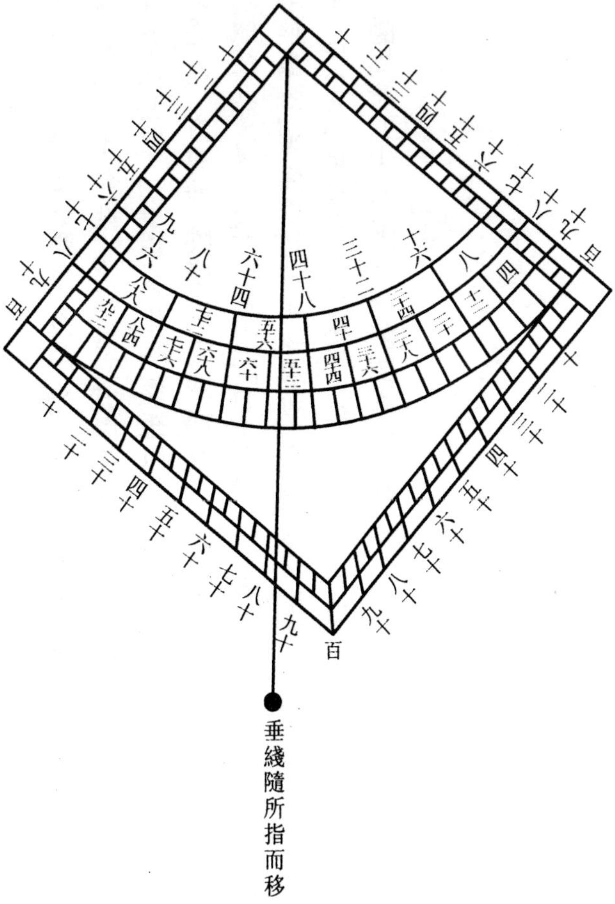

矩百分。作矩時細分之，用以準望。於左右設窺耳，從兩縫中向所測窺之，或設窺衡代垂綫。圖具其略而已。

積矩函分萬〔二二〕。如次矩分而一，得過滿百之矩分。凡規限，半弧背也。半弧弦以爲句，謂之内矩分；其股謂之次内矩分。規限倍之，爲半弧背，曰倍弧。規限之半，曰分弧。矩分以爲句，取次半弧背之分弧矩分，加於句爲之弦，得徑引數。

準望之矩，其分數止於百。視垂綫所值，在規限十二以内，得矩分；若規限十二以外，則得次矩分。故以法通之，而後矩分不窮於用。其矢與内矩分，及次弧背之矢與次内矩分，用綫横截之，視外畔方數，即得。惟徑引數、次引數，屬斜行，不能截取，故亦以法通之。

第十四圖

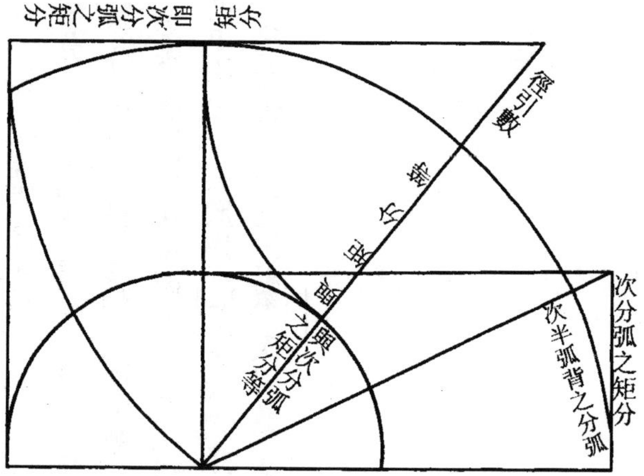

句股第七術

有次矩分，求矩分：以積矩爲實，次矩分爲法，除之，得矩分。

如次矩分五十，以除積矩萬，得矩分二百。

有矩分，求次矩分：以積矩爲實，矩分爲法，除之得次矩分。

如矩分八十，除積矩萬，得次矩分百二十五。

右即廣袤互求之法。方百者自乘，其冪萬。廣五十、袤二百，相乘，其冪亦萬。廣八十、袤百二十五，相乘，其冪如之。以冪爲實，廣除之，得袤；袤除之，得廣。

句股第八術

有矩分，求徑引數：以矩分之規限，減一矩之規二十四限，餘爲次弧。即次半弧背。半之，爲次弧之分弧。取其矩分，加於所有之矩分，得徑引數。

如垂綫值次矩分五十七分七强，仍有奇零曰强。其規限八，爲次弧。以次矩分除積矩，得百七十三分二十萬算强，一分爲百萬算。其規限十六。乃以次弧之半四取其矩分二十六分八弱，微不足曰弱。加於十六限之矩分，得徑引數。

圜周六分之，其弧弦適圜半徑。是故，周三徑一者，六觚之周也。

圜周大於六觚之周，爲六弧背與六弧弦之差。

第十五圖

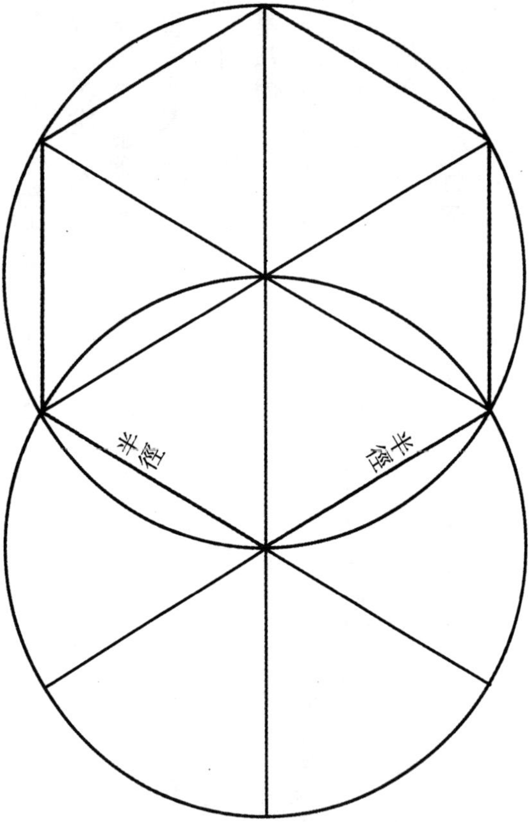

六觚之一面，適得圜半徑。疊兩圜觀之，其數顯然。梅氏平三角舉要云：「劉徽、祖沖之以割六弧起數，趙友欽以四角起數，割圜諸率皆自此出。」

圜半徑爲股，半之爲句，求其弦。句弦較，十之，是爲十觚之周〔二三〕。分圜周爲十弧，其弧弦半之，爲四限八分之内矩分，即十九限二分之次内矩分。立成三〇九〇一六九九半弱。合前六觚之率，其弧弦半之，爲十八限之内矩分〔二四〕，即十六限之次内矩分。立成五〇〇〇〇〇〇〇適足。參以十二限之矩分、次矩分相等，適圜半徑，内矩分、次内矩分亦相等。準前方内函圜，圜内復函方之率，得内方徑。半之，爲十二限之内矩分及次内矩分。立成七〇七一〇六七八有奇。此推立成之根也〔二五〕。

第十六圖

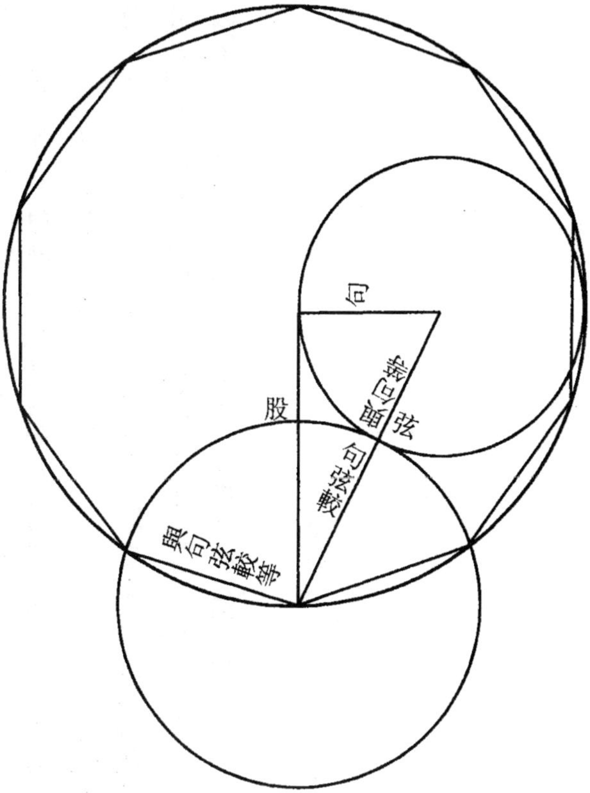

句股各自乘，併之，萬二千五百分爲弦實。開方，得弦百一十一分八十萬零三千三百九十八算有奇。減句五十分，餘六十一分八十萬零三千三百九十八算有奇，爲十弧之弦。

圜周之外内所成句股弦，皆方數也。隨徑隅所指，割圜周成弧背，皆圜限也。限同，則外内相應〔二六〕，句股弦三矩通一爲率。外内相應、句股弦三矩通一爲率，斯可以小大互權矣。

小句	小股	小弦	表一
大句	大股	大弦	表二

句股第九術〔二七〕

凡句股弦小大互求，必得其三，則可以知其四。以原有之兩矩定其率，今有之一矩合而權之，異乘同除，如前表，隔表互權，異名乘，同名除。凡用表倣此。得所求之一矩。吴曰：「古異乘同除，今名三率者，是也。二率與三率異名相乘爲實，一率與三率同名爲法，除之，得所求之數，爲第四率。凡四率，可以迭更互求。

小股與大句相乘，小句除之，得大股。

小句與大股相乘，小股除之，得大句。

大股與小句相乘，大句除之，得小股。

大句與小股相乘，大股除之，得小句。已上，句與股互求。

小弦與大句相乘，小句除之，得大弦。

小句與大弦相乘，小弦除之，得大句。

大弦與小句相乘，大句除之，得小弦。

大句與小弦相乘，大弦除之，得小句。小弦與大股相乘，小股除之，得大弦。已上，句與弦互求。
小股與大弦相乘，小弦除之，得大股。大弦與小股相乘，大股除之，得小弦。大股與小弦相乘，大弦除之，得小股。已上，股與弦互求。

割圜之法，盡於句股互權。如句三、股四，句六、股八，小大同限也。以小句三爲廣，以大股八爲袤，其冪二十四。以小股四爲廣，大句六爲袤，其冪亦二十四。故三除之得八，八除之得三；四除之得六，六除之得四。又如句三，股四，弦五。句弦較二，句弦和八，股弦較一，股弦和九。二與四、四與八，成句股，小大同限也。以小句二爲廣，以大股八爲袤，其冪十六；以小股四與大句四成方面，其冪亦十六〔二八〕。故二除之得八，八除之得二；四除之得四，開方亦得四。一與三、三與九，成句股，小大同限也。以小句一爲廣，大股九爲袤，其冪九；以小股三，大句三，成方面，其冪亦九。故一除之得九，九除之得一；三除之得三，開方亦得三。此古算家句股測望，用異乘同除小大互求之故，在乘除本法。如一人出粟三鬴，計三人共出粟若干？以三鬴與三人相乘，得九鬴。論異乘同除：爲原有之一人，出粟三鬴，定其率。今有之三人，以其率率之，當以三與三乘，以一除。凡除遇一，則省除，故一乘而得。又如三人共分粟九斛，計一人得粟若干？以三人除九斛，得三斛。論異乘同除：爲原有之三人，共得粟九斛，定其率。今有之一人，以其率率之，當以九與一乘，以三除。凡乘遇一，則省乘，故一除而得。蓋異乘同除之於乘除本法，非有更端。則句股之小大互求，於乘除本法，亦非有更端。凡或乘或除，皆函小大互求及廣袤之羃，此至明淺易知者。然神而明之，極步算之巧，平圜渾圜之變不出此矣。

吴曰：「凡準望，於表長減人目高，以乘表距所測處之遠，人目去表之數除之，加表得所測之高：即小股乘大句，小句除之，得大股也。若重測，於表長減人目高，以乘兩表間，前後表相去之數。古人謂之表間積。人目前後去表兩數相減爲較，除之，加表，得所測之高。此小股乘兩大句之較，兩小句之較除之，得大股也。若以人目去前表之數，或去後表之數，乘表間，人目前後去表兩數較除之，得前表或後表距所測處之遠。此任以一小句乘兩大句之較，兩小句之較除之，各得其一大句也。凡表爲小股，人目去前後表各爲一小句，其較爲兩小句之較，所測高爲大股，前後表距所測處各爲一大句，兩表間爲兩大句之較。其前後各成同限之大小句股，故能以小知大，迭更互求，無所不通。高深廣遠一理，皆句股比例之一端，附論之。

附圖

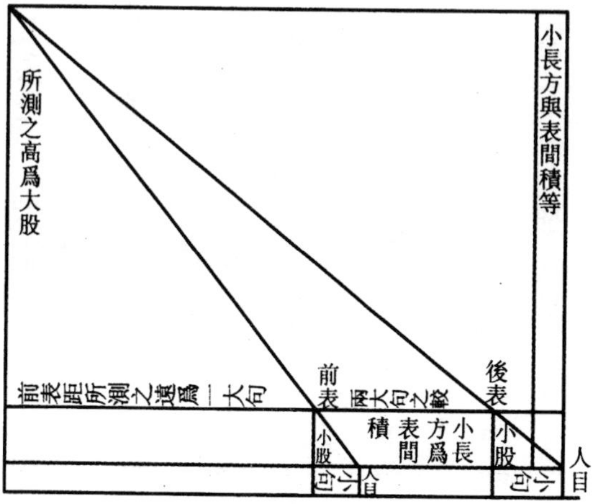

如隔水測其崖高，前表臨水，後表退三丈一尺九寸有半，表長去水面一丈五尺，人目高五尺，去前表八尺，後表一丈二尺五寸，睎望之表端與所測之高齊。於表長減人目高餘一丈，是爲兩小股。以乘兩表間，得三萬一千九百五十寸，是爲表間積，即小股乘兩大句之較所得數也。以前後人目去表之數相減，除四尺五寸，即兩小句之較也。以除表間積，得大股七丈一尺。加表長，得崖高去水面八丈六尺。

人目去前表八尺是爲一小句，以乘大股七十一尺，得五百六十八尺。以小股十尺除之，得大句五丈六尺八寸，爲水面之闊。

若以前表八尺乘表間三十一尺九寸五分，得二百五十五萬六千分。以兩小句之較四尺五寸除之，得大句，亦同。

附圖

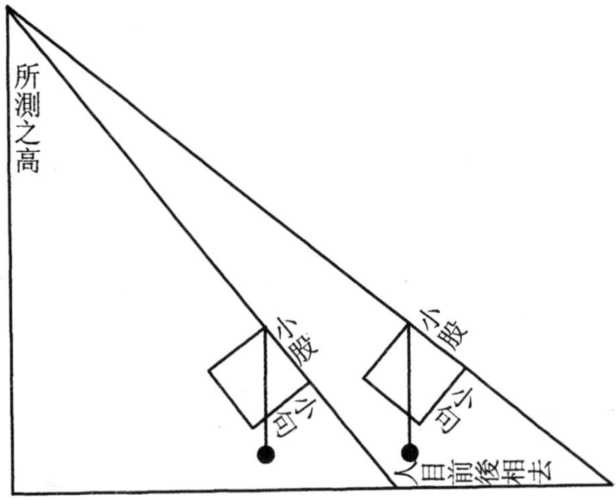

此用準望之矩不必立表。如上所測，置兩案，案上偃矩睎望之。度兩矩設垂綫處去地五尺，爲人目高；其相去三丈六尺四寸有半。前測垂綫值矩分八十，後測垂綫值次矩分八十。以次矩分除積矩，得矩分百二十五。矩之百分爲小股，兩矩分爲兩小句，相減餘四十五，爲兩小句之較。以小股百，乘兩矩相去三丈六尺四寸五分，得三十六萬四千五百分。以兩小句之較四十五除之，得大股八百一十分。加人目去地五尺，得崖高八丈六尺。前測矩分八十，是爲一小句，以乘大股八百一十分，得六萬四千八百分。以小股百分除之，得一大句六丈四尺八寸，此前測遠水八尺也。若以前測矩分八十，乘兩矩相去三丈六尺四寸五分，得二十九萬一千六百分。以兩小句之較四十五除之，得大句六丈四尺八寸，亦同。

弧之外内，其句股弦平行覩之，成同限之句股三。

句	股	弦	
内矩分	次内矩分	徑隅	表一
矩分	圜半徑	徑引數	表二
圜半徑	次矩分	次引數	表三

半弧背、次半弧背，共在一矩之規。其句股弦平行相應，合三爲一，故可以迭更互求。凡句股弦三者平行，則必同限。

圜半徑、徑隅，適得矩之百分，不待求而得用之。求他數且免乘除之煩。

第十七圖

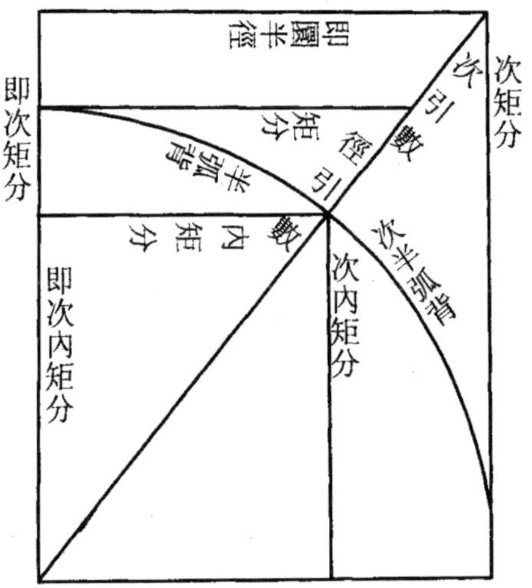

凡圜半徑內，減次內矩分，即半弧背之矢；減內矩分，即次弧背之矢。

半弧背、次半弧背之名互易，則矩分、次矩分等之名，亦隨而易。

吴曰：「是記之矩分、內矩分、徑引數，八綫表名：正切、正弦、正割。其次矩分、次內矩分、次引數，八綫表名：餘切、餘弦、餘割。合正矢、餘矢，成八綫。」

句股第十術〔二九〕

立成三句股互求，内矩分求次内矩分、及求大小矢，已見前第六術。内矩分減圜半徑，得次弧背之矢。以加圜半徑，得次弧背之大矢。小矢、大矢相乘，開方，得次内矩分。若先有次内矩分，減圜半徑，則得矢。以加圜半徑，得大矢。小矢、大矢相乘，開方，得内矩分。有次内矩分，有内矩分，求矩分∴以圜半徑乘内矩分，次内矩分除之，得矩分。有内矩分，有次内矩分，求次矩分∴以圜半徑乘次内矩分，内矩分除之，得次矩分。若積矩爲實，即圜半徑與徑隅相乘之數。次内矩分除之，得徑引數∴内矩分除之，得次引數。其互求省除者，有内矩分，有徑引數，求矩分∴以内矩分乘徑引數，徑隅除之，得矩分。有次内矩分，有次引數，求次矩分∴以次内矩分乘次引數，徑隅除之，得次矩分。有次引數，有矩分，求徑引數∴以次引數乘矩分，圜半徑除之，得徑引數。有徑引數，有次矩分，求次引數∴以徑引數乘次矩分，圜半徑除之，得次引數。

如前，六觚之率，得十六限之次内矩分五〇〇〇〇〇〇〇〇。此五千萬也。後凡列立成，倣此。以減圜半徑萬萬算，得矢五〇〇〇〇〇〇〇〇。以加圜半徑，得大矢一五〇〇〇〇〇〇〇〇。小矢、大矢相乘爲實，開方得内矩分八六六〇二五四〇。圜半徑乘内矩分，次内矩分除之，得矩分一七三二〇五〇八一。又以積矩爲實，次内矩分除之，得徑引數二〇〇〇〇〇〇〇〇〇。內矩分除之，得次引數一一五四七〇〇五四。以次內矩分乘次引數，徑隅除之，得次矩分五七七三五〇二七。前表內求內矩分、次內矩分者，各四。求矩分、次矩分、徑引數、次引數者，亦各四。凡二十有四。擇其省便於算者用之，術內不盡列也。後凡術所不列而具於表者，倣此。

內矩分、次內矩分，倍其數，合倍弧之弦矢，成同限之句股三。

句	股	弦	
內矩分	次內矩分	徑隅	表一
矩分	圜半徑	徑引數	表二
圜半徑	次矩分	次引數	表三
倍內矩分	倍次內矩分	圜徑	表四
倍弧內矩分	倍弧之大矢	倍次內矩分	表五
倍弧之矢	倍弧內矩分	倍內矩分	表六

第十八圖

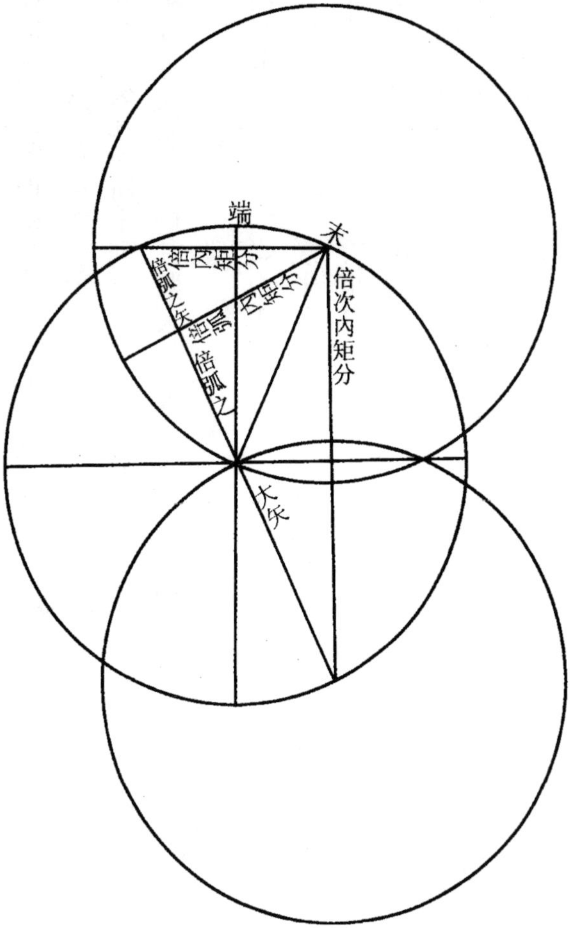

凡句股之限，必自圜之中心割圜得之。若自圜周割圜，則成倍限，半之，乃得其限。

第十九圖

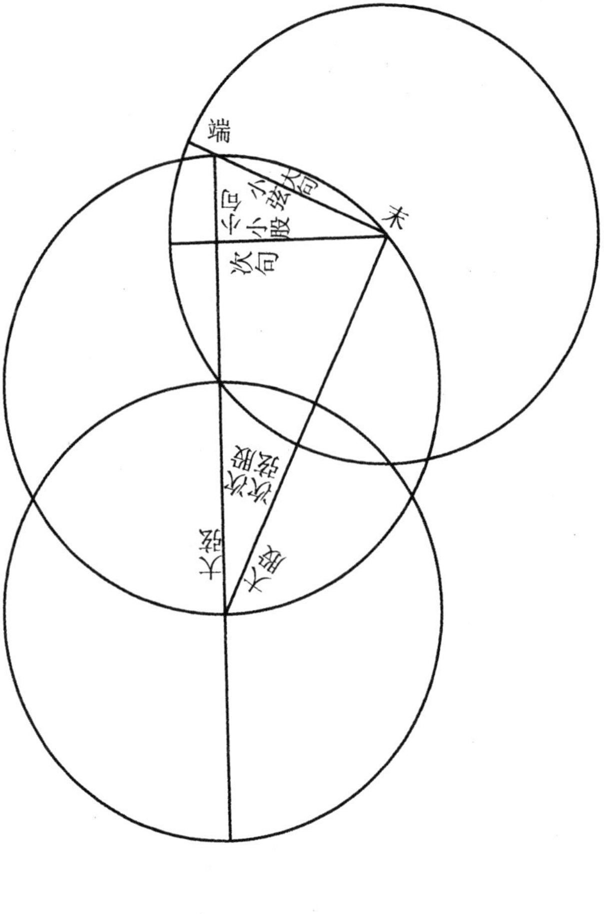

即前圖轉觀之。凡矢與內矩分爲句股，必得其規限之半。前第四、第五、第六三術之理，以所成之句股同限，故可互求。凡句股遞析之，皆成同限之句股。

矢與圜半徑成方冪，半之，分弧内矩分之方也。

凡大小矢相乘，必與内矩分自乘等。矢爲句、内矩分爲股，又以内矩分爲句、大矢爲股，其句股同限。矢自乘、内矩分自乘，併之，必與矢乘圜徑等，是爲分弧内矩分倍之所自乘方冪。矢爲句，内矩分爲股，分弧内矩分倍之爲弦。則分弧内矩分自乘，必得其四之一。凡方面倍冪，必四倍矢乘圜半徑即矢乘圜徑之半。故半之與分弧内矩分自乘等。合前第四、第五、第六三術，及第六、第七、第十八、十九四圖觀之，其理數可以互明。

減次矩分於次引數，其較爲分弧之矩分。

若減矩分於徑引數，則其較爲次半弧背之分弧矩分。合前第八術及第十四圖觀之，其理數可以互明。

句股第十一術〔三〇〕

求分弧内矩分及次内矩分：以矢與圜半徑相乘，半之，開方，得分弧之内矩分。以内矩分與分弧之内矩分相乘，矢除之，得分弧之次内矩分。既得分弧之内矩分、次内矩分，用前第十術，悉得諸數。或以圜徑乘分弧之内矩分，即分弧之内矩分倍之，與圜半徑相乘之數。内矩分除之，得分弧之徑引數。若矢除之，則得分弧之次引數。其互求省算者，以次矩分與次引數相減，得分弧之矩分；若矩分與徑引數相減，則得次半弧背之分弧矩分。

如十二限之内矩分、次内矩分相等，並七〇七一〇六七八。以減圜半徑，得矢二九二八九三二一。與圜半徑相乘，半之爲實，開方得六限之内矩分三八二六八三四三。又以十二限之内矩分與六限之内矩分相乘爲實，十二限之矢爲法，除之，得六限之次内矩分九二三八七九五三。又如十二限之矩分、次矩分相等，適滿圜半徑，其徑引數、次引數亦相等。以次矩分一〇〇〇〇〇〇〇〇與次引數一四一四二一三五六相減，得六限之矩分四一四二一三五六。

句股第十二術〔三二〕

求倍弧内矩分及次内矩分：以内矩分與次内矩分相乘，倍之爲實，即内矩分乘倍次内矩分之數。徑隅除之，得倍弧内矩分。若内矩分自乘，倍之爲實，即内矩分乘倍内矩分之數。徑隅除之，得倍弧之矢。減矢於圜半徑，得倍弧之次内矩分。

如二限之内矩分一三〇五二六一九，與次内矩分九九一四四四八六相乘，倍之爲實，徑隅除之，得四限之内矩分二五八八一九〇二。又以二限之内矩分自乘，倍之爲實，徑隅除之，得四限之矢三四〇七四一三。以減圜半徑，餘九六五九二五八七，爲四限之次内矩分。

小大兩弧之和、較互權也。小弧次内矩分以爲弦，兩弧和較之内矩分半和爲之句，次内矩分半和爲之股；小弧内矩分以爲弦，兩弧和較之次内矩分半較爲之句，内矩分半較爲之股，有大弧互權之率。若大弧次内矩分以爲弦，兩弧和較之内矩分半較爲之句，次内矩分半和爲之股；大弧内矩分以爲弦，兩弧和較之次内矩分半較爲之句，内矩分半和爲之股，有小弧互權之率。

	句	股	弦
表一	大弧内矩分	大弧次内矩分	徑隅
表二	兩弧和較内矩分半和	兩弧和較次内矩分半和	小弧次内矩分
表三	兩弧和較次内矩分半較	兩弧和較内矩分半較	小弧内矩分

	句	股	弦
表一	小弧内矩分	小弧次内矩分	徑隅
表二	兩弧和較内矩分半較	兩弧和較次内矩分半和	大弧次内矩分
表三	兩弧和較次内矩分半較	兩弧和較内矩分半和	大弧内矩分

小弧次内矩分爲弦，以大弧權之，所得之句，即和弧、較弧之内矩分半和。大弧次内矩分爲弦，以小弧權之，所得之句，即和弧、較弧之内矩分半較。故兩句之和，即和弧内矩分；兩句之較，即較弧内矩分。小弧内矩分爲弦，以大弧權之，所得之句，即和弧、較弧

之次内矩分半較。小弧次内矩分爲弦，以大弧權之，所得之股，即和弧、較弧之次内矩分半和。故句與股之和，即較弧次内矩分；句與股之較，即和弧次内矩分。或大弧内矩分、次内矩分爲弦，以小弧權之，所得之句股同。

第二十圖

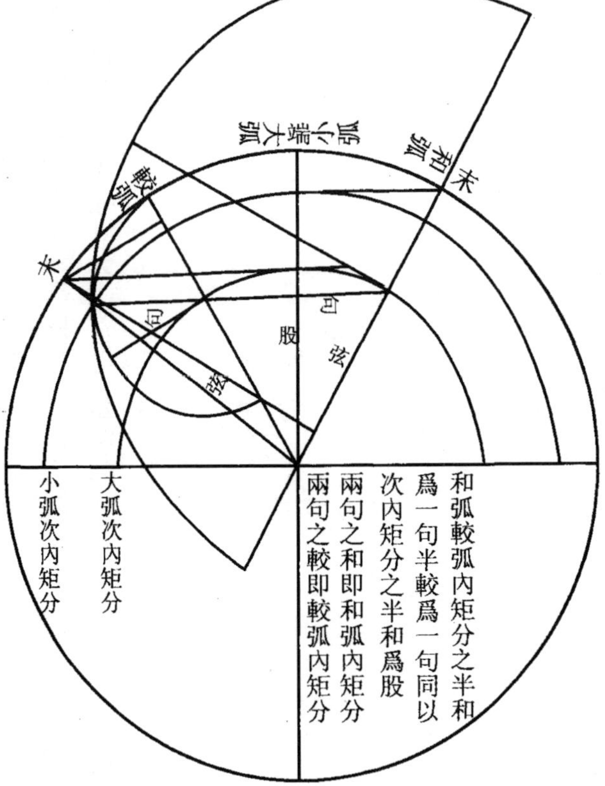

末
和弧
距小端大弧
較弧
末
句
股
弦
句
弦
和弧較弧內矩分之半和
爲一句半較爲一句同以
次內矩分之半和爲股
兩句之和即和弧內矩分
兩句之較即較弧內矩分
大弧次內矩分
小弧次內矩分

第二十一圖

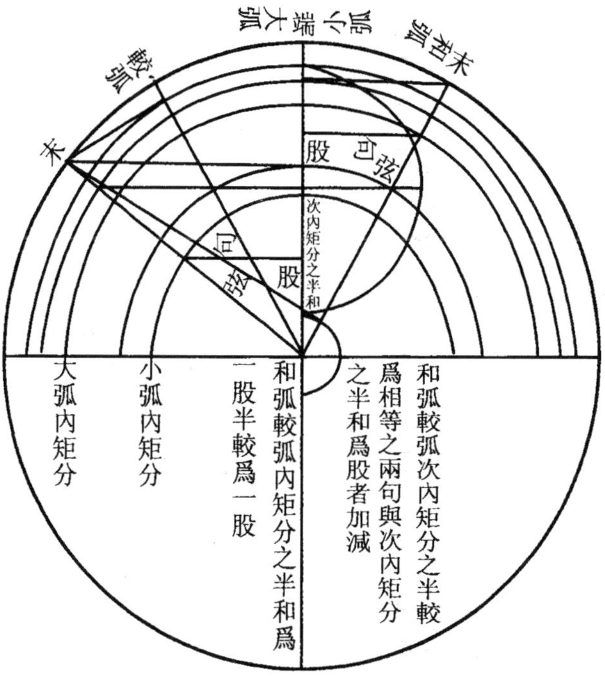

兩股之和，即和弧内矩分。兩股之較，即較弧内矩分。句股之和，即較弧次内矩分。句股之較，即和弧次内矩分。

句股第十三術〔三二〕

有大小兩弧，求其和弧、較弧內矩分及次內矩分：以大弧內矩分與小弧次內矩分相乘，徑隅除之，得和弧、較弧內矩分之半和。以大弧次內矩分與小弧內矩分相乘，徑隅除之，得和弧、較弧內矩分之半較。加半較於半和，爲和弧內矩分；減半較於半和，爲較弧內矩分。

以大弧內矩分與小弧內矩分相乘，徑隅除之，得和弧、較弧次內矩分之半較。以大弧次內矩分與小弧次內矩分相乘，徑隅除之，得和弧較弧次內矩分之半和。加半較於半和，爲較弧次內矩分；減半較於半和，爲和弧次內矩分。

如八限之內矩分五〇〇〇〇〇〇〇〇，與六限之次內矩分九二三八七九五二相乘，徑隅除之，得四六一九三九七六四，爲十四限及二限之內矩分半和。以八限之次內矩分八六六〇二五四〇，與六限之內矩分三八二六八三四三相乘，徑隅除之，得三三一四一三五七二八，爲十四限及二限之內矩分半較。兩數相加，得十四限之內矩分七九三三五三三四；相減，得二限之內矩分一三〇五二六一九。又以八限之內矩分與六限之內矩分相乘，徑隅除之，得一九一三四一七一五五，爲十四限及二限之次內矩分半較。以八限之次內矩分與六限之次內矩分相乘，徑隅除之，得八〇〇一〇三一四二三，爲十四限及二限之次内矩分半和。兩數相加，得二限之次内矩分九九一四四四八六；相減，得十四限之次内矩分六〇八七六一四三。既得二限，用求分弧術，得一限及半限諸數。又用十觚之率，得四限八分諸數。以與四限爲和較，得八分及八限八分。以半限與八分，得三分及一限三分。以三分與五分，得二分。以二分、三分，得一分。或用求倍弧術，或用和較術，各限分之立成，靡不得矣。

弧之外内句股弦，終於一矩之規，方圜之致備矣。

半弧背適一矩之規者，矢與半弧弦適滿圜半徑，而無矩分等諸數，亦無次半弧背。凡規限之有諸數者，必不滿一矩之規。凡内矩分、次内矩分，皆不滿圜半徑。

圜周九十六限，限十分，分七十五秒，謂之規限，赤道法也。周三百六十五度，二萬四千二百三十二分，滿百萬算成一度，謂之日度，黄道法也。日度以經歲爲之準。經歲即平歲實。用規限立算，得晝夜刻分。變日度，則得氣朔、日躔〔三三〕。有規限求日度者，以日度乘，規限除。有日度求規限者，規限乘，日度除。

又規限半之，四十八限，爲圜半周。又半之，二十四限，爲一矩之規，推步家謂之象限。又半之，十二限，應分至啓閉〔三四〕之衡，曰衡限。六分圜周之一，凡十六限。半之，八限，爲一宫。又半之，四限，應中氣〔三五〕、節氣之策，曰策限，在日度十五度二十一萬八千四百三十算。故規限求日度，以千五百二十一萬八千四百三十乘，以十六除。日度求規限，乘除互易。

凡同限互權之率，句股之大恒也。句股應矩之方。變而三觚，不應矩之方。以句股御之，截爲句股六，而同限者各二。三三交錯，是以展轉互權。半弧背過一矩之規，以減圜半周，而得外弧。三觚句於句股，吴曰：「今之鋭角。」截其內。吴曰：「凡鋭角用本角弧度。」三觚一倨於句股，吴曰：「今之一鈍角、二鋭角。」引而截其外。吴曰：「惟鈍角用外角弧度。」

第二十二圖

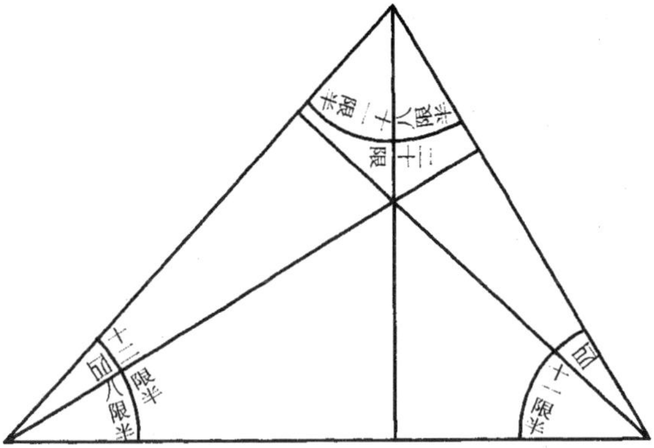

第二十三圖

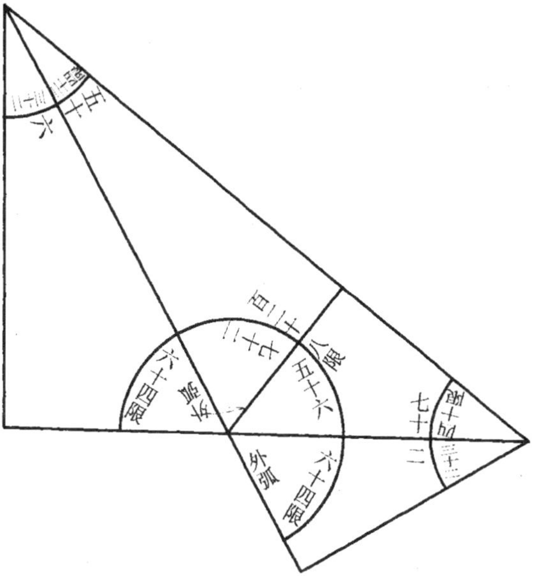

古割圜法，書闕失傳。授時曆草有弧矢割圜圖，主於共半弧背之句股小大互求，實足以盡割圜之理。凡小大可互求者，未有非共半弧背者也。近人殫精此學，如梅定九、薛儀甫諸家，兼通西洋之説，有八綫表、平三角、弧三角等法。雖别立名目，於古之句股弧矢不異。惜譯書時欲張其説，凡一語可該，必衍爲千百言，多其端緒，使觀之者目眩而莫測其涯涘。又諱言立法之本出於句股弧矢，轉謂句股不能御三角，三角能御句股。以梅氏考論之，詳於平三角舉要論三角形用正弦爲比例之理。凡爲圖者十，而不能知其爲共半弧背之句股。其他大抵類此。

所知之距爲弦〔三六〕，其對觚之規限内矩分爲之股；所測之距爲弦，測知之規限内矩分爲之股。

凡矩分與徑引數爲句與弦，内矩分與徑隅爲句與弦。徑隅恒等，而内矩分不等。故以内矩分當截三觚爲六句股之距，而與觚之對距成句股。兩内矩分爲句，兩對距爲弦，猶之截兩觚之距爲句，兩對距爲弦也。兩徑隅如一，適當三觚之餘一距。兩内矩分爲句，徑隅爲弦，猶之餘一距爲弦也。若兩徑引數小大不等，不可齊之如一、以當一距。徑引數等，則矩分必隨之而等。與截三觚之距小大不等者，不相應矣。故不可以矩分互權。

句此測器立成之數	句此所準望之實數	弦此準望所測	
正弧内矩分	截右觚之距	對正觚之距	表一
右弧内矩分	截正觚之距	對右觚之距	表二
正弧内矩分	截左觚之距	對正觚之距	表一
左弧内矩分	截正觚之距	對左觚之距	表二
右弧内矩分	截左觚之距	對右觚之距	表一
左弧内矩分	截右觚之距	對左觚之距	表二

表所列者，分互求之率三，明同限之句股各三也。

第二十四圖

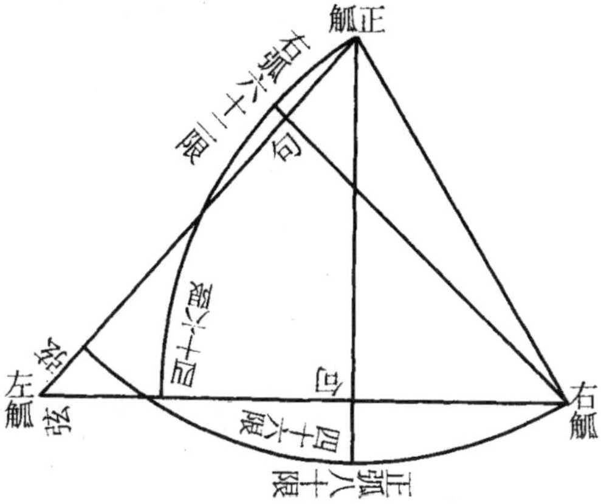

所截句股二，並四十六限。

第二十五圖

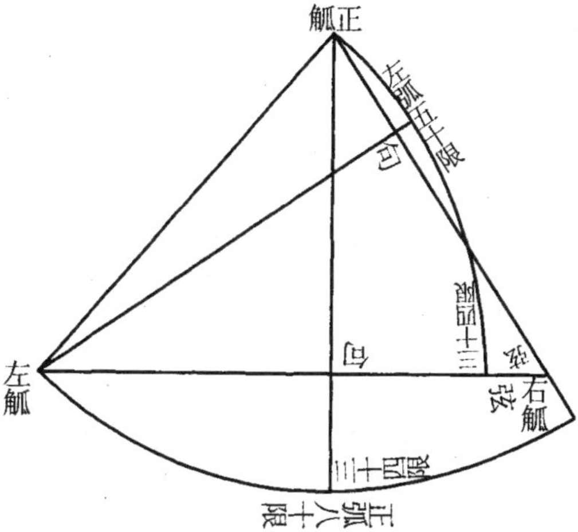

所截句股二，並三十四限。

第二十六圖

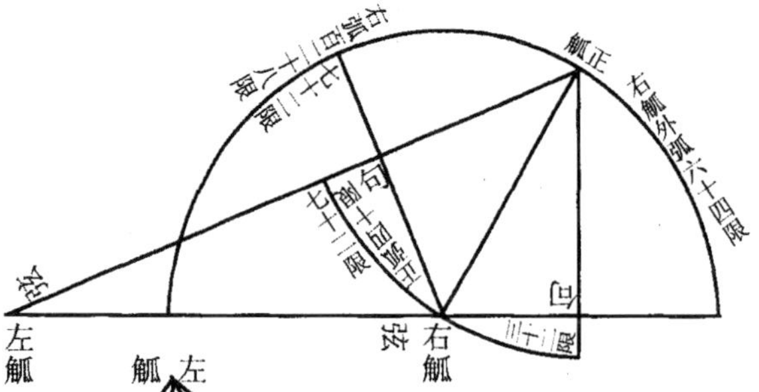

所截句股二，並七十二限。

第二十七圖

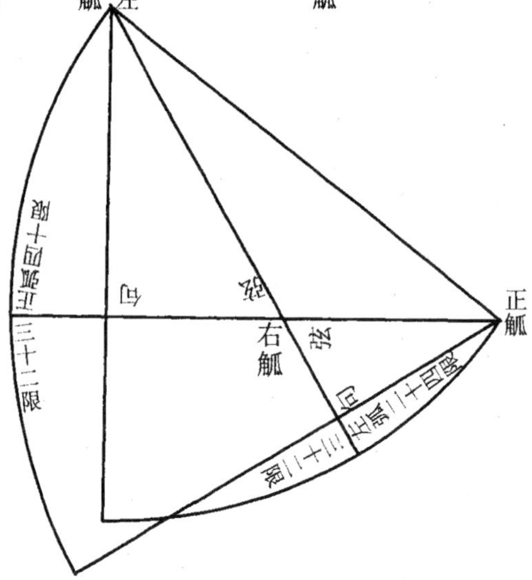

所截句股二，並三十二限(三七)。

凡準望，度兩測之距，及兩測所得規限，求距所準望之遠，成三距、三觚：兩測相距與兩測各距所準望處而三；兩測爲兩觚，所準望處對兩測之距爲一觚，亦合之而三。凡三觚之規限併之，適圜半周。故測知兩觚規限，則知其三。凡觚之規限内矩分、各與對距相應〔三八〕。故必以相對之觚與距定其率，然後以餘觚之規限内矩分，各與所對之距互求。凡倨於句股之一觚，其規限過一矩之規，用外弧内矩分，互求之率同三觚。或用内弧，或用外弧，皆以對所知之距爲正觚。規限爲正弧，其距爲對正觚之距；餘兩觚，爲對所求兩距之觚。若以距求觚，則其距爲對所求一觚之距。

句股第十四術〔三九〕吴曰：「今名兩角夾一邊，求餘角、餘邊。所知之兩角不夾所知之一邊，術同。」

有正弧及對正觚之距，有對所求一距之觚規限，求其距：以對所求一距之觚規限内矩分，乘對正觚之距，正弧内矩分除之，得所求之距。

如前測，窺衡指二十二限爲左觚之外弧。右移八十丈，窺衡指十四限爲右觚之弧。以外弧二十二，減圜半周四十八限，餘二十六限，爲左觚之弧。合左右弧共四十，以減圜半周，餘八限，是爲正觚之弧。以右弧十四限内矩分七九三三五三三四，與對正觚之距八十丈相乘，得六三四六八二六七二〇爲實。以正弧八限之内矩分五〇〇〇〇〇〇〇除之，得一二六九三六五三四四，爲左觚距，所測之遠百二十六丈九尺三寸六分有奇。若左觚之外弧二十二限内矩分九九一四四四八六，與八十丈相乘，得七九三一五五八八八〇爲實。以正弧八限之内矩分除之，得一五八六三一一七七六爲右觚距，所測之遠百五十八丈六尺三寸一分有奇。

附圖

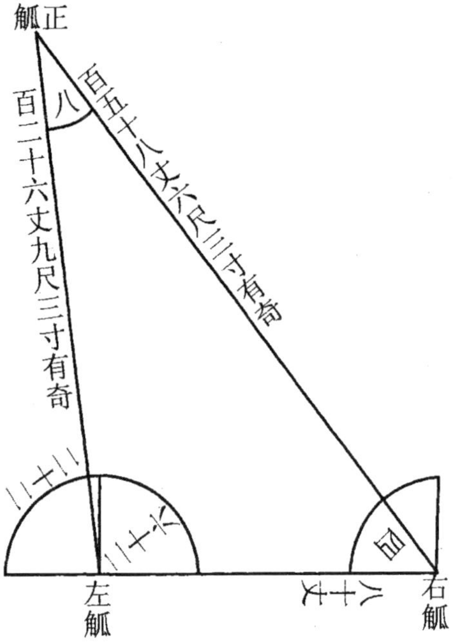

如斜坡下測坡之高，得高弧八限。退八十丈於對坡測之，得高弧四限。其地高於前測二限，以加前後測，得後測之弧六限，前測之外弧十限，其弧三十八限也。合兩弧，共四十四限。與圜半周相減，得正觚之弧四限。以後弧六限之内矩分三八二六八三四三，乘兩測之距八十丈，得三〇六一四六七四四爲實。以正弧四限之内矩分二五八八一九〇二爲法，除之，得一一八二八六〇二九五三三，爲斜坡百一十八丈二尺八寸六分有奇。因借斜坡測山岩之高，於坡上測得高弧十四限，坡下測得高弧二十二限。以坡之斜爲弦，其句弦弧八限，則股弦弧必十六限。以上測十四限加一矩之規，共三十八限。内減股弦弧十六限，餘爲上觚之弧二十二限。以下測二十二限，併前所測坡之高弧八限，共三十限。以減圜半周，得下觚之弧十八限。合上下兩弧，共四十限，以減圜半周，得正觚之弧八限。以上弧二十二限之内矩分九九一四四四八六，乘斜坡爲實。以正弧八限内矩分五〇〇〇〇〇〇〇爲法，除之，得坡下斜距山岩二百三十四丈五尺四寸八分有奇。用大小句股互求，得岩高。

附圖〔四〇〕

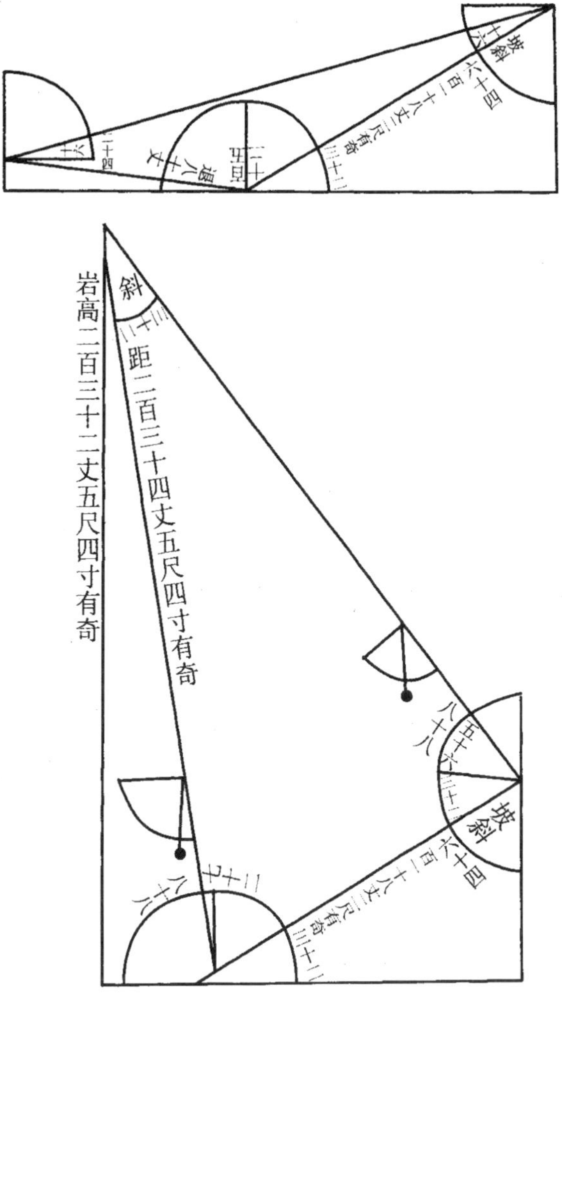
坡斜
六十四
百二十八丈三尺有奇
三十二
五十二
退八十丈
十四
斜
三十二
距二百三十四丈五尺四寸有奇
岩高二百三十二丈五尺四寸有奇
八十八
五十六

句股第十五術吴曰：「今名兩邊一角，角有所對之邊，求餘角、餘邊。」

有正弧及對正觚之距，有對所求一觚之距，求其觚規限：以對所求一觚之距，乘正弧内矩分，對正觚之距除之，得所求之觚規限内矩分。此即前術轉而用之。

或測知兩距一觚，所知之觚，所知之兩距旁之。則於圜半周減一觚規限，餘爲兩觚規限之和。半之，爲半和限。兩距之和較，與半和限、半較限之矩分相應。

凡兩數遞爲和較，累增而上，皆成倍半之率。如大小兩弧，相加爲和弧，相減爲較弧。和弧、較弧又相加爲和，必倍於大弧；相減爲較，必倍於小弧。惟兩弧之半和、半較，相加則爲大弧，相減爲小弧。

第二十八圖

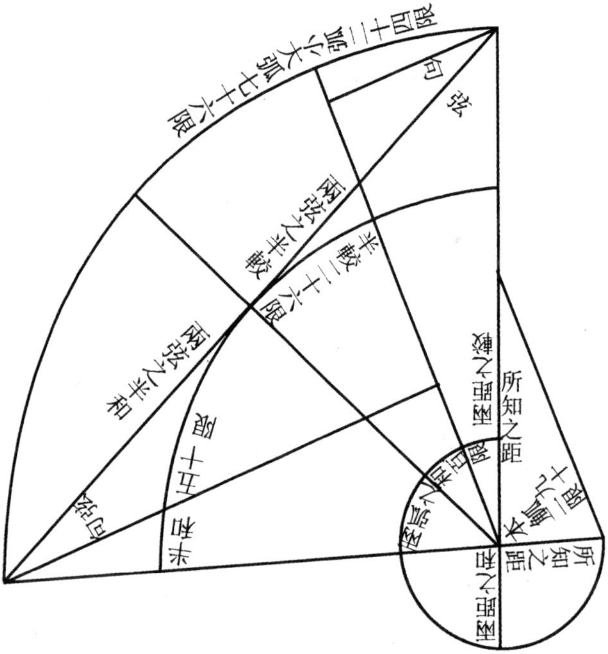

以兩弧之和規之，成弧背，則弧弦與大小弧内矩分成同限之句股二。其限必與兩弧之半較相等。大小弧内矩分爲句，弧弦爲其兩弦之和。

句股第十六術〔四一〕吴曰：「今名兩邊夾一角，求餘角、餘邊。用梅氏切綫分外角法。」和兩距及一觚規限〔四二〕，所知之兩距旁於所知之觚，其觚曰本觚，規限曰本觚〔四三〕。減本弧於圜半周，餘爲所求兩觚規限之和。吴曰：「今名外角。」半之，爲兩弧之半和。以所知兩距之較，乘兩弧之半和矩分，兩距之和除之，得兩弧之半較矩分。以半和、半較相加，得對大距之觚規限。若相減，則得對小距之觚規限。既知三觚、兩距，則如前第十四術，得對本觚之距。

如測得一距二十八丈八尺六寸七分五釐一毫三秒四忽，一距二十一丈一尺三寸二分四釐八毫六秒六忽，於兩距之交測得窺衡指六十四限，是爲本弧。以減圜半周，餘百二十八限，爲所求兩觚規限之和。半之，六十四限爲半和。以兩距之較七丈七尺三寸五分零二毫六秒八忽，乘半和限之矩分一七三二〇五〇八〇，得一三三九七四五九五爲實。兩距之和五十丈爲法，除之，得半較限矩分二六七九四九一九。檢立成，爲十六限〔四四〕。以加半和限，得大弧八十限；以減半和限，得小弧四十八限。

凡矩分，隨數之和、較得以相權；凡內矩分，必兼和、較小大相權也。

凡用立成求小大句股：先有弦，求句或求股者，以徑隅當其弦，內矩分當其句，次內矩分當其股。先有股，求句或求弦者，以圜半徑當其股，矩分當其句，徑引數當其弦。先有句，求股或求弦者，以圜半徑當其句，次矩分當其股，次引數當其弦。至若規限小大微異，則内矩分、次内矩分之小大各成句股者，敧斜異勢。惟矩分可共以圜半徑爲股，而小大平行爲句。如第二十八圖，弧弦與小大兩弧之内矩分成句股，弧弦爲兩弦之和。兩弦之和、較半之，恒與兩距之和、較相應。然兩弦之半和，即爲半和限内矩分∴兩弦之半較，不可爲半較限内矩分。於弧弦内更作一規，易兩弦之半和、半較，爲半和限、半較限矩分。而兩距之和、較與兩弦之半和、半較相應者，即與半和限、半較限之矩分相應矣。吴曰∴「三角形任以兩邊爲弦，餘一邊或爲兩句之和，鋭角形之邊，或對鈍角之邊。或爲兩句之較，鈍角旁之邊。截之成句股二。兩弦之和、較相乘，得長方冪，同於兩句之和、較相乘所得長方冪也。以兩句之和除之，得兩句之較∴若較除之，則得和。以是爲三邊求角之率。分三角形爲兩句股。然後用句股求角法，以八綫表之半徑全數〔四五〕，與句相乘，弦除之，得句弦所交之角餘弦。此術爲平三角法邊角互求之一，記中所不載者〔四六〕。」

附圖

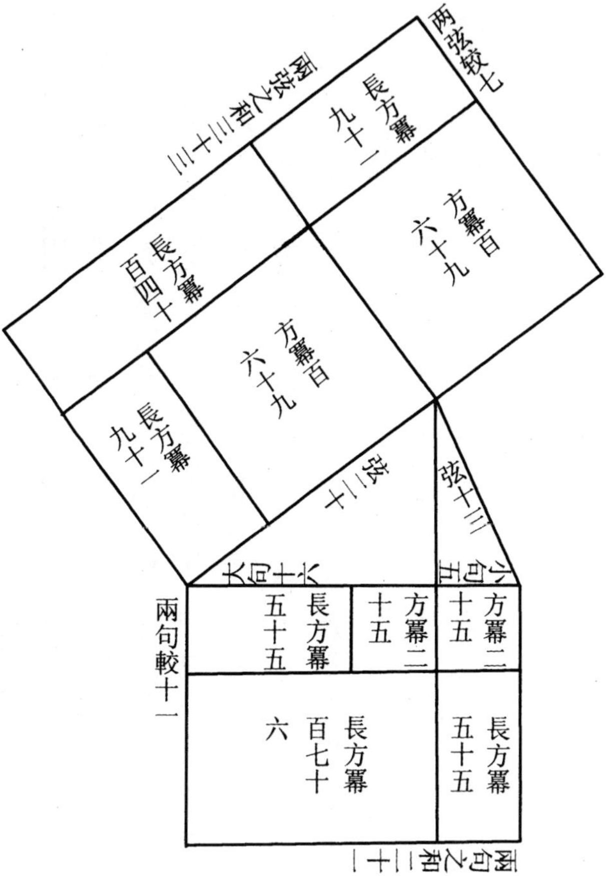

設大弦二十自乘，得四百。小弦十三自乘，得百六十九。相減，餘二百三十一。兩弦之和三十三，與兩弦之較七相乘，亦得二百三十一。

設大句十六自乘，得二百五十六。小句五自乘，得二十五。相減，餘二百三十一。兩句之和二十一，與兩句之較十一相乘，亦得二百三十一。

又術：凡三角之容圜〔四七〕，半徑截三邊爲六，而相等者各二，成角旁相等之邊，以爲股；皆以容圜之半徑爲之句。三邊相併，半之，爲半和。三邊各與半和相減，而得三較。角所對邊之較，即邊所對角兩旁相等之邊也。先知三邊求其角，以三較連乘，連乘者，兩較相等得數，餘一較又乘之〔四八〕。半和除之，開方得容圜半徑。以八綫表半徑全數，與容圜半徑相乘，角所對邊之較除之，得半角之正切〔四九〕。倍之，得角。若三較連乘，又乘以半和，則開方得三角形積〔五〇〕。半和除之，得容圜半徑。三角形積者，容圜半徑與半和相乘之冪也。此求角，求積及容圜三術交通，皆不論角之鋭、鈍，頗爲便用。

附圖

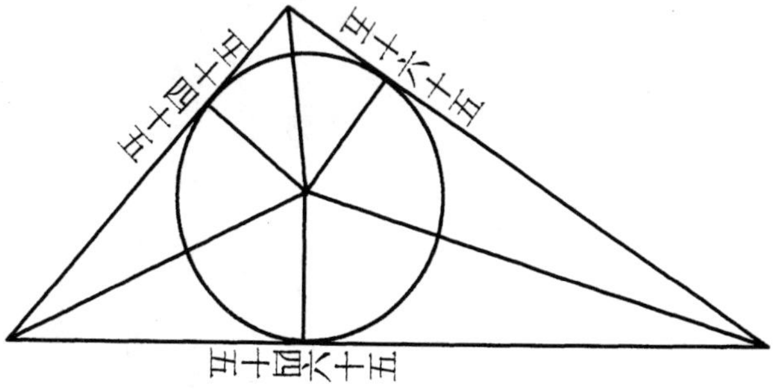

股大邊百一十、次邊八十、小邊六十，相併，共二百五十。半之百二十五，爲半和。三邊各與半和相減，大邊之較十五，次邊之較四十五，小邊之較六十五。合次邊、小邊之較，即大邊；合大邊、小邊之較，即次邊；合大邊、次邊之較，即小邊。兩兩相等而會於角之兩旁，與容圜半徑成句股。

校注

〔一〕中其圜而觚分之　用通過圓心的直綫將圓分爲若干份。觚，棱角，原爲古酒器，此指二直綫之間的夾角，參見本卷第一圖。

〔二〕弧背　即圓周上一段圓弧。絙，連結之意。

〔三〕矢　弦的中點與所對弧的中點連結之綫段。一非直徑之弦對應二不相等之矢，謂之「大矢」與「小矢」。

〔四〕兩直畫　即兩直綫。

〔五〕六觚、八觚　即六邊形、八邊形。以下「三觚」即三角形。

〔六〕渾圜　即球。平圜，即圓。

〔七〕倨　即鈍角。句，即鋭角。

〔八〕方圜　指正方形和圓。其徑，係指正方形對邊之距離，即一邊之長以及圓的直徑。以正方形的周長爲矩形的長邊（袤），以其徑爲短邊（廣），則該矩形的面積（冪）總等於正方形的面積四倍。周徑之積也爲圓面積的四倍。

〔九〕嬴數　即盈數，意爲過剩近似值。朒數，即虧數，意爲不足近似值。正數，指圓周率的真值。

〔一〇〕内圜適外圜之半　内圓面積等於外圓面積的一半。這裏的「圜」係指其面積。下句中「内方適外方之半」，也指其面積而言。

〔一一〕廿　應爲「外」之誤。

〔一二〕術　相當於數學定理或公式。上、中、下三卷共有四十九術。第一術至第三術，是利用勾股定理解直角三角形三邊互求之法。

〔一三〕次弧背　與一已知弧（弧背）相補的弧。

〔一四〕句股第四至第六術，是弦、矢、徑互求之法。

〔一五〕内矩分　即指對應弧上的正弦綫。

〔一六〕次内矩分　即指對應弧上的餘弦綫。

〔一七〕準望　即測量。

〔一八〕自一隅規之　以矩的頂點爲圓心作圓。下文「一矩之規」，即九十度圓弧。

〔一九〕矩分　即指所對應弧上的正切綫。在中國古代數學中，三角函數稱三角八綫，以圓上相應綫段來表示。如本篇所論三角八綫，皆就弧而言。因弧度數與所對圓心角度數相等，故書中所論三角公式與今天所論一致。下文中「徑引數」即正割綫，「次矩分」即餘切綫，「次引數」即餘割綫。加上正弦綫、餘弦綫、正矢綫、餘矢綫，合稱三角八綫。

〔二〇〕本篇按劉徽割圓之法，將圓周分爲九十六等分，每一象限（一矩之規）含二十四等分。每一等分稱爲一「限」，每限合今三度四十五分。「限四之」，恐有誤文，可能是指每限再若干等分。本書後文有言「限十分，分七十五秒」，故此處亦應以「限十分」爲是。參看第十三圖。

〔二一〕圜裏六弧之一面　圓内正六邊形之一邊。下文「半面」指一邊之半。

〔二二〕積矩　矩的二直角邊相乘，得矩形之面積。

〔二三〕以上正文四段二百四十四字，爲經韻樓本所不載，而在原象卷八中有所反映。

〔二四〕十八限　應爲「八限」之誤，衍「十」字。因爲一象限爲二十四限，八限即三十度角，其正弦值（即内矩分）等於

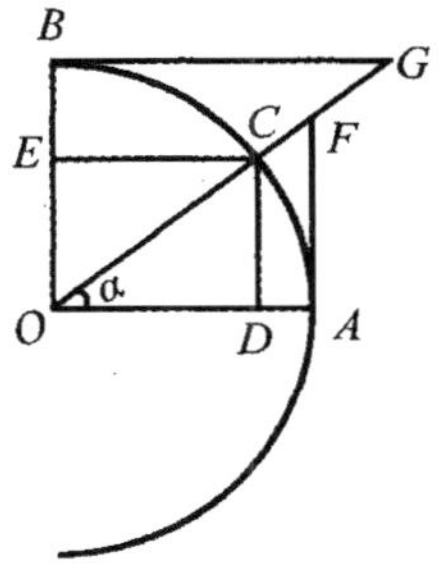

$\overset{\frown}{ACB}$ —一矩之規

$\overset{\frown}{AC}$ —半弧背

$\overset{\frown}{CB}$ —次半弧背

AF —矩分　　OF —徑引數

BG —次矩分　OG —次引數

CD —内矩分

CE（OD）—次内矩分

十六限即六十度角的餘弦值（即次内矩分）∵ $\sin 30° = \cos 60° = 0.5$

〔二五〕推立成之根　推導三角函數表的根據。立成，即數表，這裏指三角函數表。

〔二六〕限同，則外内相應　内外二直角三角形中有一組對應角相等（限同），則兩形相似。

〔二七〕此術係用比例互求二相似直角三角形邊長之法。

〔二八〕方面　這裏指正方形。

〔二九〕此術係指出矩分、次矩分、内矩分、次内矩分和徑引數、次引數之間的關係。相當於給出三角公式：

$$\mathrm{tg}\alpha = \frac{\sin\alpha}{\cos\alpha} \qquad \mathrm{ctg}\alpha = \frac{\cos\alpha}{\sin\alpha} \qquad \sec\alpha = \frac{1}{\cos\alpha} \qquad \csc\alpha = \frac{1}{\sin\alpha}$$

〔三〇〕此術係分弧内矩分、次内矩分之求法，相當於給出正、餘弦的半角公式：

$$\sin\frac{\alpha}{2} = \sqrt{\frac{1-\cos\alpha}{2}}$$

$$\cos\frac{\alpha}{2}=\frac{\sin\alpha\sin\frac{\alpha}{2}}{1-\cos\alpha}$$ 這裏只考慮正根。

〔三二〕此術係倍弧内矩分、次内矩分求法，相當於給出了正、餘弦的倍角公式：

$$\sin2\alpha=2\sin\alpha\cos\alpha,$$

$$\cos2\alpha=1-2\sin^2\alpha。$$

〔三三〕此術係兩弧和差内矩分、次内矩分求法，相當於給出了兩角和差的正、餘弦公式：

由 $$\sin\alpha\cos\beta=\frac{\sin(\alpha+\beta)+\sin(\alpha-\beta)}{2}$$

$$\cos\alpha\sin\beta=\frac{\sin(\alpha+\beta)-\sin(\alpha-\beta)}{2}$$

得 $$\sin(\alpha+\beta)=\sin\alpha\cos\beta+\cos\alpha\sin\beta$$

$$\sin(\alpha-\beta)=\sin\alpha\cos\beta-\cos\alpha\sin\beta$$

又由 $$\sin\alpha\sin\beta=\frac{\cos(\alpha+\beta)-\cos(\alpha-\beta)}{2}$$

$$\cos\alpha\cos\beta=\frac{\cos(\alpha+\beta)+\cos(\alpha-\beta)}{2}$$

得 $$\cos(\alpha+\beta)=\cos\alpha\cos\beta+\sin\alpha\sin\beta$$

$$\cos(\alpha-\beta)=\cos\alpha\cos\beta-\sin\alpha\sin\beta$$

〔三三〕氣朔、日躔　氣朔，指節氣、朔望。日躔，太陽在黄道上的行度。

〔三四〕分至啓閉　指一年中八個重要的節氣。分，春分、秋分；至，夏至、冬至；啓，立春、立夏；閉，立秋、立冬。

〔三五〕中氣　一年二十四節氣中，有十二個爲中氣，即冬至、大寒、雨水、春分、穀雨、小滿、夏至、大暑、處暑、秋分、霜降、小雪。

〔三六〕距　距離、距度。此處指三角形的邊。

〔三七〕第二十三至二十七圖及下面二十八圖中所注「限」數與本書規定不同。這裏將一個象限分爲九十六限。這些圖可能轉録自他書。

〔三八〕即謂三角形中角之正弦與對邊成比例，此即正弦定理。相應，即成比例。

〔三九〕句股第十四、十五術，係用正弦定理解斜三角形之法。

〔四〇〕此附圖中角度單位與圖二十四至二十七同。

〔四一〕本術相當於給出了正切定理：

$$\frac{b+c}{b-c}=\operatorname{tg}\frac{B-C}{2}\operatorname{tg}\frac{B+C}{2}$$

〔四二〕和　疑爲「知」之誤。

〔四三〕規限曰本觚　疑爲「規限曰本弧」之誤。

〔四四〕檢立成　即查三角函數表，從正切值查得角度。這裏仍以直角的九十六分之一爲一「限」。

〔四五〕半徑全數　本篇取半徑全數爲一億。

〔四六〕記　指句股割圜記正文。

〔四七〕三角之容圜　三角形之内切圓。

〔四八〕等　應爲「乘」之誤。

〔四九〕此即三角形中半角公式：

$$\mathrm{tg}\frac{A}{2}=\frac{r}{p-a}$$

$$\left(P=\frac{a+b+c}{2}\right)$$

〔五〇〕此即由三邊求三角形面積的海倫公式：

$$S_{\triangle ABC}=\sqrt{p(p-a)(p-b)(p-c)}$$

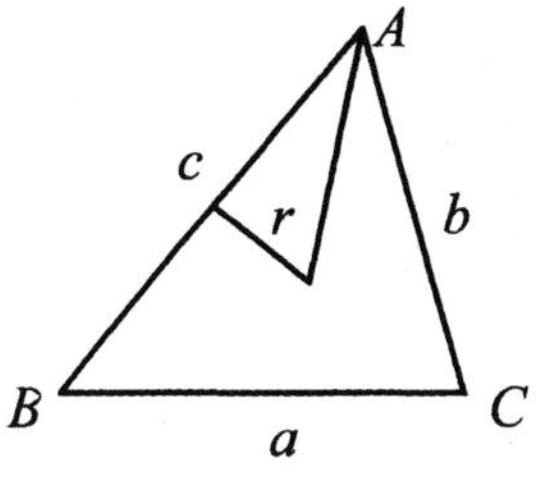

句股割圜記中

渾圜，中其圜而規之。二規之交，循圜半周而得再交〔一〕。如赤道爲一規，黄道爲一規。赤道即周髀之中衡。黄道自南而北交於春分，自北而南交於秋分。二分相距半天周。

距交四分圜周之一，規之，翕闢之節也〔二〕。如分、至相距四分天周之一。更爲一規過二至、二極，爲玉衡之中維。吴曰：「今名二極、二至交圈。」赤道距北極，黄道距北極璿璣，吴曰：「今名黄道極。」皆四分天周之一。北極璿璣距正北極，與黄道距赤道相等。

第二十九圖

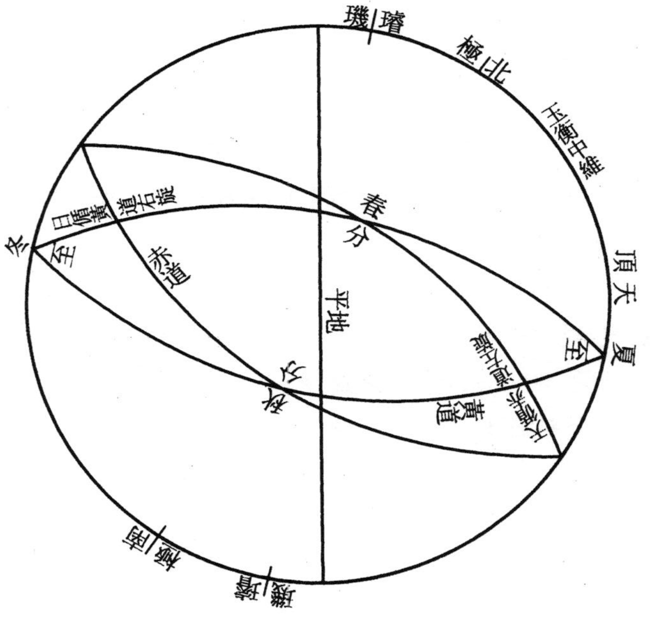

玉衡中維平視，黃、赤道側視。

第三十圖

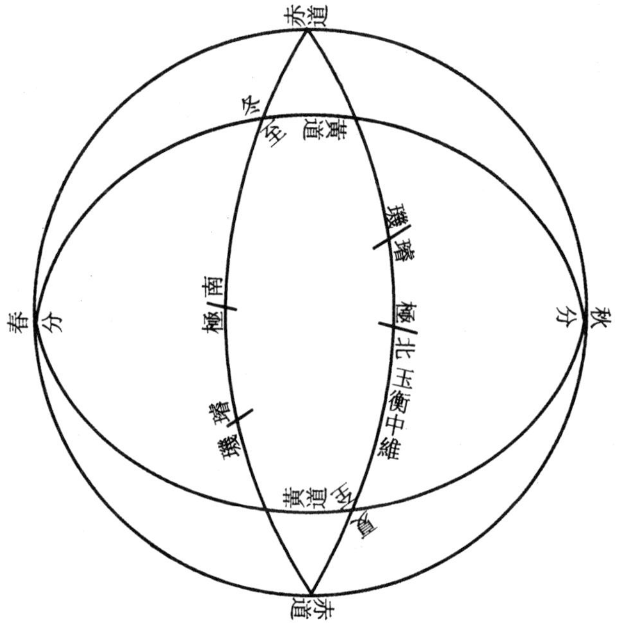

赤道平視，黄道及玉衡中維皆側視。

緣是以爲經，謂之經限。橫截經限之外，謂之緯限〔三〕。

太傅禮：東西爲緯，南北爲經。故古曆皆以黄、赤道之度爲緯度，二道、二極相距之度爲經度。吴曰：「今歐邏巴反之。」緯度之宗，赤道是也。經度之宗，玉衡中維是也。黄、赤道二至相距之度，授時曆草謂之二至内外半弧背。夏至爲内，冬至爲外。吴曰：「今名黄赤大距。」赤道離二至之度，授時曆草謂之赤道半弧背。吴曰：「今從二分起數，則爲赤道餘弧。」

經之内規之，謂之經弧。緯之内截其規，謂之緯弧。

經弧如各度黄、赤道相距之數，授時曆草謂之黄、赤道内外半弧背。春分後爲内，秋分後爲外。吴曰：「今名黄赤距緯。」緯弧，如日躔黄道離二至之數，授時曆草謂之黄道半弧背。吴曰：「今爲黄道餘弧。」

第三十一圖

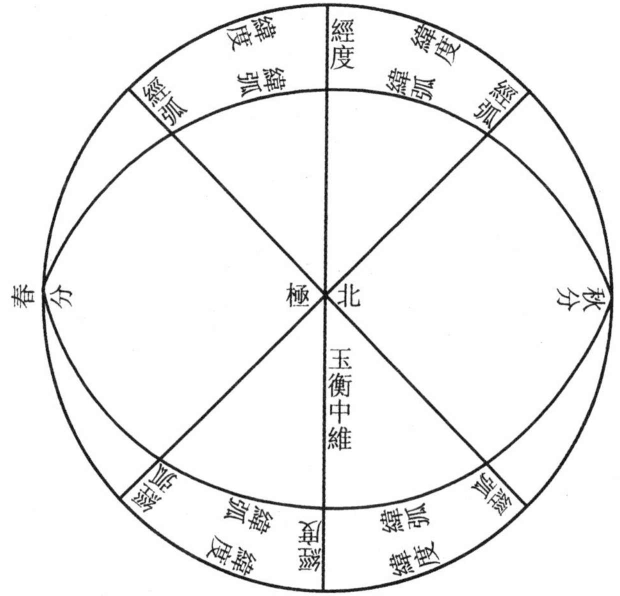

赤道平視，黄道側視，截二道之規，皆正視。以北極爲渾圜之頂，自頂視下，則赤道爲其中圍。黄道側勢如張弓，交於北極之規，但成一直綫而已。

經、緯之限界其外，經、緯之弧截其內，是爲半弧背者四，以句股御之。半弧背之外內矩分平行相應，得同限之句股弦各四，古弧矢術之方直儀也〔四〕。

第三十二圖

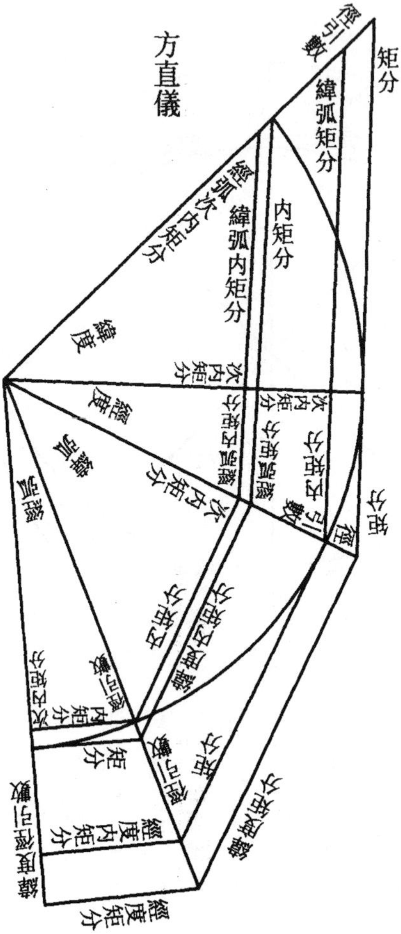

方直儀

儀不具次矩分之句股徑隅面各一，圜半徑爲句，次矩分爲股，次引數爲弦，與本弧外內矩分之句股弦，三三相應。詳上篇第十二圖。方直儀所不必具而可知者。加一於四而五，是故參其體，兩其用。用也者，旁行而觀之也。旁行以用於經限，則經弧矩分爲句，緯限次內矩分爲之股；經弧內矩分爲句，緯弧次內矩分爲之徑隅。

句	股	弦	互求率一
經度矩分	圜半徑	經度徑引數	表一
經度內矩分	經度次內矩分	徑隅	表二
圜半徑	經度次矩分	經度次引數	表三
經弧矩分	緯度次內矩分	虛	表四
經弧內矩分	虛	緯弧次內矩分	表五

表一、表二、表三，皆經度本有之句股弦，所謂參其體也。表四、表五，平行相應之句股弦，所謂兩其用也。體與用可以按表互求。

旁行用於緯限，則緯弧矩分爲句，經限次內矩分爲之股；緯弧內矩分爲句，經弧次內矩分爲之徑隅。

句　　股　　弦　　互求率二

緯度矩分	圜半徑	緯度徑引數	表一
緯度内矩分	緯度次内矩分	徑隅	表二
圜半徑	緯度次矩分	緯度次引數	表三
緯弧矩分	經度次内矩分	虚	表四
緯弧内矩分	虚	經弧次内矩分	表五

旁行用於經弧，則經限矩分爲句，緯限徑引數爲之股；經限内矩分爲句，緯弧徑引數爲之徑隅。

句	股	弦	互求率三
經弧矩分	圜半徑	經弧徑引數	表一
經弧内矩分	經弧次内矩分	徑隅	表二
圜半徑	經弧次矩分	經弧次引數	表三
經度矩分	緯度徑引數	虚	表四
經度内矩分	虚	緯弧徑引數	表五

旁行用於緯弧，則緯限矩分爲句，經限徑引數爲之股；緯限内矩分爲句，經弧徑引數爲之徑隅。

句	股	弦	互求率四
緯弧矩分	圜半徑	緯弧徑引數	表一
緯弧内矩分	緯弧次内矩分	徑隅	表二
圜半徑	緯弧次矩分	緯弧次引數	表三
緯度矩分	經度徑引數	虚	表四
緯度内矩分	虚	經弧徑引數	表五

儀之立也，爲方四成，旁行而得同限之句股四。經限矩分爲句，則緯限矩分爲之股；經限内矩分爲句，則緯弧矩分爲之度〔五〕；經弧矩分爲句，則緯限内矩分爲之股；經弧内矩分爲句，則緯弧内矩分爲之股。

第三十三圖

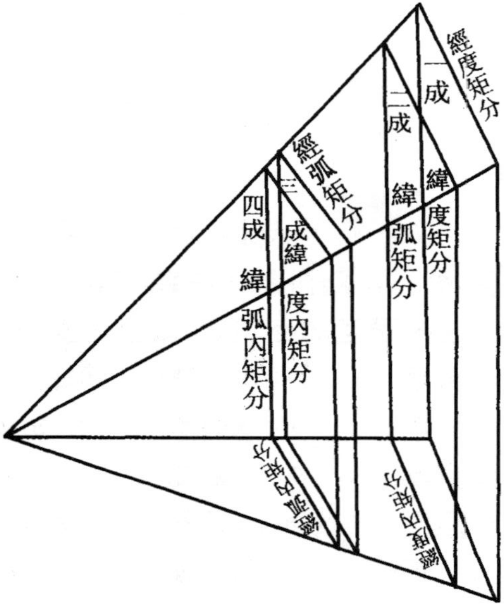
經度矩分
一成
二成
緯
度
矩分
緯
弧
矩分
經弧矩分
三
成緯
四成
緯
度內矩分
弧內矩分
經度內矩分
經弧內矩分

第三十四圖

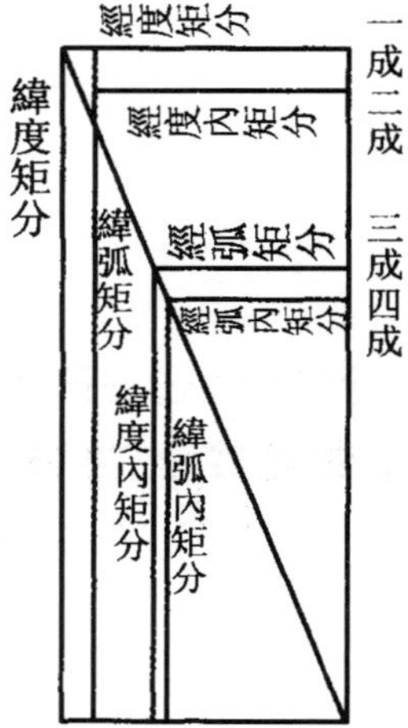
經度矩分
緯度矩分
一
成
二
成
三
成
四
成
經度內矩分
經弧矩分
經弧內矩分
緯弧矩分
緯度內矩分
緯弧內矩分

句	股	弦	互求率五
經度矩分	緯度矩分	虛	表一
經度内矩分	緯弧矩分	虛	表二
經弧矩分	緯度内矩分	虛	表三
經弧内矩分	緯弧内矩分	虛	表四

凡句股二十有四，爲互求之率五。遵古已降，推步起日至，斯其本法也。

句股第十五術〔六〕

有經度，吴曰：「如黄赤大距，亦名黄赤交角。」有緯弧，吴曰：「如黄道離二至度。若起二分，則爲黄道餘弧。」求經弧：吴曰：「如黄赤距緯。」以經度内矩分乘緯弧次内矩分，徑隅除之，得經弧内矩分。於前表中擇其用徑隅半徑省除者，餘並不具列。

授時曆草云：「置黄赤道小弦，緯弧次内矩分，旁行用於經度，故名黄赤道小弦。以二至内、外半弧弦即經度内矩分。乘之爲實，黄赤大弦即經度徑隅。爲法，除之，得黄赤道内外半弧弦。即經弧内矩分。」

句股第十六術

有經度，有緯弧，求緯度：吴曰：「如起二至，赤道離度。若起二分，則爲赤道餘弧。」以緯弧矩分乘經度徑引數，圜半徑除之，得緯度矩分。

句股第十七術

有經度，有經弧，求緯弧：以經度次引數乘經弧内矩分，圜半徑除之，得緯弧次内矩分。

句股第十八術

有經度，有經弧，求緯度：以經度次矩分乘經弧矩分，圜半徑除之，得緯度次内矩分。

句股第十九術

有緯度，有經弧，求緯弧：以緯度内矩分乘經弧次内矩分，徑隅除之，得緯弧内矩分。

句股第二十術

有緯度，有經弧，求經度：以經弧矩分乘緯度經引數〔七〕，圜半徑除之，得經度矩分。

句股第二十一術

有經度，有緯度，求緯弧：以緯度矩分乘經度次内矩分，圜半徑除之，得緯弧矩分。

句股第二十二術

有經度，有緯度，求經弧：以經度矩分乘緯度次内矩分，圜半徑除之，得經弧矩分。

句股第二十三術

有緯度，有緯弧，求經弧：以緯度次引數乘緯弧内矩分，圜半徑除之，得經弧次内矩分。

句股第二十四術

有緯度，有緯弧，求經度：以緯度次矩分乘緯弧矩分，圜半徑除之，得經度次内矩分。

句股第二十五術

有經弧，有緯弧，求緯度：以緯弧内矩分乘經弧徑引數，徑隅除之，得緯度内矩分。或以緯弧内矩分與徑隅相乘，經弧次内矩分除之，得緯度内矩分。列此以明古法。授時曆草云：「置黄道半弧弦，即緯弧内矩分。以周天半徑即緯弧徑隅。乘之爲實，赤道小弦經弧次内矩分旁行用於緯度，故名赤道小弦。爲法，除之，得赤道半弧弦。即緯度内矩分。」

句股第二十六術

有經弧，有緯弧，求經度：以經弧内矩分乘緯弧徑引數，徑隅除之，得經度内矩分。

吴曰：「就黄、赤道言之，古推步起二至，或先知二至黄赤距及黄道；有經度，有緯弧。或先知二至黄赤距及各度黄赤距；有經度，有經弧。或先知赤道及各度黄赤距；有緯度，有經弧。或先知二至黄赤距及赤道；有經度，有緯度。或先知赤道、黄道；有緯度，有緯弧。或先知各度黄赤距及黄道；有經弧，有緯弧。皆以其二得其四。古謂之二至黄赤距者，今之大距。古謂之各度黄赤距者，今之距緯。」

引而伸之，以經限爲節者，其二規皆緯也。自交已至經弧，謂之次緯儀。以緯限爲節者，其二規皆經也。自交已至緯弧，謂之次經儀。儀各爲半弧背者三，成規限之句股徑隅〔八〕。吳曰：「今之正弧三角。」於是命半弧背之外内矩分，曰方數句股徑隅。規限句股徑隅也者，古弧矢術也，必以方數句股徑隅御之〔九〕。方數爲典，以方出圜，立術之通義也。次緯儀，經弧爲其句限，緯限之次半弧背爲其股限，緯弧之次半弧背爲其隅限。

第三十五圖

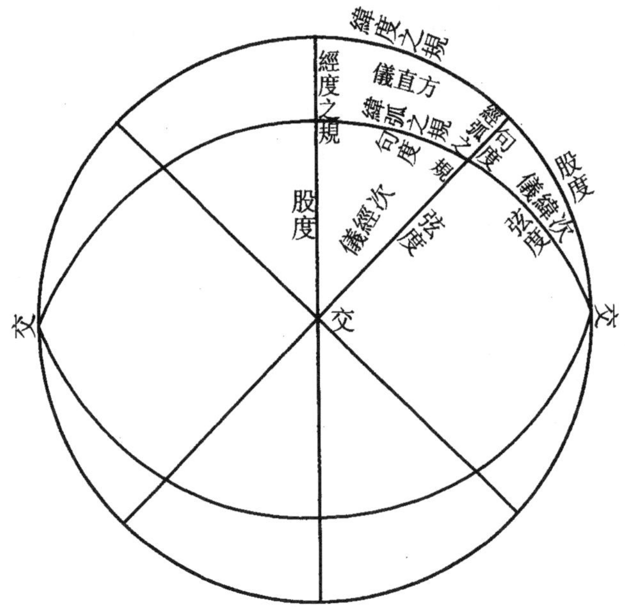

規限句股徑隅，其外內矩分平行相應，得同度之方數句股徑隅各三。

第三十六圖

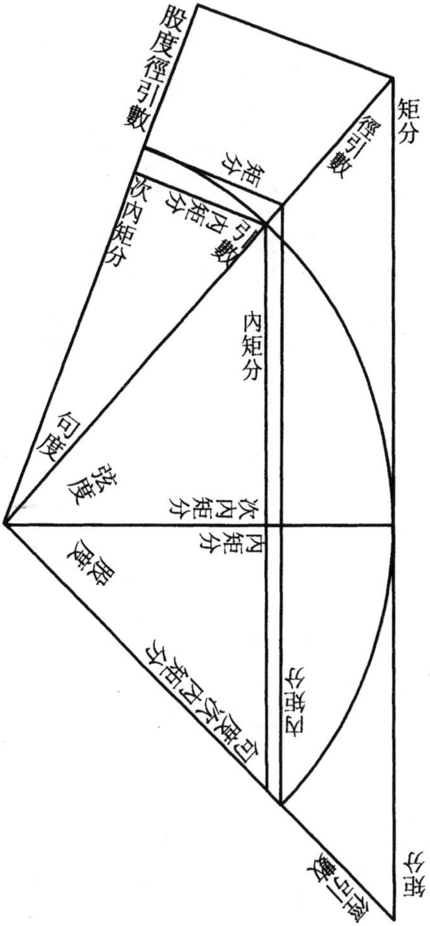

儀不具次矩分之句股徑隅面各一。加一於三而四。旁行觀之，股限徑引數爲股，則隅限徑引數爲之徑隅，以用於句限。

句	股	弦	互求率一
句度矩分	圜半徑	句度徑引數	表一
句度內矩分	句度次內矩分	徑隅	表二
圜半徑	句度次矩分	句度次引數	表三
虛	股度徑引數	弦度徑引數	表四

句限次內矩分爲徑隅，則隅限次內矩分爲之股，以用於股限。

句	股	弦	互求率二
股度矩分	圜半徑	股度徑引數	表一
股度內矩分	股度次內矩分	徑隅	表二
圜半徑	股度次矩分	股度次引數	表三
虛	弦度次內矩分	句度次內矩分	表四

股限次內矩分爲股，則句限徑引數爲之徑隅，以用於隅限。

句	股	弦	互求率三

弦度矩分	圜半徑	弦度徑引數	表一
弦度内矩分	弦度次内矩分	徑隅	表二
圜半徑	弦度次矩分	弦度次引數	表三
虚	股度次内矩分	句度徑引數	表四

儀之立也，旁行而得同限之方數句股徑隅三，爲三成：股限矩分爲股，則隅限矩分爲之徑隅；句限矩分爲句，則股限内矩分爲之股；隅限内矩分爲徑隅，則句限内矩分爲之句。取節於方直儀之經限，以爲其限。合方直儀次緯儀成斜剖之立方形，兩端必成同度句股形。

吴曰：「此一條備正弧三角之理與法。就此七十有八字，神而明之，可以盡推步之能事矣。」

第三十八圖

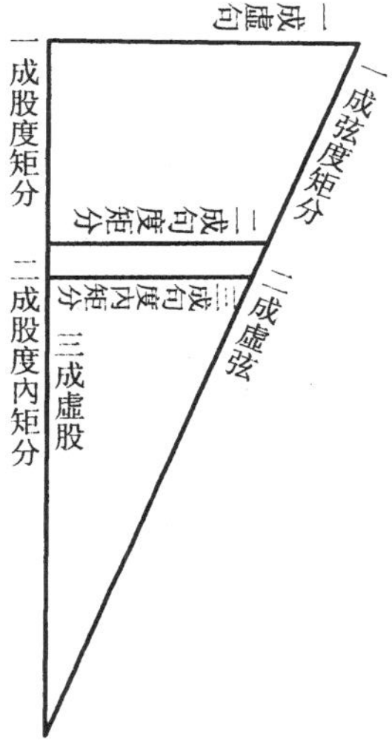
一成虛句
一成弦度矩分
一成股度矩分
二成句度矩分
二成虛弦
三成句度內矩分
二成股度內矩分
三成虛股

第三十七圖

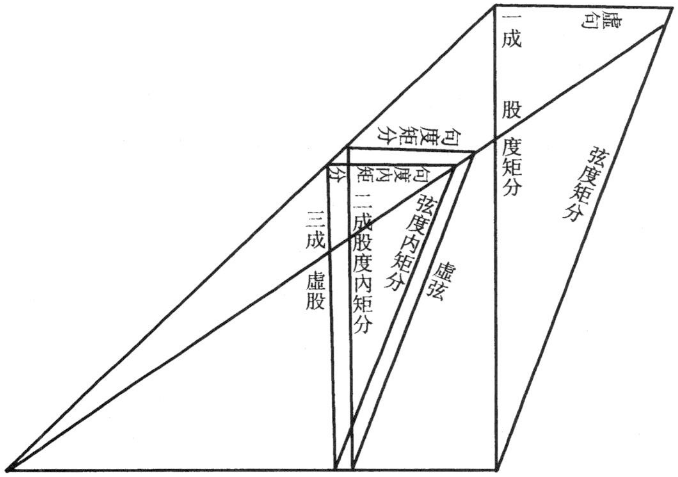
虛句
一成股度矩分
弦度矩分
句度矩分
句度內矩分
弦度內矩分
虛弦
二成股度內矩分
三成虛股

句	股	弦	互求率四
經度矩分	圜半徑	經度徑引數	表一
經度内矩分	經度次内矩分	徑隅	表二
圜半徑	經度次矩分	經度次引數	表三〔一〇〕
虚	股度矩分	弦度矩分	表四
句度矩分	股度内矩分	虚	表五
句度内矩分	虚	弦度内矩分	表六

凡句股十有八，爲互求之率四。次經儀亦如之。次緯儀翕闢之節、經限也。是故有經限互求之率。次經儀翕闢之節、緯限也，有緯限互求之率。方直儀、次緯儀，梗概之法略有。餘諸儀之圜度與外、内方數句股弦，但存方直儀、次緯儀之弧度。本稱而理自見。其製並倣是二者爲之，不別具圖表。檢五儀通率及十儀通率，則各得其用矣。

距經、緯之弧四分圜周之一，規之，謂之外規。

如交於北極璿璣爲一規。

爲總儀〔一一〕，凡構綴之規法五。皆四分之，以爲其限。而交加前卻之。

第三十九圖

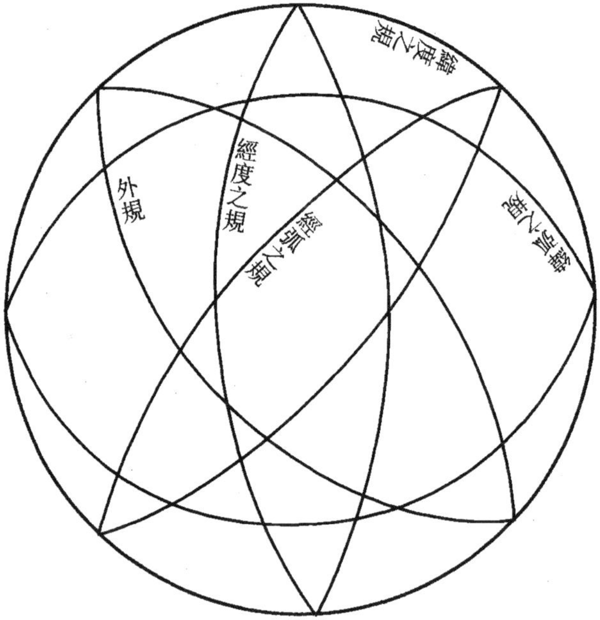

總儀

分儀半弧背四，合而爲儀者五：曰方直儀，曰右方儀，曰右次方儀，曰左方儀，曰左次方儀。

右方儀：經弧次半弧背爲其經度，外規度爲其緯度，緯弧爲其經弧，緯度次半弧背爲其緯弧。

右次方儀：緯弧次半弧背爲其經度，經度爲其緯度，緯度次半弧背爲其經弧，外規次半弧背爲其緯弧。

左方儀：外規度爲其經度，緯弧次半弧背爲其緯度，經度次半弧背爲其經弧，經弧爲其緯弧。

左次方儀：緯度爲其經度，經弧次半弧背爲其緯度，外規次半弧背爲其經弧，經度次半弧背爲其緯弧。

左平面	右平面	右欹面	左欹面	五儀通率
經度	緯度	經弧	緯弧	方直儀
經弧次半弧背	外規度	緯弧	緯度次半弧背	右方儀
緯弧次半弧背	經度	緯度次半弧背	外規次半弧背	右次方儀
外規度	緯弧次半弧背	經度次半弧背	經弧	左方儀
緯度	經弧次半弧背	外規次半弧背	經度次半弧背	左次方儀

半弧背三，合而爲儀者十〔一二〕：曰次緯儀，曰次經儀，曰兩緯儀，曰兩經儀，曰次經緯度儀。儀之句度、股度互易，則外内矩分各旋而易，故五名而其儀十。

次緯儀爲方直儀之右儀，旋而爲右方儀之左儀。則易句度爲股度，股度爲句度。有外規度互求之率。

次經儀爲方直儀之左儀。弦度次半弧背爲其句度，即緯弧主次緯儀爲之通率。經度次半弧背爲其股度，句度次半弧背爲其弦度。即經弧次半弧背。有股度次半弧背互求之率。即緯度。旋而爲左方儀之右儀。則經度次半弧背爲其句度，弦度次半弧背爲其股度，句度次半弧背爲其弦度。有外規度互求之率。

兩緯儀爲右方儀之右儀。弦度次半弧背爲其句度，外規次半弧背爲其股度，股度次半弧背爲其弦度。有句度次半弧背互求之率。

旋而爲右次方儀之左儀。則外規次半弧背爲其句度，弦度次半弧背爲其股度，股度次半弧背爲其弦度。有經度互求之率。

兩經儀爲左方儀之左儀。句度爲其句度，外規次半弧背爲其股度，經度爲其弦度。有弦度互求之率。

旋而爲左次方儀之右儀。則外規次半弧背爲其句度，句度爲其股度，經度爲其弦度。有股度次半弧背互求之率。

次經緯度儀爲右次方儀之右儀。股度爲其句度，經度次半弧背爲其股度，外規度爲其弦度。有弦度互求之率。

旋而爲左次方儀之左儀。則經度次半弧背爲其句度，股度爲其股度，外規度爲其弦度。有句度次半弧背互求之率。

股度、弦度二規翕闢之節。

	句	股	弦	十儀通率
經度	句度	股度	弦度	次緯儀
外規度	股度	句度	弦度	次緯儀之旋
股度次半弧背	弦度次半弧背	經度次半弧背	句度次半弧背	次經儀
外規度	經度次半弧背	弦度次半弧背	句度次半弧背	次經儀之旋
句度次半弧背	弦度次半弧背	外規次半弧背	股度次半弧背	兩緯儀
經度	外規次半弧背	弦度次半弧背	股度次半弧背	兩緯儀之旋
弦度	句度	外規次半弧背	經度	兩經儀
股度次半弧背	外規次半弧背	句度	經度	兩經儀之旋
弦度	股度	經度次半弧背	外規度	次經緯度儀

次經緯度儀之旋

外規度　股度　經度次半弧背　句度次半弧背

吳曰：「今之正弧三角法，有三角、三弧，凡六事。借黄、赤道名之曰黄道弧者，次緯儀之弦度也；曰赤道弧者，股度也；曰黄赤距弧者，亦名距緯弧。句度也；有直角，其度適一象限，是爲句度、股度交處；有黄、赤交角，其度即黄赤大距，方直儀之經度也，是爲弦度、股度交處；有黄道交極圈角，右方儀、左方儀之外規度爲其度，是爲句度、弦度交處。方直儀之經弧，即黄赤距弧，緯度爲赤道餘弧，緯弧爲黄道餘弧。斯記設諸儀於渾圜，循環一徧，極正弧三角法所未備，亦補梅勿庵塹堵測量所未備。雖不必盡用於正弧三角法之用，八綫比例無或遺矣。」

第四十圖

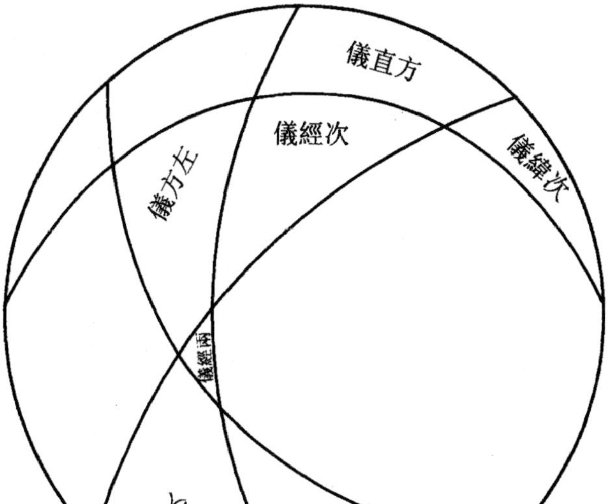

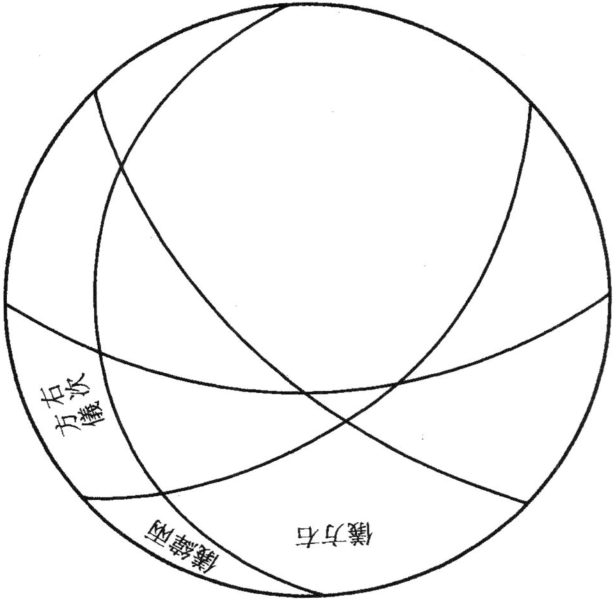

第四十一圖

凡爲儀十有五，是謂一終，得方數之句股徑隅三百。弧矢術之正整之就叙矣。

句股第二十七術第十九術通用〔一三〕

有句度，有股度，求弦度：以句度徑引數乘股度徑引數，圜半徑除之，得弦度徑引數〔一四〕。

句股第二十八術第二十五術通用

有句度，有弦度，求股度：以弦度次内矩分乘句度徑引數，徑隅除之，得股度次内矩分。

句股第二十九術第二十三術通用

有股度，有弦度，求句度：以股度徑引數乘弦度次内矩分，圜半徑除之，得句度次内矩分。句度、股度之名可互易，則與前術同。

已上三距互求者三。吴曰：「如黄道離二分度、赤道（同二十）〔離二分〕度、黄赤距度三者互求，用次緯儀。

句股第三十術第十七術通用

有經度，有句度，求弦度：以經度次引數乘句度内矩分，圜半徑除之，得弦度内矩分。

句股第三十一術第十八術通用

有經度，有句度，求股度：以經度次矩分乘句度矩分，圜半徑除之，得股度内矩分。

句股第三十二術第二十一術通用〔一五〕

有經度，有股度，求弦度：以經度徑引數乘股度矩分，圜半徑除之，得弦度矩分。

句股第三十三術第二十二術通用

有經度，有股度，求句度：以經度矩分乘股度内矩分，圜半徑除之，得句度矩分。

句股第三十四術第十五術通用

有經度，有弦度，求句度：以經度内矩分乘弦度内矩分，徑隅除之，得句度内矩分。

句股第三十五術第十六術通用〔一六〕

有經度，有弦度，求股度：以經度次内矩分乘弦度矩分，徑隅除之，得股度矩分。

已上一觚、一距，求其餘距者六。經度恒爲所知之一觚規度。吴曰：「如經度爲黄赤交角度，則黄赤距爲句，赤道爲股，黄道爲弦。經度當黄道交極圈角度，則赤道爲句，黄赤距爲股，黄道爲弦。皆用次緯儀。已備。」

句股第三十六術第二十術通用

有句度，有股度，求經度：以圜半徑乘句度矩分，股度内矩分除之，得經度矩分〔一七〕。或用兩經儀之旋吴曰：「今之又次形法。」爲股度、經度、弦度。同第三十二術。以股度次引數乘句度矩分，圜半徑除之，得經度矩分。

句股第三十七術第二十六術通用

有句度，有弦度，求經度：以徑隅乘句度内矩分〔一八〕，弦度内矩分除之〔一九〕，得經度内矩分〔二〇〕。或用兩經儀，爲句度、經度、弦度。同第三十術。以弦度次引數乘句度内矩分，圜半徑除之，得經度内矩分。

句股第三十八術第二十四術通用

有股度，有弦度，求經度：以圜半徑乘弦度矩分，股度矩分除之，得經度徑引數。或用次經緯度儀，爲句度、經度、股度。同第三十一術。以弦度次矩分乘股度矩分，圜半徑除之，得經度次内矩分。

已上兩距求一觚者三。經度恒爲所求之一觚規度。吳曰：「如求黄赤交角，則黄赤距爲句，赤道爲股，黄道爲弦。求黄道交極圈角，則赤道爲句，黄赤距爲股，黄道爲弦。」凡一觚、一距與餘距互求，其術九。餘一觚如之。

句股第三十九術

有經度，有句度，求外規度：用次經緯度儀之旋爲句度、經度、弦度。同第三十術。以句度徑引數乘經度次内矩分，圜半徑除之，得外規度内矩分。

句股第四十術

有經度，有股度，求外規度∴用兩緯儀之旋爲經度、弦度、句度。同第三十四術。以經度内矩分乘股度次内矩分，徑隅除之，得外規度次内矩分。

句股第四十一術

有經度，有弦度，求外規度∴用次經緯度儀，爲股度、經度、弦度。同第三十二術。以弦度徑引數乘經度次矩分，圜半徑除之，得外規度矩分。

已上一觚、一距，求一觚者三。經度恒爲所知之觚規度，外規度恒爲所求之觚規度。吴曰∴「如求黄道交極圈角，以經度爲黄赤交角度，黄赤距爲句，赤道爲股，黄道爲弦。或黄道交極圈角，求黄赤交角，則經度又當黄道交極圈角，外規度當黄赤交角，易赤道爲句，黄赤距爲股，而弦不改。」

句股第四十二術

有經度，有外規度，求弦度∴用兩緯儀之旋爲經度、句度、股度。同第三十一術。以經度次矩分乘外規度次矩分，圜半徑除之，得弦度次内矩分。

句股第四十三術

有經度，有外規度，求句度∴用次經儀之旋爲句度、經度、弦度。同第三十術。以外規度次引數乘經度次内矩分，圜半徑除之，得句度次内矩分。

句股第四十四術

有經度，有外規度，求股度：用兩緯儀之旋爲經度、句度、弦度。同第三十術。以經度次引數乘外規度次內矩分，圜半徑除之，得股度次內矩分。若所求之一距不論句度，股度，恒以句度當之，經度恒爲對所求一距之觚規度，則與前術同。

已上兩觚求一距者三。吴曰：「如黄赤交角及黄道交極圈角，求黄道、赤道、黄赤距。」凡兩觚與距互求，其術六。擇諸儀省便於算者用之，不可勝用也。術中無煩具列。

吴曰：「就黄、赤道起二分言之，黄道、赤道、黄赤距爲正弧三角之三邊。其三角：一直角，爲赤道交極圈角；兩鋭角，爲黄赤交角，黄道交極圈角。置直角不須求，三邊互求者三，黄赤交角與三邊互求者九，黄道交極圈角與三邊互求者亦九，理同黄赤交角與三邊互求。合兩角與邊互求者，又得九，黄、赤交角與三邊求黄道交極圈角者三，黄道交極圈角與三邊求黄赤交角者亦三，同屬一理。共三十事。斯記約其術十有八。

校　注

〔一〕渾圜，中其圜而規之　在球面上作大圓。渾圜，即球面，在本篇及下篇中，皆指天球面。

〔二〕翕闢之節　對天體運動進行測算的關節。

〔三〕經限　意指經綫方位，在此方位確定經度。經度以玉衡中維上弧段（經弧）所對之圓心角來計。緯限，意指緯綫方位，在此方位確定緯度。横截，垂直。

〔四〕方直儀　古代研究天文的一種立體模型。如圖一所示，它表示天球第一卦限。平面AOE爲赤道平面，圓弧$\overset{\frown}{ACE}$爲赤道，$\overset{\frown}{ABD}$爲黄道，N爲天北極，$\overset{\frown}{NDE}$爲玉衡中維，$\overset{\frown}{NBC}$爲子午綫。依本篇所作規定，$\overset{\frown}{DE}$爲經度，$\overset{\frown}{CE}$爲緯度；$\overset{\frown}{BC}$爲經弧，$\overset{\frown}{BD}$爲緯弧。現將方直儀表面沿OCQ剪開，並且按平，便得到平面展開圖二。此即文中第三十二圖。由此圖即可看出經緯度等各角與各相關綫段的三角函數關係。

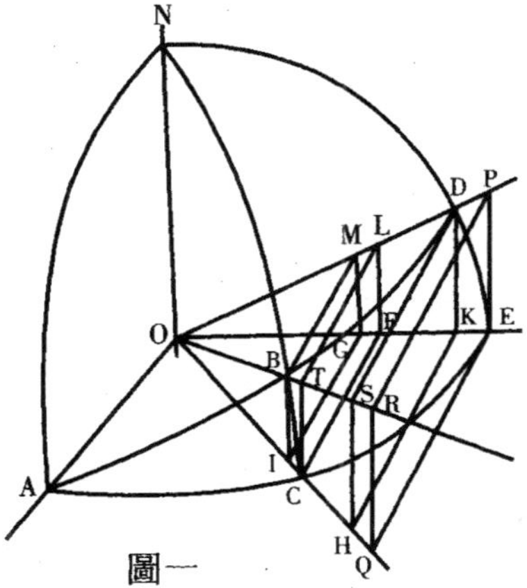

圖一

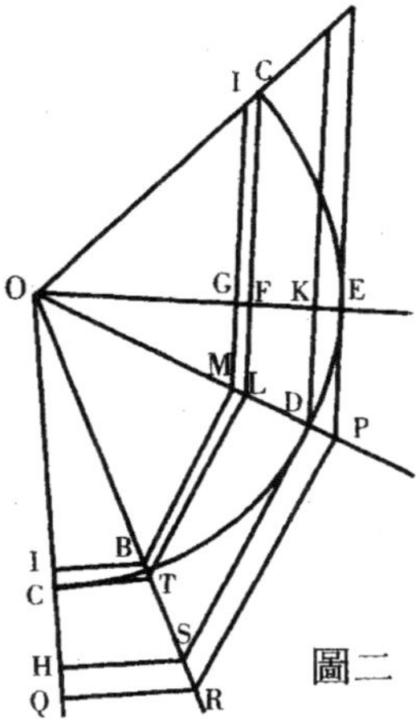

圖二

〔五〕度　應爲「股」之誤。

〔六〕本術相當於給出了球面三角公式：

$$\frac{\sin a\cos\beta}{\gamma}=\sin\alpha$$

其中 a 爲經度，b 爲緯度，α 爲經弧，β 爲緯弧，γ 爲球半徑。以下第十六術至二十六術，依次給出十一個球面三角公式：

$$\frac{ty\beta\cdot\sec a}{\gamma}=tgb，\quad\frac{\csc a\cdot\sin\alpha}{\gamma}=\cos\beta，$$

$$\frac{ctya\cdot tg\alpha}{\gamma}=\cos b，\quad\frac{\sin b\cdot\cos a}{\gamma}=\sin\beta，$$

$$\frac{ty\alpha\cdot\sec b}{\gamma}=tga，\quad\frac{tgb\cdot\cos a}{\gamma}=tg\beta，$$

$$\frac{tya\cdot\cos b}{\gamma}=tg\alpha，\quad\frac{\csc b\cdot\sin\beta}{\gamma}=\cos\alpha，$$

$$\frac{ctyb\cdot tg\beta}{\gamma}=\cos a，\quad\frac{\sin\beta\cdot\sec\alpha}{\gamma}=\sin b，$$

$$\frac{\sin\alpha\cdot\sec\beta}{\gamma}=\sin a$$

〔七〕經引數　應爲「徑引數」。

〔八〕次緯儀　即指注〔五〕圖一中球面立錐O—ABC。次經儀，即指O—BDN。兩儀上的球面三角形（即「規限之勾股徑隅」）皆是球面直角三角形（即「正弧三角」）。

〔九〕方數句股徑隅　由一段弧所對圓心角引出的相關的直角三角形。如由該角的正切綫（矩分）、正割綫（徑引數)和半徑(徑隅)爲三邊的直角三角形。球面直角三角形問題,一般可化爲相關平面直角三角形問題來解。

〔一〇〕表一至表三　與前方直儀第一組中表一至表三相同。對次緯儀來説,有四組勾股弦互求公式,其中包含十八個用於計算的元素。

〔一一〕總儀　係由整個球面構成的一個立體模型:在球面上將經度、緯度、經弧、緯弧延長成四個相交大圓,然後再於經弧、緯弧交點四分之一圓周處作一大圓(即「外規」)。如篇中第三十九圖。但此圖不分實綫、虚綫,不易辨識。現另作總儀立體圖如次。對應方直儀的球面四邊形,由四段大圓弧(即「半弧背」)構成,即B C D E。類似地,以球心爲頂點,以球面四邊形ABEF、FGHL、DKNM、PHQN爲「底」的立錐,也可單獨視爲立體模型,即所謂「右方儀」、「右次方儀」、「左方儀」、「左次方儀」。

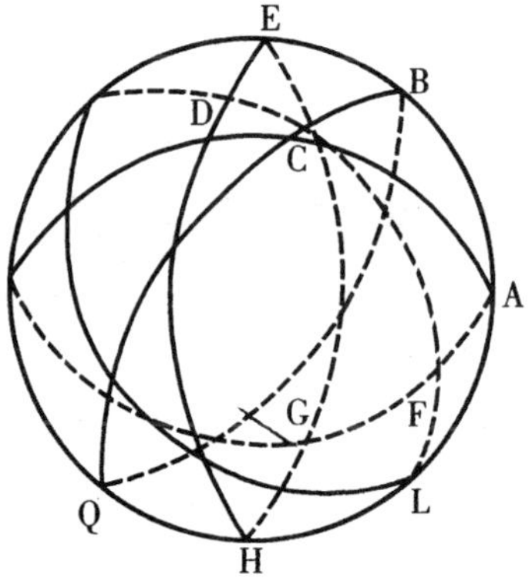

〔一二〕半弧背三，合而爲儀者十　球面三個大圓弧交成的弧段，每相連接的三段弧合成一個弧三角形，共有十個弧三角形。以它們爲底、球心爲頂點的十個立錐，又得到十個儀：次緯儀、次經儀、兩緯儀、兩經儀、經緯儀各兩個。它們各自的位置，可參見後文中第四十、四十一圖。

〔一三〕從本術至第四十四術，共列解球面直角三角形十八個公式，分五種類型：

（一）三邊（距）互求——術二十七至二十九。

（二）已知一角（觚）一邊求另一邊——術三十至三十五。

（三）已知兩邊求角——術三十六至三十八。

（四）已知一角一邊求另一角——術三十九至四十一。

（五）已知兩角求邊——術四十二—四十四。

〔一四〕此術文疑有誤。既「與第十九術通」，似應爲：「以句度次内矩分乘股度次内矩分，圜半徑除之，得弦度次内矩分。」下設圖説明。

在球面直角三角形ABC中，∠ACB = 90°

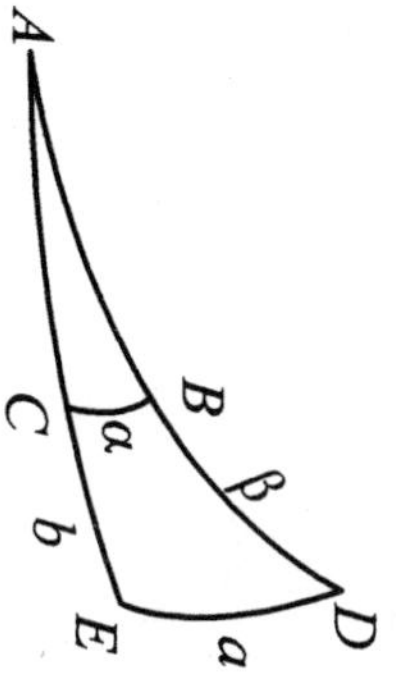

句度$\overset{\frown}{BC} = \alpha$（經弧）

股度$\overset{\frown}{AC} = 90° - b$

弦度$\overset{\frown}{AB} = 90° - \beta$

角B = 外規度

因此，句度次内矩分即經弧次内矩分；股度次内矩分即緯度内矩分；弦度次内矩分即緯弧内矩分。

〔一五〕二十一　疑爲「十六」之誤。

〔一六〕十六　疑爲「二十一」之誤。

〔一七〕經度矩分　疑爲「經度次矩分」之誤。參見注「一四」圖解。

〔一八〕句度内矩分　疑爲「弦度内矩分」之誤。

〔一九〕弦度内矩分　疑爲「句度内矩分」之誤。

〔二〇〕經度内矩分　疑爲「經度次引數」之誤。

句股割圜記下

三觚非弧矢術之正，以句股弧矢御之。渾圜之規限，正視之中繩，側視之隨其高下而羨，惟平視之中規。胥以平寫之，循規限之端，竟半周得圜徑。衡截圜徑，齊規限之末，抵外周，得規限所爲半弧弦。弧與弦易，正側之勢以爲平，於是命外周之限分爲其規限〔一〕。

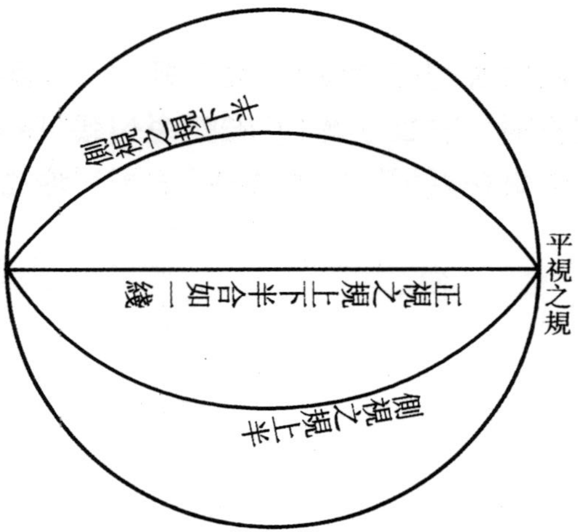

第四十二圖

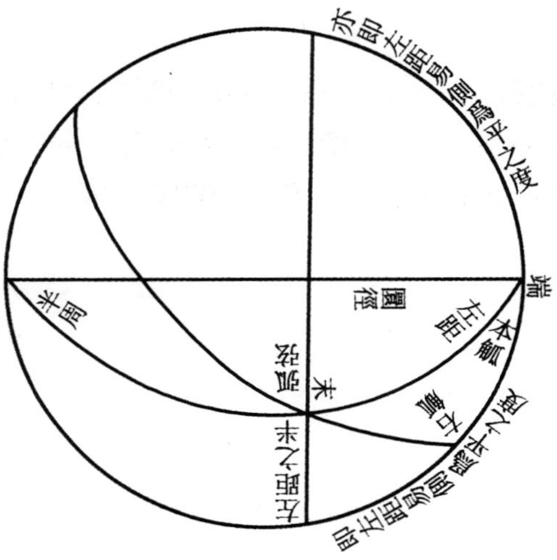

第四十三圖

第四十四圖

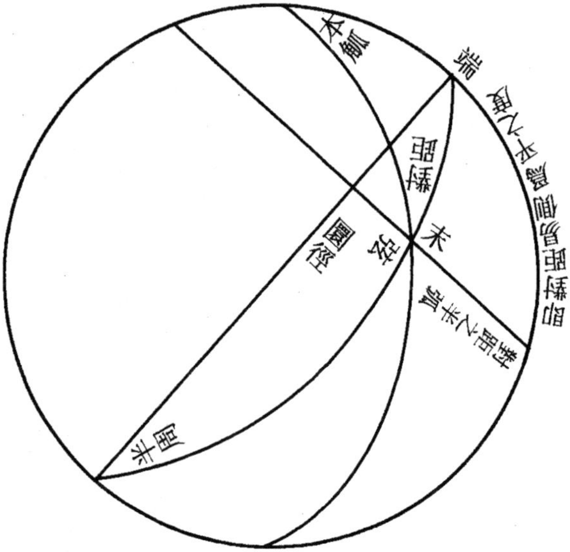

凡矢屬於規限之端，弦屬於規限之末，一從、一衡相遇也。用矢，用内矩分，準是率，率之。過四分圜周之一，用大矢；過半周如之。適四分圜周之一，矢與半弧弦皆適圜半徑，用半徑爲矢，爲内矩分；適四分圜周之三，如之。適圜半周，大矢宜甚大，滿圜徑，用圜徑爲矢。過四分圜周之三，猶往而復，仍用小矢。

凡過四分圜周之一，以減半周而得餘弧；過半周，以半周減之，而得剩弧。減餘弧、剩弧之矢於圜徑，得大矢。惟過四分圜周之三，以減圜周，用其餘弧之矢。

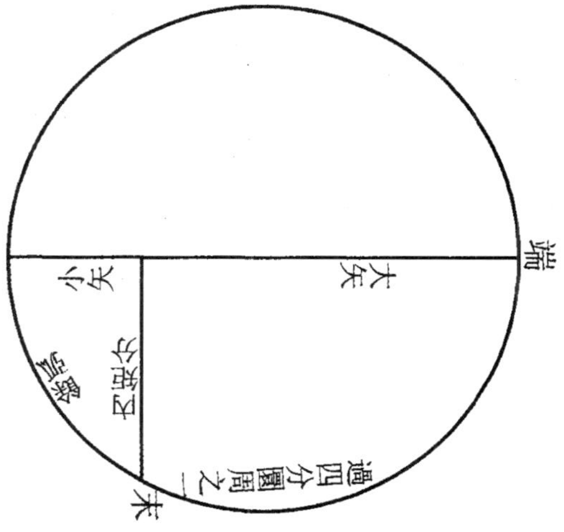

第四十五圖

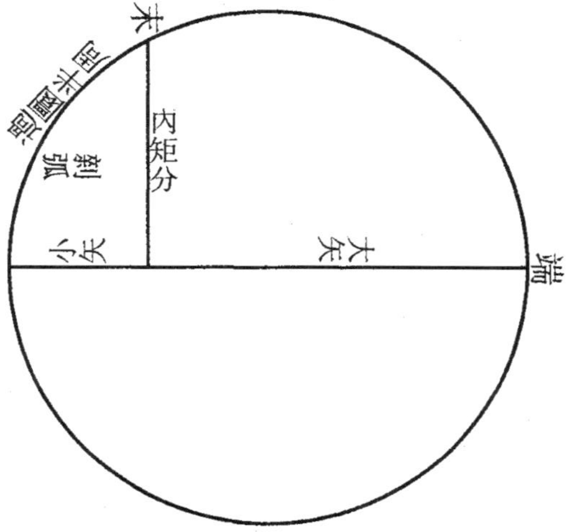

第四十六圖

第四十七圖

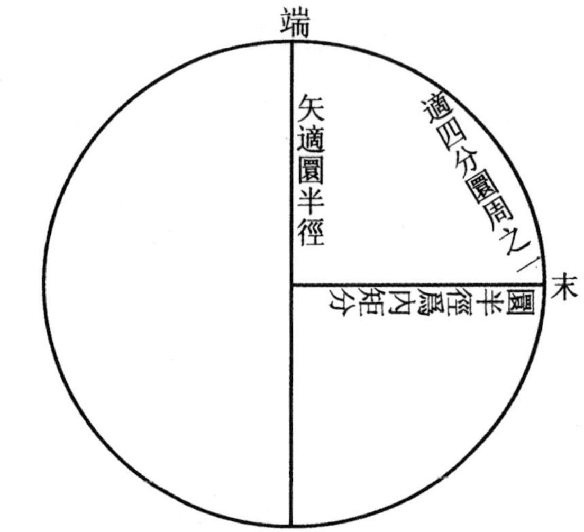

第四十八圖

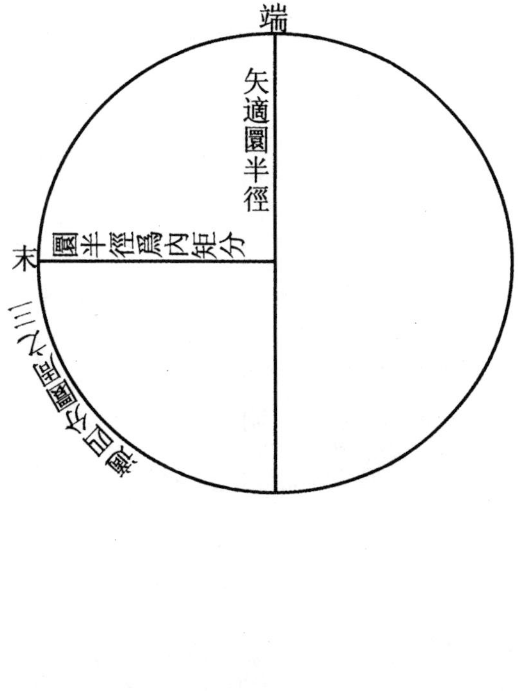

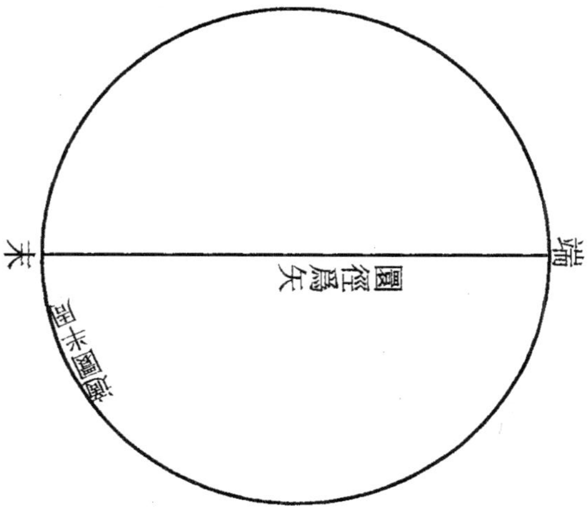

第四十九圖

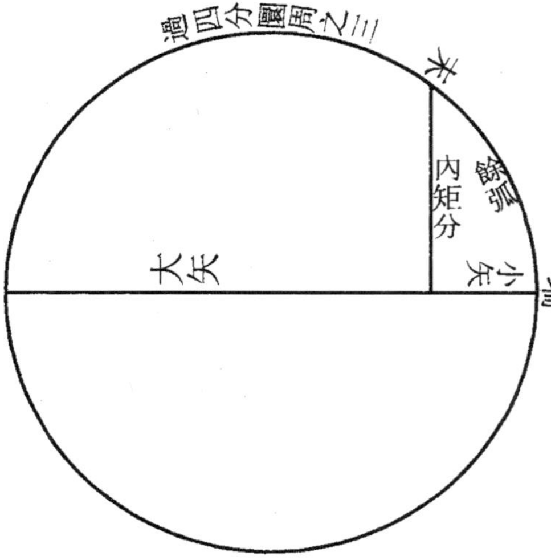

第五十圖

四分圜周之一，古推步法謂之象限，周天分四象。是爲一矩之規。率之變也，減兩距於圜半周，用其餘弧爲兩距；減對兩距之觚於圜半周，用其外弧，爲兩觚內矩分共用之半弧弦也。餘一距及其對觚，共用之觚與距也。

第五十一圖

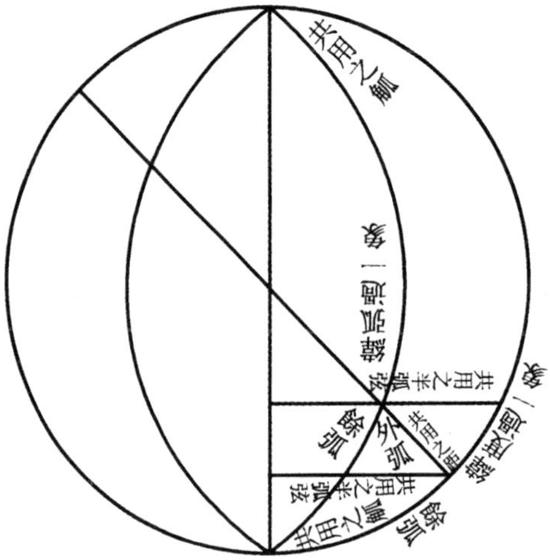

第五十二圖

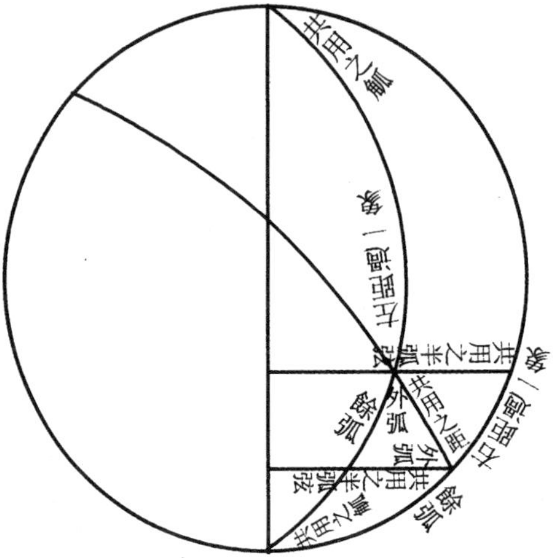

吳曰：「上圖，正弧三角法之變率，共用之距即句度，兩餘弧一爲股度，一爲弦度。其直角無内外弧之别。下圖，斜弧三角法之變率，理同；今名次形法。」

若三觚各以爲渾圜之一極，距觚四分圜周之一規之，三規之交成三觚、三距。則觚同其距之規限，距同其觚之規限。

第五十三圖

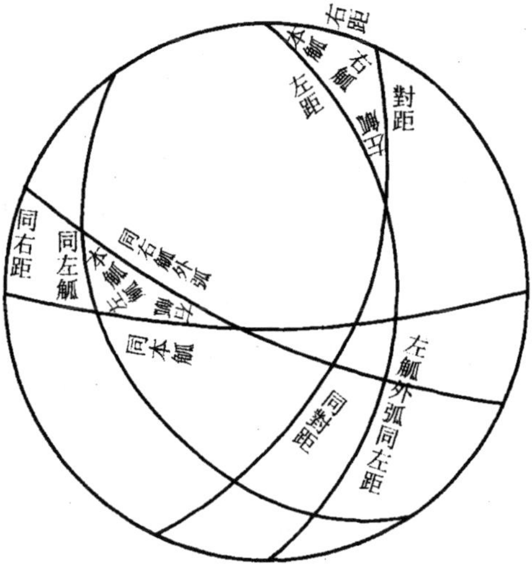

第五十四圖

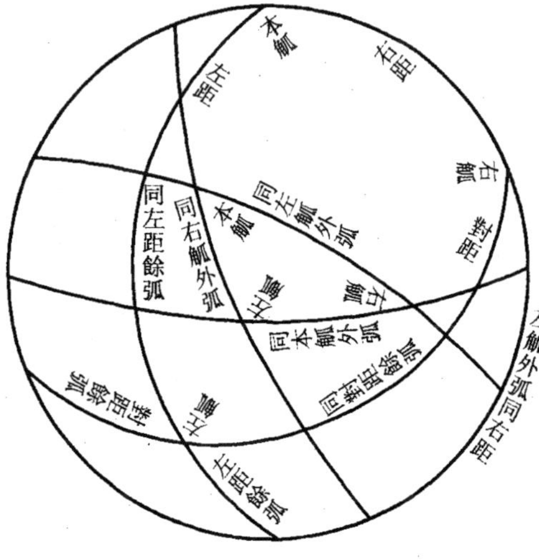

吴曰：「上圖三邊俱小，一鈍角、二鋭角。下圖三角俱鈍，兩大邊、一小邊，皆斜弧。三角法之邊盡易爲角，角盡易爲邊，以入算者，今亦名次形法。餘倣此求之。」

前術大小倨句之體更也，後術觚與距之體更也。

吳曰：「今之斜弧三角法，有鋭角，有鈍角。或三角俱鋭，或兩鋭一鈍，或兩鈍一鋭，或三角俱鈍。其三邊或俱不滿一象，或一邊過之，或兩邊過一象，或三邊俱過。約其大致，有相對之邊、角，及對所求之邊、角，用邊角互求法。有相對之邊、角，又有一邊或一角非對所求之邊、角，則用垂弧法，截爲兩正弧三角。若有兩邊一角求對角之邊，或有三邊求角，則用矢較法。不能直用三法者，如上前後二術，易大邊爲小邊，易鈍角爲鋭角，及邊易爲角，角易爲邊。然後隨其體勢，總不出三法之範圍矣。」

句股相權之大恒：觚之規限内矩分，各與對距相應；三距爲渾圜之規限，則觚之内矩分與對距之内矩分相應。相應而展轉互權矣〔二〕。

所知之觚與所知之距，爲相對之觚與距，其觚曰正觚，其距曰對正觚之距。所知之觚與所求之距，爲相對之觚與距，其觚曰對所求一距之觚。或所知之距與所求之觚相對，其距曰對所求一觚之距。

句股第四十五術吳曰：「此邊角互求法，以對角求對邊。」

凡觚與距適四分圜周之一者，内矩分適圜半徑。

以對正觚之距内矩分，乘對所求一距之觚内矩分，正觚内矩分除之，得所求之距内矩分。

句股第四十六術吴曰："此亦邊角互求法，以對邊求對角。"

以正觚内矩分乘對所求一觚之距内矩分，對正觚之距内矩分除之，得所求之觚内矩分。

若所求爲倨於句股之觚，則所得爲其外弧内矩分。以外弧減圜半周，得所求之觚。

所求非對距、對觚，則截之成規限句股徑隅者二，各視次緯儀之率通之。

第五十五圖

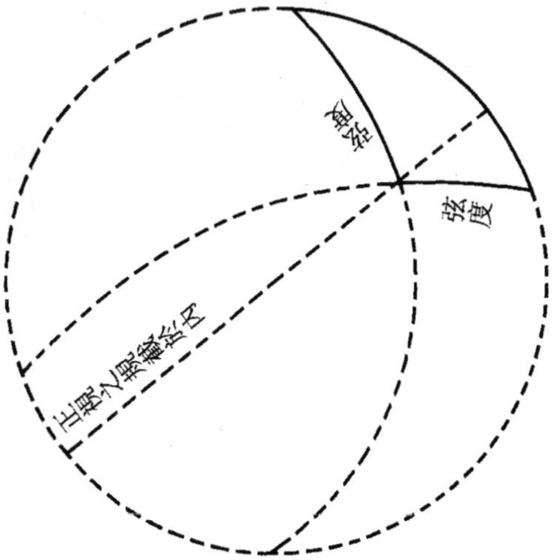

第五十六圖

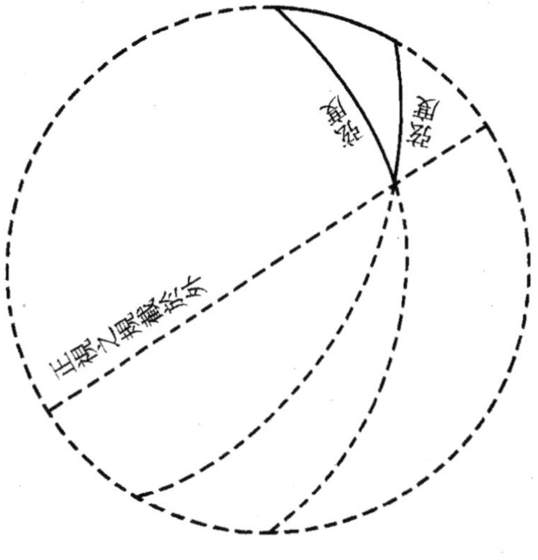

吴曰：「如圖，側視之規俱成弦度。正視之規今所謂垂弧，與平視之規相遇成直角，可互易爲句度、股度。凡垂弧，或在形內，或在形外，須細辨之。」

句股第四十七術吴曰：「此垂弧法及作垂弧於次形法〔三〕。」

三觚皆句於句股，自内截之，分一觚及其對距爲二，成圜度之句股弦者二。三觚一倨於句股，或自内截之，分倨於句股之一觚及其對距爲二；或自外截之，而倨於句股之觚有外弧，亦皆成圜度之句股弦者二。若兩觚倨於句股，或三觚並倨，用前變率大小倨句之體，更别成一三觚，然後或截其内，或截其外。既得圜度之句股弦，隨其體勢，無不與次緯儀相應。按中篇諸術求之。

凡内矩分爲半弧弦，其弧背渾圜大規也。半弧弦不滿圜半徑者，以矢爲樞，以半弧弦規之，成渾圜之小規〔四〕，吴曰：「今名距等圈。其周徑距大圈之周徑平行相等。」衡截正視、側視之規。移其度爲平視。側視之規亦截小規，而與中圜之大規相應。截小規之徑爲大、小矢，則與中圜大規之徑爲大、小矢相應。

第五十七圖

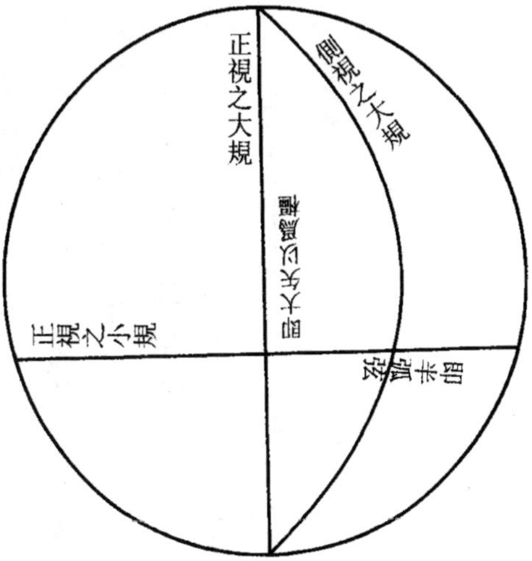

第五十八圖

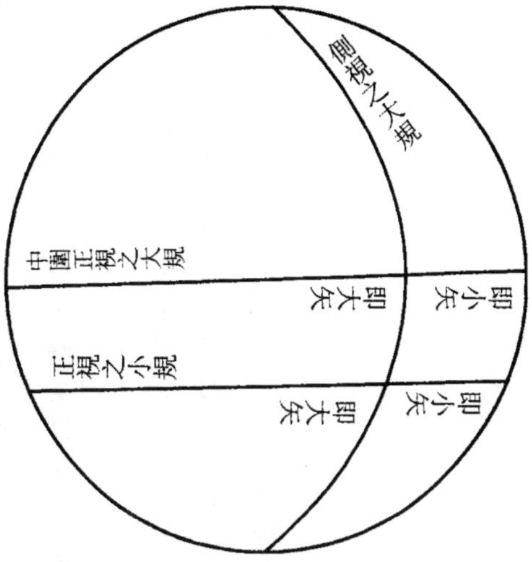

吳曰：「凡正視之規，規與徑視之如一綫。故施於圖既爲大小規，又即爲半弧弦及矢也。」

三觚之用兩距和、較也。所求之觚，或所知之觚，所知之兩距旁之，其觚謂之本觚。旁於本觚之右距以平寫之，爲平視之規，則左距爲側視之規。截左距之末，成小規，而識左距於平。兩距和限、較限之矢較，半之，爲矢半較，以爲句；小規之半徑爲之徑隅。

第五十九圖

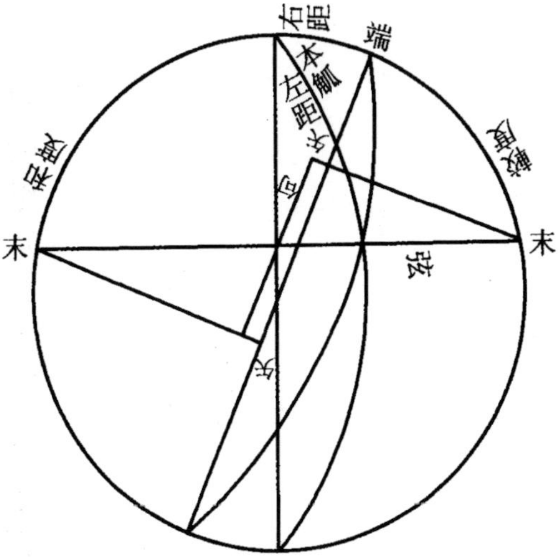

第六十圖

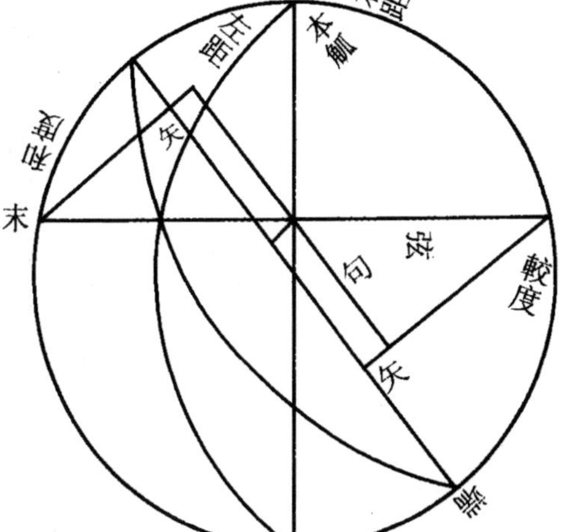

吳曰：「上圖三邊俱小，一鈍角，二鋭角。下圖三角俱鈍，兩大邊，一小邊。所用和度、較度之矢半較

爲句，小規半徑爲弦則一也。」

以較限與對本觚之距兩矢較爲句，左距側視之規，截小規之徑成大小矢，爲之徑隅。

第六十一圖

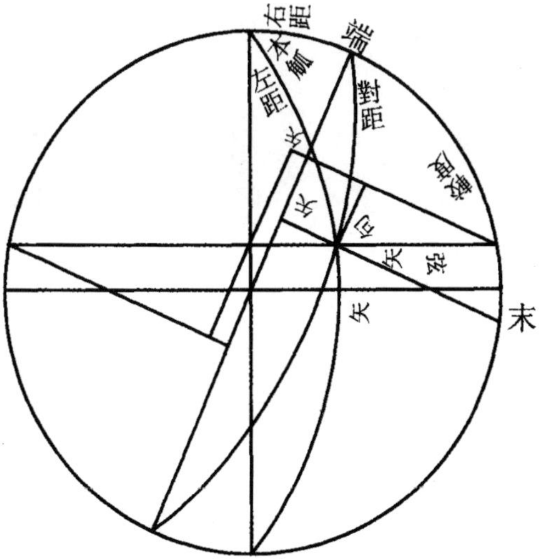

第六十二圖

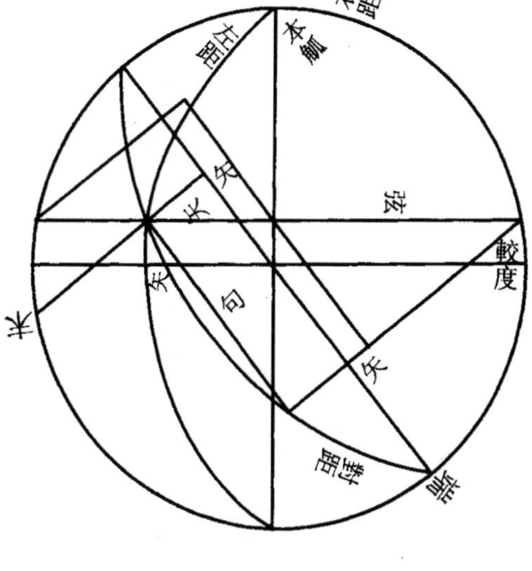

前兩圖矢半較、小規半徑成句與弦。此兩圖矢較、小規之矢，成句與弦。而兩句與中圍大規矢、半徑互求，猶兩弦與之互求也。大規之矢，即本觚之矢。

如是得同限之句股二，而句與徑隅通一爲率。凡觚之規度，中圜大規也。大小規之半徑及其矢，並通一爲率。

句	弦	本觚規度	
矢半較和度較度	小規半徑	大規半徑	表一
矢較較度對距	小規之矢	大規之矢	表二

若左距適四分圜周之一，則所成之規適爲中圜大規。小規之半徑，即左距所爲半弧背之弦。凡半弧背適四分圜周之一者，半弧弦亦適圜半徑。若左右距相等，無較限，則和限之矢，半之爲句，小規之半徑爲之徑隅；對距之矢爲句，小規之大小矢爲之徑隅。若無較度，而左距又適四分圜周之一，和度必適圜半周。以圜徑爲之矢，半之，即半徑，不復成句股。對距之矢即爲本觚之矢，亦不復成句股。對距之度即本觚規度，直不須求矣。

第六十三圖

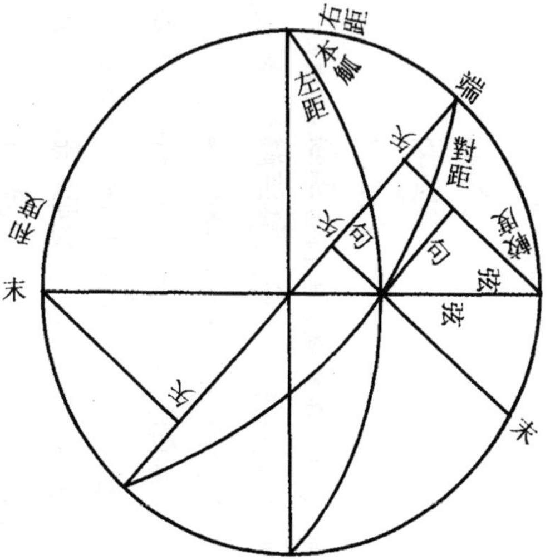

第六十四圖

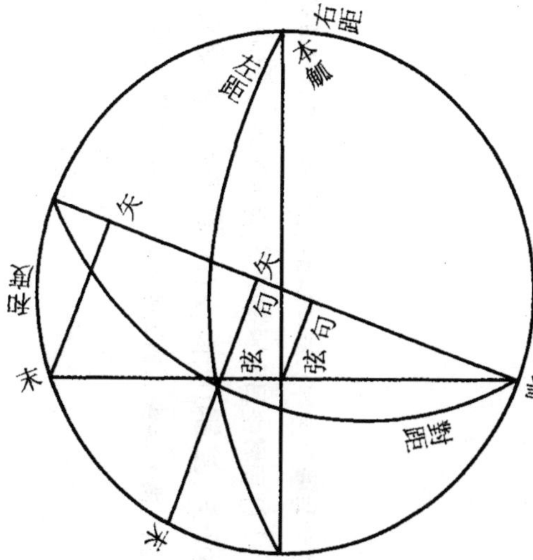

上圖無小規，尤足明大小規之矢、半徑通一爲道。下圖無較度，和度之矢半之爲句，而對距之矢即爲句，以與中圍大規矢半徑互求。

吳曰：「據八綫表，減餘弦於半徑全數爲正矢，即小矢，併餘弦半徑爲大矢。梅勿庵環中黍尺卷五云：『角旁兩弧度，即左距、右距。相加爲總，即兩距之和度。相減爲存。即兩距之較度。視總弧過象限，以總存兩餘弦相加；不過象限，則相減並折半爲初數。若總弧過兩象限，與過象限法同。其餘弦仍相加。過三象限，與在象限内同。其餘弦仍相減。若存弧亦過象限，則反其加減。總弧過象限，或過半周，宜相加，今反以相減。若總弧過於三象限，宜相減，今反以相加。並以兩餘弦同在一半徑，相減，不然則加也。』如勿庵法，用時宜審餘弦同在半徑、不同在半徑。蓋過一象限，過半周，餘弦皆在外半徑。不過象限，過三象限，餘弦皆在内半徑。知此，庶幾加減不誤。又過一象限，過半周，皆與半周相減，而用餘弧、剩弧之餘弦。過三象限，與圜周相減，而用其餘弧之餘弦。知此，庶幾用餘弦不誤。二條當爲勿庵補其例。其書又云：『或總弧適足半周，用半徑爲總弧餘弦。適足半周無餘弧，則無存弧，用半徑爲存弧餘弦。』此勿庵遷就之法，非算理也。若角旁兩弧同數，戴君所謂大矢宜甚大，滿圜徑耳，不當設半徑爲餘弦。又無存弧者，無由有存弧之餘弦，而空設半徑以入加減。二者不可以算理揆之。因知兩餘弦加減立法之根，殆屬假借。斯記立新法，改用兩矢較半之，與勿庵所得初數同。不須强設，且免詳審加減之煩。」

以觚求距，求對距之矢也。以距求觚，求本觚規隅之大、小矢也。

句股第四十八術〔五〕吴曰：「此矢較法，今名兩邊夾一角求對邊，及兩角夾一邊求對角。」

知一觚、兩距，而距在觚之左右，求對觚之距：其觚曰本觚，以左右兩距相併爲和度，相減爲較度。和度、較度之矢相減半之，爲矢半較。吴曰：「即所謂初數，又名中數。但彼用餘弦，此用矢，立法不同耳。」乘本觚之矢，圜半徑除之，得對距與較度之兩矢較。加較度矢，即對距之矢。凡無較度，則用和度之矢半之，乘本觚之矢，所得即對距之矢。若知兩觚一距，而觚在距之兩端，準前，易觚爲距，易距爲觚，則其術同。

句股第四十九術〔六〕吴曰：「此亦矢較法，今名三邊求角及三角求邊。」

知三距求觚，所求之觚曰本觚。以旁兩距相併爲和度，相減爲較度。對距之矢與較度之矢相減，爲兩矢較，與圜半徑相乘，和度、較度之矢半較除之，得本觚之矢。凡無較度，則圜半徑乘對距之矢，和度之矢半之除，得本觚之矢。若三觚求距，準前易觚爲距，易距爲觚，則亦三距求觚矣。凡矢，或小矢，或大矢，例已見前。

總三篇，凡爲圖五十有五，爲術四十有九，記二千四百一十七字。因周髀首章之言，衍而極之，以備步算之大全，補六藝之逸簡。治經之士於博見洽聞，或有涉乎此也。

吴曰：準望簡法首章云：爲矩以準望，凡百分大其器，則分十之謂之小分。矩積其分萬，小分百萬。以矩之百分爲圜半徑，自一觚規之，規度適四分圜周之一。其觚設垂綫，截規度成半弧背者二。弧背外方謂之矩分，半弧弦謂之内矩分。垂綫在弧内，謂之徑隅。圜半徑、徑隅一也，抵弧外與矩分相應，謂之徑引數。矩分過滿百，不與垂綫值，垂綫所指知次弧背之矩分。矩積爲實，次矩分爲法，實如法而一，得過滿百之矩分。減半弧背於規度，是爲次半弧背。半之，以其矩分加於半弧背之矩分，得徑引數。内矩分與弧外方數平行相應也。規度全圜凡百，應晝夜之數。度六十分，以十分爲一小度，應晝夜之刻分。分不容六千，則參分其小度。命以太、少：三之一，曰少半度；三之二，曰太半度。一矩之規，小度百有五十，方圜之致備矣。非圜，無以盡方之變；非方，無以明圜之用。

又曰：天本無度，步算家設度、以推測日月星之行。古法三百六十五度四分度之一。古歲實三百六十五日四分日之一，略舉大致耳，蓋隨宜修改，不與天爭時。每晝夜日右旋一度。度也者，行而過之之名。今用三百六十整度，則每晝夜日行不及一度。雖失名度之義，算器無妨用之。此擬周髀製矩，故用古刻法爲度法。古晝夜百刻，刻六十分，凡十分爲一小刻。隸十二辰，每一辰八大刻，二小刻。梁天監中改爲晝夜九十六整刻，今刻法用之。得名度者，日左旋一刻所度也。

校注

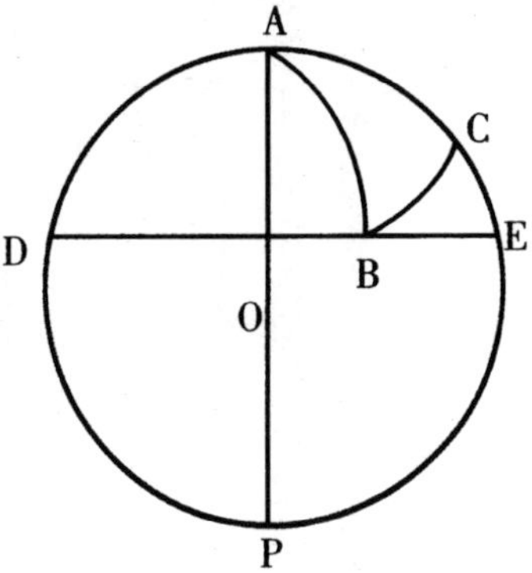

〔一〕衡截圜徑　作弦垂直於直徑。正側之勢以爲平　將球面上正側大圓弧投射到平面上來。如第四十三圖中，設球面三角形ABC，過A 作直徑，作弦DE 垂直直徑。那么在立體球上，弧$\overset{\frown}{AB}=\overset{\frown}{AD}$，故在平面圖上，弧$\overset{\frown}{AD}$是弧$\overset{\frown}{AB}$的實際長度。下文中多應用此法證明球面三角公式。

〔二〕句股相權之大恒　即指球面三角基本公式，正弦定理。設球面三角形三角爲A、B、C，它們所對三邊分别爲a、b、c則有（假設半徑r＝1）

$$\frac{\sin A}{\sin a}=\frac{\sin B}{\sin b}=\frac{\sin C}{\sin c}$$

下文第四十五、四十六術，即是用正弦定理解球面斜三角形之對邊、對角互求問題。

〔三〕垂弧法　當三角皆爲鋭角時，過一角頂作對弧垂直大圓弧，將原三角形分爲兩個直角三角形。如第五十五圖所示。垂弧於次形法，當三角形中兩鋭角、一鈍角時，過一鋭角頂作對弧垂直大圓弧，交對弧延長綫上。如第五十六圖所示。

〔四〕渾圜大規　即球面之大圓。渾圜小規，即球面上小圓。

〔五〕此術所謂「矢較法」，給出了球面三角餘弦公式的一種表示形式：

$$\frac{\operatorname{vers}(b+c)-\operatorname{vers}(b-c)}{2}\cdot\frac{\operatorname{vers}A}{r}=\operatorname{vers}a-\operatorname{vers}(b-c)$$

由於$\operatorname{vers}x=r-r\cos x$　所以易將上式化爲：

$$\cos a=\cos b\cdot\cos c+\sin b\cdot\sin c\cdot\cos A$$

此術係用上述公式解球面三角形：已知兩邊夾角或兩角夾邊求第三角或邊的問題。

〔六〕此術亦係用前述公式解球面三角形：已知三邊求角或已知三角求邊的問題。

戴震全書之二十五

九章算術訂訛補圖

胡炳生◎整理
何紹庚◎審訂

説明

九章算術是我國古代一部最重要的數學著作，大約成書於西漢末年，有魏劉徽注、唐初李淳風注等，爲算經十書之一。北宋元豐七年首次刊刻了劉、李注本九章算術。南宋鮑澣之又經重刻。但自明至清初三百年間，中國數學研究長期處於低潮，算書散佚，算法失傳。乾隆年間詔開四庫全書館，戴震參與其事，從永樂大典中輯佚得九章算術，並參照南宋殘本作了校訂和整理工作。這對於九章算術的重新問世，並恢復其在科學史上的地位，具有開創之功。

由於九章算術流傳既久，又長期湮没，加之永樂大典將其割裂分韻抄録，輯佚的九章算術（世稱大典本）訛誤很多，而且原圖全部失傳。爲了獲得善本，戴震做了大量校訂工作，並依注補圖若干幅，寫成九章算術訂訛補圖，附刻於微波榭本算經十書之二九章算術之後。

戴氏之後所出的九章算術的各種版本，如四庫全書本、武英殿聚珍本、屈曾發刻本、錢寶琮點校本、白尚恕校釋本，以及最近出版的郭書春的彙校本，都大量採用了戴氏校訂整理九章算術的成果。正如郭書春在彙校本前言中所説:「戴震以前,九章算術的校刊情況不清楚,而上述十幾個版本的概況,基本上反映出戴震以來二百餘年九章算術校刊的歷史。其中貢獻最大的是戴震、李潢、錢寶琮。其後的版本無一不受他們的影響。戴震開闢草萊,首創其功」,「對恢復九章算術的本來面目起了重大作用」。

但是由於輯佚、校訂工作的艱巨性,加之四庫全書編纂工作繁重,時間倉促,戴震在九章算術校刊中也産生不少疏漏。這在錢寶琮、白尚恕和郭書春等人的著作和文章中已經指出過,並作了訂正或補充。

這次整理,用微波榭本作爲底本,以四庫本、錢寶琮點校本、白尚恕校釋本和郭書春彙校本爲參校本。對於戴氏九章算術訂訛補圖,錢、白、郭諸家都有詳細論述,這裏一般不再評注,衹在個別字義和術語上稍作説明。

九章算術卷一訂訛補圖

臣淳風等謹按：母互乘子，副並爲平實者，定此平實立限，衆子所當損益，如限爲平。據首問，第二數母三，第三數母四，五乘第一數子一，得十二。第一數母三，第三數母四，互乘第二數子二，得二十四。第一、第二數母各三，互乘第三數子三，得二十七。并之，共六十三，爲平實。母三三相乘，又與四乘，得三十六，爲法。列數凡三，所以三乘十二得三十六，乘二十四得七十二，乘二十七得八十一，爲列實。亦以三乘法三十六，得一百八。平實六十三減列實三十六，少二十七；減七十二，餘九；減八十一，餘十八。約之，九爲一，則十八爲二，而二十七爲三；平實六十三爲七，法一百八爲十二，命爲十二分之七。設以十二作三數，三分之一則四也，三分之二則八也；四分之三則九也。定平實七立限，八減一，九減二，皆七。所減之一、二益於四，亦七。損多益少，適如其限。故云「定此平實立限」，又云「如限爲平」。原本「立」訛作主，「如」訛作知，遂不可通。

按：半周爲從，半徑爲廣，故廣、從相乘爲積步也。假令圓徑二尺，圓中容六觚之一面〔二〕，「六觚」原本訛作「六弧」。考六角形，其平面亦有六〔三〕，八角形，其平面亦有八，古人謂之「六觚」、「八觚」。若截圓形爲六，古人謂之「弧背」，其弧即圓周，不得云「圓中容六弧之一面」。後或言「弧」，或方「觚」，義各不同。原本「觚」皆訛作「弧」，遂蒙混不可通。

圓内容六觚之圖

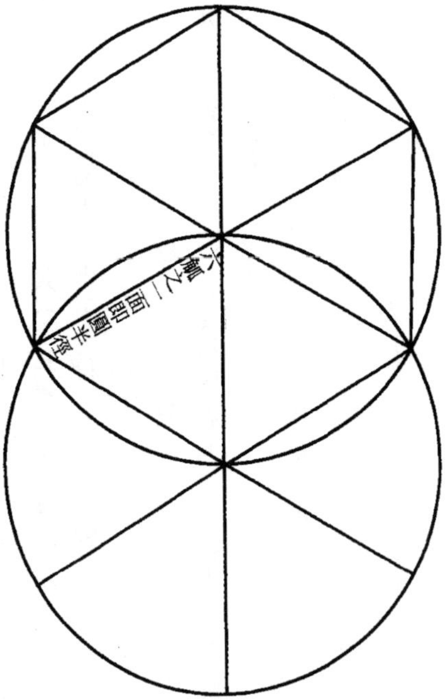

劉徽以圓田用周三徑一之率，「周三者，從其六觚之環耳。以推圓規多少之較，乃弓之與弦也」。六觚之一面與圓徑之半，其數均等。叠兩圓觀之，疏密顯然矣。

以九十六觚之冪減之，餘六百二十五分寸之(以)百五，謂之差冪。倍之，爲分寸之二百一十。爲分寸者，蒙上省文謂六百二十五分寸之二百一十也。

以此術求之，得冪一百六十一寸有奇，其數相近矣。此術微少。而觓差冪六百二十五分寸之一百五，以十二觚之冪爲率消息，當取此分寸之三十六。取此分寸，亦蒙上省文謂六百二十五分寸之三十六也。

臣淳風等謹按：依密率，以七乘周，二十二而一，即徑；以二十二乘徑，七而一，即周。依術求之，即得。徑七，周二十二，乃祖氏之約率，非密率也。淳風等以爲密率，失其實矣。徽率與祖氏之約率相較，則徽率密於約率。

弧田圖

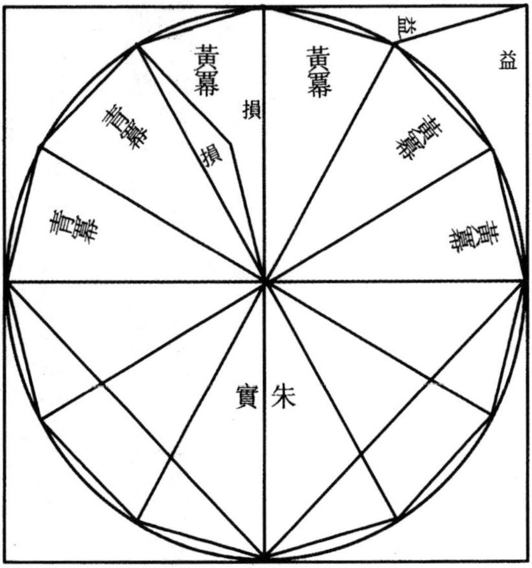

據注意，取半圓驗之，黃冪令損益相補，適滿大方四分之一；則青冪適八分之一也。合青、黃冪，爲半外方四分之三。朱實與黃冪相等。舊以十觚之冪爲圓冪，又以半圓論弧矢，立法之疏，顯然。

校注

〔一〕六觚之一面　即圓内接正六邊形的一邊。

〔二〕其平面亦有六　這里及下文「平面」，均指圓内接正多邊形的一邊，是一綫段。

九章算術卷二訂訛[一]

粟率五十，糲米三十，粺米二十七，糳米二十四，御米二十一。詩大雅鄭箋云：「米之率，糲十，粺九，糳八，御七。」疏云：「粟米之法，粟率五十，糲米三十，粺二十七，糳二十四，御二十一。言粟五升爲糲米三升，已下，則米漸細，故數益少。」

按其率，出錢六百二十，買羽二千一百翭。反之，當二百四十錢，一錢四翭，其三百八十錢，一錢三翭。已上舛誤不可通。參考上注當云：按其率，錢多物少；反之，錢少物多。出錢六百二十，買羽二千一百翭。當以除羽，得三實餘二百四十，是謂三翭復可增一翭。然則實餘之數，即是多者之錢，故曰實多。本以六百二十錢爲法，今以多者減之，則其餘三百八十，悉是少者之錢，故曰法少也。二百四十錢，一錢四翭，乘得九百六十；其三百八十錢，一錢三翭，乘得一千一百四十。

校　注

〔一〕原標題作「九章算術卷二訂訛補圖」。按該卷祇有訂訛，没有補圖，故「補圖」二字删去。

九章算術卷四訂訛補圖

開方圖

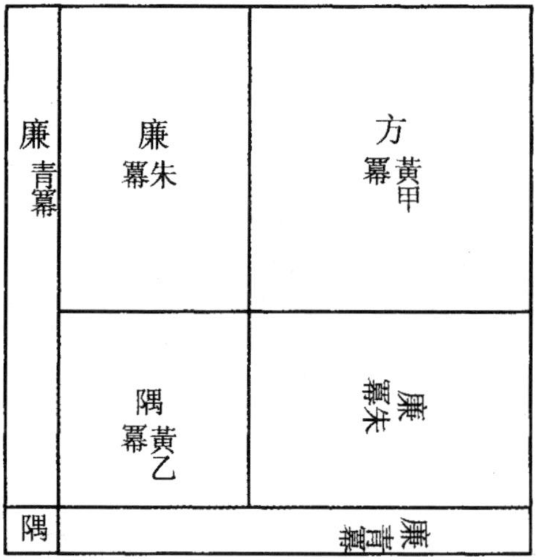

注内稱黃甲冪者，即初商所除方冪；稱黃乙冪、兩朱冪者，即次商所除隅冪及兩廉冪。稱兩青冪者，即三商所除兩廉冪。凡次商以下，皆有隅，有兩廉。

祖暅之開立方圓術曰：以二十一乘積，十一而一〔一〕，開立方除之，即立圓徑。其意何也？取立方棊一枚，令立樞於左後之下隅，從規去其右上之廉。又合而橫規之，去其前上之廉，右前之廉〔二〕。於是立方之棊分而爲四。規内棊一，謂之内棊。規外棊三，謂之外棊。更合四棊，復橫斷之。以句股言之，令餘高爲句，内棊斷上方爲股，本方之數，其弦也。句股之法，以句冪減弦冪，則餘爲股冪。若令餘高自乘，減本方之冪，餘即内減棊斷上方之冪也。本方之冪，即外四棊之斷上冪。然則餘高自乘，即外三棊之斷上冪矣。不問高卑，勢皆然也。以上借立方棊以論立圓，而所言僅及句股弦與平冪，不足見圓術，當有脱誤。故曰丸居立方三分之一也。此句舛誤。據上言，置三分之二，以三乘之，如四而一，乃丸居立方二分之一，非三分之一。況以上明祖氏圓術，其率乃丸居立方二十一分之十一，下云圓徑再自乘，十一乘之，如二十一而一是也。若二分之一，於祖氏術不協矣。又祖氏方冪率十四、圓冪率十一，亦不得用方冪四、圓冪三之疏率以解祖氏說。自「祖暅之開立方圓術曰」至此，似因傳寫既訛，後人妄加竄改，遂不可通。今考立方與圓囷，猶之平方與平圓也，其率亦方積十四，圓囷積十一。而丸居圓囷三分之二，與十四分之十一通之，分母乘分母得四十二，分子乘分子得二十二，是爲丸居立方四十二分之二十二，即二十一分之十一也。祖氏求圓囷、立圓、平圓三法，本條貫爲一。

校　注

〔一〕以二十一乘積，十一而一　南宋鮑澣之刻本作「以二乘積」，彙校本以此爲是。

〔二〕右前之廉　南宋鮑刻本無此四字。

九章算術卷五訂訛

今有壍，上廣一丈六尺三寸，下廣一丈，深六尺三寸，袤十三丈二尺一寸。問積幾何？答曰：一萬九百四十三尺八寸。此積以立方一尺者計之，餘有方尺而深八寸二分四釐五毫，實八十二萬四千五百分也。

今有穿渠，上廣一丈八尺，下廣三尺六寸，深一丈八尺，袤五萬一千八百二十四尺。問積幾何？答曰：一千七萬四千五百八十五尺六寸。此六寸，亦方尺而深六寸，實積六百寸也。

九章算術卷六訂訛

臣淳風等謹按：爲衰，於今有術，副并爲所有率，未并者各爲所求率，以賦卒人數爲所有數。此術以別，考則意同，以廣異聞，故存之也。「爲衰」二字上有脱文。當云「各令居所及行道日數約縣卒爲衰」。

計經賦之率，既有户算之率，亦有遠近貴賤之率。此二率者，各自相與通。通則甲二十，乙十二，丙七，丁十三，戊五。一斛之費謂之錢率。錢率約户率者，則錢爲母，户爲子。子不齊，令母互乘爲齊，即衰也。若其不然，以一斛之費約户數取衰，並有分，當通分内子約之，於算甚繁。此一章相與通功共率，略相依似。以上二率、下一率亦皆可放此，從其簡易而已。又以分言之，使甲一户出二十分斛之一，乙一户出十八分斛之一，各以户數乘之，亦可得一縣凡所當輸，俱爲衰也。乘之者，乘其子，母報除之。以此觀之，則以一斛之費約户數者，其意不異矣。然則可置一斛之費而反衰之，約户，以乘户數爲衰也。合分注曰：「母除爲率，率乘子爲齊。」反衰注曰：「先同其母，各以分母約其子爲反衰。」施其率，爲算既約，且不妨處下也。「計經賦之率」至此多舛誤，不可通。

術曰：以下三節分四升爲下率，以上四節分三升爲上率。謂之率者，以四節、三節爲分母，三升、四升爲分子。母互乘之得上率九，下率十六，母相乘得十二。

上下率以少減多，餘爲實。十六減九餘七。

置四節、三節，各半之，以減九節，餘爲法。實如法得一升，即衰相去也。以十二通五節半，得六十六爲一升之率。

九章算術卷七訂訛

副置所出率，以少減多，餘，以約法、實。實爲物價，法爲人數。此術前列四問，本通爲一。徽注辭不達意。據第二問：人出九，盈十一；人出六，不足十六。以十六互乘九，得一百四十四；以十一互乘六，得六十六，并之，二百一十爲實。所謂「相與同共買物者」，置所出率，盈不足各居其下，令維乘所出率，并以爲實也。盈十一及不足十六，并之，二十七爲法，所謂「并盈不足爲法」也。於出九減出六，餘三，以三約實二百一十，得價七十。以三約法二十七，得九人，所謂「副置所出率，以少減多，餘，以約法、實。實爲物價，法爲人數」也。其第一問，所出率相減餘一，則法、實無庸約。故維乘，并之，徑得物價；并盈、不足，徑得人數。偶省一算耳。

第三問：人出半，盈四；人出少半，不足三。半即二分之一，少半，即三分之一也。又即爲二人共出一，盈四；三人共出一，不足三。以二分通三之一，得二；以三分通二之一，得三，是齊其子也。二分、三分相乘得六，是同其母也。以盈四互乘二，得八；以不足三互乘三，得九。并之，十七爲實。是盈不足維乘所出率，并以爲實也。盈四及不足三，并而爲七，以分母相乘所得六，通而齊之，得四十二，爲法。是并盈、不足爲法也。二、三相減餘一，以約法、實，亦無庸約。故徑得物價、人數。

第四問：七家共出一百九十，不足三百三十；九家共出二百七十，盈三十。以九家互乘一百九十，得一千七百一十；以七家互乘二百七十，得一千八百九十，猶之齊其子也。七家、九家相乘，得六十三，猶之同其母也。以盈三十互乘一千七百一十，得五萬一千三百；以不足三百三十互乘一千八百九十，得六十二萬三千七百。并之，六十七萬五千爲實。是盈不足維乘所出率，并以爲實也。盈三十及不足三百三十，并而爲三百六十，以六十三通而齊之，得二萬二千六百八十爲法。是并盈、不足爲法也。於一千八百九十減一千七百一十，餘一百八十；以一百八十約實六十七萬五千，得價三千七百五十。以一百八十約法二萬二千六百八十，得一百二十六家。是副置所出率，以少減多，餘以約法、實也。三四兩問，皆所謂「有分者通之」也。

按此術，兩盈者，兩設皆逾於正數，兩不足者，兩設皆不足於正數。其所以變化，則兩不足亦猶兩盈，而或有勢同而情違者。當其爲實，俱令不足其相乘減，則遺其所不足焉。故其餘所以爲實者，無朒數以損焉。蓋出而有餘兩盈，兩設皆逾於正數。以上訛舛，不可通。

術曰：以盈不足術求之。假令故米二斗，不足二升；令之三斗，有餘二升。此下有脱文。當云「以盈不足維乘假令之數，并爲實；并盈、不足爲法。實如法而一得故米斗數」。

術曰：假令五日，不足五寸；令之六日，有餘一尺二寸。此下有脱。當云「以盈、不足維乘假令之數，并爲實；并盈、不足爲法。實如法而一得日數」。

術曰：假令二日，不足一尺五寸；令之三日，有餘一尺七寸半。此下有脱文。當云「以盈、不足維乘假令之數，并爲實；并盈、不足爲法。實如法而一，得日數。不盡者，等數約之，而命分。以後一日所長乘日分子，如日分母而一，各增二長，爲二物共長齊等之數」。

術曰：假令醇酒五升，行酒一斗五升，有餘一十；令之醇酒二升，行酒一斗八升，不足二。此下有脱文。當云「各以盈、不足維乘之，并爲實；并盈、不足爲法。實如法而一，得二酒之數」。

術曰：假令一十五日，不足三百三十七里半；令之一十六日，多一百四十里。以盈不足維乘假令之數，并而爲實；并盈、不足爲法。實如法而一得日數。不盡者，以等數除之而命分。此下有脱文。當云「求二馬各行里數：以一十五日初、末之行并而半之，一十五乘之。又以後一日之定行乘日分子，日分母爲法而一，各加於前。破半里爲半法，以入殘分」。

求良馬行者：一十四乘益疾里數而半之，加良馬初日之行里數。此下有脱文。當云：「以乘一十五日，得一十五日之凡行。又以一十五日乘益疾里數，加良馬初日之行。」

九章算術卷八訂訛

術曰：置上禾三秉，中禾二秉，下禾一秉，實三十九斗於右方。中、左禾列如右方。以右行上禾偏乘中行，而以直除〔一〕。古字直、值通用，直除猶言對減也。以右行上禾偏乘中行，復以中行上禾偏乘右行，然後可相對減。古人文省，故但舉一以該之。又乘其次，亦以直除。此謂右行上禾偏乘左行，復以左行上禾偏乘右行，亦相對減。古人文多省略。然以中行中禾不盡者，古人單用「然」字，不曰「然後」者，「然」猶「乃」也。偏乘左行。此以中行、左行所減之餘，如前偏乘。文亦從省。用算繁而不省，所以別爲法，約也。然猶不如自用其舊，廣異法也。「用算繁而不省」以下訛舛衍文。

益行、減行，當各以其類矣。其異名者，非其類也。非其類者，猶無對也，非所得減也。故赤用黑對則除黑，無對則除赤，赤、黑并於本數。此爲相益之皆所以爲消奪。消奪之與減益成一實也。此注多訛舛。據方程術，無論物有幾品，遞減至一物乃止。又以赤黑別正負首位。赤減赤，黑減黑者，同名伯除也〔二〕。次位以下，遇赤用黑對，則相益；此條是也。首位赤減黑，黑減赤者，異名相除也。次位以下，遇皆赤、皆黑，則相益，後條是也。由此言之，注之謬，顯然。蓋傳寫失真，後人復妄加改竄，遂不可通。

正無入負之。「入」字原本訛作「人」。下文及注并同。據注云，「無入，爲無對也」。「無對」之説，亦未分曉。釋方程者，專爲遇空位起例，而左右兩行相對減，或正宜變爲負，或負宜變爲正，往往不得其義例。今考「同名相除，異名相益」者，如下實左右俱正，所減之餘屬左行，則去右行；屬右行，則去左行。其物品以正減正，餘在所去之行，爲「正無入」；以負減負，餘在所去之行，爲「負無入」。以正從負爲「正無入」，以負從正爲「負無入」。負對空位，而負數在所去之行，與以負減負同例。正對空位，而正數在所去之行，與以正從負同例。此皆所謂「正無入負之，負無入正之」也。「異名相除，同名相益」者，如下實左右俱正，并爲一數則無分於左右。其物品以負減正，餘或左、或右，爲「正無入」。以正減負，餘或左、或右，爲「負無入」。以正從正，爲「正無入」，以負從負，爲「負無入」。正對空位，與以負減正同例。負對空位，與以負從負同例。此皆所謂「正無入正之，負無入負之」也。由是言之，在所去之行，則其數「無入」，而或左、或右以與無分於左右合爲一行，因亦謂之「無入」。「人」字乃傳寫之誤明矣。今悉改正。

無入，爲無對也。無所得減，則使消奪者居位也。其當以列實或減下實。此句訛舛。據後注內方程新術，以列衰乘下實，又以列衰乘羣物之數，并爲法。其當相并，而行中正負雜者，同名相從，異名相消，似即此所舉。此條異名相除爲例，故亦與上條互取。凡正負所以記其同異，使二品互相取而已矣。言負者未必負於少，言正者未必正於多，故每一行之中，雖復赤黑異算無傷。然則可得使頭位常相與異名。此條之實兼通矣。遂以二條反覆一率，觀其每與上下互相取位，則隨算而言耳，猶一術也。又，本設諸行，欲因減數以相去耳，故其多少無限，令上下相命而已。若以正負相減如數，有舊增法者，每行可均之，不但數物左右之也。此注皆不分曉，當由傳寫失真，後人又妄加改竄，遂不可通。

此中行買賣相折，錢適足，但互買賣算而已，故下無錢直也。設欲以此行如方程法，先令牛二偏乘左行，而以右行直除之，是終於下實虛缺矣。故注曰正無實負，負無實正，方爲類也。方將以別實加不足之數，與實物作實。此注訛脱不分曉。據術意，應列三行，先令右行牛二偏乘中行，復令中行牛三偏乘右行，而以直除，得羊三十三、正，豕四十五、負，餘錢三千、正。此「同名相除，異名相益，正無入負之，負無入正之」也。次令右行牛二偏乘左行，復令左行牛五偏乘右行，而以直除，得羊三十七、正；豕四十九、負，餘錢三千八百、正。此「异名相除，同名相益，正無入正之，負無入負之」也。重列爲左、右兩行，先令右行羊三十三偏乘左行，復令左行羊三十七偏乘右行，而以直除，得豕四十八、正，以爲法；錢一萬四千四百、正，爲實。實如法而一，得豕價三百。轉減而上，得羊價五百，牛價一千二百。此亦「同名相除，异名相益，正無入負之，負無入正之」也。中行下實虛缺，本無庸論。蓋注文傳寫失真，後人又妄加改竄，遂不可通。

此四雀一燕與一雀五燕衡適平。并重一斤，故各八兩。列兩行程數。左行頭位其數是一，可省乘。令右行偏乘左行，而取其法實於左。左行數多，以右行取其數。左頭位減盡，中法、下實，即每枚當重，宜可知也。按：此四雀一燕與一雀五燕其重等，是三雀、四燕重相當。雀率重四，燕率重三也。諸再程之率皆可異術求之，即其數也。此即末條所言新術。

以下實俱重八兩，偏乘上雀、燕；以左雀八減右雀三十二，餘二十四；以右燕八減左燕四十，餘三十二。是爲二物正負相借，因而約之，雀得三，燕得四，乃三雀當四燕也。對易其數，即雀率重四、而燕率重三。注於此突入異術，幾不解其所謂。

今有五家共井，甲二綆不足，如乙一綆；乙三綆不足，如丙一綆；丙四綆不足，如丁一綆；丁五綆不足，如戊一綆；戊六綆不足，如甲一綆。各得所不足一綆，皆逮。問井深、綆長各幾何？　答曰：井深七丈二尺一寸，甲綆長二丈六尺五寸，乙綆長一丈九尺一寸，丙綆長一丈四尺八寸，丁綆長一丈二尺九寸，戊綆長七尺六寸。此問不言丈、尺，無由知井深、綆長於丈尺幾何，使井深半之，爲三丈六尺有半寸，則甲綆一丈三尺二寸半，乙綆九尺五寸半，丙綆七尺四寸，丁綆六尺四寸半，戊綆三尺八寸。使井深倍之，爲十四丈四尺二寸，則甲綆五丈三尺，乙綆三丈八尺二寸，丙綆二丈九尺六寸，丁綆二丈五尺八寸，戊綆一丈五尺二寸。皆合所問。由是言之，問既不定，以丈、尺依術推求，先得七百二十一，無以定百爲丈、十爲尺也。問井深、綆長之率各幾何，答以井深之率七百二十一，甲綆長率二百六十五，乙綆長率一百九十一，丙綆長率一百四十八，丁綆長率一百二十九，戊綆長率七十六，於義乃通。

此率初如方程爲之，名各一逮井。其後，法得七百二十一，實七十六。此上譌舛不可通。據術，先得七百二十一，爲所列五行之通率，即井深率也。以此率列各行下，爲各行之下實，重求之，法得七百二十一，實得五萬四千七百九十六。以法除實，得用逮之數七十六。

此麻麥與均輸、少廣章之重衰、積分，皆爲大事。其拙於精理徒按本術者，或用算而布氈，方好煩而喜誤，曾不知其非，反欲以多爲貴。故其算也，莫不闇於設通而專於一端。至於此類，苟務其成，然或失之，不可謂要約。更有異術者，庖丁解牛，游刃理間，故能歷久其刃如新。夫數，猶刃也，易簡用之則動中庖丁之理。故能和神愛刃，速而寡尤。凡九章爲大事，按法皆不盡一百算也。雖布算不多，然足以算多。世人多以方程爲難，或盡布算之象在綴正負而已，未暇以論其設動無方，斯膠柱調瑟之類。聊復恢演，爲作新術，著之於此，將亦啓導疑意，網羅道精，豈傳之空言，記其施用之例，著策之數，每舉一隅焉。以上字句多誤，又皆屬虚辭，非有實義可考，無從訂正，姑仍之。

其一術曰：置羣物通率爲列衰，更置減行羣物之數，各以其率乘之，并以爲法。其當相并而行中正負雜者，同名相從，異名相消，餘爲法。以減行下實乘列衰，各自爲實。實如法而一，即得。以舊術爲之，凡應置五行。今欲要約，先置第三行，以減第四行，及減第三行；次置第二行，以第二行減第三行，去其頭位；次置右行，去其頭位；次以第四行減左行頭位；次以左行去第四行及第二行頭位；次以第五行減第二行頭位，餘，可半；次以第二行去第四行頭位，餘，約之爲法、實，如法而一，得空，即有黍價。以法減第二行，得答價，左行得麥價，第三行麻價，右行得菽價。如此凡用七十七算。以上所言舊術，訛舛不可通。據方程術，凡五物及總價，求其各物之價者，應列五行，行五位及價直。以上一位互乘，因徧乘次位以下及價直，兩兩相對減，去其頭位。所減之餘，重列之。減至一物、一價乃止。物爲法，價爲實，實如法而一，得一物之價。轉減而上，以知各

價。先化五爲四，次化四爲三，次化三爲二，次化二爲一。凡用十算兼乘、減、除言之，則一百四十五算。凡上一位互乘，
其數必同，可省乘。若遇上一位數同，則省偏乘。或上一位遇一，則省其與對行偏乘。考問意，左行上一位是一，先以左
行減右行，次減第二行，次減第三行，次減第四行，所減之餘重列爲四行。其左行上一位又是一。以左行減右行，次減第
二行，次減第三行。所減之餘重列爲三行。其上一位數皆同，即以本數減之，餘列爲兩行，依術得答價，轉而上求得菽價
及麥價、麻價。凡用九十九算。以新術爲此：先以第四行減第三行。次以第三行去右行及第二
行、第四行下位，又以減右行下位，不足減乃止。次以左行減第三行下位。次以第三行去
左行下位。訖，廢去第三行。次以第四行去左行下位，右行當左行下位。次以右行去第二
行及第四行下位。次以第二行減第四行及左行頭位。次以第四行減右行菽位，不足減乃
止。次以左行減第二行頭位，餘可再半。次以第四行去右行及第二行頭位。次以第二行
去右行頭位。餘，約之，上得五，下得三，是菽五當答三。次以左行去第三行菽位，又以減
第四行及右行菽位，不足減乃止。次以右行減第二行頭位，不足減乃止。次以第三行去左
行頭位，次以左行去右行頭位。餘，上得六，下得五，是爲答六當黍五。次以右行去左行答
位。餘，約之，上爲二，下爲三。次以左行去第二行下位，以第二行去第四行下位，又以減
左行下位。次右行去第二行下位。餘，上得三，下得四，是爲麥三當菽四。次以第二行減
第四行下位。次以第四行去第二行下位。餘，上得四，下得七，是爲麻四當麥七。是爲相
當之率舉矣。以上所言新術，亦訛舛不可通。據其術求之：先以左行減第三行，去其次位。次并右行、左行，亦并第

三行、第四行，以減之，去其次位。次倍左行，以第二行減之，去其次位。所減之餘，重列之爲三行。次以第四行減第二行，去次位及下位。次以重列之中行減右行，去其下位。次以重列之左行減右行，去其下位。所減之餘，又重列之爲三行。次以此右行減中行，去其頭位，次以此右行減左行，去其頭位。所減之餘，兩行、兩物。減去下實，餘約之，上得五、下得三，是菽五當答三。前云令左右相減先去下實，又轉去物位，求其一行二物正負相借者，易其相當之率，謂菽五當答三，即菽價率三答價率五也。或先減下實乃減物位，或先減物位乃減下實，各從省便，本無一定之先後。其先求菽與答相當之率，次求答與黍相當之率，次求麥與菽相當之率，次求麻與麥相當之率，亦無一定之先後。然非遇正負相借者，則二物相當之率不可得。往往窮而復推，輾轉滋繁，遠不若舊術之究歸易簡也。

校注

〔一〕直除　即直減。連減，直至餘數小於減數時爲止。

〔二〕同名伯除　「伯」爲「相」之誤。

九章算術卷九訂訛補圖

句股弦互求圖

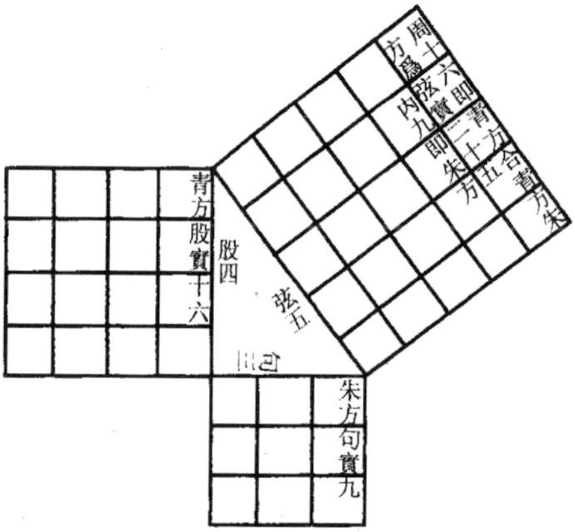

注云「句自乘爲朱方，股自乘爲青方，令出入相補」，「合成弦方之冪」。又李淳風等釋云「句方於內，則句短於股」。據此則劉徽注此章，舊有圖而缺。今並按注補圖。

據圍廣、木長，求葛之長，其形葛卷裹袤。以筆管青綫宛轉，有似葛之纏木。解而觀之，則每周之間，自有相間成句股弦。則其間木長爲股，圍之爲句，葛長爲弦。弦七周，乘三圍，是并合衆句以爲一句，則句長而股短。故術以木長謂之句，圍之謂之股，言之倒互。句與股求弦，亦如前圖。句三自乘爲朱冪，股四自乘爲青冪，合朱、青二十五，爲弦五自乘冪，出上第一圖。句、股冪合爲弦冪，明矣。然二冪之數謂倒在於弦冪之中而已，可更相裹者，則成方冪；其居表者，則成矩冪。二表裹形訛，而數均。又按：此圖句冪之矩，青卷白表，是其冪以股弦差爲廣，股弦并爲袤，而股冪方其裹。股冪之矩，青卷白表，是其冪以句弦差爲廣，句弦并爲袤，而句冪方其裹。是故差之與并，用除之短、長互相乘也。據趙君卿注周髀算經云：「凡并句股之實即成弦實，或矩於外，或方於內，形詭而量均，體殊而數齊。句實之矩，以股弦差爲廣，股弦并爲袤，而股實方其裹」；「股實之矩，以句弦差爲廣，句弦并爲袤，而句實方其裹」。君卿漢人。此注蓋用其說，而傳寫失真，加以後人竄改，遂不可通。

句股差句股并與弦互求之圖

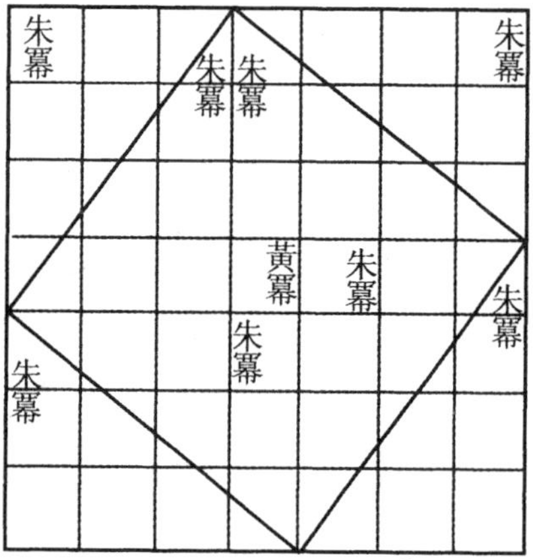

據注意：滿大方即句股并自乘之冪，有朱冪八，黄冪一。內有方即弦實，有朱冪四，黄冪一。倍弦實，滿外大方而多一黄冪。於弦實內減黄冪四分之二，半其餘，適得外大方四分之一。朱冪者，句股積也。黄冪之面，即句股差。

股實之矩圖

趙君卿云："股實之矩，以句弦差爲廣，句弦并爲袤，而句實方其裏。"劉注用句弦差、句弦并與句股弦互求，本此。

句實之矩圖

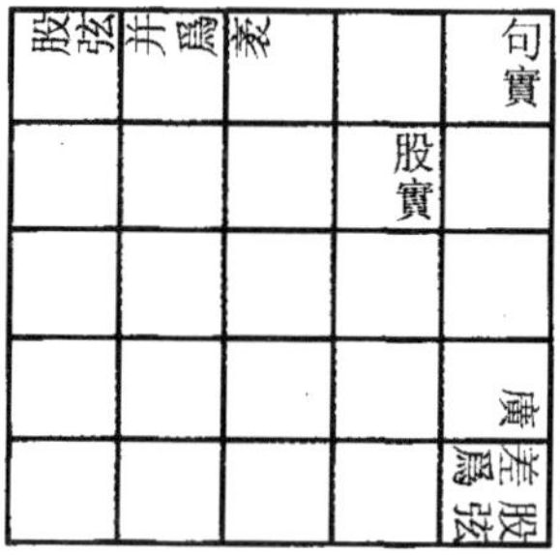

趙君卿云：「句實之矩，以股弦差爲廣，股弦并爲袤，而股實方其裏。」劉注用股弦差、股弦并與句股弦互求，本此。

臣淳風等謹按：下鐻深得一寸爲半股弦差，注云爲「股弦差」者，鐻道也。案：此言下鐻深得一寸半股弦差，即注所謂「鐻深一寸爲股弦差之一半」也。更綴注云「爲股弦差者鐻道也」十字，舛誤不可通。據割圓術，鐻深一寸即可爲股弦差，半鐻道五寸爲句，材半徑爲弦。若以此言之，尤合術意。

股弦即高廣衺。其出此圖也，其倍弦爲廣衺合。矩句即爲冪，得廣，即句股差。「股弦即高廣衺」以下訛舛。據趙君卿注周髀算經云：「其倍弦爲廣衺合，而令句股見者自乘其爲實。四實以減之，開其餘，所得爲差。以差減合，半其餘爲廣。減廣於弦，即所求也。」此注似用其說，而傳寫舛訛，後人又妄加改竄，遂不可通。就君卿說考之，倍弦自乘得弦實四，内有句實、股實各四。減四句實，餘即四股實，開之得倍股；減四股實，餘即四句實，開之得倍句，所謂「開其餘，所得爲差」也。減倍股於倍弦、半其餘爲股弦差；減倍句於倍弦，半其餘爲句弦差，所謂「以差減合，半其餘爲廣」也。減股弦差於弦，即股；減句弦差於弦，即句，所謂「減廣於弦，即所求」也。凡股弦差爲廣，股弦并爲衺，其冪即句冪。句弦差爲廣，句弦并爲衺，其冪即股冪。合廣、衺皆成倍弦，故曰「倍弦爲廣衺合」，而倍句、倍股即廣衺差。其矩句之冪，倍爲從法，開之亦句股差。其餘以句股冪減，半其餘，差爲從法，開方除之，即句也。據趙君卿云：「減矩句之實於弦實，開其餘，即股。倍股在兩邊爲從法，開矩句之角，即股弦差。減矩股之實於弦實，開其餘即句。倍句在兩邊爲從法，開矩股之角，即句弦差。」此注亦用其說，而殘缺失次，遂不可通。

句實廣袤合圖

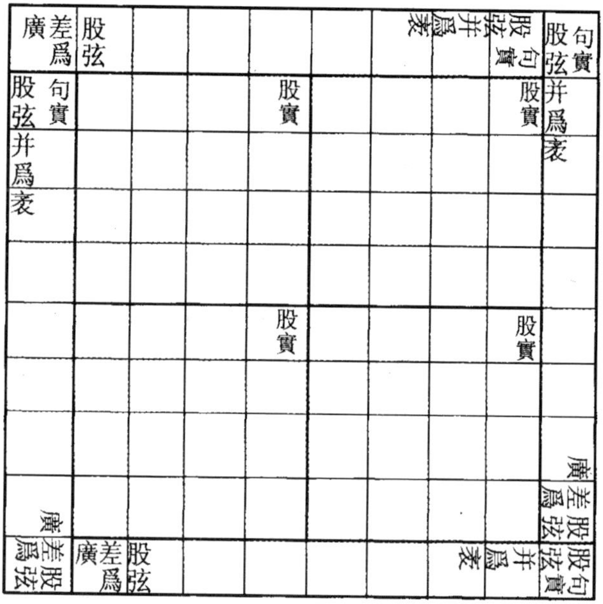

據注意：句實以股弦差爲廣，股弦并爲袤，廣袤合，亦即倍弦。減四句實於倍弦自乘之冪，餘爲四股實，開方得倍股，即句實之廣袤差也。

股實廣袤合圖

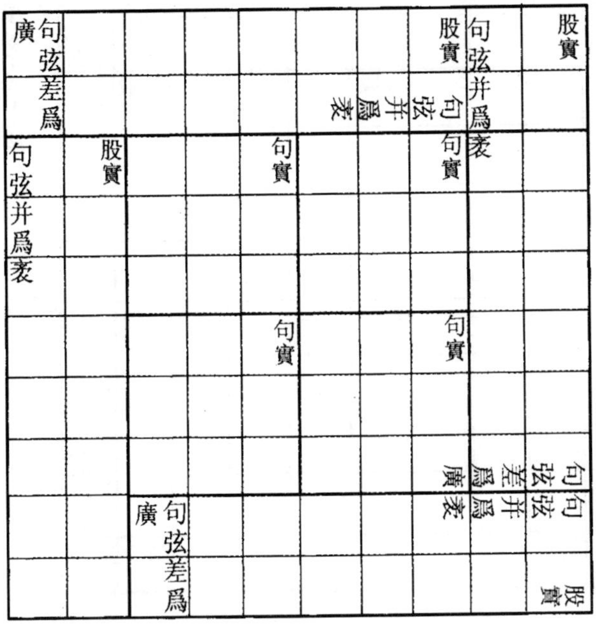

據注意：倍弦自乘之冪，容句實、股實各四。股實以句弦差爲廣，句弦并爲袤，廣袤合，即倍弦。減四股實於倍弦自乘之冪，餘爲四句實，開方得倍句，即股實之廣袤差也。

句弦差股弦差求句股弦之圖

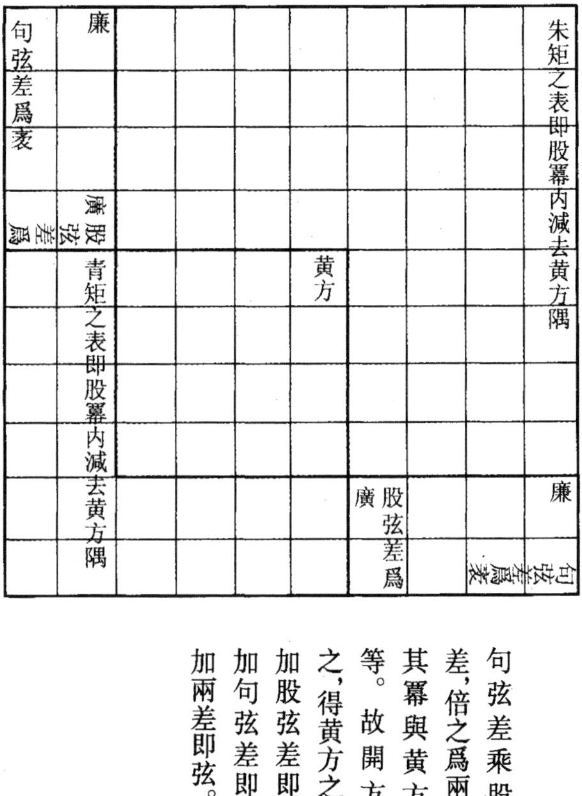

句弦差乘股弦差，倍之爲兩廉，其冪與黃方相等。故開方除之，得黃方之面。加股弦差即句，加句弦差即股，加兩差即弦。

術曰：令七自乘，三亦自乘，并而半之，以爲甲邪行率。邪行率減於七自乘，餘爲南行率。以三乘七，爲乙東行率。據問意：甲行率七者，設句弦并七也。乙行率三者，設股三也。術令七自乘，三亦自乘，并而半之，爲甲邪行率者，句弦并自乘，加股自乘，半之，即弦乘句弦并，所得數以爲弦率。邪行率減於七自乘，餘爲南行率者，句弦并自乘減弦乘句弦并，餘即句乘句弦并，所得數以爲句率。弦率、句率皆通之以句弦并，則股三亦以乘句弦并七，乃爲股率。句、股、弦三率，皆句弦并通句股弦所得數。然則七自乘即句弦并之率，三自乘即句弦差之率，合差於并而半之爲弦，減弦於并爲句，其義一而已矣。

股與句弦并求句弦之圖

朱黃相連之方即句弦并之率，青冪之矩即句弦差之率，故句股弦三率亦皆以句弦并齊之。

據注意：句弦并自乘，加股自乘，成長方，以兩弦爲袤，句弦并爲廣。故半之爲弦率。減股自乘於弦率，餘爲句率。股自乘之矩，損上横冪益於下，以句弦并爲袤，以句弦差爲廣。

句股相乘，爲朱、青、黄冪各二。令黄冪連於下隅，朱、青各以類合，共成修冪。中方黄爲廣，并句股爲袤。故并句股爲法。冪圖方在句中，則方之兩廉各自成小句股，而其相與之勢不失本率也。句面之小股，股面之小句，從横相連合而成中方。令股爲中方率，并句股爲廣率，據見句五步而今有之，得中方也。復令句爲中方率，以并句股爲袤率，據股一十二步而令有之，則中方又可知。此則雖不效而法，實有法由生矣。此十三字舛誤。據上以粟米章今有術及衰分章列衰之意解，此術大小句股互求，并句股即所有率，中方率即所求率，見句、見股即所有數。於事雖不同而意相倣效，實術所由生也。注意當是如此。

句股容方圖

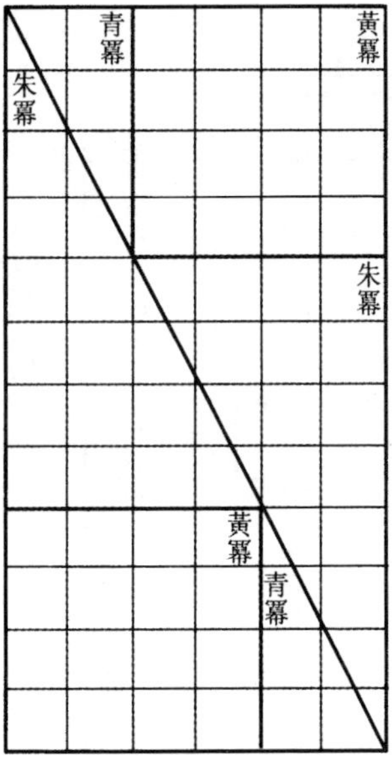

據注意：句股相乘，得兩黄冪、兩朱冪、兩青冪。令黄冪從黄冪、朱冪從朱冪、青冪從青冪，兩朱在上、兩黄在中、兩青合而横之在下，則句股并爲冪，容方之面爲廣。其朱冪、青冪各成小股，皆如大句股本率互求。

句股相乘爲圖之本體，朱、青、黄冪各二，則倍之爲各四。可用畫於小紙，分裁邪正之會，令顛倒相補，各以類合，成修冪。圓徑爲廣，并句股弦爲袤，故并句股弦以爲法。又以圖之大體言之，股中青必令立規於横廣句股又邪三徑均，而復連規。此二十一字舛誤。據容圓之徑，即減弦於句股并之餘也。取半徑規之，又以半徑減句、股，其餘并之，適爲弦。如是截句股弦各爲二，三半徑均而復連於規之中央。注意蓋以此爲言，而殘缺失次，遂不可通。從横量度句股，必合而成小方矣。

又畫中弦以觀其會，則句股之中成小句股弦。四者句面之小股，股面之小句，皆小方之面，皆圓徑之半。其數故可衰。以句股弦爲列衰，副并爲法。以小句乘未并者，各自爲實。實如法而一，得句面之小股，可知也。以股乘列衰爲實，則得股面之小句可知。「以小句乘未并者」至此，訛舛不可通。或後人妄加改竄，又援衰分章之交入於此，遂漫無辨别。當是言「令股爲列衰，以見句乘之爲實，實如法而一，則句面之小股可知也。令句爲列衰，以見股乘之爲實，實如法而一，則股面之小句可知」。此在粟米章，即令有術：以所求率乘所有數，所有率除之，古算家謂之「異乘同除」。注以解大小句股互求句率、股率，謂所有率及所求率，見句或見股，爲所有數，不可以見句乘句率、見股乘股率也。言雖異矣，及其所以成法之實，則同歸矣。則圓徑又可以句乘之差并，此句亦訛舛。當云「則又可以股弦差減句爲圓徑」。句弦差減股爲圓徑。此下有脱文。當補云「句弦差、股弦差并之，以減弦，餘爲圓徑」。

句股容圓圖

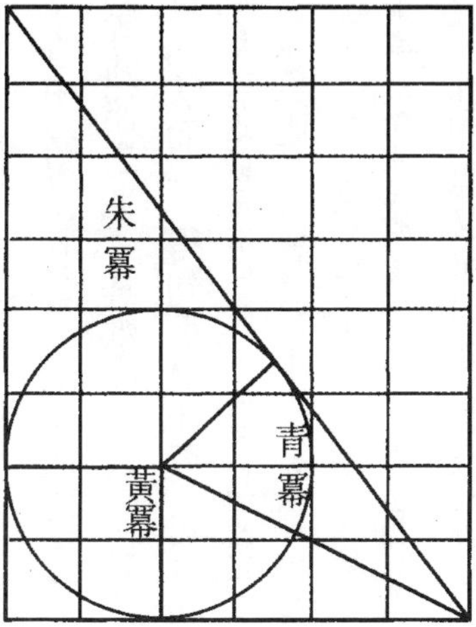

據術意：句股相乘，半之，爲句股積，有朱、青、黃冪各一。則倍之，有朱、青、黃冪各四。截朱、青冪各成小句股者二，令倒順相補，各成小長方。合四朱、四青、四黃面成大長方，以容圓半徑爲廣，并句股弦爲袤。

戴震全書之二十六

五經算術考證

胡炳生◎整理
何紹庚◎審訂

説明

五經算術，北周甄鸞撰，係對儒家諸經及其注疏中有關數字計算的解釋，用以幫助讀經者理解經文。該書曾在唐代被列爲算經十書之一，北宋和南宋均有刻本，但到清初都先後失傳。

戴震在四庫全書館時，從永樂大典中輯出五經算術。同時，戴震撰五經算術考證一卷，對書中所引經、史文字詳加考訂。一方面以今傳本經籍、史志校訂該輯佚本的一些誤文奪字；另一方面，因爲甄鸞所引乃北周以前的古籍，又據此酌情校正經籍史志今傳本的個別訛誤之處。在這兩方面，戴震都做了很好的工作。關於書中所引司馬彪續漢志京房六十律之實數，附録了盧文弨的校訂文字。

五經算術考證附於五經算術之後，刊刻在孔氏微波榭叢書算經十書之中。此後又刻入清芬堂叢書、玲瓏山館叢書。這次整理以微波榭本爲底本，參校了其他本子，其中包括錢寶琮算經十書點校本。

五經算術考證

尚書、孝經「兆民」注〔一〕甄鸞按：尚書無此注，故從孝經注釋之。按：今孝經亦無此注。考「天子曰兆民，諸侯曰萬民」，本左氏春秋閔公元年卜偃之語。鄭康成注内側「降德於衆兆民」云：「萬億曰兆。天子曰兆民，諸侯曰萬民。」然則此所引尚書及孝經注皆鄭氏説也。

禮記禮運注，五味六和，十二食還相爲滑。按：今禮記正文作「質」，鄭注云：「五味，酸、苦、辛、鹹、甘也。和之者，春多酸，夏多苦，秋多辛，冬多鹹，皆有滑、甘，是謂六和。蓋五味加滑而六。」據内則曰「滫瀡以滑之」，疏云：「滫瀡之，令柔滑也」。食味言「還相爲滑」，衣色言「還相爲質」。質如凡畫者丹質之質。食味衣色，二者語宜有別。此所引在唐以前，應是古本作「滑」。

漢書「終於南事」算之法　陽下生陰，陰上生陽，始於黃鐘，終於中呂。按：後漢書今本及見於禮記疏者，皆無「始於黃鐘」四字。此所引乃全文，可補二書缺誤。

又　故各統一月，其餘以次運行。當月者，各自爲宫。按：後漢書今本訛作「各終一日」。下「當月者」，訛作「當日者」。考律法十二律分十二月，各自爲宫，而商徵以類從，是一律統一月也。禮記疏引作「各統一日」，下仍作「當月者」。惟此所引無舛，可正二書之誤。

又　上生不得過黃鐘之濁，下生不得不及黃鐘之清。按：後復引此二語，下云：「是則上生不得過九寸，下生不得減四寸五分」。改蔡邕月令章句云：「黄鐘之宫，謂黄鐘少宫也。半黄鐘九寸之數，管長四寸五分」。蓋九寸者，黄鐘全律；四寸五分者，黄鐘半律。後漢書今本作「上生不得過黄鐘之清濁，下生不得及黄鐘之數」，實訛謬不可通。當是傳寫致舛，校書者因有所竄改。此所引猶善本未訛者也。

又　於律爲寸，於準爲尺，於律爲分，於準爲寸。按：後漢書今本脱二句。考下云：「不盈者十之所得爲分」，正承下二句謂「不盈寸」也。當是後漢書脱誤。

又　上生制時。按：以上小分，以强、弱、少强、微强、微弱、半强、太强七等約言之。未育之小分一强，尾數一三有奇，今本後漢書訛作「一少强」。分積之小分九强，尾數九三有奇，今本後漢書訛作「九半强」。少出之小分九少强，尾數九二有奇；白吕之小分二少强，尾數二二有奇，今本後漢書並脱「少」字。分動之小分四微强，尾數四一有奇；隨期内負之小分八微强，尾數八一有奇；夾鐘之小分九微强，尾數九一有奇；夷汗遲時之小分五微强，尾數五一有奇，今本後漢書并脱「微」字。結躬之小分六微强，尾數六一有奇，今本後漢書訛作「六少强」中吕之小分六微弱，尾數五九有奇，增而爲六；制時之小分七微弱，尾數六九有奇，增而爲七；安度之小分四微弱，尾數三九有奇，增而爲四；今本後漢書並脱「微」字。開時之小分九微强，九之外尚奇零不盡，今本後漢書訛作「九微弱」。質末之小分二半强，尾數二五有奇，今本後漢書脱「半」字。依行盛變之小分三半强，尾數三五有奇，今本後漢書並訛作「太强」。期保之小分九半强，尾數九五有奇，今本後漢書訛作「九微强」。皆當以此書所引爲正。惟去滅之小分二微弱，尾數一九有奇，今本後漢書脱「微」字。此所引「二」訛作「四」，可以互相補正。

附盧氏召弓云：分動小分四微强。按：此紀小分所餘，有微强、强、少强、半强、太强共五等。餘二十五以下爲「微强」，餘三十六以上爲「强」，餘六十五以上爲「少强」，餘九十八以上爲「半强」，餘百三十以上爲「太强」。

蓋律以百九十六有奇爲小分之一，其餘不滿小分者分此五等。九數以三分有一爲「少」，得中爲「半」，三分有二爲「太」。其云「少强」者，比「少」又有餘也，「半强」者，比「半」又有餘也，「太强」者，比「太」又有餘也。是知單言「强」者，進乎「微」而求及乎「少」也。「少」、「半」、「太」皆有定名，自不便置「强」於少、半之間，明矣。續漢志固有訛，而此書亦有未盡得者。今一一細核之。其合者，可不必論；其參錯者，不可不明爲辨也。如此分動小分四之外，實餘二十七有奇，續漢志、禮記疏皆但作「强」，是也。此書作「微强」，「微」字誤。質末小分二半强。按：此餘一百有奇，此作「半强」，是續漢志無「半」字(作)〔二〕。少出小分九少强。按：此餘四十四有奇，尚未及「少」。分否小分一强按：此餘八十七有奇，當作「少强」，兩書俱脱「少」字。時息小分九少强，按：此餘四十五有奇，二書皆衍「少」字。夾鍾小分九微强。按：此餘三十有奇，續漢志、禮記疏皆但作「强」，是。開時小分九微强，按：此餘十二有奇，此作「微强」，是也。續漢志誤「微弱」。南授小分九太强。按：此餘百二十一有奇，尚未及「太」。而兩書皆作「太强」，疑是「半强」之誤。如下變虞餘百六有奇，而兩書皆作「半强」；依行餘百十五，而此書作「半强」，如此亦當爾也。内負小分八微强，按：此餘三十一有奇，續漢志無「微」字，非。物應小分九强。按：此餘七十五有奇，當作「少强」，二書皆漏「少」字。盛變小分三半强。按：此餘百十五有奇，此作「半强」，是。續漢志作「太强」，誤。離宫實十二萬一千八十九，按：續漢志作「十(三)〔二〕萬一千八百一十九〔三〕」，乃衍「百一」兩字。未育九萬八百一十七，上生離宫，三分益一，止得十二萬一千八十九。離宫上生凌陰，亦三分益一，故凌陰得十六萬一千四百五十二。當據此正之。小分五微强。按：此餘三十八有奇，不當有「微」字。制時小分七微弱，按：小分有借數而實未滿者，又别之爲去滅小分（四）〔二〕微弱〔四〕。按：此少九有奇，續漢志無「微」字，非。安度小分四微弱。按：此少九有奇，續漢志無「微」字，非。

按：當作「以」「弱微」、「弱」二等。此所少者十五有奇，作「微强」，是也。續漢志無「微」字，非。

按：續漢志、禮記疏皆作「小分二」，是也。當即據以改正。安度小分四微弱。按：此少九有奇，續漢志無「微」字，非。分積小分九强。按：此餘九十五有奇，當作「少强」，此脱「少」字。續漢志作「半强」，亦誤。白吕小分二少强。按：此餘四十二有奇，續漢志、禮記疏皆作「强」，是也。此誤衍「少」字。結躬小分六微强。按：此餘三十有奇，此衍「微」字。續漢志作「少强」，亦誤衍「少」字。夷汗小分五微强。按：比餘三十七有奇，續漢志、禮記疏皆但作「强」，是也。此衍「微」字。期保小分九半强。按：此餘百六有奇，此作「半强」，是也。續漢志作「微强」，大誤。遲内小分八强。按：此餘八十五有奇，當作「少强」，兩書皆脱「少」字。無射小分九强。按：此尚不足六十有奇，續漢書、禮記疏皆作「弱」，是也〔五〕。此作「强」，大誤。未育小分一强。按：此餘七十八有奇，續漢志、禮記疏皆作「少强」，是也。此無「少」字，誤。遲時小分五微强。按：此餘三十七有奇，續漢志、禮記疏皆作「强」，是也。此衍「微」字。

推春秋魯僖公五年正月辛亥朔法。按：自此下，或援經而不列算；或僅有題，題之下即淳風注，似唐時正文已殘缺矣。

又　南至，冬至也。冬至之日，南極至。按：此三字似有舛誤。周髀算經云：「日夏至在東井，極内衡；日冬至在牽牛，極外衡也。」一歲一内極，一外極。故謂之日南至也。日中之時景長，以是表之。按：此句有舛誤，當作「以景度之」。

校注

〔一〕本篇所引經文，除説明者外，均係五經算術正文和甄鸞的注文。

〔二〕作　上文意已盡，此字爲衍文。

〔三〕三　應作「二」，依續漢志校改。

〔四〕四　應作「二」，依續漢志校改。

〔五〕皆作弱是也　實際上，此處所議的遲内小分八强或弱，均非是。按算理應爲「小分七太强」，見錢寶琮校點本算經十書。

戴震全書之二十七

考工記圖

施孟胥　嚴祖同　◎整理
張秉倫　◎審訂

説明

考工記圖作於一七四六年，是戴震研究考工記的傑出成果。考工記的成書年代，郭沫若認爲是春秋末年齊國人所著的一部手工技術規範彙集。書中對各種器物的形狀、結構、作用、製造原理與工藝等均予以記述。考工記圖則對考工記中的器物繪圖加以説明，是對後世影響很大的一部著作。

考工記圖中的注，采自東漢鄭玄，補注是戴震所作。戴震在考工記圖中，首先對考工記原文中的一些傳誤予以校正。如考工記中的「軹崇三尺有三寸」，鄭注作「軹，轂末也」，戴震考訂「軹」當爲「軒」。又如考工記車人内有「徹廣六尺」，戴震考訂「鬲在兩轅之間，鬲長車廣蓋等大。車轂長五寸，中其轂置輻，輻内六寸，輻廣三寸，綆寸，凡一尺六寸之箱，旁加一尺，兩旁共二尺，徹廣八尺明矣」，從而肯定了江永「六」當爲「八」的修改意見。其次考工記圖一書繪製了五十九幅有關器物的簡圖，圖中還注明尺寸，使許多人所不瞭解的古代器物，鮮明地陳現在眼前。這樣，春秋時代的劍、戈、戟，怎樣利用「規」觀測日影以定南北東西等，看了圖就可以一目瞭然。考工記圖由於成書年代較早，書中所繪的圖多數需要修改充實，但其中不少圖已爲出土文物所證實。例如戴震説：「當兔在輿下正中」，已爲一九八〇年冬出土的秦制大型彩繪銅車馬所證實，足見戴震考證之精確。考工記圖在闡述某些器物的基本作用原理時，能結合我國古代科學技術的發展，反映最新研究成果。如論及車的構造，他説：「大車短轂，取其利也。兵車、乘車、田車暢轂，取其安也。」並指出鄭玄注中所謂「三尺二寸圍，徑一尺三分寸之二」，是「用六觚之率，周三徑一，約計大數耳，非圓率也。今算家圓率定於祖沖之……密率，徑一百一十三，周三百五十五；約率，徑七，周二十二」。又如注釋用「規」來測定東西南北，指出「用指南針有偏向，所偏隨地不同，不足取準」。在注釋測北極高下的方法時，他又指出我國在南朝梁和元代所測得的北極和北極星的距離是不同的。

考工記圖成書後經過增訂，於一七五五年冬由紀昀閲微草堂刊行。後孔繼涵又收之於戴氏遺書。此次整理以安徽叢書本爲底本，並參考了孫詒讓手批的聚奎樓刻本。安徽叢書本是據程瑶田手批的紀昀刻本所影印的。今將程、孫二氏的批語，有選擇地録入校注中，以供參考。

考工記圖序

立度辨方之文，圖與傳注相表裏者也。自小學道湮，好古者靡所依據。凡六經中制度、禮儀，覈之傳注，既多違誤，而爲圖者，又往往自成詰詘，異其本經，古制所以日就荒謬不聞也。舊禮圖有梁、鄭、阮、張、夏侯諸家之學，失傳已久，惟聶崇義三禮圖二十卷見於世，於考工諸器物尤疏舛。同學治古文辭，有苦考工記難讀者，余語以諸工之事，非精究少廣旁要，固不能推其制以盡文之奥曲。鄭氏注善矣，兹爲圖，翼贊鄭學，擇其正論，補其未逮。圖傅某工之下，俾學士顯白觀之。因一卷書，當知古六書、九數等，儒者結髮從事，今或皓首未之聞，何也？休寧戴震。

考工記圖卷上

國有六職，百工與居一焉。或坐而論道；或作而行之；或審曲面埶，以飭五材，以辨民器；或通四方之珍異以資之；或飭力以長地財；或治絲麻以成之。坐而論道，謂之王公；作而行之，謂之士大夫；審曲面埶，以飭五材，以辨民器，謂之百工；通四方之珍異以資之，謂之商旅；飭力以長地財，謂之農夫；治絲麻以成之，謂之婦功。與，音預。埶、勢同。長，竹丈反。

注：「作，起也。辨，猶具也。辨、辦，古今字。鄭司農云：『審曲面埶，審察五材曲直方面形埶之宜以治之，及陰陽之面皆是也。』春秋傳曰：『天生五材，民並用之。』謂金、木、水、火、土也。」

粵無鎛，燕無函，秦無廬，胡無弓車。粵之無鎛也，非無鎛也，夫人而能爲鎛也。燕之無函也，非無函也，夫人而能爲函也。秦之無廬也，非無廬也，夫人而能爲廬也。胡之無弓車也，非無弓車也，夫人而能爲弓車也。鎛，音博。廬，魯吴反，説文作籚。夫，音扶。

注：「鎛，田器。鄭司農云：『函，鎧也。廬，謂矛戟柄，竹欑柲。』」

知者創物，巧者述之，守之世，謂之工。百工之事，皆聖人之作也。爍金以爲刃，凝土以爲器，作車以行陸，作舟以行水，此皆聖人之所作也。天有時，地有氣，材有美，工有巧，合此四者，然後可以爲良。材美工巧，然而不良，則不時，不得地氣也。橘踰淮而北爲枳，鸜鵒不踰濟，貉踰汶則死，此地氣然也。鄭之刀，宋之斤，魯之削，吳、粤之劍，遷乎其地而弗能爲良，地氣然也。燕之角，荆之幹，妢胡之笴，吳、粤之金、錫，此材之美者也。天有時以生，有時以殺，草木有時以生，有時以死，石有時以泐，水有時以凝，有時以澤，此天時也。知，音智。創、刱，古字通。幹，古旱反，俗作榦。妢，扶云反。笴，讀爲稾。泐，音扐。澤，音釋。

注：「幹，柘也。可以爲弓弩之幹。妢胡，胡子之國，在楚旁。笴，矢幹也。鄭司農云：『泐，謂石解散也，夏時盛暑大熱則然。』」

凡攻木之工七，攻金之工六，攻皮之工五，設色之工五，刮摩之工五，摶埴之工二。攻木之工：輪、輿、弓、廬、匠、車、梓。攻金之工：築、冶、鳧、㮚、段、桃。攻皮之工：函、鮑、韗、韋、裘。設色之工：畫、繢、鍾、筐、㡛。刮摩之工：玉、楖、雕、矢、磬。摶埴之工：陶、瓬。刮，古八反。摶，音博。埴，時職反。㮚，俗作栗。鮑，書或作鞄，匹學反。韗，音運。㡛，莫黄反。楖，側筆反。瓬，從瓦，方聲，甫罔反。

注：「攻，猶治也。摶之言拍也。摶，釋文有團、博二音，團音，當手旁專，博音，手旁専，絶然二字，譌溷莫

辨。鄭注搏之言拍，取音聲相邇爲訓。拍，古音滂各反，釋名云：「拍，搏也，手搏其上也。」又云：「搏，博也，四指廣博亦似擊之也。」據此定從博音。　埴，黏土也。梓，榎屬也。」

有虞氏上陶，夏后氏上匠，殷人上梓，周人上輿。故一器而工聚焉者，車爲多。車有六等之數：車軫四尺，謂之一等。戈柲六尺有六寸，既建而迆，崇於軫四尺，謂之二等。人長八尺，崇於戈四尺，謂之三等。殳長尋有四尺，崇於人四尺，謂之四等。車戟常，崇於殳四尺，謂之五等。酋矛常有四尺，崇於戟四尺，謂之六等。車謂之六等之數。迆，以氏反。

注：「此所謂兵車也。八尺曰尋，倍尋曰常，殳長丈二，戈殳戟矛，皆插車輢。車輢外設扃，戈殳戟矛所建。鄭司農云：『迆，謂著戈於車邪倚也。』」

凡察車之道，必自載於地者始也，是故察車自輪始。凡察車之道，欲其樸屬而微至。不樸屬，無以爲完久也；不微至，無以爲戚速也。樸，普剝反。屬，章欲反。戚，蹙同。

注：「樸屬，猶附著堅固貌也。齊人有名疾爲戚者，春秋傳曰：『蓋以操之爲已蹙矣。』鄭司農云：『微至，謂輪至地者少，言其圜甚，著地者微爾。著地者微則易轉，故不微至無以爲戚數。』」

輪已崇，則人不能登也。輪已庳，則於馬終古登阤也。阤，丈爾反。

注：「已，太也，甚也。齊人之言終古，猶言常也。阤，阪也。輪庳則難引。」

故兵車之輪，六尺有六寸；田車之輪，六尺有三寸；乘車之輪，六尺有六寸。乘，繩證反。

注：「此以馬大小爲節也。兵車，革路也；田車，木路也；乘車，玉路、金路、象路也。據巾車言。兵車、乘車駕國馬，田車駕田馬。」

六尺有六寸之輪，軹崇三尺有三寸也。加軫與轐焉，四尺也。人長八尺，登下以爲節。軹，當作軒，音笄。轐、輹同，博木反。

注：「鄭司農云：『轐，謂伏兔也。』玄謂軹，轂末也。此軫與轐并七寸，田車又宜減焉。」

補注：轂末之軹，故書本作軒，從車，幵聲。讀如簪笄之笄。轂末出輪外，似笄出髮外也。軒字見「大馭」注，杜子春改爲軹。軒、軹、軓、軌四字，經傳中往往訛溷，先儒以其所知，改所不知，於是經書、字書，不復有軒字矣。說具釋車。

輪人爲輪，斬三材必以其時。三材既具，巧者和之。轂也者，以爲利轉也。輻也者，以爲直指也。牙也者，以爲固抱也。輪敝，三材不失職，謂之完。牙，讀如訝。

注：「材在陽，則中冬斬之；在陰，則中夏斬之。今世轂用雜榆，輻以檀，牙以橿也。鄭司農云：『牙，謂輪輮也，世閒或謂之罔。』」

望而視其輪，欲其幎爾而下迆也。進而視之，欲其微至也。無所取之，取諸圜也。幎，莫歷反。

注：「輪，謂牙也。幎，均致貌也。微至，至地者少也，非有他也，圜使之然也。」掣音朔，纖攕通。稱，尺證反。

望其輻，欲其掣爾而纖也；進而視之，欲其肉稱也。無所取之，取諸易直也。

注：「掣、纖。殺小貌也。肉稱，弘殺好也。」

補注：輻有鴻有殺，似人之臂掔，故欲其掣爾而攕，不擁腫也。許叔重説文解字曰：「掔，人臂貌。徐鍇云：「人臂稍長纖好也。」攕，好手貌，詩曰：攕攕女手。」今毛詩作摻，傳云：「摻摻，猶纖纖也。」

望其轂，欲其眼也。進而視之，欲其幬之廉也。無所取之，取諸急也。眼當作輥，古本反。説文云：「周禮曰：『望其轂，欲其輥。』」幬，徒到反。

注：「眼，出大貌也。幬，幔轂之革也。革急，則裹木廉隅見。」

補注：説文「輥，齊等貌」。齊等者，不橈減也。轂欲其輥，則幹木圜甚，不宜又有廉隅，以革幬轂欲廉，廉之言歛也，負幹歛約也。如紾而摶廉之廉。

視其綆，欲其蚤之正也。綆，音餅。蚤、爪，古字通。

注：「蚤，當爲爪，謂輻入牙中者也。鄭司農云：『綆，謂輪箄也。』玄謂輪雖箄，爪牙必正也。」疏云：「凡造車輪，皆向外箄，向外箄，則車不掉。」

補注：輻上端入轂中用正枘，下端入牙中用偏枘。今牙外出，不與輻股散參值，是爲綆。綆之言偏算也。蚤正謂衆輻齊平，雖有綆之減，綆參分寸之二。蚤皆均正也。

察其菑蚤不齵，則輪雖敝不匡。菑，側吏反。齵，五構反。

注：「菑，謂輻入轂中者也。菑與爪不相佹，乃後輪敝盡不匡刺也。」

補注：人齒佹戾曰齵，凡物刺起不平曰匡。

凡斬轂之道，必矩其陰陽。陽也者，稹理而堅；陰也者，疏理而柔。是故以火養其陰，而齊諸其陽，則轂雖敝不藃。稹，之忍反。藃，音槁。

注：「矩，謂刻識之也。稹，致也。火養其陰，炙堅之也。藃，藃暴，減下曰藃，虛起曰暴。陰柔後必橈減，幬革暴起。」

轂小而長則柞，大而短則摯。柞，同笮，莊百反。摯同隉，魚列反。

注：「鄭司農云：『柞，謂輻閒柞狹也。』」

補注：摯者，車行危隉不安。

是故六分其輪崇，以其一爲之牙圍。

注：「六尺六寸之輪，牙圍尺一寸。」

參分其牙圍而漆其二。

注：「不漆其踐地者也。漆者七寸三分寸之一，不漆者三寸三分寸之二。令牙厚一寸三分寸之二，則内外面不漆者各一寸也。」

椁其漆内而中詘之，以爲之轂長，以其長爲之圍。

注：「六尺六寸之輪，漆内六尺四寸，是爲轂長三尺二寸，圍徑一尺三分寸之二也。鄭司農云：『椁者，度兩漆之内相距之尺寸也。』」

補注：大車短轂，取其利也。兵車、乘車、田車暢轂，取其安也。六尺六寸之輪，轂長三尺二寸，則車行無危陧之患。圍亦三尺二寸以建三十輻，則輻閒無柞狹之患。周三尺二寸者，徑尺有五分寸之一弱。鄭注用六觚之率，周三徑一，約計大數爾，非圜率也。今算家圜率定於祖沖之。隋書律曆志曰：「古之九數圜周率三，圜徑率一，其術疏舛。宋末南徐州從事史祖沖之更開密法，以圜徑一億爲一丈，圜周盈數三丈一尺四寸一分五釐九豪二秒七忽，朒數三丈一尺四寸一分五釐九豪二秒六忽，正數在盈朒二限之閒。密率圜徑一百一十三，圜周三百五十五；約率圜徑七周二十二。」

以其圍之阞捎其藪。捎，音簫。藪，素口反。

注：「捎，除也。阞，三分之一也。鄭司農云：『藪讀爲蜂藪之藪，謂轂空壺中也。』玄謂此藪徑三寸九分寸之五，壺中當輻菑者也。疏云：「車轂之法，其孔必大頭寬，小頭狹，當輻入處謂之藪，寬狹處中而已。」蜂藪者，猶言趨也。藪者，衆輻之所趨也。」

補注：捎，空轂中如壺然，所以受軸。以密率計之，徑三寸五分寸之二弱。

五分其轂之長，去一以爲賢，去三以爲軹。去，起吕反。軹當作軒。

注：「鄭司農云：『賢，大穿也；軹，小穿也。』玄謂此大穿徑八寸十五分寸之八，小穿徑四寸十五分寸之四，大穿甚大似誤矣。大穿實五分轂長去二也。去二則得六寸五分寸之二。凡大小穿皆謂金也。今大小穿金厚一寸則大穿穿内徑四寸五分寸之二，小穿穿内徑二寸十五分寸之四，如是乃與藪相稱也。」今，當作令。賈疏已誤。

補注：以密率計之，大穿徑六寸十分寸之一强，小穿徑四寸四十分寸之三弱，軸徑四寸五分寸之一强，大穿穿内徑不得過四寸。軸之兩端入轂中者稍殺削之，其當大穿處鋸截

容轂必直，陳篆必正，施膠必厚，施筋必數，幬必負幹。數，色角反。

注：「容者，治轂爲之形容也。篆，轂約也。幬負幹者，革轂相應，無贏不足。」

周遭少許，則轂止不内侵。

既摩，革色青白，謂之轂之善。

注：「謂丸漆之，乾而以石摩平之。疏云：「將漆之先，以骨丸之，待乾乃以石摩平之。」革色青白，善之徵也。」

參分其轂長，二在外，一在内，以置其輻。

注：「轂長三尺二寸者，令輻廣三寸半，則輻内九寸半，輻外一尺九寸。」

凡輻，量其鑿深以爲輻廣。輻廣而鑿淺，則是以大扤，雖有良工，莫之能固。鑿深而輻小，則是固有餘而强不足也。故竑其輻廣以爲之弱，則雖有重任，轂不折。量，音良。鑿，曹報反。竑，音紘。

注：「廣深相應，則固足相任也。扤，摇動貌。弱，菑也。今人謂蒲本在水中者爲弱，是其類也。鄭司農云：『竑，謂度之。』」弱、蒻通。

補注：輻廣不得過三寸，輻厚一寸奇，菑厚蓋太半寸。三分之二爲太，三分之一爲少。漸殺至端，不得過三分寸之一。鄭用牧曰：「量其鑿深以爲輻廣，竑其輻廣以爲之弱，弱自與鑿深相應，反覆言之爾。扤而不固則轂折，轂不能持輻也。」

參分其輻之長而殺其一，則雖有深泥，亦弗之溓也。殺，色界反。溓，讀爲黏，女廉反。

注：「殺，衰小之也。」

參分其股圍，去一以爲骹圍。骹，苦教反。

注：「謂殺輻之數也。鄭司農云：『股，謂近轂者也，骹，謂近牙者也。』方言股以喻其豐，故言骹以喻其細。人脛近足者細於股，謂之骹；羊脛細者，亦謂骹。」

揉輻必齊，平沈必均。揉，說文作煣，而久反。

注：「揉，謂以火槁之，衆輻之直齊如一也。平沈，平漸也。鄭司農云：『平沈，謂浮之水上無輕重。』」

直以指牙，牙得，則無槷而固。

注：「得，謂倨句鑿内相應也。内、枘同，即蚤。鄭司農云：『槷，椴也，蜀人言椴曰槷。』」槷，魚列反，從木埶，省聲。

不得則有槷，必足見也。見，賢遍反。

注：「必足見，言槷大也。然則雖得猶有槷，但小爾。」

補注：鄭用牧曰：「足者柄之下，柄入鑿中而猶見其足，鑿太寬故也。槷小不足見，槷大則足見。無槷而固。甚言鑿枘相應，不用槷亦固。」

六尺有六寸之輪，綆參分寸之二，謂之輪之固。

注：「輪箅，則車行不掉也。參分寸之二者，出於輻股鑿之數也。」

補注：固，謂不傾掉也。輪不箅，必左右仡搖。故輻蚤用偏枘，今牙出於輻股鑿三分寸之二，如此則重埶微注於内，兩輪訂之而定，無傾掉之患。

凡爲輪，行澤者欲杼，行山者欲侔。杼以行澤，則是刀以割塗也，是故塗不附；侔以行山，則是摶以行石也，是故輪雖敝，不甐於鑿。杼，直吕反。侔，亡侯反。摶，徒丸反。甐，音吝。

注：「杼，謂削薄其踐地者。侔，上下等。摶，圜厚也。甐，亦敝也。以輪之厚，石雖齧

之，不能敝其鑿旁使之動。」

凡揉牙，外不廉而内不挫，旁不腫，謂之用火之善。廉，當作熑。

注：「廉，絶也。說文云：『熑，火煣車網，絶也。周禮曰：「煣牙，外不熑」。』挫，折也。腫，瘣也。」

是故規之以視其圜也，萬之以視其匡也，縣之以視其輻之直也，水之以視其平沈之均也，量其藪以黍以視其同也，權之以視其輕重之侔也。故可規、可萬、可水、可縣、可量、可權也，謂之國工。萬，音俱。

注：「輪中規，則圜矣。等爲萬蔞以運輪上，輪中萬蔞，則不匡刺也。輪輻三十上下相直，從旁以繩縣之，中繩則鑿正輻直矣。平漸，其輪無輕重，則斱材均矣。黍滑而齊，以量兩壺，無贏不足，則同。侔，等也。稱兩輪，鈞石同則等矣。輪有輕重，則引之有難易。」

補注：正輪之器名萬，亦謂之萬蔞，蓋與輪等大，平可取準。萬之、縣之，猶瓬人之器中膊豆中縣也。方言：秦、晉之間，謂車弓曰枸蔞。二者其狀仿佛，故方俗同稱。

輪三材

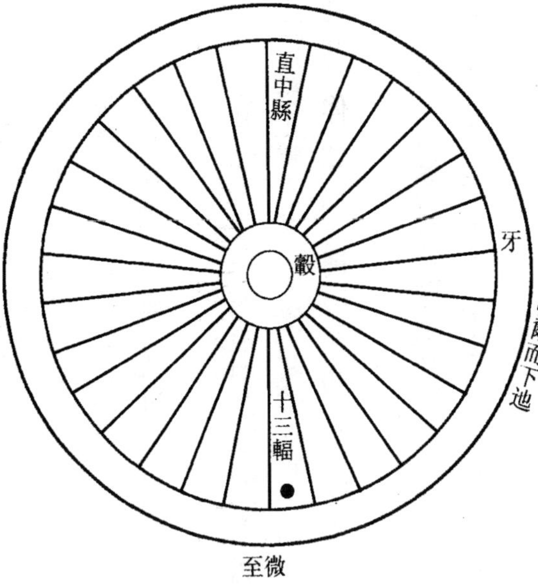

轂

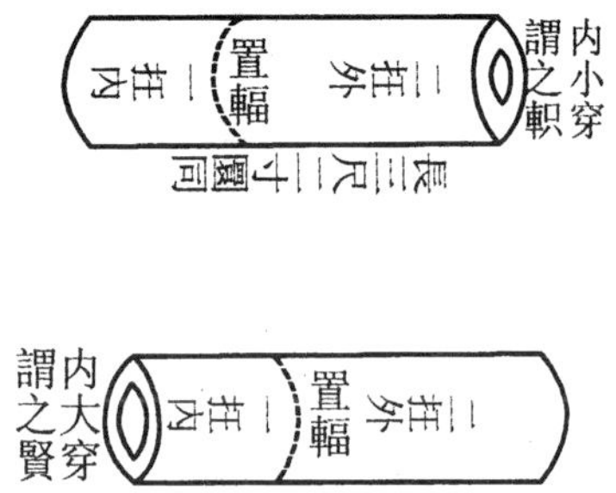

兵車、乘車，軫閒六尺六寸，旁加七寸，合兩旁并軫閒是爲轍，廣八尺，而轂入輿下者七寸。其內地即置伏兔以承軫。兩軹之廣凡丈一尺六寸。此轂末之軹，故書本作軒，與輢內軹宜有別，不得一車之中二名溷淆也。

輻

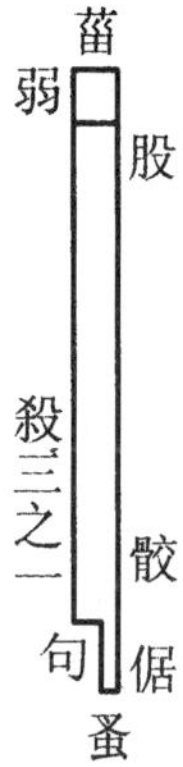

牙外出三分寸之二。輻股鑿不與蚤所人之鑿相當，以蚤有倨句故也。外直下爲倨，內曲剡之爲句。

輪人爲蓋，達常圍三寸，桯圍倍之，六寸。桯，讀如楹。

注：「鄭司農云：『達常，蓋斗柄下入杠中也。』桯，蓋杠也。」

信其桯圍以爲部廣，部廣六寸。信、伸，古今字。

注：「廣，謂徑也。鄭司農云：『部，蓋斗也。』」

部長二尺。

注：「謂斗柄達常也。」

桯長倍之，四尺者二。

注：「杠長八尺，謂達常已下也。加達常二尺，則蓋高一丈，立乘也。」

補注：鄭用牧云：「部厚一寸，連於達常，通長二尺，不計其入桯中者，桯長八尺，亦不計其入輿下者。桯建輿下，達常建桯中，皆宜有數寸，取其足相持爲度。」

十分寸之一謂之枚。部尊一枚，弓鑿廣四枚，鑿上二枚，鑿下四枚。

注：「尊，高也。蓋斗上隆高，高一分也。弓，蓋橑也。廣，大也。是爲部厚一寸。」鑿上下合六分，并鑿空四分，共一寸也。

鑿深二寸有半，下直二枚，鑿端一枚。

注：「鑿深對爲五寸，是以不傷達常也。達常，徑一寸弱。下直二枚者，鑿空下正而上低二

分也。其弓菑則撓之，平剡其下二分而内之，欲令蓋之尊終平，不蒙撓也。端，内題也。」二枚、一枚，皆鑿端弓杪所至。欲見鑿空下正，故曰「下直二枚，鑿端一枚」，便文協句爾。

補注：弓鑿外大内小，外縱横皆四分，内縱二分，下直二枚是也。横一分，鑿端一枚是也。下直者，對上池爲言。鑿下，外内同四分；鑿上，外二分内四分，加部尊焉。

弓長六尺謂之庇軹，五尺謂之庇輪，四尺謂之庇軫。軹，當作軒

注：「庇，覆也。杜子春云『謂覆軨也』。玄謂：軹，轂末也。輿廣六尺六寸，兩轂并六尺四寸，旁減軏内七寸，則兩軹之廣凡丈一尺六寸也。六尺之弓倍之，加部廣凡丈二尺六寸，有宇曲之減，可覆軹，不及軨。」軨、轄，古字通，胡戛反，於文從斗，訛作幹，非。

參分弓長而揉其一。

注：「參分之，持長撓短。短者近部而平，長者爲宇曲也。六尺之弓，近部二尺，四尺爲宇曲。」

補注：弓菑入鑿中，剡其下二分，兩旁各剡一分有半。鑿空下平直，則弓必上仰，故揉其近部之二尺使平，外四尺自下池而成宇曲。

參分其股圍，去一以爲蚤圍。

注：「蚤，當爲爪。以弓鑿之廣爲股圍，則寸六分也。爪圍，一寸十五分寸之一。」

參分弓長，以其一爲之尊〔一〕。上欲尊而宇欲卑。上尊而宇卑，則吐水疾而霤遠。

注：「六尺之弓，上近部平者二尺，爪末下於部二尺，二尺爲句，四尺爲弦，求其股，股十二除之，面三尺幾半也。上近部平者也，隤下曰宇。蓋者，主爲雨設也。乘車無蓋，禮所謂潦車，謂蓋車與？」

蓋已崇，則難爲門也；蓋已卑，是蔽目也。是故蓋崇十尺。

注：「十尺，其中正也。蓋十尺，宇二尺，而人長八尺；卑於此，蔽人目。」

良蓋弗冒弗紘，殷畝而馳不隊，謂之國工。殷，音隱。

注：「隊，落也。善蓋者以橫馳於壟上，無衣若無紘，而弓不落也。」

蓋弓二十有八

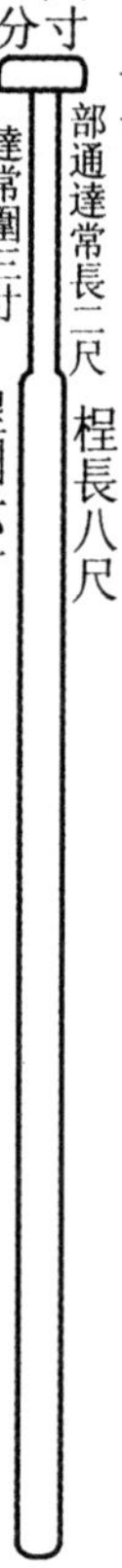

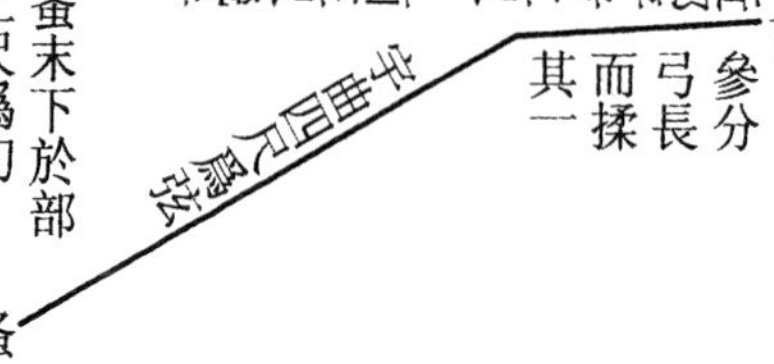

凡句股，各自乘，并之爲弦實；弦自乘，減句自乘，餘爲股實；減股自乘，餘爲句實。如圖以二尺爲句，四尺爲弦，而求其股。先以弦自乘，得弦實十六尺次以句自乘，得句實四尺，兩數相減，餘十二尺爲股實。開方除之，得股長三尺四寸六分有奇。故鄭注云：「面三尺幾半也。」

輿人爲車，輪崇、車廣、衡長，參如一，謂之參稱。稱，尺證反。

注：「車，輿也，衡之長，容兩服。」

參分車廣，去一以爲隧。

注：「兵車之隧，四尺四寸。鄭司農云：『隧，謂車輿深也。』」

參分其隧，一在前，二在後，以揉其式。

注：「兵車之式，深尺四寸三分寸之二。」

補注：式，前車也。記不言式較之長，一在前，其上三面周以式，則式長九尺五寸三分寸之一也；二在後，其上爲較，則左右較各長二尺九寸三分寸之一也。

以其廣之半爲之式崇，以其隧之半爲之較崇。

注：「兵車之式，高三尺三寸。較，兩輢上出式者。兵車自較而下，凡五尺五寸。」

六分其廣，以一爲之軫圍；

注：「軫，輿後橫者也。兵車之軫圍尺一寸。」

補注：輿下四面材合而收輿謂之軫，亦謂之收〔二〕。獨以爲輿後橫者，失其傳也。輈人言軫間，則左右名軫之證也。如軫與轐弓長庛軫，軫方象地，則前後左右通名軫之證也。

參分軫圍，去一以爲式圍。

注：「兵車之式圍七寸三分之一。」

參分式圍，去一以爲較圍。

注：「兵車之較圍四寸九分寸之八。」

參分較圍，去一以爲軹圍。軹，音只。

注：「兵車之軹圍三寸二十七分寸之七。軹，輢之植者衡者也，與轂末同名。」說見前及釋車。

參分軹圍，去一以爲轛圍。

注：「兵車之轛圍二寸八十一分寸之十四。轛，式之植者衡者也。轛者，以其鄉人爲名。」

補注：鄭用牧曰：「較小於式者，在兩旁用力少也。軹在較下，轛在式下，長短不同，故轛小於軹。」

圜者中規，方者中矩，立者中縣，衡者中水，直者如生焉，繼者如附焉。中，陟仲反。直，同植。

注：「如生，如木從地生。如附，如附枝之弘殺也。」

凡居材，大與小無并。大倚小則摧，引之則絶。

注：「并，偏宬相就也。用力之時，其大并於小者，小者强不堪，則摧也；其小并於大

者，小者力不堪，則絶也。」

棧車欲弇，棧，鉏版反。弇，於檢反。

注：「爲其無革鞔，不堅，易坼壞也。士乘棧車。」

飾車欲侈。

注：「飾車，謂革鞔輿也。大夫已上革鞔輿。」

輿

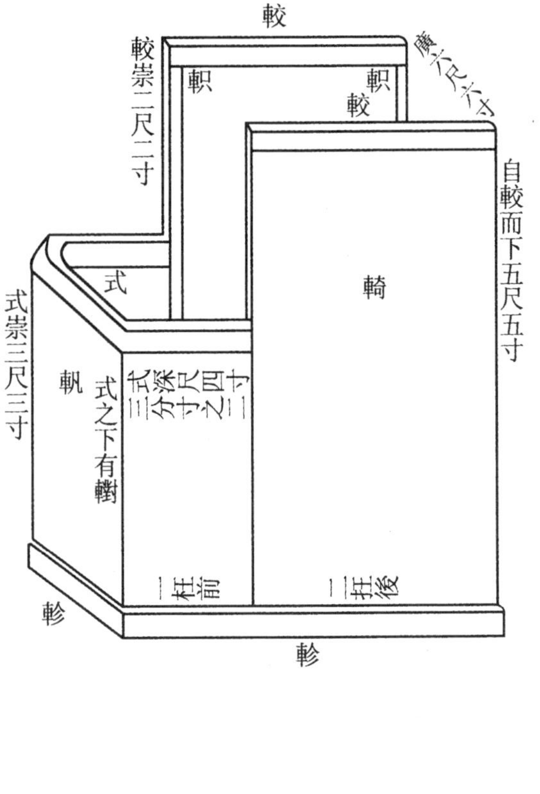
較
較崇二尺二寸
軹
軹
較
廣六尺六寸
自較而下五尺五寸
輢
式
式崇三尺三寸
軓
式之下有轛
式深尺四寸三分寸之二
前一柱
後二柱
軫
軫

輿

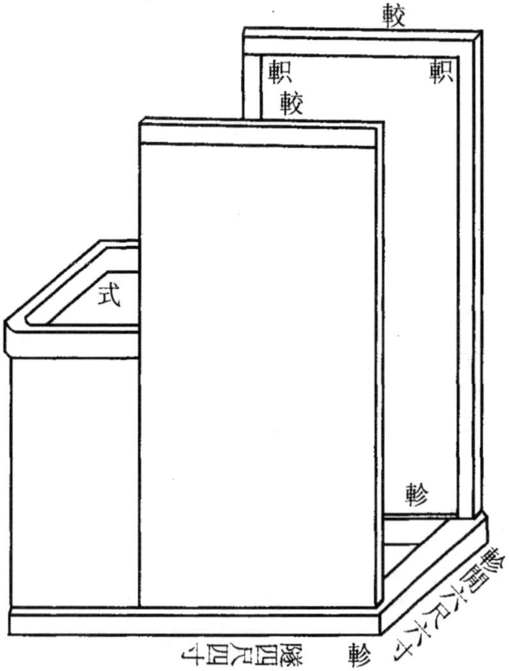

輈人爲輈，輈有三度，軸有三理。輈，張留反。

注：「輈，車轅也。」

國馬之輈，深四尺有七寸。

注：「國馬，謂種馬、戎馬、齊馬、道馬，高八尺。兵車、乘車，軹崇三尺有三寸，加軫與轐七寸，又并此輈深，則衡高八尺七寸也。除馬之高，則餘七寸，爲衡頸之閒也。鄭司農云：『深四尺七寸謂轅曲中。』」

田馬之輈，深四尺。

注：「田車軹崇三尺一寸半，并此輈深而七尺一寸半。今田馬七尺，衡頸之閒亦七寸，則軫與轐五寸半，則衡高七尺七寸。」

駑馬之輈，深三尺有三寸。

注：「輪軹與軫轐大小之減率寸半也。則駑馬之車軹崇三尺，加軫與轐四寸，又并此輈深，則衡高六尺七寸也。今駑馬六尺，除馬之高，則衡頸之閒亦七寸。」

軸有三理：一者以爲媺也，二者以爲久也，三者以爲利也。軓前十尺，而策半之。媺、美同。軓，書或作軌，音犯。

注：「策，御者之策也。鄭司農云：『軓，謂式前也。』」

補注：車旁曰輢，式前曰軓，皆揜輿版也。軓以揜式前，故漢人亦呼曰揜軓，詩謂之陰，自軓至衡頸十尺，據輈穹隆言，式衡之閒，八尺幾半也。

凡任木，任正者，十分其輈之長，以其一爲之圍。衡任者，五分其長，以其一爲之圍。小於度，謂之無任。

注：「任正者，謂輿下三面材，持車正者也。輈，軓前十尺，與隧四尺四寸，凡丈四尺四寸，則任正之圍，尺四寸五分寸之二。衡任者，謂兩軛之閒也。軛，即衡下烏啄。兵車、乘車，衡圍一尺三寸五分寸之一。無任，言其不勝任。」

補注：輈、衡、軸，皆任木。任正者，輈也。衡任者，軸也，衡也。此先發其意。下文乃舉其制。記中文體，若是多矣。輿下之材，合而成方，通名軫。故曰：「軫之方也，以象地也。」鄭注專以輿後横木爲軫，以輢式之所樹三面材爲軓，又以軓爲任正者。如其説，宜記於輿人。今輈人爲之，殆非也。輿人爲式、較、軹、轛、軫、輢、軓，輈人爲輈、衡、軸、伏兔。記不言輢、軓、衡、伏兔之度。輢、軓，輿揜版爾；衡圍準乎軸；伏兔取節於輈當兔，省文互見。

五分其軫閒，以其一爲之軸圍。

注：「軸圍亦一尺三寸五分寸之一，與衡任相應。」

補注：左右軫之閒六尺六寸，軸之長出轂末，而以軫閒爲度者，主乎任輿之六尺六寸也。軸橫輿下，以任輿，即所謂衡任者。

十分其輈之長，以其一爲之當兔之圍。

注：「輈，當伏兔者也。亦圍尺四寸五分寸之二，與任正者相應。」

補注：輈所以引車也。當兔在輿下正中，其兩旁置伏兔。車行以輈爲持任之正，即所謂任正者。

參分其兔圍，去一以爲頸圍。

注：「頸，前持衡者，圍九寸十五分寸之九。」

五分其頸圍，去一以爲踵圍。

注：「踵，後承軫者也，圍七寸七十五分寸之五十一。」

凡揉輈，欲其孫而無弧深。今夫大車之轅摯，其登又難；既克其登，其覆車也必易。此無故，惟轅直且無橈也。是故大車平地既節軒摯之任，及其登阤，不伏其轅，必縊其牛。此無故，惟轅直且無橈也。故登阤者，倍任者也。猶能以登，及其下阤也，不援其邸，必緧其牛後。此無故，惟轅直且無橈也。是故輈欲頎典。孫，音遜。緧，音秋。頎，若很反。典，音殄。

注：「孫，順理也。大車，牛車也。摯，輖也。鄭司農云：『關東謂紂爲緧。』」方言云：「車

紂，自關而東，周、洛、韓、鄭、汝、潁而東，謂之緻，或謂之曲綯，或謂之曲綸。自關而西謂之紂。」說文：「緧，馬紂也。」「靴，馬尾靴也，今之般緧。」

補注：小車謂之輈，大車謂之轅。人所乘欲其安，故小車暢轂、梁輈，大車任載而已，故短轂直轅。此假大車之轅，以明橈輈使橈曲之故。鄭用牧云：「抑伏車轅及逆援車箱之邸，謂登下必恃牽徬助之。頎典者，穹隆而堅强之貌。雖橈，不傷其力也。」

輈深則折，淺則負。輈注則利準，利準則久，和則安。輈欲弧而無折，經而無絶。

注：「揉之太深傷其力，馬倚之則折也。揉之淺，則馬善負之。經，亦謂順理也。」

補注：輈注，謂深淺適中也。輈之曲執，隤然下注，則車行有利準之善。利，疾速也。準猶定也，平也。

進則與馬謀，退則與人謀。終日馳騁，左不楗，行數千里，馬不契需。終歲御，衣衽不敝。此惟輈之和也。楗，或作券，俗作倦。

注：「輈和，則久馳騁，載在左者不罷券，尊者在左。」

補注：契需，猶怒懦。方言謂畏偄曰契需。衽者，衣裳之旁削幅也。

勸登馬力，馬力既竭，輈猶能一取焉。

注：「馬止，輈尚能一前取道，喻易進。」

補注：登猶進也，加也。

良輈環灂，自伏兔不至軓七寸。軓中有灂，謂之國輈。

注：「伏兔至軓，蓋如式深，兵車、乘車式深尺四寸三分寸之二。灂下至軓七寸，則是半有灂也。輈有筋膠之被，用力均者則灂遠。鄭司農云：『環灂，謂漆沂鄂如環。』」

補注：記反覆言輈之和，灂耐久遠，亦和之徵。

軫之方也，以象地也。蓋之圜也，以象天也。輪輻三十，以象日、月也。蓋弓二十有八，以象星也。龍旂九斿，以象大火也。鳥旟七斿，以象鶉火也。熊旗六斿，以象伐也。龜蛇四斿，以象營室也。弧旌枉矢，以象弧也。

注：「大火，蒼龍宿之心，其屬有尾，尾九星。鶉火，朱鳥宿之柳。其屬有星，星七星。伐屬白虎宿，與參連體而六星。營室，玄武宿，與東壁連體而四星。覲禮曰侯氏載龍旂。弧旌，則旌旗之屬，皆有弧也。弧以張縿之幅，有衣謂之韣，又爲設矢，象弧星有矢也，蓋畫之。畫矢於韣。

補注：斿，著縿垂者也。交龍鳥隼之屬，皆畫於縿。

輈

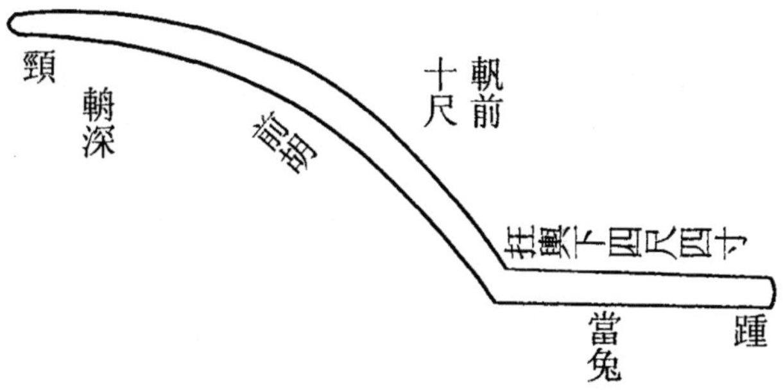

伏兔

又名轐
抂軸上
左右

衡

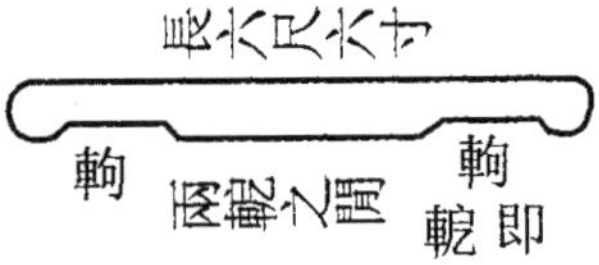

軸

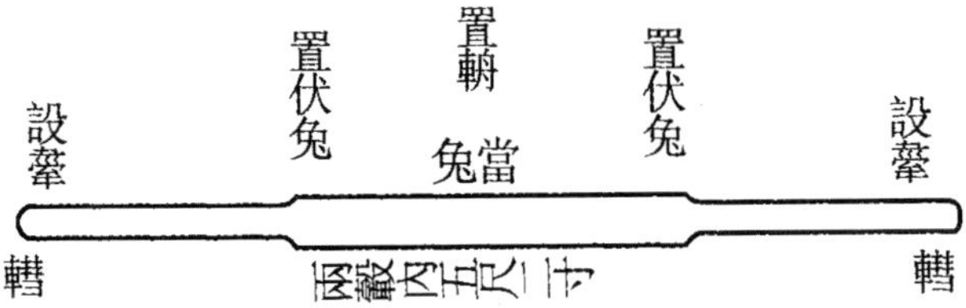

車

兵車乘
車田車

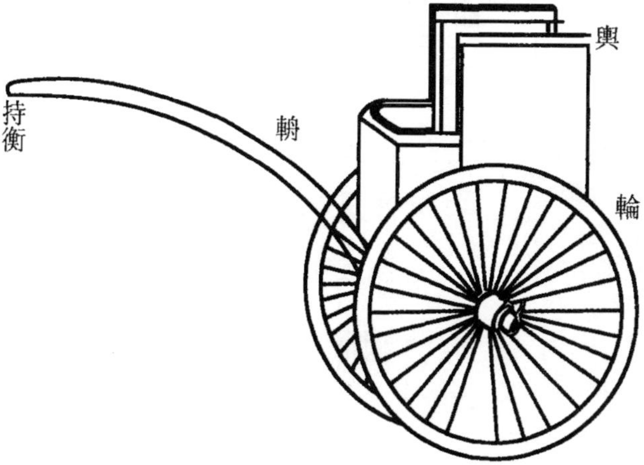

釋車：

車式，較内謂之輿。大車名箱。

其深謂之隧。

枕輿下謂之軫。輿下四面材合而收輿者，説見前。方言：「軫，謂之枕。」

軫謂之收。詩秦風：「小戎俴收。」毛傳曰：「收，軫也。」

揜輿旁謂之輢。説文：「輢，車旁也。」

式前謂之軓。大馭：「右祭兩軹祭軓。」注：「故書軓爲範。杜子春云：『軓當爲軋。』軋，謂車軾前也。輈人：「軓前十尺而策半之。」注：「鄭司農云：『軓，謂式前也。書或作軋。』玄謂軋是。軓，法也。謂輿下三面之材，輢式之所尌，持車正也。」少儀：「祭左右軌范。」注：「周禮大馭，祭兩軹祭軓，乃飲。軓與范聲同，謂軾前也。」詩邶風「濟盈不濡軓」，毛傳曰「由輈已上爲軓」，今詩軓作軌，以合韻改之也。説文：「軓，車軾前也。從車，凡聲。」周禮曰：「立當前軓。」今周禮大行人作前侯，又訛爲疾，與説文所引不同。軓與輢皆輿揜版，輢之言倚也，兩旁人所倚也。軓之言範也，範圍輿前也。後鄭説誤，辨見前。

軓謂之陰。詩秦風：「陰靷鋈續。」毛傳曰：「陰，揜軓也。」鄭箋曰：「揜軓在軾前垂軓上。」釋名：「陰，蔭也。横側車前，以蔭笭也。」按式前揜版，直曰軓，累呼之曰揜軓。如約轂革，直曰軝，累呼之曰約軝。

縮輢上者謂之較。左右兩較，望之而重。故衛風曰：「猗重較兮。」毛傳：「重較，卿士之車。」因詩辭傳會爾，非禮制也。

輿前卑於較者謂之式。說文：「軾，車前也。」曲禮疏：「古者車箱長四尺四寸而三分，前一後二，横一木下，去車牀三尺三寸，謂之爲式。又於式上二尺二寸横一木，謂之爲較。較去車牀凡五尺五寸。」此條尺寸本之考工記，而所言式較形制則大謬，今各經傳注引呂氏大鈞説，實曲禮疏之文，學者麤涉文義，見其明曉，又尺寸有據，不復深思詳考，於是爲車制一大障蔽。姜氏兆錫曰：「三分車深而一前二後者，式在車中，其前一尺四寸三分寸之二，而餘爲後也。」説同曲禮疏，尤顯指式在車中。苟如其説，四尺四寸之輿，於今尺不盈三尺，乃以式較隔斷其中，爲礙已甚，有是理乎？式與較皆車闌上之木，周於輿外，非横在輿中。較有兩，在兩旁，式有三面。故説文槩言之曰車前。鄭康成則曰：「兵車之式，深尺四寸三分寸之二。」若横一木不得有深矣。式卑於較者，以便車前射御執兵，亦因之伏以式敬。

東闌謂之軨。曲禮：「僕展軨效駕。」釋文：「軨，盧云：車轄頭靼也，舊云車闌也。」説文：「軨，車轖閒横木。」轖，車籍交錯也。」楚辭九辨：「倚結軨兮長太息，涕潺湲兮下霑軾。」集注：「軨，軾下從横木。」按軨者軾較下從横木統名，即考工記之軹轛也。結軨謂軨之衡從交結，倚軨而涕霑軾，則是倚於輢版内之軨，故其涕得下霑軾。盧植轄頭靼之説，乃因以時路車之轄，施小旛，謂之飛軨，遂以解經爾，古無是名也。

輢内之軨謂之軹。軹之言積也。積者，木小枝交結也。

式下人所對謂之轛。

輪輮謂之牙，牙謂之輞。釋名：「輞，罔也。罔，羅周輪之外也。關西曰輮，言曲輮也。或曰：輾，輾綿也，綿連其外也。」

輪轑謂之輻，輻近轂謂之股，近牙謂之骹。

輻端之枘建轂中者謂之菑，菑没鑿謂之弱，建牙中者謂之蚤。以偏枘入牙而出之謂之綆。綆、筭聲相邇，故漢時呼爲輪筭。説文：「筭，蔽也。所以蔽甑底。」甑筭，中央隆高而周圍筭下，輪之輻股近内而牙稍出似之。賈疏云：「鑿牙之時，其孔向外侵三分寸之二，使輻股外筭。」此説誤也。鄭注計轍廣必加綆之數，以牙外出不與輻股鑿相當，牙所以外出之故，牙上之鑿未嘗偏，輻蚤用偏枘曲剡其内爾。若鑿牙時外侵，則牙反内入，況牙厚不盈二寸，鑿空復偏，必削薄不固。

轂空壺中，所以受軸，謂之輮。急就篇：「輻、轂、輨、轄、輮、軝、輮。」顔師古注：「輮者，轂中之空，受軸處也。」

輮謂之藪。輮、藪，語之轉，後人誤以藪爲三十輻所建，非也。輻菑所入謂之鑿，不謂之藪。

以金裹轂中謂之釭。説文：「釭，車轂中鐵也。」釋名：「釭，空也，其中空也。」

大釭謂之賢。

轂末小釭謂之軹。今並作軹，與輢内之軹溷淆，非也。大馭：「右祭兩軹祭軓。」注：「故書軹爲軒。杜子春云：『軒當作軹，軹謂兩轊也。』或讀軒爲簪笄之笄。」少儀：「祭左右軌范。」注：「周禮大馭：『祭兩軹祭軓，乃飲。』軌與軹於車同謂轊頭也。」按少儀之「左右軌」即大馭之「兩軹」，軹本作軒，訛而爲軌，軓軒二字少見，非改爲軹，即訛爲軌。學者𪓐涉古經，未能綜貫，宜其不辨。陸德明、孔穎達諸儒，亦時時雜出謬解，則未有定識故也。軒從車幵聲，讀如笄，轂末也。軓從車凡聲，讀如范，式前也。軌，從車九聲，古音居酉反，今音居洧反，車徹也。軹從車只聲，讀如只，輢内也。軹閒六尺六寸，軌八尺，軒相去丈一尺六寸，兩轊又在軒外，轂末爲軒，軸末爲轊，祭軓則兼軜，祭左右軒則兼軸，不可以軸末之軎爲軝，名之宜辨者也。

轂端錔謂之輨。以鐵爲管，約轂外兩端。説文：「輨，轂端沓也。」急就篇顔師古注：「輨，轂端之鐵也。」

輨謂之軑。離騷：「齊玉軑而並馳。」方言：「關之東西曰輨，南楚曰軑，趙、魏之間曰錬鏅。」説文：「軑，車輨也。」

以革幬轂謂之軝。説文：「亦作軧，從革。」小雅：「約軝錯衡。」毛傳曰：「軝，長轂之軝也。朱而約之。」疏誤以軝爲長轂名，非也。軝即考工記幬革，朱而約之者，朱其革以幬於榦也。惟長轂盡飾大車，短轂則無飾，故曰「長轂之軝」。

軸末謂之軎。史記田單列傳：「燕師長驅平齊而田單走安平，令其宗人盡斷其軸末而傅鐵籠。已而燕軍攻安平，城壞，齊人走争塗，以軎折車敗，爲燕所虜。惟田單宗人以鐵籠，故得脱。」方言：「車軎，齊謂之轊。」説文：「軎，車軸端也。亦作轊。」按軸長出轂外者名軎，傅鐵籠，謂以鐵爲軎，故可短。

軸當轂釭裹之以金，謂之鐧。説文：「鐧，車軸鐵也。」釋名：「鐧，閒也，閒釭軸之間，使不相摩也。」

軸端之鍵以制轂者，謂之舝。亦作轄、鎋、輨。行車者脂釭中以利轉。又設舝以制轂。邶風：「載脂載舝。」小雅：「閒關車之舝兮。」淮南子：「車之能轉千里者，其要在三寸轄。」説文：「舝，車軸端鍵也。」「轄，車聲也，一曰鍵也。」急就篇注：「轄，竪貫軸頭，制轂之鐵也。」

伏兔謂之轐。易小畜九三：「輿説輻。」大畜九二：「輿脱輹。」大壯九四：「壯于大輿之輹。」説文：「轐，車伏兔也。」「輹，車軸縛也。」釋名：「屐，似人屐也。」又曰：「伏兔，在軸上，似之也。」又曰：「輹，伏也，伏於軸上也。」按轐、輹，實一字。其下有革，以縛於軸。今易惟小畜作輻，蓋輹字少見，傳寫者誤。輻在轂與牙之間，非可脱者，又當連輪言，不當連輿言。後人不知輹何物，於大壯、大畜皆作輹，誤。

輿下任正者謂之輈。大車名轅。

輈出軓前穹而上謂之胡，胡謂之侯。大行人：「立當前疾。」注：「上公立當軹，侯伯立當疾，子、男立當衡，王立當軫與？鄭司農云：『前疾謂駟馬車轅前胡下垂在地者。』」惠天牧曰：「論語邢昺疏引周禮作前侯，云：『侯伯立當前侯胡下。』」又小雅蓼蕭章孔疏引大行人亦作前侯。侯，猶胡也，故鄭注訓爲胡。以其在軓前，故曰前侯。

輈端謂之頸，後謂之踵，當兩轐之閒謂之當兔。

軶謂之衡，衡下烏啄謂之軥。左傳襄十四年：「射兩軥而還。」服注：「車軶兩邊叉馬頸者。」杜注：「車軶卷者。」昭二十六年：「射之中楯瓦，繇朐汰輈匕入者三寸。」杜注：「入楯瓦也朐，車軶。」說文：「軥，軶下曲者。」小爾雅：「衡，扼也。扼上者謂之烏啄。」釋名：「馬曰烏啄，下向，叉馬頸，似烏開口向下啄物時也。」

所以持衡者謂之軏。亦作䡇，大車名輗。論語：「大車無輗，小車無軏，其何以行之哉？」包咸注：「輗者，轅端橫木以縛軶，軏者，轅端上曲鉤衡。」其說誤也。韓非子外儲說：「墨子曰：『吾不如爲車輗者巧也，用咫尺之木，不費一朝之事，而引三十石之任。』」說文：「䡇，車轅耑持衡者。」「輗，大車轅耑持衡者。」按大車鬲以駕牛，小車衡以駕馬。轅端持鬲，其關鍵名輗；輈端持衡，其關鍵名軏。輈轅所以引車，必施輗軏然後行。信之在人，亦交接相持之關鍵，故以輗軏喻信。輈身上曲，上曲非別一物。大車之鬲即橫木，橫木即軶。包氏以踰丈之輈，六尺之鬲，而當咫尺之輗軏，疏矣。

車蓋之杠謂之桯，蓋斗謂之部，其柄謂之達常。

隆屈謂之弓。亦名蓋轑。方言：「車枸簍。宋、魏、陳、楚之閒謂之筱，或謂之䉤籠。其上約謂之笱，或謂之箕。秦、晉之閒自關而西謂之枸簍，西隴謂之㰂，南楚之外謂之篷，或謂之隆屈。」郭注：「即車弓也，今亦通呼篷。」釋名：「隆强，言體隆而强也，或曰車弓，似弓曲也。其上竹曰郎疏。相遠，晶晶然也。」

弓近部謂之股，弓末謂之蚤。

大車之較謂之牝服，其内謂之箱。輿有式、較卑高之分，箱則其上齊平。

所以引車謂之轅。釋名：「轅，援也。車之大援也。」

軏謂之鬲，持鬲者謂之輗。説見軏下。

輪輮謂之渠。小車所謂牙。

有輻謂之輪，無輻謂之輇。説文：「有輻曰輪，無輻曰輇。」按雜記「輲車」鄭注引説文解之，謂「輲讀爲輇」，又引周禮「蜃車」，謂「蜃、輇聲相近，其制同輇，崇半乘車之輪」。又於喪大記「君大夫葬用輴，士用國車」，謂「輴與國皆爲輇」。今考大夫廟中有載柩以輴之禮，用輴、用國車，皆謂朝廟載柩之車，國車即輁軸也。既朝廟，然後用輲車載柩以行。鄭氏不以爲葬之朝廟，故誤爾。惟周禮之蜃車，即輲車，蜃乃假借字，輲其本字也。輲車四輪而迫地，其輪無輻。然鄭氏以爲即輇，亦非也。輲者車之名，輇者輪之名，不宜溷而一之。

攻金之工。築氏執下齊，冶氏執上齊，鳧氏爲聲，㮚氏爲量，段氏爲鎛器，桃氏爲刃。齊才細反。段、鍛，古字通，丁亂反。

注：「多錫爲下齊，大刃、削、殺矢、鑒燧也。少錫爲上齊，鐘鼎、斧斤、戈戟也。聲鐘、錞于之屬，量、豆、區、鬴也。鎛器，田器，錢鎛之屬。刃，大刃，刀劍之屬。」

金有六齊：六分其金而錫居一，謂之鐘鼎之齊；五分其金而錫居一，謂之斧斤之齊；四分其金而錫居一，謂之戈戟之齊；參分其金而錫居一，謂之大刃之齊；五分其金而錫居二，謂之削、殺矢之齊；金錫半，謂之鑒燧之齊。

注：「鑒燧，取水火於日月之器也。鑒，亦鏡也。凡金多錫，則忍白且明也。」忍，音刃。

補注：金謂銅，錫謂鉛。

築氏爲削。長尺博寸，合六而成規。

注：「今之書刀。」

欲新而無窮，

注：「謂其利也。鄭司農云：『常如新無窮已。』」

敝盡而無惡。

注：「鄭司農云：『謂鋒鍔俱盡，不偏索也。』玄謂刃也、脊也，其金如一，雖至敝盡，無瑕惡也。」

削

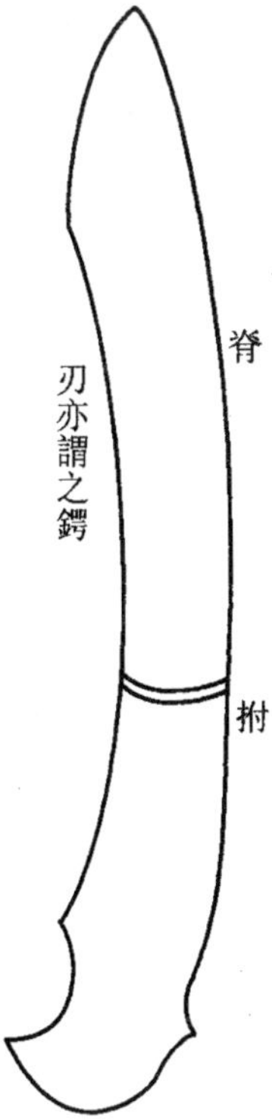

治氏爲殺矢。刃長寸，圍寸，鋌十之。重三垸。鋌，徒項反。垸，音丸。

注：「殺矢，用諸田獵之矢也。鄭司農云：『鋌，箭足入稾中者也。垸，量名。』」

補注：矢匕中博，刃長寸，自博處至鋒也。矢人參分其羽以設其刃，刃長二寸，通謂匕爲刃也。圍寸，不言博言圍者，矢匕有脊之減，博不及一寸。垸者，十一銖二十五分銖之十三。

戈廣二寸，内倍之，胡三之，援四之。

注：「戈，今句孑戟也，或謂之鷄鳴，或謂之擁頸。内謂胡，以内接柲者也，長四寸，胡六

寸，援八寸。鄭司農云：「『援，直刃也。胡，其孑。』」

補注：内連於援，爲一直刃。記分胡以内爲内胡，以外爲援。欲見置胡前郤之度。胡廣二寸，横刃長六寸，援之廣寸有半寸與？

已倨則不入，已句則不決，長内則折前，短内則不疾，是故倨句外博。

注：「戈，句兵也，主於胡也。已倨，謂胡微直而衺多也，以啄人則不入。已句，謂胡曲多也，以啄人則創不決。胡之曲直，鋒本必横，而取圜於磬折。前，謂援也。内長則援短，援短則曲於磬折，曲於磬折則引之與胡並鉤。内短則援長，援長則倨於磬折，倨於磬折則引之不疾。博，廣也。倨之外，胡之裏也。句之外，胡之表也。廣其本以除四病而便用也。俗謂之曼胡似此。」疏云：「倨謂胡上，句謂胡下。倨與句皆有外廣，故云倨之外胡之裏，謂於胡下近本增之使廣。句之外胡之表，謂於胡上近本增之使廣。」若然，則胡本上下俱寬，自然合於磬折，無上四疾而便用矣。江先生曰：「分胡爲二，闊處爲本。上半順看倨之外畔，在右爲裏；下半倒看，亦置本在下，則句之外畔，在左爲表。注中表裏字，蓋取諸此。」又曰：「倨與句之背皆爲外，對刃之灣處爲内也。倨句之博處爲本，對鋭處爲末也。」

補注：長内，謂胡上仰。短内，謂胡下俛。胡以背連直刃處爲外倨。句外博者，曲直之度，但於外增博之，自無太倨太句之失，而俛仰亦得其正。鄭注：「倨句外博爲胡上下。」與已倨已句異，似未然。

重三鋝。音刷，所劣反。字或作率、選、撰、饌，並六書假借。

注：「許叔重説文解字云：『鋝，鍰也。』説文：「鍰，鋝也。從金，爰聲。」虞書曰：「罰百鍰。」「鋝，十銖二十五分銖之十三也。從金，寽聲。」周禮曰：「重三鋝。」北方以二十兩爲鋝。今東萊稱或以太半兩爲鈞，十鈞爲鍰。訛作環者非。鍰重六兩太半兩，鍰、鋝似同矣。則三鋝爲一斤四兩。」疏云：「鋝、鍰，輕重無文。故王肅之徒皆以六兩爲鍰。是以鄭引許氏及東萊稱爲證也。凡數言太者，皆三分之二爲太，三分之一爲少。以一兩二十四銖，十六銖爲太半兩也。鍰則百六十銖，用百四十四銖爲六兩，餘十六銖爲太半兩。」尚書吕刑：「其罰百鍰。」僞孔傳：「六兩曰鍰。」釋文：「馬云：『賈逵説俗儒以鋝重六兩。』周官：『劍重九鋝。』俗儒近是。」疏曰：「或有存行之者，十鈞爲鍰，二鍰四鈞而當一斤。」然則鍰重六兩三分兩之二，多於孔、王所説，惟較十六銖爾。史記周本紀：「其罰百率。」徐廣曰：「率即鍰也，音刷。」平準書「白選」索隱曰：「尚書大傳云：『夏后氏不殺不刑，死罪罰二千饌。』馬融云：『饌，六兩。』漢書作撰，二字音同也。」蕭望之列傳：「甫刑之罰，小過赦，薄罪贖，有金選之品。」應劭曰：「選，音刷，金銖兩名也。」師古曰：「音刷是也。字本作鋝。鋝，即鍰也，其重十一銖二十五分銖之十三，一曰重六兩。」

補注：鍰、鋝，篆體易訛。説者合爲一，恐未然也。鍰，讀如丸，十一銖二十五分銖之十三。垸，其假借字也。鋝，讀如刷，六兩太半兩。率、選、饌，其假借字也。二十五鍰而成十二兩，三鋝而成二十兩，吕刑之鍰，當爲鋝。故史記作率，漢書作選，伏生大傳作饌。弓人膠三鋝當爲鍰，一弓之膠，三十四銖二十五分銖之十四。賈逵説「俗儒以鍰重六兩」，此俗儒相傳訛失，不能覈實，脱去太半兩言之。説文云「北方以二十兩爲鋝」，正合三鋝，蓋脱去三字。徐本説文：「鋝，十銖二十五分銖之十三。」蜀本及陸德明所引並作十一銖。徐本蓋脱去一字。説文既引周禮「重三鋝」，當云「北方以二十兩爲三鋝」。是以鄭注引説文，證三鋝爲一斤四兩。

戟廣寸有半寸，内三之，胡四之，援五之。倨句中矩。與刺重三鋝。中，陟仲反。

注：「戟，今三鋒戟也。内長四寸半，胡長六寸，援長七寸半。三鋝者，胡直中矩，言正方也，刺者，著柲前如鐏者也，戟胡横貫之，胡中矩，則援之外句磬折與？」

補注：引而前者曰援，在旁下垂者曰胡，戈一援，戟二援也。中直援，又名刺，與枝出之援同長七寸半。内連於刺爲一直刃，通長尺二寸，猶夫戈之直刃，通長尺二寸也。戈援廣寸半，猶夫戟廣寸半也。省文互見。

矢

戈

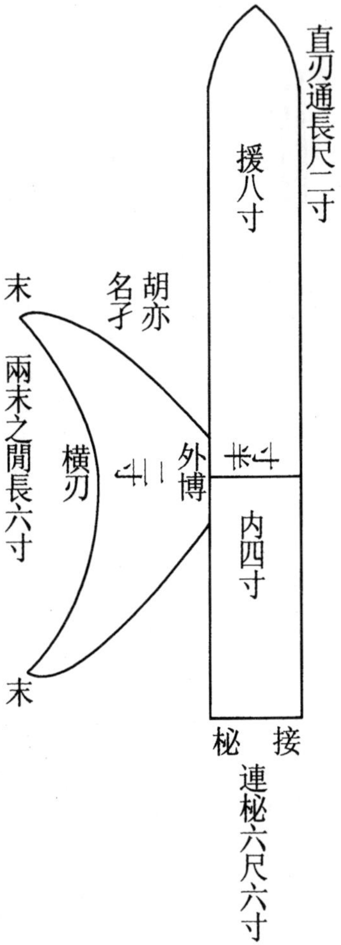

戟

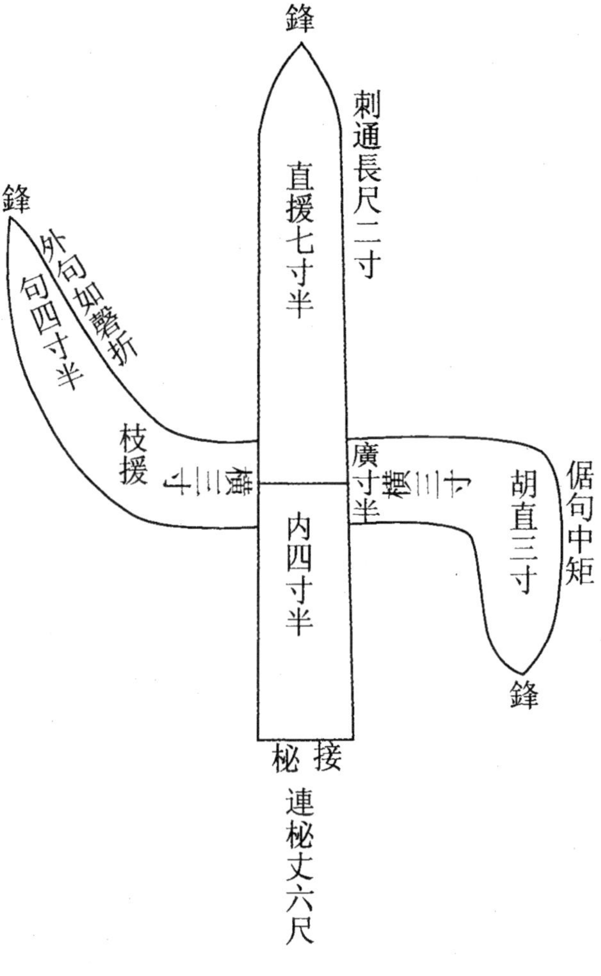
鋒
刺通長尺二寸
直援七寸半
鋒
外句如磬折
句四寸半
枝援
横三寸
廣寸半
横三寸
胡直三寸
倨句中矩
内四寸半
鋒
柲
接
連柲丈六尺

江先生曰：「戈戟皆有曲胡而異用。以春秋傳考之，『獲長狄僑如，富父終甥摏喉以戈殺之』，此用援之直刃摏之也。『狼瞫取戈以斬囚』，此用胡之曲刃斬之也。『子南以戈擊子晳而傷』、『苑何忌剕林雍斷其足』，當亦是戈胡擊之剕之。他若『士華免以戈殺國佐』、『長魚矯以戈殺駒伯』，用援用胡皆可云殺。『子都拔棘逐潁考叔』、『靈輒倒戟禦公徒』，皆儗用戟之刺與援者也。『狂狡倒戟出鄭人於井，反爲鄭人所獲』、『欒樂乘槐本而覆，或以戟句之，斷肘而死』，皆用下胡鉤人者也。戟胡橫直皆三寸，其閒甚狹，何能鉤人出於井？蓋鉤其衣若帶，是以其人不傷，反能禽鉤者也。鉤欒樂斷肘而死，蓋本欲生禽之，故不用刺與援而用胡以鉤之，鉤之而胡之下鋒貫肘，曳之而肘遂斷也。明乎戈戟之用，而後可以知戈戟之形。」

桃氏爲劍。臘廣二寸有半寸。

注：「臘，謂兩刃。」

補注：劍兩刃兩脊，分其面爲四，通謂之臘。其面平，故言廣，廣即圍也。

兩從半之。

注：「鄭司農云：『謂劍脊兩面殺趨鍔。』」自劍背中分之爲兩從，從舉兩面，則臘舉四面明矣。

以其臘廣爲之莖圍，長倍之。

注：「鄭司農云：『莖，謂劍夾，人所握鐔已上也。』玄謂莖在夾中者，莖長五寸。」刃後之鋌曰莖，以木傅莖外便持握者曰夾。

中其莖，設其後。

補注：後，謂劍環，即鐔也。在人所握之下，故名後，與人所握之上名首，相對之稱也。中其莖設其後者，鐔大於莖，令莖在中而設之，不偏左右也。設其後，猶之曰設其旋設其羽爾。

參分其臘廣，去一以爲首廣而圍之。

注：「首圍，其徑一寸三分寸之二。」首必大於劍刃，故知臘廣舉四面。

身長五其莖長，重九鋝，謂之上制，上士服之。身長四其莖長，重七鋝，謂之中制，中士服之。身長三其莖長，重五鋝，謂之下制，下士服之。

注：「上制，長三尺，重三斤十二兩。中制，長二尺五寸，重二斤十四兩三分兩之二。下制，長二尺，重二斤一兩三分兩之一。此今之匕首也。人各以其形貌大小帶之。」

劍

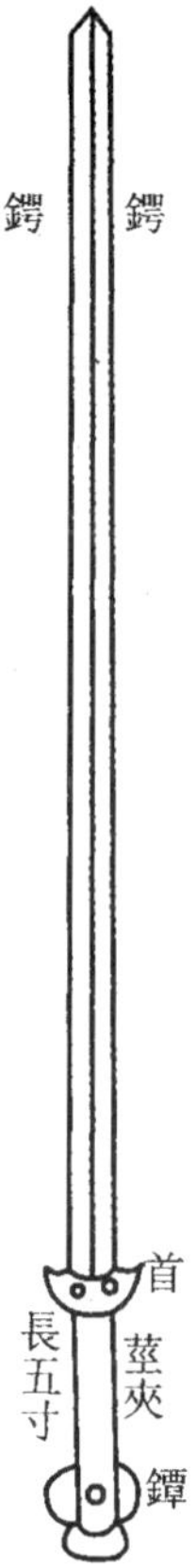

鳧氏爲鐘。兩欒謂之銑。欒，力端反。銑，先典反。

注：「杜子春云：『銑，鐘口兩角。』」疏云：「古之樂器，應律之鐘，狀如今之鈴，不圜，故有兩角也。」

銑閒謂之于，于上謂之鼓，鼓上謂之鉦，鉦上謂之舞。鉦，音征。

注：「此四名者，鐘體也。鄭司農云：『于，鐘脣之上袪也，鼓所擊處。』」

舞上謂之甬，甬上謂之衡。

注：「此二名者，鐘柄。」

鐘縣謂之旋，旋蟲謂之榦。

注：「旋屬鐘柄，所以縣之也。鄭司農云：『旋蟲者，旋以蟲爲飾也。』玄謂今時旋有蹲熊、盤龍、辟邪。」

鐘帶謂之篆，篆閒謂之枚，枚謂之景，

注：「鄭司農云：『枚，鐘乳也。』」

于上之攠謂之隧。攠，莫賀反。

補注：篆也，枚也，皆在鉦。

注：「攠，所擊之處。攠，敝也。隧在鼓中，窐而生光，有似夫隧。」

十分其銑，去二以爲鉦。

補注：銑與鉦之脩也。古鐘體羨而不圜，故有脩有廣。橢圜，大徑爲脩，小徑爲廣。以舞脩六廣四例之，脩十者其廣六又三之二，脩八者其廣五又三之一。鐘體下大上斂，銑之脩廣，據銑下鐘口也。鉦之脩廣，據鉦下界於銑鼓之處，當鐘體之半也。

以其鉦爲之銑閒，去二分以爲之鼓閒。

補注：銑閒、鼓閒，同爲鐘體之下半。銑以兩旁言，鼓以中擊處言。兩旁有垂角，鐘脣穹曲而上不齊平，故中殺於旁四之一。

以其鼓閒爲之舞脩，去二分以爲舞廣。

補注：舞者，鐘體上覆。其脩六，是爲橢圜大徑。其廣四，是爲橢圜小徑。鐘之羨宜準此爲度矣。

以其鉦之長爲之甬長，以其甬長爲之圍。參分其圍，去一以爲衡圍。參分其甬長，二在上，一在下，以設其旋。

補注：鉦之長，即鉦閒，鐘體上半也。記不言鉦閒之度者，以十分其銑去二以爲鉦，又去二以爲舞脩。斂殺以二，銑閒八，鉦閒亦八可知。此句股之法。猶之言舞脩舞廣，而鉦與銑之羨可不言也。省文之法若此甚衆。衡者甬頂平處。鐘體鍾柄皆下大，漸斂而上。甬之爲言，如華甬之聳長，蠶化甬，甬化蛾，形亦相類。故甬長與鉦等。宋宣和閒所得古鐘，其柄之長，大率二爲鐘體，一爲鐘柄。記：「長甬則震」，謂更長乎是，乃震掉爾。薄厚之所震動，清濁之所由出，侈弇之所由興，有説。鐘已厚則石，已薄則播，侈則柞，弇則鬱，長甬則震。柞，側百反。

注：「太厚則聲不發，太薄則聲散。柞讀爲咋咋然之咋，聲大外也。」

是故大鐘十分其鼓閒，以其一爲之厚；小鐘十分其鉦閒，以其一爲之厚。

補注：大鐘，鐘體大矣，十取一以爲厚者，恐太厚，故取之鼓閒。小鐘，鐘體小矣，十取一以爲厚者，恐太薄，故取之鉦閒，此鉦閒宜寬於鼓閒之明證也。

鐘大而短，則其聲疾而短聞。聞，音問。

注：「淺則躁，躁易竭也。」

鐘小而長，則其聲舒而遠聞。

注：「深則安，安難息。」疏云：「於樂器中，所擊縱聲舒而遠聞，亦不可。是以樂記云：『止如槁木，不欲遠聞之驗也。』」

爲遂，六分其厚，以其一爲之深而圜之。遂，當作隧。

注：「厚，鐘厚。深，謂窐之也，其窐圜。」

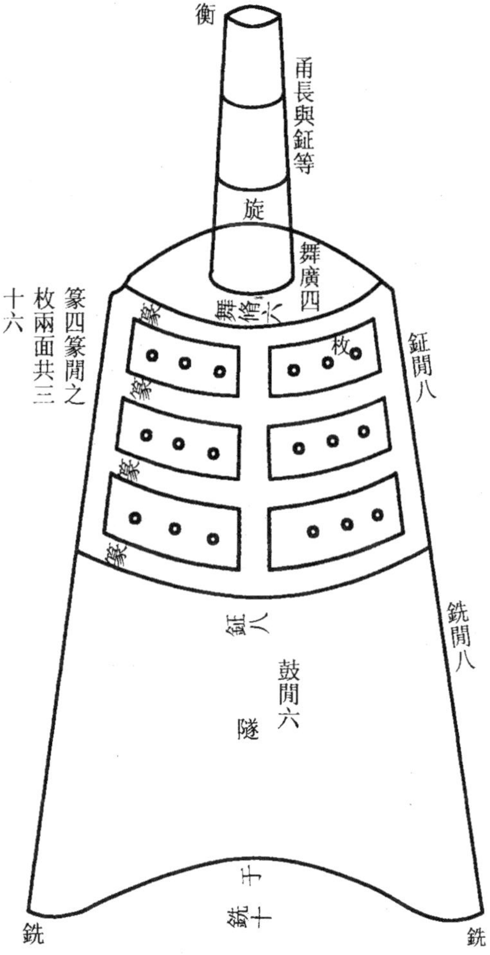

古之樂鐘，羨而不圜，皆有篆閒之枚，故其聲一定而不游。記言「舞脩」、「舞廣」，則鉦與銑之羨，皆以舞例之，其殺三之一也。歐陽氏集古録曰：「古樂鐘皆側縣，與今異。初王朴作編鐘，不圜。至李照等奉詔脩樂，以朴鐘爲非，及得宣和鐘，其狀正與朴鐘同，乃知朴爲有法也。」

㮚氏爲量。改煎金錫則不秏，不秏然後權之，秏，俗作耗。

注：「消湅之精，不復減也。量當與鍾鼎同齊。工異者大器。」

權之然後準之，

補注：以合度之方器承水，置金其中，則金之方積可計，而其體之重輕大小可合而齊，此準之之法也。

準之然後量之。量，讀如量人之量。

補注：量範之大小所受，以爲用金多少之量數也。先權之以知輕重。次準之以知輕重若干，爲方積幾何。又次量之以知爲器大小，受金多寡。

量之以爲鬴，深尺，内方尺而圜其外，其實一鬴。

注：「以其容爲之名也。四升曰豆，四豆曰區，四區曰鬴。鬴，六斗四升也。鬴十則鍾方尺積千寸。此立方之法。於今㮚米法少二升八十一分升之二十二，疏云：「算法方一尺，深尺六寸二分，容一石。」其數必容鬴。此言内方爾。圜其外者謂之脣。」

其臀一寸，其實一豆。臀，徒門反。

注：「杜子春云：『謂覆之，其底深一寸也。』」

其耳三寸，其實一升。

注：「耳在旁，可舉也。」

重一鈞。

注：「重三十斤。」

其聲中黄鐘之宫。中，陟仲反。

補注：黄鐘之宫，管子所謂「黄鐘小素之首，以成宫者」是也。見地員篇。吕氏春秋曰：「昔黄帝令伶倫作爲律，自大夏之西，乃之阮隃之陰，取竹於嶰谿之谷。以生空竅厚鈞者，斷兩節閒，其長三寸九分當作四寸五分。而吹之，以爲黄鐘之宫，吹曰舍少。次制十二筒，以之阮隃之下，聽鳳皇之鳴，以别十二律，其雄鳴爲六，雌鳴亦六，以比黄鐘之宫，適合。黄鐘之宫皆可以生之，故曰黄鐘之宫，律吕之本。」見古樂篇。又曰：「黄鐘生林鐘，林鐘生太簇，太簇生南吕，南吕生姑洗，姑洗生應鐘，應鐘生蕤賓，蕤賓生大吕，大吕生夷則，夷則生夾鐘，夾鐘生無射，無射生仲吕。三分所生，益之一分以上生。三分所生，去其一分以下生。黄鐘、大吕、太簇、夾鐘、姑洗、仲吕、蕤賓爲上，林鐘、夷則、南吕、無射、應鐘爲下。」見音律篇。爲上，謂七者以半律上生。爲下，謂五者以全律下生。月令：「中央土」，「其音宫，律中黄鐘之宫。」疏云：「蔡氏及熊氏以爲黄鐘之宫，謂黄鐘少宫也，半黄鐘九寸之數，管長四寸五分。」蔡氏、熊氏者，蔡邕月令章句，熊安生禮記義疏。江先生曰：「黄鐘生林鐘，不以全律下生，而以半律上生，則黄鐘之宫，位乎清濁之閒，在其前者，有林鐘、夷則、南吕、無射、應鐘五全律，爲濁而下生乎清；在其後者，有大吕、太簇、夾鐘、姑洗、仲吕、蕤賓六半律，爲清而上生乎濁也。」又曰：「後世之樂，黄鐘宫以清黄爲調首，正宫調不當最濁之律，而在清濁之閒，此正伶倫以黄鐘之宫爲律本之意，亦聲律自然之理。」震謂後儒惟知黄鐘爲最長之律，於傳記所稱黄鐘之宫，不復識别久矣。其説非專書不可明。兹附見其略。江先生名永，字愼修，著律吕新義。

槩而不税。槩，古愛反。税、脱，古字通。

補注：平鬴區者曰槩。方希原曰：「税者，脱然突起高於量也。言槩平之，不使滿出。」

其銘曰：「時文思索，允臻其極。嘉量既成，以觀四國。永啓厥後，兹器維則。」

注：「銘，刻之也。時，是也。言是文德之君，思求可以爲民立法者，而作此量，以觀示四方，使放象之。」

凡鑄金之狀，金與錫，黑濁之氣竭，黄白次之；黄白之氣竭，青白次之；青白之氣竭，青氣次之，然後可鑄也。

注：「消湅金錫精麤之候。」

量 鬴

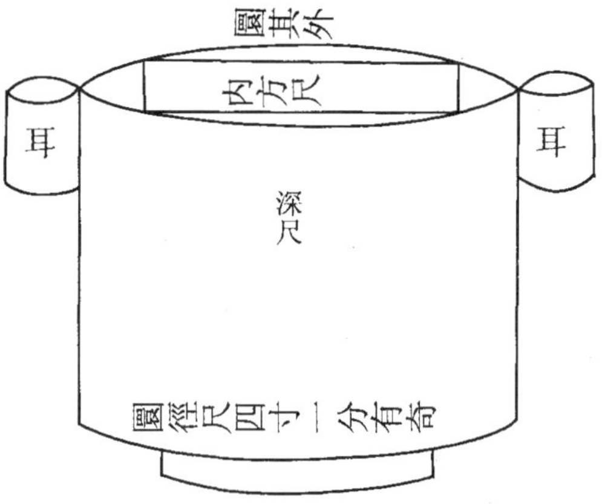

方希原曰：「即夏書所謂和鈞也。此器兼律、度、量、衡。方尺、深尺則度也；實一鬴，則量也；重一鈞，則衡也；聲中黄鐘之宫，則律也。内方外圜，則方圜冪積、少廣、旁要之理，賅而具也。」

凡圜内容方，方内又容圜，則内圜得外圜之半，外圜得内圜之倍。方内容圜，圜内又容方，則内方得外方之半，外方得内方之倍。方徑縱横各自乘，并之爲實，開方除之，是爲外圜徑。

量 豆升

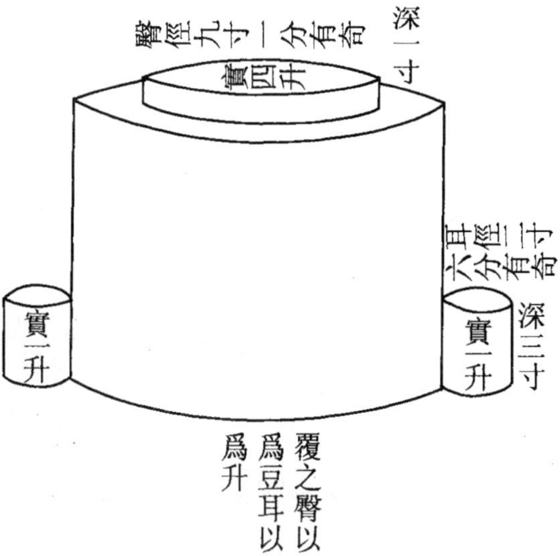

段氏闕。

函人爲甲。犀甲七屬，兕甲六屬，合甲五屬。屬，讀如灌注之注，之樹反。合音閤。

注：「屬，謂上旅下旅札續之數也。革堅者札長。鄭司農云：『合甲削革裏肉，但取其表，合以爲甲。』」

補注：合之爲言，取重堅相并，字亦作鞈。惠天牧曰：鞈猶堅也。」荀子：「犀兕鮫革，鞈如金石。」管子小匡注：「鞈革，重革，當心著之，可以禦矢。」

犀甲壽百年，兕甲壽二百年，合甲壽三百年。

注：「革堅者又支久。」

凡爲甲，必先爲容，

注：「服者之形容也。鄭司農云：『容謂象式。』」

然後制革。

注：「裁制札之廣袤。」

權其上旅與其下旅，而重若一，以其長爲之圍。

注：「鄭司農云：『上旅謂要已上，下旅謂要已下。』」上旅，甲衣。下旅，甲裳。

補注：合言之，上旅、下旅通謂之甲。分言之，上旅謂之甲，又名爲盤領。下旅謂之髀褌。甲之札有七屬六屬五屬，髀褌之札屬與甲等。合上旅、下旅之長以爲中要圍。

凡甲，鍛不摯則不堅，已敝則橈。

注：「鄭司農云：『鍛，鍛革也。鍛革太孰，則革敝無强曲橈也。』玄謂摯之言致。」

凡察革之道，視其鑽空，欲其惌也；鑽，作官反。空，音孔。惌，於阮反。

注：「鄭司農云：『惌，小孔貌，』」惠天牧曰：「吕氏春秋『邾之故法，爲甲裳以帛。公息忌謂邾君曰：不若以組。凡甲之所以爲固者，以滿竅也。今竅滿矣，而任力者半爾。組則不然，竅滿則盡任力矣。邾君以爲然。』然則察革之道，先視其竅。竅大則難盈，故任力半。竅小則易滿，故任力全。」

視其裏，欲其易也；易，以豉反。

注：「無敗蔵也。」

補注：易，治也，治除革裏敗蔵。犀甲、兕甲皆然。若合甲，則用功尤多，但存其表。

視其朕，欲其直也。朕，直忍反。

補注：舟之縫理曰朕，故札續之縫，亦謂之朕。

櫜之，欲其約也；櫜，音羔。

注：「鄭司農云：『謂卷置櫜中也。』」櫜，韜甲者。

舉而視之，欲其豐也；衣之，欲其無齘也。衣，於既反。齘，豆界反。

注：「豐，大。鄭司農云：『齘，謂如齒齘。』」説文云：「齘，齒相切也。」凡齒相切以斷物，必不齊。

視其鑽空而惌，則革堅也；視其裏而易，則材更也；視其朕而直，則制善也；櫜之而約，則周也；舉之而豐，則明也；衣之無齘，則變也。更音庚。

注：「周，密致也。明，有光耀。鄭司農云：『變，隨人身便利。』」

補注：更者，敗蔵除而材更化，蓋革宜柔，柔則利於屈伸而能久。鮑人之事，望而視之，欲其荼白也；進而握之，欲其柔而滑也；卷而摶之，欲其無迆也。視其著，欲其淺也；察其綫，欲其藏也。摶，音團。著，直略反。

注：「韋革遠視之，當如茅秀之色。鄭司農云：『無迆，謂革不韢。』玄謂韋革調善者，鋪著之，雖厚如薄然。」林氏曰：「著者，幔著於物之上，不見其厚，但見其薄。淺即薄也。」

革欲其荼白而疾浣之，則堅。浣，胡玩反。

注：「鄭司農云：『韋革不欲久居水中。』」

欲其柔滑而腥脂之，則需。腥，讀如沾渥之渥，於角反。需、濡同。

補注：腥，厚也。需，潤澤也。

引而信之，欲其直也。信之而直，則取材正也；信之而枉，則是一方緩、一方急也。若苟一方緩、一方急，則及其用之也，必自其急者先裂。若苟自急者先裂，則是以博爲帴也。信、伸，古今字。帴如俴淺之俴，音踐。

補注：覆巾狹淺曰帴，此通以言革。革裂則博與帴同實。

卷而摶之而不迆，則厚薄序也；視其著而淺，則革信也。

注：「序，舒也，謂其革均也。信，無縮緩。」

察其綫而藏，則雖敝不甐。

注：「鄭司農云：『謂韋革縫縷沒藏於韋革中，則雖敝，縷不傷也。』」

韗人爲皋陶。皋，古勞反。陶，徒刀反。

注：「鄭司農云：『皋陶，鼓木也。』」

長六尺有六寸，右端廣六寸，中尺，厚三寸。

注：「版中廣頭狹，爲穹隆也。鄭司農云：『謂鼓木一判者，其兩端廣六寸，而其中央廣尺也，如此乃得有腹。』」

穹者三之一。

注：「穹隆者，居鼓面三分之一。則其鼓四尺者，版穹一尺三寸三分寸之一也，倍之，爲二尺六寸三分寸之二，加鼓四尺，穹之徑六尺六寸三分寸之二也。此鼓合二十版。」據周三徑一約率計之。

上三正。

注：「三，讀當爲參。正，直也。參直者，穹上一直，兩端又直，各居二尺二寸，不弧曲

也。此鼓兩面，以六鼓差之。賈侍中云：『晋鼓大而短，近晋鼓也。以晋鼓鼓金奏。』」

鼓長八尺，鼓四尺。中圍加三之一，謂之鼖鼓。鼖，扶云反。

注：「中圍加三之一者，加於面之圍以三分之一也。面四尺，其圍十二尺。密率，徑四尺者圍十二尺五寸三分寸之二弱。加以三分一，四尺則中圍十六尺，徑五尺三寸三分寸之一也。今亦合二十版。則版穹六寸三分寸之二爾。皆約率，不足準。大鼓謂之鼖，以鼖鼓鼓軍事。」

爲皋鼓，長尋有四尺，鼓四尺，倨句，磬折。

注：「以皋鼓鼓役事。磬折，中曲之不參正也。中圍與鼖鼓同，以磬折爲異。」

凡冒鼓，必以啓蟄之日。

注：「啓蟄，孟春之中也，蟄蟲始聞雷聲而動，鼓所取象也。冒，蒙鼓以革。」

良鼓瑕如積環。

注：「革調急也。」疏云：「若急而不調，則不得然也。」林氏曰：「瑕者，痕也。鼓皮既漆，其皮鞔急，則文理累累如環之積。」

鼓大而短，則其聲疾而短聞；鼓小而長，則其聲舒而遠聞。

晋鼓

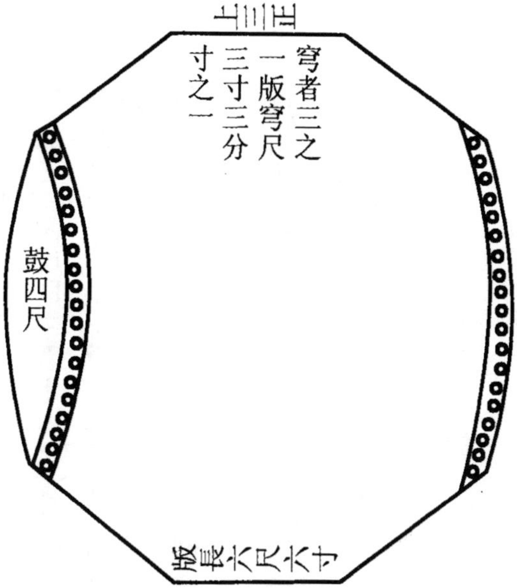

鼖鼓

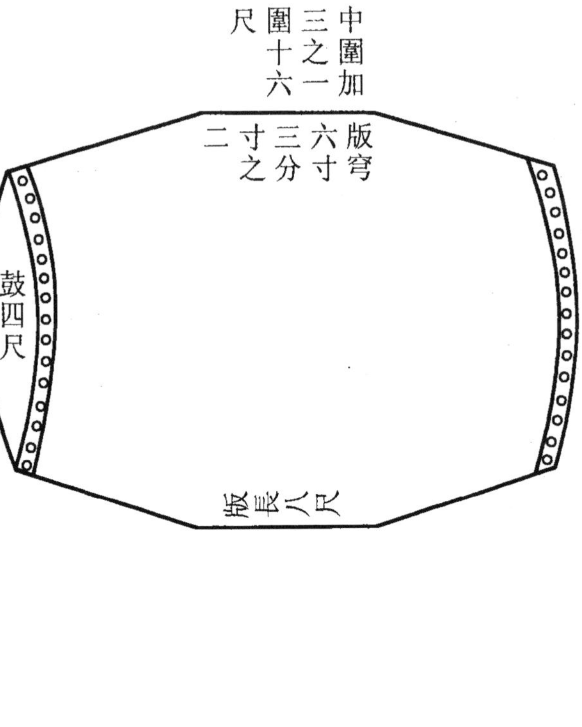

皋鼓

韋氏闕。

裘氏闕。

畫繢之事。雜五色。東方謂之青，南方謂之赤，西方謂之白，北方謂之黑，天謂之玄，地謂之黃。青與白相次也，赤與黑相次也，玄與黃相次也。

注：「此言畫繢六色所象及布采之弟次，繢以爲衣。」

青與赤謂之文，赤與白謂之章，白與黑謂之黼，黑與青謂之黻，五采備謂之繡。

注：「此言刺繡采所用，繡以爲裳。」

土以黃，其象方，天時變。火以圜，山以章，水以龍，鳥獸蛇。雜四時五色之位以章之，謂之巧。

補注：凡衣裳旗旐所飾，必合四時五色之位，雜閒章施之。鄭注讀爲山以獐，又解鳥獸蛇爲華蟲，未聞其審。

凡畫繢之事，後素功。

注：「素，白采也。後布之，爲其易漬汙也。」鄭注：「論語云『繪，畫文也』。凡繪畫，先布衆色，然後以素分布其閒，以成其文。」惠天牧曰：「古者裳繡而衣繪，畫繪之事，代有師傳，秦廢之而漢明復古，所謂斑閒賦白，疏密有章。康成蓋目睹之。鄉射記曰『凡畫者丹質』，則丹地加采矣。司常九旗畫日月龍蛇之象，亦以絳帛爲質也。」

鍾氏染羽，以朱湛丹秫三月而熾之，淳而漬之。湛，音鴆。秫，音述。淳，章倫反。

注：「鄭司農云：『丹秫，赤粟。』玄謂熾，炊也。淳，沃也。以炊下湯沃其熾。疏云：「即以炊下湯淋所炊丹秫。」烝之以漬羽。漬，猶染也。」

三入爲纁，五入爲緅，七入爲緇。

注：「染纁者，三入而成。士冠禮注云：「凡染絳，一入謂之縓，再入謂之赬，三入謂之纁。朱則四入與。」又再染以黑則爲緅，緅，今禮俗文作爵，言如爵頭色也。又復再染以黑，乃成緇矣。凡玄色者在緅緇之閒，其六入者與？」士冠禮注云：「凡染黑，五入爲緅，七入爲緇，玄則六入與？」疏云：「淮南子云以涅染紺則黑於涅，涅即黑色也。纁若入赤汁則爲朱，若不入赤而入黑汁則爲紺矣，若更以此紺入黑則爲緅，而此五入爲緅是也。若更以此緅入黑汁即爲玄，更以此玄入黑汁則名七入爲緇矣。」

筐人闕。

㡛氏湅絲。以涚水漚其絲七日，去地尺暴之。晝暴諸日，夜宿諸井，七日七夜，是謂水湅。涚，書鋭反。漚，烏豆反。暴，步莫反。

注：「涚水，以灰所泲水也。漚，漸也。楚人曰漚，齊人曰涹。宿諸井，縣井中。」

補注：凡湅絲、湅帛，灰湅、水湅各七日。

湅帛，以欄爲灰，渥淳其帛，實諸澤器，淫之以蜃。欄，音練。渥，如字。

注：「鄭司農云：『澤器，謂滑澤之器。蜃，謂灰也。士冠禮曰：素積白屨，以魁柎之。説曰：魁，蛤也。周官亦有白盛之蜃。蜃，蛤也。』玄謂涹，薄粉之，令帛白。」

補注：渥淳者，以欄木之灰取瀋，厚沃之也。凡湅帛，朝沃欄瀋，夕塗蜃灰。

清其灰而盝之，而揮之，而沃之，盝，音鹿。

注：「清，澂也。於灰澂而出，盝晞之。晞而揮去其蜃，更渥淳之。」

補注：清其灰者，每日之朝，置水於澤器中，以澂蜃灰。乃取帛出，盝之揮之，更沃欄瀋。

而盝之，而塗之，而宿之。

補注：每日之夕，盝欄瀋，塗蜃灰，經宿。

明日沃而盝之。

注：「亦七日，如漚絲也。」

補注：明日者，承宿之爲言也。沃前則清其灰而盝之揮之。沃後則盝之、塗之、宿之，詳略互見。

晝暴諸日，夜宿諸井，七日七夜，是謂水湅。

校注

〔一〕「以其」句　原作「以其爲爲之尊」，據十三經注疏本周禮改。

〔二〕輿下四面材合而收輿謂之軫，亦謂之收　孫詒讓眉批：「此爲戴仲達説。」

考工記圖卷下

玉人之事，鎮圭尺有二寸，天子守之。命圭九寸，謂之桓圭，公守之。命圭七寸，謂之信圭，侯守之。命圭七寸，謂之躬圭，伯守之。信、伸，古今字。朝覲執焉，居則守之。子守穀璧，男守蒲璧。不言之者，闕爾。」

注：「命圭者，主所命之圭也。

補注：鎮圭、命圭，通謂之介圭。爾雅：「珪大尺二寸謂之玠。」據鎮圭言也。詩：「錫爾介圭，以作爾寶，以其介圭，入覲于王。」據命圭言也。介者，大也。禮器大圭不琢，以素爲貴。亦謂此也。大有二義：以尊大言者，鎮圭、命圭之爲大圭是也，以長大言者，大圭長三尺，杼上終葵首是也。凡圭剡上寸半，厚半寸，博三寸。

天子執冒四寸，以朝諸侯。

注：「名玉曰冒者，言德能覆蓋天下也。四寸者，方以尊接卑，以小爲貴。顧命僞孔傳云：「瑁，所以冒諸侯，圭以齊瑞信，方四寸衺刻之。」蓋俗儒臆說。

天子用全，上公用龍，侯用瓚，伯用將。龍、駹古字多通用，莫江反。瓚，作旦反。將，當作埒，力輟反。

補注：「説文解字曰：「禮，天子用全，純玉也。上公用駹，四玉一石。侯用瓚，三玉二石也。伯用埒，玉石半相埒也。」此蓋泛記用玉爲飾之等。石，謂石之次玉者。如詩之「充耳琇瑩，貽我佩玖。」琇與玖，皆美石。

繼子男執皮帛。脱簡，誤在此，衍文。

天子圭中必。

注：「必讀如鹿車縪之縪。車下革縛結於軸者。陳、宋、淮、楚之閒謂之畢，大車謂之纂。謂以組約其中央爲執之以備失隊。」疏云：「按聘禮記五等諸侯及聘使所執圭璋，皆有繅藉及絇組，絇組所以約圭中央，恐失隊。此不言諸侯圭，擧上以明下可知。

四圭尺有二寸，以祀天。

補注：「一邸而四圭。邸爲璧，在中央。圭各長二寸，在四面。璧大小未聞也。典瑞疏云：「蓋四面圭各尺二寸，與鎮圭同。其璧爲邸，蓋徑六寸，總三尺，與大圭長三尺又等。」

大圭長三尺，杼上，終葵首，天子服之。

注：「王所搢大圭也，或謂之珽。終葵，椎也。説文云：「椎，擊也。齊謂之終葵。」爲椎於其杼上，明無所屈也。杼，綴也。相玉書曰：『珽玉六寸，明自炤。』」綴，色界反，殺字之異者，本或作殺。

補注：鎮圭，瑞也。大圭，笏也。故搢大圭而執鎮圭。笏亦謂之手版，徐廣車服儀制曰「古者貴賤皆執笏，即今手版也。」亦謂之薄。蜀志稱「秦密見太守，以薄擊頰」。天子玉笏，玉藻曰「笏天子以球玉」，管子曰「天子執玉笏以朝日」是也。其首六寸謂之珽，近首蓋殺半寸。凡笏廣三寸，殺半寸，自中已上漸殺，笏上廣二寸半也。

土圭尺有五寸，以致日，以土地。

注：「夏日至之景，尺有五寸。土，猶度也。建邦國以度其地而制其域。」

補注：土圭之法，詳見大司徒職。余嘗論其義曰：日南日北，猶堯典之度南交、度朔方也。日東日西，猶堯典之度嵎夷、度西也。分四方測驗，然後折取其中。日南景短，日北景長，取中而得尺有五寸，以是求南北之中。日東景夕，日西景朝，時刻差移，取中加時，以是求東西之中。所謂測土深、正日景以求地中者如是。蓋測土深以南北言，聖人南面而聽天下，古者宫室皆南嚮，故南北爲深，東西爲廣，猶之車輿以前後爲深，左右爲廣也。表景短長，即南北遠近，必測之而得，故曰測土深。正日景以東西言，自東至西，環地面各有子午卯酉，東方日中景正，西方尚在午前而爲景朝。西方日中景正，東方已過午後而爲景夕。周髀稱晝夜異處，加四時相及。據其方戴天相距四分天周之一爲言〔一〕，地周與天周等。以率率之，去一次，周天十二次。則差一時，一日之十二時。地與天恒相應也。東西相差若干時，半之則爲地中與東西所差之時，是則地中景正，而東方景夕，西方景朝也。凡差一時，於地面繩直計之，大致得六千里，道路迴曲之數，則過乎此矣。必正其日中之景以審時之相差，故曰正日景。合是二者，一爲南北里差，一爲東西里差。觀堯典、周禮，前古測里差極詳。所云寒暑陰風之偏，及四時天地交合，陰陽風雨和會，蓋實驗而知。先驗其偏，後求之而得其中也。測非獨夏至，夏至日中景最短，以最短爲度，及其漸長，皆用是度之。古人用土圭測黄赤二道，猶今之測北極高下也。寒暑進退，晝夜永短，悉因之而隨地不同。土圭之法，不惟建王國用之，封國必以度地，以此知某國偏東、偏西、偏南、偏北，然後可定各地之分至啓閉，其疆域廣輪之實，亦於是分明不惑焉。

裸圭尺有二寸，有瓚，以祀廟。裸，或作淉，或作果，古亂反。

注：「裸之言灌也。裸謂始獻酌奠也。瓚如盤，其柄用圭，有流前注。」典瑞注云：「漢禮，瓚槃大五升，口徑八寸，下有槃，口徑一尺。」

補注：瓚，勺也。大小之度，當如三璋之勺。記省文互見者多矣。漢制瓚大於古而龍口。記曰鼻而已，不聞龍口也。

琬圭九寸而繅，以象德。

注：「琬，猶圜也。繅，藉也。」

琰圭九寸，判規，以除慝，以易行。易，以豉反。行，下孟反。

補注：「琬、琰之名，以剡上之寸半爲別也。凡圭直剡之，倨句磬折，上端中矩。琬圭穹隆而起，宛然上見。爾雅「宛中，宛丘」，「丘上有丘爲宛丘」，宛，中隆，並此義。琰圭左右剡坳而下，如規之判。典瑞注：「鄭司農云：『琬圭無鋒芒，故以治德結好。琰圭有鋒芒，傷害征伐誅討之象。』」

璧羨度尺，好三寸，以爲度。羨，以善反。

注：「鄭司農云：『好，璧孔也。爾雅曰：「肉倍好，謂之璧；好倍肉，謂之瑗；肉好若一，謂之環。」』玄謂羨猶延，其袤一尺。而廣狹焉。典瑞注：「羨，不圜之貌，蓋廣徑八寸，袤一尺。」

圭璧五寸，以祀日月星辰。

注：「圭，其邸爲璧。」

璧琮九寸，諸侯以享天子。琮，才宗反。

注：「享，獻也。」小行人注：「享天子用璧，享后用琮，其大各如其瑞，皆有庭實，以馬若皮。」惠天牧曰：「小行人合六幣：圭以馬，璋以皮，璧以帛，琮以錦，琥以繡，璜以黼。圭璋曰先，朝聘以之。璧琮曰加，享禮以之。琥璜曰將，大饗以之。圭璋特，謂皮馬不上堂。璧琮九寸，諸侯以享天子，而諸侯自享，則以瑑璧琮。享諸侯束帛加璧，享夫人束錦加琮。天子饗諸侯，諸侯自相饗，酬以繡黼，而將以琥璜。終南諸侯受顯服，曰『黻衣繡裳』。采菽天子命諸侯，曰『玄衮及黼』。此王賜繡黼之文。其錫之也，王拜送，爵以琥璜將之，故曰琥璜爵。」

穀圭七寸，天子以聘女。

補注：典瑞職曰：「穀圭以和難，以聘女。」注曰：「穀，善也。其飾若粟文然。」

大璋、中璋九寸，邊璋七寸，射四寸，厚寸，黄金勺，青金外，朱中，鼻寸，衡四寸，有繅，天子以巡守，宗祝以前馬。

注：「射，琰出者也。鼻，勺流也。衡，謂勺徑也。三璋之勺，形如圭瓚。天子巡守，有事山川，則用灌焉。於大山川，則用大璋，加文飾也。於中山川，用中璋，殺文飾也。於小山川，用邊璋，半文飾也。其祈沈以馬，宗祝亦執勺先之。禮，主過大山川，則大祝用事焉。將有事於四海山川，則校人飾黄駒。」

大璋亦如之，諸侯以聘女。

補注：陳氏曰：「此錯簡也，當繼『穀圭七寸天子聘女』之後。」亦如之者，亦如穀圭之七寸，鄭注云：「如邊璋七寸，射四寸。」蓋天子聘女用圭，諸侯聘女用璋，此尊卑隆殺之等也。

瑑圭璋八寸，璧琮八寸，以覜聘。

注：「瑑，文飾也。典瑞注：「鄭司農云：『瑑有圻鄂瑑起。』」衆來曰覜，特來曰聘。

牙璋、中璋七寸，射二寸，厚寸，以起軍旅，以治兵守。

注：「二璋皆有鉏牙之飾於琰側，先言牙璋，有文飾也。」

駔琮五寸，宗后以爲權〔二〕。

注：「駔，讀爲組。以組繫之，因名焉。」此亦有鼻以結組，省文互見。

大琮十有二寸，射四寸，厚寸，是謂内鎮，宗后守之。

注：「如王之鎮圭也，射其外鉏牙。」疏云：「并角徑之爲尺二寸，角各出二寸，兩相并四寸。」

駔琮七寸，鼻寸有半寸，天子以爲權。

注：「鄭司農云：『以爲權，故有鼻也。』」

兩圭五寸，有邸，以祀地，以旅四望。

注：「邸謂之柢，有邸僢共本也。」

補注：兩圭，蓋琮爲之邸，故文在此。大宗伯職注曰：「禮神者必象其類。璧圜象在，琮八方象地。」

瑑琮八寸，諸侯以享夫人。

注：「獻於所朝聘君之夫人。」前已云：「瑑圭璋八寸，璧琮八寸，以覜聘。」復見此文，以明覜聘兼享與夫人之禮。

案十有二寸，棗㮚十有二列。諸侯純九，大夫純五，夫人以勞諸侯。勞，力報反。

注：「鄭司農云：『案，玉案也。夫人，天子夫人。』玄謂案，玉飾案也。棗㮚實於器，乃加於案。聘禮曰：『夫人使下大夫勞以

二竹簋方。』注云：「以竹爲之，如今寒具筥。」玄被纁裏，有蓋。其實棗烝桌擇，兼執之以進。』」

補注：案者，棜禁之屬。儀禮注曰：「棜之制，上有四周，下無足。」蓋如今承槃。禮器注曰：「禁如今方案，隋長，局足，高三寸。」棜，又名斯禁。斯，盡也。切地無足。此以案承棗桌，上宜有四周。漢制小方案局足，此亦宜有足。列，謂兩以列也。純，耦也。鄉射禮：「二算爲純，一算爲奇。」惠天牧曰：「二王後二十四，兩兩列之則十二。諸侯十八，兩兩列之則九。大夫十，兩兩列之則五。飾案古以玉，漢以金爲加文畫焉。」

璋邸射，素功，以祀山川，以致稍餼。

注：「邸射，剡而出也。典瑞注云：「璋有邸而射。鄭司農云：『射，剡也。』」鄭司農云：『素功，無瑑飾也。』」

補注：璋，其邸爲琮而射。琮八方，言射者，則角剡出。

圭

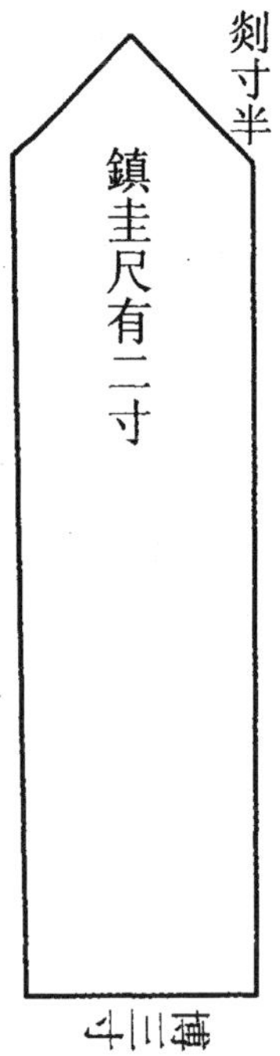

據聘禮記及贊大行，凡圭厚博左右剡並同，桓圭九寸，信圭七寸，躬圭七寸而前詘，土圭尺五寸，穀圭七寸粟文，瑑圭八寸，圻鄂瑑起，形制無殊也。不别爲圖。

璋

半圭曰璋，瑑璋八寸有圻鄂。牙璋、中璋七寸，射二寸，剡側有鉏牙之飾。皆不别爲圖。

璧

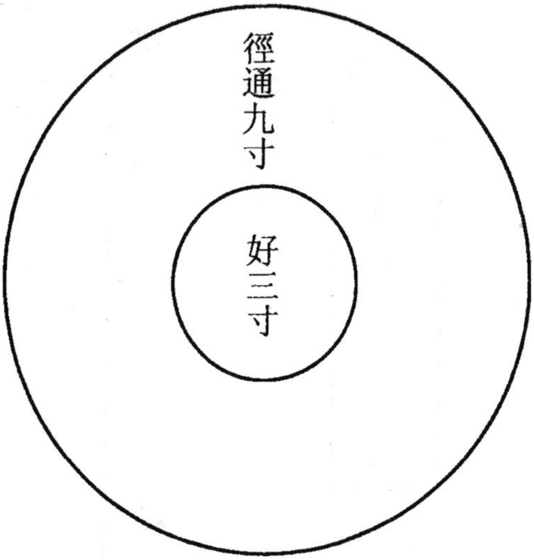

肉倍好謂之璧。子執穀璧，五寸。男執蒲璧，五寸。考工記文不具。瑑璧八寸，有圻鄂爾。不别爲圖。

琮

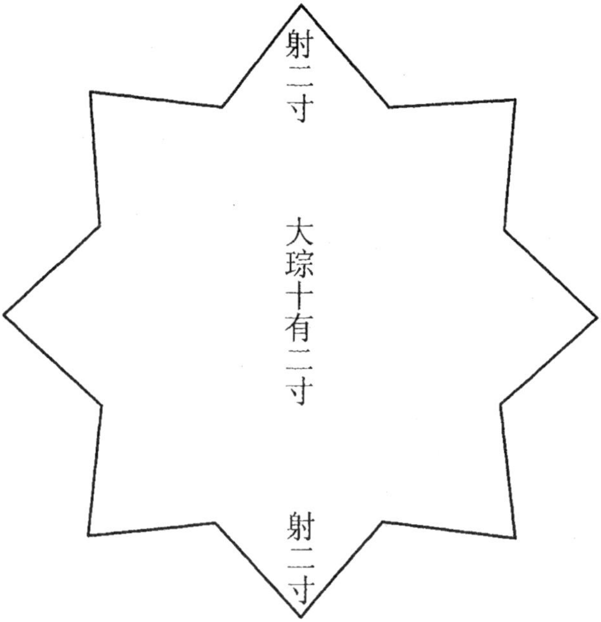

惟大琮言射四寸，以射各出二寸，兩兩相對，并爲四寸，其餘皆不言射。琮八方象地，疑不剡爲射，故八方也。瑑琮八寸，圻鄂瑑起。天子之駔琮七寸，鼻寸半。宗后之駔琮五寸，琮外角内實，故爲鼻以結組。諸侯享王后之琮，九寸已下爲差。皆不别爲圖。

四圭

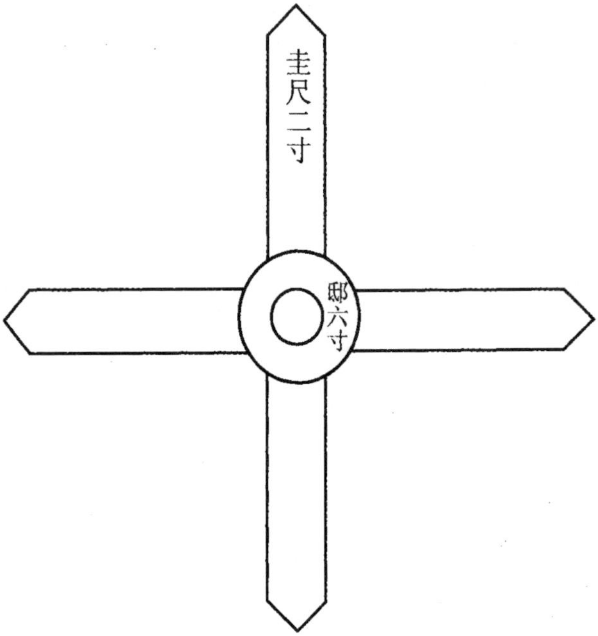

圭璧五寸，其邸璧、兩圭，五寸有邸，及璋邸射。舊説邸亦以璧，先儒有謂當以琮者近是。皆不別爲圖。

爾雅：「璧大六寸謂之宣圭。」著四面通三尺，與大圭三尺等。

大圭

祼圭

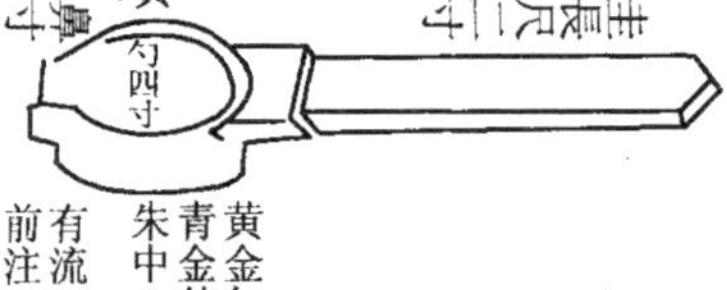

以圭爲柄曰圭瓚，以璋爲柄曰璋瓚。其勺並同。故不别爲圖。

琬圭

琰圭

壁羡

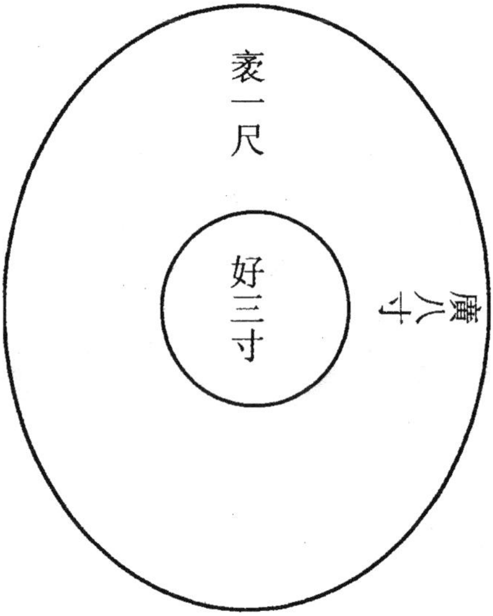

案

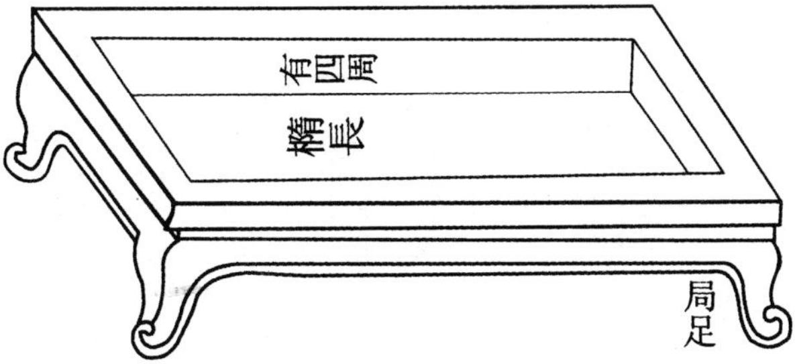

椰人。闕。

雕人。闕。

磬氏爲磬，倨句一矩有半。

注：「必先度一矩爲句，一矩爲股，而求其弦。取句股相等各自乘并之爲弦實，開方除之，得弦。既而以一矩有半觸其弦，一矩有半大於所求之弦，張句股就之。則磬之倨句也。」

補注：任取大小橫縱等成方，是爲一矩。度兩對角徑隅，不及一矩有半。今以一矩有半爲之徑隅，斜弦，名徑隅。則倨句不中矩而成磬折矣。

其博爲一，股爲二，鼓爲三。參分其股博，去一以爲鼓博；參分其鼓博，以其一爲之厚。

注：「鄭司農云：『股，磬之上大者。鼓，其下小者，所當擊者也。』疏云：以其股面廣，鼓面狹，故以大小而言也。玄謂假令磬股廣四寸半者，股長九寸也，鼓廣三寸，長尺三寸半，厚一寸。」疏云：「以四寸半爲法者直取，從此已下爲易計，非實法也。」

已上則摩其旁；已下則摩其耑。上，時掌反。耑，音端。

注：「鄭司農云：『磬聲太上，則摩鑢其旁。』玄謂太上，聲清也。薄而廣則濁。太下，聲濁也。短而厚則清。

磬

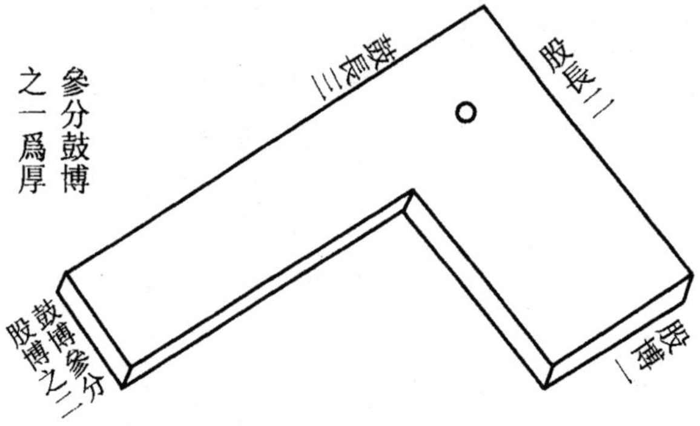

磬之倨句，截股與鼓，其積正等。令股廣四寸半，股内六寸，厚一寸，計方積二十七寸，鼓廣三寸，鼓内九寸，計方積亦二十七寸。故輕重均也。

磬倨句一矩有半

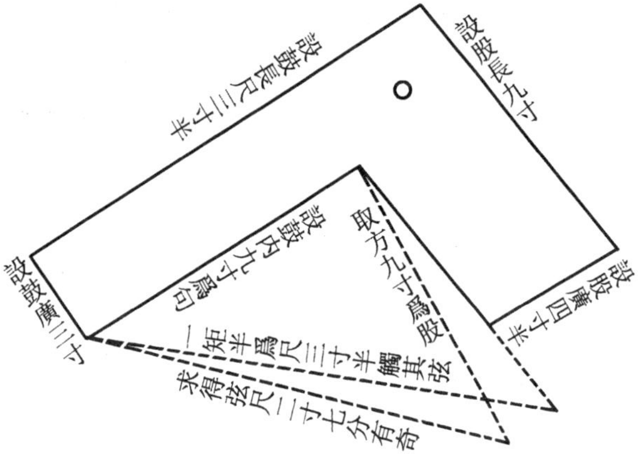

設股長九寸
設鼓長尺三寸半
設股廣四寸半
設鼓廣三寸
設鼓內九寸爲句
取方九寸爲股
一矩半爲尺三寸半觸其弦
求得弦尺二寸七分有奇

矢人爲矢。鍭矢參分，茀矢參分，一在前，二在後。

注：「參訂之而平者，前有鐵重也。司弓矢職，茀當爲殺。」

兵矢、田矢五分，二在前，三在後。

注：「鐵差短小也。兵矢，謂枉矢、絜矢也。此二矢亦可以田，田矢謂矰矢。」

殺矢七分，三在前，四在後。

注：「鐵又差短小也。司弓矢職殺當爲茀。」

參分其長而殺其一，五分其長而羽其一。以其笴厚，爲之羽深。水之以辨其陰陽。夾其陰陽以設其比，夾其比以設其羽。殺，本又作㮓，色界反。笴，讀爲稾。比，毗志反。

注：「矢稾長三尺，殺其前一尺，令趣鏃也。羽者六寸。辨，猶正也。陰沈而陽浮，夾其陰陽者，弓矢比在稾兩旁，弩矢比在上下，設羽於四角。鄭司農云：『比，謂括也。』」

參分其羽以設其刃，

注：「刃二寸。」此刃通矢稾外之斜方者言也。

則雖有疾風，亦弗之能憚矣。故書憚或作怛，都達反。

注：「鄭司農云：『謂風不能驚憚箭也。』」

刃長寸，圍寸，鋌十之，重三垸。已見冶氏。

前弱則俛，後弱則翔，中弱則紆。中强則揚，羽豐則遲，羽殺則趮。趮，子到反。

注：「言幹羽之病，使矢行不正。趮，旁掉也。」

是故夾而摇之，以視其豐殺之節也。

注：「今人以指夾矢儛衛是也。」

橈之，以視其鴻殺之稱也。橈，乃孝反。稱，尺證反。

注：「橈，搦其幹。」

凡相笴，欲生而摶，同摶欲重，同重節欲疏，同疏欲㮚。相，息亮反。

注：「相猶擇也。生，謂無瑕蠹也。摶，圜也。鄭司農云：『欲㮚，欲其色如㮚也。』堅實之色。」

陶人爲甗，實二鬴，厚半寸，脣寸。盆，實二鬴，厚半寸，脣寸。甑，實二鬴，厚半寸，脣寸，七穿。甗，音彦。

注：「鄭司農云：『甗，無底甑。』」

補注：一穿爲甗，七穿爲甑。並上大下小，甗、甑亦通稱也。爾雅：「鬴，謂之鬵。鬵，鉹也。」方言：「甑，自關而東謂之甗，或謂之鬵，或謂之酢餾。」郭注云：「涼州呼鉹。」盆，盎也。爾雅：「盎，謂之缶。」方言：「自關而西或謂之盎，或謂之盆。」

鬲，實五觳，厚半寸，脣寸。庾，實二觳，厚半寸，脣寸。鬲，音歷。觳，音斛。

注：「豆實三而成觳，則觳受斗二升。庾讀如『請益與之庾』之庾。」

補注：爾雅：「鼎欵足謂之鬲。」注云：「鼎曲腳也。」蓋或以金或以瓦爲之，欵而三足。無足則釜也。毛詩：「有足曰錡。」方言：「江、淮、陳、楚之閒謂之錡，吳、揚之閒謂之鬲。」説文：「鬲，鼎屬。實五觳，斗二升曰觳，象腹交文三足。」量之數，斗二升曰觳，十斗曰斛，二斗四升曰庾，十六斗曰籔。觳與斛，庾與籔，音聲相邇，傳注往往訛溷。論語：「與之庾。」謂於釜外更益二斗四升，蓋與之釜已當，所益不得過乎始與？包注「十六斗曰庾」，誤也。

旊人爲簋，實一觳，崇尺，厚半寸，脣寸。豆實三而成觳，崇尺。

注：「豆實四升。」

補注：「陶人甗、盆、甑、鬲、庾，皆不言廣崇之度，或脩而斂，或庳而悒，不一定也。旊人簋、豆並崇尺。簋通蓋高，豆下有柄，亦通蓋高。方曰簠，圜曰簋。簠，稻粱器。簋，黍稷器。禮器：「管仲鏤簋。」注云：「鏤簋，謂刻而飾之，大夫刻爲龜爾，諸侯飾以象，天子飾以玉。」雜記注云：「鏤簋，刻爲蟲獸也。」少牢饋食禮：「敦皆南首。」注云：「敦有首者，尊者器飾也。飾蓋象龜。周之禮，飾器各以其類。龜有上下甲。」聶氏三禮圖曰：「舊圖云：『內方外圜曰簋，外方內圜曰簠。臣崇義按：旊人爲簋及豆，皆以瓦爲之。雖不言簠，以簠簋是相將之器，亦應制在旊人。』」歐陽氏集古録曰：「簋容四升，其形外方內圜而小，似龜有首有尾有足有甲有腹。今禮家作簋，亦外方內圜，而其形如桶。但於其蓋刻爲龜形，與原父所得真古簋不同。」按集古所云，但於其蓋刻爲龜形者，即三禮圖之敎，與簠簋皆於蓋頂作一小龜是也。其説始於儀禮疏誤解鄭注「飾蓋象龜」二「蓋」字。蓋之爲言，意儗未定之辭，無正文也。古者簠簋，或以金，或以木，或以瓦爲之。管仲鏤簋，金簋也。爾雅「金謂之鏤」是也。飾以玉飾以象者，木簋也。瓦簋不得有飾。豆，菹醢器。爾雅：「木豆謂之豆，瓦豆謂之登，竹豆謂之籩。」此瓦豆，則登也。豆其通名，登與豆用同，宜濡物，若籩惟宜乾物。

凡陶旊之事，髻墾薜暴，不入市。薜，卜革反。

注：「爲其不任用也。鄭司農云：『髻，讀爲刮。削薄減下之義。玄謂墾，頓傷也。薜，破裂也。暴，墳起不堅致也。』」

器中膞，豆中縣。膞崇四尺，方四寸。中，陟仲反。膞，音均。

注：「縣，縣繩正豆之柄。」

補注：鄭用牧曰：「膞讀如大專槃物之專，聲義同鈞。漢書作大鈞播物。作器下所轉者也。鄒陽曰：『聖王制世御俗，獨化於陶鈞之上。』韋昭云：『鈞木長七尺，有弦，所以調爲器具。』此膞崇四尺，亦當有弦，方四寸者謂其柄。」

甗

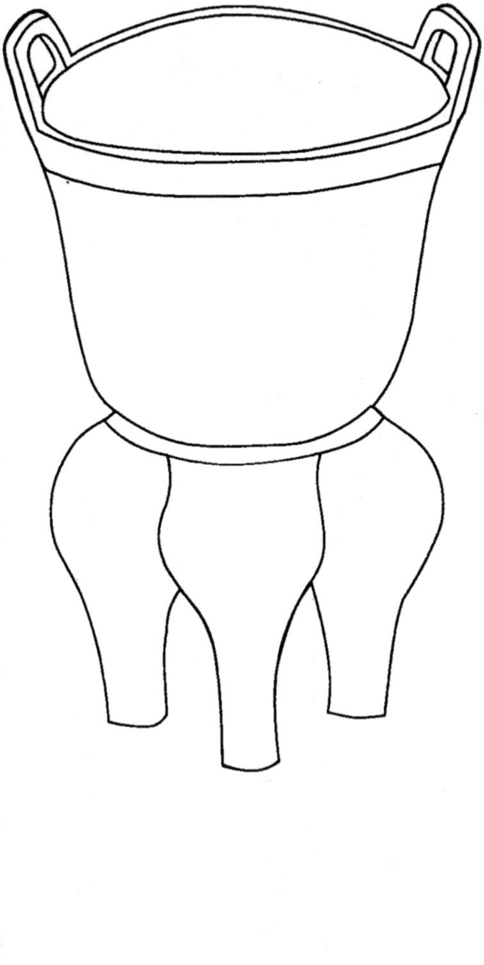

上體如甑，無底。施箅其中，容十二斗八升。下體如鬲，以承水陸氣於上。古銅甗有在者，大勢類此。

盆、甑、庾，不削圖。盆甑易知爾，制不一定。庾則無考。

鬲

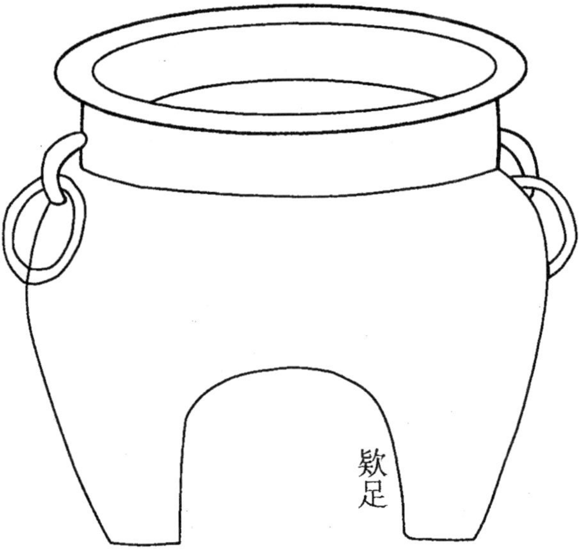

簋

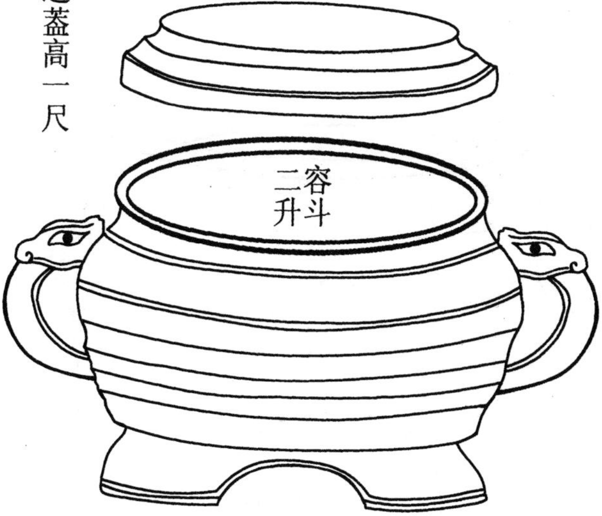

通蓋高一尺

豆

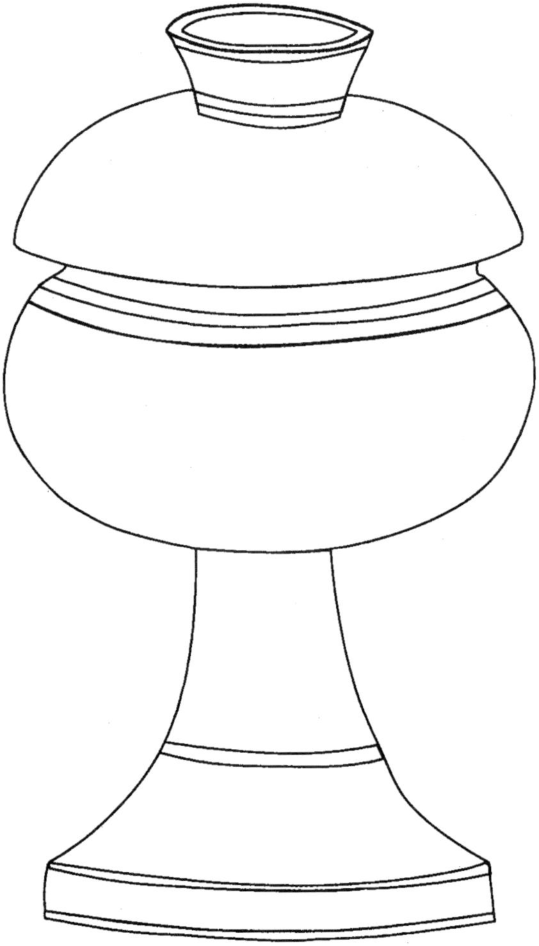

容四升通葢高一尺

梓人爲筍虡。筍，音筍。虡，音巨。

注：「樂器所縣，横曰筍，植曰虡。」

天下之大獸五：脂者，膏者，臝者，羽者，鱗者。宗廟之事，脂者、膏者以爲牲；臝者、羽者、鱗者以爲筍虡。

注：「脂，牛羊屬。膏，豕屬。」内則注云：「凝者曰脂，釋者曰膏。」臝者，謂虎豹貔貅，爲獸淺毛者之屬。羽，鳥屬。鱗，龍蛇之屬。」

補注：臝者爲鐘虡，羽者爲磬虡，皆所以負筍，非爲虡下之跗也。西京賦：「洪鐘萬鈞，猛虡趪趪，負筍業而餘怒，乃奮翅而騰驤。」薛綜注云：「當筍下爲兩飛獸以背負。」

外骨，内骨，卻行，仄行，連行，紆行，以脰鳴者，以注鳴者，以旁鳴者，以翼鳴者，以股鳴者，以胸鳴者，謂之小蟲之屬，以爲雕琢。卻，羌略反。注，同咮，陟又反。

注：「刻畫祭器，博庶物也。外骨，龜屬。内骨，鼈屬。卻行，螾衍之屬。方言：「蚰衍，自關而東謂之螾衍，或謂之入耳。」仄行，蟹屬。連行，魚屬。紆行，蛇屬。脰鳴，鼃黽屬。注鳴，精列屬。趨織也。方言：「精列，楚謂之悉蟹。」旁鳴，蜩蜺屬。蜩，蟬也。其類不一。蜺者，寒蟬。翼鳴，發皇屬。爾雅：「蛂蟥蛢。」説文：「蛢蟠蝗以翼鳴者。」股鳴，蚣蝑動股屬。方言：「舂黍謂之𧒂蝑。」注云：「江東呼蚱蜢。」胸鳴，榮原屬。方言：「守宫，其在澤中者謂之蜥蜴，南楚謂之蛇醫，或謂之蠑螈。」

厚脣弇口，出目短耳，大胸燿後，大體短脰，若是者謂之贏屬。恒有力而不能走，其聲大而宏。有力而不能走，則於任重宜。大聲而宏，則於鐘宜。若是者以爲鐘虡，是故擊其所縣而由其虡鳴。燿，讀爲哨，所教反。由，猶通。

注：「燿，頎小也〔三〕。」

鋭喙決吻，數目顅脰，小體騫腹，若是者謂之羽屬。恒無力而輕，其聲清陽而遠聞。無力而輕，則於任輕宜。其聲清陽而遠聞，於磬宜。若是者以爲磬虡，故擊其所縣而由其虡鳴。喙，許穢反。數，音促。顅，楷田反。陽或作揚，非。

注：「吻，口腃也。顅，長脰貌。」莊子：「其脰肩肩。」

小首而長，摶身而鴻，若是者謂之鱗屬，以爲筍。

注：「摶，圜也。」

凡攫閷援簭之類，必深其爪，出其目，作其鱗之而。攫，居縛反。簭，即噬。

注：「謂筍虡之獸也。深猶藏也。作猶起也。之而，頰頌也。」

補注：「頰側上出者曰之，下垂者曰而，鬚鬣屬也。」

深其爪，出其目，作其鱗之而，則於視必撥爾而怒。苟撥爾而怒，則於任重宜，且其匪色必似鳴矣。匪、斐通。

注：「匪，采貌也。」

爪不深，目不出，鱗之而不作，則必積爾如委矣。苟積爾如委，則加任焉，則必如將廢措，其匪色必似不鳴矣。

注：「措，猶頓也。」

梓人爲飲器，勺一升，爵一升，觚三升。獻以爵而酬以觚，一獻而三酬，則一豆矣。食一豆肉，飲一豆酒，中人之食也。觚，當作觶，之豉反。

注：「勺，尊升也。觚，當爲觶。」鄭駁異義云：「觶字，今體角旁單，古書或作角旁氏，則與觚相涉。學者多聞觚，寡聞觗，寫此書亂之而作觚。」

補注：凡觴一升曰爵，二升曰觚，三升曰觶，說文：「觗，禮經觶。」四升曰角，五升曰散。本韓詩說。飲酒之禮，主人獻賓，賓酢主人，主人又飲而酌賓，謂之酬。獻，進酒也。酬，猶厚也，勸也。合獻酬共一豆酒，其曰一獻而三酬者，爵一升以之獻，觶三升以之酬〔四〕。蒙上省文。一升之爵獻，而三升之觶酬，是爲一豆。豆實四升。

凡試梓，飲器鄉衡而實不盡，梓師罪之。鄉，同嚮。

注：「衡，平也。平爵鄉口，酒不盡，則梓人之長罪於梓人焉。」

勺

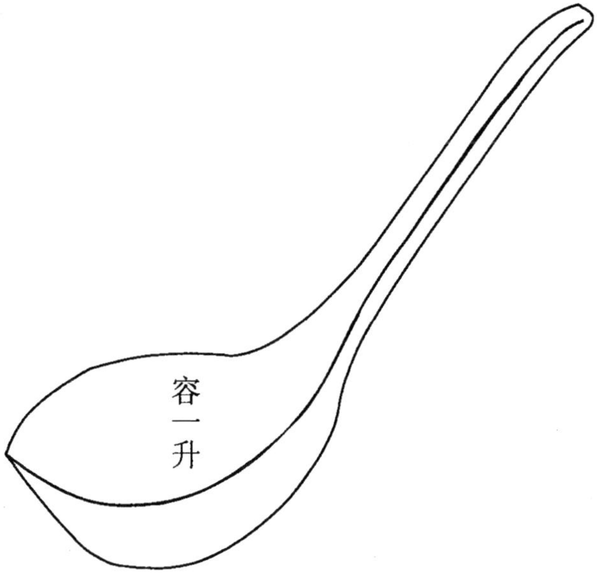

爵

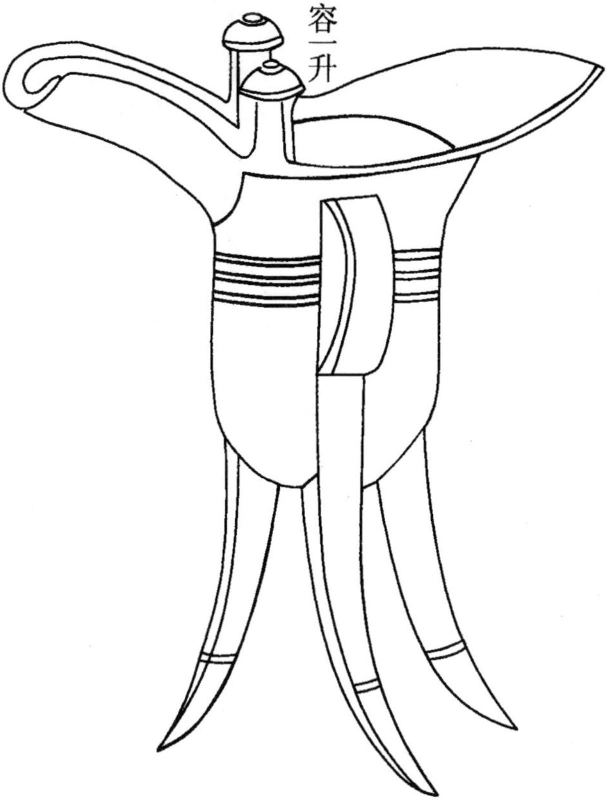

觗

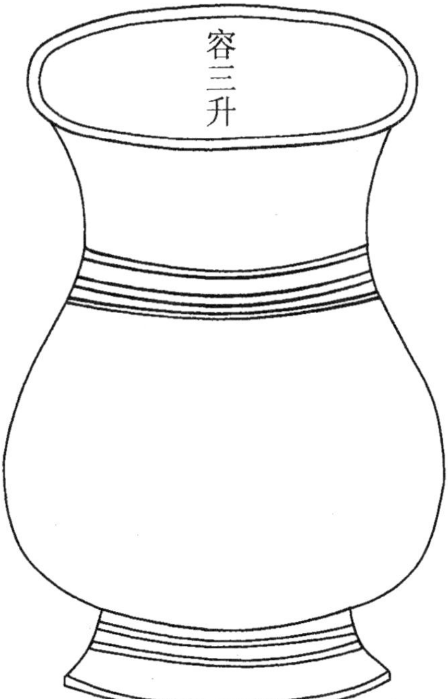

梓人爲侯，廣與崇方。參分其廣而鵠居一焉。鵠，同鸒，胡角反。

注：「高廣等者，謂侯中也。天子射禮，以九爲節。侯道九十弓，弓二寸，以爲侯中，高廣等。則天子侯中丈八尺。諸侯於其國亦然。鵠，所射也。以皮爲之，各如其侯也。疏云：「謂若虎侯，以虎皮飾侯側，其鵠亦用虎皮。其餘熊、豹、麋等亦然。」居侯中參分之一，則此鵠方六尺。惟大射以皮飾侯。大射者，將祭之射也。其餘有賓射、燕射。」

上兩个，與其身三，下兩个半之。

注：「上个、下个，皆謂舌也。身，躬也。鄉射禮記曰：『倍中以爲躬，倍躬以爲左右舌，下舌半上舌。』然則九節之侯，身三丈六尺，上个七丈二尺，下个五丈四尺。其制：身夾中，个夾身，在上下各一幅。此侯凡用布三十六丈。个或謂之舌者，取其出而左右也。侯制上廣下狹，蓋取象於人也。張臂八尺，張足六尺，是取象率焉。」

補注：下兩个半之，謂出於身者也。九節之侯，上个左右出各丈八尺，下个左右出各九尺。

上綱與下綱出舌尋，縜寸焉。縜，尤粉反。

注：「綱所以繫侯於植者也。上下皆出舌一尋者，亦人張手之節也。鄭司農云：『綱，連侯繩也。縜，籠綱者。』」

補注：鄉射禮曰：「乃張侯下綱，不及地武。」尺二寸爲武，然則九節之侯，高二丈七尺四寸〔五〕。於今尺一丈六尺奇。上綱兩植相去八丈八尺，下綱兩植相去七丈。縜者，个上之紐，以綱貫之。說文：「縜，持綱紐也。」

張皮侯而棲鵠，則春以功。

注：「皮侯，以皮所飾之侯。司裘職曰：『王大射，則共虎侯，熊侯，豹侯，設其鵠。』謂此侯也。天子將祭，必與諸侯羣臣射。」

補注：四時之祭始於春，故舉春以該焉。功，事也。謂祭曰事，尊祭祀也。祭祀，事之大也。王將有郊廟之事，以射擇諸侯及羣臣與邦國所貢之士可以舉祭者。

張五采之侯，則遠國屬。

注：「五采之侯，謂以五采畫正之侯也。遠國屬者，若諸侯朝會，王張此侯與之射，所謂賓射也。正之方，外如鵠，內二尺。五采者，內朱，白次之，蒼次之，黄次之，黑次之；其侯之飾，又以五采畫雲氣焉。」

張獸侯，則王以息燕。

注：「獸侯，畫獸之侯也。鄉射記曰：『凡侯，天子熊侯，白質。諸侯麋侯，赤質。大夫布侯，畫以虎豹。士布侯，畫以鹿豕。凡畫者丹質。』是獸侯之差也。息者，休農息老物

也。敖氏云：「鄉飲酒禮：『乃息司正。』息疑即燕之異名。」燕，謂勞使臣，若與羣臣飲酒而射。」祭侯之禮，以酒脯醢。其辭曰：惟若寧侯，毋或若女不寧侯，不屬于王所，故抗而射女。强飲强食，詒女曾孫諸侯百福。女，音汝。强，其丈反。

注：「謂司馬實爵而獻獲者，于侯薦脯醢折俎，獲者執以祭侯。若，猶女也。寧，安也。若，如也。屬，猶朝會也。抗，舉也，張也。曾孫諸侯，謂女後世爲諸侯者。

侯

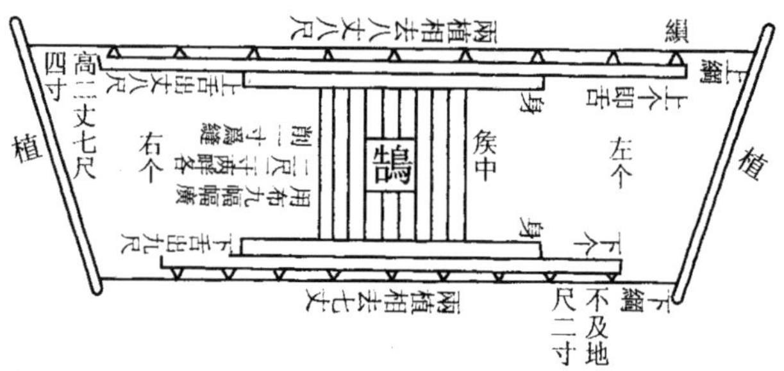

上綱
纚
兩植相去八丈八尺
上个即舌
左个
身
侯中
鵠
用布九幅幅廣二尺二寸兩畔各削一寸爲縫
身
下个
上舌出丈八尺
右个
高三丈七尺四寸
下舌出九尺
植
植
下綱
不及地尺二寸
兩植相去七丈

正

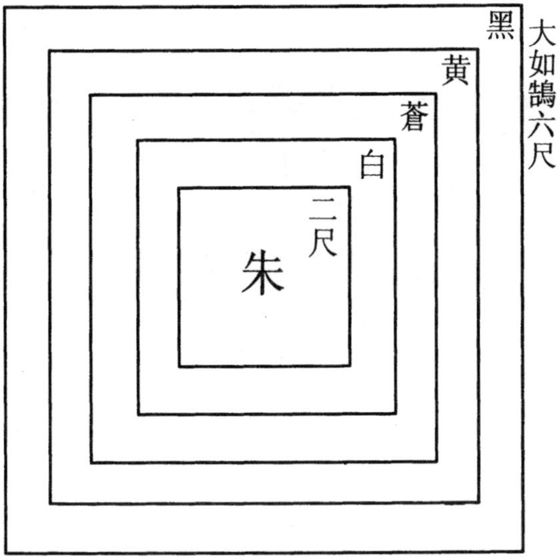

廬人爲廬器，戈柲六尺有六寸，殳長尋有四尺，車戟常，酋矛常有四尺，夷矛三尋。

注：「酋、夷，長短名。酋之言遒也。酋近夷長矣。」

凡兵無過三其身。過三其身，弗能用也，而無已，又以害人。故攻國之兵欲短，守國之兵欲長。攻國之人衆，行地遠，食飲飢，且涉山林之阻，是故兵欲短。守國之人寡，食飲飽，行地不遠，且不涉山林之阻，是故兵欲長。

注：「人長八尺，與尋齊，進退之度三尋，用兵力之極也。而無已，不徒止爾。」不徒止於不能用也，又適以害執兵之人。

凡兵，句兵欲無彈，刺兵欲無蜎。是故句兵椑，刺兵摶。毄兵同强，舉圍欲細，細則校。刺兵同强，舉圍欲重，重欲傅人，傅人則密，是故侵之。句，音鉤。彈，說文引作僤，常衍反。蜎，於緣反。椑，薄兮反。

注：「句兵，戈戟屬。刺兵，矛屬。鄭司農云：『彈，謂掉也。』玄謂蜎，亦掉也。讀若井中蟲蜎之蜎。爾雅：「蜎蠉。」注云：「井中小蛣蟩。赤蟲。」一名孑孓。廣雅云。齊人謂柯斧柄爲椑，則椑，隋圜也。摶，圜也。改句言毄，容殳無刃。同强，上下同也。舉，謂手所操。校，疾也。傅，近也。密，審也，正也。人手操細以毄則疾，操重以刺則正，然則爲矜句兵，堅者在後；刺兵，堅者在前。疏云：「以句兵向後牽之，故云堅者在後也；以向前推之，故云堅者在前也。言此

者，欲見句兵手執處欲得細，細則手執之牢也；刺兵執處欲得麤而勁，則手穩也。林氏云：「侵，刺也。」

補注：彈，讀如殀蟺之蟺，轉掉也。蜎，摇掉也。侵，善入也。

凡爲殳，五分其長，以其一爲之被而圍之。參分其圍，去一以爲晉圍。五分其晉圍，去一以爲首圍。凡爲酋矛，參分其長，二在前，一在後而圍之。五分其圍，去一以爲晉圍。參分其晉圍，去一以爲刺圍。晉，同搢。

注：「被，把中也。長二尺四寸。圍之，圜之也。大小未聞，凡矜八觚。鄭司農云：『晉，謂矛戟下銅鐏也。刺，謂矛刃胸也。』玄謂晉，矜所捷也。首，殳上鐏也。疏云：「此殳首無銅鐏，亦以上頭爲首而稍細之，以其似鐏，故鄭云：『首，殳上鐏也。』」爲戈戟之矜，所圍如殳，夷矛如酋矛。」

凡試廬事，置而摇之，以視其蜎也；灸諸墻，以視其橈之均也；横而摇之，以視其勁也。灸，音救。

注：「置猶樹也。灸猶柱也，以柱兩牆之閒，輓而内之，本末勝負可知也。」

補注：視其蜎，審察摇掉之勢也。視其橈之均，審察屈勢也。皆欲通體無勝負。苟材有勝負，必自負處動折。試之既齊均，又以彊勁爲尚。

六建既備，車不反覆，謂之國工。

注：「六建，五兵與人也。」

補注：六建，當爲五兵與旌旗。六建動摇，則車行反覆。矜柲不彊故也。

匠人建國，水地以縣。

注：「於四角立植而縣，以水望其高下。高下既定，乃爲位而平地。」疏云：「謂於柱四畔縣繩以正柱，柱正，然後去柱遠，以水平之法遥望柱。高下定，即知地之高下。」

補注：水地者，以器長數尺承水，引繩中水而及遠，則平者準矣。立植以表所平之方，縣繩正植，則度水面距地者準矣。若不用水，覆矩尺，使中縣引繩中矩尺及遠，簡法也。矩尺，即今木工、石工之曲尺。

置槷以縣，視以景。

注：「槷，古文臬，假借字。於所平之地中央，樹八尺之臬以縣正之，視之以其景，將以正四方也。爾雅曰：『在牆者謂之杙，今爾雅作樴謂之杙，在牆者謂之楎。在地者謂之臬。』」疏云：「槷，亦謂柱也。欲取柱之景，先須柱正，欲取柱正，當以繩縣而垂之，於柱之四角四中以八繩縣之，其繩皆附柱，則其柱正矣，然後視柱之景。」

爲規，識日出之景與日入之景。晝參諸日中之景，夜考之極星，以正朝夕。

注：「日出、日入之景，其端則東西正也。又爲規以識之者，爲其難審也。自日出而畫其景端以至日入。既則爲規，測景兩端之内規之，規之交乃審也。度兩交之間，中屈之

以指臬，則南北正。日中之景，最短者也。極星，謂北辰。」補注：必平中水，然後爲規數重。樹槷於中，視槷端景齊規者皆識之。乃衡界午前午後之景，則東西正。又中詘之以指槷，則南北正。今用指南針，有偏向，所偏隨地不同，不足取準。若考北極高下，則取近極大星，測其旋而上最高去地若干度，及旋而下最低去地若干度，兩數相減，得星環繞北極之徑，半之，以加於最低去地之度，是爲北極高度。今冬至前後，勾陳大星，酉時在北極之上，卯時在北極之下，可據之以測極。北極者，天樞也，先儒謂之不動處。作記時，紐星正當不動處，故記以爲極星。梁祖暅測不動處距紐星一度有餘，今紐星又移，元郭守敬測，離三度奇。北極在勾陳大星、紐星之閒。

爲規識景

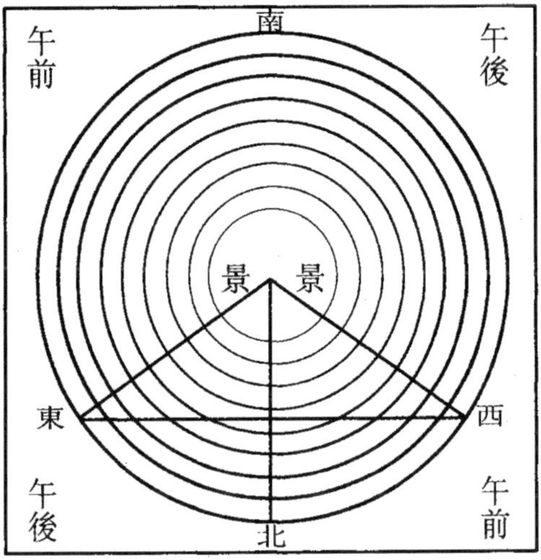

以水平地方一二丈，規之，於中央立槷。或用小方案，令平中水，爲規其上，中央設表當槷。凡景端所至皆識之。此但據景端與外規齊者爲圖，内數重規亦然，所得南北東西如一，乃審密也。

爲規識景此圖得之江先生

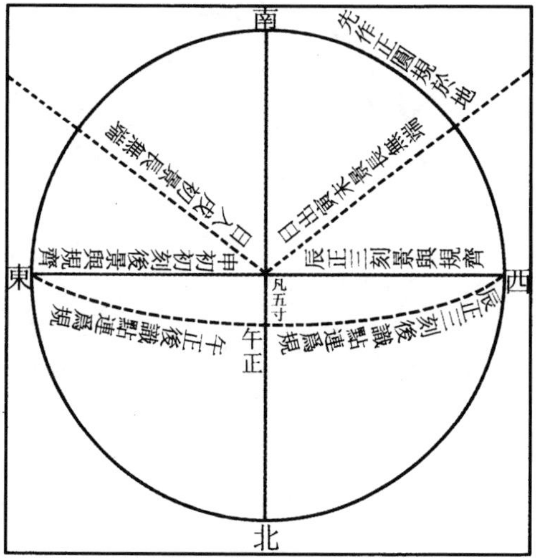

此但據夏至地中爲圖，規任作大小。如以表八尺爲半徑，必辰正三刻，申初初刻，景與規齊。其齊時，亦是正東正西也。若他方測景，時刻方位不同，而法準此。最短時爲午正。

先爲規而後識景，記文也。先識景，徐徐作點，後乃連爲規，鄭説也。兩法圖皆具。

測北極高下

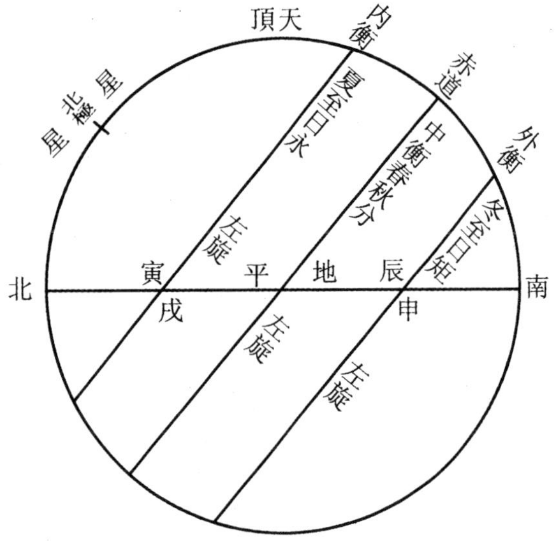

北極高下，隨地不同。南行繩直二百五十里而北極低一度，北行二百五十里而北極高一度。冬至前後，日出辰入申，星旋天不啻半周，可得其最高最低之度，以考知北極。

晝夜永短，亦隨地不同。南至赤道下，冬夏至恒如春秋分，極與地平適合。北至極下，半年爲晝，半年爲夜，赤道與地平適合。

黃赤道

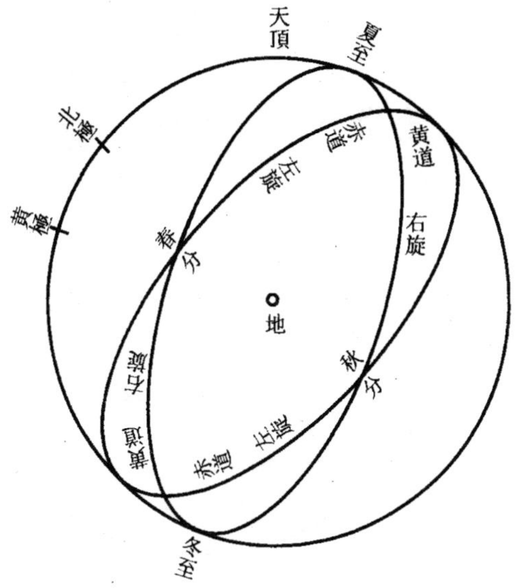

日行黃道，三百六十五日幾三時而一周。春秋分交於赤道，冬至在赤道南，夏至在赤道北。前圖外衡、内衡，與此互明。

匠人營國，方九里，旁三門。

補注：六尺而步，五步而雉，六十雉而里，里三百步。此記天子城方九里，其等差，公蓋七里，侯伯蓋五里，子男蓋三里。以春秋傳考之，鄭伯之城，方三百雉，故大都三國之一爲百雉，是其合乎。

國中九經九緯，經涂九軌。

注：「國中，城内也。經緯，謂涂也。經緯之涂，皆容方九軌。疏云：「南北之道爲經，東西之道爲緯。王城面有三門，門有三涂。男子由右，女子由左，車從中央。」軌謂轍廣，乘車六尺六寸，旁加七寸，凡八尺，是謂轍廣。九軌積七十二尺，則此涂十二步也。旁加七寸者，輻内二寸半，輻廣三寸半，量其鑿深以爲輻廣，輻廣不得過三寸，則輻内不止二寸半矣。緶三分寸之二，金轄之閒三分寸之一。」

左祖右社，面朝後市，

注：「王宫所居也。祖，宗廟，王宫當中，經之涂也。」小宗伯之職，掌建國之神位，右社稷，左宗廟。注云：「庫門内雉門外之左右。」朝士注云：「郊特牲譏繹於廟門内，言遠，當於廟門。」廟在庫門之内，見於此矣。

補注：宗廟作宫於路寢之東，社稷設壇壝於路寢之西。劉向別録云：「社稷宗廟，在路寢之西。」又云：「左明堂辟廱，右宗廟社稷。」按宗廟社稷，屬路寢言，得之。以爲俱在西，不知何所據。凡朝：君臣咸立於庭。古字庭本作廷，所謂朝廷，説文云：「廷，朝中也。」朝有門而不屋，故雨霑衣失容，則輟朝。天子諸侯皆三朝，則天子諸侯皆三門與？禮説曰：「天子五門，皋、庫、雉、應、路，諸侯三門，皋、應、路」，失其傳也。天子之宫，有皋門，有應門，有路門。路門一曰虎門，一曰畢門。不聞天子庫門、雉門也。郊特牲云「獻命庫門之内」，此亦據魯之事記者，以魯用天子禮樂，故推魯事合於天子，所稱多傅會失實。諸侯之宫，有庫門，有雉門，有路門，不聞諸侯皋門、應門也。皋門，天子之外門。庫門，諸侯之外門。應門，天子之中門。雉門，諸侯之中門。異其名，殊其制，辨等威也。天子三朝，諸侯三朝，天子三門，諸侯三門，其數同，君國之事，侔體合也。朝與門無虚設也。君臣日見之朝，謂之内朝，稾人及玉藻之内朝是也。或謂之治朝，或謂之正朝；在路門外庭，司士正其位。記或謂之外朝，與路寢庭之朝連文爲外内也。文王世子曰：「内朝則東面北上，臣有貴者以齒，其在外朝則以官。」注云：「内朝，路寢庭，外朝，路寢之門外庭。」斷獄蔽訟，及詢非常之朝，謂之外朝，在中門外庭。小司寇掌其政，朝士掌其法。以燕，以射，及圖宗人嘉事之朝，謂之燕朝，在路寢庭。大僕正其位，若射，則射人掌其位。聘禮曰：「公出送賓及大門内。」周官司儀曰：「出。及中門之外。」廟在中門内明矣。記曰：「昔者仲尼與於蜡賓，事畢，出遊於觀之上。」蜡之饗亦祭宗廟，廟在雉門内，故出而至觀也。春秋桓宫僖宫災，火自司鐸踰公宫，至桓、僖二廟，廟邇公宫也。季桓子至，御公立於象魏之外，立當遠火也。春秋穀梁氏傳曰：「禮送女，父不下堂，母不出祭門，諸母兄弟不出闕門。」廟門謂之祭門，觀謂之闕，亦謂之象魏，諸侯設於雉門，是以雉門謂之闕門。天子蓋設於應門，闕門在外，祭門在内，不出闕門者，得出祭門者也。春秋左氏傳曰：「閒於兩社，爲公室輔。」以朝廷執政所在爲言，宜繫君臣日見之朝，社在中門内明矣。其他書傳可證宗廟社稷在中門内路門外之左右者甚衆，略舉五事明之。

市朝一夫。

注：「方各百步。」

補注：以朝百步言之，方九百步之宫，朝左右各四百步。外門至中門百步之庭曰外朝，中門至路門百步之庭曰内朝，路門内至堂百步之庭曰燕朝。路寢已後蓋六百步與？王與諸侯若羣臣射於路寢，則路寢之庭，容侯道九十弓，弓與步相應，其百步宜也。

夏后氏世室，堂脩二七，廣四脩一。

注：「脩南北之深也。夏度以步，令堂脩十四步，其廣益以四分脩之一，則堂廣十七步半。

五室，三四步，四三尺。

注：「堂上爲五室，象五行也。三四步，室方也。四三尺，以益廣也。木室於東北，火室

於東南，金室於西南，水室於西北。其方皆三步，其廣益之以三尺。土室於中央，方四步，其廣益之以四尺。此五室居堂，南北六丈，東西七丈。五室之名，蓋傳會言之，其制則宜如是。

九階，

注：「南面三，三面各二。」

四旁兩夾窻，

注：「窻，助户爲明，每室四户八窻。」

白盛，

注：「蜃灰也。盛之言成也。以蜃灰堊牆所以飾成宫室。」

門堂，三之二。

注：「門堂，門側之堂，取數於正堂。令堂如上制，則門堂南北九步二尺，東西十一步四尺。爾雅曰：『門側之堂謂之塾。』」

室，三之一。

注：「兩室與門各居一分。」

殷人重屋，堂脩七尋，堂崇三尺，四阿重屋。重，直龍反。

注：「其脩七尋，五丈六尺。放夏、周，則其廣九尋，七丈二尺也。五室各二尋。四阿，

若今四注屋。四而皆有霤。重屋，複笮也。」說文云：「笮，迫也。在瓦之下棼上。」棼，複屋棟也。補注：世室重屋制，皆如明堂。明堂既四面，非四霤不可，故爲四阿重屋之制。古者質四面有霤，必創法乎此。姚姬傳曰：重屋，複屋也。別設棟以列椽，其棟謂之棼。椽棟既重，軒版垂檐皆重矣。軒版即屋笮，或木或竹，異名笮，在瓦之下，椽之上。檐垂椽端，椽亦謂之橑。記言重屋，鄭氏以複笮釋之，而他書所稱，曰重檐，曰重橑，張敞傳作重轑。曰重軒，招魂作層軒，西都賦作重軒。曰重棟，曰重棼，各舉其一爲言爾。重屋之形制累複，是以或謂之閣，張臨傳：「每登閣殿。」古詩：「阿閣三層階。」亦得云樓。漢時名檐爲承壁材，以其直垂而下如壁。故明堂位注：「重檐，重承壁材也。」疏謂複笮亦重承壁材者，誤。

周人明堂，度九尺之筵。東西九筵，南北七筵，堂崇一筵。五室，凡室二筵。

注：「明堂者，明政教之堂。周度以筵，亦王者相改。」

補注：明堂，法天之宮。五室十二堂，故曰明堂。月令：「中央太室，正室也。」一室而四堂，其東堂曰青陽太廟，南堂曰明堂太廟，西堂曰總章太廟，北堂曰玄堂太廟。四隅之室，夾室也。釋名：「夾室，在堂兩頭，故曰夾也。」四室而八堂，東北隅之室，玄堂之右夾，青陽之左夾也。其北堂曰玄堂右个，東堂曰青陽左个，東南隅之室，青陽之右夾，明堂之左夾也。其東堂曰青陽右个，南堂曰明堂左个，西南隅之室，明堂之右夾，總章之左夾也。其南堂曰明堂右个，西堂曰總章左个。西北隅之室，總章之右夾，玄堂之左夾也。其西堂曰總章右个，北堂曰玄堂左个。凡夾室前堂或謂之箱，或謂之个，左傳：昭公四年：「使寘饋于个而退。」杜注云：「个，東西箱。」是箱得通稱曰个也。兩旁之名也。劍脊之兩旁謂之兩相，侯之左右謂之左个右个，亦此義。古者宮室恒制，前堂、後室，有夾、堂東曰東夾室，堂西曰西夾室。有个、東夾前曰東堂，亦曰東箱。西夾前曰西堂，亦曰西箱。左傳所謂个。有房。室東曰東房，亦曰左房。室西曰西房，亦曰右房。惟南嚮一面。明堂四面闓達，亦前堂後室，有夾有个，而無房。房者，行禮之際別男女，婦人在房。有堂非婦人所得至，故無房宜也。王者而後有明堂，其制蓋起於古遠。夏曰世室，殷曰重屋，周曰明堂。三代相因，異名同實與？世室、重屋義未聞。明堂在國之陽。淳于登說：「在三里之外，七里之內，丙巳之地。」韓詩說：「明堂在南方七里之郊。」祀五帝聽朔，會同諸侯，大政在焉。夏曰世室，世世勿壞，或以意命之也。殷曰重屋，阿閣四注，或以其制命之也。周人取天時方位以命之，東青陽，南明堂，西總章，北玄堂；而通曰明堂，舉南以該其三也。四正之堂皆曰太廟，四正之室，共一太室，故曰太廟太室，明太室處四正之堂中央爾。世之言明堂者，有室無堂，不分个夾，失其傳久矣。

室中度以几，堂上度以筵，宮中度以尋，野度以步，涂度以軌。

補注：馬融以爲几長三尺，六之而合二筵與？阮諶云：「几長五尺。」

廟門容大扃七个。扃，古熒反。闈門，容小扃參个。

注：「大扃，牛鼎之扃，長三尺，每扃爲一个，七个二丈一尺。廟中之門曰闈，爾雅：「宮中之門謂之闈。」蓋通稱。小扃，膷鼎之扃，長二尺，參个六尺。」

路門不容乘車之五个，應門二徹參个。

注：「路門者，大寢之門。乘車廣六尺六寸，五个三丈三尺。言不容者，是兩門乃容之。兩門乃容之，則此門半之丈六尺五寸。正門謂之應門，謂朝門也。二徹之内八尺，三个二丈四尺。」

内有九室，九嬪居之。外有九室，九卿朝焉。九分其國，以爲九分，九卿治之。

注：「九室，如今朝堂諸曹治事處。」

補注：内九室，九嬪省内治所居。外九室，蓋在朝門之外，九卿省其政事處也。玉藻曰：「朝辨色始入，君日出而視之，退適路寢聽政。視朝在路門外庭，凡有職於朝者咸至也。聽政在路寢，君退於路寢以待朝者，各就其官府治處，有當告者乃入也。」魯論記孔子過位升堂，其此時與？位者，君方視朝之位。」玉藻又曰：「使人視大夫，大夫退然後適小寢，釋服。大夫退於家，君乃適小寢也。」

王宫門阿之制五雉，宫隅之制七雉，城隅之制九雉。

注：「阿，棟也。宫隅，城隅，謂角浮思也。浮思，本或作罘罳，網目之稱，牖綴交疏似之。以其在臺上隨方角迴折，故呼爲角浮思。雉，長三丈，高一丈。度高以高，度廣以廣。」尚書大傳作度長以長。疏云：「言高一雉則一丈，言長一雉則三丈。」

補注：仞有三尺，爲高一雉。古者度廣長以尋，度高深以仞。尋，八尺。仞，七尺。牆言雉者，五版而堵爲雉之高，五堵而雉爲雉之長。版，崇二尺，長六尺。門阿五雉，謂路門、應門之崇也。宫隅七雉，謂皋門之崇也。大雅：「皋門有伉。」言高於他門。方九里之城，宫九百步。七里之城，宫七百步。五里之城，宫五百步。三里之城，宫三百步。天子之宫，牆高七仞有一尺，城高十仞。門臺謂之宫隅，城臺謂之城隅，亦謂之闍。定公三年左傳「門臺」注云：「門上有臺。」鄭風：「出其闉闍。」毛傳云：「闉曲城也。闍，城臺也。」爾雅：「闍謂之臺。」詩曰：「静女其姝，俟我于城隅。」媵俟迎之禮也。古者諸侯娶必有媵説，舍近郊，整車飾，然後至乎城下，以俟迎者。「僾而不見」，迎之未至也。僾而，猶隱然。説文：「僾，仿佛也。」詩曰：「僾而不見。」爾雅：「薆，隱也。」方言：「掩、翳，薆也。」郭注云：「謂隱蔽也。」詩曰：「薆而不見。」始思見其人，繼思得見其物，始言至城下，終乃言至於郊。郊外謂之牧。静女之刺思賢媵懷女史之法者也。學者罕聞城隅，而詩遂失其傳矣。

經涂九軌，環涂七軌，野涂五軌。

注：「廣狹之差也。杜子春云：『環涂，謂環城之道。』」

門阿之制，以爲都城之制。

注：「都四百里，外距五百里，王子弟所封。其城隅高五丈，宮隅、門阿皆三丈。」

宮隅之制，以爲諸侯之城制。

注：「諸侯，畿已外也。其城隅制高七丈，宮隅、門阿皆五丈。禮器曰：『天子諸侯，臺門。』五經異義古周禮説云：「天子城高七雉，隅高九雉。公之城高五雉，隅高七雉。侯伯之城高三雉，隅高五雉。都城之高，皆如子、男之城高。」按公、侯、伯之城，皆當高五雉，城隅與天子宮隅等。惟子、男之城，或同都城爾。

環涂以爲諸侯經涂，野涂以爲都經涂。

注：「經亦謂城中道。諸侯環涂五軌，其野涂及都環涂野涂皆三軌。」

王城

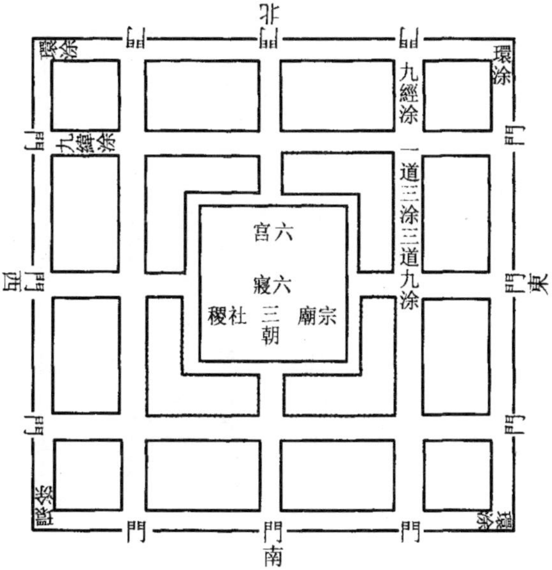

世室

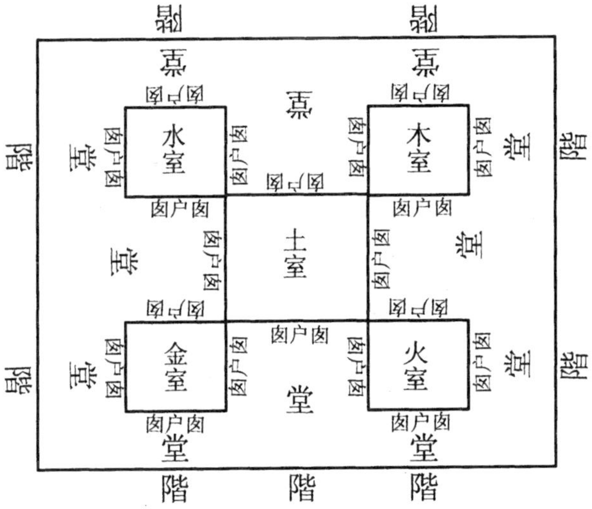

明堂

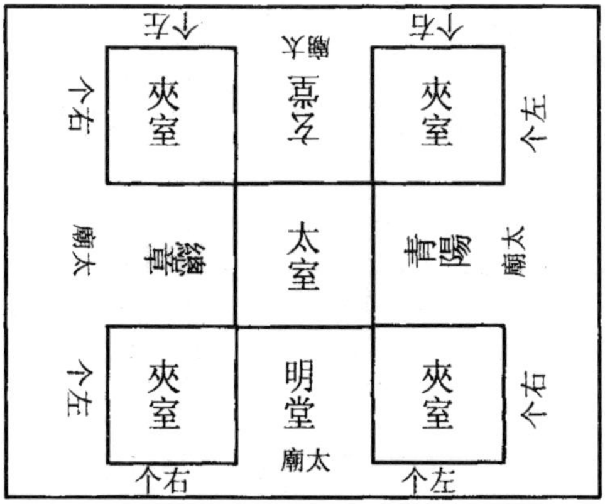

二十户四十囱
九階與世室同

二十户四十囱九階與世室同

宗廟於顧命見天子路寢之制，於覲禮見天子宗廟之制，降而諸侯，下及大夫、士，廣狹有等差，而制則一。

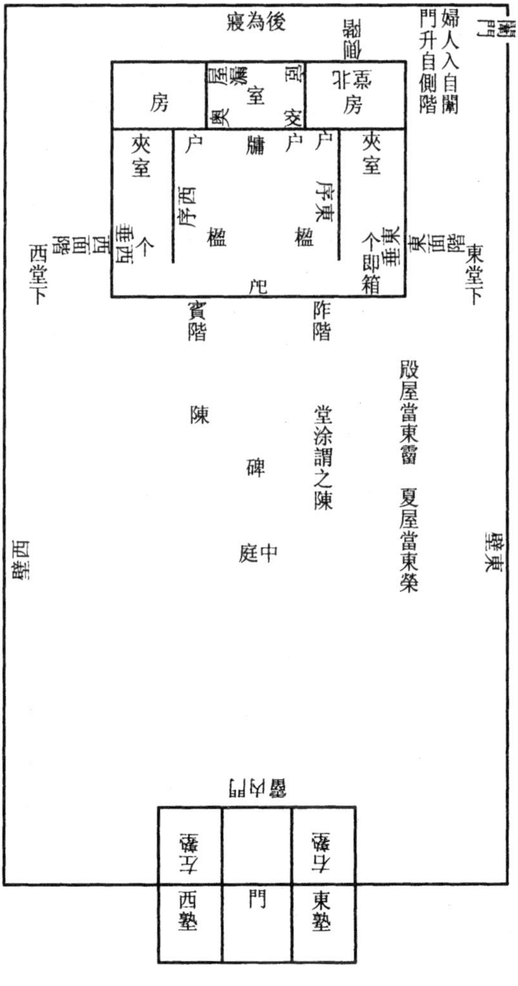

匠人爲溝洫，耜廣五寸，二耜爲耦。一耦之伐，廣尺，深尺，謂之甽。田首倍之，廣二尺，深二尺，謂之遂。甽，說文作𡿨。甽，畎，古犬反。

注：「古者耜一金，兩人并發之。其壟中曰甽，甽上曰伐。伐之言發也。今之耜，岐頭兩金，象古之耦也。田，一夫之所佃百畮，方百步地。遂者，夫閒小溝，遂上亦有徑。」

九夫爲井，井閒廣四尺，深四尺，謂之溝，方十里爲成，成閒廣八尺，深八尺，謂之洫；方百里爲同，同閒廣二尋，深二仞，謂之澮。專達於川，各載其名。凡天下之地埶，兩山之閒，必有川焉，大川之上，必有涂焉。

注：「此畿内采地之制，九夫爲井，井者，方一里，九夫所治之田也。采地制井田，異於鄉遂及公邑。三夫爲屋。屋，具也。一井之中三屋，九夫，三三相具，以出賦税，共治溝也。司馬法：「六尺爲步，步百爲畮，畮百爲夫，夫三爲屋，屋三爲井。」方十里爲成，成中容一甸，甸方八里，出田税，緣邊一里，治洫。小司徒職：「九夫爲井，四井爲邑，四邑爲丘，四丘爲甸。」注云：「此制小司徒經之。匠人爲之溝洫相包乃成爾。邑丘之屬相連比，以出田税。溝洫爲除水害。四井爲邑，方二里。四邑爲丘，方四里。四丘爲甸，甸之言乘也。甸方八里，旁加一里，則方十里爲一成。積百井九百夫，其中六十四井五百七十六夫出田税，三十六井三百二十四夫，治洫。」方百里爲同，同中容四都，六十四成。方八十里，出田税，緣邊十里，治澮。小司徒職：「四甸爲縣，四縣爲都。」注云：「四甸爲縣，方二十里。四縣爲都，方四十里。四

都方八十里，旁加十里，乃得方百里爲一同也。積萬井九萬夫，其四千九十六井三萬六千八百六十四夫，出田税，二千三百四井一萬七百三十六夫治洫，三千六百井三萬二千四百夫治澮。」采地者，在三百里四百里五百里之中。」疏云：「據載師職而言。」

補注：一夫百畝，田首有遂。夫三爲屋，遂端則溝。屋三爲井，溝在井閒也。井十爲通，溝端則洫。通十爲成，洫在成閒也。十成爲終，洫端則澮。十終爲同，同薄於川，澮在同閒也。南畝而耕〔六〕，甽縱遂横，溝縱洫横，澮縱川横。東畝而耕，甽横遂縱，溝横洫縱，澮横川縱。絶大爲之澮，非人爲之川。詩曰「南東其畝」，因川制田與？賈疏云：「井田之法，甽縱，遂横，溝縱，洫横。澮縱，自然川横。」但據南畝者言之。成方十里，洫十有一，計其田畔，竟十里者二十，田畔邊於洫者。凡三萬六千丈。從鄭君説，「三十六井治洫」，蓋九夫共治千丈，同方百里，澮十有一，計其田畔，竟百里者二十，田畔邊於澮者。凡三十六萬丈。從鄭君説，「三千六百井治澮」，蓋九夫共治百丈，澮深於洫近倍。大於洫三倍有半，洫廣八尺，深八尺，廣深相乘六十四尺。澮廣丈六尺，深丈四尺，廣深相乘二百二十四尺。以約分之法命之，洫二澮七也。水强侵敗，隤高就下，治之難易，澮十倍洫。先王不使出賦税之民治洫與澮，而爲法令民治洫澮者，當其賦税，故農政水利之大，皆君任之，非責之民。及其失也，竭民之力，畢以供上。於是洫澮不治，井田所繇廢也。中原膏土，雨爲沮洳，水無所洩，暘爲枯塵，水無所留，地不生毛。賦減民窮，上下交病矣。

凡溝逆地防，謂之不行。水屬不理孫，謂之不行。屬、注，古字通。孫，遜通。

注：「溝謂造溝，防謂脈理。」

梢溝三十里而廣倍。梢，音蕭。

注：「謂不墾地之溝也。鄭司農云：『梢謂水漱齧之溝，故三十里而廣倍。』」

凡行奠水，磬折以參伍。奠，讀爲停。

注：「坎爲弓輪，水行欲紆曲也。鄭司農云：『溝形當如磬，直行三，折行五。』」

補注：行奠水者，行之停之，直三而曲得五，井田雖以方計，隨溝委折非截方，見於此矣。

欲爲淵，則句於矩。

注：「太曲則流轉，流轉則其下成淵。」

凡溝必因水埶，防必因地埶。善溝者，水漱之；善防者，水淫之。

注：「鄭司農云：『淫，謂水淤泥土留著，助之爲厚。』」

凡爲防，廣與崇方。其閷，參分去一。大防外閷。

注：「方，猶等也。閷者，薄其上。」

凡溝防，必一日先深之以爲式。里爲式，然後可以傅衆力。

補注：古九數有商功，爲此也。預爲布算以定其規模，而後從事。一日之式，大致可知。又以一里之式平之。

凡任，索約大汲其版，謂之無任。

注：「約，縮也。汲，引也。築防若牆者，以繩縮其版。大引之，言版橈也。版橈築之，則鼓土不堅矣。」

葺屋參分，瓦屋四分。

注：「各分其脩，以其一爲峻。」

囷、窌、倉、城，逆牆六分。窌，古孝反。

注：「逆，猶卻也。築此四者，六分其高，卻一分以爲糾。囷，圜倉。穿地曰窌。疏云：「假令高丈二尺，下厚四尺，則於上去二尺爲糾，上惟二尺。」

堂涂十有二分。

注：「謂階前，若今令甓裓也。分其督旁之脩，以一分爲峻也。爾雅曰：『堂涂謂之陳。』」疏云：「名中央爲督。假令兩旁上下尺二寸，則取一寸於中央爲峻。」

竇，其崇三尺。

注：「宮中水道。」

牆，厚三尺，崇三之。

注：「高厚以是爲率，足以相勝。」疏云：「假令厚六尺，高丈八尺，皆依此法。」

四井每方一格爲一夫

皆以南畝圖之溝洫澮川，必因水埶委折，非截然正方，施之於圖欲整爾。井田之法，備於一同。或百里内有數川，亦因乎自然，或遠於川，引澮長之，其舒促不可一定也。書言其常，用隨其變。

一成 每方一格爲一井

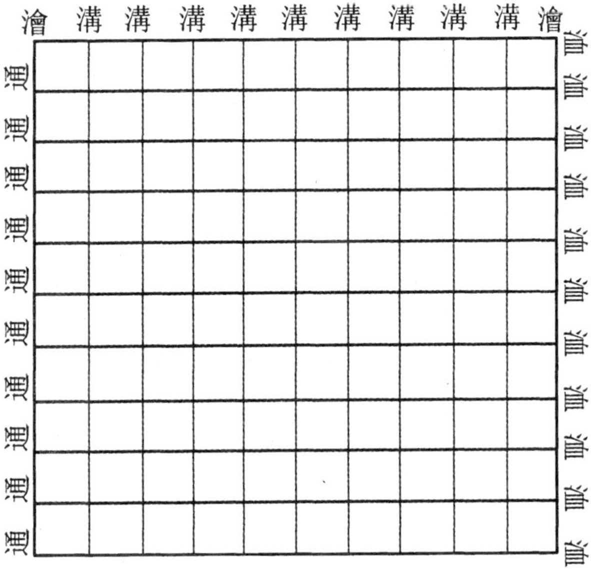

一同每方一格爲一成

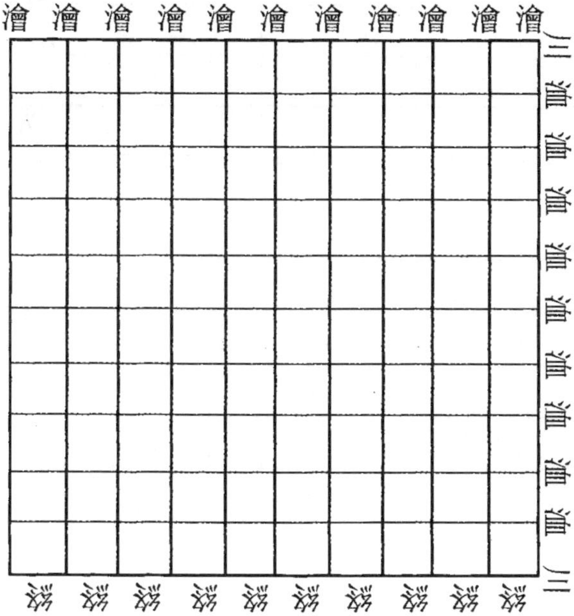

鄭注：一成之内，一甸出田税。一同之内，四都出田税。故緣邊治澮洫，計其數然爾，不必定居緣邊。

車人之事。半矩謂之宣。

注：「矩，法也。所法者，人也。人長八尺，而大節三，頭也、腹也、脛也。以三通率之，則矩二尺六寸三分寸之二，頭髮皓落曰宣。半矩，尺三寸三分寸之一，人頭之長也。柯欘之木，頭取名焉。柯欘，以人所執之端爲頭。界畫其處，亦以度物。易巽爲宣髮。」

一宣有半謂之欘，張玉反。

注：「欘，斲斤。柄長二尺。爾雅曰：『句欘謂之定。』」

一欘有半謂之柯，

注：「伐木之柯，柄長三尺。詩云：『伐柯伐柯，其則不遠。』」

一柯有半謂之磬折。

注：「人帶已下，四尺五寸，磬折立則上俛。帶處爲磬折立之節。玉藻曰：『三分帶下，紳居二焉。紳長三尺。』」

車人爲耒，庇長尺有一寸，中直者三尺有三寸，上句者二尺有二寸。

注：「庇，讀爲棘刺之刺。刺，耒下前曲，接耜。疏云：「耜，謂耒頭金。」」

自其庇，緣其外，以至於首，以弦其內，六尺有六寸，與步相中也。

注：「緣外六尺有六寸，內弦六尺，應一步之尺數〔七〕。耕者以田器爲度宜。耜異材，不

在數中。」

堅地欲直庛，柔地欲句庛。直庛則利推，句庛則利發。倨句磬折，謂之中地。中，陟仲反。

補注：中地，謂無不宜也。宜堅不宜柔，宜柔不宜堅，爲不中地。利推不利發，利發不利推，爲不中地。

注：「中地之耒，其庛與直者如磬折，則調矣。調則弦六尺。」

車人爲車。柯長三尺，博三寸，厚一寸有半，五分其長，以其一爲之首。

注：「首六寸，謂今剛關頭斧。柯，其柄也。鄭司農云：『柯長三尺，謂斧柯，因以爲度。』」

轂長半柯，其圍一柯有半，輻長一柯有半，其博三寸，厚三之一。渠三柯者三。

注：「鄭司農云：『渠，謂車輮，所謂牙。』」

行澤者欲短轂，行山者欲長轂。短轂則利，長轂則安。

注：「澤泥，苦其太安。山險，苦其太動。」

行澤者反輮，行山者仄輮。反輮則易，仄輮則完。六分其輪崇以其一爲之牙圍。

注：「鄭司農云：『反輮，謂輪輮反其木裏，耎者在外，澤地多泥，柔也。山地剛，多沙石。』玄謂反輮，爲泥之黏，欲得心在外滑。仄輮，爲沙石破碎之，欲得表裏相依堅刃。」

柏車轂長一柯，其圍二柯，其輻一柯，其渠二柯者三。五分其輪崇，以其一爲之牙圍。

注：「柏車，山車。」

大車崇三柯，綆寸，牝服二柯有三分柯之二。羊車，二柯有參分柯之一。柏車二柯。

注：「大車，平地載任之車。轂長半柯者也。綆，輪箄。牝服，長八尺，謂較也。羊，善也。善車，若今定張車，較長七尺。」

補注：大車，渠二丈七尺，輪崇當八尺六寸弱，輻長不及四尺，此云大車崇三柯，與密率較四寸。前云輻長一柯有半，不減轂空壺中。皆略舉大數爾。車箱記無高度，羊車惟言牝服，柏車不言綆大半寸，以載任之用㮰，車人可意儗增成之。

凡爲轅，三其輪崇。參分其長，二在前，一在後，以鑿其鉤。徹廣六尺，鬲長六尺。鬲，於革反。

注：「鄭司農云：『鉤，鉤心。釋名：「鉤心，從輿心下鉤軸也。」鬲謂轅端厭牛領者。』」

補注：轅值牝服下，鬲在兩轅之閒，鬲長車廣蓋等。大車轂長尺五寸，中其轂置輻，輻内六寸，輻廣三寸，綆寸。凡一尺六尺之箱，旁加一尺。兩旁共二尺。徹廣八尺明矣，古者涂度以軌，軌皆宜八尺。田車之輪，卑於兵車、乘車三寸。牛車之制，㮰於四馬，車軌八尺則同也，故曰「車同軌」。軌不同爲不合徹，不可行於涂。車人徹廣六尺，字之誤與？車人所爲大車、羊車、柏車，觀今日之車，即可知。惟兵車、乘車、田車制不復存。

弓人爲弓。取六材必以其時。六材既聚，巧者和之。幹也者，以爲遠也；角也者，以爲疾也；筋也者，以爲深也；膠也者，以爲和也；絲也者，以爲固也；漆也者，以爲受霜露也。

注：「取幹以冬，取角以秋，絲、漆以夏，筋、膠未聞。」

凡取幹之道七，柘爲上，檍次之，檿桑次之，橘次之，木瓜次之，荆次之，竹爲下。

注：「鄭司農云：『爾雅曰：「杻，檍。」關西呼杻子，一名土橿，一名牛筋。又曰：「檿桑，山桑。」』」

凡相幹，欲赤黑而陽聲。赤黑而鄉心，陽聲則遠根。

注：「陽，猶清也。木之類，近根者奴。」謂駑下。

凡析幹，射遠者用埶，射深者用直。

注：「鄭司農云：『埶，謂形埶。假令木性自曲，則當反其曲以爲弓，故曰「審曲面埶」。』玄謂曲埶則宜薄，薄則力少。直則可厚，厚則力多。」

居幹之道，菑㮚不迆，則弓不發。㮚、裂，古字通。

注：「鄭司農云：『菑㮚謂以鋸副析幹。迆，謂衺行絶理者弓發之所從起。』疏云：「不衺迆失理，則弓後不發傷也。」玄謂㮚，讀爲裂繻之裂。豳風：「烝在栗薪。」箋云：「古者聲栗、裂同也。」

補注：菑、斯，聲相邇，析也。今方俗語猶然。㮚、裂，假借字。謂傷動曰發，亦方言。

凡相角，秋閷者厚，春閷者薄。稺牛之角直而澤，老牛之角紾而昔。紾，之忍反。昔、錯通。

注：「鄭司農云：『紾，讀爲抮縛之抮。昔，讀爲交錯之錯，謂牛角觕理錯也。』」

疢疾險中。

注：「牛有久病，則角裏傷。」

瘠牛之角無澤。

注：「少潤氣。」

角欲青白而豐末。夫角之本，蹙於𦙶而休於氣，是故柔。柔故欲其埶也，白也者，埶之徵也。蹙，音促。𦙶、腦通。休，況付反。

注：「蹙，近也。休，讀爲煦。鄭司農云：『欲其形之自曲反以爲弓。』玄謂色白則埶。」

夫角之中，恒當弓之畏。畏也者必橈。橈故欲其堅也。青也者，堅之徵也。畏，烏回反。

注：「故書畏作威。杜子春云：『威謂弓淵，角之中央與淵相當。』玄謂畏讀如『秦師入隈』之隈。」釋名：「簫弣之間曰淵。淵，宛也，言曲宛也。」

夫角之末，遠於𦙶而不休於氣，是故脃。脃故欲其柔也，豐末也者，柔之徵也。角長二尺有五寸，三色不失理，謂之牛戴牛。

注：「末之大者，蚪氣及煦之。三色本白、中青、末豐。鄭司農云：『牛戴牛，角直一牛。』」

凡相膠，欲朱色而昔。昔也者，深瑕而澤，紾而摶廉。

注：摶，圜也。廉、瑕，嚴利也。

鹿膠青白，馬膠赤白，牛膠火赤，鼠膠黑，魚膠餌，犀膠黄。凡昵之類，不能方。昵，黏通。

注：「皆謂煮用其皮或用角。餌，色如餌。故書昵，或作樴。杜子春云：『或爲䵑。䵑，黏也。』」

凡相筋，欲小簡而長，大結而澤。小簡而長，大結而澤，則其爲獸必剽，以爲弓，則豈異於其獸。

注：「剽，疾也。」

筋欲敝之敝，

注：「鄭司農云：『嚼之當孰。』疏云：「筋之椎打嚼齧，欲得勞敝。」趙氏曰：「言熟之又熟也。」

漆欲測，

注：「測，猶清也。」

絲欲沈。

注：「如在水中時色。」

得此六材之全，然後可以爲良。

注：「全，無瑕病。」

凡爲弓，冬析榦而春液角，夏治筋，秋合三材，液，音亦。

注：「三材，膠、絲、漆。鄭司農云：『液，讀爲醳。』」疏云：「醳是醳酒之醳，亦是漬液之義。」

寒奠體，

注：「奠，讀爲定。至冬膠堅，内之檠中，定往來體。」

冰析灂。

注：「大寒中，下於檠中復内之。」

冬析榦則易，

注：「理滑致。」

春液角則合，

注：「合，讀爲洽。」

夏治筋則不煩，

注：「煩，亂。」

秋合三材則合，寒奠體則張不流，冰析灂則審環。

注：「合，堅密也。流，猶移也。疏云：「謂不失往來之體也。」審，猶定也。」疏云：「納之檠中，析其漆灂，其漆之灂環則定後不鼓動。」

春被弦則一年之事。

注：「朞歲乃可用。」

析幹必倫，析角無邪，斲目必荼。音舒。

注：「鄭司農云：『荼，讀爲舒。舒，徐也。目，幹節目。』」

斲目不荼，則及其大脩也，筋代之受病。夫目也者必强，强者在内而摩其筋。夫筋之所由幨，恒由此作。故角三液而幹再液。幨，昌廉反。

注：「脩，猶久也。摩，猶隱也。幨，絶起也。重醳治之，使相稱。」

厚其帤則木堅，薄其帤則需。帤，女居反。

注：「需謂不充滿。鄭司農云：『帤，謂弓中裨。』」

是故厚其液而節其帤，約之不皆約，疏數必侔。

注：「厚，猶多也。疏云：「多其液者謂角幹。」節，猶適也。疏云：「其裨須節適，厚薄得所也。」不皆約，纏之繳不相次也。侔，猶均也。」

鬻摯必中，膠之必均。鬻摯不中，膠之不均，則及其大脩也，角代之受病。夫懷膠於内而摩其角，夫角之所由挫，恒由此作。

注：「摯之言致也。中，猶均也。榦不均則角蹴折也。」林氏云：「膠在角内，若有厚薄，則角必爲之摩動。」

凡居角，長者以次需。

注：「當弓之隈也，長短各稱其榦，短者居簫。」恒角而短，是謂逆橈，引之則縱，釋之則不校。恒角而達，辟如終紲，非弓之利也。今夫茭解中有變焉，故校。於挺臂中有柎焉，故剽。恒角而達，引如終紲，非弓之利。恒、互同。辟、譬同。

注：「恒，讀爲桓。桓，竟也。竟其角而短於淵榦，引之角縱不用力，若欲反撓然。校，疾也。既不用力，放之又不疾。達，謂長於淵榦，若達於簫頭，紲弓，韣角過淵接，則送矢太疾，若見紲於韣矣。紲，繫也。常如繫於韣然。弓有韣者，爲發弦時備頓傷。詩云：「竹韣緄縢。」發弦謂解去弦。茭，讀如齊人名手足掔爲骹之骹。茭解，謂接中也。前云：「居角長短，各稱其榦，短者居簫。」然則角長至淵榦，與居蕭之短者相接，所謂淵接，是爲茭解中也。變，謂簫臂用力異。疏云：「引之則臂中用力，放矢則簫用力。既用力異，故校。校，謂矢去疾也。」挺，直也。柎，側骨。釋名：

「中央曰弣。弣，撫也，人所持撫也。」林氏曰：「側骨者，把處，兩邊貼以木也。」剽，亦疾也。」

補注：䪅，以竹爲之，弓弛則紲之於弓裏，張則去之。角長過淵接，引弦送矢俱不利。故曰：「辟如終紲。」又曰：「引如終紲。」

撟榦欲孰於火而無贏，撟角欲孰於火而無燂，引筋欲盡而無傷其力，鬻膠欲孰而水火相得，然則居旱亦不動，居溼亦不動。撟，居兆反。燂，音尋。

注：「贏，過孰也。燂，炙爛也。不動者，謂弓也。」

苟有賤工，必因角榦之溼，以爲之柔。善者在外，動者在內。雖善於外，必動於內，雖善，亦弗可以爲良矣。

注：「溼，猶生也。」

補注：鄭用牧曰：「動者在內，謂後必橈減，變動於內。」

凡爲弓，方其峻而高其柎，長其畏而薄其敝，宛之無已，應。敝，讀爲蔽塞之蔽。

注：「宛，謂引之也。引之不休止，常應弦，言不能罷需也。峻，謂簫也。鄭司農云：『敝，謂弓人所握持者。』」

補注：峻，蓋簫之柱弦者也。挺臂中有柎，柎嚮弦，宜高而薄之，以便握持。高下厚薄，互爲橫縱之辭也。敝與柎皆弓把，柎者其內側骨。

下柎之弓，末應將興。爲柎而發，必動於閷。

注：「末，猶簫也。興，猶動也，發也。弓柎卑，簫應弦，則柎將動。閷，接中。」

補注：末應將興，言簫應弦，將有傷動。爲柎而發，必動於閷，言因柎以致傷動者，其病必在角柎相接之處。興與弓韻，弓，音肱。發與閷韻，異文協句爾。

弓而羽閷，末應將發。羽，音户。閷，色界反。

注：「羽，讀爲扈。扈，緩也。接中動則緩閷，簫應弦則角幹將發。

補注：接中既傷動而緩閷，角幹皆隨之壞矣。

弓有六材焉，維幹强之，張如流水。

維體防之，引之中參。

注：「無難易也。」

注：「體，謂内之於檠中定其體，防深淺所止。疏云：「若王弧之弓，往體寡，來體多，弛之乃有五寸，張之一尺五寸。夾庾之弓，往體多，來體寡者，弛之一尺五寸，張之得五寸。唐弓、大弓，往來體若一者，弛之一尺，張之亦一尺。」謂體定，張之弦居一尺，引之又二尺。」疏云：「此據唐大中者而言，餘四者弛之張之，雖多少不同，及其引之皆三尺，以其矢長三尺，須滿故也。」

維角堂之，欲宛而無負弦。引之如環，釋之無失體，如環。堂，古音直良反。今音丑庚反。

注：「負弦，辟戾也。負弦則不如環，如環亦謂無難易。」

補注：既張弦，引之如環；及其釋弦，無失體，亦如環也。

材美，工巧，爲之時，謂之參均。角不勝榦，榦不勝筋，謂之參均。量其力有三均。均者三，謂之九和。

注：「不勝，無負也。」

補注：角、榦、筋三者，量其力，無此勝彼負，謂之參均，即所謂「量其力有三均」也。角、榦、筋之材美、工巧爲之時，謂之參均。是均者各三，而謂之九和也。「量其力有三均」二句，承上兩謂之參均。

九和之弓，角與榦權。筋三侔，膠三鋝，絲三邸，漆三斞。上工以有餘，下工以不足。鋝，當作鍰。

注：「權，平也。鋝，鍰也。邸、斞，輕重未聞。」

補注：權之使無勝負，故曰角與榦權。侔，未聞。三侔、三鍰、三邸、三斞，一弓之筋、膠、絲、漆也。鍰者，十一銖二十五分銖之十三。三鍰，重一兩十銖二十五分銖之十四。邸，收絲之器。斞，挹漆之器。皆有量數可取則者。

爲天子之弓，合九而成規；爲諸侯之弓，合七而成規；大夫之弓，合五而成規；士之弓，合三而成規。

注：「材良則句少也。」疏云：「按下文及司弓矢，六弓爲三等，無士用合三成規之弓者。」

弓長六尺有六寸，謂之上制，上士服之。弓長六尺有三寸，謂之中制，中士服之。弓長六尺，謂之下制，下士服之。

注：「人各以其形貌大小服此弓。」

凡爲弓，各因其君之躬志慮血氣。豐肉而短，寬緩以荼，若是者爲之危弓，危弓爲之安矢。骨直以立，忿埶以奔，若是者爲之安弓，安弓爲之危矢。其人安，其弓安，其矢安，則莫能以速中，且不深。其人危，其弓危，其矢危，則莫能以愿中。荼，古文舒，假借字。

注：「又隨其人之情性。奔，猶疾也。愿，慤也。」

往體多，來體寡，謂之夾臾之屬，利射侯與弋。臾、庾通。

注：「射遠者用埶，夾庾之弓，合五而成規。侯非必遠顧。埶弓者材必薄。薄則弱，弱則矢不深中，侯不落，大夫士射侯矢落不獲。弋，繳射也。」

往體寡，來體多，謂之王弓之屬，利射革與質。

注：「射深者用直，此又直焉，於射堅宜也。王弓合九而成規，弧弓亦然。革謂干盾。質，木椹。天子射侯亦用此弓。」

往體、來體若一，謂之唐弓之屬，利射深。

注：「射深用直，唐弓合七而成規，大弓亦然。」

大和無灂，其次筋角皆有灂而深，其次有灂而疏，其次角無灂。

注：「大和，尤良者也。深謂灂在中央，兩邊無也。疏云：「筋在背，角在限，皆有灂，但深在其中央，兩邊無也。其次有灂而疏者，以上參之，此謂兩邊亦有，但疏之不皆有也。」角無灂，謂隈裏。」

合灂若背手文，角環灂，牛筋蕡灂，麋筋斥蠖灂。

注：「弓表裏灂合處，若人合手背，文相應。蕡，枲實也。斥蠖，屈蟲也。」

和弓毄摩。

注：「和，猶調也。毄，拂也。將用弓，必先調之、拂之、摩之。」

覆之而角至，謂之句弓。覆之而榦至，謂之侯弓。覆之而筋至，謂之深弓。

注：「句於三體，材敝惡，不用之弓也。覆，猶察也，謂用射而察之。爾雅：「覆，審也。」至，猶善也。古字至、致通。致，致密也。但角善，則矢雖疾而不能遠；榦又善，則矢疾而遠；筋又善，則矢既疾而遠又深。」

弓

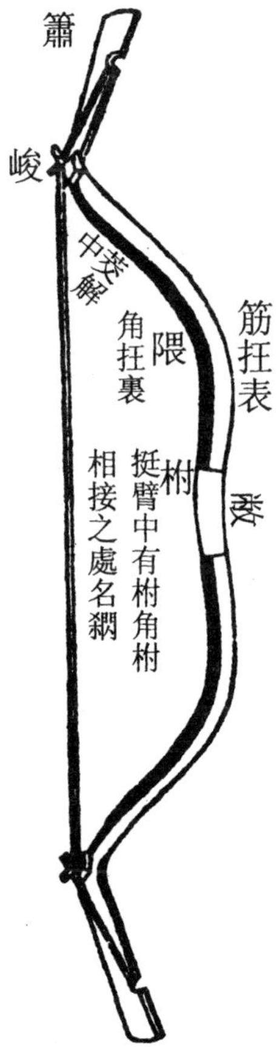

考工記圖後序

考工諸器，高庳廣狹有度。今爲圖，斂於數寸紙幅中，或舒或促，必如其高庳廣狹，然後古人制作，昭然可見。不則，如磬氏之磬，何以定其倨句？㮚氏之量，何以測其方圜徑冪？韗人之皋陶，何以辨其晉鼓、鼖鼓？又如鳧氏之鐘，後鄭云：「鼓六，鉦六，舞四，其長十六。」又云：「今時鐘或無鉦閒。」既爲圖觀之，迺知其説誤也。句股法，自銑至鉦，八而去二，則自鉦至舞，亦八而去二。銑爲鐘口，舞爲鐘頂。記曰銑、曰鉦者，徑也。曰銑閒、曰鉦閒、曰鼓閒者，崇也。曰脩、曰廣者，羡也。羡之度，舉舞則鉦與銑可知，而鉦閒因銑、鉦、舞之徑，以得其崇。然則記所不言者，皆可互見。若據鄭説，有難爲圖者矣。其他戈戟之制，後人失其形似。式崇式深，後人疏於考論。鄭氏注固不爽也。車輿宮室，今古殊異。鐘、縣、劍、削之屬，古器猶有存者。執吾圖以考之，羣經暨古人遺器，其必有合焉爾。時柔兆攝提格日在南北河之閒〔八〕。東原氏書於游藝塾。

校注

〔一〕「據其」句　孫詒讓眉批：「『四分天周之一』，即西法所謂象限也。」

〔二〕「駬琮」句　孫詒讓眉批：「札樸案，上文『瑑圭璋』『牙璋』，下文『瑑琮』，皆文飾，此『駬琮』亦文飾，未必如鄭注爲『組』也。當依説文作『珇』」。

〔三〕頎　原作「頃」，據十三經注疏本周禮改。

〔四〕觗三升以之酬　孫詒讓批：「此本劉公是説。」

〔五〕「然則」至「四寸」　程瑤田眉批：「瑤田按：大射儀：『大侯之崇，見鵠於參，參見鵠於干，干不及地武。』然則『不及地武』，專言干侯也。故鄭氏注大射儀云：『糝侯去地一丈五寸少半寸，大侯去地二丈二尺五寸少半匠人爲溝洫，耜廣五寸，二耜爲耦。一耦之伐，廣尺，深尺，謂之甽。田首倍之，廣二尺，深二尺，謂之遂。甽，說文作𡿨。甽，畎，古犬反。

注：「古者耜一金，兩人并發之。其壟中曰甽，甽上曰伐。伐之言發也。今之耜，歧頭兩金，象古之耦也。田，一夫之所佃百畝，方百步地。遂者，夫閒小溝，遂上亦有徑。」

九夫爲井，井閒廣四尺，深四尺，謂之溝，方十里爲成，成閒廣八尺，深八尺，謂之洫；方百里爲同，同閒廣二尋，深二仞，謂之澮。專達於川，各載其名。凡天下之地埶，兩山之閒，必有川焉，大川之上，必有涂焉。

注：「此畿内采地之制，九夫爲井，井者，方一里，九夫所治之田也。采地制井田，異於鄉遂及公邑。三夫爲屋。屋，具也。一井之中三屋，九夫，三三相具，以出賦税，共治溝也。司馬法：「六尺爲步，步百爲畮，畮百爲夫，夫三爲屋，屋三爲井。」方十里爲成，成中容一甸，甸方八里，出田税，緣邊一里，治洫。小司徒職：「九夫爲井，四井爲邑，四邑爲丘，四丘爲甸。」注云：「此制小司徒經之。匠人爲之溝洫相包乃成爾。邑丘之屬相連比，以出田税。溝洫爲除水害。四井爲邑，方二里。四邑爲丘，方四里。四丘爲甸，甸之言乘也。甸方八里，旁加一里，則方十里爲一成。積百井九百夫，其中六十四井五百七十六夫出田税，三十六井三百二十四夫，治洫。」方百里爲同，同中容四都，六十四成。方八十里，出田税，緣邊十里，治澮。小司徒職：「四甸爲縣，四縣爲都。」注云：「四甸爲縣，方二十里。四縣爲都，方四十里。四

宗廟於顧命見天子路寢之制，於覲禮見天子宗廟之制，降而諸侯，下及大夫、士，廣狹有等差，而制則一。

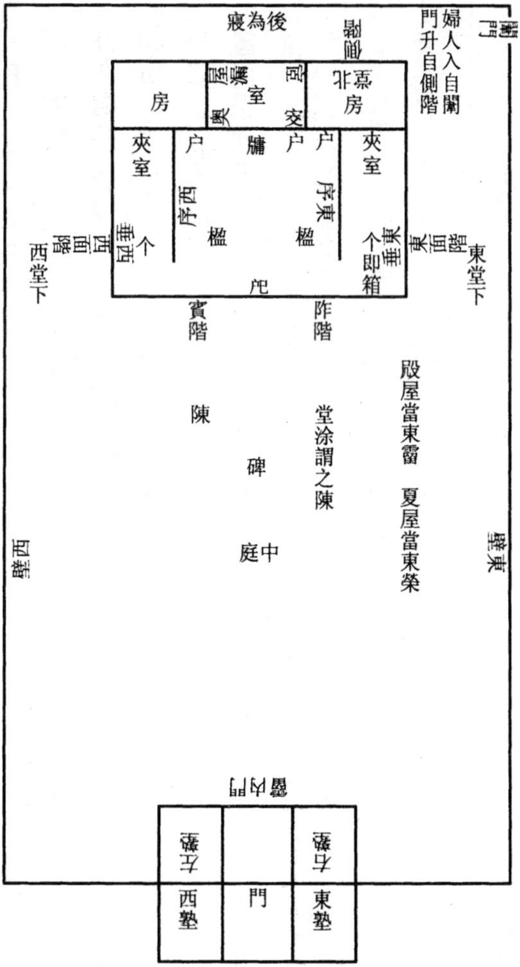

寸。』補注誤也。」

〔六〕「南畝」句　程瑶田眉批：「瑶田按：鄭氏遂人注云：『以南畮圖之，則遂縱溝橫，洫縱澮橫。』賈疏所云井田畎澮縱橫之法，蓋據東晦言之，補注誤也。」

〔七〕「緣外」至「尺數」　程瑶田眉批：「瑶田謂注『内』『外』二字誤解。『其内六尺有六寸』七字連讀爲一句，『自其庛緣其外以至於首以弦』十二字連讀爲一句。『内』謂耒木三折本體之實數，『外』謂所弦空中之虚數。此特表弦之之法，以示人謂欲據其内之六尺有六寸者而弦之，其法當如何，只須『自其庛緣其外以至於首』，如是以弦之，則得其弦之數爲六尺，以與步中也。此所謂文淺字順。『其外』『其内』兩『其』字，皆得反於其所矣。」

〔八〕「時柔兆」句　意謂丙寅年十二月。

戴震全書

修訂本

第貳册

（清）戴震 撰
楊應芹 諸偉奇 主編

黄山書社

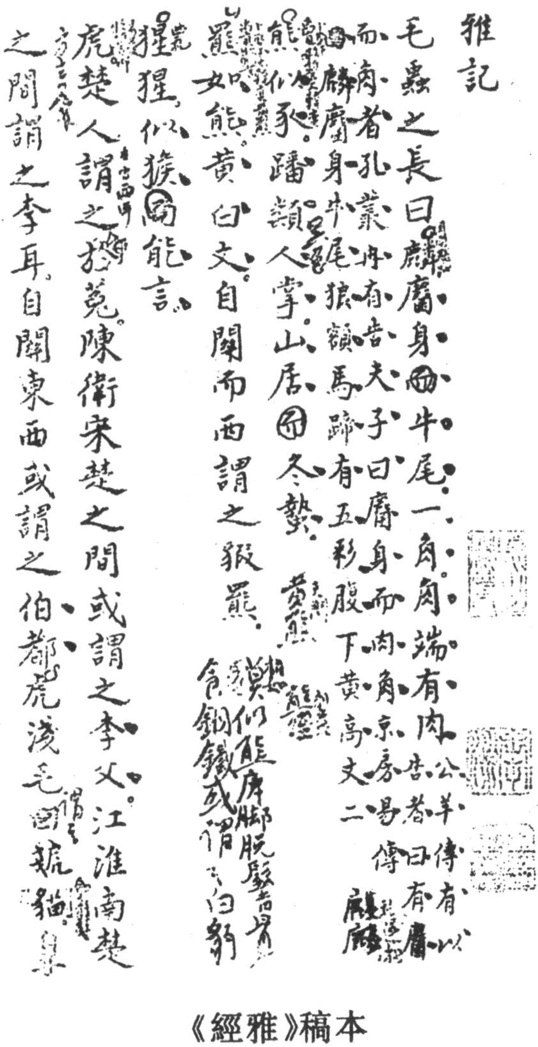
雅記
毛蟲之長曰麒麐身牛尾一角角端有肉公羊傳有以
而角者孔叢子曰麐身而肉角京房易傳曰有麐
麟麐身牛尾狼額馬蹄有五彩腹下黄高丈二
熊似豕蹯類人掌山居冬蟄
羆如熊黄白文自關而西謂之猳羆
猩猩似猴能言
虎楚人謂之於菟陳衛宋楚之間或謂之李父江淮南楚
之間謂之李耳自關東西或謂之伯都虎淺毛曰虦貓

《經雅》稿本

（湖北省圖書館藏）

虎皮謂之皐比

貔，執夷，遼東謂之白羆，或謂之白狐，曲禮之貔貅也。

豹，似虎，黄質黑文，或謂之文豹，趙謂之程。

兕，似牛，一角，或謂之青兕。

犀，似水牛，豕首，庳足，足有三蹏，犀角之貴。

也。

犛牛，領有肉堆，或謂之𤛓牛。旄牛，四節生毛，或謂之偏牛。

狼，似犬，銳頭，白頰，老狼領下有胡，狼牡曰獾。

貉，似狐，善睡，貉子曰貆。

經考卷一　　　　休寧戴震記

重卦　　　　邵二雲手校

張懷瓘曰、先賢說八卦非伏羲自重、易曰、聖人立象以盡意、設卦以盡情僞、八卦成列、象在其中矣、因而重之、爻在其中矣、剛柔相推、變在其中矣、伏羲自重之驗也、易又曰、昔者聖人之作易也、觀變於陰陽而立卦、發揮於剛柔而生爻、故易六畫而成卦、六位而成章、又伏羲自重之驗也、

程大昌曰、周官紀三易、其經卦皆八、其别皆六十有四、連山夏也、歸藏商也、夏商之世、八卦固已别為六

《經考》原抄本

（國家圖書館藏）

數之不能終其物用此見漢人之書就一書中有師承可據者亦有失傳傅會者在好學之士善辨別其閒而已

是書從 河間紀先生處借録桂惟姚邵二雲手校一過無甚譌錯矣乾隆己丑九月十八日益都李文藻記于京城保坊橋北百順衚衕寓舍

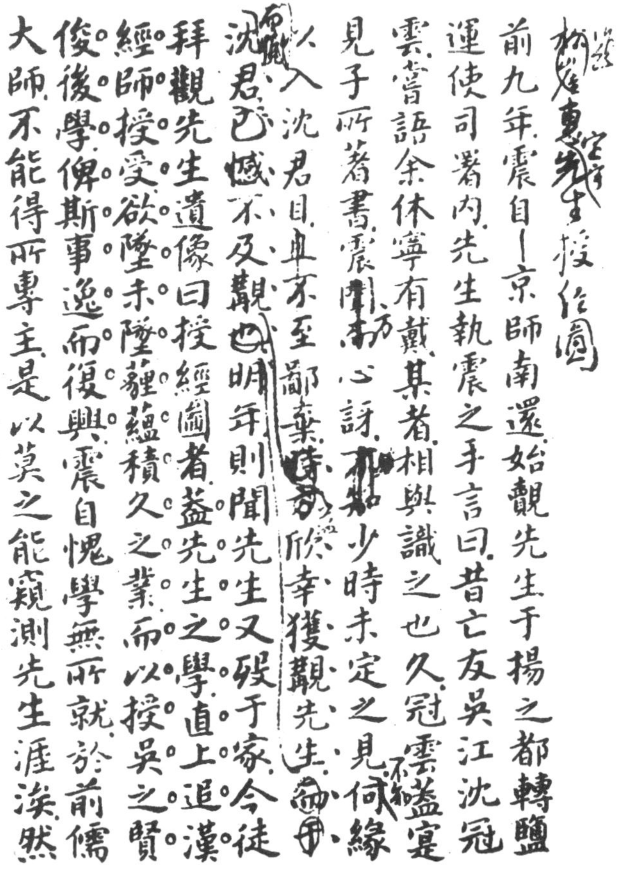
題惠定宇先生授經圖
前九年，震自京師南還，始覲先生于揚之都轉鹽
運使司署內。先生執震之手言曰：昔亡友吳江沈冠
雲嘗語余，休寧有戴某者，相與識之也久。冠雲蓋實
見子所著書。震方心訝少時未定之見，不知何緣
入沈君目，與不至鄙棄，方竊欣幸獲覲先生，而
沈君已殞，不及覲也。明年則聞先生又殁于家。今徒
拜觀先生遺像，曰授經圖者，盖先生之學，直上追漢
經師授受，欲墜未墜，薶蘊積久之業，而以授吳之賢
俊後學，俾斯事逸而復興。震自愧學無所就，於前儒
大師不能得所專主，是以莫之能窺測先生涯涘。然

《題惠定宇先生授經圖》手稿

（北京大學圖書館藏）

病夫六經微言後人以趨歧而失之言者輒曰有漢儒經學有宋儒經學一主于訓故一主于理義此誠震之所大不解也者夫所謂理義苟可以舍經而空凭胸臆將人人鑿空得之奚有于經學之云乎哉惟空凭胸臆之卒無當于賢人聖人之理義然後求之古經求之古經而遺文垂絕今古縣隔也然後求之訓故訓故明則古經明古經明則賢人聖人之理義明而我心之所同然者乃因之而明賢人聖人之理義非它存乎典章制度者是也松崖先生之為經也欲學者事于漢經師之訓故以博稽三古典章制度

戴震全書第二册目次

卷二……二一七

經考附録

卷二

卷四……五三一

卷六

戴震全書之四

杲溪詩經補注

蔣立甫◎整理
劉學鍇◎審訂

説明

杲溪詩經補注，簡稱詩經補注，是戴震未完成書稿之一種，僅周南、召南二卷，故清史稿藝文志徑稱爲詩經二南補注。據段玉裁戴東原先生年譜，本書作於乾隆三十一年丙戌（一七六六），作者四十四歲。譜云：「注詩周南、召南，名之曰杲溪詩經補注。『杲溪』二字，蓋以自別於諸言詩者。」戴氏關於詩經著作，在是書前已成詩補傳二十六卷與毛鄭詩考正五卷。著者自謂詩補傳「尚俟改正」，而杲溪詩經補注則是十三年後，經著者「改正」的「識見稍定」之作。段譜謂是書「其體例猶舊」，同於詩補傳，即「就全詩考其字義名物於各章之下」。一般是依次列毛傳、鄭箋或朱熹詩集傳説解，其他有足資參證的資料，則以夾注形式置於有關條目下，再以「按語」折衷，表明去取，或闡述己見。至於作詩之意則「附於篇題後」。補注以補傳爲基礎，在文字考訂、典制辨證、語詞釋義、篇旨探索，乃至行文修辭等方面都有不同程度的删補加工，其質量無疑高出補傳，故段譜云：「今二南著録，而詩補傳已成者不著録。」先生所謂每憾昔人成書太早，多未定之説者，於此可見。

杲溪詩經補注有微波榭本、皇清經解本、藝海珠塵本。安徽叢書本即據微波榭刻本影印。今以安徽叢書本爲底本，校以别本，對戴氏所引書，也盡可能取原書校訂。

杲溪詩經補注卷一

國風

周南

關關雎鳩，在河之洲。窈窕淑女，君子好逑。

毛傳曰：「關關，和聲也。雎鳩，王雎也。鳥摯而有別。水中可居者曰洲。窈窕，幽閒也。疏云：「窈窕者，謂淑女所居之宮形狀窈窕然。以淑女已爲善稱，則窈窕宜爲居處。」淑，善也。逑，匹也。」孫炎云：「相求之匹。」鄭箋曰：「摯之言至也，謂王雎之鳥雌雄情意至然而有別。」震按：箋說非也，古字「鷙」通用「摯」，夏小正「鷹始摯」，曲禮「前有摯獸」是其證。春秋傳郯子言少皞以鳥名官，鴡鳩氏，司馬也。說曰〔一〕：「鷙而有別，故爲司馬，主法制。」此義之兼取鷙者，不得如箋所云明矣。雎鳩之有別，本於其性成，是以詩寄意焉。凡詩辭於物，但取一端，不必泥其類。窈窕，謂容也，其容幽閒、窈窕然。禮四教：婦德、婦言、婦容、婦功。容者，德之表。屈原賦九歌曰「子慕予兮善窈窕」，亦以容言之。

參差荇菜，左右流之。窈窕淑女，寤寐求之。

毛傳曰：「荇，接余也。俗呼荇絲菜，夏月開黄華。流，求也。寤，覺也。寐，寢也。」鄭箋曰：「左右，助也。言后妃將供荇菜之菹，必有助而求之者。」疏云：「案天官醢人陳『四豆之實』無荇菜者，以殷禮，詩詠時事，故有之。」集傳曰：「或左或右，言無方也。流，順水之流而取之也。」震按：參，說文引詩作「槮」，木長貌。此詩卒章曰「左右芼之」，明言爲「芼」，非爲「菹」也。「菹」與「醢」相從實諸豆，周禮「七菹」，「韭菹、菁菹、茆菹、葵菹、芹菹、菭菹、筍菹」是也。「芼」與「羹」相從實諸鉶，儀禮「鉶芼牛藿、羊苦、豕薇」。昏義曰：「牲用魚，芼之以蘋藻。」内則曰：「饘、酏、酒、醴、芼、羹〔二〕」，又曰「雉兔皆有芼」是也。「芼之」而猶曰「左右」，不必爲「無方」。則左右者，蓋至近之辭。流之，言在流水之次，有潔濯之美，可以當求取耳。直以「求取」訓「流」則非也。

求之不得，寤寐思服。悠哉悠哉，輾轉反側。

鄭箋曰：「服，事也。求賢女而不得，覺寐則思己職事，當誰與共之乎？不周曰輾〔三〕。」震按：思服，王肅云「服，膺。思，念之」是也。爾雅：「悠，遠也。」箋說爲后妃求賢女，與之供己職。古（音）（者）天子諸侯内宫之人有數，皆不得任意廣求。集傳爲宫中之人於文王之妃太姒始至，見而美之，因本其未得，言憂思之深至於如此。予繹此詩，蓋言必窈窕之淑女乃宜配君子，未得其人，求之不可不專且至，所以明事之當重無過於此者。關雎之言夫婦，鹿鳴之言君臣，歌之房中，歌之燕饗，俾聞其樂章，知君臣、夫婦之正焉。禮樂之教遠矣，非指一人一事爲之者也。

參差荇菜，左右采之。窈窕淑女，琴瑟友之。

集傳曰：「采取而擇之也。」震按：采，擇取也。

參差荇菜，左右芼之。窈窕淑女，鐘鼓樂之。

毛傳曰：「芼，擇也。」集傳曰：「芼，熟而薦之也。」震按：爾雅「芼，搴也」，郭注云「謂拔取菜」。蓋因采之、芼之相次比，宜其不遠。毛詩則以三章之次：先求、次取、次宜爲擇，故不從爾雅。集傳以「采」已兼「擇」，故用董氏說爲熟薦，不從毛詩。董氏說見呂伯恭讀詩記。三說皆緣辭生訓，於字之偏旁不能明也。許叔重說文解字亦引此詩而云「艸覆蔓」，又於詩之前後失次。大致說經者，就經傳合而不可通於字；說字者，就字傳合而不可通於經。舉此一字知訓詁之失傳久矣。考之禮，羹、醢、菹、芼凡四物，肉謂之醢，菜謂之菹；肉謂之羹，菜謂之芼。菹、醢生爲之，是爲豆實。芼則湆烹之。禮注：「湆，〔內〕〔肉〕汁也。」故菹、芼有別，芼之言用爲鉶芼也。

關雎鄭分五章　求賢妃也。故其三章曰「求之不得」，難之也。難之也者，重之也。蓋周初作之以爲房中之樂。燕禮注云：「絃歌周南、召南之詩。謂之房中者，后夫人之所諷誦以事其君子。」詩譜云：「后妃夫人侍御於其君子，女史歌之以節義序故耳。」又謂之燕樂。周禮磬師注云：「燕樂，房中之樂。」亦曰鄉樂。燕禮曰：「工歌鹿鳴、四牡、皇皇者華。笙入，立于縣中，奏南陔、白華、華黍。乃間歌魚麗，笙由庚；歌南有嘉魚，笙崇丘；歌南山有臺，笙由儀。遂歌鄉樂，周南：關雎、葛覃、卷耳；召南：鵲巢、采蘩、采蘋。」南、豳、雅、頌，有專爲樂章，非詠時事者。周家歷世有賢妃之助，故周南首關雎，召南首鵲巢，所以正内德、慎昏姻之際。毛詩篇義曰〔四〕：「關雎，后妃之德也。風之始也，所以風天下而正夫婦也。故用之鄉人焉，用之邦國焉。」魯詩曰：「后夫人鷄鳴佩玉去君所，周康王后不然，故詩人歎而傷之。」史記曰：「周道缺，詩人本之衽席，關雎作。」漢書曰：「佩玉晏鳴，關雎刺之〔五〕。」齊韓之學亦皆以爲諷刺，惟毛詩與禮經合。薛士龍云「關雎作刺之説，是賦其詩者」。

葛之覃兮，施于中谷。維葉萋萋，黄鳥于飛。集于灌木，其鳴喈喈。

毛傳曰：「覃，延也，葛所以爲絺綌，女功之事煩辱者。施，移也。中谷，谷中也。萋萋，茂盛貌。黄鳥，摶黍也。方言：「驪黄，自關而東謂之倉庚，自關而西謂之驪黄，或謂之黄鳥。」郭注云：「其色黧黑而黄。」灌木，叢木也。喈喈，和聲之遠聞也。」震按：覃，長也。覃字本義，說文云：「長味也。」故因爲凡長之通語，生民詩曰「實覃實訏」。施，延也，語之轉。

葛之覃兮，施于中谷。維葉莫莫，是刈是濩。爲絺爲綌，服之無斁。

毛傳曰：「莫莫，成就之貌。濩，煮之也。舍人云：「是刈，刈取之。是濩，煮治之。」孫炎云：「煮葛以爲絺綌。以煮之於濩，故曰濩煮。非訓濩爲煮〔六〕。」精曰絺。粗曰綌。斁，厭也。」鄭箋曰：「服，整也。女在父母之家未知將所適，故習之以絺綌煩辱之事，乃能整治之無厭倦。」震按：莫莫，猶幕幕也。此因夏時服葛在躬，而念及治葛之事，以見不可厭耳。古字「毋」通用「無」。

言告師氏，言告言歸。薄污我私，薄澣我衣。害澣害否，歸寧父母。

毛傳曰：「言，我也。師，女師也。污，煩也。私，燕服也。害，何也。寧，安也。父母在，則有時歸寧耳。」鄭箋曰：「煩，煩撋之用功深。阮孝緒字略云：「煩撋，猶挼莎也。」澣，謂濯之耳。」集傳曰：「言，辭也。上章既成絺綌之服矣，此章遂告其師氏，使告于君子以將歸寧之意。」震按：「言」與「云」聲義相邇。「薄」猶「且」也。

葛覃三章　不忘女功也。禮后夫人親蠶不親葛，蓋當服葛之時，猶念未嫁在父母家，曾知葛事之勤而追賦之，因以感而思歸寧也。周書無逸之訓，以「立王生則逸，不知稼穡之艱難，不聞小人之勞，惟耽樂之從」，誦以爲戒。然則葛覃之義，其以視忘女功之勤勞而驕侈是從者。孰宜法，孰宜戒，可知也。

采采卷耳，不盈頃筐。嗟我懷人，寘彼周行。

毛傳曰：「采采，事采之也。疏云：「言勤事采菜。」卷耳，苓耳也。頃筐，畚屬，易盈之器也。韓詩云：「頃筐，敧筐也。」〔七〕懷，思也。寘，置也。行，列也。思君子官賢人，置周之列位。」集傳曰：「周行，大道也。后妃以君子不在而思念之，託言方采卷耳未滿頃筐，而心適念其君子，故不能復采而置之大道之旁也。」震按：采采，衆多貌。詩曰「采采芣苢」，又曰「蒹葭采采」，又曰「蜉蝣之翼，采采衣服」，皆一望衆多者。卷耳、芣苢又以見其多而易得之物。「嗟我懷人，寘彼周行」，言寘此懷念于周行之上。下三章皆懷之之事也。周，猶徧也，通也。行，路也。行爲「行列」字之音訓旁及，而春秋傳曰「『嗟我懷人，寘彼周行』，能官人也。王及公、侯、伯、子、男，甸、采、衛、大夫，各居其列，所謂周行也」。斷章見意，如郤至之論「公侯干城」「公侯腹心」爲一美一刺，於詩之本指不然也。荀卿書曰：「頃筐易滿也，卷耳易得也，然而不可以貳周行。」以明用心者之一，情之至也不貳，其得詩之意者歟？

陟彼崔嵬，我馬虺隤。我姑酌彼金罍，惟以不永懷。

毛傳曰：「陟，升也。崔嵬，土山之戴石者。虺隤，病也。」孫炎云：「馬退不能升之病也。」姑，且也。人君黄金罍。許叔重五經異義：「罍制，今韓詩説，金罍大器，天子以玉，諸侯、大夫皆以金，士以梓。古毛詩説，〔金〕罍〔八〕，酒器，諸臣之所酢，人君以黄金飾，尊大一碩金飾龜目〔九〕，蓋取雲雷之象。」永，長也。」震按：爾雅釋山云「石戴土謂之崔嵬」，毛詩殆轉寫誤也。金者，五金之統名。罍，説文云：「龜目酒尊，刻雲雷象。」三章皆承上感念于周行而言。陟山，謂君子行邁所陟也。酌酒，願君子且酌以解其憂勞也。鄭箋以爲后妃言「使臣以兵役之事，勤勞于山險，出使而反，君當設饗燕之禮，與之飲酒以勞之，我則以是不復長憂思」。集傳以爲后妃「託言欲登以望所懷之人而往從之，則馬罷病不能進。於是且酌金罍之酒，而欲不至於長以爲念」。二説皆未然與。

陟彼高岡，我馬玄黄。我姑酌彼兕觥，維以不永傷。

毛傳曰：「山脊曰岡。玄馬病則黄。兕觥，角爵也。」五經異義：「爵制，今韓詩説，一升曰爵，二升曰觚〔一〇〕，三升曰觶，四升曰角，五升曰散，總名曰爵，其實曰觴。觥亦五升，所以罰不敬。古毛詩説，觥大七升。謹案：觥罰有過，一飲而盡，七升爲過多。」鄭箋曰：「觥，罰爵也。饗燕所以有之者，飲酒禮自立司正之後〔一一〕，旅醻必有醉而失禮者，罰之亦所以爲樂。」震按：觥，亦作「觵」。周禮所謂

「觵撻」〔一二〕行禮用之爲罰爵，常飲酒則否。

陟彼砠矣，我馬瘏矣。我僕痡矣，云何吁矣。

毛傳曰：「石山戴土曰砠。瘏，病也。孫炎云：「馬疲不能進之病也。」痡，病也。吁，憂也。」震按：爾雅釋山云「土戴石爲砠」。砠字從石，以石上見也。僕，御者也。痡，蓋勞於御車而疲病。言馬、言僕，則君子之勞可知。「吁」當爲「盱」。何人斯之詩曰「壹者之來，云何其盱」，都人士之詩曰「我不見兮，云何盱矣」，皆不得見而遠望之意。說文：「盱，張目也。」爾雅：「盱，憂也。」毛詩於「盱」字不復釋，則皆蒙卷耳傳矣。今此詩及傳作「吁」者，後人轉寫之譌耳。

卷耳四章　感念於君子行邁之憂勞而作也。

南有樛木，葛藟纍之。樂只君子，福履綏之。

毛傳曰：「木下曲曰樛。履，禄也。綏，安也。」震按：詩中凡言葛藟，謂葛之藤蔓耳。古曰藟，今曰藤，古今語也。舊説分葛藟爲二物，以對下「福禄」，因別指一藤之類當之，非也。詩言「福禄」者多矣，此獨言「福履」，蓋身之動履，無非福祉吉事，是謂「福履」。毛、鄭詩以上二言喻后妃以恩意下逮衆妾，故衆妾得以上附而進御於君。下「君子」則指君。集傳以爲

「衆妾樂后妃之德而稱願之」，恐君子之稱不可通于婦人，乃云「自衆妾而指后妃，猶言小君、内子也」。是與他處「樂只君子」獨別，不然矣。詩辭本無從知爲衆妾美后妃所作，葛藟之附樛木，福履之隨君子，實樛木有以來之，君子有以致之也。以是言之，亦可知詩人之言福矣。

南有樛木，葛藟荒之。樂只君子，福履將之。

毛傳曰：「荒，奄也。將，大也。」鄭箋曰：「將，猶扶助也。」震按：將，猶進也。

南有樛木，葛藟縈之，樂只君子，福履成之。

毛傳曰：「縈，旋也。」

樛木三章　下美上之詩也。毛詩篇義曰：「樛木，后妃逮下也。」未聞其審。

螽斯羽，詵詵兮。宜爾子孫，振振兮。

毛傳曰：「螽斯，蜙蝑也〔一三〕。詵詵，衆多也。振振，仁厚也。」集傳曰：「詵詵，和集貌。振振，盛貌。」震按：螽，草蟲以股鳴者，其類不一。斯，辭也。或曰「螽斯」，或曰「斯螽」，便文協句。如「鷽斯」、「斯干」之類。言「羽」者，于其飛之盛見之。詵詵，衆盛貌。與駪、莘、甡、兟、侁侁、𧕎、䢁、辡等字聲義相邇。振振，儀容之盛也。毛詩於「振振公子」、「振振君子」，皆曰「信厚也」。於「振振鷺」曰「羣飛貌」。晉童謡「均服振振」，杜預云「盛貌」。韋昭云「威武也」。緣辭生訓，故説各不同。毛、鄭以「宜爾子孫」直言后妃，集傳以爲亦指「螽斯」，毛、鄭是也。物以多見其盛，人則以多賢爲盛，詩之稱美者如是。

螽斯羽，薨薨兮。宜爾子孫，繩繩兮。

毛傳曰：「薨薨，衆多也。繩繩，戒慎也。」集傳曰：「薨薨，羣飛聲。繩繩，不絶貌。」震按：毛傳義本爾雅，「繩」亦作「憴」。抑之詩曰「子孫繩繩，萬民靡不承」，以教令之出不苟，則子孫戒慎守之，萬民咸奉行之也。

螽斯羽，揖揖兮。宜爾子孫，蟄蟄兮。

毛傳曰：「揖揖，會聚也。蟄蟄，和集也。」集傳曰：「蟄蟄，亦多意。」震按：毛傳是也。古字「輯」通用「揖」。史記「揖五瑞」，又秦刻石「摶心揖志」。

螽斯三章　亦下美上也。毛詩篇義曰：「螽斯，后妃子孫衆多也。」

桃之夭夭，灼灼其華。之子于歸，宜其室家。

毛傳曰：「桃有華之盛者，夭夭，其少壯也。灼灼，華之盛也。之子，嫁子也。于，往也。」

桃之夭夭，有蕡其實。之子于歸，宜其家室。

毛傳曰：「蕡，實貌。家室，猶室家也。」
桃之夭夭，其葉蓁蓁。之子于歸，宜其家人。
毛傳曰：「蓁蓁，至盛貌。一家之人盡以爲宜。」
桃夭三章　歌於嫁子之詩也。家之大善曰宜，以美以誨兩見之與。

肅肅兔罝，椓之丁丁。赳赳武夫，公侯干城。
毛傳曰：「肅肅，敬也。兔罝，兔罟也。李巡云：「兔自作徑路，張罝捕之也。」丁丁，椓杙聲也。爾雅：「樴之謂杙。」李巡云：「謂橛也。」赳赳，武貌。干，扞也。」孫炎云：「干盾所以自蔽扞。」集傳曰：「肅肅，整飭貌。」震按：毛、鄭以「肅肅兔罝」爲其人之不忘恭敬，集傳以爲罝之整飭，集傳是也。
肅肅兔罝，施于中逵。赳赳武夫，公侯好仇。
毛傳曰：「逵，九達之道。」韓詩薛君章句云：「中馗，馗中，九交之道也。」
肅肅兔罝，施于中林。赳赳武夫，公侯腹心。
兔罝三章　美用賢也。金吉甫曰：「按墨子書『文王舉閎夭、泰顛于罝罔之中，授之政，西土服』。」見尚賢上第八。据金氏說，則「赳赳武夫」追本其往昔所爲而質言之者也，於此見舉賢之不遺微賤而得國士良佐也。

采采芣苢，薄言采之。采采芣苢，薄言有之。

毛傳曰：「采采，非一辭也。芣苢，馬舄。馬舄，車前也，宜懷妊焉。陸璣草木蟲魚疏云：「其子治婦人生難。」薄，辭也。采，取也。有，藏之也。」震按：采采，衆多貌。薄，猶且也。采之，往取也。有之，覩其有也。

采采芣苢，薄言掇之。采采芣苢，薄言捋之。

毛傳曰：「掇，拾也。捋，取也。」震按：掇，穗折之也。捋，一手持其穗，一手捋取之也。車前之用在子，故捋之。

采采芣苢，薄言袺之。采采芣苢，薄言襭之。

毛傳曰：「袺，執衽也。」孫炎云：「持衣上衽。」扱衽曰襭。李巡云：「扱衣上衽於帶。」震按：婦人之衣，連衣裳不殊之。衽者，裳之旁幅也。蓋襟貯之而持其衽，或扱諸帶。

芣苢三章　言室家之樂。以見治化之盛有徵也。毛詩篇義曰：「和平則婦人樂有子矣。」以是言之，徵之室家和平，而知天下和平也。故周南王者之風也。韓詩曰：「芣苢，傷夫有惡疾也。薛君章句謂芣苢爲澤瀉，以采之不已，喻君子有惡病猶守而不離去。於義爲狹。」

南有喬木，不可休思。漢有游女，不可求思。漢之廣矣，不可泳思。江之永矣，不可方思。毛傳曰：「喬，上竦也。思，辭也。潛行爲泳。永，長也。方，泭也。」方言：「泭謂之箄，箄謂之筏。筏，秦晉之通語也。」震按：爾雅：「休，蔭也。」郭注云：「今俗語呼樹蔭爲休。」「休思」或作「休息」者，轉寫之譌。韓詩外傳引此作「不可休思」。釋文云：「本或作休思」。疏云：「經求思之文，在游女之下，傳解喬木之下，先言思辭，然後始言漢上。疑經『休息』之字作『休思』也。詩之大體，韻在辭上，疑休求字爲韻，二字俱作思。」周禮職方氏：荆州「其川江漢」。

翹翹錯薪，言刈其楚。之子于歸，言秣其馬。漢之廣矣，不可泳思。江之永矣，不可方思。毛傳曰：「翹翹，薪貌。疏云：「高貌。」錯，雜也。秣，養也。」說文：「秣，食馬穀也。」鄭箋曰：「楚，雜薪之中尤翹翹者。說文：「楚，叢木，一名荆。」之子，是子也。謙不敢斥其適己，於是子之嫁，我願秣其馬，致禮餼，示有意焉。」凡致禮餼，則有芻禾，所以秣馬。震按：箋云「示有意」者，謂詩設言以見悦之深。

翹翹錯薪，言刈其蔞。之子于歸，言秣其駒。漢之廣矣，不可泳思。江之永矣，不可方思。毛傳曰：「蔞，草中之翹翹然。」馬融云：「蔞，蒿也。」震按：周禮注「鄭司農云：馬二歲曰駒，三歲曰駣」。

漢廣三章　言男女之禮教行也。故有悦色之情，而美是女之不可求，民咸知禮義故也。

遵彼汝墳，伐其條枚。未見君子，惄如調飢。

毛傳曰：「遵，循也。汝，水名也。汝水出大盂山東，入淮。墳，大防也。考工記注：「妢胡，胡子之國，在楚旁。」漢志：「汝南郡汝陰，故胡國。」地道記有陶丘鄉。詩所謂汝墳。」枝曰條，榦曰枚。疏云：「木大不可伐其榦，取條而已。枚，細者，可以全伐之也。」惄，飢意也。調，朝也。」鄭箋曰：「惄，思也。」方言云：「惄，憂也。自關而西，秦晉之間或曰惄，或曰溼。凡志而不得〔一四〕，欲而不獲，高而有墜，得而中亡，謂之溼，或謂之惄。」又云：「凡思之貌或曰惄。」集傳曰：「調，一作輖，重也。」説文引詩作「惄如輖飢」，釋文亦云：「調，又作輖。」

遵彼汝墳，伐其條肄。既見君子，不我遐棄。

毛傳曰：「肄，餘也，斬而復生曰肄。遐，遠也。」鄭箋曰：「于己反得見之，知其不遠棄我而死亡，於思則愈。」

魴魚赬尾，王室如燬。雖則如燬，父母孔邇。

毛傳曰：「赬，赤也，魚勞則尾赤。燬，火也。韓詩作「焜」，薛君云「烈火也」。孔，甚也。邇，近也。」鄭箋曰：「畏王室之酷烈，是時紂存。」震按：「父母孔邇」，鄭箋以爲「君子仕於亂世，當念之而遠罪，不避勞役」。疏云：「或不堪勞苦，避役死亡。」集傳則以爲「文王之德如父母然，望之甚近，亦可以忘其勞矣」。余繹此詩：汝旁之國，其民以王室徵役而往，時紂政暴虐，則或有不免於死亡之憂。役作之勞瘁，其小者也，然王室之虐遠，而父母之邦恩德甚近。言邇者，對王室遠也。上言「王室」，亦以對父母之指侯邦也。録之周南，蓋見紂自暴虐，而文王典治之國，自使民可懷。若家之父母，不必云「孔邇」，民不父母其君，而以目方伯，又不然矣。

汝墳三章　言君子從役之勞也。於此見殷之失民，而民之懷其國者，實周之治功所被遠也。

麟之趾，振振公子，于嗟麟兮。

毛傳曰：「趾，足也。振振，信厚也。于嗟，歎辭。」震按：振振，容儀之盛也。鄭箋謂公子「有似於麟」。集傳以麟喻文王后妃之仁，以趾喻公子。箋説是也。

麟之定，振振公姓，于嗟麟兮。

毛傳曰：「定，題也。說文：「題，頟也。」公姓，公同姓。」集傳曰：「公姓，公孫也。姓之言生也。」

麟之角，振振公族，于嗟麟兮。

毛傳曰：「公族，公同祖也。」

麟趾三章　美公子之賢，比於麟也。麟之儀表見於趾、頷、角矣。公子之賢，則見其「振振」矣。

校注

〔一〕説曰　指左傳昭公十七年杜預注。

〔二〕飿　内則作「飿」，鄭玄注：「飿，薄粥也。」

〔三〕不周曰輾　鄭箋原文「不周」上有「臥而」二字，省去則意不明。

〔四〕毛詩篇義　即毛詩序。

〔五〕刺　漢書杜欽傳作「歎」，此蓋戴氏所改。

〔六〕濩　陳喬樅以爲「毛詩作『濩』是『鑊』之假借」，魯詩作「鑊」。鑊是無足的煮器。

〔七〕所引「韓詩云」，原刻皆爲大字，混同毛傳中，今按本書體例，改爲小字夾注。

〔八〕金　原缺，據毛詩正義引五經異義補。

〔九〕碩　原作「石」，據毛詩正義引五經異義改。又下句「取」字，毛詩正義引作「刻爲」。

〔一〇〕觚　原作「觥」，據毛詩正義引韓詩説改。

〔一一〕飲酒禮　指儀禮鄉飲酒禮篇，鄭箋原文只單稱「禮」，其上無「飲酒」二字。下句「旅醻」，儀禮燕禮鄭注：「旅，序也。以次序勸卿大夫飲酒。」

〔一二〕觵撻　周禮閭胥鄭注：「觵撻，失禮之罰也。」賈公彦疏：「凡有失禮者，輕者以觵酒罰之，重者以楚撻之。」

〔一三〕蜙蝑　毛傳作「蚣蝑」，戴氏系從爾雅釋蟲文。

〔一四〕方言卷一「凡志而不得」上有「有關而西秦晉之間」八字。

杲溪詩經補注卷二

國風

召南

維鵲有巢，維鳩居之。之子于歸，百兩御之。

毛傳曰：「鳩，尸鳩，秸鞠也。又名布穀。百兩，百乘也。」疏云：「謂之兩者，風俗通以爲車有兩輪，馬有四匹，故車稱輛，馬稱匹。」鄭箋曰：「御，迎也。」

維鵲有巢，維鳩方之。之子于歸，百兩將之。

毛傳曰：「方，有之也。將，送也。」震按：古字「房」通用「方」。小雅「既方既皁」，大雅「實方實苞」，箋於小雅云：「方，房也。謂孚甲始生而未合時也。」是「方」有「房」義。漢書：山陽郡「方與」，晉灼云「音房豫」。是「方」有「房」音。「方之」猶「居之」也。左傳引夏書曰「辰不集於房」，杜注云「房，舍也」。

維鵲有巢，維鳩盈之。之子于歸，百兩成之。

毛傳曰：「盈，滿也。」鄭箋曰：「滿者，言衆媵姪娣之多。」春秋公羊傳曰：「諸侯娶一國，則二國往媵之，以姪娣從〔一〕。姪者何？兄之子也。娣者何？弟也。諸侯壹聘九女，諸侯不再娶。」集傳曰：「成，成其禮也。」

鵲巢三章　言夫人始嫁之禮也。昏禮，治化之原也，故其禮盛。禮盛，所以使人知夫婦之正也，所以使人修其内德而不敢苟也。鵲巢之詩，亦周初作之，以爲房中之樂。凡樂章或言德焉，或言禮焉，彰教也。稱美以樂之，而人心將不移於惡，樂之道也。

于以采蘩？于沼于沚。于以用之？公侯之事。

毛傳曰：「蘩，皤蒿也。疏云：「孫炎曰：白蒿也。然則非水菜。此言沼沚者，謂于其傍采之也。下于澗之中，亦謂于曲内。」于，於也。沼，池也。沚，渚也。公侯夫人執蘩菜以助祭，王后則荇菜也。之事，祭事也。」如春秋書「有事于太廟」。鄭箋曰：「于以，猶言往以也。執蘩菜者，以豆薦蘩菹。」集傳或曰：「蘩所以生蠶。」毛詩于「采蘩祁祁」云：「蘩，白蒿也，所以生蠶。」震按：夏小正「二月榮堇采蘩」，説曰「皆豆實也」。儀禮：用堇荁及葵爲滑，又有葵菹。堇與蘩爲豆實，不見于經。春秋傳曰：「澗谿沼沚之毛，蘋蘩薀藻之菜，或薦于鬼神〔二〕，可羞于王公。」然則采蘩之爲供祭事明矣。蘩不在七菹之數，其用未聞。毛詩謂「公侯夫人執蘩菜，王后則荇菜」，因詩傳會，非禮制也。爾雅「小渚曰沚」。

于以采蘩？于澗之中。于以用之？公侯之宮。

毛傳曰：「山夾水曰澗。宮，廟也。」集傳或曰：「即記所謂公桑蠶室也。」震按：毛傳是也。

被之僮僮，夙夜在公。被之祁祁，薄言旋歸。

毛傳曰：「被，首飾也。僮僮，竦敬也。夙，早也。祁祁，舒遲也，去事有儀也。」鄭箋曰：「公，事也。早夜在事，謂視濯溉饎爨之事。疏云：「諸侯之祭禮亡。案：特牲夕陳鼎于門外，宗人升自西階，視壺濯及豆籩。夙興，主婦視饎，爨于西堂下。特牲『宗人視濯』，非主婦，諸侯與士不必盡同。天子則大宗伯視滌濯。」禮記『主婦髲鬄』。鄭注少牢饋食禮云：「古者或剔賤者、刑者之髮，以被婦人之紒爲飾，因名髲鬄焉。此周禮所謂次也。」祭事畢，夫人釋祭服而髲鬄，其威儀祁祁然而安舒，無罷倦之失。疏云：「『被之祁祁』據祭畢，則『被之僮僮』爲祭前，故鄭引『髲鬄』與『被』爲一，非祭時所服，解『在公』爲視濯，非正祭之時也，若祭服則副矣。」還歸者，自廟反其燕寢。」集傳或曰：「公，即所謂公桑也。」震按：鄭氏注箋以上二言指將祭之前，下二言指既祭之後，蓋舉前後而祭時之彌敬不必言也。鄭氏注禮合「次」與「髲鬄」爲一，其箋是詩又合「被」與「髲鬄」爲一，「被」之爲「次」，恐未然也。周禮「王后之六服」，三翟皆祭服〔三〕。從王祭先王服禕衣，祭先公服揄翟，祭羣小祀服闕翟。鞠衣，告桑事之服。展衣，以禮見王及賓客之服。褖衣〔四〕，御於王之服，亦以燕居。三（濯）〔翟〕之首服副〔五〕，鞠衣、展衣之首服編。追師注云：「編，編列髮爲之。其遺象若今假紒矣。」褖衣之首服次。追師注云：「次，次第髮長短爲之，所謂髲鬄。」說文：「髲，鬄也。鬄，髲也。」二字轉注。「鬄」又作「髢」，君子偕老之次章上言「其之翟也」下言「鬒髮如雲，不屑髢也」。箋曰「髢，髲也。不用髲爲善」。義與說文合。「髲」、「被」古字通用。然則是詩之「被」乃所謂「髢」，不在副編次之數。既用「被」，然後加首服。翟衣之首服副笄六珈是矣〔六〕。劉成國釋名云：「髲，被也。髮少者得以被助其髮也。」僮僮，端直貌。祁祁，齊同貌。豳七月、小雅出車曰「采蘩祁祁」，大田曰「興雲祁祁」。大雅韓奕曰「祁祁如云」，商頌玄鳥曰「來假祁祁」，皆多而齊同之貌。然則「被之祁祁」，蓋狀所益之髮多而不亂也。舉一「被」而將事之敬可知也。

采蘩三章　敬祭事也。夫人之職，莫大乎奉祭祀。故射義曰：「采蘩者，樂不失職也。」

喓喓草蟲，趯趯阜螽。未見君子，憂心忡忡。亦既見止，亦既覯止，我心則降。

毛傳曰：「喓喓，聲也。草蟲，常羊也。趯趯，躍也。阜螽，蠜也。忡忡，猶衝衝也。止，辭也。覯，遇也。降，下也。」震按：阜，大也，如「四牡孔阜」之阜。「喓喓」狀其聲，故槩曰「草蟲」。「趯趯」狀其躍，故目之曰「阜螽」。螽之屬不一，螽其統名也。草蟲，則凡小蟲草生者之通語也。爾雅皇螽，蠜李巡云：「蝗子也。」草螽，蝜蠜。「蝜」亦作「負」，陸璣疏云：「小大長短如蝗。奇音，青色。」蜇螽，蜙蝑。「蜇」亦作「蜇」。方言：「春黍〔七〕，謂之蜙蝑。」郭注云：「又名蜙蜙，江東呼虴蛨。」螿螽，螇蚸。郭注云：「今俗呼似蜙蜙。而細長，飛翅作聲者，爲螇蚸。」土螽，蠰谿。郭注云：「似蝗而小，今謂之土蠑。」蓋因詩辭而別其名類，以傅合之爾雅。周秦之際，所記解釋詩、書往往緣辭生訓，以爲盡可證，實則違經矣。毛、鄭以首二言爲「喻卿大夫之妻待禮而行隨從君子」；中二言爲「在途時憂不當君子」。集傳以爲「大夫行役在外，其妻感時物之變而思之如此」。集傳是也。

陟彼南山，言采其蕨。未見君子，憂心惙惙。亦既見止，亦既覯止，我心則說。

毛傳曰：「蕨，鼈也。」草木疏云：「周秦曰蕨，齊魯曰鼈。」「惙惙，憂也。」

陟彼南山，言采其薇。未見君子，我心傷悲。亦既見止，亦既覯止，我心則夷。

毛傳曰：「薇，菜也。」說文云：「似藿。」「夷，平也。」

草蟲三章　感念君子行役未返之詩也。

于以采蘋？南澗之濱。于以采藻？于彼行潦。

毛傳曰：「蘋，大蓱也。俗呼四葉菜，五月有白華。濱，涯也。藻，聚藻也。陸璣疏云：「藻有二種，其一種莖大如釵股，葉如蓬蒿，謂之聚藻。」行潦，流潦也。」鄭箋曰：「古者婦人先嫁三月，祖廟未毁，教于公宫；祖廟既毁，教于宗室。教成之祭，牲用魚，芼之以蘋藻〔八〕，所以成婦順也。此祭女所出祖也。蘋之言賓也；藻之言澡也。婦人之行尚柔順，自絜清，故取名以爲戒。」震按：爾雅：「苹，蓱，郭注云：「水中浮苹，江東謂之薸。」其大者蘋〔九〕。」蘋與苹雜生而大，故爾雅連文釋之。苹無莖，所謂浮苹。蘋則有莖，實二類也。集傳誤以郭氏之解苹者解蘋。行，路也。雨水所流積於湟爲潦。夏小正「湟潦生苹」，説曰：「湟，下處也。」有湟然後有潦，有潦而後有苹草也。説文云：「潦，雨水大貌。」趙臺卿注孟子云：「行潦，道旁流潦也。」

于以盛之？維筐及筥。于以湘之？維錡及釜。

毛傳曰：「方曰筐，圓曰筥。湘，亨也。錡，釜屬。有足曰錡。」疏曰：「俗本『錡』下又云『無足曰釜』。」鄭箋曰：「亨蘋藻者，於魚湆之中，是鉶羹之芼。」集傳曰：「蓋粗熟而淹以爲菹也。」震按：作菹之法生爲之，此爲芼非爲菹，箋説是也。

于以奠之？宗室牖下。誰其尸之？有齊季女。

毛傳曰：「奠，置也。宗室，太宗之廟也。尸，主也。齊，敬也。季，少也。」鄭箋曰：「牖下，户牖間之前。祭不于室中者，凡昏事，於女禮設几筵于户外，此其義也與？宗子主此祭，惟君使有司爲之。祭事，主婦設羹，教成之祭，更使季女者成其婦禮也。季女不主魚，魚俎實男子設之。疏云：「以特牲、少牢俎皆男子主之故也。」其齋盛蓋以黍稷〔一〇〕。」集傳曰：「牖下，室西南隅，所謂奥也。祭祀之禮，主婦薦豆，實以菹醢。」震按：箋説是也。祭祀在室中之奥，此獨言牖下，異於常奉祭事也。考之禮，牖下或室中，或户外，以女禮則知爲户外。古者宫室之制，户設於室東南，牖在户西，奥又在牖西，爲室西南隅之名。牖所以爲名也奥者〔一一〕，其地幽奥。王肅以爲「此篇所陳，皆大夫妻助夫氏之祭，采蘋、藻以爲菹，設之於奥，奥即牖下」。疏云：「經典未有以『奥』爲『牖下』者矣。」集傳蓋本其説。

采蘋三章　女子教成之祭所歌也。士昏禮之記曰：「女子許嫁，笄而醴之稱字。祖廟未毁，教于公宫三月，若祖廟已毁，則教于宗室。」射義曰：「采蘋者，樂循法也。」謂樂其能循教之禮法，于是乎祭以成之。春秋傳：穆叔曰：「濟澤之阿，行潦之蘋、藻，寘諸宗室，季蘭尸之，敬也。」采蘋之詩，蓋亦專爲樂章而作者。

蔽芾甘棠，勿翦勿伐，召伯所茇。

毛傳曰：「蔽芾，小貌。爾雅：「芾，小也。」甘棠，杜也。翦，去也。伐，擊也。茇，草舍也。」説文「废，舍也」，引此詩。集傳曰：「蔽芾，盛貌。」震按：蔽芾，爲葉之生蔽芾然，愛其生長勿損壞之也。爾雅曰：「杜，赤棠，白者棠。」又曰「杜甘，棠」，與「梨山，樆」「榆白，枌」並文同。杜澀棠甘。方言「杜，澀也」，郭注云「今俗語通言澀如杜」。而名可轉注，杜甘曰棠，梨山生曰樆，榆白曰枌。毛詩以甘棠爲杜，失爾雅之讀也。用此知毛詩故訓據依於爾雅爲之。爾雅，周秦之際經師解釋詩書者。釋訓説淇澳之詩，取之大學。釋詁：「台、朕、賚、畀、卜、陽，予也。」台、朕、陽，當訓「予我」之予，賚、畀、卜，訓「賜予」之予，不得錯見一句中。「孔、魄、哉、延、虚無之言間也」。郭氏注云：「孔、穴、延、魄、虚無，皆有閒隙。餘未詳。」考之説文「哉，言之間也」，言之間，即辭助。然則「哉之言」三字乃言之間。「言」爲辭助，見於詩易多矣。「豫、射，厭也」，注云：「詩曰服之無射。豫未詳。」豫，蓋當訓「厭足飽飫」之豫。射，訓「厭倦」「厭憎」之厭。此又掇拾之雜而不倫如是矣。爾雅，毛詩學者所宗，不可不知其源流、得失也。是以附論之。

蔽芾甘棠，勿翦勿敗，召伯所憩。

毛傳曰：「憩，息也。」

蔽芾甘棠，勿翦勿拜，召伯所説。

毛傳曰：「説，舍也。」方言：「税，舍車也。宋趙陳魏之間謂之税。」郭注云：「舍，宜音寫。」鄭箋曰：「拜之言拔也。」震按：施士匄毛詩説云：「拜，如人之拜，小低屈也。」

甘棠三章　周人之思召公也。毛詩篇義曰：「甘棠，美召伯也。」

厭浥行露，豈不夙夜，謂行多露。

毛傳曰：「厭浥，溼意也。行，道也。」震按：下云「還我獄」、「速我訟」則在人必有藉口者，故先言己無致之之端，以起下獄訟之無端而來也。鄭箋以首一言爲道中始有露，指二月中嫁取時。下二言爲假多露以拒强暴之男，禮不足而非時强來。集傳以爲女子「自述己志，（作）作此詩以絶其人」。又云「蓋以女子早夜獨行，或有强暴侵陵之患」。於詩意皆未然。

誰謂雀無角，何以穿我屋？誰謂女無家，何以速我獄？雖速我獄，室家不足！

毛傳曰：「速，召也。獄，埆也。」盧植云：「相質觳爭訟者也。」鄭箋曰：「人皆謂雀之穿屋似有角，强暴之男召我而獄，似有室家之道于我也。室家不足，媒妁之言不和，六禮之來强委之。」疏曰：「知不爲幣不足者，以男速女而獄。幣若不備，不得訟也。明男女賢與不肖各有其耦，女所不從男子强來。左傳云徐吾犯之妹美，公孫楚聘之矣，公孫黑又使强委禽焉，是也。」震按：「誰謂」云者，事之實無而疑於有，維聽斷者之明察其爲誣耳。「室家不足」，言於室家之道闕，雖速我獄而情終得白也。集傳以爲貞女自訴而言，又以「室家不足」爲禮（未）未備，不若箋説之（蜜）〔密〕矣。

誰謂鼠無牙，何以穿我墉？誰謂女無家，何以速我訟？雖速我訟，亦不女從！

毛傳曰：「墉，墻也。」震按：「亦不女從」，謂事得直，不從其誣辭。舊説以爲女自言不從强暴之男，則不必繫之速獄下矣。

行露三章　美聽訟者之詩也。男女之訟，貞淫應之，禮教首重之。韓詩以爲「既許嫁矣，見一禮不備，守死不往」，其説非也。毛詩篇義曰：「行露，召伯聽訟也。」未聞其審。

羔羊之皮，素絲五紽。退食自公，委蛇委蛇。

毛傳曰：「素，白也。紽，數也。疏云：「此言紽，數；下言緫，數。謂紽、緫之數有五非訓紽、緫爲數也。」古者素絲以英裘，不失其制。疏云：「纖素絲爲組紃，以英飾裘之縫中。」大夫羔裘以居。公，公門也。委蛇，行可從迹也。」鄭箋曰：「退食，爲減膳也。自，從也。從於公，爲正直順於事也。委蛇，委曲自得之貌。」震按：羔裘，諸侯視朝之服。在朝君臣同服。鄭注論語云：「緇衣羔裘，諸侯視朝之服。卿大夫朝服亦羔裘，惟豹袪與君異耳。」傳因「退食自公」爲退朝而燕居，故云「羔裘以居」。考之詩辭，蓋在朝方退，自公門出，見者賦以美之。禮：「朝廷曰退。」「紽」，本作它。一説讀爲「予之佗矣」之佗，加也。其英飾五，故曰五它。

羔羊之革，素絲五緎。委蛇委蛇，自公退食。

毛傳曰：「革，猶皮也。緎，縫也。」孫炎云：「緎，縫之界域。」

羔羊之縫，素絲五總。委蛇委蛇，退食自公。

毛傳曰：「縫，言縫殺之大小得其制。總，數也。」震按：一説紃之施於縫。禮注云：「紃施諸縫中，若今時絛也。」其下端餘絲垂爲飾者曰「總」。

羔羊三章　美官職修也。官民無事，政明而頌聲作，是故望其服飾容度，誠有味乎其言之也。

殷其雷，在南山之陽。何斯違斯？莫敢或遑。振振君子，歸哉歸哉！

毛傳曰：「殷，雷聲也。山南曰陽。斯，此也。違，去也。遑，暇也。振振，信厚也。」震按：「何斯違斯」，毛、鄭以爲君子適居此復轉行去，此指在外勤勞，遠從事於王所命之方。集傳以上「斯」指君子。「違斯」，言去此所而從役。末一言，毛、鄭謂「勸以爲臣之義，未得歸」。集傳謂「冀其早畢事而還歸」。集傳是也。振振，容儀之盛。

殷其雷，在南山之側，何斯違斯？莫敢遑息。振振君子，歸哉歸哉！

殷其雷，在南山之下，何斯違斯？莫敢遑處。振振君子，歸哉歸哉！

殷其雷三章　感念君子行役而作也。

摽有梅，其實七兮。求我庶士，迨其吉兮。

毛傳曰：「摽，落也。尚在樹者七。」鄭箋曰：「我，我當嫁者。疏云：「以女被文王之化、貞信之教，興必不自呼其夫，令及時之取己。鄭恐有女自我之嫌，故辨之。」庶，衆也。迨，及也。」集傳曰：「吉，吉日也。」震按：我者，代辭。鄭箋是也。毛、鄭皆以此詩「專爲女子年二十當嫁者而言」爲説，本周禮。又皆「以梅之落喻年衰」。鄭則兼取「梅落，見已過春而至夏」，似迂曲難通。集傳以爲「女子貞信自守，懼其嫁不及時，而有强暴之辱」，豈化行之世，女宜有此懼邪？亦非也。古者嫁娶之期，説歧而未定。其以少長論者：或主於男三十，女二十，或目此爲期盡之法。據詩、禮證之，男子二十冠而字，女子許嫁笄而字。男子二十曰弱冠，三十曰壯，有室。女子十有五年而笄，二十而嫁，有故二十三年而嫁。蓋冠而後有室，笄而可以嫁。春秋傳：晉侯問公年。季武子對曰：「會于沙隨之歲，寡君以生。」晉侯曰：「十二年矣，是謂一終，一星終也。國君十五而生子，冠而生子，禮也。」男自二十至三十，女自十五至二十，皆昏姻以時者也。譙周云：「男自二十以及三十，女自十五以及二十，皆得以嫁娶。先是則速，後是則晚。凡人嫁娶，或以賢淑，或以方類，豈但年數而已。若必差十年乃爲夫婦，是廢賢淑、方類，苟比年數而已。禮何爲然哉？則三十而娶，二十而嫁，説嫁娶之限，蓋不得復過此耳。」大戴禮記曰：男八歲而齔。毁齒也。十六然後情通，然後其施行。女七歲而齔，十四然後其化成〔一二〕。盧辯注云：「昔古者皆二十、三十爲婚姻之年，十

四、十六爲嫁娶之期。」此舉其端言之也。墨子書曰：「昔聖王爲法曰：『丈夫年二十，毋敢不處家；女子年十五，毋敢不事人。』」王肅云：「前賢有言，丈夫二十不敢不有室，女子十五不敢不有其家。」此舉其中言之也。周官經：「媒氏掌萬民之判，凡男女自成名以上，皆書年、月、日、名焉。令男三十而娶，女二十而嫁。凡娶判妻入子者皆書之。中春之月，令會男女，於是時也，奔者不禁。若無故而不用令者，罰之。」此舉其終之大限言之也。不使民之後期而聽其先期，恐至於廢倫也。亦所以順民之性，而民自遠於犯禮之行也。周禮凡言會者，皆謂「歲計曰會」。中春「令會男女」者，使其屬稽之核之。三十之男，二十之女，貧不能昏嫁者，許其殺禮〔一三〕。殺禮則媒妁通言而行，謂之不聘，不聘謂之奔。故曰「於是時也，奔者不禁」，奔之爲妻者也。記曰「聘則爲妻，奔則爲妾」，奔之爲妾者也。買妾者納財而不用禮，因其不聘故爲之奔。左傳：「聲伯之母不聘，穆姜曰：『吾不以妾爲姒。』」凡三十之男，二十之女，非有故而後期者，爲不用令。非仲春不禁之時而不行六禮者，爲不用令。國語：「句踐欲報吴，誓其民曰：『女子十七不嫁，其父母有罪；丈夫二十不取，其父母有罪。』」此志在蕃育人民，故限之使速昏。若民之先期，男十六而娶，女十四而嫁，亦不聞古人有禁也。凡有父母之命、媒妁之言，如周禮仲春許行之者，皆男女以正者也。其以日月論者：或主於起自仲春至仲夏，猶承春末未遠，過此則止矣。或主於起自季秋至仲春，則禮殺而止。夏小正：二月「綏多士女」〔一四〕。説曰：「綏，安也。冠子娶婦之時也。」豳詩曰：「春日遲遲，采蘩祁祁。女心傷悲，殆及公子同歸。」采蘩，夏小正繫之二月。而衛詩曰：「士如歸妻，迨冰未泮。」言自納采至親迎，節次非可驟施，從容用禮然也。荀卿書曰：「霜降逆女，冰泮殺止。」韓詩傳同。「殺止」云者，蓋季秋之月農事備收，昏娶之禮漸舉，至冰泮已盛行。仲春耕者少舍，猶得合男女之事。是時從容用禮者固多，其貧不能昏嫁者，會計其年，因以是時許其殺禮。自是而後，民急農事，昏嫁亦漸止矣。周禮中春之令，專爲不備六禮之民，糾察其殺禮之由。且三十之男，二十之女，至是盡許其殺禮昏嫁，過此豈有後期者哉？凡昏娶備六禮者，常也。常則不限其時月。其殺禮不聘者，權也。權則限以時月。夫昏姻不使之六禮備，則禮教不行，夫婦之道闕，而淫辟之罪繁。不計少長以爲之期，則過其盛壯之年，而失人倫之正。不許其殺禮，則所立之期不行。既殺禮而不限以時月，則男女之訟必生。以是言之，周禮三十、二十之期及中春之令，昭然矣。「荒政」之「十曰多昏」〔一五〕，則又不計其年，不限仲春，而皆許殺禮者。古人立中以定制，女子即過二十亦未遽爲年衰，則知「梅落」非喻年衰也。梅之落，蓋喻女子有離父母之道，及時當嫁耳。首章言十猶餘七，次章言十而餘三，卒章言皆在頃筐，喻待嫁者之先後畢嫁也。周禮所言者，實古人相承之治法，此詩所言，即其見之民事者也。録之召南，所以見治法之修明，民咸知從令與！

摽有梅，其實三兮。求我庶士，迨其今兮。

毛傳曰：「在者三也。今，急辭也。」

摽有梅，頃筐塈之。求我庶士，迨其謂之。

毛傳曰：「塈，取也。」鄭箋曰：「謂，勤也。女年二十而無嫁端，則有勤望之憂。」震按：塈，如「民之攸塈」之塈，息也。猶言置諸頃筐。「迨其謂之」者，女年期盡，禮殺使媒妁通言而行也。

摽有梅三章　言治教之行，待嫁者之不使過期也。蓋仲春歌于殺禮而嫁者之樂章。（姚）（桃夭）歌于婚嫁之常用六禮者，此歌于期盡而殺禮者。男子之娶非有故，不使過三十，女子之嫁非有故，不使過二十者，治教之不敢忽者也，重人之倫也。毛詩篇義曰：「摽有梅，男女及時也。」

嘒彼小星，三五在東。肅肅宵征，夙夜在公。寔命不同！

毛傳曰：「嘒，微貌。小星，衆無名者。三心五噣，四時更見。」爾雅：「大辰，房心尾也。大火，謂之大辰。噣，謂之柳。柳，鶉火也。」肅肅，疾貌。宵，夜也。征，行也。寔，是也。」鄭箋曰：「心在東方，三月時也。噣在東方，正月時也。如是終歲，列宿更見。夙，早也。謂諸妾肅肅然夜行，或早或夜，在於君所，以次序進御者，是其禮命之數不同也。凡妾御於君不敢當夕〔一六〕。」集傳曰：「三五，言其稀，蓋初昏或將旦時也。肅肅，齊遫貌。命，謂天所賦之分也。」震按：上二言，集傳是也。下三言，毛、鄭是也。凡安其分者，皆安於禮命之貴賤。

嘒彼小星，維參與昴。肅肅宵征，抱衾與裯。寔命不猶！

毛傳曰：「參，伐也。考工記注云：「伐屬白虎，與參連體而六星。」國語注云：「參在實沈之次。」昴，留也。爾雅：「大梁，昴也，西陸，昴也。」釋文云：「昴，一名留。」衾，被也。裯，禪被也。猶，若也。」鄭箋曰：「裯，牀帳也。鄭志答張逸曰：「今人名帳爲裯。」諸妾何必人抱一帳，施者因之，如今漢抱帳也。」諸妾夜行抱衾與牀帳，待御進之次序。疏云：「所施帳者爲二人，共侍於君，有須在帳者。妾御必二人俱往，不然不須帳。」不若，亦言尊卑異也。」

小星二章　言妾之以禮御於君所也。尊卑有定而各安其等，則內治修矣。

江有汜。之子歸，不我以。不我以，其後也悔。

毛傳曰：「決復入爲汜。」鄭箋曰：「之子，是子也。是子，謂嫡也。婦人謂嫁曰歸。以，猶與也。」

江有渚。之子歸，不我與。不我與，其後也處。

毛傳曰：「水枝成渚。」韓詩云：「一溢一否曰渚〔一七〕。」震按：既悔，則不失相處之常矣。

江有沱。之子歸，不我過。不我過，其嘯也歌。

毛傳曰：「沱，江之別者。」鄭箋曰：「嘯，蹙口而出聲〔一八〕。嫡有所思而爲之，既覺，自悔而歌。歌者，言其悔過，以自解説也。」集傳曰：「過，謂過我而與俱也。嘯，蹙口出聲，以舒憤懣之氣。言其悔時也。」震按：「以」「與」「過」一義耳，變文以合韻。「不我過」，言其絶而遠之，如所謂無有過而問者是也。「其嘯也歌」箋説是也。凡嘯出於感傷，歌則釋然於懷。蓋悔而爲之，感傷因以釋然也。

江有汜三章　妾言其嫡之自悔而作也。

野有死麕，白茅苞之〔一九〕。有女懷春，吉士誘之。

毛傳曰：「郊外曰野。苞，裹也。凶荒則殺禮，猶有以將之。野有死麕，羣田之獲，而分其肉。白茅，取潔清也。誘，道也。」鄭箋曰：「疾時無禮而言然。」震按：毛、鄭以上二言爲荒政之多昏，將之以爲禮。下二言爲女子期盡者，思及仲春，吉士使媒妁道成昏禮。

後儒或援誘射以證之，恐未然也。昏禮「摯不用死」〔二〇〕，況詩之卒章正言其不可誘耳。集傳直目「吉士」爲强暴之男，是又禮教獨不及於男子，而詩人猶加之以美名也。蓋獲麕於野，白茅可以苞之，女子當春有懷，吉士宜若可誘之。設言之也。「苞」俗本譌作「包」。

林有樸樕，野有死鹿。白茅純束，有女如玉。

毛傳曰：「樸樕，小木也。又名槲樕。純束，猶苞之也。」鄭箋曰：「純，讀如屯。」震按：樸樕，在林薪之易得者。麕鹿，在野田之易得者。純束之以白茅，則致其潔清。有女比於玉，則深其愛悦。

舒而脱脱兮，無感我帨兮！無使尨也吠！

毛傳曰：「舒，徐也。脱脱，舒貌〔二一〕。感，動也。帨，佩巾也。尨，狗也。」鄭箋曰：「貞女欲吉士以禮來，脱脱然舒也。」集傳曰：「此章乃述女子拒之之辭。」震按：此承「有女如玉」，而因言其度之安舒，自持有節，曾不可犯干也。曰我者，自人我是女也。鄉曲之犬，遇非習見者至則吠。猶云「無近而感是女之帨，無或使犬怪而吠」，蓋遠望之知其不可狎。

野有死麕三章

言禮教之興，雖里巷之女，無可犯以非禮者也。詩辭所涉曰林野，曰麕鹿，曰尨吠，亦以見鄉曲之遠於都邑也。或曰：詩言女之不可誘，固善矣，先之曰「有女懷春，吉士誘之」何也？曰女之待嫁所願者「吉士」也；士之歸妻所願者「有女如玉」也。「誘之」之云，以甚言情之動於愛悦。祭義曰：「如欲色然。」張融云：「如好色取其甚也。」而卒能無失乎禮義，則風化之所被可知矣。此詩教之善以情見禮義與！

何彼襛矣？唐棣之華。曷不肅雝？王姬之車。

毛傳曰：「襛，猶戎戎也。唐棣，栘也。肅，敬也。雝，和也。」鄭箋曰：「曷，何也。」震按：俗本「襛」旁作禾者，轉寫之譌。石經及釋文、注疏本皆未誤。説文衣部「襛」字下引此詩。唐棣，今之車下李。晉宣室閣銘：「華林園中有車下李三百一十四株，薁李一株。」豳詩爲之「鬱」，栘、鬱，語之轉。以栘爲夫栘，郭璞云：「似白楊，江東呼夫栘。」説爾雅者之疏也。

何彼襛矣？華如桃李。平王之孫，齊侯之子。

毛傳曰：「平，正也。武王女，文王孫，適齊侯之子。」疏曰：「鄭志張逸問，答曰：德能平正天下，則稱爲平，故以號文王焉。又君奭注：周公謂文王爲寧王，成王亦謂武王爲寧王。」震按：後人以此爲東周之詩，附於二南者，据春秋兩書王姬而欲附合其一。洪氏曰：「春秋莊公元年，當周莊王之四年，齊襄公之五年，書王姬歸于齊。莊公十一年，當莊王之十四年，齊桓公之三年，又書王姬歸于齊。莊王爲平王之孫，則所嫁王姬當是姊妹。齊侯之子則襄公、桓公二者必居一於此矣。」顧寧人曰：「按成王時，齊侯則太公，而以武王之女適其子，是甥舅爲婚，周之盛時，必無此事。逮成王顧命，丁公始見於經，而去武王三十餘年，又必無未笄之女矣。」其説非也，春秋所書，使魯主之者耳，天子嫁女于諸侯，必使諸侯同姓者主之，秦漢以後，使三公主之，呼爲公主。不書者蓋多矣。史記：「桓王，平王孫也。」太子洩父早死。桓王，在位二十三年，而此一當莊王四年，一當十四年，其非桓王姊妹無疑。桓王之女則洩父之孫。莊王之女，則桓王之孫，去平王遠矣。且其下嫁者，一爲襄公，一爲桓公，皆僖公之子。襄公已立爲齊侯五年，而後娶王姬。桓公已立爲齊侯三年，而後娶王姬。詩人必不稱爲齊侯之子。若毛、鄭舊説齊侯，丁公也。齊侯呂伋見成王顧命。雖史記云「蓋太公之卒百有餘年」，蓋者，疑辭。其既老乃遇文王，及成王之初猶在，不得謂非過百年矣。成王即位十餘年間，安知丁公不已立爲齊侯，而武王女至是適其子乎？或又謂齊者，齊一之義，猶康侯之稱。則詩中如厲王不稱謚，而稱汾王〔二二〕，諸侯固無不以國舉者，是詩既無確證，不必易毛、鄭也。

其釣維何？維絲伊緡。齊侯之子，平王之孫。

毛傳曰：「伊，維也。緡，綸也。」

何彼禯矣三章　王姬下嫁也。取肅雝焉。

彼茁者葭，壹發五豝。于嗟呼，騶虞！

毛傳曰：「茁，出也。疏云：「謂草生茁茁然出，非訓爲出。」葭，蘆也。李巡云：「葦初生。」豕牝曰豝。

虞人翼五豝，以待公之發。疏曰：「多士注云『翼，驅也』。易曰『王用三驅，失前禽也』。田僕云『設驅逆之
車』。」騶虞，義獸也，白虎黑文，不食生物。」鄭箋曰：「記蘆始出者，著春田之早晚。君射
一發而翼五豝者，戰禽獸之命。必戰之者，仁心之至。疏云：「不忍盡殺，今五豝止一發中，則殺一
而已。」于嗟者，美之也。」震按：春蒐以除田豕，爲其害稼也。田豕一歲曰豵，說文云：「一歲
豵。尚叢聚也。」二歲曰豝，說文云：「二歲能相把拏也〔二三〕。」三歲曰豣。說文云：「三歲豕肩相及者。」
「一發五豝」，毛、鄭以爲驅禽之禮，集傳謂「猶言中必疊雙」，毛、鄭是也。魯、齊、韓三家
之詩，皆以騶虞爲天子掌鳥獸官。魯詩傳曰：「古有梁騶。梁騶，天子獵之田曲
也〔二四〕。」考之禮「騶，趣馬也。虞，虞人也。」月令：「天子乃教於田獵，以習五戎，班馬
政。命僕及七騶咸駕。」皇甫侃云：「天子馬六種，種別有騶，又有總主之人，故爲七
騶。」春秋傳：「程鄭爲乘馬御，六騶屬焉，使訓羣騶知禮。」杜元凱云：「六騶，六閑之
騶。」又豐點爲「孟氏之御騶」。孔沖遠云：「掌馬之官，兼掌御事。」周官經「山虞澤虞
「大田獵則萊山田澤野〔二五〕」。据是言之，「騶」與「虞」田獵必共有事，詩因而兼言兩官
耳。舉騶虞，則騶之知禮、虞之供職可知。而騶虞以上之官大遠乎騶虞之微者亦可知。
射義所云「樂官備」，其謂是與？說射義者，以「五豝」，喻得賢才之多，儗之爲失倫矣。

彼茁者蓬，壹發五豵。于嗟乎，騶虞！

毛傳曰：「蓬，草名也。一歲曰豵。」鄭箋曰：「豕生三曰豵。」震按：曰豝曰豵，皆田豕小大之異名。

騶虞二章　言春蒐之禮也，除田豕也。君舉其禮，騶御、虞人供其職。歎美騶虞，意不在騶虞也，所以美君也。壹發者，君也。雖騶御、虞人之微，而詩及之，則備官又可知也。故射義曰：「騶虞者，樂官備也。」

校注

〔一〕娶　原作「聚」；「媵」，原作「勝」，皆據皇清經解本及公羊傳莊公十九年文改。

〔二〕或　左傳隱公三年作「可」，此作「或」係戴氏所改。

〔三〕三翟皆祭服　據周禮天官司内服及鄭司農注，「三翟」係指王后之六服中的褘衣、揄狄、闕狄。鄭玄謂「狄當爲翟，雉名」；賈公彦疏謂「褘，當爲翬，即翬雉」。「三翟」皆是在上衣上畫翟（雉）爲飾，褘衣玄色，祭先王服之；揄翟飾五彩，祭先公服之；闕翟無彩飾，祭羣小祀服之。戴氏所謂「三翟皆祭服」即此。

〔四〕褖衣　即「六服」中之「緑衣」，鄭玄注：「此緑衣者，實作褖衣也。」

〔五〕翟　原誤作「濯」，據皇清經解本改。副，周禮天官追師鄭玄注：「副之言覆，所以覆首爲之飾。其遺象若今之步繇矣。」步繇，即步摇，釋名：「步摇，上有垂珠，步則摇動也。」

〔六〕六珈　鄭玄詩君子偕老箋：「珈之言加也。副既笄而加飾，如今步摇上飾。」六，爲所飾之數。

〔七〕春　原作「春」，據皇清經解本及方言改。

〔八〕芼之以蘋藻　毛詩正義載鄭箋作「芼用蘋藻」。

〔九〕萍蓱　爾雅作「苹蓱」。郝懿行疏「按苹，經典作萍」。

〔一〇〕齍　毛詩正義作「粢」。釋文云：「齍，音資，本或作粢。」戴氏據釋文。

〔一一〕牖　以文意疑作「奥」，詩經補傳本篇此章「震按」謂「室西南隅爲奥」，可參證。

〔一二〕化成　王聘珍大戴禮記解詁：「化，猶生也，育也。」謂已具生育能力。

〔一三〕殺禮　謂簡化婚嫁之禮。公羊傳何休注：「殺，省也。」

〔一四〕士女　中華書局點校本大戴禮記解詁作「女士」。

〔一五〕荒政　鄭玄注：「荒，凶年也。鄭司農云『救饑之政』。」

〔一六〕不敢當夕　毛詩正義載鄭箋無「敢」字。

〔一七〕一溢一否　王先謙詩三家義集疏云：「決出而不復有所入者。」

〔一八〕蹴　毛詩正義載鄭箋作「蹙」。釋文：「蹙，本亦作蹴。」

〔一九〕白茅苞之　阮元校本毛詩正義及其他通行本毛詩皆作「包」。阮元校云：「釋文云：苞，逋茆反。段玉裁詩經小學云：苞苴，字皆從艸。」又云：「今考木瓜正義引此經作『苞』，是正義本當亦是『苞』字，與釋文同。此正義作『包』者，南宋合併時依經注本改之也。」故戴氏下文説「俗本譌作包」。

〔二〇〕摯不用死　謂摯禮不用死禽。摯，通贄，進見禮物。

〔二一〕舒貌　今通行本毛傳皆作「舒遲也」。毛詩正義云：「定本『脱脱，舒貌』，有貌字。」戴氏蓋從定本。

〔二二〕汾王　指周厲王。詩大雅韓奕：「韓奕取妻，汾王之甥。」鄭箋：「厲王流於彘，彘在汾水之上，故時人因以號之。」

〔二三〕把挐　段玉裁說文解字注作「杷挐」。注：「杷，舊作『把』，譌，今正。杷者，掊也。挐，牽引也。以疊韻爲訓。」

〔二四〕「魯詩」至「田曲也」　此所引見文選魏都賦張載注。高步瀛文選李注義疏引姜皋説：「凡射，以騶虞爲節。梁騶爲天子之曲，或他處作『天子之田』者，反是傳寫之譌耳。」

〔二五〕萊　除草。

戴震全書之五

中庸補注

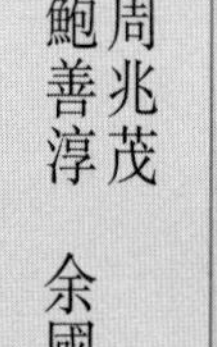

周兆茂 余國慶 ◎整理

鮑善淳 ◎審訂

説　明

中庸補注一卷，係戴震中晚年著作。據段玉裁戴東原先生年譜云：「大學補注一卷、中庸補注一卷，玉裁向未得見，今乃得哲嗣中孚郵寄讀之，蓋亦癸未以前所爲，未暇竟成之耳。其言理皆與原善、孟子字義疏證無纖微不合者，皆存鄭注而補之。大學之説『親民』，説『格物』，中庸之説『致中和』，説『上下察』，尤可補先儒不到。」中庸補注的寫作約在原善（成書於一七六三年前後）與孟子字義疏證（成書於一七七六年）之間。具體時間已無法詳考。

中庸補注乃戴震未竟之作，只注至「所以懷諸侯也」爲止。此書原稿爲戴震嗣子中孚所藏，後郵段玉裁。此後至清道光年間，德清戴氏長留閣又據稿本傳抄（抄本現藏國家圖書館）。清末，上海國粹學報又據戴望（子高）抄本正式刊行。鄧實在抄本題下批曰：「此德清戴子高先生抄本，内有校記及圈識，皆先生手蹟也。」中縫有「德清戴氏長留閣正本」字樣。此次整理以國家圖書館藏戴望長留閣抄本爲底本，參校安徽叢書本。

中庸補注戴震只注了三十六條，約佔全書篇幅的三分之二。但從補注内容觀之，仍有不少可取之處：（一）在自然觀方面，戴震明言：「人與百物各以類滋生，皆氣化之自然……天道，氣化流行，生生不息是也。」又説：「有生以後，則有相生養之道，亦如氣化之不可已。」這與原善、孟子字義疏證所言如出一轍，即堅持了人與萬物爲「氣化流行」所產生的唯物主義觀點。（二）在認識論方面，戴震提出：「夫婦之愚不肖，可知可能。至於聖人亦有所不知不能，盡舉人事之全言之也。雖粗鄙小事，聖人不知不能者多矣。」這無疑是對「先知先覺」、「天生聖人」等唯心主義先驗論的否定。（三）在人性論方面，戴震提出：「道不出人倫日用之常。」又説：「人之常情，發乎自然者也。己不願受，知人亦不願受。於施道之務在無憾，相去不遠矣。」顯然，孟子字義疏證中的「以我之情，絜人之情，而無不得其平」的「絜矩之道」概源於此。更有甚者，戴震進而認爲：「自古施於人而不顧其難受，責於人而已概未能，天下國家之所以亡也！」此處把是否做到「以情絜情」視爲「天下國家」存亡的根本，内中既包含對封建專制制度造成人間不平等現象的譴責，也包含有對未來自由、平等的新社會的呼喚。從上可見，中庸補注確與「原善、孟子字義疏證無纖微不合者」。此書與戴震中晚年其他哲學著作一樣，有極高的學術價值。

中庸補注

天命之謂性，率性之謂道，修道之謂教。

鄭注：天命，謂天所命生人者也，是謂性命。木神則仁，金神則義，火神則禮，水神則信，土神則知。孝經説曰：「性者，生之質。」命，人所稟受度也。」率，循也。循性行之之謂道。修，治也。治而廣之，人倣傚之，是曰教。

補注：生而限於天，是曰天命[一]。凡分形氣於父母，即爲分於陰陽、五行。人與百物，各以類滋生，皆氣化之自然。大戴禮記曰：「分於道謂之命，形於一謂之性。」分於道者，分於陰陽、五行也。性之大别，各以氣類，而同類之中，又復不齊，故曰「天命之謂性」。有生以後，則有相生養之道，亦如氣化之不可已。經傳中或言天道，或言人道。天道，氣化流行，生生不息是也。人道，以生以養，行之乎君臣、父子、夫婦、昆弟、朋友之交是也。凡人倫日用，無非血氣心知之自然，故曰「率性之謂道」。然心知有明闇[二]，當其明則所行不失，當其闇則有差謬之失。修者，察其得失而使一於善，非於道之外别爲法制也，故曰「修道之謂教」。篇内又以修身、修道連言。身之實事是爲道，道不可不修，明矣！

道也者，不可須臾離也，可離，非道也。是故君子戒慎乎其所不睹，恐懼乎其所不聞。

鄭注：道，猶道路也，出入動作由之。離之，惡乎從也？小人閒居爲不善，無所不至也。君子則不然，雖視之無人，聽之無聲，猶戒慎恐懼自修正，是其不須臾離道。

補注：人所行即道，威儀、言、動，皆道也。可，如「體物而不可遺」之可。凡對人者，接於目而睹，則戒慎其儀容；接於耳而聞，則恐懼有愆謬。君子雖未對人，亦如是，爲動輒失道，而不使少疏也。

莫見乎隱，莫顯乎微，故君子慎其獨也。

鄭注：慎獨者，慎其閒居之所爲。小人於隱者〔動作言語〕〔三〕，自以爲不見睹、不見聞，則必肆盡其情也。若有佔聽之者，是爲顯見，甚於衆人之中爲之。

補注：篇末言「君子内省不疚，無惡於志。君子之所不可及者，其唯人之所不見乎」！「所不見」謂其内之志，與此節之文相足。「君子不動而敬，不言而信」，與上節之文相足。蓋及其見也，端皆起於隱；及其顯也，端皆起於微。人凡有所行，端皆起於志意〔四〕。以人之所不見，故曰獨。志定而事必一如其志，君子慎之，不使涉於私慝也。

喜怒哀樂之未發，謂之中；發而皆中節，謂之和。中也者，天下之大本也；和也者，天下之達道也。致中和，天地位焉，萬物育焉。

鄭注：中爲大本者，以其含喜怒哀樂，禮之所由生，政教自此出也。致，行之至也。位，猶正也。育，生也，長也。

補注：中和者，動静俱得之美名。喜怒哀樂中節，即可以言和。其未發也，雖赤子之心無知，亦即可以言中。論喜怒哀樂，不惟未發以前無所容心，即發而中節，亦無所容心也。論中和之實，則合天下事無不自中出，無不以和爲至，故曰「大本」，曰「達道」。篇内言「尊德性」，與上兩節之文相足；言「道問學」，與此節之文相足。德性曰「尊」，所謂「戒慎恐懼」，所謂「慎獨」是也。問學曰「道」，此所謂「致」是也。德性〔五〕，譬則身之血氣也；問學，譬則飲食也。不保護而自耗敗，其血氣與廢飲食之養無以增長吾之血氣，其爲二事甚明。以喜怒哀樂言中和，性情之德，無一人不可語於此也；以中和言大本、達道，孰能盡之哉！致中和者，其功非於發與未發也；由問學以擴其心知，至聰明聖知達天德，乃爲致之所極。凡位其所者，中也；凡遂其生者，和也。天地位，天地之中也；萬物育，天地之和也。中和而至於與天地合其德，故曰「天地位焉」，見中之如是也；「萬物育焉」，見和之如是也。「天地位焉」，該凡位其所者言也；「萬物育焉」，該凡遂其生者言也。凡位其所者，天定者也，本也；凡遂其生者，人事於是乎盡也，道也。

孔子對齊景公問政曰：「君君，臣臣，父父，子子。」公曰：「善哉！信如君不君，臣不臣，父不父，子不子，雖有粟，吾得而食諸！」喪服傳曰：「父者，子之天也；夫者，妻之天也。」蓋天地位，萬物育，無適而不可見也。本亂必害於道，道失必害於本。中和雖分言之，致中和之功，一而已矣。

仲尼曰：「君子中庸，小人反中庸。君子之中庸也，君子而時中；小人之中庸也，小人而無忌憚也。」

鄭注：庸，常也，用中爲常道也。反中庸者，所行非中庸，然亦自以爲中庸也。君子而時中者，其容貌君子，而又時節其中也。小人而無忌憚，其容貌小人，又以無畏難爲常行，是其反中庸也。

補注：庸，即篇内所謂「庸德之行，庸言之謹」。由之務協於中，故曰中庸。而，猶乃也。君子何以中庸？乃隨時審處其中。小人何以反中庸？乃肆焉以行。陸德明釋文云：「王肅本作『小人之反中庸也』。」當是魏晉間仍有古本未脱「反」字者。

子曰：「中庸其至矣乎！民鮮能久矣。」

鄭注：鮮，罕也。言中庸爲道至美，顧人罕能久行。

補注：民非知之而能之也，由於先王之禮教而心志純一謹厚，無私慝傀肆之行，則亦能之。蓋生養教化盡於上，使民有恒心故也。

子曰：「道之不行也，我知之矣，知者過之，愚者不及也；道之不明也，我知之矣，賢者過之，不肖者不及也。人莫不飲食也，鮮能知味也。」

鄭注：罕知其味，謂愚者所以不及也。過與不及，使道不行，唯禮能教之中〔六〕。

補注：道不出人倫日用之常。愚者任其惑闇，不求行之無愆；不肖者陷溺其心，不求得事之宜。此失之「不及」，而道不行、不明也。智者自負其不惑，以爲行之不謬矣，而往往多謬；賢者自信其無慝，以爲出於正而已矣，往往執而鮮通。此失之「過」，而道不行、不明也。皆弗思焉耳！

子曰：「道其不行矣夫！」

鄭注：閔無明君教之。

補注：先工之法廢弛，而人非不及則過，難語於由之不差也。

子曰：「舜其大知也與！舜好問而好察邇言，隱惡而揚善，執其兩端，用其中於民。其斯以爲舜乎！」

鄭注：邇，近也。近言而善，易以進，又察而行之也。兩端，過與不及也。「用其中於民」，賢與不肖皆能行之也。斯，此也。其德如此，乃號爲舜。舜之言充也。

補注：「執其兩端」，如一物之有本末、首尾，全體無遺棄也。「其斯以爲舜乎」，言舜之知而又如斯，是以爲大知。

子曰：「人皆曰予知，驅而納諸罟擭陷阱之中，而莫之知辟也。人皆曰予知，擇乎中庸，而不能期月守也。」

鄭注：予，我也。言凡人自謂有知，人使之入罟，不知辟也。自謂擇中庸而爲之，亦不能久行。言其實愚，又無恒。

補注：人不自以爲知，則心常兢兢，庶幾少失。未有自以爲知而不動輒得咎者也。人倫日用之常，由之而協於中，是謂中庸。則審擇而知其意，守之勿失，亦人人可與於此者。自以爲知，雖知其意，旋必失之。禮記義疏云：「罟，罔也。擭，謂柞樗也。陷阱，謂阬也；穿地爲坎，竪鋒刃於中，以陷獸也。」

子曰：「回之爲人也，擇乎中庸，得一善則拳拳服膺，而弗失之矣。」

鄭注：拳拳，奉持之貌。

補注：「服膺」「弗失」，謂如持物者奉之著於胸間，不少置也。

子曰：「天下國家可均也，爵禄可辭也，白刃可蹈也，中庸不可能也。」

鄭注：言中庸難爲之難。

補注：均，謂分疆正域，平量財賦，有取於均之事。「天下國家可均」，則其人不私者也；「爵禄可辭」，則其人清者也；「白刃可蹈」，則其人剛者也。各成其一德而已。中庸必具衆德，又非勉於一時，故難能。

子路問强。

鄭注：强，勇者所好也。

子曰：「南方之强與？北方之强與？抑而强與？」

鄭注：言三者所以爲强者異也。抑，辭也。「而」之言女也，謂中國也。

「寬柔以教，不報無道，南方之强也，君子居之。衽金革，死而不厭，北方之强也，而强者居之。」

鄭注：南方以舒緩爲强。「不報無道」，謂犯而不校也。衽，猶席也。北方以剛猛爲强。

補注：厭，慴服也。

「故君子和而不流〔七〕，强哉矯！中立而不倚，强哉矯！國有道，不變塞焉，强哉矯！國無道，至死不變，强哉矯！」

鄭注：此抑女之强也。流，猶移也。塞，猶實也。國有道，不變以趨時；國無道，不變以辟害。有道，無道，一也。矯，强貌。「塞」或爲「色」。

補注：流，謂遷失也。和，與物同，易遷失。君子常德不求異於人，貴「和而不流」；卓行不苟同於人，貴「中立而不倚」；有道由塞而達，無道終於塞，皆貴恒其德，終始如一。

子曰：「素隱行怪，後世有述焉，吾弗爲之矣。君子遵道而行，半塗而廢，吾弗能已矣。」

鄭注：素，讀如攻城「攻其所傃」之傃。義疏云：司馬法文。傃，猶鄉也。言方鄉辟害隱身，而行詭譎，以作後世名也。「弗爲之矣」，耻之也。廢，猶罷止也。「弗能已矣」，汲汲行道，不爲時人之隱行。

補注：「素隱行怪」，謂舍常行之道而專鄉隱僻，以矯異於衆也。

「君子依乎中庸，遯世不見知而不悔，唯聖者能之。」

鄭注：言隱者當如此也。唯舜爲能如此。

補注：「依乎中庸」，於人倫日用之常道無不盡也。用之則行，舍之則藏，故「不見知不悔」。

君子之道，費而隱。

鄭注：言可隱之節也。費，猶佹也。道不佹則仕。

補注：許叔重説文解字曰：「費，散財用也。」故其義爲散之所廣徧。君子之道，雖若深隱難窺，實不過事物之咸得其宜，則不可徒謂其隱，乃費而隱也。後儒以隱爲道之體，是別有所指以爲道，非聖賢之所謂道也。道即人倫日用，以及飛、潛、動、植，盈天地之間無或違其性，皆是也。故下推言所謂費，而不及隱。文理甚明。

夫婦之愚，可以與知焉；及其至也，雖聖人亦有所不知焉。夫婦之不肖，可以能行焉；及其至也，雖聖人亦有所不能焉。天地之大也，人猶有所憾。故君子語大，天下莫能載焉；語小，天下莫能破焉。詩云：「鳶飛戾天，魚躍于淵。」言其上下察也。

鄭注：與，讀爲「贊者皆與」之與。言匹夫、匹婦愚耳，亦可以其與有所知，可以其能有所行者，以其知行之極也，聖人有不能如此。舜好察邇言，由此故與！憾，恨也。天地至大，無不覆載，人尚有所恨焉，況於聖人，能盡備之乎？語，猶說也。所說大事，謂先王之道也；所說小事，謂若愚不肖夫婦之知行也。聖人盡兼行。察，猶著也。言聖人之德至於天，則「鳶飛戾天」；至於地，則「魚躍于淵」，是其著明於天地也。

補注：「及其至也」，自近至遠，自略至詳，該括不遺之辭。夫婦之愚不肖可知可能，至于聖人亦有所不知不能，盡舉人事之全言之也。雖粗鄙小事，聖人不知不能者多矣，而皆不可廢也。人所憾於天地，亦人之願望所宜然。故語大，至於莫知紀極；語小，至於纖細難剖，皆有所宜之道，其費如是。引詩之辭，偶涉飛潛、上下，以見物性之自然。上下著明，故曰「言其上下察也」。然則不以爲深隱難窺可也。後儒雜乎釋老之言以說此，余無取焉。

君子之道，造端乎夫婦；及其至也，察乎天地。

鄭注：夫婦，謂匹夫、匹婦之所知所行。

補注：「察乎天地」，即所謂「上下察」。天地間之物，盡若是矣。道者，事物之宜。散觀之，莫不有宜也，費也。察而不隱，人自不能窺耳！

子曰：「道不遠人。人之爲道而遠人，不可以爲道。」

鄭注：言道即不遠於人，人不能行也。

補注：而如若，語之轉。以爲，與下文「以爲」同。上所謂「費」，徧及事物言之，皆不遠人者也。人之爲道若遠人，不可謂之道。素隱行怪之非道，明矣。

「詩云：『伐柯伐柯，其則不遠。』執柯以伐柯，睨而視之，猶以爲遠。」

鄭注：則，法也。言持柯以伐木，將以爲柯，近以柯爲尺寸之法。此法不遠人，人尚遠之。明爲道不可以遠。

「故君子以人治人，改而止。」

鄭注：言人有罪過，君子以人道治之，其人改則止，赦之，不責以人所不能。

補注：法在所執之柯，以比度所伐之柯，視之既審，或不免微差，猶謂之遠，可也。君子治人之道，非自我立之法，不過以心之所同然者喻之。彼之心以爲宜然，未有不自改者，斯可以止矣。是誠不遠也。

「忠恕違道不遠。施諸己而不願，亦勿施於人。」

鄭注：違，猶去也。

補注：「不願」者，人之常情，發乎自然者也。己不願受，知人亦不願受。於施道之務在無憾，相去不遠矣。

「君子之道四，丘未能一焉：所求乎子以事父，未能也；所求乎臣以事君，未能也；所求乎弟以事兄，未能也；所求乎朋友先施之，未能也。庸德之行，庸言之謹，有所不足，不敢不勉；有餘，不敢盡。言顧行，行顧言，君子胡不慥慥爾！」

鄭注：聖人而曰「我未能」，明人當勉之無已。庸，猶常也。言德常行也，言常謹也。聖人之行實過於人，有餘不敢盡，常爲人法，從禮也。君子，謂衆賢也。慥慥，守實，言行相應之貌。

補注：人之常情，於人易於求盡，以此反諸身，則盡道矣。凡所當盡者，行之誠不易，亦可知勿責於人矣。自古施於人而不顧其難受，責於人而已概未能，天下國家之所以亡也。行易不足，言易有餘，「不敢盡」，其謹可知。「言顧行」，有言必其有是行也。「行顧言」，恐不逮其言，是自棄也。

君子素其位而行，不願乎其外。素富貴，行乎富貴；素貧賤，行乎貧賤；素夷狄，行乎夷狄；素患難，行乎患難。君子無入而不自得焉。

鄭注：「素」讀皆爲傃。「不願乎其外」，謂思不出其位也。自得，謂所鄉不失其道。

在上位不陵下，在下位不援上，正己而不求於人，則無怨。上不怨天，下不尤人。故君子居易以俟命，小人行險以徼幸。子曰：「射有似乎君子，失諸正鵠，反求諸其身。」

鄭注：援，謂牽持之也。無怨，人無怨之者也。論語曰：「君子求諸己，小人求諸人。」易，猶平安也。俟命，聽天任命也。險，謂傾危之道。反求於其身，不以怨人。畫布曰正，棲皮曰鵠。

君子之道，辟如行遠，必自邇；辟如登高，必自卑。詩曰：「妻子好合，如鼓瑟琴。兄弟既翕，和樂且耽。宜爾室家，樂爾妻帑。」

鄭注：自，從也。邇，近也。行之自近者卑者始，以漸致之高遠。琴瑟，聲相應和也。翕，合也。耽，亦樂也。古者謂子孫曰帑。此詩言和室家之道，自近者始。

子曰：「父母其順矣乎！」

鄭注：謂其教令行，使室家順。

補注：謂如詩之言，父母未有不順於心者。

子曰：「鬼神之爲德，其盛矣乎！視之而弗見，聽之而弗聞，體物而不可遺。使天下之人，齊明盛服，以承祭祀，洋洋乎如在其上，如在其左右。詩曰：『神之格思，不可度思，矧可射思。』」

鄭注：體，猶生也。可，猶所也。不有所遺，言萬物無不以鬼神之氣生也。明，猶潔也。洋洋，人想思其傍僾之貌。格，來也。矧，況也。射，厭也。思，皆聲之助。言神之來，其形象不可億度而知，事之盡敬而已，況可厭倦乎？

補注：洪範「初一曰五行」。易曰：「一陰一陽之謂道。」皆推本天道言之。陰陽、五行，氣化之實也。鬼神即以名其精氣〔八〕，爲品物流行之本，故曰「體物而不可遺」，未有能遺之以生者也。古聖人因以祭祀事鬼神，明乎天與人不相隔也。

「夫微之顯，誠之不可揜，如此夫！」

鄭注：言神無形而著，不言而誠。

補注：凡實有之，未有能揜之者也。

子曰：「舜其大孝也與！德爲聖人，尊爲天子，富有四海之內，宗廟享之，子孫保之。故大德必得其位，必得其禄，必得其名，必得其壽。」

鄭注：保，安也。名，令聞也。

「故天之生物，必因其材而篤焉，故栽者培之，傾者覆之。」

鄭注：材，謂其質性也。篤，厚也。言善者天厚其福，惡者天厚其毒，皆由其本而爲之。栽，讀如「文王初載」之載，栽猶殖也，益也。今時人名草木之植者曰栽，築墻立板亦曰栽。栽，或爲滋。覆，敗也。

「詩曰：『嘉樂君子，憲憲令德。宜民宜人，受禄于天。保佑命之，自天申之。』故大德者必受命。」

鄭注：憲憲，興盛之貌。保，安也。佑，助也。

子曰：「無憂者，其惟文王乎！以王季爲父，以武王爲子，父作之，子述之。」

鄭注：聖人以立法度爲大事，子能述成之，則何憂乎！堯舜之父子則有凶頑，禹湯之父子則寡令聞，父子相成，唯有文王。

「武王纘大王、王季、文王之緒，壹戎衣而有天下，身不失天下之顯名，尊爲天子，富有四海之内，宗廟饗之，子孫保之。」

鄭注：纘，繼也。緒，業也。戎，兵也。衣，讀如殷，聲之誤也。齊人言殷聲如衣。虞、夏、商、周，氏者多矣。今姓有衣者，殷之冑與？「壹戎殷」者，壹用兵伐殷也。

「武王末受命，周公成文武之德，追王大王、王季，上祀先公以天子之禮。斯禮也，達乎諸侯大夫，及士庶人。父爲大夫，子爲士，葬以大夫，祭以士。父爲士，子爲大夫，葬以士，祭以大夫。期之喪，達乎大夫。三年之喪，達乎天子。父母之喪，無貴賤，一也。」

鄭注：末，猶老也。「追王大王、王季」者，以王跡起焉。先公，組紺以上至后稷也。斯禮達於諸侯、大夫、士、庶人者，謂葬之從死者之爵，祭之用生者之禄也。言大夫葬以大夫，士葬以士，則追王者，改葬之矣。「期之喪達於大夫」者，謂旁親所降在大功者。其正統之期，天子、諸侯猶不降也。禮記義疏：「熊氏云：此對天子、諸侯，故云期之喪，達乎大夫。其實，大夫爲大功之喪得降小功，小功之喪得降緦麻，是大功、小功，皆達乎大夫。」大夫所降，天子、諸侯絶之不爲服，所不臣乃服之也。義疏云：「喪服傳云：『始封之君不臣諸父、昆弟，封君之子，不臣諸父，而臣昆弟。』但不臣者，皆以本服服也。」承葬祭説期、三年之喪者，明於事父以孝，不用其尊卑變。義疏云：三年之喪，達乎天子，不云父母而云三年者，包適子也。天子爲后服期，后卒，必待三年然後娶，所以達子之志。是以昭十五年左傳，穆后崩，太子壽卒，叔向云：王一歲而有三年之喪二焉。

補注：三年之喪，該凡爲所受國者三年，君父之義一也。父母之喪，該曾祖父母、祖父母齊衰三月。期者，君受國於曾祖，其祖與父或廢疾不立，而皆在先，有祖之喪則期。

子曰：「武王、周公，其達孝矣乎！夫孝者，善繼人之志，善述人之事者也。春秋修其祖廟，陳其宗器，設其裳衣，薦其時食。」

鄭注：修，謂掃糞也。宗器，祭器也。裳衣，先祖之遺衣服也；設之，當以受尸也。時食，四時祭也。

「宗廟之禮，所以序昭穆也。序爵，所以辨貴賤也；序事，所以辨賢也。旅酬，下爲上，所以逮賤也；燕毛，所以序齒也。」

鄭注：序，猶次也。爵，謂公、侯、大夫、士也。事，謂薦羞也。「以辨賢」者，以其事別所能也。若司徒奉牛，宗伯共鷄牲矣。文王世子曰：「宗廟之中以爵爲位，崇德也。宗人授事以官，尊賢也。」「旅酬下爲上」者，謂若特牲饋食之禮，賓弟子、兄弟之子各舉觶于其長也。「逮賤」者，宗廟之中以有事爲榮也。燕，謂既祭而燕也。以髮色爲坐，祭時尊尊也；至燕，親親也。齒，亦年也。

補注：「序昭穆」，據子孫之昭穆。無爵者，在阼階前西面北上。昭爲一，穆爲一，凡二列，昭與昭齒，穆與穆齒，以次而南。「序爵」，據族與賓之有爵者。文王世子篇論公族朝於公曰：「内朝以齒，外朝則以官。其在宗廟之中，則如外朝之位。」此序爵兼同姓、異姓之明證。特牲饋食禮，嗣子舉奠之後，神事將終，賓與兄弟以次相酬，曰旅酬。前此主人酬賓，賓奠觶于薦南。及旅酬之初，兄弟弟子洗酌于東方之尊，阼階前北面，舉觶于長兄弟，如主人酬賓儀，所謂下爲上也。發酒端曰舉。此時不兼賓弟子者，賓有薦南奠觶也。賓坐，取觶阼階前，北面酬長兄弟。長兄弟在右。賓奠觶拜，長兄弟答拜。賓立卒觶，酌于其尊，東面立。長兄弟拜受觶，賓北面答拜，揖復位。長兄弟西階前北面，衆賓長左受旅如初。長兄弟卒觶，酌于其尊，西面立。受旅者拜受，長兄弟北面答拜，揖復位。衆賓及衆兄弟交錯以辨，皆如初儀。此賓酬兄弟，行薦南之觶也。長兄弟酬賓，如賓酬兄弟之儀以辨。此行弟子舉觶于長兄弟，奠薦北者，卒受者實觶于篚。旅酬之禮如是。既旅，而後賓弟子及兄弟弟子洗各酌于其尊，中庭北面西上，舉觶于其長，奠觶拜，長皆答拜。舉觶者祭卒觶拜，長皆答拜。舉觶者洗各酌于其尊，復初位，長皆拜。舉觶者皆奠觶于薦右，長皆執以興。舉觶者皆復位答拜，長皆奠觶于其所，皆揖其弟子，弟子皆復其位。亦所謂下爲上也。此時賓黨一黨之弟子始皆有事，乃旅酬之餘禮，爵皆無算，東西交恩通好，不以次算也。旅酬爲大目，該無算爵在内。

「踐其位，行其禮，奏其樂，敬其所尊，愛其所親，事死如事生，事亡如事存，孝之至也。」

鄭注：踐，猶升也。其者，其先祖也。踐，或爲纘。

「郊社之禮，所以事上帝也。宗廟之禮，所以祀乎其先也。明乎郊社之禮、禘嘗之義，治國其如示諸掌乎！」

鄭注：社，祭地神。不言后土者，省文。示，讀如「寘諸河干」之寘。寘，置也。物而在掌中，易爲知力者也。序爵、辨賢、尊尊、親親，治國之要。

補注：郊，謂冬至、啓蟄之郊，及四時迎氣，兆五帝於四郊是也。水土之神曰社，社非祭地。周禮后土與社爲二，是其明證。郊禮大，社禮小，舉二者以該事神之禮。上帝尊，言事上帝，則百神在内。禮，不王不禘。王者禘其祖之所自出，以其祖配之，而立四廟。周祖文、武，以后稷爲祖之所自出，故立后稷廟爲太廟。王季以上，遷主藏焉。文武之廟，皆曰世室。以下，穆之遷主藏於文世室，昭之遷主藏於武世室〔九〕。又立四親廟。禘於太廟。禮曰：「毁廟之主升合食而立二尸。」又曰：「獻昭尸如穆尸之禮。」又曰：「毁廟之主，昭共一牢，穆共一牢。祝辭稱孝子孝孫。」秋祭曰嘗。禘禮大，嘗禮小，亦舉二者以該宗廟之禮。

哀公問政，子曰：「文武之政，布在方策。其人存則其政舉，其人亡則其政息。人道敏政，地道敏樹。夫政也者，蒲盧也。」

鄭注：方，版也。策，簡也。息，猶滅也。敏，猶勉也。樹，謂殖草木也。人之無政，若地無草木矣。敏，或爲謀。蒲盧，蜾蠃，謂土蜂也。詩曰：「螟蛉有子，蜾蠃負之。」螟蛉，桑蟲也。蒲盧取桑蟲之子去，而變化之以成爲己子。政之於百姓，若蒲盧之於桑蟲然。

補注：蒲盧二字疊韻形容之辭，蓋古有是語。夏小正「雉入於海爲蜃」〔一〇〕，説曰：「蜃也者，蒲盧也。與蜾蠃同名。」蒲盧取義可推而知。政雖利民，不得其人，皆適以病民，有隨人轉變之義。然則蒲盧，蜾蠃也。夫子答哀公問政，止於此。下文承夫子論爲政，而推廣之以論學。王肅私定家語，并襲取之以爲夫子之言，謬矣！

故爲政在人，

鄭注：在於得賢人也。

取人以身，修身以道，修道以仁。仁者，人也，親親爲大。義者，宜也，尊賢爲大。親親之殺，尊賢之等，禮所生也。

鄭注：「取人以身」，言明君乃能得人。人也，讀如「相人偶」之人，以人意相存問之言。

補注：道之大目，下文君臣、父子、夫婦、昆弟、朋友之交是也。隨其身之爲君、爲臣，爲父、爲子，以及朋友。徵之踐行，身之修不修乃見。「修身以道」，言以道實責諸身也。道之責諸身，往往易致差謬，必盡乎仁、盡乎義、盡乎禮，然後於道無憾。「修道以仁」者，略辭，兼義禮乃全乎仁。分言之，由仁而親親，由義而尊賢，由禮而生殺與等。仁至，則親親之道得；義至，則尊賢之道得；禮至，則有殺有等而靡不得。親親、尊賢及其等殺，即道中之事。仁、義、禮難空言，故舉以見其略。人於人，情相同，恩相洽，故曰「仁者人也」。事得其宜，則無失，故曰「義者宜也」。禮，則各止其分位是也。易曰：「立人之道，曰仁與義。」此更益之以禮，即仁至義盡之謂。

在下位不獲乎上，民不可得而治矣。

鄭注：此句其屬在下，著脱誤重在此。

故君子不可以不修身；思修身，不可以不事親；思事親，不可以不知人；思知人，不可以不知天。

鄭注：言修身乃知孝，知孝乃知人，知人乃知賢不肖，知賢不肖乃知天命所保佑。

補注：事親，務於仁孝也；知人，務於精義也；知天，務於達禮也。尊卑、長幼、親疏、貴賤，天定者也。

天下之達道五，所以行之者三。曰：君臣也，父子也，夫婦也，昆弟也，朋友之交也，五者，天下之達道也。知、仁、勇三者，天下之達德也。

鄭注：達者，常行，百王所不變也。

補注：天下之事，盡於以生以養。而隨其所居之位，爲君、爲臣，爲父、爲子，爲昆弟、夫婦、朋友，概舉其事，皆行之不可廢者，故謂之達道。指其事而言則曰事，以自身行之則曰道。不務踐行則身不修，行之差失則道不修。上云「修身以道，修道以仁」，求準之仁義禮無失，以大共之理言也。是爲隨事審處之權衡。能權之使輕重不爽，則知也。然不徒曰「知」，而兼言「仁」者，世不乏「知及之，仁不能守之」者也。又兼言「勇」，則强力不可奪。以三者行之，庶幾於仁義禮無憾。謂之達德，人皆宜實有諸己也。

所以行之者一也，或生而知之，或學而知之，或困而知之；及其知之，一也。或安而行之，或利而行之，或勉强而行之；及其成功，一也。

鄭注：「困而知之」，謂長而見禮義之事，已臨之而有不足，乃始學而知之，此達道也。利，謂貪榮名也。勉强，耻不若人。

補注：知、仁、勇之德，人咸有之，亦人咸反之己而不足者也。既反之己而不足，則疑以是行之未能盡道。然惟務乎此，日新不已，下學而上達，始焉不足，終必能足。舍知、仁、勇，其於達道更無所以行之者，故曰「所以行之者，一也」。不過質性有差等，是以不足，至於能足則同。

子曰：「好學近乎知，力行近乎仁，知耻近乎勇。」

補注：此又引夫子之言，下文因推廣言之。王肅私定家語，合前後爲答哀公問政，謬也。

知斯三者，則知所以修身；知所以修身，則知所以治人；知所以治人，則知所以治天下國家矣。

鄭注：言有知、有仁、有勇，乃知修身。則修身以此三者爲基。

凡爲天下國家有九經，曰：修身也，尊賢也，親親也，敬大臣也，體羣臣也，子庶民也，來百工也，柔遠人也，懷諸侯也。

鄭注：體，猶接納也。子，猶愛也。遠人，蕃國之諸侯也。

補注：羣臣位卑，宜加體恤，恐情不能自達也。

修身則道立，尊賢則不惑，親親則諸父昆弟不怨，敬大臣則不眩，體羣臣則士之報禮重，子庶民則百姓勸，來百工則財用足，柔遠人則四方歸之，懷諸侯則天下畏之。

鄭注：不惑，謀者良也。不眩，所任明也。

齋明盛服，非禮不動，所以修身也。去讒遠色，賤貨而貴德，所以勸賢也。尊其位，重其禄，同其好惡，所以勸親親也。官盛任使，所以勸大臣也。忠信重禄，所以勸士也。時使薄斂，所以勸百姓也。日省月試，既廪稱事，所以勸百工也。送往迎來，嘉善而矜不能，所以柔遠人也。繼絶世，舉廢國，治亂持危，朝聘以時，厚往而薄來，所以懷諸侯也。

鄭注：同其好惡，不特有所好惡于同姓，雖恩不同，義必同也。尊重其禄位，所以貴之，不必授以官守，天官不可私也。「官盛任使」，大臣皆有屬官，所任使，不親小事也。「忠信重禄」，有忠信者重其禄也。時使，使之以時。「日省月試」，考校其成功也。既，讀爲餼。餼廩，稍食也。稾人職曰：「乘其事，考其弓弩〔一二〕，以下上其食。」

凡爲天下國家有九經，所以行之者一也。凡事豫則立，不豫則廢。言前定則不跲，事前定則不困，行前定則不疚，道前定則不窮。

鄭注：一，謂當豫也。跲，躓也。疚，病也。人不能病之。

在下位不獲乎上，民不可得而治矣。

鄭注：獲，得也。言臣不得於君，則不得居位治民。

獲乎上有道，不信乎朋友，不獲乎上矣；信乎朋友有道，不順乎親，不信乎朋友矣；順乎親有道，反諸身不誠，不順乎親矣；誠身有道，不明乎善，不誠乎身矣。

鄭注：言知善之爲善，乃能行誠。

誠者，天之道也；誠之者，人之道也。誠者，不勉而中，不思而得，從容中道，聖人也。誠之者，擇善而固執之者也。

鄭注：言誠者，天性也；誠之者，學而誠之者也。因誠身說有大至誠。

博學之，審問之，慎思之，明辨之，篤行之。有弗學，學之弗能，弗措也；有弗問，問之弗知，弗措也；有弗思，思之弗得，弗措也；有弗辨，辨之弗明，弗措也；有弗行，行之弗篤，弗措也。人一能之，己百之；人十能之，己千之。果能此道矣，雖愚必明，雖柔必强。

鄭注：此勸人學誠其身也。果，猶決也。

自誠明，謂之性；自明誠，謂之教。誠則明矣，明則誠矣。

鄭注：自，由也。由至誠而有明德，是聖人之性者也。由明德而有至誠，是賢人學以誠之也。有至誠則必有明德，有明德則必有至誠。

唯天下至誠，爲能盡其性；能盡其性，則能盡人之性；能盡人之性，則能盡物之性；能盡物之性，則可以贊天地之化育；可以贊天地之化育，則可以與天地參矣。

鄭注：盡性者，謂順理之，使不失其所也。贊，助也。育，生也。助天地之化生，謂聖人受命，在王位，致大平。

其次致曲，曲能有誠，誠則形，形則著，著則明，明則動，動則變，變則化，唯天下至誠爲能化。

鄭注：其次，謂自明誠者也。致，至也。曲，猶小小之事也。不能盡性，而有至誠於有義焉而已。形，謂人見其功也。盡性之誠，人不能見也。著，形之大者也。明，著之顯者也。動，動人心也。變，改惡爲善也。變之久，則化而性善也。

至誠之道，可以前知。國家將興，必有禎祥；國家將亡，必有妖孽。見乎蓍龜，動乎四體。禍福將至，善，必先知之；不善，必先知之。故至誠如神。

鄭注：可以前知者，言天不欺至誠者也。前，亦先也。禎祥、妖孽，蓍龜之占，雖其時有小人愚主，皆爲至誠能知者出也。四體，謂龜之四足。春占後左，夏占前左，秋占前右，冬占後右。

誠者，自成也；而道，自道也。

鄭注：言人能至誠，所以自成也。有道藝，所以自道達。

誠者，物之終始。不誠無物。

鄭注：物，萬物也，亦事也。大人無誠，萬物不生；小人無誠，則事不成。

是故君子誠之爲貴。

鄭注：言貴至誠。

誠者，非自成己而已也，所以成物也。成己，仁也；成物，知也。性之德也，合外内之道也。

鄭注：以至誠成己，則仁道立。以至誠成物，則知彌博。此五性之所以爲德也，外内所須而合也。外内，猶上下。

故時措之宜也。

鄭注：時措，言得其時而用也。

故至誠無息，不息則久，久則徵，徵則悠遠，悠遠則博厚，博厚則高明。

鄭注：徵，猶效驗也。此言至誠之德既著於四方，其高厚日以廣大也。徵，或爲徹。

博厚，所以載物也；高明，所以覆物也；悠久，所以成物也。博厚配地，高明配天，悠久無疆。

鄭注：後言悠久者，言至誠之德既至博厚、高明，配乎天地，又欲其久長行之。

如此者，不見而章，不動而變，無爲而成。天地之道，可一言而盡也。

鄭注：言其德化與天地相似，可一言而盡，要在至誠。

其爲物不貳，則其生物不測。

鄭注：言至誠無貳，乃能生萬物，多無數也。

天地之道：博也，厚也，高也，明也，悠也，久也。

鄭注：此言其著見成功也。

今夫天，斯昭昭之多，及其無窮也，日月星辰繫焉，萬物覆焉。今夫地，一撮土之多，及其廣厚，載華嶽而不重，振河海而不洩，萬物載焉。今夫山，一卷石之多，及其廣大，草木生之，禽獸居之，寶藏興焉。今夫水，一勺之多，及其不測，黿鼉蛟龍魚鼈生焉，貨財殖焉。

鄭注：此言天之高明，本生昭昭；地之博厚，本由撮土；山之廣大，本起卷石；水之不測，本從一勺。皆合少成多，自小致大。爲至誠者，亦如此乎。昭昭，猶耿耿，小明也。

振，猶收也。卷，猶區也。

詩云：「惟天之命，於穆不已。」蓋曰天之所以爲天也。「於乎不顯，文王之德之純！」蓋曰文王之所以爲文（王）也，純亦不已。

鄭注：天所以爲天，文王所以爲「文」，皆由行之無已，爲之不止，如天地山川之云也。

易曰：「君子以順德，積小以成高大。」是與！

大哉聖人之道！洋洋乎發育萬物，峻極于天。

鄭注：育，生也。峻，高大也。

優優大哉！禮儀三百，威儀三千，待其人然後行。故曰：苟不至德，至道不凝焉。

鄭注：言爲政在人，政由禮也。凝，猶成也。

故君子尊德性而道問學，致廣大而盡精微，極高明而道中庸，温故而知新，敦厚以崇禮。

鄭注：德性，謂性至誠者。道，猶由也。問學，學誠者也。廣大，猶博厚也。温，讀如燖温之温，謂故學之熟矣，後時習之，謂之温。

是故居上不驕，爲下不倍。國有道，其言足以興；國無道，其默足以容。

鄭注：興，謂起在位也。

詩曰：「既明且哲，以保其身。」其此之謂與！

鄭注：保，安也。

子曰：「愚而好自用，賤而好自專，生乎今之世，反古之道，如此者，烖及其身者也。」

鄭注：「反古之道」，謂曉一孔之人，不知今王之新政可從。

非天子，不議禮，不制度，不考文。

鄭注：此天下所共行，天子乃能一之也。禮，謂人所服行也。度，國家宮室及車輿也。文，書名也。

今天下車同軌，書同文，行同倫。

鄭注：今，孔子謂其時。

雖有其位，苟無其德，不敢作禮樂焉；雖有其德，苟無其位，亦不敢作禮樂焉。

鄭注：言作禮樂者，必聖人在天子之位。

子曰：「吾説夏禮，杞不足徵也；吾學殷禮，有宋存焉；吾學周禮，今用之，吾從周。」

鄭注：徵，猶明也。吾能説夏禮，顧杞之君不足與明之也。吾從周，行今之道。

王天下有三重焉，其寡過矣乎！

鄭注：三重，三王之禮。

上焉者，雖善無徵；無徵不信，不信民弗從。下焉者，雖善不尊；不尊不信，不信民弗從。

鄭注：上，謂君也。君雖善，善無明徵，則其善不信也。下，謂臣也。臣雖善，善而不尊君，則其善亦不信也。徵，或爲證。

故君子之道，本諸身，徵諸庶民，考諸三王而不謬，建諸天地而不悖，質諸鬼神而無疑，百世以俟聖人而不惑。質諸鬼神而無疑，知天也；百世以俟聖人而不惑，知人也。

鄭注：知天、知人，謂知其道也。鬼神，從天地者也。易曰：「故知鬼神之情狀與天地相似。」聖人則之，百世同道。徵，或爲證。

是故君子動而世爲天下道，行而世爲天下法，言而世爲天下則。遠之則有望，近之則不厭。

鄭注：用其法度，想思若其將來也。

詩云：「在彼無惡，在此無射。庶幾夙夜，以永終譽。」君子未有不如此而蚤有譽於天下者也。

鄭注：射，厭也。永，長也。

仲尼祖述堯舜，憲章文武，上律天時，下襲水土。

鄭注：此以春秋之義說孔子之德。孔子曰：「吾志在春秋，行在孝經。」二經固足以明之。孔子所述堯舜之道，而制春秋，而斷以文王、武王之法度。春秋傳曰：「君子曷爲爲春秋？撥亂世，反諸正，莫近諸春秋。其諸君子樂道堯舜之道與？末不亦樂乎堯舜之知君子也？」又曰：「是子也，繼文王之體，守文王之法度。文王之法無求，而求，故譏之也。」又曰：「王者孰謂？謂文王也。」此孔子兼包堯舜文武之盛德，而著之春秋，以俟後聖者也。律，述也。述天時，謂編年四時具也。襲，因也。因水土，謂記諸夏之事，山川之異。

辟如天地之無不持載，無不覆幬；辟如四時之錯行，如日月之代明。萬物並育而不相害，道並行而不相悖。小德川流，大德敦化。此天地之所以爲大也。

鄭注：聖人制作，其德配天地如此，唯五始可以當焉。幬，亦覆也。「小德川流」，浸潤萌芽，喻諸侯也。「大德敦化」，厚生萬物，喻天子也。幬，或作燾。

唯天下至聖，爲能聰明睿知，足以有臨也；寬裕温柔，足以有容也；發强剛毅，足以有執也；齊莊中正，足以有敬也；文理密察，足以有别也。

鄭注：言德不如此，不可以君天下也。蓋傷孔子有其德而無其命。

溥博淵泉，而時出之。

鄭注：言其臨下普徧，思慮深重，非得其時，不出政教。

溥博如天，淵泉如淵。見而民莫不敬，言而民莫不信，行而民莫不説。是以聲名洋溢乎中國，施及蠻貊。舟車所至，人力所通，天之所覆，地之所載，日月所照，霜露所隊，凡有血氣者，莫不尊親，故曰配天。

鄭注：如天，取其運照不已也。如淵，取其清深不測也。尊親，尊而親之。

唯天下至誠，爲能經綸天下之大經，立天下之大本，知天地之化育。

鄭注：至誠，性至誠，謂孔子也。大經，謂六藝，而指春秋也。大本，孝經也。

夫焉有所倚？肫肫其仁，淵淵其淵，浩浩其天。

鄭注：安有所倚，言無所偏倚也，故人人自以被德尤厚，似偏頗者。肫肫，讀如「誨爾忳忳」之忳忳。忳，懇誠貌也。肫肫，或爲純純。

苟不固聰明聖知、達天德者，其孰能知之！

鄭注：言唯聖人乃能知聖人也。春秋傳曰：「末不亦樂乎堯舜之知君子。」明凡人不知。

詩曰：「衣錦尚絅。」惡其文之著也。故君子之道，闇然而日章；小人之道，的然而日亡。

鄭注：言君子深遠難知，小人淺近易知。人所以不知孔子，以其深遠禪爲絅。錦衣之美而君子以絅表之，爲其文章露見，似小人也。

君子之道，淡而不厭，簡而文，溫而理。知遠之近，知風之自，知微之顯，可與入德矣。

鄭注：淡，其味似薄也。「簡而文，溫而理」，猶簡而辨，直而溫也。自，謂所從來也。三知者，皆言其睹末察本，探端知緒也。入德，入聖人之德。

詩云：「潛雖伏矣，亦孔之昭。」故君子内省不疚，無惡於志。

鄭注：孔，甚也。昭，明也。言聖人雖隱居，其德亦甚明矣。疚，病也。君子自省身無愆病，雖不遇世，亦無損害於己志。

君子之所不可及者，其唯人之所不見乎！詩云：「相在爾室，尚不愧于屋漏。」

鄭注：言君子雖隱居，不失其君子之容德也。相，視也。室西北隅謂之屋漏。視女在室獨居者，猶不愧于屋漏。屋漏非有人也，況有人乎！

故君子不動而敬，不言而信。詩曰：「奏假無言，時靡有爭。」

鄭注：假，大也。此頌也，言奏大樂于宗廟之中，人皆肅敬，金聲玉色，無有言者。以時太平和樂無所爭也。

是故君子不賞而民勸，不怒而民威於鈇鉞。詩曰：「不顯惟德，百辟其刑之。」

鄭注：不顯，言顯也。辟，君也。此頌也，言不顯乎文王之德，百君盡刑之，諸侯法之也。

是故君子篤恭而天下平。詩曰：「予懷明德，不大聲以色。」

鄭注：予，我也。懷，歸也。言我歸有明德者，以其不大聲爲嚴厲之色以威我也。

子曰：「聲色之於以化民，末也。」詩曰：「德輶如毛。」

鄭注：輶，輕也。言化民常以德，德之易舉而用，其輕如毛耳。

毛猶有倫。「上天之載，無聲無臭」，至矣。

鄭注：倫，猶比也。載，讀曰栽，謂生物也。言毛雖輕，尚有所比，有所比則有重。上天之造生萬物，人無聞其聲音，亦無知其臭氣者。化民之德，清明如神，淵淵浩浩，然後善。

校注

〔一〕天命　指客觀的條件、客觀的限制。

〔二〕心知　戴震認爲認識有「精爽」與「神明」兩個階段，統稱之爲「血氣心知」。「精爽」相當於感覺、知覺，此爲人與動物所共有；「神明」相當於意識、思維，此爲人所獨有。

〔三〕動作言語　據阮元刻禮記正義補。

〔四〕端皆起於　以下原文脱十九字：「隱；及其顯也，端皆起於微。人凡有所行，端皆起於。」此爲戴望親筆校補。

〔五〕德性　指人的自然稟性。

〔六〕教　阮元刻禮記正義作「爲」。

〔七〕和而不流　善於與人相處而又不隨波逐流。

〔八〕「鬼神」句　戴震認爲萬物皆以陰陽、五行爲本，鬼神也不例外，鬼神是由「精氣」所構成。

〔九〕昭之遷主藏於武世室　九字爲戴望親筆校補。

〔一〇〕海　大戴禮記夏小正作「淮」。

〔一一〕考　十三經注疏本周禮作「試」。

戴震全書之六

深衣解

楊應芹◎整理
白兆麟◎審訂

説明

深衣爲古代上衣下裳相連的一種服裝，諸侯、大夫、士家居時所穿，同時也是庶人的禮服。禮記玉藻篇和深衣篇記有古深衣之制，漢鄭玄爲之作注，然語焉未詳，唐孔穎達爲禮記作疏，已説不清深衣的裁剪方式。戴震作深衣解，在鄭注、孔疏的基礎上，詳盡地解説了古代深衣的樣式、尺度、意義，同時考訂出古深衣的正確製作方法，且繪出剪裁製作的尺寸圖樣。這對於中國古代服飾的研究，無疑是有貢獻的。

深衣解稿本現藏國家圖書館。該稿本由他人代爲抄寫，戴震用朱筆改訂。後來姚鼐對該稿本作有朱筆旁注及評語，標有「鼐按」字樣。姚鼐之後又有人用墨筆批注（其中包括對姚鼐按語的匡謬），不知出自誰手。爲保留原稿面貌，將戴震的删改、姚鼐的旁注及無名氏墨筆批注等皆出校説明。

該稿本由冀叔英先生復核鑒定。

深衣解

鄭康成目録曰：「深衣，連衣裳而純之以采者。」孔穎達正義曰：「以餘服則上衣下裳，不相連；此深衣，衣裳相連，被體深邃，故謂之深衣。」

玉藻篇曰：深衣三袪起魚切。

鄭康成注曰：「三袪者，謂要中之數也。袪，尺二寸；圍之爲二尺四寸；三之，七尺二寸。」正義曰：「袪，謂袂末，言深衣之廣三倍於袂末。」震按：深衣用布六幅爲裳[一]。凡布幅廣二尺二寸。古者一尺於今尺六寸而贏[二]。以四幅正裁之，爲廣尺一寸者八幅，每幅兩邊各減一寸爲縫，可計者幅廣九寸，八幅通七尺二寸[三]，當裳之前後，故即爲要中圍數。

縫音逢齊音咨倍要一遥切

注曰：「縫，紩也。紩下齊，倍要中。」齊，丈四尺四寸。」正義曰：「齊，謂裳之下畔。要，謂裳之上畔。言縫下畔之廣，倍於要中之廣。」震按[四]：以布二幅交輸裁爲四[五]，一端廣二寸，一端廣二尺。乃以廣二寸之一端置在上，與要縫齊。其二寸兩邊連合爲縫適足，故不入圍數。以廣二尺之一端置在下，與齊齊，每幅兩邊亦各去一寸爲縫，可計者尺八寸〔六〕，四幅通七尺二寸〔七〕，當裳之左右，併於裳正幅，得齊圍一丈四尺四寸，倍於要圍也。

正義曰：「案深衣云幅十有二以計之，幅廣二尺二寸，一幅破爲二，四邊各去一寸，餘有一尺八寸，每幅交解之，闊頭廣尺二寸，狹頭廣六寸，比寬頭嚮下，狹頭嚮上。要中十二幅，廣各六寸，故爲七尺二寸；下齊十二幅，各廣尺二寸，故爲一丈四尺四寸。」震按：正裁者八幅，交解而成者四幅〔八〕。穎達誤以爲十二幅並交解而成，如此縫合之，則布縷皆邪行錯亂，不相整比。其幅之上六寸下尺二寸者〔九〕，悉邪角相倚，高下參差〔一〇〕，翦除而棄者必多，衣之不完而費，又弗善，莫過此矣。蓋臆說也。

衽當旁

注曰：「衽，謂裳幅所交裂也。凡衽者，或殺而下，或殺而上，是以小要取名焉。衽屬衣則垂而放之〔一一〕，屬裳則縫之以合前後〔一二〕，上下相變。」震按〔一三〕：裳前後正幅八，不交裂。所交裂惟當旁之幅四。深衣衽屬裳，殺而上，縫合之。朝祭喪服之衽屬衣〔一四〕，殺而下，垂放之。形制不同，其爲在旁交裂之幅則同。古者小要亦名衽，漢時謂之小要，鄭氏注檀弓云：「衽，今小要。」今俗呼銀錠楔〔一五〕。皆取其形之似〔一六〕。

正義曰：「衽謂裳之交接之處，當身之畔。」震按：此說是也。裳之交接之處，當作裳前後交接之處乃明。又曰：「衽謂裳幅所交裂也者，裳幅下廣尺二寸，上闊六寸，狹頭嚮上，交裂一幅而爲之。」震按：十二幅非皆交裂而成，惟當旁四幅交裂者名衽，故鄭注云「衽謂裳幅所交裂也。」言所交裂〔一七〕，以別於正幅不交裂，穎達誤以爲十二幅皆名衽，皆交裂爲之，由未解曉鄭注所字。

又曰〔一八〕：「云凡衽者或殺而下或殺而上者，皇氏云：言凡衽，非一之辭，非獨深衣也。或殺而下，謂喪服之衽，廣頭在上，狹頭在下。或殺而上，謂深衣之衽，寬頭在下，狹頭在上。云是以小要取名焉者，謂深衣與喪服相對爲小要〔一九〕，兩旁皆有此衽。熊氏大意與皇氏同，或殺而下謂朝祭之服耳。云衽屬衣則垂而放之者〔二〇〕，謂喪服及熊氏朝祭之衽。云屬裳則縫之以合前後者，謂深衣之衽。云上下相變者，上體是陽，陽體舒散，故垂而下，下體是陰，陰主收斂，故縫而合之。今刪定，深衣之上獨得衽名，不應假他餘服相對爲衽。何以知之？深衣衣下屬幅而下，裳下屬幅而上，相對爲衽。鄭注深衣『鉤邊，今之曲裾』，則宜兩邊而有也，但此等無文言之，且從先儒之義。」震按：引皇氏、熊氏之說是也，「今刪定」已下皆非。鄭注假他服推廣言之，以名衽之屬衣屬裳不同，非謂上下相對始得名衽也。曲裾因右衽開闔而設，以爲「宜兩邊而有」，其語尤不分曉。

袂可以回肘

注曰：「二尺二寸之節。」正義曰：「袂上下之廣二尺二寸，肘長尺二寸，故可以回肘也。」震按：此言袂屬幅於衣，當掖下殺削之度。深衣篇曰「袼之高下，可以運肘」，又曰「袂圜以應規」，皆謂此。

長中繼揜尺

注曰：「其爲長衣中衣，則繼袂揜一尺，若今褎矣。深衣則緣而已。」正義曰：「幅廣二尺二寸，以半幅繼續袂口，揜餘一尺。」震按：深衣之袂短，反詘之僅及肘。長衣中衣袪外更續一尺，明深衣不更續也。

袷二寸

注曰：「曲領也。」震按：其廣二寸，横曲擁頸而不下垂。

袪尺二寸

注曰：「袂口也。」震按：鄭注儀禮云：「尺二寸，足以容中人之併兩手也。」

緣廣公曠切寸半

注曰：「飾邊也。」

深衣篇曰：古者深衣，蓋有制度，以應規、矩、繩、權、衡。短毋見膚，長毋被土，續衽鉤邊。

注曰：「續，猶屬也。衽，在裳旁者也。屬連之不殊裳前後也。鉤，讀如鳥喙必鉤之鉤。

援神契云：「象鼻必卷長，鳥喙必鉤。」取鉤曲之義。鉤邊若今曲裾也。」正義曰：「裳一旁則連之相著〔二一〕，一旁則有曲裾揜之，與相連無異〔二二〕。」震按〔二三〕：裳左衽前後連屬，故曰續衽。而右衽前後不得連屬，以便開闔，因設曲裾於內。鉤揜邊際，故曰鉤邊，今俗呼裏裾是也。以其藏右衽內，不與要圍齊圍通計，是以不在十二幅之數。

正義曰：「衽，謂深衣之裳，以下闊上狹謂之爲衽，接續此衽，而鉤其旁邊〔二四〕，即今之朝服有曲裾而在旁者是也。」震按：鄭注明云「衽，在裳旁者也」，與玉藻「衽當旁」合。穎達溷以爲謂深衣之裳，何與？衽者，削幅在兩旁之名，非徒以下闊上狹而名。「接續此衽」已下，語亦不分曉。

又曰：「衽當旁者，凡深衣之裳十二幅，皆寬頭在下，狹頭在上，皆似小要之衽〔二五〕，是前後左右皆有衽也。今云衽當旁者，謂所續之衽當身之一旁，非謂餘衽悉當旁也。」震按：此條「衽當旁者」云，似指玉藻；「今云衽當旁者」云云，似指鄭注「衽，在裳旁者也」一語。穎達之意，以裳幅皆名衽，裳有十二幅爲十二衽，故言前後左右皆有衽，宜其讀玉藻「衽當旁」、深衣「續衽鉤邊」，扞格不能通也。

要縫扶用切半下

注曰：「三分要中，減一以益下，下宜寬也。」震按：玉藻云「縫齊倍要」，此云「要縫半下」，互文也。凡三分而減其一，則存二分；三分而益之以一，則成四分，古九數倍半之算如是。

正義曰：「凡布廣二尺二寸，四寸爲縫，一尺八寸在。三分之，一分爲六寸，減此六寸以益於下，是下二幅有二尺四寸，上二幅有一尺二寸。故云三分要中，減一以益下。」震按：鄭注統言要中與下齊倍半之算耳，非就每幅言。穎達以爲十二幅皆交裂而成，正由此處誤會其意。

袼本亦作胳，音各。**之高下，可以運肘。**

注曰：「肘不能不出入。袼，衣袂當掖下之縫也。」震按：掖下謂之胳，故衣袂當掖下之縫亦曰袼。袼高則内窄，袼下則内寬。

袂之長短，反詘之及肘。

注曰：「袂屬幅於衣，詘而至肘，當臂中爲節，臂骨上下各尺二寸，則袂肘已前尺二寸。」

正義曰：「袂長二尺二寸，并緣寸半爲二尺三寸半，除去其縫之所殺各一寸，餘有二尺一寸半在。從肩至手二尺四寸，今二尺一寸半之袂，得反詘及肘者，以袂屬於衣幅。闊二尺二寸，身脊至肩但尺一寸也，從肩覆臂又尺一寸，是衣幅之畔覆臂將盡。今又屬袂於衣又二尺一寸半，故反詘其袂得及於肘也。」震按：正義又云：「純袂則是緣其袂口，非口外更有緣。」此處乃於袂口外計緣寸半，自相矛盾矣。

帶，下毋厭於甲切髀，上毋厭脅，當無骨者。

注曰：「當骨，緩急難爲中也。」正義曰：「此深衣帶，下於朝祭服之帶也。朝祭之帶則近上，故玉藻云『三分帶下，紳居二焉』，是自帶已下四尺五寸也。」

制：十有二幅，以應十有二月。

注曰：「裳六幅，幅分之以爲上下之殺。」

正義曰：「深衣，其幅有六，每幅交解爲二，是十二幅也。」震按：六幅之分爲十二，四幅正裁，二幅交裂，而上下之殺在其中，故鄭注止云「幅分之以爲上下之殺」，不云每幅交解之，以幅有交解有不交解也。「每幅交解爲二」之言誤。

袂圜以應規

注曰：「謂胡下也。」震按：胡下即袂當胳處。陸德明云：「下垂曰胡。」

曲袷如矩以應方

注曰：「袷，交領也〔二六〕。古者方領，如今小兒衣領。」正義曰：「鄭以漢時領皆嚮下交垂，故云『古者方領』，似今擁咽，故云若今小兒衣領，但方折之也〔二七〕。」

負繩及踝以應直

注曰：「繩，謂裻與後幅相當之縫也。踝，跟也。」正義曰：「衣之背縫及裳之背縫，上下相當，如繩之正，故云『負繩』，非謂實負繩也。」

下齊如權衡以應平

注曰：「齊，緝。」

故規者，行舉手以爲容；負繩抱方者，以直其政或爲正，方其義也。故易曰：「六二之動，直以方也。」下齊如權衡者，以安志而平心也。五法已施，故聖人服之。故規矩取其無私，繩取其直，權衡取其平，故先王貴之。故可以爲文，可以爲武，可以擯相息亮切，可以治軍旅，完且弗費，善衣之次也。

注曰：「行舉手，謂揖讓。心平志安，行乃正。或低或卬，則心有異志者與？深衣者，用十五升布，鍛濯灰治，純之以采。善衣，朝祭之服也。自士已上，深衣爲之次。庶人吉服，深衣而已。」

具父母大音泰父母，衣純以繢；具父母，衣純以青；如孤子，衣純以素。

注曰：「繢，畫文也。三十已下無父稱孤。」

純袂、緣、純邊〔二八〕，廣各寸半。

注曰：「緣，緆也。鄭注儀禮云：「飾裳在下曰緆。」廣各寸半，則表裏共三寸。」震按：純袂與緆，謂袂口及裳下；純邊，謂衣裳搎右之側。「緣」當爲緆字之譌。

正幅在裳前後

如此四幅，正裁之爲八，兩邊各去一寸爲縫。

削幅當旁爲衽

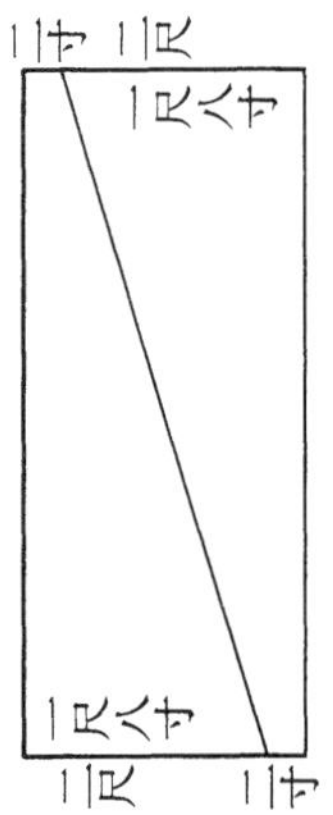

如此二幅，交裂之爲四，皆狹頭置在上，亦兩邊各去一寸爲縫。

深衣〔二九〕

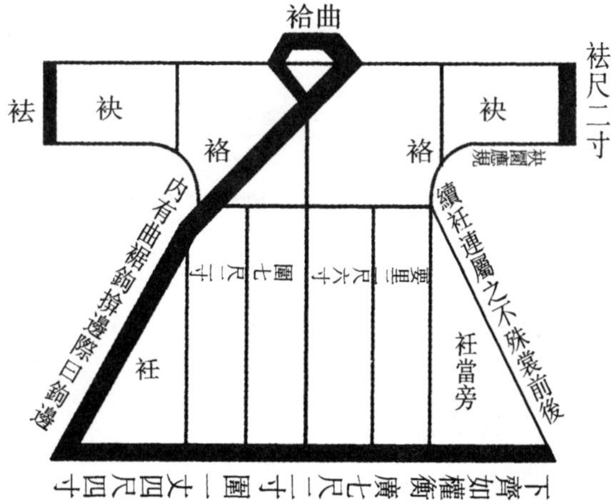
袷曲
袪尺二寸
袪
袂
袂
袼
袼
袂圜應規
續衽連屬之不殊裳前後
內有曲裾鉤掙邊際曰鉤邊
要里二尺六寸
圍七尺二寸
衽當旁
衽
下齊如權衡廣七尺二寸圍一丈四尺四寸

校注

〔一〕「深衣」下　原有「裁之爲十二幅」六字，朱筆删去。

〔二〕「古者」句　原爲正文，朱筆旁批曰：「作小注。」今據改。

〔三〕「八幅」以下三句　原作：「八幅當裳之前後，通七尺二寸，是爲要中圍數。」

〔四〕「震按」以下　原有「裳下緝謂之齊，宜寬於要中，所以便步趨，前後裳既用布四幅正裁爲八，得要中之圍七尺二寸」三十七字，朱筆删去。

〔五〕「以布」句　原作：「又以布二幅交裂之爲四，是爲削幅。」

〔六〕「可計」句下　原有「加於齊廣」四字。

〔七〕「四幅」以下五句　原作：「四幅當裳之左右，亦共七尺二寸，併於裳正幅，凡得齊圍一丈四尺四寸，倍於要圍也。」

〔八〕交解　又作「交裂」，義同「交輸」，即將整幅布對角裁開。

〔九〕「其幅」句　原作「其幅之上下六寸尺二寸者」。

〔一〇〕「高下」句下　原有「難以計數，且」五字，朱筆删去。

〔一一〕「衽屬」句　旁有墨筆注：「謂朝祭喪服之衽。」

〔一二〕「屬裳」句　旁有墨筆注：「此深衣之衽，惟左旁爲然。」

〔一三〕「震按」下　原有「削幅在裳旁謂之衽」八字，朱筆删去。

〔一四〕「朝祭」句　原作「他服衽屬衣」。

〔一五〕「今俗」句　原爲正文，朱筆旁批曰：「作小注。」今據改。

〔一六〕「皆取」句　原作「皆取於形之相似」。

〔一七〕「言所」以下二句　原作「言所交裂，則專指四削幅，以别於八正幅不交裂」。

〔一八〕「又曰」之上　墨筆眉批曰：「朝服祭服喪服皆用帷裳，前三幅，後四幅，裳際不連，有衽掩之，用布交裂，寬頭在上合縫之，狹頭在下如燕尾之形。即喪服衽二尺有五寸是也，此衽之殺而下者也；深衣之衽，衽之殺而上者也。」

〔一九〕「謂深衣」句　墨筆旁注曰：「小要乃合縫衣之名，不指衣。」

〔二〇〕「云衽」句　戴震朱筆旁注曰：「漢書江充傳所謂『後垂交輸』，如淳云：交輸，割正幅，使一頭狹若燕尾，垂之兩旁，見於後。」

〔二一〕「裳一旁」之上　墨筆增引正義「若其喪服，其裳前三幅後四幅，各自爲之，不相連也，今深衣」二十三字。

〔二二〕「與相連」句　被墨筆刪去，另增引正義「鄭以後漢之時，裳有曲裾；今時朱衣朝服，從後漢明帝所爲；則鄭云今曲裾者，是今朝服之曲裾也」三十八字。

〔二三〕「震按」之上　墨筆眉批曰：「孔氏玉藻疏謂曲裾兩邊宜有似唐時朝服有兩曲裾。鄭氏不言左續衽右鉤邊者，衣裳自左掩右，左可連，右不可連，其事易明，故不必言左右也。」

〔二四〕「接續」二句　墨筆旁注曰：「此似合續衽、鉤邊而一之；若兩旁皆續衽而鉤邊者，其説誤矣。」

〔二五〕「皆似」句　墨筆旁注曰：「須合他衽之殺而下者方似小要。」

〔二六〕「交領」句　墨筆旁注曰：「謂領之交會處自方。」又於該句之上作眉批曰：「曲袷廣二寸，兩面四寸。」

〔二七〕「但方折之」句下　姚鼐按：「方折之説亦誤。廣川王去傳服虔解方領曰：『如今小兒却襲衣也。頸下施衿，領正方直。』晉灼曰：『今之婦人直領也。』蓋直領不下垂其形，自必方正，今婦人領猶然，非方折之也。以曲繞頸下，故云曲袷耳。」

〔二八〕「純袂」句上　墨筆眉批曰：「衣之右邊與袪，裳之右畔及下邊，皆有緣，蓋以繒爲之。緣袪緣衣裳皆廣寸半。」

〔二九〕深衣圖上　墨筆眉批曰：「衣前曰襟，後曰裾，旁曰衽。深衣之裳前襟四幅，後裾亦四幅，衣之右有外襟。」

戴震全書之七

石經補字正非

彭君華◎整理
余國慶◎審訂

説明

石經補字正非，成稿於乾隆丁亥（一七六七）至己丑年（一七六九），是戴震對於唐開成石經系統校勘的彙録。

舊唐書文宗紀，開成二年（八三七）十月，準宰臣判國子祭酒鄭覃奏，置石壁九經一百六十卷於太學。「九經者，易、書、詩、三禮、春秋三傳，又有孝經、論語、爾雅，其實乃十二經。」（日知録卷二十一）同時上石的還有兩種校勘著作：五經文字三卷、九經字樣一卷。其殘石現存西安碑林。

隨着時代推移，開成石經幾經搬遷、修補，已寖失其舊。明嘉靖乙卯（一五五五年），關中地震，石碑倒損尤爲嚴重。萬曆戊子（一五八八年），西安府學生員王堯典（按阮元十三經校勘記作王堯惠）等人「按舊文集其缺字，别刻小石立於碑旁，以便摹補」（趙崡石墨鐫華卷二）。戴校正是基於王堯典等人的補缺而作。

開成石經刊刻之初，諸儒即校其訛謬，但九經字樣仍然「又乖師法，故石經立後數十年，名儒皆不窺之，以爲蕪累甚矣」（舊唐書文宗紀）。戴震之前，顧炎武對石經曾作過精心考訂：「及得其本而詳校之，乃知經中之繆戾非一，而劉昫之言不誣也。」（金石文字記卷五）於後人所補，顧氏論道：「近代有好事者，刻九經補字，並屬諸生補此書之缺，以意爲之。」「予至關中，洗刷元石，其有一二可識者，顯與所補不同，乃知近日學者之不肯缺疑而妄作如此。」（日知録卷十八）或者即針對王堯典等補缺而發。顧校主要收録在金石文字記卷五，爲戴校所參酌。

石經補字正非計四種。其一爲開成石經補缺正非，就明人所補文字舉謬正非；就己所見殘損部分加以補缺；引據顧校略作考辨。其二爲穀梁石經改字，專録碑上改字，和補缺正非無一重復，内容上正可互補。其三爲唐石經葛本春秋左氏傳校繆，互校石本、葛本左傳，亦時引顧校爲援，與補缺正非在内容上相互映證。其四爲石經孟子訛字録，專録石上訛字，此不在唐石經之列。

乾隆庚戌（一七九〇年），王朝渠亦據石本逐字校勘，彙爲唐石經考正一編。光緒間陶福履爲王書序，歷數有清一代於唐石經有所考校諸家，若顧炎武、萬斯同、杭世駿、朱彝尊、錢大昕、王鳴盛、翁方綱，而獨未及戴東原，可見石經補字正非沉霾之久。

石經補字正非爲手稿本，今藏北京大學圖書館，上有「麐嘉館印」，書中有一殘標簽曰「光堯閣石經殘本自意□摭□」。除篇目楷書外，正文字蹟頗爲潦草隨意，難於辨識。此次整理，校以十三經注疏（以下簡稱注疏），於稿本原文誤、脱、疑似者，或改或不改，一律出校。原稿中片言隻語、符號標識，凡未經著者删削，一概照録（或見校），以保持手稿原貌。石經孟子訛字録，因不便造訛字，故按原稿縮小影印。

開成石經補缺正非

易

乾隆己丑六月十二日校

離卦〔一〕　日月麗乎天。補缺「天」訛「大」〔二〕。

略例　象者，各辯一卦之義者也。「辯」字，經尚存，補缺訛「辨」。「卦」字，補缺訛「爻」。

校注

〔一〕離卦　原稿無。

〔二〕補缺　指明萬曆年間王堯典等人對殘唐石經的補缺。以下同。

書經 己丑七月七夕初八日完

舜典

扑作教刑。「扑」訛「朴」。

卅徵庸。卅在位。俱作「三十」。

伊訓

朕哉自亳。「哉」作「載」。

太甲上

不惠於阿衡。「衡」訛「衞」。

説命上

臣下罔攸稟令。「令」訛「命」。顧云碑誤〔一〕。今碑損。

若藥弗瞑眩。「藥」誤「樂」。顧云碑誤。今石缺。

泰誓中

徇師而誓。「徇」訛「循」。顧云碑誤。今石損。

泰誓下〔二〕

乃汝世讎。「世」訛「晢」。顧云碑誤。今缺。

酒誥

誕惟厥縱淫泆于非彝。「泆」訛「佚」。

召誥

大保乃以庶殷攻位于洛汭。「攻」訛「公」。顧云碑誤。今缺。尚存「攵」旁。

洛誥〔三〕

使來告卜。作洛誥。六年石經改補。附記于此。

無逸

酗于酒德哉。「酗」訛「酗」。

康王之誥

用端命于上帝。「于」訛「予」。顧曰碑誤。今缺。

畢命〔四〕

殊厥井疆。「疆」訛「彊」。碑半尚存有「土」，不誤。

末題名二行：

西安府學官葉時榮

生員王堯典、王汝魁　鐫字卜大臣

校注

〔一〕顧炎武金石文字記卷五：「令誤作命。」按石經顧校均作此式，無言碑誤或經誤者。戴謂「×訛×」，是就明人補缺而言，通觀全書可見。

〔二〕泰誓　原稿無。

〔三〕洛誥　原稿無。

〔四〕畢命　原稿無。

毛詩 己丑六月晦七月朔校

邶

二子乘舟　改不遐有害「遐」〔一〕。

泉水　序　嫁於諸侯。「於」訛「于」。○孌彼諸姬。「孌」誤「變」，後改〔二〕。

衛〔三〕

衛國十篇，卌四篇〔四〕，二百三句。「卌」作「三十」。「三句」訛「四句」。

王

君子于役　鷄棲于塒。「土」旁〔五〕。

鄭

鄭國二十一篇。先作「二十」，後改「廿」〔六〕。

齊

著　序　時不親迎也。「迎」誤「迎」。

魏

伐檀　三百廛。「廛」訛「壥」。

秦

小戎　序　國人則矜其車甲。「甲」誤「田」。顧云經誤。按經缺，係補缺訛也。○竹閉緄縢。誤「閑」，後改〔七〕。

陳

月出　舒懮受兮。「懮」訛「憂」。顧云經誤。今經缺。

株林〔八〕　從夏南。石經旁注「姬」字。二同〔九〕。

小雅南有嘉魚之什〔一〇〕

六月　序〔一一〕　四牡廢。誤「常棣廢」。○戎車既飭。「飭」訛「餙」。顧云經誤。今缺。今存□誤。

大雅生民之什

行葦　以祈黄耇。「祈」訛「祁」。顧云經誤。今碑缺。

大雅蕩之什〔一二〕

崧高　錫爾介圭。「錫」訛「錫」。

詩經補缺末有題名一行：

西安府學訓導薛繼愚生員王堯典、張尚德鐫

校注

〔一〕原稿夾一紙片，上書石經詩經校記五則，兹依詩序編入。此其一。

〔二〕校記五則之二。

〔三〕衛　原稿無。

〔四〕篇　應作「章」。

〔五〕校記五則之三。殘損。「王君子于役」原稿無。

〔六〕校記五則之四。

〔七〕校記五則之五。

〔八〕株林　原稿無。

〔九〕二同「從夏南」一語在該詩中兩見。

〔一〇〕小雅　原稿無。

〔一一〕序　原稿無。

〔一二〕大雅　原稿無。

春秋左氏

己丑七月初九初十十一十二十三十六十七十八日共八晝校完

序

失補一行十字（所補一整段中脱一行）： 盡舉。非聖人所修之要故。十字。

必廣記而備言之。「記」訛「紀」。碑存此字。

又失補一行十字（所補亦一整段）： 而起。固所以爲終也。曰： 然。十字。

行事。下失補一「采」字。

隱

元年〔一〕 且告之悔。「且」訛「具」。顧云碑誤。今缺。

三年 是廢先君之舉也。「廢」訛「棄」。

五年 僖伯稱疾不從。「疾」訛「侯」。顧云碑誤。今缺。○夏，葬衛桓公。「葬」訛「蔡」。

上三段一紙末有題名：

咸寧儒學訓導楊于庭，陳倉人

桓

二年　以臨照百官。百官于是乎戒懼。訛「照臨」。碑尚存半字。○惠之廿四年，晉始亂。故封桓叔。「廿」訛「二十」。「故」訛「政」。失補一「封」字。顧失考而云碑「故」誤「政」，謬甚。

六年　楚之羸。「羸」訛「嬴」。顧云碑誤。今缺。○以德命爲義，以類命爲象。石缺「類」字，補「德」字。

顧云石誤〔二〕。

春秋第七卷首行皆失補，共八行八十字〔三〕。

莊公

十有八年，春，王三月。脱二「有」字。「三」訛「正」。

傳廿一年。「一」訛「二」。

閔

元年　滅耿、滅霍、滅魏。「魏」上脱「滅」字。

二年　初，惠公之即位也。少「之」字。顧云碑誤〔四〕。今缺。○從曰撫軍。「軍」訛「國」。顧云石誤。今缺。

僖公

三年　冬，公子友如齊涖盟。「涖」訛「泣」。顧云石誤。今缺。

四年　歸胙于公。脱「胙」字。顧云碑誤。今缺。按缺行起「于」字止「姬」字，有八字空，不誤。○姬置諸宫。六日。「宫」訛「公」。顧云碑誤。今缺。○公殺其傅。「傅」訛「傳」。顧亦云石誤。今缺。○君非姬氏。多補一「君」于行末，以脱「胙」字故也，遂兩誤。此處補四行一段。

七年　知臣莫若君。弗可改也已。石經損。「知臣」、「可」字俱存。補缺補「知臣莫若君弗」，空一字，下另行「改也已」。顧遂謂石脱「可」字〔五〕。殆以裱摹脱者爲石本故也。○秋，盟于甯毋，謀鄭。七字失補。

十一年　晉侯使以丕鄭之亂來告。「丕」訛「卒」。

十四年　公怒止之。「止」訛「上」。顧云碑誤。今缺。又按，缺二字空，補「上之以」三字，或原書三字。

十五年　公會齊侯、宋公、陳侯、衛侯、鄭伯、許男、曹伯，盟于牡丘。「鄭伯」訛「陳侯」。○震夷伯之廟。「夷」訛「夷」。○輅秦伯。「輅」訛「轄」。顧云碑誤。今碑「輅」字尚存，不誤。但石斷行錯耳。○石缺何炎武何憒憒也！○晉侯使郤乞告瑕呂飴甥，且召之。「且」訛「國」。顧云石誤。今缺。

爲而可句，誤補將若君何。○晉陰飴甥會秦伯，盟于王城。「甥」訛「生」。石「男」旁尚存。

二十三年　傷于泓故也。「泓」訛「弘」。○奉匜沃盥。「盥」訛「與」。

經廿有四年。「廿」訛「二十」二字。

廿五年　昏而傅焉。「傅」訛「傳」。顧云碑誤。今缺。

廿七年〔六〕　責無禮也。「責」訛「青」。顧云碑誤。今缺。○治兵於睽。「於」訛「于」。○蒐于被廬。

「于」訛「乎」，後改作「于」。○趙衰曰：「郤縠可。」「縠」訛「穀」。顧云碑誤。今碑「縠」字尚存，惟損

「殳」旁。顧失考。

卅一年　晉新得諸侯。「新」訛「親」。○東傅于濟。「傅」訛「傳」。顧云石誤。今缺。

卅三年　將市于周。「市」訛「币」。○爲從者之淹。「淹」訛「流」。顧云石誤。今缺。

文

元年　享江芈而勿敬也。「芈」訛「芊」。顧云石誤。今缺。

二年　廢六關。「關」訛「闕」。顧云碑誤。今缺。

七年　置文公子焉。「焉」訛「曰」。顧云碑誤。今缺處「焉」字尚存，不誤。○戴己卒，又聘于莒。「又」訛

「人」。

八年　且復致公壻池之封。「且」訛「旦」。

九年經　秦人來歸僖公、成風之襚。「襚」訛「隧」。

十年　故使止子玉曰毋死。「毋」訛「母」。

十二年　大子以夫鍾與郕邽來奔。「邽」訛「封」。顧云石誤。今缺。

十四年　皆將死亂。「死」上多二「奉」字。

十五年　三〔七〕。○而討于有禮者。曰。「討」訛「計」。

十八年　其宰公冉務人止之曰。「人」字缺，訛補「務」。○如鷹鸇之逐鳥雀也。「鳥」訛「鴻」，復改「鳥」。

宣公

三年　商紂暴虐。「紂」訛「討」。顧云石誤。今缺。

十一年　今縣陳，貪其富。「今」訛「令」。

十二年　退卅里。「卅」訛「三十」。○晉師在敖、鄗之間。「師」訛「帥」。顧云石誤。今石止缺「之間」二字，「師」字不誤。顧謬。○楚潘黨逐之，及滎澤。「滎」訛「榮」。石原作「熒」，「灭」半尚存。○先具舟於河。「於」訛「于」。

十五年　吾獲狄土。「土」譌「士」。顧云石誤。今缺。

十七年　郤子其或者欲已亂于齊乎。「乎」以譌「平」。顧云石誤。今「乎」字尚存，不誤。顧謬。

成公

二年　及齊師戰于新築。「師」譌「侯」。顧云碑誤。今尚存，不誤。顧失考。○郤克傷於矢。「於」譌「于」。

七年　同盟于馬陵，尋蟲牢之盟。「蟲」譌「蠱」。顧云石誤。石微損，字俱全，不誤。顧謬甚。

十八年　今將崇諸侯之姦。「今」譌「令」。○逞姦而攜服。失補「服」字。行錯。

襄公

十年　子蟜曰：　諸侯既有成行。「蟜」譌「矯」。顧云碑誤。今缺。○今伐其師。「今」譌「令」。顧云碑誤。今缺。

十四年　與士鞅馳秦師，死焉。士鞅反。「反」譌「及」。顧云碑誤。今缺。

十五年傳　邾人伐我南鄙。「南」譌「北」。碑「南」字尚存其半。

十七年　苟過華臣之門，必騁。「騁」譌「聘」。顧云石誤。今石「騁」字尚存，下缺，不誤。顧謬。

十九年　甲寅，卒，而視，不可含。「含」誤「舍」。顧云碑誤。今缺。○所不嗣事于齊者。「事」訛「是」。顧云碑誤。今「事」字存半，不誤。顧謬。○夫銘，天子令德。「天」訛「夫」。顧云碑誤。今缺。

廿四年　樂旨君子。「旨」訛「只」。○而謂「子浚我以生」乎。「乎」訛「子」。

廿五年　先夫當之矣。「夫」訛「天」。顧云石誤。今「夫」上半存。顧謬。○井堙木刊，敝邑大懼。「堙」訛「煙」。顧云碑誤。今碑字未損，不誤。

廿六年　平公入夕。「平」訛「乎」。○伍舉娶于王子牟。「娶」訛「聚」。

廿七年　父子死余矣。「余」訛「餘」。顧云石誤。今「余」字存半，不誤。顧謬。○免餘弗攻甯氏〔八〕。「餘」訛「余」。顧云石誤。今缺。○晉固爲諸侯盟主。「固」訛「國」。

廿八年　重丘之會，未可忘也。「忘」訛「志」。顧云石誤。今缺。○使析歸父告晏平仲。「晏」訛「宴」。顧云石誤。今缺。○丙辰，文子使召之。「召」訛「君」。顧云石誤。今缺。○我請止之。癸曰：「諾。」「曰」訛「月」。○慶氏之馬善驚。「馬」訛「焉」。顧云石誤。今缺。

卅年　蔡景侯爲太子般娶于楚。「娶于」訛「聚干」。顧云石誤「聚」〔九〕。今缺。

昭

元年　彊場之邑〔一○〕，一彼一此。「場」訛「埸」。石不損。○曾夭御。「夭」訛「天」。石不損。○於是乎縈之。「縈」訛「榮」。

二年　齊使上大夫送之。「送」訛「逆」。顧云石誤。今缺。○卷首分段昭二「二」訛「公」。

四年　恃險與馬，不可以爲固也。「馬」訛「焉」。顧云經誤。今「與馬」二字存，不誤。顧謬。

五年　彼實家亂。「實」訛「貫」。○娶于子尾氏。「娶」訛「聚」。顧云石誤。今「娶」字下半尚存，不誤。顧謬。

七年　佐戴、武、宣。「佐」訛「左」。○孟縶之足不良，弱行。「弱」訛「能」。

九年　無囿猶可。「囿」訛「宥」。石未損。

十年　吾是以譏之。「譏」訛「議」。○陳錫載周。「錫」訛「鍚」。

十一年　十二月，單成公卒。「卒」訛「辛」。

十三年　佐開卜。「開」訛「問」。○隱太子之子廬。「廬」訛「盧」。顧云石訛。今字尚存，不訛。顧謬。

十四年　著丘公之弟庚輿。而善于庚輿。「輿」俱訛「與」。

十七年傳　夏，六月，甲戌，朔。「甲」訛「丙」，後鑿之，復刻「甲」字於「丙」下，遂爲「丙甲」二字。○炎帝氏以火紀。「火」訛「炎」。

廿年　余不忍其詢。「詢」訛「訽」。顧云石誤。今缺。○梁丘據與裔欵。「據」訛「摅」。○今君疾病，爲諸侯憂。「今」訛「令」。○告晏子。晏子曰：日，宋之盟。二「晏」訛「宴」〔一二〕。

廿二年　省臧、士平奔楚〔一二〕。「士」訛「氏」。顧云石誤。今缺。○邊卬爲大司徒。「卬」訛「印」。顧云石誤。今缺。

廿三年　夫正其疆埸。「疆」訛「彊」。

廿七年　入于堀室。「堀」誤「堀」。顧云石誤。今缺，尚可辨，不誤。

卅年　而不討其乏。「乏」訛「之」。○明底其情。「情」訛「精」。

卅一年　君必逐之。「逐」訛「遂」。

定公

三年　仲孫何忌及邾子盟于拔。「拔」訛「拔」。顧云石誤。今缺。○蔡昭侯爲兩佩。「侯」訛「侯」。

七年　衛侯欲叛晉。「衛侯」訛「侯侯」。

九年〔一三〕　暨仲佗、石彄出奔陳。「暨」訛「槩」。

十年　駟赤謂侯犯曰：衆言異矣。「赤」訛「亦」。顧云經誤。今「赤」字尚存上半。顧失考。○封疆社稷是以。「疆」訛「彊」。

哀公

元年　勤恤其民。「恤」訛「洫」。

二年　八人衰絰。「絰」訛「經」。〇傅傻曰。「傅」訛「傳」。石經尚存半字。

二年〔一四〕　百官官備。下「官」訛「百」。

四年　蔡昭侯將如吴。「蔡」訛「葬」。顧云石誤。今缺。

六年　齊陳乞弑其君荼。少「齊」字。

七年　必棄疾于我。少「棄」字。然按一行十字之數不少。

十四年　騍請享焉。「享」訛「饗」。經存，不作「饗」。〇將若之〔一五〕。乃舍之。「舍」訛「含」。

十六年　與晉人謀襲鄭。「晉」訛「爲」。顧云石誤。今缺。〇勝在吴，子西欲召之。訛多一「子」字。

十七年　武王以爲軍率。「軍」訛「車」。

二十三年　有不腆先人之産馬。「馬」訛「焉」。顧云石誤。今缺。〇高無平帥師御之。「平」訛「平」。

後序

據實而書。「據」訛「摅」。

校注

〔一〕元年　「年」字原稿無。

〔二〕顧校：「類誤作德。」

〔三〕「春秋」云云　原批於僖二十三年「傷于泓故也」一條校文天頭處。

〔四〕按顧校未見。

〔五〕按顧校未見。

〔六〕廿七年　原稿無。

〔七〕三　原稿止此。

〔八〕弗　注疏作「復」。

〔九〕顧校：「娶誤作聚。」

〔一〇〕彊　注疏作「疆」。

〔一一〕晏　原稿無。

〔一二〕奔楚　注疏上有「出」字。

〔一三〕九年　按此條爲十年經文。

〔一四〕二年　按此條爲三年經文。

〔一五〕將若之　注疏下有「何」字。

公羊經傳 己丑六月十四十五日校

隱公〔一〕

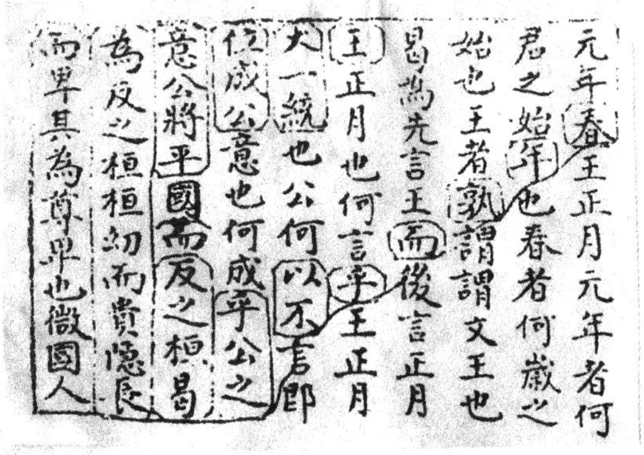
元年春王正月元年者何
君之始年也春者何歲之
始也王者孰謂謂文王也
曷爲先言王而後言正月
王正月也何言乎王正月
大一統也公何以不言卽
位成公意也何成乎公之
意公將平國而反之桓曷
爲反之桓桓幼而貴隱長
而卑其爲尊卑也微國人

石經公羊最爲殘壞，此段碑缺補者少二十八字，豈補字時片石猶在，近始脱與？合斷損紋頗似，非補者誤也。今將碑爲圖，缺處以朱別出〔二〕，其已補者以墨圍示異。

按，補字第一張末有題名：

咸寧儒學訓導楊于庭，陳倉人。張尚德刻

三年傳　曷爲或言崩。補缺脱「或」字。○死毋相哭。補缺訛作「母死」。

九年　春，天王使南季來聘。失補此行。

桓

二年傳　曰有。有則此何以書[三]？補少一「有」字。

六年傳　簡車徒也。半尚存，誤補「車馬」。

十八年傳　君子辭也。失補此四字。

莊公

三年　秋，紀季以酅入于齊。補多疊一「秋」字。

十又一年。補脱「有一」二字。

廿五年傳　求乎陰之道也。補字「陰」訛「隱」。

三十二年經　狄伐邢。「邢」訛「刑」。

閔公

二年傳　棄師之道也。「師」訛「將」。

僖公

二年　其意也何？訛作「也也」。○寢不安與？「寢」訛「寐」。

六年傳　此其言圍何？「何」上多補一「者」字。

八年經　禘于大廟。「大」訛「太」。

十年傳　荀息傳焉。「傅」訛「傳」。○齊小白入于齊。則曷爲不爲桓公諱〔四〕？失補一「爲」字。

二十有三年上羨補「而亦」二字。

三十有三年　春，王二月。補訛「正月」。

此僖三十一年碑。此段缺，以朱別出之〔五〕。二碑相連處以墨直界之。補缺按行十字補而羨「侵地」二字〔六〕，恐有脱失。或字數不齊，無兼本可證，闕疑俟考。

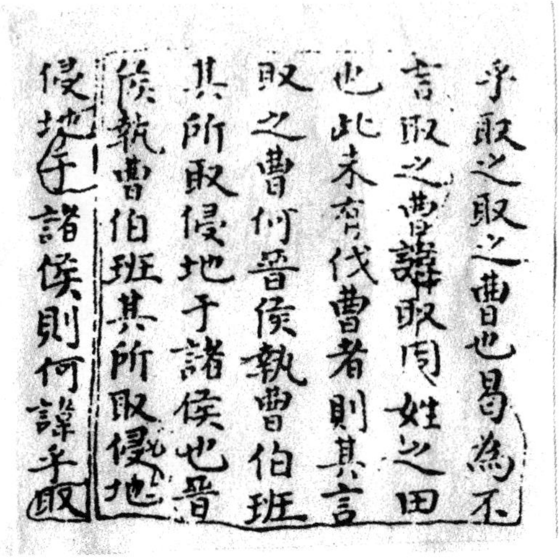
乎取之取之曹也曷為不
言取之曹諱取同姓之田
也此未有伐曹者則其言
取之曹何晉侯執曹伯班
其所取侵地于諸侯也晉
侯執曹伯班其所取侵地
侵地于諸侯則何諱乎取

文公

十八年經　齊人弑其君商人。「商」訛「啇」。

宣公

十五年傳　子曷爲告之？多叠一「告之」。「之」字下失補一「司」字。○然後歸爾。「爾」作「耳」。

十六年經　成周宣謝災。「災」譌「火」。

成公

七年〔七〕　弔死視疾。「弔」譌「吊」。

十五年傳　傅子赤者也。「傅」譌「傳」。○成公幼。「幼」譌「憂」。

十六年傳　今此臣之罪也。「今」譌「令」。

襄公

十四年經　邾婁人于戚。補脱一「人」字。

十九年傳　爲其驕蹇。「爲」譌「或」。

昭公

二十三年傳　著有天子也。「有」訛「又」。

二十五年傳　「奈何君去魯國之社稷？」昭公曰：「喪人不佞，失守魯國之社稷。」「失」訛「善」。

定公

元年傳　立煬宮〔八〕，非禮也。「宮」訛「公」。

十年經　春，王三月，及齊平。「平」訛「卒」。

十五年經　夏，五月，辛亥，郊。「郊」訛「部」。

校注

〔一〕隱公　原稿無。

〔二〕原稿碑圖斷紋爲紅色。

〔三〕有　原稿於右側標有「乚」。

〔四〕不爲　原稿「爲」字右側標有「乚」。

〔五〕原稿碑圖斷紋爲紅色。

〔六〕原稿碑圖第六行下「侵地」右側標有「△△」。

〔七〕七年　應作「八年」。

〔八〕煬宫　應爲「煬宫」。

穀梁傳　己丑七月初三初四初五初六日校完

隱

元年傳　父，猶傳也。「傳」訛「傳」。○貝玉曰含。「貝」訛「珠」。

四年　弒而代之也。「代」訛「伐」。○與于弒公，故貶也。補缺作「故貶之也」。

九年　俠者，所俠也。「俠」誤「挾」。

莊

十年　疑戰而曰敗，勝内也。補訛作：「曰勝，敗内也。」

廿四年　刻桓宫桷。「宫」訛「公」。

二十五年　六月，辛未，朔，日有食之。言日、言朔，食正朔也。鼓，用牲于社。鼓，禮也。用牲。下缺二行。補字作：「鼓，用牲于社。言日、言朔，食正朔也。」云云。並不缺者十八字亦補焉。豈以石經爲誤而補之耶？

三十二年　狄伐邢。「伐」誤「戎」。

僖

五年　執不言所于地，緼于晉也。兩「于」俱譌「於」。

二十二年　春秋卅有四戰。顧云脱「有」字。今碑缺。「有」字「丿」尚存，半行亦四字缺空。顧誤也。補亦譌「卅」爲「三十」。故裱者截去「有」字耳。補亦有「有」字。

成公

二年　今之屈，向之驕也。「今」譌「令」。

三年　伐廧咎如。「廧」譌「檣」。

五年　輦者曰：君親素縞帥羣臣而哭之。「帥」譌「率」。顧云經誤〔一〕。今石缺。

十年　五月，公會晉侯、齊侯、宋公、衛侯、曹伯，伐鄭。下誤多補「晉伯伐鄭」四字。因補「曹伯伐鄭」而誤羨者也。

襄

二年　夫人姜氏薨。「姜」譌「妻」。

三年〔二〕　秋，七月，仲孫蔑會荀罃〔三〕、宋華元、衛林父〔四〕、曹人、邾人于戚。「林」譌「良」。

六年　立異姓以莅祭祀。「莅」譌「涖」。穀梁皆作「莅」。顧引此亦作「涖」而不言譌，蓋據裱本摻入補缺者也。

十年　會吳于柤。「柤」譌「祖」。

昭

元年　季孫宿如晉而得入。脱「宿」字。

六年　齊侯伐北燕。「侯」譌「候」。

十年　秋，七月。「秋」譌「狄」。

十三年　取國者稱國以弑。「弑」譌「殺」。

十八年　春，王三月。「三」作「正」。

廿九年　叔倪無病而死，此皆無公也。「皆」譌「意」。

定

元年　不言即位，是有故公也。「即」譌「既」。○下成、康爲未久也。「未」譌「本」。是「本」字改「未」。

六年　鄭遊速帥師滅許。「滅」譌「伐」。

哀

十一年　陳轅頗出奔鄭。「鄭」訛「陳」。

校注

〔一〕金石文字記卷五列入「其與今文不同而兩通者」，謂：「前作率，後作帥。」

〔二〕三年　應作「二年」。

〔三〕苟𥈤　注疏「苟」上有「晉」字。

〔四〕林父　注疏作「孫林父」。

周禮 己丑六月十六十七日校

天官

女史八人。「史」訛「使」。

宰夫 三公六卿之喪。「卿」訛「卿」

内饔 豕盲眂。「豕」訛「施」。

内豎 石經原文鑿補六字：褻器以從遣車車。遂羨一「車」字。此非補缺，附記于此。

春官

大師 徒百有廿人。「廿」訛「卅」。

大司樂 歌南吕，舞大磬。「磬」訛「磬」。

大祝 四曰禜。「禜」訛「榮」。

夏官

庾人 徒廿人。「廿」訛「二十」。

圉師　乘一人，徒二人。圉人：良馬，匹一人；駑馬，麗一人。補譌作：「圉師：乘一人，徒二人。

圉人：良馬，匹一人；駑人良馬，匹一人〔一〕，駑馬，麗一人。」多七字。

大司馬　放弒其君。「弒」譌「殺」。

秋官〔二〕

司約　楬而璽之。入其金錫于爲兵器之府。「錫」譌「鍚」。

校　注

〔一〕原稿以上七字旁均標有「△」。

〔二〕秋官　原稿無。

禮記 己丑六月二十廿一至廿八日完

曲禮[一]

曲禮上第一[二]。石經脱「上」字。附記于此。

檀弓上[三]

是不爲白也母。「母」訛「毋」。

木不成斲。「斲」訛「斷」。

檀弓下[四]

謂工尹商陽曰。「商」訛「啇」。

王制

王大子[五]、王子、羣后之大子。「大」作「太」。

殷人尋而祭。「尋」訛「㖊」。

内則

刀礪。「礪」訛「磏」。婦事舅姑□。

小觿。「觿」訛「鑴」。

玉藻

出杅。「杅」訛「扞」。

雜記上

則升其乘車之左轂，以其綏復。「綏」訛「遂」。

客立于門西，介立于門左，東上。「于」作「於」。顧氏亦云〔六〕。應是誤指。補缺「門」字石經作「甘」，不可辨，必非「門」字。存考。

雜記下

其次含襚賵臨。「襚」訛「燧」。

喪大記

氾拜衆賓於堂上。「於」作「于」。

設牀襢第，有枕。「第」訛「笫」。「枕」訛「桄」。

間傳

期而小祥，居堊室。「堊」訛「亞」。

聘義

日幾中而后禮成。「后」訛「後」。

喪服四制

孝子、弟弟、貞婦。「貞」訛「直」。

校注

〔一〕曲禮　原稿無。

〔二〕上第二　曲禮：上第一、下第二，疑此有誤。

〔三〕檀弓上　「上」字原稿無。

〔四〕檀弓下　原稿無。

〔五〕大子　原稿於右側標有「乚」。

〔六〕金石文字記卷五列入「其與今文不同而兩通者」，謂「于作於」。

儀禮 己丑七月十九二十一日校完

鄉飲酒禮

主人阼階東南面辭洗。少「阼」字。

衆賓辯有脯醢。訛「醢脯」。

鄉射禮

舉觶于賓，升實觶西階上〔一〕。「實」訛「賓」。石尚存「升實」二字。

司射適堂西，袒決遂。「袒」訛「祖」。顧云石誤。今缺。

命下射曰。「下」訛「不」。

乃復求矢加于楅。「于」訛「干」。

大射〔二〕

大射之儀　小臣正辭，賓升成拜。「拜」訛「敗」。顧云石訛。今尚存，不訛。顧謬。

北面東上，坐，授瑟乃降。「授」訛「受」。顧云石誤。今尚存，不訛。

主人洗升實爵獻工。「實」訛「賓」。

酌散降，南面坐，奠觶。「奠」訛「取」。

南面坐，取觶洗。失補此六字。

袒決遂。「袒」訛「祖」。

遂告曰：大夫與大夫。「曰」訛「于」。

兼斂算。實八算于中。「實」訛「賓」。

喪服子夏傳〔三〕

宗子之母在。「子」訛「祖」。

喪成人者其文縟。「文」訛「未」。

士喪禮

卒公卿大夫逆降復位。「逆」訛「送」。

執卦，以示命筮者。「卦」訛「封」。

楚焞置于燋。「燋」譌「醮」。

既夕禮〔四〕

曰日側。主人入袒。「袒」譌「祖」。

特牲饋食禮〔五〕

尊兩壺于房中，西墉下南上。「墉」 字疑。

少牢饋食禮

易爵洗酌授尸。「授」譌「受」。

有司徹

主婦自東房薦韭菹醓。「菹」譌「苴」。

主人降洗升，獻私人，於阼階上。「阼」譌「降」。

佐食受牢舉，如儐。「儐」譌「賓」。

主人洗酌酳尸。「酳」字疑「酳」字。石缺。

時大明萬曆戊子春三月吉

補經府學官葉時榮，蜀綿州人

生員王堯典、王汝魁，鐫字匠卜大臣

士虞禮〔六〕

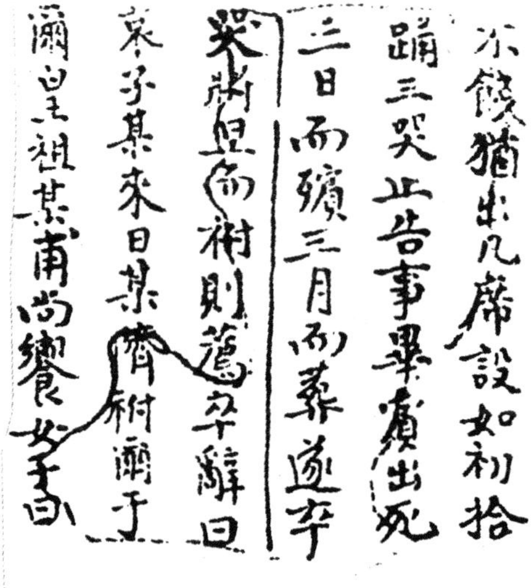
不餕猶出几席設如初拾
踊三哭止告事畢賓出死
三日而殯三月而葬遂卒
哭將旦而祔則薦卒辭曰
哀子某來日某隮祔爾于
爾皇祖某甫尚饗女子曰

補缺失補：「哭止告事畢賓出。」今據敖繼公本、日知録正之，并爲圖如上。

校注

〔一〕賓　原稿於字右標有「乚」。

〔二〕大射　原稿無。

〔三〕子夏傳　原稿無。

〔四〕既夕禮　「禮」字原稿無。

〔五〕饋食禮　「禮」字原稿無。

〔六〕士虞禮　原稿無。

爾雅 己丑七月廿二廿三校

序

用祛未寤。「寤」訛「寤」。

釋言

柢，本也。訛「柢」。

祈，叫也。訛「斗」，分卷。「卷中」訛「卷上」。

釋器〔一〕

木謂之虡。「木」訛「本」。顧云碑誤。今缺。

釋地

崑崙虛。「崙」訛「崙」。

釋草

莤，小葉。「莤」訛「莤」。

釋木

棗，壺棗。邊，要棗。「壺」訛「壼」。「邊」作「籩」。考證云石經作「籩」。

還味，捻棗。「捻」訛「稔」。陸音義本作「棯」。

釋鳥

烏鵲醜。「烏」訛「鳥」。石不缺。

釋魚〔二〕顧炎武曰〔三〕：石經誤作「魚之尾」。今「魚」下「尾」上半尚存，殆裱時誤割補缺「魚腸謂之」「之」字裝上耳。憒憒如此！今上爲缺碑圖，下爲補缺圖，觀者自知也。經每行十字。所不缺者亦多連補，下朱點者皆是〔四〕。

蜥蜴蝘蜓
蜓守宮也
螣螣
蝮虺博
三寸首大
之鰕魚枕
之乙魚尾
龜二曰
龜
四
曰澤龜九

布蜥蜴蝘蜓蝘蜓蛇蟒
王大如擘　鯢大者謂
枕謂之丁魚腸謂之尾謂
之丙一曰神靈龜三曰攝
龜四曰寶　龜五曰
文龜六曰筮　龜七曰
山龜八曰　水龜十曰
火　龜

校注

〔一〕釋器　原稿無。

〔二〕釋魚　原稿無。

〔三〕金石文字記卷五：「魚尾謂之丙，『尾』上添一『之』字。」

〔四〕下圖中所加點即原稿中加朱點者。

石經孟子譌字録

石經孟子訛字錄　己丑六月十七十八日校

乘　沼　寡　於　樂　墳　誇　歷　強　轂　殼　超　災

商　本　詖　籥　鼓　獵　兎　斂　飲　晌　橐　曠　斷　斷

雕後改彫　壺　閑　鹵　老　桴　負　變　刺　曾　嘗

害　害　環　環　爾　爾　爵　鮮　茲　稱　履　履　甑

鐵　器　器　分　焉　究　羨　執　損　沒　築　頻

聰　鑿　兮　侮　說　二日　鼻　遠　闕　駿　國

懇　指　秕　饗　囂　辟　郤　底

淳　答　正　孳　朝　饕　固　隕　並

慶　指　四　橐

穀梁石經改字[一]

隱

十年[二]　又取二邑也。「又取」二字鑿一字改此二字。

莊

七年[三]　而曰夜中，著焉爾。「著」改補。

僖

元年　惡公子之紿。紿者奈何。鑿四字，改「之紿紿」三字。

五年　子也。伯姬爲志乎期其子。此一行十字鑿改。○天子世子，世天下也。「子世天下」四字鑿改。顧云誤「士子」。此未改前。

九年　爲見天子之禁。「天」字改。

十二年　管仲死。楚伐江滅黄。「死楚」二字去三字改二字。

十五年　齊師、曹師伐厲。「伐」改補。

二十七年　冬，楚人、陳侯、蔡侯、鄭伯。四字改〔四〕。

三十三年　敗秦師于殽。三字改〔五〕。

文

十一年　叔彭生會晉郤缺于承匡。原作「叔仲彭生」四字，改三字。〇弟兄三人。二字改〔六〕〇佚宕中國。「宕」改「害」。

十六年　弗及者，内辭也。「及」字改。

宣

四年　平者成也。「乎」改「平」。

十一年　明楚之討有罪也。「討」誤「計」，後改作「討」。

成

二年　曹人、邾人、薛人、繒人盟于蜀。楚其稱「人」何。二行改。

十五年　三月，乙巳。「亥」改「巳」。

昭

七年　君子不奪人名至葬衛襄公。五行五十字改補。

十九年　不免乎水火。改三字〔七〕。「乎」字先脱，故改。

二十年　輒　踙　等字，「又」俱改「乚」。

廿八年〔八〕　次于陽也原在諱奔也下〔九〕。碑「陽州」二字尚存，補本不誤而鑿改補缺碑，從今本可矣。

校注

〔一〕按，僖五「天子世子」一句校引顧云云，見於顧金石文字記卷五。據此可知本篇所校亦爲開成石經，其作年無考。

〔二〕十年　「十」字原稿無。

〔三〕七年　「七」字原稿無。

〔四〕原稿「侯蔡侯鄭」四字右側標一豎綫。

〔五〕原稿「秦師于」三字右側標一竪綫。

〔六〕原稿「弟兄」二字右側標一竪綫。

〔七〕原稿「免乎水」三字右側標一竪綫。

〔八〕廿八　應作「廿五」。

〔九〕原稿「諱奔也」三字右側標一竪綫，小字注：「三字存。」

唐石經葛本春秋左氏傳校繆[一]

序

石經與葛本符，無舛錯，但二處褫脱十字一行各一，又褫脱一「采」字。其後，凡褫失行與倒置回易錯脱，無關石刻者，悉不札記也。

隱公

元年傳　具告之悔。葛作「且告之悔」。金石文字云石經誤作「具」。

三年傳　是棄先君之舉也。葛本「棄」作「廢」。

五年傳　昭文章。葛「章」訛「車」。○僖伯稱疾不從。石經「疾」訛「侯」。顧同[二]。

十年經　伐戴。石經「戴」訛「載」。傳二「伐戴」、一「圍戴」，俱作「載」，復以細畫改其上，糊模不可辨。顧同。

桓公

二年傳　昭其聲也。葛「聲」訛「明」。○以照臨百官。百官于是乎戒懼。葛作「臨照」，誤也。○惠之二十四年。石不作「廿」。下「二十」、「三十」多作「廿」、「卅」。不作者記之。○故封桓叔于曲沃。石無「故封」二字，有二「政」字，訛也。「政」字在行半，或裱脱。顧云「封」訛「政」〔三〕，則又裱脱一「故」字。

五年傳　大子免。石訛「太」。○王卒。顧云石脱「卒」字〔四〕。裱脱也。

六年傳　楚之羸。石「羸」訛「嬴」。顧同。○以類命爲象。石經「類」訛「德」。顧同。

十七年經　夏，五月，丙午。石經訛少一「夏」字。○居卿以底日。石「日」訛「曰」。

莊公

六年傳　必度於本末。葛「於」訛「其」。

八年傳　冬，十二月，齊侯遊于姑棼。石經誤多一「有」字，作「十有二月」。○隊于車。石經作「墜」。

九月傳〔五〕　傳乘而歸。石作「傳」。

兩通。

十二年傳　南宫牛。石經裱脱「牛」字。

十四年傳　其氣餤以取之。石初作「炎」，後以細畫改爲「餤」。

十八年經　十有八年。石缺一「有」字，誤。○春，王三月。石經作「正月」。

廿一年傳　石經誤刊「廿二年」。

廿八年　門禦彊〔六〕。葛訛「疆」。

卅三年傳〔七〕　虐而聽于神。石裱脱「于」字。○聰明正直而壹者也。石裱脱「者」字。

閔公

二年傳　初，惠公之即位也，少。石經無「之」字〔八〕。○從曰撫軍。「軍」石經訛「國」〔九〕。顧同。

僖公

元年經　齊師、宋師、曹師次于聶北。葛訛作「曹伯」。○齊人以歸。石經旁添「尸」字，作「以尸歸」。

三年傳　冬，公子友如齊涖盟。石「涖」訛「泣」。顧同。○未之絶也。葛訛作「未絶之也」。

四年傳　昭王南征而不復。石旁添「没」字，作「没而不復」。後添。○歸胙于公。石經遺一「胙」字。顧同。○姬置諸宫。六日。石經「宫」訛作「公」。顧同。○公殺其傅杜原款。石「傅」訛「傳」。顧同。○君非姬氏。石誤疊一「君」字，疑裱誤。同。

七年傳　弗可改也已。金石文字云「改」訛「故」。今按不訛。或後人改正也，然無痕迹可驗。

十一年傳　晉侯使以丕鄭之亂來告。石「丕」訛「卒」。

十四年傳　公怒止之。石「止」訛「上」。顧同。「之」字下又脱「以」字。脱字，似裱脱。

十五年經　牡丘之盟，齊侯、宋公、陳侯、衛侯、鄭伯云云。石經訛作「齊侯宋公陳侯衛侯陳侯」云云。○

遂去之。梁由靡御韓簡。石「由」訛「是」〔一〇〕。○輅秦伯。石「輅」作「轄」。顧同。○告瑕呂飴甥，且召之。石「且」訛「國」。顧同。

十六年經　是月下，石訛旁添「也」字。○傳　齊徵諸侯戍周。葛本「戍周」上有「而」字。

十九年　夏，宋襄公使邾文公用鄫子〔一一〕。葛本無「襄」字。石經原無，後改添。按文義應有。

二十二年傳　天維顯思。石經作「惟」。○叔詹曰。石誤疊一「叔」字〔一二〕。

二十三年傳　請待子。石經上旁添「然」字，誤。○奉匜沃盥。石「盥」訛「與」。

廿四年經　石經訛作「廿十有四年」，後又磨□「十」字，依約可覩。○兄弟鬩于牆。石、葛俱訛「閱」。

廿五年傳　昏而傳焉。石「傳」訛「傳」。顧同。

廿六年傳　我敝邑用不敢保聚。石旁添「是」字于「用」字下。後添。

廿七年傳　入杞，責無禮也。石經「責」訛「青」。顧同。○趙衰曰：「郤縠可。」石經「縠」訛「穀」。顧同。○公曰：「可矣乎？」石經「乎」字旁添。葛有「乎」字。

廿八年傳　謂楚人曰：不卒戍也。石經遺一「曰」字。○玈弓矢千。石旁添「十玈」二字于「弓」下，誤。下文公四年中亦添同此，皆非也。

廿九年傳〔一三〕　雖然，鄭亡，子亦有不利焉。葛無「雖」字。○若不闕秦。石「若」字旁添。葛有「若」字。○將焉取之。石「將」字旁添。葛亦有。○揚孫。葛作「楊」。

卅一年傳　晉新得諸侯。石「新」訛「親」。顧同。○東傅于濟。石「傅」訛「傳」。顧同。○相奪予享。葛「予」訛「子」。

卅二年傳　師知所爲。疑是「之」字。石、葛俱作「知」，疑焉。○哭之曰：孟子。石「子」訛「兮」。○其北陵，文王之所避風雨也。石少刻「文」字，多疊一「所」字〔一四〕。

卅三年傳　入險而脱。石「入」訛「人」。顧同。○爲從者之淹。石「淹」訛「流」。顧同。○彼實構吾二君。石「木」改「扌」。○墮軍實。石裱脱「墮」字。

文公

元年經　來錫公命。顧云誤「賜」。今按不誤，似捶去後改者。後人補也。○傳　享江芈。石誤「芉」。顧同。

二年傳　謂其姊親而先姑也。石經脱「姑」字，「也」字，上下行空獨大，刻時舛誤，可□映日中，并非裱脱〔一五〕。時乾隆丁亥十月廿四日。○廢六關。石經「關」訛「闗」。顧同。

三年傳　君子是以知秦穆公之爲君也。石少「公」字、「穆」字，正當行末，疑裱失之。

四年傳　敢不矜乎〔一六〕。石經失刻「敢」字，脱一空于上。○玈弓矢千。石經旁添「十玈」二字，作「玈弓十玈矢千」。後人訛添也。

六年傳　道之以禮。石經「以」字旁添。葛有「以」字。○何以事夫子。石經無「夫」字，而「子」實磨去二字另刻者，故上下行空獨大。磨去二字迹尚存，字不可辨。

七年　置文公子焉。顧云石經「焉」誤「曰」。今模糊難辨。○戴己卒，又聘于莒。石經「又」訛「人」。

八年傳　且復致公壻池之封。石「且」訛「旦」。

九年經　秦人來歸僖公、成風之襚。石經「襚」訛「隧」。下又脱「葬曹共公」四字。四字蓋裱脱也。

十年傳　毋死。石、葛俱訛「母」。○毋縱詭隨。石經作「毋從詭隨」。

十一年經　叔仲彭生。石經少刻「仲」字。

十二年傳　大子以夫鍾與郕邽來奔。石經「邽」訛「封」。顧同。○將何俟焉。石經「焉」本「矣」字改。

十四年傳　使來告難。石經少刻「告」字〔一七〕。

十五年傳　晉郤錡以上軍〔一八〕、下軍伐蔡。石經「上」訛「一」〔一九〕。○冬，十一月盟扈文。石經、葛本俱有「陳侯」二字。惟汲古刻注疏無之。按，文十七年「伐宋」注云：「自閔、僖以下，終于春秋，陳常在衛上〔二〇〕。」云云。今序衛下，則羨出無疑。○而討于有禮。石「討」訛「計」。

十六年經　石經「春」字原脱，後旁添。葛有「春」字。○傳　請俟君間。葛「俟」訛「侯」。○誰暇謀人。石經闕「人」字，有一空〔二一〕。

十七年傳　克減侯宣多。石經「減」訛「咸」。

宣公　此二卷乃後梁補刻，故成字缺筆而字畫惡劣。補二卷三碑。

元年經　濟西田。石經「濟」訛「齊」。○邾人來朝。石作「邾子」。葛誤也。○趙穿帥師。石「穿」訛「穼」。○傳　宋人之弒昭公也。「昭」，石訛「昭」。○囚晉解揚。石訛「楊」。○趙穿曰。石訛「日」。○吾以求成焉。「求」，石訛「朮」。○北林之役。石訛「伇」。

二年經　弒其君夷皋。石「弒」訛「殺」。顧同。○傳　二年，春。石少刻「春」字。○致果爲毅。石「致」訛「殺」。○腼熊膰不孰。石作「熟」。○棄人用犬。石訛「大」。○以視諸朝〔一二二〕。「視」訛「示」。顧〔一二三〕。○乃宦卿之適子。葛本脱「子」字。義亦通。

三年傳　伐鄭，及郔。石「郔」訛「延」。顧同。○商紂暴虐。石「紂」訛「討」。顧同。

四年經　秋，公如齊。石「秋」訛「利」。顧同。○楚人謂乳爲穀，虎爲於菟。葛無二「爲」字。

六年傳　石經離卦誤畫「同人」。顧同。

八年傳　殺諸絳市。石經「絳」訛「終」。顧同。○有事于大廟。石少「于」字，空一格〔一二四〕。

十二年傳　退三十里。石經少「退」字，裱脱也。此「三十」不作「卅」。○百官象物而動。葛訛「百家」。○故曰律。否臧。石「否」訛「不」。○六人同之。石訛「六」爲「立」，又改作「亦」。○晉師在敖、鄗之間。石「師」訛「帥」。顧同。○克敵、得屬，又何俟。石旁添「焉」字于下。後添。○楚潘黨逐之，及滎澤。石「滎」訛「榮」。下又多刻「熒」字，裱又截作「灭」。或原缺訛未可知，俟再得善本校焉。○與魏錡皆命而往。石經旁添「受」字于「命」上。後添。○又可以爲京觀乎。石「觀」字初失刻，旁添。葛有「觀」字。○將分鄭而立公子魚臣〔二五〕。石經失刻「分」字〔二六〕，空一格。○其無乃久不競乎？石「久」□「又」字改作「攵」。○遂傅于蕭城。葛本無「城」字。疑石經誤。○於是乎卿不書，不實其言也。葛無「乎」字。

十五年傳　爾用而先人之治命。葛少「而」字，誤。顧云〔二七〕。○吾獲狄土。石「土」訛「士」。顧同。

十七年傳　郤子至，請伐齊。石脱「至」字。疑裱脱也〔二八〕。○盟于卷楚。「卷」訛「巷」。顧同。○已亂于齊乎。石訛「平」。顧同。

十八年傳　齊侯會晉侯，盟于繒。葛「繒」作「繪」。○如楚乞師，將欲以伐齊。葛無「將」字。○凡自內虐其君。葛失「內」字。顧云石經誤多一「內」字。

成公

二年經　及齊師戰于新築。石經「師」誤「侯」。顧同。○朝夕釋憾于敝邑之地。石經「憾」誤「感」，旁補添一直畫。○且避左右。「且」，石經訛「旦」。顧云。

三年傳　君爲婦人之笑辱也。石經「婦」字係「御」改，「御」猶可辨也。

七年傳　同盟于馬陵，尋蟲牢之盟。石經「蟲」訛「蟲」。顧同。

九年傳　備豫不虞。石經裱脱「備」字。「豫」字誤「豫」，多一「丿」也。

十二年傳　道路無壅。葛本作「壅」，兩通。

十三年傳　勠力同心，申之以盟誓。葛「勠」誤「戮」。○蔑死我君。石經誤刻「蔑我先君」，又于「我先」二字上改「死我」二字。奸絶我好。石經旁添「同」字于「好」字上。後添。○則是康公絶我好也。石旁添「棄」、「同」二字，作「棄絶我同好也」。後添。

十六年傳　孟獻子曰：有勝矣。石經旁添「晉」字于「曰」字下。後添。○上下和睦，周旋不逆。石經「下」訛「二」。似石搨壞，後用墨塗者〔二九〕。○我若羣臣輯睦以事君，多矣。石經旁添「退」字于「若」字下。後添。「以事君多矣」，石經下旁添「又何求」三字。後添。○夾公行，陷于淖。石經旁添「公」字，作「公陷于淖」。後添。○三日穀〔三〇〕。石經旁添「館」字于「穀」字上。後添。○又何求。石經旁添「焉」字于下。後添。○乃許魯平，赦季孫。石旁添「而」字于「平」字下。後添。○吾子之賜多矣，○不可以再罪。奔衛。石經旁添「遂」字于「奔」字上。後添。

十七年傳　楚公子櫜師。石經誤添一「師」字于旁，作二疊「師」字。「楚公子櫜師」，顧云「櫜」當作「橐」，石經誤。葛亦作「櫜」。

十八年　逞姦而携服。裱脱「服」字。

襄公

元年傳　犬丘。葛訛「大邱」。

七年　退食自公，委蛇委蛇。石經細畫改「委委蛇蛇」。不知改「委委蛇蛇」之誤而留其蹟，抑後人誤改也。

八年經　八年一行。葛本誤低一字。

九年傳〔三二〕　童子言焉。石經旁添「何」于「言」字上。係後添。○君有楚〔三二〕，亦不使一个行李。葛作「一介」。石經作「一个」。

九年傳〔三三〕　陳畚梮。葛作「挶」。○遇艮之八下「䷳」，石經訛作「䷳」。

十年傳　楚子囊、鄭子耳使宋，師于訾毋。葛「毋」訛「母」。○子蟜曰。「蟜」訛「蟜」。顧云葛、石皆訛也。○今伐其師。石經訛「今」爲「令」。顧同。

十一年傳　司慎、司盟，名山、名川。石經係「大川」字改「名川」字。○抑臣願君之安其樂而思其終也。葛本無「之」字。

十三年　增。修德而改卜。石經旁添「其」于「修」下。葛無之。

十四年傳　與士鞅馳秦師，死焉。士鞅反。石經「反」字訛「及」。顧同。○尹公佗曰。石經「曰」訛「日」。○余狐裘而羔袖。石經旁添「猶」字于「余」字下，誤。

十五年傳　十五年。葛本多一「有」字，誤。○邾子伐我南鄙〔三四〕。石經作「北鄙」。按，經文作「南鄙」，「北」字誤〔三五〕。

十六年經　圍郕。石經作「成」。按，注有「郕，音成」。疑石經誤。「圍郕」之「郕」，石經亦曰經作「成」。

十七年傳　苟過華臣之門，必騁。石經「騁」訛「聘」。顧同。

十八年傳　齊環怙恃其險。石經旁添「侯」字，誤添。

十九年傳　二月，甲寅，卒，而視，不可含。石經「含」誤「舍」。顧同。○所不嗣是于齊者。石經文七，葛本「是」作「事」。疑石經誤。顧云誤。○夫銘，天子令德。石經訛作「夫子」。顧同。○亡之道也。石經誤旁添「之」字，作「亡之之道也」。○二子孔亦相親也。葛本訛「二」爲「士」。○司徒孔。石經旁添「子」字，作「子孔」，誤。

廿年傳　先君與于踐土之盟。石經旁添「吾」字于「先君」上。後添也。○若不能，猶有鬼神。石經旁添「掩」字于下，作「若不能掩」，非是。

廿一年傳　其爲不知乎〔三六〕。石經多疊一「知」字，是裱誤接上者。○姑叔虎之母美而不使。下，石經誤旁添「視寢」二字。○國多大寵。下，石經旁添「而」字。○欒盈奔楚，過于周，周西鄙掠之。石經原文也。又旁添「出」、「人」二字，作「欒盈出奔楚，過于周，周西鄙人掠之」。葛本作「欒盈過于周，周西鄙掠之」。脱去「奔楚」二字。當依石經原文也。顧云多「奔楚」二字。

廿三年經　邾畀我。石經「畀」誤「卑」。顧同。○傳　克亂在權，子無解矣。葛作「懈」。兩通。○

召揚爲右。葛本訛作「楊」。

廿四年傳　樂只君子。葛本作「旨」。按，下昭公傳內「樂旨」，石經、葛本俱作「旨」，疑爲兩通。○而謂「子浚我以生」乎。石經「乎」訛「子」。

廿五年傳　據于蒺藜。石經作「梨」，誤。二「藜」字同誤「梨」。○先夫當之矣。石經「夫」訛「天」。顧同。○中股，反隊。葛本作「隊」。○所不與崔、慶者，有如上帝。葛本脱「有如上帝」四字。○出弇中。石經「中」字後添。葛本有「中」字。○井堙木刊。石「堙」訛「煙」。顧同。○賦車兵、徒卒、甲楯之數。「卒」誤「兵」。顧云葛、石皆同誤。

廿六年傳　共姬之妾取以入。石經脱「共」字。裱脱也。○平公入夕。石經「平」訛「乎」。○聲子曰：「今又有甚于此。」石經旁添「者」字于下。後添也。

廿七年傳　父子死余矣。「余」，石訛「餘」。顧同。○免餘復攻寧氏。石經「餘」訛「余」。顧同。○丁卯，宋向戌如陳，從子木成言。石經無「宋」字。「丁卯」二字，實三字之空地，原刻三字，磨去而改刻二字，故「丁卯」二直畫獨長，且行上下寬。○則夫能致死。與宋致死。葛本闕「與宋致死」四字。○晉國爲諸侯盟主。葛本「國」字作「固」字。○崔氏堞其宮而守之。石經脱「之」字，似裱脱；然無痕可驗。

廿八年傳　重丘之盟，未可忘也。石經「忘」訛「志」。顧同。○舍不爲壇。石經作「草舍不爲壇」。是改添者。「草舍不」三字相比也。○使析歸父告晏平仲。「晏」，石訛「宴」。顧同。○陳無宇從。丙辰，文子使召之。石經「召」訛「君」。顧同。○我請止之。癸曰：「諾。」石經「曰」訛「月」。○慶氏之馬善驚。石經「馬」訛「焉」。顧同。○羣臣爲君故也。石經「也」字旁添。葛有「也」字。○穆子弗說，使工爲之誦茅鴟。葛本「弗」作「不」。義兩通。○武王有亂臣十人。石經、葛本俱少「臣」字。顧云〔三七〕。

二十九年傳　欲之而言叛。石經「叛」字添。葛有「叛」字。○公謂公冶曰。葛本「謂」作「問」，是。○公與公冶冕服。固辭。石經作「辭固」，「固」連下讀。○不皇啓處。葛作「遑」。○宋無飢人。葛作「饑」。石經上諸「饑」字亦不作「飢」也。○齊高子容與宋司徒見知伯。石經少「齊」字。○展暇、展玉父。石經「玉」作「王」字，古「玉」字也。後昭傳中亦一見。○不然，何其憂之遠也？葛本少「其」字。

卅年經　宋災故也。葛少「也」字。按，下經文似無「也」字，是。○蔡景侯爲太子般娶于楚。「娶」，石訛「聚」。顧同。○傳　單公子愆旗爲靈王御士。葛本「旗」作「期」。顧同〔三八〕。○心在他矣。不殺，必爲害。葛少「爲」字。○駟帶追之，及酸棗。石經「駟」訛「四」。顧同。

元年　昭公〔三九〕

金石文字云：今武猶是心也。「今」誤「令」。今石經此處糊模難辨。○傳　爲五陳以相離。石經作「伍陳」。

二年傳　子尾見彊。石經旁刻多一「子」字，作「子尾見子彊」。疑後人訛添。○齊使上大夫送之。石經作「逆之」。石經誤。顧同。

三年傳　少姜有寵而死。石經作「少齊」。顧同。○寡君使嬰曰：寡人願事君。葛本遺「使嬰曰寡人」五字。○而辱使董振擇之。葛本「擇」訛「澤」。○豆、區、釜、鍾。石經作「鍾」。下數字同。○而三老凍餒。石經作「涷」。疑石經誤。○其宗族枝葉先落。石經作「枼」，避中「世」字也。○乃舍之。○二子曰。石經旁添刻「宣」字，作「二宣子曰」。○又焉用州？其以徼禍也。石經脱「州其」二字。恐是裱時脱去。○金石文字：知而復從，「復」誤作「弗」。葛本亦作「弗」。○有言州必死。石經脱一「有」字。此是裱脱。○彼其髮短。石經添刻一「雖」字，作「髮雖短」。

四年傳　公曰：晉之三不殆〔四〇〕葛本無「公」字，非。○恃險與馬。石經作「恃險與焉」。石經誤。顧同。○禮，吾未見者有六焉。石經多一「所」字，作「禮吾所未見者有六焉」。

五年傳　豎牛取東鄙三十邑。石經作「卅邑」。○以羊舌肸爲司宮。葛本誤作「司徒」。○金石文字云：娶于子尾氏，「娶」誤「聚」。今石不誤。恐是後人改也。○君若驩焉，好逆使臣。石經「若」誤「苦」。顧同。○薳射帥繁揚之師。石經作「繁陽」。

六年　禁芻牧、採樵，不入田。石經作「采」。字兩通。○不采蓺。石經作「藝」。字兩通。

七年傳　僕區。葛本訛「區僕」。○若屬有疆場之言。葛本「場」誤作「塲」。

八年傳　今在析木之津。石經無「今」字，疑裱脱去。

九年傳　石經作暴蔑宗周。葛本作「暴滅宗周」。○無囿猶可。石經誤作「宥」。顧同。

十年傳　靈姑銔率。葛本訛作「鈃率」。○反子旗、子公、公孫捷。石經缺。葛本同，然三年作「子工」，前後不一文。○陳錫載周。石經訛作「鍚」。○魯無義。下，石經旁添「矣」字。○而稍致諸君。君以爲忠。石經少一「君」字，似裱脱。

十一年傳　單成公卒。石經誤刊「辛」。

十二年傳　北燕伯款。葛本訛「欵」。○公享之，爲賦蓼蕭。石經本裱脱「公」字〔四一〕。○以其中雋也。葛本作「儁」。字兩通。○與呂伋、王孫牟。石經作「級」。○工尹路請曰。石經少「工」字。

十三年傳　饑者食之。石經作「飢」。○因正僕人殺太子禄。石經作「大」。○芈姓有亂。葛本訛作「芋」。○若奉晉之衆。葛本訛「秦晉之衆」。○隱太子之子廬。石經訛「盧」。

十四年傳　僞廢疾。石經作「癈」。○簡上國之兵于宋丘。葛本作「宗丘」。石經誤，顧云。○庚與。石經「欲立著丘公之弟庚與〔四二〕，作「與」；下文「我出君而納庚輿」、「逆庚輿于齊」，俱作「輿」。葛本皆作「庚與」。按，下廿三年文，兩本皆作「庚輿」，石經訛一字，葛仿其□也〔四三〕。

十六年　經十有六年，春。石經脱「春」字。

十七年傳　夏，六月，甲戌。石經訛作「丙甲」〔四四〕。○當夏四月，是謂孟夏。葛本作「謂之孟夏」。○炎帝氏以火紀。石經作「以炎紀」。當是石經誤。○天子失官，官學在四夷。葛本無疊「官」字。

十八年傳　子産使輿三十人遷其柩。石經作「卅人」。○乃毁于而向。葛本作「鄉」。

十九年傳　郹陽封人。葛本訛「郥」。○所謂室於怒市于色者。石經、葛本同。石經改作「怒於室而色于市」，于上細畫隱約可辨。疑後人改此倒裝文也。

廿年傳　吾能死，爾能報。石經作「我能死」。○司馬彊、向宜。葛本訛「疆」。○余不忍其詢。石經誤「詢」。顧同。○梁丘據〔四五〕。石經作「攄」。文兩同。○今君疾疾〔四六〕。石經訛「令」。○公說，告晏子。晏子曰。石經作「宴」。○撞鐘舞女。葛本作「鍾」。○内寵之妾。葛本訛「内龍」。○萑苻之澤。石經「苻」字以細畫改作「蒲」字，「苻」字猶可辨。「萑」，復以細畫添「吅」于中。下改「萑苻」亦同。無知者妄改也。顧云：「苻」，石經誤「符」。

廿一年傳　泠州鳩。葛本訛「冷」。○大者不槬。葛本作「摦」。下二字同〔四七〕。○窕則不咸。石經作「減」，旁水似添刻者。○心是以感，感實生疾。二「感」字石經作「咸」。顧云石經誤作「咸」。○與貙相惡，乃譖諸公曰。葛本訛作「讚」。

二十二年傳　省臧、士平出奔楚。石經作「氏平」。疑石經訛。顧云石經訛。○邊印爲大司徒。石經訛「印」。顧同。○毁其西南。下，石經有「子朝奔郊」四字。顧同〔四八〕。

二十三年傳　楚子建之母在郥〔四九〕。葛誤「郥」。下「入郥」同誤。○夫正其疆場。石經「疆」訛「彊」，「場」作「埸」。

二十四年傳　余有亂臣十人。石經少「臣」字。又按，襄二十八年亦少「臣」字，可疑。

二十五年傳　吾聞文、成之世。葛本作「文武之世」。○季公鳥娶妻于齊鮑文子，生甲。葛本作「生申」。顧云石經誤作「甲」。葛本訛。○徐侯嗐公于野井〔五〇〕。旦召六卿。葛本訛「且」。○羣臣以死守之，弗敢失隧。葛作「隊」。字兩通。

廿七年傳　與吳師遇于窮。石經「窮」字下傍添刻「谷」，是後人誤補。○入于堀室。「堀」，石經訛「堀」。顧同。○吳公子掩餘奔徐。葛本作「揜」。字兩通而文不一，誤也。○郤宛直而和。石經褾脱一「和」字。○平王之温惠共儉。石經作「恭」，下「小」文似改成，非原字也。

二十八年傳　晉祁勝與鄔臧通室。葛本作「鄔臧」。○今子少不颺。石經旁添一「皃」字，作「皃少不颺」，誤也。

廿九年傳　故龍不生得。葛訛作「得生」。

卅年經　徐子章羽奔楚。葛本作「章禹」。按〔五一〕，下傳文俱作「章禹」，誤乎？或與戴鳶□遠文不同耶？

○傳　而不討其乏，明厎其情。石經作「而不討其之明厎其精」，訛二字。○吾又彊其讎。葛本誤「疆」。

定公

元年經　隕霜殺叔。葛本作「菽」，注云：「菽，本又作叔。」石經作「叔」，而細畫添草頭于上。○傳　乃歸諸侯之戍。葛本「戍」訛「成」。○榮駕鵝。石經、葛本皆作「駕」。顧云石經作「鴐」，誤。

二年傳　奪之杖以敲之。石經「敲」訛「敲」。

三年經　葛本訛「三月」。○仲孫何忌及邾子盟于拔。葛本作「拔」。顧云石經訛。○石經作：莊公卞急而好絜。葛本作「莊公汴急而好潔」。

四年傳　以蕃屏周。葛本作「藩」。○王使執燧以奔吳師〔五二〕。葛訛作「帥吳師」。○王孫由于以背受之。同下文「由于徐蘇」，葛訛「于」爲「干」。○不畏彊禦。葛訛「疆」。下「違彊」亦誤「疆」。○鑪金。葛作「鑪金」，注云：一作「鑪金」。石經作「鑪」。

五年傳　子期將焚之。葛「將」訛爲「獎」。○焉能定楚？王之奔隨也。石經旁添一「楚」字，作「楚王」。○子西問高厚焉。石經旁添二「大小」字於「焉」字上，誤。○報觀虎之敗也。葛作「報觀虎之役也」。

六年「乃今可爲矣」。于是乎遷郢于都。石經作「乃今可爲郢矣。于是乎遷于都」。但「郢」字與「於」字割截補綴，恐倒易原文。○將以作亂于周。葛本少一「以」字。○吾子立後而行，室亦不亡。葛本作「子立後而行，吾室亦不亡〔五三〕」。

八年傳　子姑使溷代子。石經「代」訛「伐」。顧同。○褅于僖公。葛本訛「禧」。

九年經　齊侯、衛侯次于五氏。葛訛刻「伍氏」。○書曰「得」，得器用也。葛本少疊一「得」字。

十年　宋公之弟辰暨仲佗、石彄。石經「暨」訛「槩」。○傳　胡不遄死。葛訛「何不遄死」。○石經：駟赤謂侯犯曰：衆言異矣。訛「駟亦」。顧同。○侯犯謂駟赤曰：「子止而與之數。」葛本少二「侯」字。

十三年傳　齊高彊曰：三折肱。「高」訛「彊」〔五四〕。

十四年傳　而告于知氏曰。石經外添「范氏」二字于「曰」字上。後人訛增也。○獲籍秦、高彊。葛又誤「彊」。

哀公

元年傳　二十年之外。石經作「廿」。○勤恤其民。石經「恤」誤「洫」。○傳　妃嬙嬪御。石經作「牆」，疑誤。按漢書王嬙，「嬙」字作「檣」。

三年傳　求援于中山。葛訛「求」爲「來」。○百官官備。石經作「百官百備」。

四年經　盜殺蔡侯申。石經誤「弑」。顧同。○傳　蔡昭侯將如吴。石經訛「蔡」爲「葬」。顧同。○遂殺公孫姓〔五五〕、公孫盱。石經作「旴」；葛作「盱」。

五年傳　景公死乎不與埋。葛訛「埋」爲「理」。○何黨之乎。「乎」字石經原脱，後添。

六年傳　作而悔後，亦無及也。葛作「作而後悔，亦無及也」。○昭王攻大冥。石經「大冥」作「人」，細書一□于上〔五六〕。

七年傳　必棄疾于我。石經脱「棄」字。○請待公孫彊。葛又訛「疆」。

八年傳　執曹伯陽及司城彊以歸。葛本脱「陽」字，訛「疆」字。○齊鮑牧帥師伐我。石經作「率師」。

十一年傳　國書、高無丕。葛「丕」訛爲「平」。○二子之不欲戰也宜。石經「也」字下旁添二「哉」字。係後訛添。○然則止乎？石經「止」字作「正」，似誤傷石上。○進稻醴、粱糗、腶脯焉。葛「粱」訛「梁」。○使冉有訪諸仲尼。葛本「諸」作「于」。

十二年傳　子盍見大宰嚭？葛本少「嚭」字。○司曆過也。石經復改「曰」爲「止」。葛作「歷」，避御諱也。○玉暢、咠、戈、錫。葛作「鍚」。按，注「羊」音爲首音，亦音「星歷反」。

十三年傳　屬徒五千。葛「千」訛「于」。

十四年經　莒子狂卒。石經、葛本皆訛「狅」。○傳　子我歸，帥屬徒攻闈。葛本脱「帥」字。○驟請饗焉。葛作「享」。字兩通。○將若之何？乃舍之。石經「舍」訛「含」。

十五年傳　大命隕墜。葛作「隊」。兩通。○而有背人之心。石經「而」字下旁添「子」字。

十六年傳　逋竄于晉。晉以王室之故。石經疊「晉」字，係添刻。葛本有疊「晉」字。○與晉人謀襲鄭。石經「晉」訛「爲」字。顧同。○其子曰勝，在吳，子西欲召之。石經誤疊一「子」字。○子期之子平。石經「期」上「子」字係旁添〔五七〕。葛本有「子」字。○不言將亨。與下二「亨」字，石經皆作「亨」，下四點皆係後添補。葛作「烹」。

十七年　國子實執齊柄。葛「實」訛「寶」。○武王以爲車率。葛本作「軍率」。

二十三年　有不腆先人之産馬。石經「馬」訛「焉」。顧同。○高無丕帥師禦之。石經「丕」訛「平」。

廿四年　軍吏令繕，將進。石經旁添「甲」字于「繕」字下，誤也。○此禮也則有。石經下旁添一「之」字，誤。

二十六年　會越皋如、舌庸。葛訛「后庸」。○昔成公孫于陳。石經作「遜」，「辶」係後補添者。原作「孫」是也。獻公孫于齊。君再在孫。亦俱添「辶」于下。○四方其訓之。石經、葛本皆作「順」。顧云誤。

二十七年　越子使舌庸來聘。葛「舌」作「后」字。石經「舌」字上細畫改爲小「后」字，誤改也。○多陵人者皆不在。石經旁添「矣」字于下。後添也。○因孫于邾。石經亦後添「辶」于下。

後序

乃申杼舊意。葛「杼」作「抒」。

大歲在壬戌〔五八〕。葛作「太」。兩通。

湣王。石經作「湣」，避諱。

哀王二十三年乃卒。石經作「卅」，改作「廿」字。

伊尹即位于大甲七年〔五九〕。石經「於」譌「放」。

「洩」、「堵」兩注。

「賈」、「買」互見。

二羡「陳侯」。

一譌「京觀」。

鄭火祈鄘〔六〇〕。昭十八

行火所焮〔六一〕。

陽不克莫〔六二〕。昭廿四

百兩一布〔六三〕。昭廿六

射中楯瓦〔六四〕。

無勇麇羅〔六五〕。哀二

滬菅水滋〔六六〕。哀八

國鬷元纁〔六七〕。哀十一

他日請念〔六八〕。哀廿七末句

校注

〔一〕原稿此前斜書「成公八年作賜公命」一句。按注疏作「來賜公命」，阮元校：閩本作「錫」。葛本，即明萬曆中葛鼎所刊永懷堂本。

〔二〕顧同　謂顧炎武所校與此同。

〔三〕金石文字記卷五：「故」誤作「政」。按戴于前左傳補缺正非引顧校亦如上。顧云「封」訛「政」，未見。

〔四〕顧校未見。

〔五〕九月　應作「九年」。

〔六〕門禦　注疏作「鬬御」。

〔七〕卅三　應作「卅二」。

〔八〕旁批：補少。

〔九〕旁批：補訛。

〔一〇〕旁批：此裱誤。石不誤。

〔一一〕郤子　注疏作「鄫子」。

〔一二〕旁批：此裱誤。

〔一三〕廿九　應作「三十」。

〔一四〕旁批：𧙗訛。

〔一五〕旁批：此𧙗脱。石碑「姑」字存，故不補。

〔一六〕旁批：𧙗脱。

〔一七〕旁批：𧙗脱。

〔一八〕郤錡　注疏作「郤缺」。

〔一九〕旁批：𧙗截去。

〔二〇〕陳常在衛上　注疏作「陳侯常在衛侯上」。

〔二一〕旁批：𧙗脱。補有。

〔二二〕以視諸朝　注疏作「以示於朝」。

〔二三〕金石文字記卷五列入「其與今文不同而兩通者」。

〔二四〕旁批：失刻一字。

〔二五〕分鄭　注疏上有一「以」字。

〔二六〕旁批：𧙗脱。

〔二七〕顧校未見。

〔二八〕旁批：𧙗脱。

〔二九〕旁批：然。

〔三〇〕穀注疏作「穀」。

〔三一〕九年　應作「八年」。

〔三二〕楚　注疏作「楚命」。

〔三三〕九年傳　原稿無。

〔三四〕郱子　注疏經、傳皆作「郱人」。

〔三五〕參前補缺正非，兩説似有扞格。

〔三六〕旁批：裱訛，是也。

〔三七〕顧校：脱「臣」字。

〔三八〕顧校：「期」誤作「旗」。

〔三九〕此上原有「唐石經葛本左傳校訛」一句。

〔四〇〕之　注疏作「有」。

〔四一〕旁批：非也。

〔四二〕眉批：上「庚輿」已見，作「輿」。

〔四三〕此處原稿模糊，有脱字。

〔四四〕旁批：補缺訛。

〔四五〕旁批：已下作「據」。

〔四六〕疾疾　注疏作「疾病」。

〔四七〕下文有「搰則不窮」、「今鐘搰矣」二句。

〔四八〕顧校脱字同，列入「其與今文不同而兩通者」。

〔四九〕子建　注疏作「大子建」。

〔五〇〕徐侯　注疏作「齊侯」。
〔五一〕「按」云云　原爲眉批。
〔五二〕燧　注疏作「燧象」。
〔五三〕旁批：裱亂。
〔五四〕高　似應爲「彊」。
〔五五〕遂　注疏作「而」。
〔五六〕旁批：補缺訛。
〔五七〕旁批：此補。
〔五八〕壬戌　應爲「壬戌」。
〔五九〕于　據下校文應作「於」。
〔六〇〕鄭火祈鄘　左傳昭十八年經：「夏，五月，壬午，宋、衛、陳、鄭災。」傳謂：鄭人「祈于四鄘」。阮元無校。
〔六一〕行火所焮　左傳昭十八年傳文。阮校：石經「焮」字重刊。
〔六二〕陽不克莫　阮無校。
〔六三〕百兩一布　阮無校。
〔六四〕射中楯瓦　左傳昭廿六年傳文，作「射之，中楯瓦」。阮無校。
〔六五〕無勇麇羅　注疏作：「(趙)羅無勇，麇之。」阮校：「段玉裁案：廣韻十八吻麇，丘粉切，引左傳『無勇，麇之』。束縛也。蓋傳本作『麇』字，所謂本無其字，依聲託事也。『麇』則後人所製俗字。十七準又有『麇』字，丘引切，則更俗矣。」

〔六六〕漚菅水滋　左傳哀八年傳文：「初，武城人或有因於吴竟田焉。拘鄫人之漚菅者，曰：『何故使吾水滋？』」阮校「拘鄫人」句：「惠棟云：鄭康成注考工記引作『渥菅』。釋文云：渥，烏豆反，與漚同。」阮校「何故」句：「説文引作『水兹』。葉抄釋文同，云本亦作『滋』字。按依説文，則『滋』乃水名。左傳字不從水。」

〔六七〕國鬹元纁　左傳哀十一年傳：「公使大史固歸國子之元，置之新篋，鬹之以玄纁。」阮無校。

〔六八〕他日請念　阮無校。

戴震全書之八

經考

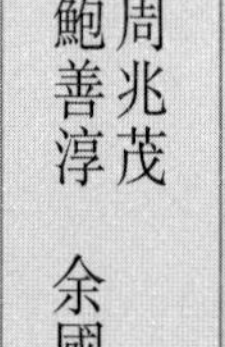

周兆茂 余國慶 ◎整理
鮑善淳 ◎審訂

説明

經考共五卷，係戴震早年讀經時所寫的札記。具體成書時間已無從確考。其時間上限，當不晚於乾隆癸酉（一七五三）年，戴震時年三十一歲。該年戴震與是仲明論學書曰：「僕所爲經考，未嘗敢以聞於人，恐聞之而驚顧狂惑者衆。」此係經考首見於文字。其時間下限，當不晚於乾隆丁丑（一七五七）年，戴震時年三十五歲。這從經考卷四「大戴禮記八十五篇」條得到佐證。該條下「按語」題有「乾隆丁丑夏東原氏記」一語。就經考絶大部分内容來看，當作於戴氏入京前的不疏園時期，近人許承堯、羅更言之甚詳（見經考附録跋）。

經考一書，戴震生前很少示人。入京後，除紀昀、盧文弨、錢大昕等人知之外，段玉裁、孔廣森等戴氏高足亦未得見。故此書不見諸家著録。惟洪榜在戴先生行狀提及有「經説」四卷，似即指此，然書名、卷數均不合。該書最早刻本爲民國初年南陵徐乃昌鄦齋叢書本。徐氏所刻，卷端題云：「假福山王氏天壤閣傳抄本」，即此書原爲福山王懿榮所藏。在這之後，一九三六年，安徽叢書第六期戴東原先生全集所收録的經考，即據南陵徐氏復校本影印。本次整理以李文藻抄本爲底本，校以安徽叢書本。李文藻，號南澗，曾刻戴震聲韵考一書（見段著年譜），是崇仰戴學之人。李抄本卷末一短跋云：「是書從河間紀先生處借録，經餘姚邵二雲手校一過，無甚譌錯矣。乾隆己丑九月十八日益都李文藻記於京城虎坊橋北百順胡同寓舍。」上海圖書館藏有經考六卷本，存四至六卷，實係五卷本之抄本，所不同之處僅是將李氏抄本第五卷分爲兩卷，其他則同。

經考的寫作方式是：以讀書筆記的形式摘記經文及各家注疏，繼之在每卷卷中或卷末加以「按語」，「按語」或短或長，短則數十字，長則數千字，由「按語」可窺見戴震本人的思想觀點。

經考首卷爲易考；第二卷爲尚書考；第三卷爲詩經考；第四卷爲禮經考，内含周禮、儀禮、逸禮、禮記、大戴禮記等；第五卷爲春秋考、論語考、孟子考、爾雅考等。據上述内容，可知以下幾點：（一）戴震一生治學嚴謹，基本功扎實。另有「按語」四十八條，約一萬二千多字。據統計，經考中，先後引用典籍七十多種，作者七十多人，共六萬多字。這些都成爲戴震後來撰著的重要依據。如在經考卷一關於「變易」的思想基礎上，戴震先後撰寫了法象論、讀易繫辭論性及原善等篇論文。此三篇文中的「氣化流行，生生不息」的思想即源此。又如經考卷二中「堯典中星」、「璇璣玉衡」條大部分採入了原象。又如經考卷五中「稱元」、「周正朔」、「書王」諸條，一部分已採入春秋即位改元考。卷五中「爾雅」條，一部分則採入答江慎修先生論小學書等。（二）經考集中反映了戴震早期的學術路向。即早期戴震是程朱理學的堅定信徒，是程朱唯心主義理一元論的信奉者。其主要體現是：①從對待歷代思想家的態度來看：在經考中，戴震先後引用西漢以來七十多位學者的言論，內中除江永稱「先生」外，另有四人稱「子」，即北宋二程、張載和南宋朱熹，其他學者均直稱其名。從中可見，戴震對程、朱等理學家的尊崇。②從學術立場來看：在經考卷一中，戴震除竭力稱頌程朱「復易古本」外，還在卷五春秋考中頌揚程朱理學爲「理明義精之學」，而對反對程朱理學者則持激烈的批評態度。③從哲學思想看：在經考卷一中，戴震對程頤的程氏易傳和朱熹的周易本義多有肯定。尤其在「理、象、數」條中，戴震對程氏易傳所言的「有理而後有象」、「理無形也，故因象以明理」等唯心主義觀點極表贊成，詳加摘録。接着，在經考卷一基礎上寫成的法象論，則進一步提出了「道」爲天地、萬物本原的客觀唯心主義思想。（三）經考對新安理學家十分重視。從南宋朱熹、程大昌到元明時陳櫟、胡炳文、趙汸、朱升，以及清代江永等人的言論作了較多札記，這就爲研究戴震思想淵源及其發展提供了重要資料。

經考卷一

重卦

張懷瓘曰：「先賢説，八卦非伏羲自重。易曰：『聖人立象以盡意，設卦以盡情僞。』『八卦成列，象在其中矣。因而重之，爻在其中矣。剛柔相推，變在其中矣。』伏羲自重之驗也。易又曰：『昔者聖人之作易也，觀變於陰陽而立卦，發揮於剛柔而生爻，故易六畫而成卦，六位而成章。』又伏羲自重之驗也。」

程大昌曰：「周官紀三易〔一〕：『其經卦皆八〔二〕，其別皆六十有四。』連山，夏也；歸藏，商也。夏商之世，八卦固已別爲六十四矣。」

王弘撰曰：「孔子言伏羲始作八卦，因而重之。其爲伏羲重卦無疑。若復別有人，孔子豈得無一言乎？又如『八卦相錯』，明八卦已錯爲六十四矣。」

顧炎武曰：「考之左傳襄公九年，穆姜薨於東宮〔三〕。筮之，遇艮之隨。姜曰：『是於周易曰：隨，元亨利貞。無咎。』獨言是於周易，則知夏商皆有此卦。而重八卦爲六十四者，不始於文王矣。」

三易

周禮太卜：「掌三易之法：一曰連山，二曰歸藏，三曰周易。其經卦皆八，其別皆六十有四。」

程迥曰：「連山、歸藏，宜與周易數同，而其辭異。先儒謂周易以變者占，非也！連山、歸藏以不變者占，亦非也！古之筮者兼用三易之法，衞元之筮，遇屯，曰：『利建侯。』是周易或以不變者占也。季友之筮，遇大有之乾，曰：『同復於父，敬如君所。』此固二易辭也。既之乾則用變矣，是連山、歸藏或以變者占也。」

顧炎武曰：「連山、歸藏非易也。而周官云三易者，後人因易之名以名之也。猶之墨子言周之春秋、燕之春秋、宋之春秋、齊之春秋；周、燕、齊、宋之史，非必皆春秋也。而云春秋者，因魯史之名以名之也。」

易取變易之義

胡瑗曰：「易繫辭云：『易窮則變，變則通。』又云：『生生之謂易。』是大易之作專取變易之義〔四〕。」

程子曰：「易，變易也。隨時變易以從道也。」又曰：「上天之載，無聲無臭。其體則謂之易，其理則謂之道，其用則謂之神，其命於人則謂之性，率性則謂之道，修道則謂之教。」

朱子曰：「易，書名也。其卦本伏羲所畫，有交易、變易之義，故謂之易。」朱子語類：「問：『易有交易、變易之義，如何？』曰：『交易，是陽交於陰、陰交於陽，是卦圖上底。如天地定位，山澤通氣云云者是也。變易，是陽變陰、陰變陽；老陽變爲少陰，老陰變爲少陽，此是占筮之法。如晝夜、寒暑、屈伸、往來者是也。』」

按：易之名，惟取「變易」之義。故「四營而成易」，謂之變也。「變易」之義，足以盡之。朱子兼「交易」爲言，就成卦以後圖位明之耳。「變易」中能兼「交易」，聖人命名祇歸於一。漢人謂一名而含三義者尤疎遠。

彖辭爻辭

孔穎達曰：「周易繫辭凡有二說。案：繫辭云：『易之興也，其於中古乎？作易者其有憂患乎？』又曰：『易之興也，其當殷之末世，周之盛德邪？當文王與紂之事邪？』準此諸文，伏羲制卦、文王繫辭、孔子作十翼，易歷三聖，只謂此也。故史遷云：『文王囚，而演易。』鄭學之徒並依此説也。案：升卦六四：『王用亨於岐山。』武王克殷之後，始追號文王爲王。又明夷六五：『箕子之明夷。』左傳韓宣子適魯，見易象云：『吾乃知周公之德。』周公被流言之謗，亦得爲憂患也。驗此諸説，以爲卦辭文王、爻辭周公，馬融、陸績等並同此説。所以只言三聖不數周公者，以父統子業故也。」

劉安世曰：「文王拘於羑里，而演六十四卦之辭。如：『乾，元亨利貞』、『坤，元亨利牝馬之貞』是也。非重六爻也。至於爻辭，則恐周公所作。若爻辭是文王作，不應曰『王用亨於西山』；又不應曰『箕子之明夷』也。」

九六七八

周易乾鑿度：「陽動而進，陰動而退。陽變七之九，陰變八之六。陽動而進，變七之九，象其氣息也。陰動而退，變八之六，象其氣消也。九六爻之變動者，繫曰：爻，『效天下之動也。』」

孔穎達曰：「老陽數九，老陰數六〔者〕，以揲蓍之數〔五〕，九過揲則得老陽，六過揲則得老陰。其少陽稱七，少陰稱八，義亦準此。張氏以爲陽數有七、有九，陰數有八、有六，但七爲少陽，八爲少陰，質而不變，爲爻之本體。九爲老陽，六爲老陰，文而從變，故爲爻之別名。」

沈括曰：「易象九爲老陽，七爲少陽，八爲少陰，六爲老陰。其九七八六之數，皆有所從來，得之自然，非意之所配也。凡歸餘之數有多有少。多爲陰，如爻之耦；少爲陽，如爻之奇。三少乾也，故曰老陽。九揲而得之，故其數九，其策三十六。兩多一少，則一少爲之主震、坎、艮也，故皆謂之少陽。少在初爲震，中爲坎，末爲艮，皆七揲而得之，故其數七，其策二十有八。三多坤也，故曰老陰。六揲而得之，故其數六，其策二十有四。兩少一多，則一多爲之主巽、離、兌也，故皆謂之少陰。多在初爲巽，中爲離，末爲兌，皆八揲而得之，故其數八，其策三十有二。」

朱子曰：「老、少於經固無明文，然揲蓍之法以奇偶分之，然後爻之陰陽可得而辨。又於其中各以老、少分之，然後爻之陰陽變與不變可得而分。經之『用九』、『用六』正謂此也。」

又曰：「陽奇陰偶，故七九爲陽，六八爲陰。陽進陰退，故九六爲老，而七八爲少。陽極於九，則退八而爲陰；陰極於六，則進七而爲陽；一進一退，循環無端。」

又曰：「多少之説，雖不經見。然其實以一約四，以奇爲少，以偶爲多而已。九八者，兩其四也，陰之偶也，故謂之多。五四者，一其四也，陽之奇也，故謂之少。」

顧炎武曰：「易有七八九六，而爻但繫九六者，舉隅之義也。故發其例於乾坤二卦曰：『用九』、『用六』，用其變也。亦有用其不變者，春秋傳穆姜『遇艮之八』；晉語董因得『泰之八』是也。杜元凱注謂：「雜用連山、歸藏，二易皆以七、八爲占，故言『遇艮之八』者，非。」晉語：公子筮得『貞屯、悔豫皆八』。本卦爲貞，之卦爲悔。」沙隨程氏曰：「初與四、五，凡三爻變。其不變者，二、三、上。在屯爲八，在豫亦八。」今即以艮言之，二爻獨變，則名之六。餘爻皆變，而二爻獨不變，則名之八。是知乾坤亦有『用七』、『用八』時也。乾爻皆變，而初獨不變，曰『初七，潛龍勿用』可也；坤爻皆變，而初獨不變，曰『初八，履霜堅冰至』可也。占變者，其常也；占不變者，其反也。故聖人繫之九六。歐陽永叔曰：『易道占其變。故以其所占者名爻，不謂六爻皆九六也。』得之矣。」

又曰：「乾之策二百一十有六；坤之策百四十有四，亦是舉九六以該七八也。朱子謂七八之合，亦三百有六十也。」乾遇七，則一百六十八；坤遇八，則一百九十二。

按：大衍之數五十〔六〕，虚一而用四十九。蓍分而爲二，掛一，揲之以四，歸奇於扐，凡四營成易，是爲一變。掛、扐所得，非五則九，去其初掛之一或四或八也。四者一，其四爲奇；八者兩，其四爲偶。除一變得數，復合見存之策而四營，掛、扐所得，非四則八，是爲再變。除兩次得數，如前合見存之策而四營，掛、扐所得，亦非四則八，是爲三變。合三變乃成爻。三奇曰老陽；三偶曰老陰；一奇二偶曰少陽；二奇一偶曰少陰；此驗於掛、扐之數而知之者也。老陽數九，而其策三十六。老陰數六，而其策二十四。少陽數七，而其策二十八。少陰數八，而其策三十二。此驗於過揲之數而知之者也。陰、陽、老、少，所以別其成爻之有變有不變而已。說者假乾坤六子以明之。言乾坤以喻老陽、老陰；言六子以喻少陽、少陰。其實奇偶未得成卦，泥於辭觀之則惑矣！

十翼

史記孔子世家：「孔子晚而喜易。序彖、繫、象、說卦、文言。」漢書藝文志：「孔氏爲之彖、象、繫辭、文言、序卦之屬十篇。」

漢書儒林傳：「費直治易，長於卦筮，亡章句，徒以彖、象、繫辭十篇文當作之言解說上下經。」

魏志：高貴鄉公問：『孔子作彖、象，鄭玄作注，雖聖賢不同，其所釋經義一也。今彖、象不與經文相連，而注連之，何也？』易博士淳于俊對曰：『鄭玄合彖、象於經者，欲使學者尋省易了也。』帝曰：『若鄭玄合之，於學誠便，則孔子曷爲不合以了學者乎？』俊對曰：『孔子恐其與文王相亂，是以不合，此聖人以不合爲謙。』帝曰：『若聖人以不合爲謙，則鄭玄何獨不謙邪？』」俊對曰：『古義弘深，聖問奧遠，非臣所能詳盡。』」

隋書經籍志：「秦焚書，周易獨以卜筮得存，惟失説卦三篇。後河内女子得之。」

孔穎達曰：「彖象等十翼之辭，以爲孔子所作，先儒更無異論，但數十翼亦有多家。既文王易經本分爲上下二篇，則區域各別。彖象釋卦亦當隨經而分。故一家數十翼云：『上彖一、下彖二、上象三、下象四、上繫五、下繫六、文言七、説卦八、序卦九、雜卦十。』鄭學之徒並同此説。」

又曰：「夫子所作彖辭，元在六爻經辭之後，以自卑退，不敢干亂先聖正經之辭。及至輔嗣之意，以爲象者本釋經文，宜相附近，其義易了。故分爻之辭象各附其當爻下言之，猶如元凱注左傳，分經之年與傳相附。」

程迥曰：「朱待制新仲嘗謂迥曰：『序卦非聖人書。』唐僧一行易筭引孟喜序卦曰：『陰陽養萬物，必訟而成之。君臣養萬民，亦訟而成之。』然則，今序卦亦出於經師可知也。」

吴仁傑曰：「費直易省去彖象傳、繫辭傳之目，但總以一『傳』字加於彖傳之首。王弼、王肅易皆存『傳』字，蓋本於此。」

又曰：「費直易亡章句。崇文總目序云：『以彖、象、文言雜入卦中者，自費氏始。』

按：鄭康成易以文言、説卦、序卦合爲一卷，則文言雜入卦中，康成猶未爾，非自費直始也。漢書本誤以『之言』字爲『文言』耳。然彖、象、繫辭之名一没不復，汩亂古經，則始於此。」

朱子曰：「先儒雖言費氏以彖、象、文言參解易爻，然初不言其分傳以附經也。至謂鄭康成始合彖象於經，則魏志之言甚明。而詩疏亦云：漢初爲傳訓者，皆與經别行。三傳之文，不與經連，故石經公羊傳皆無經文。而藝文志所載毛詩故訓傳，亦與經别。及馬融爲周禮注，乃云：『欲省學者兩讀，故具載本文，而就經爲注。』馬鄭相去不遠，蓋倣其意而爲之爾。孔疏之言曰：『夫子所作象辭，元在六爻經辭之後。』雖未免於有失，而謂輔嗣分爻之象附當爻，則爲得之。王弼注本之乾卦，蓋存鄭氏所附之例也。坤以下六十三卦，又弼之所自分也。」

馮椅曰：「鄭氏易，隋志九卷，唐志十卷。不知何緣增一卷。崇文總目止有一卷，惟文言、説、序、雜合四篇，餘皆逸。旨趣淵確，去聖人未遠也。中興書目，亡。」

俞琰曰：「隋經籍志云：『秦焚書，周易獨以卜筮得存，惟失説卦三篇。後河内女子得之。』今韓康伯注本以説卦三篇分出序卦、雜卦，則序卦、雜卦之名，蓋始於康伯也。」

閻若璩曰：「余嘗謂左傳左氏作，非左丘明。蓋左氏，六國時人，習聞闕里遺言而樂稱之，故每於孔子前人，不覺以易、論語之文散入其口中，此自是其文之所至，非當日本然也。如襄九年，穆姜舉：『元，體之長也。』已先文言有之。豈孔子襲穆姜？乃撰穆姜語者用孔子耳！而代之後先，事之虛實，有不暇顧。或者猶以歐陽公書爲據，余請更以事徵之。千古聖人莫過孔子，孔子所著書莫如論語，言學莫大於仁，言仁莫精於顏淵、仲弓問兩章。據昭十二年，則『克己復禮，仁也』。爲古志之語。據僖三十三年，則『出門如賓，承事如祭，仁之則也』。爲臼季所聞。皆先論語有之。豈孔子於二子，定規規然取陳言以應之乎？必不爾也。」

按：漢藝文志：「易經十二篇，施、孟、梁丘三家。」顏師古云：「上下經及十翼，故十二篇。是十二篇者三家所同也。」隋志以説卦三篇爲宣帝時河内女子所得。據史記世家，已有説卦之稱。則武帝時，太史公已見之，不可謂漢初無説卦也。漢書已明言序卦，鄭氏易有文言、説、序、雜四篇，而俞琰謂序卦、雜卦之名始於韓康伯，亦考之未詳。

又按：吳氏正漢書「文言」爲「之言」，致確。陸德明易釋文於繫辭上篇題下云：「王肅本皆作繫辭上傳，訖於雜卦，皆有『傳』字。」肅所注亦費氏易，未嘗省去繫辭之目也。而吳氏謂「費直易省去彖、象、繫辭之目，但總以一『傳』字加於彖傳之首」者，此後人誤解漢書，傅會爲之。漢書但云費氏易無章句。徒以彖、象、繫辭十篇之言解説上下經。蓋費氏易仍是經二篇、傳十篇，但不自立訓詁章句。其解説經即用傳意，明其當時口授學徒如此，何嘗汩亂古經，没彖、象、繫辭之名乎？使如吴氏所云，則劉向、班固皆當言其篇題與古文異矣！凡以改易古經咎費氏，皆不察之論也。

又按：鄭氏易，文言、説卦、序卦、雜卦猶合爲一卷。則分文言入乾坤二卦後，亦始于輔嗣也。唐李鼎祚集解又分序卦於各卦之前，如詩書之序。伊川易傳則于卦辭前引序卦傳，兼論上下兩體，與李氏同意。

又按：隋志言：宣帝時，河内女子得易説卦三篇、書太誓一篇。本後漢王充、房宏等之説。劉歆移書太常博士，只云太誓後得，不繫何年。説卦三篇，宜與之同時而得。但武帝世已有，不當宣帝世耳。易以卜筮得不禁，而漢初失説卦三篇者，考説卦、序卦、雜卦辭指不類孔子之言，或經師所記。孔門餘論，或别有傳聞。漢武帝時，博士集而讀之，合於上下經、彖、象、繫辭、文言，爲易經十二篇。猶以太誓合於伏生所傳二十八篇，爲今文尚書二十九篇也。序卦、雜卦雖各自爲題，統而言之，固可謂之説卦三篇。先儒合爲十翼，遂一歸孔子而無敢異議矣。

易爲卜筮而作

朱子曰：「大抵易之書，本爲卜筮而作。其所勸戒，亦以施諸筮得此卦、此爻之人。」又曰：「聖人作易，本是使人卜筮，以決所行之可否，而因之以教人爲善。如嚴君平所謂『與人子言依於孝，與人臣言依於忠』者。故卦爻之辭只是因依象類，虛設於此，以待叩而決者，使以所值之辭決所疑之事。似若假之神明，而亦必有是理，而後有是辭。理無不正，故其丁寧告戒之辭，皆依於正。天下之動，所以貞夫一，而不謬於所之也。」

又曰：「卦爻之辭，本爲卜筮者斷吉凶，而因以訓戒。至彖、象、文言之作，始因其吉凶訓戒之意，而推說其義理以明之。後人但見孔子所說義理，而不復推本文王、周公之本意，因鄙卜筮爲不足言，而其所以言易者遂遠於日用之實。類皆牽合委曲，偏主一事而言，無復包含該貫曲暢旁通之妙。若但如此，則聖人當時自可別作一書，明言義理以詔後世，何用假託卦象，爲此艱深隱晦之辭乎！」

理象數

程子曰：「有理而後有象，有象而後有數。得其義，則象數在其中矣。必欲窮象之隱微，盡數之豪忽，乃尋流逐末，術家之所尚，非儒者之所務也，管輅、郭璞之學是也。」又曰：「理，無形也，故因象以明理。理見乎辭矣，則可由辭以觀象。故曰：得其義〔理〕〔七〕，則象數在其中矣。」

朱子曰：「乾之爲馬，坤之爲牛，說卦有明文矣。馬之爲健，牛之爲順，在物有常理矣。至於案文責卦，若屯之有馬而無乾；離之有牛而無坤；乾之六龍則或疑於震；坤之牝馬則當反爲乾，是皆有不可曉者。是以漢儒求之說卦而不得，則遂相與創爲互體、變卦、五行、納甲、飛伏之法，參互以求而幸其偶合。其說雖詳，然其不可通者終不可通；其可通者又皆傅會穿鑿，而非有自然之勢。唯其一二之適然而無待於巧說者爲若可信。然上無所關於義理之本原，下無所資於人事之訓戒，則又何必苦心極力以求於此，而欲必得之？故王弼曰：『義苟應健，何必乾乃爲馬？爻苟合順，何必坤乃爲牛？』然觀其意，又似直以易之取象無復有所自來，但如詩之比、興，孟子之譬喻而已。如此，則是說卦之作爲無所與於易，而『近取諸身，遠取諸物』者，亦剩語矣。故疑其說亦若有未盡者，因竊論之，以爲易之取象固必有所自來，而其爲說必已具於大卜之官，顧今不可復考，則姑闕之。而直據辭中之象以求象中之意，使足以爲訓戒而決吉凶，其亦可矣。固不必深求其象之所自來，然亦不可直謂假設而遽欲忘之也。」

卦變

蘇軾曰：「易有剛柔、往來、上下相易之説，而其最著者賁之彖傳也。凡易之所謂剛柔、往來相易者，皆本諸乾坤也。乾施一陽於坤，以化其一陰而生三子。凡三子之卦，有言剛來者，明此本坤也，而乾來化之。坤施一陰於乾，以化其一陽而生三女。凡三女之卦，有言柔來者，明此本乾也，而坤來化之。」

朱子曰：「卦變〔八〕，蓋易中之一義，非畫卦作易之本旨也。如剛來柔進之類，是就卦已成後推説，非謂先有彼卦而後方有此卦也。」

顧炎武曰：「卦變之説，不始於孔子。周公繫損之六三已言之矣。曰：『三人行，則損一人；一人行，則得其友。』是六子之變皆出於乾坤，無所謂自復、姤、臨、遯而來者，當從程傳。蘇軾、王炎皆同此説。」

江慎齋先生曰：「文王之易以反對爲次序。否反爲泰，三陰往居外，三陽來居内，故曰『小往大來』。泰反爲否，三陽往居外，三陰來居内，故曰『大往小來』。彖傳所謂剛來、柔來者，本此。需反爲訟，需之九五，來爲九二而得中也。蠱反爲隨，蠱之上九，來爲隨之初九，下於二三之柔也。初九爲成卦之主，爻辭謂之官。官者，主也。隨反爲蠱，隨之初九，上而爲上九；隨之上六，下而爲初六也。陽剛者，居上不任事；陰柔者，居下爲卦主，是以成蠱。賁反爲噬嗑，賁之六二得中，上行以爲六五，亦得中也。噬嗑反爲賁，噬嗑之六五來爲六二，而文乎初與三之剛。噬嗑之初九，上爲上九，而文乎四與五之柔也。噬嗑與賁皆剛柔分之卦。分剛者，分其三之一之剛也。『柔來文剛』，柔居中而剛不過，故亨；『分剛上而文柔』，剛在上僅令柔不過而已，故『小利，有攸往』。『復，亨。剛反』，此句亦以卦變爲義。剥反爲復，剥之上九，反而爲初九也。『反』亦來也。因卦爲復，故謂之反。大畜反爲无妄，大畜之上九，自外卦來爲初九，而爲主於内卦也。外者，反卦。大畜之外卦，非本卦之外卦也。諸家有謂无妄内卦之初九，自外乾卦之初爻來。外乾卦之初爻未嘗變動，何以此爻自彼爻來耶？无妄反爲大畜，无妄之初九，上爲上九，而尚乎六五之賢也。恒反爲咸，恒之初六，上而爲上六；恒之九四，下而爲九三也。咸反爲恒，咸之九三，上而爲九四；咸之上六，下而爲初六也。咸恒相反，二卦之辭亦正相反。以此，益知卦變取諸相反之卦。明夷反爲晉，明夷之六二，進而上行爲六五也。家人反爲睽，家人之六二，進而上行爲六五也。解反爲蹇，解之九二，往而爲九五也。蹇反爲解，蹇之九三，往而爲九四，得五上二陰爲衆。蹇之九五，來爲九二而得中。外卦一陽得二陰，即爲得衆，不必坤而後爲衆也。益反爲損，以益之初九爲上九，是爲損下益上，其道自下而上行也。本義以此爲卦體，今考之，亦卦變也。損反爲益，以損之上九爲初九，是爲損上益下，自上而下下也。損以上爻爲主，益以初爻爲主。觀爻辭，可知本義以此爲卦體；今考之，亦卦變也。萃反爲升，萃之三陰爻升而爲上卦也。上三陰爻雖同升，當以六五爲主。下云『剛中而應』，謂九二應六五也。革反爲鼎，革之六二，進而上行爲六五也。歸妹反爲漸，歸妹之九二，往而爲九五；歸妹之六三，往而爲六四，皆爲得位之正。下云『其位剛得中也』，則專以九五言之。諸家有謂自二至五，四爻皆得正位者，然曰『進』、曰『往』，皆指上卦之爻二三，非所論也。節反爲涣，節之九五，來爲九二；節之六三，往爲六四，得位乎外，而上同於九五也。卦有反對不可反者，八卦可反者五十六卦，上下經以此爲序。天道、人事，恒以相易而相反，又以相反而復初，此易中一大義。凡云『往』、云『上』者，皆自反卦之内卦轉入外卦；云『來』、云『下』、云『反』者，皆自反卦之外卦轉入内卦。卦名亦有翻轉取義者，如復之下一陽從剥之上一陽來反，故謂之復。升之上三陰從萃之下三陰上升，故謂之升。夫子於繫辭傳言之曰：『上下無常，剛柔相易，不可爲典要。惟變所適。』正謂此也。朱子本義以卦變言者十九卦，今推之當有二十二卦。如此例五十六卦，皆可以此取義。然不必皆然者，所謂『不可爲典要』是也。宋時，薛氏温其於蹇解二卦云：『諸卦皆指内爲來，外爲往，則此往得中謂五也。蹇解相循覆，視蹇則爲解。九二得中則曰：「其來復，吉。」乃得中也。

往者得中，中在外也；來復得中，中在内也。』此説正得反卦取義之意，惜未徧推諸他卦。宋熙寧間，蜀人房審權易義海已收之。」

按：李鼎祚集解引蜀才、虞翻、荀爽諸人論卦變，某卦本某卦者，近于穿鑿；而王弼、孔穎達之説又虚而無據。蘇子瞻舉賁卦發其義，剛柔、往來相易，皆本諸乾坤。伊川易傳同此説。朱子專主相比之兩爻相易。江先生主序卦之反對相易。然損之六三爻辭云：「三人行，則損一人；一人行，則得其友。」似指本卦上下體。而賁之彖傳：「柔來而文剛。分，剛上而文柔。」指上下體。則「分」字尤明，主反對則不免費辭也。大致繫辭所稱「上下無常，剛柔相易」者，或兩卦反對相易；或卦之兩體上下相易，兼二説乃備。主上下兩體，王拱東曾論之，但引據未當。

互體

朱子曰：「以二、三、四爲一卦〔九〕，又以三、四、五爲一卦。爻辭取象，或以上下正體之卦，或以中間二互體之卦〔一〇〕。春秋左傳所載占筮，間取互體。漢魏以來，諸儒説象，每取互體，蓋易中取象之一端，不可廢也。」

又曰：「王弼破互體，朱子發用互體，自左氏已言，亦有道理，只是今推不合處多。」

王應麟曰：「京氏謂二至四爲互體，三至五爲約象。儀禮疏云：『二至四，三至五，兩體交互，各成一卦，先儒謂之互體。』」

胡炳文曰：「本義謂雜卦傳：『自大過以下，或疑其錯簡。以韻協之，又似非誤。』愚竊以爲雜物撰德，非其中爻不備。此蓋指中四爻互體而言也。先天圖之左，互復、頤、既濟、家人、歸妹、睽、夬、乾八卦；右，互姤、大過、未濟、解、漸、蹇、剥、坤八卦。此則於右取姤、大過、未濟、漸四卦，於左取頤、既濟、歸妹、夬四卦，各舉其半，可兼其餘矣。始於乾，終於夬，夬之一陰決盡則爲乾也。」

顧炎武曰：「凡卦爻二至四，三至五，兩體交互，各成一卦，先儒謂之互體。其說已見於左氏莊公二十二年，陳侯筮，遇觀之否。曰：『風爲天於土上，山也。』注『自二至四有艮象，四爻變故。艮爲山』是也。然夫子未嘗及之。後人以『雜物撰德』之語當之，非也。其所論二與四、三與五同功而異位，特就兩爻相較言之，初何嘗有互體之說？」

又曰：「晉書荀顗嘗難鍾會『易無互體』，見稱於世。其文不傳。新安王炎晦叔嘗問張南軒曰：『伊川令學者先看王輔嗣、胡翼之、王介甫三家易，何也？』南軒曰：『三家不論互體，故爾。』」

又曰：「朱子本義不取互體之說，惟大壯六五云：『卦體似兑，有羊象焉。』不言『互』，而言『似』。『似』者，合兩爻爲一爻，則似之也。又謂：頤，初九，靈龜。是伏得離卦。然此又創先儒所未有，不如言互體矣。大壯自三至五成兑。兑爲羊，故爻辭並言羊。」

按：屯之六三：「即鹿無虞。」應劭風俗通義論「林屬於山爲麓」引之。虞翻云：「即，就也。艮爲山，山足稱『鹿』。」蓋以三四五成艮，取互象，凡言互卦類此〔一一〕。若雜卦傳末簡以韻協之，不誤。而卦不反對，先儒因以互體爲之說。則大過之初二三成巽，二三四成乾，是爲姤。上初二成艮，初二三本成巽，是爲漸。五上初成震，上初二成艮，是爲頤。四五上本成兑，五上初成震，是爲歸妹。三四五成乾，四五上本成兑，是爲夬。此自大過已下之次第也。别爲互卦之一例。又自二至五，互之則復爲乾矣。其説至巧，雜卦傳若信爲孔子所作，竊疑聖人言不如是之巧也。

宋儒復易古本

尤袤與吴仁傑書曰：「頃得吕東萊所定古易一編，朱元晦爲之跋，嘗以版行。乃與左右所刊吕汲公古經無毫髮異〔一二〕，而東萊不及徵仲，嘗編此書，豈偶然同耶？」

董真卿曰：「吕氏周易古經上經第一、下經第二、上象第三、下象第四、上象第五、下象第六、繫辭上第七、繫辭下第八、文言第九、説卦第十、序卦第十一、雜卦第十二，其所次序本末，並與東萊定本同。但東萊只分上經、下經，而無第一、第二字。又東萊稱彖上傳第一至雜卦傳第十，小有不同爾。」

洪常曰：「周易序次有古經、今經之異。程子因今經作傳，朱子因古經作本義，後世以本義附於傳而一之。故今本義之序亦今經也。奉化邑庠教諭成君矩謂世之讀易者，先本義而後傳，乃獨刻本義傳於世。」

吴肅公曰：「成化時，教諭成矩始刊今易，注從朱，而書則從弼，襲名爲本義，其實非朱子之書。」

顧炎武曰：「洪武初，頒五經天下儒學，而易兼用程朱二氏，亦各自爲書。永樂中修大全，乃取朱子卷次，割裂附之程傳之後。其凡例曰『程傳、本義既已並行，而諸家定本又各不同，故今定從程傳元本，而本義仍以類從』是也。於是朱子所定之古文仍復混亂。」

朱彝尊曰：「程子易傳依王輔嗣本，朱子本義用吕伯恭本，原不相同。自克齋董氏合之，移朱子本以就程子之書。明初，兼用之取士。其後學者，多置程傳專主朱義。於是姑蘇成矩叔度爲奉化教諭，削去程傳，乃不更正以從朱子之舊。當新鋟時，楊文懿守陳序之，有云：『是編異朱子元本，亦以便士也。』好事者何容喙哉！文懿蓋心非之而不能奪也。」

按：吕微仲考定古易在元豐五年。晁以道、吕伯恭之本，俱出其後。微仲、伯恭所定，與唐孔沖遠言鄭學之徒數十翼者合。凡異此者，可以此斷其未盡合乎古矣。

又按：宋寶祐中，克齋董楷正叔纂集周易傳義附録，紛亂朱子本義元本實始于此。

校注

〔一〕三易　指連山、歸藏、周易。

〔二〕經卦皆八　三易皆以八卦（乾坤震巽坎離艮兑）爲本，故稱之爲經卦，以别於六十四卦。

〔三〕蕘　邵晉涵曰：「改作『遷』字。」

〔四〕大易　指易傳，又稱易大傳。包括彖上、彖下、象上、象下、繫辭上、繫辭下、文言、説卦、序卦、雜卦等十篇，又稱之爲「十翼」。有時，也泛指周易（即包括易經與易傳）。

〔五〕揲蓍　古以蓍草卜卦。用蓍草五十，先取其一，置一旁不用。餘四十九根分兩叠，然後四根一數，以定陽爻或陰爻。

〔六〕大衍　大，大數；衍，演。指用大數以演卦。

〔七〕義　中華書局本二程集作「理」。

〔八〕卦變　由此一卦變爲彼一卦。

〔九〕以二三四爲一卦　易經六十四卦，每卦由六爻組成。此「二三四」均指爻位。下文「三四五」亦同。

〔一〇〕互體　易卦凡卦爻二至四、三至五，兩體交互，各成一卦，稱互體。

〔一一〕互卦　即「互體」。

〔一二〕吕汲公　即北宋學者吕大防（一〇二七至一〇九七），字微仲。封汲郡公，故稱。

經考卷二

伏生所傳尚書二十八篇

虞夏書四篇：堯典、皋陶謨、禹貢、甘誓；商書五篇：湯誓、盤庚、高宗肜日、西伯戡耆〔一〕、微子；周書十九篇：牧誓、洪範、金縢、大誥、康誥、酒誥、梓材、召誥、洛誥、多士、毋逸、君奭、多方、立政、顧命、肹誓〔二〕、甫刑〔三〕、文侯之命、秦誓。

孔臧曰：「時人惟聞尚書二十八篇，取象二十八宿，謂爲信然，不知其有百篇也。」

沈嗣選曰：「伏書以堯典合舜典，皋陶謨合益稷，盤庚合一篇，康王之誥合於顧命，皆不可易。欲合百篇之數者，乃强分之，非也！」

今文尚書

史記儒林列傳：「伏生者，張晏曰：「伏生名勝。伏氏碑云。」濟南人也。故爲秦博士。孝文帝時，欲求能治尚書者，天下無有。乃聞伏生能治，欲召之。是時伏生年九十餘，老，不能行，於是乃詔太常使掌故晁錯往受之。秦時焚書，伏生壁藏之。其後兵大起，流亡。漢定，伏生求其書，亡數十篇，獨得二十九篇，即以教于齊魯之間。學者由是頗能言尚書，諸山東大師無不涉尚書以教矣。伏生教濟南張生及歐陽生。漢書曰：「字和伯，千乘人。」歐陽生教千乘兒寬。兒寬既通尚書，以文學應郡舉，詣博士受業，受業孔安國。以試第次，補廷尉史。是時張湯方鄉學，以爲奏讞掾，以古法議決疑大獄，而愛幸寬。及湯爲御史大夫，以兒寬爲掾，薦之天子。天子見問，説之。張生亦爲博士。而伏生孫以治尚書徵，不能明也。自此之後，魯周霸、孔安國，雒陽賈嘉頗能言尚書事。」

劉歆移書太常博士曰：「漢興，至孝文皇帝，始使掌故晁錯從伏生受尚書。尚書初出于屋壁，朽折散絶。今其書見在，時師傳讀而已。泰誓後得，博士集而讀之。」

漢書藝文志：「經二十九卷。大小夏侯二家，歐陽經三十一卷。師古曰：「此二十九卷，伏生傳授者。」秦燔書禁學，濟南伏生獨壁藏之。漢興，亡失，求得二十九篇，以教齊魯之間。訖孝宣世，有歐陽、大小夏侯氏，立於學官。」

漢書儒林傳：「歐陽生字和伯，千乘人也。事伏生，授兒寬。寬又受業孔安國，至御史大夫。」「歐陽、大小夏侯氏學皆出於寬。寬授歐陽生子，世世相傳，由是尚書世有歐陽氏學。」「夏侯勝，其先夏侯都尉，從濟南張生受尚書，以傳族子始昌。始昌傳勝，勝又事同郡蕳卿。蕳卿者，兒寬門人。勝傳從兄子建，建又事歐陽高。勝至長信少府；建太子太傅，由是尚書有大小夏侯之學。」

王充曰：「尚書本百篇。遭秦用李斯之議，燔燒五經，濟南伏生抱百篇藏於山中。孝景皇帝時始存尚書，伏生已出山中。景帝遣晁錯往從受尚書二十八篇。伏生老死，書殘不竟。晁錯傳於倪寬。至孝宣皇帝之時，河内女子發老屋，得逸易、禮、尚書各一篇，奏之。宣帝下示博士，然後易、禮、尚書各益一篇。而尚書二十九篇始定矣。」

孔穎達曰：「今文尚書，劉向五行傳、蔡邕勒石經皆其本。」

又曰：「泰誓非初伏生所得。案：馬融云：『泰誓後得。』鄭玄書論亦云：『民間得泰誓。』別録曰：『武帝末，民有得泰誓書於壁内者，獻之。與博士使讀，説之。數月皆起，傳以教人。』則泰誓非伏生所傳。而言二十九篇者，以司馬遷在武帝之世，見泰誓出而得行，入於伏生所傳内，故爲史總之，并云伏生所出，不復曲別分析云民間所得。其實得時，不與伏生所傳同也。但伏生雖無此一篇，而書傳有『八百諸侯俱至孟津』、『白魚入舟』之事，與泰誓事同。不知爲伏生先爲此説，不知爲是泰誓出後，後人加增此語？案：王充論衡及後漢史獻帝建安十四年，黄門侍郎房宏等説云：『宣帝本始元年，河内女子有壞老屋，得古文泰誓三篇。』論衡又云：『以掘地所得者。』今史漢書皆云伏生所傳二十九篇，則司馬遷時，已得泰誓，以並歸於伏生，不得云宣帝時始出也。」

又曰：「二十九篇自是計卷。若計篇，則三十四。去泰誓，猶有三十一〔四〕。」

顔師古曰：「衛宏定古文尚書序云：伏生老，不能正言，言不可曉也，使其女傳言教錯。齊人語多與潁川異，錯所不知者凡十二三，略以其意屬讀而已。」

朱子曰：「按漢儒以伏生之書爲今文，而謂安國之書爲古文。以今考之，則今文多艱澀，而古文反平易。或者以爲今文自伏生女子口授晁錯時失之，則先秦古書所引之文皆已如此，恐其未必然也。或者以爲記録之實語難工，而潤色之雅詞易好，故訓、誥、誓、命有難易之不同，此爲近之。然伏生背文暗誦乃偏得其所難，而安國考定於科斗古書，錯亂磨滅之餘，反專得其所易，則又有不可曉者。」

馮班曰：「藝文志：『秦燔書禁學，伏生獨壁藏之。漢興，求得二十九篇，以教齊魯之間。』云壁藏而求之，得二十九篇，是伏生自有本，不假口傳明矣。儒林傳：『伏生教濟南張生及歐陽生。歐陽生，千乘人，事伏生。夏侯都尉從濟南張生受尚書，以傳族子始昌。始昌傳勝，勝傳之從兄之子建。』則是歐陽、夏侯二家，漢人列於學官者，自是伏生親傳，非晁錯所受之本明矣。又：『伏生有孫，以治尚書徵。』伏生有孫，則應有子，何令女傳言？若其子幼，不能傳書，則伏生年已九十餘，安得有幼子乎？且其女能傳言，亦應通文字，何至晁錯不能得者且十二三，乃以意屬之讀之耶？某曾身至濟南、潁川，其語音絶不相遠。雖古今或異，大略亦可知，何至語言不相通耶？」

閻若璩曰：「史記儒林傳叙伏生今文，末云：『自此之後，魯周霸、孔安國，雒陽賈嘉頗能言尚書事。』此指安國通今文。下另叙孔氏有古文，起自安國。班固於周霸三人省去孔安國，專歸古文，甚失遷之意。」

朱彝尊曰：「按今文尚書，伏生所授止二十八篇，故漢儒以擬二十八宿。然史記、漢書俱稱伏生以二十九篇教於齊魯之間。司馬氏、班氏，古之良史，不應以非生所授之大誓雜之其中也。故王肅云：『太誓近得，非其本經。』竊疑生所教二十九篇，其一篇乃百篇之序，故馬鄭因之，亦總爲一卷。惟緣藝文志云經二十九卷，後儒遂以大誓篇混入爾。」

又曰：「按古者書序自爲一篇列於後，故陸德明稱馬鄭之徒百篇之序，總爲一卷。至孔氏傳出，始引小序分冠各篇之首。後人習而不察，遂謂伏生今文無序。序與孔氏序傳並出，不知別録暨馬鄭傳訓皆有之矣。予故疑二十九篇其一是序也。」

按：伏生之書初出屋壁，并民間得大誓共二十九篇。武帝時，博士合以教授，用當時隸書寫之，故稱爲今文。而孔壁所得者，即許氏説文解字叙所云六體書，「一曰古文，孔子壁中書」者是也。蓋如商周鼎彝之書，非科斗書。僞作孔安國書序者云：「濟南伏生，年過九十，失其本經，口以傳授。」此襲東漢衛宏使女傳言教錯之説，儒者未深考。不知伏生所傳二十八篇，史記、漢書皆云：「伏生壁藏之。漢興，即以教齊魯之間。」非徒得之記憶，亦無使女子傳言事。伏生書無大誓，而史乃言二十九篇，必是時已於伏生所傳二十八篇益以大誓，共爲博士之業。故大小夏侯各二十九卷，以大誓爲武帝末始得，或云宣帝初，並相傳失實也。朱彝尊疑二十九篇其一篇爲百篇之序，使伏生書已有是序，則伏生傳授時，已知有百篇，何以孔臧乃云「時人惟聞尚書二十八篇，取象二十八宿」，不知其有百篇耶？

又按：晉書衛恒傳：「魯恭王壞孔子宅，得尚書、春秋、論語、孝經，時人以不復知有古文，謂之『科斗書』。魏初，傳古文者，出於邯鄲淳。至正始中，立『三字石經』，轉失淳法，因科斗之名，遂效其形。」由其言觀之，壁中書乃古文，非「科斗書」。凡漢、魏、晉間人所稱得科斗文字本，皆古文。因時人不知，而謂之「科斗書」耳。邯鄲淳傳古文書法，非寫「科斗書」。失其法者，聞科斗之名，遂效其形。此效科斗形爲之，轉失古文法也。

虞夏同科

孔穎達曰：「案馬融、鄭玄、王肅、别録題皆曰『虞夏書』。以虞夏同科。雖虞事亦連夏。鄭序以爲：『虞夏書二十篇，商書四十篇，周書四十篇。』贊云：『三科之條，五家之教。』是虞夏同科也。揚子法言亦曰：『虞夏之書渾渾爾！商書灝灝爾！周書噩噩爾！』則可證西漢時，未有別虞書、夏書而爲二者。杜元凱左傳注僖公二十七年引夏書『賦納以言，明試以功』三句，注曰：『尚書虞夏書也。』則可證西晉時，未有別虞書、夏書而爲二者。逮東晉梅氏書出，然後書題卷數篇名，盡亂其舊矣！」

帝王名號

顧炎武曰：「堯、舜、禹，皆名也，古未有號，故帝王皆以名紀，臨文不諱也。胡文定修春秋劄子：「臣聞古者不以名爲諱，堯典稱有鰥在下曰虞舜。則堯舜者，固二帝之名。而堯典乃虞氏史官所作，直載其君之名而不避也。」考之尚書：『帝曰：格汝舜』、『格汝禹』，名其臣也。堯崩之後，舜與其臣言則曰『帝』。禹崩之後，五子之歌則曰『皇祖』。胤征則曰『先王』。無言堯、舜、禹者，不敢名其君也。自啓至發皆名也。夏后氏之季，而始有以十干爲號者。桀〔夏〕之癸、商之報丁、報乙、報丙、主壬、主癸，皆號，以代其名。白虎通曰：「殷質，以生日名子。」自天乙至辛，皆號也。太甲、沃丁、仲丁、河亶甲、祖乙、盤庚，皆以爲書篇之名，惟其號也。商之王，著號不著名，而名之見於經者二：天乙之名履、辛之名受是也。武庚亦是號，禄父乃名也。曰湯、曰紂，則亦號也。孔氏西伯戡黎序傳：「受，紂也。音相亂。」『號』則臣子所得而稱。故伊尹曰：『惟尹躬暨湯。』頌曰武湯、曰成曰文祖、曰藝祖、曰湯、曰湯孫也。微子之命言：「乃祖成湯。」多士言：「爾先祖成湯。」皆對其臣子稱之。曰玄王、曰武王，而神宗、曰皇祖、曰烈祖、曰高祖、曰高后、曰中宗、曰高宗，而廟號起矣。自夏以前純乎質，故帝王謚立矣。曰大舜、曰神禹、曰大禹、曰成湯、曰寧王，而稱號繁矣。於是，周公因而有名而無號。自商以下寖乎文，故有名有號。而德之盛者，有謚以美之。制謚。自天子達於卿、大夫，美惡皆有謚，而十干之號不立。史記齊太公世家「太公子丁公。丁公子乙公。乙公子癸公」。猶用商人之稱。陸淳曰：「史記、世本：厲王以前，諸侯有謚者少，其後乃皆有謚。」然王季以上不追謚，猶用商人之禮焉。此文質之中而臣子之義也。嗚呼！此其所以爲聖人也與！」

胡渭曰：「按周禮外史：『達書名於四方。』鄭康成注云：『書名，堯典、禹貢之類。』夫書名達於天下，常爲人所稱道，而顧以君名著，何也？蓋記當時之言動，君不可與臣俱名，故名臣而稱其君曰『帝』。篇中稱名者，唯發端「曰若稽古帝某」。書名則垂諸簡策，以詔來世，與叙述之文不同。故二典、謨、貢，不嫌以名著也。或曰史遷云『舜名重華』，『禹名文命』。由此推之，則放勳亦名也。孟子再稱放勳，屈原三稱重華，堯、舜、禹豈有二名哉？曰放勳、重華、文命，皆號也，而亦可謂之名。閻百詩曰：『名者，號也。言舜號曰重華、禹號曰文命云爾。』孔疏云：『人有號、謚之名。』余謂名曰重華，名曰文命，此生號之名也。孟子曰：『名之曰幽厲。』此死謚之名也，皆得謂之名。然則典貢之上曷不繫以號？曰上古淳樸，無嫌於名，故不必以號著也。商則稍有所嫌矣。湯，號也，亦曰成湯、武湯，與放勳、重華、文命同。其名有履，論語云『予小子履』是也。避名著號，故書有湯征、湯誓、湯誥。商人以十干爲號，自上甲微始。魯語展禽曰：『上甲微，能帥契者也，商人報焉。』上甲者，十干之號；微，其名也。湯號天乙，而更有美號，故以湯著。後王無他美號，則亦以十干之號著而不名。故書有太甲、沃丁、仲丁、河亶甲、祖乙、盤庚。又有廟號，太甲爲太宗，大戊爲中宗，武丁爲高宗。故書有高宗肜日、高宗之訓、太甲三篇，及身而作史，亦不追改也。高宗二篇，據殷本紀爲箕子、祖庚時作。故稱廟號。序以爲祖己訓高宗，誤也。周人以諱事神，死則制爲謚，以易其名。故書有康王之誥，以謚著焉。文侯之命，臣亦稱謚。據左傳：成王「命魯公以伯禽」；「命唐叔以唐誥」。伯禽、唐誥皆誥命篇名也。文侯之命初亦當類此。其以謚著者，蓋史所追改。孔子曰：『虞夏之文，不勝其質；殷周之質，不勝其文。』即書之所以名篇，亦可得其梗概矣！」

堯典中星

「日中」、「日永」、「宵中」、「日短」，此終古不變者也。「星鳥」、「星火」、「星虛」、「星昴」，此列星之舉目可見，千百年乃覺其大差，隨時爲書以示民者也。如夏小正、月令之屬。二者相爲經緯。夏小正：「三月，參則伏。」伏也者，日所在不可見也。三月，日在參，穀雨時。則二月在昴，胃末、昴初，春分時。正月在奎。奎末、婁初，雨水時。奎婁，降婁也；昴，大梁也；參，實沈也。大梁西没，必大火東陞，鶉火值南，玄枵處北，四正之位，各協其方。東方，蒼龍七宿：壽星、大火、析木之津。北方，玄武七宿：星紀、玄枵、娵訾之口。西方，白虎七宿：降婁、大梁、實沈。南方，朱鳥七宿：鶉首、鶉火、鶉尾。四正協，餘莫不協矣。然則列星四象，辨自羲和，仲春初昏，二十有八舍，不違天部也。夏小正：「四月，初昏，南門正。」南門兩大星横亢下，壽星次也。南門正，則壽星值南矣。五月，壽星迆而西，大火值南，故書曰：「日永星火，以正仲夏。」夏小正曰：「五月，初昏，大火中。」大火南，鶉火必淪西。蓋五月，日在七星。夏至時。而四月，在東井。小滿時。六月在翼。大暑時。東井，鶉首也；七星，鶉火也；翼，鶉尾也。夏小正：「八月，辰則伏。」辰也者，心也。伏也者，日所在也。八月，日在心。秋分，在氐末、房初，秋分後在心。則七月在角。處暑時。九月在箕。霜降時。角，壽星也；心，大火也；箕斗之間爲漢津，析木之津也。大火西没，則玄枵值南，故虚中。七月初昏，壽星西没，降婁東陞。故夏小正曰：「七月初昏，織女正東鄉。」織女恒鄉降婁也。十月，星紀東陞而旦，降婁處北。故夏小正曰：「十月，織女正北鄉，則旦。」蓋十月，日在斗。小雪時。十有一月在虚。冬至時。十有二月在營室。大寒時。斗，星紀也；虛，玄枵也。營室、東壁連體，四方似口，娵訾之口也，玄枵西没，則大梁值南，故昴中。說者或謂斗、牽牛爲列星之紀首，故曰「星紀」。考周初，冬至日在牽牛。至周末，則在斗。皆星紀之次。由是觀之，日月之行起於斗、牽牛，特周之星象。古籍存者，惟夏小正與堯典合。周初，列星東移已及一次，今更移一次矣。虞夏，冬至日月之行起玄枵正中，今起析木之津正中，皆非星紀序首也。十二次之名，必周時始定。堯典曰鳥、謂七星。曰火、謂心。曰虛、曰昴，據當時所有之名言之。先儒謂或舉一象，或舉一次，或舉一宿，未然也。猶之古但有分、至、啓、閉，後人遂定爲二十四氣，而或存古名，或立新名，事正相類。凡列星東移，晉宋已來謂之歲差，以日星每歲相校而差，非天行有差也。大致二千一百年差一次。據乎堯典星象爲首，二萬五千餘年乃復此象。虞夏第一紀，周第二紀，今第三紀云。

在璿璣玉衡以齊七政

古測天之器，其製不傳。後世渾天儀設璣、衡以擬其名，未有能實得古製者也。揚雄法言：「或人問渾天於雄，雄曰：『洛下閎營之，鮮于妄人度之，耿中丞象之，幾幾乎莫之違也。』」渾天之學得此三人者創始爲之器。而蓋天、宣夜二家莫之能述，遂失其傳。爲渾天者，依放古名，釋帝典者，援據漢製，故似同而異，似是而非。考諸周髀有北極樞，又曰正北極。及北極璿璣之名。有七衡、六間，冬至日當外衡，夏至當内衡，春、秋分當中衡之規法。所謂北極樞者，今之赤道極也，亦曰赤極。隋書天文志所云「不動處」。即魯論、爾雅之北辰。所謂北極璿璣者，今之黄道極也。亦曰黄極。吴太常姚信昕天論所云「冬至極低，夏至極起」。指此。釋周髀凡數家，未解北極璿璣何指，蓋其名出於古遠，世所莫聞。因思虞夏書之「璿璣」注，徒以爲可旋轉曰「璣」，不得其本象。夫在天有赤道極，爲左旋之樞。又有黄道極，爲右旋之樞。自中土言之，皆在北方，故通曰北極。赤道極不動，黄道極每晝夜左旋環繞之而過一度。古度法。每一歲而周四游。冬至夜半，北游所極；春分夜半，東游所極；夏至夜半，南游所極；秋分夜半，西游所極。是赤道極者，又爲黄道極之樞也。惟其然，故周髀謂赤道極曰：「北極樞。」樞而黄道極無其名，乃取諸測器之名以命之。用是知唐虞時設璿璣動運於中，以擬夫黄道極者也。「衡」，横也。横帶中圍以界黄道。古有分、至、啓、閉，謂之八節，「分」者，春分、秋分。「至」者，冬至、夏至。「啓」者，立春、立夏。「閉」者，立秋、立冬。準以設衡。其五衡與外衡、内衡，發斂所極，至也。外衡，日發南，所極冬至。内衡，日斂北，所極夏至。中衡，南北之中，是爲赤道，分也。自外入内交於赤道，春分。自内出外交於赤道，秋分。自南斂北，入次四衡爲春，入次二衡爲夏，當其衡，啓也。自北發南，出次二衡爲秋，出次四衡爲冬，當其衡，閉也。周髀之七衡則準乎中氣十有二。其衡之名，暨其規法，由來遠矣。

日、月、五星，謂之七政，出鄭康成注，孔傳同，乃魏晉間人爲之，竊取於鄭注者。後儒悉從之。人道正，而萬事順成。」司馬子長作天官書，馬季長注尚書，又以爲北斗七星。三說參差，惟鄭近是。然稽之於古，實無明證。堯典：「曆象日月星辰。」星謂中星，初不及五緯。洪範五紀所云星辰同於堯典。孔穎達曰：「五星所行，下民不以爲候。」其說得之。五星至後代曆家推測漸詳，唐虞時恐未及此。即推之不失，亦非定四時成歲攸關，何以與日月並稱七政乎？帝王之道，莫大乎敬天勤民，天事遠，不必盡知，無傷於大智。如日、月食，五星掩犯，聖人但懼而修警，不求預知也。此其意深，其務切，其道大，其智遠。惟日月運行，寒暑物候因之而變遷，必察之治曆，準以出政，與之不違。敬天勤民，重人事也。然則政之爲言，據人事非據天事。堯命羲和，終之曰：「庶績咸熙。」臯陶謨曰：「撫于五辰，庶績其凝。」庶績之熙也、凝也，由政之得宜。而政之宜，由順天歲月五辰而七，凡所以順天出政不外乎是。禮運亦言：「播五行於四時。」天下事物統以五行則無或遺，序以四時則歸於順，二者通而一也。推日月之運，循五行之序，於是有歲之政焉，分、至、啓、閉是也。如祭祀大典禮及登臺書雲物之屬。有月之政焉，正朔告月是也。聽朔朝廟之屬。有木火金水土五者之政焉，法制禁令宜於時而布其事是也。分言之，其政有七；約言之，敬授民時而已。五行所屬，何者不舉，而歲月有政，聖人所以奉天時謹其節也。曆法久則必差，非天之變動，亦非法之當改。渾圜至大，數所難窮，譬猶寸寸累之，至尺則差；銖銖計之，至兩則差。故設器觀象，與法相濟，使差數未覩者仍之，差數既覩者修正之。舜攝位之初而言：「在璿璣玉衡，以齊七政。」斯以見政無弗順天。「在璿璣玉衡」者，審驗天行也。「以齊七政」者，齊人事合天也。庶績熙、凝之本也。至若五星之行，無關授時之大，在曆家積驗知之，豈所急哉？

洪範五紀

「協用五紀」者，上協乎天行，以下協人事，故曰「協」。分、至、啓、閉，紀於歲者也，以日躔發斂爲本。朔、望、弦、晦，紀於月者也，以晝夜刻漏出入里差爲本。昏旦中星，日躔月逡，所在紀於星辰者也，以周分十有二次及列宿之距爲本。盈縮遲疾、進退消長之微，紀於曆數者也，以隨時測驗，積微至著，修正不失爲本。洪範所陳殷曆之大綱與？

康誥酒誥

閻若璩曰：「武王往三十一日，回亦三十一日，共六十二日。仍餘五十七日在商。樂記：『未及下車，而封黄帝之後於薊，封帝堯之後於祝，封帝舜之後於陳，下車而封夏后氏之後於杞，投殷之後於宋。』正論語『興滅國，繼絶世』者。蓋或有子孫而無爵土，或有爵土而無子孫，武王須求訪其後以來，擇地以封之，此豈旬日可了？孟子：『滅國者五十。』與紂共爲亂政者五十國，須及〔在〕商遺兵四出翦滅，以遂救民取殘之志，亦豈旬日可了？故五十七日人以爲久，吾以爲速。仁山前編繫封康叔於殷東，於是歲三月内。曰：康誥云：『在兹東土。』酒誥云：『肇國在西土。』又云：『我西土棐徂。』則此時武王似未來自商已前也。蓋武王克商留處三月，而後反。封康叔意此時與最合。則康誥、酒誥兩篇並作于在商日。」

逸書十六篇

虞夏書七篇：舜典、汨作、九共、大禹謨、棄稷、五子之歌、胤征。商書六篇：典寶、湯誥、咸有一德、伊訓、肆命、原命。周書三篇：武成、旅獒、冏命。

史記儒林列傳：「孔氏有古文尚書，而安國以今文讀之，因以起其家逸書得十餘篇，蓋尚書滋多於是矣。」劉歆移書太常博士曰：「漢興，至孝文皇帝，始使掌故鼂錯從伏生受尚書。尚書初出于屋壁，朽折散絶。今其書見在，時師傳讀而已。詩始萌芽。天下衆書往往頗出，皆諸子傳説，猶廣立於學官，爲置博士。在漢朝之儒，唯賈生而已。至孝武皇帝，然後鄒、魯、梁、趙頗有詩、禮、春秋先師，皆起於建元之間。當此之時，一人不能獨盡其經，或爲雅，或爲頌，相合而成。泰誓後得，博士集而讀之。故詔書稱曰：『禮壞樂崩，書缺簡脱，朕甚閔焉。』時漢興已七八十年，離於全經，固已遠矣。及魯恭王壞孔子宅，欲以爲宫，而得古文於壞壁之中，逸禮有三十九，書十六篇。天漢之後，孔安國獻之，遭巫蠱倉卒之難，未及施行。及春秋左氏丘明所修，皆古文舊書，多者二十餘通，藏於秘府，伏而未發。孝成皇帝閔學殘文缺，稍離其真，乃陳發秘藏，校理舊文，得此三事，以考學官所傳，經或脱簡，傳或間篇。傳問民間，則有魯國桓公、趙國貫公、膠東庸生之遺學與此同，抑而未施。此乃有識者之所惜閔，士君子之所嗟痛也。」

漢書藝文志：「古文尚書者，出孔子壁中。師古曰：「家語云孔騰字子襄，畏秦法峻急，藏尚書、孝經、論語於夫子舊堂壁中。而漢記尹敏傳云孔鮒所藏。二説不同，未知孰是。」武帝末，魯共王壞孔子宅，欲以廣其宫，而得古文尚書及禮記、論語、孝經凡數十篇，皆古字也。共王往入其宅，聞琴瑟鐘磬之音，於是懼，乃止不壞。孔安國者，孔子後也。悉得其書，以考二十九篇，得多十六篇。安國獻之。遭巫蠱事，未列於學官。」

漢書儒林傳：「安國爲諫大夫，授都尉朝，服虔曰：「朝名，都尉姓。」而司馬遷亦從安國問故。遷書載堯典、禹貢、洪範、微子、金縢諸篇，多古文説。都尉朝授膠東庸生。庸生授清河胡常少子。師古曰：「少子亦常字也。」常授虢徐敖。敖爲左扶風掾，授王璜、平陵塗惲子真。子真授河南桑欽君長。」

荀悦漢紀：「魯恭王壞孔子宅，得古文尚書，多十六篇。武帝時，孔安國家獻之。會巫蠱事，未列於學官。」

馬融曰：「逸十六篇，絶無師説。」

孔穎達曰：「鄭注書序：『舜典一、汨作二、九共九篇十一、大禹謨十二、益稷十三、五子之歌十四、胤征十五、湯誥十六、咸有一德十七、典寶十八、伊訓十九、肆命二十、原命二十一、武成二十二、旅獒二十三、冏命二十四。以此二十四爲十六卷。以九共九篇共卷，除八篇，故爲十六。』故藝文志、劉向別録云五十八篇。藝文志又云：『孔安國者，孔子後也。悉得其書。』以古文，又多十六篇。篇即卷也。」

按：古文尚書增多之十六篇不立學官，故當時只謂之逸書。如禮古經之三十九篇，當時只謂之逸禮，皆以不立於學官爲「逸」。「逸」非亡之謂也。所以不立於學官者，則由博士不治。故泰誓後得，博士集而讀之，遂增入，今文二十八篇爲二十九。劉歆欲建立左氏春秋及毛詩、逸禮、古文尚書列於學官，而諸博士不肯置對，遂未得立。

中古文

漢書藝文志：「尚書古文經四十六卷。爲五十七篇。」「劉向以中古文校歐陽、大小夏侯三家經文，酒誥脱簡一，召誥脱簡二。率簡二十五字者，脱亦二十五字；簡二十二字者，脱亦二十二字。文字異者七百有餘，脱字數十。」楚元王傳：「歆欲建立左氏春秋及毛詩、逸禮、古文尚書皆列於學官。哀帝令歆與五經博士講論其義，諸博士或不肯置對。」

後漢書章帝紀：「建初八年，詔曰：『五經剖判，去聖彌遠，章句遺辭，乖疑難正，恐先師微言將遂廢絶，非所以重稽古求道真也。其令羣儒選高才生，受學左氏、穀梁春秋、古文尚書、毛詩，以扶微學，廣異義焉。』」

安帝紀：「延光二年，『詔選三署郎及吏人能通古文尚書、毛詩、穀梁春秋各一人。』」

靈帝紀：「光和三年六月，『詔公卿舉能通尚書、毛詩、左氏、穀梁春秋各一人，悉除議郎。』」

儒林傳：「建初中，大會諸儒於白虎觀，考詳同異，連月乃罷。肅宗親臨稱制，如石渠故事。顧命史臣著爲通義。又詔高才生受古文尚書、毛詩、穀梁、左氏春秋，雖不立學官，然皆擢高第爲講郎，給事近署，所以網羅遺逸，傳存衆家。」「尹敏初習歐陽尚書，後受古文，兼善毛詩、穀梁、左氏春秋。周防師事徐州刺史蓋豫，受古文尚書。經明，舉孝廉，拜郎中，撰尚書雜記三十二篇，四十萬言。太尉張禹薦補博士〔五〕。孔僖字仲和，魯國魯人也，自安國以下，世傳古文尚書、毛詩。扶風杜林傳古文尚書。林同郡賈逵爲之作訓，馬融作傳，鄭玄注解，由是古文尚書遂顯于世。」

杜林傳：「河南鄭興、東海衛宏等，皆長於古學。興嘗師事劉歆，林既（過）〔遇〕之〔六〕，（頎）〔欣〕然言曰〔七〕：『林得興等固諧矣，使宏得林，且有以益之。』及宏見林，闇然而服。濟南徐巡，始師事宏，後皆更受林學。林前於西州得漆書古文尚書一卷，常寶愛之，雖遭艱困，握持不離身。出以示宏等曰：『林流離兵亂，常恐斯經將絶。何意東海衛子、濟南徐生復能傳之，是道竟不墜於地也。古文雖不合時務，然願諸生無悔所學。』宏、巡益重之。於是古文遂行。」賈逵傳：「逵數爲帝言古文尚書與經傳爾雅詁訓相應，詔令撰歐陽、大小夏侯尚書古文同異。逵集爲三卷，帝善之。」

鄭玄傳：「從東郡張恭祖受周官、禮記、左氏春秋、韓詩、古文尚書。」

隋書經籍志：「後漢扶風杜林傳古文尚書，同郡賈逵爲之作訓，馬融作傳，鄭玄亦爲之注。然其所傳，唯二十九篇，又雜以今文，非孔舊本。自餘絕無師說。晉世秘府所存，有古文尚書經文，今無有傳者。及永嘉之亂，歐陽、大小夏侯尚書並亡。」

孔穎達曰：「案：伏生所傳三十四篇者謂之今文，則夏侯勝、夏侯建、歐陽和伯等三家所傳及後漢末蔡邕所勒石經是也。孔所傳者，膠東庸生，劉歆、賈逵、馬融等所傳是也。鄭玄書贊云：『我先師棘子下生安國〔八〕，亦好此學，衛、賈、馬二三君子之業，則雅才好博，既宣之矣。』又云：『歐陽失其本義，今疾此蔽冒，猶復疑惑未悛。』是鄭意師祖孔學，傳授膠東庸生。劉歆、賈逵、馬融等學而賤夏侯、歐陽等。」

閻若璩曰：「嘗疑鄭康成卒於獻帝時，距東晉元帝尚百餘年。古文尚書十六篇之亡，當即亡於此百年中。後讀隋書經籍志：『晉世秘府所存，有古文尚書經文，今無有傳者。及永嘉之亂，歐陽、大小夏侯尚書並亡。濟南伏生之傳，惟劉向父子所著五行傳，是其本法，而又多乖戾。』予然後知古文尚書自康成注後傳習者已希，而往往秘府有其文，亦猶西漢時安國止傳其業於都尉朝、司馬遷數人，而中書之古文固具在也。」

又曰：「當安國之初傳壁書也，原未有大序與傳。馬融尚書序所謂：『逸十六篇，絕無師說。』是及漢室中興，衛宏著訓旨於前，賈逵撰古文同異於後。馬融作傳，鄭氏作注，而孔氏一家之學粲然矣。不意鄭氏而後，寖以微滅，雖博極羣書如王肅、孫炎輩，稽其撰著，並無古文尚書，豈其時已錮於秘府而不復流傳耶？何未之及也？然果秘府有其書，猶得流傳於人間，惟不幸而永嘉喪亂，經籍道消，凡歐陽、大小夏侯學號爲經師、遞相講授者已埽地無餘，又何況秘府所藏區區簡册耶？故古文尚書之亡，實亡於永嘉。」

又曰：「牛弘歷陳古今書籍之厄，以『劉石憑陵，京華覆滅』，爲書之四厄，及予徵之兩晉，益合。秘書監荀勖録當代所藏書目凡二萬九千九百餘卷，名中經簿，今不復傳，隋唐時尚存。故經籍志云『晉秘府存有古文尚書經文』是也。元帝之初，漸更鳩聚。著作郎李充以勖舊簿校之，才十之一耳。古文尚書之亡，非亡於永嘉而何哉？」

又曰：「鄭所注古文篇數，上與馬融合，又上與賈逵合，又上與劉歆合。歆嘗校秘書，得古文十六篇，博問民間，則有安國之再傳弟子膠東庸生者學與此同。逵父徽，實爲安國之六傳弟子。逵受父業，數爲帝言古文尚書與經傳爾雅詁訓相應，故古文遂行。此皆載在史册，確然可信者也。孔穎達不信漢儒授受之古文，而信晚晉突出之古文，且以舜典、汩作、九共二十四篇爲張霸之徒所僞造，不知張霸之徒所僞造乃百兩篇，在當時固未嘗售其欺也。百兩篇不見於藝文志，而止附于儒林傳。傳云：『文意淺陋，篇或數簡。帝以中書校之，非是。霸辭受父，父有弟子樊並，詔存其書。後樊並謀反，乃卒黜之。』曾謂馬融、鄭康成諸大儒而信此等僞書哉？」

又曰：「安國古文之學，其傳有四：一傳於都尉朝。朝傳庸譚；譚傳胡常；常傳徐敖；敖傳王璜、塗惲；惲傳桑欽。王莽時立於學官，璜、惲皆貴顯。惲又傳賈徽。徽傳子逵。逵數爲肅宗言古文尚書，詔選高才生從逵學，由是古文遂行。一傳於兒寬。按史記、漢書儒林傳，似孔安國在當時實兼今文、古文尚書而通之。其爲博士時，自當授弟子。以今文所謂蓋祿利之路然也。至別有好古之士，如馬遷、都尉朝方從安國問古文。所謂古文，頗不合時務是也。兒寬初事歐陽生治尚書，以文學應郡舉，詣博士受業。受業孔安國，以試第次，補廷尉史。此非經學既明而得祿之驗乎？本不當繫寬於安國古文之下，但近代有漢儒授經圖，於歐陽生今文，及安國古文下，俱各繫以兒寬，余偶因之，未暇改正。一傳於其家。孔僖傳所謂『自安國已下，世傳古文尚書』是也。一傳於司馬遷。遷書所載多古文說，是也。東漢杜林於西州得漆書古文尚書一卷。林同郡賈逵爲之作訓，馬融作傳，康成注解，古文之說大備。康成雖云受之張恭祖，然其書贊曰：『我先師棘子下生安國，亦好此學。』則其淵源於安國明矣！」

又曰：「鄭康成書贊曰：『我先師棘子下生安國，亦好此學。』見孔穎達疏。『先師棘子』，字頗不可解，徧檢南北監本及近刻常熟毛氏本俱然。水經注淄水引鄭志曰：張逸問贊云：『我先師棘下生，何時人也？』鄭康成答曰：『齊田氏時，善學者所會處，齊人號之棘下生，無常人也。』隱十一年公羊傳：『子沈子曰』注云：『沈子稱「子」，冠氏上者，著其爲師也。不冠以「子」者，他師也。』康成自以淵源於安國，故冠『子』於安國之上。其不曰『子孔子』者，又所以别於孔子也。」

朱彝尊曰：「按古文出於孔壁，未得列於學官。惟孔安國爲博士，以授都尉朝。於時，司馬遷亦從安國問故。班固謂遷書載堯典、禹貢、洪範、微子、金縢諸篇，多古文説。考諸史記，於五帝本紀載堯典、舜典文；於夏本紀載禹貢、臯陶謨、益稷、甘誓文；於殷本紀載湯誓、高宗肜日、西伯戡黎文；於周本紀載牧誓、甫刑文；於魯周公世家載金縢、無逸、費誓文；於燕召公世家載君奭文；於宋微子世家載微子、洪範文。凡此，皆從安國問故而傳之者，乃孔壁之真古文也。」

又曰：「按魯壁古文，安國雖以授都尉朝、兒寬、司馬遷，當時頒行學官者，伏生二十八篇，疑安國所授亦止於此。遷史本紀、世家所載諸篇是已。若增多之書，未奉詔旨立博士、設弟子，安國不敢私授。故自膠東庸生以下至於桑欽，其師傳歷歷可數，中如胡常、塗惲。東漢之初，頗有習其業者。然所授殆亦止二十八篇而已。」

又曰：「北海鄭氏注解古文本、扶風杜氏漆書，初非安國壁中書也。唐孔氏正義引康成書贊云：『我先師棘子下生安國，亦好此學。衛、賈、馬二三君子之業，則雅才好博，既宣之矣。』故衛、賈、馬三君皆治漆書，非膠東庸生所傳本。」又曰：「或出於蓋豫，或本於杜林，要非安國之書也。」按：孔氏古文尚書，劉歆、班固皆言安國獻之，而遭巫蠱事，未及施行。是第獻其書而已，初無安國作傳之事也。其書既獻，藏於秘府。藝文志所謂中古文，儒林傳所謂中書者是也。劉向、劉歆、班固、賈逵校理秘書皆得見之。而馬融書序云：『逸十六篇，絶無師說。』融蓋曾見孔氏古文逸篇，但未聞有爲逸篇解說者，故云爾。鄭康成云：『武成逸書，建武之際亡。』則武成而外，固見存矣。隋志言賈、馬、鄭所傳惟二十九篇。說者謂雖全見古文，而只解其今文所有立於學官者。逸篇未立於學官，則不之解，似爲近之。朱彝尊乃以蓋寬、杜林之書爲非孔氏古文，然則東漢諸儒顧舍見存之中古文，而别求一書以當之，豈昧昧若是耶！今人知東晉始出之古文爲僞書，而不知安國所獻，秘府所藏，劉向、劉歆、班固、賈逵所見及馬、鄭所指之逸篇，乃别一真古文尚書也。惟閻百詩尚書古文疏證辨論最分明。

逸書舜典棄稷

閻若璩曰：「古文舜典别自有一篇，與今安國書析堯典而爲二者不同，故孟子引『二十有八載，放勳乃徂落』爲堯典，不爲舜典。史記載『愼徽五典』至『四罪而天下咸服』於堯本紀，不於舜本紀。」

又曰：「益稷，據書序原名棄稷。馬、鄭、王三家本皆然。蓋别爲逸書中多載后稷之言，或契之言。是以揚子雲親見之，著法言孝至篇：『或問忠言嘉謨。曰：言合稷契之謂忠，謨合皋陶之謂嘉。』不然，如今之虞書五篇，皋陶矢謨固多矣，而稷與契曾無一話一言流傳於代，子雲豈鑿空者邪？胡輕立此論？蓋當子雲時，酒誥偶亡，故謂酒誥之篇俄空焉。今亡失[九]，賴劉向以中古文校，今篇籍俱存。當子雲時，棄稷見存，故謂『言合稷契之謂忠』。」

按：舜典、棄稷在逸書十六篇之數。孔沖遠言：「鄭於伏生二十九篇内分出盤庚二篇，康王之誥，又大誓三篇，爲三十四。」則舜典、棄稷二篇非分出者，明矣。

逸書湯誥

閻若璩曰：「司馬遷親從安國問古文，故撰殷本紀曰：既絀夏命，還亳，作湯誥：維三月，王自至於東郊。告諸侯羣后：『毋不有功於民，勤力乃事。予乃大罰殛女，毋予怨。』曰：『古禹、皋陶久勞于外，其有功于民，民乃有安。東爲江，北爲濟，西爲河，南爲淮，四瀆已修，萬民乃有居。后稷降播，農殖百穀。三公咸有功於民，故后有立。昔蚩尤與其大夫作亂百姓，帝乃弗予，有狀〔一〇〕。先王言不可不勉。』曰：『不道，毋之在國，女毋我怨。』凡一百二十六字。『女無我怨』下有：『以令諸侯』四字。詳其語意，殆爲論功定罪，誥戒諸侯而作。初不必追述告天伐桀之事也。蓋作誓者一時，作誥者又一時也。」

逸書武成

漢書律曆志：「周書武成篇：『惟一月壬辰，旁死霸。若翌日癸巳，武王乃朝步自周，于征伐紂。』序曰：『戊午，師度于孟津。』至庚申，二月朔日也。四月癸亥，至牧野，夜陳，甲子昧爽而合矣。故外傳曰：『王以二月癸亥，夜陳。』武成篇曰：『粤若來三月，既死霸，粤五月甲子，咸劉商王紂。』是歲也，閏數餘十八，正大寒中，在周二月己丑，晦。明日閏月。庚寅，朔。三月二日庚申，驚蟄。四月己丑，朔，死霸。死霸，朔也。生霸，望也。是月甲辰，望。乙巳，旁之。故武成篇曰：『惟旁生霸，粤六日庚戌，武王燎于周廟。翌日，辛亥，祀于天位。粤五日乙卯，乃以庶國祀馘于周廟。』」

鄭康成曰：「武成逸書，建武之際亡。」

朱子曰：「伏生今文尚書無武成，獨孔氏古文尚書乃有此篇。今顏氏注劉歆所引，見其與古文不同，遂皆以爲今文尚書，不知何所考也。」

閻若璩曰：「古文武成篇，建武之際亡。當建武以前，劉向、劉歆父子校理秘書，其篇固具在也。故劉向著別録云『尚書五十八篇』，班固志藝文『尚書五十七篇』，則可見矣。」

又曰：「朱子嘗疑漢志：『庚戌，燎于周廟。』『庚，乃剛日。』而宗廟内事非所宜用，不如經文丁未合，且庚戌至乙卯僅六日間耳！三舉大祭，數煩不敬。不知劉歆何所據而云爾。」予謂：外事以剛日，内事以柔日，曲禮文也，果可爲周一代之定制乎？果爲定制，則洛誥『戊辰，王在新邑。烝祭歲』何解？『祭不欲數，數則煩，煩則不敬。』祭義文也。不過謂『春禘秋嘗』各有定期，不得煩黷。非爲初得天下，事多創典，今日祭此，明日祭彼者言。果爾，則召誥周公『丁巳，用牲于郊』，『翌日戊午，乃社于新邑』又何解？古者天子出征，所謂類帝宜社，諸祭要亦不過數日間即徧及，豈得拘『祭不欲數』，遂曠日持久坐失兵機耶？余至此，始悟晚出武成改丁未祀周廟者，欲合柔日。改庚戌柴望，不似漢志庚戌、辛亥連日者，避『祭不欲數』之文也。朱子又疑『燎』非宗廟之禮。此或見周禮大宗伯職『以槱燎祀司中、司命、風師、雨師』，而人鬼之禮，只有六享，不聞以『燎』。不知閽人掌大祭喪紀之事，設門燎。司烜氏掌凡邦之大事，共墳燭庭燎。月令：季冬之月，『收秩薪柴，以共郊廟，及百祀之薪燎。』正用于宗廟。朱子亦偶忘失。」

按：漢志三引武成逸篇，而東晉始出之武成遺其二。孔沖遠直目漢志所引爲僞書，顏師古則漫指爲今文尚書，皆不察之論也。

校注

〔一〕西伯戡耆　即西伯戡黎。
〔二〕肸誓　即費誓。
〔三〕甫刑　即吕刑。
〔四〕「去泰誓」二句　書泰誓爲上、中、下三篇，故三十四篇去泰誓爲三十一篇。
〔五〕張禹　原作「張愈」。據中華本後漢書儒林列傳改。
〔六〕過　應爲「遇」，據中華本後漢書杜林傳改。
〔七〕頎　應爲「欣」，據中華本後漢書杜林傳改。
〔八〕我先師棘子下生安國　尚書正義阮元校勘記：「子字衍文。」
〔九〕失　原誤作「夫」，據閻若璩古文尚書疏證卷五改。
〔一〇〕帝乃弗予，有狀。　史記殷本紀司馬貞索隱：「帝，天也。謂蚩尤作亂，上天乃不佑之，是爲『弗與』。『有狀』，言其罪大而有形狀，故黄帝滅之。」

經考卷三

六詩

周禮：「太師教六詩：曰風、曰賦、曰比、曰興、曰雅、曰頌。」孔穎達曰：「詩之四始，以風爲先。風之所用，以賦、比、興爲之辭，故於風之下，即次賦、比、興，然後次以雅、頌。雅、頌亦以賦、比、興爲之。言事之道，直陳爲正，故賦在比、興之先。比之與興，雖同是附託外物，比顯而興隱，當先顯後隱，故比居興先也。」

程子曰：「詩有六體，須篇篇求之，或有兼備者，或有偏得一二者。風有風動之意；興有興喻之意；比則直比之而已，『蛾眉』『瓠犀』是也；賦則敷陳其事，如『齊侯之子，衛侯之妻』是也；雅則正言其事；頌則稱美之言也，如『吁嗟乎騶虞』之類是也。」

吕祖謙曰：「得風之體，多者爲國風；得雅之體，多者爲二雅；得頌之體，多者爲頌。風非無雅，雅非無頌。」

又曰：「興與比相近而難辨。興之兼比者，徒以爲比，則失其意味矣！興之不兼比者，誤以爲比，則失之穿鑿矣！朱子曰：『詩中説興處，多近比。如關雎、麟趾皆是興而兼比。然雖近比，其體却只是興。』」

又曰：「比、興之中各有兩例。興，有取所興爲義者，則以上句形容下句之情思，下句指言上句之事實；有全不取義者，則但取一二字相應而已。要之上句常虚，下句常實則同也。比，有繼所比而言其事者；有全不言其事者，學者隨文會意可也。」

王應麟曰：「大戴禮投壺云：『凡雅二十六篇。其八篇可歌，歌鹿鳴、貍首、鵲巢、采蘩、采蘋、伐檀、白駒、騶虞；八篇廢，不可歌；七篇商齊，可歌也；三篇間歌。』上林賦『揜羣雅』，張揖注云：『詩小雅之材七十四人，大雅之材三十一人。』愚謂八篇可歌者，唯鹿鳴、白駒，在小雅。貍首今亡，鄭氏以爲射義所引曾孫侯氏之詩。餘皆風也，而亦謂之雅，豈風亦有雅與？劉氏小傳或曰：『貍首，鵲巢也。篆文似之。』此有貍首，又有鵲巢，則或説非矣！」閻若璩曰：「小雅除笙詩，自鹿鳴至何草不黄，凡七十四篇。大雅自文王至召旻，凡三十一篇。故曰：小雅之材七十四人，大雅之材三十一人。」以篇數言也。

按：周禮大師「教六詩曰風、曰賦、曰比、曰興、曰雅、曰頌。」風、雅、頌，作詩有此三體也。賦、比、興，詩之辭有此三義也。賦者，指明而敷陳之也，如「窈窕淑女，君子好逑」，即賦也。比者，託事比擬，不必明言而意自見也，如鴟鴞通篇爲鳥言是也。興者，假物引端也，如「關關雎鳩，在河之洲」之類是也。樛木之詩，先儒以爲興。是葛藟但興福履爾，然以是詩爲「后妃逮下」，故衆妾稱願之。詩中無從知其爲衆妾所作。徒因樛木下垂，葛藟上蔓，喻后妃逮下，衆妾上附，則比之義矣。麟之趾，先儒亦以爲興。然又曰：「于嗟麟兮」，歎美公子爲麟也。麟，喻公子。趾、定、角，喻公子振振仁厚。於是歎麟，即歎公子，則亦比之義也。「洌彼下泉，浸彼苞稂。」先儒謂比王室陵夷，小國困弊，即以興下愾然念周京。葛覃主乎思歸寧，本非自爲絺綌，然因服葛時有感，追念未嫁在父母家曾爲之。首章并及「葛葉萋萋，黄鳥飛鳴」〔一〕，總謂之賦。黍離、泮水等詩，先儒又有賦其事以起興之說。然則賦也、〔比也〕〔二〕、興也，特作詩者之立言置辭，不出此三者；若强析之，反自亂其例。蓋情動于中而形于言，何嘗以例拘？既有言矣，就其言觀之，非指明敷陳，則託事比擬，〔非託事比擬〕〔三〕，則假物引端。引端之辭，亦可寄意此擬。比擬之辭，亦可因以引端。敷陳之辭，又有虚實、淺深、反側、彼此之不同，而似于比擬、引端，往往有之。此三者，在經中不解自明；解之，反滯于一偏矣。

小雅大雅

穀梁曰：「純乎雅之體，爲雅之大；雜乎風之體，爲雅之小。」

太史公稱：「國風好色而不淫，小雅怨誹而不亂。若離騷可謂兼之。」言離騷兼國風、小雅，而不兼大雅，見小雅與風騷相類，而大雅不可與風騷並言也。按：小雅陳説人事，大雅每言天道。觀乎小雅可以知政，觀乎大雅可以達天。毛詩序謂：「政有小大，故有小雅焉，有大雅焉。」蓋其所言之理，與樂章之體製，俱因之而有別也。小雅猶近風，大雅則鄰於頌。

王風魯頌

王應麟曰：「詩亡，然後春秋作。胡文定謂：『自黍離降爲國風，天下不復有雅。春秋作於隱公，適當雅亡之後。』孟子集注同。呂成公謂：『蓋指筆削春秋之時，非謂春秋之所始也。詩既亡，則人情不止於禮義，天下無復公好惡，春秋所以不得不作與。』艾軒曰：『文中子以爲「詩者，民之情性」。人之情性，不應亡。使孟子復出，必從斯言。』」若璩按：沈約曰：「歌咏所興，宜自生民始也。」則鄭康成「詩之興也，諒不於上皇之世」之説非。文中子曰：「詩者，民之情性也。情性能亡乎？」則邵康節「自從删後更無詩」之説非。

又曰：「范甯穀梁序：『孔子就太師正雅、頌，因魯史修春秋，列黍離於國風，齊王德於邦君，明其不能復雅，政化不足以被羣后也。』然左傳襄二十九年，季札觀樂於魯，已爲之歌王矣！孔子至哀十一年，始自衛反魯，樂正，雅頌得所。則降王於國風非孔子也！」

章如愚曰：「王之風非貶王也，體本風也。魯之頌非褒魯也，體本頌也。詩體有風、雅、頌之殊，非雅重於風、頌高於雅也。」

顧炎武曰：「邶、鄘、衛、王，列國之名。其始於成康之世乎？惟周王撫萬邦，巡侯甸，而大師陳詩以觀民風。其采於商之故都者，則繫之邶、鄘、衛；其采於東都者，則繫之王；王亦周初太師之本名。馬永卿述元城劉先生之言，亦謂邶、鄘、衛本商之畿内，故序王之上。其采於列國者，則各繫之其國。至驪山之禍，先王之詩，率已闕軼。而孔子所録者，皆平王以後之詩，此變風之所由名也。詩雖變，而太師之本名則不敢變，此十二國之所以猶存其舊也。先儒謂王之名不當儕於列國，而爲之説曰：『列黍離於國風，齊王德于邦君。』誤矣！」

又曰：「二南也，豳也，小大雅也，皆西周之詩也，至於幽王而止。其餘十二國風，則東周之詩也。『王者之跡熄，而詩亡。』西周之詩亡也。詩亡，而列國之事跡不可得而見。於是晉之乘、楚之檮杌、魯之春秋出焉。是之謂詩亡然後春秋作也。周頌，西周之詩也。魯頌，東周之詩也。成康之世，魯豈無詩？而今亦已亡矣，故曰『詩亡』，列國之詩亡也。其作於天子之邦者，以雅、以南、以豳、以頌，則固未嘗亡也。」

又曰：「頌者，美盛德之形容，以告宗廟。魯之頌，頌其君而已。而列之周頌之後者，魯人謂之頌也。鄭氏曰：「襄公時，季孫行父請命於周，而史克作之。」然春秋列國卿大夫賦詩無及此四篇者。世儒謂夫子尊魯而進之爲頌，是不然。魯人謂之頌，夫子安得不謂之頌乎？爲下不倍也。春秋書公郊禘，亦同此義。孟子曰『其文則史』，不獨春秋也，雖六經皆然。」

又曰：「列國之風，何以無魯？太師陳之，固曰魯詩，不謂之頌矣。孔子，魯人也。從魯而謂之頌，此如魯史之書『公』也。」

按：周興於岐，故西都之詩分繫二公。其采邑則始興之地，其人則布政之大臣也。東都，使諸侯朝覲於王之所，故曰王城，是以王名其地也。以王名其地，而其地所采詩謂之王，是亦以地繫詩也，又何疑乎魯頌？頌之體變矣。然不可謂之風，其始作之也，即以爲頌而作之。毛詩序云：「季孫行父請命於周，而史克作是頌。」未聞其所據。

四始

史記：「關雎之亂，以爲風始；鹿鳴爲小雅始；文王爲大雅始；清廟爲頌始。」

鄭康成曰：「文王之德，光熙前緒，以集大命於厥身，遂爲天下父母，使民有政、有居。其時，詩：風有周南、召南；雅有鹿鳴、文王之屬。及成王、周公致太平，制禮作樂，而有頌聲興焉，盛之至也。本之由此風雅而來，故皆録之，謂之詩之正經。」

又曰：「大雅生民下及卷阿、小雅南有嘉魚下及菁菁者莪，周公、成王之時詩也。傳曰：『文王基之，武王鑿之，周公内之，謂其道同，終始相成，比而合之。故大雅十八篇、小雅十六篇爲正經。』大雅民勞、小雅六月之後皆謂之『變雅』，美惡各以其時，亦顯善懲過，正之次也。」

成伯瑜曰：「詩有『四始』。始者，正詩也，謂之正始。周召二南，國風之正始；鹿鳴至菁菁者莪爲小雅之正始；文王受命至卷阿爲大雅之正始；清廟至般爲頌之正始。」

按：「四始」自毛詩序、史記已言之。蓋經師相傳之遺語。後儒因之，又有風、雅，正、變之説。今考周南：關雎、葛覃、卷耳，召南：鵲巢、采蘩、采蘋、騶虞，小雅：鹿鳴、四牡、皇皇者華、南陔、白華、華黍、魚麗、由庚、南有嘉魚、崇丘、南山有臺、由儀，頌之雝、酌及豳詩、豳雅、豳頌，逸篇之九夏、貍首、采薺、新宮之屬，見於禮經者，皆周公所定之樂章，而太師教六詩，瞽矇掌六詩之歌，並定於周公制作禮樂時矣。余竊謂風也，小雅也，大雅也，頌也，其定於周公者，部分有四。周公已後之詩，後人所採入，因舊部而各隷其後。則周公初定之篇章，是爲詩之「四始」可知也。先王詩、書、禮樂以造士，而冬夏所教其初詩之正經，惟有所謂「四始」者而已。今之三百十一篇者，不知周太師採而增益之與？抑魯太師所得者與？魯頌之名，必非列於周太師者。則孔子所據，殆魯太師職掌所存者耳。今詩中逸其辭者僅六篇。他若貍首、新宫、采薺以及驪駒、茅鴟等，當孔子正樂定詩之時，不應已逸，意孔子後有亡失。蓋孔子所定詩不止逸其六，但篇次所在不可考。而今詩之次第，未必盡孔子所定之舊也。亡逸、錯簡、篇名失傳，不可周知。然失亡之篇，固不多以加於三百十一篇，去三百大數未遠。「四始」之爲正經，豳在其中。若顧炎武謂「南、豳、雅、頌爲四詩」，則又異於「四始」之義矣。

樂章

鄭康成周南召南譜曰：「風之始，所以風化天下而正夫婦焉。故周公作樂，用之鄉人焉，用之邦國焉。或謂之房中之樂，后妃、夫人侍御於其君子，女史歌之，以節義序故耳。射禮：『天子以騶虞，諸侯以貍首，大夫以采蘋，士以采蘩爲節。』今無貍首，周衰，諸侯並僭而去之，孔子録詩不得也。爲禮樂之記者，從後存之，遂不得其次序。」

小大雅譜曰：「其用於樂，國君以小雅，天子以大雅。然而饗賓，或上取燕，或下就，何者？天子饗元侯，歌肆夏，合文王。諸侯歌文王，合鹿鳴。諸侯於鄰國之君，與天子於諸侯同。」「天子、諸侯燕羣臣及聘問之賓，皆歌鹿鳴，合鄉樂。」「此其著録大校，見在書籍。

禮樂崩壞，不可得詳。」

鄉飲酒禮注曰：「鄉樂者，風也。小雅爲諸侯之樂，大雅、頌爲天子之樂。鄉飲酒升歌小雅，禮盛者可以進取也。燕合鄉樂，禮輕者可以逮下也。春秋傳曰：肆夏繁、遏、渠，天子所享元侯也。文王、大明、綿，兩君相見之樂也。然則諸侯相與燕，升歌大雅合小雅。天子與次國、小國之君燕，亦如之。與大國之君燕，升歌頌合大雅，其笙間之篇未聞。」

周禮鍾師注曰：「夏，大也。樂之大歌有九。杜子春云：『王出入奏王夏，尸出入奏肆夏，牲出入奏昭夏，四方賓來奏納夏，臣有功奏章夏，夫人祭奏齊夏，族人侍奏族夏，客醉而出奏陔夏，公出入奏驁夏。』春秋傳曰：『穆叔如晉，晉侯享之。金奏肆夏之三，不拜。工歌文王之三，又不拜。歌鹿鳴之三，三拜。曰三夏，天子所以享元侯也，使臣不敢與聞。』國語曰：『金奏肆夏繁、遏、渠，天子所以享元侯。』肆夏繁、遏、渠，所謂三夏矣。呂叔玉云：『肆夏，時邁也；繁、遏，執競也；渠，思文也。』玄謂以文王、鹿鳴言之，則九夏皆詩篇名，頌之族類也。此歌之大者，載在樂章矣。樂崩，亦從而亡，是以頌不能具。」

孔穎達曰：「其舞則燕禮云：『若舞則酌。』是諸侯於臣得用頌。又郊特牲曰：『大夫之奏肆夏，自趙文子始。』注云：『僭諸侯。』明諸侯得奏肆夏。故郊特牲又曰：『賓入門而奏肆夏，示易以敬。』注云：『賓，朝聘者也。』又大射、燕禮納賓皆云：『及庭奏肆夏。』及周禮注杜子春云『賓來奏納夏』之等。皆謂賓始入及庭，未行禮之時，與升歌、合樂別也。」又曰：「變者，雖亦播於樂，或無算之節所用，或隨事類而歌，又在制禮之後，樂不常用。」顧炎武曰：今按，以變雅而播之於樂，如衛獻公使太師歌巧言之卒章是也。

王應麟曰：「周有房中之樂。燕禮注謂：『絃歌，周南、召南之詩。』漢安世房中樂，唐山夫人所作，魏繆襲謂：安世歌『神來燕享，永受厥福。無有二南后妃風化天下之言。謂房中爲后妃之歌，恐失其意』。通典：平調、清調、瑟調，皆周房中之遺聲。」

顧炎武曰：「鼓鐘之詩曰：『以雅以南。』子曰：『雅頌各得其所。』夫二南也，豳之七月也，小雅正十六篇，大雅正十八篇。頌也，詩之入樂者也。邶以下十二國之附於二南之後，而謂之風；鴟鴞以下六篇之附於豳，而亦謂之豳；六月以下五十八篇之附於小雅，民勞以下十三篇之附於大雅，而謂之變雅，詩之不入於樂者也。樂記：子夏對魏文侯曰：『鄭音好濫淫志，宋音燕女溺志，衛音趨數煩志，齊音傲辟喬志。此四者，皆淫於色而害於德，是以祭祀弗用也。』朱子曰：『二南正風，房中之樂也，鄉樂也。二雅之正雅，朝廷之樂也。商周之頌，宗廟之樂也。至變雅，則衰周卿士之作，以言時政之得失。而邶鄘以下，則太師所陳，以觀民風者耳，非宗廟燕享之所用也。』」

又曰：「歌者，爲詩；擊者、拊者、吹者，爲器。合而言之，謂之樂。對詩而言，則所謂樂者八音。『興於詩，立於禮，成於樂』是也，分詩與樂言之也；專舉樂，則詩在其中，『吾自衛反魯，然後樂正，雅頌各得其所』是也，合詩與樂言之也。」

又曰：「鄉飲酒禮：『工四人，二瑟。』注：『二瑟，二人鼓瑟，則二人歌也。』古人琴瑟之用，皆與歌並奏，故有一人歌一人鼓瑟者。漢文帝使愼夫人鼓瑟，上自倚瑟而歌是也。師古曰：『倚瑟，即今之以歌合曲也。』亦有自鼓而自歌，孔子之取瑟而歌是也。若乃衛靈公聽新聲於濮水之上，而使師延寫之，則但有曲而無歌。此後世徒琴之所由興也。」

又曰：「詩三百篇，皆可以被之音而爲樂。自漢以下，乃以其所賦五言之屬爲徒詩。而其協於音者，則謂之樂府。宋以下則其所謂樂府者，亦但擬其辭而與徒詩無別。於是乎詩之與樂判然爲二，不特樂亡，而詩亦亡。」

又曰：「古人以樂從詩，今人以詩從樂。古人必先有詩，而後以樂和之。舜命夔教胄子：『詩言志，歌永言，聲依永，律和聲。』是以登歌在上，而堂上、堂下之器應之，是之謂以樂從詩。宋國子丞王著言：「古者既作詩，從而歌之，然後以聲律協和而成曲。自歷代至於本朝，雅樂皆先製樂章，而後成譜。崇寧以後，乃先製譜，後命辭。於是辭律不相諧協，且與俗樂無異。」朱子曰：「詩之作，本言志而已。方其詩也，未有歌也。及其歌也，未有樂也。以聲依永，以律和聲，則樂乃爲詩而作，非詩爲樂而作也。詩出乎志者也，樂出乎詩者也。詩者，其本；而樂者，其末也。」古之詩，其人有先王之風。諷誦之教，其心和，其辭不侈。而音節之間，往往合於自然之律。楚辭以下，即已不必盡諧。文心雕龍言：楚辭訛韻實繁。降及魏晉，古音遞變，南北各殊，故文人之作多不可以協之音，而名爲樂府，無以異於徒詩者矣！元稹言：樂府等題，除鐃吹、横吹、郊祀、清商等詞在樂志者，其餘木蘭、仲卿、四愁、七哀之類，亦未必盡播於管絃也。人有不純，而五音十二律之傳於古者，至今不變。於是不得不以五音正人聲，而謂之以詩從樂。以詩從樂，非古也。後世之失，不得已而爲之也。

又曰：「漢書：『武帝舉司馬相如等數十人造爲詩賦，略論律吕，以合八音之調，作十九章之歌。』夫曰『略論律吕，以合八音之調』，是以詩從樂也。後代樂章皆然。」

又曰：「十九章，司馬相如等所作。『略論律吕，以合八音』者也。趙、代、秦、楚之謳，則有協有否，以李延年爲協律都尉，采其可協者以被之音也。」

又曰：「安世房中歌十七章、郊祀歌十九章，皆郊廟之正樂，如三百篇之頌。其他諸詩，所謂趙、代、秦、楚之謳，如列國之風。」

又曰：「樂府中如清商、清角之類，以聲名其詩也。如小垂手、大垂手之類，以舞名其詩也。以聲名者，必合於聲；以舞名者，必合於舞。至唐而舞亡矣！至宋而聲亡矣。於是乎文章之傳盛，而聲音之用微。然後，徒詩興而樂廢矣。」

按：南、豳、雅、頌，或特作詩以爲樂章，或采所有之詩定爲樂章。漢儒有謂關雎爲畢公作者，當時或有傳書，如金縢、左傳、國語言周公作鴟鴞、常棣、時邁、思文之類，今不可考矣，周南、召南所謂房中之樂、鄉樂是也。儀禮合樂，周南：關雎、葛覃、卷耳，召南：鵲巢、采蘩、采蘋。又射節用騶虞、貍首、采蘋、采蘩。其采蘋則本爲女子教成之祭而作。古人樂章，一詩而數用有如此。

小雅六亡篇

毛詩序：「南陔，孝子相戒以養也。白華，孝子之潔白也。華黍，時和歲豐，宜黍稷也。有其義而亡其辭。」鄭康成曰：「此三篇者，鄉飲酒、燕禮用焉。曰：『笙入，立於縣中。奏南陔、白華、華黍』是也。孔子論詩『雅頌各得其所』時，俱在耳。篇第當在於此。遭戰國及秦之世而亡之。其義則與衆篇之義合編，故存。至毛公爲詁訓傳，乃分衆篇之義各置於其篇端云。」孔穎達曰：「此三篇既亡其辭，其名曰南陔、白華、華黍之由，必是詩有此字，不可以意言也。」

序：「由庚，萬物得由其道也。崇丘，萬物得極其高大也。由儀，萬物之生各得其宜也。有其義而亡其辭。」鄭康成曰：「此三篇者，鄉飲酒、燕禮亦用焉。曰：『乃間歌魚麗，笙由庚;歌南有嘉魚,笙崇丘;歌南山有臺,笙由儀。』亦遭世亂而亡之。燕禮又有:『升歌鹿鳴,下管新宮。』新宮亦詩篇名也。辭義皆亡,無以知其篇第之意。」陸德明曰:「此三篇,義與南陔等同。依六月序,由庚在南有嘉魚前,崇丘在南山有臺前,以其俱亡,使相從耳。」

張子曰:「人或言:『亡詩六篇,古無其詩。』既無詩,安得有此篇? 必是有其辭。所以亡者,良由施之於笙,非若歌之可習。」

吕伯恭曰:「國語:『叔孫穆子聘晉,伶簫咏歌鹿鳴之三。』鹿鳴三篇既可與簫相和而歌,則南陔以下豈不可與笙相和而歌乎?」

王應麟曰:「劉原父曰:『南陔以下六篇,有聲無詩。故云笙,不云歌。有其義,亡其辭,非亡失之亡,乃無也。』朱子謂:『古經篇題之下必有譜焉,如投壺魯薛鼓之節,而亡之。』」儀禮疏曰:堂上歌者不亡,堂下笙者即亡。

按:六亡詩之篇名,蓋取之辭中。亦猶關雎、葛覃、卷耳之類,必辭中有其字,然後有此名,非空名也,以是知其辭亡也。儀禮以其詩被之于笙,而曰「樂」,曰「奏」,猶鄉射禮樂正命太師曰:「奏騶虞。」而周禮鐘師:騶虞、貍首、采蘋、采蘩皆曰「奏」。籥章:「吹豳詩,吹豳雅,吹豳頌。」則豳被于籥而曰「吹」。燕禮:「升歌鹿鳴,下管新宮」;左傳:「宋公享昭子，賦新宮」。一詩，而或被于管，或賦其辭，以是知笙詩、籥詩、管詩之未嘗無辭也。其所以亡，或因別有笙譜，習者取詩簡合之，殘滅之餘，全詩不見矣。

篇次世次

孔穎達曰：「儀禮歌召南三篇，越草蟲而取采蘋。蓋采蘋舊在草蟲之前。孔子已後簡札始倒。或者草蟲有憂心之言，故不用爲常樂耳。」王應麟曰：「曹氏詩説謂齊詩先采蘋而後草蟲。」

王應麟曰：「近世説詩者以關雎爲畢公作，謂得之張超，或謂得之蔡邕。未詳所出。」

又曰：「太史公云：『周道缺，而關雎作。』晁景迂曰：「齊、魯、韓三家以關雎、葛覃、卷耳、鵲巢、采蘩、采蘋、騶虞、鹿鳴、四牡、皇皇者華之類，皆爲康王詩。王風爲魯詩。」薛士龍曰：『關雎作刺之説，是賦其詩者。』」

又曰：「太史公謂：『仁義陵遲，鹿鳴刺焉。』蔡邕琴操：『鹿鳴，周大臣所作也。王道衰，大臣知賢者幽隱，彈絃風諫。』漢大樂食舉十三曲：『一曰鹿鳴。』杜夔傳舊雅樂四曲，一曰鹿鳴，二曰騶虞，三曰伐檀，四曰文王，皆古聲辭。琴操曰：『古琴有詩歌五曲，曰：鹿鳴、伐檀、騶虞、鵲巢、白駒。』鹿鳴在宵雅之首，以爲風刺，蓋齊、魯、韓三家之説，猶關雎刺時作諷也。」呂元鈞謂：陳古以風，非謂二詩作於衰周。

又曰：「史記周紀：『懿王之時，王室遂衰，詩人作刺。』漢匈奴傳：『懿王時，王室遂衰，戎狄交侵，暴虐中國，中國被其苦。詩人始作，疾而歌之，曰：「靡室靡家，玁狁之故」；「豈不日戒，玁狁孔棘！」』注云：『小雅采薇之詩也。』古今人表：『懿王時，詩作。』注：『政道既衰，怨刺之詩始作。』然則采薇爲懿王之詩矣。詩譜序：『懿王始受譖，烹齊哀公；夷王失禮之後，邶不尊賢。』正義謂：『變風之作，齊衛爲先。齊哀公當懿王，衛頃公當夷王，故先言此也。』愚謂采薇正雅，當從毛氏。若變風，則始於懿王。」

又曰：「史記匈奴傳：『周襄王與戎狄伐鄭，戎狄逐襄王，於是戎狄或居于陸渾，東至于衛，侵盜暴虐中國。中國疾之，故詩人歌之曰「戎狄是膺，薄伐玁狁，至於太原」；「出輿彭彭，城彼朔方」。』漢匈奴傳則曰：『宣王興師命將以征伐之，詩人美大其功，曰：「薄伐玁狁，至於太原」；「出車彭彭，城彼朔方」。』以六月爲宣王詩是也。以魯頌、六月、出車爲襄王詩，以出車爲宣王詩，而史漢又不同，皆未詳。」

又曰：「詩小傳云：『詩有夏正，無周正。七月，陳王業；六月，北伐；十月之交，刺純陰用事而日食；「四月維夏，六月徂暑」，言暑之極其至，皆夏正也。而獨謂十月之交爲周正，可乎？漢曆，幽王無八月朔食，而唐曆則有之，識者疑其傅會而爲此也。』愚按：

正義謂『校之無術』，而大衍曆日蝕議云：『虞劆以曆推之，在幽王六年。』虞劆造梁大同曆，非始於唐也。鄭箋謂：『周之十月，夏之八月。』故曆家因之。孫莘老解春秋，用鄭説，謂：『八月，秋之分。日食秋分，而詩人醜之，安得曰分至不爲災也？』蘇子由、陳少南皆以十月爲陽月，朱文公從之。宋書禮志載魏史官之言曰：『黄帝、顓頊、夏、殷、周、魯六曆，皆無推日蝕法，但有考課疏密而已。』大衍曆議云：「黄初已來，治曆者始課日蝕疏密，及張子信而益詳。」嘗考通鑑、皇極經世：『秦始皇八年，歲在壬戌。』呂氏春秋云：『維秦八年，歲在涒灘。』申曆有二年之差。後之筭曆者於夏之辰弗集房、周之十月之交，皆欲以術推之，亦已疏矣。沈存中云：『日食，正陽之月。先儒止謂四月，非也。正謂四月，陽謂十月。』子由詩説與存中同。」

又曰：「朱子詩傳：『采菽，天子所以答魚藻也。黍苗，宣王時美召穆公之詩，皆非刺詩。』愚按：國語注：『采菽，王賜諸侯命服之樂也。黍苗，道召伯述職，勞來諸侯也。』韋昭已有是説。」

顧炎武曰：「詩之世次必不可信。今詩亦未必皆孔子所正。且如『褒姒威之』，幽王之詩也，而次於前。『召伯勞之』，宣王之詩也，而次於後。序者不得其説，遂并楚茨、信南山、甫田、大田、瞻彼洛矣、裳裳者華、桑扈、鴛鴦、魚藻、采菽十詩，皆爲刺幽王之作，恐不然也。又如碩人，莊姜初歸事也，而次於後。緑衣、日月、終風，莊姜失位而作；燕燕，送歸妾作；擊鼓，國人怨州吁而作也，而次於前。朱子日月傳曰：「此詩當在燕燕之前，下篇放此。」渭陽，秦康公爲太子時作也，而次於後。黄鳥，穆公薨後事也，而次於前。此皆經有明文可據。故鄭氏謂十月之交、雨無正、小旻、小宛，皆刺厲王之詩。十月之交有「豔妻」之云，自當是幽王。漢興之初，師移其第耳。而左氏傳楚莊王之言曰：『武王作武。其卒章曰耆定爾功，其三曰敷時繹思，我徂維求定。其六曰綏萬邦，屢豐年。』今詩但以『耆定爾功』一章爲武，而其三爲賚，其六爲桓，章次復相隔越。儀禮歌召南三篇，越草蟲而取采蘋。正義以爲『采蘋舊在草蟲之前』。知今日之詩，已失古人之次，非夫子所謂『雅頌各得其所』者矣。」

又曰：「邶鄘之亡久矣！故大師但有其名，而三國同風，無非衛人之作。檜左傳作鄶之亡未久，而詩尚存，故別於鄭，而各自爲風。匪風之篇，其西周未亡之日乎？」曰「誰將西歸」，是鎬京尚存，故鄭氏譜以爲當夷王、厲王之時。蘇氏以檜詩皆爲鄭作，非也。

閻若璩曰：「嘗以曆上推周幽王六年，乙丑歲十月建酉朔日辛卯辰時，正得日食。非唯虞劆，即唐道士傅仁鈞、僧一行亦步得是日日食。乃知康成精於曆學，本傳稱其『始通三統曆』，注有乾象曆。抑歎經解有不可盡拘以理者，此類是也。又嘗以曆上推始皇八年壬戌歲，是年秋，恰有甲子朔。與呂覽秦八年『秋，甲子，朔』之文合。則歲在涒灘，當作歲在閹茂爲是。不然，必以涒灘，則維秦六年秋無甲子朔矣。」

按：采薇、出車、杕杜，漢世有謂爲懿王時詩者，據詩中曰「天子」、曰「王命」，毛鄭解爲「殷王」，徒泥「正雅」作于周初爾。苟其詩得乎義之正，而爲治世之正事，何必非「正雅」邪？文王未嘗自稱「王」，成康已後，昭、穆、共、懿、孝、夷、厲、宣八王，而宣王命吉甫北征曰「玁狁孔熾」，則前此二百餘年間，固亦有玁狁崛彊之事矣。宣王之臣皇父謂南仲爲太祖，豈必遠求南仲于文王時乎？文王之臣，亦未聞有南仲者矣。南陔已後，則又周初雅樂，未可以今之詩篇次第定作詩世次也。節南山以下，舊說以爲幽王時詩，朱子嘗疑楚茨至車舝十篇爲正雅，錯誤在此。魚麗、采菽、黍苗、隰桑、瓠葉同。黍苗言召伯營謝，與大雅崧高皆宣王封申伯事。自民勞至桑柔五篇，舊說以爲厲王時詩，然衛武公作抑，據國語，則年九十有五矣。武公以宣王三十六年即位，作抑詩之時，雖不必九十五，當在宣王以後也。宣王在位四十六年，幽王十一年，平王五十一年。武公九十五，則當平王二十三年。

商頌國風

吴澄曰：「太師所職者，當代之詩也。商，則先代之詩，故次之周魯之後。」

顧炎武曰：「自邶至曹，皆周初太師之次序。先邶、鄘、衛，殷之故都也；次之以王，周東都也。何以知其爲周初之次序？邶鄘也，晉而謂之唐也，皆西周之舊也。惟鄭乃宣王所封，中興之後，始立其名於大師，而列於諸國之先者，鄭亦王畿之内也，故次於王也。桓公之時，其詩不存，故首緇衣也。」

按：邶、鄘、衛者，皆衛風，猶以舊名列在太師者，分繫之爾。據國語，鄭桓公有滅虢、鄶，尋十邑之謀，武公卒取之。而鄭之名列在太師者，西鄭也。既滅虢、鄶，尋十邑，遂居是濟、洛陽、河、潁之間，以始受封之鄭名之，所謂新鄭。今所繫詩，新鄭之詩也。鄭之名不改，故太師所列亦不改也。唐後改曰晉，而唐之名列在太師者不改，從乎始封而已。周世之國無豳，故繫國風之末。商頌列于周魯後，猶豳列於國風後也。

古音叶韻

徐蕆曰：「音韻之正，本諸字之諧聲，有不可易者。如『霾』爲亡皆切，而當爲陵之切者，由其以『貍』爲聲；『浼』爲每罪切，而當爲美辨切者，由其從『免』得聲；『有』爲云九切，而『賄』、『痏』、『鮪』皆從『有』得聲，則當爲羽軌切矣；『皮』爲蒲麋切，而『波』、『坡』、『頗』、『跛』皆從『皮』得聲，則當爲蒲禾切矣。又如『服』之爲房六切，其見於詩者凡十有六，皆當爲蒲北切，而無『房六』叶者；『友』之爲云九切，其見於詩者凡有十一，皆當作羽軌切，而無與『云九』叶者。以是類推之，雖毋以他書爲證，可也。」

陳振孫曰：「陸德明於燕燕詩，以『南』韻『心』，有讀『南』作泥心切者，陸以爲『古人韻緩，不煩改字』，此誠名言。今之讀古書者，但當隨其聲而讀之。若『家』之爲『姑』，『慶』之爲『羌』，『馬』之爲『姥』，聲韻全別，不容不改。苟其聲相近可讀，則何必改字。」

王應麟曰：「吴才老詩叶韻補音序曰：『詩音舊有九家，唐陸德明定爲一家之學。開元中，修五經文字，「我心慘慘」爲「懆」七到切，「伐鼓淵淵」爲「鼘」於巾反，皆與釋文異，乃知德明之學，當時亦不必盡用。』」

戴侗曰：「經傳『行』皆户郎切，未嘗有協『生』韻者。『慶』皆去羊切，未嘗有協『敬』韻者。如『野』之上與切，『下』之後五切，皆古正音，非叶韻也。」

陳第曰：「一郡之内，聲有不同，繫乎地者也。百年之中，語音遞轉，繫乎時者也。三百篇，詩之祖，亦韻之祖也。作韻書者，宜權輿於此。溯源沿流，部提其字，曰『古音某』、『今音某』，則今音行，而古音庶幾不泯矣。」

顧炎武曰：「古音非叶，極爲精當。然愚以古詩中間有一二與正音不合者，如『興』，蒸之屬也，而小雅末章與『音』爲韻，大明七章與『林』、『心』爲韻。『戎』，東之屬也，而常棣四章與『務』爲韻，常武首章與『祖』、『父』爲韻。又如箕子、洪範，則以『平』與『偏』爲韻。孔子繫易，于屯、于比、于恒，則以『禽』與『窮』、『中』、『終』、『容』、『凶』、『功』爲韻。

于蒙、于泰，則以『實』與『順』、『巽』、『願』、『亂』爲韻。此或出於方音之不同，今之讀者不得不改其本音而合之。雖謂之叶亦可。然特百中之一二耳。」

閻若璩曰：「字有古音，以今音繩之，祇覺其扞格不合。猶語有北音，以南音繩之，扞格猶古也。人知南與北之音繫乎地，不知古今之音繫乎時。地隔數十百里，音即變易；而謂時歷數千百載，音猶一律，尚得謂之通人乎哉？」

江慎齋先生曰：「唐人釋經不具古音，且云：『古人韻緩，不煩改字。』宋吴棫才老始作韻補，蒐羣書之韻異乎今音者，別之爲古音。明楊慎用修又增益之爲轉注古音。言韻學者謂二家爲古韻權輿〔四〕，而韻補尤毛詩功臣。」

余謂凡著述有三難：淹博難，識斷難，精審難。二家淹博有之，識斷、精審則未也。三百篇後，古音亦漸尨矣。屈宋辭賦，往往有齟齬之韻；漢雖近古，時有古音，而踳駁舛謬者亦不少；魏晉而後，古韻益微；降及唐宋，口習今音，而又間爲古韻，此何足爲典據？而二家惟事徵引，殊少決擇，古韻亦茫無界畔，似諸韻皆可混通，此識斷之難言也。古有韻之文，亦未易讀，稍不精細，或韻在上而求諸下，韻在下而求諸上，韻在彼而誤叶此；或本分而合之，本合而分之；或間句散文，而以爲韻；或是韻而反不韻，甚則讀破句，據誤本，雜鄉音。其誤不在古人而在我。二家亦往往不免，此精審之難言也。

又曰：「決拾既（飲）〔佽〕[五]，弓矢既調，射夫既同，助我舉柴。」此以首句與第四句韻，中二句非韻。猶之「民之未戾，職盜爲寇，涼曰不可，覆背善詈。」「戾」、「詈」韻，而「寇」、「可」非韻也。吴氏棫以「調」、「同」爲韻，讀「調」如「同」，引離騷爲證。愚謂離騷「勉陞降以上下兮，求榘矱之所同；湯禹儼而求合兮，摯咎陶而能調」。蓋屈子亦誤以此詩爲韻，故放之。古人讀書不必其無誤也。東方朔七諫：「不量鑿而正枘兮，恐矩矱之不同；不論世而高舉兮，恐操行之不調。」則又誤從離騷者耳。

又曰：按殷武四章：「天命降監，下民有嚴，不僭不濫。」三句連韻。「嚴」在嚴韻，「監」在去聲五十九鑑，亦在平聲二十八銜。「濫」在去聲五十三勘，平與去可通韻也。下文「不敢怠遑」乃間句耳，舊叶「嚴」，側剛反，引楚辭天問爲證。天問云：「勳闔夢生，少離散亡。何壯武厲，能流厥嚴？」「嚴」亦音「莊」。愚謂此亦如以「調」韻「同」之類，皆古人誤讀詩，因强傚其韻耳。陳氏又爲之説曰：「漢明帝諱莊，改莊助爲嚴助，以其音之同也。古人改易名姓，如陳田、馬莽之類，皆字異音同。」「嚴」與「莊」義相近耳，非音同也。

校注

〔一一〕葛葉萋萋，黄鳥飛鳴　阮元刻十三經注疏毛詩正義作「維葉萋萋，黄鳥于飛」。

〔二〕比也　抄本無，據下文「三者」補。

〔三〕非託事比擬　抄本無，據毛詩補傳目録補。

〔四〕權輿　草木萌芽狀態。引申爲起初、起始。

〔五〕飲　當作「佽」。語出詩小雅車攻：「決拾既佽，弓矢既調。」

經考卷四

周官經

漢書藝文志：「周官經六篇。王莽時，劉歆置博士。」師古曰：「即今之周官禮也，亡其冬官，以考工記充之。」

馬融曰：「秦自孝公以下，用商君之法，其政酷烈，與周官相反。故始皇禁挾書，特疾惡，欲絶滅之，搜求焚燒之獨悉。又以隱藏百年。孝武帝始除挾書之律，開獻書之路，既出於山巖、屋壁，復入於秘府，五家之儒莫得見焉。至孝成皇帝，達才通人劉向、子歆校理秘書，始得列序，著於録、略〔一〕。然亡其冬官一篇，以考工記足之。時衆儒並出，共排以爲非是，唯歆獨識。其年尚幼，務在廣覽博觀，又多鋭精于春秋。末年，乃知其周公致太平之跡。跡具在斯，奈遭天下倉卒，兵革並起，疾疫喪荒，弟子死喪。徒有里人河南緱氏杜子春尚在，永平之初，年且九十，家于南山，能通其讀，頗識其説，鄭衆、賈逵往受業焉。」

鄭康成曰：「世祖以來，通人達士大中大夫鄭少贛及子大司農仲師、議郎衛次仲、侍中賈君景伯、南郡太守馬季長皆作周禮解詁。玄竊觀二三君子之文章，顧省竹帛之浮辭，其所變易，灼然如晦之見明；其所彌縫，奄然如合符復析，斯可謂推達廣攬者也。二鄭者，同宗之大儒，今讚而辨之，庶成此家世之所訓也。」

後漢書：「玄從東郡張恭祖受周官、禮記。」

隋書經籍志：「漢時，有李氏得周官。蓋周公所制官政之法，上於河間獻王，獨闕冬官一篇。獻王購以千金不得，遂取考工記以補其處，合成六篇奏之。至王莽時，劉歆始置博士，以行於世。」

賈公彥曰：「按藝文志云：『成帝時，以書頗散亡，使謁者陳農求遺書于天下。詔光禄大夫劉向校理經傳諸子詩賦。向輒條其篇目，撮其指意，録而奏之。會向卒，哀帝復使向子歆卒父業。歆於是總羣書，奏其七略，故有六藝、七略之屬。』歆之録，在於哀帝之時，不審馬融何云『至孝成皇帝，命劉向、子歆考理秘書，始得列序，著於録、略』者。成帝之時，蓋劉向父子並被帝命，至向卒，哀帝命歆卒父所修者。」

又曰：「林孝存以爲武帝知周官末世瀆亂不驗之書，故作十論、七難，以排棄之。何休亦以爲六國陰謀之書。唯有鄭玄徧覽羣經，知周禮者，乃周公致太平之跡，故能答林碩之論難，使周禮義得條通。」按後漢書云：答林孝存周禮難，凡百餘萬言。

王應麟曰：「禮器：『經禮三百。』鄭氏注：『謂即周禮三百六十官。』漢志：『禮經三百。』臣瓚注云：『周禮三百，是官名也。禮經謂冠、昏、吉、凶，蓋以儀禮爲經禮也。』朱子從瓚説，謂：『周禮乃設官分職之書。禮典在其中，而非專爲禮設也。』」

朱升曰〔二〕：「周公六典，本以命官，而非以記禮。其間所載之禮，乃職掌之所及者爾！」

正月之吉

顧炎武曰：「大司徒：『正月之吉，始和。布教于邦國都鄙。』注云：『周正月朔日。』州長既以正月之吉『讀法』，又以『正歲讀法如初』。太宰注同。『正歲，令于教官。』注云：『夏正月朔日。』注云：『此四時之正重申之。』即此是古人三正並用之驗。逸周書周月解曰：『亦越我周改正以垂三統，至於敬授民時，巡狩烝享，猶自夏焉。』正謂此也。如左氏桓公五年傳云：「凡祀，啓蟄而郊，龍見而雩，始殺而嘗，閉蟄而烝」之類是也。豳詩七月一篇之中，凡言月者皆夏正；凡言日者皆周正。『一之日觱發』；『二之日栗烈』；『三之日于耜。』傳曰：『一之日，周正月；二之日，殷正月；三之日，夏正月。』」

又曰：「北史李業興傳：『天平四年，使梁。梁武帝問：尚書正月上日，受終文祖。

此時何正？業興對曰：此夏正月。梁武帝問：何以得知？業興曰：案尚書中候運衡篇云日月營始，故知夏正。又問：堯時以前，何月爲正？業興對曰：自堯以上，書典不載，實所不知。梁武又云：寅賓出日，即是正月，日中星鳥，以殷仲春，即是二月。此出堯典，何得云堯時不知用何正？業興對曰：雖三正不同，言時節者，皆據夏時正月。周禮：仲春二月，會男女之無夫家者。雖自周書，月亦夏時。堯之日月亦當如此。』」近有楚人創爲堯建子、舜建丑之説者，據此闢之，遂無以難。

按：周禮之書曰「歲終」、曰「正歲」、曰「春秋冬夏」，皆夏時也。夏數得天，以夏時經紀庶事，斯順而易明。然周之頒朔，必以周正，故用夏謂之「歲」，用周謂之「年」。太史按其從夏時所行之事，合以周之歷日，此之謂正歲、年以序事也。後儒或謂正月之吉亦夏時，其説曰：凌人「掌冰政，杜子春改「政」爲「正」，屬下句。歲十有二月，令斬冰，三其凌。」十二月爲夏之十二月，則正月亦爲夏之正月，舍此無證也。余以謂周禮重別歲年之名，直曰「正月之吉」，則知爲周正月也。不直曰「十月二月」，而曰「歲十有二月」。加「歲」以明夏，以別周，則知爲夏時也。此周禮之義例也。他書不必然。如「正月之吉」亦夏時，是無別於正歲。而周禮大司徒：「正月之吉，始和，布政〔三〕。」又曰：「正歲，令于教官。」鄉大夫：「正月之吉，受教法於司徒，退而頒之於其鄉吏，使各以教其所治」；「正歲，令羣吏考法于司徒以退，各憲之于其所治之國」。州長：「正月之吉，各屬其州之民而讀法」；「正歲，則讀教法如初」。異正月、正歲之名，而事不異，其爲二時審矣。凡言「正月之吉」，必在「歲終」、「正歲」之前，未嘗一錯舉於後。其時之相承，正月爲建子之月；歲終爲建丑之月；正歲爲建寅之月也。周之以建子爲正月，一王正朔之大，不可没焉者也。使有夏無周，周焉用改正朔哉？周禮所志，於官事無不備，曾謂一王正朔之大，可以空其事，没其文，而使後人之讀是書，疑若未嘗改正朔也者，則周正爲大不美而不可存也，豈周之書也哉！今其書先之以「正月之吉」，布政之始也，故曰「始和」，謂始調協之。繼之以「正歲」，於是而後得偏奉以行也。六官之長有止言「正月之吉」、不言「正歲」者，上之所慎在宣布之始也。六官之屬有止言「正歲」、不言「正月之吉」者，待上之宣布乃齊同奉行也。上之布之，必不能一日而偏王畿千里之廣；下之奉行，又同用是日，惡能相及乎哉？是故因時制其宜，以建子之月，宣布自上，一王正朔之大，既非闕然無事；以建寅之月，百職咸舉，夏數得天，復順其序而不違。孔子論爲邦，用夏時；而作春秋必奉周。周禮用正歲以合天，而必先「正月之吉」以著正朔，周公、孔子之道，一而已矣。

禁凶聲

顧炎武曰：「『凡建國，禁其淫聲、過聲、凶聲、慢聲。』凶聲，如殷紂好爲北鄙之聲，所謂『亢厲而激末，以象殺伐之氣』者也。注謂：『亡國之聲，若桑間、濮上。』此則一淫聲已該之矣！」

匏

熊朋來曰：「八音之有笙，宜以竹稱，而乃以匏稱，是所重在匏也。」

顧炎武曰：「『土鼓，樂之始也；陶匏，祭之大也。』二者之音，非以悦耳，存其質也。國語伶州鳩曰：『匏竹利制。』又曰：『匏以宣之，瓦以贊之。』今之大樂，久無匏、土二音，舊唐書音樂志：「笙，女媧氏造。列管於匏上，内簧其中。今之笙竽，雖以木代匏而漆之，無匏音矣。」宋葉少蘊避暑録話〔四〕：「大樂久無匏、土二音。笙以木刻其本而不用匏〔五〕。塤亦木爲之。」元史：「匏，以班竹爲之。」而八音但有其六矣。」

婦人拜

王應麟曰：「鄭司農注：『肅拜，但俯下手，今時揖是也。』項氏曰：『古之拜，如今之揖，折腰而已。介胄之士不拜，故以肅爲禮，以其不可折腰也。其儀特歛手向身，微作曲勢。此正今時婦人揖禮也。漢時婦人之拜不過如此。或謂自唐武氏始尊婦人，不令拜伏，誤矣！周天元令婦人拜天臺，作男子拜，則雖鹵俗，婦人亦不作男子拜也。內則尚右手者，言歛手右向，非若今用手按膝作跪也。男之尚左亦然。』」

閻若璩曰：「劉熙釋名云：『拜，于婦人爲扶，自袖扶而上下也。』朱子曰：『古者婦人首飾盛多，如副笄、六珈之類自難以俯伏地上。』余謂婦人拜之重者，莫過昏禮之扱地拜。扱地拜：以手至地，猶首不至手，首至手則書所謂『拜手』，大祝所謂『空首』矣，婦人無此等。」

太史正歲年以序事

王應麟曰：「太史：『正歲年以序事。』注：『中數曰歲，朔數曰年。』中數：三百六十五日四分日之一；朔數：三百五十四日。漢曆志曰：『閏，所以正中朔也。』或謂周以建子爲正，而四時之事，有用夏正建寅者。用建寅則謂之『歲』，用建子則謂之『年』。」洪範正義：從冬至及明年冬至爲一歲。

按：周之曆法掌於馮相氏，占變掌於保章氏，而大史所掌者，曆日天時之書，凡推步、望氛不屬焉。然又曰「正歲年以序事」，有近於推步，何也？曰：失其傳也。考諸爾雅：「夏曰歲，商曰祀，周曰年。」夏數得天，故殷周雖改正朔，而仍兼用夏正。周用夏不用殷，故舉歲、年不及祀。歲也者，夏時也，以建寅爲孟春。年也者，周以建子爲正月也。夏之歲、周之年不同而兼用，不可勿正之以序別其行事，如祭祀、田獵、逆暑、迎寒之屬。夏時繫仲春者，周爲四月；繫仲秋者，周爲十月是也。鄭康成注：「中數曰歲，朔數曰年。」中數云者，從乎日躔發斂一周〔六〕，凡三百六十有五日，小餘不及四分日之一，十二分之，自前中氣入後中氣，三十日而有盈分，是謂氣盛盈。朔數云者，從乎月與日會以成一月，引而合于日，凡十二月三百五十四、五日，有閏月則三百八十四日。日月同行，謂之合朔。自前朔距後朔，三十日而有虛分，是謂朔虛。中朔之法，馮相氏職之矣。康成據以別歲、年之名，稽諸古籍，未有明證。矧夏時首建寅，若中數曰『歲』，則起冬至建子，是又二說之不可相通也。然則偏信爾雅，得非孤證與？曰：周禮有之。其爲夏時之正月元日，謂之正歲。正歲也者，猶曰歲之正始也。淩人：「歲十有二月。」則加「歲」以明夏時十二月也。以周禮爲周禮，一書之中，焉用更端立異也哉？

四時變國火以救時疾

顧炎武曰：「有明火，有國火。以陽燧取之於日，司烜氏。近於天也，故卜與祭用之。董氏、大祝、大司寇。國火取之五行之木，司爟。近於人也，故烹飪用之。」

又曰：「古人用火必取之於木，而復有四時、五行之變。素問黄帝言：『壯火散氣，少火生氣。』季春出火，貴其新者，少火之義也。今人一切取之於石，其性猛烈，而不宜人。疾疢之多，年壽之減，有自來矣。」

又曰：「邵氏學史曰：古有火正之官。語曰『鑽燧改火』。此政之大者也。所謂光融天下者，於是乎在。史記楚世家：「重黎爲帝嚳火正，能光融天下，命曰祝融。」周禮司烜氏所掌，及春秋宋、衛、陳、鄭所紀者，政皆在焉。今治水之官，猶夫古也，而火獨缺焉。飲知擇水，而烹不擇火，以祭以養，謂之備物，可乎？」

按：司爟注：鄭司農説以鄹子曰：「春取榆柳之火，夏取棗杏之火，季夏取桑柘之火，秋取柞楢之火，冬取槐檀之火。」與論語集解馬融説引周書月令同〔七〕。

異晝夜漏

王應麟曰：「漏刻之法，晝夜百刻。易氏云：『十二時，每時八刻二十分；每刻六十分。』王昭禹云：『寅、申、巳、亥、子、午、卯、酉，八時各八刻；辰、戌、丑、未，四時各九刻。』愚謂易氏之説與古法合。馬融以昏明爲限，鄭康成以日出入爲限，有五刻之差。蔡邕以星見爲夜，日入後三刻、日出前三刻，皆屬晝。鄭與蔡校一刻。王伯照云：『晝夜長短以岳臺爲定，九服之地與岳臺不同。則易箭之日亦皆少差。』」

按：晝夜永短，隨地之南北不同。漸北，則夏永者益永，冬短者益短，以至於北極下，半年爲晝、半年爲夜矣。漸南，則夏永者漸減，而冬短者漸增，以至於赤道下，一歲恒如春秋分，無復永短矣。言其近者，南北萬里而永短即殊，因其北極高下不同，可以推算知之也。

又按：古漏刻之法，晝夜百刻。每一刻爲六十分，以十分爲一小刻，分隸十二辰，每一辰八大刻二小刻。梁天監中，改用九十六刻，每一辰惟八刻，始變古法，旋廢不用。今歐邏巴以晝夜爲二十四小時，一小時四刻，合之凡九十六刻，蓋本於梁天監中所改者耳。

考工記

鄭目録曰：「司空之篇亡。漢興，購求千金，不得。此前世識其事者，記録以備大數。」

賈公彦曰：「冬官一篇，其亡已久。有人尊集舊典，録此三十工，以爲考工記，雖不知其人，又不知作在何日，要知在於秦前，是以得遭秦滅焚典籍，韋氏、裘氏等闕也。」

林希逸曰：「考工記不特爲周制也，盡記古百工之事，故匠人以世室、重屋、明堂並言之，三代制度皆在此也。但書不全矣。此書續出，闕略不全，不止韋氏、裘氏、段氏等官而已。其先後次序亦自參錯不齊，如攻木之工：輪、輿、弓、廬、匠、車、梓，若以序言，當在上篇。今梓、廬、匠、車、弓，皆在下篇。而其序亦自不同。又畫、繢二官，而止曰畫繢之事。玉人亦然。意其全書，凡曰『之事』者，皆總言之。其列官自別，即車人之事，又有車人爲『某』爲『某』，可知也。況一官非止爲一事，如輪人、梓人、匠人、車人，皆一官之名，而分主數事，惜乎其不全見也。」

王應麟曰：「考工記，或以爲先秦書。而禮記正義云：『孝文時，求得周官，不見冬官一篇，乃使博士作考工記補之。』漢書謂河間獻王得之，非孝文時也。序録云：『李氏上五篇，失事官一篇，取考工記補之。』六藝論云『壁中得六篇』，誤矣。齊文惠太子鎮雍州，有盜發楚王冢，獲竹簡書，青絲編簡，廣數分，長二尺。有得十餘簡，以示王僧虔，僧虔曰：『是科斗書考工記，周官所闕文也。』漢時，科斗書已廢，則記非博士作也。」

禮經十七篇

史記儒林列傳：「諸學者多言禮，而魯高堂生最本。禮固自孔子時而其經不具，及至秦焚書，書散亡益多，於今獨有士禮，高堂生能言之。而魯徐生善爲容。孝文帝時，徐生以容爲禮官大夫。傳子至孫徐延、徐襄。襄，其天姿善爲容，不能通禮經；延頗能，未善也。襄以容爲漢禮官大夫，至廣陵内史。延及徐氏弟子公户滿意、桓生、單次，皆嘗爲漢禮官大夫。而瑕丘蕭奮以禮爲淮陽太守。是後能言禮爲容者，由徐氏焉。」

漢書藝文志：「經七十篇。」后氏、戴氏。「漢興，魯高堂生傳士禮十七篇。訖孝宣世，后倉最明。戴德、戴聖、慶普皆其弟子，三家立于學官。」

漢書儒林傳：「孟卿東海人也。事蕭奮，以授后倉、魯閭丘卿。倉説禮數萬言，號曰后氏曲臺記，服虔曰：『在曲臺校書著記，因以爲名。』師古曰：『曲臺殿在未央宫。』授沛聞人通漢子方、如淳曰：『聞人，姓也，名通漢，字子方。』梁戴德延君、戴聖次君、沛慶普孝公。孝公爲東平太傅。德號大戴，爲信都太傅；聖號小戴，以博士論石渠，至九江太守。由是禮有大戴、小戴、慶氏之學。通漢以太子舍人論石渠，至中山中尉。普授魯夏侯敬，又傳族子咸，爲豫章太守。大戴授琅琊徐良斿卿，爲博士、州牧、郡守，家世傳業。小戴授梁人橋仁季卿、楊榮子孫。師古曰：「子孫，榮之字也。」仁爲大鴻臚，家世傳業。榮琅琊太守。由是大戴有徐氏，小戴有橋、楊氏之學。」

晉書：「元帝踐阼，周官、禮記、鄭氏置博士。荀崧上疏曰：『儀禮一經，所謂曲禮，鄭玄於禮特明，皆有證據，宜置鄭儀禮博士一人。』」

隋書經籍志：「後漢唯曹元傳慶氏，以授其子褒。然三家雖存並微，相傳不絶。漢末，鄭玄傳小戴之學，後以古經校之，取其於義長者作注，爲鄭氏學。其喪服一篇，子夏先傳之，諸儒多爲注解，今又别行。」朱子曰：「張忠甫疑今儀禮非高堂生之書，但篇數偶同爾。此行則不深考於劉歆説所訂之誤，又不察其所謂士禮者，特略舉首篇以明之。其曰『推而致于天子者』，蓋專指冠、昏、喪、祭而言，若燕、射、朝聘，則士豈有是禮而可推邪！」

王應麟曰：「三禮義宗云：『儀禮十七篇：吉禮三、凶禮四、賓禮三、嘉禮七。軍禮皆亡。』禮器注：『曲禮謂今禮也。』即指儀禮。而儀禮疏云：『亦名曲禮。』晉荀崧亦云。朱文公從漢書臣瓚注，謂：『儀禮，乃經禮也。曲禮皆微文小節，如今曲禮、少儀、内則、玉藻、弟子職，所謂威儀三千也。』」

又曰：「士冠禮有『醮用酒』。注以爲用舊俗。士喪禮云『商祝』、『夏祝』，則禮之兼夏殷者。」

敖繼公曰：「儀禮，先儒皆以爲周公所作，以其書考之，辭意簡嚴，品節詳備，非聖人莫能爲也。是經之言士禮特詳，其於大夫，則但見其祭祀耳，而其昏禮、喪禮無聞焉。此必其亡逸者也。公食大夫禮云：『設洗如饗。』謂如其公饗大夫之禮也，而今之經則無是禮焉，則是逸之也明矣。又諸侯有覲禮，但用於王朝耳。若其邦交，亦當有相朝、相饗、相食之禮。又諸侯亦當有喪禮、祭禮，而今皆無聞，是亦其亡逸者也。」

又曰：「禮古經十七篇。其十三篇之後皆有記，四篇則無之。四篇者，士相見、大射、少牢上下也。然以意度之，此四篇者，未必無一記之可言。或者有之而亡逸焉爾。儀禮諸篇之記，有特爲一條而發者，有兼爲兩條而發者，亦有兼爲數條而發者，亦有於經意之外別見他禮者。」

熊朋來曰：「儀禮名爲十七篇，實十五篇而已。既夕禮乃士喪禮之下篇也。有司徹乃少牢饋食禮之下篇也。」

何喬新曰：「冠、昏、相見三篇，皆士禮也。鄉飲、鄉射二篇，大夫禮也。燕、射、聘、覲、公食大夫五篇，諸侯禮也。士喪、既夕、士虞、特牲饋食四篇，皆諸侯之士喪祭禮。少牢饋食、有司徹二篇，皆諸侯之卿、大夫祭禮。喪服一篇，則通言上下之制。」

朱彝尊曰：「后氏之禮分爲四家。聞人通漢雖未立於學官，而石渠禮論其議奏獨多。慶氏亦必有書，顧未詳篇目。東漢之世，曹充父子尚傳其學。竊怪班史志藝文獨不及之，何與？」

按：漢志「經七十篇」下注云：「后氏、戴氏。」「七十」即「十七」，所謂士禮十七篇者也。傳寫倒誤。

逸禮三十九篇

劉歆遺書太常博士曰：「魯共王壞孔子宅，欲以爲宫，而得古文於壞壁之中。逸禮有三十九、書十六篇。天漢之後，孔安國獻之。」

漢書藝文志：「禮古經五十六卷。」「禮古經者，出於魯淹中及孔氏，學七十篇文相似〔八〕，多三十九篇。及明堂陰陽、王史氏記所見，多天子諸侯卿大夫之制，雖不能備，猶瘉倉等推士禮而致于天子之説。」

鄭康成六藝論曰：「後得孔子壁中，古文禮凡五十六篇。其十七篇與高堂生所傳同，而字多異。其十七篇外則逸禮是也。」

賈公彦曰：「漢興，求録遺文，有古文、今文。高堂生傳十七篇，是今文也。孔子宅得古儀禮五十六篇，其字皆篆書，是爲古文。十七篇，與高堂生同，而字多不同，餘三十九篇，絶無師説，在於秘館。」

朱子曰：「今儀禮多是士禮。河間獻王得古禮五十六篇，乃孔壁所藏之書。其中，有天子、諸侯禮。所以班固言：『愈於推士禮以知天子、諸侯之禮。』是固作漢書時，其書尚在。鄭康成亦見及之。今注疏中，有援引處。」

王應麟曰：「藝文志謂之禮古經，未有儀禮之名。張淳云：『疑後漢學者見十七篇中有儀、有禮，遂合而名之。』孔壁古文多三十九篇，康成不注，遂無傳焉。」注謂「古文作某」者，即十七篇古文也。論衡以爲宣帝時河内女子壞老屋得佚禮，恐非。

又曰：「逸禮三十九，其篇名頗見於他書。若學禮，見賈誼傳；天子巡狩禮，見周官内宰注；朝貢禮見聘禮注；朝事儀見覲禮注；禘嘗禮見射人疏；中霤禮見月令注及詩泉水疏；王居明堂禮見月令、禮器注；古大明堂禮昭穆篇見蔡邕論；本命篇見通典；聘禮志見荀子；又有奔喪、投壺、遷廟、釁廟、曲禮、少儀、内則、弟子職諸篇，見大、小戴記及管子。」

吴澂曰：「魯共王壞孔子宅，得古文禮經於孔氏壁中，凡五十六篇。河間獻王亦得而上之，其十七篇與儀禮正同，餘三十九篇藏在秘府，謂之逸禮。哀帝初，劉歆欲以列之學官，而諸博士不肯置對，竟不得立。」

閻若璩曰：「孔壁古文禮三十九篇。讀隋牛弘傳，始知書亡於隋以前，故隋經籍志無其目。」

又曰：「朝事儀見大戴禮記卷十二，非逸禮也。賈誼引學禮，本禮記保傅篇；古大明堂之禮，蔡邕明言禮記，皆非逸經。」

按：漢志云：「學七十篇文相似，多三十九篇。」謂校高堂生所傳之十七篇。「十七」誤倒爲「七十」。蓋禮古經五十六卷，篇各爲卷，實五十六篇。内減十七篇，故多三十九篇。「學」即「校」也。

又按：本命亦大戴禮記篇名，及聘禮志，皆非逸禮。投壺、奔喪，鄭康成雖以爲禮之正經，而不云在逸禮中。

禮記

漢書藝文志：「記百三十一篇。七十子後學者所記也。明堂陰陽三十三篇。古明堂之遺事。王史氏二十一篇。七十子後學者。師古曰：『劉向别録云六國時人也。』曲臺后倉九篇。如淳曰：『行禮射於曲臺，后倉爲記，故名曰曲臺記。漢曰大射于曲臺。』晉灼曰：『天子射宫也。西京無太學，於此行禮也。』

漢書景十三王列傳：「獻王所得書皆古文先秦舊書，周官、尚書、禮記、師古曰：『禮者，禮經也。禮記者，諸儒記禮之説也。』孟子、老子之屬，皆經傳説記，七十子之徒所論。」

漢書儒林傳：「倉説禮數萬言，號曰后氏曲臺記。」

王應麟曰：「記百三十一篇。今逸篇之名可見者有：三正別名記、親屬記、明堂記、曾子記、禮運記、五帝記、王度記、王霸記、瑞命記、辨名記、孔子三朝記、月令記、大學記。」

按：成帝河平三年，命劉向校中秘書。至哀帝時，復使子歆卒父業。歆于是總羣書，奏其七略。班固因七略以爲藝文志。其儒林傳云：「聖號小戴，以博士論石渠，至九江太守。」論石渠在宣帝甘露中，前於劉向校理秘書矣。大、小戴删定禮記在宣成之間，而班志所載，但據七略論列之。舊不及二戴篇數，後人因隋書經籍志先言劉向考校經籍，次言大、小戴記，遂以爲二戴因劉向校定者而删其煩重，非也。

大戴禮記八十五篇

隋書經籍志：「大戴禮記十三卷。漢信都王太傅戴德撰。梁有謚法三卷，後漢安南太守劉熙注，亡。」

司馬貞曰：「大戴禮合八十五篇。其四十七篇亡，存三十八篇。」

崇文總目：「大戴禮記十卷，三十五篇。又一本，三十三篇。」

中興書目：「今所存止四十篇。其篇第始三十九，編次不倫也。」

晁公武曰：「大戴禮十三卷。今書止四十篇。其篇目三十九篇始，無四十三、四十四、四十五、六十一四篇，有兩七十四，蓋因舊闕録之。每卷稱今卷第幾。題曰『九江太守戴德撰』。按：九江太守聖也，德爲信都王太傅，蓋後人誤題云。」

王應麟曰：「大戴禮哀公問、投壺二篇與小戴無甚異。禮察篇首與經解同。曾子大孝篇與祭義相似。而曾子書十篇皆在焉。勸學、禮三本見于荀子。保傅篇則賈誼書之保傅、傅職、胎教、容經四篇也。漢書謂之保傅傳。」

按：大戴禮，宋時曾列之十四經。余嘗考定其文，記於目録後，曰：右太傅禮，見存三十有九篇。不題作注人姓名。朱子引明堂之説，「二九四七五三六一八」，鄭注曰：「法龜文。」以注爲康成作也。惟王伯厚指爲盧辨之注。辨字景宣，周書有傳。是書自漢迄今，注獨此一家，而脱誤特多。余嘗訪求各本，得宋本一、元明本四。宋本亦有譌失，余合五本參互校正。今春正月，盧編修紹弓以其校本示余，又得改正數事。盧編修本所失者，則余五本中或得之。若疑文闕句，無從考得，姑俟異日。

鄭康成注學記引成王踐阼，孔沖遠以「師尚父亦端冕」，及「西折而南」，皆爲鄭所加。

又丹書之言曰：「敬勝怠者强，怠勝敬者亡。」瑞書則云：「敬勝怠者吉，怠勝敬者滅；義勝欲者從，欲勝義者凶。」今各本不與沖遠所見同，殆俗儒未省照，徒據康成稱引竄改也。夏小正「緹縞」下忽云：「何以謂之小正？以小著名也。」朱子儀禮經傳通解移之於篇首，實爾雅疏語，校是書者所竄入。公冠篇「太子擬焉」，各本譌作「天子」，吴幼清儀禮逸經亦然，幸盧注可考。其「公冠」之譌爲「公符」，王伯厚困學紀聞已莫是正。

許叔重五經異義論明堂，稱戴記禮説盛德記、魏書李謐傳、隋書牛弘傳俱稱盛德篇，或稱泰山盛德記，蓋隋唐已前，故書無所謂明堂篇者。朱子引明堂，不引盛德，於此，知宋時之本已分合竄易，非復前人之舊矣。

書十有三卷，凡五卷無注。卷一、卷二、卷七、卷九、卷十二。卷之四、卷之五：立事至天圓十篇，篇題並冠以「曾子」，即漢藝文志之曾子書，尚存於是。卷之九：千乘、四代、虞戴德、誥志，卷之十一：小辨、用兵、少閒，王伯厚以爲即漢志孔子三朝七篇，中隔以卷之十，篇帙淆亂也。篇目起三十九，迄八十一，中有兩七十四。晁公武亦云然。熊朋來、吴幼清皆云兩「七十三」，陳振孫云兩「七十二」，因竄入明堂篇，題爲「六十七」，已下改者殊也。注中徵引漢、魏、晉之儒，有康成、譙周、孫炎、宋均、王肅、范甯、郭象及楊孚異物志，然則爲景宣注甚明。乾隆丁丑夏東原氏記。

夏小正

禮記：「孔子曰：『吾欲觀夏道，是故之杞，而不足徵也，吾得夏時焉。』」鄭注：『得夏四時之書也。其書存者有夏小正。』」

史記夏本紀：「孔子正夏時，學者多傳夏小正云。」

隋書經籍志：「夏小正一卷。戴德撰。」

金履祥曰：「小正者，紀候之書。謂之小，則固非其大者也。其亦夏時之一端與？聖人得之以説夏禮，則必有大於此者。單子曰：『夏令曰：「九月除道，十月成梁。」』其時儆曰：「收而塲功，峙而畚挶，營室之中，土功其始，火之初見，期于司里。」』然則舉一端而推所謂夏時者，當必有制度，數條之祥不可得而聞矣！」

按：隋志「大戴禮十三卷」，而夏小正别爲卷。今夏小正在十三卷中，爲第四十七。朱子儀禮經傳採其篇，以此篇有經有傳，遂分别十二月之經，而以傳讓一字分繫其下。

余嘗考論是篇，記其星象，曰：建寅之月，夏以爲正月。於時日躔降婁，初昏參已過中，猶云「參中」者，舉大體言之，非若後代求諸度分之細也。斗柄縣在下者，史記：「杓攜龍角，衡殷南斗，魁枕參首。」參中則魁南上、杓北下矣。

二月，日躔大梁。

三月，日躔實沈。參伏者，日所在之宿，故伏而不見也。

四月，日躔鶉首，故昴朝覿。南門在亢氐之南。

五月，日躔鶉火，故參朝覿。大火中者，夏以建午之月，上合唐虞「日永星火，以正仲夏」，蓋時之相去未遠也。周以建未之月，春秋傳張趯曰「火星中而寒暑退」，謂建未之月暑退昏中，建丑之月寒退旦中也。此惟周時則然。故周人表之紀候。凡星未中，左旋進而上；過中，左旋流而下。詩「七月流火」，合乎月令「季夏昏，火中」。皆周時數百年間也。

六月，日躔鶉尾。斗魁北下，故杓南上也。

七月，日躔壽星。漢按户者，與户南北直也。織女三星恒鄉降婁，壽星西没則降婁東陞，故初昏織女東鄉。斗柄縣在下者，魁沈參首，旦參中，故斗柄北下而旦，魁參相應也。

八月，日躔大火。辰則伏者，爾雅：「大火謂之大辰。」大辰，房、心、尾也。心，三星中明大者，凡言大火主焉，此所謂辰也。日在則其星不見，故曰伏，同日出没矣，去日半次而後朝覿。旦參中者，已過中猶言之，舉大體也。

九月，日躔析木之津。辰繫于日者，辰，心也，日將出，心乃見東方。

十月，日躔星紀。南門二星朝見於東南隅，非昏見也。言初昏者，失其傳也。織女北嚮而旦，星紀東陞，故降婁值北，織女恒嚮降婁者也。

十有一月，日躔玄枵。

十有二月，日躔娵訾之口。凡夏時日躔所在，與今差二次，與周時差一次，星之見伏昏旦中，悉因之而異。

曾子十篇

漢書藝文志：「曾子十八篇。名參，孔子弟子。」

隋書經籍志：「曾子二卷。目一卷。」

按：曾子書，漢志、隋志皆别行，今不復有傳本。惟大戴禮中曾子立事至曾子天圓十篇爲兩卷，篇題皆冠以「曾子」二字，其即漢志曾子之尚存者無疑。

孔子三朝七篇

漢書藝文志：「孔子三朝七篇。」師古曰：「今大戴禮有其一篇，蓋孔子對魯哀公語也。三朝見公，故曰三朝。」

王應麟曰：「孔子三朝七篇。大戴禮記：千乘、四代、虞戴德、誥志、小辨、用兵、少間凡七篇。」

公冠篇

王應麟曰：「公符篇載孝昭冠辭，其后氏曲臺所記與？後漢禮儀志注引博物記云。迎日辭亦見尚書大傳。三句與洛誥同。」

按：諸本「冠」譌作「符」，故王氏引爲公符篇。

禮記四十九篇

孔穎達曰：「六藝論云：『今禮行於世者，戴德、戴聖之學也。』又云：『戴德傳記八十五篇，則大戴禮是也。戴聖傳禮四十九篇，則此禮記是也。』」

又曰：「禮記之作，出自孔氏。但正禮殘闕，無復能明。故范武子不識殽烝，趙鞅及魯君謂儀爲禮。至孔子没後，七十子之徒，共撰所聞，以爲此記。或録舊禮之義，或録变禮所由，或兼記體履，或雜序得失，故編而録之，以爲記也。中庸是子思伋所作。緇衣，公孫尼子所撰。鄭康成云：『月令，吕不韋所修。』盧植云：『王制爲漢文時博士所録。』其餘衆篇皆如此例，但未能盡知所記之人也。」

程子曰：「禮記雜出於漢儒。然其間傳聖門緒餘，其格言甚多。如樂記、學記、大學之類，無可議者。檀弓、表記、坊記之類，亦甚有至理，惟知言者擇之。如王制、禮運、禮器，其書亦多傳古意。若閒居、燕居『三無』、『五起』之説，文字可疑。」

張子曰：「禮記雖雜出於諸儒，亦無害義處。如中庸、大學出於聖門，無可疑者。」

羅壁曰：「梁沈約謂漢初典章簡略，諸儒捃拾遺文片簡與禮事相關者，編次篇帙，皆非聖人之言。月令取呂不韋春秋；中庸、表記、坊記、緇衣取子思；樂記取公孫尼子；學記出毛生；王制出漢文博士。蓋漢儒本欲補聖人之言以明道，但未折衷於聖人，記不免雜，禮不免鑿也。」

黄乾行曰：「禮記，儀禮之疏也。故伏氏謂二戴因習儀禮而録禮記。朱子嘗欲取戴記中有關於儀禮者附之經，其不係於儀禮者，仍别爲記。蓋以儀禮爲經，禮記爲傳。今則記與易、書、詩、春秋並行矣。其間或傳古來聖賢文字，至爲純粹，如大學、中庸、樂記是也。或記小學之儀，如曲禮、少儀、内則是也。或言大學之義，如學記是也。或釋古禮之儀，如冠義、昏義、鄉飲酒義、射義、燕義、聘義是也。或專記喪葬之儀，如奔喪、喪大記、雜記、喪服小記、服問、大傳、間傳、問喪、三所問、喪服四制是也。或專言祭禮，如郊特牲、祭法、祭義、祭統是也。或錯存經禮，如投壺是也。或獨詳變禮，如檀弓、曾子問是也。或記聖王之制，如王制、月令、文王世子、玉藻是也。或記聖賢之言，如禮運、禮器、經解、哀公問、仲尼燕居、孔子閒居、坊記、表記、緇衣、儒行是也。」

按：禮記四十九篇，據鄭目録，考之於劉向别録，屬制度者六：曲禮上下、王制、禮器、少儀、深衣是也。屬通論者十六：檀弓上下、禮運、玉藻、大傳、學記、經解、哀公問、仲尼燕居、孔子閒居、坊記、中庸、表記、緇衣、儒行、大學是也。屬明堂陰陽者二：月令、明堂位是也。屬喪禮者十一：曾子問、喪服小記、雜記上下、喪大記、奔喪、問喪、服問、間傳、三年問、喪服四制是也。屬世子法者一：文王世子是也。屬子法者一：内則是也。屬祭祀者四：郊特牲、祭法、祭義、祭統是也。屬樂者一：樂記是也。屬吉事者六：投壺、冠義、昏義、鄉飲酒義、燕義、聘義是也。孔沖遠於樂記下云：「按别録：『禮記四十九篇，樂記第十九。』則樂記十一篇入禮記也，在劉向前矣。」據孔氏所云，樂記入禮記，在劉向之前，是小戴定禮記，劉向别録曾列其書也。别録於諸篇，既各以類從，而又列小戴禮記之目，故孔氏謂：「按别録：『禮記四十九篇，樂記第十九。』」今樂記一篇，本十一篇，或小戴所合爲一篇。劉向校書共得二十三篇，别録於禮記外，更列樂記。故孔氏又云：「至劉向爲别録時，更載所入樂記十一篇，又載餘十二篇，總爲二十三篇。」孔氏於喪服四制下又云：「案别録無喪服四制之文。」然則别録列禮記四十九篇之目者，固有喪服四制，而其諸篇之文各以類從者，闕此一篇也。又後漢書橋玄傳：「七世祖仁從同郡戴德學，著禮記章句四十九篇，號曰『橋君學』，成帝時爲大鴻臚。」仁即班固所云「小戴授梁人橋仁季卿」者也。當云：從同郡戴聖學，作戴德者蓋誤。仁親受禮於小戴，其書已爲四十九篇。劉向當成帝時校理秘書，仁亦成帝時爲大鴻臚，而小戴定禮記必稍在前，故向得列之別録，而仁又爲章句也。隋書經籍志序二戴于劉向後，又曰：「戴聖大戴之書爲四十六篇，謂之小戴記。漢末馬融遂傳小戴之學。融又定月令一篇〔九〕、明堂位一篇、樂記一篇，合四十九篇；而鄭玄受業於融又爲之注。」不知其説何所本。融遠在劉向、橋仁之後，劉橋所見皆已四十九篇矣。鄭康成六藝論只云：「戴聖傳禮四十九篇」，不言四十六及融所加。其於目録，亦絶不及融。陸德明、孔沖遠皆隋末、唐初之儒，猶不言融加三篇，隋書成於唐，去漢已遠，傳聞應有失實者，不足信也。

曲禮

王應麟曰：「『道德仁義，非禮不成。至是以君子恭敬、撙節、退讓以明禮。』見賈誼新書禮篇。劉原父謂：『若夫坐如尸，立如齊，乃大戴記曾子事父母之辭。「若夫」二字失於删去。』然則曲禮之所采摭非一書也。」

又曰：「古以車戰。春秋時，鄭晉有徒兵，而騎兵蓋始於戰國之初。曲禮『前有車騎』，六韜言『騎戰』，其書當出於周末。然左氏傳：『左師展將以昭公乘馬而歸〔一〇〕。』公羊傳：齊魯相遇，『以鞍爲几』，已有騎之漸。」閻若璩曰：「程大昌雍録云：古皆乘車。今古公亶父曰走馬。恐此時或已變乘爲騎，蓋避去之遽，不暇駕車。」按，樂師云行以肆夏，趨以采薺，車亦如之。注：「王行于大寢之中，則奏肆夏詩爲節。趨於朝廷之上，則奏采薺詩爲節。行緩而趨疾，故車之疾徐亦以二詩爲節也。」釋名：「疾行曰趨，疾趨曰走。」車既可謂之趨，則亦可謂之走。

月令

王應麟曰：「夏小正曰：『正月：啓蟄。』月令：孟春，『蟄蟲始振』。仲春，『始雨水』。注云：『漢始以驚蟄爲正月中，雨水爲二月節。』左傳：『啓蟄而郊。』建寅之月。正義云：『太初以後，更改氣名。以雨水爲正月中，驚蟄爲二月節，迄今不改。』改『啓』爲『驚』，蓋避景帝諱。周書時訓：『雨水之日，獺祭魚；驚蟄之日，桃始華。』易通卦驗：『先雨水，次驚蟄，此漢太初後曆也。』月令正義云：『劉歆作三統曆改之。』又按：三統曆：『穀雨三月節，清明中。』而時訓、通卦驗清明在穀雨之前，與今曆同。然則二書皆作於劉歆之後，時訓非周公書明矣。是以朱子集儀禮，取夏小正而不取時訓。馬融注論語，謂『周書月令有更火之文』。其篇今亡。」閻若璩曰：三統曆以武王元年三月二日庚申驚蟄。三月者，建寅之月。與左氏啓蟄而郊月數同。時訓解雖未必周公書，而先雨水、後驚蟄，則是寫人以後之節以上古曆耳。

又曰：「周書序：周公辯二十四氣之應，以明天時，作時訓。唐大衍曆議：『七十二候原于周公時訓，月令雖頗有增益，然先後之次則同也。自後魏始載于曆，乃依易軌所傳，不合經義，今改從古。』李業興以來迄麟德曆凡七家，皆從雞始乳爲立春初候，東風解凍爲次候，與周書相校二十餘日。一行改從古義。漢上易圖云：『夏小正具十二月而無中氣，有候應而無日數。時訓乃五日爲候，三候爲氣，六十日爲節。二書詳略雖異，大要則同。』易通卦驗所記氣候，比之時訓晚者二十有四，早者三，當以時訓爲定。故揚子雲太玄二十四氣、關子明論七十二候，皆從時訓。」

又曰：「月令冬祀行。淮南時則訓冬祀井。太玄數云『冬爲井』。唐月令冬祀井，而不祀行。」

錢塘曰：「月令於劉向别録屬明堂陰陽記，則是篇本古明堂遺制，吕氏從而録之。秦有天下，不聞有事于明堂，蓋非不韋所撰，而蔡邕、王肅、張華皆言是周公作，必有所據。吕氏録明堂陰陽記舊文於首以爲綱，附以八覽、六論爲目，中間雜入秦官，無足怪也。且言太尉爲秦官者，據漢百官表之文也。然晉語『公使祁奚爲元尉』，韋昭注云『中軍尉』也；

『鐸遏寇爲輿尉』，韋昭注云『上軍尉』也。管子：『分州以爲十里，里爲之尉。』又曰：『筦籥藏於里尉。』則尉之稱不自秦始，亦周官之名矣。」

按：月令昏旦中星與夏小正大致差一次，此歲差之説也。歲差者，以恒星每歲東移，積至二千一百餘年而差及一次。昏旦中星既变既，則北斗所指亦殊。鄭注於十二月之下，皆曰「斗」建某之「辰」。非也。

余嘗就周髀之書考之，而知月建之説由于北極，作璿璣四游解曰：今人所謂赤道極者，即魯論之北辰、周髀之正北極也，又曰北極樞。今人所謂黄道極者，即周髀之北極璿璣也。虞夏書「在璿璣玉衡，以齊七政」，蓋設璿璣以擬黄道極。後失其傳，莫之能述，羣説紛馳，私臆罔據矣。正北極者，左旋之樞，北極璿璣每晝夜環繞之而成規。冬至夜半在正北極下，正北子位。是爲北游所極；日加卯之時在正北極左，正東卯位。是爲東游所極；日加午之時在正北極上，正南午位。是爲南游所極；日加酉之時在正北極右，正西酉位。是爲西游所極。此璿璣之一日四游所極也。冬至夜半起，正北子位，晝夜左旋一周而又過一度，古度法。漸進至四分周天之一，則春分夜半實爲東游所極，故夏至夜半南游所極，秋分夜半乃西游所極。此璿璣之一歲四游所極也。古者冬夏致日，故周髀之文但舉二至，則二分可知也；又錯舉冬至卯酉，則每日必周，四游皆可知也。

又作月建解曰：月建之説，由來古矣。漢人據逸周書以爲斗杓移辰者，失其傳也。試以正北極爲中，以北極璿璣環繞而成之規，均分十有二宫。冬至夜半璿璣起正北子位，是爲建子。晝夜一周，又過一度。古度法。小寒則過丑位，大寒爰正丑位，是爲建丑。立春過寅宫，雨水爰正寅位，是爲建寅。驚蟄過卯宫，春分爰正卯位，東游所極。是爲建卯。清明過辰宫，穀雨爰正辰位，是爲建辰。立夏過巳宫，小滿爰正巳位，是爲建巳。芒種過午宫，夏至爰正午位，南游所極。是爲建午。小暑過未宫，大暑爰正未位，是爲建未。立秋過申宫，處暑爰正申位，是爲建申。白露過酉宫，秋分爰正酉位，西游所極。是爲建酉。寒露過戌宫，霜降爰正戌位，是爲建戌。立冬過亥宫，小雪爰正亥位，是爲建亥。大雪過子宫，冬至復正子位。北游所極。如是終古不變。非若斗杓所指，虞夏迄今已差兩次也。

又按：祖沖之曰：「月位稱建。諒以氣之所本，名隨實著，非謂斗杓所指。今校漢時已差半次。審斗節時，其效安在？」今考北極璿璣四游與日躔黄道發斂相應，而二十四氣因之，祖氏所謂「諒以氣之所本」，雖未能確言，其識卓矣。

又按：唐明皇黜月令舊文，更附益時事，名御删定月令，改置第一。宋景祐二年，始復舊月令。而唐月令别行。唐開成中石經及徐堅初學記所引皆唐月令也，於昏旦中星悉改從唐時節氣星象。

禮運

王應麟曰：「禮運，致堂胡氏云子游作。呂成公謂『蜡賓』之歎，前輩疑之，以爲非孔子語。『不獨親其親、子其子』，而以堯、舜、禹、湯爲小康，是老聃、墨氏之論。朱文公謂：『程子論堯、舜事業，非聖人不能。三王之事，大賢可爲。』恐亦微有此意。但記中分裂太甚，幾以帝王爲有二道，則有病。」又曰：「白虎通云：『禮運：記曰，六情所以扶成五性也。』今禮運無此語。五性：仁、義、禮、智、信。韓子原性與此合。」

經禮三百曲禮三千

朱子曰：「今按：禮經威儀，劉向作經禮曲禮；而中庸以禮經爲禮儀，鄭玄等皆曰：『經禮即周禮三百六十官，曲禮即今儀禮冠、昏、吉、凶。其中事儀三千，以其有委曲威儀，故有二名。』臣瓚曰：『周禮三百，特官名耳。經禮謂冠、昏、吉、凶。』蓋以儀禮爲經禮也。而近世括蒼葉夢得曰：『經禮，制之凡也；曲禮，文之目也。先王之世，二者蓋皆有書藏於有司。祭祀、朝覲、會同，則太史執之以涖事，小史讀之以喻衆，而卿大夫受之以教萬民，保氏掌之以教國子者，亦此書也。』愚意禮篇三名，禮器爲勝。諸儒之説，瓚葉爲長。蓋周禮乃制治、立法、設官、分職之書，於天下事無不該攝，禮典固在其中，而非專爲禮設也。不應指其官目，以當禮篇之目。又況其中或以一官兼掌衆禮，或以數官通行一事，亦難計其官數以充禮篇之數。至於儀禮，則其中冠、昏、喪、祭、燕、射、朝聘，自爲經禮大目，亦不容專以曲禮名之也。但曲禮之篇，未見於今何書爲近，而『三百』、『三千』之數，又將何以充之耳？又嘗考之，經禮固今之儀禮，其存者十七篇，而其逸見於他書者，猶有投壺、奔喪、遷廟、中霤等篇。其不可見者，又有古經增多三十九篇。而明堂陰陽、王史氏記數十篇，及河間獻王所輯禮、樂古事，多至五百餘篇。儻或猶有逸在其間者，大率且以春官所領五禮之目約之，則其初固當有三百餘篇亡疑矣。所謂曲禮，則皆禮之微文小節，如今曲禮、少儀、内則、玉藻、弟子職篇所記事親、事長、起居、飲食、容貌、辭氣之法，制器、備物、宗廟、宫室、衣冠、車旗之等，凡所以行乎經禮之中者。其篇之全數雖不可知，然條而析之，亦應不下三千有餘矣。」

明堂位

王應麟曰：「明堂位：成王『命魯公祀周公以天子之禮樂』。春秋意林曰：『魯之有天子禮樂，殆周之末王賜之，非成王也。魯惠公使宰讓請郊廟之禮於天子，天子使史角往，惠公止之。其後在魯，實始爲墨翟之學。使成王之世，魯已郊矣，則惠公奚請？惠公之請也，殆由平王以下乎！』惠公事見呂氏春秋仲春紀。公是閻若璩曰：公是即劉原父。始發此論，博而篤矣，石林、止齋皆因之。」

又曰：「魯公之廟，文世室也；武公之廟，武世室也。按：春秋成公六年，立武宮。武公非始封之君。毁已久，而後復立。蓋僭用天子文武二祧之禮。春秋之所譏，而記以爲禮乎？」閻若璩曰：季文子以鞌之功立武宮，左氏明矣。

又曰：「魯世家：『伯禽之孫潰弑幽公而自立。』周昭王之十四年也。諸侯篡弑之禍自此始。記謂君臣未嘗相弑，不亦誣乎！太史公曰：『揖讓之禮則從矣，行事何其戾也！』」

又曰：「孔子曰：『魯之郊禘，非禮也。周公其衰矣！』春秋屢書，以譏其僭。又書『新作南門』、『新作雉門及兩觀』，皆僭王制也。若以王禮爲當用，則如泮宮、閟宮，春秋不書矣。」

正業

王應麟曰：「大學之教也，時教必有正業。朱子曰：『古者唯習詩、書、禮、樂。如易則掌於太卜，春秋則掌於史官，學者兼通之，不是正業。』子思曰：『夫子之教，必始于詩書，而終於禮樂，雜説不與焉。』」

閻若璩曰：「吳文正謂：『易者，占筮之繇辭；春秋者，侯國之史記。自夫子贊易、修春秋後，學者始以易、春秋合先王教士之四術，而爲六經。』余亦謂孔子世家『孔子以詩、書、禮、樂教弟子，蓋三千焉』，此遵樂正之常法。至及門高弟，方授以易、春秋。故曰：『身通六藝者，七十有二人。』六藝乃六經，非周官之所云六藝也。」

樂記

漢書藝文志：「樂記二十三篇。」「自黄帝以下至三代，樂各有名。孔子曰：『安上治民，莫善于禮；移風易俗，莫善於樂。』二者相與並行。周衰俱壞，樂尤微眇，以音律爲節，又爲鄭衛所亂，故無遺法。漢興，制氏以雅樂聲律，世在樂官，頗能紀其鏗鏘鼓舞，而不能言其義。六國之君，魏文侯最爲好古。孝文時得其樂人竇公，獻其書，乃周官大宗伯之大司樂章也。武帝時，河間獻王好儒，與毛生等共采周官及諸子言樂事者，以作樂記，獻八佾之舞，與制氏不相遠。其内史丞王定傳之，以授常山王禹。禹，成帝時爲謁者，數言其義，獻二十四卷記。劉向校書，得樂記二十三篇，與禹不同，其道寖以益微。」

桓譚新論曰：「竇公年百八十歲，兩目皆盲。文帝奇之，問曰：『何因至此？』對曰：『臣年十三失明。父母哀其不及衆技，教鼓舞琴，臣導引無所服餌。』」

孔穎達曰：「按鄭目録云：名曰樂記者，以其記樂之義。此於别録屬樂記，蓋十一篇合爲一篇。謂有樂本、有樂論、有樂施、有樂言、有樂禮、有樂情、有樂化、有樂象、有賓牟賈、有師乙、有魏文侯。餘有十二篇，其名猶在，二十四卷記無所録也。其十二篇之名，按别録十一篇餘次：奏樂第十二、樂器第十三、樂作第十四、意始第十五、樂穆第十六、説律第十七、季札第十八、樂道第十九、樂義第二十、昭本第二十一、昭頌第二十二、竇公第二十三，是也。按别録禮記四十九篇，樂記第十九。則樂記十一篇入禮記也，在劉向前矣。至劉向爲别録時，更載所入樂記十一篇，又載餘十二篇，總爲二十三篇也。」

吴澂曰：「禮經之僅存者，猶有今儀禮十七篇。樂經則亡矣。其書疑多是聲音、樂舞之節，少有辭句可誦讀、記識，故秦火之後無傳，諸儒不過能言樂之義而已。而劉向所得樂記二十三篇，又與河間獻王所撰二十四卷不同。其二十三篇内之十一合爲一篇，蓋亦删取要略，非全文也。

徐師曾曰：「漢興，制氏世爲樂官，頗能紀其鏗鏘鼓舞，而不能言義理。其言義理，則此篇是也。當是古來流傳文字，而河間獻王實纂述之，非成於漢儒也。」按：樂記十一篇，據皇侃所分，自首至「王道備矣」爲樂本。自「樂者爲同」至「則此所與民同也」爲樂論。自「王者功成作樂」至「于聖人曰禮樂云」爲樂禮。自「昔者舜作五絃之琴」至「先王著其教焉」爲樂施。自「夫民有血氣心知之性」至「是以君子賤之也」爲樂言。自「凡姦聲感人」至「則所以贈諸侯也」爲樂象。自「樂也者，情之不可變者也」至「然後可以有制於天下也」爲樂情。自「魏文侯問於子夏曰」至「彼亦有所合之也」爲魏文侯。自「賓牟賈侍坐於孔子」至「不亦宜乎」爲賓牟賈。自「君子曰，禮樂不可斯須去身」至「可謂盛矣」爲樂化。自「子贛見師乙而問焉」至末爲師乙。

坊記

王應麟曰：「坊記引論語曰：『三年無改於父之道。』論語成於夫子之門人，則記所謂『子云』者，非夫子之言也。」

中庸

漢書藝文志：「中庸説二篇。師古曰：今禮有中庸一篇，亦非本禮經，蓋此之流。」

黎立武曰：「經之作，至中庸止矣。故中庸者，羣經之統會樞要也。」

王禕曰：「中庸古有二篇。見漢藝文志。而在禮記中者，一篇而已。朱子爲章句，因其一篇者，分爲三十三章；而古所謂二篇者，後世不可見矣。今宜因朱子所定，以第一章至第二十章爲上篇，以第二十一章至三十三章爲下篇。上篇以『中庸』爲綱領，其下諸章，推言『智仁勇』，皆以明中庸之義也。以『誠明』爲綱領，其後諸章詳言天道、人道，皆以著誠明之道也。如是，既不失古今之體，又不悖朱子之旨。魯齋王氏蓋主此説。」

按：漢志中庸説二篇，與禮記之中庸異同莫考。王氏至欲傅會之，分中庸一篇爲二，何不善闕疑乎？

附劉原甫投壺義

古者「投壺」之禮，主人以賓燕而後投壺也。燕者，禮之輕也。輕則易，易則褻，褻則慢。酒之禍，恒由此作，是以君子惡其褻以慢也。爲壺矢以節其禮，全其歡也。君子之於人，有以歡之，必有以禮之；有以禮之，必有以樂之；有以樂之，必有以言之。賓者，所法也，非法人也。所養也，非養人也。主人奉矢以親之，卑其身以事賢也。主人三請不怠，賓三辭不煩，尊禮重樂之義也。尊禮則敬，重樂則和。敬以和，故上下能相親也。君子所以異於人者，其唯易事而難悦乎！不褻其接，所以致難悦也。主人拜送，賓辟；賓拜受，主人辟」，授受之禮也。授受者，人道之大也，不可以不敬也，拜以敬之也。勝飲不勝者，罰也。辭不曰「罰」，而曰「養」者，不尚人以勝、不耻人以不能也。飲曰「賜灌」，不耻過也，不忌人以勝己也。故尚人以勝則矜，耻人以不能則怨，自耻其過則忿，忌人以勝則懟。矜以怨，忿以懟，此辨訟之所由作也。勝者，有爵，貴也；有馬，富也。内不失其樂，外不失其功，然後富貴可保也。投順爲入，不順雖入不釋。明順，而後有功也。樂以貍首，以順爲節也。侍於先生長者，不角不擢馬，以順爲禮也。順爲功，故弗非也；順爲節，故節可守也；順爲禮，故不悖也。故曰：「古之君子，不必相與言也，以禮與行示之而已矣。」詩云「示我顯德行」，此之謂也。

校注

〔一〕録、略　録，即劉向所撰别録。略，即劉歆所撰七略。

〔二〕朱升　字允升，别號楓林，明初休寧人，爲新安理學著名學者，有朱楓林集等。

〔三〕布政　十三經注疏本周禮作「布教」。

〔四〕話　原作「謂」。

〔五〕本　原作「木」，據日知録集釋改。

〔六〕日躔　太陽運行的度次。

〔七〕周書　指逸周書。

〔八〕學七十　中華本漢書藝文志校勘記曰：「劉敞説『學七十』當作『與十七』。楊樹達以爲劉説確鑿不可易。」

〔九〕定　原作「足」，據通典禮典序改。

〔一〇〕昭公　十三經注疏本左傳昭公二十五年作「公」。

經考卷五

魯之春秋

杜預曰：「春秋者，魯史記之名也。記事者，以事繫日，以日繫月，以月繫時，以時繫年，所以記遠近、别同異也。故史之所記，必表年以首事。年有四時，故錯舉以爲所記之名也。周禮有史官，掌邦國四方之事，達四方之志。諸侯亦各有國史，大事書之於策，小事簡牘而已。孟子曰：『楚謂之檮杌，晉謂之乘，而魯謂之春秋，其實一也。』韓宣子適魯，見易象與魯春秋曰：『周禮盡在魯矣！吾乃今知周公之德，與周之所以王。』韓子所見，蓋周之舊典禮經也。」

春秋公羊傳疏案：莊七年經云：「星霣如雨。」傳云：「不修春秋曰：『雨星不及地尺而復。』君子修之曰：『星霣如雨。』」何氏云：「不修春秋，謂史記也。古者，謂史記爲春秋。」以此言之，則孔子未修之時已名春秋。

孔穎達曰：「春秋之名，經無所見，唯傳記有之。昭二年，韓起聘魯，稱見魯春秋外傳。晉語司馬侯對晉悼公云：『羊舌肸習於春秋。』楚語申叔時論傅太子之法云：『教之以春秋。』禮坊記曰：『魯春秋記晉喪曰：殺其君之子奚齊。』又經解曰：『屬辭比事，春秋教也。』凡此諸文所說，皆孔子之前。則知未修之時，舊有春秋之目。禮記内則稱：『五帝有史官。』既有史官，必應記事，但未必名爲春秋耳。」

黄澤曰：「二百四十二年者，夫子之春秋。自伯禽至魯滅，史官所書者魯春秋也。王者賞功罰罪，雖或不當，然猶是號令足以及天下，名分未至大壞，夏商皆然。惟東周自平王微弱，不復能制馭諸侯，而後上下之分陵替，禮義幾於澌盡。故孔子作春秋，平王以前不復論者，以其時天子能統諸侯故也；始於平王者，所以救周室之衰微而扶植綱常也。」

顧炎武曰：「春秋不始於隱公。晉韓宣子聘魯，觀書於太史氏，見易象與魯春秋，曰：『周禮盡在魯矣！吾乃今知周公之德，與周之所以王也。』左傳昭公二年。蓋必起自伯禽之封，以洎於中世，當周之盛，朝覲、會同、征伐之事皆在焉。故曰『周禮』。而成之者，古之良史也。孟子雖言『詩亡，然後春秋作』，然不應伯禽至孝公二百五十年全無紀載。自隱公以下，世道衰微，史失其官，於是孔子懼而修之。自惠公以上之文無所改焉，所謂述而不作者也。自隱公以下，則孔子以己意修之，所謂作春秋也。然則自惠公以上之春秋，固夫子所善而從之者也，惜乎其書之不存也。」

據魯史

黄澤曰：「杜氏云：凡策書皆有君命。謂如諸國之事，應書於策，須先稟命於君，然後書。如此，則應登策書事體甚重。又，書則皆在大廟，如孟獻子書『勞于廟』，亦其例也。孔子非史官，何由得見國史策文與其簡牘本末，考見得失而加之筆削？如此，則若無君命，安可修改？史官若不稟之君命，安敢以國史示人？據夫子正樂，須與太師師襄之屬討論詳悉，然後可爲。不然則所正之樂，如『師摯之始，關雎之亂，洋洋乎盈耳〔一〕』。時君時相謂之全不聞知，可乎？又哀公使孺悲學士喪禮於孔子，『士喪禮於是乎書』。則其餘可知也。蓋當時魯君雖不能用孔子，至於託聖人以正禮樂、正書法，則決然有之。」

又曰：「策書是重事，史官不以示人，則他人無由得見。如今國史，自非常爲史官者，則亦莫能見而知其詳。又夫子未歸魯以前，未有修春秋之意。自歸魯以後，知其已老，道之不行，始志於此。其作此經，蓋不過時歲間耳。自非備見國史，其成何以如是之速哉？竊謂夫子聖德已孚於人，魯之春秋，雖史官亦知其舛謬，非聖人莫能刊正，是以適投其機，而夫子得以筆削也。觀夫子與魯樂官論樂，則知樂之所以正，亦樂官有以推贊之。又或出於時君之意，亦未可知也。」又曰：「哀公十四年，『西狩獲麟』。孔子始修春秋。明年，子路卒。又明年，孔子卒。則是此書成得年歲間而孔子没也。當時門弟子見者必少。蓋此書亦難以泛然示人，想夫子没後，弟子方見之。」

史法書法

杜預曰：「汲郡汲縣有發其界内舊冢者，大得古書，皆簡編科斗文字。始者，藏在秘府。余晚得見之，所記大凡七十五卷。多雜碎、怪妄，不可訓。知周易及紀年最爲分了。」「其紀年篇自夏、殷、周，皆三代王事，無諸國别，惟特記晉國，起自殤叔，次文侯、昭侯，以至曲沃莊伯。莊伯之十一年十一月，魯隱公之元年正月也。皆用夏正建寅之月爲歲首，編年相次。晉國滅，獨記魏事。下至魏（哀）〔襄〕王之二十年〔二〕，蓋魏國之史記也。」「（哀）〔襄〕王二十三年，乃卒。故特不稱謚，謂之今王。其著書文意，大似春秋經。推此，足見古者國史策書之常也。又稱，魯隱公及邾莊公盟于姑蔑。即春秋所書邾儀父『未王命，故不書爵。曰儀父，貴之也』。又稱，晉獻公會虞師伐虢，滅下陽。即春秋所書『虞師、晉師滅下陽』。先書虞，賄故也。又稱，周襄王會諸侯于河陽。即春秋所書『天王狩于河陽』。以臣召君，不可以訓也。諸若此輩甚多，略舉數條，以明國史皆承告據實而書時事。仲尼修春秋，以義而制異文也。」

書時事之變

程子曰：「他經非不可以窮理也，但論其義耳。春秋因其行事，是非較著，故窮理爲要。」「春秋以何爲準？無如中庸。欲知中庸，無如權。何物爲權？義也，時也。」「春秋已前，既已立例，到近後來，書得全別，一般事便書得別有意思，若依前例觀之，殊失也。」「春秋大率所書，事同則辭同，後人因謂之例，然有事同辭異者，蓋各有義，非可例拘也。」

朱子曰：「蘇子由解春秋，謂其從『赴告』。此説亦是。定哀之時，聖人親見，據實而書。隱桓之世，時既遠，史册亦有簡略處，夫子但據史册寫出耳。」

吕大圭曰：「或曰：『春秋所書，皆據魯史爾。所謂門人高弟不能贊一辭者，其義安在？』曰：『有春秋之達例，有聖人之特筆，故曰：其事則齊桓、晉文；其文則史；其義則丘竊取之矣。有特筆以明其是非者，聖人之精義。』」

黄澤曰：「春秋所以難者，乃是失卻不修春秋。若有不修春秋互相比證，則史官記載、仲尼所以筆削者亦自顯然易見。」

又曰：「學者須以考事爲先；考事不精而欲説春秋，則失之疏矣。夫考事已精，而經旨未得，尚多有之。未有考事不精而能得經旨者也。又須先曉史法，然後可求書法。」

又曰：「春秋固是經，然本是記事。且先從史看考索事情，推校書法。事情既得，書法既明，然後可以辨其何以謂之經，何以謂之史？經、史之辨既決，則春秋始可通。」又曰：「春秋書法，須先考究前後異同詳略，以見聖人筆削之旨。事同而書法異；書法同而事異，正是聖人特筆處。大抵先於夫子未修春秋前觀之，然後沿流而下，綱舉目隨，無不脗合。若只從隱公以後求之，宜乎多所不通也。」又曰：「魯史春秋有例，夫子春秋無例，非無例，以義爲例，隱而不彰也。惟其隱而不彰，所以三傳各自爲說。若左氏所說，止是史官所守之法。」

又曰：「史者，事也；經者，理也。先儒於春秋亦多所益，而莫能總其要歸。其於史官記載之體，聖人筆削之法，蓋未有兼得之者。是以或得之於經，則失之於史；得之於史，則失之於經也。」

又曰：「春秋以前，禮法未廢，史所書者，不過君即位、君薨葬、逆夫人、夫人薨葬、大夫卒、有年、無年、天時之變、郊廟之禮、諸侯卒葬、交聘會朝，大抵不過如此耳。無有伐國、滅國、圍城、入某國、某邑等事也。其後禮法既壞，史法始淆亂。如隱公元年，除書及邾宋盟、公子益師卒外，其餘皆失禮之事。如不書『即位』，是先君失禮，爲魯亂之本。鄭伯克段，是兄不兄、弟不弟。天王歸仲子之賵，則失禮顯然，『祭伯來』，則不稱『使』。舉一年如此，則二百四十二年可知。如此，則夫子春秋安得不作？」

又曰：「『赴告策書，諸所記、注，多違舊章。』此杜氏説。大抵春秋時，史法頗難，爲史官者，亦只當直書，中間違禮、得禮皆有之，亦是時使之然，記事者只得如是，不可律以夫子書法，見夫子簡嚴，便謂史法非是也。夫子之春秋，不可以史法觀，後世作史者只當用史法，不可模擬聖人也。胸中權度不如聖人，則予奪不得其正矣。故作史惟當直書爲得體，夫子春秋，只是借二百四十二年行事以示大經大法於天下，故不可以史法觀之。惠公以前春秋，其不合於典禮者尚少，故夫子截自惠公以後者，所以撥亂也。」

又曰：「春秋書法，自書契以來所無，舊史固是周公之遺法，然常法也。王政不綱，而後怪證百出。弑父與君，無所不有，而紀綱法度俱已蕩然。分限既踰，無一合於古者，而史法始難乎紀載矣。若非聖人删修之，則二百四十二年之行事，是非得失，淆亂穢雜，而無所折衷矣！天下後世安所取正哉？」

又曰：「春秋皆是處變。常者易處，而變者難處。故春秋非聖人不能作。」

理明義精之學

程子曰：「春秋一句即一事，是非便見於此，乃窮理之要。學者只觀春秋，亦可以盡道矣！」

張子曰：「春秋之書，在古無有，乃仲尼所自作。惟孟子爲能知之。非理明義精，殆未可學。先儒未及此而治之，故其説多鑿。」

門人問讀春秋之法。朱子曰：「只是據經所書之事迹，而準折以先王之道，某是、某非，某人是底猶有未是處，不是底又有彼善於此處，自將道理折衷便是。只是聖人言語細密，要人子細斟量考索耳。」

朱子曰：「春秋皆亂世之事，聖人一切裁之以天理。」

又曰：「四代之禮樂，此是經世之大法也。春秋之書，亦經世之大法也。然四代之禮樂，是以善者爲法；春秋是以不善者爲戒。」

黄澤曰：「春秋本是一貫之道。夫子以一理而裁萬事，洪纖高下，各有攸當，而學春秋者，竟未知其爲一貫也。」

舊史闕文傳經者脱漏

王觀國曰：「孔子曰：『君子於其所不知，蓋闕如也。』故春秋書『正月，甲戌，已丑，陳侯鮑卒』。左氏傳曰：『再赴也。』蓋推孔子不知陳侯卒在何日，因其『再赴』，故書『甲戌，己丑』二日，從魯史之文也。又成公十四年，『夏五，鄭伯使其弟語來盟。』左氏傳曰：『夏，鄭子人來尋盟。』蓋『夏五』，無月、日也，闕文也。左氏亦止言『夏』，而不言月、日，則是左氏作傳時，經已闕月、日矣。莊公二十四年，冬，書『郭公』。而左氏無傳。蓋亦經之闕文也。左丘明與孔子同時，又爲魯太史，魯史記盡在太史，則左氏於傳豈不能補正之，而於傳亦闕而弗補者，以此知作經已久，經之文已闕，而不可知，然後傳始作也。前漢藝文志曰：『仲尼以魯周公之國，禮文備物，史官有法，故與左丘明觀其史記，據行事，仍人道，因興以立功，就敗以成物，假日月以定曆數，藉朝聘以正禮樂。有所褒諱貶損，不可書見，口授弟子，弟子退而異言。丘明恐弟子各安其意，故論本事而作傳。』審如是，則丘明親受孔子之旨也。然以闕文校之，則漢志之言復窒而不通，蓋班固之言未可深信耳。」

王應麟曰：「西疇崔氏曰：『春秋桓四年、七年，無秋冬。定十四年，無冬。桓十七年，書「夏五」，而闕其月。莊二十二年，書「夏五月」，而闕其事。僖二十八年，書「壬申」，而不繫之月。桓十年，書「五月」，而不繫之夏。昭十二年，書「十二月」，而不繫之冬。郭公、仲孫忌與凡日食而不繫朔與日者，皆闕也。』」

顧炎武曰：「『隱十年無正』者，以無其月之事而不書，非有意削之也。穀梁以爲『隱不自正』者，鑿矣。趙氏曰：『宣成以前，人名及甲子多不具，舊史闕也。』得之矣。」

又曰：「『許男新臣卒』，左氏傳曰：『許穆公卒於師，葬之以侯，禮也。』而經不言於師，此舊史之闕，夫子不敢增也。穀梁子不得其說，而以爲『内桓師』。劉原父以爲『去其師，而歸卒於其國。』鑿矣！」

又曰：「孔子曰：『吾猶及史之闕文也。』史之闕文，聖人不敢益也。春秋桓公十七年：『冬十月朔，日有食之。』傳曰：『不書日，官失之也。』僖公十五年：『夏五月，日有食之。』傳曰：『不書朔與日，官失之也。』左氏之書，成之者非一人，録之者非一世，可謂富矣。而夫子當時未必見也。史之所不書，則雖聖人有所不知焉者。成公十三年，「公會諸侯代秦」下，正義曰：「經文依史官策書，策書所無，故經文遂闕也。傳文采於簡牘，簡牘先有，故傳文獨存也。」若乃改葬惠公之類，不書者，舊史之所無也。曹大夫、宋大夫、司馬、司城之不名者，闕也。「齊崔氏出奔衛」，去名而書族。「宋殺其大夫山」，去族而書字。疑皆前史之闕。鄭伯髡頑、楚子麇、齊侯陽生之實弑而書『卒』者，傳聞不勝簡書，是以從舊史之文也。郤氏曰：「赴以卒則卒，赴以弑則弑，弑而赴以卒，其弑也，傳聞云爾也。傳聞不勝簡書，是以書『卒』，以待察也。比之疑獄。」左氏出於『獲麟』之後，網羅浩博，實夫子之所未見。子不云乎『多聞闕疑，慎言其餘』。修春秋之法，亦不過此。春秋，因魯史而修者也。左氏傳，采列國之史而作者也。故所書晉事，自文公主夏盟，政交於中國〔三〕，則以列國之史參之，而一從周正。自惠公以前，則間用夏正，其不出於一人明矣。

又曰：「桓公四年、七年，闕秋冬二時。定公十四年，闕冬一時。公羊成公十年，闕冬十月。昭公十年十二月，無冬。僖公二十八年冬無月，而有壬申丁丑。桓公十四年，有夏五而無月。桓公十七年冬十月，有朔而無甲子。桓公三年至九年、十一年至十七年，無『王』。桓公五年春正月甲戌己丑，陳侯鮑卒，『甲戌』有日而無事。皆春秋之闕文，後人之脱漏也。莊公二十二年夏五月，無事。而不書首月。杜氏釋例以爲『闕謬』。穀梁有『桓無王』之説。竊以爲夫子於繼隱之後，而書『公』即位，則桓之志見矣，奚待去其王以爲貶耶？」

又曰：「『王使榮叔來錫桓公命』，不書天，闕文也。文公五年，『王使榮叔歸含且賵』同。若曰以其錫桓而貶之，則桓之立，春秋固已『公』之矣。商臣而書楚子，文公九年。商人而書齊侯，文公十五年。五等之爵無所可貶，孰有貶及於『天王』耶？」

又曰：「僖公元年，『夫人氏之喪至自齊』，不言姜。宣公元年，『遂以夫人婦姜至自齊』，不言氏。此與文公十四年，叔彭生不言仲；定公六年，仲孫忌不言何同，皆闕文也。聖人之經，平易正大。」

又曰：「邵國賢寶曰：『夏五，魯史之闕文與？春秋之闕文與？如謂魯史之闕文也，筆則筆，削則削，何獨闕其所不必疑以示後世乎？闕其所不必疑以示後世，推不誠伯高之心，是不誠於後世也。聖人豈爲之哉？不然，則『甲戌己丑』、『叔彭生』、『仲孫忌』

又何爲者？是故「夏五」，春秋之闕文也，非魯史之闕文也。』」

又曰：「范介儒守己曰：『紀子伯、郭公、夏五之類，傳經者之脱文耳。謂爲夫子之闕疑，吾不信已。』」按：「甲戌、己丑」，似是魯史之文，故左傳已有「再赴」之説。

立言之體

顧炎武曰：「凡書『殺其大夫』者，義繫於君而責其專殺也。『盜殺鄭公子騑、公子發、公孫輒』。文不可曰『盜殺大夫』，故不言大夫。杜氏曰：『以「盜」爲文，故不得言其大夫。』其義不繫於君，猶之盟會之卿，書名而已。胡氏以爲罪之而削其大夫。非也。」

又曰：「『閽弒吴子餘祭。』言吴子，則君可知矣。文不可曰『吴閽弒其君』也。「盜殺蔡侯申」同此。春秋中，凡若此者，皆趙子所謂「避不成辭」。穀梁子曰：『不稱其君，閽不得君其君也。』非也。」

稱元

王應麟曰：「胡文定春秋傳曰：『元即仁也；仁，人心也。』龜山謂其説似大支離，恐改元初無此意。」東萊集解亦不取。

顧炎武曰：「五代史漢本紀論曰：『人君即位，稱元年，常事爾。孔子未修春秋，其前固已如此。雖暴君昏主妄庸之史，其記事先後遠近，莫不以歲月一二數之，乃理之自然也。及後世曲學之士，始謂孔子書元年爲春秋大法，遂以改元爲重事。元吳萊本此作改元論。其謂一爲元，蓋古人之語爾。徐無黨注曰：『古謂歲之一月，亦不云一月，而曰正月。國語言六呂曰元間大呂，周易列六爻曰初九，大抵古人言數，多不言一，不獨謂年爲元也。』呂伯恭春秋講義曰：『命日以元，虞典也。書「月正元日」。命祀以元，商訓也。』惟元祀十有二月乙丑。年紀日辰之首，其謂之元，蓋已久矣，豈孔子作春秋而始名之哉！說春秋者，乃言春秋謂『一』爲『元』，殆欲深求經旨而反淺之也。」

周正朔

後漢書陳寵傳：「冬至之節，陽氣始萌，故十一月有蘭、射干、芸、荔之應。天以爲正，周以爲春。十二月陽氣上通，雉雊、雞乳，地以爲正，殷以爲春。十三月陽氣已至，天地已交，萬物皆出，蟄蟲始振，人以爲正，夏以爲春。」

何休曰：「夏以斗建寅之月爲正，平旦爲朔。法物見，色尚黑。殷以斗建丑之月爲正，雞鳴爲朔。法物牙〔五〕，色尚白。周以斗建子之月爲正，夜半爲朔。法物萌，色尚赤。」

朱子曰：「春秋是魯史，合作時王之月。」

又曰：「夫子，周之臣子，不改周正朔。」

王應麟曰：「春王正月。程氏傳曰：『周正月非春也，假天時以立義耳。』胡氏傳曰：『以夏時冠月，垂法後世；以周正紀事，示無其位，不敢自專。』沙隨程氏曰：『周正之春，包子丑寅月。』呂成公講義於『春』字略焉，蓋闕疑之意。」

黄震曰：「文定說春秋，以春爲夏正之春，建寅而非建子可也。以月爲周之月，則時與月異，又存疑而未決也。故晦庵先生以爲若如胡氏學，則月與時事常差兩月，恐聖人作經不若是之紛紛更也。」

黄澤曰：「春秋，王正月。三傳及三家之注同是周正建子之月，别無異辭。惟近代二百年間，始有夏時之說。胡文定公云：『以夏時冠周月。』蔡九峰云：『商周不改月。』蔡西山說亦同。尹和靖解『行夏之時，乘殷之輅，服周之冕』云：『其大綱見於此，而條目見於春秋。』於是三傳愈不可信，而夏正之說起矣。晦庵先生曰：『某親見文定家說，文定春秋說夫子以夏時冠周月，以周正紀事。謂如公即位，依舊是十一月，只是孔子改正作春正月。某便不敢信。恁地時，二百四十二年，夫子只證得箇行夏之時四箇字。據今周禮有正月、有正歲，則周實是元改作春正月。夫子所謂行夏之時，只是爲他不順，欲改正建寅。如孟子說七八月之間旱，這斷然是五六月。十一月，徒杠成；十二月，輿梁成。分明是九月、十月。』晦庵之説明白如此，而不能救學者之惑，可勝歎哉！」

又曰：「春王正月，此不過周之時，周之正月。而據文定，則『春』字是夫子特筆，故曰：『以夏時冠周月。』又謂『夫子有聖德無其位，而改正朔』。如此，則正月亦是夫子所改。蔡九峰則謂周未嘗改月，引史記冬十月爲證。如此，則時或是夫子所移易，以此説夫子，豈不誤哉！答顔子『行夏之時』，乃是爲萬世通行之法，非遂以之作春秋也。凡王者正朔，所以統一諸侯。若民事，自依夏時。後來漢武帝、魏文帝始定用夏時，是行夫子之言也。今只就經文舉所書月以證改時、改月：莊公二十有三年，『夏，公如齊觀社』，此周之四月也。當夏正建卯之月。僖公三年，自去『冬十月，不雨』，至春書『王正月，不雨』，夏四月，『不雨』，至『六月，雨』，若用夏正，則六月乃建未之月，歷三時不雨，六月乃雨。如此，則春不得耕，夏不得種，種不入土，爲災大矣。今此六月，是周正建巳之月，得雨可以耕種，則於農事無妨。故此年不書旱，不書饑。哀公十四年，『春，西狩獲麟』，冬獵曰『狩』，此是子丑之月，故書『狩』也。而主夏正者，則謂非時而『狩』，所以爲譏。澤以爲既不書公狩，又不書狩之地，此只是虞人修常職，本不應書。所以書者，蓋特爲獲麟，故不可彊以爲貶。漢初，猶有夏、殷、周及魯曆，又有顓頊曆，古人見前代曆紀甚明。又三傳所載之事，互有異同。然同是遵用周正，別無異説。凡三代正朔，皆自是爲一代之制。既改月，則須改時。若周之改月，只以孟子『歲十一月，徒杠成；十二月，輿梁成』及『七八月之間旱』爲證。晦庵集注所據周改時，止以『行夏之時』爲據。蓋周以建子之月爲春，終是不正，故夫子思行夏之時也。」

又曰：「莊七年，『秋，大水。無麥、苗。』杜氏曰：『今五月，周之秋。平地出水漂殺熟麥及五稼之苗。』傳云：『無麥、苗，不害嘉穀也。』杜氏謂：『黍稷尚可更種，故曰不害嘉穀。』澤謂『苗』者，五稼在田之通稱。孟子云：『宋人閔其苗之不長。』又曰：『惡莠，恐其亂苗。』漢書『立苗欲疎』，唐史稱『青苗』，皆謂此也。今此書『無麥、苗』，記異耳。一穀不登，不書；而或書『無麥者』，以舊穀既没，新穀未登，此時麥爲民食之最重，故特書也。今此是斗建午之月，當是水與雨會，故麥熟未得斂，而四月已種之穀成苗，亦爲水所漂。又是年本不熟麥，而又與水會，併穀苗皆無。春秋二百四十二年，惟此年一見，所以爲異。此年不書饑者，蓋水亦旋退，更種他穀之故。今之世謂春秋用夏正者，則以麥苗爲一物，謂秋水漂殺麥之苗也。澤謂若以爲夏正，則種麥成苗在先，水至在後，當是九月之水。九月而始大水，古今罕有之事，一不通也。經書『無麥苗』，又書『大無麥禾』，皆是據收成之後，計有無而書，若以爲九月無麥之苗，則所繫未重，經決不書，二不通也。設令是五六月水，至八九月未退，不曾種麥，故書『無麥苗』，亦已可疑。況書『秋，大水』，若以爲建戌之月，則水之害亦止於秋。至冬十月，則水已退，二麥尚可種，豈得遽云『無麥苗』乎！三不通也。」

又曰：「何休最好異論，如黜周、王魯之類甚多。今其釋公羊傳亦止用周正。如『冬十一月，有星孛于東方』。何氏云『周十一月，夏九月，日在房、心』是也。惟『西狩獲麟』，解云：『河陽，冬言狩；獲麟，春言狩者，蓋据魯變周之春以爲冬，去周之正而行夏之時。』詳其說，亦只謂孔子書狩於春者，以周之正月、二月是建子丑之月，於夏時爲冬，故書『狩』。夫以書春而書『狩』，此何氏所以謂之『去周正而行夏時』。蓋緣此年不書『王正月』，而止書『春』，故何氏有此論。然以前二百四十一年皆据周正以解公羊矣，獨此年有此論，亦所謂立異論之一者。又按：何氏云：『絶筆於春，不書下三時者，起木絶火王，制作道備，當授漢也。』觀何氏此說，怪誕穿鑿，則無怪其於春秋之終而謂孔子改周正也。」

又曰：「近世士大夫多闢先儒用周正之說，以爲時不可改，甚者至以爲月亦不可改。如『七八月之間旱』，與『十一月，徒杠成；十二月，輿梁成』，趙岐釋以周正。晦庵亦從趙岐。而近世說者以趙岐爲非，則是併晦庵皆非之矣！此是本無所見，而妄生事端，以疑惑聖經。又見一說，以爲『正月者，是魯之正月』。魯，諸侯也。諸侯正朔稟於天子，安得有正月？彼蓋嫌杜氏王周正月，以爲周不曾改月，焉得有王政？故讀『王』字歇句，而以正月爲魯侯即位之首月。其說妄誕不可解矣。審如此，何不去卻『王』字，以見明白乎？據其說，添一『王』字是爲尊王，而不與上下文相屬，不成文理矣。」

陳櫟曰：「月數與周而改，春隨正而易。證以春秋左傳、孟子、後漢書陳寵傳，極爲明著。成十年：『六月丙午，晉侯使甸人獻麥。』六月，乃夏四月也。僖五年：『十二月，丙子朔，晉滅虢。』先是卜偃言克虢之期，『其九月、十月之交乎！』『丙子朔』，必是時也。偃以夏正言，而春秋以周正書，可見十二月丙子爲夏十月也。僖五年：『春，王正月辛亥朔，日南至。』王正月，冬至，豈非夏十一月乎？經有只書時者：僖十年：『冬，大雨雪。』蓋以酉戌爲冬也。使夏時之冬而大雪，何足以爲異而記之？襄二十八年：『春，無冰。』蓋以子丑月爲春也。使夏時之春而無冰，何足以爲異而記之？春蒐、夏苗、秋獮、冬狩，四時田獵定名也。桓四年：『春王月，公狩于郎。』杜氏注曰：『冬獵曰狩。周之春，夏之冬也。』魯雖按夏時之冬，而於子月行冬田之狩。夫子即書曰：『春狩于郎。』此所謂春，非周之春而何？哀十四年『春，西狩獲麟』，亦然。定十三年：『夏，大蒐于比蒲。』魯雖按夏時之春，於卯辰之月行春田之蒐，夫子只書曰：『夏，蒐于比蒲。』此所謂夏，非周之夏而何？以次年又書『五月，蒐於比蒲』，亦然也。陳寵傳尤明白，曰：『天以爲正，周以爲春。』注曰：『今十一月也。』『地以爲正，殷以爲春。』注云：『今十二月也。』『人以爲正，夏以爲春。』注云：『今正月也。』孟子『七八月間旱』等，不待多言，而明是三代之正。子丑寅三陽月，皆可以春言也。胡氏春秋傳不敢謂『王正月』爲非子月，而於『春王正月』之『春』字，謂『以夏時冠周月』。皆考之不審，安有隔兩月以夏時冠周月之理！」

熊朋來曰：「陽生于子即爲春，陰生于午即爲秋，此之謂天統〔六〕。」

又曰：「若依夏時周月之説，則正月、二月須書冬，而三月乃可書春耳。」

顧炎武曰：「漢書高帝紀『春正月』注，師古曰：『凡此諸月號，皆太初正曆之後，記事者追改之，非當時本稱也。以十月爲歲首，即謂十月爲正月。今此真正月，當時謂之四月耳。他皆類此。』叔孫通傳：『諸侯羣臣朝十月。』師古曰：『漢時，尚以十月爲正月。故行朝歲之禮，史家追書十月。』」

又曰：「漢元年，『冬十月，五星聚東井。』當是建申之月。劉攽曰：『按曆，太白辰星去日率不過一兩次，今十月而從歲星於東井，無是理也。然則，五星以秦之十月聚東井耳。秦之十月，今七月。日當在鶉尾，故太白辰星得從歲星也。』按：此足明記事之文皆是追改，惟此一事失於追改，遂以秦之十月爲漢之十月耳。夫以七月誤爲十月，正足以爲秦人改月之證。」

又曰：「春秋僖公五年：『晉侯殺其世子申生。』經書『春』，而傳在上年之十二月。十年：『里克弑其君卓。』經書『正月』，而傳在上年之十一月。十一年：『晉殺其大夫丕鄭父。』經書『春』，而傳在上年之冬。十五年：『晉侯及秦伯戰于韓。獲晉侯。』經書『十有一月壬戌』，而傳則爲九月壬戌。經傳之文或從夏正，或從周正，所以錯互如此，羅泌以爲傳據晉史，經則周曆。與史記『漢元年冬十月，五星聚東井』，乃秋七月之誤，正同。僖公五年：『十二月丙子朔，虢公醜奔京師。』而卜偃對獻公，以爲九月十月之交。襄公三十年，絳縣老人言：『臣生之歲，正月甲子朔。』以長曆推之，爲魯文公十一年三月甲子朔。此又晉人用夏正之見於傳者也。」

又曰：「隱公六年：『冬，宋人取長葛。』傳作『秋』。劉原父曰：『左氏月日與經不同者，丘明作書，雜取當時諸侯史策之文，其用三正，參差不一，往往而迷。故經所云冬，傳謂之秋也。』考宋用殷正，則建酉之月，周以爲冬，宋以爲秋矣。」

又曰：「桓公七年，『夏，穀伯綏來朝。鄧侯吾離來朝。』傳作『春』。劉原父曰：『傳所据者，以夏正紀時也。』」

又曰：「文公十（六）〔四〕年『齊公子商人弒其君舍』。經在『九月』，傳作『七月』。隱公三年：『夏四月，鄭祭足帥師取温之麥。秋，又取成周之禾。』若以爲周正，則麥禾皆未熟。四年秋，『諸侯之師敗鄭，徒兵取其禾而還』。亦在九月之上，是夏正六月，禾亦未熟。注云：『取者，蓋交踐之。』終是可疑。按傳中雜取三正，多有錯誤。左氏雖發其例於隱之元年，曰『春，王周正月』，而間有失于改定者。文多事繁，固著書之君子所不能免也。」

又曰：「春秋時、月並書，於古未之見。考之尚書，如金縢：『秋，大熟，未穫。』言時則不言月。伊訓：『惟元祀十有二月乙丑。』武成：『惟一月壬辰。』康誥：『惟三月哉生魄。』召誥：『三月，惟丙午朏。』多士：『惟三月。』『惟五月丁亥。』顧命：『惟四月哉生魄。』畢命：『惟十有二年六月庚午朏。』言月則不言時。朱文公答林擇之，亦有「古文例不書時」之說。其他，鐘鼎古文多如此。春秋獨並舉時、月者，以其爲編年之史，有時、有月、有日，多是義例所存，不容於闕一也。或疑夫子特筆。是不然。舊史既以春秋爲名，自當書時。且如隱公二年『春，公會戎于潛』。不容二年書春，元年乃不書春。是知謂『以時冠月，出于夫子』者，非也。」

按：夏時周月，其說甚異。實由於程子「假天時以立義」一語，尹氏、胡氏、蔡氏緣之而議論滋紛矣。程子曰：「周正月非春也。」夫謂周正月非夏時之春則可；謂周正月，周不謂之春則不可。

吾友吴行先告余曰：「程子及胡氏之意，周雖改正朔，而周正月之非春，雖周亦只謂之冬，不謂之春。月爲王之正朔可改，春爲天時一定不可改。孔子作春秋，乃于『王正月』上書『春』，明『正月』當應天時之春，不當如周之以天時之冬爲正月也。書『春』於『王正月』之上，而周正之失自明，故曰『假天時以立義』。而胡氏又曰：『以夏時冠月、以周正紀事也。』諸儒所以辨之者，俱未推得其本意。且諸儒辨論，乃易明者，既天時與正朔差兩月，舉二百四十年時、月盡紛更如此，程子及胡氏豈昧昧者哉！夫亦曰天時有一定，百王所同，萬世共曉。今移而加於『王月』之上，王爲周王，則月固知爲周月。而天下後世明知其月之非春，然後可以悟正月之不可不自春始。荀曰『冬正月』，則辭不順。而當行夏時，用建寅爲正月明矣。又考其致誤之由，蓋於殷周改月，既未得其詳，疑或改或不改。故引伊訓，以見月之不改；引史記，以見時亦不改。惟春秋紀事，月固改矣。周改時無明文，遂斷然以時爲一定不改者也。程子及胡氏既疑於經文，而又得『行夏之時』一語，遂傅會其說，以書『春』於『王正月』上爲聖人之微辭也。不然，先賢豈好爲多事，而強加聖人以改周正朔哉！若周改時有明文可舉，必無是說矣。」

余曰：周頌臣工篇：「嗟嗟保介，維春之莫。」以孟春耕藉〔七〕，載耒耜，措之參保介之御間言也〔八〕。敕保介者，天子、諸侯耕耤勸農，保介乃同車之人，田器置於其間，故嗟之，以命諸侯勸農爲急。下文云抑又何求乎，惟民之如何用力於新田、畬田者，是急耳。麥則將受上帝明賜矣。盡力於耕，上帝又將畀以豐年也。命農具錢鎛耕治，正「三之日于耜，四之日舉趾」事也。「奄觀銍艾」。言穫之不遠，以勉耕之當急也。實孟春而曰「維春之莫」，鄭康成詩箋曰：「周之季春，於夏爲孟春。諸侯朝周之春，故晚春遣之。」所謂朝周之春者，周雖改時，而諸侯朝以夏之孟月。夏之孟春，於周則晚春也。孔沖遠正義言：「朝祭之期甚明。」又孟子：「秋陽以暴之。」趙岐注曰：「周之秋，夏之五六月，盛陽也。」禮記明堂位：「孟春，乘大路。」鄭康成注曰：「孟春，建子之月。魯之始郊，日以至。」孔沖遠正義曰：「雜記：『孟獻子曰：正月日至，可以有事於上帝。』郊特牲云：『周之始郊，日以至。』」明堂位又言：「季夏六月，以禘禮祀周公於大廟。」鄭注曰：「季夏，建巳之月也。」孔沖遠正義曰：「若夏之季夏，非祭之月。」其於詩正義則曰：「雜記云：『七月而禘，獻子爲之。』以六月爲正。」略舉數事，亦足證周不惟改月，實改時矣。胡氏引史記「冬十月」。顧氏既辨之詳，而其所引伊訓，考之漢律曆志明引此爲「朔旦，冬至」。冬至於夏爲十一月，於商爲十二月，於周爲正月，此改月之證，非不改月之證。左傳昭公十七年梓慎曰：「火出，於夏爲三月，於商爲四月，於周爲五月。」以周人言商，周改月，如梓慎；以漢人言商，周改時，如陳寵，皆明據也。後儒去古彌遠，古曆不可得見，又未能坐知千歲日至，徒以空言説經，往往失之。凡立言者，慎之又慎。有疑則闕，毋鑿説，毋改經，其斯爲今日讀書之法律與。

書王

黄澤曰：「説春秋，當先識大意。謂於二百四十二年行事之外求之，若不於大意而於逐事推尋，則舛謬必不少矣。只如：『元年，春，王正月。』公羊傳云：『王者曷謂？謂文王也。』此已失之拘滯。若復推究其極，則文王雖爲周家始受命之君，然居殷之世，乃殷之諸侯耳。文王自承殷正朔，曷嘗自以建子爲正乎？今直以『王正月』爲文王，是改殷正朔自文王時已如此，其爲教義之害非小小矣！故春秋易致乖錯。杜元凱卻云『魯隱之始年，周王之正月』。此言平正無疵，杜氏於大意固亦未甚明，然較之他人則有間也。」

顧炎武曰：「未爲天子，則雖建子，而不敢謂之『正』，武成『惟一月，壬辰』是也。已爲天子，則謂之『正』，而復加『王』，以别於夏正殷，春秋『王正月』是也。」

又曰：「廣川書跋載晉姜鼎銘曰：『惟王十月乙亥』，集古録、博古圖載此鼎，并作「王九月」。而論之曰：『聖人作春秋，於歲首則書王，説者謂謹始以正端。今晉人作鼎，而曰「王十月」，是當時諸侯皆以尊王正爲法，不獨魯也。』李（孟）〔夢〕陽曰：『今人往往有得秦權者，亦有「王正月」字。以是觀之，春秋「王正月」，必魯史本文也。言「王」者，所以别於夏殷，並無他義。』劉原父以『王之一字，爲聖人新意』，非也。」博古圖載：周仲稱父鼎銘曰「維王五月，初吉丁亥」，齊侯鎛鐘銘曰「惟王五月，辰，在戊寅」，敌敦銘曰「惟王十月」。

又曰：「趙伯循曰：『天子常以今年冬班明年正朔於諸侯。諸侯受之，每月奉月朔甲子以告於廟，所謂稟正朔也。故曰王正月。』」

不書即位

黄澤曰："『此隱公之元年，何以不書即位，攝故也。』『君薨而世子立，世子幼則國政聽於大臣，堪事而復辟焉，古有之矣。』曰：『隱公爲大臣乎？』曰：『非也。庶長而有先君之命使之攝而奉桓者也。』『何以知其有先君之命乎？』曰：『桓公之母仲子也，以貴聘之，則其子貴矣。故桓公之生，先君既以爲世子，諸侯國人知之矣。則隱公之攝，非先君之命而誰乎？』曰：『庶長何以不得立？』曰：『是聖王之制，所以正嗣統而杜禍亂之原，定民志也。禮：諸侯一娶九女，無再娶之文。適夫人無子，則擇諸右媵；右媵無子，則擇諸左媵；左媵無子，而後取諸衆妾之子，亦皆以其序焉，有常制矣。隱母媵也，故其子不得承統。』『然則桓母適乎？』曰：『不適。』曰：『不適則曷爲而貴？』曰：非適、非媵，桓母也。非適、非媵是謂再娶，蓋先君之失禮，而臣子末如之何者也！惠公之適妃，孟子也。孟子卒，繼室以聲子，隱母也。其後仲子之歸魯，蓋純以夫人禮聘之，國人皆曰：此夫人也。隱亦嘗母事之矣。雖然，豈禮之正哉？是故明天子在上，則婚娶得禮，而適、庶之分明。及王制不行，而後諸侯越禮者衆。越禮矣，而直以古義斷之，則於事情之實將不勝其扞格，而終非臣子所得追議於君父也。然則隱烏得而奉桓乎？穀梁子曰：『讓桓不正。若隱者，可謂輕千乘之國。蹈道則未。』由穀梁之説，斷則斷矣，而不達乎事之情，昧乎禮之權者也。使隱公黜桓而自立，則是負先君之託。先君之肉未寒，而舉其所愛，推而遠之，設令其禍不至於殺，而桓之母子失所矣，而曰『我爲正』。其得謂之正乎？其得謂之孝乎？而人之情又肯盡從之否也？使人情而果從，是亦乱耳，是亦篡耳。況人情未必然，而先君之命實不可改乎！故隱之奉桓足以爲賢。而説春秋者，苟能覈事情，酌時宜以處中，而毋執一焉，庶幾乎得之矣！」

又曰：「説春秋，須要推究事情，使之詳盡，然後得失乃見。如澤説桓母仲子，是惠公失禮再娶，乃是推尋始見得如此，所以確然自信不惑。蓋經書考仲子之宫初獻六羽，若以仲子爲適，則正當祔廟，不應別立宫。若謂母以子貴，則魯十二公非適出者尚多，皆未聞爲其母別立宫者。別立宫，止有仲子，蓋是嘗以夫人禮取之，故特異之也。又禮記稱『夫人之不命於天子，自魯昭公始如此』，則惠公之娶仲子，蓋已請命於周室。如此推尋，則知當來仲子歸魯，是以夫人禮聘之，明矣。此雖失禮，然在魯之臣子，則不當論。」

又曰：「魯隱公不書即位，穀梁謂之『讓桓不正』，左氏以爲攝，而不明斷其是非。然既謂之『攝』，是有先君之命，非諸大夫扳而立之也。應立而讓，則謂之『讓』；不應立，故謂之『攝』。桓母素貴，稱夫人故也。」

又曰：「何休以爲隱母是左媵，桓母是右媵，亦不過測度之辭。隱母乃是媵，桓母是失禮再娶耳。既娶而生桓公。未幾，而惠公没。隱公之攝，實出於先君之命，使之攝而俟桓長。傳稱：『惠公之薨，有宋師，太子少。』是惠公之時，桓公已正太子之位。夫桓公既已正太子之位，則隱公之攝，乃父命，明矣。然則，隱雖欲不讓，烏得而不讓乎？又宋、魯爲婚姻，而惠公未葬，宋來伐喪，此何故也？豈非以桓公、仲子故邪？夫太子少而隱公立，斯固宋人之所疑者。桓公内有國人歸嚮之情，外有宋之援，使隱果不賢，亦未敢遽奪之也。而況隱之志本能讓乎！」

又曰：「穀梁謂『隱公不當讓』。此不達禮之變，而亦不知當時事情。儒者生於後世，而追斷古事往往不合者，不達事情故也。使穀梁生於斯時，則親見當時國人之情，知惠之貴桓，見桓母之存，而國人貴之，隱公母事之，而先君立桓之命，人之所知，隱公讓桓之舉，實爲能遵先君之命，則自不敢如此説矣。若使穀梁生此時，見此事，而左右隱公，使之自立，則自導人爲不義。此説一萌，不論事之濟否，而隱公讓桓之美意壞盡矣。故儒者若欲追論古人，必若身親見之，親當之，則自然合事情而無過論也。聖人所以異於人者，蓋雖一切以禮義爲斷，然未嘗迂遠而拂事情。公羊傳曰：『立適以長不以賢，立子以貴不以長。』此三代立子之法，必禮經之言也。」

又曰：「不書即位，公羊、穀梁所見自殊。胡文定是穀梁而非公羊，其説雖正，然于事情不察，未免有差失。以王制論之，則惠公元妃孟子既無子，則隱是庶長，當立。胡氏以隱是『讓』而非『攝』，其説是矣。但禮失之餘，先君之事亦已如此，既不容探其本而歸之正，而徒裁正其末流，豈不齟齬扞格，而大咈於人情哉？仲子之歸魯，蓋以夫人禮聘之。若據此事情，則仲子既貴，桓是太子，隱自不得立，其所以攝者，父命也。如此，則公羊之説爲是。又據左傳，則元妃既薨，聲子已攝内政久之。仲子歸魯，既稱夫人，聲子亦已退避，仲子之貴有素矣。隱公二年『十二月乙卯，夫人子氏薨』；三年『四月辛卯，君氏卒〔一〇〕』。仲子稱薨，聲子稱卒，書法如此，聖人斟酌輕重之意，亦可見焉。或曰：『正義不從，而固從此偏曲之説，何也？』曰：『此變禮也，非偏曲也。若欲伸正義，必明天子而後可。不然，則用穀梁之説，以輔佐隱公，使之自立，則上逆天子、君父之命，又必殺桓公母子而後可焉。此説春秋者所以不得已則從權也。』或曰：『何以謂之上逆天子？』曰：『惠公在位久，晚年以魯夫人之祥，娶仲子。若不請於天子，以夫人禮聘，則宋人必不與。雖是失禮，然亦有故，又與汎常違禮者不同，故説春秋者又當斟酌事情，未可直情而徑行也。』」

又曰：「莊公元年，不書『即位』。當據公羊傳爲正，其言曰：『公何以不言即位？』春秋君弑，子不言即位。君弑，則子何以不言即位？隱之也。孰隱？隱子也。何休曰：『隱痛是子之禍，不忍言即位。』公羊此義當矣。穀梁則曰：『繼弑君不言即位，正也。繼弑君不言即位之爲正，何也？曰：先君不以其道終，則子不忍即位也。』其説雖正，然不及公羊。蓋據公羊則知是聖人所改，據穀梁則是作史者皆當如此書。故知公羊之義爲得。所以必須似此推校者，蓋公羊之義正。則胡文定『爲世子，必誓於王。爲諸侯，内無所承，上不請命，擅有其國，春秋絀而不書』。其説太矯激，非正矣。夫莊公爲太子，蓋已誓于天子，天子已知其應立。及君薨，則太子嗣位。嗣位而告喪、告葬，歷三代蓋已有定例。方其告喪、告葬，天子使來歸賵，此是舊典應如此。及周之衰，賵贈錫命之禮，雖有遲速，或至全闕，然嗣子承統，必告天子，當已在告喪之時，決無不請命擅有其國之理。又設令世子嗣位，告葬雖未獲天子之命，然如期而葬，名正言順。先君既以禮葬，嗣子名亦已達於天子矣，豈可以爲擅有其國乎？惟不書『即位』，當是夫子所削。蓋桓公以去年十二月葬，則莊公必用踰年改元之禮。夫子以爲父死於外，子當隱痛，故不書『即位』。此公羊之義所以爲得，文定之説失之太過也。」

按：古者有攝主之禮。上卿及長庶皆可爲攝主。後儒考論不詳，幾不聞是名，而又見於俗之衰薄，一聞所謂攝，則以爲禍乱之本。因王莽居攝篡漢，并疑周公必不居攝。夫周公爲攝主以奉成王，正古之禮也。黄氏言：「魯隱公必承父命爲攝主，以奉桓。」此在古人原非異事。孔子與曾子論「君薨而世子生」之禮，是古者君薨，世子未生，猶有攝主而無所嫌疑。雖然，兹事也春秋之末已難行之。哀公三年左傳：「季孫有疾，命正常曰：『無死。南孺子之子，男也，則以告而立之；女也，則肥也可。』季孫卒，康子即位。既葬，康子在朝。南氏生男，正常載以如朝，告曰：『夫子有遺言，命其圉臣曰：「南氏生男，則以告於君與大夫而立之。」今生矣，男也，敢告。』遂奔衛。康子請退。公使共劉視之，則或殺之矣。」此衰薄之一端。因此推之，康子即位，是世卿之家有攝主也。鄭康成注禮記曾子問篇曰：「攝主，卿代君聽國政，不言長庶爲攝主者，一避或無長庶；一雖有長庶，或君不命爲攝主。」然則隱公之攝，爲有父命，黄氏之説確矣。既有父命，則惠公之薨，告喪前於天子，必亦如嗣子承統之禮，而以父命爲攝主，告於天子，此禮之常也。而胡氏曰：「内不承國於先君，上不稟於天子。」二語皆無著。趙汸春秋屬辭以爲「行即位之禮則書即位；不行即位之禮則不書即位」。隱公爲攝主，奉桓不行即位之禮也。繼弑不忍即位，亦不行即位之禮也。夫莊公、閔公、僖公以爲不忍而不行即位之禮，則是繼弑不行即位之禮爲一定之典。桓公何不用是典，以明己之不忍不與乎弑哉？蓋弑君，大變也，典禮所無。繼弑君不書即位，亦史法所無。春秋一裁以天理，天理所不忍言者，莫如繼弑而曰即位也。故推原臣子之情，不書即位，蓋雖告廟臨羣臣，而當是際必有深痛難安者，不必書於策也。舊史或書之，夫子必削之，以見此理。桓則與聞乎弒，故仍舊史所書，以不忍者形之而惡其忍。宣視桓有間，然爲弒君者所立，而受國不討賊，何有於不忍乎？桓、宣書「即位」，理在此也。隱公受父命，直君臨國，待桓長然後退而與桓。與上卿之爲攝主又不同。此雖惠公之失，然隱自以爲攝，改葬惠公亦不臨，蓋奉桓爲先公之世子而不自成爲君，是其所以不書即位也。仲子之娶，以夫人之禮；桓公之生，以世子之禮。黄氏論之詳矣。

諸侯立子之制

何休曰：「禮：適夫人無子，立右媵；右媵無子，立左媵；左媵無子，立嫡姪娣；嫡姪娣無子，立右媵姪娣；右媵姪娣無子，立左媵姪娣。」

黄澤曰：「成公九年『二月，伯姬歸於宋』。經書『衛人來媵』。又書『晉人來媵』。又書『齊人來媵』。按左傳：『凡諸侯嫁女，同姓媵之，異姓則否。』今魯嫁伯姬，三國來媵，共十二女，而齊是異姓，豈宋先代之後，上公尊爵故如此與？然不可考矣！又按傳隱公三年云：『衛莊公娶於齊東宫得臣之妹，曰莊姜，美而無子。』『又娶于陳，曰厲嬀，生孝伯，早死。其娣戴嬀生桓公，莊姜以爲己子。』據厲嬀，即何氏所謂右媵；其娣戴嬀即右媵之娣。又據昭公八年：『陳哀元妃鄭姬，生悼太子偃師，二妃生公子留，下妃生公子勝。』此所謂三妃，即夫人與左右媵。合此數處觀之，則諸侯九女之制甚明。其立子則各從其母之貴賤也。」

又曰：「『齊桓公之夫人三：王姬、徐嬴、蔡姬，皆無子。齊侯好内，多内寵，内嬖如夫人者六人：長衛姬生武孟；少衛姬生惠公；鄭姬生孝公；葛嬴生昭公；密姬生懿公；宋華子生公子雍。』按：桓公夫人三，當是徐嬴、蔡姬娶在先，王姬娶在後。所以，如此不是兩媵，故皆稱夫人。内寵六人，寵皆相軋，又非娣姪，所以子皆爭立，妻妾踰制，非正家之道。」

又曰：「『晉襄公卒。晉人以難故，欲立長君。賈季欲立公子樂，趙宣子欲立公子雍。宣子曰：『辰嬴賤，班在九人，其子何振之有？杜祁以君故，讓偪姞而上之；以狄故，讓季隗而己次之，故班在四。』愚按：此事宣子如此擬議，後雖不曾成，然當時偶無適子而欲立妾子者，其選擇之法，大抵如此。」

又曰：「惟公子糾不知其母之貴賤。小白母衛姬是齊僖公妾，然亦不知其班序之尊卑。但據二傳説，子糾母貴，宜爲君。史記謂子糾母魯女，則班序不當在衛姬下。」

君氏

黄澤曰：「此蓋是省文法。猶曰：君之母、夫人某氏云爾。既不純用夫人禮，本難以書；而又以君故不可不書，是以變其文而書法如此。」

又曰：「公羊以尹氏爲譏世卿，説春秋者往往從其説，而深闢左氏之妄。澤以爲經所書者皆是史有其文，非是夫子創書。凡史書之法，告則書。假令果是尹氏，則所以得書於魯史者，以其來告故也，豈有譏刺之意哉？夫世卿固當時之弊，然其來已久。推而上之，則堯、舜、夏禹亦皆然。但側微者亦達，隱德者必彰，不純用世家耳。世卿之弊，極於周末，人情亦皆厭之，故有譏世卿之説，然春秋治奸名犯分者耳。假令果是尹氏，果是周之世卿，則書一尹氏之死，而乃深寓譏刺之意，豈不深險之甚哉！」

又曰：「古策書之體甚嚴，假令果是尹氏，果是天子之世卿，便須考究尹氏名某。既是周之卿，卻爲何官？與魯有何交故，乃因卒而登載於魯之史策？既已不知來歷，又何以知其爲譏世卿？或曰尹氏者，天子之公卿，嘗與先君惠公有盟會，故本以名赴，而變文書『氏』以譏之耳。曰：二百四十二年策書之薨、卒，惟夫人書『氏』，即無男子書『氏』之例。婦人所以書『氏』者，所以别同姓。若魯昭公吴孟子〔一二〕，便不可赴同姓之國。故婦人以『氏』爲重，其天子之卿大夫既卒，若與魯有故而來赴，只應曰某官某卒。」

又曰：「夫所謂尹氏者，謂天子之大夫。書此者，所以譏世卿也，而不知當時國史本無尹氏卒之事。又：世卿，周中世以後之通弊，亦非朦朧書之尹氏所能救。聖人褒貶之法，豈若是深晦不明之甚哉！」

顧炎武曰：「『君氏卒』。以定公十五年『姒氏卒』例之，從左氏爲是。若天子之卿，則當舉其名，不但言『氏』也。」

又曰：「或疑君氏之名別無所見。左傳襄公二十六年：『左師見夫人之步馬者，問之，對曰：君夫人氏。』蓋當時有此稱。然則去其『夫人』，即爲『君氏』矣。戰國齊有君王后。」

考仲子之宮初獻六羽

王應麟曰：「衆仲對羽數，服杜之說不同。服虔云：『天子八八至士二八。』則當每佾八人。杜預云：『天子六十四人，至士四人。』則人數如其佾數。宋太常傅隆以杜注爲非，謂：『八音克諧，然後成樂。故必以八人爲列。降殺以兩，減其二列爾。預以爲一列，又減二人，至士止餘四人，豈復成樂？』劉原父謂士無舞。特牲、少牢皆士禮，無用樂舞之儀。」閻若璩曰：今宋書樂志：「故必以八人爲列。」「人」誤作「八」，「列」誤作「例」。王氏所見本尚古。

黃澤曰：「妾母立宮，既有定制，則樂舞亦必有定數，何故至仲子始定樂舞？如此推尋，又似前此妾母未嘗立宮，或止是祭於寢。別立宮者，止有仲子，所以見其始以貴聘，故其終也特異其禮與？又六佾始書於經，則魯先君之宫，皆僭用八佾明矣。及仲子立宫，乃是創見，故疑八佾之舞而問於衆仲初獻六羽也。以其是特立之宫，故可更議其制。若先君之宫，則相承僭禮已久，不可輕議，是以獨仲子之宫用六佾焉。但妾母祭禮終不可見。據穀梁則當築宫以祭，子祭，孫止。然其説太簡略矣。夫築宫一世而遽毁，果合禮意乎？故竊以爲不築宫則已，若築宫，則亦當以親盡爲斷。」

族氏

顧炎武曰：「春秋之文，不書『族』者有二義。『無駭卒』，『挾卒』，『柔會宋公、陳侯、蔡叔盟于折』，『溺會齊師伐衛』：未賜氏也。『遂以夫人婦姜至自齊』，『歸父還自晉，至笙，遂奔齊』，『僑如以夫人婦姜氏至自齊』，『豹及諸侯之大夫盟于宋』，『意如至自晉』，『婼至自晉』：一事再見，因上文而略其辭也。」公羊宣公元年傳：「遂何以不稱公子？一事而再見者，卒名也。」注：「『卒，竟也。竟但舉名者，省文。』如後人作史，一條之中再見者不復書姓。左氏不得其解，於『溺會齊師伐衛』，則曰『疾之』；於『歸父還自晉』，則曰『善之』。豈有『疾之』而去族，『善之』而又去族者乎？」

又曰：「春秋隱桓之時，卿大夫賜氏者尚少，故無駭卒而羽父爲之請族。如挾、如柔、如溺，皆未有氏族者也。穀梁傳「不爵大夫」之説近之，而未得其實。莊閔以下，則不復見於經，其時無不賜氏者矣。」

又曰：「劉原父曰：『諸侯大國三卿，皆命於天子；次國三卿，二卿命於天子；小國三卿，一卿命於天子。大國之卿三命，次國之卿再命，小國之卿一命，其於王朝皆士也。韓宣子稱晉士起。三命以名氏通，再命名之，一命略稱人。周衰禮廢，强弱相并，卿大夫之制，雖不能盡如古，見於經者，亦皆當時之實録也。故隱桓之間，其去西周未久，制度頗有存者，是以魯有無駭、柔、挾，鄭有宛、詹，秦楚多稱人，至其晚節，無不名氏通矣。而邾、莒、滕、薛之君，日已益削，轉從小國之例，稱人而已。說者不知其故，因謂曹秦以下，悉無大夫。彼固不知王者諸侯之制度班爵云爾。』」

又曰：「或曰：『翬不稱公子，何與？』杜氏曰：『公子者，當時之寵號。』宣元年注。翬之稱公子也，桓賜之也。其終隱之篇不稱公子者，未賜也。劉原父曰：『公子雖親，然天下無生而貴者，是以命爲大夫，則名氏得而通。未命爲大夫，則得稱名，不得稱公子。』若專命之罪，則直書而自見矣。」

又曰：「『齊公子商人弒其君舍』，已賜氏也。『衛州吁弒其君完』，未賜氏也。胡氏以爲『以國氏者，累及乎上；稱公子者，誅及其身』。此求其說而不得，故立此論爾。」

迎王后

黄澤曰：「桓公八年冬，『祭公來，遂迎王后于紀。』范氏曰：『祭公，寰内諸侯，爲天子三公者。親迎例時，不親迎例月。故春秋左氏説曰：王者至尊無敵，無親迎逆之禮。祭公迎王后，未到京師而稱后，知天子不行而禮成也。鄭君釋之曰：大姒之家，在郃之陽，在渭之涘。文王親迎于渭，即天子親迎之明文也。天子雖尊，于其后猶夫婦。夫婦判合，禮同一體，所謂無敵，豈施此哉！禮記哀公問曰：冕而親迎，不已重乎？孔子愀然作色而對曰：合二姓之好，以繼先聖之後，爲天地、宗廟、社稷之主，君何謂已重乎？此言親迎，繼先聖之後，爲天地、宗廟、社稷之主，非天子則誰乎？』澤謂范氏説固善，然天子親迎之禮，終不見明文。故古不知如何？但所引文王親迎爲證，則文王之初載，其時實諸侯耳。未可據以闢左氏説也。記所云繼先聖之後，則凡諸侯，亦孰非先聖之後乎？魯、衛、晉、蔡、曹、滕，出於周之文、武；宋、杞、陳，爲先代之後，大抵多是聖人之後也。爲天地宗廟主者，亦據魯祀天而言耳。凡此，恐未可據以爲天子親迎之禮，其後未必行，況當春秋時，魯君往往皆是遣卿，諸侯亦已皆然。當時事體自應如此，不可責以舊禮，況天子乎！大抵春秋時，敵國既多，諸侯守宗廟社稷之重，若一一修親迎之禮，自於事體不便。禮有因人情而變者。故春秋娶女雖不備禮，而天子諸侯俱遣重臣，亦禮之变也。又當時天子諸侯，其他廢禮越禮者何可勝計！若於此責之，是放飯流歠，而問無齒決之謂矣。」

踰年即位

顧炎武曰：「凡繼立之君，踰年正月乃書『即位』，然後成之爲君。未踰年則稱『子』，未踰年又未葬則稱名。先君初没，人子之心不忍亡其父也。父前子名，故稱名：莊公三十二年『子般卒』、襄公三十一年『子野卒』是也。已葬，則子道畢，而君道始矣，子而不名：文公十八年『子卒』，僖公二十五年衛子成公，二十八年陳子共公，定公三年邾子隱公是也。雜記曰：『君薨，太子號稱「子」，待猶君也。』鄭氏注曰：『謂未踰年也。』踰年則改元，國不可以曠年無君，故有不待葬而即位，則已成之爲君。文公元年『春王正月，公即位』；成公元年『春王正月，公即位』；定公元年『夏六月，戊辰，公即位』；桓公十三年衛侯惠公；宣公十一年陳侯成公；成公三年宋公共公；衛侯定公是也。所以敬守而重社稷也。杜氏左傳注：「衛宣公未葬，惠公稱侯，以接鄰國，非禮也。」蓋不達此義。此皆周公之制，魯史之文，而夫子遵之者也。公羊傳曰：『君存，稱世子；世子下仍當繫名，若陳世子款、鄭世子華之類。君薨，稱子某；既葬，稱子；踰年，稱公。』得之矣。」

又曰：「『鄭伯突出奔蔡』者，已即位之君也。『鄭世子忽復歸於鄭』者，已葬未踰年之子也。此臨文之不得不然，非聖人之抑忽而進突也。忽、突皆名，別嫌也。杜氏注『賤之』者，非。」

又曰：「未葬而名，亦有不名者，僖公九年『宋子』襄公、定公四年『陳子』懷公是也。所以從同也，盟會之文從同，而書不得獨異。昭公二十二年，「劉子、單子以王猛居于皇。」劉蚠亦在喪。已葬而不名。亦有名之者，昭公二十二年王子猛是也。所以示別也。」嫌於敬王、王子朝。

又曰：「『里克殺其君之子奚齊』者，未葬居喪之子也。『里克弒其君卓』者，踰年已即位之君也。此臨文之不得不然。穀梁傳曰：『其君之子云者，國人不子也。』非也。」

又曰：「即位之禮，必於踰年之正月。即位。然後國人稱之曰『君』。春秋之時，有先君已葬，不待踰年而先即位者矣。宣公十年，『齊侯使國佐來聘』頃公、成公四年，『鄭伯伐許』悼公，稱爵者，從其國之告，亦以著其無父之罪。」

紀侯大

王應麟曰：「『紀侯大去其國』，陳齊之謂聖人蓋生名之。『大』，名也。若漢欒大是也。愚按：以大爲紀侯之名，本劉質夫說。」

星隕如雨

顧炎武曰：「『星隕如雨』，言多也。啖氏曰：『奔流者衆，如雨之多。』漢書五行志：『成帝永始二年二月癸未，夜過中，星隕如雨，長一二丈，繹繹未至地滅，至雞鳴止。』谷永對言：『春秋記異，星隕最大，自魯莊以來，至今再見。』此爲得之。而後代之史，或曰『小星流百枚以上，四面行』；或曰『星流如織』；或曰『四方流星，大小縱橫百餘』：皆其類也。余於甲申年閏六月丙申，望見月食既，星流竟夕，始悟古時有此異。不言石隕，不至地也。」

子糾

黃澤曰：「『齊人取子糾，殺之。』穀梁以爲『千乘之國而不能存子糾』。范甯謂：『穀梁以不納子糾爲內惡，是仇讎可得而容。』又注引何休曰：『三年，溺會齊師伐衛，故貶而名之。四年，公及齊人狩于郜，故卑之曰人。今親納讎子，反惡其晚，恩義相違，莫此之甚。』鄭君釋之曰：『於讎不復，則怨不釋。而魯釋怨，屢會仇讎，一貶其臣，一卑其君，亦足以責。魯臣子其餘則同，不復譏也。至於伐齊納糾，譏當納而不納耳，此自正義不相反也。』甯謂：『讎者無時而可與通，縱納之遲晚，又不能全保讎子，何足以惡內乎？然則，乾時之戰，不諱敗；齊人取子糾殺之，皆不迂其文，正書其事，内之大惡，不待貶絶，居然顯矣。二十四年，公如齊親迎，亦其類也。惡内之言，傳或失之。』」澤謂：鄭君之説雖或未備，然大抵卻是委曲推究，與近世説春秋者不同。范氏『讎無時而可與通』之説雖若正大，然不察事之情實，而失之執滯也。若果不可通，則此後桓公伯諸侯四十餘年，率諸侯以尊王，魯亦常在其中，卻如何説？夫鳥獸行、殺桓公者，齊襄也。齊襄之罪，王法所當誅。王室既不能誅，魯力又不足復讎，而襄公已爲國人所弑，則魯人如何欲遷怒餘人乎？子糾、桓公，乃僖公之子、襄公之弟，聖人蓋恕魯力之不能復讎，而深責其不當與讎通，故已屢書而致其意矣。及讎人貫盈而自罹於禍，國内無主，魯若於此時奉糾而立之，誅其凶亂，則亦庶幾可以雪恥，此實無害於義。惟莊公之意，亦豈不欲如此？然第失事機，故非但無益，而更取敗耳。若如此看，則春秋始可通而無執滯矣。」

又曰：「桓公、子糾之事，按程子之説，以子糾、桓公爲襄公二子。據左傳則云：『齊桓，衛姬之子，有寵於僖。』則齊桓乃僖之子、襄公之弟也。又按：程子以桓公爲兄，子糾爲弟。據公穀及三傳之注，則子糾是兄、桓公是弟。又荀子言：『桓公内行，則殺兄而爭國。』則子糾乃桓公之兄也。又據古者，諸侯一娶九女，適夫人無子，則立右媵之子；右媵無子，則擇諸左媵；左媵無子，則取於夫人娣姪；夫人娣姪無子，則取於右媵娣姪；右媵之母，其娣姪無子，則取於左媵娣姪。故凡立子，皆是隨其母之貴賤。今桓公之母與子糾之母，其班序高下無得而考。則桓公、子糾之孰爲應立，皆不可知，故其是非不可懸斷。但公羊、穀梁去古未遠，皆謂子糾應立，所以不直桓公，至謂之篡。又謂經書『齊人取子糾，殺之』，是自殺其應立之子。又桓公既得國，而猶欲殺子糾者，蓋有應立之道，是其所忌。若當時桓公果是兄，子糾果是弟，桓母班序又高，則可用伊川之説，子路、子貢亦可以無疑。今二子皆以此爲問者，是當時公論不直桓公，皆謂子糾應立，桓公不當殺兄。然夫子皆不答所問，乃直取管仲之功，此則正是聖人妙處，不可窺測者也。然夫子不責管仲，以死者蓋公子，無爲君之道。師傅，先君所設，不可純以臣禮律之。有患難則相與周旋，既已宣力效勞，竭盡其節，而偶脱虎口者，則亦在所可恕，如管仲是也。若桓公、子糾事，須按春秋經文爲正。不按經文，則不見聖人之妙。」

又曰：「『及齊師戰於乾時，我師敗績。』胡先生曰：『能與讎戰，敗亦榮。以敗爲榮，似非正義。又，王師尚不諱敗績，魯，諸侯也，敗績亦安得不書？』又『公敗齊師于長勺』。云：『齊師伐魯，經不書「伐」，責魯也，詐戰曰敗。善爲國者，不師；善師者，不陣；善陣者，不戰。至於善陣，德已衰矣。而況兵刃相接，又以詐謀取勝乎？故書魯爲主，以責之。』澤謂：桓公死於齊，莊公不能復讎，及讎人貫盈而死於弑，國内無主，而僖公之子糾逃難於魯，魯納之，又不能集事，乾時之敗，狼狽而歸。鮑叔牙帥師來脅殺子糾，譎取管仲，當是之時，魯幾於不能國矣。公若不敗齊師於長勺，敗宋師於乘丘，又敗宋師于鄑，則亦何以立國？君子於此，當恕人之情，抑强扶弱，豈得更復責魯？故知立論不可失之太過。」

荆吴

顧炎武曰：「楚之見於經也，始於莊之十年，曰『荆』而已。二十三年，於其來聘而『人』之。二十八年，復稱『荆』，而不與其『人』也。僖之元年，始稱『楚人』。四年，盟於召陵，始有大夫。公羊傳謂：『文公九年，使椒來聘。』『始有大夫』，疏矣。又謂『夷狄不氏』。非也，屈完固已書氏。二十一年，會於盂，始書『楚子』。然『使宜申來獻捷』者，楚子也，二十一年。而不書君。圍宋者，子玉；二十七年。救衛者，子玉；戰城濮者，子玉也；二十八年。而不書帥。吴之見於經也，始於成之七年。曰『吴』而已。襄之五年，會于戚，於其來聽諸侯之好而『人』之。十年、十四年，復稱『吴』，殊會而不與其『人』也。二十五年，『門于巢，卒。』始書『吴子』。吴本伯爵。春秋以其僭王，降從四裔之例，而書『子』。二十九年，『使札來聘』，始有大夫。然滅州來，昭公十三年。戰長岸，十七年。敗雞父，二十三年。滅巢，二十四年。滅徐，三十年。伐越，三十二年。入郢，定公四年。敗檇李，十四年。伐陳，哀公六年。會柤，同上。會鄫，七年。伐我，八年。伐齊，十年、十一年。救陳，十年。戰艾陵，十一年。會櫜皋，十二年。並稱『吴』，而不與其『人』。會黄池，十三年。書晉侯及吴子，而殊其會。」

哀姜

黄澤曰：「『夫人氏之喪至自齊。』杜氏曰：『不稱姜，闕文。』此杜氏之失也。不稱姜，省文從可知耳。又傳曰：『君子以齊人之殺哀姜爲已甚矣。』此語亦失之。哀姜以淫亂致慶父之禍，兩君遭弑，國幾於亡，魯不能容，出孫於邾，安可聽其稔惡不討乎！般及閔公皆其子，子無討母之理，然則，權其宜當屬之齊。故齊人殺哀姜不爲過。凡左氏之失類此。又曰：『僖公八年『秋七月，禘於太廟，用致夫人。』左傳曰：『禘而致哀姜焉，非禮也。凡夫人，不薨於寢，不殯於廟，不赴於同，不祔於姑，則弗致也。』公羊傳曰：『譏以妾爲妻。』穀梁傳曰：『立妾之辭。』三傳所説不同，當以左傳爲是，二傳揣度，不足據也。按左氏：哀姜私於共仲，共仲因此遂欲自立。及共仲弑閔公，故哀姜孫於邾。齊人殺之，而以其尸歸。故僖公立，而請其尸於齊以葬。此皆事之情實，見於經傳者，具有血脉。但夫人雖得以禮葬，然於禮典不應入廟與享。及八年禘祭，遂以夫人與享於廟，因致之於莊宫。左氏譏其非禮者，爲其不當致而致，違周公之禮也。夫夫人之薨焉，有不在寢者。不在寢，非姦則亂，故絶之，使不得配先君與祭享，此聖人所以正家謹禮，垂訓於後。而僖公以區區之仁，違禮犯義，厚則厚矣，其如先君之禮法何？此事本末甚完，不可更從他説。」

顧炎武曰：「『禘於太廟，用致夫人。』夫人者，哀姜也。哀姜之薨七年矣，魯人有疑焉，故不祔於姑，至是因禘而致之，不稱姜氏，承元年『夫人姜氏薨於夷』之文也。哀姜與弑二君，而猶以之配莊公，是亂於禮矣。明乎郊社之禮、禘嘗之義，治國其如示諸掌乎！致夫人也，躋僖公也。皆魯道之衰而夫子所以傷之者也。胡氏以夫人爲成風。成風尚存，何以言致？亦言之不順也。」

晉侯夷吾卒

顧炎武曰：「僖公二十四年『冬，晉侯夷吾卒』。杜氏注：『文公定位而後告。』夫不告文公之入，傳曰：『秦伯納之，不書，不告入也。』而告惠公之薨，以上年之事爲今年之事，新君入國之日，反爲舊君即世之年，非人情也。疑此經乃錯簡，當在二十三年之冬。傳曰：『九月，晉惠公卒。』晉之九月，周之冬也。蓋懷公遣人來告。」

趙盾

黄澤曰：「凡史官書法，與刑官論刑，大體固不異。如趙盾之事，以法言之，則穿爲元惡，盾若不知情，當只坐中途聞難而復不討賊爲罪。然此罪亦已應誅。蓋元惡若與盾非族黨，盾亦不能逃匿庇凶逆之罪，其跡亦當與知情同。今穿既是盾之族黨。盾若誅穿，尚難以自明，況庇而不誅，則盾與穿同惡同罪矣！以位言之，則盾爲執政之卿；以族屬言之，則盾爲從父，是固不可得而末減者。若以董狐書法言之，則爲國正卿，『亡不出境，反不討賊』，不論知情與否，皆同弑君。書穿，則盾之罪不明；書盾，則與穿同。論史法與論刑，其實亦不大相遠也。」

又曰：「左傳趙盾事首尾皆實，惟『越竟乃免』語意不備，故學者多疑之。若曰：『越竟討賊乃免』，則語意備矣。」

按：「越竟討賊」，語亦未當。蓋越竟不返乃可免；返則不惟討賊而已，既討賊，猶當束身以待誅。雖後君赦之，亦爲罪人。以終身不復與聞國事，不與士大夫接可也。

葬用柔日

顧炎武曰："春秋葬皆用『柔日』。宣公八年，『冬十月己丑，葬我小君敬嬴。雨，不克葬。庚寅日中而克葬』。定公十五年，『九月丁巳，葬我小君定姒，雨，不克葬。戊午，日下昃，乃克葬。』己丑、丁巳，所卜之日也。遲而至於明日者，事之變也，非用剛日也。經文所書葬列國之君，無非柔日者。惟成公十五年，「秋八月庚辰，葬宋共公」，是剛日。其亦「雨，不克葬」，遲而至於明日者與？漢人不知此義，而長陵高帝以丙寅，茂陵武帝以甲申，平陵昭帝以壬申，渭陵元帝以丙戌，義陵哀帝以壬寅，皆用剛日。"

比月書日食

王應麟曰："春秋日食三十六。有甲乙者三十四。曆家推驗精者，不過二十六。有日朔者二十六。以周曆考之，朔日失二十五。魯曆校之，又失十二。唐一行得二十七。朔差者半。本朝衛朴得三十五。獨莊十八年三月，古今算不入食法。"

又曰："漢日食五十三，後漢七十二，唐九十三。曆法一百七十三日有餘一交會，然春秋隱元年至哀二十七年，凡三千一百五十四月，惟三十七食，是雖交而不食也。襄二十一年九月、十月，二十四年七月、八月，頻食，是頻交而食也。漢高帝三年十月、十一月亦頻食。」

閻若璩曰：「按比月頻食，此理所絶無者。厤家如姜岌、一行皆言之鑿鑿。余嘗意襄公二十一年、二十四年之前之後，必有某公某年爲：冬十月庚辰朔，日有食之者。又有爲：八月癸巳朔，日有食之者。脱其簡於彼而錯其簡於此，事固有之，理或一解。秦雲九頗以爲然。」

又曰：「按春秋三十六日食，有誤『五』爲『三』者，莊公十八年、僖公十二年是；有誤『三』爲『二』者，文公元年是；有誤『十』爲『七』者，宣公八年是；有誤『九』爲『六』者，昭公十七年是；有以後月作前月、不應閏而閏先時者，隱公三年、桓公三年、十七年、莊公二十五年、三十年是；有以前月作後月、應閏而不閏後時者，宣公十七年、成公十七年、襄公十五年、二十七年、昭公十五年、定公十二年是。至僖公十五年，五月之交，宜在四月，然乃亥時月食，非日食。何誤至此？蓋史失其官，閏餘乖次，從古未有過於春秋之世，則難信亦未有過春秋之書者也。衞朴以莊公十八年三月獨不入食法，不知法推是歲五月壬子朔申時日食。元史郭守敬曰『蓋誤「五」爲「三」』是也。」

按：日食後，越五月、六月，皆可再食，無比月頻食之理。春秋比月而食者再，以推步之法考之：襄二十一年九月朔，入日食限；十月朔，不入食限。二十四年七月朔，入日食限；八月朔，不入食限。説者或援漢高帝及文帝時兩頻食，證古或有之。以推步上考高帝三年十一月甲戌合朔，入食限；十二月癸卯合朔，不入食限。而漢志誤以甲戌爲十月晦，癸卯爲十一月晦。漢人曆法之疎如是。又考文帝三年十一月丁酉，合朔，入食限；十二月丁卯，合朔，不入食限。漢志亦如前。此非空言説經所可知也。

姒氏卒

顧炎武曰：「定公十五年，『姒氏卒』。不書『薨』、不稱『夫人』、葬不稱『小君』。蓋春秋自成風以下，雖以妾母爲夫人，然必即位而後稱之。此姒氏之不稱者，本無其事也。左氏謂『不成喪』者，非。後世之君，多於柩前即位，於是大行未葬，而尊其母爲皇太后。後漢禮儀志：「三公奏：尚書顧命：太子即日即天子位於柩前。請太子即皇帝位，皇后爲皇太后。奏可。羣臣皆出，吉服入會如儀。」及乎所生，亦以例加之，妾貳於君，子疑於父，而先王之禮亡矣。」

大夫稱子

顧炎武曰：「周制：公、侯、伯、子、男爲五等之爵，而大夫雖貴，不敢稱『子』。春秋自僖公以前，大夫並以伯、仲、叔、季爲稱。詩云『伯兮叔兮』，此大夫之稱也。春秋僖公十五年，『震夷伯之廟』，杜氏注：『夷，謚；伯，字。大夫既卒，書字。』三桓之先，曰共仲、曰僖叔、曰成季。孟孫氏之稱『子』也，自蔑也；襄公七年。叔孫氏之稱『子』也，自豹也；襄公七年。季孫氏之稱『子』也，自行父也。文公十五年。閔公元年，書季子；二年，書高子，皆春秋之特筆。晉之諸卿，在文公以前無稱『子』者。魏氏之稱『子』也，自犨也。僖公二十三年。欒氏之稱『子』也，自枝也。僖公二十八年。趙氏之稱『子』也，自衰也。文公二年。中行伯之稱『子』也，自林父也。文公十三年。郤氏之稱『子』也，自缺也。文公十三年。知氏之稱『子』也，自首也。宣公十二年。范氏之稱『子』也，自會也。宣公十二年。韓氏之稱『子』也，自厥也。宣公十二年。晉、齊、魯、衛之執政稱『子』，他國惟鄭間一有之，餘則否，不敢與大國並也。魯之三家稱『子』，他如臧氏、子服氏、仲叔氏，皆以伯叔稱焉，不敢與三家並也。惟襄公十四年，有「子叔齊子」。論語有卞莊子。其生也，或以伯仲稱之，如趙孟、知伯。死則謚之，而後『子』之，猶國君之死而謚稱公也。於此，可以見世之升降焉。」

又曰：「春秋時，大夫雖僭稱『子』，而不敢稱於其君之前。猶之諸侯僭稱『公』，而不敢稱於天子之前也。何以知之？以衛孔悝之鼎銘知之。曰：『獻公乃命成叔，纂乃祖服。』曰：『乃考文叔，興舊耆欲。』成叔，孔成子烝鉏也；文叔，孔文子圉也。『叔』而不『子』，是君前不敢『子』也。左傳「韓厥言於晉侯」，亦云「成季」、「宣孟」。猶有先王制存焉。陸淳曰：「侯、伯、子、男之臣，皆得稱其君曰『公』，其子孫亦曰『公子』。而謚不得云『公』者，謚是王所賜也。大夫之臣得稱其主曰『子』，而謚不得稱『子』者，謚是君所賜也。」至戰國，則『子』又不足言，而封之爲君矣。洛誥：『予旦以多子，越御事。』多子，猶春秋傳之言『羣子』也。宣公十二年。唐孔氏以爲『大夫皆稱子』，非也。」

論語

漢書藝文志：「論語古二十一篇。出孔子壁中，兩子張。」如淳曰：「分堯曰篇後子張問『何如可以從政』已下爲篇，名曰從政。」」「齊二十二篇多問王、知道。」如淳曰：「問王、知道，皆篇名也。」」「魯二十篇。」

桓譚曰：「古論語二十一卷。文異者，四百餘字。」

何晏曰：「漢中壘校尉劉向言魯論語二十篇，皆孔子弟子記諸善言也。太子太傅夏侯勝、前將軍蕭望之、丞相韋賢及子玄成等傳之。齊論語二十二篇。其二十篇中，章句頗多於魯論。琅邪王卿及膠東庸生、昌邑中尉王吉皆以教授。故有魯論、有齊論。魯共王時，嘗欲以孔子宅爲宮，壞，得古文論語。齊論有問王、知道，多於魯論二篇。古論亦無此二篇，分堯曰下章『子張問』以下爲一篇，有兩子張，凡二十一篇。篇次不與齊、魯論同。安昌侯張禹本受魯論，兼講齊說，善者從之，號曰張侯論，爲世所貴。包氏、周氏章句出焉。古論唯博士孔安國爲之訓解，而世不傳。至順帝時，南郡太守馬融亦爲之訓說。漢末大司農鄭玄就魯論篇章考之齊古爲之注。近故司空陳羣、太常王肅、博士周生烈皆爲義説。」

隨書經籍志：「張禹本授魯論，晚講齊論，後遂合而考之，删其煩惑。除去齊論問王、知道二篇，從魯論二十篇爲定。」

王應麟曰：「陸氏釋文於申棖注曰：『申棖，包云：魯人也；鄭云：蓋孔子弟子申續。史記曰：申棠，字周。家語云：申續，字周也。』今史記以棠爲黨，家語以續爲績，傳寫之訛也。後漢王政碑云：『有羔羊之絜，無申棠之欲。』亦以棖爲棠。則申棠、申棖一人爾。唐開元封申黨召陵伯，又封申棖魯伯。本朝祥符封棖文登侯，又封黨淄川侯，俱列從祀。黨即棠也，一人而爲二人，失於詳考論語釋文也。」

馬端臨曰：「齊論多於魯論二篇，曰：問王、知道。史稱爲張禹所删，以此遂無傳。且夫子之言，禹何人而敢删之？然古論語與古文尚書同自孔壁出者，章句與魯論不異。惟分堯曰『子張問』以下爲一篇，共二十一篇。則問王、知道二篇亦孔壁中所無。度必後儒依倣而作，非聖經之本真，此所以不傳，非禹所能删也。」

朱彝尊曰：「按漢志，論語十二家。齊二十二篇，多問王、知道。如淳曰：『問王、知道，皆篇名。』説者謂是内聖外王之業，此傅會也。論語二十篇，皆就首章字義名篇，非有包括全篇之義。今逸論語見於説文、初學記、文選注、太平御覽等書，其詮『玉』之屬特詳，竊疑齊論所逸二篇，其一乃『問玉』，非問王也。考之篆法，三畫正均者爲『王』〔一二〕，中畫近上者爲『玉』，初無大異，因譌『玉』爲『王』耳。王伯厚亦云：『問王疑即問玉。』」

孟子

漢書藝文志：「孟子十一篇。名軻，鄒人，子思弟子，有列傳。」師古曰：「聖證論云軻字子車，而此志無字，未詳其所傳〔一三〕。」

應劭曰：「孟子作書中、外十一篇。」

趙岐曰：「外書四篇：性善辨、文説、孝經、爲正，其文不能弘深，不與内篇相似，非孟子本真，後世依放而述之者也。」

爾雅

漢書藝文志：「爾雅三卷，二十篇」。張晏曰：「爾，近也。雅，正也。」

揚雄曰：「孔子門徒游夏之儔所記，以解釋六藝者也。」

陳傅良曰：「古者重小學，漢嘗置博士。如毛氏詩訓、許氏説文、揚氏方言之類，皆有所本。隋唐以來，以科目取士，此書漫廢。韓退之尚以注蟲魚爲不切，則知誦習者寡矣。」

王應麟曰：「爾雅：『西至於邠國，謂之四極。』朱文公曰：『邠國近在秦隴，非絶遠之地。』按：說文引爾雅曰：『西至汃府巾切國，謂四極。』汃，西極之水也。」

又曰：「白虎通引親屬記，即爾雅釋親也。」

按：釋詁最古，釋言、釋訓似後人附益。然皆不足深據。如「台、朕、賚、畀、卜、陽，予也。」台、朕、陽，爲予我之「予」；賚、畀、卜，爲賜予之「予」。「孔、魄、哉、延、虚、無、之、言，間也。」郭注：「孔、穴、延、魄、虚、無，皆有間隙，餘未詳。」說文：「哉，言之間也。」「言之間」即語助辭。然則「哉」、「之」、「言」三字乃「言之間」。「豫、射，厭也。」「豫」爲厭足、飽飫之「厭」，「射」爲厭倦、厭憎之「厭」，此皆掇拾之病。其他解釋詩書，緣辭生訓，非字義之本然者，不一而足。然今所見傳注，莫先毛詩。其書又在爾雅後。爾雅「杜甘，棠；梨山，樆；榆白，枌」等，句讀微異。杜澀，棠甘，而名可互訓。「杜，赤棠；白者，棠。」以「棠」見「杜」；「杜甘，棠」，以「杜」見「棠」。杜甘曰「棠」；梨山生曰「樆」；榆白曰「枌」。毛詩傳「甘棠，杜也」，誤。「枌，白榆也」，不誤。朱子集傳曰：「枌，白榆也。」本毛詩。又曰：「榆，白枌也」，誤讀爾雅。其他毛氏誤用爾雅者尚多。可證爾雅非襲。今所得見之傳注，若說文，視爾雅、毛詩固最後，沿襲處多，要亦各有師承。爾雅「以衣涉水爲厲，繇帶以上爲厲」。説文「砅，履石渡水也」，引詩「深則砅」，亦作「濿」。詩又以「淇梁」、「淇厲」、「淇測」並稱，「厲」者，不成「梁」之名，此字説文得其傳，爾雅乃失其傳。逐字推求，遽數之不能終其物。用此見漢人之書，就一書中，有師承可據者，亦有失傳傳會者。在好學之士，善辨別其間而已。

是書從河間紀先生處借録。經餘姚邵二雲手校一過，無其譌錯矣。乾隆己丑九月十八日。益都李文藻記於京城虎坊橋北百順衚衕寓舍。

校注

〔一〕「師摯之始」以下三句　語出論語泰伯。「始」，樂曲的開端。「亂」，樂曲結束的部分。

〔二〕哀王　戰國時，魏無哀王。據王國維古本竹書紀年輯校，「哀」爲「襄」之誤。

〔三〕中國　此指春秋戰國時中原各諸侯國。後泛指中原地區。

〔四〕商訓　即尚書商書伊訓的省稱。

〔五〕牙　通「芽」。萌芽，發生。

〔六〕天統　王統，正統。周正建子，稱天統。

〔七〕耕藉　亦作「耕籍」。藉，藉田。帝王親耕之田。古代孟春時，天子有耕藉之禮，以示重農。

〔八〕保介　詩周頌臣工鄭箋：「保介，車右也。」「介，甲也。車右勇力之士，被甲執兵也。」一説「保介」爲農官之副（見朱熹詩集傳）。

〔九〕羽　古時舞者樹雉尾於竿，執而起舞，故稱爲「羽」。

〔一〇〕君氏　對國君媵妾的尊稱。此指魯隱公母聲子。

〔一一〕吴孟子　魯昭公夫人，吴國人。因諱同姓通婚（吴、魯均姬姓），不稱吴孟姬，而稱吴孟子。參見左傳哀公十二年。

〔一二〕王　後楷書寫作「玉」。

〔一三〕傳　漢書藝文志顏師古注作「得」。

戴震全書之九

經考附録

周兆茂 鮑善淳 ◎整理

余國慶 ◎審訂

説明

經考附録共七卷，亦係戴震早年讀經時所寫的札記。此書發現較晚，在很長時間内，均不見於諸家著録。據安徽叢書編者之一的許承堯云：「承堯所得是書共七卷，題曰經考附録，不著撰人姓名。然按其體例與經考同。皆博引衆説，間加按語。其按語精審嚴密亦同。以二書互校，則附録者乃補經考所未備，而爲之疏通證明。承堯以爲此二書者皆先生早年治學時札記之書，在先生未視爲要籍，故段氏未之聞耳。承堯得此書時共三册，二巨册爲經考附録，一爲先生所撰屈賦注之首册，皆乾隆時寫本，皆湖田草堂舊藏，皆有墨印匡格。其匡格之尺寸大小亦同。屈賦注只有不疏園刊板，微波榭未重刊，見年譜。此首册無盧學士序，寫極精工，當爲不疏園初寫本無疑。則此附録二册亦出不疏園同時寫本無疑矣。湖田草堂藏書皆咸豐亂後得之，其由不疏園流轉而出，揣之近理。且經考附録書(跌)〔帙〕題有三、四二字，而一、二缺。然經考附録自卷一至卷七完全無缺，則所缺一、二兩册，其必爲經考又無可疑……故承堯敢決言此經考附録七卷爲東原先生未刊遺著，當與經考同爲刊行。」(經考附録跋)以上許氏介紹了經考附録發現經過。安徽叢書戴東原先生全集中的經考附録即依據許承堯藏汪氏不疏園初寫本影印，並附有羅更校記一卷。經考附録最後成書時間當在乾隆丁丑（一七五七）年。羅更在經考和經考附録校記中，就兩書寫作時間曾云：「贋孔安國書傳條（經考附録卷二）謂『錢編修曉徵嘗與予論及此』。考先生與錢大昕相識在乾隆二十年乙亥入都以後，時先生三十三歲。大戴後語二云：『今春正月盧編修召弓以其校本示余，又得改正數事。公冠篇謁爲公符。』今按家語贋本襲大戴記（經考附録卷四）有史繩祖引公冠篇語，『公符』當作『公冠』。是先生此書雖爲早年治經時札記之書，而其寫定尚在丁丑三十五歲以後也。」羅更認爲經考與經考附録均作於戴震早年，完成於三十五歲或稍後。又許承堯明言經考附録爲不疏園初寫本，則此書主要内容當寫於戴震入京前，入京後有所增補。此次校注以安徽叢書影印本爲底本。

經考附録首卷爲易考，第二卷爲尚書考，第三卷爲詩經考，第四卷爲禮經考，内含周禮、儀禮、禮記、大戴禮記等，第五卷爲春秋考，第六卷爲論語考、孝經考、孔子家語考、孟子考、爾雅考等，第七卷爲石經考。

經考附録的寫作方式亦同經考，以札記形式摘録十三經經文及各家注疏後加「按語」。這些按語同樣是研究戴震早期思想的重要資料。

我們從經考附録中可看出：（一）戴震早年讀書極其認真，治學嚴謹。據統計，經考附録中，先後引用典籍一百多種，涉及西漢以來學者一百七十多人，總字數在十万字以上。另有按語二十五條，約四千字。誠如許承堯所言："「附録者乃補經考所未備，而爲之疏通證明。」（二）經考附録更鮮明地反映了戴震早期的學術路向，反映了戴震對程朱理學持堅定信仰的態度。如在卷四二程子更定大學及變亂大學中，戴震除一再稱頌程朱理學爲「理精義明」之學外，又竭力贊頌二程的大學改本、朱熹的大學章句和大學格物補傳，認爲這些書「析理極精」。而對否定程、朱大學改本及格物補傳的陸王學派及南宋董槐等人的「大學無闕文」之論持激烈批評的態度，稱這些人「皆不深究聖賢爲學之要，而好爲異端」，是「尋章摘句之儒」的「謬妄」之言等等。這都進一步表明早期戴震是程朱理學的干城。研究這些著作，對於我們全面把握戴震的學術思想和正確評價戴學的歷史地位是不可或缺的。（三）戴震在經考附録中，先後摘引了祝穆、胡一桂、胡炳文、趙汸、姚際恒、江永等許多新安理學家的言論，這對於我們研究戴震與新安理學的關係提供了重要資料。

經考附録卷一

重卦有四説〔一〕

揚雄曰：「易始八卦，而文王六十四。」

漢書藝文志：「文王以諸侯順命而行道，天人之占可得而效，於是重易六爻，作上下篇。」

淳于俊曰：「包羲因燧皇之圖而制八卦，神農演之爲六十四。」

孔穎達曰：「王輔嗣等以爲伏羲重卦，鄭玄之徒以爲神農重卦，孫盛以爲夏禹重卦。」

連山歸藏

干寶曰：「帝出乎震，濟乎巽，相見乎離，致役乎坤，説言乎兑，成乎乾，勞乎坎，成言乎艮，此連山之易也；初乾、初奭、初艮、初兑、初犖、初離、初釐、初巽，此歸藏之易也。」

梁元帝曰：「杜子春云：『連山，伏羲也；歸藏，黄帝也。』」

按禮記：「我欲觀殷道，得坤乾焉。」今歸藏先坤後乾，則知是殷明矣。歸藏既係殷，則連山理是夏書。

北史劉炫傳：「時牛弘奏購求天下遺逸之書，炫遂僞造書百餘卷，題爲連山易、魯史記等，録上送官，取賞而去。後人有訟之，經赦免死，坐除名。」

隋書：「歸藏，漢初已亡。案晉中經有之，唯載卜筮，不似聖人之旨。」

孔穎達曰：「連山起於神農，歸藏起於黄帝。」

邵子曰：「夏以建寅之月爲正月，謂之人統。易曰連山，以艮爲首。艮者，人也。商以建丑之月爲正月，謂之地統。易曰歸藏，以坤爲首。坤者，地也。」

王觀國曰：「禮記孔子曰：『吾得坤乾焉。』鄭氏注：『得商陰陽之書，其書存者有歸藏。』爾雅釋畜：羊屬有『牡羭』。郭璞注引歸藏曰：『兩壺、兩羭。』初學記雲部引歸藏曰：『有白雲出蒼梧，入於大梁。』舉此，可以見矣。」

中興書目：「歸藏，隋世有十三篇，今但存初經、齊母、本蓍三篇，文多闕亂，不可訓釋。」

羅苹曰：「春秋演孔圖：『孔子成春秋。卜之，得陽豫之卦。』史記：『始皇得滈池君璧〔二〕，言明年祖龍死。卜之，得游徙吉。』陽豫、游徙，連山卦也。歸藏之文，有乾爲天、爲君、爲父、爲大赤、爲辟、爲卿、爲馬、爲禾、爲血卦之類，知與今易通矣。」

或問連山、歸藏之真僞，劉炎曰："漢志不録連山，唐志則有之；漢志不録歸藏，隋、唐志則有之；昔無今有，其僞可知，況其言之不經耶！"

朱彝尊曰："按連山、歸藏，漢志不載，則其亡已久。而酈道元注水經引連山易云：『有崇伯鯀伏於羽山之野。』是元魏時尚有其書矣。若司馬膺所注，度即劉炫僞本耳。"

易一名而函三義

周易乾鑿度："易者，易也；變易也；不易也。管三成德，爲道苞籥。易者，以言其德也；變易也者，其氣也；不易也者，其位也。"

鄭康成易贊："易之爲名也，一言而函三義：簡易，一也；變易，二也；不易，三也。故繫辭云：『乾、坤，其易之緼耶？』又曰：『易之門户耶？』又曰：『夫乾確然，示人易矣』；『夫坤隤然，示人簡矣』；『易則易知，簡則易從』。此言其『易簡』之法則也。又曰：其『爲道也屢遷，變動不居，周流六虚〔三〕，上下無常，剛柔相易，不可爲典要，唯變所適。』此言從時變易、出入移動者也。又曰：『天尊地卑，乾坤定矣。卑高以陳，貴賤位矣。動静有常，剛柔斷矣。』此言張設布列，不易者也。據兹三義，而説易之道廣矣，大矣。"

易彖象三字皆六書之假借

張子曰：「易乃是性與天道。其字日月爲易，易之義包天道變化。」

陸佃曰：「説文云：『蜥易，蝘蜓，守宫也，象形。』周易之義疑出於此，取其陰陽構合而名。一曰蜥易，日十二時變色，故曰易也。舊説蜥易嘔雹，蓋龍善變，蜥易善易，故乾以龍況爻，其書謂之易。爻者，言乎其變也。『象』之義出於彖，『彖』之義出於豕，『易』之義出於易，皆取諸物也。」

羅泌曰：「彖者，茅犀之名，豨神是已。犀形獨角，知幾知祥，是則彖者取於幾也。」

吾丘衍曰：「夜遊録有言：『彖、象皆假畜獸。以彖爲大豕，行則俯首，一望而全體皆見，故統論一卦之體，取以喻之。象有六牙，故六爻之義取以喻之。』」

黄宗炎曰：「易者，取象於蟲。其色一時一變，一日十二時，改（喚）〔换〕十二色。因其倏忽變更，借爲移易、改易之用。易之爲文，象其一首四足之形。周易卦次俱一反一正，兩兩相對。每卦六爻，兩卦十二爻，如析易之十二時。在本卦者，象日之六時；在往來之卦者，象夜之六時。取象之奇巧精確，不可擬議，無踰於此。俗儒反病其一物之微，不足以包含大道。誤解日月爲易，開端於虞仲翔，而聖人之取義漸隱。」

王弘撰曰：「古篆文『易』從日、從月，則日月爲易明矣。參同契亦如此說。若羅泌云：『易，於文爲勿月，采之散者也』，則鑿矣。或云：『易，蜥蜴也。身色無恒，日十二變，易取其變也。』趙撝謙亦云。然陳第曰：『夫易，開物成務，冒天下之道，乃借義微蟲，不亦鄙乎！』是其取義雖得，而釋文實謬。以易爲蜴，陸佃之過也。」

按：六書之假借，說文序云：「本無其字，依聲託事」是也。凡六書之字，古人謂之名。名者，聲之爲也。既以聲名之，從而爲之字。假借者，本（爲）〔無〕其字〔四〕，而假他字以寄是名者也。或兩名聲同，則爲同聲之假借；或兩名聲微異，則爲轉聲之假借。上古但有語言，未有文字，語言每多于文字，亦先于文字。事物之變換遷移謂之易，此一名也；蜥易之爲物，以雙聲名之，此又一名也。未立蜥易字之前，不可謂無變易之語。專就蜥易傅會變易之義，可乎？易之爲變易，象之爲像，無涉于蟲獸。說者支離穿鑿，由六書不明，不知假借之說耳。日月爲易尤謬。說文又有「无」字云：「奇字『无』，通於『元』者。」王育說：「天屈西北爲无。」日月爲「易」，「无」通于「元」，其始乃異端所爲，好新奇者或取之。今易中「無」皆作「无」，俗本相承，莫是正也。

題周以別前代

陸德明曰：「周，代名也；周，至也，徧也，備也。今名書，義取周普。」

孔穎達曰：「鄭玄易贊及易論云：『夏曰連山、殷曰歸藏、周曰周易。』鄭玄又釋云：『連山者，象山之出雲，連連不絕。歸藏者，萬物莫不歸藏於其中。周易者，言易道周普，無所不備。』鄭玄雖有此釋，更無所據之文。先儒因此遂爲文質之義，皆煩而無用，今所不取。案世譜等羣書：『神農，一曰連山氏，亦曰列山氏；黄帝，一曰歸藏氏。』既連山、歸藏並是代號，則周易稱周，取岐陽地名，毛詩云『周原膴膴』是也。先儒又兼取鄭説云：『既指周代之名，亦是普徧之義。』雖欲无所遐棄，亦恐未可盡通。」

程子曰：「周者，著代也。言文王之書，以別連山、歸藏也。」

周易上下經

周易乾鑿度：「陽三陰四，位之正也。故易卦六十四，分而爲上下，象陰陽也。夫陽道純而奇，故上篇三十，所以象陽也；陰道不純而偶，故下篇三十四，所以法陰也。乾坤者，陰陽之根本、萬物之祖宗也，爲上篇始者，尊之也。離爲日、坎爲月，日月之道，陰陽之經，所以終始萬物，故以坎離爲終。咸恒者，男女之始，夫婦之道也。人道之興，必由夫婦，所以奉承祖宗，爲天地主也，故爲下篇始者，貴之也。既濟、未濟爲最終者，所以明戒慎而存王道。泰者，天地交通，陰陽用事，長養萬物也。否者，天地不交通，陰陽不用事，止萬物之長也。上經象陽，故以乾爲首，坤爲次，先泰而後否。損者，陰用事，澤損山而萬物損也，下損以事其上。益者陽用事，而雷風益萬物也，上自損以益下。下經以法陰，故以咸爲始、恒爲次，先損而後益，各順其類也。」

龔原曰：「上經始於乾 坤，終於坎 離，言天道也，故卦象以體爲主，若天行、地勢、水洊至、明兩作是也。下經始於咸 恒，終於既濟、未濟，言人道也，故卦象以用爲主，若洊雷、兼山、隨風、麗澤是也。」

胡一桂曰：「晁氏謂『古者竹簡重大，以經爲二篇』。然經分上、下，誠有至理。上、下經雖有三十卦、三十四卦之不同，以反對計之，各十八卦，一也。上經反對五十二陽爻、五十六陰爻；下經反對五十六陽爻、五十二陰爻，二也。上經以四正卦爲主，首乾 坤而終坎離，與先天圖南北東西四方卦合。下經以二變卦爲主，震變爲艮，巽變爲兑，首咸恒而終既濟、未濟，與先天圖四維之卦合〔五〕。而坎 離之交不交亦可見。伏羲先天一圖大旨，備見於文王序卦首尾中，三也。若是者，豈以竹簡重大之故耶？」

胡炳文曰：「上、下經多少不齊。在上經者，宜陽多於陰，今陽爻八十六、陰爻九十四，而陰之多於陽者八；在下經者，宜陰多於陽，今陰爻九十八、陽爻百有六，而陽之多於陰者亦八。上經首乾坤，氣化之始也。乾坤而後十卦，陰陽亦各三十畫，然後爲泰、爲否，而天地之交不交者可見矣。下經首咸恒，形化之始也。咸恒而後十卦，陰陽亦各三十畫，然後爲損、爲益，而少男、少女、長男、長女之交不交可見矣。至若上經終坎離，乾坤中爻之交；下經終既濟、未濟，又坎離中男、中女交不交也。」

俞琰曰：「卦分内外二體〔六〕。凡六十四陽、六十四陰，約爲三十六。則上經純陽卦六，純陰卦四；下經純陽卦四，純陰卦六。陰陽相重之卦，上、下經皆八。」

按：易分上下，先儒多主卦、爻爲説。推其原，始於乾鑿度託爲孔子之言，蓋各以意巧合耳。朱子用晁氏説，只云以其簡帙重大，故分爲上下兩篇。似分上下全無意義者。如序卦傳所云，又就卦名起義。大至聖人序易，既因簡帙分之，於分之中亦必各整之就序，不可謂盡無意，而無庸一一傅會爲之解，非作易大指攸關，則置之可也。「經」字後人所加。

卦名

吴沆曰：「重卦之説，自古爲疑。然以理推之，六十四卦或自古而有，而六十四卦之名則自文王始也。蓋卜筮之書，隨世而變，其所起之法、所占之辭，代有不同。其不得而異者，惟六十四變以成易爾！」

朱子門人問：「六十四卦名是伏羲元有？抑文王所立？」曰：「此不可考。」子善問：「據十三卦所言，恐伏羲時已有。」曰：「十三卦所謂『蓋取諸離』、『蓋取諸益』者，言『結繩而爲網罟』，有離之象，非觀離而始有此也。」

漢初傳易

史記儒林列傳：「自魯商瞿受易孔子，孔子卒，商瞿傳易，六世至齊人田何，字子莊。仲尼弟子列傳：「商瞿，魯人，字子木。孔子傳易於瞿，瞿傳楚人馯臂子弘，弘傳江東人矯子庸疵，疵傳燕人周子家豎，豎傳淳于人光子乘羽，羽傳齊人田子莊何。」漢書儒林傳：「自魯商瞿子木受易孔子，以授魯橋庛子庸，子庸授江東馯臂子弓，子弓授燕周醜子家，子家授東武孫虞子乘，子乘授齊田何子裝。」朱彝尊曰：「史記、漢書所載授受不同，姓名亦異，未知孰是？荀氏漢紀、陸氏釋文序録並同漢書。」漢興，田何傳東武人王同子仲，子仲傳菑川人楊何。何以易元光元年徵，官至中大夫。齊人即墨成以易至城陽相；廣川人孟但以易爲太子門大夫；魯人周霸、莒人衡胡、臨菑人主父偃，皆以易至二千石。然要言易者本於楊何之家。」

漢書藝文志：「漢興，田何傳之。訖于宣元，有施、孟、梁丘、京氏列於學官，而民間有費、高二家之説。劉向以中古文易經校施、孟、梁丘經，或脱去『無咎』、『悔亡』，唯費氏經與古文同。」

漢書儒林傳：「田何授東武王同子中、雒陽周王孫、丁寬、齊服生，皆著易傳數篇。同授淄川楊何，字叔元。丁寬字子襄，梁人也。初梁項生從田何受易，時寬爲項生從者，讀易精敏，材過項生，遂事何。學成，何謝寬。寬東歸。何謂門人曰：『易以東矣！』寬至雒陽，復從周王孫受古義，號周氏傳。景帝時，寬爲梁孝王將軍，距吴楚，號丁將軍，作易説三萬言，訓故舉大誼而已，今小章句是也。寬授同郡碭田王孫；王孫授施讎、孟喜、梁丘賀，繇是易有施、孟、梁丘之學。費直字長翁，東萊人也。治易長於卦筮，亡章句，徒以彖、象、系辭十篇文當作「之」。言解説上、下經。琅邪王璜平中能傳之。高相，沛人也。治易與費公同時，其學亦亡章句，專説陰陽災異，自言出於丁將軍。傳至相，相授子康及蘭陵母將永。」

晁説之曰：「易家著書自王同始。」

胡一桂曰：「寬師田何，而復師其同門之友，以受古義，可謂見善如不及者矣！然所謂易説三萬言，不過訓故大義，又曰小章句。竊意其學只是文義、章句，象數之學，恐非所及也。」

焦延壽京房之易

漢書儒林傳：「京房受易梁人焦延壽。延壽云嘗從孟喜問易。會喜死，房以爲延壽易即孟氏學，翟牧、白生不肯，皆曰非也。至成帝時，劉向校書，考易説，以爲諸易家説皆祖田何、楊叔〔元〕、丁將軍，大誼略同，唯京氏爲異，黨焦延壽獨得隱士之説，託之孟氏，不相與同。」

趙汝楳曰：「焦延壽作易林，以三百八十四爻之辭不能周四千九十六變之吉凶，故外易而別爲之辭，又雜以納甲、飛伏之説，是舍人事義理而專於占者也。」

葉夢得曰：「按授梁丘賀學者亦京房。顔師古謂別一人。今世有京房易，皆陰陽、曆數之書。又有京房雜算數十篇，其言龐雜，專主卜筮，兩人莫知爲誰？審爲（授）〔受〕延壽學者〔七〕。」

王弘撰曰：「京易揚雄皆以卦配氣候，而爲説各異，唯以卦氣起於中孚則同。」

顧炎武曰：「易林疑是東漢以後人撰，而託之焦延壽者。延壽在宣昭之世，其時左氏未立學官，今易林引左氏語甚多，又往往用漢書中事，如曰：『彭離濟東遷之上庸。』事在武帝元鼎元年。曰：『長城既立，四夷賓服，交和結好，昭君是福。』事在元帝竟寧元年。

曰：『火入井口，〔楊〕〔揚〕芒生角，犯曆天門，窺見太微，登止玉牀。』似用李尋傳語。曰：『新作初陵，踰蹈難登。』似用成帝起昌陵事。又曰：『劉季發怒，命滅子嬰』；又曰：『大蛇當路，使季畏懼』。則又非漢人所宜言也。」

王輔嗣韓康伯注易

陸德明曰：「弼字輔嗣，山陽高平人，魏尚書郎，年二十四卒。注易上下經六卷，作易略例一卷。」

隋書經籍志曰：「梁丘、施氏、高氏，亡於西晉。孟氏、京氏有書無師。梁陳，鄭玄、王弼二注列於國學。齊代，唯傳鄭義。至隋，王注盛行。鄭學浸微，今殆絕矣。」

歐陽永叔曰：「易至漢分爲三：有田何之易，焦贛之易，費直之易。今行世者唯有王弼易，其原出費氏。」

程子曰：「讀易者如王輔嗣、韓康伯，只以老莊解之，是何道理？」

王應麟曰：「繫辭正義云：『韓氏親受業於王弼，承弼之旨，故引弼云以證成其義。』愚考弼終於魏正始十年。韓康伯，東晉簡文帝引爲談客，二人不同時，相去甚遠，謂之親受業，誤矣。」

子夏易傳贋本

張璠曰：「成，馯臂子弓所作。薛虞記。陸德明曰：虞，不知何許人。」

唐會要：「開元七年三月六日詔：『子夏易傳近無習者，令儒官詳定。』四月七日，劉知幾議曰：『按漢志易有十三家，而無子夏作傳者。至梁阮氏七録，始有子夏易六卷，或云韓嬰作，或云丁寬作。然據漢書，韓易二篇，丁易八篇，求其符會，則事殊隳刺者矣。夫以東魯服膺文學，與子游同列，西河告老名行，將夫子連踪，而歲越千齡，時經百代，其所著述，沉翳不行，豈非後來假憑先哲，亦猶石崇謬稱阮籍，(郭)〔鄭〕璞濫名周寶〔八〕，必欲行用，深以爲疑！』司馬貞議曰：『按劉向七略有子夏易傳，但此書不行已久，今所存多失其本。又荀勖中經簿云子夏傳四卷，或云丁寬所作。是先達疑非子夏矣。又隋書經籍志云：子夏傳殘闕，梁六卷，今(二)〔三〕卷。知其書錯謬多矣！又王儉七志引劉向七略云：易傳子夏，韓氏嬰也。今題不稱韓氏，而載薛虞記。又今秘閣有子夏傳薛虞記。其質粗略，旨趣非遠，無益後學，不可將帖正經。』五月五日詔：『子夏傳逸篇〔既廣，前〕令帖易者停。』」

孫坦曰：「世有子夏易傳，以爲親得孔子之蘊，觀其辭，略而不粹，間或取左氏春秋傳語證之。晚又得十八占，稱天子則曰『縣官』。嘗疑漢杜子夏之學，及讀杜傳，見引明夷對策，疑始釋然。不然班固序儒林，何以言易始於商瞿子木，而遽遺卜商也哉？」

晁説之曰：「古今咸謂子夏受於孔子而爲易傳，然太史公、劉向父子、班固皆不論著，唐劉子玄知其僞矣。書不傳於今。今號爲子夏傳者，唐張弧之易也。弧，唐大理評事，亦不詳何時人。」

程迥曰：「子夏易傳，京房爲之箋，先儒疑非卜商也。近世有陋儒用王弼本爲之注，鄙淺之甚，亦託云子夏。凡先儒所引子夏傳，此本皆無之。熙寧中，房審權萃訓詁百家，凡稱子夏者，乃取後贋本。」

陳振孫曰：「子夏易傳，陸德明、李鼎祚亦時稱引。考漢志，初無此書，其經文、彖、象、文辭相錯，正用王弼本，決非漢世書。以德明所引，求之今傳皆無有，豈惟非漢世書，亦非隋唐所傳書矣。」

朱彝尊曰：「按子夏易傳見於隋經籍志，止二卷，釋文序録止三卷爾。至宋中興書目，益爲十卷，而今本多至十一卷。不獨篇第悉依王弼，並其本亦無異辭。孫坦疑是杜鄴；徐幾、趙汝楳疑是鄧彭祖，蓋兩人俱字子夏也。然（釋）〔繹〕其文義〔九〕，總不類漢人文字，并不類唐人文字。謂爲張弧所作，恐非今本。」

河圖洛書

朱子曰：「以河圖、洛書爲不足信，自歐陽公以來已有此説。然終無奈顧命、繫辭、論語皆有是言。而諸儒所傳二圖之數，雖有交互，而無乖戾。順數逆推，縱橫曲直，皆有明法，不可得而破除也。至如河圖與易之天一至地十者，合而載天地五十有五之數，則固易之所自出也。洛書與洪範之初一至次九者，合而具九疇之數，則固洪範之所自出也。」

又曰：「讀大戴禮書又得一證，甚明。其明堂篇有『二九四、七五三、六一八』之語，而鄭氏注云：『法龜文也。』然則漢人固以九數者爲洛書也。」王應麟曰：大戴禮盧辯注非鄭氏。朱文公引明堂篇鄭氏注云「法龜文」。未考北史也。

徐善曰：「圖書得圖南而始顯〔一〇〕。有謂天地十數，則九五位之圖爲伏羲自造者，范諤昌也；有謂河圖止一圈，而九宫非河圖者，豐坊也；有謂九宫五位、二象皆河圖者，章俊卿、王采也；有謂撰十圖以盡河圖變體妄相傳述者，趙以大、黄鎮成、熊朋來也。至雷思齊則但信九數爲圖而不信有書；蔣德之則但信十數爲書而不信有圖；其持論皆不能無疵。及乎西山蔡氏反易之後，異解更多：有託言青城隱者，陰陽相含，就其中八分之，以當八卦，謂之河圖，用井文界分九宮，謂之洛書者，羅願也；有謂河圖即太極圖者，趙謙也；有仿佛八卦作坎、離，中畫交流，謂之真河圖，得於異人傳授者，謝枋得也。若乃圖書形狀，亦人人殊。襲漢人者，謂圖呈於龍甲；信星點者，謂龜文如瑇瑁。楊龜山謂圖書但出於水，無龜與龍。俞琰謂河圖之文鐫於寶石，若近世喻國人謂泉脈上湧而紋成水面。則益怪矣！」

朱彝尊曰：「按劉長民河圖數九、洛書數十，此受於師者然爾。西山蔡氏乃更之，非長民易置也。」

閻若璩曰：「漢五行志劉歆曰：『虙羲氏繼天而王，受河圖，則而畫之，八卦是也；河圖，八卦是也。孔注：「論語有是說矣。」禹治洪水，賜雒書，〔法〕而陳之，洪範是也。』歆當莽時，尚符瑞，敢爲矯誣傅會。宋文憲集：或問於宋濂曰：『闗子明云，河圖之文七前六後，八左九右；洛書之文九前一後，三左七右，四前左二，前右八後，左六後右。邵堯夫云，〔圖〕〔圓〕者〔二〕，星也，曆紀之數，其肇於此乎？方者，土也，畫州井地之法，其昉於此乎？是皆以十爲河圖、九爲洛書。惟劉長民所傳，獨反而置之。則洛書之數爲十、河圖之數爲九矣。朱子發深然其説，歷指序其源流，以爲濮上陳摶以先天圖傳种放，放傳穆修，修傳李之才，之才傳邵雍。放以河圖、洛書傳李溉，溉傳許堅，堅傳范諤昌，諤昌傳劉牧。修以太極圖傳周敦頤，敦頤傳程顥、程頤，其解易大傳大概祖長民之意。至於新安朱〔元〕晦，則又力詆長民之非，而遵關邵遺説，且引大戴禮書二九四、七五三、六一八之言，以證洛書』云云。乾坤鑿度張平子傳所載：「太乙下行九宫法即所謂戴九履一者。」濂應之曰：『羣言不定質諸經。聖經言之，雖萬載之遠，不可易也。其所不言者，固不强而通也。易大傳曰：河出圖，洛出書，聖人則之。書顧命篇曰：河圖在東序。論語子罕篇曰：河不出圖。其言不過如是而已。初不明言其數之多寡也。夫所謂則之者，古之聖人但取神物之至著者而畫卦陳範，苟無圖書，吾未見其止也。故程子謂觀（兎）〔象〕亦可以畫卦〔一二〕，則其他從可知矣。』」

又曰：「王忠文集洛書辨曰：『洛書，非洪範也。昔箕子之告武王曰：我聞至攸叙，初不言洪範爲洛書也。孔子之繫易曰：河出圖，洛出書，聖人則之。未始以洛書爲洪範也。漢儒徒見易繫以河圖與洛書並言，而洛書之數九，遂以爲九疇耳。審如是，則河圖之數十也，伏羲畫卦何爲止於八乎？且箕子之陳九疇，先言帝不畀鯀，而後言天錫禹，則可見所謂畀、所謂錫者，即九疇所陳三才之至理，治天下之大法，初非有物之可驗、有迹之可求也。仲虺曰：天乃錫王勇智。魯頌曰：天錫公純嘏。言聖人之資質，天下之上壽，皆天所賦予，豈必有是物而後可謂之錫乎？』」

大衍

邵雍曰：「大衍之數，京房以十日、十二辰、二十八宿爲五十；馬融以太極、兩儀、日月、四時、五行、十二月、二十四氣爲五十；荀爽以八卦、六爻加乾坤用九、用六爲五十。至鄭康成、姚信、董遇，皆取天地之數以減五、六。而鄭氏謂五行減五爲五十；姚董謂六畫減六爲四十九。夫數本於自然，數之所始，聖人能知而明之耳，安能以私意加毫末於是也！」

丁易東曰：「天地之數五十有五，而大衍五十，先儒於此每失之鑿，獨朱子以五乘十之說近之。至於四十有九，率不過歸之虛一而已，未有得夫五十數與四十九之全者，予竊病焉。比游浙右，有謂邵子先天、兩儀、四象、八卦合四十九，所虛之一是爲太極。其說雖異先儒，要無牽合傳言之病，予始以爲大衍之說不過此耳。未幾，復得河南楊氏大衍本原，謂四十九與五十，皆天地之數五數尚有未合，固已疑之。徐而思之，則於易中天地五十各再自乘，而以中數自乘除之者。始知四十九真爲四十九，五十真爲五十，非强合之也。然其爲數必再自乘，又以中數除而後得，雖無牽强，頗非簡易，未必聖人作易初意。」

又曰：「天地之數各五，合而衍之，通得九位。一與二爲三，二與三爲五，三與四爲七，四與五爲九，五與六爲十一，六與七爲十(二)〔三〕，七與八爲十五，八與九爲十七，九與十爲十九。九位各有奇，而五位各有偶，置其五位之偶，是爲五十，按：五與六爲十一，已後凡得五個十。大衍之體數也。存其九位之奇，則得四十有九，大衍之用數也。一居其中不用，而左右之位各四。按：左右各四位，爲三、五、七、九。有掛一分二揲四之象焉。」

江慎齋先生曰：「大衍之數五十，先儒説者皆未盡。今思之河圖中宫五與十相乘固五十，其外陰陽老少之位與數乘五而合之亦皆得五十。老陽居一連九，一五如五，九五四十五，合得五十；少陰居二連八，二五一十，八五四十，亦合得五十；少陽居（三）（二）連七〔一三〕，三五一十五，七五三十五，亦合得五十；老陰居四連六，四五二十，六五三十，亦合得五十。洛書則陰陽老少之位與數相對，奇數乘五合五十，耦數乘五亦合五十也。故五十爲大衍之數，以圖爲主，而書亦符若合之，則五十爲圖書之中數，圖饒五而書乏五也。洛書九位相連，皆含七數焉。西方七點固七也；三、四相加，一、六相加，二、五相加，皆爲七；二、九相減，一、八相減，亦爲七；蓍以七七四十九爲用，而成陰陽、老少之策。」

先後天圖

王湜曰：「先天圖傳自希夷，前此則莫知其所自來也。」

邵伯温曰：「希夷先生學易生於意，言象數，不煩文字解説，止有一圖先天方圓圖，亦非創意以作。孔子繫辭述之明矣，真窮理盡性之學也。」

朱子曰：「先天之學，康節得於李之才挺之，挺之得於穆修伯長，伯長得於希夷。」

王申子曰：「先天圓圖陽左陰右，易之體也。後天横圖陰左陽右，易之用也。此二圖不知希夷以前何所託？至希夷始出，亦已奇矣。」

徐善曰：「圖南之書已亡，度其目約二十一篇，而圖書二象居其末，馬氏經籍考不載，則由其徒秘不示人，故當事未傳爾。其序文義晦澀，葉夢得以爲僞作，良是。」

閻若璩曰：「歸熙甫易圖論下曰：『夫易之法，自一而兩，兩而四，四而八，其相生之序則然也。八卦之象，莫著於八物，而天地也、山澤也、雷風也、水火也。是八者不求爲偶，而不能不爲偶者也。帝之出入，傳固已詳之矣。以八卦配四時，夫以爲四時焉，則東南西北繫是焉，定非文王易置之而有此位也。蓋説卦廣論易之象數，自三才以至於八物、四時、人身之（象）〔衆〕體與天地間之萬物，何所不取？所謂推而衍之者也。此孰辨其爲伏羲、文王之别哉？雖圖與傳無乖剌，然必因傳而爲此圖，不當謂傳爲圖説也。』」

按：朱子易學啓蒙載伏羲先天、文王後天諸圖，其圖傳自邵康節。「先天」云者，所以推原伏羲卦畫，故謂之「先天」，而繫諸伏羲。「後天」云者，姑就其方位言之，如坤之象曰：「利西南得朋，東北喪朋。」蹇之彖曰：「利西南，不利東北。」解之彖曰：「利西南」之屬，此固文王所繫之辭，而說卦傳發明之。治經者因而爲圖，故謂之「後天」，而繫諸文王。凡圖特以釋經，使學者易尋者耳。不知者妄意伏羲曾爲是圖，文王曾爲是圖，而目象、象、說卦若因圖爲之說者，則大惑矣！

太極圖

葉紹翁曰：「慈湖楊氏不信元公『無極』之說，以爲道始於太極而已。」

劉因曰：「太極圖朱子發謂周子得於穆伯長，而胡仁仲因之，陸子静亦因之。其實穆死於明道元年，周子時年十四爾。或又謂周子與胡宿、邵吉同事潤州一浮屠，傳其易書，此又淺薄不根之說也。」

袁桷曰：「太極圖的確自陳希夷傳，上下二空圈乃成人、成仙之說。」

朱彝尊曰：「按元公之學，文公謂其妙具於太極一圖，於是學者推演其說，云此闡千聖不傳之秘。然陳圖南無極圖曾刊石華山，業南渡偏安，文公特未之見爾。南軒張氏謂太極圖乃濂溪自得之妙，蓋以手授二程先生者。山陽度正作元公年表，書：『慶曆六年，知虔州興國縣。程公珦假倅南安，因與先生爲友，令二子師之。時明道年十五，伊川年十四爾。其後先生作太極圖，獨手授之，他莫得而聞焉。』考是年元公以轉運使王逵薦移知郴縣，自是而後，二程子未聞與元公覿面，然則從何地手授乎？」

又曰：「按二程子遺書，畢生不道太極圖一語，而近代編濂溪集者附録伊川無極而太極辨一篇，文末有陸象山字。」

又曰：「周子之易，通書是也，故又名易通。若夫太極一圖，遠本道書，圖南陳氏從而演之，爲圜者四，位五行其中。自下而上，初一曰玄牝之門；次二曰鍊精化氣，踈氣化神；次三五行定位，曰五氣朝元；次四陰陽配合，曰取坎填離；最上曰煉神還虚，復歸(元)〔无〕極，故謂之無極圖，乃方士修煉之術耳。當時曾刊於華山石壁。相傳圖南受之吕嵒，嵒受之鍾離權，權得其説於魏伯陽，伯陽聞其旨於河上公。在道家未嘗詡爲千聖不傳之秘也。周子取而轉易之，亦爲圜者四，位五行其中。自上而下，最上曰『无極而太極』；次二，陰陽配合，曰『陽動陰静』；次三，五行定位，曰『五行各一其性』；次四曰『乾道成男，坤道成女』；最下曰『化生萬物』。更名之曰太極圖，仍不没无極之旨。考之二程子全書，無一語及是圖，蓋明道、伊川年十四、五時，一見元公之後未嘗再遇，則手授是圖之説實出於附會。」

程子易傳

晁公武曰：「朱震言：『頤之學出於周惇頤，惇頤得之穆修，亦本於陳摶，與邵雍之學本同。』然考正叔之辭不及象數，頗與胡翼之相類。景迂云：『胡武平、周茂叔同師潤州鶴林寺僧壽涯。其後武平傳其學於家，茂叔則授二程。』與震之言不同。」

陳振孫曰：「新安王晦叔嘗問南軒曰：『伊川令學者先看王輔嗣、胡翼之、王介甫三家易，何也？』南軒曰：『三家不論互體，故云爾。然雜物撰德具於中爻，互體未可廢也。』南軒之説雖如此，要之程氏專主文義，不論象數，三家者文義皆坦明，象數殆於掃除略盡，非特互體也。」

趙汝楳曰：「易，畫備於包犧，辭詳於三聖，性命道德之藴，夫子盡已發之。顧乃災異於西漢，圖緯於東都，老莊於魏晉之交。賴我朝王紹素、胡安定諸儒挽而回之，伊洛益闡其説，究極指歸，然後始復爲性命道德之言。」

朱子曰：「易之爲書，更三聖而制作不同。若包羲氏之象、文王之辭，皆依卜筮以爲教，而其法則異。至於孔子之贊，則又一以義理爲教，而不專於卜筮也。是豈其故相反哉！俗之淳漓既異，故其所以爲教、爲法不得不異，而道則未嘗不同也。然自秦漢以來，考象、辭者，泥於術數，而不得其弘通簡易之法；論義理者，泥於空寂，而不適乎仁義中正之歸。求其因時立教，以承三聖，不同於法，同於道者，則惟伊川先生程氏之書而已。」

董真卿曰：「程傳正文只據王弼本，亦只有六十四卦。繫、序傳有及爻卦者掇入傳中，故無繫辭。以後至東萊吕氏，始集周子、二程子、張子諸家經説、語録及程子門人共十四家之説，爲精義以補之。」

朱彝尊曰：「伊川撰明道行狀云：『先生爲學自十五六時，聞汝南周茂叔論道，遂厭科舉之業，慨然有求道之志。未知其要，泛濫於諸家，出入於老釋者幾十年，返求諸六經而後得之。』繹其文，若似乎未受業於元公者。不然，何以求道未知其要，復出入於老釋也邪？潘興嗣志元公墓，亦不及二程子從遊事。明道之卒，其弟子、友朋，若范淳夫、朱公掞、邢和叔、游定夫叙其行事，皆不言其以元公爲師。惟劉斯立謂從周茂叔問學，斯猶孔子問禮於老子、問樂於萇弘、問官於郯子云然，蓋與受業有間矣。吕與叔東見録則有『昔受學於周茂叔』之語。然弟子稱師無直呼其字者，而遺書凡及元公必直呼其字。且元公初名惇實，後避英宗藩邸嫌名，改惇頤。夫既以學傳伊川矣，不應下同其名，而伊川亦不引避。昔朱子表程正思墓〔一四〕，稱其名下字同周、程，亟請其父而更焉。孰謂二程子而智反出正思下哉？此皆事之可疑者也。」

朱子周易本義

朱子語録曰:「某作易本義,欲將文王卦辭只大綱依文王卦辭略説,至其所以然之故,於孔子彖辭中發之。如此,乃不失文王本意。」

吴師道曰:「自漢魏以來,王輔嗣之説單行。至宋,而邵子闡伏羲之秘,程子衍周孔之文,朱子又發明易專爲卜筮作,融會義理、象數之旨,説者無以復加矣。」

薛瑄曰:「程子之易主孔子,朱子之易主邵子。」

黄宗炎曰:「本義卷首所載,蒙雜不倫。邵氏先、後天圖以外又收『乾爲天、坤爲地』等八段,是京氏易傳之所謂『遊魂、歸魂、子、寅、辰、午、申、戌、丑、卯、巳、未、酉、亥也』。後世火珠林因之。與揲蓍四十九策之法迥乎不同,又不明言其故,亦何所取義而贅之於此? 其六十四卦歌括及三連、六斷之類,豈可錯諸學士簡編之内!」

言古易者各異

宋志古易十二卷。

葉夢得曰:「吾嘗於睢陽王原叔家得古易本,但有六爻之文,如乾坤首言『初九,潛龍勿用」，九二「見龍在田」之類。至繇辭、彖辭、大象、小象、序卦、説卦、雜卦、文言，與今上、下繫辭皆別爲卷。」陳振孫曰：「古易十二卷，出王原叔家。上、下經惟載爻辭，外卦辭一、彖辭二、大象三、小象四、文言五、上繫六、下繫七、説卦八、序卦九、雜卦十。葉石林以爲此即藝文志所謂古易十二篇者。」

按：隋、唐志皆無古易之目，當亦後人依倣録之耳。

邵子古周易八卷。

邵博曰：「古易：卦爻一、彖二、象三、文言四、繫辭五、説卦六、序卦七、雜卦八，其次序不相雜也。予家藏大父手寫百源易，實古易也。百源在蘇門山下，康節讀書之處。」

晁説之録古周易。

説之自序曰：「周易：卦爻一、彖二、象三、文言四、繫辭五、説卦六、序卦七、雜卦八。」

薛季宣古文周易十二卷。

季宣自序曰：「古易經二篇、彖、象、文言、繫辭、説卦、序卦、雜卦，總十篇。以參校別異同，定著十二篇，皆已刊正，可誦讀也。判文言爲二篇，象有小、大之別。」

程氏古易考。

胡一桂曰：「康節百源易，實古易也。沙隨蓋本諸此，而篇第與二呂氏合，只以文言在繫辭之前爲不同耳。董真卿曰：『迥字可久，號沙隨，睢陽人，文（文）〔公〕嘗稱迥爲愷悌博雅君子。迥作古易考，曰上篇、曰下篇、曰彖上、曰彖下、曰象上、曰象下、曰文言、曰繫辭上、曰繫辭下、曰説卦、曰序卦、曰雜卦，凡十有二篇，與康節百源易次序同。』」

李燾周易古經八篇。

燾自序曰：「謹案元豐五年，正愍吕公微仲始釐析王輔嗣篇第，别定爲十有二，如劉歆六藝略首所列施、孟、梁丘三家者，刻板置成都學官，於文字句讀初無增損。建中靖國元年，景迂晁生以道又輯諸家異同，或斷以己意，有增有減，篇第則倣費長翁未解、輔嗣未注以前舊本，獨併十二爲八耳。吕晁各出所見，初不相祖述。吕氏於卦、爻、彖、象、繫辭並分上、下；自咸以後爲下經、下彖、下象；自『八卦成列』以後爲下繫，而文言乃次下繫。晁氏俱不分上、下，更以文言先繫辭，餘同。吕氏今八篇，次第實從晁氏。總名周易古經，則從吕氏，若晁氏但名古周易也。」

周燔九江易傳九卷。

燔自序曰：「卦自伏羲之所畫也，故贊之以卦象。如曰：『天行健，君子以自强不息』是也。卦首諸辭，文王之所繫也，故贊之以彖。如曰：『大哉！乾元，萬物資始』是也。爻下諸辭，周公之所繫也，故贊之以爻象。如曰：『潛龍勿用，陽氣潛藏』是也。故卦象當承本卦之下，在彖之前。今進卦象於前，而後彖次之，爻象又次之，文言又次之。至於『初九曰：潛龍勿用。何謂也』以下乃夫子問答之辭，最次於後。諸爻之象可(可)以分配六位之下；唯乾六爻，仲尼三申其義，不可分也，故併以三節明之。今將易傳凡彖、象、文言『曰』等，比經皆低一字，使學者知其爲傳，非有高下之意也。又説卦卷首，『昔者』兩段，差誤在此，今已附入繫辭上、下篇。自『天地定位』以下，乃爲説卦首章，欲見聖人專説八卦之物；其次，乃序六十四卦之時；以雜卦終焉。」

吴仁傑古周易十二卷。

仁傑自序曰：「十翼：彖傳也，象傳也，繫辭上、下傳也，文言也，説卦上、中、下也，序卦也，雜卦也，並上、下經，是爲十二篇。上經、下經之目，本之費直、孟喜；繫辭上傳、繫辭下傳之文，本之王肅；彖、象、繫辭、文言之次，本之藝文志；而説卦之爲三篇，則河内女子所得之數也。」朱子曰：「吴斗南古易既畫全卦，繫以彖辭；再畫本卦，分六爻而繫以爻辭，似涉重複。又彖傳釋彖辭，象傳釋爻辭，繫辭傳則通釋卦、爻之辭，故統名之曰繫辭傳，恐不可改繫辭傳爲説卦。蓋説卦之體乃分別八卦方位，與其象類，故得以説卦名之。繫辭傳兩篇釋卦、爻之義例，辭意爲多，恐不得謂之説卦也。」

王應麟曰：「元豐五年，汲郡吕大防始定周易古經，分上經、下經，上彖、下彖，上象、下象，繫辭上、下各二篇，文言，説卦，序卦，雜卦各一篇，凡十二篇。靖國中，嵩山晁説之亦注古文易，併十二爲八，以卦、爻、彖、象、文言、繫辭、説卦、序卦、雜卦各爲一篇。睢陽王氏、東萊吕氏亦各定爲十二篇。其後九江周燔又自改定次序，與諸家之説不類。故言古易者爲五家。吴仁傑集爲一卷。仁傑亦分爲十二篇。」

按：宋儒復易古本，諸家不同。唐孔沖遠言，鄭學之徒數十翼：上彖一、下彖二、上象三、下象四、上繫五、下繫六、文言七、説卦八、序卦九、雜卦十。而崇文總目鄭氏易，文言、説、序、雜四篇合爲一卷，則彖象不隨經分上、下，及分大象、小象之目，又以文言先繫辭者，俱未合於古矣。

校　注

〔一〕重卦　周易中的八卦，兩兩重疊，演爲六十四卦，稱「重卦」。

〔二〕滈池　原作「鎬他」，據史記秦始皇本紀改。

〔三〕六虚　指卦的六爻。

〔四〕無　據羅更校記改。

〔五〕先天圖　北宋邵雍託伏羲之名創立。其内容是關於八卦方位和六十四卦次序的排列，用以推測自然界和人事的變化。

〔六〕卦分内外二體　周易六十四卦，每卦由二單卦兩兩相疊而成。其下卦爲内卦，又稱内體；上卦爲外卦，又稱外體。

〔七〕受　據羅更校記改。

〔八〕鄭　據羅更校記改。

〔九〕繹　據羅更校記改。

〔一〇〕圖南　陳摶，字圖南，自號扶摇子，宋太宗賜號希夷先生。宋初著名象數學家，著有先天圖等。

〔一一〕圖　宋文憲集作「圓」。

〔一二〕兔　中華本二程集作「象」。

〔一三〕三　據羅更校記改。

〔一四〕程正思　原名端頤（一一四三至一一九一），字正思，號蒙齋。朱熹弟子。後避周敦頤、程頤諱，改端頤爲端蒙。

經考附録卷二

民間所得大誓

孔穎達曰：「尚書遭秦而亡，漢初不知篇數。武帝時，有太常蓼侯孔臧者，安國之從兄也。與安國書云：『時人惟聞尚書二十八篇，取象二十八宿，謂爲信然，不知其有百篇也。』然則漢初惟有二十八篇，無泰誓矣。後得僞泰誓三篇，諸儒多疑之。馬融書序曰：『泰誓後得。案其文似若淺露。』又云：『八百諸侯不召自來，不期同時，不謀同辭，及火復於上，至於王屋，流爲雕。五至以穀俱來，舉夫神怪，得無在子所不語中乎！又春秋引泰誓曰：民之所欲，天必從之。國語引泰誓曰：朕夢協朕卜，襲于休祥，戎商必克。孟子引泰誓曰：我武惟揚，侵于之疆，取彼凶殘，我伐用張，于湯有光。孫卿引泰誓曰：獨夫受。禮記引泰誓曰：予克受，非予武，惟朕文考無罪；受克予，非朕文考有罪，惟予小子無良。今文泰誓皆無此語。吾見書傳多矣，所引泰誓而不在泰誓者甚多，弗復悉記，略舉五事以明之，亦可知矣。』王肅亦云：『泰誓近得，非其本經。』馬融惟言『後得』，不知何時得之。漢書婁敬説高祖云：『武王伐紂，不期而會盟津之上者八百諸侯。』僞泰誓有此文，不知其本出何書也？武帝時，董仲舒對策云：『書曰：白魚入于王舟，有火復于王屋，流爲烏。周公曰：復哉！復哉！』今引其文，是武帝之時已得之矣。李顒集注尚書，於僞泰誓篇每引『孔安國曰』，計安國必不爲彼僞書作傳，不知顒何由爲此言。」

洪邁曰：「孔安國古文尚書自漢以來不列於學官，故左氏傳所引者，杜預輒注爲逸書。劉向説苑臣術篇一章云：『泰誓曰：附下而罔上者死，附上而罔下者刑，與聞國政而無益於民者退，在上位而不能進賢者逐，此所以勸善而黜惡也。』漢武帝元（明）〔朔〕元年詔責中外不興廉舉者，有司奏議曰：『夫附下罔上者死，附上罔下者刑，與聞國政而無益於民者斥，在上位而不能進賢者退，此所以勸善黜惡也。』其語與説苑所載正同，而諸家注釋至於顔師古皆不能援以爲證。今之泰誓初未嘗有此語也。漢宣帝時，河内女子得泰誓一篇，獻之。然年月不與序相應，又不與左傳、國語、孟子衆書所引泰誓同，故馬、鄭、王肅諸儒皆疑之。」

董斯張曰：「河内女子所獻大誓一篇與古文不同。按史記：『武王渡河，中流，白魚躍入王舟中，武王俯取以祭。既渡，有火自上復於下，至於王屋，流爲烏，其色赤。』索隱曰：『按今文太誓「流爲雕」。雕，鷙鳥也。』然則，今文大誓唐初猶有存者，即河内女子本也。惜無從見之。又詩疏引大誓曰：『師乃鼓譟，前歌後舞，格于上天下地，咸曰孜孜無怠。』又引大誓曰：『司馬在前。』漢書引大誓云：『立功、立事。』劉向三統曆論引今文大誓云：『丙午逮師。』墨子引大誓曰：『小人見姦巧，乃聞不言也，發罪均。』又引大誓去發篇曰：『惡乎君子，天有顯德，其行甚章，惟我有周，受之上帝。』毛詩注疏鴻雁小序引書曰：『天將有立父母，民之有政、有居。』疏云：『今大誓文，言：天將有立聖德者，爲天下父母；民之得有善政、有安居爲重也。』」

閻若璩曰：「安國得多二十四篇。原無泰誓，故僞泰誓在當時亦存而不廢。至馬融、王肅始覺其僞耳。」

又曰：「漢書刑法志引書曰：『立功、立事，可以永年。』郊祀志引太誓曰：『正稽古立功、立事，可以永年，丕天之大律。』顏注：『今文泰誓，周書也。』平當傳：當上書引書曰：『正稽古建功、立事，可以永年。』」

又曰：「趙岐注孟子於『天視自我民視』云：『泰誓，尚書篇名。』於『我武惟揚』云：『泰誓，古尚書百二十篇之時泰誓也，與今泰誓不同。』則僞泰誓所剽竊有『天視自我民視』二語，而無『我武惟揚』五語，可知矣。杜預注左氏於成二年傳『大誓所謂商兆民離，周十人同者，衆也』云：『大誓，周書。』於襄三十一年傳『太誓云民之所欲，天必從之』云：『今尚書大誓無此文。』於昭二十四年傳『大誓曰紂有億兆夷人，亦有離德；余有亂臣十人，同心同德』云：『今大誓無此語。』則僞大誓所剽竊有『商兆民離』二語，而無『民之所欲』、『紂有億兆夷人』六語，可知矣。」

又曰：「僞大誓仍有蠹革未盡者，曰『自絶于天』，見史記周本紀、漢書谷永傳、漢書孝昭皇帝紀。曰『以説婦人』，見漢書禮樂志。」

酒誥

王應麟曰：「法言謂：『酒誥之篇俄空焉。』愚按：酒誥古今文皆有之，豈揚子未之見歟？藝文志云：『劉向以中古文校歐陽、大小夏侯三家經文，酒誥脱簡一。』而大傳引酒誥曰：『王曰：封！唯曰若圭璧。』今無此句，豈即脱簡歟？」

閻若璩曰：「按揚雄謂：『酒誥之篇俄空。』此自雄校書時酒誥全亡，與劉向時酒誥僅脱一簡不同。一簡者，一行也。酒誥一行二十五字，與召誥一行二十二字又不同。」

秦誓

顧炎武曰：「有秦誓，故列秦誓；有秦詩故録秦詩，述而不作也。謂夫子逆知天下之將併於秦而存之者，小之乎，知聖人矣。」

又曰：「甘誓，天子之事也；胤征，諸侯之事也。並存之，見諸侯之事可以繼天子也。費誓、秦誓之存猶是也。」

典謨訓誥誓命

陸德明曰：「典凡十五篇。正典二，堯典、舜典攝十三。禹貢、洪範、汩作、九共九篇、槀飫。十一篇亡。謨凡三篇。正二，大禹謨、皋陶謨。攝一。益稷。訓凡十六篇。正二，伊訓、高宗之訓。攝十四，五子之歌、太甲三篇、咸有一德、高宗肜日、旅獒、無逸、周官、吕刑、典寶、明居、徂后、沃丁。三篇亡。誥凡三十八篇。正八，仲虺之誥、湯誥、大誥、康誥、酒誥、召誥、洛誥、康王之誥。攝三十，盤庚三篇、西伯戡黎、微子、武成、金縢、梓材、多士、多方、君奭、立政、帝告、釐沃、汝鳩、汝方、夏社、疑至、臣扈、咸乂四篇、伊陟、原命、仲丁、河亶甲、祖乙、分器、將蒲姑。十八篇亡。誓凡十篇。正八，甘誓、湯誓、泰誓三篇、牧誓、費誓、秦誓。攝二，胤征、湯征。一篇亡。命凡十八篇。正十二，説命三篇、微子之命、蔡仲之命、顧命、畢命、冏命、文侯之命、肆命、旅巢命、賄肅慎之命。攝六，君陳、君牙、歸禾、嘉禾、成王政、亳姑。四篇亡。」

孔穎達曰：「書之體例有十：一曰典、二曰謨、三曰貢、四曰歌、五曰誓、六曰誥、七曰訓、八曰命、九曰征、十曰範。禹貢一篇，貢也。五子之歌一篇，歌也。胤征一篇，征也。洪範一篇，範也。盤庚，亦誥也。故王肅云：『不言誥，何也？取其徙而立功，非但録其誥。』金縢自爲一體，祝亦誥辭也。多方、周官，上誥於下，亦誥也。吕刑，陳刑告王，亦誥也。書篇之名，因事而立，既無體例，隨便爲文。」

董鼎曰：「陸德明以六體分正、攝，蓋以典、謨、訓、誥、誓、命名篇者爲正，不以名篇而在六體之類者爲攝。然古之爲書者，隨時書事，因事成言，取辭之達意而已，豈如後之作文者求必合體制也？雖不以六字名篇，合其類則是，亦正也，何以攝爲？」

删書

林之奇曰：「孔子之前，書之多寡，不可得而見。書緯云：『孔子得黄帝玄孫帝魁之書，迄於秦穆公，凡三千二百四十篇，爲尚書，斷遠取近，定其可爲世法者百二十篇爲簡書。』此説不然，古書簡質，必不如是之多也。班孟堅藝文志於古今書外又有周書七十一篇。劉向云：『周時號令，蓋孔子所論百篇之餘。』於周時所删去者纔七十一篇，自周以前疑愈少矣，謂有三千餘篇，非也。」

百篇之序

漢書藝文志：「書之所起遠矣，至孔子纂焉，上斷於堯，下訖於秦，凡百篇，而爲之序，言其作意。」

陸德明曰：「馬鄭之徒，百篇之序，總爲一卷。孔以各冠其篇首，而亡篇之序，即隨其次第，居見存者之間。」

孔穎達曰：「百篇次第於序，孔鄭不同。孔以湯誓在夏社前，於百篇爲第二十六；鄭以爲在臣扈後，第二十九。孔以咸有一德次太甲後，第四十；鄭以爲在湯誥後，第三十二。孔以蔡仲之命次君奭後，第八十三；鄭以爲在費誓前，第九十六。孔以周官在立政後，第八十八；鄭以爲在立政前，第八十六。孔以費誓在文侯之命後，第九十九；鄭以爲在呂刑前，第九十七。鄭依賈氏所奏別録爲次，孔未入學官，以此不同。」

又曰：「此序，鄭玄、馬融、王肅並云孔子所作。」

朱子曰：「書序恐即是經師所作，決非夫子言。」

又曰：「某看得書小序不是孔子自作，只是周秦間低手人作。然後人亦自理會他本義未得。且如『臯陶矢厥謨，禹成厥功，帝舜申之』。申，重也。序者本意先説臯陶，後説禹，謂舜欲令禹重説，故將『申』字係『禹』字。蓋伏生書以益稷合於臯陶謨，而『思曰贊贊襄哉』與『帝曰：來，禹，汝亦昌言！禹拜曰：都，帝予何言？予思日孜孜』相連。『申之』二字，便見是舜令禹重言之意。此是序者本意。今人都不如此説。」

朱子語類：「問：『除書序，不以冠篇首者，豈非有所疑於其間邪？』曰：『誠有可疑。且如康誥第述文王，不曾説及武王，只有『乃寡兄』是説武王，又是自稱之詞。然則康誥是武王誥康叔明矣。但緣其中有錯説周公初基處，遂使序者以爲成王時事，此豈可信？』曰：『然則殷地，武王既以封武庚，而使三叔監之矣，又以何處封康叔？』曰：『既言以殷餘民封康叔，豈非封武庚之外，將以封之乎？』又曾見吴才老辨梓材一篇云：後半截不是梓材，緣其中多是勉君，乃臣告君之詞，未嘗如前一截稱王曰，又稱汝，爲上告下之辭。亦自有理。」

金履祥曰：「前漢書言：『張霸采左傳、書序作書首尾。』後漢書言：『衛宏作詩序。』衛宏之云，朱子嘗引之以證書序之僞矣，獨書序疑而未斷。方漢初時，泰誓且有僞書，何況書序之類。其爲齊魯諸儒次第附會而作序，可知也。」

鄒季友曰：「史記盡引今文書二十八篇，及僞泰誓一篇，并不引孔壁所增諸經，是太史公未見孔壁書，明矣。然却多引小序，雖亡篇之序，亦有之。意西漢時，自有百篇之序，故太史公見之，造僞書者亦見之，非專出於孔壁也。」

孫寶侗曰：「左氏傳定四年，祝佗告萇弘，其言魯也，曰：『命以伯禽，而封於少昊之虚。』其言衛也，曰：『命以康誥，而封於殷虚。』其言晉也，曰：『命以唐誥，而封於夏虚。』是則伯禽之命、康誥、唐誥，周書之三篇。今獨康誥存，而二篇亡，爲書序不知其篇名，而不列於百篇之内。」

顧炎武曰：「今考傳、記引書，並無序所亡四十二篇之文，則此篇名亦未可盡信也。」

朱彝尊曰：「書小序，西漢孝武時當即有之，此史公據以爲夏、殷、周本紀，而馬融於書小序有注。見於陸氏釋文。又鄭注周官引書序文以證保傅，而百篇之序次第與孔不同。見於正義。是孔傳未上之時，百篇之序先著於漢代，而不與安國之傳同時而出也。」

又曰：「伯禽、唐誥，王伯厚云『皆策命篇名』。大傳之序有揜誥；史記殷本紀有大戊一篇；孟子注云：『逸書有舜典之序』；曆志引古文月采篇，俱不入百篇之目。是則書名尚多，其篇目偶逸者與。」

尚書大傳

鄭康成曰：「伏生至孝文時，年且百歲。歐陽生、張生從學焉。伏生終後，數子各論所聞，以己意彌縫其闕，而别作章句。又特撰其大義，因經屬指，名之曰傳。劉子政校中書，奏此目録，凡四十一篇。」

晁公武曰：「康成銓次爲八十三篇，今本四卷，首尾不倫。」

陳振孫曰：「凡八十有三篇，當是其徒歐陽、張生之徒雜記所聞，然亦未必當時本書也。」

王楙曰：「尚書大傳與古文尚書所載不同。大傳謂：『周公死，王誦欲葬于成周。天乃雷電以風，禾盡偃，大木斯拔，國人大恐。王乃葬周公于畢，示不敢臣也。』梅福、張奐等皆引以爲言。據今尚書，言大雷電以風，見於周公居東之日，而非其死葬之時。以此一事觀之，則如大傳與經牴牾多矣。」

王應麟曰：「大傳之序有嘉禾、揜誥，今本闕焉。」

又曰：「大傳以西伯戡黎爲戡耆，冏命爲㷀命，費誓爲肹誓，吕刑爲甫刑。」

閻若璩曰：「伏生勝尚書大傳三卷，鄭康成注者，今亦不傳，僅散見他書。宋王伯厚困學紀聞云：虞傳有九共篇引書曰：『予辯下土，使民平平，使民無傲。』殷傳有帝告篇引書曰：『施章乃服，明上下。』竊意伏生於正記二十八篇外，又有殘章剩句未盡遺忘者。又引盤庚曰：『若德明哉！湯任父言卑應言。』又引酒誥曰：『王曰：封！若圭璧。』疑或出後人傳會，未必一一受諸伏生云。」

中文尚書

後漢書劉陶傳：「陶明尚書、春秋，爲之訓詁，推三家尚書三家謂夏侯建、夏侯勝、歐陽和伯也。及古文，是正文字〔三〕〔七〕百餘事，名曰中文尚書。」

百兩篇

漢書儒林傳：「世所傳百兩篇者，出東萊張霸，分析今二十九篇以爲數十，又采左氏傳、書序爲〔作〕首尾，凡百二篇。篇或數簡，文意淺陋。成帝時求其古文者，霸以能爲百兩徵，以中書校之，非是。霸辭受父，父有弟子尉氏樊並。時太中大夫平當、侍御史周敞勸上存之。後樊並謀反，迺黜其書。」

東晉梅賾所上孔氏古文尚書

陸德明曰：「江左中興，元帝時，豫章内史梅賾奏上孔傳古文尚書，亡舜典一篇，購不能得，乃取王肅注堯典，從『慎徽五典』以下分爲舜典篇以續之，學徒遂盛。後范甯變爲今文集注，俗間或取舜典篇以續孔氏。漢始立歐陽尚書，宣帝復立大小夏侯博士，平帝立古文。永嘉喪亂，衆家之書並滅，而古文孔傳始興，置博士，鄭氏亦置博士一人。近惟崇古文，馬、鄭、王注遂廢。」

孔穎達曰：「古文經雖然早出，晚始得行。其辭富而備，其義弘而雅，故復而不厭，久而愈亮，江左學者咸悉祖焉。近至隋初，始流河朔，其爲正義者蔡大寶、巢猗、費甝、顧彪、劉焯、劉炫等。」

又曰：「壁内所得，孔爲傳者凡五十八篇，爲四十六卷。三十三篇與鄭注同，二十五篇增多鄭注也。其二十五篇者：大禹謨一，五子之歌二，胤征三，仲虺之誥四，湯誥五，伊訓六，太甲三篇九，咸有一德十，説命三篇十三，泰誓三篇十六，武成十七，旅獒十八，微子之命十九，蔡仲之命二十，周官二十一，君陳二十二，畢命二十三，君牙二十四，冏命二十五。」

又曰：「晉書皇甫謐傳云：『姑子外弟梁柳適得古文尚書，故作帝王世紀，往往載孔傳五十八篇之書。』晉書又云：『晉太保鄭沖，以古文授扶風蘇愉，愉字休預。預授天水梁柳，字洪季，即（謐）〔謐〕之外弟也。季授城陽臧曹字彦始。始授郡守子汝南梅賾字仲真，又爲豫章内史，遂於前晉奏上其書而施行焉。時已亡失舜典一篇。』至齊蕭鸞建武四年，姚方興於大航頭得而獻之，值方興有罪，事亦隨寢。至隋開皇二年購募遺典，乃得其篇焉。」

朱子曰：「大禹謨、説命、高宗肜日、西伯戡黎、泰誓等篇，凡易讀者皆古文。豈有數百年壁中之物，不訛損一字？今人作全書解，必不是。」

吴澂曰：「書增多二十五篇，晉梅賾所奏上者，所謂古文書也。孔壁真古文書不傳，漢儒所治不過伏生書及僞太誓共二十九篇爾。及梅賾二十五篇之書出，則凡傳記所引書語，注家指爲逸書者收拾無遺，既有證驗，而其言率依於理，世遂以爲真孔壁所藏也。梅賾所增二十五篇，體製如出一手，采集補綴雖無一字無所本，而平緩卑弱，殊不類漢以前之文。夫千年古書最晚乃出，而字畫略無脱誤，文勢略無齟齬，不亦大可疑乎？吴才老曰：『增多之書，皆文從字順，非若伏生之書詰曲聱牙。夫四代之書，作者不一，乃至二人之手而定爲二體，其亦難言矣。』朱仲晦曰：『書凡易讀者皆古文。豈有數百年壁中之物，不訛損一字者？』又曰：『孔書至東晉方出，前此諸儒皆未見，可疑之甚。』又曰：『小序決非孔門之舊，安國序亦非西漢文章。』又曰：『先漢文字重厚，今大序格致極輕。』又曰：『尚書孔安國（序）〔傳〕，是魏晉間人作，託安國爲名耳。』又曰：『孔傳並序皆不類西漢文章，氣象與孔叢子同是一手僞書。蓋其言多相表裏，而訓詁亦多出小爾雅也。』夫以吴氏及朱子之所疑者如此，顧澂何敢質斯疑而斷之？然不敢信此二十五篇之爲古書，則是非之心不可得而昧也。」

鄭瑗曰：「古文書雖有格言，而大可疑。觀商 周遺器，其銘識皆類今文書，無一如古文之易曉者。禮記出於漢儒，尚有突兀不可解處，豈有四代古書，而篇中平坦整齊如此？如伊訓全篇平易，惟孟子所引二言獨艱深。且以商詩比之周詩，自是奥古。而商書比之周書，乃反平易，豈有是理哉？書與孝經皆有孔壁古文，皆有安國作傳。古文書至東晉梅賾始顯。古文孝經至隋劉炫始顯，皆沉没六七百年而後出，未必真孔壁所藏之舊矣。」

閻若璩曰：「鄭康成注書序，於今安國傳所見存者仲虺之誥、太甲三篇、説命三篇、微子之命、蔡仲之命、周官、君陳、畢命、君牙十三篇皆注曰『亡』，於安國傳所絶無者汩作、九共九篇、典寶、肆命、原命十三篇皆注曰『逸』。不特此也，又於安國傳所分出之舜典、益稷二篇皆注曰『逸』。是孔 鄭之古文，不獨篇名不合者，其文辭不可得而同；即篇名之適相符合者，其文辭亦豈得而盡同哉？然則豫章晚出之書，雖名爲源流於鄭沖，正未必爲孔壁之舊物云。」

朱彝尊曰：「春秋經書：『春，王正月。』左氏傳益以『周』字，改時、改月，其義本明。故自漢迄於汴宋，説者初無異議。乃胡安國忽主夏時冠周月之論，於是衆説紛綸，遂同疑獄。然此不待博稽羣籍，即以春秋説春秋，而其妄立見矣。其猶聚訟不已者，皆由伊訓『十有二月』之文亂之。不知古文尚書難以過信，斯則學者所當審也。」

按：孔穎達云：「遂於前晉奏上其書。」「前晉」當作「東晉」。

齊建武四年姚方興所上舜典

陸德明曰：「齊明帝建武中，吴興姚方興采馬王之注，造孔傳舜典一篇，云於大航頭買得，上之。梁武時，爲博士議曰：『孔序稱伏生誤合五篇，皆文相承接，所以致誤。舜典首有「曰若稽古」，伏生雖昏老，何容合之？』遂不行用。」

又曰：「『曰若稽古帝舜，曰重華協于帝。』此十二字是姚方興所上，孔氏傳本無。阮孝緒七録亦云：然方興本或此下更有『濬哲文明，温恭允塞。玄德升聞，乃命以位』。（凡）〔此〕二十八字異。聊出之於王注無施也。」

孔穎達曰：「昔東晉之初，豫章内史梅賾上孔氏傳，猶闕舜典。自此『乃命以位』已上二十八字，世所不傳，多用王范之注補之，而皆以『慎徽』已下爲舜典之初。至齊蕭鸞建武四年，吴興姚方興於大航頭得孔氏傳古文舜典，亦類太康中書，乃表上之。事未施行，方興以罪致戮。至隋開皇初，購求遺典，始得之。」

閻若璩曰：「今之堯典、舜典，無論伏生即孔安國，原只名堯典一篇。蓋别有逸書舜典，故魏晉間，始析爲二。『帝曰：欽哉』，何以蹶然而止？『慎徽五典』，何以突如其來？

不可通者固多矣。又況二十八字，無一非剿襲陳言者乎！鄭端簡曉：「予得其手批吴氏尚書纂言，於二十八字上批云：『曰若』（予）〔句〕襲諸篇首〔二〕；『重華』句，襲諸史記；『濬哲』，掠詩長發；『文明』，掠乾文言；『温恭』，掠頌那；『允塞』，掠雅常武；『玄德』，掠淮南子鴻烈；『乃試以位』，掠史伯夷傳。胡渭生朏明謂予：『开聞』二字，又掠大戴記用兵篇。姚際恒立方曰：『濬哲文明，温恭允塞』八字，襲詩與易，夫人知之，獨不知王延壽魯靈光殿賦云：『粤若稽古帝漢，祖宗濬哲欽明。』王粲七釋云：『稽若古則，叡哲文明，允恭玄塞。』方興所上，較延壽賦易『欽』爲『（明）〔文〕』，粲七釋易『叡』爲『濬』、『允』爲『温』，而『玄』字乃移用於下，則是皆襲前人之文，又不得謂襲詩與易也。夫舜典出於南齊，延壽，漢人，粲，漢魏人，何由皆與增加之字預相暗合邪？其爲方興所襲自明。又漢魏時人，以詩易所稱，稱後王可也。今以商王之『濬哲』、『温恭』，周王之『允塞』混加之於舜，烏乎可也？」

又曰：「光武時，張純奏：『宜遵唐堯之典，二月，東巡狩。』章帝時，陳寵言：『唐堯著典，眚災肆赦。』晉武初，幽州秀才張髦上疏引『肆類于上帝』至『格于藝祖，用特。』亦不曰舜典，曰堯典。又按：王莽列傳兩引『十有二州』，皆云堯典，今在舜典中。此與孟子以『二十有八載』四句爲堯典正同。」

馮景曰：「五帝紀于『舜飭下二女于嬀汭，如婦禮。堯善之』下即云：『乃使舜慎和』

至『不迷』。使知安國古文堯典止一篇，合舜典在其中，且無二十八字，明甚。」

贋本禹謨

閻若璩曰：「孟子稱舜『舍己從人』。今人於舜口中，以稱堯。當堯之時，引書曰：『洚水警余。』『余』字自屬堯，今入舜口，以屬舜。」

又曰：「呂氏春秋：夏書曰：『天子之德廣運，乃神、乃武、乃文。』」

又曰：「左氏文七年，郤缺引夏書曰：『戒之用休，董之用威，勸之以九歌，勿使壞。』書辭止此。『九功之德皆可歌也，謂之九歌。六府、三事，謂之九功。水、火、金、木、土、穀，謂之六府。正德、利用、厚生，謂之三事。』釋書辭如此。僞作大禹謨者，將援『戒之用休』三語自不得如缺作釋辭。又恐『九歌』終未明也，遂倒裝於前，曰『水、火、金、木、土、穀，惟修。正德、利用、厚生，惟和。九功惟叙，九叙惟歌，戒之用休』云云。此在尋常書篇亦無不可，特與左氏引古例不合耳。或曰：據子言夏書僅『戒之用休』三語，終竟不知『九歌』何指矣？余曰：奚有於是？『慎徽五典，五典克從。』大史克以父義、母慈、兄友、弟恭、子孝當之，未全。至孟子，始釋以『父子有親』等。作虞書者豈料後有孟子代爲我釋也哉！蓋作虞書時，『五典』字面；作夏書時，『九歌』字面，人所通曉，無煩注明。下及郤缺、孟子時，便不得不費辭。」

又曰：「周禮大司樂職九德之歌。鄭司農以春秋傳『六府』、『三事』一段注之始明，作周禮者不顧也。足徵彼時其樂見存，人所共曉云。」姚際恒曰：「『戒之用休』三句，文固聯貫，而義自爲三。據此既將『九歌』之義層層逆釋，下即當接以『勸之以九歌』一句，方直捷。不得又照逸書原辭將『戒之用休』二句别自二義者夾於中間，使『九歌』之義上下隔越。」又曰：「使書辭果有『水、火、金、木、土、穀』等句，左氏不當屑屑釋之矣。」

又曰：「大禹謨『皋陶邁種德，德乃降。』孔安國傳曰：『邁，行；種，布；降，下也。言皋陶布行其德，下洽於民也。』陸德明音曰：『降，江巷反。』然左氏莊八年：夏，師及齊師圍郕。郕降於齊師。仲慶父請伐齊師。公曰：『不可。我實不德，齊師何罪？罪我之由，夏書曰「皋陶邁種德，德乃降」，姑務修德以待時乎！』秋，師還。杜預注『皋陶邁種德』一句曰：『夏書，逸書也』；注『德乃降』一句曰：『言苟有德乃爲人所降服也。』孔穎達疏曰：『杜謂「德乃降」爲莊公之語，故隔，從下注。』據此，則『德乃降』之『降』，當胡江切，方與上文『郕降於齊師』、經文『郕降於齊師』相合。左氏引古人成語，下即從其末之一字申解之者，不獨莊八年夏爲然也，宣十二年引詩曰：『「亂離瘼矣，爰其適歸？」歸於怙亂者也夫。』襄三十一年，北宫文子引詩云：『「靡不有初，鮮克有終。」終之實難。』昭十年，臧武仲引詩曰：「『德音孔昭，視民不恌。』恌之謂甚矣。」皆其例也。中庸卒章引詩曰：「『德輶如毛。』毛猶有倫。」亦其例。且已『苟有德乃爲人所降服』者，亦不獨見於莊八年夏而已也。僖十九年載：文王伐崇，退而修教而崇始降；僖二十五年載：文公圍原，退而示信而原始降；昭十五年載：穆子圍鼓，既令之以殺叛，復令之以知義，而後從而受其降，皆其義也。凡『德乃降』之，爲莊公釋書之語，皆歷歷有證，而僞作古文者，一時不察，並竄入大禹謨中。」

又曰：「『汝唯不矜，天下莫與汝爭能。』荀子君子篇語也。『無稽之言勿聽，弗詢之謀勿庸。』亦荀子正名篇語也。」

又曰：「荀子解蔽篇：『昔者舜之治天下也』，云云。故『道經曰：「人心之危，道心之微。」危微之幾，惟明君子而後能知之。』此篇前又有『精於道一』之語，遂檃括而爲四字，復續以論語『允執厥中』，以成十六字。」

又曰：「『允執其中』，一句一義耳。『四海困窮』，欲其俯而恤人之窮。『天禄永終』，則欲仰而承天之福。且亦如洪範『考終命』、大雅『高朗令終』云爾。金縢『惟永終是圖』；周易歸妹象辭『君子以永終知敝』；周頌『以永終譽』；漢元帝紀詔曰『不得永終性命，朕甚閔焉』；韋賢傳匡衡曰『其道應天，故福禄永終』；外戚傳班倢伃賦曰『共洒掃于帷幄兮，永終始以爲期』；又權詔淵曰『以勖相我國家，永終爾顯烈』；孫權傳文帝策命曰『相我國家，永終爾休』；虞翻傳子汜曰『非所以永終，忠孝揚名後世』；漢武帝立子齊王閎策曰『允執其中，天禄永終』，皆節去『四海困窮』一句，以聯上下。魏使鄭沖奉策晉王曰『允執其中，天禄永終』；靈帝立皇后詔曰『無替朕命，永終天録』；孫權告天文曰『左右有吴，永終天禄』，倒置之義尤顯白。雋不疑謂暴勝之曰『樹功揚名，永終天禄』；班彪著王命論『則福祚流於子孫，天禄其永終矣』；王嘉傳『亂國亡軀，不終其禄』；薛宣朱博傳敘『位過厥任，鮮終其禄』，『不終』、『鮮終』方屬弗祥。魏晉間此人似認此二句爲一連，故於上文先作警辭曰：『欽哉！慎乃有位，敬修其可願。』下即續堯言曰：『四海困窮，天禄永終。』若以極言安危存亡之戒者，而不知與原義相左。此書出魏晉間，少前，則三國志載明帝詔曰：「山陽公深識天禄永終之運，禪位文皇帝。」又曰：「山陽公昔知天命永終於己，深觀曆數，（久）〔允〕在聖躬。」陳留王奂：「咸熙二年十二月壬戌，天禄永終，曆數在晉。詔禪位於晉嗣王。」此方解「終」是畢也、盡也。

馮景曰：「墨子引書曰：『蠢茲有苗，用天之罰。』此其名曰禹誓。其曰『益贊于禹』，本史記秦本紀帝舜曰：『咨爾費，贊禹功。』其曰『滿招損，謙受益』，本周易謙卦彖辭。其曰『帝初于歷山，往于田』云云，見孟子引書。曰『禹拜昌言』，本皋陶謨。曰『惟先蔽志，昆命于元龜』，本左氏。曰『帝乃誕敷文德』，本論語『故遠人不服，則修文德以來之』。曰『汝惟不矜』四句，本老子、荀子。曰『去邪勿疑，任賢勿貳』，則本國策趙武靈王立周佋爲王子（傳）〔傅〕引書，而此倒用其句也。必撰禹有征苗事者，以史記吴起對武侯説『昔三苗氏』至『禹滅之』而傅會成文者也。」

分皋陶謨爲益稷

閻若璩曰：「蔡邕獨斷云：『漢明帝詔有司採尚書皋陶篇制冕旒。』今其制正在益稷内。邕距魏晉間不甚遠，古文孔書未出，二篇猶合爲一如此。」

又曰：「今試取皋陶謨、益稷讀之，語勢相接，首尾相應，其爲一篇，即蔡氏猶知之。但謂『古者以編簡重大，故釐而二之，非有意於其間。』則非通論也。自『曰若稽古皋陶』至『往欽哉』，凡九百六十九字。此禹貢尚少二百二十五字，洪範少七十三字。何彼二篇不憚其重大，而獨於皋陶謨釐而二乎？說不可得通矣。」

贋五子之歌

梅鷟曰：「孔穎達疏左氏，以有窮后羿爲即五子之歌文，非是。蓋彼不考下文故。下文『公曰「后羿何如」，至「有窮由是遂亡」』，凡四十六句。初未嘗言太康淫於田。即辛甲爲虞箴，亦專以責羿耳，太康無預。」

閻若璩曰：「左傳哀六年所引夏書之文，賈逵注爲夏桀之時，不言太康。」

又曰：「國語引書曰：『民可近也，而不可上也。』『上』讀上聲，五子之歌易『上』爲『下』。姚際恒曰：『國語：夫人性，陵上者也。故引書曰云云。』此處難用此義，故改爲『下』。」

又曰：「戰國策：梁王魏嬰觴諸侯於范臺。酒酣，魯君避席擇言曰：昔者，帝女令儀狄作酒而美，進之禹。禹飲而甘之，遂疏儀狄，絕旨酒，曰：後世必有以酒亡其國者。又齊桓公曰：後世必有以味亡其國者。晉文公曰：後世必有以色亡其國者。楚王曰：後世必有以高臺陂池亡其國者。今主君之尊，儀狄之酒也云云。有一於此，足以亡其國。今主君兼此四者，可無戒與！此即第二章歌所自出。」

又曰：「邦之六典、八則，首見天官大宰、小宰之職；又見司會、司書及大史。」

又曰：「孟子：『象曰：鬱陶思君爾。』此象之辭。『忸怩』，則叙事之辭。國語：『晉平公欲殺豎襄，叔向曰：君其必速殺之，勿令遠聞。君忸怩顏乃趣赦之。』注曰：『忸怩，慙貌。』是其證也。今竄入五子之歌中曰：『鬱陶乎予心，顏厚有忸怩。』以『鬱陶』、『忸怩』並爲一人口氣。」

又曰：「爾雅釋詁篇：『鬱陶、繇，喜也。』薛君韓詩章句云：『陶，暢也。』五帝本紀：『象乃止舜宮居，鼓其琴。舜往見之。象愕不懌，曰：我思舜正鬱陶！舜曰：然，爾其庶矣！』似認『鬱陶』爲憂。王逸注九辯『豈不鬱陶而思君兮』曰：『憤念蓄積盈胸臆也。』不知九辯此章上云：『閔奇思之不通兮，將去君而高翔。』又云：『心閔憐之慘悽兮，願一見而有明；重無怨而生離兮，中結軫而增傷。』皆極憂懣語。若果『鬱陶』爲哀思，則應正接，不應用『豈不』二字。惟『鬱陶』思君，乃喜而思見之辭，故曰：『豈不鬱陶而思君兮？君之門以九重！猛犬狺狺而迎吠兮，關梁閉而不通。』仍復終窮此騷人説而又説處。王逸亦偶因『鬱』之一字，遂並誤解『鬱陶』。」

又曰：「魏博士張揖廣雅十卷曰：『陶，喜也、憂也。』曹子桓燕歌行：『鬱陶思君未敢言。』與前首『憂來不敢忘』正同一意，則魏晉間孔傳竟認爲『哀思』，殆無足怪。又按：其時亦有識字者，如稽叔夜是也。叔夜難自然好學論云：『處在闇室覩蒸燭之光，不教而悦得於心。況以長夜之冥，得照太陽，情變鬱陶而發其蒙。』『鬱陶』非作喜用而何？至有因喜借作蘊隆、蟲蟲一類字用者，晉摯虞思游賦：『尋凱風而南暨兮，謝太陽於炎離；戚溽暑之鬱陶兮，余安能乎留斯憂？』侯湛大暑賦：『何太陽之赫曦？乃鬱陶以興熱。』蓋『喜』近燠，『憂』近寒，亦洪範之理與！」

胡朏明曰：「孟子引太誓『我武惟揚』之文，五句四韻；左氏引夏書『惟彼陶唐』之文，六句六韻。太誓非歌，則左氏所引亦未必是歌。今第三章乃襲取爲之，芟『師彼天常』，而改『其行』爲『厥道』，則又減卻二韻矣。」

馮景曰：「『民可近，不可下』、『一人三失』等句，皆襲國語。『六馬』襲春秋公羊説及王度記『天子駕六馬』。『懍乎』句襲家語孔子曰：『懍懍焉，若持腐索之扞馬。』『爲人上者，奈何不敬？』襲召誥『曷其奈何弗敬？』『其三』襲哀六年左氏傳。『關石和鈞，王府則有』，襲周語單穆公諫鑄大錢。『顏厚』襲詩巧言。『尸位』襲大雅板『善人載尸』，亦襲小序『康王既尸天子』。『逸豫滅厥德』襲周書『有夏誕厥逸』、商書『用亂敗厥德于下』及抑詩『顛覆厥德』。『黎民咸貳』襲周内史過曰『百姓携貳』。『盤遊無度』襲無逸及夏諺。『有洛』襲逸周書『有洛以亡』。『因民』，亦襲魏絳『因夏民以代夏政』。『弗忍』，襲國語『庶民弗忍』。哀六年『亂其紀綱』二句，指夏桀，不言太康。襄四年乃謂羿虞于田，身殺國滅，了不及太康。離騷：『五子用失乎家巷。』此五子是太康子，故曰『圖後』。」

又曰：「『嗚呼！曷歸？』襲采薇歌『吁嗟徂兮，我安適歸矣』，及小雅『奚其適歸』等句。『予懷之悲』，雜襲『予懷明德』，『女心傷悲』，秦誓『我心之憂』等句。『萬姓仇予』，襲商書『小民方興，相爲敵讐』，周書『敢以王之讎民』，及古詩『虐我則讐』，左傳『怨我曰仇』

等句。『弗慎厥德』，襄召誥『不敬厥德』，大學『先慎乎德』。『雖悔可追』，襄盤庚『汝悔身何及』，『罰及爾身，不可悔』，及論語『來者猶可追』等句。」

又曰：「『鬱陶乎予心』，用象思舜之語，又是闕合昆弟事。王風：『君子陽陽』。其二章：『君子陶陶。』毛傳云：『陶陶，和樂貌。』鄭箋云：『陶陶，猶陽陽也。』」

胤征

閻若璩曰：「左氏昭十七年，夏六月甲戌朔，日有食之。祝史請所用幣，禮也。平子不知，而止之曰：『惟正月朔，慝未作，日有食之，於是乎用幣於社，伐鼓於朝，其餘則否。』大史曰：『在此月也。日過分而未至，三辰有災。於是乎百官降物，君不舉，辟移時，樂奏鼓，祝用幣，史用辭。故夏書曰：辰不集於房，瞽奏鼓，嗇夫馳，庶人走。此月朔之謂也。當夏四月，是謂孟夏。』夫太史首言此禮在周之六月。繼即引夏書以證夏禮，亦即在周之六月朔。周之六月，是爲夏之四月，可謂反覆明切矣。姚際恒曰：『改夏四月爲季秋月朔，意謂夏與周制異。』若然，則太史引證不合，平子亦當析之矣。」

又曰：「巳月之爲正月，不特見左氏，已見詩小雅，所謂『正月繁霜，我心憂傷』是也。正月者，正陽之月。正陽日食，爲古所尤忌，亦特見左氏，又見詩小雅集傳：蘇氏所謂『純陽而食，陽弱之甚。十月純陰而食，陰壯之甚。』『十月之交，朔月辛卯，日有食之』，詩人以爲『亦孔之醜』是也。其説皆與左互相發。」

又曰：「『辰不集于房』在左傳。杜注曰：『房，舍也。日月不安其舍則食。』若此，於房宿絶無交涉。此夏書之文，應在建巳正陽之月，故當以『瞽奏鼓』之禮。而僞作古文者，似錯認爲房宿。」

又曰：「仲康在位十三年，始壬戌、終申戌。以授時、時憲二曆推算，仲康四年乙丑歲九月壬辰日未正一刻，合朔，日食在氐宿一十五度。仲康元年壬戌歲五月丁亥日巳正初刻，合朔，日食在井宿二十八度。則仲康始即位之歲乃五月丁亥朔日食，非季秋月朔也。在位十三年中，惟四年九月壬辰朔日有食之。又與『肇位四海』不合。夏紀曰『帝中康時，羲和』云云，夫不曰『帝中康初』，而曰『帝中康時』，最確。蓋予推步以曆，仲康十三年中，惟十一年壬申歲閏四月朔，入日食限。是閏四月甲寅日午時日食。又步五十二年癸酉歲四月戊申日酉正初刻，合朔，亦入食限。加氣時視三差，乃戌時初虧，在地，人目不能見食，無容伐鼓、取幣以救之。則『瞽奏鼓』等禮，的在十一年閏四月朔無疑矣。」

又曰：「荀子君道篇引書曰（韓詩外傳作周制曰）：『先時者殺無赦，不逮時者殺無赦。』左傳昭二十三年，『公子光曰：吾聞之，作事威克其愛，雖小必濟。』」

又曰：「陳琳集有檄吴將校部曲文，末云：『大兵一放，玉石俱碎。雖欲救之，亦無及已。』三國志鍾會傳：『會移檄蜀將士、吏民曰：『大兵一發，玉石俱碎。雖欲悔之，亦無及已。』會與琳不相遠，辭語並同，足見其時有此等語。陳琳檄文中云：『元惡大憝，必當梟夷。至於枝附葉從，皆非詔書所特禽疾。』又云：『誅在一人，與衆無忌。』亦殲厥渠魁，脅從罔治意。」

按：左氏傳引夏書「辰不集于房」。而東晉古文尚書加「季秋月朔」者，由誤解「房」字，且傅會月令「季秋之月，日在房」之文。不知虞夏時，季秋日在箕尾之間，食不得在房也。月令乃周末日躔所在，校虞夏差及一次。閻百詩推九月日食在氐末，五月在東井，亦未計歲差而云然。杜元凱注：「房，舍也。」最確。「房」，猶皆火房也之房。

僞仲虺之誥

閻若璩曰：「墨子非命上篇：『仲虺之告曰：我聞于夏人矯天命，布命于下。帝伐之惡，龔喪厥師。』中篇：『仲虺之告曰：我聞有夏人矯天命，布命于下。帝式是惡，用〔厥〕〔闕〕師〔三〕。』下篇：『仲虺之告曰：我聞有夏人，矯天命于下，帝式是增，用爽厥師。』三處下文，墨子皆各從而釋之曰：『此言桀執有命，湯特非之曰喪師、曰闕師、曰爽師，此豈吉祥善事？而僞作古文者，嫌與己不合，易之曰：『式商受命，用爽厥師。』傳曰：『爽，明也。用明其衆，言爲主也。』今文立政篇：『帝欽罰之，乃伻我有夏，式商受命，奄甸萬姓。』是言我周用商所受之命，而奄甸萬姓焉。非若仲虺之誥，竟貼上帝言用商受王命。」

又曰：「左傳宣十二年，隨武子曰：『兼弱攻昧，武之善經也云云。仲虺有言曰：取亂侮亡，兼弱也。汋曰：於鑠王師，遵養時晦。耆昧也。』襄十四年：『亡者侮之，亂者取之，推亡固存，國之道也。』襄三十年：『亂者取之，亡者侮之，推亡固存，國之利也。』」

又曰：「荀子：『其在中蘬之言也，曰：『諸侯自爲得師者王，得友者霸，得疑者存，自爲謀而莫己若者亡。』』」

賡湯誥

閻若璩曰：「論語：『予小子履敢用玄牡』三句，孔曰：『此伐桀告天之文。』墨子引湯誓，其辭若此。國語内史過引湯誓曰：『余一人有罪，無以萬夫。萬夫有罪，在余一人。』解曰：『湯誓，伐桀之誓也。』伐桀大事，湯之『誓』、『告』必不一而足。如武王有泰誓三篇，又有牧誓一篇，皆所以重言以申明者。王曰：『格爾衆庶，悉聽朕言。』此爲告民伐桀之辭。曰：『予小子履敢用玄牡。』此爲告天伐桀之辭。各不相蒙。」

又曰：「墨子尚賢中篇引湯誓曰：『聿求元聖，與之戮力同心，以治天下。』」

又曰：「國語單襄公決陳必亡一篇，有引先王之令曰：『天道賞善而罰淫，故凡我造（邦）〔國〕，無從非彝，無即慆淫，各守爾典，以承天休。』今陳侯不念云云，是又犯先王之令也。解曰：『先王之令，文武之教也。』夫單襄公，周臣也。以周臣而對周天子而述周令，其爲鑿然可信無疑。而僞作古文者，乃竄入湯誥中，徑以爲商先王之命。」

僞伊訓

閻若璩曰：「治曆者，以至、朔同日爲曆元。班固律曆志遇至、朔同日，悉載之。『漢高帝八年，十一月乙巳朔旦冬至。』『十一月』者，漢承秦，未改月，十一月仍子月也。『周公攝政五年，正月丁巳朔旦冬至。』『正月』者，周改月，正月爲子月也。『商太甲元年，十二月乙丑朔旦冬至。』『十二月』，商改月，十二月爲子月也。或問：『周改月，於春秋而徵之矣；商改月，於書亦有徵乎？』余曰：亦徵於春秋。左傳昭十七年：『梓慎曰，火（正）〔出〕於夏爲三月，於商爲四月，於周爲五月。』班志謂：『武王以殷十一月戊子，師初發。後三日得周正月辛卯朔。』殷十一月者，建亥之月。故後一月爲周正月，建子是也。或者徒見蔡氏書傳謂三代及秦皆改正朔，而不改月。以太甲元祀十有二月乙丑，爲建丑之月。

商之正朔，實在於此。其祀先王者，以即位改元之事告之。不知此乃建子之月。商之正朔不在於此。其祀先王者，以冬至配上帝之故也。班志曰：『言雖有成湯、太丁、外丙之服，以冬至越茀祀先王于方明以配上帝，是朔旦冬至之歲也。後九十五歲，商十二月甲申朔旦冬至，亡餘分，是爲孟統。』可謂推法嚴密者矣。而僞作太甲者，求其説而不得。以元祀十有二月爲正朔，遂以三祀十有二月亦爲正朔，祠告復辟，皆當以正朔。故曰：『惟三祀，十有二月朔，奉嗣王歸于亳。』不知商實改月，未嘗以十二月爲歲首，曷爲復辟於是月乎？不然，則十二月者，建丑之月耳。建丑之月朔旦，安得有冬至？而劉歆、班固乃以爲曆元而書之乎？或又問：『子以十二月爲建子，則如孔傳所云。湯崩踰月，太甲即位，奠殯而告，是以崩年改元矣。』余曰：崩年改元，亂世事也。不容在伊尹而有之，蘇子瞻既言之矣。蓋成湯爲天子，用事十三年而崩。則崩當於丁未。太甲即位改元，則改元必於戊申，始正月建丑，終十二月建子。所謂『十有二月乙丑朔旦冬至配上帝』者，乃太甲元年之末，非太甲元年之初也。」

又曰：「三統曆引古文伊訓篇曰：『惟太甲元年，十有二月乙丑朔，伊尹祀于先王，誕資有牧方明。』今安國傳無『誕資有牧方明』一語。鄭康成注書序典寶引伊訓曰：『載孚在亳。』又曰：『征是三朡。』今安國傳亦無之。蓋僞作此篇者，止見孟子有引伊訓曰：『天誅造攻自牧宮，朕載自亳』二語，遂援之以爲左驗。又以論語有『百官總己以聽冢宰三年』爲居喪之禮』；詩商頌有『衎我烈祖』爲成湯之稱；今文召誥有『今王嗣受厥命，若生子罔不在厥初生』，爲初即位告成之辭；論語又有『無求備于一人，有侮聖人之言』；周易有『積善之家，必有餘慶；積不善之家，必有餘殃』；禮記有『湯以寬治民而除其虐』，有『立愛自親始，立敬自長始』；孝經有『愛親者不敢惡於人，敬親者不敢慢於人。愛敬盡於事親，而德教加於百姓，刑於四海』；左傳有『上天降災』，有『天禍許國，而假手於我寡人』；墨子有引商書曰：『嗚呼！古者有夏，方未有禍之時，百獸貞蟲，允及飛鳥，莫不比方。矧住疑「伊」字人面，胡敢異心？山川鬼神，亦莫敢不寧。若能共允，住天下之合，下土之葆。』有引先王之書歫年之言也，傳曰：『求聖君哲人，以裨輔而身。』有引先王之書，湯之官刑有之曰：『其恒舞于宮，是謂巫風。其刑，君子出絲二衛，小人否。似二伯黄徑〔四〕。乃言曰：嗚呼！舞佯佯，黄言孔章。上帝弗常，九有以亡。上帝不順，降之〔日〕〔百〕殃，其家必懷喪。』荀子有引書曰：『從命而不拂，微諫而不倦，爲上則明，爲下則遜。』賈誼有『文王之澤，下被禽獸，洽於魚鱉，咸〔若〕〔攸〕若攸樂』；『有善，不可謂小而無益；不善，不可謂小而無傷』。淮南子有『君子不謂小善不足爲也而舍之，小善積而爲大善。不謂小不善爲無傷也而爲之，小不善積而爲大不善』。凡十餘條，皆改竄析裂，補綴成之，而不知其本文遺漏亦已多矣。」

又曰：「墨子所引先王之書湯之官刑有之曰，出非樂篇。雖未言其作於何時，然左傳昭六年，晉叔向詒子產書曰：『昔先王議事以制，不爲刑辟，懼民之有爭心也。』杜注：臨事制刑，不預設法也。法豫設，則民知爭端。又曰：『夏有亂政而作禹刑，商有亂政而作湯刑，注：夏商之亂，著禹湯之法，言不能議事以制。周有亂政而作九刑。注：周之衰亦爲刑書，謂之九刑。又曰：『三辟之興，皆叔世也。』注：言刑書不起於始盛之世。則墨子所謂湯之官刑者，正作於商之叔世，其不爲湯所制明矣。」

贋太甲三篇

閻若璩曰：「尹吉曰：『惟尹躬及湯，咸有壹德』，既竄入咸有一德中。『惟尹躬(天)〔先〕見于西邑夏，自周有終，相亦惟終。』均爲尹吉曰，而竄入太甲上篇中。」

又曰：「『昧爽丕顯』，見左傳昭三年，爲讒鼎之銘。讒鼎乃魯鼎。『坐以待旦』，見孟子。乃周公中夜以思，此理忽得，不復寐，遂坐以待旦。姚際恒曰：『先王昧爽丕顯』，易左傳『旦』字爲『爽』字者，避下句襲孟子『坐以待旦』『旦』字也。」

又曰：「孟子：『太甲顛覆湯之典刑，伊尹放之於桐三年，太甲悔過，自怨自艾，於桐處仁遷義，三年以聽伊尹之訓己也，復歸於亳』一段，玩其文義，自以『伊尹放之於桐三年』

爲句，『於桐處仁遷義』爲句，『三年以聽伊尹之訓己也』爲句。蓋太甲被放後，三年始悔過。又三年，惟伊尹訓是聽，蓋凡六年，始復歸於亳，踐天子位焉。亦猶孟子：『昔者，孔子没』一節有兩『三年』字。史記孔子世家謂『子貢凡六年然後去』是也。雖殷本紀載：『帝太甲既立三年，不明，暴虐，不遵湯法，亂德，於是伊尹放之於桐宫。三年，伊尹攝行政當國，以朝諸侯。帝太甲居桐宫三年，悔過自責，反善，於是伊尹迺迎帝太甲而授之政。』首『三年』字，指初即位後，不指被放之後。與孟子少異。要爲六年之久，復辟親政。則與孟子無異。古大臣格君非之難如此。僞作古文者，生於魏晉間，時皆以書序爲孔子作，故所撰二十五篇，盡依傍之。此序則云：『太甲既立，不明，伊尹放諸桐。三年，復歸于亳。思庸。伊尹作太甲三篇。』遂將放桐事撰於上篇中；三年復歸事，撰於中篇中，以合書序，而不顧不合孟子。太甲三篇，標出篇名，爲禮記所引者四：一表記，二緇衣，一大學。」

又曰：「殷本記注引鄭康成曰：『桐，地名也，有王離宫焉。』似注書序之語。『宫』字則從史記得來，初不指桐爲湯葬地。魏晉間，孔傳出，始有是説。愚謂，此説果真是，漢武帝時已知湯葬處矣，奈何博極群書如劉向，告成帝猶曰『殷湯無葬處』乎？蓋直至哀帝建平元年，大司空御史長卿案行水災，因行湯冢，始得之。趙岐注：『桐爲邑。』亦不云是葬地。後漢郡國志：梁國有虞縣、有薄縣。虞則『有空桐地、有桐地、有桐亭』。「薄」下注云：『有湯冢。』雖相去未遠，判然各爲一縣所有，豈得指桐爲湯陵墓乎？」

又曰：「亳有三：一南亳，後漢梁國穀熟縣，是湯所都也。一北亳，梁國蒙縣，是即景亳，湯所盟地。一西亳，河南尹(匽)〔偃〕師縣，是盤庚之遷都也。鄭康成謂：『湯亳在偃師。』皇甫謐即據孟子以正之曰：『湯居亳，與葛爲鄰。葛即今梁國寧陵之葛鄉也。若湯居偃師，去寧陵八百餘里，豈當使民爲之耕乎？亳，今穀熟縣是也。』其說精矣。史記注謂：『湯即位，都南亳，後徙西亳。』余即如皇甫謐以正之曰：放太甲於桐，桐在今虞城縣，去偃師亦八百餘里。伊尹既以身當國於偃師，又焉能時時於桐訓太甲乎？仍屬穀熟方近。」

又曰：「注曷由而誤？誤自史記正文：『盤庚渡河南，復居成湯之故居。』注遂謂湯亦曾都偃師，以實其說。不知盤庚三篇，一則曰『新邑』，再則曰『新邑』，曷嘗有『復故居』字面？止下篇云：『古我先王，將多于前功，適于山。』蔡傳謂：『先王即湯，適於山，即往於亳殷。亳殷三面依山，鄭氏謂東成皋、南轘轅、西降谷是也。湯復往居此。』不知此原泛言古者我之先王，將欲多大於前人之功，是故徙都而適於山險之處。如上所遷五邦，多是非必定指湯。或曰即指湯，湯或者曾有意亳殷山險，往視之，如武王告周公營周，居於雒邑而後去，後成王卒成其志，周則仍都豐鎬，商或類此。故當日致有三亳鼎稱。一在梁國，一在河洛之間，俱不出邦畿千里之外，非必湯親身徙西亳。若徙西亳，終無以爲孟子於桐解矣。或疑曰：『商頌：宅殷土芒芒。箋云：自契至湯八遷，始居亳之殷地。而受命「亳之殷地」，止可謂偃師，不得及穀熟與蒙。既宅殷土，是湯親曾居此矣。』余曰：湯有天下，厥號曰『商』。盤庚徙都，改號曰『殷』。盤庚以前，不得有殷稱也。無逸篇云：『昔在殷王中宗。』又云：『自殷王中宗。』中宗大戊遠在盤庚前，周公已不妨以殷加之。則玄鳥之詩，作者出武丁後，又何妨以武丁所都之地名上歸其先人乎！且上既云『降而生商』，下自不得云『宅商土芒芒』。易商爲殷，文字宜然。」

又曰：「孟子書曰：『徯我后，后來其無罰！』向疑爲初征自葛情事，僅可仲虺用之以釋湯慙。今重出於伊尹口中以訓太甲。」

又曰：「孟子齊人取燕章書曰：『徯我后，后來其蘇。』宋小國章書曰：『徯我后，后來其無罰！』觀兩處上文，其辭皆同。而又首引書曰：『湯一征，自葛始。』他日引之，輒易『一』爲『始』，易『始』爲『載』，此乃古人文章不拘之處，而奈何『后來其蘇』既竄入仲虺之誥中，『后來其無罰』復竄入太甲中篇中耶？」

又曰：「中庸：『辟如行遠，必自邇；辟如登高，必自卑。』若升高云云。文王世子：『語曰：樂正司業，父師司成，一有元良，萬國以貞。世子之謂也。』」

馮景曰：「『後漢郡國志：『梁國有薄縣。』注云：『有湯冢。』按：『薄』與『亳』音義同。

新序曰：『桀作瑶臺，罷民力，殫民財，爲酒池糟隄，縱靡靡之樂，一鼓而牛飲者三千人。群臣相持歌曰：江水沛沛兮，舟檝敗兮。我王廢兮，趣歸薄兮。薄亦大兮。』是薄即亳也。皇覽云：『湯冢在濟陰亳縣北，東郭去縣三里。冢四方，方各十步，高七尺。』又云：『伊尹冢在濟陰己氏平利鄉。』亳近己氏。漢書音義臣瓚云：『湯居亳。今濟陰亳縣是也。今亳有湯冢，己氏有伊尹冢。』杜預云：『梁國蒙縣北有亳城，城中有成湯塚，其西又有伊尹塚。』晉太康地記云：『尸鄉南有亳坂，東有城，太甲所放處也。』其説不一。要湯葬亳，自無可疑。桐地近亳，而伊尹營宫，其側俾邇先王，亦無可疑。惟『放桐三年，即歸于亳』，爲左于孟子六年之義，是當辨者。」

贋咸有一德

閻若璩曰：「君前，臣名，禮也。雖周公以親則叔父，尊則師保，亦自名於王前曰『予旦』。召公亦名之爲『旦曰』。斷未有敢自稱其字者。或君於臣，字而不名，所以示敬，如：『王若曰：父義和』之類，亦未多見。何晚出書所載太甲，既稽首於伊尹矣，伊尹又屢自稱其字於太甲，豈不君臣交相失乎？君之失，緣誤倣洛誥；臣之失，則緣誤倣緇衣。何者？緇衣兩引咸有一德，一曰：『惟尹躬及湯，咸有一德。』一曰：『惟尹躬先見于西邑夏，自周有終，相亦惟終。』此篇鄭康成序書在湯誥後，咎單作明居篇。司馬遷亦親受逸書者，即繫於成湯紀内，是必于太甲無涉矣。是必當時臣工贊美湯君臣之辭。故君則號，臣則字，不必作於湯前。僞作者止見書序爲伊尹作咸有一德，遂將緇衣所引盡竄入於其口。又撰其辭於前曰：『惟尹躬克左右厥辟宅師。』喋喋稱字不已，不大可嗤乎！或曰：然則伊尹宜曷稱？曰：稱『朕』，孟子『朕載自亳』是也；稱『予』，『予不狎于不順』是也；稱『臣』，若召『予小子』是也；稱『摯』，若周公『予旦』是也。」

又曰：「説苑：伊尹對湯曰：『君之所不名臣者四：諸父，臣而不名；諸兄，臣而不名；先王之臣，臣而不名；盛德之士，臣而不名。』周公當成王世，有其三；伊尹當太甲世，有其二。要太甲自無名伊尹，若成王于周公止呼『公』。又按：孔疏云：『孫武兵書、吕氏春秋皆有伊尹名。』余謂吕氏春秋止有商之向摯，無伊摯。」

姚際恒曰：「詳篇義，疑史臣所紀當是尹與湯，如虞之君臣作明良喜起歌相似。故曰咸有一德。但此不爲歌，爲文耳。諸經、傳記，於伊尹並無告歸致仕之事，作僞者見書序茫無可據，遂鑿空撰出伊尹復政一節，以取配合周公復政之意。將咸有一德篇本屬尹在湯朝贊襄於湯者，移入在太甲朝陳戒於太甲。夫贊襄於湯，而曰『咸有一德』，似乎喜君臣同德之助，慶明良交泰之休，於義可也。若陳戒於大甲，而曰『咸有一德』，是尹以己德告太甲，則爲矜功伐善，非人臣對君之言矣。且事其孫而追述與其祖爲一德，得無鞅鞅非少主臣乎！此是非之至明而易曉者，司馬貞反據此以史遷記於成湯朝爲顛倒失序。」

贋大誓三篇

王應麟曰：「泰誓，古文作大誓。孔氏注：『大會以誓衆。』晁氏曰：『開元間，衛包定今文，始作「泰」，或以「交泰」爲説。真「燕書」哉！』或説：「謂新經以『泰』爲否泰之『泰』。紂時上下不交，天下無邦，武王大會諸侯往伐，以傾紂之否。」非經意也。大誓與大誥同。音「泰」者非。」

顧炎武曰：「商之德澤深矣，尺地莫非其有也，一民莫非其臣也。武王伐紂，乃曰：『獨夫受，洪惟作威，乃汝世讎。』曰：『肆予小子，誕以爾衆士，殄殲乃讎。』何至於此！紂之不善，亦止其身。乃至并其先世而讎之，豈非泰誓之文出於魏晉間人之僞撰者邪？蔡氏曰：「泰誓武成一篇之中，似非盡出一人之口。」又引吴氏言：「疑其書之晚出，或非盡當時之本文。」蓋已見及乎此，特以注家之體，未敢直言其僞耳。」

又曰：「孟子引書：『王曰：無畏！寧爾也，非敵百姓也。若崩厥角稽首。』今改之曰：『罔或無畏！寧執非敵，百姓懔懔，若崩厥角。』後儒雖曲爲之説，而不可通矣。」

閻若璩曰：「朱子有古史例不書時之説。以二十八篇書考之，如康誥『惟三月哉生魄』，多方『惟五月丁亥』，書『三月』、『五月』，皆不冠以時。洪範『惟十三祀』，金縢『既克商二年』，書『十三祀』、『二年』，皆不繼以時。更以逸書考之，伊訓『惟大甲元年十有二月乙丑朔』，畢命『惟十有二年六月庚午朏』，書年、書月、書日，並書『朔』、『朏』，絶不繫以時。魏世家裴駰引紀年曰：「梁惠成王九年四月甲寅，徙都大梁。」『四月』上不見『夏』字，乃知古人文各有例，雖似春秋，終有不盡同處。汲冢竹書紀年今不傳，傳皆贋本。司馬遷踵秦紀，成秦本紀，頗書時。然多略，不似漢書於秦二世元年書『秋七月』，漢元年書『冬十月』，盡從而整嚴其體。疑後代史册遵春秋例者自班氏始。」

又曰：「古未有夷族之刑也。即苗民之虐，亦只肉刑止爾。初何嘗舉人之三族而殲絶之。有之，自秦文公二十年始。蓋秦近於戎，戎法至重，秦亦相承用之，他國未之見也。入春秋一百二三十年，楚始滅若敖氏之族矣，晉始滅先縠之族矣，君子謂其誅已甚矣。」愚嘗爲之説曰：「古未有以人從死也，有之亦自秦始，亦戎法也。秦本紀曰：『二十年，武公卒。初以人從死。』降及穆公，以『三良』爲殉。波及晉國，魏武子以嬖妾爲殉。至成公二年八月，宋文公卒，書曰：『始用殉。』蓋傷中國而亦然也。滔滔者於是不可止矣。僞作古文者，偶見有亂世以族論罪，以世舉賢之語，遂竄入泰誓篇中。」

又曰：「墨子天志中篇云：『紂越厥夷居，不肯事上帝，棄厥先神祇不祀。乃曰：吾有命，無廖僔務天下，天亦縱棄紂而不葆。』非命上篇云：『紂夷處，不肯事上帝鬼神，禍厥先神禔不祀。乃曰：吾民有命，無廖排漏，天亦縱（之）棄（之）而弗葆。』非命中篇云：『紂夷之居，而不肯事上帝，棄（闕）〔闕〕其先神而弗祀也。曰：我民有命，毋僇其務，天不亦棄縱而不葆。』今晚出古文於『棄厥先神祇不祀』下，增『犧牲粢盛，既于凶盜』二句，以合箕子之言，删去『天亦縱棄紂而不葆』一句，以便下接孟子書。」

又曰：「『天降下民』爲書辭，玩其文義，似應至『武王耻之』止。今截至『曷敢有越厥志。』趙岐讀其『助上帝寵之』爲句，『四方』字屬下。今以『寵之四方』爲句，『有罪無罪』下，削去『惟我在』三字，以『予』字代『天下』。是書原指民言，今竟指君言矣。」

又曰：「書曰：『天降下民』一節，自『武王耻之』上皆書辭。蓋史臣所作，故孟子從而釋之曰：『此武王之勇也。』亦猶上文引詩畢，然後從而釋之曰：『此文王之勇也。』正一例也。僞作者欲竄入武王口，不得不去其末二語。又改『天下曷敢有越厥志』爲『予曷敢有越厥志』。試思此段在泰誓上者，曾有一毫似武王之勇，而孟子乃引之乎？自書有『天降下民，作之君，作之師』後，師曠述之曰：『天生民而立之君。』後又荀卿釋之，辭愈顯，而意益加警，曰：『天之生民，非爲君也；天之立君，以爲民也。』今泰誓上改『降』爲『佑』，意覺索然。」

又曰：「昭二十四年，萇弘引太誓曰：『紂有億兆夷人』云云。上文『同德度義』，分明繫萇弘自語，不然有不冠以太誓乎？即另出一篇，亦應先作大誓曰：『同德度義。』次作又曰：『紂有億兆夷人。』方協左氏引書之例。」

又曰：「管子法禁篇引泰誓曰：『紂有臣億萬人，亦有億萬之心；武王有臣三千，而一心。』亦史臣辭。孟子七篇，手所親著。所見諸侯王，若梁襄、齊宣、鄒穆、滕文、魯平，不應皆前死，於孟子之手盡繫以謚。意必有一二闕謚者，謚爲後人填補。春秋絶筆獲麟，哀公見存焉。得有謚，亦必後人欲與襄、昭、定一例，改繫以謚。然則孔子當日實以何書？曰：汲冢書稱哀王曰『今王』，太史公書稱武帝曰『今（王）〔上〕』，其必稱『今公』可知也〔五〕。列子天瑞篇『子列子』，張湛注：『載「子」於姓上者，或是弟子之所記。』余謂非弟子所記，乃弟子之所增以尊師。則列子中有增。蓋泰誓三篇成於初有天下日，止稱「王」，「武」或後史官增入。

又曰：「晉獻公之喪，秦穆公使人弔，公子重耳曰：『喪亦不可久也，時亦不可失也。』晉語：姜氏告公子亦曰『時不可失』。吴子因楚喪而伐之，師不能退，吴公子光曰：『此時也，弗可失也。』皆爭取人國者之辭。若武王伐紂有天下，自所謂迫而起，不得已而應，亦何至出語如秦穆、吴闔廬，曰『時哉，弗可失』哉！縱上文有『永清四海』，志在天下。然涉急欲有功之心，非武王也。」

又曰：「堯曰『咨爾舜』一段，『躬』、『中』、『窮』、『終』韻協。太誓曰『我武惟揚』，『揚』、『疆』、『張』、『光』韻協。墨子引太誓之言於去發曰：『惡乎君子，天有顯德，其行甚章。爲鑑不遠，在彼殷王。謂人有命，謂敬不可行，謂祭無益，謂暴無傷。上帝不常，九有以亡。上帝不順，祝降其喪。惟我有周，受之大帝。』亦有韻之文。今以『惡乎君子，天有顯德，其行甚章』，竄入泰誓下篇。首以『爲鑑不遠，在彼殷王』六句倒置之，竄入中篇中；又以『上帝不常，九有以亡』二句爲重出伊訓、咸有一德所用，而滅去之，止留其後之語。墨子原文『爲鑑不遠，在彼殷王』下即繫以殷王所謂四語。今泰誓既云『商王受，力行無度』，又更端云『受罪浮于桀』，自不得用『爲鑑不遠，在彼殷王』。故遂易殷王爲夏王，以作照應前面之辭，此其遷就之本懷云。」

又曰：「湯誓曰：『今朕必往。』此自湯初興師告諭亳衆之言。今亦入武王口中。其時，武王師已次河朔，羣后畢會，何必爲此言！」

又曰：「吾嘗疑孟子引太誓曰：『我武惟揚，侵于之疆。則取于殘，殺伐用張，于湯有(克)〔光〕〔六〕。』必史臣美武王之辭，非武王自語。蓋紂之惡甚於桀，而武王除殘之功，亦遂高於湯。史臣正紀其實處，曰『于湯有光』。非誇也。僞作者以三篇俱武王語，一例竄人之於口中，聖人氣象豈至於此？」

又曰：「孟子『王曰：無畏！寧爾也，非敵百姓也。』此武王之辭。『若崩厥角稽首。』則叙事之辭。且詳玩其所引『王曰』，自是至商郊慰安商百姓之辭。其與河朔誓師，固絶不相蒙者也。史記周本記載：『武王至商國，商國百姓咸待於郊。於是武王使羣臣告語商百姓曰，上天降休！商人皆再拜稽首，武王亦答拜。』即其事也。僞作古文者，既不辨古人文字有議論夾叙事之體，又不辨武王時事有誓師、弔民之不同，而一概混置，譌謬已甚。」

又曰：「殷本紀、宋微子世家並載『紂怒曰：吾聞賢人心有七竅。剖比干，觀其心』。龜策列傳亦同。淮南子俶真訓：『剖賢人之心，析才士之脛。』主術訓：『斮朝涉者之脛而萬民叛。』」

又曰：「墨子：『文王若日、若月，乍照，光于四方，于西土。』」

又曰：「墨子尚同篇有引太誓曰：『小人見姦巧乃聞，(下)〔不〕言也，發罪均。』墨子又從而釋之曰：『此言見淫辟不以告者，其罪亦猶淫辟者也。』晚出之古文，獨遺此數語。」

贋武成

朱子曰：「武成有『惟九年，大統未集』。以文王享國五十年推之，九年，當從何數起？且如武王初伐紂曰：『惟有道曾孫周王發。』此豈史臣於未即位前，便書爲『王』邪？到這裏總難理會。」

閻若璩曰：「劉歆作三統曆。引武成篇八十二字，質之今安國傳迥異。武王以一月三日癸巳伐商，二月五日甲子誅紂，是歲閏二月庚寅朔，三月己未朔，四月己丑朔，十六日甲辰望，十七日乙巳旁之，所謂『惟四月既旁生霸』是也。粤六日庚戌，是爲二十二日，武王燎于周廟。翌日辛亥，是爲二十三日，武王祀于天位。粤五日乙卯，是爲二十七日，乃以庶國祀馘于周廟。今後出之武成，以『四月哉生明』爲王『至于豐』。其説既無所本，以『丁未祀周廟』，『越三日庚戌，柴望』。又與其書相乖。且尤可議者，古人之書時、記事，有一定之體，召誥篇：『惟三月丙午朏。』『越三日』則爲『戊申』。顧命篇：『丁卯，命作册度。』『越七日』則爲『癸酉』。所謂『越三日』、『七日』者，皆從前至今爲『三日』、『七日』耳，非離其日而數之也。今丁未既祀于周廟矣，越三日柴望則爲己酉，豈庚戌乎？」

又曰：「『既生魄』，據漢志爲四月十六日甲辰望，方協。」

又曰：「武王以周正月三日癸巳伐商，二十八日戊午度于孟津，二十九日己未晦冬至，明日庚申，二月朔。四日癸亥，至牧野。五日甲子，商王紂死。三十日己丑晦，大寒中，明日閏二月庚寅朔。此劉歆三統曆載之最悉者。今安國傳於『時甲子昧爽』下曰：『是克紂之月，甲子之日，二月四日。』孔穎達又從而傳之曰：『二月四日者，以曆推而知之也。』又曰：『二月辛酉朔，甲子，殺紂。』果爾，則已未冬至不得在晦日，與已丑大寒中，不得在閏前之一日矣。推曆者固如是乎！杜元凱注左傳先修長曆，據以正經甲子之誤。司馬公編通鑑，亦用劉（義）〔羲〕叟長曆爲之據。古大儒著書，莫不精明曆理如此，此豈可爲淺見寡聞者道哉！」

又曰：「書無逸稱：『文王受命惟中身，厥享國五十年。』詩大雅稱：『文王受命，有此武功。』其所爲『受命』之説如是而已，無稱王改元事也。自周書以『文王受命，九年春在鄗』，而改元之説興。自太史公書以『詩人道西伯，蓋受命之年稱王』，而稱王之説興。禮記中庸稱：『武王壹戎衣而有天下。』樂記稱：『武，始而北出，再成而滅商。』無所爲觀兵更舉之事。自僞泰誓三篇興，以『觀兵』爲上篇，『伐紂』爲中、下二篇，以合於書序『十一年，伐殷。一月戊午，渡孟津』之别，太史公書悉詳載之。而伊川程子出，則謂：『武王無觀兵。』是即張子所謂『此事間不容髮，一日之間，天命未絶，則是君臣。當日命絶，則爲獨夫』之意也。晚出武成篇：『我文考文王，〔克成厥勳。〕誕膺天命，以撫方夏。惟九年，大統未集。』非即受命改元之妄説乎！泰誓上篇曰：『我文考，肅將天威，大勳未集。肆予小子發，以爾友邦冢君，觀政於商。』非即『三年喪畢，觀兵孟津』之説乎？又曰：『惟受罔有悛心』云云，『予小子夙夜祇懼，以爾有衆，厎天之罰』。非即『歸居二年，聞紂虐滋甚，更偏告諸侯東伐紂』之説乎？凡此書出於魏晉間羣言淆亂之日，皆歷有明徵。」

又曰：「墨子兼愛中篇云：『昔者武王將事泰山隧，傳曰：泰山，有道曾孫周王有事。大事既獲，仁人尚作，以祗商夏，蠻夷醜貉，雖有周親，不若仁人。萬方有罪，維予一人。』玩其文義，乃是武王既定天下後，望祀山川，或初巡守岱宗禱神之辭，非伐紂時事也。」

又曰：「武成：『紂爲天下逋逃主，萃淵藪。』在左傳昭七年，爲武王數紂之罪，以告諸侯之辭，非告神者。故僞作者只繫於『予小子其承厥志』下，爲『王若曰』之辭。蓋諸侯來受命，王特告之，並追述初起兵禱神如此，以見天與人歸。亦猶湯誥篇援『予小子履』，散作初請命伐桀之辭，又告諸侯之辭，亦追述之也。此（最）（僞）作者苦心湊泊處。」

又曰：「『有攸不爲臣』一段截去首句。『東征』上增『肆予』二字。『綏厥士女』下復出『惟其士女』。『紹我周王見休』一句變作『昭我周王，天休震動』二句。」

又曰：「又，『有攸不爲臣』一段，亦史臣作。『紹我周王見休，惟臣附於大邑周。』則史臣述『士女』之辭。僞作者亦欲竄入武王口，自不得不去其首句。又改爲：『昭我周王，天休震動』，用附『我大邑周』。試思今文書大誥曰：『天休于寧王，興我小邦周。』多士曰：『非我小國敢弋殷命。』於勝國一曰『大國殷』，再曰『大邦殷』，甚且曰『天邑商』，豈有武王當初得天下日，徧告羣后，而乃侈然自尊爲『大邑周』乎？即文理亦不可得通。『湯一征，自葛始』，亦史臣所作。」

又曰：「考史記周本紀叙『諸侯不期而會盟津者，八百諸侯』，在『武王渡河』之下。齊太公世家叙『遂至盟津』，在『師尚父與爾舟楫』之下。」

又曰：「二十八篇之書，有單書月以紀事，多士『惟三月，周公初于新邑洛』是也。有單書日以紀事，牧誓『時甲子昧爽，王朝至于商郊牧野』是也。然亦以武成篇有『粵若來二月，既死霸。粵五日，甲子』之書。故讀者可以互見，不必復冠以『二月』，此省文也。未有以此月之日紀事，而仍蒙以前月之名，使人讀去竟覺有三十四日而後成一月者。有之自晚出武成始載。考召誥篇先書：『丙午』，次『戊申』，又次『庚戌』、『甲寅』、『乙卯』、『丁巳』、『戊午』、『甲子』，皆冠以『三月』。顧命篇先書『甲子』，次『乙丑』，又次『丁卯』、『癸酉』，皆冠以『四月』。至洛誥篇：『戊辰，王在新邑，烝，祭歲』，止書日，而必於後結一句曰『在十有二月』。其詳明如此。或曰：『洛誥亦嘗稱乙卯。費誓兩稱甲戌，皆止有日。』余曰：此自周公、伯禽口中之辭。指此日有此事云爾。豈若史家記事垂遠，必繫日於月，有一定之體耶！」

又曰：「國語：『伶州鳩對景王曰：「昔武王伐殷，以二月癸亥夜陳，未畢而雨。」』」

又曰：「今文牧誓篇：『王朝至于商郊牧野乃誓。』牧野在朝歌之南，即商郊地。猶有扈氏之郊名甘云爾，非二地也。故誓師之辭曰『于商郊』，不必復言牧野。詩大雅曰『矢於牧野』，又曰『牧野洋洋』，即不必言商郊。僞作武成篇者，昧於此義。叙武王『癸亥，陳于商郊，俟天休命。甲子昧爽，受率其旅若林，會于牧野』。似武王於癸亥僅頓兵商郊，次日甲子昧爽，始及牧野誓師，誓已而戰。一地也，分作兩地用之，可乎？」

又曰：「帝王世紀云：『王之於賢人也，亡者猶表其墓，況存者乎？』或曰，史記殷周本紀：乃是命畢公表商容之閭。無武王親式事。『式』字何出？余曰：此則出留侯世家『式智者之門』，謂箕子。呂覽：『表商容之閭，士過者趨，車過者下。』兼攝二義。故曰：『式商容閭。』樂記有：『行商容而復其位。』韓詩外傳載『武王欲以商容爲三公，商容固辭不受命』之事。」

又曰：「『今武（城）〔成〕『列爵惟五，分土惟三』。疏引孟子『班爵禄』章，非是。孟子爵雖五等，却連天子在内。地又四等，與『分土惟三』不合。蓋直漢地理志：『周爵五等，而土三等』之説也。益驗晚出書多出漢書。」

馮景曰：「『越三世而至康王之誥，尚曰：『皇天改大邦殷之命。』大明之詩，一則曰『燮伐大商』，再則曰『肆伐大商』，夫此乃周文公推揚前烈者而尚云然〔七〕。烏有武王初得天下，偏告羣后，廼侈然自尊曰『大邑周』邪？」

贗旅獒

閻若璩曰：「史記、周書並稱：武王克殷，有召公奭，不言『太保』。言『太保』，自『昔者周成王幼，在襁褓之中。召公爲太保。保，保其身體』。始見賈誼新書。至顧命猶然。」又按：「燕召公世家：『其在成王時，召公爲三公。』則可證武王時，未爲太保矣。若當武王時，叙召公所居官而曰『太保』，乃作旅獒，則大不可矣。」

又曰：「注書序，馬云：『作「豪」，酋豪也。』鄭云：『獒，讀曰豪。』西戎無君，强大有政者爲酋豪。國人遣其酋豪來獻，見於周。」

又曰：「二十八篇之書，有整取篇中字而以名，如高宗肜日、西伯戡黎之類；有割取篇中字面以名，如甘誓、牧誓之類，皆篇成已後事。今乃云：『太保乃作旅獒，用訓于王。』分明是既有篇名後，按篇名以作書。姚際恒曰：『前此「驅虎豹犀象而遠之」，此反有取於一「獒」，恐無是理。武成篇既言「歸馬」矣，此又慮其畜馬而諄戒？何邪？』」

又曰：「國語仲尼在陳一篇，正旅獒之藍本。但自『昔武王克商』至『分異姓以遠方之職貢，使無忘服也』。皆孔子語。今割『昔武王克商』二句爲序；以分同姓、異姓，入召公口中。國語指肅慎氏貢楛矢。肅慎內傳稱爲周北，中書序爲東夷，韋昭則曰東北夷之國。予案之，其地即今寧古塔，謂東夷者是也。今竄爲西旅獻獒。」

又曰：「論語：『譬如爲山，未成一簣，止，吾止也。』此譬喻文也。今明明改之曰：『爲山九仞，功虧一簣。』『人而不爲周南、召南，其猶正墻面而立也與？』『其猶』，即譬如也。今明明改之曰：『不學墻面。』『君子之德風，小人之德草。』有『草上之風，必偃』，而取譬意方見。今改而截其半曰：『爾惟風，下民惟草。』漢書叙傳云：『我德如風，民應如草。』不曰『民德』，曰『民應』。『應』字內含有草隨風偃之意。梅氏鷟謂『爲山九仞，功虧一簣』，不特攘諸論語，抑且攘孟子『掘井九仞』。余謂掘井可以九仞言，而爲山不可以九仞言。觀荀子一書，於山皆曰百仞，於淵、於谷亦曰百仞，惟墻曰數仞，木曰十仞。下字細密如此。」

贋微子之命

閻若璩曰：「左氏僖十二年傳，王命管仲曰：『余嘉乃勳，應乃懿德，謂督不忘。往踐乃職，無逆朕命。』既易『往踐乃職』爲『往敷乃訓』，又曰『往（欽）哉惟休』，既易『無逆朕命』爲『毋替朕命』，上已曰『慎乃服命』，不太複乎！」

贋蔡仲之命

閻若璩曰：「左氏定四年傳，祝佗述蔡仲之事，其命書云：『王曰，胡，無若爾考之違王命也。』意此必古蔡仲之命發端第一語。在祝佗述其事，自不得不追其顛末曰：『昔周公相王室，以尹天下。管蔡啓商，惎間王室。王於是乎殺管叔而蔡蔡叔，以車七乘，徒七十人。其子蔡仲改行帥德，周公舉之，以爲己卿士。見諸王，而命之以蔡。』而僞作是篇者，亦如其例，彷彿其辭曰：『惟周公』至『邦之蔡』，以爲篇端之序。」

又曰：「『囚蔡叔于郭鄰。』孔傳云：『郭鄰，中國之外地名。』此臆説也。郭鄰正作郭淩。出周書作雒解，孔晁止云『地名』，未詳所在，洵是。至蔡，顯屬漢汝南郡上蔡縣，爲其父子所封，未聞別地。世本：『蔡叔居上蔡。』（宗）〔宋〕仲子注云：『胡徙居新蔡。』不知漢地理志注：『胡後十八世，平侯自上蔡徙新蔡，非胡徙新蔡也。』後漢志：『河内郡山陽邑有蔡城。』劉昭注云：『蔡叔邑此，猶鄭管城之類乎！』」

馮景曰：「漢汝南郡有上蔡縣，又有新蔡縣。一統志云：『新蔡，古吕國之邑名。春秋時，蔡平侯徙都此，故曰新蔡。』又蔡照侯徙居九江下蔡。」

又曰：「唐孔氏疏直云，『蔡叔與管叔』至『不赦』，竟删却『以殷畔』一節事。使管叔當日但流言于國，而不以殷畔，則周公亦必善全之，所謂『雖有小忿，不廢懿親』是也。象日以殺舜爲事，舜猶封之。一流言而即致辟，則周公非聖人矣。緣誤解金縢『弗辟』『辟』字爲刑辟之『辟』，此遂誤以『致辟』二字，又連上『惟周公位冢宰，正百（官）〔工〕』之文，直似周公不奉王命，而一聞流言，遽致辟之也者。無怪乎與大誥不合，且與祝佗『王於是乎殺管叔』之文不合也。」

贋周官

閻若璩曰：「周禮『治官』專指天官冢宰，非可以泛及。篇首云『董正治官』，似未諳『治』字之義。」

又曰：「周禮大司徒之職，施十有二教焉，與唐虞時司徒敷五教者，名數迥別。不應成王訓迪教官，不以本朝職掌，而迺遠引上古之制。」

又曰：「陳氏振孫疑『邦土』、『邦事』灼然不同。予謂周禮太宰之職『六曰事典』；小宰之職『六曰冬官，掌邦事』，又『六曰事職』，則司空斷宜曰掌『邦事』。彼易『事』爲『土』者，亦以左傳定四年『聃季爲司空』，又曰『聃季授土』，今文書『禹作司空，平水土』，遂以爲所自出乎！不知司空之職，鄭氏謂『掌營城郭、建都邑、立社稷宗廟、造宮室車服器械』，不止邦土，惟『事』字方包括得盡。」

又曰：「王制：『司空執度，度地居民，山川沮澤，時四時。』非『司空掌邦土，居四民，時地利』之所出乎？」

又曰：「今文康誥篇首云：『侯、甸、男邦，采、衛。』所列五服名邑次第與周禮無異，不見『要服』者。鄭氏云：『以遠於役事而恒闕焉。』『要服』路遠，斧斤版築之事，可以弗及。如唐孔氏云：『爾者且要服猶在九州内，不比夷、鎮、藩三服，則在九州外，謂之蕃國矣，世壹見矣。』益驗周禮，真出周公，而僞作者之多所牴牾云。」

又曰：「禹貢五服：曰甸、曰侯、曰綏、曰要、曰荒。通帝畿在内。周禮六服不數王畿，曰侯、曰甸、曰男、曰采、曰衛、曰要。又有九服，與九畿同，皆不數王畿。則侯、甸、男、采、衛、蠻、夷、鎮、藩，并無五服字面。作周官者，於本序曰『六服』，合周制矣。後文却曰『六年，五服一朝』，將以此五服爲同禹貢乎？不應内諸侯與外諸侯同一朝期。以五服爲仍周制而除去要服乎？又不應周家初盛大一統之時，而即有荒服者不至之事。反覆皆不可通，於是蔡氏爲之辭曰：『周五服在王畿外，與禹異。六服則並畿内數之。』似目曾不覩周禮之書。」

又曰：「王曰：『嗚呼！三事暨大夫。』蔡傳云：『三事，即立政三事也。』予謂立政自立政，周官自周官，安得强爲引證？ 蓋僞作者特以詩有『三事大夫』，鄭箋專指『三公』，此則欲並孤與六卿之屬皆及〔八〕，故曰『暨大夫』，總承上文之辭。」

又曰：「考周禮：『王之三公八命，其卿六命。』孤命數與卿同。故賈誼言『爲置三少，皆上大夫也』。周禮『卿』即上大夫。考工記：『九卿朝焉。』鄭氏謂：『六卿、三孤爲九卿。』可見孤與卿不相遠，安得謂之位隆！ 大抵蔡氏不甚通古今官制，每每如此。」

姚際恒曰：「周家想三年一朝，故叔向曰：『明王之制，使諸侯〔歲聘以志業〕，間朝以講禮。』杜注謂：『十二年有四朝是也。』逮春秋降文襄世霸，簡之至五歲而朝。子太叔稱其『不煩諸侯』。果如僞書六年一朝，子太叔不妄語乎？」

又曰：「周本紀云：『成王既絀殷命，襲淮夷，歸在豐，作周官。』與書序同。而魯周公世家則云：『成王在豐，天下已安，周之官政未次序，於是周公作周官，官別其宜。作立政。』其云成王作者，不必成王自作。云周公作者，亦奉成王命爲之也。君臣一體，正可想見序與史本不牴牾。作僞者僅見序合周紀，不參以魯世家，遂謂『成王作周官』矣。考立政所敘官名，與周官之六卿，卿有其四，而爵位復迴別，自餘則無一同者。作僞者（益）〔蓋〕以立政周公作，周官成王作，庶可掩其不同之迹。不知成王作周官時，周公尚在乎？不應成王顯與之違。周公既没乎，又可以周公肉未寒而盡反之乎？ 必不爾矣。」

贋君陳

閻若璩曰：「論語：『書云：孝乎惟孝，友于兄弟，施于有政。』何晏集解引漢包咸注云『孝乎惟孝』，美大孝之辭。是以『書云』爲一句，『孝乎惟孝』爲一句，『友于兄弟』爲一句。晉書夏侯湛昆弟誥：『古人有言：孝乎惟孝，友于兄弟。』潘岳閑居賦〔序〕：『孝乎惟孝，友于兄弟。』此亦拙者之爲政也。』是其證也。錢尚書謙益家藏淳熙九經本，點斷句讀，號稱精審，亦以『孝乎惟孝』四字爲句。先是張耒淮陽郡黄氏友于泉銘曰：『孝乎惟孝，友于兄弟。』張齊賢承真宗命撰弟子贊曰：『孝乎惟孝，曾子稱焉。』太平御覽引論語曰：『孝乎惟孝，友于兄弟。』唐王利貞幽州石浮圖頌曰：『孝乎惟孝，忠爲令德。』梁元帝劉孝綽墓志銘曰：『孝乎惟孝。』與武陵王書曰：『友于兄弟。』則知改從君陳篇讀者自朱子始。僞作君陳篇者，竟將『孝乎』二字讀屬上，爲孔子之言。歷覽載籍所引詩書之文，從無此等句法。然則載籍中亦有『孝乎惟孝』句法耶？余曰：有之。仲尼燕居：『子貢曰：敢問將何以爲此中者也？子曰：『禮乎禮。夫禮，所以制中也。』』『禮乎禮』非此等句法耶？素問：『帝曰：何謂形？岐伯曰：請言形，形乎形。何謂神？岐伯曰：請言神，神乎神。』靈樞經：『岐伯曰：上守神，神乎神。』史記淮陰侯列傳：『蒯通曰：時乎時，不再來。』漢桂陽太守周憬碑銘辭曰：『君乎君，壽不訾。』揚子法言有『習乎習』，『雜乎雜』，『辰乎辰』，『才乎才』。晉董京（時）〔詩〕有『麟乎麟』。並此句法，又以此置末句者，則公羊傳『賤乎賤者也』；爾雅釋訓『微乎微者也』；春秋繁露『有賤乎賤者矣，夫有賤乎賤者，則亦有貴乎貴者矣』。梅氏鷟亦謂君陳篇上竊國語『令德孝恭』之文，下輯論語『惟孝，友于兄弟』等語，以頗重複，遂去『孝乎』二字，若爲釋書者之辭。試思凡引『書云』、『書曰』之下，曾有自爲語氣者乎？」

又曰：「論語所引書，未知的出何篇？」

又曰：「『爾有嘉謀嘉猷，入告爾君于内』等語，出於臣工之相告誡，則爲愛君；出於君之告臣，則爲導諛。坊記：『子云：善則稱君，過則稱己，則民作忠。君陳曰：「爾有嘉謀嘉猷，入告爾君于内，女乃順之于外。曰：此謀此猷，惟我君之德。於乎！是惟良顯哉。」』僞作君陳篇者，止見書序有『周公既没，命君陳分正東郊成周，作君陳』。遂通篇俱作成王語，安知當日不更夾以臣語，如顧命篇體例耶？」

分顧命爲康王之誥

孔穎達曰：「伏生以此篇合於顧命，共爲一篇。鄭王本此篇自『高祖寡命』已上，内於顧命之篇;『王若曰』已下,始爲康王之誥。」

贋畢命

閻若璩曰:「嘗疑劉歆三統曆末又引畢命豐刑曰:『惟十有二年六月庚午朏,王命作策豐刑〔九〕。』凡十有六字,今、古文皆無。不知歆從何處得之,而載於此?既而思書大傳有九共、帝告篇之文,安知非安國所得壁中書整篇外零章剩句,如伏生所傳者乎?歆去安國未遠,流傳定真。而所載康王年月日,復關於曆法,故不忍棄之。僞作古文者以『王命作策豐刑』,與己不合,特爾遺去。亦猶作伊訓者,遺『誕資有牧方明』,作武成者,遺『粤若來二月』已下之辭,爲露其肘也。」

又曰:「唐孔氏疏引畢命豐刑曰云云,於『策』字下增一『書』字,今漢書本闕。姚際恒曰:『今畢命較三統曆所引增「至于豐」者。』案:宅洛係大事,須告文王之廟,故言『至于豐』。命畢公何必爾!且君陳、畢公等果至豐告廟,兩人自當一例。而獨畢命云然者,蓋因逸書畢命有『豐刑』二字。既不可解,故就用其『豐』字傅會以爲『至于豐』。亦猶今伊訓以逸書『伊訓方明』作『乃明』耳。」

又曰:「三統曆載,周公攝政七年,作召誥、洛誥。此七年,在武王崩之後,成王未立之先。故下載成王僅三十年。邵子皇極數始通以此七年繫於成王之下。成王爲三十七年，邵子曆是也。陳師凱以邵子曆推之，自覺三紀不合其説，曰：『既歷三紀，當三十六年。』今自成王七年，周公留治洛，公薨，君陳繼之。君陳卒，然後命畢公，是爲康王十二年。歷數至成王七年，已四十有三年。言三紀者，舉大數，固不必一一吻合。僞作古文者却似誤讀三統曆之攝政七年，以爲即在成王三十年之内。成王七年作召誥、洛誥，三十年作顧命，凡二十四年。接以康王十二年作畢命，正得三十六年，故曰『既歷三紀』。若使知攝政在外，既逾三紀，何難變其文以求合，而敢故與曆背馳哉？此誤所由來也。」

又曰：「三統曆載，成王元年，命伯禽侯于魯。後三十年有顧命作。下文云：『惟伯禽即位四十六年，至康王十六年薨。』以此證之，成非三十年而何？所云『後三十年』，乃實指其紀數之年，非離元年而數者。」

臩冏命

閻若璩曰：「作古文者，生於錯解未正之日，故書亦隨之誤，今又得一事是『怵惕惟厲』。穎達疏：『厲，訓危也。即易稱「夕惕若厲」之義也。』予謂乾之九三：『君子終日乾乾』爲句，『夕惕若』爲句，『厲无咎』爲句。證以下文言『雖危無咎』，益驗句讀斷宜如此。

三代已上人必不誤讀屬連上若王輔嗣輩可知，詎意周穆王時以輔嗣爲本而摹脱之乎？其出魏晉間可知。張竦爲陳崇草奏曰：『終日乾乾，夕惕若厲。』淮南子人間訓曰：『終日乾乾，以陽動也。夕惕若厲，以陰息也。』」

又曰：「周本紀：『王道衰微，穆王閔文武之道缺，乃命伯臩申誡太僕國之政〔一〇〕，作臩命，復寧。』紀謂『太僕國之政』，非太僕正也。『命伯臩申誡』之，非命伯冏爲太僕正也。與篇序絶不相侔。蓋逸書十六篇，原有冏命，太史公親受之，知其義如此，故改却書序之文，載入本紀。若魏晉間，無由覩逸書，但止依傍書序爲説，而不顧與史背馳。」

贋孔安國序

朱子曰：「某嘗疑孔安國書是假書，兼書序亦可疑。却似晉宋間文章。況孔書是東晉方出，前此諸儒皆不曾見，可疑之甚。」

又曰：「書序恐不是孔安國做。漢文粗枝大葉，今書序細膩，只是魏、晉、六朝文字。」

贋序所言墳典丘索

王應麟曰：「書序：『八卦之説，謂之八索，求其義也。』而賈逵以爲八王之法。張平子以爲周禮八議之刑。索，空也，空設之。唯馬融以爲八卦。愚按：國語史伯曰：『平八索以成人。』韋昭注：『謂八體，以應八卦也。謂乾爲首，坤爲腹，震爲足，巽爲股，離爲目，兑爲口，坎爲耳，艮爲手。』」

葉適曰：「安國書序言典墳至夏、商、周，誥義粤雅，歷代以爲大訓。旋復言討論墳典，芟繁剪浮，則是孔子并大訓亦去取也。豈有是哉？」

王柏曰：「古文尚書序：『三墳，言大道；五典，言常道。』夫『大』與『常』，何自而分别也？如其言，則墳之道，不可常；典之道，未至於大，豈不悖哉？」

閻若璩曰：「秀水徐嘉炎勝力謂余：『書大序不類西京不待言，而尤悖理者，「讚易道，以黜八索；述職方，以除九丘。」上文明云，皆帝王遺書。既帝王遺書，夫子删之、定之，可也。黜之、除之，其可通乎？』」

贋序所言科斗書

王柏曰：「孔壁之書，皆科斗文字。以世所傳夏商鬴鬲盤匜之類，舉無所謂科斗之形，序者之言，不過欲耀孔壁所藏之古耳，不計其説之不可通也。既曰『科斗書廢已久，時人無能知者』，又不知何以參伍點畫，考驗偏旁，而更爲隸古哉？於是遁其辭曰：『以所聞伏生之書考論文義，定其可知者』，則是古文之書，初無補於今文，反賴今文而成書。本欲尊古文，而不知實陋古文也。且孔氏遺書，如周易十翼、論語、大學、中庸之屬，皆流傳至今。初不聞有科斗之字於他書，而獨紀載於書大序，其妄誕欺惑後世無疑。」

閻若璩曰：「安國大序一篇，冠五十篇之首者，朱子謂其『不類西漢人文章』。又曰：『只是魏晉間人所作。』又曰：『傳之子孫，以貽後代。漢時無這般文章。』余直謂此篇，蓋規摹許慎説文解字序而作。觀其起處尤可見。至承襲而謁，遂謂：『科斗書廢已久，時人無能知。以所聞伏生書考論文義，始得知。』其妄可得而辨焉。説文解字序曰：『秦燒滅舊典』云云。若以自秦已後，魯恭王壞孔子宅已前，無所爲古文也者。不知藝文志云：『漢興，蕭何草律，著其法，曰：「太史試學童，能諷書九千字已上，乃得爲史。又以六體試之，課最者以爲尚書御史、史書令史。吏民上書，字或不正，輒舉劾。」六體者，古文、奇字、篆書、隸書、繆篆、蟲書，皆所以通知古今文字，摹印章，書幡信。』蕭何固以習古文爲一代之功令也。豈得書廢已久，時人無能識乎？北平侯張蒼修春秋左氏傳，多古字；史言河間獻王所得書皆古文先秦舊書；司馬遷年十歲，則誦古文，此皆章章明著，不待孔安國以今文字參考而後可識也。」

又曰：「杜預左傳後序云：『太康元年，汲郡人有發冢者，大得古書，皆科斗文字。科斗書久廢，推尋不能盡通，藏在秘府。』杜預時，謂科斗書久廢則可；孔安國時，則不可。即説文序云：『孔子書六經，左丘明傳春秋，皆以古文。』繼云：『秦焚滅經書，滌除舊典，而古文由此絶。』是亦絶經典之古文耳，非謂天下盡不識之也。不然，何後又云：『張蒼獻左氏傳，郡國山川往往得鼎彝，其銘，即前代之古文。』非先孔子壁而出者乎？但謂漢承秦制，以八體試學僮，不云六體，與蕭何律悖。衛宏古文奇字序先於許氏，止云：『秦改古文以爲篆、隸。』又云：『秦罷古文，而有八體，非古文矣。』未嘗云，漢不用古文。誤由於説文序『漢以八體試學僮』一語。不知漢乃六體，六體有古文在内，與秦殊。又誤於新莽時六書古文奇字云云，不知此即漢六體舊制，非莽始。太史公自序：『秦撥去古文，焚滅詩書。』繼云：『漢興，百年之間，天下遺文古事靡不畢集。』蓋秦有天下者十五年，僅此十五年，天下不習尚古文。漢一興，而古文復矣。」王伯厚以秦下令焚書，始禁古文，距漢興才七年。

又曰：「説文序：『今雖有尉律，不課。小學不修，莫達其説久矣。』尉律，漢律篇名。蓋漢至和帝時，蕭何所草律已不行，學僮不試古文，僅有一二通人，如賈逵輩方相從受古學耳。降至（衛）晉，〔衛〕恒作書勢，去漢逾遠。并謂：『魯恭王得孔子宅書時，已不復知古文，謂之科斗書。漢代秘藏，希得見。』彼時自有此種議論散諸撰述，益徵（文字）〔大序〕不作於漢武之時〔一二〕，決矣。」

朱彝尊曰：「古文之存於今者，如壇山石〔一二〕、岐陽獵碣〔一三〕，皆與大小篆不甚相遠。竊意孔子雅言者書，當時誦習授受未必用蝌蚪之文，何獨孔壁所藏書與論語、孝經悉科斗文字？安國書序作僞者藉此欺人。魯齋王氏疑之當矣。」

贋序所言篇卷

孔穎達曰：「以伏生本二十八篇。盤庚出二篇，（如）〔加〕舜典、益稷、康王之誥凡五篇，爲三十三篇。（如）〔加〕所增二十五篇爲五十八；加序一篇，爲五十九。四十六卷者，謂除序也。伏生二十九卷，而序在外。安國蓋以同序者同卷，異序者異卷，故五十八篇爲四十六〔卷〕。五十八篇內，有大甲、盤庚、説命、泰誓，皆三篇共卷，減其八。又大禹謨、皋陶謨、益稷，又三篇同序共卷。其康誥、酒誥、梓材，亦三篇同序共卷。則又減四，通前十二。康王之誥乃與顧命別卷，以別序故也。」

閻若璩曰：「四十六卷之分，鄭以同題者同卷，異題者異卷。孔則以同序者同卷，異序者異卷。其同序者：太甲、盤庚、説命、泰誓，皆三篇共序，凡十二篇，只四卷。大禹謨、皋陶謨、益稷、康誥、酒誥、梓材，亦各三篇共序，凡六篇，只二卷。外四十篇，篇各有序，凡四十卷，通共序者六卷，故爲四十六卷也。然鄭注四十六卷，原無武成，而以百篇序置爲末卷。孔則有武成一篇，篇自爲序，足四十六卷之數。故不便以百篇序復爲一卷，只得引之各冠其篇首，曰『宜相附近』。此則遷就之辭云。」又曰：「尚書百篇序，原自爲一篇，不分置各篇之首，其分置各篇之首者，自孔安國傳始也。鄭康成注書序，尚自爲一篇。唐世尚存孔穎達尚書疏備載之。所云尚書亡逸篇數，迥與孔傳不合。」

賸序所言會國有巫蠱事

閻若璩曰：「孔子世家：『安國爲今皇帝博士，至臨淮太守，蚤卒。』司馬遷親與安國遊，記其『蚤卒』，應不誤。考之漢書兒寬傳：『寬以郡國選詣博士，受業孔安國，補廷尉文學卒史。時張湯爲廷尉。』案：湯爲廷尉，在武帝元朔三年乙卯。楚元王傳：『天漢後，孔安國獻古文書，遭巫蠱之難，未施行。』荀悅漢紀成帝紀云：「魯恭王壞孔子宅，得古文尚書，多十六篇。武帝時，孔安國家獻之，會巫蠱事，未列於學官。」於安國下增一「家」字，足補漢書之漏。案：巫蠱難，在武帝征和元年己丑，二年庚寅，相距凡三十五六年。漢制，擇民年十八已上，儀狀端正者補博士弟子。則爲之師者，年又長於弟子。安國爲博士時，年最少如賈誼，亦應二十餘歲矣。以二十餘歲之博士，越三十五六年始獻書，即甫獻書而即死，其年已五十七八，安得爲蚤卒乎？

又安國大序謂：『得壁中書。悉上送官，承詔爲五十九篇作傳。於是遂研精覃思，博考採摭以立訓傳。既畢，會國有巫蠱事，用不復以聞。』是獻書者一時，作傳畢而欲獻者又一時也。作傳畢而欲獻，會國有巫蠱，則初獻書時，未有巫蠱，何不即立於學官，而乃云以巫蠱，遂不及施行邪？蓋僞作此書者，知兩漢秘府有古文，而無訓傳，今又並出訓傳，不得不遷就傅會其説，以售其欺耳！」

又曰：「鄞萬言貞一與人論尚書疑義書中一條云：安有因國家刑獄之事，臣子受命輯書序傳既成，而可寢之不報者乎？」

朱彝尊曰：「按孔安國書序，昭明文選録之，世皆篤信。惟朱子謂其不類西漢文字，疑後人所託。而魯齋王氏、仁山金氏亦疑之。考之漢書，司馬遷嘗從安國問故。遷蓋與都尉朝同受書於安國者也。然遷述孔子世家稱『安國爲今皇帝博士，至臨淮太守，早卒』。自序則云：『予述黄帝以來，至太初而訖。』是安國之卒，本在太初以前。若巫蠱事發，乃征和二年，距安國之殁，當已久矣。班固叙藝文志，於古文尚書云：『遭巫蠱事，未列於學官。』乃史氏追述古文所以不列學官之故爾。而僞作安國序者，乃云：『會國有巫蠱事，經籍道息。』竟出自安國口中，不亦刺謬甚乎！或曰：『劉歆（遺）〔移〕書讓太常博士，其文載於漢書，文選稱古文書十六篇，天漢之後，孔安國獻之。此不足信耶。』曰：『荀悦漢紀家字爾。按其本末，安國書序之僞，不待攻而自破矣。』」家獻之。會巫蠱事，未列於學官。則知安國已逝，而其家獻之。漢書、文選録本流傳，脱去家字爾。按其本末，安國書序之僞，不待攻而自破矣。』」

又曰：「或曰：『史記雖云訖於太初，然自序又云論次其文。七年而遭李陵之禍，實天漢三年也。故荀悦漢紀亦云：「司馬遷據左氏春秋、國語，採世（家）〔本〕、戰國策，逮楚漢春秋，接其後事，迄於天漢。」今於李廣傳附載陵事，於大宛傳載李廣利事。又如衛將軍驃騎列傳載公孫賀、公孫敖、韓説、趙破奴皆直書巫蠱獄，多係征和年事。安見孔安國不卒於天漢之後乎？』曰：『家語附録安國傳稱安國受書於伏生。生故秦博士，至文帝時，年已九十。安國從而問業，最幼，年已十五六矣。司馬遷謂安國早卒。家語後序稱安國年六十，卒於家。今就文帝末年安國年十五計之，則其卒當在元鼎間。若天漢之後改元太始，安國年已七十二。迨征和二年巫蠱事發，安國年七十有七矣，尚得謂之早卒乎？當依漢紀增『家』字爲是。』」

賸孔安國書傳

陸德明曰：「王肅亦注今文而解大與古文相類。或肅私見孔傳而秘之乎？」

孔穎達曰：「晉世王肅注書，始似竊見孔傳，故注『亂其紀綱』爲夏太康時。」

朱子曰：「孔氏書注疑非安國所注。蓋文字固善，不是西漢人文章。安國，漢武時人，文章豈如此！但有太粗處，決不如此固善也。」

又曰：「安國書傳，恐是魏晉間人〔所〕作，託安國爲名。漢儒訓釋文字，有疑則闕。今此却盡釋之。」

又曰：「孔安國解經，最亂道，看得只是孔叢子等做出來。」

閻若璩曰：「王肅，魏人。孔傳出於魏晉之間，後於王肅。傳注相同者，乃孔竊王，非王竊孔也。只以一事明之：『三年之喪，二十五月而畢，中月而禫。』鄭康成以中月爲間月，則二十七月而後即吉。王肅以中月爲月中，則二十六月即可即吉。王肅已前，未聞有是説也。今孔傳於太甲『惟三祀，十有二月朔』，釋曰：『湯以元年十一月崩。至此二十六月，三年服闋。』非用王肅之説而何？」

又曰：「劉熙釋名曰：『間月而禫。』白虎通德論曰：『二十七月而禫。』大戴喪服變除禮曰：『二十五月大祥，二十七月禫。』更溯而上之，僖公薨於十二月乙巳，杜氏推曆乙巳在十一月。至文二年冬，僖之喪已二十六月矣。『公子遂如齊納幣。』公羊譏其『喪娶』。則公羊氏亦主二十七月。若王肅者，議禮必反鄭氏，以檀弓『祥而縞，是月禫，徙月樂』爲據，夫所謂『是月禫』者，所以發下文而不繫於上也。論語：『子於是日哭，則不歌。』而文無所繫。孰謂『是月禫』云者乃『祥月』乎？果禫在祥月，應曰『月中而禫』，不可謂之中月也。自王氏誤標兹義，宗之者尤盛於魏晉間。儀禮士虞禮：『期而小祥。又期而大祥。中月而禫。是月也，吉祭。』此『是月』也，則承上文，又與檀弓别。若謂中月爲大祥，月之中既云『中月』，又云『是月』，不大贅乎？益驗王氏説非是。」

又曰：「堯典『禋于六宗』。説『六宗』者，人人各異義。至魏明帝詔令王肅議『六宗』，肅取家語孔子曰『所宗者六』以對。肅已前未聞也，今安國傳正同。孔竊王又一證矣。」

又曰：「召誥：『惟二月既望，越六日乙未。』『望』者，十六日庚寅。自庚寅數至二十一日乙未，正六日。蓋連望日而數，非離本日，此今文書法也。孔安國不達兹例，謂『望爲十五日』。果爾，何得曰『越六日』？此與晚出武成『越三日庚戌』誤同，益驗古文與傳出一手。」

朱彝尊曰：「論語：『雖有周親，不如仁人。』孔氏注云：『親而不賢、不忠，則誅之，管蔡是也。仁人，謂箕子、微子，來則用之。』於尚書傳則云：『紂至親雖多，不如周家之少仁人。』一人而兩處説經互異。又論語『予小子履』一節云：『此伐桀告天之文。墨子引湯誓若此。』亦與書傳相戾。」

又曰：「許氏説文序云：『易，（稱）孟氏；書，孔氏；詩，毛氏。』似乎見孔氏古文者。然其撰五經異義，恒取諸家之説折衷之。其于舜典『禋于六宗』。一云：『六宗者，上不謂天，下不謂地，旁不謂四方，居中恍惚，助陰陽變化。』此歐陽生、大小夏侯氏説也。一云：『古尚書説：六宗者，謂天宗三、地宗三。天宗，日、月、北辰也；地宗，岱山、河、海也。日、月爲陰陽宗，北辰爲星宗，岱山爲山宗，河、海爲水宗。』所謂古尚書説者，賈逵之説也。譙允南五經然否論援古文書説以證成王冠期，考今孔傳無之。正義引晉書：『皇甫謐從姑子外弟梁柳得古文尚書，故作帝王世紀。往往載孔傳五十八篇之書。』夫士安既得五十八篇之書，而篤信之，宜於帝王世紀均用其説。乃孔傳謂：『堯年十六即位，七十載，求禪。試舜三載，自正月上日至堯崩，二十八載。堯死，壽一百一十七歲。』而世紀則云：『堯年百一十八歲。』孔傳謂：『舜三十，始見試用。歷試二年，攝位二十八年，即位五十年，升道南方巡守，死於蒼梧之野而葬焉。壽百一十二歲。』而世紀則云：『舜年八十一即真，八十三而薦禹，九十五而使禹攝政。攝五年，有苗氏叛，南征，崩于鳴條，年百歲。』孔傳釋『文命』謂『外布文德教命』，而世紀則云『足文履己，故名文命，字高密』。孔傳釋伯禹謂『禹代鯀爲崇伯』，而世紀則云『（堯）〔禹〕封爲夏伯，故謂之伯禹』。孔傳釋吕刑『吕侯爲天子司寇』，而世紀則云『吕侯爲相』。所述與孔傳多不同。正義又云：『古文尚書，鄭沖所授。』沖在高貴鄉公時業拜司空。高貴鄉公講尚書，沖執經親授，與鄭小同俱被賜，使得孔氏增多之書，何難徑進？其後官至太傅，禄比郡公，几杖安車，備極榮遇。其與孔邕、曹羲、荀顗、何晏共集論語訓注，則奏之於朝，何獨孔書止以授蘇愉，秘而不進？又論語解雖列何晏之名，沖實主之。若孔書既得，則『或謂孔子』章引書，即應證以君陳之句，不當復用已成之說，謂『孝乎惟孝』，美大孝之辭矣。」

按：孔沖遠引晉書言，梅賾所上孔氏古文出於鄭沖。必當時賾進書飾辭，而史録之，非實能考得其源流也。至以爲王肅似私見古文，而閻百詩證之爲作僞者竊王肅，是固然矣。錢編修曉徵嘗與予論及此，疑古文尚書乃肅私爲之，故東晉始出。肅未見逸書十六篇，乃博採傳記所引書辭，爲僞書二十五篇，假託於孔氏而爲之傳，其意欲以證己之言，而難鄭。蓋即僞作孔子家語之故智耳。非王肅無此淹博，亦不能如此善摹古也。肅既自爲今文作解，又爲僞古文書傳，使後人得之，驚服其解之精確，與古人合。家語、古文尚書，皆肅僞本。其近理處，摹古處，及有時背道處，俱相類。斯言似得其實。

賡書傳所言水道地名

閻若璩曰：「郭璞山海經注曰：『今濟水自滎陽卷縣，東經陳留至濟陰北，東北至高平。杜氏釋例於濟水「東北至高平」五字，作「經高平、東平至濟北」八字，餘並同。東北經濟南，至樂安博昌縣入海。』與禹時濟瀆所經河南之道無異。蓋枯而復通者，所謂『津（梁）〔渠〕勢改』。昔則自號公臺東入河，出在敖倉之東南。今改流號公臺西入河，出亦非故處與？或禹時濟未必分南北，此則分而二，爲不同與？「濟水，當王莽時，大旱遂枯絶，不復經河南過」者，晉初司馬彪之言也。「雖經枯竭，其後水流逕通，津渠勢改，尋梁脉水，不與昔同」者，後魏酈道元之言也。安國果身當武帝時作禹貢傳，祇當曰：『濟水入河，並流數（十）里，溢爲滎澤，在敖倉東南。』不當先之以『濟水入河並流十數里，而南截河』。張湛注列子，濟水文並同。此係改流新道，方繼而曰：『又並流數里，溢爲滎澤，在敖倉東南。』證以塞爲平地之故迹，古渠今瀆，雜然並陳。」

又曰：「宋傅氏寅禹貢集解引許氏説文曰：『菏澤水在山陽胡陵。』與安國同。而班固以爲在定陶，何也？蓋在定陶者，其澤也；在胡陵者，其流也。其流東與泗合，正在今單州之魚臺。魚臺在單之東北百里，而近古胡陵地也。今別菏水與菏澤所在不同，班許二氏殊途同歸。余因悟僞孔傳在説文後，菏澤在胡陵，正本説文來，但脱誤一『水』字。」

又曰：「前漢志『河南郡穀成縣』注曰：『禹貢瀍水出朁亭北。』後漢志『河南尹穀成縣瀍水出』注引博物記：『出潛亭山。』至晉，省穀城入河南縣，故瀍水爲河南所有。作孔傳者，亦云：『瀍出河南北山。』此豈身爲武帝博士者乎？或難余：『河南，安知其不指郡言？』余則證以上文『伊出陸渾山，洛出上洛山，澗出澠池山』，皆縣也，何獨瀍出而郡乎？」

又曰：「『伊出陸渾山』，亦非。陸渾山在今嵩縣東北四十里，伊水經其下，非『出』也。」胡渭曰：「『横尾山，北去淮二百餘里，而云『淮水經陪尾』；江水南去衡山五六百里，而云『衡山，江所經』；又若穀城爲瀍水所出，魏始自穀城入河南縣，而傳云『瀍出河南北山』；金城郡乃昭帝置，而傳云『積石山在金城西南』；孟津在河陽之孟地，東漢始移其名於河南，而傳云『在洛北』：明非西漢人手筆。朱子語録謂：『安國尚書大序不類西漢文字。解經最亂道，是孔叢子一輩人所假託。』良有以也。」

又曰：「閻百詩據金城郡爲漢昭帝所置，以辨孔傳之僞。黄子鴻難之曰：『安知傳所謂金城，非指金城縣而言乎？』百詩未有以應也。今按：安國卒於武帝之世。昭帝紀始元六年，『以邊塞闊遠，始取天水、隴西、張掖郡各二縣置金城郡』。此六縣中，不知有金城縣否？地志積石山繫河關縣下，而金城縣無之。觀『羌中塞外』四字，則積石山不可謂在金城郡界矣，況縣乎？且水經注所叙金城縣在郡治允吾音鉛牙縣東，唐爲五泉縣，蘭州治。宋曰蘭泉，即今臨洮府之蘭州也。與積石山相去懸絶。傳所謂金城，蓋指郡言，而郡非武帝時有也。」

又曰：「孔傳云：『伊出陸渾山，洛出上洛山，澗出澠池山，瀍出河南北山。』與漢志異。正義既引漢志，又爲之説曰：『熊耳山在陸渾縣西，冢領山在上洛縣境内，澠池在新安縣西，穀城暜亭北，此即河南境内之北山也。』志詳而傳略，所據小異耳。渭按：漢陸渾、盧氏本二縣。熊耳山在盧氏縣西南五十里，不與陸渾接界，安得謂陸渾縣西之山而云『伊出陸渾山』？新安、澠池亦本二縣，澗水出新安，穀水出澠池，流同而源異。今乃云『澗出澠池山』，是以穀源爲澗源也，此不惟略也，而且誤矣。」

隸古贋書

晁公武曰：「孔安國以隸古文字定五十九篇之書。蓋以隸寫籀，故謂隸古。其書自漢迄唐行於學官。孝明不喜古文，改從今文，由是古文遂絶。陸德明獨存一二於釋文而已。皇朝吕大防得本於宋次道、王仲至家，以校陸氏釋文，雖有小異同，而大體相類。觀其作字奇古，非字書傳會穿鑿者所能到。學者考之，可以得制字之本。」

王應麟曰：「釋文序録云：『尚書之字，本爲隸古。既是隸寫古文，則不全爲古字。今宋齊舊本及徐、李等音所有古字，蓋亦無幾。穿鑿之徒，務欲立異，依傍字部，改變經文。』然則今所傳古文尚書，未必皆孔安國之本。宋景文筆記云：『楊備得古文尚書釋文，讀之大喜，書訊刺字，皆用古文。』按國史藝文志：『唐孝明寫以今字，藏其舊本。開寶五年，別定今文音義。(成)〔咸〕平二年，孫奭請摹印古文音義，與新定釋文並行，今亦不傳。今有古文尚書，吕微仲得本於宋次道、王仲至家。』」郭忠恕定古文尚書並釋文。今本豈忠恕所定歟？宣和六年詔洪範復從舊文，以「陂」爲「頗」。然監本未嘗復舊也。閻若璩曰：按隸古定是一行科斗書，一行真書，孔穎達所謂就古文體而從隸定之。存古爲可慕，以隸爲可識，故曰隸古也。

按：郭忠恕既定古文尚書並釋文，而又存其字於汗簡中，以六書之義考之不合，殆好奇所至，僞託之前人也。梅賾所上孔氏古文，且屬僞作，況又因其書，而傅會爲隸古者乎？

贋朝鮮日本尚書

顧炎武曰：「五經得於秦火之餘，其中固不能無錯誤。學者不幸而生乎二千餘載之後，信古而闕疑，乃其分也。近世之説經者，莫病乎好異，以其説之異於人而不足以取信，於是舍本經之訓詁，而求之諸子百家之書。猶未足也，則舍近代之文，而求之遠古。又不足，則舍中國之文，而求之四海之外。如豐熙之古書世本，尤可怪焉。鄞人言出其子坊僞撰。又有子貢詩傳，後儒往往惑之。曰箕子朝鮮本者，箕子封於朝鮮，傳書古文，自帝典至微子止，後附洪範一篇。曰徐市倭國本者，徐市爲秦博士，因李斯坑殺儒生，託言入海求仙，盡載古書至島上，立倭國，即今日本是也。二國所譯書，其曾大父河南布政使慶録得之，以藏於家。按宋歐陽永叔日本刀歌：『徐福行時書未焚，逸書百篇今尚存。』蓋昔時已有是説。而葉少藴固已疑之。夫詩人寄興之辭，豈必真有其事哉！日本之職貢於唐久矣，自唐及宋，歷代求書之詔不能得，而二千載之後，慶乃得之；其得之，又不以獻之朝廷而藏之家，何也？宋咸平中，日本僧奝然以鄭康成注孝經來獻，不言有尚書。至曰箕子傳書古文，自帝典至微子，則不應別無一篇逸書，而一一盡同於伏生、孔安國之所傳。其曰後附洪範一篇者，蓋徒見左氏傳三引洪範，皆謂之商書。文公五年引「沈漸剛克，高明柔克」。成公六年引「三人占，從二人」。襄公三年引「無偏無黨，王道蕩蕩」。正義曰：箕子，商人，所説故謂之商書。不得爲商人之書也。而不知『王』者，周人之稱，十有三者，周史之記。禹貢以『道山』、『道水』移於九州之前，此不知古人先經後緯之義也。史記夏本紀亦先九州而後道山、道水。五子之歌『爲人上者，奈何不敬』，以其不叶而改之曰『可不敬乎』，謂本之鴻都石經。據正義言，蔡邕所書石經尚書，止今文三十四篇，無五子之歌。熙又何以不考而妄言之也！五子之歌乃孔氏古文，東晉豫章内史梅賾所上。故左傳成公十六年引「怨豈在明，不見是圖」，哀公六年引「惟彼陶唐，有此冀方」。杜預注並以爲逸書。國語周單襄公，引「民可近也，而不可上也」。單穆公引「關石和鈞，王府則有」。韋昭解亦以爲逸書。」

朱彝尊曰：「按歐陽永叔日本刀歌云：『傳聞其國居大海，土壤沃饒風俗好。前朝貢獻屢往來，士人往往工詞藻。徐福行時書未（逢）〔焚〕，逸書百篇今尚存。令嚴不許傳中國，舉世無人識古文。』永叔雖有是説，而葉少藴疑之，馬翔仲亦疑之。鄭麟趾高麗史：『宣宗八年五月，李資義還自宋，奏云：帝聞吾國書籍多好本，命館伴書所求書目録授之。且曰雖有卷第不足者，亦須傳寫附來。』目録首開百篇尚書，而高麗未之有也。宣宗八年者，實宋元祐六年。先是咸平中，日本僧奝然以鄭康成注孝經來獻，不言有尚書。王惲中堂事紀載：『中統二年，高麗世子禃來朝，宴於中書省。問曰：傳聞汝邦有古文尚書及海外異書？答曰與中國書不殊。』然則高麗之書，猶夫中國之書耳。百篇尚書，高麗且無之，況日本乎？乃萬曆初，尚書郎葉春及上書請命封倭，使臣多方索之以歸，真無異癡人説夢矣！」

三皇五帝之書　贋三墳附論

周禮：「名史掌三皇五帝之書。」鄭注：楚靈王所謂三墳、五典。

程子曰：「使誠有所謂羲農之書，乃後世稱述當時之事，失其義理，如許行所謂神農之言，及陰陽、醫方稱黄帝之説爾。或疑陰符之類，是甚非也。此出戰國權變之術，窃窺機要，以爲變詐之用，豈上古至淳之道耶？」

晁公武曰：「古三墳書，張天覺言得之於比陽民家，墳皆古文，而傳乃隸書。所謂三墳者，山、氣、形也。七略、隋志皆無之，世以爲天覺僞撰。」

中興書目：「三墳之目，見於孔序。漢志不載。元豐七年，毛漸奉使（京西）〔西京〕得之。其書以『山、氣、形』爲別。『山墳』謂之連山，『氣墳』歸藏，『形墳』坤乾。與先儒言三易異。其中，有姓紀一篇，皇策一篇，政典一篇，合爲三卷，皆依託也。」

陳振孫曰：「元豐中，毛漸正仲奉使西京，得之唐州民舍。其辭詭誕不經，蓋僞書也。」

朱子曰：「周禮：『外史掌三皇五帝之書。』周公所録，必非僞妄。若果全備，孔子亦不應悉删去之。或其簡編脱略，不可通曉；或是孔子所見，止是唐虞以下，不可知耳。」

王應麟曰：「吕氏春秋序意曰：『嘗得學黄帝之所以誨顓頊矣，爰有（太）〔大〕圜在上，大矩在下，汝能法之，爲民父母。』不韋十二紀成於秦八年，歲在涒灘，上古之書猶存，前聖傳道之淵源，猶可考也。」

吴師道曰：「外史掌三皇之書，不言三墳也。左史倚相能讀三墳，不云『三皇』也。孔氏以三墳、五典合之三皇五帝，書序之文，先儒頗疑之，遂以是爲一定不可易之論，可乎？」

又曰：「古三墳書，宋元豐中，毛漸得之唐州比陽民家。紹興中，沈斐刻於婺學。近歲火，板不存，予從張子長假其書讀之，所謂三墳，以『山、氣、形』爲別，以伏羲連山、神農歸藏、軒轅坤乾易合其目，墳各有傳。又有姓紀、皇策、政典之篇。後序稱：『天復中，青城山裂石中所得。』不云何人，亦可疑矣。按：三墳，漢藝文志已無傳。隋史載：『劉炫撰書百數卷，題曰連山易。』子長謂：『此書卷題不同，亦非炫所撰者。』天復乃唐末號，去之二千年，一旦復出，裂石所得，尤涉怪誕。按晁公武云張商英僞撰。蓋得其實矣。」

盛熙明曰：「三墳乃僞書。『必』字合從『八(戈)〔弋〕』，此從『心』加一筆。『走之』合從『辵』，此隨俗作『之』字引脚，其謬甚多。」

朱彝尊曰：「按外史所掌三皇五帝之書。若許行爲神農之言，列子稱黄帝之書皆是，豈必三墳、五典哉！以三墳、五典實三皇五帝之書，本於僞孔安國書序也。觀杜氏注左傳，墳、典、丘、索第云『皆古書名』。未嘗定爲『三皇五帝之書』。足以證其非矣！至於三墳僞書，人知其謬，以鄭漁仲之博洽，獨信之不疑，毋乃過與！」

逸周書

漢書藝文志：「周書七十一篇。」周史記。師古曰：「劉向云：周時誥誓號令也，蓋孔子所論百篇之餘也。今之存者四十五篇矣。」

隋書經籍志：「周書十卷。」汲冢書，似仲尼删書之餘。

洪邁曰：「周書今七十篇，殊與尚書體不相類。所載事物，亦多過實，無所質信。唐太宗時，遠方諸國來朝貢者甚衆，服裝詭異。顏師古請圖以示，後作王會圖，蓋取諸此。漢書所引：『天子不取，反受其咎。毋爲權首，將受其咎。』以爲逸周書，此亦無之，然則非全書也。」

李燾曰：「隋、唐經籍、藝文志皆稱此書得於晉太康中汲郡魏安釐王冢。孔晁注解或稱十卷，或稱八卷，大抵不殊。按此則晉以前，初未有此也。然劉向、班固所録並著周書七十一篇，且謂孔子删削之餘。而司馬遷記武王克殷事，蓋與此合。豈西漢世已得入中秘，其後稍隱，學者不道，及盗發冢乃幸復出耶？篇目比漢但闕一爾，必班、劉、司馬所見者也。繫之汲冢，失其本矣。」

陳振孫曰：「晉太康中，汲郡發魏安釐王塚，所得竹簡書，此其一也，凡七十篇。叙一篇，在其末。今京口刊本以序散在諸篇，蓋以倣孔安國尚書。相傳以爲孔子删書之餘，未必然也。文體與古文不類，似戰國後人依倣爲之。」

胡應麟曰：「逸周書七十篇。漢時僅存四十五篇。今周書十卷，其七十篇之目並存。

而闕程寤、秦陰、九政、九開、劉法、文開、保開、八繁、箕子、耆德、月令十一篇之文。所存五十九篇，並後序一篇，共六十篇。蓋非完書也。」

閻若璩曰：「李氏燾、陳氏振孫謂周書，戰國人撰。予又考之戰國策，荀息引周書曰：『美女破舌，美男破老。』蘇秦引周書曰：『綿綿不絶，曼曼若何？毫毛不拔，將成斧柯。』左傳狼瞫引周志曰：『勇則害上，不登於明堂。』皆見七十篇内。則此書不惟高戰國，抑突出春秋前矣。」

朱彝尊曰：「周書篇目七十，合以序一篇，適如漢志。（季）〔李〕仁父、劉後村謂闕其一，誤也。」

校　注

〔一〕句　據羅更校記改。

〔二〕授時　即授時曆，元初許衡、王恂、郭守敬等創製，以365.2425日爲一歲。　時憲，即時憲曆，明末製定，清順治二年頒行。

〔三〕闕　據羅更校記改。

〔四〕似二伯黄徑　孫詒讓墨子閒詁：「此文有脱誤。」又曰：「蓋魏晉時傳本，已不可讀。」

〔五〕上　據羅更校記改。

〔六〕光　據羅更校記改。

〔七〕周文公　即周公。

〔八〕孤　即尚書、周禮所言「三孤」，亦即少師、少傅、少保。

〔九〕豐刑　逸書篇名。

〔一〇〕伯冏　冏，同「囧」。伯冏，即伯冏，周穆王臣。

〔一一〕大序　據羅更校記改。

〔一二〕壇山石　即壇山石刻。壇山，位於河北贊皇縣，山上石壁原有「吉日癸巳」四篆字，傳爲周穆王書。

〔一三〕岐陽獵碣　岐陽，舊縣名，位於陝西扶風縣西北。獵碣，古代天子打獵時紀事的碣石。

〔一四〕豐熙　明鄞人，字原學。豐坊父。弘治中舉進士第一。累官至翰林學士。

〔一五〕鴻都　東漢宫門名。其内設學及書庫，爲皇家藏書之所。

經考附録卷三

先儒論六詩

鄭康成曰：「『風』，言聖賢治道之遺化；『賦』之言鋪，直鋪陳今之政教善惡；『比』〔一〕，見今之失，不敢斥言，取此比類以言之；『興』，見今之美，嫌於媚諛，取善事以諭勸之；『雅』，正也，言今之正者，以爲後世法；『頌』之言誦也，容也。誦今之德，廣以美之。」孔穎達曰：比云見失，謂刺詩之比也。興云見美，謂美詩之興也。其實美、刺俱有比、興。

孔穎達曰：「風雅之詩，緣政而作，政既不同，詩亦異體。駉頌序云：『史克作是頌。』公羊傳曰：『十一而稅，頌聲作。』史記稱（微）〔箕〕子過殷墟而作雅聲。樂記曰：『人不能無亂，先王耻其亂，故制雅頌之聲以道之。』詩各有體，體各有聲，太師聽聲得情，知其本意。然則風、雅、頌者，詩篇之異體。賦、比、興者，詩文之異辭耳。鄭志張逸問：『何詩近於比、賦、興？』答曰：『比、賦、興，吴札觀詩已不歌也〔二〕。孔子録詩已合風、雅、頌中。難復摘别，篇中義多興。』鄭以比、賦、興者，直是文辭之異，非篇卷之别。故遠言從本來不別之意。言『吴札觀詩已不歌』，明其先無別體，不可歌也。『孔子録詩已合風、雅、頌中』，明其先無別體，不可分也。元來合而不分，今日難復摘別也。言『篇中義多興』者，以毛傳於諸篇之中，每言興也。以興在篇中，明比、賦亦在篇中，故以興顯比、賦也。或以爲鄭云『孔子已合於風、雅、頌中』，則孔子以前未合之時，比、賦、興別爲篇卷。若然，則離其章句，析其文辭，樂不可歌，文不可誦。且風、雅、頌以比、賦、興爲體，若比、賦、興別爲篇卷，則無風、雅、頌矣。」

王應麟曰：「晁景迂詩序論云：『序騶虞，王道成也，風其爲雅與？序魚麗，可以告神明，雅其爲頌與？』解頤新語云：『文王之風，(格)〔終〕於騶虞，序以爲王道成，則近於雅矣。文武之雅終於魚麗，序以爲可告神明，則近於頌矣。』」潏水李氏曰：「小雅詳言政，猶有風之體；大雅言政，幾於頌矣。」

王應麟曰：「鶴林吴氏論詩曰：『興之體，足以感發人之善心。』毛氏自關雎而下，總百十六篇首繫之興。風七十、小雅四十、大雅頌六。注曰『興也』，而比、賦不稱焉，蓋謂賦直而興微，比顯而興隱也。朱氏又於其間增補十九篇，而摘其不合於興者四十八條，且曰：『關雎，興詩也，而兼於比。緑衣，比詩也，而兼於興。頍弁一詩，而興、比、賦兼之。』則析義愈精矣。李仲蒙曰：『叙物以言情謂之賦，情物盡也。索物以託情謂之比，情附物也。觸物以起情謂之興，物動情也。』」文心雕龍曰：「毛公述傳獨標興體，以比顯而興隱。」鶴林之言本於此。閻若璩曰：「按淮南泰族訓：『關雎興於鳥，而君子美之，爲其雌雄之不乘居也。鹿鳴興於獸，君子大之，取其見食而相呼也。』安與毛萇同時。」

王柏曰：「風、雅之別，即朱子答門人之問亦未一，有腔調不同之說，有體製不同之說，有詞氣不同之說。或以地分，以時分，以所作之人而分。諸說皆可參考。唯腔調之說，朱子晚年之所不取。至於楚辭之集注，後詩傳二十年。風、雅、頌之分，其說審矣。其言曰：『風則閭巷風土男女情思之詞，雅則燕享朝會公卿大夫之作，頌則鬼神宗廟祭祀歌舞之樂。』以此例推之，則所謂體製、詞氣，所謂以時，以地，以所作之不同等說，皆有條而不紊矣。」

豳雅豳頌

王應麟曰：「朱子疑楚茨至大田四篇爲豳雅，思文、臣工、噫嘻、豐年、載芟、良耜等篇爲豳頌。呂成公云：『豳，雅、頌恐逸。』」

顧炎武曰：「周公追王業之始，作爲七月之詩，兼雅頌之聲，而用之祈報之事。周禮籥章，『逆暑』、『迎寒』，則歌豳詩。『祈年於田祖』，則歌豳雅。『祭蜡』，則歌豳頌。雪山王氏曰：『此一詩而三用也。』」謂籥章之豳詩，以鼓、鐘、琴、瑟四器之聲合籥也。笙師獻竽、笙、塤、籥、簫、篪、篴、管、舂、牘、應、雅，凡十二器，以雅器之聲合籥也。視瞭播鼗，擊頌磬、笙磬，凡四器，以頌器之聲合籥也。凡爲樂器，以十有二律爲之數度，以十有二聲爲之齊量，凡和樂亦如之。此周七月一詩，特其以器和聲，有不同爾。

按：周禮所謂豳詩，則七月之篇是也。若豳雅、豳頌自宜別有詩章。鄭康成就七月一詩截之爲風爲雅爲頌。王氏又謂：「以樂器合之，而有不同。」恐未然也。呂伯恭言「豳，雅、頌恐逸」。其説最允。朱子欲以楚茨、思文等詩當之，於義亦近；但已經失傳之後，究難確指耳。

南豳

顧炎武曰：「周南、召南，南也，非風也。豳，謂之豳詩，亦謂之雅，亦謂之頌，據周禮篇章。而非風也。南、豳、雅、頌爲四詩，而列國之風附焉，此詩之本序也。」宋程大昌詩論謂「無國風」之目，然禮記王制言：「命大師陳詩，以觀民風。」即謂自邶至曹十二國爲風無害。

按：周禮太師陳六詩，有風而無南，則周南、召南列於國風，固不可謂非風之體矣，以其命之曰南。而鼓鍾之詩曰「以雅以南」，禮記文王世子篇「胥鼓南」，春秋傳有「南籥」，先儒因謂「南者，樂章之名」，則疑毛詩序所云「南，言化自北而南」，爲非。

考之詩辭，文王之化，自豐岐被江漢之域，此當爲二南所以命名之故，毛詩序未可非。既以周召統紀南國之詩，而稱周、召南，列於國風之首，用之樂章，於是南雅並奏，樂器亦因之以得稱耳。謂南豳爲詩之正經則可，謂自周南至豳總謂之國風爲誤，則未爲確論也。

何彼穠矣

毛詩傳曰：「平，正也。武王女、文王孫，適齊侯之子。」顧炎武曰：「成王時，齊侯則太公，而以武王之女適其子，是甥舅爲婚。周之盛時，必無此事。逮成王顧命丁公，始見於經，而去武王三十餘年。又必無未笄之女矣。」鄭康成曰：「正，王者德能正天下之正。」孔穎達曰：「大誥注『受命』曰：『寧王承平曰平王。』」

王介甫曰：「所謂『平王』者，猶『格王』、『寧王』而已。所謂『齊侯』者，猶『康侯』、『寧侯』而已。」

洪适曰：「春秋莊公元年，當周莊王之四年、齊襄公之五年，書『王姬歸于齊』。莊公十一年，當莊王之十四年、齊桓公之三年，又書『王姬歸于齊』。莊王爲平王之孫，則所嫁『王姬』，當是姊妹。『齊侯之子』，即襄公、桓公，二者必居一於此矣。」

顧炎武曰：「山堂考索載林氏曰：『二南之詩，雖大概美詩，亦有刺詩，不徒西周之詩，而東周亦與焉，據何彼襛矣之詩可知矣。其曰平王之孫，齊侯之子，考春秋莊公元年書王姬歸于齊，此乃桓王女、平王孫，下嫁於齊襄公，非平王孫、齊侯子而何？說者必欲以爲西周之詩，於時未有平王，乃以平爲平正之王，齊爲齊一之侯，與書言寧王同〔義〕，此妄也。據詩人欲言其人之子孫，則必直言之。如稱衛莊姜，則曰齊侯之子，衛侯之妻，東宮之妹，邢侯之姨。美韓侯取妻，則曰：汾王之（孫）〔甥〕，蹶父之子，又何疑乎？且其詩刺詩也。以王姬徒有容色之盛，而無肅雝之德，何以使人化之？故曰：何彼襛矣？唐棣之華。曷不肅雝？王姬之車。詩人若曰：言其容色，固如唐棣矣。然王姬之車，胡不肅雝乎？是譏之也。』」按此說桓王女、平王孫，則是。其曰刺詩，於義未允。蓋詩自邶鄘以訖於檜曹，皆太師之所陳者也，其中有美有刺。若二南之詩，則用之爲燕樂，用之爲鄉樂，用之爲射樂，用之爲房中樂，而鼓鐘之卒章所謂『以雅以南』，春秋傳所謂『象箾南籥』，文王世子所謂『胥鼓南』者也，安得有刺？此必東周之後，其詩可以存二南之遺音，而聖人附之於篇者也。且自平王之東，周德日以衰矣。麥禾之取，繻葛之戰，幾無以令於兄弟之國。且莊王之世，魯、衛、晉、鄭，日以多故，於是王姬下嫁，以樹援於强大之齊，尋盟府之墜言，繼婚姻之夙好。且其下嫁之時，猶能修周之舊典，而容色之盛、禮節之備，有可取焉，聖人安得不録之以示興周道於東方之意乎？蓋東周以後之詩，得附二南者，惟此一篇而已。

後之儒者乃疑之，而爲是紛紛之説，是烏知聖人之意哉！或曰：詩之所言，但稱其容色，何也？曰：古者婦有四德，而容其一也。言其容，則德可知矣。故碩人之詩，美其君夫人者，至無所不極其形容，而野麕之貞亦云『有女如玉』。即唐人爲妃主碑文，亦多有譽其姿色者，豈若宋代以下之人，以此爲諱而不道乎？夫婦，人倫之本；婚姻，王道之大。下嫁於齊，甥舅之國，太公之後，先王以周禮治諸侯之本也。詩之得附於南者以此。舍是，則東周以後，事無可稱，而民間之謡刺，皆屬之王風矣。況二南之與民風，其來自别。宣王之世，未嘗無雅，則平王以下，豈遂無南？或者此詩之舊附於南，而夫子不删，要亦不異乎嚮者之説也。」

又曰：「何彼穠矣以莊王之事而附於召南，其與文侯之命以平王之事而附於書，一也。」

按：春秋兩書「王姬歸于齊」。由魯主婚，故書。其餘即下嫁于齊而不書者固多矣。先儒欲以春秋所書之王姬與詩辭傅會，恐未然也。況春秋之兩書「王姬」，則未知爲桓王之女與？莊王之女與？桓王在位二十(五)〔三〕年，此時必無姊妹，故洪氏但以爲莊王姊妹。然桓王乃洩父之子、平王之孫也。桓王之女，則洩父之孫；莊王之女，則桓王之孫。洩父蚤死，故平王之後，即桓王。洪氏遂謂莊王爲平王之孫，失之也。襄公、桓公，皆娶王姬。襄公諸兒，僖公之子也。桓公小白，亦僖公之子、襄公之弟也。集傳存或説，齊侯即襄公諸兒，亦失之。諸兒已立爲齊侯五年而後娶王姬，小白已立爲齊侯三年而後娶王姬。然則，與詩言「齊侯之子」者，未協矣。

變風變雅

鄭康成曰：「懿王始受譖，亨齊哀公；夷身失禮之後，邶不尊（堅）〔賢〕。自是而下，厲也，幽也，政教尤衰，周室大壞。十月之交、民勞、板、蕩，勃爾俱作，衆國紛然，刺怨相尋。五霸之末，上無天子，下無方伯。善者誰賞？惡者誰罰？紀綱絶矣。故孔子録懿王、夷王時詩，訖於陳靈公淫亂之事，謂之變風、變雅。」

陸德明曰：「關雎至騶虞二十五篇，謂之正風。從邶柏舟訖豳七月，十三國並變風也。鹿鳴至菁菁者莪，凡二十二篇，皆正小雅，六篇亡，今唯十六篇。鹿鳴至魚麗十篇，文武之小雅。南有嘉魚至菁菁者莪六篇，并亡篇三，成王、周公之小雅。六月至無羊十四篇，宣王之變小雅。節南山至何草不黄，凡四十四篇，前儒申毛皆以爲幽王之變小雅。鄭以十月之交以下四篇是厲王之變小雅。漢興之初，師移其篇次，毛爲詁訓，因改其第焉。文王以下至卷阿十八篇，文王、武王、成王、周公之正大雅。文王至靈臺八篇，文王之大雅。下武至文王有聲二篇，武王之大雅。民勞至桑柔五篇，厲王之變大雅。云漢至常武六篇，宣王之變大雅。瞻卬及召旻二篇，幽王之變大雅也。」

戴埴曰：「風雅之正變，以治言。自邶至曹，治固多變。太王治豳，風化所基，亦何言變風？節南山至魚藻，治固變矣，六月、車攻、斯干諸詩何以言變？小雅民勞至桑柔，治固變矣，崧高、韓奕、烝民、江漢諸詩何以言變？大雅、周禮籥章歌豳詩、豳雅、豳頌，謂言天下之事，形四方之風，則豳何以有雅？謂美盛德告成功，則豳何以有頌？然則求詩於詩，不若求詩於樂。『夫子自衛反魯，然後樂正，雅頌各得其所』，及言關雎之亂，洋洋盈耳。以樂正詩，則風雅與頌以聲而別。樂有正聲，必有變聲。故國風，十五國之歌。歌之正，爲正風；歌之變，爲變風。采風者，以聲別之，其於雅亦然。瞽誦工歌，既別其聲之正變，復析爲小雅、大雅，以雅音之大者，爲大樂章，大燕享用之。雅音之小者，爲小樂章，小燕享用之。以言乎頌，周之頌簡，商魯之頌繁。周頌敬懼而謙恭，商魯頌侈麗而夸大，然其音苟合，何往非頌？人不以詩求詩，而以樂求詩，始知風雅之正變、小大，與三頌之殊塗而同歸矣。今之樂章，至不足道，猶有正調、轉調、大曲、小曲之異。風、雅、頌既被之絃歌，播之金石，安得不別其聲之小大、正變哉？」

王應麟曰：「大雅之變，作於大臣，召穆公、衛武公之類是也。小雅之變，作於群臣，家父、孟子之類是也。風之變也，匹夫匹婦皆得以風刺。清議在下，而世道益降矣。」

劉瑾曰：「詩人各隨當時政教善惡、人事得失而美刺之，未嘗有意於爲正爲變，後人比而觀之，遂有正變之分。所以正風雅爲文、武、成王時詩，變風雅爲康昭以後所作，而豳風不可以爲康昭以後之詩也。大抵就各詩論之，以美爲正，以刺爲變，猶之可也。若拘其時世，分其篇帙，則其可疑者多矣。」

顧炎武曰：「六月、采芑、車攻、吉日，宣王中興之作，何以爲『變雅』乎？采芑傳曰：『言周室之强，車服之美也。』言其强美，斯劣矣！正義曰：「言生於不足。」觀夫鹿鳴以下諸篇，其於君臣、兄弟、朋友之間，無不曲當，而未嘗有夸大之辭。大雅之稱文武，皆本其『敬天勤民』之意。至其言伐商之功，盛矣，大矣，不過曰『會朝清明』而止。然則宣王之詩，不有侈於前人者乎？如韓奕之篇尤侈。一傳而周遂亡。嗚呼！此太子晉所以謂：『自我先王，厲、宣、幽、平，而貪天禍。』固不待沔水之憂、祈父之刺，而後見之也。」

按：風雅之有正、變也，所言者，治世之正事，則爲正；所言者，亂世之變事，則爲變。先儒謂變風有里巷狹邪之所作，則恐不然。今人於先儒之説不敢少異，而獨指聖賢『思無邪』之書爲亂言邪辭，考其説之所據，以爲如春秋書亂賊爾，存之可以識其國亂無政。然春秋時，諸國燕享，所賦多今人所謂淫亂之辭者。鄭六卿餞宣子於郊，賦其本國之淫詩，豈亦播其國亂無政乎？若曰賦詩斷章，則亦有當辨者。五倫之理本自相通，或朋友、兄弟、夫婦之詩用之於君臣，或男女之詩用之於好賢。然不可以小人之言加之君子，鄙褻之事誦之朝廷、接之賓客。以是斷之，變風止乎禮義，信矣。

鄭衛之音

吕祖謙曰：「桑中、溱洧諸篇，幾於勸矣，夫子取之，何也？曰：仲尼謂『詩三百，一言以蔽之，思無邪』。詩人以無邪之思作之，學者亦以無邪之思觀之。閔息懲創之意，隱然自見於言外矣。或曰：樂記所謂『桑間濮上之音』，安知非即此篇乎？曰：詩，雅樂也，祭祀朝聘之所用也。『桑間濮上之音』，鄭衛之樂也，世俗之所用也。雅鄭不同部，其來尚矣。寧有編鄭衛樂曲於雅音中之理乎？桑中、溱洧諸篇，作於周道之衰，其聲雖已降於煩促，而猶止於中聲，荀卿獨能知之。其詞雖近於諷一勸百，然猶止於禮義，大序獨能知之。仲尼録之於經，所以謹世變之始也。借使仲尼之前，雅鄭果嘗龐雜，自衛反魯正樂之時，所當正者，無大於此矣。論語答顔子之問，乃孔子治天下之大綱也。於鄭聲亟欲放之，豈有刪詩示萬世，反收鄭聲以備六藝乎？」

朱子曰：「孔子之稱『思無邪』也，以爲詩三百篇，勸善懲惡，其要歸無不出於正，非以作詩之人所思皆無邪也。今必曰彼以無邪之思，鋪陳淫亂之事，而閔惜懲創之意，自見於言外，則曷若曰彼雖以有邪之思作之，而我以無邪之思讀之，則彼之自狀其醜者，乃所以爲吾警懼懲創之資邪？若夫雅鄭若干篇，自衛反魯以來未之有改，至於桑中，小序之文與樂記合，則是詩之爲桑間，不爲無據。今必曰三百篇皆雅，則邪正錯糅，非復孔子之舊矣。夫二南正風，房中之樂也，鄉樂也。二雅之正，朝廷之樂也。商周之頌，宗廟之樂也。見於序義、傳記，皆有可考。至於變雅，則固已無施於事。而變風又特里巷之歌謡，其頌在樂官者，以爲可以識時變，觀土風耳。今必曰三百篇皆祭祀、朝聘之所用，則未知桑中、溱洧之屬，當以薦何等之鬼神、接何等之賓客邪？古者太師陳詩以觀民風，固不問美惡，而悉存以訓也。然其與先王雅頌之正，施用亦異，則固不嫌於龐雜矣。今於雅鄭之實察之，既不詳於龐雜之名，畏之又太甚，顧乃文以風刺之美説，强而置諸雅頌之列，是乃反爲龐雜之甚，而不自知也。其以二詩爲猶止於中聲者，太史公所謂孔子皆弦歌之以求合於韶武之音，其説蓋亦如此。然古樂既亡，無所考正，吾獨以其理與辭推之，有以知其必不然耳。又以爲近於勸百諷一，而止乎禮義，則又信大序之過者，夫子虚、上林猶有所謂諷也。漢廣知不可而不求，大車有所畏而不敢，猶有所謂禮義之止也。若桑中、溱洧，則吾不知其何詞之諷、而何禮義之止乎？」

顧起元曰：「漢志載『衛地桑間濮上之阻，男女〔亦〕亟聚會，聲色生焉』。近代博南新鄭著録言『鄭聲淫者，謂鄭國作樂之聲，過於淫。非謂鄭詩皆淫也』。是以樂記曰：『流僻、邪散、狄成、滌濫之音作，而民淫亂。』夫聲與辭其分固已晰矣。青衿安知非以刺學？風雨安知非以思賢？有女同車安知非以刺婚？遵大路安知非以留君子？而必以爲淫昏不檢之人自道其謔浪啁哳之語乎？」

按：論語曰：「鄭聲淫。」樂記曰：「鄭衛之音，亂世之音也，比於慢矣。桑間濮上之音，亡國之音也。其政散，其民流，誣上行私而不可止也。」魏文侯曰：「吾端冕而聽古樂，則唯恐卧。聽鄭衛之音，則不知倦。」子夏謂其所好者「溺音」。夫所謂聲、所謂音者，非謂其詩也，亦非方土音聲之謂也。此靡靡之樂，滌濫之音，作於鄭、衛桑間濮上者爾。他國之人奏之，而皆爲淫聲、溺音，雖南、豳、雅、頌之章令奏而歌之，詩章自正、音聲自淫也。此夫子之所放所惡而不可復御者也。鄭衛之音，非鄭詩、衛詩；桑間濮上之音，非桑中一詩，其義甚明。南、豳、雅、頌用之於樂，是謂樂章也。樂者，笙、籥、琴、瑟、鐘、鼓之屬也。器之所奏者樂也，其發乎器者。樂章固矢於口歌之。而發乎口者，音聲也。樂與音則有辨矣。而詩之與樂與音聲，斷斷乎其不可溷淆言之者也。或難曰：「詩三百篇皆不可歌則已，如皆可歌，豈得判聲、詩爲二乎？記言桑間，又與詩篇之名桑中者同，何以見桑間非桑中詩歟？」曰：「桑間濮上，其染於淫，自紂時已然。史記言『中山猶有沙丘，紂淫地。餘民亦其類也』。然濮上亦隨時而變，紂時及衛之先，淫地也，至周末，則好氣任俠。故史記云：『濮上之邑，徙野王。野王好氣任俠，衛之風也。』鄭注樂記『桑間濮上之音』，引『紂作靡靡之樂』爲證，不引桑中之詩，明桑間濮上其音之由來已久，不因桑中詩也。許氏異義以鄭詩解『鄭聲淫』，而康成駁之曰：『左傳説煩手淫聲，謂之鄭聲。言煩手躑躅之聲，使淫過矣。』此説辨别精微。淫聲者，煩手躑躅之聲也。琴瑟稱雅樂，君子無故不徹琴瑟，而伎者鼓鳴瑟，揳鳴琴以奔富厚，則爲煩手躑躅之聲。而音之來自琴瑟者，無非淫，猶以淫聲歌詩辭，而音之來自口者，無非淫也。人爲之，非詩與樂器爲之也。邶、鄘、衛之緑衣、燕燕、柏舟等篇，鄭之女曰雞鳴，何愧二南？是知夫子之言『鄭聲淫』，樂記之言『桑間濮上之音』，不可據以論詩辭也。」

詩函五際六情　緯文四始附見

翼奉曰：「詩有五際：君臣、父子、兄弟、夫婦、朋友。」

孟康曰：「五際：卯、酉、午、戌、亥也。陰陽終始際會之歲，於此則有變改之政。」

孔穎達曰：「按詩緯汎歷樞云：『大明在亥，水始也。四牡在寅，木始也。嘉魚在巳，火始也。鴻雁在申，金始也。』緯文因金、木、水、火有四始之義，以詩文託之。又鄭作六藝論，引春秋緯演孔圖云『詩含五際、六情』者。鄭以汎歷樞云：『午亥之際爲革命，卯酉之際爲改正，辰在天門，出入候聽。卯，天保也；酉，祈父也；午，采芑也；亥，大明也。然則，亥爲革命，一際也；亥又爲天門，出入候聽，二際也；卯爲陰陽交際，三際也；午爲陽謝陰興，四際也；酉爲陰盛陽微，五際也。』其六情者，則春秋云『喜、怒、哀、樂、好、惡』是也。詩既含此五際、六情，故鄭於六藝論言之。」

王應麟曰：「詩緯含神霧曰：『集微揆著，上統元皇，下序四始，羅列五際。』又曰：『詩者，天地之心，君德之祖，百福之宗，萬物之户也。』椎度災曰：『建四始、五際，而八節通。』翼奉學齊詩，『聞五際之要十月之交篇』。郎顗曰：『四始之缺，五際之戹。』五際本於齊詩，四始與毛詩序異。蓋習聞其説而失之也。」

詩之編次

孔穎達曰：「周召，風之正經，固當爲首。自衛以下，十有餘國，編此先後，舊無明説。去聖久遠，難得而知。欲言先後爲次，則齊哀先於衛頃；鄭武後於檜國。而衛在齊先；檜處鄭後，是不由作之先後也。欲以國地爲序，則鄭小於齊；魏狹於晉；而齊後於鄭，魏先於唐，是不由國之大小也。欲以采得爲次，則雞鳴之作，遠在緇衣之前；鄭國之風，必處檜詩之後，何當後作先采、先作後采乎？是不由采得先後也。二三擬議，悉皆不可。則諸國所次，別有意焉。蓋迹其先封善否，參其詩之美惡，驗其時政得失，詳其國之大小，斟酌所宜以爲其次。鄭譜王在豳後者，退就雅頌，并言王世故耳。諸國之次，當是太師所第，孔子删定，或亦改張。襄二十九年左傳魯爲季札徧歌周樂，齊之下即歌豳、歌秦，然後歌魏。杜預云：『於詩，豳第十五，秦第十一。後仲尼删定，故不同。』杜以爲今所第皆孔子之制，孔子之前則如左傳之次。鄉飲酒云『無算樂』，注云：『燕樂亦無（算）數。或間或合，盡歡而止。春秋襄二十九年，吴公子札來聘，請觀於周樂。此國君之無算也。』以其徧歌謂之『無數』，不以不次爲『無算』也。」

歐陽永叔曰：「正、變之風，十有四國。而其次比莫詳其義，惟封國、變風之先後，不可以不知。周、召、王、豳同出於周，邶、鄘并於衛，檜、魏無世家。其可考者，陳、齊、衛、晉、曹、鄭、秦，此封國之先後也。豳、齊、衛、檜、陳、唐、秦、鄭、魏、曹，此變風之先後也。周南、召南、邶、鄘、衛、王、鄭、齊、豳、秦、魏、唐、陳、曹，此孔子未删之前，周太師樂歌之次第也。周、召、邶、鄘、衛、王、檜、鄭、齊、魏、唐、秦、陳、曹、豳，此鄭氏詩譜次第也。黜檜後陳，此今詩次比也。」

程子曰：「諸國之風先後各有義。周南、召南陳正家之道，人倫之端，王道之本，風之正也，故爲首。及乎周道衰，政教失，風遂變矣。於是諸侯擅相侵伐，衛首并邶、鄘之地，故爲變風之首。且一國之詩，而三其名。得於衛地者，爲衛；得於邶鄘者，爲邶鄘。所以見其首亂也，則政不能治天下，諸侯放恣，擅相并滅，王迹熄矣，故雅亡而爲一國之風。廢法失道，則王畿之内亦不能保。鄭本畿内之封，因周之衰，自爲列國，故次以鄭。君臣上下之分失，則人倫亂，其風可知，故次以齊。天下之風至於如此，則無不亂之國。魏，舜禹之都；唐，帝堯之國，久被聖人之化，歷二叔之世，而遺風尚存，今亦變矣。故因其舊名而謂之唐，所以見意。唐魏之風且變，則先代之風化禮義消亡極矣，故次以秦。秦之始封秦谷，西戎之地。國亂，乃東侵而始大。故美其始有車馬、禮樂，而刺其未能用周禮也。禮義之俗亡，先聖王之流風遺俗盡矣，故次以陳。陳，舜之後也，聖人之都，風化所厚也。王澤竭而風化熄矣。天下之所以安且治者，聖人之道行也。聖人之道絶，則危亡至矣。人情迫於危亡，則思治安。故思治者，亂之極也。檜曹懼於危亡，而思周道，故爲亂之終。自昔天下，何嘗不極亂而興治，革危而爲安？周家之先，其居豳也，趨時務農以厚民生，王業之所以興也，故次以豳。王業成而政於天下，故次以雅。雅，王者之政也。小之先大，固其叙也。政之衰則至於亡。詩之亡，王道之亡也。天下之治，始於以正風風天下。其終也，盛德之著而成功，可以告於神明，始終之義也，故次以頌。頌之有魯，蓋生於不足。王道之隆也，所歌頌者如是。及其衰也，如魯之事已足矣。商則頌前代之美，不可廢也，故附其後焉。」

張子曰：「詩固有次叙，然不可一例。惟二南之後次衛，衛後王，此有意。若非以衛分之，則王無異於正風也。其他不必次。一國之詩，其首尾固有先後，其中未必然。當删定之詩，只取得者置於其間。」

朱子曰：「十五國次序，恐未必有意。而先儒及近世諸先生皆言之，故集傳中不敢提起。蓋詭隨非所安，而辨論非所敢也。」

王應麟曰：「止齋曰：『國風作，而二南之正變矣。邶、鄘、曹、鄶，特微國也。而國風以之終始，蓋邶鄘自别於衛，而諸侯浸無統紀。及其厭亂思治，追懷先王先公之世，有如曹檜然。君子以爲是二南之可復，世無周公誰能正之？是故以豳終。』」

盧格曰：「史記：『古詩三千餘篇，孔子取三百五篇。』孔穎達以爲未可信。按王制，天子五年一巡狩，命太師陳詩，以觀民風。西周盛時，環海内而封者千八百國。使各陳一詩，亦千八百篇矣。今載於經者，惟邶、鄘、衛、鄭、齊、魏、唐、秦、陳、檜、曹十一國，皆春秋時詩，其他亦無所録。孟子詩亡之論，其有慨於此乎！」

顧炎武曰：「邶、鄘、衛者，總名也。不當分某篇爲邶，某篇爲鄘，某篇爲衛。分而爲三者，漢儒之誤。以此詩之簡獨多，故分三名以各冠之，而非夫子之舊也。觀小雅六笙詩，毛公頗有升降。黍離之篇，毛公以爲王，齊詩以爲衛，則知今詩之次序，多出於漢儒也。新序：「黍離，衛宣公之子閔其兄而作。」考之左氏傳襄公二十九年，季札觀樂於魯，『爲之歌邶、鄘、衛，曰：美哉，淵乎！憂而不困者也。吾聞衛康叔、武公之德如是，是其衛風乎？』而襄公三十一年，北宮文子之言，引衛詩曰：『威儀棣棣，不可選也。』此詩今爲邶之首篇，乃不曰邶，而曰衛。是知累言之則曰『邶、鄘、衛』，專言之則曰『衛』，一也。猶之言殷商、言荆楚云爾〔三〕。意者西周之時，故有邶鄘之詩，及幽王之亡而軼之，而大師之職，猶不敢廢其名乎！然名雖舊，而辭則今矣。」若據漢書言「遷邶鄘之民於雒邑」，則武王之世已無邶鄘。

又曰：「自幽王以上，大師所陳之詩亡矣。春秋時，君卿大夫之賦詩無及之者，此孔子之所不得見也。」

又曰：「吴楚之無詩，以其僭王而删之與？非也。太師之本無也。楚之先熊繹辟在荆山，篳路籃縷，以處草莽。惟是桃弧棘矢以共禦王事，而周無分器。左氏昭公十二年傳。岐陽之盟，楚爲荆蠻，置茅蕝、設望表，與鮮牟守燎，而不與盟。晉語。是亦無詩之可采矣。況於吴自壽夢以前，未通中國者乎！滕薛之無詩，微也。若乃虢檜，皆爲鄭滅，而虢獨無詩。陳蔡皆列春秋之會盟，而蔡獨無詩，有司失其傳爾。」又曰：「許無風，而載馳之詩録於鄘。黎無風，而式微、旄丘之詩録於邶。」按：程子所論詩之先後，與易之序卦傳相似。然要爲空文附會於經，無當也。以大儒尚爲此等議論，讀之若無甚阻礙，存此以見易序卦傳之不可深信亦猶是也。

詩篇名

孔穎達曰：「金縢云：『公乃爲詩以貽王，名之曰鴟鴞。』然則篇名皆作者所自名，既言『爲詩』，乃云『名之』。則先作詩後爲名也。名篇之例，義無定準，多不過五，少纔取一。或偏舉兩字，或全取一句。偏舉則或上、或下，全取則或盡、或餘。亦有捨其篇者，撮章中之一言。或復都遺見文，假外理以定情。黄鳥顯『綿蠻』之貌；草蟲棄『喓喓』之聲；瓜瓞取『綿綿』之形；瓠葉捨『番番』之狀；『夭夭』與『桃』名而俱舉；『蚩蚩』從氓狀而見遺；召旻、韓奕則采合上下；騶虞、權輿則并舉篇末。其中踳駁，不可勝論。豈古人之無常，何立名之異與？以作非一人，故名無定目。」

戴埴曰：「詩篇名之例不一。關雎、葛覃之類，取其首章。權輿、騶虞之類，取其末章。召旻、韓奕之類，取一章之義，合而成文。氓、丰、蕩、綿之類，取章中一事。維天之命、昊天有成命，則取章中一句。惟雨無正、酌、賚，於詩亦無取。亦有例同而名異者，『綿綿瓜瓞』與『綿綿葛藟』同，一取『綿綿』之義，一以葛藟爲名；『綿蠻黄鳥』與『交交黄鳥』同，一取『綿蠻』之義，一以黄鳥爲名。」

删詩

史記：「古者詩三千〔餘〕篇，及至孔子，去其重，取可施於禮義，上采契、后稷，中述殷周之盛，至幽厲之缺。」

漢書藝文志：「孔子純取周詩，上采殷，下取魯，凡三百五篇，遭秦而全者，以其諷誦，不獨在竹帛故也。」

隋書經籍志曰：「夏殷以上，詩多不存。周氏始自后稷，而公劉克篤前烈，太王肇基王迹，文王光昭前緒，武王克平殷亂，成王、周公化致太平，誦美盛德，踵武相繼。幽厲板蕩，怨刺並興，其後王澤竭而詩亡，魯太師摯次而録之。孔子删詩，上采商，下取魯，凡三百篇。」

孔穎達曰：「經傳所引諸詩，見存者多，亡失者少，不容孔子十去其九。」

歐陽永叔曰：「删詩云者，非止全篇删去也。或篇删其章，或章删其句，或句删其字。

如『唐棣之華，偏其反而。豈不爾思？室是遠而』。此小雅唐棣之詩也。夫子謂其以『室』爲『遠』，害于兄弟之義，故篇删其章也。『衣錦尚絅』，文之著也，邶、鄘風，君子偕老之詩也，君子謂其盡飾之過，恐其流而不返，故章删其句也。『誰能秉國成，不自爲政，卒勞百姓。』此小雅節南山之詩也。夫子以『能』之一字爲意之（字）〔害〕，故句删其字也。」

鄭樵曰：「上下千餘年，詩纔三百五篇。有更十君而取一篇者，皆商周之所作。夫子併得之於魯太師，編而録之，非有意於删也。删詩之説，漢儒倡之。」

朱子曰：「人言夫子删詩，看來只是采得許多詩，夫子不曾删去，只是刊定而已。」

又曰：「當時史官收詩時，已各有編次。但經孔子時，已經散失。故孔子重新整理一番，未見得删與不删。」

葉適曰：「史記：『古詩三千餘篇。孔子取三百五篇。』按：周詩及諸侯用爲樂章，今載於左氏傳者，皆史官先所采定，就有逸詩，殊少矣，疑不待孔子而後删十取一也。又論語稱『詩三百』，本謂古人已具之詩，不應指其自删者言之，然則詩不因孔氏而後删矣。」

又曰：「季孫行父請命於周，而史克作頌，則是以天子之命列於頌也，非孔子之所能裁定也。」

王應麟曰：「逸詩篇名。若貍首、射義。驪駒、大戴禮、漢書注。祈招、左傳。轡之柔矣，左傳、周書。皆有其辭。唯采薺、周禮。河水、新宮、茅鴟、左傳。鳩飛（周）〔晉〕語。無辭。或謂河水，沔水也；新宮，斯干也；鳩飛，小宛也。周子醇樂府拾遺曰：『孔子删詩，有全篇删者，驪駒是也。有删兩句者，「月離于畢，俾滂沱矣」，「月離于箕，風揚沙矣」是也。有删一句者，「素以爲絢兮」是也。』愚考之周禮疏引春秋緯云『月離於箕，風揚沙』，非詩也。『素以爲絢兮』，朱文公謂碩人詩四章，而章皆七句，不應此章獨多一句。蓋不可知其何詩，然則非删一句也。若全篇之删，亦不止驪駒。論語「唐棣之華」之類。」

蘇天爵曰：「太史公云：『古詩三千餘篇。孔子删之，存者三百一十一篇。』是則秦火之餘，詩亦爲完書矣。而凡經傳所引逸詩，是皆孔子所删二千七百餘篇之文乎？今考之孔子之言曰：『吾自衛反魯，然後樂正，雅頌各得其所。』又曰：『詩三百，一言以蔽之，曰：思無邪。』未嘗言删詩也。至趙氏孟子題辭，始有删詩之説。而晉世所傳孔氏書序，亦言删詩爲三百篇，皆出太史公之後。夫以周之列國，若滕、薛、許、蔡、邾、莒，其與陳、魏、曹、檜，地醜德齊，而獨無一詩之存，何也？將有其詩而夫子删之與？當季札之聘魯，請觀周樂，於是，夫子未删詩也。自雅頌之外，其十五國風盡歌之。今三百篇及魯之所存，無加損也。其謂夫子删詩，其可信乎？」

朱彝尊曰：「詩者，掌之王朝，班之侯服。小學大學之所諷誦，冬夏之所教，莫之有異。且如『行以肆夏，趨以采齊』，樂師所教之樂儀也。何不可施於禮義，而孔子必删之？俾堂上有儀而門外無儀，何也？凡射，『王以騶虞爲節，諸侯以貍首爲節，大夫以采蘩爲節，士以采蘋爲節』。今大、小戴記載有貍首之辭，未嘗與禮義悖，而孔子於騶虞、采蘩、采蘋則存之，於貍首獨去之，俾王與大夫士有節，而諸侯無節，又何也？燕禮『升歌鹿鳴，下管新宫』，大射儀『乃歌鹿鳴三，終』，『乃管新宫三，終』，而孔子於鹿鳴則存之，於新宫則去之。俾歌有詩，而管無詩，又何也？肆夏、繁、遏、渠，天子所以享元侯者。故九夏掌於鐘師，而大司樂『王出入奏王夏，尸出入奏肆夏，牲出入奏昭夏』。鄉飲酒之禮，『賓出，奏陔』。鄉射之禮，『賓興，奏陔』。大射之儀，『公升即席，奏陔』；『賓醉，奏陔』；『公入驁』。此又何不可施於禮義，而孔子必删之，俾禮廢而樂缺，又何也？正考父校商之名頌十二篇於周太師，歸以祀其先王。孔子殷人，乃反以先世之所校歸祀其祖者，删其七篇而止存其五，又何也？穆王欲肆其心，周行天下。祭公謀父作祈招之詩，以止王心。詩之合乎禮義者，莫此若矣。孔子既善其義，而又删之，又何也？且詩至於三千篇，則輶軒之所采定不止於十三國矣。而季札觀樂於魯，所歌風詩，無出十三國之外者。又子所雅言，一則曰『詩三百』，再則曰『誦詩三百』，未必定屬删後之言。竊疑當日掌之王朝、班之侯服者，亦止於三百餘篇而已。至歐陽子謂删詩云者，非止全篇删去，或篇删其章，或章删其句，或句删其字，此又不然。詩云：『唐棣之華，偏其反而。豈不爾思，室是遠而。』惟其詩孔子未嘗删，故爲弟子雅言之也。詩曰：『衣錦尚絅。』惟其詩孔子亦未嘗删，故子思子舉而述之也。詩云『誰能秉國成』，今本無『能』字，猶夫『殷鑒不遠，在于夏后之世』，今本無『于』字，非孔子去之也，流傳既久，偶脱去爾。昔者子夏親受詩於孔子矣。其稱詩曰：『巧笑倩兮，美目盼兮，素以爲絢兮。』惟其句孔子亦未嘗删，故子夏所受之詩存其辭以相質，而孔子亟許其『可與言詩』。初未以『素絢』之語有害於義而斥之也。由是觀之，詩之逸也，非孔子删之，可信已。然則詩何以逸也？曰，一則秦火之後，竹帛無存，而口誦者偶遺忘也〔四〕。一則樂師矇叟止紀其音節而亡其辭。竇公之於樂，惟記周官大司樂一篇，而其餘不知。制氏則僅記其『鏗鏘鼓舞』，而不能言其義，此樂章之所缺獨多也。」

漢儒傳詩四家

史記儒林列傳：「言詩於魯則申培公，於齊則轅固生，於燕則韓太傅。」「申公者，魯人也。申公獨以詩經爲訓以教，無傳（疑），疑者則闕不傳。」「清河王太傅轅固生者，齊人也。齊言詩皆本轅固生也。」「韓生者，燕人也。韓生推詩之意而爲内外傳數萬言，其語頗與齊魯間殊，然其歸一也。燕趙間言詩者由韓生。」

漢書藝文志：「詩經二十八卷，魯、齊、韓三家。毛詩二十九卷。毛詩故訓傳三十卷。漢興，魯申公爲詩訓故，而齊轅固生、燕韓生皆爲之傳。或取春秋，采雜説，咸非其本義。與不得已，魯最爲近之。三家皆列於學官。又有毛公之學，自謂子夏所傳，而河間獻王好之，未得立。」

漢書儒林傳：「毛公，趙人也，治詩，爲河間獻王博士，授同國貫長卿，長卿授解延年，延年爲阿武令，授徐敖，敖授九江陳俠。由是言毛詩者，本之徐敖。」

鄭康成曰：「魯人大毛公爲詁訓傳於其家，河間獻王得而獻之。」

徐整曰：「子夏授詩於高行子；高行子授薛蒼子；薛蒼子授帛妙子；帛妙子授河間大毛公，爲詩故訓傳於家，以授趙人小毛公。」

後漢書：「永平中，帝令逵撰齊、魯、韓詩與毛氏異同。八年，乃詔諸儒各選高才生，受左氏、穀梁春秋、古文尚書、毛詩，四經由是遂行於世。」

隋書經籍志：「漢初，魯人申公，受詩於浮丘伯，作訓詁，是爲魯詩。齊人轅固生亦傳詩，是爲齊詩。燕人韓嬰亦傳詩，是爲韓詩。終于後漢，三家並立。齊詩，魏代已亡；魯詩亡於西晉；韓詩雖存，無傳之者。」

陸德明曰：「子夏授曾申；曾申授李克；李克授孟仲子；孟仲子授根牟子；根牟子

授孫卿；卿傳毛亨；亨授毛萇。」

孔穎達曰：「漢氏之初，詩分爲四：申公騰芳於鄢郢；毛氏光價於河間；貫長卿傳之於前；鄭康成箋之於後。」

又曰：「漢初爲傳訓者，皆與經別行。三傳之文，不與經連。故石經書、公羊傳皆無經文。藝文志云：『毛詩經二十九卷。毛詩故訓傳三十卷。』是毛爲訓詁，亦與經別也。及馬融爲周禮之注，乃云：『欲省學者兩讀，故具載本文。』然則後漢以來，始就經爲注，未審此詩引經附傳是誰爲之，其鄭之箋，當元在經傳之下矣。毛詩經二十九卷，不知併何卷也？」

朱倬曰：「魯詩起於申公，而盛於韋賢。齊詩始於轅固，而盛於匡衡。韓詩始於韓嬰，而盛於王吉。」

歐陽永叔曰：「韓嬰之書，至唐猶在。今其存者，十篇而已。漢志：『嬰書五十篇。』今但存其外傳，非嬰傳詩之詳者。而其遺說，時見於他書，與毛之義絶異，而人亦不信。」

范處義曰：「雨無正，韓氏作雨無極，正大夫刺幽王也。篇首多『雨無其極，傷我稼穡』八字。竊謂韓詩世罕有之，未〔心〕〔必〕其真。或後人見詩中有『正大夫離居』之語，故加二句，且牽合以爲正大夫刺幽王，似不可信。」

又曰：「史克作頌，見之詩序，韓氏乃曰『奚斯作魯頌』，而班固兩都賦序、王延壽魯靈光殿賦序皆云『奚斯頌魯』，揚雄法言亦曰『正考父嘗晞尹吉甫，公子奚斯嘗晞正考父』，意謂尹吉甫頌周，正考父、奚斯效之。殊不考是詩曰『新廟奕奕，奚斯所作』，是奚斯作新廟，非作魯頌也。韓氏之傳授，妄矣。」

葉夢得曰：「漢武帝時，毛詩始出。自以源流出於子夏。時齊、魯、韓三家皆立於學官。獨毛氏不得立。唯河間獻王好古，博見異書，深知其精。中興後，謝曼卿、衛宏、賈逵、馬融、鄭衆、鄭康成之徒，皆宗毛公。學者翕然稱之。今觀其書所釋鴟鴞與金縢合；釋北山、烝民，與孟子合；釋昊天有成命，與國語合；釋碩人、清人、皇矣、黄鳥，與左氏合；而序由庚六篇，與儀禮合。當毛公時，左氏傳未出，孟子、國語、儀禮未甚行，而毛公之説先與之合，不謂之源流子夏，可乎？漢興，三家盛行，毛最後出，世人未知毛公之密，其説多從齊、魯、韓。迨至魏晉，有左氏、孟子、國語諸書證之，然後學者舍三家而從毛氏，故齊詩亡於魏；魯詩亡於晉；韓詩雖存，無傳之者。從韓氏之説，則二南、商頌皆非治世之音。從毛氏之説，則禮記、左氏無往而不合。此所以毛詩獨存於世也。」

吕祖謙曰：「以齊、魯、韓之義尚可見者較之，獨毛詩適與經、傳合。關雎，正風之首，三家者，乃以爲刺，餘可知矣。是則毛詩之義，最得其真也。」

王應麟曰：「元城謂韓詩有雨無極篇，序云雨無極正大夫刺幽王也。篇首多『雨無其極，傷我稼穡』八字。朱子曰：第一、二章皆十句，增之則長短不齊。又此詩『正大夫離居』之後，暬御之臣所作。其曰正大夫刺幽王者，非是。解頤新語亦云：『韓詩世罕有其書，或出於好事者之傅會。』」

又曰：「定之方中傳引仲梁子曰：『初立楚宮也。』鄭志：『張逸問：仲梁子何時人？答曰：仲梁子，先師，魯人，當六國時，在毛公前。』正義：「春秋時，魯有仲梁懷，故言魯人。」韓非子八儒有『仲良氏之儒』。陶淵明群輔録云：『仲梁氏傳樂爲道，以和陰陽，爲移風易俗之儒。』」史失其名。

又曰：「維天之命傳引孟仲子曰：『大哉！天命之無極，而美周之禮也。』詩譜云：『子思論詩於穆不已。』孟仲子曰：『於穆不似。』仲子，子思之弟子。閟宮傳引孟仲子曰：『是禖宮也。』序録云：『子夏傳曾申，申傳魏人李克，克傳魯人孟仲子。』」孟子注：「孟仲子，孟子之從昆弟，學于孟子者。」豈名氏之同與？」

又曰：「徐整云：『子夏授高行子，即詩序及孟子所謂高子也。以絲衣「繹賓尸」爲「靈星之尸」，以小弁爲小人之詩，則已失其義矣。』趙岐云：『高子，齊人。』」謂「禹之聲尚文王之聲」，亦高子也。

又曰：「經典序録：『河間人大毛公爲詩故訓傳。一云魯人。』失其名。初學記：『荀卿授魯國毛亨，作詁訓傳，以授趙國毛萇。時人謂亨爲大毛公，萇爲小毛公。』大毛公之名唯見于此。正義云：儒林傳「毛公，趙人」，不言其名。後漢書「趙人毛(萇)」，序録亦名長。今後漢書作「萇」，此小毛公也。

程子曰：『毛萇最得聖賢之意。』」

黄震曰：「毛詩注釋簡古，鄭氏雖以禮説詩，於人情或不通，及多改字之弊。然亦有足以裨毛詩之所未及者。」

毛詩序

後漢書儒林傳：「衛宏，字敬仲，東海人也。初，九江謝曼卿善毛詩，乃爲其訓。宏從曼卿受學，因作毛詩序，善得風雅之旨，于今傳于世。」

陸德明釋文於「關雎，后妃之德也」下云：「舊説云：『起此至「用之邦國焉」，名關雎序，謂之小序。自「風，風也」訖末，名爲大序。』沈重云『案鄭詩譜意，大序是子夏作，小序是子夏、毛公合作。卜商意有不盡，毛更足成之。或云小序是東海衛敬仲所作。』今謂此序止是關雎之序，總論詩之綱領，無大、小之異，序並是。鄭注所以無箋云者，以無所疑亂故也。」

成伯瑜曰：「學者以詩大小序皆子夏所作，未能無惑。如關雎之序首尾相結，冠束二南，故昭明太子亦云大序是子夏全制，編入文什，其餘衆篇之小序，子夏惟裁初句耳，至『也』字而止。『葛覃，后妃之本也』，『鴻雁，美宣王也』，如此之類是也。其下皆是大毛公自以詩中之意而繫其辭也。後人見序下有注，又曰東海衛宏所作，事雖兩存，未爲允當。當是鄭玄於毛公傳下即得稱箋，於毛公序末略而爲注耳。毛公作傳之日，漢興已亡其六篇，但據亡篇之小序，惟有一句，毛既不見詩體，無由得措其辭也。又高子是戰國時人，在子夏之後，當子夏之世，祭皆有尸，「靈星之尸」，子夏無爲取引。一句之下，多是毛公，非子夏明矣。」

程子曰：「詩大序，其文似繫辭，其義非子夏所能言也。分明是聖人作此以教學者。蓋夫子慮後世之不知詩也，故序關雎以示之。學詩而不求序，猶欲入室而不由户也。安節問：『小序何人所作？』曰：『但看大序即可見矣。序中分明言國史，明乎得失之迹。如非國史，則何以知其所美、所刺之人？使當時無小序，雖聖人亦辨不得。』」

又曰：「詩小序，要之皆得大意，只後之觀詩者亦添入。」

張子曰：「詩序亦有後人添入者，則極淺近，自可辨。」

葉夢得曰：「世人疑詩序非衛宏所爲，此殊不然，使宏鑿空爲之乎，雖孔子亦不能，使宏誦師説爲之，則雖宏有餘矣。且宏詩序有專取諸書之文而爲之者，有雜取諸書所説而重複互見者，有委曲宛轉附經而成其書者，不可不論也。『詩有六義：一曰風，二曰賦，三曰比，四曰興，五曰雅，六曰頌』，其文全出於周官。『情動於中而形於言，言之不足，故嗟嘆之』，其文全出於禮記。『成王未知周公之志，公乃爲詩以遺王』，其文全出於金縢。『高克好利而不顧其君，文公惡而欲遠之不能，使高克將兵而禦狄於竟。陳其師旅，翱翔河上，久而不召，從散而歸。高克奔陳。』其文全出於左傳。『微子至於戴公，其間禮樂廢壞』，其文全出於國語。『古者長民，衣服不貳，從容有常，以齊其民』，其文全出於公孫龍子。則詩序之作，宜在數書既傳之後明矣，此吾所謂專取諸書所言也。載馳之詩，許穆夫人作也。閔其宗國顛覆矣，又曰『衛懿公爲狄人所滅』。緜衣之詩，既曰『繹賓尸』矣，又曰『靈星之尸』。此蓋衆説並傳，衛氏得善辭美意，并録而不忍棄之，此吾所謂雜取諸書之説而重複互見也。騶虞之詩，先言『人倫既正，朝廷既治，天下純被文王之化』，而復繼之以『蒐田以時，仁如騶虞，則王道成』。行葦之詩先言『周家忠厚，仁及草木』，然後繼之以『内睦九族，外尊事黄耇，養老乞言』。此又吾所謂委曲婉轉附經而成其義也。即三者而觀之，序果非宏之所作乎？漢世文章，未有引詩序者，惟黄初四年有『共公遠君子，近小人』之説，蓋魏後於漢，宏之詩序至此始行也。」

晁公武曰：「詩序，蕭統以爲卜子夏所作。韓愈以三事疑其非。至王介甫獨謂詩人所自製。按：韓詩序芣苢曰『傷夫也』，漢廣曰『悦人也』，序若詩人所自製，毛詩猶韓詩，不應不同若是。況文意繁雜，其不出一人之手甚明。不知介甫何以言之，殆臆論也！」

李樗曰：「詩皆有序，獨關雎爲最詳，先儒以謂關雎爲大序，葛覃以下爲小序。而作序之人，説者不同。韓退之作詩之序議，則謂『詩之序，明作之所以云，其辭不諱君上，顯暴醜亂之迹、帷箔之私，不是六經之志。察夫詩序，其漢之學者，欲自顯立其傳，因藉之子夏，故其序大國詳，小國略，斯可見矣。』王氏則以爲『世傳以爲言其義者，子夏也。觀其文辭，自秦漢以來，諸儒蓋莫能與於此。然傳以爲子夏，臣竊疑之。詩上及於文王、高宗、成湯，如江有汜之爲美媵，那之爲祀成湯，殷武之爲祀高宗。方其作時，無義以示後世，則雖孔子亦不可得而知，況於子夏乎！』程説亦如王氏。凡此諸家，紛紜不一。惟蘇黄門之説曰：『其文時有反覆煩重，類非一人之辭者。凡此皆毛氏之學，而衛宏之所集録也。』東漢儒林傳曰：『衛宏從謝曼卿受學，作毛詩序，善得風雅之旨，至今傳於世。』隋經籍志曰：『先儒相承，謂毛詩。序，子夏所創，毛公及衛敬仲又加潤益。』大抵古説本如此。此説深得之。蓋自漢以來，爲詩解者有四家：齊、魯、毛、韓，皆以傳授不同，故其説不一也。」

朱子曰：「詩序之作，説者不同，或以爲孔子，或以爲子夏，或以爲國史，皆無明文可考。惟後漢儒林傳以爲衛宏作毛詩序，今傳於世。則序乃宏作明矣。然鄭氏又以爲諸序本自合爲一編，毛公始分以置諸篇之首。則是毛公之前，其傳已久，宏特增廣而潤色之耳。故近世諸儒多以序之首句爲毛公所分，而其下推説云云者爲後人所益，理或有之。但今考其首句，則已有不得詩人之本意，而肆爲妄説者矣。況沿襲云云之誤哉！然計其初，猶必自謂出於臆度之私，非經本文，故且自爲一編，別附經後。又以尚有齊、魯、韓氏之説並傳於世，故讀者亦有以知其出於後人之手，不盡信也。及至毛公引以入經，乃不綴篇後，而超冠篇端，不爲注，而直作經字，不爲疑辭，而遂爲決辭。其後三家之傳又絶，而毛説孤行，則其牴牾之迹無復可見。故此序者，遂爲詩人先所命題，而詩文反爲因序以作。於是讀者轉相尊信，無敢擬議。至於有所不通，則必爲之委曲遷就，穿鑿而附合之。寧使經之本文繚戾破碎，不成文理，而終不忍明以小序爲出於漢儒也。」

又曰：「詩序自是兩三人作，今但信詩，不必信序。」

又曰：「詩序實不足信。向見鄭漁仲有詩辨妄，力詆詩序，以爲皆是村野妄人所作。始（者）亦疑之，因質之史序、國語，然後知詩序之果不足信。」

范處義曰：「異哉！唐人之議詩序也。曰：『子夏不序詩有三焉：知不及，一也；暴揚中冓之私，春秋所不道，二也；諸侯猶世不敢以云，三也。』又曰：『漢之學者，欲顯其傳，因藉之子夏。』且子夏猶『知不及』，漢去詩益遠，何自而知之？至謂『諸侯猶世不敢以云』，此正爲史官懼天禍人刑者之見也。序雖不作於子夏，議則疎矣。沈重謂鄭氏譜詩之意，以大序爲子夏作；以小序爲卜商，意有未盡，毛公足成之。梁昭明遂信之。取關雎一序編之文選，題以卜子夏。後漢書乃曰：『衛宏從謝曼卿學，因作毛詩序，善得風雅之旨。』隋經籍志亦曰：『先儒相承，謂毛詩。序，子夏所創，毛公及衛敬仲更加潤色。』所謂『相承』，即鄭氏譜詩之意耳。他非有根據。假樂之序曰『嘉成王也』，經文初無『嘉』之一字，而子思中庸、左氏傳皆以假樂爲嘉樂，豈嘗見今之詩序耶？六月之序：由庚之後，繼以南有嘉魚；崇丘之後，繼以南山有臺，皆古詩之次第也。今亡詩之篇次，乃合由庚、崇丘、由儀爲一，此秦火之後，經生爲之也。使六月之序果作於毛衛之徒，則二人者，皆生於秦火之後，當如亡詩之次第矣。且其詩既亡，其次既亂，毛衛之徒何由知古詩之次第，爲六月之序哉？」

葉適曰：「詩序隨文發明。或紀本事，或釋詩意，皆在秦漢之前，雖淺深不能盡當，讀詩者以時考之，以義斷之，惟是之從可也。若盡去本序，自爲之説，失詩意愈遠矣。」

黄震曰：「雪山王質、夾漈鄭樵，始皆去序言詩，與諸家之説不同。晦庵先生因鄭公之説，盡去美刺，探求古始，其説頗驚俗，雖東萊不能無疑焉。夫詩，非序莫知其所自作。去之千載之下，欲一旦盡去自昔相傳之説，別求其説於茫冥之中，誠難事矣。」

馬端臨曰：「風之爲體，比、興之辭多於叙述。風諭之意，浮於指斥。夫芣苢之序，以『婦人樂有子』，爲『后妃之美也』，而其詩語，不過形容采掇芣苢之情狀而已。黍離之序以爲『閔周室宫廟之顛覆也』，而其詩語不過慨歎禾黍之苗穗而已。此其所以采掇者爲何事，而慨歎者爲何説乎？叔于田之二詩，序以爲刺鄭莊公也，而其詩語則鄭人愛叔段之辭耳。揚之水、椒聊二詩，序以爲刺晉昭公也，而其詩語則晉人愛桓叔之辭耳。若舍序以求之，則知四詩也，非子雲美新之賦，則袁宏九錫之文耳。鴇羽、陟岵之詩見於變風，序以爲征役者不堪命而作也。四牡、采薇之詩見於正雅，序以爲勞使臣遣戍役而作也。而深求四詩之旨，則歎行役之勞苦，叙饑渴之情狀，憂孝養之不遂，悼歸休之無期，其辭語一耳。文公胡不翫索詩辭，别自爲説而卒如序者之舊説，求作詩之意於詩詞之外矣！何獨於鄭衛諸篇，而必以爲奔者所自作，而使聖經爲録淫辭之具乎？今以文公詩傳考之，則指以爲男女淫泆奔詩，而自作詩以叙其事者，凡二十有四。如桑中、東門之墠、溱洧、東方之日、東門之池、東門之楊、月出，則序以爲刺淫。而文公以爲『淫者所自作也』。如静女、木瓜、采葛、丘中有麻、將仲子、遵大路、有女同車、山有扶蘇、蘀兮、狡童、褰裳、丰、風雨、子衿、揚之水、出其東門、野有蔓草，則序本别指他事，而文公亦以爲『淫者所自作也』。夫以淫昏不檢之人，發而爲放蕩無耻之辭，而其詩篇之煩多如此！文公之説，謂春秋所記，無非亂臣賊子之事。蓋不如是，無以見當時事變之實，而垂鑒於後世。夫春秋，史也；詩，文詞也。史所以紀事，世之有治，不能無亂，則固不容存禹湯而廢桀紂，録文武而棄幽厲也。至於文辭，則其淫哇不經者，直爲削之而已，而夫子猶存之，則必其意不出於此，而序者之説是也。文公嘗言：『雅者，二雅是也。鄭者，緇衣以下二十一篇是也。衛者，邶、鄘、衛三十九篇是也。桑間，衛之一篇，桑中是也。二南、雅、頌，祭祀、朝聘之所用也。鄭、衛、桑濮里巷狹邪之所作也。』夫子於鄭、衛，蓋深絶其聲於樂，以爲法，而嚴立其詞於詩，以爲戒。今乃欲爲之諱其鄭、衛、桑濮之實，而文以雅樂之名，又欲從而奏之宗廟之中、朝廷之上，則未如其將以薦之於何等之鬼神，用之於何等之賓客乎？夫左傳言『季札來聘，請觀周樂』，而所歌者邶、鄘、衛、鄭皆在焉。則諸詩固雅樂矣。使其爲里巷狹邪所用，則周樂安得有之，而魯之樂工亦安能歌異國淫邪之詩乎？儀禮、左傳所載古人歌詩合樂之意，蓋有不可曉者，關雎、鵲巢，閨門之事，后妃夫人之詩也。而鄉飲酒、燕禮歌之。采蘋、采蘩，夫人、大夫妻能主祭之詩也，而射禮歌之。肆夏、繁、遏、渠，宗廟配天之詩也，而天子享元侯歌之。文王、大明、綿，文王興周之詩也，而兩君相見歌之。以是觀之，其歌詩之用，與詩人作詩之本意，蓋有判然不相合者，不可强通也。左傳載列國聘享賦詩，固多斷章取義，然其太不倫者，亦以來譏誚。如鄭伯有賦鶉之奔奔，楚令尹子圍賦大明，及穆叔不拜肆夏、甯武子不拜彤弓之類是也。然鄭伯如晉，子展賦將仲子；鄭伯享趙孟，子大叔賦野有蔓草；鄭六卿餞韓宣子，子齹賦野有蔓草，子大叔賦褰裳，子游賦風雨，子旗賦有女同車，子柳賦蘀兮。此六詩皆文公所斥以爲淫奔之人所作也〔五〕。然所賦皆見善於叔向、趙武、韓起，不聞被譏。乃知鄭衛之詩，未嘗不施之於燕享。而此六詩之旨意訓詁當如序者之説，不當如文公之説也。作序之人或以爲孔子，或以爲子夏，或以爲國史，皆無明文可考。然鄭氏謂毛公始以置諸詩之首，則自漢以前，經師傳授，其去作詩之時，蓋未甚遠也。」

又曰：「其説雖自毛衛諸公，而傳其意旨，則自有此詩而已有之矣。鴟鴞之序見於尚書；碩人、載馳、清人之序見於左傳。所紀皆與作詩者同時，非後人之臆説也。若序説之意不出於當時作詩者之口，則鴟鴞諸章，初不言成王疑周公之意，清人終章亦不見鄭伯惡高克之迹，後人讀之，當不能曉其爲何語矣。」

薛應旂曰：「季子觀周樂，爲之歌衛鄭，皆曰：『美哉！』且謂『康叔、武公之德如是』。鄭雖譏其細，亦不及於淫也。及春秋列國大夫會盟，多賦鄭衛詩以見志。使皆淫辭，豈肯引以自況？夫子雖謂『鄭聲淫』，亦未必『淫奔』之淫。説者據此遂以風雨、雞鳴、丘中有麻、木瓜、采葛、扶蘇、子衿之類，悉改序説。序説固未必盡是，然漢時去春秋尚近，經師傳授，猶有影響，至宋則愈遠矣，此皆未敢盡信者也。」

朱鶴（林）〔齡〕曰：「説者謂考亭集傳頌諸功令，學者不敢異同。然考亭嘗爲白鹿洞賦，中云『廣青衿之疑問，樂菁莪之長育』，仍不用己説。門人問之，曰：『序説自不可廢。』然則考亭之意，亦豈欲學者之株守一家，而盡屏除漢唐以來諸儒之箋傳，如今人之安於固陋荒忽者哉！」

朱彝尊曰：「按詩之有序，不特毛傳爲然，説韓詩、魯詩者，亦莫不有序。如關雎『刺時也』，芣苡『傷夫有惡疾也』，漢廣『悦人也』，汝墳『辭家也』，蝃蝀『刺奔女也』，黍離『伯封作也』，雞鳴『讒人也』，雨無極『正大夫刺幽王也』，賓之初筵『衛武公飲酒悔過也』，此韓詩之序也。楚元王受詩於浮丘伯。劉向，元王之孫，實爲魯詩。其所撰新序，以二子乘舟爲伋之傅母作，黍離爲壽閔其兄作。列女傳，以芣苢爲蔡人妻作，汝墳爲周南大夫妻作，行露爲申人女作，邶、柏舟爲衛宣夫人作，燕燕爲定姜送婦作，式微爲黎莊公夫人及其傅母作，大車爲息夫人作，此皆本於魯詩之序也。齊詩雖亡，度當日經師，亦必有序。惟毛詩之序本乎子夏。子夏習詩而明其義，又能推原國史，明乎得失之故。試稽之尚書、儀禮、左氏内外傳、孟子，其説無不合。毛詩出，學者舍齊、魯、韓三家而從之，以其有子夏之序，不同乎三家也。惟其序作於子夏。子夏授詩於高行子，此絲衣序有高子之言。又子夏授曾申，申授李克，克授孟仲子。此維天之命注有孟仲子之言，皆以補師説之所未及。毛公因而存之不廢。若夫南陔六詩，有其義而亡其辭，則出自毛公足成之。所謂有其義者，據子夏之序也。而論者多謂序作於衛宏。夫毛詩雖後出，亦在漢武時，詩必有序，而後可授受。韓魯皆有序，毛詩豈獨無序，直至東漢之世，俟宏之序以爲序乎？」

又曰：「按蔡邕書石經，悉本魯詩，今獨斷所載周頌三十一章，其序與毛詩雖繁簡微有不同，而其義則一。意者，魯詩、毛詩，風之序有別，而頌則同耶？」

按：毛詩序傳自毛公，以爲子夏之學。雖不子夏所爲，要之師承當不誣。孟子譏高叟言詩，先儒以爲子夏授詩高行子，即其人。是先師相傳，固已不能無失矣。鄭康成言衆篇之義合編，至毛公始分。未嘗一語及衛敬仲。康成去敬仲不遠，若序果敬仲附益，豈得不言？大抵序之首一句，所謂衆篇之義者。其下附益，乃毛公發明首一句之指，敬仲無與。獨後漢書言衛宏作毛詩序，不知其所作者爲何？況范氏傳聞多失實，當以康成所未言，斷詩序非宏作可也。

元已後删詩謬妄

王柏詩可言集二十卷〔六〕。

方回曰：「文公、成公於『思無邪』各爲一説〔七〕，前輩謂之未了公案。『詩三百，一言以蔽之，曰「思無邪」。』自古及今，皆謂作詩者『思無邪』。文公獨不謂然。論語集注謂：『凡詩之言，善者可以感發人之善心，惡者可以懲創人之逸志。』觀此固已爲詩之言有善、有惡，作詩之人不皆『思無邪』矣。猶未也，文集第七十卷讀東萊詩記乃有云：孔子之稱『思無邪』也，以爲詩三百篇，勸善懲惡，雖其要歸無不出於正，然未有此言之約而盡者爾。非以作詩之人所思皆『無邪』也。今考東萊所説，見桑中詩後謂：『詩人以無邪之思作之，學者當以無邪之思讀之。』文公則辨之曰：『彼雖以有邪之思作之，而我以無邪之思讀之。』二公之説不同如此。又『雅』、『鄭』二字，文公謂：『桑中、溱洧即是鄭聲、衛樂。二雅，乃雅也。』成公謂：『桑中、溱洧亦是雅聲，彼桑間濮上已放之矣。』别見魯齋詩説，則謂：『今之三百五篇，非盡夫子之三百五篇。秦法嚴密，詩豈獨全？竊意删去之詩，猶有存於里巷、浮薄之口。漢儒病其亡逸，概謂古詩，取以足數，小序又文以他辭，而後儒不敢議，欲削去淫奔之詩三十有二，以合聖人放淫之大訓。予晚進，未敢遽從。』」

閻若璩曰：「按呂東萊於詩一說，朱子於詩又一說，故各解『思無邪』之旨，前輩謂之未了公案。王魯齋出，則謂詩非聖人之原本。余頗然其說。」

王柏詩辨說。

成德曰：「古之說詩者，率本大小序。自晦庵朱子去序言詩，遂以列國之風，多指爲男女期會、贈答之作。公師事何文定，文定學於黄文肅，文肅受業朱子之門，宜其以鄭衛諸詩，信爲淫奔者所作。且疑三百五篇，豈盡夫子之舊？容或有删去之詩，存於閭巷之口。漢初諸儒，各出所記以補其缺佚者。又以二南各十有一篇，兩兩相配。於是削去野有死麕一篇，退何彼穠矣、甘棠於王風。其自信之堅，過於朱子。此則漢唐以來，群儒莫之敢爲者也。文定嘗語公矣：『諸經既經朱子訂定，且當謹守，不必又多起疑論。有欲爲後學言者，謹之又謹可也。』昔賢之善誨人如此。」

朱彝尊曰：「自朱子專主去序言詩，而鄭衛之風皆指爲淫奔之作，數傳而魯齋王氏遂删去其三十二篇。且於二南，删去野有死麕一篇，而退何彼穠矣、甘棠於王風。世之儒者，以其淵源出於朱子而不敢議，則亦無是非之心者也。」

許謙詩集傳名物鈔。

吳師道曰：「自北山何先生基得勉齋黄公淵源之傳，而魯齋王先生柏、仁山金先生履祥授受相承，遠公四傳有衍無間，益大以尊。然有一事，關於詩尤重者，不可默而弗言。王先生嘗謂，今之三百篇，非盡夫子之舊。秦火，詩書同禍。書亡缺如此，何獨詩無一篇之失？如素絢、唐棣、貍首、轡柔、先正等篇，何以皆不與？而已放之鄭聲何爲尚存而不削？劉歆言詩始出時，一人不能獨盡其經，或爲雅、或爲頌，相合而成。蓋聞夫子三百篇之數而不全，則以世俗之流傳、管絃之濫在者足之，而不辨其非。朱子固嘗疑桑中、溱洧諸篇用之祀何鬼神？享何賓客？何詞之諷？何禮義之正？不得已，則取曾氏所以論國策者，謂存之而使後世知其非。所以放之之意。金先生屢載於論語考證，謂諸儒皆然之。師道嘗舉以告公，公方遵用，全經宜不得而取也。今鈔中二南相配圖，王先生所定者，蓋合各十有一篇，退何彼穠矣、甘棠於王風，而削去野有死麕，則公固有取於斯矣。」

楊守陳詩私鈔。

黄佐曰：「朱子所指淫詩，與小序說異者，近世四明楊氏直以爲秦火之後，漢儒誤收以備三百之數，故其所著私鈔删削而改編之。愚謂左傳載列國所賦者，諸淫詩具在。誤收之說，豈其然乎？」

湛若水詩釐正。

若水自序曰：「淫詩不可存於經也。此必夫子已删，後儒復取而雜入焉者也。『詩三百，一言以蔽之，曰『思無邪』。』今乃三百十一篇。其十一篇者，非夫子所删淫詩，好事之儒復取而混之爲三百十一者乎？」

王漸逵讀詩記。

漸逵自序曰：「予因許魯齋訂正二南之（國）〔圖〕〔八〕，竊取朱子之意，復爲訂正小雅之圖，猶欲盡其章旨而改正之，未暇也。」

李經綸詩教考。

黄宗羲曰：「大經以詩三百篇非夫子之意，漢儒雜取逸詩以足其數。故無益於天德王治之粹者，削之，作詩教考。」

朱彝尊曰：「詩三百十一篇，孔子所定。蔽以一言曰『思無邪』。而朱子則曰：『彼雖以有邪之思作之，而我以無邪之思讀之。』是作詩者，不皆『思無邪』矣。因以春秋列國卿大夫盟會宴饗所賦，百世之後，盡定爲淫奔之詩。故傳而魯齋王氏竟删去三十二篇，謂今三百五篇，非夫子之舊。秦火後，詩不能獨全，漢儒取删去之詩足數。此支離之説也。大經詩教考蓋本諸王氏，詩本無邪，而王氏删之於前，李氏削之於後，亦異於孔子之旨矣。」

贋詩傳詩説

何楷曰：「近世有僞爲魯詩而託之子貢傳者，其意覬與毛傳並行，然掇拾淺陋，有識哂焉。」

黄虞稷曰：「坊言〔九〕：『家有魯詩，傳自遠祖稷。』然實自撰。又作詩傳，託之子貢。而同時又有作詩説，託之申培者，皆僞書也。」

毛奇齡曰：「『詩傳，子貢作；詩説，申培作。』向來從無此書。至明嘉靖中，廬陵郭相奎家忽出此二書，以爲得之黄文裕秘閣石本。然究不知當時所爲石本者何如也？第見相奎家所傳本，則摹古篆書，而附以楷體今文，用作音注。嗣此，則張元平刻於貴竹，專用楷體，無篆文。而李本寧則復合刻篆文、楷體於白下，且加子夏小序於其端，共刻之，名曰二賢言詩。於是詩傳、詩説一入之百家名書，再入之漢魏叢書，而二書之名遂相沿不可去矣。老學究授生徒市門，日煩苦無所自娱，乃作此欺世焉。其庸罔固陋，無少忌憚，乃至如此。」

朱彝尊曰：「二書皆係豐坊僞作。」

又曰：「子貢詩傳自漢迄宋志藝文者，不著於録。嘉靖中，忽出於鄞人豐道生之家，本欲伸己之詖辭邪説，而厚誣先賢，可謂妄人也已矣！」

又曰：「豐氏魯詩世學列僞子貢詩傳於前，而更小雅爲小正，大雅爲大正，盡反子夏之序。謂之『世學』者，以正音歸之遠祖稷，以續音歸之慶，以補音歸之耘，以正説歸之其父熙而已。爲之考補，其實皆坊一手所製也。坊恃其能書，以篆隸體僞爲正始石經。一時鉅公若泰和郭子章、京山李維楨輩皆信之。而又爲此書以欺世，逞其臆見，狎侮聖人之言，且慮己之作僞，未能取信於人，則又假託黄文裕佐作序。至於黨豐氏者，不知石經爲坊僞撰，乃誣文裕得之中秘。今文淵閣之書目録具在，使果有魏時石經，目中豈不登載？洵無稽之言。稍有知識者，當不爲所惑也。」

校　注

〔一〕比　據羅更校記改。

〔二〕吴札　即吴季札。春秋時吴公子。

〔三〕商　原作『而』，據羅更校記及日知録卷三改。

〔四〕口　據羅更校記改。

〔五〕六詩　按：上文僅列五詩，缺子產賦羔裘。

〔六〕王柏　字會之（一一九七至一二七四），南宋婺州金華人。著有魯齋集二十卷。顧炎武日知録稱「元儒王柏」，戴震此處沿襲其説。

〔七〕成公　即南宋著名學者吕祖謙。

〔八〕圖　據紺更校記改。

〔九〕坊　即豐坊，字存禮，後更名道生。明鄞人，嘉靖進士。博學工文，著有易辨、古書世學、魯詩世學、春秋世學、詩説等書。

經考附録卷四

周禮周公之遺典

孫之宏曰：「周官在漢最晚出。孔氏既無明言，孟軻之徒或未之見，疑信猶未決也。夫去古遼遠，不幸，劉歆用之而大壞，王安石用之而益壞，儒生學士真以爲無用於後世矣。然究觀其書，以道制欲，以義防利，以德勝威，以禮措刑，尊鬼神，敬卜筮，親賓客，保小民，藹然唐、虞、三代極盛之時，非春秋、戰國以後所能髣髴也。學者欲知先王經制之備，捨此書將焉用之？」

王炎曰：「周官六典，周公經治之法也。秦人舉竹簡以畀炎火。漢興，諸儒掇拾於煨燼，藏於巖穴之間，其書已亡而幸存。漢既除挾書之律，六典始出。武帝不以爲善，作十論、七難以排之，藏於秘府，不立於學官。東都諸儒知有周禮，而其說不同。以爲戰國陰謀之書，何休也；以爲周公致太平之迹者，鄭康成也。六官所掌，綱正而目舉，井井有條，而詆之以爲戰國陰謀，休謬矣！」

朱子曰：「周禮乃周家盛時聖賢制作之書。」

朱子曰：「胡氏父子以周禮爲王莽令劉歆撰，此恐不然。周禮是周公遺典也。」

又曰：「今人不信周官。據熹言，古人立法無所不有，天下有是事，他便立此一官。且如女巫之職，掌宮中巫、祝之事，凡宮中所祝皆在此人。如此，則便無後世巫蠱之事矣。」

馬端臨曰：「周禮一書，先儒信者半，疑者半。其所以疑之者，特不過病其官（宏）〔冗〕事多，瑣碎而煩擾耳。然愚嘗論之，經制至周而詳，文物至周而備。有一事，必有一官，毋足怪者。有如閹、閽、卜、祝，各設命官。衣、膳、泉、貨，俱有司屬。自漢以來，其規模之瑣碎，經制之煩密，亦復如此，特官名不襲六典之舊耳。固未見其爲行周禮，而亦未見其異於周禮也。獨與百姓交涉之事，則後世惟以簡易潤略爲便。而以周禮之法行之，必至於厲民而階亂，王莽之王田、市易，介甫之青苗、均輸是也。後之儒者見其效驗如此，於是疑其爲歆莽之僞書而不可行。或以爲無關雎、麟趾之意則不能行。愚俱以爲未然。蓋周禮者，三代之法也。三代之時，則非直周公之聖可行，雖一凡夫亦能行之。三代而後，則非直王莽之矯詐、介甫之執（複）〔愎〕不可行〔二〕，而雖賢哲亦不能行。其故何也？蓋三代之時，寰宇悉以封建。天子所治，不過千里。公侯，則自百里以至五十里。而卿大夫，又各有世食禄邑。分土而治，家傳世守。民之服食日用，悉仰給於公上，而上之人所以治其民者，不啻如祖父之於其子孫，家主之於其臧獲。田土則少而授，老而收，於是乎有鄉遂之官。又從而視其田業之肥瘠，食指之衆寡，而爲之斟酌區畫，俾之均平。貨財則盈而斂，乏而散，於是乎有泉府之官。又從而補其不足，助其不給，或賒或貸，而俾之足用，所以養之者如此。司徒之任，則自鄉大夫、州長以至閭胥、比長，；自遂大夫、縣正以至里宰、〔都〕〔鄰〕長，歲終正歲，四時孟月皆徵召其民，考其德藝，糾其過惡，而加以勸懲。司馬之任，則軍有將，師有帥，卒有長。四時仲月，則有振旅、治兵、茇舍、大閱之法，以旗致民，行其禁令，而加以誅賞，所以教之者如此，上下蓋察察焉，幾無寧日矣。然其事雖似煩擾，而不見其爲法之弊者，蓋以私土子人，痛癢常相關，脈絡常相屬，雖其時所謂諸侯、卿大夫者，未必皆賢，然既世守其地，世撫其民，則自不容不視爲一體，既視爲一體，則姦敝無由生，而良法可以世守矣。自封建變而爲郡縣，爲人君者，掌制六合，穹然於其上，而所以治其民者，則諉之百官。有司郡守、縣令爲守令者，率三歲而終更。雖有龔黄之慈良，王趙之明敏，其始至也，茫然如入異境。積日累月，方能諳其土俗而施於政令，往往期月之後，其善政方可紀，纔再期而已及瓜矣。其有〔瘦〕〔疲〕、愞、貪鄙之人〔二〕，則視其官如逆旅、傳舍，；視其民如飛鴻、土梗，發政施令，不過受成於吏手。既受成於吏手，而欲以周官之法行之，則事煩而政必擾。政擾而民必病，教養之恩〔意〕〔惠〕未孚，而追呼之苛嬈已極矣。是以後之言善政者，必曰事簡。夫以周禮一書觀之，成周之制，未嘗簡也。自（上）〔土〕不分胙〔三〕，官不世守；爲吏者，不過年除歲遷，多爲便文自營之計。於是國家之法制，率以簡易爲便，慎無擾獄市之説。治道去太甚之説，遂爲經國庇民之遠猷所以臨乎其民者，未嘗有以養之也。苟使之自無失其養，斯可矣；未嘗有以教之也，苟使之自無失其教，斯可矣。蓋壤土既廣，則志慮有所不能周；長吏數易，則設施有所不及竟，於是法立而姦生，令下而詐起。處以簡靖，猶或庶幾，稍涉繁夥，則不勝其瀆亂矣。昔子産聽鄭國之政，其所施爲者，曰：『都鄙有章，上下有服，田有封洫，廬井有伍』，此具周官之法也。然一年而輿人謗之曰：『孰殺子産，吾其與之！』三年而誦之曰：『子産而死，誰其嗣之？』按：鄭土地褊小，其在後世，則一郡耳。夫以子産之賢智，而當一郡守之任，其精神必足以周知情僞，其念慮必足以洞究得失，決不至後世承流宣化者之以苟且從事也。而周制在當時亦未至盡隳，但未能悉復先王之舊耳。然稍欲更張，則亦未能遽當於人心，必俟歷以歲月，然後昔之謗讟者，轉而爲謳歌耳。況賢不及子産，所涖不止一郡，且生乎千載之後，先王之制久廢，而其遺書僅存，乃不察時宜，不恤人言，而必欲行之乎，王介甫是也。介甫所行，變『常平』而爲『青苗』，諉曰『此周官泉府之法也』。當時諸賢極力爭之，蘇長公之言曰：『青苗雖云不許抑配，然其間願請之户，必皆孤貧不濟之人家。若自有贏餘，何至與官交易？此等鞭撻已急，則繼之逃亡。逃亡之餘，則均之鄰保。』蘇少公之言曰：『出納之際，吏緣爲姦，法不能禁。錢入民手，雖良民不免非禮。費用及其納錢，雖富民不免違限。受責如此，則鞭笞必用，而州縣多事矣。』是皆言官與民賒貸之非便也。蓋『常平』者，糴糶之法也；『青苗』者，賒貸之法也。糴糶之法，以錢與粟兩相交易，似未嘗有以利民。而以官法行之，則反爲簡便。賒貸之法，捐錢以予民，而以時計息取之，似實有以濟民。而以官法行之，則反爲繁擾。然糴糶之説，始於魏文侯，常平之法，始於漢宣帝。三代之時，未嘗有此。而賒貸之法，則(州)〔周〕官泉府明言之。豈周公經制，顧不爲其簡易者，而欲爲其煩擾者耶？謂周禮爲不可信之書，則左氏傳言：鄭饑，子皮以子展之命，餼國人粟，户一鍾。宋饑，司城子罕請於平公，出公粟以貸，使大夫皆貸。司城氏貸而不書，爲大夫之無者貸。宋無饑人。齊陳氏以家量貸，而以公量收之。則春秋之時，官之於民，固有賒貸之事。雖當時未嘗取二分之息，如『青苗』之爲，然熙寧諸賢(皆)〔所〕言，非(竊)〔病〕其取息之多也〔四〕。蓋以爲貧者願貸，貸(予)〔無〕之而不能償，則虧官。富者不願貸，抑配予之，而(責)〔並〕令保任貧者，代償所(通)〔逋〕〔五〕，則損民。兩無所益，固不若『常平』之交手相付，聽從民便之爲簡易，兩得之。然左氏所述鄭、宋、齊之事，謂之善政，以爲美談，未嘗見其有煕豐之㡿〔六〕，何也？蓋鄭、宋、齊，列國也。其所任者，罕氏、欒氏、陳氏，則皆有世食禄邑，與之分土而治者也。介甫所宰者，天下也。其所任者，六七少年，使者四十餘輩，與夫州、縣小吏，則皆干進徇時之徒也。然非鄭、宋、齊之大夫盡賢，而介甫之黨盡不肖也。蓋累世之私土子人者，與民情常親，親則利病可以周知。故法雖繁，而亦足以利民。暫爲之承流宣化者，與民情常疎，疎則情僞不能洞究，故法雖簡，而猶懼其病民也。以『青苗』賒貸一事觀之，則知周禮所載，凡法制之瑣碎煩密者，可行之於封建之時，而不可行之於郡縣之後。必知時識變者，而後可以語通經學古之說也。」

鄭康成干寶所注

陸德明曰：「宮正以下，鄭總列六十職序，干注則各於其職前列之。」

王應麟曰：「『保氏』『九數』，鄭司農云『今有重差、夕桀句股』。釋文：『「夕」音「的」，此二字非鄭注。』愚按：少儀正義引鄭司農云：『今有重差句股。』馬融、干寶等更云：『今有夕桀，各爲二篇，未知所出』。則『夕桀』二字後人附益，非鄭注信矣。劉（徹）〔徽〕九章算經序云：『包犧氏始畫八卦，作九九之術，以合六爻之變。黄帝建曆紀、協律呂，隸首作數。周公制禮，有九數。九數之流，則九章是矣。漢張蒼、耿壽昌皆善算，因舊文刪補，故校其目，與古或異，而所論多近語。』」

賈公彦周禮疏

晁公武曰：「公彦，洺州人。永徽中，仕至太學博士。史稱著此書五十卷，今并爲十二卷。世稱其發揮鄭學最爲詳明。」

董逌曰：「公彦此疏，據陳劭異同評及沈重義爲之〔七〕，二書並見唐藝文志，今不復存。」

王應麟曰：「『司寤氏掌夜時』注：『謂夜晚早，若（令）〔今〕甲（巳）〔乙〕至戊。』疏云：『甲乙則早時，戊亥則晚時。』愚按，衛宏漢舊儀：中黄門持五夜：甲、乙、丙、丁、戊夜。今謂之『五更』。疏以『戊』爲『戌』，誤矣。」

又曰：「輪人注：『掣，讀爲紛容掣參之掣。』疏云：『今檢未得。』愚謂即上林賦『紛溶箾參』。」

宋已後變亂周禮

俞庭椿周禮復古編

庭椿自序曰：「六經惟詩失其六，書逸其半。獨周禮司空之篇有可得言者。反覆之之屬。且因司空之復，而五官之譌誤，亦遂可以類考，誠有犂然當於人心者。」

陳深曰：「宋俞庭椿作復古編謂：『冬官不亡。錯簡五官之内。』於是取其近似者，別爲一卷，以補冬官。又於五官之内盡別其不類者，而各之其類。自俞氏之求類也，而五官大亂。以古本校之，非復周公之舊矣。其後王次點氏、丘葵氏、吳澄氏，最後何喬新氏相繼而增損之，以補俞氏之未備。此五家者，人各持其所見，於是有臨川之書，有永嘉之書，清源之書，崇仁之書，椒丘之書，此如無主之田，而五人爲之耦也。其不墾而傷也者，希矣。」

徐常吉曰：「周禮闕冬官，漢儒以考工記補之。蓋惜其書之未完，而爲是綴緝之計。至宋俞庭椿乃以工官散見於五官之内而未嘗闕，遂掇取五官之屬而用以補冬官之闕。夫周禮一書，聖人用意深遠精密。其設一官，分一職，即如府史、胥徒之賤，酒醴、鹽醬之微，好用、匪頒之末，分布聯屬，靡不各有意義，而於其中任意割裂以相補塞，則此足而彼虧者，惟冬官之闕，而今則五官俱闕也。昔之周禮雖闕而猶全，今則雖補而實亡也。其爲聖經害也大矣。」

王與之周禮訂義

成德曰：「東巖之説，謂周公將整齊六典，以爲宅洛計。不幸殁，而成王不果遷，規模不獲。究其説，本鄭氏注而暢發之。至云冬官未嘗亡，錯見於五官中，則與臨川俞壽翁合。」

丘葵周禮全書

葵自序曰：「冬官未嘗缺也，雜出於五官之中。漢儒考古不深遠，以考工記補之。至宋淳熙間，臨川俞廷椿始著復古編。新安朱氏一見，以爲冬官不亡，考索其當。鄭賈以來，皆當斂衽退三舍也。嘉熙間，（東）〔永〕嘉王次點又作周官補遺，由是周禮之六官始得爲全書矣。葵承二先生討論之後，加之參訂，的知冬官錯見於五官中，實未嘗亡，而太平大典渾然無失。」

胡一桂古周禮補正

王瓚温州府志：「胡一桂，字德夫，永嘉人。咸淳庚午，領鄉薦，研究姬公經國制度，參訂立考六官錯簡，一旦貫通，遂成補正古周禮一百卷。林千之爲之序，學者稱人齋先生。」

吴當周禮纂言

黄虞稷曰：「當，澂之孫也。澂於易、書、春秋、禮記，皆有纂言。獨周禮、儀禮、詩未及作。當本大父之意爲是書。」陸元輔曰：「羅一峰嘗言，吴文正公考周官以正六典，以大司徒之半補冬官之缺。蓋取俞氏、丘氏之論也。伯尚書余未得見，不審依古本爲注乎？

抑遵乃祖所定之次也？」

方孝孺周禮考次目録

陸元輔曰：「正學先生考次周禮，較王與之、俞壽翁諸人所訂正更爲有理。」

何喬新周禮集注

郭良翰曰：「周禮自漢唐注疏至今，無慮數十家。顧五官補本，椒丘何氏最後，而紛割爲甚。只爲缺少冬官。不知冬官可以不補，五官必不可淆。五官自存，冬官自缺，何必强臆以亂成經乎！」

陳鳳梧周禮合訓

鳳梧自序曰：「宋元諸儒，如王次點、吴草廬乃擇冬官之文誤入五官者，悉取而歸之冬官。我朝方正學、何椒丘復加考訂，有正誤暨集注傳於世，益加密矣，然尚有未盡合者。某蚤歲有志禮經，及仕，訪先儒訂注周禮諸書，反覆考究，久之，若有得焉，再加校正，以類相從。」

舒芬周禮定本十三卷，五官叙辨五卷，六官圖釋一卷，剔僞一卷

柯尚遷曰：「周禮是周公之遺典也。古今相傳，漢本猶在，不敢移易。至臨川俞庭椿氏以爲冬官未嘗亡，實雜出於五官之中。於是取四十九官以補冬官之闕，又分大司徒之

半，以爲大司空之職，著復古編以伸其説。嘉熙間，（東）永嘉王次點又作周禮訂義以補俞氏之遺。至元泰定間，清源丘吉甫又以序官置各職之首，大加更定，名以全書。而臨川吴氏又於大司徒補孟子五典於十二教之上，并去序官之文，始以遂人入司空。至本朝椒丘何氏，又復序官於諸職之前，以大司樂爲司徒之教。而司勳、司士、太史之屬，皆入天官，工作之事皆入冬官。則略做我朝制度矣。至於近時，有周禮剔僞之作，又於諸職之文逐句删合，分别真僞，奪彼與此矣。」

柯尚遷周禮全經釋原

孫攀曰：「臨川俞壽翁著復古編，謂冬官不亡，雜出五官之中。永嘉王次點因之。清源丘吉甫、臨川吴幼清又因之。國朝盱江何司寇復加易置。雖若於六官無缺，而非聖經之初矣。晉安柯氏又以地官遂人以下屬於秋官，黜秋官哲簇氏、翦氏、赤犮氏、蟈氏、壺涿氏、庭氏六官於考工記，而考工記不入其書。然鄉屬司徒而遂屬司空，抑又誖矣。」

王圻續定周禮全經集注

黄虞稷曰：「因柯尚遷之書而重爲更定。凡五官所載有關於工者四十有二，則擷而彙之爲冬官。以考工記二十一條附於冬官之後。」

陳仁錫周禮句解

仁錫自序曰：「以冬官非闕而補之者，昉宋俞廷椿氏。其後，王次點氏、丘葵氏、吴澄氏、何喬新氏繼之，互有增損，大都剜地官之似以補冬官，大司徒之文十去八九，小司徒則盡去之。五家本何氏最後，爰書具而報當，故以何氏本行之。」

司空官逸名

錢塓曰：「月令稱工師、舟牧；國語稱匠師、工人；左傳圬人、工正之屬，皆周官經無有，而義不可入五官之識。審爲司空官逸名無疑。」

朱彝尊曰：「説周禮者，言冬官不亡，散見五官中。故自臨川俞氏而後，多以意取五官之屬强補冬官。獨平湖錢氏据尚書、大小戴記、春秋内外傳補亡，凡二十有一。曰司空、曰后稷、曰農正、曰農師、曰司商、曰甸人、曰火師、曰水師、曰舌人、曰工人、曰舟虞、曰匠師，則本諸國語。曰寄、曰象、曰狄鞮、曰譯，則本諸王制。曰野虞、曰工師、曰舟牧，則本諸月令。曰工正、曰圬人，則本諸左氏傳。」

儀禮十七篇次第〔八〕

賈公彦曰：「大戴、戴聖，與劉向爲别録，十七篇次第皆冠禮爲第一，昏禮爲第二，士相見爲第三。自兹以下，篇次則異。其劉向别録，即此十七篇之次是也，皆尊卑、吉凶，次第倫叙，故鄭用之。至於大戴即以士喪爲第四、既夕爲第五、士虞爲第六、特牲爲第七、少牢爲第八、有司徹爲第九、鄉飲酒第十、鄉射第十一、燕禮第十二、大射爲第十三、聘禮第十四、公食第十五、覲禮第十六、喪服第十七。小戴於鄉飲、鄉射、燕禮、大射四篇亦依此别録次第，而以士虞爲第八、喪服爲第九、特牲爲第十、少牢爲第十一、有司徹爲第十二、仕喪爲第十三、既夕爲第十四、聘禮爲第十五、公食爲第十六、覲禮爲第十七。皆尊卑、吉凶雜亂。故鄭玄皆不從之矣。」

賈公彦儀禮疏

衛湜曰：「公彦同李元植編儀禮疏。儀禮自鄭注之後，僅有黄慶、李孟悊二家疏義。公彦等裁定爲五十卷。」

周禮儀禮禮記稱三禮

後漢書儒林傳：「中興，鄭衆傳周官經，後馬融作周官傳，授鄭玄，玄作周官注。玄本習小戴禮，後以古經校之，取其義長者，故爲鄭氏學。玄又注小戴所傳禮記四十九篇，通爲三禮焉。」

朱子以禮記附儀禮

朱子曰：「儀禮是經，禮記是解儀禮。且如儀禮有冠禮，禮記便有冠義；儀禮有昏禮，禮記便有昏義；以至燕、射之禮，莫不皆然。蓋儀禮，禮之根本；而禮記乃其枝葉。禮記本秦漢上下諸儒解釋儀禮之書，又有他説附益於其間。今定作一書，先以儀禮篇目置於前，而附禮記於其後。如射禮則附以射義之類。若其餘曲禮、少儀又自作一項，以類相從。前賢嘗謂儀禮難讀，以經不分章，記不隨經，而注、疏各爲一書，故讀者不能遽曉。今訂此本，盡去諸弊，恨不得令韓文公見之。」

祝穆曰：「文公所編儀〔篇〕〔禮〕上篇：士冠禮，冠義附。士昏禮，昏義附。士相見禮、鄉飲酒禮，鄉飲酒義附。鄉射禮，射義附。燕禮，燕義附。大射禮、聘禮，聘義附。公食大夫禮、覲禮。下篇：喪服，喪服、小記、大傳、服〔傳〕〔問〕、間傳附。士喪禮、既夕禮、士虞禮，喪大記、奔喪、問喪、曾子問、檀弓附。特牲饋食禮、少牢饋食禮。次以禮記曲禮、内則、玉藻、少儀、投壺、深衣爲一類；王制、月令、祭法三篇爲一類；文王世子、禮運、禮器、郊特牲、明堂位、大傳、樂記七篇爲一類；經解、哀公問、仲尼燕居、孔子閒居、坊記、儒行六篇爲一類；學記、中庸、表記、緇衣、大學五篇爲一類，以問吕伯恭，後更詳定。」

朱子儀禮經傳通解

王應麟曰：「文公以儀禮爲經，取禮記及諸經史書所載，附本經之下，具列注疏諸儒之説，爲經傳通解二十三卷。喪、祭二禮屬之門人黄榦類次。」

按：朱子前後二書編次不同，然通解亦未成之書也。

吴氏儀禮逸經

吴澂儀禮逸經。自序曰：「儀禮逸經八篇，澂所纂次。其二取之小戴記，其三取之大戴記，其三取之鄭氏注。奔喪也，中霤也，禘於太廟也，王居明堂也，固得逸禮三十九篇之四。而投壺之類未有考焉。疑古禮逸者甚多，不止於三十九篇也。投壺、奔喪篇首與儀禮諸篇之體如一。公冠等三篇雖已不在此例，蓋作記者删取其要以入記，非復正經全篇矣。投壺，大、小戴不同，奔喪與逸禮亦異。則知此二篇亦經刊削，但未至如公冠等篇之甚耳。五篇之經文殆皆不完，然實爲禮經之正篇。至若中霤以下三篇，其經亡矣。而篇題僅僅見於注家片言隻字之未泯者，猶必收拾而不敢遺，亦『我愛其禮』之意也。」

吴澂儀禮傳。自序曰：「儀禮傳十篇。澂所纂次。射義一篇，迭陳天子、諸侯、卿大夫之『射』，雜然無倫。釐之爲鄉射義、大射義二篇。士相見義、公食大夫義，則用清江劉氏原父所補。並因朱子而加考詳焉。於是，儀禮之經，自一至九，經各有其傳矣，惟覲義闕。然大戴朝事一篇，實釋諸侯朝覲天子及相朝之禮，故以備覲禮之義，而爲傳十篇云。」

張采曰：「永樂初，太平守劉有年進逸禮，則知初唐所亡之書，國初猶有表獻者。」

黄虞稷曰：「明洪武中，御史沅州劉有年以辭秩養母忤旨，罰輸站，役通州。於州舊家得其書，獻之朝，命付史館。有年建文中起知太平府。成祖靖難，不行迎駕，謫戍雲南。後官交阯按察司僉事，卒。」

朱彝尊曰：「明一統志：『沅州劉有年，洪武中，爲監察御史。永樂中，上儀禮逸經十有八篇。楊用修訝有年何從得之？又怪當時廟堂諸公不聞有表章傳布之請，且束之内閣，不見其書。』吾意有年所進，即草廬吴氏本爾。逸經八篇，傳十篇，適合其數。當時内閣諸老知其爲草廬書，是以館閣書目止載草廬本，無有年姓名也。此無足致疑者。」

家語贋本襲大戴記

史繩祖曰：「大戴記一書雖列之十四經，然其書大抵雜取家語之書，分析而爲篇目。

其公符篇載成王冠，祝曰：『成王冠，周公使祝雍祝王曰：達而勿多也。祝雍曰：使王近於民，遠於年，嗇於時，惠於財，親賢使能。陛下離顯先帝之光耀，以承皇天嘉禄，欽順仲夏之吉日，遵並大道邠或，（乘）〔秉〕集萬福之休靈〔九〕，始加昭明之元服，推遠稚免之幼志，崇積文武之寵德，肅勤高祖清廟，六合之内靡不息，陛下永永與天無極。』予考之家語冠頌，則大戴所取，前後文皆同。家語云：『周公冠成王而朝於祖。命祝雍作頌曰：祝王達而未幼。祝雍辭曰：使王近於民，遠於年，嗇於時，惠於財，親賢而任能。其頌曰：令月吉日，王始加元服，去王幼志，服衮職，欽若昊天，六合是式，率爾祖考，永永無極。此周公之制也。』大戴所載，辭冗長，視此典雅，固不類矣。而祝辭内有『先帝』及『陛下』字，皆秦始皇方定『皇帝』及『陛下』之稱，周初豈曾有此？可謂不經之甚。家語止稱『王』字，辭達而義明，當以家語爲正。」

陸元輔曰：「大戴禮主言第三十九與家語王言解大同小異；哀公問五義第四十與家語五儀解前半篇同；哀公問於孔子第四十一自章首至『然後能以其能教百姓』，家語問禮篇有之。『孔子侍坐』以下，與家語大婚解略同；禮三本第四十三，荀卿禮論篇有之，比此加詳；禮察第四十六，自篇首至『（徒）〔徙〕善遠罪而不自知〔一〇〕』，經解終篇有之。取舍之説，取賈誼疏；保傅第四十八，前半與賈誼疏同；曾子大孝第五十二，禮記祭義有此而加詳；衛將軍文子第六十，自首至『亦未逢明君也』，與家語弟子行篇略同；五帝德第六十二，家語亦有此篇，大略多同；勸學第六十四，自首至『豈有不至哉』，與荀子勸學篇大同小異。末段，荀子宥坐篇有，此多不同；子張問入官第六十五，與家語大同小異；盛德篇六十六，自『民之爲奸邪』以下，家語有之，而詳略不同。『德法者御民之術』至『御天地與人與事者，亦有六政』，家語執轡篇有之，大抵相似；朝事（義）第七十七，自『聘義』至『諸侯務焉』，與聘義同；投壺第七十八，禮記亦有，此篇比之爲略；公符第七十九，家語冠頌有是而不同；本命第八十，家語有是篇而略，自『有恩，有義』至『聖人因教以制節』，與禮記喪服四制同；易本命八十一，『凡地』以下至『聖人爲之長』，家語執轡篇有之。」

朱彝尊曰：「大戴禮記本無甚足駁，自小戴之書單行，而大戴之書遂束之高閣。世儒明知月令爲吕不韋作，乃甘棄夏小正獨不用，殊不可解。學齋史氏其論説亦不取大戴，然由其説推之，則大戴記在宋日，曾列之於經，故有十四經之目，此亦學者所當知也。」

按：大戴禮記多同家語者，家語出於王肅竊取是書爲之。史繩祖引公冠篇「陛下顯離先帝之光耀」，已下俱爲成王冠辭。蓋讀書不審章句，遂謬加譏評。書中明言「考昭冠辭」，而史氏誤連成王冠辭讀之，何也？此誤要不始於繩祖，王肅竄改大戴記及諸書以爲家語，已併章句不辨矣。家語襲大戴，非大戴襲家語，就此一條，亦其明證，而史氏乃曰

「當以家語爲正」，豈不謬哉！

二程子更定大學

黄震曰：「程氏謂『大學，乃孔子遺書，初學入德之門，無如大學者』。然其詮次，與禮記原書不同。明道以『康誥曰』以後釋『明』字、『新』字、『止』字者，聯於首章『明德』、『新民』、『止至善』三語之下。然後及『古之欲明明德』一章。又然後以所謂『誠其意』以後節節釋之。伊川移『古之欲明明德』一章於前，然後及『康誥曰』一章。」

按：大學爲禮記第四十二篇。宋司馬温公大學廣義一卷，始取出别行。而二程子、朱子各有所改定。明道改本，自「大學之道」至「則近道矣」，下接「康誥曰『克明德』」至「止於信」，下接「古之欲明明德於天下者」至「未之有也」，下接「此謂知本，此謂知之至也，所謂誠其意者」至「辟則爲天下僇矣」，下接「詩云『瞻彼淇澳』」至「大畏民志，此謂知本」，下接「詩云『殷之未喪師』」至「以義爲利也」。伊川改本，自「大學之道」至「未之有也」，下接「子曰『聽訟吾猶人也』」至「此謂知之至也」，下接「康誥曰『克明（明）德』」至「止於信」，下接「所謂誠其意者」至「辟則爲天下僇矣」，下接「詩云『瞻彼淇澳』」至「此以没世不忘也」，下接「康誥曰『惟命不于常』」至「驕泰以失之」，下接「詩云『殷之未喪師』」

至「亦悖而出」，下接「生財有大道」至「以義爲利也」。朱子改本，今四書集注是也。古本則禮記鄭康成注者是也。自程子發明「格物致知」之説，始知大學有闕文。凡後儒謂「格物致知」不必補，皆不深究聖賢爲學之要，而好爲異端，其亦謬妄也矣！

變亂大學

黄震曰：「大學自二程先生更定，至晦翁先生章句，益精矣。獨所謂傳之四章，自『聽訟吾猶人』以下，釋『本末』，云下有闕文。傳之五章釋『致知』，云上有闕文。是以工夫次第大備之間，猶有文章闕失之憾也。辛酉歲，見董丞相槐行實載此章，謂經本無闕文，此特錯簡之釐正未盡者爾。首章『明德』、『新民』、『至善』三句綱領之下，即繼以『欲明明德』以下條目八事之詳。此經自『知止而后有定，定而后能静，静而后能安，安而后能慮，慮而后能得。物有本末，事有終始，知所先後，則近道矣』。此謂知本。『子曰：「聽訟，吾猶人也，必也使無訟乎！」無情者不得盡其辭。大畏民志，此謂知本，此謂知之至也。』右正釋『致知在格物』，不待别補。今錯在首章三句之下耳。」

鄭曉曰：「大學一篇，程子更定，朱子爲之章句，今傳習者是也。漢大司農鄭康成所注、唐國子祭酒孔穎達所疏，皆古本也，宋四明黄氏震、元金華王氏柏、臨川吴氏澄、國朝正學方氏孝孺、山陰景氏星、温陵蔡氏清、莆田鄭氏瑗、新安潘氏潢，各有説。惟餘姚王氏守仁尊信古本。」

朱彝尊曰：「大學在小戴記中原止一篇。朱子分爲經、傳，出於獨見。自章句盛行，而永樂中纂修禮記大全，并中庸、大學文删去之。於是，誦習章句者，不復知有戴記之舊。陽明王氏不過取鄭注、孔義本而旁釋之爾。近見無錫張夏輯雒閩源流録，於陽明傳謂其敘古本大學則倒置經文，反以是爲陽明罪。」

按：大學「明明德」、「新民」是爲修己、治人兩大端。然而析理有未精，則所以修己、治人者，胥不免於差謬，故更言「止至善」。雖若爲上二者，要其終，實爲上二者正其始也。必析理極精，知其至善而止之，然後能得止。而「明明德」、「新民」，可以不至於或失。此三綱領下，即接「知止」一節之故。若所以「知止」之功，此尚未言。待八條目中，「格物致知」乃詳之。大學之「格物致知」，即中庸之「明善」、「擇善」，孟子之「盡心」、「知性」、「知天」，古聖賢窮理精義實事也。其曰「知所先後」、曰「知本」者，則又爲下學言之。欲其知先治己而後治人，先明善而後能誠身耳。此所知者，止是爲學次第，非如「格物致知」之「知」，主乎理精義明也。董氏諸人於程子、朱子「格物致知」之説初未有得，遂謂大學無闕文而欲以「知止」至「則近道矣」及「聽訟」節爲「格物致知」之義，其亦謬矣。夫古人之書，不必無殘闕。知其有闕而未言者，則書雖闕，而理可得而全。苟穿鑿附會，强謂之全書，害於理轉大。讀古人書，貴心通乎道。尋章摘句之儒，徒滋異説，以誤後學，非吾所聞也。

孔穎達禮記正義

衛湜曰：「自晉宋而下，傳禮學者，南人有賀循、賀瑒、庾蔚、崔靈恩、沈重、范宣、皇甫侃等，北人有徐道明、李業興、李寶鼎、侯聰、熊安生等，何止數十家。正義實據皇甫侃以爲本，而以熊安生補其所不備，後世但知爲孔氏之書而已。」

朱彝尊曰：「陸氏釋文每引禮記隱義。考隋志不載。惟唐志有禮記隱二十六卷，疑其脱去『義』字，即是書也。孔氏禮疏亦引之。」

後儒變更禮記

舊唐書：「魏徵以戴聖禮記編次不倫，遂爲類禮二十卷。以類相從，删其重複，采先儒訓注，擇善從之，研精覃思，數年而畢。太宗覽而善之，賜物千段。」

王應麟曰：「魏徵傳曰：『以小戴禮綜彙不倫，更作類禮二十篇，數年而成。太宗美其書，録置内府。』藝文志云：『次禮記二十卷。舊史謂採先儒訓注，擇善從之。』諫録載詔曰：『以類相從，別爲篇第，并更注解，文義粲然。』會要云：『爲五十篇，合二十卷。』傳以卷爲篇。元行沖傳：『開元中，魏光乘集賢（注）記（注）：魏哲。請用類禮，列于經。命行沖與諸儒集義作疏，將立之學，乃采獲刊，（縱）〔綴〕爲五十篇〔一二〕。張説言：戴聖所録，向已千載，與經並立，不可罷。魏孫炎始因舊書，擿類相比，有如鈔撮，諸儒共非之。至徵更加整（次）〔比〕，乃爲訓注，恐不可用。帝然之。書留中不出。行沖著釋疑曰：鄭學有孫炎，雖扶鄭義，乃易前編。條例支分，箴石間起。馬伷增（華）〔革〕，向踰百篇；葉遵删修，僅全十二。魏氏采衆説之精簡，刊正芟礱。』集賢注記：「張説曰：『孫炎始改舊本，以類相比。徵因炎舊書整比爲注。』」朱文公惜徵書之不復見，此張説文人不通經之過也。行沖謂章句之士，疑於知新，果於仍故。比及百年，當有明哲君子，恨不與吾同世者。觀文公之書，則行沖之論信矣。」隋志：禮記三十卷。魏 孫炎注。

朱彝尊曰：「唐張燕公駁魏鄭公類禮云：『禮記傳習已向千年，至魏孫炎始改舊本，以類相比。』則炎所注禮，不用小戴原本可知。」

三禮圖

後魏禮志：「阮諶禮圖并載秦 漢以來輿服。」

隋書經籍志：「三禮圖九卷。鄭玄及後漢侍中阮諶等撰。」

張昭曰：「四部書目內有三禮圖十二卷。是隋開皇中敕禮官修撰。其圖第一第二題云梁氏，第十後題云鄭氏。又稱不知梁氏、鄭氏名位所出。今書府有三禮圖，亦題梁氏、鄭氏，不言名位。厥後，有梁正者，集前代圖記，更加詳議，題三禮圖曰：『陳留阮士信受禮學於潁川綦毋君。取其說爲圖三卷，多不按禮文，而引漢事，與鄭君之文違錯。正删爲二卷。其阮士信，即諶也。』如梁正之言，可知諶之紕繆。」

崇文總目：「三禮圖二十卷。聶崇義(集)周顯德中參定郊廟器玉，因博采先儒三禮舊圖，凡得六本，考正是否，續素而申釋之。每篇自序其凡，參以近世沿革之說。建隆二年五月丙寅，表上之。竇儼爲序。詔太子詹事尹拙集儒學三五人更同參議，拙多所駮正。崇義復引經以釋之。其駮義及答義各四卷，率列於注釋，詔頒行之。又畫於國子監講堂之壁。」

贋石經大學

陳龍正曰：「石經大學出自豐坊，云得之某處。明是坊僞作，而鄭端簡重其書。」

吴應賓曰：「石經大學非真石經也。謂魏政和中，詔諸儒虞松等考正五經，衛覬、邯鄲淳、鐘會等以古文小篆八分刻之於石，始行禮記，而大學、中庸傳焉。按：魏文帝始以黄初紀元；在明帝，則爲太和、爲青龍、爲景初；在齊王芳，則爲正始、爲嘉平；在高貴鄉公，則爲正元、爲甘露；在元帝，則爲景元、爲咸熙而禪於晉，未嘗有政和年號。」

陸元輔曰：「錢蒙叟列朝詩集爲豐坊作小傳，謂石經大學、子貢詩傳等書皆坊僞撰。而當時名公多爲所惑。如鄭端簡以石經大學次第亦自可玩味。郭青螺、李本寧刻子貢詩傳於楚而序之，是也。當豐氏本既出，管志道爲作章句測義、略義，錢一本、曹胤儒俱有刊本，皆爲坊所惑，可怪也！」

校注

〔一〕愎　據羅更校記改。
〔二〕疲　據羅更校記改。
〔三〕土　據羅更校記改。
〔四〕病　據羅更校記改。
〔五〕逋　據羅更校記改。
〔六〕熙豐　即熙寧、元豐。宋神宗年號。
〔七〕沈重　北周武康人。仕梁，爲五經博士。著有周禮義、儀禮義。
〔八〕儀禮十七篇次第　據羅更校記補。

〔九〕秉　據羅更校記改。

〔一〇〕徒　據羅更校記改。

〔一一〕綴　據羅更校記補。

經考附録卷五

先儒論春秋

史記孔子世家：「魯哀公十四年春，狩大野。叔孫氏車子鉏商獲獸，以爲不祥。仲尼視之，曰：『麟也。』取之。」「乃因史記作春秋，上至隱公，下訖哀公十四年。筆則筆，削則削，子夏之徒不能贊一辭。弟子受春秋，孔子曰：『後世知丘者以春秋，而罪丘者亦以春秋。』」

太史公自序：「余聞董生曰：『周道衰廢，孔子爲魯司寇，諸侯害之，大夫壅之。孔子知言之不用，道之不行也，是非二百四十二年之中，以爲天下儀表。』子曰：『我欲載之空言，不如見之於行事之深切著明也。』夫春秋，上明三王之道，下辨人事之紀，別嫌疑，明是非，定猶豫，善善惡惡，賢賢賤不肖，存亡國，繼絶世，補敝起廢，王道之大者也。易(者)[著]天地陰陽四時五行，故長於變；禮經紀人倫，故(紀)[長]於行；書記先王之事，故長於政；詩記山川、谿谷、禽獸、草木、牝牡、雌雄，故長於風；樂樂所以立，故長於和；春秋辯是非，故長於治人。是故禮以節人，樂以發和，書以道事，詩以達意，易以道化，春秋以道義。撥亂世反之正，莫近於春秋。春秋文成數萬，其指數千。物之散聚皆在春秋。春秋之中，弑君三十六，亡國五十二，諸侯奔走不得保其社稷者不可勝數。察其所以，皆失其本也。故易曰：『失之豪釐，差以千里。』故曰：『臣弑君，子弑父，非一旦一夕之故也，其漸久矣。』故有國者不可以不知春秋，前有讒而弗見，後有賊而不知。爲人臣者不可以不知春秋，守經事而不知其宜，遭變事而不知其權。爲人君父而不通於春秋之義者，必蒙首惡之名。爲人臣子而不通於春秋之義者，必陷篡弑之誅，死罪之名。其實皆以爲善，爲之不知其義，被之空言而不敢辭。夫不通禮義之旨，至於君不君，臣不臣，父不父，子不子。〔夫〕君不君則犯，臣不臣則誅，父不父則無道，子不子則不孝。此四行者，天下之大過也。以天下之大過予之，則受而弗敢辭。故春秋者，禮義之大宗也。」

孫復曰：「春秋有貶而無褒。」

邵子曰：「春秋，孔子之刑書也。功過不相掩。」

又曰：「治春秋者，不辯名實，不定五霸之功過，則未可言。治春秋，先定五霸之功過而治春秋，則大意立。若事事求之，則無緒矣。」

程伯子曰：「五經之有春秋，猶法律之有斷例。」

蘇軾曰：「孔子因魯史爲春秋，一斷以禮。」

朱子曰：「春秋有書『天王』者，有書『王』者，此皆難曉。宰咺以爲冢宰，亦未敢信。其他如莒去疾、莒展輿、齊陽生，恐只據舊史文。若謂添一箇字，減一箇字，便是褒貶，某不敢信。桓公不書秋冬，史闕文也。或謂貶天王之失刑，不成議論。魯桓之弒，天王不能討，何待於去秋冬而後見乎！又如貶滕稱『子』，而滕遂至於終春秋稱『子』，豈有因滕子之朝桓，遂併其子孫而降爵乎！」

又曰：「春秋所書，如某人爲某事，本據魯史舊文筆削而成。今人看春秋，必要謂某字譏某人。［如此］，則是孔子專任私意，妄爲褒貶。孔子但據事直書，而善惡自著。今若必要如此推説，須是得魯史舊文，參較筆削異同，然後可見，而亦豈復可得也？」

或人論春秋，以爲多有變例，所以前後所書之法多有不同。朱子曰：「此烏可信！聖人作春秋，正欲褒善貶惡，示萬世不易之法。今乃忽用此説以誅人，未幾又用此説以賞人，使天下後世皆求之而莫識其意，是乃後世弄法舞文之吏之所爲也，曾謂大中至正之道而如此乎！」

吕大圭曰：「大抵學者之患，往往在於尊聖人太過而不明乎義理之當然，欲尊聖人而實背之，或謂春秋爲聖人變魯之書，或謂變周之文、從商之質，或謂兼三代之制，此皆謬妄之論。夫四代禮樂，孔子所以告顔淵者，亦謂其得志行道，則當如是爾。豈有無其位而修當時之史，乃遽正之以四代之制乎！夫子魯人，故所修者魯史；其時周也，故所用者時王之制，此則聖人之大法也。謂其修於春秋之時，而竊禮樂、賞罰之權以自任，變時王之法，兼三代之制，不幾於誣聖人乎！學者妄相傳襲，其爲傷教害義，於是爲甚。」

又曰：「春秋穿鑿之患，其大端有二：一曰以日月爲褒貶；二曰以名稱、爵號爲褒貶。春秋以事繫日，以日繫月，以月繫時。事成於日者，書日；事成於月者，書月；事成於時者，書時。其或宜月而不月，宜日而不日者，皆史失之也。」

項安世曰：「春秋之法，謹名分，防幾微，重兵權，惡世卿，禁外交，嚴閨閫，是一統，非二政。凡所謂杜賊亂於未然者，其理無不具也。誅賊亂於已然者，其法無不舉也。」

趙孟何曰：「春秋，天子之事，乃繼天立極之事。後世以褒貶、賞罰爲天子之事者，失之。」

程端學曰：「傳稱屬辭比事者，春秋之大法，此必孔門傳授之格言，而漢儒記之耳。」

黄澤曰：「史記事從實，而是非自見，雖隱諱而是非亦終在。夫子春秋多因舊史，則是非亦與史同。但有隱微及改舊史處，始是聖人用意。然亦有止用舊文而亦自有意義者。大抵聖人未嘗不褒貶而不至屑屑焉事事求詳，若後世諸儒之論也。(孟)〔孔〕子曰：『其義則丘竊取之矣。』竊取者，謂無其位而不敢當，故謙辭也。」

又曰：「周末及秦漢間，用刻急士多習文法，故説春秋者往往流爲刻急。如公孫弘以春秋之法繩臣，下惟知苛刻而已，其於經旨安在？」

又曰：「説經當務平正，不可失之偏，尤不可好奇立異。如『春秋有貶無褒』，此既失之偏，又是欲立異。然其説自窒礙不可行。二百餘年，豈無一人一事合道理？豈可謂之全無褒乎？如『季子來歸』。既稱其字，又稱『來歸』，是喜之之辭，安得彊以爲貶！又如『晉士匄帥師侵齊，聞齊侯卒，乃還。』此亦是書其得禮」。

又曰：「孟子曰：『春秋無義戰。彼善於此，則有之矣。』又曰：『其事則齊桓、晉文，其文則史，其義則某竊取之。』又曰：『孔子懼，作春秋。春秋，天子之事。』自有春秋以來，惟孟子獨見大意。其次則莊周亦説得較平。所謂『春秋經世，先王之志，聖人議而不辯』。此最説得好。」

又曰：「孔子曰：『人而不仁，疾之已甚，亂也。』大抵説春秋若太急迫，則所謂疾惡太甚。須是較平，則聖人之意自見。然必須推究，令詳盡乃可。」

趙汸曰：「春秋，魯史也。雖有筆有削，而一國之紀綱、本末，未嘗不具。蓋有有筆而無削者，以爲猶魯春秋也。故其一曰存策書之大體。聖人撥亂以經世，而國書有定體，非假筆削無以寄文。故其二曰假筆削以行權。然事有非常，情有特異，雖筆削有不足以盡其義者，於是有變文，有特筆。而變文之别爲類者曰『辨名實』、曰『謹華（裔）〔外〕』。故其三曰變文以示義。其四曰辨名實之際。其五曰謹内外之辨。其六曰特筆以正名。上下内外之殊分，輕重淺深之弗齊，雖六者不能自見，則以日月之法區而别之。然後六義皆成，無微不顯。故其七曰因日月以明類，自非有所是正皆從史文。然特筆亦不過數簡，故其八曰辭從主人。是皆所謂議而弗辨者也。」

陸深曰：「春秋比諸經尤難讀。簡嚴而閎大，惟其簡嚴，故立論易刻；惟其閎大，故諸説皆通。聖人筆削之旨隱矣。事按左氏之的，義取公穀之精。此兩言乃讀春秋之要法。」

陸樹聲曰：「孟子曰：『春秋，天子之事。』蓋以春秋所載，禮樂征伐，大率皆天子之事。而説者遂以爲孔子作春秋，擅二百四十二年南面之權。是以匹夫而僭天子爵賞刑罰之柄矣。夫豈孔子乎？」

徐三重曰：「春秋者，萬世理義，是非之權衡，詩書之法律也。先儒以爲須先識理義，方可看春秋。而王介甫目爲『斷爛朝報』，不以列於學官，其不識理義可知。」

顧炎武曰：「孔子生於昭、定、哀之世，文、宣、成、襄，則『所聞』也，隱、桓、莊、閔、僖，則『所傳聞』也。國史所載策書之文，或有不備，孔子得據其所見以補之。至於所聞則遠矣，所傳聞則又遠矣。雖得之於聞，必將參互以求其信，信則書之，疑則闕之，此其所以爲『異辭』也。竊疑『所見異辭』、『所聞異辭』、『所傳聞異辭』，此三語必有所本，而齊魯諸儒述之。然其義有三：闕文，一也；諱惡，二也；言孫，三也。孔子曰：「邦無道，危行言孫。」從前之一説，則略於遠，而詳於近；從後之二説，則晦於近，而章於遠。讀春秋者，可以得之矣。」

漢時公羊穀梁左氏三家之學

史記儒林列傳：「言春秋於齊魯自胡母生，於趙自董仲舒。董仲舒，廣川人也。以治春秋，孝景時爲博士。下帷講誦，弟子傳以久，次相受業，或莫見其面，蓋三年董仲舒不觀於舍園，其精如此。進退容止，非禮不行，學士皆師尊之。董仲舒爲人廉直。是時方外攘四夷，公孫弘治春秋不如董仲舒，而弘希世用事，位至公卿。董仲舒以弘爲從諛。弘疾之，乃言上曰：『獨董仲舒可使相膠西王。』膠西王素聞董仲舒有行，亦善待之。董仲舒恐久獲罪，疾免居家。至卒，終不治産業，以脩學著書爲事。故漢興至于五世之間，唯董仲舒名爲明於春秋，其傳公羊氏也。胡母生，齊人也。孝景時爲博士，以老歸教授。齊之言春秋者多受胡母生，公孫弘亦頗受焉。」

「瑕丘江生爲穀梁春秋。自公孫弘得用，嘗集比其義，卒用董仲舒。」

漢書藝文志：「春秋古經十二篇。經十一卷。公羊、穀梁二家。公羊傳十一卷。公羊子，齊人。師古曰：名高。穀梁傳十一卷。穀梁子，魯人。師古曰：名喜。左氏傳三十卷。左丘明，魯太史。丘明恐弟子各安其意，以失其真，故論本事而作傳。及末世口説流行，故有公羊、穀梁、鄒、夾之傳。四家之中，公羊、穀梁立於學官，鄒氏無師，夾氏未有書。」

漢書儒林傳：「瑕丘江公受穀梁春秋及詩於魯申公，傳子至孫爲博士。武帝時，江公與董仲舒並。仲舒通五經，能持論，善屬文。江公吶於口，上使與仲舒議，不如仲舒。而丞相公孫弘本爲公羊學，比輯其議，卒用董生。於是上因尊公羊家，詔太子受公羊春秋，由是公羊大興。太子既通，復私問穀梁而善之。其後浸微，唯魯榮廣王孫、皓星公二人受焉。廣盡能傳其詩、春秋，高材捷敏，與公羊大師（睦）［眭］孟等論，數困之，故好學者頗復受穀梁。沛蔡千秋少君、梁周慶幼君、丁姓子孫皆從廣受［二］。千秋又事皓星公，爲學最篤。宣帝即位，聞衛太子好穀梁春秋，以問丞相韋賢、長信少府夏侯勝及侍中樂陵侯史高，皆魯人也，言穀梁子本魯學，公羊氏迺齊學也，宜興穀梁。時千秋爲郎，召見，與公羊家並説，上善穀梁説，擢千秋爲諫大夫給事中，後有過，左遷平陵令。復求能爲穀梁者，莫及千秋。上愍其學且絶，迺以千秋爲郎中户將，選郎十人從受。汝南尹更始翁君本自事千秋，能說矣，會千秋病死，徵江公孫爲博士。劉向以故諫大夫通達待詔，受穀梁，欲令助之。江博士復死，廼徵周慶、丁姓待詔保宮，使卒授（千）〔十〕人。自元康中始講，至（元）〔甘〕露元年，積十餘歲，皆明習。廼召五經名儒太子太傅蕭望之等大議殿中，平公羊、穀梁同異，各以經處是非。望之等十一人各以經誼對，多從穀梁。由是穀梁之學大盛。漢興，北平侯張蒼及梁太傅賈誼、京兆尹張敞、太中大夫劉公子皆修春秋左氏傳。誼爲左氏傳訓故，授趙人貫公，爲河間獻王博士，子長卿爲蕩陰令，授清河張禹長子。禹與蕭望之同時爲御史，數爲望之言左氏，望之善之，上書數以稱說。後望之爲太子太傅，薦禹於宣帝，徵禹待詔，未及問，會疾死。授尹更始，更始傳子咸及翟方進、胡常，常授黎陽賈護季君。而劉歆從尹咸及翟方進受。由是言左氏者本之賈護、劉歆。」

漢書楚元王傳：「向字子政，本名更生。」「會初立穀梁春秋，徵更生受穀梁，講論五經於石渠。」「少子歆，字子駿，宣帝時，詔向受穀梁春秋，十餘年，大明習。及歆校秘書，見古文春秋左氏傳，歆大好之。時丞相史尹咸以能治左氏，與歆共校經傳。歆略從咸及丞相翟方進受，質問大義。初左氏傳多古字古言，學者傳訓故而已，及歆治左氏，引傳文以解經，轉相發明，由是章句義理備焉。歆以爲左丘明好惡與聖人同，親見夫子，而公羊、穀梁在七十子後，傳聞之與親見之，其詳略不同。歆數以難向，向不能非間也，然猶自扶其穀梁義。」

王充曰：「劉子政玩弄左氏，童僕、妻子皆呻吟之。光武皇帝之時，陳元、范叔上書，連屬條事是非，左氏遂立。」

隋書經籍志：「漢初，有公羊、穀梁、鄒氏、夾氏，四家並行。王莽之亂，鄒氏無師，夾氏亡。初，齊人胡母子都傳公羊春秋，授東海嬴公。嬴公授東海孟卿，孟卿授魯人眭孟，眭孟授東海嚴彭祖、魯人顔安樂。故後漢公羊有嚴氏、顔氏之學，與穀梁三家並立。漢末，何休又作公羊解說。而左氏，漢初出於張蒼之家，本無傳者。至文帝時，梁太傅賈誼爲訓詁，授趙人貫公。其後劉歆典校經籍，考而正之，欲立於學，諸儒莫應。至建武中，尚書令韓歆請立而未行。時陳元最明左傳，又上書訟之。於是乃以魏郡李封爲左氏博士。後羣儒蔽固者，數廷爭之。及封卒，遂罷。然諸儒傳左氏者甚衆。永平中，能爲左氏者，擢高第爲講郎。其後賈逵、服虔並爲訓解。至魏，遂行於世。晉時，杜預又爲經傳集解。穀梁范甯注，公羊何休注，左氏服虔、杜預注，俱立國學。然公羊、穀梁，但試讀文，而不能通其義。後學三傳通講，而左氏唯傳服義。至隋，杜氏盛行，服義及公羊、穀梁浸微，今殆無師說。」

王應麟曰：「漢武帝好公羊，宣帝善穀梁，皆立學官。左氏嘗立，而後廢。賈逵以爲明劉氏之爲堯後，始得立。」閻若璩曰：「賈逵雖明劉氏爲堯後，止令逵選高才生二十人，教以左氏，與簡紙經傳各一通。未嘗立學官。立學官乃光武因陳元之言，然後立學官。」

又曰：「正義云：『和帝元興十一年，鄭興父子奏上左氏，始得立學，遂行於世。至章帝時，賈逵上春秋大義四十條。』愚嘗考和帝元興止一年，安得有十一年？一誤也。鄭興子衆，終於章帝建初八年，不及和帝時，二誤也。章帝之子爲和帝，先後失序，三誤也。釋文序録亦云元興十一年，皆非也。」

左氏春秋

劉向曰：「左丘明授曾申，申授吴起，起授其子期，期授楚人鐸椒，椒作抄撮八卷，授虞卿，作抄撮九卷，授荀卿，卿授張蒼。」

桓譚曰：「左氏傳世後百餘年，魯穀梁赤爲春秋傳，多所遺失。又齊人公羊高緣經文作傳，彌離其本事矣。左氏經之與傳，猶衣之表裏，相待而成。經而無傳，使聖人閉門思之，十年不能知也。」

杜預曰：「左丘明受經於仲尼。以爲經者不刊之書也。故傳或先經以始事，或後經以終義，或依經以辯理，或錯經以合異，隨義而發。其例之所重，舊史遺文，略不盡舉，非聖人所修之要故也。身爲國史，躬覽載籍，必廣記而備言之。其文緩，其旨遠，將令學者原始要終，尋其枝葉，究其所窮。優而柔之，使自求之；饜而飫之，使自趨之。若江海之浸，膏澤之閏，渙然冰釋，怡然理順，然後爲得也。發凡以起例，皆經國之常制，周公之垂法，史書之舊章，仲尼從而修之，以成一經之通體。其微顯闡幽，裁成義類者，皆據舊例而發義，指行事以正襃貶。諸稱：『書』、『不書』、『先書』、『故書』、『不言』、『不稱』、『書曰』之類，皆所以起新舊，發大義，謂之變例。然亦有史所不書即以爲義者，此蓋春秋新意，故傳不言『凡』，曲而暢之也。其經無義例，因行事而言，則傳直言其歸趣而已，非例也。故發傳之體有三，而爲例之情有五：一曰微而顯。文見於此，而起義在彼。『稱族，尊君命』；『舍族，尊夫人』；『梁亡』；『城緣陵』之類是也。二曰志而晦。約言示制，推以起例參，會不地，『與謀曰及』之類是也。三曰婉而成章。曲從義訓，以示大順。諸所諱辟，『璧假許田』之類是也。四曰盡而不汙。直書其事，具文見意。丹楹、刻桷、『天王求車』、『齊侯獻捷』之類是也。五曰懲惡而勸善。求名而亡，欲蓋而章。『書齊豹盜，三叛人名』之類是也。推此五體，以尋經傳，觸類而長之，附於二百四十二年行事，王道之正，人倫之紀，備矣。」

陸德明曰：「孔子作春秋，終於『獲麟』之一句。公羊、穀梁經是也。弟子欲記聖師之卒，故采魯史記，以續夫子之經，而終於孔丘卒。丘明因隨而作傳，終於哀公。從此以下，無復經矣。」

孔穎達曰：「丘明作傳，不敢與聖言相亂，故與經別行。何止丘明？公羊、穀梁，及毛公、韓嬰之爲詩作傳，莫不皆爾。經傳異處，於省覽爲煩，故杜分年相附，别其經傳，聚集而解之。」

朱子曰：「漢藝文志春秋家列左氏傳、國語，皆出魯太史左丘明。蓋自司馬子長、劉子駿已定爲丘明所著，班生從而實之耳。至唐柳宗元始斥外傳爲淫誣，不概於聖，非出於左氏。近世劉侍讀敞，又以論語考之，謂丘明是夫子前人。作春秋内、外傳者，乃左氏，非丘明也。諸家之説頗異。」

又曰：「看春秋，須看得一部左傳。首尾意思通貫，方能略見聖人筆削，與當時事意。」

又曰：「春秋之書，且據左氏。當時聖人據實而書，其是非得失，付諸後世公論，蓋有言外之意。若必於一字一辭之間求褒貶所在，竊恐不然。」

吕祖謙曰：「看左傳，須看一代之所以升降，一國之所以盛衰，一君之所以治亂，一人之所以變遷，能如此看，則所謂先立乎其大者。然後看一書之所以得失。」

又曰：「左氏一書，接三代之末流，五經之餘派。學者苟盡心於此，則有不盡之用矣。」

又曰：「左氏傳綜理微密，後之爲史者鮮能及之。」

葉適曰：「左氏有全用國語文字者，至吴、越語，則采取絶少，齊語不復用。蓋合諸國紀載，成一家之言，惜他書不存，無以偏觀也。乃漢魏相傳，以左傳、國語一人所爲。餘人爲此語不足怪，若賈誼、司馬遷、劉向不知訂正，乃異事耳。」

又曰：「公穀，末世口説流傳之學，空張虚義。自有左氏，始有本末，而簡書具存，大義有歸矣。故讀春秋者，不可舍左氏，二百五十餘年，明若畫一。舍而他求，多見其好異也。」

王應麟曰：「朱子曰：『左氏之失，在以成敗論人。』愚嘗觀蔡邕獨斷引王仲任曰：『君子無幸而有不幸，小人有幸而無不幸。』韓文公謂：『君子得禍爲不幸，而小人得禍爲常；君子得福爲常，而小人得福爲不幸。』亦仲任之意。斯言可以正左氏之失。」

黄澤曰：「昔有問於程子：『左氏可信否？』曰：『未可全信。信其可信者耳。』此言本公正，但學者素疑左氏，又得程子此言，轉更疑惑。如：『元年春，王正月。』自古未有説用夏正者。程子以後學者，始有用夏正之説。是春秋第一義已不信左氏矣。時月既不可信，則一部左傳所載事實，皆可目爲虚妄，豈但『不可全信』而已哉？且二傳皆是周正，若用夏時，則三傳皆可廢，不但左傳也。先儒説春秋大義，雖可觀，及夷考其事，則所説多不合聖人意者，蓋先儒不曾深考書法，所以翻致乖異左氏。杜預欲求書法而未得，然比之諸家，尚有繩準。近世諸儒，雖務明大義，而書法未明，故大義亦晦。」

又曰：「晦庵言：『春秋制度大綱，左氏較可據，公穀較難憑。』又曰：『左氏曾見國史，考事頗精。』又曰：『左傳一部，載許多事，未知是與不是？但道理是如此。』又曰：

『左氏是史學，公穀是經學。史學者記得事却詳。』」

又曰：「朱子説三傳，以爲『左氏見國史，但義理未明。公穀大義正，却未見國史』。此言最要切。又蘇子由教人讀左傳，只是據其事實，而以義理折衷。此亦最爲簡當。學春秋者，不可不知也。」

又曰：「左氏是史官，曾及孔氏之門者。古人竹書簡帙重大，其成此傳，非史官不能得如此之詳；非及孔氏之門，則信聖人不能如此之篤。」

又曰：「左氏乃是春秋時文字。或以爲戰國時文字者，非也。今考其文，自成一家，真春秋時文體。戰國文字粗豪，賈誼、司馬遷尚有餘習。而公羊、穀梁則正是戰國時文字耳。左氏固是後出，然文字豐潤，頗帶華艷，漢初亦所不尚，至劉歆始好之。其列于學官最後。大抵其文字近禮記，而最繁當耳。」

又曰：「後漢書成於范曄之手，便有晉宋間簡潔意思。堯、舜、三代之史，成於司馬遷，便有秦漢間粗豪意思。若以爲左氏是戰國時人，則文字全無戰國意思。如戰國書戰伐之類，皆大與左傳不同。如所謂拔某城、下某邑、『大破之』、『即急擊』等字，皆左傳所無。如『將軍』字，亦只後來方一見，蓋此時『將軍』之稱方著耳。」

顧炎武曰：「春秋時，列國官名，若晉之中行、宋之門尹、鄭之馬師、秦之不更、庶長，皆他國所無。而楚尤多，有：莫敖、令尹、司馬、太宰、少宰、御士、左史、右領、左尹、右尹、連尹、鍼尹、宣公四年有「箴尹克黄」，哀公十六年有「箴尹固」，疑即鍼尹。寢尹、工尹、卜尹、芋尹、陳有芋尹蓋。藍尹、沈尹、清尹、莠尹、囂尹、陵尹、郊尹、樂尹、宮厩尹、監馬尹、楊豚尹、武城尹，其官名大抵異於他國。」宋有褚師，而鄭亦有之。昭公(一)(二)年，子皙請以印爲褚師。

又曰：「春秋傳，凡大夫之有謚者，則不書字，外大夫若宋、若鄭、若陳、若蔡、若楚、若秦，無謚也而後字之；內大夫若羽父、若衆仲、若子家，無謚也而後字之，公子亦然。玉藻：「士於君所言大夫，没矣則稱謚若字。」楚共王之五子，其成君者，皆謚，康王、靈王、平王是也。其不成君，無謚而後字之，子干、子皙是也。他國亦然，陳之五父、鄭之子亹、子儀是也。衛州吁、齊無知，賊也，則名之。作傳者於稱名之法，可謂嚴且密矣。」

朱彝尊曰：「按司馬遷報任少卿書：『左丘失明，厥有國語。』應劭風俗通：『丘姓，魯左丘明之後。』然則，左丘爲複姓甚明。」

魯曆失閏

顧炎武曰：「左氏傳文公元年：『於是閏三月，非禮也。』襄公二十七年：『十一月乙亥朔，日有食之。辰在申，司曆過也，再失閏矣。』哀公十二年：『冬十二月，螽。仲尼曰：

「今火猶西流，司曆過也。」』並是魯曆。春秋時，各國之曆亦自有不同者。經特據魯曆書之耳。史記：「秦宣公享國十二，初志閏月。」此各國曆法不同之一證。成公十八年：『春，王正月，晉殺其大夫胥童。』傳在上年閏月。上有十二月。哀公十六年：『春，王正月己卯，衛世子蒯聵自戚入於衛。衛侯輒來奔。』傳在上年閏月。上有冬。皆魯失閏之證。杜以爲從告，非也。」

又曰：「平王東遷以後，周朔之不頒久矣。故漢書律曆志六曆有黄帝、顓頊、夏、殷、周及魯曆。其於左氏之言失閏，皆謂魯曆，蓋本劉歆之説。」五行志：「周衰，天子不班朔，魯曆不正，置閏不得其月，月大小不得其（要）〔度〕。」

五霸

王應麟曰：「齊桓之霸，自盟於幽，至會於淮，凡十有二會。而孔子稱『九合諸侯』。劉氏意林曰：『始於幽，終於淮，合者九。』崔氏曰：『道其不以兵車而已。莊十六年，九國盟於幽；二十七年，五國又盟於幽；僖元年，六國會於檉；二年，四國盟於貫；五年，八國會王世子於首止；七年，五國盟於甯母；八年，王人與七國盟於洮；九年，宰周公與七國會於葵丘；十三年，七國會於鹹：凡九合諸侯也。牡丘之盟、陽穀之會、淮之會，蓋有兵車矣。』胡氏通旨曰：『桓公霸四十二年，會盟凡二十有一。獨稱九合，舉衣裳之會爾。』穀梁傳：『衣裳之會十有一。』論語疏謂：『不取北杏及陽穀爲九。』史記：『兵車之會三，乘車之會六。』其說不同。朱文公謂『九』，春秋傳作『糾』，展喜犒師之詞云爾。李氏韶世紀云：『桓公會不遡三川，盟不加王人；文公會畿內，盟子虎矣。桓公寧不得鄭，不納子華，懼其獎臣抑君；文公則爲元咺執衛侯矣。此夫子所以有正譎之辨。』」

又曰：「孫明復春秋總論曰：『周禮「九命作伯」，得專征諸侯。孟子所謂五霸者，伯也。李泰伯常語司馬公迂書皆用此說。通鑑謂五霸無異道，先儒非之。』愚按：『五伯』，見左傳成二年，杜氏注云：『夏伯昆吾，商伯大彭、豕韋，周伯齊桓、晉文。』以『霸』爲『伯』可也，而非孟子則過矣。邵子於五霸取秦穆、晉文、齊桓、楚莊。」

顧炎武曰：「五伯之稱有二：有三代之五伯，有春秋之五伯。左氏成公二年齊國佐曰：『五伯之霸也，勤而撫之，以役王命。』杜元凱云：『夏伯昆吾，商伯大彭、豕韋，周伯齊桓、晉文。』詩正義引服虔云：「五伯謂夏伯昆吾，商伯大彭、豕韋，周伯齊桓、晉文。」與此同。應劭風俗通亦主此說。孟子：『五霸者，三王之罪人也。』趙臺卿注：『齊桓、晉文、秦繆、宋襄、楚莊。』二說不同。顏師古注漢書異姓諸侯王表「五伯」，則以爲昆吾、大彭、豕韋、齊桓、晉文。同姓諸侯王表「五伯」，則以爲齊桓、宋襄、晉文、秦穆、吳夫差。白虎通並存二說。其後一說，謂齊桓、晉文、秦穆、楚莊、吳闔廬。據國佐對晉人言，其時楚莊之卒甫二年，不當遂列爲五，亦不當繼此無伯而定於五也。其通指三代無疑。國語：『祝融能昭顯天地之光明，其後八姓，昆吾爲夏伯，大彭、豕韋爲商伯。』」莊子：『彭祖得之，上及有虞，下及五伯。』李軌注：『彭祖，名鏗，堯臣。封於彭城。歷虞夏至商，年七百歲。』是所謂五伯者，亦商時也。淮南子：「至於昆吾，夏（吾）〔后〕之世。」高誘注：「昆吾，夏之伯，夏后，桀世也。」是知國佐以前，其有五伯之名也久矣。據此，時但有二伯。穀梁傳：「交質子不及二伯。」左傳昭公四年：椒舉對楚子言，「六王二公」，亦但指齊桓、晉文。若孟子所稱五伯，而以桓公爲盛，則止就東周以後言之。如嚴安所謂『周之衰三百餘歲，而五霸更起』者也。然趙氏以宋襄並列，亦未爲允。宋襄求霸不成，傷於泓以卒，未嘗霸也。史記言：『越王勾踐遂報彊吳，觀兵中國，稱號五伯。』越世家言：「周元王使人賜勾踐胙，命爲伯。」又言：「越兵横行於江、淮東，諸侯畢賀，號稱霸王。」淮南子亦言，越王勾踐「勝夫差於五湖，南面而霸天下。泗上十二諸侯皆朝」之。然則言三代之五伯，當如杜氏之説；言春秋之五伯，當列勾踐而去宋襄。荀子以桓、文及楚莊、闔閭、勾踐爲五伯，江都易王問越王勾踐，董仲舒對以五伯。是當時以勾踐爲五伯之數。斯得之矣。」

周廟

顧炎武曰：「襄公十二年：『吴子壽夢卒。臨于周廟。』杜氏以爲『文王廟也』。昭公十八年：鄭子産『使祝史徙主祏於周廟』。杜氏以爲『厲王廟也』。傳曰：『鄭祖厲王。』

宣公十二年：鄭伯逆楚子之辭曰：「徼福於厲、宣、桓、武。」而哀公二年，蒯聵之禱亦云：『敢昭告於皇祖文王。』夫諸侯不得祖天子，而有廟焉何？曰：此廟也，非祖也。始封之君謂之祖，雖然，伯禽爲文王之孫，鄭桓爲厲王之子，其就封而之國也，將何祭哉？天下有無祖考之人乎？而況於有土者乎？意者特立一廟，以祀文王、厲王，而謂之周廟與？漢時有郡國廟，其亦倣古而爲之與？」漢高帝令諸侯王都皆立太上皇廟，蓋亦以天下不可有無廟之諸侯王也。薄昭與淮南厲王書曰：「臣之所見，高皇帝之神，必不廟食於大王之手。」

又曰：「竹書紀年：『成王十三年，夏六月，魯大禘於周公廟。』按二十一年，周文公薨於豐。周公未薨，何以有廟？蓋周廟也。公字衍。是則始封之君有廟。」

一事兩書

顧炎武曰：「昭公十二年：『鄭簡公卒，將爲葬除，及游氏之廟，將毀焉。子大叔使其除徒執用以立，而無庸毀。曰：「子産過女，而問何故不毀，乃曰：不忍廟也！」諾。將毀矣，既如是，子産乃使辟之。』十八年：『簡兵大蒐，將爲蒐除。子太叔之廟在道南，其寢在道北，其庭小。過期三日，使除徒陳於道南廟北，曰：「子産過女，而命速除，乃毀於（南）〔而〕鄉。子産朝，過而怒之。除者南毀。子産及衝，使從者止之曰：『毀於北方。』」』此亦一事，而記者或以爲『葬』，或以爲『蒐』，傳兩存之，而失删其一耳。」

服虔杜預之學

北史：「河北諸儒能通春秋者，並服子慎所注。其河外諸生俱服膺杜氏。大抵河北所爲章句，好尚互有不同。江左，左傳則杜元凱；河洛，左傳則服子慎，要其會歸，殊方同致矣。」

吴萊曰：「春秋左氏，漢初本無傳者，劉子駿始建明之，欲立學官，諸儒莫應，然傳之者亦已衆多。賈景伯、服子慎並爲訓解。及晉，而杜元凱又作經傳集解三十卷、釋例四十卷。且歷詆劉賈之違，獨不言服氏，豈或不見服氏書乎？亦不應不見也。世族譜本之劉向世本；地志本之秦始郡國圖；長曆本之劉洪乾象曆，世多言其天文星辰爲長。然説經多依違以就傳。南北分裂，館陶趙世業家有服氏春秋，是晉永嘉舊寫。華陰徐生往讀之，遂撰春秋義章，以教學者。是永嘉時，猶未尚杜氏。青州刺史杜坦及其弟驥世傳其業，故齊地亦多習之。坦，元凱之玄孫也。姚文安、秦道静初亦學服氏，後更兼講杜説。劉蘭、張吾貴之徒，則又隱括兩家同異。自唐孔穎達春秋正義一用杜氏，非徒劉賈之説不存，服義亦不盡見。固不若兩存之，以見服杜之爲孰愈也。」

黄澤曰：「杜元凱作春秋經傳集解之外，自有釋例一部。凡地名之類，靡不皆有。此自前代經師遞相傳授，所以可信。而學者開口只説貴王賤伯，内夏外夷，尊君卑臣，如事物名件、地理遠近、風俗古今之類，皆置不問。如此，則焉往而不疎謬乎！近嘗見一家解『叔孫豹救晉，次于雍榆』，謂是『譏其遷延次宿，不急於救』。若澤解此事，便須先考究雍榆地屬何國，去晉魯遠近幾何。凡師出裹糧，所經過之國，勢須假道，告以救晉之故。又當考究當時救晉者有幾國。今經皆不書諸侯救晉，而獨魯遣豹『次于雍榆』，豈得以『遷延不救』爲罪！且夫救晉者獲貶，則安居坐視者率皆可褒乎？其非經旨決矣！」

公羊春秋　嚴顔二家

漢書儒林傳：「嚴彭祖字公子，東海下邳人也。與顔安樂俱事眭孟。孟弟子百餘人，唯彭祖、安樂爲明，質問疑誼，各持所見。孟曰：『春秋之意，在二子矣！』孟死，彭祖、安樂各顓門教授，由是公羊春秋有顔、嚴之學。〔彭祖〕授琅邪王中，爲元帝少府，家世傳業。中授同郡公孫文、東門雲。雲爲荆州刺史，文東平太傅，徒衆尤盛。」「顔安樂字公孫，魯國薛人，眭孟姊子也。家貧，爲學精力，官至齊郡太守丞，後爲仇家所殺。安樂授淮陽（泠）〔泠〕豐次君、淄川任公。公爲少府，豐淄川太守。由是顔家有（泠）〔泠〕、任之學。始貢禹事嬴公，成於眭孟，至御史大夫，疎廣事孟卿，至太子太傅，授琅邪筦路，路爲御史中丞。禹授潁川堂谿惠，惠授泰山冥都，都爲丞相史。都與路又事顔安樂，故顔氏復有筦、冥之學。路授孫寶，爲大司農。豐授馬宫、琅邪左咸。咸爲郡守九卿，徒衆尤盛。官至大司徒。」

戴宏曰：「子夏傳與公羊高，高傳與其子平，平傳與其子地，地傳與其子敢，敢傳與其子壽。至漢景帝時，壽乃共弟子胡母子都著於竹帛。」

荀崧曰：「儒者稱公羊高親受子夏，立於漢朝，辭義清雋，斷決明審，多可采用。」春秋公羊傳疏：「公羊者，子夏口授公羊高，高五世相授，至漢景帝時，公羊壽共弟子胡母生乃著竹帛。胡母生題親師，故曰公羊，不曰卜氏矣。穀梁者，亦是著竹帛者題其親師，故曰穀梁也。」

楊士勛曰：「景帝好公羊，胡母之學興，仲舒之義立。」

洪适曰：「漢嚴訢碑，政和中，出於下邳。云『訢字少通，治嚴氏春秋、馮君章句』。兩漢傳春秋嚴氏學無姓馮者，蓋史之闕文也。」

顧炎武曰：「隱公十一年公羊傳『子沈子曰』，注云：『子沈子，後師，明説此意者。沈子稱「子」，冠氏上者，著其爲師也。不但言「子曰」者，辟孔子也。其不冠「子」者，他師也。』按：傳中有『子公羊子曰』，桓公六年、宣公五年。而又有『子沈子曰』，隱公十一年、莊公十年、定公元年。『子司馬子曰』，莊公三十年。『子女子曰』，女音汝，閔公元年。『子北宫子曰』，哀公四年。何後師之多歟？又有「魯子曰」，莊公三年、二十三年、僖公五年、二十年、二十四年、二十八年。有「高子曰」，文公四年。皆不冠「子」。穀梁傳有「穀梁子曰」，隱公五年；「尸子曰」，隱公五年、桓公八年；「沈子曰」，定公元年。皆不冠「子」。然則，此傳不盡出於公羊子也，明矣。」

朱彝尊曰：「按馮君章句見於漢碑，灼然可據。乃班固儒林傳未之載。杜佑通典引公羊説，主藏太廟室西壁中，以備火災。或問高堂隆曰：『昔馮君八萬言章句，説正廟之主各藏太室西壁之中，遷廟之主於太祖太室北壁之中。按逸禮藏主之處似在堂上壁中。』答云：『章句但言「藏太祖北壁中」。不别堂室。』所云馮君章句，係説公羊春秋者，當即嚴訢所治之書。始知儒林傳所載，必有遺漏也。」

又曰：「按嚴氏、顔氏並以公羊春秋顓門教授。顔有冷、任、筦、冥之學。而嚴氏流派，史未之詳。見於傳者，山陽丁恭子然，北海周澤穉都，汝陽鍾興次文，北海甄宇長文，陳留樓望次子，豫章陳曾秀升，南陽樊儵長魚，蜀郡張霸伯饒、張楷公起，潁川李修，九江夏勤，又侍郎申輓、伊推、宋顯、許廣，皆同嚴氏。大議殿中者，大抵爲嚴氏之學者也。」

方言

王應麟曰：「公羊子，齊人。其傳春秋，多齊言。『登來』、若璩按：見隱五年。『化我』、按：桓六年。行過無禮謂之「化」。則「我」字非齊語。『樵之』、按：見桓七年。『漱浣』、按：見莊三十一年。『筍將』、按：文十五年。齊魯名竹箯曰「笱」。不與下「將」字連。『踊爲』、按：僖十年。「踊」，豫也。不與下「爲」字連。『詐戰』、按：僖三十三年。「詐」，卒也。不與下「戰」字連。『往黨』、按：文十三年。「黨」，所也。不與上「往」字連。『往殆』、按：襄五年。「殆」，疑。不與上「往」字連。『于諸』、按：見哀六年。『累』、按：見桓二年。『怴』、按：見桓五年。『如』、按：見隱元年。『昉』、按：見隱二年。『棓』、按：見成二年。『脰』按：見莊十二年。之類是也。鄭康成，北海人。其注三禮，多齊言。『麴麩曰媒』（後）〔按〕：見媒氏。『疾爲戚』、按：見考工記。『麇爲獐』、按：見畫繢。『漚曰湪』、按：見轙氏。『椎爲終葵』、按：玉人。當作『終葵』爲『椎』。手足掔爲骹』、按：見弓人。『全菹爲芋』、按：見士喪禮。『祭爲墮』、按：見士虞禮。『題肩謂擊征』、按：見月令。『滑曰瀡』、按：見内則。『相絞訐爲掉磬』、按：見内則。『無髮爲禿楬』、按：見明堂位。『穅爲相』、按：見樂記。『殷聲如衣』、按：見中庸。『祈之言是』按：見緇衣。之類是也。方言之異如此，則書之誥、誓，其可强通哉？」

閻若璩曰：「按：王氏引何休注爲齊語者，已見上矣。猶有遺者，莊四年『怒』，莊二十年『瘠』，莊二十四年『僂』，莊二十八年『伐』、『又伐』，宣八年『廢』，宣十八年『燀』，昭二十一年『因諸』，皆齊人語也。三禮注遺者尤多。司尊彝云：『獻讀爲摩莎之莎，齊語。』又云：『齊人命浩酒曰滌。』圉師云：『齊人言〔椹爲〕鈇椹之椹。』蟈氏云：『齊魯間，謂鼃爲蟈。』考工記云：『齊人之言終古，猶言常也。』盧人云：『齊人謂柯斧柄爲椑。』士冠禮云：『齊人名蒨爲韎韐。』聘禮云：『萊陽之間，刈稻聚杷有名爲筥者。』檀弓云：『居讀爲姬姓之姬，齊魯間語助也。』禮器云：『齊人所善曰麷。』内則云：『齊人呼佩巾爲紛。』又云：『紀莒之間名諸爲濫。』又云：『東海鰌魚有骨名乙，在目旁。』樂記云：『齊語稱裂爲殈。』雜記云：『齊人呼卷爲武。』喪大記云：『齊人謂棺束爲緘繩。』緇衣云：『資當爲至，齊魯之語。』」

三科九旨

公羊傳疏：「何氏作文謚例云：『三科九旨者，新周、故宋、以春秋當新（主）〔王〕，此一科三旨也。』又云：『所見異辭，所聞異辭，所傳聞異辭，二科六旨也。』又：『内其國而外諸夏，内諸夏而外夷狄，是三科九旨也。』問曰：『案宋氏之注春秋説，三科者一曰張三世，二曰存三統，三曰異外内，是三科也。九旨者：一曰時，二曰月，三曰日，四曰王，五曰天王，六曰天子，七曰譏，八曰貶，九曰絶。時與日月，詳略之旨也；王與天王、天子，是録遠近、親踈之旨也；譏與貶、絶，則輕重之旨也。如是三科九旨，聊不相干，何故然乎？』答曰：『春秋之内，具斯二種理，故宋氏又有此説。賢者擇之。』」

五始七等六輔二類

公羊傳疏：「案文謚例云：『「五始」者：元年、春、王、正月、公即位是也。「七等」者：州、國、氏、人、名、字、子是也。「六輔」者：公輔天子、卿輔公、大夫輔卿、士輔大夫、京師輔君、諸夏輔京師是也。「二類」者，人事與災異是也。』」

七缺

公羊傳疏：「七缺者：惠公妃匹不正，隱桓之禍生，是爲夫之道缺也；文姜淫而害夫，爲婦之道缺也；大夫無罪而致戮，爲君之道缺也；臣而害上，爲臣之道缺也；僖五年晉侯殺其世子申生，襄二十六年宋公殺其世子痤，殘虐枉殺其子，是爲父之道缺也；文元年楚世子商臣弒其君髡，襄三十年蔡世子般弒其君固，是爲子之道缺也；桓八年正月己卯，烝；桓十四年八月乙亥，嘗；僖三十一年夏四月，四卜郊，不從，乃免牲，猶三望，郊祀不修，周公之禮缺。」

黄澤曰：「公羊名義亦多，如『七缺』之類，不可廢。所謂『七缺』者，如『惠公妃匹不正，隱桓之禍生，是爲夫之道缺』。澤舊未見此説，却頗與之合。」

公侯一等伯子男一等

顧炎武曰：「『鄭忽出奔衛』，傳曰：『忽何以名？春秋伯、子、男，一也。辭無所貶。』傳文簡而難曉。李因篤曰：『春秋之法，天子三公稱「公」，王者之後稱「公」，其餘大國稱「侯」，小國稱「伯、子、男」。』見「初獻六羽」傳。是則公、侯爲一等，伯、子、男爲一等也。故子産曰：『鄭，伯男也。』遭喪未踰年之君，公、侯皆稱『子』，如宋子、衛子、陳子之類是也，以其等本貴於伯、子、男，故降而稱『子』。今鄭，伯爵也。伯與子、男爲一等，下此更無所降，不得不降而書名矣。名非貶忽之辭，故曰：『辭無所貶。』」

孔子生

王應麟曰：「公羊傳於襄二十一年云：『十有一月庚子，孔子生。』穀梁傳於二十年：『十月庚子，孔子生。』二十一年賈逵注：『經云此年仲尼生。』昭二十四年服虔載賈逵語云：

『仲尼時年三十五。』定以孔子爲襄二十一年生也。孔子世家云：『魯襄公二十二年生。』杜注：『從史記。』臧榮緒以宣尼生庚子日，陳五經拜之。然以年，則公、穀、史記有一年之差；以月，則公穀有一月之差。今不可考。」閻若璩曰：「王氏後，宋景濂有孔子生卒歲月辨一篇，生主公穀，歲己酉；卒主左氏，歲壬戌。相距則七十四年。與曆所傳孔子年七十三者不合。辭雖辨，實不通曆法。近黄太沖以曆上推，斷生於襄公二十二年建酉之月二十七日庚子。與羅泌路史吻合。余亦推以曆（數）〔歎〕爲定論。」

春秋公羊傳　三十卷

陳振孫曰：「廣川藏書志云：『世傳徐彦，不知何代。意其在貞元、長慶後也。』」

穀梁春秋

應劭曰：「穀梁子名赤，子夏弟子。」按：王充論衡又作穀梁寘。

荀崧曰：「穀梁赤師徒相傳，暫立於漢世。向歆，漢之碩儒，猶父子執一家，莫肯相從。其書文清義約，諸所發明，或左氏、公羊所不載，亦足有所訂正。」

顔師古曰：「穀梁子名喜，受經於子夏，爲經作傳。孫卿，卿傳魯申公，申公傳瑕丘江公。」

王應麟曰：「穀梁子或以爲名赤，或以爲名俶，秦孝公時人。今按傳載尸子之語，尸佼與商鞅同時，故以穀梁子爲秦孝公時人。然不可考。」

黄澤曰：「穀梁：『陳殺其大夫洩冶。稱國以殺，殺無罪也。』澤謂穀梁此例，則不知楚殺其大夫公子壬夫及楚殺其大夫公子側、楚殺其大夫公子追舒、晉殺其大夫里克、晉殺其大夫胥童、齊殺其大夫崔杼，不知如何分别。」

范甯集解

晉書：「甯字武子。甯以春秋穀梁氏未有善釋，遂沈思積年，爲之集解。其義精審，爲世所重。既而徐邈復爲之注，世亦稱之。」

楊士勛曰：「魏晉以來，注公梁者有尹更始、唐固、麋信、孔衍、（汪）〔江〕熙、程闡、徐仙民、徐乾、劉瑶、胡訥之等。甯以傳者雖多，妄引三傳，辭理典據不足可觀，故與門徒商略名例，傳示同異。」

王晳曰：「自漢崇學校，三傳迭興。以賈誼之才、仲舒之文、向歆之學，猶溺於師説，不能會通，況其餘哉！其專窮師學，以自成一家者，則何氏、杜氏、范氏而已。何氏則譸張瞽説，杜氏則膠固傳文，其稍自覺悟者，惟范氏爾。」

陳振孫曰：「晉豫章太守、順陽范甯武子撰此書，所集諸家之説，皆記姓名。其稱『何休曰』及『鄭君釋之』者，即所謂發墨守、起廢疾也。稱『劭曰』者，甯從弟也。稱『泰曰』、『雍曰』、『凱曰』者，其諸子也。」

先儒論三家春秋傳得失

朱子曰：「公穀是齊魯間儒所著之書，恐有〔所〕傳授，但皆雜以己意，所以有差舛。其有合道理者，疑是聖人之舊。」

王應麟曰：「公羊疏：『左氏先著竹帛，故漢時謂之古學。公羊，漢世乃興，故謂之今學。是以五經異義云：古者，春秋左氏説；今者，春秋公羊説。鄭衆作長義十九條、十七事，論公羊之短、左氏之長。賈逵作長義四十條，云公羊理短、左氏理長。』魏鍾繇謂『左氏爲太官，公羊爲賣餅家』。」

又曰：「三傳皆有得於經，而有失焉。『左氏善於禮；公羊善於讖；穀梁善於經。』鄭康成之言也。『左氏艷而富，其失也誣；穀梁清而婉，其失也短；公羊辨而裁，其失也俗。』范武子之言也。『左氏之義有三長，二傳之義有五短。』劉知幾之言也。『左氏拘於赴告，公羊牽於讖緯，穀梁窘於日月。』劉原父之言也。『左氏失之淺，公羊失之險，穀梁失之迂。』崔伯直之言也。『左氏之失專而縱，公羊之失雜而拘，穀梁不縱不拘而失之隨。』晁以道之言也。『事莫備於左氏，例莫明於公羊，義莫精於穀梁；或失之誣，或失之亂，或失之鑿。』胡文定之言也。『左氏傳事不傳義，是以詳於史，而事未必實；公羊、穀梁傳義不傳事，是以詳於經，而義未必當。』葉少蘊之言也。『左氏史學，事詳而理差；公穀經學，理精而事誤。』朱文公之言也。學者取其長，舍其短，庶乎得聖人之心矣。啖趙以後〔四〕，憑私臆決，甚而閣束三傳，是猶入室而不由户也。」

又曰：「呂成公謂：『左氏有三病：周鄭交質，不明君臣之義，一也；以人事傅會災祥，二也；記管晏之事則善，說聖人之事則陋，三也。』王介甫疑左氏爲六國時人者十一事。」介甫左氏解一卷。其序謂「爲春秋學餘二十年」。館閣書目以爲依託。

黄澤曰：「穀梁如『蔡人殺陳佗』，曰：『何以知其是陳君也？兩下相殺，不道。』又如二年，『宋督弑其君〔與夷〕，及其大夫孔父』，亦曰：『何以知其先殺孔父？子既死，父不忍稱其名；臣既死，君不忍稱其名，以是知君之累之也。』凡若此類，皆是用測度之辭。蓋是當來得之傳聞，不曾親見國史。是國史難得見之一驗。又公羊是齊人，齊亦有國史，而事亦訛謬。蓋國史非人人可見。公穀皆是有傳，然自傳授之師已皆不得見國史矣。故知左氏作傳，必是史官。非史官，則不能如此。又是世官，故末年傳文當是其子孫所續。」

又曰：「公羊襄公(元)〔二〕年：『己丑。葬我小君齊姜。』齊姜與穆姜則不知其爲宣夫人與？成夫人與？他如此類甚多，此乃不見國史之明驗。故二傳事多不可據。」

唐啖助趙匡陸質之學

新唐書：「啖助字叔佐，趙州人，後徙關中。天寶末，調臨海尉、丹陽主簿。善爲春秋，考三家短長，縫綻漏闕，號集傳，凡十年乃成，復攝其綱條爲例統。」「助愛公穀二家，以左氏解義多謬，其書乃出於孔氏門人。且論語孔子所引，率前世人老彭、伯夷等，類非同時；而言『左丘明耻之，丘亦耻之』。丘明者，蓋如史佚、遲任(者)。又左氏傳、國語，屬綴不倫，序事乖剌，非一人所爲。蓋左氏集諸國史，以釋春秋。後人謂左氏，使傅著丘明，非也。匡字伯循，河東人，歷洋州刺史，陸質所稱爲趙夫子者。曾與啖助子異裒録助所爲春秋集注總例，請匡損益，質纂會之。」

舊唐書：「陸質，吴郡人。本名淳，避憲宗名改之。質有經學，尤深於春秋。少師事趙匡，匡師啖助，頗傳其學，爲給事中。」

程伯子曰：「陸淳得啖趙而師之，講求其學，積三十年，始大光瑩，絶出於諸家外。雖未能盡聖作之蘊，然其攘異端，闢正途，功亦大矣。」

朱子曰：「近時言春秋，皆計較利害，大義却不曾見。如唐之陸淳、本朝孫明復之徒，雖未能深於聖經，然觀其推言治道，凜凜然可畏，終得聖人意思。」

程子春秋傳

朱子曰：「伊川春秋傳中間有難理會處，亦不爲決然之論也。」

陳振孫曰：「略舉大義，不盡爲説，襄昭後尤略。序文崇寧二年作，蓋其晚年也。」

胡氏春秋傳

中興國史志：「安國書與孫覺合者十六七。」

黄仲炎曰：「説元年曰『體元』。所謂『體元者，春秋以一爲元，示大始而欲正本也。王者即位，必體元以立極』。使如其説，則春秋果黜周而王魯矣。」

劉永之曰：「胡康侯之學術正矣，其論議辨而嚴矣。其失則承乎前儒而甚之者也。」

朱子嘗曰：『有程子之易，可自爲一書。』謂其言理之精，而非經之本旨也。若胡氏之春秋，自爲一書焉可也。」

國語

劉知幾曰：「左丘明既爲春秋内傳，又稽其逸文，纂其別説。分周、魯、齊、晉、鄭、楚、吴、越八國事。起自周穆（文）〔王〕終於魯悼公，別爲春秋外傳國語，合二十一篇。其文以方内傳，或重出而小異。然自古名儒賈逵、王肅、虞翻、韋曜之徒並申以注釋，治其章句，此亦六經之流、三傳之亞也。」

崇文總目：「左丘明撰，吴侍中領左國史亭林侯韋昭解，昭參引鄭衆、賈逵、虞翻、唐固，合凡五家爲注，自所發正者三百十事。」

司馬温公曰：「先儒多怪左丘明既傳春秋，又作國語。爲之説者多矣！先君以爲：丘明將傳春秋，乃先采集列國之史，因別分之，取其精英者爲春秋傳。而先所采集之稿，因爲時人所傳，命曰國語，非丘明之本志也。故其辭語繁重，序事過詳，不若春秋傳之簡直精明，渾厚遒峻也。又多駁雜不粹之文，誠由列國之史，學有厚薄，才有淺深，不能醇一故也。不然，丘明作此重複之書何爲邪？」

真德秀曰：「征（大）〔犬〕戎、監謗、專利、不籍千畝、立戲五事，皆周宣王以前文章，不見於書，而幸見於國語。」

王應麟曰：「劉炫謂：『國語非丘明作。』葉少藴云：『古有左氏、左丘氏。太史公稱「左丘失明，厥有國語」。今春秋傳作左氏，而國語爲左丘氏，則不得爲一家，文體亦自不同，其非一家書明甚。左氏，蓋左史之後，以官氏者。』朱文公謂：『左氏乃〔楚〕左史倚相之後，故其書説楚事爲詳。』司馬氏謂左氏欲傳春秋，先作國語。國語之文不及傳之精也。」

閻若璩曰：「曹風侯人之詩：『彼其之子，三百赤芾。』刺共公也。共公二十一年，爲魯僖二十八年。『晉侯入曹，數其「乘軒者三百人也」』，正與詩合。若前此六年，爲共公十五年，縱是詩已有，安得甫脱於曹風人之手，而輒遠述於楚成王之口，向其臣曰曹詩『彼己之子，不遂其媾』乎？」

校注

〔一〕丁姓子孫　師古曰：「姓丁，名姓，字子孫。」

〔二〕宋氏　指東漢末年宋衷。曾與劉表共定五經章句，另有世本注。

〔三〕歎　據羅更校記改。

〔四〕啖趙　即唐啖助及其弟子趙匡。啖著有春秋集傳和春秋統例。皆佚。其遺説存於弟子陸淳所編春秋集傳纂例中。

經考附録卷六

門弟子集論語

鄭康成曰：「論語，仲弓、子游、子夏等所撰定。易、詩、書、禮、樂、春秋，策皆尺二寸。孝經謙半之〔一〕。論語八寸策者，三分居一又謙焉。」

柳宗元曰：「曾參少孔子四十六歲。曾子老而死。是書記曾子之死，則去孔子也遠矣。曾子之死，孔子弟子略無存者矣。吾意曾子弟子爲之也。或曰：孔子弟子嘗雜記其言。然而卒成其書者，曾氏之徒也。」

宋永亨曰：「論語所記孔子與人語，及門弟子並對其人問答，皆斥其名，未有稱字者。雖顏冉高(第)〔弟〕，亦曰回，亦曰雍。至閔子，獨云子騫，終此書無指名。昔賢謂論語出於曾子、有子之門人，予意出於閔氏。觀所言，『閔子侍側』之辭，與冉有、子貢、子路不同，則可見矣。」

程子曰：「論語，曾子、有子弟子撰。所以知者，惟二子不名。」

朱子曰：「論語，多門弟子所集，故言語時有長短不類處。」

何異孫曰：「論語一書，竊意曾子弟子爲之。故是書載弟子必以『字』稱，或以『名』稱。獨曾子稱曾子、有子稱有子，此皆其門人稱之。柳宗元辨正，以爲必子春、子思爲之。若公治長一篇，多論人物，恐是子貢門人所記。先進一篇稱『閔子侍側』，恐是閔子門人所記。」

論語集解

譚貞默曰：「何晏序稱：『古論惟博士孔安國爲之訓解〔二〕，而世不傳。』今集解中，仍多孔注，則知所以不傳者，無全帙也。集解稱『孔』者，孔安國；『包』者，包咸；『馬』者，馬融；『鄭』者，鄭康成；『陳』者，陳羣；『王』者，王肅；『周』者，或周氏，或周生烈。其不繫姓者，是晏等補注也。」

論語正義

中興書目：「梁國子助教皇侃以何晏集解去取爲疏十卷。又列晉衛瓘、繆播、欒肇、郭象、蔡謨、袁宏、江厚、蔡奚、李充、孫綽、周懷、范寧、王珉等十三人爵里於前，云此十三家是江熙所集。其解釋於何集無妨者，引取以廣異聞。論語正義十卷，翰林侍講學士邢昺等撰，咸平中，頒其書。」

陳振孫曰：「唐人止爲五經疏，而不及孝經、論語。至昺，始奉詔爲之。」

朱子集注

朱子曰：「集注後來改定處多，遂與或問不相應。又無工夫修得，或問故不曾傳出。今莫若只説正經上玩味，有未通處參考集注，更自思索爲佳。不可恃此未定之書，便以爲是也。」

又曰：「集注蓋熹十年前本爲朋友間傳去，鄉人遂不告而刊。及知覺，則已分裂四出，而不可收矣。其間多有未穩。」

魏了翁曰：「王師北伐之歲，予請郡以歸，輔漢卿廣以語孟集注爲贈，曰：『此先生晚年所授也。』謹拜而受之。較以閩浙間書肆所刊，則十已易其二三。趙忠定公帥蜀日，成都所刊，則十易六七矣。前輩講學工夫，皆於躬行日用間真實體驗，以自明厥德，非以資口筆也。故歷年久，閲天下之義理多，則知行互發，日造平實。語若近而指益遠。余慕之累歲，每讀輒異他日，故不敢秘其本，以均淑同志之士云。」

王應麟曰：「文公初編次集義，輯二程之説。又取張、范、二吕、謝、游、楊、侯、尹氏九家，初名要義，改名精義，最後名曰集義三十四卷。又本注疏，參以釋文，會諸老先生之說，間附以聞於師友得之心思者，爲詳說，舊云訓蒙口義者也。既而約其精粹，爲集注十卷。又疏其所以去取之意，爲或問十卷。其後集注删改日以精密，而或問不復釐正，故其去取間有不同者。」

王禕曰：「論語，先漢時已行，諸儒多爲之注。大學、中庸二篇在小戴記中，注之者鄭康成也。孟子初列於諸子，及趙岐注後遂顯矣。爰自河南程子實尊信大學、中庸，而表章之；論語、孟子亦各有論說。至朱子始合四書，謂之四子。論語、孟子則爲之注；大學、中庸，則爲之章句、或問。自朱子之說行，而舊說盡廢矣。於是四子者與六經並行，而教學之序莫先焉。」

孝經

漢書藝文志：「孝經古孔氏一篇。二十(一)〔二〕章。」師古曰：劉向云古文字也。庶人章分爲二也，曾子敢問章爲三，又多一章，凡二十二章。「孝經一篇。十八章。」長孫氏、江氏、翼氏、后氏四家。漢興，長孫氏、博士江翁、少府后倉、諫大夫翼奉、安昌侯張禹傳之，各自名家。經文皆同，唯孔氏壁中古文爲異。『父母生之，續莫大焉』，『故親生之膝下』，諸家說不安處，古文字讀皆異。」臣瓚曰：

「孝經云『續莫大焉』，而諸家之説各不安處之也。」師古曰：「桓譚新論云古孝經千八百七十二字，今異者四百餘字。」

許沖進説文解字上書曰：「慎又學孝經孔氏古文説。古文孝經者，孝昭帝時，魯國三老所獻。建武時，給事中議郎衛宏所校。皆口傳，官無其説，謹撰具一篇，并上。」

隋書經籍志：「遭秦焚書，爲河間人顏芝所藏。漢初，芝子貞出之，凡十八章，而長孫氏、博士江翁、少府后倉、諫議大夫翼奉、安昌侯張禹，皆名其學。又有古文孝經，與古文尚書同出，而長孫有閨門一章，其餘經文，大較相似，篇簡缺解，又有衍出三章，并前合爲二十二章，孔安國爲之傳。至劉向典校經籍，以顏本比古文，除其繁惑，以十八章爲定。鄭衆、馬融，並爲之注。又有鄭氏注，相傳或云鄭玄，其立義與玄所注餘書不同，故疑之。梁代，安國及鄭氏二家，並立國學，而安國之本，亡於梁亂。陳及周、齊，唯傳鄭氏。至隋，祕書監王劭於京師訪得孔傳，送至河間劉炫。因序其得喪，述其議疏，講于人間，漸聞朝廷，後遂著令，與鄭氏並立。儒者諠諠，皆云炫自作之，非孔舊本，而祕府又先無其書。魏氏遷洛，未達華語，孝文帝命侯伏侯可悉陵，以夷言譯孝經之旨，教於國人，謂之國語孝經。」

陸德明曰：「河間人顏芝，爲秦禁藏之。漢氏尊學，芝子貞出之，是爲今文。長孫氏、博士江翁、少府后蒼、諫大夫翼奉、安昌侯張禹傳之，各自名家，凡十八章。」

朱子曰：「程沙隨説，向時，汪端明亦嘗疑此書是後人僞爲者。」

又曰：「孝經疑非聖人之言。且如『先王有至德要道』，此是説得好處。然下面都不曾説〔得〕切要處。如論語中説孝，皆親切有味，都不如此。」

又曰：「孝經獨篇首六七章爲本經，其後乃傳文。然皆齊魯間陋儒纂取左氏諸書之語爲之，至有全然不成文理處，傳者又頗失其次第，殊非中庸、大學二傳之儔也。」

陳騤曰：「孝經三才章首，似攟子產言禮之辭；聖治章末，似删北宫文子論儀之語；事君章曰：『進思盡忠，退思補過。』此乃士貞子諫晉景公之辭。聖治章曰：『以順則逆，民無則焉。不在於善，而皆在於凶德。』此乃季文子對魯宣公之辭。聖人雖遠稽格言，不應雷同若此。」

黄震曰：「按孝經一爾，古文、今文，特所傳微有不同。如首章，今文云：『仲尼居，曾子侍。』古文則云：『仲尼閒居，曾子侍坐。』今文云：『子曰：先王有至德要道。』古文則云：『子曰：參，先王有至德要道。』今文云：『夫孝，德之本也，教之所由生也。』古文則云：『夫孝，德之本，教之所由生。』文之或增或減，不過如此，於大義固無不同。至於分章之多寡，今文三才章『其政不嚴而治』與『先王見教之可以化民』通爲一章；古文則分爲二章。今文聖治章第九『其所因者，本也』與『父子之道，天性』通爲一章；古文則分爲二章。『不愛其親，而愛他人者』，古文又分爲一章。章句之分合，率不過如此，於大義亦無不同。

古文又云：『閨門之内，具禮矣乎嚴父嚴兄，妻子臣妾猶百姓徒役也。』此二十二字，今文全無之，而古文自爲一章。與前之分章者三，共增爲二十二。所異者又不過如此。非今文與古文各爲一書也。」

孝經注

秦再思曰：「玄宗開元中，親注孝經，並製八分書之，立於國學，以層樓覆之。」

孝經正義

崇文總目：「孝經正義三卷，邢昺撰。初，世傳元行沖疏外，餘家尚多。皆猥俗褊陋，不足行遠。咸平中，昺等奉詔，據元氏本而增損焉。」

朱子孝經刊誤

中興藝文志刊誤謂：「今文六章，古文七章，以前爲經，後爲傳。經之首，統論孝之終始，乃敷陳天子、諸侯、卿大夫、士、庶人之孝。而其末曰：『故自天子至於庶人，孝無終始，而患不及者，未之有也。』其首尾相應，文勢聯貫，實皆一時之言。而後人妄分爲六七，又增『子曰』及詩書之文，以雜乎其間。今乃合爲一章，而删去『子曰』者二，引書者一，引詩者四，凡六十一字，以復經文之舊。又指傳文之失，删去『先王見教』以下凡六十七字，『以順則逆』以下凡九十字，餘從古文。」

孔子家語　今則王肅贋本

漢書藝文志：「孔子家語二十七卷。」師古曰：非今所有家語。

馬昭曰：「家語，王肅增加，非鄭玄所見。肅私定，以難鄭玄。」

郎瑛曰：「王文憲公家語考一編，以四十四篇之家語乃王肅自取左傳、國語、荀、孟、二戴記，割裂織成之。孔衍之序，亦王肅自爲也。」

薛據孔子集語

吴萊曰：「孔子家語，初出魏王肅家。觀其言，且與大、小戴禮相出入，而王肅嘗持以難鄭玄。世之儒者，猶或疑之，而不盡信，益慎之也。況永嘉薛據所次孔子集語，或本於戰國諸子，或載於西漢老儒，雖若聖人之遺言佚語，賴此而僅存，吾恐天下後世學者之滋惑也。」

孟子

趙岐孟子題辭：「孟子，鄒人也。以儒道遊於諸侯，終莫（莫）能聽納其說。於是退而論集所與高第弟子公孫丑、萬章之徒難疑答問，又自撰其法度之言，著書七篇，二百六十一章，三萬四千六百八十五字。逮至亡秦焚滅經術，其書號爲諸子，故篇籍得不泯絶。漢興，除秦虐（政）〔禁〕，開延道德。孝文皇帝欲廣遊學之路，論語、孝經、孟子、爾雅皆置博士。後罷傳記博士，獨立五經而已。訖今諸經通義，得引孟子以明事，謂之博文。」

晁說之曰：「按此書韓愈以爲弟子所會集，非軻自作。今考其書，則知愈之言非妄發也，書載孟子所見諸侯皆稱謚，如齊宣王、梁惠王、梁襄王、滕定公、滕文公、魯平公是也。夫死然後有謚，軻著書時，所見諸侯不應皆死。且惠王元年至平公之卒凡七十七年，孟子見惠王，王目之曰『叟』，必已老矣，決不見平公之卒也。故予以愈言爲然。」

董銖曰：「史記謂孟子自作。今觀七篇文字，筆勢如此，決是一手所成，非魯論比也。然其間有如云『孟子道性善，言必稱堯舜』，亦恐是其徒所記。孟子或曾略加删定也。」

陳士元曰：「今實有三萬五千四百一十字。較趙說多七百二十五字。詳考趙注孟子文，與今本不差。趙蓋〔誤算也〕。〔三〕」

孟子正義音義

晁公武曰：「皇朝孫奭等采唐張鎰、丁公著所撰，參附益其闕。古今注孟子者，趙氏之外，有陸善經。奭撰正義，以趙注爲本。其不同者，時時兼取善經。大中祥符中，書成，上於朝。」

朱子曰：「孟子疏乃邵武士人假作。蔡季通識其人，其書全不似疏體，不曾解出名物制度，只繞纏趙岐之説爾。」

鄭曉曰：「孟子音釋有張鎰、丁公著。至宋孫奭作音義二卷，以糾正二氏之説。又因趙氏注爲正義。於是孟子有趙注、孫疏行於世。」

爾雅

劉熙曰：「爾雅：『爾』，昵也；『昵』，近也。『雅』，義也；『義』，正也。五方之言不同，皆以近正爲主也。」

張揖曰：「昔在周公，纘述唐虞，宗翼文武，克定四海，勤相成王，六年制禮，以導天下，著爾雅一篇，以釋其義。今俗所傳三篇，或言仲尼所增，或言子夏所益，或言叔孫通所補，或言沛郡梁文所考，皆解家所説，先師口傳，疑莫能明也。」

郭璞爾雅序：「爾雅者，蓋興於中古，隆於漢氏。『豹鼠』既辨，其業亦顯。英儒贍聞之士，洪筆麗藻之客，靡不欽玩耽味，爲之義訓。璞不揆檮昧，少而習焉。沈研鑽極，二九載矣。雖注者十餘，然猶未詳備，並多紛謬，有所漏略。是以復綴集異聞，會粹舊説；考方國之語，采謡俗之志；錯綜樊孫〔四〕，博關羣言；剟其瑕礫，搴其蕭稂；事有隱滯，援據徵之；其所易了，闕而不論；别爲音圖，用祛未寤。」

邢昺曰：「陸德明叙録：犍爲文學注二卷；劉歆注三卷；樊光注六卷；李巡注三卷；孫炎注三卷。惟此五家而已。又五經正義援引有某氏、謝氏、顧氏。今郭氏言十餘者，典籍散亡，未知誰氏。或云沈旋、施乾、謝嶠、顧野王者，非也。此四家在郭氏之後，故知非也。」

又曰：「其爲注者，則有犍爲文學、劉歆、樊光、李巡、孫炎，雖各名家，猶未詳備。惟東晉郭景純用心幾二十年，注解方畢，甚得六經之旨，頗詳百物之形，學者祖焉，最爲稱首。其爲義疏者，則俗間有孫炎、高璉，皆淺近俗儒，不經師匠。今既奉敕校定，考案其事，必以經籍爲宗，理義所詮，則以景純爲主。」

朱子曰：「爾雅是取傳、注以作，後人却以爾雅證傳、注。」

王應麟曰：「爾雅以觀於古，足以辨言矣。注謂依於雅。」

又曰：「陸璣爲詩草木疏，劉杳爲離騷草木疏，王方慶有園亭草木疏，李文饒有山居草木記，君子所以貴乎多識也。然爾雅不釋『蘇』『薮』，字書不見『栮』『檤』，學者恥一物之不知，其可忽諸？若終軍之對鼮鼠，盧若虚之辨鼨鼠，江南進士之問天雞，劉原父之識六駮，可謂善讀爾雅矣。」

又曰：「爾雅注：『漢武帝時，得豹文鼮鼠，孝廉郎終軍知之，賜絹百匹。』文選注引竇氏家傳，以爲竇攸世祖，詔諸侯子弟從攸受爾雅，二說不同。」

校注

〔一〕謙半之　謙，減損也。古六經之策長二尺四寸，孝經策長一尺二寸，故云「謙半之」。論語策長八寸，故云「三分居一」。此引鄭云：六經「策長尺二寸」，當爲傳寫之誤。

〔二〕古論　即古文論語。

〔三〕誤算也　三字原缺，據陳士元孟子雜記補。

〔四〕樊孫　即漢樊光、三國孫炎，均爲爾雅注者。

經考附録卷七

漢立五經

漢書藝文志〔一〕：「自武帝立五經博士，開弟子員，設科射策，勸以官禄，訖於元始，百有餘年，傳業者寖盛。支葉蕃滋，一經説至百餘萬言，大師衆至千餘人，蓋禄利之路然也。」師古曰：言爲經學者則受爵禄而獲其利，所以益勸。「初，書惟有歐陽，禮后，易楊，春秋公羊而已。至孝宣世，復立大小夏侯尚書，大小戴禮，施、孟、梁丘易，穀梁春秋。至元帝世，復立京氏易。平帝時，又立左氏春秋、毛詩、逸禮、古文尚書，所以罔羅遺失，兼而存之，是在其中矣。」如淳曰：雖有虚妄之説，是當在其中，故兼而存之。

唐大經中經小經

新唐書選舉志：「凡禮記、春秋左氏傳爲大經，詩、周禮、儀禮爲中經，易、尚書、春秋公羊傳、穀梁傳爲小經。」

閻若璩曰：「唐司業李元瓘上言：明經所習，務在出身，咸以禮記文少，人皆競讀。禮記在唐試士爲大經，何以文反少？唐書選舉志：『通二經者，大經小經各一，若中經二。通三經者，大經、中經、小經各一。通五經者，大經皆通，餘經各一。』唐制：通五經固讀大經，即凡通二經、三經，亦必讀一大經。禮記大經僅九萬餘字，左氏傳一十九萬餘字，參以同時楊瑒奏：『今之明經習左氏者十無二三。』正合所謂禮記文少者，較特少於左氏傳耳。」

六經　五經、七經、九經、十二經、十三經、十四經

王應麟曰：「記之經解，指詩、書、禮、樂、易、春秋之教，未始正六經之名。莊子天運篇始述老子之言，曰『六經，先王之陳迹』，實昉乎此。太史公滑稽傳以禮、樂、詩、書、易、春秋爲六藝，而班史因之，又以五學配五常，而論語、孝經並紀於六藝略中。自時厥後，或曰五經，或曰六經，或曰七經。至唐貞觀中，谷那律淹貫羣書，褚遂良稱爲『九經庫』，九經之名又昉乎此。其後明經取士，以禮記、春秋左傳爲大經，詩、周禮、儀禮爲中經，易、尚書、春秋公、穀爲小經，所謂九經也。國朝方以三傳合爲一，又合儀禮，而以易、詩、書、周禮、禮記、春秋爲六經，又以孟子升經，論語、孝經爲三小經，今所謂九經也。」

顧起元曰：「漢建元五年，立五經博士，乃書、詩、禮、易、公羊春秋也。唐五經博士，

乃周易、尚書、毛詩、左氏春秋、禮記也。秦宓曰：『文翁遣司馬相如東受七經』，又傅咸有七經詩，隋樊深有七經義綱、七經論，乃易、書、詩、三禮、春秋也。宋劉敞有七經小傳，乃詩、書、春秋、周禮、儀禮、禮記、論語也。經典釋文序録九經，乃易、書、詩、三禮、春秋、孝經、論語也。南史『周續之通十經』，乃五經、五緯也。宋百官志『國子助教十人，分掌十經』，乃周易、尚書、毛詩、禮記、周官、儀禮、春秋左氏、公羊、穀梁、論語、孝經也。今十三經注疏國子監刊本，乃易、詩、書、禮記、周禮、儀禮、左氏春秋、公羊傳、穀梁傳、論語、孝經、孟子、爾雅也。」

按：宋時有並列大戴禮記稱十四經者。史繩祖所言。

漢一字石經

後漢書靈帝本紀：「熹平四年春三月，詔諸儒正五經文字，刊石立於太學門外。」

蔡邕傳：「蔡邕字伯喈，陳留圉人。拜郎中，校書東觀。遷議郎。邕以經籍去聖久遠，文字多謬，俗儒穿鑿，疑誤後學，熹平四年乃與五官中郎將堂谿典、光禄大夫楊賜、諫議大夫馬日磾、議郎張馴、韓說、太史令單颺等奏求正定六經文字。靈帝許之。邕乃自書丹於碑，使工鐫刻，立於太學門外。於是後儒晚學，咸取正焉。」

儒林傳：「熹平四年，靈帝乃詔諸儒正定五經，刊於石碑，爲古文、篆、隸三體書法，以相參驗，樹之學門。」

宦者傳：「時宦者汝陽李巡以爲諸博士試甲乙科，爭第高下，更相告言。至有行賂定蘭臺漆書經字，以合其私文者。迺白帝，與諸儒共刻五經文以石。於是詔蔡邕等正其文字。自後五經一定，爭者用息。」

謝承後漢書：「碑立太學門外，瓦屋覆之，四面闌障，開門於南，河南郡設吏卒視之。」

袁宏後漢紀：「熹平四年春三月，五經文字刻石立於太學。」

酈道元水經注：「漢靈帝光和六年，刻石鏤碑載五經，立於太學講堂前，悉在東側。蔡邕以熹平四年與五官中郎將堂谿典、（光禄）〔諫議〕大夫馬日磾〔二〕、議郎張馴、韓說、太史令單颺等，奏求正定六經文字，靈帝許之。邕乃自書丹於碑，使工鐫刻，立於太學門外。於是後儒晚學，咸取正焉。及碑始立，其觀視及筆寫者，車乘日千餘兩，填塞街陌矣。今碑上悉銘刻蔡邕等名。魏正始中又立古、篆、隸三字石經。魏初，傳古文出邯鄲淳，石經古文，轉失淳法，樹之於堂西，石長八尺，廣四尺，列石於其下。碑石四十八枚，廣三十丈。魏（文）〔明〕帝又刊典論六碑〔三〕，附於其次。陸機言，太學贊別一碑，在講堂西，下列石龜碑，載蔡邕等名。太學弟子贊復一碑，在外中門。今二碑並無。石經東有一碑，是漢順帝陽嘉八年立，猶存不破。漢石經（化）〔北〕有晉辟雍行禮碑，是太始二年立。其碑中折，但世代不同，物不停故，石經（論）〔淪〕缺，存半毁（幾）。駕言永久，諒（同）〔用〕憮焉〔四〕。」

趙明誠金石録曰：「石經遺字者，藏洛陽及長安人家。蓋靈帝熹平四年所立，其字則蔡邕小字八分書也。其後屢經遷徙，故散落不存。今所有者，纔數千字，皆土壤埋没之餘，磨滅而僅存者爾。按：後漢書儒林傳叙云爲古文、篆、隸三體者，非也，蔡邕所書乃八分，而三體石經乃魏時所建也。」

洪适隸釋隸續曰：「水經云光和六年立石於太學，其上悉刻蔡邕名，魏正始中又刻古、篆、隸三字石經。蓋諸儒受詔在熹平，而碑成則光和年也。隋志有一字石經七種，三字石經三種，其論云漢鐫七經皆蔡邕書，又云魏立一字石經，其説自相矛盾。」

朱彝尊曰：「漢立石經，蔡邕所書本一字。惟因范史儒林傳云『爲古文、篆、隸三體書法，以相參檢，樹之學門』，而楊衒之洛陽伽藍記、北史劉芳傳因之，唐竇蒙、宋郭忠恕、蘇望、方匋、歐陽棐、董逌、姚寬等均仍其誤。獨張縯謂邕以三體參檢其文，而書丹於碑則定爲隸，其義爲允，載考衛恒及江式傳、酈道元水經注，皆以一字爲漢石經。迨趙明誠金石録、洪适隸釋隸續辨之甚詳，足以徵信。其載一字石經遺文後，列堂谿典、馬日磾等姓名。使一字石經出於魏，當更列正始中正字諸臣姓名，亦何取仍列典、日磾等諸人於經文之後哉？又史家體例，以時代爲前後。隋經籍志列一字石經於前，次魏文帝典論，然後叙三字石經於後，是一字爲漢，而三字屬魏，不待解説始明。其曰魏正始中又立一字石經，相承以爲七經正字，蓋雕本相沿，偶譌『三』字爲『一』爾。今漢石經遺字猶有搨本存者。余嘗見宛平孫氏所藏，雖經文無多，而八分古雅，定爲漢隸無疑也。」

魏三字石經

晉書衛恒傳：「漢武時，魯恭王壞孔子宅，得尚書、春秋、論語、孝經。時人以不復知有古文，謂之科斗書。漢世秘藏，希得見之。魏初傳古文者出於邯鄲淳。恒祖敬侯覬寫淳尚書，後以示淳，而淳不别。至正始中立三字石經，轉失淳法，因科斗之名，遂取其形。」

隋志：「魏正始中立一字石經，相承以爲七經正字。」

朱彝尊曰：「魏石經本屬三字，惟典論一卷乃一字爾。世傳經爲邯鄲淳所書，而晉書衛恒傳謂正始中立三字石經，轉失淳法，其非淳書明矣。趙至傳云：『年十四，詣洛陽，遊太學，遇嵇康於學寫石經，徘徊視之，不能去。』嵇紹亦曰：『至入太學，覩先君在學寫石經古文。』然則正始石經實康等所書也。」

晉唐後蜀宋嘉祐紹興石經合漢魏凡七刻

晉石經。傳暢曰：「裴頠爲國子祭酒，奏立國子太學，起講堂，築門闕，刻石寫五經。」

北魏石經。後魏書崔光傳：「神龜元年夏，詔曰：『此乃學者之根源，不朽之永格，垂範將來，憲章之本，便可一依公表。』光乃令國子博士李郁與助教韓神固、劉燮等勘校石經。其殘闕者，計料石功，并字多少，欲補治之。後靈太后廢，遂寢。」朱彝尊曰：「北魏石經欲補治而中寢，未有刻石流傳。」

唐國子學石經。舊唐書：「開成二年，宰臣判國子祭酒鄭覃進石壁九經一百六十卷。時上好文，覃以經義啓導，遂奏置五經博士，依漢蔡邕刊碑列於太學，創立石壁九經，諸儒校正譌謬。上又令翰林勒字官唐玄度復校字體，又乖師法，故石經立後數十年，名儒皆不窺之，以爲蕪累。」

後蜀石經。呂陶曰：「五代之亂，疆宇割裂，孟氏有劍南，百度草創，猶能取易、書、詩、春秋、禮記、周禮刻于石，以資學者。國朝皇祐中，樞密直學士京兆田公加意文治，附以儀禮、公羊、穀梁傳，所謂九經者備焉。」

洪邁曰：「孟昶時所刻石本九經，其書『淵』、『世民』字皆缺畫，猶避唐諱。」

宋國子監石經。王應麟曰：「仁宗命國子監取易、詩、書、周禮、禮記、春秋、孝經，爲篆、隸二體，刻石兩楹。」

宋太學御書石經。曾宏父曰：「高宗即位十九年，干戈之日居多，乃能親御翰墨，作小楷以書周易、尚書、毛詩、春秋、左傳全帙，又節禮記中庸、儒行、大學、經解、學記五篇，章草語、孟，悉送成均。」

于慎行曰：「元人破宋，用楊璉真伽之言，將宋宮殿、郊廟悉毁爲寺，復欲取高宗所書九經石刻爲浮屠臺，爲杭州推官申屠致遠所拒而止。致遠，壽張人，素有文名，著書甚富，號爲『墨莊』。」

金太學石經。于奕正曰：「金石經碑在舊燕城南金國子學，碑刻春秋、禮記，今磨滅不完。」

朱彝尊曰：「金時石經未審何年所刻，殆移自汴京，與石鼓同也。」

閻若璩曰：「漢靈帝熹平四年，蔡邕書六經於碑，使工鐫刻，立於太學門外，此所謂一字石經也。魏邵陵厲公正始中，邯鄲淳書石經亦立於太學，此所謂三字石經也。晉裴頠爲祭酒，奏修國學，刻石寫經，是爲晉石經。唐文宗開成二年，國子監九經石壁成，從宰相領祭酒鄭覃之請也。今尚在。孟蜀廣政十四年鐫周易。至宋仁宗皇祐元年，公羊傳工畢，是爲石室十三經。仁宗慶曆初，命刻篆、隸二體石經，後僅孝經、尚書、論語畢工，是爲嘉祐石經。高宗紹興間，親書易、書、詩、左氏傳、論語、孟子及禮記五篇刊石，孝宗淳熙四年，詔建閣以覆之，是爲紹興御書石經。」

十三經字數

鄭耕老曰：「毛詩三萬九千二百二十四字。尚書二萬五千七百字。周禮四萬五千八百六字。禮記九萬九千二十字。周易二萬四千二百七字。春秋左氏傳一十九萬六千八百四十五字。論語一萬二千七百字。孟子三萬四千六百八十五字。孝經一千九百三字。大小九經合四十八萬四千九十五字。」

顧炎武金文石文字記：「唐國子學石經，周易二萬四千四百三十七字。尚書二萬七千一百三十四字。毛詩四萬八百四十八字。周禮四萬九千五百一十六字。儀禮五萬七千一百一十一字。禮記九萬八千九百九十四字。春秋左氏傳一十九萬八千九百四十五字，公羊傳四萬四千七百四十八字，穀梁傳四萬二千八十九字。孝經二千□百□十三字。論語一萬六千五百九字。爾雅一萬七百九十一字。」

按：石經字數多於鄭氏所計。吾友吴行先曰：「石經併篇題及詩篇後幾章、章幾句者，皆統計在内，而禮記校鄭所計獨少，以唐月令校舊月令少二百餘字故也。」又鄭於孟子，乃據趙岐題辭十字數，陳士元謂實有三萬五千四百一十字。

緯讖

隋書經籍志曰：「説者云孔子既叙六經，以明天人之道，知後世不能稽同其意，故别立緯及讖，以遺來世。其書出於前漢，有河圖九篇，洛書六篇，云自黄帝至周文王所受本文。又别有三十篇，云自初起至於孔子，九聖之所增演，以廣其意。又有七經緯三十六篇，並云孔子所作，并前合爲八十一篇。而又有尚書中候、洛罪級、五行傳、詩推度災、氾歷樞、含神霧、孝經鉤命決、援神契、雜讖等書。漢代有郗氏、袁氏説。漢末，郎中郗萌集圖緯讖雜占爲五十篇，謂之春秋災異。宋均、鄭玄，並爲讖(律)〔緯〕之注。然其文辭淺俗，顛倒舛謬，不類聖人之旨。相傳疑世人造爲之後，或者又加點竄，非其實録。起王莽好符命，光武以圖讖興，遂盛行於世。漢時，又詔東平王蒼，正五經章句，皆命從讖。俗儒趨時，益爲其學，篇卷第目，轉加增廣。言五經者，皆憑讖爲説。至宋大明中，始禁圖讖，梁天監以後，又重其制。及高祖受禪，禁之愈切。煬帝即位，乃發使四出，搜天下書籍與讖緯相涉者，皆焚之，爲吏所糾者至死。自是無復其學，秘府之内，亦多散亡。」

唐章懷太子賢曰：「七緯者，易緯：稽覽圖、乾鑿度、坤靈圖、通卦驗、是類謀、辨終備也；書緯：璇璣鈐、考靈耀、刑德放、帝命驗、運期授也；詩緯：推度災、氾歷樞、含神霧也；禮緯：含文嘉、稽命徵、斗威儀也；樂緯：動聲儀、稽耀嘉、汁圖徵也；孝經緯：援神契、鉤命決也；春秋緯：演孔圖、元命包、文耀鉤、運斗樞、感精符、合誠圖、考異郵、保乾圖、漢含孳、佑助期、握誠圖、潛潭巴、説題辭也。」

王應麟曰：「鄭康成引圖讖，皆謂之『説』，易緯曰『易説』，書緯曰『書説』，嫌引秘書也。」

胡應麟曰：「世率以讖、緯並論，二書雖相表裏，而實不同。讖之依附六經者，但論語有讖八卷，餘不概見，以爲僅此一種。偶閲隋經籍志注附，見十餘家，乃知凡讖皆託古聖賢以名其書，與緯體制迥別。蓋其説尤誕妄，故隋禁之後永絶。孔老讖十二卷，老子河洛讖一卷，尹公讖四卷，劉向讖一卷，雜讖書二十九卷，堯戒舜禹一卷，孔子王明鏡一卷，郭文金雄記一卷，王子年歌一卷，嵩山道士歌一卷。又有以緯、候並稱者，今惟尚書中候見目中，他不可考」云。

校注

〔一〕藝文志　應爲儒林傳，見漢書卷八十八。

〔二〕光禄大夫馬日磾　按馬日磾爲東漢諫議大夫。（見後漢書蔡邕傳）

〔三〕魏文帝　應爲「魏明帝」。見水經注。

〔四〕用　據羅更校記改。

戴震全書之十

經雅

胡錦賢◎整理
楊應芹◎審訂

説明

經雅是一部辨釋草木鳥獸蟲魚之名而没有完成的專著。其稿及其寫作時間，未見於文字記載。但據書中内容推斷，當爲戴震早期的作品。

原件封面篆書「經雅　戴東原先生稿本」。書稿共七卷，分雅記、經雅兩大部分。雅記兩卷，爲釋獸、釋畜；經雅五卷，爲釋鳥、釋蟲、釋魚、釋草、釋木。而其中釋蟲又分爲三，釋魚又分爲二，可能與分類有關。開卷爲雅記，「雅記」標題下方有三枚印章，底下的兩枚爲「繼涵之印」、「南洲」，上面的一枚爲「翰生秘籍」。釋鳥卷首「經雅」標題下方題「新安戴震著」。釋魚首頁有「翰生秘籍」印，稿之末尾有「翰生」、「故才高者菀其鴻裁」等印章。又中間第二十一頁和最后的一頁無文字，各有「濰縣高翰生藏經籍印」一枚。

原底稿是以楷書謄抄的，后又經戴震親筆修改。草木兩卷凡條目和異名均標有注音反切，没有標示出處，其他各卷凡條目和異名一般都標示有出處而無注音。出處一般用小字旁注於名稱右側，有位置容不下者則置於左側。條目下辨釋名稱或形狀的内容爲正文，用大字單行書寫。考辨文字和注音反切，均用小字接正文後雙行書寫。有少數條目無釋文，大概衹是作爲存目。

其書總名爲「經雅」，而獸畜兩部分題名爲「雅記」。分析其原因，「經雅」之名，是作者取經中草木鳥獸蟲魚之名，旁彙先秦諸子、漢魏古籍和傳、注、箋，比照爾雅體例，辨釋其古今雅俗之名，比較經、傳、注與爾雅之異同，故名「經雅」。而獸畜罕異名，名不足以相釋，則主要釋之以形，故題名曰「雅記」，即記其狀類而已，以別於草木鳥蟲魚之例。

戴震認爲，「自爾雅外，惟方言、説文切乎治經」（説見段玉裁戴先生年譜）。故經雅中除爾雅外，多援用方言、説文之説，這也是戴震治學精深高明之處。有爾雅失其傳者，則求之説文，或益之廣雅。如經雅釋草「綏」下釋曰：「説文云『薑屬，可以香口』是也。」綏即葰之借字，儀禮既夕禮「實綏澤焉」，鄭玄注：「綏，廉薑也。」廣雅釋草：「廉薑，葰也。」故戴氏釋曰：「綏，薑屬。亦作葰。」而爾雅無此義。有時則據爾雅以證説文、廣雅、郭注等。如經雅釋草「粱」下曰：「今謂之粟。黏者謂之秫，爾雅謂之衆……説文云：『秫，稷之黏者。』非也。」又如「豆，古謂之菽」下引釋詁、穀梁傳及鄭玄、孫炎之説，謂爾雅「戎菽」爲大豆，以正郭注「胡豆」之説。諸如此例，尚不一而足矣。學術問題往往是後出轉精，取邵晉涵爾雅正義、郝懿行義疏核之，許多問題經雅裏便已談到了，令人嘆服。

經雅釋名術語的運用，一般以古謂之、爾雅謂之、亦謂之、或謂之、某地謂之爲序。「古謂之」指古籍中所記上古之詞，如少皞時常以鳥名官，即予以反映。郭璞注爾雅，以周代爲中古，故上古之詞曰「古謂之」。但有時是相對習慣的俗稱而言。爾雅代表的是周代雅言、當時的社會通語和當時古籍中的常語。「亦謂之」指同一書中的異稱。「或謂之」一般指諸子、漢魏古籍和傳注箋之詞。「某地謂之」，則是取諸方言。如此訓釋，讀一物而其古今雅俗之名、羣經的異同可見。蟲、魚、鳥、草諸卷中亦常有「夏小正謂之」，是因夏小正一篇，相傳是夏代遺書，也是我國現存最古的一部月令，故戴震將夏小正之説特別地標出，這也是值得注意的。

經雅釋草木鳥獸蟲魚之名及辨其同異的具體方法，亦如爾雅體例。或取諸其物之形，或取諸其物之色、味、聲、大小、牡牝、功用、生活習性等；或以雙名釋單名（雅名多奇，俗名多偶），或辨之總名與別名，或辨之通言和常語，或辨之雙聲與疊韻。此外，分類更加以條理，如釋馬一項，又按黑、白、赤、黄等基本色調加以分類，鐵驪、青驪均統於黑馬條下，白馬黑鬣、形白雜毛均統於白馬條下，便於誦記。條目排列，釋獸從毛蟲之長言起，釋畜從「馬八尺爲龍」言起，釋鳥、蟲、魚從周南言起，大體有序。

經雅於草木兩部的注音反切，主要録自説文（即取唐韻），説文無者即取之廣韻。偶有異字，如「稷」條下「榜」字，説文爲「蒲庚切」，戴作「薄庚切」；「梁」，説文、廣韻爲「呂張切」，戴作「呂昌切」。其音屬切韻體系，戴震早年曾研究切韻之學。標音亦是辨名。戴氏於草木兩部標音，并附列異體字，大抵這兩部的名稱古今音讀常有不同，而異體甚多。其中許多異體字均見於説文，可見戴氏於這兩部尤重六書之説，以窮源知變。

原稿被作者删去的條目主要爲以下幾種：一、雖見於文獻而怪異不可靠者。如雅記「犀」條下原有：「鷄駭之犀（見楚策），犀角之貴異者也。」經雅「楚雀」條下原有「蠶侯之鳥，亦嫁子娶婦之時也」等均删去。二、與辨名無關者。如「雉」條下原有：「謂其毛鱗而有文采，周禮之染夏夏采夏篆夏縵，夏謂五色，擬禹貢夏翟也。内司服王后之三翟，刻繒爲翟雉之形……闕翟刻而不畫。」後删改爲：「雉羽五采備謂之夏翟。」三、凡一物之各個部位雖有不同的名稱，而無關緊要者。如釋草「葵」條後，原有「韭其華謂之韭青，莖謂之韭黄，根謂之韭白」一條，「葦」之前原有「卵蒜，或謂之小蒜」等，均删去。四、有誤釋或尚不能斷定者。如「半夏」之前原有「王蕒，或謂之白蕒，或謂之王連，或謂之黄連」。又「荔」條後原有「鞠，爾雅謂之治牆。或謂之日精，或謂之節華」。又「苦蘵，或謂之苦葴，或謂之寒漿，或謂之酸漿，或謂之黄蒢」。又「鸜鵒」條之前原有「鷄曰翰音。中孚之『翰音登于天』，取巽象也」。此四條均不妥，王蕒爲王瓜，非黄連；蘵字當作「蘵」，形近而誤；治牆未必是鞠，説文繫傳云本草菊有十名而不言治牆；中孚之翰音非鷄。戴氏所删即上述數條，今整理時謹遵作者之意，凡有删乙符號者一般不收録於正文中。爲了反映原貌，特作此交待。

原稿書名出處多簡省用單字標示，今爲行文的需要，均加字補足書名或篇名全稱。

經雅原件現藏於湖北省圖書館，一九八六年版中國古籍善本書目首次著録了這部稿本。據原件上的印章，稿本原爲曲阜孔繼涵收藏。繆荃孫藝風堂文續集卷六載，孔繼涵所藏戴氏書稿，「光緒甲申（一八八四）年盡出」，大概爲此時，經雅書稿轉至高翰生手中。而書稿得以保存於湖北省圖書館，則是近代著名藏書家徐恕（一八九〇——一九五九）捐獻的。

經雅一直未得刊行，原因大致有二：一是此未完之作，雖經作者改訂，許多地方尚需加工，而改訂後諸多文字不清；二是書稿展轉數人之手，亦未得付梓機遇，而後邵晉涵、程瑶田、郝懿行輩已有宏著問世。然戴氏作經雅以辨物，主旨在於治經，以尋義理。黄侃爾雅略説曾謂清代小學家「專心訓詁者多，推求名物者鮮」，此可見經雅之作，在當時是不可多得的。雖然經雅是作者的早期作品，有些并非是「十分之見」，就如「杜，甘棠」一説，其大弟子段玉裁却不同意這個觀點（詳見説文解字注「杜」字注）。但是，戴震長於名物考辨，而世人祇知考工記圖，不知其有經雅。此稿專釋草木鳥獸蟲魚之名，博覽先秦、漢、魏古籍，搜羅完備，條貫分明，釋文簡練，易於誦記，考辨舊説，多有發明。經雅之整理出版，將會使我們看到戴震治學通往精深之處又一個重要的脚印。

雅記一

毛蟲之長曰麟，周南麟趾。麕身牛尾，一角，角端有肉。公羊傳：「有以告者，曰：有麕而角者。」孔叢：「冉有告夫子曰：麕身而肉角。」京房易傳：「麟，麕身牛尾，狼額，馬蹄，有五彩，腹下黄，高丈二。」麒麟。禮運、相如「賦」。

熊，禹貢、牧誓、大〔雅〕韓奕、小〔雅〕斯干、天〔官〕司裘「熊侯」〔一〕。似豕，蹯類人掌，黑色，山居，冬蟄。

黄熊天問。熊經〔二〕刻意。

羆，禹貢、牧誓、小〔雅〕斯干、大〔雅〕韓奕「黄羆」。如熊，黄白文。自關而西謂之貑羆。

貘，相如〔賦〕。似熊，庳腳鋭鬐〔三〕，骨無髓，食銅鐵。或謂之白豹。

猩猩，曲禮。似猴，能言。

虎，牧誓、邶〔風〕、易履、司裘「虎侯」〔四〕。楚人謂之於菟，左〔傳〕宣四年。陳、衛、宋、楚之間或謂之李父，江淮南楚之間謂之李耳，自關東西或謂之伯都。虎淺毛謂之虦猫。詩。虎皮謂之臯比。左〔傳〕莊十年。

貔，牧誓、大〔雅〕韓奕。或謂之執夷，遼東謂之白羆，或謂之白狐。曲禮之貔貅也。曲禮、五帝本紀。

豹，鄭羔裘、易革、大〔雅〕韓奕「赤豹」、司裘「豹侯」〔五〕。似虎，黄質黑文。或謂之文豹，宋〔六〕。秦越謂之程，至樂。東胡謂之失刺孫。尸子。

兕，周南卷耳、考工函人、檀弓、小〔雅〕吉日。似牛，一角。或謂之青兕。招魂。

犀，考工函人、弓人。似沉牛，豕首，庳足，足有三蹏，一角在鼻，一角在額〔七〕。

犕牛，相如〔賦〕。領有肉堆。或謂之犎牛。

旄牛四節生毛，或謂之偏牛。

狼，齊還、豳狼跋、天〔官〕獸人、内則。似犬，鋭頭，白額。老狼頜下有胡。牡狼曰獾。

貉，豳七月、考工〔八〕。似狐，善睡。貉子曰貆。魏伐檀、地〔官〕草人。

狐，易解、禹貢、邶、地〔官〕草人、内則。鋭喙彗尾。

貊，似熊，小頭，黑而白臆。

封狐，離騷、招魂。宋作豐狐〔九〕。

射干，相如〔賦〕。似狐，能援木。

貍，禹貢作「狸」、豳作「狸」、夏〔官〕財人、内則。黄黑斑文。陳、楚、江淮之間謂之貅，方言八。北燕朝鮮之間謂之貊。關西謂之貍，或謂之不來〔一〇〕。

犴，春〔官〕巾車、夏〔官〕司弓矢、内則「青犴」（整理者按：内則當作玉藻）、相如〔賦〕。似狐而小。或謂之胡犬。

豺，小〔雅〕巷伯、王制、大招「豺羹」。似狗，長尾〔一一〕，白頰，毛黄赤，高前廣後。

兔，周南兔罝、王〔風〕、天〔官〕醢人。或謂之決鼻。毚兔，小〔雅〕巧言。狡兔相如上林〔賦〕。也。山羊細角者謂之莧。易夬。東郭逡齊策三〔一二〕。

獺王制。大者謂之猵，齊物論。如小狗，水居，食魚。

猴，古謂之猱。小〔雅〕角弓、相如〔賦〕。或謂之王孫，或謂之沐猴，或謂之獮猴。齊策四〔一三〕。

猨，長臂，性緩。

蜼，春〔官〕司尊彝、相如〔賦〕。卬鼻，長尾，或謂之狖，九歌、九章。似獮猴。

騰猿〔一四〕宋。相如〔賦〕作「騰遠」〔一五〕。

果然〔一六〕，春〔官〕巾車。如猨，黑頰，青身。

狙，齊物論。似猨而狗頭，或謂之犡牂。

玃，相如〔賦〕。似獮猴而大，色蒼黑，能攫搏人。

麞，考工「山以章」〔一七〕。青州古謂之麕。召南野有死麕。

麔，似麕而大，旄毛狗足，能上樹，好作聲。

鹿〔一八〕，召南。牝曰麀，小〔雅〕吉日、大〔雅〕靈臺、韓奕。子曰麛。天〔官〕庖人、地〔官〕迹人、曲禮上、玉藻有「麛裘」、王制、士相見禮。

麇，天〔官〕獸人。青黑色，肉虢。子曰麇。魯語上〔一九〕。

麑，魯語上。鹿子。

閭，鄉射禮。似驢而岐蹄，角如羚羊，或謂之山驢。

麈，相如〔賦〕。似鹿而大。

皮樹〔二〇〕，鄉射禮。似驢而斑文，或謂之福禄。漢昏禮有「受福禄獸具體心慈」是也。

鼷鼠，〔春秋〕成七年、應帝王、達生。小而螫毒，或謂之甘鼠。

田鼠，月令、郊特牲。謂之嗛鼠。

虪鼠，似鼬。

鼬鼠，鼪鼬。徐无鬼。江東謂之鼪，亦作「狌」。或謂之鼠狼。

鳥鼠同穴，禹貢。其鳥爲鵌，其鼠爲鼵。

貂，秦策一。鼠屬，大而黄黑。

鼢鼠，䴢鼠。曰偃鼠。逍遥游。

狸狌逍遥游、秋水〔二一〕。

鼯鼠〔二二〕，或謂之飛蝠，或謂之飛生。急就〔篇〕四。

田豕，郊特牲、内則。一歲謂之豵：，召南騶虞、豳七月。二歲謂之豝：，騶虞、小〔雅〕吉日。三歲謂豣。

豳七月，齊還作「肩」。亦凡獸之通語也〔二三〕。凡角屬，無角者爲童，牡獸三歲以上曰特。魏伐檀、夏〔官〕校人、廋人。

騶虞召南。

封豕，周語中。或謂之封狶。天問。

窮奇，相如〔賦〕。史〔記〕有，漢〔書〕無，上林有。如牛而蝟毛，音如嗥狗。

象，鄘〔風〕。長鼻。

魚。小〔雅〕采芑「魚服」〔二四〕。

碩鼠。詩。説〔卦〕「艮爲鼠」。

鼫鼠。易晉。

猫。郊特牲〔二五〕。

蝄象〔二六〕，九章。罔象。委蛇之屬。達生〔二七〕。

六獸：天〔官〕庖人。麋、鹿、麕、狼、兔、野豕。

鮮規之獸〔二八〕。天運。或曰小獸。

赤首圜蹄〔二九〕相如〔賦〕。

貘，天運。如狸而有髦，自爲牝牡。

蟃蜒，相如〔賦〕。大獸，似貍。疑即獌狿。

貙，五帝本紀、相如〔賦〕。似虎而五爪。

駮，相如〔賦〕。如馬，倨牙，食虎豹。白身黑尾，一角。

角端，相如〔賦〕。似猪，角在鼻上。

邛邛，相如〔賦〕。疑即「蛩蛩」。青獸，似馬。

距虛，相如〔賦〕。似蠃而小。一曰日行千里。

騊駼，相如〔賦〕。似馬。

巂，如馬，一角。不角者曰騏。相如「游騏」。

橐駝〔三〇〕。相如〔賦〕。

驒騱〔三一〕。相如〔賦〕。

駃騠〔三二〕。相如〔賦〕。生三日而超其母。

驢騾　相如〔賦〕。史〔記〕作「騾」。

蛭，相如〔賦〕。或謂之飛蛭，四翼。

蜩，相如〔賦〕。毛色如猴，能緣高木。

蠗，相如〔賦〕。似鹿，馬足，人首，四角〔三三〕。

獑胡，相如〔賦〕。黑身，白腰若帶。一云似獮猴，頭有髮，腰以後黑。

豰，相如〔賦〕。似貄而大[三四]，腰以後黃，或謂之黃腰，食獮猴。

蛫，相如〔賦〕。狀如龜，白身赤首。

野羊，山羊也。

解廌[三五]，相如〔賦〕。似鹿而一角。

猛氏，相如〔賦〕。如熊而小。毛淺有光澤。

瑕蛤，相如〔賦〕。闕。

梟羊，相如〔賦〕「游梟」。似人，長脣，反踵，被髮，食人。

蜚虡，鹿頭而龍身。神獸。

騶虞，相如〔賦〕。白質黑章。

翠黃相如〔傳〕，乘黃也。龍翼，馬身。

校　注

〔一〕天〔官〕司裘「熊侯」　原文在天頭，爲作者增補的出處。今移入正文之中。

〔二〕經　吊挂。莊子刻意：「吹呴呼吸，吐故納新，熊經鳥申，爲壽而已矣。」

〔三〕銳髾　原作「脱髾」，疑誤。史記索隱引張揖曰、集解引郭璞曰作「銳頭」，爾雅郭璞注作「小頭」，漢書注引郭璞注作「銳髾」。今據漢書注改。

〔四〕司裘「虎侯」　原文在天頭，爲作者增補的出處。今移入正文之中。

〔五〕司裘「豹侯」　原文在天頭，爲作者增補的出處。今移入正文之中。

〔六〕宋　「文豹」見莊子山木。莊子宋人，故標以「宋」字，意謂宋地語。下同。

〔七〕原文兕、犀兩條之間的天頭上有一「象」字，似有後文「象」條當移入此處之意。史記司馬相如傳中子虛賦有「兕象野犀」一句，象在兕、犀之間。今仍維持原貌。

〔八〕原文「貉」條天頭上有「春官肆師『表貉』、司馬」八字，亦爲作者增補的出處。其本意或是：周禮有「表貉」，見春官肆師、夏官大司馬。

〔九〕豐狐　見莊子山木。

〔一〇〕史記封禪書「貍首」集解引徐廣曰：「貍，一名不來。」又原文此條天頭上有「樂師有『貍首』」五字，爲作者增補的出處。見周禮春官。

〔一一〕大招「豺羹」　原文在天頭，今移入正文中。長尾，一作長毛。夏小正：「十月，豺祭獸。」高誘注吕氏春秋季秋紀云：「豺，獸也。似狗而長毛，其色黄。殺獸四圍陳之，所謂『祭獸』也。」

〔一二〕戰國策齊策三：「齊王曰：韓子盧者，天下之疾犬也。東郭逡者，海内之狡兔也。韓子盧逐東郭逡，環山者三，騰山者五，兔極於前，犬廢於後，犬兔俱罷，各死其處。」

〔一三〕齊策四　當作齊策三。

〔一四〕騰猿　見莊子山木。

〔一五〕騰遠　史記索隱謂爲蛇屬，文選五臣注謂爲猿屬。按莊子既作「騰猿」，當爲猿屬，故戴置於猿猴類。

〔一六〕果然　即長尾猴。藝文類聚引南州異物志謂「其鳴自呼」，「其體不過三尺，而尾長四尺餘」。果然之名，大抵由其鳴聲而來。

〔一七〕周禮考工記畫繢：「山以章，水以龍。」鄭玄注：「章，讀爲獐。獐，山物也。」又原文此條天頭上有「天〔官〕醢人『麋臡』」五字，爲作者增補的出處。

〔一八〕原文「鹿」字天頭上有「天〔官〕醢人『鹿臡』、『麋臡』」七字，是作者增補的出處。

〔一九〕原文天頭上有「司裘『麋侯』」四字，系作者增補的出處。

〔二〇〕皮樹　即斑馬。

〔二一〕莊子秋水：「捕鼠不如狸狌，言殊技也。」成玄英疏：「狸狌，野猫也。」而陸德明釋文曰：「狌，崔本作鼬。」據此，則狸狌應爲黄鼠狼。狸亦爲黄鼠狼的别名，見本草陶弘景注。故戴置於鼠類。

〔二二〕爾雅釋獸：「鼯鼠，夷田。」郭璞注：「狀如小狐，似蝙蝠，肉翅。」

〔二三〕廣雅釋獸：「豵，獸一歲爲豵。」此亦指獸，故戴謂「亦獸之通語」。

〔二四〕魚服　詩采薇正義引陸璣疏：「魚服，魚獸之皮也。魚獸似猪，東海有之。其皮背上斑文，腹下純青，今以爲弓鞬步義者也。」

〔二五〕禮記郊特牲：「迎猫，爲其食田鼠也。」

〔二六〕蟲象　又稱罔象，傳説中的水怪。楚辭遠游：「玄螭蟲象并出進兮，形蟉虬而逶蛇。」王逸注：「象，罔象也。」朱熹集注：「象，國語所謂『水之怪龍罔象』也。」戴謂見「九章」，誤。九章無「蟲象」。

〔二七〕莊子達生：「水有罔象，澤有委蛇。公曰：謂問委蛇之狀何如？皇子曰：委蛇，其大如轂，其長如轅，紫衣而朱冠。」

〔二八〕鮮規　小貌。見莊子天運成玄英疏。

〔二九〕蹏　史記作「題」。集解郭璞曰：「題，額也。」

〔三〇〕橐駝　即駱駝。

〔三一〕驒騱　野馬。見説文。

〔三二〕駃騠　驢騾。

〔三三〕此條釋義疑誤。按「似鹿，馬足，人首，四角」者，字當作「玃」，即玃如。山海經西山經：「皋塗之山有獸焉，其狀如鹿而白尾，馬腳人手而四角，名曰玃如。」王念孫、郝懿行均認爲當作「玃如」。史記索隱引顧氏云亦作「玃」。史記集解引郭璞曰：「蠷蝚似獼猴而黄。」司馬相如賦既是「蠷猱」連用。蠷當是猴類獸名。

〔三四〕似鼬而大　史記索隱引郭璞曰作「似鼯而大」。

〔三五〕解廌　神獸名。傳説能辨曲直。史記上林賦作「解豸」。

雅記二

馬〔一〕

八尺以上爲龍〔二〕；易乾彖傳、夏〔官〕廋人、月令三月。七尺以上爲騋〔三〕；鄘定之方中、夏〔官〕廋人。六尺以上爲馬〔四〕。夏〔官〕廋人。

馬易說卦「乾」。

黑馬曰驪〔五〕；秦小戎、魯〔頌〕駉、檀弓。鐵驪月令。曰驖；秦駟驖。青驪招魂。曰駽；魯〔頌〕有駜。青驪白鱗曰驒〔六〕。魯〔頌〕駉。

白馬易賁、明堂位。曰翰〔七〕；檀〔弓〕。白馬黑鬣曰駱；小〔雅〕四牡、皇皇者華、魯〔頌〕駉三、月令、明堂位。彤白雜毛曰騢。魯〔頌〕駉四。

赤馬曰騂；魯〔頌〕駉二。赤馬黑鬣曰騮；秦小戎、魯〔頌〕駉三、月令。騮馬白腹曰騵；大〔雅〕大明、檀弓。驪白曰駮。豳東山、說〔卦〕「乾」、田子方。

黃馬黑喙曰騧；秦小戎。黃白曰騜；豳東山作「皇」、魯〔頌〕駉一〔八〕。黃白襍毛曰駓。魯〔頌〕駉。

驪馬白跨曰驈；魯〔頌〕駉。驪白雜毛曰騶；鄭大叔于田作「鴇」。陰白雜毛曰駰。小〔雅〕皇皇者華、魯〔頌〕駉四。陰騩〔九〕也者，淺黑也。

綦毛曰騏〔一〇〕；秦小戎、魯〔頌〕駉二、小〔雅〕皇皇者華、采芑。蒼白雜毛曰騅。魯〔頌〕駉一。項〔羽〕本〔紀〕駿馬名騅。

白顛秦車鄰曰的顙；説〔卦〕「震」〔一一〕。二目白曰魚〔一二〕；魯〔頌〕駉四。膝上白曰驔；秦小戎、説〔卦〕「震爲馵足」。驪馬白鬣曰雒。魯〔頌〕駉三。

豪骭曰驔〔一三〕。魯〔頌〕駉四。

駷牝驪牡而産玄駒曰褭驂。

黄朱，康王之誥。黄馬蕃鬣明堂位。也〔一四〕。

駘，九辨。駑馬〔一五〕卜居。也。

驥，良馬也。

肅爽，唐成公駿馬也〔一六〕。

騏驎騄耳齊策四。

騏驥離騷。驊騮秋水。

馬二歲曰駒；周南漢廣、陳株林、小〔雅〕皇皇者華、白駒、角弓、夏〔官〕校人、又「黄駒」〔一七〕、廋人、月令。三歲曰駣。廋人。

乘黃〔一八〕，鄭〔風〕、秦〔風〕、小〔雅〕車攻「四黃」、魯〔頌〕駉、有駜。屈產之乘〔一九〕。蒼龍、赤騂、黃騂、白駱、鐵驪〔二〇〕。月令。騕褭，相如〔賦〕。金喙赤色。温即「竊」〔二一〕驪、驊騮、騄耳。秦本〔紀〕周繆〔王〕。遺風。相如〔賦〕。千里馬；始皇之馬〔二二〕。

牛

牛易説卦「坤」。七尺爲犉。小〔雅〕無羊、周頌良耜。牛子曰犢。天〔官〕庖人、月令。沉牛，相如〔賦〕。水牛檀弓。也。樸牛，天問。大牛。犛亦作「犛」。牛，逍遥游、相如〔賦〕。黑色。或謂之貓牛。

羊

羊説〔卦〕「兑」〔二三〕。牡曰羝。易大壯、大〔雅〕生民。黑羝曰羖。小〔雅〕賓之初筵。牝白曰牂，小〔雅〕苕之華、内則作「將」。黑曰羭。羊子曰羔。召南羔羊、宗伯「卿執」。羔五月曰羜，小〔雅〕伐木。六月曰𦍩。未卒歲曰䍮。達大〔雅〕生民。或謂之羖子，小羊也。

豕

豕易睽、說〔卦〕「坎」。牡曰豭。襍記下。艾豭，外舍之豕也。秦始〔皇〕本〔紀〕「夫爲寄豭」〔二四〕。豕或謂之彘，月令。或謂之豨，知北游。或謂之豬。方言八。豕子曰豚。天〔官〕庖人、醢人「豚拍」。婁豬，家繫之豬也。

婁，繫也。公羊傳曰：「牛馬維婁。」何休注：「繫牛曰婁。」婁豬，舊説求子豬也，後人遂以爲牝豕曰婁豬。予謂婁豬與艾豭對，艾猶外也。國語云：「國君好艾，大夫殆；好内，適子殆。社稷危。」〔二五〕韋昭亦以艾爲外，謂嬖臣。孟子以少艾與妻子並稱，妻子爲内，少艾爲外也〔二六〕。艾豭指宋朝爲外舍之男，則婁豬指南子爲有繫于内者也〔二七〕。以豭豬言，所謂禽獸狗彘之行是也。方言云：「豬，北燕朝鮮之間謂之豭。」以豭爲通稱。而許慎、杜預皆曰「豭，牡豕也」。按，禮記有「豭豚」，牡豚也。則「牡豕」之説爲得。

豶豕，易大畜。羠豕也。古豕曰豶，羊曰羯曰羠，牛曰犗曰犍，馬曰騬。封豕，相如〔賦〕。大豕也。

犬

犬四尺爲獒。左〔傳〕宣二年、公〔羊傳〕宣六年「旅獒」〔二八〕。黑犬曰盧。齊〔風〕盧令、齊策三。長喙曰獫，秦〔風〕駟驖。短喙曰歇驕〔二九〕，駟驖。多毛曰尨。瘈狗，狂狗說〔卦〕「艮」。也。

東郭俊盧氏之狗　齊策四〔三〇〕。

犬，天下。狗之有懸蹏者〔三二〕。

〔鷄〕

露鷄，招魂。露棲之鷄也。

越鷄、魯鷄。庚桑楚。方言、廣雅。

校注

〔一〕此標題原在篇後，現移篇前。以下「牛」、「羊」等標題皆如此，不另注。

〔二〕龍　駿馬。按爾雅釋畜作「駥」，曰：「馬八尺爲駥。」

〔三〕騋　田馬。周禮考工記輈人鄭注：「田馬七尺。」

〔四〕馬　諸侯所乘，故易以龍叙乾，以馬叙坤。

〔五〕原文「黑馬」條天頭上有「急就三」三字，爲作者補充的出處。詩駉毛傳：「純黑曰驪。」以下諸馬凡見於詩者，作者多用毛傳之説。

〔六〕驒　青馬有白斑如鱗者。非驒騱之驒。毛傳、爾雅均作「青驪驎」，説文作「青驪白鱗」。

〔七〕禮記檀弓：「殷人尚白……戎事乘翰。」

〔八〕今本詩魯頌駉亦作「皇」。

〔九〕原文「騩」在「陰」字右側，是作者添入的夾注，謂「陰」即「騩」。急就篇卷三「騩」顔師古注：「騩，淺黑色也。」

〔一〇〕綦毛　說文：「騏，馬青驪文如博棊也。」段玉裁注：「謂白馬而有青黑紋路相交如棊也。」

〔一一〕易說卦「震爲的顙」疏：「白額爲的顙。亦取動而見也。」

〔一二〕二目白　即二目毛色白。參見經義述聞卷二十八。一目白爲瞯，見爾雅釋畜。

〔一三〕豪骭　謂馬腳脛有長毛。說見詩魯頌駉毛傳孔疏。阮元校勘記謂正義本「骭」下有「白」字。朱熹集傳説與孔穎達正義同。

〔一四〕蕃：赤色。禮記明堂位「黄馬蕃鬣」孔疏：「蕃，赤也。周尚赤，用黄近赤也。」

〔一五〕玉篇：「駘，駑也。」又「駑，最下馬也」。周代馬分六種，曰種馬、戎馬、齊馬、道馬、田馬、駑馬。前五者爲天子玉路、革路、金路、象路、木路所用之馬，駑馬爲給宫中負重之役。見周禮校人注。後駑馬泛指劣馬。

〔一六〕左傳定公三年：「唐成公如楚，有兩肅爽馬。」疏引馬融曰：「肅爽，雁也，其羽如練，高首而脩頸，馬似之，天下稀有。」

〔一七〕校人有「執駒」，又有「黄駒」。

〔一八〕乘黄　四馬曰乘。黄，黄色。

〔一九〕屈産　春秋晉地，産駿馬。見左傳僖公二年。

〔二〇〕此天子五時所駕之馬。即：春蒼龍，夏赤騂，秋白駱，冬鐵驪，中央用黄騂。中央寓於季夏之中。見禮記月令。

〔二一〕䮾　淺青色。温驪、騂騮、騄耳，均爲周穆王的駿馬名。

〔二二〕遺風　漢書音義謂千里馬；古今注謂始皇之馬。

〔二三〕「羊」字天頭上有「急就三」三字，爲作者增補的出處。

〔二四〕史記秦始皇本紀：「夫爲寄豭，殺之無罪。」索隱：「豭，牡豬也。言夫淫他室，若寄豭之豬也。」

〔二五〕語見國語晉語一。韋注：「艾當爲外，聲相似誤也。好外，多嬖臣也。好内，多嬖妾也。」按，韓非子内儲説下引「艾」作「外」。

〔二六〕孟子萬章上：「知好色，則慕少艾；有妻子，則慕妻子。」

〔二七〕左傳定公十四年：「衛侯爲夫人南子召宋朝。」杜預注：「南子，宋女也；朝，宋公子，舊通於南子。」

〔二八〕書旅獒序：「西旅獻獒。」孔傳：「西戎遠國貢大犬。」疏：「其名曰獒……旅是國名。」

〔二九〕猲驕　爾雅、説文作「猲獢」。本草綱目「狗」下時珍曰：「狗類甚多，其用有三：甲犬，長喙善獵；吠犬，短喙善守；食犬，體肥供饌。」

〔三〇〕戰國策齊策四：「世無東郭俊盧氏之狗。」按太平御覽四五六引作「世無東郭韓盧氏之犬」。

〔三一〕説文：「犬，狗之有縣蹏者也。」又「狗，孔子曰：『狗，叩也；叩氣吠以守。』」段玉裁注：「有縣蹏謂之犬，叩氣吠謂之狗，皆於音得義。」

經雅一〔一〕

雎鳩，關雎。即魚鷹、沸波。俗呼寫鳥。鷙而有別，故少皞左〔傳〕昭十七年。司馬之官曰雎鳩氏。爾雅謂之王雎。或謂之鶚，性好峙，每特立不移，所謂鶚立是也。今謂之魚鷹。小而尾上白謂之白鷢，亦謂之楊鳥。

雎鳩見經，王雎、楊鳥、白鷢見爾雅，鶚見漢書〔二〕。

黄鳥，周南葛覃、邶凱風、秦黄鳥、小〔雅〕黄鳥、綿蠻。亦謂之倉庚〔三〕，豳七月、東山、小〔雅〕出車、月令。夏小正謂之商庚，亦謂之長股。其色黎黑而黄，淮人謂之黄伯勞。故爾雅又謂之鵹黄。齊人謂之摶黍，周人謂之楚雀，秦人謂之黄栗留。

倉庚、黄鳥見經，商庚、長股見夏小正，鵹黄、楚雀見爾雅，摶黍見詩傳，又名皇，亦見爾雅。陸璣詩疏引里語云：「黄栗留，看我麥，黄葚熟不。」幽州呼黄鸝。又名黄鶯、黄袍、黄鶯兒。

鵲，召南鵲巢、天運。或謂之雗鵲，或謂之乾鵲，或謂之飛駮。小鵲爾雅謂之鷽，禮注謂之鴇鵲，皆烏之屬也。故周官羅氏總謂之烏鳥。季冬始巢，巢嚮太陰所建而背歲〔四〕。

鵲、烏鳥見經，鴇鵲見周禮注及淮南子、廣雅〔五〕。淮南子曰：「若鵲之駮。」漢相如〔傳〕有鳷鵲觀。又名神女，見古今注。鵲尾長，故漢世高祖所爲劉氏冠，民間謂之鵲尾冠。又熏鑪之有柄者，謂之鵲尾鑪。

燕，邶燕燕。古謂之玄鳥，商頌、月令。又名鷙鳥〔六〕，又名游波，又名天女。春分來睇〔七〕，至秋分則蟄〔八〕，故少皞司分之官曰玄鳥氏四十八〔九〕。籥口，布翅，枝尾，方頷。齊人謂之乙，楚人謂之鷾鴯。宋。

燕、玄鳥見經，乙見爾雅〔一〇〕，意而見莊子。

雉，易鼎、説〔卦〕「離」、高宗肜日、邶〔風〕、〔大〕宗伯「士執」、月令。古謂之華蟲，虞書益稷。考工記之鳥獸蛇畫繢之事。也。漢謂之野鷄。雷始動，雉鳴而雊高宗肜日其頸〔一一〕。雉羽五采備，禹貢謂之夏翟〔一二〕；伊洛而南，素質五采皆備成章曰翬；小〔雅〕斯干；江淮而南，青質五采皆備成章曰搖〔一三〕。南方曰鷷，東方曰鶅，北方曰鵗，西方曰鷷〔一四〕。少皞五雉爲五工正，郯子不舉其名，説者謂翬雉、鷷雉、鶅雉、鵗雉、鷷雉也。長尾雉謂之翟，或謂之山雞，大者謂之鷮，小〔雅〕車舝。走且鳴。赤雉禮謂之鷩，春〔官〕司服。或謂之采雞，或謂之鵕鸃，相如〔賦〕。今之錦雞也。古謂之丹鳥，以立秋來，立冬去，故少皞司閉之官曰丹鳥氏。

雉、華蟲、夏翟、翬、鷮、鷩見經，丹鳥見左傳，搖、鷷、鶅、鵗、鷷見爾雅，鵕鸃見漢書。野鷄不見，漢書史記避吕后諱〔一五〕。鳥獸蛇見考工記〔一六〕。澤雉見養生主〔一七〕。

鴻雁，邶〔風〕、易漸、曲禮、禹貢謂之陽鳥。小而白者爲雁，邶天〔官〕醢人、〔大〕宗伯「大夫執」、方言八。大者爲鴻。蒼者爲野鵝，或謂之駕鵝，史〔記〕相如〔傳〕。或謂之倉鳭，或謂之鴚鵝。

其小者謂之鵋鶀，禮謂之舒雁。內則。又謂之家雁。皆口語也。

鴻雁、陽鳥、舒雁見經，鶀見爾雅。駕鵝，駕亦作鴐，亦作鴚，見相如賦。左傳定元年有榮駕鵝，人名。鵋見史記，雁、倉鴚見方言。又名朱鳥，見法言。今北方有白雁，似鴻而小，秋深乃來，來則霜降〔一八〕，河北謂之霜信。杜甫詩「故國霜前白雁來」是也。

鶬，招魂、大招。似雁而黑，俗呼南人所謂之鶬鷄，或謂之麥鷄，或謂之錯落，或謂之麋鴰，大招。或謂之鶬鴰，關西謂之鴰鹿。

梟，大〔雅〕瞻卬。古謂之流離。邶旄丘。

流離、梟見經。流離，爾雅作鶹鷅。

鸏鵝，大招、相如〔賦〕。似雁，或謂之鸏鶚，長頸，綠色。

烏，邶〔風〕、夏〔官〕射鳥〔氏〕。黑烏也。腹下白謂之鸒，小〔雅〕小弁。亦謂之卑居，或謂之楚烏，或謂之雅。齊物論作「鴉」。白脰烏謂之燕烏。

烏、鸒見經，黑烏見夏小正，卑居、白脰烏見爾雅，燕烏見小爾雅，爾雅單作燕。雅見說文，小爾雅作雅烏。

蛙化爲鶉，鄘鶉之奔奔、魏伐檀、內則。草伏，好鬬。其居易營，故言茅茨不掩曰鶉居。天地。鶉尾禿，所謂「衣若縣鶉」是也。爾雅謂之鶉。其雄謂之鵖，鵖謂之庳。鶉子謂之鳼。田鼠化爲鴽，或謂之鵪，月令、內則、公食大夫禮。青州謂之牟母。其子謂之鸋。

鶉、鴽見經，鵪見夏小正，牟母、鶐、鵖、庳、鳼、鸋並見爾雅。屈大均曰：「鵪色黑，無班，始繇鼠化，終復爲鼠，夏有冬無。鶃毛有班點，始繇蝦蟇黄魚化，終以卵生，四時常有。今通呼爲鵁鶃矣。」又曰：「其麻翼黑爪而足高者雄也，黄眼赤觜而足庳者雌也。」

鳧，鄭〔風〕、大〔雅〕鳧鷖。爾雅謂之鸍，或謂之沉鳧。或謂之煩鶩，相如〔賦〕。或謂之青首。又名野鶩、野鴨。鶩，〔大〕宗伯「庶人執」。禮謂之舒鳧，内則。亦謂之匹，曲禮下。今之鴨也。家鳧，鴨。又名䳄。小鳧多而善飛者謂之寇鳧。或謂之羅鸔、鸊鷉，方言八。或謂之須蠃，或謂之水䲦，或謂之鸋鳥，或謂之刀鴨，或謂之油鴨。方言。似鳧而小，膏中瑩刀。

鷗，古謂之鷖，大〔雅〕鳧鷖。或謂之水鴞〔一九〕。

鳧、鷖、舒鳧、匹見經，沉鳧、鶩、須蠃見爾雅，煩鶩、青首、羅鸔見史記，鷗見列子，鸊鷉見方言，爾雅單作鷉。鶩亦作木，見淮南子。又名鴨，尸子「野鴨爲鳧，家鴨爲鶩」是也。寇鳧見論衡，水鴞見説文，鶩見周禮。

屬玉，相如〔賦〕。史記作「鸀鳿」。似鴨而大，紫紺色，長脛。

鷛鰈，相如〔賦〕。似鳧灰色而鷄足。或謂之章渠。即章鷄，亦名水鷄。

鴇，唐鴇羽、内則、相如〔賦〕。似雁，虎文，無後趾。或謂之鴻豹，或謂之獨豹。

鴇見經，鴻豹見易林，獨豹見史記注。閩諺「鴇無舌」。

交精，相如〔賦〕。史〔記〕作「鵁鶄」。似鳧而腳高，有毛冠。或謂之鳽。

旋目，相如〔賦〕。或謂之䴉目〔二〇〕。

鱵鴜，相如〔賦〕。似魚虎而蒼黑。

晨風，秦〔風〕。鸇。燕頷鉤喙，摇翅疾飛，似鷂而青黄。

晨風見經，鸇見左傳、爾雅。

鴭頭，足近于尾，謂之鴳。相如〔賦〕。或謂之魚鴳。

鸕鷀，相如〔賦〕。或謂之鷧。

鷺，陳宛丘、周頌振鷺、魯〔頌〕有駜。白鷺也。爾雅謂之舂鉏。今之鷺鷥也。其行立有序，所謂鷺序是也。又名白鳥，李昉呼爲雪客，陸龜蒙謂爲絲禽。赤者謂之朱鷺，又名紅鶴。黄者名曰鶬子，頭無絲，腳黄。

鷺見經，舂鉏見爾雅，白鷺見説文。

鵜，曹侯人。或謂之洿澤。頷下有胡，故又謂之鵜鶘。外物。或謂淘河。

鵜見經，洿澤見爾雅，鵜胡見莊子。其大如鵝，或呼水流鵝。漁童謠曰：「水流鵝，莫淘河，我魚少，爾魚多。竹弓欲射汝，奈汝會逃何。」淘河見爾雅注。鵜胡、淘河一聲之轉。山海經名犂鶘。又名淘鵝、逃河。鵜之屬有漫畫，有信天緣，即青翰，俗呼青莊。

鳲鳩，曹〔風〕。爾雅謂之秸鞠。鳲鳩均平，故少皞司空之官曰鳲鳩氏。或謂之布穀，或謂之擊穀，吴人謂之郭公。

鳲鳩見經，秸鞠見爾雅，布穀見方言。又名郭公，見埤雅。

鶪，豳七月、月令。古謂之伯趙，以夏至鳴，冬至止，故少皞司至之官曰伯趙氏。或謂之伯勞，或謂之百鶹，或謂之博勞，或謂之鶗鴂。

䳢見經，夏小正作鴂。伯趙見左傳，伯勞見説文，百鶹見夏小正，博勞見禮注，鶗鴂見張衡賦，離騷作鵜鴂，揚雄作鷤鴂。

鵂鶹，晝瞑夜見。或謂之鵋䳢，秋水。豳之鵋䳢金縢、豳〔風〕，大〔雅〕瞻卬作「鵋」。也。爾雅謂之鵅鵂。

鵋䳢見經，鵋鵂見莊子，鵂、䳢一聲之轉。鵂鶹見説文，鵅鵂見爾雅。先儒以鵅鵂之名偶與桑飛同，謂鵋䳢爲桑飛，誤矣。又名怪鵋，又名鵋鵙、鵂鶹，又名鵅，並見爾雅。其聲若骨鹿者，俗呼骨鹿鵋。貍首而瞿目。

鸛，豳東山。似鶴，或謂之鸛雀，或謂之皂帔，或謂之背竈。

鸛見經，鸛雀、皂帔、背竈並見廣雅，莊子作觀雀，楊震傳作冠雀。又名黑尻，又名皂裙，又名負釜，皆以尾翅黑而名也。

鵻，小〔雅〕四牡、南有嘉魚。古謂之祝鳩。祝鳩孝，故少皞司徒之官曰祝鳩氏。或謂之鵻鳩，爾雅謂佳其，亦謂之夫不。或謂之鵓鳩，或謂之楚鳩。

鵻見經，祝鳩見左傳，夫不爾雅作鳺鴀，鵓鳩見爾雅注。夫不即鵓鳩聲之轉也。佳其見爾雅，即鵻鳩聲之轉也。鵻或作隹，左傳杜解之鵻鳩，隹字誤耳。又譌作鵓。楚鳩見爾雅李巡注。又名荆鳩，見方言注。又名班鳩，方言作鳻鳩，廣雅作鵖鳩，但方言、廣雅與鶻鳩混。鵻鳩言雖色鳩在青白之間。班鵻又名錦鳩，子鵓鳩、䳡鳩、糖鳩、䳟皋、辟皋。

鴿　大招。

脊令，小〔雅〕常棣、小宛。爾雅謂之䳭渠，大如鷃雀，頸下有黑如連錢，故又謂之連錢，或謂之錢母。

脊令見經，䳭渠見爾雅，連錢見詩疏，錢母見埤雅。俗呼爲雪姑。

隼，小〔雅〕采芑、沔水、易解、春〔官〕司常、月令、魯語下。或謂之題肩，或謂之擊征，月令之征鳥也〔二一〕。

隼、征鳥見經，擊征、題肩見禮注。

鶴，小〔雅〕鶴鳴、白華、易、墨子。丹頂，隆膝，脩頸，高足。又名丹歌，有詩「丹歌時引舞」〔二二〕。又有仙禽、胎禽之名。其鳴謂之鶴唳。鶴羽謂之陰羽。

鶴見經，陰羽見逸周書。

鶻鳩春來冬去，故少皞司事之官曰鶻鳩氏。似山鵲而短尾〔二三〕，多聲。古謂之阿鵴，北人呼䴌鷜。亦謂之鳴鳩，小雅小宛、月令。楚人謂之鷽鳩。逍遥游。或謂之鶻鵃。魯頌、泮水。陳風墓門。之鴞鷙鳥。內則、齊物論、大宗師、天地。也。

鳴鳩見經，鶻鳩見左傳，鶻鵃見爾雅。又名鸊鳩，即鶻鳩之轉聲相禪，亦見爾雅。鷽鳩見莊子。舊説鴞惡聲之鳥，因鴞梟聲相近，又與鴟鴞混亂耳。司馬彪曰：「鴞，小鳩可炙者。」

桑扈，小〔雅〕小宛、桑扈。青雀。蠟嘴雀。爾雅或謂之竊脂。鷃或謂之斥鴳，逍遥游。爾雅謂之老扈，俗呼鴳爛堆。少皞鳥官，九扈爲九農正，説者謂春扈鳻鶥；夏扈竊玄；秋扈竊藍；冬扈竊黄；桑扈竊脂；棘扈竊丹；行扈唶唶；宵扈嘖嘖；老扈鷃内則。晉語作「鴳」，達生同。是也。夏之有扈氏，豈九農正之苗裔與！郯子不舉其名，蓋一人而兼是官也。

桑扈、鷃見經，餘見爾雅。鷃又名鷃雀，見爾雅注。

雕，古謂之鷻。小〔雅〕四月作「鶉」。或謂之沸波。皂雕謂之鷲，黑色，多力。

鷻，詩譌作鶉。説文引詩曰「匪鷻匪鳶」，則漢時經猶未譌耳。沸波見淮南子，雕見史記，鷲見漢書。

鴟，古謂之鳶，小〔雅〕四月、大〔雅〕旱麓、夏〔官〕射鳥、曲禮。禮注謂之鴟。小鴟爾雅謂之鸛，亦謂之負雀。

鳶見經，夏小正作弋，鴟見列子，鳶、鴟一聲之轉。

鴛鴦，小雅、白華〔二四〕。水鳥匹游者也。或謂之黄鴨、溪鶒，似鴛鴦，翹首柁尾，能食射工。或謂之溪鴨，或謂之紫鴛鴦。

鴛鴦見經。又名匹鳥，見詩傳。溪鶒見杜臺卿淮賦，見唐詩〔二五〕。

鶖，小〔雅〕白華。如鶴而大，饕餮之鳥也。詩傳謂之秃鶖，或謂之扶老。又名鶬鴰。一説即鶢鶋。

鶖見經，秃鶖見詩傳，扶老見古今注。

鷹，大〔雅〕大明、月令。古謂之爽鳩。至秋則鷙，故少皞司冠之官曰爽鳩氏。或謂之蒼鳥。天問。

鷹見經，爽鳩見左傳。爾雅爽謁作鴭。齊，爽鳩氏之墟也。

孔雀，九歡、大招、相如〔賦〕。鸞鳳之亞。或謂之孔雉。

焦明，似鳳，西方之鳥。或曰水鳥。

鳳，爾雅謂之鶠。其雌謂之皇。離騷。虞書益稷作「鳳凰」，大〔雅〕卷阿、禮運作「鳳皇」。少皞歷正之官曰鳳鳥離騷氏。曰鸞，秦駟驖、九章、離騷、相如〔賦〕。曰鵷鶵，秋水、相如〔賦〕。曰鷟鳥，曰鸑鷟，皆鳳屬也。

鳳皇見經，鸑鷟見國語，鵷鶵見莊子。鸞如翟五采文。鷟鳥離騷，相如〔賦〕。鳳屬，五采。

鷦鷯，逍遥游。小而善巢，方言八。古謂之桃蟲，周頌小毖。或謂之蒙鳩。大戴記。其雌謂之鴱。

桃蟲見經，鷦鷯見莊子，爾雅單作鷦，又曰「其雌鴱」。又名工爵、桑飛、女匠、過鸁、蠛爵、鸋鴂，並見方言。鷦鶚見説文。又名蒙鳩，又名黄脰雀。又名鷦鷖、巧婦、布母，見方言注。

翰音，見易及禮記〔二六〕。

鸜鵒，考工〔記〕。似鵙而有幘，今中國皆有之，但在濟西不踰濟，故春秋書鸜鵒來巢，爲魯所常無。或謂之寒皋。

鸜鵒見經，寒皋見淮南子。

鸚鵡，曲禮。兩瞼俱動如人目，慧而能言，出南越、隴右。結遼，有兩耳，出秦中。

鶪鳺見經。結遼見唐書，俗呼秦吉了，聲之轉耳。

戴勝，月令。爾雅謂之戴鵀，亦謂之鵖鴔，首有華勝。

戴勝見經，戴鵀、鵖鴔見爾雅。鴭鵀、戴南、戴鳻、服鶝、鵖鶝見方言。

駕犁，俗呼榨油郎、鐵鸚鵡、夏鶏、鳳凰皂隸、喚人起。

鸛鷒，似伯勞而小，月令之反舌也。或謂之百舌。

反舌見經，百舌見淮南子。

鶡旦，月令。求旦之鳥也。似鷄而五色，冬無毛。或謂之獨舂，或謂之城旦，或謂之定甲，或謂之倒懸，或謂之寒號。

鶡旦見經，亦作渴旦，坊記作盍旦。寒號見通雅。其鳴曰「鳳皇不如我」。至冬毛落，曰「得過且過」。餘並見方言。

鵠，內則、天運。鴻類，遼人謂之天鵝。鵠見經。

鴆，晉語二、離騷。毒鳥，食蝮，毛紫黑，長頸，赤喙。雄曰暈日，雌曰陰諧。以其羽畫酒，殺人。

鴆亦作「酖」，穀〔梁傳〕僖十年。見左傳〔二七〕。暈日、陰諧見淮南子。

鷁，僖十六「年」。穀〔梁傳〕作「鶂」。相如〔賦〕。白鶂天運。也。俗呼白盧鷀。

鷁見經。亦作鶂。白鶂見莊子〔二八〕，蒼鷁見三倉。青鶂或謂之烏鸔。

爰居，左〔傳〕文二年、魯語上。海鳥至樂。也。爾雅謂之𩿧縣。或謂之乘風。

爰居見左傳、國語，𩿧縣見爾雅。又名乘風，見急就〔篇〕二。漢元帝時，琅琊有大鳥如馬駒，時人謂之爰居。

鵬 逍遥游。

焦明 相如〔賦〕〔二九〕。

鷇 齊物論〔三〇〕。

意怠 宋〔三一〕。

乾餘骨〔三二〕。

蒼鶊，古謂之青鳥，以立春鳴，立夏止，故少皞司啓之官曰青鳥氏。

鵾鷄，九辨、相如〔賦〕。似鶴，黄白色。或謂之鶤鷄。

翡，赤羽。翠，青羽〔三三〕。招魂、相如〔賦〕。

鷸，燕策九、天地。似燕紺色。爾雅謂之翠。其小者爾雅謂之鴗，亦謂之天狗。或謂之魚虎

水狗〔三四〕。

鷸見左傳，翠、鴗、天狗見爾雅，魚虎見埤雅。又名翠碧鳥。

六禽：天〔官〕庖人。羔、豚、犢、麛、雉、雁。先鄭説：雁、鶉、鷃、雉、鳩、鴿。

黄雀 楚策四。

黄鵠　同〔三五〕。又卜居。

鷬䴈　宋策。

鴟堆，天問。如鷄而白首，鼠足。

鶡，似雉，鬬死不郤。

蜚廉，或謂之龍雀。鳥身鹿首。

校　注

〔一〕標題下方原有「新安戴震著」。

〔二〕楊鳥　即白鷗子。今本爾雅作「鸞」，或曰即楊鳥轉寫之誤。　鶚　漢書鄒陽傳：「鷙鳥絫百，不如一鶚。」

〔三〕原文「倉庚」二字左側標有「方言八」三字，爲作者增補的出處。今本方言卷八作鶬鶊。

〔四〕歲　太歲。星名。埤雅引博物志曰：「鵲背太歲也。」古時謂鵲知風之來嚮而作其巢，知歲之所在而開其户。説見淮南子繆稱。

〔五〕鳱鵠　乾鵲。即喜鵲。因喜鵲性惡濕，故名。儀禮大射鄭玄注引淮南子曰：「鳱鵠知來而不知往。」按，今淮南子氾論作「乾鵠」，廣雅作「鳱鵠」。

〔六〕鷙鳥　本草綱目燕：「釋名：鷙鳥。時珍曰：鷹鷂食之則死，能制東海青鶻，故有鷙鳥之稱。」

〔七〕來睇　大戴禮記夏小正：「言來者何也？莫能見其始出也，故曰來降。言乃睇何也？睇者，眄也。眄者，視可爲室者也。」

〔八〕燕子蟄伏，入於巖穴枯木深處，泥涂其身，毛羽皆脱。春暖時即生羽飛去。見朱翌猗覺寮雜記上。

〔九〕四十八　指春秋左傳注疏卷四十八。

〔一〇〕乙　今本爾雅作「鳦」。郭璞注：「齊人呼鳦。」

〔一一〕「高宗肜日」四字原文在天頭，爲作者增補的出處。今移入正文中。　雷始動，雉鳴而雊其頸　語見説文。大戴禮記夏小正作「雉震呴。震也者，鳴也。呴也者，鼓其翼也」。段玉裁謂「鼓其翼，句其頸，皆狀其鳴也」。鄭玄注月令云：「雊，雉鳴也。」

〔一二〕原文此句天頭上有「秉翟邶簡兮」，「翟茀衛碩人」，「張揖曰盧白雉也」數語，因未便移入正文中，故録於此。

夏　五色曰夏。

〔一三〕摇　今本爾雅作「鷂」，説文作「摇」。鄭玄注内司服「揄狄」字亦作摇。

〔一四〕此句本於爾雅。説文引與今本爾雅小異。

〔一五〕舊云漢人避吕后諱，稱雉爲「野鷄」，見史記封禪書集解、漢書高后紀注引如淳曰。王念孫廣雅疏證釋鳥引急就篇、易林等駁之，謂野鷄與雉古爲二物。

〔一六〕鳥獸蛇　周禮考工記畫繢鄭玄注：「所謂華蟲也。」賈公彦疏：「言鳥以其有翼，言獸以其有毛，言蛇以其有鱗。」

〔一七〕澤雉　莊子養生主：「澤雉十步一啄，百步一飲，不蘄畜乎樊中。」亦即野鷄。

〔一八〕露降　當作霜降。埤雅、爾雅翼作「霜降」。

〔一九〕説文：「鷺，皀屬。」詩大雅皀鷺：「皀鷺在涇。」以皀、鷺並稱，故戴氏將鷗置於皀類。

〔二〇〕此條作者原在「相如」二字下書「史作鰥目」，後將「鰥目」二字勾於「或謂之」之下。按作者原意作異文處理，後改作異名處理。今將「史作」二字删。

〔二一〕原文此條天頭上有「鴰肩、鷵子、籠脱，鷂也」、「鳶鴟、雀鷹、鸇、茅鴟、鶻、鷵子，籠脱也」兩句文字，爲作者録自廣雅及他書的材料。

〔二二〕丹歌及詩見事物异名録。其禽鳥部曰：「池州道士趙自然常爲詩曰：『丹歌時引舞。』或問：『何爲丹歌？』曰：『鶴也。』」

〔二三〕此句原文右側有「青鵻、黄褐侯、鴇」六字，似又被圈去，故未入正文而録存於此。本草綱目青鵻：「釋名：黄褐侯。」鴇亦見本草。均爲山鳩别名。

〔二四〕詩小雅有鴛鴦一篇。作者將「小雅」和「白華」没有連寫，當指鴛鴦、白華兩篇。

〔二五〕「唐詩」之上原有「紫鴛鴦」三字，後被删去。按，李白代别情人詩有「風吹緑琴去，曲度紫鴛鴦」。又有「七十紫鴛鴦，雙雙戲亭幽」。

〔二六〕「翰音」以下五字原爲注文，其上原有：「鷄曰翰音，中孚之『翰音登天』，取巽象也」十五字，被删去。

〔二七〕「酖」見左傳莊公三十二年，閔公元年、僖公三十年。

〔二八〕此處原文作「白鷂」，筆誤。據莊子改。

〔二九〕此條原文書作「相如焦明」，爲作者録存的條目。焦明已見前文。

〔三〇〕觳　待母哺食的幼鳥。爾雅釋鳥：「生哺，觳。」國語魯語上：「鳥翼觳卵，蟲舍蚳蝝。」

〔三一〕「意怠」見莊子山木。

〔三二〕莊子至樂：「鴝掇千日，爲鳥，其名曰乾餘骨。」亦見列子天瑞。

〔三三〕説文：「翡，赤羽雀也。出鬱林。」又「翠，青羽雀也。出鬱林。」

〔三四〕水狗　見爾雅郭璞注。「水狗」二字原文位置在間隙中，爲作者後補入的名目，今置於魚虎之下。

〔三五〕同　指同上楚策四。

經雅二

釋蟲一〔一〕

蝨　蝤蠐　蠑　蛾

蟋蟀　蜉蝣　蜩　莎雞

蜥蜴　蠋　伊威　蠨蛸

熠燿

蝨，草蟲以股鳴者。周南曰蝨斯，周南蝨斯。豳曰斯蝨，豳七月。隨文協句也。其大者謂之阜蝨。召南草蟲、小〔雅〕出車。

周南「蝨斯羽」，豳「五月斯蝨動股」，毛傳皆云「蚣蝑也」。召南「喓喓草蟲，趯趯阜蝨」，毛傳云「草蟲，常羊也」；「阜蝨，蠜也」。毛氏之説，本于爾雅釋蟲：「阜蝨，蠜」；「草蝨，負蠜」；「蜇蝨，蚣蝑。」以爲蝨之三種。求之于詩，乃知爾雅不可據。詩祇言螽，未嘗分別其種類。「斯」本語辭，如「鹿斯、柳斯」之類，或加在下。或加在下，便文協句而已。「喓喓草蟲，趯趯阜螽。」草蟲本無定指。阜，大也，即「四牡孔阜」之阜〔二〕，猶曰其聲之喓喓者，草中蟲鳴也。其跳之趯趯者，螽之大者也。聽其聲，故泛稱草蟲。見其形，故指云阜螽。改草蟲爲草螽，于義未安。蛗、蚚二字，亦字畫譌闕，阜字本作𠂤，加虫當作蛗，斯加虫當作蟴，猶「鸒斯」之斯，字書加鳥作鷉。然皆贅體，不合經義。蟴又譌而爲蚚，乃蚚蜴之蚚，尤非是。

蛣蟗，衛碩人。或謂之桑蠹，或謂之蛣蝠。自關而東謂之蛣蟗，梁、益之間謂之蝎，秦、晉之間謂之蠹。方言十一〔三〕。

木中蠹蟲，身長潔白。七辨云：「蛣蟗之領阿那宜顧。」列子曰：「木之有慾，如樹之有蝎，蝎盡則木朽，慾熾則身亡。」此蝎蟲非蠆尾之蝎也，化而羽有角，俗呼天牛，又名桑羊。蟗螬，至樂，蠐蟗也。

螓，碩人。小蟬有文者，額廣而方，故詩曰螓首。夏小正謂之札，亦謂之寧懸，詩箋謂之蜻蜻。

夏小正：「四月，鳴札札者，寧懸也。」方言云：「其雌蜻謂之疋。」

蛾，碩人。爾雅謂之羅。兩眉句曲如畫，故詩曰蛾眉。蠶化蛹，蛹化蛾。

蟋蟀，唐〔風〕、豳七月、月令。小蟲以注鳴者。或謂之精列、促織〔四〕，晉、魏之間謂之蛬，北燕謂之趣織，南楚之間謂之王孫。方言十一。

蜉蝣，曹〔風〕。秦、晉之間謂之渠略。方言十一。

「蜉蝣掘閱」，集傳云：「掘閱，未詳。」按埤雅云：「掘閱言掘土使解閱也。」管子曰：「掘閱得玉。」今以詩考之，蜉蝣蓋羽蟲如粉蝶者，故詩以況麻衣如雪。

蜩，豳七月、小〔雅〕小弁、大〔雅〕蕩。小蟲以旁鳴者。秦晉之間謂之蟬，檀弓下、月令。楚謂之蜩。五彩具謂之蜋蜩，陳鄭之間語也。蟬之大者謂之馬蜩，内則。爾雅謂之蝒。

莎雞，豳七月。小蟲以羽鳴者。或謂之絡緯，爾雅謂之螒，亦謂之天雞。又名樗雞、樗鳩，小蟲，黑身，赤頭。

蜥蜴，或謂之蚖，周本〔紀〕「玄黿」〔五〕。爾雅謂之榮蚖。蝘蜓，似蜥易，或謂之守宫，或謂之蝎虎。方言八。

蠋，豳東山。似蠶，青色，壝首，睅目。爾雅謂之蚅，亦謂之烏蠋。生葵及藿中〔六〕，故又名藿蠋。庚桑楚。毛傳以爲桑蟲，因蒸在桑下句言之，其實非也。

蚱蟬，即札。五月採〔七〕。即馬蜩。

伊威，東山。小蟲溼生者。或謂之委黍，爾雅謂之蟠，亦謂之鼠負。鼠婦〔八〕。

蠨蛸，東山。爾雅謂之長踦。小鼅鼄長脚者。

熠燿，東山。爾雅謂之螢火，月令。亦謂之即炤。或謂之腐蠸、至樂。蟒、景天〔九〕。集傳以蛆螢解之，然熠燿自是狀，其飛之多非蟲如蛆尾者也〔一〇〕。

校注

〔一〕此標題爲整理者所加。以下釋蟲二、三等皆如此，不另注。下面的目録因原著正文有修改，今作了相應調整。

〔二〕四牡孔阜　見詩秦風小戎。　又「蝨」條原文天頭上有「方言十一」四字，因未便移入正文，暫録存於此。

〔三〕此「方言十一」四字原文在天頭。下文幾處有關方言的出處均同此，不另注。

〔四〕「促織」二字原文在「精列」左下側，爲作者增補的名目。今移入「精列」之下。促織見爾雅郭注。

〔五〕玄黿　史記周本紀：「漦化爲玄黿。」索隱：「亦作蚖，音元，玄蚖，蜥蜴也。」

〔六〕爾雅釋蟲「蚅，烏蠋」，郭璞注：「大蟲如指，似蠶。見韓子。」郝懿行義疏：「釋文引説文云：『蜀，桑中蟲也。』與詩東山傳合。今説文作『葵中蠶』，非也。今詩作蠋，亦非。」又曰：「司馬彪注莊子庚桑楚篇云：『藿蠋，豆藿中大青蟲也。』」

〔七〕即札　見方言注。詩豳風七月：「五月鳴蜩。」故云「五月採」。

〔八〕「鼠婦」二字原文在「鼠負」二字右側，似爲作者作的夾注。今作夾注處理。鼠婦見説文。

〔九〕「蠎、景天」三字原文在正文右側間隙中，爲作者增補的名目。今移於腐蠸之下。蠎、景天皆螢火别名，見玉篇和古今注。

〔一〇〕螢火有飛者和無翼而形如大蛆者兩種，故戴震辨之，其説與舍人、郭璞同。然郝懿行爾雅義疏謂「爾雅之即炤，亦當兼此二種」。

釋蟲二

螟蛉　鵖蝃　青寧　蜾蠃
蜮　螟螣蟊賊　蠆　蚋
蚕　蝱　螗　蜂

螟蛉，小〔雅〕小宛。爾雅謂之戎女、桑蝪〔一〕。桑蟲。似步屈，青色。

鵖蝃，至樂。生竈下，初少形潔若脱〔二〕。

青寧〔三〕，竹根蟲，似刺蝟。

蜾蠃，小宛。爾雅謂之蒲盧。或謂之蠮螉。土蜂〔四〕。詩「螟蛉有子，蜾蠃負之」，不言「祝爲己子」也〔五〕，説者多傅會。

蜮，小〔雅〕何人斯、左傳莊十八年，穀〔梁〕作「蜮」。含沙射人，或謂之短狐，大招。或謂之射工，或謂之谿毒。

蟲食苗心曰螟〔六〕，並見小雅大田。〔螟亦見〕月令、〔春秋〕隱五年。食葉曰螣，食根曰蟊，〔蟊亦見〕大

〔雅〕桑柔、瞻卬、召旻。食節曰賊。

月令：「仲夏行春令，百螣時起。」鄭注云：「螣，蝗之屬。言百者，明衆類並爲害。」

螣，小〔雅〕都人士、左〔傳〕僖二十二年。晉語作「蠆」。今之蠍也。或謂之杜伯〔七〕。周語。蠆蠆天運。

蚋，晉語九。似蝨而小，或謂之蠛蠓。田子方。

蚉楚策四。曰白鳥。夏小正、金樓子。

蝱楚策四。國〔語〕、天運作「虻」。項〔羽〕本〔紀〕「蟣蝨」。小者曰蝕。楚語上。

蠓，或謂之蠛蠓，或謂之食醯。至樂。

蜩，大〔雅〕蕩。夏小正謂之蝘。亦謂之蜩螗，宋、衛之間語也。自江而南謂之蟪蛄，或謂之胡蟬。

蜂，周頌小毖。左〔傳〕僖二十二年作「蠭」。禮謂之范。檀弓下、内則。

有蜜蜂、木蜂、土蜂（蟺）數種〔八〕，方言其大而蜜謂之壺蜂〔九〕，即蜜蜂之黑者〔一〇〕。木蜂黄色細腰謂之稺蜂，在樹上作房。土蜂又名馬蜂，在地中作房。毛傳解荓蜂云「摩曳也」，蓋本爾雅釋訓「甹夆，掣曳也」。郭注云：「謂牽挽。」集傳云：「荓，使也。蜂，小物而有毒。」以爲蜂蠆之蜂，正得「自求辛螫」意，較舊説爲優。荓如「荓云不逮」之荓，毛傳云「荓，使也」。此處不必異其説。玄蠭〔一一〕招魂。

校注

〔一〕「桑螋」二字原文位置在「戎女」右下側間隙中，爲作者增補的名目，今移入「戎女」之下。又「戎女」、「桑螋」皆爲郭注，非爾雅之文。

〔二〕鴝掇　列子天瑞作「鴝掇」。

〔三〕「青寧」條原文位置在「鴝掇」之下，因不同物，故另起行書寫。青寧亦見莊子至樂。青寧、鴝掇皆爲作者增補的條目，故目録中原無此兩條。

〔四〕「土蜂」二字原文位置在「蠮螉」二字右側間隙中，爲作者增補的夾注。今作爲夾注移入蠮螉之下。説文：「蝸嬴，蒲盧。細要土蠭也。蜾，蝸或從果。」

〔五〕祝爲己子　説見詩小雅小宛鄭箋。又「蜾蠃」條天頭上有「方言十一」四字。

〔六〕「蟲食苗心」條原文天頭上有「蟅蟒，蛍也」、「負蠜，蟅也」兩句，均爲廣雅釋蟲文。又有「方言十一」四字。

〔七〕周語上之「杜伯」爲人名，非蟲名。其人因杜國伯爵，故名。戴氏以爲蟲名，誤。又詩小雅都人士陸德明釋文引通俗文曰：「長尾爲蠆，短尾爲蠍。」

〔八〕蟺　原文在「木蜂」二字右側，爲作者增補的名目。今移入「土蜂」之下，加括號作夾注處理。爾雅釋蟲「土蟺」郭璞注：「今荆巴間呼爲蟺。」蟺爲土蜂，又見本草和集韻。

〔九〕見方言十一。原文此句天頭上有「方言十一」四字。

〔一〇〕蜜　原作「密」。

〔一一〕玄蠭　黑蜂。

釋蟲三

蜰　蟈〔附〕蟾諸、鼀䵶　寒蟬

蚯蚓　蝗蝝　螳蜋　螻

蜚

蜰，顧命〔一〕。學記作「蛾」。夏小正謂之玄駒，爾雅謂之蚍蜉〔二〕。蟻卵謂之蚳，天〔官〕鼈人、醢人、內則、魯語。可爲醢〔三〕。赤蜰〔四〕招魂謂之蠪。達生。

長股，禮謂之蟈，秋〔官〕蟈氏、月令。齊魯之間語也〔五〕。背有黑點者謂之蝦蟇〔六〕，爾雅謂之鼈。蟾諸，爾雅謂鼀䵶，淮南謂之去蚊〔七〕。或謂之蛤蚾。在水者爾雅謂之黽，或謂之耿黽，秋〔官〕蟈氏。或謂之長股，或謂之土鴨。凡鼀黽之屬謂之鼓造，夏小正謂之屈造。

科斗，秋水。爾雅謂之活東。或謂之丁子。天下。

寒蜩曰寒蟬。寒蜩〔八〕。月令。小蟬而青，夏小正謂之蝭蟧，爾雅謂之蜺，齊謂之蜈蠬，楚謂之蟪蛄。逍遥游。亦謂之蜓蚞〔九〕。

頣輅、九猷、黄軦、腐蠸、瞀芮〔一〇〕。至樂。

蚯蚓，月令。或謂之蛩蟺，爾雅謂之螼蚓，亦謂之豎蠶。蟥蟮。

蝗，月令。春秋桓五年。所書螽公〔羊〕作「蝝」。也。蝗子爾雅謂之蝝，〔春秋〕宣十五年、魯語。亦謂之蝮蜪。

螳蜋，月令。或謂之不過〔一一〕，譚魯以南謂之蟷蠰，三河之域謂之螳蜋，燕趙之際謂之食厖〔一二〕，齊杞以東謂之馬榖。其子謂之蜱蛸〔一三〕，或謂之蟳蟭〔一四〕。螳蜋亦作「螂」。人間世、宋、天地。或謂之莫貈，或謂之天馬。

螻蛄，月令、知北游。蟪蛄。爾雅謂之蝚，亦謂之天螻。南楚謂之杜狗〔一五〕。

負盤，爾雅謂之蜚，莊〔公〕二十九〔年〕。亦謂之蠦蜰。或謂之飛蜚〔一六〕蠊。

蒼蠅　齊〔風〕鷄鳴。　青蠅　小雅。

原蠶　夏〔官〕馬質。

胡蝶齊物論。曰蛺蝶。

蚤　秋水。

百足方言十一。曰蚿，秋水、爾雅、方言、集韻。或謂之馬陸。

商蚷　秋水。

石龍子，一名蜥蜴。小〔雅〕正月。

蜻蛉，楚策四。或謂之蝍蛉，或謂之蜻蜓。爾雅謂虰蛵，亦謂之負勞。或謂之蟌。赤者夏小正謂之丹鳥，亦謂之丹良。黄者謂之狐梨。方言十一。蛞蟯，莊子。蟯蜋也。

校注

〔一〕今十三經注疏本尚書顧命字作「蟻」。爾雅、説文皆作「螘」。「蟻」字本作「螘」，戴氏原文作「蟻」，后又改作「螘」。又「螘」字原文天頭上有「方言十一」四字。

〔二〕原文「玄駒」二字右下方有一「蚍」字。蚍蜉，燕謂之蛾蚍，見方言十一。爾雅釋蟲：「蚍蜉，大螘；小者螘。」郭注：「齊人呼蟻爲蚍。」夏小正十二月「玄駒賁」孔廣森補注：「螘大者曰駒，猶云馬蚍蜉也。」

〔三〕可爲醢　周禮天官鼈人賈公彦疏：「謂蟻之子，取白者以爲醢。」

〔四〕「赤螘」二字左側原文標有一「駁」字。意謂即赤駁之螘。爾雅釋蟲：「蠪，朾螘。」邢昺疏：「赤色斑駁者名蠪。」

〔五〕周禮蟈氏「掌去蛙黽」鄭玄注：「齊、魯之間謂鼃爲蟈。」

〔六〕「蝦蟇」二字原文加有黑框，而右上角又有一個「△」符號。按上下文意，此二字不當刪除，故保留文中。爾雅釋蟲：「螫，蟆。」急就篇「蝦蟇」顔師古注：「蝦蟇一名螫，大腹而短腳。」

〔七〕去蚥　爾雅釋魚「蟾諸」郭注引作「去蚥」，名醫别録云「一名去甫」，一切經音義卷十云「山東謂之去蚥，江南俗呼蟾諸」。據此，當作「去蚥」。

〔八〕「寒蜩」二字原文位置在「寒蟬」二字右側，似爲作者標示的夾注。今作夾注處理。禮記月令：「孟秋之月……寒蟬鳴。」注：「寒蟬，寒蜩。謂蜺也。」又此條原文天頭有「方言十一」四字。

〔九〕「亦謂之蜓蚞」原文在天頭，爲作者增補之文。今按方言順序置於句末。方言十一：「蛥蚗，齊謂之螇螰，楚謂之蟪蛄……或謂之蜓蚞。」

〔一〇〕此五蟲名爲作者增補的名目而未作訓釋。莊子至樂：「頤輅生乎食醯，黄軦生乎九猷，瞀芮生乎腐蠸。」食醯已見前文「蠓」下，故戴氏此處未列。按：頤輅即蜉游；食醯即蠛蠓；黄軦，高亨疑爲黄蛢；瞀芮爲一種小飛蟲，埤雅謂「似蚊而小」；腐蠸又名守瓜，即螢火蟲。

〔一一〕「螳蜋」二字右下側原文標有「蛑、石蜋」三字，均爲螳蜋別名，見爾雅和方言注。今暫録存於此。又此條原文天頭上有「方言十一」四字。

〔一二〕「食厖」二字右側原文標有「蝕肬」二字，爲螳蜋別名。桂馥札樸覽古食肬：「肬疣古今字，謂贅肬也。螵蛸能治肬，故名蝕肬。」

〔一三〕「蜱蛸」二字右側原文標有「螵蛸」二字，亦爲螳蜋別名。

〔一四〕「蚼蟭」二字下方原文有一行小字：「一名天馬，一名蚸父。」似非正文。又因其「天馬」與下面正文中「天馬」相重復，故此行小字未列入正文中。

〔一五〕此條原文天頭有「方言十一」四字。

〔一六〕此「蜚」字原文位置在「飛」字左側，用小字書寫。

經雅三

釋魚一

魴　鱣　鮪　鯞
鱮　鯉　鱒　鱛
鯊　鱧　鰋　鰷

魴，周南汝墳、齊敝笱、陳衡門、小〔雅〕采緑、大〔雅〕韓奕。縮頸，豳九罭、小〔雅〕魚麗、内則。穹脊，博腹，青鱗。或謂之魾，吴楚之間謂之鯿。郊居賦云：「赤鯉青魴。」

鱣，衛碩人、小〔雅〕四月、周頌潛。鋭首，豐肉，有甲，口在頷下。大者謂之王鱣，今江東謂之黄魚。三月中從河上，常于孟津捕之，淮水亦有。鱣肉黄，鮪肉白，以此爲别。

鮪，碩人、小〔雅〕四月、周頌潛、月令、禮運。似鱣而青黑。周洛謂之鮪，蜀謂之䱸鰽。相如〔賦〕。大者謂之王鮪，天〔官〕𩵋人。小者爾雅謂之叔鮪，亦謂之鮥。

鱣純灰色，無文，大者千餘斤。鮪大者不過六七尺，東萊遼東人謂之尉魚。鮪岫居。水經注謂鮪出鞏穴，直穴有渚，謂之淯渚〔一〕，今鞏縣東洛度北崖上山腹有穴，舊説此穴與江湖通，鱣鮪從此穴而來，入河，西上龍門。陸佃云：「尸子曰：『龍門魚之難也，太行牛之難也。』蓋河津，一名龍門，兩旁有山，魚莫能上，大魚薄集龍門，上則爲龍，不得上輒暴腮水次。故曰暴腮龍門，垂耳轅下，善爲魚者，不求爲龍。望禹門輒逝，是以無暴腮點額之患。」按許叔重云：「鮪魚三月遡河而上，能度龍門之浪，則得爲龍。」然鱣鮪不善游，冬乃岫居，入河而昡浮。

蜥離〔二〕 相如〔賦〕。

鰅，齊敝笱。大者盈車。

孔叢子「衛人釣于河，得鰥魚，其大盈車」是也。

鱮，敝笱、小〔雅〕采緑、大〔雅〕韓奕、内則。今謂之鰱。

大頭，弱鱗。西征賦云：「華魴躍鱗，素鱮揚鬐。」

𩸞鯉 陳衡門、小〔雅〕魚麗、周頌潛。

崔豹云：「兖州人謂赤鯉爲赤驥，青鯉爲青馬，黑鯉爲黑駒，白鯉爲白騏，黄鯉爲黄雕。」皆取馬之名。

禺禺，相如〔賦〕。或謂之魚牛，皮有毛，黄地黑文。

魼，相如〔賦〕。史〔記〕作「鱸」。或謂之比目魚。

鰨，相如〔賦〕。史〔記〕作「魶」。似鮎，有四足，聲如嬰兒。或謂之鯢魚。

鱒，豳九罭。似鯤，赤目，多細文，食螺蚌。爾雅謂之鮅。鱒亦赤目。

鰽，小〔雅〕魚麗、周頌潛。燕頭，黄頰，有力解飛。爾雅謂之揚。又名黄鰽、黄揚、黄頰魚。大者長尺七八寸許。

鯊，魚麗。或謂之吹沙，或謂之重唇。爾雅謂之鮀。體圓，有黑點文。杜父魚，色黑班，如吹沙而短。

鱧〔三〕，魚麗。本草作「蠡魚」。膽甘〔四〕，有班文，魚之鷙者，爾雅謂之鱧。其大者謂之鮦，小者謂之鮵。俗呼烏魚。又呼七星魚。

鰋，魚麗、周頌潛。偃鼻向額。或謂之白魚。

鰷，周頌潛。至樂作「鯈」。白鰷也。

鰅，大招、相如〔賦〕。魚，皮有文。

鱅，大招、相如〔賦〕。漢〔書〕作「鰫」。海魚，肉如彘〔五〕。

鰬，相如〔賦〕。似鱔而大。

魠，相如〔賦〕。或謂之鰔，或謂之黄頰。哆口魚〔六〕。

鯈魚〔七〕，秋水。或謂之鮂，或謂之黑鰦。

鯪魚，天問。或謂之陵鯉，似鼉而四足〔八〕。

鮫，秦始〔皇〕本〔紀〕。魚身而蛇尾，皮有珠〔九〕。

鰿，大招。古謂之鮒〔一〇〕。易井、士昏禮、士喪禮、外物。

魚子曰鯤，魯語上。或謂之鱦。

鯤　逍遥游。

鰼謂之鰌。齊物論。

鯨，左〔傳〕宣十二年、應帝王。海大魚也。雌謂之鯢。

古今注言：「常以五六月就岸生子，七八月導還，鼓浪成雷，噴沫爲雨。」

鯢鮒〔一一〕　外物。

鮑魚　俗呼鯷魚〔一二〕。

校注

〔一〕湑渚　今水經注河水及埤雅引作「鮪渚」。

〔二〕「螹離」條原文位置在「鮪」條末尾。因不同物，今另起行書寫。螹，漢書、文選皆作「漸」。李善引司馬彪曰：「漸離，魚名也。」段玉裁謂許慎以「螹離」次于「蠣」、「蝌」之間，必介蟲之類。

〔三〕爾雅翼釋魚一：「鱧魚圓長而斑點，有七點作北斗之象。」又此條之末附有「鱺、鰑」二字，均爲鱧之別名。廣雅釋魚:「鱺,鮦也。」又「鰑,鮦也。」集韻薺韻:「鱧,或從麗。」

〔四〕埤雅謂「諸魚中唯此魚膽甘可食」。

〔五〕按上林賦之「鱅」,漢書、文選均作「鰫」。郭璞注:「鰫似鰱而黑。」史記集解亦用郭注,此與山海經、大招「其音如彘鳴」之鱅似非一物。又六書故動物四:「鱅,今海魚肉如彘謂之鱅。」戴震之説似本戴侗。

〔六〕侈口　大口。説文作「哆口」。集韻感韻:「鰔,魚名,魠也。一曰黄頰。或省。」

〔七〕「鰷」字上方原文有一「白」字,左側有「青條」二字,均用小字書寫。意謂鰷魚即白鰷,又有青條之名。按:白鰷即白鰷。爾雅翼釋魚一:「鰷,白鰷也。其形纖長而白,故曰白鰷。又謂白鰷,江東呼爲鮂。今人謂鰷爲參魚。」又「鰷魚」條上方原有「鮒」、「鯨鯢」兩個條目,未作訓釋。因與後文重復,未收入正文中。

〔八〕鯪魚　即穿山甲。見本草綱目鯪鯉。

〔九〕鮫　即海中鯊魚。舊謂龍珠在頷,鮫珠在皮,蛇珠在口,鼈珠在足,魚珠在眼,蚌珠在腹。見埤雅。

〔一〇〕鰿　鯽魚。玉篇謂鰿同「鯽」。

〔一一〕莊子外物「守鯢、鮒」釋文:「鯢、鮒,皆小魚也。」埤雅:「鮒,小魚也。即今之鯽魚。」按此條與「鰿」條重復。

〔一二〕「鮑」字原文加有黑框,似有區别之意。鮑爲鹽漬魚。漢書貨殖傳「鮿鮑千鈞」顔師古注:「鮑,今之鮑魚也。」

釋魚二

蠙蜃、蠯、魁、蛤　蠃蝸　豚魚　蟹

貝　龜　鼀鼁　尺蠖

蚌，說〔卦〕離〔一〕。古謂之蠙，禹貢。爾雅謂之含漿，或謂之蜃。天〔官〕鼈人、地〔官〕掌蜃、秋〔官〕壺涿、醢人、春〔官〕鬯人、考工㡛氏、月令。小者謂之珧。修而狹謂之蠯，天〔官〕鼈人、醢人。或謂之蛙。圜而厚文蛤〔二〕。謂之蚶，禮謂之魁〔三〕，士冠禮。亦謂之蛤，爾雅謂之魁陸〔四〕。海扇，似蚶而大，謂之車渠。

蠃，說〔卦〕離、天〔官〕鼈人、醢人。古謂之蠡。蚹蠃謂之螔蝓，或謂之蝸牛。內則、則陽。四角，有殼〔五〕。蛞蝓一名陵蠡。二角，無殼〔六〕。

江豬，易謂之豚魚。中孚。

小蛇謂之帶。齊物論。

蟹，易說〔卦〕離，檀弓下。介蟲仄行者，八跪而二敖。雄謂之鯢鱧，雌謂博帶。

文貝，禹貢、盤庚。黃質白文謂之餘貾，白質黃文謂之餘泉。織貝、貝錦，小〔雅〕巷伯〔七〕。擬貝文也。古者貨貝而寶龜。紫貝〔八〕九歌。

元龜說〔卦〕「離爲龜爲鼈」、大禹謨、西伯戡黎、金縢、魯〔頌〕泮水。又大龜見禹貢、大誥「大寶龜」、樂記「寶龜」。岠冉長尺二寸。曰鼈，曰蠵，曰冥靈，皆大龜也。靈龜易頤。十朋之龜易損、益。春官龜人有六龜。冥靈冥海靈龜。逍遥游。鴟龜天問。大龜曰鼈天問。蠵招魂。

黿，月令、左〔傳〕宣四年。似鼈而大，橢長。白黿九歌。

鼉，大〔雅〕靈臺、月令、相如〔賦〕。似蜥蜴而大，有甲，解横飛。或謂之土龍〔九〕。

步屈，易謂之尺蠖。易繫〔辭〕。或謂之斥蠖，或謂之蛴蛾。

嘉魚 鯉質，鱒鯽肌，出沔南丙穴。

鱔，楚策四。似蛇。

蝮蛇 招魂。

虺 小〔雅〕斯干。 雄虺天問。 蛇小〔雅〕斯干。

燭龍 天問。

青虬〔一〇〕 九章、相如〔賦〕。白螭 赤螭。

驪龍，列御寇。黑龍也。

鱗蟲之長曰龍。易乾、坤、說〔卦〕震、考工「水以龍」〔一一〕。有鱗曰蛟龍，頭有白嬰。月令、相如〔賦〕。有翼曰應龍，天問、相如〔賦〕。有角謂之虬。離騷、相如〔賦〕。螭，九歌。如龍而黄，無角。

蜈蚣，古謂之蝍蛆，齊物論。或謂之蒺藜。

孑孑蛣蟩曰蚮，秋水。即「蜎」字。或謂之蠉〔二二〕。

瑇瑁，似蠵蠵，而甲有文。

校注

〔一〕易説卦：「離爲鼈、爲蟹、爲蠃、爲蚌、爲龜。」

〔二〕「文蛤」二字原文位置在「厚」字左側，用小字書寫。

〔三〕此句原文左側有「海蛤燕化」、「魁蛤伏翼」、「伏一名伏老、魁陸、活東」數語，皆以小字書寫。爾雅釋魚「魁陸」郭璞注：「本草云：魁狀如海蛤，員而厚，外有理縱橫，即今之蚶也。」釋文：「説文云：蛤有三，皆生於海。蛤厲，千歲雀所化，秦人謂之牡厲。海蛤者，百歲雀所化也；魁蛤，一名復絫，老服翼所化。」

〔四〕魁陸　原文「魁」字被圈去，但按爾雅文不當刪，故仍作「魁陸」。郝懿行爾雅義疏引别録云：「魁蛤一名魁陸，一名活東。」又此句左側有「蝠，小蠃」三字。

〔五〕「四角，有殼」四字原文位置在「蝸牛」二字左側，以小字書寫。

〔六〕「二角，無殼」四字原文位置在「陵蠡」二字左側，以小字書寫。

〔七〕「小〔雅〕巷伯」原文在天頭。

〔八〕紫貝　貝之質白文紫者。見本草綱目介紫貝引南州異物志。

〔九〕土龍　即揚子鰐。

〔一〇〕青虯　見大人賦。史記作「虬」。

〔一一〕見考工記畫繢。

〔一二〕原文「蛣蟩」二字在「孑孑」右側，「即蜎字」三字在「虷」字左側。均用小字書寫。爾雅釋蟲：「蜎，蠉。」郭注：「一名孑孓。」

經雅四

稻謂之稌，黏者謂之稬，不黏者謂之秔。秔早熟者謂之秈。

稻，徒皓切。稌，徒古切。郭璞云：「今沛國呼稌。」稬，奴亂切，亦作糯。秔，古猛切，亦作杭，又古行切。秈，相然切。

丹黍謂之穈，白黍謂之芑，黑黍謂之秬。一稃二米謂之秠。

黍，舒吕切。穈，莫奔切，亦作虋。芑，驅里切，内則「白黍」是也。秬，其吕切，亦作秬。秠，敷悲切。黍粒有赤、白、黑數種，苗色亦同。爾雅：「虋，赤苗；芑，白苗。」郭璞謂赤粱粟白粱粟，非也。

稷謂之粢，古雅之別語也。南人謂之穄，關西謂之䵚，冀州謂之䵚，或謂之穄稷。

稷，子力切。黍黏宜爲酒，稷不黏宜爲飯。粢，即夷切，亦作齋、粢。左傳「粢食不鑿」，楚辭「稻粢穱麥，挐黃粱些」。郭璞云：「今江東呼粟爲粢。」邢昺遂謂粢、稷、粟一物，不察之論也。穄，子例切。吕覽：「飯之美者，有陽山之穄。」䵚，靡爲切。䵚，口見切。穄，薄庚切。稈，户光切。

粱，今謂之粟。黏者謂之秫，爾雅謂之衆。

粱，吕昌切。粟，相玉切。秫，食聿切。説文云：「秫，稷之黏者。」非也。衆，音終。

麥，齊人謂之來，大麥謂之麰。

麥，莫獲切。來，洛哀切，亦作秾。麰，莫浮切，通用牟，亦作葊。

豆，古謂之菽。大豆謂之荏菽，或謂之戎菽。小豆謂之荅。豆葉謂之藿。

菽，式竹切，亦作尗。豆，徒候切。荏，如甚切。戎，如融切。戎、荏一聲之轉。釋詁：「戎，大也。」春秋「齊侯來獻戎捷」，穀梁傳謂「戎，菽也」。鄭康成、孫炎皆以戎菽爲大豆。郭璞以爲胡豆。胡豆今豌豆也，詩不指此可知。荅，都合切。藿，虛郭切，通用霍，亦作蘿。

麻謂之枲，古雅之通語也。麻實謂之蕡。禮以牡麻爲枲麻，蕡麻爲苴麻。麻之盛蕡者謂之莩，或謂之麻母。

麻，莫遐切。枲，胥里切。蕡，浮分切，亦作黂、萉。苴，七余切。莩，芳無切，説文作芓，疾吏切。籩人朝事之籩，麷、蕡白黑爲四籩，麥曰麷，麻曰蕡，稻曰白，黍曰黑。

菰，吴人謂之茭。或謂之蔣。其實謂之彫胡，或謂之安胡，或謂之彫蓬。

菰，古胡切，説文云「雕苽」。茭，古肴切。蔣，即兩切。淮南子「浸潭苽蔣」，宋玉賦「爲臣炊彫胡之飯」〔一〕，枚叔七發「安胡之飯」。爾雅又名蘧。食醫：「牛宜稌，羊宜黍，豕宜稷，犬宜粱，雁宜麥，魚宜苽。」膳夫「六穀」，後鄭主此。

蔆，楚謂之芰，爾雅謂之蕨攈。

蔆，力膺切，亦作菱、薩、遴，俗呼蔆角。芰，奇記切。國語「屈到嗜芰」。

芡，或謂之鷄癰，或謂之鴻頭，南楚、江、湘之間謂之鷄頭，青、徐、淮、泗之間謂之芡。

芡，巨險切。籩人加籩之實，有蔆、芡各二籩。

蒲白謂之蒻，禮之「深蒲」也。小蒲，楚謂之莞，吴謂之苻蘺，其上臺謂之蒚。

蒲，薄胡切。蒻，而灼切。莞，胡官切。苻，音夫。蘺，吕之切。蔏，力的切。

昌蒲，爾雅、説〔文〕謂之茚〔二〕。或謂之昌陽，或謂之堯韭。無脊者謂之荃，或謂之白昌。

其根謂之昌歜，禮之昌本也。

茚，五剛切。荃，思渾切，亦作蓀，俗呼溪蓀。

茆，爾雅謂之凫葵。或謂之水葵，或謂之孿。吴人謂之蓴菜。

茆，力久切。孿，洛官切。蓴，常倫切，亦作蒓。毛詩、説文、廣雅、周禮鄭注，皆云「茆，凫葵也」。唐本草誤以凫葵爲荇菜。

芹，爾雅謂之楚葵，或謂之水英。

芹，巨斤切，亦作芹、蘄，又有祈音。

菁，禮注謂之蕪菁。或謂之蔓菁，陳楚之郊謂之葑，魯齊之郊謂之蕘，關之東西謂之蕪菁，趙魏之郊謂之大芥。

菁音精。吕覽：「菜之美者具區之菁。」急就篇：「老菁蘘荷冬日藏。」葑，府容切，亦作蘴。邢昺、鄭樵以爾雅「蕵蕪」爲詩之「葑」，誤矣。蕘音喬。今蜀人呼蔓菁爲諸葛菜。

葵，或謂之滑菜，或謂之露葵强惟切。

蘩，水生者謂之由胡，夏小正謂之蘩母，亦謂之旁勃，吴人謂之蔞蒿。陸生者謂之皤蒿，或謂之白蒿。

蘩，附袁切，亦作蘇。陸璣云：北海人謂之旁勃。蔞，力朱切。楚辭：「吴酸蒿蔞，不沾薄只。」爾雅又名購，又名蔏蔞。

堇，或謂之堇葵，或謂之苦堇。乾堇謂之荁。

堇，居隱切，俗呼旱芹。荁，胡官切。内側：「堇荁枌榆免薨滫瀡以滑之。」夏小正：「二月榮堇采蘩。」傳曰：「皆豆實也。」

芸蒿，或謂之地薰。其根謂之柴胡。

芸，王分切。夏小正：「正月采芸。」傳曰：「爲廟采也」。「二月榮芸，時有見稊，始收」。傳曰：「稊者，所爲豆實。」

蔥，或謂之菜伯。蒸蔥，禮謂之渫〔三〕。

蔥，倉紅切。渫，以制切，俗作滦。

䪥，爾雅謂之鴻薈。或謂之菜芝。

䪥，胡戒切，俗作薤。薈，音會。

芥中嫩臺謂之芥藍。

芥，古拜切。公食大夫禮有芥醬，芥實醬也。

蓼，水生者謂之薔，爾雅謂之虞蓼。或謂之澤蓼〔四〕。陸生者謂之蒤，爾雅謂之委葉。或謂之毛蓼〔五〕。

蓼，盧鳥切。薔，所力切。爾雅：「薔，虞蓼。」説文：「蓼，薔虞也。」失其讀矣。蒤音荼，今詩書通作荼。鄭樵以爲茅針，非也。內則：「膾春用蔥，秋用芥；豚春用韭，秋用蓼；脂用蔥，膏用薤。」

蘋，白蘋也。或謂之芣菜。

蘋，符真切，亦作薲。芣，縛牟切。俗呼四葉菜，五月有白華。

藻，如羽旄者謂之薀，或謂之聚藻。其葉大者謂之莙，或謂之牛藻，吴人謂之馬藻。

藻，子皓切，亦作薻。薀，於云切。左傳：「蘋蘩薀藻之菜。」莙，渠殞切。

荇葉似蓴而羨華者爾雅謂之接余。或謂之屏風。

荇，何梗切，亦作莕。接余，說文作菨餘。俗呼水鏡草，淮人呼醫子菜，江東呼荇絲菜，又呼金蓮子。夏月開黄華。

苦菜，古謂之荼，爾雅謂之游冬，吴人謂之苦蕒。

荼，同都切。蕒，音買。

薇，似藿，蜀人謂之巢菜。

薇，無非切。陸璣云：「莖葉皆似小豆，蔓生。」項安世以爲野豌豆，得之。公食大夫禮：「鉶芼：牛藿、羊苦、豕薇。」昏義：「牲用魚，芼之以蘋藻。」周南：「參差荇菜，左右芼之。」芼皆謂羹中菜也。

蕨，初生如拳，爾雅謂之虌，齊魯之間語也。水蕨謂之藄。

蕨，居月切。虌，音鼈。藄，驅喜切。吕覽：「菜之美者，雲夢之藄。」亦作芑。詩「豐水有芑」，毛傳：「草也。」即此。

薺，冬生而夏死，月令所謂靡草也。薺實爾雅謂之蒫。大薺謂之菥蓂，或謂之馬辛。

薺，徂禮切，師曠所謂「甘草先生，薺」是也。蒫，才何切。說文：「蒫，薺實。」非也。菥，音析。蓂，莫歷切。

芑，或謂之苦苣，或謂之白苣，青州謂之芑。

芑，驅里切。苣，其吕切，亦作蒙，詩疏謂「胡人戀之不出塞」。詩有三芑：「維糜維芑」〔六〕，白黍也；「豐水有芑」〔七〕，水蕨也；「薄言采芑」〔八〕，白苣也。

莫，冀州謂之甘絳，吴越之間謂之茂子，河汾之間謂之莫，或謂之酸迷。五方通語也。

莫，音慕。莫、茂、迷一聲之轉。

蓄，爾雅謂之蓄，河内謂之蓤，幽州謂之燕蓄。

蓄，方六切。詩疏謂漢祭甘泉或用之。蓄，方布切。菱，古本切。鄭樵以蓄爲商陸，非也。

菲，爾雅謂之芴，或謂之土瓜，或謂之息菜，河内謂之宿菜。

菲，芳尾切。芴，文弗切。陸璣云：「幽州人謂之芴。」息、宿一聲之轉。

蓫，或謂之羊奚，或謂之蓄，幽州謂之蓫，揚州謂之羊蹏。

蓫，他谷切。俗呼禿，唐又呼禿菜〔九〕。蓄，廣雅譌作堇。

藚，爾雅謂之牛脣。或謂之水舄，或謂之蕍菜。所謂「鼃蠙之衣」也〔一〇〕。

藚，似足切。蕍，胡谷切。郭璞云「如藚斷」，鄭樵直指爲「續斷」。藚生水旁，葉似澤瀉而小，華青白色，江南用蒸魚。藚，陸璣以爲澤瀉，並非。

芣苢，爾雅謂之馬舄，亦謂之車前。或謂之陵舄，亦謂之當道。

芣，縛牟切。苢，羊止切。王旻山居録有「種車前蒴食法」。陸璣云：「可鬻作茹，大滑。」詩采芣苢或亦以爲蔬尔。

今藥中車前子如葶藶，而説文云：「其實如李，令人宜子。」按王會「康民以桴苡者，其實如李，食之宜子」，桴苡乃西戎之木，遠方異物，説文誤與芣苢草溷併爲一。王肅遂以之解周南，王基駁之是也。

卷耳，爾雅謂之苓耳。或謂之葹，或謂枲耳，或謂之蒼耳。雒下謂之胡枲，江東謂之常枲。

葹音施，楚辭「薋菉葹以盈室」。又名常思菜，常思即常枲之轉。

緑，爾雅謂之王芻。或謂之蓋草。江襄人鬻以染黃。或謂之莀莎，或謂之菉蓐。

緑，亦作菉，力玉切。衛風「緑竹猗猗」，小雅「終朝采緑」。

萹竹，爾雅謂之萹蓄，水生者謂之薄。

萹，方沔切。竹，亦作茿。薄，徒沃切，俗呼粉節草。

藍，染青草也。有蓼藍、菘藍、馬藍、吴藍，木藍。葴，馬藍也，或謂之冬藍。

藍，魯甘切。葴，職深切。

鬱金，或謂之馬逑。以根和酒令黄如金，故詩曰黄流。逑，食聿切。

茹藘，齊人謂之茜，爾雅謂之茅蒐。或謂之地血。

蒐，所鳩切。茜，蒼見切，亦作蒨。貨殖傳云：「巵茜千石，亦比千乘之家。」茹，音如。藘，力於切。

蕑，詩謂之蕑，或謂之水香。

蘭，落干切。蕑，古顔切。俗呼省頭香，又呼都梁香。夏小正：「五月蓄蘭，爲沐浴也。」

澤蘭，或謂之虎蘭，爾雅謂之龍棗。其根謂之地筍。根可食。

綏，薑屬。禮注謂之廉薑。或謂之山辣。

綏，亦作葰，息遺切，説文云：「薑屬，可以香口。」是也。廉、辣一聲之轉。山辣譌作山箣。又作三柰。既夕禮「實綏澤焉」，綏即葰，澤即澤蘭。

茝，或謂之芳香。楚謂之蘺，晉謂之虈，齊謂之茝。其葉謂之葯，其根謂之白芷。

茝，昌改切。蘺，呂之切。虈，許驕切。葯，音約，楚辭「辛夷楣兮葯房」。芷，音止。爾雅：「莞，苻蘺。」小蒲也。後人因白芷有蘺之名，牽合傅會，引入本草，非是。内則：「婦或賜之茝蘭。」

芎藭，似藁本，春秋傳之山鞠窮也。其苗謂之江蘺。小葉者謂之蘼蕪，似蛇牀而香，或謂之薇蕪。

芎，去弓切，亦作营。藭，渠弓切。蘺，呂之切。蘼，靡爲切，亦作蘪。相如賦：「穹窮昌蒲，江離蘪蕪。」又曰：「被以江離，糅以蘼蕪。」

薰草，莖葉謂之蕙。

薰，許云切。蕙，胡桂切。今呼零陵香。

勺藥，或謂之留夷，或謂之䖃夷，或謂之餘容，或謂之將離。

勺，亦作芍。楚辭：「畦留夷與揭車。」相如賦：「雜以留夷。」張揖以爲辛夷，非也。䖃、留一聲之轉。

蕭，或謂之薌蒿，爾雅謂之萩。

蕭，蘇彫切。薌，許良切。萩，七由切，詩疏作「荻」者誤。説文以爲艾蒿，非也。禮「焫蕭染脂含黍稷燒之，臭陽達於牆屋」〔一一〕；魯論所謂「蕭牆之内」〔一二〕，義取此也。蒿，呼毛切。

艾，爾雅謂之冰臺，或謂之醫草。艾，五蓋切。

蓍，蒿屬。莖可用筮。蓍，式脂切。

蒿，爾雅謂之菣。或謂之方潰，或謂青蒿，或謂之草蒿。菣，去刃切。

牡蒿謂之蔚，或謂之齊頭蒿。

蔚，於胃切。詩疏以爲馬薪蒿，非也。

莪蒿，或謂之蘿蒿。

莪，五何切，蘿，魯何切。俗呼抱孃蒿。

因塵古謂之苹，或謂之藾蕭。

苹，蒲兵切。藾，落蓋切。

益母，或謂之充蔚。白華者謂之蓷，爾雅謂之萑。紫華者謂之藬，吴人謂牛蘈。

蓷，他回切。萑，職追切。藬，吐回切。蘈，音頹。

藜，古謂之萊。

藜，郎奚切。萊，洛哀切。

藋，或謂之灰藋，或謂之啇藋徒弔切。

縞，夏小正謂之莎隨，爾雅謂之侯莎。或謂之地毛，或謂之薛。其實謂之緹。

莎，蘇禾切。薛，私列切。爾雅：「薃，侯莎。其實媞。」夏小正：「正月緹縞。」傳曰：「縞也者，莎隨。緹也者，其實。」俗呼青莎草。其根下即香附子。

山莎亦謂之臺，或謂之夫須。

貝母，古謂之蝱。或謂之空草。

蝱，武庚切。或作莔。

白茅，其根謂之茹根，或謂之蘭根。牡茅謂之藗。

茅，莫交切。藗，桑谷切。

野菅，詩謂之白華。黄菅謂之蒯。

菅，古顔切。夏華者爲茅，秋華者爲菅。蒯，苦怪切，蔛通〔一三〕。

藨，或謂之苞，爾雅謂之蔍，亦謂之杜榮。

藨，皮表切。苞，悲蕭切。蔍，武方切。俗呼芭茅。

菁茅，茅之有毛刺者。或謂之香茅，春秋傳之包茅也。

稂，爾雅謂之童粱，或謂之狼尾。

稂，魯當切，亦作莨、蓈。

葽，夏小正謂之幽，或謂之幽莠，或謂之狗尾。

葽，於消切。莠，與久切。詩四月「秀葽」，夏小正四月「秀幽」，國策「幽莠之幼也似禾」，國語「馬餼不過稂莠」，葽、幽、莠一聲之轉。國策總言「幽莠」。而或單言「幽」，單言「莠」，猶杜衡之或言「杜」，或言「衡」也。

半夏，或謂之水玉，或謂之地文。

王瓜，或謂蔝姑，或謂之瓠瓠。

蔝，苦圭切。瓠，古侯切。瓠，鹿侯切。

茘，或謂之馬䪼，或謂之馬藺，或謂之蒲荓。爾雅謂之苄，或謂之馬帚。

茘，郎計切。藺，良刃切。荓，薄經切。苄，户嫁切。俗呼旱蒲，或呼鐵掃帚。其實名蠡實。

葦未秀爲蘆，古謂之葭，葭中白皮謂之莩。

葦，于鬼切。蘆，落乎切。葭，古牙切。莩，芳無切。

萑未秀爲菼，爾雅謂之鵻，亦謂之薍。其小者謂之蒹，吳人謂之蘼。荻，通語也，萑茅之秀謂之荼。

萑，胡官切，譌作萑。菼，土敢切，亦作剡。薍，五患切。郭璞云：「江東呼爲烏蓲。」蒹，古恬切。蘼，力鹽切。荻，徒歷切，亦作苗、適、蓄。荼，同都切。蓲，去鳩切。

蘡薁，或謂之蘡舌〔一四〕薁，於六切。

苕饒，幽州人謂之翹饒。

苕，徒聊切，亦作芀。

虉，或謂之綬草。虉音逆。

果蠃之實謂之括樓。或謂之地樓，或謂之天瓜。

其根名白藥，俗呼天華粉。蠃，亦作蓏，郎果切。

萇楚，爾雅謂之銚弋，或謂之羊桃，或謂之鬼桃。萇，直良切。

蘞，或謂之龍葛，或謂之烏蘞苺。幽州人謂之烏服。

蘞，良冉切，蘝同。苺，毋罪切。

芄蘭，爾雅謂之雚。或謂之蘿摩。其實謂之雀瓢。

芄，胡官切。雚，音貫。

游龍，或謂之屈龍，或謂之蘢古，或謂之葒草，或謂之天蓼，或謂之天蘥，或謂之大蓼。

俗呼水紅。蘢，盧紅切，葒音紅。蘥，以勺切。

荆葵謂之荍，爾雅謂之蚍衃。荍，渠遥切。

陵苕，爾雅謂之陵時。或謂之紫葳，或謂之瞿陵，今之凌霄也。黄華謂之蔈，白華謂之茇。

葳，音威，又名女葳。蔈，方小切。茇，北末切。

瓠之甘者謂之甘瓠。其苦者爲匏，或謂之苦匏。有柄者謂之壺，或謂之縣匏。細腰者謂之蒲盧。瓠中瓣謂之瓠犀。

瓠，胡誤切。匏，薄交切。壺，户吴切。瓣，蒲見切。

瓞，小瓜也。爾雅謂之瓝。瓞，徒結切，或作瓞。瓝，蒲角切，亦作瓟。

篠，箭竹也。箭萌謂之箈，筍其通語也。竹皮謂之筠。簜，大竹也。箘、簬，聆風也，小曰箘，大曰簬。蒼筤，幼竹也。桃枝竹，四寸有節。

篠，先杳切，亦作筱。簜，徒朗切。箘，渠隕切。簬，洛故切，亦作簵。筠，王春切。箈，徒哀切，亦作箔。筍，思允切。筤，盧當切。

兔絲〔一五〕，古謂之唐，爾雅謂之蒙。亦謂之玉女，或謂之兔丘，或謂兔縷，或謂之赤網。

蒙，莫紅切。

松蘿，古謂之女蘿〔一六〕。蘿，音羅。

寄生，古謂之蔦，爾雅謂之寓木，亦謂之宛童。或謂之寄屏。

蔦，都了切，亦作樢。

荷，或謂之芙蓉。爾雅謂之芙蕖。華方秀謂之菡萏。其實謂之蓮。其根謂之藕。

荷，胡哥切。芙，防無切。蓉，余封切。蕖，音渠。蓮，落賢切。藕，五厚切，亦作蕅。菡，胡感切。萏，徒感切，亦作萏。

諼草，或謂之丹棘，或謂之忘憂，或謂之宜男，荆楚謂之鹿葱。

諼，亦作萱、藼、蕿，況袁切。

黄藥，古謂之苓。爾雅謂之大苦。

苓，郎丁切，亦作蘦。

茨，爾雅謂之蒺藜。

茨，疾咨切，亦作薺、薋。蒺，音疾。本草又有屈人、止行等名。

稗，似稻。秕，似粟。稊，似稗而小，爾雅謂之荑。生下濕爲稗，布地生爲稊。

稗，旁卦切。秕，卑履切，亦作粃。稊，大兮切，亦作蕛。荑，徒結切。

萍，爾雅或謂之蓱。或謂之水蘼，或謂之水華，吴人謂之薸。

萍，符兵切。蓱，薄經切。薸，毗宵切。

栭，或謂之萮，今之木耳也。

栭，如之切。萮，而究切。

芝，爾雅謂之茵〔一七〕。一歲三華，所謂三秀是也。

芝，止而切。茵，音囚。

蕕，或謂之軒于，爾雅謂之蔓于。或謂之馬唐也。

蕕，以周切，亦作莤。郭璞云：「江東呼莤。」

堇草，或謂之鷄毒，爾雅謂之芨。或謂之烏頭〔一八〕。

堇，音靳。芨，居立切。

校注

〔一〕彫胡　見宋玉諷賦。

〔二〕原文在「爾雅」右側標一「説」字，揣度作者之意，當是指説文。説文：「苬，昌蒲也。」

〔三〕見禮記曲禮上。

〔四〕原文「或謂」二字右側標有「本艸」二字，意謂澤蔞見本草。

〔五〕原文「或」字右側標有「本艸」二字。毛蔞亦見本草。

〔六〕見大雅生民。毛傳：「芑，白苗也。」即禾莖白色之黍。白與赤相對而言。

〔七〕見大雅文王有声。通釋引郭璞之説謂即「今水中芹菜」。

〔八〕見小雅采芑。即今萵苣菜。王禎農書蔬屬萵苣：「苣數種：有苦苣，有白苣，有紫苣，皆可食。今人家常食者白苣。」

〔九〕唐又　疑爲「唐人」之筆誤。秃菜爲南北朝至唐時語。見王念孫廣雅疏證「羊蹏」下引陶弘景説。本草綱目「羊蹄」下時珍曰：「秃菜以治秃瘡名也。」

〔一〇〕語見莊子至樂。戴氏以蕮菜爲水舄，與舊説異。蕮菜，宋唐慎微政和證類本草草部：「蕮草，唐本草云：葉圓，似澤瀉而小，花青白，亦堪噉，所在有之。」戴説似本此。

〔一一〕語見禮記郊特牲及注。

〔一二〕語見論語季氏。

〔一三〕集韻卦韻：「蔽，或作蒯。」

〔一四〕原文「蔞舌」二字右側標有「廣雅」，爲作者標示的出處。

〔一五〕「兔絲」至「堇草」等十三條原文在釋木「蔹，樧」條之後，恐爲裝訂時錯頁誤入，今移釋草中。

〔一六〕按毛傳、爾雅以女蘿、菟絲爲一物。詩小雅頍弁「蔦與女蘿，施于松柏」，毛傳：「女蘿，菟絲，松蘿也。」爾雅：「唐蒙，女蘿。女蘿，菟絲。」陸璣詩疏謂菟絲蔓生草上，與松蘿殊異。陸德明釋文謂「在草曰菟絲，在木曰松蘿」。故戴震菟絲、松蘿分釋爲二而別之。

〔一七〕茵　孫星衍以「茵」字不見它書，嘗致疑問。郝懿行爾雅義疏據類聚九十八引爾雅作「菌，芝」，謂爲「菌」字之譌。洪頤煊讀書叢録、嚴元照爾雅匡名説同。

〔一八〕爾雅釋草「芨，堇草」，郭璞注：「即烏頭也。」此爲戴氏所本。然烏頭有堇草之名而非爾雅之芨。詩綿、爾雅陸德明釋文據廣雅、本草謂名芨者非烏頭，而當爲蒴藋，參見郝懿行爾雅義疏。

按，釋草之末原文附有一條資料：北齊書儒林邢峙傳：「厨宰進太子食，有菜曰邪蒿。峙命去之，曰：『此菜有不正之名，非殿下所宜食。』顯祖聞而嘉之，賜以被褥縑纊，拜國子博士。」其中有邪蒿，大概是作者留待查考的名目。本草綱目「邪蒿」釋名下時珍曰：「此蒿葉紋皆邪，故名。」

經雅五

梅，蜀人謂之藤。乾藤，乾梅也。

藤，盧皓切，亦作蓀。梅，莫桮切，亦作楳、某、槑。蜀志云：「蜀名梅爲藤。」

榛實，似栗而小。

榛，側詵切。籩人饋食之籩，有棗、㮚、桃、乾藤、榛實。説文作亲。

椇，雞距，枳枸也。

椇，俱羽切，亦作枸、檄。枳，職雉切，亦作積，俗呼樹蜜、白石、木珊瑚。

梻，青者謂之烏椑。

梻，銀里切，譌作柿。椑，部迷切。

梨，山生者謂之樆。檖，爾雅謂之赤蘿，或謂之楊檖，或謂之鼠梨，或謂之鹿梨。

梨，力脂切。樆，音离，即白蘿。檖，徐醉切，亦作椽。

橘，小者謂之榛。盧橘，夏橘也。柚，爾雅謂之條，或謂之朱欒。大柚爾雅謂之櫠，亦謂之椵，或謂之壺甘。黄甘，大甘八瓣。

橘，居聿切。榛，七侯切。柚，余救切。欒，洛官切。櫠，音廢。椵，古雅切。夏橘，俗呼金橘。

木瓜，爾雅謂之楙。木桃，或謂之樝。木李，或謂之榠樝。

楙，莫侯切。樝，側加切，亦作楂柤。榠，芒經切。又名蠻樝、木梨。曲禮：「婦人之摯：椇、榛、棗、栗。」内則：「椇、棗、栗、榛、杮、桃、李、梅、杏、楂、梨。」

杝桃，山桃也。

杝，息移切，亦作榹。桃，徒刀切。夏小正：「正月梅杏杝桃則華。」

含桃，爾雅謂之荊桃。或謂之朱櫻，亦謂之楔。今之櫻桃也。

櫻，烏莖切。楔，音戛。

白棠，或謂之椁，詩謂之甘棠。赤棠，杜。

棠，徒郎切。椁，特丁切。相如賦「椁柰厚朴」。棠、椁一聲之轉。杜，徒古切。俚語「甜如杜」。說詩者以杜釋詩之甘棠，非也。爾雅「杜甘，棠」，言杜甘者曰棠，與「梨山，樆」、「榆白，枌」同一句意。

藙，榝。茱萸，欓子。越椒也。

藙，魚既切，亦作藾。榝，所八切。茱，市朱切。萸，羊朱切。欓，多朗切。

樲，禮謂之王棘，酸棗也。樕棗，禮謂之樿棘，酸小棗也。

棘，己力切。樲，而至切。棗，子皓切。樿，音澤。樕，人善切。

杞，爾雅謂之枸檵。或謂之地骨，或謂之苦杞。

杞，墟里切。枸，古厚切。檵，古詣切。

欝，詩謂之唐棣，爾雅謂之栘，今之車下李也。棣亦謂之常棣，或謂之爵李，今之郁李也。

棣，特計切。栘，弋支切。郭璞以爲夫栘，非是。晉宣室閣銘：「華林園中，有車下李三百十四株，郁李一株。」本草：「郁李一名爵李。」後人加一名車下李，謬矣。

桂，或謂之梫，或謂之木桂，或謂之牡桂。箘桂，或謂之筒桂，或謂之小桂。

桂，古惠切。梫，七荏切。

杶，或謂之櫄。樗，或謂之虎目。栲，爾雅謂之山樗。

櫄，相倫切。杶，敕倫切，亦作櫄、椿。樗，丑居切，亦作樗。栲，苦浩切，亦作栲。俚語「杶樗栲漆，相似如一」。

柏，禮謂之椈。

椈，音鞠。雜記：『暢臼以椈。』柏，博陌切。

梓，或謂之白楸。赤者謂之楸。椅，或謂之文梓。檟，或謂之小楸。

梓，即里切，亦作梓。楸，七由切。椅，於离切。檟，古雅切，亦作榎。

桐，或謂之椅桐。爾雅謂之榮。或謂之白桐。梧桐，爾雅謂之櫬。不實者謂之青桐。

桐，徒紅切。榮，永兵切。梧，五胡切。櫬，初僅切。爾雅：『榮，桐木。』郭璞以爲梧桐，非也。

桑實謂之葚。女桑，爾雅謂之荑桑。檿，山桑也。

桑，息郎切。葚，常衽切，亦作黮。檿，於琰切。

柘實謂之佳。

柘，之夜切。佳，音錐。

楚，或謂之荆。楛，赤荆也。

楚，創舉切。荆，舉卿切。楛，苦孤切。説文作「枯」。

穀，或謂之楮也。

穀，古禄切。楮，丑吕切。

舜華，或謂之王蒸，或謂之日及，或謂之木堇。扶桑，或謂之朱堇，或謂之赤堇。

舜，舒閏切，亦作蕣。堇，亦作槿。

椐，爾雅謂之樻，靈壽木也。

椐，九魚切。樻，求位切。

槐，爾雅謂之櫰也。

槐，户恢切。櫰，音懷。

棫，爾雅謂之白桵。

棫，于逼切。桵，儒隹切。即藥中㚤核。

枸，或謂之枸骨。

枸，古厚切。小雅南山有臺〔一〕。

檉，或謂之朱楊，或謂之雨師，爾雅謂之河柳。楊，爾雅謂之蒲柳。

檉，敕貞切。楊，與章切。柳，力九切。

榆，或謂之零榆。白者謂之枌。

榆，羊朱切。枌，扶分切。
無姑，或謂之牡榟，或謂之姑榆。其實謂之蕪荑。榟，音姑。
樓，爾雅謂之落。或謂之梱榆也。樓，音穫。
六駁，或謂之駁馬，或謂之梓榆也。
栩，爾雅謂之杼。不冬彫者爲櫟，或謂之柞。其實謂之橡，或謂之皂斗。
栩，況羽切。杼，直吕切，亦作芧、柔。櫟，郎擊切。柞，在各切。橡，徐兩切，亦作樣。
椒聊，或謂之申椒，今之椒也。大者謂之椴。
椒，子寮切，亦作茮。椴，音毁。
樸樕，爾雅謂之槲樕。
樸，匹角切。樕，桑屋切。槲，胡谷切。
柏葉松身爲檜。古外切，亦作栝。
樞，爾雅謂之荎。或謂之刺榆。
樞，昌朱切。荎，大結切。
杻，爾雅謂之檍。或謂之土橿。
杻，女九切。檍，於力切。
枏，秦風謂之梅。或謂之交讓木。
枏，女閻切。

椇，爾雅謂之鼠梓。或謂之虎梓，或謂之苦楸〔二〕

椇，羊朱切。

桋，爾雅謂之赤栜，白者謂之栜。

桋，以脂切。栜，山厄切。

榴，秦風謂之條，爾雅謂之山櫝。或謂之山楸。

榴，音叨。

杝，或謂之白椴。

杝，音夷，亦作柂。椴，音段。

羊棗，爾雅謂之遵。

扶蘇，或謂之扶胥。

枳，或謂之枸橘。枳，諸氏切。

李，赤者謂之駁。李，良止切。

校　注

〔一〕詩小雅南山有臺：「南山有枸，北山有椇。」

〔二〕苦楸　即山楸之異種。

戴震全書

第叁册

修訂本

（清）戴震 撰
楊應芹 諸偉奇 主編

黄山書社

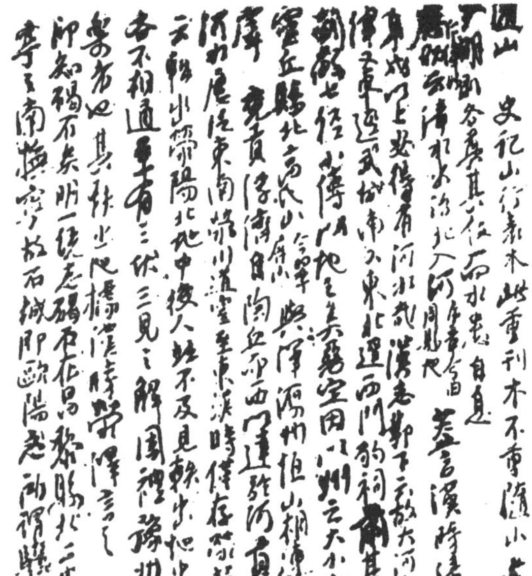

《讀禹貢札記》手稿

（北京大學圖書館藏，下同）

番界[illegible]百里二渡河杓谷查[illegible]也精兒哈那平紀水角勒

若羽果匯那南流有支[illegible]左右流會至上軼也按即入四川界南流未爲錄

衛之東北又南至烏喇喇猓猓入金沙江地理今釋三危山在大河南今陝西岷州邊

古三危州西西番界中[illegible]南麗江府北河圖括地象三危在烏鼠西南與汶山

四水出其南郭氏書曰南當岷山則在积石西南此居道之地理今釋黑水[illegible]

即今西藏[illegible]金沙江其源出于西番諾莫渾五巴什山分支東曰阿克達母必

流至[illegible]南[illegible]江府境東[illegible]南流至姚安府大姚縣之左抑[illegible]中

麗江府[illegible]又東入四川境過會川衛南又東至東川府西折而東北流過

府西北馬湖府南又東過敘州府南入岷江康熙五十二年使侍衛拉錫侍讀學

蘭[illegible]河源[illegible]五十六年使[illegible]楚兒沁藏布蘭木占巴[illegible]等視西海西藏地輿

河源俟繪[illegible]圖[illegible]於諸山川物產[illegible]皆有稱某[illegible]曰[illegible]日曰數數

故[illegible]之數[illegible]數致地柱於富日巴顏[illegible]其[illegible]旌

阿木尼形勢之陸[illegible]曰麻[illegible]於大冰山曰阿木尼麻勒齊木孫山

[illegible]尼形勢其曰靈[illegible]查靈[illegible]尼靈[illegible]

哈屯[illegible]故昭君河曰哈屯河阿爾[illegible]猶漢言金也黃也故黃河曰阿爾坦

[illegible]在西寧塞外西南千五百里[illegible]風象[illegible]山[illegible]其[illegible]

士昏禮期初昏節注寢壻之室也陸德明釋文摘壻之五字於下云悉計反從士從胥俗作壻女之夫共十五字注疏本引釋文於各節下而此條乃誤入記後又大書竄入鄭注用昕使者用昏壻也之下云壻悉計反至女之夫凡十四字下又接以鄭注腆善也云云

視諸衿鞶下有姆辭壻授綏之辭云壻授綏姆辭曰未教不足與爲禮也凡十四字汲古閣注疏本脫有一專刻正文閩版有之其本每紙二十行行二十字頗舊中縫下有上册及下册二字

《儀禮注疏校記》手稿

士相見禮。非以君命使則不稱寡句大夫句士則曰寡君之老。注云謂擯贊者辭也。不稱寡君。不言寡君之某。言姓名而已。大夫卿士。其使則皆曰寡君之某。此仍申上非以君命使內羣大夫卿上檀弓曰。仕而未有祿者。君有饋焉曰獻。使焉曰寡君。句疏云此文亦兼士大夫。引之者見公事使。稱寡君之某也之老。二字衍據注經文寡字下脫一君子。注中卿字可疑。當是與士。注末衍之老二字。疏小聘使下大夫下。當云明下大夫則曰寡大夫。上大夫則曰寡君之老。故鄭總云某也。

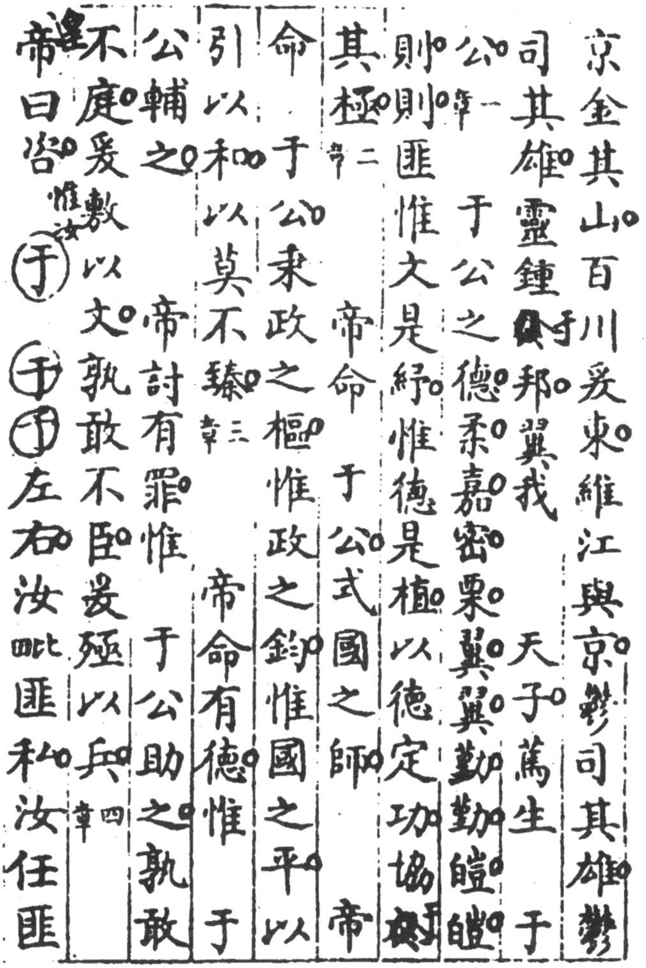
京金其山。百川爰東。維江與京。鬱司其雄。鬱
司其雄。靈鍾于邦。翼我天子。萬生于
公。章一于公之德。柔嘉密栗。翼翼勤勤。皚皚
則。則匪惟文是紓。惟德是植。以德定功協
其極。章二帝命于公。式國之師。帝
命于公秉政之樞。惟政之鈞。惟國之平。以
引以和。以莫不臻。章三帝命有德。惟于
公輔之。帝討有罪。惟于公助之。孰敢
不庭。爰敷以文。孰敢不臣。爰殛以兵。章四
帝曰咨。于于于左右汝弼。匪私汝任匪

《于公敏中壽頌》手訂稿

曲昔闢地二萬剪茲羣醜亦平金川汝勞汝

又章五　帝命其章黃章翠翎　帝溫其

言鹽梅調羹錫之都尉施于孫子畫之紫光

昭茲來始章六人亦有言既壽豈勤曾是于

公既壽以寅人亦有言極貴而驕曾是于

公極貴以勞章七　于公至止車馬繹繹衣服

奕奕謙沖以抑高門亢亢多士鏘鏘惟文武

之師惟邦之望章八　鏘鏘玉金隱隱其音其音

伊絲其絲伊琴[illegible]作歌其詩思以清以永

其懷以寫其心章九

戴某拜言

戴震全書第三册目次

續方言……二五三

聲類表

屈原賦注初稿

屈原賦注……六〇五

戴震全書之十一

方言疏證

鮑善淳◎整理
許威漢◎審訂

説明

漢揚雄方言是我國第一部漢語方言學著作，也是世界語言學史上第一部比較方言詞彙的專著，在當時就被譽爲「懸諸日月不刊之書」〔一〕，自東漢應劭以來，備見徵引。但在長期流傳過程中，斷爛譌脱，幾不可讀，甚至被認爲「是書雖存而實亡」〔二〕。至清代乾隆年間，戴震始以永樂大典本及古書中所引方言與流行的明本對勘，「逐條援引諸書，一一疏通證明」〔三〕，使這部古代語言學要籍「神明焕然，頓還舊觀」〔四〕，這就是我們今天所讀到的方言疏證。

方言疏證是戴氏晚年完成的一部力作，約成書於他去世前一年，即一七七六年（乾隆四十一年）。戴氏自一七五五年就已開始致力於方言的整理與研究。是書之作，從草創到成書歷時二十餘年。此後，有清一代雖相繼有方言校本問世，對戴書也有所補充訂正，但從總體上看，可以説，功力成就無能出其右者，故時人稱之爲「小學斷不可少之書」〔五〕。

方言疏證的版本，事實上有兩個系統：一是戴氏姻親孔繼涵於一七七七年至一七七九年刊刻的微波榭叢書 戴氏遺書所收的本子，書名爲方言疏證，題下標明「戴震疏證」。常見的安徽叢書本、四部備要本、萬有文庫本均屬這一系統。一是四庫全書經部小學類所收的本子，書名衹寫輶軒使者絶代語釋别國方言，漢揚雄撰，晋郭璞注。無「戴震疏證」字樣，衹作爲方言的一個善本看待。常見的武英殿聚珍版本、嘉慶六年樊廷緒刊本及叢書集成本均屬這一系統。自戴氏高足段玉裁以來，人們一直認爲戴氏遺書本「即四庫館聚珍版頒行之本」〔六〕，實則不然。以兩本對勘，可以發現文字不同多達七十餘處，將近七百字。從内容與時間上推測，情况可能是這樣的：戴氏遺書本是戴氏家藏的稿本，戴震去世後，孔繼涵即據此刊刻，時間不會晚於一七七九年；而四庫全書本則是戴氏呈交四庫館的最後寫定本。四庫本增補近四百字，兩本不同之處，多以四庫本爲優。此書在一七七九年才送呈御覽，武英殿修書處「奉命刻聚珍版惠海内」，時間當在此之後。

此次整理仍用作爲戴震個人專著面貌出現的戴氏遺書本爲底本，與聚珍版本（即四庫全書本）對勘，詳録異文於後。

校　注

〔一〕漢人張伯松語，見揚雄答劉歆書。

〔二〕〔三〕〔四〕均見四庫全書總目提要。

〔五〕〔六〕見段玉裁戴東原先生年譜。

方言疏證序〔一〕

案輶軒使者絶代語釋别國方言十三卷，漢揚雄撰，晋郭璞注。漢、魏、晋已來，凡引是書，但稱方言者，省文也。雄采集之意，詳見於答劉歆書。

考雄爲郎，在成帝元延二年，時雄年四十三，漢書傳贊所謂「初，雄年四十餘，自蜀來至游京師」是也。劉歆遺雄書求方言，則當王莽天鳳三、四年間，未幾而雄卒，答書内所謂「二十七歲於今」，傳贊所謂「年七十一，天鳳五年卒」是也。答書有云：「語言或交錯相反，方復論思，詳悉集之。如可寬假延期，必不敢有愛。」然則方言終屬雄未成之作，歆求之而不與，故不得入録。班固次雄傳及藝文志，不知其有此。

至應劭集解漢書，始見徵引，稱揚雄方言。其風俗通義序又取答書中語，具詳本末，而云：「方言凡九千字。」今計正文，實萬一千九百餘字，豈劭所見，與郭璞所注傳本微有異同歟？歆遺雄書曰「屬聞子雲獨采集先代絶言、異國殊語，以爲十五卷」；雄答書稱「殊言十五卷」；郭璞序亦云「三五之篇」。而隋經籍志「方言十三卷」，舊唐書作「别國方言十三卷」。其併十五爲十三，在璞注後，隋已前矣。

許慎說文解字、張揖廣雅多本方言，而自成著作，不加所引用書名〔二〕。魏書江式傳：「式上表曰：『臣六世祖瓊，往晉之初，與從父兄應元，俱受學於衛覬，古篆之法，倉、雅、方言、說文之誼，當時並收善譽，數世傳習，斯業所以不墜。』」杜預注左傳「授師孑焉」曰〔三〕：「揚雄方言：『孑者，戟也。』」孔穎達疏云：「揚雄以爾雅釋古今之語，作書擬之，采異方之語，謂之方言。」蓋是書漢末晉初乃盛行，故應劭舉以爲言，而杜預以釋經，江瓊世傳其學，以至於式。他如吴薛綜述二京解，晉張載、劉逵注三都賦，晉灼注漢書，張湛注列子，宋裴松之注三國志，其子駰注史記，及隋曹憲，唐陸德明、孔穎達、長孫訥言、李善、徐堅、楊倞之倫〔四〕，方言及注，幾備見援摭。

其後獨洪邁疑之，謂「雄所爲文，盡見於自序及漢志，初無所謂方言」〔五〕。則併傳贊内「自序」二字，結上所録「法言自序」者未之審〔六〕，又未考雄之文，如諫不受單于朝書、趙充國頌、元后誄等篇，溢於雄傳及藝文志外者甚多，而輕置訾議。豈應劭、杜預、晉灼及隋、唐諸儒咸莫之考實邪？

常璩華陽國志於林間翁孺、楊莊並云「見揚子方言」，李善注文選，引張伯松曰「是懸諸日月不刊之書也」，亦直稱「揚雄方言曰」，可證歆、雄遺答書，附入方言卷末已久。宋、元以來，六書故訓不講，故鮮能知其精覈。加以譌舛相承，幾不可通。今從永樂大典内得善本，因廣搜羣籍之引用方言及注者，交互參訂，改正譌字二百八十一，補脱字二十七，删衍字十七，逐條詳證之，庶幾漢人故訓之學猶存於是，俾治經、讀史、博涉古文詞者，得以考焉。

校 注

〔一〕此序各本均不載，今從經韻樓本戴東原集卷十中録出，弁於卷首。

〔二〕戴東原集原注：四庫館校方言序有云：「魏孫炎注爾雅莫、貈、蝗蜋、蛑字引方言。」案叔然於釋詁「耇老壽也」下引方言云「燕、代北鄙謂耇爲梨」；釋言「甋姡也」下引方言云「楚、鄭或謂狡獪爲姡」；釋器「金鏃翦羽謂之鍭」下引方言云「關西曰箭，江、淮謂之鍭」；釋蟲「蛰，蜻蜻」下引方言云「有文者謂之螓」；釋鳥「鳲鳩，鴶鵴」下引方言云「鳲鳩自關而東謂之戴勝」；「舒鴈，鵝」下引方言云：「江東呼爲駉鵝也。」引書名可考者，於郭注前共得六事。

〔三〕授師孑焉，見左傳莊公四年。

〔四〕指曹憲博雅音、陸德明經典釋文、孔穎達五經正義、長孫納言廣韻箋注、李善文選注、徐堅初學記、楊倞荀子注。

〔五〕見容齋三筆卷十五别國方言條。

〔六〕漢書揚雄傳贊云「雄之自序云爾」，系指傳文後所録法言自序之語，乃揚雄自述作法言十三篇之意，並非序列其全部著作。

方言疏證卷一

黨、曉、哲，知也。楚謂之黨，黨朗也，解寤貌。或曰曉；齊、宋之間謂之哲。

案：知讀爲智。廣雅：「黨、曉、哲，智也。」義本此。智，古「智」字。孫綽游天台山賦「近智以守見而不之，之者以路絶而莫曉」，李善注云：「之，往也。假有之者，以其路斷絶莫之能曉也。」方言曰：『曉，知也。』」此所引乃如字讀〔一〕，與廣雅異。注内「黨朗」，疊韻字也。廣韻作「爣朗」，云「火光寬明」。

虔、儇，慧也。謂慧了。音翾。秦謂之謾，言謾訑。音訑，大和反。謾，亡山反〔二〕。晉謂之㹊，音悝，或莫佳反。宋、楚之間謂之倢，言便倢也。楚或謂之𧫷，他和反，亦今通語。自關而東趙、魏之間謂之黠，或謂之鬼。言鬼脈也。

案：荀子非相篇「鄉曲之儇子」，楊倞注云：「方言：『儇，疾也。』又曰：『慧也。』」與『喜而翾』義同〔三〕。輕薄巧慧之子也。」楚詞惜誦篇「忘儇媚以背衆兮」，王逸注：「儇，佞也。」洪興祖引説文：「儇，慧也。」惜往日篇「或訑謾而不疑」，説文云：「謾，欺也。」沇州謂欺曰訑。」注内「訑」即「訑」之俗字。此書音某及某某反之類，多後人所加，雜入郭注。今無從辨別，姑仍其舊。「鬼𧥣」各本譌作「鬼眎」，「𧥣」俗作「脉」，因譌而爲「眎」。後卷十内「𧥣，慧也」，注云：「今名黠爲鬼𧥣。」廣雅：「虔、謾、黠、儇、譎、𢡺、捷、鬼，慧也。」義本此。「倢」「捷」古通用。

娥、𡡉音盈，好也。秦曰娥，言娥娥也。宋、魏之間謂之𡡉。言𡡉𡡉也。秦、晉之間，凡好而輕者謂之娥。自關而東，河、濟之間謂之媌，今關西人呼好爲媌，莫交反。或謂之姣。言姣潔也。趙、魏、燕、代之間曰姝，昌朱反，又音株。亦四方通語。或曰妦。言妦容也。音蜂。自關而西，秦、晉之故都曰妍。秦舊都，今扶風雍丘也。晉舊都，今太原晉陽縣也。其俗通呼好爲妍。五千反。好，其通語也。

案：廣雅：「𡡉、媌、姣、姝、妍，好也。」義本此。「𡡉」各本譌作「嬴」，惟廣雅不誤。說文：「嬴，從女，嬴省聲。」「嬴」與「𡡉」有省不省之異，實一字。古詩十九首「盈盈樓上女，皎皎當窗牖。娥娥紅粉妝」，李善注云：「盈與嬴同，古字通。」郭注於「娥」「𡡉」並重言之，又以「姣潔」釋「姣」，正協此詩。楚辭九歌「靈偃蹇兮姣服」，洪興祖補注引方言「好或謂之姣」，注云：「言姣潔也。」列子周穆王篇「簡鄭、衛之處子娥媌靡曼者」，張湛注云：「娥媌，妖好也。」楊朱篇「鄉有處子之娥姣者」，又曰：「豐屋美服，厚味姣色。」玉篇引方言：「自關而東，河、濟之間謂好爲媌。」詩陳風「佼人僚兮」，釋文云：「佼，字又作姣，好也。方言：『自關而東，河、濟之間，凡好謂之姣。』」邶風「靜女其姝」，釋文云：「姝，說文作㚧，云：好也。」鄭風「子之丰兮」，毛傳：「丰，豐滿也。」釋文云：「方言作姅。」宋玉神女賦「貌豐盈以荘姝兮」，李善注引方言：「姝，好也。」

烈、枿，餘也。謂烈餘也。五割反〔四〕。陳、鄭之間曰枿，晉、衛之間曰烈，秦、晉之間曰肄，音謚。傳曰：「夏肄是屏。」或曰烈。

案：詩大雅云漢序「宣王承厲王之烈」，鄭箋云：「烈，餘也。」「烈」與「裂」「𦙶」音義同。說文：「裂，繒餘也。」廣雅：「𦙶，餘也。」「枿」，說文作「𣠽」，云：「伐木餘也。」又作「櫱」，商書盤庚篇「若顛木之有由櫱〔五〕」，釋文云：「櫱，本又作枿。馬云〔六〕：顛木而肄生曰枿。」魯語「山不槎櫱」，韋昭注云：「以株生曰櫱。」詩周南「伐其條肄」，毛傳：「肄，餘也。斬而復生曰肄。」「肄」「餘」語之轉。爾雅釋詁：「烈、枿，餘也。」郭注云：「晉、衛之間曰櫱，陳、鄭之間曰烈。」疏云：「方言文。」盤庚疏引郭注，亦作「晉、衛之間曰枿」，與方言本文互異，蓋郭注偶譌耳。注內「烈餘」當作「遺餘」。

台、胎、陶、鞠，養也。台猶頤也。音怡。晉、衛、燕、魏曰台，陳、楚、韓、鄭之間曰鞠，秦或曰陶，汝、潁、梁、宋之間曰胎，或曰艾。爾雅云：「艾，養也。」

案：「台」「頤」古通用。詩小雅「母兮鞠我」，毛傳：「鞠，養也。」「保艾爾後」〔七〕，「福禄艾之」，毛傳皆云：「艾，養也。」爾雅釋詁：「頤、艾、育，養也。」郭注曰：「汝、潁、梁、宋之間曰艾。方言云。」疏全引方言此條，作「晉、衛、燕、趙曰台」，餘並同。廣雅：「頤、陶，養也。」

憮亡輔反、㤿音淹、憐、牟，愛也。韓、鄭曰憮，晉、衛曰㤿，㤿㥍多意氣也。汝、潁之間曰憐，宋、魯之間曰牟，或曰憐。憐，通語也。

案：爾雅釋詁：「煤、憐、惠，愛也。」郭注：「煤，韓、鄭語，今江東通呼爲憐。」疏全引方言此條，作「秦或曰憐」，餘並同。釋訓：「矜、憐，撫掩之也。」郭注：「撫掩猶撫拍，謂慰恤也。」説文：「憮，愛也，韓、鄭曰憮。煤，撫也。讀若侮。」「煤」「憮」蓋聲義通〔八〕。「憮㤿」與「撫掩」亦聲義通。荀子榮辱篇「侔侔然惟利飲食之見」，楊倞注：「侔侔，愛欲之貌。方言云：侔，愛也。宋、魯之間曰侔。」「牟」「侔」古通用。廣雅：「憮、㤿、牟，愛也。」義本此。

悛、憮、矜、悼、憐，哀也。悛亦憐耳。音陵。齊、魯之間曰矜，陳、楚之間曰悼，趙、魏、燕、代之間曰悛，自楚之北郊曰憮，秦、晉之間或曰矜，或曰悼。

案：詩小雅「爰及矜人」，毛傳：「矜，憐也。」曲禮「七年曰悼」，鄭注：「悼，憐愛也。」嵇康養生論「世皆知笑悼」，李善注云：「方言：『悼，哀也。』笑悼謂笑其不善養生而又哀其促齡也。」廣雅：「悽、憮、齡、悼、憐，哀也。」義本此。「矜」「齡」古通用。

咺香遠反、唏虛几反、㣿音的，一音灼。怛，痛也。凡哀泣而不止曰咺，哀而不泣曰唏。於方，則楚言哀曰唏。燕之外鄙，鄙，邊邑名。朝鮮、洌水之間，朝鮮，今樂浪郡是也。洌水在遼東，音烈。少兒泣而不止曰咺。少兒猶言小兒。自關而西，秦、晉之間，凡大人、少兒泣而不止謂之唴，丘尚反。哭極音絶亦謂之唴。平原謂啼極無聲謂之唴哴。哴音亮，今關西語亦然。楚謂之嗷咷，叫、逃兩音。字或作叴，音求。齊、宋之間謂之喑音蔭，或謂之惄奴歷反。

案：春秋成公十六年公羊傳「悕矣」，何休注云：「悕，悲也。」宋玉風賦「中心慘怛」，李陵答蘇武書「祇令人增忉怛耳」〔九〕，潘岳寡婦賦「怛驚悟兮無聞」，嵇康幽憤詩「怛若創痏」，李善注並引方言：「怛，痛也。」枚乘七發「噓唏煩酲」〔一〇〕，注引方言：「哀而不泣曰唏。」説文：「哀痛不泣曰唏。朝鮮謂兒泣不止曰咺，秦、晉曰唴，楚曰嗷咷，宋、齊曰喑。」蓋本方言而小異其辭。廣雅：「㣿、怛、惄，痛也。欷、唴、喨，悲也。」義皆本此。「唏」與「悕」「欷」，「哴」與「喨」，古通用。

悼、惄、悴、慭，傷也。詩曰「不慭遺一老」，亦恨傷之言也。慭，魚吝反。自關而東，汝、潁、陳、楚之間通語也。汝謂之惄，秦謂之悼，宋謂之悴，楚、潁之間謂之慭。

案：詩衛風「躬自悼矣」，毛傳：「悼，傷也。」小雅「我心憂傷，惄焉如擣」，曹植朔風詩「繁華將茂，秋霜悴之」，李善注引方言：「悴，傷也。」説文：「悴，憂也。」春秋文公十二年左傳「兩君之士皆未慭也」，釋文引方言：「慭，傷也。」廣雅：「悴、慯、慭，憂也。悼、惄、悴、慭，傷也。」「傷」「慯」古通用。

慎、濟、曙、惄、溼、桓，憂也。曙者，憂而不動也。作念反。宋、衛或謂之慎，或曰曙；陳、楚或曰溼，或曰濟；自關而西，秦、晉之間或曰惄，或曰溼。自關而西，秦、晉之間，凡志而不得，欲而不獲，高而有墜，得而中亡，謂之溼，溼者，失意潛沮之名。或謂之惄。

案：「惄」各本作「惄」。説文云：「惄，飢餓也〔一一〕，一曰憂也。惄，憂貌，讀與惄同。」陸機贈弟士龍詩「惄焉傷別促」，李善注云：「方言：惄，憂也，自關而西，秦、晉之間或曰惄。」今從李善所引改正〔一二〕。荀子修身篇「卑濕重遲貪利」，楊倞注云：「方言：濕，優也。自關而西，凡志而不得，欲而不獲，高而（不）〔有〕墜〔一三〕，行而中止，皆謂之濕，亦謂之惄。」不苟篇「窮則棄而儑」，楊倞注云：「儑當爲濕，方言：『濕，優也。』字書無『儑』字。」據此兩引方言皆作「優」，或「憂」「優」古通用，餘與方言本文小異。「濕」與「溼」通，廣雅：「桓、慎、曙、濟、惄、溼，憂也。」義本此。

鬱悠、懷、惄、惟、慮、願、念、靖、慎，思也。晉、宋、衛、魯之間謂之鬱悠。鬱悠，猶鬱陶也。惟，凡思也；慮，謀思也；願，欲思也；念，常思也。東齊海、岱之間曰靖，岱，泰山。秦、晉或曰慎。凡思之貌亦曰慎，謂感思者之容。或曰惄。

案：爾雅釋詁：「懷、惟、慮、願、念、惄，思也。」疏引方言此條，文並同。説文亦云：「惟，凡思也。慮，謀思也。念，常思也。」即取爲字之正訓。張衡思玄賦「潛服膺以永靖兮」〔一四〕，李善注云：「方言：『靖，思也。』靖與靚同。字林：『靖，審也。』」向秀思舊賦「惟古昔以懷今兮」，李善注引方言：「惟，思也。」又廣雅：「鬱悠、慎、靖，思也。」義本此。

敦、豐、厖鴟鵂、夰音介、憮海狐反、般般桓、嘏音賈、奕、戎、京、奘在朗反、將，大也。凡物之大貌曰豐。厖，深之大也。東齊海、岱之間曰夰，或曰憮。宋、魯、陳、衛之間謂之嘏，或曰戎。秦、晉之間，凡物壯大謂之嘏，或曰夏。秦、晉之間，凡人之大謂之奘，或謂之壯。燕之北鄙，齊、楚之郊，或曰京，或曰將。皆古今語也。語聲轉耳。初别國不相往來之言也，今或同，而舊書雅記故俗語，不失其方，皆本其言之所出也。雅，爾雅也。而後人不知，故爲之作釋也。釋詁、釋言之屬。

案：「敦」「大」語之轉〔一五〕。憮，各本譌作「憮」，今訂正。注内「鴟鵂」「般桓」當作「音鴟鵂之鵂」「音般桓之般」，觀卷十一注内「蠭音癰瘲之瘲」可見。後人多妄删原文，遂不成語。「雅記故俗」，謂常記故時之俗〔一六〕。郭注「雅，爾雅也」，以「雅記」對「舊書」，失之。「爾」各本譌作「小」，據下云「釋詁、釋言之屬」，當作爾雅甚明。「爾」亦作「尒」，遂譌而爲「小」。方言此條自明其作書之意，謂舊書所常記故俗之語〔一七〕，本不失其方，而後人不知，是以作方言以釋之。郭璞不達其意，以爲指爾雅釋詁、釋言，亦失之。介、夏、幠、厖、嘏、奕、戎、京、壯、將，爾雅釋詁亦云「大也」，疏引方言此條，文並同。釋文引方言：「厖，深之大也。」「乔」「介」古通用。説文：「厖，石大也。乔，大也。嘏，大遠也。奕，大也。奘，駔大也。」廣雅：「豊、般、敦，大也。」義本此。「豐」「豊」古通用。

假音駕、𢓜古格字、懷、摧、詹、戾、艐古屆字，至也。邠、唐、冀、兖之間曰假，或曰𢓜。邠，今在始平漆縣。唐，今在太原晉陽縣。齊、楚之會郊，兩境之間。或曰懷。摧、詹、戾，楚語也。詩曰「先祖于摧」，「六日不詹」，「魯侯戾止」之謂也。此亦方國之語，不專在楚也。艐，宋語也。皆古雅之別語也，雅謂風雅。今則或同。

案：「𢓜」「格」古通用。艐、格、戾、懷、摧、詹，爾雅釋詁亦云「至也」，郭注曰：「齊、楚之會郊曰懷，宋曰屆。詹、摧，皆楚語。方言云。」疏引方言此條，文並同。釋文：「艐，郭音屆。孫云〔一八〕：古屆字。」「格」字亦作「𢓜」。廣雅：「假，至也。」曹憲音格。「假」「格」古亦通。

嫁、逝、徂、適，往也。自家而出謂之嫁，由女而出爲嫁也。逝，秦、晉語也；徂，齊語也；適，宋、魯語也；往，凡語也。

案：列子天瑞篇「子列子居鄭圃，將嫁於衛」，張湛注云：「自家而出謂之嫁。」爾雅釋詁：「如、適、之、嫁、徂、逝，往也。」郭注引方言：「自家而出謂之嫁，猶女出爲嫁。」「猶」「由」古通用。疏全引方言此條，「由」亦作「猶」。「徂」亦作「退」，説文云：「退，往也。退，齊語。適，之也。適，宋、魯語。」蓋本此。

謾台、䜌、怡二音。脅鬩，呼鬲反。懼也。燕、代之間曰謾台，齊、楚之間曰脅鬩。宋、衛之間，凡怒而噎噫，噎噫，謂憂也。噫，央媚反。謂之脅鬩，脅鬩，猶潤沭也。南楚江、湘之間謂之嘽咺。湘，水名，今在零陵。咺，音香遠反。

案：廣雅：「嘽咺、謾台、脅鬩，懼也。」義本此。「嘽」「蟬」古通用。咺，曹憲音火袁反〔一九〕。廣韻引方言此條，文並同。「脅」亦作「愶」，玉篇云：「以威力相恐愶也。」「鬩」亦作「憪」，廣韻：「憪，惶恐也。」或作「潤」〔二〇〕。注内「潤沭」各本譌作「鬩穀」，今訂正。後卷十有云：「凡窘猝怖遽謂之潤沭。」

虔、劉、慘、綝，殺也。今關西人呼打爲綝，音廩，或洛感反。秦、晉、宋、衛之間謂殺曰劉，晉之北鄙亦曰劉。秦、晉之北鄙，燕之北郊，翟縣之郊，謂賊爲虔。今上黨潞縣即古翟國。晉、魏、河内之北，謂綝曰殘，楚謂之貪，南楚江、湘之間謂之歁。言歁綝難猒也。

案：詩周頌「勝殷遏劉」，毛傳：「劉，殺也。」春秋成公十三年左傳「虔劉我邊陲」，杜預注云：「虔、劉，皆殺也。」疏引方言「虔，殺也。」慘，説文云：「毒也。」「㨆」「惏」古通用。説文：「河内之北謂貪曰惏。」與此小異。春秋僖公二十四年左傳「狄固貪惏」，釋文引方言：「殺人而取其財曰惏。」疏所引同。今方言無此語。昭公二十八年左傳「貪惏無饜」，疏引方言：「晉、魏、河内之北謂惏爲殘，楚謂之貪。」「惏」又作「婪」，説文云：「貪也。杜林説，卜者黨相詐驗爲婪。」「歁」各本譌作「欺」，注内同。説文：「歁，食不滿也。讀若坎。」廣雅：「歁、婪，貪也。」義本此。曹憲音苦感反。今據以訂正。「歁㨆」，叠韻字也。

亟、憐、憮、㤻，愛也。東齊海、岱之間曰亟，欺革反。自關而西，秦、晉之間，凡相敬愛謂之亟；陳、楚、江、淮之間曰憐；宋、衛、邠、陶之間曰憮，或曰㤻。陶，唐，晉都處。

案：「亟」亦作「極」。注内「欺革反」各本譌作「詐欺也」，於正文不相涉。廣雅：「極、憮、㤻，愛也。」義本此。曹憲於「極」下列「欺革」、「九力」二反，今據以訂正。爾雅釋言：「憮，敉，撫也。」疏引方言：「東齊邠、陶之間謂愛曰憮。」「東齊」二字誤。

眉、梨、耋、鮐，老也。東齊曰眉，言秀眉也。燕、代之北鄙曰梨，言面色如凍梨。宋、衛、兖、豫之内曰耋，八十爲耋。音經。秦、晉之郊，陳、兖之會，曰耇鮐。言背皮如鮐魚。耇音垢。

案：詩豳風「以介眉壽」，毛傳：「眉壽，豪眉也。」小雅：「遐不眉壽」，毛傳：「眉壽，秀眉也。」「梨」亦通用「黎」。吴語「播棄黎老」，韋昭注：「鮐背之耇稱黎老。」詩秦風「逝者其耋」，毛傳：「八十曰耋。」大雅「黄耇台背」，毛傳：「台背，大老也。」鄭箋云：「耇，凍梨。台之言鮐也，大老則背有鮐文。」疏引方言：「燕、代北鄙謂老爲梨。」釋文引方言：「凍梨，老也。」「凍」字方言所無。爾雅釋詁：「黄髮、齯齒、鮐背、耇、老，壽也。」疏引方言：「秦、晉之郊，陳、兖之會，謂老曰耇鮐。」

脩、駿、融、繹、尋、延，長也。陳、楚之間曰脩，海、岱、大野之間曰尋，大野，今高平鉅野。宋、衛、荆、吴之間曰融。自關而西，秦、晉、梁、益之間，凡物長謂之尋。周官之法，度廣爲尋，度爲絹帛橫廣。幅廣爲充。爾雅曰：「緇廣充幅。」延，年長也。凡施於年者謂之延，施於衆長謂之永。各隨事爲義。

案：詩小雅「不駿其德」，大雅「昭明有融」，毛傳皆云：「長也。」阮籍詠懷詩「獨有延年術」，注引方言：「延，長也。」爾雅釋文引方言：「幅廣曰充。」「年長也」之「年」，各本譌作「永」。嵇康養生論「芬之使香而無使延」，李善注引方言：「延，年長也。」爾雅釋詁：「永、羕、引、延、融、駿，長也。」郭注云：「宋、衛、荆、吴之間曰融。」疏引方言：「延，年長也。凡施於年者謂之延，施於衆長謂之永。」據此兩引「年長」，可爲確證矣。廣雅：「修、繹、尋，長也。」義本此。

允、訦音諶、恂音荀、展、諒音亮、穆，信也。齊、魯之間曰允，燕、代、東齊曰訦，宋、衛、汝、潁之間曰恂，荆、吴、淮汭之間曰展。汭，水口也。音芮。西甌、毒屋、黄石野之間曰穆。西甌，駱越别種也。音嘔。其餘皆未詳所在。衆信曰諒，周南、召南、衛之語也。

案：顔延之宋文皇帝元皇后哀策文「壼政穆宣」，李善注引方言：「穆，信也。」説文：「燕、代、東齊謂信曰訦。」蓋取諸方言。爾雅釋詁：「允、孚、亶、展、諶、誠、亮、詢，信也。」郭注引方言：「荆、吴、淮、泗之間曰展，燕、岱、東齊曰諶，宋、衛曰詢。」疏全引方言此條，「汭」亦譌作「泗」，「代」亦譌作「岱」，餘並同。又云：「訦、諶，亮、諒，詢、恂，音義同。」

碩、沈、巨、濯、訏、敦、夏、于，大也。「訏」亦作「芋」，音義同耳。香于反。齊、宋之間曰巨，曰碩。凡物盛多謂之寇，今江東有小凫，其多無數，俗謂之寇凫。齊、宋之郊，楚、魏之際，曰夥音禍。自關而西，秦、晉之間，凡人語而過謂之過于果反，或曰僉；東齊謂之劍，或謂之弩。弩猶怒也。陳、鄭之間曰敦，荆、吴、揚、甌之郊曰濯，中齊、西楚之間曰訏。西楚謂今汝南彭城。自關而西，秦、晉之間，凡物之壯大者而愛偉之，謂之夏，周、鄭之間謂之假音賈。郴，齊語也。洛含反。于，通語也。

案：史記陳涉世家：「『夥頤，涉之爲王沈沈者。』楚人謂多爲夥。」集解：「沈音長含反。」「沈」亦作「紞」，音耽。玉篇云：「多也。」後漢書張衡傳「不恥祿之不夥」，注引方言：「凡物盛而多，齊、宋之郊謂之夥。」夏、假、碩、濯、訏，爾雅釋詁亦云：「大也。」疏引方言，文並同。禮記檀弓篇「于則于」，疏云：「于謂廣大。」説文：「齊人謂多爲錁。」又「禍」字下云：「讀若楚人名多夥。」「錁」「夥」一字，而前言齊人，後言楚人。據方言「齊、宋之郊，楚、魏之際」，則兩處皆通。廣雅：「巨、訏、沈、敦，大也。僉，過也。」義本此。廣韻：「過，過也。秦人呼過爲過也。」「假」各本譌作「暇」，「通語」譌作「通詞」，今訂正。

抵觸牴、倒音致，會也。雍、梁之間曰抵，秦、晉亦曰抵。凡會物謂之倒。

案：「抵」各本譌作「牴」。據廣雅「會、抵，至也」，義與此合。注内「觸牴」當作「音觸牴之牴」，各本譌作「觸牴也」，遂并正文改爲「牴」，今訂正。玉篇引方言：「倒，會也。」

華、荂，晠也。荂亦華別名，音誇。齊、楚之間或謂之華，或謂之荂。

案：草木之華，説文本作「雩」，呼瓜反。華盛之華，説文作「蕚」，胡瓜反。今經傳通作「華」，遂無「雩」「蕚」之異。爾雅釋言：「華，皇也。」釋文：「胡瓜反。」釋草：「華，荂也。華、荂，榮也。木謂之華，草謂之榮。」郭注云：「今江東呼華爲荂。」此四「華」字皆當讀呼瓜反。方言此條兩「華」字與釋言同。注内「華」字與釋草同。又説文「荂」即

「雩」之別體。爾雅既以「荂」釋「華」，應是異字異音。此注「荂，音誇」，得之。

墳，地大也。青、幽之間，凡土而高且大者謂之墳。即大陵也。

案：爾雅釋詁：「墳，大也。」疏引方言此條，文並同。

張小使大謂之廓，陳、楚之間謂之摸音莫。

案：王延壽魯靈光殿賦「廓宇宙而作京」，李善注引方言此句，爾雅釋詁：「廓，大也。」疏亦引此句，文並同。「摸」刻本皆作「模」。

嫙火全反〔一二〕、蟬、縄音剡、撚諸典反、未，續也。楚曰嫙。蟬，出也。別異義。楚曰蟬，或曰未及也。

案：廣雅：「縄、劓、接、撚、未、連、似、粟、屬、結，續也。」縄、撚、未，三字取之此條。是自「未」以上五字，各自句絶。「嫙」「蠉」古通用，蟲行也。蟬，玉篇云「蟬連，系續之言也」。縄，玉篇云「續也」。撚，廣韻云「以指撚物」。皆有連續之意。未續〔一三〕，應謂欲續而未結繫。未及則猶有間斷。廣雅失之。「楚曰嫙」，三字句絶。「蟬」「出」語之轉，故「蟬」又爲「出」。

踏、古蹋字〔一三〕，他匣切。䠀逍遥、蹳音拂，跳也。楚曰𨁝。敕厲反，亦中州語。陳、鄭之間曰䠀，楚曰蹠。自關而西，秦、晉之間曰跳，或曰踏。

案：說文：「楚人謂跳躍曰蹠。」䠀、蹳皆云「跳也」。廣雅：「踏、蹠、䠀、蹳、𨁝，跳也。」義本此。注内「逍遥」當作「音逍遥之遥」。

躡、郅音質、跂音企、狢狢亦訓來、躋濟渡、踚踊躍，登也。自關而西，秦、晉之間曰躡，東齊海、岱之間謂之躋，魯、衛曰郅，梁、益之間曰狢，或曰跂。

案：郭璞江賦「躋江津而起漲」，謝靈運石門新營所住四面高山迴溪石瀨修竹茂林詩「躋險築幽居」，陸機辨亡論「遂躋天號，鼎跱而立」〔二四〕，李善注皆引方言：「躋，登也。」爾雅釋詁：「騭、假、格、涉、躋、登，陞也。」郭注云：「方言：魯、衛之間曰騭，梁、益曰格。」疏全引方言此條，文並同。又云：「騭、郅，格、狢，音義同。」注内「濟渡」、「踊躍」當作「音濟渡之濟」、「音踊躍之躍」。

逢、逆，迎也。自關而東曰逆，自關而西，或曰迎，或曰逢。

案：孟子「逢君之惡其罪大」，趙岐注：「逢，迎也。」周禮小祝「逆時雨」，鄭注：「逆，迎也。」説文：「逆，迎也。關東曰逆，關西曰迎。」蓋本此。

撏常含反、攓音蹇、摭盜蹠、挻羊羶反，取也。南楚曰攓，陳、宋之間曰摭，衛、魯、揚、徐、荆、衡之郊曰撏。衡，衡山，南岳名。今在長沙。自關而西，秦、晉之間，凡取物而逆謂之篡音饌，楚部或謂之挻。

案：玉篇：「撏，取也。」列子天瑞篇「攓蓬而指」，張湛注云：「攓，拔也。」説文作「搴」，云：「拔取也。南楚語。」又作「搴」，楚詞「朝搴阰之木蘭兮」〔二五〕，王逸注：

「搴，取也。」史記叔孫通列傳「故先言斬將搴旗之士」，索隱引方言云：「南方取物爲搴。」禮記禮器篇「有順而摭也」，疏云：「摭，猶拾取也。」張衡思玄賦「摭若華而躊躇」，李善注引方言：「摭，取也。」「摭」亦作「拓」，說文云：「拓，拾也。陳、宋語。」老子「挻埴以爲器」，釋文引方言：「挻，取也。」「篡」各本譌作「簒」，蓋因注内「饌」字而誤，今訂正。後漢書逸民傳「揚雄曰鴻飛冥冥，弋者何篡焉」，宋衷曰：「篡，取也。今人謂以計數取物爲篡。」爾雅釋詁：「探、篡、俘，取也。」說文：「屰而奪取曰篡。」廣雅：「搴、摭、挻、捊，取也。」義本此。注内「盗蹠」當作「音盗蹠之蹠」。

餥音非、飵音昨，食也。陳、楚之内，相謁而食麥饘謂之餥，饘，糜也。音旃。楚曰飵。凡陳、楚之郊，南楚之外，相謁而餐，晝飯爲餐。謁，請也。或曰飵，或曰𩛆音黏。秦、晉之際，河、陰之間，曰𩟔惡恨反𩜹五恨反。今馮翊部陽、河東龍門是其處也。此秦語也。今關西人呼食欲飽爲𩟔𩜹。

案：爾雅釋言：「餥、餱，食也。」郭注云：「方言：『陳、楚之間相呼食爲餥。』」疏全引方言此條，惟末句作「此真秦語也」，衍一「真」字，餘並同。說文：「陳、楚之間相謁食麥飯曰餥。楚人相謁食麥曰飵。秦人謂相謁而食麥曰𩟔𩜹。」徐鍇說文繫傳云：「相謁相見後，設麥飯以爲常禮，如今人之相見飲茶也。」「餐」亦作「湌」。廣雅：「餥、飵、𩛆、𩟔𩜹、湌，食也。」義本此。

釗居遼反、薄，勉也。相勸勉也。秦、晋曰釗，或曰薄。故其鄙語曰薄努，猶勉努也。如今人言努力也。南楚之外曰薄努。自關而東，周、鄭之間，曰勔釗沈湎。齊、魯曰勖兹。勖、勔，亦訓勉也。

案：勖、釗、勔，爾雅釋詁亦云：「勉也。」郭注引方言：「周、鄭之間，相勸勉爲勔釗。」疏全引方言此條，文並同。注内「沈湎」當作「音沈湎之湎」。廣雅：「薄，勉也。」義本此。

校注

〔一〕此所引乃如字讀　謂李善所引方言此文乃讀「知」爲知道的「知」。依其本音，不改讀爲「智」。

〔二〕武英殿聚珍版本「亡」上有「莫錢又」三字。據周祖謨方言校箋，此數句當作：「言訑謾也。訑，大和反。謾，莫錢反，又亡山反。」

〔三〕喜而翾（xuān）　見荀子不苟篇，原文爲「喜則輕而翾」。楊倞注：「翾，小飛也。或曰與『懁』同，説文云：『懁，急也。』」

〔四〕五割反　此系郭璞爲「枿」所注之音，聚珍版本即在「枿」字下。

〔五〕由　説文作「甹」，云「木生條也」。

〔六〕馬　指東漢經學家馬融。

〔七〕聚珍版本「保艾爾後」句上有「又」字。

〔八〕聚珍版本無「蓋」字。

〔九〕文選李陵答蘇武書「增」上有「悲」字。
〔一〇〕酲　原作「醒」，七發原文改。病酒曰酲。
〔一一〕飢餓也　原作「饑也餓也，」據聚珍版本及説文大徐本改。
〔一二〕聚珍版本「改正」作「爲正」，下有「此前後字異音義同，猶卷二内前作『顯』，後作『顯』，郭注論之甚明。此因注偶未及，後人改而一之耳」三十七字。
〔一三〕高而不墜　錢繹方言箋疏及王先謙荀子集解所引楊倞注，「不」皆作「有」。
〔一四〕靖　文選作「靚」，與李注合。
〔一五〕敦大語之轉　聚珍版本無此五字。
〔一六〕故時之俗　聚珍版本作「故俗之語」，於義爲長。
〔一七〕故俗之語　原作「故習之俗所語」，據聚珍版本改。
〔一八〕孫　指三國魏孫炎。著有爾雅注、爾雅音義。
〔一九〕曹憲　隋代人，曾爲廣雅作音釋，名博雅音（避隋煬帝諱，改「廣」爲「博」）。
〔二〇〕聚珍版本無「閺亦作憪，廣韻：憪，惶恐也。或作㵎」十三字。
〔二一〕火全反　原作「火金反」，據聚珍版本及諸本改。
〔二二〕戴氏以「未」與「續」義不相近，遂讀「未續」連文爲句，恐不確。參錢繹方言箋疏。
〔二三〕蹋　原作「塌」，據聚珍版本及諸本改。
〔二四〕而　原無，據文選及聚珍版本補。
〔二五〕楚詞　聚珍版本作「離騷」，義更明確。

方言疏證卷二

釥錯眇反、嫽洛夭反，好也。青、徐、海、岱之間曰釥，或謂之嫽。今通呼小姣潔喜好者爲嫽釥。好，凡通語也。

案：「釥」亦作「俏」，廣韻云：「俏醋，好貌。」「俏醋」，雙聲形容之辭，亦方俗語也。玉篇引方言：「青、徐之間謂好爲嫽。」廣雅「釥、嫽，好也」，義本此。

朦忙紅反、厖鴟鶶，豐也。自關而西，秦、晉之間，凡大貌謂之朦，或謂之厖。豐，其通語也。趙、魏之郊，燕之北鄙，凡大人謂之豐人。燕記曰：「豐人杼首。」杼首，長首也。楚謂之伃音序，燕謂之杼。燕、趙之間，言圍大謂之豐。謂度圍物也。

案：左思魏都賦「巷無杼首」，劉逵注云：「方言『燕記曰：「豐人杼首。」』杼首，長首也。燕謂之杼。』」玉篇：「朦，大也。豐也。」廣雅：「朦、厖，豐也。抒，長也。」皆本此。「杼」「抒」古通用。注内「鴟鶶」當作「音鴟鶶之鶶」。

娃烏佳反、嫷諾過反、窕徒了反、艷，美也。吳、楚、衡、淮之間曰娃，南楚之外曰嫷，言婑媠也。宋、衛、晉、鄭之間曰艷，陳、楚、周南之間曰窕。自關而西，秦、晉之間，凡美色，或謂之好，或謂之窕。故吳有館娃之宮，秦有榛娥之臺。皆戰國時諸侯所立也。榛音七。秦、晉之間，美貌謂之娥，言娥娥也。美狀爲窕，言閑都也。美色爲艷，言光艷也。美心爲窈。言幽静也。

案：左思吳都賦「幸乎館娃之宮」，劉逵注云：「吳俗謂好女爲娃。揚雄方言曰：『吳有館娃之宮。』」列子楊朱篇「皆擇稚齒婑媠者」，宋玉神女賦「嫷被服」，李善注引方言：「嫷，美也。」他卧反。史記外戚世家「邢夫人號娙娥」，索隱引方言：「美貌謂之娙娥。」詩周南「窈窕淑女」，毛傳：「窈窕，幽閒也。」釋文引王肅云：「善心曰窈，善容曰窕。」説文：「吳、楚之間謂好曰娃。南楚之外謂好曰嫷。秦、晉謂好曰娙娥。娙，長好也。」廣雅：「娃、嫷、窈、窕，好也。娥、艷，美也。」皆本此。諸刻脱「秦有」二字，永樂大典本、曹毅〔之〕本俱不脱〔一〕。陸機擬古詩「秦娥張女彈」〔二〕，李善注云：「應瑒神女賦曰：『夏姬曾不足以供妾御，況秦娥與吳娃。』方言曰：『秦俗，美貌謂之娥。』」又別賦、吳趨行及古詩十九首李善注並引方言：「秦晉之間，美貌謂之娥。」

奕、僷，容也。自關而西，凡美容謂之奕，或謂之僷。奕、僷，皆輕麗之貌。僷音葉。宋、衛曰僷，陳、楚、汝、潁之間謂之奕。

案：詩商頌「萬舞有奕」，毛傳：「奕奕然閑也。」疏云：「奕，萬舞之容，故爲閑也。」魯頌「新廟奕奕」，鄭箋云：「奕奕，姣美也。」陸機贈馮文熊遷斥丘令詩「奕奕馮生」〔三〕，李善注引方言：「自關而西，凡美容謂之奕奕。」因詩辭遂誤重一「奕」字。廣雅：「奕，容也。」義本此。説文：「宋、衛之間，謂華奕麗曰偞偞〔四〕。」廣韻：「偞偞，輕薄美好貌。」

顏、音綿，下作「矊」，音字同耳。鑠舒灼反、盱香于反、揚、䁯音滕，雙也。南楚江、淮之間曰顏，或曰䁯。好目謂之順。言流澤也。驢瞳之子驢，黑也。謂之矊。言矊邈也。宋、衛、韓、鄭之間曰鑠，言光明也。燕、代、朝鮮、洌水之間曰盱，謂舉眼也。或謂之揚。詩曰「美目揚兮」，是也。此本論雙耦，因廣其訓，復言目耳。

案：「雙」各本譌作「隻」。注内「雙耦」譌作「隻耦」。玉篇引方言：「顏，雙也。」廣韻：「䁯，雙也。」今據以訂正。玉篇、廣韻又謂「雙生爲顏」。廣雅：「顏、耦，孿也。雙、耦、孿，二也。」楚詞招魂篇「遺視矊些」，洪興祖補注引方言：「驢瞳之子謂之矊。」又作「媔」，大招篇「美目媔只」，補注云：「媔，音綿，美目貌。」「鑠」亦作「𥊞」，玉篇云：「美目也。」顏延之宋文皇帝元皇后哀策文「圜精初爍」，李善注云：「郭璞方言注：爍，言光明也。」「鑠」「爍」古通用。詩小雅「云何其盱」，説文：「盱，張目也。一曰朝鮮謂盧童子曰盱。」「驢」「盧」、「瞳」「童」，古通用。玉篇云：「盱，舉目也。燕、代、朝鮮、列水謂盧瞳子爲盱。」「洌」「列」古亦通用。鄭風「清揚婉兮」，毛傳：「清揚，眉目之間也。」䐹，玉篇云：「美目也。」廣韻作「睩」，云：「美目貌。」

嫢羌箠反、笙、摮音遒、摻素檻反，細也。自關而西，秦、晉之間，凡細而有容謂之嫢，嫢嫢，小成貌。或曰徥。言徥徥也。凡細貌謂之笙。斂物而細，謂之摮，或曰摻。

案：「嫢」各本譌作「魏」，今訂正。說文：「嫢，媞也。讀若癸。秦、晉謂細腰爲嫢。」廣雅：「嫢、笙、摮、摻、細，小也。」義本此。曹憲於「嫢」下列「其癸」「渠惟」二反〔五〕。

偉、言瓌瑋也。渾、們渾肥滿也。狐本反。膞、膞呬充壯也。匹四反。膿音壤、䆉恪膠反、泡音庖，盛也。偉，自關而西，秦、晉之間語也。陳、宋之間曰䆉，䆉胮䶂大貌。江、淮之間曰泡，泡肥洪張貌。秦、晉或曰膿。梁、益之間，凡人言盛及其所愛，偉其肥䐿謂之膿。肥膿多肉。

案：「偉」說文作「傀」，云：「偉也。」玉篇云：「偉，聲類傀字。」膞，玉篇云：「盛肥也。」漢書賈鄒枚路傳「壤子王梁、代，益以淮陽」，晉灼曰：「揚雄方言：梁、益之間，所愛諱其肥盛曰壤。」李善注文選云：「方言云：『瑋其肥盛』，晉灼注以『瑋』爲『諱』。」說文：「益州鄙言人盛，諱其肥謂之膿。」玉篇引方言：「膿，肥也。」今方言各本作「凡人言盛及其所愛，曰諱其肥䐿謂之膿」。明正德己巳影宋曹毅之刻作「曰偉」，皆衍「曰」字。據說文及漢書注、文選注刪。「諱」即「偉」之譌。「偉」「瑋」、「䐿」「盛」、「膿」「壤」，古通用。廣雅：「膿、䆉、泡、偉、膞、渾、肥，盛也。」義本此。

私、策、纖、莌貰鋭、穉古稚字、杪莫召反，小也。自關而西，秦、晉之郊，梁、益之間，凡物小者謂之私；小或曰纖，繒(白)〔帛〕之細者謂之纖。東齊言布帛之細者曰綾音凌，秦、晉曰靡。靡靡，細好也。凡草生而初達謂之莌。鋒萌始出。穉，年小也。木細枝謂之杪，言杪梢也。江、淮、陳、楚之内謂之蔑，蔑，小貌也。青、齊、兖、冀之間謂之葼馬鬉。燕之北鄙，朝鮮、洌水之間謂之策。故傳曰：「慈母之怒子也，雖折葼笞之，其惠存焉。」言教在其中也。

案：「纖」亦作「孅」，司馬相如上林賦「嫵媚孅弱」，李善注引方言：「自關而西，凡物小謂之孅。」長門賦「觀夫靡靡而無窮」，王延壽魯靈光殿賦「何宏麗之靡靡」，注皆云：「郭璞方言注曰：『靡靡，細好也。』」今方言各本注内脱一「靡」字，據此所引訂補。爾雅釋言：「幼、鞠，穉也。」疏引方言：「穉，年小也。」「穉」，唐石經作「稚」。潘岳閒居賦「兒童稚齒」，注引方言：「稚，小也。」「稚」字見方言注。左思吴都賦「鬱兮莌茂」，劉逵注引方言：「凡草生而初達謂之莌。」周語「鄭未失周典，王而蔑之」，韋昭注云：「蔑，小也。」馬融長笛賦「跛蔑縷」，注引方言：「蔑，小也。」當亦是方言注。廣雅：「纖、懱、私、策、葼、莌、杪，小也。」義本此。「蔑」「懱」古通用。禹貢「徐州，厥篚玄纖縞。豫州，厥篚纖纊」，史記夏本紀裴駰集解引鄭注云：「纖，細也。祭服之材尚細。」顔師古注漢書地理志云：「纖，細繒也。」與方言合。説文：「東齊謂布帛之細曰綾。」

青、齊、沇、冀謂木細枝曰䔼。」注內「馬鬃」當作「音馬鬃之鬃」。左思魏都賦「弱䔼係實」，劉逵注云：「䔼，木之細枝者也。揚雄方言曰：『青、齊、兖、豫之間謂之䔼。故傳曰：『慈母怒子，折䔼而笞之，其惠存焉。』」「沇」俗通作「兖」。此所引「冀」譌作「豫」。左思招隱詩「杖策招隱士」，李善注引方言：「木細枝曰策。」

殗於怯反、殜音葉，微也。宋、衛之間曰殗。自關而西，秦、晉之間，凡病而不甚曰殗殜。病半臥半起也。

案：廣雅：「殜殗，病也。」義本此。廣韻：「殗殜，不動貌。」「殜」「殜」同。

臺、敵，匹也。一作「疋也」。東齊海、岱之間曰臺。自關而西，秦、晉之間，物力同者謂之臺敵。

案：「匹」各本譌作「延」，「匹」俗作「疋」，遂譌而爲「延」。注內「疋」各本譌作「迮」，今訂正。爾雅釋詁：「敵，匹也，當也。」廣雅：「敵、儓，當也。匹、臺、敵，輩也。」義皆相因。「臺」「儓」蓋通用。

抱音赴、娩，孚萬反，一作「嬔」。耦也。耦亦疋，互見其義耳。荆、吳、江、湖之間曰抱嬔，宋、潁之間或曰嬔。

案：後卷八內：「北燕、朝鮮、洌水之間謂伏雞曰抱。」說文：「嬔，生子齊均也。」注內「孚萬反」，各本「孚」譌作「追」，從曹毅之本。「疋」各本亦譌作「迮」，今訂正。

倚於寄反、踦郤奇反，奇也。奇耦。自關而西，秦、晉之間，凡全物而體不具謂之倚，梁、楚之間謂之踦。雍、梁之西郊，凡嘼支體不具者謂之踦。

案：荀子修身篇「倚魁之行，非不難也」，楊倞注云：「倚，奇也。奇，讀爲奇耦之奇。方言：『秦、晉之間，凡物體全而不具謂之倚。』倚魁，謂偏倚狂怪行。」儒效篇「倚物怪變」，注云：「倚，奇也。」莊子天下篇「南方有倚人焉」，釋文云：「本或〔作〕『畸』。」魯語「踦跂畢行，無有處人」，韋昭注云：「踦跂，跰蹇也。」春秋僖公三十三年公羊傳「匹馬隻輪無反者」，何休注云：「隻，踦也。」説文：「踦，一足也。」嘼，許救反〔六〕。

逴勑略反、獡音鑠、透式六反，驚也。自關而西，秦、晉之間，凡蹇者或謂之逴，行略逴也。體而偏長短亦謂之逴。宋、衛、南楚凡相驚曰獡，或曰透。皆驚貌也。

案：説文：「逴，蹇也。南楚謂相驚曰獡。」左思吳都賦「驚透沸亂」，劉逵注引方言：「透，驚也。」廣雅：「逴、獡、透，驚也。」曹憲音釋云：「透，音叔。世人以此爲跳透字，他候反。未是矣。」

儀、佫，來也。陳、潁之間曰儀。自關而東，周、鄭之郊，齊、魯之間，或謂之佫，或曰懷。

案：「格」「佫」古通用。爾雅釋言：「格、懷，來也。」詩周頌「懷柔百神」，毛傳：

「懷，來也。」周語「民神怨痛，無所依懷」，韋昭注云：「懷，歸也。」義亦相因。儀者，儀之而來。周語「丹朱馮身以儀之」，儀即「來歸」之義。「格」字義兼往來。往而至乎彼曰格，來而至乎此亦曰格。誠敬感通於神明，而神明來格；德禮貫通於民心，而民咸格化；心思貫徹於事物，而事盡貫徹。皆合往來爲義。故其本文從彳。「格」「感」「貫」，一聲之轉，故義亦通。

翻音昵、㴈音汝，黏也。齊、魯、青、徐，自關而東，或曰翻，音黏翻也。或曰㴈。

案：爾雅釋言：「翻，膠也。」疏引方言此條，文並同。「翻」亦作「䵒」。説文云：「黏也。」廣雅：「㴈、䵒，黏也。」義本此。

餬音胡、託、庇庇蔭、寓、艨音孕，寄也。齊、衛、宋、魯、陳、晉、汝、潁、荆州、江、淮之間曰庇，或曰寓。寄食爲餬，傳曰「餬其口於四方」是也。凡寄爲託，寄物爲艨。

案：爾雅釋言：「媵、將，送也。」釋文引方言：「媵，送也。」「艨」「媵」同。説文：「餬，寄食也。」廣雅：「艨、庇、寓、餬、侂，寄也。」義本此。「託」「侂」古通用。注内「庇蔭」當作「音庇蔭之庇」。「餬其口」各本譌作「餬予口」，今據左傳改。

逞、苦、了，快也。自山而東，或曰逞。楚曰苦，苦而爲快者，猶以臭爲香，治爲亂，徂爲存。此訓義之反覆用之是也。秦曰了。今江東人呼快爲愃，相緣反。

案：春秋桓公六年左傳「今民餒而君逞欲」，杜預注云：「逞，快也。」廣雅：「逞、苦，快也。」義本此。

悔、惃、赧，愧也。晉曰悔，或曰惃。秦、晉之間，凡愧而見上謂之赧，小爾雅曰：「面赤愧曰赧。」梁、宋曰惃。敕惃，亦慚貌也。音匿。

案：趙岐注孟子云：「赧赧然，面赤心不正之貌也。」説文：「赧，面慚赤也。」爾雅釋言：「愧，慚也。」疏全引方言此條，文並同。玉篇引方言：「梁、宋之間謂媿曰惃。」「愧」「媿」古通用。廣雅：「悔、赧、惃，慚也。」義本此。

叨託高反、惏洛含反，殘也。陳、楚曰惏。

案：後漢書黨錮列傳「以貪叨誅死」，注引方言：「叨，殘也。」

馮、齘、苛，怒也。楚曰馮。馮，恚盛貌。楚詞曰：「康回馮怒。」小怒曰齘，言噤齘也。陳謂之苛。相苛責也。

案：離騷「喟馮心而歷兹」，洪興祖補注引方言：「馮，怒也〔七〕。」「齘」各本譌作「齗」，注内同，今訂正。説文：「齘，齒相切也。」玉篇云：「噤齘，切齒怒也。」「噤齘」廣韻作「顋齘」。廣雅：「馮、齘、苛，怒也。」義本此。

憡、刺，痛也。憯憡，小痛也。音策。自關而西，秦、晉之間或曰憡。

案：玉篇：「憱，小痛也。」「剌」亦作「瘌」。廣雅：「憱、瘌，痛也。」義本此。

撟捎，選也。此妙擇積聚者也，矯、騷兩音。自關而西，秦、晉之間，凡取物之上謂之撟捎。

案：說文云：「自關以西，凡取物之上者爲撟捎。」廣雅：「撟捎，選擇也。」皆本此。

撊呼旱反、梗魚鯁、爽，猛也。晉、魏之間曰撊，傳曰「撊然登埤」。韓、趙之間曰梗，齊、晉曰爽。

案：春秋昭公十八年左傳「今執事撊然授兵登埤」，服虔注：「撊然，猛貌也。」疏引方言云：「撊，猛也。晉、魏之間曰撊。」荀子榮辱篇「陋者俄且僩也」，楊倞注云：「僩與撊同，猛也。方言：『晉、魏之間謂猛爲撊。』詩曰：『瑟兮僩兮。』」廣雅：「撊、梗、爽，猛也。」義本此。注内「魚鯁」當作「音魚鯁之鯁」。

瞯音閑、睇音悌、睎、晞音略，眄也。陳、楚之間，南楚之外曰睇；東齊青、徐之間曰睎；吳、揚、江、淮之間或曰瞯，或曰略；自關而西，秦、晉之間曰眄。

案：夏小正：「來降燕，乃睇。」說曰〔八〕：「睇者，眄也。眄者，視可爲室者也。」廣韻「略」字引方言云：「視也。」說文：「略，眄也。眄，邪視也，秦語。南楚謂眄曰睇。海、岱之間曰睎。江、淮之間曰瞯。」廣雅：「睎、略、眄、睇，視也。」皆本此。

餯消息、喙口喙、呬許四反，息也。周、鄭、宋、沛之間曰餯。自關而西，秦、晉之間，或曰喙，或曰餯。東齊曰呬。

案：説文云：「東夷謂息爲呬。詩曰：『犬夷呬矣。』」今詩作「混夷駾矣」。呬，爾雅釋詁亦云：「息也。」郭注云：「今東齊呼息爲呬也。」疏全引方言此條，文並同。廣雅：「喙，息也。」義本此。注内「消息」「口喙」當作「音消息之息」「音口喙之喙」。

䤗劈歷、摫音規，裁也。梁、益之間，裁木爲器曰䤗，裂帛爲衣曰摫。䤗又斲也。晉、趙之間謂之䤗䤗。皆析破之名也。

案：漢書藝文志「則苟鉤䤗析亂而已」，顔師古注云：「䤗，破也。」左思蜀都賦「䤗摫兼呈」，劉逵注云：「揚雄方言：䤗、摫，裁也。梁、益之間，裁木爲器曰䤗，裂帛爲衣曰摫。」廣韻引方言「梁、益間裂帛爲衣曰摫。」廣雅：「䤗、摫，裁也。」義本此。注内「劈歷」當作「音劈歷之劈」。

鐫，琢也。謂鏨鐫也。子旋反。晉、趙謂之鐫。

案：「琢」各本譌作「椓」，今訂正。説文：「鐫，琢石也。」

鍇音楷、鐕音啓，堅也。自關而西，秦、晉之間曰鍇。吴、揚、江、淮之間曰鐕。

案：廣雅：「鍇、鐕，𩫖也。」玉篇「鐕」「𩫖」皆云：「堅也。」

揄鋪音敷、艦音藍極、帗音拂縷、葉褕音臾，毳也。音脆，皆謂物之扞蔽也。荆、揚、江、湖之間曰揄鋪，楚曰艦極，陳、宋、鄭、衛之間謂之帗縷，燕之北郊，朝鮮、洌水之間曰葉褕。今名短度絹爲葉褕也。

案：毳，玉篇云：「罽衣。」「葉褕」各本譌作「葉輸」，「輸」字不得有「臾」音。玉篇云：「葉褕，短度絹也。」今據以改正。

孑、蓋昨吝反，餘也。謂遺餘。周、鄭之間曰蓋，或曰孑。青、徐、楚之間曰孑。自關而西，秦、晉之間，炊薪不盡曰蓋。孑，俊也。遵，俊也。廣異語耳。

案：馬融長笛賦「蓋滯抗絶」，李善注云：「方言：『蓋，餘也。』蓋與燼同。」吴語「安受其燼」，韋昭注云：「燼，餘也。」春秋成公二年左傳「請收合餘燼」，杜預注云：「燼，火餘木。」廣雅：「燼、孑，餘也。」義本此。説文：「俊，材千人也。」廣韻：「智過千人曰俊。」鄉飲酒禮「遵者降席」，鄭注云：「遵者，謂此鄉之人仕至大夫者也。今來助主人樂賓，主人所榮而遵法者也。」鄉射禮注云：「謂之遵者，方以禮樂化民，欲其遵法之也。」「遵」之爲「俊」，或因此起義。

翿音濤、幢徒江反，翳也。舞者所以自蔽翳也。楚曰翿，關西關東皆曰幢。

案：「翿」説文作「翿」，云「翳也，所以舞也」。引詩「左執翿」。鄭箋於毛傳以「翳」釋「翿」申之曰：「翳，舞者所持，所謂羽舞也〔九〕。」「翿」又作「㦞」。廣雅：「幢謂之㦞。」義本此。

搜、略，求也。秦、晉之間曰搜。就室曰搜，於道曰略。略，强取也。攈古捃字、摭盜蹠，取也。此通語也。

案：搜，説文云：「求也。」齊語「犧牲不略，則牛羊遂」，韋昭注云：「略，奪也。」春秋成公十二年左傳「略其武夫，以爲己腹心股肱爪牙」，杜預注云：「略，取也。」襄公四年左傳「匠慶請木，季孫曰『略』」，注云：「不以道取爲略。」疏云：「今律，略人、略賣人是也。」沈約齊故安陸昭王碑文「小則俘民略畜」，李善注引方言：「略，强取也。」魯語「收攈而烝」，韋昭注：「攈，拾也。」史記十二諸侯年表：「各往往捃摭春秋之文以著書。」漢書藝文志「捃摭遺逸」，顔師古注云：「捃摭謂拾取之。」後漢書馮衍傳「捃桓、文之譎功」，注引方言「捃，取也」。廣雅：「廋、略，求也。摭、攈、略，取也。」義本此。「搜」「廋」古通用。

茫、矜、奄，遽也。謂遽矜也。吳、揚曰茫。今北方通然也。莫光反。陳、潁之間曰奄。秦、晉或曰矜，或曰遽。

案：馬融長笛賦「奄忽滅没」，任昉南徐州蕭公行狀「奄見薨落」〔一〇〕。李善注皆引方言：「奄，遽也〔一一〕。」廣雅：「硭、矜，遽也。」義本此。「茫」「硭」古通用。

速、逞、摇扇，疾也。東齊海、岱之間曰速。燕之外鄙，朝鮮、洌水之間曰摇扇。楚曰逞。

案：説文云：「楚謂疾行爲逞。」廣雅：「逞、搖扇，疾也。」義本此。

予、賴，讎也。南楚之外曰賴，賴亦惡名。秦、晉曰讎。

案：注内言「賴亦惡名」，蓋讀「賴」爲「厲」，「厲」「賴」古多通用。「予」「與」亦聲義通。後卷六内「誣、淹，與也」。卷十内「挐或謂之淹」，注云：「言誣淹也。」廣雅：「誣、淹，予也。」則「予」有「誣言相加被」之義。相誣相惡皆相讎也，故以「讎」釋之。

恒慨、蔘索含反綏、羞繹音奕、紛毋，言既廣又大也。荆、揚之間，凡言廣大者，謂之恒慨。東甌之間謂之蔘綏，東甌亦越地，今臨海永寧是也。或謂之羞繹、紛毋。

案：廣韻：「蔘綏，垂貌。」餘未見他書。皆形容盛大之辭。

剿、雀潦反，又子了反。蹶音蹄蹶，獪也。古狡狭字。秦、晉之間曰獪。楚謂之剿，或曰蹶。楚、鄭曰蔿，音指撝，亦獪聲之轉也。或曰姡。言黠姡也。今建平郡人呼姡，胡刮切〔一二〕。

案：爾雅釋言：「靦，姡也。」釋文云：「方言：『楚或謂狡獪爲姡。』姡猶獪也。郭注：『言黠也。』」「黠」下脱一「姡」字。「蹶」「獪」一聲之轉。注内「音蹄蹶」三字，各本「音」譌作「言」，又譌在「或曰蹶」之下。前「蹶」字下作「音厥」。前後重出，今訂正。「音蹄蹶」、「音指撝」當作「音蹄蹶之蹶」、「音指撝之撝」。

校注

〔一〕曹毅　當作「曹毅之」。按，戴氏所見的曹毅之本是明正德四年的一個影宋鈔本。

〔二〕張女彈　古曲名。

〔三〕馮文熊　文選作「馮文羆」。

〔四〕宋衛之間謂華奕麗曰偞偞　今説文小徐本、大徐本皆作「宋、衛之間謂華偞偞」。

〔五〕聚珍版本「其癸渠惟二反」下有：「『其葵』與『羌箠』所得之音同。字母之説，上聲亦分清濁，古人不分也。注内『徥徥』各本譌作『徥偕』，後卷六内作『徥皆』，以『皆』屬下『行貌』，並非。説文云：『徥徥，行貌。』謂細步緩行。今據以訂正。」凡六十七字。

〔六〕罥許救反　聚珍版本作「注内『於寄反』各本多作『丘寄反』，從曹毅之本」十七字。

〔七〕聚珍版本「馮怒也」下有「楚曰馮」三字。

〔八〕説曰　大戴禮記夏小正包括「經」與「傳」兩部分。此「説曰」即指傳文中所作的解釋。

〔九〕所謂羽舞也　十三經注疏本無「所」字。

〔一〇〕聚珍版本無「任昉南徐州蕭公行狀奄見薨落」十三字。

〔一一〕聚珍版本「奄遽也」下有「傅毅舞賦『翼爾悠往，闇復輟已』，注云：『闇猶奄也。古人呼闇，殆與奄同。方言曰：奄，遽也』」，凡三十二字。

〔一二〕胡刮切　聚珍版本同。按，唐以前注音皆作「某某反」，或「某某翻」，此「切」字恐係戴氏筆誤。

方言疏證卷三

陳、楚之間，凡人嘼乳而雙産謂之釐孳音兹，秦、晉之間謂之健子音輦，自關而東，趙、魏之間，謂之孿生蘇官反。女謂之嫁子。言往適人。

案：説文：「孿，一乳兩子也。」亦作「孌」，廣雅：「釐、孳、健，孌也。雙、孌，二也。」義本此。「釐」亦作「犛」，「孳」亦作「孖」，玉篇云：「犛孖，雙生也。雞鴨成健。」又引文字音義云：「江東呼畜雙産謂之健。」

東齊之間，壻謂之倩。言可借倩也。今俗呼女婿爲卒便〔一〕，是也。

案：「壻」各本譌作「聟」，今訂正。史記倉公列傳「黄氏諸倩」，集解云：「徐廣曰：『倩者，女婿也。』」駰案：方言曰：『東齊之間，婿謂之倩。』郭璞曰：『言可假倩也。』」説文云：「東齊婿謂之倩。」廣雅：「婿謂之倩。」皆本此〔二〕。

燕、齊之間，養馬者謂之娠，今之温厚也。音振。官婢女廝謂之娠。女廝，婦人給使者，亦名娠。

案：「娠」亦作「侲」，後漢書文苑列傳「虜傲侲〔三〕」，注引方言：「侲，養馬人也。」玉篇引方言「燕、齊之間謂養馬者曰侲」。説文云：「官婢女隸謂之娠。」徐堅初學記引方言：「燕、齊之間，養馬者及奴婢女厮皆謂之娠。」

楚、東海之間，亭父謂之亭公。亭民。卒謂之弩父，主擔幔弩導幨，因名云。或謂之褚。言衣赤也。褚音赭。

案：春秋昭公二年左傳「請以印爲褚師」，杜預注云：「褚師，市官。」説文：「褚，卒也。」廣雅：「亭父、褚，卒也。」義本此。

臧、甬音勇、侮、獲，奴婢賤稱也。荆、淮、海、岱雜齊之間，俗不純爲雜。駡奴曰臧，駡婢曰獲。齊之北鄙，燕之北郊，凡民男而壻婢謂之臧，女而婦奴謂之獲；亡奴謂之臧，亡婢謂之獲。皆異方駡奴婢之醜稱也。自關而東，陳、魏、宋、楚之間，保庸謂之甬。保，言可保信也。秦、晉之間駡奴婢曰侮。皆爲人所輕弄。

案：後漢書何敞傳「然臧獲之謀」，注引方言：「臧獲，奴婢賤稱也。」荀子王霸篇「則雖臧獲」，楊倞注云：「臧獲，奴婢也。方言謂『荆、淮、海、岱之間，駡奴曰臧，駡婢曰獲。燕、齊亡奴謂之臧，亡婢謂之獲。』或曰：取貨謂之臧，擒得謂之獲。皆謂有罪爲奴婢者。故周禮云：『其奴，男子入于罪隸，女子入于舂槀。』」史記魯仲連列傳「臧獲且羞與之同名矣」，裴駰集解引方言：「荆、淮、海、岱、燕、齊之間，駡奴曰臧，駡婢曰獲。」「燕齊」即「雜齊」之譌。廣韻引方言作「荆、淮、海、岱、淮、濟之間」，「雜齊」「淮濟」字形相近而譌。各本「壻」譌作「聟」。漢書司馬遷傳「且夫臧獲婢妾猶能引決」，注引應劭曰：「揚雄方言云：海、岱之間罵奴曰臧，罵婢曰獲。燕之北郊，民而聟婢謂之臧，女而婦奴謂之獲。」「聟」字亦轉寫之譌。徐堅初學記引方言此條作「壻」，今據以訂正。司馬相如列傳「與保庸雜作」，集解引方言：「保庸調之南方，奴婢賤稱也。」「調」乃「謂」字譌舛，「南方」二字乃「甬」字譌舛。「甬」作「勇」，遂離而爲「南方」，亦校書者妄以意改也。賈誼過秦論「材能不及中庸」，李善注引方言：「庸，賤稱也。」廣雅：「甬、保、庸，使也。侮、獲，婢也。」

蔿音花、譌譌言、譁、五瓜反。皆化聲之轉也。涅，化也。燕、朝鮮、洌水之間曰涅，或曰譁。雞伏卵而未孚音赴，始化之時，謂之涅。

案：「譌」「譌」古通用。爾雅釋言：「譌，化也。」亦作「吪」，詩豳風「四國是吪」，毛傳：「吪，化也。」注內「譌言」當作「音譌言之譌」。說文：「涅，黑土在水中也。」論語「涅而不緇」，注引孔安國云：「涅可以染皂。」是「涅」取「染化」之義。廣雅：「譁、蔿，涅，七也。」義本此。七，古「化」字。

斟、協，汁也。謂和協也，或曰瀋汁，所未能詳。北燕、朝鮮、洌水之間曰斟，自關而東曰協，關西曰汁。

案：「協」「汁」古多無別。周禮太史「讀禮書而協事」，故書「協」作「叶」〔四〕。杜子春云：「叶，協也。書亦或爲『協』，或爲『汁』。」鄉士「汁日」，鄭注云：「汁，合也，和也。和合支幹善日。」釋文：「汁音協，本亦作協。」大行人「協辭命」，故書作「叶詞命」〔五〕，鄭司農云：「叶當爲汁。」釋文：「叶音協。汁，之十反。叶也。又音協。」張衡西京賦「五緯相汁以旅於東井」，李善注引方言：「汁，叶也。」之十反。注内「瀋汁」各本譌作「潘汁」，今訂正。劉熙釋名云：「宋、魯人皆謂汁爲瀋。」史記張儀列傳「厨人進斟」，司馬貞索隱云：「斟謂羹汁，故名汁爲斟。」

蘇、芥，草也。漢書曰：「樵蘇而爨〔六〕。」蘇猶蘆，語轉也。江、淮、南楚之間曰蘇。自關而西，或曰草，或曰芥。或言菜也。南楚江、湘之間謂之莽嫫母反。

案：莊子天運篇「蘇者取而爨之」，釋文：「李云〔七〕：『蘇，草也。』方言：『江、淮、南楚之間謂之蘇。』」春秋哀公元年左傳「以民爲土芥」，杜預注云：「芥，草也。」「謂之莽」各本譌作「謂之芥」，注内「嫫母反」脱「反」字。張衡西京賦「赴長莽」，薛綜注引方言曰：「草，南楚之間謂之莽。」後卷十内「莽，嫫母反」，可證此條譌脱，今訂正。廣雅：「蘇、芥、莽，草也。」義本此。

蘇亦荏也。荏屬也。爾雅曰：「蘇，桂荏也。」關之東西或謂之蘇，或謂之荏。周、鄭之間謂之公蕢。音翡翠。今江東人呼荏爲菩，音魚。沅、湘之南或謂之葦。今長沙人呼野蘇爲葦，音車轄。沅，水名，在武陵。其小者謂之蘸菜。堇菜也，亦蘇之種類，因名云。

案：爾雅釋草：「蘇，桂荏。」郭注云：「蘇，荏類。故名桂荏。」徐鍇説文繫傳云：「荏，白蘇也。桂荏，紫蘇也。」後漢書馬融傳「桂荏鳧葵」，注引方言：「蘇亦荏也。」玉篇云：「長沙人呼野蘇爲葦。香菜菜，蘇類也。」「蘸」亦作「穰」，廣雅：「公蕢、穰菜、葦、荏，蘇也。」本此〔八〕。

蘴、舊音蜂。今江東音嵩，字作菘也。蕘鈐鐃，蕪菁也。陳、楚之郊謂之蘴，魯、齊之郊謂之蕘，關之東西謂之蕪菁，趙、魏之郊謂之大芥。其小者謂之辛芥，或謂之幽芥；其紫華者謂之蘆菔。今江東名爲温菘，實如小豆。羅、匐二音。東魯謂之菈遝。「洛荅」、「大合」兩反。

案：「蘴」亦作「葑」。詩邶風「采葑采菲」，毛傳：「葑，須也。」疏引方言此條，「關之東西」作「關西、趙、魏之郊」。「郊」譌作「部」。爾雅釋草：「須，葑蕪。」疏即録詩疏，故亦同誤。鄭注坊記云：「葑，蔓菁也。陳、宋之間謂之葑。」陸璣草木疏云：「幽州人或謂之芥。」釋草又曰：「葖，蘆萉。」郭璞注云：「萉宜爲菔。蘆菔，蕪菁屬，紫花，大根。俗呼雹葖。」疏云：「紫花菘也。俗呼温菘。」説文云：「蘆菔似蕪菁，實如小尗者。」玉篇引方言：「蘴，江東呼菘，蕪菁也。」蓋雜取注文言之。又引方言：「東魯人呼蘆菔爲菈遳子。」廣韻：「菈遳，秦人呼蘿蔔。」廣雅：「蘴、蕘，蕪精也。菈遳，蘆菔也。」皆本此。注內「鈴鐃」當作「音鈴鐃之鐃」〔九〕。

荍、芡音儉，雞頭也。北燕謂之荍。今江東亦名荍耳。青、徐、淮、泗之間謂之芡。南楚江、湘之間謂之雞頭，或謂之雁頭，或謂之烏頭。狀似烏頭，故轉以名之。

案：「荍」各本多譌「蘈」，曹毅之本不誤。廣雅：「荍、芡，雞頭也。」本此。曹憲音釋：「荍，悅蕊反。」玉篇引方言：「荍、芡，雞頭也。北燕謂之荍。」廣韻引方言：「南楚謂之雞頭，北燕謂之荍，青、徐、淮、泗之間謂之芡。」周禮籩人「加豆之實〔一〇〕，蔆芡㮚脯〔一一〕，」鄭注：「芡，雞頭也。」疏云：「今人或謂之雁頭。」

凡草木刺人，北燕、朝鮮之間謂之茦，爾雅曰：「茦，刺也〔一二〕。」或謂之壯。今淮南人亦呼壯。壯，傷也。山海經謂刺爲傷也〔一三〕。自關而東，或謂之梗，今之梗榆。或謂之劌。劌者，傷割人名。音鱖魚也。自關而西謂之刺。江、湘之間謂之棘。楚詞曰：「曾枝剡棘。」亦通語耳。音己力反。

案：「茦」各本譌作「策」，今訂正。爾雅釋草：「茦，刺。」郭注云：「草刺針也。關西謂之刺。燕北、朝鮮之間曰茦。見方言。」疏全引方言此條，文並同。釋文引方言：「凡草木而刺人者，北燕、朝鮮之間謂之茦。關西呼茦壯爲莿。」說文「茦」「莿」二字轉注。徐鍇繫傳云：「此爲草木之莿，刺爲斫刺之刺。」廣雅：「梗、劌、棘、茦、刺、壯，箴也。」古通用「刺」，不必如徐鍇所辨别。張衡西京賦「梗林爲之靡拉」，李善注引方言：「凡草木刺人爲梗。」聘義「廉而不劌」，鄭注云：「劌，傷也。」釋文：「九衛反。」引字林：「劌，利傷也。」楚辭橘頌「曾枝剡棘」〔一四〕，洪興祖補注引方言：「凡草木刺人，江、湘之間謂之棘。」

凡飲藥、傅藥而毒，南楚之外謂之瘌乖瘌。北燕、朝鮮之間謂之癆。癆、瘌皆辛螫也。音聊。東齊海、岱之間謂之瞑，或謂之眩。瞑、眩亦今通語耳。自關而西謂之毒。瘌，痛也。

案：説文：「楚人謂藥毒曰痛瘌。朝鮮謂藥毒曰癆。」「瞑」各本譌作「眠」，曹毅之本不誤。孟子引書曰：「若藥不瞑眩」，趙岐注云：「藥攻人疾，先使瞑眩憒亂。」尚書疏引方言：「凡飲藥而毒，東齊海、岱間或謂之瞑，或謂之眩。」廣雅：「癆、毒、瘌，痛也。」義本此。

逞、曉、恔、苦，快也。恔即狡。狡戲亦快事也。自關而東或曰曉，或曰逞。江、淮、陳、楚之間曰逞。宋、鄭、周、洛、韓、魏之間曰苦。東齊海、岱之間曰恔。自關而西曰快。

案前卷二內「逞、苦、了，快也。」「曉」與「了」義蓋相因。孟子「於人心獨無恔乎」，趙岐注云：「恔，快也。」廣雅：「逞、苦、曉、恔，快也。」義本此。

膠、譎，詐也。涼州西南之間曰膠。自關而東西，或曰譎，或曰膠。汝南人呼欺爲讉訵，他回反。亦曰詒，音殆。詐，通語也。

案：說文云：「梁、益曰謬欺，天下曰譎。」郭璞爾雅序曰「並多紛謬」，釋文引方言：「謬，詐也。」廣雅：「謬、譎、詐、膠，欺也。」「謬」與「膠」兩見。今方言無「謬，詐也」之語，或此條脱一「謬」字。爾雅釋詁：「詐，僞也。」疏全引方言此條，文並同。列子黄帝篇「既而狎侮欺詒」，張湛注引方言：「相欺亦曰詒〔一五〕。」似即此條注文。

揠、擢、拂、戎，拔也。今呼拔草心爲揠，烏拔反。自關而西，或曰拔，或曰擢。自關而東，江、淮、南楚之間，或曰戎。東齊海、岱之間曰揠。

案：孟子「宋人有閔其苗之不長而揠之者」，趙岐注云：「揠，挺拔之，欲亟長也。」潘岳爲賈謐作贈陸機詩「擢應嘉舉」，李善注引方言：「擢，拔也。」廣雅：「揠、擢、拂、戎，拔也。」義本此。

慰、廛、度，尻也。周官云：「夫一廛」，宅也。音纏約。江、淮、青、徐之間曰慰。東齊海、岱之間，〔或曰度〕〔一六〕或曰廛，或曰踐。

案：廣雅：「慰，廛，尻也。」義本此。文選雜詩「宴慰及私辰」，李善注引方言：「慰，居也。」「尻」「居」古通用。周禮遂人「夫一廛」，注云：「廛，居也。城邑之居。」古音宅讀如度。故「宅」「度」古多通。詩大雅「宅是鎬京」，坊記引作「度是鎬京」。周禮縫人注引書「度西」，今書作「宅西」。他如史記五帝本紀「五流有度〔一七〕，五度三居」，夏本紀「三危既度」〔一八〕，論衡引詩「此維與度」之類〔一九〕。漢書注〔二〇〕：「臣瓚云：案，古文『宅』『度』同。」是也。

萃、雜，集也。東齊曰聚。

案：詩陳風「有鴞萃止」，毛傳：「萃，集也。」鄭語「先王以土與金木水火雜，以成百物」，韋昭注云：「雜，合也。」廣雅：「萃、雜、集，聚也。」義本此。

迨、遝，及也。東齊曰迨音殆。關之東西曰遝，或曰及。

案：爾雅釋言：「迨，及也。」郭注云：「東齊曰迨。」又「逮，遝也。」注云：「今荆楚人皆曰遝。」玉篇云：「迨遝，行相及也。」

荄、杜，根也。今俗名韭根爲荄，音陔。東齊曰杜。詩曰「徹彼桑杜」是也。或曰芨音撥。

案：爾雅釋草：「荄，根。」郭注云：「俗呼韭根爲荄。」潘岳懷舊賦「陳荄被於堂除」，悼亡詩「枯荄帶墳隅」，李善注兩引方言：「荄，根也。」詩豳風「徹彼桑土」，釋文云：「韓詩作『杜』」，方言：東齊謂根曰杜。」說文云：「芨，草根也。春草根枯，引之而發土爲撥，故謂之芨。」

班、徹，列也。北燕曰班。東齊曰徹。

案：趙岐注孟子「班爵禄」云：「班，列也。」春秋昭公二年左傳「送從逆班」，杜預注云：「班，列也。」任昉奏彈曹景宗曰「榮高列將」〔二二〕，李善注引方言：「列，班也。」所引即此文。詩大雅「王命召伯，徹申伯土田」，毛傳：「徹，治也。」鄭箋云：「治者，正其井牧，定其賦税。」亦於班列之義爲近。廣雅：「列、班，布也。」

瘼音莫、癁，謂勞復也。病也。東齊海、岱之間曰瘼，或曰癁。秦曰瘎音闇或諶〔二三〕。

案：詩小雅「亂離瘼矣」，毛傳：「瘼，病也。」爾雅：「瘼，病也。」郭注云：「東齊曰瘼。」「癁」亦作「瘦」，玉篇：「瘦，再病也。」廣韻：「瘎，腹内故病。」廣雅：「瘦，瘎也。」

掩、醜、掍衮衣、綷作憒反，同也。江、淮、南楚之間曰掩。宋、衛之間曰綷，或曰掍。東齊曰醜。

案：「掩」「奄」古通用。詩周頌「奄有四方」，毛傳：「奄，同也。」醜訓類，類亦同也。孟子「今天下地醜德齊，莫能相尚」，趙岐注云：「醜，類也。言今天下之人君，土地相類。」以方言證之，於義尤明。班固西都賦「掍建章而連外屬」，王褒洞簫賦「掍其會合」，李善注兩引方言「掍，同也」。注内「衮衣」當作「音衮衣之衮」。玉篇：「綷，周也。」類篇：「綷，周也。宋、衛語。」「周」即「同」之譌。説文作「䵺」，云：「會五采繒色。」亦於「同」之義爲近。廣雅：「掍、粹、醜，同也。」「粹」當作「綷」。

裕、猷，道也。東齊曰裕，或曰猷。

案：坊記引書「爾有嘉謀嘉猷」，鄭注云：「猷，道也。」「猷」「繇」古通用。爾雅釋詁：「繇，道也。」廣雅：「裕，道也。」「裕」「猷」亦一聲之轉。

虔、散，殺也。東齊曰散，青、徐、淮、楚之間曰虔。

案：虔訓殺，已見前卷一內。

氾音汎、浼音漫、潤湯潤、洼烏蛙反，洿也。皆洿池也。自關而東，或曰洼，或曰氾。東齊海、岱之間，或曰浼，或曰潤。荆州呼潢也。

案：「洿」「汙」古通用。說文：「洿，濁水不流也，一曰窳下也。污，薉也，一曰小池爲汙。浼，污也。詩曰：『河水浼浼。』孟子曰：『汝安能浼我。』海、岱之間謂相污曰潤。洼，深池也。潢，積水池。」孫奭孟子音義引方言：「東齊之間謂污曰浼。」郭注以爲皆洿池之名。廣雅：「氾、醃、洼、染、潤、濩、辱、點，污也。」蓋皆取薉污義。「浼」「醃」古通用。注內「湯潤」當作「音湯潤之潤」。

庸、恣、比比次、侹挺直、更、佚蹉跌，代也。齊曰佚，江、淮、陳、楚之間曰侹。餘四方之通語也。

今俗亦名更代作爲恣作也。

案：「庸」「傭」古通用。「恣」當作「佽」。説文：「佽，遞也。遞，更易也。」侹，代也。代，更也。」「佚」「迭」古亦通。春秋文公十一年穀梁傳「兄弟三人佚害中國」，范甯注云：「佚，猶更也。」班固西都賦「更盛迭貴」，李善注引方言：「迭，代也。」廣雅「庸、比、侹、佽、更、迭，代也。」義本此。注内「比次」「挺直」「蹉跌」，當作「音比次之比」「音挺直之挺」「音蹉跌之跌」。

氓，民也。民之總名，音萌。

案：「氓」亦作「甿」，詩衛風「氓之蚩蚩」，毛傳：「氓，民也。」周禮遂人「以下劑致甿」，鄭注云：「變民言甿，異外内也。甿猶懵懵，無知貌也。」亦借用「萌」，漢書霍去病傳「及厥衆萌」，顏師古注云：「萌字與甿同。」

杋音舊，仇也。謂怨仇也。

案：「杋」，集韻作「𠃔」，引方言：「𠃔，仇也。」杋，從木九聲。仇，從人九聲。「𠃔」字不合六書，應即「杋」之譌。類篇收入九部，蓋以爲從九求聲，於義無取。

寓，寄也。

案：寓訓寄，已見前卷二内。

露，敗也。

案：露，見也。春秋昭公元年左傳「勿使有所壅閉湫底，以露其體」，注：「露，羸也。」易「羸其瓶」，注：「羸，敗也〔二三〕。」故有敗露之語。

別，治也。

案：辨別不淆紊，故爲「治」之義。

棖，法也。救傾之法。

案：説文：「棖，杖也。一曰法也。」與郭注「救傾」意合。廣雅：「棖，法也。」義本此。又「棖」「堂」古通用。考工記弓人「維角堂之」，鄭注：「堂，讀如堂歫之堂。」疏云：「堂歫，取其正也。」釋文：「堂，直庚反。」

謫，怒也。相責怒也，音賾。

案：春秋桓公十八年左傳「公謫之」，釋文云：「謫，責也。」即此注「責怒」之義。

間，非也。

案：孟子「政不足與間也」，趙岐注云：「間，非也。」

格，正也。

案：孟子「惟大人爲能格君心之非」，趙岐注云：「格，正也。」

䝙，數也。偶物爲麗，故云數也。

案：説文、廣雅並云：「䣭，數也。」亦通作「麗」。詩大雅「其麗不億」，毛傳：「麗，數也。」

軫，戾也。相乖戾也。江東音善。

案：「軫」亦作「抮」，「戾」亦作「盭」。廣雅：「抮、盭，俏也。」王融永明九年策秀才文「紛諍空軫」，李善注引方言曰：「軫，謂相乖戾也。」即此條注文，蓋脱一「注」字。方言各本「乖」譌作「了」，今訂正。

屑，潔也。謂潔清也。音薛。

案：廣雅：「屑，潔也。」義本此。詩邶風「不我屑以」，鄘風「不屑髢也」，毛傳並云：「屑，絜也。」「潔」「絜」古通用。

諄章順反，罪也。謂罪惡也。

案：廣雅：「諄，罪也。」義本此。

俚音吏，聊也。謂苟且也。

案：漢書季布欒布田叔傳贊曰「其畫無俚之至耳」，注：「晉灼曰：『揚雄方言：俚，聊也。』」説文、廣雅並云：「俚，聊也。」義本此。

梱恪本反，就也。梱梱，成就貌。

案：「稛」各本譌作「梱」，注内同，今訂正。説文：「稛，豢束也。」玉篇、廣韻並云「成熟」，與郭注「成就貌」合。梱乃門橛，於義無取。

苙音立，圂也。謂蘭圂也。

案：孟子「既入其苙」，趙岐注云：「苙，蘭也。」「蘭」「闌」古通用。漢書王莽傳「與牛馬同蘭」，顔師古注云：「蘭謂遮蘭之，若牛馬蘭圈也。」

廋音搜索也，隱也。謂隱匿也。

案：「廋」本作「庱」，廣雅：「庱，隱也。」義本此。晋語「有秦客庱辭於朝」，韋昭注云：「庱，隱也。謂以隱伏譎詭之言問於朝。東方朔曰：『非敢試之，乃與爲隱耳。』」是也。

餂音忝，取也。謂挑取也。

案：廣雅：「餂，取也。」義本此。趙岐注孟子「以言餂之」云：「餂，取也。」孫奭音義：「丁曰〔二四〕：字書及諸書並無此『餂』字。郭璞方言注云：『音忝，謂挑取物也。』其字從金，今此字從食，與方言不同，蓋傳寫誤也。」

棖，隨也。棖柱令相隨也。

案：「棖」「橕」古亦通用。橕，丑庚反。説文：「橕，邪柱也。」徐鉉云：「今俗別作

『撑』，非是。」古多通用「牚」，王延壽魯靈光殿賦「枝牚杈枒而斜據」，張載注云：「牚，或作棖字。」

儓音臺，䑋音僰，農夫之醜稱也。南楚凡罵庸賤謂之田儓，佅儓，駑鈍貌。或曰僕臣儓，亦至賤之號也。或謂之䑋，䑋，丁健貌也。廣雅以爲奴，字作「僰」，音同。或謂之辟。辟，商人醜稱也。辟辟，便黠貌也。音擘。

案：「儓」亦作「嬯」，說文云：「遲鈍也。」玉篇：「䑋，農夫之賤稱也。南楚罵賤謂之䑋。」廣雅：「儓、䑋，醜也。」皆本此。廣韻：「僰，丁壯貌。亦醜也。」

庸謂之倯，轉語也。倯猶保倯也。今隴右人名孏爲倯。相容反。

案：玉篇引方言此條，文並同。「孏」即古「嬾」字，亦作「孄」。

褸裂、褸音縷。須捷、挾斯，敗也。南楚凡人貧衣被醜敝謂之須捷，須捷，狎翣也。或謂之褸裂，衣壞貌。或謂之襤褸。故左傳曰「篳路襤褸，以启山林」，篳路，柴車。殆謂此也。或謂之挾斯。挾斯猶挾變也。器物敝亦謂挾斯。

案：爾雅釋詁：「際、接、翜，捷也。」郭注云：「捷謂相接續也。」則須捷蓋俟補綴之意。釋言：「斯，離也。」挾斯應是接會其綻裂者。「挾」，亦作「俠」，廣雅：「俠斯，敗也。」「襤褸」，今左傳作「藍縷」。服虔注云：「言其縷破藍藍然。」疏引方言：「楚謂凡人貧衣破醜敝爲藍縷。」「衣破」即「衣被」之譌。「启」「啓」古通用。

撲打撲、鋌音挺、澌，盡也。南楚凡物盡生者曰撲生。今種物皆生云撲地生也。物空盡者曰鋌。鋌，賜也。亦中國之通語也。鋌、賜、撲、澌，皆盡也。鋌，空也。語之轉也。

案：「撲」亦作「撲」，本作「穙」。廣韻：「穙，草生穊也。」注内「打撲」當作「音打撲之撲」。鮑昭蕪城賦〔二五〕：「壥閈撲地，歌吹沸天。」李善注引方言：「撲，盡也。」又引郭璞注，作「撲地出」，餘並同。說文：「澌，水索也。」玉篇云：「澌，音賜。水盡也。」蓋「澌」「賜」同音，故「賜」亦爲「盡」。廣韻「澌」亦作「儩」。「鋌賜撲澌」諸刻譌作「連此撲澌」。潘岳西征賦「若循環之無賜」，李善注引方言：「賜，盡也。」「鋌」「罫」同音。廣雅：「澌、鋌，盡也。罫，空也。」義皆本此。

撲、翕、葉，聚也。撲屬藂相著貌。楚謂之撲，或謂之翕。葉，楚通語也。

案：廣雅：「翕、葉，聚也。」義本此。「撲屬」，考工記作「樸屬」，鄭注云：「樸屬猶附著。」詩大雅「芃芃棫樸」，鄭箋云：「相樸屬而生。」「藂」刻本皆譌作「葉」，據永樂大典本作「藂」，「藂」即「叢」字。爾雅釋木：「樸，枹者。」郭注云：「樸屬叢生者爲枹。」

斟，益也。言斟酌益之。南楚凡相益而又少謂之不斟，凡病少愈而加劇亦謂之不斟，或謂之何斟。言雖少損，無所益也。

案：廣雅、廣韻並云：「斟，益也。」義本此。

差、間、知，愈也。南楚病愈者謂之差，或謂之間，言有間隙。或謂之知。知，通語也。或謂之慧，或謂之憭，慧、憭皆意精明。或謂之瘳，或謂之蠲，蠲亦除也。音涓，又一圭反。或謂之除。

案：「愈」亦作「瘉」，漢書藝文志「以瘉爲劇」，顏師古注云：「瘉，讀與愈同。愈，差也。」孔安國注論語「少間」云〔二六〕：「少差曰間。」廣雅：「知、瘥、蠲、除、慧、間、瘳，愈也。」義本此。「差」「瘥」古通用。傅亮爲宋公修楚元王墓教「可蠲復近墓五家」，李善注云：「郭璞方言注云：『蠲，除也。』」

校注

〔一〕卒便　「倩」字綴言之則爲「卒便」。説見錢繹方言箋疏。

〔二〕「皆本此」下，聚珍版本有「注『是也』下各有『卒便一作平使』六字」十五字。

〔三〕儌佷　李賢注：「字書無『儌』字。諸家並音儌佷爲粟犢，西域國名也。」

〔四〕聚珍版本「故書」上有「鄭注云」三字。

〔五〕聚珍版本「故書」上有「注云」二字。

〔六〕樵蘇而爨　語出漢書韓信傳。

〔七〕李　指李頤，晋人，著有莊子集解三十卷。
〔八〕「本此」下，聚珍版本有「注内『音魚』曹毅之本作『音吾』」十一字。
〔九〕鈐鐃　二字連文不成辭，盧文弨據宋本、明正德本方言改「鈐」爲「鈴」，當是。然戴氏似未及此，今不改。
〔一〇〕加豆之實　十三經注疏本「豆」作「籩」。
〔一一〕枲　原作「枲」，據聚珍版本改。
〔一二〕刺　原作「賴」，據聚珍版本及今本爾雅釋草改。
〔一三〕山海經西山經：「浮山多盼木，枳葉而無傷。」又中山經：「講山有木焉，名曰帝屋，葉狀如椒，反傷赤實。」「傷」皆作「刺」解。
〔一四〕剡　原作「圓」，據楚辭原文及聚珍版本改。
〔一五〕相欺亦曰詒　列子張湛注無此語。唐殷敬順列子釋文云：「詒音待。方言：相欺。」似即戴氏所據。元、明以後刊本多以釋文入注。
〔一六〕聚珍版本及方言諸本「間」字下皆有「或曰度」三字，今據補。
〔一七〕五流有度　書舜典「度」作「宅」。
〔一八〕三危既度　書禹貢「度」作「宅」。
〔一九〕此維與度　見論衡初稟篇所引。詩大雅皇矣「度」作「宅」。
〔二〇〕漢書注　指漢書韋玄成傳「先后兹度」顔師古注。
〔二一〕將　原作「侯」，據文選原文改。
〔二二〕瘏　原作「湛」，據聚珍版本及方言諸本改。

〔二三〕此注見朱熹周易本義。　自「春秋昭公元年左傳」至「羸敗也」三十二字，聚珍版本無。

〔二四〕丁　指丁公著，唐代人，曾爲孟子作音注。

〔二五〕鮑昭　當作「鮑照」，唐人避武后諱改。

〔二六〕少間　今本論語子罕篇作「病間」。

方言疏證卷四

禪衣，江、淮、南楚之間謂之褋，楚辭曰：「遺余褋兮澧浦。」音簡牒。關之東西謂之禪衣。有褎者，前施褎囊也。房報反。趙、魏之間謂之袏衣；無褎者，謂之裎衣。音逞。古謂之深衣。制見禮記。

案：漢書江充傳「充衣紗縠禪衣，曲裾後垂交輸」，顔師古注云：「禪衣制若今之朝服中禪也。」如淳曰：「交輸，割正幅，使一頭狹若燕尾，垂之兩旁，見於後。是禮深衣：『續衽鉤邊。』」後漢書馬援傳「更爲援製都布單衣」，注引方言：「禪衣，江、淮、南楚之間謂之褋。關之東西謂之禪衣。」「禪」「單」古通用。禮記深衣篇鄭目録云〔一〕：「深衣，連衣裳而純之以采者。有表則謂之中衣。」劉熙釋名云：「禪衣，言無裏也。」「褋」亦作「褋」。說文云：「南楚謂禪衣曰褋。」廣雅：「褋，禪衣也。」「褎」亦作「袍」，春秋哀公十四年公羊傳「反袂拭面，涕沾袍」，何休注云：「袍，衣前襟也。」「袏」「裎」廣韻皆云：「禪衣。」史游急就篇「禪衣蔽膝布母縛」，顔師古注云：「禪衣似深衣而褎大。」

襜褕，江、淮、南楚謂之褈褣。褈，裳凶反。自關而西謂之襜褕。其短者謂之裋褕。裋，音豎。以布而無緣，敝而紩之，謂之襤褸。自關而西謂之裗䘿。俗名䘿掖。音倔。其敝者謂之緻。緻縫納敝，故名之也。丁履反。

案：漢書雋不疑傳「衣黄襜褕」，顔師古注云：「襜褕，直裾襌衣。」「襜褣」亦作「童容」，任昉奏彈劉整曰「何其不能折契鍾庾而襜帷交質」，李善注云：「方言：江、淮謂襜褕爲童容。」荀子大略篇「衣則豎褐不完」，楊倞注云：「豎褐，僮豎之褐，亦短褐也。」史記秦始皇本紀「夫寒者利裋褐」，裴駰集解：「徐廣曰：一作『短』，小襦也。」司馬貞索隱云：「蓋謂褐布豎裁爲勞役之衣，短而且狹，故謂之短褐。亦曰豎褐。」漢書貢禹傳「裋褐不完」，顔注云：「裋者，謂僮豎所著布長襦也。」後漢書張衡傳「士或解裋褐而襲黼黻」，注云：「方言：自關而西謂之襜褕〔二〕，短者謂之裋也。」光武帝紀「皆冠幘而服婦人衣，諸於繡镼」，注云：「前書音義曰：『諸于，大掖衣也。如婦人之袿衣。』字書無『镼』字。續漢書作『䘿』，並音其物反。揚雄方言曰：『襜褕，其短者，自關而西謂之裗䘿。』郭璞注云：『俗名䘿掖。』據此則是諸于上加繡䘿，如今之半臂也。」説文云：「直裾謂之襜褕。裋，豎使布長襦。」小爾雅云：「襜褕謂之童容。布褐而紩之，謂之藍縷。」急就篇「襜褕袷複褶袴褌」，顔師古注云：「襜褕，直裾襌衣也。」

汗襦，廣雅作「褕」。江、淮、南楚之間謂之𧝓音甑。自關而西或謂之祗裯。祗，音氏〔三〕。裯，丁牢反。亦呼爲掩汗也。自關而東謂之甲襦。陳、魏、宋、楚之間謂之襜襦，或謂之襌襦。今或呼衫爲襌襦。

案：宋玉九辯「被荷裯之晏晏兮」，王逸注云：「裯，祇裯也。」洪興祖補注引方言：「汗襦，自關〔而〕西謂之祇裯。」後漢書羊續傳：「其資藏惟有布衾、敝祇裯，鹽、麥數斛而已。」説文云：「祇裯，短衣。」劉熙釋名云：「荆州謂襌衣曰布襹，亦曰襜襦。襌襦〔四〕，如襦而無絮也。」玉篇云：「襘，汗襦也。」徐堅初學記引方言：「陳、魏、宋、楚之間謂之襜，或謂之單襦。」改「襌」爲「單」，脱一「襦」字。廣雅：「襢裕、祇裯，襜褕也。」

裙，陳、魏之間謂之帔音披。自關而東或謂之襬。音碑。今關西語然也。

案：説文云：「裙，下裳也。帔，弘農謂裙帔也。」廣雅：「帔，裙也。」玉篇云：「襬，關東人呼裙也。」徐堅初學記引方言：「陳、魏之間，謂裙爲帔。」

蔽膝，江、淮之間謂之褘音韋或暉，或謂之袚音沸。魏、宋、南楚之間謂之大巾。自關東西謂之蔽膝。齊、魯之郊謂之衻昌詹反。

案：「褘」「袚」，説文並云「蔽膝」。釋名云：「韠，所以蔽膝前也。齊人謂之巨巾，又曰跪襜。」廣雅：「大巾、褘、衻、袚，蔽膝也。」本此。爾雅釋器：「衣蔽前謂之襜。」郭注云：「今蔽膝也。」釋文云：「幨本或作襜。方言作衻。」疏全引方言此條，文並同。

末句誤連下文「襦」字引之。小爾雅：「蔽膝謂之衶。」

襦，字亦作「褕」，又襦無右也。西南蜀、漢謂之曲領，或謂之襦。

案：説文：「襦，短衣也。一曰䰯衣。」釋名云：「襦，煗也〔五〕。言温煗也。曲領，在内以中襟領，上横壅頸〔六〕，其狀曲也。反閉，襦之小者也。卻向著之領，反於背後，閉其襟也。」注内「又襦無右也」，即釋名所謂「以中襟之領使上横壅頸」者。右無曲裾，故曰無右。急就篇：「袍襦表裏曲領帬」，顔師〔古〕注云：「長衣曰袍，下至足跗。短衣曰襦，自膝以上。」後卷五内「西南蜀、漢之郊」，此條或改「蜀」爲「屬」者非〔七〕。

褌，陳、楚、江、淮之間謂之䊪錯勇反。

案：史記司馬相如列傳「相如〔身〕自著犢鼻褌」，裴駰集解：「韋昭曰：今三尺布作，形如犢鼻〔矣〕。」釋名云：「褌，貫兩脚，上繫腰中也。」「褌」亦作「幝」。「䊪」説文作「幒」，又作「帪」。廣雅作「衳」，並云「幝也」。顔師古注急就篇云：「袴合襠謂之褌，最親身者也。」

袴，齊、魯之間謂之襱，傳曰：「徵襱與襦〔八〕。」音鶩。或謂之襱。今俗呼袴踦爲襱，音鮦魚。關西謂之袴。

案：釋名云：「袴，跨也。兩股各跨別也。」「袴」又作「絝」。「襱」左傳作「褰」。説文云：「絝，脛衣也。褰，絝也。襱，絝踦也。」廣雅：「襱謂之絝〔九〕。」

褕謂之袖。襦襌有袖者。因名云。

案：釋名云：「半袖，其袂半襦而施袖也。」是襦有不施袖者。正文當云「褕謂之半袖」，注當云「襦之半袖者」。注内「襌」字亦舛誤〔一〇〕。襌不得言袖，當是因上條而譌。

衱謂之裗。即衣領也。劫、偃兩音。

案：「衱」「袷」古通用。禮記玉藻篇「袷二寸」，鄭注云：「曲領也。」深衣篇「曲袷如矩以應方」，注云「袷，交領也。古者方領，如今小兒衣領。」廣雅「衱謂之裗」，本此。廣韻「衱」「裗」並云：「衣領。」

袿謂之裾。衣後裾也。或作袪。廣雅云：「衣袖。」

案：後漢書邊讓傳「被輕袿」，張衡思玄賦「揚雜錯之袿徽」，嵇康贈秀才入軍詩「微風動袿」，注皆引方言：「袿謂之裾。」

褸謂之衽。衣襟也，或曰裳際也。

案：說文：「褸，衽也。」禮玉藻篇「衽當旁」，鄭注云：「衽謂裳幅所交裂也。凡衽者，或殺而下，或殺而上。衽屬衣，則垂而放之；屬裳，則縫之以合前後，上下相變。」深衣篇「續衽」，注云：「續猶屬也。衽，在裳旁者也。屬連之不殊裳前後也。」

褸謂之緻。襤褸綴結也。

案：「褸」「縷」古通用。玉篇云：「縷，貧無衣醜敝也。緻，縫補敝衣也。」

裯謂之襤。祇裯，敝衣。亦謂襤褸。無緣之衣謂之襤，無袂之衣謂之裺。袂，衣袖也。音藝。裺音慢惰。

無裥之袴謂之襣。袴無踦者，即今犢鼻褌也。裥亦襱，字異耳。

案：「襤」又作「𧝓」，説文云：「裯謂之襤褸。襤，無緣也。無袂衣謂之裺。」廣雅：「襣，幝也。」皆本此。

稍謂之袩。「千苕」「丁俠」兩反。未詳其義。

案：前言「褸謂之衽」，後言「褸謂之袩」，注皆以爲「衣衽」，獨「稍謂之袩」云「未詳其義」，廣雅總其辭曰「稍、袩、衽謂之褸」。郭璞在張揖後，不取其説，或廣雅「稍」「袩」二字本作「稍謂之袩」，脱「謂之」二字耳。

衿謂之交。衣交領也。

案：爾雅：「衣眥謂之襟。」郭注云「交領」。疏引方言「衿謂之交」。「襟」「衿」古通用，又作「䘳」，玉篇云：「交（襟）〔䘳〕，衣領也。」詩鄭風「青青子衿」，漢石經作「䘳」，毛傳云：「青衿，青領也。學子之所服也。」

裺尖劍反謂之襦。

案：説文：「褗謂之裺。褗，樞領也。」蓋以「裺」爲小兒次衣，掩頸下者。襦有曲領之名，故裺亦名襦。

襘謂之襖。衣掖下也。

案：玉篇：「襖，衣掖下也。」本此條注文。

佩紟音禁謂之裎。所以系玉佩帶也。

案：漢書揚雄傳「衿芰茄之綠衣兮」，注引應劭曰：「衿音衿系之衿。衿，帶也。」「衿」「紟」古通用。「裎」亦作「綎」，説文：「紟，衣系也。綎，系綬也。」廣雅「佩紟謂之裎」，本此。曹憲音釋：「紟，騎禁反。」廣韻：「裎，佩帶。」

褸謂之衽。即衣衽也。

案：爾雅：「衣統謂之裞。」郭注云：「衣縷也。」疏云：「方言：縷謂之衽，又謂之衽。彼注云：『即衣衿也。』」「縷」與「褸」、「衿」與「襟」，字本通用。

覆𧞣作憒反謂之禪衣。偏禪謂之禪襦。即衫也。

案：廣雅：「覆𧞣，禪衣也。」玉篇：「𧞣，禪衣也。」皆本此。

袀繵謂之禪。今又呼爲涼衣也。灼、纏兩音。

案：「禪」各本譌作「襌」，今訂正。玉篇於「袀」字下云：「禪衣。」於「繵」字下云：「約繵謂之禪也。」「約」即「袀」之譌。以郭注言「今又呼爲涼衣」證之，不得爲「襌」，明矣。

袒飾謂之直衿。婦人初嫁所著上衣直衿也。袒音但。

案：「衿」各本譌作「衿」，今訂正。廣雅：「直衿謂之幆。袒飾、褒明、襌袍、襡，長襦也。」曹憲音釋：「衿音領，幆，於例反。」玉篇云：「宜衿，婦人初嫁所著上衣也。褐，袍也。」「宜」即「直」之譌。釋名云：「婦人以絳作衣裳，上下連，四起施緣，亦曰袍。直領，邪直而交下，亦如丈夫袍方也〔二〕。」「衿」「領」古通用。

褒明謂之袍。廣雅云：「褒明，長襦也。」

案：釋名云：「袍，丈夫著，下至跗者。」

繞衿謂之裙。俗人呼接下，江東通言下裳。

案：「衿」各本亦譌作「衿」，今訂正。廣雅：「繞領，裙也。」本此。

懸裺音掩謂之緣。衣縫緣也。

案：玉篇：「裺，緣也。」廣韻：「裺，衣縫緣也。」皆本此。禮記玉藻篇「緣廣半寸」，鄭注云：「飾邊也。」

絜襦謂之蔽膝。廣異名也。

案：廣雅：「大巾、褘、袡、襜、袚，蔽膝也。」「襜」見爾雅，餘並見前。獨遺「絜襦」之名，蓋偶未省照耳。

裪襘音橘謂之袖。衣褾，江東呼䘴。音婉。

案：廣雅：「裪襘，袖也。」本此。廣韻云：「襘裪，衣袖。」亦本此而譌。玉篇：「褾，衣袂也。」

帍裱方廟反謂之被巾。婦人領巾也。

案：廣雅：「帍裱，被巾也。」本此。玉篇：「帍，婦人巾。裱，人領巾。」皆本此條注文而有脱誤。

繞緍音循謂之襟裺。衣督脊也。

案：「襟」亦作「裻」，説文云：「裻，背縫。」史記佞幸傳：「顧見其衣裻帶後穿。」又作「祷」，説文云：「衣躬縫。」古通用「督」，莊子養生主篇：「緣督以爲經。」皆據衣脊中縫言之。玉篇、廣韻「督」加衣旁作「褶」。緍，玉篇云：「繞緍。」廣韻：「緍，縫也。」

厲謂之帶。小爾雅曰：「帶之垂者爲厲。」

案：詩小雅「垂帶而厲」，毛傳：「厲，帶之垂者也。」廣雅：「厲，帶也。」本此。

𧝏裷煩、冤兩音。謂之幭。即帊幞也。幭，亡別反。

案：韓非子外儲説左篇：「衛人有佐弋者，鳥至，因先以其裷麾之焉。」廣韻：「襎裷，幭也。」本此。玉篇云：「裷襎，韤也。幞也。」二字誤倒。「幭」「韤」古通用。詩大雅「鞹鞃淺幭」，毛傳「幭，覆式也。」疏云：「『幭』字，禮記作『幦』，周禮作『複』，字異而義同。」廣雅：「幭、帊、襎裷、帍，幞也。」

緊袼謂之褔。即小兒次衣也。緊、袼、嘔三音。

案：説文云：「褔，次裹衣。」廣雅：「緊袼、褔，次衣也。」此注及廣雅各本「次」皆譌作「次」，今改正。曹憲音釋：「緊，烏鷄反。褔，烏苟反。」玉篇云：「毉袼，褔也。」即小兒次衣也。」本之此文及注。「毉」與「緊」同聲，故用之。

楚謂無緣之衣曰襤。紩衣謂之褸。秦謂之緻。自關而西，秦、晉之間，無緣之衣謂之統褔。嫌上説有未了，故復分明之。

案：説文：「㡮，楚謂無緣衣也。」本此。「㡮」即「襤」。

複襦，江、湘之間謂之䙕音豎，或謂之筩褹。今筩袖之襦也。「褹」即「袂」字耳。

案：「䙕」即「裋」，列子力命篇「朕衣則裋褐」，張湛注云：「方言：『裋，複襦也。』」潘岳藉田賦「掎裳連襼」，李善注云：「方言：『複襦，江、湖之間或謂之籥襼。』郭璞注曰：『襼即袂字也。』」「襼」「褹」同，「湖」乃「湘」之譌，「籥」乃「筩」之譌。廣雅：

「複襦謂之襏。」本此。

大袴謂之倒頓，今雹袴也。小袴謂之䘳𧙕。今𧝝袴也。皎、了兩音。楚通語也。

案：玉篇：「䘳𧙕，小袴也。」顏師古注急就篇云：「袴，大者謂之倒頓，小者謂之䘳𧙕。」皆本此。

幏，巾也。巾主覆者，故名幏也。大巾謂之㡟音芬。嵩嶽之南，嵩高，中岳山也。今在河南陽城縣。陳、潁之間謂之帤奴猪反，亦謂之幏。江東通呼巾㡟耳。

案：尚書大傳「下形墨幏」，鄭注云：「幏，巾也。使不得冠飾，以恥之也〔一二〕。」説文云：「楚謂大巾曰㡟。」廣雅：「㡟、幏，巾也。」玉篇：「帤，大巾也。」皆本此。

絡頭，帞頭也。音貊。紗繢、䰏帶、䰏，羌位反。䰉帶、䰉音菜。帑音績，亦千。㡤於怯反，幧頭也。自關而西，秦、晉之郊曰絡頭。南楚江、湘之間曰帞頭。自河以北，趙、魏之間曰幧頭，或謂之帑，或謂之㡤。其偏者謂之䰏帶，今之偏疊幧頭也。或謂之䰉帶。䰉亦結也。

案：廣雅：「帞頭、帑、䰏帶、䰉帶、絡頭，幧頭也。䰏、䰉，髻也。」釋名云：「綃頭，或曰陌頭，言其從後橫陌而前也。齊人謂之㡤，言㡤斂髮使上從也。」「綃」即「幧」，「陌」即「帞」。列子湯問篇「北國之人鞨巾而裘」，張湛注云：「方言：『佫人，帕頭是也。帕頭，幧頭也。』『帕』又作『鞨』，又作『帓』。」「佫人」二字當即「絡頭」之譌。「帞」「帕」

同。史記絳侯周勃世家「太后以冒絮提文帝」，集解：「應劭曰：『帞額絮也。』晉灼曰：『巴蜀異物志謂頭上巾爲冒絮。』」索隱引方言：「幏巾，南楚之間云帞額也。」此連上條爲一，應劭稱「帞額」亦通。方言作「帞頭」，引之作「帞額」者，或後人因應劭語改而同之耳〔一三〕。鄭康成注儀禮喪服篇云：「髽，露紒也，猶男子之括髮。斬衰括髮以麻，則髽亦用麻。以麻者自項而前交於額上，却繞紒，如著幓頭焉。」注士喪禮云：「免之制未聞，舊説以爲如冠狀，廣一寸。喪服小記曰：『斬衰髻髮以麻，免而以布。』此用麻布爲之，狀如今之著幓頭矣。自項中而前交於額上，卻繞紒也。」禮注之「幓頭」，釋文：「幓，七消反。」蓋「幧」字轉寫之譌。

覆結謂之幘巾，或謂之承露，或謂之覆鬃。今結籠是也。皆趙、魏之間通語也。

案：後漢書光武帝紀「皆冠幘」，注云：「漢官儀曰：『幘者，古之卑賤不冠者之所服也。』方言曰：『覆髻謂之幘，或謂之承露。』」劉盆子傳「半頭赤幘」，注云：「幘巾，所以覆髻也。續漢書曰：『童子幘無屋，示未成人也。』半頭幘即空頂幘也，其上無屋，故以爲名。東宮故事曰：『太子有空頂幘一枚。』即半頭幘之製也。」「結」「髻」古通用。廣雅：「承露、幘巾，覆結也。」本此。

屝音翡、屨、麤，履也。徐、兖之郊謂之屝。自關而西謂之屨。中有木者謂之複舃。自關而東複履。其庳者謂之鞔下，鞔音婉。褌者謂之鞮，今韋鞮也。絲作之者謂之履，麻作之者謂之不借，麤者謂之屨。東北朝鮮、洌水之間謂之𩊚角。𩊚音卬。南楚江、沔之間總謂之麤。沔水今在襄陽。西南梁、益之間，或謂之𡳐，他回反。字或作「𡳐」，音同。或謂之𡱝。下瓦反，一音畫。履，其通語也。徐土邳圻之間，今下邳也。圻音祁。大麤謂之𩊚角。今漆履有齒者。

案：廣雅：「扉、屨、麤、舄、𡳐、不借、𩊚角、鞮，履也。𡱝，屩也。」皆本此。春秋僖公四年左傳「供其資糧扉屨」，杜預注云：「扉，草屨。」疏引方言：「扉、粗，屨也。絲作之曰履，麻作之曰扉。粗者謂之屨。」周禮屨人鄭注云：「複下曰舄，褌下曰屨。」疏云：「下謂底複重底。」「麤」「粗」通。釋名云：「齊人謂韋屨曰扉。晚下，如舄。不借，言賤易有，宜各自蓄之，不假借人也。齊人云搏腊，搏腊猶把鮓，麤貌也。荆州人曰麤。麻、韋、草皆同名也。仰角，屐上施履之名也。」「鞔」「晚」、「𩊚」「仰」假借通用。說文：「𡱝，履也。一曰青絲頭履也。讀若阡陌之陌。」玉篇云：「西南梁、益謂履曰𡳐。」徐堅初學記引方言：「絲作謂之履，麻作謂之不借。」廣韻引方言：「履，自關而西謂之屨。」急就篇「履舄鞜裒絨緞紃。靸鞮卬角褐韤巾。裳韋不借爲牧人。屐屩𣌨麤羸窶貧」，顔師古注云：「鞮，薄革小履也。卬角，形若今之木履，而下有齒。麤者，麻枲雜履之名。南楚江、淮之間通謂麤。」「卬」即「𩊚」。

緉音兩、緉音爽，絞也。謂履中絞也。音校。關之東西，或謂之緉，或謂之緉。絞，通語也。

案：詩齊風：「葛屨五兩，冠緌雙止。」「兩」「緉」古通用。説文：「緉，履兩枚也。一曰絞也。」廣雅：「緉、緉，絞也。」本此。玉篇云：「緉，履中絞。」本此注文。

纑謂之縝。謂纑縷也。音振。

案：孟子「彼身織屨，妻辟纑」，趙岐注云：「緝績其麻曰辟，練其麻曰纑，故曰辟纑。」説文：「纑，布縷也。」廣雅：「縝，纑也。」本此。玉篇云：「縝，絲纑縷也。」本此注文。

校注

〔一〕鄭目録　指東漢鄭玄著三禮目録。

〔二〕今本無「之」字，錢繹方言箋疏所引亦無。

〔三〕音氏　原作「音止」，據聚珍版本改。

〔四〕襌　原作「單」，據畢沅釋名疏證本及錢繹所引改。

〔五〕煖　原作「耎」，據釋名疏證改。「煖」即「煖」之異體。

〔六〕以上三句，釋名疏證作「曲領，在内所以禁中衣領上横壅頸」。

〔七〕此條或改蜀爲屬者非　聚珍版本作：「謂蜀與漢中也。此條各本作『屬漢』，盖後人所妄改，今訂正。」

〔八〕徵褰與襦　見左傳昭公二十五年。今本「褰」作「褰」。

〔九〕聚珍版本此句後有「廣韻於『褰』字云：『齊、魯言袴』」十字。

〔一〇〕聚珍版本無「注内褰字亦舛誤」七字。

〔一一〕釋名疏證本「袍」上有「服」字。

〔一二〕今陳壽祺輯校本尚書大傳鄭注無「以耻之也」四字。

〔一三〕聚珍版本「後」下有「人」字，今據補。

方言疏證卷五

鍑，釜屬也。音富。北燕、朝鮮、洌水之間，或謂之錪音腆，或謂之鉼音餅。江、淮、陳、楚之間，謂之錡，或曰三脚釜也。音技。或謂之鏤。吴、揚之間謂之鬲音歷。

案：詩召南「維錡及釜」，毛傳：「錡，釜屬，有足曰錡。」考工記：「鬲實五觳，厚半寸，唇寸。」爾雅釋器：「鼎款足者謂之鬲。」郭注云：「鼎曲脚也。」説文：「鍑，釜大口者。」朝鮮謂釜曰錪，江、淮之間謂釜曰錡。鏤，釜也。鬲，鼎屬，實五觳。斗二升曰觳。」

釜，自關而西或謂之釜，或謂之鍑。鍑亦釜之總名。

案：「釜」亦作「鬴」，説文云：「鬴，鍑屬。」春秋隱公三年左傳「筐、筥、錡、釜之器」，杜預注云：「有足曰錡，無足曰釜。」廣雅：「錪、鉼、鏤、鬲、錡，鬴也。」蓋合上二條，以鬴爲總名。

甑，自關而東謂之甗音言，或謂之鬵音岑。涼州呼鉹。或謂之酢餾屋霤。

案：考工記「陶人爲甗，實二鬴，厚半寸，唇寸。甑實二鬴，厚半寸，唇寸，七穿」，鄭注云：「量六斗四升曰鬴。甗無底甑〔一〕。」春秋成公二年公羊傳「與我紀侯之甗」，何休注云：「或說：甗，玉甑。」詩檜風「溉之釜鬵」，毛傳：「鬵，釜屬也。」爾雅：「䰝謂之鬵。鬵，鉹也。」孫炎注云：「關東謂甑爲鬵，涼州謂䰝爲鉹。」疏引方言此條，文並同。方言各本「餾」譌作「鎦」，今從爾雅疏所引作「餾」爲正。說文：「餾，飯氣蒸也。」「䰝」即「甑」。後漢書孝和帝紀「貧人以衣履釜鬵爲資」，注引方言：「甑，自關而東謂之鬵。」說文：「甗，甑也，一穿曰甗。鬵，大釜也。一曰鼎大上小下若甑曰鬵。」注內「涼州」各本譌作「梁州」。廣韻「鉹」下引方言云：「涼州呼（缶）〔甑〕也〔二〕。」當是此條注文，與孫炎說同，今據以訂正。「屋霤」當作「音屋霤之霤」。

盂音于，宋、楚、魏之間或謂之盌烏管反。盌謂之盂，或謂之銚鋭謠音。盌謂之櫂。盂謂之柯。轉相釋者，廣異語也。海、岱東齊、北燕之間或謂之䀇音卷。

案：荀子正論篇「故魯人以糖，衛人用柯」，楊倞注云：「未詳。或曰：方言：盌謂之糖，盂謂之柯。」今此條無「糖」字。廣雅：「銚鋭、柯、櫂、䀇、椀，盂也。」「椀」即「盌」。亦有「櫂」無「糖」。「盂」亦作「杅」。後漢書顯宗孝明帝紀「杅水脯糒而已」，注引方言：「盌謂之盂。」說文：「盂，飯器也。盌，小盂也。」「䀇」，玉篇作「𥂴」云：「盂也。」注內「謠音」即「音謠」，各本譌作「謠語」，後卷十三內「銚鋭」下亦作「謠音」，皆謂「銚」讀如「謠」也。

㼜音雅、㭒封緘、盞酒盞、𥁰薄淹反、閜呼雅反、㮴又章反、㼾音摩，桮也。秦、晉之郊謂之㼜。所謂伯㼜者也。自關而東，趙、魏之間曰㭒，或曰盞，最小桮也。或曰𥁰。其大者，謂之閜。吴、越之間曰㮴。齊右平原以東，或謂之㼾。桮，其通語也。

案：廣雅：「㮴、㼾、㭒、㼜、閜、盞、𥁰，杯也。」本此。説文云：「大杯爲閜。」「桮」「杯」同。注内「封緘」「酒盞」，當作「音封緘之緘」「音酒盞之盞」。

蠡，瓠勺也。音麗。陳、楚、宋、魏之間，或謂之簞，或謂之㰏，今江東通呼勺爲㰏，音羲。或謂之瓢。

案：漢書東方朔傳「以蠡測海」，注引張晏曰：「蠡，瓠瓢也。」楚辭九歎「瓟蠡蠹於筐簏」，王逸注云：「瓟，瓠也。蠡，瓢也。」洪興祖補注引方言：「蠡，陳、楚、宋、魏之間或謂之瓢。」周禮鬯人「禜門用瓢齎」，鄭注云：「瓢謂瓠蠡也。齎讀爲齊，取甘瓠割去柢以齊爲尊。」「蠡」「蠡」古通用。亦作「盠」，廣雅：「盠，瓢也。」玉篇云：「㰏，杓也。蠡爲㰏也。」廣韻引方言：「蠡，或謂之瓢。」又云：「蠡，瓠瓢也。盠，以瓢爲飲器也。蠡，簞也。」

案，陳、楚、宋、魏之間謂之㯼。自關東西謂之案。

案：考工記「玉人之事，案十有二寸」，鄭注云：「案，玉飾案也。」禮器篇注云：「禁，如今方案，隋長，局足，高三寸。」説文云：「案，几屬。」廣雅：「案謂之槁。」本此。

栝落，盛栝器籠也。陳、楚、宋、衛之間，謂之栝落，又謂之豆筥。自關東西謂之栝落。

案：廣雅：「豆篆，杯落也。」本此。「篆」「筥」古通用。「杯」即「栝」。「落」「箈」古通用。落，廣雅云：「居也。」栝落，所以居栝。説文作「箈」云：「栝箈也。」

箸筩，盛朼箸籫也。陳、楚、宋、魏之間謂之筲鞭鞘，或謂之籯。漢書曰：「遺子黄金滿籯。」音盈也。自關而西謂之桶檧。今俗亦通呼小籠爲桶檧。音籠冠。檧，蘇勇反，或作「筩」。

案：廣雅：「籯、筲、桶檧、籫，箸筩也。」「筲」亦作「箾」，説文云：「宋、魏謂箸筩爲箾。」漢書韋賢傳注：「如淳曰：『籯，竹器。受三四斗。今陳留俗有此器。』師古曰：『許慎説文解字云：「籯，笭也。」揚雄方言云：「陳、楚、宋、魏之間謂筲爲籯。」然則筐籠之屬是也。』」注内「鞭鞘」當作「音鞭鞘之鞘」。

瓬音岡、瓺、都感反，亦音沈。甒甈音舞、甾音由、甎音鄭、甇胙江反、甀度睡反、瓮、瓿甊、瓿，音部。甊，洛口反。

㼚牛志反，甖也於庚反。靈、桂之郊謂之瓬。今江東通呼大瓮爲瓬。其小者謂之瓺。周、魏之間謂之甒。今江東亦呼甖爲甒子。秦之舊都謂之甎。淮、汝之間謂之甾。江、湘之間謂之甇。自關而西，晉之舊都，河、汾之間，汾水出太原經絳北西南入河。其大者謂之甀，其中者謂之瓿甊。自關而東，趙、魏之郊謂之瓮，或謂之甖。東齊海、岱之間謂之㼚。甖，其通語也。

案：廣雅：「甇、甀、甄、瓬、㼙、瓿甊、缶、甀、甒、瓮，罌也。」本此。「罌」即「甖」，「甒」亦作「甒」，「甀」亦作「𤭞」，說文：「罌，缶也。缶，瓦器也。甀，小口罌也。瓮，罌也。」玉篇：「瓬，大瓮。」儀禮既夕篇「甒二，醴酒」，鄭注云：「甒，瓦器也。古文甒皆作廡。」禮器「君尊瓦甒」，注云：「瓦甒五斗。」疏云：「此瓦甒即燕禮『公尊瓦大』也，禮圖〔三〕：『瓦大受五斗，口徑尺，頸高二寸。徑尺大中，身鋭下平。』」潘岳馬汧督誄「置壺鐳瓶甒以偵之」，李善注引方言：「甒，罌也。」周禮凌人「春始治鑑」，注云：「鑑如甀，大口以盛冰。」疏云：「漢時名爲甀，即今之甕是也。」爾雅：「甌瓿謂之瓵。」郭注云：「瓿甊，小甖，長沙謂之瓵。」釋文於「瓿甊」引方言云：「罃也。」又云：「甖，乙耕反。字亦作罃。」疏全引方言此條，「甒」譌作「甌」，「湘」譌作「湖」，餘並同。

罃，陳、魏、宋、楚之間曰㼽音臾，或曰㼡音殊。燕之東北，朝鮮、洌水之間謂之瓺。音暢，亦腸。齊之東北，海、岱之間謂之甔。所謂「家無甔石之儲」者也。音儋荷，字或作「儋」。周、洛、韓、鄭之間謂之甀，或謂之罃。

案：「甖」「罃」同音，蓋一字。荀子大略篇「流丸止於甌臾」，楊倞注引方言：「陳、魏、楚、宋之間謂罃爲臾。」「㼽」「臾」古通用。「宋楚」譌作「楚宋」。列子湯問篇「山名壺領，狀若甔甀」，張湛注云：「甔甀謂瓦瓶也。」各本「甔」作「儋」，注內「甔石之儲者也」作「儋石之餘也」，今訂正。史記貨殖列傳「醬千甔」，集解：「徐廣曰：大罌缶。」索隱：「孟康曰：『罌受一石，故云甔石。』」淮陰侯列傳「守儋石之祿者」，集解：「晉灼曰：揚雄方言：海、岱之間名罌爲儋。」漢書應劭注云：「齊人名小罌爲儋，受二斛。」後漢書顯宗孝明帝紀「生者無擔石之儲」，注云：「方言作『甔』，云：『罃也，齊東北，海、岱之間謂之甔。』郭璞注曰：『所謂「家無甔石之儲」者也。』」廣雅：「甔、瓶、甔、瓺，罃也。」說文：「罃，備火長頸瓶也。」

罃謂之𤮏鼓鼙。

案：說文作「罌謂之𤮏」，廣雅：「𤮏，罃也。」注內「鼓鼙」，當作「音鼓鼙之鼙」。

罋謂之㽂。

案：「罋」即「罋」，亦作「甕」。「㽂」亦作「𤭢」。易井「九二，甕敝漏」，釋文引鄭注云：「停水器也。」儀禮既夕篇「罋三」，鄭注云：「罋，瓦器，其容蓋一觳。」說文云：「汲瓶也。」廣雅：「罋、瓶，罃也。」

缶謂之瓿甌。即盆也。音偶。其小者謂之瓶。

案：廣雅：「瓿甌，缶也。」本此。說文云：「缶，瓦器，所以盛酒漿。秦人鼓之以節歌。」易坎：「六四，樽酒，簋貳，用缶。」離：「九三，不鼓缶而歌。」又井卦：「贏其瓶。」禮器：「五獻之尊，門外缶，門内壺，君尊瓦甒。」又曰：「夫奥者，老婦之祭也。盛於盆，尊於瓶。」鄭注云：「盆、瓶，炊器也。」士喪禮「新盆、槃、瓶、廢敦、重鬲，皆濯」，鄭注云：「盆以盛水，瓶以汲水也。」春秋襄公九年左傳「具綆缶」，杜預注云：「綆，汲索。缶，汲器。」

甇甀謂之盎。案：爾雅「甀，康壺」，而方言以爲盆，未詳也。甀，卻闕反。盎，烏浪反。自關而西或謂之盆，或謂之盎。其小者謂之升甌。惡牟反，亦音憂。

案：考工記：「盆實二鬴，厚半寸，脣寸。」爾雅：「盎謂之缶。」廣雅：「盎謂之盆。」

甂音邊，陳、魏、宋、楚之間謂之題。今河北人呼小盆爲題子。杜啓反。自關而西謂之甂。其大者謂之甌。

案：後漢書隗囂傳「奉盤錯鍉」，注云：「字詁〔四〕：『鍉即題，音徒啓反。』方言曰：『宋、楚之間，謂盎爲題。』」「題」乃「甌」之譌。楚辭七諫「甂甌登於明堂兮」，洪興祖補注云：「方言：自關而西，盆盎小者曰甂也。」說文云：「甂，似小瓿，大口而卑，用食。甌，小盆也。」廣雅：「甌、甌，甂也。」本此。

所以注斛，盛米穀寫斛中者也。陳、魏、宋、楚之間謂之篅。今江東亦呼爲篅，音巫覡。自關而西謂之注。箕，陳、魏、宋、楚之間謂之籮。篅亦籮屬也，形小而高，無耳。

案：廣雅：「斛注謂之篅。」本此。玉篇云：「篅，籮屬，形小而高。」本此注文。

炊薁謂之縮，漉米薁也。或謂之篗音藪，或謂之匠。音旋，江東呼淅籤。

案：廣雅：「篓、匠，薁也。」本此。「篓」即「篗」之正體，亦作「籔」，説文云：「薁，漉米籔也。籔，炊薁也。」玉篇云：「匠，漉米薁也。」「縮」與「籔」，一聲之轉。注内「淅籤」各本譌作「浙籤」，今訂正。

篝今薰籠也，陳、楚、宋、魏之間謂之牆居。

案：説文：「篝，客也。可薰衣。宋、楚謂竹篝牆（以）居也〔五〕。」廣雅：「篝，籠也。薰篝謂之牆居。」本此。

扇，自關而東謂之箑。今江東亦通名扇爲箑。音篓。自關而西謂之扇。

案：廣雅：「箑謂之扇。」玉篇云：「自關而東謂之箑，自關而西謂之扇。」皆本此。「箑」亦作「翣」，春秋襄公二十五年左傳「四翣」，疏引方言：「自關而東謂扇爲翣。」

碓機碓梢也，陳、魏、宋、楚，自關而東謂之梴音延。磑，或謂之磄。即磨也。錯碓反。

案：説文云：「碓，舂也。主發謂之機。古者雝父初作舂。磑，礦也。古者公輸班作磑。」「礦」「磨」同。玉篇云：「磄，磑也。」

繘，汲水索也，音橘。自關而東，周、洛、韓、魏之間謂之綆，或謂之絡音洛。關西謂之繘。

案：廣雅：「繘、絡，綆也。」末句各本作「謂之繘綆」。易井卦「汔至亦未繘井，羸其瓶」，釋文：「繘，鄭云：『綆也。』方言云：『關西謂綆爲繘。』郭璞云：『汲水索也。』」春秋襄公九年左傳「具綆缶」，疏引方言：「自關而東，周、洛、韓、魏之間謂之綆。關西謂之繘。」所引末句皆無「綆」字，今刪正。

櫪，養馬器也。梁、宋、齊、楚、北燕之間或謂之樎音縮，或謂之皁。皁隸之名於此乎出。

案：（後）漢書鄒陽傳「使不羈之士與牛驥同皁」，顏師古注引方言：「梁、宋、齊、楚、燕之間謂歷曰皁。」皁音在早反。廣雅：「樎、皁，櫪也。」本此。玉篇云：「樎，櫪也。養馬器也。」本此注文。

飤馬橐，自關而西謂之裺囊，裺音鶴。或謂之裺篼，或謂之嶁篼。嶁音樓。燕、齊之間謂之帪。廣雅作「振」，字音同耳。

案：「飤」即古「飼」字，各本譌作「飲」，字形相近而譌。今廣雅「帪」字與方言同。「裺」作「㡛」，云：「㡛篼、嶁篼、帪，囊也。」本此。說文：「篼，飤馬器也。」「飤」亦譌作「飲」。玉篇「篼，飼馬器也」，可據以訂正二書。

鉤縣物者，宋、楚、陳、魏之間謂之鹿觡，或呼鹿角。或謂之鉤格。自關而西謂之鉤，或謂之鑯音微。

案：廣雅：「鹿觡、鐵，鉤也。」本此。廣韻引埤蒼云：「鐵，懸物鉤。」

臿，燕之東北，朝鮮、洌水之間謂之斛。湯料反，此亦鍫聲轉也。宋、魏之間謂之鏵，或謂之鍏音韋。江、淮、南楚之間謂之臿。沅、湘之間謂之畚。趙、魏之間謂之喿。字亦作「鍫」也。東齊謂之梩音駭。江東又呼鍫刃爲鍫，普蔑反。

案：「斛」即「銚」，詩周頌「庤乃錢鎛」，毛傳：「錢，銚也。」釋文引世本云：「垂作銚。」「鏵」說文作「芣」，云：「兩刃臿也。宋、魏曰芣也。又作釪。」爾雅：「斛謂之疀。」郭注云：「皆古鍬鍤字。」今爾雅「斛」譌作「斛」。「鍬鍤」即「鍫臿」。疏引方言此條，「斛」字亦譌，餘並同。「梩」即「梠」。說文云：「斛，從斗庣聲。爾雅曰『斛謂之疀』，古田器也。銚，一曰田器。錢，銚也，古田器。梠，臿也。鍫，河内謂臿頭金也。」廣雅：「鍏、畚、梩、喿，臿也。」本此。釋名云：「鍤，插地起土也。或曰銷，或曰鏵。其板曰葉。」廣韻引方言：「臿，宋、魏之間或謂之鏵。」玉篇云：「喿，臿屬。今作鍫。」

杷，無齒爲朳。宋、魏之間謂之渠挐，今江東名亦然。諸豬反。或謂之渠疏。語轉也。

案：廣雅：「渠挐謂之杷。」本此。「渠挐」亦作「淭櫡」。玉篇：「淭櫡，杷也。」廣韻引方言：「把，宋、魏之間謂之淭挐。」「把」即「杷」之譌。「淭」字與「渠」同音，當即

「渠」字譌舛而成。若方言、廣雅作「淭」，不應郭璞、曹憲〔皆〕不注其音也。説文云：「杷，收麥器。」〔皆〕廣韻「捌」字引方言云：「無齒杷。」即此條注文，今本皆作「朳」。

僉，今連枷，所以打穀者。宋、魏之間謂之欇殳，音殊。亦杖名也。或謂之度。今江東呼打爲度。音量度也。自關而西謂之棓蒲項反，或謂之柫音拂。齊、楚、江、淮之間謂之柍，音悵快，亦音車鞅。此皆打之別名也。或謂之桲音勃。

案：齊語「耒耜枷芟」，韋昭注云：「枷，柫也，所以擊草也。」荀子性惡篇「則兄弟相拂奪矣」，楊倞注云：「或曰：『拂』字從『木』旁『弗』，擊也。方言云：『自關而西謂之柫。』今之農器連枷也〔六〕。」説文：「柫，擊禾連枷也。枷，柫也。淮南謂之柍。」廣雅：「棓、桲、柍、欇殳、度，杖也。柫謂之枷。」皆本此。「度」「打」一聲之轉。釋名曰：「枷，加也。加杖於柄頭，以撾穗而出其穀也。或曰羅枷，三杖而用之也。或曰丫丫〔七〕，杖轉於頭，故以名之也。」「羅」「連」亦一聲之轉。玉篇云：「桲，今連枷所以打穀也。」

刈鉤，江、淮、陳、楚之間謂之鉊音昭，或謂之鐹音果。自關而西，或謂之鉤，或謂之鎌，或謂之鍥音結。

案：周禮薙氏「夏日至而夷之」，鄭注云：「以鉤鎌迫地芟之也。若今收茭矣〔八〕。」齊語「挾其槍刈耨鎛」，韋昭注云：「刈，鎌也。」又「耒耜枷芟」，注云：「芟，大鎌，所以芟草也。」詩周頌「奄觀銍刈」，釋文云：「銍器可以穫禾。」「鉤」亦作「钊」，説文云：「钊，鎌也。鎌，鍥也。銍，獲禾短鎌也。鉊，大鎌也。鎌謂之鉊，張徹説。」廣韻引説文云：「關西呼鎌爲钊也。」今説文無此語。當是兼取方言之文。釋名云：「鎌，廉也。體廉薄也。銍，獲黍鐵也。」「鐹」「鎌」亦作「划」「鐮」，玉篇云：「钊，鐮也。」「鐹」「鐮」皆云「刈钊也」。「划」亦云「刈钊」。「划」與「鐹」實一字。廣雅：「划、鉊、钊、鍥，鎌也。」本方言此條，而有「划」則無「鐹」。玉篇分入兩部故並存之。

薄，宋、魏、陳、楚、江、淮之間謂之苗，或謂之麴。此直語楚聲轉耳。自關而西謂之薄。南楚謂之蓬薄〔九〕。

案：月令「季春，具曲植籧筐」，鄭注云：「時所以養蠶器也。曲，薄也。」疏引方言此條，文並同〔一〇〕。説文：「苗，蠶簿也。」又云：「或説：曲，蠶簿也。」廣雅：「笛謂之簿。」皆轉而從竹〔一一〕。

橛，燕之東北，朝鮮、洌水之間謂之椴。揭杙也。江東呼都。音段。

案：爾雅：「橛謂之闑。」曲禮「大夫士〔出〕入君門，由闑右，不踐閾」，鄭注云：「闑，門橛。閾，門限。」説文：「橜，弋也。」「橜」「橛」同。「杙」「弋」古通用。各本「椴」譌作「椵」。椴，徒亂反。椵，古雅反。「都」「椴」一聲之轉。

槌，縣蠶薄柱也。度畏反。宋、魏、陳、楚、江、淮之間謂之植，音值。自關而西謂之槌，齊謂之样。音陽。其横，關西曰㭘。音朕，亦名校。音交。宋、魏、陳、楚、江、淮之間謂之䙠，音帶，齊部謂之持。丁革反。所以縣䙠，關西謂之𦃇，力冉反，東齊海、岱之間謂之𦄗，相卞反，宋、魏、陳、楚、江、淮之間謂之繯。擐甲，或謂之環。

案〔一二〕：廣雅：「䙠、㭘、持、植、样，槌也。𦃇、𦄗，索也。繯，絡也。」説文云：「關東謂之槌，關西謂之持。栚，槌之横者也，關西謂之㰏。繯，落也。」「栚」「㭘」同。「落」當作「絡」。所云關東西與方言異。「㰏」字説文所無。玉篇云：「槌，蠶槌也。植，養蠶器也。持，槌横木也。𦃇，懸蠶薄横也。𦄗，懸縋索。」皆本方言此條。月令「具曲植籧筐」，鄭注云：「植，槌也。」疏引方言「样」譌作「牂」。廣韻引方言：「懸蠶薄柱齊謂之样。」注内「擐甲」當作「音擐甲之擐」〔一三〕。

簟，宋、魏之間謂之笙，今江東通言笙。或謂之籧苗。自關而西，或謂之簟，或謂之䉛。今云䉛篾篷也。其麤者謂之籧篨，自關而東或謂之篕掞。音剡。江東呼籧篨爲廢。音廢。

案：左思吴都賦「桃笙象簟」，劉逵注云：「桃笙，桃枝簟也。吴人謂簟爲笙。又析象牙以爲簟也。」廣韻引方言：「自關而西，簟或謂之䉛。」廣雅：「笙、䉛、簟、籧篨、笛，席也。篕筷謂之籧篨。」皆本此。「筷」「掞」古通用。説文云：「簟，竹席也。籧篨，粗竹席也。」玉篇云：「籧篨，江東人呼籧也。箹，簟也。」詩邶風：「籧篨不鮮。」籧篨本粗竹席，用爲困者之名，不可使俯之疾似之。故晉語曰：「籧篨不可使俯。」以言辭媚悦人者，常仰觀顔色，病若籧篨。故爾雅云：「籧篨，口柔也。」

符篖，似籧篨，直文而麤。江東呼笪。音靼。自關而東，周、洛、楚、魏之間謂之倚佯音羊。自關而西謂之符篖。南楚之外謂之篖。

案：「倚佯」亦作「倚陽」。廣雅：「篖、倚陽，符篖也。」本此。玉篇云：「符篖，竹笪。笪，麤籧篨也。」

牀，齊、魯之間謂之簀，牀版也。音迮。陳、楚之間或謂之笫。音滓，又音姊。其杠，北燕、朝鮮之間謂之樹，自關而西，秦、晉之間謂之杠，南楚之間謂之趙，「趙」當作「桃」，聲之轉也。中國亦呼杠爲桃牀，皆通語也。東齊海、岱之間謂之樺音詵。其上版，衛之北郊，趙、魏之間謂之牒簡牒，或曰牑履屬。

案：說文云：「牀，安身之坐者。簀，牀棧也。笫，牀簀也。杠，牀前横木也。牑，牀版也。」春秋襄公二十七年「牀笫之言不踰閾」，杜預注云：「笫，簀也。」玉篇、廣韻並引方言云：「杠，東齊海、岱之間謂之樺。」今方言各本譌作「樺」。注内「詵」譌作「先」。徐堅初學記引方言此條，正文作「謂之樺」，注文作「音詵」，與玉篇、廣韻同。

「趙」亦作「挑」。廣雅：「棲謂之牀。浴牀謂之柖。簀，笫也。樹，挑杠也。牒、牑，版也。」曹憲音釋：「牑，音鞭。」注内「牑牒」當作「音牑牒之牒」。「牑」下「履屬」二字未詳，當是如「音鞭」等字譌舛而成〔一四〕。

俎几也。西南蜀、漢之郊曰杫音賜。榻前几，江、沔之間曰桯，今江東呼爲承。桯音刑。趙、魏之間謂之椸音易。几，其高者謂之虡。即筍虡也。音巨。

案：後漢書第五鍾離宋寒列傳「欒崧家貧爲郎，常獨直臺上，無被，枕杫」，注云：「杫，謂俎几也。方言云：蜀、漢之郊曰杫。」說文云：「桯，牀前几。」廣雅：「杫、虡、桯、𢊁、俎，几也。」「虡」即「虡」，「𢊁」即「椸」。考工記「梓人爲筍虡」，鄭注云：「樂器所縣，横曰筍，植曰虡。」「筍」「筍」古通用。

篗，榬也。所以絡絲也。音爰。兖、豫、河、濟之間謂之榬。絡謂之格。所以轉篗絡車也。

案：廣雅：「榬謂之篗。」本此。曹憲音義：「篗，于縛、榮碧兩反。」說文云：「篗，收絲者也。」玉篇：「榬，絡絲籰也。」「籰」即「篗」之譌。

繀車，繀，蘇對反。趙、魏之間謂之轣轆車，東齊海、岱之間謂之道軌。

案：說文云：「繀，箸絲於筟車也。筟，筳也。筳，繀絲筦也。」「轣轆」亦通作「厤鹿」。廣雅：「繀車謂之厤鹿。道軌謂之鹿車。」本此。玉篇云：「繀車，亦名軌車。」

户鑰，自關而東，陳、楚之間謂之鍵巨蹇反。自關而西謂之鑰。

案：「鑰」亦通作「籥」。月令「修鍵閉，慎管籥」，鄭注云：「鍵，牡。閉，牝也。管籥，搏鍵器也。」周禮「司門掌授管鍵」，鄭注云：「管謂籥也。鍵謂牡。」郭璞爾雅序「六藝之鈐鍵」，釋文引方言云：「鑰也，自關而東，陳、楚之間謂鑰爲鍵。」

篿，謂之蔽，或謂之箘音困。秦、晉之間謂之篿。吴、楚之間或謂之蔽，或謂之箭裹，篿箸，一名箭，廣雅云。或謂之篿毒，或謂之夗專，夗，於辯反。專音轉。或謂之𠥱璇，或曰：竹器所以整頓篿者。銓、旋兩音。或謂之棊。所以投篿謂之枰評論，或謂之廣平。所以行棊謂之局，或謂之曲道。

圍棋謂之弈，自關而東，齊、魯之間皆謂之弈。

案：「篿」「博」古通用。説文云：「篿，局戲也，六箸十二棋也。古者烏胄作篿。箘，篿棋也。局，博所以行棋。弈，圍棋也。」荀子大略篇「六貳之博」，楊倞注云：「即六博也。今之博局亦二六相對也。」楚辭招魂篇「菎蔽象棋，有六篿些」，王逸注云：「菎，玉也。蔽，篿箸以玉飾之也。投六箸，行六棋，故謂六篿也。」洪興祖補注引方言此條，文並同。史記范睢蔡澤列傳「君獨不觀夫博者乎，或欲大投，或欲分功」，索隱引方言云：「所以投博謂之枰。」韋昭博弈論「然其所志，不出一枰之上」，李善注引方言：「投博謂之枰。圍棋，自關而東，齊、魯之間謂之弈。」春秋襄公二十五年左傳「今甯子視君不如弈棋」，疏引方言此條，文並同。廣雅：「簙箸謂之箭。𣧑專，簙也。廣平，枰也。曲道，梮也。圍棋，弈也。」皆本此。注内「評論」當作「音評論之評」。

校注

〔一〕十三經注疏本「甗無底甑」上有「鄭司農云」四字。

〔二〕宋本廣韻「㽘」作「甑」，與方言合，今據改。

〔三〕禮圖　書名，即三禮圖。東漢鄭玄、晉阮諶、唐張鎰等都著有三禮圖。今已失傳。現存本乃宋聶崇義、明劉績所撰。

〔四〕字詁　指三國魏人張揖所撰的古今字詁。

〔五〕宋楚謂竹篝牆以居也　段玉裁注：「各本『牆居』之間誤衍『以』字。」今據删。此言宋、楚謂竹篝爲墻居，與方言合。

〔六〕聚珍版本「枷也」下有「漢書王莽傳『必躬載拂』，顔師古注云：『拂，所以擊治禾者也，今謂之連枷。』是『拂』『柫』亦通用」三十三字。

〔七〕叉叉　今本釋名作「丫丫」，畢沅云：「當作『了了』，『言用時柄頭旋轉之形』」。又「了了」下當據御覽所引增「以」字。葉德炯云：此當讀「或曰丫」爲句，「丫以杖轉于頭」爲句。「丫」本字作「枒」，象枷中枝格之形而取名也。

〔八〕收　原作「取」，據十三經注疏本周禮改。

〔九〕南楚謂之蓬薄　原無，據聚珍版本及方言諸本補。

〔一〇〕聚珍版本「文並同」下有「漢書周勃傳『勃以織薄曲爲生』，蘇林注云：『薄，一名曲』」二十字。

〔一一〕聚珍版本「從竹」下有「注内『此直語楚聲轉耳』各本譌作『此直語楚轉聲耳』，曹毅之本作『此直語楚聲轉也』，今訂正」三十五字。

〔一二〕聚珍版本「案」字後有「繏各本作繾，從曹毅之本」十字。

〔一三〕聚珍版本「音擐甲之擐」後有「檈旋同音，此字疑有譌舛」十字。

〔一四〕以上十九字聚珍版本作「『履屬』二字，當是『音邊』二字之譌，無從據證」。

方言疏證卷六

聳山頂反、𤟻，欲也。皆强欲也。荆、吴之間曰聳。晋、趙曰𤟻。自關而西，秦、晋之間，相勸曰聳，或曰𤟻。中心不欲，而由旁人之勸語，亦曰聳。凡相被飾亦曰𤟻。

案：楚語「教之春秋而爲之聳善而抑惡焉」，韋昭注云：「聳，獎也。」揚雄長楊賦「整輿竦戎」，李善注云：「方言：『自關而西，秦、晋之間，相勸曰聳。』『聳』與『竦』古字通。」謝朓齊敬皇后哀策文「末命是獎」，注引方言：「秦、晋之間相勸曰獎。」盧諶贈劉琨詩「飾獎駑猥」，注引方言：「凡相被飾亦曰獎。」𤟻，古「獎」字。説文〔一〕：「𤟻，嗾犬厲之也。從犬將省聲。」今方言各本「𤟻」皆作「㧾」，譌舛不成字。廣雅：「獎，譽也。」玉篇云：「獎，助也，成也，欲也，譽也，嗾犬厲之也。」「欲」之義取於方言。然「聳」「𤟻」皆爲中心不欲，而由旁人之勸語，則「欲」字應屬譌舛，或「譽」「欲」聲相近而譌。注作「皆强譽也」，義尤明。「山頂反」，各本「反」譌作「也」，後卷十三有「聳」字，注內亦音「山頂反」〔二〕。聳，從耳，從聲。不當入「迥」韻。「頂」應是「項」之譌，方音入「講」韻耳。

聳、䏌，聾也。半聾，梁、益之間謂之䏌。言胎䏌煩憒也。音宰。秦、晉之間聽而不聰，聞而不達，謂之䏌。生而聾，陳、楚、江、淮之間謂之聳。言無所聞，常聳耳也。荆、揚之間，及山之東西，雙聾者謂之聳。聾之甚者，秦、晉之間謂之闕。五刮反。言聉無所聞知也。外傳：「聾聵司火。」音蒯聵。吳、楚之外郊，凡無耳者，亦謂之闕。其言闕者，若秦、晉中土謂墮耳者明也。五刮反。

案：説文云：「益、梁之州謂聾爲䏌。秦、晉聽而不聞，聞而不達，謂之䏌。生而聾曰聳。吳、楚之外，凡無耳者謂之闕。言若斷耳爲盟。」廣雅：「聳、䏌、闕，聾也。」皆本此。諸刻「明」譌作「朙」，惟永樂大典本仍作「明」。下「五刮反」乃「明」字音注。説文：「明，墮耳也。」即此所云「秦、晉中土謂墮耳者明也」。然則「闕」字下「言若斷耳爲盟」句，乃後人校説文妄有所改。玉篇引方言云：「䏌，半聾也。梁、益之間謂之䏌。秦、晉之間，聽而不聰，聞而不達，謂之䏌。陳、楚、江、淮、荆陽山之間，聾謂之聳。」廣韻引方言：「聾之甚者，秦、晉之間謂之聧。」與説文互有譌脱。注内「言聉無所聞知也」，諸刻脱「聉」字及下句「司火」二字，惟永樂大典本有之。説文云：「聉，無知意也。」

陂偏頗、傜逍遥，邪也。陳、楚、荆、揚曰陂。自山而西，凡物細大不純者謂之傜。言俄傜也。

案：樂記「商亂則陂」，鄭注云：「陂，傾也。」「傜」亦作「傛」，説文云：「自關以西，物大小不同謂之傛。」廣雅：「陂、傾、俄，邪也。」注内「偏頗」「逍遥」，當作「音偏頗之頞」「音逍遥之遥」。

由迪，正也。東齊、青、徐之間，相正謂之由迪。

案：玉篇云：「青州之間相正謂之迪也。」即本此而有脱誤。

悈音腆、惄人力反，又女六反，慚也。荆、揚、青、徐之間曰悈，若梁、益、秦、晉之間言心内慚矣。山之東西，自愧曰惄，小爾雅曰：「心愧爲惄。」趙、魏之間謂之䀌。音密，亦秘。

案：左思魏都賦「悈墨而謝」，劉逵注引方言「悈，慚也。荆、揚之間曰悈。」陸厥奉答内兄希叔詩「相如惄温麗」，李善注引方言：「惄，慚也。」説文云：「青、徐謂慚曰悈。」「䀌」各本譌作「聇」，今改正。爾雅釋言：「愧，慚也。」釋文全引方言此條，「悈」譌作「倎」，「䀌」亦譌作「聇」，餘並同。廣雅：「悈、䀌、惄，慚也。」義本此。

𡨬音蹇、展，難也。齊、晉曰𡨬。山之東西，凡難貌曰展。荆、吴之人相難謂之展，若秦、晉之言相憚矣。齊、魯曰燀。難而雄也。昌羨反。

案：「𡨬」即「蹇」，易蹇卦彖傳：「蹇，難也。」説文：「憚，忌難也，一曰難也。」廣雅：「蹇、展、憚，難也。」義本此。

胥、由，輔也。胥，相也。由，正。皆謂輔持也。吴、越曰胥。燕之北鄙曰由。

案：廣雅：「由、胥、輔，助也。」義本此。

蛩供，戰栗也。蛩、恭兩音。荆、吴曰蛩供。蛩供又恐也。

案：説文：「供，戰栗也。」廣雅：「蛩供，懼也。」本此。玉篇：「供，恐也。」

鍾吐本反、錘直睡反，重也。東齊之間曰鍾。宋、魯曰錘。

案：廣雅：「錘、鍾，重也。」義本此。

錀音含、龕，受也。今云龕囊，依此名也。齊、楚曰錀。揚、越曰龕。受，盛也。猶秦、晉言容盛也。

案：玉篇：「錀，受也。龕，受也，盛也。」廣雅：「錀、龕、受，盛也。」義皆本此。

矔慣習、眮侹侗，轉目也。梁、益之間瞋目曰矔，轉目顧視亦曰矔。吴、楚曰眮。

案：説文云：「矔，目多精也。益州謂瞋目曰矔。吴、楚謂瞋目顧視曰眮。」注内「慣習」「侹侗」當作「音慣習之慣」「音侹侗之侗」。

逴勑略反、騷先牢反、𠂤，蹇也。跛者行跳踔也。吴、楚偏蹇曰騷，齊、楚、晉曰逴。行略逴也〔三〕。

案：説文：「蹇，跛也。逴，蹇也。」廣雅：「逴、騷、𠂤，蹇也。」義本此。玉篇云：「跣踔，跛者行。」

㾷音斯、嗌惡介反，噎也。皆謂咽痛也。音翳。楚曰㾷。秦、晉或曰嗌，又曰噎。

案：説文云：「嗌，咽也。噎，飯窒也。」「㾷」亦作「嘶」，玉篇云：「嘶，噎也。」

怠、阤音蟲豸，壞也。謂壞落也。

案：張衡西京賦「程功致巧〔四〕，期不阤陊」，李善注引方言：「阤，壞也。」廣雅：「阤、殆，壞也。」「殆」「怠」古通用。注內「音蟲豸」三字，各本作「音虫豸未曉」五字，「虫」即「蟲」之省，「未曉」二字蓋閱是書者所記，以「虫豸」不可曉耳。虫，許偉反。與「蟲」異，故也。不當雜入注文，今删。

垤音涅、墊丁念反，下也。凡柱而下曰垤，屋而下曰墊。

案：說文：「涅，從水從土，日聲。」「垤」蓋從土，涅省聲。此字後人所作，應直用「涅」。「墊」亦作「埝」，廣雅：「垤、墊，下也。」義本此。

伆音刎、邈，離也。謂乖離也。楚謂之越，或謂之遠。吳、越曰伆。

案：「伆」亦作「迌」。廣雅：「邈、迌、離、越，遠也。」

顛、頂，上也。

案：爾雅釋言：「顛，頂也。」「顛」與「頂」一聲之轉。廣雅：「顛、頂，上也。」義本此。

誣，淹與也。淹，於劍反。吳、越曰誣。荆、齊曰淹與，猶秦、晉言阿與。相阿與者，所以致誣淹。

案：廣雅：「貸、誣、讁、授、施、遺，予也。」後卷十内「或謂之讁」，注云「言誣讁也」，合之此注，皆以「誣讁」連稱。據正文「讁與」猶「阿與」，「讁」「阿」乃一聲之轉。「與」讀若「譽」，説文：「誣，加也。」集韻：「讁，謗也。」凡無實而虚加皆爲誣。表記「受禄不誣」，鄭注云「不信曰誣」。此正「阿與」之義。郭璞言「相阿與者所以致誣讁」，又轉一義矣。

掩、寨，取也。自關而東曰掩，自關而西曰寨，或曰担相梨。

案：「掩」説文作「揜」，云：「自關以東謂取曰揜。」司馬相如子虚賦「揜翡翠」，上林賦「揜焦朋」，李善注皆引方言：「揜，取也。」漢書貨殖傳「又況掘冢博掩〔五〕，犯姦成富」，顔師古注云：「掩謂掩襲取人物者也。」「担」各本譌作「狙」，永樂大典本下有「伺也」三字，舛誤不可通。後卷十内「担，取也」，「担」下注「相梨」二字，可證「狙」即「担」之譌。「但伺也」即「相梨」之譌。「相梨」當云「音相梨之相」。廣雅：「寨、担、掩，取也。」義本此。曹憲音釋：担音「莊加」、「子治」兩反。

暥烏拔反、略音略，視也。東齊曰暥，吴、揚曰略。今中國亦云目略也。凡以目相戲曰暥。

案：説文云：「暥，目相戲也。」廣韻引方言：「略，視也。」廣雅：「略、暥，視也。」本此。注内「目略」，諸刻脱「略」字。永樂大典本有。

遥、廣，遠也。梁、楚曰遥。

案：廣雅：「遥，遠也。」越語「廣運百里」，韋昭注云：「東西爲廣，南北爲運。」蓋廣亦以言遠。

汩于筆反。遥，疾行也。汩汩，急貌也。南楚之外曰汩，或曰遥。

案：廣雅：「汩，疾也〔六〕。」司馬相如上林賦「汩乎混流」，蘇林曰：「揚雄方言：『汩，疾也。』」汩、遥，疾也。」「遥」字誤。揚雄甘泉賦「涌醴汩以生川」，李善注引方言：「汩，疾也。」枚乘七發「汩乘流而下降兮」，注引方言：「汩，疾貌也。」即此條注文。離騷「汩余若將不及兮」，王逸注云：「汩，去貌，疾若水流也。」洪與祖補注引方言云：「疾行也。南楚之外曰汩。」爾雅釋水郭注「汩漱沙壤」，釋文引方言云：「遥，疾行也。」「遥」上應有「汩」字。「遥」亦作「䍃」，玉篇、廣韻並云：「䍃，疾行也。」

蹇、妯，擾也。謂躁擾也。妯音迪。人不静曰妯。秦、晋曰蹇，齊、宋曰妯。

案：説文：「擾，煩也。」廣雅：「蹇、妯、躁、煩，擾也。」詩小雅「憂心且妯」，毛傳：「妯，動也。」爾雅釋詁同。釋文：「勑留反。」又音迪。

絓音乖、挈口八反、僪古𠘧字、介，特也。楚曰僪，晋曰絓，秦曰挈。物無耦曰特，獸無耦曰介。傳曰：「逢澤有介麋。」飛鳥曰雙，雁曰乘。

案：廣雅：「絓、挈、僘、介、特，獨也。」義本此。史記陳餘列傳「獨介居河北」，集解引方言云：「介，特也。」任昉天監三年策秀才文「介在民上」，李善注引方言：「介，特也。」春秋哀公十四年左傳疏引方言：「獸無耦曰介。」玉篇引方言譌作「夰，待也」。揚雄解嘲「乘雁集不爲之多，雙鳧飛不爲之少」，李善注引方言：「飛鳥曰雙，四雁曰乘。」「四」字蓋李善所增。

台、既，失也。宋、魯之間曰台。

案：廣雅：「台、既，失也。」義本此。「台」「遺」一聲之轉。既，蓋如「日食既」之「既」。

既、隱、據，定也。

案：既，取已然之義。隱，據也。故又皆爲定。廣雅：「隱、據，定也。」義本此。

稟、浚，敬也。秦、晉之間曰稟，齊曰浚。吳、楚之間，自敬曰稟。

案：「稟」「廩」古通用。漢書循吏傳「此廩廩庶幾德讓君子之遺風矣」，顔師古注云：「廩廩，言有風采也。」亦作「懍」，廣雅：「懍、浚，敬也。」本此。

悛音銓、懌音奕，改也。自山而東，或曰悛，或曰懌。論語曰：「悦而不懌。」

案：春秋襄公四年左傳「羿猶不悛」，杜預注云：「悛，改也。」廣雅：「悛、懌、改，更也。」義本此。

坻水泜、坦癰疽，場也。場音傷。梁、宋之間，蚍蜉、䵹鼠之場謂之坻，䵹鼠，蚡鼠也。螾場謂之坦。螾，蛐蟮也。其糞名坦。螾音引。

案：䵹，古「犂」字。潘岳藉田賦「坻場染屨」，李善注云：「方言：『坻，場也。』蚍蜉、犂鼠之場謂之坻。』場，浮壤之名也。音傷。」爾雅「鼢鼠」，郭注云：「地中行者。」疏云：「方言名犂鼠，即此鼠也。謂起地若耕，因名云。」「蚡」「鼢」古通用。玉篇引此條亦作「犂」，餘並同。說文云：「益州部謂螾場曰坦。」廣雅：「坻，場也。」注內「水泜」「癰疽」當作「音水泜之泜」「音癰疽之疽」。「蛐」，諸刻譌作「蟥」。

徥、用，行也。徥徥，行貌。度揩反。朝鮮、洌水之間或曰徥。

案：用亦由也，故又爲行。廣雅：「徥、由，行也。」注內「徥徥」各本譌作「徥皆」，今訂正。說文云：「徥徥，行貌。」

鋪頒，索也。東齊曰鋪頒，猶秦、晉言抖藪也。謂斗藪舉索物也。鋪音敷。

案：「藪」亦作「擻」，玉篇云：「抖擻起物也。」廣韻：「抖擻，舉貌。」

參、蠡音麗，分也。謂分割也。齊曰參，楚曰蠡，秦、晉曰離。

案：王粲登樓賦「夜參半而不寐兮」，李善注引方言：「參，分也。」荀子賦篇「攭兮其相逐而反也」，楊倞注云：「攭與劙同。攭兮，分判貌。」「蠡」「離」古皆與「劙」通。廣雅：「參、離，分也。」玉篇云：「劙，解也。分，割也〔七〕。」

廝、披，散也。東齊，聲散曰廝，器破曰披。秦、晉，聲變曰廝，器破而不殊，其音亦謂之廝，器破而未離謂之璺音問，南楚之間謂之㪔。妨美反。一音圮塞。

案：說文云：「廝，散聲。」春秋成公十八年左傳「今將崇諸侯之姦而披其地」，杜預注云：「披猶分也。」昭公五年左傳「又披其邑」，注云：「披，析也。」玉篇、廣韻並引方言：「秦、晉器破而未離謂之璺。」廣韻引方言：「器破而未離，南楚之間謂之㪔。」廣雅：「廝、披，散也。璺、斯，裂也。」「㪔」又作「皉」，玉篇、廣韻並云：「器破也。」注內「圮塞」，各本「圮」譌作「把」，曹毅之本不誤。

緍音旻、緜，施也。秦曰緍，趙曰緜。吳、越之間脱衣相被謂之緍緜。相覆及之名也。

案：廣雅：「緍、緜，施也。」義本此。

悀音踴、偪妨逼反，滿也。凡以器盛而滿謂之悀。言涌出也。腹滿曰偪。言勑偪也。

案：「偪」亦作「愊」，廣雅：「悀、愊，滿也。」義本此。

傒醯醯酢、冉鐮，冉音髯。危也。東齊，掎物而危謂之傒醯，掎，居枝反。偽物謂之冉鐮。

案：廣雅：「傒醯、冉鐮，危也。」義本此。「鐮」「鎌」同。「掎」各本譌作「椅」，今訂正。玉篇云：「掎，戴也。」

紕音毗、繹音亦、督、雉，理也。秦、晉之間曰紕。凡物曰督之，言正理也。絲曰繹之。言解繹也。

案：廣雅：「紕、督、雉，理也。」本此。詩鄘風「素絲紕之〔八〕」，毛傳：「紕，所以織組也。總紕於此，成文於彼。」説文：「繹，抽絲也。」謝惠連雪賦「王乃尋繹吟玩」，傅毅舞賦「繹精靈之所束」，李善注皆引方言：「繹，理也。」周禮大祝「禁督逆祀命者」，鄭注云：「督，正也。」爾雅釋詁：「董、督，正也。」

𢏉古「矧」字、呂，長也。東齊曰𢏉，宋、魯曰呂。

案：廣雅：「矧、呂，長也。」義本此。

踊、膂，力也。東齊曰踊，律踊，多力貌。宋、魯曰膂。膂，田力也。謂耕墾也。

案：玉篇：「踊，足多力也。」「膂」亦通作「旅」，詩小雅「旅力方剛」，毛傳：「旅，衆也。」失之。「膂，田力也」之「膂」當作「墾」，後卷十二內「墾，力也」，注云「耕墾用力」，可證此條「膂」字之譌。廣雅：「踊、膂、墾，力也。」義本此。「田」各本譌作「由」，今改正〔九〕。

瘛、瘞埋，又翳。諦瓜蒂，審也。齊、楚曰瘛，秦、晉曰諦。

案：「諦」亦作「諦」，説文：「〔瘞〕〔瘛〕〔一〇〕，静也。」諦，審也。」注內「瘞埋」「瓜蒂」當作「音瘞埋之瘞」「音瓜蒂之蒂」。各本「瘞埋」譌作「埋也」，今訂正。

譩音翳、諦亦音蒂，諟也。亦審諟，互見其義耳。音帝。吴、越曰譩諦。

案：廣雅：「審、譩、諦，諟也。」義本此。説文：「（譩）〔諟〕〔一一〕，理也。」

揞烏感反、揜、錯音酢、摩，藏也。荆、楚曰揞，吴、揚曰揜，周、秦曰錯，陳之東鄙曰摩。

案：「藏」各本譌作「滅」，今訂正。廣雅：「揞、揜、錯、摩，藏也〔一二〕。」説文：「揜，覆也。」玉篇：「揞，藏也。」廣韻：「揞，手覆。錯，摩也。摩，隱也。」皆於「藏」之義合。

抾摸，去也。齊、趙之總語也。抾摸，猶言持去也。

案：荀子榮辱篇「胠於沙而思水」，楊倞注云：「胠與袪同。方言：『袪，去也。齊、趙之總語。』莊子有胠篋篇亦取去之義。」此所引作「衣」旁，本書乃作「手」旁，廣雅「怯莫，去也」，義本方言而字又異。古書流傳既久，轉寫不一。據「抾摸猶言持去」一語，二字皆「手」旁爲得。「袪」「胠」假借通用。「怯」字誤。

舒勃，展也。東齊之間，凡展物謂之舒勃。

案：廣雅：「舒勃，展也。」義本此。

摳揄，旋也。秦、晋凡物樹稼早成熟謂之旋，燕、齊之間謂之摳揄。

案：廣韻：「旋，疾也。」

絙岡鄧反、筳湯丁反，竟也。秦、晉或曰絙，或曰竟。楚曰筳。

案：廣雅：「筳、絙，竟也。」義本此。班固答賓戲「絙以年歲」，李善注引方言：「絙，竟也。」字亦省作「亘」，西都賦「北彌明光而亘長樂」，注云：「亘，竟也。亘與絙古字通。」

繝音剡、剸音妾，續也。秦、晉續折謂之繝，繩索謂之剸。

案：玉篇：「繝，續也。剸，接續也。」廣雅：「繝、剸，續也。」義本此。曹憲音釋：「剸，魚劫、且葉兩反。」

擘音檗，楚謂之紉。今亦以綫貫針爲紉。音刃。

案：禮記内則篇：「衣裳綻裂，紉箴請補綴。」離騷「紉秋蘭以爲佩」，洪興祖補注引方言：「續，楚謂之紉。」「續」字當是誤蒙上條。

閻苦，開也。東齊開户謂之閻苦，楚謂之闓。亦開字也。

案：廣雅：「閻、苦，開也。」本此，今方言各本「苦」譌作「笘」。若「笘」字，不應郭璞、曹憲皆不注其音。「苦」「開」亦一聲之轉，據廣雅訂正。

杼、柚，作也。東齊，土作謂之杼，木作謂之柚。

案：此蓋釋詩「小東大東，杼柚其空」之義，言役作於周而至窮空也。鄭箋云：「譚無他貨，惟有麻絲耳，今盡杼柚不作也。」讀「柚」爲「軸」，義亦迂曲。

厲、印，爲也。爾雅曰：「俶、厲，作。」作亦爲也。甌越曰印，吳曰厲。

案：「印」各本譌作「卬」，今訂正。廣雅：「厲、印，爲也。」義本此。曹憲音釋：「印，於信反。」爾雅：「厲，作也。」郭注引穀梁傳「始厲樂矣」。疏全引方言此條，「印」亦譌作「卬」，餘並同。

戲、憚，怒也。齊曰戲，楚曰憚。

案：廣雅：「戲、憚，怒也。」義本此。詩大雅「逢天僤怒」，毛傳：「僤，厚也。」「僤」即「憚」，釋爲怒。僤怒、超遠、虔劉連文〔一三〕，皆二字義同。

爰、嗳，恚也。謂悲恚也。楚曰爰，秦、晋曰嗳，皆不欲譍而强答之意也。

案：廣雅：「爰、嗳，愁也。」曹憲音釋云：「嗳，呼館、虎元二反。」「虎元」據玉篇當作「虚元」。

傁、艾，長老也。東齊、魯、衛之間，凡尊老謂之傁，或謂之艾。禮記曰：「五十曰艾。」周、晋、秦、隴謂之公，或謂之翁。南楚謂之父，或謂之父老。南楚瀑、洭之間暴、匡兩音。洭水在桂陽。母謂之媓，謂婦妣曰母姼音多，稱婦考曰父姼。古者通以考妣爲生存之稱。

案：「傁」本作「叜」，說文云：「老也。」俗通作「叟」。孟子「王曰叟」，趙岐注云：「叟，長老之稱也，猶父也。」史記馮唐列傳：「文帝輦過，問唐曰：『父老何自爲郎。』」後又曰「父知之乎」。廣韻引方言：「傁、艾，長老也。翁、叜，父也。媓，母也。妻之父謂之父姼，妻之母謂之母姼。」皆本此。

巍、嶢、崝、嶮，高也。嶕嶢，崝嶸，皆高峻之貌也。

案：「崝」亦作「峥」，張衡思玄賦「踰玉階之嶢峥」，李善注引方言：「嶢峥，高貌也。」張協七命「爾乃嶢榭迎風」，注引方言：「嶢，高也。」班固西都賦「金石峥嶸」，又七命「陟峥嶸」，注並引方言注：「峥嶸，高峻也。」廣雅：「嶕嶢，高也。」注内各本脱「皆」字，曹毅之本有。

猒、塞，安也。物足則定。

案：陸機辯亡論「洪規遠略，固不猒夫區區者也」，李善注云：「方言：『猒，安也。』於艶反。」「猒」「厭」古通用，亦作「懕」，說文云：「安也。」爾雅釋訓：「懕懕，安也。」廣雅：「懕、㥶，安也。」義本此。曹憲音釋：「懕，一占反。」

悛音麦、憮亡主反，憐也。

案：「悛」已見前卷一内。說文云：「憮，撫也。讀若侮。」廣雅：「悛、憮，哀也。」義本此。

掩、翳，薆也。謂蔽薆也。詩曰：「薆而不見。」音愛。

案：月令「處必掩身」，鄭注云：「掩，猶隱翳也。」左思詠史詩「歸來翳負郭」，李善注引方言「翳，薆也」，并注。爾雅釋木：「蔽者翳。」郭注云：「樹蔭翳覆地者。」釋言：「薆，隱也。」注云：「謂隱蔽。」離騷「衆薆然而蔽之」，洪興祖補注引方言此條注文，譌作「謂薆蔽也」。「薆」亦通用「僾」。説文云：「仿佛也。」引詩「僾而不見」。今毛詩作「愛」，古字假借通用。薆而，猶隱然。「而」「如」「若」「然」，一聲之轉。

佚婸，跌、唐兩音。婬也。

案：「佚」亦通「劮」。廣雅：「劮婸，婬也。」本此。曹憲音釋：「劮，音逸。婸，大朗反。」説文：「婬，私逸也。」廣韻「婸」與「蕩」同音，云：「淫戲貌。」又「泆」與「跌」同音，云：「泆蕩。」「佚」與「泆」「逸」，古皆通用。「婸」與「蕩」通用，「婬」與「淫」通用。佚，從此注音跌。婸，從曹憲「大朗反」。「佚婸」二字乃雙聲，即泆蕩也。又「跌踼」，廣雅云：「行失正。」踼音宕。「唐」與「蕩」「宕」，雖有平上去之異，本屬一聲輕重。若佚音逸，則「佚婸」不連讀，亦皆淫逸之義。各本「婸」譌作「愓」，「婬」譌作「緩」，今據廣雅訂正。

校注

〔一〕㵄　古獎字。説文聚珍版本作「説文作『㵄』云」五字。

〔二〕自「廣雅獎譽也」至「注内亦音山頂反」，聚珍版本作「『欲』當作『譽』」，注内同。下文因義引伸，「聳」「獎」皆爲中心不欲而由旁人之勸語，則『欲』字譌舛甚明。廣雅『獎，譽也』。玉篇、廣韻『獎』皆訓『譽』，蓋本此。『譽』『欲』聲近似而譌。又『山頂反』，各本『反』譌作『也』，後卷十三有『聳』字。注云『山頂反』，可證『也』字之誤。」

〔三〕略　原作「路」，據聚珍版本及方言各本改。

〔四〕程功致巧　文選作「程巧致功」，薛綜注：「言皆程擇好匠，令致其功。」文選是。

〔五〕博　今本漢書作「搏」。

〔六〕聚珍版本「汩疾也」下有「史記屈原列傳『汩徂南土』，索隱引方言曰：汩謂疾行也」二十一字。

〔七〕此條聚珍版本「荀子賦篇」句上有「蠡亦作劙」四字。「廣雅參離分也」六字在「方言參分也」句下。「蠡離古皆與劙通」七字無。

〔八〕素絲紕之　「素絲」原誤作「何以」，據詩鄘風干旄及聚珍版本改。

〔九〕聚珍版本「各本」作「諸刻」，「今改正」作「從永樂大典本」。

〔一〇〕「瘞」無「静」義，説文今本作「瘱」，今訂正。

〔一一〕説文今本無「讉」字，「讉」當爲「諟」之誤，今訂正。

〔一二〕聚珍版本「藏也」下有「義本此」三字。

〔一三〕超遠　見楚辭九歌國殤「平原忽兮路超遠」，超與遠同義。「虔劉」，見左傳成公十三年「虔劉我邊陲」，杜預注：「虔、劉，皆殺也。」

方言疏證卷七

諄憎，所疾也。諄，之潤反。宋、魯凡相惡謂之諄憎，若秦、晉言可惡矣。

案：荀子哀公篇「無取口哼。口哼，誕也」，楊倞注云：「哼與諄同。」方言：「齊、魯凡相疾惡謂之諄憎。」廣雅：「諄憎，誎也。」義本此。「誎」「疾」古通用。

杜、蹻，澀也。趙曰杜。今俗語通言澀如杜，杜梨子澀，因名之。山之東西或曰蹻。郤蹻燥澀貌。音笑謔。

案：廣雅：「杜、蹻，澀也。」曹憲音義：「蹻，虛虐反。澀，師急反。」説文云：「澀，不滑也。從四止。」

佻、抗，縣也。趙、魏之間曰佻，自山之東西曰抗。燕、趙之郊縣物於臺之上謂之佻。了佻，縣物貌。丁小反。

案：廣雅：「佻、抗，縣也。」義本此。

發、税，舍車也。舍宜音寫。東齊海、岱之間謂之發，今通言發寫也。宋、趙、陳、魏之間謂之税。税猶脱也。

案：注讀「舍」爲「寫」，「寫」「卸」古通用。説文云：「卸，舍車解馬也。從卩止午。」

讀若汝南人寫書之寫。」發爲卸車，蓋釋詩「齊子發夕」之義〔二〕，言夕而解息車徒也。陸機招隱詩「稅駕從所欲」，李善注引方言：「舍車曰稅。」「稅」亦通用「說」，周禮典路「辨其名物，與其用說」，鄭注云：「說謂舍車也。」

肖、類，法也。齊曰類，西楚、梁、益之間曰肖。秦、晉之西鄙，自冀、隴而西，冀縣今在天水。使犬曰哨音騷。西南梁、益之間凡言相類者亦謂之肖。肖者，似也。

案：荀子勸學篇「群類之紀綱也」，楊倞注云：「方言：齊謂法爲類也。」廣雅：「肖、類，灋也。」本此。「灋」，古「法」字。「哨」亦作「嗾」，說文云：「肖，骨肉相似也。不似其先，故曰不肖也。嗾，使犬聲。」春秋宣公二年左傳「公嗾夫獒焉」，服虔注云：「嗾，㖃也。」釋文：「素口反。」玉篇引方言：「秦、晉、冀、隴謂使犬曰嗾。」

懀、懹，憚也。相畏憚也。陳曰懹。

案：廣雅：「懀、懹、憚，難也。」曹憲音義：「懹，人尚反。」玉篇云：「懹，憚也，相畏也。」

譙字或作「誚」、讙火袁反，讓也。齊、楚、宋、衛、荆、陳之間曰譙。自關而西，秦、晉之間，凡言相責讓曰譙讓。北燕曰讙。

案：廣雅：「讙、譙，讓也。」義本此。周語「讓不貢」，韋昭注云：「讓，譴責也。」春秋昭公二十五年左傳「且讓之」，杜預注云：「讓，責也。」

僉、胥，皆也。自山而東，五國之郊曰僉。六國惟秦在山西。東齊曰胥。

案：爾雅釋詁：「僉、咸、胥，皆也。」郭注云：「東齊曰胥。見方言。」疏全引方言此條，文並同。

侔莫，强也。北燕之外郊，凡勞而相勉若言努力者，謂之侔莫。

案：「侔」亦作「犳」，廣雅：「犳莫，强也。」義本此。曹憲音釋：「犳音牟。强，巨兩反。」玉篇云：「犳，勸勵也。」

傑松，罵也。羸小可憎之名也。傑音邛竹。燕之北郊曰傑松。

案：廣雅：「傑松，罵也。」義本此。玉篇全引方言此條，文並同。又云：「謂形小可憎之貌。」

展、惇，信也。東齊海、岱之間曰展。燕曰惇。惇亦誠信貌。

案：「惇」本作「憞」，廣雅：「憞，信也。」據注云「惇亦誠信貌」，似以此條信讀爲屈申之申，而惇兼誠信一義，故言「亦」以別之。揚雄長楊賦「乃展人之所詘」，李善注引方言：「展，申也。」即此條，而改作「申」。謝靈運石門新營所住四面高山迴溪石瀨修竹茂林詩「佳期何由敦」，注引方言「敦，信也」，亦即此條，而改「惇」爲「敦」。一取屈信，一取誠信，如此注之兼兩義。

斯、㨩，離也。齊、陳曰斯。燕之外郊，朝鮮、洌水之間曰㨩。

案：爾雅釋言：「斯，離也。」孫炎注云：「析之離。」郭璞注云：「齊、陳曰斯。」

蝎音曷、噬卜筮，逮也。東齊曰蝎，北燕曰噬。逮，通語也。

案：「蝎噬」亦作「遏遾」，爾雅釋言：「遏、遾，逮也。」郭璞注云：「東齊曰遏，北燕曰遾。皆相及逮。」注內「卜筮」當作「音卜筮之筮」。

皮傅、彈憸音僉，强也。謂强語也。秦、晉言非其事謂之皮傅，東齊、陳、宋、江、淮之間曰彈憸。

案：後漢書張衡傳「後人皮傅」，注云：「揚雄方言曰：『秦、晉言非其事謂之皮傅。』謂不深得其情核，皮膚淺近，强相傅會也。後人不達皮傅之意，流俗本多作『頗傳』者，誤也。」「彈」亦通用「憚」，廣雅：「憚憸，强也。」義本此。曹憲音釋：「憸，七漸、四廉兩反。强，巨兩反。」

膊音膊脯、曬霜智反、晞，暴也。東齊及秦之西鄙，言相暴僇爲膊。暴僇，謂相暴燥惡事。燕之外郊，朝鮮、洌水之間，凡暴肉、發人之私、披牛羊之五藏，謂之膊。暴五穀之類，秦、晉之間謂之曬，東齊、北燕、海、岱之郊謂之晞。

案：春秋成公二年左傳「殺而膊諸城上」，孔穎達正義曰：「周禮掌戮『掌斬殺賊諜而搏〔之〕』，鄭康成云：『搏當爲「膊諸城上」之膊，字之誤也。膊爲去衣磔之。』方言云：『膊，暴也。』〔二〕」宋玉高唐賦「於是水蟲盡暴乘渚之陽」，李善注引方言：「曬，暴也。」廣雅：「晞、膊、曬，曝也。」義本此。「曝」即「暴」，説文云：「膊，薄脯膊之屋上。」劉熙釋名云：「膊，迫也，薄豚肉迫著物使燥也。」

熬、㷫、即「鬻」字也。創眇反。煎、憊皮力反、鞏，火乾也。凡以火而乾五穀之類，自山而東，齊、楚以往謂之熬，關西隴、冀以往謂之憊，秦、晉之間或謂之㷫。凡有汁而乾謂之煎，東齊謂之鞏拱手。

案：漢書匈奴傳「又轉邊穀米糒」，顏師古注云：「糒，乾飯也。」「熬」亦作「鏊」〔三〕，「㷫」亦作「鬻」，又作「㷉」，説文云：「熬，乾煎也。鬻，熬也。」廣雅：「鏊、煎、㷉、𤈦、焪，乾也。」曹憲音釋：「焪，穹之去聲。」應即鞏聲微轉耳。注内「拱手」當作「音拱手之拱」。

胹而、飪荏、亨、爛、糦熾、酋囚、酷，熟也。自關而西，秦、晉之郊曰胹，徐、揚之間曰飪，嵩嶽以南，陳、潁之間曰亨。自河以北，趙、魏之間，火熟曰爛，氣熟曰糦，久熟曰酋，穀熟曰酷。熟，其通語也。

案：「亨爛糦酷熟」亦作「亯爤饎稭䵍」，廣雅：「爤、亯、胹、飪、饎、稭、酋，䵍也。」義本此。春秋宣公二年左傳「宰夫胹熊蹯不熟」，釋文：「胹，煮也。」「胹」亦作「臑」，枚乘七發「熊蹯之臑」，李善注引方言：「『臑，熟也。』音而。」論語「失飪不食」，孔安國注云：「失飪，失生熟之節也。」禮運「以炮以燔，以亨以炙」，鄭注云：「亨，煮之鑊也。」周禮「饎人」，鄭注云：「主炊官也。故書饎作𩞄。」士虞禮「饎爨，在東壁」，注云：「炊黍稷曰饎。」月令「乃命大酋」，注云：「酒熟曰酋。」鄭語「毒之酋腊者，其殺也滋速」，韋昭注云：「精熟曰酋。」説文云：「胹，爛也。」「飪，大孰也。」「爛，孰也。」「孰，食飪也。」玉篇云：「稆，禾大孰。」廣韻引方言：「饎，熟食也。」

嫢盈，嫢上巳音。怒也。燕之外郊，朝鮮、洌水之間，凡言呵叱者謂之嫢盈。

案：「嫢」各本譌作「魏」，注云「魏上巳音」，書内「趙、魏」之「魏」甚多，本無庸音，惟前卷二「嫢」譌作「魏」，下云「羌箠反」，可證「魏」即「嫢」之譌。玉篇云：「嫢，盛貌。」則嫢盈爲盛氣呵叱，如馮之訓滿，訓怒。郭璞言「馮，恚盛貌」是也。廣雅：「嫢盈，怒也。」曹憲音釋：「嫢，於危反。」據説文：「嫢，好視也。」曹憲不察廣雅之「嫢」乃「嫢」之譌，殊失之。

跜跫音務、隑企欺豉反，立也。東齊海、岱，北燕之郊，跪謂之跜跫。今東郡人亦呼長跽爲跜跫。委痿謂之隑企。脚躄不能行也。

案：廣雅：「踑蹬，跪拜也。隑企，立也。」曹憲音釋云：「企，即古文企字。」玉篇云：「東郡謂跪曰踑。踑蹬，拜也。隑，企立也(四)，不能行也。」皆本此。「拜」「拜」同。

瀧涿謂之霑漬。瀧涿，猶瀨滯也。音籠。

案：玉篇引方言：「瀧涿謂之沾漬。」「沾」「霑」通。「漬」同「漬」。廣雅：「瀧涿、露、霑、濡，漬也。」不以「霑漬」連讀。

希、鑠，摩也。燕、齊摩鋁謂之希。鋁音慮。

案：「摩鋁」亦「磨鑢」。廣雅：「希、鑠、鑢，磨也。」義本此。

平均，賦也。燕之北鄙，東齊北郊，凡相賦斂謂之平均。

案：廣雅：「平均，賦也。」本此。爾雅釋言：「賦，量也。」郭注云：「賦稅所以評量。」疏全引方言此條，作「評均賦也」，下仍作「平均」，「評」皆「平」之譌。史游急就篇「遠取財物主平均」，顏師古注云：「價有貴賤，又當有轉送費用，不欲勞擾，故立平準均輸之官。」

羅謂之離，離謂之羅。皆行列物也。

案：春秋昭公元年左傳「設服離衛」，杜預注云：「二人執戈陳於前以自衛。離，陳也。」與此注「行列物」之義正合。

釗、超，遠也。釗，上巳音。燕之北郊曰釗，東齊曰超。

案：楚辭九歌「平原忽兮路超遠」，謝靈運從遊京口北固應詔詩「道以神理超」，李善注引方言：「超，遠也。」廣雅：「釗、超，遠也。」玉篇、廣韻並云：「釗，遠也。」義皆本此。

漢漫、賑眩，賑音瞋恚。眩音懸。懣也。朝鮮、洌水之間，煩懣謂之漢漫，顛眴謂之賑眩。

案：廣雅：「漢惘，懣也。」玉篇：「賑眩，懣也。」皆本此。「漢惘」即「漢漫」。

憐職，愛也。言相愛憐者，吳、越之間謂憐職。

案：爾雅：「職，主也。」相愛憐斯仰之爲宗主，故云憐職。

茹，食也。吳、越之間，凡貪飲食者謂之茹。今俗呼能粗食者爲茹，音勝如。

案：廣雅：「茹，食也。」義本此。爾雅：「啜，茹也。」釋文：「茹音汝。」疏引方言此條，脱「之間」二字。注内「音勝如」，譌舛不可通〔五〕。

竘、貌，治也。謂治作也。竘，恪垢反。吳、越飾貌爲竘，或謂之巧。語楚聲轉耳。

案：廣雅：「竘、貌，治也。」又：「貌、竘，巧也。」義皆本此。

煦州吁𤇾呼夏反，熱也，乾也。熱則乾燥。吳、越曰煦𤇾。

案：廣雅：「煦𤇾，熱也。」義本此。

攍音盈、膂、賀、𦢊，儋也。今江東呼儋兩頭有物爲𦢊。音鄧。齊、楚、陳、宋之間曰攍。莊子曰：「攍糧而赴之。」燕之外郊，越之垂甌，吴之外鄙，謂之膂。儋者用膂力，因名云。南楚或謂之攍。自關而西，隴、冀以往謂之賀。今江東語亦然。凡以驢馬馲駝載物者，謂之負佗音大。亦謂之賀。

案：「攍」亦作「贏」，「儋」亦作「擔」。賈誼過秦論：「贏糧而景從」，李善注引方言：「贏，擔也。」後漢書鄧禹傳「鄧公贏糧徒步」，注引方言：「贏，擔。」莊子庚桑篇釋文引方言：「贏，儋也。齊、楚、陳、宋之間謂之贏。」「賀」「何」古通用，亦作「荷」。唐郝處俊傳：「羣臣皆賀戟侍〔六〕。」廣雅：「攍、何、𦢊，擔也。」義本此。

樹植，立也。燕之外郊，朝鮮、洌水之間，凡言置立者謂之樹植。

案：春秋成公二年左傳「樹德而濟同欲焉」，杜預注云：「樹，立也。」周禮山虞「植虞旗于中〔七〕」，鄭注云：「植猶樹也。」

過度謂之涉濟。猶今云濟度。

案：爾雅釋言：「濟，渡也。」疏引方言此條并注，「度」皆作「渡」，義同。

福祿謂之祓戩。廢、箭兩音。

案：詩大雅「茀祿爾康矣」，鄭箋云：「茀，福也。」釋文：「徐云〔八〕：茀音廢。」

「茀」與「祓」古通用。小雅：「俾爾戩穀」，毛傳云：「戩，福也。」爾雅釋詁：「祿、祉、履、戩、祓、禧、褫、祜，福也。」郭璞注引詩作「祓祿康矣」。

傺音際、眙敕吏反，逗也。逗即今「住」字也。南楚謂之傺，西秦謂之眙。眙謂住視也。西秦、酒泉、敦煌、張掖是也。逗，其通語也。

案：離騷「忳鬱邑余侘傺兮」，王逸注云：「侘傺，失志貌。侘猶堂堂，立貌也。傺，住也。楚人名住曰傺。」洪興祖補注引方言此條并注，文並同。説文云：「眙，直視也。逗，止也。」後漢書光武帝紀「不拘以逗留法」，注云：「逗，古住字。」廣雅：「傺、眙，逗也。」義本此。

校注

〔一〕齊子發夕　見詩齊風載驅篇。毛傳：「發夕，自夕發至旦。」今人亦多釋「發」爲「出發」，與戴説異。

〔二〕聚珍版本此條，無「春秋成公二年」至「膊暴也」六十字。

〔三〕䰍　廣雅釋詁二作「䰍」。説文「㸐」字下亦列「䰍」爲重文。戴氏或誤。

〔四〕玉篇不以「隑企」連文，與方言異，恐屬誤讀。

〔五〕「譌舛不可通」五字，聚珍版本作「當作音沮洳」。

〔六〕今本新唐書「賀」作「荷」。又聚珍版本無此十一字。

〔七〕植 原作「樹」，據聚珍版本及周禮原文改。

〔八〕徐，徐邈，晋人，撰有毛詩音一卷。

方言疏證卷八

虎，陳、魏、宋、楚之間或謂之李父，江、淮、南楚之間謂之李耳，虎食物值耳即止，以觸其諱故。或謂之於䖘。於音烏。今江南山夷呼虎爲䖘。音狗竇。自關東西或謂之伯都。俗曰伯都事神虎説。

案：春秋宣公四年左傳「楚人謂乳穀，謂虎於菟」，釋文：「菟音徒。」此注言音竇，語轉也。「菟」即「䖘」，古字多假借。「於」玉篇作「䲻」。廣雅：「於䖘、李耳，虎也。」本此。曹憲音釋：「䖘音塗。」與釋文同。注内「神」字，諸刻譌作「抑」，永樂大典本及曹毅之本作「神」，其上仍當脱一「見」字。

貔，貍别名也。音毗。陳、楚、江、淮之間謂之貅音來，北燕、朝鮮之間謂之豾，今江南呼爲豾貍。音丕。關西謂之貍。此通名耳。貔，未聞語所出。

案：貔乃猛獸之名，書牧誓：「如虎如貔。」史記五帝本紀：「教熊羆貔貅貙虎。」古今皆無以貔名貍者，應即「貍」字轉寫譌誤耳。「貍」本作「貍」，説文云：「貍，伏獸，似貙。」廣雅：「貔、貍，猫也。豾，貍也。」是張揖、郭璞所見方言皆已爲「貔」字。郭注云：「貔，未聞語所出。」則亦疑之矣。「貍」「貅」一聲。「豾貍」轉語爲「不來」，故大射儀「奏貍首」，鄭注云：「貍之言不來也。」「豾」即「[illegible]」。

獾，豚也，音歡。關西謂之貒波湍。

案：廣雅：「貒，獾也。」本此。説文云：「獾，野豕也。」爾雅郭注云：「貒，豚也。一名獾。」釋文：「貒，他官反。」引字林云：「獸似豕而肥。」又云：「豚本又作肫。」注内「波湍」當作「音波湍之湍」。

雞，陳、楚、宋、魏之間謂之鷝鴟。避、祇兩音。桂林之中謂之割雞，或曰鏃音從。北燕、朝鮮、洌水之間謂伏雞曰抱。房奥反。江東呼藍。央富反。爵子及雞雛皆謂之鷇。恪遘反。關西曰鷇。音狗竇。其卵伏而未孚，始化謂之涅。

案：「鷝鴟」亦作「辟㮛」。廣雅：「辟㮛，雞也。」本此。曹憲音釋：「㮛，渠夷反。」廣韻「鏃」字引方言云：「南楚人謂雞。」「抱」廣韻作「菢」，云：「鳥伏卵。」魯語「鳥翼鷇卵」，韋昭注云：「生哺曰鷇。」史記趙世家「探爵鷇而食之」，集解：「綦母邃曰：鷇，爵子也。」爾雅：「生哺，鷇。生噣，雛。」釋文云：「鷇，鳥子須哺而食者，燕雀之屬是也。雛，鳥〔子〕生而能自啄者〔一〕。」「爵」「雀」、「噣」「啄」，古通用。「音狗竇」各本作「音顧」，從曹毅之本。

豬，北燕、朝鮮之間謂之豭。猶云豭斗也。關東西或謂之彘，或謂之豕。南楚謂之豨。其子或謂之豚，或謂之貕音奚，吴、揚之間謂之猪子。其檻及蓐曰橧。爾雅曰：「所寢，橧。」音繒。

案：春秋定公十四年左傳：「野人歌之曰：『既定爾婁猪，盍歸吾艾豭。』」説文云：「猪，豕而三毛叢居者。豭，牡豕也。豚，小豕也。貕，生三月豚，腹貕貕貌也〔二〕。」左思吴都賦「封豨豞」，張協七命「鏖封豨，僨馮豕」，李善注並引方言：「南楚人謂猪爲豨。」東方朔答客難「孤豚之咋虎」，注引方言：「豚，猪子也。」爾雅：「豕子，豬。所寢，橧。」郭璞注云：「今亦曰彘，江東呼豨，皆通名。橧，其所卧蓐。」釋文引方言：「關東西謂之彘，或謂之豕。」又云：「橧，舊本多作繒帛字，非。方言作木旁。」疏全引方言此條，文並同。詩小雅「有豕白蹢，烝涉波矣」，毛傳：「豕，猪也。今離其繒牧之處。」釋文云：「繒，方言作『橧』，從木。」

布穀，自關東西，梁、楚之間謂之結誥。周、魏之間謂之擊穀。自關而西或謂之布穀。今江東呼爲獲穀。

案：詩召南「維鵲有巢，維鳩居之」，毛傳：「鳩，尸鳩也。尸鳩，秸鞠也。」釋文云：「尸，本又作鳲。」夏小正：「正月，鷹則爲鳩。五月，鳩爲鷹。」月令「仲春之月，鷹化爲鳩」，鄭注云：「鳩，搏穀也。」爾雅：「鳲鳩，鴶鵴。」郭璞注云：「今之布穀也。江東呼爲獲穀。」春秋昭公十七年左傳「鳲鳩氏，司空也」，杜預注云：「鳲鳩平均〔三〕，故爲司空，平水土。」陸璣草木疏云：「今梁、宋之間謂布穀爲鴶鵴。」廣雅：「擊穀、鴶鵴，布穀也。」「結誥」、「秸鞠」、「鴶鵴」，字異音義同。說文作「秸𥶻」。此條之首「布穀」二字當作「尸鳩」，後「尸鳩」當作「戴勝」〔四〕。

鶡鴠，鳥似雞，五色，冬無毛，赤倮，晝夜鳴。侃、旦兩音。周、魏、齊、宋、楚之間謂之定甲，或謂之獨舂。好自低仰。自關而東謂之城旦，言其辛苦有似於罪謫者。或謂之倒縣，好自縣於樹也。或謂之鶡鴠。自關而西，秦、隴之内，謂之鶡鴠。

案：「鶡旦」，說文作「渴旦」。月令「仲冬之月，曷旦不鳴」，鄭注云：「曷旦，求旦之鳥也。」釋文：「曷，亦本作鶡。」坊記引詩云「相彼盍旦，尚猶患之」，注云：「盍旦，夜鳴求旦之鳥也。求不可得也，人猶惡其欲反晝夜而亂晦明。」釋文：「盍音渴。」廣雅：「城旦、倒縣、鶡鴠、定甲、獨舂，鶡鴠也。」本此。

鳩，自關而東，周、鄭之郊，韓、魏之都，謂之鵖音郎鷎音皋。其鷂鳩謂之鸊鷎，自關而西，秦、漢之間，謂之鵴鳩。菊花。其大者，謂之鳻鳩。音斑〔五〕。其小者，謂之鷂鳩，今荆鳩也。或謂之鵻鳩，音葵。或謂之鴀鳩，音浮。或謂之鶻鳩。梁、宋之間謂之鷦。

案：廣雅：「鵖鷎，鳩也。鶻鳩，鳻鳩也。鷂鳩、鵻鳩、鸊鷎、鴀鳩，鵴鳩也。」皆本此。「鳻」即「鳺」，「鴀」即「鳺」。詩小雅「翩翩者鵻」，毛傳：「鵻，夫不也。」鄭箋云：「夫不，鳥之愨謹者也。」陸璣疏云：「今小鳩也。一名浮鳩。幽州人或謂之鶻鵃。梁、宋之間謂之雝。揚州人亦然。」「鶻鵃」即「鵃鶻」之譌。爾雅：「隹其，鳺鴀。」李巡注云：「今楚鳩也。」郭璞注云：「今鵓鳩。」左傳「祝鳩氏，司徒也」，杜預注云：「祝鳩，鷦鳩也。鷦鳩孝，故爲司徒，主教民。」釋文：「鷦，音焦。本又作焦，本或作鵻。」今考，「隹」「雝」古通用，其作「焦」、作「鷦」者，即「隹」「雝」之譌耳。「鳺鴀」，古通用「夫不」，「鵓」，古通用「浮」。方言各本「鵻」亦譌作「鷦」，又誤連下條「鳸」字，今訂正。詩衛風「于嗟鳩兮，無食桑葚」，毛傳：「鳩，鶻鳩也。」爾雅：「鶌鳩，鶻鵃。」郭璞注云：「似山鵲而小，短尾，青黑色，多聲。今江東亦呼爲鶻鵃。」舊説及廣雅皆云「班鳩」〔六〕，非也。左傳「鶻鳩氏，司事也」，杜預注云：「鶻鳩，鶻鵰也。春來冬去，故爲司事。」「鵰」即「鵃」之譌。據經傳所言者證之，此條之鵃鶻、鳻鳩、鵓鳩、鵻，皆祝鳩也，不與鶻鳩同。「或謂之鶻鳩」一句，雜入不倫。注内「菊花」當作「音菊花之菊」。

鳸尸鳩，按爾雅，即布穀，非戴勝也。或云鸇，皆失之也。燕之東北，朝鮮、洌水之間，謂之鶝鴀。福、丕兩音。自關而東謂之戴鵀。東齊海、岱之間謂之戴南。南，猶鵀也。此亦語楚聲轉也。或謂之鸋鸅，按爾雅説戴鵀下鸋鸅，自別一鳥名，方言似依此義又失也。或謂之戴鳻，或謂之戴勝。勝所以纏紝。東齊、吳、揚之間謂之鵀。自關而西謂之服鶝，或謂之鵖鶝。燕之東北，朝鮮、洌水之間，謂之䳭音或。

案：「鳲」字各本誤連上條，遂以「尸」爲正文。爾雅：「鳲鳩，鴶鵴。」釋文云：「鳲音尸，字又作鳲。」今據以訂正。月令「季春之月，戴勝降于桑」，鄭注云：「戴勝，織紝之鳥。」爾雅：「鵖鴔，戴鵀。」郭璞注云：「鵀即頭上勝，今亦呼爲戴勝。鵖鴔猶鶝鶔，語聲轉耳。」釋文引方言：「戴鵀，一名戴南，一名戴勝。」疏引方言此條作「東齊、吳、揚之間謂之鵖鴔」。爾雅下云：「鴛，澤虞。」是鴛有澤虞之名。此掇「鴛鶔」亦謬。

蝙蝠，邊、福兩音。自關而東謂之服翼，或謂之飛鼠，或謂之老鼠，或謂之僊鼠。自關而西，秦、隴之間，謂之蝙蝠。北燕謂之蟙䘃。職、墨兩音。

案：爾雅：「蝙蝠，服翼。」郭注云：「齊人呼爲蟙䘃，或謂之仙鼠。」疏全引方言此條，文並同。今方言各本「僊」譌作「䙴」。據爾雅疏所引訂正。廣雅：「伏翼、飛鼠、仙鼠，蚨蠌也。」本此。「蚨」即「蟙」。

鴈，自關而東謂之鴚鵝。音加。南楚之外謂之鵝，或謂之倉鴚。今江東通呼爲鴚。

案：廣雅：「鴚鵝、倉鴚，鴈也。」本此。「鴚」即「駉」，亦作「駕」。漢書揚雄傳：「豈駕鵝之能捷。」古通用「駕」。魯大夫有榮駕鵝以爲名，即榮成伯也。史記司馬相如列傳：「弋白鵠，連駕鵝。」漢書作「駕鵝」。

桑飛，即鷦鷯也，又名鷦鸎。自關而東謂之工爵，或謂之過鸁音螺，或謂之女匠。今亦名爲巧婦，江東呼布母。自關而東謂之鸋鴂，按爾雅云：「鸋鴂，鴟鴞。」鴟屬，非此小雀明矣。甯、玦兩音。自關而西謂之桑飛，或謂之懱爵。言懱截也。

案：詩豳風毛傳：「鴟鴞，鸋鴂也。」疏引方言：「自關而東謂桑飛曰鸋鴂。」陸璣疏云：「鴟鴞似黄雀而小，其喙尖如錐，取茅秀爲巢，以麻紩之，如刺襪然。縣著樹枝，或一房，或二房。幽州人謂之鸋鴂，或曰巧婦，或曰女匠。關東謂之工雀，或謂之過鸁。關西謂之桑飛，或謂之襪雀，或曰巧女。」周頌「肇允彼桃蟲，拚飛維鳥」，毛傳：「桃蟲，鷦也。」疏引方言此條，首句譌作「自關而東謂之桑飛，或謂之工雀」，與後「自關而西謂之桑飛」遂相剌謬。中間去「自關而東謂之鸋鴂」一句。然方言此句「自關而東」四字亦屬重出。爾雅：「桃蟲，鷦。其雌鴱。」郭璞注云：「鷦䳸，桃雀也。俗呼爲巧婦。」疏引方言此條，作「幽人或謂之鸋鴂」，餘並同。荀子勸學篇：「南方有鳥焉，名曰蒙鳩，以羽爲巢而編之以髮，繫之葦苕，風至苕折，卵破子死。巢非不完也，所繫者然也。」楊倞注云：「蒙鳩，鷦鷯也。今巧婦鳥之巢至精密，多繫於葦竹之上，是也。『蒙』當爲『蔑』。」引方言「鷦鷯，自關而西謂之桑飛，或謂之蔑雀」。張華鷦鷯賦李善注云：「方言曰：桑飛。郭璞注曰：即鷦鷯也。」廣雅：「鷦䳸、鸋鴂、果鸁、桑飛、女鴎，工雀也。」「爵」「雀」、「過」「果」、「鴟」「匠」、「憱」「襪」「蔑」，字異音義同。

鸝黃，自關而東謂之倉庚。又名商庚。自關而西謂之鸝黃，其色黧黑而黄，因名之。或謂之黃鳥，或謂之楚雀。

案：夏小正：「二月，有鳴倉庚。倉庚者，商庚也。商庚者，長股也〔七〕。」詩周南「黃鳥于飛」，毛傳：「黃鳥，摶黍也。」陸璣疏云：「黃鳥，黃鸝留也。或謂之黃栗留。幽州人謂之黃鸎。一名蒼庚，一名商庚，一名鵹黃，一名楚雀。齊人謂之摶黍，當葚熟時來在桑間，故里語曰：『黃栗留，看我麥黃葚熟不。』亦是應節趨時之鳥也。」豳風「有鳴倉庚」，毛傳「倉庚，離黃也」，鄭箋云：「溫而倉庚又鳴，可蠶之候也。」爾雅「皇，黃鳥」，郭璞注云：「俗呼黃離留，亦名摶黍。」又「倉庚，商庚」，注云：「即倉庚也。」釋文云：「方言：『自關而東謂之倉庚，關西謂之黃鸝留也。』」宋玉高唐賦「王雎鸝黃」，李善注云：「鸝黃，郭璞曰：『其色黧黑而黃，因名之。』方言：『或謂黧黃爲楚雀。』」說文云：「離黃，倉庚也。鳴則蠶生。」「鸝」「鸝」「鵹」「鵹」「離」，字異音義同。

野鳧，其小而好沒水中者，南楚之外謂之鷿鷉。鷿音指辟。鷉音他奚反。大者謂之鶻蹏。滑、蹄兩音。

案：後漢書馬融傳「鷺、鴈、鸊鷉」，注云：「揚雄方言曰：野鳧也。甚小，好没水中。膏可以瑩刀劍。」張衡南都賦「鸎鶋鷉鷈」，李善注引方言：「野鳧，甚小而好没水中者，南楚之外謂之鷉鷈。」「鷉」「鸊」同。「鷈」「鷉」同。廣雅：「鷉鷉、鸊鷉也。」本此。今廣雅「鸊」譌作「鸊」。

守宫，秦、晉、西夏謂之守宫，或謂之蠦蝘，盧、纏兩音。或謂之蜥易。南陽人又呼蝘蜓。其在澤中者，謂之易蜴音析。南楚謂之蛇醫，或謂之蠑螈。榮、元兩音。東齊海、岱謂之蠦蝾。似蜇易，大而有鱗。今所在通言蛇醫耳。斯、侯兩音。北燕謂之祝蜒音延。桂林之中，守宫大者而能鳴，謂之蛤解。似蛇醫而短，身有鱗采。江東人呼爲蛤蚧。音頜頷。汝、潁人直名爲蛤解，音懈，誤聲也。

案：詩小雅「胡爲虺蜴」，毛傳：「蜴，螈也。」考工記「以胸鳴者」，鄭注云：「胸鳴，榮原屬。」疏云：「此記本不同，馬融以爲胃鳴，干寶本以爲骨鳴。揚雄以爲蛇醫，或謂之榮原。」鄭語韋昭注云：「黿或爲蚖。蚖，蜥蜴也。象龍。」爾雅：「蠑螈、蜥蜴。蜥蜴，蝘蜓。蝘蜓，守宫也。」疏引方言此條，「易」作「蜴」，「謂之易蜴」作「謂之蜥蜴」，餘並同。漢書東方朔傳：「臣以爲龍，又無角；謂之爲蛇，又有足。跂跂脈脈善緣壁，是非守宫即蜥蜴。」顔師古注云：「守宫，蟲名也。術家云：以器養之，食以丹砂，滿七斤，擣治萬杵，以點女人體，終身不滅。若有房室之事，則滅矣。言可以防閑淫逸，故謂之守宫也。今俗呼爲辟宫，辟亦禦扞之義耳。揚雄方言云『其在澤中者謂之蜥蜴』，故朔曰『是非守宫即蜥蜴』也。」字書以「蜴」爲「易」之異體，方言以「蜴」爲「蜥」之異體。後卷十内「脈蜴」亦注云「音析」。據漢書注及爾雅疏所引，「易蜴」二字亦倒，當改作「蜥易」爲正。説文云：「榮蚖，蛇醫，以注鳴者。在壁曰蝘蜓，在草曰蜥易。」廣雅：「蛤解、蠦蝘，蜥蜴也。」「蠑」、「榮」、「螈」、「原」、「蚖」，字異音義同。注内「蛤蚧音頷頷」，各本譌作「蛤蚖音頭頷」，永樂大典本譌作「音頭額」。廣韻「蛤」、「頷」同音。其「頷」字注云：「頷頷，頤旁。」今據以訂正。又「直名爲蛤解，音懈」，各本譌作「直名爲蛤斢，音解」，從曹毅之本。

宛、野謂鼠爲䶉。宛、新野今皆在南陽。音錐。

案：「䶉」亦作「鼵」。玉篇云：「南陽呼鼠爲鼵。」

雞雛，徐、魯之間謂之秋侯子。子幽反。徐，今下邳僮縣東南大徐城是也。

案：「𪂈」字各本譌作「秋侯」二字。廣雅：「𪂈，雛也。」曹憲音釋：「𪂈，子幽反。」與此注同。玉篇、廣韻並云：「𪂈，雞雛。」今據以訂正。

校注

〔一〕今本經典釋文「鳥」下有「子」字，今據補。

〔二〕腹㚇㚇貌　據段玉裁説文解字注，「㚇㚇」當作「奚奚」。奚，大腹也。

〔三〕鳲鳩平均　傳説鳲鳩喂養其子，朝從上下，暮從下上，平均如一。

〔四〕後尸鳩當作戴勝　謂本卷下文「尸鳩」條中首二字「尸鳩」當改爲「戴勝」。

〔五〕音　原作「立」，據聚珍版本及方言諸本改。

〔六〕舊説見爾雅釋鳥舍人注及陸璣毛詩草木鳥獸蟲魚疏。

〔七〕聚珍版本「長股也」下有「倉、鶬，庚、鶊，古通用」七字。

方言疏證卷九

戟，楚謂之釨。取名於鉤釨也。凡戟而無刃，秦、晉之間謂之釨，或謂之鏔音寅。吳、揚之間謂之戈。東齊、秦、晉之間謂其大者曰鏝胡，泥鏝。其曲者謂之鉤釨鏝胡。即今雞鳴鉤釨戟也。

案：春秋莊公四年左傳「楚武王荊尸，授師孑焉」，杜預注云：「揚雄方言：孑者，戟也。」疏引方言：「戟謂之孑。」又引郭璞云：「取名於鉤孑也。」「釨」「孑」古通用。考工記「戟廣寸有半寸，內三之，胡四之，援五之，倨句中矩，與刺重三鋝」，鄭注云：「戟，今三鋒戟也。內長四寸半，胡長六寸，援長七寸〔半〕。刺者，著柲前如鐏者也。戟胡橫貫之，胡中矩則援之外句磬折與。」記又曰「戈廣二寸，內倍之，胡三之，援四之。倨句外博。重三鋝」，注云：「戈，今句孑戟也。或謂之雞鳴，或謂之擁頸。內謂胡以內接柲者也，長四寸。胡六寸，援八寸。戈，句兵也。主於胡也。俗謂之曼胡似此。」鄭司農云：「援，直刃也。胡，其孑。」疏不引方言，直用其文。「鉤」作「句」，「鏝」作「曼」，古通用。又「鏔」譌作「鏞」，「戈」譌作「伐」，轉寫失之也。周書牧誓「稱爾戈」，疏引方言：「戟，楚謂之孑，吳、揚之間謂之戈。」「戟」本作「㦸」，說文云：「㦸，有枝兵也。」

戈，平頭戟也。」禮記明堂位篇「越棘大弓，天子之戎器也」，鄭注云：「棘，戟也。」春秋隱公十一年左傳「子都拔棘以逐之」，杜預注云：「棘，戟也。」皆古字假借通用。「鏔」本作「戭」。說文云：「長槍也。」廣韻云：「鏔，戟之無刃者。出方言。」蓋戟無刃，故漢時或稱長槍，字書遂分「戭」「鏔」爲二，非也。「鏔」下永樂大典本有「音寅」二字，諸刻皆脱去。廣雅：「鏔、孑、鏝胡、戈，戟也。」本此。注内「泥鏝」當作「音泥鏝之鏝」。

三刃枝，今戟中有小孑刺者，所謂雄戟也。南楚宛、郢謂之匽戟。音偃。郢，今江陵也。余整反〔一〕。其柄，自關而西謂之柲音秘，或謂之殳音殊。

案：廣雅：「匽謂之雄戟。柲，柄也。殳，杖也。」考工記「戈柲六尺有六寸，殳長尋有四尺，車戟常，酋矛常有四尺，夷矛三尋」，鄭注云：「柲猶柄也。八尺曰尋，倍尋曰常。」又「攻木之工」下疏引方言：「戟，三刃持。其柄，自關而西謂之杖。」「持」乃「枝」之譌。「杖」乃「柲」之譌。詩衛風「伯也執殳」，毛傳：「殳長丈二尺而無刃。」

矛，吳、揚、江、淮、南楚、五湖之間謂之鍦，嘗蛇反。五湖，今吳興大湖也。先儒處之多亦不了，所未能詳者。或謂之鋋音蟬，或謂之鏦。漢書曰：「鏦殺吳王。」錯工反。其柄謂之矜。今字作「殣」，巨巾反。

案：詩鄭風「二矛重英」，釋文全引方言此條，文並同。荀子議兵篇「宛鉅鐵釶，慘如蜂蠆」，楊倞注引方言：「自關而西謂之矛，吳、揚之間謂之鍦。」「鍦」「釶」同。方言無

「自關而西謂之矛」七字。左思吳都賦「藏鍦於人」，劉逵注引方言：「吳、越以矛爲鍦。」史記商君列傳「持矛而操闟戟者」〔二〕，張守節正義引方言：「矛，吳、揚、江、淮、南楚、五湖之間謂之鍦。其柄謂之矜。」吳王濞列傳「鏦殺吳王」，集解：「孟康曰：『方言：戟謂之鏦。』」後漢書馬融傳「飛鋋電激」，注云：「鋋，矛也。」又「鏦特肩」，注引方言：「吳、楚之間，或謂矛爲鏦。」音楚江反。廣韻引方言「五湖之間謂矛爲鏦」。廣雅：「鏦、𥍯，矛也。穳謂之鋋。矜，柄也。」「𥍯」即「鍦」。考工記廬人鄭注云：「凡矜八觚。」說文云：「矜，矛柄也。」刻本「矜」譌作「鈐」，永樂大典本不誤。

箭，自關而東謂之矢。江、淮之間謂之鍭音侯。關西曰箭。箭者，竹名，因以爲號。

案：詩大雅「四鍭既鈞」，毛傳：「鍭，矢參亭。」疏云：「方言：『關西曰箭，江、淮謂之鍭。』則鍭者，鐵鏃之矢名也。」考工記「矢人爲矢，鍭矢參分，一在前，二在後」，鄭注云：「參訂之而平者，前有鐵重也。」爾雅：「金鏃剪羽謂之鍭。」郭璞注云：「今之錍箭是也。」疏全引方言此條，「鍭」譌作「鏃」。說文云：「箭，矢也。古者夷牟初作矢。」爾雅釋地：「東南之美者，有會稽之竹箭焉。」郭注云：「竹箭，篠也。」疏云：「是竹之小者可以爲箭幹者也。」馬融長笛賦「特箭槀而莖立兮」，李善注云：「郭璞方言注曰：箭者，竹名也。」

鑽謂之鍴音端。

案：廣雅：「鍴謂之鑽。」本此。説文云：「鑽，所以穿也。」

矜謂之杖。矛戟矡，即杖也。

案：考工記「攻木之工，輪、輿、弓、廬、匠、車、梓」，鄭注云：「廬，矛戟矜柲也。」疏引方言：「矜謂之杖。」

劍削，自河而北，燕、趙之間，謂之室。自關而東或謂之廓，或謂之削。自關而西謂之鞞方婢反。

案：「削」亦作「鞘」，史記刺客列傳「拔劍，劍長，操其室」，索隱云：「室謂鞘也。」貨殖列傳：「洒削，薄技也。」索隱引方言云：「劍削，關東謂之削。」顔師古注漢書云：「削謂刀劍室也。主爲洒刷之，去其垢穢，更飾令新也〔三〕。」廣雅：「郭，劍削也。」「郭」「廓」古通用。「鞞」又作「鞸」。削、室、鞞，亦刀劍通稱。説文云：「削，鞞也。鞞，刀室也。」廣雅：「鞸，刀削也。」

盾，自關而東或謂之瞂音伐，或謂之干。干者，扞也。關西謂之盾。

案：周禮司兵鄭注云：「五盾，干櫓之屬。」張衡西京賦「植鎩縣瞂，用戒不虞」，李善注引方言：「盾或謂之瞂。」「瞂」「伐」古通用。詩秦風「蒙伐有苑」，毛傳：「蒙，討羽也。伐，中干也。」鄭箋云：「蒙，厖也。討，雜也。畫雜羽之文於伐，故曰蒙伐也。」釋文云：「『伐』本或作『瞂』。」疏云：「櫓是大盾，故以伐爲中干。干、伐，皆盾之別名也。」牧誓「比爾干」，疏全引方言此條，「盾」作「楯」，餘並同。費誓「敿乃干」，鄭注云：「敿，繫也。」王肅注云：「敿盾當有紛繫持之。」論語「而謀動干戈於邦内」，孔安國注云：「干，盾也。」疏全引方言此條，「盾」亦作「楯」。又云：「今謂之旁牌。施紛以持之。紛如綬而小，繫於楯以持之，且以爲飾也。」史記蘇秦列傳「革抉咙芮」，索隱云：「『咙』與『瞂』同，芮謂繫盾之紛綬也。」方言云：「『盾，自關而東謂之瞂。關西謂之盾。』」廣雅：「干、瞂、樐，盾也。」「樐」即「櫓」。爾雅釋言：「干，扞也。」孫炎注云：「干盾自蔽扞。」

車下鉄，陳、宋、淮、楚之間謂之畢。大者謂之綦。鹿車也。音忌。

案：此言維車之索，故郭璞注云：「鹿車也。」前卷五内「維車，東齊海、岱之間謂之道軌」。廣雅云：「道軌謂之鹿車。」各本「鉄」譌作「鐵」，非也。玉篇云：「鉄，索也。古作鉄。」據此，「鉄」乃本字，「鉄」即其假借字。考工記「天子圭中必」，鄭注云：「必讀如鹿車縪之縪，謂以組約其中央，爲執之以備失隊。」圭中必爲組，鹿車縪爲索，其約束相類，故讀如之。士喪禮「組綦繫于踵」，鄭注云：「綦，屨繫也。讀如馬絆綦之綦。」

疏云：「馬有絆，名爲縶。此屨縶亦拘止屨。」蓋屨縶、馬絆縶與圭中必，義皆取於約束。「縪」「畢」古通用。「大者謂之縶」，各本別爲一條，又改「者」作「車」，今訂正。

車轊，車軸頭也。于厲反。齊謂之因轆。又名轅。

案：史記田單列傳「令其宗人盡斷其車軸末，而傅鐵籠」，索隱云：「斷其軸，恐長相撥也。以鐵裹軸頭，堅而易進也。傅者，截其軸與轂齊，以鐵鍱附軸末，施轄於鐵中以制轂也。方言曰：『車轊，齊謂之籠。』郭璞云：『車軸也。』」「籠」即「轆」，古通用。所引郭注脱一「頭」字。廣雅：「轊、轆，轅也。」

車枸簍，即車弓也。音縷。宋、魏、陳、楚之間謂之筷今呼車子弓爲筷。音巾幗。或謂之䉉籠。穹、隆兩音。其上約謂之箹，即軬帶也。音瓜瓝。或謂之箕音覗。秦、晉之間，自關而西，謂之枸簍。西隴謂之㯓。即「軬」字，薄晚反。南楚之外謂之篷，今亦通呼篷。或謂之隆屈。尾屈。

案：廣雅：「枸簍、隆屈、筷、篷、䉉籠，軬也。箹、箕，軬帶也。」皆本此。劉熙釋名云：「隆强，言體隆而强也。或曰車弓，似弓曲也。其上竹曰郎疏，相遠晶晶然也。」注内「音覗」多譌作「音脈」，從曹毅之本。

輪，車輅也。韓、楚之間謂之軑音大，或謂之軝。詩曰：「約軝錯衡。」音祇。關西謂之輚音總。

案：謝朓始出尚書省詩「青精翼紫軑」，李善注引方言：「韓、楚〔之〕間輪謂之軑。」

廣雅：「軑、轂，輪也。」本此。「軝」說文亦作「軝」，從革。詩小雅毛傳云〔四〕：「軝，長轂之軝也。朱而約之。」考工記「幬必負幹」，鄭注云：「幬負幹者，革轂相應，無贏不足。」「軝」即記之幬革，朱其革以幬其幹，故曰「朱而約之」。惟長轂盡飾，若大車短轂則無飾，故曰「長轂之軝」。

輨謂之軸。輨，牛忿反。

案：廣雅：「輨謂之軸。」本此。玉篇云：「輨，車軸也。」

轅，楚、衛之間謂之輈張由反〔五〕。

案：考工記「輈人爲輈」，鄭注云：「輈，車轅也。」釋文引方言：「楚、衛之間轅謂之輈。」詩秦風「五楘梁輈」，毛傳：「楘，歷録也。梁輈，輈上句衡也。一輈五束，束有歷録。」廣雅：「轅謂之輈。」本此。

箱謂之輫音俳。

案：詩小雅「不以服箱」，毛傳：「箱，大車之箱也。」廣雅：「輫，箱也。」本此。玉篇、廣韻並云：「輫，車箱。」

軫謂之枕。車後橫木。

案：玉篇云：「枕，車後橫材。」

車紂，自關而東，周、洛、韓、鄭、汝、潁而東謂之緻音秋，或謂之曲綯，綯亦繩名。詩曰：「宵而索綯。」或謂之曲綸。今江東通呼索綸。音倫。自關而西謂之紂。

案：考工記「必緧其牛後」〔六〕，鄭注云：「關東謂紂爲緧。」疏云：「方言：本紂，自關而東，韓、鄭、汝、潁而東謂之爲緻，或謂之爲曲綸。自關而西爲紂。」「本」字誤，當作「車」。廣韻引方言：「自關而東謂緻曰紂。」「東」字誤，當云「西」。「緻」亦作「緧」，説文云：「馬紂也。」廣雅：「綯、紂，緧也。」本此。

輨音管、軑音大，鍊鏅。鍊音柬。鏅音度果反。關之東西曰輨。南楚曰軑。趙、魏之間曰鍊鏅。

案：離騷：「齊玉軑而並馳。」説文云：「軑，車輨也。輨，轂端沓也。」「輨軑」亦作「錧釱」。廣雅：「鍊鏅、釱，錧也。」曹憲音釋：「鍊音諫。」集韻譌作「鍊」，收入一東，與「東」同音。引方言：「輨、軑，趙、魏之間曰鍊鏅。」殊謬。

車釭，齊、燕、海、岱之間謂之鍋音戈。或謂之錕衮衣。自關而西謂之釭，盛膏者乃謂之鍋。

案：廣雅：「鐹、錕，釭也。」本此。「鍋」「鐹」同，本作「楇」。説文云：「釭，車轂中鐵也。楇，盛膏器。」史記孟子荀卿列傳「炙轂過髡」〔七〕，集解云：「劉向別録『過』字作『輠』，輠者，車之盛膏器也。」索隱云：「今按，文稱『炙轂過』，過則是器名，謂盛脂之器名過，與鍋字相近。」注內「衮衣」當作「音衮衣之衮」。

凡箭，鏃胡合嬴者，胡鏑在於喉下。嬴，邊也。四鐮，鐮，稜也。或曰鉤腸。三鐮者，謂之羊頭。其廣長而薄鐮謂之錍普蹄反，或謂之鈀音葩〔八〕。箭，其小而長，中穿二孔者謂之鉀鑪。今箭錍鑿空兩邊者也。嗑、嚧兩音。其三鐮長六尺者，謂之飛虻。此謂今射箭也。内者謂之平題〔九〕。今戲射箭，頭題猶羊頭也。

案：「鐮」古通用「廉」，亦作「鎌」，「鉤」各本譌作「拘」，「六尺」譌作「尺六」。注内「鐮，稜也」，「鐮」譌作「廣」。潘岳閒居賦「激矢虻飛」，李善注引方言：「凡箭，三鎌謂之羊頭。三鎌長六尺謂之飛虻。」又引郭璞曰：「此謂今射箭也。鎌，稜也。」爾雅釋文引方言：「箭廣長而薄廉者謂之錍。」廣雅：「平題、鈀、錍、鉤腸、羊頭、鉀鑪、鏃、䂆，鏑也。」本此。廣韻「鈀」字下引方言云：「江東呼鎞箭。」今方言無此語。所引似「鈀箭」下注文，今脱去。諸刻自「箭」字以下誤别之爲一條。劉熙釋名：「矢又謂之箭。其本曰足。又謂之鏑。齊人謂之鏃。」

所以藏箭弩謂之箙。盛弩箭器也。外傳曰：「檿弧箕箙。」弓謂之鞬鞬牛，或謂之𧤗牛犢丸。

案：詩小雅「象弭魚服」，鄭箋云：「魚服，矢服也。」周禮司弓矢「中秋獻矢箙」，鄭注云：「箙，盛矢器也。以獸皮爲之。」「箙」「服」古通用。鄭語韋昭注云：「服，矢房。」後漢書董卓傳「雙帶兩鞬」，注引方言：「所以藏箭謂之服，藏弓謂鞬〔一〇〕。」「𧤗」本作

「韇」，古通用「櫝」。各本「丸」譌作「凡」，因誤在下條「矛」字上。南匈奴傳「弓鞬韇丸一」，注云：「方言：『藏弓爲鞬，藏箭爲韇丸。』即箭箙也。」春秋昭公二十五年左傳「公徒釋甲執冰而踞」，服虔注云：「冰，櫝丸蓋也。」疏引方言：「弓藏謂之鞬，或謂之櫝丸。」今據此兩引訂正。鮑照擬古詩「氈帶佩雙鞬，象弧插雕服」，李善注引方言：「所以藏箭弩謂之服，所以盛弓謂之鞬。」廣雅：「鞬，弓藏也。韇䪅，矢藏也。」「韇䪅」即「韇丸」，鞬與韇丸，後漢書注所引方言與廣雅合。注內「犍牛」「牛櫝」當作「音犍牛之犍」「音牛櫝之櫝」。釋名云：「矢，其受之器，以皮曰箙，織竹曰笮、步叉〔一二〕，人所帶以箭叉其中也。馬上曰〔鞬〕〔鞬〕，〔鞬〕〔鞬〕，建也。弓矢並建立其中也。」

矛，骹細如雁脛者謂之鶴膝。今江東呼爲鈴釘。有小枝刃者謂之鉤釨矛。或謂之釨。鈹謂之鈹。今江東呼大矛爲鈹，音彼。錟音聃。骹謂之銎。即矛刃下口，音凶。鐏謂之釬。音扞。或名爲鐓，音頓。

案：戟有鉤釨戟、鉤釨鏝胡之名，矛亦有鉤釨矛之名。各本誤以「矛或謂之釨」別爲一條，今訂正。說文云：「錟，長矛也。讀若老聃。鐏，柲下銅也。」廣雅：「錟，矛也。鐓、釬，鐏也。」

舟，自關而西謂之船，自關而東或謂之舟，或謂之航行伍。南楚江、湘，凡船，大者謂之舸姑可反，小舸謂之艖。今江東呼艖小底者也。音叉。艖謂之艒䑪。目、宿二音〔一三〕。小艒䑪謂之艇。艆也。

艇，長而薄者謂之艜衣帶，短而深者謂之䑧，今江東呼艖䑧者。音步。小而深者謂之樑。即長舼也。

音邛竹。東南丹陽、會稽之間謂艖爲欚音禮。

案：說文云：「欚，江中大船也。」「欚」亦作「艬」，廣雅：「䑿、艜、艒䑨、艖、舸、艇、艬，舟也。」後漢書文苑列傳「北航涇流」，注云：「航，舟度也。方言：『關而東或謂舟爲航。』說文『航』在方部，今流俗不解，遂與『杭』字相亂者，誤也。」左思吳都賦「弘舸連舳」，劉逵注云：「江、湖凡大船曰舸。」「湖」字乃「湘」之譌。廣韻引方言：「關西謂之船，關東謂之舟。」釋名：「船又曰舟。二百斛以下曰艇。」注內「行伍」「衣帶」當作「音行伍之行」「音衣帶之帶」。

泭謂之簰。泭音敷。簰謂之筏音伐。筏，秦、晉之通語也。江、淮家居簰中謂之薦音荐。

案：說文云：「泭，編木以渡也。」詩周南「不可方思」，毛傳：「方，泭也。」釋文云：「『泭』本亦作『游』，又作『桴』，或作『柎』，方言：『泭謂之簰，簰謂之筏。筏，秦、晉通語也。』」爾雅釋言：「舫，泭也。」「舫」「方」古通用。釋水「庶人乘泭」，郭注云：「併木以渡。」論語「乘桴浮於海」，馬融注云：「桴，編竹木大者曰栰，小者曰桴。」「栰」即「筏」。注內「音荐」二字，各本「荐」譌作「符」，今訂正。三國志吳書妃嬪傳「宜伐蘆葦以爲泭，佐船渡軍」，裴松之注云：「郭璞注方言曰：『泭，水中簰也。』」今方言注無此語。

方舟謂之潢。揚州人呼渡津舫爲杭。荆州人呼潢，音横。艁舟謂之浮梁。即今浮橋。

案：說文云：「潢，以船渡也。」玉篇云：「方舟謂之潢。潢，航也。」廣韻：「潢，方舟也。荆州人呼渡津舫爲潢。」今方言各本注文作「揚州人呼渡津航爲杭，荆州人呼樹」，「航」乃「舫」之譌，「樹」乃「潢」之譌，而「潢」與「杭」又互譌，據廣韻訂正。潘岳閒居賦「浮梁黝以徑度」，李善注引方言：「造舟謂之浮梁。郭璞曰即今浮橋。」「造」「艁」古通用。廣雅：「潢，筏也。造舟謂之浮梁。」本此。

楫謂之橈如寮反，或謂之櫂。今云櫂歌，依此名也。所以隱櫂謂之槳，搖櫓小橛也。江東又名爲胡人。音獎。所以縣櫂謂之緝，繫櫂頭索也。所以刺船謂之篙音高。維之謂之鼎。繫船爲維。首謂之閤閭，今江東呼船頭屋謂之飛閭是也。或謂之艗艏。鷁，鳥名也。今江東貴人船前作青雀，是其像也。音亦。後曰舳，今江東呼柁爲舳。音軸。舳，制水也。僞謂之扤。吾教反。僞音譌，船動搖之貌也。扤，不安也。

案：易繫辭「刻木爲楫」，釋文引方言：「楫謂之橈，或謂之櫂。」詩大雅「烝徒楫之」，毛傳：「楫，櫂也。」釋文引方言兼引郭注云：「楫橈頭索也。所以縣櫂謂之楫。」「楫橈」乃「繫櫂」之譌。「謂之楫」，「楫」乃「緝」之譌。又誤以正文與注相雜。楚辭九歌「蓀橈兮蘭旌〔一三〕」，王逸注云：「橈，船小楫也。」張衡西京賦「縱櫂歌」，李善注云：

「方言『楫或謂之櫂』。郭璞曰：『今云櫂歌也。』」左思吴都賦「櫂工檝師」，劉逵注云：「方言：刺船曰櫂。檝，橈也。」「櫂」本作「篙」，「檝」同「楫」。廣雅：「艗艏，舟也。」古通用「鷁首」。淮南鴻烈本經篇「龍舟鷁首」，高誘注云：「鷁，大鳥也，畫其象著舡頭，故曰鷁首也。」吴都賦「弘舸連舳，巨檻接艫」，注云：「舳，船前也。艫，船後也。」「前」「後」二字互譌。艫即閭閭。後漢書劉表傳贊「魚儷漢舳」，注引前書音義曰：「舳，船後持柁處也。」郭璞江賦「凌波縱柁」，李善注云：「方言：『船後曰舳。』郭璞曰：『今江東柁呼爲軸也。』」釋名：「船，其尾曰柁。在旁曰櫓。在旁撥水曰櫂，又謂之楫。所用斥旁岸曰交。」「交」即「篙」，一聲之轉。「僞」各本譌作「僞」，「扤」亦作「仡」。玉篇於「僞」字云：「僞謂之仡。仡，不安也。」義本此。曹毅之本作「扤」，説文云：「扤，動也。」説文又作「舠」，「船行不安也。讀若兀。」「仡」「扤」「舠」義同〔一四〕。

校注

〔一〕整　原作「正」，據聚珍版本及盧文弨手校微波榭本改。
〔二〕閣戟　今本史記「閣」作「闟」。闟戟，長戟。
〔三〕令　原作「合」，據今本漢書及聚珍版本改。
〔四〕聚珍版本「詩小雅」下有「約軝錯衡」四字。

〔五〕張由反　原無，據聚珍版本及方言各本補。

〔六〕緧　原作「輶」，據十三經注疏本周禮考工記改。

〔七〕炙轂過髡　謂淳於髡才智不竭，如脂膏過之有潤澤。

〔八〕方言各本多於「鈀」字下句絶，「箭」字以下别爲一條。錢繹方言箋疏以「箭」字爲衍文。

〔九〕内　通「厹」，三棱箭鏃。

〔一〇〕謂　原作「爲」，據聚珍版本改。今本後漢書注作「謂之」。

〔一一〕畢沅釋名疏證云：「步叉」上當有「亦曰」二字。

〔一二〕目　原作「自」，據聚珍版本等改。

〔一三〕橈　原作「澆」，據聚珍版本及今本楚辭九歌湘君改。

〔一四〕此條末「説文又作剕」至「仡抗剕義同」十八字，聚珍版本無。

方言疏證卷十

媱、愓音羊，遊也。江、沅之間謂戲爲媱，或謂之愓，或謂之嬉香其反。

案：「媱」各本譌作「婬」，今訂正〔一〕。王逸九思「音晏衍兮要媱」，注云：「要媱，舞容也。」洪興祖補注引方言：「媱，遊也。江、沅之間謂戲爲媱。」荀子修身篇「加愓悍而不順」，楊倞注云：「韓侍郎云：『愓』與『蕩』同字，作『心』邊『昜』。」廣雅：「媱、愓、嬉、遊，戲也。」義本此。曹憲音釋：「媱音遥。」説文云：「媱，曲肩行也。愓，放也。」

曾、訾，何也。湘、潭之原，潭，水名，出武陵。音譚，亦音淫。荆之南鄙謂何爲曾，或謂之訾，今江東人語亦云訾，爲聲如斯。若中夏言何爲也。

案：注内「音譚，亦音淫」，各本譌作「音潭，亦曰淫」。今改正。

央亡、嚜杘、嚜音目。杘，丑夷反。姡胡刮反，獪也。江、湘之間或謂之無賴，或謂之𦏁。俉怚多智也。凡小兒多詐而獪謂之央亡，或謂之嚜杘，嚜杘，潛潛狡也。或謂之姡。言黠姡也。姡，娗也，言侗娗也。或謂之猾音滑。皆通語也。

案：列子力命篇：「墨𡱁、單至、嘽咺、憋懯，四人相與游於世，胥如志也。窮年不相知情，自以智之深也。」張湛注引方言：「墨𡱁，江、淮之間謂之無賴。」「墨」「嚜」通。「江淮」乃「江湘」之譌。史記高祖本紀「始大人常以臣無賴」，集解：「或曰江、湖之間謂小兒多詐狡猾爲無賴。」漢書「無」作「亡」，注「江湖」作「江淮」，「狡猾」作「狡獪」。左思吴都賦「儸譶㵪獿，交貿相競」，李善注引方言：「獿，獪也。」爾雅釋言：「硯，姡也。」釋文引方言：「凡小兒多詐謂之姡。」「央亡」亦作「鞅罔」，廣雅：「鞅罔，無賴也。嚜𡱁，欺也。獿，獪也。」廣韻：「嚜𡱁，小兒多詐獪。」皆本此。注内「佪愧」各本譌作「恐恞」，玉篇云：「佪愧，鬼黠也。」今據以訂正。

崽者，子也。崽音枲，聲之轉也。湘、沅之會，兩水合處也。音獪。凡言是子者謂之崽，若東齊言子矣聲如宰。

案：水經注溓水篇：「至若孌婉丱童，及弱年崽子，或單舟採菱，或疊舸折芰。」玉篇引方言：「江、湘之間凡言是子曰崽。」廣韻引方言：「江、湘間凡言是子謂之崽。」又云：「自高而侮人也。」

誺，不知也。音癡眩。江東曰咨，此亦知聲之轉也。沅、澧之間，澧水今在長沙。音禮。凡相問而不知答曰誺。使之而不肯答曰吂。音茫，今中國語亦然。粃，不知也。今淮、楚間語呼聲如非也。

案：「誺」各本譌作「詸」，今訂正。玉篇云：「誺，不知也。丑脂、丑利二切。誺，同上，又力代切，誤也。」廣韻作「誺」，以入脂、至韻者爲「不知」，入代韻者爲「誤」。此注云：「音癡眩」，與丑脂切合。「癡」多譌作「瘷」，曹毅之本不誤。以六書諧聲考之，誺，從言桼聲，可入脂、至二韻。詸，從言來聲，應入代韻，不得入脂、至韻。玉篇、廣韻因字形相近譌舛，遂溷合爲一，非也。「知聲之轉」，謂「知」與「咨」乃聲之變轉。各本「知」譌作「如」，今並訂正。玉篇云：「使人問而不肯，答曰吂。」廣韻：「吂，不知也。」皆本方言而誤。方言「誺」是相問而不知答〔二〕，「吂」是使之而不肯答。玉篇、廣韻並失其指。廣雅：「粃，不也。」曹憲音釋云：「彼此俱得。」此注云：「聲如非。」皆方音輕重之變。

煤呼隗反，火也。楚轉語也，猶齊言焜音毁。火也。

案：詩周南「王室如燬」，毛傳：「燬，火也。」釋文云：「燬，音毁。齊人謂火曰燬。字書作『焜』。一音火尾反。或云：『楚人名火曰煤，齊人曰燬，吴人曰焮。』此方俗譌語也。」爾雅釋言：「燬，火也。」郭璞注云：「燬，齊人語。」疏全引方言此條，文並同。玉篇云：「楚人呼火爲煤也。」廣韻：「焜，齊人云火。」皆本此。

嘳音蒯、無寫，憐也。皆南鄙之代語也。沅、澧之原，凡言相憐哀謂之嘳，或謂之無寫。江濱謂之思。濱，水邊。皆相見歡喜有得亡之意也。九疑、湘、潭之間謂之人兮。九疑，山名，今在零陵營道縣。

案：説文：「嘳」即「喟」，太息也。詩小雅「我心寫兮」，毛傳：「我心寫矣，輸寫其心也。」鄭箋云：「我心寫者，輸寫其情意，無留恨也。」據此，則「無寫」爲「無所輸寫」。中庸「仁者，人也」，鄭注云：「人也，讀如相人偶之人。以人意相存問之言。」表記「仁者，人也」，注云：「人也，謂施以人恩也。春秋傳曰：『執未有言「舍之」何？人也〔三〕。』」疏云：「引之者，證人是人偶相存愛之義也。」此言「人兮」與古語所謂相存偶義亦相近。注內「南鄙之代語」，謂語相更代。諸刻作「秦、漢之代語」，蓋不知者所妄改，今從永樂大典本〔四〕。

婩魚踐反、婧音策、鮮，好也。南楚之外通語也。

案：説文：「婧，齊也。」玉篇：「婩，好也。」張湛注列子「巧佞、愚直、婩斫、便辟」〔五〕，引字林云：「婩，齊也。」蓋「婩」與「婧」，皆容止整齊鮮潔之貌，故「婩」「婧」「鮮」，同爲「好」也。廣雅：「婩、婧、鮮，好也。」義本此。

囒哰、闌、牢二音。謰謱，上音連，下力口反。拏也。言譇拏也。奴加反。東齊、周、晉之鄙曰囒哰。囒哰，亦通語也。平原人好囒哰也〔六〕。南楚曰謰謱，或謂之支註，支，之豉反。註音注。或謂之詀謕，上託兼反，下音蹄。轉語也。拏，揚州、會稽之語也。或謂之惹，言情惹也。汝邪反，一音若。或謂之諵。言誣諵也。

案：廣雅：「讕哰，謰謱也。惹、諵，拏也。」皆本此。說文：「拏，牽引也。諸拏，羞窮也。」又言部云「謰謱」，辵部云「連遱」。玉篇作「嗹嘍」，「拏」又作「詉」，云：「諸詉，言不可解。嗹嘍，多言也。惹，亂也。諵，言輕也。」「諸」廣韻作「儲」，云：「讕哰，儲拏，語不可解。嗹嘍，言語繁絮貌。連嘍，煩貌。謰謱，小兒語。」隨文立訓，義可互見。廣韻於「謕」字下云：「轉語」，則誤讀方言。後漢書馮衍傳「禍拏未解，兵連不息」，注云：「拏謂相連引也。」王逸九思「媒女詘兮謰謱」，洪興祖補注引方言：「謰謱，拏也。南楚曰謰謱。」又云：「一曰：謰謱，語亂也。」「東齊」各本譌作「東南」，從曹毅之本。

𧰼音懿、嗇，貪也。謂慳貪也。荆、汝、江、湘之郊，凡貪而不施謂之𧰼，亦中國之通語。或謂之嗇，或謂之悋。悋，恨也。慳者多惜恨也。

案：陸機謝平原内史表「豈臣蒙垢含吝所宜忝竊」，李善注引方言：「貪而不施謂之吝。」「悋」「吝」古通用，亦作「遴」。「嗇」今作「嗇」。廣雅：「𧰼、嗇、遴，貪也。」義本此。

遥、窕，淫也。九疑、荆郊之鄙謂淫曰遥〔七〕。言心遥蕩也。沅、湘之間謂之窕。窈窕冶容。

案：廣雅：「遥、窕，婬也。」義本此。「淫」「婬」同。荀子禮論篇「故其立文飾也，不至於窕冶」，楊倞注云：「窕讀爲姚。姚冶，妖美也。」

潛、涵，音含。或古南反。沈也。楚、郢以南曰涵，或曰潛。潛又游也。潛行水中亦爲游也。

案：左思吴都賦「涵泳乎其中」，劉逵注云：「涵，沈也。揚雄方言曰：南楚謂沈爲涵。」廣雅：「潛、沈，没也。」

宋、安，静也。江、湘、九疑之郊謂之宋。

案：「宋」各本譌作「家」，筆畫之舛，遂成或體〔八〕。説文云：「宋，無人聲。」楚辭遠遊「野宋漠其無人」，「宋」亦或作「家」。江淹别賦「道已寂而未傳」，范蔚宗樂遊應詔詩「虚寂在川岑」，李善注並引方言：「寂、安，静也。」「寂」即「宋」，廣雅：「宋、安，静也。」義本此。「宋」與「安」皆訓「静」，李善連引「安」字，殊誤。

拌，音伴，又音普槃反。棄也。楚凡揮棄物謂之拌，或謂之敲。恪校反。今汝、潁間語亦然。或云撅也。淮、汝之間謂之投。江東又呼撅，音厥，又音揞。

案：廣雅：「拌、墩、投，棄也。」曹憲音釋：「墩，苦孝反，又苦交反。」是「墩」與「敲」，字異音義同。春秋文公十八年左傳「投諸四裔」，杜預注云：「投，棄也。」注内「江東又呼撅」，各本「撅」譌作「撅」，與上「或云撅也」相亂而譌。「又音揞」三字譌作

「又音狗音豹」五字，今訂正。廣韻：「揞，吴人云抛也。」黶，於琰切；揞，於陷切，語輕重異耳。

詠，愬也。詠譖亦通語也。楚以南謂之詠。

案：離騷「謠詠謂余以善淫」，王逸注云：「詠猶譖也。」洪興祖補注引方言此條，文並同。「愬」亦作「訴」，廣雅：「詠，訴也。」詠、訴，諻也。」曹憲音釋云：「諻音毁，即諻謗之諻。今毁乃訓壞。」

戲音義泄，歇也。楚謂之戲泄。奄，息也。楚、揚謂之泄。

案：「戲」「歇」一聲之轉。「泄」亦作「渫」。曹植七啓「於是爲歡未渫」，李善注引方言：「渫，歇也。」又作「洩」，顔延之赭白馬賦「畜怒未洩」，注引方言：「洩，歇也。」司馬相如上林賦「掩細柳」，注引方言：「掩者，息也。」枚乘七發「掩青蘋」，注引方言「掩，息也」。「奄」「掩」古通用。廣雅：「奄，息也。」義本此。

攓，音騫，一曰騫〔九〕。取也。楚謂之攓。

案：攓，取也。南楚曰攓。已見卷一。

咈、曬，乾物也。揚、楚通語也。咈音費。亦皆北方常語耳。或云瞟。

案：廣雅：「咈、瞟、曬，曝也。」玉篇云：「咈，乾物也。曬，暴乾物也。瞟，置風日中今乾。」注内「費」，諸刻譌作「矖」，今從曹毅之本。「常」諸刻譌作「通」，又脱「耳」字，從永樂大典本。

蕖音斐，卒也。謂倉卒也。江、湘之間，凡卒相見謂之蕖相見，或曰突他骨反。

案：詩齊風「突而弁兮」，釋文引方言：「凡卒相見謂之突。」廣雅：「蕖、突，猝也。」「卒」「猝」古通用。玉篇云：「江、湖之間凡卒見謂之蕖也。」「湖」乃「湘」之譌。

迹迹、屑屑，不安也。皆往來之貌也。江、沅之間謂之迹迹。秦、晋謂之屑屑，或謂之塞塞，或謂之省省。不安之語也。

案：後漢王良傳「何其往來屑屑不憚煩也」，注引方言：「屑屑，不安也。秦、晋曰屑屑。」又引郭注「往來貌」。潘岳閒居賦「尚何能違膝下色養，而屑屑從斗筲之役乎」，李善注引方言：「屑屑，不静也。」即「不安」之譌。廣雅：「屑屑、迹迹、塞塞、省省，不安也。」義本此。

潣沭、潣音閔。征伀，遑遽也。江、湘之間凡窘猝怖遽謂之潣沭，喘喈貌也。或謂之征伀。

案：王褒四子講德論「百姓征伀，無所措其手足」，李善注引方言：「征伀，惶遽也。」廣雅：「潣沭，怖遽也。征伀，懼也。屏營，征伀也。」「遑」「惶」同，「遽」「懅」同。曹憲音釋：「征音征，伀音鍾。」玉篇云：「方言：潣沭，或謂之征伀也。」「潣」亦作「憫」，

「沭」亦作「怵」,「征伀」亦作「怔忪」,玉篇云:「怔忪,懼貌。」

翥,舉也。謂軒翥也。楚謂之翥。

案:潘岳射雉賦「鬱軒翥以餘怒」,徐爰注引方言「翥,舉也」。楚辭遠遊「鸞鳥軒翥而翔飛」,洪興祖補注引方言此條,文並同。說文云:「翥,飛舉也。」

忸怩,慚歰也。歰猶苦者。楚郢、江、湘之間謂之忸怩,或謂之⿱戚日咨。子六、莊伊二反。

案:晉語「君忸怩顔」,韋昭注云:「忸怩,慚貌。」趙岐注孟子云:「忸怩而慚。」廣雅:「忸怩,⿱戚日咨也。」「忸怩」「⿱戚日咨」並雙聲。注内「莊伊反」「莊」字乃類隔,改音和爲即伊反。

垤、封,場也。楚郢以南蟻土謂之封。垤,中齊語也。

案:詩豳風「鸛鳴于垤」,毛傳:「垤,螘冢也。」孟子「泰山之於丘垤」,趙岐注云:「垤,蟻封也。」「螘」「蟻」同。廣雅:「封、垤,場也。」義本此。「謂之封」各本譌作「謂之垤」。太平御覽及吳淑事類賦注引方言:「楚郢以南,蟻土謂之封。」據以訂正。

讁,過也。謂罪過也。音蹟,亦音適。罪罰也。南楚以南,凡相非議人謂之讁,或謂之𧦝。血脈。𧦝,又慧也。今名黠爲鬼𧦝。

案:列子力命篇「窮年不相讁發」,張湛注云:「讁,謂責其過也。」詩商頌「歲事來辟，勿予禍適」，毛傳：「適，過也。」「讁」「適」古通用。亦作「謫」，説文云：「謫，罰也。」潘岳射雉賦「靡聞而驚，無見自鷩」，徐爰注引方言注曰：「『俗謂黠爲鬼脈』。」言雉性警鬼黠。」「脈」即「衇」。注内「血脈」當作「音血脈之脈」。

膊，兄也。皆音義所未詳。荆、揚之鄙謂之膊。桂林之中謂之䖠。

案：膊訓暴，又見前卷七内。

謇、極，吃也。楚語也。亦北方通語也。或謂之軋，鞅軋，氣不利也。烏八反。或謂之歰。語歰難也。今江南又名吃爲喋〔一〇〕，若葉反。

案：「謇」亦通用「蹇」，「極」亦作「㥛」。列子力命篇「㺒忬、情露、謇㥛、凌誶，四人相與游世，胥如志也。窮年不相曉悟，自以爲才之得也」，張湛注云：「方言：『謇，吃也。』極，急也。謂語急而吃。」説文云：「吃，言謇難也。」廣雅：「謇、極、軋、歰，吃也。」義本此。

呰昨啓反、矲蒲楷反，短也。江、湘之會謂之呰。凡物生而不長大，亦謂之紫，又曰瘠。今俗呼小爲瘠，音薺菜。桂林之中謂短矲。言矲䂸也，矲，通語也。東陽之間謂之㾈。言俯視之，因名。

案：「呰」字兩見，以下云「亦謂之紫」證之，皆應作「紫」。徐堅初學記引方言：「紫、矲，短也。」廣韻「瘠」字引方言曰：「生而不長也。」廣雅：「瘠、紫、㾈、矲，短也。」曹憲音釋：「瘠，在細反。紫，籍禮反。」周禮春官典同注：「人短罷。」釋文云：「罷，皮買反。字或作『矲』，音同。方言：『桂林之間謂人短爲矲矮。』矮，苦買反。」注内「矲」譌作「俖」。廣韻：「矲、䅬，短也。」今據以訂正。

鉗、鉗害，又惡也。疲、疲恎，惡腹也。妨反反。憋，憋怤，急性也。妨滅反。惡也。南楚凡人殘罵謂之鉗，殘猶惡也。又謂之疲。

案：徐爰注潘岳射雉賦云：「鷙性悍憋」，李善引方言：「憋，惡也。」後漢書董卓傳「敝腸狗態」，注云：「續漢書『敝』作『憋』。方言：『憋，惡也。』郭璞曰：『憋怤，急性也。』」列子力命篇「憋懯」，張湛注：「憋音敝。」「憋」「怤」字異音義同。廣雅：「憋、鉗、疲，惡也。」義本此。

癡，騃也。吾駭反。揚、越之郊，凡人相侮以爲無知謂之眲諾革反。眲，耳目不相信也。因字名也。或謂之斫。斫卻〔一一〕。斫頑直之貌。今關西語亦皆然。

案：列子黄帝篇「顧見商丘開年老力弱，面目黎黑，衣冠不檢〔一二〕，莫不眲之」，張湛注引方言：「揚、越之間，凡人相輕侮以爲無知謂之眲。眲，耳目不相信也。」説文：「癡，不慧也。」廣雅：「騃，癡也。」

惃衮衣、愗音教、頓愍，惛也。謂迷惛也。楚、揚謂之惃，或謂之愗。江、湘之間謂之頓愍，頓愍猶頓悶也。或謂之氐惆。丁弟、丁牢二反。南楚飲毒藥懣謂之氐惆，亦謂之頓愍，猶中齊言眠眩也。愗恚憒憒、毒而不發謂之氐惆。氐惆猶懊憹也。

案：廣雅：「惃、愗、頓愍，眠眩，亂也。」義本此。商書説命「若藥弗瞑眩」，孔穎達疏曰：「瞑眩者，令人憒悶之意也。方言云：『凡飲藥而毒，東齊海、岱間或謂之瞑，或謂之眩。』郭璞云：『瞑眩亦通語也。』」見前卷三内。「瞑」「眠」古字同〔一三〕。

悦、舒，蘇也。謂蘇息也。楚通語也。

案：廣韻：「穌，息也，舒悦也。」義本此。「蘇」「穌」古通用。

眠娗、莫典、涂殄二反。脈蜴、音析。賜施、輕易。茭媞、恪交、得懈二反。譠謾、託蘭、莫蘭二反。㥏他，麗、醨二音。皆欺謾之語也。楚郢以南，東揚之郊通語也。六者，亦中國相輕易蚩弄之言也〔一四〕。

案：列子力命篇「眠娗、諈諉、勇敢、怯疑，四人相與游於世，胥如志也。窮年不相謫發，自以行無戾也」，張湛注引方言：「眠娗，欺謾之語也。」又引郭璞云：「謂以言相蚩弄也。」「脈蜴」當即「㵋摘」，語之轉耳。劉熙釋名云：「㵋摘，猶譎摘也。」玉篇云：「譠謾，欺也。」廣韻云：「㥏他，欺慢之語。出方言。」「慢」乃「謾」之譌。注内「輕易」當作「音輕易之易」。

𩔗音旃裘。、頷，顏，顙也。湘、江之間謂之𩔗。今建平人呼頷爲𩔗。中夏謂之頷。東齊謂之顙。汝、潁、淮、泗之間謂之顏。

案：齊語「天威不違顏咫尺」，韋昭注云：「顏，眉目之間。」史記高祖本紀「隆準而龍顏」，集解：「應劭曰：顏，頞顙也。齊人謂之顙，汝南、淮、泗之間曰顏。」後漢書杜篤傳「於是同穴裘褐之域，共川鼻飲之國，莫不袒跣稽顙，失氣虜伏」，注云：「方言曰：顙，頟顙也。」玉篇引方言：「江、淮之間謂頟爲𩑶。中夏謂之頟。東齊謂之顙。」「淮」即「湘」之譌。「頟」「額」同。廣雅：「𩑶、顏、顙，頟也。」義本此。沈彤釋骨云：「橫在髮際前者曰頟。顱亦曰頟。頟之中曰顏、曰庭。其旁曰頟角。眉間曰闕。其下曰下極。下極者，目間也。眉目間亦通曰顏。」

頷、頤，頜也。謂頷車也。南楚謂之頷。亦今通語耳。秦、晉謂之頜。頤，其通語也。

案：廣雅：「頷、頤，頜也。」義本此。春秋宣公(五)〔六〕年公羊傳「絶其頷」，何休注云：「頷，口。」馬融長笛賦「寒(態)〔熊〕振頷〔一五〕」，李善注引方言：「頷，頤也。」玉篇引方言：「頷，頤頜也。」「頜」說文作「頶」，云：「頤也。」釋名云：「輔車或曰牙車，或曰頜，或曰頰車，或曰鰜車。」沈彤釋骨云：「耳下曲骨載頰在頜後者曰頰車，曰曲頰，曰巨屈。說文『頷』與『頤』同訓『頶』，蓋從口內言之。若從口外言，則兩旁爲頷，頜前爲頤，不容相假，故內經無通稱者。」

紛怡，喜也。湘、潭之間曰紛怡，或曰配已。嬉、怡二音。

案：廣雅：「紛怡，喜也。」義本此。

湍酒酣，或也。沅、澧之間凡言或如此者曰湍如是。此亦憨聲之轉耳。

案：「或」「湍」一聲之轉。注内「酒酣」當作「音酒酣之酣」。「此亦憨」三字有舛誤，「湍」、「憨」，語輕重異耳。當是「亦言憨」。廣韻：「邯，江、湘人言也。」「言」下應脱一「或」字。

愮、療，治也。江、湘郊會謂醫治之曰愮。俗云：厭愮病。音曜。愮又憂也。博異義也。或曰療。

案：春秋襄公二十六年左傳「不可救療」，杜預注云：「療，治也。」玉篇云：「愮，憂也。」「療」「愮」，語之變轉，故「愮」可從「療」爲「治」，「療」又可從「愮」爲「憂」。廣雅：「搖、療，治也。」「搖」「愮」古通用。

茻凶位反、莽嫫母反，草也。東越、揚州之間曰茻。南楚曰莽。

案：詩小雅「卉木萋萋」，毛傳：「卉，草也。」陸機赴洛道中詩「安轡遵平莽」，李善注引方言：「草，南楚謂之莽。」又見前卷三内。

惐鰓、惐音良惈。鰓音魚鰓。乾都、乾音干。耇音垢、革，老也。皆老者皮色枯瘁之形也。皆南楚江、湘之間代語也。凡以異語相易謂之代也。

案：三國志蜀書彭羕傳「老革荒悖，可復道邪」，裴松之注引方言：「𡙇鰓、乾都、耇、革，老也。」又引郭璞注曰：「皆老者皮毛枯瘁之形也。」「滅」即「慽」之譌，「耆」即「耆」之譌，「毛」即「色」之譌。玉篇云：「慽，老也。」義本此。注内「良憚」，「憚」本作「譁」，説文云：「飭也。讀若戒。」玉篇云：「或作憚。」廣韻：「譁，謹也。」「良憚」之語，蓋猶言良謹。楷革反。

㧾神秘、抌，都感反，亦音甚。推也。南楚凡相推搏曰㧾〔一六〕，或曰揔苦骨反。沅、涌、澆、幽之語。澆水今在桂陽，音扶。涌水今在南郡華容縣也。或曰攩。今江東人亦名推爲攩。音晃。

案：列子黄帝篇「既而狎侮欺詒，攩㧾挨抌，亡所不爲」，張湛注云：「方言：今江東人亦名推爲攩。又音晃。」此乃注文，「方言」下應脱一「注」字。又云：「方言：凡相推搏曰㧾。」又「抌」字下云：「方言：擊背也。」此語方言所無。注内「神秘」當作「音神秘之秘」。諸刻「神」譌作「捶」。

食閻音鹽、慫慂，上子竦反，下音涌。勸也。南楚凡己不欲喜，而旁人説之，不欲怒，而旁人怒之，謂之食閻，或謂之慫慂。

案：廣雅：「食閻、慫慂，勸也。」本此。廣韻引方言：「慫慂，歡也。」「歡」即「勸」之譌。

欸、音醫，或音塵埃。䜭鳧鷖，然也。南楚凡言然者曰欸，或曰䜭。

案：楚辭涉江篇「欸秋冬之緒風」，王逸注云：「欸，歎也。」洪興祖補注引方言：

「欸，然也。南楚凡言然者曰欸。」韋孟諷諫詩「勤唉厥生」，李善注引方言曰：「唉，歎辭也。」此非方言文。廣雅：「欸、譬、然，譍也。」廣韻：「譬，相言應辭。」「譍」「應」古通用。注内「皛鷺」當作「音皛鷺之鷺」。

緤、末、紀，緒也，南楚皆曰緤音薛。或曰端，或曰紀，或曰末，皆楚轉語也。

案：歐陽建臨終詩「成此禍福端」，盧諶覽古詩「昭襄欲負力，相如折其端」，李善注皆引方言：「端，緒也。」説文云：「紀，絲別也。緒，絲耑也。」廣雅：「耑、緒，末也。」「端」「耑」古通用。

睃音總、䀮音麗、闚、貼敕纖反、占、伺，視也。凡相竊視，南楚謂之闚，或謂之睃，或謂之貼，或謂之占，或謂之䀮。䀮，中夏語也。亦言騾也。闚，其通語也。自江而北謂之貼，或謂之覗。凡相候謂之占。占猶瞻也。

案：郭璞江賦「爾乃䀮雰祲於清旭」，李善注引方言：「䀮，視也。」班固西都賦「魚窺淵」，李善注引方言：「窺，視也。」「窺」即「闚」。禮記檀弓篇「我喪也斯沾」，鄭注云：「沾讀曰覘。覘，視也。」又「晉人之覘宋者」，注云：「覘，闚視也。」學記「呻其佔畢」，注云：「佔，視也。」晉語「公使覘之」，韋昭注云：「覘，微視也。」「覘」「貼」同，通用「佔」。「覗」「伺」同。廣雅：「窺、覘、覗、睃、占，視也。」義本此。廣韻「睃」字引方言云：「南人竊視。」注内「瞟」各本譌作「睬」，今訂正。「瞟」「䁘」一聲之轉。玉篇：「瞟，視也。」

䳰惡孔反、𪆁奴動反、䫏，多也。南楚凡大而多謂之䳰，或謂之𪆁。凡人語言過度及妄施行，亦謂之𪆁。

案：後漢書崔駰傳「若夫紛𪆁塞路」，注引方言：「𪆁，盛多也。音奴董反。」「𪆁」「𪆁」古通用。「盛」「䫏」古通用。廣雅：「䳰、𪆁、盛、饒，多也。」

𢪃相梨、摣仄加反，取也。南楚之間，凡取物溝泥中謂之𢪃，或謂之摣。

案：廣雅：「摣、𢪃，取也。」義本此。説文云：「𢪃，挹也。讀若摣梨之摣。」此注作「相梨」，同。「仄加反」，各本「仄」譌作「以」，廣雅曹憲音釋作「反」，亦傳寫之譌。玉篇作「仄」，今據以訂正。

佻音汎、僄飄零，輕也。楚凡相輕薄謂之相佻，或謂之僄也。

案：廣雅：「僄、佻，輕也。」義本此。玉篇引方言：「佻，輕也。」荀子修身篇「怠慢僄弃」，楊倞注云：「僄，輕也，謂自輕其身也。方言：『楚謂相輕薄爲僄。』」後漢書班固傳「雖輕迅與僄狡」，袁紹傳「僄狡鋒俠」，注皆引方言：「僄，輕也。」音匹妙反。「佻僄」亦作「汎剽」，左思魏都賦「過以汎剽之單慧」，劉逵注云：「揚雄方言曰：汎剽，輕也。」曹植樂府詩白馬篇「勇剽若豹螭」，李善注引方言：「剽，輕也。」注内「飄零」當作「音飄零之飄」。

校注

〔一〕「今訂正」三字，聚珍版本作「曹毅之本不誤」六字。

〔二〕諑　原作「誎」，據聚珍版本改。

〔三〕所引見春秋公羊傳成公十六年。「人也」一本作「仁之也」。

〔四〕以上數句，聚珍版本無「謂語相更代」五字。「今從永樂大典本」一句作「後『南楚江、湘之間代語』，郭注云：『凡以異語相易謂之代也』。惟永樂大典本及曹毅之本作『南鄙』，據下文，則南鄙正謂南楚江、湘之間。」

〔五〕巧佞、愚直、嬋斫、便辟　這是列子作者虚擬的四個人名。

〔六〕周祖謨方言校箋云：「好」字蓋「呼」字之誤。

〔七〕盧文弨重校方言云：「郊」字疑是「郢」字之誤。

〔八〕遂成或體　聚珍版本作「遂不成字」。

〔九〕音鶱一曰鶱　聚珍版本同。此語疑有誤。盧文弨重校方言、錢繹方言箋疏皆作「音蹇，一音鶱」，或是。

〔一〇〕南　原作「東」，據聚珍版本及諸本方言改。

〔一一〕盧文弨、錢繹皆以爲「斫卻」二字，乃郭璞爲「斫」字注音。丁維汾方言音釋云：斫，長言之則爲「斫卻」。

〔一二〕檢　原作「儉」，據今本列子及聚珍版本改。

〔一三〕此條自「商書説命」至「瞑眠古字同」，共六十四字，聚珍版本無。

〔一四〕亦　原無，據聚珍版本等補。

〔一五〕寒態振領　「態」今本文選作「熊」，今據正。

〔一六〕相　原作「湘」，據聚珍版本等改。

方言疏證卷十一

蛥蚗，蛥，音折。蚗，於列反，一音玦。齊謂之螇螰。奚、鹿二音。楚謂之蟪蛄，莊子曰「蟪蛄不知春秋」也。或謂之蛉蛄。音零。秦謂之蛥蚗。自關而東，謂之虭蟧。貂、料二音。或謂之蝭蟧，蝭音啼。或謂之蜓蚞。廷、木二音。西楚與秦通名也。江東人呼嗅蟧。

案：夏小正：「七月，寒蟬鳴。〔寒〕蟬也者〔一〕，蝭蠑也。」「蠑」即「蟧」。爾雅：「蜓蚞，螇螰。」郭璞注云：「即蝭蟧也。一名蟪蛄，齊人呼螇螰。」疏全引方言此條，文並同。「蟪」亦通用「惠」，莊子逍遥遊篇釋文：「司馬云：惠蛄，寒蟬也。一名蝭蟧。崔云：蛁蟧也。或曰山蟬。秋鳴者不及春，春鳴者不及秋。」楚辭招隱士篇「蟪蛄鳴兮啾啾」，洪興祖補注引方言：「蛥蚗，齊謂之螇螰，楚謂之蟪蛄。」廣雅：「蛥蚗，蚻也。蟪蛄、蛉蛄、䗖蟧，蛁蟟也。」「䗖」即「蝭」，「蟟」即「蟧」。以蛥蚗爲蚻，與方言異〔二〕。

蟬，楚謂之蜩，音調。宋、衛之間謂之螗蜩。今胡蟬也。似蟬而小，鳴聲清亮。江南呼螗蛦。陳、鄭之間謂之蜋蜩。蜋音良。秦、晉之間謂之蟬。海、岱之間謂之蛴。齊人呼爲巨蛴，音技。其大者謂之蟧，或謂之蝒馬。按爾雅，蝒者，馬蜩，非别名蝒馬也。此方言誤耳。其小者謂之麥蚻。如蟬而小。音大札〔三〕。今關西呼麥蠽。音癰癥之癥。有文者謂之蜻蜻。即蚻也。爾雅云耳。其雌蜻謂之𧑒祖一反。而黑者謂之蝬音棧。黑而赤者謂之蜺雲霓。

案：夏小正：「四月，鳴札。札者，寧縣也。五月，良蜩鳴。良蜩也者，五彩具，匽之興，五日翕，望乃伏。望也者，月之望也。五日也者，十五日也。唐蜩鳴。唐蜩者，匽也。」郭璞注爾雅引夏小正「札」作「蚻」，「寧縣」作「虎縣」，「良」作「蜋」，「匽」作「蝘」，「唐」作「螗」。詩小雅「鳴蜩嘒嘒」，毛傳：「蜩，蟬也。」豳風「五月鳴蜩」，毛傳：「蜩，螗也。」疏引方言：「楚謂蟬爲蜩，宋、衛謂之螗蜩，陳、鄭謂之蜋蜩，秦、晉謂之蟬。」大雅「如蜩如螗」，毛傳：「蜩，蟬也。螗，蝘也。」衛風「螓首蛾眉」，鄭箋云：「螓，謂蜻蜻也。」月令「孟秋之月，寒蟬鳴」，鄭注云：「寒蟬，寒蜩，謂蜺也。」考工記「以旁鳴者」，鄭注云：「旁鳴，蜩蜺類。」爾雅：「蜩，蜋蜩，螗蜩。蚻，蜻蜻。蠽，茅蜩。蝒，馬蜩。蜺，寒蜩。」舍人注云：「皆蟬也。方語不同，三輔以西爲蜩，梁、宋以東謂蜩爲蝘，楚地謂之蟪蛄。」孫炎注引方言「有文者謂之螓」。郭璞注所引同。郭注「馬蜩」云：「蜩中最大者爲馬蜩。」注「寒蜩」云：「寒螿也，似蟬而小，青色。」疏引方言此條，文並同。王褒洞簫賦「秋蜩不食」，李善注引方言：「楚謂蟬爲蜩。」廣雅：「蚼，蟬也。」「𧑒」各本譌作「疋」〔四〕，今訂正。注内「雲霓」當作「音雲霓之霓」。

蜩蟧謂之蓋蜩。江東呼爲蓋蠽也。

案：爾雅：「蠽，茅蜩。」郭璞注云：「江東呼爲茅截，似蟬而小，青色。」茅截即蓋蠽。

䗀謂之寒蜩。寒蜩，瘖蜩也。按爾雅以蜺爲寒蜩，月令亦曰「寒蜩鳴」。知寒蜩非瘖者也。此諸蜩名通出爾雅，而多駮雜，未可詳據也。寒蜩，螿也，似小蟬而色青。䗀音應。

案：廣雅：「闇蜩，䗀也。」本此。「闇」「瘖」通用。

蛄詣謂之杜蛒音格。螻螲音窒塞謂之螻蛄，或謂之蟓蛉。象、鈴二音。南楚謂之杜狗，或謂之蛞螻。

案：夏小正：「三月，螜則鳴，螜，天螻也。」王褒洞簫賦「螻蟻蝘蜓」，李善注引方言：「南楚謂螻蛄爲蛞螻。」枚乘七發「蚑蟜螻蟻聞之」，注引方言：「南楚或謂蛄爲螻。」此所引脱誤。爾雅：「螜，天螻。」郭璞注云：「螻蛄也。」又「蛖，螻」，注云：「蛖螻，螻蛄類。」疏全引方言此條，「詣」譌作「者」，餘並同。「蛄」亦作「姑」，廣雅：「蟓蛉、蛞螻，螻姑也。」本此。

蜻蛚，即趨織也。精、列二音。楚謂之蟋蟀，或謂之蛬。梁國呼蛬，音鞏。南楚之間謂之蚟孫。「孫」一作「絲」。

案：考工記「以注鳴者」，鄭注云：「注鳴，精列屬。」精列即蜻蛚。疏全引方言此條，

「虰」作「王」，餘並同。詩唐風「蟋蟀在堂」，毛傳：「蟋蟀，蛬也。」淮南鴻烈時則篇「蟋蟀居奥」，高誘注云：「蟋蟀、蜻蛚，促織也。」廣雅：「蛬、趨織、虰孫，蜻蛚也。」「趨」「促」同。

蟷蠰謂之髦，有斧蟲也。江東呼爲石蜋，又名虦䖲。或謂之虰，按爾雅云：「蟷蠰，蛑。」「虰」義自應下屬。方言依此説，失其指也。或謂之蝆蝆。

案：「蠰」亦作「蜋」。月令「仲夏之月，蟷蜋生」，鄭注云：「蟷蜋，螵蛸母也。」歐陽詢藝文類聚云：「王瓚問曰：爾雅云：莫貈、蟷蜋，同類物也。今沛、魯以南謂之蟷蠰，三河之域謂之蟷蜋，燕、趙之際謂之食䖲，齊、濟以東謂之馬敫，然名其子則同云螵蛸。是以注云：蟷蜋，螵蛸母也。」此所引蓋鄭志文，唐時猶存，而孔穎達正義於月令引方言云：「潭、魯以南謂之蟷蠰，三河之域謂之蟷蜋，燕、趙之際謂之食厖，齊、杞以東謂之馬穀，然名其子同云螵蛸也。」所引亦即鄭志，當是不知者妄改爲方言。爾雅疏又襲其誤，後人遂疑今本方言脱此數語，非也。「潭」即「沛」之譌。「厖」「䖲」聲義同。食䖲，猶虦䖲也。「馬穀」，爾雅疏作「馬谷」，淮南鴻烈時則篇高誘注云：「蟷蜋，世謂之天馬，一名虦䖲。兖、豫謂之巨斧也。」爾雅：「不過，蟷蠰。其子蜱蛸。莫貈，蟷蜋，蛑。」郭璞注云：「蟷蜋，有斧蟲。江東呼爲石蜋。孫叔然以方言説此義亦不了。」疏全引方言此條，「蛘」作「芊」，餘並同。「蛘」「髦」一聲之轉。廣雅：「芊芊、虼䗯，螳蜋也。」

姑𧒂謂之强蛘。米中小黑甲蟲也。江東謂之𧍧，音加。建平人呼蛘子，音芊。芊即姓也。

案：爾雅：「姑𧒂，强蛘。」郭注云：「今米穀中蠹小黑蟲是也〔五〕。建平人呼爲蛘子。」疏引方言此條及注，「米中」作「今米穀中」，「甲」作「蠹」，「芊即姓也」作「楚姓芊」，餘並同。

蟒，即蝗也。莫鯁反。宋、魏之間謂之蚮音貸。南楚之外謂之蟅蟒。蟅音近詐，亦呼吒咟。或謂之蟒，或謂之𧍱音滕。

案：詩小雅「去其螟螣」，毛傳：「食葉曰螣。」釋文云：「螣字亦作𧑓，徒得反。」月令「仲夏之月，百螣時起」，鄭注云：「螣，蝗之屬。言百者，明衆類並爲害。」爾雅：「食葉𧑓。」釋文云：「𧑓字又作蟘，又作蚮，同。徒得反。」説文引詩作「去其螟蟘」，是「蚮」「螣」字異音義同。廣雅：「蟅蟒，蚮也。」本此。而有「蚮」則無「𧍱」，此類不宜別立名，及强讀異音。正文「或謂之𧍱」，𧍱即蚮耳。注文「音滕」，則是「螟𧍱」之「𧍱」與「𧍱蛇」之「𧍱」同一音矣。未詳。

蜻蛉謂之蝍蛉。六足四翼蟲也。音靈。江東名爲狐黎，淮南人呼蠊蛜，蠊音康，蛜音伊。

案：爾雅：「虰蛵，負勞。」郭璞注云：「或曰：即蜻蛉也。江東呼狐梨，所未聞。」「梨」「黎」同。疏引方言此條，文並同。廣雅：「蜻蛉、蝍蛉，倉螘也。」

春黍謂之䗲蝑。䗲音藜〔六〕，蝑音墻沮反。又名蚣䗲，江東呼蚱蜢。

案：詩周南「螽斯羽」，毛傳：「螽斯，蚣蝑也。」釋文云：「蚣，字林作蜙。郭璞：『先工反。』蝑，粟居反。郭璞：『才與反。』揚雄、許慎皆云『春黍』。郭璞注方言云：『江東呼爲蚱蜢。』蚱，竹白反。蜢，音猛。」豳風「五月斯螽動股」，毛傳：「斯螽，蚣蝑也。」考工記「以股鳴者」，鄭注云：「股鳴，蚣蝑動股屬。」爾雅「蜇螽，蜙蝑。」郭璞注云：「蜙，蜙也。俗呼春黍。」釋文云：「蜇，本又作蟴，詩作斯。」注內「墻」各本譌作「壞」，「蜢」譌作「蛨」，今據詩釋文訂正。

蠀蛓謂之蚇蠖。即、䟶二音。蠖，烏郭反。又呼步屈。

案：「蚇」古通用「尺」。易繫辭：「尺蠖之屈，以求信也。」爾雅：「蠖，尺蠖。」郭璞注云：「今蝍蛓。」疏引方言此條，文並同。潘尼贈侍御史王元貺詩「蠖屈固小往」，李善注云：「郭璞方言注曰：尺蠖又呼爲步屈也。」廣雅：「尺蠖，蠀蛓也。」本此。説文云：「尺蠖，屈申蟲也。」考工記「麋筋斥蠖灂」，鄭注云：「斥蠖，屈蟲也。」斥蠖即尺蠖。太平御覽引郭注云：「尺蠖有呼步屈，其色青而細小，或在草木葉上，今蜾蠃所負爲子者〔七〕。」「有」即「又」之譌。今方言各本無「其色」以下二十字，或屬脱文。

蠭，燕、趙之間謂之蠓螉。蒙、翁二音。其小者謂之蠮螉，小細腰蠭也。音鯁噎。或謂之蚴蜕。幽、悦二音。其大而蜜謂之壺蠭。今黑蠭，穿竹木作孔，亦有蜜者，或呼笛師。

案：詩小雅「螟蛉有子，蜾蠃負之」，毛傳：「螟蛉，桑蟲也。蜾蠃，蒲盧也。」鄭箋云：「蒲盧取桑蟲之子去，煦嫗養之，以成其子。」中庸「夫政也者，蒲盧也」，鄭注云：「蒲盧，蜾蠃，謂土蜂也。」「蜂」「蠭」同。爾雅：「果蠃，蒲盧。」郭璞注云：「即細腰蠭也。俗呼爲蠮螉。」「果」「蜾」同。疏引方言此條，文並同。廣雅：「蚴蜕、土蜂，蠮螉也。」本此。

蠅，東齊謂之羊。此亦語轉耳。今江東人呼羊，聲如蠅。凡此之類，皆不宜別立名也。陳、楚之間謂之蠅。自關而西，秦、晉之間謂之羊。

案：「蠅」「羊」一聲之轉，羊可呼蠅，蠅亦可呼爲羊，方音既異，遂成兩名。書中皆此類，注以爲不宜別立名，非也。

蚍蜉，䖩、浮二音。亦呼蟞蜉。齊、魯之間謂之蚼蟓。駒、養二音。西南梁、益之間謂之玄蚼。法言云：「玄駒之步。」是。燕謂之蛾蛘。蟻、養二音。建平人呼蚳，音侈。其場謂之坻直尸反，或謂之垤。亦言家也。

案：夏小正：「十有二月，玄駒賁。玄駒也者，螘也。賁者何也？走於地中也。」禮記檀弓篇「蟻結於四隅」，鄭注云：「蟻，蚍蜉也。殷之蟻結，似今蛇文畫。」學記「蛾子時術之」，注云：「蛾，蚍蜉也。蚍蜉之子，微蟲耳，時術蚍蜉之所爲，其功乃復成大垤。」釋文云：「蛾，魚起反。本或作蟻。」爾雅：「蚍蜉，大螘。小者螘。其子蚳。」郭璞注云：「齊人呼螘爲蛘。蚳，螘卵也。」釋文云：「螘，魚綺反。本亦作蛾，俗作蟻字，音同。」又引字林云：「北燕人謂蚍蜉曰蟻蛘。」疏全引方言此條，「蟓」譌作「蠓」，餘並同。廣雅：「蛾蛘、玄蚼、蚼蟓、蟞蜉，螘也。」曹憲音釋：「蟞，匹結反。」夏小正：「二月，抵蚳。抵，猶推也。蚳，螘卵也，爲祭醢也。」魯語「蟲舍蚳蝝」，韋昭注云：「蚳，螘子也〔八〕，可以爲醢。」「蚳」已見前卷六内，「垤」已見前卷十内。

蠀螬謂之蟦翡翠。自關而東謂之蝤蠀，酋、瓷兩音。或謂之卷蠾，書卷。或謂之蝖螜。亦呼當齊，或呼地蠶，或呼蟦蝖。喧、斛兩音。梁、益之間謂之蛒音格，或謂之蝎，或謂之蛭蛒。蛭音質。秦、晉之間謂之蠹，或謂之天螻。按：爾雅云：「螜，天螻」，謂螻蛄耳。而方言以爲蝎，未詳其義也。四方異語而通者也。

案：「蠀」又作「蠐」，詩衛風「領如蝤蠐」，毛傳：「蝤蠐，蝎也。」爾雅：「蟦，蠐螬。」郭璞注云：「在糞土中。」又「蝤蠐，蝎」，注云：「在木中。今雖通名爲蝎，所在異。」

又「蝎，蛣蝠」，注云：「木中蠹蟲。」又「蝎，桑蠹」，注云：「即蛣蝠。」孫炎注云：「蠐螬謂之蟦，關東謂之蝤蠐，梁、益之間謂之蝎。」廣雅：「蛭蛒、蛬蠾、地蠶、蠹蟦，蟦蠐也。」注内「翡翠」「書卷」當作「音翡翠之翡」「音書卷之卷」。各本譌作「翡翠反」，今訂正。「地蠶」，永樂大典本譌作「肥蚻」，今據廣雅證之，從諸刻爲正。

蚰蜒，由、延二音。自關而東謂之螾蜇，螾音引。或謂之入耳，或謂之蜧蠷音麗。趙、魏之間或謂蚨虷。扶、于二音。北燕謂之蚭蚭。蚭，奴六反。蚭，音尼。江東又呼蛩，音鞏。

案：爾雅「螾衘，入耳」，郭璞注云：「蚰蜒。」釋文云：「衘本又作蜇，方言：宋、魏之間，蚰蜒謂之入耳。」所引有脱誤。又引字林云：「北燕人謂蚰蜒爲蚭蜇。」疏全引方言此條，文並同。廣雅：「蜧蠷、蚭蚭、蚨虷，蚰蜒也。」本此。

鼅鼄，知、株二音。鼄蝥也。音無。自關而西，秦、晋之間謂之鼄蝥。今江東呼蝃蝥，音掇。自關而東，趙、魏之郊，謂之鼅鼄，或謂之蠾蝓。燭、臾二音。蠾蝓者，侏儒語之轉也。北燕、朝鮮、洌水之間謂之蝳蜍。齊人又呼社公，亦言罔工。音毒餘。

案：爾雅：「次蟗，鼅鼄。鼅鼄，鼄蝥。」郭注云：「今江東呼蝃蝥。」疏全引方言此條及注，「罔」作「網」，餘並同。廣雅：「蛛蝥、罔工、蠾蝓，蝳蜍也。」「蝓」「蝓」同。「次畫」，說文作「鼅鼄」，云：「作罔蛛蝥也。」注内「罔工」各本譌作「周公」，今據廣雅及爾雅疏所引訂正。廣韻引方言：「鼅鼄，自關而東，趙、魏之郊，或謂之蠾蝓。」「鼅」即「鼃」之省。

蜉蝣，浮、由二音。秦、晉之間謂之蝶䗖。似天牛而小，有甲角，出糞土中，朝生夕死。

案：「蜉蝣」亦作「浮游」，「蝣」又作「蝣」。「蝶䗖」亦作「渠略」。夏小正：「五月，浮游有殷。殷，衆也。浮游殷之時也。浮游者，渠略也。朝生而莫死。」詩曹風「蜉蝣之羽」，毛傳：「蜉蝣，渠略也。朝生夕死。」荀子大略篇：「不飲不食者，蜉蝣也。」爾雅「蜉蝣，渠略」，舍人注云：「南陽以東曰蜉蝣，梁、宋之間曰渠略。」郭璞注云：「似蛣蜣，身狹而長，有角，黄黑色。叢生糞土中，朝生莫死，猪好啖之。」

馬蚿音弦，北燕謂之蛆蟝。蝍蛆。其大者謂之馬蚰。音逐。今關西云。

案：廣雅：「蛆渠、馬蠲，馬蚿也。」莊子秋水篇「夔憐蚿」，釋文：「司馬云：馬蚿，蟲也。夔一足，蚿多足。」廣韻：「馬蚿蟲，一名百足〔九〕。」

校注

〔一〕蟬也者　今本大戴禮記「蟬」上有「寒」字，今據補。

〔二〕聚珍版本「與方言異」後有「注内『料』字，曹毅之本作『聊』」十字。

〔三〕音札　聚珍版本作「青色」。周祖謨方言校箋云：「青色」二字似不可少。

〔四〕聚珍版本「各本譌作疋」後有「曹毅之本譌作蚇」七字。

〔五〕蠹小黑蟲　阮元十三經注疏校勘記云：當作「小黑蠹蟲」。

〔六〕徭　原作「從」，據聚珍版本等改。

〔七〕盧文弨云：「此見御覽九百四十五，乃陸璣毛詩義疏。所引唯『有呼步屈』四字爲郭注，餘皆陸氏語。詩小宛正義引陸璣説可證。」見盧氏手校微波榭本。

〔八〕蝭子也　原作「蝭子子」，聚珍版本作「蝭子」。據國語韋昭注改。

〔九〕聚珍版本「一名百足」下有「注内『蝍蛆』當作『音蝍蛆之蛆』」十一字。

方言疏證卷十二

爰、暖，哀也。暖，哀而恚也。音段。

案：前卷六内「爰、暖，恚也。楚曰爰。秦、晉曰暖」，注云：「謂悲恚。」此注云：「哀而恚。」蓋義可互見。廣雅：「爰、暖，愁也。」曹憲音釋云：「方言音段。」「段」即「段」之譌。

儒輸，愚也。儒輸猶儒撰也。

案：荀子修身篇「勞苦之事則偷儒轉脱」，楊倞注云：「或曰：偷當爲輸。揚子方言云：『儒輸，愚。』郭注：『謂儒撰也。』」此所引并方言正文亦作「儒」，非也。陸德明經典釋文於春秋僖公二年左傳「儒而不能强諫」，列乃亂、乃貨二反。又引字林：「愞，音乃亂反。偄，音讓犬反。」是合「儒」與「愞」「偄」爲一。廣雅：「儒輸，愚也。」「儒」即「儒」之譌。釋文於易需卦云：「『從『雨』。重『而』者非。」可證「需」轉寫譌作「需」。以雙聲疊韻考之，儒輸，疊韻也。不當作「儒」。注内「儒撰」，亦疊韻也。儒，讓犬反；撰，士免反。各本「儒」譌作「儒」，今據荀子注訂正。

愋、諒，知也。

案：「知」讀爲「智」。廣雅：「愋、諒，智也。」義本此。智，古「智」字。曹憲音釋：「愋，音爰。」

拊、撫，疾也。謂急疾也。音府。

案：「撫」亦作「舞」，廣雅：「拊、舞，疾也。」義本此。曹憲音釋：「拊，方於反。」據廣雅，「拊」「撫」應讀「夫」「舞」兩音。

菲音翡、怒，悵也。謂惋悵也。

案：「菲」亦作「悲」，廣雅：「悲、怒，悵也。」義本此。曹憲音釋：「悲，音翡，又芳尾反。」應即「不悱不發」之「悱」。

鬱䣛音怡，長也。謂壯大也。

案：「䣛」各本譌作「熙」，今訂正。廣雅：「鬱䣛，長也。」義本此。司馬相如長門賦「鬱並起而穹崇」，李善注云：「郭璞方言注曰：鬱，壯大也。」

娋、孟，姊也。外傳曰「孟啖我」〔二〕，是也。今江東、山越間呼姊聲如市。此因字誤遂俗也。娋，音義未詳。

案：廣雅：「娋、孟，姊也。」本此。曹憲音釋：「娋，所交反。」玉篇別作「㜭」，云：「姊也。所交切。」廣韻「㜭」字注云：「齊人呼姊。」可取以補方言之略及郭注所闕。

築度六反。廣雅作「妯」。娌，匹也。今關西兄弟婦相呼爲築娌。

案：廣雅：「妯娌、娣姒，先後也。」爾雅：「長婦謂稚婦爲娣婦，娣婦謂長婦爲姒婦。」郭璞注云：「今相呼先後，或曰妯娌。」釋文引郭注方言云：「今關西兄弟婦相呼爲妯娌。」漢書郊祀志「見神於先後宛若」，顏師古注云：「古謂之娣姒。今關中俗呼爲先後。吳、楚俗呼之爲妯娌。」劉熙釋名云：「少婦謂長婦曰姒，言其先來，己所當法似也。長婦謂少婦曰娣，娣，弟也。己後來也。或曰先後，以來先後言之也。」廣韻引方言云：「先後猶娣姒。」此非方言之文。注內「度六反」乃類隔，改音和則直六反。

娌，耦也。

案：廣雅：「耦、娌，二也。」

𥗽音盈、裔，習也。謂玩習也。

案：廣雅：「𥗽、裔，習也。」義本此。「裔」説文作「㤹」，云：「習也。」

躔度展反、逡逡巡，循也。

案：爾雅釋獸「其跡躔」，釋文引方言：「躔，循也。」廣雅：「躔、逡，循也。」義本此。

注內「逡巡」當作「音逡巡之逡」。

躔、歷，行也。躔猶踐也。日運爲躔，月運爲逡。運猶行也。

案：張衡思玄賦「躔建木於廣都兮」，李善注引方言：「日運爲躔。躔，行也。」左思吴都賦「未知英雄之所躔也」，注引方言：「躔，歷，行也。」謝莊月賦「北陸南躔」，注引方言：「日運爲躔。躔，歷，行也。」爾雅釋文引方言：「躔，歷也，行也。」衍上「也」字。廣雅：「躔、歷，行也。」義本此。

逭、音換。亦管。遁陽六反，轉也。逭、遁，步也。轉相訓耳。

案：廣雅：「步、轉、逭、遁，行也。逭、遁，轉也。」皆本此。禮記緇衣篇「不可以逭」，鄭注云：「逭，逃也。」

烓、虞，望也。今云烽火是也。

案：「烓」「烽」同。班固西都賦「舉烽命釂」，李善注云：「方言曰：『烓、虞，望也。』郭璞曰：『今烽火是也。』」廣雅：「烓、虞、候，望也。」説文云：「烓，燧，候表也。邊有警則舉火。」

揄、㡏，脱也。

案：「揄」各本譌作「愉」，「㡏」譌作「楕」，今訂正。枚乘七發「揄弃恬怠」，李善注引方言：「揄，脱也。」廣雅：「揄、㡏，脱也。」義本此。曹憲音釋：「揄，以珠反。」

解、輸，挩也。挩猶脱耳。

案：「挩」各本譌作「棁」。注內同。棁乃侏儒柱，不與「脱」通。説文云：「挩，解挩也。」廣韻「挩」字注云：「或作脱。」今據以訂正。

賦、與，操也。謂操持也。

案：操，如曲禮「獻民虜者操右袂，獻米者操量鼓，獻孰食者操醬齊，獻田宅者操書致。凡以弓劍、苞苴、簞笥問人者〔二〕，操以受命，如使之容」，皆操之而與，故因以爲義。

漉音鹿、歇泄氣，涸也。謂渴也，音鶴。

案：考工記「清其灰而盝之，而揮之」，「盝」同「漉」，爾雅釋詁：「揮、盝、歇、涸，竭也。」説文：「涸，渴也。讀若狐貈之貈。渴，盡也。」廣雅：「渴、漉、涸，盡也。」注內「泄氣」二字與説文「歇」字注「一曰气越泄」合〔三〕。气，古「氣」字。

潎妨計反、澂音澄，清也。

案：廣雅：「澂、潎，清也。」義本此。「澂」亦作「澄」，左思詠史詩「左眄澄江湘」，李善注引方言：「澄，清也。」考工記「清其灰」，鄭注云：「清，澄也。」

逯、音鹿，亦録。遡音素，行也。

案：廣雅：「逯、遡，行也。」義本此。説文云：「逯，行謹逯逯也。」

墾、牧，司也。墾，力也。耕墾用力。牧，飤也。謂放飼牛馬也。監、牧，察也。

案：此皆展轉引申之義。廣雅：「墾，力也。」本此。周語「使監謗者」，韋昭注云：「監，察也。」

奞音歡，始也。奞，化也。別異訓也。

案：廣雅：「奞，七也。」義本此。七，古「化」字。廣韻「奞」字注云：「化也，始也。出方言。」

鋪、脾，止也。義有不同，故異訓之。鋪，妨孤反。

案：此蓋釋詩「匪安匪舒，淮夷來鋪」之義。言爲淮夷之故來止，方與上「匪安匪遊，淮夷來求」文義適合。舊説讀「鋪」爲「痡」。謂爲淮夷而來，當討而病之。失於迂曲。廣雅：「鋪、脾，止也。」義本此。「脾」之爲「止」，不見於書傳，與「鋪」一聲之轉，方俗或云鋪，或云脾也。

攘、掩，止也。

案：潘岳西征賦「揜細柳而撫劍，快孝文之命帥」，李善注云：「方言：『掩，止也。』『掩』與『揜』同。」廣韻：「攘，止也。」本此。

幕，覆也。

案：廣雅：「幕，覆也。」義本此。説文云：「帷在上曰幕〔四〕，覆食案亦曰幕。」

侗他動反、硐挺挏，狀也。謂形狀也。

案：注內「挺挏」當作「音挺挏之挏」。漢書百官公卿表「更名家馬爲挏馬」，注：「晉灼曰：『挏音挺挏之挏。』師古曰：『晉音是也。挏音徒孔反。』」前卷六內有「侹侗」，卷十內又有「恫娗」，三處音同而字異，且有先後之別。凡雙聲多取音，不取字。姑仍其傳本之舊。

尐、杪，小也。樹細枝爲杪也。

案：「尐」各本譌作「疋」，說文：「尐，從小乀聲。」廣雅「杪、尐，小也。」其義本之此條。曹憲音釋：「尐，子列反。」今據以訂正。

屑、往，勞也。屑屑、往來，皆劬勞也。屑、惟王相，獪也。市獪。

案：廣雅：「屑、往，勞也。」義本此。「惟」廣韻作「迋」，云：「誤人。」與「旺」同音。注內「王相」當作「音王相之王」。

效音皎、烓口類反，明也。

案：「效」廣雅作「皎」，云：「皎、烓，明也。」義本此。

滐、將，威也。

案：「滐」今通作「淒」。

嫣居僞反、娗音挺，僔也。爤僔健狡也。博丹反。

案：「僔」各本譌作「傷」，今訂正。注内「爤僔」即「爤㷿」，爤，讀如「蘭」，乃與「僔」爲疊韻。或「爤」譌爲「爤」耳。

儇、虔，謾也。謂慧黠也。莫錢反。

案：「虔、儇，慧也。秦謂之謾。」已見前卷一内，此申重言之也。

佻，疾也。謂輕疾也。音糶。

案：詩小雅「佻佻公子，行彼周行」，毛傳：「佻佻，獨行貌。」爾雅釋訓：「佻佻、契契，愈遐急也。」與此訓「疾」意合。左思吳都賦「儇佻坌並」，劉逵注引方言：「儇、佻，疾也。」廣雅：「挑，疾也。」義本此。「挑」當作「佻」。

鞅、侼音勃，强也。謂强戾也。鞅、侼，懟也。亦爲怨懟。鞅猶怏也。

案：史記伍子胥列傳：「常鞅鞅怨望。」淮陰侯列傳：「由此日怨望，居常鞅鞅，羞與絳、灌等列。」又高祖本紀：「此常怏怏，今乃事少主。」絳侯世家：「此怏怏者，非少主臣也。」漢書皆作「鞅鞅」，顔師古注云：「鞅鞅，不滿足也。」廣雅：「侼、怏，强也。勃、怏，懟也。」義皆本此。「鞅」「怏」、「侼」「勃」古通用。

追、末，隨也。

案：「末」各本譌作「未」，廣雅：「追、末、隨，逐也。」義本此。今據以訂正。

僉、怚，劇也。謂勤劇。音驕怚也。僉，夥也。僉者同，故爲夥。音禍。

案：注内「驕怚」，昔人有是語，說文云：「怚，驕也。」「故爲夥」之「夥」，各本譌作「多」，今改正。

夸、烝，婬也。上婬爲烝。

案：「婬」各本譌作「媱」，注内同，今改正。廣雅：「夸、烝，婬也。」本此。春秋桓公十六年左傳「初，衛宣公烝於夷姜」，杜預注云：「上淫曰烝。」「淫」「婬」古通用。

𢂛、頻音頻，𧏖也。謂憤𧏖也。

案：廣雅：「𢂛、頻，𧏖也。」義本此。「頻」說文作「𩕾」，云：「涉水顰蹙。」

縈、激，清也。

案：說文：「縈，回疾也。激，水礙邪疾波也〔五〕。」故皆爲清急之義。

紓音舒、𨒵，緩也。謂寬緩也。

案：詩小雅「匪交匪紓」，毛傳：「紓，緩也。」春秋莊公三十年左傳「以紓楚國之難」，杜預注云：「紓，緩也。」禮記檀弓篇「文子其中退然如不勝衣」，鄭注云：「退，柔和貌。」廣雅：「𨒵，緩也。」𨒵，古「退」字。

清、躡，急也。

案：廣雅：「清、躡，急也。」義本此。

抒抒井、癋胡計反，解也。蒧音展、逞，解也。蒧訓勑，復言解，錯用其義。

案：「抒」各本譌作「杼」，今訂正。春秋文公六年左傳「難必抒矣」，杜預注云：「抒，除也。」隱公九年、成公元年兩言「乃可以逞」，杜注並云：「逞，解也。」廣雅：「紓、蒧、呈，解也。」「紓」當作「抒」，「呈」即「逞」之譌。注内「抒井」，當作「音抒井之抒」。廣韻「抒」字注云：「渫水，俗作汿。」

抵音觸抵、秘，刺也。皆矛戟之矡，所以刺物者也。

案：「抵」各本譌作「柢」，今訂正。「秘」亦作「拯」，廣雅：「抯、拯，刺也。」義本此。「抯」即「抵」之譌。廣韻「撑」字注云：「方言：『刺也。』亦作拯。」所引即此條，字異音義同。

倩、荼，借也。荼猶徒也。

案：前卷三「婿謂之倩」，注云：「言可借倩也。」廣雅：「賃、荼、差、且、假、貸，僭也。」「僭」即「借」之譌。

懸朴，劈歷、打撲二音。猝也。謂急速也。

案：「懟朴」雙聲，形容急速之意。廣雅：「懟朴，猝也。」義本此。

麋、黎，老也。麋猶眉也。

案：前卷一內作「眉梨」，古字「眉」通用「麋」。廣雅：「眉、黎，老也。」

萃、離，待也。

案：「萃」亦作「崪」。「待」各本譌作「時」。廣雅：「崪、離，待也。」義本此。今據以訂正。

漢、赫，怒也。赫，發也。

案：「赫」各本譌作「荓」，今訂正。大雅「王赫斯怒」，鄭箋云：「赫，怒意也。」廣雅：「漢、赫，怒也。赫，發也。」義皆本此。

譕呼瓜反、吁音于，然也。皆應聲也。

案：廣雅：「譕、吁、然，譍也。」曹憲音釋：「吁，虚于反，又音于。」

猜、忴，恨也。

案：潘岳馬汧督誄「忘爾大勞，猜爾小利」，李善注引方言：「猜，恨也。」廣雅：「忴，恨也。」義本此。

艮、磑五碓反，堅也。艮、磑皆名石物也。

案：宋玉高唐賦「（振）〔裖〕陳磑磑」〔六〕，張衡思玄賦「行積冰之磑磑兮」，李善注皆引方言：「磑，堅也。」易說卦：「艮爲小石。」說文：「磑，𥕢也。」故注云：「艮、磑皆名石物也。」「石」字各本譌在「名」上，今訂正。

𥆧音淫、眼，明也。𥆧〔七〕，光也。

案：「𥆧」各本譌作「䀜」，廣雅：「𥆧，明也。」曹憲「音淫」，今據以訂正。眼，音亮。諸刻譌作「眼」，今從永樂大典本。

忕愉，悦也。忕愉，猶呴愉也。音敷。

案：「忕」亦作「敷」，漢瑟調曲隴西行：「好婦出迎客，顏色正敷愉。」敷愉，雙聲形容之辭。廣雅：「忕愉，說也。」「說」即「悦」。又：「忕愉，喜也。」

即、圍，就也。即，半也。「即」一作「助」。

案：各本「就」下脱「也」字，今補。廣雅：「即，就也。」玉篇云：「圍，就也。」廣韻：「即，就也，半也。」義皆本此。

惙、怞，中也。「中」宜爲「忡」。忡，惱怖意也。

案：詩召南「憂心忡忡」、「憂心惙惙」，毛傳：「忡忡，猶衝衝也。惙惙，憂也。」爾雅釋訓：「忡忡、惙惙，憂也。」玉篇云：「怞，憂心也。」

幬、蒙，覆也。幬，戴也。此義之反覆兩通者。字或作「燾」，音俱波濤也。

案：「幬」亦作「幬」，「蒙」亦作「幏」，廣雅：「幬、幏，覆也。」義本此。「幬」今作「幬」，中庸「無不覆幬」，注云：「幬，亦覆也。或作燾。」春秋襄公十年左傳「建大車之輪，而蒙之以甲以爲櫓」，杜預注云：「蒙，覆也。」説文本作「冡」，云：「覆也。」

堪、輂音釘鋦，載也。輂輿亦載物者也。

案：廣雅：「堪、輂，載也。」義本此。曹憲音釋：「輂，恭録反。」注内「音釘鋦」，玉篇「鋦」字注云：「以鐵縛物。」故有「釘鋦」之語。

搖、祖，上也。祖，搖也。祖，轉也。互相釋也。動搖則轉矣。

案：廣雅：「搖、祖，上也。」義本此。

括音适、關，閉也。易曰：「括囊，無咎。」

案：易坤：「六四，括囊，無咎無譽。」釋文引方言云：「括，閉也。」廣雅：「關、括、閉，塞也。」

衝、俶，動也。

案：廣雅：「衝、俶，動也。」義本此。「衝」「俶」即「衝」「俶」。

羞、厲，熟也。熟食爲羞。厲，今也。

案：張衡南都賦「珍羞琅玕」，李善注引方言：「羞，熟也。」「厲」亦作「礪」。廣雅：「羞、礪，靯也。」義本此。「今」當爲「矜」，月令「天子乃厲飾」，鄭注云：「厲飾謂戎服，尚威武也。」春秋僖公九年公羊傳「葵丘之會，桓公震而矜之。矜之者何？猶曰莫我若也」，何休注云：「色自美大之貌。」「厲」與「矜」又皆爲「危」，春秋定公元年穀梁傳「踰年即位，厲也」，范甯注云：「厲，危也。」詩小雅「居以凶矜」，毛傳：「矜，危也。」鄭箋云：「居我以凶危之地。」廣雅：「矜、厲，危也。」

備、該，咸也。咸猶皆也。

案：「該」亦作「賅」，廣雅：「備、賅，咸也。」義本此。

噬，食也。噬，憂也。

案：左思蜀都賦「射噬毒之鹿」，李善注引方言：「噬，食也。」廣雅：「噬，食也。噬，憂也。」義皆本此。

㥦，悖也。謂悚悖也。

案：說文云：「悖，心動也。」玉篇云：「㥦，悖也，悚也。祗隹、祗癸二切。」

虜、鈔，强也。皆强取物也。鹵，奪也。

案：「虜」「鹵」古通用，亦作「擄」。廣雅：「擄、鈔，强也。」義本此。

鑈奴俠反，正也。謂堅正也。

案：廣雅「鑈，正也」。義本此。

蒔、植，立也。蒔，更也。謂更種也。音侍。

案：「植」各本多譌作「殖」，曹毅之本不誤。又作「蒩」，廣雅：「蒩、蒔，立也。蒔，種也。」「種」即「種」。左思魏都賦「陸蒔稷黍」，李善注云：「方言曰：『蒔，更也。』郭璞曰：『謂更種也。』」今注内「謂」譌作「爲」，據此所引改正。

鬌、尾、梢，盡也。鬌，毛物漸落去之名。除爲反。尾，梢也。

案：「鬌」各本譌作「鬐」，今訂正。説文云：「鬌，髮隋也。」廣韻「鬌」字注云：「髮落。直垂切。」亦作「䐹」。廣雅：「䐹、梢，盡也。」義本此。

殗、𠌯，㑭也。今江東呼「極」爲「殗」，音喙。外傳曰：「余病殗矣。」

案：注内「音喙」各本多譌作「音劇」，從曹毅之本。「𠌯」各本譌作「𠈃」，今訂正。史記司馬相如列傳「徼谻受屈」，裴駰集解云：「谻，音劇。駰案：郭璞曰：『谻、疲，極也。』言獸有倦游者，則徼而取之。」索隱：「司馬彪云：『谻，倦也。』謂遮其倦者。」又説文云：『谻，勞也〔八〕。』燕人謂勞爲谻。」漢書注：「蘇林曰：谻，音倦谻之谻。」又「與其窮極倦谻」，漢書注引郭璞云：「窮極倦谻，疲憊也。」説文丮部：「谻，相踦谻也。」徐鍇繫傳云：「上林賦：『徼谻受屈』，謂以力相踦角，徼要極而受屈也。」人部：「𠊲，徼𠊲受屈也。」繫傳云：「𠊲，困劇也。言見徼遮困劇則受屈也。」心部：「㤟，勞也。」即索隱所引。此三字應以「谻」爲本字，「𠊲」「㤟」皆其別體。方言因「谻」加「人」旁作「㑘」，猶「券」加「人」旁作「倦」耳。「㑘」之於「𠊲」「㤟」，亦猶「倦」之於「倦」。廣雅：「㱦、券、𠊲，極也。」

𪓰音蛙、律，始也。

案：「律」亦作「葎」，廣雅：「𪓰、葎，始也。」義本此。曹憲音釋：「葎，音律。」

蓐、臧，厚也。

案：廣雅：「蓐、臧，厚也。」義本此。

遵、遂，行也。遂遂，行貌也。魚晚反。

案：廣雅：「遵、遂，行也。」義本此。

鑴音攜、餟祭醊，餽也。音愧。

案：「鑴餟」諸刻譌作「鑴餟」，注内「祭醊」當云「音祭醊之醊」，諸刻「醊」譌作「餟」，今並從永樂大典本。

餼香既反、饑音映，飽也。

案：「餘」諸刻譌作「錄」，今從永樂大典本。廣雅：「錄，飽也。」義本此。

惵度協反、𦙍音垢，嬴也。音盈。

案：「嬴」與「盈」通，玉篇云：「惵，盈也。」義本此。

趙、肖，小也。

案：廣雅：「肖，小也。」義本此。

蚩、愮音遥，悖也。謂悖惑也。

案：後漢書袁紹列傳：「揚雄有言『六國蚩蚩』」，注引方言：「蚩，悖也。」廣雅：「蚩、愮，亂也。」

吹、扇，助也。吹嘘扇拂相佐助也。

案：廣雅：「吹、扇，助也。」義本此。

焜、曅，晠也。韡曅焜燿，晠貌也。

案：「焜」亦作「昆」，「曅」亦作「燁」〔九〕，「晠」亦作「盛」，廣雅：「燁、昆，盛也〔一〇〕。」

苦、翕，熾也。

案：廣雅：「苦、翕，熾也。」義本此。

蘊，崇也。蘊、嗇，積也。嗇者貪，故爲積。嗇、𤕤，合也。

案：任昉百辟勸進今上箋「近以朝命蘊策」，李善注云：「方言曰：『蘊，崇也。』謂尊崇而加策命也。」左思魏都賦「雖踰千祀而懷舊蘊於遐年」，江淹雜體詩「悠悠蘊真趣」，李善注皆引方言「蘊，積也」。「嗇」通作「嗇」，亦作「繙」。「彌」各本譌作「殄」，今訂正。「彌」通作「彌」，省作「弥」，遂譌而爲「殄」耳。「蘊」亦作「薀」，廣雅：「薀、崇、嗇，積也。繙、彌，合也。」義皆本此。

翬音揮、翻，飛也。翬翬，飛貌也。

案：「翻」「矯」古通用。孫綽遊天台山賦「整輕翮而思矯」，李善注引方言：「矯，飛也。」廣雅：「翬、矯，飛也。」義本此。

憤、自，盈也。

案：樂記「粗厲、猛起、奮末、廣賁之音作，而民剛毅」，鄭注云：「賁讀憤。憤，怒氣充實也。」周語「陽癉憤盈」，韋昭注云：「憤，積也。」廣雅：「憤，盈也。」

嘷喚嘷、諻從橫，音也。

案：左思吴都賦「喧嘩喤呷」，李善注引方言：「諻，音也。」「喤」「諻」通。玉篇云：「嘷，羣呼煩擾也。諻，音也。」注内「喚嘷」「從橫」當作「音喚嘷之喚」「音從橫之橫」。

攄音盧、遬音敕，張也。

案：廣雅：「遫，張也。」玉篇云：「攎，張也。」皆本此。

岑、夤，大也。岑，高也。岑崟，峻貌也。

案：廣雅：「岑、夤，大也。岑，高也。」皆本此。江淹雜體詩「岑崟還相蔽」，李善注云：「郭璞注方言曰：岑崟，峻貌。」

效、眝音户，文也。眝眝，文采貌也。

案：廣雅：「眝，文也。」義本此〔一二〕。

鈵音柄、董，固也。謂堅固也。

案：「固」各本譌作「錮」。廣雅：「鈵、董，固也。」玉篇於「鈵」字、「董」字並云：「固也。」與此注合，今據以訂正。

扜、搷音填，揚也。謂播揚也。

案：「扜」各本譌作「扞」，今訂正。説文：「扜，指麾也。」廣韻：「扜，揚也。」玉篇：「搷，揚也。」廣雅作：「扞、搷，揚也。」二字並譌。

水中可居爲洲，三輔謂之淤。音血淤。上林賦曰「行乎洲淤之浦」也。蜀、漢謂之𡕉手臂。

案：史記司馬相如列傳「行乎洲淤之浦」，集解：「郭璞曰：淤亦州名，蜀人云。見方言。」李善注上林賦云：「方言曰：水中可居者曰洲，三輔謂之淤也。」「𡕉」各本譌作「㜸」，玉篇云：「㜸，水洲也。」廣韻於「㜸」字云：「蜀、漢人呼水洲曰㜸。」皆本此。今據以訂正。

殹音醫，幕也。謂蒙幕也。

案：「殹」即「翳」，音輕重異耳。

刳音枯，狄也。宜音剔。

案：「狄」「剔」古亦通用。詩魯頌「狄彼東南」，鄭箋云：「狄當作剔。剔，治也。」釋文引韓詩作「鬄」云：「鬄，除也。」

度高爲揣常絹反。

案：孟子「不揣其本，而齊其末，方寸之木可使高於岑樓」，春秋昭公三十二年左傳「揣高卑」，杜預注云：「度高曰揣，度深曰仞。」

半步爲跬羌箠反。

案：荀子勸學篇「故不積蹞步，無以至千里」，楊倞注云：「半步曰蹞。蹞與跬同。」漢書息夫躬傳「未有能窺左足」，注：「蘇林曰：窺音跬。師古曰：跬，半步也。言一舉足也。」説文作「趌」，云：「半步也。」

半盲爲睺。呼鉤反，一音猴。

案：玉篇云：「半盲爲睺。」本此。

未陞天龍謂之蟠龍。

案：後漢書張衡傳「龍德泥蟠」，注云：「揚雄方言曰：未升天龍謂之蟠。」脱一「龍」字。左思蜀都賦「潛龍蟠於沮澤」，王延壽魯靈光殿賦「蟠螭宛轉而承楣」，袁宏三國名臣序贊「初九龍蟠」，李善注並引方言：「未升天龍謂之蟠龍。」「升」「陞」通。

裔，夷狄之總名。邊地爲裔，亦四夷通以爲號也。

案：春秋文公十八年左傳「投諸四裔」，杜預注云：「裔，遠也。」

考，引也。

案：玉篇云：「考，壽考延年也。」廣韻：「考，引也。」義本此。

弼，高也。

案：廣雅：「弻，高也。」義本此。「弻」即「弼」。

上，重也。

案：漢書匡衡傳「治天下者審所上而已」，顔師古注云：「上謂崇尚也。」「尚」「上」義相通。春秋襄公二十七年左傳「尚矣哉」，杜預注云：「尚，上也。」禮記緇衣篇「不重辭」，鄭注云：「重猶尚也。」

箇古餓反，枚也。謂枚數也。

案：「箇」古作「个」，亦作「個」。大射儀「搢三挾一个」，鄭注云：「个猶枚也。」士虞禮「俎釋三个」，注云：「个猶枚也。今俗或名枚曰個，音相近。」特牲饋食禮注云：「个猶枚也。今俗言物數有云若干个者，此讀然。」漢書刑法志「負矢五十个」，顏師古注云：「个讀曰箇，箇，枚也。」説文云：「箇，竹枚也。」玉篇云：「箇，數之一枚也。」

一，蜀也。南楚謂之蜀。蜀猶獨耳。

案：廣雅：「蜀，弌也。」説文云：「弌，古文一。」爾雅釋山「獨者，蜀」，郭璞注云：「蜀亦孤獨。」

校注

〔一〕孟啖我　見國語晉語二。孟乃晉大夫里克妻子的字。爾雅釋言：「孟，長也。」古代女子多以排行爲稱。韋昭注：「孟，里克妻子。」郭注引以作方言「孟，姊也」的書證。義與韋異，可備一説。

〔二〕簞笥　「簞」當爲「箄」之譌字。箄笥，盛飯食的竹器。

〔三〕歇　原作「渴」，據聚珍版本及説文大徐本改。

〔四〕帷　原作「帳」，據説文繫傳及説文大徐本改。

〔五〕水礙邪疾波也　段玉裁説文注認爲當依衆經音義作「水流礙邪急」。

〔六〕振　今本文選作「裖」，今據改。裖，重疊貌。

〔七〕夭　原作「芺」，據聚珍版本改。

〔八〕䂹㔓也　今本説文「䂹，相踦之也」，不訓「㔓」。「䂹」當爲「㩻」之借字。

〔九〕韡亦作燁　聚珍版本作「韡曄同，亦作燁」。

〔一〇〕聚珍版本「盛也」下有「張協七命『觀聽之所煒曄也』，李善注引方言曰：『煒，盛也。』郭璞曰：『煒曄，盛貌也。』當即此條而字有譌舛」三十八字。

〔一一〕聚珍版本「義本此」下有「張衡西京賦『赫𣈶𣈶以宏敞』，李善注引埤蒼云：『𣈶，赤文也』」二十二字。

方言疏證卷十三

裔、歷，相也。裔、旅，末也。

案：爾雅釋詁：「艾、歷、覛、胥，相也。」廣雅：「裔，末也。」晉語「延及寡君之紹續昆裔」，韋昭注云：「裔，末也。」

毗、緣，廢也。

案：爾雅釋詁「毗，暴樂也」〔一〕，郭璞注云：「謂樹木葉缺落蔭疏。」「緣」「捐」同音。捐，弃也，故皆有廢義。

純、毣音沐，好也。毣毣，小好貌也。

案：「毣」亦作「旺」，廣雅：「純、旺，好也。」義本此。

藐音邈、素，廣也。藐藐，曠遠貌。藐，漸也。

案：楚辭九章：「藐曼曼之不可量兮。」廣雅：「藐、素，廣也。」義本此。

蹻蹻躍、抍拯拔，拔也。出休爲抍，出火爲蹻也。「抍」一作「椒」，「蹻」一作「踚」。

案：春秋宣公十二年左傳「目於眢井而拯之」，杜預注云：「出溺爲拯。」疏云：「方言文。」列子黄帝篇：「孔子觀於吕梁，懸水三十仞，流沫三十里，黿鼉魚鱉之所不能游也。見一丈夫游之，以爲有苦而欲死者也，使弟子並流而承之。」張湛注云〔二〕：「承音拯。方言：『出溺爲承。』諸家直作拯，又作撜。」説文云：「休，没也。從人從水。」「休」「溺」古通用。廣雅：「踚、抍，拔也。」義本此。注内「踊躍」「拯拔」，當作「音踊躍之躍」，「音拯拔之拯」。

炖託孫反、焃音鬩、煓波湍，赫也。皆火盛熾之貌。

案：説文云：「赫，火赤貌。」玉篇云：「炖，風與火也。焃，光也。煓，火熾也。」各本「赫」譌作「苏」，下衍「貌」字，今訂正。前卷十二内：「赫，怒也。赫，發也。」亦譌作「苏」。注内「波湍」當作「音波湍之湍」。

憒、竅孔竅，阨也。謂迫阨。烏革反。

案：注内「孔竅」當作「音孔竅之竅」。

杪、眇，小也。

案：漢書律曆志「究其微眇」，顔師古注云：「眇，細也。」馬融長笛賦「僬眇睢維」，李善注引方言：「眇，小也。」廣雅：「杪、眇，小也。」義本此。「眇」即「眇」之譌。

譶、呰，謗也。謗言噂譶也。音沓。

案：後漢書王梁傳「百姓怨讟」，注云：「讟，謗也。」廣雅：「謗、咎、讟，惡也」。曹憲音釋：「讟音讀。」此注云「謗言噂讟也」，「噂讟」即「噂沓」。詩小雅「噂沓背憎」，春秋僖公十五年左傳引作「僔沓背憎」。「讟」字，郭璞直音沓，與曹憲異。

蕆、敕、戒，備也。蕆亦訓敕。

案：春秋文公十七年左傳「以蕆陳事」，賈、服注皆云：「蕆，敕也。」張衡東京賦「雖萬乘之無戒，猶怵惕於一夫」，薛綜注引方言：「戒，備也。」廣雅：「蕆、飭、戒，備也。」義本此。「飭」「敕」通。

摵音縮、𢶍音致，到也。

案：廣雅：「𣝖、槭，至也。」「𣝖槭」即「𢶍摵」之譌。玉篇、廣韻並云：「摵，到也。」說文云：「𢶍，刺之財至也。」

黬、䐈，忘也。

案：「黬」各本譌作「聲」，今訂正。說文云：「黬者，忘而息也。」廣雅：「黬、䐈，忘也。」義本此。

黮度感反、䵨莫江反，私也。皆冥暗，故爲陰私也。

案：廣雅：「黮、䵨，私也。」義本此。玉篇於「䵨」字云：「冥闇，故曰陰私也。」即此條注文。

龕音堪、喊音減、啝、荒麥反，亦音郁。 唏虚几反，聲也。

案：玉篇於「龕」「喊」「啝」並云：「聲也。」本此。注内「虚」各本多譌作「靈」，今從曹毅之本。

箖音涂、箄方婢反，析也。析竹謂之箖。今江東呼篾竹裹爲箖，亦名爲箄也。

案：説文云：「箖，折竹笢也。笢，竹膚也。」廣雅：「析、箖，分也。」注内「笢」字各本譌作「箖之」二字，今訂正。

嗕音逵、唷音蹴，使也。

案：玉篇云：「嗕，使也。」義本此。「唷」「嗾」一聲之轉。嗾，音漱。説文云：「使犬聲。」

蠢，作也。謂動作也。

案：詩小雅「蠢爾蠻荆」，毛傳：「蠢，動也。」爾雅釋詁：「蠢，作也。」郭璞注云：「蠢，動作也。」考工記「則春以功」，鄭注云：「春讀爲蠢，蠢，作也，出也。」春秋昭公二十四年左傳「今王室實蠢蠢焉」，杜預注云：「蠢蠢，動擾貌。」

忽、達，芒也。謂草杪芒射出。 芒、濟，滅也。外傳曰：「二帝用師以相濟也。」

案：詩周頌「實函斯活，驛驛其達」，毛傳：「實，種子也。函，含也。活，生也。達，射也。」鄭箋云：「達，出地也。」疏云：「苗生達也，則射而出。」春秋昭公二十九年左傳「木正曰句芒」，杜預注云：「取木生句曲而有芒角也。」「芒」又同「亡」，廣韻：「亡，滅也。」晉語韋昭注云：「濟，當爲擠。擠，滅也。」莊子人間世篇：「故其君因其脩以擠之」，釋文引方言：「擠，滅也。」

劆音廓、劙音儷，解也。

案：廣雅：「劆、劙，解也。」玉篇於「劆」「劙」二字並云：「解也。」義本此。

魏，能也。

案：魏訓能，未詳。當亦是「嫢」之譌，見前卷二郭注云：「嫢嫢，小成貌。」與「能」之義亦相因。

㶝，刻也。

案：「㶝」諸刻譌作「㶝」，今從永樂大典本。集韻於「㶝」字云：「方言：刻也。謂相難折。」似兼引注文，今方言脱此注。

聳山頂反，悚也。謂警聳也。

案：周語「身聳除潔」，韋昭注云：「聳，懼也。」楚語「昔殷武丁能聳其德，至於神明」，注云：「聳，敬也。」

跌，蹷也。偃地也。江東言跢。丁賀反。

案：説文：「跌，越也。蹶，僵也。」「蹶」「蹷」同。玉篇：「跌，仆也。跢，小兒行貌。」注内「偃地也」，各本「也」譌作「反」，今訂正。

蘪，蕪也。謂草穢蕪也，音務。

案：「蕪」諸刻譌作「無」，今從永樂大典本。

漫、淹，敗也。濕敝爲漫，水敝爲淹。皆謂水潦漫澇壞物也。

案：禮記儒行篇「淹之以樂好」，鄭注云：「淹謂浸漬之。」廣雅：「漫、淹，敗也。」義本此。

䀤音狸、挴亡改反，貪也。

案：玉篇引方言：「䀤，貪也。」楚辭天問篇「穆王巧梅」，王逸注云：「梅，貪也。」洪興祖補注云：「梅，一作挴。方言：梅，貪也。」「梅」「挴」皆「挴」之譌。廣雅：「挴、䀤，貪也。」玉篇、廣韻並云：「挴，貪也。」皆本此。亦通作「每」，漢書敘傳「致死爲福，每生作禍」，顔師古注云：「每，貪也。」

㩐恪潁反、埏音延，竟也。

案：「埏」各本譌作「挻」，今訂正。史記司馬相如列傳「上暢九垓，下泝八埏」，集解：「駰案：漢書音義曰：『埏若兗埏，地之八際也。』」顔師古注漢書云：「埏，本音延，合韻音弋戰反。」廣雅：「擷、挺，竟也。」「挺」亦「埏」之譌。「埏」與「挺」皆無延音。

譴喘，轉也。譴喘，猶宛轉也。

案：廣雅：「讉喘，轉也。」本此。「讉」即「譴」之譌。

困、胎、偽，逃也。皆謂逃叛也。偽音鞭撻。

案：「偽」即「倢」，各本譌作「偽」，今訂正〔三〕。玉篇引方言：「倢，逃也。」廣雅：「困、胎、倢，逃也。」義本此。「倢」即「倢」之譌。曹憲音釋：「倢，勑逵反。」舛誤不可通。

隋、毻，易也。謂解毻也。他臥反。

案：廣雅：「毻，解也。」廣韻：「毻，鳥易毛也。」枚乘七發「手足惰窳」，李善注引方言注曰：「墮，懈墮也。」即此注文，而所見本不同。

姚音遥娧，好也。謂姅娧也。

案：「姚」各本譌作「恌」，曹毅之本不誤。「娧」各本譌作「說」，注内譌作「悅」，今訂正。廣雅：「姚、娧，好也。」曹憲音釋：「姚音遥。娧，通外反。」玉篇云：「娧，好貌。」

憚、怛，惡也。心怛懷，亦惡難也。

案：廣雅：「憚，惡也。」義本此。

吴，大也。

案：周頌「不吴不敖」，毛傳：「吴，譁也。」説文：「吴，大言也。」釋文云：「何承天云：吴字誤，當爲吳，從口下大，故魚之大口者名吳，胡化反。此音恐驚俗也。」史記武帝本紀引詩作「不虞不驁」，索隱云：「案：何承天云：『此虞當爲吳。』」皆妄變字體以就謬説。

灼，驚也。猶云恐灼也。

案〔四〕：「灼」亦作「彴」，廣雅：「彴，驚也。」義本此。曹憲音釋：「彴音灼。」

賦，動也。賦斂所以擾動民也。

案：廣雅：「賦，動也。」義本此。

瘃巨畏反，極也。江東呼極爲瘃，倦聲之轉也。

案：詩大雅「混夷駾矣，維其喙矣」，毛傳：「喙，困也。」前卷十二內「㱚，㑭也」，注云：「今江東呼極爲㱚。」是「㱚」與「瘃」字異音義同。玉篇云：「瘃，困極也。」亦作「喙」，廣韻引詩「昆夷瘃矣」，云：「本亦作喙。」所引詩脱去中四字。

煎，盡也。

案：廣雅：「煎，盡也。」義本此。

爽，過也。謂過差也。

案：廣雅：「爽，過也。」義本此。爾雅釋言：「爽，差也。爽，忒也。」郭璞注云：「皆謂用心差錯不專一。」

蟬，毒也。

案：「蟬」即「慘」聲之轉耳。説文云：「慘，毒也。」廣雅：「毒，惡也。」

慘，惛也音酋。惛，惡也。慘悴，惡事也。

案：「慘」「慘」通。廣雅：「惛，惡也。」義本此。

還，積也。

案：此義別無可考。荀子非相篇注引方言云：「儇，疾也。」文選南都賦注引方言曰：「儇，急疾也。」吳都賦注引方言曰：「儇、佻，疾也。」佻之爲疾，見前卷十二内而無「儇，疾」之訓。「儇疾」「還積」或字形音聲疑似而譌。

宛音婉，蓄也。謂宛樂也。

案：郭璞葬書言：「宛而中蓄。」正合此義。注内「謂宛樂也」，其語未詳所出。廣韻「惋」「宛」同音，注云：「歡樂。」然「宛樂」與「宛蓄」絶不相蒙。「謂」字或「音」字之譌。

類，法也。

案：「類，法也」已見前卷七内。諸刻無此三字，永樂大典本及曹毅之本有之。書内重見者多矣，後人删去非也。

猴音侯，本也。今以鳥羽本爲猴。

案：廣雅：「猴，本也。」義本此。

懼，病也。懼，驚也。

案：「懼」當作「瞿」，故有「病」「驚」二義。禮記檀弓篇：「瞿瞿然如有求而弗得。」玉藻篇：「視容瞿瞿梅梅。」一爲憂悼在心，一爲驚遽不審，於義近之。

葯，纏也。謂纏裹物也。葯猶纏也。音約。

案：「葯」「約」古通用。「纏」各本譌作「薄」，注内「纏裹」譌作「薄裹」，「音約」諸刻譌作「音決」，永樂大典本譌作「音決的」，今訂正。潘岳射雉賦「首葯緑素」，徐爰注云：「方言曰：葯，纏也。猶纏裹也。」

膣，短也。便旋，庳小貌也。

案：廣雅：「膣，短也。」義本此。

掊，深也。掊克深能。

案：廣雅：「掊，深也。」義本此。詩大雅「曾是掊克」，釋文云：「聚斂也。」史記封禪書：「見地如鉤狀，掊視得鼎。」後漢書百官志注云：「胡廣曰：鹽官掊坑而得鹽。」

涅，休也。

案：「涅」各本譌作「湼」，今訂正。廣雅：「溺、涅，没也。」「休」即古「溺」字。曹憲音釋：「涅，乃結反。」

撈音料，取也。謂鉤撈也。

案：廣雅：「撈，取也。」義本此。曹憲音釋：「撈，音牢，又力幺反。」

摸音莫，撫也。謂撫順也。

案：「摸」各本譌作「膜」，廣雅：「摸，撫也。」義本此。今據以訂正。

由，式也。

案：廣雅：「由，式也。」義本此。

猷，詐也。猷者言，故爲詐。

案：猷之爲詐，即匿謀之謂。

萑，隨也。

案：今人猶謂蒙窗櫺櫳格曰萑。隨者，隨其大小也。

揣，試也。揣度試之。

案：廣雅：「揣，試也。」義本此。曹憲音釋：「揣，測委、丁果二反。」

顡巨廩反，怒也。顡顡，恚貌也。

案：廣雅：「顡，怒也。」義本此。

埝音坫肆，下也。謂陷下也。

案：廣雅：「埝，下也。」義本此。曹憲音釋：「埝，乃頰反。」

讚，解也。讚訟，所以解釋理物也〔五〕。

案：「讚」「贊」同用，取贊明之義。

賴，取也。

案：廣雅：「賴，取也。」義本此。

拎音鉗，業也。謂基業也。

案：廣雅：「拎，業也。」義本此。

帶，行也。隨人行也。

案：廣雅：「帶，行也。」義本此。

康，空也。康㝗，空貌。康或作歉，虚字也。

案：「康」各本作「漮」，注内「康㝗」各本譌作「漮窨」，今訂正。「康」「康」古通用，别作「漮」，亦作「歉」。說文云：「康，屋康㝗也。漮，水虚也。歉，飢虚也〔六〕。」「康㝗」俗又作「㡉㝗」。詩小雅「酌彼康爵」，鄭箋云：「康，虚也。」爾雅釋詁：「漮，虚也。」郭璞注云：「漮之言空也。」釋文云：「方言作㡉。」疏引方言：「漮㝗，空貌。」司馬相如長門賦「委參差以槺梁」，李善注云：「方言曰：『㡉，虚也。』㡉與槺同。」此所引改「空」爲「虚」，蓋誤憶耳。

湛，安也。湛然，安貌。

案：廣雅：「湛，安也。」義本此。曹憲音釋：「湛，丈減反〔七〕。」

嘪音督，樂也。嘪嘪，歡貌。

案：廣雅：「嘪，樂也。」義本此。廣韻引方言曰：「嘪嘪，歡貌。」即此注文，蓋脱一「注」字。

㛲音婉，歡也。歡樂也。

案：陸機於承明作與士龍詩「婉孌居人思，紆鬱遊子情」，李善注云：「方言曰：

『俒，歡也。』俒與婉同，古字通。説文曰：『孌，慕也。』

衎音看，定也。衎然，安定貌也。

案：廣雅作「刊，定也」，與郭本異，義亦可通。

膒魚自反，腮也。謂息肉也。

案：玉篇、廣韻於腮字並云〔八〕：「腮肉。」

讟，痛也。謗誣怨痛也。亦音讀。

案：漢書五行志「作事不時，怨讟動於民」，顏師古注云：「讟，痛怨之言也。」廣雅：「讟，痛也。」義本此。説文云：「讟，痛怨也。」郭璞於前「讟，謗也」，音沓，故此云：「亦音讀。」

鼻，始也。畜之初生謂之鼻，人之初生謂之首。梁、益之間謂鼻爲初，或謂之祖，祖，居也。鼻、祖，皆始之別名也。轉復訓以爲居，所謂代語者也。

案：廣雅：「鼻，始也。」義本此。漢書食貨志「舜命后稷，以黎民祖飢」〔九〕，孟康注云：「祖，始也。」揚雄傳「或鼻祖於汾隅」，注引劉德云：「鼻，始也。」

充，養也。

案：「充」各本譌作「㐬」，今訂正。廣雅：「充，養也。」義本此。

翳，掩也。謂掩覆也。

案：陸機文賦「理翳翳而愈伏」，李善注引方言：「翳，奄也。」「奄」當作「掩」。曹植七啓「揜狡兔」，注引方言：「掩，覆也。」此語方言所無，似即此注文，脱「注」字耳。「揜」「掩」同。

臺，支也。

案：廣雅：「臺，支也。」義本此。

純，文也。

案：揚雄羽獵賦「光純天地」，李善注引方言：「純，文也。」廣雅：「純，文也。」義本此。

祐，亂也。亂宜訓治。

案：此義別無可考。

恌音遥，理也。謂情理也。

案：正文與注皆別無可考。

藴，晠也。藴藹茂貌。

案：廣雅：「薀，盛也。」義本此，「藴」「薀」、「晠」「盛」古通用。

搪音堂，張也。謂彀張也。

案：荀子正論篇「故魯人以糖」，楊倞注引方言：「糖，張也。謂轂張也。」荀子正文「糖」，「木」旁，注引此文亦作「木」旁，據方言應以「手」旁爲正，楊倞誤引也。

惲嘔憒反，謀也。謂議也。

案：廣雅：「惲，謀也。」義本此。

陶，養也。

案：「陶，養也」，已見前卷一内。

襟，格也。今之竹木格是也。音禁惡。

案：「襟」各本譌作「揲」，「格」譌作「挌」，曹毅之本不誤。廣韻：「襟，格也。」本此。

眦、曉，明也。

案：廣雅：「眦、曉，明也。」義本此。

扱，擭也。扱猶汲也。

案：説文：「扱，收也。」注内「汲」各本譌作「級」，今訂正。廣雅：「扱、檻、收、汲、捊，取也。」廣韻：「扱，取也；獲也，引也。擭，手取也。汲，引也。」「獲」即「擭」之譌。

扶，護也。扶挾將護。

案：廣雅：「護，助也。將，扶也。挾，輔也。」其義交互相通。

淬，寒也。淬猶淨也。作憒反。

案：玉篇、廣韻並云：「淬，寒也。」義本此。廣雅作「淬，寒也。」曹憲音釋：「淬，七碎反。」

溗，淨也。皆冷貌也。初兩、禁耕二反。

漉，極也。滲漉極盡也。

案：月令「仲春之月，毋漉陂池」，釋文云：「漉，竭也。」史記司馬相如列傳：「滋液滲漉。」説文云：「滲，下漉也。」廣雅：「漉，滲也。」

枚，凡也。

案：「枚」各本譌作「牧」，前卷十二「箇，枚也」。廣雅：「枚、箇，凡也。」今據以訂正。

易，始也。易代更始也。

案：易取更新義。書堯典「平在朔易」，王肅引詩「曰爲改歲」解之，是也，不必如注所説。

逭，周也。謂周轉也。

案：前卷十二内「逭，轉也」，故又爲周。

䵂，色也。䵂然，赤黑貌也。音熙。

案：廣雅：「䵂，色也。」本此。注内「黑」字諸刻作「毛」，永樂大典本及曹毅之本作「色」，皆譌舛。玉篇云：「䵂，赤黑色也。」廣韻於「䵂」字云：「赤黑貌。」今據以訂正。

恬，静也。恬淡安静。

案：張華答何劭詩「恬曠苦不足，煩促每有餘」，李善注引廣雅：「恬，静也。」此在前矣。

禔音祇，福也。謂福祚也。禔，喜也。有福即喜。

案：説文云：「禔，安福也。」廣雅：「禔，福也。」廣韻：「禔，喜也。」皆本此。

擻洛旱反、隓許規反，壞也。

案：潘岳西征賦「豈斯宇之獨隳」，李善注引方言：「隳，壞也。」「隳」即「隓」，廣雅：「擻，墮也。隓，壞也。」曹憲音釋：「擻音賴。」玉篇、廣韻並作「𥛓」，從示，云：「墮壞也。」

息，歸也。

案：息者作勞而休止，故有退歸之義。廣雅：「息，歸也。」義本此。

抑，安也。

案：廣雅：「抑，安也。」義本此。

潪，亡也。

案：潪匿隱遁，故爲逃亡之義。

曉，過也。曉，嬴也。

案：廣雅：「曉，過也。」義本此。

䂕，短也。䠇䂕，短小貌。音疣贅。

案：廣雅：「䂕，短也。」義本此。廣韻於「䂕」字云：「吴人呼短。」

隑，陭也。江南人呼梯爲隑，所以隑物而登者也。音剴切也。

案：廣雅：「隑，陭也。」本此。玉篇云：「隑，梯也。」漢書賈鄒枚路傳贊「賈山自下剴上」，注：「孟康曰：『剴謂剴切之也。』師古曰：『剴音工來反。』」

迒胡郎反，長也。謂長短也。迒，迹也。爾雅以爲兔迹。

案：廣雅：「迒，長也。」義本此。説文云：「迒，獸迹也。」

賦，臧也。

案：此義别無可考〔一〇〕。

蘊音温，饒也。

案：「藴」亦作「緼」，廣雅：「緼，饒也。」義本此。

芬，和也。芬香和調。

案：廣雅：「芬，和也。」義本此。

擣，依也。謂可依倚之也。依，禄也。禄位可依憑也。

案：廣雅：「擣，依也。」廣韻：「依，禄也。」皆本此。「擣」即「擣」。

䁘，腯也。腯腯肥充也。音腃，亦突。

案：廣雅：「腯，盛也。」「䁘」「盛」通。曲禮「豚曰腯肥」，鄭注云：「腯亦肥。春秋傳作腯腯充貌也。」釋文云：「腯，徒忽反。本或作豚〔一一〕。」據左傳「奉牲以告曰博碩肥腯」，曲禮注當云：「春秋傳作『肥腯』。」於正文「腯肥」爲異，故引之。下當云：「腯腯充貌也。」上句脱「肥」字，下句脱一「腯」字。「腯肥」不得作「豚肥」，蓋不知注有脱誤，從而妄改耳〔一二〕。

䶈音古雜，猝也。皆倉卒也。

案：廣雅：「䶈雜，猝也。」義本此。

䠥，行也。音跳䠥也。音藥。

案：廣韻有「䠥」字，與「躍」同音，云：「出走也。」於「行」之義爲近〔一三〕。廣雅：「踚，行也。」曹憲音釋云：「倫音，方言爲『藥』。」「藥」當作「蹫」。此注既云「音跳蹫」〔一四〕，又云「音藥」，蓋後人所加。

䀇，且也。䀇猶𪑿也。

案：䀇讀爲姑息之姑。廣雅：「婟，且也。」皆古字假借通用。禮記内則篇「姑與之，而姑使之」，鄭注云：「姑猶且也。」注内「𪑿」字各本多譌作「𪑾」，曹毅之本不誤。玉篇、廣韻有「𪑿」字，並云：「𪑿，息也。」

抽，讀也。

案：詩鄘風「不可讀也」，毛傳：「讀，抽也。」鄭箋云：「抽猶出也。」史記太史公自序「紬史記石室金匱之書」，集解：「徐廣曰：紬音抽。」索隱：「如淳云：『抽徹舊書故事而次述之。』小顏云〔一五〕：『紬謂綴集之也。』」方言以「讀」訓「抽」，兼此二義。

媵，託也。

案：爾雅釋言：「媵，送也。」「媵」即「媵」，釋文引方言：「媵，託也。」廣雅：「媵，託也。」義本此。

適，牾也。相觸迕也。

案：廣雅：「適，牾也。」義本此。郭璞、曹憲皆無音，以義推之當讀爲「適見於天」之

「適」〔一六〕。鄭注云：「適之言責也。」説文：「啎，逆也。」

埤音畀，予也。予猶與。

案：「埤」各本譌作「捭」，今訂正。廣雅：「埤，予也。」義本此。

䌖，縫也。

案：前卷十二内：「嗇、䌖，合也。」縫與合義相因。廣雅：「繬、彌，縫也。」「繬」「嗇」古通用。「彌」即「䌖」。

譯，傳也。譯，見也。傳宣語即相見。

案：廣雅：「譯，傳也。譯，見也。」皆本此。説文云：「譯，傳譯四夷之言者。」

梗，略也。梗概，大略也。

案：廣雅：「梗，略也。」義本此。

臆，滿也。愊臆，氣滿之也。

案：廣雅：「臆、溢、豐，滿也。」永樂大典本「滿」作「懑」，據廣雅證之，應以作「滿」者爲正。

隲音騭，益也。謂增益也。

案：廣雅、玉篇並云：「隲，益也。」廣韻於「隲」字云：「增益。」皆本此。

空，待也。來則實也。

案：廣雅：「空，待也。」義本此。

珇音祖，好也。珇，美也。美好等，互見義耳。

案：廣雅：「珇，好也。珇，美也。」皆本此。玉篇引方言曰：「珇，好也，美也。」

嫗，色也。嫗煦，好色貌。

案：樂記「煦嫗覆育萬物」，鄭注云：「氣曰煦，體曰嫗。」「嫗」亦作「嘔」，「煦」亦作「呴」。廣雅：「嘔、呴，色也。」

闓，開也。謂開門也。

案：廣雅：「闓，開也。」義本此。注內「開」各本譌作「關」，今改正。

摩，滅也。或作攠滅字。音糜。

案：後漢書文苑列傳「東攠烏桓」，注云：「字書『攠』亦『摩』字也。音靡。方言云：『摩，滅也。』」

菲音翡，薄也。謂微薄也。

案：諸葛亮出師表「不宜妄自菲薄」，李善注云：「方言曰：『菲，薄也。』郭璞曰：『微薄也。』」廣雅：「菲，薄也」。曹憲音釋於「菲」字云：「世人以此爲芳菲之菲，失之矣。」於「薄」字云：「世人作襌薄之薄，『艸』下著『溥』，亦失之矣。」

腆，厚也。

案：春秋昭公二十五年公羊傳「寡人有不腆先君之服」，何休注云：「腆，厚也。」

媟，狎也。相親狎也。

案：漢書賈山傳「古者大臣不媟」，顏師古注云：「媟，狎也。」説文云：「媟，嬻也。」亦通用「渫」，荀子榮辱篇「憍泄者，人之殃也」，楊倞注云：「泄與渫同，嫚也。」

芓香于反，大也。芓猶訏（也）〔耳〕。

案：詩小雅「君子攸芋」，毛傳：「芋，大也。」

煬音恙、翕，炙也。今江東呼火熾猛爲煬。

案：揚雄甘泉賦「南煬丹厓」，李善注引方言：「煬，炙也。」張衡東京賦「颺槱燎之炎煬」，薛綜注云：「郭璞方言注曰：火熾猛爲煬。」潘岳西征賦「詩書煬而爲烟」，李善注引方言注曰：「今江東呼火熾猛爲煬。」「翕」亦作「熻」，「暴」亦作「曝」，廣雅：「煬、熻、炙，爇也。煬、烈，曝也。」

馺索答反，馬馳也。馺馺，疾貌也。

案：揚雄甘泉賦「輕先疾雷而馺遺風」，李善注云：「方言曰：『馺，馳也。』郭璞曰：『馺，疾也。』」劉向九歎「馺高舉兮」，洪興祖補注引方言：「馺，馬馳也。注云：疾貌。」廣雅：「馺，馳也。」義本此。説文：「馺，馬行相及也。」

選、延，徧也。

「徧」各本譌作「偏」，廣雅：「周、帀、選、延，徧也。」今據以訂正。

澌，索也。盡也。

案：廣雅：「索、澌，盡也。」

晞，燥也。

案：廣雅：「燥、晞，乾也。」

梗，覺也。謂直也。

案：廣雅：「梗，覺也。」義本此。爾雅釋詁：「梗，直也。」詩大雅「有覺德行」，毛傳：「覺，直也。」

萃，集也。

案：萃訓集，已見前卷三内。

睆俾倪、睪音亦，明也。

案：廣雅：「曎，明也。」曹憲音釋：「曎音亦。」蓋「曎」即「睪」之譌。説文：「睪，從橫目，從㚔。」「睪」又加「目」，説文無此字。以義考之，當作「圛」。洪範「曰驛」，鄭本作

「圛」，疏云：「鄭以圛爲明，言色澤光明也。」

闓、臨，照也。闓，美也。闓闓，美德也。呼凱反。

照察之義。

案：「照」各本譌作「昭」，今訂正。晉語「臨長晉國者」，韋昭注云：「臨，監也。」監即照察之義。廣雅：「闓、臨，照也。闓，美也。」玉篇云：「闓，美也，照也。」皆本此。

篝方氏反、簍音縷、籅音餘、筥弓弢，篆也。古「筥」字。江、沔之間謂之籅，趙、代之間謂之筥，淇、衛之間謂之牛筐。淇，水名也。篆，其通語也。篆小者，南楚謂之簍，自關而西，秦、晉之間謂之篝。今江南亦名籠爲篝。

案：詩召南「於以盛之，維筐及筥」，毛傳：「方曰筐，圓曰筥。」周頌「載筐及筥」，鄭箋云：「筐筥所以盛黍稷也。」說文云：「篆，飲牛筐也。方曰筐，圜曰篆。簍，竹籠也。」「飲」乃「飤」之譌。「圓」「圜」古通用。玉篇云：「篆，飤牛筐也。亦作筥。江東呼小籠爲篝。」廣韻：「篆，飤牛筐。筥，牛篆。簍，小筐。」廣雅：「籅、筥、篝、簍，篆也。」本此。注內「弓弢」當作「音弓弢之弢」。

籠，南楚江、沔之間謂之篣，今零陵人呼籠爲篣，音彭。或謂之笯。音那墓反。亦呼籃。

案：廣雅：「篣、笯，籠也。」本此。曹憲音釋：「笯，女加、奴慕二反。」楚辭懷沙篇「鳳皇在笯兮」，王逸注云：「笯，籠落也。」洪興祖補注引說文曰：「籠也。南楚謂之篍。」今説文作「鳥籠也」。無「南楚謂之篍」句。注内「那墓反」，各本「那」譌作「都」，脱「反」字，今訂正。

箯，盛餅筥也。南楚謂之筲，今建平人呼筲，音鞭鞘。趙、魏之郊謂之答箯。今通語也。

案：廣雅：「筲，箯也。」論語「斗筲之人」，鄭注云：「筲，竹器。容斗二升。」「筲」亦作「箱」，説文云：「飯筥也，受五升。秦謂筥曰箱。」又於「䈰」字云：「一曰飯器，容五升。」「答」各本通作「去」〔一七〕，曹毅之本作「筀」。説文云：「凵盧，飯器，以柳爲之。凵或從竹，厺聲。」士昏禮「婦執笲棗栗」，鄭注云：「笲，竹器而衣者，其形蓋如今之筥𥫱蘆矣。」釋文：「𥫱，羌居反。蘆音盧。」𥫱蘆，即（口）〔凵〕盧，又即答箯。

錐謂之鍣。廣雅作「鉊」字。

案：「鍣」各本譌作「銘」，注内「鉊」譌作「銘」，今訂正。廣雅：「鍣，錐也。」曹憲音釋：「鍣音昭。」與此注云「作鉊」異。

無升謂之刁斗。謂小鈴也。音貂。見漢書。

案：「無升」二字應有譌舛。「刁」本作「刀」。史記李將軍列傳「不擊刁斗以自衛」，集解：「孟康曰：以銅作鐎器，受一斗。晝炊飯食，夜擊持行，名曰刁斗。」索隱：「刁音貂。案荀悦云：『刁斗，小鈴。如宫中傳夜鈴也〔一八〕。』蘇林曰：『形如鋗，以銅作之，無緣，受一斗。故云刁斗。鐎即鈴也。』埤倉云：『鐎，温器，有柄斗，似銚，無緣。』」說文：「錢，銚也。銚，温器也。」廣韻：「鐎，刁斗也。温器，三足而有柄。」據此數說，「無升」或「無緣」之譌。上當有「銚」字。

匕謂之匙音祇。

案：說文：「匕，一名柶。匙，匕也。」廣雅：「柶、匙，匕也。」詩小雅「有捄棘匕」，毛傳：「匕，所以載鼎實也。」士昏禮「匕俎從設」，鄭注云：「匕所以別出牲體也。」特牲饋食禮「棘心匕刻」，注云：「刻若今龍頭。」少牢饋食禮「雍人概鼎匕俎於雍爨，廩人概甑甗匕與敦于廩爨」，注云：「匕，所以匕黍稷者也。」疏云：「上雍人云匕者，所以匕肉。此廩人所掌米，故云：匕黍稷也。」有司徹「覆二疏匕于其上」，注云：「疏匕，匕柄有刻識者。」士冠禮「實勺觶角柶」，注云：「柶，狀如匕，以角爲之者，欲滑也。」雜記「枇以桑，長三尺，或曰五尺。刊其柄與末」，注云：「枇，所以載牲體者。此謂喪祭也，吉祭枇用棘。」釋文：「枇音匕，本亦作朼，音同。」

盂謂之櫂子殄反，河、濟之間謂之盌蠡。椀謂之盦。盂謂之銚鋭謠音。木謂之梋抉。椀亦盂屬，江東名盂爲凱，亦曰甌也。蠲、决兩音。

案：廣雅：「櫂、盌蠡、銚鋭、梋抉、盌、椀，盂也。」本此。「盌」「銚鋭」已見前卷五内。

「梋柍」各本譌作「涓抉」，今訂正。玉篇云：「櫺，盂也。盌盞，大盂也。盌，小盂，亦作椀。盦，椀也。椀謂之梋，盂屬也。柍，椀也。」「梋」「柍」雙聲，二字合爲一名。玉篇分言之，誤矣。

餌謂之餻，或謂之餈，或謂之鈴音鈴，或謂之餣央怯反，或謂之䬼音元。

案：周禮籩人「羞籩之實，糗餌粉餈」，鄭注云：「此二物皆粉稻米黍米所爲也。合蒸曰餌，餅之曰餈。糗者，擣粉熬大豆，爲餌餈之黏著以粉之耳。餌言糗，餈言粉，互相足。」疏云：「餌既不餅，明餅之曰餈。今之餈餻皆餅之，名出於此。」宋玉招魂「粔籹蜜餌」，洪興祖補注引方言：「餌謂之餻」，廣雅：「餻、𩟄、鈴、餣、䬼，餌也。」「𩟄」即「餈」之別體。

餅謂之飥音乇，或謂之餦餛。長、渾兩音。

案：徐堅初學記全引此條，作「或謂之餦，或謂之餛」。玉篇云：「餺飥，餅屬。」

餳謂之餦餭。即乾飴也。飴謂之䬪音該。䭅謂之䭚。以豆屑雜餳也，音髓。餳謂之餹。江東皆言餹。音唐。凡飴謂之餳，自關而東陳、楚、宋、衛之間通語也。

案：宋玉招魂「有餦餭些」，洪興祖補注引方言「餳謂之餦餭」，注云：「即乾飴也。」後漢書皇后紀「吾但當含飴弄孫」，注引方言：「飴，餳也。陳、楚、宋、衛之間通語。」說文云：「餳，飴和饊者也。飴，米蘖煎也。饊，熬稻粻程也。」「粻程」即「餦餭」。廣雅：「餦餭、飴、餕、餹，餳也。餚謂之䭡。」曹憲音釋：「餳，辭精反。」「餳」字說文「從食，易聲」。廣雅作「食」旁「易」。玉篇「餳」與「餹」並徒當切，而字作「食」旁「易」，劉熙釋名云：「餳，洋也。煮米消爛，洋洋然也。」周禮小師注：「管如今賣飴餳所吹者。」釋文云：「餳，辭盈反。李音唐。」「辭盈」「辭精」反音同，當作「餳」，若音唐，則當作「餹」。廣雅「餹」「餳」兩見，自不得同音。此字應以說文爲正。

𪎊音哭、𪌭音才、麧于八反、麰、音牟。大麥麴。麳、音脾。細餅麴。䴬、音蒙。有衣麴。麯，餜音。小麥麴爲麯，即䴭也。麴也。自關而西秦、豳之間曰𪎊。豳即邠，音斌。晉之舊都曰𪌭，今江東呼麴爲𪌭。齊右河、濟曰麧，或曰麰。北鄙曰麳。麴，其通語也。

案：廣雅：「𪌭、麧、麳、麰、𪎊、䴬，麴也。」本此。「䴬」即「䴬」。玉篇云：「𪎊，餅麴也。麳，細餅麴。䴬，有衣麴也，女麴也。」注內「䴭」即「細」，「餜」各本譌作「餛」，「䴭」譌作「䴭」，今訂正。玉篇云：「䴭，麥麴也。」

屋梠謂之欞。雀梠即屋檐也，亦呼爲連綿。音鈴。

案：劉熙釋名：「梠或謂之櫋，綿連榱頭使齊平也。上入曰爵頭，形似爵頭也。」「爵」「雀」古通用。廣雅：「檐、櫺，梠也。」「櫺」「欞」同。

甂謂之甋。即屋穩也。今字作「甍」，音萌。甋音霤。

案：廣雅作「甍謂之甋」。説文云：「甍，屋棟也。」

冢，秦、晉之間謂之墳，取名於大防也。或謂之培音部，或謂之堬音臾，或謂之埰，古者，卿大夫有埰地，死葬之，因名也。或謂之埌波浪，或謂之壠。有界埒，似耕壠，以名之〔一九〕。自關而東謂之丘。小者謂之塿，培塿亦堆高之貌。洛口反。大者謂之丘。又呼冢爲墳也。凡葬而無墳謂之墓。言不封也。墓猶慕也。所以墓謂之墲。墲謂規度墓地也。漢書曰「初陵之墲」是也〔二〇〕。

案：「埰」各本多作「采」，「丘」譌作「廿」，從曹毅之本。張載七哀詩「今爲丘山土」，阮籍詠懷詩「丘墓蔽山岡」，謝脁暫使下都夜發新林至京邑贈西府同僚詩「思見昭丘陽」，李善注並引方言：「冢大者爲丘。」顏延之拜陵廟詩「山煙冒壠生」，注引方言：「秦、晉之間塚謂之壠。」潘岳寡婦賦「墓門兮肅肅，脩壠兮峨峨」，注引方言：「無墳謂之墓。秦、晉之間或謂冢爲壠。」玉篇引方言：「冢，秦、晉之間謂之墳。冢或謂之培。秦、晉之間冢或謂之堬。冢或謂之埰。秦、晉或謂冢曰埌。冢，秦、晉之間或謂之壠。郭璞曰：有界埒，似耕壠，因名也。」又引方言：「自關而東，小冢謂之塿。」「墲」字下引方言注云：「規度墓地也。」廣雅：「墳、堬、埰、埌、壠、培、塿、丘、墓，冢也。」「采」「埰」古通用。注内「波浪」當作「音波浪之浪」。諸刻脱「墓猶慕也」四字，今從永樂大典本補。

劉歆與揚雄書

案：方言各本附劉歆書及雄答書，云「雄爲郎之歲，作繡補、靈節、龍骨之銘詩三章，及天下上計孝廉，雄問異語，紀十五卷。積二十七年，漢成帝時劉子駿與雄書從取方言曰」，此五十二字不知何人所記，宋本已有之。其曰「漢成帝時」四字，最爲謬妄。據漢書揚雄傳贊云：「初，雄年四十餘，自蜀來至游京師。」又云：「年七十一，天鳳五年卒。」使歆與書在成帝之末年甲寅，下距天鳳五年，凡二十五年。由甲寅上溯二十七年，乃元帝竟寧元年戊子，雄年甫二十。豈「年四十餘，自蜀來至游京師」者邪？洪邁不察「漢成帝時」四字，係後人序入此二書者之妄，辨之曰〔二一〕：「今世所傳揚子雲輶軒使者絕代語釋別國方言，凡十三卷，郭璞序而解之。其末又有漢成帝時劉子駿與雄書，從取方言，及雄答書。既云成帝時子駿與雄書，而其中乃云『孝成皇帝』，反覆牴牾。」是輕執後人增入者之妄以疑古，疏謬甚矣。今仍列二書，爲逐條引證。删去緣起五十二字，以免滋惑〔二二〕。

歆叩頭，昨受詔凸五官郎中田儀　案：常璩華陽國志：前漢有侍郎田儀。與官嫥陳徵、駱驛等私逋〔二三〕，盜刷越巾事，即其夕竟。歸府，詔問三代、周、秦軒車使者、逌人使者以歲八月巡路，宷代語〔二四〕、僮謡、歌戲，欲頗得其最目。因從事郝隆宷之有日，五篇中但有其目，無見文者。歆先君數爲孝成皇帝言：當使諸儒共集訓詁，爾雅所及，五經所詁，不合爾雅者詁籥爲病〔二五〕；及諸經氏之屬，皆無證驗，博士至以窮。世之博學者，偶有所見，非徒無主而生是也。會成帝未以爲意，先君又不能獨集。至於歆身，修軌不暇〔二六〕，何偟更創？屬聞子雲獨采集先代絶言、異國殊語，以爲十五卷，其所解略多矣，而不知其目。非子雲澹雅之才，沈鬱之思，不能經年鋭精以成此書，良爲勤矣！案：任昉王文憲集序「沈鬱澹雅之思」，李善注云：「揚雄爲方言，劉歆與雄書曰：『非子雲澹雅之才，沈鬱之志，不能成此書。』」「志」乃「思」之譌。歆雖不遘過庭，亦克識先君雅訓，三代之書，藴藏於家，直不計耳。今聞此，甚爲子雲嘉之已。今聖朝留心典誥，發精於殊語，欲以驗考四方之事，不勞戎馬高車之使，坐知傜俗，適子雲攗意之秋也。不以是時發倉廩以振贍，殊無爲明語。將何獨挈之寶，上以忠信明於上，下以置恩於罷朽，所謂知蓄積，善布施也。蓋蕭何造律，張倉推曆，皆成之於帷幕，貢之於王門，功列於漢室，名流乎無窮。誠以隆秋之時，收藏不殆；饑春之歲，散之不疑，故至於此也。今謹使密人奉手書，願頗與其最目，得使入籙，令聖朝留明明之典。歆叩頭，叩頭。

難公孫，楊惲之酬會宗，子雲之答劉歆，志氣槃桓，各含殊采。並杼軸乎尺素，抑揚乎寸心。」

案：劉勰文心雕龍書記篇云：「漢來筆札，辭氣紛紜，觀史遷之報任安，東方朔之

雄叩頭。賜命謹至，又告以田儀事，事窮竟白，案顯出，甚厚，甚厚。田儀與雄同鄉里，幼稚爲鄰，長艾相更〔二七〕，視覬動精采，似不爲非者。故舉至之，雄之任也。案：舊唐書薛登傳：「登本名謙光，天授中爲左補闕。時選舉頗濫，謙光上疏曰：『謹案，漢法：所舉之主，終身保任。揚雄之坐田儀，責其冒薦；成子之居魏相，酬於得賢。』」不意淫迹汙暴於官朝，令舉者懷赧而低眉，任者含聲而冤舌〔二八〕。案：「令」各本譌作「今」，據文義改正。知人之德，堯猶病諸，雄何慚焉！叩頭，叩頭。又敕以殊言十五卷，君何由知之？謹歸誠底裏，不敢違信。雄少不師章句，亦於五經之訓所不解。嘗聞先代輶軒之使奏籍之書，皆藏於周、秦之室，案：「嘗」各本譌作「常」，文選宣德皇后令「輶軒萃止」，李善注云「揚雄答劉歆書曰：常聞先代輶軒之使」，亦同譌。謝瞻王撫軍庾西陽集別詩「輶軒命歸僕」，注引此句作「嘗」，不譌。及其破也，遺棄無見之

者。獨蜀人有嚴君平。案：常璩華陽國志云：「高尚逸民嚴遵，字君平，成都人。」又云：「嚴君平經德秉哲。」漢書地理志：「後有王褒、嚴遵、揚雄之徒，文章冠天下。」又王貢兩龔鮑傳：「蜀有嚴君平，博覽亡不通，揚雄少時從游學。蜀人愛敬，至今稱焉。」嚴遵即莊遵，漢顯宗孝明皇帝諱「莊」，始改爲「嚴」。揚雄法言問明篇「蜀莊沈冥，蜀莊之才之珍也」，吴祕注云：「莊遵，字君平。」洪邁容齋隨筆以法言不諱「莊」字，何獨至此書而曰「嚴」，不知本書不諱而後人改之者，多矣。此書下文「蜀人有楊莊者」，不改「莊」字。獨習熟於嚴君平之稱而妄改之，與後「石室」改爲「石渠」同。臨邛林閭翁孺者，案：廣韻：「林閭氏出自嬴姓。」文字志云〔一一九〕：後漢有蜀郡林閭翁孺，博學善書。」而華陽國志乃云：「林閭字公孺，臨邛人。揚雄師之，見方言。」又云：「林翁儒訓詁玄遠。」似以爲林姓閭名，且「公孺」「翁儒」譌舛互異。據此書，林閭定是複姓。其曰「見方言」者，與李善注文選引此書，稱「揚雄方言曰」同。然則此書附方言内，其來久矣。深好訓詁，猶見輶軒之使所奏言。翁孺與雄外家牽連之親。又君平過誤，有以私遇，少而與雄也。君平財有千言耳，翁孺梗概之法略有。翁孺往數歲死，婦蜀郡掌氏子，無子而去。案：王應麟姓氏急就篇云：「掌氏，晋有掌同，前涼有掌據，宋掌禹錫。漢揚雄書：林閭婦蜀郡掌氏子。」而雄始能草文，先作縣邸銘、王佴頌、階闥銘及成都城四隅銘。蜀人有楊莊者，爲郎，誦之於成帝。案：華陽國志云：「尚書郎楊壯，成都人，見揚子方言。」又云：「其次楊壯、何顯得意之徒，恂恂焉〔三〇〕。」「莊」之爲「壯」，蓋避諱所改。其曰「見揚子方言」者，亦即指此書。成帝好之，以爲似相如。雄遂以此得外見。案：文選甘泉賦李善注云：「雄答劉歆書曰：雄作成都城四隅銘，蜀人有楊莊者，爲郎，誦之於成帝，以爲似相如。雄遂以此得見。」李周翰注云：「揚雄家貧好學，每制作，慕相如之文，嘗作綿竹頌。成帝時直宿郎楊莊誦此文，帝曰：『此似相如之文。』莊曰：『非也，此臣邑人揚子雲。』帝即召見，拜爲黄門侍郎。」此數者皆都水君嘗見也，故不復奏。案：古文苑章樵注云：「歆父向也。歆書多稱先君，故此答之。向嘗爲護左都水使者。前所爲文，向既嘗見，歆宜習知之。」雄爲郎之歲，案：古文苑章樵注云：「雄年四十餘，自蜀來游京師。歲餘，奏羽獵賦，除爲郎。年七十一卒於天鳳五年。計爲郎之歲，當在成帝元延年間。」自奏少不得學，而心好沈博絶麗之文，願不受三歲之奉，且休脱直事之徭，得肆心廣意以自克就。有詔可不奪奉，令尚書賜筆墨錢六萬，得觀書於石室。案：「室」各本譌作「渠」，蓋後人所改。左思魏都賦「闚玉策於金縢，案圖籙於石室」，劉逵注云：「揚雄遺劉歆書曰：『得觀書於石室。』」文心雕龍事類篇曰：「夫以子雲之才，而自奏不學，及觀書石室，乃成鴻采。表裏相資，古今一也。」今據以訂正。如是後一歲，作繡補、靈節、龍骨之銘詩三章。案：古文苑章樵注云：「繡補疑是裀褥之類，加繡其上。靈節，靈壽杖也。漢書『靈壽杖』注：『木似竹，有枝節。長不過八九尺，圍三四寸。自然合杖制，不須削治。』龍骨，水車也。禁苑池沼中或用以引水。銘詩今亡，不可復考。」王應麟玉海引古文苑及此注。成帝好之，遂得盡意，故天下上計孝廉及内郡衛卒會者，雄常把三寸弱翰，齎油素四尺，案：左思吴都賦「烏策篆素」，李善注云：「篆素，篆書於素也。揚雄書曰：『齎油素四尺。』」以問其異語，歸即以鉛摘次之於槧，二十七歲於今矣。案：漢書成帝紀：「永始二年春正月己丑，大司馬車騎將軍王音薨。三年十月庚辰，皇太后詔有司復甘泉泰畤、汾陰后土。四年春正月，行幸甘泉，郊泰畤。三月，行幸河東，祠后土。元延二年春正月，行幸甘泉，郊泰畤。三月，行幸河東，祠后土。冬，行幸長楊宫，從胡客大校獵。」揚雄傳：「孝成帝時，客有薦雄文似相如者，上方郊祠甘泉泰畤、汾陰后土，以求繼嗣。召雄待詔承明之庭。正月，從上甘泉，還，奏甘泉賦以風。其三月，將祭后土，上乃帥羣臣横大河，湊汾陰。既祭，行遊介山，回安邑，顧龍門，覽鹽池，登歷觀，陟西岳以望八荒，迹殷、周之虚，眇然以思唐、虞之風。雄以爲臨川羡魚不如歸而結罔，還，上河東賦以勸。其十二月，羽獵，雄從。聊因校獵賦以風。明年，上將大誇胡人以多禽獸，秋，命右扶風發民入南山，西自褒斜，東至弘農，南敺漢中，張羅罔罝罘，捕熊羆豪豬虎豹狖玃狐兔麋鹿，載以檻車，輸長楊射熊館。以罔爲周阹，縱禽獸其中，令胡人手搏之，自取其獲，上親臨觀焉。是時，農民不得收斂。雄從至射熊館，還，上長楊賦以風。贊曰：初，雄年四十餘，自蜀來至游京師，大司馬車騎將軍王音奇其文雅，召以爲門下史，薦雄待詔，歲餘，奏羽獵賦，除爲郎，給事黄門，與王莽、劉歆並。哀帝之初，又與董賢同官。當成、哀、平間，莽、賢皆爲三公，權傾人主，所薦莫不拔擢，而雄三世不徙官。年七十一，天鳳五年卒。」考王音薨於成帝永始二年丙午正月，設雄至京師即在前一年乙巳，下至王莽天鳳五年戊寅，凡三十四年，時雄年三十八，不得云「年四十餘，始自蜀來至」。復甘泉泰畤、汾陰后土，在永始三年十月，四年始有行幸甘泉河東事。則王音薨已三年，傳序甘泉賦、河東賦、羽獵賦爲一年所作，斷屬元延二年庚戌，王音薨且五年，不得云音「薦雄待詔，歲餘，奏羽獵賦」。今此書言楊莊而絶不及音，音薦雄殆出於傳聞失實，故漢書中紀與傳已相矛盾，大抵紀據策書，年月日必詳，而傳所據不一，或作者追憶失之。行幸長楊宫，從胡客大校獵，紀爲元延二年冬，傳因雄有長楊、羽獵二賦，遂以長楊大校獵繫之羽獵後，别云「明年」，若以明年爲元延三年，則紀於三年無其事；若以明年爲元延二年，則紀於元年無行幸甘泉河東及羽獵事。此亦傳誤也。郊祀志：平帝時，王莽奏稱：

「永始元年三月，以未有皇孫，復甘泉河東祠。」與紀之繫於永始三年十月庚辰不合，此莽追憶，以故年月參差也。李善注文選引七略云：「甘泉賦，永始三年正月待詔臣雄上。羽獵賦永始三年十二月上。長楊賦，綏和元年上。」善辯之曰：「漢書：永始四年正月，行幸甘泉，三年無幸甘泉之文，疑七略誤也。綏和在校獵後四歲，無容元延二年校獵，綏和元年賦。又疑七略誤也。」七略之誤蓋如莽奏之一時追憶，致年月參差，而甘泉諸賦，則斷宜作於元延二年，時雄年四十三。楊莊誦其文於成帝，即在此元年、二年間。贊所謂「年四十餘，自蜀來至游京師」者，語應有據依，非空撰出。班固未見雄方言及歆、雄遺答書，故列雄論著，絶不及此。傳內遺楊莊，而以爲王音，然於前云「孝成帝時，客有薦雄文似相如者，上方郊祠甘泉泰畤、汾陰后土，以求繼嗣，召雄待詔承明之庭」，事在王音薨後，與雄答書合。不能指名楊莊，泛目曰客，亦不言王音，原自謹嚴。贊內舉音薦雄待詔，不過附存異聞。使雄由王音薦，則「年四十餘」，當改之曰「年三十餘」，其去元延二年爲久滯京師矣〔三二〕。然則劉歆遺雄書求方言應在天鳳三、四年之間矣。古文苑章樵注云：「計雄是時年近七十。葛洪西京雜記：『揚子雲好事，嘗懷鉛提槧，從諸計吏訪殊方絶域四方之語，以爲裨補輶軒所載。亦洪意也。』」而語言或交錯相反，方復論思，詳悉集之，燕其疑。案：古文苑章樵注云：「會集所未聞，使疑者得所安。」張伯松不好雄賦頌之文，然亦有以奇之。常爲雄道言其父及其先君憙典訓，案：漢書張敞傳：「敞三子官皆至都尉。敞孫竦，王莽時至郡守，封侯，博學文雅過於敞，然政事不及也。」杜鄴傳：「鄴少孤，其母張敞女。鄴壯從敞子吉學問，得其家書。初，鄴從張吉學，吉子竦又幼孤，從鄴學。鄴子林，清静好古，亦有雅才，其正文字過於鄴、竦，故世言小學者由杜公。」陳遵傳：「遵少孤，與張竦伯松俱爲京兆史。竦博學通達，以廉儉自守，而遵放縱不拘。操行雖異，然相親友，哀帝之末，俱著名字，爲後進冠。遵爲校尉，有功，封嘉威侯，凡三爲二千石。而張竦亦至丹陽太守，封淑德侯。後俱免官，以列侯歸長安。竦居貧，無賓客，時時好事者從之質疑問事，論道經書而已。」藝文志：「倉頡多古字，俗師失其讀。宣帝時徵齊人能正讀者，張敞從受之，傳至外孫之子杜林，爲作訓。」後漢書杜林傳：「父鄴，成、哀間爲涼州刺史。林少好學沈深，家既多書，又外氏張竦父子喜文采，林從竦受學，博洽多聞，時稱通儒。」許慎説文解字序云：「孝宣時，召通倉頡讀者，張敞從受之。涼州刺史杜業、沛人爰禮、講學大夫秦近亦能言之。孝平時，徵禮等百餘人，令説文字未央廷中，以禮爲小學元士。黄門侍郎揚雄採以作訓纂篇。」「杜業」即「杜鄴」，然則此書云：「常爲雄道言其父」者，即張吉也。云「及其先君」者，謂張敞也。屬雄以此篇目煩示其成者。伯松曰：「是縣諸日月不刊之書也。」案：「煩」或作「頻」，或作「頗」。「示其成者」四字，或作「示之」二字，據上云「語言或交錯相反，方復論思，詳悉集之」，是歆求方言時，雄撰集尚未成，此云「示其成者」，正以見有未成者耳。今書中有僅舉其字，不辨何方云然，蓋方言究屬雄未成之書。洪邁以漢書本傳無所謂方言，藝文志亦不載方言，遂疑非雄作，又云：「書稱『汝、潁之間』，先漢人無此語也。」則書内舉水名以表其地者多矣，何以先漢人不得稱「汝、潁之間」邪？應劭風俗通義序云：「周、秦常以歲八月遣輶軒之使，求異代方言，還奏籍之，藏於秘室。及嬴氏之亡，遺脱漏棄，無見之者。蜀人嚴君平有千餘言，林閭翁孺才有梗概之法。揚雄好之，天下孝廉衛卒交會，周章質問，以次注續，二十七年，爾乃治正，凡九千字。張竦以爲懸『諸日月不刊之書』。」任昉南徐州蕭公行狀「並勒成一家，懸諸日月」，李善注云：「揚雄方言曰：『雄以此篇目煩示其成者，張伯松伯松曰：是懸諸日月不刊之書也。』」此注重「伯松」二字，有譌舛。又言：「恐雄爲太玄經，由鼠坻之與牛場也〔三二〕。如其用，則實五稼，飽邦民。否則爲牴糞，棄之於道矣。」而雄宷之。案：般，古「服」字。伯松與雄獨何德慧，案古文苑章樵注云：「漢人用『慧』字，多與『惠』通。」而君與雄獨何譖隙，而當匿乎哉？其不勞戎馬高車，令人君坐幃幕之中，知絶遐異俗之語，典流於昆嗣，言列於漢籍，誠雄心所絶極，至精之所想遘也。夫聖朝遠照之明，使君宷此，如君之意，誠雄散之之會也。死之日，則今之榮也。不敢有貳，不敢有愛。少而不以行立於鄉里，長而不以功顯於縣官，著訓於帝籍，但言詞博覽，翰墨爲事，誠欲崇而就之，不可以遺，不可以怠。即君必欲脅之以威，陵之以武，欲令入之於此，此又未定，未可以見。令君又終之，則縊死以從命也。案：雄以其書未成未定爲辭。時歆爲莽國師，故雄爲是言，絶其終來强以勢求，意可見矣。洪邁乃云：「子駿只從之求書，而答云『必欲脅之以威，陵之以武，則縊死以從命也。』何至是哉！」此於知人論世，漫置不辨，而妄議不輕出其著述爲非，亦不達於理矣。「令君」之「令」，各本譌作「今」，今改正。而可且寬假延期，必不敢有愛。案：「而」「如」古多通用。雄之所爲，得使君輔貢於明朝，則雄無恨，何敢有匿？惟執事圖之。長監於規〔三三〕，繡之就，死以爲小，雄敢行之。案：古文苑章樵注云：「言當長以所規爲監，得緝成其書，以死爲輕。」謹因還使，雄叩頭叩頭。

校注

〔一〕毗暴樂也 爾雅各本均作「毗劉，暴樂也」。毗劉，連綿詞「仳離」之音轉。戴氏節引有誤。暴樂，猶剥落也。

〔二〕張湛注云 按，以下所引乃殷敬順列子釋文，非張湛注。戴氏未深考。

〔三〕今訂正　聚珍版本作「從曹毅之本」五字。
〔四〕聚珍版本「案」字下有「後漢書楚王英傳『既知審實，懷用悼灼』」十五字。
〔五〕理物　慧琳一切經音義卷三、卷八十四引方言注皆作「物理」，當據乙。
〔六〕飢　原作「饑」，據聚珍版本及今本説文改。
〔七〕丈　原作「文」，據聚珍版本及今本博雅音改。
〔八〕腮　原作「息」，據聚珍版本及今本玉篇、廣韻改。
〔九〕黎氏祖飢　語出書舜典。「飢」原作「饑」，據改。「祖」，一本作「阻」。
〔一〇〕聚珍版本於「此義別無可考」下有「『賦』疑『賕』之譌，説文云：『賕，以財物枉法相謝也。』臧贓古通用。漢書景帝紀『皆坐臧爲盜，没入臧縣官。』『畀其所受臧』是也」四十四字。
〔一一〕聚珍版本無「釋文云腯徒忽反本或作豚」十一字。
〔一二〕自「腯肥不得作豚肥」以下十九字，聚珍版本無。
〔一三〕爲　原無，據聚珍版本補。
〔一四〕音跳躪　宋本方言「音」作「言」，當是。戴氏乃據誤本爲説。
〔一五〕此所引乃漢書司馬遷傳顔師古注。
〔一六〕適（zhé）見（xiàn）于天　見禮記昏義。
〔一七〕通　聚珍版本作「多譌」二字。
〔一八〕鈴　原作「錢」，據今本史記索隱改。
〔一九〕以名之　方言各本「以」皆作「因」。

〔二一〇〕初陵之橅（mó）　見漢書劉向傳，今本「撫」作「橅」。

〔二一一〕「漢成帝時四字」至「辨之曰」　聚珍版本作「此五十二字乃後人於標題之下敘述二書之緣起，誤以王莽時爲成帝時，非原書之所有，故所作容齋隨筆稱」。

〔二一二〕「是輕執後人增入者之妄以疑古」至「以免滋惑」　聚珍版本作「云云，殊爲未考，今削此五十二字，以免滋惑于後焉」。

〔二一三〕范文瀾文心雕龍書記篇注：「宓」當作「案」。盧文弨重校方言本「逋」作「通」。

〔二一四〕求　盧文弨云：「當與『求』音義同。」

〔二一五〕詁𥷑　錢繹方言箋疏云：「詁𥷑疑『詰𥷑』之誤。」詰𥷑，詰屈，曲折。

〔二一六〕修軌　盧文弨重校方言云：當本是「循軌」。

〔二一七〕長艾相更　方言卷六：「艾，長老也。」禮記曲禮：「五十曰艾。」「更」，古文苑卷十作「愛」。

〔二一八〕冤舌　盧校作「宛舌」，漢書揚雄傳云：「欲談者宛舌而固聲。」

〔二一九〕文字志　「字」原作「章」，據聚珍版本及宋本廣韻改。

〔二二〇〕聚珍版本於「恂恂焉」下增引「斯蓋華、岷之靈標，江、漢之精華也」十三字。

〔二二一〕聚珍版本於「爲久滯京師矣」一句下，有「此又書言楊莊較之傳贊内言王音者爲可信」十八字。

〔二二二〕鼠坻、牛場　古文苑章樵注：「坻音墀，場音傷，皆糞也。」

〔二二三〕長監於規　古文苑「於」作「所」。

戴震全書之十二

續方言

鮑善淳◎整理
許威漢◎審訂

説明

戴震續方言二卷，在清人所撰戴氏别傳、年譜、行狀、墓誌中均不著録。一九二八年冬劉半農始得戴氏手稿本於北京書肆。

據今人羅常培考證，是書「屬稿年代約在乾隆二十年專攻方言之後，三十八年入四庫館以前」〔一〕。戴氏裒集之初衷，亦在補苴揚書，後見杭世駿續方言而中輟，故所録僅許慎説文解字、劉熙釋名、何休公羊傳解詁及楊倞荀子注四種書，且大體上仍以原書爲序，未經理董。當係戴氏一部未完成的書稿，方言疏證成，而此稿遂廢，故戴氏本人未道及此書，後人亦未著録。

杭世駿續方言所引之博贍，非戴氏此書所能及，然戴書實未完稿，僅就此二卷而言，亦頗可補杭書之遺漏。如戴氏所採荀子楊倞注，杭書隻字未及。其他三書雖兩家均采録，而戴有而杭無者，達二十二條之多。既然杭書被認爲「蒐羅古義，有裨訓詁」〔二〕，那麼戴書之價值也是不容抹殺的。

此書最初由國立中央研究院歷史語言研究所於一九三二年據手稿影印，一九三六年安徽叢書本刊刻時又據影印本排印。此次整理即以安徽叢書本爲底本，與手稿影印本互校。

校注

〔一〕見戴東原續方言稿序。

〔二〕見四庫全書總目提要。

續方言卷一

昉，適也。齊人語。隱二[一]。

「登來之」者何？美大之之辭也。「登來」讀言「得來」[二]，「得來之」者，齊人語也。齊人名求得爲得來，作「登來」者，其言大而急，由口授也。五。

母弟，同母弟。母兄，同母兄。不言「同母」，言「母弟」者，若謂不如爲如矣。齊人語也。七。

累累從君而死，齊人語也。桓二。

惐者[三]，狂也。齊人語。五。

行過無禮謂之化，齊人語也。六。

樵，薪也。以樵燒之，故因謂之「樵之」。「樵之」，齊人語。七。

怒，遷怒。齊人語也。莊四。

脰，（脛）〔頸〕也[四]。齊人語。十二。

瘠，病也。齊人語也。二十。

僂，疾也。齊人語。二十四。

伐人者爲客，讀伐，長言之，齊人語也。見伐者爲主，讀伐，短言之，齊人語也。二十八。

無垢加功曰漱〔五〕，去垢曰浣。齊人語也。三十一。

輤，小車轅。冀州以（此）〔北〕名之云爾〔六〕。僖元。

踴，豫也。齊人語，若關西言渾矣。十。

是，月邊也。魯人語也。十六。

宋、魯之間名結婚姻爲兄弟。二十五。

詐，卒也。卒，七忽反。齊人語也。三十三。

黨，所也；所猶時。齊人語也。文十三。

筍者，竹箯，一名編輿。齊、魯以（此）〔北〕名之曰筍〔七〕。十五。

畚，草器。若今市所量穀者是也，齊人謂之鍾。宣六。

廢，置也；置者，不去也。齊人語。（七）〔八〕。

掃地曰墠，今齊俗名之云爾。十八。

凡無高下，有絶加躡板曰棓。齊人語。成（三）〔二〕。

殆，疑。疑讞于晉。齊人語。襄五。

今俗名就壻爲贅壻。十六。

更，復也。償也，音庚。如今俗名解〔浣〕衣復之爲更衣〔八〕。三十。

越人自名於越，君子名之曰越。定五。

于諸，置也。齊人語也。哀六。

從「昉」已下至「于諸」，皆何邵公所云也〔九〕。

衢道，兩道也。今秦俗猶以兩爲衢，古之遺言歟？勸學篇〔一〇〕。

今贊禮謂之贊唱〔一一〕。

安，語助，猶言抑也。或作「安」，或作「案」，禮記三年問作「焉」。

僂，疾也。儒效篇。

眇，盡也。王制篇。

鄭云〔一二〕：「麷，熬麥。今河間以（此）〔北〕〔一三〕，煮穜麥賣之，名曰麷。」據鄭之説，麷，麥之牙蘖也〔一四〕。

技，（技）〔材〕力也〔一五〕。齊人以勇力（繫）〔擊〕斬敵者〔一六〕，號爲技擊。議兵篇。

今粗布亦謂之資。禮論篇。

凡布細而疏者謂之繐，今南陽有鄧林繐布〔一七〕。

後王之成名：刑名從商，爵名從周，文名從禮。散名之加於萬物者，則從諸夏之成俗曲期，遠方異俗之鄉則因之而爲通。散名之在人者：生之所以然者謂之性。性之和所生，精合感應，不事而自然謂之性。性之好、惡、喜、怒、哀、樂謂之情。情然而心爲之擇謂之慮。心慮而能爲之動謂之僞。慮積焉，能習焉而後成謂之僞。正利而爲謂之事。正義而爲謂之行。所以知之在人者謂之知。知有所合謂之智。知所以能之在人者謂之能。能有所合謂之能。此「能」讀爲「耐」。性傷謂之病。節遇謂之命。是散名之在人者也，是後王之成名也。正名篇〔一八〕。

形、體、色、理以目異，聲音清濁、調竽奇聲以耳異，甘、苦、鹹、淡、辛、酸、奇味以口異，香、臭、芬、花草之香氣也。鬱、腐臭也。腥、臊、洒、當爲「漏」，音螻。螻蛄臭者也。酸、暑浥之酸氣也。奇臭以鼻異，疾、養、與「癢」同。滄、熱、滑、鈹、當爲「鈒」，與「澀」同。輕、重以形體異，說、故、「說」讀爲「脱」，誤也。脱、故，猶律文之「故」「誤」也。喜、怒、哀、樂、愛、惡、欲以心異。

同則同之，異則異之。單足以喻則單，單不足以喻則兼。單與兼無所相避則共，雖共，不爲害矣。知異實者之異名也，故使異實者莫不異名也，不可亂也，猶使異實者莫不同名也〔一九〕。故萬物雖衆，有時而偏舉之〔二〇〕，欲故謂之物。物也者，大共名也。推而共之，共則有共，至於無共然後止。有時而欲偏舉之，故謂之鳥獸。鳥獸也者，大别名也。推而别之，别則有别，至於無别然後止。名無固宜，約之以命。約定俗成謂之宜。名無固實，約之以命實，約定俗成謂之實名。名有固善，徑易而不拂，謂之善名。

名聞而實喻，名之用也。累而成文，名之麗也。用、麗俱得，謂之知名。

辭讓之節得矣，長（幼）〔少〕之理順矣，忌諱不稱，祅辭不出，以仁心説，以學心聽，以公心辯。不動乎衆人之非譽，不治觀者之耳目，不賂貴者之權勢，不利傳辟者之辭，利謂愛悦之也。「辟」讀爲「僻」。故能處道而不貳，吐而不奪，利而不流，「利」或爲「和」。貴公正而賤鄙争，是士君子之辯説也。

君子之言，涉然深入貌。而精，俛然俯就貌。而類，差差然而齊。彼正其名，當其辭，以務白其志義者也，彼名辭也者，志義之使也，足以相通則舍之矣。故名足以指實，辭足以見極，則舍之矣。

以善先人者謂之教，以善和人者謂之順；以不善先人者謂之諂，以不善和人者謂之諛。是是、非非謂之知，非是、是非謂之愚。傷良曰讒，害良曰賊。是謂是、非謂非曰直。竊貨曰盗，匿行曰詐，易言曰誕，趣舍無定謂之無常，保利弃義謂之至賊。多聞曰博，少聞曰淺；多見曰閑，習也。少見曰陋。難進曰偍，易忘曰漏。少而理曰治，多而亂曰秏。修身篇。

不問而告謂之傲，與「嗷」通。問一而告二謂之囋。勸學篇。

貨財曰賻，輿馬曰賵，衣服曰襚，玩好曰贈，玉貝曰含。賻、賵所以佐生也，贈、襚所以送死也。大略篇。

平衡曰拜，下衡曰稽首，至地曰稽顙。

聘，問也。享，獻也。私覿，私見也。　　咸，感也。

校注

〔一〕隱二　指春秋公羊傳隱公二年何休注。自此以下二十九條皆出自公羊傳何休注。

〔二〕登來讀言得來　十三經注疏本作「登讀言得來」五字。阮元校勘記云：「此當作『登讀言得』，猶云『登讀爲得』也。『來』當誤衍。」

〔三〕怴　阮元校勘記云：「怴當作怴，字之誤也。玉篇：『怴，許律切，怒也。』廣韵：『怴，狂也。』皆從戉不誤。」

〔四〕脛　十三經注疏本作「頸」。今據改。

〔五〕漱　校勘記云：「唐石經、鄂本、閩本『漱』作『漱』，此誤。」

〔六〕此　校勘記云：「蜀大字本『此』作『北』。」今據改。

〔七〕此　校勘記云：「鄂本、蜀大字本『此』作『北』，漢制考同。」今據改。

〔八〕十三經注疏本「解」下有「浣」字，今據補。

〔九〕何邵公　何休，字邵公，東漢人，著有春秋公羊傳解詁。

〔一〇〕勸學篇　指荀子勸學篇楊倞注。　按，自此以下九條，均出自荀子楊倞注。

〔一一〕今贊禮謂之贊唱　荀子集解本作「今贊禮謂之讚」。

〔一二〕鄭云　指鄭玄周禮籩人注。　按，楊注此引有誤。下文「據鄭之説」云云，亦屬楊氏妄測。説詳王先謙荀子集解。

〔一三〕此　十三經注疏本作「北」，今據改。

〔一四〕此條見荀子富國篇楊倞注，依本書體例，下當有「富國篇」三小字。手稿本亦無，恐系誤脱。

〔一五〕技力也　荀子集解本「技」作「材」。今據正。

〔一六〕繫斬敵者　荀子集解本「繫」作「擊」，今據正。

〔一七〕此條系楊倞轉引儀禮喪服鄭玄注。「鄧林繐布」，十三經注疏本作「鄧繐」，漢南陽鄧縣所産，故名。

〔一八〕正名篇　指荀子正名篇本文。　按，自此以下十二條，均爲荀子本文。

〔一九〕猶使異實者　楊倞注引或説云：「異實」當作「同實」。依文義，或説是。

〔二〇〕有時而偏舉之　今本皆作「有時而欲偏舉之」。戴氏手稿本「而」字右下方畫有一短斜綫，句末寫一形體較小的「欲」字，似補上文的漏奪。

續方言卷二

齊、楚謂信曰訏，燕、代、東齊曰訦〔一〕。「訦」見方言一〔二〕。

沇州謂欺曰詑。

譎，權詐也。益、梁曰謬欺，天下曰譎。方言三。

憮，愛也。韓、鄭曰憮。方言一。

楚、潁之間謂憂曰（慦）〔慭〕〔三〕。

陳、楚謂懼曰悼。

南楚謂相驚曰猲。方言二。

青、徐謂慚曰惧。方言六。

河内之北謂貪曰婪。

汝南人有所恨曰嫋。一作「今汝南人」。

秦、晋謂好曰娙娥，南楚之外曰嫷，吴、楚之間曰娃。「嫷」「娃」見方言二。

秦、晋謂細要爲嫢。

益州鄙言人盛，諱其肥，謂之驤。方言二。

齊人謂臞曰脙。「曰脙」一作「脙也」。

朝鮮謂盧童子曰旴。方言二。

眄，邪視也。海、岱之間曰睎，一作「謂眄曰睎」。江、淮之間曰瞷，南楚曰睇。眄，秦語也。「秦語」二字，一在「眄，邪視也」下，無此句。方言二。

益州謂瞋目曰矔。吴、楚謂瞋目顧視曰眮。

益、梁之州謂聾爲聹，秦、晉聽而不聞、聞而不達謂之聹。吴、楚之外，凡無耳者謂之䏿，言若〔隨〕〔墮〕耳者明〔四〕。

寣，河内相評也。

南陽謂大呼曰咦。

東夷謂息爲呬。方言二「夷」作「齊」。

楚人謂寐曰〔寥〕〔寣〕〔五〕。

朝鮮謂兒泣不止曰咺，秦、晉曰唴，楚曰噭咷，宋、齊曰喑。方言一。

楚謂小兒懶曰〔𧶠〕〔𧷋〕〔六〕。一無「曰」字。

徂，往也。往、適，之也。徂，齊語。適，宋、魯語。方言一。

楚謂疾行爲逞。春秋傳曰：「何所不逞欲〔七〕。」方言二。

逆，迎也。關東曰逆，關西曰迎。方言一。

楚人謂跳躍曰蹠。方言一。

迣，迾也。晉、趙曰迣。讀若寘。

控，引也。匈奴言引弓曰控弦。一作「名引弓控弦」。

汝、潁之間謂致力於地曰圣。

(甹)〔甹〕〔八〕，俠也。三輔謂輕財者爲(甹)〔甹〕。

自關已西，物大小不同謂之(擔)〔儋〕〔九〕。

齊謂多爲夥。說文云：「騧，讀若楚人名多夥〔一〇〕。」秦以市買多得爲夃。

自關已西，凡取物之上者爲撟捎。方言二。

攐，拔取也，南楚語。一無「也」字。鹽官入水取鹽謂之掊。一作「今鹽官入水取鹽爲掊」。自關已東謂取曰撿。「攐」方言作「攓」。

拓，拾也。陳、宋語也。一無「也」字。

汝南言收芋曰叔。「言」一作「名」，「曰」一作「爲」。

海、岱之間謂相污曰濶。

楚人謂卜問吉凶曰𣪠。

俗語謂死曰大殑。

膢，楚俗以二月祭飲食也。一曰祈穀食新曰離膢。

飴，相謁食麥也。秦人謂相謁而食麥曰䭣餽，楚人曰飵，「楚人」下一有「相謁食麥」四字。陳、楚之間曰餥。「之間」下一有「相謁食麥飯」五字。方言一。

周人謂餉曰（醸）〔饟〕〔一一〕。

汝南謂飲酒習之不醉爲漊。

陳留謂𩟊爲𩞾。

鬻，𩟊也，涼州謂之𩞾。一作「謂鬻爲𩞾」。

饘，糜也，周謂之饘，宋謂之餬。

關東謂酢曰酸，江南謂酢母爲䤈。

潘，淅米汁也。周謂潘曰泔。滰，浚乾漬米也。浚，抒也。孟子曰：「夫子去齊，滰淅而行。」

𤋮，楚人謂治魚也。鮺，藏魚也。南方謂之魿，北方謂之鮺。

楚人謂藥毒曰痛瘌，朝鮮曰癆。方言三。

北方謂鳥腊曰腒。

齊謂春曰䓝。

吴人謂解衣相被曰緍。一作「解衣相被謂之緍」。

俗語謂始生子爲鼻子。「俗語謂」一作「今俗以」。

蜀謂母曰姐，江、淮之間曰媞，淮南謂之社。

周人謂兄曰罤。

楚人謂姊曰嬃，「曰」一作「爲」。謂女弟曰娟。

東齊壻謂之倩。方言三。

广，屋梠也。秦謂之楄，齊謂之广。

榱，秦名爲屋椽，周謂之榱，齊、魯謂之桷。

楣，秦名屋櫋聯也，齊謂之檐，楚謂之梠。

篝，宋、楚謂竹篝墻以居也。

楚人名門曰閶闔。

東楚謂橋爲圯。

北方謂地空因爲土穴曰盜。一作「因以爲土穴爲盜」。

桱桯，東方謂之蕩。

椎，齊謂之終葵。

杅，所以涂也。秦謂之杅，關東謂之槾。

苿，兩刃臿也，宋、魏曰苿。一有「也」字。

梠，臿也。一曰徙土蕢，齊人語也。鍪，河内謂臿頭金也。

欘，斫也，齊謂之鎡錤。

枷，柫也，柫，擊禾連枷也。淮南謂之柍。

篅，以判竹圜以盛穀也，汝南名蠶盛曰莳。栚，槌也，縣蠶薄柱也。關東謂之槌，關西謂之栚。

梯，槌之横者也，關西謂之㯉。箱，飯筥也。秦謂筥曰箱，陳留謂飯帚曰䈕，宋、魏謂箸筩曰䈕。

東齊名缶曰甾。「齊」當作「楚」。

江、淮之間謂釜曰錡。朝鮮曰錪。秦名土釜曰䥶。

鬵，齊謂之炊。一作「謂之炊鬵」。

陳、楚謂櫝爲梀〔一二〕。

楚謂大巾曰帉。

南楚謂（禪）〔襌〕衣曰襟〔一三〕。

檻，楚謂無緣衣也。

衰，草雨衣也。一無「也」字。秦謂之萆。

弘農謂裙曰帔。「曰帔」一作「帔也」。

東齊謂布帛之細曰綾。方言二。

關西謂榜曰篇。

籥，書僮竹笘也。潁川人名小兒所書寫爲笘。俗語以書好爲𦘕，汝南言寫書，聲如「卸」。

說文云：「卸，讀若汝南人寫書之寫。」

聿，所以書也，楚謂之聿，吴謂之不律，燕謂之弗，秦謂之筆。

洛陽名弩曰弲。

淮南名車穹隆曰轒。「南」當作「陽」。一無「曰」字。

鞄，馬尾鞄也，或謂之般緧。「或謂之」一作「今之」。

（鏶）〔鍱〕〔一四〕，鍱也，齊謂之鍱。

九江謂鐵曰鍇。

齊謂黑爲驢。

霂，霂雨也，南陽謂之霡。「之」一作「霂」。

齊人謂雷爲霣。

吳人謂祭曰餽。

秦謂陵阪曰（坻）〔阺〕〔一五〕。

趙、魏謂陌爲甿。

益州部謂蟥場曰坥。

秦謂阬爲埂。

鹵，西方鹹地也。東方謂之斥，西方謂之鹵。

䶑，鹹也。河内謂之䶑，沛人言若虘。

河朔謂沸溢爲涾。一作「今河溯方言謂」。

北道名禾主人曰私主人。沛國謂稻曰稬，齊謂麥曰秝。「曰秝」一作「秝也」。

昌浦，益州謂之芇。一作「芇，昌蒲也。益州云。」

蔆，芰也。楚謂之芰。秦謂之薢茩。

齊謂芋爲莒。

苣，藸也。楚謂之蘺，晉謂之藸，齊謂之茝。

舜，楚謂之（蔿）〔葍〕〔一六〕，秦謂之藑。

宋、衛之間謂華奕麗曰偞偞。一作「謂華偞偞」。

楚人謂竹皮曰箬。

青、齊、沇、冀謂木細枝曰蔆。方言二。

（蚑）〔蚊〕，蜹也〔一七〕。一無此三字。秦、晉謂之蜹，楚謂之（蚑）〔蚊〕。

齊謂蟬蜕曰蛩。「齊」當作「秦」。

（蝨）〔蝱〕〔一八〕，秦謂之牡厲。

齊謂蛭曰蟣。

螭，若龍而黃，北方謂之地螻。

雅，楚烏也，或謂之鸒，或謂之卑居。一作「一名鸒，一名卑居。」秦謂之雅。

乙，玄鳥也。齊、魯謂之乙。

𪇰𪇰，北方謂之土螻，或謂之梟陽。一作「一名梟陽」。

隴西謂犬子爲猶。南昌謂犬善逐兔草中爲莽。

希，河内名豕也。上谷名猪曰豰。

喌喌，呼鷄重言之。讀若祝。

從「訏」已下至「喌」，皆許叔重所云也。

齊人謂涼爲惠。詩曰：「惠然肯來。」

青、徐言厚曰後。

汝、潁言敏曰閔，言貴聲如歸。

齊、魯謂道多爲逵師。

額，幽州謂之鄂。

腰，青、徐謂之脰。

青、徐言立曰偉〔一九〕。

漢已來謂死爲物故，言其諸物皆就朽故也。

青、徐謂癬爲徙。

宋、魯皆謂汁爲瀋。

餌，兖、豫曰溏浹。

齊人謂豉，聲如嗜。

青、徐謂兄曰荒。

夫之兄曰公，俗間曰兄章，又曰兄忪。俗或謂舅曰章，又曰忪。青、徐謂長婦曰稙長，荆、豫曰熟。

女，青、徐曰媎。

大屋曰廡，并、冀謂之㡯。

齊、魯謂庫曰舍。

榏，齊、魯讀曰輕。

籬，青、徐曰棍。

鋤，齊人謂其柄曰橿，頭曰鶴。

齊、魯謂四齒杷爲櫂。

齊人謂如衫而小袖曰侯頭。侯頭猶言解瀆，臂直通之言也。留幕，冀州所名大褶，下至膝者也。

荆州謂〔單〕〔襌〕衣曰布襹。

綃頭，或曰陌頭。齊人謂之帞。

幗，魯人曰頍，齊人曰幌〔二〇〕。

韠，齊人謂之巨巾。

齊人謂韋屨曰屝〔二一〕。

不借，齊人云搏腊。搏腊，猶把作，麤貌也。荆州〔人〕曰麤。麻、韋、草皆同名也。

轅韇，韇之缺前壅者，胡中所名也。

齊人謂扇爲翣。

矢鏑，齊人謂之鏃，關西曰釭。羽，齊人曰衛。

齊人謂車枕已前曰縮，兖、冀曰育。

輞，關西曰輮，或曰輾。

舟受三百斛曰艒，江南所名也。舟中牀以薦物者曰笭，南方謂之笭突。

兖、冀言歌，聲如柯。

齊、魯謂光景爲枉矢。

揚、豫已東謂瀉爲吐。考工記曰：「上尊而宇卑，則吐水疾而霤遠。」

水泆出所爲澤曰掌水〔二二〕，兖州人謂澤曰掌。

從「惠」已下至「掌」，皆劉成國所云也〔二三〕。

校　注

〔一〕自此以下一百二十五條皆出自許慎説文解字。

〔二〕訧見方言一　謂「燕、代、東齊曰訧」已見揚雄方言一。下同。

〔三〕慭　說文大徐本作「慭」，從心㸔聲。今據正。

〔四〕隨耳者明　說文作「斷耳爲盟」，手稿本原文亦如此，然在「斷」字旁注一「隓」字，「爲」字旁注一「者」字，「盟」字旁注一「明」字。意在說明此句「乃後人校說文妄有所改」。安徽叢書本即據戴氏所校之字刊印，而「隓」又誤作「隨」。

〔五〕㜼　手稿本同。據說文字當作「㜼」，從㝱省，女聲。今據正。

〔六〕𩞄　手稿本同。說文臥部作「𩞄」，從臥食。今據正。

〔七〕何所不逞欲　此亦說文所引，原文見左傳昭公十四年。

〔八〕粵　字當作「甹」，從丂從由。手稿本不誤。下同。

〔九〕㨾　手稿本同。說文無「㨾」字，當作「㑴」，從人，𦥔聲。

〔一〇〕說文多部云「齊」，旡部又云「楚」，段玉裁注：「蓋齊、楚皆有此語也。」方言一亦云：「大物盛多，齊、宋之郊、楚、魏之際曰夥。」

〔一一〕饟　據說文，字當作「饟」。「醸」無此義。

〔一二〕杭　字從木從朩，隸變作柿。

〔一三〕襌　字當作「襌」，從衣，單聲。單層的衣服。手稿本不誤。

〔一四〕錍　手稿本同。據說文，字當作「鏶」。

〔一五〕坻　手稿本同。據說文，字當作「阺」。

〔一六〕蔦　手稿本同。據說文，字當作「蔨」。

〔一七〕蚑蛃也　手稿本同。按，「蚑」無此義，「蚑」當作「蚊」。下文「蚑」，誤與此同。

〔一八〕龕　説文無此字，當爲「龕」之誤，即「蛤」之異體。

〔一九〕偉　畢沅釋名疏證改作「倳」，云：「本皆作『偉』，誤。周禮天官太宰注：『任猶倳也。』陸德明云：『倳猶立也。』疏云：『東齊人物立地中爲倳。』與此云『青、徐人言立』合。」

〔二〇〕幌　畢沅釋名疏證改作「幌」。廣雅：「䉦謂之幌。」玉篇、廣韵皆云：「幌，䉦也。」

〔二一〕韋　畢沅釋名疏證改作「草」。左傳僖公四年杜注：「扉，草屨。」初學記引釋名亦作「草」。

〔二二〕水泆出所爲澤曰掌水　按，釋名釋水作：「水泆出所爲澤曰掌，水停處如手掌中也。」戴氏引此，斷句似有誤。

〔二三〕劉成國　漢末人，名熙，字成國。以上三十八條均出自他所著的釋名一書。

戴震全書之十三

聲韻考

王健庵◎整理
邵榮芬◎審訂

説明

聲韻考的成書時間，段玉裁一人就有兩説。段氏四十二歲爲此書作序，説是乾隆三十四年己丑（一七六九）；他八十歲爲戴氏作年譜，又説是乾隆三十一年丙戌（一七六六），把時間提前了三年。此書戴氏手稿尚存，封面副頁其親筆記述云：「戊子年（一七六八）擬用小板付梓，後因論古韻未詳備，遂止。其古韻一條，壬辰年（一七七二）始改定。」此書大小論文共十六篇，非成於一時，有先有後。第四卷有五篇論文都是乾隆二十八年癸未（一七六三）撰寫的，就比較早；而第三卷古音，多次改定，乾隆三十八年癸巳（一七七三）才最後定稿，就比較遲。

此書學術價值之高及其影響之大，從其付梓前傳寫之廣與付梓後翻刻之衆，就可知其權威性。現代音韻學主要内容有所謂「等韻學」、「廣韻學」和「古音學」，此書均已概括而發其端緒，在當時可以算得上是一部具有創見的音韻學著作，故能引起當時及後來學者重視。其中論述韻書的結構和源流，其考證之深邃與審音之精細，非集考古與審音於一身者決不能爲。故其對「刊定窄韻十三處許附近通用」之考定，對「廣韻獨用同用四聲表」之考定與對原上去聲目次之釐定，均爲後世學者所遵用。作爲「附録」的答江慎修先生論小學書，對「六書」提出「四體二用」説，批判「形轉」「聲轉」之謬誤，定「轉注」爲「互訓」，一掃前人紛紜聚訟，亦已爲其弟子及後世很多學者認可採用。

此書戴氏手稿，原爲山東益都李文藻所珍藏，現存上海圖書館。其稿本繕正後又經戴氏多次改定，有删削、有增補、有目次分卷之調整，有謄寫字體之正謁。封面題名爲「愛日樓聲韻考」，據章錫琛考定爲段玉裁所手書。卷一反切之始一文之書眉貼有篆書簽注一條，據潘景鄭考定「蓋爲孔廣森之簽注」。卷三古音爲壬辰年改定稿，另紙插頁，惜僅存一頁，自「迄乎」以下至篇末，均已殘缺，約二千多字。

公元一七六六年戴氏四十三歲，會試不第，客居北京新安會館，將所撰音韻論文輯録成書。最初京都人士争相傳寫。稿本有改定，傳寫有先後，故其内容文字亦有所不同。後來諸刻本所據不同，故亦互有歧異。以現見版本論，其底本蓋有三種：第一種爲昭代叢書之世楷堂本，其書只有前三卷之内容，十文連續排列，没有分卷，書首亦無目録。第二種爲經韻樓叢書中之西湖樓本，其書分四卷，前三卷内容文字同世楷堂本，二、三卷之分卷又不同於第三種諸刻本。其卷四中顧氏音論跋「附舉正十九事」一節却没有收載。第三種爲通行之微波榭本與潮陽縣署本，其底本爲戴氏最後之改定本，内容最精詳。就刻書時間論，西湖樓本最早，爲公元一七七六年段玉裁在四川富順縣署所刻；微波榭本爲山東曲阜孔繼涵所刻，潮陽縣署本爲山東益都李文藻刊刻于廣東潮陽，均在公元一七七七年，即戴氏去世之當年。内容最簡之世楷堂本，收入昭代叢書壬集，刊刻于公元一八三六年。此後該書多次翻刻。以微波榭本爲底本者，有一九三三年嚴式誨於成都刊刻之音韻學叢書本，即所謂「蜀本」，一九五七年四川人民出版社又重版一次；有一九三六年安徽叢書據微波榭影印本；有民國年間北平筠松閣之排印本（聲韻要刊二種之一）。以潮陽縣署本爲底本者，有一七八九年貸園叢書初集本，一九三五年商務版叢書集成初編及一九八四年臺灣版叢書集成新編，均據貸園叢書本影印。皖人書録云：一九三七年燕都黎園史料續編本，亦爲排印，惜未見。就諸本之字體論，手稿本及世楷堂本與西湖樓本，均用通行之繁體字，不避隸變字；而後來之微波榭本及潮陽縣署本，力改隸變字及俗體字而采用當時風行之古本字。蜀本又甚於微波榭本。

此次整理，采用安徽叢書本爲底本，參用各本進行校正標點。

西湖樓本載有段玉裁爲此書所作之序（蜀本名之爲「刻聲韻考序」），世楷堂本載有沈楙德爲此書所作之跋，蜀本亦載有嚴式誨所作之跋。

聲韻考卷一〔一〕

反切之始

顔之推家訓音辭篇曰：「鄭玄注六經，高誘解吕覽、淮南，許慎造説文，劉熙製釋名，始有譬況、假借以證音字。而古語與今殊别，其間輕、重、清、濁，猶未可曉；加以内言、外言、急言、徐言、讀若之類，益使人疑。孫叔然創爾雅音義，是漢末人獨知反語。至于魏世，此事大行。高貴鄉公不解反語，以爲怪異。自茲厥後，音韻鋒出，各有土風，遞相非笑。共以帝王都邑，參校方俗，考覈古今，爲之折衷。」陸德明經典釋文叙録曰：「古人音書，止爲譬況之説，孫炎始爲反語，魏朝以降漸繁。」

張守節史記正義論例曰：「先儒音字，比方爲音，至魏秘書孫炎始作反音。」魏志王肅傳：「時樂安孫叔然授學鄭玄之門人〔二〕，稱東州大儒，徵爲秘書監，不就。」裴松之注云：「叔然與晉武帝同名，故稱其字。」

王應麟玉海曰：「崇文目叙曰：孫炎始作字音，于是有音韻之學。」

又曰：「世謂倉頡製字，孫炎作音，沈約撰韻，爲椎輪之始。」

按：經傳字音，漢儒箋、注，但曰「讀如某」。魏孫炎始作反語。厥後考經論韻，踵相師法。雖孫氏以前未嘗有，然言辭緩急，矢口得聲，如「蒺藜」爲「茨」，「奈何」爲「那」，「之焉」爲「旃」，「者與」爲「諸」，「之于」亦爲「諸」之類，反語之法，適與此合。唐之季，避言「反」，而改曰「切」，其實一也。陸德明經典釋文、張參五經文字皆不避「反」字，開成中九經字樣敘始云：「避以反言，但紐四聲，定其音指。」宋、元以來，競謂反切之學起于釋神珙，傳西域三十六字母于中土。珙之反紐圖今具存，其人在唐憲宗元和以後，其圖祖述沈約，遠距反語之興已六七百載，而字母三十六定于釋守温，又在珙後，考論反切者所宜知也。

又按：未有韻書，先有反切。反切散見于經傳古籍，論韻者博考以成其書。反切在前，韻譜在後也。就韻譜部分辨其脣、齒、喉、舌、牙，任舉一字以爲標目，名以字母。韻譜在前，字母在後也。

又按：廣韻卷首：「論曰：切韻者，紐以雙聲叠韻。」此蓋創立反語之本，如：「東，得紅反」，「東得」爲雙聲，「東紅」爲叠韻；「支，章移反」，「支章」爲雙聲，「支移」爲叠韻。其于言辭所涉，矢口而得，如詩關雎一篇，「參差」雙聲也，「窈窕」叠韻也。

附考

廣韻卷末辨字五音法：「一、脣聲，並、餅；二、舌聲，靈、歷；三、齒聲，陟、珍；四、牙聲，迦、佉；五、喉聲，綱、各。」

按：此不知何時所傳，略舉十四字爲例〔三〕。于守温之三十六字母，「並」、「餅」，邦母字；「靈」、「歷」，來母字；「陟」、「珍」，知母字；「迦」，見母字；「佉」，溪母字；「綱」、「各」，亦見母字。

玉篇卷末五音聲論：「東方喉聲，何、我、剛、鄂、訶、可、康、各〔四〕；西方舌聲，丁、的、定、泥、寧、亭、聽、歷；南方齒聲，詩、失、之、食、止、示、勝、識；北方脣聲，邦、尨、剥、雹、北、墨、朋、邈；中央牙聲，更、硬、牙、格、行、幸、亨、客。」

王應麟玉海曰：「玉篇卷末附以沙門神珙五音聲論、四聲五音九弄反紐圖。」

按：此亦不知何時所傳，王伯厚歸之神珙。考珙自叙，不一語涉及五音聲論。殆唐末宋初，或雜取以附玉篇後，非珙之爲。所列四十字，于守温之三十六字母同者，「定」、「泥」、「邦」三字耳。其餘「何」，匣母字；「我」、「鄂」，疑母字；「剛」、「訶」、「各」，見母字；「可」、「康」，溪母字；「丁」、「的」，端母字；「寧」，泥母字；「亭」，定母字；「聽」，透母字；「歷」，來母字；「詩」、「失」、「勝」、「識」，審母字；「之」、「止」，照母字；「食」、「示」，牀母字；「尨」、「墨」、「邈」，明母字；「剥」、「北」，邦母字；「雹」、「朋」，並母字；「更」、「格」，亦見母字；「硬」、「牙」，亦疑母字；「行」、「幸」，亦匣母字；「亨」，曉母字；「客」，亦溪母字。

又按：今人言切韻，但知推本神珙，以爲來自西域。蓋釋氏之專習字母等韻者，推本所起，咸出于珙耳。因誇誕其學，造爲傳自西域之説，而指珙爲北魏時人。俗學膚淺，不知魏李登聲類、晋吕静韻集，韻學實始萌芽，又不知魏有孫叔然，始作反音，故猥稱前乎休文，即可爲中土有切韻之先倡。珙反紐圖自叙云：「昔梁沈約創立紐字之圖，唐又有陽甯公、南陽釋處忠又撰元和韻譜。」然則珙雖未詳何時人，固在唐憲宗元和以後矣。

沈括筆談曰：「今反切之法，先類其字，各歸其母。脣音、舌音各八，牙音、喉音各四，齒音十，半齒半舌音二，凡三十六，分爲五音。」「如『幫』字横調之爲五音，『幫』、『當』、『剛』、『臧』、『央』是也。『幫』，宫之清；『當』，商之清；『剛』，角之清；『臧』，徵之清；『央』，羽之清。縱調之爲四等，『幫』、『滂』、『傍』、『茫』是也。『幫』，宫之清；『滂』，宫之次清；『傍』，宫之濁；『茫』，宫之不清不濁。就本音本等調之爲四聲，『幫』、『榜』、『傍』、『博』是也。『幫』，宫清之平；『榜』，宫清之上；『傍』，宫清之去；『博』，宮清之入。」

又曰：「樂家所用，隨律命之，本無定音。常以濁者爲宮，稍清爲商，最清爲角，清濁不常爲徵、羽。切韻家則定脣、齒、牙、舌、喉爲宮、商、角、徵、羽。其間又有半徵、半商者，如『來』、『日』二字是也，皆不論清濁。五行家則以韻類清濁參配，今五姓是也。」

鄭樵七音略内外轉圖：幫、滂、並、明、非、敷、奉、微，羽；端、透、定、泥、知、徹、澄、娘，徵；見、溪、羣、疑，角；精、清、從、心、邪、照、穿、牀、審、禪，商；影、曉、匣、喻，宮；來，半徵；日，半商。

晁公武讀書志曰：「切韻者，上字爲切，下字爲韻。今其法類本韻字各歸于母。幫、滂、並、明、非、敷、奉、微，脣音也；端、透、定、泥、知、徹、澄、娘，齒音也；見、溪、羣、疑，喉音也；照、穿、牀、審、禪、精、清、從、心、邪，舌音也；曉、匣、影、喻，牙音也；來、日，半齒半舌也。」

韓道昭五音集韻篇題〔五〕：牙音，見、溪、群、疑；舌頭音，端、透、定、泥；舌上音，知、徹、澄、娘；重脣音，幫、滂、並、明；輕脣音，非、敷、奉、微；齒頭音，精、清、從、心、邪；正齒音，照、穿、牀、審、禪；淺喉音，曉、匣、影；深喉音，喻；半徵半商音，來、日。

方中履切字釋疑曰：「等韻之學，元魏時釋神珙始顯，而三十六字母，崇文總目曰唐守温所撰。吕介孺曰大唐舍利創字母三十，後温首座益以『娘、牀、幫、傍、微、奉』六母，則是此法可增可減矣。若曰温之法爲定法，則舍利不當用三十字矣。」

又曰：「自温公指掌圖分：遞用爲『音和』，傍求爲『類隔』；同歸一母名『雙聲』，同出一韻名『疊韻』；同韻而分兩切謂之『憑切』，同音而分兩韻謂之『憑韻』；無字則點窠以足之，謂之『寄聲』，韻闕則引鄰以寓之，謂之『寄韻』。至清泉真空玉鑰匙遂立二十門法，詳其所以。立門法者，乃見孫愐等取切不合而不敢議之，故强爲此遷就之説耳。」

毛先舒聲韻叢説曰：「反切之法，上聲下韻，事甚簡捷，理亦顯明。或以字母之學參之，反滋煩紆。」

按：字母三十六，起於唐末。自釋守温撰三十六字母圖一卷，獨釋氏奉爲專習反切之一法，故唐人書絶不聞語涉字母。宋中葉始盛傳，其次弟先後各殊，且所分脣、齒、喉、舌、牙及附會宫、商、角、徵、羽，牴牾違異。反切之興，本于「徐言」「疾言」「雙聲」「疊韻」，學者但講求雙聲，不言字母可也。

韻書之始

魏書江式傳曰：「晉世義陽王典祠令任城呂忱表上字林六卷，忱弟靜別倣故左校令李登聲類之法作韻集五卷，宮、商、龣、徵、羽，各爲一篇。」隋書經籍志：聲類十卷，魏左校令李登撰；韻集十卷，韻集六卷，晉安復令呂靜撰。

隋書潘徽傳：「秦孝王俊，遣撰集字書，名爲韻纂。徽爲叙曰：『三倉、急就之流，微存章句；說文、字林之屬，惟別體形。至于尋聲推韻，良爲疑混。末有李登聲類、呂靜韻集，始判清濁，纔分宮羽。』」

封演聞見記曰：「魏時有李登者，撰聲類十卷，凡一萬一千五百二十字，以五聲命字。」

閻若璩尚書古文疏證曰：「文心雕龍：『昔魏武論賦，嫌于積韻，而善于資代。』晉律曆志：『魏武時河南杜夔，精識音韻，爲雅樂郎中令。』二書雖一撰于梁，一撰于唐，要及魏武、杜夔之事，俱有『韻』字，知此學之興，蓋于漢建安中。」

按：古人用韻，未有平、上、去、入之限，四聲通爲一音，故帝舜歌以「熙」韻「喜」、「起」，而三百篇通用平、上、去及通用去、入者甚多。各如其本音讀之，自成歌樂。韻書起於李登、吕静諸人，雖其所爲書不傳，無從知部分若何，然是時猶未聞有四聲之説。

四聲之始

南齊書陸厥傳曰：「永明末，盛爲文章。吴興沈約、陳郡謝朓、琅邪王融以氣類相推轂，汝南周顒善識聲韻。約等文皆用宫商，以平、上、去、入爲四聲，以此制韻，不可增減，世呼爲『永明體』。」

梁書沈約傳曰：「撰四聲譜。以爲在昔詞人，累千載而不寤，而獨得胸衿，窮其妙旨，自謂入神之作。高祖雅不好焉，嘗問周捨曰：『何謂四聲？』捨曰：『「天」、「子」、「聖」、「哲」是也。』然帝竟不遵用。」

封演聞見記曰：「周顒好爲體語。因此切字皆有紐，紐有平、上、去、入之異。永明中，沈約文辭精拔，盛解音律，遂撰四聲譜。」時王融、劉繪、范雲之徒，慕而扇之，由是遠近文學，轉相祖述，而聲韻之道大行。」

顧炎武音論曰：「今考江左之文，自梁天監以前，多以去、入二聲同用，以後則若有界限，絶不相通。是知四聲之論，起于永明，而定于梁、陳之間也。」

閻若璩尚書古文疏證曰：「韻興于漢建安及齊、梁間。韻之變凡有二，前此只論五音，後方有四聲。」「不然，有韻而即有四聲，自梁天監上溯建安且三百有餘載矣，何武帝尚問周捨以『何謂四聲』哉？」

按：周顒始作四聲，見于南史，而南齊書顒本傳不載。隋書經籍志有四聲一卷，梁太子少傅沈約撰。顒無書。梁武帝不解四聲，以問周捨，捨即顒之子。蓋周、沈諸人同時治聲韻，各有創識，議論互出，而約爲尤盛。以四聲之説初起，故武帝不解，猶之反語初起，高貴鄉公不解也。

隋陸法言切韻

陸法言自叙曰：「昔開皇初，有儀同劉臻等八人，儀同三司劉臻、外史顔之推、著作郎魏淵、武陽太守盧思道、散騎常侍李若、國子博士蕭該、蜀王諮議參軍辛德源、吏部侍郎薛道衡。同詣法言門宿，論及音韻。以今聲調，既自有別，諸家取舍，亦復不同。吴、楚則時傷輕淺，燕、趙則多傷重濁，秦、隴則去聲爲入，梁、益則平聲似去。又支、脂、魚、虞共爲一韻，先、仙、尤、侯俱論是切。欲廣文路，自可清濁皆通；若賞知音，即須輕重有異。吕静韻集、夏侯該韻略、陽休之韻略、周思言音韻、李季節音譜、杜臺卿韻略等，各有乖互。江東取韻與河北復殊。因論南北是非，古今通塞。欲更捃選精切，除削疏緩。蕭、顔多所決定。魏著作謂法言曰：『向來論難，疑處盡悉〔六〕，何不隨口記之。我輩數人，定則定矣。』」法言即燭下握筆，略記綱紀。博問英辯，殆得精華。于是更涉餘學，兼從薄宦，十數年間，不遑修集。今返初服，私訓諸弟子，凡有文藻，即須明聲韻。屏居山野，交游阻絶，疑惑之所，質問無從。亡者則生死路殊，空懷可作之歎；存者則貴賤禮隔，已報絶交之旨。遂取諸家音韻，古今字書，以前所記者，定之爲切韻五卷。」

封演聞見記曰：「隋陸法言與顔、魏諸公，定南北音，撰爲切韻，凡一萬二千一百五十八字，以爲文楷式，而先、仙、删、山之類，分爲别韻，屬文之士共苦其苛細。國初許敬宗等詳議，以其韻窄，奏合而用之，法言所謂『欲廣文路，自可清濁皆通』者也。爾後有孫愐之徒，更以字書中閑字釀于切韻，殊不知爲文之匪要，是陸之略也。」

按：法言書今不傳，宋廣韻卷首猶題云「陸法言撰本、長孫訥言箋注」，而集韻韻例曰「先帝時，令陳彭年、丘雍因法言韻就爲刊益」，然則廣韻之二百六韻，殆法言舊目與？廣韻三鍾「恭」字下注云：「陸以『恭』、『蜙』、『縱』等入冬韻，非也。」此録唐人舊注，駁正法言韻處。隋、唐韻書嚴于辨聲，不徒爲屬文取韻。不然冬、鍾固同用，又何煩剖析及是與？

宋祥符廣韻

廣韻卷首：陸法言撰本，長孫訥言箋注，郭知玄拾遺緒正，更以朱箋三百字，關亮、薛峋、王仁煦、祝尚丘、孫愐、嚴寶文、裴務齊、陳道固增加字，更有諸家增字及義理釋訓，悉纂略備，載卷中，勒成一部，凡二萬六千一百九十四言，注十九萬一千六百九十二字。

王應麟玉海曰：「以舉人用韻多異，詔殿中丞丘雍重定切韻。」「景德四年十一月戊寅崇文院上校定切韻五卷，依九經頒行〔七〕。祥符元年六月五日改爲大宋重修廣韻，三年五月庚子賜輔臣人一部。」

王應麟困學紀聞曰：「隋陸法言爲切韻五卷，唐孫愐有唐韻，今之廣韻則本朝景德、祥符中重修。今人以三書爲一，或謂廣韻爲唐韻，非也。」

李燾説文解字五音譜叙曰：「隋仁壽初陸法言等所共纂次，而唐儀鳳後郭知玄等又附益之，時號切韻。天寶末陳州司法孫愐者，以切韻爲謬略，復加刊正，别爲唐韻之名。在本朝太平興國及雍熙、景德，皆嘗命官討論，大中祥符元年改賜新名曰廣韻。」

按：廣韻字數比法言切韻增多萬四千三十六字，其二百六韻蓋法言之舊，故仍題法言撰本。而「獨用」「同用」之注，則唐初許敬宗所詳議，以其韻窄，奏「合而用之」者也。

宋景德中就法言韻刊益，自隋仁壽元年辛酉距宋景德四年丁未，四百七年。明年，大中祥符元年戊申六月五日敕改爲大宋重修廣韻。

校注

〔一〕卷一　手稿本作「卷之一」，西湖樓本作「卷一」，其他刻本改作「卷第一」。下三卷倣此。

〔二〕授學　「授」，當作「受」。

〔三〕十四字　「四」字衍，當删。

〔四〕訶　手稿及各刻本皆作「訶」。五音聲論原作「謌」，「謌」同「歌」，見母字，而「訶」爲曉母字，與所論不合，爲繕寫之譌誤。下文「『剛』『訶』『各』見母字」中之「訶」亦應作「謌」。

〔五〕篇題　指各大韻中每一小韻前所標之字母及等。

〔六〕盡悉　陸序原作「悉盡」，手稿及各刻本均誤倒。兩語意别。

〔七〕九經　玉海第四十七卷景祐韻略一節作「九經例頒行」，手稿及各刻本均脱「例」字，應補。

聲韻考卷二

考定廣韻獨用同用四聲表

上平聲	上聲	去聲	入聲
東一獨用	董一獨用	送一獨用	屋一獨用
冬二鍾同用	「湩」「䳉」字附見腫韻	宋二用同用	沃二燭同用
鍾三	腫二獨用	用三	燭三
江四獨用	講三獨用	絳四獨用	覺四獨用
支五脂之同用	紙四旨、止同用	寘五至、志同用	
脂六	旨五	至六	
之七	止六	志七	
微八獨用	尾七獨用	未八獨用	

魚九獨用	語八獨用	御九獨用	
虞十模同用	麌九姥同用	遇十暮同用	
模十一	姥十	暮十一	
齊十二獨用	薺十一獨用	霽十二祭同用	
		祭十三	
		泰十四獨用	
佳十三皆同用	蟹十二駭同用	卦十五怪、夬同用	
皆十四	駭十三	怪十六	
		夬十七	
灰十五咍同用	賄十四海同用	隊十八代同用	
咍十六	海十五	代十九	
		廢二十獨用	
真十七諄、臻同用	軫十六準同用	震二十一稕同用	質五術、櫛同用
諄十八	準十七	稕二十二	術六
臻十九	「𧤛」「齔」字附見隱韻	「齔」字附見焮韻	櫛七

文二十獨用	吻十八獨用	問二十三獨用	物八獨用
欣二十一獨用	隱十九獨用	焮二十四獨用	迄九獨用
元二十二魂、痕同用	阮二十混、很同用	願二十五慁、恨同用	月十没同用
魂二十三	混二十一	慁二十六	没十一
痕二十四	很二十二	恨二十七	
寒二十五桓同用	旱二十三緩同用	翰二十八換同用	曷十二末同用
桓二十六	緩二十四	換二十九	末十三
删二十七山同用	潸二十五産同用	諫三十襇同用	黠十四鎋同用
山二十八	産二十六	襇三十一	鎋十五
下平聲	**上聲**	**去聲**	**入聲**
先一仙同用	銑二十七獮同用	霰三十二線同用	屑十六薛同用
仙二	獮二十八	線三十三	薛十七
蕭三宵同用	篠二十九小同用	嘯三十四笑同用	
宵四	小三十	笑三十五	

肴五獨用
豪六獨用
歌七戈同用
戈八
麻九獨用
陽十唐同用
唐十一
庚十二耕、清同用
耕十三
清十四
青十五獨用
蒸十六登同用
登十七
尤十八侯、幽同用
侯十九

巧三十一獨用
晧三十二獨用
哿三十三果同用
果三十四
馬三十五獨用
養三十六蕩同用
蕩三十七
梗三十八耿、静同用
耿三十九
静四十
迥四十一獨用
拯四十二等同用
等四十三
有四十四厚、黝同用
厚四十五

效三十六獨用
号三十七獨用
箇三十八過同用
過三十九
禡四十獨用
漾四十一宕同用
宕四十二
映四十三諍、勁同用
諍四十四
勁四十五
徑四十六獨用
證四十七嶝同用
嶝四十八
宥四十九候、幼同用
候五十

藥十八鐸同用
鐸十九
陌二十麥、昔同用
麥二十一
昔二十二
錫二十三獨用
職二十四德同用
德二十五

幽二十　黝四十六　幼五十一　緝二十六獨用
侵二十一獨用　寑四十七獨用　沁五十二獨用　合二十七盍同用
覃二十二談同用　感四十八敢同用　勘五十三闞同用　盍二十八
談二十三　敢四十九　闞五十四　葉二十九怗同用
鹽二十四添同用　琰五十忝同用　豔五十五㮇同用　怗三十
添二十五　忝五十一　㮇五十六　洽三十一狎同用
咸二十六銜同用　豏五十二檻同用　陷五十七鑑同用　狎三十二
銜二十七　檻五十三　鑑五十八　業三十三乏同用
嚴二十八凡同用　儼五十四范同用　釅五十九梵同用　乏三十四
凡二十九　范五十五　梵六十

廣韻上聲二腫「湩」字下云：「此是『冬』字上聲。」蓋昔人論韻，審其洪細，爲一二三四等列。如平聲二冬、十一模、十五灰、二十三魂、二十六桓，全韻皆内聲一等；十六咍、二十四痕、二十五寒、六豪、七歌、二十二覃、二十三談，全韻皆外聲一等；十九臻、五肴、二十六咸、二十七銜，全韻皆外聲二等；二十文，全韻皆内聲三等；二十八嚴、二十九凡，全韻皆外聲三等；　三蕭、二十幽、二十五添，全韻皆外聲四等。上、去、入大致準此。餘韻或主辨「等」兼「内聲」「外聲」爲一韻〔一〕。如十一唐、十七登及十四泰，一等；　三江、十三佳、十四皆、二十七删、二十八山、十三耕及十七夬，二等；　八微、十二齊、二十二元，三等；　一先、十五青，四等；　並兼内聲、外聲。上、去、入準此。或因字少，不煩别出，則兼數等爲一韻。鍾韻兼三等四等，腫韻之三等四等字爲鍾之上聲，惟「湩」、「鳩」二字屬一等，爲冬之上聲，以字少不别立部目。又臻、櫛二韻無上、去聲字者，其上、去聲字在隱、焮二韻内。臻韻、櫛韻並二等，欣韻、迄韻並三等，惟上聲隱韻、去聲焮韻兼二等三等。其二等「𧤛」、「齓」等字，即臻、櫛二韻之上、去也，亦以字少不别立部目。然則欣、隱、焮、迄宜改文、吻、問、物之前，而真與諄、臻、欣通，軫與準、隱通，震與稕、焮通，質與術、櫛、迄通，斯于四聲無所舛戾，不當如宋人之改文與欣通、吻與隱通、物與迄通，使隱、焮、臻、櫛相隔絶。此唐、宋韻所可詳議者。

鄭樵本七音韻鑑爲内外轉圖及元劉鑑切韻指南，皆以音聲洪細别之爲一、二、三、四等列，故稱「等韻」。各等又分開口呼、合口呼，即「外聲」、「内聲」。開口呼至三等，則爲齊齒；　合口呼至四等，則爲撮口。其説雖後人新立，而二百六韻之譜實以此審定部分。然則「呼」、「等」亦隋、唐舊法，後人竊其意以名專學耳。

切韻之大要有三：雙聲一也，區别其洪細二也，聲類異同三也。所謂「聲類異同」者，就二百六韻之次第考之，亦不甚遠。東、冬、鍾一類也。江則古音同東、冬一類，今音同陽、唐一類。支、佳一類也。脂、微、及祭、泰、夬、廢一類也。之、咍一類也。齊韻半屬脂、微，半屬支、佳；而皆、灰二韻則半屬脂、微，半屬之、咍。魚、虞、模一類也。真、諄、臻、文、殷、元、魂、痕、寒、桓、删、山、先、仙一類也。蕭、宵、肴、豪一類也。歌、戈一類也，古音半同歌、戈一類，半同魚、虞一類；元已來麻韻又歧而二。陽、唐一類也。庚、耕、清、青一類也。蒸、登一類也。尤、侯、幽一類也。侵、覃、談、鹽、添、咸、銜、嚴、凡一類也。古音蓋十有三類，今音十五類。上、去、入統乎此。支、佳韻内有從歌、戈流變而入者，之韻流變爲尤，而侯韻則流變入虞，陽、唐流變爲庚，尤、幽流變爲蕭。音之流變有古今，而聲類大限無古今。就一類分之爲平、上、去、入，又分之爲内聲、外聲，又分之爲一、二、三、四等列。雖同聲同等，而輕重舒促必嚴辨，此隋、唐撰韻之法也。

顧炎武音論曰：「唐時二十一殷，宋時避宣祖廟諱改「殷」爲「欣」。雖云獨用，而字少韻窄，無獨用成篇者，往往于真韻中，間一用之。如杜甫崔氏東山草堂詩用『芹』字，獨孤及送韋明府、答李滁州二詩用『勤』字是也，然絶無通文者。而二十文獨用，則又絶無通殷者。合爲一韻，始自景祐。去聲問、焮亦然。惟上聲」「今本目録十八吻下，注云『隱同用』。其卷中十八吻、十九隱，又各自爲部，不相連屬，而其下各注云『獨用』。友人富平李子德因篤以爲目録誤。又考唐人如李白寄韋六、孫逖登會稽山、杜甫贈鄭十八賁詩，皆以隱韻字同軫、準用，其不與吻同用，明矣。」

按：殷、隱二韻，顧氏辨之甚詳。後有吴下張刻宋本廣韻〔二〕：文，注「欣同用」，吻，注「隱同用」，曹刻宋本廣韻同〔三〕。皆景祐禮部韻略頒行後塗改之本，非廣韻舊注也。張刻、曹刻注文完善，别有注文删整者，余曾見大小二本及顧氏刻〔四〕。惟顧刻去聲隊，注「代、廢同用」，餘皆隊下注「代同用」，廢注「獨用」。即顧氏音論中列廣韻韻目，亦與各本注同，而所刻獨違異。此正宋人改併之一。顧氏考唐、宋韻譜異同，遺而未舉，蓋其疏忽處也。曹刻入聲目録，物注「與迄通」，而卷内各注「獨用」與各本注同。上、去聲末六韻，各本改從禮部韻略、集韻，而于注仍改之未盡。小本注文删整者，上聲琰，注「與忝同用」，無「儼」字，目録下注「忝、儼同用」。曹刻去聲釅雖移陷、鑑之前，而豔注「㮇同用」，釅注「梵同用」，陷注「鑑同用」，猶屬舊注未改。目録豔第五十五，注「㮇、釅同用」；釅第五十七，注「鑑同用」；鑑第五十九，注「梵同用」。蓋舊次，陷第五十七，是以有「鑑同用」之注；釅第五十九，是以有「梵同用」之注。景祐後，塗改「陷」、「鑑」、「釅」三字，而注未改也。吴才老韻補「上聲五十二琰、五十三檻、五十四儼」，可證廣韻舊次。去聲亦同禮〔部〕韻略、集韻矣〔五〕。宋初徐楚金説文解字韻譜今人以李燾説文解字五音譜爲徐氏書，非也。叙稱：「取叔重所記以切韻次之。」後叙稱：「又得李舟所著切韻，殊有補益。其間有説文不載而見于叙例注義者，必知脱漏，並從編録。疑者則以李氏切韻爲正，殆無遺矣。」是書在廣韻前，上聲「𧮰」作「湛」，而「湛第五十二」、「檻第五十三」、「儼第五十四」；去聲「釅」作「醶」，注云「俗作釅，非。」而「陷第五十七」、「鑑第五十八」、「醶第五十九」，尤足證唐人舊次如是。紀學士曉嵐曰：「惟徐氏此書及明嘉靖間朱氏金石韻府，皆于下平聲二仙内分出三宣，豈明時人亦本李舟韻乎？」余曰：「朱氏書本之夏竦四聲集古韻。」今考其編次，上聲檻、儼、范三韻及去聲釅韻，適無字，不列；而平聲嚴在咸、銜之前，入聲業在洽、狎之前。宋景祐以後乃有此易置，視徐氏書足證唐人之舊者迥殊矣。

宋景德韻略

王應麟玉海曰：「書目：韻略五卷。景德四年龍圖待制戚綸等承詔詳定考試聲韻，綸等以殿中丞丘雍所定切韻『同用』、『獨用』例及新定條例參定。按：崇文目雍撰韻略五卷，略取切韻要字，備禮部科試。」

又曰：「景德四年十一月戊寅，詔頒行新定韻略送冑監鏤版。」

按：是時無禮部韻略之稱，其書名韻略，與所校定切韻同日頒行。「獨用」、「同用」例不殊。明年，切韻改賜新名廣韻。而廣韻、韻略爲景德、祥符間詳略二書。粤三十一年爲景祐四年，更刊修韻略，改稱禮部韻略；刊修廣韻，改稱集韻。集韻成于禮部韻略頒行後二年，是爲景祐、寶元間詳略二書。「獨用」、「同用」例非復切韻之舊，次第亦稍有改移矣。

宋景祐禮部韻略

許觀東齋記事曰：「景祐四年詔國子監以翰林學士丁度所修禮部韻略頒行。其韻窄者凡十三處，許令附近通用。」

王應麟玉海曰：「景祐元年四月丁巳，詔直史館宋祁、鄭戩、國子直講王洙刊修廣韻、韻略，命知制誥丁度、李淑詳定。祁等言多疑混字，舉人誤用故也。」

又曰：「景祐四年六月丙申以丁度所修韻略五卷頒行。初，説書賈昌朝言：『韻略多無訓釋，疑混聲、重疊字，舉人誤用。』詔度等刊定。窄韻十三，許附近通用；混聲、重字，具爲解注。元祐五年太學博士孫諤等言：韻有一字一義，而兩音者；有合用，而私相傳爲當避者；有合押，而禮部韻或不收者。七月九日附入韻略，紹興十四年十二月己丑知榮州楊朴上禮部韻括遺。」又曰：「元祐五年博士孫諤陳請添收。紹興十一年進士黃啓宗隨韻補輯，尚多闕遺。三十二年毛晃上增修互注韻略。」黄公紹云：「禮部韻略元收九千五百九十字，有因申明續降及諸家補遺續添之字。」又曰：「淳熙禮部韻略五卷，元年國子監言，前後有增改删削及多差舛。詔校正刊行。」

顧炎武音論曰：「此書始自宋景祐四年，而今所傳者則衢州免解進士毛晃增注，于紹興三十二年十二月表進，與廣韻頗有不同。廣韻上平聲二十一殷，改爲二十一欣。「殷」字避宣祖諱。」「廣韻二十文獨用，二十一殷獨用，今二十文與欣通。」「廣韻二十四鹽、二十五添，同用；二十六咸、二十七銜，同用；二十八嚴、二十九凡，同用。今升嚴爲二十六，與鹽、添同用；降咸爲二十七，銜爲二十八，與凡同用。廣韻以六韻通爲三韻，今通爲兩韻。廣韻上聲十八吻獨用，十九隱獨用，今十八吻與隱通。」「廣韻去聲」「二十三問獨用，二十四焮獨用，今二十三問與焮通。」「廣韻入聲八物改爲八勿。廣韻八物獨用，九迄獨用，今八勿與迄通。」「廣韻三十怗改爲三十帖。廣韻二十九葉，三十怗，同用；三十一洽、三十二狎，同用；三十三業、三十四乏，同用。今升業爲三十一，與葉、帖同用；降洽爲三十二，狎爲三十三，與乏同用。廣韻以六韻通爲三韻，今通爲兩韻。」

按：景祐中以賈昌朝請韻窄者凡十三處，許令附近通用，于是合欣于文，合隱于吻，合焮于問，合迄于物，合廢于隊、代，合嚴于鹽、添，合儼于琰、忝，合釅于艷、㮇，合業于葉、帖，合凡于咸、銜，合范于豏、檻，合梵于陷、鑑，合乏于洽、狎。顧氏考唐、宋韻譜異同，舉其八而遺其五，當爲之補。曰：廣韻五十琰、五十一忝，同用；五十二豏、五十三檻，同用；五十四儼、五十五范，同用。今升广爲五十二，音論云：「廣韻五十二儼改爲五十二广。」今按，當云「五十四儼改爲五十二广」。與琰、忝通；降豏爲五十三，檻爲五十四，與范通。廣韻以六韻通爲三韻，今通爲兩韻。廣韻十八隊、十九代，同用；二十廢獨用。今十八隊與代、廢通。廣韻五十五艷、五十六㮇，同用；五十七陷、五十八鑑，同用；五十九釅、六十梵，同用。今升釅爲五十七，與艷、㮇通；降陷爲十八〔六〕，鑑爲五十九，與梵通。廣韻以六韻通爲三韻，今通爲兩韻。

黄公紹古今韻會曰：「江南監本免解進士毛氏晃增修禮部韻略，江北平水劉氏淵壬子新刊禮部韻略，淳祐十二年壬子互有增字。」「續降一百六十三字，補遺六十一字，毛氏增一千七百一十字，平水韻增四百三十六字〔七〕」。

又曰：「舊韻，上平聲二十八韻，下平聲二十九韻，上聲五十五韻，去聲六十韻，入聲三十四韻。」「近平水劉淵始併通用之類，以省重複。上平聲十五韻，下平聲十五韻，上聲三十韻，去聲三十韻，入聲一十七韻。」

顧炎武音論曰：「按唐韻分部雖二百有六，然多注『同用』。宋景祐又稍廣之，未敢擅改。昔人相傳之譜，至平水劉氏，師心變古，一切改併。其以證、嶝併入徑韻，則又景祐之所未許，毛居正之所不議。毛居正議併東、冬等韻。而考之于古，無一合焉者也。」

閻若璩潛邱劄記曰：「上聲脱去二十五拯，止二十九部。此近代俗書也。」

按：法言韻，唐人既苦其苛細，奏合而用之。宋又議窄韻十三處，許附近通用。劉淵不過併其通用之目，未爲大失。惟去聲併「證」、「嶝」入「徑」，與禮部韻略乖違。元陰時夫復併拯、等入迥，不惟蒸、拯、證、職四聲闕其上、去，且聲類隔絶。等韻之學於此分梗、曾二攝，而上自三百篇，下迄宋淳祐前，無有混而同之者。

宋寶元集韻

李燾説文解字五音譜叙曰：「景祐初，宋祁、鄭戩建言：現行廣韻乃陳彭年、丘雍等景德末重修，繁省失當，有誤科試，乞別刊定。即詔祁、戩與賈昌朝同修，而丁度、李淑典領之。寶元二年書成，賜名集韻。度等復奏：集韻添字極多，比廣韻增二萬七千三百三十一字。

與彭年、雍等前所修玉篇不相參協，乞別爲類篇。自集韻、類篇列於學官，而廣韻、玉篇微矣。」

周必大跋蕭御史殿試卷曰：「廣韻入聲三十一洽、三十二狎通用，三十三業、三十四乏通用。自唐迄本朝天禧中皆然，此舊韻也。仁廟初，詔丁度等撰定集韻，于是移『業』爲第三十一，洽爲第三十二，而以狎、乏附之，此今韻也。」

王應麟玉海曰：「集韻十卷，景祐四年翰林學士丁度等承詔撰。寶元二年九月書成，上之，十一日進呈頒行。慶曆三年八月十七日雕印成。韻例曰：『景祐四年一云「元年三月」太常博士直史館宋祁、鄭戩建言：彭年、雝所定，多用舊文，繁略失當。因詔祁、戩與直講賈昌朝、王洙同修定，知制誥丁度、李淑典領。』『昌朝又請修禮部韻略，其窄韻凡十有三，聽學者通用之』。」

按：自法言切韻，下至禮部韻略、集韻，部分相承未改。然徐楚金説文解字韻譜，下平聲二仙内分出三宣，而終于二十九嚴，不分出凡韻。困學紀聞引鶴山魏氏曰：「唐韻于二十八删、二十九山之後，繼以三十先、三十一仙。」又未知删、山前，何處多一韻。蓋唐時諸家韻書，大致多本法言韻，亦各有微異。今所傳廣韻、集韻就二書考景祐所通窄韻十三，則唐、宋用韻沿革之大節目，具在。

校注

〔一〕内聲、外聲　指「合口呼」「開口呼」。手稿本原作「合口呼」「開口呼」，後删去，改爲「内聲」「外聲」。

〔二〕張刻　爲張士俊澤存堂刻本。

〔三〕曹刻　爲曹楝亭揚州書局刻本。

〔四〕顧刻　爲顧炎武刻本。

〔五〕禮韻略　其上下文均作「禮部韻略」，此處漏「部」字。

〔六〕十八　「降陷爲十八」應作「降陷爲五十八」，各本均脱「五」字。

〔七〕韻會正文引自古今韻會舉要凡例，夾注引自韻目案語。「續降一百六十三字」原文無「一百」兩字；「一千七百一十字」原文「一十」作「二十」。

聲韻考卷三[一]

古音[二]

徐蕆爲吴棫作毛詩協韻補音叙曰：「音韻之正，本諸字之諧聲，有不可易者，如『霾』爲『亡皆切』，而當爲『陵之切』者，由其從『貍』得聲；『浼』爲『毎罪切』，而當爲『美辨切』者，由其從『免』得聲；『有』爲『云九切』，而『賄』、『痏』、『洧』、『鮪』皆從『有』得聲，則當爲『羽軌切』矣。『皮』爲『蒲麋切』，而『波』、『坡』、『頗』、『跛』皆從『皮』得聲，則當爲『蒲禾切』矣。又如『服』之爲『房六切』，其見於詩者凡十有六，皆當爲『蒲北切』，而無與『房六』協者；『友』之爲『云九切』，其見于詩者凡十[三]，皆當爲『羽軌切』，而無與『云九』協者。以是類推之，雖毋以它書爲證，可也。」

戴侗六書故曰：「經傳『行』皆『户郎切』，未嘗有協『生』韻者；『慶』皆『去羊切』，未嘗有協『敬』韻者。如『野』之『上與切』、『下』之『後五切』，皆古正音，非協韻也。」

陳第毛詩古音考叙曰：「時有古今，地有南北，字有更革，音有轉移，亦勢所必至。

故以今之音讀古之作，不免乖剌而不入，於是悉委之『協』。夫其果出于『協』也？作之非一人，采之非一國，何『母』必韻『杞』、韻『止』、韻『祉』、韻『喜』，『馬』必韻『組』、韻『黼』、韻『旅』、韻『土』，『京』必韻『堂』、韻『將』、韻『常』、韻『王』，『福』必韻『食』、韻『翼』、韻『德』、韻『億』？厥類實繁，難以殫舉。其矩律之嚴，即唐韻不啻。此其故何邪？又左傳、國語、易象、離騷、秦碑、漢賦，以至上古歌謡，箴、銘、頌、贊，往往韻與詩合，實古音之證也。」

陳第讀詩拙言曰：「一郡之内，聲有不同，繫乎地者也；百年之中，語有遞轉，繫乎時者也。三百篇，詩之祖，亦韻之祖也。作韻書者，宜權輿于此。」

陳第屈宋古音義叙曰：「今考之屈、宋，其音往往與詩、易合，其詩、易所無者，又往往與周、秦、漢、魏之歌謡詩賦合。其爲上世之音，何疑？自唐顔師古、太子賢注兩漢書，于長卿、子雲、孟堅、平子諸賦，音有與時乖者，直以『合韻』『協音』當之。後儒相緣，不復致思。故自毛詩、易象、楚辭、漢賦與凡古昔有韻之篇，悉委于『協』之一字矣。」

顧炎武音論曰：「古詩中，間有一二與正音不合者。如『興』、『蒸』之屬也，而小戎末章與『音』爲韻；大明七章與『林』、『心』爲韻。又如孔子繫易，于屯、于比、于恒，則以『禽』與『窮』、『中』、『終』、『容』、『凶』、『功』爲韻。」「此或出于方音之不同，今之讀者不得不改其本音而合之。雖謂之『協』亦可，然特百中之一二耳。」

閻若璩尚書古文疏證曰：「字有古音，以今音繩之，祇覺其扞格不合。猶語有北音，以南音繩之，扞格猶故也。人知南北之音繫乎地，不知古今之音繫乎時。地隔數十百里，音即變易，而謂時歷數千百載，音猶一律，尚得謂之通人乎？」

按：古音之説，近日始明。然考之于漢鄭康成箋毛詩云：「古聲『填』、『寘』、『塵』同。」及注它經，言「古者聲某某同」，「古讀某爲某」之類，不一而足。是古音之説，漢儒明知之，非後人創議也。唐陸德明毛詩音義雖引徐邈、沈重諸人，謂「合韻」、「取韻」、「協句」。大致就詩求音，與後人漫從改讀，名之爲「協」者迥殊。而于召南「華」字云：「古讀『華』爲『敷』。」于邶風「南」字云：「古人韻緩，不煩改字。」是陸氏固顯言古人音讀及古韻今韻之不同矣。宋吴棫作韻補，乃就二百六韻注「古通某」，冬、鍾，注「古通東」；脂、之、微、齊、灰，注「古通支」；虞、模，注「古通魚」，諄、臻、殷、痕、青、蒸、登、侵，注「古通真」；仙、鹽、沾、嚴、凡，注「古通先」；覃、談、咸、銜，注「古通删」；宵、肴、豪，注「古通蕭」；戈，注「古通歌」；唐，注「古通陽」；侯、幽，注「古通尤」。「古轉聲通某」，佳、皆、咍，注「古轉聲通支」；文、元、魂，注「古轉聲通真」；寒、桓、删、山，注「古轉聲通先」；麻，注「古轉聲通歌」。「古通某，或轉入某」，江，注「古通陽，或轉入東」；庚、耕、清，注「古通真，或轉入陽」。其分合最爲疏舛。鄭庠作古音辨，分陽、支、先、虞、尤、覃六部。東、冬、鍾、江、唐、庚、耕、清、青、蒸、登，並從陽韻； 脂、之、微、齊、佳、皆、灰、咍，並從支韻； 真、諄、臻、文、殷、元、魂、痕、寒、桓、删、山、仙，並從先韻；魚、模、歌、戈、麻，並從虞韻； 蕭、宵、肴、豪、侯、幽，並從尤韻； 侵、談、鹽、添、咸、銜、嚴、凡，並從覃韻。近昆山顧炎武作音學五書，更析東、陽、耕、蒸而四，析魚、歌而二，故列十部。古音表： 東、冬、鍾、江，第一； 支、脂、之、微、齊、佳、皆、灰、咍，第二； 魚、虞、模、侯，第三； 真、諄、臻、文、殷、元、魂、痕、寒、桓、删、山、先、仙，第四； 蕭、宵、肴、豪、幽，第五； 歌、戈、麻，第六； 陽、唐，第七； 耕、清、青，第八； 蒸、登，第九； 侵、覃、談、鹽、添、咸、銜、嚴、凡，第十。而支韻，半屬第二，半屬第六； 尤韻，半屬第二，半屬第五； 麻韻，半屬第六，半屬第三； 庚韻，半屬第七，半屬第八； 入聲質、術、櫛、物、迄、月、没、曷、末、黠、鎋、屑、薛、麥、錫、職、德，屬第二，兼屋、昔二韻字；屋、燭、鐸、陌、昔，屬第三，兼沃、覺、藥、麥四韻字； 沃、覺、藥，屬第五，兼屋、鐸、錫三韻字。吾郡老儒江慎修永據三百篇爲本，爲古韻標準，于真已下十四韻，侵已下九韻，各析而二，蕭、宵、肴、豪及尤、侯、幽亦爲二，故列十有三部。第一部，東、冬、鍾、江； 第二部，支、脂、之、微、齊、佳、皆、灰、咍，分尤韻字屬焉； 第三部，魚、虞、模，分麻韻字屬焉； 第四部，真、諄、臻、文、殷、魂、痕，分先韻字屬焉； 第五部，元、寒、桓、删、山、先、仙； 第六部，蕭、宵、肴、豪； 第七部，歌、戈、麻，分支韻字屬焉； 第八部，陽、唐，分庚韻字屬焉； 第九部，庚、耕、清、青； 第十部，蒸、登； 第十一部，尤、侯、幽，分虞、蕭、宵、肴、豪五韻字屬焉； 第十二部，侵，分覃、談、鹽三韻字屬焉； 第十三部，覃、談、鹽、添、嚴、咸、銜、凡。而入聲分八部。第一部，屋、沃、燭、覺； 第二部，質、術、櫛、物、迄、没，分屑、薛二韻字屬焉； 第三部，月、曷、末、黠、鎋、屑、薛； 第四部，藥、鐸，分沃、覺、陌、麥、昔、錫六韻字屬焉； 第五部，麥、昔、錫； 第六部，職、德，分麥韻字屬焉； 第七部，緝，分合、葉、洽三韻字屬焉； 第八部，合、盍、葉、帖、業、洽、狎、乏。顧君轉侯韻入虞，江君轉虞韻字入侯，江君得之。余友金壇段若膺玉裁與余言：

「支佳，一部；　脂、微、齊、皆、灰，一部；　之、咍，一部。漢人猶未嘗假借通用，晉、宋已下乃少有出入，迄乎唐之功令，支、脂、之同用，佳、皆同用，灰、咍同用，于是古之截然爲三者，罕有知之。」段君又欲析真、臻、先與諄、文、殷、魂、痕爲二，尤、幽與侯爲二。余謂：　音之歛侈，有無庸苛求者，惟大限則宜區别宵、肴、豪之異于侯、幽，猶陽、唐之異于東、冬、鍾也。真已下十四韻，侵已下九韻，雖古音多歛，屬真，侵，今音多侈，屬先、覃，猶古音多歛，屬支、脂，今音多侈，爲佳、皆耳。顧氏用陸德明所謂「古人韻緩，不煩改字」，未爲不可行。小戎之「羣」、「錞」、「苑」，屈原賦抽思之「聞」、「患」，悲回風之「還」、「聞」及「雰」、「媛」，遠遊之「傳」、「垠」、「然」、「存」、「先」、「門」，皆真已下不分。其入聲旄丘之「葛」、「節」、「日」，正月之「結」、「厲」、「滅」、「威」，亦不分也。澤陂之「蕳」、「儼」、「枕」，烝民之「業」、「捷」、「及」，皆侵已下併入聲不分。顧氏藥與鐸有别，而江氏不分。雖顧氏于此尚有出入，宜詳其聲類，證諸三百篇分之。至若五支異于六脂，猶清異于真也；　七之又異于支、脂，猶蒸又異于清、真也，此皆不可不辨者。

又按：　音有流變，一繫乎地，一繫乎時。繫乎地者，在古人即非一讀。如「隅」、「愚」、「齵」並從「禺」得聲，廣韻入十虞，古與侯、幽通爲一韻。「顒」亦從「禺」得聲，廣韻入三鍾，古與東、冬通爲一韻。「裘」、「求」據説文本一字，而「俅」及「逑」、「觩」並從「求」

得聲，今音入十八尤，古音「裘」、「俅」與之、咍通爲一韻，「求」、「逑」、「觩」與侯、幽通爲一韻。詩中「好逑」、「好仇」語同，而一取韻侯、幽，一取韻之、咍。「仇」字在三百篇即兩取韻，「軌」亦從「九」得聲，匏有苦葉二章與「牡」爲韻，當屬四十五厚，而班孟堅幽通賦與「趾」爲韻，則入六止。如今音「母」字古多與之、止、志、咍、海、代通爲一韻，廣韻入四十五厚；蝃蝀二章與「雨」爲韻，則入十姥。今吴音言「雨」又入六止。「土」字屬十姥，而「牡」從「土」得聲，乃與侯、厚、候、幽、黝、幼通爲一韻。洪範「曰蒙」，徐仙民音「亡鉤反」，鄭本、王本並作「雺」。漢書藝文志「逢門射法二篇」，師古云：「即逢蒙」。而文王七章「躬」與「天」爲韻，召旻六章「中」、「躬」與「頻」爲韻，「頻」在十七真，「門」在二十三魂，「天」在一先，乃合東、冬、鍾及尤、侯、幽，聲氣交通。小戎之「中」、「驂」，七月之「沖」、「陰」，蕩之「諶」、「終」，雲漢之「蟲」、「宫」、「宗」、「臨」、「躬」，則旁涉侵、覃矣。韓詩：「便便左右」，史記引書「便章」、「便秩」及「王道便便」，今詩、書「便」皆作「平」。「便」在二仙，洪範與「偏」爲韻，「平」在十二庚。而「零」、「苓」、「領」並從「令」得聲，盧令之「令」、「仁」，車鄰之「鄰」、「顛」、「令」，十月之交之「電」、「令」，定之方中之「零」、「人」、「田」、「淵」、「千」，簡兮之「榛」、「苓」、「人」，采苓之「苓」、「顛」、「信」，皆不出真、先韻。説文引詩作「盧獜獜」，則「令」字本音可定。然小宛「令」與「鳴」、「征」、「生」爲韻，節南山「領」與「騁」爲韻，左氏春秋引逸詩「令」與「挺」、「扃」、「定」爲韻，屈原賦遠游「零」與「征」爲韻，實如廣韻「令」、「零」入十五青，「領」入四十静矣。「揮」、「煇」、「暉」、「翬」從「軍」得聲，「祈」、「頎」、「旂」、「圻」、「沂」從「斤」得聲，而入八微。「敦」從「享」得聲，而入十五灰。庭燎之「晨」、「煇」、「旂」，采菽、泮水之「芹」、「旂」，左氏春秋童謡之「晨」、「辰」、「旂」、「賁」、「焞」、「軍」、「奔」，固不出真、文韻。北門「敦」與「遺」、「摧」爲韻，碩人「頎」與「衣」、「妻」、「姨」、「私」爲韻，禮「翬衣」多作「禕衣」，「圻」、「畿」古多相代，實如廣韻之音。中庸「壹戎衣」，鄭康成云「衣讀如殷，齊人言」，「殷」聲如「衣」，此可證真、文、魂、先之字與脂、微、灰、齊，聲氣交通。「宛」與「怨」從「夗」得聲，「菀」從「宛」得聲，「惌」從「怨」得聲，内則「宛脾」，鄭康成云「宛」或作「鬱」，考工記「欲其惌也」，鄭司農云「惌」讀爲「菀彼北林」之「菀」，今詩作「鬱彼北林」。「鬱」、「菀」、「苑」、「蔚」，古多相代。小戎「苑」與「羣」、「錞」爲韻，易象傳「蔚」與「君」爲韻，衛風氓「怨」與「岸」、「泮」、「宴」、「旦」、「反」爲韻，小雅谷風「怨」與「嵬」、「萎」爲韻。它如中谷有蓷「難」與「乾」、「歎」爲韻，常棣「難」與「原」、「歎」爲韻，桑扈「翰」、「憲」、「難」與「那」爲韻，隰桑「難」與「阿」、「何」爲韻。「儺」從「難」得聲，亦通用「難」爲「儺」，而東門之枌則併「原」與「差」、「麻」、「娑」爲韻。五方殊語，隨聲氣轉變，見于六經者，遽數之不能終其物。六書之諧聲假借，詩之取韻，各因其聲類中一二字由它類流變而入者用之，非舉此兩韻字盡通也。其流變所入，各如其方之音。在古人不訾爲非，正音不疑其誤。蓋列國之音，即各爲正音，不可强而齊之也。顧氏音學五書輒云：「後人誤入某韻，當改入某韻」，「當削去併入某韻」。其詩本音、易音有非韻而注爲韻者，有更韻而謂爲一韻者，有實韻而不注韻者。未明于音有定限，又有流變，是以滯于一偏。隋、唐二百六韻，據當時之音，撰爲定本。雖未考古音，不無合于今，大戾于古，然別立四江，以次東、冬、鍾後，殆有見于古用韻之文，江歸東、冬、鍾，不入陽、唐，故特表一目。不附東、冬、鍾韻内者，今音顯然不同，不可没今音，且不可使今音古音相雜成一韻也。不次陽、唐後者，撰韻時以可通用字附近，不可以今音之近似而淆紊古音也。惜不能盡從斯例。如五支有從歌、戈流變者，當別出立韻目表之，次歌、戈後。別立儀韻，上、去聲四紙別立「杝」韻，五寘別立「陂」韻。十虞別出從侯、幽流變者，次侯、幽後。別立「禺」韻。上、去聲九麌別立「俯」韻，十遇仍舊目。別出本類字，改立「芋」韻。十二齊別出古通支、佳者，次支、佳後。別立「圭」韻。上、去聲十一薺別立「徯」韻。十二薺別立「係」韻。十三佳如五支。別立「騶」韻。上、去聲十二蟹別立「灑」韻，十五卦別立「瘥」韻。十四皆、十五灰別出古通之、咍者，次之、咍後。別立「荄」韻及「杯」韻。上、去聲「十三駭」「十四賄」仍舊目。其皆之上聲，別立「鍇」韻。灰之上聲，別立「匯」韻。十六怪別立「戒」韻，十八隊別立「誨」韻。十六咍別出古通脂、微者，次脂、微後；別立「開」韻。上、去聲十五海別立「愷」韻，十九代別立「溉」韻。 三蕭、四宵、五肴、六豪別出從侯、幽流變者，歸于蕭，次侯、幽後。蕭之本類字，併于宵。上、去之別出者，歸二十九篠、三十四嘯，而二韻本類字併于三十小、三十五笑。九麻別出從魚、模流變者，次魚、模後。別立「家」韻。上、去聲三十五馬、四十禡仍舊目。其從歌、戈流變者，別立「瓦」韻及「駕」韻。十二庚十三耕別出從陽、唐流變者，歸于庚。「庚」之本類字併于「耕」。上、去之別出者歸三十八梗、四十三映，而二韻本類字併于三十九耿、四十四諍。十八尤別出從之、咍流變者，歸于尤，次之、咍後。尤之本類字併于二十幽。上、去之別出者歸四十四有、四十九宥。其本類字併于四十六黝、五十一幼。入聲一屋別出從職、德流變者，次職、德後。別立「服」韻。一屋、二沃、四覺別出從藥流變者，次藥後。屋別立「瀑」韻。沃、覺仍舊目。其本類字別立「篤」韻及「角」韻。十八藥別出古與鐸通者，次鐸後。別立「若」韻。十九鐸、二十陌、二十一麥、二十三錫別出古與藥通者，次藥後。鐸別立「襮」韻，陌、麥、錫別立「翟」韻。別麥、昔、錫之從鐸流變者，歸于陌；陌之本類字併于麥。「麥」字歸二十四職，改爲「檗」韻。「昔」字歸二十陌，改本類字爲「脊」韻。別錫之從屋、燭流變者，次屋、燭後。別立「戚」韻。大致音之定限，其類七，故入聲止于七部。真、臻、諄、殷、文、痕、魂、先、仙、元、刪、山、寒、桓與脂、微、灰、齊、祭、廢、皆、夬、泰，「開」分十六咍來屬。其入聲質、櫛、術、迄、物、没、屑、薛、月、黠、轄、曷、末，是也。蒸、登與之、咍、尤，「荄」分十四皆，「杯」分十五灰來屬。其入聲職、德，「服」分一屋來屬。是也。東、冬、鍾、江與幽、侯、蕭，「禺」分十虞來屬。其入聲屋、燭，「篤」分二沃，「角」分四覺，「戚」分二十三錫來屬。是也。陽、唐、庚與宵、肴、豪，其入聲藥、覺、沃，「襮」分十九鐸，「翟」分二十陌、二十一麥、二十三錫來屬。是也。清、青、庚與支、佳，「圭」分十二齊來屬。其入聲昔、改「脊」錫、麥改「檗」是也。歌、戈、麻「儀」分五支，「騶」分十三佳來屬。與魚、虞、模，「家」分九麻來屬。其入聲鐸、陌「若」分十八藥來屬。是也。侵、覃、談、鹽、添、咸、銜、嚴、凡，其入聲緝、合、盍、葉、怗、洽、狎、業、乏，是也。以七類爲二十部。有微轉而不出其類者，如真、諄于先、仙，脂于皆，蒸于登，之于咍，幽于侯，支于佳，魚、虞于模，侵于覃。有轉而軼出其類遞相條貫者，如蒸、登于東，之、咍于尤，職、德于屋，東、冬于江，幽、侯于蕭，屋、燭于覺，陽于庚，藥、覺于陌、麥、錫，歌于麻，魚、虞、模于麻，鐸于陌。及旁推交通，如真于蒸及青，寒、桓于歌、戈，之于真及支，幽、侯于虞，屋、燭于錫，宵于魂及之，支、佳于麻，歌于支、佳，模于支、侵、凡于東。其共入聲互轉者，如真、文、魂、先于脂、微、灰、齊，换于泰，咍于登，侯于東，厚、侯于講、絳，支于清，模于歌、戈。此聲氣斂侈，出入之自然。知此則無疑于古今異言、五方殊語矣。昔人論古韻、今韻，悉以是斷其疏密，可也。

校注

〔一一〕卷三　手稿本目録出現兩個「卷之二」，考定廣韻獨用同用四聲表一文前插入「卷之二」字樣，宋景德韻略一文前又插入一個「卷之二」，古音一文前插入「卷之三」字樣，似爲分卷未定之痕迹。西湖樓本將宋景德韻略以下三文及古音一文作爲第三卷，與微波榭各本均不同。

〔二〕古音　手稿本目録將「音」字圈去，改爲「韻」字，而正文篇題仍作「古音」。戴氏古音學説幾經修訂。西湖樓本、世楷堂本之本文爲未經改定之初稿；現存手稿本「古音」一文僅存一頁，爲用另紙改寫稿，其内容爲微波榭本、潮陽本之所本，分古韻爲七類二十部。封面副頁，戴氏親筆附記：「其古音一條壬辰年始改定。」壬辰爲公元一七七二年。一七七六年答段若膺論韻定古韻九類二十五部，爲戴氏對古韻研究最後成果，與是篇所論不同。

〔三〕凡十　徐序原作「凡十有一」，各本脱「有一」。

聲韻考卷四

書玉篇卷末聲論反紐圖後

宋、元已來，爲反切字母之學者，歸之西域，歸之釋神珙。蓋由鄭樵、沈括諸人論古疏漏，惑于釋氏一二翦劣之徒，眠娗誣欺，據其言以爲言也。今珙之反紐圖具存，其自爲叙曰：「昔梁沈約創立紐字之圖。」然則珙所爲圖遠在沈休文後〔一〕，祖述休文者也。彼夫競指珙爲北魏時人，始傳西域三十六字母于中土，徒因世俗言休文始造韻，欲追而上之，以前于休文，爲中土之有反切韻學本乎西域左證耳。釋氏之徒，舉凡書傳所必資，竊取而學之，即得則相欺相誕，以造爲西域之説，固不足指數。獨怪信之者之數典不能稽遠，又筆之書，以惑後人。噫！其陋也。况珙叙内併及元和韻譜，自齊永明、梁天監下迄唐憲宗元和間，三百二三十載，珙更後乎元和而移其人于四三百載之前，而莫之或辨，何哉？珙圖無所謂「字母」者，惟五音聲論列字四十，而不曰「字母」，與今所傳三十六字相與齟齬。深寧叟言〔二〕：「玉篇卷末附以沙門神珙五音聲論、四聲五音九弄反紐圖。」考珙自叙，不一語涉及五音聲論，殆唐末宋初或雜取以附玉篇末，非珙之爲，故列之珙反紐圖前，不題作者名氏。玉海有三十六字母圖一卷，僧守温撰。吕介孺曰：「大唐舍利創字母三十，後温首座益以『娘』、『牀』、『幫』、『滂』、『微』、『奉』六母。」然則字母三十六定于守温，在珙後者也。雖唐之季已有是，而其學不著，故終唐之代以迄宋初，絶不聞字母之稱。今經傳字書所有反切，仍魏、晉、齊、梁、隋、唐相傳之舊。方漢時崇治經藝，鄭康成氏尤爲世所宗。其後樂安孫炎受學康成之門人，稱東州大儒。陸德明經典釋文、顔之推家訓、張守節史記正義皆曰孫炎創立反語。崇文目叙曰：「孫炎始作字音，于是有音韻之學。」深寧叟曰：「世謂倉頡制字，孫炎作音，沈約撰韻，爲椎輪之始。」此唐、宋人論反切字音，咸溯原叔然也。迨乎末失，則謂出神珙、出梵僧矣。反語之興，不啻七八百載，而後競傳守温之字母。近儒乃莫有能言叔然者，吾故書此，以見經史字音。儒生結髮從事，勿迷失其師承也。

書劉鑑切韻指南後

世之專書論字母等韻者，多不本所始，何與？其法以唐之季釋守温爲斷，稱之若無足徵信。然流俗惑于字母之云，疑聲音文字諒由母孳生，況其又假古人所謂「宫、商、角、徵、羽」自文，以取重哉？前乎守温有辨字五音法，凡十字；五音聲論凡四十字，皆與字母三十六參互齟齬。而宋時之以三十六分隸唇、齒、喉、舌、牙，與近所傳復違異。劉士明是編，獨有取于金韓道昭五音集韻，次成十六通攝，辨其開口呼、合口呼。其譜之也，横爲字母三十六，從爲「平、上、去、入」暨「一二三四」等列。一等洪大，二等次大，三四俱細，而四尤細。其以配五音也，牙爲角，舌爲徵，唇爲羽，齒爲商，喉爲宫。方未有四聲之前，就用韻比類區分，擬于五音。魏書江式傳言「吕忱弟静倣故左校令李登聲類之法，作韻集五卷。宫、商、龣、徵、羽，各爲一篇」是也。齊永明中周顒、沈約始以平上去入製韻，平聲字繁，釐爲上下。徐景安樂書乃曰：「凡宫爲上平，商爲下平，角爲入，徵爲上，羽爲去。」迨宋人競傳字母，則譏江左撰韻時，識四聲，不識七音。近又或析等列之四成五，謂五音乃在是者。于是五音之説歧，而傳會誠無施不可。予以謂皆非也。虞書曰：「詩言志，歌永言，聲依永，律和聲。」古之所爲「五聲」，宫、商、角、徵、羽也者，非以定文字音讀也。凡一字則函五聲，誦歌者欲大不踰「宫」，細不過「羽」。使如後之人膠于一字，繆配宫商〔三〕，將作詩者此字用「商」，彼字用「宫」，合宫商矣，有不失其性情違其志意乎？惟宫商非字之定音，而字字可「宫」可「商」，以爲高下之節，抑揚之叙，故作者寫其性情，而誦之者宛轉高下以成歌樂。語言文字，其音讀本乎師承者有定，而及夫歌以永其言，大而爲「宫」，細而爲「羽」，無一定也。學病于後人皮傳。於虖！此古義之所以流失其本與？

顧氏音論跋

右三卷，考論韻之原委。蓋欲據唐人正宋已後之失，據古音正唐人之失，意甚善也。隋陸法言、唐孫愐之書，不可得見，顧君所見，止于宋陳彭年、丘雍所刊益名廣韻者耳。廣韻已無善本，致使唐、宋用韻沿革異同，莫之或知。以顧君之精博，而猶覈之疏，它人無論矣。方開皇初法言同劉臻、蕭該、顔之推等八人論難。後十數年，八人或亡或存。法言獨自屏居，乃定爲切韻五卷。唐儀鳳二年，長孫訥言爲之箋注，距仁壽初法言撰韻時，凡七十有七年。其後郭知玄更以朱箋三百字。粤七十有五年，爲天寶十載，孫愐增修，改名唐韻。天寶末集賢注記稱：「上以自古用韻不甚區分，陸法言切韻又未能釐革，乃改撰韻英，仍舊爲五卷。舊韻四百三十九，新加百五十一，合五百八十韻，萬九千一百七十七字，分析至細。」而南部新書天寶時有陳庭堅撰韻英十卷，然則注記所謂「舊韻四百三十九」，殆庭堅之爲與？所謂「仍舊爲五卷」者，殆仍法言卷帙與？自天寶末又二百五十三年，爲宋景德四年，而崇文院上校定切韻五卷，依九經書例頒行。明年，大中祥符元年，改爲大宋重修廣韻。法言韻凡萬二千一百五十八字，孫愐自叙侈列其前後引據入注中諸書，總加四萬二千三百八十三言。晁公武誤以爲增加字至是其多，非也。集韻韻例曰：「先帝時，令陳彭年、丘雍因法言韻就爲刊益。」蓋二百六韻實法言區分舊目，故廣韻卷首猶題云「陸法言撰本」。法言韻既經郭知玄、關亮等九人增加，更有諸家增字，至宋合集共勒成一部，是以改廣韻之名，而字數止二萬六千一百九十四，孫愐亦九人者之一耳。寶元集韻就廣韻刊修，新增字二萬七千三百三十一，合新舊字凡五萬三千五百二十五。當景德中，詔殿中丞丘雍重定切韻也，龍圖待制戚綸復承詔詳定考試聲韻，於是略取切韻要字，備禮部科試，謂之韻略。其「同用」、「獨用」例未改。後三十有一年，爲景祐四年，更刊修廣韻、韻略，以賈昌朝請韻窄者凡十三處，許令附近通用。是年四月，奉詔修韻，六月即以所修禮部韻略頒行。今廣韻上、去聲末六韻，與禮部韻略、集韻同，而與平聲、入聲齟齬，前此不宜爾也。蓋由習於景祐通用吴才老韻補上聲五十一豏、五十三檻、五十四儼，猶舊次，去聲亦同集韻。顧君嚴辨廣韻、禮部韻略之異同，于廣韻上、去聲末六韻弗省，于禮部韻略合廢于隊、代，遺而未舉。所舉例，合儼于琰、忝，合范于豏、檻，合釅於艶、㮇，合梵于陷、鑑，遂迷失乎舊。二書「同用」、「獨用」例，異者八處，不知併是而十有三處，犁然可考，而唐、宋用韻沿革之大節目，實存其間。已上音論中所失考暨考之而疏，足以滋惑。予故書其詳，補正之。至如「六書轉注」一條〔四〕，所是者蕭楚諸人之臆説，所非者裴務齊、鄭漁仲諸人之謬誤。古所謂「轉注」，漢許氏之所傳，概未之有聞焉。予別有辨正，見答江先生論小學書。兹不具論，論其尤關音韻者。

附舉正十九事〔五〕

引毛詩鄭箋「聲謂宫、商、角、徵、羽也」，以論韻，未當。後引唐書楊收傳，晉、宋書律志及樂汁圖徵、鶡冠子同此失。毛大可古今通韻竟附會五均分部矣。

引説文「韻」字注，此徐氏所新附，説文元書無「韻」字。

引陸機文賦謂「文人言韻，始見于此」，閻百詩尚書古文疏證卷五下，曾舉正其失。

「音降而爲韻矣」，語有滲漏。

誤以劉臻等八人當郭知玄等九人之數。法言自叙稱「亡者則生死路殊，空懷可作之歎」，正謂定切韻時，前開皇初同論韻八人，有亡者矣。八人不但在郭知玄前，且前于定切韻。

引李燾五音譜叙「别爲唐韻之名」下，删去「在本朝太平興國及雍熙、景德皆嘗命官討論」十有八字，徑接以「大中祥符元年改賜新名曰廣韻」，下注之云：「據此廣韻即唐韻，但改其名耳。」此處援證失實。蓋顧君自名其書曰唐韻正，所據乃宋景德中刊益之廣韻，故嫌于言二書有異。

廣韻元書，前有陸法言、長孫訥言、孫愐三敘，今具存。廣韻乃因法言韻，就爲刊益，不據唐韻。

周顒、沈約同在齊永明中，始別四聲之人也。約之書不傳。考集賢注記稱：「自古用韻，不甚區分，陸法言切韻又未能釐革。」而廣韻據法言撰本，是二百六韻法言所定。李登、呂静但比類其音之相近，未别四聲；周顒、沈約作四聲，未區分爲二百六部。顧君謂「約特總而譜之」，于原委殊失詳審。

廣韻元書，上聲當如吴才老韻補作五十二豏、五十三檻、五十四儼，而琰注「忝同用」，豏注「檻同用」，儼注「范同用」；去聲當作五十七陷、五十八鑑、五十九釅，而艷注「㮇同用」，陷注「鑑同用」，釅注「梵同用」。蓋上、去聲亦猶平聲、入聲之以六韻通爲三韻，禮部韻略始通爲兩韻，而迻其叙次。顧君所列後人誤本也。此尤屬宋韻非唐韻。

引韻會舉要卷之一注，駁之曰：「今考廣韻已分上平聲、下平聲，不始于丁翰林也。」考舉要所言，乃謂前此稱上平聲、下平聲，丁度撰集韻始作「平聲上」、「平聲下」耳。此誤解其語意而駁之。

引「『恭』字下注」，此無從知爲孫愐語。

景德中修韻，即應避宣祖諱，不待景祐禮部韻略始改「二十一殷」爲「二十一欣」。

廣韻十八隊、十九代同用，二十廢獨用，禮部韻略十八隊與代、廢通。顧君遺而未舉。禮部韻略「獨用」、「同用」例，顧君舉其異于廣韻者八，而遺其五。此景祐四年改韻窄者十三處，所以不能詳也。

韻略與廣韻爲景德中詳略二書，顧君未之考；禮部韻略與集韻爲景祐後詳略二書，而集韻成于禮部韻略頒行後二年。其書具存，顧君未之見，故曰「集韻不存」。

雖云列唐、宋異同之辨，而于唐、宋異同與作韻已來沿革，皆考之未悉。

引陳氏書録解題「反切之學，自西域入中國，至齊、梁盛行」。此惑于釋氏誣欺之辭，不當以爲言。

入聲不必轉爲三聲。小戎首章「收」、「輈」、「驅」一韻，「續」、「轂」、「馵」、「玉」、「屋」、「曲」一韻，顧君于此牽强，且于虞、侯二韻有舛謬在。

張説所撰碑文用「形聲轉注」四字。此後世辭章家湊句屬對，不足爲典要處。

引張有、趙古則、楊慎、陸深論轉聲爲「轉注」，乃自宋而後無稽之説。引禮部韻略則又指一字數義。宋人好爲臆説，于是不特六書之「轉注」亡，併「假借」亦亡矣。顧君好古精博，其書足以徵信，故爲之舉正，俾學者知去短就長也。

書盧侍講所藏舊本廣韻後

予少時得顧寧人氏所校刻廣韻。後又于友人處見大版廣韻，與顧刻無異，殆即顧君所據之書也。朱錫鬯爲吴下張氏重刊宋本廣韻作叙有曰：「曩崑山顧處士炎武校廣韻，力欲復古，刊之淮陰，第仍明内庫鋟版。緣古本箋注多寡不齊，中涓取而删之，略均其字數。」所稱「中涓取而删」者，未知其審。而叙端言周顒以「天、子、聖、哲」分四聲，則已誤舉周捨對梁武帝語歸之顒。此本無從得其刻書年月，注文亦既删整者矣。韻自淳祐末劉淵併後，幾莫復識别二百六韻之舊。明内庫猶取廣韻鋟版，事屬希有，詎旋有刻此本者與？抑此本實在前，爲宋時詳略兼行，去其繁重者與？上聲目録「十八吻」，注「隱同用」，而卷内仍各注「獨用」不使連屬。去聲代、廢連屬于隊，注「通用」，目録隊下，注「代同用」，廢注「獨用」。上、去之末六韻，儼、豏列豏、檻、陷、鑑之前，連屬爲二，與平聲、入聲連屬爲三者違異。而五十琰注「與忝同用」，無「儼」字，目録下，注「忝、儼同用」。此宋景祐、寶元已前所决無有也。其間或云「某同用」，或云「與某同用」。參差不洽如此。當景祐中修禮部韻略，以賈昌朝請韻窄者凡十三處，許令附近通用。于是平聲，合欣于文，合嚴于鹽、添，合凡于咸、銜；上聲，合隱于吻，合儼于琰、忝，合范于豏、檻；去聲，合廢于隊、代，合𦣱于問，合釅于艷、㮇，合梵于陷、鑑；入聲，合迄于物，合業于葉、怗，合乏于洽、狎。毛大可臆爲之説曰：「其所云窄者，如冬、臻、殷、痕、山、談、添、銜、凡等。」何弗之考也？後人不睹廣韻善本，即吴下張氏所重刊，注文完好，而二十文下，注「欣同用」，十八吻下，注「隱同用」，及上、去之末六韻與平、入齟齬，皆自禮部韻略施行。檢廣韻者依現行新例，加塗乙，遂致舛謬。幸其參差不治，改之未盡。苟尋求蹤跡，古書所由舛謬之故，章章具存。復閲數十百年，舊本蕩然泯滅，學者將益茫如，豈不逾可致惜乎哉！盧公雅才閎博，今之篤古君子也。予從假此本，因志數言而歸之。

答江慎修先生論小學書〔六〕

説文，所載九千餘文，當小學廢失之後，固未能一一合于古。即爾雅亦多不足據。姑以釋詁言之，如「台、朕、賚、畀、卜、陽，予也。」「台」、「朕」、「陽」，當訓予我之「予」；「賚」、「畀」、「卜」，訓賜予之「予」，不得錯見一句中。「孔、魄、哉、延、虚、無、之、言，間也。」郭氏注云：「孔穴、延、魄、虚、無，皆有間隙。餘未詳。」考之説文，「哉，言之間也」。言之間，即辭助。然則「哉」、「之」、「言」三字，乃言之間。「言」爲辭助，見于詩、易多矣。「豫、射，猒也。」郭氏注云：「詩曰『服之無射』。『豫』，未詳。」「豫」，蓋當訓猒足、飽飫之

「猒」；「射」訓猒倦、猒憎之「猒」。此皆掇拾之病。其解釋詩、書，緣辭生訓，非字義之本然者，不一而足。然今所有傳注，莫先毛詩，其爲書又出爾雅後。爾雅「甘，棠」；「梨山，樆」；「榆白，枌」。立文少變。「杜」澀、「棠」甘，而名類可互見。「杜，赤棠」；白者，棠」。以「棠」見「杜」；「杜甘，棠」，以「杜」見「棠」。毛詩「甘棠，杜也」，誤。「枌，白榆也」，不誤。「杜」甘曰「棠」，「梨」山生曰「樆」，「榆」白曰「枌」。朱子詩集傳于陳東門之枌云：「枌，白榆也。」本毛詩，于唐山有蓲云：「榆，白枌也。」殆稽爾雅而失其讀。其它毛詩誤用爾雅者甚多。先儒言爾雅往往取諸毛詩，非也。若説文視爾雅、毛詩固最後，沿本處多，要亦各有師承。爾雅「以衣涉水爲厲」，「繇帶已上爲厲」。説文「砅，字又作濿，省用厲。履石渡水也」，引詩「深則砅」。詩之意，以水深必依橋梁乃可過，喻禮義之大防不可犯。若淺水則褰衣而過，尚不濡衣。酈道元水經注云：「段國沙洲記：吐谷渾于河上作橋，謂之『河厲』。」此可證橋有「厲」之名。衛詩「淇梁」、「淇厲」並舉，「厲」固「梁」之屬也。就兹一字，爾雅失其傳，説文得其傳。觸類推求，遽數之不能終其物。用是知漢人之書，就一書中，有師承可據者，有失傳傅會者。説文于字體字訓，罅漏不免。其論六書，則不失師承。劉歆、班固云：「象形、象事、象意、象聲、轉注、假借。」鄭衆云：「象形、會意、轉注、處事、假借、諧聲。」所言各乖異失倫。説文叙稱：「一、指事，二、象形，三、形聲，四、會意，五、轉注，六、假借。」轉注「考」、「老」字，後人不解。裴務齊切韻猥云：「考字左回，老字右轉。」戴仲達、周伯琦之書，雖正「老」字屬會意，「考」字屬諧聲，而不能不承用「左回」「右轉」爲轉注，別舉「側山爲𠂤，反人爲匕」等象形之變轉者當之。徐鉉、徐鍇、鄭樵之書，就「考」字傅會，謂祖考之「考」，古銘識通用「丂」，與「丂」之本訓轉其義，而加「老」省注明之。又如犬走貌爲「猋」，爾雅「扶摇謂之猋」，于「猋」之本訓轉其義，「飇」則偏旁加風注明之。此以諧聲中聲義兩近者當轉注，不特一類分爲二類甚難，且校義之遠近必多穿鑿。王介甫字説强以意解加之諧聲字，陸佃埤雅中時摭之。使按之理義不悖，如程子、朱子論「中心爲忠，如心爲恕」，猶失六書本法，岐惑學者。今區分諧聲一類爲轉注，勢必强求其義之近似。況古字多假借，後人始增偏旁，其得盡證之使自爲類乎？楊桓又謂：「三體已上，展轉附注，是曰轉注。」斯説之謬易見。而莫謬于蕭楚、張有諸人「轉聲」爲「轉注」之説，雖好古如顧炎武亦不復深省。説文于假借舉「令」、「長」字，乃移而屬轉注。古今音讀莫考，如好惡之「惡」，今讀去聲，古人有讀入聲者；美惡之「惡」，今讀入聲，古人有讀去聲者。宋魏文靖論觀卦云：「今轉注之説，則象象爲觀示之『觀』，六爻爲觀瞻之『觀』。竊意未有四聲反切已前，安知不爲一音乎？」據此言之，轉聲已不易定，轉注、假借何以辨？今讀先生手教曰：「本義外，展轉引伸爲它義，或變音，或不變音，皆爲轉注。其無義而但借其音，或相似之音，則爲假借。」又曰：「字之本義亦有不可曉者。」震之疑不在本義之不可曉，而在展轉引伸爲它義，有遠有近，有似遠義實相因，有近而義不相因，有絶不相涉而旁推曲取又可强言其義。區分假借一類而兩之，殆無異區分諧聲一類而兩之也。六書之諧聲、假借並出于聲。諧聲以類附聲，而更成字；假借依聲託事，不更制字。或同聲，或轉聲，或聲義相倚而俱近，或聲近而義絶遠。諧聲具是數者，假借亦具是數者。後世求轉注之説不得，併破壞諧聲、假借，此震之所甚惑也。説文「老，從人毛匕，言須髮變白也」；「考，從老省，丂聲」。其解字體，一會意，一諧聲，甚明。而引之于叙，以實其所論「轉注」，不宜自相矛盾，是固别有説也。使許氏説不可用，亦必得其説然後駁正之，何二千年間紛紛立説者衆，而以猥云左回、右轉者之謬，悠目爲許氏，可乎哉？震謂「考」、「老」二字屬諧聲、會意者，字之體；引之言轉注者，字之用。轉注之云，古人以其語言立爲名類，通以今人語言猶曰「互訓」云爾。轉相爲注，互相爲訓，古今語也。説文于「考」字訓之曰「老也」，于「老」字訓之曰「考也」。是以叙中論轉注舉之。爾雅釋詁有多至四十字共一義，其六書「轉注」之法與？別俗異言，古雅殊語，轉注而可知，故曰「建類一首，同意相受」。大致造字之始，無所馮依，宇宙間事與形兩大端而已，指其事之實曰「指事」，一二、上下是也；象其形之大體曰「象形」，日月、水火是也。文字既立，則聲寄于字，而字有可調之聲； 意寄于字，而字有可通之意。是又文字之兩大端也。因而博衍之，取乎聲諧，曰「諧聲」； 聲不諧，而會合其意曰「會意」。四者，書之體止此矣。由是之于用，數字共一用者，如「初、哉、首、基」之皆爲「始」，「卬、吾、台、予」之皆爲「我」，其義轉相爲注，曰「轉注」。一字具數用者，依于義以引伸，依于聲而旁寄，假此以施于彼，曰「假借」。所以用文字者，斯其兩大端也。六者之次第出于自然，立法歸于易簡。震所以信許叔重論六書必有師承，而「考」、「老」二字，以説文證説文，可不復疑也。存諸心十餘載，因聞教未達，遂縱言之。

論韻書中字義答秦尚書〔七〕

字書主于訓詁，韻書主于音聲，然二者恒相因。音聲有不隨詁訓變者，則一音或數義； 音聲有隨詁訓而變者，則一字或數音。大致一字既定其本義，則外此音義引伸，咸六書之假借。其例或義由聲出，如「胡」字，惟詩「狼跋其胡」，與考工記「戈胡」、「戟胡」用本義。至于「永受胡福」，義同「降爾遐福」，則因「胡」、「遐」一聲之轉，而「胡」亦從「遐」爲遠。「胡不萬年」、「遐不眉壽」又因「胡」、「遐」、「何」一聲之轉，而「胡」、「遐」皆從「何」。又如詩中曰「寧莫之知」，曰「胡寧忍予」，曰「寧莫我聽」，曰「寧丁我躬」，曰「寧俾我遁」，曰「胡寧瘨我以旱」，「寧」字之義，傳詩者失之。以轉語之法類推，「寧」之言「乃」也。凡訓詁之失傳者，于此亦可因聲而知義矣。或聲同義別，如蜥易之「易」，借爲變易之「易」；燕燕之「燕」，爲燕國之「燕」。六書假借之法，舉例可推。若夫譌舛相承，如詩「山有樞」，字本作「櫙」，烏侯反，刺榆之名；或不加反音，讀如户樞之「樞」，則失之矣。其或異字異音，絕不相通，而傳寫致譌，淆溷莫辨。如：詩月出篇「勞心慘兮」，與「照」、「燎」、「紹」爲韻，而釋文「七感反」；正月篇「憂心慘慘」與「沼」、「樂」、「炤」、「虐」爲韻；抑篇「我心慘慘」，與「昭」、「樂」、「藐」、「教」、「虐」、「耄」爲韻；及北山篇「或慘慘劬勞」，「或慘慘畏咎」，釋文反音並同，不知皆「懆」字之譌也。「懆」，采老切，愁不安也。白華篇「念子懆懆」，此一處幸而未譌，釋文亦加以「七感反」之音，是直不辨「懆」、「慘」之爲二字矣。陳風「歌以訊之」，與「萃」爲韻；小雅「莫肯用訊」與「退」、「遂」、「瘁」爲韻，而釋文以音「信」爲正，不知皆「誶」字之譌也。「誶」，告；「訊」，問。「誶」音「粹」，「訊」音「信」。廣韻二十一震「訊」字下云：「問也，告也。」不知「告」之義屬「誶」，不屬「訊」，入六至不入二十一震也。釋文于爾雅既作「誶，告也」，引沈音「粹」、郭音「碎」，幸而未譌矣。又云：本作「訊」，音「信」，是直不辨「誶」、「訊」之爲二字。今爾雅注疏本「誶」字亦與詩同譌，而王逸注楚辭引詩「誶予不顧」，後漢書張衡傳注引爾雅「誶告也」，廣韻六至「誶」字下引詩「歌以誶止」，然則此句「止」字與上句「止」字相應，爲語辭。凡古人之詩，韻在句中者，韻下用字，不得或異。三百篇惟「不可休思」，「思」譌作「息」，與此處「止」譌作「之」，失詩句用韻之通例，得此正之，尤稽古所宜詳覈。考工記「摶埴之工」，鄭注云：「摶之言拍也。」張參五經文字「拍」音搏。劉熙釋名云：「拍，搏也，手搏其上也。」又云：「搏，博也，四指廣博，亦似擊之也。」則「摶」當音「博」，不音「團」。而釋文列「團」、「博」兩音，且「團」音在前，是直不辨「摶」、「摶」之爲二字。它如「氐、底」「疷、疷」「寔、實」「㥛、畜」之屬，相習溷淆，不可勝數。又有本無其字，因譌而成字。如：爾雅之「鼃、鼅」，「鼃」力竹反，從「先」得聲，譌而爲「鼄」，遂讀起據反；方言之「錬鏅」，郭璞音「東」，曹憲于博雅音「錬」，集韻據郭忠恕佩觿之臆説，于一東增「錬」字，引方言則「錬」譌而爲「錬」，遂與「東」同音。有字雖不譌，本無其音，譌而成音。如：詩「有瀰濟盈，有鷕雉鳴」，「鷕」從「唯」得聲，與「瀰」爲句中韻，下復舉「濟盈」、「雉鳴」，亦句中韻。舊音「鷕」，以水反，見釋文。「水」譌作「小」，遂有「以小反」之音。廣韻于是收入三十小改「小」作「沼」，併其所由致譌，幾不可考。漢書地理志「汝南郡鮦陽」，孟康曰：「鮦，音紂紅反。」「鮦」從「同」得聲，「紂紅反」之音是也。廣韻、集韻皆收入四十四有與「紂」同音，豈不見「紅反」二字，而以爲「音紂」與？詁訓音聲，自漢已來，莫之能考也久，無怪乎釋經論字，茫然失據。此則字書、韻書所宜審慎不苟也。雖舊韻相承，其中顯然譌謬者，宜從訂正。

校注

〔一〕「然則」句　原作「然則所爲珙圖」，據經韻樓本東原文集改。

〔二〕深寧叟　即王應麟。經韻樓本文集作「王伯厚」。

〔三〕繆配宫商　「繆」應從經韻樓本文集作「謬」。

〔四〕至如六書轉注　「至如」至「六書」之間，經韻樓本文集有「三百篇古人之音，用元韻字與寒、桓、删、山、先、仙通而必不通魂、痕，用魂、痕韻字與真、諄、臻、殷、文通而必不通元。唐人用韻乃溷而通之。顧君泥於陸德明『古人韻緩，不煩改字』一語，不復致考，且於二十八山及一先二仙内字有從真諄一類流變而入者不復知其古音也。音論載」共一百零六字。查手稿本，此段被删去。

〔五〕十九事　西湖樓本無附舉正十九事以下這一節内容文字。

〔六〕本篇西湖樓本作「答江丈慎修論小學書」。年譜云：「先生此書作於何年，未可詳。」音論跋成於癸未年，而提及此書，六書論成書於乙丑年，此書當成于乙丑與癸未間（即一七四五至一七六三）。

〔七〕本篇西湖樓本作「論韻書中字義答秦大司寇」。此文成於乾隆癸未（一七六三）。

戴震全書之十四

聲類表

王健庵◎整理
邵榮芬◎審訂

説明

聲類表是戴氏的絶筆之作。戴氏卒于乾隆四十二年五月二十七日，即公元一七七七年七月一日。這部巨著是他臨終前二十日用五天時間寫成的。孔繼涵致段玉裁書云：「凡五日而成，固由精熟詣極，然先生亦恐太瘁矣。形太用則極，神太勞則敝。嗚呼！孰知此爲先生著書之絶筆也哉！」

此書共九卷，爲戴氏考古審音的結晶之作。可惜書稿完成時未能撰寫書序和例言，加以所作韻圖和所用術語又與通行之等韻不同，因使後人難以明其作書之主旨。

此書之性質目前有三種不同的認識。

戴氏死後，首先孔繼涵於微波榭刻印此書，向段玉裁索序未果，即將戴氏答段若膺論韻一文列爲本書之「卷首」。由此可知孔氏是將此書看作研究上古音的古韻分部的著作。三十年後，段氏補作聲類表序也同意這種看法，因爲此書分爲九卷正與卷首論韻將古韻分爲九大類完全一致。

公元一七四七年，戴氏二十四歲。這年春天他撰寫了轉語二十章序（見文集卷四），其中說：「人口始喉下底唇末，按位以譜之，其爲聲之大限五，小限各四，於是互相參伍，而聲之用備矣。」「昔人既作爾雅、方言、釋名，余謂猶闕一卷書，創爲是篇，用補其闕。」時過三十年，戴氏去世，一直未見其「一卷書」。一九二九年曾廣源撰戴東原轉語釋補一書（海事編譯局出版），認定聲類表即轉語二十章，因其表中所分二十聲位正與轉語二十章序中所論密合，並謂孔、段二氏將其作爲古韻之作爲不當。

上二說，一就古韻分部，一就聲位分章，亦各有所據證，而等韻學家又就聲韻相配成圖而立說，認定此書爲研究古音的「等韻圖」專著。如一九五七年出版的趙蔭堂所撰之等韻源流即作如是觀。趙氏又謂：「聲類表是他參照楊倓韻譜作的，近人曾廣源氏以此表補作轉語二十章，恐非戴氏原意。」

諸家論述似均偏執于一隅，未能究觀其整體。戴氏在其音韻論述中明示吾人：「音之流變，一繫乎地，一繫乎時。」「音之流變有古今，而聲類大限無古今。」「不可以今音亂古音，亦不可使古音没今音。」「音之流變，又有定限。」這些觀點都貫穿在這部巨著中，體現了古今方國之音的「流變」之「大限」與「定限」，「俾疑於義者以聲求之」。它是一部「綱領既張，纖悉畢舉」（段氏語）體現漢語古今方國語音流變通轉規律和定限的等韻圖。

此書缺少序例，間有缺文（見書末「校注」），似爲未竟之作，但這部巨著内涵豐富，使後來學者從不同方面得到啓發。如他的弟子孔廣森所倡「陰陽對轉」學説，清代小學殿軍黄侃的「古本音」、「今變音」和「陰陽入三分」等觀點，二十世紀三十年代董同龢上古音韻表稿的製作，都受其影響。錢大昕的「古喉牙不分」，章太炎的「娘日二紐歸泥説」等著名的古聲紐學説，其基本内容在聲類表中均已基本概括。戴氏採用「音之流轉」的古今方國之音異類相通，而不採用「古無今有」的簡單的異類相合的説法，似乎更爲科學。

聲類表最早的版本是微波榭本。戴氏去世之當年，山東曲阜孔繼涵即刊刻於微波榭，列爲戴氏遺書之十四。原表九卷，孔氏增載答段若膺論韻一文，列爲「卷首」，故或稱此書爲「十卷」。一九三三年渭南嚴式誨用微波榭本斠刊于成都，並增載段玉裁三十年後所補寫之序，作爲音韻學叢書之一種；一九五七年四川人民出版社又就原版重印一次。一九三六年安徽叢書本據微波榭本影印。三種版本，同出一源，除少數字有差異外，其他並無不同。

這次整理以安徽叢書本爲底本，進行標點和校注，亦將段序增入。爲了研習和校注時尋檢稱説方便，我們將全書一百四十六個圖表增編了序數，如「一・一」代表第一卷第一圖，「九・五」代表第九卷第五圖，用小字標在每圖欄外天頭。爲了保持韻圖的連續性和整體性，我們將「校注」置於全書之末，而未依通則放在每卷之後。

答段若膺論韻〔一〕

陸德明於邶風「南」字云：「古人韻緩，不煩改字。」顧氏取其説。江慎修先生見於覃至凡八韻字實有古音改讀入侵者，元寒至仙七韻字實有古音改讀入真者，音韻即至諧，故真已下十四韻、侵已下九韻，各析而二，自信剖別入微。在此大著更析真、臻、先與諄、文、殷、魂、痕爲二〔二〕，尤、幽與侯爲二，且悟古四聲不同今韻，猶古本音不同今韻，遂以此斷古無平仄通押、去入通押。書中自信剖別入微，亦在古音韻至諧之云然。

僕謂古人以音韻從其意言。帝舜歌「喜」、「起」、「熙」二上一平，音節自佳，若並讀平聲，「喜」、「熙」轉嫌於積韻。夫音韻之諧，密近而成節奏爲諧，稍遠而成節奏亦諧，遠而隔礙爲不諧，字異音同，或積相似之音亦不諧。

癸巳春，僕在浙東，據廣韻分爲七類，侵已下九韻皆收脣音，其入聲古今無異説。又方之諸韻，聲氣最斂，詞家謂之閉口音，在廣韻雖屬有入之韻，而其無入諸韻無與之配，仍居後爲一類；其前昔無入者，今皆得其入聲，兩兩相配，以入聲爲相配之樞紐。真已下十四韻皆收舌齒音，脂、微、齊、皆、灰亦收舌齒音，入聲質、術、櫛、物、迄、月、没、曷、末、黠、鎋、屑、薛合爲一類。東、冬、鍾、江、陽、唐、庚、耕、清、青、蒸、登皆收鼻音，支、佳、之、咍、蕭、宵、肴、豪、尤、侯、幽亦收鼻音，入聲屋、沃、燭、覺、藥、陌、麥、昔、錫、職、德。分蒸、登、之、咍、職、德爲一類，東、冬、鍾、江、尤、侯、幽、屋、沃、燭、覺爲一類；陽、唐、蕭、宵、肴、豪、藥爲一類，庚、耕、清、青、支、佳、陌、麥、昔、錫爲一類。「弓」、「馮」、「熊」、「雄」、「夢」、「𪆰」等字由蒸、登轉東；「尤」、「郵」、「牛」、「丘」、「裘」、「紑」、「謀」等字由之、咍轉尤；「服」、「伏」、「鞴」、「福」、「郁」、「彧」、「牧」、「坶」、「穆」等字由職、德，轉屋；而東、冬轉爲江；尤、侯轉爲蕭；屋、燭韻字轉覺；陽、唐轉爲庚；及藥韻字轉陌、麥、昔、錫。音之流變無定方，而可以推其相配者有如是。歌、戈、麻皆收喉音，魚、虞、模亦收喉音，入聲鐸，合爲一類。以七類之平、上、去分十三部，及入聲七部，得二十部。陸德明所謂「古人韻緩」者，仍有取焉。

大著内第一部之、咍，第十五部脂、微、齊、皆、灰，第十六部支、佳分用，説至精確。舉三部入聲，論其分用之故，尤得之。其餘論異平同入，或得或失。蒸、之、職、登、咍、德一類，如「陾」由之轉登，「能」由咍轉登。「等」由海轉等，及「凝」從「疑」之屬。書内舉「得來」爲「登來」，「螟蛉」爲「螟螣」，證陸韻以職、德配蒸、登，非無見，因謂蒸、登與之、咍同入，此説是也。陸氏惟此類所分之韻，多寡適同，餘則或此分而彼合，蓋陸氏未知音聲洪細，如陰陽表裏之相配，是以參差不均。真、諄、臻、分爲三。脂、合爲一。質、術、櫛、亦分爲三。

文、殷，分爲二。微，合爲一。物、迄，亦分爲二。元、廢、月、魂、痕，分爲二。灰，合爲一。没，亦合爲一。寒、桓，分爲二。泰，合爲一。曷、末，亦分爲二。删、皆、黠、山、夬、鎋、先、齊、屑、仙、祭、薛一類，如「寅」由真轉脂，「揮」、「暉」、「翬」由文轉微，「旂」、「圻」、「沂」由殷轉微，「西」由先轉齊，「洗」、「洒」由銑轉薺，「獮」由旨轉獮，「浼」由銑轉賄，「敦」由魂轉灰，「竄」由泰轉換，及「吻」從「勿」，「讞」、「轙」從「獻」之屬。書内言第十三部諄、文、欣、魂、痕，第十四部元、寒、桓、删、山、仙，與第十五部同入，是也。而遺第十二部真、臻、先，則於脂韻字以質、櫛爲入者，及齊以屑爲入，有未察矣。真已下分三部，脂、微諸韻與相配者僅一部，又言第十一部庚、耕、清、青與第十二部同入，殊失其倫。第十一部乃與第十六部同入，庚、清、青，分爲三。支，合爲一。陌、昔、錫，亦分爲三。耕、佳、麥一類，如「擲」從「鄭」，「幎」、「塓」從「冥」，亦可證陸韻以陌、麥、昔、錫配庚、耕、清、青，非無見。書内言第十七部歌、戈、麻與十六部支、佳同入，第十部陽、唐與第五部魚、虞、模同入，皆失倫。蓋陌、麥、昔、錫爲庚、耕、清、青及支、佳之入，今音字也； 其古音字與鐸通者，陌韻之「陌」、「莫」、「伯」、「白」、「坼」、「宅」、「澤」、「赫」、「客」、「格」、「索」、「柞」、「啞」、「虩」、「綌」、「劇」、「戟」、「逆」、「虢」、「擭」等字，麥韻之「獲」、「愬」等字，昔韻之「昔」、「舄」、「席」、「夕」、「繹」、「奕」、「射」、「釋」、「尺」、「赤」、「斥」、「蹠」、「炙」、「石」、「碩」、「碧」等字，錫韻之「赦」「諕」等字，是爲歌、戈、麻及魚、虞、模之入。麻韻半由歌、戈流變，半由魚、虞、模流變，如「箇」由暮轉箇，古音「華」讀如「敷」，轉而爲「藸」，再轉而爲今音。及「若」、「婼」、「惹」、「作」、「啞」、「咋」、「樓」等字，皆鐸之類，平、上、去聲見於麻、馬、箇、禡數韻，同類互轉也。陸氏所分有入聲及無入聲之韻，截然不同，惟歌、戈、麻與有入者同，與無入者異。陸氏溷同藥、鐸爲一，故失其入聲，不知覺、藥一類，鐸又一類。鐸韻之「襮」、「樂」、「櫟」、「鑿」、「鶴」、「熇」等字當別出歸於藥，而屋韻之「熇」、「瀑」、「毣」等字，沃韻之「沃」、「翯」、「襮」等字，陌韻之「翟」、「搦」等字，麥韻之「覈」字，錫韻之「的」、「趯」、「轢」、「溺」、「激」等字，古音皆與覺、藥爲一類。覺韻之「朔」、「斮」、「籗」等字，藥韻之「若」、「箸」、「略」、「蟟」、「郤」、「臄」、「碏」、「斫」、「縛」、「矍」、「擭」等字，當別出歸於鐸。一爲陽、唐之入，一爲歌、戈、麻之入，不可溷也。陽、唐與蕭、宵、肴、豪相配，歌、戈、麻與魚、虞、模相配。

大著六、蒸、登。七、侵、鹽、添。八、覃、談、咸、銜、嚴、凡。九、東、冬、鍾、江。十、陽、唐。十一、庚、耕、清、青。十二、真、臻、先。十三、諄、文、欣、魂、痕。十四、元、寒、桓、删、山、仙。凡九部，舊皆有入聲。以金石音喻之，猶擊金成聲也。一、之、咍。二、蕭、宵、肴、豪。三、尤、幽。四、侯。五、魚、虞、模。十五、脂、微、齊、皆、灰。十六、支、佳。十七、歌、戈、麻。凡八部，舊皆無入聲。前七部以金石音喻之，猶擊石成聲也。惟第十七部歌、戈與有入者近，麻與無入者近，舊遂失其入聲，於是入聲藥、鐸溷淆不分。僕審其音，有入者如氣之陽，如物之雄，如衣之表；無入者如氣之陰，如物之雌，如衣之裏。又平上去三聲近乎氣之陽、物之雄、衣之表，入聲近乎氣之陰、物之雌、衣之裏。故有入之入與無入之去近，從此得其陰陽、雌雄、表裏之相配。而侵已下九韻獨無配，則以其爲閉口音，而配之者更微不成聲也。

顧氏分古音十部，入聲僅分爲四部，侵已下如舊，餘則以配其無入之韻。其第五部，雖誤以尤、幽合於蕭、宵、肴、豪，而分一屋之半、二沃之半、四覺之半、十八藥之半、十九鐸之半、二十三錫之半爲蕭、宵、肴、豪之入者，獨得之。其第三部，雖誤轉侯以合於魚、虞、模，又誤以一屋之半、二沃之半、三燭四覺之半爲魚、虞、模之入，而不知此乃尤、侯、幽之入也。其以十八藥之半、十九鐸之半、二十陌二十一麥之半、二十二昔之半爲魚、虞、模之入者，亦得之。其第二部雖溷淆不分，從而分之以五質、六術、七櫛、八物、九迄爲脂、微、齊、灰之入；十月、十一没、十二曷、十三末、十四黠、十五鎋、十六屑、十七薛爲皆、祭、泰、夬、廢之入；二十一麥之半、二十二昔之半、二十三錫之半，爲支、佳之入；二十四職、二十五德、一屋之半爲之、咍之入。此四者之平上去，昔人淆溷不分，而入聲有分。顧氏因其平、上、去不分，并入聲亦合之。然顧氏列真至仙爲第四部，庚之半及耕、清、青爲第八部，蒸、登爲第九部。苟知相配之説，昔人以入聲隸於四部者，非無見，則知入聲當分爲四，知入聲可隸於彼，又可隸於此，必無平、上、去分而入不分，入分而平、上、去不分，則彼分爲四，此亦當分爲四。今書内舉入聲以論三部之分，實發昔人所未發。然昔人以職、德隸蒸、登，今以隸之、咍，而明其同入，於彼此相配，得矣。昔人以陌、麥、昔、錫隸庚、耕、清、青，今以隸支、佳，而譏昔人於音理未審，則於彼此相配未有見故耳。昔人以質、術、櫛、物、迄、月、没、曷、末、黠、鎋、屑、薛隸真、諄、臻、文、殷、元、魂、痕、寒、桓、删、山、先、仙，今獨質、櫛、屑仍其舊，餘以隸脂、微、齊、皆、灰，而謂諄、文至山、仙同入，是諄、文至山、仙與脂、微、齊、皆、灰相配，亦得矣。特彼分二部，此僅一部，分合未當。又六術韻字不足配脂，合質、櫛與術始足相配，其平聲亦合真、臻、諄始足相配。屑配齊者也，其平聲則先、齊相配，今不能别出六脂韻字配真、臻、質、櫛者，合齊配先、屑爲一部，且别出脂韻字配諄、術者，合微配文、殷、物、迄，灰配魂、痕、没爲一部，廢配元、月，泰配寒、桓、曷、末，皆配删、黠，夬配山、鎋，祭配仙、薛爲一部，而以質、櫛、屑隸舊有入之韻，餘乃隸舊無入之韻，或分或合，或隸彼或隸此，尚宜詳審。

第九、第十、第十一，此三部之次，觀江從東、冬流變，庚從陽、唐流變，得其序矣。東韻字有從蒸、登流變者，而列爲第六部，隔越七、八兩部：尤從之、咍流變，蕭從尤、幽流變，而以蕭、宵、肴、豪處之、咍後，尤、幽、侯前，未知音聲相配故耳。支、佳韻字雖有從歌、戈流變者，虞韻字雖有從侯、幽流變者，皆屬「旁轉」，不必以例「正轉」。其「正轉」之法有三：

一爲轉而不出其類，脂轉皆，之轉咍，支轉佳，是也； 一爲相配互轉，真、文、魂、先轉脂、微、灰、齊，換轉泰，咍、海轉登、等，侯轉東，厚轉講，模轉歌，是也； 一爲聯貫遞轉，蒸、登轉東，之、咍轉尤，職、德轉屋，東、冬轉江，尤、幽轉蕭，屋、燭轉覺，陽、唐轉庚，藥轉錫，真轉先，侵轉覃，是也。以正轉知其相配及次序，而不以旁轉惑之； 以正轉之同入相配定其分合，而不徒恃古人用韻爲證。僕之所見如此。蓋援古以證其合，易明也； 援古以證其分，不易明也。古人用韻之文，傳者希矣，或偶用此數字，或偶用彼數字，似彼此不相涉，未足斷其截然爲二爲三也。況據其不相涉者分之，其又有相涉者則不得不歸之「合韻」。是「合韻」適以通吾説之窮，故曰援古以證其分，不易明也。

江先生分真已下十四韻，侵已下九韻各爲二，今又分真已下爲三，分尤、幽與侯爲二，而脂、微、齊、皆、灰不分爲三，東、冬、鍾不分爲二，諄、文至山、仙雖分而同入不分，尤、幽、侯雖分而同入不分。試以聲位之洪細言之，真之「筠」與文之「雲」，本無以別，猶脂之「帷」與微之「韋」本無以別也。侯之「鉤」、「謳」與尤之「鳩」、「憂」雖洪細不同矣，猶東之「公」、「翁」與鍾之「恭」、「雍」洪細不同也。他如模之「孤」、「烏」與魚之「居」、「於」，痕之「根」、「恩」與殷之「斤」、「殷」，魂之「昆」、「温」與文之「君」、「煴」於分切，豪之「高」、「熝」於刀切與宵之「驕」、「夭」，其洪細皆然。而據三百篇山有樞首章「樞」、「榆」、「婁」、

「驅」、「愉」，二章「栲」、「杻」、「埽」、「考」、「保」，南山有臺五章「枸」、「楰」、「耇」、「後」，四章「栲」、「杻」、「壽」、「茂」，謂侯與尤、幽不相雜； 載馳之「驅」、「侯」，則謂其不連「悠」、「曹」、「憂」爲一韻； 生民之「揄」、「蹂」、「叟」、「浮」，棫樸之「槱」、「趨」，角弓之「裕」、「瘉」，則謂爲「合韻」。僕謂審音本一類，而古人之文，偶有相涉有不相涉，不得舍其相涉者，而以不相涉爲斷； 審音非一類，而古人之文，偶有相涉，始可以五方之音不同，斷爲「合韻」。今書内列十七部，僕之意第三、第四當併，第十二、第十三亦當併，惟第七、第八及第十四，江先生力辨其當分，僕曩者亦以爲然，故江先生撰古韻標準時，曾代爲舉「艱」、「鰥」二字，辨論其偏旁得聲，江先生喜而採用之。後以真至先皆收舌齒音，侵至凡皆收脣音，其各分爲二也，不過在侈斂之間，遂主陸氏「古人韻緩」爲斷。

上年於永樂大典内得宋淳熙初楊倓韻譜〔三〕，校正一過。其書亦即「呼」、「等」之説，於舊有入者不改，舊無入者悉以入隸之，與江先生四聲切韻表合。僕巳年定聲韻考〔四〕，别十九鐸不與覺、藥通者，又分覺、藥、陌、麥、昔、錫之通鐸者，爲歌、戈之入，謂江先生以曷爲歌之入、末爲戈之入者，應改正。楊氏雖不能辨别藥、鐸之異，而以藥、鐸配陽、唐，配蕭、宵、肴、豪，又以鐸配歌。僕因究韻之呼等，一東内一等字，與二冬無别； 六脂内三等字，與八微無别； 十七真二等字，與十九臻無别； 十七真、十八諄内三等合口呼，與二十文三韻皆無别；　真韻内三等開口呼，與二十一殷無别；二十七删與二十八山無别；　二仙内四等字，與一先無别；　四宵内四等字，與三蕭無别；　十二庚内二等字，與十三耕無别；十二庚、十四清内三等開口呼，兩韻無别；　清韻内四等字，與十五青無别；　十八尤内四等字，與二十幽無别；　二十二覃與二十三談無别；　二十四鹽内四等字，與二十五添無别；　鹽韻内三等字，與二十八嚴、二十九凡，三韻皆無别；　二十六咸與二十七銜無别。其餘呼等同者，音必無别。蓋定韻時，有意求其密，用意太過，强生輕重。其讀一東内一等字，必稍重讀，二冬内字必稍輕。觀「東，德紅切」、「冬，都宗切」，洪細自見。然人之語言音聲，或此方讀其字洪大，彼方讀其字微細；　或共一方而此人讀之洪大，易一人讀之又微細；　或一人語言，此時言之洪大，移時而言之微細。强生重輕，定爲音切，不足憑也。

唐國子祭酒李涪撰刊誤，論陸法言切韻一條有云：　「上聲爲去，去聲爲上，又有字同一聲，分爲兩韻。法言平聲以『東』、『農』非韻，以『東』、『崇』爲切；　上聲以『董』、『勇』非韻，以『董』、『動』爲切；　去聲以『送』、『種』非韻，以『送』、『衆』爲切；　入聲以『屋』、『燭』非韻，以『屋』、『宿』爲切，何須『東』『冬』『中』『終』，妄别聲律。」涪去法言未遠，已讀「東」、「冬」如一，「中」、「終」如一，譏其妄别矣。又今人語言，矢口而出，作去聲者，廣韻多在上聲；　作上聲者，廣韻多在去聲。李涪又云：　「予今别白去、上，各歸本音；　詳較輕重，以符古義。理盡於此，豈無知音？」是今人語言與廣韻上、去互異者，非後代始流變，在唐人已語言與韻書互異矣。韻書既出，視爲約定俗成，然如「東、冬」「中、終」之妄別，不必强爲之辭也。

僕已年分七類爲二十部者，上年以呼等考之，真至仙、侵至凡，同呼而具有四等者，二；脂、微、齊、皆、灰，及祭、泰、夬、廢，亦同呼而具四等者，二；仍分真已下十四韻，侵已下九韻，各爲二；而脂、微諸韻與之配者，亦各爲二。其配元、寒至山、仙者，周南芣苢二章「掇」、「捋」；召南草蟲二章「蕨」、「惙」、「説」，甘棠首章「伐」、「茇」，二章「敗」、「憩」，三章「拜」、「説」，野有死麕三章「脱」、「帨」、「吠」；邶擊鼓四章「闊」、「説」，五章「闊」、「活」，匏有苦葉首章「厲」、「揭」，泉水三章「舝」、「邁」、「衛」、「害」，二子乘舟二章「逝」、「害」；衛碩人四章「活」、「濊」、「發」、「揭」、「孽」、「朅」；伯兮首章「朅」、「桀」，有狐二章「厲」、「帶」；王君子于役二章「月」、「佸」、「桀」、「括」、「渴」，采葛首章「葛」、「月」，三章「艾」、「歲」；鄭子衿三章「達」、「闕」、「月」；齊東方之日二章「月」、「闥」、「闥」、「發」，甫田二章「桀」、「怛」；魏十畝之間二章「外」、「泄」、「逝」；唐蟋蟀二章「逝」、「邁」、「外」、「蹶」；陳東門之枌三章「逝」、「邁」，東門之楊二章「肺」、「晢」；檜匪風首章「發」、「偈」、「怛」；曹蜉蝣三章「閲」、「雪」、「説」，候人首章「祋」、

「芾」；豳七月首章「發」、「烈」、「褐」、「歲」；小雅采薇二章「烈」、「渴」，庭燎三章「艾」、「晣」、「噦」，正月八章「厲」、「滅」、「威」，此章第二句「結」字非韻，乃四句見韻之例。小旻五章「艾」、「敗」，蓼莪五章「烈」、「發」、「害」，大東七章「舌」、「揭」，四月三章「烈」、「發」、「害」，鴛鴦三章「秣」、「艾」，車舝首章「舝」、「逝」、「渴」、「括」，菀柳二章「愒」、「瘵」、「邁」，都人士二章「撮」、「髮」、「説」，四章「厲」、「蠆」、「邁」，白華五章「外」、「邁」；大雅文王二章「世」、「世」，緜八章「拔」、「兑」、「駾」、「喙」，皇矣二章「翳」、「栵」，三章「拔」、「兑」，此章「拔」、「兑」一韻，「對」、「季」一韻，下重「季」字及「友」字不入韻。生民二章「月」、「達」、「害」，七章「軷」、「烈」、「歲」，民勞四章「愒」、「泄」、「厲」、「敗」，大板二章「蹶」、「泄」，蕩八章「揭」、「害」、「撥」、「世」，抑六章「舌」、「逝」，烝民三章「舌」、「外」、「發」，瞻卬首章「厲」、「瘵」，此章及後二章皆四句見韻，次句「惠」字非韻，下四句「疾」、「届」一韻，「收」、「瘳」一韻。二章「奪」、「説」，召旻六章「竭」、「竭」、「月」；周頌載芟「活」、「達」、「傑」；魯頌泮水首章「茷」、「噦」、「大」、「邁」，閟宫五章「大」、「艾」、「歲」、「害」；商頌長發二章「撥」、「達」、「達」、「越」、「發」、「烈」、「截」，長發六章「旆」、此字誤。荀子引此詩作「載」、「發」，説文引作「載」、「拔」、「發」、「坺」皆於韻合。「鉞」、「蘖」、「達」、「截」、「伐」、「桀」。已上分出，以配元、寒、桓、删、山、仙之别於真、諄、臻、文、殷、魂、痕。

僕初定七類者，上年改爲九類〔五〕，以九類分二十五部，若入聲附而不列，則十六部。阿第一，烏第二，堊第三，此三部皆收喉音；膺第四，噫第五，億第六，翁第七，謳第八，屋第九，央第十，夭第十一，約第十二，嬰第十三，娃第十四，戹第十五，此十二部皆收鼻音；殷第十六，衣第十七，乙第十八，安第十九，靄第二十，遏第二十一，此六部皆收舌齒音；音第二十二，邑第二十三，醃第二十四，諜第二十五，此四部皆收脣音。收喉音者，其音引喉；收鼻音者，其音引喉穿鼻；收舌齒音者，其音舒舌而衝齒；收脣音者，其音斂脣。以此爲次，似幾於自然。鄭庠古音辨，分陽、支、先、虞、尤、覃六部；顧氏古音表，析東、陽、耕、蒸而四，析魚、歌而二，故增多四部；江先生古韻標準，更析真、元而二，宵、侯而二，侵、談而二，故多於顧氏三部；今析支、脂、之、祭而四，故又多三部。入聲顧氏僅分屋、質、藥、緝四部；江君析質、月、錫、職而四，析緝、盍而二，故增多四部；今更析藥、鐸而二。顧氏鐸并屋後，而藥、鐸有分，江君適未省照也。顧以屋、質、藥、緝隸魚、支、宵、侵，江以屋、質、月、藥、錫、職、緝、盍隸東、真、元、陽、耕、蒸、侵、談，又以屋隸侯，質、月、錫、職隸支，藥隸魚，緝、盍隸侵、談，而廣韻歌、戈、麻，取其所分月之屬曷、末及藥之屬陌、昔隸之。蓋江君未知音聲相配，故分合猶未當。知皆有入聲，而未知歌、戈本與舊有入之韻近，因引喉而不激揚，昔人遂以其所定無入之韻例之。凡音聲皆起於喉，故有以歌韻爲聲音之元者，其同於舊有入之韻，不同於舊無入之韻，明矣。江君亦未明於音聲相配，此雖僕所獨得，而非敢穿鑿也。

僕以爲考古宜心平，凡論一事，勿以人之見蔽我，勿以我之見自蔽。嘗恐求之太過，强生區別，故寧用陸德明「古人韻緩」之説。後以殷、衣、乙及音、邑五部，字數過多，推之等韻他部，皆止於四等，此獨得四等者二，故增安、靄、遏及醃、諜五部。至若殷、乙及謳更析之則呼等不全，於三百篇以「合韻」之説通其窮者，必多。凡五方之音不同，古猶今也。故有「合韻」必轉其讀，彼此不同乃爲「合韻」。如載馳之「濟」、「閟」，抑之「疾」、「戾」，此不必改讀而自諧者也。「閟」屬六至，「濟」屬十二霽，在去聲本一類，即讀入聲如五質之「珌」，脂、旨、至、質，真、軫、震、質，相配共入，亦無不諧。「疾」屬質韻，「戾」屬霽韻，亦然。特以質、櫛、屑專隸真、臻、先，使真、臻、先不與諄、文、殷、魂、痕通，以脂、微、齊、皆、灰與諄、文至山、仙共入，不與真、臻、先共入，而「濟」、「戾」二字便將脂、微、齊、皆、灰及術、物、迄、没諸韻字牽連，而至割之不斷矣。「揄」、「趣」、「苟」、「驅」、「附」、「奏」、「垢」、「裕」之互相牽連，亦然。顧氏於古音有草創之功，江君與足下皆因而加密。顧改侯從虞，江改虞從侯，此江優於顧處；顧藥、鐸有别，而江不分，此顧優於江處。其鄭爲六，顧爲十，江爲十三，江補顧之不逮，用心亦勤矣。此其得者，宜引顧、江之説，述而不作。至支、脂、之有別，此足下卓識，可以千古矣。僕更分祭、泰、夬、廢及月、曷、末、黠、鎋、薛，而後彼此相配，四聲一貫，則僕所以補前人而整之就叙者，願及大著未刻，或降心相從而參酌焉。

諧聲字，半主義，半主聲。説文九千餘字，以義相統。今作諧聲表若盡取而列之，使以聲相統條貫而下如譜繫，則亦必傳之絶作也。

詩經韻分若干部表、羣經韻分若干部表合併爲古韻分若干部表。每部作四條〔六〕，曰「詩經韻」，曰「羣經韻」，曰「古本音」，曰「古合韻」，似省兩閲，亦免「羣經韻」内字有列於「古本音」、「古合韻」兩條者，離在兩處。

詩中上下句相間爲節奏者，以下句韻爲正。上句本可不用韻，故多假借近似之音。十月之交四章「士」、「宰」、「史」、「氏」，桑柔三章「資」、「疑」、「維」、「階」，四章「慇」、「辰」、「東」、「痻」，五章「毖」、「恤」、「熱」、「淑」，雜用「氏」、「疑」、「熱」相近之音，及「東」、「淑」至遠之音，此等乃相間成節奏，非用韻之正，俱不以爲韻亦可。

六月首章「飭」、「服」、「熾」、「急」、「國」，鹽鐵論引「我用是戒」，「戒」備也，義優於「急」，不特於韻得也。「熾」字亦不當略之。

月出三章、正月十一章、抑十一章，此三處「慘」字皆「懆」之譌，「懆」愁不安也；「慘」毒也。以義考之，亦作「懆」爲得。今於月出作「慘」，以爲「合韻」，於正月略之，於抑作「懆」，應合考。

匏有苦葉二章，應是「軌」字。軌，車轍也，謂道路中車行之轍迹。濟雖盈，於道路兩不相涉，故云「不濡軌」，與「雉鳴求其牡」意相反對，不必泥於車前軌也。毛詩不可從〔七〕。既曰「濟盈」則必「濡軌」，車不可行水中矣。引起下句之意不知所屬。「雉鳴求其牡」譏求非其牡者耳。援前侯以證前軌，而讀軌如阜太迂曲。

小旻三章，古韻標準以「猒」、「集」爲韻，似得之。

女曰鷄鳴三章「贈」字，江先生謂「貽」字譌爲「贈」，不必以改字爲嫌，而讀「來」如「淩」也。

「疧」釋文作「疷」，都禮反，則此字非唐人避諱所改明矣，然不必非「瘖」字之譌也。

詩中第四句始用韻者甚多，如生民首章「民」、「嫄」，江漢五章「卣」字之類，不必以爲「合韻」。

緜首章「瓞」、「漆」、「穴」、「室」爲韻，節奏自合。蓋「緜緜瓜瓞」一句，其意已足。「民之初生，自土沮漆」，兩句一氣讀，其意始足。詩中用韻，使語止而有餘音，此類甚多。今以「瓞」、「生」爲韻，「穴」、「室」爲韻，反遺「漆」字，似未允。

正月二章「鄰」、「云」、「慇」〔八〕，乃真、文、殷不可分之證，非「合韻」。

賓之初筵首章第三句始用韻，三章第四句始用韻，三章之第一句，承首章起句發端，偶與下韻同耳。「秩」字「恭」字，不必以爲「合韻」。

載芟篇「載獲濟濟」一句，其意已足。「有實其積，萬億及秭」，兩句一氣讀，其意始足。故「積」字非韻。

校注

〔一〕經韻樓本文集，本文題下有「丙申」二字，即乾隆四十一年（一七七六）。此文論述其對古韻分部之主張以及評述段玉裁六書音韻表之得失與修改之意見。
〔二〕大著　指六書音韻表。
〔三〕上年　指乙未年（一七七五），下文同。
〔四〕巳年　即癸巳年（一七七三）。
〔五〕九類　此與聲類表中九卷相當。
〔六〕四條　「詩經韻」等四條皆六書音韻表中之標目。
〔七〕毛詩　文集作「毛傳」，是也。
〔八〕二章　文集作「十二章」，是也。

聲類表第一

一・二

開口內轉重聲

歌	歌珂阿訶	多佗○○	○	蹉○娑	○
歌	○○○何	○駝那羅	○　○○	○醝莪○	○
哿	哿可閜吹	嚲袉○○	○	左瑳○縒	○
哿	○○○荷	○爹橠楄	○　○○	○　我○	○　　○
箇	箇坷　呵	跢拕○○	○	佐　○些	○
箇	○○○賀	○馱柰邏	○　○○	○　餓○	○
鐸	各恪惡堊•	託○○	○	作錯○索	博䪌○
鐸	○○○涸	○鐸諾落	○　○○	○昨咢○	○泊莫○

等	韻	一	二	三	四	五
一・二	開口外轉重聲					
	戈	迦佉	〇〇〇〇	〇	〇〇〇〇	〇
	戈	〇伽　〇	〇〇〇	〇	〇〇　〇	〇
一・三	開口外轉輕聲					
	過		〇〇	〇〇	磋〇	〇
	過	〇	〇	〇　〇〇	〇	〇
一・四	合口內轉重聲					
	戈	戈科倭	隓訛〇〇	〇	侳莡〇莎	波頗〇
	戈	〇〇〇和	〇牝捼䯁	〇　〇〇	〇矬訛〇	〇婆摩
	果	果顆婐火	埵妥〇〇	〇	[illegible]脞〇鎖	跛叵〇

果	○○○禍	○隋婐裸	○　○○	○坐婐○	○爸麽
過	過課涴貨	㮾硾○○	○	挫剉○䐜	播破○
過	○○○和	○惰惈臝	○　○○	○座臥○	○　磨○
鐸	郭廓臒霍	○○	○	嚗　○	○○
鐸	○○○獲	○　　䃏	○　○○	○　矆○	○　　○
一・五　合口外轉重聲					
	能肥韡	○○○○	○	○○○○	○
	○瘑　○	○○○	○	○○　○	○　　縛
一・六　合口外轉輕聲					
過	侉	○○	○○	誧○	○

一·七

過					
合口內轉重聲					
模	孤枯烏呼	都瑹○○		租麤○蘇	逋穙○
魚			葅初○疏		○
虞			傷芻○毹		○敷
模	○○○胡	○徒奴盧			○酺模
魚			○鉏○○		○
虞			○犓○○		○扶
姥	古苦鄔虎	覩土○○		祖虘○	補普○
語			阻楚○所		○

虞	姥	語	麌	暮	御	遇	暮	御	遇
	○○○戸			暮顧絝汚謼			○○○護		
	○杜怒魯			妒菟○○			○渡笯路		
○數		○齟○○	○稌○○		詛楚○疏	菆○捒		○助○○	○○○
	○粗五○			作厝○訴			○祚誤○		
○撫	○薄姥	○	○父	布怖○	○	○赴	○捕暮	○	○賻

鐸	郭廓臒霍	○○		嗅　○	○
藥			斮　○		○薄
覺			斮　○朔		○
鐸	○○○穫	○　　磗		○　擭○	○
藥			○　○○		○　　縛
覺			○獡○○		○

一・八

開口外轉重聲

魚	居虗於虛	○○○○	諸　○書	○○○○	○
虞	拘區紆訏	○○○○	朱樞○輸	○○○○	○
魚	○渠　○	○○○臚	○　如蜍	○○魚○	○

虞	○衢于○	○○○慺	○儒姝	○○虞○	○
語	舉去扵許	○○○○	鸞杵○暑	○○○○	○
麌	矩齲傴詡	○○○○	主○	○○○○	○
語	○巨○	○○○呂	○紓汝野	○○語○	○
麌	○窶羽○	○○○縷	○乳豎	○○麌○	○
御	據款飫嘘	○○○○	翥處○恕	○○○○	○
遇	屨驅嫗	○○○○	注○戍	○○○○	○
御	○遽○	○○○慮	○洳署	○○御○	○
遇	○懼芋○	○○○屢	○孺樹	○○遇○	○
藥	腳卻	○○○○	斫礿○獡	○○○○	○

藥	○噱○	○○○略	○若	○○礴○	○

一·九 開口外轉輕聲

魚		○○	豬攄○○	且疽○胥	
虞		○○	株貙○○	諏趨○須	○
魚	○余	○	○除袽○	○徐	○○
虞	○逾	○	○廚○○	○	○○
語	與	○○	褚楮○○	苴[illegible]○諝	○
麌	庾	○○	拄○○	取○[illegible]	○
語	○	○	○佇女○	○咀敘	○○
麌	○	○	○柱○○	○聚	○○

一・一〇

御		○○	著絮○○	怚覷○絮	○
遇		○○	註閨○○	緅娶○[illegible]	○
御	○豫	○	○箸○	○屐	○○
遇	○裕	○	○住○○	○豎	○○
藥	藸		著婼○○	鵲○	
藥	○		○著[illegible]○	○	
合口內轉輕聲					
虞					跗
虞	無				
麌					甫

麌	武				
遇					付
遇	務				

一・二 合口外轉重聲

藥	玃躩獲矆				[illegible]
藥	戄矍				縛

一・三 開口外轉重聲古音

支	羈攲漪犧		眵施		陂披
支	奇移			宜	皮縻
紙	掎綺倚䙊		侈弛		彼紴

一・一三

開口內轉重聲古音

紙	迆		䞿	蟻	被靡
寘	寄椅輢戲		施		詖帔
寘	騎			義	髲
支			差 釃		
支			齹		
紙					
紙			纚		
寘					
寘			[illegible]		

一·一四 開口外轉輕聲古音

支			螭		
支			馳		
紙					
紙			陊		
寘					
寘					

一·一五 合口外轉重聲古音

支	媯虧痿麾				
支	爲	[illegible]	痿		

一・二六

紙	委		捶		
紙	蔿	絫	蘂 菙		
寘	⿰貝爲 餧		吹		
寘	爲	累	睡	僞	
合口外轉郵聲十五目					
支			箠	厜	
支			甀	隨	
紙				髓	
紙	⿱艹巂			惢 ⿰犭巂	
寘			娷	稄	

寘			諉		

一·一七 開口內轉重聲古音

麻			溠叉 沙		
麻			槎		
馬			䇥 灑		
馬			槎		
禡			溠 嗄		
禡			乍		
陌			笮錯 索		
陌			齚		

一・一八 開口內轉輕聲古音

麻	嘉齖了		奓寥		
麻					麻
馬	跒啞問		縿		
馬		蓦			
禡	駕疴亞呵				怕
禡					眣鬒

一・一九 開口外轉重聲古音

陌	格客啞赫		磔坼		
陌	垎		宅擲	頟	

麻					
麻			蛇		咩
馬					
馬			若		乜
禡			赿		
禡			貰		

一·二〇 開口外轉輕聲古音

麻		奓		嗟 些	
馬	○ 也			○ 灺	

一·二一 合口內轉重聲古音

麻			髽		
馬			硰 葰		
禡			䜭		

一·三三合口內轉輕聲古音

麻	騧蝸蛙		檛		
麻				伏	
馬	冎髁		稞		
馬	踝			瓦	
禡	𠁽摦化				
禡	吳			瓦	

陌	虢劇獲謋				
陌	嚄				

一・三三 開口內轉重聲古音

麻			樝		
麻			查		
馬			謯		
馬			厏		
禡			詐		
禡			乍		
陌			笮齰索		

一・二四 開口內轉輕聲古音

陌			齚		
麻	家豭鴉煆		秺侘		巴葩
麻	遐		茶拏	牙	琶墓
馬	假		吒		把
馬	下		絮	雅	跁馬
禡	嫁暇襾罅		咤詫		霸杷
禡	暇		蛇		杷禡
陌	格客啞赫		磔坼		伯拍
陌	垎		宅擲	額	白陌

一·二五 開口外轉重聲古音

麻			遮車奢		
麻			闍		
馬			者撦捨		
馬			社		

一·二六 開口外轉輕聲古音

禡			柘厙舍		
禡			射		
昔			摭尺螫		
昔			射石		

麻				罝
麻	邪			奢邪
馬				飷且寫
馬	野			担
禡				借笡瀉
禡	夜			謝
昔				借舄
昔	掖			藉

一·二七合口內轉輕聲古音

麻	瓜誇窊華			

麻	華
馬	寡跨
馬	
禡	坬 窊
禡	摦
陌	虢劇獲砉
陌	

聲類表卷一終

聲類表第二

二·一 開口內轉重聲

登	蒸	登	蒸	等	拯	等	拯
緪		○○○恒		肯		○○○	
登豋○○		○騰能楞		等　○○		○　能	
	○殑		○磳○○		○殑		○　○○
增　○僧		○層　○		○		○　　○	
崩漰		○朋瞢		倗○		○	

二・二

嶝	亘	蹬㽅○○		増蹭○[illegible]	[illegible]○
嶝	○○○	○鄧踜		○贈○	○倗憎
德	祴刻餧黑	德忒○○		則堿○塞	北覆○
職			稄測○色		
德	○○○劾	○特[illegible]勒		○賊○	○菔墨
職			○前○○		
開口外轉重聲					
蒸	蒸兢硱膺興	○○○○	蒸稱○升	○○○○	[illegible]砯○
蒸	○兢○	○○○陵	○繩仍承	○○凝○	○凴
拯		○○	拯○○	○	○

二・三

拯	○殑○	○○○	○	○○○	○
證	應興	○○○○	證稱○勝	○○○○	○
證	○殑○	○○○餕	○乘認丞	○○凝○	○凭
職	殛[illegible]億赩	○○○○	職瀷○識	○○○○	逼堛○
職	○極○	○○○力	○食寔	○○嶷○	○愎[illegible]
開口外轉輕聲					
蒸		○○	徵僜○○	○	○
蒸	○蠅	○	○澂○○	○繒	○○
拯		○○	庱○○	○	○
拯	○		○○○	○	○○

二・四

合口內轉重聲					
證		○○	覴○○	䚋○	○
證	○孕	○	○嶝○○	○	○○
職		訬○○	陟敕○○	即○息	○
職	○弋	○	○直匿○	○堲	○○

二・五

合口外轉重聲					
登	肱薨				
登	○○○弘				
德	國[illegible]				
德	○○○或				

職	洫				
職	○　域○				

二·六 開口內轉重聲

咍	該開哀咍	黳胎○○	○	裁猜○鰓	媌○
咍	○○○孩	○臺能來	○　○○	○裁皚○	○棓
海	改愷欸海	○○	等嚜○	宰采○	啡○
海	○○○亥	○駘乃釚	○　○○	○在　○	○倍穤
代	溉慨愛僾	貸○○	戴　○	載菜○賽	○
代	○○○瀣	○代耐賚	○　○○	○載礙○	○　穤
德	祴刻餩黑	德忒○○	○	則蠈○塞	北覆○

德	○○○劾	○特鼆勒	○　○○	○賊　○	○蕿壂
二・七 開口外轉重聲					
咍		○○○○	犡○	○○○○	○
	○　　○	○○○	○	○○　○	○
海		○○○○	苢○	○○○○	佰○
	○　佁○	○○○	○　疓	○○　○	○
二・八 開口外轉輕聲					
海					
	○　腆				
二・九 開口內轉重聲					

二·一〇

之	姬欺醫僖	○○○○	之蚩○詩	○○○○	○
開口外轉重聲					
職			○則○○		
職			稄測○色		
志			○事○○		
志			胾廁○駛		
止			○士○○		
止			滓剎○史		
之			○茌○○		
之			甾輜○䰀		

二·二

之	○其　○	○○○釐	○漦而時	○○疑○	○
止	紀起譩喜	○○○○	止齒○始	○○○○	○
止	○　矣○	○○○里	○俟耳市	○○擬○	○
志	記亟意憙	○○○○	志熾○試	○○○○	○
志	○忌　○	○○○吏	○　餌侍	○○魕○	○
職	殛䩯億赩	○○○○	職瀷○識	○○○○	逼堛
職	○極　○	○○○力	○食○寔	○○嶷○	○愎[illegible]
開口外轉輕聲					
之	抾	○○	癡○○	茲　○思	○
之	○　飴	○	○治○○	○慈　詞	○　　○

止		○○	恥○○	子○枲	○
止	○以	○俆	○峙○○	○似	○○
志		○○	置眙○○	載○笥	○
志	○異	○	○值○○	○字寺	○○
職		[illegible]○○	陟敕○○	即○息	○
職	○弋○	○	○直匿○	○堲	○○

二·三 開口外轉重聲古音

尤	丘				
尤	○裘尤			牛	謀
有	久				秠

二·一三

有	○臼有				婦
宥	疚				副
宥	○舊宥				伏
屋	郁				副
屋	○○囿				牧服

開口外轉輕聲古音

尤					○
有					○否
宥					○富
屋					○福

聲類表卷二終

聲類表第三

三·一 合口內轉重聲

東	公空翁烘	東通○○	○	嵏恖○檧	○○
冬	攻	冬炵○○	○	宗　○鬆	○○
東	○○○洪	○同　籠	○岦○○	○叢峣○	○蓬蒙○
冬	○○○碚	○彤農醲	○　○○	○　　○	○　　○
董	孔蓊嗊	董侗○○	○	總　○敵	琫　○○
腫		湩　○○	幒　○	○	○○
董	○○○澒	○動　矓	○　○○	○　　○	○菶蠓○
腫	○○○	○	○　○○	○　　○	○　[illegible]○

韻					
送	貢控贛烘	涷痛○○	○	糉謥○送	○○
宋		湩統○○	○	綜　○宋	○○
送	○○○哄	○洞齈弄	○剔○○	○敤　○	○　㩁○
宋	○○○硞	○	○　○○	○　　○	○　雺○
屋	縠哭屋嗀	縠禿○○	[illegible]琭○縮	鏃瘯○速	卜朴○○
沃	梏酷沃熇	篤　○○	○	傶　○	磣　○○
屋	○○○穀	○獨　祿	○　○○	○族　○	○暴木○
沃	○○○鵠	○毒褥濼	○　○○	○　[illegible]○	○僕瑁○

三・二 合口外轉重聲

韻					
東	弓穹	○○○○	終充○	○○○○	○豐

鍾	恭	蛩	邕	胷	○	○	○	○	鍾	衝	○	舂	○	○	○	○			○	峰
東	○	窮	雄	○	○	○	○	隆	○		戎		○	○		○	○		瞢	馮
鍾	○	蛩		○	○	○	○	龍	○		茸	鱅	○	○	顒	○	○			逢
腫	拱	恐	擁	洶	○	○	○	○	腫	[illegible]	○		○	○	○	○			○	捧
腫	○	[illegible]		○	○	○	○	隴	○		宂	尰	○	○		○	○			奉
送		焪		趜	○	○	○	○	衆	銃	○		○	○	○	○			○	賵
用	供	恐	雍		○	○	○	○	種		○		○	○	○	○			○	
送	○			○	○	○	○		○				○	○		○	○		㝱	鳳
用	○	共		○	○	○	○	贚	○		[illegible]		○	○		○	○			俸
屋	菊	麴	郁	蓄	○	○	○	○	粥	俶	○	叔	○	○	○	○			○	蝮

燭	蕃曲　旭	○○○○	燭觸○束	○○○○	○
屋	○鞠囿○	○○○六	○　肉熟	○○砡○	○　目伏
燭	○局　○	○○○録	○贖辱蜀	○○玉○	○　　幞

三·三 合口外轉輕聲

東		○○○○	中忡○○	○嵩	○風
鍾		○○	蹱○○	縱樅○蜙	○封
東	○　融	○	○蟲○○	○	○　　○
鍾	○　容	○	○重醲○	○從　松	○　　○
腫		○○	冢寵○○	縱幒○悚	○覂
腫	○　勇	○	○重○○	○	○　　○

三・四

開口內轉重聲古音

韻					
送		○○	中○○	趙○	○諷
用		○○	湩蹱○○	縱○	○葑
送	○	○	○仲○○	○	○○
用	○用	○	○重抆○	○從頌	○○
屋		○○	竹蓄○○	蹙鼀○肅	○福
燭		○○	瘃棟○○	足促○粟	○轐
屋	○育	○	○逐朒○	○歒	○○
燭	○欲	○	○躅○○	○續	○○
江		○○	囱○雙	○	○○

三·五 開口內轉輕聲古音

江	○	○	○		○				○	淙	○	○	○		⿰山兒	○	○			○
絳							○	○		椶	○	淙			○				○	○
絳	○	○	○		○				○	漴	○	○	○			○	○			○
覺							○	○	捉	娖	○	欶			○				○	○
覺	○	○	○		○				○	浞	○	○	○		嶽	○	○			○
江	江	腔	胦	肛	○	○	○	○	椿	惷	○	○	○	○	○	○	邦	胮	○	○
江	○	○	○	栙	○	○	○	瀧	○	憧	⿰耳長	○	○	○		○	○	龐	厖	○
講	講		⿰忄翁	傋	○	○	○	○			○	○	○	○	○	○	縠		○	○
講	○	○	○	項	○	○	○		○		○	○	○	○		○	○	棒	⿰亻尨	○

三・六

絳	絳	○○○○	戇巷○○	○○○○	胖○○
絳	○○○巷	○○○	○幢○○	○○ ○	○ ○
覺	角㱿渥㲉	○○○○	斵 ○○	○○○○	剝璞○○
覺	○○○确	○○○	○濁 ○	○○樂○	○飽 ○
合口內轉重聲					
尤		○○	鄒搊○接	○	○○
侯	鉤彄謳齁	兜偷○○	○	緅誰○涑	○○
尤	○○○	○	○愁○○	○ ○	○ ○
侯	○○○侯	○頭獳樓	○剽○○	○ 齵○	○裒呣○
有		○○	掫甀○浚	○	○○

三・七 合口外轉重聲

厚	苟口歐吼	斗䩳○○	○	走趣○叜	掊剖○○
有	○○○	○	○[illegible]○○	○　　○	○　　○
厚	○○○厚	○[illegible]彀塿	○甒○○	○　藕○	○部母○
宥	○○○	○	○驟○○	○　　○	○　　○
侯	遘寇漚蔻	冓透○○	○	奏輳○嗾	仆○○
宥		○○	鯫簉○瘦	○	○○
侯	○○○侯	○豆梪陋	○　○○	○剅偶○	○[illegible]茂○
屋	穀哭屋殼	穀禿○○	緎捉○縮	鏃瘯○速	卜朴○○
屋	○○○穀	○獨　祿	○　○○	○族　○	○暴木○

尤	鳩丘憂休	○○○○	周犨○收	○○○○	颼○
幽		○○○○	○犙	○○○○	○
尤	○裘尤○	○○○劉	○　柔饈	○○牛○	○　謀浮
幽	○　　○	○○○	○	○○瞀○	○
有	久糗颼朽	○○○○	帚醜○首	○○○○	○秠
有	○舅有○	○○○柳	○　蹂受	○○　○	○　　婦
宥	救[illegible]　齅	○○○○	咒臭○狩	○○○○	副
宥	○舊宥○	○○○溜	○　輮授	○○鼿○	○　　復
屋	菊麴郁蓄	○○○○	粥俶○叔	○○○○	○蝮
屋	○驧囿○	○○○六	○　肉熟	○○砡○	○　目伏

三·八

合口外轉輕聲

尤	惏	○○	輈抽○○	遒秋○脩	○不
幽	樛幽鼠	○○	○○	橴○	彪○
尤	○猷	○	○儔○○	○酋囚	○○
幽	○蚪	○鏐	○○○	○	○滮繆○
有		○○	肘丑○○	酒○滫	○缶
黝	糾黝	○○	○○	○	○
有	○酉	○	○紂狃○	○湫	○○
黝	○蟉	○	○○○	○	○○
宥		○○	晝畜○○	僦[illegible]○秀	○富

三・九

幼	䠷幼	○	○○	○	○
宥	○狖	○	○冑糅○	○就岫	○莓○
幼	○呌	○	○○○	○	○謬○
屋		○○	竹蓄○○	蹙鼀○肅	○[illegible]
屋	○育	○	○逐朒○	○[illegible]	○○
合口內轉重聲古音					
虞			傷芻○觕		孚
虞			○雛		訧
麌			○數		
虞			○貗		腐

遇	遇	覺	覺
[illegible]○數		捉娖○數	○浞
	附		幞

三·一〇 合口外轉重聲古音

虞	虞	麌	麌	遇
拘區	○劬	枸傴	窶	句驅嫗
	婁		縷	
朱樞輸	○儒殊	主	乳豎	注戍
	愚			

遇		○屨	○孺樹	○遇	
燭	搊曲		燭觸○束		
燭	○局	○錄	○贖辱蜀	○玉	

三・二 合口外轉輕聲古音

虞			株貙	諏趨　須	跗
虞	○俞		廚		
麌			拄	取　緅	拊
麌	庾		柱	聚	
遇			駐	足趣　趵	付
遇	諭		住	聚	

燭			劚于	足促○粟	轐
燭	○欲		○躅	○俗	

三・一二 開口

虞					
麌	○侮				
遇	○務				
燭					

三・一三 開口內轉重聲古音

豪	鼛尻	裯幬		糟慒○騷	褒櫜
豪	○嘷	○陶猱牢		○曹翺	○袍堥

三・一四

晧	晧考襖好禱討			早艸○嫂	保
晧	○　晧○道腦老			○阜	○抱媢
号	告㷫奥好禱			竃　埽	報
号		道　嫪		漕	㝅冒
沃	告酷沃	篤		沨	襮
沃	鴇	毒傳		櫂	僕瑁
開口外轉輕聲古音					
蕭				蕭	
蕭		○倏　聊			
篠				篠	

篠		○　蓼			
嘯ˏ				嘯ˏ	
嘯		○蓧			
錫					
錫					
屋					
屋					

聲類表卷三終

四・一

聲類表第四

開口內轉重聲

唐	剛康鴦炕	當湯○○	○	臧倉○桑	幫滂○
唐	○○○航	○唐囊郎	○　○○	○藏卬○	○傍茫
蕩	䴚慷坱汻	黨曭○○	○	駔蒼○䫙	榜髈○
蕩	○○○沆	○蕩曩朗	○　○○	○奘駠○	○　莽
宕	鋼抗盎	讜儻○○	○	葬　○喪	螃　○
宕	○○○吭	○宕儾浪	○　○○	○藏柳○	○傍漭
鐸	脽	○○	○	𥶉　○	爆濼○
鐸	○○○鶴	○　　樂	○　○○	○皵　○	○

四・二 開口外轉重聲

陽	薑	羌	央	香	○	○	○	○	章	昌	○	商	○	○	○	○		○
陽	○	強		○	○	○	○	良	○		穰	常	○	○		○	○	
養	繈		鞅	響	○	○	○	○	掌	敞	○	賞	○	○	○	○		○
養	○	勥		○	○	○	○	兩	○		壤	上	○	○	仰	○	○	
漾	彊	唴	怏	向	○	○	○	○	障	唱	○	餉	○	○	○	○		○
漾	○	倞		○	○	○	○	亮	○		讓	尚	○	○	輞	○	○	
藥	蹻		約	謔	○	○	○	○	灼	綽	○	爍	○	○	○	○		○
藥	○	蹻		○	○	○	○	擽	○		弱	妁	○	○	虐	○	○	

四・三 開口外轉輕聲

四・四

陽		○○	張募○○	將鏘○襄	○
陽	○陽	○	○長孃○	○牆詳	○
養		○○	長昶○○	獎搶○想	○
養	○養	○	○丈○○	○像	○○
漾		○○	帳悵○○	醬蹡○相	○
漾	○漾	○	○仗釀○	○匠	○○
藥		○○	芍皃○	爵芍○削	○
藥	○藥	○	○○○	嚼	○○
合口內轉重聲					
唐	光侊汪荒	○○	○	○	○

陽			莊創○霜		
唐	○○○黄	○		○ ○	○
陽			○牀○○		
蕩	廣懬汪慌			○	○
養			磢○爽		
蕩	○○○晃	○		○ ○	○
養			○ ○○		
宕	桄曠汪荒			○	○
漾			壯刱○		
宕	○○○攩	○		○ ○	○

漾			○狀○○		
覺			穛箹○稍		
覺			○濁○○		

四·五 合口外轉重聲

陽	匡		○		○芳
陽	○狂王○		○		○房
養	獷 枉怳		[illegible]○		○髣
養	○俇往○		○		○
漾	誑 況		○		○訪
漾	○狂迋○		○		○防

四・六 合口外轉輕聲

陽					○方
陽	○亡				○○
養	罘				○昉
養	○罔				○駠○
漾					○放
漾	○妄				○○

四・七 開口內轉重聲五音前次列在音巧效號收第三類

豪	高 燺蒿	刀饕○○	㵾譟○稍	操○繅	蕉○
豪	皐尻 薅	裯犒○○	○	糟嘈○騷	褒橐○

豪	○○○豪	○咷　劳	○巢○○	○敖○○毛
豪	○○○嗥	○陶猱牢	○○○	○曹翶○○袍㙤
晧	暠槁趽	倒套○○	爪㷅○數	澡慅○燥○
晧	㮴考襖好	擣討○○	○	早草○婋寶○
晧	○○○鎬	○駣䠷獠	○䰕○○	○蕷○○
晧	○○○晧	○道嘀老	○○○	○皁○○抱蓩
号	縞犒趽秏	到○○	抓抄○稍	躁操○杲○
号	誥靠奧好	禱○○	○	竈造○瘙報○
号	○○○号	○盜腝澇	○○○	○傲○○暴耄
号	○○○譂	○導膷嫪	○○○	○漕○○菢冃

四・八

鏵	雁	○○	穛箹○稍	爍　○	爆濼
鏵	○○○鶴	○　　樂	○潪○○	○嗀　○	○
開口內轉輕聲					
肴	交敲顟虓	○○○○	嘲颲○○	○○○○	包胞○
肴	○○○肴	○○○顟	○桃鐃○	○○聱○	○庖茅○
巧	絞巧拗	○○○○	獠　○○	○○○○	飽　○
巧	○○○嶨	○○○	○　撓○	○○巖○	○鮑卯○
效	教敲鞄孝	○○○○	罩踔○○	○○○○	豹奅○
效	○○○效	○○○	○棹橈○	○○樂○	○靤皃○
覺	覺敲箹咤	○○○○	卓逴○○	○○○○	駮擽○

覺	○○○學	○○○犖	○濯擢○	○○樂○	○雹邈○
四・九　開口外轉重聲					
宵	驕趫妖囂	○○○○	昭怊○燒	○○○○	鑣　○
宵	○喬鴞○	○○○燎	○　饒韶	○○　○	○　苗
小	矯　夭	○○○○	沼麵○少	○○○○	表麃○
小	○蟜　○	○○○繚	○　擾紹	○○　○	○藨
笑	趬	○○○○	照　○少	○○○○	裱　○
笑	○嶠　○	○○○尞	○　饒邵	○○䖈○	○
藥	蹻　約謔	○○○○	灼綽○爍	○○○○	○
藥	○蹻　○	○○○擽	○　弱妁	○○虐○	○

四・一〇

開口外轉輕聲蕭篠嘯錫入例 古音收第三類

宵		蹻	要				〇	〇	朝	超	〇	〇	焦	鍫	〇	宵	飄	嘌	〇	
蕭	驍	鄡	幺	麃	貂	祧	〇	〇			〇	〇			〇	踃			〇	
蕭			怮	膘	[illegible]	蓧	〇	〇			〇	〇			〇	蕭			〇	
宵	〇	翹	遙		〇				〇	鼂		〇	〇	樵			〇	瓢	蜱	〇
蕭	〇				〇	迢		窅	〇			〇	〇		堯		〇			〇
蕭	〇				〇	條		聊	〇			〇	〇				〇			〇
小			闄				〇	〇			〇	〇	勦	悄	〇	小	褾	褾	〇	
篠	皎	僥	杳	鐃	鳥	朓	〇	〇			〇	〇	剿		〇	[illegible]			〇	
篠					窈	篠	〇	〇			〇	〇	湫		〇	篠			〇	

小	篠	篠	笑	嘯	嘯	笑	嘯	嘯	藥
○鷕	○皛	○	要	徼竅窔敫	叫	○翹燿	○	○	
○	○嬲了	○蓼	○○	弔耀○○	篠○○	○	○藋尿顤	○調	○○
○肇○	○窕○	○○	朓○○	○○	○○	○[illegible]○	○○	○○	芍[illegible]○○
○	○	○	醮附○笑	○	○嘯	○噍	○顤	○	爵芍○削
○摽眇○	○○	○○	剽○	○	○	○驃妙○	○○	○○	○

四・一二

錫	激皦　敫	的趯〇〇	歒〇〇	〇	〇
錫	〇	倜〇〇	〇〇	戚〇	〇
藥	〇藥	〇	〇〇	〇嚼	〇〇
錫	〇檄	〇糴溺轢	〇〇	〇	〇〇
錫	〇	〇迪惄寥	〇〇	〇寂	〇〇
開口內轉重聲古音					
庚			鎗〇		
庚			〇傖		
陌			窄錯〇索		
陌			〇齚		

四·一三 開口內轉輕聲古音

庚	耕	庚	耕	梗	耿	梗	耿	映
庚阬亨		行		梗		杏		更
趟瞠		棖				場		倀
祊烹	垪	彭盲	岷	倂		[illegible]猛	[illegible][illegible]	榜

諍										
映	行		牚		彭孟					
諍				硬	倂					
陌	格客啞赫		磔坼		百拍					
麥	啞				擺					
陌	垎		宅擲	額	白陌					
麥	○ [illegible]				榑					
四·一三 開口外轉重聲古音										
庚	京卿英				兵					
庚	鯨			迎	明					

梗	境　影				内
梗					皿
映	竟慶映				柄
映	競			迎	病
陌	戟隙　虢				
陌	劇			逆	

四・一四　合口外轉重聲古音

庚	兄				
梗	憬憬　⿱艹兄				
梗	○　永				

四·一五

映	○	詠			
合口內轉輕聲古音					
庚	觥	喤			
庚	○	橫			
梗	礦				
映	○	橫			
陌	虢劃韄漷				
陌	○	嚄			

聲類表卷四終

聲類表第五

五・一

開口內轉重聲

庚	庚	耕	庚	庚	耕	梗	映
鬇琤○生	鎗○	爭錚○	○崢○○	○傖○○	○崢○○	○省	瀙○貹

諍			諍　○	
陌			嘖柵○	
陌			窄舴○索	
陌			○齰○○	
麥			責策○栜	
麥			○䐓○○	

五·二 開口內轉輕聲

庚	硻	○○○○	[illegible]○○	○○○○	[illegible]　○
庚	庚阬　亨	○○○○	趟瞠○○	○○○○	祊烹　○
耕	耕鏗閞	○○○○	朾　○○	○○○○	繃怦　○

耕	庚	庚	耕	耕	梗	梗	耿	耿	梗
	○○○	○○○行	○○○莖	○○○		梗	耿		○○○
○○○○	○○○	○○○	○○○	○○○	○○○○	○○○○	○○○○	○○○○	○○○
○○	○矴甁○	○棖○	○橙儜○	○○	盯○○	○○	○○	○○	○橕○
○○○○	○○○	○○○	○○娙○	○○○	○○○○	○○○○	○○○○	○○○○	○○○
垪○	○棚鄳○	○彭盲○	○輣甍○	○甿○	祊○	倂○	[illegible]○	○	○鮩鄳○

梗	○○○杏	○○○	○埸○	○○○	○[illegible]猛○
耿	○○○幸	○○○	○○	○○○	○[illegible][illegible]○
耿	○○○	○○○	○○	○○○	○[illegible][illegible]○
映	瀴[illegible]	○○○○	[illegible]○○	○○○○	跰○
映	更	○○○○	倀○○	○○○○	柄○
諍	[illegible]	○○○○	○○	○○○○	迸○
評		○○○○	○○	○○○○	○
映	○○○	○○○	○鋥○	○○○	○○
映	○○○行	○○○	○[illegible]○	○○○	○彭孟○
諍	○○○	○○○	○○	○○○	○○

五・三

開口外轉重聲

韻	一	二	三	四	五
詩	○○○	○○○	○○	○○硬○	○位○
陌	[illegible]礊[illegible][illegible]	○○○○	鷊○○	○○○○	脤○
陌	格客[illegible]赫	○○○○	磔[illegible]○○	○○○○	百拍○
麥	革諽尼	○○○○	摘○○	○○○○	擘檗○
麥	啞	○○○○	○○	○○○○	掩○
陌	○○○	○○○	○○	○○[illegible]○	○○
陌	○○○垎	○○○	○宅擢○	○○額○	○白陌○
麥	○○○翮	○○○	○[illegible]○	○○鷊○	○[illegible]麥○
麥	○○○覈	○○○	○○	○○○	○欂○

梗	靜	梗	梗	清	庚	庚	清	庚	庚
○○		境影	警	○○	○鯨○	○擊○		京卿英	驚
○○○	○○○○	○○○○	○○○○	○○○跉	○○○	○○○	○○○○	○○○○	○○○○
○	整○	○	○	○成	○	○	征○聲	○	○
○○○	○○○○	○○○○	○○○○	○○○	○○迎○	○○○	○○○○	○○○○	○○○○
○皿	○	丙○	○	○○	○明	○平鳴	○	兵○	○

靜	映	映	勁	映	映	勁	陌	陌	昔
○　　○	敬　照	竟慶映		○縈　○	○競　○	○　　○	丮	戟隙　虩	
○○○領	○○○○	○○○○	○○○○	○○○	○○○	○○○介	○○○○	○○○○	○○○○
○	○	○	正　○	○	○	○　　盛	○	○	適　○適
○○　○	○○○○	○○○○	○○○○	○○　○	○○迎○	○○　○	○○○○	○○○○	○○○○
○	○	柄　○	○	○評命	○病	○	○	○	碧　○

陌	○展○	○○○	○	○○嚴○	○
陌	○劇○	○○○	○	○○逆○	○
昔	○○	○○○	○	○○○	○

五・四 開口外轉輕聲

淸	輕嬰	○○	貞赬○○	精清○	幷○
青	經磬	丁汀○○	○○	靑○星	甹○
凊	○甖盈	○	○呈○	○情餳	○名○
青	○刑	○庭寧靈	○○	○	○跰冥○
靜	頸癭	○○	晸逞○○	井請○省	餅○
迥	剄謦㦤	頂脡○○	○○	○醒	鞞頩○

靜	○痓郢	○頜	○佺○	○靜	○眳○
迥	○悻	○梃聤冷	○○	○脛	○竝茗○
勁	勁輕欽	○○	追○○	精倩○	併聘○
徑	徑謦	訂聽○○	○○	葩○醒	○
勁	○	○	○鄭○	○淨	○併詺○
徑	○脛	○定佞零	○○	○	○併瞑○
昔	迟	○○	鵜彳○○	積刺○鶺	辟僻○
錫	擊毄鬩	嫡惕○○	○○	績蠭○錫	甓霹○
昔	○	○	○擲○	○瘠	○闢○
錫	○蜆	○敵[illegible]歷	○○	○覡鷁	○[illegible]覓○

五・五

合口內轉重聲					
麥			擂　〇摵		
麥			〇䞨〇〇		

五・六

合口內轉輕聲					
庚	罢　　翁	〇〇〇〇	〇〇	〇〇〇〇	〇
庚	觥　　喤	〇〇〇〇	〇〇	〇〇〇〇	〇
耕	泓轟	〇〇〇〇	〇〇	〇〇〇〇	〇
庚	〇〇〇[illegible]	〇〇〇	〇　　〇	〇〇　〇	〇　　〇
庚	〇〇〇橫	〇〇〇	〇　　〇	〇〇　〇	〇　　〇
耕	〇〇〇宏	〇〇〇	〇　　〇	〇〇　〇	〇　　〇

梗	畀營井			
梗	礦			
映	窈			
映	○○○橫			
諍	輷			
陌	謀			
陌	虢劐韄漷			
麥	蔵剨			
陌	○○○嚍			
陌	○○○嚄			

麥	○	○	○	畫

五・七 合口外轉重聲

庚	○		榮	○
庚				兄
梗	冏			
梗	憬	憬		𦬣
梗	○	○	永	○
映	○	○	營	○
映	○	○	詠	○

五・八 合口外轉輕聲

清	傾縈眴			騂	
青	扃				
清	○瓊營				
青	○熒				
靜	頃				
迥	熲絅濙詗				
靜	○穎				
迥	○迥				
勁	夐				
徑	瑩				

韻					
昔				敻○	
錫	鶪闃　殈				
昔	○役				

五·九 開口内轉重聲

韻					
支			齜　○		
支			差○釃		
支			○齹○○		
紙			𪗋　○		
紙			○纚		
寘			𧙗　○		

五·一〇 開口外轉重聲

寘			○儷		
支	妓䱐禕詑	○○○○	支纒○纒	○○○○	○
支	羈䔾漪犧	○○○○	移○施	○○○○	陂披○
支	○岐○	○○○劆	○兒匙	○○漄○	○
支	○奇移○	○○○	○	○○宜○	○皮縻
紙	庋企	○○○○	紙○豸	○○○○	○
紙	掎綺倚䙖	○○○○	侈○弛	○○○○	彼被○
紙	○技○	○○○	○爾是	○○敼○	○
紙	○迆○	○○○	○阤	○○蟻○	○被靡

五・二

寘	豉跂縊	○○○○	寘○翅	○○○○	貢○
寘	寄倚輢戲	○○○○	○施	○○○○	詖帔○
寘	○芰○	○○○詈	○岐	○○○	○
寘	○騎○	○○○	○	○○義○	○髲
昔			適○適		
開口外轉輕聲					
支			知○○	貲雌○斯	卑陂○
支			螭○○	○	○
支			○虒○	○瓻	○猈彌○
支			○馳○	○	○○

紙	枳		撳䃾○○	紫此○徙	俾庀○
紙	○		○豸旎○	○	○婢弭○
紙			○陊○		
寘			智　○○	積刺○賜	臂譬○
寘	易		○　○	○漬	○避○
昔	益			積刺○傷	躄辟○
昔	○易			○瘠	○癖　○
五·一三 合口內轉重聲					
支			衰○觿		
紙			揣○		

五・一三

合口外轉重聲

支	嬀虧痿麾	○○○○	○	○○○○	○
支	○　　○	○○○	○	○○危○	○
支	○　爲○	○○○羸	○　痿	○○　○	○
紙	詭跪　毀	○○○○	○	○○○○	○
紙	委	○○○○	捶　○	○○○○	○
紙	○跪　○	○○○	○	○○佹○	○
紙	○　蔿○	○○○絫	○　蘂菙	○○　○	○
寘	垝　　毀	○○○○	○	○○○○	○
寘	[illegible]　餧	○○○○	吹○	○○○○	○

五·一四 合口外轉輕聲

寘	○○	○○○	○瑞	○○○	○
寘	○爲○	○○○果	○睡	○○僞○	○
合口外轉輕聲					
支	規闚墮	○○	○○	○眭	○
支		○○	箠○○	厜○	○
支	○蠵	○	○○	○○	○○
支	○	○	○㰎○	○隨	○○
紙	跬	○○	○○	○	○
紙		○○	○○	○髓	○
紙	○○	○	○	○	○

五·一五

秖	眞	眞	眞	眞	開口內轉重聲	佳	佳	蟹	卦
○　腈	睍觖恚嬀		○	○			○○○		
○	○○	○○	○	○		○○	○	○○	○○
○　　○	○○	娷　○○	○緹　○	○　諉○		釵○恖	○柴○○	跐　○灑	債擦○曬
○惢　猜	○	○[illegible]	○	○		○	○　　○	○	○
○　　○	○	○	○　　○	○　　○		○	○	○	○

五・一六

卦	○○○	○	○眦○○	○　　○	○
麥		○○	責策○摵	○	○
麥	○○○	○	○賾○○	○　　○	○
開口內轉輕聲					
佳	佳　娃啓	○○○○	扠○○	○○○○	○
佳	○○○膎	○○○	○　規○	○○崖○	○牌嘪○
蟹	解　　矮	○○○○	○○	○○○○	擺　○
蟹	○○○蟹	○○○	○廌嬭○	○○　○	○罷買○
卦	懈[illegible]誒隘	○○○○	膪　○○	○○○○	廦派○
卦	○○○邂	○○○	○　　○	○○睚○	○稗賣○

麥	革　尼		謫		擘
麥	核				繲麥

五·一七 合口內轉輕聲

佳	媧咼蛙緺				
佳	○○○畫				
黿	廾　扮				
蟹	○○○駭				
卦	卦　諣				
卦	○○○畫				
麥	馘　慖				

五・一八

開口外轉輕聲

㚔	書				
齊	雞溪鷖醯	隄 ○○	○○	鈚 ○斯	[illegible]則
齊	○ 兮	○題 褫	○ ○	○ 倪	○鼙○
薺	傒[illegible]	堤醍○○	○○	批泚○	[illegible]○
薺	○ 傒	○遞	○ ○	○呰垷	○蔕○
霽	繫契翳	帝棣○○	○○	○ 些	鞞髀○
霽	○ 蒵	○墆濘麗	○ ○	○背	薜
錫	擊毄 鬩	嫡惕○○	○ 擲 ○	○瘠	○ 闢
錫	○ 覡	○敵鷊歷	○ ○	○覛鶂	○襞覓○

五・一九

合口外轉輕聲 齒音 支紙

齊	圭奎烓睦			紫 ○
齊	○　　　讗			
薺	桂			觜 ○
霽	○　　　儶			
錫	鶪闃　　殈			

聲類表卷五終

聲類表第六

六・一 開口內轉重聲

痕	根　恩	吞○○		○	
痕	○○○痕	○		○垠○	
臻			臻櫬○莘		
臻			○溱○○		
很	頣墾	○○		○	
很	○○○很	○		○○	
隱			[illegible]齔		
恨	艮　饐	○○		○	

六·二

眞	殷	眞	開口外轉重聲	櫛	質	沒	焮	震	恨
○獾○	斤殷欣	巾齗				○○○麧			○○○很
○○○鄰	○○○○	○○○○							○
○神仁辰	○	眞瞋○申		櫛齜○瑟	刹○		齕○	櫬○	
○○銀○	○○○○	○○○○							○饐○
○貧珉	○	彬○							

殷	○勤○	○○○	○	○○齗○	○
軫		○○○○	軫○矧	○○○○	○
隱	讔赾隱[illegible]	○○○○	○	○○○○	○
軫	○○	○○○嶙	○忍腎	○○齗○	○愍
隱	○近○	○○○	○	○○听○	○
震	螼舋	○○○○	震○胂	○○○○	○
焮	靳[illegible]焮	○○○○	○	○○○○	○
震	○僅○	○○○磷	○刃慎	○○憖○	○
焮	○近○	○○○	○	○○垽○	○
質	暨乙肸	○○○○	質叱○失	○○○○	筆○

迄	訖乞迄	○○○○	○○	○○○○	○
質	○	○○○栗	○實日	○○耴	○[illegible]密
迄	○[illegible]	○○○	○	○○屹	○

六・三

開口外轉輕聲					
眞	因	○○	珍獜○○	津親○新	賓繽○
眞	○寅儐	○	○陳紉○	○秦	○頻民○
諄	○趣	○	○○	○	○○
軫	緊趣	○○	賑○○	盡笒○	○
準	螼	○○	○○	濜○	○
軫	○引	○	○紖○	○盡	○[illegible]泯○

六·四

震	敂印	○○	鎮疢○○	晉溵○信	儐[illegible]○
震	○酳	○	○嗽○	○燼	○○
質	吉詰	○○	窒抶○○	堲七○悉	必匹○
質	○佶	○	○秩暱○	○疾	○佖密○
合口內轉重聲古音 衎					
魂	昆坤溫昏	敦暾○○		尊村○孫	奔濆○
文		○○		○	○芬
魂	○○○	○屯黁論		○存僔○	○盆門
文	○○○	○		○○	○汾
混	鯀梱穩惛	吨○○		噂忖○損	本梱○

吻		○○		○	○忿
混	○○○混	○盾炳惀		○鱒　○	○獖懣
吻	○○○	○		○　　○	○　　憤
恩	腀困揾惛	頓　○○		焌寸○蹲	奔噴○
問		○○		○	○忿
恩	○○○恩	○鈍嫩論		○鐏顐	○坌悶
問	○○○	○		○	○　　分
沒	骨窟膃忽	咄𠫓○○	䋈	卒猝○窣	䃂○
物		○○			○拂
沒	○○○	○突　[illegible]		捽兀	○勃沒

六・五 合口內轉輕聲

物	○○○	○			○佛
文					分
文	文				
吻					粉
吻	吻				
問					糞
問	問				
物					弗
物	物				

六·六 合口外轉重聲

韻	一	二	三	四	五
眞	麕困奫	○○○○	○	○○○○	○
諄		○○○○	諄春○	○○○○	砏○
文	君　熅薰	○○○○	○	○○○○	○
眞	○　筠○	○○○	○	○○　○	○
諄	○　　○	○○○淪	○脣犉純	○○　○	○
文	○羣雲○	○○○	○	○○　○	○
準	脪	○○○○	準蠢○賰	○○○○	○
吻	𧼮蘊	○○○○	○	○○○○	○
軫	○窘隕○	○○○	○	○○　○	○

準	○○	○○○輪	○盾螟	○○○	○
吻	○抆○	○○○	○	○○齳○	○
震	昀	○○○○	○	○○○○	○
稕		○○○○	稕○舜	○○○○	○
問	攈醞訓	○○○○	○	○○○○	○
稕	○○	○○○	○順閏	○○○	○
問	○郡運○	○○○	○	○○○	○
質	獝	○○○○	○	○○○○	○
術	狘	○○○○	出○	○○○○	○
物	刷屈鬱颮	○○○○		○○○○	○

六·七

術	○　　○	○○○律	○術	○○　○	○
物	○倔颶○	○○○	○	○○崛○	○
合口外轉輕聲					
諄	均	○○	屯椿○○	遵逡○荀	○
諄	○　勻	○	○醇　○	○鶽　旬	○　　○
準	緊	○○	脣偆○○	○筍	○
準	○　尹	○	○　琟○	○	○　　○
稕		○○	○○	俊　○峻	○
稕	○	○	○　　○	○　　徇	○　　○
質		○○	茁　○○	○	○

衙	榍	○○	㤜黜○○	卒焌○邮	○
衛	○聿	○○	○朮○	○崒	○○
六・八 開口內轉重聲					
脂			○師		
至			𢻻○		
質			剃○		
六・九 開口外轉重聲					
脂	飢卬	○○○○	脂鴟○尸	○○○○	悲丕○
微	機衣稀	○○○○	○	○○○	○
脂	○耆○	○○○棃	○	○○○	○邳眉

微	○祈○	○○○	○	○○沂○	○
旨	几	○○○○	旨○失	○○○○	鄙嚭○
尾	幾豈扆稀	○○○○	○	○○○○	○
旨	○跽○	○○○履	○視	○○○	○否美
尾	○○	○○○	○	○○螘○	○
至	冀器懿屓	○○○○	至○	○○○○	秘○
未	既氣衣餼	○○○○	○	○○○○	○
至	○暨○	○○○利	○示二嗜	○○劓○	○備媚
未	○驥○	○○○	○	○○毅○	○
質	暨乙肸	○○○○	質叱○失	○○○○	筆○

六・一〇

迄	訖乞　迄	○○○○	○	○○○○	○
質	○　　○	○○○栗	○實日	○○耴○	○颲密
迄	○芞　○	○○○	○	○○屹○	○
開口外轉輕聲					
脂	伊咦	○○	胝絺○○	咨　○私	紕○
脂	○　夷	○	○墀尼○	○	○魮　○
旨		○○	黹[illegible]○○	姊　○死	匕牝○
旨	○	○	○雉柅○	○　　兕	○　　○
至	棄	○○	致杘○○	恣次○四	畀濞○
至	○　肆	○地	○緻膩○	○自	○鼻　○

質	吉詰一故	○○	窒抶○○	喞七○膝	必匹○
質	○佶逸	○	○秩䵒○	○疾	○泌蜜

六・二 合口內轉重聲

至			○師		
朽			剟○		

六・三 合口外轉重聲

脂	龜歸 唯	○○○○	錐推○	○○○○	
微	歸蘬威暉	○○○○	○	○○○○	
脂	○逵帷○	○○○纍	○蕤誰	○○ ○	
微	○ 韋○	○○○	○	○○巍○	

旨	軌歸	○○○○	○水	○○○○	
尾	鬼　嵬虺	○○○○	○	○○○○	
旨	○鄙　○	○○○	○	○○　○	
尾	○　偉○	○○○	○	○○偪○	
至	愧喟	○○○○	出○疥	○○○○	
未	貴襀尉諱	○○○○	○	○○○○	
至	○匱　○	○○○	○	○○　○	
未	○　胃○	○○○	○	○○魏○	
術		○○○○	出○	○○○○	
物	劌屈鬱欻	○○○○		○○○○	

術	○　　○	○○○	○術	○○噊○	
物	○倔颮○	○○○	○	○○啒○	

六・一三 合门外轉輕聲

脂			追○○	嶉　○綏	
脂	○葵遺		○椎　○	○	
旨	癸　　瞲		○○	濢趡	
旨	揆唯		○　○	○嶵	
至	季　　侐		㭊○○	醉翠○邃	
至	悸遺		○墜　○	○萃　遂	
術	橘獝		窋黜○○	卒焌○恤	

六・一四

合口內轉重聲

	稀		○朮○	○聿	
微					○非
微					○肥
尾					○斐
尾					○腓
未					○費
未					○費
物					○拂
物					佛

六·一六

開口內轉重聲					
物	物				○　○
物					○弗
末	末				○　○
末					○沸
屋	尾				○　○
尾					○匪
微	微				○　○
微					○非
合口內轉輕聲					

六·一五

皆	皆	怪	黜	開口內轉輕聲 六·一七	皆	皆	駭	駭	怪
					皆揩挨俙	○○○諧	楷挨	○○○駭	戒劾噫欸
					○○○○	○○○唻			
齊差○崽	○犲○○	瘵　○鎩	札察○殺		[illegible]搋○○	○　　○	○○	○　　○	○○
					○○○○	○○娃○	○○○○	○○騃○	○○○○
					○	○排埋○	○	○　　○	拜湃○

怪	○○○械		○　衂○	○○詸○	○僋䤥○
黠	戛劼軋		○○	○○○○	八叭○
黠	○○○黠		○　疕○	○○　○	○拔儕○

六・一八　開口外轉輕聲

齊	稽	低梯○	○○	齎妻○棲	螕磇○
齊	○　嵇	○詆泥黎	○　　○	○齊	○膍迷○
薺	䁱	邸體○○	○○	濟褄○洗	牝　○
薺	○　○	○弟禰禮	○　　○	○薺	○陛米○
霽	計契瘞姉	○○	蔕替○○	霽砌○細	閉媲○
霽	○　禊	○　泥戾	○第　○	○嚌詣	○䁷謎○

六・一九合口内轉重聲

屑	結摯噎擷	咥鐵○○	○○	節切○屑	彆瞥○
屑	○纈	○絰茶攦	○○	○截齧	○蹩蔑○
灰	瑰恢隈灰	堆䧹○○		唯崔○膗	杯肧○
灰	○○○回	○頹儽雷		○摧嵬○	○裴枚
賄	頠猥賄𦠇	腿○○		摧漼○	○
賄	○○○瘣	○唯䫋磊		罪隗○	○琲浼
隊	憒塊𢥠誨	對退		睟倅○碎	背配
隊	○○○潰	○隊內類		○磓○	佩妹
沒	骨窟膃忽	咄𠫓○○		卒猝○窣	誶○

沒	○○○搰	○突　硉		○捽兀○	○勃沒

六・二〇 合口內轉重聲

皆			○膗○		
黠			茁　○		

六・二一 合口內轉輕聲

皆	乖𠡷崴虺	○○○○	○○	○○○○	
皆	○○○懷	○○○䐯	○　　○	○○　○	
怪	怪蒯　𧰊	○○○○	○○	○○○○	
怪	○○○壞	○○○	○　　○	○○聵○	
黠	劀𩨨嗗聉	○○○○	窡　○○	○○○○	

黠	○○○猾	○○○	○豽○○○䖳○	

六·二二 合口外轉輕聲

齊	○睽			
霽	𢡄			
霽	○慧			
肩	決闋抉血			
肩	○穴			

六·二三 合口內轉重聲

質			○崒	
質			○黜○○	

六·二四 合口外轉輕聲

支		○○	○○	刜 ○	

六·二五 開口外轉輕聲古音

先	堅牽煙祆	顛天		濺千 先	編
先	賢	田年憐		前	眠
銑	[illegible]			銑	扁
銑	臏	涊		齞	眄
霰	鋻敵	殿瑱		薦蒨 先	
霰		電沏		荐	瞑
質	吉詰一欯			堲七 悉	必匹

質	佶	栗		疾	佖蜜

六・二六合口外轉輕聲古音

先	淵				
先	玄				
銑	畎犬				
銑	鉉				
霰	絢				
霰	眩				

聲類表卷六終

聲類表第七

七·一　開口內轉重聲

寒	干刊安鼾	單灘		餐　珊	
删			删		
山			[illegible]　山		
寒	○　寒	○壇難蘭		○殘豻	
山			○孱		
旱	稈侃　旱	亶坦		[illegible]　散	
潸			[illegible][illegible]　潸		
産			醆剗　産		

旱	○旱	但嬾		瓒	
潸			○巀		
産			○棧		
翰	肝看按漢	旦炭		贊粲 散	
諫			鏟 訕		
翰	翰	悍難爛		㸑岸	
諫			○輚		
曷	葛渴遏喝	怛闥		鶡擦 薩	
黠			札察 殺		
鎋			剎		

曷	○ 曷	達㨖剌		巘巘	
鍺			鐁		
七·二開口內轉輕聲					
刪	姦訮				
山	山閒慳殷䓹		譠		
刪	○			顔	
山	○ 閑	斕	㵎灘	虤	
産	産僩䫈				
潸	○ 僩		㶕	齗	
孱	○ 限			眼	

諫	諫 晏		㬥		
襉	襉				
諫	○ 骬			鴈	
襉	○ 莧		綻		
黠	戛 騗 軋 傄				
鎋	擖 䅬 鶡 瞎		哳 獺		
黠	○ 黠		捺		
鎋	○ 鎋		齾		
七・三 開口內轉重聲					
仙			○ 潺		

七·四

獮			○棧		
線			孨		
薛			剘　榝		
薛			○閡		
開口外轉重聲					
元	腱揵蔫軒				
仙	愆嫣嗎		甄燀　澶		
元	○籧			言	
仙	○乾焉	連	然襌		
阮	蹇言偃幰				

獮	蹇 扒		樿闡 燃		辡鴘
阮	○楗			巘	
獮	○件	韏	蹨善	巘	辡免
願	建 堰獻				
線	堰		戰硟 扇		變
願	○健			[illegible]	
線	○ 涎	[illegible]	繕	彥	卞
月	訐 謁歇				
薛	揭揭焆娎		折掣 設		别
月	○竭			钀	

薛	○傑	列	舌熱折	櫱	別

七・五 開口外轉輕聲

先	肩豜燕			箋 躚	遷
仙	甄		鱣梴	煎遷 仙	鞭篇
先	○	蓮		妍	駢
仙	○ 延		廛	錢 㳄	便緜
銑	繭 蝘顯	典腆			
獮	遣		展搌	翦淺 獮	緬
銑	○ 峴	㹣撚			辯
獮	○ 演		邅㞡	踐 緣	楩湎

霰	見俔箮顯			綼 霰	
線	譴			箭 線	徧騗
霰	○ 見	晛練		硯	
線	○		纏幱	賤 美	便面
屑	結挈噎擷	咥鐵		節切 屑	[illegible]瞥
辥			折徹	巀 辥	蹩潎
屑	○ 纈	絰涅捩		截齧	蹩蔑
辥	○ 抴		轍		滅
七・六 合口內轉重聲					
桓	官寬刓歡	耑湍		鑽 酸	般潘

删			跧 㦻		
仙			跧 佺		
桓	○ 桓	○ 團 湍 鷻		○ 欑 岏	○ 盤 瞞
緩	管 款 梡	痯 睆		筭 匴	板 坢
緩	○ 緩	○ 斷 㬇 删		○	○ 伴 滿
潸			○ 撰		
獮			○ 撰		
撰	貫 鋺 惋 腕	鍛 彖		鑽 竄 筭	半 判
諫			算		
線			綫		

七・七

撋	○　撋	○段偄亂		○攢玩	○判緞
線			○僆		
末	括闊斡豁	撥脫		繓撮	撥鏺
黠			茁		
鎋			劕　刷		
辥			纂　刷		
末	○　活	○拶　捋		○柮枂	○跋末
合口內轉輕聲					
刪	關　彎				班攀○
山	鰥　嫚				媥　○

刪	○還		奻	○頑	○蠻
山	○湲	攄	窀		
潸	綰				版販○
潸	○晥				○販齎
諫	慣綰		孿		襻○
襇	鰥				扮盼○
諫	○患		奻	亂	○慢
襇	○幻				○辦莔
黠	劀勖婠		殺		八汎○
鎋	刮		鍛鎩		捌○

黠	○		○䵷	○䏧	○拔傄
鍇	○佸		○妠	○朋	○帓

七·八合口外轉重聲

元	鴛暄				翻
仙	翾弮嬽		專穿		
元	袁			元	煩
仙	權員	孿	船堧遄		
阮	綣苑烜				
獮	卷	剸舛			
阮	○畚遠			阮	飯

七・九

合口外轉輕脣

彌	○圈	臠	輭獻	
願	絭劵怨援			嬔
線	眷絭		剸釧	
願	圈遠			願	飯
線	倦瑗	戀	囀叀	
月	厥闕廢颰			怖
辥	蹶噦曰		捐歠說	
月	㞕越			月	伐
辥		劣	啜	

先	涓　弲鋗				
先	淵				
仙	娟儇		蠸豯	鐫銓　宣	
先	○　𠫓		○	○	
仙	○　緣		○櫞	○全　旋	
銑	罥				
銑	畎犬				
獮	蜎蠉		轉	雋　選	
銑	○　鉉				
獮	○　兖		篆		

霰	睊　鋗䮘				
霰	絇				
線	綃		囀猭	縓　選	
霰	○　縣				
霰	○　眩				
線	○　掾		傳	鏇	
屑	䴡闋抉血				
辥	缺妜		輟綴	蕝膬　雪	
屑	○　穴				
辥	○　悅		呐	絕　[illegible]	

七·一〇 合口外轉輕聲

先	堅牽煙祆	顛天		湔千 先	編
先	賢	田年憐		前	眠
銑	窒			銑	扁
銑	○ 臏	○ 涊		○ 齞	○ 眄
霰	鋻[illegible]	殿瑱		薦蒨 先	
霰	○	電洌		荐	瞑
質	吉詰一欯			咥七 悉	必匹
質	○ 佶	栗		疾	佖蜜

七·一一 開口內轉重聲

皆			齊差　崽		
皆			○豺		
泰	蓋愒靄餀	帶泰		蔡	
怪			瘵　鎩		
夬			嘬　[illegible]		
泰	○　害	○大柰賴		○　艾	
祭					
夬			○砦		
曷	曷渴遏喝	怛闥		○攃　薩	
黠			札察	殺	

七・三

鍇			剎		
曷	○曷		○達捺剌	○桥	
鍇			○鐁		
開口內轉輕聲					
皆	皆揩挨稀		齂搋		
皆	○諧	○咪		○娾	○排埋
駭	揩挨				
駭	○駭		○	○騃	
怪	戒劾噫欬				拜湃
夬	犗喝餲		薆		敗

七・二三開口外轉重聲

怪	○械		○[illegible]		○憊[illegible]
夬	○[illegible]		○[illegible]		○唄邁
黠	戛刮軋				八汃
鎋	擖獦鶷瞎		哳		捌
黠	○黠		○痆		○拔傄
鎋	○鎋		○	○齾	○帞
祭	罽愒瘞		制掣世		
祭	○偈	○例	○逝	○則	○
薛	揭堨愒[illegible]		折掣設		別

薛	○傑	○　列	○古熱折	○	○別

七・二四 開口外轉輕聲

祭			瘛掣	祭	蔽潎
祭	曳		滯	藝	獘袂
薛			哲徹	钀　辥	鼈瞥
薛	抴		轍	孽	滅

七・二五 合口內轉重聲

皆			○　膗		
泰	膾檜薈劊	祋娧		最襊　[illegible]	貝霈
祭			毳啐		

七·一六

泰	會	兊 酴		外	旆沫
末	括闊斡豁	掇脫		捘撮	撥鏺
黠			茁		
鎋			纂 刷		
薛			茁 刷		
末	○ 活	奪 捋		柮枂	拔末
合口內轉輕聲					
皆	乖㧙崴他				
皆		懷 腂			
怪	怪制 絬				

夬	夬快噲咶			
怪	壞		聵	
夬	話			
黠	劀㔎嗗聒	窡		
鎋	刮	頢		
黠	猾	豽		
鎋	咶	妠	刖	
七·一七合口外轉重聲				
祭	劌錈 緣	贅橇 說		
廢	穢喙			

祭	衛		芮啜	
廢	衛			刈
辥	蹶 噦烕		拙啜 說	
月	厥闕蹷狘			
辥		劣	爇啜	
月	橜越			月

七·一八合口外轉輕聲

齊	圭睽烓眭			
齊	攜			
齊	桂 哇			

七·一九

祭			綴	蕝毳　歲	
霽	惠		鏏		
祭	鋭			竁	
屑	決闋抉𥁕				
薛	缺妜		輟紴	蕝膬　雪	
屑	穴				
薛	悅		吶	絕　㡤	
合口					
元					畨
元	○　樠				

七·二〇

阮					反
阮	○[illegible]				
願					販
願	○萬				
月					髮
月	○韈				
合口					
廢					廢
月					發
月	○韤				

聲類表卷七終

聲類表第八

八·一 開口內轉重聲

侵			簪槮○森		
侵			○岑		
寖			墋○痒		
寝			○頣		
沁			譖讖○滲		
緝			戢屚○澀		
緝			○霵		

八·二 開口外轉重聲

侵	金欽音歆		斟覞○淡		
侵	○琴	○林	○王諶	吟	
寑	錦顧飲廞		枕瀋○審		稟品
寢	○噤	○廩	○葚稔甚	○僸	
沁	禁 蔭		枕 浚		
沁	○噤𪓝	臨	○任甚	○吟	
緝	急泣邑		執斟 溼		鴟
緝	○及煜	立	○入十	○岌	鴚

八・三 開口外轉極聲

侵			磯琰	褄侵 心	

八·四

侵			○沈雋	尋	
寑			鴆諶	䣟寑 心	
寖			○朕抌	○蕈	
沁			揕闖	浸沁	
沁			○鴆賃	○	
緝			縶湁	濈緝 歙	
緝			○蟄孨	集 習	
開口內轉重聲古音					
覃	弇龕諳嗿湛探			簪參 毵	
談	蚶頗㓊			三	

感	感歁黲顲	顑礠		揩慘　糂	
敢	揜喊			黪	
勘	淦勘暗顲	僋㥝		篸謲	
闞				三	
合	閤歁姶欱	荅溘		噆趁　趿	
盍	盦疲	搕榼		㗱　鞍	
覃	含	○覃南婪		蠶譫	
談	黏				
感	頷	禫腩壈		䐶鐕	
敢		罱			

勘	憾	醰 僋		儑	
闞					
合	合	讘 拉	遝	磼 㬎	
盇		䶢		儑	

八·五 開口內轉輕聲古音

咸	緘	詀			
咸	咸		喃	品	
虦	減 黠				
虦	虦	臉	湛	顲	
陷	[illegible] 銛	[illegible]			

陷			賺誦	顩	
洽	恰 鮯	劄			
洽	洽	衱			

八·六 開口外轉重聲古音

鹽	⿱占女		苫		砭
鹽		廉	髯	鬑	
琰	檢嗛 險		颭		貶
琰	儉	歛	冉		
豔	憸		占		窆
豔		瀲	染	驗	

葉			讋謵　攝		
葉	笈		讘		

八·七　開口外轉輕聲古音

鹽	猒		詹覘	籤	
添	兼謙　嗛	佔添			
鹽			黏	潛	
添	嫌	鮎			
琰	庲			憸	
忝	慊	點		憯	
琰					

忝	纖	簟淰稴			乏
豔	歉		貼	蠘	
㮇	兼傔酓	店		僭噆襳	
豔				潛	
㮇		磹念稴			
業	厭				
怗		怗		燮	
葉			聶		
怗	協	捻		褋	

聲類表卷八終

聲類表第九

九・一 開口內轉重聲

覃	弇堪菴唅	耽貪○○		簪參○毿	
談	甘坩　蚶	擔聃○○		○三	
咸			○摻	○	
銜			攙○衫	○	
覃	○　含	○覃南婪	○	○贛[illegible]	○
談	○　酣	○談聃藍	○	○慙	○姍
咸	○	○	○讒	○	○
銜	○	○	○巉	○	○

咸	咸坎黤顑	默㖗○○		昝慘○糝	
敢	敢㒊揜檿	贍惔○○		簪黲	
蘞			斬臧○摻		
檻			醶○㨻		
感	○　顉	○禫㛐壈		○朁顉	○
敢	○	○澹　覽		○槧	○媕
蘞			○瀺		
檻			○巉		
勘	紺勘暗䫲	䤁撢○○		篸醦　俕	
闞	䫡闞　㠭	擔賧		三	

狎			○翣		
洽			眨插○霎		
盍	盍鄐榼鰪欿	奄榻		偛	
合	合閤溘姶鞈	荅踏		帀搭 趿	
鑑			○鑱		
陷			儳		
闞	○譀	○淡 濫		○暫	
勘	○憾	○醰妠頷		○憯傪	
鑑			覽懺 釤		
陷			醶		

九・二 開口內轉輕聲

合	合	沓納拉		襍[illegible]	
盍	盍	蹋納臘		[illegible][illegible]	
洽			○[illegible]		
葉			[illegible] ○萐		
咸	緘[illegible]		詀		
銜	監嵌				
咸	○ 咸		喃	喦	
銜	○ 銜			巖	
嗛	減[illegible]黯闞		[illegible]		

檻	顲黤㺒				
嗛	○嗛	○脥	○湛図	○顩	
檻	○壏				
陷	舀顑䑎		舑		
鑑	鑑黬㒈				
陷	○陷		○賺諵	○頕	○
鑑	○豏		○	○	○湆
洽	夾恰𨄮䑢		㓤盇		
狎	甲鴨呷				
洽	○洽	○祫	○冈	○䏐	○

九・三 開口外轉重聲

狎	鹽	巖	鹽	嚴	琰	儼	范	琰
○狎	淹娑	杴	○笘炎	○	檢嗛奄險	欦埯	凵	○儉
○			廉					○歛
○霅	詹蟾 苫		髯蟾		[illegible] 陝			○冉剡
○			鹻	○嚴				○广
○	砭				貶		釩	

儼	○	○	○	○儼	
豔	憸		占襜閃		窆
醶	鈒				
梵	劍欠俺				
豔		○瀲	○染贍	○驗	
醶		○	○	○醶	
葉	鵖瘱敵		讋謵攝		
業	劫怯腌脅				
乏	猲				㳒
葉	笈嚈	儠	讘涉		

業	跲			業	
九·四 開口外轉輕聲					
鹽	厭		霑覘	尖籖銛	
添	兼謙𤺌	佔添			
鹽	○鹽		沗黏	潛	
添	○嫌	甜鮎			
琰	陝檿		諂	[illegible]憸	
忝	嬐慊	點忝		憯	
范			僴		股
琰	○琰	○		漸	

忝	○ 𨅡	○ 簟淰稴			乏
豓	猒		貼	蠘塹	
㮇	兼傔酓	店㮇		僭噆 韱	
豔	豔			潛	
㮇		磹念稴			
枽	猒		輒銸	接妾	
怗	頰筴 牒	牐怗		浹 燮	
乏			[illegible]		法
葉	葉		牒[illegible]	捷	
怗	協	牒捻[illegible]		蘵	

之			○狐	

九・五開口轉聲

凡	○珐			
范	○鍐			

聲類表卷九終

校注

〔一〕聲類表共九卷，每卷包括一大韻類。每一大韻類，按呼等不同，分別立圖，經韻緯聲，共有一百四十六圖。以入聲爲樞紐，配以陰聲、陽聲，共分二十五韻部。其分合對應如下表：

卷次	九大韻類	二十五部	一百四十六图
卷一	第一歌鱼铎之類	阿1烏2堊3	一·一——一·二七
卷二	第二蒸之職之類	膺4噫5億6	二·一——二·一三
卷三	第三東尤屋之類	翁7謳8屋9	三·一——三·一四
卷四	第四陽蕭藥之類	央10夭11約12	四·一——四·一五
卷五	第五庚支陌之類	嬰13娃14戹15	五·一——五·一九
卷六	第六真脂質之類	殷16衣17乙18	六·一——六·二六
卷七	第七元祭月之類	安19靄20遏21	七·一——七·二〇
卷八	第八侵緝之類	音22諜23	八·一——八·七
卷九	第九覃合之類	醃24諜25	八·一——九·五

〔二〕内外輕重　「内轉」、「外轉」、「重聲」、「輕聲」参互配伍，共有四種，除少數例外，大體相當於等韻中之「四等」。曾廣源戴東原轉語釋補説：「覩内外而知洪細（内轉皆一二等聲，外轉皆三四等聲），睹輕重而定等次（重者在内轉爲一等，在外轉爲三等；輕者在内轉爲二等，在外轉爲四等）。」如一·一圖「開口内轉重聲」，即「開口一等」，其後之標目仿此類推。

〔三〕直行　圖内直行中之字爲同韻。「歌、哿、箇、鐸」爲廣韻同一韻的「平、上、去、入」四聲不同之韻目。重出的韻目，用來表示聲紐清濁，前行爲清音聲母字，後行爲濁音聲紐字。如「訶」屬曉母字，「何」屬匣母字，曉爲清在前行，匣爲濁在後行。餘仿此。

〔四〕横行　每圖韻目下横行分五欄，每欄又分爲四個聲位，表示聲紐之異同，一直行中横看可得二十聲位，前後兩直行可有四十聲位，等韻三十六字母即暗含在其中。分析各圖通例，聲紐之位如下表所示：

二十章横贯全圖	後行（濁）	前行（清）	四小（位）限	五大（類）限
1		見	一	第一類
2	群	溪	二	
3	微喻	影	三	
4	匣	曉	四	
5		端	一	第二類
6	定	透	二	
7	泥		三	
8	来		四	
9		照知	一	第三類
10	床澄	穿徹	二	
11	日娘		三	
12	禪	審	四	
13		精	一	第四類
14	從	清	二	
15	疑		三	
16	邪	心	四	
17		幫	一	第五類
18	並	滂	二	
19	明		三	
20	奉	敷非	四	

〔五〕一·五圖缺韻目　應補入「戈」「戈」。
〔六〕一·八圖遇韻清行之「戌」　應作「戍」。
〔七〕一·九圖語韻清行之「與」，麌韻清行之「庾」，藥韻清行之「𧄍」　三字均爲喻母字，不當列清行，應分別移入三韻濁行喻母位。
〔八〕一·一二圖標目之「古音」　案：本圖中之字在「古音」（上古音）中爲第一類韻，而在「今音」（中古音）則爲第五類，故五·一〇圖出現一韻四行又重列這類字。餘同此類推。
〔九〕一·一八圖麻韻清行之「了」　當作「丫」。「了」爲篠韻來母字，入此位聲、韻均不合。
〔一〇〕一·二四圖馬韻清行之「吒」　當爲「奼」之誤。「吒」爲知母去聲字，不當入徹母上聲位。
〔一一〕二·一圖德韻清行之「忒」　應作「忒」。
〔一二〕二·六圖海韻清行之「等」「噯」，代韻清行之「戴」，德韻清行之「忒」　「等」「噯」「戴」所居之聲位似爲誤列。三字均爲舌頭音，不當入第三欄。「等」應上移第二欄第一位。「噯」應上移第二欄第二位；「戴」應上移第二欄第一位。「忒」當作「忒」。
〔一三〕二·七圖、二·八圖濁行缺韻目　應分別補入「咍」「海」「海」。
〔一四〕二·一一圖止韻濁行之「伱」　「伱」爲娘母字，不當入泥母位，應移入下欄第三位。
〔一五〕三·一圖沃韻濁行之「瑁」　當作「瑁」。音韻學叢書本及三·三圖均作「瑁」，不誤。
〔一六〕三·九圖覺韻濁行之「幞」　「幞」無覺韻音，二·二圖列燭韻，此疑誤。
〔一七〕三·一一圖燭韻清行之「于」　當作「亍」。「于」爲虞韻喻母字，入此位聲、韻均不合。
〔一八〕三·一二圖有呼無等　圖中「務」在一·一〇圖重出，由此推知，此圖標目似應作「合口內轉輕聲古音」。

「合」作「開」亦誤。

〔一九〕三・一三圖晧韻清行之「晧」　「晧」爲匣母字，此位爲見母字，應爲「梏」，四・七圖可證。

〔二〇〕三・一四圖入聲「錫」「屋」四行有目無字　標「古音」圖所收之字，一般均在他圖中重出。錫韻字見四・一〇圖，屋韻字見本類韻陽聲韻内。此圖有目無字，疑爲漏列。

〔二一〕四・二圖養韻濁行之「雨」　當作「兩」，音韻學叢書本作「兩」，可證。

〔二二〕四・六圖「亡」　「亡」爲微母字，應與「罔」「妄」同章，本圖列入羣母位，似爲錯位，應下移一位。

〔二三〕四・七圖標目下注文「舌音肴、巧、效、覺」　指圖内第三横欄中所列「⿰耳喿、譟、梢」等字，爲肴、巧、效、覺四韻之字寄列于此，不屬標目豪、晧、号、鐸四韻之字。　「次列古音收第三類」，豪、晧、号三韻清濁行各二、二、四行爲一、三行之「次」，其中所列之字爲「古音」重出字，其字可見三・一三圖，故云「收第三類」。　「稍」，豪、号兩目下重見，廣韻中肴韻有「梢」，效韻有「稍」，豪韻行下之「稍」當爲「梢」之譌誤。　晧韻濁行下之「⿰口𡿺」當作「匘」。

〔二四〕四・八圖覺韻清行之「敲」　當爲「毃」字之譌。

〔二五〕四・九圖小韻清行之「麵」　「麵」爲霰韻明母字，不當入此位。此字當爲「⿰麥酋」之譌。

〔二六〕四・一〇圖標目下注文：「蕭、筱、嘯、錫次列古音收第三類」　指蕭、筱、嘯、錫四韻之「次」行（後一行）所列之字收入三・一四圖「開口外轉輕聲古音」圖内。　蕭韻清行之「祧」當從「示」，作「祧」。　筱韻清行之「窈」當上移第一欄第三位。

〔二七〕四・一二圖映韻濁行之「牚」　「牚」無澄母讀，不當入此位。　疑爲「瞠」之譌。

〔二八〕四・一四圖庚韻下「兄」　「兄」爲曉母字，列入影母位，應退列下一位。五・七圖可證。

〔二九〕五・一圖庚韻清行之「髽」，映韻清行之「瀙」　「髽」無照母音，入此位疑誤。「瀙」當作「瀙」。「瀙」廣韻「初覲切」，屬震韻，不當入此位。

〔三〇〕五・二圖庚韻清行之「怦」，映韻濁行之「掌」，陌韻清行之「幌」、「脈」　「怦」誤，當作「怦」。「掌」疑爲「瞕」之誤。「幌」當作「幌」。「脈」爲麥韻字，不當入此位，應從微波榭本作「脈」。「脈」廣韻「普伯切」，與此位正合。

〔三一〕五・四圖静韻濁行之「侱」，勁韻清行之「飲」　「侱」誤，當作「侱」。「侱」集韻「丑郢切」，屬徹母，不當入澄母位。「飲」入此位聲、韻均不合，當從微波榭本及音韻學叢書本作「欲」。

〔三二〕五・六圖梗韻清行之「卄」　「卄」入此位聲、韻均不合，當從微波榭本及音韻學叢書本作「卄」。

〔三三〕五・七圖庚韻清行之「榮」，濁行之「兄」　「榮」爲喻母字，誤入清行；「兄」爲曉母字，誤入濁行。二字應互易其行。

〔三四〕五・八圖昔韻清行之「䁯」　當作「䁯」。

〔三五〕五・一六圖佳韻濁行之「䁓」　當作「䁓」。

〔三六〕五・一八圖錫韻清行之「擲」、「瘠」、「䦧」　此三字均屬昔韻，又爲濁音，不當列入錫韻清行。此圖均爲純四等字，亦不應有舌上音字。疑有誤。五・四圖此行字分列於錫、昔兩韻。

〔三七〕五・一九圖標目下注文「齒音支、紙」　指本圖第四横欄之「柴」和「犕」分别爲支韻和紙韻字，不是齊韻和霽韻字。

〔三八〕六・一圖臻韻濁行之「㯼」　當作「㯼」。

〔三九〕六・二圖質韻濁行之「耴」　當作「耴」。

〔四〇〕六・三圖諄軫二韻下之「趣」　當爲「趣」字之譌，「趣」爲遇韻字，不當入此位。

〔四一〕六・四圖標目下注文「古音術」　指入聲没韻下第三欄内之「㓹」字爲術韻字。

〔四二〕六・七圖術韻清行之「䘏」　當作「卹」。

〔四三〕六・九圖質韻濁行之「耴」　當作「耴」。

〔四四〕六・一〇圖旨韻清行之「牝」　「牝」爲並母字，入清行誤，當移入濁行。

〔四五〕六・一三圖末行缺目　應依音韻學叢書本補入韻目「術」字。術韻濁行之「繘」、「聿」似均錯位。「聿」爲喻母字，不當入疑母位，依例應上移第一欄第三位，六・七圖可證。「繘」之濁讀廣韻「餘律切」，集韻「其律切」。此處或據集韻音，則應下移同欄第二位。

〔四六〕六・一六圖韻目「黗」　當爲「黕」之譌，應改正。

〔四七〕六・一九圖灰韻清行之「膗」　當作「膗」。「膗」，廣韻「仕懷切」，爲皆韻牀母字，入此位聲、韻均不合。

〔四八〕六・二一圖怪韻清行之「𦟤」　當作「𦟤」。

〔四九〕六・二六圖先韻濁行之「玄」　「玄」爲匣母字，入影母位，誤。當移同欄第四位。

〔五〇〕七・一圖潸韻清行之「酢」，曷韻清行之「藒」、濁行之「剌」　「酢」當作「酢」，「酢」爲從母鐸韻字，入此位聲、韻均不合。「藒」，澤存堂本廣韻作「矛割切」，泰定本、明本廣韻作「予割切」。此以「藒」置精母位，戴氏蓋校「矛」或「予」爲「子」。「剌」誤，當作「剌」。

〔五一〕七・二圖裯韻濁行之「綻」，鍺韻濁行之「鸑」　「綻」爲澄母字，當上移同欄第二位。「鸑」爲疑母字，當移下欄第三位，七・一二圖可證。

〔五二〕七・三圖仙韻之「潺」，獮韻之「棧」，線韻之「孱」、「潺」、「棧」均爲牀母字，均當上移同欄第二位。「孱」爲合口字，入此位疑誤。

〔五三〕七・四圖阮韻下之「言」和「𢂸」　「言」爲元韻疑母字，此爲溪母位，當爲「言」字之譌。　「𢂸」誤，當爲「𢡆」。

〔五四〕七・五圖獮韻和線韻清行之「遣」和「譴」、霰韻清行之「縓」，屑韻濁行之「𢧐䜺」，先韻清行之「𨘢」　「遣」和「譴」當爲「遣」和「譴」之譌。　「縓」合口字，此入開口，疑誤。　「𢧐䜺」二字錯位。「𢧐」從母字，當移同欄第二位；「䜺」疑母字，當移同欄第三位。　「𨘢」當從音韻學叢書本作「𨘢」。

〔五五〕七・七圖潸韻濁行之「眅」，諫韻清行之「孿」　「眅」當作「販」。「販」滂母字，不當入並母位。　「孿」爲審母二等字，不當入知母位。疑有誤。

〔五六〕七・八圖願韻下之「券」　當爲「券」之譌，從「刀」不從「力」。

〔五七〕七・一〇圖標目「合口外轉輕聲」　「合」字誤，當作「開」。

〔五八〕七・一一圖黠韻下之「殺」，曷韻濁行之「達捺剌」　「殺」爲審母字，不當入精母位，應上移一位至第三欄第四位。七・一圖可證。　「達捺剌」爲舌頭音，不當入第三欄。應分別移上一欄第二、三、四位。「剌」當作「剌」，誤。

〔五九〕七・一二圖夬韻清行之「薑」，濁行之「𩤍」，鍇韻濁行之「帕」　「薑」不當入此位，應是「蠆」之誤。　「𩤍」誤，當作「𩤍」。「帕」爲明母字，當下移本欄第三位。

〔六〇〕七・一六圖皆韻下「懷」，「怪」韻下「𠜾」　「懷」爲匣母字，不當入端母位，應上移一位至第一欄第四位，六・二圖可證。　「𠜾」爲「𠜾」字之譌。

〔六一〕七・一七圖廢韻之「刈」　此字開口，戴氏以爲合口，誤。

〔六二〕七・一八圖霽韻濁行之「𨭖」　「𨭖」誤，梁僧寶四聲韻譜據集韻作「𨭖」，是。「𨭖」爲祭韻字，當移左行。

〔六三〕七・一九圖七・二〇圖有呼無等　疑爲戴氏斟酌未定，故暫闕如。

〔六四〕八·三圖寑韻之「煁」「煁」當作「炈」。「煁」爲沁韻澄母字，不當入此位。

〔六五〕八·四圖勘韻清行之「傑」「傑」，廣韻「蘇紺切」，集韻「他紺切」，入此位均不合。疑當移入第四欄第四位。

〔六六〕九·一圖上聲韻目「咸」，豏韻清行之「䶢」，盍韻濁行之「盍」「咸」誤，當作「感」。「䶢」誤，當作「䶢」。「盍」爲匣母字，不當入影母位，應移入本欄第四位。

〔六七〕九·二圖咸韻清行之「䶢」，豏韻清行之「䶢」「䶢」當作「䶢」。「䶢」當作「䶢」。

〔六八〕九·五圖之缺文　呼等標目缺「内外」「輕重」，韻目僅列平上韻「凡」「范」，而無「梵」「乏」，其主要音位字如「凡」「氾」「范」「梵」等亦未見列入。表中其他各圖亦有類似情況，疑爲戴氏病魔纏身，臨終日近，無力最後定稿。圖尾所書「聲類表卷九終」字樣，蓋爲刊校者所加，疑非戴氏之所爲。

戴震全書之十五

屈原賦注初稿

蔣立甫 ◎整理

劉學鍇 ◎審訂

説明

屈原賦注初稿，許承堯所藏。稿末有許跋，曰「得之湖田草堂，疑原出西溪汪氏不疏園」。

初稿僅存離騷、九歌、天問三卷，九章、遠遊、卜居、漁父四卷僅存其目，正文盡佚。初稿包括定稿中注釋、通釋、音義三部分内容，但互有詳略異同，就多數而言，初稿較定稿繁雜，從中既可見戴氏治學精益求精的精神，也有助於把握其對屈賦某些問題的思考與探求。初稿的發現是極有價值的。

初稿以安徽叢書影印許氏所藏稿本爲底本。爲便於排版，將原稿作者的眉批，悉依次移入校注文中。

自序

漢藝文志「屈原賦二十五篇」，自離騷經迄漁父，屈子所著之書是也。漢初傳其書，不名楚辭，故志但列之賦首，又稱其作賦以風，有惻隱古詩之義。至若宋玉已下，則不免爲辭人之賦，非詩人之賦矣。余讀屈子書，慕其爲人，私心謂其心至純，其學至純，其言亦至純。二十五篇之書，蓋經之亞。若習以作賦，則如馮崑崙澄霧，隱岐山清江也〔一〕。説楚辭者，于名物字義，未能考識精覈，又不得其所以著書之指。今特取屈子書注之，書成，名曰屈賦，從漢志也。戴氏學。

校　注

〔一〕「馮崑崙」兩句係變化悲回風中語句而來，定稿已删去，其意喻仿效屈騷作賦必然與願違，徒勞無益。崑崙山高本多霧，而澂依崑崙之顛卻希望霧澄，豈有可能？又汶山、清江非可隱之地，陸游作於開禧三年（一二〇七）之寓歎就有「岷峨不遂隱」之句，汶山，即岷山，正字通謂「岐，同岷」。清江，即夷水，水經注夷水注云清江「水色清照十丈」，魚龍豈能潛隱。

屈原賦注初稿卷一

離騷經

離騷，即牢愁也。蓋古語，揚雄有畔牢愁。離、牢一聲之轉，今人猶言「牢騷」。謂之經者，會萃諸篇之指，以綜其生平，如音之凡首，織之有經也。凡經之名，皆起于周末，自漢已下始有聖經、賢傳之説，或執是以疑古人，亦讀書未論其世云爾。

帝高陽之苗裔兮，朕皇考曰伯庸。三鍾。言與楚同出於帝顓頊高陽。曲禮「父曰皇考」。爾雅：「朕，我也。」

攝提貞於孟陬兮，惟庚寅吾以降。古讀若「洪」。太歲在寅曰攝提格。正月爲陬。廣雅：「貞，當也。」此蓋攝提之年，當孟春寅月。舊説：貞，正也。故于文不可通。

皇覽揆余于初度兮，肇錫余以嘉名。轉讀如民，方音。名余曰正則兮，字余曰靈均。十八諄。言始生有端善之度，爰以立名。初度，即列女傳所謂「生子形容端正」。靈，善也。舊説：靈，神也。均，調也。非是。均，謂均平。正則，平之義。靈均，原之義。後人名字説，蓋昉于此。

紛吾既有此内美兮〔一〕，又重之以脩能。古讀若「耐」。扈江離與辟芷兮，紉秋蘭以爲佩。十八隊。

言質性純粹，又加以學也。脩，治也。脩能，謂好脩而賢能。扈，襲藏也。紉，讀如内則「紉箴」之紉。江離，大葉芎藭也。芎藭似藁本，左傳謂：之山鞠窮。其苗謂之江離，小葉者謂之蘪蕪，似蛇床。爾雅又名蘄茝。本草又名薇蕪。淮南氾論訓：「夫亂人者，芎藭之與藁本也，蛇牀之與蘪蕪也。」此皆相似者。説林訓「蛇牀似蘪蕪，而不能香」。博物志「芎藭苗曰江離，根曰芎藭」。今人不知江離，概名蘪蕪矣。吴録云：「海水中生江離，正青，似亂髮。」蓋本草之海藻，誤以爲江離。辟芷、芳芷皆白芷也。或謂之茝，或謂之芳香，其葉謂之葯。見九歌。屈賦之蘭蕙，即今南方蘭華也。蘭，或謂之幽蘭，或謂之女蘭。春蘭一莖一華，秋蘭一莖數華。俗呼榿蘭。石蘭生石上，差小。蕙似秋蘭，惟春華，芬亞于蘭。舊説以爲都梁香、零陵香，而疑今之蘭蕙不可紉佩，則篇内託言多矣，豈特蘭蕙乎？

汩余若將不及兮，恐年歲之不吾與。八語。朝搴阰之木蘭兮，夕擥洲之宿莽。古讀若「姥」。

方言：「汩，疾行也。南楚之外曰汩。」搴，取也。楚謂之搴。説文：「搴，拔取也。南楚語。」震按：小阜毗，大阜曰阰。舊説：阰，山名。非是。木蘭，廣雅謂之桂蘭。皮似桂而香。或作「杜蘭」，疑「桂」之譌。或謂之林蘭。擥，歛取也。釋名：「擥，歛也。歛置手中也。」宿莽，猶檀弓言「宿草」。莽，草也，南楚曰莽，方言云。王注：「草冬生不死者，楚人名宿莽。」爾雅「卷施草拔心不死」，郭注云「宿莽也」，皆非是。宿莽，謂陳根之黄。猶詩言「自牧歸荑，洵美且異」。

日月忽其不淹兮，春與秋其代序。八語。惟草木之零落兮，恐美人之遲暮。十一暮。

此章猶言前者追之。美人，謂先我而好脩者也。舊説：美人，喻君。非是。老泉上歐陽内翰書以道之成而及見當世之賢人君子立説，蓋即此章之意。

不撫壯而棄穢兮，何不改乎此度？十一暮。乘騏驥以馳騁兮〔二〕，來吾道夫先路。十一暮。

此章猶言後者道之。不撫壯棄穢，謂不及時好脩者也。説文：「馳，大驅也。騁，直馳也。」舊指君説，一啓口便彰君之穢惡迷惑。非是。「乘騏驥以馳騁」，喻及時急學爾。舊説以喻君之任賢。亦非是。

昔三后之純粹兮〔三〕，固衆芳之所在。古讀若「泚」。雜申椒與菌桂兮，豈惟紉夫蕙茝？古讀若「齒」。

言三后之任衆賢以成治，己之好脩，固三后所取也。三后，即下前王，謂楚之先君賢而昭顯者，故不目其名。今未聞。王注指禹、湯、文。朱子又疑爲三皇。或少皞、顓頊、高辛。余以下前王證之，屈子所言，當先及本國，其但云三后者，猶周家言「三后在天」，即指太王、王季、文王，在楚言楚，其熊繹、若敖、蚡冒三君乎？ 申椒，或謂之露申。見九章。小椒之申重蕃衍者，詩所云「椒聊」也。菌桂，或謂之筒桂，或謂之小桂。菌，讀如禹貢「箘簵」之箘。以其似箘竹，故名。或作「菌」，誤。

彼堯舜之耿介兮，既遵道而得路。十一暮。何桀紂之倡披兮，夫維捷徑以窘步！十一暮。因言三后，遂舉堯、舜、桀、紂證之。蓋屈子欲以堯、舜之道事君，黨人乃以桀、紂之道事君，是以相反。王注：「倡披，衣不帶之貌。」左傳杜注：「捷，邪出。」惟黨人之偷樂兮〔四〕，路幽昧以險隘。古讀若「益」。豈余身之憚殃兮，恐皇輿之敗績。二十三錫。

皇，君也。敗績，如檀弓「馬驚敗績」，謂車覆也。已上五章，皆泛論人、己之事。舊皆指君説，少從容婉轉，非立言之叙。

忽奔走以先後兮〔五〕，及前王之踵武。九麌。荃不揆余之中情兮，反信讒而齌怒。十姥。奔走先後，皆急追之意，欲繼前王之業于今日也。荃、靈脩，相謂之通稱。篇内借以喻君而不明言也。屈子述其不得于君，祇「荃不揆余之中情」二語爾。歸其罪于黨人之進讒，而君不清澄其然否，未嘗一語懟君也。惜往日篇云「雖過失猶弗治」，則屈子于君，且有感恩之辭，愈覺舊説直而近懟。爾雅：「武，迹也。」齌，讀如詩「天之方懠」之懠，毛傳云「怒也」。

第一段凡十章。先言其生，次言其學，而終之以被讒。自叙生平大略如此。

余固知謇謇之爲患兮〔六〕，忍而不能舍古讀若「暑」也。指九天以爲正兮，夫維靈脩之故十一暮也。

承上而明其事君之心以起下。易象：「王臣蹇蹇，匪躬之故。」九，陽數之終，故曰九天，以言其極高遠。天問「圜則九重」，亦以高遠言。王注、補注皆云「中央八方」，非是。此下，後人加「曰黄昏以爲期兮，羌中道而改路」二句，王逸本及文選皆無此二句。九章抽思篇云「昔君與我成言兮，曰黄昏以爲期。羌中道而回畔兮，反既有此他志」，離騷經祇以「初既與余成言兮，後悔遁而有他」括之，行文繁簡各異，加中二句于首句之上，語勢重複倒亂，求之文例，韻例皆不合。

初既與余成言兮〔七〕，後悔遁而有他。古讀若「拕」。余既不難夫離别兮，傷靈脩之數化。古讀若「貨」之平聲。

追言君之曾任己，而惜其變操不常也。

余既滋蘭之九畹兮，又樹蕙之百畝。古母彼切。畦留夷與揭車兮〔八〕，雜杜衡與芳芷。六止。冀枝葉之峻茂兮，願竢時乎吾將刈。二十廢。雖萎絶其亦何傷兮，哀衆芳之蕪穢。二十廢。

二章以衆芳喻人，言己之欲以人事君也。兩甽之間，廣一步，脩百步爲畝。司馬法「六尺爲步，步百爲畝」，是也。秦孝公以二百四十步爲畝，不可據以釋此。區種爲畦。區種法：周區爲町，町間爲畦。説文「五十畝曰畦」，不必從。田之長爲畹。王注「十二晦曰畹」，説文「二十晦曰畹」，皆不必從。舊説亦以自喻，與前文複，非是。留夷，詩謂之勺藥，廣雅謂之孿夷，或謂之餘容。郭璞注山海經，以勺藥爲辛夷。辛夷乃本草之辛矧，俗呼木筆。郭蓋因留夷誤之爾。張揖注上林賦，以留夷爲辛夷，顔師古已辨其非〔九〕，近世閻百詩又疑江離爲勺藥。古今注：勺藥，一名可離，因之而傅會。余謂留夷、孿夷一聲之轉，而可離之名，未必出于古也。藒車，爾雅謂之䒗輿。廣志「黃葉，白華」。杜衡，似細辛。爾雅謂之土鹵，廣雅謂之楚衡。爾雅單言杜，相如賦單言衡，俗呼馬蹄香。博物志「杜衡亂細辛」。萎絶，黃落也。蕪穢，如後所云「蘭芷變而不芳」也。

衆皆競進以貪婪兮〔一〇〕，憑不厭乎求索。去聲，讀若「素」。羌内恕己以量人兮，各興心而嫉妒。十一暮。

王注：「憑，滿也。楚人名滿曰憑。」廣雅：「羌，乃也。」震按：小人之承歡沟約，而謂事君盡禮爲諂，小人之阿比匿非，而目衆君子之同心爲朋黨，皆所謂「内恕己以量人」也。此章承上而言其所以被讒之故。

忽馳鶩以追逐兮〔一一〕，非余心之所急。二十六緝。老冉冉其將至兮，恐脩名之不立。二十六緝。

説文：「鶩，亂馳也。」吕向注：「冉冉，漸漸也。」震按：有好脩之實，乃所以立其名也，是以君子疾没世而名不稱焉。

朝飲木蘭之墜露兮，夕餐秋菊之落英。古讀若「央」。苟余情其信姱以練要兮，長顑頷亦何傷？十陽。

言飲餐皆以芳潔。菊，爾雅謂之治蘠，或謂之日精，或謂之節華。姱，美好也。練要，精練要約也。顑頷，飯不飽，面黃起行也，説文云。

擥木根以結茝兮，貫薜荔之落蕊。四紙。矯箘桂以紉蕙兮，索胡繩之纚纚。四紙。

言動用皆以芳潔。薜荔，蔓生，緣木石墻垣，大者謂之木蓮，小者謂之絡石。矯，舉也。一聲之轉。胡繩，蔓生布地，或謂之結縷。見相如賦。爾雅謂之傅，亦謂之横目。俗呼鼓箏草。補注于「索」字解云「草有根葉〔一二〕，可爲繩索」。集注乃以解胡繩，猶之謂江離生于江中，皆臆説也。胡繩，結縷之名，特以其蔓生爾。

謇吾法夫前脩兮，非世俗之所服。古讀若「匐」。雖不周于今之人兮，願依彭咸之遺則。二十五德。

曰羌、曰謇，皆辭助，蓋楚方言。别作「謇」，非。周，合也。王注：「彭咸，殷賢大夫，諫其君不聽，自投水而死。」未聞所出。劉向九歎「思彭咸之水遊」，顔師古云：「殷之介士，不得其志，投江而死，余謂屈子所法。」王説爲近。

第二段凡九章。先言其事君，次言其見妒，而終之以依彭咸遺則，自明其志如此。

長太息以掩涕兮〔一三〕，哀民生之多艱。轉讀如「姬」，方音。余雖好脩姱以鞿羈兮，謇朝誶而夕替。十二霽。

泛言民生多艱，所以自慨也。誶，告也。替，廢也。俗作「替」。言朝入告君而夕見廢。王注：「韁在口曰鞿。革絡頭曰羈。」

既替余以蕙纕兮，又申之以擥茝。齒。亦余心之所善兮，雖九死其猶未悔。十四賄。

言己之進于君者，雖屢擯而屢以是，不改其度也。王注以自結束言，誤。集注以楚放屈原，將遣而賜以蕙纕、擥茝爲説，則下二句不成語矣。　蕙纕、擥茝，喻所陳告之事。王注：「纕，佩帶也。」

怨靈脩之浩蕩兮〔一四〕，終不察夫民心。二十一侵。衆女嫉余之蛾眉兮，謡諑謂余以善淫。二十一侵。

言君所以信讒之故。浩蕩，廣博不專也。泛言不察民心，以喻君之不己察，而毁譖得行也。上章自明其心，此章怨君之不察。惜誦所謂「君可思而不可恃」也。王注謂「不察萬民善惡」，文選注謂「不察衆人悲苦」，皆非是。　諑，愬也。楚以南謂之諑，方言云。

固時俗之工巧兮〔一五〕，偭規矩而改錯。十一暮。背繩墨以追曲兮，競周容以爲度。十一暮。忳鬱邑余侘傺兮，吾獨窮困乎此時七之也。寧溘死以流亡兮，余不忍爲此態古讀若「鬀」也。鷙鳥之不羣兮，自前世而固然。二僊。何方圜之能周兮，夫孰異道而相安！二十五寒。屈心而抑志兮，忍尤而攘詬四十五厚。伏清白以死直兮，固前聖之所厚四十五厚。

已上言固知世俗工巧，余必不忍爲，蓋如鷙鳥不羣，方圜異道，故寧受一時之尤詬，而爲前聖所取也。溘，忽也。攘，受也。王注「言除去耻辱，誅讒佞之人」，集注「言攘卻之而不受于懷」，皆非是。王注：「偭，背也。」「侘傺，失志貌。」

第三段凡七章。反覆自慨，明信讒之故，而已必不隨流俗，以申前意也。

悔相道之不察兮〔一六〕，延佇乎吾將反。二十阮。迴朕車以復路兮，及行迷之未遠。二十阮。

前皆言爲世所尤，則固行迷之當悔者。此下猶言焉往而不得吾之好脩哉？何必遵迷途而不返也！王注、補注皆以迷誤欲去，悔而還返爲説，于前三段中則無根，于本節語意則倒亂，失其指矣。

步余馬于蘭皋兮，馳椒丘且焉止息。二十四職。進不入以離尤兮，退將復脩吾初服。富。

此承上章「迴車復路」而言也。鑒前之進而遭尤，今固可脩初服以退隱矣。王注「澤曲曰皋」。此二章即淵明歸田園之意，所謂「誤落塵網中，一去三十年。羈鳥戀舊林，池魚思故淵」是也。蘭皋、椒丘，即舊林、故淵之義。

製芰荷以爲衣兮，集芙蓉以爲裳。十陽。不吾知其亦已兮，苟余情其信芳。十陽。

言服退隱之服，但以自芳，不必求人知。菱，楚謂之芰，爾雅謂之蕨攈。俗呼菱角，説文「秦謂之薢茩」，王注同。本草「薢茩」別是一物。荷，爾雅謂之芙蕖，其秀謂之菡萏，其華謂之芙蓉。

高余冠之岌岌兮，長余佩之陸離。古讀若「羅」。芳與澤其雜糅兮，維昭質其猶未虧。古讀去何切。

此即涉江所云「余幼好此奇服兮，年既老而不衰」也，如是亦可昭其純粹之體未嘗虧損。維，辭也。通作唯、惟。王注謂「獨保明其身，無有虧歇」，非是。

忽反顧以遊目兮，將往觀乎四荒。十一唐。佩繽紛其繁飾兮，芳菲菲其彌章。十陽。而將反顧，謂自視也。往觀四荒，猶言無往不自得也。以佩之芬芳，隱而彌著，故自視。而將往，即後遠逝之意。王注謂「往求賢君」，文選注謂「以求知己」，補注謂「浮海居夷之意」，集注謂「猶未能頓忘此世」，皆失其指。

民生各有所樂兮〔一七〕，余獨好脩以爲常。十陽。雖體解吾猶未變兮，豈余心之可懲！轉讀如「長」，方音。

進而事君，退而隱遁，皆以好脩爲常。雖獲罪而死，不懲創于心，明其志之決也。

第四段凡六章。設爲退隱之計，言事君雖不得，而好脩必不可變，亦以申前意。

女嬃之嬋媛兮〔一八〕，申申其詈余。九魚。曰：鯀婞直以亡身兮，終然殀乎羽之野。古讀若「墅」。

說文：賈侍中說「楚人謂姊爲嬃」。賈逵有離騷章句，其書亡。震按：以鯀婞直爲喻，亦猶忠臣去國不絜其名，厚之至也。惜誦云「行婞直而不豫兮，鯀功用而不就」，亦以自比。羽山，在禹貢青州之域。齊乘：「九目山東北二十里有龍山，又北即羽山。」今在登州府蓬萊縣東南三十里，此非徐州之羽山。左傳杜注及閻百詩四書釋地皆以爲祝其縣羽山，非是。

女何博謇而好脩兮〔一九〕，紛獨有此姱節。轉讀如「則」，方音。薋菉葹以盈室兮，判獨離而不服。匐。

博蹇，謂博古而有蹇蹇之行。 蕢，爾雅謂之蒺藜。 菉，爾雅謂之王芻，或謂之藎草，見本草。 或謂之莀莎，染黃草也。 又名菉蓐，俗呼鴟脚莎。 葹，周南謂之卷耳，爾雅謂之苓耳，或謂之枲耳。 見本草。 又名蒼耳。 雒下謂之胡枲，江東謂之常枲，俗呼常思菜。 即常枲聲之譌。

衆不可户説兮，孰云察余之中情？ 十四清。 世並舉而好朋兮，夫何煢獨而不余聽！ 十五青。

「察余」之「余」，余屈原也。「余聽」之「余」，女嬃自余也。 已上女嬃之言，凡三章。 舊説以此章爲屈子之言者，非是。

依前聖以節中兮〔二〇〕，喟憑心而歷茲。 七之。 濟沅湘以南征兮，就重華而陳辭。 七之。

此下陳辭，以自明其所得之中正。 歷茲，猶言至此也。 沅水出牂柯，故且蘭。 今湖廣靖州西南蕃界。 湘水出零陵始安陽朔山。 今在廣西桂林府興安縣南九十里。 同注洞庭，而北會于江。

啓九辯與九歌兮，夏康娱以自縱。 三用。 不顧難以圖後兮，五子用失乎家巷。 古讀若「哄」。

張銑注：「啓，開也。」震按：九辯、九歌，即虞書之九叙、九歌也。 康娱，安樂也。 舊説以「夏康」句絶，爲太康，于文不可通，篇内「康娱」字凡三見。 禹嘗以九叙、九歌陳于舜，則舜、禹開治道之盛在此。 當夏之子孫繼此未遠，即康娱自縱亂之。 治亂之故，如是昭然也。 王注猶以九辯、九歌爲禹樂，但「啓」字，「夏康」字，因文偶誤。 補注據山海經則謬妄之説。

羿淫遊以佚田兮，又好射夫封狐。 十一模。 固亂流其鮮終兮，浞又貪夫厥家。 古讀如「姑」。

澆身被服强圉兮，縱欲而不忍。十六軫。日康娛以自忘兮，厥首用夫顛隕。十六軫。

二章言夏之衰而爲亂自滅亡者。事見左傳襄四年及哀元年。封狐，猶言封豕封豨。封，大也。莊子作「豐狐」。

夏桀之常違兮，乃遂焉而逢殃。十陽。后辛之菹醢兮，殷宗用之不長。十陽。

言夏、殷之亡。淮南子：「醢鬼侯之女，菹梅伯之骸。」

湯禹儼而祗敬兮，周論道而莫差。古讀若「磋」。舉賢才而授能兮，循繩墨而不頗。八戈。皇天無私阿兮，覽民德焉錯輔。九麌。維聖哲之茂行兮，苟得用此下土。十姥。

二章言三代之興，能脩身以得人也。

瞻前而顧後兮，相觀民之計極。二十四職。夫孰非義而可用兮，孰非善而可服？匐。阽余身而危死兮，覽余初其猶未悔。十四賄。不量鑿而正枘兮，固前脩以菹醢。十五海。

二章言人情計變所極，已周詳審視，知其未有踰乎義與善而可行者，故雖危死不悔。猶之不量其鑿而徒正枘以納之，固前脩所以至菹醢者也。說文：「阽，壁危也。」漢書注：「阽，近邊欲墮之意。」

增歔欷余鬱邑兮〔二二〕，哀朕時之不當。十一唐。攬茹蕙以掩涕兮，霑余襟之浪浪。十一唐。

言己不當盛世，惟太息流涕，無如何也。茹，柔也。見玉篇王注：「茹，柔耎也。」衣前曰襟，旁曰衽。下章王注「衽，衣前也」，非是。

第五段凡十三章。借女嬃之言而因之陳辭，言熟觀古今治亂，得其中正之道如是，此所以與世不合，己亦不改也。申前未盡之義。

跪敷衽以陳辭兮，耿吾既得此中正。四十五勁。駟玉虬以乘鷖兮，溘埃風余上征〔一二〕。十四清。

言已上陳辭，己所得之中正，既耿然明矣，不能自已，而古先哲王之神明在天，欲上征以求見之也。説文：「虬，龍子有角者。」王注：「有角曰龍，無角曰虬。鷖，鳳皇别名也。」此等皆不必深求。

朝發軔于蒼梧兮，夕余至乎縣圃。十姥。欲少留此靈瑣兮，日忽忽其將暮〔一三〕。十一暮。

吾令羲和弭節兮，望淹兹而勿迫。古讀若「博」。路曼曼其脩遠兮，吾將下下而求索。十九鐸。

軔，礙輪木也。蒼梧，南越之地，漢爲郡。今廣西梧州、樂平、尋州三府分有其地。瑣，漢書之「琅當」也。縣圃，亦作「玄圃」，又爲「平圃」，在崑崙之虚。見穆天子傳、山海經、淮南子等書。弭，止也。弭節，謂止其行節。日御謂之羲和。淹兹，亦作「崦嵫」，淮南子「日入崦嵫」，二字取暗昧意，以爲日所出入。上下，猶曰登降也。

飲余馬于咸池兮，總余轡乎扶桑。十一唐。折若木以拂日兮，聊須臾以相羊。十陽。

天官書：「西宫咸池，曰天五潢。」扶桑在東，若木在西。見淮南墬形訓及山海經等書。

前望舒使先驅兮，後飛廉使奔屬。三燭。鸞皇爲余前戒兮，雷師告余以未具。十遇。鸞，鳳之次。皇，雌鳳。月御謂之望舒。風伯謂之飛廉。見呂氏春秋、淮南子。補注「一曰雷師，豐隆也」，本淮南子注及張衡思玄賦。集注從之。至思美人篇又爲雲師，此等皆不必深求。據屈賦，則當以豐隆爲雲師，不應兩其說也。

吾令鳳鳥飛騰兮，繼之以日夜。古讀若「豫」。飄風屯其相離兮，率雲霓而來御〔二四〕。九御。鳳鳥，爾雅謂之鶠。說文「飄，回風也」。震按：飄風、雲霓以喻阻隔之者。

紛總總其離合兮，斑陸離其上下。古讀若「户」。吾令帝閽開關兮，倚閶闔而望余。九魚。言不得前也。說文：「閽，常以昏閉門隸也」；「關，以木横持門户也」。楚人名門曰閶闔。

時曖曖其將罷兮，結幽蘭而延佇。八語。世溷濁而不分兮，好蔽美而嫉妒〔二五〕。十一暮。延佇，遲延止望也。

第六段凡八章。託言欲往見古先哲王之在天者以自廣，中道而爲飄風、雲霓所隔，進而不遂，因以歎溷濁之世。大抵如是。爲上官大夫輩嫉己而言也。後云「哲王又不寤」，可爲此段欲見哲王之證。王注以求賢說，集注以求君說，皆失其指。

朝吾將濟于白水兮，登閬風而緤馬。古讀若「姥」。忽反顧以流涕兮，哀高丘之無女〔二六〕。

八語。

言回顧楚國，哀其無女，以起下求淑女之意。臣之于君，猶女之于夫也。故篇内多託爲女子之言。如「衆女嫉余之蛾眉兮，謠諑謂余以善淫」。此更求淑女者，思其同類也。高丘，猶高山也。王注「楚有高丘之山」，又云舊説「高丘，楚地名也」。此皆近之。王又引或云「高丘，閬風山上也」。吕向云「女，神女」。集注兩從其誤説。閬風，淮南子作「涼風」，在崑崙之虚。白水，即河源。爾雅「河出崑崙虚，色白」，是也。此等不必深求。

溘吾遊此春宫兮，折瓊枝以繼佩。十八隊。及榮華之未落兮，相下女之可詒〔二七〕。七之。

王注：「春宫，東方青帝舍也。」集注：「下女，侍女也。」以「下女」爲「侍女」，九歌可證。但集注云「神之侍女」，則非也。此指下文所求淑女之侍女爾。此句起下三小段之總辭也。補注「下女，喻賢人之在下者」，非是。震按：瓊，本玉色之精美，故凡言精美如玉者，皆以瓊稱之。篇内瓊枝、瓊茅、瓊佩、瓊靡；九歌之瓊芳、瓊華，並此義。榮華未落以喻顔色，自託爲女子之言也。詒其侍女，令通己之志于淑女也。

吾令豐隆乘雲兮，求虙妃之所在。泚。解佩纕以結言兮，吾令蹇脩以爲理。六止。

虙妃之所在，謂産虙妃之地，今或更産淑女也。舊説皆以爲即求虙妃，而王注謂喻隱士。集注謂喻賢君。皆非是。補注引洛神賦解虙妃，不足據。蹇脩，媒之美稱。蹇蹇而脩治，則不阿曲可知。王注「虙犧氏之臣」，集注「人名」，皆非是。理，爲主媒者也。

紛總總其離合兮〔二八〕，忽緯繣其難遷。二僊。夕歸次于窮石兮，朝濯髮於洧盤。二十六桓。言求之不得也。緯繣，結礙也。窮石，弱水所出，説文謂之屼山，十六國春秋謂之蘭門山，隋志謂之祀山。祀，即「屼」之轉易。近志謂之祁連山，漢張掖刪丹西南山也。括地志「在刪丹縣西南七十里」，今陝西行都司東，吐谷渾界，此非后羿所遷之窮石。補注誤。集注亦誤從之。洧盤，王注引禹大傳曰「洧盤之水，出崦嵫之山」，此亦不必深求者。但以「夕歸次于窮石」二句指虙妃説，則謬。此屈子自言其往來。

保厥美以驕傲兮，日康娱以淫遊。十八尤。雖信美而無禮兮，來違棄而改求。十八尤。又言今之所求者，或未能如虙妃之崇禮敬也。蓋中道徘徊之辭。舊説皆言虙妃驕傲無禮，大謬〔二九〕。

覽相觀于四極兮〔三〇〕，周流乎天余乃下。户。望瑶臺之偃蹇兮，見有娀之佚女。八語。謂欲于産簡狄之處求之，有娀，當在禹貢冀州。史記「桀敗于有娀之虚」，漢河東蒲坂即其地。今山西平陽府蒲州。補注引淮南子曰「有娀在不周之北」，此雜學之言，不足爲據。佚女，猶言静女也。吕氏春秋及淮南子之説，不足據。

吾令鴆爲媒兮〔三一〕，鴆告余以不好。古讀若「朽」。雄鳩之鳴逝兮，余猶惡其佻巧。古讀若「舅」之濁聲。

言亦求之不得也。以鴆、鳩喻所遇皆讒佞小人。鴆，紫黑色，食蝮，以羽畫酒殺人，故曰酖毒。雄曰運日，雌曰陰諧。雄鳩，謂食桑葚之鳩，似山鵲而短尾、多聲。小雅謂之鳴鳩，左傳謂之鶻鳩，爾雅謂之鶻鵃，或謂之鷽鳩。見莊子。

心猶豫而狐疑兮，欲自適而不可。三十三賀。鳳皇既受詒兮，恐高辛之先我。三十三賀。

鳩鳩不足徵信，自適則又非禮，故更詒鳳皇，庶幾可得之。然恐高辛之事已往，嘉遇不可再。蓋賢人不世出，高辛先我而得簡狄，今未必更有如簡狄者也。此章亦中道徘徊之辭。王注以所求即簡狄，非也。集注云：「鳳皇又已受高辛之遺而來求之，故恐簡狄先爲嚳所得也。」如此説，侮褻賢妃矣。

欲遠集而無所止兮〔三二〕，聊浮游以逍遥。四宵。及少康之未家兮，留有虞之二姚。四宵。

謂欲于産二姚之處求之，方少康未家之時，若留此有虞之二姚以待之者，故思之而欲往。有虞，在禹貢豫州，漢梁國有虞邑，即其地。今河南歸德府虞城縣。虞思妻少康事，見左傳哀元年。王注云：「幸若少康留止有虞，而得二妃以成顯功，是不欲遠去之意也。」集注云：「言既失簡狄，欲適遠方又無所向，故願及少康未娶于有虞之時，留此二姚也。」皆非是。

理弱而媒拙兮，恐道言之不固。十一暮。世溷濁而嫉賢兮〔三三〕，好蔽美而稱惡。去聲，十一暮。

爲理者弱而不能主，爲媒者拙而無善辭，亦恐如前不可求也。文選注：「又恐道理弱于少康。」集注從之，非是。

第七段凡十章。託言欲求淑女以自廣，故歷往賢妃所産之地，冀或一遇于今日，而無良媒以通己志，因言世之溷濁，無所往而可者。思古賢妃，哀楚無女，亦以譏當時如鄭袖也。

一姥。

閨中既邃遠兮〔三四〕，哲王又不寤。十一暮。懷朕情而不發兮，余焉能忍而與此終古〔三五〕。

此章承上起下之辭。言欲求淑女，則閨中深遠，欲見古哲王，則哲王不知，安能與溷濁之世久居乎？是以思遠逝以發其情也。爾雅：「宫中之門謂之闈，其小者謂之閨。」周禮注云：「齊人之言終古，猶言常也。」王注以「不寤」爲不能覺悟善惡之情。非是。

索藑茅以筳篿兮〔三六〕，命靈氛爲余占之，曰兩美其必合兮，孰信脩而慕之。以兩「之」字自爲應。

上既言欲遠逝之意，此更設爲命占之辭卜其行也。兩「曰」字，舊説皆爲靈氛言，贅複非是。以，猶與也。一聲之轉。小斷竹謂之筳。莊子「舉筳與楹」，漢書「以筳撞鐘」。靈氛，謂善望氣氛，以爲卜師之稱也。兩美必合，亦託爲女子之言。信脩，信能好脩，與己同德者也。藑茅，義見前。揚雄謂藑茅三脊，不必從。補注以爲爾雅「葍，藑茅」，非是。王注：「結草折竹卜曰篿。」

思九州之博大兮，豈惟是其有女？八語。曰勉遠逝而無疑兮，孰求美而釋女汝？八語。

上章言兩美必合，理之常也，苟同德相慕，孰爲信脩而慕己之美者乎？此章更言九州之廣，何地無賢，欲以卜其往而有所遇否也。下言「曰」者，靈氛之告以吉占也。

何所獨無芳草兮，爾何懷乎故宇？九麌。世幽昧以眩曜兮，孰云察余之善惡！去聲。

言使九疑之神迎天之百神。皇，美也。揚靈，謂巫咸揚其靈以通于百神。凡精神所通曰靈。

九疑山，在漢零陵蒼梧之間。今桂林府，即漢零陵地。文穎云〔三七〕：「九疑山，半在蒼梧，半在零陵。」

吉故。十一暮。

百神翳其備降兮，九疑繽其並迓。古讀若「御」，或譌作迎，因九歌文誤。皇剡剡其揚靈兮，告余以

補注引山海經説巫咸，非是。

巫咸，殷之傳天數者。王注：「糈，精米。」補注：「孟康曰：椒糈，以椒香米饊也。」

欲縱靈氛之吉占兮，心猶豫而狐疑。七之。巫咸將夕降兮，懷椒糈而要之。七之。

第八段凡六章。命靈氛爲卜其行，而因念世之棄賢如此。

注：「幃謂之幐。幐，香囊也。」補注：「蘇，猶索也。」一聲之轉。

言草木且不知，更欲望其辨美玉，豈能當此任乎？王注引相玉書言「珵大六寸，其耀自照」。王

覽察草木其猶未得兮，豈珵美之能當？十一唐。蘇糞壤以充幃兮，謂申椒其不芳。十陽。

艾，爾雅謂之冰臺。又名醫草。王注云「白蒿也」，非是。

民好惡其不同兮，惟此黨人其獨異！七志。户服艾以盈要兮，謂幽蘭其不可佩。十八隊。

王注謂答靈氛，集注謂雖往而亦將無所合，皆非是。

靈氛勸以無懷故宇，屈子乃自念處此濁世，無有知己者。此下概言世之棄賢，而黨人之好惡尤異。

靈。靈氛之吉占，本問之於神而得者，此則復因巫咸致百神，而告以吉之故也。

曰勉陞降以上下兮，求矩矱之所同。一東。湯禹儼而求合兮，摯咎繇而能調。三蕭。此非韻。江先生曰：此似因詩「決拾既佽」章調、同二字而誤〔三八〕，詩本以首尾句爲韻，而中間二句非韻，古人讀書亦未必無偶誤也。

苟中情其好脩兮，又何必用夫行媒！十五灰。説操築于傅巖兮，武丁用而不疑。七之。

吕望之鼓刀兮，遭周文而得舉。八語。甯戚之謳歌兮，齊桓聞以該輔。九麌。

已上巫咸致百神之言，凡三章，以證當遠逝之故。伯夷之歌曰：「神農、虞、夏，忽焉没兮，我安適歸矣？」屈子之上述湯、禹，下逮齊桓，託言之指，亦猶伯夷歎神農、虞、夏之没也。其曰「遠逝」曰「陞降上下」，皆安所適歸之辭也。傅巖在虞、虢之間。今平陸縣東三十五里，俗呼聖人窟。説操築時所居。尸子、墨子皆謂傅巖在北海之洲。非是。甯戚宿齊東門外，擊牛角而商歌，其辭曰：「南山矸，白石爛。生不遭堯與舜禪，短布單衣適至骭。從昏飯牛薄夜半，長夜漫漫何時旦？」桓公夜出，聞而異之。三齊記載此歌，似非後人所能作者，其事詳淮南道應訓。戰國時言伊、吕事者，文多不雅馴，不足徵引。

及年歲之未晏兮，時亦猶其未央。十陽。恐鵜鴂之先鳴兮，使夫百草爲之不芳。十陽。

此章自念及時當去，下七章皆反覆以明其不可不去。文選注及補注皆以「勉陞降」二句爲巫咸言，湯、禹已下皆爲屈子語，集注以此章已上皆爲巫咸之言。余謂巫咸言本申明吉占之故，「陞降上下」，即前所云「遠逝」也。「求合」與「求美」辭意皆同，中情好脩，何用行媒，即兩美必合，信脩而慕之義。彼問辭，此斷辭也。自湯、禹至齊桓，以證「矩矱所同」句也。但告以吉故便已，下必有勸行語。鵜鴂，即夏小正之五月「鴂則鳴」，豳之「七月鳴鵙」也。鄭箋：「豳地晚寒，鳥物之候從其氣焉。」左傳謂之伯趙，爾雅謂之伯勞，夏小正傳謂之伯鷯，禮注謂之博勞。鴂、鵙一字。鵜鴂，揚雄反騷作「鷤搗」，張衡思玄賦作「鶗鴂」，字形相禪爾。伯勞以夏至鳴，應陰氣之動，衆芳將萎謝也。王逸曰：「鵜鴂，一名買鵤，常以春分鳴。」非是。買鵤乃子規，徐廣注：「史記云秭鴂，一名鷤搗。」顏師古注漢書云：「鷤搗，一名買鵤，一名子規，一名杜鵑。」皆以二物相溷。據史記「百草奮興，秭鴂先滜」，「奮興」與「不芳」義正相反。廣韻又與「寧鴂」之名溷，皆考古不審，徒以名相冒。

何瓊佩之偃蹇兮，衆薆然而蔽十三祭之。惟此黨人之不諒兮，恐嫉妒而折十七薛之。

時繽紛以變易兮，又何可以淹留？十八尤。蘭芷變而不芳兮，荃蕙化而爲茅。古讀若「牟」。

何昔日之芳草兮，今直爲此蕭艾十四泰也？豈其有他故兮，莫好脩之害十四泰也〔三九〕？

余以蘭爲可恃兮，羌無實而容長。十陽。委厥美以從俗兮，苟得列乎衆芳。十陽。

椒專佞以慢慆兮，樧又欲充夫佩幃。八微。既干進而務入兮，又何芳之能祗？五支。

固時俗之流從兮，又孰能無變化？貨平聲。覽椒蘭其若兹兮，又況藒車與江離！羅。

惟兹佩之可貴兮，委厥美而歷兹。七之。芳菲菲而難虧兮，芬至今猶未沬。十四泰。

瓊佩難虧，以自喻。衆芳變化，以喻人。蓋屈子之自信，所謂「余獨好脩以爲常」也。篇内反覆自明在此。荃，或謂之白昌，昌蒲之無劍脊者。亦作「蓀」，俗呼「溪蓀」。蕭，爾雅謂之萩，禮注謂之薌蒿。樧，内則謂之藙，廣雅謂之欓。俗呼欓子。亦謂之茱萸，亦謂之越椒。委厥美以從俗，言自棄其美。委厥美而歷兹，則人棄其美，所謂衆薆然蔽之也。王注、補注及文選注皆以子蘭、子椒爲説，朱子已辨其非。

第九段凡十三章。巫咸告以吉故，而復審之于己，言不獨世棄賢，賢者亦往往因之自棄，惟己則不可變也。

和調度以自娱兮，聊浮游而求女。八語。及余飾之方壯兮，周流觀乎上下。户。靈氛既告余以吉占兮，歷吉日乎吾將行。古讀若「航」。折瓊枝以爲羞兮，精瓊爢以爲粻。十陽。爲余駕飛龍兮，雜瑶象以爲車。古讀若「居」。何離心之可同兮，吾將遠逝以自疏〔四〇〕。九魚。上三章言從靈氛所云遠逝之意，下六章乃言其行之所至也。託之求女，皆承前求淑女未遂爲辭，不忍言絶君以去也。爢，糝也。「糜」同。舊説以爲「玉屑」，非是。瑶，玉之次。以爲美玉者，非。象，象齒。

邅吾道夫崑崙兮，路脩遠以周流。十八尤。揚雲霓之晻藹兮，鳴玉鸞之啾啾。十八尤。朝發軔于天津兮，夕余至乎西極。二十四職。鳳皇翼其承旂兮，高翺翔之翼翼。二十四職。

忽吾行此流沙兮，遵赤水而容與。八語。麾蛟龍使梁津兮，詔西皇使涉余。九魚。路脩遠以多艱兮，騰衆車使徑持〔四一〕。六脂。路不周以左轉兮，指西海以爲期。七之。屯余車其千乘兮，齊玉軑而並馳。古讀若「酡」。駕八龍之婉婉兮，載雲旗之委移。古音弋多切。抑志而弭節兮，神高馳之邈邈。四覺。奏九歌而舞韶兮，聊假日以偷樂。十九鐸。戰國時言僊者皆託之崑崙，故多怪異不經之説，篇内特借以爲寓言，不必深求也。赤水出崑崙東北陬，不周山在崑崙西北，見穆天子傳、山海經、淮南子等書。凡此等，但存其略，非如制度名物有關經學者也。天津，天潢也。九星，在虚危北。流沙，在漢燉煌西。嘉峪關外，廢沙州衛地。西皇，據月令帝少皞也。軑，輨也。南楚謂之軑，關之東西謂之輨，即轂端錔。齊玉軑，謂齊轂而馳。王注：「軑，錮也。一曰車轄也。」古人輨、轄多並稱，輨在轂，轄在軸，當辨。補注引方言「輪，韓、楚之間謂之軑」，亦非是。陟陞皇之赫戲兮，忽臨睨夫舊鄉。十陽。僕夫悲余馬懷兮，蜷局顧而不行〔四二〕。航。皇，皇天也。

第十段凡十章。託于遠逝，而終之以睠顧楚國焉。

亂曰：已矣哉，國無人莫我知兮，又何懷乎故都！十一模。既莫足與爲美政兮，吾將從彭咸之所居。九魚。

繫以亂章，以明辭指所歸。補注：「國語云『其輯之亂』。輯，成也。凡作篇章既成，撮其大要以爲亂辭也。」

校注

〔一〕「紛吾」句上　原眉批云：「『重之以脩能』、『好脩以爲常』，是一篇之主。」

〔二〕駝　洪興祖楚辭補注云：「駝，即馳字。」按：初稿中「馳」皆作「駝」，定稿悉改爲「馳」。

〔三〕「昔三后」句上　原眉批云：「提出此義以明己之所學，亦見今之不然。」

〔四〕「惟黨人」句上　原眉批云：「君之疏己皆由黨人，故先入黨人，通篇反覆言此，不敢懟君也。」

〔五〕「忽奔走」句上　原眉批云：「説到君便住。若因黨人帶出，又祇云『信讒』，立言婉曲之至。」

〔六〕「余固知」句上　原眉批云：「此段即承上末句起。」

〔七〕「初既」句上　原眉批云：「補叙。」

〔八〕藒　定稿改作「揭」，與洪本、朱本同。

〔九〕顔師古　「師」原誤作「思」，徑改。

〔一〇〕「衆皆競進」句上　原眉批云：「讒之所以興。」

〔一一〕「忽馳騖」句上　原眉批云：「轉出己之『脩名』。」

〔一二〕根葉　洪本作「莖葉」，當據正。

〔一三〕「長太息」句上　原眉批云：「前段已説依彭咸，更無可接矣。故此以反覆自歎起。」

〔一四〕「怨靈脩」句上　原眉批云：「君之所以信讒。」

〔一五〕「固時俗」句上　原眉批云：「轉出己之不變。」

〔一六〕「悔相道」句上　原眉批云：「此段更轉出一層，上兩段申明首段『信讒』二字，皆言其進，此則言其退。」

〔一七〕「民生」句上　原眉批云：「前急于脩名與不變其操兩層，皆歸于好脩以爲常也。」

〔一八〕「女嬃」句上　原眉批云：「此段設波瀾起。」

〔一九〕蹇　定稿正文及注皆作「謇」，此從文選作「蹇」。朱熹云：「一作蹇，非是。」

〔二〇〕「依前聖」句上　原眉批云：「接出己之所學所以與黨人異。」

〔二一〕「增歔欷」句上　原眉批云：「如此虛住，即所以起下。」

〔二二〕「溘埃風」句上　原眉批云：「此句總領兩段。」

〔二三〕「忽忽」句上　原眉批云：「頓挫。」

〔二四〕「雲霓」句上　原眉批云：「折轉。」

〔二五〕「好蔽美」句上　原眉批云：「以寫寓言起，以正意收。」

〔二六〕「哀高丘」句上　原眉批云：「轉出求女。」

〔二七〕「相下女」句上　原眉批云：「此句總下三小段。」

〔二八〕「紛總總」句上　原眉批云：「折轉。」

〔二九〕「舊説皆言虙妃驕傲無禮，大謬」　定稿中戴氏改爲「言所遇者，大致驕敖淫遊，不崇禮敬」，與舊説同。

〔三〇〕「覽相觀」句上　原眉批云：「又起。」

〔三一〕「吾令」句上　原眉批云：「折轉。」

〔三二〕「欲遠集」句上　原眉批云：「又起。」

〔三三〕「世溷」句上　原眉批云：「以二句當前兩章。亦正意收。」

〔三四〕「閨中」句上　原眉批云：「双頂前兩大段。」

〔三五〕「余焉能」句上　原眉批云：「總起下三大段。」

〔三六〕「索瓊茅」句上　原眉批云：「借靈氛、巫咸爲遠逝作頓挫。」

〔三七〕穎　原誤作「潁」，徑改。

〔三八〕佽　原誤作「次」，據詩車攻改。

〔三九〕「莫好脩」句上　原眉批云：「回顧好脩。此段皆申明『余獨好脩以爲常』句也。」

〔四〇〕「將遠逝」句上　原眉批云：「前兩段頓挫，逼出此句。」

〔四一〕徑持　定稿從洪本、朱本作「徑待」。洪云「一作侍」，朱云「一作持」，此從朱一本。方苞云：「周官旅賁氏『車止則持輪』。」（離騷正義）

〔四二〕「蜷局顧」句上　原眉批云：「一折轉便住，情辭痛絶，更不能着一語。」

屈原賦注初稿卷二

九　歌

九歌，遷于江南所作也。凡十有一篇，謂之九歌者，不以其數也。昭誠敬，作東皇太一。懷幽思，作雲中君。皆以喻事君精忠也。致怨慕，作湘君、湘夫人，以己之棄于人世，猶巫之致神而神不顧也。正于天，作大司命、少司命，皆言神之正直，而惓惓欲親之也。懷王入秦不反，而頃襄繼世，作東君，末言狼弧，秦之占星也，報秦非頃襄所能，以待能者。從河伯水遊，作河伯。與魑魅爲羣，作山鬼。閔戰争之不已，作國殤。恐常祀之或絶，作禮魂。

吉日兮辰良，十陽。穆將愉兮上皇。十一唐。撫長劍兮玉珥，璆鏘鳴兮琳琅。十一唐。

言卜日齋肅劍佩以禮神也。日，甲至癸也〔一〕。辰，子至亥也。穆，猶穆穆，敬也。珥，飾劍鐔也。璆鏘，玉聲。集注引史記「玉聲璆然」。補注引禮「玉鏘鳴」，是也。琳，即禹貢「球琳」，美玉。琅，即琅玕；或謂之珠樹；或謂之碧樹。又名青珠。其赤者謂之珊瑚；

或謂之火樹。

瑶席兮玉瑱，盍將把兮瓊芳。十陽。蕙肴蒸兮蘭藉，奠桂酒兮椒漿。十陽。揚枹兮拊鼓，疏緩節兮安歌，陳竽瑟兮浩倡。十陽。

肴蒸，禮之折俎也。骨折謂之肴，俎實曰蒸。亦作「脀」。藉，如易「藉用白茅」之藉。漿，禮注謂之「截漿」，酢漿也。鼓杖謂之枹。竽，管樂。瑟，弦樂。

靈偃蹇兮姣服〔二〕，芳菲菲兮滿堂。十一唐。五音紛兮繁會，君欣欣兮樂康。十一唐。

上章陳所以享神者，此章則言神降于巫，而享其芬香音樂，欣然以豫也。方言：「凡好而輕者，謂之姣。」

東皇太一凡三章，一韻。

天官書：中宫天極星，其一明者，太一常居也。吕向注：「祀在楚東，故曰東皇。」震按：古未有祀太一者，以太一爲神名，特起于周末，至漢武帝時，因方士之言，亳人謬忌奏。立其祠長安東南郊。即甘泉、泰畤。唐、宋祀之尤重。唐謂之太清紫極宫，宋謂之太一宫，太宗建東太一于東南郊，仁宗建西太一于西南郊，神宗建西太一于集福宫。蓋自戰國之時即奉以爲祈福之神，其祀甚隆，故屈子就當時祀典賦之，非祠神所歌也。舊説謂九歌之作，因巫所歌而更其辭，或又謂屈子所自祭，皆非也。巫所常歌，不應有通篇言神不來者；屈子自祭，不應有通篇言往遊，不及祭之一語者。魯論曰：「非其鬼而祭之，諂也。」則以爲屈子所自祭，尤屬大謬。

浴蘭湯兮沐芳。一陽。華采衣兮若英。古讀若央。靈連蜷兮既留，爛昭昭兮未央。十陽。

言巫之潔以致神，故神留之，光爛未已。舊説以「芳」爲芳香，白芷之名；以「若」爲杜若，皆不必從。

蹇將憺乎壽宮，與日月兮齊光。十二唐。龍駕兮帝服，聊翺遊兮周章。十陽。上二章一韻。

張銑注：「壽宮，祠神所也。」補注：「漢武帝置壽宮神君。臣瓚曰：壽宮，奉祠之宮〔三〕。」神既安樂，德又光明，乃與日月齊也。」震按：帝服，謂所服皆帝者之飾。周章，周流章布也。

此章言欲神安于壽宮，而神乃翺遊將去。

靈皇皇兮既降，洪。猋遠舉兮雲中〔四〕。一東。覽冀州兮有餘，横四海兮焉窮。一東。思夫君兮太息，極勞心兮忡忡。二冬。

言神之既降，人固得睹其美矣，忽猋然遠舉，極中國四海，皆在其覽觀横被之中，令人思之彌勞也。冀州，古帝都，因以爲王畿之通號。穀梁傳：「鄭同姓國也，在乎冀州。」又以爲中土之通號。淮南墬形訓：「正中冀州曰中土。」路史：「中國總謂之冀州。」此冀州以中土言。

雲中君凡三章。前二章一韻，後一章一韻。謂雲神也。周禮大宗伯「以槱燎祀飌師、雨師」，而不及雲師，意戰國時有增入祀典者，故屈子得舉其事賦之。漢以丙戌日祀風師于戌地，以己丑日祀雨師子丑地。唐始加雷師，與雨師同壇。始于天寶五年。宋兆風師于西郊，祠以立春後丑日。兆雨師于北郊，祠以立夏後申日，以雷師從雨師之位。至明更加雲師，同祭于山川壇。後代祀典，祭雷師始于唐，祭雲師始于明也。

君不行兮夷猶，十八尤。蹇誰留兮中洲。十八尤。美要眇兮宜脩，十八尤。沛吾乘兮桂舟，十八尤。令沅湘兮無波，使江水兮安流。十八尤。望夫君兮未來〔五〕，古讀若「釐」。吹參差兮誰思！七之。上六句一韻，下二句一韻。

古以巫致神，周禮有男巫、女巫，祭陽神以一男巫爲尸，祭陰神以一女巫爲尸，其餘皆令歌舞。湘君、湘夫人皆陰神，當用女巫。二歌不陳享神之物及主祭者之辭，以神不來，但使巫求之也。集注謂「以男主事陰神之辭」，非是。此章託爲巫與神期約，而候之不至，故曰湘君猶豫不行，爲誰留于中洲乎？我脩飾美好，乘舟往迎，則願無波濤之險。且行且望，以君之未來，吹參差思之，當復誰思也？參差，舜所作洞簫，風俗通云：「其形參差，象鳳之翼。」王注以「美要眇」句爲指二女，補注以「吹參差」爲思舜，非是。

駕飛龍兮北征，十四清。邅吾道兮洞庭。十五青。薜荔拍兮蕙綢，荃橈兮蘭旌。十四清。望涔陽兮極浦，橫大江兮揚靈。十五青。

飛龍，舟名也。猶冠名切雲，珠名明月。自沅、湘以望涔陽，故曰北征。洞庭在其中，道所邅回也。洞庭，禹貢所謂九江，春秋傳所謂江南之夢，戰國策所謂五渚，湘、資、沅、微、澧，五水所會。韓非子所謂五湖。又名三湖，又名重湖，又名巴丘湖。湖之南曰青草湖，北曰赤沙湖，或連或分言之。涔水，即岷江之南派，會澧水注洞庭。禹時南派盛大，爲江之經流，故禹貢曰「又東至于澧，過九江，至于東陵」。戰國時，則南流如帶，謂之涔水。而謂北派爲大江。此縣涔陽横大江是也。凡水之北曰陽。今荆州府公安縣有涔陽鎮。拍，所以縣櫂，方言謂之緝。郭璞云「繫櫂頭索也」。綢，韜也。小楫謂之橈，或謂之榜見涉江。其大者謂之櫂。釋名又謂之札。旌，周禮「析羽爲旌」是也。大水有小口别通曰浦。見風土記。揚靈，謂揚己之靈，欲以通于神也。此章承上往迎神而言。

揚靈兮未極〔六〕，二十四職。女嬋媛兮爲余太息。二十四職。横流涕兮潺湲，隱思君兮陫側。二十四職。

女，謂下女。此章言揚己之神，未至神所，怳若神之侍女爲己太息。于是涕潺湲下，悲痛鬱傷也。「女嬋媛」句與湘夫人篇「聞佳人兮召余」，同一怳惚之辭。王注以爲「女嬃」，集注以爲「旁觀之人」，皆非是。

桂櫂兮蘭枻，十七薛。斲冰兮積雪。十七薛。采薜荔兮水中，搴芙蓉兮木末。十三末。心不同兮媒勞，恩不甚兮輕絶。十七薛。

手持水櫂曰枻。斲冰積雪，王注謂「舉其櫂楫，斲斫冰凍，紛然如積雪也」。

石瀨兮淺淺。二十八獮。飛龍兮翩翩。二僊。交不忠兮怨長，期不信兮告余以不閒。二十八山。

瀨，水流沙上也。水淺則龍不居，情薄則望不至。

鼂騁騖兮江皋〔七〕，夕弭節兮北渚，八語。鳥次兮屋上，水周兮堂下。戶。此章與下章一韻。

小洲曰渚。北渚，洞庭之北，南史之三湘浦也。上三章皆怨望之辭，此章承前「横大江」言之，故曰「騁騖江皋」也。終朝往求，至夕而止于北渚，但見鳥與水而已，皆因神不來而賦其事。

捐余玦兮江中，遺余佩兮澧浦。十姥。采芳洲兮杜若，將以遺兮下女。八語。時不可兮再得，聊逍遥兮容與。八語。

判環謂之玦〔八〕。澧水出武陵充邑歷山，至下雋入沅。充縣，今爲岳州府九谿、永定二衛。下雋故城，在今武昌府通城縣西。杜若，今之高良薑，其實謂之紅豆蔻。本草「杜若，一名杜衡」，非是。補注云「杜若，廣雅所謂楚衡者也」，亦非是。

湘君凡七章。史記：「始皇問博士曰：『湘君何神？』博士對曰：『聞之，堯女，舜之妻，而葬此。』」蓋統言之，則但曰湘君，禮有「小君」之稱，是也。分別言之，則娥皇爲正妃，稱君；女英爲次妃，降稱夫人。楚人因其葬此而奉爲湘水神，本民間不經之説。二妃之神，必不因愚民之俗議，而享其褻越之祭也。二歌皆言神不來，其以此意爲之乎？或又以爲舜二女宵明、燭光。黄陵爲癸比墓〔九〕。皆不足考信。

帝子降兮北渚〔一〇〕。八語。目渺渺兮愁余。九魚。嫋嫋兮秋風，洞庭波兮木葉下〔一一〕。户。眇眇，遠視貌，此亦託爲巫與神期約而候之不至，故曰帝子其降此北渚乎？望之愈遠，使我心愁。但見秋風、水波與木葉落，不知神或來否也？

登白薠兮騁望，四十一漾。與佳期兮夕張。去聲，四十一漾。鳥何萃乎蘋中，罾何爲兮木上？四十一漾。

薠，似莎而大，白者謂之白薠，青者謂之青薠。相如賦「薛莎青薠」。蘋，或謂之芣菜。中折如十字，俗呼四葉菜，五月開白華。罾，撩罟也。言步白薠之上以縱望之，本與神期以前夕，張設待其來降也。又因所見，而言鳥與罾之處非其宜。蓋疑此地不足以待神也。

沅有茝兮澧有蘭，二十五寒。思公子兮未敢言二十二元。荒忽兮遠望，觀流水兮潺湲。二十八山。

言思望之甚，但見流水潺湲，不見神之來也。補注「遠望楚國」，非是。公子，猶帝子。春秋傳有女公子之稱。補注「公子，謂子椒、子蘭」，非是。聞佳人兮召余〔一二〕，將騰駕兮偕逝。十三祭。朝馳余馬兮江皋，夕濟兮西澨。十三祭。麋何食兮庭中？蛟何爲兮水裔？十三祭。築室兮水中，葺之兮荷蓋。古讀若「計」。又言物失其居，以喻事多反側。于是馳江皋，濟西澨以求之。恍若聞神之召己，欲與使者同往，更就水中集衆芳以成室，庶幾神或留止也。舊説「屈原願託神明居處」，非是。麋，似鹿而大，青黑色，肉蹄。裔，邊也。埤增水邊土，人所止者曰澨。葺，茨也。

蓀壁兮紫壇，播芳椒兮成堂。十一唐。桂棟兮蘭橑，辛夷楣兮葯房。十陽。罔薜荔兮爲帷，擗蕙櫋兮既張。十陽。白玉兮爲瑱，疏石蘭兮爲芳。十陽。芷葺兮荷屋，繚之兮杜衡。古讀若「航」。

紫，紫貝，紫質，黑文。出日南。崇土爲壇，謂築室之基也。古者爲堂，南北五架，正中曰棟，次棟曰楣。棟或謂之阿。儀禮「當阿」是也。楣或謂之梁。見爾雅。北楣以北爲房與室。橑，周謂之榱，秦謂之椽，齊、魯之間謂之桷。辛夷，或謂之辛矧，或謂之辛雉。見甘泉賦。疑「雉」即「矧」之譌。本草又名侯桃、房木、木筆。帷，帳也。上覆曰幕，旁繞曰帷。櫋，梠也，亦謂之檐。芷葺，雜芷與荷，葺以蓋屋也。

合百草兮實庭，建芳馨兮廡門。二十三魂。九疑繽兮並迎，靈之來兮如雲。二十文。

此章言欲築室如是，而舜又使九疑之神來迎之去也。堂下至門謂之庭。檐所覆謂之廡。漢已後始以堂下周屋爲廡。

捐余袂兮江中，遺余褋兮澧浦。十姥。搴汀洲兮杜若，將以遺兮遠者。古讀若「渚」。時不可兮驟得，聊逍遥兮容與。八語。

袂，袖也。南楚謂禪衣曰褋。汀，平也。遠者，即下女，以其從之遠去而言也。不可驟得，以「前者召余」之云，姑俟諸異日也。

湘夫人凡七章。

廣開兮天門，二十三魂。紛吾乘兮玄雲。二十文。令飄風兮先驅，使涷雨兮灑塵。十七真。

言神乘玄雲而行也。集注以吾爲主祭者自稱，乘玄雲而往迎。皆非是。爾雅「暴雨謂之涷」。

君迴翔兮以下，户。踰空桑兮從女。八語。紛總總兮九州，何壽夭兮在余！九魚。

言神來而已往從，因又言司命主生人壽夭，其權徧及九州也。空桑山，在古有莘之地，伊尹所生，漢陳留故莘國也。今河南開封府陳留縣，元和志：「故莘城，在縣東北三十五里。」

高飛兮安翔，十陽。乘清氣兮御陰陽。十陽。吾與君兮齊速，道帝之兮九阬。古讀若「阬」。

言己從神以佐天帝也。九阬，九門也〔一三〕。説文：「阬，閬也」，「閬，門高也」。考工記匠人：「營國，旁三門，四面凡九門。」淮南俶真訓：「道出一原，通九門，散六衢。」高誘注：「九門，天之門。」之九門以治寰宇，即尚書「闢四門」之意。

靈衣兮披披，古讀若「玻」。玉佩兮陸離。羅。壹陰兮壹陽，衆莫知兮余所爲。古讀若「我」。此又言陰陽循環，司命所爲，衆人莫知也。已上得與司命相從，是其先之合。

折疏麻兮瑶華，古讀若「敷」。將以遺兮離居。九魚。老冉冉兮既極，不寖近兮愈疏。九魚。離居，謂前相從，而今離隔也。王注：「疏麻，神麻。」補注：「瑶華，麻華也。其色白，故比于瑶。」

乘龍兮轔轔，十七真。高駝兮沖天。古音铁因切。結桂枝兮延佇，羌愈思兮愁人。十七真。

愁人兮奈何！七歌。願若今兮無虧。去何切。固人命兮有當，孰離合兮可爲！我。言今雖與神離隔，尚未至有虧道相絶也。願若今之無虧，則離而未必不可合爾。皆欲親之之辭。因又言即此離合之不偶，固命有當然，非人所得爲，以結前得相從而後離居之意。

大司命凡七章。　三台，上台曰司命，主壽夭，即九歌之大司命也。文昌宫四曰司命，主災祥，即九歌之少司命也。周禮大宗伯「以槱燎祀司中、司命」，雖在祀典，然二歌皆非祭辭也。魯論曰：「道之將行也與？命也。道之將廢也與？命也。」蓋道行則命之屬于己，道不行則命之不屬于己。懷王初甚任屈原，而其後疏之，故二歌以與司命離合爲辭，悲其離而思合者，冀道之行也。天之司命，亦猶下之居位大臣，所以有與君齋速〔一四〕，及宜爲民正之語。

秋蘭兮蘼蕪。十虞。羅生兮堂下。户。緑葉兮素枝，芳菲菲兮襲余。九魚。夫人兮自有美子，荃何以兮愁苦〔一五〕？十姥。

秋蘭兮青青，十五青。緑葉兮紫莖。十三耕。滿堂兮美人，忽獨與余兮目成。十四清。

二章皆詩之興體，從今之離憂，而追其始之嘗相合。先設爲人詰己之辭，謂凡人自有所美之子，司命之意或在彼不在此，汝何以思之愁苦乎？因答其問，謂衆美人之所會，而司命獨與己相視結好也，蓋重知己之感如此。

入不言兮出不辭，七之。乘回風兮載雲旗。七之。悲莫悲兮生别離，樂莫樂兮新相知。五支。

已上三章皆離憂之辭。

荷衣兮蕙帶，古讀若「帝」。儵而來兮忽而逝。十三祭。夕宿兮帝郊，君誰須兮雲之際。十三祭。

冀其或須己也。此下一本有「與女遊兮九河，衝風至兮水揚波」二句，古本所無。王逸無注，蓋因河伯文衍誤。

與女沐兮咸池，古讀若「酡」。晞女髮兮陽之阿。七歌。望美人兮未來，臨風怳兮浩歌〔一六〕。七歌。

言欲與神共沐于咸池，晞髮于陽阿，望之不來，怳然長歌以寄其思。即謂作此歌也。詩「作爲此詩」，「作此好歌」，皆于篇内言之。爾雅：「大陵曰阿。」陽阿，猶書之「暘谷」，以日出處名之也。

孔蓋兮翠旍，十四清。登九天兮撫彗星。十五青。竦長劍兮擁幼艾，荃獨宜兮爲民正。四十五勁。

孔蓋，以孔雀尾飾車蓋也。孔雀，或謂之孔翀。旍，旌垂鈴也。赤曰翡，青曰翠，左傳謂之鷸。彗星，一名掃星，妖星也，按之使不爲害。幼艾，少艾也，猶之曰美人，欲擁護之也。如此乃神之所以爲民正者。此章蓋言己之愁苦思神而爲離合之感，非有私意干之，特望其爲民正爾。

少司命凡六章。

暾將出兮東方，十陽。照吾檻兮扶桑。十一唐。撫吾馬兮安驅，夜皎皎兮既明。古讀若「茫」。駕龍輈兮乘雷，十五灰。載雲旗兮委蛇。五支，方音。長太息兮將上，心低徊兮顧懷。古讀若「回」。羌聲色兮娱人，觀者憺兮忘歸。八微。

二章言日之初出，其神自下而上，于是作樂舞以迎之，而音聲容色之盛，令人忘歸。下章備陳樂舞之事，蓋迎日典禮也。

緪瑟兮交鼓，十姥。簫鐘兮瑶簴。八語。鳴篪兮吹竽。十虞。思靈保兮賢姱。古讀若「枯」。翾飛兮翠曾，展詩兮會舞。九麌。應律兮合節，古讀若「堲」。靈之來兮蔽日。五質。上六句一韻，下二句一韻。

緪，絃急也。簫鐘，補注謂「與簫聲相應之鐘」，是也。簴，鐘鼓之附也。植者爲簴，衡者爲筍。篪，管樂，大者謂之沂。靈保，謂巫也。翠曾，靈保之舞，輕若翠舉也。

青雲衣兮白霓裳〔一七〕，十陽。舉長矢兮射天狼。十一唐。操余弧兮反淪降，援北斗兮酌桂漿。十陽。撰余轡兮高駝翔，十陽。杳冥冥兮以東行。航。

青、白，以東、西方色爲飾。天狼一星，弧九星，皆在西宮。北斗七星，在中宮。天官書：「秦之疆也，占于狼、弧。」此章有報秦之心，故舉秦分野之星言之，以是知九歌之作在懷王入秦不反之後，歌此以見頃襄之當復讎，而不可安于聲色之娱也。援北斗以酌桂漿，則施德布澤之喻。

東君凡四章。　日也，祭義曰：「祭日于壇。」又曰：「祭日于東。」祭法曰：「王宫祭日也。」此歌蓋舉迎日之典賦之。集注以「撫余馬」「乘雷車」，皆指迎日者言，王注以「聲色娱人」亦指日言，皆非是。

與女遊兮九河。七歌。衝風起兮橫波。八戈。乘水車兮荷蓋，駕兩龍兮驂螭。古音丑戈切。九河，河之委，在禹貢兗域，與青分界。今直隸河間府交河、東光、阜城三縣，山東濟南府德州，皆九河故地。螭，若龍而黄，北地謂之土螻。說文云。登崑崙兮四望，四十一漾。心飛揚兮浩蕩。四十一漾。日將暮兮悵忘歸，八微。惟極浦兮寤懷。回。上二句一韻，下二句一韻。

崑崙，河之源。浦，則别通之口。言徧遊之也。

魚鱗屋兮龍堂，紫貝闕兮朱宫，一東。靈何爲兮水中？一東。

此章言復至河之中央。

乘白黿兮逐文魚，九魚。與女遊兮河之渚，八語。流澌紛兮將來下。户。

此章言至洲側，觀流冰，將與河伯别也。黿，似鱉而大，橢長。澌，冰解散也。

子交手兮東行，「航」與「迎」韻。送美人兮南浦，十姥。波滔滔兮來迎，古讀若「昂」。魚鄰鄰兮媵余。九魚。此章間句韻法。

言河伯執手送己，將繇南浦以歸也。子，謂河伯。美人，自謂也。河伯與己親，以美人目己，故云。兩司命、河伯皆屈子自言其往交于神，無祭之一語。集注以大司命爲主祭者之辭，少司命與河伯皆爲女巫之辭，于文多不可通。

河伯凡五章。　河神也。春秋傳：「楚昭王有疾，卜曰：河爲祟。王弗祭，曰：三代命祀，祭不越望，江、漢、睢、漳，楚之望也。不穀雖不德，河非所獲罪也。」孔子稱其知天道。然則屈子不祭河明矣，楚昭去此時未遠，楚人亦不越境祭河明矣。舊説以九歌爲祭辭，非也。屈子之歌河伯，即思彭咸水遊之意，故曰「靈何爲兮水中」，亦以自嘲也。又曰「波來迎」「魚媵余」，自傷也。

若有人兮山之阿〔一八〕，七歌。被薜荔兮帶女蘿。七歌。既含睇兮又宜笑，二十五笑。子慕余兮善窈窕。二十九篠。上二句一韻，下二句一韻。

擬山鬼之狀，而因代其語。女蘿，今之松蘿。非菟絲。

乘赤豹兮從文貍，七之。辛夷車兮結桂旗。七之。被石蘭兮帶杜衡，折芳馨兮遺所思。七之。余處幽篁兮終不見天，路險難兮獨後來。釐。

言山鬼之出，而因代其語。上章山鬼謂人慕己，此章則山鬼親人。豹，似虎，黄質黑文，秦、越謂之程。見列子。東胡謂之失刺孫。貍，黄黑斑文，陳、楚、江、淮之間謂之貅，北燕、朝鮮之間謂之貊，關東西謂之貍，或謂之不來。篁，竹叢也。

表獨立兮山之上，雲容容兮而在下。户。杳冥冥兮羌晝晦，東風飄兮神靈雨。九麌。留靈脩兮憺忘歸，歲既晏兮孰華余〔一九〕？九魚。

已下四章，皆託爲山鬼之語，曰「靈脩」、曰「公子」、曰「君」，泛以目與之親者。此言人至山鬼之所而留之。華余，猶方俗相謂曰榮我。

采三秀兮于山間，二十八山。石磊磊兮葛蔓蔓。二十五願。怨公子兮悵忘歸，君思我兮不得閒。二十八山。

山中人兮芳杜若，十八藥。飲石泉兮蔭松柏，古讀若「博」。君思我兮然疑作。十九鐸。

雷填填兮雨冥冥，十五青。猨啾啾兮狖夜鳴。十二庚。風颯颯兮木蕭蕭，古讀若「脩」。思公子兮徒離憂。十八尤。

三章皆離憂之辭：始望其來，則曰意者君思我而不得閒乎；繼望之不來，則疑信交作，而莫必其思與否矣；終望之甚，則曰我思君而徒爲離別憂擾也，承前所留之人，言其離而相思如此。芝一歲三華，故謂之三秀。爾雅謂之茵。猨，長臂，性緩。狖，卬鼻長尾，禮謂之蜼。

山鬼　通篇皆爲山鬼與己相親之辭，曰子、曰靈脩、曰公子、曰君，皆爲山鬼謂屈原也。亦可以借山鬼自喻，皆爲己謂人。蓋自弔其與山鬼爲伍，又自傷其同于山鬼也。歌辭反側讀之，皆其寄意所在，此歌與涉江篇相表裏，以此知九歌之作，在頃襄復遷之江南時也。

操吴戈兮被犀甲，古讀若「頰」。車錯轂兮短兵接。二十九葉。旌蔽日兮敵若雲，二十文。矢交墜兮士争先。一先。上二句一韻，下二句一韻。

此章叙其戰。戈，句兵，或謂之句孑戟，或謂之雞鳴，或謂之擁頸。以有胡似擁頸，又似雞引肱而鳴。犀，似沈牛，豕首，庳足，足有三蹄。考工記：「犀甲壽百年。」

陵余陣兮躐余行，航。左驂殪兮右刃傷。十陽。霾兩輪兮縶四馬，姥。援玉枹兮擊鳴鼓。十姥。天時懟兮威靈怒，十一暮。嚴殺盡兮棄原野。墅。上二句一韻，下四句一韻。

此章叙其陳亡。

出不入兮往不返，二十阮。平原忽兮路超遠。二十阮。帶長劍兮挾秦弓〔二〇〕，古讀若「肱」。首雖離兮心不懲。十六蒸。誠既勇兮又以武，終剛强兮不可陵。十六蒸。身既死兮神以靈，魂魄毅兮爲鬼雄。古讀若「蠅」。上二句一韻，下六句一韻。

此章首二句閔其情，已下皆壯其志。

國殤凡三章。殤之義二：未成人而死者謂之殤，所以別長幼也。在外而死者謂之殤，所以別于内也。皆可哀傷，是以名之。國殤，言其死國事，則所以別于二者之殤也。歌此以弔之，通篇直賦其事。

成禮兮會鼓，十姥。傳芭兮代舞。九麌。姱女倡兮容與。八語。春蘭兮秋菊，長無絕兮終古。十姥。

芭，華也。凡華之初秀曰芭，已發則曰華。

禮魂凡一章。　泛言人鬼之有常祀者，亦直賦其事。歌辭反側讀之，可以知其寄意矣。

校注

〔一〕日，甲至癸也　戴氏定稿改爲「日，十日」。下句「辰，子至亥也」，定稿改爲「辰，十二子」。

〔二〕「靈偃蹇」句上　原眉批云：「此歌語簡法嚴，以此明其敬肅。」

〔三〕奉祠　洪本引作「奉神」。

〔四〕「猋遠舉」句上　原眉批云：「賦雲傑句。」

〔五〕「望夫君」句上　原眉批云：「頓挫。」

〔六〕「揚靈」句上　原眉批云：「三章以議論馳騁。」

〔七〕「鼂騁騖」句上　原眉批云：「遥接『横大江』句，行文斷續之妙。」

〔八〕判環　即半環。判，半。戴氏定稿改爲「玦，如環而闕不連」。

〔九〕癸比　山海經海内北經「舜妻登比氏生宵明、燭光」，據此「癸」字當爲「登」字之誤。　黄陵，山名，在今湖南湘陰縣北，濱洞庭湖。

〔一〇〕「帝子降」句上　原眉批云：「此歌與湘君章法同，而搆思各别。」

〔一一〕「洞庭波」句上　原眉批云：「寫水波，寫木葉，所以寫秋風，皆所以寫神不來。冷韻淒然。」

〔一二〕「聞佳人」句上　原眉批云：「翻空起波，合下兩章皆空中布置。」

〔一三〕九阬　定稿注「義未聞」。由此可知戴氏此處雖釋「阬」爲「門」，並舉説文、考工記、淮南子佐證，但并不認爲是的解，故定稿時全删去，又於音義中改釋爲「九野」。參見定稿九歌校注〔五〕。

〔一四〕齋速　定稿作「齊速」。朱熹楚辭集注：「齊，一作齋，非是。」

〔一五〕「荃何以」句上　原眉批云：「此歌以問答起，筆法又一變。」

〔一六〕「臨風怳」句上　原眉批云：「説出作歌而以末章爲正文，筆法變。」

〔一七〕「青雲衣」句上　原眉批云：「四句意深而筆馳騁。」

〔一八〕「若有人」句上　原眉批云：「此歌以次第淺深爲章法。」

〔一九〕「歲既晏」句上　原眉批云：「思玄賦『持己知而華余』句本此。」

〔二〇〕「帶長劍」句上　原眉批云：「有此造句，纔能壯其武厲。」

屈原賦注初稿卷三

天問

問，難也。天地之大，有非人之智所能測者，設難以疑之。而曲學異書，往往騖爲閎大不經之語，設難以詰之。其稱述人事，備陳三代興亡之迹，皆歸于天命，然天不可知，故冀幸人事之改，而天或爲之轉移，此天問之所以作也。當時如鄒衍之流，著書多怪異，山海經、淮南鴻烈蓋本之。亦有因是篇而傅會者，不足據以爲證也。且怪異之譚，屈子已詰其非，則固有不必存者矣。

曰遂古之初〔一〕，誰傳道古讀若「鋥」之〔二〕？上下未形，何由考古讀若「槔」之？

冥昭瞢闇，誰能極二十四職之？馮翼惟像，何以識二十四職之？

以詰凡言往古不可窮識者皆誕也。淮南天文訓：「天墜未形，馮馮翼翼。」精神訓：「古未有天地之時，惟像無形。」

明明闇闇，惟時何爲？我。陰陽三合，何本何化？貨平聲。

爾雅：「時，是也。」穀梁傳：「獨陰不生，獨陽不生，獨天不生，三合然後生。」此章難以疑之。

圜則九重，孰營度十九鐸之？　惟茲何功？　孰初作十九鐸之？

圜則，天也。九天之謂，以象數明之爾。天之大莫測其始，故設難疑之。

斡維焉繫？　天極焉加？　古音居何切。　八柱何當？　東南何虧？　去何切。

斡，主旋運者。維，匡繫也。天極，步算家所謂不動處也。賈逵、張衡、蔡邕、王蕃、陸績，皆以北極紐星爲樞，謂之不動處。隋祖暅測不動處離紐星一度有餘。至元郭守敬測離三度奇。以紐星爲天極者，非也。此皆以理數推測名之，至其所以然之故，則難言之，故以爲疑。地在天之中央，水附于地而行，皆氣之鼓盪。曾子及周髀算經已具地圜之理〔三〕，不知者但以爲地平，故多謬誕之說，屈子亦詰其不然也。

九天之際，安放安屬？　三燭。　隅隈多有，誰知其數？　十遇。

有所放屬，則有大可言。無所放屬，則無大可言。放，至也。「安放安屬」，亦「焉繫」「焉加」之意，疑之也。既不知其放屬，又焉有隅隈之數乎？　詰之也。

天何所沓？　十二焉分？　二十文。　日月安屬？　列星安陳？　十七真。

江先生曰：「沓，重疊之意。」承前「九重」而申問之。震按：十二，謂十二辰。左傳「士文伯曰：日月之會是謂辰」是也。今步算家言日月五星，各有所行之天，而其行又各有大小高下之輪以載之者。經星之天尤遠，此特以垂象之一成一變者推測知之。至其所以然之故，則難言，故設難疑之。

出自湯谷，次于蒙汜，六止。自明及晦，所行幾里？六止。

湯谷，即虞書之暘谷。蒙汜，亦曰蒙谷，即虞書之昧谷。爾雅之大蒙。此就中土賓日餞日之地言之，日所行里數，不考信于六藝，故以爲疑。淮南天文訓、王充論衡所言里數，説皆謬誕。集注以赤道言，其里數不真，則宋時測法疏爾。

夜光何德，死則又育？一屋。厥利維何，而顧兔在腹？一屋。

夜光，月也。德，常德也。死，即所謂死魄也〔四〕。育，生也，即所謂生明生魄也。月之行，下于日，其體渾圜，常以半圜受日光。日月正相對爲望，人目在地視之，其光全，側對則視之若闕。至于同行爲晦，人目在地視之，無光，光常在向日之半也。謂之死、謂之生者，特據人目所見云然。此言由死而育，疊爲循環，何取于是以爲月之常德乎？設難疑之也。月中有黑影，今步算家謂之月駮，乃其坳突處不受日光爾。靈憲之言，非是。集注地影之説，亦謬。利，宜也。厥利維何？猶言何所宜也？此以詰世俗之説。

女岐無合，夫焉取九子？六止。伯强何處？惠氣安在？泚。

皆詰之也。伯强，古人以名厲氣之鬼也。惠，順也。順逆之氣，本無定所，質言之則非也。

何闔而晦？何開而明？古讀若「茫」。角宿未旦，曜靈安藏？十一唐。

日之運行，循環不已，人所居附于地，有見日不見日之時，是以成晝夜。周髀算經有東方日中、西方夜半之説，解其理者，自不疑爾。角，東方宿。日出東方地上曰旦。曜靈，日也。安藏，明其晝夜不息也。此章以詰陽開爲晝，陰闔爲夜之説，蓋言繇日之行，不繇陰陽開闔也。

不任汩鴻，師何以尚四十一漾之？僉曰何憂？何不課而行航之？

疑帝堯之使鯀也。説文：「汩，治水也。」

鴟龜曳銜，鯀何聽四十六徑焉？順欲成功，帝何刑十五青焉？

永遏在羽山，夫何三年不施？古音詩歌切。伯禹腹鯀，夫何以變化？貨平聲。

疑帝舜之殛鯀也。「鴟龜曳銜」，蓋古有是語，書闕未聞。順欲成功，言順其意計所欲，志在成功也。三年不施，言疑而不置諸殺也。公羊説：「古人疑獄，三年而始定。」三年不施，永不施矣。左傳杜注：「施，行罪也〔五〕。」腹，猶抱也。變化，不測也。屈子之意，蓋以四罪中鯀若可原，又因其生聖子而惜之也。

纂脩前緒，遂成考功。一東。何續初繼業，而厥謀不同？一東。

禹貢「既脩太原」，傳稱禹能脩鯀之功，故設難疑之。

洪淵極深，何以窴一先之？地方九則，何以墳二十文之？應龍何畫？二十一麥。河海何歷？二十三錫。鯀何所營？十四清。禹何所成？十四清。康回馮怒，地何故以東南傾？十四清。上二句一韻，下四句一韻。

九州安錯？十一暮。川谷何洿？十一模。東流不溢，孰知其故？十一暮。

禹平水土，其神智非常人所測，而好事者又往往爲謬誕之説，故設難以疑禹之神，因詰凡言怪異者之非也。九則，九州也。康回，即共工氏也。東流不溢，非東南虧、東南傾之説所能通矣。王注：「有翼曰應龍。」補注引山海圖云：「夏禹治水，有應龍以尾畫地，即水泉流通。」共工觸不周山，見列子、淮南子，皆好事者謬誕之説。屈子所詰者也。

東西南北，其脩孰多？七歌。南北順橢，其衍幾何？七歌。

圜長曰橢。衍，餘也。今步算家因月食地之影，測地圜周九萬里。亦分爲三百六十度，以配天度。二百五十里而移一度。南北緯度，以北極高下定。東西經度，以月食時刻定。地在東一度，則見食早，其差爲十五分刻之四，節朔同。此以天測地之法，其理前人未知也，故多謬誕之説，屈子已不信矣。呂覽、淮南、靈憲之言，皆非是。

崑崙縣圃，其尻安在？泚。增城九重，其高幾里？六止。

四方之門，其誰從二冬焉？西北闢啓，何氣通一東焉？

以詰言崑崙所有者之誕也。

日安不到？三十七號。燭龍何照？二十五笑。羲和之未揚，十陽。若華何光？十一唐。上二句一韻，下二句一韻。

詰之也。燭龍，又名燭陰。若華，若木之華。並見山海經及淮南子，皆誕說。

何所冬煖？何所夏寒？二十五寒。焉有石林？何獸能言？二十二元。

此非身歷目睹，故付之不知也。冬煖夏寒，周髀所謂北極左右，夏有不釋之冰，中衡左右〔六〕，冬有不死之草。蓋日下之地，與幽背之地寒煖頓殊。今時有石筍成岡者，即石林之謂。曲禮：「猩猩能言，不離走獸。」

焉有龍虯，二十幽。負熊以遊？十八尤。雄虺九首，四十四有。儵忽焉在？泚。與「死」韻。何所不死？五旨。長人何守？四十四有。此章隔韻之法。

靡蓱九衢。十虞。枲華安居？九魚。一蛇吞象，厥大何如？九魚。

傳有防風氏長狄之屬，所謂長人也。說文：「巴，食象蛇〔七〕。」其餘皆不足考信，蓋常物而異言之爾。九衢，補注以爲枝之歧出。招魂：「雄虺九首，往爲儵忽。」

黑水玄趾，六止。三危安在？泚。延年不死，五旨。壽何所止？六止。

禹貢有二黑水：梁之黑水，帝繫謂之若水，或謂之瀘水，今之金沙江也，界梁州之南。

導川之黑水，則界雍州之西者。三危，或謂之卑羽山，在雍州。左傳之瓜州地，漢爲燉煌也。玄趾，或曰黑水所出。禹貢：「導黑水，至于三危。」則三危，黑水所經也。今無其水以當之，此黑水與三危並稱，指雍之黑水明矣。自戰國時黑水三危已失之西裔，不能知其所在，亦可見地之無常。雖禹貢之山川，或至湮沒于無聞，又況言其遠乎！

鯪魚何所？八語。鬿堆焉處？八語。羿焉彈日？烏焉解羽？九麌。

亦怪誕不足信也。彈，射也。鯪魚，王注以爲鯪鯉，有四足，出南方。補注引山海經「陵魚」。鬿堆，補注引山海經「鬿雀」。烏，淮南所謂「日中有踆烏」，亦猶「月中顧兔」之說。柳子厚據穆天子傳及山海經「飛鳥解羽」，改「烏」爲「鳥」。凡此等皆怪誕之說，不必深求。

禹之力獻功，降省下土方。十陽。焉得彼塗山女，而通之于台桑？十一唐。

閔妃匹合，厥身是繼。十二霽。胡維嗜不同味，而快鼂飽？轉讀如閉，楚方音。

商頌「禹敷下土方」。虞書「娶于塗山」。左傳「嘉耦曰妃」。鼂飽，所謂朝食也。

啓代益作后，卒然離蠥。十七薛。何啓惟憂，而能拘是達？十二曷。

皆歸射鞠，而無害厥躬。一東。何后益作革，而禹播降？洪。

啓棘賓商，九辯九歌。轉讀如基，方音。何勤子屠母，而死分竟地？六至。

禹以天下授益，啓能代之，有扈不服，啓伐之。禹、益同有平水土之功，其有天下、不有天下各異。啓乃能繼禹治道，用其禮樂。三章設難以明此意。卒然離孽，謂有扈氏爲亂，卒起不意而遭之。能拘是達，補注謂「能變通而不拘執」是也。射、斆古字通。斆，厭也。一聲之轉。鞠，窮也。甘誓：「有扈氏威侮五行〔八〕，怠棄三正〔九〕，天用勦絶其命。」是其所爲皆天厭之，而自歸窮絶，故不足爲啓之害也。作革，補注謂「焚山澤，奏鮮食」是也。播降，補注謂「水土平然後嘉穀可殖」是也。棘，艱棘也。詩「俾民大棘」，「孔棘且殆」。言啓雖遇艱棘，終能用禹禮樂。賓商，補注引史記契「封于商」，謂「待商以賓客之禮」是也。此言啓賓契後，用禹樂，以起下契、禹始生之異而疑之。勤子，勤勞生子也。屠母，謂坼剖而產也。死分竟地，言死而後得分裂以生子至地也。疑聖人之生不宜有此。干寶云：「前志所傳，脩己背坼而生禹。簡狄胸剖而生契。近魏黄初五年，汝南屈雍妻王氏，生男兒，從左胳下水腹上出，而和平自若，數月創合〔一〇〕，母子無恙。」據干寶此言，契、禹雖坼剖而生，未必災害其母，屈子時無是事，故以爲疑。王注：「射，行也。棘，列也〔一一〕。」補注：「凡能取中皆曰射。棘，急也。」又皆以勤子爲禹勤勞。集注以「棘賓商」爲「夢賓天」，傅會山海經「啓上三嬪于天，得九辯九歌以下」之謬説，但不取其「上三嬪」之謂爾。又以「竟地」爲「化石」，引淮南子虚誕之説，安知山經、淮南非因此篇傅會，而失其解者邪？

帝降夷羿，革孽夏民。十七真。胡射夫河伯，而妻彼雒嬪？十七真。

馮珧利決，封豨是射。古讀若「芍」。何獻蒸肉之膏，而后帝不若？十八藥。

浞娶純狐，眩妻是謀〔一二〕。古讀若「媒」。何羿之射革，而交吞揆之？七之。

有夏方衰，降生夷羿以變亂之，然天實惡亂，不享其祀。故羿雖恃射，卒爲浞所謀殺。三章之意如此。爾雅：「弓以蜃者，謂之珧。」若，順也。禮注：「決，猶闓也。以象骨爲之，著大擘指，以鉤弦闓體也。」射革，力能貫革也。

阻窮西征，巖何越十月焉？化爲黄熊，巫何活十三末焉？

咸播秬黍，莆雚是營。十四清。何由并投，而鮌疾脩盈？十四清。

鮌投東裔，而曰西征者，阻窮而死，其神猶返中國，祀于夏郊，言其神何以能越巖險，西至中國乎？化爲黄熊，子産亦言之，屈子則以是爲鮌之疾，言非巫祝所能復生。蓋惜鮌之死也。黑黍謂之秬。莆，莞類。「莆」即「蒲」字。雚，荻也。夏小正傳「雚未秀爲菼」〔一三〕。爾雅謂之薍，亦謂之騅。騅，其色也。雚之小者謂之蒹。吴人謂之薕。雚、荻；菼、薍；蒹、薕一物，葦、蘆、葭一物，説者多溷。此言雚蒲之地，皆可營作，以播秬黍。并投，謂鮌與共工等并投諸四裔也。禹平水土之功，可以蓋父愆矣，然不能救鮌之投，使長有此疾，盈滿不除，屈子反覆惜之如是。

白蜺嬰茀，胡爲此堂？十一唐。安得夫良藥，不能固臧？十一唐。

天式從横，陽離爰死。五旨。大鳥何鳴，夫焉喪厥體？十一薺。此陰陽交錯之常道，故曰天式從横，陽離爰死也。人者陰陽合而成體，陽離則盡爲陰，所以喪厥體而死。餘皆以詰言仙術變化者之誕。

蓱號起雨，何以興十六蒸之？撰體脅鹿，何以膺十六蒸之？

鼇戴山抃，何以安二十五寒之？釋舟陸行，何以遷二僊之？

皆詰之也。王注：「蓱，蓱翳，雨師名。號，呼也。」相如賦：「召屏翳，誅風伯，刑雨師。」注以屏翳爲天神使，詞章家隨意所用，不必深求。鼇，大龜也。抃，拊手也。

惟澆在户，何求于嫂？古讀若「叟」。何少康逐犬，而顛隕厥首？四十四有。

女岐縫裳，而館同爰止。六止。何顛易厥首，而親以逢殆。古讀若「以」。

湯謀易旅，何以厚四十五厚之？覆舟斟尋，何道取四十五厚之？

澆之淫亂，徒恃其力，終爲夏后少康所滅。三章與前論羿事同意。竹書説：「少康使汝艾諜澆。初，浞娶純狐氏，有子早死。其婦曰女岐，寡居。澆强圉，往至其户，陽有所求，女岐爲之縫裳，共舍而宿。汝艾夜使人襲斷其首，乃女岐也。澆既多力，又善害，艾乃畋獵，放犬逐獸，因嗾澆顛隕，乃斬澆以歸于少康。」此晉武詔束皙隨款所説，今其書不著姓氏。「湯」，集注謂疑當作「康」，此蓋聲相謁。康謀易旅，言其興之易，僅一旅之師。左傳所謂「有田一成，有衆一旅，能布其德而兆其謀」，是也。厚，謂天之所厚。斟尋，在禹貢青州。漢北海平壽，故斟尋氏地也。斟灌，在北海壽光，今山東青州府，漢之北海郡。竹書：「帝相二十七年，澆伐斟尋，大戰于濰，覆其舟，滅之。」魯論「奡「澆」同盪舟」，亦謂此。安國以爲陸地行舟。非也。柳子厚云「覆舟喻易」，承王逸之誤。集注「夏后相已傾覆于斟尋之國」，亦非。顧炎武云：「古人以左右衝殺爲盪陳。唐書：矢石未交，陷堅突衆，敵因而敗者曰跳盪。」晉書：「隴上健兒歌：十盪十決無當前。」宋書顏師伯傳「單騎出盪」。據此，則「盪舟」與「覆舟斟尋」，皆以見澆之强力，故言少康何道而能取之。屈子所問，亦猶魯論尚德絀力之指。

桀伐蒙山，何所得二十五德焉？妹喜何肆，湯何殛二十四職焉？

夏之亡以妹喜，乃于伐蒙山得之。興亡之伏甚微也。

舜閔在家，父何以鰥？古讀若「鰥」。堯不姚告，二女何親？十七真。

當舜在家憂閔，而父使之鰥，若得妻之難。至其妻帝之二女，若得妻之易，且非常也。此所以發問之意。因書傳所略，而後人乃有「不姚告」之説，屈子借以爲言。

厥萌在初，何所億二十四職焉？璜臺十成，誰所極二十四職焉？

凡見微知著，不待億度，桀、紂皆有瑶臺、瓊室以至滅亡。桀三年，築傾宫。十四年，伐蒙山得妹喜，置之傾宫，飾瑶臺居之。紂五年，築南單之臺。九年，作瓊室，立玉門。此章泛論亂亡之事，淫侈之極必至亂亡也。

王注專以紂言。

登立爲帝，孰道尚四十一漾之？女媧有體，孰制匠四十一漾之？

女媧氏代虙羲立，列子謂有「非人之狀，而有聖人之德」是也。上章泛言亡國者之由于淫侈，此章泛言帝王之興必有聖德。書傳所聞異狀，每過其實，故連及女媧以言之者尤怪異也。

舜服厥弟，終然爲害。古音胡憩切。何肆犬豕，而厥身不危敗？古讀若「備」。

言象肆其犬豕之心以害舜，舜服事之，不誅也。

吴獲迄古，南嶽是止。六止。孰期去斯，得兩男子。六止。

衡山，其北則楚，其東則吴。王注：「吴至古公之時，得賢君太伯陰讓王季，辭之南嶽之下採藥，遂止而不還。」期，會也。誰與期會而得兩男子，謂太伯、仲雍也。

緣鵠飾玉，后帝是饗。三十六養。何承謀夏桀，終以滅喪？四十二宕。

帝乃降觀，下逢伊摯。六至。何條放致罰，而黎服大説？十七薛。

鵠，鴻類，遼人謂之天鵝，可爲羹。内則「鵠鴞胖」。玉，謂玉鼎。緣鵠飾玉。謂因進鵠羹，脩玉鼎之事。史記：「阿衡欲干湯而無由，乃爲有莘氏媵臣，負鼎俎，以滋味説湯，致于王道。或曰，伊尹處士，湯使人聘迎之，五反然後肯往從湯，言素王及九主之事〔一四〕。湯舉任以國政。」據史記存兩説，而此云緣鵠飾玉，似如前説。又云「帝乃降觀，下逢伊摯」，似如後説。蓋不考信于六藝，故屈賦、史記皆兩存之。承謀，謂承用其所謀。條，鳴條。漢河東安邑北有古鳴條陌。在北三十里南坂口。鳴條戰地，在安邑之西。安邑，今屬山西平陽府。桀奔于鳴條，湯遂放之南巢。服，畿服也。二章言夏之亡與商之興。

簡狄在臺，古讀若「題」，與詒韻。帝何宜（一五）？古音牛何切。玄鳥致詒，七之。女何嘉？古音居何切。顧炎武曰：「今本『嘉』作『喜』，是後人不通古音而妄改之也。」按後漢禮儀志引此作「嘉」。此章亦間句韻法。

玄鳥，亦謂之燕。燕，爾雅謂之乙，或謂之鷾鴯。即乙兒二聲也。見莊子。燕、乙一聲之轉。商頌：「天命玄鳥，降而生商。」此蓋言商之先曾有異兆也。

該秉季德，厥父是臧，十一唐。胡終弊于有扈，牧夫牛羊，十陽。

干協時舞，九麌。何以懷古讀若「回」之？平脅曼膚，十虞。何以肥八微之？

有扈牧豎，云何而逢？三鍾。擊牀先出，其命何從？三鍾。

啓弊兵革于有扈，禹舞干羽以懷有苗。扈之子孫卒爲牧豎，其先何以列爲諸侯？發問之端或以此。餘皆未聞其所指，不可强通也。有扈，漢扶風鄠邑，即其地。今陝西西安府鄠縣北二里，有漢故城。

恒秉季德，焉得夫樸牛？古讀若「疑」。何往營干禄（一六），不但還來？釐。

昏微遵迹，有狄不寧。十五青。何繁鳥萃棘，負子肆情？十四清。

二章事未聞。

眩弟並淫，危害厥兄，古讀若「荒」。何變化以作詐，而後嗣逢長？十陽。

眩惑之弟，謂象。後嗣逢長，王注謂「子孫長爲諸侯也」。

成湯東巡，有莘爰極，二十四職。何乞彼小臣，而吉妃是得？二十五德。

水濱之木，得彼小子，六止。夫何惡之，媵有莘之婦？古音扶委切。

世紀〔一七〕：「湯感夢，有人抱鼎俎，對己而笑。寤而求伊摯于有莘之野。有莘之君留而不進。湯乃求婚于有莘之君，遂嫁女于湯，以摯爲媵臣。」此與史記又異，皆無足考證。吕覽：「有莘氏女採〔一八〕，得嬰兒于空桑，後居伊水命曰伊尹。」按空桑本莘之地名，好事者遂爲之説爾。

湯出重淵，夫何辠尤？古讀若「詒」。不勝心伐帝，夫誰使挑之？七之。

淵，深也。重淵，謂重深之地。桀召湯囚之夏臺是也。或作「重泉」，與前「洪淵」或作「洪泉」，皆唐人避「淵」諱而改之。太公金匱有「置之重泉」之語，乃後世僞書。王注：「湯不勝衆人之心而以伐桀，誰使桀先挑之。」

會朝争盟，何踐吾期？七之。蒼鳥羣飛，孰使萃之？七之。

盟，河北地名，其地有津，謂之盟津。左傳：王與鄭田，盟其一也〔一九〕。後屬晋爲河陽，盟津在南，漢屬河内。今河南懷慶府孟縣。言諸侯畢會之朝，各以師争至盟津，何以能使之踐吾期乎？明詛不及三王，則爲地名明矣。蒼鳥，鷹也。詩曰「維師尚父，時維鷹揚」，此則通言之。

列擊紂躬，叔旦不嘉，居何切。何親揆發，定周之命以咨嗟？古讀若「侳」。言周公不善武王斬紂之事，又親爲之揆定其命。咨嗟盡謀也。

授殷天下，其位安施？古音詩戈切。反成乃亡，其罪伊何？七歌。施，與也。言與之位以何德？亡之以何罪？反成，謂已成之業，忽反覆也。

争遣伐器，何以行航之？並驅擊翼，何以將十陽之？補注：「争遣伐器，謂羣后以師畢會也。」六韜云：「翼其兩旁，疾擊其後。」擊翼，蓋兵法也。

昭后成遊，南土爰底，十一薺。厥利維何，逢彼白雉？五旨。白雉，爾雅謂之翰雉，亦謂之鵫雉。逢彼白雉，事未聞。竹書：「昭王十三年，祭公、辛伯從王伐楚，天大曀，雉兔皆震。喪六師于漢。」逢白雉，或其時也。

穆王巧梅〔二〇〕，夫何周流？十八尤。環里天下，夫何索求？十八尤。方言：「梅，貪也。」巧梅，傳所謂「欲肆其心也」。江先生曰：「環理，猶還里。謂周流而還，計度天下道里。」竹書紀年「穆王西征，還里天下，億有九萬里」是也。穆天子傳亦云：「乃里西土之數，各行兼數，三萬有五千里。」

妖夫曳衒，何號于市？六止。周幽誰誅，焉得夫襃姒？六止。

與桀伐蒙山章意同。說文：「衒，行且賣也。」

天命反側，何罰何佑？古音夷至切。齊桓九合，卒然身弒。七志。

彼王紂之躬，孰使亂惑？二十五德。何惡輔弼，讒諂是服？匐。

比干何逆？而抑沈二十一侵之？雷開何順？而賜封轉乎金切，方音之〔二一〕？

何聖人之一德，卒其異方？十陽。梅伯受醢，箕子佯狂。十陽。

四章皆言天命人事之不可以常理論。

稷維元子，帝何竺三沃之？投之冰上，鳥何燠一屋之？

爾雅：「竺，厚也。」后稷生而仁賢，是天獨厚之也。

何馮弓挾矢，殊能將十陽之？既驚帝切激，何逢長十陽之？

馮執弓矢，將以殊能，疑謂周家得賜弓矢作伯也。西伯戡黎，祖伊奔告，所謂「驚帝切激」也〔二二〕。猶遲之數年，始加兵于殷，故曰「何逢長之」。

伯昌號衰，秉鞭作牧。古音莫逼切。何令徹彼岐社，命有殷國？二十五德。

號衰，集注謂「號令于殷世衰微之際也」。徹彼岐社，通岐社于天下，以爲太社也。補注云：「此言文王秉鞭作牧以事紂，而武王伐殷以有天下也。」

遷藏就岐，何能依？八微。殷有惑婦，何所譏？八微。

依，謂使民從之如歸市也。

受賜茲醢，西伯上告。古音居候切。何親就上帝罰，殷之命以不救？四十九宥。

王注：「紂醢梅伯以賜諸侯，文王祭告，語于上天也。」

師望在肆，昌何識？二十四職。鼓刀揚聲，后何喜？六止。

言文王得呂望之異。然其事，則戰國時好事者爲之也。

武發殺殷，何所悒？二十六緝。載尸集戰〔二三〕，何所急？二十六緝。

尸，主也。謂文王之木主。

伯林雉經，維其何故？十一暮。何感天抑地，夫誰畏懼？十遇。

雉經，縊也。王注：「伯，長也。林，君也。」本爾雅。謂晉太子申生。感天抑地，補注引左傳「帝許我罰有罪」。

皇天集命，惟何戒古音訖力切之？受禮天下，又使至代古音魚既切之？

補注：「詩云：『天鑒在下，有命既集。』此言何所戒慎而致天命之集也。受禮天下，言受王者之禮于天下也。」

初湯臣摯〔二四〕，後茲承輔，九麌。何卒官湯，尊食宗緒？八語。

集注：「官，如官卿之適之官。」

勳闔夢生，少離散亡。十陽。何壯武厲，能流厥嚴？二十六嚴。此非韻，江先生曰：「此似因殷武詩『下民有嚴』而誤，今審之詩，本以監、嚴、濫三字爲韻，而『不敢怠遑』爲間句，非韻也。」

古人謂孫爲生，言自此已下生生不絶也。吴闔廬，壽夢之孫，即吴光也。

彭鏗斟雉，帝何饗？三十六養。受壽永多，夫何長？十陽。

彭鏗，帝繫「陸終氏六子，其三曰籛，是爲彭祖」是也。

中央共牧，后何怒？十姥。蜂蟻微命，力何固？十一暮。

言居地之中，共牧斯民，列后何以相怒而爭乎？蜂蟻之屬，賦命甚微，乃亦有君長，各相競鬭，其力何堅乎？以明爭亂不已之無謂也。

驚女采薇，鹿何祐？古音夷至切。北至回水，萃何喜？六止。

薇，似藿，蜀人謂之巢菜。俗呼野豌豆。此章事未聞。

兄有噬犬，弟何欲？三燭。易之以百兩，卒無禄。一屋。

舊説秦伯有嚙犬，弟鍼求之，不與。鍼請易以百兩，又不聽。鍼卒出奔晋。

薄暮雷電，歸何憂？十八尤。厥嚴不奉，帝何求？十八尤。

薄暮而遇雷電，則欲歸不得。歸何憂，反言之也。蓋明其有甚于此者。臣奉君之威嚴，故曰嚴君。厥嚴不奉，言在位者日與之荒淫無度也。帝，謂天帝。求，取之也。

伏匿穴處，爰何云？二十文。荆勳作師，夫何長？悟過改更，我又何言？二十二元，此韻相近而借。

吴光争國，久余是勝。何環穿自閭社丘陵，爰出子文？二十文。吴光嘗破楚入郢。左傳：「鬭伯比淫于䢵子之女，生子文。」此借以言敵國可懼，執政無人。

夫何長，言孰爲長策，因當時兵屢敗而言。

吾告堵敖以不長，十陽。何試上自與，忠名彌彰？十陽。

堵敖立五年，欲殺其弟熊惲。惲奔隨，與隨襲弒堵敖，代立，是爲成王。不長，言無君道長久也。試上自與，猶言以君驗吾之智，徒彰其忠名也。已上三章皆隱喻之語。

校注

〔一〕「曰遂古」句上　原眉批云：「以誰字、何字、孰字、焉字、安字、幾字、胡字，錯綜上下爲章法，皆從一『曰』字生出。」

〔二〕「道，古讀若鍰」　本書音義「道，古音徒口切」。

〔三〕大戴禮記曾子天圓：單離居問曾子「天圓地方」，曾子以爲「如誠天圓而地方，則是四周之不掩也」。指出

「天圓地方」是説「天道曰圓，地道曰方」，非謂其形態。此即所謂「曾子已具地圜之理」。

〔四〕死魄　書武成「旁死魄」，孔疏云：「魄者，形也。謂月之輪郭無光之處名魄也。朔後明生而魄死，望後明死而魄生。」故後世遂稱朔日爲死魄，望日爲生魄。定稿作「死霸」「生霸」亦同。

〔五〕「左傳」句上　原眉批云：「昭十四年。」

〔六〕中衡　定稿云：「赤道者，中衡也。」

〔七〕「巴，食象蛇」　説文原文是「巴，蟲也。或曰食象它」。它，即古蛇字。

〔八〕五行　詩緯以「五行」配「五常」，所謂「木神則仁，金神則義，火神則禮，水神則信，土神則智」。此「五行」即指仁、義、禮、信、智。

〔九〕三正　鄭玄注書云：「三正，天、地、人之正道。」

〔一〇〕數月創合　洪所引無此句，本書音義已删此句。

〔一一〕「棘，列也」　洪本作「棘，陳也。賓，列也」。

〔一二〕是謀　洪本、朱本皆作「爰謀」，其他通行本楚辭亦未見有作「是謀」者，本書定稿亦改作「爰謀」。

〔一三〕傳　定稿「夏小正」下無「傳」字。

〔一四〕言素王及九主之事　史記索隱云：「素王者，太素上皇，其道質素，故稱素王。九主者，三皇、五帝及夏禹。或曰：九主，謂九皇也。」

〔一五〕帝　洪本、朱本皆作「嚳」，本書定稿同，蓋戴氏後訂正。

〔一六〕干禄　洪本、朱本皆作「班禄」，本書定稿亦同。音義云：「班，分也。」蓋戴氏後訂正。

〔一七〕世紀　晉皇甫謐著，全稱帝王世紀，載上古以來帝王事蹟。

〔一八〕有莘氏女採　史記索隱引作「有侁氏女採桑」，此當據補「桑」字，本書音義引有「桑」字，是。侁、莘音同，古通。

〔一九〕事見左傳隱公十一年，周桓王「與鄭人蘇忿生田」，包括溫、原、盟等十二邑。盟，在今河南孟津縣南十八里。

〔二〇〕「穆王巧梅」句上　原眉批云：「鍊字之法。」

〔二一〕肆封　洪本、朱子皆作「賜封」，本書定稿同，蓋戴氏訂正原誤。

〔二二〕參見本書音義中校注〔一〇〕。

〔二三〕「載尸集戰」句上　原眉批云：「淮南子：『武王伐紂，載尸而行。』注：『尸，文王之木主也。』」

〔二四〕「初湯臣摯」句上　原眉批云：「字法。」

戴震全書之十六

屈原賦注

蔣立甫 ◎ 整理
劉學鍇 ◎ 審訂

説明

屈原賦注係戴震早年之作，據汪梧鳳音義後記（下簡稱汪記），當成書於乾隆十七年（一七五二），戴氏時年二十九。段玉裁戴東原先生年譜云：「其年家中乏食，與麵鋪相約，日取爲饔食，閉户成屈原賦注。」處困而孜孜著述，精神可貴。

屈原賦注十二卷，由三部分構成：一是關於屈賦二十五篇的詮釋義疏，七卷；二是關於屈賦山川地名及草木鳥獸蟲魚的通釋，二卷；三是關於屈賦各篇字詞的音義、異文，並附通釋的意義，三卷。三部分相輔相成，不可分割。其中音義原題汪梧鳳撰，但段著戴譜稱「亦先生所自爲，假名汪君」耳。考之現存屈原賦注初稿，後所析三部分仍渾然存於一體，此爲音義係戴氏「自爲」的鐵證。

屈原賦注是研讀楚辭不可或闕的注本之一。戴氏是清代漢學皖派宗師，精通文字、聲韻、天算之學，熟悉古代哲學、典章、名物。治學重視實證，强調要有「十分之見」，即所謂「必徵之古而靡不條貫，合諸道而不留餘議，鉅細畢究，本末兼察」（與姚孝廉姬傳書）。屈原賦注正體現了他這一求實精神。盧文弨序其書云「指博而辭約，義創而理確」，殆非虛美。盧序所列舉的釋「三后」、釋「夏康娱」及釋王逸注「摶壁」諸證，係人所共知，且多爲治騷者所汲取，不必贅言。戴氏雖爲經學考據家，而説屈賦絶無迂腐氣息，其解詞疏義最突出處，是能緊扣原作想情度理，所創新説，多爲人信服。如離騷「皇覽揆余初度兮，肇錫余以嘉名」，王逸釋「肇」爲「始」，人無異詞，而戴氏則據爾雅釋「肇」爲「謀」，更符合屈原降生時，其父驚喜其生辰，爲要替他取個好名字而反復思考的情狀，達意傳神顯然勝過王注；九章哀郢「過夏首而西浮兮，顧龍門而不見」，稽之本篇所述行程，屈原本是順江東下，篇中已點明「東遷」，此處爲何又説「西浮」呢？舊解紛紜，無一通釋，而戴氏則從揣摩屈原不忍離開故都的心境立説，直釋「西浮者，既過夏首而東，復溯洄以望楚都」，此正與下句「顧龍門而不見」自然銜接，於情於理於文無不合，可謂的解，一掃王逸、朱熹、林雲銘、蔣驥諸家之説的疑惑。其於篇章闡釋亦多勝義，如叙九歌湘君首章云：

此章託爲巫與神期約而候之不至，故曰湘君猶豫不行，爲誰留於中洲乎？我脩飾美好，乘舟往迎，則願無波濤之險，且行且望，以君之未來，吹參差思之，當復誰思也！

叙湘夫人首四句云：

此亦託爲巫與神期約而候之不至，故曰「帝子降兮北渚」矣。意之之辭也。繼曰望之踰遠，使我心愁，但見秋風水波及木落葉。不與神遇也。

體會文情，闡述大意，簡潔明晰。此雖是受林、蔣二家的啓迪，但又較二家更爲文意貫通，符合原作情境。

以上舉例，僅就戴書較之前人屈賦研究有所進步而言，當然本書也有自身缺點。戴震作爲封建時代經學家，説解屈賦不免要受到封建倫理道德觀的束縛，如他爲避免陷宓妃於淫逸，而改釋「夕歸次」兩句爲詩人自己「求之不得而夕歸」，致使文意上下扞格難通。這方面在初稿中尤爲明顯，如斥王逸「求簡狄」之説是「侮褻賢妃矣」，可喜的是定稿中已删，作者作了自我否定。書中牽强之處亦有之，如説九歌河伯：

> 屈原之歌河伯，歌辭但言相與遊而已，蓋投汨羅之意已决，故曰「靈何爲兮水中」，亦自謂也。又曰「波來迎」「魚媵予」，自傷也。

總覽全書，所失與所得相比是次要的，無損其在楚辭研究中的重要地位。

通釋釋山川名物，本是戴氏專長，所言多有根據，足資參證。

音義體例仿效陸德明經典釋文，其音讀、校勘、考證文義故實，可取者甚多。

據汪記，屈原賦注初刻於庚辰年（按，戴震辛巳夏再與盧侍講書亦云「去冬刻就屈原賦注」，可與此參證），即乾隆二十五年（一七六〇），其時戴震三十七歲。此即通常所稱歙縣汪氏不疏園刊本。是書前有盧文弨序，後有汪記，不標卷次。光緒十七年（一八九一）廣雅書局據汪本重雕版，此即廣雅書局叢書本，是書標明卷次，但後無汪記，並於音義題下書「休寧戴震撰」。民國十二年沔陽盧氏慎始基齋編湖北先正遺書影印精鈔本戴注屈原賦，此即湖北先正遺書本，是書前有盧序，後有汪記，並附盧弨記，亦不標卷次。盧弨記稱是書「得之廠肆」，「爲汪氏刻印前舊鈔」。但筆者以鈔本與汪本對校，發現凡汪本誤處，鈔本無不誤，而汪本不誤，鈔本或偶誤，如離騷「哀高丘之無女」，戴釋「淑女以比賢士，自視孤特，無賢士與己爲侶」，汪本不誤，而鈔本則誤「孤」爲「狐」，顯係寫誤。其尤著者，如音義下「仇也」，注云「俗本删去『四也』字」，此處汪本「四、也」二字互乙，鈔本誤亦同。汪本刻於戴震生前，絶不可能襲鈔本之誤，只能是鈔本襲汪本之誤。盧弨語殊無據。民國十三年建德周氏校刊本，同於汪本，盧序、汪記俱載，亦不標卷次。民國十九年商務印書館萬有文庫本，與廣雅書局本同，無汪記，分卷，斷句，但排列次序是音義居中（不載通釋的音義，亦與廣雅書局本同），通釋殿後，與上述各本皆不同。民國二十五年出版安徽叢書本。其影印原本書後藏書主人附記云：「吾郡僻陋，士之欲通經學道者，無從得師，即書亦難得。江慎修崛起於婺源，休寧戴東原繼之，天下推爲儒宗，然成之者，實爲歙汪梧鳳氏，先後禮致二人，斥千金購書，招士之好學者相與講貫其中，業成散去。此書爲汪氏所刻，流傳不多，因其關繫徽州雅故，遂什襲藏之。甲子臘月，城南居士。」由此可知安徽叢書本即據汪氏不疏園刊本影印。

這次整理以安徽叢書本爲底本，校以上列諸本，對戴氏所引書，也盡可能取原書核對，但囿於所見，如戴氏所引方晞原語，從段著戴譜及戴與方氏書，僅知方晞原名矩，有志於古文，是戴震「同鄉同志者」而已，至於其屈賦論著，則不知何書，俟異日訪考。又戴書中屈賦原文往往不同於文選、洪興祖楚辭補注、朱熹楚辭集注文字，如果三書中已列爲異文的，則不出校；如不同於三書正文，也不見於其異文者，則出校。又原底本不分卷，今按廣雅書局本分卷。

自序〔一〕

漢藝文志：「屈原賦二十五篇。」自離騷迄漁父，屈原所著書是也。漢初傳其書不名楚辭，故志列之賦首，又稱其作賦以風，有惻隱古詩之義。至如宋玉已下，則不免爲辭人之賦，非詩人之賦矣。予讀屈子書，久乃得其梗概，私以謂其心至純，其學至純，其立言指要歸於至純。二十五篇之書，蓋經之亞。說楚辭者，既碎義逃難，未能考識精核，且𠕋失其所以著書之指。今取屈子書注之，觸事廣類，俾與遺經雅記合致同趣。然後贍涉之士，諷誦乎章句，可明其學，睹其心，不受後人皮傅用相眩疑。書既稿就，名曰屈原賦，從漢志也。

休寧戴震。

屈原賦注卷一〔一〕

離騷

帝高陽之苗裔兮，朕皇考曰伯庸。攝提貞于孟陬兮，惟庚寅吾以降。

史記列傳：「屈原者，名平，楚之同姓也。元和姓纂云：『楚武王子瑕，食采於屈，因氏焉。』」世家：「楚之先祖，出自帝顓頊高陽。」曲禮：「父曰皇考。」爾雅：「朕，我也。」太歲在寅曰攝提格。亦通稱攝提。正月爲陬。馬季長注洛誥云：「貞，當也。」蓋攝提之年，當孟春寅月。

皇覽揆予初度兮，肇錫予以嘉名。名予曰正則兮，字予曰靈均。

皇，皇考也。爾雅：「肇，謀也。」言皇考以其始生有端善之度，爰以立名。鄭康成箋毛詩云：「靈，善也。」正則者平之謂。靈均者原之謂。

紛吾既有此内美兮，又重之以脩能。扈江離與辟芷兮，紉秋蘭以爲佩。

内美，生而質性容度之粹美。重，猶加也。脩能，好脩而賢能。扈者，掩襲不散之稱。

紉，猶貫也。此以芳草比嘉言懿行。

汩予若將不及兮，恐年歲之不吾與。朝搴阰之木蘭兮，夕擥洲之宿莽。日月忽其不淹兮，春與秋其代序。惟草木之零落兮，恐美人之遲莫。

承上而言，及時好脩。汩，方言云：「疾行也。南楚之外曰汩。」搴，説文云「拔取也。南楚語」〔三〕。小阜曰毗，大阜曰阰。擥，説文云「撮持也」。宿莽，猶禮記之稱宿草，謂陳根始復萌芽者。方言云：「莽，草也。南楚曰莽。」爾雅：「淹，久也。」惟，思也。草木零落，美人遲莫，皆過時之慨，即論語所云「四十五十而無聞，斯亦不足畏」是也。紀編脩曉嵐曰：「美人以謂盛壯之年耳。」

撫壯而棄穢兮，何不改乎此度也？乘騏驥以馳騁兮，來吾導夫先路也。昔三后之純粹兮，固衆芳之所在。雜申椒與菌桂兮，豈惟紉夫蕙茝？

又言以身先國士也。撫壯棄穢，承及時好脩言之。所以不改此度者，且導後來之賢士以先路也。國之所恃賴，非一賢可以成治，前王可鑒。三后，謂楚之先君賢而昭顯者，故徑省其辭，以國人共知之也。今未聞。在楚言楚，其熊繹、若敖、蚡冒三君乎？猶下武言「三后在天」，共知爲太王、王季、文王。

彼堯舜之耿介兮，既遵道而得路。何桀紂之昌披兮，夫惟捷徑以窘步！惟黨人之偷樂兮，路幽昧以險隘。豈予身之憚殃兮，恐皇輿之敗績。道之盛，舉堯、舜。失道，舉桀、紂，以明黨人亂政危國也。君之疏己由黨人，故先及之。昌披，王注云：「衣不帶之貌。皇，君也。」車覆曰敗績。禮記檀弓篇「馬驚敗績」，春秋傳「敗績厭覆是懼」，是其證。

忽奔走以先後兮，及前王之踵武。荃不察予之中情兮，反信讒而齊怒。武，迹也。荃、靈脩，相謂之美稱，篇内借以言君也。齊，讀如「天之方懠」之懠〔四〕。

第一段：自叙生平大略，而終於君之信讒。後四段乃反復推明之。

予固知謇謇之爲患兮，忍而不能舍也。指九天以爲正兮，夫惟靈脩之故也。初既與予成言兮，後悔遁而有他。予既不難夫離别兮，傷靈脩之數化。承上見怒於君，而自明事君之心，因追言君之曾任己，獨惜其變操不常，無任賢圖治之略。九天，天問篇所謂「圜則九重」是也。説文：「遁，遷也。」

予既滋蘭之九畹兮，又樹蕙之百畝。畦留夷與揭車兮，雜杜衡與芳芷。冀枝葉之峻茂兮，願竢時乎吾將刈。雖萎絶其亦何傷兮，哀衆芳之蕪穢。此以衆芳比賢才。畹，説文云：「三十畝也。」司馬法：「六尺爲步，步百爲畝。」畦，猶隴也。萎絶，黄落也。蕪穢，如後所云「蘭芷變而不芳」之屬是也。非誠好脩，有不隨世遇轉移乎？是屈原之所哀矣。

衆皆競進而貪婪兮，憑不厭乎求索。羌内恕己以量人兮，各興心而嫉妒。

憑，王注云：「滿也。楚人名滿曰憑。」羌，吕延濟云「乃也」。黨人推己之心度人，而目竭忠進賢者以爲與己相傾。此讒之所由起與？

忽馳騖以追逐兮，非予心之所急。老冉冉其將至兮，恐脩名之不立。朝飲木蘭之墜露兮，夕餐秋菊之落英。苟予情其信姱以練要兮，長顑頷亦何傷？掔木根以結茝兮，貫薜荔之落蕊。矯菌桂以紉蕙兮，索胡繩之纚纚。謇吾法夫前脩兮，非世俗之所服。雖不周于今之人兮，願依彭咸之遺則。

冉冉，吕向云「漸漸也」。脩名，猶賢名。信，猶洵也。練要，精練要約也。顑頷，説文云：「飯不飽，面黄起行也。」掔，引也。矯，舉也，語之轉。周，合也。彭咸，未聞，蓋前脩之足爲師法者，書闕不可考矣。

第二段：申言被讒之故，而因自明其志如此。

長太息以掩涕兮，哀民生之多艱。予雖好脩姱以鞿羈兮，謇朝誶而夕替。既替予以蕙纕兮，又申之以擥茝。亦予心之所善兮，雖九死其猶未悔。

概言民生多艱，所以自慨也。鞿羈，繫制馬者。誶，告也。韓詩云「諫也」。替，廢也。

言朝告君而夕見廢。纕，王注云「佩帶也」。蕙纕、擥茝，喻所陳告之事，言己之進於君者雖屢擯，而必以善道，不改所操也。

怨靈脩之浩蕩兮，終不察夫民心，衆女嫉予之蛾眉兮，謡諑謂予以善淫。浩蕩，漫散無檢柙也〔五〕。原以正道事亂世之君，固易致疏遠矣。泛云「不察民心」，以謂君之不己察，而毁譖得行也。諑，愬也。楚已南謂之諑，方言云。

固時俗之工巧兮，偭規矩而改錯。背繩墨以追曲兮，競周容以爲度。忳鬱邑予侘傺兮，吾獨窮困乎此時也。寧溘死而流亡兮，予不忍爲此態也。鷙鳥之不羣兮，自前世而固然。何方圜之能周兮，夫孰異道而相安！屈心而抑志兮，忍尤而攘詬。伏清白以死直兮，固前聖之所厚。

偭，説文云「鄉也」〔六〕。侘傺，王注云「失志貌」。溘，忽也。攘，讀爲讓。言不忍爲時俗工巧，誠如鷙鳥不羣，方圜異道，寧受一時之尤詬，而爲前聖所取也。

第三段：言君信讒之故，而己終不隨流俗，以申前意也。

悔相道之不察兮，延佇乎吾將反。回朕車以復路兮，及行迷之未遠。前皆言爲世所尤，則固行迷之當悔者。此下猶言焉往而不得吾之好脩哉，何必遵迷途而不反也。

步予馬於蘭臯兮，馳椒丘且焉止息。進不入以離尤兮，退將脩吾初服。

承上「回車復路」言也，鑒前之進而遭尤，今固可脩初服以隱退矣。王注：「澤曲曰臯。」

製芰荷以爲衣兮，集芙蓉以爲裳。不吾知其亦已兮，苟予情其信芳。高予冠之岌岌兮，長予佩之陸離。芳與澤其雜糅兮，惟昭質其猶未虧。忽反顧而遊目兮，將往觀乎四荒。佩繽紛其繁飾兮，芳菲菲其彌章。

言服退隱之服，但以自芳，不必求人知。高冠長佩，即涉江篇所云「予幼好此奇服，年既老而不衰」也，以寓從吾所好之意。惟，辭也。昭質，謂明潔之質。反顧，自視也。往觀四荒，猶言無往不自得也。

民生各有所樂兮，予獨好脩以爲常。雖體解吾猶未變兮，豈予心之可懲！

進而事君，退而隱遁，要不變其好脩，故曰好脩以爲常。

第四段：　設爲退隱之思，言事君雖不得，而好脩不變，亦以申前意。

女嬃之嬋媛兮，申申其詈予。曰：鮌婞直以亡身兮，終然夭乎羽之野。女何博謇而好脩兮，紛獨有此姱節。薋菉葹以盈室兮，判獨離而不服。衆不可户説兮，孰云察予之中情？世並舉而好朋兮，夫何煢獨而不予聽！

女嬃，賈侍中說「楚人謂姊爲嬃」是也。博謇，博古而有謇謇之行。薋菉葹，喻衆之所尚，原獨判然捨棄之。「察予」之予，予屈原也。「予聽」之予，女嬃自予也。

依前聖以節中兮，喟憑心而歷兹。濟沅湘以南征兮，就重華而陳辭。

此下陳辭，以自明其所學之正。歷兹，猶言至此也。重華，舜號也。

啓九辯與九歌兮，夏康娱以自縱。不顧難以圖後兮，五子用失乎家巷。羿淫遊以佚田兮，又好射夫封狐。固亂流其鮮終兮，浞又貪夫厥家。澆身被服强圉兮，縱欲而不忍。日康娱而自忘兮，厥首用夫顛隕。夏桀之常違兮，乃遂焉而逢殃。后辛之菹醢兮，殷宗用之不長。

啓，夏后啓也。九辯，未聞。九歌，周官大司樂所謂「九德之歌」，春秋傳引夏書「勸之以九歌」是也。言啓作九辯、九歌，示法後王，而夏之失德也，康娱自縱以致喪亂。「康娱」二字連文，篇内凡三見。封，大也。羿淫于原獸，浞殺羿而取其室，是生澆。不忍，謂不能自止其欲也。事見春秋傳襄四年及哀元年。

湯禹儼而祗敬兮，周論道而莫差。舉賢而授能兮，循繩墨而不頗。皇天無私阿兮，覽民德焉錯輔。夫惟聖哲以茂行兮，苟得用此下土。

覽民德錯輔，言德可以君天下，天爲之篤生賢哲佐之。爾雅：「茂，勉也。」方晞原云〔七〕：三代之興也如此，其亂亡也如彼。無他，祗敬、康娱之分也。就重華陳辭，故遂言其已後之治亂昭然者。

瞻前而顧後兮，相觀民之計極。夫孰非義而可用兮，孰非善而可服？阽予身而危死兮，覽予初其猶未悔。不量鑿而正枘兮，固前脩以菹醢。

阽，說文云「壁危也」。言人情計變所極，已周詳審視，知其未有踰乎義與善而可行者，故雖危死不悔。猶之不量鑿而徒正枘以納之，固前脩所以至菹醢者也。明守正以死，君子之常，又何怪乎？史記曰：「持方枘欲內圜鑿，其能入乎？」「不量鑿而正枘」之謂也，此伯夷、孔子、孟軻之道矣。

曾歔欷予鬱邑兮，哀朕時之不當。擥茹蕙以掩涕兮，霑予襟之浪浪。

當，猶遇也。茹，柔也。爾雅：「衣眥謂之襟。」

第五段：借女嬃之言而因之陳辭。言熟觀古今治亂，得其中正之道如是，此所以與世不合之端，已必不可變者也，申前未盡之義。

跪敷衽以陳辭兮，耿吾既得此中正。駟玉虬以乘鷖兮，溘埃風予上征。

衽，謂衣裳旁幅交裂者。耿，猶昭也。

朝發軔于蒼梧兮，夕予至乎縣圃。欲少留此靈瑣兮，日忽忽其將莫。吾令羲和弭節兮，望崦嵫而勿迫。路曼曼其脩遠兮，吾將上下而求索。飲予馬于咸池兮，總予轡乎扶桑。折若木以拂日兮，聊須臾以相羊。前望舒使先驅兮，後飛廉使奔屬。鸞皇爲予先戒兮，雷師告予以未具。

軔，礙輪木也，車行則去之。瑣，琅當也，户邊青鏤爲瑣文，謂之青瑣。漢舊儀「黄門令日莫入，對青瑣丹墀拜，名曰夕郎」是也。弭，止也。弭節，謂止其行節。脩，長也。上下，猶云登降。天官書：「西宫咸池，曰天五潢。」

吾令鳳鳥飛騰兮，繼之以日夜。飄風屯其相離兮，率雲蜺而來御。紛總總其離合兮，斑陸離其上下。吾令帝閽開關兮，倚閶闔而望予。時曖曖其將罷兮，結幽蘭而延佇。世溷濁而不分兮，好蔽美而嫉妒。

爾雅：「回風爲飄。」飄風、雲蜺，言其沮隔也。説文：「閽，常以昏閉門隷也。」關，以木横持門户也。楚人名門曰閶闔。

第六段：託言往見古先哲王之在天者以自廣，卒沮隔於飄風雲蜺，欲進不遂，因以歎溷濁之世，大致如斯。

朝吾將濟于白水兮，登閬風而緤馬。忽反顧以流涕兮，哀高丘之無女。

淑女，以比賢士。自視孤特，哀無賢士與己爲侣，此原求女之意也。

溘吾遊此春宫兮，折瓊枝以繼佩。及榮華之未落兮，相下女之可詒。

春宫，王注云「東方青帝舍也」。瓊，玉色美也，因以爲凡潔美之通稱。爾雅：「草謂之榮，木謂之華。」下女，侍女也。所折瓊枝，當及其榮華未落，以詒下女，使通己之志於淑女也。

吾令豐隆乘雲兮，求宓妃之所在。解佩纕以結言兮，吾令蹇脩以爲理。紛總總其離合兮，忽緯繣其難遷。夕歸次于窮石兮，朝濯髮乎洧盤。保厥美以驕敖兮，日康娱以淫遊。雖信美而無禮兮，來違棄而改求。

所在，謂其地也。念古昔，思來者，故求其地而往，以冀遇今之淑女。蹇脩，媒之美稱，蹇蹇而脩治，不阿曲也。理，猶治也，主治事者之稱。緯繣，結礙也。次，舍止也。求之不得而夕歸，因言所遇者，大致驕敖淫遊，不崇禮敬，是以棄之而來，更求諸他處也。

覽相觀于四極兮，周流乎天予乃下。望瑶臺之偃蹇兮，見有娀之佚女。吾令鴆爲媒兮，鴆告予以不好。雄鳩之鳴逝兮，予猶惡其佻巧。心猶豫而狐疑兮，欲自適而不可。鳳皇既受詒兮，恐高辛之先我。

佚女，若詩「游女」也〔八〕。言望瑶臺舊迹，見有佚豫之女，鳩、鴆，比讒佞小人也。詒，謂所致之物以聘者。鳩、鴆不足徵信，自適則又非禮，故更使鳳皇受詒而去。然前我者，既有高辛得簡狄之事矣。恐是地無遺賢，嘉遇之不有再也。

欲遠集而無所止兮，聊浮游以逍遥。及少康之未家兮，留有虞之二姚。理弱而媒拙兮，恐導言之不固。世溷濁而嫉賢兮，好蔽美而稱惡。

方少康未家之時，若留此有虞之二姚以待之，故思往事，而冀今之所遇亦然。因言爲理者弱而不堪治事，爲媒者拙而無善辭，恐終不可求也。虞思妻少康事，見春秋傳哀元年。

第七段：託言欲求淑女以自廣，故歷往賢妃所産之地，冀或一遇於今日，而無良媒以通己志，因言世之溷濁，無所往而可者。

閨中既以邃遠兮，哲王又不寤。懷朕情而不發兮，予焉能忍與此終古！

承上而言，欲求淑女，則閨中深遠。欲見哲王，則哲王不遇，安能與溷濁之世久居乎？爾雅：「宮中之門謂之闈，其小者謂之閨。」寤，猶逜也〔九〕。鄭康成注考工記曰：「齊人之言終古，猶言常也。」

索瓊茅以筳篿兮，命靈氛爲予占之。曰：兩美其必合兮，孰信脩而慕之？思九州之博大兮，豈惟是其有女？曰：勉遠逝而無疑兮，孰求美而釋女？何所獨無芳草兮，爾何懷乎故宇？世幽昧以眩曜兮，孰云察予之善惡？民好惡其不同兮，惟此黨人其獨異！户服艾以盈要兮，謂幽蘭其不可佩。覽察草木其猶未得兮，豈珵美之能當？蘇糞壤以充幃兮，謂申椒其不芳。

以，猶與也，語之轉。小斷竹謂之筳。篿，王注云「楚人名結草折竹以卜曰篿」是也。靈氛，卜師之稱，謂善望氣氛。信脩，洵能好脩者也。上既思遠逝以聊發其情，此更設爲命占之辭，言兩美必合，理之常也。苟同德相慕，孰爲信脩而慕己之美者乎？惟是，謂宓妃之所在，及有娀、有虞也。承前求女徒拘於是數地，而更言九州之廣，何地無賢，卜其往有所遇否也。靈氛以吉占決之，勸以遠逝勿疑，原乃自念，處此濁世無有能知己者。珵，玉笏之首，不杼者也。凡六寸，通下玉笏，共長三尺。鄭康成注禮引相玉書曰「珵玉六寸明自炤」是也。不能當珵美，言對之而茫然莫辨。蘇，索也，語之轉。王注：「幃謂之幐。幐，香囊也。」

第八段：命靈氛爲卜其行，而因念世之棄賢如此。

欲從靈氛之吉占兮，心猶豫而狐疑。巫咸將夕降兮，懷椒糈而要之。百神翳其備降兮，九疑繽其並迓。皇剡剡其揚靈兮，告予以吉故。

巫咸，殷之傳天數者。饊謂之糈。迓，迎也。靈氛之吉占，本問之於神者，此更因巫咸以致百神，而神則告以吉之故也。

曰：勉升降以上下兮，求榘矱之所同。湯禹嚴而求合兮，摯咎繇而能調。苟中情其好脩兮，又何必用夫行媒。說操築于傅巖兮，武丁用而不疑。呂望之鼓刀兮，遭周文而得舉。

甯戚之謳歌兮，齊桓聞以該輔。

巫咸致百神之言，證明所以宜遠逝而已。此之謂吉故。王注：「彠，度也。合，匹也。該，備也。」

及年歲之未晏兮，時亦猶其未央。恐鵜鴂之先鳴兮，使夫百草爲之不芳。

此屈原自念及時當去，下乃反覆以明不可不去。年歲，謂人壽。央，中也。時將中，則衆芳欲謝，鵜鴂以五月鳴，適其候。

何瓊佩之偃蹇兮，衆薆然而蔽之。惟此黨人之不諒兮，恐嫉妒而折之。

瓊佩偃蹇，比己之好脩以爲常，言恐重見嫉害也。

時繽紛其變易兮，又何可以淹留？蘭芷變而不芳兮，荃蕙化而爲茅。何昔日之芳草兮，今直爲此蕭艾也？豈其有他故兮，莫好脩之害也。予以蘭爲可恃兮，羌無實而容長。委厥美以從俗兮，苟得列乎衆芳。椒專佞以慢慆兮，榝又欲充夫佩幃。既干進而務入兮，又何芳之能祇？固時俗之流從兮，又孰能無變化？覽椒蘭其若茲兮，又況揭車與江離。

衆芳變化，比人之隨世遇轉移，何能淹留視此乎？委厥美以從俗，自棄其美也。能祇者，敬而不失之謂。

惟茲佩其可貴兮，委厥美而歷茲。芳菲菲而難虧兮，芬至今猶未沬。

委厥美而歷茲，言人棄其美，所謂衆薆然蔽之也。沬，猶微也。香將已而微曰沬。

第九段：既又聞吉占之故，而復審之於己，言不獨世棄賢，扃所稱賢者，亦往往因之自棄，惟己則不隨流俗遷改，計有去此而已。

和調度以自娱兮，聊浮游而求女。及予飾之方壯兮，周流觀乎上下。靈氛既告予以吉占兮，歷吉日乎吾將行。折瓊枝以爲羞兮，精瓊爢以爲粻。爲予駕飛龍兮，雜瑶象以爲車。何離心之可同兮，吾將遠逝以自疏。

仍託之求女，承前求淑女未遂爲辭。其命占亦曰「豈惟是其有女」，蓋不忍言絶君以去也。聊浮游求之，意主乎遠逝自疏耳。爢，糁也。瑶，玉之次。象，象齒。

邅吾道夫崑崙兮，路脩遠以周流。揚雲蜺之晻藹兮，鳴玉鸞之啾啾。朝發軔于天津兮，夕予至乎西極。鳳皇翼其承旂兮，高翱翔之翼翼。忽吾行此流沙兮，遵赤水而容與。麾蛟龍使梁津兮，詔西皇使涉予。路脩遠以多艱兮，騰衆車使徑待。路不周以左轉兮，指西海以爲期。

戰國時，言仙者託之昆侖，故多不經之説，篇内寓言及之，不必深求也。韓詩云：「鸞在衡，和在軾。」天津，天潢也。周官司常曰「交龍爲旂」，爾雅「有鈴曰旂」。西皇，據月令，帝少皡也。

屯予車其千乘兮，齊玉軑而並馳。駕八龍之婉婉兮，載雲旗之委移。抑志而弭節兮，神高馳之邈邈。奏九歌而舞韶兮，聊假日以媮樂。

軑，轂端錔也。方言：「關之東西曰輨，南楚曰軑，趙、魏之間曰錬鏅。」齊玉軑，言並轂而馳。周官司常曰：「熊虎爲旗。」爾雅：「邈邈，悶也。」蓋神馳而無所終極，踰增煩愠〔一○〕。顔師古云：「此言遭遇幽戹，中心愁悶，假延日月，苟爲娱樂耳。」

升皇之赫戲兮，忽臨睨夫舊鄉。僕夫悲予馬懷兮，蜷局顧而不行。

皇，毛詩云「天也」。

第十段：託言遠逝所至，憂思不解，志在睠顧楚國終焉。

亂曰：已矣哉，國無人莫我知兮，又何懷乎故都！既莫足與爲美政兮，吾將從彭咸之所居。

韋昭注國語云：「凡作篇章，篇義既成，撮其大要爲亂辭。」

校　注

〔一一〕不疏園本、廣雅書局本、湖北先正遺書本皆無「自序」二字，萬有文庫本有，恐爲編輯者所加，今依該本補「自序」二字。

〔二〕卷一　二字依廣雅書局本補，以下各卷同此。

〔三〕此所引見説文「搴」字注。許慎引離騷「朝搴阰之木蘭兮」，「搴」作「搴」，段注「九輦切」。戴氏引「搴」字許慎注，正以「搴」同「搴」。

〔四〕天之方懠　見詩經大雅板第五章，毛傳：「懠，怒也。」

〔五〕檢柙　猶言法度。

〔六〕段玉裁注説文云：「鄉，今人所用之向字也。」又云：「許言鄉，不言背者，述其本義也。古通作面。」按：依段注「鄉也」是「偭」字本義，此處當從王逸注「偭，背也」。

〔七〕方晞原　戴震文集作「方希原」。

〔八〕游女　見詩周南漢廣，毛傳「漢上游女，不可求思」，陳奂疏「出游之女不可求」。

〔九〕此用爾雅釋言文，郝懿行爾雅義疏云「㾢」假借作「牾」，又通「迕」，一切經音義七引聲類云迕，逆不遇也。按：戴氏從爾雅文，蓋釋「不㾢」爲「逆不遇」之意。

〔一〇〕踰　依句意當作「愈」，本書「愈」字皆以「踰」字替代，音義云：「愈字古通作踰，或作逾。」按本書初稿皆用「愈」本字，與定稿不同。

屈原賦注卷二

九　歌

九歌，遷於江南所作也。昭誠敬，作東皇太一；懷幽思，作雲中君：蓋以況事君精忠也。致怨慕，作湘君、湘夫人，以己之棄於人世，猶巫之致神而神不顧也。正於天，作大司命、少司命，皆言神之正直，而惓惓欲親之也。懷王入秦不反，而頃襄繼世，作東君，末言狼弧，秦之占星也〔一〕，其辭有報秦之心焉。從河伯水遊，作河伯。與魑魅爲羣，作山鬼。閔戰争之不已，作國殤。恐常祀之或絶，作禮魂。

吉日兮辰良，穆將愉兮上皇。撫長劍兮玉珥，璆鏘鳴兮琳琅。

言卜日齋肅劍佩以禮神也。日，十日。辰，十二子。穆，猶穆穆。爾雅：「穆穆，敬也。」愉，樂也。禮事上皇，敬以將其和樂。玉珥，王注云「謂劍鐔也」。璆鏘，玉聲。琳，即禹貢「球琳」，美玉也。琅，即琅玕，或謂之珠樹，或謂之碧樹。其赤者爲珊瑚，或謂之火樹。

瑶席兮玉鎮，盍將把兮瓊芳。蕙肴烝兮蘭藉，奠桂酒兮椒漿。揚枹兮拊鼓，疏緩節兮安歌，陳竽瑟兮浩倡。

盍，爾雅云「合也」。將，猶持也。把，秉也，語之轉。肴烝，禮之折俎也。骨折謂之肴，俎實曰烝。漿，禮注謂之「截漿」〔二〕，酢漿也。枹，鼓杖。鄭仲師注周官笙師云：「竽，三十六簧。」

靈偃蹇兮姣服，芳菲菲兮滿堂。五音紛兮繁會，君欣欣兮樂康。

上章陳所以享神者，此章則言神降於巫，而享其芬香音樂也。方言：「凡好而輕者，謂之姣。」

東皇太一三章　古未有祀太一者，以太一爲神名，殆起於周末，漢武帝因方士之言，立其祠長安東南郊，唐、宋祀之尤重。蓋自戰國時奉爲祈福神，其祀最隆。故屈原就當時祀典賦之，非祠神所歌也。天官書：「中宫天極星，其一明者，太一常居也。」吕向曰：「祠在楚東，故云東皇，未聞其審。」

浴蘭湯兮沐芳，華采衣兮若英。靈連蜷兮既留，爛昭昭兮未央。

言巫之潔以致神，故神留之，光爛方盛。

蹇將憺兮壽宮，與日月兮齊光。龍駕兮帝服，聊翱遊兮周章。

壽宮，薛瓚漢書集注云「奉神之宮」。帝服，謂所服皆帝者之飾。此章言欲神安於壽宮，而神乃翱遊將去。

靈皇皇兮既降，猋遠舉兮雲中。覽冀州兮有餘，橫四海兮焉窮。思夫君兮太息，極勞心兮忡忡。

爾雅：「皇皇，美也。」承上而言，神之既降于是，忽猋然遠舉，極中國四海，在其覽觀橫被之内，令人思之彌勞也。鄭康成注禮記云：「橫，充也。」

雲中君三章　雲師也。周官大宗伯「以槱燎祀飌師、雨師」，而不及雲師，殆戰國時有增入祀典者，故屈原得舉其事賦之。漢郊祀志：「晋巫祠五帝、東君、雲中君之屬。」是漢初猶承舊俗，其後不入秩祀。唐天寶五年始祀雷師，至明乃復增雲師之祀。

君不行兮夷猶，蹇誰留兮中洲？美要眇兮宜修，沛吾乘兮桂舟。令沅湘兮無波，使江水兮安流。望夫君兮未來，吹參差兮誰思！

周官：「凡以神仕者在男曰覡，在女曰巫。」巫亦通稱也。男巫事陽神，女巫事陰神。

湘君、湘夫人並陰神，用女巫明矣。二歌不陳享神之物及主祭者之辭，以神不來，但使巫致之也。其非祠神所歌，於斯可決。此章託爲巫與神期約，而候之不至，故曰湘君猶豫不行，爲誰留於中洲乎？我脩飾美好，乘舟往迎，則願無波濤之險。且行且望，以君之未來，吹參差思之，當復誰思也？應仲遠風俗通義記簫云：「其形參差，像鳳之翼。」

駕飛龍兮北征，邅吾道兮洞庭。薜荔拍兮蕙綢，蓀橈兮蘭旌。望涔陽兮極浦，横大江兮揚靈。

此章承上往迎神而言。飛龍，舟名。自沅、湘以望涔陽，故曰北征。洞庭在其中，道所邅回也。拍，王注云「搏壁也」。劉成國釋名云：「搏壁，以席搏著壁也。」此謂舟之閤閭搏壁矣。綢，韜也。方言：「楫謂之橈，或謂之櫂。」周官司常曰：「析羽爲旌。」爾雅注：「旄首曰旌。」何休注公羊春秋云：「水北曰陽。」風土記：「大水有小口別通曰浦。」揚靈，巫自謂揚己之靈，欲以通於神也。

揚靈兮未極，女嬋媛兮爲予太息〔三〕。横流涕兮潺湲，隱思君兮陫側。

言揚己之靈，未至神所，恍若神之侍女爲己太息也。隱，痛也。

桂櫂兮蘭枻，斲冰兮積雪。采薜荔兮水中，搴芙蓉兮木末。心不同兮媒勞，恩不甚兮輕絶。

舷謂之枻，或謂之舥〔四〕。斲冰積雪，王注云「舉其櫂楫，斲斫冰凍，紛然如積雪」是也。

石瀨兮淺淺，飛龍兮翩翩。交不忠兮怨長，期不信兮告予以不閒。

瀨，説文云「水流沙上也」。水淺則龍不居，情薄則望不至。

朝騁騖兮江皐，夕弭節兮北渚。鳥次兮屋上，水周兮堂下。

前三章皆離憂之辭。此章承上横大江言之，故曰騁騖江皐也。終朝往來，至夕而止於北渚，但見鳥與水而已。皐，春秋傳所謂隰皐。杜元凱注云「水崖下濕」是也。北渚，洞庭之北。韓詩云：「一溢一否曰渚。」

捐予玦兮江中，遺予佩兮澧浦。采芳洲兮杜若，將以遺兮下女。時不可兮再得，聊逍遥兮容與。

玦，如環而闕不連。

湘君七章　史記：「始皇問博士曰：『湘君何神？』博士對曰：『聞之，堯女，舜之妻，而葬此。』」蓋統言之，但曰湘君；分別言之，正妃稱君，次妃降稱夫人。楚人因二妃之葬在黃陵，奉以爲湘水神，本民間不經之説。二妃固不隨愚民俗議，而享其褻越之祭矣。屈原爲歌辭，託意於神既不來，巫猶竭誠盡忠思之，用輸寫其事君之幽思如是也。

帝子降兮北渚，目眇眇兮愁予。嫋嫋兮秋風，洞庭波兮木葉下。

眇眇，遠視貌。此亦託爲巫與神期約而候之不至，故曰「帝子降兮北渚」矣，意之之辭也。繼曰望之踰遠，使我心愁，但見秋風水波及木葉落，不與神遇也。

登白薠兮騁望，與佳期兮夕張。鳥何萃兮蘋中。罾何爲兮木上？

佳，説文云「善也」。佳期，猶吉期。言步白薠之上以縱望之。本與神爲吉期，故前夕張設，待其來降。罾，橑罟也。又因所見而言鳥與罾之處非其宜，蓋疑此地不足以待神矣。

沅有芷兮澧有蘭，思公子兮未敢言。荒忽兮遠望，觀流水兮潺湲。

公子，猶帝子。此章言思望之甚，但見流水潺湲，不見神之來也。

麋何食兮庭中，蛟何爲兮水裔？朝馳予馬兮江皋，夕濟兮西澨。聞佳人兮召予，將騰駕兮偕逝。築室兮水中，葺之兮荷蓋。

裔，邊也。見物之失其居，疑事多反側。澨，説文云「埤增水邊土，人所止者」。葺，茨也。言馳江皋、濟西澨以求之，恍若聞神之使者召己，欲與偕往，更依邇神之所在，集衆芳以成室，庶幾神留止也。

荃壁兮紫壇，播芳椒兮成堂。桂棟兮蘭橑，辛夷楣兮葯房。罔薜荔兮爲帷，擗蕙櫋兮既張。白玉兮爲鎮，疏石蘭兮爲芳。芷葺兮荷屋，繚之兮杜衡。

紫，紫貝。壇，高誘云「楚人謂中庭爲壇」是也。棟，儀禮謂之阿，或謂之極。複屋棟謂之棼。橑，周謂之榱，秦謂之椽，齊、魯之間謂桷。楣，或謂之梁。古者堂室南北五架，正中曰棟，次棟曰楣，北楣已北爲室與房。櫋，屋櫋聯也，或謂之檐，或謂之屋梠。禮注謂之「承壁材」。

合百草兮實庭，建芳馨兮廡門。九疑繽兮並迎，靈之來兮如雲。

堂下至門謂之庭。檐所覆謂之廡。言築室既成，而舜又使九疑之神來迎之以去也。

捐予袂兮江中，遺予褋兮澧浦。搴汀洲兮杜若，將以遺兮遠者。時不可兮驟得，聊逍遥兮容與。

褎謂之袂。方言：「襌衣，江、淮、南楚之間謂之褋，關之東西謂之襌衣。」汀，說文云「平也」。遠者，即下女，以其從之遠去言耳。

湘夫人七章

廣開兮天門，紛吾乘兮玄雲。令飄風兮先驅，使涷雨兮灑塵。

言神乘玄雲而行也。爾雅：「暴雨謂之涷。」

君回翔兮以下，踰空桑兮從女。紛總總兮九州，何壽夭兮在予！

言神來而已往從，因又言司命主生人壽夭，其權偏統九州。

高飛兮安翔，乘清氣兮御陰陽。吾與君兮齊速，導帝之兮九阬。

言己從神以佐天帝也。禮記玉藻篇曰：「見所尊者齊遫。」鄭康成注云：「謙慤貌也。遫，猶蹙蹙也。」九阬，義未聞〔五〕。

靈衣兮披披，玉佩兮陸離。壹陰兮壹陽，衆莫知兮予所爲。

此又言陰陽循環，司命所爲，衆人莫知也。已上得與司命相從，是其先之合。

折疏麻兮瑶華，將以遺兮離居。老冉冉兮既極，不寖近兮踰疏。

離居，謂前相從，而今離隔也。

乘龍兮轔轔，高馳兮沖天。結桂枝兮延竚，羌踰思兮愁人。

言今雖與神離隔，尚未至有虧道相絶也。願若今之無虧，則離而未必不可合耳。皆欲親之之辭。

愁人兮奈何，願若今兮無虧。固人命兮有當，孰離合兮可爲！

因又言即此離合之不偶，固命有當然，非人所得爲，以結前得相從而後離居之意。

大司命七章　三台〔六〕，上台曰司命，主壽夭，九歌之大司命也。文昌宫四曰司命，主災祥，九歌之少司命也。周官大宗伯「以槱燎祀司中、司命」，雖在祀典，然二歌皆非祭辭也。論語曰：「道之將行，命也。道之將廢，命也。」懷王初甚任屈原，後乃以讒疏黜之，故二歌並託於與司命離合爲辭。天之司命，亦猶下之居位大臣，所以有「與君齊速」及「宜爲民正」之語。

秋蘭兮蘪蕪，羅生兮堂下。緑葉兮素枝，芳菲菲兮襲予。夫人兮自有美子，荃何以兮愁苦？

秋蘭兮青青，緑葉兮紫莖。滿堂兮美人，忽獨與予兮目成。

二章皆詩之興體，從今之離憂，而追其始之嘗相得。先設爲人詰己之辭，言此人自有所美之子，意屬彼不屬此矣，爾何以思之愁苦乎？因答是問，言嘗於美人集會之中，獨親己也。成者，結好之謂。

入不言兮出不辭，乘回風兮載雲旗。悲莫悲兮生别離，樂莫樂兮新相知。

荷衣兮蕙帶，儵而來兮忽而逝。夕宿兮帝郊，君誰須兮雲之際。

與汝沐兮咸池，晞女髮兮陽之阿。望美人兮未來，臨風怳兮浩歌。

言欲與神共沐於咸池，晞髮於陽阿，望之未來，怳然長歌以寄其思。爾雅：「大陵曰阿。」

毛詩云：「曲陵曰阿。」陽阿，猶書之「暘谷」，以日出之方名之也。

孔蓋兮翠旍，登九天兮撫彗星，竦長劍兮擁幼艾，荃獨宜兮爲民正。

孔蓋，以孔雀尾飾車蓋也。旍，旌垂鈴也。彗星，或謂之掃星，妖星也，按撫之，使不爲災害。幼艾，少艾也。以比善人，欲爲扞禦而擁護之。此章言己之愁苦思神，而爲離合之感者，非有私意干之，特望其爲民正耳。

少司命六章

暾將出兮東方，照吾檻兮扶桑。撫予馬兮安驅，夜皎皎兮既明。駕龍輈兮乘雷，載雲旗兮委移。長太息兮將上，心低回兮顧懷。羌聲色兮娱人，觀者憺兮忘歸。

二章言日之初出，其神自下而上，于是作樂舞以迎之，而音聲容色之盛，令人忘歸。輈，輿下任正者也。大車謂之轅。

緪瑟兮交鼓，簫鍾兮瑶虡。鳴鯱兮吹竽，思靈保兮賢姱。翾飛兮翠曾，展詩兮會舞。應律兮合節，靈之來兮蔽日。

緪，絃急也。簫，擊也。樂器所縣，横曰栒，植曰虡。鯱，以竹爲之，八空。靈保，謂巫也。

翠曾，言靈保之舞，輕若翠舉也。

青雲衣兮白蜺裳，舉長矢兮射天狼。操予弧兮反淪降，援北斗兮酌桂漿。撰予轡兮高馳翔，杳冥冥兮以東行。

青、白，以東、西方色爲飾。天狼一星，弧九星，皆在西宮。北斗七星，在中宮。天官書：「秦之疆也，占於狼弧〔七〕。」此章有報秦之心，故舉秦分野之星言之，用是知九歌之作在懷王入秦不反之後，歌此以見頃襄之當復讎，而不可安於聲色之娱也。援北斗以酌桂漿，則施德布澤之喻。撰者，理而總之也。

東君四章　日也。禮記祭義篇曰：「祭日於壇。」又曰：「祭日於東。」祭法篇曰：「王宫祭日也。」此歌備陳樂舞之事，蓋舉迎日典禮賦之。

與女遊兮九河，衝風起兮橫波。乘水車兮荷蓋，駕兩龍兮驂螭。登崑崙兮四望，心飛揚兮浩蕩。日將莫兮悵忘歸，惟極浦兮寤懷。

九河，河之委〔八〕。崑崙，河之源。浦，則别通之口。言徧遊之也。

魚鱗屋兮龍堂，紫貝闕兮朱宫，靈何爲兮水中？

此言至河伯所居。

乘白黿兮逐文魚，與汝遊兮河之渚，流澌紛兮將來下。

澌，冰解散也。言至洲側，觀流水，將與河伯別也。

子交手兮東行，送美人兮南浦。波滔滔兮來迎，魚鄰鄰兮媵予。

言河伯執手送己，將由南浦以歸也。河在楚之北。媵之言送也，從也。

河伯五章　河神也。春秋傳：「楚昭王有疾，卜曰：河爲祟。王弗祭，曰：三代命祀，祭不越望〔九〕，江、漢、睢、漳，楚之望也。不穀雖不德，河非所獲罪也。」孔子許爲知天道。楚人不祭河，昭王之事是其證。屈原之歌河伯，歌辭但言相與遊而已，蓋投汨羅之意已決，故曰「靈何爲兮水中」，亦以自謂也。又曰「波來迎」「魚媵予」，自傷也。

若有人兮山之阿，被薜荔兮帶女蘿。既含睇兮又宜笑，子慕予兮善窈窕。

擬山鬼之狀，而因代其語。睇，説文云「目小視也」。窈窕，容也。

乘赤豹兮從文貍，辛夷車兮結桂旗。被石蘭兮帶杜衡，折芳馨兮遺所思。予處幽篁兮終不見天，路險難兮獨後來。

言山鬼之出，而因代其語。上章山鬼謂人慕己，此章則山鬼親人。篁，竹叢也。

表獨立兮山之上，雲容容兮而在下，杳冥冥兮羌晝晦，東風飄兮神靈雨。留靈脩兮憺忘歸〔一〇〕，歲既晏兮孰華予？

此言人至山鬼之所而留之。已下三章則所留之人既去，而爲離憂之辭也。

采三秀兮於山間，石磊磊兮葛蔓蔓。怨公子兮悵忘歸，君思我兮不得閒。

山中人兮芳杜若，飲石泉兮蔭松柏，君思我兮然疑作。雷填填兮雨冥冥，猨啾啾兮狖夜鳴，風颯颯兮木蕭蕭，思公子兮徒離憂。

三章之次：始望其來，曰意者君思我而不得閒乎；繼望之不來，則莫必其思我，而疑信交作也；終望之甚，曰徒我思君，如此離憂耳。

山鬼六章　通篇皆爲山鬼與己相親之辭，亦可以假山鬼自喻，蓋自弔其與山鬼爲伍，又自悲其同乎山鬼也。歌辭反側讀之，皆其寄意所在。此歌與涉江篇相表裏，以此知九歌之作，在頃襄復遷之江南時也。

操吳戈兮被犀甲，車錯轂兮短兵接。旌蔽日兮敵若雲，矢交墜兮士争先。

此章言其戰。戈，句孑戟也，或謂之雞鳴，或謂之擁頸。考工記：「犀甲，壽百年。」

陵予陳兮躐予行〔一一〕，左驂殪兮右刃傷。霾兩輪兮縶四馬，援玉枹兮擊鳴鼓。天時懟兮威靈怒，嚴殺盡兮棄原野。

此章言其陳亡。

出不入兮往不反，平原忽兮路超遠。帶長劍兮挾秦弓，首雖離兮心不懲。誠既勇兮又以武，終剛强兮不可陵，身既死兮神以靈，子魂魄兮爲鬼雄。

此章閔其情，壯其志。方言：「超，遠也。東齊曰超。」

國殤三章　殤之義二：男女未冠笄而死者謂之殤；在外而死者謂之殤。殤之言傷也。國殤，死國事，則所以别於二者之殤也。歌此以弔之，通篇直賦其事。

成禮兮會鼓，傳芭兮代舞，姱女倡兮容與。春蘭兮秋菊，長無絶兮終古。

華之初秀曰芭。

禮魂一章　概言人鬼之有常祀者，亦直賦其事，歌辭反側讀之，可以知其寄意矣。

校　注

〔一〕史記天官書：「秦之疆也，占於狼弧。」戴氏據此以爲東君所言「舉長矢兮射天狼，操予弧兮反淪降」兩句是影射報秦仇。「弧」原誤作「狐」，據東君及史記改正。

〔二〕禮注謂之「截漿」　見周禮天官酒正注。

〔三〕蟬媛　楚辭洪本、朱本及文選皆作「嬋媛」。

〔四〕舥　廣韻、集韻並符咸切，音凡。

〔五〕九阬　本書音義上「阬」下注云：「九阬，蓋猶九野。」劉永濟根據爾雅釋詁「阬，虚也」（原作「阬阬」，鄭樵以爲衍一字）引申説：「據此，則九阬，即九虚，猶言九天也。諸家以字從土作坑，或從阜作阬，故以九山、九野爲説，而忘與上文『乘清氣，御陰陽之文不相應矣』。」（屈賦通箋卷三）

〔六〕三台　星官名，晉書天文志：三台六星，兩兩而居。西二星曰上台，次二星曰中台，東二星曰下台。此爲戴氏注文所本。

〔七〕疆　原作「彊」，據史記天官書改正。

〔八〕河之委　此用禮記學記三王祭川「或源也，或委也」之語，鄭玄注：「委，流所聚也。」

〔九〕越望　穀梁傳僖三十一年范甯注引鄭氏曰：「望者，祭山川之名。」越望，指非疆界内之祭。

〔一〇〕澮　楚辭洪本、朱本及文選皆作「憎」。

〔一一〕陵　楚辭洪本、朱本皆作「凌」。古陵、凌通。

屈原賦注卷三

天問

問，難也。天地之大，有非恒情所可測者，設難疑之。而曲學異端往往鶩爲閎大不經之語，及夫好詭異而善野言，以鑿空爲道古，設難詰之。皆遇事稱文，不以類次，聊舒憤懣也。篇内解其近正，闕所不必知，雖舊書雅記，其事概不取也。

曰遂古之初，誰傳道之？上下未形，何由考之？

冥昭瞢闇，誰能極之？馮翼惟象，何以識之？

馮，滿也。翼之言盛也，謂氣化充滿盛作。

明明闇闇，惟時何爲，陰陽三合，何本何化？

爾雅：「時，是也。」春秋傳曰〔一〕：「獨陰不生，獨陽不生，獨天不生，三合然後生。」

圜則九重，孰營度之？惟兹何功？孰初作之？

圜則，天也。步算家測日月星高下不同，自下而上數之：月一，辰星二，太白三，日四，熒惑五，歲星六，鎮星七，恒星八，然則大氣左旋而九與？

斡維焉繫？天極焉加？八柱何當？東南何虧？

斡，以制旋轉也。持於側者曰維。天極，論語所謂北辰，周髀所謂正北極，步算家所謂不動處，亦曰赤道極，是爲左旋之樞。賈逵、張衡、蔡邕、王蕃、陸績皆以紐星爲不動處，梁祖暅測紐星離不動處一度奇，元郭守敬測離三度奇矣。日月五步各有一極，日曰黃道極，周髀所謂北極，璿璣環繞正北極者也。月與五步之極，又環繞璿璣者也。是皆爲右旋之樞。日之發斂，以赤道爲中。月五步之出入，以黃道爲中。此天所以有寒暑進退，成生物之功也。地在天之中央，素問謂大氣舉之，是也。水附於地而行，循地之㽇理以爲源委、高下。中庸所云「振河海而不洩」，水附地之謂也。

九天之際，安放安屬？隅隈多有，誰知其數？

放，至也。隩謂之隈。爾雅：「厓内爲隩，外爲鞫〔二〕。」

天何所沓？十二焉分？日月安屬？列星安陳？

沓，猶疊也。十二次之名出於二十八宿。壽星，角、亢也。大火，氐、房、心也。析木之津，尾、箕也。星紀，斗、牽牛也。玄枵，婺女、虛、危也。娵訾之口，營室、東壁也。降婁，奎、婁也。大梁，胃、昴也。實沈，畢、觜觿、參也。鶉首，東井、輿鬼也。鶉火，柳、七星、張也。鶉尾，翼、軫也。玄枵，一曰天黿，一曰顓頊之虛。娵訾之口，一曰豕韋斗，或以建星、觜觿以罰，東井輿鬼以狼弧。此假恒星識日月之躔逡，恒星右旋，二萬五千餘年而後一周，其東移甚微，以是爲星當黄道之差數，謂之歲差。日發斂一終而成歲差數，生於恒星，不生於黄道，是故歲功終古不忒。而堯典、夏小正、月令之中星隨時爲書，以示民，正十二次之名屬恒星，正中氣、節氣屬黄道，斯不繆乎兩者之名實矣。春秋傳：「玄枵，虛中也。」又婺女爲玄枵維首，十二次當據此遞之。唐、虞冬至日在虛，玄枵次也。今冬至日在箕，析木之津次也。

出自湯谷，次于蒙汜，自明及晦，所行幾里？

湯谷，虞、夏書曰「暘谷」。汜，水厓也。爾雅「窮瀆汜」，言窮瀆之厓名汜〔三〕。蒙汜，爾雅「四極」，「西至日所入爲太蒙」，謂此也。晝夜永短，南北以漸而差。日隨大氣左旋之迹，二分最大，二至最小，亦以漸而差。日之在天，又非平行，其高下隨時不同。以是言之，凡計所行里數者誕也。

夜光何德，死則又育？厥利惟何，而顧兔在腹？

夜光，月也。德，常德也。如剛德不變其剛、柔德不變其柔之謂。疑月何德，而死乃復育，如是終古乎？死，即所謂死霸也〔四〕。育，生也，所謂生霸也。月之行，下於日，其渾圜之體，常以半圜鄉日而有光。人自地視之，惟於望得見其鄉日之半，故光盛滿。晦朔則光全在上而下闇，餘皆側見而闕。謂之死謂之生者，據人目所見云然。利，宜也。厥利惟何，猶言何所宜也。

女岐無合，夫焉取九子？伯强何處？惠氣安在？

合，匹也。王注：「伯强，大厲，疫鬼也。」爾雅：「惠，順也。」

何闔而晦，何開而明？角宿未旦，曜靈安臧？

天之運行，循環不已，人所居附於地，有見日不見日之時，於是有晝夜。日循黄道右旋，斜絡乎赤道而南北者，寒暑之故也。其隨大氣左旋，準赤道而爲出没者，晝夜之故也。周官大司徒：土圭之法，地中景正，東方已過午後而爲景夕，西方尚在午前而爲景朝。周髀立晝夜異處，加四時相及之算，謂地中與東西相距四分圜周之一，則地中午，東方酉，西方卯，自卯至午，自午至酉，皆四時也。晝夜東西之大較如是。角宿，東陸蒼龍角也，假以言東方之位耳。日出地上曰旦。曜靈，日也。

不任汩鴻，師何以尚之？僉曰何憂？何不課而行之？

力之所堪曰任。汩，説文云「治水也」，韋昭注國語云「通也」。鴻，洪水。爾雅：「師，衆也。」僉，皆也。王注：「尚，舉也。」

鴟龜曳銜，鯀何聽焉？　順欲成功，帝何刑焉？
永遏在羽山，夫何三年不施？　伯禹腹鯀，夫何以變化？
鄭康成箋毛詩云：「腹，懷抱也。」腹鯀，言鯀所懷抱。
纂就前緒，遂成考功。　何續初繼業，而厥謀不同？
爾雅：　纂，繼也。　緒，事也。　父爲考。
洪淵極深〔五〕，何以寘之？　地方九則，何以墳之？
說文：「寘，塞也。」方言：「墳，地大也。」
應龍何畫？　河海何歷？
鯀何所營？　禹何所成？　康回馮怒，地何故以東南傾？
九州安錯？　川谷何洿？　東流不溢，孰知其故？
錯，置也。說文：「洿，窊下也。」
東西南北，其脩孰多？　南北順橢，其衍幾何？
太傅禮曰：「凡地東西爲緯，南北爲經。」步算家測北極高下，及月食之闇虛，得地體周九萬里。　南行二百餘里，而北極低一度；　北行二百餘里，而北極高一度。　南至赤道下，南北極與地適平，晝夜漏齊，無永短。　北至極下，赤道與地適平，半年爲晝，半年爲夜。

凡氣朔之時刻，漸東則氣朔早，漸西則氣朔遲。月遇闇虚而虧食，東見食早，西見食遲。此地與天相應之大較也。地之廣輪，隨其方所，皆可假天度以測之矣。圜長曰椭。衍，猶延也，羡也。

崑崙縣圃，其尻安在？增城九重，其高幾里？

尻，猶尾也。脊椎之末節曰尻骨，亦曰尾骶。

四方之門，其誰從焉？西北闢啓，何氣通焉？

日安不到？燭龍何照？羲和之未揚，若華何光？

何所冬煖？何所夏寒？焉有石林？何獸能言？

日發斂於赤道外内四十餘度之間，虞夏書以璿璣玉衡寫天，遺製猶見於周髀非漢之渾天儀。赤道者，中衡也。日自北發南，冬至當外衡；自南斂北，夏至當内衡；春秋分當中衡；中土在内衡之下已北，其外衡之下已南，寒暑與中土互易。中衡之下，兩暑而無寒，暑漸退如春秋分，乃復。南北極下，凝陰常寒矣。周髀謂北極左右，夏有不釋之冰；中衡左右，冬有不死之草。舉其概云耳。地爲大氣所舉，日之正照，氣直下行，故暑。非正照之方，氣不易到，則寒。寒暑之候，因地而殊，固其宜也。曲禮曰：「狌狌能言，不離走獸。」

焉有虯龍[六]，負熊以遊？雄虺九首，儵忽焉在？何所不死？長人何守？

長人，如傳所稱防風氏長狄之屬。

靡蓱九衢，枲華安居？一蛇吞象，厥大何如？

歧道爲衢，此謂枝莖歧出也。説文曰：「巴，食象蛇。」

黑水、玄趾，三危安在？延年不死，壽何所止？

陵魚何所？鬿堆焉處？羿焉彈日？烏焉解羽？

説文：「彈，射也。」

禹之力獻功，降省下土方。焉得彼嵞山之女，而通于台桑？

閔妃匹合，厥身是繼。胡惟嗜欲同味，而快朝飽？

啓代益作后，卒然離蠥。何啓惟憂，而能拘是達？

離，遭也。蠥，害也。爾雅：「惟，謀也。」

皆歸射鞫，而無害厥躬；何后益作革，而禹播降？

爾雅：「射，厭也。」鞫，窮也。洪興祖云：「焚山澤，奏鮮食，所謂作革也。稷降播種而曰禹播降者，水土平，然後嘉穀可殖故也。」

啓棘賓商，九辯九歌，何勤子屠母，而死分竟地？

帝降夷羿，革孽夏民〔七〕。胡射夫河伯，而妻彼雒嬪？

夷羿，夷其氏也。革孽，猶言爲變害也。爾雅：「嬪，婦也。」

馮珧利決，封豨是射。何獻烝肉之膏，而后帝不若？

爾雅：弓以蜃者，謂之珧。烝，祭也。若，順也。鄭康成注儀禮云：決，猶闓也。著右巨指，所以鉤弦而闓之〔八〕。

浞娶純狐，眩妻爰謀。何羿之射革，而交吞揆之？

純狐，王注「浞娶於純狐氏女」是也。射革，謂力能貫革。揆之，洪興祖云「揆度其必可取也」。

阻窮西征，巖何越焉？化爲黄熊，巫何活焉？

鯀投東裔而曰西征者，阻窮而死，其神猶反中國，祀於夏郊，言何以能越巖險，西至中國乎？化爲黄熊，子産亦言之，原乃以爲非巫祝所能復活，蓋惜鯀之死也。

咸播秬黍，莆雚是營。何由並投，而鯀疾脩盈？

蒲雚之地，皆可營作，以播秬黍。此就水土平後，民享其利言之。鯀與共工等並投諸四裔，職爲此也。原因禹平水土之功，能蓋父愆而反復惜之如是。

白蜺嬰茀，胡爲此堂？安得夫良藥，不能固臧？

天式從横，陽離爰死，大鳥何鳴，夫焉喪厥體？

萍號起雨，何以興之？撰體協脅，鹿何膺之？

王砅注素問云：「脅謂兩乳之下及胠外也。」洪興祖云：「協，合也。膺，當也。」

鰲戴山抃〔九〕，何以安之？釋舟陵行，何以遷之？

王注：「擊手曰抃。」

惟澆在户，何求于嫂？何少康逐犬，而顛隕厥首？

女歧縫裳，而館同爰止，何顛易厥首，而親以逢殆？

湯謀易旅，何以厚之？覆舟斟尋，何道取之？

春秋傳：「浞使澆用師滅斟灌及斟尋氏。」論語「奡盪舟」，蓋謂覆舟斟尋事也。顧炎武云：「古人以左右衝殺爲盪陳。宋書顔師伯傳：單騎出盪。唐書：矢石未交，陷堅突衆，敵因而敗者曰跳盪。」

桀伐蒙山，何所得焉？末嬉何肆，湯何殛焉？

舜閔在家，父何以鱞？堯不姚告，二女何親？

厥萌在初，何所億焉？璜臺十成，誰所極焉？

鄭康成注覲禮云：「成，猶重也。」

登立爲帝，孰道尚之？女媧有體，孰制匠之？

舜服厥弟，終然爲害。何肆犬豕，而厥身不危敗？

爾雅：「服，事也。」

吴獲迄古，南嶽是止。孰期去斯，得兩男子？

緣鵠飾玉，后帝是饗。何承謀桀，終以滅喪？

帝乃降觀，下逢伊摯。何條放致罰，而黎服大説？

黎服，偏畿服之黎庶也。洪興祖云：「史記桀敗於有娀之墟，奔於鳴條。此言條放者，自鳴條放之也。」

簡狄在臺，嚳何宜？玄鳥致詒，女何嘉？

嘉，謂嘉祥而有子。

該秉季德，厥父是臧，胡終弊于有扈，牧夫牛羊？

臧，善也。弊者，勞師旅，弊兵革之謂。

干協時舞，何以懷之？平脅曼膚，何以肥之？

干舞者，所持盾也。協，謂合之以舞。時，是也。曼，漢書所謂「柔曼」，顏師古注云「澤也」。

有扈牧竪，云何而逢？擊牀先出，其何所從？

恒秉季德，焉得夫朴牛？ 何往營班禄，不但還來？

昏微遵迹，有狄不寧。 何繁鳥萃棘，負子肆情？

眩弟並淫，危虞厥兄。 何變化以作詐，而後嗣逢長？

成湯東巡，有莘爰極。 何乞彼小臣，而吉妃是得？

水濱之木，得彼小子。 夫何惡之，媵有莘之婦？

湯出重泉，夫何辠尤？ 不勝心伐帝，夫誰使挑之？

會朝争盟，何踐吾期？ 蒼鳥羣飛，孰使萃之？

言諸侯畢會之朝，争趨而至，何以皆踐吾師期乎？ 盟者，河北地名也。史記「師畢渡盟津，諸侯咸會」是其事。春秋傳曰「盟詛不及三王」，則爲地名明矣。洪慶善云：「按詩『鷹揚』指尚父〔一〇〕，此云羣飛者，士以類從也。」

列擊紂躬〔一一〕，叔旦不嘉。 何親揆發，定周之命以咨嗟？

授殷天下，其位安施？ 反成其亡，其罪伊何？

反成者，已成之業忽反復也〔一二〕。

争遣伐器，何以行之？ 並驅擊翼，何以將之？

昭王成遊〔一三〕，南土爰底。 厥利惟何，逢彼白雉？

穆王巧梅，夫何周流？ 環理天下，夫何索求？
方言：「吴、越飾貌爲竘，或謂之巧。」郭璞注云：「語楚聲轉耳。」梅，方言云「貪也」。
妖夫曳衒，何號于市？ 周幽誰誅，焉得夫褒姒？
説文：「衒，行且賣也。」
天命反側，何罰何佑？ 齊桓九會，卒然身弑。
彼王紂之躬，孰使亂惑？ 何惡輔弼，讒諂是服？
習用曰服。
比干何逆，而抑沈之？ 雷開何順，而賜封之？
何聖人之一德，卒其異方？ 梅伯受醢，箕子詳狂。
方，猶道也。
稷惟元子，帝何竺之？ 投之于冰上，鳥何燠之？
爾雅：「竺，厚也。」竺之，猶言甚之也。
何馮弓挾矢，殊能將之？ 既驚帝切激，何逢長之？
伯昌號衰，秉鞭作牧。 何令徹彼岐社，命有殷之國〔一四〕？
號衰，集注云「謂號令於殷世衰微之際」，是也。 徹彼岐社，通岐之社於天下，以爲太社也。

遷藏就岐，何能依？　殷有惑婦，何所譏？

受賜茲醢，西伯上告，何親就上帝罰，殷之命以不救？

師望在肆，昌何識？　鼓刀揚聲，后何喜？

市列曰肆。

武發殺殷，何所悒？　載尸集戰，何所急？

尸，主也，謂文王之木主。

伯林雉經，惟其何故？　何感天抑地，夫誰畏懼？

韋昭注國語云：「雉經，頭槍而縣死也。」

皇天集命，惟何戒之？　受禮天下，又使至代之？

戒，謂警敕以膺天命也。洪興祖云：「受禮天下，言受王者之禮於天下也。」

初湯臣摯，後茲丞輔，何卒官湯，尊食宗緒？

勳闔夢生，少離散亡，何壯武厲，能流厥嚴？

彭鏗斟雉，帝何饗？　受壽永多，夫何久長？

彭鏗，太傅禮帝繫篇云：「陸終氏六子，其三曰籛，是爲彭祖。」是也。

中央共牧，后何怒？　蜂蛾微命，力何固？

驚女采薇，鹿何佑〔一五〕？　北至回水，萃何喜？

兄有噬犬，弟何欲？　易之以百兩，卒無禄。

噬，齧也。百兩，車百乘也。

薄莫雷電，歸何憂？　厥嚴不奉，帝何求？

伏匿穴處，爰何云？　荆勳作師，夫何長？　悟過改更，我又何言？　吴光争國，久予是勝。

何環穿自閭社丘陵，爰出子文？

作，起也。夫何長，言孰爲長策也。吴光嘗破楚入郢，國幾亡。屈原之時，楚屢困於秦。此於終篇言吴光、子文，蓋歎敵國可懼，執政無人。

吾告堵敖以不長，何試上自予，忠名彌章？

堵敖，熊囏也。杜元凱注左氏春秋云：「不成君，無號謚者，楚皆謂之敖。」

校注

〔一〕春秋傳　本書初稿作穀梁傳，所引爲穀梁傳莊公三年文。

〔二〕鞫　今通行本爾雅作「隁」。邢昺爾雅疏云「隁，當作鞫」，此蓋戴氏所本。

〔三〕竆𧶽　無所通之溝。今通行本爾雅「𧶽」作「瀆」，郝懿行爾雅義疏以爲當作「隫，訓通溝」。

〔四〕死霸　本書初稿作「死魄」，下句「生霸」作「生魄」，皆義同。

〔五〕洪淵　洪本、朱本皆作「洪泉」，朱熹云：「泉，疑當作淵，唐本避諱而改之也。」

〔六〕虯龍　本書初稿作「龍虯」。許承堯初稿記云：「此本作『龍虯』，與下協韻。」

〔七〕蠥　洪本、朱本皆作「孽」。説文「蠥」下段玉裁注云「諸書多用孽」。

〔八〕此引儀禮鄉射禮「袒決遂」鄭注，文字略異。

〔九〕拚　洪本、朱本皆作「抃」。楚辭釋文：「抃，作拚。」或爲戴氏所本。

〔一〇〕詩大雅大明：「維師尚父，時維鷹揚。」

〔一一〕列　原作「到」，據楚辭天問改。

〔一二〕反復　游國恩天問纂義引作「反覆」。

〔一三〕昭王　洪本、朱本皆作「昭后」。

〔一四〕殷之國　今本天問無「之」字。

〔一五〕佑　今本天問作「祐」。

屈原賦注卷四

九章

惜誦以致愍兮，發憤以抒情。所非忠而言之兮，指蒼天以爲正。令五帝以折中兮，戒六神以鄉服。俾山川以備御兮，會咎繇以聽直。

誦者，言前事之稱。惜誦，悼惜而誦言之也。凡誓辭率曰「所」者，反質之以白情實。五帝，明堂四郊所祀。六神，覲禮所謂「方明」，周官司盟所謂「北面詔明神者」是也。設六色象其神，六玉以禮之，虞夏書之六宗，其此與？鄉，對也。服，如五刑有服之服。御，侍也。聽直，平斷而治其當也。

竭忠誠以事君兮，反離羣而贅肬。忘儇媚以背衆兮，待君其知之。言與行其可迹兮，情與貌其不變。故相臣莫若君兮，所以證之不遠。

已上言神明既不可欺，又自恃君之前忠僞易見也。

吾誼先君而後身兮，羌衆人之所仇也。專惟君而無他兮，又衆兆之所讎也。壹心而不豫兮，羌不可保也。疾親君而無他兮，有招禍之道也。

豫，謂猶豫。集注云：「疾，猶力也。」

思君其莫我忠兮，忽忘身之賤貧，事君而不貳兮，迷不知寵之門。

我，代君自我也。集注云：言思君，意常謂羣臣莫有忠於我者，故忘己之賤貧，以效其忠，然亦但知盡心以事君而已，固不懷貳以求寵也〔一〕。

忠何辜以遇罰兮，亦非予之所志也。行不羣以顛越兮，又衆兆之所咍也。紛逢尤以離謗兮，謇不可釋也。情沈抑而不達兮，又蔽而莫之白也。

王注：「咍，笑也。楚人相謂啁笑曰咍〔二〕。」洪興祖云：「『情沈抑而不達』，人君不知其用心也。『又蔽而莫之白』，羣臣莫肯明己所存也。」

心鬱邑予侘傺兮，又莫察予之中情。固煩言不可結詒兮，願陳志而無路。退靜默而莫予知兮，進號呼又莫吾聞。申侘傺之煩惑兮，中悶瞀之忳忳。

中情，集注云：「以韻協之，當作善惡。由離騷一句差互〔三〕，故此亦因之耳。」

昔予夢登天兮，魂中道而無杭。吾使厲神占之兮，曰有志極而無旁。

杭，度也。無主之鬼曰厲。極，猶窮也。旁，謂翼輔也。

終危獨以離異兮，曰君可思而不可恃。故衆口其鑠金兮，初若是而逢殆。懲于羹而吹韲兮，何不變此志也？欲釋階而登天兮，猶有曩之態也。

羹熱齏冷，爾雅「肉謂之羹」。鄭康成注周官醢人云：「凡醯醬所和，細切爲齏。」

衆駭遽以離心兮，又何以爲此伴也？同極而異路兮，又何以爲此援也？晉申生之孝子兮，父信讒而不好。行婞直而不豫兮，鮌功用而不就。

行所至曰極。王注：「好，愛也。」

吾聞作忠以造怨兮，忽謂之過言。九折臂而成醫兮，吾至今而知其信然。矰弋機而在上兮，罻羅張而在下。設張辟以娛君兮，願側身而無所。

結繳於矢謂之矰。弋，繳射也。罻，小罔也。爾雅「鳥罟謂之羅」。

欲儃回以干傺兮〔四〕，恐重患而離尤。欲高飛而遠集兮，君罔謂女何之？欲横奔而失路兮，堅志而不忍，背膺牉其交痛兮，心菀結而紆軫〔五〕。

傺，方言云「逗也」。罔謂，猶言得無謂也。膺，匈也。菀，猶緼也，鬱也，語之轉。方言：「軫，戾也。」

擣木蘭以擣蕙兮，糳申椒以爲糧。播江離與滋菊兮，願春日以爲糗芳。恐情質之不信兮，故重著以自明。矯兹媚以私處兮，願曾思而遠身。

擣，擣揉也。伐米使之精粲曰糳。糗，糒也。矯，舉也。曾，猶重也。

惜誦

余幼好此奇服兮，年既老而不衰。帶長鋏之陸離兮，冠切雲之崔嵬。被明月兮佩寶璐，世溷濁而莫予知兮，吾方高馳而不顧。駕青虬兮驂白螭，吾與重華遊兮瑶之圃。登昆侖兮食玉英，與天地兮同壽〔六〕，與日月兮齊光。哀南夷之莫吾知兮，旦予濟于江湘〔七〕。

幼好此奇服，以比好脩不懈，是以前既不容於世而不顧，至此重遭讒謗，濟江而南往斥逐之所。蓋頃襄復遷之江南時也。湘水自洞庭入江，故洞庭之下，得兼江、湘之目矣。王伯厚云：「屈原楚人，而涉江曰『哀南夷之莫吾知』，是以楚俗爲夷也。陰邪之類，讒害君子，變於夷矣。」

乘鄂渚而反顧兮，欸秋冬之緒風。步予馬兮山皋，邸予車兮方林。

言於鄂渚登岸，循江岸行以至洞庭也。乘之言登也。欸，發聲。王注：「緒，餘也。邸，舍也。」

乘舲船予上沅兮，齊吴榜以擊汰。船容與而不進兮，淹回水而疑滯。朝發枉渚兮，夕宿辰陽，苟予心其端直兮，雖辟遠之何傷！

自洞庭而舟行溯沅也。舲船，小船有窗櫺者。小楫謂之榜。汰，浪淘沙土也。疑，止也，疑、凝語之轉。

入漵浦予儃回兮，迷不知吾所如。深林杳以冥冥兮，猨狖之所居。山峻高以蔽日兮，下幽晦以多雨。霰雪紛其無垠兮，雲霏霏而承宇。

舟行由沅入漵，至遷所也。太傅禮：「陰之專氣爲霰。」說文謂之稷雪。宇，屋近檐也。

哀吾生之無樂兮，幽獨處乎山中。吾不能變心而從俗兮，固將愁苦而終窮。接輿髡首兮，桑扈贏行。忠不必用兮，賢不必以。伍子逢殃兮，比干葅醢。與前世而皆然兮，吾又何怨乎今之人！予將董道而不豫兮，固將重昏而終身。

髡首，鬄去髮也。王注：「董，正也。豫，猶豫也。」

亂曰：鸞鳥鳳皇，日以遠兮。燕雀烏鵲，巢堂壇兮。露申辛夷，死林薄兮。腥臊並御，芳不得薄兮。陰陽易位，時不當兮。懷信侘傺，忽乎吾將行兮。

薄，叢薄也。「薄近」之「薄」取諸聲。忽乎將行，傷不見容，而忽被放也。

涉江

皇天之不純命兮，何百姓之震愆？民離散而相失兮，方仲春而東遷。去故鄉而就遠兮，遵江夏以流亡。出國門而軫懷兮，甲之朝吾以行。發郢而去閭兮，荒忽其焉極？楫齊揚以容與兮，哀見君而不再得。望長楸而太息兮，涕淫淫其若霰。過夏首而西浮兮，顧龍門而不見。心嬋媛而傷懷兮，眇不知所蹠。順風波以從流兮，焉洋洋而爲客。陵陽侯之氾濫兮〔八〕，忽翺翔而焉薄？心絓結而不解兮，思蹇産而不釋。

閒，説文云「里門也」。西浮者，既過夏首而東，復泝洄以望楚都。蹠，蹋也。陽侯，戰國策所謂「陽侯之波」是也〔九〕。

將運舟而下浮兮，上洞庭而下江。去終古之所居兮，今逍遥而來東。

前云「過夏首西浮」，故此轉而下浮，洞庭當夏首之下，江之南，浮江過夏首已下，南上洞庭，東乃順江而下也。

羌靈魂之欲歸兮，何須臾而忘反。背夏浦而西思兮，哀故都之日遠。登大墳以遠望兮，聊以舒吾憂心。哀州土之平樂兮，悲江介之遺風。

背夏浦西思者，未至夏浦，回首鄉西，猶前之「過夏首而西浮」，裴回故都，不忍徑去也。水厓高地曰墳。介，間也，語之轉。

當陵陽之焉至兮，淼南度之焉如？曾不知夏之爲丘兮，孰兩東門之可蕪？

上云「陵陽侯之氾濫」，此言「當陵陽」，省文也。夏，大屋也。丘，墟也。

心不怡之長久兮，憂與憂其相接。惟郢路之遼遠兮，江與夏之不可涉。忽若去不信兮，至今九年而不復。慘鬱鬱而不開兮〔一〇〕，蹇侘傺而含戚。方晞原云：「卜居之既三年，當爲懷王時。此篇上言『淼南度之焉如』，則至今九年，蓋頃襄遷之江南，及是九年也。」説文：「慘，愁不安也。」

外承歡之汋約兮，諶荏弱而難持。忠湛湛而願進兮，妒披離而鄣之。堯舜之抗行兮，杳杳而薄天。衆讒人之嫉妒兮，被以不慈之僞名。前言己之被讒不復，此言小人之巧於媚，誠令人難持。以是嫉賢蔽忠，使不得進，其肆讒謗，雖抗行如堯、舜，猶加之以不慈也。

憎愠惀之脩美兮，好夫人之忼慨。衆踥蹀而日進兮，美超遠而踰邁。洪興祖云：「君子之愠惀，若可鄙者；小人之忼慨，若可喜者，惟明者能察之。」

亂曰：曼予目以流觀兮，冀壹反之何時？鳥飛反故鄉兮，狐死必首丘。信非吾罪而棄逐兮，何日夜而忘之！

曼，延長也。

哀郢

心鬱鬱之憂思兮，獨永歎乎曾傷〔一一〕。思蹇産之不釋兮，曼遭夜之方長。悲秋風之動容兮，何回極之浮浮。數惟荃之多怒兮，傷予心之擾擾〔一二〕。願摇起而横奔兮，覽民尤以自鎮。結微情以陳辭兮，矯以遺夫美人。

擾擾，煩惑也。「覽民尤以自鎮」，言觀於人之過則己不可效尤，而横奔失路矣。矯，舉也。

昔君與我成言兮，曰黄昏以爲期。羌中道而回畔兮，反既有此他志。憍吾以其美好兮，覽予以其修姱。與予言而不信兮，蓋爲予而造怒。

日加戌曰黄昏，此以女子之嫁者爲比，有成言，有昏期，至中路而見棄，豈其有罪也？覽，猶示也。

願承間而自察兮，心震悼而不敢。悲夷猶而冀進兮，心怛傷之憺憺。歷兹情以陳辭兮，荃詳聾而不聞〔一三〕。固切人之不媚兮，衆果以我爲患。

察，明也，謂入自明。悼，説文云：「懼也。」陳、楚謂懼曰悼。」怛，方言云「痛也」。切，切直。

初吾所陳之耿著兮，豈至今其庸亡？何獨樂斯之謇謇兮，願荃美之可完。望三五以爲象兮，指彭咸以爲儀。夫何極而不至兮，故遠聞而難虧。善不由外來兮，名不可以虚作。孰無施而有報兮？孰不實而有穫？

三五，謂五帝、三王，便文倒舉耳。所擬至曰極。集注云：「實，當作殖。」

少歌曰：與美人抽思兮，并日夜而無正。憍吾以其美好兮，敖朕辭而不聽。

少，猶小也。荀卿書賦篇、佹詩之後亦綴以「小歌」。正者，平其言之是非。

倡曰：有鳥自南兮，來集漢北。好姱佳麗兮，牉獨處此異域。既惸獨而不羣兮，又無良媒在其側。道逴遠而日忘兮，願自申而不得。望南山而流涕兮，臨流水而太息。望孟夏之短夜兮，何晦明之若歲！惟郢路之遼遠兮，魂一夕而九逝。曾不知路之曲直兮，南指月與列星。願徑逝而不得兮，魂識路之營營。何靈魂之信直兮，人之心不與吾心同！理弱而媒不通兮，尚不知予之從容。

日忘，言君日忘之。營營，毛詩云「往來貌」。信，猶洵也。直者，直前而不變之謂。通，謂導致己之辭。

亂曰：長瀨湍流，泝江潭兮。狂顧南行，以娛心兮。軫石崴嵬，蹇吾願兮。超回志度，行隱進兮。低回夷猶，宿北姑兮。煩冤瞀容，寔沛徂兮。愁歎苦神，靈遥思兮。路遠處幽，又無行媒兮。道思作頌，聊自救兮。憂心不遂，斯言誰告兮！

淺曰瀨，深曰潭。軫，戾也。戾石者，戾裂之石。超，出也。回，回曲。度，謂所擬行也。隱，據也。隱進，言據之以進。瞀，說文云「低目謹視也」。寔，是也。沛徂，沛然而往也。

抽思　方晞原曰：「屈子始放，莫詳其地。以是篇考之，蓋在漢北，故以『鳥自南來集』爲比。又曰『望南山而流涕』，其欲反郢也。曰『南指月與列星』，曰『狂顧南行』，篇次列涉江、哀郢之後者，九章不作於一時，雜得諸篇，合之有九耳。」

陶陶孟夏兮，草木莽莽。傷懷永哀兮，汩徂南土。眴兮窈窈，孔靜幽默。菀結紆軫兮〔一四〕，離慜而長鞠〔一五〕。撫情效志兮，俛詘以自抑。

陶陶，長養之氣充盛也。眴，揚雄所謂「目冥眴而無見」也。窈窈，言山谷之深。

刓方以爲圜兮，常度未替。易初本迪兮，君子所鄙。章畫職墨兮，前圖未改。

迪，猶導也，達也，語之轉。初之本迪，猶工有規畫繩墨矣。

内直質重兮〔一六〕，大人所晠。巧倕不斲兮，孰察其揆正？玄文處幽兮，矇謂之不章。離婁微睇兮，瞽以爲無明。

揆正，謂揆度之正，可爲法守也。鄭仲師注周官云：「有目眹而無見，謂之矇。無目眹謂之瞽〔一七〕。」

變白而爲黑兮，倒上以爲下。鳳皇在笯兮，雞鶩翔舞。同糅玉石兮，一概而相量。夫惟黨人之鄙固兮，羌不知吾之所臧。任重載盛兮，陷滯而不濟。懷瑾握瑜兮，窮不知所示。邑犬羣吠兮，吠所怪也。誹駿疑桀兮，固庸態也。文質疏内兮，衆不知吾之異采。材樸委積兮，莫知予之所有。

方言：「籠，南楚江、沔之間謂之篣，或謂之笯。」窮不知所示〔一八〕，言窮於無可示者。文質疏内，言文不過乎質，望之似疏，又且内藏也。材樸委積，言待用之材，委積富有。説文：「樸，木素也。」

重仁襲義兮，謹厚以爲豐。重華不可啎兮〔一九〕，孰知予之從容！古固有不並兮，豈知其故也！湯禹久遠兮，邈不可慕也。懲違改忿兮，抑心而自彊。離慜而不遷兮，願志之有象。

不並，洪興祖以爲聖賢不並時而生，是也。邈，遠貌。懲，止也。違，猶拂也，鄭康成箋毛詩云「裴回也」。

進路北次兮，日昧昧其將莫。舒憂娱哀兮，限之以大故。

方晞原云：「據涉江篇由沅入溆乃至遷所，則沈羅淵當北行，故有『進路北次』之語。」

王注：「大故，死亡也。」

亂曰：浩浩沅湘，分流汩兮。脩路幽蔽〔二〇〕，道遠忽兮。曾唫恒悲，永歎喟兮。世既莫吾知，人心不可謂兮〔二一〕。懷情抱質，獨無匹兮。伯樂既没，驥將焉程兮？民生稟命，各有所錯兮。定心廣志，予何畏懼兮！知死不可讓，願勿愛兮。明告君子，吾將以爲類兮。

汩，水疾貌。脩，長也。茀，韋昭注國語云「草穢塞路爲茀」，是也。曾，累也。唫，呻也。方言：「凡哀泣而不止曰咺。」四，集注云「當作正」。類，法也。

懷沙　史記列傳曰：「乃作懷沙之賦，於是懷石遂自投汨羅以死。」

思美人兮，擥涕而竚眙。媒絶路阻兮，言不可結而詒。蹇蹇之煩冤兮，陷滯而不發。申旦以舒中情兮，志沈菀而莫達。

眙，説文云「直視也」。申旦，猶達旦。申者，引而至之謂。

願寄言于浮雲兮，遇豐隆而不將。因歸鳥而致辭兮，乃迅高而難當〔二三〕。高辛之靈晟兮，遭玄鳥而致詒。欲變節以從俗兮，愧易初而屈志。獨歷年而離愍兮，羌馮心猶未化。寧隱閔而壽考兮，何變易之可爲！

迅，飛之疾也。當，值也。

知前轍之不遂兮，未改此度。車既覆而馬顛兮，蹇獨懷此異路。勒騏驥而更駕兮，造父爲我操之。遷逡次而勿驅兮，聊假日以須時。指嶓冢之西隈兮，與纁黄以爲期。開春發歲兮，白日出之悠悠。吾將蕩志而媮樂兮，遵江夏以娱憂。

勒，說文云「馬頭絡銜也」。遷逡次，言但遷移而逡巡、次且不前也。纁黄，日入色。鄭康成注儀禮云：「凡染絳，一入謂之縓，再入謂之赬，三入謂之纁，朱則四入與。」

擥大薄之芳茝兮，搴長洲之宿莽。惜吾不及古人兮，吾誰與玩此芳草？解萹薄與雜菜兮，備以爲交佩。佩繽紛其繚轉兮，遂萎絶而離異。吾且儃回以娱憂兮〔二三〕，觀南人之變態。竊快在中心兮，揚厥憑而不俟〔二四〕。芳與澤其雜糅兮，羌芳華自中出。紛郁郁其遠烝兮，滿内而外揚。情與質信可保兮，羌重藏而聞章。

言萹薄雜菜，世人解折而佩之。是以佩之美者遂黄落，爲世所棄，所謂惜不及與古人玩此芳草也。不俟，集注云「樂其所得於中者，以舒憤懣而無待於外」，是也。烝，升也。

令薜荔以爲理兮，憚舉趾而緣木。因芙蓉而爲媒兮，憚褰裳而濡足。登高吾不説兮，入下吾不能。固朕形之不服兮，然容與而狐疑。廣遂前畫兮，未改此度也。命則處幽吾將罷兮，願及白日之未莫也。獨煢煢而南行兮，思彭咸之故也。

不服，不卑屈以求人。方晞原曰：「上云觀南人之變態，此云煢煢而南行，宜爲在漢北所言。」

思美人

惜往日之曾信兮，受命詔以昭時。奉先功以照下兮，明法度之嫌疑。國富彊而法立兮，屬貞臣而日娭。秘密事之載心兮，雖過失猶弗治。

集注云：「先功，謂先君之功烈也。日娭，所謂逸於得人也。」

心純厖而不泄兮，遭讒人而嫉之，君含怒而待臣兮，不清澂其然否。

厖，厚也。

蔽晦君之聰明兮，虚惑誤又以欺。弗参驗以考實兮，遠遷臣而弗思。信讒諛之溷濁兮，盛氣志而過之。

過之，謂過讁之也。方晞原云：「上言懷王時，此言頃襄時。遠遷臣，謂遷之江南也。」

何貞臣之無辠兮，被讒謗而見尤！慚光景之誠信兮，身幽隱而備之。臨江湘之玄淵兮，遂自忍而沈流。卒没身而絶名兮，惜廱君之不昭〔一二五〕。

光景，謂白日之可睹也。誠信，猶言誠然。小人害忠亂國，事理明顯，慚於知之而被其禍。幽隱，謂放廢。備之，備受尤謗也。没身絶名，言身死而不建功名，以留于後世也。

君無度而弗察兮，使芳草爲藪幽。焉舒情而抽信兮，恬死亡而不聊。獨鄣廱而蔽隱兮，使貞臣爲無由。

無度而弗察，王注云「上無檢柙以知下也」。集注云：「記曰『無節於内者，其察物弗省矣』，此之謂也。」獨鄣壅而蔽隱，言君以一人受讒諛之蔽晦也。無由，無所行之路也。

聞百里之爲虜兮，伊尹亨于庖厨〔二六〕。吕望屠于朝歌兮，甯戚歌而飯牛。不逢湯武與桓繆兮，世孰云而知之！吴信讒而弗味兮，子胥死而後憂。介子忠而立枯兮，文君寤而追求；封介山而爲之禁兮，報大德之優游。思久故之親身兮，因縞素而哭之。

黑經白緯曰縞。生帛謂之素。孔沖遠云：「經、傳之言素者，皆謂白絹。」

或忠信而死節兮，或訑謾而不疑。弗省察而按實兮，聽讒人之虚辭。芳與澤其雜糅兮，孰申旦而別之？

説文：「沇州謂欺曰訑。」

何芳草之早夭兮，微霜降而下戒。諒聰不明而蔽壅兮，使讒諛而日得。自前世之嫉賢兮，謂蕙若其不可佩。

不明而惑於聽，是之謂「聰不明」。易象傳於「噬嗑」、於「夬」皆曰「聰不明也」。聰如「尚寐無聰」之聰，傳云：「聰，聞也。」若，杜若。

妒娃冶之芬芳兮，嫫母姣而自好。雖有西施之美容兮，讒妒入以自代。

方言：娃，美也。吴、楚、衡、淮之間曰娃。秦、晋之間曰娥。故吴有館娃之宫，秦有漆娥之臺〔二七〕。戴仲達云：「金與冰之融冶，光采煜爚，故容貌之豔者曰冶容。」

願陳情以白行兮，得罪過之不意。情冤見之日明兮，如列宿之錯置。

列宿，謂二十八舍。

乘騏驥而馳騁兮，無轡銜而自載。乘氾泭以下流兮，無舟楫而自備。背法度而心治兮，辟與此其無異。

「騏驥馳騁」、「氾泭下流」，言其駿險難制。恃有轡銜、舟楫，喻爲治之必以法度。轡，靶也。銜，説文云「馬勒口中，行馬者也」。泭，詩謂之「方」，或謂之「筏」，或謂之「箄」。方晞原云：「此蓋有見於頃襄之行事而云然，故下言『恐禍殃之有再』。」

寧溘死而流亡兮，恐禍殃之有再。不畢辭而赴淵兮，惜壅君之不識。

顧炎武云：「懷王以不聽屈原而召秦禍，今頃襄王復聽上官大夫之譖而遷之江南，一身不足惜，其如社稷何？史記所云楚日以削，數十年竟爲秦所滅，即原所謂『禍殃之有再』也。」

惜往日

后皇嘉樹，橘徠服兮。受命不遷，生南國兮。

后皇，王注云：「后，后土。皇，皇天也。」服者，習於地也。考工記「橘踰淮而北爲枳」，故曰不遷。

深固難徙，更壹志兮，緑葉素榮，紛其可喜兮。曾枝剡棘，圜實摶兮。青黄雜糅，文章爛兮。精色内白，類任道兮。紛緼宜脩，姱而不醜兮。

曾，重也。剡，利也。王注：「紛緼，盛貌。」

嗟爾幼志，有以異兮。獨立不遷，豈不可喜兮！深固難徙，廓其無求兮。蘇世獨立，横而不流兮。閉心自慎，終不過失兮。秉德無私，參天地兮。

洪興祖云：「凡與世遷徙者，皆有求也。」鄭康成注樂記云：「更息曰蘇。」王伯厚曰：「龔氏注中説引古語云：上士閉心，中士閉口，下士閉門。」

願歲并謝，與長友兮。淑離不淫，梗其有理兮。年歲雖少，可師長兮。行比伯夷，置以爲象兮。

集注云：「歲并謝而長與友，則是終身友之矣。離，如離立，言孤特也。年歲雖少，亦言其本性自少而然，非積習勉强也。」

橘頌

悲回風之摇蕙兮，心菀結而内傷〔二八〕。物有微而隕性兮，聲有隱而先倡。夫何彭咸之造思兮，曁志介而不忘！萬變其情豈可蓋兮，孰虛僞之可長！
物不以微而隕性，或殊，以蕙搖落言也。聲不息於隱，則聞其先倡，知其終極，以回風之使人傷懷言也。志介而不忘〔二九〕，謂久而不忘其介然之志。
鳥獸鳴以號羣兮，草苴比而不芳。魚葺鱗以自別兮，蛟龍隱其文章。故荼薺不同畝兮，蘭茝幽而獨芳。惟佳人之永都兮，更統世以自貺。眇遠志之所及兮，憐浮雲之相羊。介眇志之所惑兮，竊賦詩之所明。
草枯曰苴。葺，言其鱗次也。隱者，懷臧不自露也。此言物各以類，不相雜厠，比己之不能與世合，而思彭咸，同心同志，自相感矣。都，美也。貺，猶愛也。閒於疑惑，則又賦詩可明，蓋決然定於志如此。
惟佳人之獨懷兮，折芳椒以自處。曾歔欷之嗟嗟兮，獨隱伏而思慮。涕泣交而淒淒兮，思不眠而極曙〔三〇〕。終長夜之曼曼兮，掩此哀而不去。寤從容以周流兮，聊逍遙以自恃。傷太息之愍憐兮，氣於邑而不可止。糾思心以爲纕兮〔三一〕，編愁苦以爲膺。折若木以蔽光兮，隨飄風之所仍。存髣髴而不見兮，心踊躍其若湯。撫佩衽以案志兮，超惘惘而遂行。
掩，撫也。膺，釋名所謂「心衣」，其是與？毛詩云：「仍，就也。」
歲忽忽其若頹兮〔三二〕，時亦冉冉而將至。薠蘅槁而節離兮，芳已歇而不比。憐思心之不可懲兮，證此言之不可聊。寧溘死而流亡兮，不忍此心之常愁。孤子唫而抆淚兮，放子出而不還。孰能思而不隱兮，昭彭咸之所聞。

隱，痛也。

登石巒以遠望兮，路眇眇之默默。入景響之無應兮，聞省想而不可得。愁鬱鬱之無快兮，居戚戚而不可解。心鞿羈而不開兮，氣繚轉而自締。穆眇眇之無垠兮，莽芒芒之無儀。聲有隱而相感兮，物有純而不可爲。

儀，猶象也。純，猶專也。

藐曼曼之不可量兮〔三三〕，縹綿綿之不可紆。愁悄悄之常悲兮，翩冥冥之不可娛。陵大波而流風兮〔三四〕，託彭咸之所居。上高巖之峭岸兮，處雌蜺之標顛。據青冥而攄虹兮，遂儵忽而捫天。吸湛露之浮涼兮，漱凝霜之雰雰。依風穴以自息兮，忽傾寤以嬋媛。

藐，方言云「廣也」。縹，長組之貌。說文：「紆，縈也。」翩，疾飛也。

馮昆侖以瞰霧兮〔三五〕，隱岷山以清江。憚涌湍之磕磕兮，聽波聲之洶洶。

隱，據也。說文：「湍，疾瀨也。」

紛容容之無經兮，罔芒芒之無紀。軋洋洋之無從兮，馳委移之焉止。飄幡幡其上下兮〔三六〕，翼遙遙其左右。氾潏潏其前後兮，伴張弛之信期。

無經紀者，臨大野而不見區分之謂。軋，戴仲達云「載重輾軋有聲也」。翼，謂隨從之在兩旁者。伴之言寬也。

觀炎氣之相仍兮，窺煙液之所積。悲霜雪之俱下兮，聽潮水之相擊。借光景以往來兮，施黃棘之枉策。求介子之所存兮，見伯夷之放迹。心調度而不去兮，刻著志之無適。曰吾怨往昔之所冀兮，悼來者之愁愁。浮江淮而入海兮，從子胥而自適。望大河之洲渚兮，悲申徒之抗迹。驟諫君而不聽兮，任重石之何益！心絓結而不解兮，思蹇産而不釋。

仍，猶荐也。施黃棘之枉策，王注云「施黃棘之刺，以爲馬策」，是也。放迹，猶言逸迹。愁愁，驚懼貌。

悲回風

校注

〔一〕以上乃以意節引，與原文不盡同。

〔二〕相謂哂笑曰哈　中華書局點校本楚辭補注作「謂相哂笑曰哈」。

〔三〕離騷　集注作「騷經」。

〔四〕邅回　洪本、朱本皆作「儃佪」。

〔五〕菀結　洪本、朱本皆作「鬱結」。姜亮夫云：「鬱結，猶藴結，亦即詩小雅之菀結。」（屈原賦校注）

〔六〕與　洪本、朱本皆作「吾與」。

〔七〕旦予濟於江湘　洪本、朱本皆作「旦余將濟乎江湘」。

〔八〕陵　洪本、朱本皆作「凌」，唯一切經音義十八、文選七發注引作「陵」，或爲戴氏所本。

〔九〕陽侯之波　見戰國策韓策二，其文是「塞漏舟而輕陽侯之波，則舟覆矣」。淮南子覽冥訓高誘注謂「陽侯，陵陽國侯也。其國近水，溺水而死，其神能爲大波」，「因謂之陽侯之波」。

〔一〇〕慄　洪本、朱本皆作「慘」。本書音義下曰：「俗本作『慘』，非。」姜亮夫謂「慘，即慄俗字」（屈原賦校注）。

〔一一〕曾　洪本、朱本皆作「增」。按：朱熹孟子告子注「曾與增同」。

〔一二〕擾擾　洪本、朱本皆作「慢慢」。本書音義下云：「擾，古音如又切，俗譌作『慢』，非。」劉永濟以爲戴作「擾擾」，「於義爲長」（屈賦通箋卷五）。

〔一三〕荃　洪本、朱本皆作「蓀」。下文「荃美」亦作「蓀美」。

〔一四〕菀結　史記作「冤結」，洪本、朱本皆作「鬱結」。姜亮夫以爲鬱、冤聲通字，「皆即菀結一聲之變」（屈原賦校注）。

〔一五〕鞠　洪本、朱本皆作「鞠」，史記亦同。朱熹注云「一作蘜」。唐韻：居六切，音掬。戴氏作「鞠」，本書音義下云「紀力切，蓋方音」。

〔一六〕內直質重　洪本、朱本作「內厚質正」。

〔一七〕此引鄭仲師注，見周禮春官序官注。朕，阮元刊周禮注疏作「眹」，校云「監本誤朕」，當以阮校爲是。眹，瞳人，作「朕」則於義難通。

〔一八〕知　原誤作「之」，據廣雅書局本、萬有文庫本改。

〔一九〕牾　洪本作「遻」，朱本作「遻」，史記作「牾」。姜亮夫以爲史記「从牛，非」（屈原賦校注），戴氏可能是據史記而改「牾」作「牾」。

〔二〇〕茀　洪本、朱本作「蔽」，史記作「拂」。

〔二一〕以上四句戴氏據史記文，但亦稍異：戴改「恒」作「咺」，改「慨」從洪本、朱本作「喟」。按：劉永濟認爲史記作「恒」乃「咺」之誤，「咺悲」與洪本、朱本「爰哀」同，爰、咺古同聲通用（屈賦通箋卷五）。

〔二二〕乃　洪本、朱本皆作「羌」。

〔二三〕邅回　洪本、朱本皆作「儃佪」，並注「一作徘徊」。按：古時徘徊、儃佪、邅回，字異而義同。

〔二四〕馮　洪本、朱本皆作「憑」。

〔二五〕雝　洪本作「壅」，朱本作「廱」，本書音義下云「二字古字通用」。按：雝、壅古亦通，荀子法行「不雝不塞」，楊倞注「雝，讀爲壅」，是其證。下文「獨鄣雝而蔽隱兮」、「諒聰不明而蔽雝兮」、「惜雝君之不識」三句皆同此。

〔二六〕亨　洪本、朱本皆作「烹」。按：段玉裁説文解字注云：「飪物作亨，亦作烹。」

〔二七〕此引方言卷二文，删節較多，字亦有不同。

〔二八〕菀結　洪本、朱本皆作「冤結」。

〔二九〕志介　王逸注「介，節」，戴氏蓋不取王注，從其下文申述考之，蓋釋「介」如荀子修身「善在身，介然，必以自好也」之「介」，楊倞注「介然，堅固貌」，此「志介」亦當是志堅之意。

〔三〇〕極曙　洪本、朱本作「至曙」。

〔三一〕糺　洪本、朱本皆作「糺」，本書音義下云「俗作糺，非」。

〔三二〕忽忽　洪本、朱本皆作「曶曶」，並注云「曶，音忽」。

〔三三〕藐曼曼　洪本、朱本皆作「邈漫漫」。

〔三四〕陵　洪本、朱本皆作「淩」。

〔三五〕瞰　洪本、朱本皆作「瞰」。

〔三六〕幡幡　洪本、朱本皆作「翻翻」。

屈原賦注卷五

遠遊

悲時俗之迫阨兮，願輕舉而遠遊。質菲薄而無因兮，焉託乘而上浮？

此約致其辭，下乃申言之。

遭沈濁之污穢兮，獨菀結其誰語〔一〕！夜耿耿而不寐兮，魂營營而至曙。惟天地之無窮兮，哀人生之長勤。往者予弗及兮，來者予弗聞。步徙倚而遥思兮，怊惝怳而乖懷。意荒忽而流蕩兮，心愁凄而曾悲〔二〕。

所謂「悲時俗迫阨」也。惟，思也。

神儵忽而不反兮，形枯槁而獨留。内惟省以端操兮，求正氣之所由。漠虚静以恬愉兮，澹無爲而自得。聞赤松之清塵兮，願承風乎遺則。貴至人之休德兮〔三〕，美往世之登僊。與化去而不見兮，名聲著而日延。奇傅説之託辰星兮，羡韓終之得一〔四〕。形穆穆以寖遠兮〔五〕，離人羣而遁逸。因氣變而遂曾舉兮，忽神奔而鬼怪。時髣髴以遥見兮，精皎皎而往來〔六〕。絶氛埃而淑郵兮，終不反乎故都。免衆患而不懼兮，世莫知其所如。

所謂「願輕舉遠遊」也。惟，思也。尾宿之上有星，名「傅説」。爾雅：「大辰，房、心、尾也。大火，謂之大辰。」夏小正：八月，辰則伏；九月辰繫于日。蓋房、心、尾皆得辰星之稱也。曾，猶累也，重也。曾舉，謂舉之高。淑之言清也，善也。往來所舍曰郵。

恐天時之代序兮，耀靈曄而西征。微霜降而下淪兮，悼芳草之先零〔七〕。聊仿佯而逍遥兮，永歷年而無成。誰可與玩斯遺芳兮，晨鄉風而舒情？高陽邈已遠兮，予將焉所程？

所謂「質菲薄無因」也。曄，方言云「晠也」。程，品式也。

重曰：春秋忽其不淹兮，奚久留此故居？軒轅不可攀援兮，吾將從王喬而娱戲。餐六氣而飲沆瀣兮，漱正陽而含朝霞。保神明之清澂兮，精氣入而麤穢除。順凱風以從遊兮，至南巢而壹息。見王子而宿之兮，審壹氣之和德。曰：「道可受兮不可傳，其小無内兮，其大無垠。無淈而魂兮〔八〕，彼將自然。壹氣孔神兮，于中夜存。虚以待之兮，無爲之先。庶類以成兮，此德之門。」

爾雅：「南風謂之凱風。」息，寧息也。宿之，謂止之使宿。淈，亂也。如波流之涌沸曰淈。而，女也。爾、女、而、戎、若，語之轉。無之言勿也。

聞至貴而遂徂兮，忽乎吾將行。仍羽人于丹丘兮，留不死之舊鄉。朝濯髮于湯谷兮，夕晞予身兮九陽。吸飛泉之微液兮，懷琬琰之華英。玉色艴以脕顔兮〔九〕，精醇粹而始壯。質銷鑠以汋約兮，神要眇以淫放。

仍，就也。周官有琬圭、琰圭。氣上充於色曰艴。脕，柔澤也。庭謂之顔，説文云「眉目之間也」，蓋兼闕與下極矣。淫，遊也，語之轉。

嘉南州之炎德兮，麗桂樹之冬榮。山蕭條而無獸兮，野宋漠其無人。載營魄而登霞兮，掩浮雲而上征。命天閽其開關兮，排閶闔而望予。召豐隆使先導兮，問太微之所居。集重陽入帝宮兮，造旬始而觀清都。朝發軔于太儀兮，夕始臨乎於微閭。屯予車之萬乘兮，紛容與而並馳。駕八龍之婉婉兮，載雲旗之委移〔一〇〕。建雄虹之采旄兮，五色雜而炫燿。服偃蹇以低昂兮，驂連蜷以驕敖〔一一〕。

太微爲衡，值翼、軫北，内五星曰五帝坐，於微閭，即職方、爾雅之「醫無閭」，語之轉耳。旄，説文云「幢也」。衡下兩馬曰服。

騎膠葛以雜亂兮，班曼衍而方行〔一二〕。撰予轡而正策兮，吾將過乎句芒。歷太皞以右轉兮〔一三〕，前飛廉以啓路。陽杲杲其未光兮，陵天地以徑度。

相牽不進曰班。鄭康成注月令云：「句芒，少皞氏之子，曰重，爲木官。太皞，宓戲氏。」陽謂日也。

風伯爲予先驅兮，氛埃辟而清涼。鳳皇翼其承旂兮〔一四〕，遇蓐收乎西皇。擥彗星以爲旍兮，舉斗柄以爲麾。判陸離其上下兮，遊驚霧之流波。時曖曃其曭莽兮，召玄武而奔屬。後文昌使掌行兮，選署衆神以並轂。路曼曼其脩遠兮，徐弭節而高厲。左雨師使徑侍兮〔一五〕，右雷公以爲衛。欲度世以忘歸兮，意恣睢以揭撟〔一六〕。内欣欣而自美兮，聊媮娛以淫樂。

鄭康成注月令云：「蓐收，少皞氏之子，曰該，爲金官，玄武北陸七宿也。」天官書：「斗魁戴匡六星曰文昌宫。」厲，度也。

涉青雲以泛濫兮〔一七〕，忽臨睨夫舊鄉。僕夫懷予心悲兮，邊馬顧而不行。思舊故而想象兮，長太息而掩涕。氾容與而遐舉兮，聊抑志而自弭。指炎帝而直馳兮，吾將往乎南疑。覽方外之荒忽兮，沛罔瀁而自浮。祝融戒而蹕御兮，騰告鸞鳥迎宓妃。張咸池奏承雲兮，二女御九韶歌。使湘靈鼓瑟兮，令海若舞馮夷。列螭象而並進兮，形蟉虯而委移。雌蜺便娟以曾撓兮，鸞鳥軒翥而翔飛。音樂博衍無終極兮，焉乃逝以裴回。

鄭康成注月令云：「炎帝，大庭氏也。祝融，顓頊氏之子，曰犂，爲火官。」鄭仲師注周官隸僕云：「蹕謂止行者清道，若今時儆蹕。」咸池，大咸也。承雲，雲門也。周官：保氏教國子六樂，有雲門、大咸、大韶、大夏、大濩、大武。王注：「象，罔象也。」

舒並節以馳騖兮，逴絶垠乎寒門。軼迅風于清原兮〔一八〕，從顓頊乎曾冰。歷玄冥以邪徑兮，乘間維以反顧。召黔嬴而見之兮，爲予先乎平路。

鄭康成注月令云：「顓頊，高陽氏也。玄冥，少皞氏之子，曰脩，曰熙，爲水官。」

經營四荒兮，周流六漠。上至列缺兮，降望大壑。下峥嶸而無地兮，上寥廓而無天。視儵忽而無見兮，聽惝怳而無聞。超無爲以至清兮，與太初而爲鄰。

自「重曰」已下，賦遠遊之事，所謂「託乘而上浮」也。

校　注

〔一〕菀結　洪本、朱本皆作「鬱結」，參見九章校注〔五〕。

〔二〕曾　洪本、朱本皆作「增」。下文「增撓」「曾冰」之「曾」，洪本、朱本亦作「增」。

〔三〕至人　洪本、朱本皆作「真人」。

〔四〕韓終　洪本、朱本皆作「韓衆」。

〔五〕寖　洪本、朱本皆作「浸」。按：古寖、浸同。

〔六〕而　洪本、朱本皆作「以」。

〔七〕先零　洪本、朱本皆作「先蘦」。

〔八〕無淈　洪本、朱本皆作「毋滑」。

〔九〕艴　洪本、朱本皆作「頩」。艴、頩音同義通，玉篇引遠遊作「艴」，此或爲戴氏所本。

〔一〇〕委移　洪本、朱本皆作「逶蛇」。

〔一一〕驕敖　洪本、朱本皆作「驕驁」，注云「馬行縱恣也」。

〔一二〕班　洪本、朱本皆作「斑」，注云「駁文也」。

〔一三〕太皡　洪本、朱本皆作「太皓」。

〔一四〕承　原誤作「乘」，據洪本、朱本楚辭正文改。

〔一五〕侍　洪本、朱本皆作「待」。

〔一六〕揭撟　洪本、朱本皆作「担撟」。按：文選射雉賦「晒箱籠以揭驕」下，李善注引楚辭「意恣睢以拮撟」。洪引釋文「丘列切」，朱音「居桀切」，皆非「担」音，而與「拮」、「揭」音近。拮撟、揭驕、揭撟實字異而義同。姜亮夫以爲「担撟」非是。

〔一七〕涉青雲以泛濫兮　洪本、朱本「濫」下有「遊」字。

〔一八〕原　洪本、朱本皆作「源」。

屈原賦注卷六

卜居

屈原既放，三年不得復見，竭知盡忠，而蔽鄣于讒。心煩慮亂，不知所從。往見太卜鄭詹尹曰〔一〕：「予有所疑，願因先生決之。」詹尹乃端策拂龜曰：「君何以教之〔二〕？」屈原曰：「吾寧悃悃款款，樸以忠乎？將送往勞來，斯無窮乎？寧誅鉏草茅，以力耕乎？將遊大人，以成名乎？寧正言不諱，以危身乎？將從俗富貴，以媮生乎？寧超然高舉，以保真乎？將哫訾粟斯、喔咿儒兒，以事婦人乎？寧廉潔正直，以自清乎？將突梯滑稽、如脂如韋，以絜楹乎？寧昂昂若千里之駒乎？將氾氾若水中之鳧，與波上下，媮以全吾軀乎〔三〕？寧與騏驥抗軛乎？將隨駑馬之迹乎？寧與黃鵠比翼乎？將與鷄鶩爭食乎？此孰吉孰凶？何去何從？

曲禮：龜爲卜，策爲筮。絜者，旋繞之稱。凡度直曰度，度圍曰絜，莊周書所謂「絜之百圍」，賈誼所謂「度長絜大」是也。楹，柱也。堂上有東西楹。抗，舉也。軛，衡下兩軥也，衡亦通謂之軛。

世溷濁而不清：蟬翼爲重，千鈞爲輕。黄鍾毀棄，瓦釜雷鳴。讒人高張，賢士無名。于嗟默默兮，誰知吾之廉貞？」

三十斤曰鈞。

詹尹乃釋策而謝曰：「夫尺有所短，寸有所長，物有所不足，知有所不明，數有所不逮，神有所不通。用君之心，行君之意，龜策誠不能知事！」

校注

〔一〕往見　洪本、朱本「往」上有「乃」字。

〔二〕君何以教之　洪本、朱本「君」下有「將」字。

〔三〕婾　洪本、朱本皆作「偷」。

屈原賦注卷七

漁父

屈原既放，遊于江潭，行吟澤畔，顔色憔悴，形容枯槁。漁父見而問之曰：「子非三閭大夫與？何故至于斯！」

王逸離騷篇序説云：「屈原仕於懷王，爲三閭大夫。三閭之職，掌王族三姓，曰昭、屈、景。屈原序其譜屬，率其賢良，以厲國士。」王伯厚云：「漢興，徙楚昭、屈、景於長陵，以彊幹弱枝。則三姓至漢初猶盛也。」

屈原曰：「舉世皆濁我獨清，衆人皆醉我獨醒。是以見放！」漁父曰：「聖人不疑滯于物〔一〕，而能與世推移。舉世皆濁，何不淈其泥而揚其波？衆人皆醉，何不餔其糟而歠其釃？何故深思高舉，自令放爲？」屈原曰：「吾聞之，新沐者必彈冠，新浴者必振衣，安能以身之察察，受物之汶汶者乎！寧赴湘流，葬于江魚之腹中，安能以皓皓之白，而蒙世俗之塵埃乎！」漁父莞爾而笑，鼓枻而去，乃歌曰：「滄浪之水清兮，可以濯我纓。滄浪之水濁兮，可以濯我足。」遂去，不復與言。

校注

〔一一〕疑　史記、文選、洪本、朱本皆作「凝」。

屈原賦注卷八

通釋上　山川地名

屈原故宅，在今湖北宜昌府興山縣北，漢南郡秭歸之北境也。水經注江水篇云：「縣東北數十里，有屈原舊田宅，雖畦堰縻漫，猶保屈田之稱也。縣北一百六十里，有屈原故宅，累石爲屋基〔一〕，名其地曰樂平里。宅之東北六十里，有女嬃廟。」秭歸故城即今宜昌府歸州治。

羽山，在今登州府蓬萊縣東南三十里。古萊夷地也〔二〕。

沅水，出牂柯故且蘭〔三〕，今湖南靖州西南，水自貴州黎平府流入州境。

湘水，出零陵陽海山，山在今廣西桂林府興安縣南九十里。二水同注洞庭，而北會於江。

蒼梧，南越之地，漢爲郡，今廣西梧州、平樂、鄠州三府分有其地。

白水，謂河源。爾雅「河出昆侖虛色白」是也〔四〕。

窮石，弱水所出〔五〕。説文謂之岏山。十六國春秋謂之蘭門山。漢張掖删丹西南山也。

故漢縣，即今甘肅甘州府山丹縣治。

有娀，在禹貢冀州。史記：「桀敗於有娀之虛。」漢河東蒲反即其地〔六〕，今之山西蒲州府永濟縣。

有虞，在禹貢豫州。漢梁國虞即其地，今河南歸德府虞城縣也。縣東南義原鄉有故綸邑城，春秋傳所稱「虞思妻少康以二姚，而邑諸綸」者也〔七〕。

九疑山，在零陵營道南，今湖南永州府寧遠縣南六十里。酈道元水經注湘水篇云：「大舜窆其陽〔八〕，商均葬其陰。山南有舜廟，前有石碑，文字缺落，不可復識。」

傅巖，史記謂之「傅險」，在河東大陽北〔九〕，今山西解州平陸縣東北二十里。又東北，春秋傳之「顛軨」也。水經注河水篇云：「澗水出虞山〔一〇〕，東南徑傅巖，歷傅説隱室前，俗名之爲聖人窟。傅巖東北十餘里，即顛軨坂也，有東西絶澗，左右幽空窮深，地壑中則築以成道，指南北之路，謂之爲軨橋也。傅説傭隱止息於此。高宗求夢得之，是矣。」

昆侖，唐吐蕃傳謂之紫山，蕃語謂之悶摩黎山，今蒙古謂之枯爾坤，譯言「昆侖」也。有三山，最西而大，爲河源所出者，曰巴顔喀喇。其色紫黑，産金銀，蒙古謂「黑，喀喇」，謂「富貴，巴顔」，故名巴顔喀喇山。東北去西寧邊外千四百五十里。

流沙，在敦煌西，今嘉峪關外沙州衛地。

冀州，古帝都。因以爲王畿之通稱。春秋傳曰「鄭同姓之國也，在乎冀州」是也。又以爲中土之通稱，九歌「覽冀州兮有餘」是也。

洞庭，春秋傳所謂「江南之夢」〔一一〕，韓非書所謂「五湖」，戰國策所謂「五渚」，以湘、資、沅、微、澧五水之所會，故稱「五」矣。或謂之巴丘湖，或謂之重湖，在長沙下雋西北，今湖南岳州府巴陵縣西南也〔一二〕。

涔水，胡朏明以爲即岷江之南派，會澧水注洞庭。禹時南派盛大，爲江之經流，故禹貢「導江又東至于澧」，戰國時則南流如帶，謂之涔水，而目北派爲大江。此由涔陽横大江是也。北派於禹貢爲荆州之沱〔一三〕。

澧浦，水經注云：「澧水流注於洞庭湖，俗謂之曰澧江口。」是其地。在今湖南岳州府華容縣南，漢長沙下雋之西北境。蓋至此，澧水出武陵充西歷山，山在今湖南澧州安福縣西。水經注又云：「澧水東南注於沅水，曰澧口，蓋其枝瀆耳。」離騷曰：「沅有芷兮澧有蘭。」

九河，在禹貢沇州與青州分界〔一四〕。據爾雅：徒駭、太史、馬頰、覆鬴、胡蘇、太史、簡、絜、鉤盤、鬲津，是爲九河。漢書溝洫志云：「許商以爲古説九河之名，有徒駭、胡蘇、鬲津，今見在成平、東光、鬲界中。自鬲已北至徒駭間，相去二百餘里。」漢成平故城在今交河縣東；東光故城在今縣東，並屬直隸河間府。鬲故城在今德州北，屬山東濟南府。閻百詩云：「某嘗往來燕、齊，西道河間，東履清、滄，熟訪九河故道，蓋昔北流，衡漳注之〔一五〕，河既東徙，漳自入海，安知北流之漳非古徒駭河與？踰漳而南，清、滄二州之間有古河，隄岸數重，地皆沮洳沙鹵〔一六〕，太史等河當在其地。滄州之南有大連澱，西踰東光，東至海，澱南至西無棣縣，百餘里間有曰大河、曰沙河，皆瀕古隄。縣北地名八會口，縣城南枕無棣溝。東無棣縣，北有陷河，闊數里，西通德棣，東至海濱。州北有士傷河，西踰德棣，東至海。士傷河最南，比他河差狹，是爲鬲津無疑也。今平原迆北，清、滄之間，雖爲樹藝，城邑相望，而地形河勢，高隱曲折，往往可尋。但禹初爲九，厥後或三或五，遷變多寡不同，必欲按名而索，故致後儒紛紛之論。」

河源二泉，同出巴顏喀喇山之東麓，行數里而合，東北流三百餘里，至星宿海。蒙古謂星「鄂敦」；謂水「灘他拉」。故名星宿海曰鄂敦他拉。東北去西寧邊外千一百一十四里。河又東北流，屈而東南貫查靈、鄂靈二澤，澤之相距五十餘里。鄂靈已上蒙古呼阿爾坦河；已下至歸德堡呼喀屯河。河東流，南北屈折，過積石，南回遠行七八百里，復繞其東北。唐魏王泰所言大積石山在吐谷渾界者也，當西寧邊外西南五百三十餘里。山有九峰，綿亘三百餘里。禹循行嘗及此，是以禹貢曰「導河積石」。昆侖、積石，昔儒多惑焉〔一七〕。

禹貢有二黑水：梁之黑水，帝繫謂之「若水」，或謂之「瀘水」，今之金沙江也，界梁州之南。導川之黑水，則界雍州之西者。此黑水、三危並稱，目雍之黑水明矣。

玄趾，未聞，或云黑水所出。

禹貢「導黑水至于三危」，則三危黑水所經也。今有山而無其水以當之，山在嘉峪關外，沙州衛東南。漢敦煌故城，即今衛治，春秋傳之瓜州地。

崟山氏之虛，漢九江當塗也。有山曰崟山，在今江南鳳陽府懷遠縣東南八里，淮之東岸。

斟尋，漢志「北海斟」，京相璠云「故斟尋國，禹後」是也。後省入平壽，應仲遠所稱平壽之抖城矣〔一八〕。今山東萊州府濰縣東廢斟縣是。

衡山爲南嶽，其北則楚，其東則吴。漢志：「長沙湘南。禹貢『衡山』在東南〔一九〕。」今湖南衡州府衡山縣西也。

鳴條，漢河東安邑有古鳴條陌，今曰鳴條岡者是，在山西解州夏縣西。

有扈，漢右扶風鄠也。漢故城在今縣北二里，屬陝西西安府。

古莘國，在陳留今縣東北莘城是也，屬河南開封府。

盟之爲孟，語之轉也。其地有津謂之盟津。春秋傳王「與鄭田」，盟其一也〔二〇〕。後屬晋爲河陽，盟津在南，漢屬河內。今河南懷慶府孟縣，津在縣南十八里。

岐山，在今陝西鳳翔府岐山縣東北十里。漢志：「右扶風美陽。禹貢『岐山』〔二二〕，在西北中水鄉，周太王所邑。」

鄂渚，在今湖北武昌府江夏縣西江中，黃鵠磯上三百步。漢之江夏沙羨，界楚東鄂不遠矣，劉子政説苑所稱「昔鄂君乘青翰之舟，下鄂渚，浮洞庭」，即此也。

沅水注洞庭，在今湖南常德府沅江縣，漢長沙益陽也。枉渚在今常德府武陵縣南。水經注云「沅水東逕臨沅縣南，又東歷小灣，謂之枉渚」是也。

自枉渚西溯沅得辰陽。水經注云：沅水東逕辰陽縣南，東合辰水，水出縣三山谷，東南流逕其縣北，舊治在辰水之陽，故即名焉。楚辭所謂「夕宿辰陽」者也。右會沅水，名之爲辰溪口。武陵有五溪：謂雄溪、樠溪、無溪、酉溪，辰溪其一焉。夾溪悉是蠻，左右所居，故謂此蠻五溪蠻也。辰溪口在今湖南辰州府辰溪縣西南。

漵浦亦在縣南。漢志：「義陵鄜梁山，序水所出，西入沅山〔二三〕。」在今辰州府漵浦縣東南百五十里。臨沅、辰陽、義陵，漢皆屬武陵。

〔江夏〕〔二三〕，夏水首受江入沔，合沔以會於江。其所經之地，皆在楚紀郢已東，漢高帝置江夏郡，今湖北之漢陽、武昌、黃州及安陸、德安東南境是。

郢，説文云「故楚都，在南郡江陵北十里」，杜元凱注左氏春秋云「今南郡江陵縣北紀南城」，是。江陵今屬湖北荆州府，故江陵城即府治，縣附郭也。水經注江水篇云：「楚船官地也。春秋之渚宫矣。」渚宫在今城内西隅。城北十里便得紀山，故以紀南名城，又有紀郢之稱也。江水逕江陵故城南，又東逕郢城南，又東得豫章口。此郢城，漢志云「楚别邑，故郢」，水經注云「子囊遺言所築城也」〔二四〕。

夏首，在今江陵縣東南。水經注夏水篇云：「江津豫章口東有中夏口，是夏水之首。江之汜也。屈原所謂『過夏首而西浮，顧龍門而不見』也。龍門即郢城之東門也。」今江陵縣東南有豫章口，又東即中夏口。

夏水、沔水合流，逕魯山東南，注於江，爲夏浦。春秋傳謂之夏汭，或曰夏口，或曰沔口，或曰魯口，今湖北漢陽府漢陽縣東漢口是。魯山亦謂之翼際山，禹貢之大別山也，在縣東北百許步。夏水入沔，在江夏雲杜東，是謂堵口。水經注夏水篇云：「自堵口下沔水，通兼夏目而會於江，謂之夏汭。」今湖北安陸府沔陽州西北有雲杜故城。水經注湘水篇云：「汨水西逕羅縣北，本羅子國也。又西逕玉笥山，又西爲屈潭，即羅淵也〔二五〕。屈原懷沙自沈於此，故淵潭以屈爲名。淵北有屈原廟，廟前有碑。汨水又西逕汨羅戍南，西流注於湘，春秋之羅汭矣。世謂汨羅口。顔師古注漢書地理志「長沙羅」，引盛弘之荆州記云：「沿汨西北去縣三十里，名爲屈潭，屈原自沈處。」羅故城在今湖南長沙府湘陰縣東北。縣北七十里汨羅山孤峙水中，其上有屈原墓。

嶓冢山，漢水所出，在今陝西漢中府寧羌州北九十里〔二六〕，漢之廣漢葭萌也。閻百詩云：「從金牛驛北望，見嶓冢山峨然雲表，水微細，自西東流，即所謂『嶓冢導漾』者，合五丁峽水東流爲沔，其流始大。」

介山在今山西汾州府介休縣南四十里，漢太原界休也。介子推逃賞於綿上之山，晉文公求之不獲，乃環綿上山中而封之，以爲介子推田。斯山是以名介山矣。

岷山，江水所導源也，在今四川龍安府松潘衛西北，連嶺而西。漢志「蜀郡湔氐道，禹貢『崏山』在西徼外」，是也。水經注云：「益州記曰：大江泉源，即今所聞，始發羊膊嶺下，緣崖散漫，小大百數，殆未濫觴矣。」閻百詩云：「漢湔氐道，在唐爲松州。廣德初陷吐蕃，宋亦爲吐蕃地，今爲松潘衛，在成都府西北七百六十里。岷山又在衛西北二百二十里，曰大分水嶺，江源出焉。」

淮水出桐柏山，至淮浦入海。山在今河南南陽府桐柏縣西南三十里，漢南陽平氏也，故城在縣西北四十里。淮浦故城在今淮安府安東縣西，漢屬臨淮。

於微閭山，在今盛京錦州府廣寧縣西十里。周官職方氏「東北曰幽州，其山鎮曰醫無閭」

是也。漢之遼東無慮。語轉字殊，地名類然矣。

漢水過武當東北，其故城在今湖北襄陽府均州北，漢屬南陽。水經注云：「縣西北四十里漢水中有洲，名滄浪洲。」予按：尚書禹貢言「導漾水東流爲漢，又東爲滄浪之水」，不言「過」，而言「爲」者，明非他水決入也。蓋漢沔水自下有「滄浪」通稱耳。纏絡鄢郢，地連紀郢，咸楚都矣。漁父歌之，不違水地。鄢在襄陽府宜城縣南，漢屬南郡。

校注

〔一〕屋基　水經注卷三十四作「室基」。

〔二〕萊夷　古萊國，魯襄公六年爲齊所滅，其地在今山東半島東部。

〔三〕且(jū)蘭　漢縣名，屬牂柯郡，其地在今貴州福泉縣。

〔四〕虛　郝懿行爾雅義疏云：「實則虛即墟字，故郭云『山下基』。」色白，郭璞爾雅注云河「發源處高激峻湊，故曰色白也」。

〔五〕弱水　即書禹貢之弱水，今稱張掖河，俗稱黑河，在今甘肅省。

〔六〕蒲反　即蒲坂。漢初置蒲反縣，東漢改蒲坂縣，故城在今山西永濟縣。

〔七〕引文見左傳哀公元年。綸，地名。其地在今山西虞城縣東南三十里。

〔八〕窆　周禮地官鄉師鄭注「謂葬下棺也」，即棺葬。下句「商均」，舜之子。

〔九〕大　廣雅書局本、湖北先正遺書本、萬有文庫本皆誤作「太」，今據漢書地理志改。大陽縣，漢置，水經注卷四引應劭地理風俗記曰「城在大河之陽」，故名。其地相當今山西平陸縣。

〔一〇〕澗水　史記殷本紀集解引作「沙澗水」。又水經注載「河水又東，沙澗水注之，水北出虞山」。此「澗水」上當據補「沙」字。

〔一一〕江南之夢　見左傳昭公三年，杜預注：「楚之雲夢跨江南北。」

〔一二〕巴陵縣　治所在今湖南岳陽。

〔一三〕荆州之沱　尹世積禹貢集解以爲此沱水即今湖北江陵縣的夏水。

〔一四〕沇州　即兖州，此從史記文。

〔一五〕衡漳　鄭玄注禹貢云「衡漳者，漳水横流入河」。

〔一六〕沮洳沙鹵　指低濕鹽碱地。

〔一七〕尹世積曰：「積石有二：一曰大積石，即今大雪山，屬昆侖山系大積石山脈，在青海南境。」又曰：「一曰小積石，屬昆侖山系大通山脈，在今甘肅導河縣西北，古名唐述山。」按：此「積石」指前者。參見音義下「積石」條。

〔一八〕㪷城　後漢書郡國志四作「斟城」。劉文淇左傳疏證云「㪷，乃斟之别體」。

〔一九〕「禹貢衡山在東南」爲漢書班固自注，原注「東南」下有「荆州山」三字，爲戴氏所删。

〔二〇〕參見本書初稿卷三校注〔一七〕。

〔二一〕自「禹貢岐山」以下爲漢書班固自注，非正文。

〔二二〕沅山　漢書班固自注作「沅荞」。

〔二三〕江夏　原脱，據前目録補。

〔二四〕子囊遺言　見左傳襄公十四年，文曰：「楚子囊還自伐吴。將死，遺言謂子庚：必城郢。」

〔二五〕羅淵　四部叢刊本水經注湘水篇作「汨羅淵」，當據補。

〔二六〕尹世積禹貢集解云：「漾水出自陜西寧强縣北嶓冢山，東北流經沔縣，西南合沔水；又東經褒城、南鄭，始稱漾水。」

屈原賦注卷九

通釋下　草木鳥獸蟲魚

江離，大葉芎藭也。芎藭似藁本，春秋傳謂之山鞠窮。其苗謂之江離，小葉者謂之蘼蕪，似蛇牀。

芷，白芷也。或謂之茝，或謂之芳香，其葉謂之葯。九章云「辛夷楣兮葯房」是也。

秋蘭，今之澤蘭也。廣雅謂之虎蘭，或謂之虎蒲。儀禮既夕篇曰「實綏澤焉」，鄭康成注云：「綏，廉薑。澤，澤蘭也。皆取其香，且御濕。」廉薑，今之山薑。說文云「葰、薑屬，可以香口」〔一〕，謂此。

木蘭，高數仞，皮似桂而香。廣雅謂之桂蘭，或謂之林蘭。

椒，多實而菉〔二〕，故謂之申椒，詩所稱「椒聊之實，蕃衍盈匊」也。或以涉江篇露申、辛夷連文，露申即申椒，狀若繁露，故名。未聞其審。

箘桂，或謂之筒桂，或謂之小桂。箘如禹貢「箘簵」之箘〔三〕。

蕙，春秋傳謂之薰。薰、蕙語之轉，今所謂零陵香也。

蘭，詩謂之蕑，或謂之大澤蘭，今之都梁香。夏小正：五月「蓄蘭，爲沐浴也」。

留夷，詩謂之勺藥，廣雅謂之攣夷。留、攣語之轉，世俗音譌，殊字異稱，大致然矣。

揭車，爾雅謂之芞輿，廣志云「黄葉白華」〔四〕。

杜衡，似細辛，俗所呼馬蹄香者也，蓋以其狀類名之。爾雅謂之土鹵，廣雅謂之楚衡。

菊，爾雅謂之治蘠，或謂之日精，或謂之節華。夏小正：九月「鞠榮而樹麥」。

薜荔，蔓生，緣木、石、墻垣，大者謂之木蓮，小者謂之絡石。

胡繩，蔓生布地，或謂之結縷。爾雅謂之傅，亦謂之横目。

芰，蔆也。楚謂之芰，爾雅謂之蕨攈。

荷，爾雅謂之芙蕖，其秀謂之菡萏，其華謂之芙蓉。

薋，蒺藜之合聲也。

菉，爾雅謂之王芻，或謂之藎草，或謂之莀莎，染黄草也。

葹，今之蒼耳。周南謂之卷耳，爾雅謂之苓耳，或謂之枲耳。

鸞，鳳之次。皇，雌鳳。爾雅謂鳳曰鶠。凡鳳屬，五色備舉，後漢太史令蔡衡對光武曰：「多赤色者鳳，多青色者鸞。」

鴆，紫黑色，食蝮，以羽畫酒殺人，故曰酖毒。雄名運日，雌名陰諧。

雄鳩，謂食桑葚之鳩，似仙鵲而短尾多聲。小雅謂之鳴鳩，魯頌陳風謂之鴞。司馬彪云「鴞，小鳩，可炙者」是也。春秋傳謂之鶻鳩，爾雅謂之鶻鵃，或謂之鷽鳩。

艾，爾雅謂之冰臺，或謂之醫草。

鵜鴂，春秋傳謂之伯趙，爾雅謂之伯勞，夏小正謂之百鷯，禮注謂之博勞。字隨語轉，類如是矣。夏小正五月「鴂則鳴」。豳詩「七月鳴鶪」，鄭康成箋云：「豳地晚寒，鳥物之候從其氣焉。」

荃，或謂之白昌，昌蒲之無劍脊者。昌蒲或謂之茚，廣雅謂之昌陽，或謂之堯韭。其根切之四寸爲菹，曰昌歜。禮之昌本也。

蕭，爾雅謂之萩，禮注謂之薌蒿。

摋，茱萸也。內則謂之藙，廣雅謂之欓，亦可謂之越椒。

杜若，今之高良薑，其實謂之紅豆蔻。

薠，似莎而大，白者謂之白薠，青者謂之青薠。

蘋，或謂之苿菜。其葉四衢，故又呼四葉菜。五月有白華。

麋，青色，多牝，澤獸也。麋子謂之麌。

紫貝，紫質黑文，出日南〔五〕。

辛夷，今之木筆，或謂之辛薙，或謂之房木。

麻，謂之枲，古雅之通語也。禮以牡麻爲枲麻，蕡麻爲苴麻。洪興祖云：「瑶華，麻華也。其色白，故比於瑶。」

孔雀，或謂之孔雉。

翠，春秋傳所謂鷸也。赤曰翡，青曰翠。

螭，若龍而黄，説文云。

女蘿，今之松蘿，色青，延松上。

芝，一歲三華，故謂之三秀。爾雅謂之茵〔六〕。

狖，卬鼻長尾，禮謂之蜼。

犀，似沈牛，豕首庳足，足有三蹄。

鴟，今之鷂也。詩謂之鳶。鳶、鷂語之轉。

黑黍，謂之秬，以爲酒，所謂秬鬯。言其分香調暢，故名酒曰鬯矣。及祭，築鬱金草以和酒，謂之鬱鬯。

莆，莞類也，始生水中，色白者，取以爲菹。禮之深蒲也。

萑，今之荻。夏小正曰：「萑未秀爲菼，葦未秀爲蘆。」菼，爾雅謂之薍，亦謂之鵻。鵻其色也。萑之小者謂之蒹，吴人謂之薕。蘆，詩謂之葭。

鴰，鴻類，或謂之天鵝。

燕，燕謂之玄鳥，齊、魯之間謂之乙，或謂之鷾鴯。夏小正：二月「來降燕，及睇」，九月「陟玄鳥蟄」〔七〕。

蒼鳥，鷹也。春秋傳謂之爽鳩。

白雉，翰雉也，亦謂之鵫雉。

薇，似藿，蜀人謂之巢菜。

赤梓，謂之楸。

鶩，今之鴨。內則謂之舒鳧。鶩、鴨語之轉。

萹，萹竹也。爾雅謂之萹蓄，詩所稱「菉竹如簀」，言菉與萹竹敷地，似牀簀矣。

荼，苦菜也。或謂之游冬。

薺，冬生而夏死。月令所謂靡草，薺其屬也。

馬，二歲曰駒。

鳧，爾雅謂之鸍。方言云：「野鳧其小而好没水中者，南楚之外謂之鷿鷉，大者謂之鶻䖘〔八〕。」

蟬，詩謂之蜩，小而有文者謂之螓。夏小正謂之札。爾雅謂之蜻，蜻五采具謂之良蜩。小而善鳴者，夏小正謂之唐蜩，亦謂之匽，大雅所言「如蜩如螗」者也。寒蜩謂之蜺。鄭康成注考工記云「旁鳴蜩，蜺屬」。

校注

〔一〕葰（suī）　即既夕禮之「綏」，段玉裁云：「綏者，葰之假借字。」韻略作「荾」。

〔二〕莍　果實房，爾雅作「朻」，毛詩鄭箋作「梂」，字異而音義並同。

〔三〕箘簬　禹貢作「箘簵」，本書初稿與禹貢同。鄭玄注「美竹」。

〔四〕引廣志見太平御覽卷九八三香部。

〔五〕日南　漢郡名，轄境相當今越南中部北起横山，南抵大嶺地區。

〔六〕茵（qiú）　郝懿行爾雅義疏云：「茵字不見它書，孫氏星衍嘗致疑問。余按類聚九十八引爾雅作『菌芝』，蓋菌字破壞作茵耳。」

〔七〕陟玄鳥蟄　夏小正傳曰：「先言陟而後言蟄，何也？陟而後蟄也。」

〔八〕䖘　郝懿行爾雅義疏云：「䖘與鷈同。」

屈原賦注卷十

音義上

序〔一〕

以風，風方仲切。

𢐀，俗作「彌」。

皮傅，方言云：「皮傅，强也。秦、晉言非其事謂之皮傅。」後漢書張衡傳「後人皮傅」，注云：「傅，音附。謂不深得其情核，皮膚淺近，强相附會也。」

離騷 離，猶隔也。騷者，動擾有聲之謂。蓋遭讒放逐，幽憂而有言，故以「離騷」名篇。王逸楚辭章句作「離騷經」。洪興祖云：「古人引離騷未有言經者，蓋後世之士祖述其辭，尊之爲經耳，非屈原意也。」

高陽，漢書地理志：「東郡濮陽，故帝丘，顓頊虚。」張晏云：「高陽所興之地名也。」

苗裔，王云：「苗，胤也。裔，末也。」

朕，蔡邕獨斷云：「古者尊卑共之，貴賤不嫌，則可同號之義也。至秦天子獨以爲稱，漢因而不改。」

降，古音洪。

頊，許玉切。

覽，一作「鑒」。

揆予，「予」亦作「余」，俗本有「于」字者非。

初度，容度之度。列女傳所謂生子形容端正。

嘉名，名讀如民。按：名，於廣韻見十四清。均，見十八諄。一收鼻音，一收舌齒音。顧炎武云：「耕、清、青韻中往往讀入真、諄、臻韻者，當由方音之不同，未可以爲據也。今吴人讀耕、清、青，皆作真音。」

均，平也。

紛，王云「盛貌」。

重，池用切。

脩，潔治。

能，古音奴異切。

江離，「離」亦作「蘺」。

辟，批亦切。王云：「幽也，芷幽而香。」

紉，而陳切，又女陳切。方言「擘謂之紉」，注云：「今亦以綫貫箴爲紉。」

好，呼報切，後放此。

行，下更切。

汩，于筆切。俗本與「汨羅」字溷。王云：「去貌，疾若水流也。」

恐，洪云：「區用切，疑也。下並同。」

搴，音蹇。

擥，一作「攬」。

洲，一作「中洲」。

莽，古音莫補切。

忽，一作「曶」。

莫，俗作「暮」。

毗，頻脂切。

復，扶又切，再也。

撫壯，俗本作「不撫壯」。按：王逸云：「言願君撫及年德盛壯之時〔二〕。」又文選注云：「撫，持也。言持盛壯之年。」此漢、唐相傳舊本無「不」字之證。洪興祖作補注不詳核此字爲後人所加，而云「謂其君不肯當年德盛壯之時棄遠讒佞也」。宋已來遂無異說，蓋由「美人」二字失解，故改古書以就其謬，而不顧失立言之體。

度也，俗本無「也」字。

乘，字本作「椉」，文選作「策」。

馳，一作「駝」。

導，亦通用「道」。

夫，音扶。餘並同。

路也，「也」與上「也」字，一爲呼，一爲應。俗本删去者非。

在，古音且禮切。

箘桂，以其似箘竹，故名。譌作「菌」，非。

茝，古音齒。

熊繹，昭十三年左傳：「右尹子革曰：昔我先王熊繹辟在荆山，篳路藍縷，以處草莽，跋涉山林以事天子。」

蚡，扶粉切。宣十二年左傳：「欒武子曰：訓之以若敖、蚡冒篳路籃縷，以啓山林。」

耿，光也。

介，大也。

昌披，廣雅作「裮被」。

惟，一作「唯」，或作「維」。

惟，一作「惟夫」。

媮，一作「偷」，他侯切，苟且。

隘，古音益。

厭，字亦作「壓」，於甲切。

予身，一無「身」字。

覆，芳六切。

忽，洪云「疾貌」，一作「急」。

奔走，並如字。或讀「奔」，布頓切。走，音奏。

先後，亦並如字。或讀「先」蘇薦切，「後」胡豆切。

荃，字亦作「蓀」，音孫，又趨緣切。

察，一作「揆」。

齊，一作「齋」。說文云「炊餔疾也」。

儕，才思切，疾怒。

復，芳六切。

謇謇，王云「忠貞貌也」。

舍，古音舒呂切。俗本無「也」字，非。

正，王云「平也」。

靈脩，靈，善也。脩即「好脩」之脩。

故也，俗本無「也」字，非。兩「也」字承上重頓以起下，讀者誤截此已上爲一段，下加「曰黃昏以爲期兮，羌中道而改路」凡十三字。王逸本及文選所無。九章抽思篇云「昔君與我成言兮，曰黃昏以爲期。羌中道而回畔兮，反既有此他志」，掇彼文入此，錯亲不成辭。

遁，一作「遯」。

他，一作「佗」，古音通何切。

數，所角切。

化，古音呼戈切。
操，七刀切。
滋，王云「蒔」也。
畮，古音美綺切。秦孝公始以二百四十步爲畮。
揭，一作「藒」。
杜衡，「衡」一作「蘅」。
萎，於規切，蔫也。
絶，王云「落也」。
進而，「而」一作「以」。
貪婪，婪盧含切。字亦作「惏」。方言云：「惏，殘也。」
馮，皮冰切。
厭，一作「猒」。
索，古音素。
羌，王云：「楚人語辭也。猶言卿何爲也。」
量，力昌切。

起與，與以諸切。

冉冉，王云「行貌」。

倏名，洪云「倏潔之名」。

飲，於禁切。

餮，一作「湌」。

英，古音央。

信姱，洪云：「信姱，言寔好也，與信芳、信美同意。姱，苦瓜切。」

顑，苦感切。

頷，胡感切。

擥，苦忍切。一作「擥」。

薜，蒲計切。

荔，郎計切。

蕊，如壘切。

纚，所綺切。

世，文選作「時」。洪云：「李善注本有以世爲時、爲代；以民爲人之類。皆避唐諱，當從舊本。」

服，古音匐。

彭咸，王云：「殷賢大夫，諫其君不聽，自投水而死。」顔師古云：「殷之介士，不得其志，投江而死。」一説即論語所稱老彭。「依彭咸」，亦竊比之意耳。

飯，扶晚切。

鞎，讀如姬，蓋方音。

鞿，居依切。

羈，居宜切。王云：「韁在口曰鞿，革絡頭曰羈。」

誶，息悴切。王云「諫也」。詩曰「誶予不顧」。按：今詩譌作「訊」。

替，從竝白聲，俗作「替」。

以擥，一無「以」字。

操，七刀切。

浩蕩，王云：「浩，猶浩浩。蕩，猶蕩蕩，無思慮貌。」

民，一作「人」，亦避唐諱所改。

謡，洪云「謂謡言也」。

諑，竹角切。
遠，于勸切。
偭，音面，王云「背也」。
錯，置也。
追，王云「追，猶隨也」。
周，王云「合也」。
度，王云「法也」。
忳，徒渾切。王云「憂貌」。
邑，一作「悒」。
侘，丑加切。
傺，丑例切。方言：「傺，逗也。南楚謂之傺。」注云：「逗，即今住字也。」王云：「侘傺，失志貌。」
時也，俗本無「也」字。
溘，於業切。王云：「溘，猶奄也。」
熊，古音他計切。俗本無「也」字。

周，一作「同」。

攘，漢書「讓」通用「攘」。

訧，一作「詢」。

鄉，音向。

相，息亮切，視也。

延，長也。

佇，直呂切，久立。

回，一作「迴」。

復，芳六切。戴侗云：「反循故蹤也。」

焉，洪云「語助，尤虔切」。

離，遭也。

退將，一有「復」字。

芰，奇記切。

岌岌，魚及切。王云「高貌」。

陸離，離古音羅。王云：「陸離，猶參差，衆貌也。」顔師古云：「陸離，分散也。」

糅，女救切。

虧，古音去戈切。一作「虧」。

而遊，一作「以游」。

四荒，爾雅：「觚竹、北户、西王母、日下謂之四荒〔三〕。」

繽紛，王云「盛貌」。

菲菲，王云：「菲菲，猶勃勃。芬香貌。」

章，「彰」同。

樂，音洛。

脩，一作「循」，二字舊書多錯互，今並正之。

豈，一作「非」。

懲，讀如長，蓋方音。王云「艾也」。

女嬃，王云：「屈原姊也。」

嬋，一作「嬋」，一作「撣」。

媛，一作「援」。王云：「嬋媛，猶牽引也。」

申申，詳復也。

詈，俗本作「詈」，非。
婞，胡頂切，很也。
夭，一作「殀」。
羽，一有「山」字。
野，古音與。
女，音汝。
節，讀如則，蓋方音。
薋，疾黎切。
葹，商支切。
服，古音匐。
煢，渠營切，孤行貌。
行，下更切。
喟，歎也。
馮，方言：「馮，怒也。楚曰馮。」注云：「馮，恚盛貌。」
征，行也。

重，池龍切。

華，胡瓜切。

陳，一作「敶」。

康，王云：「夏康，啓子，太康也。」

巷，古音胡貢切。

田，一作「畋」，獵也。

固，俗本作「國」，非。

鮮，息淺切。一作「尠」。

浞，在角切。

家，古音姑。

澆，五弔切。一作「奡」。

强圉，王云「多力也」。

娱而，「而」一作「以」。

顛隕，王云「自上下曰顛」。

菹醢，淮南子云：「醢鬼侯之女，菹梅伯之骸。」史記云：「紂醢九侯，脯鄂侯。」

儼，魚檢切，一作「儼」。

差，古音磋。

賢，一有「才」字。

循，一作「脩」，非。

行，下更切。

相，息亮切。

服，行也。

阽，余廉切。洪氏引漢書注云「近邊欲墮之意」。

量，力昌切。

鑿，曹報切。

枘，如税切，王云：「枘，所以充鑿。」

醢，古音虎唯切。

欲內，內音納。

曾，王云：「累也，一作增。」

歔欷，悲者口鼻出氣。

浪，音郎。

衣皆，謂交領。才細切。

虯，説文云：「虯，龍子有角者。」王云：「有角曰龍，無角曰虯。」

翳，一作「鷖」。王云：「鳳皇，別名也。」

埃，塵也。

發軔，軔音刃。洪云：「軔，止車之木，將行則發之。」

縣圃，水經注引崑崙説曰：「崑崙之山三級，下曰樊桐，一名板松。二曰玄圃，一名閬風。上曰增城，一名天庭。」淮南墬形訓云：「崑崙之丘，或上倍之，是謂涼風之山。或上倍之，是謂懸圃。」

莫，俗作「暮」。

羲和，王云「日御也」。

淹兹，一作「崦嵫」。王云「日所入山」。

迫，古音博。

曼，謨官切。

欿，於禁切。

咸池扶桑，淮南天文訓云：「日出于暘谷，浴于咸池，拂于扶桑。」

若木，王云：「若木在昆侖西極，其華照下地。」

須臾，一作「逍遥」。

相羊，博雅作「儴徉」。

望舒，王云「月御」。

飛廉，王云「風伯」。

屬，洪云：「音注，連也。」

墀，直尼切。

潢，乎光切。

夜，古音豫。

屯，徒渾切。

率，一作「帥」。

蜺，一作「霓」。

總總，王云：「猶僔僔，聚貌。」

斑，一作「班」。洪云「駁文」。

下，音户。

閶闔，王云「天門」。

曖曖，曖音愛。王云「昏昧貌」。

罷，音皮。

而延，「而」一作「以」。

沮，慈吕切，止也。

閬風，已見前「縣圃」下。閬，音諒。

緤，私列切，繫也。

馬，古音莫補切。

相，息亮切。

詒，一作「貽」。

豐隆，王云「雲師」。

宓，音伏，一作「虙」。王云：「宓妃，神女。」洛神賦注云「伏羲氏女」。

緯，音揮。

繣，呼麥切。廣雅作「𢿰㜸」，乖剌也。

洧槃，「槃」一作「盤」。王云：「禹大傳曰：洧盤之水，出崦嵫之山。」

覽，一有「相」字。

四極，爾雅：「東至於泰遠，西至於汃國，南至於濮鉛，北至於祝栗，謂之四極。」

瑶，王云「石次玉曰瑶」。

偃蹇，王云「高貌」。

娀，息弓切。

佚，王云「美也」。

鴆，直禁切。

好，古音呼口切。

佻巧，古音去九切。王云：「佻，輕也。巧，利也。」

猶豫，洪云：「老子曰：『豫兮若冬涉川，猶兮若畏四鄰。』則『猶』與『豫』皆未定之辭。」

按：猶、豫雙聲，凡疊韻、雙聲字其義即存乎聲。

高辛，王云「帝嚳有天下之號也」。

集，一作「進」。

理弱，理，舊解爲道理之理，非也。思美人篇云：「令薜荔以爲理，因芙蓉以爲媒。」

美，一作「善」。

治，直之切。

所産之地，舊説並誤，以所求即宓妃、簡狄、二姚，故悖謬不可通。

既以，一無「以」字。

寤，古字晤、寤通，爾雅：「逜，寤也。」

忍，一有「而」字。

逜，五故切，亦作「午」，吾補切。

索，取也。

筳，音挺。莊子云「舉筳與楹」，漢書云「以筳撞鐘」〔四〕。

篿，音專。

靈氛，王云「古明占吉凶者」。

無疑，一作「無狐疑」，非。

釋女，女音汝。

眩曜，王云「惑亂貌」。

善，一作「美」。

惡，烏路切。

要，俗别作「腰」。

珵，他頂切。一作「珽」。

當，對也，語之轉。

蘇，王云「取也」。

幃，音暉。

睇，徒亘切。

爲，于僞切。

糈，私吕切。王云「精米」。

要，於堯切，傲也。

翳，王云「蔽也」。

九疑，言九疑之神，迎天之百神。

繽，王云「盛也」。

迓，古音御，或譌作「迎」，因九歌湘夫人文誤。

剡剡，剡以冉切。王云「光貌」。

饊，蘇旱切。説文云「熬稻粻程也」。

升，一作「陞」。

榘，一作「矩」。

矱，以虢切。一作「彠」。

儼，一作「儼」。

摯，伊尹名。

咎繇，一作「皋陶」。

調，江愼修先生古韻標準云：「小雅：決拾既佽，弓矢既調。射夫既同，助我舉柴。以首句與第四句韻，中二句非韻，猶之『民之未戾，職盜爲寇。涼曰不可，覆背善詈』。戾、詈韻，而寇、可非韻也。屈子蓋效詩中之韻，古人讀書不必無偶相涉誤。東方朔七諫『恐榘矱之不同』、『恐操行之不調』，則又誤效離騷耳。」

何必，一作「又何必」。

説，傅説。

操，七刀切。

武丁，殷高宗。

呂望，洪氏引淮南子注云：「太公，河内汲人，有屠釣之困。」

甯戚，王云：「衛人，宿齊東門外。方飯牛叩角而商歌，桓公聞之，知其賢，舉用爲客卿。」

鶗，音提。

鴂，古闃切。字亦作「鵙」。

偃蹇，王云「衆盛貌」。

薆，方言「掩、翳，薆也」，注云「謂蔽薆也」。詩曰「薆而不見」，音薆。

重，池用、池龍二切。

紛其，「其」一作「以」。

茅，古音莫侯切。

艾，古音刈。俗本無「也」字。

害，古音胡例切。俗本無「也」字。

慆，他刀切。王云「淫也」。

榝，所黠切。

進而，「而」一作「以」。

流從，一作「從流」，非。

佩其，「其」一作「之」。

虧，王云：「虧，歇。」

沬，莫貝切，王云「已也」。

復，扶又切。

歷，王云「選也」。張揖注上林賦云「算也」。

行，古音杭。

羞，四時之珍異。

縻，靡爲切。與「縻」通。

粻，音張。

瑶，以爲美玉者，非。

車，古音居。

糝，桑感切。説文云「以米和羹也」。

邅，張連切。王云：「轉也。楚人名轉曰邅。」

昆侖，一作「崑崙」。

晻藹，藹於害切。王云：「晻藹，猶翳鬱，蔭貌也。」

鸞，杜預注左傳桓二年云「鸞在鑣，和在衡」，非。
啾啾，啾即由切。王云「鳴聲也」。
天津，王云「東極」。
翼，王云「敬也」。
翼翼，王云「和貌」。
流沙，水經注云「形如月生五日」〔五〕。
赤水，王云「出崑崙山」。
麾，王云「舉手曰麾」。
蛟，洪氏引郭璞云：「蛟似蛇，四足，小頭細頸，卵生，子如三斛瓮，能吞人，龍屬也。」
待，古音待以切。
不周，王云「山名，在崑崙西北」。
潢，乎光切。說文云「積水池」。
屯，徒渾切。
乘，實證切。
軑，特計切。

馳，古音徒何切。

婉婉，王云「龍貌」。一作「蜿蜿」。

移，古音尤和切。一作「蛇」。

邈邈，邈莫角切。王云「遠也」。

媮，他侯切。苟且也。愉，音俞，樂也。二字多錯互。洪氏補注，媮皆音俞，云「樂也」，非是。

鞜，他荅切。

錬，音柬。

鏕，徒果切。

踰，愈字古通作踰，或作「逾」。

升，一作「陟陞」。

赫戲，戲許宜切。王云「光明貌」。

蜷，音拳。

局，王云：「蜷局，詰屈不行貌。」

九歌

況，比況。

少，失照切。

愉，音俞。

珥，仍吏切。

璆，巨鳩切。集注引孔子世家「環佩玉聲璆然」。

鏘，洪氏引禮記「玉鏘鳴」。

鐔，徐林切。説文云「劍鼻也」，徐鍇云：「劍鼻，人握處之下也。」

鎮，一作「瑱」。

瓊芳，華色潔美之稱。

藉，在夜切。王云「所以藉飯食也」。

枹，甫無切。一作「桴」。

拊，擊也。

竽，云俱切。

瑟，洪云「二十五弦」。
浩，王云「大也」。
截，昨代切。
靈，王云「謂巫也」。
偃蹇，王云「舞貌」。
姣，音皎。
菲菲，王云「芳貌也」。
兮樂，樂音洛。
長安東南郊，即甘泉太畤。唐，謂之太清紫極宫。宋，謂之太一宫。太宗建東太一於東南郊，仁宗建西太一於西南郊，神宗建中太一於集福宫。
其一明者，謂紫微垣内北極五星第二星，最明赤者。
芳，洪氏引本草「白芷，一名芳香」。
華，胡誇切。
若，王云「杜若也」。按：「芳」與「若」皆不必指一物。芳者，芳草之通稱。若英，言華采，如華之英耳。

靈，王云：「巫也，楚人名巫爲靈子。」按：神降於巫，故以靈稱巫，寔稱神耳。靈謂神，不謂巫。王説非是。

連蜷，洪引南都賦「蛾眉連卷」，長曲貌。按：連蜷，蓋以狀雲卷舒之貌。

爛，王云「光貌」。

央，王云「已也」。按：央，中也。凡物以未中爲盛，過中則就衰。

蹇，王云「辭也」。

澹，徒濫切。澹然，恬静安緩之意。或作「憺」，非。

周章，王云：「周章，猶周流也。」

猋，卑遥切。王云「去疾貌也」。

雲中，王云「雲神所居也」。

横，古曠切。

四海，爾雅：「九夷、八狄、七戎、六蠻，謂之四海。」

忡忡，忡敕中切，王云「憂心貌」。

檦，羊九切，積也。

燎，良召切。

飌，即「風」字。

夷猶，王云「猶豫也」。

要眇，王云「好貌」。

沛，王云「行貌」。

來，古音釐。

參差，王云「洞簫」。

覡，胡狄切。

爲，于僞切。

拍，滂各切，與「箔」通。

綢，土刀切。

橈，而遥切。王云「船小楫」。

櫂，直教切。

涔陽，說文：「涔陽渚，在郢中。」鉏箴切。王云：「江碕名，近附郢。」

靈，王云「精神也」。

搏，音博。

著，直略切。

閤閭，方言首謂之閤閭，或謂之艗艏。注云：「今江東呼船頭屋謂之飛閭。」是也。鷁，鳥名也。今江東貴人船前作青雀，是其象也。

注，之樹切。與「屬」通。

潺，鉏連切。

湲，獲頑切。王云「流貌」。

陫，音費，説文作「厞」，云「隱也。」

枻，音曳。

舷，音賢。廣雅「舥謂之舷」。郭璞注子虛賦云：「枻，船舷也。」

舥，音凡。

瀨，洛帶切。

予，一作「我」。

朝，一作「鼂」，或作「晁」。

遺，以追切。

澧，一作「醴」。

芳洲，王云「香草叢生水中之處」。

遺，以醉切。

時，一作「旹」。

逍遥，廣雅云「儴徉也」。

黄陵，通典：「湘陰縣有地名黄陵，即二妃所葬。」黄陵山，在今湖南長沙府湘陰縣北四十里。一名湘山。

眇眇，王云「好貌」。

嫋嫋，嫋奴杳切。洪云「長弱貌」。

踰，音愈。

登白薠，「薠」一作「蘋」，非。一無「登」字。

佳，一作「佳人」，非。

張，音帳。

何萃，一無「何」字。

荒忽，一作「慌惚」。洪云「不分明之貌」。

蓋，古音計。

使，色吏切。

播，一作「𢏚」，古番字，與「播」通，或譌作「𥸨」。

橑，盧晧切。

罔，同網。

擗，替擊切。

櫋，音綿。

爲鎮，王云「以白玉鎮坐席也」。

疏，王云「布陳也」。

衡，古音杭。

梠，方言「屋梠謂之欞」。釋名：「梠，或謂之櫋。櫋，綿也。綿連榱頭使齊平也。」

馨，王云「香之遠聞者」。

廡，漢已後，始以堂已下周屋爲廡。

褋，徒協切。

者，古音章與切。

容與，「與」一作「冶」。

空桑，王云「山名」。

女，音汝。

總總，王云「衆貌」。

齊，音齋。

速，字亦作「遬」。

阬，古音康。九阬，蓋猶「九野」。

披披，披古音鋪戈切。一作「被」。王云「長貌」。

爲，古音譌。

疏麻，王云「神麻也」。

華，古音敷。

極，一作「終」。

寖，王云「稍也」。
踰，一作「愈」，下同。
轔轔，王云「車聲」。
天，古音他因切。

夫人，洪云：「夫音扶。夫人，猶言凡人也。」
何以，「以」一作「爲」。
青青，青子丁切。
興，虚應切。
畣，音荅。
帶，古音蔕。
儵，式竹切。
之際，文選有「與汝游兮九河，衝飆起兮水揚波」凡十三字，或竄入。王本「汝游」作「女遊」，「飆起」作「風至」，餘並同。按：王逸無注，蓋因河伯文衍誤。
女，音汝。下同。

池，古音徒河切。

晞，王云「乾也」。

怳，許往切。王云「失意貌」。

旍，一作「旌」。

竦，一作「慫」，王云「執也」。

暾，他昆切。王云：「謂日始出東方，其容暾暾然而盛大。」

檻，王云「楯也」。洪云「闌也」。

明，古音茫。

輈，王云「車轅也」。

移，戈支切，蓋方音。一作「蛇」。

低，陳尼切，一作「儃」。

回，一作「佪」。洪云：「低佪，疑不即進貌。」

懷，古音回。

緪，岡鄧切。王云「急張絃也」。

交鼓，王云「對擊鼓也」。

簫，一作「簫」，通。洪景盧云：「洪慶善注東君篇簫鍾，一蜀客過而見之，曰一本簫作撨。廣韻訓爲擊也。蓋是擊鍾，正與『緪瑟』爲對耳。」

篪，一作「篪」。

姱，古音枯。

翾，説文云「小飛也」。

曾，與「嶒」通。王云「舉也」。

展，洪云：「展詩，猶陳詩也。」

節，古音資悉切。

空，音孔。

馳翔，一無「馳」字。

以東，一無「以」字。

女，音汝。下同。

衝，王云「隧也」。洪氏引詩「大風有隧」。

橫波，一作「水橫波」。

螭，古音癡戈切。

莫，俗作「暮」。

悵，洪云「失志也」。

惟，語辭。

流澌，王云「解冰也」。

子，王云「謂河伯也」。

美人，王云「屈原自謂也」。

迎，古音昂。

從，慈用切。

祟，雖萃切。

汨，莫狄切。

阿，王云「曲隅」。

睇，王云「微眄貌」〔六〕。

窈窕，王云「好貌」。
從，慈用切。
表，王云「特也」。
容容，文選注云「雲出貌」。
柏，古音博。
填，音田。
狖，一作「又」，非。
颯，蘇合切。
蕭，古音脩。

操，七刀切。
甲，古音古協切。
錯，王云「交也」。
句，音鉤。
陳，俗作「陣」。

躐，王云「踐也」。

殪，死也。

縶，王云「絆也」。

懟，一作「墜」。

野，一作「壄」。

弓，古音肱。

首雖，「雖」一作「身」。

子魂魄，一作「魂魄毅」，一作「子魂毅」。

雄，古音蠅。

冠，音貫。

芭，王云「巫所持香草名也」。

代，王云「更也」。

禮，一作「祀」。

校注

〔一〕序　指作者自序。

〔二〕言願君撫　洪本王逸注作「言願令君甫」。

〔三〕爾雅郭璞注：「觚竹在北，北户在南，西王母在西，日下在東。皆四方昏荒之國。」禹貢正義引馬融注：「荒，政教荒忽。」

〔四〕所引莊子文見齊物論篇，漢書文見東方朔傳。俞樾莊子平議云：「司馬以莛爲屋梁，楹爲屋柱，故郭云莛横而楹縱。案：説文『莛，莖也』。屋梁之説，初非本義。漢書東方朔傳『以莛撞鐘』，文選答客難篇作『筳』。李注引説苑曰：建天下之鳴鐘，撞之以筳，豈能發其音聲哉！筳與莛通。是古書言莛者，謂其小也。莛楹以大小言。」由此可知，音義引莊子、漢書釋「筳篿」之「筳」，本與王逸、洪興祖所釋不同。

〔五〕洪楚辭補注引作山海經郭璞注語。

〔六〕眄　原作「盻」，據中華書局影印四部備要本楚辭補注改。

屈原賦注卷十一

音義中

天問

難，乃旦切。

雅，常也。方言曰「舊書雅記故俗語」，謂常記載故俗之語耳。郭讀「舊書雅記」爲句，云「雅，小雅也」，非是。

遂，王云「往也」。

道，古音徒口切。

考，古音去九切。

馮翼，淮南天文訓：「天墜未形，馮馮翼翼，洞洞灟灟。」注云：「馮翼、洞灟，無形之貌。」

惟象，淮南精神訓：「古未有天地之初，惟像無形。」

數，所矩切。

斡，音管。王云「轉也」。俗本譌作「幹」。一作「筦」。

維，淮南天文訓：「東北爲報德之維也，西南爲背陽之維，東南爲常羊之維，西北爲蹏通之維。」注云：「報，復也。自陰復陽，故曰報德之維。常羊，不進不退之貌。」按：常羊，猶徜徉。

加，古音居何切。

八柱，洪氏引河圖言「地下有八柱」。

東南何虧，素問陰陽應象大論篇云：「天不足西北，地不滿東南。」

五步，五星名五步。

屬，洪云：「附也，音注。」

隅，淮南天文訓：「天有九野，九千九百九十九隅。」按：此等皆荒誕之說，不足置辨。

隈，烏回切。

隩，於六切。

鞫，九六切。今爾雅俗本譌作「隈」。

沓，徒合切。王云「合也」。

宿，音秀。

躔逡，方言云：「曰運爲躔，月運爲逡。」

發斂，夏至後自北發南，冬至後自南斂北。

十二次之名，今冬至日在箕初，而歐邏巴以冬至爲日躔星紀之次，失古人所以名十二次之義。

湯，音暘。

次，舍也。

繢，音潰。今爾雅俗本譌作「瀆」，非。

顧兔，洪氏引靈憲曰：「月者，陰精之宗，積而成獸，象兔，陰之類，其數偶。」博物志云：「兔望月而孕，自吐其子。」按：月中黑影，今步算家謂之月駁，言月體有坳突處。昔人所謂兔蟾諸，以其形似耳。或云地影，非也。月食於闇虛，乃地影。

霸，替伯切。説文云：「月始生，霸然也。承大月二日，承小月三日。周書曰：哉生霸。」按：霸，今通用「魄」。漢書律曆志云：「死霸，朔也。生霸，望也。」揚雄云：「月未望則載魄於西，既望則終魄於東。」

鄉，音向。下同。

女歧，王云「神女無夫而生九子也」。

臧，古字「藏」通用「臧」。

景，後人別作「影」。

汩，于筆切。按：汩者，水行通利也，故爲疾貌。又爲治水之稱，俗本與「汨羅」字溷。

鴻，洪云：「荀子曰：禹有功抑下鴻。」鴻，即洪，水也。

鴟龜曳銜，洪云：「此言鯀違帝命而不聽，何爲聽鴟龜之曳銜也？」

順欲，洪云：「書曰：方命圮族。國語：鯀違帝命。則所謂順欲者，順帝之欲也。」

不施，古音詩歌切。公羊説：「古人疑獄，三年而始定。三年不施，永不施矣。」杜預云：

「施，行罪也。」

淵，一作「泉」。

寘，洪云「與填同」。

九則，王云「謂九州之地凡有九品」。

墳，王云「分也」。

應龍，王云「有翼曰應龍」。

何畫，一作「河海應龍，何盡何歷」。

康回，王云：「共工名也。淮南子言共工與顓頊争爲帝，不得，怒而觸不周之山，天維絶，地柱折，故東南傾也。」

窳，以主切。

順橢，洪氏引淮南子曰：「闔四海之内，東西二萬八千里，南北二萬六千里。注云：子午爲經，卯酉爲緯。言經短緯長也。」

闇虚，顧炎武云：「張衡靈憲曰：當日之衝，光常不合者，蔽於地也，是謂闇虚。月過則食。俗本『地』字有誤作『他』者，遂疑别有所謂闇虚，而致紛紛之説。」

尻，苦羔切。或譌作「尻」，又轉寫爲「居」。

增城，淮南墬形訓：「中有增城九重，其高萬一千里，百一十四步二尺六寸。」注云：「中，崑崙中也。增，重也。有五城十二樓，見括地象，此蓋誕，寔未聞也。」

四方之門，淮南墬形訓言崑崙虚云「旁有四百四十門，北門開以納不周之風」，又云「西北方曰不周之山」。

燭龍，淮南墬形訓：「燭龍在鴈門北，蔽於委羽之山，不見日，其神人面龍身而無足。」

冬煖夏寒，洪氏引素問曰：「至高之地，冬氣常在。至下之地，春氣常在。」注云：「高山之巔，盛夏冰雪，污下川澤，嚴冬草生。常在之義足明矣。」

走獸，曲禮今本作「禽獸」。陸德明經典釋文云盧本作「走獸」。

虺，王云「蛇别名」。洪云：「國語曰：爲虺弗摧，爲蛇將若何？虺，小蛇也。然爾雅有蝮虺博三寸，首大如擘。則虺亦有大者，其類不一。」

不死，一作「老」。洪氏引淮南子曰：「西方之極，石城金室，飲氣之民，不死之野。」一蛇，或作「靈蛇」，非。

大，一作「骨」。

陵魚，洪氏引山海經：「西海中近列姑射山有陵魚，人面人手，魚身，見則風濤起。」一作「鯪魚」，王云：「鯪，鯉也，有四足，出南方。」

鬿堆，洪云：「山海經：北號山有鳥，狀如雞而白首，鼠足，名曰鬿雀，食人。字書：鴭音堆，雀也。則鬿堆即鬿雀也。」

彈日，王云：「淮南言堯時十日並出，草木焦枯。堯命羿仰射十日，中其九日。日中九烏皆死，墮其羽翼。」

下土方，一作「下土四方」。

焉得，一作「安得」。

之女，一無「之」字。

通于，一作「通之于」。

閔，王云：「憂也。言禹所以憂無妃匹者，欲爲身立繼嗣也。」

嗜欲同味，欲，一作「不」。王云：「何特與衆人同嗜欲，苟欲飽快一朝之情乎？」

飽，讀如閉。蓋方音。

卒，七没切。

離蠥，洪云：「書曰：啓與有扈戰于甘之野。説者曰：有扈氏與夏同姓，啓繼世以有天下，有扈不服，大戰于甘。故曰『卒然離蠥』也。」

能拘是達，洪云：「禹嘗薦益于天矣，啓賢能敬承繼禹之道，憂思天下，因民心之歸，代益作后。因民心之不予，以伐有扈，是能變通而不拘執也。」

射，音亦。

鞫，一作「鞠」。言有扈所行，皆歸於厭窮，無能害啓之躬。

棘，毛詩云「急也」。按：謂遭艱棘。

賓商，水經注云「契始封商」。魯連子曰「在太華之陽」。皇甫謐、闞駰並以爲上洛商縣也。按：晋商縣屬上洛郡。漢上洛亦爲縣，並屬弘農，今陝西商州山陽、商南二縣故商縣地。州之東有商山，嶺道盤曲，古老相傳，七盤十二綈，所謂商坂之塞，繞霤之固者也。洪云：「此言賓商者，疑謂待商以賓客之禮。」

歌，讀如「基」，蓋方音。

屠母，洪氏引干寶云：「前志相傳〔一〕，脩己背坼而生禹，簡狄胸剖而生契，歷代久遠，莫足相證。魏黄初五年，汝南屈雍妻生男，從右胳下水腹上出，而和平自若，母子無恙。禹母事出帝王世紀。禹以勤勞脩鯀之功，故曰勤子也。啓以禹故，得享備樂，何以脩己生禹而反遇災害邪？言坼剖而産則有之，死分竟地〔二〕，未必然也。」一説勤子，勤勞生子也。謂啓母化石之事，石破北方而啓生，見淮南子〔三〕。

河伯，王云：「傳曰河伯化爲白龍，遊於水旁，羿見射之，眇其左目。」

馮，王云「挾也」。

封豨，洪云：「射河伯，妻雒嬪者乃堯時羿，非有窮羿也。淮南言堯時封豨長蛇皆爲民害，堯使羿斷脩蛇，禽封豨。此言有窮羿亦封豨是射，而反爲民害也。」

射，古音時若切。

闓，音開。

娶，七句切。

謀，古音媒。

弟，洪云：「説文：霈，雲貌。疑即此弟字。」
式，王云：「法也。言天法有善陰陽縱横之道〔四〕。人失陽氣則死也。」
從，即容切。
大鳥，王云：「崔文子學仙於王子僑，子僑化爲白蜺而嬰弟，持藥與崔文子，文子驚怪，引戈擊蜺，中之，因墮其藥，俯而視之，王子僑之尸也。崔文子取王子僑之尸置之室中，覆之以弊筐，須臾則化爲大鳥而鳴，開而視之，翻飛而去。」洪云「事見列仙傳」。
荓，王云：「荓翳，雨師名也。」
號，胡刀切，呼也。
撰，洪云「具也」。
協脅，一無「脅」字，作「撰體協鹿，何以膺之」。王云：「天撰十二神鹿，一身八足兩頭。」
砅，音厲。或譌作「冰」，非。
胎，去劫切。腋下。
鰲，王云：「大龜也。列仙傳曰：有巨靈之鰲，背負蓬萊之山而抃舞，戲滄海之中。」
戴，一作「載」。
釋舟，王云：「言龜所以能負山若舟船者，以其在水中也。使龜釋水而陵行，則何以能遷徙山乎？」

嫂，古音叟。

少，失照切。

顛易厥首，竹書説云〔五〕：「初，浞娶純狐氏，有子早死。其婦曰女歧，寡居。澆强圉，往至其户，陽有所求〔六〕，女歧爲之縫裳，共舍而宿。汝艾夜使人襲斷其首，乃女歧也。澆既多力又善害，艾乃畋獵放犬逐獸，因嗾澆顛隕，乃斬澆，以歸於少康。」此晋武詔束晳隨款所説，今其書中曰「約按」者，乃沈約附注，他書或概引爲約之説，非也。

殆，古音徒以切。

湯，集注云「疑本『康』字之誤」。

易旅，言少康僅一旅之師，能布其德，而兆其謀，興之易如此，天何以厚之乎？事見左傳哀元年。

覆，芳六切。

斟尋，汲郡古文：帝相二十七年，澆伐斟尋，大戰于濰，覆其舟，滅之。與此合。言澆强圉如是，少康遵何道而能取之？

蒙山，王云：「桀伐蒙山之國，而得末嬉，肆其情意，故湯放之南巢。」按：國語史蘇曰：

「昔夏桀伐有施，有施人以末嬉女焉。」韋昭注云：「有施，嬉姓之國。末嬉，其女也。」呂氏春秋：「伊尹奔夏三年，反報於亳曰：桀迷惑於末嬉，好彼琬琰。」汲郡古文：「帝癸十四年，扁帥師伐岷山。」一作「山民」，束皙隨款説云：「命扁伐山民，山民女於桀二人，曰琬曰琰，斲其名於苕華之玉。苕是琬，華是琰。」末嬉，一作「妹喜」。

鰥，古音巾。洪云：「書曰：有鰥在下，曰虞舜。」此言舜孝如此，父何以不爲娶乎？

億，王云：「言賢者預見施行萌牙之端，而知其存亡善惡所終，非虚億也。」洪云：「億，度也。」

璜，洪云：「左傳曰：夏后氏之璜。璜，美玉也。淮南云：桀紂爲璇室、瑶臺、象廊、玉牀。」

重，池龍切。

登立爲帝，洪云：「謂匹夫而有天下者，舜禹是也。」

女媧，古華切。洪氏引列子曰：「女媧氏蛇身人面，牛首虎鼻，此有非人之狀，而有大聖之德。」

肆犬豕，「豕」一作「體」，非，王云：「言象無道肆其犬豕之心，燒廩寘井，欲以殺舜，然終不能危敗舜身也。」

敗，古音蒲寐切。

吴獲迄古，王云：「言吴國得賢君，至古公亶父之時，而遇太伯，陰讓避王季，辭之南嶽之下，採藥於是，遂止而不還。」

兩男子，王云「謂太伯、仲雍」。

緣鵠飾玉，王云：「言伊尹始仕，因緣烹鵠鳥之羹，脩玉鼎，以事於湯。湯賢之，遂以爲相也。」

桀，一作「夏桀」。

喪，蘇浪切。

說，音悦。

犇，古「奔」字。

臺，古音田怡切。

宜，古音魚何切。

嘉，古音居何切。顧炎武云：「今本嘉作喜，後人不知古音而妄改之也。」

該，洪云：「兼也。言能兼秉大禹之末德，爲父所善，以有天下也。」

牧夫牛羊，洪云：「啓用兵以滅有扈氏，有扈遂爲牧豎也。」

懷之，韓非子曰：「當舜之時，有苗不服，禹將伐之。舜曰：不可，上德不厚而行武，非道也。乃脩教三年，執干戚舞，有苗乃服。」淮南子曰：「禹執干戚舞於兩階之間，而三苗服。」

平脅，一本平上有「受」字。洪云：「受，即紂也。」

曼，音萬。

膚，王云：「言紂爲無道，諸侯背畔，天下乖離，當懷憂癯瘦，而反形體曼澤。」

牧豎，洪云：「此言啓滅有扈之國，其後子孫遂爲民庶，牧夫牛羊，其初以何道而得爲諸侯也？豎，童僕之未冠者，臣庾切。」

擊牀，王云：「啓攻有扈之時，親於其牀上擊而殺之。」

其何所從，一作「其命何從」。

朴牛，古音疑。王云：「朴，大也。言湯常能秉持契之末德，脩而弘之，天嘉其志，出田獵，得大牛之瑞也。」洪云：「説文：朴特，牛父也〔七〕。平豆切。」

班禄，洪云：「記曰：『請班諸兄弟之貧者。』班，分也。言湯田獵禽獸，往營所以施禄惠於百姓者，不但還來而已，必有所分也。」

遵迹，王云：「迹，道也。言人有循闇微之道，爲淫佚夷狄之行者，不可以安其身也。謂晉大夫解居父。」

繁鳥萃棘，王云：「解居父聘吴，過陳之墓門，見婦人負其子，欲與之淫佚，肆其情欲。婦人則引詩刺之曰：『墓門有棘，有鴞萃止。』故曰繁鳥萃棘也。言墓門有棘，雖無人，棘上猶有鴞。汝獨不媿也。」

眩弟，王云：「象爲舜弟，眩惑其父母，並爲淫佚之惡，欲共危害舜也。」洪云：「眩弟，猶惑婦也，言舜有惑亂之弟。」

兄，古音虚王切。

而後嗣逢長，一作「後嗣而逢長」。王云：「舜封象於有庳而後嗣子孫長爲諸侯也。」

爰極，至也。

乞彼小臣，王云：「湯東巡從有莘氏乞伊尹，因得吉善之妃，以爲内輔。」

水濱之木，列子曰：「伊尹生乎空桑。」注云：「伊尹母居伊水之上，既孕，夢有神告之曰：『臼水出而東走，無顧。』明日視臼水出，告其鄰，東走十里而顧視，十邑盡爲水〔八〕，身因化爲空桑。有莘氏女子採桑，得嬰兒於空桑之中，故命之曰伊尹，而獻其君，命庖人養之。長而賢，爲殷湯相。」王云：「有莘惡伊尹從木中出，因以送女。」按：空桑，伊尹所生之地名也，在今河南開封府杞縣，説者緣以傅會，事見呂氏春秋。

婦，古音扶委切。

重泉，王云：「地名也。桀拘湯於重泉而復出之。」

尤，古音云其切。

挑之，王云：「言湯不勝衆人之心，而以伐桀。誰使桀先挑之。」洪云：「挑，徒了切。倉頡篇云：挑，招呼也。」

到，一作「列」。

定，一作「足」，蓋字形之譌。

嗟，古音子何切。

及，一作「乃」，非。

伐器，王云：「攻，伐之器也」。洪云：「争遣伐器，謂羣后以師畢會也。」

擊翼，洪云：「六韜曰：翼其兩旁，疾擊其後。擊翼，蓋兵法也。」

厎，音旨。譌作「底」，非。

白雉，汲郡古文：昭王十九年，祭公辛伯從王伐楚。天大曀。雉兔皆震，喪六師于漢。逢白雉，或此時事。

悔，母改切。

環理，謂計度天下里數也。汲郡古文説云〔九〕：「西征還履天下，億有九萬里。」穆天子傳：乃里西土之數，各行兼數，三萬有五千里。

詢，恪垢切。

褒姒，事見國語。

賣，余六切。

佑，古音夷至切。

會，一作「合」。

卒，七没切。

抑沈，洪云：「猶九章云『情沈抑而不達』也。」

雷開，王云：「佞人也，阿順於紂，乃賜之金玉而封之。」

封，甫款切，蓋方音。

詳，音佯。

竺，音篤。

馮弓挾矢，馮執弓矢，將以殊能，疑謂周家得賜弓矢作伯也。西伯戡黎，祖伊奔告，所謂

「驚帝激切」也。猶遲之數年，始加兵於殷，故曰「何逢長之」。

牧，古音莫逼切。

之國，一無「之」字。

遷藏就岐，洪云「蓋指太王也」。

受賜茲醢，王云：「紂醢梅伯以賜諸侯。文王受之，告語於上天也。」

告，古音居侯切。

在肆，王云：「吕望鼓刀在列肆，文王親往問之。吕望對曰：『下屠屠牛，上屠屠國。』文王喜，載與俱歸。」

伯林，王云：「伯，長也。林，君也。謂晉太子申生爲驪姬所譖，遂雉經而自殺。」

感天抑地，洪氏引左傳「帝許我伐有罪」，是也。

戒，古音訖力切。

代，古音徒既切。

丞輔，王云：「言湯初舉伊尹，以爲凡臣耳，後知其賢，乃以備輔翼丞疑〔一〇〕。」

官湯，集注云：「官，如『官卿之適』之官。」

尊食，洪云「廟食也」。

勳闔夢生，王云：「勳，功也。闔，吴王闔廬也。夢，闔廬祖父壽夢也。少離散亡放在外〔二二〕。」按：古人言子孫曰子姓。詩「公姓」即「公孫」也。生，當讀爲姓，如彝鼎文「惟」作「隹」，「祖」作「且」之類。

嚴，古韻標準云：「此似因殷武詩『下民有嚴』而誤，詩本以監、嚴、濫三字爲韻，而『不敢怠遑』爲問句，非韻也。」

鏗，可衡切。

斟雉，王云：「彭祖進雉羹於堯，堯饗食之。」

籛，音翦。

牧，王云：「草名也，有實。言中央之州，有歧首之蛇，争共食牧草之實，自相啄嚙。」按：王説不可通。今考之，蓋言居地之中，共牧斯民，列后何以相怒而争乎？

蛾，「蟻」通。

何固，堅也。言蠭蟻之屬，賦命甚微，乃亦有君長各相競鬬，其力何堅乎？

驚女，王云：「有女子采薇，驚而北走，至於回水之上，止而得鹿。」

兄有噬犬，王云：「秦伯有齧犬，弟鍼欲請之。因逐鍼而奪其爵禄。」

兩，音亮。

齧，五結切。

乘，繩證切。

莫，俗作「暮」。

歸何憂，言薄莫而遇雷電，歸者亦何憂乎？明其有甚於此者。

厥嚴不奉，臣奉君之威嚴，厥嚴不奉，謂不得事君也。天帝何所責而棄之乎？求，責也。

何長，一作「何長先」。

更，音庚。

吴光，即闔廬。

何環穿自閭社丘陵，一作「何環閭穿社，以及丘陵，是淫是蕩」。

予，一作「與」。

章，一作「彰」。

囏，古「艱」字。

校注

〔一一〕相傳　洪興祖楚辭補注引原作「所傳」。

〔二〕死分竟地　黄文焕楚辭聽直云："「死分竟地者，石破啓生，則是啓之母死而分裂，體不復全也。既已爲石，魄竟於地，形不復化也。」可見黄釋「分」爲分裂，「竟」爲「終」。陸時雍楚辭疏云："「人化爲石，石裂竟地，則不可以復形，生死界分，神人道隔，在此際矣。」可見陸釋「分」爲「分離」，「竟」通「境」。游國恩天問纂義云："「死分竟地者，謂其屍分散地也。」游氏釋「死」爲「尸」，「竟」爲「盡」。舊解「死分竟地」衆説紛紛，此録三説供參考。

〔三〕見淮南子　戴氏係據漢書武帝紀顔師古注爲説，但今本淮南子無啓母化石文。

〔四〕善陰陽從横之道　依文意，「善」字下當有「惡」字，汲古閣宋刻洪補注亦脱，游國恩天問纂義以意補「惡」字，是。

〔五〕竹書説　即沈約之竹書注。

〔六〕陽　周拱辰離騷草木疏引作「佯」。古陽、佯通。

〔七〕朴特，牛父也　洪本「特」上無「朴」字，徐鉉本説文有，蓋戴氏據鉉本説文改洪引文。段玉裁注説文云："「洪氏引説文『特牛，牛父也，言其朴特』。蓋『言其朴特』乃注説文者語，鉉本改竄上移耳。」

〔八〕而顧視十邑　洪本「顧」上無「而」字。又「十」作「其」。

〔九〕汲郡古文説　此謂沈約竹書注。

〔一〇〕乃以備輔翼丞疑　洪本王注「丞」作「承」。又朱熹集注用王注意，改作「乃以備疑丞。輔，翼也」。較此明晰。

〔一一〕少離散亡放在外　指闔廬。此乃節引王注，所指欠明晰。

屈原賦注卷十二

音義下

九章

愍，閔通。

憒，懣也。

所非忠，一本云「所作忠」者，誤。

以鄉，音向。「以」或作「與」。

會，一作「命」。

以聽，「以」一作「使」。

此與，與以諸切。

當，丁浪切。

贅肬，肬古音云其切。莊子所謂「附贅懸肬」。

儇，音翾。方言云：「慧也。自關而東，趙、魏之間謂之黠。」

待君，一作「待明君」。

仇也，俗本删去四「也」字〔一〕。

讎，仇、讎連舉，則仇爲怨，讎爲敵。

保，古音補荀切。

辠，一作「罪」。

所志也，俗本删去四「也」字。

哈，古音嬉。

釋，古音施若切。

白，古音蒲各切。

肎，俗作「肯」。

鼃，一作「鼈」。

此志也，俗本删去四「也」字。

申生，一作「晋申生」。

好，古音許侯切。
不豫，不猶豫也。
吾今，一作「吾至今」。
其然，一作「其信然」。
設張辟，辟頻亦切。王云：「法也。言君法繁多，讒人復更張設峻法，以娛樂君，己欲側身竄首，無所藏匿。」
牉，分也。
其，一作「以」。
菀，於阮切。一作「鬱」。
撟，古昴切。一作「矯」，二字往往錯互。
糗，去久切。
重，池用切。
曾，音增。
身，讀如商，蓋方音。
糒，音備。

長鋏，劍名。

切雲，冠名。

明月，珠名。

璐，説文云「玉也」。

濟于，「于」一作「乎」。

重，池用切。

欸，烏開切。

風，古音甫歆切。

方林，王云「地名」。

汏，古音特計切。

辟，一作「僻」。

高而，「而」一作「以」。

垠，洪云：「音銀。畔岸也。」

樂，音洛。

中，讀如張，蓋方音。
窮，讀如强，蓋方音。
桑扈，莊子作「子桑户」。
伍子，子胥。
重，池用切。
林薄，薄傍各切。王云「草木交錯曰薄」。
臊，音騷。
得薄，博音博。

仲春，一作「方仲春」。
東遷，屈原東遷，疑即當頃襄元年，秦發兵出武關攻楚，大敗楚軍，取析十五城而去。時懷王辱於秦，兵敗地喪，民散相失，故有「皇天不純命」之語。
軫，戾也。王云「痛也」。
郢，一作「郢都」。
淫淫，王云「流貌」。

眇，王云：「眇，猶遠也。」

蹠，古音之略切。

焉，洪云讀如「且焉止息」之焉。

洋洋，王云「無所歸貌也」。

客，古音苦各切。

而焉薄，薄音博。而，一作「之」。

絓，音卦。與「挂」同。

蹇産，王云「詰屈也」。

江，古音工。

樂，音洛。

淼，音渺。

兩東門，王云「郢城兩東門」。按：夏屋爲墟，兩東門蕪塞，蓋有見於頃襄所爲而云。史記：頃襄元年，秦攻楚，取析十五城。十九年，楚割上庸漢北地予秦。二十年，秦攻西陵。二十一年，秦遂拔郢，燒先王墓夷陵。楚東北保於陳城。屈原哀郢所慮及者遠矣。

與憂，「憂」一作「愁」。

去不信，一無「去」字。
懆，俗本作「慘」，非。
開，一作「通」。
汋，音綽。
約，王云：「汋約，好貌。」
諶，音忱。
荏，如甚切。
湛湛，湛直減切。洪氏引相如賦注云「厚積之貌」。
披，一作「被」。
行，下更切。
杳杳，遠貌。一作「暸杳杳」，一作「杳冥冥」。
愠，紆粉切。
惀，力允切。
慨，古音苦既切。
躞，蘇協切。一作「踕」，一作「踥」。

蹀，徒協切。躞蹀，行貌。

邁，古音莫制切。

曼，音萬。

丘，古音欺。

鬱鬱，一作「心鬱鬱」。

悲夫，一無「夫」字。

回極，或云「風穴也」。

數，所矩切，計也。

惟，「思惟」之惟。

摟，古音如又切，俗譌作「慺」，非。

遺，以醉切。

憍，洪云：「矜也。莊子曰：虚憍而恃氣。」

爲，于僞切。

怛，當割切。

憺憺，憺徒濫切，動也。蘇林云「陳留謂恐爲憺」。

歷茲，一作「茲歷」。

詳，音佯。

豈至，一作「豈不至」。

獨樂，樂音洛，一作「毒藥」，非。

斯之，一無「斯」字，非。

完，假借爲韻，一作「光」。

儀，古音牛何切。

少，失照切。

思，一作「怨」。

佹，音詭。

版，背離也。

南山，一作「北山」，非。

心同，上六句一作「曾不知路之曲直兮，魂識路之營營。何靈魂之信直兮，南指月與列星。願徑逝而未得兮，人之心不與吾心同」。

潭，古音尋。
以娛，一作「聊以娛」。
崴，音隈。
進，子甸切，蓋方音。
北姑，王云「地名」。
聊，一作「聊以」。

陶陶，一作「滔滔」。
汩，于筆切。俗本與「汨羅」字溷。
窈窈，一作「杳杳」。
孔，甚也。
默，史記作「墨」。
菀，一作「鬱」。史記作「冤」。
離，遭也。
愍而，「而」史記作「之」。

鞫，紀力切。蓋方音。
俛，音勉，下首也。一作「冤」。
詘，一作「屈而」。
刓，吾官切。圜削也。
易初，一無「初」字。
迪，史記作「由」。
職，一作「志」。
圖，史記作「度」。
改，古音紀。
直，一作「厚」。
重，一作「正」。
晠，一作「盛」。
倕，是爲切，一作「匠」。
揆，一作「撥」。
處幽，一作「幽處」。

矇，一作「矇瞍」。

白而，「而」一作「以」。

筊，乃故切。一作「筎」。

鶩，史記作「雉」。

夫惟，史記無「惟」字。

之鄙，「鄙」一作「交」，一無「之」字。

固，史記作「妒」。

吾，一作「予之」。

窮不知，史記作「窮不得余」。

犬，一有「之」字。

怪，古音愧。

也，俗本刪去二「也」字。

誹駿，一作「非俊」。

桀，一作「傑」。

疏，一作「踈」。

吾，一作「予」。
異，一作「奥」。
采，古音且禮切。
樸，一作「朴」。
積，一作「質」。
有，古音羽己切。
重，池龍切。
牾，五古切。一作「遌」。
故也，一作「何故」。
邈，一有「而」字。
慕也，一無「也」字。
違，一作「連」。
彊，一作「强」。
愍，史記作「滑」。
象，一作「像」。

舒，史記作「含」。

娭，史記作「虞」，古字通。

汩，于筆切。俗本與「汨羅」字溷。

茀，一作「蔽」，史記作「拂」。

曾，音增。

唫，魚音切，與「吟」通。

咺，香遠切。史記作「恒」。

喟，史記作「慨」。

謂兮，「曾唫」已下十九字，據史記考次。

懷情抱質，一作「懷質抱情」。

没，史記作「歿」。

驥將，一無「將」字。

民生稟命，一作「萬民之生」，史記作「人生有命」。

懼兮，此下有「曾傷爰哀，永歎喟兮；　世溷濁莫吾知，人心不可謂兮」二十字，考文義當在前，史記既見於前，至此又衍十八字。「莫」作「不」，無「濁」字、「人」字。

愛，古音於既切。

明，史記作「明以」。

懷沙，史記載是篇與楚辭各本互有得失，用相參定。

汨，莫狄切。

眙，丑吏切。郭璞注方言云：「眙，謂往視也。」

冤，一作「惋」。

旦以，「以」一作「不」。

志沈菀，一無「志」字。

迅，一作「宿」。

睋，一作「盛」。一作「威」。

覆，芳六切。

造父，史記：秦之先造父以善御幸於周繆王。

操，七刀切。

逡，七倫切。

次，七私切。

隈，一作「隅」。

纁，一作「曛」。

媮，一作「愉」，非。

巡，像遵切。

且，七餘切。

縓，七絹切。

與，以諸切。

茝，一作「芷」。

草，采古切，蓋方音。

萹，匹眄切。

其繚，繚音了。其一作「以」。

烝，一作「承」。

説，音悦。

度也，俗本删去二「也」字。

罷，音疲。

時，一作「詩」，蓋字形之誤。

屬，音燭，付也。

娭，音嬉。

治，直之切。

厖，莫江切。

否，古音方尾切。

讙，一作「離」，非。

江，一作「沅」。

遂，一作「不」。

雝，一作「廱」，一作「壅」，古字通用。

昭，讀如周，蓋方音。

厨，古音池由切。

優游，洪云「大德之貌」。

詑，託何切。

娃，烏佳切。

蔓，莫胡切，淮南脩務訓：「曼頰皓齒，形夸骨佳，不待脂粉芳澤，而性可説者，西施、陽文也。啳睽哆噅，籧篨戚施，雖粉白黛黑，弗能爲美者。嫫母、仳倠也。」注云：「西施、陽文，古之好女。嫫母、仳倠，古之醜女。」

秦有，方言俗本脱此二字，宋本有之，見錢遵王讀書敏求記。

煜，余六切。

爚，以灼切。

行，下更切。

寃，一作「宛」。

載，古音子置切。

氾，音汎。

泭，芳無切。

辟，一作「譬」。

再，古音子智切。

識，音志。
榮，一作「華」。
曾，音增。
摶，音團。
青黄，洪云：「橘實初青，既熟則黄。」
精色内白，王云：「精，明也。」洪云：「青黄雜糅，言其外之文。精色内白，言其内之質。」
紛，扶分切。
緼，於云切。廣韻又作「馧馧」，香氣也。
過失，古韻標準云：「地」與「失」去、入爲韻。或作「失過」者，非。
友，古音羽已切。
淑，善也。
梗，堅也。
少，失照切。

長，竹丈切。

行，下更切。

强，其兩切。

菀，一作「冤」，一作「宛」。

蓋，掩也。

號，胡刀切。

苴，七如切。毛詩云「水中浮草也」，鄭箋云：「樹上之棲苴。」

比，必至切。併也。

廁，初吏切。「廁跡」，「廁位」之廁。

間，古莧切。

芳，一作「若」。

曾，一作「增」。

伏，一作「居」。

淒淒，洪云「寒涼也」。

而極，一作「以至」。

於，音烏。

邑，烏合切。或並如字，短氣也。

糾，俗作「糺」，非。

槁，音考。

離，力智切。

比，毗至切。

聊，古音力求切。

溘，一作「逝」。

省，息井切。

解，古音紀。洪云「除也」。

開，一作「形」。

芒芒，洪云「廣大貌」。

曼，一作「蔓」，一作「漫」。

量，力昌切。

縹，匹招切。

悄，親小切。

顛，古音都因切。

涼，一作「源」，非。

瞰，一作「瞰」。

霧，一有「露」字。

岐，一作「峎」，一作「汶」，禹貢作「岷」。

磕磕，磕苦盍切，石聲。

容容，洪云「變動之貌」。

軋，烏轄切。

飄幡幡，一作「漂翻翻」。

右，古音羽己切。

潏潏，潏音決。說文云「涌出也」。

伴，音判。

黃棘，洪云據懷王黃棘之會解此，於上下文意不合。

不，一作「弗」。

刻，勵也。

無適，王云「無所復適」。

愁，同「愓」，見說文。

申徒，洪氏引莊子云：「申徒狄諫紂不聽，負石自投於河。」淮南子注云：「申徒狄，殷末人也。不忍見紂亂，故自沈於淵。」

遠遊

菀，一作「鬱」。

營營，一作「煢煢」。

予弗聞，一作「吾不聞」。

怊，敕宵切，悵恨也。

惝，昌兩切。

怳，許昉切。

淒，一作「悽」。

操，七刀切。

至人，一作「真人」。

韓終，「終」一作「衆」。

曾，音增。

而往，「而」一作「以」。

郵，一作「尤」，非。

反乎，「乎」一作「其」。

重，池龍也。

曄，筠輒切。光也。

仿，音旁。

鄉，一作「向」。

重，池用切。

軒轅，黄帝號。

王喬，洪氏引列仙傳云「周靈王太子晋也」。

戲，古音呼。

餐，一作「湌」。

六氣，王云：「陵陽子明經言：春食朝霞，日始欲出赤黄氣也。秋食淪陰，日没已後赤黄氣也。冬飲沆瀣，北方夜半氣也。夏食正陽，南方日中氣也。并天地玄黄之氣，是爲六氣。」陸德明經典釋文：「李云平旦爲朝霞，日中爲正陽，日入爲飛泉，夜半爲沆瀣。天玄地黄爲六。」

飲，於禁切。

沆，户黨切。

瀣，下界切。

霞，古音胡。

南巢，洪云：「南巢，豈南方鳳鳥之巢乎？成湯放桀於南巢，乃廬江居巢，非此南巢也。」

先，古音新。

女，音汝。

九陽，吕氏春秋云：「禹南至九陽之山，羽人裸民之處，不死之鄉。」此「九陽」與上「仍羽人于丹丘，留不死之舊鄉」連文，即吕氏所稱。

艴，替丁切，一作「頩」。

晩，音問。詩「薇亦柔止」，鄭箋云：「柔，謂脃晩之時。」

眇，洪云：「與妙同，要眇，精微也。」

庭，髮際前曰額，額之中曰庭。

闕，眉間曰闕。

下極，闕下曰下極，目間也。

宋，舊書多作「家」，即「宋」之譌文。一作「寂」。

魄，一作「魂」。

霞，與「遐」通，亦作「假」。

排，推也。

旬始，當謂天旬轉所始之處，旬之言徧也，帀也，周也。非天官書之「旬始」。

容，一作溶。

委移，一作「逶蛇」。

敖，一作「驁」。

少，失照切。

爲，于僞切。

辟，必亦切，除也。

蓐，音辱。

麾，古音許戈切。

曖曃，音愛逮。

曭，音儻。

屬，音注。

揭，居列切。

撟，居廟切。

樂，音洛。

汎濫，一有「游」字。

故而，「而」一作「以」。

泂，烏晃切。

瀁，徐兩切。水深廣貌。一作「罔象」。

蹕御，一作「還衡」。

湘靈，洪云：「上言二女，則此湘靈，乃湘水之神，非湘夫人也。」

海若，王云「海神名」。

馮夷，王云「水仙人」。洪云「河伯也」。

列蠵象而並進，一作「玄蠵蟲象並出進」。

蟉，於九切。

虯，巨九切。洪云：「蟉虯，盤曲貌。」

便，毗連切。

娟，於緣切。洪云：「便娟，輕麗貌。」

撓，奴鳥切。

焉，洪云「辭也」。

原，一作「涼」。

曾，一作「增」。

間，古莧切。

黔嬴，洪氏引大人賦注云：「天上造化神名，一曰水神。」

爲，于僞切。

六漠，洪云：「漢樂歌作『六幕』，謂六合也。」

崢，鋤耕切。

嶸，户萌切。

太初，太，一作「泰」。列子云：「太初者，氣之始也。」

卜居

知，一作「智」。

而蔽，一無「而」字。

慮，一作「意」。

往，一作「乃往」。

君，一有「將」字。

勞，郎到切。

樸，一作「朴」。

窮，困窮。

鉏，一作「鋤」。

生，讀如莘，蓋方音。

哫，音足。

粟，一作「栗」，非。

喔，音握。

突，他忽切。

滑，音骨。

絜，户結切。陸德明云「約束也」。一作「潔」，非。

駒，古音居侯切。

凫，古音扶由切。一有「乎」字。

軀，古音欺由切。

抗，一作「亢」。

黄鵠，顔師古云：「黄鵠，大鳥，一舉千里。」

張，如字，自侈大也。

于，一作「吁」。

通，讀如湯，蓋方音。

知事，一作「知此事」。

漁父

舉世，一作「世人」。

皆濁，史記作「混濁」。

放耳，史記無「耳」字。

疑，一作「凝」。

淈其泥，史記作「隨其流」。

釃，古音山何切。説文云「下酒也」。陸德明云「謂以筐盝酒」。史記作「醨」。

深思高舉，史記作「懷瑾握瑜」。

而自令，一無「而」字。

汶，讀如玟，蓋方音。

湘，史記作「常」。

塵埃，埃古音衣。史記作「温蠖」。

莞，一作「莧」。

乃歌，一無「乃」字。

我，一作「吾」，下同。

通釋上

羽山，齊乘：「九目山東北二十里有龍山，又北即羽山。」

峗山，隋志作「祀山」。

冀州，淮南墬形訓云：「正中冀州曰中土。」

下雋，漢志：「澧水東至下雋入沅。」水經云：「東至長沙下雋縣西北東入于江。」今湖北武昌府通城縣西有下雋故城，非漢縣治也。

積石，亦呼大雪山，番名阿木你麻纏母孫山。按：後人誤以唐述山爲積石，元時尋河源，誤以積石爲昆侖。

鄘梁山，今呼頓家山。

均州，楚之均陵。

通釋下

江離，爾雅：又名蘄茝。按：江離、馬蜩、牛藻之類，曰江曰馬曰牛，皆大也。吴録云

「海水中生江離，正青，似亂髮」，蓋誤以海藻爲江離。

芎藭，博物志：「芎藭苗曰江離，根曰芎藭。」

蘼蕪，淮南氾論訓曰：「夫亂人者芎藭之於藁本也。蛇牀之於蘼蕪也。此皆相似者。」説林訓曰：「蛇牀似蘼蕪而不能香。」

澤蘭，又名龍棗，又名風藥，其根名地筍。

桂蘭，或作「杜蘭」，誤。

蘭，俗呼孩兒菊，又名千金草。水經注資水篇云：「都梁縣西有小山，山上有渟水，既清且淺，其中悉生蘭草，緑葉紫莖。芳風藻川，蘭馨遠馥。俗謂蘭爲都梁，山因以號，縣受名焉。」

留夷，又名餘容。郭景純注山海經，以勺藥爲辛夷，辛夷俗呼木筆。郭因留夷誤之耳。張揖注上林賦，以辛夷爲留夷。顔師古已辨其非，近世閻百詩又疑江離爲勺藥。古今注：勺藥，一名可離，因之傅會可離之名，起於鄙近，非古也。

杜衡，爾雅單言杜，相如賦單言衡。博物志曰「杜衡亂細辛」。

胡繩，俗呼鼓箏草。

蔆，俗呼蔆角。

菉，又名菉蓐，俗呼鴟腳莎。

葹，又名胡枲，亦曰常枲，俗呼常思菜，即常、枲聲之譌。

鴞，音嘲。與「鴟鴞」之鴞，聲義有別，世俗誤溷。

鶗鴂，揚雄反騷作「鷤搗」。張衡思玄賦作「鶗鴂」，字形相禪變耳。伯勞以夏至鳴，而王逸云「鶗鴂一名買鵤，常以春分鳴」，失之也。買鵤乃子規。徐廣注史記云：「秭鴂，一名鷤搗。」顔師古注漢書云：「鷤搗，一名買鵤，一名子規，一名杜鵑。」皆二物相溷。史記：「百草奮興，秭鴂先滜。」「奮興」之與「不芳」義正相反。廣韻又與寧鴂之名淆，皆考古不審，徒以名相冒。

萩，或譌作「荻」，非。

欂，俗呼欂子。

辛夷，俗呼侯桃。

辛薙，譌爲「辛雉」，又譌爲「辛矧」。

沈牛，今之水牛。

藋，藋，荻。菼，薍。蒹、蘼一物，葦、蘆、葭一物，説者多溷淆。

乙，烏轄切。亦作「鳦」，與「甲乙」之乙有別。

薇，俗呼野豌豆。

萹竹，俗呼粉節草。

荼，又名苦蕒。

札，爾雅作「蚻」。

良，爾雅作「蜋」。

唐，爾雅作「螗」。

匽，亦作「蝘」。郭璞云：「俗呼胡蟬，江南謂之螗蛦。」

蜺，郭云：「寒螿也。似蟬而小，青色。」

校注

〔一一〕也字　原二字互倒，據廣雅書局本、萬有文庫本改正。

戴震全書

修訂本

第陸册

（清）戴震 撰
楊應芹 諸偉奇 主編

黄山書社

去冬寄提標中營舍姪處書，今年二月廿日
始自杭赴任，想亦送到矣。茲有信希轉寄。
僕足疾已逾一載，不能出戶，定于秋初乞假
南旋，定不復出也。擬卜居江寧，僕居定當開
明以便音問相通。吾
兄尚未得實地，而素性方正，則難與俗諧，然
君子斷乎主于中，若先求不失己，有多[illegible][illegible]

乾隆丁酉四月與段玉裁手書

（據安徽叢書本《戴東原先生全集》印）

無急進也僕生平論述最大者為孟子字義
疏證一書此正人心之要今人無論正邪盡以
意見誤名之曰理而禍斯民故疏證不得不
作頃未得人抄寄茲附致五經算術一部其
九章算術尚未印出順候
迮祉馳溯不宣
若膺賢弟足下
震頓首 四月廿四日

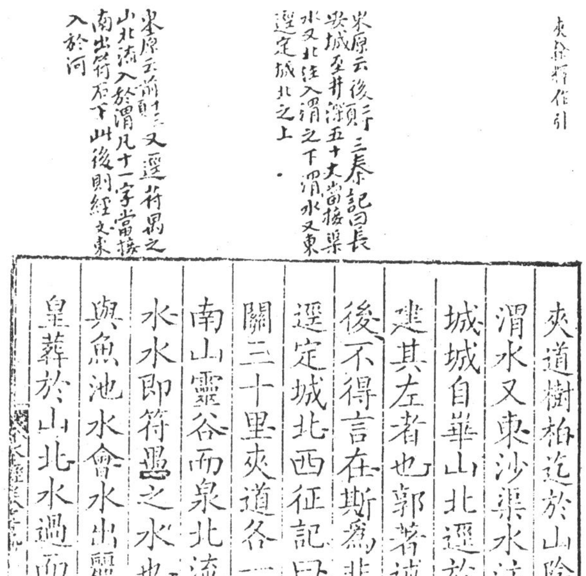
夾岔將作引

米原云後頁三行三秦記曰長安城至井深五十丈當接渠水又北注入渭之下渭水又東逕定城北之上

米原云前頁十三行又逕符禺之山北流入於渭凡十一字當接南出符石下此後則經文東入於河

夾道樹柏迄於山陰事見永興元年華百石所造碑
渭水又東沙渠水注之水出南山北流西北入長安
城城自華山北逕於河華岳銘曰秦晉爭其祠立城
建其左者也郭著述征記指證魏之立長城長城在
後不得言在斯焉非矣渠水又北注入渭渭水又東
逕定城北西征記曰城因原上述征記曰定城去潼
關三十里夾道各一城渭水又東泥泉水注之水出
南山靈谷而泉北流注於渭水也渭水又東合沙渠
水水即符禺之水也南出符石逕新豐縣故城北東
與魚池水會水出麗山東也水本導源東流後秦始
皇葬於山北水過而曲行東注北轉始皇造陵取土

《水經注》手校本

（中國社會科學院考古研究所藏）

東原云前經文又東北出居巢縣南至注謂之桐水口當接分爲二其一東北流下又東過毗陵縣北爲北江之前石城不特前牛渚西且在居巢西先函石城次函居巢乃過牛渚道元於石城下舉正牛渚不得在其前而不舉居巢不可知居巢一條屬後代錯㕘非道元之舊其一二字則當在後東至會稽餘姚縣之上

地理志曰毗陵縣舊會稽之屬縣丹徒縣也北二百步有故城本毗陵郡治也舊去江三里岸稍毀遂至城下城北有揚州刺史劉繇墓淪於江江即北江也經書在北江則可又言東至餘姚則非考其逕流知經之誤矣地理志曰江水自石城東出逕吳國南爲南江江水自石城東入爲貴口東逕石城縣北晉太康元年隸宣城郡東合天谿谿水首受江北逕其縣故城東又北入南江

南江又東與貴長池水合

水出縣南郎山北流爲貴長池池水又北注於南江

南江又南東逕宣城之臨城縣南

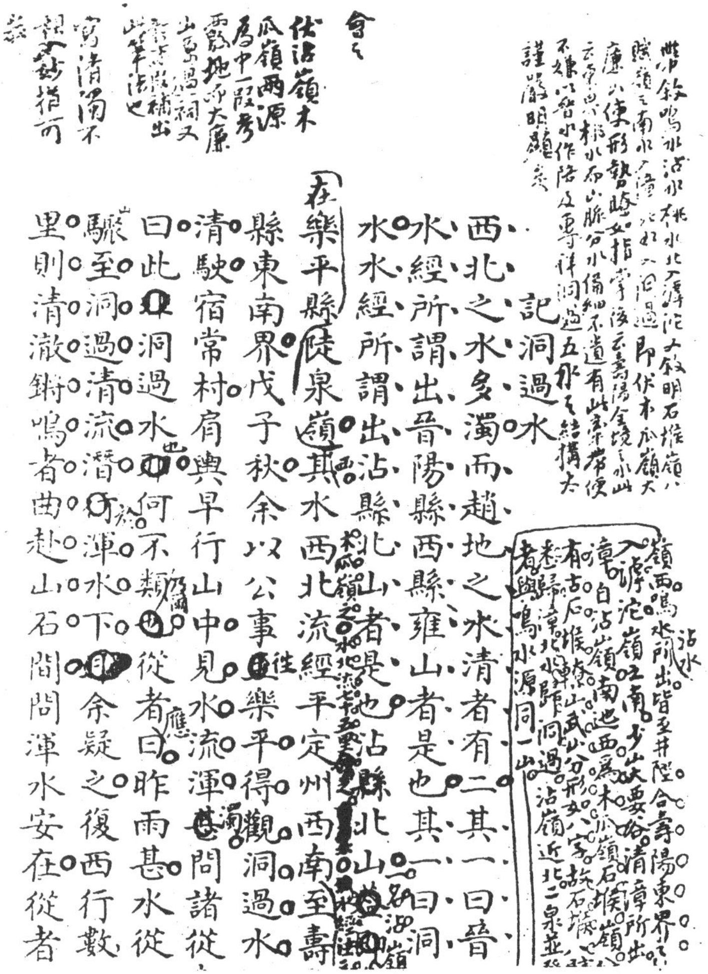

記洞過水

西北之水多濁而趙地之水清者有二其一曰晉水水經所謂出晉陽縣西縣雍山者是也其一曰洞水水經所謂出沾縣北山者是也沾縣北山在樂平縣陡泉嶺其水西北流經平定州西南至壽陽縣東南界戊子秋余以公事往樂平得觀洞過水清駛宿常村肩輿早行山中見水流渾濁問諸從者曰此即洞過水也何不類也從者曰昨雨甚水從驟至洞過清流潛渾水下耳余疑之復西行數里則清澈鏘鳴者曲赴山石間間渾水安在從者

《記洞過水》之手改稿

（北京大學圖書館藏）

以寓意住

羊頭積雪字似
擬改羊頭崖之雪
終南積雪羊頭積
雪似同而雅俗迥別
且此等未可摭拾
蓋羊頭崖三字填
非俗云崖字為八景積
雪不成辭

寓民風自令
人神往
見壽水至大可為
五根至一

渾水行遲少待當至目即而果至余始信從者前言不我欺歎水性之清濁遲迅不侔而不相入也有如是復行三十里許經壽陽之羊頭崖即縣人所謂羊頭積雪也復行十餘里至趙家莊盧家莊之間洞過水與壽水會西流七八里皆遙遲行石上汪洋澹泊激石有聲淙淙然下落於建公潭潭方三四畝深莫測四面山皆土戴石巉巗刻秀建公村隱其間人涉水者或以砅或以略彴余留宿村中詢其土俗居識字人無入城府識官長人其山川淳朴之氣可知也壽水自壽陽全邑西流之水南會於洞過洞過於

仍用始字為妥今陽數行不端與始渦複

戴震全書第六册目次

東原文集

戴氏雜録

戴震全書之二十八

原善

周兆茂 張岱年◎整理
金隆德◎審訂

説明

段玉裁戴東原先生年譜載：「原善卷上卷中卷下，孔户部所刊戴氏遺書第九合爲一册。始，先生作原善三篇，見於户部所刊文集中者也。玉裁既於癸未抄寫熟讀矣，至丙戌（一七六六），見先生援據經言疏通證明之，仍以三章者分爲建首。」這就是説，原善有三篇本與三卷本兩種。年譜又謂：三篇本成於癸酉（一七五三）至癸未（一七六三）十年内。即戴震三十一歲至四十一歲期間。在三篇本的基礎上，戴震於丙戌，即四十四歲時，又完成了原善三卷。原善三卷有兩個本子，一個是與緒言合刊的清刻本原善三卷，清無名氏刻，現藏國家圖書館；一個是目前通行的原善三卷本，它是依據曲阜孔繼涵微波榭本戴氏遺書刊出的。這兩個原善版本雖然在分卷上基本一致，但在内容上却又有許多重要差異：（一）編排次序不全相同。其中，從國圖特藏本原善卷上移入通行本原善卷下者一章；從國圖本原善卷中移入通行本原善卷上者二章；國圖本原善無，而通行本原善新增者八章（卷上二章、卷中二章、卷下四章）。全文共新增三千多字。（二）體例不全相同。國圖本原善正文上端有眉批，正文中間有夾注。眉批與夾注言簡意賅，乃出自名家手筆。

由於眉批與夾注均用宋體字刊印，目前還無法確定作者是誰。（三）國圖本原善將原善三篇及讀易繫辭論性、讀孟子論性全文收入，文字上基本未作改動。而通行本原善在收入上文時，在文字上作了較大更改。特别是原善三篇、二性中所用的「無妄」、「中正無邪」、「至善」等均經改動。「無妄」一詞，通行本已無；「中正無邪」改爲「純懿中正」；「至善」改爲「懿德」等等。顯然，這不僅是一般文字的删乙，而是反映戴震哲學觀點逐漸發生變化，唯心主義成分逐漸減少，唯物主義成分逐漸增加。這種情況表明，國圖本原善寫作時間較早，爲初稿本，而通行本則是經過修改、補充後的定本。此點亦有史可徵，丁小山在戴震去世不久給段玉裁的信中，就曾提及他「得原善初稿二本」。此初稿當即國圖本原善。至於此稿何時何人所刻，現已無從稽考。

原善三卷是戴震第一部系統闡述自己哲學思想的重要著作，也是戴震從早期唯心主義理本論向唯物主義氣本論轉變的重要中間環節。反映在哲學思想上，唯物主義與唯心主義兼而有之，而且二者交錯在一起。具體言之：（一）自然觀：在原善卷上中，戴震説道：「易曰：『形而上者謂之道，形而下者謂之器。』『形而下者』，成形質以往者也。『形而上者』，陰陽鬼神胥是也，體物者也。故曰『鬼神之爲德，其盛矣乎！視之而弗見，聽之而不聞，體物而不可遺。』」這裏，戴震把「形而上」之「道」視爲統攝陰陽以及萬物的決定力量。這樣的「道」衹能是唯心主義的本體，它表明在戴震思想中還存在着早期程、朱理（道）一元論的唯心主義痕跡。另一方面，在原善中，戴震又提出：「一陰一陽，蓋言天地之化不已也，道也。一陰一陽，其生生乎！其生生而條理乎！」（卷上）又説：「氣化之於品物，可以一言盡也，生生之謂歟！」（同上）這裏，戴震又提出了陰陽二氣是萬物生化的本原的思想，盡管這一思想還較簡單，且語氣不够堅定，但它爲戴震晚期建立唯物主義氣本論奠定了初步的理論基礎。（二）認識論與人性論：在認識論上，此時的戴震，既有「生而知之」的唯心主義先驗論，又有强調通過感官「接於物」、「物交物」産生認識的唯物主義反映論。就總的來説，唯物主義反映論已佔主要地位。在人性論上，原善三卷基本上重複孟子性善論及程、朱「天命之性」與「氣質之性」的性二元論。但在具體論述中，戴震又提出：人性是「事」與「能」（即「欲」與「覺」）的統一，因此，人性高於物性（人性「遠大乎物」）；人性具有「理義」，而禽獸則無，等等，這裏面又包含一定的合理因素。（三）社會政治觀：原善卷下用了近三分之一的篇幅闡述了治國安民的政治主張。戴震一再提出，統治者要「施仁政」、行「王道」、「省刑罰」、「薄税斂」。他並針對清王朝的統治狀況，尖鋭地指出，國家動亂的根本原因，是由於統治者「貪暴以賊其民所致」，「亂之本，鮮不於上」（卷下）等等，這在清王朝大興「文字獄」，殘酷迫害士人的情况下，是需要極大的理論勇氣的。

原善一書後世刊刻較多，但均以孔氏微波榭本爲祖本。本次整理仍以微波榭本爲底本，以國圖本爲主校本，同時參校以後世有關刻本。

原善卷上[一]

余始爲原善之書三章，懼學者蔽以異趣也，復援據經言疏通證明之，而以三章者分爲建首，次成上、中、下卷。比類合義，燦然端委畢著矣。天人之道，經之大訓萃焉。以今之去古聖哲既遠，治經之士，莫能綜貫，習所見聞，積非成是，余言恐未足以振兹墜緒也。藏之家塾，以待能者發之。

善：曰仁，曰禮，曰義，斯三者，天下之大衡也。上之見乎天道，是謂順；實之昭爲明德，是謂信；循之而得其分理，是謂常。道，言乎化之不已也；德，言乎不可渝也；理，言乎其詳緻也；善，言乎知常、體信、達順也[二]；性，言乎本天地之化，分而爲品物者也。限於所分曰命；成其氣類曰性；各如其性以有形質，而秀發於心，徵於貌色聲曰才。資以養者存乎事，節於内者存乎能，事能殊致存乎才，才以類别存乎性。有血氣，斯有心知，天下之事能於是乎出，君子是以知人道之全於性也。呈其自然之符，可以知始；極於神明之德，可以知終。由心知而底於神明，以言乎事，則天下歸之仁；以言乎能，則天下歸之智。名其不渝謂之信，名其合變謂之權，言乎順之謂道，言乎信之謂德，行於人倫庶物之謂道，侔於天地化育之謂誠，如聽於所制者然之謂命。是故生生者，化之原；生生而條理者，化之流。動而輸者，立天下之博；靜而藏者，立天下之約。博者其生，約者其息；生者動而時出，息者靜而自正。君子之於問學也，如生；存其心，湛然合天地之心，如息。人道舉配乎生，性配乎息。生則有息，息則有生，天地所以成化也。生生者，仁乎！生生而條理者，禮與義乎！何謂禮？條理之秩然有序，其著也；何謂義？條理之截然不可亂，其著也。得乎生生者謂之仁，得乎條理者謂之智。至仁必易，大智必簡，仁智而道義出於斯矣。是故生生者仁，條理者禮，斷決者義，藏主者智，仁智中和曰聖人；智通禮義，以遂天下之情，備人倫之懿。至貴者仁，仁得，則父子親；禮得，則親疏上下之分盡；義得，則百事正；藏於智，則天地萬物爲量；同於生生條理，則聖人之事。

易曰：「形而上者謂之道，形而下者謂之器。」「形而下者」，成形質以往者也。「形而上者」，陰陽鬼神胥是也，體物者也；故曰「鬼神之爲德，其盛矣乎！視之而弗見，聽之而弗聞，體物而不可遺。」洪範曰：「五行：一曰水，二曰火，三曰木，四曰金，五曰土。」五行之成形質者，則器也；其體物者，道也，五行、陰陽，得之而成性者也。

易曰：「一陰一陽之謂道，繼之者善也，成之者性也。」一陰一陽，蓋言天地之化不已也，道也。一陰一陽，其生生乎，其生生而條理乎！以是見天地之順，故曰「一陰一陽之謂道」。生生，仁也，未有生生而不條理者。條理之秩然，禮至著也；條理之截然，義至著也；以是見天地之常。三者咸得，天下之懿德也〔三〕，人物之常也；故曰「繼之者善也」，言乎人物之生，其善則與天地繼承不隔者也。有天地，然後有人物；有人物而辨其資始曰性。人與物同有欲，欲也者，性之事也；人與物同有覺，覺也者，性之能也。欲不失之私，則仁；覺不失之蔽，則智。仁且智，非有所加於事能也，性之德也。言乎自然之謂順，言乎必然之謂常，言乎本然之謂德。天下之道盡於順，天下之教一於常，天下之性同之於德。性之事，配五行、陰陽；性之能，配鬼神；性之德，配天地之德。人與物同有欲，而得之以生也各殊；人與物同有覺，而喻大者大、喻小者小也各殊；人與物之一善同協於天地之德，而存乎相生養之道，存乎喻大喻小之明昧也各殊；此之謂本五行、陰陽以成性，故曰「成之者性也」。善，以言乎天下之大共也；性，言乎成於人人之舉凡自爲。性，其本也。所謂善，無他焉，天地之化，性之事能，可以知善矣。君子之教也，以天下之大共正人之所自爲，性之事能，合之則中正，違之則邪僻，以天地之常，俾人咸知由其常也。明乎天地之順者，可與語道；察乎天地之常者，可與語善；通乎天地之德者，可與語性。

易曰：「天地之大德曰生。」氣化之於品物〔四〕，可以一言盡也，生生之謂歟！觀於生生，可以知仁；觀於其條理，可以知禮；失條理而能生生者，未之有也，是故可以知義。禮也，義也，胥仁之顯乎！若夫條理得於心，其心淵然而條理，是爲智；智也者，其仁之藏乎！生生之呈其條理，顯諸仁也，惟條理，是以生生，藏諸用也。顯也者，化之生於是乎見；藏也者，化之息於是乎見。生者，至動而條理也；息者，至靜而用神也〔五〕。卉木之枝葉華實，可以觀夫生；果實之白〔六〕，全其生之性，可以觀夫息。是故生生之謂仁，元也；條理之謂禮，亨也；察條理之正而斷決於事之謂義，利也；得條理之準而藏主於中之謂智，貞也。

記曰〔七〕：「夫民有血氣心知之性，而無哀樂喜怒之常；應感起物而動，然後心術形焉。」凡有血氣心知，於是乎有欲，性之徵於欲，聲色臭味而愛畏分；既有欲矣，於是乎有情，性之徵於情，喜怒哀樂而慘舒分；既有欲有情矣，於是乎有巧與智，性之徵於巧智，美惡是非而好惡分。生養之道，存乎欲者也；感通之道，存乎情者也；二者自然之符，天下之事舉矣。盡美惡之極致，存乎巧者也，宰御之權由斯而出；盡是非之極致，存乎智者也，賢聖之德由斯而備；二者，亦自然之符，精之以底於必然，天下之能舉矣。記又有之曰：「人生而靜，天之性也；感於物而動，性之欲也；物至知知，然後好惡形焉。好惡無節於內，知誘於外，不能反躬，天理滅矣。」人之得於天也一本，既曰「血氣心知之性」，又曰「天之性」，何也？本陰陽、五行以爲血氣心知，方其未感，湛然無失，是謂天之性，非有殊於天地之神；自然者，天地之順；必然者，天地之常〔八〕。

孟子曰：「盡其心者，知其性也；知其性，則知天矣。」耳目百體之所欲，血氣資之以養，所謂性之欲也，原於天地之化者也。是故在天爲天道，在人，咸根於性而見於日用事爲，爲人道。仁義之心，原於天地之德者也，是故在人爲性之德。斯二者，一也。由天道而語於無憾，是謂天德；由性之欲而語於無失，是謂性之德。性之欲，其自然之符也；性之德，其歸於必然也。歸於必然適全其自然，此之謂自然之極致。詩曰：「天生烝民，有物有則，民之秉彝，好是懿德。」凡動作威儀之則，自然之極致也，民所秉也。自然者，散之普爲日用事爲；必然者，秉之以協於中，達於天下。知其自然，斯通乎天地之化；知其必然，斯通乎天地之德，故曰「知其性，則知天矣」。天人道德，靡不豁然於心，故曰「盡其心」。

孟子曰：「口之於味也，目之於色也，耳之於聲也，鼻之於臭也，四肢之於安佚也，性也，有命焉，君子不謂性也；仁之於父子也，義之於君臣也，禮之於賓主也，知之於賢者也，聖人之於天道也，命也，有性焉，君子不謂命也。」存乎材質所自爲，謂之性；如或限之，謂之命，存乎材質所自爲也者，性則固性也，有命焉，君子不以性而求逞其欲也；如或限之也者，命則固命也，有性焉，君子不以命而自委棄也。

易曰：「成性存存，道義之門。」五行、陰陽之成性也，純懿中正，本也；由是而事能莫非道義，無他焉，不失其中正而已矣。民不知所以存之，故君子之道鮮矣。

中庸曰：「天命之謂性，率性之謂道，修道之謂教。」莫非天道也，其曰「天命」，何也？記有之「分於道，謂之命；形於一，謂之性」，言分於五行、陰陽也。天道，五行、陰陽而已矣，分而有之以成性。由其所分，限於一曲，惟人得之也全。曲與全之數，判之於生初。人雖得乎全，其間則有明闇厚薄，亦往往限於一曲，而其曲可全。此人性之與物性異也。言乎其分於道，故曰「天命之謂性」。耳目百體之欲，求其故，本天道以成性者也。人道之有生則有養也；仁以生萬物，禮以定萬品，義以正萬類，求其故，天地之德也，人道所由立也；咸出於性，故曰「率性之謂道」。五行、陰陽者，天地之事能也，是以人之事能與天地之德協。事與天地之德協，而其見於動也亦易。與天地之德違，則遂己之欲，傷於仁而爲之；從己之欲，傷於禮義而爲之。能與天地之德協，而其有所倚而動也亦易。遠於天地之德，則以爲仁，害禮義而有不覺；以爲禮義，害仁而有不覺。皆道之出乎身，失其中正也。君子知其然，精以察之，使天下之欲，一於仁，一於禮義，使仁必無憾於禮義，禮義必無憾於仁，故曰「修道之謂教」。

中庸曰：「修身以道，修道以仁。仁者，人也，親親爲大；義者，宜也，尊賢爲大；親親之殺，尊賢之等，禮所生也。」仁，是以親親；義，是以尊賢；禮，是以有殺有等。仁至，則親親之道得；義至，則尊賢之道得；禮至，則於有殺有等，各止其分而靡不得。「修身以道」，道出於身也；「修道以仁」，三者至，夫然後道得也。

易曰：「乾以易知，坤以簡能；易則易知，簡則易從。」「易」也者，以言乎乾道，生生也，仁也；「簡」也者，以言乎坤道，條理也，智也。仁者無私，無私，則猜疑悉泯，故易知；易知則有親，有親則可久，可久則賢人之德，非仁而能若是乎！智者不鑿，不鑿，則行所無事，故易從；易從則有功，有功則可大，可大則賢人之業，非智而能若是乎！故曰「易簡而天下之理得矣」，於仁無不盡也，於禮義無不盡也。

校注

〔一〕原善　推究「善」的義蘊。

〔二〕知常　懂得事物發展的客觀規律。

〔三〕懿德　國圖本作「至善」。

〔四〕氣化　指陰陽之氣運動變化產生萬物。

〔五〕息　停止。

〔六〕白　指核仁。

〔七〕記　指禮記樂記。

〔八〕國圖本在「天地之常」句上有眉批曰：「若謂由理有天之性；由氣質有血氣心知之性，則失之二本矣，原善之書爲此而作。」

原善卷中

物之離於生者，形存而氣與天地隔也。卉木之生，接時能芒達已矣；飛走蠕動之儔，有覺以懷其生矣；人之神明出於心，純懿中正〔一〕，其明德與天地合矣。是故氣不與天地隔者生，道不與天地隔者聖，形强者堅，氣强者力，神强者巧，知德者智。氣之失，暴；神之失，鑿；惑於德，愚。是故一人之身，形得其養，不若氣得其養；氣得其養，不若神得其養；君子理順心泰，霈然性得其養。人有天德之知，有耳目百體之欲，皆生而見乎才者也，天也，是故謂之性。天德之知，人之秉節於内以與天地化育侔者也；耳目百體之欲，所受中而不可踰也。是故義配明，象天；欲配幽，法地。五色五聲，五臭五味，天地之正也。喜怒哀樂、愛隱感念〔二〕、愠懆怨憤、恐悸慮歎、飲食男女、鬱悠慼咨〔三〕、慘舒好惡之情，胥成性則然，是故謂之道。心之精爽以知，知由是進於神明〔四〕，則事至而心應之者，胥事至而以道義應，天德之知也。是故人也者，天地至盛之徵也，惟聖人然後盡其盛。天地之德，可以一言盡也，仁而已矣；人之心，其亦可以一言盡也，仁而已矣。耳目百體之欲喻於心，不可以是謂心之所喻也，心之所喻則仁也；心之仁，耳目百體莫不喻，則自心至於耳目百體觀仁焉；耳目百體得其順，於其有欲，君子以觀仁焉。心得其常，於其有覺，君子以觀仁也。

傳曰：「心之精爽，是謂魂魄[五]。」凡有生則有精爽，從乎氣之融而靈，是以別之曰「魄」；從乎氣之通而神，是以別之曰「魂」。記有之：「陽之精氣曰神，陰之精氣曰靈；神靈者，品物之本也[六]。」有血氣，夫然後有心知，有心知，於是有懷生畏死之情，因而趨利避害。其精爽之限之，雖明昧相遠，不出乎懷生畏死者，血氣之倫盡然。故人莫大乎智足以擇善也，擇善則心之精爽進於神明，於是乎在。是故天地之化，呈其能，曰「鬼神」；其生生也，殊其用，曰「魂魄」。魂以明而從天，魄以幽而從地；魂官乎動，魄官乎靜；精能之至也。官乎動者，其用也施；官乎靜者，其用也受。天之道施，地之道受；施，故制可否也；受，故虛且聽也。魄之謂靈，魂之謂神；靈之盛也明聰，神之盛也睿聖，明聰睿聖，其斯之謂神明歟！

孟子曰：「形色，天性也；惟聖人然後可以踐形。」血氣心知之得於天[七]，形色其表也。由天道以有人物，五行、陰陽，生殺異用，情變殊致。是以人物生生，本五行、陰陽，徵爲形色。其得之也，偏全厚薄，勝負雜糅，能否精觕，清濁昏明，煩煩員員，氣衍類滋，廣博襲僢，閎鉅瑣微，形以是形，色以是色，咸分於道。以順則煦以治，以逆則毒。性至不同，各呈乎才。人之才，得天地之全能，通天地之全德。從生，而官器利用以馭；横生，去其畏，不暴其使。智足知飛走蝡動之性，以馴以豢；知卉木之性，〔以生以息〕〔八〕，良農〔任〕以蒔刈〔九〕，良醫任以處方。聖人神明其德，是故治天下之民，民莫不育於仁，莫不條貫於禮與義。洪範曰敬用「五事：一曰貌，二曰言，三曰視，四曰聽，五曰思」。道出於身，此其目也。「貌曰恭，言曰從，視曰明，聽曰聰，思曰睿」。幼者見其長，知就斂飭也，非其素習於儀者也；鄙野之人或不當義，可詰之使語塞也。示之而知美惡之情，告之而然否辨；心苟欲通，久必豁然也。觀於此，可以知人之性矣，此孟子之所謂「性善」也。由是而達諸天下之事，則「恭作肅，從作乂，明作哲，聰作謀，睿作聖」。

孟子曰：「心之所同然者何也？謂理也，義也。聖人先得我心之所同然耳。」當孟子時，天下不知理義之爲性，害道之言紛出以亂先王之法，是以孟子起而明之。人物之生，類至殊也。類也者，性之大别也。孟子曰：「凡同類者舉相似也，何獨至於人而疑之！聖人與我同類者。」詰告子「生之謂性」，則曰：「犬之性猶牛之性，牛之性猶人之性與？」蓋孟子道性善，非言性於同也；人之性相近，胥善也。明理義之爲性，所以正不知理義之爲性者也；是故理義，性也。由孟子而後，求其説而不得，則舉性之名而曰理也，是又不可。耳之於聲也，天下之聲，耳若其符節也〔一〇〕；目之於色也，天下之色，目若其符節也；鼻之於臭也，天下之臭，鼻若其符節也；口之於味也，天下之味，口若其符節也；耳目鼻口之官，接於物，而心通其則。心之於理義也，天下之理義，心若其符節也；是皆不可謂之外也，性也。耳能辨天下之聲，目能辨天下之色，鼻能辨天下之臭，口能辨天下之味，心能通天下之理義，人之才質得於天，若是其全也。孟子曰：「非天之降才爾殊」。曰「乃若其情，則可以爲善矣，乃所謂善也；若夫爲不善，非才之罪也。」惟據才質爲言，始確然可以斷人之性善。人之於聖人也，其才非如物之與人異。物不足以知天地之中正，是故無節於內，各遂其自然，斯已矣。人有天德之知，能踐乎中正，其自然則協天地之順，其必然則協天地之常，莫非自然也，物之自然不足語於此。孟子道性善，察乎人之才質所自然，有節於內之謂善也；告子謂「性無善無不善」，不辨人之大遠乎物，概之以自然也。告子所謂「無善無不善」也者，靜而自然，其神沖虛，以是爲至道；及其動而之善之不善，咸目爲失於至道，故其言曰「生之謂性」。及孟子詰之，非豁然於孟子之言而後語塞也，亦窮於人與物之靈蠢殊絶，犬牛類又相絶，遂不得漫以爲同耳。主才質而遺理義，荀子、告子是也。荀子以血氣心知之性，必教之理義，逆而變之，故謂「性惡」，而進其勸學修身之說。告子以上焉者無欲而靜，全其無善無不善，是爲至矣；下焉者，理義以梏之，使不爲不善。荀子二理義於性之事能，儒者之未聞道也；告子貴性而外理義，異說之害道者也。凡遠乎易、論語、孟子之書者，性之説大致有三：以耳目百體之欲爲説，謂理義從而治之者也；以心之有覺爲説，謂其神獨先，沖虚自然，理欲皆後也；以理爲説，謂有欲有覺，人之私也。三者之於性也，非其所去，貴其所取。彼自貴其神，以爲先形而立者，是不見於精氣爲物，秀發乎神也；以有形體則有欲，而外形體，一死生，去情欲，以寧其神，冥是非，絶思慮，以苟語自然。不知歸於必然，是爲自然之極致，動静胥得，神自寧也。自孟子時，以欲爲説，以覺爲説，紛如矣；孟子正其遺理義而已矣。心得其常，耳目百體得其順，純懿中正，如是之謂理義。故理義非他，心之所同然也。何以同然？心之明之所止，於事情區以别焉，無幾微爽失，則理義以名。專以性屬之理，而謂壞於形氣，是不見於理之所由名也。以有欲有覺爲私者，荀子之所謂性惡在是也；是見於失其中正之爲私，不見於得其中正。且以驗形氣本於天，備五行、陰陽之全德，非私也，孟子之所謂性善也。人之材質良，其本然之德違焉而後不善〔一二〕，孟子謂之「放其良心」，謂之「失其本心」。雖放失之餘，形氣本於天，備五行、陰陽之全德者，如物之幾死猶可以復蘇，故孟子曰：「其日夜之所息，平旦之氣，其好惡與人相近也者幾希。」以好惡見於氣之少息猶然，是以君子不罪其形氣也。

孟子曰：「耳目之官不思而蔽於物，物交物，則引之而已矣。心之官則思，思則得之，不思則不得也，(比)〔此〕天之所與我者，先立乎其大者，則其小者弗能奪也。」人之才，得天地之全能，通天地之全德，其見於思乎！誠，至矣；思誠，則立乎其大者矣。耳目之官不思，物之未交，沖虛自然，斯已矣。心之官異是。人皆有天德之知，根於心，「自誠明」也；思中正而達天德，則不蔽；不蔽，則莫能引之以入於邪，「自明誠」也。耳之能聽也，目之能視也，鼻之能臭也，口之知味也，物至而迎而受之者也；心之精爽，馴而至於神明也，所以主乎耳目百體者也。聲之得於耳也，色之得於目也，臭之得於鼻也，味之得於口也，耳目百體之欲，不得則失其養，所謂養其小者也；理義之得於心也，耳目百體之欲之所受裁也，不得則失其養，所謂養其大者也。「人之所以異於禽獸者幾希」，雖犬之性、牛之性，當其氣無乖亂，莫不沖虛自然也，動則蔽而罔罔以行。人不求其心不蔽，於是惡外物之惑己而强禦之，可謂之所以異乎？是以老聃、莊周之言尚無欲，君子尚無蔽。尚無欲者，主静以爲至；君子動静一於仁。人有欲，易失之盈；盈斯悖乎天德之中正矣。心達天德，秉中正，欲勿失之盈以奪之，故孟子曰「養心莫善於寡欲」。禹之行水也，使水由地中行；君子之於欲也，使一於道義。治水者徒恃防遏，將塞於東而逆行於西，其甚也，決防四出，泛濫不可救；自治治人，徒恃遏禦其欲亦然。能苟焉以求静，而欲之翦抑竄絶，君子不取也。君子一於道義，使人勿悖於道義，如斯而已矣。

校注

〔一〕純懿中正　國圖本作「中正無邪」。

〔二〕隱　憐憫。感　通「憾」。

〔三〕嗇咨　愁苦哀歎。國粹叢書原善音義引方言曰：「嗇咨，楚、郢、江、湘之間謂之忸怩。」

〔四〕「心之」二句　是作者把認識分爲兩個階段，第一階段（低級階段）稱做「精爽」，即感覺、知覺等。此爲人與動物所共有。第二階段（高級階段）稱做「神明」，即思維、意識等。此爲人所獨有。

〔五〕傳　指春秋左傳。

〔六〕「記有之」以下四句　語出大戴禮記曾子天圓篇。

〔七〕天　此指自然界。

〔八〕以生以息　據段玉裁經韻樓本戴東原集覆校札記（以下簡稱覆校札記）補。

〔九〕任　據覆校札記補。

〔一〇〕符節　古代帝王用作憑證的信物。這裏是指耳目鼻口能接受與辨別聲色臭味，心能認識客觀事物的規律。

〔一一〕本然之德　指人自身所具有的認識自然界客觀規律和掌握社會中道德準則的特徵。

原善卷下〔一〕

人之不盡其才，患二：曰私，曰蔽。私也者，生於其心爲溺，發於政爲黨，成於行爲慝，見於事爲悖、爲欺，其究爲私己。蔽也者，其生於心也爲惑，發於政爲偏，成於行爲謬，見於事爲鑿、爲愚，其究爲蔽之以己。鑿者，其失誣；愚者，其失爲固，誣而罔省，施之事亦爲固。私者之安若固然爲自暴，蔽者之不求牖於明爲自棄，自暴自棄，夫然後難與言善，是以卒之爲不善，非才之罪也。去私莫如强恕，解蔽莫如學，得所主莫大乎忠信，得所止莫大乎明善。是故謂之天德者三：曰仁，曰禮，曰義，善之大目也，行之所節中也。其於人倫庶物，主一則兼乎三，一或闕焉，非至善也。謂之達德者三：曰智，曰仁，曰勇；所以力於德行者三：曰忠，曰信，曰恕。竭所能之謂忠，履所明之謂信，平所施之謂恕。忠則可進之以仁，信則可進之以義，恕則可進之以禮。仁者，德行之本，體萬物而與天下共親，是故忠其屬也。義者，人道之宜，裁萬類而與天下共睹，是故信其屬也。禮者，天則之所止，行之乎人倫庶物而天下共安，於分無不盡，是故恕其屬也。忠近於易；恕近於簡；信以不欺近於易，信以不渝近於簡。斯三者，馴而至之，夫然後仁且智。仁且智者，不私不蔽者也。得乎生生者仁，反是而害於仁之謂私；得乎條理者智，隔於是而病智之謂蔽。用其知以爲智，謂施諸行不繆矣，是以道不行；善人者信其行，謂見於仁厚忠信爲既知矣，是以道不明。故君子克己之爲貴也，獨而不咸之謂己。以己蔽之者隔於善，隔於善，隔於天下矣；無隔於善者，仁至，義盡，知天。是故一物有其條理，一行有其至當，徵之古訓，協於時中，充然明諸心而後得所止。君子獨居思仁，公言言義，動止應禮。達禮，義無弗精也；精義，仁無弗至也；至仁盡倫，聖人也。易簡至善，聖人所欲與天下百世同之也。

論語曰：「性相近也，習相遠也；惟上知與下愚不移。」人與物，成性至殊，大共言之者也；人之性相近，習然後相遠，大別言之也。凡同類者舉相似也，惟上智與下愚，明闇之生而相遠，不因於習。然曰上智，曰下愚，亦從乎不移，是以命之也。「不移」者，非「不可移」也，故曰：「生而知之者，上也；學而知之者，次也；困而學之，又其次也；困而不學，民斯爲下矣。」君子慎習而貴學。

中庸曰：「道也者，不可須臾離也；可離非道也。是故君子戒慎乎其所不睹，恐懼乎其所不聞。」「詩云：『相在爾室，尚不愧於屋漏。』故君子不動而敬，不言而信。」睹、聞者，身之接乎事物也；言、動者，以應事物也；道出於身，其孰能離之！雖事物未至，肆其心而不檢柙者〔二〕，胥失道也。純懿中正，道之則也。事至而動，往往失其中（至）〔正〕，而可以不虞於疏乎〔三〕！

中庸曰：「莫見乎隱，莫顯乎微。故君子慎其獨也。」「詩云：『潛雖伏矣，亦孔之昭。』故君子内省不疚，無惡於志。君子之所不可及者，其惟人之所不見乎！」「獨」也者，方存乎志，未著於事，人之所不見也。凡見之端在隱，顯之端在微，動之端在獨。民多顯失德行，由其動於中，悖道義也。動之端疚，動而全疚；君子内正其志，何疚之有！此之謂知所慎矣。

中庸曰：「喜怒哀樂之未發，謂之中；發而皆中節，謂之和。中也者，天下之大本也；和也者，天下之達道也。致中和，天地位焉，萬物育焉。」人之有欲也，通天下之欲，仁也；人之有覺也，通天下之德，智也。惡私之害仁，惡蔽之害智，不私不蔽，則心之精爽，是爲神明。静而未動，湛然全乎天德，故爲「天下之大本」；及其動也，粹然不害於私，不害於蔽，故爲「天下之達道」。人之材質良，性無有不善，見於此矣。「自誠明」者，於其中和，道義由之出；「自明誠」者，明乎道義中和之分，可漸以幾於聖人。「惟天下至誠，爲能盡其性；能盡其性，則能盡人之性；能盡人之性，則能盡物之性」，自誠明者之致中和也。「其次致曲，曲能有誠，誠則形，形則著，著則明，明則動，動則變，變則化」，自明誠者之致中和也。天地位，則天下無或不得其常者也；萬物育則天下無或不得其順者也。

中庸曰：「君子尊德性而道問學，致廣大而盡精微，極高明而道中庸，温故而知新，敦厚以崇禮。」凡失之蔽也，必狹小；失之私也，必卑闇；廣大高明之反也。「致廣大」者，不以己之蔽害之，夫然後能「盡精微」；「極高明」者，不以私害之，夫然後能「道中庸」。「盡精微」，是以不蔽也；「道中庸」，是以不私也。人皆有不蔽之端，其「故」也，問學所得，德性日充，亦成爲「故」；人皆有不私之端，其「厚」也，問學所得，德性日充，亦成爲「厚」。「温故」，然後可語於「至廣大」；「敦厚」，然後可語於「極高明」；「知新」，「盡精微」之漸也；「崇禮」，「道中庸」之漸也。

中庸曰：「思修身，不可以不事親；思事親，不可以不知人；思知人，不可以不知天。」君子體仁以修身，則行修也；精義以體仁，則仁至也；達禮以精義，則義盡也。

論語曰：「弟子入則孝，出則弟，謹而信，汎愛衆，而親仁；行有餘力，則以學文。」大學言致知、誠意、正心、修身，爲目四；言齊家、治國、平天下，爲目三。弟子者，履其所明，毋怠其所受，行而未成者也。身有天下國家之責，而觀其行事，於是命曰「大學」。或一家，或一國，或天下，其事必由身出之，心主之，意先之，知啓之。是非善惡，疑似莫辨，知任其責也；長惡遂非，從善不力，意任其責也；見奪而沮喪，漫散無檢柙，心任其責也；偏倚而生惑，身任其責也。故易曰：「君子永終知弊。」絶是四弊者，天下國家可得而理矣。其曰「致知在格物」，何也？事物來乎前，雖以聖人當之，不審察，無以盡其實也，是非善惡未易決也；「格」之云者，於物情有得而無失，思之貫通，不遺毫末，夫然後在己則不惑，施及天下國家則無憾，此之謂「致其知」。

記曰〔四〕：「飲食男女，人之大欲存焉。」中庸曰：「君臣也，父子也，夫婦也，昆弟也，朋友之交也，五者，天下之達道也。」飲食男女，生養之道也，天地之所以生生也。一家之內，父子昆弟，天屬也；夫婦，牉合也。天下國家，志紛則亂，於是有君臣；明乎君臣之道者，無往弗治也。凡勢孤則德行行事，窮而寡助，於是有朋友；友也者，助也，明乎朋友之道者，交相助而後濟。五者，自有身而定也，天地之生生而條理也。是故去生養之道者，賊道者也。細民得其欲，君子得其仁。遂己之欲，亦思遂人之欲，而仁不可勝用矣；快己之欲，忘人之欲，則私而不仁。飲食之貴乎恭，貴乎讓，男女之貴乎謹，貴乎别，禮也；尚廉恥，明節限，無所苟而已矣，義也。人之不相賊者，以有仁也；人之異於禽獸者，以有禮義也。專欲而不仁，無禮無義，則禍患危亡隨之，身喪名辱，若影響然。爲子以孝，爲弟以悌，爲臣以忠，爲友以信，違之，悖也；爲父以慈，爲兄以愛，爲君以仁，違之，亦悖也。父子之倫，恩之盡也；昆弟之倫，洽之盡也；君臣之倫，恩比於父子，然而敬之盡也；朋友之倫，洽比於昆弟，然而誼之盡也；夫婦之倫，恩若父子，洽若昆弟，敬若君臣，誼若朋友，然而辨之盡也。孝悌、慈愛、忠信，仁所務致者也；恩、洽、敬、誼、辨，其自然之符也；不務致，不務盡，則離、怨、凶、咎隨之；悖，則禍患危亡隨之。非無憾於仁，無憾於禮義，不可謂能致能盡也。智以知之，仁以行之，勇以始終；夫仁智，期於仁與禮義俱無憾焉，斯已矣。

虞夏書曰：「日宣三德，夙夜浚明有家。」寬也，柔也，愿也，是謂三德。寬，言乎其容也；柔，言乎其順也；愿，言乎其慤也。寬而栗，則賢否察；柔而立，則自守正；愿而恭，則表以威儀。人之材質不同，德亦因而殊科。簡也，剛也，彊也，是謂三德。簡，言乎其不煩也；剛，言乎其能斷也；彊，言乎其不撓也。簡而廉，則嚴利無廢怠；剛而塞，則惻怛有仁恩；彊而義，則堅持無違悖。此皆修之於家者，其德三也。書之言又曰：「日嚴祗敬六德，亮采有邦。」亂也，擾也，直也；或以寬、柔、愿而兼之者是謂六德，或以簡、剛、彊而兼之者是謂六德。亂，言乎其得治理也；擾，言乎其善撫馴也；直，言乎其無隱匿也。亂而敬，則事無或失；擾而毅，則可以使民；直而温，則人甘聽受。此用之於邦者，其德六也。以三德知人，人各有所近也；以六德知人之可任，其人有專長也。自古知人之難，以是觀其行，其人可知也，故曰「亦行有九德」；以是論官，則官必得人也，故曰「亦言其人有德，乃言曰載采采」；德不求備於一人，故曰「翕受敷施，九德咸事，俊乂在官，百僚師師」，此官人之至道也。

論語曰：「君子懷德，小人懷土；君子懷刑，小人懷惠。」其君子，喻其道德，嘉其典刑；其小人，咸安其土，被其惠澤。斯四者，得士治民之大端也。中庸論「爲政在人，取人以身」，自古不本諸身而能取人者，未之有也。明乎懷德懷刑，則禮賢必有道矣。易曰：「安土敦乎仁，故能愛。」書曰：「安民則惠，黎民懷之。」孟子論「民無恒産，因無恒心」；論「施仁政於民，省刑罰，薄税斂，深耕易耨；壯者以暇日修其孝悌忠信，入以事其父兄，出以事其長上」；論「死徙無出鄉，鄉田同井，出入相友，守望相助，疾病相扶持，則百姓親睦」，明乎懷土懷惠，則爲政必有道矣。

洪範曰：「無偏無黨，王道蕩蕩；無黨無偏，王道便便。」言無私於其人而黨，無蔽於其事而偏也。無偏矣，而無黨，則於天下之人，大公以與之也；無黨矣，而無偏，則於天下之事，至明以辨之也。洪範之言又曰：「無反無側，王道正直。」「反側」云者，竊闔闢之機而用之，非與天地同其剛柔、動静、顯晦也。

易曰：「大君有命，開國承家，小人勿用。」自古未聞知其人而目之曰「小人」而用之者。易稱「小人」，所以告也。言乎以小利悦上，以小知自見；其奉法似謹，其奔走似忠；惟大君灼知其小，知亂之恒由此起，故曰「必亂邦」也。論語曰「巧言、令色，鮮矣仁」，亦謂此求容悦者也。無惻隱之實，故避其惡聞而進其所甘，迎之以其所敬而遠其所慢。所爲似謹似忠者二端：曰刑罰，曰貨利。議過則亟疾苛察，莫之能免；徵斂則無遺錙銖，多取者不減，寡取者必增，已廢者復舉，暫舉者不廢，民以益困而國隨以亡。亂生於甚細，終於不救，無他故，求容悦者，爲之於不覺也。是以君子難進而易退，小人反是；君子日見憚，小人日見親。

詩曰：「惠此中國，以綏四方；無縱詭隨，以謹無良。式遏寇虐，憯不畏明。」言小人之使爲國家，大都不出「詭隨」、「寇虐」二者，無縱詭迎阿從之人，以防禦其無良；遏止寇虐者，爲其曾不畏天而毒於民。斯二者，悖與欺，是以然也。凡私之見爲欺也，在事爲詭隨，在心爲無良；私之見爲悖也，在事爲寇虐，在心爲不畏天明〔五〕。無良，鮮不詭隨矣；不畏明，必肆其寇虐矣。

詩曰：「民之罔極，職涼善背；爲民不利，如云不克，民之回遹，職競用力；民之未戾，職盜爲寇。」在位者多涼德而善欺背，以爲民害，則民亦相欺而罔極矣；在位者行暴虐而競强用力，則民巧爲避而回遹矣；在位者肆其貪，不異寇取，則民愁苦而動摇不定矣。凡此，非民性然也，職由於貪暴以賊其民所致。亂之本，鮮不成於上，然後民受轉移於下，莫之或覺也，乃曰「民之所爲不善」，用是而讎民，亦大惑矣！

詩曰：「泂酌彼行潦，挹彼注兹，可以餴饎。豈弟君子，民之父母。」言君子得其性，是以錫於民也。詩曰「敦彼行葦，牛羊勿踐履，方苞方體，維葉泥泥」，仁也。

校注

〔一〕國圖本在「卷下」上方有眉批曰：「前兩篇明天人合一之道，此篇舉學問之大全起一段，以人之失大抵不出『私』與『蔽』二者，因舉小人之情狀，君子之過眚，一一指其所失之根，於以修身慎行論斷，古今無幾微不燭照矣。」

〔二〕肆其心而不檢柙者　國圖本作「放其心而入於邪者」。

〔三〕正　原作「至」，國圖本及胡適、戴氏三種均作「正」，今從改。

〔四〕記　指禮記禮運。

〔五〕天明　指事物發展的客觀規律。

戴震全書之二十九

孟子私淑録

周兆茂　金隆德◎整理
張岱年◎審訂

説明

孟子私淑録三卷，是戴震繼原善三卷之後又一部重要哲學著作，也是戴震由唯心主義理本論轉向唯物主義氣本論的重要標誌。在該書中，戴震首次公開把矛頭指向程、朱理學，即對程、朱理學從自然觀、認識論、人性論、理欲觀等方面展開了全面的批判。

關於此書寫作時間衆説不一。此種情況之所以發生，直接與孟子私淑録、緒言二書的寫作孰先孰後有關。學界一部分學者認爲緒言在先，是孟子字義疏證的「初稿」；孟子私淑録在後，是孟子字義疏證的「修正稿」。另一部分學者則持相反的觀點。本書整理者同意後一種觀點。詳見戴震孟子私淑録與緒言寫作先後辨析（載中國哲學史一九九三年第二期），兹不贅。

在孟子私淑録一書中，戴震公開指名批判程、朱理氣之辨中「理在氣先」的唯心主義理本論的觀點，闡述了「一陰一陽，流行不已；生生不息」、「理」爲事物的「條理」和「不易之則」的唯物主義氣本論觀點（卷上）。在認識論方面，戴震除了對認識來源、認識過程等作了唯物主義説明外，尤其研討了什麽是真理的問題。戴震認爲，所謂真理，乃「人心之同然」，「惟其爲人心之同然，故一人以爲不可易，天下萬世以爲不可易也。所以爲同然者，人心之明之所止也。」（卷上）戴震把「心之所同然」作爲真理標準，雖未擺脱主觀唯心主義真理論的窠臼，但也包含有重視人民群衆意見、反對封建統治者獨斷專行、欺壓人民群衆的思想因素，這裏曲折地反映了他對封建專制主義所作的抗爭。在人性論方面，戴震從自然人性論出發，闡述了人性即氣質之性、「舍氣質更無性之名」（卷中）的人性一元論觀點，批判了程、朱「天命」（義理）之性和氣質之性的性二元論。在理欲觀方面，戴震指出：「聲色臭味之欲，資以養其生；喜怒哀樂之情，感而通乎物；美惡是非之知，思而通於天地之神；凡日用事爲，皆性爲之本，而所爲人道也。」（卷中）即是説，人們的各種物質欲望是人的自然本性，因而是天然合理的。戴震同時指出，這些欲望的合理滿足，即是「理義」，亦即符合「天理」。這些思想顯然開啓了孟子字義疏證一書「理存乎欲」思想的先河。

孟子私淑録一書發現較晚。孔繼涵、段玉裁等人均未見之。各家關於戴震著作的文字亦未著録。直至本世紀三十年代，錢穆於北平書肆中得見清張海鵬照曠閣抄本孟子私淑録，因「書估索價昂，遂録副藏行篋中」，携之入川，刊於一九四二年四川省立圖書館所編圖書集刊創刊號上。因係手抄，錯訛較多。何文光在點校孟子字義疏證（中華書局一九六一年版）時，依據此本，並參照國家圖書館和北京大學圖書館所藏三種孟子私淑録抄本加以校正，收入該書内。本次整理即以何文光校正本爲底本，並參照上述三種抄本。

孟子私淑録卷上

問：論語曰：「性相近也，習相遠也。」朱子引程子云：「此言氣質之性〔一〕，非言性之本也。若言其本，則性即是理，理無不善，孟子之言性善是也，何相近之有哉！」據此，似論語所謂性，與孟子所謂性者，其指各殊。孔子何以舍性之本而指氣質爲性？且自程、朱辨别孰言氣質孰言性，後人信其説，以爲各指一性，豈性之名果有二歟？

曰：性一而已矣。孟子以閑先聖之道爲己任，其要在言性善，使天下後世曉然於人無有不善，斯不爲異説所淆惑。人物之生，分於陰陽氣化，據其限以所分謂之命，據其爲人物之本始謂之性。後儒求其説而不得，於是創言理氣之辨，其於天道也，先歧而二之。苟知陰陽氣化之爲天道，則知性矣。

問：何謂天道？

曰：古人稱名，道也、行也、路也，其義交互相通，惟路字專屬途路。詩三百篇多以行字當道字。大致道之名義於行尤近。謂之氣者，指其實體之名；謂之道者，指其流行之名。道有天道、人道。天道以天地之化言也，人道以人倫日用言也。是故在天地，則氣化流行，生生不息，是謂道；在人物，則人倫日用，凡生生所有事，亦如氣化之不可已，是爲道。易曰「一陰一陽之謂道」，此言天道也；中庸曰「率性之謂道」，此言人道也。

問：易曰：「形而上者謂之道，形而下者謂之器。」程子云：「惟此語截得上下最分明，元來只此是道，要在人默而識之。」後儒言道，多得之此。朱子云：「陰陽，氣也，形而下者也；所以一陰一陽者，理也，形而上者也，道即理之謂也。」朱子此言，以道之稱惟理足以當之。今但曰「氣化流行，生生不息」，非程、朱所目爲形而下者歟？

曰：氣化之於品物，則形而上下之分也。形乃品物之謂，非氣化之謂。易又有之：「立天之道，曰陰與陽。」直舉陰陽，不聞辨別所以陰陽而始可當道之稱，豈聖人立言皆辭不備哉？一陰一陽，流行不已，夫是之謂道而已。古人言辭，「之謂」、「謂之」有異：凡曰「之謂」，以上所稱解下，如中庸「天命之謂性，率性之謂道，修道之謂教」，此爲性、道、教言之，若曰，性也者，天命之謂也；道也者，率性之謂也；教也者，修道之謂也。易「一陰一陽之謂道」，則爲天道言之，若曰，道也者，一陰一陽之謂也。凡曰「謂之」者，以下所稱之名辨上之實，如中庸「自誠明謂之性，自明誠謂之教」，此非爲性、教言之，以性、教區別「自誠明」、「自明誠」二者耳。易「形而上者謂之道，形而下者謂之器」，本非爲道、器言之，以道、器區別其形而上、形而下耳。形，謂已成形質；形而上猶曰形以前，形而下猶曰形以後。如「千載而上」、「千載而下」。詩：「下武維周。」鄭箋云：「下，猶後也。」陰陽之未成形質，是謂形而上者也，非形而下明矣。器言乎一成而不變，道言乎體物而不可遺。不徒陰陽非形而下，如五行水火木金土，有質可見，固形而下也，器也；其五行之氣，人物咸稟受於此，則形而上者也。易言「一陰一陽」，洪範言「初一曰五行」，中庸言「鬼神之爲德」，舉陰陽即賅五行，賅鬼神；舉五行亦賅陰陽，賅鬼神；而鬼神之「體物而不可遺」，即物之不離陰陽、五行以成形質也。由人物溯而上之，至是止矣。六經、孔、孟之書，不聞理氣之辨，而宋儒創言之，遂以陰陽屬形而下，實失道之名義也。

問：宋儒論陰陽，必推本「太極」，云：「無極而太極，太極動而生陽；動極而靜，靜而生陰；靜極復動。一動一靜，互爲其根；分陰分陽，兩儀立焉。」朱子云：「太極生陰陽，理生氣也。陰陽既生，則太極在其中，理復在氣之内也。」又云：「太極，形而上之道也；陰陽，形而下之器也。」雖「形」字借以指「氣」，洵有未協，「而上」、「而下」及「之謂」、「謂之」，亦未詳審，然「太極」、「兩儀」出於孔子，非即理氣之辨歟？

曰：後世儒者紛紛言太極，言兩儀，非孔子贊易太極、兩儀之本指也。孔子曰：「易有太極，是生兩儀，兩儀生四象，四象生八卦。」曰儀，曰象，曰卦，皆據作易言之耳，非氣化之陰陽得兩儀、四象之名。易備於六十四，自八卦重之，故八卦者，易之小成，有天、地、山、澤、雷、風、水、火之義焉。其未成卦畫，一奇以儀陽，一偶以儀陰，故稱兩儀。奇而遇奇，陽已長也，以象太陽；奇而遇偶，陰始生也，以象少陰；偶而遇偶，陰已長也，以象太陰；偶而遇奇，陽始生也，以象少陽。伏羲氏睹於氣化流行，而以奇偶儀之象之。孔子贊易，蓋言易之爲書起於卦畫，非漫然也，實有見於天道一陰一陽爲物之終始會歸，乃畫奇偶兩者從而儀之，故曰「易有太極，是生兩儀」。既有兩儀，而四象，而八卦，以次生矣。孔子以太極指氣化之陰陽，承上文「明於天之道」言之，即所云「一陰一陽之謂道」，萬品之流形，莫不會歸於此。極有會歸之義，太者，無以加乎其上之稱；以兩儀、四象、八卦指易畫。後世儒者以兩儀爲陰陽，而求太極於陰陽之所由生，豈孔子之言乎！謂「氣生於理」，豈其然乎！況易起於卦畫，後儒復作圖於卦畫之前，是伏羲之畫奇偶，不惟未精，抑且未備〔二〕，而待後人補苴罅漏矣。

問：宋儒之言形而上下，言道器，言太極兩儀，今據孔子贊易本文疏通證明之，洵於文義未協。其見於理氣之辨也，求之六經中無其文，故借太極兩儀、形而上下之語以飾其說，以取信學者歟？

曰：舍聖人立言之本指，而以己說爲聖人所言，是誣聖也；借其語以飾吾之說，以求取信，是欺學者也。誣聖欺學者，程、朱之賢不爲也。蓋見於陰陽氣化，無非有跡可尋，遂以與品物流行同歸之粗，而空言夫理，似超跡象以爲其精，是以觸於形而上下之云，太極兩儀之稱，恍然覺悟理氣之辨如是，不復詳審文義。學者轉相傳述，於是易之本指，其一區別陰陽之於品物，其一言作易之推原天道是生卦畫者，皆置不察矣。

問：朱子云：「道者，日用事物當然之理，皆性之德而具於心。」其於「達道五」，舉孟子所言「父子有親，君臣有義，夫婦有別，長幼有序，朋友有信」以實之。又答呂子約書云：「陰陽也，君臣父子也，皆事物也；人之所行也，形而下者也，萬象紛羅者也。是數者各有當然之理，即所謂道也，當行之路也，形而上者也，沖漠無朕者也〔三〕。」如是言道，故於易稱「一陰一陽」，中庸舉「君臣、父子、夫婦、昆弟、朋友之交」，皆似語未備。且其目之爲性，目之爲道者，已屬純粹以精，故於修道不可通，以修爲品節之而已。至「修身以道，修道以仁」，修道與修身並言，兩修字不得有異，但云「能仁其身」而不置解。其舉孟子之言，實「天下之達道五」也，在孟子稱「教以人倫」，是親、義、序、別、信明屬修道之教，既曰「率性之謂道」，又曰「修道以仁」，如後儒之云「率其仁之性」、「率其義之性」，豈可通哉！然易稱「立人之道，曰仁與義」，後儒殆通於此而閡隔於彼歟？

曰：日用飲食之爲道，亦如陰陽氣化之爲道也；據其實而言謂之事，以本諸身行之不可廢謂之道。天地無心而成化，非得理失理之可議也。生於陸者入水而死，生於水者離水而死；生於南者習於温而不耐寒，生於北者習於寒而不耐温。此資之以爲養者，彼受之以害生。「天地之大德曰生」，物之不以生而以殺者，豈天地之失德哉？故語道於天地，道之實體即理之精微，易言「一陰一陽之謂道」，言「立天之道，曰陰與陽，立地之道，曰柔與剛」是也。質言之此道，精言之即此（道）〔理〕。人之心知有明闇，當其明，則不失；當其闇，則有差謬之失；故語道於人，人倫日用爲道之實事，「率性之謂道」，「修身以道」，「天下之達道五」是也。此所謂道不可不修者也，「修道以仁」及「聖人修之以爲教」是也。人倫日用之事，實責諸身，觀其行事，身之修不修乃見，故曰「修身以道」。道之責諸身，往往易致差謬，必協乎仁，協乎義，協乎禮，然後於道無憾，故曰「修道以仁」。舉仁以賅義禮，便文從略，故下即詳及之。此道之實事與理之精微，分而爲言，質言之此道，精言之循而得理，斯乃道之至，所謂「中節之爲達道」，所謂「君子之道」、「聖人之道」是也。「中節之爲達道」者，中正不失，推之天下而準也，君臣、父子、夫婦、昆弟、朋友之交，五者之爲達道，但舉實事而已。智、仁、勇以行之，而後中正不失。然而即謂之達道者，達諸天下而不可廢也。彼釋氏棄人倫以成其自私，不明乎此也。易列仁義以配天之陰陽，地之柔剛，在天地質言之，而在人必精言之。然則人倫日用，固道之實事，行之而得，無非仁也，無非義也；行之而失，猶謂之道，不可也。古人言道恒賅理，言理必要於中正不失。而道理二字對舉，或以道屬動，理屬静，如大戴禮記孔子之言曰：「君子動必以道，静必以理。」道，謂用其心知之明，行之乎人倫日用而不失；理，謂雖不見諸行事，湛然存其心而不放。或道主統，理主分；或道賅變，理主常，此皆虚以會之（之）於事爲，而非言夫實體也。以君臣、父子、夫婦、昆弟、朋友之交五者爲形而下，爲萬象紛羅，不可謂之道，是（顯）指中庸「天下之達道五」而背之〔四〕，而别求諸「沖漠無眹」，惟老、釋謂萬事爲幻、謂空妙爲真則然，奈何以老、釋之言，衡論易與中庸之言，而粗視君臣父子哉！彼釋氏之棄人倫而不顧，率天下之人同於禽獸者，由不知此爲達道也。

問：宋儒嘗反覆推究，先有理抑先有氣，問「先有理後有氣」之説。朱子曰：「不消如此説。而今知得他合下先有理後有氣邪？後有理先有氣邪？皆不可得而推究。然以意度之，則疑此氣是依傍道理行，及此氣之聚，則理亦在焉。蓋氣則能凝結（造）作〔五〕，理却無情意，無制度，無造作，只此氣凝聚處，理便在其中。且如天地間人物草木禽獸，其生也莫不有種，定不會無種了，白地生出一箇物事，這箇都是氣。若理則只是箇净潔空闊底世界，無形跡，他却不會造作，氣則能醖釀凝聚生物也。」又譬之「二物渾淪，不害其各爲一物」，朱子云：「理與氣決是二物，但在物上看，則二物渾淪，不可分開各在一處，然不害二物之各爲一物也。若在理上看，則雖未有物而已有物之理，然亦但有其理而已，未嘗實有是物也。」及「主宰」、「樞紐」、「根柢」之説，目陰陽五行爲空氣，以理爲之「主宰」，陳安卿云：「二氣流行，萬古生生不息，不成只是空氣，必有主宰之者，理是也。」爲「男女萬物生生之本」，饒仲元云：「極者至極之義，樞紐、根柢之名。聖人以陰陽五行闔闢不窮，而此理爲闔闢之主，男女萬物生生不息，而此理爲生生之本。」抑似實有見者非歟？

曰：非也。陰陽流行，其自然也。精言之，通乎其必然不可易，所謂理也，語陰陽而精言其理，猶語人而精言之曰聖人耳。聖人而後盡乎人之理，盡乎人之理非他，人倫日用盡乎其必然而已矣。推而極於不可易之爲必然，乃語其「至」，非原其「本」。宋儒從而過求，徒以語其「至」者之意言思議，目爲一物，謂與氣渾淪而成，主宰樞紐其中，聞之者因習焉不察，莫知其異於六經、孔、孟之言也。況氣之流行既爲生氣，則生氣之靈乃其主宰，如人之一身，心君乎耳目百體是也，豈待别求一物爲陰陽五行之主宰、樞紐！下而就男女、萬物言之，則陰陽五行乃其根柢，乃其生生之本，亦豈待别求一物爲之根柢，而陰陽五行不足生生哉！

問：後儒言理，與古賢聖言理異歟？

曰：然。舉凡天地、人物、事爲，不聞無可言之理者也，詩曰「有物有則」是也。就天地、人物、事爲，求其不易之則是謂理。後儒尊大之，不徒曰「天地、人物、事爲之則」，而轉其語曰「理無不在」，以與氣分本末，視之如一物然，豈理也哉！就天地、人物、事爲，求其不易之則，以歸於必然，理至明顯也；謂「理氣渾淪，不害二物之各爲一物」，將使學者皓首茫然，求其物不得，合諸古賢聖之言牴牾不協。姑舍傳注，還而體會六經、論語、孟子之書，或庶幾矣！

問：古人言天道、天德、天理、天命，何以別？

曰：一陰一陽，流行不已，生生不息。主其流行言，則曰道；主其生生言，則曰德。道其實體也，德即於道見之者也。「天地之大德曰生」，天德不於此見乎？其流行，生生也，尋而求之，語大極於至鉅，語小極於至細，莫不各呈其條理；失條理而能生生者，未之有也。故舉生生即賅條理，舉條理即賅生生；信而可徵曰德，徵而可辨曰理，一也。孟子言「孔子集大成」，不過曰「始條理者，智之事也；終條理者，聖之事也」，聖人之於天道，至孔子而極其盛，條理得也。知條理之説者，其知理之謂矣。天理不於此見乎？凡言命者，受以爲限制之稱，如命之東則不得而西。故理義以爲之限制而不敢踰，謂之命；氣數以爲之限制而不能踰，亦謂之命。古人言天之所定，或曰天明，或曰天顯，或曰明命，蓋言乎昭示明顯曰命，言乎經常不易曰理，一也。天命不於此見乎？

問：理之名起於條理歟？

曰：凡物之質，皆有文理，亦呼文縷。理、縷，語之轉耳。粲然昭著曰文，循而分之、端緒不亂曰理。故理又訓分，而言治亦通曰理。「理」字偏旁從「玉」，玉之文理也。蓋氣初生物，順而融之以成質，莫不具有分理，得其分則有條理而不紊，是以謂之條理。以植物言，其理自根而達末，又別於榦爲枝，綴於枝成葉，根接土壤肥沃以通地氣，葉受風日雨露以通天氣，地氣必上至乎葉，天氣必下返諸根，上下相貫，榮而不瘁者，循之於其理也。以動物言，呼吸通天氣，飲食通地氣，皆循經脉散布，周溉一身，血氣之所循，流轉不阻者，亦於其理也。理字之本訓如是。因而推之，虚以明夫不易之則曰理。所謂則者，匪自我爲之，求諸其物而已矣。詩曰：「天生烝民，有物有則；民之秉彝，好是懿德。」孔子曰：「〔作〕〔爲〕此詩者〔六〕，其知道乎！」孟子申之曰：「故有物必有則，民之秉彝也，故好是懿德。」理也者，天下之民無日不秉持爲經常者也，是以云「民之秉彝」。凡言與行得理之謂〔彝〕〔懿〕德，得理非他，言之而是、行之而當爲得理，言之而非、行之而非、行之而不當爲失理。好其得理，惡其失理，於此見理者，「人心之同然」也。

問：理爲「人心之同然」，其大致可得聞歟？

曰：孟子有言：「規矩，方圓之至也；聖人，人倫之至也。」此可以察理矣。夫天地之大，人物之蕃，事爲之條分委曲，苟得其理矣，如直者之中懸，平者之中水，圓者之中規，方者之中矩，夫然後推諸天下萬世而準。易稱「先天而天弗違，後天而奉天時；天且弗違，而況於人乎！況於鬼神乎」，中庸稱「考諸三王而不謬，建諸天地而不悖，質諸鬼神而無疑，百世以俟聖人而不惑」，皆言乎天下之理得也。惟其爲人心之同然，故一人以爲不易，天下萬世以爲不易也。所以爲同然者，人心之明之所止也。尊是理而遂謂天地陰陽不足以當之，必非天地陰陽之理則可。天地陰陽之理，猶聖人之聖也；尊其聖而謂「聖人不足以當之」，可乎？

校注

〔一〕氣質之性　宋明理學用語。與天命之性、義理之性相對。

〔二〕「不惟」二句　國圖、北大抄本及照曠閣本爲「不惟未備，抑且未精」。

〔三〕沖漠無朕　沖漠，恬静虚寂。無朕，無徵兆可尋。

〔四〕顯　據國圖、北大圖書館本及照曠閣本補。

〔五〕造　據國圖、北大圖書館本補。

〔六〕爲　據十三經注疏孟子告子上改。

孟子私淑録卷中

問：宋儒以氣爲理所湊泊附著〔一〕，朱子云：「人之所以生，理與氣合而已。天理固浩浩不窮，然非是氣，則雖有是理，而無所湊泊，故必二氣交感，凝結生聚，然後是理有所附著。」又謂「理爲生物之本」。朱子云：「理也者，形而上之道也，生物之本也；氣也者，形而下之器也，生物之具也。是以人物之生，必稟此理，然後有性；必稟此氣，然後有形。」人與禽獸得之爲性也同，而致疑於孟子。朱子云：「孟子言『人所以異於禽獸者幾希』，不知人何故與禽獸異；又言『犬之性猶牛之性，牛之性猶人之性與』，不知人何故與牛犬異。此兩處似欠中間一轉語，須著説是『形氣不同，故性亦少異』始得。恐孟子見得人性同處，自是分曉直截，却於這些子未甚察。」今據易之文，證明「一陰一陽」即天道之實體，其爲氣化，未爲品物，乃孔子所稱「形而上」；及既爲品物，乃孔子所稱「形而下」。然則古賢聖所謂性，專就氣稟言之歟？

曰：氣化生人、生物以後，各以類孳生久矣；然類之區別，千古如是也，循其故而已矣。在氣化分言之曰陰陽，曰五行；又分之，則陰陽五行雜糅萬變。是以及其流行，不特品類不同，而一類之中又復不同。孔子曰：「一陰一陽之謂道，繼之者善也，成之者性也。」人物各成其性，明乎性至不同也。語於善，咸與天地繼承不隔；語於性，則以類區別，各如其所受。六經中言性，統舉人物之全，見於此，人物之生本於天道。陰陽五行，天道之實體也。大戴禮記曰：「分於道謂之命，形於一謂之性。」分於道者，分於陰陽五行也。一言乎分，則其所受有偏全、厚薄、清濁、昏明之不齊，不特品類不同，而一類之中又復不同是也，各隨所分而形於一，各成其性也。中庸首言「天命之謂性」，不曰天道而曰天命者，人物咸本於天道，而成性不同，由分於道不能齊也，以限於所分，故曰天命。從而名其稟受之殊曰性，因是日用事爲皆由性起，故曰「率性之謂道」，身之動應無非道也，故曰「不可須臾離，可離非道」。「可」如「體物而不可遺」之「可」，君子不使其身動應或失，故雖無事時，亦如有事之戒慎恐懼而不敢肆，事至庶幾少差謬也。然性雖不同，大致以類爲之區別，故論語曰「性相近也」，此就人與人相近言之者也。孟子曰：「凡同類者舉相似也，何獨至於人而疑之？聖人與我同類者。」言同類之相似，則異類之不相似明矣；故詰告子「生之謂性」曰：「然則犬之性猶牛之性，牛之性猶人之性與？」明乎其必不可混同言之也。「孟子道性善，言必稱堯、舜」，以「人皆可以爲堯、舜」，謂之性善，非盡人生而堯、舜也。自堯、舜至於凡民，其等差凡幾，則其氣稟固不齊，豈得謂非性有不同？然存乎人者，皆有仁義之心，其趨於善也利，而趨於不善也逆其性而不利，所謂「人無有不善，水無有不下」，善乃人之性，下乃水之性，而非以善概之於物。所謂「故者以利爲本」，出於利乃性之本然也，順而非逆，是以利也。然則孟子固專言「人之性善」，且其所謂善者，初非無等差之善，即孔子所云「相近」；孟子所謂「苟得其養，無物不長；苟失其養，無物不消」，所謂「求則得之，舍則失之，或相倍蓰而無算者，不能盡其才者也」，即孔子所云「習至於相遠」；孟子所謂「梏之反覆」，「違禽獸不遠」，即孔子所云「下愚之不移」。宋儒未審其文義，遂彼此閡隔。在天道爲陰陽五行；在人物分而有之以成性，由成性各殊，故材質亦殊。材質者，性之所呈也，離材質，惡睹所謂性哉！故孟子一則曰「非才之罪」，再則曰「非天之降才爾殊」，才、材，古字通用。人之材得於天獨全，故物但能遂其自然，人能明於必然。孟子言「聖人與我同類」，又言「犬馬之不與我同類」，是孟子就人之材之美斷其性善明矣。材與性之名，一爲體質，一爲本始，所指各殊，而可即材之美惡以知其性，材於性無所增損故也。合易、論語、孟子之書言性者如是，咸就其分於陰陽五行以成性爲言，奈何別求一湊泊附著者爲性，豈人物之生莫非二本哉？返而求之，知其一本，或庶幾焉。

問：朱子本程子「性即理也」一語，釋中庸「天命之謂性」，申之云：「天以陰陽五行化生萬物，氣以成形而理亦賦焉，猶命令也。於是人、物之生，因各得其所賦之理以爲健順五常之德所謂性也。」其釋孟子云：「以氣言之，知覺、運動，人與物若不異也；以理言之，則仁義禮智之禀，豈物之所得而全哉？告子不知性之爲理，而以所謂氣者當之，蓋徒知知覺、運動之蠢然者人與物同，而不知仁義禮智之粹然者人與物異也。」兩解似相闔隔。其作中庸或問有云：「雖鳥獸草木之生，僅得形氣之偏，而不能通貫乎全體，然其知覺、運動，榮悴開落，亦皆循其性而各有自然之理焉。至於虎狼之父子，蜂蟻之君臣，豺獺之報本，雎鳩之有別，則其形氣之偏，又反有以存其義理之所得。」合觀朱子言性，不出「性即理也」之云，故云「告子不知性之爲理」。既以性屬之理，理即其所謂「仁義禮智之稟」，天地、人物、事爲，不聞無可言之理，故釋中庸合人物言之；以物僅得形氣之偏，故釋孟子言「豈物所得而全」，言「仁義禮智之粹然者，人與物異」。或問一條，於兩注可謂融矣。程子云：「論性不論氣，不備；論氣不論性，不明。」故朱子言性專屬之理，而又及「形氣之偏」，皆出於程子也。程朱之說，謂「理無不善，而形氣有不善」，故以「孟子道性善」歸之本原，以孔子言「性相近」，下而及於荀子言「性惡」，揚子言「善惡混」，韓子言「三品」〔二〕，悉歸氣質之性，是荀、揚、韓皆有合於孔子；朱子答門人云：「氣質之說，起于張、程。韓退之原性中說『三品』，但不曾分明說是氣質之性耳；孟子說性善，但說得本原處，下面不曾說得氣質之性，所以亦費分疏；諸子說性惡與善惡混；使張、程之說早出，則許多說話自不用紛爭。」又以告子之說爲合於荀、揚，朱子於告子「杞柳」之喻云：「告子言人性本無仁義，必待矯揉而後成，如荀子性惡之說也。」於「湍水」之喻云：「告子因前說而小變之，近於揚子善惡混之說。」合於孔子。程子云：「凡言性處，須看立意如何。且如言人性善，性之本也，生之謂性，論其所稟也。孔子言性相近，若論其本，豈可言相近？只論其所禀也。告子所云固是，爲孟子問他，他説便不是也。」使告子明云「氣質之性」，孟子將不辨之歟？孔子言「性相近」，亦未明云「氣質之性」，程子云：「性一也，何以言相近？此只是氣質之性，如俗言性急、性緩之類。性安有緩急？此言性者，生之謂性也。」將與告子、荀子諸人同歟？此宋儒之説雖極完備，彌啓後人之疑。近思録程子云：「人生而静以上不容説，纔説性時，便已不是性也。」朱子云：「人生而静以上，是人物未生時，只可謂之理，未可名爲性，所謂『在天曰命』也。纔説性時，便是人生以後，此理已墮在氣質中，不全是性之本體矣，所謂『在人曰性』也。」然則孟子乃追遡人物未生未可名性之時而曰性善，若就名爲性之時，已是人生以後，已墮在形氣之中，惡得斷之曰善？程子云：「孟子言性，當隨文看。本以告子『生之謂性』爲不然者，此亦性也，被命受生以後謂之性耳，故不同。繼之以『犬之性猶牛之性，牛之性猶人之性歟』，然不害爲一。若乃孟子之言善者，乃極本窮源之性。」由是言之，將天下古今惟上聖之性不失其性之本體，自上聖而下，論人之性皆失其本體。孔子以不全是性之本體者言性相近，孟子以未可名性者言性善。於孔子不敢顯言不明，而直斥孟子不備。朱子云：「孟子説性善，是論性不論氣。荀、楊而下，是論氣不論性。孟子終是未備，所以不能杜絶荀、楊之口。然不備，但少欠耳；不明，則大害事。」陳器之云：「孟子時，諸子之言性，往往皆於氣質上有見，而遂指氣質作性，但能知其形而下者耳，故孟子答之，只就義理上説，以攻他未曉處。氣質之性，諸子方得於此，孟子所以不復言之；義理之性，諸子未通於此，孟子所以反覆詳説之。程子之説，正恐後學死執孟子義理之説而遺失氣質之性，故併二者而言之，曰『論性不論氣，不備，論氣不論性，不明』。程子之論舉其全，孟子之論所以矯諸子之偏。」宋儒剖析至此，愈令人惑。學者習聞宋儒之說，完備剖析，以孔子所言者一性，孟子所言者一性，任其閡隔，不復求通。苟還而體會易、論語、中庸、孟子於傳注，洵疑惑不解矣。宋儒之所以失者安在？

曰：性之名，自古及今，雖婦人孺子亦矢口舉之不謬者也，本盡人可知之通名也，儒者轉過求，失之。如飛潛動植，舉凡品物之性，皆就其氣類別之。人物分於陰陽五行以成性，舍氣類更無性之名。醫家用藥，在精辨其氣類之殊；不別其性，則能殺人。使曰「此氣類之殊者已不是性」，良醫信之乎？試觀之桃與杏：取其核而種之，萌芽甲坼，根榦枝葉，爲華爲實，形色臭味，桃非杏也，杏非桃也，無一不可區別，由性之不同，是以然也。其性存乎核中之白，即俗稱桃仁、杏仁者。形色臭味，無一或闕也。凡植禾稼卉木，畜鳥獸蟲魚，皆務知其性。知其性者，知其氣類之殊，乃能使之碩大蕃滋也。何獨至於人而指夫分於陰陽五行以成性者，曰「此已不是性也」？豈其然哉？天道，陰陽五行而已矣。人物之性，分于道而有之，成其各殊者而已矣；其不同類者各殊也，其同類者相似也。孟子曰：「如使口之於味也，其性與人殊，若犬馬之與我不同類也，則天下何耆皆從易牙之於味也！」又言「動心忍性」，是孟子矢口言之，亦即別於氣類，盡人而知之性。孟子言性，曷嘗自歧爲二哉！於告子「生之謂性」必致辨者，成則各殊，徒曰生而已矣，將同人於犬牛而不察其殊；告子聞孟子詰之不復曰「然」者，非見於「仁義禮智之粹然者，人與物異」而語塞也，犬與牛之異，又豈屬「仁義禮智之粹然者」哉？況朱子言「性之本，物與人同，至形氣之偏，始物與人異」，是孟子又舍其「理之同」而就「形氣」以爲言矣。且謂「告子徒知知覺、運動之蠢然者人與物同」，在告子既以知覺、運動者爲性，何不可直應之曰「然」？斯以見告子亦窮於知覺、運動不可概人物，而目爲蠢然同也。觀孟子以氣類之殊詰告子，知孟子未嘗謂性之爲理亦明矣。

問：知覺、運動不可概人物而目爲「蠢然同」，其異安在？

曰：凡有生即不隔於天地之氣化。陰陽五行之運而不已，天地之氣化也，人物之生本乎是，由其分而有之不齊，是以成性各殊。知覺、運動者，統乎生之全言之也，由其成性各殊，是以得之以生，見乎知覺、運動也亦殊。氣之自然潛運，飛潛動植皆同，此生生之機原於天地者也，而其本受之氣與所資以養者之氣則不同。所資以養者之氣，雖由外而入，大致以本受之氣召之。五行有生克，遇其克之者則傷，甚則死，此可知性之各殊矣。本受之氣及所資以養者之氣，必相得而不相逆，斯外内爲一；其得於天地之氣本一，然後相得不相逆也。氣運而形不動者，卉木是也；凡有血氣者，皆形能動者也。由其成性各殊，故形質各殊，則其形質之動而爲百體之用者，利用不利用亦殊。知覺云者，如寐而寤曰覺，心之所通曰知，百體皆能覺，而心之知覺爲大。凡相忘於習則不覺，見異焉乃覺。魚相忘於水，其非生於水者不能相忘於水也，則覺不覺亦有殊致矣。聞蟲鳥以爲候，聞鷄鳴以爲辰，彼之感而覺，覺而聲應之，又覺之殊致有然矣，無非性使然也。若夫虎狼之父子，蜂蟻之君臣，其自然之知覺，合於人之所謂理義者矣，而各由性成。人則無不全也，全而盡之無憾者，聖人也，知之極其量也。知覺、運動者，人物之生；知覺、運動之所以異者，人物之殊其性。孟子曰：「心之所同然者，謂理也，義也，聖人先得我心之所同然耳。」於義外之説必致其辨，以人能全夫理義，故曰性善，言理之爲性，非言性之爲理。人之生也，分於陰陽五行以成性，而其得之也全。聲色臭味之欲，資以養其生；喜怒哀樂之情，感而至乎物；美惡是非之知，思而通於天地鬼神。凡日用事爲，皆性爲之本，而所謂人道也。上之原於陰陽五行，所謂天道也。言乎天地之化曰天道，言乎天地之中曰天德。耳目百體之所欲，血氣資之以養者，原於天地之化者也。故在天爲天道，在人爲性，而見於日用事爲爲人道。仁義之心，原於天地之中者也。故在天爲天德，在人爲性之德，然而非有二也。就天地之化而語於無憾曰天地之中，就日用事爲而語於無失曰仁義。凡達諸天下而不可廢者，未有非性使之然者也。古人言性，但以氣稟言，未嘗明言理義爲性，蓋不待言而可知也。至孟子時，異説紛起，以理義爲聖人治天下之具，設此一法以强之從，害道之言，皆由外理義而生。人但知耳之於聲，目之於色，鼻之於臭，口之於味之爲性，而不知心之於理義，亦猶耳目鼻口之於聲色臭味也，故曰「至於心獨無所同然乎」，蓋就其所知以證明其所不知，舉聲色臭味之欲歸之耳目鼻口，舉理義之好歸之心，皆内也，非外也，比而合之以解天下之惑，俾曉然無疑於理義之爲性，害道之言庶幾可以息矣。孟子明人心之通於理義，與耳目鼻口之通於聲色臭味，咸根諸性而非後起。後儒見孟子言性，則曰理義，則曰仁義禮智，不得其説，遂謂孟子以理爲性，推而上之，以理爲生物之本，匪徒於道於性不得其實體，而於理之名亦失其起於天地、人物、事爲不易之則，使人茫然求其物不得矣。

問：聲色臭味之欲亦宜根於心，今專以理義之好爲根於心，於「好是懿德」固然矣，抑聲色臭味之欲徒根於耳目鼻口歟？心，君乎百體者也，百體之能，皆心之能也，豈耳悦聲，目悦色，鼻悦臭，口悦味，非心悦之乎？

曰：否。心能使耳目鼻口，不能代耳目鼻口之能，彼其能者各自具也，故不能相爲。人物受形於天地，故恒與之相通。盈天地之間，有聲也，有色也，有臭也，有味也；舉聲色臭味，則盈天地間者無或遺矣。外内相通，其開竅也，是爲耳目鼻口。五行有生克，生則相得，克則相逆，血氣之得其養、失其養繫焉，資於外足以養其内，此皆陰陽五行之所爲。外之盈天地之間，内之備於吾身，外内相得無間而養道備。「民之質矣，日用飲食」，自古及今，以爲道之經也。血氣各資以養，而開竅於耳目鼻口以通之，既於是通，故各成其能而分職司之。孔子曰：「少之時，血氣未定，戒之在色；及其壯也，血氣方剛，戒之在鬭；及其老也，血氣既衰，戒之在得。」血氣之所爲不一，舉凡身之嗜欲根於血氣明矣，非根於心也。孟子曰「理義之悦我心，猶芻豢之悦我口」，非喻言也。凡人行一事，有當於理義，其心氣必暢然自得；悖於理義，心氣必沮喪自失，以此見心之於理義，一同乎血氣之於嗜欲，皆性使然耳。耳目鼻口之官，臣道也；心之官，君道也；臣效其能，而君正其可否。理義非他，可否之而當，是爲理義。聲色臭味之欲，察其可否，皆有不易之則。故理義者，非心出一意以可否之；若心出一意以可否之，何異强制之乎！因乎其事，察其不易之則，所謂「有物必有則」，以其則正其物，如是而已矣。

問：人物分於陰陽五行，其成性各不同。人之生也，禀天地之氣，則亦肖乎天地之德。物之得於天者，非禀氣而生，遺天地之德也。而孟子道性善，但言「人之異於禽獸」概舉之，獨人之性善，其故安在？

曰：耳目鼻口之官各有所司，而心獨無所司，心之官統主乎上以使之，此凡血氣之屬皆然。其心能知覺，皆懷生畏死，因而趨利避害，凡血氣之屬所同也；雖有不同，不過於此有明闇耳。就其明闇以制可否，不出乎懷生畏死者，物也。人之異於禽獸不在是。禽獸知母而不知父，限於知覺也；然愛其生之者及愛其所生，與雌雄牝牡之相愛，同類之不相噬，習處之不相齧，進乎懷生畏死矣。一私於身，一及於身之所親，皆仁之屬也。私於身者，仁其身也；及於身之所親者，仁其所親也；本天地生生之德，發乎自然有如是。人之異於禽獸亦不在是。人物分於氣化，各成其性，一陰一陽，流行不已，生生不息，觀於生生，可以言仁矣。在天爲氣化之生生，在人爲其生生之心，是乃仁之爲德也，非別有一物以與人而謂之仁。由其生生有自然之條理，惟條理所以生生，觀於條理之秩然有序，可以言禮矣；失條理，則生生之道絶。觀於條理之截然不可亂，可以言義矣；亦非別有其物而謂之禮，謂之義。合而言之，舉義可以賅禮，「立人之道，曰仁與義」是也；舉禮亦可以賅義，而舉仁貴全乎禮義，論語曰「克己復禮爲仁」是也。若夫條理〔之〕得於心〔三〕，爲心之淵，然而條理則名智，故智者，事物至乎前，無或失其條理；不智者異是。中庸言「修道以仁」，連舉義又連舉禮而不及智；言以達德行達道，舉智仁勇而不及禮義，互文也。禮義有愆，由於不智。告子曰：「食色，性也；仁，内也，非外也；義，外也，非内也。」即其「生之謂性」之説，同人於犬牛而不察其殊也。彼以自然者爲性使之然，以義爲非自然，轉制其自然，使之强而相從。老聃、莊周、告子及釋氏，皆不出乎以自然爲宗，惑於其説者，以自然直與天地相似，更無容他求，遂謂爲道之至高。宋之陸子静、明之王文成及才質過人者，多蔽於此。孟子何嘗以自然者非性使之然哉？以義亦出於自然也，故曰：「惻隱之心，人皆有之；

羞惡之心，人皆有之；恭敬之心，人皆有之；是非之心，人皆有之。」孟子之言乎自然，異於告子之言乎自然，蓋自然而歸於必然。必然者，不易之則也，非制其自然使之强而相從也。天下自然而無失者，其惟聖人乎！孔子言「從心所欲不踰矩」，「從心所欲」者，自然也；「不踰矩」者，歸於必然也。必然之與自然，非二事也，就其自然明之盡，而無幾微之失焉，是其必然也；如是而後無憾，如是而後安，是乃古賢聖之所謂自然也。彼任其自然而失者無論矣。貴其自然，静以保之，而視問學爲用心於外，及乎動應，如其材質所到，亦有自然不失之處，不過材質之美，偶中一二，若統計行事，差謬多矣。且一以自然爲宗而廢問學，其心之知覺有所止，不復日益，差謬之多，不求不思，以此終其身而自尊大，是以君子惡其害道也。老聃、莊周、告子、釋氏之説，貴其自然，同人於禽獸者也。聖人之教，使人明於必然，所謂「考諸三王而不謬，建諸天地而不悖，質諸鬼神而無疑，百世以俟聖人而不惑」，斯爲明之盡。人與物咸有知覺，而物之知覺不足與於此。人物以類區分，而人所稟受，其氣清明，遠於物之不可開通。禮義者，心之所通也，人以有禮義異於禽獸，實人之智大遠乎物。然則天地之氣化，生生而條理，生生之德，鮮不得者；惟人性開通，能不失其條理，則生生之德因之至盛。物循乎自然，人能明於必然，此人物之異，孟子以「人皆可以爲堯、舜」斷其性善，在是也。

校注

〔一〕凑泊　凝合，聚結。

〔二〕三品　即性三品説。西漢董仲舒首倡，唐韓愈闡揚。謂人性有上、中、下三等，即有聖人之性、中民之性和斗筲之性。聖人之性是天生善性；斗筲之性，天生性惡；中民之性有善有惡，經教化後，惡可變爲善。

〔三〕之　據國圖、北大圖書館抄本補。

孟子私淑録卷下

問：荀子之所謂性，亦孟子之所謂性；孟子知性之全體，其餘皆不知性之全體，故惟孟子與孔子合。然指爲性者，實古今所同謂之性。至告子所謂性，朱子謂一似荀子言性惡，一似楊子言善惡混，一似釋氏言作用是性。今以荀、楊與釋氏同，則告子不得與荀、楊同矣，豈獨與釋氏所謂性相似歟？

曰：然。老聃、莊周之書，其所貴焉者咸此也，「杞柳」、「湍水」之喻〔一〕，胥是物也。其視仁義，視善不善，歸之有欲、有爲以後事；而其保此性也，主於無爲、自然，即釋氏云「不思善，不思惡，時認本來面目」是也，實一說而非有三說。

問：告子、釋氏指何者爲性？

曰：神氣形色，古賢聖一視之，修其身，期於言行無差謬而已矣，故孟子曰「形色，天性也，惟聖人然後可以踐形〔二〕」。人物成性不同，故形色各殊。人之形，官器利用，大遠乎物，然而幾如物之蠢然，是不踐形也；於人之道無憾無失，斯爲踐形耳。老聃、莊周、告子、釋氏，其立說似參差，大致皆起於自私，皆以自然爲宗。彼視一身之中，具形氣以生，而神爲之生宰，因貴此神以爲形氣之本，究之神與氣不可相離，故老子曰：「一生二，二生三，三生萬物。萬物負陰而抱陽，沖氣以爲和。」其言乎天地間也，曰：「有物混成，先天地生。」從此而分陰陽，一生二也；陰陽與此而三，二生三也；言乎人物三者咸具，陰也，陽也，沖氣以爲和，即主宰之者也。彼見於氣可言有，神存乎其有而不可謂有，又不可謂無，然不離氣者也，故曰「沖氣」〔三〕。上之原於「有物混成，先天地生」之道，不離氣而別於氣，故曰：「道之爲物，惟恍惟忽，忽兮恍兮，其中有像；恍兮忽兮，其中有物。」莊子言神之主宰於身，則曰「若有真宰而特不得其朕」，曰「其有真君存焉〔四〕，如求得其情與不得，無益損乎其真」，繼之曰「一受其成形，不亡以待盡，與物相刃相靡，其行盡如馳而莫之能止，不亦悲乎」，言此神受形而生，則不去以待，形化而有血氣，乃有情欲，皆足以戕之，趨於速敝也。又曰，「終身役役而不見其成功〔五〕，薾然疲役而不知其所歸〔六〕，不可哀邪」，言求諸外者徒勞其神者也。又曰，「人謂之不死，奚益！其形化，其心與之然，不可謂大哀乎」，言人壽有修短，雖不死之日，不知保此心爲形君之神，至與形俱敝也。釋氏「人死爲鬼，鬼復爲人」之説，與莊子此條同。老氏言「長生久視」，釋氏言「不生不滅」，語似異，而以死爲返其真，視形體爲假合，從而空之，不過恐害其神之自然，指歸不異也。告子同於釋氏，以神識爲性，釋氏謂之曰「真空」，謂之曰「作用」。謂「真空」，則能攝衆有而應變，謂「即此識情便是真空妙智」，謂「湛然常寂，應用無方，用而常空，空而常用，用而不有，即是真空，空而不無，即成妙有」，故言「空是性」，又言「作用是性」。釋氏書中，問：「如何是佛？」曰：「見性爲佛。」「如何是性？」曰：「作用爲性。」「如何是作用？」曰：「在目曰見，在耳曰聞，在鼻臭香，在口談論，在手執捉，在足運奔，徧見俱該法界，收攝在一微塵，識者知是佛性，不識唤作精魂。」此皆「生之謂性」之説也，固無取乎善惡之分。其顯然道破處，如云「不思善，不思惡，時認本來面目」，即告子「性無善無不善」宗指。後世禪家，不云「不思善」而渾其語，如傳燈録云「飢來吃飯困來眠」，即老子所云：「上士聞道，勤而行之；中士聞道，若存若亡；下士聞道，大笑之。不笑不足以爲道。」彼「飢食困眠」，聞之即可大笑，此即「致虚極，守静篤」，即「勤而行之」也；致虚未極，守静未篤，乃「若存若亡」也。其説大都主於一切空之，便妙用無方。老聃、莊周、告子、釋氏，立言不同而同出一轍如是。宋時如陸子静、楊敬仲及明王文成諸人，其言論皆如此。子静之言曰：「收拾精神，自作主宰，萬物皆備於我，何有闕欠！當惻隱時，自然惻隱；當羞惡時，自然羞惡；當寬裕温柔時，自然寬裕温柔；當發强剛毅時，自然發强剛毅。」又曰：「惡能害心，善亦能害心。」敬仲之言曰：「目能視，所以能視者何物？耳能聽，所以能聽者何物？口能噬，鼻能臭，所以能噬能臭者何物？手能運用，足能步趨，心能思慮，所以能運用、步趨、思慮者何物？」王文成之言曰：「聖人致知之功，至誠無息。其良知之體，皦如明鏡，妍媸之來，隨物見形，而明鏡曾無留染，所謂『情順萬事而無情』也。『無所住（以）〔而〕生其心』，佛氏曾有是言，未爲非也。明鏡之應，妍者妍，媸者媸，一照而皆真，即是『生其心』處；妍者妍，媸者媸，一過而不留，即〔是〕『無所住』處。」又曰：「『本來面目』，即吾聖門所謂『良知』」，隨物而格，是致知之功，即佛氏之『常惺惺』，亦是『常存他本來面目』耳。體段功夫，大略相似。」文成釋「格物」爲「扞禦外物」。在老聃、莊周、告子，直據己見而已。故告子言「無善無不善」，言「無分於善不善」，言「義外」者，後人因孟子嘗辨之，則以此爲善已無可復加，爲仁義禮智皆備，且所稱者出中庸、大學、孟子之書以飾其說，學者不可不辨别疑似也。

問：邵子云：「神無方而性有質〔七〕。」又云：「性者，道之形體；心者，性之郛郭〔八〕。」又云：「人之神即天地之神。」合其言觀之，所謂道者，指天地之「神無方」也；所謂性者，指人之「神有質」也。此老聃、莊周、告子、釋氏之所謂道，所謂性，而邵子亦言之，何也？

曰：邵子之學，深得於老、莊，其書未嘗自諱。以心爲性之郛郭，謂人之神宅此郛郭之中也。朱子於其指神爲道、指神爲性者，皆轉而以理當之。邵子之書有曰：「道與一，神之强名也。」幾以道爲不足當神之稱矣。其書又曰：「神統於心，氣統於腎，形統於首；形氣交而神主乎其中，三才之道也。」此以神周乎一身而宅於心，爲之統會也。又曰：「氣則養性，性則乘氣；故氣存則性存，性動則氣動也。」此即導養之説〔九〕，指神之炯炯而不昧者爲性，氣之絪緼而不息者爲命〔一〇〕，神乘乎氣而資氣以養也。王文成云：「夫良知一也，以其妙用而言謂之神，以其流行而言謂之氣。」立説亦同。

問：張子云：「由太虚〔一一〕，有天之名；由氣化，有道之名〔一二〕；合虚與氣，有性之名；合性與知覺，有心之名。」别性於知覺，其所謂性，似同於程子云「性即理也」，與邵子指神爲性者有異。陳器之云：「仁義禮智者，義理之性也；知覺、運動者，氣質之性也。有義理之性而無氣質之性，則義理必無附著；有氣質之性而無義理之性，則無異於枯死之物。故有義理以行乎血氣之中，有血氣以受義理之體，合虚與氣而性全。」然以虚指理，古賢聖未嘗有是稱，不幾猶釋氏言「空是性」歟？

曰：釋氏所謂「空是性」者，指神之本體；又言「作用是性」，則指神在形質之中而能知覺、運動也。張子云：「神者，太虚妙應之目。」是其所謂虚，亦未嘗不以爲神之本體，而又曰：「天之不測謂神〔一三〕，神而有常謂天。」然則「由太虚有天之名」者，以「神而有常」爲言。釋氏有見於自然，故以神爲已足；張子有見於必然之爲理，故不徒曰神，而曰「神而有常」，此其所見近於孔、孟而異於釋氏也。然分理氣爲二，視理爲「如一物」，故其言理也，求其物不得，就陰陽不測之神以言理，以是爲性之本源，而目氣化生人生物曰「游氣紛擾，合而成質者，生人、物之萬殊」，則其言合虚與氣，虚指神而有常，氣指游氣紛擾，乃雜乎老釋之見，未得性之實體也。惟「由氣化有道之名」一語，合於易言「一陰一陽之謂道」。又曰：「神，天德；化，天道。」道以化言，是也；德以神言，非也。彼釋氏自貴其神，亦以爲足乎天德矣。張子之書又有之曰：「氣有陰陽，推行有漸爲化，合一不測爲神。」聖人復起，不易斯言。邵子言「形可分，神不可分」，語可參觀。以人物驗之，耳目百體會歸於心，心者，合一不測之神也。如耳目鼻口之官，是形可分也；而統攝於心，是神不可分也。夫天地間，有陰陽，斯有人、物，於其推行謂之化，於其合一謂之神，天道之自然也；於其分用爲耳目百體，於其合一則爲心，生物之自然也。是故就天地言，化，其事也，神，其能也，事能俱無憾，天地之德也。人之血氣本乎化，人之心知配乎神，血氣心知無失，配乎天地之德，無憾無失，夫是之謂理而已矣。由化以知神，由化與神以知德。「天之生物也，使之一本」，而以性專屬之神，則目形體爲假合，以性專屬之理，則謂「纔説性時，已不是性」，皆二本故也。

問：宋儒言「禀理然後有性，禀氣然後有形」，雖虚揣以爲説，謂「理氣渾淪〔一四〕」，不害二物之各爲一物」，實求其物，不得若老聃、莊周、告子、釋氏之言。夫性則確有指實，不過區別於形氣之中，言其主之者耳。曰形，曰氣，曰神，三者求之一身，儼然如三物，凡血氣之屬，未有或闕者也。荀子謂「性者，天之就」，雖專屬形氣之自然，（故）〔固〕不遺夫神〔一五〕，而以爲非天之就也。其稱性也，兼以惡概之，而伸其重學崇禮義之説，何以論荀子則曰不知性之全體而已，論告子、釋氏則斷爲異説，何也？

曰：性者，分於陰陽五行，品物區以別焉，各爲之本始，統其所有之事，所具之能，所全之德而名之，非以知覺、運動者名之，易言「成之者性」是也。其一身中，分而爲言，曰形、曰氣、曰神者，材也，易言「精氣爲物」是也。心爲形君，耳目百體者，氣融而靈，心者，氣通而神。告子貴其神而不知性者也，其不動心，神定而一無責焉之爲不動也。性可以根柢言，材可以純駁清濁言，由其成性也殊，則其材亦殊，成是性斯爲是材；神可以主宰樞紐言，思可以敏鈍得失言，知可以淺深精粗言，皆根於性而存乎材者也。理，譬之中規中矩也，氣通而神，是以能思，資於學以導其思，以極其知之量，古賢聖之教也。荀子不知性之全體，而其說至於重學崇禮義，猶不失爲聖人之徒，特未聞道耳。老聃、莊周、告子、釋氏，以自然爲宗，不知性之區別而徒貴其神，去其情欲之能害是者即以爲已足，與古賢聖立教，由博學、審問、慎思、明辨以求無差謬者異，是故斷之爲異說，不得同於荀子也。

問：周子通書有云：「『聖可學乎？』曰：『可。』『有要乎？』曰：『有。』『請問焉。』曰：『一爲要。一者，無欲也。無欲則靜虛動直，靜虛則明，明則通；動直則公，公則溥。明通公溥，庶矣哉！』」此與老氏「爲道日損」，釋氏「六用不行，真空妙智」之說，及陸子靜言「人心至靈，此理至明，人皆有此心，心皆具是理」，王文成言「聖人致知之功，至誠無息，其良知之體，皦如明鏡」者，立言不殊。後儒於周子則以爲切要之指，莫敢違議，於老、釋、陸、王則非之，何也？

曰：周子之學，得於老、釋者深，而其言渾然與孔、孟相比附，後儒莫能辨也。朱子以周子爲二程子所師，故信之篤，考其實固不然。程叔子撰明道先生行狀，言「自十五六時，聞周茂叔論道，遂厭科舉之業，慨然有求道之志，未知其要，泛濫於諸家，出入於老、釋者幾十年，返求諸六經，然後得之」，其不得於周子明矣；且直字之曰周茂叔，其未嘗師事亦明矣。見周茂叔後，乃出入於老、釋。張橫渠亦訪諸釋、老之書累年；朱子年四十以前，猶馳心空妙。宋儒求道，往往先以老、釋爲借階，雖終能覺寤老、釋之非，而受其蔽，習於先人之言不察者亦不少。周子論學聖人主於無欲，王文成論致知主於良知之體，皆以老、釋廢學之意論學，害之大者也。

問：程子、朱子以性爲「足於己」，其語學則曰「復其初」，程子云：「聖賢論天德，蓋自家元是天然完全自足之物，若無所污壞，即當直而行之；若小有污壞，即敬以治之，使復如舊。」朱子於論語首章，於大學「明明德」，皆以「復其初」爲言。「復其初」之云，出莊周書。莊子繕性篇曰：「繕性於俗學以求復其初，滑欲於俗知以求致其明，謂之蔽蒙之民。」又曰：「文滅質，博溺心，然後民始惑亂，無以返其性情而復其初。」無異釋氏所謂「本來面目」。然孟子亦曰：「大人者，不失其赤子之心者也。」豈彼以神言，此以理言，不嫌於語同而指歸異歟？

曰：孟子言性善，非無等差之善，不以性爲「足於己」也，主擴而充之，非「復其初」也。人之形體，與人之心性比而論之：形體始乎幼小，終於長大，方其幼小，非自有生之始即攖疾病小之也。今論心性而曰「其初盡人而聖人，自有生之始即不污壞者鮮」，豈其然哉！形體之長大，資於飲食之養，乃長日加益，非「復其初」；心性之資於問學，進而賢人聖人，非「復其初」明矣。形體無虧闕，故可以長大，而夭傷者，失其可長大者也；赤子之心，皆有仁義禮智之端，可以擴充，而不充之者，失其能充之心者也。人物分於陰陽五行以成性，而人異於物者，其性開通，無不可以牖其昧而進於明，較其材質，等差凡幾。古賢聖知人之得於天有等差，是以重問學，貴擴充。老聃、莊周、告子、釋氏，謂得之以性皆同其神，與天地等量，是以守己自足，主於去情欲以勿害之，不必問學以充之。宋儒或出焉，或入焉，故習其説者不得所據，多流於老、釋。讀古人書，所慎尤在疑似，此亦當辨之大端也。

問：神爲形氣之主宰，莊子謂「一受其成形，不亡以待盡」，釋氏「人死爲鬼，鬼復爲人」之説同此。在古人制祭祀之禮，以人道事鬼神，而傳稱「鬼猶求食」及「伯有爲厲」。又宇宙間怪見不一，愚夫婦亦往往耳聞目見，不得不惑於釋氏所云。而言仙者又能盜氣於天地間，使其神離血氣之體以爲有。故其言性也，即神之炯炯而不昧者；其言命也，即氣之絪緼而不息者，有所指實也如是。老聃、莊周、告子、釋氏，靜以會夫一身，見莫貴於此，莫先於此。今以形、氣、神統歸之材，而曰性可以根柢言，神可以主宰樞紐言，理則譬之中規中矩，不以神先形氣，不以理爲主宰、樞紐、根柢。老、釋之説，宋儒之説，指歸不同而失同，何也？

曰：孔子言：「原始(要)〔反〕終〔一六〕，故知死生之説；精氣爲物，游魂爲變，是故知鬼神之情狀。」人物分於陰陽五行以成性，成是性斯爲是材以生，可以原始而知也；形敝氣散而死，可以反終而知也。其生也，精氣之融以有形體，凡血氣之屬，有生則能運動，能運動則能知覺，知覺者，其精氣之秀也。人之知覺，能通乎天地之德，因行其所知底於無失，斯無往非仁，無往非禮義矣。左氏春秋曰：「人生始化曰魄，既生魄，陽曰魂。」魂魄非他，其精氣之能知覺運動也，是以又謂之神靈。曾子言「陽之精氣曰神，陰之精氣曰靈」是也。至於形敝而精氣猶凝，是謂游魂，言乎離血氣之體也。精氣爲物者，氣之精而凝，品物流行之常也；游魂爲變者，魂之游而存，其後之有敝有未敝也，變則不可窮詰矣。彼有見於游魂爲變，而主其一偏，昧其大常，遂以其盜天地生生之機者爲己之本體。彼之以神先形氣，聖人所謂游魂爲變中之一端耳。在老、釋就一身分言之，有形氣，有神識，而以神識爲本；推而上之，以神爲有天地之本，遂求諸無形無象者爲實有，而視有形有象爲幻。在宋儒以形氣、神識同爲己之私，而理得於天；推而上之，於理氣截之分明，以理當其無形無象之實有，而視有形有象爲粗。天之生物也，使之一本，荀子以禮義與性爲二本，宋儒以理與氣質爲二本，老聃、莊周、告子、釋氏以神與形體爲二本。然而荀子推崇禮義，宋儒推崇理，於聖人之教不害也，不知性耳。老聃、莊周、告子、釋氏，守己自足，不惟不知性而已，實害聖人之教者也。

問：程叔子撰明道先生行狀云：「泛濫於諸家，出入於老、釋者幾十年，返求諸六經，然後得之。」吕與叔撰横渠先生行狀云：「范文正公勸讀中庸，先生讀其書，雖愛之，猶以爲未足，於是又訪諸釋、老之書，累年，盡究其説，知無所得，返而求之六經。」朱子語類廖德明録癸巳所聞云：「先生言：二三年前見得此事尚鶻突，爲他佛説得相似，近年來方看得分曉。」癸巳，朱子四十四歲。朱子答汪尚書書云：「熹於釋氏之説，蓋嘗師其人，尊其道，求之亦切至矣，然未能有得。其後以先生君子之教，校乎前後緩急之序，於是暫置其説而從事於吾學。其始蓋未嘗一日不往來於心也，以爲俟卒究吾説而後求之未爲甚晚。而一二年來，心獨有所自安，雖未能即有諸己，然欲復求之外學以遂其初心，不可得矣。」考朱子慕禪學在十五六時，年二十四見李愿中，教以看聖賢言語，而其後十餘年，有答何京叔二書，意見乃與釋氏不殊，信彼爲有實得，此爲支離，反用聖賢言語指其所得於釋氏者。及五十内外，所見漸定，不惑於釋氏。合觀程子、朱子、張子皆先入於老、釋，究之能覺悟其非，何也？

曰：四君子皆志賢聖之志者也，其學主乎求是，故於此於彼，期在自得，不在虚名。考之六經，茫然不得性道之實體，則必求諸彼矣。求諸彼，而其言道言性確有指實，且言夫體用一致也似神，能靡不周。如説「性周遍法界，净智圓妙，體自空寂」。故朱子嘗馳心空妙，冀得之以爲衡鑒事物之本，極其致，所謂「明心見性」，不過「六用不行」，彼所以還其神之本體者，即本體得矣，以爲如此便足無欠闕矣，實動輒差謬。在彼以自然爲宗本，不論差謬與否，而四君子求是之心，久之亦知其不可恃以衡鑒事物，故終能覺寤其非也。夫人之異於物者，人能明於必然，百物之生遂其自然也。孔、孟之異於老聃、莊周、告子、釋氏者，自「志學」以至「從心所欲不踰矩」，皆見夫天地、人物、事爲有不易之則之爲必然，而博文約禮以漸致其功。彼謂「致虛極，守靜篤」「爲道日損，損之又損以至於無」，至於「道法自然」，無以復加矣。孟子而後，惟荀子見於禮義爲必然，見於不可徒任自然，而不知禮義即自然之極則；宋儒亦見於理爲必然，而以理爲太極，爲「生陽生陰之本」，爲「不離陰陽，仍不雜於陰陽」，指其在人物爲性，爲「不離氣質，仍不雜於氣質」。蓋不知理者，自然之極則也，視理儼如一物，加以主宰、樞紐、根柢之説，一似理亦同乎老、釋所指者之於人爲本來面目。朱子之辨釋氏也，曰：「儒者以理爲不生不滅，釋氏以神識爲不生不滅。」就彼言神識者，轉之以言夫理，尊理而重學，遠於老聃、莊周、告子、釋氏矣。然以彼例此而不協乎此，故指孔、孟所謂道者非道，所謂性者非性，增一怳忽不可得而推究之主宰、樞紐、根柢，因視氣曰空氣，視心曰性之郛郭。是彼奉一自然者之神居此空氣之上、郛郭之中；此奉一必然之理居此空氣之上、郛郭之中也。苟知有物必有則，不以則與物二視之，庶幾於孔、孟之言道言性者始可通。物者，指其實體實事之名；則者，稱其純粹中正之名。實體實事，罔非自然而歸於必然，天地、人物、事爲之理得矣。自然之極則是謂理，宋儒借階於釋氏，是故失之也。凡習於先人之言，往往受其蔽而不覺。宋儒言「道爲氣之主宰、樞紐」，如彼以「神爲氣之主宰、樞紐」也；以「理能生氣」，如彼以「神能生氣」也；以「理墮在形氣之中，變化氣質則復其初」，如彼以「神受形氣而生，不以形氣物欲累之則復其初」也。皆改其所指爲神識者以指理。其終遠於老、釋而近於孔、孟，則彼以自然爲指歸，此以必然爲指歸也。

校注

〔一〕杞柳、湍水　語出孟子告子上。告子認爲人性如「杞柳」，「杞柳」可做成各種杯盤，人性也可爲善爲不善。人性又如「湍水」，「湍水」「決諸東方則東流，決諸西方則西流」。即人性可以引導到善，也可引導到惡，善惡是後天習染形成的。告子以此與孟子性善論相對立。

〔二〕踐形　指體現人所天賦的品質。

〔三〕沖氣　語出老子四十二章。即沖虚之氣。

〔四〕真君　指萬物的主宰

〔五〕役役　勞作不息貌。

〔六〕薾然　精神不振的樣子。

〔七〕無方　無方位，無所不在。　質，人體形質。

〔八〕郛郭　城外面的圍墻。借指居所。

〔九〕導養　修煉養身。

〔一〇〕絪緼　陰陽之氣交互作用形成的交密濃厚貌。

〔一一〕太虚　語出莊子知北游。原指天空，此指氣的原初狀態。

〔一二〕由氣化，有道之名　意謂構成萬物之氣，其自身永遠處於運動變化之中。這一運動變化過程即稱之爲「道」。戴震「氣化流行不已，生生不息」的思想源此。

〔一三〕神　張載哲學中關於「神」的概念有多種含義，此「神」指自然界的微妙莫測的變化。

〔一四〕渾淪　渾然一體。

〔一五〕固　據國圖、北大圖書館及照曠閣抄本改。

〔一六〕反　原作「要」。此據十三經注疏易繫辭上改。

戴震全書之三十

緒言

周兆茂 ◎整理
張岱年 金隆德 ◎審訂

説明

緒言三卷，是戴震對孟子私淑録一書的補充與發揮。在書中，戴震對程、朱理學從自然觀、認識論、人性論、理欲觀等方面進一步展開了全面的批判。通過這一批判，進一步闡述了唯物主義氣本論思想。在自然觀方面，戴震在批判程、朱「道（理）在氣先」的唯心主義觀點時，闡述了「氣化流行，生生不息」的唯物主義思想。其中，尤其是對「道」與「理」的關係進一步作出了唯物主義解釋。戴震在孟子私淑録中曾言：「古人言道，恒賅理。」（卷上）而在緒言中，則提出：「古人言道，恒賅理氣。」（卷上）上述兩句話，雖只一字之差，在内容上却發生了重要變化。前一句話説，「道」兼有「理」。這裏，「道」是甚麽？顯然是不確定的和含混不清的。後一句話説，「道」兼有「理」、「氣」兩個方面，即是説，「道」是陰陽二氣及其運動變化的法則的統一。緒言對「道」、「理」的詮釋具有更明顯的唯物主義性質。在認識論方面，緒言在孟子私淑録的基礎上，又提出兩個重要觀點，一是指出，認識過程「精爽」到「神明」的發展過程，如「火光照物」一樣。「光小」，照的距離近，就認識言之，認識較淺；「光大」，照的距離遠，就認識言之，認識較深。這一以「火光照物」喻認識深淺的思想雖具有機械論的傾向，但他突出了理性之光的重要作用，從這一點來說，這一比喻具有積極的一面。在人性論方面，戴震針對程、朱「天命之性」和「氣質之性」的性二元論，一方面指出人性即「氣質之性」，那種先天的「天命之性」是不存在的。另一方面，戴震又着重論述了「性」與「才」的關係。程頤曾説：「氣清則才善，氣濁則才惡，禀得至清之氣生者爲聖人。」（遺書二十二上）戴震則提出：「才」爲「性之所呈」（卷上），「人之性善，故才亦美。」（卷中）即是説「才」與「性」是統一的，世上絶無程、朱所説的天生的不善之人。這裏，包含某種人性平等的思想。在理欲觀方面，戴震指出：「耳目百體之所欲，血氣之資以養者，所謂性之所欲也，原於天地之化者也。」（卷上）即是説，人們的各種物質欲望都是物質自然界所賦予的，是人的自然本性所固有的。接着，他又指出：「性之欲，其自然也；性之德，其必然也。」（同上）這裏，戴震已初步提出了「欲」與「理」、「自然」與「必然」是辯證統一的觀點。此外，在哲學體系及結構方面，在孟子私淑録中，戴震還未明確提出自己哲學總的構架。而到緒言時，戴震則提出了「人道本於性，而性原於天道」（卷上）的重要命題。即是説，人們的社會倫理觀念根源於人的自然本性，而人的自然本性則源於外部自然界。戴震的整個哲學體系就是建構在「天道」（自然觀）、「性」（自然人性論）、「人道」（社會歷史觀）的基礎之上的。因此，緒言是戴震哲學思想發展過程中一個不容忽視的重要環節。

緒言一書，錢大昕、王昶、洪榜、淩廷堪、孔廣森等人未予著録，戴氏遺書亦未刊入。緒言首見於戴氏高足段玉裁戴東原先生年譜。該年譜在乾隆三十七年條下稱：「孟子字義疏證原稿名緒言，有壬辰（一七七二）菊月寫本，程氏易田於丙申（一七七六）影抄。」此書後來有人將其與原善合刊（即今國家圖書館藏本），南海伍崇曜於一八五零年據以收入粤雅堂叢書。伍氏在該書跋中云：「曲阜孔氏所刻戴氏遺書及阮文達、江鄭堂、紀先生著撰，均未及是書。此册與原善單行，不知何人所刻。」自伍氏粤雅堂叢書之後，緒言重要刊本有：民國初年，胡適所編戴氏三種，一九二四年由北京樸社出版。此後，一九三五年商務印書館所編叢書集成、一九三六年安徽叢書編印處所編戴東原先生全集、一九六一年中華書局出版的孟子字義疏證等，均依據粤雅堂叢書本刊印。本次整理亦以粤雅堂叢書本爲底本，參校國家圖書館本、樸社本及何文光校本等。

余秉頤同志曾參加本書初稿校注工作。

緒言卷上

問：道之名義。

曰：古人稱名，道也、行也、路也，三名而一實，惟「路」字專屬途路。詩三百篇多以「行」字當「道」字。大致在天地則氣化流行，生生不息，是謂道；在人物，則人倫日用，凡生生所有事，亦如氣化之不可已，是謂道。故易曰「一陰一陽之謂道」，此言天道也；中庸曰「率性之謂道」，此言人道也。

問：易曰：「形而上者謂之道，形而下者謂之器。」程子云：「惟此語截得上下最分明，元來只此是道，要在人默而識之。」後儒言道，多得之此。朱子云：「陰陽，氣也，形而下者也；所以一陰一陽者，理也，形而上者也，道即理之名也。」朱子此言，以道之稱惟理足以當之。今但曰「氣化流行，生生不息」，非程、朱所目爲形而下者歟？

曰：氣化之於品物〔一〕則形而上下之分也。形乃品物之謂，非氣化之謂。易又有之：「立天之道，曰陰與陽。」直舉陰陽，不聞辨別所以陰陽而始可當道之稱，豈聖人立言皆辭不備哉？一陰一陽，流行不已，夫是之謂道而已。古人言辭，「之謂」、「謂之」有異：凡曰「之謂」，以上所稱解下，如中庸「天命之謂性，率性之謂道，修道之謂教」，此爲性、道、教言之，若曰性也者天命之謂也，道也者率性之謂也，教也者修道之謂也。易「一陰一陽之謂道」，則爲天道言之，若曰道也者一陰一陽之謂也。凡曰「謂之」者，以下所稱解上，如中庸「自誠明謂之性，自明誠謂之教」，此非爲性、教言之，以性、教區別「自誠明」、「自明誠」二者耳。易「形而上者謂之道，形而下者謂之器」，亦非爲道、器言之，以道、器區別其形而上、形而下耳。形，謂已成形質；形而上猶曰形以前，形而下猶曰形以後。詩：「下武維周。」鄭箋云：「下，猶後也。」陰陽之未成形質，是謂形而上者也，非形而下明矣。器言乎一成而不變，道言乎體物而不可遺。不徒陰陽非形而下，如五行水火木金土，有質可見，固形而下也，器也；其五行之氣，人物之所稟受，則形而上者也。易言「一陰一陽」，洪範言「初一曰五行」，中庸言「鬼神之爲德」，舉陰陽即賅五行，賅鬼神；舉五行則亦賅陰陽，賅鬼神；而鬼神之「體物而不可遺」，即物之不離陰陽五行以成形質也。由人物溯而上之，至是止矣。六經、孔、孟之書，不聞理氣之分，而宋儒創言之，又以道屬之理，實失道之名義也。

問：宋儒論陰陽，必推本「太極」，云：「無極而太極，太極動而生陽；動極而靜，靜而生陰；靜極復動。一動一靜，互爲其根；分陰分陽，兩儀立焉。」朱子云：「太極生陰陽，理生氣也。陰陽既生，則太極在其中，理復在氣之内也。」又云：「太極，形而上之道也；

陰陽，形而下之器也。」雖「形」字借以指「氣」，似有未協，「而上」、「而下」及「之謂」、「謂之」，亦未詳審，然「太極」、「兩儀」，出於孔子，非即理氣之分歟？

曰：後世儒者紛紛言太極，言兩儀，非孔子贊易太極、兩儀之本指也。孔子曰：「易有太極，是生兩儀，兩儀生四象，四象生八卦。」曰儀，曰象，皆據作易言之耳，非氣化之陰陽得兩儀、四象之名。易備於六十四，自八卦重之，故八卦者，易之小成，有天、地、山、澤、雷、風、水、火之義焉。其未成卦畫，一奇以儀陽，一耦以儀陰，故曰兩儀。奇而遇奇，陽已長也，以象太陽；奇可遇偶，陰始生也，以象少陰；偶而遇偶，陰已長也，以象太陰；偶而遇奇，陽始生也，以象少陽。伏羲氏睹於氣化流行，而以奇偶儀之象之。孔子贊易，蓋言易之爲書起於卦畫，非漫然也，實有見於天道之一陰一陽爲物之終始會歸，乃畫奇偶兩者從而儀之，故曰「易有太極，是生兩儀」。既有兩儀，而四象，而八卦，以次生矣。孔子以太極指氣化之陰陽，承上文明於天〔之〕道言之〔二〕，即所云「一陰一陽之謂道」，萬品之流形〔三〕，莫不會歸於此。極有會歸之義，太者，無以加乎其上之稱，以兩儀、四象、八卦指易畫。後世儒者以兩儀爲陰陽，而求太極於陰陽之所由生，豈孔子之言乎！謂「氣生於理」，豈其然乎！況易起於卦畫，後儒復作圖於卦畫之前，是伏羲之畫奇偶，不惟未精，抑且未備，而待後人補苴罅漏矣。

問：宋儒之言形而上下、言道器、言太極兩儀，今據孔子贊易本文疏通證明之，洵於文義未協。其見於理氣之分也，求之六經中無其文，故借太極兩儀、形而上下之語以飾其説，以取信學者歟？

曰：舍聖人立言之本指，而以己説爲聖人所言，是誣聖也；借其語以飾吾之説，以求取信，是欺學者也。誣聖欺學者，程、朱之賢不爲也。蓋見於陰陽氣化，無非有跡可尋，遂以與品物流形同歸之粗，而别求諸無跡象以爲其精，是以觸於形而上下之云，太極兩儀之稱，怳然覺悟理氣之分如是，不復詳審文義。學者轉相傳述，於是易之本指，其一區别陰陽之於品物，其一言作易者明於天道而有卦畫，皆置不察矣。

問：宋儒嘗反覆推究先有理抑先有氣，朱子云：「必欲推其所從來，須説先有是理，然理又非别爲一物，即存乎是氣之中。無是氣則是理亦無掛搭處。」又譬之「二物渾淪，不害其各爲一物」，朱子云：「理與氣決是二物，但在物上看，則二物渾淪，不可分開各在一處，然不害二物之各爲一物也。若在理上看，則雖未有物而已有物之理，然亦各有其理而已，未嘗實有是物也。」及「主宰」、「樞紐」、「根柢」之説，目陰陽五行爲空氣，以理爲之「主宰」，陳安卿云：「二氣流行，萬古生生不息，不成只是空氣，必有主宰之者，理是也。」爲「男女萬物生生之本」，饒仲元云：「極者至極之義，樞紐根柢之名。聖人以陰陽五行闔闢不窮，而此理爲闔闢之主，男女萬物生生不息，而此理爲生生之本。」抑似實有見者非歟？

曰：非也。陰陽流行，其自然也。精言之，期於無憾，所謂理也。理非他，蓋其必然也。陰陽之期於無憾也，猶人之期於無失也。能無失者，其惟聖人乎！聖人而後盡乎人之理，盡乎人之理非他，人倫日用盡乎其必然而已矣。語陰陽而精言其理，猶語人而精言之至於聖人也。期於無憾無失之爲必然，乃要其後，非原其先，乃就一物而語其不可譏議，奈何以虛語夫不可譏議指爲一物，與氣渾淪而成，主宰、樞紐其中也？況氣之流行既爲生氣，則生氣之靈乃其主宰，如人之一身，心君乎耳目百體是也，豈待別求一物爲陰陽五行之主宰樞紐！下而就男女萬物言之，則陰陽五行乃其根柢，乃其生生之本，亦豈待別求一物爲之根柢，而陰陽五行不足生生哉！

問：後儒言理，與古聖賢言理異歟？

曰：然。舉凡天地、人物、事爲，不聞無可言之理者也，詩曰「有物有則」是也。就天地、人物、事爲求其不易之則是謂理。後儒尊大之，不徒曰「天地、人物、事爲之理」，而轉其語曰「理無不在」，以與氣分本末，視之如一物然，豈理也哉！就天地、人物、事爲求其不易之則，以歸於必然，理至明顯也；謂「理氣渾淪，不害二物之各爲一物」，將使學者皓首茫然，求其物不得，合諸古賢聖之言牴牾不協。姑舍傳注，還而體會六經、論語、孟子之書，或庶幾乎！

問：道之實體，一陰一陽，流行不已，生生不息是矣。理即於道見之歟？

曰：然。古人言道，恒該理氣；理乃專屬不易之則，不該道之實體。而道、理二字對舉，或以道屬動，理屬静，如大戴禮記孔子之言曰「君子動必以道，静必以理」是也。或道主統，理主分；或道該變，理主常。此皆虚以會之於事爲，而非言乎實體也。

問：古人言天道、天德、天理、天命，何以别？

曰：一陰一陽，流行不已，生生不息。主其流行言，則曰道；主其生生言，則曰德。道其實體也，德即於道見之者也。「天地之大德曰生」，天德不於此見乎？其流行，生生也，尋而求之，語大極於至鉅，語小極於至細，莫不顯呈其條理；失條理而能生生者，未之有也。故舉生生即該條理，舉條理即該生生；實言之曰德，虚以會之曰理，一也。孟子言「孔子集大成」，不過曰「始條理者，智之事也；終條理者，聖之事也」。聖人之於天道，至孔子而極其盛，條理得也。知條理之説者，其知理之謂矣。天理不於此見乎？凡言命者，受以爲限制之稱，如命之東則不得而西。故理義以爲之限制而不敢踰，謂之命；氣數以爲之限制而不能踰，亦謂之命。古人言天之所定，或曰天明，或曰天顯，或曰明命。國語叔向之言曰：「命，信也。」蓋言乎昭示明信曰命，言乎經常不易曰理，一也。天命不於此見乎？

問：理之名起於條理歟？

曰：凡物之質，皆有文理，亦呼文縷。理、縷，語之轉耳。粲然昭著曰文，循而分之、端緒不亂曰理。故理又訓分，而言治亦通曰理。「理」字偏旁從「玉」，玉之文理也。蓋氣初生物，順而融之以成質，莫不具有分理，則有條而不紊，是以謂之條理。以植物言，其理自根而達末，又別於榦爲枝，綴於枝成葉，根接土壤肥沃以通地氣，葉受風日雨露以通天氣，地氣必上接乎葉，天氣必下返諸根，上下相貫，榮而不瘁者，循之於其理也。以動物言，呼吸通天氣，飲食通地氣，皆循經脉散布，周溉一身，血氣之所循流轉不阻者，亦於其理也。「理」字之本訓如是。因而推之，舉凡天地、人物、事爲，虛以明夫不易之則曰理。所謂則者，匪自我爲之，求諸其物而已矣。詩曰：「天生烝民，有物有則；民之秉彝，好是懿德。」孔子曰：「爲此詩者，其知道乎！」「故有物必有則，民之秉彝也，故好是懿德。」理也者，天下之民無日不秉持爲經常者也，是以云「民之秉彝」。凡言與行得理之謂懿德，得理非他，言之而〔已〕是〔四〕、行之而當爲得理，言之而非、行之而不當爲失理。好其得理，惡其失理，於此見理者，「人心之同然」也。

問：理爲「人心之同然」，其大致可得聞歟？

曰：孟子曰：「規矩，方圓之至也；聖人，人倫之至也。」此可以察理矣。夫天地之大，人物之蕃，事爲之條分委曲，苟得其理矣，如直者之中懸，平者之中水，圓者之中規，方者之中矩，夫然後推諸天下萬世而準。易稱「先天而天弗違，後天而奉天時」，天且弗違，而況於人乎，況於鬼神乎」，中庸稱「考諸三王而不謬，建諸天地而不悖，質諸鬼神而無疑，百世以俟聖人而不惑」，皆言乎天下之理得也。惟其爲「人心之同然」，故一人以爲不易，天下萬世以爲不易也。所以爲同然者，人心之明之所止也。尊是理而遂謂天地陰陽不足以當之，必非天地陰陽之理則可。天地陰陽之理，猶聖人之聖也；尊其聖而謂聖人不足以當之，可乎？

問：宋儒以氣爲理所「湊泊附著」，朱子云：「人之所以生，理與氣合而已。夫理固浩浩不窮，然非是氣，則雖有是理而無所湊泊，故必二氣交感，凝結生聚，然後是理有所附著。」又謂「理爲生物之本」。朱子云：「理也者，形而上之道也，生物之本也；氣也者，形而下之器也，生物之具也。是以人物之生，必稟此理，然後有性；必稟此氣，然後有形。」今據易之文，證明「一陰一陽」即天道之實體，其爲氣化，未爲品物，乃孔子所稱「形而上」；及既爲品物，乃孔子所稱「形而下」。然則古聖賢所謂性，專就氣化言之歟？

曰：氣化生人生物以後，各以類孳生久矣；然類之區別，千古如是也。循其故而已矣。在氣化，分言之曰陰陽，又分之曰五行，又分之，則陰陽五行雜糅萬變，是以及其流形，不特品類不同，而一類之中又復不同。孔子曰：「一陰一陽之謂道，繼之者善也，成之者性也。」人物各成其性，明乎性至不同也。六經中言性，統舉人物之全，見於此，人物同本於天道。陰陽五行，天道之實體也。大戴禮記曰：「分於道謂之命，形於一謂之性。」分於道者，分於陰陽五行也。一言乎分，則其所受有偏全、厚薄、清濁、昏明之不齊，不特品類不同，而一類之中又復不同是也，各隨所分而見於一，各成其性也。中庸首言「天命之謂性」，不曰「天道」而曰「天命」者，人物咸本於天道，而成性不同，由分於道不能齊也，以限於所分，故云「天命」。然性雖不同，而大致以類爲之區別。故論語曰「性相近也」，此就人與人相近言之者也。孟子曰：「凡同類者舉相似也，何獨至於人而疑之？聖人與我同類者。」言同類之相似，則異類之不相似明矣；故詰告子「生之謂性」曰：「然則犬之性猶牛之性，牛之性猶人之性與？」明乎其必不混同言之也。「孟子道性善，言必稱堯、舜」，以「人皆可以爲堯、舜」，謂之性善。合易、論語、孟子之書言性者如是，咸就其分於陰陽五行以成性爲言，奈何別求一「凑泊附著」者爲性，豈人、物之生莫非二本哉？返而求之，知其一本，或庶幾焉。

問：人物分於陰陽五行以成性，而人能循理義自治，物不能自治，何也？

曰：陰陽五行，以氣化言也；精言之，期於無憾，是謂理義，是謂天地之德。人之生也，禀天地之氣，即併天地之德有之，而其氣清明，能通夫天地之德。物之得於天者，亦非專禀氣而生，遺天地之德也，然由其氣濁，是以錮塞不能開通。理義也者，心之所通也。天之氣化生生而條理，人物分於氣化，各成其性，而清者開通，則能知性知天，因行其所知，底於無失，斯所以還於天地之德而已矣。

問：朱子本程子「性即理也」一語，釋中庸「天命之謂性」，申之云：「天以陰陽五行化生萬物，氣以成形而理亦賦焉，猶命令也。於是人物之生，因各得其所賦之理以爲健順五常之德，所謂性也。」其釋孟子云：「以氣言之，知覺、運動，人與物若不異也；以理言之，則仁義禮智之稟，豈物之所得而全哉？」「告子不知性之爲理，而以所謂氣者當之，（豈）〔蓋〕徒知知覺、運動之蠢然者[5]，人與物同，而不知仁義禮智之粹然者，人與物異也。」兩解似相閡隔。其作中庸或問有云：「雖鳥獸草木之生，僅得形氣之偏，而不能通貫乎全體，然其知覺、運動，榮悴開落，亦皆循其性而各有自然之理焉。至於虎狼之父子，蜂蟻之君臣，豺獺之報本，雎鳩之有別，則其形氣之偏，又反有以存其義理之所得。」今觀朱子言性，不出「性即理也」之云，故云「告子不知性之爲理」。既以性屬之理，理即所謂「仁義禮智之稟」，天地、人物、事爲，不聞無可言之理，故釋中庸合人物言之，以物僅得形氣之偏，故釋孟子言「豈物所得而全」，言「仁義禮智之粹然者，人與物異」。或問一條，於兩注可謂融矣。程子云：「論性不論氣，不備；論氣不論性，不明。」故朱子言性專屬之理，而又及「形氣之偏」，皆出於程子也。程、朱之說，謂「理無不善，而形氣有不善」，故以「孟子道性善」歸之本原，以孔子言「性相近」，下而及於荀子言「性惡」，楊子言「善惡混」，韓子言「三品」，悉歸氣質之性，是荀、楊、韓皆有合於孔子；程子於論語「性相近」云：「此言氣質之性，非言性之本也。若言其本，則性即是理。理無不善，孟子之言性善是也，何相近之有〔哉〕〔六〕！」朱子答門人云：「氣質之說，起於張、程。韓退之原性中說『性有三品』，但不曾說是氣質之性耳；孟子說性善，但說得本原處，下面不曾說得氣質之性，所以亦費分疏；諸子說性惡與善惡混，使張、程之說早出，則許多說話自不用紛爭。」又云：「孟子說性善，是論性不論氣。荀、楊而下，是論氣不論性。孟子終是未備，所以不能杜絕荀、楊之口。然不備，但少欠耳；不明，則大害事。」陳器之云：「孟子時，諸子之言性，往往皆於氣質上有見，而遂指氣質作性，但能知其形而下者耳，故孟子答之，只就義理上說，以攻他未曉處。氣質之性，諸子方得於此，孟子所以不復言之；義理之性，諸子未通於此，孟子所以反覆詳說之。程子之說，正恐後學死執孟子義理之說而遺失氣質之性，故并二者而言之，曰『論性不論氣，不備，論氣不論性，不明。』程子之論舉其全，孟子之論所以矯諸子之偏。」又以告子之說爲合於荀、楊、韓，朱子於告子「杞柳」之喻云：「告子言人性本無仁義，必待矯揉而後成，如荀子性惡之說也。」於「湍水」之喻云：「告子因前說而小變之，近於楊子善惡混之說。」於「或曰性可以爲善可以爲不善」云：「此即『湍水』之說。」於「或曰有性善有性不善」云：「韓子『性有三品』蓋如此。」合於孔子。程子云：「凡言性處，須看立意如何。且〔知〕〔如言〕人性善〔七〕，性之本也；生之謂性，論其〔所〕稟也〔八〕。孔子言性相近，若論其本，豈可言相近？只論〔其〕所稟也〔九〕。告子所云固是，爲孟子問他，他說便不是也。」又曰：「孟子言性，當隨文〔者〕〔看〕〔一〇〕〔本〕〔不〕以告子『生之謂性』爲不然者〔一一〕，此亦性也，被命受生以後謂之性耳，故不同。繼之以『犬之性猶牛之性，牛之性猶人之性歟』，然不害爲一若乃孟子之言善者，乃極本窮源之性。」使告子明云「氣質之性」，孟子將不辨之歟？孔子言「性相近」，亦未明云「氣質之性」，將與告子、荀子諸子同歟？宋儒之說雖極完備，彌啓後人之疑。近思録程子云：「人生而静以上不容説，纔説性時，便已不是性也。」朱子云：「人生而静以上，是人物未生時，只可謂之理，未可名爲性，所謂『在天曰命』也。纔説性時，便是人生以後，此理已墮在形氣之中，不全是性之本體矣，所謂『在人曰性』也。」宋儒剖析至此，皆根於理氣之分，以善歸理，以有惡歸形氣，然則孟子乃追溯人物未生、未可名性之時而曰性善，若就名爲性之時，已是人生以後，已墮在形氣之中，惡得斷之曰善？由是觀之，將天下古今惟上聖之性不失其性之本體，自上聖而下，語人之性皆不是性。孔子以不是性者言相近，乃「論氣不論性不明」；孟子以未可名性者言「性善」，乃「論性不論氣，不備」。宋儒剖析性之本體及氣質之性，愈令人惑。學者習聞宋儒之説，完備剖析，今還而體會易、論語、中庸、孟子，疑惑不解矣。宋儒之所以失者安在？

曰：性之名，自古及今，雖婦人孺子亦矢口舉之不謬者也，本盡人可知之通名也，儒者轉過求，失之。如飛潛動植，舉凡品物之性，皆就其氣類别之。人物分於陰陽五行以成性，舍氣類更無性之名。醫家用藥，在精辨其氣類之殊，不别其性，則能殺人。使曰「此氣類之殊者已不是性」，良醫信之乎？試觀之桃與杏：取其核而種之，萌芽甲坼，根榦枝葉，爲華爲實，香色臭味，桃非杏也，杏非桃也，無一不可區别，由性之不同，是以然也。其性存乎核中之白，即俗呼桃仁、杏仁者。香色臭味無一或闕也。凡植禾稼卉木，畜鳥蟲魚，皆務知其性。知其性者，知其氣類之殊，乃能使之碩大蕃滋也。何獨至於人而指夫分於陰陽五行以成性者，曰「此已不是性也」？豈其然哉？天道，陰陽五行而已矣。人物之性，分於道而有之，成其各殊者而已矣；其不同類者各殊也，其同類者相似也。孟子曰：「如使口之於味也，其性與人殊，若犬馬之與我不同類也，則天下何耆皆從易牙之於味也？」又言「動心忍性」，是孟子矢口言之，所謂性，亦如後儒指爲「已不是性」者矣。孟子言性，曷嘗自歧而二之哉！於告子「生之謂性」必致辨者，成則各殊，徒曰生而已矣，固同人於犬牛而不察其殊；聞孟子詰之不復曰「然」者，非見於「仁義禮智之粹然者，人與物異」而語塞也，犬與牛之異，又豈屬「仁義禮智之粹然者」哉？孟子非據仁義禮智詰告子明矣。況朱子言「稟理以有性，物與人同，至形氣之偏，始物與人異」，是孟子又以「已不是」者折告子言性矣。且謂「告子徒知知覺、運動之蠢然者人與物同」，在告子既以知覺、運動者爲性，何不可直應之曰「然」？斯以見告子亦窮於知覺、運動不可概人物，而目爲蠢然同也。凡語人者，以我之説告其人；折人者，必就彼之説窮其人。非好辯也，君子之教也。

問：知覺、運動不可概人物而目爲「蠢然同」，其異安在？

曰：凡有生即不隔於天地之氣化。陰陽五行之運而不已，天地之氣化也，人、物之生本乎是，由其分而有之不齊，是以成性各殊。知覺、運動者，統乎生之全言之也，由其成性各殊，是以得之以生，見乎知覺、運動也亦殊。氣之自然潛運，飛潛動植皆同，此生生之機原於天地者也，而其本受之氣，與所資以生之氣則不同。所資以生之氣，雖由外而入，大致以本受之氣召之。五行有生克，遇其克之者則傷，甚則死，此可知性之各殊矣。本受之氣及所資以生之氣，必相得而不相逆，斯外内爲一；其得於天地之氣本一，然後相得不相逆也。氣運而形不動者，卉木是也；凡有血氣者，皆形能動者也。論形氣，則氣爲形之本。人、物分於陰陽五行，成性各殊，故形質各殊，則其形質之動而爲百體之用者，利用不利用亦殊。知覺云者，如寐而寤曰覺，思之所通曰知，百體皆能覺，而心之覺爲大。凡相忘於習則不覺，見異焉乃覺。魚相忘於水，其非生於水者，不能相忘於水也，則覺、不覺亦有殊致矣。聞蟲鳥以爲候，聞鷄鳴以爲辰，彼之感而覺，覺而聲應之，又覺之殊致有然矣，無非性使然也。若夫虎狼之父子，蜂蟻之君臣，豺狼之報本，雎鳩之有别，其自然之知覺，合於人之所謂理義者矣，而各由性成。人則無不全也，全而盡之無憾者，聖人也，知之極其量也。孟子曰：「心之所同然者，謂理也，義也。」於義外之説必致其辨，以人能全乎理義，故曰性善，言理之爲性，非言性之爲理，若曰「理即性也」，斯協於孟子矣；不惟協於孟子，於易、論語靡不協矣。凡由中出者，未有非性使之然者也。古人言性，但以氣禀言，未嘗明言理（氣）〔義〕爲性〔一二〕，蓋不待言而可知也。至孟子時，異説紛起，以理義爲聖人治天下之具，設此一法以强之從，害道之言，皆由外理義而生。人但知耳之於聲，目之於色，鼻之於臭，口之於味爲性，而不知心之於理義，亦猶耳目口鼻之於聲色味臭也，故曰「至於心獨無所同然乎」，蓋就其所知以證明其所不知，舉聲色臭味之欲歸之耳目鼻口，舉理義之好歸之心，皆内也，非外也，比而合之以解天下之惑，俾曉然無疑於理義之爲性，害道之言庶幾可以息矣。孟子明人心之通於理義，與耳目鼻口之通於聲色臭味，咸根於性而非後起。後儒見孟子言性則曰理義，則曰仁義禮智，不得其説，遂謂孟子以理爲性，推而上之，以理爲生物之本，匪徒於道於性不得其實體，而於理之名亦失其起於天地、人物、事爲不易之則，使人茫然求其物不得矣。

問：聲色臭味之欲亦宜根於心，今專以理義之好爲根於心，於「好是懿德」固然矣，抑聲色臭味之欲徒根於耳目鼻口歟？心，君乎百體者也，百體之能，皆心之能也，豈耳悦聲，目悦色，鼻悦臭，口悦味，非心悦之乎？

曰：否。心能使耳目鼻口，不能代耳目鼻口之能，彼其能者各自具也，故不能相爲。人物受生於天地，故恒與之相通。盈天地間，有聲也，有色也，有臭也，有味也；舉聲色臭味，則盈天地間者無或遺矣。内外相通，其開竅也，是爲耳目鼻口。五行有生克，生則相得，克則相逆，血氣之得其養，失其養繫焉，資於外足以養其内，此皆陰陽五行之所爲，外之盈天地之間，内之備於吾身，外内相得無間而養道備。「民之質矣，日用飲食」，自古及今，以爲道之經也。血氣各資以養，而開竅於耳目鼻口以通之，既於是通，故各成其能而分職司之。孔子曰：「少之時，血氣未定，戒之在色；及其壯也，血氣方剛，戒之在鬭；及其老也，血氣既衰，戒之在得。」血氣之所爲不一，舉凡身之嗜欲根於血氣明矣，非根於心也。曰：「理義之悦我心，猶芻豢之悦我口。」非喻言也。凡人行事，有當於理義，其心氣必暢然自得；悖於理義，心氣必沮喪自失，以此見心之於理義，一同乎血氣之於嗜欲，皆性使然耳。耳目鼻口之官，臣道也；心之官，君道也；臣效其能而君正其可否。理義非他，可否之而當，是謂理義。聲色臭味之欲，察其可否，皆有不易之則。故理義者，非心出一意以可否之，若心出一意以可否之，何異强制之乎！因乎其事，得其不易之則，所謂「有物必有則」，以其則正其物，如是而已矣。

問：禽獸各以類區別其性各不同，而孟子道性善，但言「人之異於禽獸」；於禽獸則概舉之，獨人之性善，其故安在？

曰：耳目鼻口之官各有所司，而心獨無所司，心之官統主乎上以使之，此凡血氣之屬皆然。其心能知覺，皆懷生畏死，因而趨利避害，凡血氣之屬所同也，雖有不同，不過於此有明闇耳。就其明闇以制可否，不出乎懷生畏死者，物也。人之異於禽獸不在是。禽獸知母而不知父，限於知覺也；然愛其生之者及愛其所生，與雌雄牝牡之相愛，同類之不相噬，習處之不相齧，進夫懷生畏死矣。一私於身，一及於身之所親，皆仁之屬也。私於身者，仁其身也；及於身之所親者，仁其所親也；本天地生生之德發夫自然有如是。人之異於禽獸亦不在是。告子曰：「食色，性也；仁，内也，非外也。」即其「生之謂性」之説，同人於犬牛而不察其殊也。彼以自然者爲性使之然，以義爲非自然，轉制其自然，使之强而相從。老聃、莊周、告子及釋氏，皆不出乎以自然爲宗，惑於其説者，以自然直與天地相似，更無容他求，遂謂爲道之至高。宋之陸子静、明之王文成及才質過人者，多蔽於此。孟子何嘗以自然者非性使之然哉？以義亦出於自然也，故曰：「惻隱之心，人皆有之；羞惡之心，人皆有之；辭讓之心，人皆有之；是非之心，人皆有之。」孟子之言乎自然，異於告子之言乎自然，蓋自然而歸於必然。必然者，不易之則也，非制其自然使之强而相從也。天下自然而無失者，其惟聖人乎！孔子言「從心所欲不踰矩」，「從心所欲」者，自然也；「不踰距」者，歸於必然也。必然之與自然，非二事也。就其自然明之盡，而無幾微之失焉，是其必然也；如是而後無憾，如是而後安，是乃聖賢之所謂自然也。彼任其自然而失者無論矣。貴其自然，静以保之，而視問學爲用心於外，及其動應，如其才質所到，亦有自然不失處，不過才質之美，偶中一二，若統其所行，差繆多矣。且一以自然爲宗而廢問學，其心之知覺有所止，不復日益，差繆之多，不求不思，以此終其身而自尊大，是以聖賢惡其害道也。告子、老聃、莊周、釋氏之説，貴其自然，同人於禽獸者也。聖人之學，使人明於必然，所謂「考諸三王而不謬，建諸天地而不悖，質諸鬼神而無疑，百世以俟聖人而不惑」，斯爲明之盡。人與物咸有知覺，而物之知覺不足與於此。物循乎自然，人能明於必然，此人物之異，孟子以「人皆可以爲堯、舜」斷其性善，在此也。

問：仁義禮智之名義。

曰：易有之曰：「天地之大德曰生。」一陰一陽流行不已，生生不息，觀於生生，可以言仁矣。在天爲氣化之生生，在人爲其生生之心，是乃仁之爲德也。由其生生有自然之條理，惟條理所以生生，觀於條理之秩然有序，可以言禮矣；失條理則生生之道絶，觀於條理之截然不可亂，可以言義矣。生生，誠也；條理，明也；故行道在體仁，知道在達禮，在精義。合而言之，舉義可以賅禮，「立人之道，曰仁與義」是也；舉禮亦可賅義，而舉仁貴全乎禮義，論語曰「克己復禮爲仁」是也；合三者亦謂之誠；誠未有不明者也。以是謂之命，則昭示明信也；以是謂之善，則純粹不雜也；以是謂之理，則經常不易也；以是謂之矩，則循之爲法也；以是謂之中，則時事之準也。若夫條理之得於心，爲心之淵然而條理，則名智。故智者，事物至乎前，無或失其條理，不知者異是。孟子曰：「始條理者，智之事也；終條理者，聖之事也。」舉禮義可以賅智，舉智可以賅禮義，禮義有愆，由於不智。中庸言「修道以仁」，連舉義禮而不及智，言以達德行達道，舉智仁勇而不及禮義，互文也。由生生而條理，生生之謂仁，元也；條理之謂禮，亨也；察條理之正而斷決於事之謂義，利也；得條理之準而藏主於中之謂智，貞也。

問：孟子言「所性不存焉」，朱子釋之云：「其道大行，無一（物）〔夫〕不被其澤〔一三〕，故君子樂之，然其所得於天者，則不在是也。」朱子論性，專舉仁義禮智爲得於天而別於氣稟，本之孟子此章。夫仁義禮智，人之所同，何以獨君子根於心？

曰：此孟子舉「君子欲之」之事，「樂之」之事，皆無與於其「性之」之事也。人之所欲，君子非不欲之也，或重乎此而既得之，則樂之矣，下者惟此之務得，則性之矣。進而言乎可樂者，君子非不樂之也，或以此爲主，務期於此而已矣，則性之矣。「君子所性」，如道德學問之事，無可遺者皆是。大行不過行其所學，窮居而其自得者無日不然，不以大行窮居爲加損，大行亦吾分，窮居亦吾分，皆視爲分之常，是謂分定。惟其性之之事不以大行窮居加損，故無往非仁義禮智之由中；而達外章内，未嘗舉君子性之之事。後儒不詳審文義，以所性爲所得於天者，以分爲所得於天之全體，非孟子立言之指也。

問：孟子曰：「口之於味也，目之於色也，耳之於聲也，鼻之於臭也，四肢之於安佚也，性也，有命焉，君子不謂性也。仁之於父子也，義之於君臣也，禮之於賓主也，智之於賢者也，聖人之於天道也，命也，有性焉，君子不謂命也。」張子云：「氣質之性，君子有弗性者焉。」程子云：「仁義禮智，天道在人，則賦於命者所禀有厚薄清濁，然而性善可學而盡，故不謂之命。」宋儒分別義理之性，氣質之性，本於孟子此章，以「氣質之性君子不謂之性」，故專取義理之性。豈性之名君子得以意取舍歟？

曰：非也。性者，有於己者也；命者，聽於限制也。「謂性」，猶云藉口於性耳，君子不藉口於性之自然以求遂其欲，不藉口於命之限之而不盡其材。後儒未詳審文義，失孟子立言之指。不謂性，非不謂之性；不謂命，非不謂之命。

問：左氏春秋劉康公曰：「民受天地之中以生，所謂命也。」宋儒言性專屬之理，取證於此。既爲民受以生，則宜曰「所謂性」，然古人不稱「性」而稱「命」，何也？

曰：性原於陰陽五行，凡耳目百體之欲，血氣之資以養者，皆由中達外，性爲之本始，而道其所有事也；命即人心同然之理義，所以限制此者也。古人多言命，後人多言理，異名而同實。耳目百體之所欲，由於性之自然，明於其必然，斯協乎天地之中，以奉爲限制而不敢踰，是故謂之命。命者非他，就性之自然，察之精明之盡，歸於必然，爲一定之限制，是乃自然之極則。若任其自然而流於失，轉喪其自然而非自然也。故歸於必然，適完其自然，如是斯「與天地合其德，鬼神合其吉凶」。故劉子繼之曰：「是以有動作禮義威儀之則，以定命也。能者養之以福，不能者敗以取禍。」夫耳目百體之所欲，血氣之資以養者，生道也，縱欲而不知制之，其不趨於死也幾希。然則民無日不受此以生，所以全其性在是。於古人不稱「性」而稱「命」，性之實體原於道之實體愈可見，命即其實體之無憾無失而已矣。

問：孟子言：「盡其心者，知其性也，知其性則知天矣。」所謂心，所謂性，所謂天，其分合之故可言歟？

曰：人分於陰陽五行以成性，而其得之也全。喜怒哀樂之情，聲色臭味之欲，是非美惡之知，皆根於性而原於天，其性全，故其材亦全，材即形氣之爲耳目百體而會歸於心也。凡日用事爲，皆性爲之本，而所謂人道也；上之原於陰陽五行，所謂天道也。言乎天地之化曰天道，言乎天地之中曰天德，耳目百體之所欲，血氣之資以養者，所謂性之欲也，原於天地之化者也。故在天爲道，在人爲性，而見於日用事爲爲「人道」。仁義之心，原於天地之中者也，故在天爲天德，在人爲性之德。易曰：「立人之道，曰仁與義。」此合性之欲、性之德言之，謂原於天地之化而爲日用事爲者，無非仁義之實也。就天道而語於無憾曰天德，就性之欲而語於無失曰性之德；性之欲，其自然也；性之德，其必然也。自然者，散之見於日用事爲；必然者，約之各協於中。知其自然，斯通乎天地之化；知其必然，斯通乎天地之德；故曰「知其性則知天矣」，以心知之，而天人道德靡不豁然於心，此之謂「盡其心」。「盡其心」，以知言；「盡其材」，兼知行言。

問：必然爲自然之極則，而歸於必然適完其自然，由是言之，惟性道之名有其實體。至若古人多言命，後人多言理，不過性道自然之極則，別無其實體矣。宋儒凡於天道、人道，於性，無不以「理」字概之，今何以剖析其致誤，俾截然不相淆惑？

曰：學者體會古賢聖之言，宜先辨其字之虚實。今人謂之「字」，古人謂之「名」，儀禮云「百名以上書於策，不及百名書於方」，周禮云「諭書名，聽聲音」是也。以字定名，有指其實體實事之名，有稱夫純美精好之名。如曰「人」，曰「言」，曰「行」，指其實體實事之名也；曰「聖」，曰「賢」，稱夫純美精好之名也。曰「道」，曰「性」，亦指其實體實事之名也。道有天道人道：天道，陰陽五行是也；人道，人倫日用是也。曰「善」，曰「理」，亦稱夫純美精好之名也。曰「中」，曰「命」，在形象，在言語，指其實體實事之名也；在心思之審察，能見於不可易不可踰，亦稱夫純美精好之名也。

問：「一陰一陽之謂道」，指天地之實體，至於天德、天命、天理，不復言之，而即云「繼之者善也，成之者性也」，二語相對，似皆指人物矣，抑如後儒以善爲未涉人物歟？

曰：天地之氣化，流行不已，生生不息，其實體即純美精好；人倫日用，其自然不失即純美精好。生於陸者入水而死，生於水者離水而死，生於南者習於温而不耐寒，生於北者習於寒而不耐温。此資之以爲養者，彼受之以害生。「天地之大德曰生」，物之不以生而以殺者，豈天地之失德哉？故語道於天地，實體即美好，不必分言也，易曰「一陰一陽之謂道」是也。人之心知有明闇，當其明則不失，當其闇則有差謬之失，故語道於人，人倫日用爲道之實事，「率性之謂道」「修身以道」「天下之達道五」是也。此所謂道不可不修者也，「修道以仁」及「聖人修之以爲教」是也，其純美精好，則所謂「中節之謂達道」，所謂「君子之道」「聖人之道」是也。「中節之爲達道」者，純美精好，推之天下而準也，君臣、父子、夫婦、昆弟、朋友之交，五者爲達道，但舉實事而已矣。智仁勇以行之，而後歸於純美精好。然而即謂之達道者，達諸天下而不可廢也。彼釋氏棄人倫以成其自私，不明乎此也。人道本於性，而性原於天道；在天道爲陰陽五行，在人物分而有之以成性；由成性各殊，故材質亦殊。材質者，性之所呈也，離材質惡睹所謂性哉！故孟子一則曰「非才之罪」，再則曰「非天之降才爾殊」。才、材古字通用。人之才得於天獨全，故物但能遂其自然，人能明於其必然。分言之，則存乎材質之自然者，性也，人物各以類區別，成性各殊也；其歸於必然者，命也，善也，人物咸協於天地之中，大共者也。故易言天道而下及人物，曰「繼之者善也，成之者性也」。繼，謂人物於天地，其善固繼承不隔，不以成性各殊而失其良也。善者，稱其美好之名；性者，指其實體之名；在天道不分言，而在人物分言之始明，究之美好者即其實體之美好，非別有美好以增飾之也。

校注

〔一〕品物　各類事物。
〔二〕之　據十三經注疏周易繫辭補。
〔三〕流形　謂萬物於「氣化流行」中形質的流變。
〔四〕已　據何校本爲衍字。
〔五〕蓋　據孟子字義疏證性「豈」當作「蓋」。
〔六〕哉　據孟子字義疏證性補。
〔七〕如言　據中華本二程集河南程氏遺書卷十八改。
〔八〕所　據中華本二程集河南程氏遺書卷十八補。
〔九〕其　同上。
〔一〇〕看　據中華本二程集河南程氏遺書卷三改。
〔一一〕不　同上。
〔一二〕義　據何校本改。
〔一三〕夫　據中華本四書章句集注孟子集注卷十三改。

緒言卷中

問：孟子言性善，門弟子如公都子已列三說，茫然不知性善之是而三說之非。荀子在孟子後，直以爲性惡，而伸其崇禮義之說。其言曰：「凡性者，天之就也，不可學，不可事；禮義者，聖人之所生也，人之所學而能，所事而成者也。」「性善則去聖王息禮義矣，性惡則興聖王貴禮義矣。」荀子既知崇禮義，與老子言「禮者忠信之薄而亂之首」及告子「外義」，所見懸殊。又聞孟子性善之說，於孟子言「心之所同然者，謂理也，義也」，亦必聞之矣，而猶與之異，何也？

曰：荀子非不知理義爲人心之同然也，其言性惡也，曰：「塗之人可以爲禹。塗之人者，皆內可以知父子之義，外可以知君臣之正，其可以知之（實）〔質〕，可以能之具，在塗之人，其可以爲禹明矣。使塗之人伏術爲學，專心一志，思（慮）〔索〕孰察，加日縣久，積善而不息，則通於神明，參於天地矣。故聖人者，人之所積而致矣。聖可積而致，然而皆不可積，何也？可以而不可使也。塗之人可以爲禹則然，塗之人能爲禹，未必然也；雖不能爲禹，無害可以爲禹。」此於性善之說不惟不相悖，而且若相發明。終斷之曰：「足可以偏行天下，然而未嘗有能徧行天下者也。能不能之與可不可，其不同遠矣。」蓋荀子之見，歸重於學，而不知性之全體，其言出於尊聖人，出於重學崇禮義。首之以勸學篇有曰：「誦數以貫之，思索以通之，爲其人以處之，除其害者以持養之。」又曰：「積善成德，神明自得，聖心備焉。」荀子之善言學如此。且所謂通於神明，參於天地者，又知禮義之極致，聖人與天地合其德在是，聖人復起，豈能易其言哉！而於禮義與性，卒視若閡隔不可通。以聖人異於常人，以禮義出於聖人之心，故曰聖人之所生也；常人學然後能明於禮義，若順其性之自然，則生爭奪；以禮義爲制其性，去爭奪者也，因其惡而加矯揉之功，使進於善，故貴禮義；使順其自然而無爭奪，安用禮義爲哉？故曰「性善則去聖王，息禮義矣」。又以禮義雖人皆可以知，可以能，聖人雖人之可積而致，然必由於學。弗學而能，乃屬之性；學而後能，弗學雖可以而不能，不得屬之性。此荀子立說之所以異於孟子也。

問：荀子於禮義與性，視若閡隔而不通，其蔽安在？今何以決彼之非而信孟子之是？

曰：荀子知禮義爲聖人之教，而不知禮義亦出於性；知禮義爲明於其必然，而不知必然乃自然之極則，適所以完其自然也。就孟子之書觀之，明理義之爲性，舉仁義禮智以言性者，以爲亦出於性之自然，人皆弗學而能，學以擴而充之耳。荀子之重學也，無於內而取於外；孟子之重學也，有於內而資於外。夫資於飲食，能爲身之營衛血氣者，所資以生之氣，與其身本受之氣，原於天地非二也。故所資雖在外，能化爲血氣以益其内，未有内無本受之氣，與外相得而徒資焉者也。問學之於德性亦然。有己之德性，而問學以通乎聖賢之德性，是資於聖賢所言德性埤益己之德性也。冶金若水，而不聞以金益水，以水益金，豈可云己本無善，己無天德，而積善成德，如罍之受水哉！以是斷之，荀子之所謂性，孟子非不謂之性，然而荀子舉其小而遺其大也，孟子明其大而非舍其小也。

問：告子言「生之謂性」，言「性無善無不善」，言「食色性也，仁内義外」，朱子以爲同於釋氏；朱子云：「〔生〕指人物之所以知覺、運動者而言，與近世佛氏所謂『作用是性』者略相似。」又云：「告子以人之知覺、運動者爲性，故言人之甘食悦色者即其性。」其「杞柳」、「湍水」之喻，又以爲同於荀、楊。朱子於「杞柳」之喻云「如荀子性惡之説」；於「湍水」之喻云「近於楊子『善惡混』之説」。然則荀、楊亦與釋氏同歟？

曰：否。荀、楊所謂性者，實古今所同謂之性，人、物以氣類區别者也，宋儒稱爲「氣質之性」。在孟子時，則公都子引或曰「性可以爲善，可以爲不善」，「有性善，有性不善」，言不同而所指之性同。荀子見於聖人生而神明者，不可概之人人，其下皆學而後善，順其自然則流於惡，故以惡加之；論似偏，與「有性不善」合，實兼公都子兩引「或曰」之説。楊子見於長善則爲善人，長惡則爲惡人，故曰「人之性也善惡混」，又曰「學則正，否則邪」，與荀子論斷似參差而匪異。韓退之言：「性之品有上、中、下三，上焉者善焉而已矣，中焉者可導而上下也，下焉者惡焉而已矣。」此即公都子兩引「或曰」之說會通爲一。朱子云：「氣質之性固有美惡之不同矣，然以其初而言，皆不甚相遠也，但習於善則善，習於惡則惡，於是始相遠耳。人之氣質，相近之中又有美惡，一定，而非習之所能移者。」直會通公都子兩引「或曰」之說解論語矣。程子曰：「有自幼而善，有自幼而惡，是氣稟有然也。善固性也，然惡亦不可不謂之性也。」此似與「有性善，有性不善」合，而於「性可以爲善，可以爲不善」未嘗不兼。由是觀之，宋儒稱氣質之性，按之公都子兩引「或曰」之說，下及荀、楊論斷，似參差而匪異。

問：鄭康成注中庸「天命之謂性」云：「木神則仁，金神則義，火神則禮，水神則信，土神則智。」後儒於智信互易之。韓退之作原性曰：「其所以爲性者五：曰仁，曰禮，曰信，曰義，曰智。」既就性分三品，而此云「所以爲性，蓋以其原於天不殊而成性殊也。」朱子稱其言五性尤善。然退之譏荀、楊「擇焉不精，語焉不詳」，而其原性篇亦不能確有根究。今以宋儒稱爲「氣質之性」與公都子兩引「或曰」之說，下及荀、楊不異，是固然矣；其根究仁義禮智信爲性，何以又不協於孟子？

曰：宋儒之異於前人者，以善爲性之本量，如水之本清，而其後受污而濁，乃氣稟使然。不善雖因乎氣稟，如水之既受污，而不可謂濁者不爲水也。蓋見於氣質不得概之曰特以如是也。善，且上聖生知安行者罕睹，其下必加澄治之功，變化氣質，荀、楊之見固如是也。特以如此則悖於孟子，求之不得，是以務於理氣截之分明，以理爲「性之本」，爲「無不善」，以「氣之流行則有善有不善」，視理儼如一物。雖顯遵孟子性善之云，究之以「才說性時，便是人生以後，此理已墮在氣質之中」，「孟子安得概之曰善哉？若不視理爲如一物，不以性專屬之理，於孟子書益不可通，遂斷然別舉理以當孟子之概目爲善者。夫自古及今，本以要於善謂之理，其誰曰理不善？孟子何難直截言之曰「理之謂性」而盡指古今所同謂之性者，從而斷之曰「皆非性也」？然則孟子又安得舉「犬之性」「牛之性」「人之性」各殊詰告子哉？宋儒立說，似同於孟子而實異如此。

問：孟子答公都子曰：「乃若其情，則可以爲善矣，乃所謂善也。若夫爲不善，非才之罪也。」朱子曰：「情者，性之動也。人之情，本但可以爲善而不可以爲惡，則性之本善可知矣。性既善，則才亦善；人之爲不善，乃物欲陷溺而然，非其才之罪也。」又曰：「惻隱、羞惡、辭讓、是非，情也；仁義禮智，性也。心統性情者也，因其情之發而性之本然可得而見。」考之程子，言「形既生矣，外物觸其情而動於中矣，其中動而七情出焉，曰喜、怒、哀、樂、愛、惡、欲；情既熾而益蕩，其性鑿矣」。程、朱雖云性即理，而於情則不能專屬之理。且喜怒哀樂之爲情，夫人而知之也，惻隱、羞惡、恭敬、是非之心之爲情，非夫人而知之者也。公都子問性列三説之與孟子言性善異者，乃舍性而論情，偏舉情之發於善者爲證，苟或舉感而動於惡之情以相難，然後轉一説曰「此情之根諸氣質者」，何如分明語公都子三説皆氣質而非性？　況程、朱之説，誤以孟子言性爲專屬之理，而覺不及氣質，立説不備，故言氣質之性以補孟子之略，陳器之云：「識氣質之性，善惡各有着落，不然，則惡從何處生？孟子專説義理之性，專説義理，則惡無所歸，是論性不論氣，孟子之説爲未備，專説氣稟，則善爲無別，是論氣不論性，諸子之論所不明夫本也。程子兼氣質論性。」吴幼清云：「孟子道性善，是就氣質中挑出其本然之理而言，然不曾分別性之所以有不善者，因氣質之有濁惡而污壞其性也，故雖與告子言，而終不足以解告子之惑。至今人讀孟子，亦見其未有折倒告子而使之心服也。」又以才無不善爲未密，程子言：「才稟於氣，氣有清濁，稟其清者爲賢，稟其濁者爲愚。」朱子引之而云：「程子此説『才』字，與孟子本文小異。蓋孟子專指其發於性者言之，故以爲才無不善；程子專指其稟於氣者言之，則人之才固有昏明强弱之不同矣。二説雖殊，各有所當，然以事理考之，程子爲密。」終爲之説曰：「氣質所稟，雖有不善，而不害性之本善。」夫其所謂「性之本善」者，在程、朱之説，乃追溯於人物未生時可謂之理，未可名爲性，及在人曰性，已有氣質所稟之不善，於「有性不善」終難置辯。宋儒言性，至孟子此章尤不可通。　然孟子之文，曰情，曰才，曰心，何不舉性答之？

曰：惻隱、羞惡、恭敬、是非之心，孟子謂之心，不謂之情。心能辨是非，所以能辨者智也；智由於德性，故爲心之能而稱是非之心。心則形氣之主也，屬之材者也，惻隱、羞惡、恭敬、辭讓之由於德性而生於心亦然。以人譬之器，材則其器之質也，分於陰陽五行而成性各殊，猶之取於木以爲器，則其器木也；取於金以爲器，則其器金也。此以類別者也，品物之不同如是矣。從而察之，木與金之質，其精良與否，其爲器也，一如乎所取之木，所取之金。故材之美惡，於性無所增，亦無所損。夫木與金之爲器，成而不變者也，人又進乎是。自聖人至於凡民，其等差凡幾。或疑人之材非盡精良矣，而不然也。人雖有等差之不齊，無非精良之屬也。孟子言「聖人與我同類」，又言「犬馬之不與我同類」，是孟子就人之材之美斷其性善明矣。材與性之名，一爲體質，一爲本始，所指各殊，而可即材之美惡以知其性，材於性無所增損故也。孟子言「非才之罪」，因舉惻隱、羞惡、恭敬、是非之心，以見人之材之美，屬之材不屬之情亦明矣。首云「乃若其情」，非性情之情也。情，猶素也，實也。孟子不又云乎：「人見其禽獸也，而以爲未嘗有才焉，是豈人之情也哉！」此云「乃若其情，則可以爲善矣，乃所謂善也」，「情」字「以爲」字皆與彼同，「其」字指「性」而言。公都子兩引「或曰」之説，則孟子下兩章一曰「陷溺其心」，一曰「放其良心」，正推原其不善之故，「非天之降才有殊也」。宋儒以不善歸氣稟，孟子所謂性，所謂才，俱指氣稟，指其稟受之全曰性，指其體質之全曰才，稟受之全，無可據以爲言。如桃、杏之性，含於核中之仁，其香色臭味，無一或闕，而無可見；及其萌芽甲坼，根榦枝葉，桃與杏各殊；由是爲華爲實，香色臭味，無不區以別者，雖性則然，皆據材言之耳。成是性斯爲是材，人之性善，故材亦美。孟子所謂善者，初非無等差之善，自聖人至於凡民，其等差凡幾，則其氣禀固不齊，豈得謂非性有不同？然存乎人者，皆有仁義之心，其趨於善也利，而趨於不善也逆其性而不利，所謂「人無有不善，水無有不下」，善乃人之性，下乃水之性也。所謂「故者以利爲本」，出於利乃性之本然也，順而非逆，是以利也。然則性雖有不同，論其善亦有差等，其可斷之曰善則無疑。故孟子於性，本以爲善，而此曰「則可以爲善矣」，「可」之爲言，因性有不同而斷其善，則未見不可也。下云「乃所謂善也」，對上「今曰性善」之文言，非不分等差也。繼之曰「若夫爲不善，非才之罪也」，爲，猶成也，卒之成爲不善者，陷溺其心，放其良心，至於梏亡之盡，違禽獸不遠者也。不曰非性之罪而曰非才之罪，就本始言之曰性，就體質言之曰材，其往往不善，未有非陷溺使然，善失其養，消之至盡，乃成不善。凡旦晝之爲梏亡其天性者，由才受陷溺，不可謂性受陷溺，故「罪」字不可加於性。究之陷溺其心者，「非天之降才爾殊」，故曰「非才之罪」。人苟自思充其固有之善，盡其才之能，皆可至於聖人。觀此，則孟子所謂善，非無等差之善，即孔子所云「相近」；孟子所謂「苟得其養，無物不長；苟失其養，無物不消」，所謂「求則得之，舍則失之，或相倍蓰而無算者，不能盡其才者也」，即孔子所云「習相遠」；孟子所謂「梏之反覆」，「違禽獸不遠」，即孔子所云「下愚之不移」。宋儒未審其文義，遂彼此闋隔。倘如宋儒以性專屬之理，而云「纔說性時，便已不是性也」，云「人生以後，此理已墮在形氣之中，不全是性之本體矣」。以孟子言，性於陷溺梏亡之後，人見其不善，猶曰「非才之罪」；若宋儒於天之降才即罪才也，分性與才爲二，本異於孟子，豈獨「才」之一字哉！

問：天下古今之人，其材各有所近。大致近於純者，慈惠忠信，謹厚和平，見善則從而恥不善；近於清者，明達廣大，不惑於疑似，不滯於習聞，其取善去不善亦易。此或不能相兼，皆材之美者也。材雖美，猶往往不能無偏私。周子言性曰：「剛：善爲義，爲直，爲斷，爲嚴毅，爲幹固；惡爲猛，爲隘，爲强梁。柔：善爲慈，爲順，爲巽；惡爲懦弱，爲無斷，爲邪佞。」而以「聖人然後協於中」，此亦就材見之而明舉其惡。雖孟子所謂善非無等差之善，豈如周子所謂惡者亦得謂之善歟？

曰：此偏私之害，不可以罪材，尤不可以言性。孟子道性善，成是性斯爲是材，性善則材亦美，然非無偏私之爲善爲美也。人之初生，不食則死；人之幼稚，不學則愚；食以養其生，充之使長；學以養其良，充之至於聖人；其故一也。材雖美，譬之良玉，成器而寶之，氣澤日親，久能發其光，可寶加乎其前矣；剥之蝕之，委棄不惜，久且傷壞無色，可寶減乎其前矣。又譬之人物之生，皆不病也，其後百病交侵，若生而善病者。或感於外而病，或受損於內身之陰陽五氣勝負而病，指其病則皆發乎其體，而曰天與以多病之體，不可也。

如周子所稱猛隘、强梁、懦弱、無斷、邪佞，是摘其材之病也；材雖美，失其養則然。孟子豈未言其故哉？因於失養，不可以是言人之材也。夫言材猶不可，況以是言性乎！

問：黄直卿云：「耳目之能視聽者，魄爲之也；此心之所以能思慮者，魂爲之也；合魄與魂，乃陰陽之神，而理實具乎其中。惟其魂魄之中有理具焉，是以静則爲仁義禮智之性，動則爲惻隱、羞惡、恭敬、是非之情，胥此焉出也。」其以魂魄性情分四節言之，得失安在？

曰：人之體質，一天地之化也，子産所謂「人生始化曰魄」，蓋凝而成體，能運動者也；所謂「既生魄，陽曰魂」，蓋既生之後，心能知覺是也。魄屬陰，而魂攝乎魄，是乃魄之陽，雖分爲二，無害其一也。凡血氣之屬，自有生則能知覺、運動，而由其分於陰陽五行者殊，則知覺、運動亦殊。人之知覺，通乎天德，舉其知之極於至善，斯仁義禮智全矣，極於至善之謂理。宋儒於理與心二視之，其説以爲我之心受天之理，故黄氏云「魂魄之中有理具焉」，雖以理爲天與我者，無異乎荀子之以我爲聖人與我者也。孟子直云「惻隱、羞惡、恭敬、是非之心」，四者由心知而生，是乃仁義禮智之端緒也；既得端緒，則擴充有本，可以造乎仁義禮智之極，明仁義禮智，人皆有根心而生之端，非以仁義禮智爲性，惻隱、羞惡、恭敬、是非爲情也。人之性善，其血氣心知異於物，故其自然之良，發爲端緒，仁義禮智本不闕一耳。

問：論語言「禮與其奢也甯儉，喪與其易也甯戚」；子夏聞「繪事後素」，而曰「禮後乎」；朱子云「禮以忠信爲質」，引記稱「忠信之人，可以學禮」，重忠信如是。然論語又曰：「十室之邑，必有忠信如丘者焉，不如丘之好學也。」曰：「克己復禮爲仁。」中庸於禮，以「知天」言之。孟子曰：「動容周旋中禮，盛德之至也。」重學重禮如是，忠信又不足言，指歸不一，何也？

曰：禮者，天地之條理也；言乎條理之極，非知天不足以盡之。即儀文度數，亦聖人見於天地之條理，定之以爲萬世法。禮之設所以治天下之情，或裁其過，或勉其不及，示之中而已矣。至於人情之漓，徒飾於貌，非因飾貌而情漓也，其人情自漓而以飾貌爲禮也，非惡其飾貌，惡其情漓耳。禮以治其儉陋，使之協於中；喪以治其哀戚，使之遠於徑情直行。情漓者視爲文而已矣，徒馳騖於奢易，故不若儉戚之於禮，雖不足，猶近乎制禮之初也。由是可思制禮所起，故以答林放問禮之本。其所謂本，不過因俗失而欲究其初起，非問聖人制禮自然之極則也。「忠信之人，可以學禮」，言質美者進之於禮，無飾貌情漓之弊，此亦因俗失言之。忠信乃其人之質美，猶曰「苟非其人，道不虚行」，明不可襲取爾。老子言「禮者，忠信之薄而亂之首」，則因俗失而欲併禮去之，意在還淳反樸，究之不能必天下之盡歸淳樸，其生而淳樸者，直情徑行，薄惡者，肆行無忌，是同人於禽獸，率天下而亂者也。若夫君子行禮，其爲忠信之人固不待言；而不知禮，則事事爽其條理，不足以爲君子。故禮可以該忠信，忠信不可以該禮。林放問「禮之本」，子夏言「禮後」，皆重禮而非輕禮也。詩言「素以爲絢」，「素」以喻其人嫻於儀容；上云「巧笑倩」、「美目盼」者，其美益彰顯，是謂「絢」也。喻意深遠，故子夏疑之。「繪事後素」者，鄭康成云：「凡繪畫，先布衆色，然後以素分布其間以成文。」何平叔云景福殿賦所謂「斑間賦白，疏密有章」，蓋古人畫繪定法。其注考工記「凡畫繪之事後素功」云：「素，白采也；後布之，爲其易漬污也。」是素功後施，始五彩成章爛然，貌既美而又嫻於儀容，乃爲誠美，「素以爲絢」之喻昭然矣。子夏觸於此言，不特於詩無疑，而更知凡美質皆宜進之以禮，斯君子所貴，其意指如此。若謂子夏後禮而先忠信則見於禮，僅僅指飾貌滴情者之所爲，與林放問禮之本以飾貌滴情爲非禮者，意指懸殊，孔子安得許之？忠信由於質美，聖賢論行，固以忠信忠恕爲重，然如其質而見之行事，苟學不足，則失在知，而行因之謬，雖其心無弗忠、弗信、弗恕，而害道多矣。聖人「仁且智」，其見之行事，無非仁也，無非禮義也，三者無憾，即大學所謂「止於至善」也。故仁與禮義，以之衡斷乎事，是爲知之盡，因而行之，則實之爲德行，而忠信、忠恕更不待言。在下學如其材質所及，一以忠信、忠恕行之，至於知之極其精，斯無不協於仁義。是以論語云「主忠信」，曾子曰「夫子之道忠恕而已矣」，中庸曰「忠恕違道不遠」。凡未至乎聖人，未可語於仁，未能無憾於禮義，但盡其所知所能，謂之忠信、忠恕可也，曰仁曰誠，則聖人始足以當之。然而非有他也，忠信、忠恕之極其量也。忠信、忠恕，能去私矣，仁與禮義必無或敝，而後可以言之，躬行而知未盡，曰仁、曰誠，未易幾也。

問：孟子明理義之爲性，舉仁義禮智以言性，今以爲即據人生氣稟言之，是與聲色臭味之欲渾然並出於天性。於此不截之分明，則無以究其說；既截之分明，則性中若有二物矣。何以明其爲發性之全體而非合二者以爲體？

曰：凡食味別聲被色而生者皆有心，心者，耳目百體之靈之所會歸也。子產曰：「人生始化曰魄，既生魄，陽曰魂。」曾子曰：「陽之精氣曰神，陰之精氣曰靈，神靈者，品物之本也。」鄭康成注禮云：「耳目之聰明爲魄。」蓋耳之能聽，目之能視，鼻之能臭，口之能味，魄之爲也，所謂靈也，陰主受者也；心之志慮，不窮於用，魂之爲也，所謂神也，陽主施者也。主施者斷，主受者聽。故孟子曰：「耳目之官不思，心之官則思。」是思者，心之能也。春秋傳曰：「心之精爽，是謂魂魄。」魄屬陰之精氣，魂屬陽之精氣，而合言之曰「心之精爽」者，耳目百體統於心，無一時一事不相貫也。精爽有（藏）〔蔽〕隔而不通之時，及其無蔽隔，無弗通，乃以神明稱之。凡血氣之屬，皆有精爽。其心之精爽，鉅細不同，如火光之照物，光小者，其照也近，所照者不謬也，所不照斯疑謬承之，不謬之謂得理；其光大者，其照也遠，得理多而失理少。且不特遠近而已，光之及又有明闇，故於物有察、有不察；察者盡其實，不察斯疑謬承之，同乎不照，疑謬之謂失理。失理者，限於質之昧，所謂愚也。惟學可以增益其不足而進於智，益之不已，至乎其極，如日月有明，容光必照，則聖人矣。聖人，神明之盛也，其於事靡不得理。故理義非他，所照、所察者之當否也。何以得其當否？心之神明也。人之異於禽獸者，雖同有精爽，而人能進於神明也。理義豈別若一物，求之所照、所察之外？而人之精爽能進於神明，豈求諸氣稟之外哉！

問：論語稱「唯上智與下愚不移」，此不待習而相遠者，豈下愚亦可概目之曰性善歟？

曰：生而下愚，其人非無精爽也，精爽幾與物等，難與言理義，而又自絶於學。然苟畏威懷惠，一旦觸於所畏、所懷之人，啓其心而憬然覺悟，往往有之。苟悔而從善，則非下愚矣；加之以學，則進於智矣。以「不移」定爲下愚，又往往在知善而不爲、知不善而爲之者，故曰不移，不曰不可移。雖古今不乏下愚，而其精爽幾與物等者，亦究異於物，無不可移也。

問：孟子時，因告子諸人紛紛各立異説，故以性善斷之；孔子但言相近，意在於警人慎習，非因論性而發，故不必直斷曰善歟？

曰：然。聖賢之言至易知也。如古今之常語，凡指斥下愚者，矢口言之，每曰「此無人性」，稍舉其善端，則曰「此猶有人性」。以人性爲善稱，是不言性者，其言皆協於孟子，而言性轉穿鑿失之。無人性即所謂人見其禽獸也，有人性即相近也，善也。論語言相近，正見「無有不善」；若不善，與善相反，其遠已相絶，何近之有！分明性與習，正見習然後有不善，而不可以不善歸性。凡得養、失養及陷溺梏亡，咸屬於習。至下愚之不移，則生而蔽錮，其明善也難，而流爲惡也易，究之非不可移，則同乎人者固在也。

問：孟子言性，舉仁義禮智四端，與孔子舉人之智、愚有異乎？

曰：人之相去，遠近明昧，其大較也，學則就其昧焉者牖之明而已矣。人雖有智有愚，大致相近，而智愚之甚遠者蓋尟。智愚者，遠近等差殊科，而非相反；善惡則相反之名，非遠近之名。知人之成性，其不齊在智愚，亦可知任其愚而不學不思乃流爲惡。愚非惡也，（性）〔人〕，無有不善明矣。舉智而不及仁義禮者，智於天地、人物、事爲咸足以知其不易之則，仁義禮有一不協，可謂不易之則哉？發明孔之道者，孟子也，無異也。

緒言卷下

問：荀子之所謂性，亦孟子之所謂性；孟子知性之全體，其餘皆不知性之全體，故惟孟子與孔子合，其餘皆不合。然指爲性者，實古今所同謂之性。至告子所謂性，一似荀子言性惡，一似楊子言善惡混，一似釋氏言作用是性。今以荀、楊不與釋氏同，則告子不得而與荀、楊同矣，豈獨與釋氏所謂性相似歟？

曰：然。老聃、莊周之書，其所貴焉者咸此也，「杞柳」、「湍水」之喻，胥是物也。其視仁義，視善不善，歸之有思有爲以後事；而其保此性也，主於無思無爲，即釋氏所云「不思善，不思惡，時認本來面目」是也，實一說而非有三說。

問：告子、釋氏指何者爲性？

曰：神氣形色，聖賢一視之，修其身，期於言行無差謬而已矣，故孟子曰「形色天性也，惟聖人然後可以踐形」。老聃、莊周、告子、釋氏，其立說似參差，大致皆起於自私，皆以自然爲宗。彼視一身之中，具形氣以生，而神爲之主宰，因貴此神爲形氣之本，究之神與氣不可以相離，故老子曰：「一生二，二生三，三生萬物。萬物負陰而抱陽，沖氣以爲和。」

其言乎天地間也，曰：「有物混成，先天地生。」從此而分陰陽，一生二也；陰陽與此而三，二生三也；言乎人物三者咸具，陰也，陽也，沖氣以爲和，即主宰之者也，神也。彼見於氣可言有，神存乎其有而不可謂有，又不可謂無，然不離氣者也，故曰「沖氣」。上之原於「有物混成，先天地生」之道，不離氣而別於氣，故曰「道之爲物，(爲)〔惟〕恍(爲)〔惟〕忽[一]，忽兮恍兮，其中有像；恍兮忽兮，其中有物。」莊子言神之主宰於身，則曰「若有真宰而特不得其眹」，曰「其有真君存焉，如求得其情與不得，無(損)益〔損〕乎其真[二]」，繼之曰「一受其(成)形[三]，不亡以待盡，與物相刃相靡，其行盡如馳而莫之能止，不亦悲乎」，言此神受形而生，則不去以待，形化而有血氣，乃有情欲，皆足以戕之，趨於速敝也。又曰：「終身役役而不見其成功，苶然疲役而不知其所歸，可不哀耶！」言求諸外者徒勞其神者也。又曰：「人謂之不死，奚益！其形化，其心與之然，可不謂(之)大哀乎[四]！」言人壽有修短，雖不死之日，不知保此神，至與形俱敝也。釋氏「人死爲鬼，鬼復爲人」之說，與莊子此條同。老氏言「長生久視」，釋氏言「不生不滅」，語似異，而以死爲反其真，視形體爲假合，從而空之，不過恐害其神之自然，指歸不異也。告子同於釋氏，以神識爲性，釋氏謂之曰「真空」，謂之曰「作用」。謂「真空」則能攝衆有而應變，謂「即此識情便是真空妙智」，謂「湛然常寂，應用無方，用而常空，空而常用，用而不有，即是真空，空而不無，即成妙有」，故言「空是性」，又言「作用是性」。釋氏書中，問：「如何是佛？」曰：「見性爲佛。」「如何是性？」曰：「作用爲性。」「如何是作用？」曰：「在目曰見，在耳曰聞，在鼻臭香，在口談論，在手執捉，在足運奔，遍現俱該法界，收攝在一微塵，識者知是佛(法)〔性〕〔五〕，不識喚作精魂。」此皆「生之謂性」之説也，固無取乎善惡之分。其顯然道破處，如云「不思善，不思惡，時認本來面目」，即告子「性無善無不善」宗旨。後世禪家，不道破「不思善」而渾其語，如傳燈録云「饑來喫飯困來眠」，即老子所云：「上士聞道，勤而行之；中士聞道，若存若亡；下士聞道，大笑之，不笑不足以爲道。」彼「饑食困眠」，即所謂「不思善，不思惡」，即老子所謂「致虚極，守静篤」，即「勤而行之」也；致虚未極，守静未篤，思或乍起，乃「若存若亡」也。「饑食困眠」，聞之即可大笑，其説大都〔在〕於「認本來面目」〔六〕，此外一切空之，便妙用無方，故曰「不笑不足以爲道」。老聃、莊周、告子、釋氏立言不同，而同出一轍如是。宋時如陸子静、楊敬仲及明王文成諸人，其言論皆如此。子静之言曰：「收拾精神，自作主宰，萬物皆備於我，何有欠闕！當惻隱時，自然惻隱；當羞惡時，自然羞惡；當寬裕温柔時，自然寬裕温柔；當發强剛毅時，自然發强剛毅。」又曰：「惡能害心，善亦能害心。」又曰：「讀書不必窮索。」敬仲之言曰：「目能視，所以能視者何物？耳能聽，所以能聽者何物？口能噬，鼻能臭，所以能噬能臭者何物？手能運用，足能步趨，心能思慮，所以能運用、步趨、思慮者何物？」王文成曰：「夫良知一也，以其妙用而言謂之神，以其流行而言謂之氣。」又曰：「聖人致知之功，至誠無息。其良知之體，皦如明鏡，妍媸之來，隨物見形，而明鏡曾無留染，所謂『情順萬事而無情』也。『無所住(以)〔而〕生其心』〔七〕，佛氏曾有是言，未爲非也。明鏡之應，妍者妍，媸者媸，一照而皆真，即是『生其心處』；妍者妍，媸者媸，一過而不留，即『無所住處』。」又曰：「養德養身，只是一事，果能戒慎不睹，恐懼不聞，而專志於是，則神住氣住精住，而仙家所謂『長生久視』之説亦在其中矣。」又曰：「『本來面目』，即吾聖門所謂『良知』，隨物而格，是致知之功，即佛氏之『常惺惺』，亦是『常存他本來面目』耳。體段功夫，大略相似。」在老聃、莊周、告子，直據己見而已，故告子言

「無善無不善」，言「無分於善不善」，言「義外」，後人因孟子嘗辨之，則以此爲善已無可復加，爲仁義禮智皆備，且所稱者出中庸、大學、孟子之書，學者不可不辨別也。

問：邵子云：「神無方而性有質。」又云：「性者，道之形體；心者，性之郛郭。」又云：「人之神即天地之神。」合其言觀之，所謂道者，指天地之「神無方」也；所謂性者，指人之〔神〕〔性〕有質也。此老聃、莊周、告子、釋氏之〔所謂道〕，所謂性，而邵子亦言之，何也？

曰：邵子之學，深得於老、莊，其書未嘗自諱。以心爲性之郛郭，謂人之神宅，此郛郭之中也。朱子於其指神爲道，指神爲性者，皆轉而以理當之。邵子之書又曰：「道與一，神之强名也。」幾以道爲不足當神之稱矣。其書又曰：「神統於心，氣統於腎，形統於首；形氣交而神主乎其中，三才之道也。」此以神周乎一身而宅於心，爲之統會也。又曰：「氣則養性，性則乘氣；故氣存則性存，性動則氣動也。」此則導養之説，指神之炯炯而不昧者爲性，氣之絪緼而不息者爲命，神乘乎氣而資氣以養也。

問：張子云：「由太虛，有天之名；由氣化，有道之名；合虛與氣，有性之名；合性與知覺，有心之名。」别性於知覺，與程子言「性即理也」，其指歸同；然則合虛與氣者，謂氣化生人生物，而理在氣質之中乃名性也。陳器之云：「仁義禮智者，義理之性也；知覺、運動者，氣〔稟〕〔質〕之性也。有義理之性，而無氣質之性，則理義必無附著；有氣質之性，而無義理之性，則無異於枯死之物。故有義理以行乎血氣之中，有血氣以受義理之體，合虚與氣而性全。」以虚指理，古聖賢未嘗有是稱，與釋氏所言「空是性」何以異？

曰：釋氏言「空是性」者，指神之本體；又言「作用是性」，則指神在氣質之中而能知覺、運動也。張子云：「神者，太虚妙應之目。」是其所謂「虚」，亦未嘗不以爲神之本體，而又曰：「天之不測謂神，神而有常謂天。」釋氏有見於自然，故以神爲已足；張子有見於必然，故不徒曰神而曰「神而有常」，此其所見近於孔、孟而異於釋氏也。然求之理不得，就陰陽不測之神以言理，因以是爲性之本源，而目氣化生人生物曰「游氣紛擾，合而成質者，生人物之萬殊」，則其言「合虚與氣」，「虚」指「神而有常」；「氣」指「游氣紛擾」，乃雜乎老、釋之見，未得性之實體也。惟「由氣化，有道之名」一語，得天道之實體。又曰：「神，天德；化，天道。」「道以化言，是也；德以神言，非也。彼釋氏自貴其神，亦以爲足乎天德矣。張子之書又有之曰：「氣有陰陽，推行有漸爲化，合一不測爲神。」聖人復起，不易斯言。以人物驗之，耳目百體會歸於心，心者，合一不測之神也。邵子言「形可分，神不可分」，其說亦得之體驗。如耳目鼻口之官，是形可分也；而統攝於心，是神不可分也。後儒言理，由於不知理，要其後非原其先，就陰陽有陰陽不易之則；就人物、事爲有人物事爲之則。以孔子言「有物必有則」者，轉而言「有則始有物」。且以「理與氣渾淪，不害二物之各爲一物」，故其言理也，求其物不得，往往取於老聃、莊周、釋氏所謂神者以爲言，欲超乎陰陽氣化之上而併陰陽氣化，所見胥失之粗。夫天地間有陰陽斯有人物，於其推行謂之化，於其合一謂之神，天道之自然也；於其分用爲耳目百體，於其合一則爲心，生物之自然也。是故化，其事也；神，其能也；事能俱無憾，天地之德也。人之血氣本乎化，人之心知配乎神，血氣心知無失，配乎天地之德，無憾無失，夫是之謂理而已矣。由化以知神，由化與神以知德。「天之生物也，使之一本」，而以性專屬之神，則目形體爲幻合；以性專屬之理，則謂「纔説性時，已不是性」，皆二本故也。

問：朱子云：「道者，日用事物當行之理，皆性之德而具於心。」故其於「達道五」，舉孟子所言「父子有親，君臣有義，夫婦有別，長幼有序，朋友有信」以實之。又答呂子約〔書〕云：「陰陽也，君臣父子也，皆事物也；人之所行也，形而下者也，萬象紛羅者也。是數者各有當然之理，即所謂道也，當行之路也，形而上者也，沖漠無朕者也。」如是言道，故於易稱「一陰一陽」，中庸舉「君臣、父子、夫婦、昆弟、朋友之交」，皆似道未備。然孟子明云「教以人倫」，則「親、義、序、別、信」，宜屬之「修道之教」。後儒求天命二字太過，以理當之；求性字太過，專屬之理；求道字太過，又以日用事物當行之理始可云道；而於修道不可通，以修爲品節之而已。至「修身以道，修道以仁」，「修道」與「修身」並言，兩「修」字不得有異，但曰「能仁其身」而不置解。觀修道之文，「性」字、「道」字不得概就理言亦可見。既曰「率性之謂道」，又曰「修道以仁」，如後儒之説「率其仁之性」「率其義之性」，豈可通哉！又修道期於無差謬，宜重在智，而言以仁；行之乃力於身，宜重在仁，而先言智；中庸前後，其條貫可言歟？

曰：言「身本道德賅備之身」，而身往往不能盡道；言「性本全夫仁義禮智之性」，而孟子以前，言性往往不及仁義禮智。易曰「成之者性也」，承「一陰一陽之謂道」言，人物本之，各成其性云爾。論語曰「性相近也」，因「習」之至於「相遠」，言其性本相近云爾。中庸曰「天命之謂性」，即記所云「分於道謂之命，形於一謂之性」，言分於氣化以成性云爾。人物之血氣，以類滋生，各稟受於天，言其稟受之殊曰性，因是而日用事爲皆由性起，故云「率性之謂道」；身之動應，無非道也，故云：「不可須臾離，可離非道。」可如「體物而不可遺」之可，無頃刻可必其不動應，故雖無事時亦如有事之戒慎恐懼而不敢肆，事至庶幾少差謬也。道，即日用飲食之事，自身而周於身之親，大致不出君臣、父子、夫婦、昆弟、朋友之交五者，略言之則曰親曰賢，舉二以賅乎五。「修身以道」，言「以道實責諸身」也，道之責諸身，往往易致差謬。「修道以仁」，言以協乎仁、協乎義、協乎禮爲道之準則也，曰「以仁」者略辭，故下即詳舉之。三者咸得，然後於道無憾。「率性之謂道」，在一身則一身之事也，道也；通於人則周夫身之事也，道也。一身之事，本天性之自然，未見其是非得失也；周夫身之事，亦天性之自然，而是非得失不可窮詰矣。故「修身以道」，舉親賢言之而得失始見；修道期於無差謬，固宜重在智。而「修身以道」，本責其行也，是以首言仁，加以義，加以禮，而修之實備矣。「行達道」乃力諸身，固宜重在仁；行之差謬，不能知之，徒自期於心無愧者，其人忠信而不好學，往往多出乎此，亦害道之大者，是以首言智。仁義禮可以大共之理言，智仁勇之爲達德，必就其人之根於心者言；大共之理，所以衡論天下之事，使之協於中，止於至善也。有根於心之德，斯有以通夫大共之理，而德之在己，可自少而加多，以底於聖人，則其通夫大共之理者，亦有淺深精粗之不同。仁義禮之仁，以理言；智仁勇之仁，以德言，其實一也。以理言，舉禮義而不及智，非遺智也，明乎禮義即智也；以德言，舉智而不及義禮，非遺義禮也，智所以知義禮也。易稱「立人之道，曰仁與義」，而此更加之以禮，親親尊賢，盡人道之大矣，辨其等殺而始詳。古今惟聖人全乎智仁，全乎智仁，則德靡不賅矣，而此更言夫勇，蓋德之所以成也。凡天下之人，身之所接，莫重於親，莫重於賢，而天定者則君臣、父子、夫婦、昆弟、朋友之交五者也。以此爲「形而下」，爲「萬象紛羅」，不謂之道，是顯指中庸「天下之達道五」而背之，別求諸「沖漠無朕」，惟老、釋謂萬物爲幻，謂空妙爲真則然，奈何以老、釋之言衡量易與中庸之言，而粗視陰陽，粗視君臣父子哉？彼之棄人倫而不顧，率天下之人同於禽獸者，由不知此爲達道也。

問：宋儒以「理爲生物之本」，雖謂「理氣渾淪，不害二物之各爲一物」，實求其物，不得〔若〕老聃、莊周、告子、釋氏之言。夫性則確有指實，不過區別於形氣之中，言其主之者耳。曰形，曰氣，曰神，三者求之一身，儼然如三物，凡血氣之屬，未有或闕者也。荀子謂「性者天之就」，雖專屬形氣之自然，其亦必不遺〔天〕〔夫〕神而以爲非天之就也。其稱性惡，殆兼乎此，以伸其重學崇禮義之説，何以論荀子則曰不知性之全體而已，實古今所同謂之性，論告子、釋氏則斷爲異説，何也？

曰：性者，分於陰陽五行，品物區以别焉，各爲之本始，統其所有之事，所具之能而靡不全者也，易言「成之者性」是也。其一身中，分而言之，曰形、曰氣、曰神，三者材也，易言「精氣爲物」是也。心爲形君，耳目鼻〔曰〕〔口〕者氣融而靈，心者氣通而神。告子貴其神而不知性者也，其「不動心」，神定而一無責焉之爲不動也。神可以主宰樞紐言，性可以根柢言，由其成性也殊，則其材質亦殊，成其性斯爲是材；材可以純駁清濁言，此皆指其實體之名也；知可以精粗淺深言，思可以敏鈍得失言，皆根於性而存乎神者也，指其實事之名也。理，譬之中規中矩也，稱其純美精好之名也。實體實事，罔非自然，而歸於必然，天地、人物、事爲之理得矣，自然之極則是謂理。老聃、莊周、告子、釋氏，以自然爲宗，不知性之區别而徒貴其神，去其情欲之能害是者即以爲己足，與聖賢之由博學、審問、慎思、明辨以求牖於明者異，是故斷之爲異説，不得同於荀子也。

問：周子通書有云：「『聖可學乎？』曰：『可。』『有要乎？』曰『有。』『請問焉。』曰：『一爲要。一者，無欲也。無欲則静虚動直，静虚則明，明則通；動直則公，公則溥。明通公溥，庶矣哉！』」此與老氏「爲道日損」，釋氏「六用不行，真空妙智」之説，陸子静言「人心至靈，此理至明，人皆有此心，心皆具是理」，王文成言「聖人致知之功，至誠無息，其良知之體，皦如明鏡」者，立言不殊。後儒於周子則以爲切要之旨，莫敢違議，於老、釋、陸、王則非之，何也？

曰：周子之學，得於老氏者深，而其言渾然與孔、孟相比附，後儒莫能辨也。朱子以周子爲二程子所師，故信之篤，考其實，固不然。程叔子撰明道先生行狀，言「自十五六時，聞周茂叔論道，遂厭科舉之業，慨然有求道之志，未知其要，泛濫於諸家，出入於老、釋者幾十年，返求諸六經，然後得之」，其不得於周子明矣；且直字之曰周茂叔，其未嘗師事亦明矣；見周茂叔後，乃出入於老、釋。張横渠亦訪諸釋、老之書累年；朱子年四十以前，猶馳心空妙，蓋雖能終覺釋、老之非，而受其蔽往往出於不覺者亦不少。周子論學聖人主於無欲，王文成論致知主於良知之體，皆以老、釋廢學之意論學，害之大者也。

問：神爲形氣之主宰，莊子謂「一受其成形，不亡以待盡」，釋氏「人死爲鬼，鬼復爲人」之説同此。在古人制祭祀之禮，以人道事鬼神，而傳稱「鬼猶求食」及「伯有爲厲」。又宇宙間怪見不一，或此人之生，易以他人死者之魂而復生；或此人之生，自知其所託生，愚夫婦亦往往耳聞目見，不得不惑於釋氏象教。而言仙者又能盜氣於天地之間，使其神離血氣之體以爲有。故其言性也，即神之炯炯而不昧者；其言命也，即氣之絪縕而不息者，有所指實也如是。老聃、莊周、告子、釋氏，靜以會乎一身，見莫貴於此，莫先於此，今以形、氣、神統謂之材，而曰性可以根柢言，神可以主宰樞紐言，不以神先形氣，何也？

曰：孔子言：「原始反終，故知死生之説；精氣爲物，游魂爲變，是故知鬼神之情狀。」人物分於陰陽五行以成性，成是性斯爲是材以生，可以原始而知也；形敝氣散而死，可以反終而知也。其生也，精氣之融以有形體，凡血氣之屬，有生則能運動，能運動則能知覺，知覺者，其精氣之秀也，是謂神靈。左氏春秋曰：「人生始化曰魄，既生魄，陽曰魂。」魂魄非他，其精氣之能知能覺運動也。至於形敝而精氣猶凝，是謂游魂，言乎離血氣之體也。精氣爲物者，氣之精而（形）凝，品物流形之常也；游魂爲變（者），魂之游而存，其後之有敝有未敝也，變則不可窮詰矣。彼有見於游魂爲變，而主其一偏，昧其大常，遂以其能盜天地生生之機者爲己之本體，非聖人不知不言，獨彼能頓悟得之也。彼之以神先形氣者，聖人所謂游魂爲變中之一端耳。

問：宋儒以理藏於心之内而爲性，與老聃、莊周、釋氏以神居於心之内而爲性相似。朱子又謂「心爲神明之舍」，朱子云：「理無心則無著處。」又云：「凡物有心而其中必虛，人心亦然；只這些虛處，便包藏許多道理，推廣得來，蓋天蓋地，莫不由此。此所以爲人心之妙歟！理在人心，是之謂性。心爲神明之舍，爲一身之主宰，性便是許多道理得之天而具於心者。」所謂「神明」，即老、莊、釋氏目之爲性者矣，其於理與神明何以别？

曰：朱子所謂「神明之舍」者，非謂以心爲舍，神明居之也。神明即指心而言，以神明之心甚虛，天下之理咸具於中爲性，而心特其舍耳。對性言之，故謂之舍；然非空空無知，故稱爲神明之舍。宋儒於性與心視之爲二，猶荀子於禮義與性視之爲二也。荀子以禮義爲聖人之教，常人必奉之以變化其性，宋儒以性專屬之理，「人稟氣而生之後，此理墮入氣質中，往往爲氣質所壞，如水之源清，流而遇污，不能不濁，非水本濁，地則然耳；必奉理以變化氣質，使復其初，如澄之而清，乃還其原初水也」。荀子之所謂禮義，即宋儒之所謂理；荀子之所謂性，即宋儒之所謂氣質。如宋儒之説，惟聖人氣質純粹，以下即（實）〔質〕美者亦不能無惡，荀子謂必待學以變化此性，與宋儒〔謂〕必待學以變化氣質，無二指也。但荀子指爲待學以變化者，仍其性之本然（名）〔言〕，宋儒因孟子論性善，於是（學）〔舉〕古今來如孔子言「成之者性」，言「性相近」，孟子言「忍性」，言「犬之性、牛之性、人之性各不同」，悉目之曰「此氣質之性待變化者」也。荀子推崇禮義，直歸之聖人；而宋儒因「孟子道性善」，於是謂理爲生物之本，使之別於氣質，曰「惟此無不善」也。試問：以理爲我乎？以氣質爲我乎？設以理爲我，以氣質爲理所寓於其中，是外氣質也，如老聃、莊周、釋氏之專以神爲我，形骸屬假合是也；設以氣質爲我，以理爲氣質所受，是外理也，如荀子以禮義屬聖人之教是也。二者皆我，則不得謂純乎善者一我，雜乎不善者又一我矣；苟非兩我，則不得一譬之水、一譬之地矣。況天下古今之君子小人，未有非以血氣心知爲我者也。小人(狗)〔徇〕我而悖理，君子重我而循理。悖理者亦自知其非也，是「性無有不善也」，長惡遂非，故性雖善，不乏小人。循理者非別有一事，曰「此之謂理」，與飲食男女之發乎情欲者分而爲二也，即此飲食男女，其行之而是爲循理，行之而非爲悖理而已矣。此理生於心知之明，宋儒視之爲一物，曰「不離乎氣質，而亦不雜乎氣質」，於是不得不與心知血氣分而爲二，尊理而以心爲之舍。究其歸，雖以性名之，不過因孟子之言，從而爲之説耳，實外之也，以爲天與之，視荀子以爲聖與之，言不同而二之則同。天之生物也，使之一本，荀子以禮義與性爲二本，宋儒以理與氣質爲二本，老聃、莊周、釋氏以神與形體爲二本。然而荀子推崇禮義，宋儒推崇理，於聖人之教不害也，不知性耳。老聃、莊周、釋氏，守己自足，不惟不知性而已，實害聖人之教者也。

問：凡讀書窮理，此理之得於古賢聖者，與理之得於天者，非皆藏於心與？

曰：否。人之血氣心知本乎天者也，性也。如血氣資飲食以養，其化也，即爲我之血氣，非復所飲食之物矣；心知之資於問學，其自得之也即爲我之心知。以血氣言，昔者弱而今者强，是血氣之得其養也；以心知言，昔者狹小而今也廣大，昔者闇昧而今〔也〕明察，是心知之得其養也。故人之血氣心知，本乎天者不齊，得養不得養，則至於大異。人之問學猶飲食，則貴其化，不貴其不化。記問之學，食而不化也。自得之，則居之安，資之深，取之左右逢其源，化而爲我之心知也。大致善識善記，各如其質，昔人云「魂强善識，魄强善記」。凡資於外以養者，皆由於耳目鼻口，而魄强則能記憶，此屬之魄者存之已爾。至於無取乎記憶，問學所得，非心受之而已，乃化而爲我之心知，我之心知，極而至乎聖人之神明矣。神明者，猶然心也，非心自心而理藏於中之謂也。心自心而理藏於中，以之言學，尚爲物而不化之學，況以之言性乎！

問：春秋傳曰：「獨陰不生，獨陽不生，獨天不生，三合而後生。」屈原賦天問篇曰：「陰陽三合，何本何化？」所謂陰陽者，指男女而言；所謂天者，別而言之。豈即如老、莊、釋氏以吾之神得於天而受形以生者歟？抑如宋儒以吾之理得於天而存於氣質中者歟？

曰：否。人物之初，何嘗非天之陰陽絪緼凝成？及氣類滋生以後，昆蟲之微，猶有絪緼而生者，至人禽之大，則獨天不生矣。然男女之生生不窮，以内之生氣通乎外之生氣，人在生氣之中，如魚在水之中，其生也何莫非天！天之陰陽，父母之陰陽，同爲〔化〕氣〔化〕自然而不可分也〔八〕，此之謂「三合而後生」。

問：程叔子撰明道先生行狀云：「泛濫於諸家，出入於老、釋者幾十年，返求諸六經，然後得之。」吕與叔撰横渠先生行狀云：「范文正公勸讀中庸，先生讀其書，雖愛之，猶以爲未足，於是又訪諸釋、老之書，累年，盡究其說，知無所得，返而求之六經。」朱子語類廖得明録癸巳所聞云：「先生言：二三年前見得此事尚鶻突，爲他佛說〔所〕〔得〕相似〔九〕，近年來方看得分曉。」癸巳，朱子四十四歲。朱子答汪尚書書云：「熹於釋氏之說，蓋嘗師其人，尊其道，求之亦切至矣，然未能有得。其後以先生君子之教，校乎前後緩急之序，於是暫置其說而從事於吾學。其始蓋未嘗一日不往來於心也，以爲俟卒究吾說而後求之未爲甚〔曉〕〔晚〕。而一二年來，心獨有所自安，雖未能即有諸己，然欲復求之外學以遂其初心，不可得矣。」考朱子慕禪學在十五六時，年二十四見李愿〔中〕〔一〇〕，教以看聖賢言語，而其後十餘年，有答何京叔二書，意見乃與釋氏不殊，信彼爲有實得，此爲支離，反用聖賢言語指其所得於釋氏者。朱子答何京叔書云：「向來妄論持敬之說，亦不自記其云何，但因其良心發見之微，猛省提撕，使心不昧，即是做工夫本領。本領既立，自然下學而上達矣。若不察良心發見處，即渺渺茫茫，恐無下手處也。所諭多識前言往行，固君子之所急，熹向來所見亦是如此。近因返求，未得箇安穩處，却始知此未免支離，如所謂因諸公以求程氏，因程氏以求聖人，是隔幾重公案，曷若默會諸心以立其本，而其言之得失，自不能逃吾之鑒耶！」又一書云：「今年不謂饑歉至此，夏初，所至洶洶，遂爲縣中委以賑糶之役，百方區處，僅得無事。博觀之蔽，此理甚明，何疑之有！若使道可以多聞博觀而得，則世之知道者爲不少矣。熹近日因事方少有省發處，如『鳶飛魚躍』，明道以爲與『必有事焉勿正』之意同者，今乃曉然無疑。日用之間，觀此流行之體，初無間斷處，有下工夫處，乃知（目）〔日〕前自誑誑人〔之罪〕〔一一〕，蓋不可勝贖也。此與守書册、泥言語，全無交涉，幸於日間察之，知此則知仁矣。」及五十內外，所見漸定，不惑於釋氏。合觀程子、張子、朱子，皆先入於釋、老，亦可知老與釋之易惑人矣。究之能覺寤其非，何也？

曰：四君子皆志聖賢之志者也，其學本夫求是之心，故於此於彼，期在自得，不在虛名。考諸六經，茫然不得性道之實體，則必求之彼矣。求之彼，而其言道言性，確有指實，且言夫體用一致也似神，能靡不周。「如說（法）〔性〕周〔遍〕法界，淨智妙圓，（休）〔體〕自空寂」。故朱子嘗馳心空妙，冀得之以爲衡鑒事物之本，極其致，所謂「明心見性」，不過「六用不行」，彼所以還其神之本體者，即本體得矣，以爲如此便是無欠闕矣，實動輒差謬。在彼以自然爲宗本，不論差謬與否，而三君子求是之心，久之亦知其不可恃以衡鑒事物，故終能覺寤其非也。夫人之異於禽獸者，人能明於必然，禽獸各順其自然也。孔、孟之異於老聃、莊周、告子、釋氏者，自「志學」以至「從心所欲不踰矩」，皆見乎天地、人物、事爲有不易之則之爲必然，而博文約禮以漸致其功。彼謂「致虚極，守静篤」「爲道日損，損之又損以至於無」，至於「道法自然」，無以復加矣。孟子而後，惟荀子見於禮義爲必然，見於不可，徒任自然，而不知禮義即自然之極則。宋儒亦見於理爲必然，而以理爲「太極」，爲「生陽生陰之本」，爲「不離陰陽，仍不雜於陰陽」，指其在人物爲性，爲「不離氣質，仍不雜乎氣質」。蓋以必然非自然之極則而已，實自然之主宰、樞紐、根柢，一似理亦同乎老聃、莊周、告子、釋氏所指者之〔生〕〔神〕，天地陰陽之於人物爲本來面目。朱子之辨釋氏也，曰：「儒者以理爲不生不滅，釋氏以神識爲不生不滅。」在老、釋就一身分言之，有形氣，有神識，而以神識爲本；溯而上之，以神爲有天地之本，遂求諸無形無象者爲實有，而視有形有象爲幻。在宋儒，以形氣、神識同爲己之私，而理得於天；溯而上之，於理氣截之分明，以理當其無形無象之實有，而視有形有象爲粗，於是就其言轉之以言夫理，尊理而重學，遠於老聃、莊周、告子、釋氏矣。然以彼例此，而不協乎此，轉指孔、孟所謂道者非道，所謂性者非性，增一怳忽不可知之主宰、樞紐、根柢，因視氣曰空氣，視心曰性之郛郭。是彼奉一自然者之神居此空氣之上、郛郭之中；此奉一必然之理在此空氣之上、郛郭之中也。

問：後儒所謂太極，似老氏之所言「有物混成，先天地生」。朱子以太極生陰陽爲理生氣，「陰陽既生，太極在其中，理復在氣之内，人物必禀此理然後有性，必禀此氣然後有形」，亦似老氏所言「一生二，二生三，三生萬物」。朱子以道即理之謂，而於理氣截之分明，於是言先後，言主宰、樞紐、根柢，儼然如一物，亦似老氏謂「道之爲物，惟恍惟忽」，於恍忽不可名狀中而有像有物。又太極圖説言主静，注云「無欲故静」；通書言「無欲則静虚動直，静虚則明」，似釋氏謂「六用不行，即本性自見」。何彼此相似如是？至「常惺惺」，則直舉釋氏之言爲用功之要。今以太極兩儀，在孔子贊易之本指，非如後宋儒之云；以曰道曰性爲指其實體之名，以期於無失之謂理，乃稱其純美精好之名，亦非如後儒之云。然則宋儒明知老聃、莊周、告子、釋氏之非，而及其言之，又不合於孔、孟，而轉與彼相似，何也？

曰：孔子之後，異説紛起，能發明孔子之道者，孟子也；卓然異於老聃、莊周、告子而爲聖人之徒者，荀子也。釋氏之説盛行，才質過人者無不受其惑，能卓然知宗信孟子而折彼爲非者，韓子也；嘗求之老、釋，能卓然覺寤其非者，程子、張子、朱子也。然先入於彼，故其言道爲氣之主宰、樞紐，如彼以神爲氣之主宰、樞紐也；以理能生氣，如彼以神能生氣也；以理墮在形氣之中，變化氣質則復其初，如彼以「神受形氣而生，不以形氣物欲累之則復其初」也。皆改其所指爲神識者以指理，故言「儒者以理爲不生不滅」，豈聖賢之言哉！「天地之初理生氣」，豈其然哉！

校注

〔一〕惟　據今通行本老子二十一章及緒言卷下第十三條問答改。

〔二〕益損　原爲「損益」，據中華本莊子集解改。

〔三〕成　據中華本莊子集解補。

〔四〕之　據中華本莊子集解爲衍字。

〔五〕性　據景德傳燈録改。

〔六〕在　據何校本補。以下據何校本改補者，不另注。

〔七〕而　據金剛經改。

〔八〕化氣　據文義當爲「氣化」。

〔九〕得　據中華本朱子語類改。

〔一〇〕中　據上文此脱一「中」字。李愿中即朱熹之師李侗字。

〔一一〕「目」應爲「日」；「之罪」，原脱。以上據朱文公文集原文乙正。

戴震全書之三十一

孟子字義疏證

周兆茂 ◎整理
張岱年 金隆德 ◎審訂

説明

孟子字義疏證是戴震哲學思想的代表作。全書共分三卷、八目、四十四條。其中卷上「理」十五條，卷中「天道」四條、「性」九條，卷下「才」三條、「道」四條、「仁義禮智」二條、「誠」二條、「權」五條。

關於疏證成書時間，段玉裁答易田文書曾明確指出：作於「丙申冬後，丁酉春前」。又，段玉裁在經韻樓本戴東原集孟子字義疏證序下署有「丙申」二字。從上可知，疏證一書約成於乾隆四十一年（一七七六）末至乾隆四十二年初，此書乃戴氏哲學著述之絶筆。戴震去世前不久，在給段玉裁的信中指出：「僕生平著述最大者，爲孟子字義疏證一書，此正人心之要。今人無論正邪，盡以意見誤之名曰理，而禍斯民，故疏證不得不作。」足見戴震對此書的重視。在疏證一書中，戴震進一步從本體論、認識論、倫理觀等方面對程朱理學展開了全面的批判。通過這一批判，進一步系統地闡發了他的唯物主義氣本論思想和進步的政治倫理學説。

疏證一書版本較多。早在乾隆四十二年至四十四年，曲阜孔繼涵在刊刻戴氏遺書時，首次將疏證一書收入。戴氏遺書收入孔氏微波榭叢書，一般稱微波榭本。此後，道光中錢熙祚及子培讓編纂指海，光緒二十五年番禺梁鼎新編纂端溪叢書，光緒三十一年上海國學保存會編纂國粹叢書，民國十三年胡適編纂戴氏三種（北京樸社出版），民國二十五年安徽叢書編印處編纂戴東原先生全集，均依據微波榭本收入此書。其中，胡適編纂的戴氏三種還對疏證一書作了文字上的校勘。隨着戴學研究的不斷深入，中華書局於一九六一年出版了由何文光校點的孟子字義疏證。本次整理以微波榭本爲底本，參校以他本。

序

丙申〔一〕

余少讀論語，端木氏之言曰：「夫子之文章可得而聞也，夫子之言性與天道不可得而聞也。」讀易，乃知言性與天道在是。周道衰，堯、舜、禹、湯、文、武、周公致治之法，焕乎有文章者，棄爲陳跡。孔子既不得位，不能垂諸制度禮樂，是以爲之正本溯源，使人於千百世治亂之故，制度禮樂因革之宜，如持權衡以御輕重，如規矩準繩之於方圓平直。言似高遠，而不得不言。自孔子言之，實言前聖所未言；微孔子，孰從而聞之？故曰「不可得而聞」。

是後私智穿鑿者，亦警於亂世，或以其道全身而遠禍，或以其道能誘人心有治無亂；而謬在大本，舉一廢百；意非不善，其言祇足以賊道，孟子於是不能已於與辯。當是時，羣共稱孟子好辯矣。孟子之書，有曰「我知言」，曰「遊於聖人之門者難爲言」。蓋言之謬，非終於言也，將轉移人心；心受其蔽，必害於事，害於政。彼目之曰小人之害天下後世也，顯而共見；目之曰賢智君子之害天下後世也，相率趨之以爲美言，其入人心深，禍斯民也大，而終莫之或寤。辯惡可已哉！

孟子辯楊、墨；後人習聞楊、墨、老、莊、佛之言〔二〕，且以其言汩亂孟子之言，是又後乎孟子者之不可已也。苟吾不能知之亦已矣，吾知之而不言，是不忠也，是對古聖人賢人而自負其學，對天下後世之仁人而自遠於仁也。吾用是懼，述孟子字義疏證三卷。韓退之氏曰：「道於楊、墨、老、莊、佛之學而欲之聖人之道，猶航斷港絶潢以望至於海也。故求觀聖人之道，必自孟子始。」嗚呼，不可易矣！休寧戴震。

理十五條　卷上目一
天道四條　卷中目二
性九條
才三條　卷下目五
道四條
仁義禮智二條
誠二條
權五條

校注

〔一〕丙申　原本無，據段玉裁經韻樓本戴東原集補。

〔二〕後人　主要指宋代的程顥、程頤、朱熹等人。

孟子字義疏證卷上

理十五條

理者，察之而幾微必區以別之名也，是故謂之分理；在物之質，曰肌理，曰腠理，曰文理；亦曰文縷。理、縷，語之轉耳。得其分則有條而不紊，謂之條理。孟子稱「孔子之謂集大成」曰：「始條理者，智之事也；終條理者，聖之事也。」聖智至孔子而極其盛，不過舉條理以言之而已矣。易曰：「易簡而天下之理得。」自乾坤言，故不曰「仁智」而曰「易簡」。「以易知」，知一於仁愛平恕也；「以簡能」，能一於行所無事也。「易則易知，易知則有親，有親則可久，可久則賢人之德」，若是者，仁也；「簡則易從，易從則有功，有功則可大，可大則賢人之業」，若是者，智也；天下事情，條分縷（晰）〔析〕〔一〕，以仁且智當之，豈或爽失爽幾微哉！中庸曰：「文理密察，足以有別也。」樂記曰：「樂者，通倫理者也。」鄭康成注云：「理，分也。」許叔重說文解字序曰：「知分理之可相別異也。」古人所謂理，未有如後儒之所謂理者矣。

問：古人之言天理，何謂也？

曰：理也者，情之不爽失也；未有情不得而理得者也。凡有所施於人，反躬而靜思之：「人以此施於我，能受之乎？」凡有所責於人，反躬而靜思之：「人以此責於我，能盡之乎？」以我絜之人，則理明。天理云者，言乎自然之分理也；自然之分理，以我之情絜人之情，而無不得其平是也。樂記曰：「人生而靜，天之性也；感於物而動，性之欲也。物至知知，然後好惡形焉。好惡無節於內，知誘於外，不能反躬，天理滅矣。」滅者，滅没不見也。又曰：「夫物之感人無窮，而人之好惡無節，則是物至而人化物也。人化物也者，滅天理而窮人欲者也；於是有悖逆詐僞之心，有淫佚作亂之事；是故强者脅弱，衆者暴寡，知者詐愚，勇者苦怯，疾病不養，老幼孤獨不得其所。此大亂之道也。」誠以弱、寡、愚、怯與夫疾病、老幼、孤獨，反躬而思其情，人豈異於我！蓋方其靜也，未感於物，其血氣心知〔二〕，湛然無有失，揚雄方言曰：「湛，安也。」郭璞注云：「湛然，安貌。」故曰「天之性」；及其感而動，則欲出於性。一人之欲，天下人之(之)〔所〕同欲也〔三〕，故曰「性之欲」。好惡既形，遂己之好惡，忘人之好惡，往往賊人以逞欲。反躬者，以人之逞其欲，思身受之之情也。情得其平，是爲好惡之節，是爲依乎天理。莊子：庖丁爲文惠君解牛，自言：「依乎天理，批大郤，導大窾，因其固然，技經肯綮之未嘗，而况大軱乎！」天理，即其所謂「彼節者有間，而刀刃者無厚，以無厚入有間」，適如其天然之分理也。古人所謂天理，未有如後儒之所謂天理者矣。

問：以情絜情而無爽失，於行事誠得其理矣。情與理之名何以異？

曰：在己與人皆謂之情，無過情無不及情之謂理。詩曰：「天生烝民，有物有則；民之秉彝，好是懿德。」孔子曰：「爲此詩者，其知道乎！」孟子申之曰：「故有物必有則，民之秉彝也，故好是懿德。」以秉持爲經常曰則，以各如其區分曰理，以實之於言行曰懿德。物者，事也；語其事，不出乎日用飲食而已矣；舍是而言理，非古賢聖所謂理也。

問：孟子云：「心之所同然者，謂理也，義也；聖人先得我心之所同然耳。」是理又以心言，何也？

曰：心之所同然始謂之理，謂之義；則未至於同然，存乎其人之意見，非理也，非義也。凡一人以爲然，天下萬世皆曰「是不可易也」，此之謂同然。舉理，以見心能區分；舉義，以見心能裁斷。分之，各有其不易之則，名曰理；如斯而宜，名曰義。是故明理者，明其區分也；精義者，精其裁斷也。不明，往往界於疑似而生惑；不精，往往雜於偏私而害道。求理義而智不足者也，故不可謂之理義。自非聖人，鮮能無蔽；有蔽之深，有蔽之淺者。人莫患乎蔽而自智，任其意見，執之爲理義。吾懼求理義者以意見當之，孰知民受其禍之所終極也哉！

問：宋以來儒書之言，以理爲「如有物焉，得於天而具於心」；朱子語録云：「理無心則無著處。」又云：「凡物有心而其中必虚，人心亦然；止這些虚處，便包藏許多道理，推廣得來，蓋天蓋地，莫不由此。此所以爲人心之好歟！理在人心，是謂之性。心是神明之舍，爲一身之主宰；性便是許多道理得之天而具於心者。」今釋孟子，乃曰「一人以爲然，天下萬世皆曰是不可易也，此之謂同然」，「是心之明，能於事情不爽失，使無過情無不及情之謂理」，非「如有物焉具於心」矣。又以「未至於同然，存乎其人之意見，不可謂之理義」。在孟子言「聖人先得我心之同然」，固未嘗輕以許人，是聖人始能得理。然人莫不有家，進而國事，進而天下，豈待聖智而後行事歟？

曰：六經、孔、孟之言以及傳記羣籍，理字不多見。今雖至愚之人，悖戾恣睢，其處斷一事，責詰一人，莫不輒曰理者，自宋以來始相習成俗，則以理爲「如有物焉，得於天而具於心」，因以心之意見當之也。於是負其氣，挾其勢位，加以口給者，理伸；力弱氣慴，口不能道辭者，理屈。嗚呼，其孰謂以此制事，以此制人之非理哉！即其人廉潔自持，心無私慝，而至於處斷一事，責詰一人，憑在己之意見，是其所是而非其所非，方自信嚴氣正性，嫉惡如讎，而不知事情之難得，是非之易失於偏，往往人受其禍，己且終身不寤，或事後乃明，悔已無及。嗚呼，其孰謂以此制事，以此治人之非理哉！天下智者少而愚者多；以其心知明於衆人，則共推之爲智，其去聖人甚遠也。以衆人與其所共推爲智者較其得理，則衆人之蔽必多；以衆所共推爲智者與聖人較其得理，則聖人然後無蔽。凡事至而心應之，其斷於心，輒曰理如是，古賢聖未嘗以爲理也。不惟古賢聖未嘗以爲理，昔之人異於今人之一啓口而曰理，其亦不以爲理也。昔人知在己之意見不可以理名，而今人輕言之。夫以理爲「如有物焉，得於天而具於心」，未有不以意見當之者也。今使人任其意見，則謬；使人自求其情，則得。子貢問曰：「有一言而可以終身行之者乎？」子曰：「其恕乎！己所不欲，勿施於人。」大學言治國平天下，不過曰「所惡於上，毋以使下，所惡於下，毋以事上」，以位之卑尊言也；「所惡於前，毋以先後，所惡於後，毋以從前」，以長於我與我以長言也；「所惡於右，毋以交於左，所惡於左，毋以交於右」，以等於我言也。曰「所不欲」，曰「所惡」，不過人之常情，不言理而理盡於此。惟以情絜情，故其於事也，非心出一意見以處之，苟舍情求理，其所謂理，無非意見也。未有任其意見而不禍斯民者。

問：以意見爲理，自宋以來莫敢致斥者，謂理在人心故也。今曰理在事情，於心之所同然，洵無可疑矣；孟子舉以見人性之善，其說可得聞歟？

曰：孟子言「口之於味也，有同耆焉；耳之於聲也，有同聽焉；目之於色也，有同美焉；至於心獨無所同然乎」，明理義之悦心，猶味之悦口，聲之悦耳，色之悦目之爲性。味也、聲也、色也在物，而接於我之血氣；理義在事，而接於我之心知。血氣心知，有自具之能：口能辨味，耳能辨聲，目能辨色，心能辨夫理義。味與聲色，在物不在我，接於我之血氣，能辨之而悦之；其悦者，必其尤美者也；理義在事情之條分縷析，接於我之心知，能辨之而悦之；其悦者，必其至是者也。子産言「人生始化曰魄，既生魄，陽曰魂」；曾子言「陽之精氣曰神，陰之精氣曰靈，神靈者，品物之本也」。蓋耳之能聽，目之能視，鼻之能臭，口之知味，魄之爲也，所謂靈也，陰主受者也；心之精爽〔四〕，有思輒通，魂之爲也，所謂神也，陽主施者也。主施者斷，主受者聽，故孟子曰：「耳目之官不思，心之官則思。」是思者，心之能也。精爽有蔽隔而不能通之時，及其無蔽隔，無弗通，乃以神明稱之〔五〕。凡血氣之属，皆有精爽。其心之精爽，鉅細不同，如火光之照物，光小者，其照也近，所照者不謬也，所不照（所）〔斯〕疑謬承之〔六〕，不謬之謂得理；其光大者，其照也遠，得理多而失理少。且不特遠近也，光之及又有明闇，故於物有察有不察；察者盡其實，不察斯疑謬承之，疑謬之謂失理。失理者，限於質之昧，所謂愚也。惟學可以增益其不足而進於智，益之不已，至乎其極，如日月有明，容光必照，則聖人矣。此中庸「雖愚必明」，孟子「擴而充之之謂聖人」。神明之盛也，其於事靡不得理，斯仁義禮智全矣。故理義非他，所照所察者之不謬也。何以不謬？心之神明也。人之異於禽獸者，雖同有精爽，而人能進於神明也。理義豈别若一物，求之所照所察之外；而人之精爽能進於神明，豈求諸氣禀之外哉！

問：後儒以人之有嗜欲出於氣稟，而理者，別於氣稟者也。今謂心之精爽，學以擴充之，進於神明，則於事靡不得理，是求理於氣稟之外者非矣。孟子專舉「理義」以明「性善」，何也？

曰：古人言性，但以氣稟言，未嘗明言理義爲性，蓋不待言而可知也。至孟子時，異說紛起，以理義爲聖人治天下〔之〕具，設此一法以强之從，害道之言皆由外理義而生；人徒知耳之於聲，目之於色，鼻之於臭，口之於味之爲性，而不知心之於理義，亦猶耳目鼻口之於聲色臭味也，故曰「至於心獨無所同然乎」，蓋就其所知以證明其所不知，舉聲色臭味之欲歸之耳目鼻口，舉理義之好歸之心，皆内也，非外也，比而合之以解天下之惑，俾曉然無疑於理義之爲性，害道之言庶幾可以息矣。孟子明人心之通於理義，與耳目鼻口之通於聲色臭味，咸根諸性，非由後起。後儒見孟子言性，則曰理義，則曰仁義禮智，不得其說，遂於氣稟之外增一理義之性，歸之孟子矣。

問：聲色臭味之欲亦宜根於心，今專以理義之好爲根於心，於「好是懿德」固然矣，抑聲色臭味之欲徒根於耳目鼻口歟？心，君乎百體者也，百體之能，皆心之能也，豈耳悦聲，目悦色，鼻悦臭，口悦味，非心悦之乎？

曰：否。心能使耳目鼻口，不能代耳目鼻口之能，彼其能者各自具也，故不能相爲。

人物受形於天地，故恒與之相通。盈天地之間，有聲也，有色也，有臭也，有味也；舉聲色臭味，則盈天地間者無或遺矣。外内相通，其開竅也，是爲耳目鼻口。五行有生克，生則相得，克則相逆，血氣之得其養、失其養繫焉，資於外足以養其内，此皆陰陽五行之所爲，外之盈天地之間，内之備於吾身，外内相得無間而養道備。「民之質矣，日用飲食」，自古及今，以爲道之經也。血氣各資以養，而開竅於耳目鼻口以通之，既於是通，故各成其能而分職司之。孔子曰：「少之時，血氣未定，戒之在色；及其長也，血氣方剛，戒之在鬭；及其老也，血氣既衰，戒之在得。」血氣之所爲不一，舉凡身之嗜欲根於血氣明矣，非根於心也。孟子曰「理義之悦我心，猶芻豢之悦我口」，非喻言也。凡人行一事，有當於理義，其心氣必暢然自得；悖於理義，心氣必沮喪自失，以此見心之於理義，一同乎血氣之於嗜欲，皆性使然耳。耳目鼻口之官，臣道也；心之官，君道也；臣效其能而君正其可否。理義非他，可否之而當，是謂理義。然又非心出一意以可否之也，若心出一意以可否之，何異强制之乎！是故就事物言，非事物之外别有理義也；「有物必有則」，以其則正其物，如是而已矣。就人心言，非别有理以予之而具於心也；心之神明，於事物咸足以知其不易之則，譬有光皆能照，而中理者，乃其光盛，其照不謬也。

問：學者多識前言往行，可以增益己之所不足；宋儒謂「理得於天而藏於心」，殆因問學之得於古賢聖而藏於心，比類以爲説歟？

曰：人之血氣心知本乎陰陽五行者，性也。如血氣資飲食以養，其化也，即爲我之血氣，非復所飲食之物矣；心知之資於問學，其自得之也亦然。以血氣言，昔者弱而今者强，是血氣之得其養也；以心知言，昔者狹小而今也廣大，昔者闇昧而今也明察，是心知之得其養也，故曰「雖愚必明」。人之血氣心知，其天定者往往不齊，得養不得養，遂至於大異。苟知問學猶飲食，則貴其化，不貴其不化。記問之學，入而不化者也。自得之，則居之安，資之深，取之左右逢其源，我之心知，極而至乎聖人之神明矣。神明者，猶然心也，非心自心而所得者藏於中之謂也。心自心而所得者藏於中，以之言學，尚爲物而不化之學，況以之言性乎！

問：宋以來之言理也，其説爲「不出於理則出於欲，不出於欲則出於理」，故辨乎理欲之界，以爲君子小人於此焉分。今以情之不爽失爲理，是理者存乎欲者也，然則無欲亦非歟？

曰：孟子言「養心莫善於寡欲」，明乎欲不可無也，寡之而已。人之生也，莫病於無以遂其生。欲遂其生，亦遂人之生，仁也；欲遂其生，至於戕人之生而不顧者，不仁也。不仁，實始於欲遂其生之心；使其無此欲，必無不仁矣。然使其無此欲，則於天下之人，生道窮促，亦將漠然視之。己不必遂其生，而遂人之生，無是情也，然則謂「不出於正則出於邪，不出於邪則出於正」，可也；謂「不出於理則出於欲，不出於欲則出於理」，不可也。欲，其物；理，其則也。不出於邪而出於正，猶往往有意見之偏，未能得理。而宋以來之言理欲也，徒以爲正邪之辨而已矣，不出於邪而出於正，則謂以理應事矣。理與事分爲二而與意見合爲一，是以害事。夫事至而應者，心也；心有所蔽，則於事情未之能得，又安能得理乎！自老氏貴於「抱一」，貴於「無欲」，莊周書則曰：「聖人之静也，非曰静也善，故静也；萬物無足以撓心者，故静也。水静猶明，而況精神，聖人之心静乎！夫虚静恬淡，寂寞無爲者，天地之平，而道德之至。」周子通書曰：「『聖可學乎？』曰，『可。』『有要乎？』曰，『有。』『請問焉。』曰，『一爲要。一者，無欲也；無欲則静虚動直。静虚則明，明則通；動直則公，公則溥。明通公溥，庶矣哉！』」此即老、莊、釋氏之説。朱子亦屢言「人欲所蔽」，皆以爲無欲則無蔽，非中庸「雖愚必明」之道也。有生而愚者，雖無欲，亦愚也。凡出於欲，無非以生以養之事，欲之失爲私，不爲蔽。自以爲得理，而所執之實謬，乃蔽而不明。天下古今之人，其大患，私與蔽二端而已。私生於欲之失，蔽生於知之失；欲生於血氣，知生於心。因私而咎欲，因欲而咎血氣；因蔽而咎知，因知而咎〔心〕〔七〕，老氏所以言「常使民無知無欲」；彼自外其形骸，貴其真宰；後之釋氏，其論説似異而實同。宋儒出入於老、釋，程叔子撰明道先生行狀云：「自十五六時，聞周茂叔論道，遂厭科舉之業，慨然有求道之志，泛濫於諸家，出入於老、釋者幾十年，返求諸六經，然後得之。」呂與叔撰橫渠先生行狀云：「范文正公勸讀中庸，先生讀其書，雖愛之，猶以爲未足，又訪諸釋、老之書，累年，盡究其説，知無所得，返而求之六經。」朱子語類廖德明録癸巳所聞：「先生言：『二三年前見得此事尚鶻突，爲他佛説得相似，近年來方看得分曉。』」考朱子慕禪學在十五六時，年二十四見李愿中，教以看聖賢言語，而其後復入於釋氏。至癸巳，年四十四矣。故雜乎老、釋之言以爲言。詩曰：「民之質矣，日用飲食。」記曰：「飲食男女，人之大欲存焉。」聖人治天下，體民之情，遂民之欲，而王道備。人知老、莊、釋氏異於聖人，聞其無欲之説，猶未之信也；於宋儒，則信以爲同於聖人；理欲之分，人人能言之。故今之治人者，視古賢聖體民之情，遂民之欲，多出於鄙細隱曲，不措諸意，不足爲怪；而及其責以理也，不難舉曠世之高節，著於義而罪之，尊者以理責卑，長者以理責幼，貴者以理責賤，雖失，謂之順；卑者、幼者、賤者以理争之，雖得，謂之逆。於是下之人不能以天下之同情、天下所同欲達之於上；上以理責其下，而在下之罪，人人不勝指數。人死於法，猶有憐之者；死於理，其誰憐之！嗚呼，雜乎老、釋之言以爲言，其禍甚於申、韓如是也！六經、孔、孟之書，豈嘗以理爲如有物焉，外乎人之性之發爲情欲者，而强制之也哉！孟子告齊、梁之君，曰「與民同樂」，曰「省刑罰，薄税斂」，曰「必使仰足以事父母，俯足以畜妻子」，曰「居者有積倉，行者有裹（囊）〔糧〕」〔八〕，曰「内無怨女，外無曠夫」，仁政如是，王道如是而已矣。

問：樂記言滅天理而窮人欲，其言有似於以理欲爲邪正之別，何也？

曰：性，譬則水也；欲，譬則水之流也；節而不過，則爲依乎天理，爲相生養之道，譬則水由地中行也；窮人欲而至於有悖逆詐僞之心，有淫泆作亂之事，譬則洪水横流，汎濫於中國也。聖人教之反躬，以己之加於人，設人如是加於己，而思躬受之之情，譬則禹之行水，行其所無事，非惡汎濫而塞其流也。惡汎濫而塞其流，其立説之工者且直絶其源，是遏欲無欲之喻也。「口之於味也，目之於色也，耳之於聲也，鼻之於臭也，四肢之於安佚也」，此後儒視爲人欲之私者，而孟子曰「性也」，繼之曰「有命焉」。命者，限制之名，如命之東則不得而西，言性之欲之不可無節也。節而不過，則依乎天理；非以天理爲正，人欲爲邪也。天理者，節其欲而不窮人欲也。是故欲不可窮，非不可有；有而節之，使無過情，無不及情，可謂之非天理乎！

問：中庸言「君子戒慎乎其所不睹，恐懼乎其所不聞」，言「君子必慎其獨」，後儒因有存理遏欲之説。今曰「欲譬則水之流」，則流固不可塞；誠使水由地中行，斯無往不得其自然之分理；存此意以遏其汎濫，於義未爲不可通。然中庸之言，不徒治之於汎濫也，其意可得聞歟？

曰：所謂「戒慎恐懼」者，以敬肆言也。凡對人者，接於目而睹，則戒慎其儀容；接於耳而聞，則恐懼有愆謬。君子雖未對人亦如是，蓋敬而不敢少肆也，篇末云「君子不動而敬，不言而信」是也。所謂「慎獨」者，以邪正言也。凡有所行，端皆起於志意，如見之端起於隱，顯之端起於微，其志意既動，人不見也，篇末云「君子内省不疚，無惡於志，君子之所不可及者，其唯人之所不見乎」是也。蓋方未應事，則敬肆分；事至而動，則邪正分。敬者恒自檢柙，肆則反是；正者不牽於私，邪則反是。必敬必正，而意見或偏，猶未能語於得理；雖智足以得理，而不敬則多疏失，不正則盡虚僞。三者，一虞於疏，一嚴於僞，一患於偏，各有所取也。

問：自宋以來，謂「理得於天而具於心」，既以爲人所同得，故於智愚之不齊歸諸氣禀，而敬肆邪正概以實其理欲之説。老氏之「抱一」、「無欲」，釋氏之「常惺惺〔九〕」，彼所指者，曰「真宰」，曰「真空」，莊子云：「若有真宰而特不得其眹。」釋氏書云：「即此識情，便是真空妙智。」又云：「真空則能攝衆有而應變。」又云：「湛然常寂，應用無方，用而常空，空而常用。用而不有，即是真空；空而不無，即成妙有。」而易以理字便爲聖學。既以理爲得於天，故又創理氣之説，譬之「二物渾淪」；朱子語録云：「理與氣決是二物，但在物上看，則二物渾淪，不可分開各在一處，然不害二物之各爲一物也。」於理極其形容，指之曰「淨潔空闊」；問「先有理後有氣」之説。朱子曰：「不消如此説。而今知他合下先是有理後有氣邪？後有理先有氣邪？皆不可得而推究。然以意度之，則疑此氣是依傍道理行，及此氣之聚，則理亦在焉。蓋氣則能凝結造作，理却無情意，無制度，無造作，止此氣凝聚處，理便在其中。且如天地間人物草木禽獸，其生也莫不有種；定不會無種了，白地生出一個物事；這個都是氣。若理則止是個浄潔空闊底世界，無形跡，他却不會造作，氣則能醖釀凝聚生物也。」不過就老、莊、釋氏所謂「真宰」、「真空」者轉之以言夫理，就老、莊、釋氏之言轉而爲六經、孔、孟之言。今何以剖別之，使截然不相淆惑歟？

曰：天地、人物、事爲，不聞無可言之理者也，詩曰「有物有則」是也。物者，指其實體實事之名；則者，稱其純粹中正之名。實體實事，罔非自然，而歸於必然，天地、人物、事爲之理得矣。夫天地之大，人物之蕃，事爲之委曲條分，苟得其理矣，如直者之中懸，平者之中水，圓者之中規，方者之中矩，然後推諸天下萬世而準。易稱「先天而天弗違，後天而奉天時；天且弗違，而況於人乎，況於鬼神乎」，中庸稱「考諸三王而不謬，建諸天地而不悖，質諸鬼神而無疑，百世以俟聖人而不惑」。夫如是，是爲得理，是爲心之所同然。孟子曰：「規矩，方圓之至也；聖人，人倫之至也。」語天地而精言其理，猶語聖人而言乎其可法耳。尊是理，而謂天地陰陽不足以當之，必非天地陰陽之理則可。天地陰陽之理，猶聖人之聖也；尊其聖，而謂聖人不足以當之，可乎哉？聖人亦人也，以盡乎人之理，羣共推爲聖智。盡乎人之理非他，人倫日用盡乎其必然而已矣。推而極於不可易之爲必然，乃語其至，非原其本。後儒從而過求，徒以語其至者之意言思議視如有物，謂與氣渾淪而成，聞之者習焉不察，莫知其異於六經、孔、孟之言也。舉凡天地、人物、事爲，求其必然不可易，理至明顯也。從而尊大之，不徒曰天地、人物、事爲之理，而轉其語曰「理無不在」，視之「如有物焉」，將使學者皓首茫然，求其物不得。非六經、孔、孟之言難知也，傳注相承，童而習之，不復致思也。

問：宋儒以理爲「如有物焉，得於天而具於心」，人之生也，由氣之凝結生聚，而理則湊泊附著之，朱子云：「人之所以生，理與氣合而已。天理固浩浩不窮，然非是氣，則〔雖〕有是理而無所湊泊，故必二氣交感，凝結生聚，然後是理有所附著。」因以此爲「完全自足」，程子云：「聖賢論天德，蓋自家元是天然完全自足之物，若無所污壞，即當直而行之；若少有污壞，即敬以治之，使復如舊。」如是，則無待於學。然見於古賢聖之論學，與老、莊、釋氏之廢學，截然殊致，因謂「理爲形氣所污壞，故學焉以復其初」。朱子於論語首章，於大學「在明明德」，皆以「復其初」爲言。「復其初」之云，見莊周書。莊子繕性篇云：「繕性於俗學以求復其初，滑欲於俗知以求致其明，謂之蔽蒙之民。」又云：「文滅質，博溺心，然後民始惑亂，無以返其性情而復其初。」蓋其所謂理，即如釋氏所謂「本來面目」，而其所謂「存理」，亦即如釋氏所謂「常惺惺」。釋氏書云：「不思善，不思惡，時認本來面目。」上蔡謝氏曰：「敬是常惺惺法。」王文成解大學「格物致知」，主扞禦外物之說，其言曰：「本來面目，即吾聖門所謂良知。隨物而格，是致知之功。」豈宋以來儒者，其說盡援儒以入釋歟？

曰：老、莊、釋氏以其所謂「真宰」、「真空」者爲「完全自足」，然不能謂天下之人有善而無惡，有智而無愚也，因舉善與智而毀訾之。老氏云：「絶學無憂，唯之與阿，相去幾何？善之與惡，相去何若？」又云：「以智治國，國之賊；不以智治國，國之福。」又云：「古之善爲道者，非以明民，將以愚之。」彼蓋以無欲而静，則超乎善惡之上，智乃不如愚，故直云「絶學」，又(生)〔主〕「絶聖棄智」、「絶仁棄義」，此一説也。荀子以禮義生於聖心，常人學然後能明於禮義，若順其自然，則生争奪。弗學而能，乃屬之性；學而後能，不得屬之性，故謂性惡。而其於孟子言性善也辯之曰：「性善，則去聖王，息禮義矣；性惡，則興聖王，貴禮義矣。」此又一説也。荀子習聞當時雜乎老、莊、告子之説者廢學毁禮義，而不達孟子性善之旨，以禮義爲聖人教天下制其性，使不至争奪，而不知禮義之所由名。老、莊、告子及後之釋氏，乃言如荀子所謂「去聖王，息禮義」耳。程子、朱子謂氣禀之外，天與之以理，非生知安行之聖人，未有不污壞其受於天之理者也，學而後此理漸明，復其初之所受。是天下之人，雖有所受於天之理，而皆不殊於無有，此又一説也。今富者遺其子粟千鍾，貧者無升斗之遺；貧者之子取之宫中無有，因日以其力致升斗之粟；富者之子亦必如彼之日以其力致之，而曰所致者即其宫中者也，説必不可通，故詳於論敬而略於論學。如程子云「敬以治之，使復如舊」，而不及學；朱子於中庸「致中和」，猶以爲「戒懼慎獨」。陸子静、王文成諸人，推本老、莊、釋氏之所謂「真宰」、「真空」者，以爲即全乎聖智仁義，即全乎理，陸子静云：「收拾精神，自作主宰，萬物皆備於我，何有欠闕！當惻隱時，自然惻隱；當羞惡時，自然羞惡；當寬裕温柔時，自然寬裕温柔；當發强剛毅時，自然發剛强毅。」王文成云：「聖人致知之功，至誠無息。其良知之體，皦如明鏡，妍媸之來，隨物現形，而明鏡曾無所留染，所謂『情順萬事而無情』也。『無所住（以）〔而〕生其心』，佛氏曾有是言，未爲非也。明鏡之應，妍者妍，媸者媸，一照而皆真，即是『生其心』處；妍者妍，媸者媸，一過而不留，即『無所住』處。」此又一説也。程子、朱子就老、莊、釋氏所指者，轉其説以言夫理，非援儒而入釋，誤以釋氏之言雜入於儒耳；陸子静、王文成諸人就老、莊、釋氏所指者，即以理實之，是乃援儒以入於釋者也。試以人之形體與人之德性比而論之，形體始乎幼小，終乎長大；德性始乎蒙昧，終乎聖智。其形體之長大也，資於飲食之養，乃長日加益，非「復其初」；德性資於學問，進而聖智，非「復其初」明矣。人物以類區分，而人所禀受，其氣清明，異於禽獸之不可開通。然人與人較，其材質等差凡幾？古賢聖知人之材質有等差，是以重問學，貴擴充。老、莊、釋氏謂有生皆同，故主於去情欲以勿害之，不必問學以擴充之。在老、莊、釋氏既守己自足矣，因毁訾仁義以伸其説。荀子謂常人之性，學然後知禮義，其説亦足以伸。陸子静、王文成諸人同於老、莊、釋氏，而改其毁訾仁義者，以爲自然全乎仁義，巧於伸其説者也。程子、朱子尊理而以爲天與我，猶荀子尊禮義以爲聖人與我也。謂理爲形氣所污壞，是聖人而下形氣皆大不美，即荀子性惡之説也；而其所謂理，别爲湊泊附著之一物，猶老、莊、釋氏所謂「真宰」、「真空」之湊泊附著於形體也。理既完全自足，難於言學以明理，故不得不分理氣爲二本而咎形氣。蓋其説雜糅傅合而成，令學者眩惑其中，雖六經、孔、孟之言具在，咸習非勝是，不復求通。嗚呼，吾何敢默而息乎！

問：程伯子之出入於老、釋者幾十年，返求諸六經，然後得之，見叔子所撰行狀。而朱子年四十内外，猶馳心空妙，其後有答汪尚書書，言「熹於釋氏之説，蓋嘗師其人，尊其道，求之亦切至矣，然未能有得。其後以先生君子之教，校乎前後緩急之序，於是暫置其説而從事於吾學。其始蓋未嘗一日不往來於心也，以爲俟卒究吾説而後求之未爲甚晚。而一二年來，心獨有所自安，雖未能即有諸己，然欲復求之外學以遂其初心，不可得矣。」程、朱雖從事釋氏甚久，然終能覺其非矣，而又未合於六經、孔、孟，則其學何學歟？

曰：程子、朱子其出入於老、釋，皆以求道也，使見其道爲是，雖人以爲非而不顧。其初非背六經、孔、孟而信彼也，於此不得其解，而見彼之捐棄物欲，返觀内照，近於切己體察，爲之，亦能使思慮漸清，因而冀得之爲衡〔鑒〕事物之本。然極其致，所謂「明心見性」、「還其神之本體」者，即本體得矣，以爲如此便足，無欠闕矣，實動輒差謬。在老、莊、釋氏固不論差謬與否，而程子、朱子求道之心，久之知其不可恃以衡鑒事物，故終謂其非也。夫人之異於物者，人能明於必然，百物之生各遂其自然也。老氏言「致虛極，守靜篤」，言「道法自然」，釋氏亦不出此，皆起於自私，使其神離形體而長存。老氏言「長生久視」，以死爲「返其真」；所謂長生者，形化而神長存也；釋氏言「不生不滅」；所謂不生者，不受形而生也；不滅者，即其神長存也。其所謂性，所謂道，專主所謂神者爲言。邵子云：「道與一，神之强名也。」又云：「神無方而性有質。」又云：「性者，道之形體；心者，性之郛郭。」又云：「人之神即天地之神。」合其言觀之，得於老、莊最深。所謂道者，指天地之「神無方」也；所謂性者，指人之「（神）〔性〕有質」也，故曰「道之形體」。邵子又云：「神統於心，氣統於腎，形統於首；形氣交而神主乎其中，三才之道也。」此顯指神宅於心，故曰「心者，性之郛郭」。邵子又云：「氣則養性，性則乘氣；故氣存則性存，性動則氣動也。」此顯指神乘乎氣而資氣以養。王文成云：「夫良知一也，以其妙用而言謂之神，以其流行而言謂之氣。」立説亦同。又即導養家所云「神之炯炯而不昧者爲性，氣之絪緼而不息者爲命」。朱子於其指神爲道、指神爲性者，若轉以言夫理。張子云：「由太虛，有天之名；由氣化，有道之名；合虛與氣，有性之名；合性與知覺，有心之名。」其所謂虛，六經、孔、孟無是言也。張子又云：「神者，太虛妙應之目。」又云：「天之不測謂神，神而有常謂天。」又云：「神，天德；化，天道。」是其曰虛曰天，不離乎所謂神者。彼老、莊、釋氏之自貴其神，亦以爲妙應，爲沖虛，爲足乎天德矣。如云：「性周法界，淨智圓妙，體自空寂。」張子又云：

「氣有陰陽，推行有漸爲化，合一不測爲神。」斯言也，蓋得之矣。試驗諸人物，耳目百體，會歸於心；心者，合一不測之神也。天地間百物生生，無非推本陰陽。易曰：「精氣爲物。」曾子曰：「陽之精氣曰神，陰之精氣曰靈，神靈者，品物之本也。」因其神靈，故不徒曰氣而稱之曰精氣。老、莊、釋氏之謬，乃於此岐而分之。內其神而外形體，徒以形體爲傳舍，以舉凡血氣之欲、君臣之義，父子昆弟夫婦之親，悉起於有形體以後，而神至虛靜，無欲無爲。在老、莊、釋氏徒見於自然，故以神爲已足。程子、朱子見於六經、孔、孟之言理義，歸於必然不可易，非老、莊、釋氏所能及，因尊之以當其所謂神者爲生陽生陰之本，而別於陰陽；爲人物之性，而別於氣質；反指孔、孟所謂道者非道，所謂性者非性。獨張子之說，可以分別録之，如言「由氣化，有道之名」，言「化，天道」，言「推行有漸爲化，合一不測爲神」，此數語者，聖人復起，無以易也。張子見於必然之爲理，故不徒曰神而曰「神而有常」。誠如是言，不以理爲別如一物，於六經、孔、孟近矣。就天地言之，化，其生生也；神，其主宰也，不可岐而分也。故言化則賅神，言神亦賅化；由化以知神，由化與神以知德；德也者，天地之中正也。就人言之，有血氣，則有心知；有心知，雖自聖人而下，明昧各殊，皆可學以牖其昧而進於明。天之生物也，使之一本，而以性專屬之神，則視形體爲假合；以性專屬之理，則苟非生知之聖人，不得不咎其氣質，皆二本故也。老、莊、釋氏尊其神爲超乎陰陽氣化，此尊理爲超乎陰陽氣化。朱子答吕子約書曰：「陰陽也，君臣父子也，皆事物也；人之所行也，形而下者也，萬象紛羅者也。是數者各有當然之理，即所謂道也，當行之路也，形而上者也，沖漠無朕者也。」然則易曰「立天之道曰陰與陽」，中庸曰「君臣也，父子也，夫婦也，昆弟也，朋友之交也，五者，天下之達道也」，皆僅及事物而即謂之道，豈聖賢之立言，不若朱子言之辨析歟？聖人順其血氣之欲，則爲相生養之道，於是視人猶己，則忠；以己推之，則恕；憂樂於人，則仁；出於正，不出於邪，則義；恭敬不侮慢，則禮；無差謬之失，則智；曰忠恕，曰仁義禮智，豈有他哉？常人之欲，縱之至於邪僻，至於爭奪作亂；聖人之欲，無非懿德。欲同也，善不善之殊致若此。欲者，血氣之自然，其好是懿德也，心知之自然，此孟子所以言性善。心知之自然，未有不悦理義者，未能盡得理合義耳。由血氣之自然，而審察之以知其必然，是之謂理義；自然之與必然，非二事也。就其自然，明之盡而無幾微之失焉，是其必然也。如是而後無憾，如是而後安，是乃自然之極則。若任其自然而流於失，轉喪其自然，而非自然也；故歸於必然，適完其自然。夫人之生也，血氣心知而已矣。老、莊、釋氏見常人任其血氣之自然之不可，而静以養其心知之自然；於心知之自然謂之性，血氣之自然謂之欲，説雖巧變，要不過分血氣心知爲二本。荀子見常人之心知，而以禮義爲聖心；見常人任其血氣心知之自然之不可，而進以禮義之必然；於血氣心知之自然謂之性，於禮義之必然謂之教；合血氣心知爲一本矣，而不得禮義之本。程子、朱子見常人任其血氣心知之自然之不可，而進以理之必然；於血氣心知之自然謂之氣質，於理之必然謂之性，亦合血氣心知爲一本矣，而更增一本。分血氣心知爲二本者，程子斥之曰「異端本心」，而其增一本也，則曰「吾儒本天」。如其說，是心之爲心，人也，非天也；性之爲性，天也，非人也。以天別於人，實以性爲別於人也。人之爲人，性之爲性，判若彼此，自程子、朱子始，告子言「以人性爲仁義，猶以杞柳爲桮棬」，孟子必辨之，爲其戕賊一物而爲之也，況判若彼此，豈有不戕賊者哉！蓋程子、朱子之學，借階於老、莊、釋氏，故僅以理之一字易其所謂「真宰」「真空」者而餘無所易。其學非出於荀子，而偶與荀子合，故彼以爲惡者，此亦咎之；彼以爲出於聖人者，此以爲出於天。出於天與出於聖人豈有異乎！天下惟一本，無所外。有血氣，則有心知；有心知，則學以進於神明，一本然也；有血氣心知，則發乎血氣心知之自然者，明之盡，使無幾微之失，斯無往非仁義，一本然也。苟岐而二之，未有不外其一者。六經、孔、孟而下，有荀子矣，有老、莊、釋氏矣，然六經、孔、孟之道猶在也。自宋儒雜荀子及老、莊、釋氏以入六經、孔、孟之書，學者莫知其非，而六經、孔、孟之道亡矣。

校注

〔一〕改「晰」爲「析」，據中華本孟子字義疏證。以下凡據中華本改補者，不另出校説明。

〔二〕血氣　指肉體、身體。心知，指精神、思維。

〔三〕改「之」爲「所」，據胡適戴東原的哲學附録。

〔四〕精爽　指感覺、知覺。

〔五〕神明　指理性思維。

〔六〕改「所」爲「斯」，據胡適戴東原的哲學附録。

〔七〕心　據胡適戴氏三種本補。

〔八〕改「囊」爲「糧」，據十三經注疏本孟子。

〔九〕常惺惺　佛教術語。意思説經常警覺，保存自身固有的佛性。惺，悟，警覺。

孟子字義疏證卷中

天道四條

道，猶行也；氣化流行，生生不息，是故謂之道。易曰：「一陰一陽之謂道。」洪範：「五行：一曰水，二曰火，三曰木，四曰金，五曰土。」行亦道之通稱。詩載馳：「女子善懷，亦各有行。」毛傳云：「行，道也。」竹竿：「女子有行，遠兄弟父母。」鄭箋云：「行，道也。」舉陰陽則賅五行，陰陽各具五行也；舉五行即賅陰陽，五行各有陰陽也。大戴禮記曰：「分於道謂之命，形於一謂之性。」言分於陰陽五行以有人物，而人物各限於所分以成其性。陰陽五行，道之實體也；血氣心知，性之實體也。有實體，故可分；惟分也，故不齊。古人言性惟本於天道如是。

問：易曰：「形而上者謂之道，形而下者謂之器。」程子云：「惟此語截得上下最分明，元來止此是道，要在人默而識之。」後儒言道，多得之此。朱子云：「陰陽，氣也，形而下者也；所以一陰一陽者，理也，形而上者也。道即理之謂也。」朱子此言，以道之稱惟理足以當之。今但曰「氣化流行，生生不息」，乃程、朱所目爲形而下者；其說據易之言以爲言，是以學者信之。然則易之解可得聞歟？

曰：氣化之於品物，則形而上下之分也。形乃品物之謂，非氣化之謂。易又有之：「立天之道，曰陰與陽。」直舉陰陽，不聞辨別所以陰陽而始可當道之稱，豈聖人立言皆辭不備哉？一陰一陽，流行不已，夫是之謂道而已。古人言辭，「之謂」、「謂之」有異：凡曰「之謂」，以上所稱解下，如中庸「天命之謂性，率性之謂道，修道之謂教」，此爲性、道、教言之，若曰性也者天命之謂也，道也者率性之謂也，教也者修道之謂也；易「一陰一陽之謂道」，則爲天道言之，若曰道也者一陰一陽之謂也。凡曰「謂之」者，以下所稱之名辨上之實，如中庸「自誠明謂之性，自明誠謂之教」，此非爲性教言之，以性教區別「自誠明」、「自明誠」二者耳。易「形而上者謂之道，形而下者謂之器」，本非爲道器言之，以道器區別其形而上形而下耳。形謂已成形質，形而上猶曰形以前，形而下猶曰形以後。如言「千載而上，千載而下」。詩：「下武維周。」鄭箋云：「下，猶後也。」陰陽之未成形質，是謂形而上者也，非形而下明矣。器言乎一成而不變，道言乎體物而不可遺。不徒陰陽非形而下，如五行水火木金土，有質可見，固形而下也，器也；其五行之氣，人物咸稟受於此，則形而上者也。易言「一陰一陽」，洪範言「初一曰五行」，舉陰陽，舉五行，即賅鬼神；中庸言鬼神之「體物而不可遺」，即物之不離陰陽五行以成形質也。由人物遡而上之，至是止矣。六經、孔、孟之書不聞理氣之辨，而後儒創言之，遂以陰陽屬形而下，實失道之名義也。

問：後儒論陰陽，必推本「太極」，云：「無極而太極，太極動而生陽，動極而靜，靜而生陰，靜極復動。一動一靜，互爲其根，分陰分陽，兩儀立焉。」朱子釋之云：「太極生陰陽，理生氣也。陰陽既生，則太極在其中，理復在氣之内也。」又云：「太極，形而上之道也；陰陽，形而下之器也。」今既辨明形乃品物，非氣化，然則「太極」、「兩儀」，後儒據以論道者，亦必傅合失之矣。自宋以來，學者惑之已久，將何以解其惑歟？

曰：後世儒者紛紛言太極，言兩儀，非孔子贊易太極兩儀之本指也。孔子曰：「易有太極，是生兩儀，兩儀生四象，四象生八卦。」曰儀，曰象，曰卦，皆據作易言之耳，非氣化之陰陽得兩儀四象之名。易備於六十四，自八卦重之，故八卦者，易之小成，有天、地、山、澤、雷、風、水、火之義焉。其未成卦畫，一奇以儀陽，一偶以儀陰，故稱兩儀。奇而遇奇，陽已長也，以象太陽；奇而遇偶，陰始生也，以象少陰；偶而遇偶，陰已長也，以象太陰；偶而遇奇，陽始生也，以象少陽。伏羲氏睹於氣化流行，而以奇偶儀之象之。孔子贊易，蓋言易之爲書起於卦畫，非漫然也，實有見於天道一陰一陽爲物之終始會歸，乃畫奇偶兩者從而儀之，故曰「易有太極，是生兩儀」。既有兩儀，而四象，而八卦，以次生矣。孔子以太極指氣化之陰陽，承上文「明於天之道」言之，即所云「一陰一陽之謂道」，以兩儀、四象、八卦指易畫。後世儒者以兩儀爲陰陽，而求太極於陰陽之所由生，豈孔子之言乎！

問：宋儒之言形而上下，言道器，言太極兩儀，今據孔子贊易本文疏通證明之，洵於文義未協。其見於理氣之辨也，求之六經中無其文，故借太極、兩儀、形而上下之語以飾其說，以取信學者歟？

曰：舍聖人立言之本指，而以己說爲聖人所言，是誣聖；借其語以飾吾之說，以求取信，是欺學者也。誣聖欺學者，程、朱之賢不爲也。蓋其學借階於老、莊、釋氏，是故失之。凡習於先入之言，往往受其蔽而不自覺。在老、莊、釋氏就一身分言之，有形體，有神識〔一〕，而以神識爲本。推而上之，以神爲有天地之本，老氏云：「有物混成，先天地生。」又云：「道之爲物，惟恍惟忽。忽兮恍兮，其中有象；恍兮忽兮，其中有物。」釋氏書：「問：『如何是佛？』曰：『見性爲佛。』『如何是性？』曰：『作用爲性。』『如何是作用？』曰：『在目曰見，在耳曰聞，在鼻臭香，在口談論，在手執捉，在足運奔。徧見俱該法界，收攝在一微塵，識者知是佛性，不識喚作精魂。』」遂求諸無形無跡者爲實有，而視有形有跡爲幻。在宋儒以形氣神識同爲己之私，而理得於天。推而上之，於理氣截之分明，以理當其無形無跡之實有，而視有形有跡爲粗。益就彼之言而轉之，朱子辨釋氏云：「儒者以理爲不生不滅，釋氏以神識爲不生不滅。」因視氣曰「空氣」，陳安卿云：「二氣流行萬古，生生不息，不成只是空氣，必有主宰之者，理是也。」視心曰「性之郛郭」，邵子云：「心者，性之郛郭。」是彼別形神爲二本，而宅於空氣宅於郛郭者爲天地之神與人之神。此别理氣爲二本，朱子云：「天地之間，有理有氣。理也者，形而上之道也，生物之本也；氣也者，形而下之器也，生物之具也。是以人物之生，必禀此理然後有性也，禀此氣然後有形。」而宅於空氣、宅於郛郭者，爲天地之理與人之理。由考之六經、孔、孟，茫然不得所謂性與天道者，及從事老、莊、釋氏有年，覺彼之所指，獨遺夫理義而不言，是以觸於形而上下之云，太極兩儀之稱，頓然有悟，遂創爲理氣之辨，不復能詳審文義。其以理爲氣之主宰，如彼以神爲氣之主宰也。以理能生氣，如彼以神能生氣也。老氏云：「一生二，二生三，三生萬物。萬物負陰而抱陽，沖氣以爲和。」以理壞於形氣，無人欲之蔽則復其初，如彼以神受形而生，不以物欲累之則復其初也。皆改其所指神識者以指理，徒援彼例此，而實非得之於此。學者轉相傳述，適所以誣聖亂經。善夫韓退之氏曰：「學者必慎所道。道於楊、墨、老、莊、佛之學而欲之聖人之道，猶航斷港絶潢以望至於海也。」此宋儒之謂也。

性九條

性者，分於陰陽五行以爲血氣、心知、品物，區以别焉，舉凡既生以後所有之事，所具之能，所全之德，咸以是爲其本，故易曰「成之者性也」。氣化生人生物以後，各以類滋生久矣；然類之區别，千古如是也，循其故而已矣。在氣化曰陰陽，曰五行，而陰陽五行之成化也，雜糅萬變，是以及其流形，不特品物不同，雖一類之中又復不同。凡分形氣於父母，即爲分於陰陽五行，人物以類滋生，皆氣化之自然。中庸曰：「天命之謂性。」以生而限於天，故曰天命。大戴禮記曰：「分於道謂之命，形於一謂之性。」分於道者，分於陰陽五行也。一言乎分，則其限之於始，有偏全、厚薄、清濁、昏明之不齊，各隨所分而形於一，各成其性也。然性雖不同，大致以類爲之區別，故論語曰「性相近也」，此就人與人相近言之也。孟子曰：「凡同類者，舉相似也，何獨至於人而疑之！聖人與我同類者。」言同類之相似，則異類之不相似明矣；故詰告子「生之謂性」曰：「然則犬之性猶牛之性，牛之性猶人之性與」，明乎其必不可混同言之也。天道，陰陽五行而已矣；人物之性，咸分於道，成其各殊者而已矣。

問：論語言性相近，孟子言性善，自程子、朱子始別之，以爲截然各言一性，朱子於論語引程子云：「此言氣質之性，非言性之本也。若言其本，則性即是理。理無不善，孟子之言性善是也，何相近之有哉！」反取告子「生之謂性」之說爲合於孔子，程子云：「性一也，何以言相近？此止是言氣質之性，如俗言性急性緩之類。性安有緩急？此言性者，生之謂性也。」又云：「凡言性處，須看立意如何。且如言人性善，性之本也；生之謂性，論其所禀也。孔子言性相近，若論其本，豈可言相近？止論其所禀也。告子所云固是，爲孟子問他，他說便不是也。」創立名目曰「氣質之性」，而以理當孟子所謂善者爲生物之本，程子云：「孟子言性，當隨文看。

不以告子『生之謂性』爲不然者，此亦性也，被命受生之後謂之性耳，故不同。繼之曰『犬之性猶牛之性，牛之性猶人之性與』，然不害爲一。若乃孟子之言善者，乃極本窮源之性。」人與禽獸得之也同，程子所謂「不害爲一」，朱子於中庸「天命之謂性」釋之曰：「命，猶令也，性，即理也。天以陰陽五行化生萬物，氣以成形而理亦賦焉，猶命令也，於是人物之生，因各得其所賦之理以爲健順五常之德，所謂性也。」而致疑於孟子。朱子云：「孟子言『人所以異於禽獸者幾希』，不知人何故與禽獸異；又言『犬之性猶牛之性，牛之性猶人之性與』，不知人何故與牛犬異。此兩處似欠中間一轉語，須著說是『形氣不同故性亦少異』始得。恐孟子見得人性同處，自是分曉直截，却於這些子未甚察。」是謂性即理，於孟子且不可通矣，其不能通於易、論語固宜。孟子聞告子言「生之謂性」，則致詰之；程、朱之說，不幾助告子而議孟子歟？

曰：程子、朱子其初所講求者，老、莊、釋氏也。老、莊、釋氏自貴其神而外形體，顯背聖人，毀訾仁義。告子未嘗有神與形之別，故言「食色性也」，而亦尚其自然，故言「性無善無不善」，雖未嘗毀訾仁義，而以桮棬喻義，則是灾杞柳始爲桮棬，其指歸與老、莊、釋氏不異也。凡血氣之屬皆知懷生畏死，因而趨利避害；雖明闇不同，不出乎懷生畏死者同也。人之異於禽獸不在是。禽獸知母而不知父，限於知覺也；然愛其生之者及愛其所生，與雌雄牝牡之相愛，同類之不相噬，習處之不相齧，進乎懷生畏死矣。一私於身，一及於身之所親，皆仁之屬也。私於身者，仁其身也；及於身之所親者，仁其所親也；心知之發乎自然有如是。人之異於禽獸亦不在是。告子以自然爲性使之然，以義爲非自然，轉制其自然，使之强而相從，故言「仁，内也，非外也；義，外也，非内也」，立説之指歸，保其生而已矣。陸子静云：「惡能害心，善亦能害心。」此言實老、莊、告子、釋氏之宗指，貴其自然以保其生。誠見窮人欲而流於惡者適足害生，即慕仁義爲善，勞於問學，殫思竭慮，亦於生耗損，於此見定而心不動。其「生之謂性」之説如是也，豈得合於孔子哉！易、論語、孟子之書，其言性也，咸就其分於陰陽五行以成性爲言；成，則人與百物，偏全、厚薄、清濁、昏明限於所分者各殊，徒曰生而已矣，適同人於犬牛而不察其殊。朱子釋孟子有曰：「告子不知性之爲理，而以所謂氣者當之，蓋徒知知覺運動之蠢然者，人與物同，而不知仁義禮智之粹然者，人與物異也。」如其説，孟子但舉人物詰之可矣，又何分牛之性犬之性乎？犬與牛之異，非有仁義禮智之粹然者，不得謂孟子以仁義禮智詰告子明矣。在告子既以知覺運動爲性，使知覺運動之蠢然者人與物同，告子何不可直應之曰「然」？斯以見知覺運動之不可概人物，而目爲蠢然同也。凡有生，即不隔於天地之氣化。陰陽五行之運而不已，天地之氣化也，人物之生生本乎是，由其分而有之不齊，是以成性各殊。知覺運動者，統乎生之全言之也，由其成性各殊，是以本之以生，見乎知覺運動也亦殊。氣之自然潛運，飛潛動植皆同，此生生之機肖乎天地者也，而其本受之氣，與所資以養者之氣則不同。所資以養者之氣，雖由外而入，大致以本受之氣召之。五行有生克，遇其克之者則傷，甚則死，此可知性之各殊矣。本受之氣及所資以養者之氣，必相得而不相逆，斯外内爲一，其分於天地之氣化以生，本相得，不相逆也。氣運而形不動者，卉木是也；凡有血氣者，皆形能動者也。由其成性各殊，故形質各殊；則其形質之動而爲百體之用者，利用不利用亦殊。知覺云者，如寐而寤曰覺，心之所通曰知，百體皆能覺，而心之知覺爲大。凡相忘於習則不覺，見異焉乃覺。魚相忘於水，其非生於水者不能相忘於水也，則覺不覺亦有殊致矣。聞蟲鳥以爲候，聞鷄鳴以爲辰，彼之感而覺，覺而聲應之，又覺之殊致有然矣，無非性使然也。若夫鳥之反哺，雎鳩之有别，蜂蟻之知君臣，豺之祭獸，獺之祭魚，合於人之所謂仁義者矣，而各由性成。人則能擴充其知至於神明，仁義禮智無不全也。仁義禮智非他，心之明之所止也，知之極其量也。知覺運動者，人物之生；知覺運動之所以異者，人物之殊其性。孟子曰：「心之所同然者，謂理也，義也；聖人先得我心之所同然耳。」於義外之説必致其辨，言理義之爲性，非言性之爲理。性者，血氣心知本乎陰陽五行，人物莫不區以别焉是也，而理義者，人之心知，有思輒通，能不惑乎所行也。「孟子道性善，言必稱堯、舜」，非謂盡人生而堯、舜也，自堯、舜而下，其等差凡幾？則其氣禀固不齊，豈得謂非性有不同？然人之心知，於人倫日用，隨在而知惻隱，知羞惡，知恭敬辭讓，知是非，端緒可舉，此之謂性善。於其知惻隱，則擴而充之，仁無不盡；於其知羞惡，則擴而充之，義無不盡；於其知恭敬辭讓，則擴而充之，禮無不盡；於其知是非，則擴而充之，智無不盡。仁義禮智，懿德之目也。孟子言「今人乍見孺子將入井，皆有怵惕惻隱之心」，然則所謂惻隱、所謂仁者，非心知之外別「如有物焉藏於心」也，己知懷生而畏死，故怵惕於孺子之危，惻隱於孺子之死，使無懷生畏死之心，又焉有怵惕惻隱之心？推之羞惡、辭讓、是非亦然。使飲食男女與夫感於物而動者脱然無之，以歸於静，歸於一，又焉有羞惡，有辭讓，有是非？此可以明仁義禮智非他，不過懷生畏死，飲食男女，與夫感於物而動者之皆不可脱然無之，以歸於静，歸於一，而恃人之心知異於禽獸，能不惑乎所行，即爲懿德耳。古賢聖所謂仁義禮智，不求於所謂欲之外，不離乎血氣心知，而後儒以爲別如有物湊泊附著以爲性，由雜乎老、莊、釋氏之言，終昧於六經、孔、孟之言故也。孟子言「人無有不善」，以人之心知異於禽獸，能不惑乎所行之爲善。且其所謂善也，初非無等差之善，即孔子所云「相近」；孟子所謂「苟得其養，無物不長；苟失其養，無物不消」，所謂「求則得之，舍則失之；或相倍蓰而無算者，不能盡其才者也」，即孔子所云習至於相遠。不能盡其才，言不擴充其心知而長惡遂非也。彼悖乎禮義者，亦自知其失也，是人無有不善，以長惡遂非，故性雖善，不乏小人。孟子所謂「梏之反覆」，「違禽獸不遠」，即孔子所云「下愚之不移」。後儒未審其文義，遂彼此扞格。

孟子曰：「如使口之於味也，其性與人殊，若犬馬之與我不同類也，則天下何耆皆從易牙之於味也！」又言「動心忍性」，是孟子矢口言之，無非血氣心知之性。孟子言性，曷嘗自歧爲二哉！二之者，宋儒也。

問：凡血氣之屬皆有精爽，而人之精爽可進於神明。論語稱「上智與下愚不移」，此不待習而相遠者；雖習不足以移之，豈下愚之精爽與物等歟？

曰：生而下愚，其人難與言理義，由自絕於學，是以不移。然苟畏威懷惠，一旦觸於所畏所懷之人，啓其心而憬然覺寤，往往有之。苟悔而從善，則非下愚矣；加之以學，則日進於智矣。以不移定爲下愚，又往往在知善而不爲，知不善而爲之者，故曰不移，不曰不可移。雖古今不乏下愚，而其精爽幾與物等者，亦究異於物，無不可移也。

問：孟子之時，因告子諸人紛紛各立異說，故直以性善斷之；孔子但言相近，意在於警人慎習，非因論性而發，故不必直斷曰善歟？

曰：然。古賢聖之言至易知也。如古今之常語，凡指斥下愚者，矢口言之，每曰「此無人性」，稍舉其善端，則曰「此猶有人性」。以人性爲善稱，是不言性者，其言皆協於孟子，而言性者轉失之。無人性即所謂人見其禽獸也，有人性即相近也，善也。論語言相近，正見「人無有不善」；若不善，與善相反，其遠已縣絕，何近之有！分別性與習，然後有不善，而不可以不善歸性。凡得養失養及陷溺梏亡，咸屬於習。至下愚之不移，則生而蔽錮，其明善也難而流爲惡也易，究之性能開通，非不可移，視禽獸之不能開通亦異也。

問：孟子言性，舉仁義禮智四端，與孔子之舉智愚有異乎？

曰：人之相去，遠近明昧，其大較也，學則就其昧焉者牖之明而已矣。人雖有智有愚，大致相近，而智愚之甚遠者蓋鮮。智愚者，遠近等差殊科，而非相反；善惡則相反之名，非遠近之名。知人之成性，其不齊在智愚，亦可知任其愚而不學不思乃流爲惡。愚非惡也，人無有不善明矣。舉智而不及仁、不及禮義者，智於天地、人物、事爲咸足以知其不易之則，仁有不至，禮義有不盡，可謂不易之則哉？發明孔子之道者，孟子也，無異也。

問：孟子言性善，門弟子如公都子已列三說，茫然不知性善之是而三說之非。荀子在孟子後，直以爲性惡，而伸其崇禮義之說。荀子既知崇禮義，與老子言「禮者忠信之薄而亂之首」及告子「外義」，所見懸殊；又聞孟子性善之辨，於孟子言「聖人先得我心之所同然」亦必聞之矣，而猶與之異，何也？

曰：荀子非不知人之可以爲聖人也，其言性惡也，曰：「塗之人可以爲禹。」「塗之人者，皆内可以知父子之義，外可以知君臣之正。」「其可以知之質，可以能之具，在塗之人，其可以爲禹明矣。」「使塗之人伏術爲學，專心一志，思索孰察，加日縣久，積善而不息，則通於神明，參於天地矣。故聖人者，人之所積而致(也)〔矣〕。」「聖可積而致，然而皆不可積，何也？」「可以而不可使也。」「塗之人可以爲禹則然，塗之人能爲禹，未必然也；雖不能〔爲〕禹，無害可以爲禹。」此於性善之説不惟不相悖，而且若相發明。終斷之曰：「足可以偏行天下，然而未嘗有能偏行天下者也。」「能不能之與可不可，其不(可)同遠矣〔二〕。」蓋荀子之見，歸重於學，而不知性之全體。其言出於尊聖人，出於重學崇禮義。首之以勸學篇，有曰：「誦數以貫之，思索以通之，爲其人以處之，除其害者以持養之。」又曰：「積善成德，神明自得，聖心備焉。」荀子之善言學如是。且所謂通於神明，參於天地者，又知禮義之極致，聖人與天地合其德在是，聖人復起，豈能易其言哉！而於禮義與性，卒視若閡隔不可通。以聖人異於常人，以禮義出於聖人之心，常人學然後能明禮義，若順其性之自然，則生爭奪；以禮義爲制其性，去爭奪者也，因性惡而加矯揉之功，使進於善，故貴禮義；苟順其自然而無爭奪，安用禮義爲哉！又以禮義雖人皆可以知，可以能，聖人雖人之可積而致，然必由於學。弗學而能，乃屬之性；學而後能，弗學雖可以而不能，不得屬之性。此荀子立説之所以異於孟子也。

問：荀子於禮義與性視若閡隔而不可通，其蔽安在？今何以決彼之非而信孟子之是？

曰：荀子知禮義爲聖人之教，而不知禮義亦出於性；知禮義爲明於其必然，而不知必然乃自然之極則，適以完其自然也。就孟子之書觀之，明理義之爲性，舉仁義禮智以言性者，以爲亦出於性之自然，人皆弗學而能，學以擴而充之耳。荀子之重學也，無於内而取於外；孟子之重學也，有於内而資於外。夫資於飲食，能爲身之營衛血氣者，所資以養者之氣，與其身本受之氣，原於天地非二也。故所資雖在外，能化爲血氣以益其内，未有内無本受之氣，與外相得而徒資焉者也。問學之於德性亦然。有己之德性，而問學以通乎古賢聖之德性，是資於古賢聖所言德性埤益己之德性也。冶金若水，而不聞以金益水，以水益金，豈可云己本無善，己無天德，而積善成德，如罍之受水哉！以是斷之，荀子之所謂性，孟子非不謂之性，然而荀子舉其小而遺其大也，孟子明其大而非舍其小也。

問：告子言「生之謂性」，言「性無善無不善」，言「食色性也，仁内義外」，朱子以爲同於釋氏；朱子云：「生，指人物之所以知覺運動者而言，與近世佛氏所謂『作用是性』者略相似。」又云：「告子以人之知覺運動者爲性，故言人之甘食悦色者即其性。」其「杞柳」、「湍水」之喻，又以爲同於荀、楊；朱子於「杞柳」之喻云：「如荀子性惡之説。」於「湍水」之喻云：「近於楊子善惡混之説。」然則荀、楊亦與釋氏同歟？

曰：否。荀、楊所謂性者，古今同謂之性，即後儒稱爲「氣質之性」者也，但不當遺理義而以爲惡耳。在孟子時，則公都子引或曰「性可以爲善，可以爲不善」，或曰「有性善，有性不善」，言不同而所指之性同。荀子見於聖人生而神明者，不可概之人人，其下皆學而後善，順其自然則流於惡，故以惡加之；論似偏，與「有性不善」合，然謂禮義爲聖心，是聖人之性獨善，實兼公都子兩引「或曰」之說。楊子見於長善則爲善人，長惡則爲惡人，故曰「人之性也善惡混」，又曰「學則正，否則邪」，與荀子論斷似參差而匪異。韓子言，「性之品有上中下三，上焉者善焉而已矣，中焉者可導而上下也，下焉者惡焉而已矣」，此即公都子兩引「或曰」之說會通爲一。朱子云：「氣質之性固有美惡之不同矣，然以其初而言，皆不甚相遠也，但習於善則善，習於惡則惡，於是始相遠耳。」「人之氣質，相近之中又有美惡，一定，而非習之所能移也。」直會通公都子兩引「或曰」之說解論語矣。程子云：「有自幼而善，有自幼而惡，是氣稟有然也。善固性也，然惡亦不可不謂之性也。」朱子語類：「問：『惡是氣稟，如何云亦不可不謂之性？』曰：『既是氣稟，惡便牽引得那性不好。蓋性止是搭附在氣稟上，既是氣稟不好，便和那性壞了。』」又云：「如水爲泥沙所混，不成不喚做水。」此與「有性善，有性不善」合，而於「性可以爲善，可以爲不善」亦未嘗不兼；特彼仍其性之名，此別之曰氣稟耳。程子又云：「『人生而靜』以上不容說，纔說性時，便已不是性也。」朱子釋之云：「『人生而靜』以上是人物未生時，止可謂之理，未可名爲性，所謂『在天曰命』也。纔說性時便是人生以後，此理已墮在形氣中，不全是性之本體矣。所謂『在人曰性』也。」據樂記，「人生而靜」與「感於物而動」對言之，謂方其未感，非謂人物未生也。中庸「天命之謂性」，謂氣禀之不齊，各限於生初，非以理爲在天在人異其名也。況如其説。是孟子乃追遡人物未生，未可名性之時而曰性善；若就名性之時，已是人生以後，已墮在形氣中，安得斷之曰善？由是言之，將天下古今惟上聖之性不失其性之本體，自上聖而下，語人之性，皆失其性之本體。人之爲人，舍氣禀氣質，將以何者謂之人哉？是孟子言人無有不善者，程子、朱子言人無有不惡，其視理儼如有物，以善歸理，雖顯遵孟子性善之云，究之孟子就人言之者，程、朱乃離人而空論夫理，故謂孟子「論性不論氣不備」。若不視理如有物，而其見於氣質不善，卒難通於孟子之直斷曰善。宋儒立説，似同於孟子而實異，似異於荀子而實同也。孟子不曰「性無有不善」，而曰「人無有不善」。性者，飛潛動植之通名；性善者，論人之性也。如飛潛動植，舉凡品物之性，皆就其氣類别之。人物分於陰陽五行以成性，舍氣類，更無性之名。醫家用藥，在精辨其氣類之殊。不别其性，則能殺人。使曰「此氣類之殊者已不是性」，良醫信之乎？試觀之桃與杏：取其核而種之，萌芽甲坼，根幹枝葉，爲華爲實，形色臭味，桃非杏也，杏非桃也，無一不可區别。由性之不同，是以然也。其性存乎核中之白，即俗呼桃仁、杏仁者。形色臭味無一或闕也。凡植禾稼卉木，畜鳥獸蟲魚，皆務知其性。知其性者，知其氣類之殊，乃能使之碩大蕃滋也。何獨至於人而指夫分於陰陽五行以成性者，曰「此已不是性也」，豈其然哉？自古及今，統人與百物之性以爲言，氣類各殊是也。專言乎血氣之倫，不獨氣類各殊，而知覺亦殊。人以有禮義，異於禽獸，實人之知覺大遠乎物則然，此孟子所謂性善。而荀子視禮義爲常人心知所不及，故别而歸之聖人。程子、朱子見於生知安行者罕睹，謂氣質不得概之曰善，荀、楊之見固如是也。特以如此則悖於孟子，故截氣質爲一性，言君子不謂之性；截理義爲一性，别而歸之天，以附合孟子。其歸之天不歸之聖人者，以理爲人與我。是理者，我之本無也，以理爲天與我，庶幾湊泊附著，可融爲一。是借天爲說，聞者不復疑於本無，遂信天與之得爲本有耳。彼荀子見學之不可以已，非本無，何待於學？而程子、朱子亦見學之不可以已，其本有者，何以又待於學？故謂「爲氣質所污壞」，以便於言本有者之轉而如本無也。於是性之名移而加之理，而氣化生人生物，適以病性。性譬水之清，因地而污濁，程子云：「有流而至海，終無所污，此何煩人力之爲也；有流而未遠，固已漸濁；有出而甚遠，方有所濁。有濁之多者，有濁之少者，清濁雖不同，然不可以濁者不爲水也。如此，則人不可以不加澄治之功。故用力敏勇，則疾清；用力緩怠，則遲清。及其清也，則却止，是元初水也，亦不是將清來换却濁，亦不是取出濁來置在一隅也。水之清，則性善之謂也。」不過從老、莊、釋氏所謂真宰真空者之受形以後，昏昧於欲，而改變其說。特彼以真宰真空爲我，形體爲非我，此仍以氣質爲我，難言性爲非我，則惟歸之天與我而後可謂之我有，亦惟歸之天與我而後可爲完全自足之物，斷之爲善，惟使之截然别於我，而後雖天與我完全自足，可以咎我之壞之而待學以復之，以水之清喻性，以受污而濁喻性墮於形氣中污壞，以澄之而清喻學。水靜則能清，老、莊、釋氏之主於無欲，主於靜寂是也。因改變其説爲主敬，爲存理，依然釋氏教人認本來面目，教人常惺惺之法。若夫古賢聖之由博學、審問、慎思、明辨、篤行以擴而充之者，豈徒澄清已哉？程子、朱子於老、莊、釋氏既入其室，操其矛矣，然改變其言，以爲六經、孔、孟如是，按諸荀子差近之，而非六經、孔、孟也。

問：孟子曰：「口之於味也，目之於色也，耳之於聲也，鼻之於臭也，四肢之於安佚也，性也，有命焉，君子不謂性也；仁之於父子也，義之於君臣也，禮之於賓主也，智之於賢者也，聖人之於天道也，命也，有性焉，君子不謂命也。」宋儒以氣質之性非性，其説本此。張子云：「形而後有氣質之性；善反之，則天地之性存焉。故氣質之性，君子有弗性者焉。」程子云：「論性不論氣，不備；論氣不論性，不明。」在程、朱以理當孟子之所謂善者，而譏其未備。朱子云：「孟子説性善，是論性不論氣。荀、楊而下是論氣不論性。孟子終是未備，所以不能杜絶荀、楊之口。然不備，但少欠耳；不明，則大害矣。」然於聲色、臭味、安佚之爲性，不能謂其非指氣質，則以爲據世之人云爾；朱子云：「世之人以前五者爲性，以後五者爲命。」於性相近之言，不能謂其非指氣質，是世之人同於孔子，而孟子别爲異説也。朱子答門人云：「氣質之説，起於張、程。韓退之原性中説『三品』，但不曾分明説是氣質之性耳；孟子謂性善，但説得本原處，下面不曾說得氣質之性，所以亦費分疏；諸子說性惡與善惡混；使張、程之說早出，則許多說話自不用紛争。」是又以荀、楊、韓同於孔子。至告子亦屢援性相近以證其生之謂性之說，將使告子分明說是氣質之性，孟子不得而辯之矣；孔子亦未云氣質之性，豈猶夫告子，猶夫荀、楊之論氣不論性不明歟？程子深訾荀、楊不識性，程子云：「荀子極偏駁，止一句性惡，大本已失；楊子雖少過，然亦不識性，便說甚道。」以自伸其謂性即理之異於荀、楊。獨性相近一言見論語，程子雖曰「理無不善，何相近之有」，而不敢以與荀、楊同譏，苟非孔子之言，將譏其人不識性矣。今以孟子與孔子同，程、朱與荀、楊同，孔、孟皆指氣稟氣質，而人之氣稟氣質異於禽獸，心能開通，行之不失，即謂之理義；程、朱以理爲如有物焉，實雜乎老、莊、釋氏之言。然則程、朱之學殆出老、釋而入荀、楊，其所謂性，非孔、孟之所謂性，其所謂氣質之性，乃荀、楊之所謂性歟？

曰：然。人之血氣心知，原於天地之化者也。有血氣，則所資以養其血氣者，聲、色、臭、味是也。有心知，則知有父子，有昆弟，有夫婦，而不止於一家之親也，於是又知有君臣，有朋友；五者之倫，相親相治，則隨感而應爲喜、怒、哀、樂。合聲、色、臭、味之欲，喜、怒、哀、樂之情，而人道備。「欲」根於血氣，故曰性也，而有所限而不可踰，則命之謂也。仁義禮智之懿不能盡人如一者，限於生初，所謂命也，而皆可以擴而充之，則人之性也。謂猶云「藉口於性」耳〔三〕；君子不藉口於性以逞其欲，不藉口於命之限之而不盡其材。後儒未詳審文義，失孟子立言之指。不謂性非不謂之性，不謂命非不謂之命。由此言之，孟子之所謂性，即口之於味、目之於色、耳之於聲、鼻之於臭、四肢於安佚之爲性；所謂人無有不善，即能知其限而不踰之爲善，即血氣心知能底於無失之爲善；所謂仁義禮智，即以名其血氣心知，所謂原於天地之化者之能協於天地之德也。此荀、楊之所未達，而老、莊、告子、釋氏昧焉而妄爲穿鑿者也。

校注

〔一〕神識　佛教用語。即不生不滅的精神。

〔二〕可　據十三經注疏本孟子删。

〔三〕中華本注：「『謂』下疑脱『性』字。」

孟子字義疏證卷下

才三條

才者，人與百物各如其性以爲形質，而知能遂區以别焉，孟子所謂「天之降才」是也。氣化生人生物，據其限於所分而言謂之命，據其爲人物之本始而言謂之性，據其體質而言謂之才。由成性各殊，故才質亦殊。才質者，性之所呈也；舍才質安睹所謂性哉！以人物譬之器，才則其器之質也；分於陰陽五行而成性各殊，則才質因之而殊。猶金錫之在冶，冶金以爲器，則其器金也；冶錫以爲器，則其器錫也；品物之不同如是矣。從而察之，金錫之精良與否，其器之爲質，一如乎所冶之金錫，一類之中又復不同如是矣。爲金爲錫，及其金錫之精良與否，性之喻也；其分於五金之中，而器之所以爲器即於是乎限，命之喻也；就器而别之，孰金孰錫，孰精良與孰否，才之喻也。故才之美惡，於性無所增，亦無所損。夫金錫之爲器，一成而不變者也；人又進乎是。自聖人而下，其等差凡幾？或疑人之才非盡精良矣，而不然也。猶金之五品，而黄金爲貴，雖其不美者，莫與之比貴也，況乎人皆可以爲賢爲聖也！　後儒以不善歸氣禀；孟子所謂性，所謂才，皆言乎氣禀而已矣。其禀受之全，則性也；其體質之全，則才也。禀受之全，無可據以爲言；如桃杏之性，全於核中之白，形色臭味，無一弗具，而無可見，及萌芽甲坼，根幹枝葉，桃與杏各殊；由是爲華爲實，形色臭味無不區以別者，雖性則然，皆據才見之耳。成是性，斯爲是才。別而言之，曰命，曰性，曰才；合而言之，是謂天性。故孟子曰：「形色，天性也，惟聖人然後可以踐形。」人物成性不同，故形色各殊。人之形，官器利用大遠乎物，然而於人之道不能無失，是不踐此形也；猶言之而行不逮，是不踐此言也。踐形之與盡性，盡其才，其義一也。

問：孟子答公都子曰：「乃若其情，則可以爲善矣，乃所謂善也。若夫爲不善，非才之罪也。」朱子云：「情者，性之動也。」又云：「惻隱、羞惡、辭讓、是非，情也；仁義禮智，性也。心，統性情者也，因其情之發，而性之本然可得而見。」夫公都子問性，列三說之與孟子言性善異者，乃舍性而論情，偏舉善之端爲證。彼荀子之言性惡也，曰：「今人之性，生而有好利焉，順是，故争奪生而辭讓亡焉；生而有疾惡焉，順是，故殘賊生而忠信亡焉；生而有耳目之欲，有好聲色焉，順是，故淫亂生而禮義文理亡焉。然則從人之性，順人之情，必出於争奪，合於犯分亂理而歸於暴。故必將有師法之化，禮義之導，然後出於辭讓，合於文理而歸於治。用此觀之，然則人之性惡明矣。」是荀子證性惡，所舉者亦情也，安見孟子之得而荀子之失歟？

曰：人生而後有欲，有情，有知，三者，血氣心知之自然也。給於欲者，聲色臭味也，而因有愛畏；發乎情者，喜怒哀樂也，而因有慘舒；辨於知者，美醜是非也，而因有好惡。聲色臭味之欲，資以養其生；喜怒哀樂之情，感而接於物；美醜是非之知，極而通於天地鬼神。聲色臭味之愛畏以分，五行生克爲之也；喜怒哀樂之慘舒以分，時遇順逆爲之也；美醜是非之好惡以分，志慮從違爲之也；是皆成性然也。有是身，故有聲色臭味之欲；有是身，而君臣、父子、夫婦、昆弟、朋友之倫具，故有喜怒哀樂之情。惟有欲有情而又有知，然後欲得遂也，情得達也。天下之事，使欲之得遂，情之得達，斯已矣。惟人之知，小之能盡美醜之極致，大之能盡是非之極致。然後遂己之欲者，廣之能遂人之欲；達己之情者，廣之能達人之情。道德之盛，使人之欲無不遂，人之情無不達，斯已矣。欲之失爲私，私則貪邪隨之矣；情之失爲偏，偏則乖戾隨之矣；知之失爲蔽，蔽則差謬隨之矣。不私，則其欲皆仁也，皆禮義也；不偏，則其情必和易而平恕也；不蔽，則其知乃所謂聰明聖智也。孟子舉惻隱、羞惡、辭讓、是非之心謂之心，不謂之情。首云「乃若其情」，非性情之情也。孟子不又云乎：「人見其禽獸也，而以爲未嘗有才焉，是豈人之情也哉！」情，猶素也，實也。孟子於性，本以爲善，而此云「則可以爲善矣」。可之爲言，因性有等差而斷其善，則未見不可也。下云「乃所謂善也」，對上「今曰性善」之文；繼之云，「若夫爲不善，非才之罪也」。爲，猶成也，卒之成爲不善者，陷溺其心，放其良心，至於梏亡之盡，違禽獸不遠者也；言才則性見，言性則才見，才於性無所增損故也。人之性善，故才亦美，其往往不美，未有非陷溺其心使然，故曰「非天之降才爾殊」。才可以始美而終於不美，由才失其才也，不可謂性始善而終於不善。性以本始言，才以體質言也。體質戕壞，究非體質之罪，又安可咎其本始哉！倘如宋儒言「性即理」，言「人生以後，此理已墮在形氣之中」，不全是性之本體矣。以孟子言性於陷溺梏亡之後，人見其不善，猶曰「非才之罪」者，宋儒於「天之降才」即罪才也。

問：天下古今之人，其才各有所近。大致近於純者，慈惠忠信，謹（原）〔厚〕和平，見善則從而恥不善；近於清者，明達廣大，不惑於疑似，不滯於習聞，其取善去不善亦易。此或不能相兼，皆才之美者也。才雖美，猶往往不能無偏私。周子言性云：「剛：善爲義，爲直，爲斷，爲嚴毅，爲榦固；惡爲猛，爲隘，爲强梁。柔：善爲慈，爲順，爲巽；惡爲懦弱，爲無斷，爲邪佞。」而以「聖人然後協於中」，此亦就才見之而明舉其惡。程子云：「性無不善，而有不善者才也。性即理，理則自堯、舜至於塗人，一也。才禀於氣，氣有清濁，禀其清者爲賢，禀其濁者爲愚。」此以不善歸才，而分性與才爲二本。朱子謂其密於孟子，朱子云：

「程子此説才字，與孟子本文小異。蓋孟子專指其發於性者言之，故以爲才無不善；程子專指其稟於氣者言之，則人之才固有昏明强弱之不同矣。二説雖殊，各有所當；然以事理考之，程子爲密。」猶之譏孟子「論性不論氣，不備」，皆足證宋儒雖尊孟子，而實相與齟齬。然如周子所謂惡者，豈非才之罪歟？

曰：此偏私之害，不可以罪才，尤不可以言性。「孟子道性善」，成是性斯爲是才，性善則才亦美，然非無偏私之爲善爲美也。人之初生，不食則死；人之幼稚，不學則愚；食以養其生，充之使長；學以養其良，充之至於賢人聖人；其故一也。才雖美，譬之良玉，成器而寶之，氣澤日親，久能發其光，可寶加乎其前矣；剥之蝕之，委棄不惜，久且傷壞無色，可寶減乎其前矣。又譬之人物之生，皆不病也，其後百病交侵，若生而善病者。或感於外而病，或受損於内身之陰陽五氣勝負而病；指其病則皆發乎其體，而曰天與以多病之體，不可也。如周子所稱猛隘、强梁、懦弱、無斷、邪佞，是摘其才之病也；才雖美，失其養則然。孟子豈未言其故哉？因於失養，不可以是言人之才也。夫言才猶不可，况以是言性乎！

道四條

人道，人倫日用身之所行皆是也。在天地，則氣化流行，生生不息，是謂道；在人物，則凡生生所有事，亦如氣化之不可已，是謂道。易曰：「一陰一陽之謂道。繼之者，善也；成之者，性也。」言由天道以有人物也。大戴禮記曰：「分於道謂之命，形於一謂之性。」言人物分於天道，是以不齊也。中庸曰：「天命之謂性，率性之謂道。」言日用事爲，皆由性起，無非本於天道然也。中庸又曰：「君臣也，父子也，夫婦也，昆弟也，朋友之交也，五者，天下之達道也。」言身之所行，舉凡日用事爲，其大經不出乎五者也。孟子稱「契爲司徒，教以人倫：父子有親，君臣有義，夫婦有別，長幼有序，朋友有信」，此即中庸所言「修道之謂教」也。曰性，曰道，指其實體實事之名；曰仁，曰禮，曰義，稱其純粹中正之名。人道本於性，而性原於天道。天地之氣化流行不已，生生不息。然而生於陸者，入水而死；生於水者，離水而死；生於南者，習於温而不耐寒；生於北者，習於寒而不耐温：此資之以爲養者，彼受之以害生。「天地之大德曰生」，物之不以生而以殺者，豈天地之失德哉！故語道於天地，舉其實體實事而道自見，「一陰一陽之謂道」，「立天之道曰陰與陽，立地之道曰柔與剛」是也。人之心知有明闇，當其明則不失，當其闇則有差謬之失。故語道於人，人倫日用，咸道之實事，「率性之謂道」，「修身以道」，「天下之達道五」是也。此所謂道，不可不修者也，「修道以仁」及「聖人修之以爲教」是也。其純粹中正，則所謂「立人之道曰仁與義」，所謂「中節之爲達道」是也。中節之爲達道，純粹中正，推之天下而準也；君臣、父子、夫婦、昆弟、朋友之交，五者爲達道，但舉實事而已。智仁勇以行之，而後純粹中正。然而即謂之達道者，達諸天下而不可廢也。易言天道而下及人物，不徒曰「成之者性」，而先曰「繼之者善」，繼謂人物於天地其善固繼承不隔者也；善者，稱其純粹中正之名；性者，指其實體實事之名。一事之善，則一事合於天；成性雖殊而其善也則一。善，其必然也；性，其自然也；歸於必然，適完其自然，此之謂自然之極致，天地人物之道於是乎盡。在天道不分言，而在人物，分言之始明。易又曰：「仁者見之謂之仁，智者見之謂之智，百姓日用而不知，故君子之道鮮矣。」言限於成性而後，不能盡斯道者衆也。

問：宋儒於命、於性、於道，皆以理當之，故云「道者，日用事物當行之理」。既爲當行之理，則於修道不可通，故云「修，品節之也」；而於「修身以道，修道以仁」兩修字不得有異，但云「能仁其身」而不置解。於「達道五」，舉孟子所稱「教以人倫」者實之，其失中庸之本指甚明。中庸又言「道也者，不可須臾離也」，朱子以此爲存理之說，「不使離於須臾之頃」。王文成云：「養德養身，止是一事。果能戒慎不睹，恐懼不聞，而專志於是，則神住，氣住，精住，而仙家所謂『長生久視』之說，亦在其中矣。」又云：「佛氏之『常惺惺』，亦是『常存他本來面目』耳。」程子、朱子皆求之於釋氏有年，如王文成之言，乃其初所從事，後轉其說，以「常存本來面目」者爲「常存天理」，故於「常惺惺」之云無所改，反以「戒慎恐懼」四字爲失之重。朱子云：「心既常惺惺，而以規矩繩檢之，此内外相養之道也。」又云：「著『戒慎恐懼』四字，已是壓得重了，要之止略綽提撕，令自省覺便是。」然則中庸言「道不可離」者，其解可得聞歟？

曰：出於身者，無非道也，故曰「不可須臾離，可離非道」；「可」如「體物而不可遺」之可。凡有所接於目而睹，人亦知戒慎其儀容也；有所接於耳而聞，人亦知恐懼夫愆失也。無接於目接於耳之時，或惰慢矣；惰慢之身，即不得謂之非失道。道者，居處、飲食、言動，自身而周於身之所親，無不該焉也，故曰「修身以道」；道之責諸身，往往易致差謬，故又曰「修道以仁」。此由修身而推言修道之方，故舉仁義禮以爲之準則；下言達道而歸責行之之人，故舉智、仁、勇以見其能行。「修道以仁」，因及義，因又及禮，而不言智，非遺智也，明乎禮義即智也。「智仁勇三者，天下之達德」，而不言義禮，非遺義遺禮也，智所以知義，所以知禮也。仁義禮者，道於是乎盡也；智仁勇者，所以能盡道也。故仁義禮無等差，而智仁勇存乎其人，有「生知安行」、「學知利行」、「困知勉行」之殊。古賢聖之所謂道，人倫日用而已矣，於是而求其無失，則仁義禮之名因之而生。非仁義禮有加於道也，於人倫日用行之無失，如是之謂仁，如是之謂義，如是之謂禮而已矣。宋儒合仁義禮而統謂之理，視之「如有物焉，得於天而具於心」，因以此爲「形而上」，爲「沖漠無朕」；以人倫日用爲「形而下」，爲「萬象紛羅」。蓋由老、莊、釋氏之舍人倫日用而別有所（貴）〔謂〕道，遂轉之以言夫理。在天地，則以陰陽不得謂之道，在人物，則以氣稟不得謂之性，以人倫日用之事不得謂之道。六經、孔、孟之言，無與之合者也。

問：中庸曰：「道之不行也，我知之矣，智者過之，愚者不及也；道之不明也，我知之矣，賢者過之，不肖者不及也。」朱子於「智者」云，「知之過，以道爲不足行」；於「賢者」云，「行之過，以道爲不足知」。既謂之道矣，以爲不足行，不足知，必無其人。彼智者之所知，賢者之所行，又何指乎？中庸以道之不行屬智愚，不屬賢不肖；以道之不明屬賢不肖，不屬智愚；其意安在？

曰：智者自負其不惑也，往往行之多謬；愚者之心惑闇，宜乎動輒愆失。賢者自信其出於正不出於邪，往往執而鮮通；不肖者陷溺其心，雖睹夫事之宜，而長惡遂非與不知等。然智愚賢不肖，豈能越人倫日用之外者哉？故曰：「人莫不飲食也，鮮能知味也。」飲食，喻人倫日用；知味，喻行之無失；使舍人倫日用以爲道，是求知味於飲食之外矣。就人倫日用，舉凡出於身者求其不易之則，斯仁至義盡而合於天。人倫日用，其物也；曰仁，曰義，曰禮，其則也。專以人倫日用，舉凡出於身者謂之道，故曰「修身以道，修道以仁」，分物與則言之也；中節之爲達道，中庸之爲道，合物與則言也。

問：顏淵喟然歎曰：「仰之彌高，鑽之彌堅，瞻之在前，忽焉在後。」公孫丑曰：「道則高矣美矣，宜若登天然，似不可及也；何不使彼爲可幾及而日孳孳也？」今謂人倫日用舉凡出於身者謂之道，但就此求之，得其不易之則可矣，何以茫然無據又若是歟？

曰：孟子言「夫道若大路然，豈難知哉」，謂人人由之。如爲君而行君之事，爲臣而行臣之事，爲父爲子而行父之事、行子之事，皆所謂道也。君不止於仁，則君道失；臣不止於敬，則臣道失；父不止於慈，則父道失；子不止於孝，則子道失；然則盡君道、臣道、父道、子道，非智仁勇不能也。質言之，曰「達道」，曰「達德」；精言之，則全乎智仁勇者，其盡君道、臣道、父道、子道，舉其事而亦不過謂之道。故中庸曰：「大哉聖人之道！洋洋乎，發育萬物，峻極於天！優優大哉！禮儀三百，威儀三千，待其人而後行。」極言乎道之大如是，豈出人倫日用之外哉！以至道歸之至德之人，豈下學所易窺測哉！今以學於聖人者，視聖人之語言行事，猶學弈於弈秋者，莫能測弈秋之巧也，莫能遽幾及之也。顏子之言又曰：「夫子循循然善誘人，博我以文，約我以禮。」中庸詳舉其目，曰博學、審問、慎思、明辨、篤行，而終之曰：「果能此道矣，雖愚必明，雖柔必强。」蓋循此道以至乎聖人之道，實循此道以日增其智，日增其仁，日增其勇也，將使智仁勇齊乎聖人。其日增也，有難有易，譬之學一技一能，其始日異而月不同；久之，人不見其進矣；又久之，己亦覺不復能進矣；人雖以國工許之，而自知未至也。顏子所以言「欲罷不能，既竭吾才，如有所立卓爾，雖欲從之，末由也已」，此顏子之所至也。

仁義禮智 二條

仁者，生生之德也；「民之質矣，日用飲食」，無非人道所以生生者。一人遂其生，推之而與天下共遂其生，仁也。言仁可以賅義，使親愛長養不協於正大之情，則義有未盡，亦即爲仁有未至。言仁可以賅禮，使無親疏上下之辨，則禮失而仁亦未爲得。且言義可以賅禮，言禮可以賅義；先王之以禮教，無非正大之情；君子之精義也，斷乎親疏上下，不爽幾微。而舉義舉禮，可以賅仁，又無疑也。舉仁義禮可以賅智，智者，知此者也。易曰：「立人之道，曰仁與義。」而中庸曰：「仁者，人也，親親爲大；義者，宜也，尊賢爲大；親親之殺，尊賢之等，禮所生也。」益之以禮，所以爲仁至義盡也。語德之盛者，全乎智仁而已矣，而中庸曰：「智仁勇三者，天下之達德也。」益之以勇，蓋德之所以成也。就人倫日用，究其精微之極致，曰仁，曰義，曰禮，合三者以斷天下之事，如權衡之於輕重，於仁無憾，於禮義不愆，而道盡矣。若夫德性之存乎其人，則曰智，曰仁，曰勇，三者，才質之美也，因才質而進之以學，皆可至於聖人。自人道溯之天道，自人之德性溯之天德，則氣化流行，生生不息，仁也。由其生生，有自然之條理，觀於條理之秩然有序，可以知禮矣；觀於條理之截然不可亂，可以知義矣。在天爲氣化之生生，在人爲其生生之心，是乃仁之爲德也；在天爲氣化推行之條理，在人爲其心知之通乎條理而不紊，是乃智之爲德也。惟條理，是以生生；條理苟失，則生生之道絶。凡仁義對文及智仁對文，皆兼生生、條理而言之者也。

問：論語言「主忠信」，言「禮與其奢也寧儉，喪與其易也寧戚」；子夏聞「繪事後素」，而曰「禮後乎」；朱子云「禮以忠信爲質」，引記稱「忠信之人，可以學禮」證之；老氏直言「禮者，忠信之薄，而亂之首」，指歸幾於相似。然論語又曰：「十室之邑，必有忠信如丘者焉，不如丘之好學也。」曰：「克己復禮爲仁。」中庸於禮，以「知天」言之。孟子曰：「動容周旋中禮，盛德之至也。」重學重禮如是，忠信又不足言，何也？

曰：禮者，天地之條理也，言乎條理之極，非知天不足以盡之。即儀文度數，亦聖人見於天地之條理，定之以爲天下萬世法。禮之設所以治天下之情，或裁其過，或勉其不及，俾知天地之中而已矣。至於人情之漓，猶飾於貌，非因飾貌而情漓也，其人情漸漓而徒以飾貌爲禮也，非惡其飾貌，惡其情漓耳。禮以治其儉陋，使化於文；喪以治其哀戚，使遠於直情而徑行。情漓者馳騖於奢與易，不若儉戚之於禮，雖不足，猶近乎制禮所起也，故以答林放問禮之本。「忠信之人，可以學禮」，言質美者進之於禮，無飾貌情漓之弊，忠信乃其人之質美，猶曰「苟非其人，道不虚行」也。至若老氏，因俗失而欲併禮去之，意在還淳反樸，究之不能必天下盡歸淳樸，其生而淳樸者，直情徑行；流於惡薄者，肆行無忌，是同人於禽獸，率天下而亂者也。君子行禮，其爲忠信之人固不待言；而不知禮，則事事爽其條理，不足以爲君子。林放問「禮之本」，子夏言「禮後」，皆重禮而非輕禮也。詩言「素以爲絢」，「素」以喻其人之嫺於儀容；上云「巧笑倩」、「美目盼」者，其美乃益彰，是之謂「絢」；喻意深遠，故子夏疑之。「繪事後素」者，鄭康成云：「凡繪畫，先布衆色，然後以素分布其間以成文。」何平叔景福殿賦所謂「班間布白，疏密有章」，蓋古人畫繪定法。其注考工記「凡畫繢之事後素功」云：「素，白采也；後布之，爲其易漬污也。」是素功後施，始五采成章爛然，貌既美而又嫺於儀容，乃爲誠美，「素以爲絢」之喻昭然矣。子夏觸於此言，不特於詩無疑，而更知凡美質皆宜進之以禮，斯君子所貴。若謂子夏後禮而先忠信則見於禮，亦如老氏之僅僅指飾貌情漓者所爲，與林放以飾貌情漓爲俗失者，意指懸殊，孔子安得許之？忠信由於質美，聖賢論行，固以忠信爲重，然如其質而見之行事，苟學不足，則失在知，而行因之謬，雖其心無弗忠弗信，而害道多矣。行之差謬，不能知之，徒自期於心無愧者，其人忠信而不好學，往往出於此，此可以見學與禮之重矣。

誠二條

誠，實也。據中庸言之，所實者，智仁勇也；實之者，仁也，義也，禮也。由血氣心知而語於智仁勇，非血氣心知之外別有智，有仁，有勇以予之也。就人倫日用而語於仁，語於禮義，舍人倫日用，無所謂仁，所謂義，所謂禮也。血氣心知者，分於陰陽五行而成性者也，故曰「天命之謂性」；人倫日用，皆血氣心知所有事，故曰「率性之謂道」。全乎智仁勇者，其於人倫日用，行之而天下睹其仁，睹其禮義，善無以加焉，「自誠明」者也；學以講明人倫日用，務求盡夫仁，盡夫禮義，則其智仁勇所至，將日增益以於聖人之德之盛〔二〕，「自明誠」者也。質言之，曰人倫日用；精言之，曰仁，曰義，曰禮。所謂「明善」，明此者也；所謂「誠身」，誠此者也。質言之，曰血氣心知；精言之，曰智，曰仁，曰勇。所謂「致曲」，致此者也；所謂「有誠」，有此者也。言乎其盡道，莫大於仁，而兼及義，兼及禮；言乎其能盡道，莫大於智，而兼及仁，兼及勇。是故善之端不可勝數，舉仁義禮三者而善備矣；德性之美不可勝數，舉智仁勇三者而德備矣。曰善，曰德，盡其實之謂誠。

問：中庸言：「或生而知之，或學而知之，或困而知之；或安而行之，或利而行之，或勉强而行之。」朱子云：「所知所行，謂達道也。」今據上文云「君臣也，父子也」之屬，但舉其事，即稱之曰「達道」；以智仁勇行之，而後爲君盡君道，爲臣盡臣道；然則所謂知之行之，宜承智仁勇之能盡道而言。中庸既「云所以行之者三」，又云「所以行之者一也」，程子、朱子以「誠」當其所謂「一」；下云「凡爲天下國家有九經，所以行之者一也」，朱子亦謂「不誠則皆爲虛文」。在中庸，前後皆言誠矣，此何以不言「所以行之者誠也」？

曰：智也者，言乎其不蔽也；仁也者，言乎其不私也；勇也者，言乎其自强也；非不蔽不私加以自强，不可語於智仁勇。既以智仁勇行之，即誠也。使智仁勇不得爲誠，則是不智不仁不勇，又安得曰智仁勇！下云「齊明盛服，非禮不動，所以修身；去讒遠色，賤貨而貴德，所以勸賢」；既若此，亦即誠也。使「齊明盛服，非禮不動」爲虛文，則是未嘗「齊明盛服，非禮不動」也；「去讒遠色，賤貨而貴德」爲虛文，則是未嘗「去讒」，未嘗「遠色」，未嘗「賤貨貴德」也；又安得言之！其皆曰「所以行之者一也」，言人之才質不齊，而行達道之必以智仁勇，修身之必以齊明盛服，非禮不動，勸賢之必以去讒遠色，賤貨而貴德，則無不同也。孟子答公孫丑曰，「大匠不爲拙工改廢繩墨，羿不爲拙射變其彀率」，言不因巧拙而有二法也；告滕世子曰，「夫道，一而已矣」，言不因人之聖智不若堯、舜、文王而有二道也。蓋才質不齊，有生知安行，有學知利行，且有困知及勉强行。其生知安行者，足乎智，足乎仁，足乎勇者也；其學知利行者，(知)〔智〕仁勇之少遜焉者也；困知勉强行者，智仁勇不足者也。中庸又曰，「及其知之一也」，「及其成功一也」，則智仁勇可自少而加多，以至乎其極，道責於身，舍是三者，無以行之矣。

權五條

權，所以別輕重也。凡此重彼輕，千古不易者，常也，常則顯然共見其千古不易之重輕；而重者於是乎輕，輕者於是乎重，變也，變則非智之盡，能辨察事情而準，不足以知之。論語曰：「可與共學，未可與適道；可與適道，未可與立；可與立，未可與權。」蓋同一所學之事，試問何爲而學，其志有去道甚遠者矣，求祿利聲名者是也，故「未可與適道」；道責於身，不使差謬，而觀其守道，能不見奪者寡矣，故「未可與立」；雖守道卓然，知常而不知變，由精義未深，所以增益其心知之明使全乎聖智者，未之盡也，故「未可與權」。孟子之闢楊、墨也，曰：「楊、墨之道不息，孔子之道不著，是邪說誣民，充塞仁義也；仁義充塞，則率獸食人，人將相食。」今人讀其書，孰知所謂「率獸食人，人將相食」者安在哉！孟子又曰：「楊子取爲我，拔一毛而利天下，不爲也；墨子兼愛，摩頂放踵利天下，爲之；子莫執中，執中爲近之，執中無權，猶執一也。所惡執一者，爲其賊道也，舉一而廢百也。」今人讀其書，孰知「無權」之故，「舉一而廢百」之爲害至鉅哉！孟子道性善，於告子言「以人性爲仁義」，則曰「率天下之人而禍仁義」，今人讀其書，又孰知性之不可不明，「戕賊人以爲仁義」之禍何如哉！老聃、莊周「無欲」之說，及後之釋氏所謂「空寂」，能脱然不以形體之養與有形之生死累其心，而獨私其所謂「長生久視」，所謂「不生不滅」者，於人物一視而同用其慈，蓋合楊、墨之説以爲説。由其自私，雖拔一毛可以利天下，不爲；由其外形體，溥慈愛，雖摩頂放踵以利天下，爲之。宋儒程子、朱子，易老、莊、釋氏之所私者而貴理，易彼之外形體者而咎氣質；其所謂理，依然「如有物焉宅於心」。於是辨乎理欲之分，謂「不出於理則出於欲，不出於欲則出於理」，雖視人之饑寒號呼，男女哀怨，以至垂死冀生，無非人欲，空指一絕情欲之感者爲天理之本然，存之於心。及其應事，幸而偶中，非曲體事情，求如此以安之也；不幸而事情未明，執其意見，方自信天理非人欲，而小之一人受其禍，大之天下國家受其禍，徒以不出於欲，遂莫之或寤也。凡以爲「理宅於心」，「不出於欲則出於理」者，未有不以意見爲理而禍天下者也。人之患，有私有蔽；私出於情欲，蔽出於心知。無私，仁也；不蔽，智也；非絕情欲以爲仁，去心知以爲智也。是故聖賢之道，無私而非無欲；老、莊、釋氏，無欲而非無私；彼以無欲成其自私者也；此以無私通天下之情，遂天下之欲者也。凡異説皆主於無欲，不求無蔽；重行，不先重知。人見其篤行也，無欲也，故莫不尊信之。聖賢之學，由博學、審問、慎思、明辨而後篤行，則行者，行其人倫日用之不蔽者也，非如彼之舍人倫日用，以無欲爲能篤行也。人倫日用，聖人以通天下之情，遂天下之欲，權之而分理不爽，是謂理。宋儒乃曰「人欲所蔽」，故不出於欲，則自信無蔽。

古今不乏嚴氣正性、疾惡如讎之人，是其所是，非其所非；執顯然共見之重輕，實不知有時權之而重者於是乎輕，輕者於是乎重。其是非輕重一誤，天下受其禍而不可救。豈人欲蔽之也哉？自信之理非理也。然則孟子言「執中無權」，至後儒又增一「執理無權」者矣。

問：宋儒亦知就事物求理也，特因先入於釋氏，轉其所指爲神識者以指理，故視理「如有物焉」，不徒曰「事物之理」，而曰「理散在事物」。事物之理，必就事物剖析至微而後理得；理散在事物，於是冥心求理，謂「一本萬殊」，謂「放之則彌六合，卷之則退藏於密」，實從釋氏所云「偏見俱該法界，收攝在一微塵」者比類得之。既冥心求理，以爲得其體之一矣；故自信無欲則謂之理，雖意見之偏，亦曰「出於理不出於欲」。徒以理爲「如有物焉」，則不以爲一理而不可；而事必有理，隨事不同，故又言「心具衆理，應萬事」；心具之而出之，非意見固無可以當此者耳。況衆理畢具於心，則一事之來，心出一理應之；易一事焉，又必易一理應之；至百千萬億，莫知紀極。心既畢具，宜可指數；其爲一，爲不勝指數，必又有說，故云「理一分殊」。然則論語兩言「一以貫之」，朱子於語曾子者，釋之云：「聖人之心，渾然一理，而泛應曲當，用各不同；曾子於其用處，蓋已隨事精察而力行之，但未知其體之一耳。」此解亦必失之。二章之本義，可得聞歟？

曰：「一以貫之」，非言「以一貫之」也。道有下學上達之殊致，學有識其跡與精於道之異趨；「吾道一以貫之」，言上達之道即下學之道也；「予一以貫之」，不曰「予學」，蒙上省文，言精於道，則心之所通，不假於紛然識其跡也。中庸曰：「（中）〔忠〕恕違道不遠。」孟子曰：「强恕而行，求仁莫近焉。」蓋人能出於己者必忠，施於人者以恕，行事如此，雖有差失，亦少矣。凡未至乎聖人，未可語於仁，未能無憾於禮義，如其才質所及，心知所明，謂之忠恕可也。聖人仁且智，其見之行事，無非仁，無非禮義，忠恕不足以名之，然而非有他也，忠恕至斯而極也。故曾子曰：「夫子之道，忠恕而已矣。」「而已矣」者，不足之辭，亦無更端之辭。下學而上達，然後能言此。論語曰：「多聞闕疑，慎言其餘；多見闕殆，慎行其餘。」又曰：「多聞，擇其善者而從之；多見而識之，知之次也。」又曰：「我非生而知之者，好古敏以求之者也。」是不廢多學而識矣。然聞見不可不廣，而務在能明於心。一事豁然，使無餘蘊，更一事而亦如是，久之，心知之明，進於聖智，雖未學之事，豈足以窮其智哉！易曰：「精義入神，以致用也。」又曰：「智周乎萬物而道濟天下，故不過。」孟子曰：「君子深造之以道，欲其自得之也；自得之，則居之安；居之安，則資之深；資之深，則取之左右逢其源。」凡此，皆精於道之謂也。心精於道，全乎聖智，自無弗貫通，非多學而識所能盡；苟徒識其跡，將日逐於多，適見不足。易又曰：「天下同歸而殊塗，一致而百慮，天下何思何慮！」「同歸」，如歸於仁至義盡是也；「殊塗」，如事情之各區以別是也；「一致」，如心知之明盡乎聖智是也；「百慮」，如因物而通其則是也。孟子曰：「博學而詳説之，將以反説約也。」「約」謂得其至當；又曰：「守約而施博者，善道也；君子之守，修其身而天下平。」約謂修其身。六經、孔、孟之書，語行之約，務在修身而已，語知之約，致其心之明而已；未有空指一而使人知之求之者。致其心之明，自能權度事情，無幾微差失，又焉用知一求一哉？

問：論語言「克己復禮爲仁」，朱子釋之云：「己，謂身之私欲；禮者，天理之節文。」又云：「心之全德，莫非天理，而亦不能不壞於人欲。」蓋與其所謂「人生以後此理墮在形氣中」者互相發明。老、莊、釋氏，無欲而非無私；聖賢之道，無私而非無欲；謂之「私欲」，則聖賢固無之。然如顔子之賢，不可謂其不能勝私欲矣，豈顔子猶壞於私欲邪？況下文之言「爲仁由己」，何以知「克己」之「己」不與下同？此章之外，亦絶不聞「私欲」而稱之曰「己」者。朱子又云：「爲仁由己，而非他人所能與。」在「語之而不惰」者，豈容加此贅文以策勵之！其失解審矣。然則此章之解，可得聞歟？

曰：克己復禮之爲仁，以「己」對「天下」言也。禮者，至當不易之則，故曰「動容周旋中禮，盛德之至也」。凡意見少偏，德性未純，皆己與天下阻隔之端；能克己以還其至當不易之則，斯不隔於天下，故曰「一日克己復禮，天下歸仁焉」。然又非取決於天下乃斷之爲仁也，斷之爲仁，實取決於己，不取決於人，故曰「爲仁由己，而由人乎哉」。自非聖人，未易語於意見不偏，德性純粹；至意見不偏，德性純粹，動皆中禮矣。就一身舉之，有視，有聽，有言，有動，四者勿使爽失於禮，與「動容周旋中禮」，分安、勉而已。聖人之言，無非使人求其至當以見之行；求其至當，即先務於知也。凡去私不求去蔽，重行不先重知，非聖學也。孟子曰：「執中無權，猶執一也。」權，所以別輕重；謂心之明，至於辨察事情而準，故曰「權」；學至是，一以貫之矣，意見之偏除矣。

問：孟子闢楊、墨，韓退之闢老、釋，今子於宋以來儒書之言，多辭而闢之，何也？

曰：言之深入人心者，其禍於人也大而莫之能覺也；苟莫之能覺也，吾不知民受其禍之所終極。彼楊、墨者，當孟子之時，以爲聖人賢人者也；老、釋者，世以爲聖人所不及者也；論其人，彼各行所知，卓乎同於躬行君子，是以天下尊而信之。而孟子、韓子不能已於與辨，爲其言入人心深，禍於人大也。豈尋常一名一物之訛舛比哉！孟子答公孫丑問「知言」曰：「詖辭知其所蔽，淫辭知其所陷，邪辭知其所離，遁辭知其所窮。生於其心，害於其政；發於其政，害於其事。聖人復起，必從吾言矣。」答公都子問「外人皆稱夫子好辯」曰：「邪説者不得作。作於其心，害於其事；作於其事，害於其政。聖人復起，不易吾言矣。」孟子兩言「聖人復起」，誠見夫詖辭邪説之深入人心，必害於事，害於政，天下被其禍而莫之能覺也。使不然，則楊、墨、告子其人，彼各行所知，固卓乎同於躬行君子，天下尊而信之，孟子胡以惡之哉？楊朱哭衢途，彼且悲求諸外者歧而又歧；墨翟之歎染絲，彼且悲人之受染，失其本性。老、釋之學，則皆貴於「抱一」，貴於「無欲」；宋以來儒者，蓋以理（之說）〔說之〕。其辨乎理欲，猶之執中無權；舉凡飢寒愁怨、飲食男女、常情隱曲之感，則名之曰「人欲」，故終其身見欲之難制；其所謂「存理」，空有理之名，究不過絕情欲之感耳。何以能絕？曰「主一無適」，此即老氏之「抱一」、「無欲」，故周子以一爲學聖之要，且明之曰，「一者，無欲也」。天下必無舍生養之道而得存者，凡事爲皆有於欲，無欲則無爲矣；有欲而後有爲，有爲而歸於至當不可易之謂理；無欲無爲又焉有理！老、莊、釋氏主於無欲無爲，故不言理；聖人務在有欲有爲之咸得理。是故君子亦無私而已矣，不貴無欲。君子使欲出於正，不出於邪，不必無飢寒愁怨、飲食男女、常情隱曲之感，於是讒說誣辭，反得刻議君子而罪之，此理欲之辨使君子無完行者，爲禍如是也。以無欲然後君子，而小人之爲小人也，依然行其貪邪；獨執此以爲君子者，謂「不出於理則出於欲，不出於欲則出於理」，其言理也，「如有物焉，得於天而具於心」，於是未有不以意見爲理之君子；且自信不出於欲，則曰「心無愧怍」。夫古人所謂不愧不怍者，豈此之謂乎！不寤意見多偏之不可以理名，而持之必堅；意見所非，則謂其人自絕於理：此理欲之辨，適成忍而殘殺之具，爲禍又如是也。夫堯、舜之憂四海困窮，文王之視民如傷，何一非爲民謀其人欲之事！惟順而導之，使歸於善。今既截然分理欲爲二，治己以不出於欲爲理，治人亦必以不出於欲爲理，舉凡民之飢寒愁怨、飲食男女、常情隱曲之感，咸視爲人欲之甚輕者矣。輕其所輕，乃「吾重天理也〔二〕，公義也」，言雖美，而用之治人，則禍其人。至於下以欺僞應乎上，則曰「人之不善」，胡弗思聖人體民之情，遂民之欲，不待告以天理公義，而人易免於罪戾者之有道也！孟子於「民之放辟邪侈無不爲以陷於罪」，猶曰「是罔民也」；又曰「救死而恐不贍，奚暇治禮義」！古之言理也，就人之情欲求之，使之無疵之爲理；今之言理也，離人之情欲求之，使之忍而不顧之爲理。此理欲之辨，適以窮天下之人盡轉移爲欺僞之人，爲禍何可勝言也哉！其所謂欲，乃帝王之所盡心於民；其所謂理，非古聖賢之所謂理；蓋雜乎老、釋之言以爲言，是以弊必至此也。然宋以來儒者皆力破老、釋，不自知雜襲其言而一一傅合於經，遂曰六經、孔、孟之言；其惑人也易而破之也難，數百年於兹矣。人心所知，皆彼之言，不復知其異於六經、孔、孟之言矣；世又以躬行實踐之儒，信焉不疑。夫楊、墨、老、釋，皆躬行實踐，勸善懲惡，救人心，贊治化，天下尊而信之，帝王因尊而信之者也。孟子、韓子闢之於前，聞孟子、韓子之説，人始知其與聖人異而究不知其所以異。至宋以來儒書之言，人咸曰：「是與聖人同也；辨之，是欲立異也。」此如嬰兒中路失其父母，他人子之而爲其父母，既長，不復能知他人之非其父母，雖告以親父母而決爲非也，而怒其告者，故曰「破之也難」。嗚呼，使非害於事、害於政以禍人，方將敬其爲人，而又何惡也！惡之者，爲人心懼也。

校注

〔一〕中華本於「以」字下注：「疑脱『至』字。」
〔二〕中華本注：「『乃』下疑脱『曰』字。」

戴震全書之三十二

東原文集

余國慶　楊昭蔚◎整理
楊應芹◎審訂

説明

東原文集始由孔繼涵刊於乾隆四十三年（一七七八），合計十卷。孔刻文集，世稱微波榭本。微波榭本因作爲戴氏遺書的一種，故凡見於遺書其他著作的文章，一般都不再收至文集中。而段玉裁認爲：「論音韻、論六書轉注、論義理之學諸大篇，不可不見諸文集中」（戴譜附録）。於是在微波榭本文集的基礎上，他於乾隆五十七年（一七九二）重新編刊了十二卷本的東原文集，增刊了二十六篇微波榭本所没有的文章。同時在編次上，「略以意類分，次其先後」，而不取微波榭本按文體分編的形式。段氏的這種分卷方式，使内容相對集中，便於讀者閲讀。段刻文集，世稱經韻樓本。一八八四年張壽榮、一九一〇年嚴式誨重刊東原文集，均據經韻樓本。後來所刊行的東原文集，基本上都是經韻樓本這個系統。

本次整理以段刻經韻樓本爲底本，與微波榭等本互校。凡出自專著的文章，若文字相同，且在專著中獨立成篇者，本文集一般祇存目，而不重出正文。

東原文集卷一

河間獻王傳經考　刻石河間府獻王祠左壁

漢初，六藝散而復集。文帝時，詩始萌芽，獨有魯詩。景帝時，有齊詩、韓詩。而毛公爲詩故訓傳三十卷，鄭康成六藝論云：「獻王號之曰毛詩。」漢書儒林傳贊：「武帝立五經博士：書，歐陽；禮，后；易，楊；春秋，公羊。」僅臚四經者，魯、齊、韓三家之詩，已立文、景間矣。趙岐孟子題辭曰：「文帝欲廣文學之路，論語、孝經、孟子、爾雅皆置博士。」此事史家闕略不載。又曰：「後罷傳記博士，獨立五經。」蓋言罷於武帝也。宣帝更立大、小夏侯尚書，大、小戴禮，施、孟、梁丘易，穀梁春秋。元帝立京氏易。平帝立左氏春秋、毛詩、逸禮、古文尚書，而周官經，劉歆末年知周公致太平之跡，段玉裁案：此「跡」字，禮記正義作「道」。跡具於斯，始有傳者。凡羣經傳記之先後表見於漢，大致可考如此。

今三家詩亡而毛詩獨存。昔儒論治春秋，可無公羊、穀梁，不可無左氏。當景帝、武帝之間，六藝初出，羣言未定，獻王乃立毛氏詩、左氏春秋博士，識固卓卓。景十三王傳稱：「獻王所得書皆古文先秦舊書，周官、尚書、禮、禮記、孟子、老子之屬，皆經傳説記，七十子之徒所論。」陸德明經典釋文序録云：「景帝時，河間獻王好古，得古禮獻之。或曰：『河間獻王開獻書之路，時有李氏上周官五篇，失事官一篇，乃購千金不得，取考工記以補之。』」陸引「或曰」者，無明據也。然本傳列獻王所得書，首周官，漢經師未聞以教授，馬融周官傳謂入於秘府，五家之儒莫得見是也，其得自獻王無疑。鄭康成六藝論云：「河間獻王古文禮五十六篇，其十七篇，與高堂生所傳同而字多異。記百三十一篇。」斯即本傳所列禮、禮記，謂古文禮與記矣。周禮六篇，鄭亦繫之獻王，又爲陸氏得一證。大、小戴傳儀禮，又各傳禮記，往往别有采獲，出百三十一篇者殆居多。司馬貞以今文孝經爲獻王所得顔芝之本，是書本傳不列。雖顔芝河間人，不必至獻王始得也。

獻王自著書，藝文志有對上、下三雍宫三篇，又與毛生等共采周官及諸子言樂事者作樂記。成帝時，王禹獻二十四卷記者，是漢志題曰王禹記，以别樂記二十三篇也。史稱獻王學舉六藝，王入朝，獻雅樂及對詔策所問三十餘事，悉不傳。凡獻王所得書，或亡或存，其可知者如此。

周易補注目録後語[一]

鄭康成始合彖、象於經，如今王弼本之乾卦後加「彖曰」、「象曰」者是也。弼又分文言於乾、坤後，各加「文言曰」，而自坤卦以後，彖及象之論兩體者，分屬卦詞後，解爻詞者，逐爻分屬其後。於是漢時所謂十二篇，莫能言其舊。孔沖遠曰：「易經本分爲上、下二篇，彖、象釋卦，亦當隨經而分。故上彖一，下彖二，上象三，下象四，上繫五，下繫六，文言七，説卦八，序卦九，雜卦十。」鄭學之徒，並同此説。漢書藝文志曰：「易經十二篇，施、孟、梁丘三家。」是十二篇，三家所同也。

儒林傳曰：「費直治易，長於卦筮，無章句，徒以彖、象、繫辭十篇之言解説上下經。」蓋費氏易不自立故訓章句，其解説經，即用十篇之言，明其當時之口講指畫如此。是十二篇，費氏未嘗改也。劉向以中古文易經校施、孟、梁丘經，或脱去「無咎」、「悔亡」，惟費氏經與古文同。初不聞劉向、班固言其篇題與諸家異。後人誤讀儒林傳，乃贗作費氏易，省去彖、象、繫辭之目，總以一「傳」字加於彖、象之首，紛紛咎費氏改經，不察之論也。武帝時，博士之業，易雖已十二篇，然昔儒相傳，説卦三篇，與今文太誓同後出。説卦分之爲序卦、雜卦，故三篇詞指，不類孔子之言，或經師所記孔門餘論，或別有所傳述，博士集而讀之，遂一歸孔子，謂之「十翼」矣。

尚書今文古文考

尚書二十八篇，濟南伏生所傳，後附益太誓一篇，用當時隸書寫之，故稱今文尚書。而景帝時，魯恭王壞孔子宅，所得者多十六篇。許叔重說文解字叙記六體書：「一曰古文，孔子壁中書也。」蓋如商、周鼎彝之書，故稱古文尚書。以入於秘府，未列學官，故謂之中古文。伏生書無太誓，而史記乃云：「伏生求其書，亡數十篇，獨得二十九篇。」殆因是時已於伏生所傳内益以太誓，共爲博士之業，不復別識言耳。劉向別録曰：「民有得太誓書於壁内者獻之，與博士使讀說之，數月，皆起傳以教人。」劉歆移書太常博士曰：「孝文皇帝始使掌故鼂錯從伏生受尚書。尚書初出屋壁，朽折散絶。太誓後得，博士集而讀之。」鄭康成書論曰：「民間得太誓。」劉、鄭所記，可援以補史家之略。衛宏定古文尚書叙云：段玉裁案：當作「詔定古文官書」。「伏生老不能正言，言不可曉，使其女傳言教錯。齊人語多與潁川異，錯所不知者凡十二三，略以其意屬讀而已。」此不察之說也。濟南張生及歐陽生和伯，實躬事伏生受書，由是書有歐陽、大小夏侯之學。史記及漢書皆曰：「秦時燔書，伏生壁藏之。漢興，即以教於齊、魯之間。」其非得之口誦，無女子傳言事甚顯白，太誓外，有百篇之序，史記並見采録。前此太常蓼侯孔臧與安國書曰：「臧聞尚書二十八篇，取象二十八宿，何圖乃有百篇邪？」案：孔叢子僞書，不足據〔二〕。是太誓併序爲伏生書所無明甚。百篇舊次，湯誓在臣扈後，咸有一德在湯誥後，周官在立政前，蔡仲之命、費誓在吕刑前。孔沖遠曰，「鄭依賈氏所奏別録爲次」是也。

古文尚書之出於漢代者，儒林傳稱逸書得十餘篇。劉歆言：「逸書十六篇，藏於秘府，伏而未發。」藝文志言：「以考二十九篇，得多十六篇。」荀悦漢紀言：「得古文尚書，多十六篇。」武帝時，孔安國家獻之。」馬融書序言：「逸十六篇，絶無師説。」其篇名則鄭注書序逸篇之目：舜典、汨作、九共、大禹謨、棄稷、案：正義曰，馬、鄭、王所據書序，名爲棄稷。五子之歌、胤征、典寶、湯誥、咸有一德、伊訓、伊陟、案：舊有肆命，今從宋板書正義。原命、武成、旅獒、冏命。以此十六卷，合今文所有之二十九卷，百篇之序一卷，是爲藝文志尚書古文經四十六卷。九共析爲九，則逸書凡二十四，而今文所有者析爲三十四。盤庚、太誓各分而三，顧命分「王若曰」以下爲康王之誥也。不數百篇之序，故劉向別録云「五十八篇」。桓譚新論云「古文尚書舊有四十五卷，爲五十八篇」。藝文志雖數百篇之序增多一卷，而四十六卷者，一卷篇亡，鄭康成所謂「武成逸篇，建武之際亡」，適當其亡篇，故志僅稱五十七篇。古文非博士所治，是以謂之逸書。劉向、劉歆、班固、賈逵校理秘書，咸得見之。民間則有膠東庸生之遺學。建初、延光、光和中，嘗詔選高才生能通者，以扶微學、廣異義。而後漢之儒，如尹敏、周防、孔僖、杜林、衛、賈、馬、鄭，傳是學不一人。然賈、馬、鄭雖雅好古文，其作訓注，亦但解其今文所立於學官者，豈逸篇殘脱失次，不可讀歟？

逸書既亡，東晉元帝時梅賾乃奏上古文尚書孔安國傳，於二十八篇析爲三十一之外，更析堯典、皋陶謨爲舜典、益稷，增多十九篇，析爲二十五，以傅合五十八篇之數。散百篇之序引冠篇首，而分同序者同卷，異序者異卷，亡篇之序，列次其間，爲四十六卷，以傅合藝文志所録卷數。蓋莫由知聚斂羣書而爲之者實始何人。賾自受之臧曹，曹受之梁柳，柳受之蘇愉，愉受之鄭沖，而其説往往與王肅不異，是又今之古文尚書，而非漢時秘府所藏、經師所涉之十六篇矣。

書顧命後

馬、鄭、王本分「王若曰」以下爲康王之誥，東晉晚出之古文分「王出在應門之内」以下爲康王之誥，皆非也。案：馬、鄭、王所傳真古文，不得并非之。考此篇自「狄設黼扆綴衣」至末，踰年即位事也，必日前陳設，故不書日。踰年即位，禮之大常，不必書日而知也。「大保降，收」則受册命畢，而「諸侯出廟門俟」，「王出在應門之内」，乃記即位之儀。顧命之篇，其大端有三：羣臣受顧命，一也；踰年即位，康王先受册命，二也；適治朝，踐天子之位，三也。說者不察受册命及出至路門外應門内之治朝屬踰年，遂疑西方、東方諸侯爲來問王疾者，則新喪内，天崩地坼之痛，而從容興答，必無是情，又不必論其他事之禮與非禮矣。

書鄭風後〔三〕

鄭列於王之後者，顧炎武曰：「自邶至曹，皆周初之次序。先邶、鄘、衛，殷之故都也；次之以王，周東都也。何以知其周初之次序邶、鄘也？晉而謂之唐也，皆西周之舊也。惟鄭乃宣王所封，中興之後，始立其名於太師，而列於諸國之先者，鄭亦王畿之内也，故次於王也。桓公之時，其詩不存，故首緇衣。」如顧氏說，鄭之名列在太師者，西鄭也。國語，鄭桓公有滅虢、鄶等十邑之謀，武公卒取之，遂居濟、洛、河、潁之間，以始受封之鄭名之，是謂新鄭，又曰東鄭。今所繫詩，東鄭之詩也。鄭之名不改，故太師所列亦不改也。

樂記魏文侯曰：「吾端冕而聽古樂，則唯恐卧；聽鄭、衛之音，則不知倦。」子夏謂其所好者溺音。許叔重五經異義以鄭詩解論語「鄭聲淫」，而康成駁之曰：「左傳說『煩手淫聲，謂之鄭聲』，言煩手躑躅之聲使淫過矣。」其注樂記桑間、濮上之音，引紂作靡靡之樂爲證，不引桑中之篇，明桑間、濮上，其音之由來已久。凡所謂聲，所謂音，非言其詩也。如靡靡之樂、滌濫之音，其始作也，實自鄭、衛桑間、濮上耳。然則鄭、衛之音，非鄭詩、衛詩；桑間、濮上之音，非桑中詩，其義甚明。

後儒謂變風有里巷狹邪之作，存之可以識其國亂無政。左氏春秋，鄭六卿餞韓宣子於郊所賦詩，固後儒所目爲「淫奔之詞」者，豈亦播其國亂無政乎？若曰賦詩斷章，則亦有當辨。五常之際，本自相通，或朋友、兄弟、夫婦之詩用之於君臣，或男女之詩用之於好賢。然不可以邪僻之言加之君子，鄙褻之事誦之朝廷，接之賓客，據是斷之，毛詩言變風止乎禮義，信矣。

書小雅十月之交篇後〔四〕

鄭康成氏箋毛詩云：「周之十月，夏之八月也。」梁虞劚、唐傅仁均及一行，並推周幽王六年乙丑歲建酉之月，辛卯朔，辰時日食。宋劉原甫始疑爲夏正月。近閻百詩尚書古文疏證，初亦用劉原甫説，謂虞劚諸人傅會，後既通推步，上推之正合，復著論自駁舊時之失。然其言曰「康成考之方作箋」，又曰「經解不可盡拘以理者，此類是也」。則又不然。毛詩篇義云「刺幽王」，箋乃謂「當爲刺厲王」，豈與所推合乎？康成蓋決以理而已。趙子常云：「詩本歌謡，又多民事，故或用夏正，以便文通俗。」子常此論，明詩中用夏正者，原無所拘滯，然則十月之交篇，舉斯時日食以陳諫，泥何例必取夏正而廢周一代正朔之大爲不可用乎？病在析理未精，猥以爲「經解不可盡拘以理」，是開解經者之弊也。國語幽王三年，西州三川皆震，「三川竭，岐山崩，此詩所謂「百川沸騰，山冢崒崩，高岸爲谷，深谷爲陵」，正指其事。詩繫之幽王，國語亦其一證。

古無推日食法，魏黄初以後，始課日食疏密，及張子信而益詳。然唐、宋推步家猶未能立法無舛，有當食不食，不當食而食之謬説，載在史志。大致日月交食一事，可以驗推步得失，其有不應失在立法，不失在天行也。使有變動失行，則必不可以得其準，無從立推之之常法矣。或曰：「日食既預推而得，聖人畏天變之意何如？」曰：「此變其縣象著明之常，不必爲變其行度之常也。豈有天變見於上，而聖人不恐懼修省者乎？人君日食修德，月食修刑，依乎陰陽立義，無非敬天畏天之誠耳。」或曰：「詩言『亦孔之醜』，又言『彼月而食，則維其常，此日而食，于何不臧』，何也？」曰：「此以王不知事天，而但陳天變以諫戒也。縣象著明，莫大乎日月，猶有時蔽虧，人君而可自謂無蔽無足虧君德乎？日，君象；月，臣象。日失其明，俾晝作夜，君德如斯，豈不甚醜。冀王反己自責，知其蔽而醜之，則修德而復乎常明之體矣。」

書小雅後〔五〕

鹿鳴以下二十二篇，漢經師以爲「正雅」，亡其詞者六，故鄭康成詩譜云：「小雅十六篇爲正經。」采薇、出車、杕杜，漢世有謂爲懿王時詩者，據詩中曰「天子」，曰「王命」，毛、鄭解爲殷王，徒泥「正雅」作於周初耳。苟其詩得乎義之正，而爲治世之正事，何必非「正雅」乎？文王未嘗自稱王，成、康以後，昭、穆、共、懿、孝、夷、厲、宣八王，而宣王命吉甫北征，曰「玁狁孔熾」，則前此二百餘年間，固不必無玁狁崛强之事矣。宣王之臣皇父，謂南仲爲太祖，豈必遠求南仲於文王時與？文王之臣，亦未聞有南仲者。南陔以下，則又周初雅樂，未可泥今之篇什第次，定作詩時世也。

詩摽有梅解　丙戌〔六〕

毛、鄭皆以此詩專爲女子年二十當嫁者而言爲説，本周禮，又皆以梅之落喻年衰，鄭則兼取「梅落，見已過春而至夏」，似迂曲難通。集傳以爲女子貞信自守，懼其嫁不及時，而有强暴之辱。豈化行之世，女宜有此懼邪？亦非也。

古者嫁娶之期，説歧而未定。其以少長論者，或主於男三十、女二十，或目此爲期盡之法。據詩、禮證之，男子二十冠而字，女子許嫁笄而字。男子二十曰弱，冠，三十曰壯，有室；女子十有五年而笄，二十而嫁，有故，二十三年而嫁。蓋冠而後有室，笄而可以嫁。春秋傳，晉侯問公年，季武子對曰：「會于沙隨之歲，寡君以生。」晉侯曰：「十二年矣。」是謂一終，一星終也，國君十五而生子，冠而生子，禮也。男自二十至三十，女自十五至二十，皆婚姻以時者也。譙周云：「男自二十以及三十，女自十五以及二十，皆得以嫁娶，先是則速，後是則晚。」凡人嫁娶，或以賢淑，或以方類，豈但年數而已。若必差十年乃爲夫婦，是廢賢淑、方類，苟比年數而已，禮何爲然哉？則三十而娶、二十而嫁，說嫁娶之限，蓋不得復過此耳。大戴禮記曰：「男八歲而齔，毁齒也。十六然後精通，然後其施行。女七歲而齔，十四然後其化成。」盧辯注云：「古者皆以二十、三十爲婚姻之年，十四、十六爲嫁娶之期。」此舉其端言之也。墨子書曰：「昔聖王爲法曰：丈夫年二十，毋敢不處家；女子年十五，毋敢不事人。」王肅云：「前賢有言，丈夫二十不敢不有室，女子十五不敢不有其家。」此舉其中言之也。周官經：「媒氏掌萬民之判，凡男女自成名以上，皆書年月日，名焉。令男三十而娶，女二十而嫁。凡娶判妻入子者，皆書之。中春之月，令會男女，於是時也，奔者不禁。若無故而不用令者，罰之。」此舉其終之大限言之也。不使民之後期，而聽其先期，恐至於廢倫也。亦所以順民之性，而民自遠於犯禮之行也。

周禮凡言「會」者，皆謂歲計曰會。中春「令會男女」者，使其屬稽之、覈之，三十之男、二十之女，貧不能婚嫁者，許其殺禮。殺禮則媒妁通言而行，謂之不聘，不聘謂之奔。故曰「於是時也，奔者不禁」。奔之爲妻者也。記曰：「聘則爲妻，奔則爲妾。」奔之爲妾者也。買妾者納財而不用禮，因其不聘，故謂之奔。左傳：聲伯之母不聘。穆姜曰：「吾不以妾爲姒。」凡三十之男、二十之女，非有故而後期者，爲不用令。非仲春不禁之時，而不行六禮者，爲不用令。國語，句踐欲報吳，誓其民曰：「女子十七不嫁，其父母有罪；丈夫二十不取，其父母有罪。」此志在蕃育人民，故限之使速婚。若民之先期，男十六而娶，女十四而嫁，亦不聞古人有禁也。凡有父母之命、媒妁之言，如周禮中春許行之者，皆男女以正者也。其以日月論者，或主於起自仲春，至仲夏猶承春末未遠，過此則止矣。或主於起自季秋，至仲春則禮殺而止。夏小正：「二月，綏多士女。」說曰：「綏，安也。冠子娶婦之時也。」豳詩曰：「春日遲遲，采蘩祁祁，女心傷悲，殆及公子同歸。」采蘩，夏小正繫之二月，而衛詩曰：「士如歸妻，迨冰未泮。」言自納采至親迎，節次非可驟施，從容用禮然也。荀卿書曰：「霜降逆女，冰泮殺止。」韓詩傳同。殺止云者，蓋季秋之月，農事備收，婚嫁之禮漸舉，至冰泮已盛行。仲春耕者少舍，猶得合男女之事。是時從容用禮者固多，其貧不能婚嫁者，會計其年，因以是時許其殺禮。自是而後，民急農事，婚嫁亦漸止矣。周禮中春之令，專爲不備六禮之民，糾察其殺禮之由。且三十之男、二十之女，至是盡許其殺禮婚嫁，過此豈有後期者哉。

凡婚嫁備六禮者，常也，常則不限其時月。；其殺禮不聘者，權也，權則限以時月。夫婚姻不使之六禮備，則禮教不行，夫婦之道闕，而淫僻之罪繁。不許其殺禮，則所立之期不行。；既殺禮而不限以時月，則男女之壯之年，而失人倫之正。不計少長以爲之期，則過其盛訟必生。以是言之，周禮三十、二十之期，及中春之令昭然矣。荒政之十曰多昏，則又不計其年，不限仲春，而皆許殺禮者。古人立中以定制，女子即過二十，亦未遽爲年衰，則知梅落非喻年衰也。梅之落，蓋喻女子有離父母之道，及時當嫁耳。首章言十猶餘七，次章言十而餘三，卒章言皆在頃筐，喻待嫁者之先後畢嫁也。周禮所言者，實古人相承之治法。此詩所言，即其見之民事者也。録之召南，所以見治法之修明，咸知從令歟！

詩生民解〔七〕

此詩異説紛然，秦、漢間，儒已莫能徵考，治經所當闕疑者也。然其事關禮典之大，又不可徒守闕疑之義。合詩、禮綜覈之，周禮享先妣在享先祖之前，鄭注云：「周立廟自后稷爲始祖，姜嫄無所妃，是以特立廟而祭之。」然則周人特立姜嫄廟之意，非后稷更無所祖，而不得不妣姜嫄一人乎？至於魯，蓋亦立姜嫄廟，謂之閟宫。魯何以作閟宫？周立太廟事后稷，别爲姜嫄立廟，魯侯承祀，見於詩曰：「皇皇后帝，皇祖后稷。」見於禮曰：

「魯人將有事於上帝，必先有事於頖宫。」鄭注云：「告后稷也。告之者，將以配天。」然則以周享先妣，推事后稷之義事之，魯亦推事后稷之義而事之乎？

帝嚳曰「帝嚳上妃姜嫄」，本失實之詞，徒以傅會周人禘嚳爲其祖之所自出。國語：禘、郊、宗、祖、報五者，禘、郊與宗、祖之名異，有虞氏郊堯，商人禘舜。禮記祭法，易之以有虞氏郊嚳宗堯，殷人禘嚳。嚳在郊禘，未可知也。虞舍其先世而宗堯，是亂宗屬矣，非也。使嚳爲周家祖之所自出，何雅、頌中言姜嫄，言后稷，竟無一語上溯及嚳？且姜嫄有廟而嚳無廟，若曰履跡感生，不得屬之嚳，則嚳明明非其祖之所自出。曾謂王者事祖禰之大義，而可蒙昧其間乎？由是以言，周祖后稷，於上更無可推。后稷非無母之子，故姜嫄不可無廟。始祖廟之外，别立姜嫄廟，不在廟制之數。周禮：享先妣與天神、地祇、四望、山川，皆分用前代之樂，享先祖用周大武，此禮意之至微也，無於禮者之禮也。明乎禮可以通詩。詩美姜嫄曰：「克禋克祀，以弗無子。」何也？禋祀並事天之名德可以當神明，然後能事天。姜嫄無夫而生子，故推明其德之能禋祀上帝，即魯頌閟宫所稱「赫赫姜嫄，其德不回，上帝是依」是也。凡言德行，至於能事天，皆純粹無疵之極詞。「克」也者，不負是事也。「以弗無子」者，許益之云：「『弗無』之爲言有也，如『莫匪爾極』者，皆是『爾極』也。『求福不回』者，求福之正也。『方社不莫』者，祭之早也。『其則不遠』者，則之近也。」

如許氏說，無庸破弗爲祓，然不直曰「是以有子」，而曰「以弗無子」，反言以見其非理之常。

次章曰「上帝不寧，不康禋祀，居然生子」，何也？古字「丕」皆作「不」。前曰「以弗無子」，後曰「居然生子」，莫知其由也。氣化生人以後，既人類相生久矣，忽有界乎氣化之際者，而所生又非常之哲人，豈可謂之偶然乎？莫明於言禋祀獲福之常理，以見哲人降生與降福，無二理也，聖人之所難言也。

三章言生而棄之，感其異，然後收養之，后稷之名棄以此，此必非設言也，使未嘗棄而言之，是誣也。舊說：禋高禖，祓除無子求有子，及生子月辰，又居側室，肅戒不御。箋云：「夙之言肅也。」若是則姜嫄有夫而求子，反以生子歸之履跡，決爲非父之子，至於棄之，是惑也。非父之子矣，又安得以嚳爲父乎？商人祖契於上，亦更無可推，故商頌言有娀，與周之但言姜嫄同，不然何異知母而不知父？舍德行人事，而詞涉禨祥怪迂，商、周之禮與詩咸悖矣。稷、契之生，既皆非常，或棄或否，何也？上古人心醇質，以爲不祥則棄，不以爲不祥則不棄，無他故也。

周禮太史正歲年解一　乙亥〔八〕

周之曆法掌於馮相氏，占變掌於保章氏，而太史所掌者，曆日天時之書，凡推步、望氣不屬焉。然又曰「正歲年以序事」，據推步言之乎？非也。爾雅：「夏曰歲，商曰祀，周曰年。」夏數得天，故殷、周雖改正朔，仍兼用夏正，周用夏不用殷，故舉歲年不及祀。歲也者，夏時也，以建寅爲孟春。年也者，周以建子爲正月也。夏之歲、周之年，不同而兼用，不可弗正之，以序別其行事。如祭祀、田獵、逆暑、迎寒之屬，夏時繫仲春者，周爲四月；繫仲秋者，周爲十月是也。鄭康成注：「中數曰歲，朔數曰年。」中數云者，日躔發斂一周，凡三百六十有五日小餘不及四分日之一，十二分之。自前中氣入後中氣，三十日而有盈分。朔數云者，月與日會以成一月，凡十二月，三百五十四、五日，有閏月則三百八十四日。日月同行，謂之合朔。自前朔距後朔，三十日而有虛分。中朔之法，馮相氏職之矣。康成據以別歲年之名，稽諸古籍，未有明證。然則偏據爾雅，得非孤證歟？曰：周禮有之，其爲夏時之正月元日，謂之正歲。正歲也。然則偏據爾雅，得非孤證歟？

者，猶曰歲之正始也。凌人「歲十有二月，令斬冰」，明夏時之十有二月也。以周禮解周禮，一書之中，無事於更端立異矣。

周禮太史正歲年解二〔九〕

周禮之書，曰歲終，曰正歲，曰春、秋、冬、夏，皆夏時也。夏數得天，以夏時經紀庶事，斯順而易明。然周之頒朔，必以周正，故用夏謂之歲，用周謂之年。太史按其從夏時所行之事，合以周之曆日，此之謂正歲年以序事也。後儒或謂正月之吉亦夏時，其說曰：凌人「掌冰政，杜子春改「政」爲「正」，屬下句。歲十有二月，令斬冰，三其凌」，十二月爲夏之十二月，則正月亦爲夏之正月。舍此無證也。余以謂周禮重別歲年之名，直曰正月之吉，則知爲周正月也。不直曰十有二月，而曰歲十有二月，加「歲」以明夏，以別周，則知爲夏時也。此周禮之義例也。他書不必然。如正月之吉亦夏時，是無別於正歲，而大司徒「正月之吉始和，布教於邦國都鄙」，又曰「正歲，令于教官」。鄉大夫「正月之吉，受教法于司徒，退而頒之于其鄉吏，使各以教其所治」。「正歲，令羣吏攷法于司徒以退，各憲之于其所治之國」。州長「正月之吉，各屬其州之民而讀法」，「正歲，則讀教法如初」。異正月、正歲之名，而事不異，其爲二時審矣。凡言「正月之吉」，必在歲終、正歲之前，未嘗一錯舉於後。其時之相承，正月爲建子之月，歲終爲建丑之月，正歲爲建寅之月也。周之以建子爲正月，一王正朔之大，不可没焉者也。使有夏無周，周焉用改正朔哉？周禮所志，於官事無不備，曾謂一王正朔之大，可以空其事，没其文，而使後人之讀是書，疑若周未嘗改正朔也者，則周正爲大不美而不可存也，豈周之書哉？

今其書先之以「正月之吉」，布政之始也，故曰「始和」，謂始協調之。繼之以「正歲」，於是而後得徧奉以行也。六官之長，有止言「正月之吉」，不言「正歲」者，上之所慎在宣布之始也。六官之屬，有止言「正歲」，不言「正月之吉」者，待上之宣布，乃齊同奉行也。上之布之，必不能一日而徧王畿千里之廣，下之奉行，又同用是日，惡能相及乎哉？是故因時制其宜，以建子之月宣布自上，一王正朔之大，既非闕然無事；以建寅之月，百職咸舉，夏數得天，復順其序而不違。孔子論爲邦，用夏時，而作春秋必奉周。周禮用正歲以合天，而必先「正月之吉」以著正朔，其義一而已矣。

大戴禮記目録後語一

鄭康成六藝論曰：「戴德傳記八十五篇。」隋書經籍志曰：「大戴禮記十三卷，漢信都王太傅戴德撰。」今是書傳本卷數與隋志合，而亡者四十六篇。隋志言「戴聖删大戴之書爲四十六篇，謂之小戴記」，殆因所亡篇數，傅合爲是言歟？其存者，哀公問及投壺，小戴記亦列此二篇，則不在删之數矣。他如曾子大孝篇見於祭義，諸侯釁廟篇見於雜記，朝事篇自聘禮至諸侯務焉，見於聘義；本命篇自有恩有義，至聖人因教以制節，見於喪服四制。凡大小戴兩見者，文字多異。隋志以前，未有謂小戴删大戴之書者，則隋志不足據也。所亡篇目不存或兩見，實多耳。然因隋志而知隋、唐間所存已僅三十九篇。

史繩祖謂大戴記雜取家語之書，其説不然。家語，王肅所私定，竊取其書爲之。史氏誤連讀公冠篇孝昭冠辭爲成王冠辭，而云：「祝辭内有先帝及陛下字，周初豈有此？家語止稱王，當以爲正。」此史氏不審章句，謬加譏評也。王肅襲取爲冠頌，已章句不辨，家語襲大戴，非大戴取家語，就此一條，亦其明證。

大戴禮記目録後語二〔一〇〕

右太傅禮見存三十有九篇，不題作注人姓名。朱子引明堂之説，二九四七五三六一八，鄭注曰「法龜文」，以注爲康成作也，惟王伯厚指爲盧景宣辯之注。是書自漢迄今，注獨此一家，而脱誤特多。余嘗訪求各本，得舊本五，參互校正。今春正月，盧編修召弓以其校本示余，又得改正數事。盧編修本所失者，則余五本中或得之，若疑文闕句，無從考得，姑俟異日。

鄭康成注學記，引武王踐阼，孔沖遠以「師尚父亦端冕」及「西折而南」，皆爲鄭所加。

又丹書之言曰：「敬勝怠者强，怠勝敬者亡。」瑞書則曰：「敬勝怠者吉，怠勝敬者滅，義勝欲者從，欲勝義者凶。」今各本不與沖遠所見同，殆俗儒未省照，徒據鄭、孔稱引竄改也。公冠篇「太子擬焉」，各本訛作「天子」，吴幼清儀禮逸經亦然，幸盧注可考。其「公冠」之訛爲「公符」，王伯厚困學紀聞已莫是正。

許叔重五經異義論明堂，稱戴記禮説盛德記語，在今明堂篇中。魏書李謐傳、隋書牛閎傳俱稱盛德篇，或稱泰山盛德記，蓋隋、唐以前故書，無所謂明堂篇者。今目録兩七十四，晁公武亦云然。陳振孫云兩七十二，熊朋來、吴幼清皆云兩七十三，此盛德第六十六後篇題竄改之證。朱子稱引明堂，不稱盛德，自唐、宋間，已分合竄易，非復前人之舊，舉若斯矣。

書十有三卷，凡五卷無注，卷之四、卷之五，立事至天圓十篇，篇題並冠以「曾子」，即漢藝文志之曾子書尚存於是。卷之九千乘、四代、虞戴德、誥志，卷之十一小辨、用兵、少間，王伯厚以爲即漢志孔子三朝記七篇，中隔以卷之十，篇袟淆亂也。注中徵引漢、魏、晉之儒，有康成、譙周、孫炎、宋均、王肅、范寧、郭象及楊孚異物志，然則爲景宣注甚明。乾隆丁丑孟夏月，戴震記。

春秋改元即位考上

即位之禮：先朝廟，明繼祖也；出適治朝，正君臣也；事畢反喪服，喪未終也。踰年而後改元即位，春秋於內稱公，於外書爵；未踰年，於內稱子，於外書某子。世變相尋，未踰年，既葬卒哭而即位焉，踰年乃改元，諸侯之失禮也。因其既嗣爵，則書爵；彼未嗣爵者，而我以爵書可乎？彼既嗣爵者，而我不以爵書可乎？立子以正，君薨爲喪主，春秋即正其爲君，義素定也。世子雖在喪，未改元即位，不可謂君臣之分未定也。以篡返國者絶之，不以國氏，以有正也。公子争國，分非君臣，不絶之，無正也，則以國氏。立子不以正，未即位，不正其爲君，義不素定也；雖有先君之命，私也。即君位於朝，然後成之爲君。繼正即君位，春秋書「春王正月，公即位」；不於正月，闕，無事則不書；正月非朔則書日。定公。繼正之變，文書「春王正月」，以存其事，不書「即位」，以表微。隱公。繼故即君位，經國之體，不可以已也，踐其位者，宜有深痛之情。春秋書「春王正月」，以存其事；不書「即位」，以見其情。莊公、閔公、僖公。繼故之變，文則書「即位」。繼故而書即位，以不書即位者，比事類情，是爲忍於先君也。

春秋改元即位考中

先君雖未葬，即踰年則書爵。桓十三年書「衛侯」，成三年書「宋公」、「衛侯」是也。即葬踰年，不必論矣。書爵與國内稱公同，文公、成公皆先君未葬，春秋書曰「公即位」，踰年也。未葬未踰年，不必論矣。雖既葬猶曰子。文十八年書「子卒」，僖二十五年書「衛子」，未踰年也。是故諸侯即位，以踰年爲斷，不斷於葬未葬。有既葬未踰年而書爵者乎？宣十年書「齊侯」，秋，季孫行父如齊聘，新君初即位。成四年書「鄭伯」。既即位嗣爵矣，春秋不得而書子也。其變禮也，不知所始，始變禮者，不恤人言，必有所託。如傳言「晉于是始墨」之類。春秋獨齊、鄭各一見之，爲左氏學者，不察此之失禮，而議夫未葬踰年書爵者，是文公、成公書「公即位」，胥可議也。

文十四年，「齊公子商人弑其君舍」，先君未葬，未即位而書君，義素定者也。書君不與書爵同，不可以爵書者，可以正其君臣之分也。僖九年，「晉里克殺其君之子奚齊」，義不素定，而未即君位也。十年，「晉里克弑其君卓」。哀六年，「齊陳乞弑其君荼」。踰年即君位，而後得爲君，此義明而嗣立之際嚴。桓十五年，「鄭世子忽復歸於鄭」，昭二十二年，「王子猛卒」。忽在外五年，未即位而出奔，歸不得書爵，天下聞鄭世子忽，不聞「鄭伯忽」

也。書世子，亦以正其復國也。王子猛未即位稱王，而於前曰「王猛」，何也？不可曰周，故曰「王」。言周，是天下外周也，言王，是天下一於王也。猶東都之詩，謂之王風，不可謂之周，諸侯目王畿之詞，非天王之號。天王及諸侯國内稱公，皆下謂上之尊稱，謂之號。公、侯、伯、子、男五等，謂之爵。君則上下之定分，先儒國内僭稱公之説非。以號，乃曰天王。猶列國之書爵。春秋凡書王，詞從同，猶列國之書其國，先儒王不稱天之説非。王人與列國書人，同爲微者，王猛與鄭忽同爲以國氏，苟既正其號曰王，後不得又曰王子矣。桓十〔一〕年，「突歸于鄭」，不以國氏，篡詞也，既不以國氏，故不曰入。曰歸，何也？明其鄭之公子也。莊九年，「齊小白入于齊」，以國氏者，其争國爲奪。哀六年，「齊陽生入于齊」，君廢正，立不正，返而争國，亦使之同於奪。子糾、小白，皆齊侯之弟，不以立子之法論者也。是以突不書鄭，而小白則繫之齊。

春秋改元即位考下

隱何以不書即位？終隱之身，自以爲攝，不忘先君之命，故春秋表微而不書。莊、閔、僖何以不書即位？穀梁氏曰：「先君不以其道終，則子弟不忍即位也。」杜氏曰：「雖不即君位，而亦改元朝廟，與民更始。」余以謂非也。君臣之位，不可不正，正君臣之位，不可不有始。即位者，正君位之始云爾。夫位，命之天子，承之始封之君，非先君一人之位，雖先君不有其終，新君不可不有其始。不即君位於改元之初，及其視朝，將不正朝位乎？苟視朝然後即君位，豈得無深痛不忍之情？然則改元之初而即君位，於深痛不忍之情何傷？彼所謂不即君位者，迨至視朝，終不得避君位也。則初視朝，乃其即君位之始，何進退失據乎？不廢改元朝廟，與民更始，而廢正百官，非義也。用是言之，春秋十二公，皆行即位之禮。魯史記皆書即位也。蓋繼弒君，大變也，典禮所無；繼弒君不書即位，史法所無。君子修之，以爲深痛之情異於繼正，是以不書。不書而仍不没其即君位之事，於「春王正月」之文見之。

桓、宣書即位，何也？穀梁氏曰：「繼故而言即位，則是與聞乎弒也。」余以桓之事考之左氏，言討寪氏有死者，是欲掩隱之見弒而不可，方詐爲自掩之計治斯獄矣。使繼故不忍即君位，處大變者無敢或異，一行其禮，則爲忍於先君，何所快於行即位之禮，而顯示國人以與聞乎弒哉？桓將不行即位之禮必矣。

春秋始乎隱，其事之值於變者三焉：諸侯無再娶之文，惠公失禮再娶，於是桓爲太子，然又非隱所得而追議於先君也。上卿爲攝主，禮也，見曾子問。居上卿之位，攝行君之政，生不稱公，死不稱薨。隱嗣爵改元，非攝主比也。繼世之君，盡臣諸父兄弟，隱既立，而猶奉桓爲太子，異於君臣之體者也。魯之禍，惠公啓之也。明乎嗣立即位之義，君臣、父子、夫婦、昆弟之間，其盡矣乎。

周之先世不窋以上闕代系考〔一二〕

周自公劉始居豳，書傳闕逸，莫能詳其時世。考國語、史記所録，祭公謀父諫穆王曰：「昔我先王，俗本國語脱去「王」字，宋本及史記並有。世后稷以服事虞、夏。及夏之衰也，棄稷弗務，我先王不窋用失其官，而自竄於戎、狄之間。」蓋不窋以上，世爲后稷之官，不知凡幾，傳至不窋，然後失其官也。夏之衰，疑值孔甲時，史記稱孔甲淫亂，夏后氏德衰，諸侯畔之，殆后稷之官及有邰之封，此時乃相因而失，諸侯侵奪，天子不正之，是以遠竄。

禹至孔甲三百餘年，史記十一世十四君，則有邰始封至不窋，亦且十餘世。周本紀曰：「封棄於邰，號曰后稷，别姓姬氏。后稷之興，在陶唐、虞、夏之際，皆有令德。后稷卒，子不窋立。不窋末年，夏后氏政衰，去稷不務，不窋以失其官，而奔戎、狄之間。不窋卒，子鞠立。鞠卒，子公劉立。」史記不曰「棄」卒，而曰「后稷」卒，且上承「后稷之興，在陶唐、虞、夏之際，皆有令德」，此書法也。世次中闕，莫知其名。繼棄而爲后稷，謹修其官守，以至不窋，是不一人，故曰「皆有令德」。及最後爲后稷者卒，其子不窋立，末年而失其世世守官，微竄之際，殆不絶如縷，典文牒記，一切蕩然。雖公劉復立國於豳後，已無舊人能追先世之代系，故國語稱十五王，不數其皆有令德而世后稷者。漢劉敬對高帝曰：「周之先自后稷，堯封之邰，積德累善，十有餘世。」公劉避桀居豳，所謂積德累善十有餘世，與本紀「皆有令德」之文，是漢初相傳，咸知不窋以上，代系中隔矣。其曰避桀者，傳聞異詞。毛詩云：「遭夏人亂，迫逐公劉。」而繫之桀，時則近之。湯代桀，至紂十七世，據國語、史記，公劉至文王十二世。世本十六世。孔甲之後，帝皋、帝發、帝桀，不窋之後，鞠、公劉，此代系不相遠者。昔人致疑於自契至湯十四世，自后稷至文王十五世，湯、文相去，隔商之六百祀。使知周之先自不窋，上闕代系，不得而數，斯可無惑也。國語曰：「孔甲亂夏，四世而殞。」則周人言夏之衰，指孔甲不指太康甚明。

以地考之，豳在邰北百餘里。邰，今西安府武功縣，豳今邠州。不窋所竄，又在豳北二百餘里，今慶陽府安化縣有不窋城。不窋遭迫逐，自邰而遠竄，公劉力能自興，於是思舊土，聚糧治兵而來，用復后稷之封。故詩曰：「思輯用光。」又曰：「涉渭爲亂。」是有邰故封，至公劉而復。邰在渭北，非得邰無由絶渭而南也。岐山亦在其邦域之中，不處於邰者，地邑民居，以人與時之宜而已。

校記

〔一〕周易補注目録後語　該篇内容散見於經考卷一。

〔二〕段玉裁覆校札記曰：「小注係臧鏞堂語，以後凡云案者皆同。」

〔三〕書鄭風後　該篇内容見於毛詩補傳卷一，文字有所不同。

〔四〕書小雅十月之交篇後　該篇節録自毛鄭詩考正卷二。

〔五〕書小雅後　該篇録自毛詩補傳卷一。

〔六〕詩摽有梅解　該篇録自杲溪詩經補注卷二。

〔七〕詩生民解　該篇録自毛鄭詩考正卷三。

〔八〕周禮太史正歲年解一　該篇録自經考卷四太史正歲年以序事。

〔九〕周禮太史正歲年解二　該篇録自經考卷四正月之吉。

〔一〇〕大戴禮記目録後語二　該篇録自經考卷四大戴禮記八十五篇。

〔一一〕周之先世不窋以上闕代系考　該篇録自毛鄭詩考正卷三。

東原文集卷二

明堂考〔一〕

明堂，法天之宮，五室十二堂，故曰明堂。月令：中央大室，正室也，一室而四堂，其東堂曰青陽大廟，南堂曰明堂大廟，西堂曰總章大廟，北堂曰玄堂大廟。四隅之室，夾室也。釋名：「夾室在堂兩頭，故曰夾也。」四室而八堂：東北隅之室，玄堂之右夾，青陽之左夾也，其北堂曰玄堂右个，東堂曰青陽左个；東南隅之室，青陽之右夾，明堂之左夾也，其東堂曰青陽右个，南堂曰明堂左个；西南隅之室，明堂之右夾，總章之左夾也，其南堂曰明堂右个，西堂曰總章左个；西北隅之室，總章之右夾，玄堂之左夾也，其西堂曰總章右个，北堂曰玄堂左个。凡夾室前堂，或謂之箱，或謂之个，左傳昭公四年：「使寘饋于个而退。」杜注云：「个，東西箱。」是箱得通稱曰「个」也。兩旁之名也。劍脊之兩旁，謂之兩相，矦之左右，謂之左个右个，亦此義。古者宮室恒制，前堂後室有夾，堂東曰東夾室，堂西曰西夾室。有个，東夾前曰東堂，亦曰東箱；西夾前曰西堂，亦曰西箱。左傳所謂个。有房。室東曰東房，亦曰左房；室西曰西房，亦曰右房。惟南嚮一面，明堂四面闓達，亦前堂、後室、有夾、有个而無房。房者，行禮之際別男女，婦人在房，明堂非婦人所得至，故無房，宜也。

王者而後有明堂，其制蓋起於古遠。夏曰世室，殷曰重屋，周曰明堂。三代相因，異名同實與？世室重屋義未聞〔二〕。明堂在國之陽，淳于登說：「在三里之外，七里之內，丙巳之地。」韓詩說：「明堂在南方七里之郊。」祀五帝，聽朔會，同諸侯，大政在焉。夏曰世室，世世弗壞，案：世室，猶太室也。夏曰世室，舉中以該四方，猶周曰明堂，舉南以該三面也。或以意命之也。殷曰重屋，阿閣四注，或以其制命之也。周人取天時方位以命之，東青陽，南明堂，西總章，北玄堂，而通曰明堂，舉南以該其三也。四正之堂，皆曰大廟，四正之室，共一大室，故曰大廟大室，明大室處四正之堂中央爾。世之言明堂者，有室無堂，不分个夾，失其傳久矣。

三朝三門考

宗廟作宮於路寢之東，社稷設壇壝於路寢之西，劉向別録云：「社稷宗廟在路寢之西。」又云：「左明堂辟雍，右宗廟社稷。」按：宗廟社稷屬路寢，言得之；以爲俱在西，不知何所據。朝有門而不屋，故雨霑衣失容則輟朝。凡朝，君臣咸立於庭，古字「庭」本作「廷」，所謂朝廷。說文云：「廷，朝中也。」天子諸侯皆三朝，則天子諸侯皆三門歟？禮說曰：「天子五門，皋、庫、雉、應、路；諸侯三門，皋、應、路。」失其傳也。天子之宮有皋門，有應門，有路門，路門一曰虎門，一曰畢門，不聞天子庫門、雉門也。郊特牲云：「獻命庫門之內。」此亦據魯之事記者，以魯用天子禮樂，故推魯事合於天子，所稱多傳會失實。諸侯之宮有庫門，有雉門，有路門，不聞諸侯皋門、應門也。皋門，天子之外門；庫門，諸侯之外門；應門，天子之中門；雉門，諸侯之中門。異其名，殊其制，辨等威也。天子三朝，諸侯三朝，天子三門，諸侯三門，其數同，君國之事侔體合也。

朝與門無虛設也。君臣日見之朝，謂之內朝。槀人及玉藻之「內朝」是也。或謂之治朝，或謂之正朝，在路門外庭。司士正其位。記或謂之外朝，與路寢庭之朝連文爲外內也。文王世子曰：「內朝則東面北上，臣有貴者以齒。其在外朝則以官。」注云：「內朝路寢庭，外朝路寢之門外庭。」斷獄、蔽訟及詢非常之朝，謂之外朝，在中門外庭。小司寇掌其政，朝士掌其法。以燕、以射及圖宗人嘉事之朝，謂之燕朝，在路寢庭。太僕正其位，若射則射人掌其位。聘禮曰：「公出送賓及大門內。」周官司儀曰：「出及中門之外。」廟在中門內明矣。記曰：「昔者仲尼與於蜡賓，事畢出遊於觀之上。」蜡之饗亦祭宗廟，廟在雉門內，故出而至觀也。春秋「桓宮、僖宮災」，火自司鐸踰公宮，至桓、僖二廟，廟邇公宮也。季桓子至，御公，立於象魏之外，立當遠火也。春秋穀梁氏傳曰：「禮：送女，父不下堂，母不出祭門，諸母兄弟不出闕門。」廟門謂之祭門，觀謂之闕，亦謂之象魏。諸侯設於雉門，是以雉門謂之闕門。天子蓋設於應門，闕門在外，祭門在內，不出闕門者，得出祭門者也。春秋左氏傳曰：「間于兩社爲公室輔。」以朝廷執政所在爲言，宜繫君臣日見之朝，社在中門內明矣。其他書傳，可證宗廟社稷在中門內、路門外之左右者，甚衆，略舉五事明之。

匠人溝洫之法考〔三〕

一夫百畝，田首有遂，夫三爲屋，遂端則溝，屋三爲井，溝在井間也。井十爲通，溝端則洫，通十爲成，洫在成間也。十成爲終，洫端則澮，十終爲同，同薄於川，澮在同間也。南畝而耕，畎縱遂橫，溝縱洫橫，澮縱川橫。東畝而耕，畎橫遂縱，溝橫洫縱，澮橫川縱。絶大爲之澮，非人爲之川。詩曰「南東其畝」，因川制田歟？賈疏云「井田之法，畎縱遂橫，溝縱洫橫，澮縱自然川橫」，但據南畝者言之。成方十里，洫十有一，計其田畔，竟十里者二十，田畔邊於洫者。凡三萬六千丈。從鄭君説，三十六井治洫，蓋九夫共治千丈。同方百里，澮十有一，計其田畔，竟百里者二十，田畔邊於澮者。凡三十六萬丈。從鄭君説，三千六百井治澮，蓋九夫共治百丈。澮深於洫近倍，大於洫三倍有半。洫廣八尺，深八尺，廣深相乘，六十四尺。澮廣丈六尺，深丈四尺，廣深相乘，二百二十四尺。以約分之法命之，洫二澮七也。水强侵敗，隤高就下，治之難易，澮十倍洫。

先王不使出賦税之民治洫與澮，而爲法令民治洫澮者，當其賦税。故農政水利之大，皆君任之，非責之民。及其失也，竭民之力，畢以供上。於是洫澮不治，井田所由廢也。中原膏土，雨爲沮洳，水無所泄，暘爲枯塵，水無所留，地不生毛，賦減民窮，上下交病矣。

樂器考

庭中樂縣之位，以磬爲首。四面縣謂之宫縣。東西二面各以次，南陳磬，十六枚一虡；其南鐘，十六枚一虡；其南鑮，爲一虡，鑮如鐘而大，奏樂以鼓鑮爲節；其南鼓。東方者，在阼階之東；西方者，在西階之西。南北二面，各直阼階之西，以次西陳磬，其西鐘，其西鑮，鼓又在鑮西，直西階之東。諸侯去南一面，謂之軒縣，亦曰曲縣。卿大夫去南北二面，謂之判縣，有鐘磬無鑮。士縣於階間，或於東方，謂之特縣。諸侯之卿大夫半天子之卿大夫，西縣鐘，東縣磬。士亦半天子之士，縣磬而已。

凡縣鐘磬，虡有二八，謂之堵。鐘磬各一堵，謂之肆。東方曰笙磬、笙鐘，西方曰頌磬、頌鐘。鼗在頌磬之西，賓至，摇之以奏樂。儀禮有朔鼙、應鼙。鼙者，小鼓，與大鼓爲節。魯鼓、薛鼓之圖，圜者擊鼙，方者擊鼓。後世不别設鼙，以擊鼓側當之。作堂下之樂，先擊朔鼙，應鼙應之。朔者始也，所以引樂，故又謂之𨋢，毛詩周頌作「田」。𨋢之言引也。朔鼙在西，置鼓北；應鼙在東，置鼓南。東方諸縣西嚮，西方諸縣東嚮故也。凡樂器，歙者近堂，擊者遠堂。竽、笙、塤、籥、簫、箎、管倚於堂，歙者執之，以歙位當在階前。周禮：「笙師掌教舂牘、應、雅。」牘、應、雅三器，祴樂用之，賓醉而出奏祴夏，以此三器築地，爲之行節。鄭康成曰：「笙師教之，則三器在庭可知矣。」虞夏書：「戛擊鳴球，搏拊琴瑟以詠。」禮記明堂位記曰〔四〕：「拊搏、玉磬、揩擊、大琴、大瑟、中琴、小瑟，四代之樂器也。」戛擊、揩擊，字異音義同。揩謂敔，擊謂柷。鳴球、玉磬，同謂石磬，古人於石之美者，多以玉名。商頌特言「依我磬聲」，猶夔之專言「予擊石拊石」。說者謂別有玉磬而在堂上，非也。惟琴瑟聲輕，宜從歌聲在堂上，餘皆堂下之器。搏拊、拊搏倒文，周禮謂之拊。大師「帥瞽登歌，令奏擊拊。下管，播樂器，令奏鼓朄」。小師「登歌擊拊，下管，擊應鼓」，應鼓，應鼙也。拊形如小鼓，以韋爲之，充之以糠。擊拊，瞽乃歌，故曰「令奏擊拊」，奏謂歌詩也。鼓朄，管乃作，故曰「令奏鼓朄」，奏謂歙管也。拊與柷、敔，皆宜在庭，不得於堂上有之。歌者在上，貴人聲也；下特言管，乃及衆樂，貴人氣也。堂上、堂下樂，大致可知者如此。

記冕服

虞夏書：「帝曰：『予欲觀古人之象，日月、星辰、山龍、華蟲，作會；宗彝、藻火、粉米、黼、黻，絺繡，以五采彰施于五色作服。』」鄭氏曰：「宗彝，謂虎蜼也。」宗廟之中鬱尊，虞、夏以上，蓋虎彝蜼彝而已。自日月至黼黻，凡十二章，天子以飾祭服，此繡與繢各六，衣用繢，裳用繡。考工記曰：「畫繢之事，青與白相次也，赤與黑相次也，玄與黄相次也。」鄭氏以爲繢之次。記又曰：「青與赤謂之文，赤與白謂之章，白與黑謂之黼，黑與青謂之黻。」鄭氏以爲繡之次。周官經：「祀昊天上帝，則服大裘而冕，祀五帝亦如之。享先王則衮冕，享先公饗射則鷩冕，祀四望山川則毳冕，祭社稷五祀則希冕，祭羣小祀則玄冕。」鄭氏曰：「王者相變，至周而以日月星辰畫於旌旗，所謂三辰旂旗，昭其明也。而冕服九章，登龍於山，登火於宗彝。九章初一曰龍，次二曰山，次三曰華蟲，次四曰火，次五曰宗彝，次六曰澡，次七曰粉米，次八曰黼，次九曰黻。則衮之衣五章，裳四章，凡九也。鷩畫以雉，謂華蟲也。其衣三章，裳四章，凡七也。毳畫虎蜼，謂宗彝也。其衣三章，裳二章，凡五也。希衣一章，裳二章，凡三也。玄者衣無文，裳刺黻而已，是以謂玄焉。」凡冕服皆玄衣纁裳。

余以謂周之祭服，宗廟所用九章而止耳。至於郊祀，何必廢古之十二章不用也。玉藻記曰：「天子玉藻，十有二旒，前後邃延，龍卷以祭。」郊特牲記曰：「祭之日，王被衮以象天，戴冕璪十有二旒，則天數也。」禮文雖闕，天子郊祀衮冕，見於此矣。衣之舉衮，猶裳之舉黼黻，皆以其文特顯，而龍章爲至焕，則加日月於上無嫌，以衮目之。大裘不言衮，其餘冕服不言裘，互文錯見也。玉藻正義劉氏曰：「六冕之裘，皆黑羔裘也。」余以謂祭服自天子至於士，同羔裘，與裘之裼衣以玄。

舊說曰：「大裘之冕蓋無旒。」司裘疏引鄭志：「大裘之上有玄衣，與裘同色。」而以爲其服無章，失其傳也。記稱大裘不裼，其有裼衣而加裘明矣。是故冕服十有二章，繅十有二旒，是爲大裘之冕。冕服九章，繅九旒，謂之衮冕。冕服七章，繅七旒，謂之鷩冕。冕服五章，繅五旒，謂之毳冕。冕服三章，繅三旒，謂之希冕。冕服一章在裳，謂之玄冕，無旒。周官經：「公之服自衮冕而下，如王之服；侯伯之服自鷩冕而下，如公之服；子男之服自毳冕而下，如侯伯之服；孤之服自希冕而下，如子男之服；卿大夫之服自玄冕而下，如孤之服。」經遞言相如，明冕服之章、冕繅之旒不異也。

凡諸侯受爵命於王，王賜之服，因得以如其命數自爲之，所謂裨冕。其以事受褒賜，則有褒衣，不過衮冕。覲禮「侯氏裨冕」，又「天子衮冕負斧依」。玉藻記曰「諸侯玄端以祭，裨冕以朝」。鄭氏、孫氏皆讀「端」爲「冕」。鄭氏曰：「諸侯非二王後，其餘皆玄冕而祭於己。」案此所引，出周官經司服注，非玉藻注。孫叔然曰：「玄冕，祭服之下也，其祭先君亦裨冕矣。」余以謂王之大祭，服大裘衮冕；中祭，服鷩冕毳冕；小祭，服希冕玄冕。享先公，亦大祭，而鷩冕何也？士虞禮記曰「尸服卒者之上服」。天子廟享，尸服有衮冕鷩冕之殊，則天子不敢一服衮冕。諸侯君其國，宜得伸上服，然尸服有弁冕之殊者亦不敢一服裨冕可知也。冕、爵弁之衣皆玄，抑當云玄衣以祭乎？凡朝祭之服，上衣下裳幅正裁，故冕服曰端冕，朝服曰委端，裳前三幅後四幅，襞辟積無數，所謂帷裳者也。前後不合，有衽以掩之，交裁如燕尾而後垂。

記皮弁服

天子日視朝，皮弁服，諸侯以爲視朔之服，凡諸侯相朝聘亦如之。記曰：「三王共皮弁素積。」士冠禮：「皮弁服，素積，緇帶，素韠。」舊説曰：「其衣十五升布。」此據諸侯朝服以爲言，殆非也。玉藻記曰：「君衣狐白裘，錦衣以裼之。士不衣狐白。」又曰：「錦衣狐裘，諸侯之服也。」論語曰：「素衣麑裘。」狐白裘、麑裘，鄭氏皆以皮弁服爲之上衣，記不云乎：「以帛裏布，非禮也。」然則皮弁服之衣以素，明矣。異於重素者，其領緣采也。郊特牲記曰：「祭之日，王皮弁以聽祭報。」天子諸侯前祭，親聽誓命，及待白祭事，其裘蓋黼裘，故曰：「惟君有黼裘以誓省，大裘非古也。」鄭氏謂「黼裘以羔與狐白雜爲黼文」，天子之黼裘皮弁服，諸侯朝服歟？

記爵弁服

周之制，大夫以上冕，士爵弁，皆絲衣，所謂純服。士冠禮：「爵弁服，纁裳，純衣，緇帶，韎韐。」韎韐，緼韍也，冕服赤韍。士昏禮：「主人爵弁，纁裳緇袘。」士弁而親迎。然則大夫以上親迎裨冕歟？或曰：「袘，亦韠之異名也。」論語「加朝服，袘紳」是也，蓋不可一同祭服之韍，故以相別異耳。檀弓記曰：「天子之哭諸侯也，爵弁〔絰〕。紂衣。」言雖非臨其喪，必爲之變也。聘禮：「君使卿韋弁。」鄭氏曰：「其服蓋韎布以爲衣而素裳。」周官經：「凡兵事，韋弁服。」鄭氏曰：「以韎韋爲弁，又以爲衣裳。」如鄭君説，色取於韎，無明文。蓋傅合春秋傳言之。詩稱「韎韐有奭，以作六師」，左氏春秋韎韋之不注，案詩六月正義引雜問志云：「韎韋之不注，不讀如幅。」今成十六年傳作「跗注」。即韎韐矣。爵弁服，禮又謂之玄服。

記朝服

諸侯日視朝，緇衣，十五升布而積素裳，是謂朝服。大夫以爲祭服。其冠委貌，所謂冠弁也。王服以田，燕養老亦如之。士冠禮「主人玄冠、朝服、緇帶、素韠」，特牲饋食禮，「其祭也，賓及兄弟皆朝服、玄冠、緇帶、緇韠」。經於士之朝服言玄冠，士以冠，異於大夫以上弁也。玉藻記曰：「羔裘豹飾，緇衣以裼之。」鄭氏以羔裘爲卿大夫之朝服，惟豹袪與君異。毛詩曰「古者素絲以英裘」，言織之爲紃，施諸縫中者也。

記玄端

玄端、玄冠，士以爲祭服。特牲饋食禮「主人冠端玄」是也。士冠禮曰：「服玄冠、玄端、爵韠，奠摯見于君。」又曰：「玄端、玄裳、黄裳、雜裳可也。」玉藻記曰：「韠，君朱，大夫素，士爵韋。」鄭氏以爲玄端之韠，因而推次其裳色，則天子諸侯，玄端朱裳，大夫素裳。天子諸侯冕服赤舄，素積白舄，玄端黑舄，凡冕服皆舄。大夫士爵弁、纁屨、素積、白屨、玄端、黑屨。素積者，皮弁服、朝服同也。大夫士聽私朝，玄端。世子之記曰：「若内豎言疾，則世子親齊玄而養。」於此見玄端玄冠，諸侯以下齊服也。玄端之裘，蓋羔裘、狐青裘、麛裘。士入廟宜羔裘，天子諸侯玄端以居，狐青裘歟？故玉藻記曰：「君子狐青裘、豹褎，玄綃衣以裼之。麛裘青豻褎，絞衣以裼之。」絞衣則非用之皮弁服者，大蜡，皮弁素服，或絞衣麛裘乎？喪用鹿裘無袪。檀弓記曰：「練，鹿裘，衡長、袪，袪，裼之可也。」謂練而爲裘，視初喪横廣之又長之，有袪飾，又可加以裼衣。鄭氏以爲鹿裘之裼衣亦以絞，絞，蒼黄色也。綃者，綺屬，則天子諸侯玄端以繒，可知也。士玄端若深衣，狐黄及雜裘，宜無不可用之。

論語「黄衣狐裘」，舊説息田夫黄衣黄冠而祭之裘也。詩「狐裘黄黄」，玄端深衣之裘也。

記深衣

深衣，連衣裳，殺幅而不積。鄭氏曰：「深衣，連衣裳而純之以采者，素純曰長衣，有表則謂之中衣。」詩「麻衣如雪」，言深衣也，此其純采者。布純亦曰麻衣，大祥，素縞麻衣是也。公子爲其母及妻，練冠、麻衣、縓緣，鄭氏以爲如小功布。深衣記曰：「具父母，大父母，衣純以繢。具父母，衣純以青。如孤子，衣純以素。」曲禮曰：「爲人子者，父母存，冠衣不純素。孤子當室，冠衣不純采。」論語曰：「君子不以紺緅飾。」古者，布幅廣二尺有二寸，謂之中量，凡削幅減寸者，二齊亦寸。衣袌左右，終幅屬袂，終幅減削幅，中人之手八(寸)〔尺〕〔五〕，是其度也。長衣中衣過之，揜尺。袂之圍四尺四寸，自胡下殺而前，袂末謂之袪，圍二尺四寸，規胡下剡衣之幅。記曰：「袂圜以應規。」又曰：「袼之高下，可以運肘。」袼，胡下也。剡之，要中之圍七尺二寸，所謂深衣三袪也。裳以布六幅，幅分之尺一寸。正者八，減削幅則八九七尺二寸，與衣相屬。旁屬交裁，殺幅一端二寸，一端二尺在下，減削幅則尺八寸，殺而上。如是者四，是爲深衣之衽，所謂衽當旁也。衣裳之左前後續，右有曲裾鉤之，故曰續衽鉤邊，合十二幅，則下齊丈四尺四寸，倍於要。中衣交領謂之袷，廣二寸。緣謂之純，純邊謂之綼，裳下緣謂之緆，與純袂廣各寸半。

記中衣裼衣襦褶之屬

中衣，凡絲衣以素，其餘以布。郊特牲記曰：「繡黼丹朱中衣，大夫之僭禮也。」爾雅：「黼領謂之襮。」孫叔然曰：「繡刺黼文以褗領。」詩「素衣朱襮」是也。言丹朱以爲純。襦，君朱，大夫纁。凡襦褶之屬，其外中衣，中衣之外上衣。若裘則有裼衣，裼衣之外上衣。夏則絺綌之外上衣。近體襌衣曰明衣，玉藻記曰：「裘之裼也，見美也，弔則襲，不盡飾也。君在則裼，盡飾也。服之襲也，充美也，是故尸襲、執玉、龜襲。無事則裼，弗敢充也。」鄭氏曰：「裼者，免上衣，見裼衣。」凡當盛禮者，以充美爲敬；非盛禮者，以見美爲敬。禮尚相變也。凡袒裼者左，論語當「暑袗絺綌，必表而出之」，無上衣曰袗。記曰：「振絺綌不入公門，表裘不入公門，襲裘不入公門。」然則固有不服上衣而袗絺綌表裘者矣。犬羊之裘不裼，不文飾也。不裼，則有雖裘而不以衣裼之者矣。君子之於褻，蓋亦無嫌質略也。

記冕弁冠

王之冕，繅斿五采十有二就，諸侯三采九就。就皆有玉如其采，延前圜垂斿，後方。故記曰：「冕而前旒，所以蔽明也。」周官經：「王之五冕，皆玄冕，朱裏，延紐，五采繅十有二就，皆五采玉十有二，玉笄朱紘。諸侯之繅斿九就，瑉玉三采，其餘如王之事，繅斿皆就。」實六冕而曰五冕者，陳采就玉之數，止於五也。亦以見服自十二章至一章而六，冕繅自十二旒至三旒而五，其一冕無旒也。槩舉諸侯，又申之曰繅斿皆就者，明九旒至於三旒，其就數九，公、侯、伯、子、男無降差，同也。延有紐，自延左右垂，笄貫之以爲固，紘以組，自頤屈而上，左右屬之笄，垂其餘。凡冕、弁笄，有笄者紘。記曰：「天子冕而朱紘，諸侯冕而青紘。」士冠禮：「皮弁笄，爵弁笄，緇組紘，纁邊。」舊説以爲卿大夫冕弁之紘，蓋與士同。

古之爲冠者，辟而縮縫，所以覆乎前後，謂之冠；其下圍髮際者，自前而後及項，有緪以結之。缺而不周謂之缺，亦曰缺項。士冠禮「緇布冠缺項青組，纓屬於缺」是也。鄭氏曰「隅爲四綴以固冠」，謂上與冠爲固也。記曰：「大古冠布，齊則緇之。」又曰：「大白冠，緇布冠，皆不蕤，委武，玄縞而後蕤。」然則古者冠無武，缺項，武之始也，是以惟緇布冠有之。後王之制，法大古冠以爲喪冠，而吉冠辟積無數，易之以衡縫，有冠卷而去缺項。冠卷謂之武，或謂之委。纓以組二屬於武，結頤下，既纓，飾以緌。玉藻記曰：「玄冠，朱組纓，天子之冠也。緇布冠，繢緌，諸侯之冠也。玄冠，丹組纓，諸侯之齊冠也。玄冠綦組纓，士之齊冠也。縞冠玄武，子姓之冠也。縞冠素紕，既祥之冠也。垂緌五寸，惰游之士也。玄冠縞武，不齒之服也。居冠屬武，自天子下達，有事然後緌。」屬武者，纓也。不言纓，以緌見之，故省其文也。凡吉冠内縪聯武上。

冠之異於弁者，左右不合，故有紕弁，則左右合而會之，所謂如覆杯矣。於其會也，飾之以玉，詩言「會弁如星」者也。冠無笄而冕弁有笄，笄所以貫之於其左右，是以冠無之。凡無笄者纓。周官經六冕之下，韋弁、皮弁、冠弁。王之皮弁，會五采，玉璂，象邸，玉笄；諸侯及卿大夫之韋弁、皮弁，各以其等爲之。鄭氏曰：「冠弁，委貌。」又曰：「或謂委貌爲玄冠。」余以謂冠弁之名，則弁而非冠也。漢輿服志言「委貌皮弁同制」，晉語范文子退朝，武子擊之以杖，折委笄。委之有笄，其爲弁制明矣。然則委貌、玄冠異也。朝服，大夫以上委貌，士玄冠與？

莊周書稱，「孔子冠枝木之冠」，陳用之援以證章甫之邸木，猶皮弁之邸象。以是言之，有虞氏之皇，夏后氏之收，殷之冔，皆冕屬也。夏之牟追，殷之章甫，周之委貌，皆弁屬也。記言「周弁、殷冔、夏收」，此以明夏、殷之禮，士得服冕。記曰：「天子之冕朱，緑藻，十有二旒，諸侯九，上大夫七，下大夫五，士三。」是也。周制，士爵弁，而大夫以上冕，士玄冠，而大夫以上委貌。始冠緇布冠，自諸侯下達，不遺古初也。天子始加玄冠，用士服也。記曰：「大夫冕而祭於公，弁而祭於己；士弁而祭於公，冠而祭於己。」言助祭於君者，孤希冕，卿大夫玄冕，士爵弁；其家祭則降焉。鄭氏謂爵弁而祭於己，惟孤耳。余以謂少牢饋食，大夫之祭也，主人朝服不言冠，其冠委貌，則委貌之爲弁，亦一證也。特牲饋食「主人冠端玄」，則士玄冠以祭之證也。周官經無爵弁，鄭氏謂爵弁制如冕，殆非也。陳用之曰：「或曰爵弁即韋弁耳，韋其質也，爵其色也。」斯言蓋近之。諸侯於其國，祭服不降，君之禮也；大夫、士不敢伸其服，臣之禮也。

記冠衰

斬衰三升、三升有半，喪服斬衰凡二等，是其差也。冠六升，既虞卒哭，受以成布六升，冠七升，小祥受以功衰七升，湅布爲冠八升，所謂練冠也。齊衰四升，冠七升。其受也，衰七升，冠八升。練而受，衰八升，冠九升。喪服降而疏衰者，凡二等。三年、期有差，其所以爲冠衰也蓋無差。齊衰五升，冠八升。其受也，衰八升，冠九升。齊衰六升，冠九升，無受。喪服疏衰之正，凡二等，是其差也。大功八升，冠十升，無受。喪服殤大功是也。大功九升，冠十一升，三月受以小功衰十一升，冠十二升，喪服大功之正也。小功之繐四升有半，喪服謂之繐衰，冠八升，既葬而除之，小功冠衰十升，無受。喪服殤小功是也。小功冠衰十一升，其即葛也，因此故衰，喪服小功之正也。

閒傳曰：「斬衰三升，齊衰四升、五升、六升，大功七升、八升、九升，小功十升、十一升、十二升，緦麻十五升。去其半，有事其縷，無事其布曰緦。」蓋合冠、衰、受而舉其殺之等有如此。說禮者求之立文所指而不得，於是別爲義服之目，斬衰合正服爲二，齊衰以下合降服、正服爲三。按諸喪服經無有也。喪服「諸侯爲天子」、「臣爲君次之，子爲父之後。其後則又有「父爲長子」、「妻爲夫」之文，獨以爲三升有半，不與前後同三升，非禮意也。略舉一端，亦足以明矣。

凡言衰者，以衰名衣也。其制，綴於衣之外，當膺曰衰，長六寸，博四寸。衣闕其領際謂之闊中，左右各四寸，辟領謂之適，廣四寸，合左右與闊中，凡尺有六寸，出於衰六寸。負版廣尺有八寸，出於適寸。衣自闊中而下二尺有二寸，與袂等，屬袂終幅，袪尺二寸，衣帶下尺，所以掩裳上際也。左右衽後垂，同二尺有五寸，上正尺。燕尾尺五寸，所以掩裳之前後際者也。裳，前三幅，後四幅，異於吉服之裳者，幅三辟之，以爲要縫。喪服記曰「凡衰外削幅，裳内削幅，幅三袧」是也。又曰「若齊裳内衰外」，言緝之亦如其削幅矣。婦人之衰不殊，裳則無帶，下無垂衽。

喪冠廣二寸，右辟三緦，小功左辟，皆縮縫，鍛而弗灰。斬衰繩纓，齊衰以下布纓，緦澡之。舊說以爲「喪冠纓武共材」，余以謂喪冠，大古冠之遺也。蓋無武其屬之冠，以繩若布，自額而後，交於項及耳，垂爲纓也，是之謂纓條。屬冠前後，出其下，反屈縪於外，故曰外縪，所謂厭冠者也。於男子冠，婦人則有笄，故喪服小記曰：「箭笄終喪三年，齊衰惡笄以終喪。」喪服記曰：「惡笄有首以髽。」傳曰：「惡笄者，櫛笄也。」記又曰：「子折笄首。」傳曰：「折笄首者，折吉笄之首也。吉笄者，象笄也。」箭笄長尺，吉笄尺二寸。祥之祭，縞冠。喪服小記曰「除成喪者，朝服縞冠」是也。既祥而縞冠素紕，所謂素縞，詩稱「庶見素冠」者也。故玉藻記曰：「縞冠素紕，既祥之冠也。」皇氏義疏爲之説曰：「祥祭之時，以素爲冠，以縞爲紕，紕得冠名，故云縞冠。祥祭之後，以縞爲冠，以素爲紕，亦紕得冠名，而云素冠。」按之詩、禮或然矣。禫之祭玄冠，既祭而纖冠。凡主人未没喪，則子雖除不純吉，故玉藻記曰：「縞冠玄武，子姓之冠也。」如皇氏説，則縞亦紕歟？

記括髮免髽

喪之括髮，謂麻束髮也。始有喪，去冠矣，二日又去笄纚，於是不復用吉時之緫，而以麻代之，使髮不至於散而已矣。故檀弓記曰「袒括髮」，去飾之甚也。麻者，未爲布之名也，是以喪服小記曰：「斬衰括髮以麻，爲母括髮以麻，免而以布。」言於免則布束髮，易其麻也。喪之免也，去冠者之所服也，故齊衰以下免，雖斬衰既成服，不括髮，啓殯至虞卒哭免。君弔，主人宜變，雖不當免時必免。朋友皆在他邦，爲之主，袒免。雜記曰：「非從柩與反哭，無免於堩。」喪服小記曰：「遠葬者，比反哭者皆冠，及郊而後免反哭。」又曰：「既葬而不報虞，則雖主人皆冠，及虞則皆免。」此用免之可考者，其制不見於傳記。鄭氏曰：「舊説以爲免象冠，廣一寸。」又援「括髮以麻，免而以布」之文，而曰：「此用麻布爲之，狀如今之著幓頭矣。自項中而前交於額上，却繞紒也。」鄭君不解麻之所以代纚，而言更加麻於首，失其傳歟？

婦人當男人括髮免，則髽，齊斬之髽皆布纚。喪服小記曰：「男子冠而婦人笄，男子免而婦人髽。」其義爲男子則免，爲婦人則髽，言髽一視括髮免之節，其有笄去笄，一視去冠之節也。鄭氏曰：「去纚而紒曰髽，如今婦人露紒，其象也。」此蓋得之。又曰：「斬衰括髮以麻，則髽亦以麻。以麻者，自項而前交於額上，却繞紒如著幓頭然。」此亦由不解括髮之麻所以代纚，故又推之髽而失之。

記經帶

喪服「斬衰苴絰」，其大兩指，圍搤九寸，麻本自右交於左而在下。五分其絰去一，以爲齊衰之絰；五分齊衰之絰去一，以爲大功之絰。其絰也皆纓絰，惟中殤、大功不纓絰。

五分大功之絰去一，以爲小功之絰；五分小功之絰去一，以爲緦麻之絰。受服五分其麻絰去一，以爲葛絰。凡絰帶之殺五分，其首絰去一，以爲要絰。要絰者，帶也。齊、大功，牡麻絰，皆有本，自左加於右之上。緦、小功，牡麻斷本。大功以上散帶垂，至成服而糾之。殤之帶，不糾垂。喪服小記曰：「下殤小功帶，澡麻不絶本，詘而反以報之。」然而長殤小功之帶，澡麻斷本，不糾垂也。間傳曰：「既虞卒哭，去麻服葛，葛帶三重。」小祥，男子除乎首，婦人除乎帶。」所謂除喪者，先重者也。婦人之帶不散麻，不受以葛，故檀弓記曰：「婦人不葛帶。」男子又有絞帶，喪服傳曰「絞帶者，繩帶也」，齊衰以下布帶。

記繅藉

繅之形制，各如其玉，上玄下纁，聘禮記曰「皆玄纁」是也。蓋如冕上覆之玄表纁裏矣。鄭氏謂以韋衣木，經無明文。繅之厚，亦與玉等，而施采焉，上下無所用采也。繫用五采組爲之，無事則繫玉藏於櫝，故聘禮記云「繫長尺絢組」。

繅藉之説，鄭注及諸家義疏皆未明，以其施采，謂之繅；以其承玉故曰繅藉。而不可名之爲藉，蓋藉玉者有不必繅也。束帛加璧，束帛加琮，則束帛爲之藉矣。故覲禮記云「奠圭於繅上」，不云於藉上。聘禮記云「凡執玉，無藉者襲」，不云無繅。櫝以藏玉，繅以承玉，繅則受命反命，皆執於君前，故爲之文飾。賈人啓櫝取圭垂繅者，非以爲文，特解其組繫而垂之，圭與繅並呈之也。至宰與上介，執以授使者，皆屈繅，斂其垂，而併持之，明己不爲儀也。使者受而垂繅於君前，並見之，亦以爲儀。然繅與櫝爲類，聘享皆不以繅進，故致聘及還玉時，皆無垂屈之節。然則聘之襲也，其時去繅，而又無錦帛等藉之；享之裼也，雖去繅而有錦帛等爲之藉。是以曲禮曰：「執玉其有藉者則裼，無藉者則襲。」鄭氏兼繅與束帛，以解記所謂藉，本非兩說。其注聘禮因詩特著「賓襲」、「上介不襲」之文，故於上介云「不襲者，以盛禮不在於己也」。又繅雖不垂，亦非無藉之謂，故引曲禮以證不當襲。於賈人云不言裼襲者，賤不裼也。此明賤者皆無以裼爲敬之儀，是賤者皆襲，不必言裼襲也。又云「繅有組繫也」，明垂者其組繫，後人誤會聘禮注，而以垂繅爲有藉，屈繅爲無藉，殆失之歟？

熊氏曲禮注，以爲「上明賓介二人爲裼襲，圭璋特以下，又明賓主各自爲裼襲。謂朝時用圭璋特，賓主俱襲；行享時用璧琮加束帛，賓主俱裼」，亦是也。語簡而得鄭意。孔沖遠雜列各說，反滋疑惑。

典瑞之五采五就，三采三就，二采再就，皆謂一采帀爲就。二采一就，則謂二采合成一帀，故曰一就也。聘禮記之三采六等，謂三采爲三就者，重之則六等。然則五采五就，重之則十等；二采再就，重之則四等；二采一就，重之則二等。典瑞言其就，不言其等；聘禮記言其等，不言其就。合之乃全。熊氏、孔氏、賈氏皆混就與等爲一，故徒滋疑惑。

記捍決極

凡射，左設韝捍，右施決設極。捍也者，臂韝也。捍，周禮繕人注作扞。韝，釋文苦侯反。劉云：「彄字之異者。」捍謂之拾，拾謂之遂。禮大夫與士射袒纁襦，君在大夫射則肉袒，公袒朱襦，皆既袒乃設拾。故鄭氏曰：以韋爲之著左臂，所以蔽膚斂衣也。決也者，引弦彄也。「決」字亦作「抉」，又作「玦」。詩刺童子佩韘，毛傳以韘爲玦，内則記言「右佩玦捍」，是其據證也。許叔重説文解字曰：「韘，射決也，所以鉤弦。以象骨韋系，著右巨指。」士喪禮：「決用正王棘若檡棘，組繫。」鄭氏謂決以韋爲之藉，然則決皆有韋藉及組繫歟？極也者，所以韜指於弦，令不契指也。禮朱極三，鄭氏曰「以朱韋爲之」。三者，食指、將指、無名指，小指短，不用。士喪禮則「纊極二」。

校　注

〔一〕明堂考　該篇録自考工記圖下。

〔二〕「世室」句七字　據考工記圖補。

〔三〕匠人溝洫之法考　該篇録自考工記圖下。

〔四〕「禮記」句　原作「明堂位記曰」，據微波榭本改。

〔五〕改「寸」爲「尺」，據段玉裁覆校札記，又核之微波榭本。下文類此改動者，不另説明。

東原文集卷三

爾雅文字考序〔一〕

古故訓之書，其傳者莫先於爾雅，六藝之賴是以明也。所以通古今之異言，然後能諷誦乎章句，以求適於至道。劉歆、班固論尚書古文經曰：「古文讀應爾雅解古今語而可知。」蓋士生三古後，時之相去千百年之久，視夫地之相隔千百里之遠無以異。昔之婦孺聞而輒曉者，更經學大師轉相講授，而仍留疑義，則時爲之也。

余竊謂儒者治經，宜自爾雅始。取而讀之，殫心於兹十年。是書舊注之散見者六家，犍爲文學、劉歆、樊光、李巡、鄭康成、案：鄭氏無爾雅注，周禮大宗伯疏誤引之耳。孫炎，皆闕逸，難以輯綴，而世所傳郭注，復删節不全，邢氏疏尤多疏漏。夫援爾雅以釋詩、書，據詩、書以證爾雅，由是旁及先秦以上，凡古籍之存者綜核條貫，而又本之六書音、聲，確然於故訓之原，庶幾可與於是學。余未之能也。偶有所記，懼過而旋忘，録之成袟，爲題曰若干卷爾雅文字考，亦聊以自課而已。若考訂得失，折衷前古，於爾雅萬七百九十一言，合之羣經傳記，靡所扞格，姑俟諸異日。

爾雅注疏箋補序〔一〕

爾雅，六經之通釋也。援爾雅附經而經明，證爾雅以經而爾雅明。然或義具爾雅而不得其經，殆爾雅之作，其時六經未殘闕歟？爲之旁摭百氏，下及漢代，凡載籍去古未遥者，咸資證實，亦勢所必至。曩閲莊周書「已而爲（之）〔知〕者，已而不知其然」，語意不可識。偶檢釋故「已，此也」，始豁然通乎其詞。至若言近而異趣，往往雖讀應爾雅而莫之或知。如周南「不可休思」，釋言「庥，廕也」，即其義。豳詩「蠶月條桑」，釋木「桑、柳醜，條」，即其義。小雅「悠悠我里」，釋故「悝，憂也」，即其義。説詩者不取爾雅也。外此轉寫訛舛，漢人傳注，足爲據證。如釋言「鬩，恨也」，郭氏云：「相怨恨。」毛公傳小雅「兄弟鬩于墻」：「鬩，很也。」鄭康成注曲禮「很毋求勝」：「很，鬩也。」二字轉注，義出爾雅。又「苛，妎也」，郭氏云：「煩苛者，多嫉妎。」康成注内則「疾痛苛癢」：「苛，疥也」，義出爾雅。凡此，遽數之不能終其物，用是知經之難明，爾雅亦不易讀矣。

丙戌春，任君領從以所治爾雅示余，余讀而善之。今又越七載，任君官京師，猶孜孜是學不已，更出其定本，屬余撰序。夫今人讀書，尚未識字，輒目故訓之學不足爲。其究也，文字之鮮能通，妄謂通其語言；語言之鮮能通，妄謂通其心志；而曰傅合不謬，吾不敢知也。任君勤於治經，蓋深病夫後儒鑿空之説歧惑學者，欲使本諸爾雅以正故訓，故以是學先焉。書中考索精詳，辨據明晳，則讀其書者固自知之。休寧戴震。

與王内翰鳳喈書 乙亥

承示書堯典注，逐條之下，辨正字體字音，悉準乎古。及論列故訓，先徵爾雅，乃後廣搜漢儒之説，功勤而益鉅，誠學古之津涉也。昨僕偶舉篇首「光」字，引爾雅「光，充也」，僕以爲此解不可無辨。欲就一字見考古之難，則請終其説以明例。

孔傳「光，充也」，陸德明釋文無音切，孔沖遠正義曰：「光，充，釋言文。」據郭本爾雅「桄、熲，充也。」注曰：「皆充盛也。」釋文曰：「桄，孫作光，古黄反。」用是言之，光之爲充，爾雅具其義，漢、唐諸儒，凡於字義出爾雅者，則信守之篤。然如光字雖不解，靡不曉者，解之爲充，轉致學者疑。蔡仲默書集傳「光，顯也」，似比近可通。古説必遠舉「光，充」之解，何歟？雖孔傳出魏、晉間人手，以僕觀此字據依爾雅，又密合古人屬詞之法，非魏、晉間人所能。必襲取師師相傳舊解，見其奇古有據，遂不敢易爾。後人不用爾雅及古注，殆笑爾雅迂遠，古注膠滯，如「光」之訓「充」，兹類實繁。余獨以謂病在後人不能遍觀盡識，輕疑前古，不知而作也。

自有書契以來，科斗而篆籀，篆籀而徒隸，字畫俛仰，寖失本真。爾雅桄字，六經不見。説文「桄，充也」。孫愐唐韻「古曠反」。樂記「鐘聲鏗，鏗以立號，號以立橫，橫以立武」，鄭康成注曰：「橫，充也，謂氣作充滿也。」釋文曰：「橫，古曠反。」孔子閒居篇：「夫民之父母乎，必達於禮樂之原，以致五至而行三無，以橫於天下。」鄭注曰：「橫，充也。」疏家不知其義出爾雅。堯典古本必有作「橫被四表」者。橫被，廣被也。正如記所云「橫於天下」、「橫乎四海」是也。橫四表、格上下對舉，溥遍所及曰橫，貫通所至曰格。四表言被，以德加民物言也；上下言于，以德及天地言也。集傳曰「被四表，格上下」，殆失古文屬詞意歟？「橫」轉寫爲桄，脱誤爲光，追原古初，當讀「古曠反」，庶合充霩廣遠之義。而釋文於堯典無音切，於爾雅乃「古黄反」，殊少精覈。述古之難，如此類者，遽數之不能終其物。

六書廢棄，經學荒謬，二千年以至今。足下思奮乎二千年之後，好古洞其原，諒不僅市古爲也。僕情僻識狹，以謂信古而愚，愈於不知而作，但宜推求，勿爲株守。例以「光」之一字，疑古者在兹，信古者亦在兹。漫設繁言以獻。震再拜。

丁丑仲秋，錢太史曉徵爲余舉一證曰，後漢書有「橫被四表，昭假上下」語。檢之馮異傳，永初六年安帝詔也。姚孝廉姬傳又爲余舉班孟堅西都賦「橫被六合」。壬午孟冬，余族弟受堂舉漢書王莽傳「昔唐堯橫被四表」，尤顯確。又舉王子淵聖主得賢臣頌「化溢四表，橫被無窮」。洪榜案：「淮南原道訓『橫四維而含陰陽』，高誘注：『橫，讀桄車之桄』，是漢人『橫』、『桄』通用甚明。」段玉裁案：「李善注魏都賦引東京賦『惠風橫被』，今本東京賦作『惠風廣被』，後人妄改也。」

論韻書中字義答秦尚書蕙田 癸未

（見聲韻考卷四，全書第三册，第三三八頁。）

辨〔正〕詩禮注軌軌軹軒四字

詩邶風匏有苦葉「濟盈不濡軌」，毛氏故訓傳「由輈以上爲軌」。經典釋文曰：「軌，舊龜美反，謂車轊頭也。依傳意宜音犯。」震謂音犯則字當作「軓」，以韻考之不合。疑漢時軌、軓二字或訛溷莫辨。如今俗書「軓」字，車旁丸作「軌」，實不成字。毛君讀此詩，豈聲從「軌」而義從「軓」，誤併二字爲一歟？

周禮大馭「右祭兩軹，祭軓」。明北監本注疏周禮訛作「軌」，禮記少儀所引同，惟詩疏所引不誤。鄭注曰：「故書軹爲軒，軓爲範。杜子春云：『軒當爲軹，軹謂兩轊也。範誤作軓，釋文誤作範。

同，詩疏引作軬。當爲軓，誤作軬，詩疏所引不誤。軓謂車軾前也。軾前誤作前軾。考疏內及詩疏所引皆不誤。或讀軒爲簪笄之笄。』」震謂軒讀如笄是也。杜君改爲「軹」，與輢內之「軹」，二名溷淆，非也；以轊釋轂端之軒，亦非也。後代字書倂「軒」字無之。考工記輈人「軓，誤作軌，注並同，詩疏所引不誤。前十尺」，鄭注曰：「謂輈軓以前之長也。鄭司農云：『軓謂式前也，書或作軋。』詩疏所引誤作軌，下並同，釋文不誤。玄謂軋是。軋，法也。」禮記少儀「祭左右軌」，詩疏所引誤作軓，注同。「范」，鄭注曰：「周禮大御『祭兩軹，祭軓，誤作軌，詩疏所引不誤。乃飲』。軌與軹於車，同謂轊頭也。軓與范聲同，謂軾前也。」詩匏有苦葉釋文辨別之曰：「案說文云：軌，車轍也，從車九聲，龜美反。古音居酉反。軓，注疏本釋文誤作軹。車式前也，從車凡聲。注疏本釋文誤作九聲。音犯，車轊頭所謂軹通志堂本誤作軓，注疏本不誤。也。相亂，故具論之。」孔沖遠於此亦曰：「少儀與大馭之文事同而字異，以范當大馭之軓，軌誤作軓。當大馭之軹，故並其文而解其義，不復言其字誤耳。」其實少儀「軌」字誤，當爲「軹」也。孔君於禮記不言軌乃字誤，當據詩正義爲定，五經正義當時同撰者不一人。詩傳誤溷同「軌」、「軓」二字，禮注誤溷同「軒」、「軹」、「軌」三字，而「軌」字遂有車轊頭之說，謬也。「軓」者，式前；「軌」者，車轍；「軹」者，車輢；「軒」者，轂末；「轊」者，軸末。治其名，詳其制，庶可以正訛文交錯、謬說因循矣。

辨尚書考工記鍰鋝二字

「鍰」、「鋝」，篆體易譌，説者合爲一，恐未然也。「鍰」讀如丸，十一銖二十五分銖之十三。「垸」，其假借字也。「鋝」讀如刷，六兩大半兩。「率」、「選」、「饌」，其假借字也。二十五鍰而成十二兩，三鋝而成二十兩。吕刑之「鍰」當爲「鋝」，故史記作「率」，漢書作「選」，伏生大傳作「饌」。弓人「膠三鋝」，當爲「鍰」。一弓之膠，三十四銖二十五分銖之十四。賈逵説「俗儒以鋝重六兩」，此俗儒相傳譌失，不能覈實，脱去大半兩言之。説文云「北方以二十兩爲鋝」，正合三鋝，蓋脱去「三」字。徐本説文，鋝十銖二十五分銖之十三，蜀本及陸德明所引並作十一銖，徐本蓋脱去一字。説文既引周禮重三鋝，當云北方以二十兩爲三鋝，是以鄭注引説文，證三鋝爲一斤四兩。

與盧侍講召弓書 庚辰

大戴禮記刻後印校，俗字太多，恐傷壞版，姑正其甚者，不能盡還雅也。所有誤字，鄙未覈出，如保傅注「謂俎豆傳列及食之等」，「謂」譌作「男」，「食」譌作「嗜」，「環，旋也」，「旋」譌作「短」。曾子本孝注「處安易之道」，「之」譌作「也」。曾子天圓注「山川言牲，互文」，「牲」因正文訛作「牷」，「互文」訛作「玄之」。子張問入官注「纊瑱之設」，「瑱」訛作「須」。盛德注「禮察曰」，訛作「祭禮曰」。諸侯遷廟注「未即吉」，「吉」訛作「告」。「孫、鄭等改鞠衣」，「鞠」訛作「禕」。「又云一命展衣者」，「云」訛作「下」。少閒注「汙，窪也」，「窪」訛作「深」。「朝事致饔既」，「饔」、「雍」錯見。凡此類即就印本改正。

又保傅「有司𠫤夙興端冕」，注「𠫤職，謂三月朝也」。下案云：「注職字疑衍。」是疑「𠫤」與「三月」嫌文，或別有意也。然古人立文，絶無有如此者。在内則爲「三月之末，擇日以子見於父，此見之南郊，亦三月時事。正文當作「有司𠫤夙端冕」，注文當作「𠫤夙，謂三月朝也。」明嘉靖癸巳袁氏依宋本重刊之大戴禮記，「齊」皆作「𠫤」，後人不識古字，遂訛作「參」，而「夙」字不可通，於下加「興」字。魏書李彪傳引此作「有司齊肅端冕」，無「興」字，其竄誤無疑。注乃併「夙」字訛作「職」，字形轉寫之謬，前改正者皆是也。

凡例末一條云：「又有雖俗字，而其來已久，魏、晉、六朝皆用之。如準之作准，殺之作煞，陳之作陣，景之作影，亦皆不改。」震之愚，竊以爲「景」與「影」，今異字異音，古通用「景」。葛洪始加彡作「影」，義有可通，無妨後人滋益。「准」字，雖魏書有云「欲知其名，淮水不足」，非避寇萊公諱。吕忱字林用「准」爲平準之準，見佩觿。忱，晉人，是此時俗字。然許叔重在漢時作説文解字序云：「詭更正文，鄉壁虚造不可知之書，變亂常行。猥曰馬頭人爲長，人持十爲斗，蟲者屈中也，苛之字止句也，皆不合孔氏古文，謬於史籀。怪舊勢而善野言。」則魏書之稱「淮水不足」，設許氏見之，必且譏爲野言者也。苟害六書之義，雖漢人亦在所當改，何況魏、晉、六朝？此書中仍有未盡俗謬者，準、准，殺、煞，陳、陣，參差互見，宜使之畫一，以免學者滋惑。震愚昧，徑行改易。

其存疑未敢改者，夏小正「初歲祭耒，始用暢也」。其曰「初歲」云者，暢也者，終歲之用祭也，言是月始用之也。細繹文義，正月所繫之事，他處不言「初歲」，至此獨言「初歲」，故解之曰「暢」，乃終一歲所用之於祭，而用之自是始。惟其爲終一歲之所用，故曰「初歲」，以見終歲皆用之。訛作「其曰初云爾」，已不可通，又移就下言是月句，失其倫次。「緹縞」下「何以謂之，小正以著名也」。爾雅疏連引此文，本繫此處無疑，朱子移置篇題之下，以是爲解「小正」二字，究無所發明，古人必不用此贅文以解篇題。合綜前後，「何以謂之」，凡兩見，以四字爲句。前「雉震呴」條「正月必雷，雷不必聞，惟雉爲必聞」，中間用「何以謂之」設問，申之曰：「雷則雉震呴，相識以雷。」此云「小正以著名也」，乃申上緹先見者也，又與後文有「見稊而後始收，是小正之序也。小正之序時也，皆若是也」可參觀。名者，命之也，「小正以著名」者，謂小正立言之體，以緹著而先見，故不曰縞緹，而名其物候曰緹縞，著即「動而後著」之「著」。謹陳鄙見，惟有道正之。

再與盧侍講書　辛巳

去冬刻就屈原賦注，屬舍弟印送，諒已呈覽，尚有誤字。其大戴禮記一書，今正復檢一過，又得若干事，後因窮處多繁雜，未及訂定。兹略舉大致，以乞教正。

主言篇「則正亦不勞矣」，「正」當作「政」。「百步而堵」，「堵」疑「畮」之訛。「千步而井」不可通，「千步」疑「方里」之訛。「昔者明王以盡知天下良士之名」，篇内「主」字並「王」字之訛，惟此一處各本仍作王，當據之以表微。

哀公問於孔子篇「然後言其喪葬」，别本多作「喪算」，義長。

禮察篇「倍死忘生之禮」，「禮」當作「徒」，字形之訛。

夏小正篇「震也者，鳴也；呴也者，鼓其翼也」。徐堅初學記兩引此文，皆作「呴者，鳴也；震者，鼓其翼」。殆後人因「雉震呴」之言而改之，以就先「震」後「呴」歟？「初歲祭耒」，止此四字屬夏小正元文，自「始用暢也」以下皆爲解説，不必重「初歲祭耒，始用暢也」字，似文義更明。「歲再見爾」，「爾」上當有「云」字，脱在「蓋記時也」下。「而不食於母也」，當從别本「於」作「其」者。「堇菜也」，朱子儀禮經傳通解載此文，「菜」作「采」，與上「大舍采也」字正一例。「推之不必取之」，各本無句末「之」字。「取必推而不言取」，「取必」當作「故言」，字形訛舛。「突穴取與之室何也」，各本皆然。「突」當作「突」，王逸注楚辭「突(夏)〔厦〕」云：「突，複室也。」洪興祖補注云：「突，深也，隱暗處。蓋突厦猶言深厦。」此突穴，指燕所爲巢深隱也。下云「謂之室何也」，是書「謂」字或訛作「與」，或訛作「爲」，不勝畢舉。因「與」字又誤衍「取」字。「故言摯云」，各本無「言」字，通解載此文，止作「摯云」，於古人文體尤合。「之離而生」，「之」當作「以」，字形之訛。「穴也者言蟄也」，各本無「穴也者」三字。「於時月也，萬物不通」八字，應屬小正元文。若説小正者，則「是」字直用「是」，不用「時」，篇内可考，義亦非解「鸖人不從」。

保傅篇「固舉之禮」，魏書李彪傳引此文，作「因舉以禮」，及下「齊肅端冕」，可證「參夙興」之訛。「尚書及周禮説而文與此同」，通解載此注，「而」作「古」，當是「古尚書及周禮説與此同」，轉寫致訛，又衍「文」字。案：當作「古文尚書及周禮説與此同」，「文」字非衍。許叔重五經異義稱古文尚書説、古尚書説，是其證。「言人性本雖無善」，通解載此注作「本或有所不能」，似朱子所改。「使諫擊之以自聞也」，通解載此注，「諫」下有「者」字。「大夫諫足以義使於瞽叟」，「足」當作「之」，「使」當作「後」，别本「叟」作「史」，此以解「正諫在瞽史樂工後」也。「殷、周之前以長久者」，「前」當作「所」，字形之訛。「强，猶强也」，當作「猶勸也」。周禮司諫注有此訓。「暑而渴」，宋、元本「渴」並作「喝」。通解載此文作

「暍」，注之云：「暍，傷暑也。」渴、暍，皆字形之譌。「宴室邦室於宴寢也」，通解載此注作「宴室、夾室，次宴寢也」，今是書「夾」並作「郟」。內則注云：「側室，謂夾之室，次宴寢也。」亦一旁證。「以七月就宴」，當從通解作「比七月就宴室」。「太史持銅而御户左」，當作「太師」，注同。「衡在中，牙在傍」，通解載此注作「璜在旁，衡牙在中」，亦似朱子所改。此截注「衡牙」二字，「璜」屬上注矣。又玉藻疏皇氏説亦分「衡牙」爲二，與此注同。「納於衡璜之間」，通解「之間」上有「衡牙」二字。「坐不邊蹕」，「蹕」上脱「立不」二字，「誦詩」上脱「夜則令瞽」四字。「形容端正」，上脱「生子」二字。「任子之時」，「任」即「妊」，上云「孕子之禮」，「孕」亦當作「任」。「敬白虎通」，「敬」當作「故」。「欲左欲右」，當重「左右」字。「以其前爲愼於人也」，「前」亦當作「所」，「愼」當作「順」。「而置屍於北堂」，篇末「而猶汝矣」之注當在此。「鄒衍、樂毅以齊至」，當作「自齊、魏至」。韓詩外傳下衍二十二字，「以魏、齊至之」亦脱誤。考外傳作「燕昭王得郭隗、鄒衍、樂毅，是以魏、趙興兵而攻齊」。依是書注例，「閔王名地」，當注云「齊王地也」，脱「地」字。

曾子立事篇「朝忿忘身」，詞不足，當是「一朝之忿忘其身」，脱誤。「思唯可復」，當作「無不可復」。「不唱流言」，「唱」當作「倡」。「謂時事須殺也」，「殺」當作「繁」，字形之譌。「忿怒而爲惡」，「爲」當作「無」。注內兩説：前説謂「忿怒妄動，不必心以爲惡而怒」，後説謂「人本無惡而妄怒」。據後説，「爲」字舛謬明矣；義則前説尤善。「自執而輕於善」，「輕」當作「誣」，字形之訛。

本孝篇「痺」當作「庳」。「謂三者之孝」，「三」當作「王」。

制言上「曰友之也」，「曰」當作「曾」，字形脱誤。制言中「詩云行有死人，尚或墐之」，此十字亦注文，故不注某詩之幾章。正文語勢亦顯然不可引詩横隔。「以役其身」，「役」當作「殁」，前立事篇可據證。

疾病篇「如長日加益而不自知也」，長，竹丈切，謂己身之長，故曰不自知。注云「如日之長」，袁氏本無日字，空此一格，當作「如身之長」。

天圓篇「施，施也」，當作「賦也」。周禮内宰注云：「施，猶賦也。」是其義。「温煖如陽」，「陽」，當作「湯」，此注本漢書五行志劉向語。

武王踐阼篇「於百姓」，朱文端本作「十百世」，蓋「十」訛作「于」，轉而爲「於」，妄改者不知此解其量十世百世也。「雖夜解怠」，「怠」當作「息」，解謂釋帶也。「屨履之銘」，當作「履屨」，履不名屨，屨之言踐也。「論慎屨」，「屨」當作「履」。「勞與富」，「勞」當作「福」，「福」、「富」同音，正文作「富」，注兼取「福」義，故曰「音義兩施互取焉」。

衛將軍文（字）〔子〕篇言「下國信蒙其富」，「富」當作「福」。「云先生者猶難之」，一本作「云先生猶有難之」。「言偃，魯人也」，「魯」字疑「吴」之訛。「言未至者未及也」，當作「言未至未及者」。「晉侯也」，當作「晉侯彪也」。「祁徯，祁午也」，當作「祁午之父也」。「羊舌肹，羊舌職之父」，當作「羊舌大夫，羊舌肹也，羊舌職之子」。

五帝德篇「黄帝黼黻衣」，「帝」字衍。「知民之急」，袁氏本「急」作「悬」，義當作「隱」。

帝繫篇「及象産敖」，禮記疏引此文作「及産象敖」，「敖」字之衍久矣。史記「卷章」，此訛爲「老童」，王逸注楚辭作「老僮」。「什祖」，各本「什」多作「付」，與史記作「附沮」合。史記「穴熊」、「疵」、「越章王」，此訛「穴」爲「内」，「疵」爲「疪」，「越」爲「戚」。韋昭注國語，不知楚之别封有越，而誤謂句踐羊姓，失之也。鄭語曰：「芈姓，夔、越。」王符潛夫論亦曰：「或封於夔，或封於越」，皆楚之越章耳。「楚自鬻熊九世至熊渠」，此於「内熊」下，有「九世至于渠、婁、鯀出自」九字，蓋當云「其裔孫鬻熊，自鬻熊九世至于熊渠」，下乃接「熊渠有子三人」，然無善本可以訂正。「昆吾者，衛氏也」以下六氏字不可通，皆當從世本作「是」，聲之訛也。「次妃陳隆氏」，别本作「陳鋒」，與史記合。

勸學篇「殆教亡身」，「亡」字當從荀子作「忘」。「痺下」當作「庳下」。「必出量」，當作「以注量」。

子張問入官篇「恒言無害也」，「恒」當作「猶」。「詳爲陋矣」，「詳」即「佯」，「陋」當作

「漏」，聲之訛。別本「矣」作「失」，漏失，遺忘也。「郭象曰：『主上無爲於親事，而有爲於用臣也。』」莊子天道篇注文，此訛「親」爲「日」，又脱「臣」字。「今云惑視聽」，「今云」當作「令不」。

盛德篇「君臣之義失」，別本「義」作「位」，與禮記本文合。「以慎天法」，「慎」當作「順」。「正朝之位」，「朝」下脱「儀」字。

千乘篇「執事政也」，「政」當作「正」。「故年穀不成」，「不」當作「順」，不知者誤讀下文，妄改爲「不」。

文王官人篇「以觀其不寧」，當從逸周書作「不荒」。「如臨人以色」，「如」當從逸周書作「好」。「其貌固嘔」，篇内「嘔」字並「嫗」之訛，「執之以物而遬驚，決之以卒而度料」，以逸周書「設之以物而數決，敬之以卒而度應」互相訂。「執」即「設」之訛，「遬」、「數」義同爲速，「速決」宜連文，「驚之」脱誤爲「敬之」。「不學而性辨」逸周書作「不文」，當作「不紊」。「始妒誣者也」，逸周書作「始誣者也」，「始」即「妒」之訛。此文與注並衍一「始」字，因訛致衍。如保傅篇「學禮曰」一段，「而」訛作「如」，「如」又訛作「始」，各本遂作「而始」。凡「順」之爲「慎」，「而」之爲「如」，「謂」之爲「與」、爲「爲」，「政」與「正」之錯互，類皆方音溷同致舛，不得云古字通。以數語中二字錯施，彼此交易，正可決古人用字，不宜如

是滋惑，雖改正之可也。「察其慝」，「慝」當作「陰」，袁氏本作「應」，「陰」與「應」，聲之訛，
不知者遂改「應」爲「慝」。「人有多隱其情」，「有」字衍。「推前惡忠」，據注，「惡」疑「恃」之
訛。「謂有詢義」之「義」，當作「議」。「自順而不讓」，據注，「順」疑「執」字訛耳。「及其所
不知正也」，「正」字疑衍。「爲先偏習之」，當作「謂先偏習之」。書內「爲」當作「謂」者不具
列。「有道而自順」，「有」當從逸周書作「假」。「以見佚氣自然」，「佚」當作「俠」。「驕厲以
爲勇」，當從逸周書作「矯厲」，注同。「内恐（而）外悴」，當從逸周書作「外誇」。「敬再其
説」，「敬再」當從逸周書作「亟稱」。「陰陰竊謂求諸人也」，次「陰」字別本作「陽」，以正文訂
之，當作「陰行謂竊求諸人也」。逸周書「曰有守者也」；此脱誤爲「日守也」。

諸侯遷廟篇「於練焉壞」下脱一「廟」字。「納新神」上脱一「將」字。「房，西房也」，
「西」字別本或作「曰」，或作「由」，據禮訂之，當作「東房」。

諸侯釁廟篇「拭帨」，「帨」當作「挩」。用兵篇云：「蚩尤古之諸侯或妄耳」，當作「或
云」，「或」字脱誤在「諸侯」下。「羸暴於天下」，「羸」當作「嬴」。「雖諸夏能相養」，當作
「離散莫能相養」，因字形訛舛耳。「與斗應相直」，「應」疑「杓」字之訛。「或深聲誤爲鄒
也」，「深」當作「陬」。周禮大師職曰，「師」當作「史」。「頒告朔于邦國也」，脱「告」字，別
本多脱「朔」字。周書下脱「曰」字，似仍脱「力爭則力政」一語，此逸周書度訓篇文。「此

周所伏四海」，「伏」當作「服」，下同。「此朝明堂時來者數國也」，當作「國數」。

少閒篇「同名同食曰同等」，別本「食」作「位」，義長。「緣近小治」，「治」當作「始」。「又不能備問也」，「問」當作「聞」。「其人迅走若鹿」，逸周書曰：「發人麃，麃者若鹿，迅走。」謂北發之人貢似鹿獸耳。「渠搜貢虛犬」，「虛」字誤。逸周書曰：「渠搜以鼩犬。鼩犬者，露犬也，能飛，食虎豹。」「虛」或當作「露」。「如繁者」，「者」當作「諸」。「言職其並興」，「職」當作「識」。「如以觀聞也」，當作「而以聞觀也」。別本或訛作「閒觀」。「穀亦如之」，「穀」當作「民」。「大及小人畜穀」，「小」字衍。「疆蔓未虧」，不可通，「蔓」當作「藪」。

朝事篇「諸臣之五等之命」，「命」上脱「之」字，衍十八字。「及大客之義」，「義」當作「儀」。「以成邦國之貳」，當從周禮作「以除邦國之慝」。「致會」當作「致禬」。

投壺篇「以其算告」，當從袁氏本作「奇算」。

公冠篇「其徑五寸」，「徑」當作「頸」。「肩博二寸」，「肩」下脱「革帶」二字。「諸侯之服」，「服」上脱「朝」字。「娶婦」下，通解載此注，有「之家」二字，併下「一舉樂可也」，袁氏本亦作「可」。

本命篇「人資始焉」，袁氏本作「人莫違焉」，「資始」二字，似後人所改。「八者維剛也」，「剛」當作「綱」。「以治之也」，「治」上脱「一」字。「故經成見星」，袁氏本「經」作「絰」。

易本命篇「易説卦曰」，「卦」字衍，此引乾鑿度語。「氣之始」下脱「也」字。「所以苟者多」，當作「以所包者多」。「故舉禽獸之名」，「禽」下仍脱一「禽」字。「言亦有生而生之也」，「有生」當作「有本」。「日月屬於天」，「日」字衍，「屬」當作「斷」，字形之訛。

今春又得一本，耑刻正文，前亦有韓元吉、鄭元祐二序。雖非善本，有數處頗可據。主言篇「雖有國焉」，作「國馬」，不必借證於王肅所私定之家語矣。哀公問五義篇「其心不買」，作「不置」，與文王官人篇「有施而不置」，注云「不形于心色也」，義可互訂。此言不以己之盡忠信於人置諸心，而責人之忠信也。惟自勵於躬行，不以己厚責人薄，是之謂「躬行忠信，其心不置。」因推尋下句「仁義在己而不害不知」，可取訂於制言中所謂「有知之則願也；莫之知，苟吾自知也」。此蓋謂己有仁義之實，雖人不知，何害。「知」或作「志」者訛。子張問入官篇「統絖塞耳」，「統」作「紸」，取證於漢書東方朔傳「黈纊充耳」，「紸」即「黈」之別字耳。段玉裁案：李善注東京賦及答客難皆引大戴禮「黈纊塞耳」。注内云：「絖，莊子作黈。」亦訛。謹録如上。一二致確處，私心頗怡樂也。伏待垂擇。不無有可附於閣下前所訂數十條末者。

茲敝友程君亦田，名瑶田，上年秋闈後同震到楊，今復往，特取道江陰，願摳謁大君子。其人少攻詞章之學，詩、古文詞皆有法度，書法尤絶倫，直造古人境地。年來有志治經，所得甚多。與震往還十餘載，行日勵，學日進，而境日困。今遭重喪，不得已外出，情可悲也。其讀書沈思覈訂，比類推緻，震遜其密。想閣下所樂取其長而進其未逮者也。

答江慎修先生論小學書

（見聲韻考卷四，全書第三册，第三三四頁。）

書小爾雅後

小爾雅一卷，大致後人皮傅掇拾而成，非古小學遺書也。如云「鵠中者謂之正」，則正鵠之分未之考矣。「四尺謂之仞」，則築宫仞有三尺，不爲一丈，而爲及肩之墻矣。「澮深二仞」，無異洫深八尺矣。其解釋字義，不勝枚數以爲之駁正，故漢世大儒不取以説經，獨王肅、杜預及東晉枚賾奏上之古文尚書孔傳，頗涉乎此。

廣量曰：「豆四謂之區，區四謂之釜。」本〔諸〕春秋傳「四升爲豆，各自其四以登於釜」之文。〔下曰〕：「釜二有半謂之籔」，本聘禮記「十六斗曰籔」。「籔二有半謂之缶」，此句無本。「缶二謂之鍾」，所謂陳氏新量，皆登一焉，鍾乃大矣者。齊舊量，蓋先王之制，區斗六升，釜六斗四升，鍾六斛四斗。陳氏從而詭更之，釜登一區則八斗；區登一豆則二斗；豆登一升則五升；而鍾實八斛。茲用舊量之豆、區、釜，用新量之鍾，兩法雜施，顯相剌謬。

廣衡曰：「兩有半曰捷，倍捷曰舉。」皆於古無本。「倍舉曰鋝」，賈景伯所稱「俗儒以鋝重六兩」是也。不稽古訓，故目之曰俗儒云爾。

張揖作廣雅，於釋器曰：「鍾十日㪷，庾十曰秉，秉十曰筥。」㪷、庾二文錯見，並當爲「籔」，而改「區十曰籔」，斯協於聘禮記「十斗曰斛，十六斗曰籔，十籔曰秉」矣。「鍾十」之云，謬也。此十六（斗）〔斛〕之秉，量名也。刈禾盈手謂之秉，秉猶把也，字同義別。聘禮記曰：「四秉曰筥。十筥曰稯，十稯曰秅，四百秉爲一秅。」然則「秉十」當改「秉四」，又不當蒙「籔十曰秉」相亂。其掇拾之病，與小爾雅同。或曰：「小爾雅者，後人采王肅、杜預之說爲之也。」時乾隆己卯秋，東原氏記。

六書論序

自昔儒者，其結髮從事，必先小學。小學者，六書之文是也。周官，保氏掌之以教國子，司徒掌之以教萬民，而大行人所稱諭書名、聽聲音，又屬瞽史，分職專司。故其時儒者治經有法，不歧以異端。後世道闕，小學不修，古文絶於嬴氏，佐隸起於獄吏。漢興蓋百年，始徵小學之士，令説文字未央廷中。光武時，馬援上疏論文字之訛謬。及賈侍中修理舊文，而許叔重從受古學，撰説文解字，則在安和已後。

今考經史所載，漢時之言六書也，説歧而三：一見周禮注引鄭司農解；一見班孟堅藝文志；其一則叔重説文解字序頗能詳言之。班、鄭二家雖可以廣異聞，而綱領之正，宜從許氏。厥後世遠學乖，罕睹古人制作本始，謂諧聲最爲淺末者，後唐徐鍇之疏也。以指事爲加物於象形之文者，宋張有之謬也。謂形不可象則指其事，事不可指則會其意，意不可會則諧其聲者，諸家之紛紊也。謂轉聲爲轉注者，起於最後，於古無稽，特蕭楚諸人之臆見也。蓋轉注之爲互訓，失其傳且二千年矣。

六書也者，文字之綱領，而治經之津涉也。載籍極博，統之不外文字，文字雖廣，統之不越六書。綱領既違，訛謬日滋。故考自漢以來迄於近代，各存其説，駁别得失，爲六書論三卷。凡所不載，智者依類推之，以拾遺補藝，將有取乎此也。時乾隆乙丑孟冬，戴震撰。

校　記

〔一〕爾雅文字考序　本篇戴氏雜録題作古訓，文字略有不同。

〔二〕爾雅注疏箋補序　本篇是爲任基振爾雅注疏箋補一書所寫的序言，作於乾隆三十七年。

東原文集卷四

答段若膺論韻 丙申

（文見聲類表卷首，全書第三册，第三四九頁。）

書廣韻目録後一〔一〕

切韻之大要有三：雙聲一也，區别呼等二也，聲類異同三也。所謂聲類異同者，就二百六韻之次第考之，亦不遠。東、冬、鍾，一類也。劉鑑切韻指南别之爲通攝。江則古音同東、冬一類，今音同陽、唐一類。切韻指南江攝。支、脂、之、微，一類也。切韻指南止攝。魚、虞、模，一類也。切韻指南遇攝。齊、佳、皆、灰、哈，一類也。切韻南指蟹攝。古人有韻之文，支脂、齊佳兩類通用，齊韻與支韻幾若無别。考其呼等並同者，支韻爲「貲」、「雌」、「斯」，在齊韻爲「齎」、「妻」、「犀」，自有區分。而五方語言，齊韻字往往張口出之，比支韻之微斂唇吻固殊。佳、皆、咍三韻，古今音尤舛侈不同。如「薹」、「來」古通作一字，今「來」字必轉其讀，方合於古，其爲二類截然。在古音，猶江之於東、冬、鍾，麻之於歌、戈、魚、虞，實合爲一類。真、諄、臻、殷、文、魂、痕，一類也。切韻指南臻攝。元、寒、桓、删、山、先、仙，一類也。切韻指南山攝。唐、宋韻譜次第，元在魂、痕之前。或因文、殷、元同爲三等，魂、痕、寒、桓同爲一等，以等列之同相附近，而未辨於其類。在三百篇，用元韻字，必與寒、桓一類通，而絶不通魂、痕，用魂韻字，必與真、諄一類通，而絶不通元。痕韻字未見詩。二百六韻之譜，次第雖疏，部分不淆，唐人奏合而用之者，詳議未審。遂致自唐以來，用韻戾於三百篇，論古者莫之或覺也。蕭、宵、肴、豪，一類也。切韻指南效攝。歌、戈，一類也。切韻指南果攝。麻，一類也，古音半同歌、戈一類，半同魚、虞一類。切韻指南假攝。陽、唐，一類也。切韻指南宕攝。庚、耕、清、青，一類也。切韻指南梗攝。蒸、登，一類也。切韻指南曾攝。尤、侯、幽，一類也。切韻指南流攝。侵，一類也。切韻指南深攝。覃、談、鹽、添、咸、銜、嚴、凡，一類也。切韻指南咸攝。凡十有六攝。今音蓋十五類，古音十三類，上、去、入統乎此。

音之流變有古今，而聲類大限無古今。鄭樵通志内外轉圖，覃以後八韻，移唐、陽之前，蒸、登移侵之後，於十五類不相謬。顔元孫干禄字書覃、談在陽之前，蒸、登在鹽之後。吴棫韻補創立古通某韻及古轉聲入某韻之注，今人韻目下所注古通轉本之。鄭庠古音辨分六部。明顧炎武音學五書考證古音，分爲十部。按之聲類，俱疏舛，未爲得也。

書廣韻目録後二

隋陸法言定切韻五卷，凡萬二千一百五十八字。宋景德中重修，增多萬四千三十六字。自隋仁壽元年辛酉，距宋景德四年丁未四百七年。明年，大中祥符元年戊申，敕改名大宋重修廣韻。法言書今不傳，廣韻卷首猶題云：「陸法言撰本，長孫訥言箋注。」蓋二百六韻，實法言舊目。廣韻上聲二腫「湩」字下云：「此是冬字上聲。」蓋昔人論韻，審其洪細，爲一二三四等列。如平聲二冬、十一模、十五灰、二十三魂、二十六桓，全韻皆一等合口呼。十六咍、二十四痕、二十五寒、六豪、七歌、二十二覃、二十三談，全韻皆一等開口呼。二十九臻、五肴、二十六咸、二十七銜，全韻皆二等開口呼。二十文，全韻皆三等合口呼。二十八嚴、二十九凡，全韻皆三等開口呼。三蕭、二十幽、二十五添，全韻皆四等開口呼。上、去、入大致準此。餘韻或主辨等，兼合口呼、開口呼爲一韻。如十一唐、十七登及十四泰，一等；四江、十三佳、十四皆、二十七删、二十八山、十三耕及十七夬，二等；八微、十二齊、二十二元，三等；一先、十五青，四等；並兼合口呼、開口呼，上、去、入準此。或因字少，不煩別出，則兼數等爲一韻，鍾韻兼三等、四等，腫韻之三等、四等字，爲鍾之上聲，惟「湩」、

「鷛」二字屬一等，爲冬之上聲，以字少，不別立部目。又臻、櫛二韻，無上、去聲字者，其上、去聲字在隱、焮二韻內。臻韻、櫛韻並二等，欣韻、迄韻並三等，惟上聲隱韻、去聲焮韻，兼二等、三等。其二等「𧣳」、「齔」等字，即臻、櫛二韻之上、去也，亦以字少，不別立部目。然則欣、隱、焮、迄宜改文、吻、問、物之前，而真與諄、臻、欣通，軫與準、隱通，震與稕、焮通，質與術、櫛、迄通，斯於四聲無所鮠戾。不當如宋人之改文與欣通，吻與隱通，問與焮通，物與迄通，使欣、隱、焮、迄相隔絶。此唐、宋韻所可詳議者。

顧炎武音論曰：「唐時二十一殷，宋時避宣祖廟諱，改「殷」爲「欣」。雖云獨用，而字少韻窄，無獨用成篇者，往往於真韻中間一用之。如杜甫崔氏東山草堂詩用『芹』字，獨孤及送韋明府、答李滁州二詩用『勤』字是也，然絶無通文者。而二十文獨用，則又絶無通殷者。合爲一韻，始自景祐。去聲問、焮亦然。惟上聲今本目録十八吻下注云：『隱同用。』其卷中十八吻、十九隱，又各自爲部，不相連屬，而其下各注云：『獨用。』友人富平李子德因篤以爲目録，誤。又考唐人如李白寄韋六孫逖登會稽山、杜甫贈鄭十八賁詩皆以隱韻字同軫、準用，其不與吻同用，明矣。」顧君於殷、隱二韻辨之甚詳。後有吴下張刻宋本廣韻文注「欣同用」，吻注「隱同用」；曹刻宋本廣韻同，皆景祐禮部韻略頒行後塗改之本，非廣韻舊注也。張刻、曹刻注文完善，别有注文删整者，余曾見大小二本及顧氏刻。惟顧刻去聲隊注

「代、廢同用」；餘皆隊下注「代同用」，廢注「獨用」。即顧氏音論中列廣韻韻目，亦與各本注同，而所刻獨違異。此正宋人改併之一，顧氏考唐、宋韻譜異同，遺而未舉，蓋其疏忽處也。曹刻入聲目録，物注「與迄通」，而卷内各注「獨用」，與各本注同。上、去聲末六韻，各本改從禮部韻略、集韻，而於注仍改之未盡。小本注文删整者，上聲琰注「與忝同用」，無「儼」字，目録下注「忝、儼同用。」曹刻去聲釅雖移陷、鑑之前，而豔注「㮇同用」，釅注「梵同用」，陷注「鑑同用」，猶屬舊注未改。目録豔第五十五注「㮇、釅同用」，釅第五十七注「鑑同用」，鑑第五十九注「梵同用」。蓋舊次陷第五十七，是以有「鑑同用」之注；釅第五十九，是以有「梵同用」之注。景祐後塗改陷、鑑、釅三字，而注未改也。吴才老韻補上聲五十二豏、五十三檻、五十四儼，可證廣韻舊次，去聲亦同禮部韻略、集韻矣。

宋初徐楚金説文解字韻譜今人以李燾説文解字五音譜爲徐氏書，非也。序稱：「取叔重所記，以切韻次之。」後序稱：「又得李舟所著切韻，殊有補益。其間有説文不載而見於序例注義者，必知脱漏，並從編録。疑者則以李氏切韻爲正，殆無遺矣。」是書在廣韻前，上聲豏作湛，而湛第五十二，檻第五十三，儼第五十四。去聲釅作醶，注云：「俗作釅」，非。而陷第五十七、鑑第五十八、醶第五十九，尤足證唐人舊次如是。紀學士曉嵐曰：「惟徐氏此書及明嘉靖間朱氏石金石韻府，皆於下平聲二仙内分出三宣，豈明時人亦本李舟韻乎？」余曰：朱氏書，未知本何韻。豐坊爲作序云：「取夏竦、道參、薛尚功、楊桓諸編增其文，按四聲列之。」此言其字之所本，不言韻所本。今考其書，上聲檻、儼、范三韻及去聲釅韻，適無字，不列；而平聲嚴在咸、銜之前，入聲業在洽、狎之前。宋景祐以後乃有此次，視徐氏書之足證唐韻舊次者迥異矣。

書廣韻四江後〔一〕

隋、唐二百六韻，據當時之音，撰爲定本，至若古音，固未之考也。然別立四江以次東、冬、鍾後，似有見於古用韻之文，江合於東、冬、鍾，不入陽、唐，故使之特自爲部。不附東、冬、鍾韻内者，今音顯然不同，不可没今音，且不可使今音古音相雜成一韻也。不次陽、唐後者，撰韻時以可通用字相附近，不使以今音之近似而淆紊古音也。惜不能盡從斯例。如七麻當分爲二韻，一次魚、虞、模之後，一次歌、戈之後。五支當分爲二韻，一與支、脂、微附近，一與歌、戈附近。十虞當分爲二韻，一與魚、模附近，一與侯、幽附近。一先當分爲二韻，一與真、諄、臻、殷、文、魂、痕附近，一與元、寒、桓、删、山、仙附近。三蕭、四宵、五肴、六豪之字，當別出古與尤、侯、幽通者爲一韻，次尤、侯、幽之後。十二庚、十三耕、十四清，當別出古與陽、唐通者爲一韻，次陽、唐後。十八尤當分爲二韻，一與脂、之、微附近，一與侯、幽附近。二十二覃、二十三談、二十四鹽，當別出古與侵通者爲一韻，以次侵後。上、去、入準此分之。定韻時僅僅明於江韻，餘諸韻則在明昧之間，不能截然分別，宜乎好古者譏其論韻之疏歟？

古音之説，雖近日始明，然鄭康成氏箋毛詩云：「古聲『填』、『寘』、『塵』同。」及注他經，言古者聲某某同，古讀某爲某之類，不一而足。是古音之説，漢儒明知之，非後人創議也。唐陸德明毛詩音義雖引徐邈、沈重諸人，紛紛謂合韻、取韻、叶句，而於召南「華」字云：「古讀『華』爲『敷』。」於邶風「南」字下云：「古人韻緩，不煩改字。」是陸氏已明言古韻，特不能持其説耳。宋吴才老創爲古通某韻及古轉聲入某韻之説，戴仲達則有古正音非協韻之説，明陳氏，近顧氏考證益詳，而古韻今韻究未得其條貫。蓋隋、唐諸人辨聲之功多，考古之功少；吴氏、陳氏、顧氏則又考古之功多，辨聲之功少也。

書盧侍講所藏宋本廣韻後

（文見聲韻考卷四，全書第三册，第三三三頁。）

顧氏音論跋　癸未

（文見聲韻考卷四，全書第三册，第三二八頁。）

書玉篇卷末聲論反紐圖後

（文見聲韻考卷四，全書第三册，第三二五頁。）

書劉鑑切韻指南後

（文見聲韻考卷四，全書第三册，第三二六頁。）

轉語二十章序

人之語言萬變，而聲氣之微，有自然之節限。是故六書依聲託事，假借相禪，其用至博，操之至約也。學士茫然，莫究〔所以〕。今别爲二十章，各從乎聲，以原其義。

夫聲自微而之顯，言者未終，聞者已解，辨於口不繁，則耳治不惑。人口始喉，下底脣末，按位以譜之，其爲聲之大限五，小限各四，於是互相參伍，而聲之用蓋備矣。參伍之法，台、余、予、陽，自稱之詞，在次三章。吾、卬、言、我，亦自稱之詞，在次十有五章。截四章爲一類，類有四位，三與十有五，數其位皆至三而得之，位同也。凡同位爲正轉，位同爲變轉。爾、女、而、戎、若，謂人之詞。而、如、若、然，義又交通，並在次十有一章。周語「若能有濟也」，注云「若，乃也」。檀弓「而曰然」，注云「而，乃也」。魯論「吾末如之何」，即「奈之何」。鄭康成讀「如」爲「那」。乃箇切。案集韻三十八箇云：「如，乃個切，若也。書曰『如五器，卒乃復』，鄭康成讀。」今尚書音義無此，蓋開寶中所删，丁度等據未改釋文有之。毛詩「柔遠能邇」，箋云「能，伽也」，「伽」字當亦音乃個切。曰乃，曰奈，曰那，在次七章。七與十有一，數其位亦至三而得之。若此類，遽數之不能終其物，是以爲書明之。

凡同位則同聲，同聲則可以通乎其義。位同則聲變而同，聲變而同則其義亦可以比之而通。更就方音言，吾郡歙邑讀若「攝」，失葉切。唐張參五經文字、顏師古注漢書地理志已然。「歙」之正音讀如「翕」，「翕」與「歙」，聲之位同者也。用是聽五方之音及少兒學語未清者，其展轉訛溷，必各如其位。斯足證聲之節限位次，自然而成，不假人意厝設也。

古今言音聲之書，紛然淆雜，大致去其穿鑿，自然符合者近是。昔人既作爾雅、方言、釋名，余以謂猶闕一卷書，創爲是篇，用補其闕，俾疑於義者以聲求之，疑於聲者以義正之。

説經之士，搜小學之奇觚，訪六書之逸簡，溯厥本始，其亦有樂乎此也。時乾隆丁卯仲春，戴震撰。

校注

〔一〕書廣韻目録後一　此篇及下篇書廣韻目録後二的内容均見於聲韻考卷二考定廣韻獨用同用四聲表。

〔二〕書廣韻四江後　此篇内容見於聲韻考卷三古音。

東原文集卷五

原象

璿機玉衡

中星

土圭

（以上即戴震全書之十七原象一、二、三，全書第四册，第五頁。）

洪範五紀，一曰歲，二曰月，三曰日，四曰星辰，五曰曆數。分至啓閉，紀於歲者也。朔望朏霸，紀於月者也。永短昏昕，紀於日者也。列星見伏昏旦中，日月躔逡，紀於星辰者也。盈縮經緯，終始相差，紀於曆數者也。紀於歲者，察之日行發斂。紀於月者，察之日月之會，交道表裏。紀於日者，察之晝夜刻漏，出入里差。紀於星辰者，察之十有二次，暨星與黄、赤道相值。紀於曆數者，察之圭槷。隨時測驗，積微成著，修正而不失。

五紀　案：此章複見迎日推策記，姑兩存之。此多「暨星與黄、赤道相值」、「察之圭槷」兩句。

先生作七經小記，原象其一也。以此四章合句股割圜記、迎日推策記共稱原象。曲阜孔氏已有刊本，但文集當仍其分篇之舊。原象説天體，割圜説步算，言各有當也。又如原善三篇，嘗分析數十章，稱引六經，疏通證明之，别成一書，亦七經小記之一，而集中俱仍其舊。至水地記則小記中言地理之書，僅成一卷。制數記則言禮樂制度，故訓記則言小學，書皆未成，梗概具見斯集。段玉裁附識。

迎日推策記[一]

爲儀象考識日躔，渾圜而中規之，象赤道，距規四分圜周之一設其樞，象北極也。爲規載之曰子午之規，半出於地平，規隨北極高下，以察各方之節氣刻分。斜絡赤道外内爲規象黄道，距黄道四分圜周之一，是爲北極璿機。璿機者，黄道極也。準赤道爲規法。二分之規曰中衡，赤道也。冬至之規曰外衡，夏至之規曰内衡，凡十有三衡。分至之間，截黄道爲六者四，應一歲之中氣、節氣。衡百度，度六十分，應晝夜之刻分。分十有二秒，以知里差。經歲三百六十有五日不滿四分日之一，以是爲日躔黄道之度分。是故黄道日也，赤道刻也。

星儀考識昏旦中，設其樞以象星極，爲游規而載之，以知歲差。規設北極焉，載於子午之規，以周知一歲。婺女爲玄枵之維首，而周分十有二次，以紀日月之躔離。察星極以知右旋，察北極以知左旋，天行之大致舉矣。天左旋，日月星隨之而左者，晝夜之象也。各爲經緯，是以知日月星皆右旋。右旋者，發斂之軌也。日之盈縮，月之遲疾，五步之，益以留退有規法，以知差數。日月五步之規法，盈縮之故也。一逆一順，自然而成，至動有常之機也。

洪範五紀，一曰歲，二曰月，三曰日，四曰星辰，五曰曆數。分至啓閉，紀於歲者也。朔望朏霸，紀於月者也。永短昏昕，紀於日者也。列星見伏昏旦中，日躔月逡，紀於星辰者也。盈縮經緯，終始相差，紀於曆數者也。紀於歲者，察之日行發斂。紀於月者，察之日月之會，交道表裏。紀於日者，察之晝夜刻漏，出入里差。紀於星辰者，察之十有二次。紀於曆數者，隨時測驗，積微成著，修正而不失。

凡推步久則必差，非失在天行，亦非立法之宜於時革。渾圜至大，數所難窮，譬猶寸寸度之，至尺則差，銖銖權之，至兩則差。是故設氣觀象，與法相濟，俾差數未睹者仍之，差數既睹者修正之，此終始相差之無定者也。日月之盈縮遲疾，此之謂有定之差數。步算家積驗於既往，定爲規法。日躔黃道，其高下逆順，以成盈縮者，曰左旋之規。今步算家名本輪，下半周去地近爲卑，極近爲最卑，又名高衝；上半周去地遠爲高，極遠爲最高；本輪之左右遠近高卑適中爲中距。中其規屬於黃道。循黃道而右，所謂平行者此也。凡三百六十五日小餘不及四分日之一，適終其道，謂之經歲。名平歲實，亦名恒歲實。其周曰右旋之規。名均輪，以近本輪心爲最近。中其規屬於左旋之規。隨之而左，名引數。歲不及一終，今步算家謂差數爲最卑歲行，又剖之爲最卑日行。積至五十餘年而差及一度。日屬於右旋之規，隨之而右。左旋之規一終，右旋之規恒倍之而再終。名倍引數。四分左旋之規以爲四限，其下半周之半爲盈初，下半周爲縮末、盈初兩限，與平行之勢順而加速。上半周之半爲縮初。上半周爲盈末、縮初兩限，與平行之勢逆，故遲。自盈初至盈末，日之實體前於平行；爲加差。自縮初至縮末，日之實體後於平行也。爲減差。

月道今名白道。其高下之規法，以生遲疾者，曰左旋之規。名本輪。其最卑名入轉，最高名月孛。中其規，屬於月道。循月道而右，凡二十七日近少半日平行終其道。其周曰右旋之規。名均輪。中其規屬於左旋之規。隨之而左，名轉周。不及一終而差數生焉。今步算家謂差數爲最高行，又名月孛行。三千二百三十餘日，差數之積滿一周。四分左旋之規以爲四限，其上半周之半爲遲初，上半周爲疾末、遲初兩限，與平行之勢逆，故遲。遲初至遲末，猶日之縮初縮末也。下半周之半爲疾初。下半周爲遲末、疾初兩限，與平行之勢順而加速。疾初至疾末，猶日之盈初盈末也。自疾初爲入轉，滿四限謂之轉終。屬於右旋之規者曰附綴之規。名負圈。合均輪全徑及次輪半徑爲負圈半徑，其心在均輪上，當次輪最近點對衝之處。其周曰次右旋之規，名次輪。其心在負圈上。負圈不旋轉。與右旋之規恒相切也。其周曰次左旋之規，名次均輪。其心在次輪上右旋，月在次均輪上左旋。月距日一度，則次右旋之規其旋也二度。名倍離。朔至望、望至朔而兩周。朔望時則次均輪心最近於均輪心，兩弦時最遠於均輪心。次左旋之規亦如之。朔望時，次均輪心正值次輪、均輪相切之處，從地心作直線過次均輪心，朔望時月必在下，兩弦時必在上，皆正當正線。月屬於次左旋之規。朔望恒旋而在下，上下弦恒旋而在上也。二十九日過日之半而月與日會，是謂朔策。有平朔，有定朔。平朔者，本輪心所到；定朔者，月之實體與日會。月道交於黃道，自南而北，其交曰中交。又名計都。於是月逡黃道之北，謂之陰曆。自北而南，其交曰正交。又名「羅睺」。今歐巴謂中交爲正，正交爲中。於是月逡黃道之南，謂之陽曆。其入陰曆也已及六度，中土測之尚在日南；其入陽曆也尚差六度，中土測之已在日南，黃道高於月道故也。月之南北行以玉衡界黃道而入，古推步法謂之九道八行。其二十七日有奇而月道一終也。二交不復於其所，差而西，凡一度又幾度之半。步算家謂之交行，亦謂之羅計左旋行度。自外衡以起差數，三十交而值次四衡，三十交而值中衡赤道，三十交而值次二衡，三十交而值内衡，三十交而復值次二衡，如是以底於外衡，凡十有八年過年之半而八行一終。日入次二衡而暑盛，出次二衡而暑以漸微。月入次二衡而減夏之暑，增冬之寒，出次二衡反是。是故知九道八行之用，可以知寒暑之所由消息矣。月道極之環繞黄極也，曰左旋之規。名白極繞黄極本輪。以黄極爲之中，曰月道極所屬之規。名負白極均輪。中其規屬於左旋之規，隨之而左，十八年過年之半而一終。交道之有差數，以此月道極所屬之規亦左旋，其旋也一月而再終。名倍離。朔望，月道極近黄極，故月道與黄道相距，名黄白大距。爲之加邇焉。上下弦月道遠於黄極，故月道與黄道相距爲之加遠焉。黄道與赤道相距近較，數百年間漸差而近，雖翕闢之節未昭然明著，其故亦猶是也。

屈原賦之文曰：「圜則九重。」九重者，自下而上數之，月一，辰星二，太白三，日四，熒惑五，歲星六，填星七，恒星八。有象之高下止於八，並各爲右旋，然則大氣左旋而九歟？填星、歲星、熒惑在日之上爲三重，太白、辰星在日之下爲二重。古之治曆者，考日月之行以授時，表中星以著候，不言五步也。漢以降，推測滋繁，於是五步之遲疾、留退、見伏有稽。其規法曰左旋之規。名本輪。中其規各屬於其道，循其道而右，其周曰右旋之規。名均輪。中其規屬於左旋之規。隨之而左，填星、歲星、熒惑、太白，左旋之規一終，右旋之規倍之而再終。辰星左旋之規一終。右旋之規，其旋也再倍之而三終。五步之平行終其道也。

填星凡二十有九年幾年之半，歲星幾十有二年，熒惑幾二年，太白二百二十有四日過日之半，辰星過八十有八日，左旋之規不及一終而差數生焉。皆名最高行。星所屬之規，名歲輪，又名次輪。中其規屬於右旋之規，在日上者三星以日躔相推而遲，故星所屬之規右旋；在日下者星二以速於日躔，故星所屬之規左旋。凡日月五步之規法，其循之而旋也，漸高則距地遠，而人視之加小；漸下則距地邇，而人視之加大。星之見伏，環日上下各有定距，成環日之規。名伏見輪。在日上者，環日之規類於左旋以就日；在日下者，類於右旋以就日也。

九道八行説

月道出入黄道内外，二十七日有奇而交道一終。交終不復於原處，其差一度又幾半度。每年之差，自東而西十九度奇。古曆家有九道八行之説，所以考其差也。借青、朱、白、黑以别之，借八節之名以命之。春分青道爲正東，立春青道爲東南，冬至黑道爲正北，立冬黑道爲東北，秋分白道爲正西，立秋白道爲西北，夏至朱道爲正南，立夏朱道爲西南。如交在冬至南緯二十三度半而入陰曆，半交必在春分黄道内五度半。春分無南北緯，則月北緯五度半，是爲春分青道。凡三十交，退在立冬南緯十六度奇而入陰曆，半交必在立春黄道内五度半。立春南緯十六度奇，則月南緯幾十一度，是爲立春青道。又三十交，退在秋分無南北緯而入陰曆，半交必在冬至黄道裏五度半。冬至南緯二十三度半，則月南緯十八度，是爲冬至黑道。又三十交，退在立秋北緯十六度奇而入陰曆，半交必在立冬黄道裏五度半。立冬南緯十六度奇，則月南緯幾十一度，是爲立冬黑道。又三十交，退在夏至北緯二十三度半而入陰曆，半交必在秋分黄道裏五度半。秋分無南北緯，則月北緯五度半，是爲秋分白道。又三十交，退在立夏北緯十六度奇而入陰曆，半交必在立秋黄道裏五度半。立秋北緯十六度奇，則月北緯幾二十二度，是爲立秋白道。又三十交，退在春分無南北緯而入陰曆，半交必在夏至黄道裏五度半。夏至北緯二十三度半，則月北緯二十九度，是爲夏至朱道。又三十交，退在立春南緯十六度奇而入陰曆，半交必在立夏黄道裏五度半。立夏北緯十六度奇，則月北緯幾二十二度，是爲立夏朱道。又三十交，退在冬至，月復循青道。以四年過半循二青道，四年過半循二黑道，四年過半循二白道，四年過半循二朱道，十八年過半八行一周。

古曆以自南而北交於黄道爲中交，常以中交爲主，今曆謂之正交。古曆自北而南爲正交，今曆謂之中交。日食朔，當交也。月食望，當交也。

九道自宋人疑之，至元而遂廢。考諸古曆，未有明析其必分之故者。由今思之，可以知交道出入焉，可以考當交、半交距赤道遠近焉，可以明交終所差、每月交於某宫某度焉，可以辨交之中終與朔望不齊、每朔望去交遠近及當交而有食焉。古法之廢而宜舉者此也。

周髀北極璿機四游解一 乙亥[二]

今人所謂赤道極者，即魯論之北辰、周髀之正北極也，又曰北極樞。今人所謂黄道極者，即周髀之北極璿機也。虞夏書「在璿機玉衡以齊七政」，蓋設璿機以擬黄道極。後失其傳，紛紜殊説，私臆罔據矣。正北極者，左旋之樞，北極璿機每晝夜環繞之而成規。冬至夜半在正北極下，正北子位。是爲北游所極；日加卯之時，在正北極左，正東卯位。是爲東游所極；日加午之時，在正北極上，正南午位。是爲南游所極；日加酉之時，在正北極右，正西酉位。是爲西游所極。此璿機之一日四游所極也。冬至夜半起正北子位，晝夜左旋一周而又過一度，古度法。漸進至四分周之一則春分夜半，實爲東游所極，故夏至夜半南游所極，秋分夜半西游所極。此璿機之一歲四游所極也。古者冬夏致日，故周髀之文但舉二至，則二分可知也；又錯舉冬至卯酉，則每日必周，四游皆可知也。

周髀北極璿機四游解二

月建之説，由來古矣。漢人據逸周書以爲斗杓移辰者，失其傳也。正北極以爲中，北極璿機環繞而成規，均分之爲十有二宮。冬至夜半，璿機起正北子位，是謂建子。晝夜一周，又過一度。古度法。小寒則過丑宮，大寒爰直丑位，是謂建丑。立春過寅宮，啓蟄今爲雨水。爰直寅位，是謂建寅。雨水今爲驚蟄。過卯宮，春分爰直卯位，東游所極。是爲建卯。穀雨今爲清明。過辰宮，清明今爲穀雨。爰直辰位，是謂建辰。立夏過巳宮，小滿爰直巳位，是謂建巳。芒種過午宮，夏至爰直午位，南游所極。是謂建午。小暑過未宮，大暑爰直未位，是謂建未。立秋過申宮，處暑爰直申位，是謂建申。白露過酉宮，秋分爰直酉位，西游所極。是謂建酉。寒露過戌宮，霜降爰直戌位，是謂建戌。立冬過亥宮，小雪爰直亥位，是謂建亥。大雪過子宮，冬至而復起子宮。北游所極。如是終古不變，非若北杓所指，虞、夏迄今，已差兩次也。

祖沖之曰：「月位稱建。諒以氣之所本，名隨實著，非謂斗杓所指。近校漢時已差半次。審斗節時，其效安在？」今考北極璿機四游，與日躔黄道發斂相應，而二十四氣因之，祖氏所謂諒以氣之所本，雖未能確言，其識卓矣。

記夏小正星象

建寅之月，夏以爲正月。於時日躔降婁。初昏，參已過中，猶云參中者，舉大體言之，非若後代求諸度分之細也。斗杓縣在下者，史記「杓攜龍角，衡殷南斗，魁枕參首」，參中則魁南上，杓北下矣。

二月日躔大梁。

三月日躔實沈。參伏者，日所在之宿，故伏而不見也。

四月日躔鶉首，故昴朝覿。南門在亢氐之南。

五月日躔鶉火，故參朝覿。大火中者，夏以建午之月，合於堯典「日永星火，以正仲夏」之文，時之相去未遠也。周以建未之月，春秋傳張趯曰「火星中而寒暑退」，謂建未之月暑退昏中，建丑之月寒退旦中也。此惟周時則然。凡星未中，左旋進而上；過中，左旋流而下。詩「七月流火」，合乎月令「季夏昏火中」。皆周時數百年間也。

六月日躔鶉尾。斗魁北下，故杓南上也。

七月日躔壽星。漢案户者，與户南北直也。織女三星恒嚮降婁，壽星西没則降婁東升，故初昏織女東嚮。斗杓縣在下者，魁枕參首，旦參中，故斗杓北下而旦，魁參相應也。

八月日躔大火。辰則伏者，爾雅：「大火謂之大辰。」大辰，房心尾也。心三星中明大者，凡言大火主焉，此所謂辰也。日在則其心不見，故曰伏，同日出没矣，去日半次而後朝覿。旦參中者，已過中猶言之，舉大體也。

九月日躔析木之津。辰繫於日者，辰、心也，日將出，心乃見東方。

十月日躔星紀。南門二星朝見於東南隅，非昏見也。言初昏者，失其傳也。織女北嚮而旦，星紀東升，故降婁直北，織女恒嚮降婁者也。

十有一月，日躔玄枵。

十有二月，日躔娵訾之口。

凡夏時日躔所在，與今差二次，與周時差一次，星之見伏旦昏中悉因之而異。

與丁升衢書 丁酉

易玄星紀譜頗不通。上層列二十八宿，各注總度，終於三百六十五，無小餘。次層列十二次，注分野，終於三百六十，後不接續。三層用孟喜易坎、離、震、兑四正卦之爻配二十四氣者，四層用李溉所傳卦氣圖十二辟卦之爻配七十二候者，亦終於三百六十，後不接續。五層用諸侯、大夫、卿、公辟六十卦之爻爻錯綜之，以一爻配玄之二贊，亦終於三百六十，後不接續。六層列玄之八十一首及其準易，因空格附記諸家所推玄之九贊，配日躔宿度與節氣次舍之屬。七層、八層列玄之九贊與五層相配。

楊子雲本太初三統之法作玄，而此乃用四分法，已不合子雲意矣。襲漢人卦氣，又不解六日七分之法，使不能循環相接，由疏於算學强作解事也。舊本式樣不分曉，今擬一式，使開卷了然，整齊易寫。訛脱處皆推明粘簽，可照改也。

再與丁升衢書 丁酉

太玄之七百二十九贊，兩贊配一日，終於三百六十四日有半，末有踦贏兩贊配半日及歲之小餘。太初曆一晝夜千五百三十九小分，是爲日法，即爲度法。其周天五十六萬二千一百二十，滿度法得三百六十五度有小分三百八十五，其歲周即爲三百六十五日小餘三百八十五。因而四之，得千五百四十，滿日法成日，仍有小餘一，是四年而大於四分曆者一小分，六千一百五十六年而較四分曆少一日矣。漢已後歲實，各曆不同，未有過四分日之一者，獨太初曆過之。晁説之謂温公本太初曆而作玄曆考，其所計分秒徒用四分曆耳，絶不涉太初也。

此譜上一層宿度，次二層十二次，皆取之漢書，乃赤道度。後漢永元四年賈逵奏稱，日月實從黄道，官無其器。十五年，詔書造太史黄道銅儀，與赤道宿度多異，節氣準黄道，不準赤道，則凡就赤道言節氣者謬也。況列宿有歲差，唐、虞冬至日在虚，乃玄枵之中；殷在婺女，乃玄枵之維首。周冬至日在牽牛，至周末在斗，故周人名斗、牽牛爲星紀之次。今冬至日在箕初，乃析木之津正中，漢書言星紀中，牽牛初冬至者，未測驗故也。四分曆改爲斗十九度冬至，太初之失見矣。次隨星名義合宿體，分至雖遷，而厥位不改，祖沖之論之甚詳，則凡以十二次之初爲節氣、十二次之中爲中氣者謬也。此兩層其謬多端。次三層乃易緯所謂四正之卦，卦有六爻，爻主一氣者。次四層乃易緯所謂十二辟卦，爻配一候者。次五層雖取易緯卦氣起中孚之説，彼以侯、大夫、卿、公、辟六十卦之爻，均分三百六十五日四分日之一，卦主六日又八十分日之七，是爲六日七分法。此以相比之侯、大夫、卿、公、辟五卦六爻相間，乃兼用齊天保曆所謂五卦初爻相次用事者。此層當與子雲八十一首準易六十四卦者合，而乃與上次四層爻準一候五日皆終於三百六十，闕玄之䟫準坤九贊及將準未濟之初一，此十贊合爲五位，斷而不續。上次三層爻準一氣者，亦不數此五位。因傅會其説，謂坤無當於卦則無當於爻，示八十一首虚一不用。夫子雲以踦嬴繫養之末，欲該曆日與天度之餘分，未聞闕䟫不用，且闕將之初不用也。次六層列玄之八十一首，次七層、八層列玄之七百二十九贊。其次六層空格附録范叔明、郭元亨、司馬温公三家異同。

范叔明以二十四氣均分七百二十九贊，氣得三首三贊又二十四分贊之七。所云氣起者，以餘分在此贊也。既詳其餘分，而氣終定於前一贊，則餘分未盡，是自亂其例矣。郭元亨以兩贊配一日而分晝夜，自中之初一起，終於養上九，三百六十五日之晝，餘歸踦贏。温公以一首得三百六十四分十六秒，一贊得四十四分十六秒，合八十一首之贊，其得二萬九千五百二十四分十六秒，於四分曆仍有十六分二十四秒，以四十分十六秒繫之踦，二十分八秒繫之贏。二法歸餘於踦贏，優於最上兩曆起大雪。要其不知列宿有歲差，失則均焉。

續天文略序

（文見續天文略，全書第四册，第三三頁。）

校注

〔一〕迎日推策記　本篇録自原象迎日推策記，而文字有增删。

〔二〕周髀北極璿機四游解一、二兩篇及下一篇記夏小正星象，分别録自經考卷四月令和夏小正。

東原文集卷六

水經酈道元注序〔一〕

後魏御史中尉范陽酈道元，字善長，撰水經注四十卷。蕭寶夤之亂，道元叱賊而死，贈吏部尚書、冀州刺史、安定縣男。善長雖依經附注，不言水經撰自何人，唐書藝文志始以爲桑欽撰。欽在班固前，固嘗引其說，與水經違異。晉以來，注水經凡二家。郭璞注三卷，唐時猶存。杜君卿言〔二〕，二家皆不詳所撰者名氏，亦不知何代之書，則景純已不能言其作者矣。

崇文總目：「水經注亡者五卷。」今所傳即宋之殘本，後人又加割裂以傅合四十卷之數。如注文「江水又東逕巫縣故城南」，注訛列爲經，遂與前經文「又東過巫縣南」割分異卷。唐六典注云：「水經所引天下之水百三十七。」今自河水至斤員水，案：舊作斤江水，今從漢志作「員」。凡百二十三，應脱逸十有四水，蓋在五卷中者也。王伯厚通鑑地理通釋，引水經四事，惟魏興安陽一事屬經文，餘三事咸酈注之訛爲經者，故其作書時世，益莫能定。

水經立文，首云某水所出，以下無庸重舉水名，而注內詳及所納羣川，加以採摭故實，彼此相雜，則一水之名，不得不更端重舉。經文敘次所過郡縣，如云「又東過某縣」之類，一語實賅一縣，而注則沿溯縣西以終於東，詳記所逕委曲。經據當時縣治，至善長作注時，縣邑流移，是以多稱故城，經無言故城者也。凡經例云「過」，注例云「逕」。以是推之，雖經、注相淆，而尋求端緒，可俾歸條貫。善長於經文「涪水至小廣魏」，解之曰「小廣魏即廣漢縣也」；於「鍾水過魏寧縣」，解之曰「魏寧，故陽安也，晉太康元年改曰晉寧」。然則水經上不逮漢，下不及晉初，實魏人纂敘無疑。

史言善長好學，廣覽奇書，故是注之傳，或以其綜覈，或尚其文辭。至於觸類引伸，因川源派別，知山勢之逶迤，高高下下，不失地防，取資信非一端。然訛舛既久，雖善讀古書如閻百詩、顧景范、胡朏明諸子，其論述所涉，猶輒差違，斯訂正之不可以已也。審其義例，按之地望，兼以各本參差，是書所由致謬之故，昭然可舉而正之。至若四十卷之爲三十五，合其所分，無復據證。今以某水各自爲篇。北方之水，莫大於河，而河以北、河以南衆川，因之得其叙矣。南方之水，莫大於江，而江以北、江以南衆川，因之得其叙矣。惟以地相連比，篇次不必一還其舊，庶乎川渠纏絡，有條而不紊焉。休寧戴震。

河水一　河水二　河水三　渠　陰溝水　汳水　獲水

三三二

睢水 瓠子河 汾水 晉水 文水 原公水 同過水
澮水 涑水 湛水 沁水 清水 渭水 漆水
沮水 漥水 洛水 穀水 澗水 瀍水 甘水
伊水 淇水 蕩水 洹水 濁漳水 清漳水 滱水
易水 巨馬河 聖水 濕水 濕餘水 沽河 鮑丘水
濡水 遼水小遼水 浿水 濟水 汶水 淄水 巨洋水
濰水 東汶水 膠水 泗水 洙水 沂水 沭水
淮水 汝水 滍水 潕水 瀙水 灈水 潁水
濦水 潩水 洧水 潧水 決水 沘水 泄水
肥水 施水 江水 夷水 夏水 溳水 漻水
漾水 潛水 羌水 涪水 梓潼水 南沮水 漳水
沔水 涔水 均水 丹水 粉水 淯水 湍水
比水 白水 蘄水 沫水 青衣水 若水 淹水
油水 澧水 沅水 延江水 資水 湘水 鍾水
深水 耒水 洣水 漉水 漣水 瀏水 溳水

廬江水　贛水　漸江水　桓水　葉榆河　温水　存水
浪水　灕水　涯水　溱水　斤員水　禹貢山水澤地　序

書水經注後

（本文即水經後記，見水經考次，全書第四册，第五〇二頁。）

答曹給事書

庚寅〔二〕

承示元和志汾州一條，僕有其全書，曾摭入志。其書之可寶貴，自孟堅地理志、道元水經注而外，無有上之者矣。然地志至隋、唐，鑿空傅合之説，又多於前人，稍失精覈，不能無謬。如叙汾州沿革數行云「後屬魏，謂之西河，子夏居西河，吴起爲西河守，皆謂此也」，謬一。云「武帝置西河郡，理富昌縣」，謬二。云「黄初二年乃於漢兹氏縣置西河郡，即今州理」，謬三。云「高齊又於此城置南朔州」，謬四。云「周宣帝於此置汾州」，謬五。云「大業三年廢汾州」，謬六。

水經注「謁泉山崖半有一石室，去地可五十餘丈」，而張守節引隨國集記云「此爲子夏石室，退老西河居此，有卜商神祠」，元和志「西河縣卜商祠在縣北四十里」。考之魏書，太和八年置西河郡，治茲氏城，是爲西河郡治在茲氏之始。道元注水經時，西河郡治新在此地，故於謁泉山及文水、汶水絶不涉及子夏設教，以此地近汾遠河，西河之上不得移而虚加之汾上耳。武侯浮西河而下，中流顧謂吴起曰：「美哉乎！山河之固。」浮河非浮汾也，未道元以浮河事繫之夏陽，子夏陵及廟室繫之郃陽，咸於魏都安邑不遠。況古所稱西河，未嘗以名郡，即吴起爲西河守，亦非如後世之郡守，特舉龍門西河，該河之左右諸城。魏未失陰晉、少梁以前，其疆土在河西者，南至華陰，西至洛水，北至今榆林府之北鄂爾多斯地。而趙之西邊邑與魏鄰，不與秦鄰，故趙成侯三年當魏武侯之十五年，趙世家云「魏敗趙藺」。及秦孝公八年與魏戰，取少梁。越四年，當趙成侯之二十四年，趙世家始云「秦攻我藺」。其後藺、離石、中陽屢失於秦，力復之以守險。魏、秦之攻趙藺皆自河西來。漢茲氏縣在離石正東，趙地，非魏地。凡以爲魏之西河者，謬也。

東觀記：「西河郡治平定縣，離石在郡南五百九里。」吉甫言理富昌縣者，徒因地理志首列富昌故云然。後漢書始云，凡縣名先書郡所治也，孟堅作志，未有斯例，閻百詩曾論之，如梁國先書碭而治睢陽、汝南郡先書平輿而治上蔡是也。百詩於西河郡亦從元和志，則偶失檢耳。凡以爲漢西河郡治富昌者，謬也。

水經：「原公水出兹氏縣西羊頭山。」道元注云：「魏黄初二年，西河恭王司馬子盛廟碑文云：西河舊處山林，漢末擾攘，百姓失所。魏興，更開疆宇，分割太原四縣以爲邦邑，其郡帶山側塞矣。王以咸寧四年改命爵土，其年十二月喪國，臣太農閻崇、離石令宗羣等二百三十四人刊立石碑，以述功德。」今案晉書，西河繆王斌，字子政，魏中郎，武帝受禪封陳，三年改封西河，咸寧四年薨，子隱立，謚字及改封。與水經注微異。水經以碑繫之魏黄初二年，尤可致疑。元和志云：「魏黄初二年於漢兹氏置西河郡。」然則黄初二年實魏置西河郡之始。前此建安十八年省州併郡。廢西河郡入太原，至是復分太原之四縣置西河郡也。「黄初二年」下當有記置郡所起者，脱去其文，自黄初二年越二百六十四年爲北魏太和八年，西河郡始治兹氏城，司馬斌葬兹氏，故有廟碑在此。吉甫因水經注西河王廟碑繫之兹氏，繫之黄初，遂以爲是時即置郡兹氏，殊疏。晉書地理志，西河國領縣四，首離石，固用後漢書例，縣名先書郡所治，況碑文言其郡「帶山側塞」，宜爲離石甚明。晉改兹氏曰隰城，碑末稱「離石令宗羣等」，不稱隰城。魏、晉之西河，皆因漢永和五年徙治離石之舊，可據證固不一矣。凡以爲魏、晉之西河治兹氏者，謬也。

元和志介休下云：「後魏明帝時爲賊所破，至孝静帝更修築，遷朔州，軍人鎮之，因立爲南朔州，但領軍人，不領郡縣。」隋書以南朔州爲齊置，與介州皆於西河郡下言之，疏謬失覆。南朔州、介州並在介休，而元和志又汾州下溷稱高齊於此城置南朔州，蓋雜襲羣書，前後失檢如是。凡以南朔州繫之高齊、繫之汾州者，謬也。

魏書地形志，延和三年置吐京鎮，太和十二年改鎮爲汾州，治蒲子城。其地在今隰州。孝昌中陷，移治西河，事詳裴良傳。是爲汾州治在西河之始，不待后周宣帝也。且西魏別置汾州，在今陝西延安府宜川縣。後周以東魏之南汾州爲汾州，在今吉州，尋改置汾州於今霍州。平齊後，廢齊之汾州，其郡縣屬介州。隋開皇十八年改汾州曰吕州，即後周所置在今霍州者。唐武德初，以介休郡爲介州，西河郡爲浩州，三年，改浩州爲汾州。是周、隋之汾州皆非西河郡境，而漫曰「宣帝於此置汾州」，「大業三年廢汾州」，甚矣！沿革之不易言也。以近古而有法，如吉甫之作圖志一條中，紛然不治者六焉。

此外府境故實，水經：「河水南過西河圁陽縣東，又南過離石縣西，又南過中陽縣西，又南過土軍縣西。」據地望考之，中陽西濱河，當在今寧鄉縣境，趙世家秦取我西都及中陽是也。道元乃云「中陽故城在東，東翼汾水，不濱於河也」。元和志於孝義縣下云「魏移西河郡中陽於今理」，此條可證明水經之中陽其所本之書，道元偶失檢。元和志中如此事，僕曩者嘗據以證水經及道元注各一中陽。至若漢志西都屬西河郡，中都屬太原郡，魏王泰、張守節溷而一之。

水經：「汾水南過大陵縣東。」道元注云：「汾水於縣迆爲鄔澤，其陂東西四里，南北一十餘里，陂南接鄔。地理志曰：『九澤在北，并州藪也。』呂氏春秋謂之大陸。又名之曰漚洟之澤。俗謂之鄔城泊。許慎說文曰：『潙水出西河中陽縣之西南入河。』即此水也。」道元所言鄔澤，北起大陵，南接鄔，正今平遥之西，孝義之東，介休之北，最爲洿下，汾州轉徙不常之地。說文之潙水，乃入河，非入汾。後世凡流水俗多呼某河。叔重得古學於賈侍中，未嘗少假借，漢中陽西濱黄河，說文亦一證。道元就「潙」字與「鄔」字牽合，謬矣。孟堅以鄔縣北九澤當周職方昭餘祁，然爾雅稱「晉有大陸，燕有昭餘祁」，呂氏春秋稱「晉之大陸，趙之鉅鹿，燕之大昭」。而周禮昭餘祁與虖池、嘔夷、淶易並舉，鄭康成云：「嘔夷，祁夷歟？」考嘔夷即滱水，出靈丘，祁夷出平舒，並今大同府境，源流各别，道元溷昭餘祁、大陸、嘔夷而一之，尤誤。嘔夷亦川，而非澤。祁縣本晉祁氏之田，因一「祁」字而牽昭餘祁於祁縣，因一「夷」字而疑嘔夷即祁夷。古人言地且彼此交糾，又何多責後之地志歟！爾雅、呂覽所稱昭餘祁、大昭繫之燕，燕之不得跨太原而有祁、平遥、介休甚明。蓋以漢人言周、秦則多失，以後魏言漢、魏、晉則多失，以唐人言後魏、齊、周、隋則多失，勢使然也。魏收即後魏人，而地形志不能詳魏之州郡興廢，其餘史廛後一代作前代地志，疏漏訛舛實多。子長，良史也，而史記中往往涉傳聞失實之語，謂介之推逃入綿山，顯戾於左氏春秋。

漢西河郡穀羅，武澤在西北。武澤本名虎澤，唐人避廟諱所改。胡三省注資治通鑑云：「虎澤應在五原曼伯之北，後漢建武二十六年詔，使匈奴徙居西河美稷之虎澤，亦即此澤也，蓋境相接矣。」其説得之。五原曼柏，其故城在河之西，而顧景范讀史方輿紀要以穀羅城及虎澤在永寧州北，美稷城在汾州府西北，皆無可指實。自府而西北至永寧州之北，羣山簇擁巖谷之險，絶無平地以容所謂虎澤者。

平遥志有尹吉甫將臺及墓，則後人以晉地之太原釋涇陽西北之太原，而吉甫之跡不難東移千餘里，且指一墓實之。元和志孝義縣西五里有魏文侯墳，縣東北二十五里有段干木墓。縣志則城西五里有魏文侯墓，與元和志合；城東六里有段干木墓，與元和志不合；縣西北七里又有三子墓，指爲卜子夏、田子方、段干木。是一縣中而段干木墓凡二三。水經注，河水自河北城南東逕芮城，二城之中有段干木冢。唐貞觀中，詔芮城之魏文侯墓、段干木墓並禁失調樵採。元和在貞觀後幾二百年，而在芮城者又在孝義。凡宗仰昔賢，用寄愛慕，雖指不知誰氏之壟，而聞名起敬可也，援以證實，用資考核，必有起而辨之者。

志事頃已告竣，不敢苟同前人處，略陳梗概如右。

應州續志序　己丑代〔四〕

余曩因詩古文詞所涉，檢尋郡邑志書，其於經史中地名、山川、故城、廢縣，以及境内之利病，往往遺而不載，或載之又漫無據證，志之失，大致盡然。南豐吴君爲應州政事之餘暇，取舊志續之，既見者不復贅於篇，曰應州續志。書成，請序於余。余覽其書，凡舊文失覈，必按諸史事，糾謬補逸，蓋不徒踵續是任也。君既勤於考訂，則余更質以未入是編二事。

其一，舊志相承襲，謂秦、漢爲陰館縣。考漢志「雁門郡陰館累頭山，治水所出，東至泉州入海」，而武五子傳作台水。許叔重説文解字：「灅水出陰館累頭山。」灅水即治水也。魏書，道武帝西幸馬邑，觀灅源。水經字訛作「濕」，以爲出陰館則同。寰宇記，累頭山在雁門縣西北六十里。今山在朔、代間，其東南三十五里即句注山，陰館城在句注陘北。水經注：「桑乾枝水東流通結兩湖，俗謂之南池。池北對汪陶縣之故城。南池水又東北注桑乾水爲灅水。又東北逕白狼堆南。又東流四十九里逕巨魏亭北。」其言㟪川水也，北逕繁畤、巨魏亭、劇陽。闞駰十三州志：「劇陽在陰館東北百三里。」顧景范讀史方輿紀要：「汪陶廢縣在應州西。」一統志：「汪陶在山陰縣東。白狼堆在應州西北，巨魏亭在州北，劇陽在州東北。」然則應州殆漢汪陶、劇陽二縣地，陰館於地非比矣。

其一，北魏天平二年置善無郡，領善無、沃陽二縣。方輿紀要：「沃陽廢縣在應州西南，善無城在代州西北七十里，本漢縣。」考漢志，沃陽有鹽澤。水經注：「鹽池西南去沃陽故城六十五里。十三州志善無縣南七十五里有中陵縣。」中陵，今寧武之神池縣，而善無又在其北。沃陽鹽池，唐爲安北都護之胡落鹽池，今偏關外歸化城西蒙古部地也。偏關五寨所食鹽，今仍自蒙古來，況中陵、善無、沃陽之水歸樹頽水以注黄河，然則漢沃陽東南距應州遠甚。

古今沿革，作志首以爲重。吴君雅才閎博，舉其境内利民病民者，既殫心求之，而於沿革山川，志之所列，咸務底精確不苟同。積古以來，守訛傳謬，兹二事，度亦君之樂聞也夫。

記洞過水　己丑代

（文見戴氏雜録，本册第五〇七頁。）

校注

〔一〕水經酈道元注序　即戴氏自刻本水經注序。

〔二〕杜君卿　即杜佑，君卿其字。

〔三〕曹給事　指曹學閔，山西汾陽人，乾隆進士，官至内閣侍讀學士，有紫雲山房詩文稿。

〔四〕應州續志　吴炳編纂。應州續志序，爲代徐浩所作。

東原文集卷七

句股割圜記上

句股割圜記中

句股割圜記下

（以上三篇，即戴震全書之十七原象五、六、七，全書第四册，第一二頁。）

策算序

（文見策算，全書第五册，第五頁。）

刊九章算術序

古者六藝之教，禮樂殘闕失傳，射御則絶無師説。書者治經之本，僅僅賴許叔重説文解字略見梗概。而所謂九數，即九章，世罕有其書。近時以算名者，如王寅旭、謝野臣、梅定九諸子，咸未之見。余訪求二十餘年不可得。疑永樂大典或嘗録入，書在翰林院中。丁亥歲，因吾鄉曹編修往一觀，則離散錯出，思綴集之，未之能也。出都後，恒寤寐乎是。及癸巳夏，奉召入京師，與修四庫全書，躬逢國家盛典，乃得盡心纂次，訂其譌舛。審知劉徽所注，舊有圖而今闕者補之。書既進，聖天子命即刊行，又御製詩篇冠之於首。古書之隱顯，蓋有時焉，誠甚幸也。吾友屈君曾傳亦好是學，願得九章刊之，從余録一本。今秋之仲，曲阜孔君體生訪求得算書若干卷，係毛氏扆影摹宋刻者，扆識其後，有云：「從太倉王氏得孫子、五曹、張丘建、夏侯陽四種，從章丘李氏得周髀、緝古二種，後從黄俞邰又得九章，皆元豐七年秘書省刊版，每卷有秘書省官銜姓名一幅，又一幅宰輔大臣自司馬相公而下俱列名於後。」余急假之孔君。獨九章卷六已後闕，因更校改數字以寄屈君，而記其得是書之不易如此。休寧戴震。

夏侯陽算經跋

隋經籍志有夏侯陽算經二卷，舊唐書經籍志有夏侯陽算經三卷，甄鸞注。新唐書藝文志列夏侯陽算經一卷，甄鸞注；又韓延夏侯陽算經一卷，韓延乃作注者姓名，亦猶新唐志中稱李淳風注甄鸞孫子也。而直齋書録解題載元豐京監本云三卷。無注。蓋甄鸞、韓延兩本易溷淆，乃加姓名以別之，而傳寫又各有并析，故卷袟互異歟？且唐志載李淳風注明算科十書，獨不及夏侯陽算經，蓋李注者甄鸞之本，當宋時已佚歟？然皆不言陽爲何代人，序有云：「五曹、孫子述作滋多，甄鸞、劉徽爲之詳釋。」則其人當在甄鸞後。而宋史禮志載算學祀典有云：「封魏劉徽淄川男，晉姜岌成紀男，張丘建信成男，夏侯陽平陸男，周甄鸞無極男。」又張丘建算經序云：「夏侯陽之方倉。」則陽爲晉人，在甄鸞前明矣。

書内又稱宋元嘉二年徐受重鑄銅斛，至梁大同元年甄鸞校之，則係隋初人，去梁稍遠，故目梁時斗尺爲古所用。其辨度量衡云：「在京諸司及諸州，各給稱尺并五尺度、斗、升、合等樣，皆銅爲之。倉庫令諸量，函所在官造，大者五斛，中者三斛，小者一斛，以鐵爲緣，勘平印書，然後給用。」及課租庸調，章稱賦役令；論步數不等，章稱雜令、田令之屬，皆據隋制言之。則是韓延傳其學而以己説篹入之，序亦當爲延所作，故李淳風取甄鸞本而舍是志，亦以韓延夏侯陽算經別之也，韓延爲隋人，蓋無可疑。

其書務切實用，雖九章古法非官曹民事所必需者，亦略而不載。於諸算經中，最爲簡要，且於古今制度異同，多資考證，尤足寶重云。今此本即韓延所傳無注本，宋元豐京監所刊者也。昔毛氏斧季得之太倉王氏，余今假之孔君體生，因題其後。休寧戴震。

釋車〔一〕

車式：較内謂之輿，其深謂之隧。枕輿下謂之軫，軫謂之收。揜輿旁謂之輢。式前謂之軓，軓謂之陰。縮輢上者謂之較。輿前卑於較者謂之式。車闌謂之軨。輢内之軨謂之軹，式下人所對謂之轛。輪輮謂之牙，牙謂之輞。輪轑謂之輻，輻近轂謂之股。近牙謂之骹。輻端之枘建轂中者謂之菑，菑没鑿謂之弱。建牙中者謂之蚤。以偏枘入牙而出之謂之綆。轂空壺中所以受軸謂之輮，輮謂之藪。以金裹轂中謂之釭，大釭謂之賢，轂末小釭謂之軝。轂端錔謂之輨，輨謂之軑。以革幬轂謂之軝。軸末謂之轊。軸當轂釭間之以金謂之鐗。軸端之鍵以制轂者謂之舝。伏兔謂之轐。輿下任正者謂之輈，輈出軓前穹而上謂之胡，胡謂之侯。輈端謂之頸，後謂之踵。當兩轐之間謂之當兔。軶謂之衡，衡下烏啄謂之軥。所以持衡者謂之軏。車蓋之杠謂之桯。蓋斗謂之部，其柄謂之達常。隆屈謂之弓，弓近部謂之股，弓末謂之蚤。大車之較謂之牝服，其内謂之箱。所以引車謂之轅。軏謂之鬲，持鬲者謂之輗。輪輾謂之渠。有輻謂之輪，無輻謂之輇。

贏旋車記 壬戌

車人爲溉器，六分其軸之長，以其一爲之圍。信其軸圍，以爲車廣。兩墻與軸，是謂參均也。軸之兩端，中其軸以設其樞。斵軸欲直，設樞欲正，二者既得，轉之如將自轉焉。斵軸不直，設樞不正，二者失職，則及其轉之也，車必偏重。重者在下，輕者在上，則必如倍任矣。爲墻因軸之圍，竟軸而爲贏旋之墻，兩墻之間謂之贏旋之溝。水之行於贏溝也，水猶然走下也，不知其旋而上也。墻之法，建之柱而編之，而堊之。既堊，欲其無罅也。凡溝，視軸徑以爲度，或倍焉，或參焉。已廣則吐水多而宜偃，已狹則吐水少而宜高。墻之外削版爲之圍，以鐵約之。既約，以漆塗之。圍版之内欲其附於墻也，其外欲其合之固也。車之上端爲輪設之樻，或人力，或假器若物之力，别爲任挽之輪，以發其樻而轉之。

其銘曰：「我稼我穡，時惟爾翼。我恬我息，時惟爾力。篝車穰穰，佐我康食。銘爾之勞，終古不忒。」

自轉車記

車人之事，爲規長二十度，博一度，度之大小視其制。車之用在輪，輪有九等，櫝有二式。以半規之十度爲輪之半徑，謂之十度之輪，周六十櫝。其次九度之輪，周五十有四櫝。其次八度之輪，周四十有八櫝。其次七度之輪，周四十有二櫝。其次六度之輪，周三十有六櫝。其次五度之輪，周三十櫝。其次四度之輪，周二十有四櫝。其次三度之輪，周十有八櫝。其次二度之輪，周十有二櫝。其次爲任挽之輪，周六大櫝。任挽之輪一度也，以交於十度之輪而發其櫝。十度之輪，其上爲六度之輪，謂之發輪。發輪之上爲二度之輪，謂之接輪。接輪之軸交於懸重之輪，大與接輪等。發輪之櫝視六度之輪，接輪之櫝視二度之輪。凡軸周六櫝，爲輪方其軸。當輻之圍，夾軸而爲四輻。輻周之輞，輞設之櫝。大輪輻方一度，輞厚一度；小輪有輞無輻，輞厚五分度之四。

凡輪，以上輪之櫝交於下輪之軸櫝。十度之輪，其櫝交於發輪之軸櫝，接輪與發輪之櫝相交也。是故十度之輪，曁接輪之軸，無櫝。十度之輪，旋轉一周，得任挽之輪七百二十五萬七千六百周。欲車之利轉，則任挽之輪，其軸設飛輪，或二之，或三之。凡輪，均其圍而周分之以設櫝。因於輞者爲斜櫝，以鐵裹之；植於輞爲立櫝，以鐵爲之。凡軸皆用立櫝，輪皆用斜櫝。

十度之輪以曁任挽之輪亦立櫝也。櫝端五分度之二，櫝間空五分度之三。

軸之兩端，以鐵爲之樞，樞徑五分度之三，樞長五分度之四。爲柱，以穿鐵含樞而轉之。設穿必以其輪之度，上櫝與下櫝相交，減三分度之一。接輪最上，發輪次之，十度之輪至二度之輪，遞次而下。任挽之輪出架外，別爲之柱。架之高與立柱等，長三之二，廣三之一。

校注

〔一〕釋車 録自考工記圖上。

東原文集卷八

法象論 有序

（文見戴東原先生文，本册第四六三頁。）

原善上〔一〕

善，曰仁，曰禮，曰義，斯三者，天下之大本也。顯之爲天明謂之命，實之爲化之順謂之道，循之而分治有常謂之理。命，言乎天地之中昭明以信也。道，言乎化之不已也。理，言乎其詳至也。善，言乎無淆雜也。性，言乎本於天，徵爲事能也。言乎其同謂之善，言乎其異謂之材，因材而善之謂之教。材以類殊則性殊，人之材不侔也，而相肖以類，故性亦相近。得化育之正以爲形氣而秀發於神，材也，善則其中正無邪也。材一於善，不貳其德也，智仁勇是也。血氣心知之性，人皆有之，非二本然也。分而言之，懼夫人之與天地日以隔也。血氣心知之性主乎材，天之性全乎善。主乎材者成於化，全乎善者通於命。成於化者道，通於命者德。心之恭見於貌，心之從見於言，心之明見於視，心之聰見於聽，心之睿見於思。此之謂能盡其材。名其無妄謂之誠，名其不渝謂之信。言乎順之謂道，言乎信之謂德，行於人倫庶物之謂道，侔於天地化育之謂誠，如聽於所制者然之謂命。案：以下皆見法象論，較此爲簡絜，姑並存之。

是故生生者，化之原；生生而條理者，化之流。動而輸者，立天下之博；靜而藏者，立天下之約。博者其生，約者其息。生者動而時出，息者靜而自正。至動而條理也，至靜而有本也。卉木之株葉華實謂之生，果實之白全其生之性謂之息。君子之於問學也如生，存其心湛然合天地之心如息。人道舉配乎生，性配乎息。生則有息，息則有生，天地所以成化也。

生生者，仁乎！生生而條理者，禮與義乎！何謂禮？條理之秩然有序，其著也。何謂義？條理之截然不可亂，其著也。得乎生生者謂之仁，得乎條理者謂之智。至仁必易，大智必簡。仁智而道義出於斯矣。是故生生者仁，條理者禮，斷決者義，藏主者智。仁智中和曰聖人。聖合天，是謂無妄。無妄之於百物生生，至貴者仁。仁得則父子親，禮得則親疏上下之分盡，義得則百事正，藏於智則天地萬物爲量，歸於無妄則聖人之事。

原善中

物之離於生者，形存而氣與天地隔也。卉木之生，接時能芒達已矣；飛走蠕動之儔，有覺以懷其生矣；人之神明出於心，中正無邪，其明德與天地合矣。由天道以有人物，五行陰陽，生殺異用，情變殊致。是故人物生生本五行陰陽，徵爲形色，其得之也，偏全厚薄，勝負雜糅，能否精粗，清濁昏明，煩煩魂魂，氣衍類滋，廣博襲僢，閎鉅瑣微，形以是形，色以是色，性以是性，咸分於道。以順則煦以治，以逆則毒。性至不同，各如其材。人之材，得天地之全能，通天地之全德。從生而官器利用以御，横生去其畏，不暴其使。智足知飛走蠕動之性，以馴以豢，知卉木之性，〔以生以息〕。良農〔任〕以蒔刈，良醫任以處方。聖人治天下之民，民莫不育於仁，莫不條貫於禮與義。是故氣不與天地隔者生，道不與天地隔者聖。形强者堅，氣强者力，神强者巧，知德者智。氣之失暴，神之失鑿，惑於德愚。是故一人之身，形得其養，不若氣得其養；氣得其養，不若神得其養；君子理順心泰，霈然性得其養。

人有天德之知，有耳目百體之欲，皆生而見乎材者也，天也，是故謂之性。耳知聲也，目知色也，鼻知臭也，口知味也，與夫天德之根於心也，成性然也。天德之知，人之秉節於内，以與天地化育侔者也；耳目百體之欲，所受中而不可踰也。是故義配明，象天；欲配幽，法地。五聲五色，五臭五味，天地之正也。喜怒哀樂，愛隱感念，慍懆怨憤，恐悸慮嘆，飲食男女，鬱悠慼咨，慘舒好惡之情，胥天命，是故謂之道。

天地之化，效其能曰鬼神；其生生也物其用曰魂魄。魂以明而從天，魄以幽而從地。魂官乎動，魄官乎静，精能之至也。官乎動者，其用也施；官乎静者，其用也受。天之道施，地之道受。施，故偏物也；受，故不有也。魄之爲靈，魂之謂神。靈也者明聰，神也者睿聖，明聰睿聖，天德矣。心之精爽以知，知明聰睿聖，則神明一於中正，事至而心應之者，胥事至而以道義應，天德之知也。是故人也者，天地至盛之徵也，惟聖人然後盡其盛。天地之德，可以一言盡也，仁而已矣。人之心，其亦可以一言盡也，仁而已矣。耳目百體之欲喻於心，不可以是謂心之所喻也，心之所喻則仁也。心之仁，耳目百體莫不喻，則自心至於耳目百體胥仁也。心得其常，於其有覺，君子以觀仁焉；耳目百體得其順，於其有欲，君子以觀仁焉。

原善下

人之不盡其材，患二：曰私，曰蔽。私也者，其生於心爲溺，發於政爲黨，成於行爲慝，見於事爲悖爲欺，其究爲私已。蔽也者，其生於心爲惑，發於政爲偏，成於行爲謬，見於事爲鑿爲愚，其究爲蔽已。鑿者其失爲誣，愚者其失爲固，誣而罔省，施之事亦爲固。悖者，在事爲寇虐，在心爲不畏天明。欺者，在事爲詭隨，在心爲無良。私之在下愚也爲自暴，蔽之在下愚也爲自棄。自暴自棄，夫然後難與言善，是以卒之爲不善，非材之罪也。去私莫如强恕，解蔽莫如學，得所主莫大乎忠信，得而止莫大乎明善。是故謂之天德者三：曰仁，曰禮，曰義，至善之目也，行之所節中也。其於人倫庶物，主一則兼乎三，一或闕焉，非至善也。謂之達德者三：曰智，曰仁，曰勇。所以力於德行者三：曰忠，曰信，曰恕。竭所能之謂忠，履所明之謂信，平所施之謂恕。忠則可進之以仁，信則可進之以義，恕則可進之以禮。

仁者，德行之本，體萬物而天下共親其忠。義者，人事之宜，裁萬類而天下共睹其信。禮者，天則之所正，行於人倫庶物，分無不盡而天下共安其恕。忠恕則不私而近於仁，忠信則不欺而近於誠。忠近於易，恕近於簡。信以不欺近於易，信以不渝近於簡。忠不欺於心近乎仁，信不渝於事近乎智。恕以推行近乎仁，恕以度物近乎智。斯三者所以成德行近乎勇。不惑於心，不疑於德行，夫然後樂循理。樂循理者，不蔽不私者也。得乎生生者仁，反於是而害仁之謂私。得乎條理者智，隔於是而病智之謂蔽。巧與鑿以爲智者，謂施諸行不謬矣，是以道不行。善人者不踐跡，謂見於仁厚忠信爲既知矣，是以道不明。故君子克己之爲貴也，獨而不咸之謂己。以己蔽之者隔於善，隔於善，隔於天下矣；無隔於善者，仁至，義盡，知天。是故一物有其條理，一行有其至當，徵之古訓，協於時中，充然明諸心而後得所止。君子獨居思仁，公言言義，動止應禮。達禮，義無弗精也；精義，仁無弗至也；至仁盡倫，聖人也。易簡至善，聖人所欲與天下百世同之也。

原善序

（文見戴震全書之二十八原善，本册第七頁。）

讀易繫辭論性

易曰：「一陰一陽之謂道，繼之者善也，成之者性也。」一陰一陽，蓋言天地之化不已也，道也。一陰一陽，其生生乎，其生生而條理乎，以是見天地之順，故曰「一陰一陽之謂道」。生生，仁也，未有生生而不條理者。條理之秩然，禮至著也。條理之截然，義至著也。以是見天地之常。三者咸得，天下之至善也，人物之常也，故曰「繼之者善也」。言乎人物之生，其善則與天地繼承不隔者也。有天地，然後有人物；有人物，於是有人物之性。人與物同有欲，欲也者，性之事也。人與物同有覺，覺也者，性之能也。事能無有失，則協於天地之德，協於天地之德，理至正也。理也者，性之德也。言乎自然之謂順，言乎必然之謂常，言乎本然之謂德。天下之道盡於順，天下之教一於常，天下之性同之於德。性之事配五行陰陽，性之能配鬼神，性之德配天地之德。所謂血氣心知之性，發於事能者是也。所謂天之性者，事能之無有失是也。爲夫不知德者別言之也。人與物同有欲，而得之以生也各殊。人與物同有覺，而喻大者大、喻小者小也各殊。人與物之中正同協於天地之德，而存乎其得之以生、存乎喻大喻小之明昧也各殊。此之謂本五行陰陽以成性，故曰「成之者性也」。

善，以言乎天下之大共也。性，言乎成於人人之舉凡自爲。性，其本也。所謂善，無他焉，天地之化，性之事能，可以知善矣。君子之教也，以天下之大共正人之所自爲，性之事能，合之則中正，違之則邪僻，以天地之常，俾人咸知由其常也。明乎天地之順者，可與語道。察乎天地之常者，可與語善。通乎天地之德者，可與語性。

讀孟子論性

孟子曰：「心之所同然者何也？謂理也，義也。聖人先得我心之所同然耳。」當孟子時，天下不知理義之爲性，害道之言紛出，以亂先王之法，是以孟子起而明之。人物之生，類至殊也。類也者，性之大別也。孟子曰：「凡同類者舉相似也，何獨至於人而疑之，聖人與我同類者。」詰告子「生之謂性」，則曰：「犬之性猶牛之性，牛之性猶人之性歟？」蓋孟子道性善，非言性於同也。人之性相近，胥善也。明理義之爲性，所以正不知理義之爲性者也，是故理義，性也。由孟子而後，求其説而不得，則舉性之名而曰理義也，是又不可。古人言性，不離乎材質而不遺理義。耳之於聲也，天下之聲，耳若其符節也。目之於色也，天下之色，目若其符節也。鼻之於臭也，天下之臭，鼻若其符節也。口之於味也，天下之味，口若其符節也。耳目鼻口之官接物，而心通其則。心之於理義也，天下之理義，心若其符節也。是皆不可謂之外也，性也。耳能辨天下之聲，目能辨天下之色，鼻能辨天下之臭，口能辨天下之味，心能通天之理義，人之材質得於天，若是其全也。孟子曰：「非天之降材爾殊。」曰：「乃若其情，則可以爲善矣，乃所謂善也。若夫爲不善，非才之罪也。」惟不離材質以爲言，始確然可以斷人之性善。人本五行陰陽以成性，形色其表也，故孟子曰：

「形色，天性也，惟聖人然後可以踐形。」人之於聖人也，其材非如物之與人異。物不足以知天地之中正，是故無節於內，各遂其自然斯已矣。人有天德之知，能踐乎中正，其自然則協天地之順，其必然則協天地之常，莫非自然也，物之自然不足語於此。孟子道性善，察乎人之材質所自然，有節於內之謂善也。告子謂「性無善無不善」，不辨人之大遠乎物，概之以自然也。告子所謂「無善無不善」也者，靜而自然，其神沖虛，以是爲至道。及其動而之善之不善，咸目爲失於至道，故其言曰「生之謂性」。及孟子詰之，非豁然於孟子之言而後語塞也，亦窮於人與物之靈蠢殊絶，犬牛類又相絶，遂不得漫以爲同耳。遺理義而主材質，荀子、告子是也。荀子以血氣心知之性，必教之理義，逆而變之，故謂「性惡」，而進其勸學修身之説。告子以上焉者無欲而靜，全其無善無不善，是爲至矣；下焉者，理義以梏之，使不爲不善。荀子二理義於性之事能，儒者之未聞道也。告子貴性而外理義，異説之害道者也。

凡遠乎易、論語、孟子之書者，性之説大致有三：以耳目百體之欲爲説，謂理義從而治之者也；以心之有覺爲説，謂其神獨先，沖虛自然，理欲皆後也；以理爲説，謂有欲有覺，人之私也。三者之於性也，非其所去，貴其所取。彼自貴其神，以爲先形而立者，是不見於精氣爲物，秀發乎神也。惡斂束於理義，是不見於理義者本然之德，去其本然而苟語自然也。以欲爲亂其静者，不見於性之欲，其本然中正，動静胥得，神自寧也。自孟子時，以欲爲説，以覺爲説，紛如矣，孟子正其外理義而已矣。心得其常，耳目百體得其順，中正無邪，如是之謂理義。自心至於耳目百體，形氣本於天，故其爲德也類；專以性屬之理，而謂壞於形氣，是不見於理之所由名也。以有欲有覺爲私者，荀子之所謂性惡在是也，是見於失其中正之爲私，不見於得其中正。且以驗形氣本於天，備五行陰陽之全德，非私也，孟子之所謂性善也。人之材質良，其本然之德違焉而後不善，孟子謂之「放其良心」，謂之「失其本心」。雖放失之餘，形氣本於天，備五行陰陽之全德者，如物之幾死猶可以復蘇，故孟子曰：「其日夜之所息，平旦之氣，其好惡與人相近也者幾希。」以好惡見於氣之少息猶然，是以君子不罪其形氣也。

答彭進士允初書　丁酉

允初先生足下：

日前承示二林居制義，文境高絶，然在作者，不以爲文而已，以爲道也。大暢心宗，參活程、朱之説，以傅合六經、孔、孟，使閎肆無涯涘。孟子曰：「資之深則取之左右逢其源。」凡自得之學盡然。求孔、孟之道，不至是不可謂之有得。求楊、墨、老、莊、佛之道，不至是亦不可謂之有得。

宋以前，孔、孟自孔、孟，老、釋自老、釋，談老、釋者高妙其言，不依附孔、孟。宋以來，孔、孟之書盡失其解，儒者雜襲老、釋之言以解之。於是有讀儒書而流入老、釋者。有好老、釋而溺其中，既而觸於儒書，樂其道之得助，因憑藉儒書以談老、釋者。對同己則共證心宗，對異己則寄託其說於六經、孔、孟，曰：「吾所得者，聖人之微言奥義。」而交錯旁午，屢變益工，渾然無罅漏。

孔子曰：「道不同，不相爲謀。」言徒紛然詞費，不能奪其道之成者也。足下之道成矣，欲見僕所爲原善。僕聞足下之爲人，心敬之，願得交者十餘年於今。雖原善所指，加以孟子字義疏證，反覆辯論，咸與足下之道截然殊致，叩之則不敢不出。今賜書有引爲同，有别爲異，在僕乃謂盡異，無毫髪之同。

昔程子、張子、朱子，其始也，亦如足下今所從事。程叔子撰明道先生行狀曰：「自十五六時，聞周茂叔論道，慨然有求道之志，泛濫於諸家，出入於老、釋者幾十年，返求諸六經而後得之。」呂與叔撰横渠先生行狀曰：「范文正公勸讀中庸，先生讀其書，雖愛之，猶以爲未足。又訪諸釋、老之書，累年，盡究其説，知無所得，返而求之六經。」知無所得者陋之，非不知之也。朱子慕禪學，在十五六時。年二十四，見李愿中，愿中教以看聖賢言語，而其後十餘年，有答何叔京二書。其一曰：「向來妄論持敬之說，亦不自記其云何，但因其良心發見之微，猛省提撕，使心不昧，即是做工夫底本領。本領既立，自然下學而上達矣。若不察良心發見處，即渺渺茫茫，恐無下手處也。所諭多識前言往行，熹向來所見亦是如此。近因返求，未得個安穩處，却始知此未免支離，曷若默會諸心以立其本，而其言之得失，自不能逃吾之鑒邪。」其一曰：「今年不謂饑歉至此，夏初所至洶洶，遂爲縣中委以賑糶之役，百方區處，僅得無事。博觀之弊，此理甚明，何疑之有！若使道可以多聞博觀而得，則世之知道者爲不少矣。熹近日因事方少有省發處，如『鳶飛魚躍』，明道以爲與『必有事焉而勿正』之意同者，今乃曉然無疑。日用之間，觀此流行之體，初無間斷處，有下工夫處。此與守書册、泥言語全無交涉，幸於日間察之，知此則知仁矣。」二書全背愿中，復歸釋氏，反用聖賢言語指其所得於釋氏者。至乾道癸巳，朱子年四十四，門人廖德明録癸巳所聞云：「先生言：二三年前見得此事尚鶻突，爲他佛說得相似，近年來方看得分曉。」是後，朱子有答汪尚書書云：「熹於釋氏之說，蓋嘗師其人，尊其道，求之亦切至矣，然未能有得。其後以先生君子之教，校乎前後緩急之序，於是暫置其說而從事於吾學。其始蓋未嘗一日不往來於心也，以爲俟卒究吾說而後求之未爲甚晚。而一二年來，心獨有所自安，雖未能即有諸已，然欲復求之外學以遂其初心，不可得矣。」

程、朱雖皆先入於釋氏，而卒能覺悟其非。程子曰：「吾儒本天，異端本心。」朱子曰：「吾儒以理爲不生不滅，釋氏以神識爲不生不滅。」僕於孟子字義疏證辯其視理也，與老、釋之視心、視神識，雖指歸各異，而僅僅就彼之言轉之，猶失孔、孟之所謂理、所謂義。朱子稱「爲他佛説得相似」者，彼之心宗，不特指歸與彼異也，亦絶不可言似。程、朱先從事於彼，熟知彼之指歸，既而求之此，見此之指歸與彼異矣，而不得其本，因推而本之天。夫人物，何者非本之天乎，豈得謂心必與天隔乎，彼可起而争者也。苟聞乎此，雖愚必明，雖柔必强。擴而充之，何一非務盡其心以能盡道。苟自以爲是而不可與入堯、舜之道，雖言理、言知、言學，皆似而非，適以亂德。

在程、朱先入於彼，徒就彼之説轉而之此，是以又可轉而之彼，合天與心爲一，合理與神識爲一，而我之言，彼皆得援而借之，爲彼樹之助。以此解經，而六經、孔、孟之書，彼皆得因程、朱之解，援而借之爲彼所依附。譬猶子孫未睹其祖父之貌者，誤圖他人之貌爲其貌而事之，所事固己之祖父也，貌則非矣。實得而貌不得，亦何傷。然他人則持其祖父之貌以冒吾宗，而實誘吾族以化爲彼族，此僕所由不得已而有疏證之作也。破圖貌之誤，以正吾宗而保吾族，痛吾宗之久墜，吾族之久散爲他族，敢少假借哉。

宋儒僅改其指神識者以指理，而餘無所改，其解孔、孟之言，體狀復與彼相似。如大學章句於「在明明德」，中庸章句於「不顯維德」，尤渾合幾不可分。足下遂援「上天之載，無聲無臭」爲心宗之大原。於宋儒之雜用老氏尚「無欲」，及莊周書言「復其初」者，而申之曰：「無欲，誠也。湯、武反之，『復其初』之謂也。」僕愛大戴禮記「分於道謂之命」一語，道，即陰陽氣化，故可言分。惟分也，故成性不同。而易稱「一陰一陽之謂道」，中庸稱「天命之謂性」，孟子辨別「犬之性」、「牛之性」、「人之性」之不同，豁然貫通。而足下舉「維天之命，於穆不已」，以爲不得而分。此非語言之能空論也，宜還而體會六經、孔、孟之書本文云何。詩曰「予懷明德」，對「不大聲以色」而言。大學之「明明德」，以「明德」對「民」而言。皆德行行事，人咸仰見，如日月之懸象著明。故稱之曰「明德」。倘一事差失，則有一事之掩虧。其由近而遠，積盛所被，顯明不已，故曰「明明德」，曰「明明德於天下」。詩之「不顯」、「不承」，即書之「丕顯」、「丕承」，古字「丕」通用「不」，大也。中庸言「聲名洋溢乎中國」，其言「闇然」也，與「日章」并言，何必不欲大顯，而以幽深玄遠爲至。夫晝日當空，何嘗有聲臭以令人知？而疇不知之，不可引「上天之載無聲臭」以言其至乎。「上天之載」二語，在詩承「駿命不易」言，鄭箋云：「天之道難知也，耳不聞聲音，鼻不聞香臭。儀法文王之事，則天下咸信而順之。」在中庸承「化民之德」言，不假聲臭以與民接也。談老、釋者，有取於「虚靈不昧」、「人欲所蔽」、「本體之明」、「幽深玄遠」、「至德淵微」、「不顯之妙」等語與其心宗相似，不惟大學、中庸本文差以千里，即朱子所云，雖失大學、中庸之解，而其指歸究殊。

又詩、書中凡言天命，皆以「王者受命於天」爲言，天之命王者不已，由王者仁天下不已。中庸引「維天之命，於穆不已，於乎不顯，文王之德之純」。其取義也，主於不已，以見至誠無息之配天地。「於穆」者，美天之命有德深遠也。譬君之於賢臣，一再錫命，惓惓不已，美君之能任賢者，豈不可歎其深遠。引之者豈不可曰「此君之所以爲君也」。凡命之爲言，如命之東則不得而西，皆有數以限之，非受命者所得踰。試以君命言之，有小賢而居上位，有大賢而居下位，各受君命以居其位，此命數之得稱曰君命也。君告誡之，使恭其事，而夙夜兢惕，務盡職焉，此教命之得稱曰君命也。命數之命，限於受命之初，而尊卑遂定。教命之命，其所得爲視其所能，可以造乎其極。然盡職而已，則同屬命之限之。命之盡職，不敢不盡職，如命之東，不敢不赴東。論氣數，論理義，命皆爲限制之名。

譬天地於大樹，有華、有實、有葉之不同，而華、實、葉皆分於樹。形之鉅細，色臭之濃淡，味之厚薄，又華與華不同，實與實不同，葉與葉不同。一言乎分，則各限於所分。取水於川，盈罍、盈瓶、盈缶，凝而成冰，其大如罍、如瓶、如缶，或不盈而各如其淺深。水雖取諸一川，隨時與地，味殊而清濁亦異，由分於川，則各限於所分。人之得於天也，雖亦限於所分，而人人能全乎天德。以一身譬之，有心，有耳目鼻口手足，鬚眉毛髮，惟心統其全，其餘各有一德焉，故記曰：「人者，天地之心也。」瞽者，心不能代目而視，聾者，心不能代耳而聽，是心亦限於所分也。飲食之化爲營衛，爲肌髓，形可并而一也。形可益形，氣可益氣，精氣附益，神明自倍。散之還天地，萃之成人物。與天地通者生，與天地隔者死。以植物言，葉受風日雨露以通天氣，根接土壤肥沃以通地氣。以動物言，呼吸通天氣，飲食通地氣。人物於天地，猶然合如一體也。體有貴賤，有小大，無非限於所分也。

心者，氣通而神；耳目鼻口者，氣融而靈。曾子曰：「陽之精氣曰神，陰之精氣曰靈，神靈者，品物之本也。」易曰：「精氣爲物，游魂爲變，是故知鬼神之情狀。」「精氣爲物」者，氣之精而凝，品物流形之常也。「游魂爲變」者，魂之游而存，其形敝而精氣未遽散也，變則不可窮詰矣。老、莊、釋氏，見於游魂爲變之一端，而昧其大常；見於精氣之集，而判爲二本。莊周書曰：「一受其成形，不亡以待盡。」釋氏「人死爲鬼，鬼復爲人」之説同此。周又曰：「其形化，其心與之然，可不謂大哀乎。」老氏之「長生久視」，釋氏之「不生不滅」，無非自私，無非哀其滅而已矣，故以無欲成其私。孟子曰：「廣土衆民，君子欲之。」又曰：「欲貴者，人之同心也。」又曰：「魚，我所欲也；熊掌，亦我所欲也。生，亦我所欲也；義，亦我所欲也。」在老、釋皆無之，而獨私其游魂，而哀其滅以豫爲之圖。

在宋儒惑於老、釋無欲之説，謂「義亦我所欲」爲道心，爲天理，餘皆爲人心，爲人欲。

理欲者，有生則願遂其生而備其休嘉者也。情者，有親疏、長幼、尊卑感而發於自然者也。理者，盡夫情欲之微而區以别焉。使順而達，各如其分寸毫釐之謂也。欲，不患其不及而患其過。過者，狃於私而忘乎人，其心溺，其行慝，故孟子曰「養心莫善於寡欲」。情之當也，患其不及而亦勿使之過。未當也，不惟患其過而務自省以救其失。欲不流於私則仁，不溺而爲慝則義，情發而中節則和，如是之謂天理。情欲未動，湛然無失，是謂天性。非天性自天性，情欲自情欲，天理自天理也。

足下援程子云：「聖人之常情，順萬事而無情。故君子之學，莫若廓然而大公，物來而順應。」謂無欲在是。請援王文成之言，證足下所宗主，其言曰：「良知之體，皦如明鏡，妍媸之來，隨物見形，而明鏡曾無留染，所謂『情順萬事而無情』也。『無所住以生其心』，佛氏曾有是言。明鏡之應，妍者妍，媸者媸，一照而皆真，即是『生其心』處。妍者妍，媸者媸，一過而不留，即是『無所住』處。」程子説聖人，陽明説佛氏，故足下援程子不援陽明，而宗旨則陽明尤親切。陽明嘗倒亂朱子年譜，謂朱、陸先異後同。陸、王，主老、釋者也；程、朱，闢老、釋者也。今足下主老、釋、陸、王而合孔、孟、程、朱與之爲一，無論孔、孟不可誣，程、朱亦不可誣。抑又變老、釋之貌爲孔、孟、程、朱之貌，恐老、釋亦以爲誣己而不願。

老氏曰：「唯之與阿，相去幾何？善之與惡，相去何若？」告子曰：「性無善無不善也。」「義，外也，非内也。」釋者曰：「不思善，不思惡，時認本來面目。」陸子静曰：「惡能害心，善亦能害心。」王文成曰：「無善無惡，心之體。」凡此，皆不貴善也。何爲不貴善？貴其所私而哀其滅，雖逐於善，亦害之也。今足下言之，則語益加密，曰：「形有生滅，神無方也，妙萬物也，不可言生滅。」又曰：「無來去，無内外。」引程子「天人本無二，不必言合」。證明全體，因名之曰「無聲無臭之本」。謂之爲「天命之不已」，而以「至誠無息」加之。謂之爲「天道之日新」，而以「止於至善」加之。請援王文成之言證足下所宗主，其言曰：「夫良知一也，以其妙用而言，謂之神；以其流行而言，謂之氣。」又曰：「『本來面目』，即吾聖門所謂『良知』。隨物而格，是致知之功。佛氏之『常惺惺』，亦是常存他『本來面目』耳，體段工夫，大略相似。」陽明主扞禦外物爲格物，隨物而格，所謂遏人欲也。「常惺惺」，朱子以是言存天理，以是解中庸「戒慎恐懼」，實失中庸之指。陽明得而借中庸之言以寄託「本來面目」之説，曰：「養德養身，止是一事。果能『戒慎不睹，恐懼不聞』，而專志於是，則神住，氣住，精住，而仙家所謂『長生久視』之説亦在其中矣。」莊子所謂「復其初」，釋氏所謂「本來面目」，陽明所謂「良知之體」，不過守己自足，既自足，必自大，其去中庸「擇善固執」、「博學、審問、慎思、明辨、篤行」，何啻千萬里！

孟子曰：「反身而誠，樂莫大焉。」曰：「反身不誠，不悦於親矣。」中庸、孟子皆曰：

「不明乎善，不誠乎身矣。」今舍明善而以無欲爲誠，謬也。證心宗者，未嘗不可以認「本來面目」爲「明乎善」，此求伸其説，何所不可。老子、告子視善爲不屑爲，猶能識善字。後之宗之者，并善字假爲己有，實并善字不識。此事在今日，不惟彼所謂道德非吾所謂道德，舉凡性與天道，聖智、仁義、誠明，以及曰善，曰命，曰理，曰知，曰行，無非假其名而易其實。孟子曰：「反身不誠」，言事親之道未盡也。「反身而誠」，言備責於身者無不盡道也。「堯、舜，性之也；湯、武，身之也，五霸，假之也。久假而不歸，惡知其非有也。」性之，由仁義行也。身之，仁義實於身也。假之，假仁義之名以號召天下者，久則徒知以仁義責人，而忘己之非有。又曰：「堯、舜，性者也；湯、武，反之也。」下言「動容周旋中禮者，盛德之至也」，申明性者如是。言「哭死而哀，非爲生者也；經德不回，非以干禄也；言語必信，非以正行也；君子行法以俟命而已矣」。皆申明「反之」，謂無所爲而爲，乃反而實之身。其若論「復其初」，何用言「非爲生者」，「非以干禄」，「非以正行」，而且終之曰「俟命」。其爲「反身」甚明，各覈本文，悉難假借。

足下所主者，老、莊、佛、陸、王之道，而所稱引，盡六經、孔、孟、程、朱之言。誠愛其實乎？則其實遠於此。如誤以老、莊、佛、陸、王之實爲其實，則彼之言，親切著明，而此費遷就傅合，何不示以親切著明者也。誠借其名乎？則田王孫之門，猶有梁丘賀在。況足下閲朱子答何叔京二書，必默然之，及程、朱闢老、釋，必不然之，而至於借助，則引程、朱爲同乎己。然則所取者，程、朱初惑於釋氏時之言也。所借以助己者，或其前之言，或其後之似者也。所愛者，釋氏之實也。愛其實而棄其名，借其名而陰易其實，皆於誠有虧。足下所云「學問之道，莫切於審善惡之幾，嚴誠僞之辨」。請從此始！倘亦如程、朱之用心，期於求是，不雜以私，則今日同乎程、朱之初，異日所見，或知程、朱之指歸與老、釋、陸、王異。

然僕之私心期望於足下，猶不在此。程、朱以理爲「如有物焉，得於天而具於心」，啓天下後世人人憑在己之意見而執之曰理，以禍斯民。更淆以無欲之説，於得理益遠，於執其意見益堅，而禍斯民益烈。豈理禍斯民哉，不自知爲意見也。離人情而求諸心之所具，安得不以心之意見當之，則依然本心者之所爲。拘牽之儒，不自知名異而實不異，猶貿貿争彼此於名而輒蹈其實。敏悟之士，覺彼此之實無異，雖指之曰「沖漠無朕」，究不得其彷彿，不若轉而從彼之確有其物，因即取此以賅之於彼。嗚呼！誤圖他人之貌者，未有不化爲他人之實者也。誠虚心體察六經、孔、孟之言，至確然有進，不惟其實與老、釋絶遠，即貌亦絶遠，不能假託，其能假託者，後儒失之者也。是私心所期於足下之求之耳。

日間因公私紛然，於來書未得從容具論，大本苟得，自然條分理解。意言難盡，涉及一二，草草不次。南旋定於何日？十餘年願交之忱，得見又不獲暢鄙懷。伏惟自愛。震頓首。

孟子字義疏證序 丙申

（文見孟子字義疏證，本冊第一四五頁。）

校注

〔一〕原善上、中、下三篇，爲早年之作，段玉裁曾於「癸未抄寫熟讀」（見年譜）。後來所作的原善三卷，即以此三篇爲基礎加工而成。

東原文集卷九

與任孝廉幼植書 庚辰

幼植足下：

承示禘祫喪服等辨，今之治此者蓋希矣。好學深思如幼植，誠震所想見其人不可得者。況思之鋭，辨議之堅而緻，以此爲文，直造古人不難。以此治經，則思之所入，願弗遽以爲得，勿以前師之説可奪而更之也。今幼植奮筆加駁於孔沖遠、賈公彦諸儒，進而難漢之先師鄭君康成矣，進而訾漢以來相傳之子夏喪服傳爲劉歆、王莽傅會矣，進而遂訾儀禮之經、周公之制作爲歆、莽之爲之矣。嗚呼！記不云乎：「毋輕議禮。」

方周官經初出，未立學官，馬融所謂入於秘府，五家之儒莫得見是也。迄王莽時，劉歆置博士。永平之初，杜子春年且九十，能通其讀，賈逵、鄭衆往受業，然後頗行於世。俗學膚淺，往往求之不可通，輒肆指摘云「劉歆竄入」。若士禮十七篇，漢興，高堂生傳之以授蕭奮，蕭授孟卿，孟授后蒼，后授戴德、戴聖、慶普。武帝時，后氏立於學官，宣帝復立大、小戴，藝文志故云：「禮經十七篇，后氏、戴氏。」此後師師相傳，絕不聞此經與歆、莽相涉，史絕不聞歆、莽改博士之業，博士失其師承也。

今目爲劉歆傅會者，於傳則所謂「小功者，兄弟之服，不敢以兄弟之服服至尊」，於經則「女子子爲父母、世父母、叔父母出降服也」。記曰：「至親以期斷。」試以此言旁差之，昆弟期，從父昆弟大功，從祖昆弟小功，族昆弟緦，由族昆弟而上，族父、族祖父、族曾祖父皆緦，由從祖昆弟而上，從祖父、從祖祖父皆小功，此制服之易知者。由從父昆弟而上，世父、叔父何以不大功也？自「至親以期斷」之言上差之，父何以不期、祖不大功、曾祖不小功，四世祖不緦也？立期之節象，天地則已易，四時則已變，凡在天地之中者，莫不更始。然而孝子之心不能以已也，使倍之而爲制三年之喪，故曰「三年以爲隆」。人子不隆於其親，不可以爲子。父在爲母期，屈於至尊，不敢伸其私尊，而猶無不及其節也。爲人後者，爲其父母期，持重於大宗者，降其小宗而猶無不及其節也。幼植有取於孔沖遠，謂「至親以期斷」專爲此二者，則失制禮之深意矣。祖父母、世父母、叔父母之期也，亦隆也。不隆於祖，不隆於父之昆弟，不可以爲孫子。緦麻之加一等而小功，小功之加一等而大功，不可謂之隆。聖人於是爲「齊衰三月」之服，以上殺之義，故減九月、五月之數而三月。以祖雖百世有隆無替，故不敢以功、緦加於祖考而齊衰。傳云：「不敢以兄弟之服服至尊。」意如是。康成申之曰：「重其衰麻，尊尊也；減其日月，恩殺也。」且喪服及曾祖，不及四世祖以上。康成因傳文「小功者兄弟之服」而明之曰：「正言小功者，服之數盡於五，則高祖宜緦麻，曾祖宜小功也。據祖期則曾祖宜大功、高祖宜小功也。高祖、曾祖皆有小功之差，則曾孫、玄孫爲之服同也。」又於緦麻三月章曰：「族曾祖父者，曾祖昆弟之親也。族祖父者亦高祖之孫，則高祖有服明矣。」蓋通乎經所不言之意也。然而猶未盡夫子孫之於祖考不相逮則已矣，雖不相逮，必不可曰有無服之祖也。苟相逮，皆齊衰三月。其殺也者，以上殺爲義；其不復殺也者，以有隆無替爲義。道並行而不相悖，夫是之謂文。詩曰：「曾孫篤之。」鄭箋云：「曾猶重也，自孫之子而下事先祖，皆稱曾孫。」禮注云：「於曾祖以上稱曾孫而已。」由是言之，儀禮言曾祖，即關四世祖以上也。

幼植知昆弟之昆爲兄，不審古人法度之言兄弟與昆弟異義，不惟儀禮，他經及爾雅皆然。傳曰：「何如則可謂之兄弟？傳曰：『小功以下爲兄弟。』」此傳中引傳相證明也。爾雅曰：「母與妻之黨爲兄弟。」又曰：「婦之黨爲婚兄弟，婿之黨爲姻兄弟。」詩小雅：「兄弟無遠。」鄭箋云：「兄弟，父之黨、母之黨。」蓋兄弟云者，或專言異姓，或兼同姓異姓，皆舉遠不以關大功之親。記曰：「兄弟皆在他邦，加一等；不及知父母與兄弟居，加一等。」

此惟小功以下即於疏，故加等。若大功以上則昆弟也，世父母、叔父母也，從父昆弟也，豈可以皆在他邦及少孤相依而加等哉？大功之親，分當相恤；其不相恤，是賊其性者也。小功以下而相恤，斯進之也。故傳有曰：「子無大功之親。」不言小功，古人立言精微若此。記曰：「夫之所爲兄弟服，妻降一等。」或欲援此爲叔嫂有服之證，則與檀弓「奔喪逸禮」相背戾，且本篇傳文言「夫之昆弟無服」，亦相與背戾。閻百詩解之曰：「夫之所爲兄弟服，即夫之所爲小功服，妻降一等爲緦麻也。服問之外兄弟，指外祖父母從母在小功者，是其證。」百詩此論精矣。惜尚未告之以昆弟不言兄弟，及舉遠不可關大功之親，使其義益曉然也。

若女子子出降服，此與「男女異長」意同。以女子生而有適人之道，使之異於男子。豈若幼植之意，必十五以後許嫁笄，始別異哉？服有出降或緣有適人之道而即降，以異於男子，世父母、叔父母、姑姊妹之大功是也；或既適人而後降，爲衆昆弟大功是也；或不敢降，祖父母期，曾祖父母齊衰三月是也。昔儒謂降旁親，不降正尊，可與「至親以期斷」之言，「外親之服皆緦」之言，「小功以下爲兄弟」之言，合爲義例之大要。惟降旁親，而父没則不降昆弟之爲父後者。然後婦人雖在外，必有歸宗之義明，惟不降正尊，而當其既嫁從夫，不能二尊，且降父之服而爲期，舅姑亦期。然後所謂父者子之天，夫者妻之天，婦人不貳斬者，猶曰不貳天之義明。聖人制，爲父在，爲母期，女子子適人者爲其父母期，是二者，義之至也。

以幼植所深訾爲劉歆傅會者二條，今姑據此疏通證明之，其精微非聖人不足與於此，餘皆可類推。震竊病同學者多株守古人，今於幼植反是。凡學未至貫本末，徹精粗，徒以意衡量，就令載籍極博，猶所謂「思而不學則殆」也。遠如鄭漁仲，近如毛大可，祇賊經害道而已矣。今幼植具異質而年富，成就當不可量，是以不敢不盡言。震再拜。

答朱方伯書

古禮之不行於今已久，雖然，士君子不可不講也。況冠、婚、喪、祭之大，豈可與流俗不用禮者同。

喪服昆弟之子期，從父昆弟大功，此正服也。大夫，爲昆弟之子爲士者大功；大夫之子，爲從父昆弟爲士者小功：此降服也。記曰：「大功之末，可以冠子，可以嫁子；父小功之末，可以冠子，可以嫁子，可以取婦；己雖小功，既卒哭，可以冠、取妻。」震竊觀後人於禮之名，無不從其重，未嘗聞大夫及大夫之子，降旁期以下之爲士者也，而於禮之實，幾蕩然不用。與其實去而名徒存，何如古人有正有降，一一各盡其實也。

今欲講明古禮而但從正服，不從降服，則是用其一、不用其一，竊亦以爲不可。以今準古，名爲期，名爲大功，古禮斷然爲大功及小功也。小功卒哭之後，即可以取妻。況越過大功除服之後乎！然必父亦在小功之末方可。若父在大功之末，則可以冠子、嫁子，不可以取婦。凡言末者，謂卒哭之後，非謂除服之後。然則既虞卒哭，服雖未除，可借吉，明矣。大功之末，不可以取婦；大功既除服，固可取婦，甚明。

茲斟酌古今，名實兩得，倘猶云失禮，則據禮證之固無失。倘云執禮太過，則必至是始於禮無譏。君子行禮，不求變俗，要歸於無所苟而已矣。

與是仲明論學書　癸酉

僕所爲經考，未嘗敢以聞於人，恐聞之而驚顧狂惑者衆。昨遇名賢枉駕，望德盛之容，令人整肅，不待加以誨語也。又欲觀末學所事得失，僕敢以詩補傳序並辨鄭衛之音一條，檢出呈覽。今程某奉其師命，來取詩補傳，僕此書尚俟改正，未可遽進。請進一二言，惟名賢教之。

僕自少時家貧，不獲親師，聞聖人之中有孔子者，定六經示後之人，求其一經，啓而讀之，茫茫然無覺。尋思之久，計於心曰：「經之至者道也，所以明道者其詞也，所以成詞者字也。由字以通其詞，由詞以通其道，必有漸。」求所謂字，考諸篆書，得許氏說文解字，三年知其節目，漸睹古聖人制作本始。又疑許氏於故訓未能盡，從友人假十三經注疏讀之，則知一字之義，當貫羣經、本六書，然後爲定。

至若經之難明，尚有若干事。誦堯典數行至「乃命羲和」，不知恒星七政所以運行，則掩卷不能卒業。誦周南、召南，自關雎而往，不知古音，徒强以協韻，則齟齬失讀。誦古禮經，先士冠禮，不知古者宫室、衣服等制，則迷於其方，莫辨其用。不知古今地名沿革，則禹貢職方失其處所。不知少廣、旁要，則考工之器不能因文而推其制。不知鳥獸蟲魚草木之狀類名號，則比興之意乖。而字學、故訓、音聲未始相離，聲與音又經緯衡從宜辨。漢末孫叔然創立反語，厥後考經論韻悉用之。釋氏之徒，從而習其法，因竊爲己有，謂來自西域，儒者數典不能記憶也。中土測天用句股，今西人易名三角、八綫，其三角即句股，八綫即綴術。然而三角之法窮，必以句股御之，用知句股者，法之盡備，名之至當也。管、吕言五聲十二律，宫位乎中，黄鐘之宫四寸五分，爲起律之本。學者蔽於鐘律失傳之後，不追溯未失傳之先，宜乎説之多鑿也。凡經之難明右若干事，儒者不宜忽置不講。

僕欲究其本始，爲之又十年，漸於經有所會通，然後知聖人之道，如縣繩樹槷，毫釐不可有差。僕聞事於經學，蓋有三難：淹博難，識斷難，精審難。三者，僕誠不足與於其間，其私自持，暨爲書之大概，端在乎是。前人之博聞强識，如鄭漁仲、楊用修諸君子，著書滿家，淹博有之，精審未也。别有略是而謂大道可以徑至者，如宋之陸，明之陳、王，廢講習討論之學，假所謂「尊德性」以美其名，然舍夫「道問學」則惡可命之「尊德性」乎？未得爲中正可知。羣經六藝之未達，儒者所恥。僕用是戒其頽惰，據所察知，特懼忘失，筆之於書。識見稍定，敬進於前不晚，名賢幸諒。震白。

與姚孝廉姬傳書　乙亥

日者，紀太史曉嵐欲刻僕所爲考工記圖，是以向足下言欲改定。足下應詞非所敢聞，而意主不必汲汲成書。僕於時若雷霆驚耳。自始知學，每憾昔人成書太早，多未定之説。今足下以是規教，退不敢忘，自賀得師。何者？凡僕所以尋求於遺經，懼聖人之緒言闇汶於後世也。然尋求而獲，有十分之見，有未至十分之見。所謂十分之見，必徵之古而靡不條貫，合諸道而不留餘議，鉅細畢究，本末兼察。若夫依於傳聞以擬其是，擇於衆説以裁其優，出於空言以定其論，據於孤證以信其通，雖溯流可以知源，不目睹淵泉所導，循根可以達杪，不手披枝肄所歧，皆未至十分之見也。以此治經，失不知爲不知之意，而徒增一惑，以滋識者之辨之也。

先儒之學，如漢鄭氏、宋程子、張子、朱子，其爲書至詳博，然猶得失中判。其得者，取義遠，資理閎，書不克盡言，言不克盡意，學者深思自得，漸近其區，不深思自得，斯草薉於畦而茅塞其陸。其失者，即目未睹淵泉所導，手未披枝肆所歧者也。而爲説轉易曉，學者淺涉而堅信之，用自滿其量之能容受，不復求遠者閎者。故誦法康成、程、朱不必無人，而皆失康成、程、朱於誦法中，則不志乎聞道之過也。誠有能志乎聞道，必去其兩失，殫力於其兩得。既深思自得而近之矣，然後知孰爲十分之見，孰爲未至十分之見。如繩繩木，昔以爲直者，其曲於是可見也；如水準地，昔以爲平者，其坳於是可見也。夫然後傳其信，不傳其疑，疑則闕，庶幾治經不害。

僕於考工記圖，重違知己之意，遂欲删取成書，亦以其義淺，特考覈之一端，差可自決。足下之教，其敢忽諸。至欲以僕爲師，則别有説。非徒自顧不足爲師，亦非謂所學如足下，斷然以不敏謝也。古之所謂友，固分師之半。僕與足下無妨交相師，而參互以求十分之見，苟有過則相規，使道在人不在言，斯不失友之謂，固大善。昨辱簡，自謙太過，稱夫子，非所敢當之，謹奉繳。承示文論延陵季子處識數語，並考工記圖呈上，乞教正也。

答鄭丈用牧書

立身守二字曰不苟，待人守二字曰無憾。事事不苟，猶未能寡恥辱，念念求無憾，猶未能免怨尤。此數十年得於行事者。其得於學，不以人蔽己，不以己自蔽，不爲一時之名，亦不期後世之名。有名之見其弊二：非掊擊前人以自表襮，即依傍昔儒以附驥尾。二者不同，而鄙陋之心同，是以君子務在聞道也。

今之博雅能文章善考覈者，皆未志乎聞道，徒株守先儒而信之篤，如南北朝人所譏，「寧言周、孔誤，莫道鄭、服非」，亦未志乎聞道者也，私智穿鑿者，或非盡掊擊以自表襮，積非成是而無從知，先入爲主而惑以終身；或非盡依傍以附驥尾，無鄙陋之心，而失與之等。故學難言也。

好友數人，思歸而共講明正道，不入四者之弊，修詞立誠以俟後學。其或聽或否，或傳或墜，或尊信或非議，述古賢聖之道者所不計也。

與某書

（文見戴東原先生文，本册第四七八頁。）

與方希原書　乙亥

得鄭君手札，言足下大肆力古文之學。僕嘗以爲此事在今日絶少能者，且其途易歧，一入歧途，漸去古人遠矣。

古今學問之途，其大致有三：或事於理義，或事於制數，或事於文章。事於文章者，等而末者也。然自子長、孟堅、退之、子厚諸君子之爲之，曰「是道也，非藝也」。以云道，道固有存焉者矣，如諸君子之文，亦惡睹其非藝歟？夫以藝爲末，以道爲本。諸君子不願據其末，畢力以求據其本，本既得矣，然後曰是道也，非藝也。循本末之說，有一末，必有一本。譬諸草木，彼其所見之本，與其末同一株，而根枝殊爾。根固者枝茂。世人事其枝，得朝露而榮，失朝露而瘁，其爲榮不久。諸君子事其根，朝露不足以榮瘁之，彼又有所得而榮、所失而瘁者矣。且不廢浸灌之資，雨露之潤，此固學問功深而不已於其道也，而卒不能有榮無瘁。故文章有至有未至。至者，得於聖人之道則榮；未至者，不得於聖人之道則瘁。以聖人之道被乎文，猶造化之終始萬物也。非曲盡物情，游心物之先，不易解此。然則如諸君子之文，惡睹其非藝歟？諸君子之爲道也，譬猶仰觀泰山，知羣山之卑；臨視北海，知衆流之小。今有人履泰山之巔，跨北海之涯，所見不又縣殊乎哉？足下好道，而肆力古文，必將求其本。求其本，更有所謂大本。大本既得矣，然後曰是道也，非藝也。則彼諸君子之爲道，固待斯道而榮瘁也者。

聖人之道在六經。漢儒得其制數，失其義理；宋儒得其義理，失其制數。譬有人焉，履泰山之巔，可以言山；有人焉，跨北海之涯，可以言水。二人者不相謀，天地間之鉅觀，目不全收，其可哉？抑言山也、言水也，時或不盡山之奧、水之奇。奥奇，山水所有也，不盡之，闕物情也。今足下同鄭君、汪君相與聚處，勉而薄乎巔涯，究乎奥奇不難。

僕奔走避難，嚮之所欣，久棄不治，數千里外聞足下爲之，意志動盪，不禁有言。足下試察其言，漫散不可收拾，其近況可弗贅陳矣。置身無所如僕者，起古人於今日，必哀而憐之。凡事履而後知，歷而後難。曾不如古人而思得古人憐我，若强其乞憐於異乎古人者，則亦不爲也。

東原文集卷十

古經解鉤沈序

士貴學古治經者，徒以介其名，使通顯歟？抑志乎聞道，求不謬於心歟？人之有道義之心也，亦彰亦微。其彰也，是爲心之精爽；其微也，則以未能至於神明。六經者，道義之宗而神明之府也。古聖哲往矣，其心志與天地之心協，而爲斯民道義之心，是之謂道。

士生千載後，求道於典章制度而遺文垂絕。今古縣隔，時之相去殆無異地之相遠，僅僅賴夫經師故訓乃通，無異譯言以爲之傳導也者。又況古人之小學亡，而後有故訓，故訓之法亡，流而爲鑿空。數百年以降，說經之弊，善鑿空而已矣。雖然，經自漢經師所授受，已差違失次，其所訓釋，復各持異解。余嘗欲搜考異文，以爲訂經之助；又廣攣漢儒箋注之存者，以爲綜考故訓之助。顧力不暇及，以語族弟時甫，方事於此，書未稿就，而吾友朱君文游以其友余仲林之古經解鉤沈若干卷，千里馳寄。前有天臺齊宗伯、太倉王光禄二序，既爲之導其意，嘉其存古之功，文游復語余曰：「二公於子廿數年之知，二公之所稱許，是以余子又欲得子之一言也。」吾以仲林之爲是書，好古而有師法，然吾因之重有感也。

韓退之氏之言：「志乎古必遺乎今。」彼所謂古，特文詞不類於近今者耳。進而語人以漢經師之業，其沈蘊積久，豈古文詞比哉！後之論漢儒者，輒曰故訓之學云爾，未與於理精而義明。則試詰以求理義於古經之外乎？若猶存古經中也，則鑿空者得乎？嗚呼！經之至者，道也；所以明道者，其詞也；所以成詞者，未有能外小學文字者也。由文字以通乎語言，由語言以通乎古聖賢之心志，譬之適堂壇之必循其階，而不可以躐等。是故鑿空之弊有二：其一，緣詞生訓也；其一，守訛傳謬也。緣詞生訓者，所釋之義，非其本義。守訛傳謬者，所據之經，併非其本經。

今仲林得稽古之學於其鄉惠君定宇，惠君與余相善，蓋嘗深嫉乎鑿空以爲經也。二三好古之儒，知此學之不僅在故訓，則以志乎聞道也，或庶幾焉。

毛詩補傳序

（文見毛詩補傳，全書第一册，第一二七頁。）

詩比義述序

詩之部分四：風，鄉樂；小雅，諸侯之樂；大雅、頌，天子之樂。而燕饗羣臣嘉賓，或上取，或下就，著在禮經。其後，因舊部而頗有附益，於是目其定於周初制作禮樂時者，謂之四始。若夫周官經大師教六詩，繼風之下，曰賦、曰比、曰興，則存乎章句間。三百皆有所賦之事，言非一端，或難徑言。鄭司農云：「比者，比方於物也；興者，託事於物。」蓋立言之體有是三者。非直賦其事，則或比方，或託物。賦直而比曲，比邇而興遠。興，既會其意矣，則何異于比。比，如見其事矣，則何異於賦。此涵齋王先生詩比義述之所爲有作也。

昔壬申、癸酉歲，震爲詩補傳未成，别録書内辨證成一袟，曾見有襲其説，以自爲書刊行者，不知先生何由見震元書，擇其合於比義若干條，俾得以名附大著中。先生之子栗人與震同舉於鄉，今爲朝廷名御史。震雖未獲親聞先生講論，而先生以是書遠寄京師示震，且屬序之，不得辭也。

易曰：「引而信之，觸類而長之。」詩之比、興固如是，舉比以通賦與興，非創自是書也。毛詩於樛木曰「興也」，宜以葛藟之附樛木，興福履之隨君子已耳。而篇義曰「后妃逮下也」，義取樛木下垂，葛藟得上蔓，爲后妃逮下，衆妾得親附之比。十月之交之爲直賦其事，無疑也。日月之行，終古不變。故交食一事，可以驗「推步」之得失。其有不應，失在立法，不失在天行。使天行有變，必不可以得其準，無從立推步之常法矣。而聖人警於天變者，以縣象著明，莫大乎日月，猶有蔽虧。人君可自謂無蔽，不省於虧失乎？日，君象；月，臣象。日失其明甚於月，喻君之蔽虧甚於臣。故曰「亦孔之醜」，曰「于何不臧」。詩詞顯以比德，非語（禎）〔徵〕祥。帝王之尊，兢兢惟蔽虧是省。是以德臻上聖，仁覆天下。視懼以灾異大小，不絕遠乎？篇内「高岸爲谷，深谷爲陵」，毛傳曰「言易位也」，鄭箋云「君子居下、小人居上之謂也」，亦據比義言之，推而至於隸用一字，在六書假借，引喻以明，無非比也。賦者，比之實也；興者，比之推也。得比義，於興不待言，即賦之中復有比義。

先生博采衆説，逐條以己所得爲案語足成之，凡八卷。欲學者引伸觸類，知德行，達政體，孔子兩許門弟子「可與言詩」，意實在此。然則是書爲益，豈淺鮮哉？乾隆丙申三月休寧戴震謹序〔一〕。

春秋究遺序

春秋一再傳，而筆削之意已失。故傳之存者三家，各自爲例，以明書法，不得春秋之書法者蓋多。何邵公、杜元凱諸人，徒據傳爲本，名爲治春秋，實治一傳，非治經也。唐啖、趙、陸氏而後〔六〕，言春秋者一變。迨宋而「廢例」之説出，是爲再變。桐城葉書山先生著春秋究遺一書，更約爲比例數十條，列諸端首，考定書法之正，然後以知變例及異文特文等，蓋盡去昔人穿鑿碎義，而還是經之終始本末。

先生之爲書也，有取於韓退之氏「（獨）抱遺經究終始」之言。震竊謂先生所得，在春秋書法之先。春秋所以難言者，聖人裁萬事，猶造化之於萬物，洪纖高下各有攸當，而一以貫之，條理精密，即在廣大平易中。讀春秋者，非大其心無以見夫道之大，非精其心無以察夫義之精。以故三家之傳而外，説是經至數千百家，其於春秋書法，卒不得也。

春秋，魯史也，有史法在。古策書之體，其例甚嚴，所以爲禮義之防維而不敢苟，此則魯之史官守之，自魯公以來，行事有常經，魯史記書法不失者，君子以爲不必修也。而修春秋自隱始，則王跡熄而諸侯僭樂壞禮，肆行征伐。諸侯之政又失，而大夫操其國柄。世變相尋，行事爲史所不能書，於是書法淆亂，非有聖人之達於權，不知治變。是以春秋義例不可與魯史記之例同條而論，而「廢例」之説，知其益疏矣。

震嘗獲聞先生論讀書法曰：「學者莫病於株守舊聞，而不復能造新意，莫病於好立異説，不深求之語言之間，以至其精微之所存。夫精微之所存，非強著書邀名者所能至也。日用飲食之地，一動一言，好學者皆有以合於當然之則。循是而尚論古人，如身居其世睹其事，然後聖人之情見乎詞者，可以吾之精心遇之。非好道之久，涵養之深，未易與於此。」先生之言若是。然則春秋書法以二千載不得者，先生獨能得之，在是也夫。時乾隆己卯孟冬，休寧戴震撰。

考工記圖序

（文見考工記圖，全書第五册，第三一三頁。）

考工記圖後序

（文見考工記圖，全書第五册，第四六一頁。）

六書音均表序

韻書始萌芽於魏李登聲類，積三百餘年，至隋陸法言切韻，梗概之法乃具。然皆就其時之語言音讀，參校異同，定其遠近洪細，往往有意求密，而用意太過，强生區別。至如虞、夏、商、周之文，「六書」之假借、諧聲，詩之比音、協句以成歌樂，茫乎未之考也。唐初，因法言撰本，爲選舉士人作律詩之用，視二百六韻中字數多者，限以獨用，字數少者，合比近兩韻或三韻同用，苟計字多寡而已。宋吴棫作韻補，於韻目下始有古通某、古轉聲通某之云，其分合最爲疏舛。鄭庠作古音辨，僅分陽、支、先、虞、尤、覃六部。近崑山顧炎武更析東、陽、耕、蒸而四，析魚、歌而二，故列十部。吾郡老儒江慎修永於真以下十四韻，侵以下九韻，各析而二，蕭、宵、肴、豪及尤、侯、幽亦爲二，故列十三部，古音之學，以漸加詳如是。

前九年，段君若膺語余曰：「支、佳，一部也。脂、微、齊、皆、灰，一部也。之、咍，一部也。漢人猶未嘗淆借通用，晉、宋而後，乃少有出入。迄乎唐之功令，支注『脂、之同用』，佳注『皆同用』，灰注『咍同用』，於是古之截然爲三者，罕有知之。」余聞而偉其所學之精，好古有灼見卓識。又言：「真、臻、先，與諄、文、殷、魂、痕爲二，尤、幽與侯爲二，得十七部。今官於蜀地且數年，政事之餘優而成是書，曰六書音均表。凡爲表者五，撰述之意，表各有序説，既詳之矣。」其書始名詩經韻譜、羣經韻譜，嘉定錢學士曉徵爲之序。兹易其體例，且增以新知，十七部蓋如舊也。

余昔感於其言五支、六脂、七之有分。癸巳春，寓居浙東，取顧氏詩本音，章辨句析，而諷誦乎經文，嘆始爲之之不易，後來加詳者之信足以補其未逮。顧氏轉侯韻入虞，江氏轉虞韻〔字〕入侯，此江優於顧。然顧氏藥、鐸有分，而江氏不分，此顧優於江。若夫五支異於六脂，猶清異於真也。七之又異於支、脂，猶蒸又異於清、真也。實千有餘年，莫之或省者，一旦理解，按諸三百篇劃然，豈非稽古大快事歟？

時余略記入聲之説，未暇卒業，今樂睹是書之成也。不惟字得其古人音讀，抑又多通其古義。

許叔重之論假借曰：「本無其字，依聲託事。」夫六經字多假借，音聲失而假借之意何以得？故訓音聲相爲表裏。故訓明，六經乃可明。後儒語言文字未知，而輕憑臆解以誣聖亂經，吾懼焉。段君又有詩經小學、書經小學、説文考證、十七部古韻表等書，將繼是而出，視逃其難相與鑿空者，於治經孰得孰失也？乾隆丁酉孟春月，休寧戴震序。

方言疏證序

（文見方言疏證，全書第三册，第五頁。）

屈原賦目録序

（文見屈原賦注，全書第三册，第六一一三頁。）

屈原賦九歌序

（文見屈原賦注九歌，全書第三册，第六三一頁。）

重刊五經文字九經字樣序

唐國子司業張參五經文字，初書於屋壁，日久剥壞，乃更土塗，以木版關其背，使負墉相比，而書其表，語詳劉禹錫國學新修五經壁記。及開成二年，國子監九經石壁成，翰林勒字官唐玄度復拾補參所略，爲九經字樣。二書即列石經之後。今石刻具存，字多損闕，末有庸妄人補字。

乾隆戊子冬，曲阜孔君體生謂拓本不能家有其書。遂雕印成袟，又詳加考正，別自爲卷附焉。前此祁門馬氏新刊版本，識諸末云：「舊購宋拓石經中有此，因依様繕寫，雕版於家塾，庶廣其傳。」孔君語余曰：「馬氏本雖完善，然以石刻校之，有字畫尚存，而其本改易者，豈石刻有異歟？不然矣。又其本脱去睪字注十有九字，盭字併注凡八字，餘亦時涉訛舛。」余聞而知孔君用心之審慎，其留意於小學也，好之深，是以能辨之詳如此。

方漢熹平初，議郎蔡邕以經籍去聖久遠，文字多謬，奏請於朝。得詔正定六經文字，立石太學門外。史言觀視及摹寫者，車乘日千餘兩，填塞街陌。唐制，則國子監置書學博士，立説文、石經、字林之學。而張參爲司業，病夫人苟趨便，五經正文，蕩而無守，故其作書推本説文，助以漢石經，雖未盡協六書，要主於遠絶俗謬也。自宋以來，學者於小學不講。朱錫鬯云：「五經文字獨無雕本，爲一闕事。」然周廣順三年，尚書左丞兼判國子監事田敏獻印版書五經文字、九經字樣各二部，奏稱臣等自長興三年，校勘雕印九經書籍，是此書雕本在印版書甫創之初已有之，而絶不傳聞，蓋此學廢棄久矣。余讀是本，核訂精審，不徒有功小學而已，治經之儒，先欲識字，其必自此書始。

孔君好古而知所從事，能去華取實於世之所不講。

孟子趙注跋

吾友朱君文游出所藏校本二示余。一有「虞山毛扆手校」印記，稱引小宋本、元本、抄本，又有宋本又或稱廖氏本，而逐卷之末，多記從吴文定抄本一校。何屺瞻云：「毛斧季從真定梁氏借得宋槧本影鈔。」今未見其影鈔者。而此本盡心下惟梓匠輪輿章有章指，餘並闕。一爲何仲子手校之本，末記云：「文注用盱郡重刊廖氏善本校。」而盡心上有事君人者一章，孔子登東山以下三章，盡心下吾今而後知以下七章，並闕章指。二校本各有詳略，得以互訂。外有章丘李氏所藏北宋蜀大字章句本，毛斧季影鈔者，并得趙岐孟子篇序。於是臺卿之學殘失之餘，合之復完，亦一大快也。乾隆壬辰春正月，休寧戴震識。

校注

〔一〕乾隆丙申三月　據嘉德堂本詩經比義述戴氏序補。

東原文集卷十一

序劍

方君友璜以檢書看劍圖示余，且曰：「非偉其事也，志也。願得一言以明之。」余持之熟視，遂稱曰：「君子於書，懼其不博也；既博矣，懼其不審也；既博且審矣，懼其不聞道也。七十子之徒，親得聖人以爲依歸，能聞道者不多數焉。君雖檢於書若不及，能必道之聞乎？」曰：「未能。」余又稱曰：「夫劍，上制重九鋝，長三尺；中制重七鋝，長二尺有半尺；下制重五鋝，長二尺。夫人而帶之，夫人而利用之，以形貌節之。度今君於劍之用，豈能之乎？」曰：「未能。」

二者皆未能，而圖奚以之？書以志乎道，奚志於劍也？

余聞劍之説，其握莖，莖者固，固者信；其後鐔，鐔者文，文者讓；其前首，首者止，止者禮；其中脊，脊者鯁，鯁者廉；其厢臘，臘者平，平者法；其刃鍔，鍔者斷，斷者義；其末鋩，鋩者鋭，鋭者勇。其内之也，襲之以夫襓而深諸匵中，似乎智之藏；其出之也，以備君子之德，威而不尚其猛，似乎仁之發。乃信、乃讓、乃禮、乃廉、乃法、乃義、乃勇、乃智、乃仁，是故劍有九德焉。是故古之君子恒佩劍焉。余聞君子之於物也，右之左之，維其儀之；左之右之，維其有之。案：北史長孫紹遠傳言：「左之右之，君子宜之；右之左之，君子有之。」此文句與北史正同，但北史誤倒失韻耳。苟君之未能者劍之用，而能者劍之德，孰謂道遠，終必至之。是故易之言曰：「君子多識前言往行，以畜其德。」劍其書也，書其劍也，非其劍若書也，其人也，故好之不倦。

語未畢，方君肅然起謝曰：「謹志此。」於是序劍以贈。

送右庶子畢君赴鞏秦階道序 丁亥

隴西，舊所稱雍之右臂，限截中外者。乾隆三十有二年冬，以右庶子畢君鎮撫其地。君裕于文章學問，語及治經，尤勤勤綣綣，器量豁如也。命下之日，人或謂邊陲遠境，民之父兄子弟，積聞習知，不過耕戰之事；而君官既榮貴，又嘗爲傳臚第一人，才名傾動一時，往踐斯任，度未能快於懷。君從容語其友曰：「地無僻，民産焉者，無秀頑一成之性。近徵之宋以來，學者之稱閩、洛直追鄒、魯。夫洛固地中，若其嶠外海隅，七閩、百粵之區，旋革而名儒輩出，豈非後之獨軼前代者歟？踰隴而西，古成紀蓋在乎是。子長作天官書，言中國山川，維首在隴、蜀。以余稽太皡氏生於成紀，而都陳倉，實始作易象，爲書契羣經之首矣。閩、粵之賢，唐建中、興元間已有如歐陽詹生其人，盛推於韓退之氏。徒因泣彼土者，雅以文辭接其長材秀民，遂未幾翕然嚮化。而隴右地，唐、宋時史官所記録，猶一再陷入吐蕃。是以曩昔之論，一以隴之新舊兩關爲秦、雍要害之中，一以洮、湟、河、湟爲控扼羌、戎重鎮。我皇上既悉平西域，綿延以往，萬里未極。岷、階距帝京路纔四千，視之誠不啻尺咫，則宜敷朝廷文教，兹適其時乎。」君慨然見於言者如此。於是素器重君者，益以信通經致用之學，非無驗也。震得亦與聞之，樂次而書之，以爲君成政之符，且以慶隴右士民，將蒙澤而丕化焉。

送巡撫畢公歸西安序 丙申

今巡撫陝西畢公，前以右庶子出守鞏秦階道，慨然不以隴右僻遠，欲大施教澤，震既推公之意而序之。於今且十年，而公官至大府兵部侍郎兼都察院右副都御史。秋入覲，赴熱河行在，天子嘉其勳績，賜予有加，以榮異之。還至京師，京師之大人先生，願見不得遍，三宿遄歸西安。時震抱疾，未能出户，而公步入隘巷，顧震於陋室中。坐久之，將行，乃曰：「昔雖踐監司之任，然知人之責，未若今之專且大也。故得導宣聖天子德教，俾長材秀民，咸喻於道，以待國家登用。數歲以來，所懼者，人之賢否不易知。凡官吏若而人，知之抑豈無要乎？」

震對曰：「公今外爲大府，自茲以往，至内爲宰相，誠兢兢惟知人是務，不愧古大臣矣。知人之難，由堯、舜至於今，莫敢易言之。然愚民不知學問，不解德行行事，問其官長邪正真僞，如以鑑寫形，如水静之明燭須眉。進而官之卑者，其上官之邪正真僞，兼及情好之偏，知之亦然。進而官益尊，其視上官也，無遁形也，曲達其隱也。然而上之視下，能不惑者鮮矣。豈在下則明、在上則惑哉？無知人之責，不賢者不必自飾於其前，不賢者之嫉賢黨不賢，亦不必巧進毁譽於其前。有知人之責，而工詐欺之人至矣，潛妒誣之人至矣。又况情好或偏，彼探闚得之入焉。疏不及覺，方自信明於知人，天下受其不知人之弊，古今通患也。若臯陶謨之九德，文王官人之六徵，孔子三朝記之論觀器視才，與夫傳志子史，備言人之變態，則公究之也固有素。中庸曰：『人莫不飲食也，鮮能知味也。』言乎存諸心而已耳。公誠兢兢惟知人是務，不愧古大臣矣。」

夫天以億兆之民哀樂安危授之君，君以民之哀樂安危倚任大臣。國之本莫重於民，利民病民之本莫重於吏，有一念及其民，則民受一念之福。察吏者，惻隱之實之至於民者也。謹書之，以先士民之頌。

沈學子文集序

彊梧赤奮若之歲，余始得交於華亭沈沃田先生。既而同處一室者，更裘葛。方炎夏，金石流，草木焦，而先生持經籍一卷，往復校覈，無倦容。然則天地有寒暑，惟用心一者不知之。莊生有言：「入水不濡，入火不熱。」指或殊，而爲抱一則同。故先生之學，於漢經師授受欲絶未絶之傳，其知之也獨深，因是贍涉旁午，舉凡先秦以降，精深博大怪奇偉麗之文，靡不好之，而神與俱凝，復與俱釋。而亦時時自發爲文章，其醇之經，肆之子史百家，掩其光而彌著，淡其味而彌永。此余曩所見於先生之學、之爲詩古文詞若是。今隔別六載，聞素重先生所爲文暨學於先生者，爲裒聚成集。先生乃馳書二千里，屬余撰序。

夫先生之可傳，豈特在是哉！以今之去古既遠，聖人之道在六經也。當其時，不過據夫共聞習知，以闡幽而表微。然其名義制度，自千百世下，遥溯之至於莫之能通。是以凡學始乎離詞，中乎辨言，終乎聞道。離詞，則舍小學故訓無所藉；辨言，則舍其立言之體無從而相接以心。先生於古人小學故訓，與其所以立言，用相告語者，研究靡遺。治經之士，得聆一話言，可以通古，可以與幾於道。而斯集都其文凡若干篇，繩尺法度，力追古人，然特先生之出其餘焉耳。此外著述藏稿尚多，余企其畢合而傳之，以爲志古君子大快也。乾隆辛卯休寧戴震序[一]。

董愚亭詩序（代）

荀卿氏之言學也，曰：「爲其人以處之。」韓退之氏之言文，曰：「仁義之人，其言藹如也。」是故學問文章，咸以人取重。張揖注上林賦，掩羣雅，則曰：「詩小雅之材七十四人，大雅之材三十一人。」揖據二雅篇數數之存者，而篇謂之人，豈非以誦其詩篇，可想見其爲人歟？

介休董愚亭舊有半壁山房詩集傳於世，既而賡以二刻，并爲數三晉詩材者稱首。蓋公自少以孝聞，其後出交當世士，詩文之名日益著。然訪其居里，雖兒童田夫，悉能道公孝行也。嘗再爲州守，以母憂歸，不復起。方在江南宿州時，值歲饑，甫上陳，即開倉賑給，卒得請。於是小民獲免於死亡轉徙，各輸一錢，建亭睢水上，用志弗忘，呼「一文亭」。余之曩識先生如是。

辛卯冬，承乏來此，見先生皓髮蒼顏，望之儼如儒者也。讀書之外無他嗜好。而先生出其己卯以後詩得若干篇，屬余撰序。先生肆力於古人也久，故爲詩愈就平淡，而其味愈永。斂其光華，以歸醇樸，而發諸情性，諧於律吕者，備體而底於化。其中家居懷舊之作，十居四三，又以知先生情篤交友也。讀斯刻者，固以其人重其詩，抑於詩中如接其人。孔沖遠所云「哀樂之感，冥於自然」。使人求諸詩理之先。循斯言也，庶幾善讀先生之詩也夫！

沈處士戴笠圖題詠序 庚辰

沃田先生周甲子六十之明年夏，以戴笠圖示休寧戴震。先生在維揚使幕也久，震之得識先生也，於今四年，蓋四三見。其見也，漏下不數商而復離，離則時時縣於想似。豈形遇疏者神遇故益親邪，抑非也？

先生於六經小學之書，條貫精覈，目接手披，丹黄爛然，而恂恂乎與叔重、康成、沖遠諸人輩行而踵躡也。蓋先生卓然儒者。昔退之與崔敦詩書，言賢者宜在上位，託於幕府則不爲得其所。又有合於天而乖於人之説，斯固近矣，余以謂未盡。夫儒者於平生之遇，率目爲適然，獨孜孜不怠，以學自怡，竟老而不倦。不知者，或又言其不得於今，欲借文學道藝立功名於後世，何見之歸於淺也！凡以事業顯當世及文學道藝垂示千古，曲士莫測其原，曰：「某如是，某如是，吾慕而力爲之，將有所至。」在儒者誠亦勤思撫志，若不忘當世與千古者。是故既睹其外，復探得其内，曰：某如是，某如是。是信然也。語之以進乎是者，莫之或解久矣。沃田先生出其餘，足以信今而傳後。震既見先生，但樂於相親而已。有移我神而與我以各樂其天者歟？

余嘗謂學之患二：曰私，曰蔽。世之欣於禄位，從乎鄙心生者，不必挂語。若所謂事業顯當世，及文學道藝垂千古，慕而企之，從乎私己之心生者也。儒者之學，將以解蔽而已矣。解蔽，斯能盡我生；盡我生，斯欲盡夫義命之不可已；欲盡夫義命之不可已，而不吾慊志也。吾之行己，要爲引而極之當世與千古而無所增，窮居一室而無所損。然則退之之稱合於天云者，猶私之也。然則沃田先生之使吾樂於相親者，别有所以合也。儻異時不速而游，遇先生於清澗怪石之畔，臺笠軒然，安步几几，其又何以樂之！爰書以爲戴笠圖題詠序。

題惠定宇先生授經圖

（文見戴氏雜録，本册第四九七頁。）

族支譜序

吾族譜系，百有餘年未修矣。支分派衍，不可使散而失稽也。戴之先，子姓。至春秋時，宋有戴、武、宣、穆、莊之族。謹按宗法，國君之子，所謂大夫，不敢祖諸侯者，故有宗道以合族屬。大傳曰：「有小宗而無大宗者，有大宗而無小宗者，有無宗而亦莫之宗者。」謂世子既嗣國爲君，無母弟以爲大宗，則立長庶一人爲小宗，以統羣公子，是爲有小宗而無大宗。若有母弟立爲大宗，則羣公子皆屬之，不得又立長庶爲小宗，是爲有大宗而無小宗。若世子爲君之外，公子止一人無他公子，則此一人爲無宗而亦莫之宗。

據此考之，戴公之子武公，武公之子宣公，此世子嗣國爲君者也。宋之有戴族，則戴公之羣公子從宗而合族屬焉。武族、宣族，則武公、宣公之羣公子各從宗而合族屬焉。莊、穆以下亦然。此與春秋傳之云孫以王父字爲氏者義殊。當時以先公之謚別族，後世概稱之曰氏、曰姓。戴氏之稱，緣於戴族。顔師古注史游急就篇云，「戴公生公子文，遂稱戴氏」是也。前代治譜牒者，不知有公子文，而承武公、宣公下，及書傳所有公卿名人，悉牽引聯采。且於武公注云「官至司徒」，則不解宋以武公廢司徒之語矣。於宣公注云「始以王父謚爲姓」，則不解字族之辨，錫姓之義矣。蓋譜牒所記，戴公以下，護公以上，不審信也。

護公（南）唐天祐中爲兵馬使，本居歙之篁墩，因戍守婺，留居婺鳳亭里。護公子曰壽公，爲中書舍人。壽公子曰安公，官銀青光禄大夫，謚忠恭。即今隆阜所追之一世，遷隆阜自顔公之子睿公，睿公凡十四傳至外公，是爲三門支系所起。又十四傳至弁，而謹述是譜。繫次斷自護公始，信則傳信也。公子文至護公，中間代系遥隔，不從舊譜序列，不敢濫承也。本支詳生卒年月及塋圖，譜爲本支述也。夫惟上不蒙冒濫承，下不散而失稽，然後治親之法明，人人得以遠知所本，近知所戚也歟。

山陰義莊序　代〔冀寧道徐浩〕

義莊之設，起自先大夫禮部公。先大夫由進士歷官外内任，澹泊自持，及浩，又中乾隆壬戌進士。先大夫語於家曰：「吾家世惟以詩書遺孫子，以敬長矜孤、取舍好讓之教遺孫子，豈必遺以財賄哉？凡吾之貲産，都之不盈萬，若盡以置田，法有宋范文正公規畫，用贍宗族之孤嫠廢窮者，可無至失所。」浩敬聽而識之不敢忘。嗚呼！昔夫子稱澹臺子羽曰：「獨貴獨富，君子耻之，夫也中之矣。」王介甫氏之祭范潁州曰：「閔死憐窮，惟是之奢。孤女以嫁，男成厥家。」先大夫用心惓惓亦若此。蓋非直心儀古人，實遠追宗祖，一視子孫之心爲心。記有之：「自仁率親，等而上之至于祖，名曰輕；自義率祖順而下之，至于禰，名曰重。」三復斯言，後儒未申厥指。夫至戚莫父子昆弟若也，推而爲從父昆弟，爲從祖昆弟，爲族昆弟，服既窮，戚既單，爲親同姓，雖有至仁，不能不漸即而輕者。君子之於仁，有太過則悖也。古者宗法行，俾一族愛而親，敬而長，由是老窮不遺，桀黠者不敢爲非，人人各宗其宗，而天下治。雖無服親盡，猶必引而從其重者，以爲尊祖故敬宗，敬宗故收族。君子知義之成其仁，有不及亦悖也。

吾族世居山陰之夏履橋東，去郡治八十里許，憑湖山間，相傳禹跡所到，故受名自夏，未之能證實也。先大夫久闕仕宦，雖若以官爲家，然生平繫念祖居，必返葬山陰，蓋猶是周官經族墳墓之義。左右吾邨爲湖者二，皆九折引津渠注大湖，瀕兩湖曰南莊山，曰麻車山，始祖而下壠墲多在焉。距湖一里許，峻山曰越王崢，取徑崢折如蠃旋，乃躋其巔，坦類平岡。而在西曰走馬岡，竚岡西望，則錢塘在一覽中。吾邨地非岨僻，且澗泊交通，纏絡虛圃，可耕可漁，可課以詩書。然而或持手失業，厄窮癃憊，往往不免。浩承祖宗餘慶，加以時聆先大夫之誨，得仕盛朝，兢兢惟懼盡職未能。入官以來，曾不逮親存，徒累俸餘，并先大夫所留，置義田，畝凡幾百有奇，痛禄養闕然，庶幾於昔時先大夫耳提面命，猶不失墜。是則先大夫定立規條，所資給外，輔以義學，使鄉之童叟窮嫠，悉霑聖世霈澤，永永無極。是則先大夫數十年著於懷者，於今始克見端緒也歟。

代程虹宇爲程氏祀議

程氏世居休寧之由谿、草市。其先世曰千一公、千二公、千三公者，兄弟三人。一、二皆無子，千三公生二子，曰正五公、正六公，乃以正六公繼千二公後。今由谿、草市二支，皆正六公之裔，春秋享祀，奉千二公、正六公以下。其千三公本支正五公又無後，故亦祀千三公，而正五公不在祀典。

議曰：夫禮必以情起，既起也，必以義斷。千三公之不可無祀也，情也。推其情之所止，則正五公亦不可以無祀。何者？正五公有祀，則千三公爲有子；正五公無祀，則千三公爲無子。雖出繼之子孫，追念本支，而享祀及之，千三公之神靈，必惻然不即安，此所謂情有所未止也。然則出繼之子，其所生子，當以一人奉本支祀享。其返歸本支也，必不能以孫禰祖，是當繼千三公之子正五公，而正五公不可無後明矣。既不可無後，而恝然廢其祀，於義安乎？但出繼之子，有二子則可，若僅一子，則當奉兩支祭祀。求之前古，有弟繼兄之説。公羊子稱魯人傷歸父之無後，使仲嬰齊爲之後是也。儒者不達其指，謂以弟繼兄，亂昭穆之序，蓋不察以弟繼兄，非謂爲之後者爲之子也，時奉其祀，不至恝然廢爾。史言泰伯無後，繼吴者皆仲雍之後，則皆泰伯之後也。微子舍孫腯而立衍，宋之後代祀微仲衍亦必祀微子爲始祖也。

或曰：「程氏居由谿、草市者分二支，當以一支繼正五公，而令兩支子孫分祀千二公與千三公。」曰：「不可。祀者，吾得而追焉者也。繼者，吾不得而追焉者也。當時未嘗議繼，後之子孫不得越數百年而奉其祖以繼之。惟從弟繼兄之説，不乏正五公之祀。千三公有子得與廟食，庶幾千三公非無後之主，其受出繼之子孫追念奉祀也，儼然如子子孫孫之相聯及。神心人心，無弗安矣。」

或又曰：「千一公實兄也，今議正五公之祀，而不議千一公，何也？」曰：「千三公本生之祖也，正五公其子也。所以議正五公者，推祀千三公之情而斷以義焉。若至千一公，則雖略可也。情有所詳，亦有所略；義有所通，亦有所窮。事吾之祖，幸有其詳與通者，則無敢忽焉，其可也。遠於吾祖，而略焉，而窮焉，亦無如之何也。」謹議。

汪氏捐立學田碑

揚州府暨江都、甘泉二縣先師廟，三地相望也。歙之汪氏用鹽鹽起業於斯地也久。今上初，曰應庚者，捐鐐四萬七千修治新之，越三載，復捐田千四百餘畝，入租粟以爲歲葺費，俾無墮前功。儲三年之通，資財贏饒，三館之士就布政司選也。出以佐其所不給，如是廿年矣。其孫立德、秉德，欲久久行之弗壞，念一家私任其勤非遠計，請以田分隸三學董之。

余既嘉汪氏之爲善，祖若孫相繩有終，而因嘆夫後此而終之實難也。事無小大，亘古今無豫爲杜弊之法，其所恃以弊無自開者，蓋有故。凡事之經紀於官府，恒不若各自經紀之責專而爲利實。然不可已，既歸之官府矣，居官者誠能惻然有所恤，至於久久，猶以新意持之，雖侵漁之吏，饞墨之夫，千百圜視，御之如發蒙振落，咸無所肆其侮巧。或不然，則以侵漁饞墨者之肩比踵接，而臨御其上，目居官爲遽舍，不專任責。及夫既墮，乃後起廢斸根，使實利之日侵月削以幾於亡者，整之還其舊，雖致力百倍於始事者，且無濟也。此吾所以謂終之實難者也。因汪氏之請余言，爲永終其譽是圖，余遂假以道吾之感，以明惻然有所恤之意，告涖事之君子。

鳳儀書院碑

瑞州舊有筠陽書院，在南城。奉宋之周子、二程子、張子以暨朱子、陸子，而明王文成亦與焉，號七賢。今太守楊公守兹郡，閲二載，百度具舉，閔其即於墜弛，且地隘，乃徙建北城高廣地。地故爲祀劉文成址，祠廢，碑識猶存，太守因以列七賢中而八。又築後楹，奉眉山二蘇氏如舊制。蘇、劉蓋嘗官是間，留名賢跡也。於是更以新名曰鳳儀書院。昭昔之日鳴鳳之瑞，引爲今多士幸際聖朝之祥。濡豪撰記，凡規畫創因，既具以晰矣，郡之士復推本太守意，乞言於余。

余曰：往昔所爲書院也者，求學士真儒必於此焉遇。蓋歲時届其地，則儒先酋酋講學砥節，相語以道德，相勖以躬行，自宋以來，書院之立咸若是。於其崇七賢，厥指可得而度。今賢太守愛民重士，興學校、育人材是任，稽舊時書院，遷而新之，聘師置弟子，期之以通經蓄道德，所以儲士待國家之用，以稱朝廷造士以經術之意。然或謂今之書院萃諸生課文詞上下而已，視昔之求學士真儒也異，則大不然。夫士不通經則材不純，識不粹，不足以適於化理。故用經義選士者，欲其通經；通經欲純粹其材識，然後可俾之化理斯民，克敬其事，供其職。方虞、夏、商、周之盛也，士升以德，其後不能不以言取，徐覘其德者，勢也；雖以言取，苟務於言之當，非通經蓄道德弗能也。由有道德而能文詞者，源而往者也。覬文詞當於理，進而慕於道德者，泳沫以游源者也。若是，何歧於今昔哉？六經之文，邃深而博大，學焉者各有所至，或履之爲德行，或抒之爲文章，或措之成豐功偉績。如八賢、如二蘇之卓卓著乎前，多士知仰而法之，則賢太守勸勵鼓舞之盛志，在是也歟！在是也歟！多士其以余言歸而質之。

沂川王君祠碑

永寧闔境之水，匯流西達於河，曰離石水，見酈道元水經注。自清龍驛以上，咸山谿易涸，至是泉湧波襄，乃瀰漣渟浤，足資沾溉。又十里而近，得一舊城遺址。水經注「離石水南逕離石縣西，又南出西轉，逕隰城縣故城南」，宜在是間。西爲穆村，村南隔岸有渠堰，灌田八百餘畝，沂川君所導也。

君名彦孔，字子修，姓王氏，沂川其別字。能文章，不獲展所學爲當世用。及歿，鄉人思君行誼，且教民引渠，近村田疇，無憂暘旱，茲利永永無極也，相與爲君立祠。

前時值歲饑，村民流離轉徙多失所，君惻然求所以拯救者。既得之，以語鄉之人曰：「有田而窮於食，雖天時使然，亦人事未盡也。有水而不知用之，非阻於地勢，蓋智未竭也，願吾村婦子世相保聚，莫穿渠若。」衆以地高澗下，舊嘗欲導水入畎而無成績，難之。方君爲指畫其法，又躬親其勞，鑿石岸，屈曲行八里許，歧爲南北二渠，凡再易寒暑，渠成。此時，君實無畦隴之地，鄉人既屢有秋，醵百金爲君壽，固謝不受。

君生平孝友力學，有節概，雖貧，視人猶己，周急扶危之念盈於懷。邇八十，以歲貢生銓陽高訓導，自視頹然老矣，遂不果行。然君之學行，重於一鄉，遠近士考德問業滿其廬，洵如古所謂鄉先生殁而祭于社者，君固其人。況念民生聚，畀之無饑，爲鄉人每飯不忘歟。於是歲時具糈膳酒漿，進君之堂，侑以詩，其詞曰：

黄粱兮白黍，雲油油兮澗之滸。行奠水兮溝塍刻鏤以交午，漲不爲虞兮暘無苦。用答君兮飛榮而邃宇，君甘醪牂兮慰我士女。憶在昔兮告語，繼今勿斁兮終古。

寧鄉縣修城臺樓堞記 代〔二〕

寧鄉，故趙之中陽也。漢置縣，屬西河郡。曹魏徙中陽於兹氏南，而地併入離石。後人遂以縣之設起宇文周，忘其漢以前之舊矣。當秦、趙之際，秦盡得魏河西，趙離石、中陽直逼秦，屢爲所拔，輒力復之，所以爲太原之外蔽。迨宋扞西夏，縣西接黄河，設伏落津寨，而城之建，乃自明景泰元年始復。因防韃靼，樓堞敵臺漸具，既又增高厚甓之。我朝順治六年，修城之西南，尋修東南及樓，距今且百年。戊子冬，檄下縣修繕城垣。余周行審視，女牆之缺者，水槽之損壞者，臺樓之頹圮朽腐者，宜以次就治。肇工己丑孟秋，至今年閏月工竣。東城、南城凡爲樓二，城中央樓一，巍然肅瞻觀焉。暨女牆、水槽亦整之咸完好。按諸水經，河水南過中陽縣西，又南過土軍縣西。漢中陽故城邈不可考。今城西倚鳳山，東南臨澗，其澗導源可寒堆，逕寧鄉關南來，循城而北，即李吉甫元和郡縣圖志所謂寧鄉水者也。

國家承平百餘年，民見山之峙、水之流，昔時逼近邊陲，今則延綿以往，萬里未極，官與民幾欲相忘墉堡。於是謂守土之吏，爲民重且大者，在詩書禮教，不在城郭。詎曰不然？然而施政次弟，城墉臺堞之修，常不敢以爲後。兹之役，都之費白金八百，余首捐俸爲之倡。縣薦紳齊志急公義，不煩請帑而事舉。余既樂觀成績，更有感於諸君子能曉然通達大義，斯正詩書禮教之澤之涵濡甚深，而爲盛世太平之民，如是其可睹也。是宜有記，兼與兹役者之姓名書之碑陰，用告夫後之人。

鄭學齋記

王蘭泉舍人爲余言，始爲諸生時，有校書之室，曰「鄭學齋」，而屬余記之。今之知學者，説經能駸駸進於漢，進於鄭康成氏，海内蓋數人爲先倡，舍人其一也。有言者曰：「宋儒興而漢注亡。」余甚不謂然。方漢置五經博士，開弟子員，先師皆起建元之間。厥後鄭氏卓然爲儒宗，衆家之書亡於永嘉，師傳不絶獨鄭氏。及唐承江左義疏，書用枚賾所進古文，易用輔嗣、康伯二經，涉前儒之申鄭者，目曰鄭學云爾。故廢鄭學，乃後名鄭學，以相别異，而鄭之三禮、詩箋僅存。後儒淺陋，不足知其貫穿羣經以立言，又苦義疏繁蕪，於是競相鑿空。

朱子嘗在朝與議「孫爲祖承重服」，退居時，檢得答趙商問，因謂王介甫新經出，士棄注疏不讀，卒有禮文之變，相視茫如。夫自制義選士以來，用宋儒之説，猶之奉新經而廢注疏也。抑亦聞朱子晚年治禮，崇鄭氏學何如哉？然曲士拘儒，一聞曰鄭學，必驚顧而狂駭。或説之曰「是專守一師以精其業也」，或曰「是好古以自名其學也」，皆偏曲之論，不足語學。學者大患在自失其心。心全天德，制百行。不見天地之心者，不得己之心；不見聖人之心者，不得天地之心；不求諸前古賢聖之言與事，則無從探其心於千載下。是故由六書、九數、制度、名物，能通乎其詞，然後以心相遇。是故求之茫茫，空馳以逃難，歧爲異端者，振其稿而更之，然後知古人治經有法。此之謂鄭學。余聞問學於舍人者，得所學以往如是。乾隆己卯秋九月，休寧戴震撰。

校　注

〔一〕「乾隆」句　據學福齋集戴震序補。

〔二〕寧鄉縣修城臺樓堞記　此篇已見於汾州府志藝文，代寧鄉知縣朱懋炳所作。

東原文集卷十二

江愼修先生事略狀 壬午

先生姓江氏，名永，字愼修。婺源之江灣人。少就外傅時，與里中童子治世俗學，一日，見明丘氏大學衍義補之書，内徵引周禮，奇之，求諸積書家，得寫周禮正文，朝夕諷誦。自是遂精心於前人所合集十三經注疏者，而於三禮尤功深。先生以朱子晚年治禮，爲儀禮經傳通解，書未就，雖黄氏、楊氏相繼纂續，猶多闕漏，其書非完，乃爲之廣摭博討，一從周官經大宗伯吉、凶、軍、嘉、賓五禮舊次，使三代禮儀之盛，大綱細目，井然可睹，於今題曰禮經綱目，凡數易稿而後定。值朝廷開館定三禮義疏，纂修諸臣聞先生是書，檄下郡縣，録送以備參訂，知者亦稍稍傳寫。先生讀書好深思，長於比勘，步算、鍾律、聲韻尤明。處里黨以孝弟仁讓躬先。

其於宣城梅氏所言歲實消長，見歧未定也，則正之曰：「日平行於黄道，是爲恒氣、恒歲，實因有本輪、均輪高衡之差而生盈縮，謂之視行。視行者，日之實體所至，而平行者，本輪之心也。以視行加減平行，故定氣時刻多寡不同；高衡爲縮末、盈初之端，歲有推移，故定氣時刻之多寡且歲歲不同，而恒氣、恒歲實終古無增損也。當以恒者爲率，隨其時之高衡以算定氣，而歲實消長可弗論。猶之月有平朔、平望之策，以求定朔、定望，而此月與彼月，多於朔策幾何，少於朔策幾何，俱不計也。」

於管子書五聲徵、羽、宮、商、角之序，呂氏春秋稱伶倫作律，先爲黃鍾之宮，次制十二筩，以別十二律，則據以正淮南天文訓及漢書律曆志之謬。其説曰：「黃鍾之宮，黃鍾半律也，即後世所謂黃鍾清聲是也。唐時風雅十二詩譜，以清黃起調畢曲，琴家正宮調，黃鍾不在大弦，而在第三弦，正黃鍾之宮爲律本遺意，亦聲律自然，今古不異理也。國語伶州鳩因論七律而及武王之四樂，夷則、無射曰上宮，黃鍾，大簇曰下宮。蓋律長者用其清聲，律短者用其濁聲。古樂用鈞之法既亡，而因端可推。韓子外儲篇曰：『夫瑟以小弦爲大聲，大弦爲小聲。』雖詭其詞以諷，然因是知古者調瑟之法。黃鍾、大呂、大簇、夾鍾、姑洗、仲呂、蕤賓用半而居小弦；林鍾、夷則、南呂、無射、應鍾用全而居大弦，此皆合之以管、呂論聲律相生者，始明也。」先生言樂律，實漢以降二千年莫知闚究者。如此爲書以論。

古韻起於吴才老，而崑山顧氏據證尤精博。先生則謂顧氏考古之功多，審音之功淺，正顧氏分十部之疏，而分平、上、去三聲皆十三部，入聲八部。虞屬魚、模，又分之以屬侯、幽，顧氏未之知也。先屬元、寒，又分以屬真、諄，而真以後十有四韻之當分爲二，考之三百篇，用韻畫然，顧氏未之審也。蕭至豪四韻之讀如今音者，一部也，又分以屬侯、幽，在三百篇亦畫然，而顧氏未審也。覃至鹽屬添、嚴，又分以屬侵，自侵以後九韻，以侈、斂當分爲二，猶之、真以後當分十有四韻爲二也，顧氏亦一之。侯之正音近幽，顧氏不之審，而轉其讀以從虞。先生蓋欲彌縫其書。

易彖言「往來上下」者，後儒謂之卦變，説人人殊。先生曰：「周易以反對爲序次，卦變當於反卦取之，否反爲泰，泰反爲否，故曰『小往大來』、曰『大往小來』，是其例也。凡曰『來』、曰『下』、曰『反』者，自反卦之外卦來居内卦也；曰『往』、曰『上』、曰『進』、曰『升』者，自反卦之内卦往居外卦也。」

後儒皆言「古者寓兵於農，井田廢而兵農始分」。先生曰：「考之春秋時，兵農固已分矣。管仲參國伍鄙之法，齊三軍出之士鄉十有五，公與國子、高子分率之，而鄙處之農不與也。爲農者治田供税，不以隸於師旅也。鄉田但有兵賦，無田税，似後世之軍田、屯田，此外更無養兵之費。晉之始惟一軍，既而作二軍、作三軍，又作三行、作五軍，既舍二軍，旋作六軍，以新軍無帥而復三軍。其既增又損也，蓋除其軍籍使之歸農。若軍盡出於農，則農民固在，安用屢易軍制乎？隨武子曰：『楚國荆尸而舉，商農工賈，不敗其業。』此農不從軍之證也。魯之作三軍也，季氏取其乘之父兄子弟盡征之。孟子取半焉，以其半歸公。叔孫氏臣其子弟，而以其父兄歸公。所謂子弟者，兵之壯者也；父兄者，兵之老者也；皆其素在軍籍，隸之卒乘者，非通國之父兄子弟也。其後舍中軍，季氏擇二，二子各一，皆盡征之而貢于公。若民之爲農者，出田税自仍然歸之君。故哀公曰：『二吾猶不足。』三家雖專，亦惟食其采邑，豈嘗使通國之農盡屬己哉？陽虎壬辰戒都車，令『癸巳至』，此又兵常近國都之證，其野處之農，固不爲兵也。」

後儒爲深衣圖考者至數十家，大體相踵「裳交解十二幅」之訛，而續衽、鉤邊，致滋異説。先生以玉藻篇明言衽當旁，則非前後之正幅也。以鄭康成注曰「衽謂裳幅所交裂也」，則在旁名衽者交裂，而餘幅不交裂也。續衽者，裳之左旁，連合其衽；鉤邊者，裳之右旁，别用布一幅斜裁之，綴於後衽之上，使鉤曲而前，以掩裳際，漢時謂之曲裾。故康成注曰「鉤邊若今曲裾也」。經傳中制度名物，先生必得其通證舉視此。蓋先生之學，自漢經師康成後罕其儔匹，生平論著之梗概，如上數事，亦足以見矣。

卒年八十有二。所著書：周禮疑義舉要六卷，禮記訓義擇言六卷，深衣考誤一卷，禮經綱目八十八卷，律呂闡微十一卷，春秋地理考實四卷，鄉黨圖考十一卷，讀書隨筆十二卷，古韻標準六卷，四聲切韻表四卷，音學辨微一卷，推步法解五卷，七政衍、金水二星發微、冬至權度恒氣注、曆辨、歲實消長辨、曆學補論、中西合法擬草各一卷，近思録集注十四卷。

先生嘗一遊京師，以同郡程編修恂延之至也。三禮館總裁桐城方侍郎苞素負其學，及聞先生，願得見，見則以所疑士冠禮、士昏禮中數事爲問，先生從容置答，乃大折服。而荆溪吴編修紱，自其少於禮儀功深，及交於先生，質以周禮中疑義，先生是以有周禮疑義舉要一書。此乾隆庚申、辛酉間也。後數年，程、吴諸君子已殁，先生家居寂然。值上方崇奬實學，命大臣舉經術之儒，時婺源縣知縣陳公有子在朝爲貴官，欲爲先生進其書，來起先生。先生自顧頽然就老，謂無復可用，又昔至京師，所與遊皆無在者，愈益感愴，乃辭謝。而與戴震書曰：「馳逐名場非素心。」卒不能强起。其後戴震嘗入都，秦尚書蕙田客之，見書笥中有先生曆學數篇，奇其書。戴震因爲言先生。尚書撰五禮通考，摭先生説入「觀象授時」一類，而推步法解則取全書載入，憾不獲見先生禮經綱目也。

先生家故貧，其居鄉，嘗援春秋傳豐年補敗之義語鄉之人，於是相與共輸穀若田，設立義倉，行之且三十年，一鄉之民不知有飢。自古積粟之法，莫善於在民，莫不善於在官，使民自相補救，卒無胥吏之擾，此先生善於爲鄉之人謀者。

乾隆二十七年五月，休寧戴震次先生治經要略、著書卷數。先生生於康熙辛酉年七月十七日，卒於乾隆壬午年三月十三日。遺書二十餘種，繕寫成袟，藏於其家。書未廣播，恐就逸墜，不得集太史氏，敢以狀私於執事。謹狀。

于清端傳 汾州志

于成龍，字北溟，永寧州人，順治十三年，以副貢知羅城縣。縣數遭兵燹，後拊循殘氓，稍稍相習，因問地方利害，悉得要領。編置保甲，定約束。前時，鄰傜歲率一二至，殺掠人畜，成龍勒鄉勇將擣其巢，咸懼自投，不敢犯界上，歸所虜掠，然後民得事耕稼。縣有數大姓，恃傜、僮盗賊爲爪牙，一逆其心則召亂。成龍善撫民，恩威並用，數大姓皆奉法惟謹。居七年，遷知合州。往者，新歸流户墾田既熟，土著輒争之，故既集復散。成龍爲規畫立案，籍三年而後稽，旬月間報歸千户。未幾，遷黄州同知，駐岐亭。岐亭當黄、麻偏界，多汊湖幽壑，盗所巢窟，時急盗案。官以盗爲諱，白晝行劫不問。成龍遣捕得九人，集諸父老曰：「能保後不爲盗者貰之。」保二人。即諸父老前，取大索連擊七賊，阬之。盗自是慄遁。又獲大盗彭百鈴，拔置左右，責以捕盗。

巡撫張朝珍器重成龍，舉卓異。會吴三桂亂作，檄攝武昌事。問禦亂策，成龍對以安人心，莫先下令停徵。朝珍已草疏，而成龍意與之合，以故兵事皆屬成龍。諜指武昌大姓與賊交通，以藏器仗爲證。成龍言：「大姓多避兵良子湖中，家人藏兵械備他盜，無足怪。」跡之，果無所得。用卓異遷知建寧府，朝珍奏改武昌。檄造軍所渡橋於蒲圻，賊鋒迫入城守，而橋以山水暴漲圮，罷職。會東山寇作，朝珍復委除賊。成龍曰：「黄州界三省，控七十二寨，其人剽悍阻險，難猝勝。請得便宜行事。」許之。問需兵幾何？成龍曰：「前守蒲圻數人與俱足矣。」

先是，妖人黄金龍亡匿劉君孚家，君孚得吴三桂劄書，與金龍潛結賊渠周鐵瓜等，期七月並起。會麻城人欲因以陷其讎家，事泄，君孚恐，遂以五月反於曹家河。成龍行次陽邏，偵知君孚雖反，衆未合，遂趨白杲，未至賊寨十里止宿。榜示：「脅從者許自首免罪，誣陷者赴訴不按捕。」投訴日千人，皆宥之。賊勢孤，欲即降，恐見誅。成龍知其情，遣一人持檄往諭，而自騎一騾，一人張蓋，一人鳴鑼前導。未至二里許，命行呼：「太守來救爾山中人。」君孚匿後山夾道，伏鳥鎗、弩數百人。成龍鞭騾直前，入抵賊舍，坐廳中，賊環列，黠者因相率羅拜。成龍問：「老奴安在？」君孚嘗隸岐亭役，故呼以暱易之。又問山中雨水禾稼，遂曰：「汝等皆良民，何作賊？自取屠戮，父母妻子藏匿。」賊皆泣。成龍曰：「熱甚，須少憩。」遂熟睡，移時寤，曰：「客至，何乃不設酒脯？」君孚初懼見紿，及是出，叩頭自訴，許招撫而還。如期盡降其衆數千人。以功復官，留麻城經畫，行村野，分立區保，擇謹厚者爲區長。還武昌，聞金龍逃，合紙棚河賊鄒君申。則移檄區長，徵得二千人，進駐望花山。度賊食少，彼利速戰，緩以困之必自潰。分三路守象棋山、大崎山及布袋坳。以賊走必經黄岡，伏兵馬鞍山險峽間。君申、金龍糧絶，夜遁走，遇伏盡擒。成龍坐山上受俘。疏聞，晉級，改知黄州府。

江西賊犯湖口，旁掠興寧，吴三桂密布劄書，陽邏陳鼎業合逃兵掠驛馬。永寧鄉何士榮、石陂劉啓業、白水阪周鐵瓜、鮑世庸，各擁衆數千爲亂，逼趨黄州。是時各鎮援兵悉隨大軍進攻湖南，議者欲退保麻城，成龍曰：「黄州爲湖北七郡門户，我師屯荆、岳者數十萬，水陸轉運，取道於此。且瀕江控制險阻，前倚興寧、廬阜，後壓天堂、金剛諸寨，雖祇一郡，實江南關鍵，不可棄之去。然徒坐困，莫若相機進剿。賊雖衆，皆取士榮進止，先破士榮，餘可不戰而下。」於是徵集各區鄉勇，有衆二千人，别遣黄岡縣知縣李經政擒鼎業。諜報士榮已據黄土坳，分衆以把總羅登雲、武舉張尚聖領之往，遇賊前鋒，戰少利。成龍疾馳抵尚聖營，鄉勇大集，共得五千人，營舀金寨下，與賊對壘。士榮數萬人自牧馬崖分東西兩路來攻。東路賊少，以登雲領千人禦之，而成龍率千總李茂昇當其西。尚聖攻右，把總吴之蘭攻左。戰始合，之蘭中鎗死，賊鬬益急。成龍鞭馬徑前，回顧茂昇曰：「我死，可歸報張公。」茂昇奮而進，發矢折賊大旗，軍隨進。茂昇馬被鎗，棄馬，射殺二人，換馬進戰，復手刃數人。而尚聖自右山繞出賊後，相與合擊，賊大敗，士榮左臂斷，就擒。得賊名籍，焚之。登雲擊東路，亦追奔數十里，乘勝至呂王城，據鞍草檄馳諭。賊聞士榮被擒，又知毀其名籍，各解散。至白水阪，鐵瓜、世庸等欲保什子寨，成龍已先令人守隘，不得上，脱身走，追擒之。又分衆平石陂賊。自進剿至此，纔二十有四日，東山亂定。此康熙十三年冬也。

十五年，水旱洊臻，訛言復起。成龍以人心易摇，宜示以暇豫，乃治赤壁亭榭，與文武官僚飲射歌詠其間，而密得暗奸，流釁頓息。

歷官江防道、福建按察布政使、直隸巡撫、江南、江西總督。卒年六十有八，贈太子太保，謚清端，廕二子入太學。其遷按察使也，時耿精忠初平，罹重辟者衆，獄已具。成龍力言通海數案，所牽引半皆平民，遂白於親王，釋不問。

成龍清嚴忠直，勤勞治事，官吏無不敬畏，歸於廉慎。及卒，將軍、都統、僚屬來至寢室，見周身布被一笥、中袍一襲、靴帶二事，堂後米暨鹽豉數盎而已。平時心憚成龍者俱感動流涕。士民立祠於清涼山。

范忠貞傳

范承謨，字覲公，漢軍鑲黄旗人，大學士文程之次子。年十七，選充侍衛，仍以茂秀得應制科。中順治壬辰進士，由翰林院編修擢秘書院侍讀學士，遷國史院學士。康熙七年，授都察院副都御史，巡撫浙江。時吴三桂王雲南，耿精忠王福建，尚可喜王廣東，號三藩王，驕蹇未易控抑。朝廷一示以寬大，恐急激生變。承謨至浙，以固民心爲本，劾奏吏之爲民害者，及得民間豪猾除之，務使民安静樂業。浙東諸郡，田磽确，積逋年久，承謨疏請蠲免。得詔行巡，山農進脱粟飯瓜果，受食之。與父老童稚相接語，以故悉民疾苦，設施拯恤。八年，嘉、湖二府水灾，疏請漕糧停運十年，請寧海、太平、平陽、石門、烏程五縣及温州衛漕糧積逋，概行停止。户部核漕糧無豁免例，聖祖特旨，下部再議，卒寬恤免徵。承謨在浙四載，前後疏奏，天子悉俞其所請。民無負累，以得安其新業。

朝廷知承謨曲體民隱，撫民如食疾子，而福建邊疆重地，海氛未靖，加承謨兵部右侍郎兼都察院右副都御史，總督福建軍務。承謨未赴任，以病疏辭，不允；請陛見，允之，遂入覲。口陳軍食欠闕及需餉急切情狀，時康熙十二年七月也。承謨至閩，疏言閩人活計，非耕即漁，自禁海以來，徙邊海之民居内，以臺寨爲界，民田廢棄二萬餘頃，虧減正供至二十餘萬。請聽民沿邊採捕，十取一以充魚課，其所入可接軍餉。又陳軍屯有五便，請使受餉之士卒墾闢荒地，六年後始裁其餉。是時吴三桂反於雲南，承謨密上封事，言功令錢糧考成太重，及盗案處分太嚴，致有司專務催科，共相諱盗，圖苟免參劾，請因時制宜，以寬廣得民。會閩藩陰與吴三桂連結，謀逆已成，承謨覘其言貌異常，欲出巡海嶠，赴漳、泉閲鎮兵以遥制之，不果行。乃密檄諸道將以謁新總督爲名，各率健兒前至，用折逆謀。事未集，而閩藩反詐執承謨，承謨仰天大罵。耿精忠素憚承謨威望，恐殺之重民之怒，乃械繫承謨，置守者三十二人。賊進水漿，承謨絶食八日不死，而巡撫劉秉政已爲精忠所得，遣説承謨降。承謨令兩卒扶持下牀，秉政且進且揖，承謨奮足蹶秉政仆地，罵曰：「諸逆旋當就誅，我先褫其魄。」十七年九月，王師破仙霞關，精忠降，趣遣人刺承謨，以滅反狀，同時死者，自幕客至隸卒五十三人。

承謨居械所三載，冠御賜冠，衣辭母時衣，每朔望奉時憲書置几上，北面拜跪。及死時，賊夜至，承謨起索冠，賊奪而擲之。承謨以械拉擲冠者頭，乃整衣望闕九叩首，竟被害。賊焚其尸，棄之野。泰寧人許鼎先伏匿，收得燼體。明年，潛行負至京師。天子震悼，賜謚忠貞。

鄭之文傳　代

鄭之文，字貞卿，休寧之新潭人，中順治己丑兵部進士，爲浙江紹台道中軍守備，守台州。台地阻山濱海，奸民乘海氛未靖，蠭聚蟻合，叛服不常。之文曰：「山寇小而逼，海寇大而緩，然山寇癬疥疾耳，吾髮櫛苗薅之，俾絶根株。」發兵捕殺，台地以平。順治十三年，之文在台州五年矣，討叛將馬信，平之，有功。明年，海寇大至，戰不利，登城守，相持月餘，城陷。賊以刃脅降，之文不屈。時海寇鄭成功父芝龍，芝龍既投順，而成功猶聚其徒海中，數入寇。至是得之文，不欲殺之，之文乃不食五日，欲死不能得。賊復脅之文降，駡賊愈烈。賊怒，倒縛之於梯，且擊且駡，竟不屈以死。其家同時死者十有八人。及賊退，有僕朱姓者斂之文尸，求其頭不得，入海詣賊營，哭日夜不絶聲。賊以爲義，還其頭。

之文一飯斗米，及戰，忠奮無前，以故賊重其武勇，欲致生降。之文死時無子，有妾二人，一女。知城且陷，之文曰：「吾職守城，城陷，吾然後死耳。」二妾請先從之死，即自經。女見其母已死，亦撞死階下。康熙二年，朝廷加恩死事者，而之文一子承恩早死，乃以其兄子以祝繼，世襲拖沙喇哈番。以祝死，子賢政襲。雍正二年，天子賜祭。至今台州人立廟祀之不絶。

萬光禄傳後序

明天啓初，水西安邦彦之亂，安化縣知縣萬君應奎死焉。史遺其姓名，其裔孫蕙請於蔣編修士銓爲作傳，事甚悉。蕙又與余善，出是傳及其家舊所刻褒崇忠節録授余，而俾綴一言於傳後。

君雖爲縣，以長於機略見知上官，檄至軍，加思南簽事，行監紀事。破賊屢有功，遂深入賊巢。上官不能盡用其言，又絶應援，君爲殿，旋師，戰七日夜，遂死亂槍中。時朝廷録死事者，贈君光禄寺少卿，蔭一子。自古臨難死綏之烈，奮其義氣，激於一時，與戰士共暴骨原野，此亦偉然可以表著，若君者，則更有進乎是。無論史册闕遺，即使撰次連書，而君生平未得展其設施，學不用，澤不流，故專以死綏見世。豈知史所得列，與夫作傳之所能詳，尚未足盡君也。

余讀忠節録，載君在安化暨軍中寄子書數通，言詞樸質。有曰：「刻下思石募兵，恐又不免於練兵督餉之差，身在地方，無論此官此身，亦付之度外耳。」又曰：「潔己愛民四字，時時在心。所謂薑桂之性，到老愈辣，汝等各完各業，不得以我爲倚靠。」又曰：「道尊請監紀之任，藩臬司又以加銜駐鎮紅邊者交請，兩處俱允，而受事地方，東西南北，惟其所命，食餼憂公，聽之已爾。接家信，只告窘促，何也？我不做官，亦不要度日乎？此間分毫無寄，我此行不復顧慮身家矣。」又曰：「王撫臺親自督征，將士如雲，或者滅賊有期。奈督、撫、道、廳俱不和，於『師克在和』之語相背，事亦尚未可知。如思石標下兵與秦營不和，於我何與。我費盡心力調停，而本道疑城難破，彼此交惡，欲棄官歸矣。渠雖未允，而兩意拂然可知也。四營標兵見我歸志堅決，欲自相殺戮，不肯聽他人調度，只得中止。」之數言者，君之才識與其通曉大義，處己之私，較然不欺其志。待士卒能得衆，之死而不去，大致可推而知。蓋卒之以身死國，非偶然也。屈於下位，未遂其能，豈不惜哉！又其言有足以警凡居官者，不徒於此見君之生平而已。恐就逸墜，是以爲之删取而序之。

張義士傳 汾州志

張瑛，字玉采，汾陽縣人。家素饒，每於歲杪出粟若干周鄉鄰之貧者以爲常。康熙三十六年饑，瑛既出財粟助賑，而賑所不及者，持田契求售，踵接於門，皆自貶損價值，瑛第如其願售之價，視平時蓋不及十之二，於是得田且千畝，明年大熟，瑛遍榜各村曰：「願贖者聽。」匝旬，盡贖去，人咸謂瑛長者。其行事大致類此。

瑛所居曰西官村。先是，順治六年姜瓌之亂，東官村趙姓者，衆乘亂刦其家，男婦俱被殺，獨一穉子奔至瑛所，瑛納之。衆來索，瑛曰：「是不可得，必欲得者，吾兩村且鬭視强弱。」及亂平，瑛助趙氏穉子白諸官，治罪者十餘人。

當盜賊之蠭起也，瑛之村人將逃避賊。瑛曰：「賊至未可知，而先離散，能保即獲全乎？孰若爲守計。」衆以村故無堡寨難之。瑛曰：「堡寨誠不可猝爲，環村而溝焉，其可。」遂相率爲溝，廣一丈有奇，深倍於廣，東西設弔橋各一。瑛又以其家樓堡，封貯村人財物其中。既而賊大至，踰溝，村之人退入樓。瑛見一賊方據椅坐，左右指麾，急趣有力者，舉石礮投擊，中之，身首俱碎，立斃，乃其渠魁也。餘賊怒，攻之急。樓上瓦石亂下，不得近，乃取薪積於門，欲火其樓。宅舊有井，僅供汲用，至是泉忽大涌，男婦遞傳水於樓以撲火。賊計不得施，又失其魁，數日，稍稍去。瑛曰：「可以出而逐之矣。」相與持械出，大呼擊鬭，賊奔潰。方是時，瑛年纔十有九。遠近村被賊殘破不一處，而瑛之村獨完聚如平常。人服其智勇。

瑛九十有一歲，視聽不衰，不脱齒，行不杖，一日無疾卒。

王廉士傳 汾州志

王敏，汾陽縣武生也。廉潔自持。值歲饑，斷餐二日，得一飯，弟手白金至，曰：「少易粟。」敏正色語弟：「奈何干人敗家風！」令持去。嘗有督理事，司出入，事竣，衆指餘金曰：「準材計費不宜餘，殆君之物雜入于内耳。」敏曰：「諸君謂我貧，意以餘金畀我，公事不可實私橐。」友以其困，欲有贈，袖白金至，坐語竟日而返，難出諸袖中也。遠近咸呼王廉士。

然敏生平勇於爲人，性戇直。衆以公事宜謁有司，二日不得達，敏至，徑入陳，衆方疑畏，而敏詞氣慨然，有司無以屈之，卒如其請。同學李某負屈繫獄，敏與衆進於庭爲辯理，罄囊恤其囹圄中，事白乃已。一友人觸官長在縲紲，親戚畏避，而敏往來省視，官長訪知其名，不加怒也。

敏老而無子，一婢，自幼畜之，長有姿容，或勸納以爲妾。敏曰：「吾貧困，何又重累少年。」尋有不惜三百金來購此婢者，或以勸。答曰：「貧，吾分也。恥因婢取財，況不得其所。彼之生死事大，吾雖終窮，弗忍爲。」於是即爲擇配嫁之。

前時敏嘗徒步赴省試，旅舍中遇一穉子，察知爲被誘者，走百里送歸其家，則寡婦撫此兒，忽失之，正遑急不欲生，望見兒，母子如獲更生，願酬謝。敏曰：「吾憐稺子無依耳，何謝爲？」遂行。敏狷潔多近義，是以人嘖嘖喜稱道。年七十有一卒，送葬者塞於途。

養浩毛先生傳

戴震曰：士之行，以孝友行，然爲之論列生平，則又適完其庸德之行，言之固無甚奇特，於是往往罕見表著。余東西行，留汾、晉間幾二載，與毛參軍善。參軍，吾江南武進人，有學行，喜論文，官於斯也久。自言少而孤，談涉家事，輒稱其叔父養浩先生。余時聞參軍舉以爲言，蓋篤於孝友人也。周官之法，書其孝友睦婣有學者，書其敬敏任恤者，古之取人也率以是。士之行之可表著，安用舍是而好言奇特爲哉！

先生名涵，養浩其字，本名棄疾，字又辛，後改今名。補諸生。七世祖僉都御史某，前朝名臣。先生自幼能文章，懷禄養之志。嘗遊京師，值朝廷纂古今圖書集成，以監生選充校讎職者六年。父母俱七十，請假歸，未至家而伯兄又晃公歿，有子曰麟，即參軍，甫八齡。是年，父楚玉公又歿。先生居喪哀毁。迨服闋，顧幼弟暨兄之遺孤，慨然曰：「若之成立事大，踰於吾身得官。」遂絶意仕進。未幾，同與校讎者，咸議叙以知縣用。先生家居教子弟十餘年，不以前時將得官而失爲意。先生性瀟灑，其補諸生也，因幼子弟並能應童子試，顧之喜，乃戲一爲之，竟以諸生終。

先生僅一子曰詩，於參軍爲兄。亦嘗走京師，與參軍同於史館效力。乾隆癸亥考(余)〔除〕正八品職銜。明年冬，當議敘得官，未及期卒。參軍痛叔父之撫己如子，而垂暮之年，一子猶忽失之，乃即以己之長子興祚嗣詩，弗使先生自顧傷悼。越三年丙寅，參軍歸俟銓，事養先生如父。今更踰二十載矣，興祚亦既官宣城縣丞。參軍語及先生，尚惓惓不已於懷。嗚呼！是豈惟參軍之賢歟。余故書之，見誠能孝友之致足思如是也。

光禄大夫工部尚書太子少傅裘文達公墓誌銘 癸巳，代

公諱曰修，字叔度，姓裘氏，世爲新建人。曾大父諱某，縣學生；大父諱某，貢生；父諱某，康熙丁丑進士，由建德縣知縣行取吏部主事至刑科給事，祀建德名宦祠，皆以公官贈工部尚書。曾大母朱氏，大母郭氏，母熊氏、郝氏，生母王氏，皆一品太夫人。

公自少能文章，雖操筆疾書，而氣象容與往復，得宋歐陽氏之度。兄弟四人，公爲季。性篤孝。爲諸生，舉優行，薦博學鴻詞，中乾隆己未進士，由編修遷侍讀學士，充講官，歷詹事，命南書房行走，而余與公同直内廷，於今三十年。公遷内閣學士、兵部右侍郎、吏部右

侍郎，入軍機處，歷户部左右侍郎，倉場侍郎，順天府尹，禮部、刑部、工部，三侍經筵。中間丁卯典湖北試，壬申、己卯兩典江南試，庚午、癸酉兩典浙江試，丙戌充會試總裁。公受上特知，一出塞至巴里坤，又屢奉命往河南、山東、江南經理河渠，然在内廷日多，與余旦夕商論，事無鉅細，公片言輒中窾要。蓋余同官中，習處最久莫如公，志同見合、相知無間莫如公。

公素樂易有大度，自號漫士，人亦易親之。生平未嘗言人過，見失意者即惻惻於懷，必曲折代籌，俾得其所。在户部久而囊橐蕭然，所入輒隨時施與，嘗質衣物度歲，人不知也。公之其治繁劇，明敏而達於事，人所畏難，投之公，恒裕如，以故上器重公，而公得展其能。公之視巴里坤軍事也，賜御用冠服以寵其行，前後拜恩錫如居第、金帛、尚方珍玩、御書堂榜等不可勝紀。太夫人春秋高，頻蒙眷問。公歸，以至尊垂問敬告，往往感至泣下。

方公之銜命視河南水災，公長子麟卒。太夫人致書訓曰：「黎民皆赤子，勿以哀痛汝子墮公事。」是時上念河南水溢數郡，遣公往治。公灑水之達於淮者四，枝流六十有三，所被州縣，則開封府之中牟、祥符、陳留、蘭陽、儀封、尉氏、通許、杞，歸德府之考城、虞城、寧陵、商丘、夏邑、睢、柘城、鹿邑、永城，陳州府之扶溝、太康、西華、淮寧、沈丘、項城，汝寧府之西平、上蔡、遂平、汝陽、新蔡，皆古泒、過、獲、澺、汝、潁泛溢之區，兼及江南境睢、肥諸水，民賴公規度，永永寧居，所治克副聖慮。而直隸如永定、大通、白漕，孰宜堤堰，孰宜疏濬，以達諸海，上指授方略，悉以屬公。公馳驅鞅掌，不避酷暑盛寒，遂積勞成疾。嗚呼！公之材無不優爲，而河渠特其一事，顧功施於民，適以此事最著。公治某水，有田夫如欲有言者，突至前，官屬呵退之，公呼之進，與語，竟得地勢高下之宜，後久而不敗，凡公之善納輿論類如此。

公年纔六十有二，體貌清癯，神彩奕奕，以文學侍從之臣，遍歷六部，更兼司撰述，充會典館總裁。奉敕撰熱河志、太學志、西清古鑑、祕殿珠林、石渠寶笈、錢録等書，最後充四庫全書總裁。公自著有諸皋集並詩文、奏疏若干卷，評江右後四家制義，以繼艾、陳、章、羅四家在前者。公澤躬爾雅，喜誘獎後學，道滁州，得歐陽公畫像，乞上題，人亦謂公文行近歐陽公。公書倣張即之，上以内藏即之書華嚴經殘本令公補書，人莫能辨。方病亟，絶食飲三旬，而神氣如常，欵接不廢。上日遣御醫診視，存問疊至。公請解職，弗許。賜詩示慰。晉加太子少傅，俾舒心攝養，以冀速痊。公感涕，恭和二詩，手書進謝，而病卒不起。上爲軫悼，飾終之典，哀榮備至，謚曰文達。朝野聞公逝，無貴賤皆流涕。

公生於康熙壬辰十月二十九日，殁於乾隆癸巳五月朔日。配熊氏，一品夫人。子五人：長編修麟，次國子監生師，皆先公卒，次國子監生行簡，次豫，次遵慶。女子子五人。

孫元復、音葆、增壽，女孫三人。行簡輩將以某月日欽承諭葬於某阡，來請余銘，銘曰：

湖漢十川，鍾爲彭蠡。克生異人，奮翮雲軌。績有特隆，適隨事起。參身洪流，力障氣砥。艱重雜投，弗鑿弗詭。行所無事，如治斯水。公歷六卿，設施視此。治金斲材，灼華擷蘤。口颶衆馨，心容羣技。萌苟匪舒，如遏在己。美矣豫章，帝灌植之。零露滌之，飄風抑之。曰未畢兮，既可述兮。清廟瑟兮，和六律兮。豐碑穹隆，功泐貞珉，大哉皇言，練達端醇。

四川布政使司布政使李公墓誌銘 乙未

公諱如蘭，字長芳，先世由山東臨清州徙山西榆次之聶村，既又徙李村。公就外傅，後乃居於省城。公爲諸生十有二年，初仕補澤州訓導，居教職十有一年。時世宗初，例改主簿，以奏對稱旨，受聖天子特知，遂除高郵州知州。復蒙殊恩，賜御書墨刻三卷及貂皮、藥香等物。州當南北水驛孔道，多差徭，胥吏因緣爲姦，設夫頭四人，臨時充以流丐，所過村市，索酒食，擾居民，而歲斂民間數千金，以出夫役爲名。公至禁絶，黜胥吏之爲民蠹者，清塵案之未理者，民於是樂公之政。爲州九月，擢紹興府知府。歷江寧府知府，分巡廬鳳穎泗六滁和兵備道，雲南分守糧儲道，四川按察使。今上登極，晉階通議大夫。祖諱登山，考諱寶，誥贈如公官，妣皆淑人，八年，轉江西按察使，尋進官四川布政使。

公明而有守，所到察民疾苦，先其急者除之。江寧人民稠雜，豪右連結胥吏，分地域爲害。公悉得其實，命捕之至，杖殺數人。而將軍所轄兵，素瞋目瞷視，不知所忌。公豫請於將軍，及繩以法，咸慴伏，莫敢肆縱。四川例處流蔡，聽其擇便，往往羣聚都會之地，民畏其黠且悍也。公條奏請以打箭爐、松潘衛、會理、茂二州爲安插定所。成都、華陽爲附省縣，舊責以領銀納米，給合城之兵，準田科之。公言其所苦於巡撫，得上陳，均之近州縣。凡善政類若此者不一。蓋公當盛朝，以實心爲國家，矜恤人民，有所施設，咸得行其志。又惓惓以儲士爲念，於江寧則鍾山書院，於蜀則錦江書院，聘師置弟子，恒親與講論，無異在教職日也。

其仁及於民，雖細必爲之周慮。高郵地卑下，城西即甓社湖，漕渠貫湖畔，湖浩渺無際，冬月冰忽合，客舟凍於湖之中央，惟坐待食盡。公思之，用小船二，剖竹聯而合結其底，行冰上，俾得登岸，至今民以爲法。公常單騎行，見水側白骨暴露，詢之，率貧民無地營葬，公乃購高原以畀民。故公之去高郵時，民送公出百里外，猶哭於道。

公智勇過人，方爲廬鳳道也，懷遠至壽州，湖港交通，互相纏縻，自明之季，盗所巢窟，晝則離散捕魚，夜伺客舟過，蠭聚而蟻合。公欲得其渠首，乃乘大舟泝流而上。至暮，果遇數盜，獲一人，餘逸去。夜半，望見林莽間火光，復有小船繞大舟行數次，公獨端坐舟中。明日歸，盜遂盡得，誅數人。因畫地定界，某地至某地若干船，船有編號，增塘汛兼立保甲稽查。由是百有餘年之害頓息。

公生於康熙二十三年十二月十五日，至乾隆十二年九月五日卒於官，享年六十有四。娶曹氏，少公三歲，年十六歸公。是歲，公始爲諸生，前七年，公年十三，而母張太夫人歿。大母季太夫人、繼母劉太夫人皆以夫人孝謹嫻禮儀，愛之無間。公授徒，夫人則勤女工，用佐空乏。其後在高郵，製葛衫一領，逮八十後，猶完好。雖宜澣，不假侍婢手。子若孫以請，曰：「若輩未知愛惜，立敝矣。」裏衣皆自裁製。夫人識大禮，性寬慈，常若無所忤，謂：「見己是而人非，此家庭不親睦之端，端多起於婦人。」故生平未嘗道家庭短長。夫人以子天培官兵備道，永祺及冢孫履謙皆官知府，時時諭子孫宜勉守先人之訓。蓋公之晚年，嘗爲家訓數則，所言事君行己之要道，咸生平得之踐履者，是以夫人每提撕焉。前誥封淑人，乾隆十六年，皇太后慈壽六旬，誥封夫人。後公二十七年，甲午五月五日卒，享年八十有八。

子五：長雲鵬，候選州同知；次天培，辛未進士，廣西左江兵備道；次永祺，甲子舉人，四川叙州府知府；次思訓；次念祖，優貢生，候選訓導。女子子六，孫九，曾孫八。以夫人曹氏卒之明年某月某日，祔公合葬於某縣某鄉某原。先葬，以公暨夫人行狀來請銘。銘曰：

民之有疢，莫或問之，公灼見之。有鶤有鴟，既翔以嬉，公來勿遲。惟聖天子，公則是使，惠民不怠。涂水之谷，淳湖之曲，公生嶽嶽。載錫之祺，允爲女儀，寡怒多怡。啓厥後昆，爲芝爲鵷，用答公勛。鋟之識之，永勿替之，奕世嗣之。

例贈宣武大夫王公墓表

周官經之法，敬敏任恤者則書之，孝弟睦婣有學者則書之，其取人也率以是。然則行之可表著，其即在是矣。汾陽有隱德君子，曰秀升王公。其居鄉也，鄉人賴之。有急罔弗賙，有所興作，苟利於一鄉，雖竭己之財，舉之罔弗力。又置塾教其子弟之貧不獲親師者，俾其成材。乾隆己卯庚辰，捐米麥八百五十石助賑，太守嘉其好義，辭不居。先是，康熙中，公尚少，爲謀於鄉，遂出己貲鑿渠，引汾水、文水資灌溉。值暘歉，而公之鄉獨以有秋。

公諱邦選，秀升字也。曾大父天智，大父尚秋，父一檝。公得父母愛，偉儀表，篤於孝友。自幼即習治家事，曰：「有子而父任其勞，何貴有子？」雍正九年，新設勇健營，選壯士。公爲當事所物色，欲薦舉，以父母老，不忍離左右，卒辭不赴。

公生於康熙甲申九月十九日，至乾隆辛巳十一月十八日卒，年五十有八。娶霍氏。子五人：恒義，庠生；恒兆，壬申科武舉，授直隸插箭嶺守備；恒禮，太學生；攀鳳，武生；恒信，太學生。女子子二。乙酉六月廿四日，既葬公於村東之原，公之生平行事，應書法故，此其卓者，列諸石以傳焉。休寧戴震謹撰。

輯五王先生墓誌銘

自漢以來，取士之法不一，然未有不惟六藝之文首重者，而士氣之振否，則宜循其本。漢書儒林傳贊曰：「一經說至百餘萬言，大師衆至千餘人，蓋利禄之路然也。」斯言殆今古同譏。獨宋之儒者，執經講學，相師友之衆同於漢，其躬行道義，幾幾七十子之所講求矣。明初用經義選士，能是者視昔之期在通經又何如？誠欲造乎賢人聖人立言之心，雖經師大儒，未易以語此。若其流弊，苟焉皮傳，勦說雷同，學不一二年，目不睹全經，掇拾巍科高第，不必素所蓄積也。故不見師友之盛如古昔，豈非徒趨利禄，加以得之固易哉。原上之貴士，士之貴學，豈如是而已哉？間有遠尋漢經師授受，近接宋儒者之緒，其人世莫之知也，孤學而無友，泯焉而不彰。嘻！可慨惜也夫。

汾陽有儒者曰輯五王先生，以經義補弟子員。一日讀大學之篇，憬然曰：「曩所學殊非也，古之學者其若斯矣。」自是求得宋真氏大學衍義、明丘氏衍義補讀之，即躬行於家，教弟子亦以是，不令急科名，視力所能，惠於其鄉。鄉人無賢不肖，咸目先生善人也，然而莫知其有學。

先生諱瑞之，曾大父時來，大父明樑，父家擧，裕於財，有好施名。先生性寬厚，尤惇師友誼，雖或以侮慢加之，不與較，意益篤，聞者以爲難。其居父喪時，有誘結家僮盜去千金者，先生廉知其人，置不問也。娶李氏，以賢稱，曉大義。子二：廷槐、廷梧。女子子一。廷槐拔貢生，好宋儒書。余東西行至汾、晉間，多以其賢爲余言。既而見之，一動一言，必有矩法，蓋能以儒者躬行世其家如此。其先君子既葬於歿之明年，廷槐復再拜請余銘。銘曰：先生生於康熙三十七年四月二日，歿於乾隆十一年九月十四日。以貲爲州同知，未仕。

維昔之學，孰爲儒宗？師友相隨，名滿道崇。維今之學，不勤以速。誰抱其樸？允矣爲鵠。於家於鄉，令聞不忘。流厥孫子，俾引而彌光。

鶴岑胡公墓誌銘　戊子

自昔書史所記士君子之行事，必曰奇節，曰獨行，於是樂爲之次而傳之。至若庸德庸言，古賢聖持之終身，猶目爲不可能，顧往往難以指名，何哉？間有論列一二，則聞者輒曰：「人人當務盡耳。」或又曰：「非人所難能耳。」周官之法，敬敏任恤者則書之，孝弟睦婣有學者則書之，德行道藝則又書之，其取人也率以是，則行之可表著即以是。雖古今所稱奇節獨行，卓卓能爲其可欣可慕，試語之以家庭孝弟之常，立身行己之概，必深知爲難，而自視歉然。嗚呼！此所以超乎奇節獨行之上也。

吴有君子曰鶴岑胡公，學成行立，足以見於當世矣。以母在，篤於孝，不忍一日離左右。志欲行其所學，卒不自克。由是躬侍庭闈者又二十餘年。娶陸氏，亦以孝婦聞，一飲一膳，必親調乃敢進。其後公之第二子士震，壬午舉於鄉，赴禮部試。於其行，語之曰：「余壯時嘗欲往遊京師，求一第以爲親娱。顧先遠離親側，又闕吾母之意，若鬱鬱不自得者，以故卒不果行。汝今勉之，是成吾之志也。」及未登第，又命之留都。居久之，公卿間咸重其材，講論六藝子史，莫不折服，更知其學有原本。然自古迄今，或以治經名，或以能詩文名，大致如班生所云「禄利之路」。然而士震尤重誼行，凡一話一言，不苟於交好既深者，乃時時自言其循守庭訓，不敢懈。因道公之生平大端，交遊中固不待聞其告語然後信也。尋又命長君士鼎入都。其有學有守，亦如所見於次君者，愈益信公之學問文章不偶然也。

公諱世皋，字聲九，鶴岑别字也。曾祖某，世居休寧之同化里。祖機，遷居青陽。考文燦，始遷居吴縣桃花塢。公自幼通敏，性至孝，於族黨視力所能，拯其窮乏，成其婚嫁喪葬，赴人之急如己急。爲文章有得於左氏、檀弓、屈原，嘗以謂：「從此上溯六藝，是泳沫而游源也。」

公於康熙五十三年六月七日生，乾隆三十三年五月十二日卒，年五十有五。子四：士鼎、士震、士臨、士晉。女子子二：長適太學生潘宗驥，次適太學生邵佩紱。公以士震官例贈登仕郎、翰林院待詔加一級。將以某月某日葬於吴縣之某原。休寧戴震與公次子鄉薦同年，又相知最深，知公有可銘之實也。銘曰：

抱學久潛，慈進旨甘。孝于惟孝，曰始無慙。孰克儀之，實德之咸。未施於政，是亦爲政。其傳其詳，其引而竟。銘石永留，用徵餘慶。

崑山諸君墓誌銘 丙申

諸君敬甫，崑山人也。少工科舉之文，爲名諸生。屢試高等，食廩餼，然鬱不得志。文益工，縱學立節，交遊悉敬之，著述日且寖多。以乾隆四十一年四月廿一日卒於其家，年四十有九。前六年，余遊汾、晉間，有汾陽縣修志之請，君亦適館於縣之田氏，始相識。出所爲制義示余，恠其象題定墨，類吾亡友彭晉涵。因言弱冠時，嘗與晉涵上下其議論。既而持田氏家傳二請入志，一爲浙江金衢嚴道呈瑞，一爲湖北驛鹽道震。二傳君之筆，又知君爲文皆有法度。明年，余南歸，君偕田生䥴入關中。又明年，余奉召至京師，與纂修四庫全書，不見君者三載矣，而君自平涼偕田生來應舉，自輯其所撰詩釋地屬余論定。以王伯厚失之略，且按而不斷，故繼之有作。值余次第永樂大典内三禮、步算，及汎涉小學、音韻等書，繁碎舛謬至紛，不易就理，置釋地案頭，聊檢數事，則所言乃身所嘗到目驗，加以考證明信，不苟爲羅綴蹈襲也。是年，君又失意，遂還崑山。前此君在京師，與吾族敬咸友善。敬咸主關中書院講席。君歸後，田生從之遊。

今年秋，敬咸以書來，寄君行狀。書云：「崑山諸敬甫志於古學也久，著述皆有可觀，其爲人嫉邪憎俗，不能忍須臾。今不幸奄忽，其孤寄哀書求子爲墓銘。」余既哭君之遽逝，及讀行狀，不得君家系。踰月，田生又使來速銘，乃次君之學行而銘之。

君諱世器，字景筠，又字敬甫。讀書輒鉤抉奧隱。生四歲時，父教以字，即私劈葱葉擬書之，點畫不少訛失，蓋君之精心於所學，自其天性。年十五，於羣經傳記，應對縱横不窮，父母愛而異之，戒其毋過勤苦而已。然其後凡九應江南鄉舉，又以貢生三應順天鄉舉，卒不遇。皇上南巡，壬午，一與召試，既擬進呈，以小誤疑沮，豈命也夫！其詩古文詞，人莫能以其屢躓抑之，君亦不自挫折。嗚呼！今則已矣。所著書已手定者：詩釋地八卷，雜文、古今體詩各若干卷，西征集二卷，菉溪小志二卷。其未定者：易、詩、三禮則有通義，詩通義僅及半；四書則有古訓。

君生於雍正六年八月十六日，配張氏。子二：長祖銘，國學生；次祖鎮。女子子二：長適曹學泌，次幼。將以某年月日葬君於某鄉某原。君事親孝，於朋友篤以誠。母嘗失明，醫者言舐去内障可復，君絕酒肉及葷辛之味，以舌舐者二年。若操行方嚴，則吾族敬咸言之者是也，可謂有學君子矣。銘曰：

握瑾懷奇，端操不虧，終莫之施。在雛而鵷，未角而螭，早迪胡爲？孑與谷離，乘驥以馳，來者我隨。不竟厥能，而傳不疑，著以刻詞。

黄君武臣壙誌銘

君諱光榮，字武臣，姓黄氏。能文章有年矣，已而喪明，交遊咸爲之惋惜。君自少失父，有家累，以故得疾，遂喪明云。君雖以盲廢學，爲詩清婉可諷，其於師友最篤摯，性廉以方，朋友亦好之不衰。獨惜乎喪明，不復有用也。世之文人，僻固而狹陋，視師友之誼，曾不能豪末，惟投合聲氣，以爲借資。君既盲，與朋友交歡如舊。朋友既已惜其盲，而無所施，而君又不永齡以歿，可悲也已。

方未殁之前日，聞其舊師在鄰村，相距數里許。君惶急，以師來已浹日，乃始聞之，即令幼弟扶之往謁其師。有黄某者，與君少長相愛，亦喪明。是日，聞君以謁師至其家，呼步輿送君歸。厥明，而君遂殁矣。人固有旦夕禍福，不可知之數，然以是知君之篤於師友者深也。以君之篤於師友者深，則知師友篤於君者亦深也。

君以某年月日生，至某年月日卒，享年僅幾十有幾。妻某氏，無子。家世休陽之古林，將以某年月日葬於某處。古林秀才黄茂悲其盲而且卒也，請余誌其壙而銘之。銘曰：

嗟嗟武臣篤師友，嘉其義行銘以紀。不盲於心盲於目，神人不材君胡促？無聞而駭，緊振薄俗。

戴童子壙銘 并序

銘，名也。名其德行功烈，而鑄器久之，墓銘猶是也。若生平無可述，書其年月名字於壙，而加以銘，防陵谷之有變遷，義不取爾也。銘戴童子壙奈何？謂是可久云爾。成之也速，成之乎哉？童子而博聞强識，禮所謂君子如是也。君子者，以名夫成德者也。童子而君子，則成德目之，故銘之也。

奇績，童子小字也，綸恩，名也。休陽之隆阜，童子所生也。紫阜潭，童子從其父讀書處也。甫五六歲，能好詩文，童子之天性也。自頂至踵，徵引故事，足以解頤，童子之得親喜也。善屬算，於方田、重差之術稱能，童子之慧巧也。若童子者，進以古人之小學，其必不可量也。昔馬融集諸生考論圖緯，聞鄭玄善算，乃召見於樓上。唐取士有明算科，其算經十種，道藏攘而有之。儒者或嘆其書亡，非亡也，不知寶貴也。釋氏摽竊許叔重説文，而儒者棄之不顧，無怪乎六藝淪喪，而經學荒謬也。若童子之隻字知貴，而進乎古，將以愧皓首佔畢，不知六藝爲何物者，是皓首而不若此童子也。十二齡而殤，可哀也。茅山之吴黄頭，童子所葬也。其墓地，與其弟洪恩同壙也。銘曰：

維昔童子，善草太玄。荷戟入荆。才軼子雲。維今童子，好學無前。五稱五窮，瞽曠引踆。六觚九章，究洞其原。蘭芽早折，蕭艾盈前。彼耄而愚，於何久存？此幼而慧，乃弗永年。人生世間，白駒忽然。彭祖爲夭，莫壽匪君。

戴節婦家傳

吾郡少平原曠野，依山爲居，商賈東西行營於外，以就口食，然生民得山之氣質，重矜氣節，雖爲賈者，咸近士風。且至窮巷里曲之婦人女子，其節操比於丈夫。以余所聞睹，或凍餓以死而不悔，或更數十年之艱辛極然後得安，或上受國恩光旌其閭，或老死屋下，力不克揚請，終泯没莫之知。鄉士相連接，古老遇，一言之，足入耳感心。抑又山國之民仁，相與目爲庸德之行，非所奇特。

嘗與諸友人考論兹事，方君沛霖於是進曰：「余，戴出也，顧以先外王母之節操聞。先外王父春如公，外王母許氏。春如公殁於吴之震澤，蓋舉家在焉。外王母撫視遺孤，子若女並稺幼，非可久外居，乃挈之以喪歸。既至家，貧不能生，又乏親戚憮俺之者，子曰某，才幾齡；曰某，幾齡。殫日夜爲女紅，以鬻以教，越十餘年，而後二子克侍養其母。越四十餘年而後得請於朝廷，錫之建坊。蓋前者之鄰於死，亦已久矣。」又曰：「先外王母始遭顛覆，有某者不知其志，乃使媒婦貿而進，且言：『如某之饒，豈非人所願，而顧甘餓死若是。』既拒之峻，因愈益感傷，無聲而出涕者，蓋數十日。」戴震曰：「嗟也乎哉！彼士人丈夫所厲，而窮巷里曲之婦人女子一志不渝，卒之嘉於帝者，齒於卿大夫，而同於前古以來賢人君子之厄窮乎始，待其既極，而榮隨之者。所謂『行克有終，天與之終』，非歟？顧方其處顛覆，甘凍餓，儻不獲終，有身死成仁而已。故受罔知節義者之辱陵在前，而憯怛繫心肺，一時之性情，不自知其當於士人丈夫所云大義者也。余獨惜節操能是，或竟以不口於人，數十載後，誰復能舉以爲言者。豈非松樅檜㮙，共榛楚奄翳也哉！」

春如公諱煊，爲經生，好讀書，因貧徙業，與人交有節概。父雲扶公諱文翥，本休寧之其母於余，姑行也。方君者，字雨三，壬申舉於鄉，將之官鳳陽之虹教諭。隆阜人，爲歙之古城關人。

查氏七烈女墓誌銘

宛平查氏烈女九人，死者七人，葬於某原。庚寅冬，松茂道禮以烈女編寄余〔一〕，爲作傳者三，而未有銘其墓者。嗚呼！是宜有銘。

謹案明之季，查氏居宛平既三世，曰國英，娶周氏，生子二、女一而歿。曰國才，娶張氏，生女二，妾廉氏，有母與女相依。黄孟春之妻，國才之妹也，早寡，來依於兄。及流賊陷昌平，謀避賊榆垈莊，周氏命子允哲、允著往治屋。既而賊猝至，國才出覘賊勢，惟老僕守門，室内九人。賊攻城急，九人懼城破見辱，決志莫如死。最幼女先投繯，墜。周氏顧曰：「吾固當先。」遂少長就縊。九人者：周氏及女二姑；張氏及女三姑、四姑，四姑年甫十二，最幼者也；自黄歸宗老姑及女三姑；廉氏偕其母老姑。廉氏母年四十六，周氏少二歲，張氏又少八歲，二姑、三姑、黄三姑皆十六。考崇禎甲申三月，以十八日賊入外城。翌日黎明，内城陷，而查氏一門就縊，在十七日之夕，咸不忍緩須臾死，其德同，其志決，恐少遼緩，將有求死不得者矣。賊掠後，國才還入室，見九人面如生，解繯大哭，則幼女四姑、妾廉氏死而復蘇，其去縊時已更晝夜，二人之不死者天歟？廉氏時年二十，而四姑後適王某，壽踰八十。由九人之愛身不避死，可以知其生矣。

先是，黄孟春之族有顯宦，附權倖，勢甚張，國英之妹歸爲黄氏婦也，語夫早與之疏絶。逮以權倖相連被誅，孟春家得晏然。國英字振寰，貢生，有聲譽。國才字明寰，其先由江西臨川遷宛平，曰秀。秀生忠，萬曆己酉副貢。忠二子一女，女即老姑也。姑嫂皆母女同時而死，廉氏母與焉，是以七烈同葬。今某距始遷六世，距七烈之葬百有餘年，乃請於余追而銘之。

校　注

〔一〕禮　微波榭本作「某」。段著年譜三十五年引此文作「查禮」。

戴震全書之三十三

戴東原先生文

胡錦賢◎整理
楊應芹◎審訂

説明

戴東原先生文，是北京大學圖書館收藏的李氏麐嘉館善本書中的一册抄本（有一部分是手稿），爲戴氏治學的一部分雜件，以在山西時期的活動内容較多。共有二十四篇。其中：重文一篇；有四篇已見於刻本文集；其他有些是集外遺文，有些則是經戴震審閲修改過的别人的稿件。此抄本曾經爲學術界所注意。這個抄本，除可作校勘用之外，尤能幫助我們加深對戴氏文章之學的了解。一九四七年，胡適先生爲趙、戴水經注一案調查水經注的版本時，在北大圖書館意外地發現了它，即「細加檢查」，而後作有一跋，對册中各篇均作了考核研究，認爲其中無可疑的東原文字祇有五篇（包括已見於刻本的四篇）；另六篇有戴震寫作的可能；有四篇不能定爲何人所作；其餘則肯定爲别人的作品。八十年代初中華書局出版的戴震文集，曾從此抄本中選收了所確認爲戴震集外遺文的六篇文章，置於補録中，餘則未作議論。包括見於刻本文集的四篇文章，則中華書局戴震文集實際上已確認爲戴震文字的共有十篇，祇是没有提供依據，這在胡適先生研究的基礎上已有所突破。

整理戴東原先生文，經重新「細加檢查」，認爲此册中無可疑的東原文字，應該是十六篇。它們是温方如西河文彙序、重修孝義縣志序、某翁頌辭、屏山石室記代吴希聲、儀禮注疏校記三則、法象論有序、樂山記代吴人雲、三字經箋注叙代汪冢松泉、潯陽義莊志略序代陳京兆星齊、明堂考、于公敏中頌、祭裴太夫人文、讀禹貢札記、與某書、汾州府志序、永寧州志序。其他七篇，則可以肯定爲别人的文稿，但或經戴震修改，或經戴震審閲而題有評語，與戴震都有一定的關係。其中有些評語，則能直接反映戴震的作文之法，頗有價值。至於劉而位傳，胡適先生謂祇「存半葉」，實際上祇差末尾的一個「本」字，是基本完整的一篇傳文。這樣，胡適先生跋謂全册是二十三篇（包括重文一篇），實際應是二十四篇。

今整理戴東原先生文，除校注標點之外，力圖反映各篇與戴震的關係。册中有一部分文章不是戴震的，其存在於此册中的價值，主要是在戴氏的評語和修改之中，故將其評語和重要的修改情況，在校注中予以反映，便於讀者了解和研究。

温方如西河文彙序[一]

己丑秋，余至汾陽，應太守孫公之召也，屬纂次府志，爲之考訂累日月。今李侯復以縣志事邀之再至。

有持温君方如西河文彙謂余言者，余未得與方如縱談昔人訪尋金石文字，厥意深遠，徒見兹編，蓋用心亦勤矣。方如持三寸弱管，躑躅於荒榛頽垣間，得其殘碑，舐墨手鈔，爲人之所不爲，在今日誠不易遇其人。惜未能遠涉名區，且所録者，往往雜取府州縣志足之，而府轄州縣八，若臨，若石樓，猶闕焉，殆力有以限之歟？其名書也，踵其師周某甫西河遺事、西河詩彙云爾。

府境於七國趙地，其西：臨、永寧、寧鄉、石樓，爲趙之藺、離石、中陽，乃西濱河。若夾汾四縣，距河既遠，隔越重山，終兩漢隸太原郡。曹魏時，中陽東徙兹氏南，李吉甫元和郡縣圖志能詳其事。晉改兹氏曰隰城，及中陽、介休俱割隸西河國，而介休東接平遥，爲太原國之京陵、中都、鄔。元魏太和中，改六壁鎮置西河郡，治兹氏故城矣，平遥、鄔仍隸太原郡不改。遡而上，漢武建邊郡，命曰西河，治平定縣，南距離石五百九里，則今陝西榆林府之鄂爾多斯地。又上之，子夏居西河，則今韓城縣。一詳東觀記，一詳酈善長水經注。作志者襲俗陋，漫無辨別。兹編載自宋而下，以西河表目，未爲不可。

凡爲書若干卷，雖所録文，難擬諸古作者之立言有法，特以有涉於方志觀事存之。而方如搜討之勤，倘用是專事遺逸，爲府、州、縣志補闕正訛，更加日力增删成帙，豈不足寶愛乎？因書以俟之。乾隆辛卯季冬月，休寧戴震撰。

重修孝義縣志序〔二〕

嘗考周官經之詳於民事也：閭胥歲時書其敬敏任恤者；族師又書其孝弟睦婣有學者；而小行人適四方，録民之利害爲一書，其禮俗政事教治刑禁之逆順爲一書，每國辨異之；大司徒則以天下土地之圖，周知九州之地域廣輪之數，辨其山林川澤丘陵墳衍原隰之名物。蓋自二十五家爲閭，百家爲族，民之庸德之行不略，而徧及夫疾苦得失，高下所宜，有書有圖，此出治之本，亦即後代作地志之發凡起例也，而往往不能然。

余初視縣事，懼不得所以設施之要領，檢閲志書，茫然如故。既而事事求與民習，縣令田夫，相親不隔，胥役不得以間之，而後信古人官其土撫其民，必無有纖悉可膜置者而能出治也。適太守下令，取八屬近事，纂修府志，牒到縣，因竊幸私心以爲無有纖悉可膜置者，乃今不至倉卒疏漏以應。復檢視舊志，其中應續應補，條列繕呈。

然如疆域之界畫，相承未改也。而狐岐以西南，地尚廣遠，舊志胥失載，是尚爲悉縣之土地乎〔三〕？率稱編户十五里，實則十有二里，其三里乃汾陽、介休之民，户口不歸孝義，是尚爲悉縣之人民乎？用是私心不能自已，遂即一歲中所身見，並邑諸君所採輯，命兒常編次成帙，聊以法古人詳於民事之意。倘有責余言則詳而見諸事者不逮，則余不辭其咎，且深所冀倖者也！

慧菴王公行略〔四〕

王公名敏，字慧菴，汾陽武生。讀書知大義，尚氣節，重廉耻，清貧徹骨，以介節著於汾陽。

先是公父大成先生，揮豁豪宕，經亂家落，有鄉豪欲啗以利，召與萬金使營運，以不諳辭。復以三千金爲壽，笑曰：「貧者士之常，陡地（嬴）〔赢〕餘，無所用之。」其自守如此。生二子。慧菴其長，壯年失偶，會弟卒，遂不娶，撫弟孤寡如己出。一婢色頗姝，或勸納爲妾，曰：「吾遭時艱，貧，分耳，曷爲累少年受困？」有以三百金購婢者，友勸之曰：「聞君二日不火，此終身温飽計，盍與之！」對曰：「吾命貧，豈因婢而富？況失身匪人，性命攸關，以人命易温飽，吾不忍。」卒擇少年嫁之。

嘗徒步赴省試，遇幼童於旅邸，察被誘者，枉道百里送其家。酬以金，不受。延之食，曰：「吾爲餔啜來耶？」即辭去。先是弟存日，值年荒，日採拾得一餐，弟忽持四金至〔五〕，公正色曰：「奈何干人敗家風？速卻之。」有友持金欲周之，坐語竟日，竟不敢出諸袖中。一日大雪，或封二金送之，題曰：「雪中送炭。」公引使指竈下炭數斤，曰：「吾此有炭，不煩相送。」卒不受〔六〕。公牆柱與鄰共，屋圮，議粥，請衆平價，衆議以私計厚公，公聞之，即日屬鄰自粥，不令衆知也〔七〕。康熙中，前輩某視學山東，延入幕，剛方正直，多所匡正，卒歲歸，脩金外不名一錢〔八〕。嘗自誦曰：「不聞八尺軀，常受衆目憐。」蓋生平自勵如此。

然遇義，則奮不顧身。同學李君遭屈獄，公糾衆訟於庭，傾囊周囹圄中，事白乃已。一友獲罪縣令，陷縲絏，親友畏避，公獨往來獄中，爲之擘畫。令怒，欲以事中之，時或微行抵書舍，訪其私，公方坦然鼾睡，而竟亦莫之中也。有公事投謁當道，衆守候二日，不能達，公至，直入陳於公廨，衆懼其僨事，公陳説詳明，辭氣侃侃，官不能屈，事遂得伸。

其生平逸事，鄉人艷稱之，不可殫述。没後諸神異事不著，著其常者。卒年七十有一。

疾革，語人曰：「今而後，乃得守家風，爲清白子孫也。」葬之日，送者塞途，識與不識，咸嘖嘖稱廉士焉。無子，以弟子嗣。

梅軒氏曰：余生後，尚獲接公丰采，公廉介特絶，而不以貧自嗛，所與往來，往往賢豪長者。性嗜弈，客至對局，恒至日晏，饑則出稀粥共食，無怍容。吕東皋嘗於中秋月下訪之，供月止鮮棗一碟，蓋齋中樹新剥者，更不市瓜餅，此真瀟煞風流。嗟夫，士之貧者多矣，如公乃不負其貧，汾郡百餘年來，一人而已〔九〕。

張公事略〔一〇〕

汾陽張瑛，字玉采，城南西官村人也，以貲雄鄉里。順治六年之變，公十九歲，村人習明末亂離，悉擬逃竄。公力遏之，曰：「賊來未可必，而先逃，是自亂也，孰與守之？」衆以無堡寨辭，公曰：「不可築城，不可浚隍乎？且吾樓足避賊，願以家貲性命與衆共之。」衆感其誠，咸曰「諾」。於是環村浚隍，隍廣丈餘，深倍之，東西弔橋各一。公有樓堡一座〔一一〕，悉以村人財米封貯其中，俟賊來入堡〔一二〕。既而賊果至，踰池，傅於堡。一渠魁方據椅指揮，公趨有力者持磑扇擊下，連椅碎爲齏粉。賊怒，儘力攻之，樓上瓦石亂下，不得近。乃積柴於門，爲火攻計。宅有井，給食而已，至是泉忽湧出，男婦咸運水撲火，水傾如注。賊計不得施，又渠魁既喪，亦稍稍懈，數日，有逸去者。公曰：「可戰矣。」於是遴選勇敢，持棒或刀，大呼出擊，賊潰奔。方是時，鄰村俱被蹂躪，而官村晏然獨存〔一三〕，則公之力也。

先是東官村趙姓者，亦仿公所爲，而不得衆，或乘亂劫其家，男婦俱被害，獨一童子逸出，愬公堡下，公納之。衆兇來索，公曰：「童子不可得也，必欲得者，吾二村且鬥，視强弱爾。」衆知不可奪，退去。事平後，公爲童子歷控府縣司道，數年，冤始白，而往來盤費，悉出己貲，更爲童子經紀生理，至今趙氏子孫尚津津道之。

康熙三十六年，汾大饑，公出財粟賑濟外，告貸者、持田契來售者，日踵於門。平時畝價值十數金，至是二兩即賣，公得本村及鄰村地幾千畝。明歲則大熟，公乃遍榜各村，曰：「願贖者聽。」旬日贖盡，不留一畝。

每歲臘月，出粟若干周貧，率以爲常，公事捐施，尤慷慨不吝。年登九十有一。視聽不昏，齒不脱，行不杖，一夕無疾而逝。生二男八孫。男□〔一四〕，亦惇厚，有父風，以施予世其家。

在山氏曰：張氏世享素封，俗呼爲「官村樓家」。余嘗笑之，以爲何村無樓，而獨著名若是？既得公禦亂事，始嘆樓之得名，良有以也，獨以公少年能爲斯事，其膽略有過人者。

而卒以鄉里善人老，竊惜之。又聞其村舊時，每歲元旦，村人拜祠下，以爲常。今則止老人行之，或以趨炎相嘲。蓋公之門閥，猶振振也。

田呈瑞傳〔一五〕

田呈瑞，字介璞，汾陽縣人。初官中書，既而出襄事河工。擢大名道，未之任，改陝西臨洮道，兼理全省驛站事。遷浙江金衢嚴道，改署糧儲道事，卒於官。

其在臨洮也，值歲饑賑恤，親行郡縣山谷間，恐胥吏爲弊，無及民之實，稽察嚴飭，民賴以安。因念救荒無奇策，求所以利民者，相度地勢，於蘭西石佛灣，鑿渠引溉，兼教民造水車汲入田，歲增粟十餘萬石。及之浙，臨洮士民建生祠祀之。

呈瑞所至，輒體察民間利病，務實績。子二：周、震。

辛丑歲饑，周總括家財得六千金，於賑恤前先散給，遠邇多所全活。時大中丞朱公軾〔一六〕，適奉命賑山右，高其義，造廬見之，事訖，聞之於朝。雍正戊申，授户部雲南司郎中。越三載庚戌，以病歸。周字夢軒，工詩，性恬淡，惟好讀書，所著有郁青樓詩文集六卷。

震字又起。初官盛京刑部員外郎，轉本部湖廣江西二司。出知姚安府，值歲旱，滇中舊不報灾，震曰：「朝廷以赤子付有司，雖遠猶邇，而遺之乎？」請於臺司，獲賑恤，是後遂以爲例。山郡多磽确，有大石溯當萬松山下，爲衆流之衝，震相視地勢，堤其下，潴水二十里，溉田可萬頃，無憂暘旱。歷雲南臨安二府，擢治行第一。入都，蒙恩賜蟒袍貂皮人葠香珠等物。會開金沙江通銅運，而震前在臨安，曾治途百四十里，用車牛運銅，事稱便，大吏以其能，檄往督理，凡六載乃竣事。擢陝西驛鹽道，尋改湖北驛鹽道。越四載，以前冒滇中瘴氣，毒發，卒於官，年四十有五。

震謹厚，有卓識，守臨安時，所轄苗疆，其土司死，子幼，諸弟中越次圖襲，當事俱爲所蔽，震至，得其情實，立正之。木期古處東川江外，不隸滇、蜀，無頭目鈐轄，行旅過，則出爲寇掠〔一七〕，震減車從，入其阻，曉諭朝廷德意，因示以威信，其衆知憚，且感激，求内附。震歸，復視要害數處，設堡寨，寇患遂息。震著有謐篸集，詩四卷，詞一卷。

劉而位傳〔一八〕

劉而位，字爾爵，汾陽縣人，康熙癸巳舉人。知安陽縣，至則訪民間疾苦，有不便於民者，務爲滌除，凡訟案不使一夕稽留。五年，擢泉州府。未幾，簡授分守巡海興泉永兵備道，以足疾歸。起歷四川清軍驛傳鹽茶道，分巡松茂兵備道，川南永寧道，疾復作，卒於官。

其至泉州也，屬縣某貪婪不職，有叔父在朝爲貴官，劾之，無所畏避。及病，家居講學十載，每揭孟子是非之心，大學毋自欺爲言，故在蜀時，制府尹公以理學經濟體用兼優稱之。所著書有省克引一卷、家訓數十則，及社學鄉約條規。爲學之概，得於理趣者，雖淺深但如所見，要歸於躬行爲〔本〕。

參政蒼崖田公家傳 諸世器〔一九〕

公名呈瑞，字介璞，姓田氏，別字蒼崖。其先出自田子方，世居汾陽，爲望族。祖，九龍。父，月洪。皆贈參政。

公初仕，官中書舍人。未幾，出襄事河工，以功擢大名道，未之任，改陝西臨洮道，兼理全省驛站事。遇饑賑恤，公策馬親行郡縣山谷間，恐豪右胥吏爲弊，無及民之實，於是稽察嚴飭，民賴以生，此康熙壬辰歲也。甲午，大師西討，綜理馬政稱職，以軍功遷浙江金衢嚴道，尋改署糧儲道事，得征漕積弊，滌空之〔二〇〕。而諸郡亢旱，冒大暑省荒，往來烈日中〔二一〕，獲疾。屢乞休，臺司皆倚公，不允。庚子冬，疽發鬢，卒於信安官署，年五十有九。

櫬歸，葬金山原之祖塋，大學士朱公軾誌其墓。

公爲人，恬雅沖抑，雖席豐厚，自奉甚儉約，至親故有急難，濟之不吝重貲。方公幼時，負異質，進士張青喦先生，見而嘉嘆，以女妻焉。爲諸生，有文名，三就布政司選不遇，乃由中書起，歷外任，多實績在民〔一二二〕。

其始至河南也，相水勢宜石堤，曰：「此處堤一壞，則數萬家其魚矣。」舊堤易脩易敗，更之石，未便告動公帑，遂傾家貲成之，以故見知於督河御史。及在臨洮，念救荒無奇策，曰：「古所謂雲雨由人，其事何地不可爲乎？」因相度地勢〔一二三〕，於蘭西石佛灣，鑿渠引溉，兼教民造水車，汲入田，歲增粟十餘萬石。臨洮民念公德，其所鑿〔一二四〕，萬世利也，相與建公生祠。蓋公所至務爲民久遠計類視此〔一二五〕。

子二：周、震。

參政文湖田公家傳　諸世器〔一二六〕

公名震，字又起，別字文湖，參政蒼崖公之次子。

初仕，官盛京刑部員外郎，轉本部湖廣江西二司，出知姚安府。府境多山，田磽确，有大石淜當萬松山下，爲衆流之衝，公相視地勢，堤其下，潴水二十里，溉田可萬頃，無憂暘旱。調雲南府，先是普思蠻叛，被繫者五百餘人，將伺懈爲變，公廉知其謀，爲計畫，俾亂不作，境得寧。又調臨安，所轄苗疆，其土司死，子幼，諸弟中有越次圖襲者，當事俱爲所蔽，公至，得其情實，立正之。乾隆己未，以治行第一奉詔入都，蒙恩賜蟒袍貂皮人葠香珠等物，已有命待擢監司之任。會大吏議開金沙江，通銅運，而公在臨安曾治道百四十里〔二七〕，用車牛運銅，事稱便，以善經畫倚公，檄往督理，凡六易寒暑乃竣事。丁卯，授陝西驛鹽道，未之任，改湖北驛鹽道。庚午，兼理武昌榷政，以前冒滇中瘴氣，毒發卒，年四十有五。

公素謙謹，遵父兄教，十歲屬文，即與伯兄並以才名見稱。稍長入都，族父陽城相國尤愛之〔二八〕，京師貴人皆欲出己門下，爭致關節，卻不受，至不入闈以自明。公嘗謂吾生平録録仕途，於道無所聞，惟有韻之文略未荒落，可信者惟此耳。然公歷官滇、楚，循良之聲聞於朝野，苗疆民乃取其所斷疑獄〔二九〕，演劇記之。凡遇事有卓識：滇中舊不報災，公始至姚安，值歲旱，慨然曰：「朝廷以赤子付有司，雖遠猶近，而遺之乎？」請於臺司，獲賑恤，此後遂以公報災爲例。木期古處東川江外，不隸滇、蜀，無頭目鈐轄，行人過，則出爲寇鈔，公之在臨安也，減車從，入其阻，曉諭朝廷德意，因示以威信，衆聞言感激，求内附。歸，復視要害數處，設堡寨，寇患遂息。

序

汾州府志序〔三〇〕

周官有土訓、誦訓之職，土訓掌道地圖以詔地事，誦訓掌道方志以詔觀事。鄭康成氏曰：「說地圖九州形勢山川所宜，告王以施其事，說四方所識久遠之事，以告王觀博古所識。」然則圖志之書，其由來蓋遠。汾州自改府以來，舊嘗有志，越今百六十餘年，曠而不修，且舊志草創疏略，於古今因革，山川形勢，政之體要，民之利病，求其如伸手見指，懸衡取平，未之能也。夫郡之於縣，所謂臂之使指也，因革形勢，體要利病，既未能示諸掌，將朝廷詢風土，徵典籍，而當事者問民間疾苦，責其官守職司，徒據去今百六十餘年疏於事情者以應，其不可甚明。

顧余爲是郡三載而後及志事何也？非周察而得其實，不敢以爲言；非精心於稽古，不敢輕筆之書。是以遲之又久，略知爲是郡之大經。及復徵詢八州縣，備陳細目，都舉統觀。又適有休寧戴東原氏來遊汾、晉間，今之治經之儒，咸首推戴君，而是志得其嚴加核訂，以余之體驗於今者，更信能不謬於古矣〔三一〕。

郡故多賢智學古之士，聞余於兹遲之又久之意，而卒底有成也，欣然相率而請，校勘雕印，不緩於時。余亦以感郡之人才，荒遠傅合者不必言，其近而可師，昔之日不有文忠烈、狄武襄其人〔三二〕，德高業隆，爲國柱石若彼乎！人苟自勉，今猶昔也。志中之事，地事觀事存焉，求其切民用，達治道也。志中之人，抑又求其端士趨，厚民俗也。是則余蓄於心三載者如是，因書以爲端首。

序 永寧州志序〔三三〕

州境地名山川，於古最表著：梁山，見虞夏書；藺、皋狼、離石，見戰國策；隰成，見史記；左國城，見晉書；離石水，見水經注；赤洪、黄櫨二嶺，見魏、齊書；伏盧山，見五朝志；盧城、三角戍，見元和郡縣圖志；永安鎮，見唐書；步佛山、積翠山、塢堡口，見宋、金、元史。其餘州郡縣名，自漢而下，分合遷改至繁。而生其間者之翹然特出，於晉，如郭侍御史欽；於唐，如宋右臺務光；於宋，如王節度忠植；於明，如高副使金、張侍郎玭；於我朝，如于清端成龍，或以學識，或以忠義，或以勁節清風，咸足千古。

顧余來守是州，始入疆，越嚴險，歷虎狼嗥跳之區，乃至山城，其土瘠，其士民魯戇。左汾西群山，右界黄河，而途絶軌轍，澗不通舟。緣阪阤樹藝，窮於灌溉。履其村落，穴山而居十八九，混沌困苦之狀接於目。以所聞若彼，以所見則若此，何相懸甚歟？余撫茲惻然。因念山國羸民，就其勞，感發其思，俾之嚮義，生聚教誨，政之利病安在，披覽州志，茫如也。五年於茲，事事體察，值太守諸城孫公檄徵州事，以府志百六十餘年曠而不修，延請休寧戴君東原總輯，用補闕典。余既條列所知報府，及見戴君，更獲聞所不知。州志之不可因仍，且加以七十載應踵而接者，遂彙集兼貿焉，得嚴治體例，博綜古今，成書十有四卷。州所轄，廣輪各二百里而遥，上下數千年政事人物，畢該於茲；民之疾苦，政之後先，備見於茲。瞻仰前哲，勵斯民而進之，是則余之責也夫！

乾隆三十五年上章攝提格長至日，知永寧州事金山王興穀撰。

某翁頌辭[三四]

嗚呼翁乎！爲善靡倦，里有老成，邦有碩彦。比聞是書，惇史是載，厥行何儀，在古遺愛。惜學未遂，業改於初，弱冠之年，航涉江湖。亦親鄙事，而無鄙心，識賈三倍，不瑕德音。方及耆艾，念歸鄉族，豈無永歎，則思以穀。

富不賙貧，君子之耻，意靡有涯，力贍於邇。人恤其邇，寧患不遐，儉以律躬，惟此之奢。出量乎入，匪實素封，咨嗇我聞，不忍其窮。爲之立紀，厥施有常，彼嗟無依，月予之粻。冬日栗烈，鶉褐不完，來授之襦，以免號寒。

學始童蒙，不獲親師，翁設義館，舞勺誦詩。推生及死，尤可矜者，勿使委形，露彼中野。一坏之下，得木以瞑，自曩都之，已越三千。嗚呼翁乎！閔死憐貧，幾罹於咎，苟是行仁。誒矣長吏，志不在民，翁代憂之，不喜以瞋〔三五〕。

屏山石室記 代吴希聲〔三六〕

從吾村南行數百步，有山如屏，曰屏山〔三七〕。山陰取道而上，怪石亘絶，呀然突出。下則石室，傾亞缺圮，似鼻似口，蹲坐其中，肱髀畢露〔三八〕，山故在人境，而幽冷之致，若忘乎人〔三九〕。余因其地辟以爲軒，而書其崖石之壁，曰「跫岫」，用誌吾志焉〔四〇〕。

噫！以吾村之僻小，而介乎歙西豪華盛麗之區。其曩有友堂先生者〔四一〕，吾族偉人也。相傳晦庵朱子至新安者再〔四二〕，皆過其廬，則吾村之翹于歙西，誠不必以豪華盛麗爲也。余既得石室于山之陰，芟其奥草，翦其惡木，植之奇卉美箭，兹地之勝，若自今日始有者，而昔之人長往，足音不聞矣〔四三〕。

山有獸名果然，善緣石壁樹間；有蟲名不過，其狀怒臂奮斧〔四四〕。或曰：不過，兹山所常有也，故即以常名之；果然，非兹山所常有也，故即以非常名之。或曰：否否！果然之皮宜車飾，職在周官；斧蟲不過，志乎蜩翼，紀于爾雅、月令，由來舊矣〔四五〕。之二者，余未知名實不相謬與否與〔四六〕？

儀禮注疏校記　三條〔四七〕

士昏禮「期初昏」節注：「寢，婿之室也。」陸德明釋文摘「婿之」二字，於下云「悉計反，從士、從胥，俗作壻，女之夫」，共十五字，注疏本引釋文於各節下，而此條乃誤入記後。又大書雜入鄭注「用昕使者，用昏婿也」之下，云「婿，悉計反」至「女之夫」，凡十四字，下又接以鄭注「腆，善也」云云。

「視諸衿鞶」下有姆辭婿授綏之辭，云：「婿授綏，姆辭曰：未教，不足與爲禮也」，凡十四字，汲古閣注疏本脱。有一專刻正文閩版有之，其本每紙二十行，行二十字，頗舊，中縫下有「上册」及「下册」二字。

士相見禮：「非以君命使，則不稱寡。大夫、士則曰寡君之老。」注云：「謂擯贊者辭也。不稱寡君，不言寡君之某，言姓名而已。大夫、卿、士其使則皆曰寡君之某。此仍申上非以君命使内兼大夫卿士。檀弓曰：『仕而未有禄者，君有饋焉，曰獻，使焉，曰寡君。』」疏云：「此文亦兼士大夫，引之者見公事使，稱寡君之某也。」「之老」二字衍。據注經文「寡」字下脱一「君」字，注中「卿」字可疑，當是「與士」，注末衍「之老」二字。疏小聘「使下大夫」下，當云：明下大夫則曰寡大夫，上大夫則曰寡君之老。故鄭總云某也。

法象論

有序〔四八〕

易曰：「法象莫大乎天地。」又曰：「成象之謂乾，效法之謂坤。」又曰：「仰則觀象於天，俯則觀法於地。」夫道無遠邇，能以盡於人倫者反身求之，則靡不盡也。作論以貽好學治經者。

觀象於天，觀法於地，三極之道，參之者人也。天垂日月，地竅於山川，人之倫類，肇自男女夫婦。是故陰陽發見，天成其象，日月以精分；地成其形，山川以勢會。日月者，成象之男女也；山川者，成形之男女也；陰陽者，氣化之男女也；言陰陽於一人之身，血氣之男女也。魂魄之合，官乎動靜，精能之至也。魄之謂靈，魂之謂神。靈也者明聰，神也者慧聖，明聰慧聖，天德矣。立於一曰道〔四九〕，成而兩曰陰陽，名其合曰男女，著其分曰天地，效其能曰鬼神。

天地之道，動靜也，清濁也，氣形也，明幽也，外內上下尊卑之紀也，明者施而幽者化也。地在天中，德承天，是以配天。凡天之文，地之義，人之紀，分則得其專，合則得其和。分也者，道之條理也；合也者，道之統會也。條理明，統會舉，而貴賤位矣。貴者君之，賤者臣之，而治化出矣。徵之於臣道妻道無失，知其君道立矣。是故列星之垣衛拱所尊也，謂之天官，示於上，應於下也。

日行中道，月五星各由其道而宗之，各爲遲疾而會歸之，故日者，君之象也。月嚮日而生明，其精感常合，氣物常分，化則爲燥濕，爲水火。日月者，水火之精；燥濕者，陰陽之交；山川者，燥濕之位。水以合而盛，火以分而盛，木火之德分也，金水之德合也。地之高者，山原丘陵本乎燥，其下者，川隰谿谷本乎濕。氣分則生燥，氣合則生濕，氣輸則生變〔五〇〕，氣精則生神，神盛則無失道。山有分無合，川有合無分，燥濕水火之義也。山川之情，其初皆分，其究皆合，君臣夫婦之道也。

人中處天地之間，相親而久治，道莫大於君臣。徒愛人不知治人者，不能以行於父子夫婦兄弟。故君道得，人紀所由得也〔五一〕。一人之身，血氣和則夫婦，心得其正，百體從令則君臣。故心也者，含天德，君百體者也。氣者，有君道以能統乎血者也。

盈天地之間，道，其體也；陰陽，其徒也〔五二〕；日月星，其運行而寒暑晝夜也；山川原隰，丘陵谿谷，其相得而終始也。生生者，化之原；生生而條理者〔五三〕，化之流。分者其進，合者其止，進者其生〔五四〕，止者其息。生者動而應求，立乎至博，息者靜而自正，立乎至約。博，故與爲條理也，約，故與爲統會也。草木之根榦枝葉花實謂之生，果實之白全其生之性謂之息。「君」子之學也如生，存其心以合天地之心如息。爲息爲生，天地所以成化也。是故生生者仁，條理者禮〔五五〕，斷決者義，藏主者智，智通仁發而秉中和謂之聖，聖合天，是謂無妄。無妄之於百物生生，至貴者仁。是故仁得則父子親，禮得則親疏上下之分盡，義得則百事正。藏於智則天地萬物爲量，歸於無妄則聖人之事。天所以成象，地所以成形，聖人所以立極，一也，道之至也。

樂山記 代吴人雲〔五六〕

杲谿之南多山，其南山之陽，予擇而軒之，以訓馴孫子。築之平之，縮之捄之，移月然後成室。室之前，有殷晦之塘，爲原田所利賴。啓之灌之，浸之沃之，然後嘉禾得以成穗。嗟乎！觀于此，可以知成學之故矣。書有之曰：「若作室家，既勤垣墉，惟其塗墍茨。」又曰：「若農，服田力穡，乃亦有秋。」夫然後可以樂學，未聞無其功而有其獲者，此之謂歟〔五七〕。

山故未有名。或曰，是山也，曾屬目若燈火，屬耳若鐘鼓者幾浹日，鄉之人莫知其故也，遂呼爲觀音山。或曰，即杲山也，東接平地，以山嚮日出爲杲。予以謂，自世之惑于浮屠氏者，凡有所見聞，不曰山之靈，而曰此浮屠氏之靈也〔五八〕。昔之樂道君子，或在南山以南，或在北山以北，今山之可供文人學士游覽者，悉爲浮屠氏之居，其必不可與之雜處也〔五九〕。是山幸未入于浮屠，故予得築室于兹，易其名曰樂山，抑亦冀後之人之樂學焉〔六〇〕，而於山之靈能見怪物者無媿也。夫苟知樂學，將以尋吾孔、顏之樂不遠矣〔六一〕。

三字經箋注叙

代汪冢宰松泉〔六二〕

往昔閲管子書弟子職篇，文辭類少儀、曲禮，朱紫陽嘗爲之章剖句釋。然而近今之人，幼學之士，固未之能讀。曲禮古經，句四三言或五言；弟子職則四言，間有五言；而賈太傅容經，語亦短質。蓋古之教幼子，若曲禮已下，其書具矣。雖然，取數書者，以教近今之人，幼學之士，固未之能讀也。七十子傳六經，周之文章爛焉，不待解故語而可知。迄於今，非博學通儒，莫能授受。

宋王伯厚以曲禮諸書，讀應爾雅，非可使少兒聞語曉貫，因比類諧聲，成三字經一册。兹孫君迅發又恐習者之無所引伸，畫章而箋之，殆繼紫陽夫子集小學、解弟子職之遺意。前儒有言：「四子書，六經之階梯；小學近思録，四子書之階梯〔六三〕。」然則又孰階梯乎小學者，其在斯與！

南溪縣漢黄烈婦廟碑

（本篇爲段玉裁所作，文見經韻樓集卷十。）

潯陽義莊志略序　代陳京兆星齋〔六四〕

匹夫而邀賜爵之榮，吾聞諸遠古矣。二帝三王之道，其教首孝，其德尚仁，苟當於是者，身雖不在官，賜之爵給。伏生尚書大傳曰：「古之帝王，必有命民，能敬長矜孤，取舍好讓者；命于其君，得乘飾車軿馬，衣文錦。未有命者不得乘，不得衣，乘、衣者有罰。」今候選員外郎陶君衛揚，置田千畝，用贍宗族，遠法有宋范文正公之規畫，近承厥考贈徵仕郎文英公之志，以上膺聖朝褒叙寵嘉。嗚虖！此唐、虞已來，風勵獎勸，而民俗可敦厚之至道也。

余素知衛揚之爲人，仁孝根其天性。昔夫子稱澹臺子羽曰：「獨貴獨富，君子恥之，夫也中之矣〔六五〕。」三復斯言。彼俗之媮薄，或慶弔所及而視若塗人，或同父之子而貧富相懸，不相顧恤，獨處自安，絶無恧恥之動於中，衆亦恬然不以爲怪，如此輩人，貴不如賤，富不如貧也，其輿馬則赫奕，其婢妾則倩麗，然其於造物也，不啻爲之蠹，蓋不仁大遠乎仁如是。

茲陶氏義莊，觀其立法數事，於族之貧者，不特食口有給，喪葬有助，抑天窮癈疾必加憫；老者自六十已上，別等差加膳養；學子通一經已上，以其優加獎。豈尋常好施博愛之士所能分數明，規畫周，曲盡仁人孝子之用心若是哉？記言之：「自仁率親，等而上之至于祖，名曰輕；自義率祖，順而下之至于禰，名曰重。」仁義之分，輕重之故，以相成者也。蓋自父子昆弟之至爲戚，由近而推，爲從父昆弟，爲從祖昆弟，爲族昆弟，周官大司徒所謂聯兄弟者止乎此。服既窮，戚既單，爲親同姓。雖有至仁，不能不漸即而輕者，君子之於仁，有太過則悖也。古者宗法行，使一族愛而親，敬而長，由是老窮不遺，桀黠者不敢爲非，人人各宗其宗而天下治。雖無服親盡，猶必引而從其重者，以爲尊祖故敬宗，敬宗故收族，君子知義之所以成其仁，有不及亦悖也。

凡志略八卷，詳始末，紀田畝，稽税賦，定規條，載文翰，將永永無變，庶幾奉承聖天子德意於無窮。余於陶氏，重有望其後之人云。

明堂考〔六六〕

明堂法天之宫，五室十二堂，故曰明堂月令。中央太室，正室也，一室而四堂：其東堂曰青陽太廟，南堂曰明堂太廟，西堂曰總章太廟，北堂曰玄堂太廟。四隅之室，夾室也，釋名：「夾室，在堂兩頭，故曰夾也。」四室而八堂：東北隅之室，玄堂之右夾，青陽之左夾也，其北堂曰玄堂右个，東堂曰青陽左个；東南隅之室，青陽之右夾，明堂之左夾也，其東堂曰青陽右个，南堂曰明堂左个；西南隅之室，明堂之右夾，總章之左夾也，其南堂曰明堂右个，西堂曰總章左个；西北隅之室，總章之右夾，玄堂之左夾也，其西堂曰總章右个，北堂曰玄堂左个。凡夾室前堂，或謂之箱，或謂之个，左傳昭公四年：「使寘饋于个而退。」杜注云：「个，東西箱。」是箱得通稱曰个也。兩旁之名也。劍脊之兩旁，謂之兩相；侯之左右，謂之左个右个，亦此義。古者宫室恒制，前堂後室，有夾，堂東曰東夾室，堂西曰西夾室。有个，東夾前，曰東堂，亦曰東箱；西夾前，曰西堂，亦曰西箱。左傳所謂个。有房。室東，曰東房，亦曰左房；室西，曰西房，亦曰右房。惟南嚮一面，明堂四面闓達，亦前堂後室，有夾，有个，而無房。房者，行禮之際別男女，婦人在房。明堂非婦人所得至，故無房宜也。

五室〔六七〕，周官經謂之五寢，隸僕掌五寢之埽除糞洒之事是也。合言之謂之大寢，鄭康成注月令「青陽、明堂、總章、玄堂」，以大寢東堂、大寢南堂、大寢西堂、大寢北堂釋之是也。即天子之路寢也。是爲聽政之堂。王居，月易一堂，順時而布令。閏月居於門，故於文，王居門中爲「閏」〔六八〕。天子合諸侯，則近郊爲壇三成，古十有二尋，深四尺而宫之，其宫方三百步，四門，方岳之下如之，亦謂之明堂，無室、廟、个之制者也。於周官司儀及覲禮，見祀五帝會同諸侯之明堂。於月令考工記，見王居聽政之門堂〔六九〕。凡祭祀，齊於其室。視朝聽朔在南門之外，朝日於其東門之外。

夏曰世室，世世勿壞，或以意命之也。殷曰重屋，阿閣四注，或以其制命之也。周人取天時方位以命之，東青陽，南明堂，西總章，北玄堂，而通曰明堂，舉南以該其三也。四正之堂，皆曰太廟。四正之室，共一太室，故曰太廟太室，明太室處四正之堂中央爾。世之言明堂者，有室無堂，不分个夾，失其傳久矣。

于公敏中頌〔七〇〕

京金其山，百川爰東，維江與京，鬱司其雄。鬱司其雄，靈鍾于邦〔七一〕，翼我天子，篤生于公。一章。

于公之德，柔嘉密栗，翼翼勤勤，皚皚則則。匪惟文是紓，惟德是植，以德定功，協于其極。二章。

帝命于公，式國之師；帝命于公，秉政之樞。惟政之鈞，惟國之平，以引以和，以莫不臻。三章。

帝命有德，惟于公輔之；帝討有罪，惟于公助之。孰敢不庭，爰敷以文，孰敢不臣，爰殛以兵。四章。

皇帝曰咨，惟汝左右，汝毗匪私，汝任匪曲。昔闢地二萬，剪兹羣醜；亦平金川，汝勞汝又。五章。

帝命其章，黄章翠翎；帝温其言，鹽梅調羹。錫之都尉，施于孫子，晝之紫光，昭兹來始。六章。

人亦有言，既壽豈勤，曾是于公，既壽以寅。人亦有言，極貴而驕，曾是于公，極貴以勞。七章。

于公至止，車馬繹繹，衣服奕奕，謙沖以抑。高門亢亢，多士鏘鏘，惟文武之師，惟邦之望。八章。

鏘鏘玉金，隱隱其音，其音伊絲，其絲伊琴。是用作歌〔七二〕，其詩思以清，以永其懷，以寫其心。九章。

戴震拜言

祭裴太夫人文〔七三〕

嗚呼！維太夫人，夙秉懿恭，屏逸即勞，書史徧通。允矣芳徽，膺祉宜崇，榮瞻導輿，廉鎮裴公。古也有志，孝以作忠，平反則喜，咸仰温風。況兹保陽，藉甚伊始，側聆壺德，敷流遐邇。

維太夫人，克喻大體，内治整然，昔佐君子。爰適南邦，朱旗旖旎，曾值猝駭，大知卓爾。瀟湘之間，洞庭五渚，日月出没，渺失湄滸。舟行中流，飄風暴雨，櫂工乍驚，濤疊旁午。

維太夫人，湛然有主，和其色容，慈慰子女：匪德焉恃，匪愆焉蹶，居官罔疵，舉家奚悸。厥義琅琅，爲識之最，處險以恬，占危以泰。凡百令儀，聞而觸類，表一例終，緬兹梗概。

歲迨汁洽，言赴青齊，初憚于邁，曷其遄而？母道之踐，勉勿我懷，世荷國恩，優渥紛敉。闔寄鎮分，竭忠是宜，陳情未入，勗勵以詞：維太夫人，置言鴻遠，以公忘私，永輝彤管。攖疾八稔，神完體蹇，帝問頻邀，克膺有本。嗚呼！音徽渺默，長遞弗返，辭昭懿實，以侑清醆。

讀禹貢札記〔七四〕

隨山　史記「山行表木」。此重刊木，不重隨山。「導岍」諸條，承奠高山，不承隨山也。山川條理分明，則各奠其位，而水患自息。

應劭云斥漳縣〔七五〕：「漳水出治北，入河。」斥章，今曲周縣地。蓋言漢時漳水在治北。其云「入河」者，以下流至阜成言也，阜成以上安得有河水哉？漢志鄴下云：「故大河在東北入海。」酈注：「漳水自鄴縣西，東行逕三户津，又東逕武城南，又東北逕西門豹祠前。」其逕行鄴東如此，此間已當入河。

劉敞七經小傳以地之美惡定田，以州之大小定賦。

恒水之得名由于恒山。而滱水出代郡靈丘縣北高氏山今翠屏山，與渾源州恒山相連屬。衛之得名由於惡池，「衛」轉曰「惡」，「惡」轉曰「虖」。

兖貢浮濟，自陶丘而西，以達於河，貢舊道也。周以後滎、濟之間鴻溝蒗蕩四〔溢〕〔七六〕，河水屢泛東南，滎川道窒。至東漢時，僅存滎、菏澤渚之本源。漢書據當時所見之跡作志，故云「軼出滎陽北地中」〔七七〕，後人並不及見「軼出地中」之跡，惟據班志以釋禹貢，遂謂河、濟、滎、菏各不相通，至有三伏三見之解。周禮「豫州水曰滎、雒。」穆天子傳所謂「浮于滎水乃奏廣樂」者也。其軼出地據漢時滎澤言之。

地理志：「大碣石山在右北平驪城縣西南。」知驪城即知碣石矣。明一統志：「碣石在昌黎縣北二十里」〔七八〕，今所謂仙人臺、天橋柱者是也，在撫寧之南。撫寧，故石城，即歐陽忞所謂驪城也。不取王橫説〔七九〕。

地理今釋：「打沖河源出西番界，在崑崙東南百里，二源同發，名查楮必拉，蒙古謂之七察兒哈那。平地水泉數十泓，散若列星，匯而南流，有支河十二道，左右流入之，至上對安撫司入四川界，南流，東折繞鹽井衛之東北，又南至烏喇猓猓入金沙江。」

地理今釋：「三危山在大河南，今陝西岷州衛塞外古壘州西西番界中〔八〇〕，雲南麗江府北。」河圖括地象云：「三危在鳥鼠西南，與汶山相接，黑水出其南。」鄭氏玄曰：「南當岷山」，則在積石西南，此差近之。

地理今釋：「梁州黑水，即今雲南之金沙江。其源發于西番諾莫渾五巴什山分支之東曰阿克達母必拉，南流至塔城關，入雲南麗江府境，亦曰麗水。東南流至姚安府大姚縣之左却鄉北，打沖河自鹽井衛來會之。又東入四川境，逕會川衛南。又東至東川府西，折而東北流，逕烏蒙府西北，馬湖府南。又東逕敘州府南入岷江。」

康熙四十三年使侍衛拉錫、侍讀學士舒蘭窮河源，五十五年使大剌麻楚爾沁藏布、筆帖式佟志等視西海、西藏地輿，並議河源，使繪圖歸奏，狀諸山川物產之名。皆方語：其於崑崙曰庫爾坤，於星曰「敖敦」，灘曰「他拉」，故星宿海之灘堵曰「敖敦他拉」；於富曰「巴顏」，故山之高大多生殖者曰巴顏哈剌山；於祖曰「阿木尼」，於山勢之陡峻曰「麻勒產」，於冰曰「木孫」，故大冰山曰阿木尼麻勒產木孫山；於湖澤曰「鄂漠」，水色白曰「查」，青曰「厄」，形勢長曰「靈」，故其湖澤曰查靈鄂漠、厄靈鄂漠；其〔曰〕「哈屯」猶漢娘娘也，故昭君河曰哈屯河；「阿爾坦」猶漢言金也黃也，故黃河曰阿爾坦河。

巴顏哈剌山在西寧塞外西南千五百里，巖密層矗，風氣翳蔽。山支分四袤：其西北袤者，爲巴爾布哈、希爾哈晉諸山，遶茶旦木哈濟爾得布特兒，連屬嘉峪關之山，直抵至喀爾喀。其東北袤者，爲額庫山，遮西海北，繞烏蘭木稜河，粘錢蘇剌克剌木〔尼〕剛爾諸山，散入西寧北邊，甘肅涼〔州〕南邊。其東袤者爲布虎吉魯懇、烏蘭〔得〕什、阿克坦齊禽諸山，沿河源迆屬阿木尼麻產木孫山，東北鶩遮黃河，北盤西海，南抵西寧邊口。其東南衺者爲札普同古禮福爾、扎虎爾札馬河諸山，沿黃河南迆屬洮河源魯查布剌山，抵陜西河州洮州〔八二〕、四川松潘等邊口。其西南爲巴撒童剌木山，山麓爲木壘烏素，河爲大金沙江源。其東則河源。

源有二淙。淙自山出，歧而復合成河，東北流三百餘里，南有烏喀納哈大剌馬拖洛海及奇格池，水與河匯，色漸黃，故曰阿爾坦河，而同注於厄敦他拉。厄敦他拉距西寧邊口千一百一十四里，北爲烏蘭得什諸山，南爲都爾白晉諸山，環周三百餘里，其中百谷□竅吐，有泉萬餘，望之如列星，大小參差，疏密交錯，或迅溜，或緩衍，或伏出，或滾來，或涓涓下，俱匯阿爾坦河。東逕查靈鄂漠，寬二百餘里，東西長，色白。又東南流五十里，經厄靈鄂漠，寬三百餘里，自東北迆西南，稍長，色〔青〕。又東北流而爲哈屯河，北流五十里。從古爾班蒙古拖洛海之陽，東南流百餘里。從巴顏圖渾嶺南流百餘里，折而東南流七百餘里。經貝勒查汗丹津住牧查汗托東，所流三百餘里，迆阿木尼麻產木孫山西南。山中峰亭然傑出，冰雪終年不化，最危聳。河水逕其西南，流百五十里，折而東北，過厄爾忒尼吉阿布吉住牧烏達圖托炭，所流五百里，進歸德堡温泉口入內地。東過歸德堡薩剌爾城，流四百里，入河州積石關。

巴顔哈剌山雪積六月不消，有金銀礦，有野牛、麋鹿、黄羊、狼、狐，有豐草茂樹。

與某書[八二]

足下制義，直造古人，冠絶一時。夫文無今古之異。聞道之君子，其見于言也，皆足以羽翼經傳，此存乎識趣者也。而辭不純樸高古亦不貴，此存乎行文之氣體格律者也。因題成文，如造化之生物，官骸畢具，根葉並茂，少缺則非完物，此存乎冶鑄之法者也。精心于制義一事，又不若精心于一經，其功力同也，未有能此而不能彼者。

治經先考字義，次通文理。志存聞道，必空所依傍。漢儒訓詁有師承，亦有時傅會；晉人傅會鑿空益多；宋人則恃胸臆爲斷，故其襲取者多謬，而不謬者在其所棄。我輩讀書，原非與後儒競立説，宜平心體會經文。有一字非其的解，則於所言之意必差，而道從此失。學以牖吾心知，猶飲食以養吾血氣，雖愚必明，雖柔必强。可知學不足以益吾之智勇，非自得之學也，猶飲食不足以增長吾血氣，食而不化者也。

君子或出或處，可以不見用；用必措天下於治安。宋以來，儒者以己之見硬坐爲古賢聖立言之意，而語言文字實未之知，其於天下之事也，以己所謂理强斷行之，而事情源委隱曲實未能得，是以大道失而行事乖。孟子曰：「生于其心，害于其政，發于其政，害于其事。」自以爲于心無愧，而天下受其咎。其誰之咎？不知者且以躬行實踐之儒歸焉不疑。夫躬行實踐，勸善懲惡，釋氏之教亦爾也。君子何以必闢之？孟子闢楊、墨，退之闢釋、老。當其時，孔、墨並稱，尊楊、墨，尊釋、老者或曰：「是聖人也，是正道也。」吾所尊而守者，躬行實踐，勸善懲惡，救人心，贊治化，天下尊之，帝王尊之之人也。」然則君子何以闢之哉？愚人睹其功不知其害，君子深知其害故也。

嗚呼！今之人其亦弗思矣。聖人之道，使天下無不達之情，求遂其欲而天下治。後儒不知情之至於纖微無憾，是謂理。而其所謂理者，同于酷吏之所謂法。酷吏以法殺人，後儒以理殺人，浸浸乎舍法而論理。死矣！更無可救矣〔八三〕！

聖賢之道德，即其行事。釋、老乃别有其心所獨得之道德。聖賢之理義，即事情之至是無憾，後儒乃别有一物焉，與生俱生而制夫事。古人之學在行事，在通民之欲，體民之情，故學成而民賴以生。後儒冥心求理，其繩以理嚴于商、韓之法，故學成而民情不知，天下自此多迂儒，及其責民也，民莫能辯。彼方自以爲理得，而天下受其害者衆也！

校注

〔一〕本文已收入孔氏所刻東原文集中。文中主要表述了戴震在山西修志時的部分考據心得。段玉裁刻本未收，可能因其主要内容，已在文集中的答曹給事書中有所反映。原件以端楷書寫，有圈點符號，没有標題。因文中小有修改，故又重新抄録一篇，被置於册中最末，有「温方如西河文彙序」的標題，可知是抄録備用的。然末篇抄本筆跡與此稿不大相同，可能是請人抄寫的。

〔二〕此篇原未署名，胡適先生曾疑有戴震代筆的可能，但未曾説明依據，以及爲誰而代。今考乾隆三十五年刊重修孝義縣志中鄧必安叙，其内容與此篇大致相同。如鄧叙末曰：「目即一歲中所見，並邑諸君所採輯，令兒常編次成帙」；「少則余不辭其咎，是尤私心所冀倖者也！時乾隆三十五年庚寅歲季春下浣鄧必安書。」又此序中引周官之法，謂「書其敬敏任恤者」；「書其孝弟睦婣有學者」，這類話在戴震的養浩毛先生傳、例贈宣武大夫王公墓表、鶴岑胡公墓誌銘中，都曾講到過。又序中言及狐岐山一事，這在水地記和段氏戴譜中亦曾提到。可見此序當是戴震爲孝義令鄧必安代作的。鄧必安，字東山，江西南豐舉人。據刊本鄧叙，此稿第一段後又作了大修改。此篇筆跡不像是戴震的，可能是由他人抄寫的。

〔三〕尚爲　刊本正作「尚未」。

〔四〕汾州府志義行、汾陽縣志孝義，均有王敏的傳，兩者内容相同，文字少異。而刻本戴震文集中的王廉士傳，即取自汾州府志。今以汾州志校之，除傳首「王敏」下脱「字慧菴」三字外，餘文與汾州志相同。這篇慧菴王公行略，内容多於汾州志等各本，而語言叙述遠不如汾州志等簡練準確，篇末有批語，謂文「多過火語」，天頭亦有戴震批語三條。慧菴王公行略大約是汾州府志局組織的稿件。

〔五〕四金　汾州志等各刻本均訛作「白金」。後文有「或封二金送之」一語，則志局提供的原稿於此處作「四金」不誤。

〔六〕「卒不受」句上　眉語曰：「題便可笑（整理者按：指『雪中送炭』的題字），不受亦平常耳。」

〔七〕「不令衆知」句上　眉批曰：「欺鄰本不當爲，不必列。」

〔八〕「脩金」句上　眉批曰：「知己請去，本不當名一錢，亦不必列。大抵可爲而不爲乃宜列。」

〔九〕文末批語曰「多過火語」。

〔一〇〕乾隆汾州府志義行、汾陽縣志孝義均收有張瑛的傳，文字基本相同，縣志稍簡。戴震文集孔、段兩刻本之張義士傳，亦取自汾州志，而省去末尾「季子乃擢，字簡臣，亦以行義重於鄉，不失父風」一句。這篇張公事略，亦是汾州志局組織的稿件。與慧菴王公行略一樣，凡文稿中有不妥之處，均打有「△」符號。末尾有一批語曰：「事頗佳，叙亦分明。不甚出色者，文勢大順去故也。」是戴震的筆跡。與汾州志中張瑛傳相校，此稿中凡有「△」號者，均作了修改。可見此稿即戴氏張義士傳的原料。

〔一一〕「公有樓堡」句上有眉批曰：「城字、隍字未穩，池字尤突。」又曰：「『吾樓』字突，後云『公有樓堡一座』，似另一樓堡矣。」

〔一二〕堡　原稿作「保」。當作「堡」，今改。

〔一三〕「而官村」句上　眉批曰：「受賊攻危急，非晏然。」

〔一四〕「男」下原空一格，當是寫作此稿時，尚不知其男之名，故留一格待補。據汾州志和汾陽縣志，當指季子乃擢。

〔一五〕本篇未署名的田呈瑞傳（附子周、震），爲汾陽縣志局的文稿。原件版心處有「汾陽縣志人物」的字樣。其稿經戴震審訂，作了多處修改。經改訂的文字内容，收入乾隆汾陽縣志人物志中。但此文付刻時，又被改分作三篇，即田周、田震各另爲一篇，文字上因行文的需要篇首稍有變動，其他地方偶有更改，見校注。汾陽縣志藝文志中另有田氏家傳二，爲諸世器入寓田家後另作的兩篇，見後文。

〔一六〕軾　原稿誤作「試」，據刊本改。

〔一七〕掠　原本作「鈔」，據刊本改。

〔一八〕本篇見於乾隆汾州府志、汾陽縣志之人物中，兩刻本的文字與此篇完全一樣。劉而位爲山西名宦，嘉慶山西通志名宦録有著録。此篇文字衹有一面，而末尾二「本」字因轉行爲裱貼裝訂時疏忽所遺漏。今據刻本補足「本」字。原件版心處有「汾陽縣志」字樣，文字筆跡不是戴震的。但既然置於此册中，有可能是戴震擬就，他人抄録的。儒者當爲躬行君子，是戴氏所提倡的，這在他的輯五王先生墓誌銘中有所表述。潛心孟子、大學的研究，也是戴氏所樂道的。這些雖不是確證，亦没有理由否定戴寫作的可能。原件無標題，此據文章内容補。

〔一九〕此册中有諸世器所作田氏家傳兩種，即戴氏崑山諸君墓誌銘所言「持田氏家傳二請入志」者。因汾陽縣志局先已有田氏傳在人物志，於是諸世器的兩篇置於藝文志中。蓋戴震曾言諸氏「爲文皆有法度」，故其文得入藝文中。此篇即諸氏所持給戴震的傳稿之一。其稿書寫甚工，版心處有「汾陽縣志」字樣。文字内容除有一衍字（見校注）之外，與乾隆汾陽縣志刻本完全一樣。戴氏曾補入一字，未作其他修改。稿中題有批語，爲點明諸氏作文之法，多贊美之辭，足見諸氏文章入志誠戴氏之力也。

〔二〇〕「以軍功」句　旁批曰：「以功、以軍功；恐豪右爲弊，得征漕積弊，兩兩顧盼連書。」

〔二一〕烈日中　原稿衍二「日」字，蓋因後二「日」字轉行而疏忽。刻本已訂正。

〔二二〕「多實績」句　旁批曰：「虚寫一筆，隨勢帶起二事。見不必盡書，方是作傳簡嚴之體。」

〔二三〕「因相度」句　旁批曰：「相水勢、相地勢；見知河督、民建生祠，亦兩兩顧盼連書。」

〔二四〕「其所鑿」　旁批曰：「二語着此處妙。」

〔二五〕「蓋公所至」句　旁批曰：「取遠勢，文以除弊計久遠作骨。」

〔二六〕本篇即諸世器所持「田氏家傳」之二，已見於汾陽縣志藝文中。原件版式與前篇相同。經戴氏審訂後的文字，與刻本完全一樣。文中多處題有批語。諸世器還作有一篇莊鏡小傳，是寫田氏女的，在汾陽縣志雜識中。戴氏謂諸世器「持田氏家傳二請入志」，實際上諸氏寫了三篇。

〔二七〕「而公在臨安」句　旁批曰：「借後事補叙。」

〔二八〕「族父陽城」句　旁批曰：「前後以才識作文之骨而見品概，一事置之中權。」

〔二九〕「苗疆民」句　旁批曰：「斷獄虛寫」；「取遠勢一筆爲前後關鍵，帶出報災、禦寇二事，一轉相沿之失，一除積古之患，雙峰整峙，與前路參差相望，遂得徑，唯氣勢峭拔奇宕。」

〔三〇〕本篇序未署名，但內容見於汾州志，知爲孫和相汾州府志序的稿本。原件以端楷書寫，略有圈改，有各種記號，改訂後的文字，與刊本一樣。此篇文筆與册中的重修孝義縣志序頗相似。言制度本周禮，求之康成之學，本是戴震喜歡運用的治學方法；「周察而得其實」、「精心於稽古」，亦是戴氏治學的主張。序中所舉文中烈、狄武襄，説與曹學閔汾州府志序同，此大抵皆出自戴震的手筆。戴氏受朱珪之薦，爲孫和相纂修汾州志，戴氏既爲朱珪代筆作序（見戴氏雜録），亦爲孫和相代筆，應是情理之中的事。

〔三一〕更信能　刊本作「更能信」。

〔三二〕文忠烈、狄武襄　指北宋文彦博和狄青。均汾州人。刊本改作「狄武襄、文忠烈」。按二人出生和任將相時間，文稍早於狄，且爲四朝重臣，當以稿本爲是。

〔三三〕本篇序署名王興穀。王氏爲官頗有政績，嘉慶山西通志名宦録有著録，「稱廉能焉」。序中提及戴震總輯汾州志之事。又謂「及見戴君，更獲聞所不知」；「得嚴治體例，博綜古今」，説明所修永寧州志，戴震可能參與做過一些審訂考核工作。序中所言山川，在戴氏的答曹給事書中提及過一些。又觀戴氏代朱珪作的汾州府志序中所言「綜博古今，嚴整義例，用補闕典」之類的話，與此序相同，説明此序是戴震代筆之作。此爲抄件，手稿見於戴氏雜録。

〔三四〕本篇既無標題，又未曾署名的四言韻文，前人均没有把它認作是戴震的作品。今驗其筆跡，與册中的法象論、三字經箋注序等篇相對照，認爲應是同一手筆。又辭中言「亦親鄙事，而無鄙心」；「學始童蒙，不獲親師」，這些都是戴震愛説的話，如他的答鄭丈用牧書、與是仲明論學書、例贈宣武大夫王公墓表中，都有此類的話。又言「富不賙貧，君子之耻」；「閔死憐貧」，「惟此之奢」，此與山陰義莊序謂夫子稱澹臺子羽曰「獨貴獨富，君子耻之」；王介甫祭范潁州曰「憫死憐窮，惟是之奢」，何其相似！這些可表明，此頌的作者正是戴震。至於文中的主人，恤貧好義，設塾堂以教童蒙，其德行頗類文集中的宣武大夫王秀升，但究其爲誰，無可證明。末句「不喜以嗔」之後，原有未完之文，見校注。原稿本無題目，此用胡適先生跋所擬題。

〔三五〕此句後原有「翁之爲善，曰性是恒，不以」十字，被删去。這顯然是屬於下文未完的文字，大抵因下文不存，而被後人删去的。按文意和文體規格推測，下文至少還有兩大段。

〔三六〕本篇屏山石室記及後一篇樂山記，都是描寫歙縣山水的，是戴震早年爲朋友的代筆，也是戴震學記體的習作。戴震從事考據，而其早年亦十分重視文章之學，凡作文均講求法度。如他記山水即仿酈道元水經注體製，遣詞亦往往有所本，以「奥峭見古」，令人深思。這是他不同於其他考據家的一個特點。戴震記山水的文章並不多作，傳世者僅數篇，而這兩篇都不曾收入刻本，甚實貴。記末天頭有「丁卯附稿」四小字，丁卯即乾隆十二年，戴震時年二十四歲。此篇中華書局戴震文集收入補録中。

〔三七〕篇首句旁批曰：「起筆簡净，『吾村』二字即伏中一段。」

〔三八〕「蹲坐」句旁批曰「二句妙」。其天頭有一則出處文字，曰：「直曰亘，横曰絶，亘絶本爾雅。亞，牆也；圮，階上也，傾亞缺圮本水經注。似鼻似口本莊子。髀，足股也。」

〔三九〕「山故」以下三句旁批曰：「心遠地偏，翻成妙語。」

〔四〇〕「用誌」句　旁批曰「虚提起下」。此句天頭有則出處文字，曰：「莊子聞人足音跫然而喜矣。爾雅山有穴曰岫。」

〔四一〕友堂　原稿作「杲谿」，後用朱筆改作「友堂」。而此句天頭有語曰「杲谿字友堂」。「友堂先生」句右側有評語曰：「以駕馭法隸事絶不膠粘。」

〔四二〕「相傳」句天頭有一則文字曰：「李果齊編朱子年譜，兩至新安，一爲紹興庚午，一爲淳熙丙申。」

〔四三〕「而昔」二句旁批曰：「應朱子、杲谿，筆致超遠。」

〔四四〕「山有獸」以下四句旁批曰：「此段亦從莊子『藜藋柱乎鼪鼬之徑』句生出，如讀山海經、博物誌。」天頭上有一則釋語曰：「果然，鼪鼬類；不過，蝗螂也。莊子『蝗螂怒臂當車轍』；列子『蝗螂行則奮斧臂』。」

〔四五〕「或曰」句天頭上有一則文字曰：「周禮然祺注云：『然，果然也。』爾雅：『不過，蜋蠰。』月令：『蝗螂生。』莊子：『惟蜩翼之知蜩蟬也。』莊子又云：『蟬得美蔭，蝗螂執翳而搏之。』」

〔四六〕本篇之末附有兩句評語，以稍大的行書字體寫道：「體製本酈道元水經注。唐人作記猶近古，趙宋以來此調不彈久矣。篇法以奥峭見古，不令人一望輒盡。」

〔四七〕戴震在四庫館時，曾據唐石經、儀禮集釋等校補儀禮注疏本脱誤，此册中的儀禮注疏校記三則，即其所作校補工作的一部分手札。如所言汲古閣注疏本脱「婿授綏姆辭曰未教不足與爲禮也」十四字，四庫全書總目提要經部儀禮注疏中即有著録，可爲證。原件爲手稿，正是戴震晚年的筆跡，原件無題目，此用胡適先生所擬題。

〔四八〕本篇爲戴震的手稿，以楷書寫成，每行二十一字。其稿包括標題、序言在内，原爲九百一十八字，有墨筆小圈點、朱筆大圈點。文字作過修改，改訂文字有墨筆和朱筆兩種，修改後實爲九百二十一字，與刻本同。朱筆於末尾標計字數曰「八百五十五字」。若不算序言之六十五字，則與末尾朱筆之計數相近。文中有兩段標有墨筆删乙符號（見校注和胡適跋）。但是，所删部分的觀點，在原善等篇中都有闡述，如原善對經典中的「魂魄」、「神靈」的解釋與此篇基本相同。説明所謂删乙，可能祇是打算作些修改而不及，未必是一定都要删去的。

〔四九〕「魂魄之合」至「立於一曰道」四十三字，打有删乙符號。

〔五〇〕氣輪則生變　爲朱筆所加。

〔五一〕「人紀」句　原作「親愛撫字者始盡也」。

〔五二〕徙　氣化。謂陰陽氣化流行。各本均誤作「徒」，大謬。

〔五三〕「生生者化之原」至末尾共二百三十一字打有删乙符號。

〔五四〕進　原作「來」，朱筆改作「進」。

〔五五〕禮　原作「理」，朱筆改作「禮」。

〔五六〕此篇與前一篇屏山石室記，都是裱貼入册中的。原件均抄録工整，正文行間題有評語，天頭標有出處文字或説明。這兩篇記及其評語，都體現出戴震對朱子的尊崇。而樂山記同時還對浮屠氏占盡名山，令儒人學士無處游覽，提出了控訴。此篇中華書局戴震文集收入補録中。

〔五七〕「此之謂」句　眉批曰：「以成室成穗陪出成學，從成學逆入樂學。」

〔五八〕「不曰」二句　旁批曰：「破俗人之見。」

〔五九〕「不可」句　旁批「妙！妙！」二字。又眉批曰：「可辨僞朱子年譜講學天靈寺之誣。」

〔六〇〕樂學焉　旁批「應收」二小字。

〔六一〕「夫苟」二句　有「更轉一層作結」六字旁批。又眉批曰：「一結飄然意遠，吾字正對浮屠氏言。」又記後附有一行文字曰：「此學記體也。處處就目前指點于吾儒異端辨别廩廩。」廩廩：通「懍懍」，恐懼的樣子。

〔六二〕此篇中華書局標點本戴震文集曾收入補録中。文中所提朱紫陽，即朱熹。朱子祖籍新安，與戴震同鄉。明、清時朱子的學説在皖南尤盛行，其時尚有所謂「振興紫陽大會」。休寧汪佑曾作四書闡要，而篤好小學、近思録，江永亦曾作近思録集注和朱子世家。作爲江門弟子的戴震，對朱子的學説自然是很熟悉的了。文集中亦多處稱引「王伯厚」的言論。這些説明戴氏對宋間大儒的學説，是有過深入研究的。故而戴氏有此代筆。三字經的作者尚無定論，同時人邵晉涵主明人黎貞，而戴震主王應麟，是信傳統之説。原件標題祇有一個「叙」字，下面注明「代汪冢宰松泉」。今據文章内容，參照胡適先生跋，擬題作「三字經箋注叙」。

〔六三〕四子書　四書的别名。王應麟小學紺珠藝文類四子：「大學、論語、孟子、中庸。」朱文公曰：「四子，六經之階梯；近思録，四子之階梯。先讀大學，次及論、孟，而後會其歸於中庸。」小學，即小學書通鑑綱目。

〔六四〕本篇中華書局標點本戴震文集已收入補録中。原件以楷書抄録，後戴氏親筆改訂。戴震文集卷十一收有山陰義莊序，其文發凡起例及材料、議論與此篇多有相同處。「星齋」爲陳兆崙字。兆崙曾擢順天府府尹，故稱陳京兆。

〔六五〕語見孔子家語。

〔六六〕明堂考已見於文集之孔、段兩刻本。但此册中的明堂考有一大段用行書改訂的文字，爲孔、段兩刻本所没有，即文中「五室，周官經謂之五寢」至「朝日於其東門之外」一段，是作者後來改訂的，原稿中「王者而後有明堂」至「大政在焉」一段（見校注）被刪。未經改訂的文字，抄寫工整，正是孔氏刻本所取的内容。而段刻本依據的又是孔刻本，卻未曾見到這個經改訂的稿本，故而將孔刻本中有矛盾的地方擅自作了修改。實際上，此册中的改訂本，才是真正的定本。

〔六七〕「五室」至「東門之外」一段，爲作者改訂的文字。此段原作：「王者而後有明堂，其制蓋起於古遠。夏曰世室，殷曰重屋，周曰明堂，三代相因，異名同實與？世室、重屋義未聞。明堂在國之陽，淳子登説『在三里之外，七里之内，丙巳之地。』韓詩説：『明堂在南方七里之郊。』祀五帝，聽朔會，同諸侯，大政在焉。」這段文字，爲孔刻本所取。

〔六八〕「王居門中爲閏」句下，原有如下一段文字：「視朝聽朔在南門之外，朝日於其東門之外，凡祭齋於其室。大戴禮記盛德篇未記明堂云：此天子之路寢也，不齋不居其室，待朝在南宫，揖朝出其南門。禮記玉藻篇云：玄端而朝日於東門之外，聽朔於南門之外。周禮太史：閏月詔王居門終月。」後朱筆删去。

〔六九〕門堂　似是「明堂」之誤。考工記有門堂，然非聽政之所。

〔七〇〕本篇爲改訂稿，原件文字寫録工整秀麗，落款有「戴震拜言」四字。中華書局標點本戴震文集曾收此篇於補録中。按文中言「亦平金川」；「錫之都尉，施于孫子」的内容，知此頌當作於乾隆四十一年。蓋于敏中時爲清廷重臣，主開四庫館，並爲四庫館總裁，乾隆三十九年，因交通内侍等事發，受到乾隆帝的詰責。四十一年春，于敏中因平金川戴罪立功，賜一等輕車都尉，子孫世襲，事見清史稿本傳。此文叙于敏中事跡至平金川時止，因于敏中有過在先，故戴氏對其平金川事大加渲染贊頌，則此頌作於其平定金川之時無疑，時于敏中六十二歲。戴東原仕途並不得志，但平素勤於校勘考據之學，既入四庫館，得與衆大雅君子共舉校書大業，弘其所學，對主其事而又有舉薦之恩的于敏中，自然是有感於知遇之恩，故其詞感情真摯激烈，誠爲「寫其心」耳。

〔七一〕于邦　原稿作「於邦」。後改「於」作「于」。以下「協于其極」、「施于孫子」，原稿「于」皆作「於」，後改「於」作「于」。

〔七二〕是用作歌　原稿作「震也作歌」。後改「震也」作「是用」。

〔七三〕本篇爲戴震的手稿，中華書局標點本戴震文集已收入補録中。原件以楷書寫録，後又加改訂。原件無題目，因文中提到裴公，遂用中華標點本文集所擬題。

〔七四〕本篇爲手稿，内容均與禹貢有關，其中多爲摘記有關河源的考釋材料。原件靠近底邊綫的文字已殘。所引地理今釋一書今未見。原無標題，此用胡適先生所擬題目。

〔七五〕「斥漳縣」三小字原標注在「應劭云」右側，爲出處文字，今移入正文中。

〔七六〕「溢」字原文已殘，此據文意推定。凡原手稿殘損不清據文意推定而没有把握的字，均加六角號以示區別。下同，不另注。

〔七七〕語見漢書地理志上河東郡。

〔七八〕在昌黎縣北　四庫本明一統志作「在昌黎縣西北」。此作「北」，疑有脱文。

〔七九〕王横説　見漢書溝洫志。横字平中，琅邪人，官大司空掾，見儒林傳。

〔八〇〕陝西岷州衛　此爲元代建置，清時岷州屬甘肅。

〔八一〕河州、洮州　清屬甘肅，元屬陝西。

〔八二〕本篇是戴震晚年的手稿，以草書寫就，孔、段刻本均已收入文集中。文字内容與刻本相同，有許多圈點。原無標題，依刻本加。

〔八三〕此句之後原有「人各巧言理，視民如異類焉，聞其呼號之慘而情不相通」二十二字，後被删去。

戴震全書之三十四

戴氏雜録

胡錦賢◎整理
楊應芹◎審訂

説明

戴氏雜録收有文章十五篇，原件無封面，無題跋，現藏於北京大學圖書館。其中詩摽有梅解、古訓（即爾雅文字考序）、題惠定宇先生授經圖、記洞過水四篇已見於段刻文集。

戴氏雜録的價值，首先應在於爲考證刻本中文章的作者真僞，提供了一定的依據。同時，亦可幫助人們進一步了解戴震的活動及其治學的内容。如這些文章就比較集中地反映了戴震的修志之要，在於輿地、人民、政事三事。前人多論其重輿地考證，餘皆非所措意，實不够全面。册中題曰「古訓」一篇，按其内容，即文集中的爾雅文字考序，可知此篇之作，原本非爲序言，祇不過是記録了對爾雅一書的認識，後來便作爲爾雅文字考一書的序言。此本文中有曰：「所記懼過而旋忘，録之成帙，爲若干卷，題曰『爾雅注疏箋補』。」據此可知爾雅文字考一書，原名「爾雅注疏箋補」，後可能是見任大椿之書亦題此名，遂更其名，以避免雷同。記洞過水一篇，戴東原文集、段氏經韻樓集，均有收録，今據此原稿應屬於段玉裁。此類舉其二，便可知此雜録之寶貴了。

由於雜録中的代筆文字，在當時不便刊入文集，故其文前人多不知爲戴氏之作，今據此便可以物歸原主。此則亦編雜録者之苦心也。

詩摽有梅解〔一〕

周禮：「媒氏掌萬民之判，凡男女自成名以上，皆書年月日名焉。令男三十而娶，女二十而嫁，凡娶、判妻、入子者，皆書之。中春之月，令會男女，於是時也，奔者不禁。若無故而不用令者，罰之。」此立三十、二十爲嫁娶期盡之法。

周禮凡言「會」者，皆謂「歲計曰會」。男女成名以上既書其年月日名，中春則使其屬稽之核之。三十之男，二十之女，貧不能昏嫁者，許其殺禮。殺禮則媒妁通言而行，謂之奔。奔乃倉卒不備禮儀之名，故曰「於是時也，奔者不禁」，奔之爲妻者也。記曰：「聘則爲妻，奔則爲妾。」奔之爲妾者也。買妾者納財而不用禮，因其不聘，故謂之奔。凡三十之男，二十之女，非有故而後期者，爲不用令；非期盡、非中春不禁之時而不行六禮者，爲不用令。中春之令專爲不備六禮昏嫁之民，糾察其殺禮之由。

凡昏娶備六禮者，常也，常則無長幼之期，亦無時月之限。其殺禮不聘者，權也，權則限以長幼，限以時月。夫昏姻不使之六禮備，則禮教不行，夫婦之道闕，而淫辟之罪繁。不計少長以爲之期，則過其盛壯之年，而失人倫之正。不許其殺禮，則所立之期不行。既殺禮而不限以時月，則男女之訟必生。

周禮所言，寔古人相承之治法，摽有梅之詩，即其見之民事者也。梅之落，喻女子有離父母之道，及時當嫁耳。首章言十猶餘七，次章言十而餘三，卒章言皆在傾筐，喻待嫁者之先後畢嫁也。桃夭、摽有梅皆歌于嫁子之樂章，桃夭歌于六禮者，此歌于期盡而殺禮者。又三言「求我庶士」，皆所以慰此女之不得備禮。塈，如「民之攸塈」之塈，息也。「傾筐塈之」，猶言寘諸傾筐。迨其謂之者，女子期盡禮殺，使媒妁通言而行也。

古訓〔一〕

古訓故之書〔二〕，其傳者莫先於爾雅，六藝之賴是以明也。所以通古今之異言，然後能諷誦乎章句，以求適於至道。劉歆、班固論尚書古文經曰：「古文讀應爾雅解古今語而可知。」蓋士生三古後，時之相去千百年之久，視夫地之相隔千百里之遠無以異，昔之婦孺聞而輒曉者，更經學大師轉相講授，而仍留疑義，則時爲之也。

余竊謂儒者治經，宜自爾雅始，取而讀之，殫心於兹十年。是書舊注之散見者六家：犍爲文學、劉歆、樊光、李巡、鄭康成、孫炎，皆闕逸難以輯綴。而世所傳郭注，復删節不全，邢氏疏尤多疏漏。夫援爾雅以釋詩、書，據詩、書以證爾雅，由是旁及先秦已上，凡古籍之存者，綜核條貫，而又本之六書、音聲，確然於訓故之源，庶幾可與於是學，余未之能也。偶有所記，懼過而旋忘，録之成袟，爲若干卷，題曰「爾雅注疏箋補」〔四〕，聊以自課而已。若考訂得失，折衷前古，於爾雅萬七百九十一言，合之羣經傳記，靡所扞格，姑俟諸異日。

題惠定宇先生授經圖〔五〕

前九年，震自京師南還，始覯先生于楊之都轉鹽運使司署内。先生執震之手言曰：「昔亡友吴江沈冠雲嘗語余，休寧有戴某者，相與識之也久。冠雲蓋寔見子所著書。」震方心訝少時未定之見，不知何緣以入沈君目，而憾沈君之不及覯，益欣幸獲覯先生。明年，則聞先生又殁于家。今徒拜觀先生遺像，曰授經圖者。蓋先生之學，直上追漢經師授受，欲墜未墜，薶蘊積久之業，而以授吴之賢俊後學，俾斯事逸而復興。

震自愧學無所就，於前儒大師，不能得所專主，是以莫之能窺測先生涯涘。然病夫六經微言，後人以歧趨而失之也。言者輒曰：「有漢儒經學，有宋儒經學，一主于訓故〔六〕，一主于理義。」此誠震之大不解也者。夫所謂理義，苟可以舍經而空憑胸臆，將人人鑿空得之，奚有于經學之云乎哉？惟空憑胸臆之卒無當于賢人聖人之理義，然後求之古經。求之古經而遺文垂絶，今古縣隔也，然後求之訓故。訓故明則古經明，古經明則賢人聖人之理義明，而我心之所同然者乃因之而明。賢人聖人之理義非它，存乎典章制度者是也。松崖先生之爲經也，欲學者事于漢經師之訓故，以博稽三古典章制度，由是推求理義，確有據依。彼歧訓故、理義二之，是訓故非以明理義，而訓故胡爲？理義不存乎典章制度，勢必流入異學曲説而不自知，其亦遠乎先生之教矣。

震入都過吳，復交于先生令子秉高，與二三門弟子，若江君琴濤、余君仲林，皆篤信所授，不失師法，先生之學有述者，是先生雖已云逝，而謦欬仍留。震方慨然于徒接先生畫像，而吳之賢俊後學，彬彬有漢世鄭重其師承之意，可不謂幸與！可不謂幸與〔七〕！

乾隆三十年歲在旃蒙赤奮若季冬月，休寧戴震識〔八〕。

汾州府志序

代朱藩臺〔九〕

府領一州七縣，得漢太原郡之兹氏、中都、京陵、界休、鄔，西河郡之藺、臯狼、離石、隰成、中陽、土軍，中亘大山，若吕梁、黄櫨、薛頡、狐岐，則二郡之所以限。唐、宋已來，爲汾、石二州，兼有隰州地。府之設，起明萬曆中，後十餘年，知府王道一纂次府志，寔始草創，越今百六十餘載，無繼而爲之者。今秋之仲，諸城孫君以新志若干卷，請余言挂之簡端。

余謂此事匪易爲也。且如汾州之名起北魏，其初改吐京鎮爲州，治蒲子城，在今隰州，徙治西河，自裴良始。而西魏之汾州在今宜川，北周之汾州在今吉州，隋汾州在今霍州。前此之爲西河郡治也，起北魏太和八年。孝昌中，則僑置平陽界。而漢元朔四年初置西河郡，本在河西，永和五年，南徙五百九里治離石，迄於晉不異。若其依河表目，見經傳子史者，地不一所，咸非府境。以所屬縣言，中都爲地三，左氏春秋之中都在今河内，魏書之中都在榆次；永安爲地三，漢、晉之永安在霍州，北魏孝昌後之永安與介休嘗僑置平陽，而介休又僑置汲郡；汾陽爲地五，國語汾陽之田在平陽，漢汾陽即静樂，晉汾陽爲河東郡隸縣，隋汾陽唐武德七年改爲陽曲，其已後郡縣無汾陽之名。而郭子儀封汾陽郡王，鎮絳州。以地名山澤言，名梁山、吕梁者，春秋、爾雅之梁山在少梁，孟子之梁山在今乾州，尸子、吕覽、淮南鴻烈暨水經注之吕梁在今保德州西，爲河之鉅隘，而泗水中亘岨亦以名，孔子所歎吕梁縣水三十仞，魚鼈不能遊者也；名綿上、介山、綿山者，春秋之綿上在今翼城，後漢書之綿上在沁源，揚雄河東賦之介山在萬泉，而翼城、平定皆有綿山。鄔之北九澤，班孟堅以爲周職方昭餘祁，酈道元以爲呂覽晉之大陸，胥失之。然則凡所論著，雖勤求經史，猶眩若棼絲也，同名異地，未能證實，雜取其人與事於篇，謂免識者之譏，難矣！

孫君重其事，不以所知自多，復質諸休寧戴東原氏，勒成一書。於舊志既無可仍襲，遂綜博古今，嚴整義例，用補闕典。余歷官於閩、於荆、於晉，欲備知地之險易，政之利弊，以敷宣聖天子德意，檢閱府州縣志至夥，求其述地名山川，能周知寰内形勢之全，脈絡條貫，不失地防，無紛糾傅合也；記載官政，以及田賦征徭，爾雅明劃，遠於胥吏案牘也；傳一方之名宦人物，審確不假借，文體追乎古人，辭稱協諸德行也，若斯者蓋鮮。孫君素練於治，視昔時沉廢，輒力舉，不少因循，玆役亦其一焉。用是驗孫君之守汾，總八州縣而握其柄者，事事勤求盡若斯之用心，不亦懋歟！不亦懋歟！

乾隆三十五年嘉平月，賜進士出身山西布政使司布政使大興朱珪撰。

寧鄉縣志序〔一〇〕

縣境僻在山陬，地磽确，民勤苦，緣岡依阜，陶穴其下，即樹藝其上，澗側逼於山麓，亦率少平土，故出租賦之田五千八百三十餘頃，而水地僅四頃有奇，其餘專賴雨澤。人事究無善策，且民不知工技商賈，是以鮮千金之家。然亦無遊惰之氓，語風俗者，稱其敦樸少僞，禮節不愆，所謂勞故嚮義，豈不見於斯歟！

夫俗厚施教化也易，民窮至流離轉徙也尤易。保安調劑，繼以誨導，在涖兹瘠土者深加之意耳。余始入境，陟高山，涉深谷，虎狼之所嗥跳，及抵縣治漸周覽四境，惻然感，又悚然有懼也。幸際聖朝，休嘉併，雨暘時，民不虞失所。值太守諸城孫公，重用心於八州縣之利病風教，暨夫山川渠堰，以府志百六十餘年未修也，取其間政事人物，牒到縣，余檢閲縣志，成於康熙壬午，距今六十有九年，然而不徒事續考已也。縣合於離石，起曹魏。合而復分，起宇文周。漢縣爲西河郡中陽，見水經，當參以李吉甫元和郡縣圖志，竟莫之或知；以廣輪言，右舒左縮，水出縣右，西入黄河，行百餘里者凡四，許叔重説文解字「濡水出中陽，入河」，宜求之四水中，而無一川見於志；昔時人材如劉參政有誠、王少保友賢，卓爲名臣，匪直以表縣之科第仕宦，而不次其居官行事；宋史伏落津寨，縣西津要也，而置諸弗問。外此或名目雖存，時之遠邇，地之方所，茫然不辨，殊乖體例，綜厥古今。既不敢以疏漏應塞，抑思自府志上之，咸據州縣志酌其繁簡者也，舊志未足供採録，加以幾七十載，有俟增續，用是廣爲搜討，彙集成帙。適休寧戴君東原受纂修府志之聘，尚未南轅，遂兼質焉；得覈訂爲八卷，洵乎可資證實，無惑矣。

爰紀修輯端末，因憶余曩者始入縣境之感，今七易寒暑，惟庭省獄訟，民樂朝廷仁化，而忝居近民長吏，無奇效美績昭昭人耳目間，是則余所爲自慚也夫！

乾隆三十五年上章攝提格之歲，日在鳥帑，知縣事江源朱懋炳撰。

壽陽縣志序〔一一〕

披覽圖志，與讀史相表裏者也。而一州一縣咸各有志，俾沿革山川見歷代史者，於此可稽。因以近察政之體要，民之利病，故非通古今，明吏治，則撰次概不足觀。

歲戊子，余奉命撫晉，壽陽尹龔君來謁，知其有學，且克敬其職也。壽陽於春秋馬首邑，漢榆次東境。縣之設，起晉太康中。迨元魏氏，省入中都，徙其户於大陵城南，置受陽縣。蓋其時兵燹之餘，荒蕪爲墟矣。隋名魏所别置爲文水縣，而復晉舊縣曰受陽。唐貞觀十一年改「受」作「壽」，始符昔目，迄於今不異。然新、舊唐書「受」、「壽」參差互見，讀史者莫之能是正。

壽水控引山谿，逕縣治南，「水北曰陽」，是以納稱焉。其水南入洞渦。洞渦者，「同過」也，魏收地形志：「同過水出木瓜嶺，一出沾嶺，一出大廉山，一出原過祠下。」僅臚四源。繼云：「五水合道，故曰同過。」今是水導沾嶺爲正源，左合南谿水，導木瓜嶺之源也，過壽陽而西，塗水出大廉山塗谷南來會之，原過水北來會之。塗水春秋時以名邑。四源之外，最大者壽水，纏絡四源適中地，魏收獨遺之。酈道元注水經謂之黑水。二子距西晉未遠，於壽水俱不聞，又況生千百餘年後，欲稽古畢得，用訂史籍訛文，誠匪易易。

今龔君繕其新纂志稿請余序。其書嚴體例，精考核，凡舊時相承襲疏失，必詳舉，確有證實。如謂隋開皇迄唐貞觀，是地名受陽凡四十有八年。又魏書神武郡，寄治并州界，莫識所在，兹訪求得之，於縣西北二十里，猶名神武村。更摭李吉甫元和郡縣圖志神武故城繫壽陽縣北爲證，舊唐書言壽陽武德三年屬遼州，顧景范方輿紀要亦踵其誤，兹訂以武德三年置受州，領盂、壽陽二縣，遼州同是年置，領樂平、遼山、平城、石艾四縣，辨遼州乃受州之外。元史河渠書治河即漢書上艾之綿曼水，水經注云「上承桃水，縣東南二十里桃源溝」是也。桃或作「洮」，遂傅合左氏春秋「臺駘宣汾洮」。兹則訂以司馬彪云洮出聞喜，兩不相蒙。大致精審類如此。

縣轄二驛，當西路達京師衝要。而龔君爲縣餘暇，於境内有關施政資稽古者，周察不遺，率是心行之勿怠，以蘄適於治理，仰承聖天子命官分治子惠元元之至意，其亦若斯之盡其學，敬其職，不敢或苟也夫！

序

（即永寧州志序。此篇是戴震代王興穀作的永寧州志序的底稿，爲戴震的手跡，稿中略有修改，其抄正稿收入戴東原先生文，兩者文字内容完全相同，此略。）

正汾州府名宦祠秩祀碑[二二]

祀典之有名宦，嗚呼，難言之矣：或數十年中，羣思其功德，久之而姓氏至莫之能舉；或得於民，不必得於上，而以罪去官，民雖心予之，在官者未敢顯列之。至若昔時撰次志書，郡縣流移，考之不審，同名異地，雜取於篇；按以秩祀，初無證實，加之前後沿襲，訛舛相承。

汾州府名宦祠，舊在祀典二十有七人。其五人：宇文測，西魏大統六七年間行汾州事；王雅，後周明帝初除汾州刺史；韓褒，保定三年；王慶，大象元年。而舊訛西魏曰後周，至後周三人則又一繫之晉，一繫之西魏，一繫之後魏。典禮之地，若是其茫昧乎！

西魏之汾州，在今陝西宜川縣。後周之汾州，其一在今吉州，即東魏所置南汾州，其一在今霍州，隋開皇十八年改爲呂州。而唐汾陽郡王郭子儀鎮絳州，絳在汾水之陽，唐時州郡無名汾陽者也。此五人者，未嘗官斯土，然記稱有其舉之莫敢廢，則以賢而祀，又何慚焉？刁雙，北魏肅宗時拜西河太守，而舊繫之晉；房豹，北齊河清中，而舊繫之三國魏；其餘前後失次寔多，不可以勿正也。唐汾州刺史崔宏禮，史稱其短於治民，又以愛利務多積見譏，不宜列於祀。

其賢而功德及民，舊失考者：北魏裴良；隋李衍、蕭大圜；唐崔隱甫、徐堅、杜希望、薛從、崔圓、劉暹、孔巢父、裴向、魏謩；宋郭逵、張確、賈亶；金郭企忠、傅慎徽、許安仁、烏古論德升、完顏訛出虎；明茹志道、紀正、張軏、李善、葉穆、伍秀、海鯉、高俊、張恕、郁浩、何賢、王崇慶、郭鏗、王正中、劉坤、於敖、張倌、孫繼魯、葛守禮、齊宗堯、白夏、麻溶、劉一佺、劉光祚、王肇生、侯君昭；國朝周召南，凡四十有七人，或以賢良稱，或以忠義見，千古之人心，懷之如一日也，可勿祀乎？他如石州刺史，離石郡太守，仍祀永寧州名宦，八州縣之賢良忠義，祀於各州縣，不在此數。

夫未祀而宜增，既祀而宜廢，且非官於斯也。既祀而援莫敢廢之文以進之，寔官於斯，亦既祀之矣。稽其治行退之，祀典之設，要以功德爲斷，觀於斯者，可以悚然懼矣。

乾隆三十五年上章攝提格之歲，日在鶉首，知汾州府諸城孫和相記。

黄櫨嶺候館闢路記[一三]

汾陽，古茲氏也。羣山亘其右，汾川行其左，而黄櫨嶺爲西山之隘口，東魏武定中，齊獻武出北道，度赤谼嶺，斛律金爲南道軍司，則繇黄櫨嶺出與之會。前代嘗置關嶺上，憑高爲固。循山峽而東，則金鎖關，亦曰向陽關，元天歷初，令汾州之向陽關穿塹壘石是也。東於峽，曾不容軌，峽之南取徑，亦西達黄櫨。

乾隆丙戌夏[一四]，城臨縣，余分與其役，明年秋，事竣。凡募工匠，踰三百里乃抵臨，余念未傳功不計傭值[一五]，則工匠苦途遠，因令一往一來，即鑿治道路，不虚其在途之日。東起黄櫨之東二十里，西越嶺行永寧州境又三十里許，曩者崎嶇嶮狹，至是始可通車無阻。東當嶺之隘，舊有廟曰石雲庵，去居民遼闊，東西行，仰空循磴，力疲，喘息不能定，乃躋乎是。況大吏以歲時行部，歷險僻，度雲霄，誠不可無在疆候館，茲廨南嚮四楹，東西廡暨厨竈備，門亦四楹，兩旁爲茶亭，蓋余於城臨工竣之月歸而創建焉。

然山高風勁，阪陁敧危，房舍道路，胥成之甚難[一六]，而廢壞也易，都數歲中，便官之日暫，便民之日久，倘蒞斯邑者，恒治之於未廢，修之於未壞，其暫者屬在典文，久者尤施政大經也。用識歲月，以俟後之君子。

記洞過水〔一七〕

西北之水多濁，而趙地之水清者有二：其一曰晉水，水經所謂「出晉陽縣西縣雍山」者是也；其一曰洞過水，水經所謂「出沾縣北山」者是也。沾北山一名沾嶺〔一八〕。嶺西，鳴水、沾水所出，皆至井陘，合壽陽東界之桃水爲治河，北入滹沱。嶺之南，少山大要谷，清漳所出，南流合於濁漳。自沾嶺南迤西，爲木瓜嶺、石堠嶺、八賦嶺，大廉山有古石堠，轑山、武山分形如八字，故石堠、八賦以名。其南水悉歸漳，北水歸洞過。沾嶺近北，二泉並發爲洞過水者，與鳴水源同一山，今呼陡泉嶺，在樂平縣西。其水西北流經平定州西南，木瓜嶺之水北流七十五里會之〔一九〕，水經注之南谿水也。又西北至壽陽縣東南界〔二〇〕。

戊子秋，余以公事往樂平，得觀洞過水之清駛。宿常村，肩輿早行，山中見水流渾濁。問諸從者，曰：「此洞過水也。」「何不類乃爾？」從者應曰：「昨雨甚，水從西山驟至〔二一〕，洞過清流潛於渾水下〔二二〕。」余疑之。復西行數十里〔二三〕，則清澈鏘鳴者，曲赴山石間。

問：「渾水安在？」從者曰：「渾水行遲，少待當至矣。」即而果至。余始信從者前言不我欺，歎水性之清濁遲迅不侔，而不相入也有如是〔二四〕。復行三十里許，經壽陽之羊頭崖〔二五〕，又十餘里至趙家莊、盧家莊之間，洞過水與壽水會，西流七八里，皆迤邐行石上，汪洋澮泊，激石有聲，淙淙然下落於建公潭。潭方三四畝許，深莫能測。四面山皆土戴石，巉嵯刻秀，建公村隱其間。居人涉水者或以砅，或以略彴。余留宿村中，詢其土俗，無識字人，無入城邑識官長人，其山川淳樸之氣可知也〔二六〕。壽水控引壽陽全境之水，南會於洞過〔二七〕，洞過於是始濁。魏書地形志云〔二八〕：「同過水出木瓜嶺，一出沾嶺，一出大廉山，一出原過祠下，五水合道，故曰同過。」然則同之爲洞，因水名加偏旁耳。志言五水，而廑舉四源，失舉者，舍壽水無足以當之。

自建公潭而西，逕西落鎮，至榆次縣東界，游波西逝〔二九〕，左則涂水南來會之，水經注所謂出大嵰山涂谷者也。大嵰山即地形志之大廉山。又西五里，原過水自右會之，統納衆川，勢亦始平〔三〇〕。居人用以灌溉，故其地溝塍刻鏤，穲稏千頃，仿佛江南風景。憶春中，自汾州還，道經晉祠，觀晉泉之正出，清鑑毛髮，山下釃渠數十，其穀亦宜稻。之二水之清之利，更何其相似歟？晉水初出而民利之，洞過必逕流百數十里，而民始食其利，則因乎地勢然矣〔三一〕。

五水之合爲洞過也，惟涂水最古，春秋時以名縣。顧物情隱顯有時，是以水經、魏志咸表洞過，而壽陽命以壽水，酈道元乃稱曰黑水，宜魏收作志失之也夫[三二]！

山西武鄉試録後序[三三]

乾隆三十六年辛卯，晉省文闈後，孟冬之月，應踵行武闈事，時巡撫臣鄂寶、進學政臣吴巖，咨送武生暨各營兵，共一千□百餘人[三四]。選拔其尤，得士四十人如額，謹書其姓名，又録技能論策之優通者，恭呈御覽。臣備員監試，例得綴言簡末：

稽之周官司徒，三物、六德、六行之下，即六藝繼之，而射、御寔居其二。蓋文德既修，武事必備。依古以來，並列之教，而賓興以之。左氏春秋晉人之論將帥也，悦禮、樂而敦詩、書，言不徒氣矜智謀是尚。然而語夫致果克敵，則凡司馬之法，步伐之節，山川之險易，道途之近遠，咸當周知，以至器械異宜，材技異適，罔非平時所嫺習也。

今武科之條，試之論策，觀其研精韜略，且不愧儒者，而先於射取中多，必兼馬步，加以勁弓刀石，用徵勇力。天下之人，既灼知我皇上異德殊功，萬邦區宇盡入版圖，而擢士猶不廢材勇。上年皇上六旬萬壽，今年恭逢皇太后八旬萬壽，先膺班詔開科，文武並進。即接以大比之期，頻得登獻，固莫不勸勵。況趙、魏古稱勁士，其樸忠出其天性哉？臣凡儒儒生，幸贊兹典，不禁舞蹈拜稽而附爲序。

蔣秋涇詩集序〔三五〕

吾亡友秀水蔣君故無詩集也，平陽徐生昆出其偶得而手録之者，纔百一十二篇，遽刊焉，不敢復去取其間，君前後所爲詩，及其散逸，朱竹均學士爲作傳，既略道梗概，且欲録君盛年之作以益生，而生未之待也。

昔東萊吕伯恭甫作讀書記，起自秦誓，溯而上至洛誥乃止，莫識其故。伯恭之學受之林少穎，少穎有尚書集解。朱晦叔謂洛誥以後非林氏所著書。然則伯恭寔爲其師補所未竟耳，顧無好事者比而合之勒成一部，後人遂病二書皆非完。今蔣君前後所爲詩，雖更舉其盛年者增多，兹刻十之四，猶未得目爲蔣君詩集在是也。余獨嘉弟子之寶愛於其師，片言是珍如生者，蓋曷可少哉？

記武舉戴鳴鸞〔三六〕

霽崖戴君以經學聞海内也久，上年秋，館於予邸，往來咸名宿士。一日，有年少者在坐，語次從容，秀擢羣儕。既出，詢之，則浙之由武鄉舉揀選留兵部試用者。問其姓字，霽崖之同宗也，曰鳴鸞。既而常至，悛悛書生也。與習騎射校勇技者異，豈其兼能而多材者歟？

夫古來名臣儒將，説禮、樂而敦詩、書。韓退之稱鄂州柳中丞，用儒雅文字之業，行事適機宜，而風采可畏愛，由是言之，士誠不以文武爲殊塗，顧視其平素所養何似耳。如武科昉自唐，而其時得人之盛，若郭汾陽輩寔出其中。德器之存乎人者，詎不易地皆然哉？

霽崖爲予言，鳴鸞之父易堂亦奇士，所與遊多□人。又時戒子以親道德有學君子，以故鳴鸞謹慎厚重。其大父淳甫翁義高有善行，支派出自休寧之隆阜，今家於錢塘。鳴鸞在兵部有年，期且滿，當得官，而適值淳甫翁八旬大慶，乃再拜乞予一言寄歸，以爲黄菊初開，孫曾臚侍奉觴之獻。予曰：有是哉！昔之寄言福澤功名者，未知其後，觀其先之一動一言，可必其受之鉅細矣。

昔之善覘德行者，未接其人，睹其子若孫，可信其積之厚薄矣。鳴鸞洵佳士，因以占其家世之仁義是脩，法度是束，則壽而昌也，不亦宜乎？予不善爲泛遠稱頌語，書予目矚者，可以侑翁之進一伯雅矣。

誥封孺人丁母易太夫人八十榮壽序〔三七〕

蓋聞德之所至，福亦隨之。雖閨門以内，幽隱不彰，而感召之微，如樹臬以致影，依聲以傳響。故觀於其及身膺受者，與其子孫之賢才行能，其知之矣。丁母易太夫人壽躋八袠，子臨縣知縣丁君名宗楙者，陳情歸養，上官無以奪其志，遂得請。于是丁君欣然辭于同列，歸爲母壽。余忝職居監縣，固稔知丁君之賢，且臨民之安其政也。兹之歸，余何能不介于懷，而闕焉無一言耶？

余始行郡届其疆也，人民田疇肅然，服教秩然就理，此非賢能之吏若是？既而知其加意學宫，闢其壅蔽於前者，欲諸生之開拓心胸，此非慈惠之師若是也？城臨之役，三縣和衷共濟〔三八〕，民歌咏其美。先是，修石堤以防湫水暴漲，因築湫川烟雨臺，建亭其上，名曰順成亭，皆自爲記，寫其惻隱爲民。

今念切望雲，用答凡熊畫荻之勤，臨民攀轅卧轍，不能遮留。計丁君莅官八年於兹矣，不事赫赫之績，而庭清民和，治官事能勤以慎，爲盛世之良有司，斯足以徵太夫人之所以勵其子，良有在也。

次子曰宗恩，前枝江縣令。蓋太夫人未五十以前盡婦職，相夫子既稱賢淑，以後課二子，俾掇科名爲良吏，又慈母而寔兼嚴父也者。乾隆十五年，以長君官零陵博士，恭遇覃恩，貤封孺人，時甫周甲子，閲今歲星行天一周又八度次，太夫人之綏福禄介眉壽，應食厚報於靡已者，以其子之爲吏良知之，即以知太夫人之德，雖不踰閨閫，而信而有徵，洵足稱道也。而壽而昌，不亦宜乎！

同寅諸君共謀製屏，來請余言，余不善爲泛遠稱頌語，書余目矚者，可以侑太夫人之進一伯雅矣。

皇清誥贈奉直大夫茶陵州知州梅圃戴君墓誌銘 代陳中堂〔三九〕

君諱天眷，字申錫，一字梅圃。曾大父播，大父孟元，貢生，父珮。系出春秋時宋戴族〔四〇〕，至南唐國子祭酒、階銀青光禄大夫、上柱國曰安，謚忠恭。其後，世居休寧之隆阜，于是隆阜戴氏族望江南。遷於杭自君之大父，以鹽䀋業，因家焉。

君生十幾齡而孤。有弟某纔幾齡，母周太君獲疾不能動履者十有五年。君事母盡孝道，其侍疾恒丙夜乃寢，或方寐聞呻吟聲，整衣冠起省問，進藥餌不少衰。如是習爲常。撫稚弟字愛曲至。君既幼失父，前此家數被災，業廢，以故空乏特甚，及弟又早夭，君嬛嬛獨立，棄舉子業治生產。後稍就贏裕，即時以拯族里之困，三黨暨諸戚屬，婚喪不給，咸倚賴君。歲除夕，則持白金出，以賙恤貧者。蓋君之仁孝謹厚，出於性成。方周太君病據几榻也，火自鄰之舍宇連及寢室，君適外出，奔而至，冒烈焰以入，負太君出。時遑遽，不知所嚮，乃彷佛有爲之前導者，以是得無恙，火亦尋熄，婣黨傳謂君之孝誠，能轉危爲安，昭然若斯。

君自奉儉約，生平不苟言笑，而喜舉古今名臣循吏普濟民物之事，在家庭稱道靡倦，因以之教戒諸子。竟老，於通鑑一書，猶未嘗不置案頭也。春秋八十有四。

余撫湖南時，識其季子保豫。保豫膺親民之任，廉正不苛，其居心以愛人爲本，治官事能勤以慎，是可覘君之教義。今以治最來京師，復見余，將請數月假，還葬君於錢唐白鶴峰之陽，而乞余銘。君以康熙辛亥十二月十日生，乾隆甲戌八月四日卒。由太學生試職州同知，覃恩贈奉直大夫。如子保豫官，娶趙氏，繼娶張氏，皆贈宜人，祔君葬。子六人：長保臨，太學生；次保晉，庠生，早卒；次保升；次保豫，官湖南茶陵州知州，晉改靖州；次保履，褫亭巡檢；次保咸。女子子四人。銘曰：

爰卜白鶴，允維君宅。仁孝如君，昆嗣宜碩。

校注

〔一〕此篇出自杲溪詩經補注，已收入段刻文集。文字内容及行文上與刻本文集有很大出入，可能是初稿，姑存之。本篇主要以周禮所記古人婚姻制度，解詩之摽有梅。而刻本則增加了大戴禮記、國語、左傳、禮記等不少其他經典材料，並且向朱子集傳提出質疑。此篇雖然内容和材料少于刻本，但反映出戴氏研究摽有梅，是從周禮入手的。戴震善以古禮治經，此是其例。

〔二〕此篇即收入孔、段刻本文集中的爾雅文字考序。其文字内容與刻本略有不同，姑存之。原件楷書，有修改，姑存之。本篇題曰「古訓」，蓋因「古訓故之書，其傳者莫先于爾雅」，「爾雅，六經之通釋」，「爾雅之作，其時六經未殘闕」也，故稱「古訓」。而據文末有言題曰「爾雅注疏箋補」，知其所成爾雅文字考十卷，原名爲「爾雅注疏箋補」，大概後因見任基振亦作有爾雅注疏箋補，遂改己之書名爲「爾雅文字考」，以不與之同名。

〔三〕訓故　文集本均改作「故訓」。。

〔四〕爾雅注疏箋補　文集本作「爾雅文字考」。

〔五〕此篇爲手稿。本文已見於孔、段兩刻本文集。較之刻本，本篇末尾多一句「可不謂幸與」，落款曰「乾隆三十年歲在旃蒙赤奮若季冬月休寧戴震識」二十字，刻本亦無，可能在謄抄或刊刻時被删去。此稿標題原爲「松崖惠先生授經圖」，後改爲「題惠定宇先生授經圖」，爲拜觀惠先生遺像而題，其語意比原標題明確。又文中所言「訓故」二字，與清初方以智等人説同，而後刻本文集均改作「故訓」。

〔六〕訓故　刻本均改作「故訓」，下同。

〔七〕刻本無此重出句。

〔八〕刻本無此落款。

〔九〕這是戴震代朱珪作的汾州府志序的改訂稿，其文已見於乾隆三十六年刊汾州府志。因不便於當世刊入戴氏文集，故孔、段刻本均無。戴震與朱珪友善，戴震纂修汾州府志，即朱珪舉薦給孫和相的。

〔一〇〕本篇序文落款爲朱懋炳，而全篇皆爲戴震手跡，又據文中有「虎狼之所嗥跳」一語，與戴氏代王興穀作的永寧州志序中所言「歷虎狼嗥跳之區」一語相同，可知此序是戴震爲朱懋炳代作的。序中提到戴震纂修汾州府志尚未南轅之時，參與覈訂寧鄉縣志之事，説明所修寧鄉縣志，亦有戴震之功。段氏戴譜中未曾提及此事，似爲疏漏。

〔一一〕本篇爲戴震的手跡，以端楷寫就。段著年譜三十五年載「龔君方修壽陽志，請先生點竄，先生因爲辨正晉、隋、唐史「壽」、「受」二字之訛亂，並爲審定目録。今手稿猶在玉裁處，皆端楷也。」本篇主要内容之一即辨正「壽」、「受」二字，可見本篇當爲段玉裁所藏手稿的一部分。題目原作「序」，後朱筆改爲「壽陽縣志序」。題目右方有一行字：「庚寅十二月新春日代巡撫鄂寶。」龔導江所修壽陽縣志，列此序爲首，序末落款「乾隆三十五年臈月撫晉使者鄂寶撰並書」。

〔一二〕本篇落款爲「孫和相記」的碑文，已見於乾隆汾州府志藝文中。但按此稿爲戴震的筆跡，可知是戴震代筆制作的。戴氏受孫和相之請，總輯汾州府志，熟悉汾州人事。而從戴氏的許多代筆情況來看，他樂於爲名宦寫作，蓋名宦能思於國和民，知大義，有政績，爲戴氏所重，此爲編史志者之責，本於春秋義例。原件抄録工整，筆跡與戴東原先生文中的温方如西河文彙序相同。文中没有修改，但有圈點符號，文字與汾州府志中完全相同，似爲準備付刻的抄件。

〔一三〕本篇爲手稿，是戴震在山西時爲汾陽知縣朱濬所擬作。乾隆汾州府志卷三十二藝文收有此記，署名曰「朱濬」；乾隆汾陽縣志卷十三藝文亦收此記，署名曰「知汾陽縣朱濬」。

〔一四〕夏　府志、縣志兩刊本均改作「秋」。

〔一五〕功　汾州府志與此同，汾陽縣志作「工」。

〔一六〕胥　府志、縣志兩刊本改作「均」。

〔一七〕本篇原稿底本是段玉裁的手跡，後經戴震增删修改。原稿五百一十二字，戴震增改後爲八百二十字，而實際增删四百多字。後來又有無名氏對本文圈點評説，字數也在三百之多。微波榭本之東原文集未收此篇，而玉裁在編東原文集時，便將此文收入卷六之中，且後來又於戴東原先生年譜三十五年條加以説明：「是年有代壽陽令龔君導江記洞過水一篇。」而於玉裁身後，大概人們見文章的原稿底本是玉裁手跡，又將此篇收入經韻樓集卷七。

〔一八〕自「一名沾嶺」至「與鳴水源同一山」這一大段文字，爲戴震所加。

〔一九〕自「木瓜嶺之水」至下文「又西北」共二十四字，爲戴震所加。

〔二〇〕此第一大段有兩處眉批，其一曰：「伏沾嶺、木瓜嶺兩源爲中一段考覈地，而大廉山、原過祠又於末段補出，此筆法也。」其二曰：「帶叙鳴水、沾水、桃水北入滹沱，又叙明石堠嶺、八賦嶺之南水入漳，北水入洞過，即伏木瓜嶺、大廉山，使形勢瞭如指掌。後云壽陽全境之水，此云東界桃水，而山脈分水備細不遺，有此牽帶，便不嫌以晉水作陪。及專詳洞過，五水之結構太謹嚴明顯矣。」

〔二一〕雨甚　段刻本、壽陽縣志均改作「雨盛」。西山，段刻本、壽陽縣志作「四山」。

〔二二〕「洞過清流」句上　眉批曰：「寫清濁不相入，妙指可參。」

〔二三〕此句段刻文集作「復行十數里」；壽陽縣志作「復西北行十數里」。三本不盡相同。

〔二四〕「而不相入」句上　眉批曰：「以寓意住。」

〔二五〕原稿「羊頭崖」下有「即縣人所謂羊頭積雪也」一句，被戴氏圈去。眉批曰：「羊頭積雪四字，彼掇成八景之一，究之『終南積雪』，『羊頭積雪』似同而雅俗迥別，凡此等必不可拈來。蓋『羊頭崖』三字便非俗，去『崖』字而綴『積雪』不成辭。」

〔二六〕「其山川淳樸」句上　眉批曰：「寫民風自令人神往。」

〔二七〕「南會」句上　眉批曰：「見壽水之大，可爲五水之一。」

〔二八〕自「魏書地形志云」至「無足以當之」一段文字，爲戴氏所加。此段天頭有眉批曰：「以考覈住。」

〔二九〕自「游波西逝」至「統納衆川」一段文字，爲戴氏所加。

〔三〇〕勢亦始平　戴氏先改作「勢亦漸平」，後又删去「漸」字，保留「始」字。旁批曰：「仍用『始』字爲妥，今隔數行，不嫌與『始濁』複。」

〔三一〕此句有眉批曰：「又以寓意住。」

〔三二〕末段爲戴氏所增。眉批曰：「傚足中間，考覈亦有寓意。有此數語亦化去以晉水起結之太明顯。」又文末有大字評語曰：「辭意清婉，味之不盡，爲增入考覈，更覺於讀史有會心，善補古人之缺。中間清濁不相入，利民有遲速，及名之隱顯，皆與人品、施政、學問相關，非尋常筆墨事，入志書中洵傑作也。燈下凍筆。」

〔三三〕本篇是戴震爲巡撫大員鄂寶擬作的，是準備給乾隆帝御覽的文章。原件無署名，基本是行書寫成，文字有修改，據其筆跡爲戴震的手稿可無疑。序端有言「乾隆三十六年辛卯，晉省文闈後，孟冬之月，應蹕行武闈事」，則此序當作於此次武科選録事畢之時。山西在戰國時爲趙、魏之地，歷來多出武勇將才。據標題可知，此次山西武科選録，是在武鄉縣舉行的。

〔三四〕原稿「千」下空一格，當是作文時尚不知確數。

〔三五〕本篇是戴震的手稿。據文中内容，似是戴震爲徐昆、朱筠所輯蔣秋涇詩集題寫的序文。蔣氏名德，字敬持，號秋涇先生，浙江秀水人，是徐昆、朱筠的老師，而長於戴震十歲，卒於乾隆三十一年。朱筠曾作有蔣秋涇先生别傳，已見於笥河文集。據其傳文，乾隆三十三年，朱筠欲將所輯「十之四」與徐生所藏合爲一，戴氏之序亦當作於此年。原件無標題，此據文中内容擬加。

〔三六〕本篇爲戴震所記人物之稿，其愛才之心可見。而文中主人戴鳴鸞，似因此文而得留名於世。據册中山西武鄉試録後序，武鄉選録是在乾隆三十六年孟冬之月，而此言「上年秋」，又言「鳴鸞在兵部有年」，則此文似當作於乾隆三十八年。原件無標題，此據文中内容擬加。

〔三七〕本篇是戴震的手稿，在山西代友人爲臨縣知縣丁宗懋之母八十壽辰而制作。丁宗懋是山西名宦，爲戴氏所重。所代者似爲巡撫之類的官員。末句「可以侑太夫人之進一伯雅矣」，與前篇記武舉戴鳴鸞末句「以侑翁之進一伯雅矣」説法相同。雖然是應酬之作，卻可以反映戴氏的史志觀點和銓吏標準。文中提及乾隆間城臨之役，此所謂「春秋凡城必書，重其勞民也。」（汾州志丁宗懋臨縣修城碑記語）

〔三八〕三縣　指汾陽、臨縣、孝義三縣。是役於乾隆三十二年九月竣工。見汾州府志藝文臨縣修城碑記。

〔三九〕本篇是戴震的手稿。「代陳中堂」四字爲行書字體，顯然是後來補加上的。據文中所言「乾隆甲戌」，爲乾隆十九年，則這篇銘文當作於此後數年之内。時戴震三十餘歲。陳中堂，未知是否爲陳宏謀。陳氏廣東臨桂人。雍正間曾官江南道，領御史銜攝安徽布政使，乾隆二十、二十六年巡撫湖南，官至協辦大學士，歷充國史、玉牒、三通館副總裁，爲清朝名臣。按文中所言戴梅圃的身世及其德行，與戴東原先生文中某翁頌辭所言某翁很相似，兩篇當是同出一手，寫的是同一人。如彼言某翁時曰「里有老成」，「比閭是書」，是謂某翁與戴震同里，而戴梅圃祖籍正是休寧隆阜人；彼言某翁「惜學未遂，業改於初」，而此言戴梅圃少孤弟幼而棄舉子業；彼言某翁賙貧好義，「念歸鄉族」，而此言戴梅圃「即時以拯族里之困」；某翁之「爲善靡倦」，而戴梅圃亦稱道名臣循吏濟民之事「靡倦」。兩篇中的主人，戴震都以「翁」相稱，蓋同族父輩也。既代陳中堂，戴震自己亦當應酬之，故有某翁頌辭之作。兩篇筆跡均相同，每行均爲十九字，文中事跡和語言多相通，此爲同時作品之證。

〔四〇〕戴震文集中有族支譜序一文，所言與此同。

戴震全書之三十五

與段茂堂等十一札

朱阿明◎整理
楊應芹◎審訂

説明

此十一封信，寫自乾隆三十一年（一七六六）至乾隆四十二年（一七七七）。其中最後一封信作於乾隆丁酉五月二十一日，即戴震逝世前七天，實際上是他的絶筆。這十一封信主要記述了戴、段的交往，反映了二人深厚的情誼。尤值得注意的是，戴震晚年的思想狀況，在信中有集中而真實的反映，是一份極爲珍貴的文獻資料。

段玉裁在戴震逝世的三十八年後，將他的手札連同孔繼涵、戴中立的兩札合訂成册〔一〕，並寫了跋。此册手札後由無錫安鍾祥家所收藏。三十年代皖籍學人編印安徽叢書戴東原先生全集時，始得安氏珍藏，將手札影印於東原全集之前，使寶墨廣傳於世。安氏另有與段茂堂等十一札及孔繼涵、戴中立札之抄件〔二〕，今藏復旦大學圖書館。

本次整理，乃第一次將原手跡排印出來。爲了保留原札面貌，信札悉按原編次，段玉裁的批注，在校注中説明。作爲附件的孔繼涵、戴中立二札，原皆殘闕。其中孔札，段玉裁於册中祇保留了一半，今據胡適考證，由段著戴譜中輯録補全。中立札，安徽叢書影印有遺漏，現據復旦藏抄件補足。

校注

〔一〕段玉裁東原先生札册跋曰「輯先生手跡十五彙爲一册」，據胡適考證，另遺失的兩札是：答段若膺論韻和「繳還稱謂」的又一札。詳見跋段玉裁的東原先生札册跋（臺灣胡適紀念館編胡適手稿第一集三卷三四九頁）。

〔二〕原題作「戴東原與段茂堂十一札」，「等」字爲整理者所增。

與段茂堂等十一札

第一札[一]

弟校本數日前爲姚六哥鼒取去，餘俱奉上。尊謙不敢當，并繳。

附段玉裁與戴震書

水經一本，裁已抄完。乞將校定全書并裁所上，全部付來手。金五先生所書夏小正正文，亦祈發來。耑此，並請鈞安。餘不悉。裁謹禀。

第二札

水經注屢缺第二十六卷。今將吴刻一本，併原書一本作款式。又唐宋文一册附上。

第三札

來水經注九本已收。此寔舊本。弟處校本，係江西劉内翰暨汪明兄分借去，未還。其原善、原象等，亦在汪公處，俱俟改日呈上。賤體已復舊。再者，上年承賜札，弟收藏俟繳，致離舍時，匆匆檢尋不出。在吾兄寔出於好學之盛心，弟亦非謙退不敢也。古人所謂友，原有「相師」之義，我輩但還古之友道可耳？來札奉繳，不宣。喬林大哥〔二〕，震頓首。

内城上未來邀。

第四札〔三〕

前日一到，即留署内暫停。聞本意，原欲以省城書院往招，後因都中有信，言與汪明之兄同寓〔四〕，恐偕行而來，故轉請鄭公。今已遣人去，不得不待回音也。附上書一册，抄畢望即寄下。龔老先生處〔五〕，祈叱謝。昨言有樂平、盂縣、平定州地圖，得轉懇抄示爲感。震拾紙。五月廿九。

第五札

前月得手札，並龔老先生翰，以志書屬參末議。前因可商處多存，無訾成器之意，欲姑置之，蓋一動則直另爲一書也。頃因道臺有筆墨事見屬，日内可脱藁矣，當即應龔老先生命。縣境圖最緊要，須用方格，每方幾里，方嚮里數，必大致可稽。一注明山名、水名，一注明村莊之名。恐太繁碎，同樣繪二圖，分注曰「縣境山川圖」、曰「縣屬村鎮圖」。至若志之俗體，湊合八景、十景，繪圖卷首，近來名手頗有知爲陋習，宜削去者。星野之載步天歌及星圖，均屬陋習。又如每篇有小序，序皆通套語，近來亦有删去不用者矣。村鎮必分八到，東、西、南、北、東南、東北、西南、西北。注明距縣治里數。不必注在某都。鋪驛則注明某鋪至某鋪、某驛至某驛，兩頭遞交里數，使考古知今，藉此爲據。又壽陽縣北境，有後漢廣牧城及後魏神武郡治，縣北三十里。尚有遺跡可訪查否。宋靖康元年，种師中抵壽陽之石坑，爲金將所襲，迴趨榆次，至殺熊嶺，去太原百里戰死。則石坑地見於正史，亦當載。殺熊嶺相傳在壽陽西六十里，接榆次界，今屬境内否。上數事似不可缺，望查核，以補舊志之疏。僕館事因南使未還，故仍静待。水經一本，藩臺欲抄，便中速寄。圖一繳附。候邇祉，不宣。震頓首。龔老先生未另具札，希代候。七月十四日〔七〕。

第六札〔八〕

兩得父親手信，似頗記念。愚擬明夏南旋，看來府志畢後，汾陽縣亦即留修縣志，則行期又未能確。當謀老弟先歸，以慰老人之望也。前寄段兄銀信已查明，原封寄解餉官致朱四先生處矣。收到即寄一回音，侍先生晤時代候。所言館事極難，藩、道二署尚坐數人候館也。鍾兄事稍不老辣，便成幻餅。任兄就中翰，仍在都否？此處束脩僅送來百金，即寄段兄之項外，薪水卻有餘。前月買大毛袍套并皮褥，去銀三十餘金，故目前係借書院掌教路兄銀用，正月乃得寄家信。今歲上半年，家中甚欠缺，下半年則有餘，無慮也。十二月初七日，兄字。

段兄未另具札。外韻書數頁即送，勿遺失。其選期何如？所得地方，即寄知乃妙。

十二月初七日，汾州府志館寄。

內信懇附

府報轉致王廣福斜街浙江塘務局

舍弟漁卿收

戴震拜浼

第七札

去夏一晤，倉遽即別，時時懷想，無由識境況何似。及今秋之仲，入都門急訪，見令親龔老先生，詢得一切。又接手札，知起居綏和，諸凡妥善，乃甚快慰。

僕此行不可謂非幸邀，然兩年中無分文以給旦夕。曩得自由，尚内顧不暇，今益以在都費用，不知何以堪之。數月來，纂次永樂大典内散篇，於儀禮得張淳識誤、李如圭集釋；於算學得九章、海島、孫子、五曹、夏侯陽五種算經。皆久佚而存於是者，足寶貴也。玆家兄次琬，以縣丞挑到川，促之就道。倘有緩急，晞推情爲移挪，併事事祈指示。其人朴寔少文，於醫頗通曉穩當。順候邇祉，馳溯不既。震頓首。上懋堂賢弟執事。

大著辨别五支、六脂、七之，如清、真、蒸三韻之不相通，能發自唐以來講韻者所未發。今春將古韻攷訂一番，斷從此説爲確論。然執管欲作序者屢，而苦於心不精，姑俟稍安閒爲之，目近極繁擾也。往年之項，如便望寄。僕今暫寓紀公處，出月初五，移寓洪素人兄處。又及。十月卅日燈下〔九〕。

第八札〔一〇〕

春間有札，詳論韻之分合，以入聲爲樞紐，并聲韻考一本，託龔公轉寄。因大著尚有當酌處，或更參定，俟覆書到撰序，倏幾一載。而僕自三月初獲足疾，至今不能行動，以纂修事未畢，仍在寓辦理。擬明春告成，乞假南旋。久不與人交接，秋末著人向龔公處問吾友近署理地方，彼亦未得確信。

僕於本月十六，移寓北官園范宅，在海岱門之西，前門之東，更遠人跡。金川平後，何以不獲吾友一信，懸念之至。茲舍姪南屏名朝恩者，即戊子年補浙省提塘在京，今選川省。遠道挈眷，又係初到，一切務求指示。倘到時缺乏，兼祈代爲通挪，必不有負。順候邇祉，不既。上若膺賢弟足下。友人戴震頓首。十一月二十二日燈下。

外寄上經典釋文一套，計十本，水經注全部，計十四册，并六書音韻表原槀一本，祈檢收。又天圖二張。

第九札

新正接到上年八月手翰，並六書音均表三部，銀四十兩，謝謝。知仍署富順政事，餘暇無他嗜好，孜孜於古遺經及小學，誠盛心盛事也。

僕自十七歲時，有志聞道，謂非求之六經、孔、孟不得，非從事於字義、制度、名物，無由以通其語言。宋儒譏訓詁之學，輕語言文字，是欲渡江河而棄舟楫，欲登高而無階梯也。爲之卅餘年，灼然知古今治亂之源在是。

孟子闢楊、墨，曰「率獸食人，人將相食」，語告子曰「率天下之人而禍仁義」，兩稱「聖人復起不易」，「吾言皆承」。「生於其心，害於事，害於政」。夫仁義何以禍斯民？觀近儒之言理，吾不知斯民之受其禍之所終極矣！古人曰「理解」者，即尋其腠理而析之也。曰「天理」者，如莊周言「依乎天理」，即所謂「彼節者有間」也。子貢問：「有一言而可以終身行之者？」子曰：「其恕乎？己所不欲，勿施於人。」大學「絜矩之道」，不過「所惡於上，毋以使下」云云，曰「所不欲」、曰「所惡」，指人之常情不堪受者耳。以己絜之人，則理明。孟子對齊王好貨、好色，曰：「與百姓同之」，非權辭也。好貨、好色，欲也。「與百姓同之」，即理也。後儒以理、欲相對，實雜老氏無欲之説，其視理、欲也，僅僅爲邪、正之别。其言存理也，又僅僅爲敬、肆之别。不知必敬、必正，而理猶未得。其言人欲所蔽，僅僅以爲無欲則無蔽，不知欲也者，相生養之道也。能視人猶己則忠，以己推之則恕，憂樂於人則仁，出於正、不出於邪則義，恭敬不侮慢則禮，無差謬則智。曰忠恕、曰仁義禮智，豈有他欲，皆非也。况欲之失，爲私不爲蔽。自以爲得理，而所執之理實謬，乃蔽而不明。聖人而下，罕能無蔽，有蔽之深者，有蔽之淺者，自謂蔽而不明者有幾？問其人，曰聖矣乎？必不敢任。而譏其失理，必怒於心。是盡人不知己蔽也，昔人異於今人：一啓口而曰理，似今人勝昔人。吾謂昔人之勝今人，正在此。蓋昔人斥之爲意見，今人以不出於私即謂之理，由是以意見殺人，咸自信爲理矣。聊舉一字言之，關乎德行、行事匪小。

僕自上年三月初獲足疾，至今不能出户，又目力大損。今夏纂修事似可畢，定於七八月間乞假南旋就醫，覓一書院糊口，不復出矣。竭數年之力，勒成一書，明孔、孟之道。餘力整其從前所訂於字學、經學者。

四庫全書例于現在人撰述不録，僕之考工記圖、屈原賦注，巳年江南巡撫曾取以進館中，依例去之。今大著亦不得抄入。前歲十月寄謝姓信，閏十月又一信，皆收到。有寫本音均表兩部。此兩信内言，七月寄吴廷芳銀信，其人與信皆未見，及問之投捐者，云仍分發川省矣。上年春作札，詳論韻事，寄龔公處，并寄聲韻考一本，此信竟浮沉，今將存稿者附寄，餘所言不復記憶矣。比時以大著未刻，有所商處。今既刻成，應撰序，兹兼寄上。又上年冬，舍姪朝恩赴川省守備任，寄水經注一部、經典釋文一部、天圖兩張、音均表原底一本，想春夏之交乃得到。割圜記、考工記圖皆未有，其九章算經俟令人抄出，並俟後寄。順候邇祉，不宣。上若膺賢弟足下。友生戴震頓首。正月十四日。

第十札〔一二〕

去冬寄提標中營舍姪處書，今年二月廿日始自杭赴任，想亦送到矣。兹有信，希轉寄。僕足疾已踰一載，不能出户，定于秋初乞假南旋，實不復出也。擬卜居江寧，俟居定當開明，以便音問相通。

吾兄尚未得實地，而素性方正，則難與俗諧，然君子斷乎主于中者，先求不失己，有急退，無急進也。

僕生平論述最大者，爲孟子字義疏證一書，此正人心之要。今人無論正邪，盡以意見誤名之曰理，而禍斯民，故疏證不得不作。頃未得人抄寄。兹附致五經算術一部，其九章算術，尚未印出。順候邇祉，馳溯不宣。上若膺賢弟足下。震頓首。四月廿四日。

第十一札

前月廿六至今，一病幾殆。正卧牀榻，見來使，强起作札。

乙未年，通判吴庭芳之信並未見。上年春曾寄一書論韻，兼有廣東所刻聲韻考一本，係龔公寄于老師門上失之。徐錦堂兄來，所寄俱收明。其人甚詳密，常相見。正月屬寄一札，六書音均表序一篇，又録前論韻書一篇。日前有人仍到川，亦附有札。而上年冬，舍姪朝恩赴提標中營任，寄天圖三張、水經注一部、經典釋文一部、六書音均表元槀一本。其人今春二月廿日由杭動身，已上三信，想近日皆到矣。

僕歸山之志早定，八月準南旋，前信已及之。吾友所爲不苟，加以剛直，六年不補，固有由也。君子難進而易退，自立于無過之地，然求全之毁猶不能免。是以内剛外柔，謹慎謙遜，以與爲委蛇可耳。僕歸後，老親七十有八，非得一書院不可。陝西畢公欲招之往，太遠不能就也。大抵坐定後，乃可書信往來。順候近祺，不宣。上若膺賢弟足下。友人戴震頓首。五月二十一日。

外九章算術、海島算經二種。

附

一

月之二十二日〔一二〕，在東原先生寓中坐間，見封新刊九章算術奉寄。後三日，金輔之榜、洪素人樸兩兄來云：「東原先生服黑山梔一兩，吐後病即劇。」初聞疑甚，前見作吾兄札時，精神朗澈，又將泚筆爲王廷相作傷寒論注序，非病瘵者，乃竟於二十七日晡時不可作矣。斯人而死，何痛如之！

兄與東原論韻最深，特相寄者，欲丐一序，自言之詳諦爾。手跡方新，其人已故。緘書珍重，黯然同之。望得暇命筆，多方郵惠，恐有浮沉。聲類表與原象、大學補注諸書，現付梓人，餘未刻，當次第剞劂。諸凡未到，祈賜教言。聲類表刻就，當在龔、吳兩内翰、周編修名永年，歷城人，庚辰同年。三處留一二册呈閲。如賜回書及序，亦在周兄或吳編修壽昌處，以弟寓内城僻巷，頗費尋覓。吾兄官況清卓，著述富益，前九日在東原信中審之也。餘容續上損鑒。丁酉夏五月三十日，孔繼涵載拜謹空。

二　戊戌中立札至巫山。

迢遥雲樹，晤語無從，企仰芳規，彌深依結。今閲誦手函，欣知先生署巫山，正欲趨候，并賀賀也。弟於今春底舍先君靈柩，尚未得好地。今暫厝祖塋之旁，俟覓好地而葬。

前聞先君言，知先生好刊古書，湛深經術考據，精於韻學，辨古音者希有之。弟早欲特往成都，兹因去年得失血症，至今未愈。今承尊署來役，又深蒙厚惠，經已收領，特修寸函申謝。啓者，先君誌銘，弟聞大理寺正卿王大人名昶字蘭泉老伯已修成，尚未寄與弟。而行述，湖北學政洪素人老伯之令弟就成，亦未刊刻。藁本寄上奉送。而先君所辦永樂大典散篇，如水經注四十卷、儀禮識誤三卷、中庸講義四卷、五經算術二卷、海島算經六卷、九章算術十卷、五曹算經五卷、夏侯陽算經三卷、孫子算經三卷、周髀算經三卷、項氏家説十二卷、儀禮集釋三十卷、儀禮釋宫一卷、方言十三卷、大戴禮記十三卷，計官書十五種，俱武英殿刊刻，弟尚未得數種。

先君已撰遺書二十三種，如毛詩考正四卷、詩補注一卷（即二南）、尚書義考二卷、考工記圖二卷、儀禮考正一卷、爾雅文字考十卷、聲韻考四卷、聲類表十卷、原善三卷（駁宋儒）、孟子字義疏證三卷（孔公將刻）、大學補注一卷、中庸補注一卷（未成）、原象一卷、策算一卷、迎日推策記一卷、句股割圜記三卷、曆問二卷、古曆考二卷、水地記不計卷、直隸河渠書不計、屈原賦二卷、古文時文集計六卷（俱孔公處），此數種現在孔葒谷親翁處抄，尚未繳還，弟今所以不及寄上。而聲韻考，即廣西桂林府同知李公，係山東周諱永年同年、四庫館修書翰林之親家也，先曾寄過二部奉送，俱寄失落。今弟亦無底本，其板上年已送弟，而出京時未寄到京，弟轉送孔公處收，今已索數部，後再寄，今未知可在山東曲阜。亦因路途不便，往來書信難通。孔公所攜刻者，計六種：毛鄭詩考正一本、詩經補注一本、聲類表一本、原善一本、原象一本、算術一本，共六本，今寄上，希查收。又九章算術、海島算經一部，并方言底本，查收，此書不可失，要緊！惟先生可將方言攜刻更妙。此書先君全精神費盡，而此書上年五月間就成，即得病歸陰矣。校定儀禮集釋武英殿刻本，弟未得見，而底孔公處尚有。校定大戴禮，弟亦無，而底本係繳館，今有不全者，不敢寄。又句股割圜記，俟明春刷印再寄，重訂者在孔公處。其地輿圖，弟明春影摹一張再寄。

再者，孔公舊冬即告假養親，刊刻書籍，博古之人也。今弟早欲移遷南京，似明春俟金殿撰回籍相商闕，不居徽州而至本家。至親與夫□□俱爲小人之人也，先君平素不睦，欲遷南京亦爲此，不能作久居之計也。明春弟往蘇、揚一行，以爲殯葬之計，即特往川。及書籍未刻者，俱帶致尊署請安。今肅數字，并候近祺，不一一。上若膺世臺先生侍右。愚世弟戴中立叩首。

家祖今春得半身不遂之症〔一三〕，此症乃難治之症也。家母藉庇平安。弟聘定事，俟明年秋間服滿之後，再作繼續也。恭請令尊老伯老大人萬福金安。不另贅稟。

校注

〔一〕此札是戴震在段玉裁來信上所加的批語。因「尊謙不敢當」，後欲將原信退回。此札及第二、三札之首均注有「丙戌」二字，是段玉裁的手跡，即是説前三札均作於乾隆丙戌三十一年（一七六六）。

〔二〕喬林　段玉裁的字號之一。

〔三〕此札及第五、六札之首，段玉裁均注有「己丑」二字。又於該札之末注曰：「時同在山西，予在壽陽，先生在朱文正藩署。」

〔四〕汪明之　即汪元亮，明之其字，江蘇吴縣人。

〔五〕龔老先生　指龔導江，時爲壽陽縣令。

〔六〕种師中　北宋末年抗金名將，宋史有傳。

〔七〕札末段玉裁注曰：「在朱文正處發。」

〔八〕此札爲寫給其弟漁卿的家書，札後所附爲函封。

〔九〕札末段玉裁注曰：「癸巳奉召在都。」

〔一〇〕此札之首，段玉裁注有「丙申在都」四字。

〔一一〕此及十一札之上首，段玉裁均注有「丁酉」二字。

〔一二〕「月之二十二日」至「何痛如之」一段，録自段玉裁戴東原先生年譜之附録，據胡適考證，此段文字乃此札之前闕部分，現特補於此。

〔一三〕「家祖今春」至「不另贅稟」一段，據安氏抄件補。

戴震全書之三十六

補遺

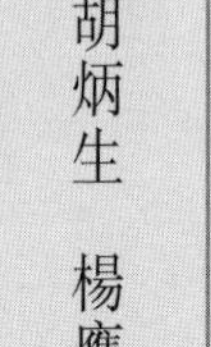

胡炳生　楊應芹◎整理

吾十有五

聖心與學不已，其所至有自喻者焉，甚矣！聖如夫子，非學所可幾也，乃必也學之久，而後漸有所至，惟自喻於心而自道之。若曰久而無得者非學也，漸而不至者非學也，吾豈遂定吾所止哉！吾能言吾所始矣。蓋十五入大學，人生共有之期也，吾斯時恍若有所遇焉，而志於是乎在。繼而學既有年，所遇者卓乎其在己也，則立也，吾三十而進此。如是者亦有年，所遇者確乎斷於中也，則不惑也，吾四十而進此。幾忘年之已長，而天實牖予前之所遇者，默默通之，本昭然不可易者也，吾之知由窮理盡性以至於命，方未五十固不足以語此。不知老之將至，而人盡啓予前之所遇者，時時接之，雖紛然無或雜者也，吾之耳由多聞擇善以底於順，方未六十猶不足以語此。乃今則七十矣，甫覺還吾之自然者心也，獲吾之必然者矩也。心無精粗，以矩爲精粗。遲之又久，或力行有驗，或致知有驗。及是而根諸心者皆矩也，於所欲見之。矩無淺深，以心爲淺深。積而以漸，或閱十五年，或閱十年，及是而所謂矩者即心也，於不踰見之。迴憶十有五時，昔之若有所遇，洵爲今之有所憑籍也。吾始終於學，如是而已矣。

有人示以熊鍾陵此題文，頗覺其太膚，因捉管疾書，聊見題解耳。自記。〔二〕

附記：吾十有五一章 性理和旅酬下爲上一句 祭祀兩篇文章，輯自周永年選制義類編一書，係目前所得戴氏僅存之制義文章。現據乾隆年間尚德堂刻本點校整理。

旅酬下爲上 一句 祭祀

於旅也，有執事者，著其爲而禮行爲。夫旅酬行乎上者也，爲之舉觶者誰乎？非下乎？入廟而秩序定，上下辨矣。其上也，得與於祭者也；其下也，得觀於祭者也。與於祭者，神事將終而人事於是乎繼；觀於祭者，神事雖隔而人事則與之通。是故獻以爵而酬以觶也，人事也。主人酬而賓與兄弟又旅也，全乎人事也，而有方在丱角肩隨於諸父諸兄之末者。夫夫也，爲觀於禮者如之何？其洗觶而前也，蓋賓之欲酬乎主黨也，則取薦南奠觶，阼階前北面酬長兄弟，其觶即主人所以酬賓也者，固無俟夫賓弟子洗酌於西方之尊。長兄弟之欲酬乎賓黨也，則取薦北奠觶，西階前北面酬賓，其觶實弟子先爲之發端也者，於是乎長兄弟乃拜受而奠於薦俎之右。然則主賓皆有弟子，其舉觶有異乎？不異也。旅酬之先，兄弟與長賓，獻酬交錯，必使神惠均於在庭，而後酬酢之禮終。旅酬之後，阼階與賓階，爵行無算，亦欲思好交於廟中，而後惠下之澤溥。於是乎二黨之弟子，皆得與共長脩導飲之儀，北面而舉觶於中庭；二黨之父兄，皆得與其幼行受觶之禮，並受而奠觶於階下。此皆下爲上焉耳。彼夫鄉飲、鄉射之屬，有一人舉觶以爲之端，又有二人舉觶以爲之繼，其諸有司之執事者歟？況禮尤嚴於宗廟，此時之弟子，正不必或殊於有司，而已執其爲下之常，又觀内賓男婦之等。有西面行旅而舉觶之儀，又有既旅行爵而舉觶之儀，其諸季女之助奠者歟？夫禮無間於男女，此時之弟子正不必自别於季女，而已將其事上之敬。始也，兄弟之後生取一人，則凡列於昭穆之木者，皆得以觀威儀，而知旋折旋如是也，夫亦有恪心矣。繼也，賓主之後生各取一人，則凡屬在執事之外者，皆得以嫻禮讓，而知致潔致敬如是也，夫亦有遜心矣。是夫也惡可使禮不逮之者。

旅酬實包無算爵，章句本鄭注，舉後以該前，舉全以該偏，此處須與分明。若待綴之篇末，則賓弟子一邊遺漏多矣。自記。〔三〕

與錢大昕書〔四〕

晤惠定翁，讀所著明堂大道録，真如禹碑商彝、周鼎齊鍾，蘊藏千載，班班復覩。微不滿鄙懷者，好古太過耳。僕境遇多艱，未卜明春得北上趨承教益否也。臨楮神馳，不盡。

辛翁老先生大人閣下。戴震頓首。

江慎修先生七十壽序〔五〕

經學之難，或一代數人，或數千年一人。若漢之鄭康成，宋之子朱子，其學皆殊絶之學，其人皆亘古今不可無一、不能有二之人。然而竊猶有憾者。鄭氏之學無所不通，一洗專門固陋之習，唐賈、孔諸儒爲疏義，猶或未能盡；（中）朱子上接鄒魯，下繼濂洛，理精義明，羣言有所折中，而踵其學者，或鮮博物攷古之功，非學力之有所限，蓋能兼之難也。

吾師江慎齋先生，生朱子之鄉，上溯漢、唐、宋以來之絶學，以六經明晦爲己任。震少知嚮慕，既數年始獲一見，又數年始拜先生於吾邑之（斗山）〔山斗〕。所讀諸經，往來問難，承口講指畫，然後確然見經學之本末。既而先生就館本邑，未能從學，深悵恨焉。震之愚，固不能窺先生之萬一，又未獲盡讀先生之書。所得讀者，有禮書綱目、周禮舉要、禮記擇言、律呂新義、深衣考誤、近思録集注及古韻標準、切韻表、推步法解、翼梅數種，博大精微，不可涯涘。禮書綱目，前大中丞趙公暨禮館所抄者特其梗概，先生尚欲博採衆説而論定之，卒朱子晚年之志。律呂新義一書，積數十年精思，始悟有自然理數寓於河洛之中，獨取管子、呂覽之言，與聖祖仁皇帝論樂之旨脗合。史遷以下，凡言黄鍾最長者，皆不明中聲之理，有體無用，發千古所未發，猶恨不能起朱子及蔡西山而質之。先生之在都中也，三禮館諸公服其精核，咸就商確，先生隨問隨答，震親見其筆札數百條，發微訂誤。宜吾邑程中允、荆溪吴編修，經術最邃者，皆以真吾師目之。先是有四書典林，聊救制義家杜撰不根之弊，趙撫軍序而刻之，幾於家有其書矣。而其有關經學之大者，藁存篋笥，未能盡問世，當必有知音者廣爲傳之。震少覽近儒之書，所心折者數人。劉原甫、王伯厚之於考核，胡朏明、顧景范、閻百詩之於水經地志，顧寧人之於古音，梅定九之於步算，各專精一家。先生之學力思力實兼之，皆能一一指其得失，苴其闕漏，著述若此，古今良難。

今聖主崇經學，特下明詔，博採通經之士。邑侯陳公，以先生爲首薦。先生堅辭不獲已，但以所著書目報去，且致書與震，言馳鶩名場非素心。又自謂生平撰著，得之午夜被中、白晝幾上爲多，兀兀窮年，不知老至，能知者鮮，亦不求人知。蓋先生之所造至深而自信者審矣。

今年七月十七日，先生七十大慶。蓋非尋常稱頌之辭可擬諸形容者，是以一切膚語概從芟略，直舉及門以後所知與先生所自言者書之。自兹以往，年益高，學益進，自有不朽大業藏名山，留宇宙，作朋三壽，何足爲先生侈陳哉！乾隆十五年，歲在上章敦牂月律中夷則，門人戴震頓首再拜撰。

讀淮南子洪保〔六〕

盧編修紹弓，以其外王父馮山公先生淮南子洪保示余。先生與閻百詩友善，此同在淮南時辨證尚書古文者也。爲書之體，蓋即本閻百詩所撰尚書古文疏證，余讀其論古音篇，獨有疑焉。引焦氏筆乘所舉四字，合者一，不合者三。下，古音侯古切，户音。於唐人三十六字屬匣。虎，乃呼古切，屬曉，清濁不同。服，古音蒲北切。故古字服、匐通用。迫，乃博陌切，匐屬並，迫屬邦，重輕異位。邦，發聲並送聲。唐韻匐在德韻，迫在陌韻。若迫之古音補各切音博，更與匐遠矣。降，有胡江、古巷二切，皆可訓下也。古音惟胡工切。音紅。

馮先生所舉十有五字，合者四，不合者十有一。雄，羽弓切，古音羽陵切。音蠅。屬、喻在蒸韻。形，乃户經切，屬匣，在青韻。古韻耕、清、青，不與蒸、登通。詩無羊篇蒸、雄、兢、崩、肱、升協句，正月篇陵、懲、夢、雄協句。屈原賦九歌國殤篇，弓、古音肱。懲、陵、雄協句，不涉耕、清、青三韻字。南，古音泥心切，在侵韻。能，乃奴登切，在登韻。古韻蒸、登不與侵通，詩中南、心、林協句，皆侵韻字。能之古音奴代切，故古字能、耐通用，又代韻矣。儀，古音五何切音俄，屬疑，何乃屬匣？憂，古今音未有變。詩國風載馳篇驅、侯、悠、漕、憂協句。黍離篇憂、求協句，不續上苗、摇。九歌山鬼篇蕭、憂協句。古音驅近蓲，去鳩切。漕近酋，蕭近脩。隋、唐定韻時，尤、侯、幽爲一類，今人讀侯韻字音少移焉。猶車、遮之異於麻。風，古音方金切，屬非，在侵韻。芬，乃敷文切，屬敷，在文韻。古韻真、諄、臻、文、殷、魂，不與侵通。詩中風、心、林、欽協句，皆侵韻字。宅，古音徒洛切，故古字宅、度、用通，屬定。托，乃他各切，屬透。天，古音他鄰切，在真韻。廳與汀，皆他丁切，在青韻。古韻真、諄、臻、文、殷、魂，不與耕、清、青通。威，於非切，在微韻。隈，乃烏恢切，在灰韻。古韻支、脂、之、微、齊、佳、皆、灰、咍通爲一部，陸德明氏所謂「古人韻緩，不煩改字」是也。福，古音彼力切，音逼。在職韻。必，乃卑吉切，在質韻。年，古音泥因切，在真韻。甯，乃奴丁切，在青韻。弓，古音姑宏切，故古字肱、弓通用，登韻，合口呼也。經，乃吉靈切，青韻，開口呼。凡若此者，求諸古人有韻之文，相與違異。雖然，無害其善言古音也，方古音之說，未有倡之者，紛紐鑿空，以歸於協音。古無協音，自陳季立、焦弱侯始，迨顧寧人氏而考之益精。余竊謂古音之說明於是，可斷隋、唐已來論韻之當否。然隋、唐諸君子辨聲之法，迄於宋而其傳失。辨聲失其傳，而後古音之說方出。如陳氏、顧氏，皆博稽三代有韻之文，以求古音，而未能審聲以知音。閻百詩氏曰「古音至隋、唐始盡變，漢時尚存是」，又不然。凡今音與古音異者，然後別之曰古音某。別者少，不別者多。則古音之變而異者少，未嘗變者多。其未嘗變者，今音即古音也，猶數倍於變而異者，而曰「至隋、唐盡變」乎？於虖！余獨惜隋、唐辨聲之法之傳失也。

閩中師友淵源考序〔七〕

宋之有朱子，近數百年以來學者宗之。前夫宋，則漢鄭康成氏，其爲世所宗千有餘年，而宋儒始興，師師相傳，講求者不外六藝之文。時之相隔，判若殊科，豈無故哉！方詩、書初出，承殘滅之餘，絶而復續，詁訓制度，幾蕩然無徵，則其時治經所重，斷可識矣。康成氏者，集漢儒之大成者也。降自魏、晉，師法漸失，隋、唐義疏，流而爲繁碎，於是宋初諸君子主於辭理曉暢。迨二程子、張子，尤多微論。朱子者，集宋儒之大成者也，稽其少時，師事胡原仲憲、劉彦沖子翬、劉致中勉之，既又受學於李愿中侗。愿中受之羅仲素從彦，仲素受之楊中立時，中立與游定夫酢、王信伯蘋皆程門高弟。蓋閩中之學，自三君子爲之倡，數傳而得朱子，浸以益大，門人交友，翕然至盛，此閩中師友淵源考所爲有作也。

余竊謂授經之事，一二人啓其端，必同時英彦篤守之，以廣其傳，夫然後師友之氣振，而其學久而彌著。今李公撰次是考，雖專溯閩學源流，世之尊信宋儒，宗之至於今者，實係乎是。公爲安溪先生第幾子〔八〕，家學相承，得二程子、朱子正傳，故其所表章，辨別學緒，卓爾不惑。雖然，宋儒之相與講貫於理義，非適當訓詁詳明之後，亦且汲汲爲康成氏之所爲也。余故因是書爲知學之士進而表之。

跋吴潛夫殘本聖教序〔九〕

吴生覃之尊人曰潛夫，善屬書。嘗遊京師，所書輒爲人取去。及覃，又以能書名，留心收集，則其家存者頗罕。一日檢視於故紙中，獲手臨聖教序三百餘字，年月甫氏具悉。覃捧玩良久，如對其尊人，蓋不啻見似目瞿，聞名心瞿也。顧闕軼前幅，思求完好，竟不克如志。前者，覃曾購得聖教序殘本，可而存諸笥篋有年，至是取以合之，適當其處，不一字贏朒，因俾工裝潢，聯成一册，而遍請題識以表爲異事，其鄭重寶愛若此。

夫物之顯晦也有時。岐陽石鼓，十失其一，乃在民間，用以作臼。宋皇祐中，朝廷廣購三代鼎彝碑碣，始合之而全，今具在太學前廡。非遭逢好古之朝，固僅僅等於敗臼破礎，翳瘞榛莽久矣。昔東萊吕伯恭甫作讀書記，起自秦誓，溯而上至洛誥乃止。伯恭之學，受之林少穎，少穎受之吕居仁。少穎有尚書集解，朱晦叔謂洛誥以後非林氏所著書，然則伯恭甫實爲其師補苴罅漏耳。世無好古者比而合之，勒成一部，後人遂病二書皆非完，何弗深考也。余因覃之請而有感於二事，且以見兹殘帖之遭其遺棄莫足數，非一日，今顧得覃之寶愛其尊人手書而並及之，豈亦有時歟！豈亦有時歟！

九數通考序〔一〇〕

余少時讀周官經六書九數之目，因尋求漢永元中南閣祭酒許慎説文解字，以爲古小學賴是以存。而前此，北平侯張蒼傳古九章算術，魏劉徽爲之注者，卒不可得。近有宣城梅氏撰中西算學通，獨九數存。古有録無書，蓋唐、宋立之學官所謂算經十書，廑廑周髀有全文。梅氏所論述周髀而外，絶不見徵引，是以意欲存古而未能歟？常熟屈君省園，嗜古，好深湛之思，於書靡不披覽，尤加意實學，俾足以致用。既撰萬言肄雅，爲識字津涉。其治算數也，妙盡其能，亦兼中西而會通之，乃舉而分隸九章，則又梅氏所志焉未逮也。

古者九數，司徒掌之，以教萬民；保氏掌之，以教國子。與五禮、六樂、五射、五御、六書之倫，合而謂之道藝。夫德行以爲之體，道藝以爲之用。故司諫巡問民間，則以時書其德，行道藝辨其能，而可任於國事者。由是言之，士有國事之責，期在體用賅備有如是。

今屈君將出爲國家分理斯民，凡用之於官，施之爲教，淵乎其有本也。君以是編屬余撰序，余曰：昔鄭康成氏遊於馬季長之門，三年不得親相質問。季長集諸生考論圖緯，因疑於算，聞其能，乃召見之樓上。漢、晉間，達人學士，若張衡、王粲、闞康之、高允，咸稱明算，且於此學各有論著。今屈君所爲書，信足以補道藝中一事矣。適朝廷開館，纂四庫全書，九章算經於是逸而復出。而以是編者，方之古算經，猶説文之後，不可無玉篇、廣韻。以今之詳，廣古之略；以今之逐字加密，盡抉古之奥。其在是歟？其在是歟？

手校水經注批語〔一〕

水經注卷三

經文「河水又北過北地富平縣西」，眉批：
東原云：「河水」二字，後人所加。

經文「河水又屈而東流，爲北河」〔二〕，眉批：
東原云：後文「漢武帝元朔二年，大將軍衛青絶梓嶺、梁北河是也」凡二十字，當接「爲北河」之下、「東(過)〔逕〕高闕南」之上。

經文「又南離石縣西」，眉批：
東原云：「又南」下脱「過」字。

水經注卷四

經文「河水又南過河東北屈縣西」，眉批：

東原云：「河水」二字，後人所加。

經文「河水又南逕子夏石室」及注文「東南北有二石室」，眉批：

東原云：「逕子夏石室東」爲句。

經文「又西逕陜縣故城南」，眉批：

東原云：此橐水所逕也。

經文「又東過平陰縣北，又東至鄧，清水從西北來注之」，眉批：

東原云：「又東至鄧」，當在「清水從西北來注之」句後、「又東過平陰北」之前，「湛水從北來注之」句前。

水經注卷五

經文「河水又東過平陰北，湛水從北來注之」，眉批：

東原云：「河水」二字後人所加。前已云「又東過平陰縣北」，此當云「又東至鄧，湛水從北來注之」。注内「洛陽西北四十二里，故鄧鄉矣」，正「又東至鄧」之注，而湛水注亦云：「湛水又東南逕鄧，南流注於河，故河濟有鄧津之名矣。」

注文「洛陽西北四十二里，故鄧鄉矣」，眉批：

東原云：此十二字當移「河水又東逕河陽縣故城南」之前。

注文「河水又東，湨水入焉」，眉批：

東原云：「湨」乃「湨」之譌。湨水見濟水一。

經文「又東北過武德縣東，沁水從之」，眉批：

東原云：「沁水從西北來注之」，脱此四字。

經文「又東北逕廣川縣，與水故道合」，眉批：

東原云:「與絳瀆水故道合」,脱二字。

注文「東北合大河故瀆,謂之口」,眉批:

東原云:「謂之鳴犢口」,脱二字。

注文「戴延之謂之武陽也〔一三〕,地理志曰」,眉批:

東原云:「地理志」至「遺跡」,當移後「河水於縣,漯水注之」下,「水自城東北」上。

經文「又東北過高唐縣界」,句下批:

東原云:「界」字後人所妄改。後注云大河逕其西而不出其東,經言出東,誤耳,乃舉正此條經文之疏。水經本作「過高唐縣東」,不作「界」。

注文「河水於縣,漯水注之」,眉批:

東原云:前二十三頁。「地理志曰,漯水出東郡武陽縣」至「隅雉遺跡」,當接「漯水注之」下。此下云「水自城東北」,正指武陽新城。

經文「大河又東北逕高唐縣故城西」,何焯朱筆改「西」爲「東」,眉批:

東原云:此注文誤爲經者也。「西」字不誤,何屺瞻妄改之。

經文「又東北過黎城縣北」，眉批：

東原云：當作「過利縣北」，「黎城」二字誤。

注文「經言濟水注河」，眉批：

東原云：當作「經言濟水注河，非也」。濟水篇注云：「又東北，河水枝津注之，水經以爲入河，非也；斯乃河水注濟，非濟入河。」兩處皆辯正水經之疏。「非也」二字誤寫隔行。「水自枝津」上，當有「河」字，因誤致脱。

水經注卷六

經文「又西至王橋」，眉批：

東原云：當作「王澤」。

經文「又西過周陽邑南」，眉批：

東原云：「又」字衍。

經文「又西過其縣南」，眉批：

東原云：當作「又西南過左邑縣南」。

經文「又東過其縣南」，眉批：

東原云：「又」字衍。

注文「湛水出軹縣南源湛溪」，何焯朱筆批曰「疑有誤字」，眉批：

東原云：俗謂之𤇍水也，訛作「湛」。

注文「斯乃汨川之所由」，眉批：

東原云：湨，訛作「汨」。

水經注卷七

注文「又北注於漫」，眉批：

東原云：「注於湨」。湨，訛作「漫」。

經文「又東至温縣西北，爲濟水」，眉批：

東原云：「又」字衍。

經文「又東至北礫磎南，東出過滎陽北」，眉批：

東原云：「北」字後人所妄加，漢書溝洫志引此無「北」字。「東出過滎澤北」，澤，誤作「陽」。

注文「經云濟出其南，非也」，眉批：

此駁經文「東至礫谿南」，「南」字誤也。礫谿東北注濟，則濟乃至其北。東原。

注文「故云吸受旃然矣」，眉批：

東原云：吸，當作「汲」。

注文「又有曲濟亭，皆臨側」，及經文「濟水者又東過濟陽縣北」，眉批：

東原云：「皆臨側濟水者」爲句。

注文「又東北右合河水」，眉批：

東原云：「河」字皆「菏」字之訛。

注文「氾水又東北，逕定陶縣南」，眉批：

東原云：「氾水又東北，逕定陶縣南」，「氾」字乃「菏」字之訛。

水經注卷八

經文「濟水又東至乘氏縣西」，眉批：

東原云：「濟水」二字，後人所加。

水經注卷九

注文「沁水即洎水也」，眉批：

東原云：「涅」訛作「洎」。

經文「又東過周縣北」，眉批：

東原云：「州」訛作「周」。注云「縣，故州也。春秋左傳隱公十有一年，周以賜鄭」，州正在十二邑之内也。

注文「淇水又東，屈而西轉」，眉批：

東原云：後文「合泉源水」至「大冢者是也」，當接「淇水又東」之下、「屈而西轉」之上。

注文「太和泉源水」，眉批：

東原云：「泉源水」上當有「合」字。此「太和」乃濕水注太和殿之文錯寫者。

水經注卷十

注文「逕頓丘縣故城西」，眉批：

東原云：「逕頓丘縣故城西」上，當云「淇水又北」，因訛而重，不知者妄删去耳。

經文「屈從縣東北流注」，眉批：

東原云：「注」字衍。

經文「又東北過屯留縣、潞縣北」，此下原刻本注曰：「宋本無『屯留縣』三字，按屯留與潞縣俱屬上黨郡。」何焯朱筆删「屯留縣」三字。眉批：

東原云：水經本作「又東北過屯留縣東，又東北過潞縣北」，上「壺關」下注云：「縣在屯留東，不得先壺關而後屯留也。」若删去「屯留」則注無着矣，宋本脱誤，不可從。

注文「漳水又北，溢水入焉」，眉批：

東原云：「溢水」乃「湓水」之訛，今呼湓陽河。

經文「又東北至樂成陵縣別出北」，眉批：

東原云：當作「至樂成陵縣北别出」。

水經注卷十一

經文「清漳水出上黨沾縣西北少山大黽谷」，眉批：

東原云：黽，當從漢志作「𡨧」，古「腰」字也。

注文「俗又以五公名居矣」，眉批：

東原云：後二頁。「二城並廣」至「下方」，當接「名居矣」下、「其水東南入於易水」上，此「二館之城」與彼互訛也。

注文「尊軻上卿，館之於此」，眉批：

東原云：前一頁。「二館之城」至「取暢林木」，當接「館之於此」下、「濡水又東逕陽城西北」上。朱箋以爲「疑脱『范』字」，非也，乃脱「武」字。

經文「又東南過中山上曲陽縣北，恒水從西來注之」，眉批：

東原云：當作「常山」。

經文「又東逕安憙縣南」，眉批：

東原云：「逕」當作「過」。

注文「地理志曰北平縣有沈水」，眉批：

東原云：「沈水」乃「盧水」之訛。

水經注卷十二

注文「世謂之南沙溝，即杭水也」，眉批：

東原云：「杭水」乃「桃水」之訛。

水經注卷十三

注文「殿之東北，接紫宮寺」，眉批：

東原：「殿之東北」句上有「太和」二字，錯見淇水注，朱箋未及改正。

注文「笥溝水之別名也」，眉批：

東原云：「笥溝，潞水之別名也」，脱「潞」字。

水經注卷十五

注文「東北流歷函谷東坂東，謂之八特坂，山海經曰北流注於穀……」眉批：

東原云：「山海經曰」至「是也」，乃穀水注之文，誤入於此，而複衍端首九字。

水經注卷十六

注文「澗水出焉，北流注於穀」，眉批：

東原云：前卷十五之二十二頁。「摯仲洽三輔決録」至「我卜澗水東者是也」，當接「注于穀」下、「自下通謂之澗水」上。

水經注卷十八

標題「渭水中」，眉批：

東原云：渭水中當先列美陽縣、郿縣經、注，次及武功縣，而卷内前後倒紊，又有誤綴入渭水上之末者。

注文「劉曜之世，是山崩，長安人劉終於崩」，眉批：

東原云：後四頁之末。「渭水又東，洛谷之水出其南山洛谷」至「注於渭也」，當次「長安人劉終於崩」之後，而中間有脱文。

注文「惠公、孝公並是穆公之後」，眉批：

東原云：此「又東至美陽縣西，雍水從北來注之」之注，而脱去經文，注端又有脱誤。

注文「渭水又東逕郿塢南」，眉批：

東原云：前卷十七之十三頁。「渭水又東逕石原」至「據郿拒亮，即此縣也」，當接「渭水又東逕郿塢南」之上，止「其愚如此」，爲「又東過郿縣南」之注，脱去經文。

水經注卷十九

注文「亂流西北注於灌，灌水又北注於渭」，眉批：

東原云：「灌水又北注於渭」下，宜接「渭水又東合西石橋水」至「字君先立」。

注文「廟前有碑，後漢光和四年，鄭縣令河東裴畢字君先立」，眉批：

東原云：後「渭水又東與東石橋水會」至「爲非矣，渠水又北注入渭」，當接「字君先立」下。「東石橋」，脱一「東」字。

注文「渭水又東，得西陽水，又東得東陽水，並南出廣鄉原北垂，俱北入渭」，眉批：

東原云：後二十頁。「渭水又東逕下邽縣故城南」至「尾入櫟陽是也，今無水」，當接「俱北入渭」下。

注文「渠水北注入渭」，眉批：

東原云：後二十頁。「三秦記曰長安城」至「井深五十丈」當接「渠水又北注入渭」之下、「渭水又東逕定城北」之上。

注文「渭水又東合沙溝水，水即符禺之水也，南出符石」，眉批：

東原云前十三頁。「又逕（符）〔符〕禺之山，北流入於渭」凡十一字，當接「南出符石」下，此後則經文「東入於河」。

注文「地隔諸縣，不得爲湖湖西」，眉批：

東原云前十四頁。「蘇林曰戲邑名」至「並南出廣鄉原北垂俱北入渭」，當接「不得爲湖縣西」下，此重一「湖」字，乃不知者妄改以合下爲句。

注文「又東逕長陵南，亦曰長山也」，眉批：

東原云：「長山也」下，宜接「秦名天子冢曰山」至「分尊卑之名者也」。

注文「冢者種也，種墓也，羅倚於山，分尊卑之名者也」，眉批：

東原云：後二十二頁。「故渠又東逕漢丞相周勃冢南」至「又逕藕原東南流注於渭水」，當接「分尊卑之名者也」下。

注文「故漢書溝洫志曰渠首起谷口，尾入櫟陽是也，今無水」，眉批：

東原云：注止「今無水」。前十二頁。水經「又東過鄭縣北」至注「灌水又北注於渭」，宜接此後。

注文「今源自昆明池，南旁山原，東至於河，且田且漕，大以爲便，今霸水又北逕秦虎圈東」，眉批：

東原云：後二十七頁。「故渠又北分爲二渠」至「今無水」，當接「大以爲便」下、「霸水又北逕秦虎圈東」之上，衍一「今」字，因「今無水」而訛。

注文「陵之南，故渠又北分爲二渠」，眉批：
東原云：前十九頁。「而北一里，即李夫人冢」至「亦曰長山也」，當接「陵之南」下。「南而北」，乃「西如北」之訛。

水經注卷二十二

注文「魏明帝封侍中辛毗爲侯國也」，眉批：
東原云：後「潁水又東南流，陂水注之」至「疑故陶丘鄉所，未詳」，當在「爲侯國也」下、經「又東至慎」之前。

注文「南流注於潁」，眉批：
東原云：前「潁水又東南逕柏祠曲」至「蓋潁水之會淮也」，當接「南流注於潁」下。

水經注卷二十三

經文「又東至梁郡蒙縣，爲睢水」，眉批：
東原云：當作「爲獲水」。

經文「又東過蕭縣南」及注文「獲水北流注之」，眉批：

東原云：當作「睢水北流注之」，「又」字衍。

水經注卷二十四

經文「又東過睢陽縣南」，眉批：

東原云：「又」字衍。

經文「又東過相縣南，屈從城北東流，當蕭縣南，入於睢」，眉批：

東原云：當作「入於陂」，即梧桐陂也。

注文「故經有入睢之文」，眉批：

東原云：當作「故經有入陂之文」，經、注並訛爲「睢」，遂莫能舉正矣。

經文「汶水出泰山萊蕪縣原山，西南過嬴縣南」，眉批：

東原云：當作「西南過其縣南」。正辨正水經之疏，後人因注有「又西南逕嬴縣故城南之語，改其爲「嬴」耳。

注文「汶水又西南逕魯國汶陽縣北」，眉批：
東原云：「汶水」二字後人所加；「逕」當作「過」，此後人因經誤入注，而增改之也。

水經注卷二十五

經文「又東逕山陽郡」及注文「成武縣之楚丘亭北」，眉批：
東原云：「又東逕山陽郡成武縣之楚丘亭北」爲句，此黄溝大薺陂之水也。

水經注卷二十六

經文「又北過淳于縣西，又東北入于縣」，眉批：
東原云：當作「入於濰」。

水經注卷二十七

經文「又東過南鄭縣南」，眉批：
東原云：「又」字衍。

卷末批曰：

東原云：沔水下卷二十九。經文「又東過堵陽縣」至末注「宅銘焉」止，並當移沔水上之後，沔水中之前。

水經注卷二十八

經文「沔水又東過襄陽縣北」，眉批：

東原云：「沔水」二字，後人所加。

經文「又東南逕江夏雲杜縣」，眉批：

東原云：「逕」當作「過」。

經文「又東過牛渚縣南，又東至石城縣」，眉批：

東原云：「牛渚」非縣名，此「縣南」二字可疑，盖脱誤剩字也。過彭蠡澤之後，當云「又東過皖縣南，又東過牛渚，又東至石城縣」。

經文「分爲二，其一東北流，其一又過毗陵縣北，爲北江」，眉批：

東原云：前經文「又東北出居巢縣南」至注「謂之栅水口」，當接「分爲二，其一東北流」下、「又東過毗陵縣北，爲北江」之前。石城不特前牛渚，西且在居巢西。先届石城，次届居巢，乃過牛渚。道元於「石城」下舉正牛渚不得在其前，而不舉居巢，可知「居巢」一條屬後代錯紊，非道元之舊，「其一」二字則當在後「東至會稽餘姚縣」之上。

經文「又東至會稽餘姚縣，東入於海」，眉批：

東原云：當作「其一東至會稽餘姚縣，又東入於海」。「其一」二字訛在「過毗陵」上，此處「又」字亦訛舛。

水經注卷二十九

經文「又東過堵陽縣，堵水出焉自上粉縣北流注之」，眉批：

東原云：「焉」字衍。

經文「又東南逕涉都縣東北」，眉批：

東原云：「逕」當作「過」。

注文「又東逕學城南」，眉批：

東原云：此汎水所經。

水經注卷三十

經文「又東逕新息縣南」，眉批：

東原云：「逕」當作「過」。

水經注卷三十七

注文「伏波將軍馬援上言，從麊泠出賁古擊益州」，何焯朱筆改「麊」作「麓」，眉批：

東原云：「麊泠」，作「麓」亦誤。

經文「員水又東南一千五百里，入南海」，眉批：

東原云：前注內「其餘又東至龍川縣爲涅水，屈北入員水」，乃水經之文，此「員水」正接其下。

水經注卷三十九

經文「匯水出桂陽縣盧聚」，眉批：
東原云：此洭水，作「匯」者誤。

水經注卷四十

注文「斤江水出交阯龍編縣」，眉批：
東原云：當作「斤員水」。
經文「右三十水從江已南至日南郡也」，眉批：
東原云：「三十」當作「二十」。
經文「三澨地之南，在邛縣之北」，眉批：
東原云：當作「三澨地在南郡邔縣北沲」。

水經注校本識語[一四]

酈氏書四十卷，宋時已亡其五卷。今之四十卷乃鄙陋之徒妄析三十五〔卷〕爲之。故有上卷之注割爲下卷端首者。至如所題「沔水下」當在「沔水中」之前。又使經誤入注，注誤爲經。潁水、淇水、渭水中，經注前後淆亂。余以兩月之力，方得其緒。深惜此書之晦蝕於今數百年也。東邃氏記。

汾州府志例言[一五]

汾州自前明萬曆二十三年改府，越十餘年，知府王道一始纂次府志，成於萬曆三十七年，距今百六十餘年，中間紀載闕如。府屬一州七縣，志雖各有增續，亦距今數十年，至有體應繫之府者，州縣志固不得而詳；況各志具存，纂次多非其人，往往因陋就簡，稽其山川形勢及民間利病，啓卷茫然。夫以百六十餘年之遠，八州縣之廣，官事民事治要所在，不可聽其散逸也，用是訪輯成書，蓋不敢云少待矣。

志之首，沿革也。有今必先有古，古曰州曰國，國有分邑，其後爲郡縣，又其後設州以統郡，郡以統縣。而隋、唐間，州與郡無別，惟稱名互改而已。明以來則曰府曰州曰縣，其間分合移徙，隨時不同。如一西河郡也，其初在河西，舊呼爲河套，今鄂爾多斯左右翼，六旗居之；後漢永和五年，始徙今府屬之永寧州；北魏太和八年，始置於今府治南十六里之故兹氏城；孝昌二年，則僑置平陽界；北齊復太和中之舊。一汾州也，其初在今隰州，孝昌中移今府境西；魏别置汾州，在今陝西宜川縣；北周以東魏之南汾州爲汾州，在今吉州，尋又置汾州於今霍州；隋汾州亦與北周同；唐武德三年復孝昌中之舊。一平遥也，其初曰平陶，在今文水縣。一介休也，孝昌二年僑置平陽界，永安中又僑置汲郡界。今平遥縣，漢中都也；而北魏之中都，徙置於榆次。今孝義縣，三國魏之中陽也；而漢中陽西濱黄河，北魏太和十七年於此置永安縣，而孝昌二年則僑置平陽界。前乎北魏者，後漢、魏、晉之永安，皆今霍州，北周攻拔永安城，亦在彼，不在此。昔人考之不審，徒檢史書中涉乎西河、汾州、中都、平遥、介休、永安之名者，取而列諸名宦人物，因又祀於名宦祠鄉賢祠，論其世、考其地，實非官於斯、産於斯者也，而此地之名宦人物往往遺失之。故沿革定而上考往古，乃始無惑。

星野次乎沿革。其説起於周禮九州之分星，至春秋時言列國分星尤詳，漢書乃以郡縣隸之，然於古州國往往齟齬不合，蓋秦、漢間已失其傳，非實有所見而分之者也。存古說以見梗概，而沿革不明，不可以道古，作志者或先及之，非其次矣。至若圖繪星象，録步天歌，尤屬固陋。

疆域次沿革、星野之後。考今自是始也，疆域辨，而山川乃可得而紀。

山川次乎疆域。其奠也本天地之自然，而形勢在焉，風氣繫焉，農政水利興焉。作志者往往散列，漫無叙次，三者無由見也。今以水辨山川之脈絡，而汾之東西山爲榦爲枝、爲來爲去，俾井然就叙。水則以經水統其注入之枝水，因而徧及澤泊、堤堰、井泉，高高下下，不失地防，興水利，除水患，從是求之，思過半矣。故兼及自昔以來引渠灌溉之法，築防疏濬之功，備詳其下，令衆山如一山，羣川如一川，府境雖廣，山川雖繁，按文而稽，各歸條貫，務求切於民用。從來作志者僅點綴嬉遊勝景，何小之乎！視山川也。

城池、官置、倉廒、學校、壇壝、關隘、營汛、驛舖、户口、田賦、鹽税凡十有一者，官事也，民事也。綱之、紀之、富之、教之、撫之、衛之、用之、綏之，政之大體於是乎在，民之利病於是乎在，故次疆域山川之後。

職官、名宦、食封、流寓四者，至斯土者之往鑑也；人物、義行、科目、仕實、列女五者，宅斯土者之往鑑也。職官、食封，不可勿存也。府志於職官題名，多至丞、簿而止。今載及縣尉者，丞、簿既裁，則職在丞、簿下者，責務亦稍重也。名宦必其德澤及民，操持可法，流寓非名賢不録，此二者所以著愛慕也。人物必大節卓然，義行必爲善足風，或一事之有益於人亦附焉。科目、仕實，猶職官、食封之存之也。巍科貴仕，世俗之豔稱，或無大表見，或有瑕疵指摘，又或後世僅知其官階，失其行事，今不得而列之人物。如職官題名中有失其行事者，今不得而列之名宦也。史家列傳，外分忠義、孝義、文苑等目，志書多仿之。然史之列傳以爵位，故有爵位不尊及無爵位者，不得不列爲目以紀之。志之人物，以人品、學問、德業，而忠孝固德之大端也。有德有文者，於人物見之；專以文著者，於科目、仕實中散見之，無庸複列；至于名教所棄，猶巧飾誣欺，雖曾祀鄉賢，邀聲譽，今削而不録。蓋志與史例有不同者：史善惡並書，志詳善而略惡也。列女本非盡屬節烈，而賢婦往往鮮及之，非賢婦之難也，閨門以内，庸德之行，雖美弗彰也。又富貴之家，猶有文飾其辭爲傳爲記者，窮巷下里實行，其誰知之？即以節烈言，其得請旌表者，非素饒之家，則子孫猶能揚其幽芳者也。彼甘守凍餓，老死屋下，子孫無聞知，無論力不能請旌，即纂志時加意勤訪，而莫舉以爲言，且歷年稍遠，松柏與榛楚共泯没，是可悲也。遺者蓋多，書其所知而已。職官、科目及（烈）〔列〕女中之節烈，録至纂志時乃止；而名宦、人物、義行、仕實，但著已往，今之人其有待於後之人論定歟？

古跡、冢墓、祠廟、事考四者，備稽古者之檢之也，雜識又其餘也。寺觀附祠廟之下，明非正也。志書俗體列仙釋一目，今即各散見寺觀内。凡逸事異聞，世俗競傳之者，皆見於雜識，涉鄙俚荒謬亦不録。風俗、物産，非逸事異聞比，然無取乎泛常瑣濫，以爲鋪張，則爲語不多，無庸别列二目，故著之雜識之首。

藝文繫之志末，與列於前者互相參證也。纂志與集文不同，故但以古今爲先後，不區别文體，叙詩亦然。蓋志主乎地，不取備文體也。雖其地之人，而生平所有奏疏論著，於地無關者，例不當録。官斯土者及今在任，一切士民頌美之辭，事涉導諛，亦例不當録。又有因事立文，宜與事俱載於志。而文或僅以通俗，州縣志不妨備録，府志亦一切贅收之，則失體。至如司馬温公撰文潞公家廟碑，廟在洛陽，不在介休，喬宇觀綿水詩，乃平定州之綿水，此類尤不宜溷入，以失作者之實。凡古跡非實，題詠無嫌，録之，不可爲典要也。碑記、考、序等，一篇中雖有得有失，無嫌人自爲説，志内已有辨證，存其文，非取爲考覈也。

地圖及沿革表，志中開卷第一事也。作圖者少加意精覈，檢視其圖，方嚮遠邇茫然不辨，名爲有圖，不但如無圖而已，且適以滋惑。今列圖十有二，而府境及八州縣山川圖，先布方格，然後按山脈之條貫、水流之委曲、距府州縣治之方嚮里數，不使或爽。至若方隅之觀，各州縣志多有所謂八景、十景，漫列卷端，最爲鄙陋，悉汰之以還雅，志内亦不涉及，其題詠間取一二。

汾陽縣志例言〔一六〕

縣之名汾陽，起自明萬曆中，陞汾州爲府，而州所治之境改置倚郭縣。前此州省倚郭縣也，起於洪武中；其前爲西河縣，起於唐上元初；又其前爲隰城縣，起於晉；又其前爲太原郡之兹氏縣，則沿於秦。若夫作志所起，創於明嘉靖三十三年甲寅，知州陳秉忠、州人王緯，是爲汾州志。越六年己未，冀南道彭範、州人孔天胤增成之。越二十五年，爲萬曆十一年癸未，知州白夏、州人王緝又踵其事。越二十七年己酉，知縣尹覺民，因州志增續，是爲汾陽縣志。而汾州府志，亦以是年纂輯。越四十八年，爲國朝順治十三年丙申，知縣吴世英、汾州府通判劉文德，踵修縣志。越六十六年，爲康熙六十年辛丑，知縣周超又踵其事。今所存者，惟萬曆中府志暨劉志、周志，然大抵前後相襲，於古今沿革未經詳辨，有地之相去絶遠，多所附會；其載在史籍，確有證實者，又漏失不列，因陋承訛，宜從訂正。加以辛丑迄今，五十餘年之政事、人民、記録，有待爰整義例，勒成一書，蓋不敢怠忽視之云爾。

西河、汾州、汾陽三名，舊志未經細考。西河本隨地著稱，而縣之稱西河，因北魏置西河郡，治兹氏城以後，郡名仍之，遂以名縣，説俱詳後。若夫以汾陽名軍始於宋末，以汾陽名縣始於明萬曆中，外此所謂汾陽，散見史籍者，大率名同地異。舊志以隋之汾陽宫，唐之汾陽郡王，皆爲縣境故實。於沿革，首云虞汾、古西河。汾繫之虞，而西河稱古，又必在虞前。是縣境邃古之初以迄後代，有西河、汾州、汾陽三名，同地並稱也，今悉訂正。

志首沿革，以星野附之，何也？沿革不明，則志中述古，未有能免於謬悠者，故考沿革爲撰志首事。今分列綱目，以綱爲斷，目爲按，令閲者因綱檢目，因目證綱。其正史及水經注、元和志等書，有涉訛舛，逐條爲辨正之。至星野之説，起於周官保章氏。以星土辨九州之地，如左氏春秋、國語所記列國分野甚詳。鄭康成云：「星土，星所主土也。其書亡矣。堪輿雖有郡國所入度，非古數也。」自漢書以下，史志往往及之，大抵因春秋、戰國時各國疆域，輾轉附會，皆康成氏所謂非古數者耳。省志、府志，其地廣闊，足配古州國，宜博採古書之異同致辨。若縣志，則合數十縣同地共占，無庸衍贅。其説志家圖繪星象，録步天歌，尤屬習仍之陋。今於沿革後，附見梗概，正其附會之非者，俾歸於是而已，故不特列一目。

疆域次沿革後，以村市户口風俗附之，何也？積古以來，既本本原原，確然無惑，則考今之土地人民，切要不可或緩矣。詳其距省遠近，南北東西廣袤，而村市用知民居，户口用知民數，風俗用知民情，皆土地、人民之首務，二者不特列目，蓋疆域足以統之。所稱疆域，實之者民也。

山川次疆域後，以渠堰附之，何也？疆域辨，而後山川之在疆域中者，可得而紀。山自合而分，其來也有脈絡條貫，是謂地防；川自分而合，界乎兩山之間，循其地防者也。考工記有之曰：「凡溝逆地防，謂之不行；水屬不理孫，古字屬注通用，孫遜通用。謂之不行。」是故由山川大勢以知地防，而因其利則農政攸關，除其患則衝溢淹漬在所預籌。故兼及澤泊渠堰，民間引溉期日，備詳各水之下。至於設濟渡、建橋梁，亦附載焉。凡所以切民用，明政事也。

城池次山川後，以關隘營汛附之，何也？山川者，天地自然之形勢也。城池關隘，因其形勢而設之，以衛民也；營汛，亦衛民所重，故因而以類相屬；堡寨因營汛及之，凡不別立目，用免煩碎，咸倣此。

官署次城池後，以驛鋪附之，何也？城池者，一境之所會歸，而設官治民，則官署乃其治所也。出政令、肅觀瞻，於是乎在。倉庫因官署連及之，預備常平，本以便民，而收放之際稍不致察，則胥役豪右借以滋弊，不可忽視也。驛鋪爲官事往來之所由通，道路因驛鋪連及之。

賦税次官署後，何也？ 政之大體、民之利病所繫，胥役豪右，其滋弊不可窮詰也。知民之所苦及旱潦之不常，以達其情，尤親民之吏，宜務圖者矣。鹽税歸於地丁攤徵，故即列之賦税後。

學校次賦税後，何也？ 富教之序也。坊表以事類相從，故附之。自疆域至學校，施政之大經備矣，撰志所重，故次之於前。

名宦職官，志其官斯土者也。凡有惠政可稽，列在名宦中，各爲一傳。而職官題名，僅書姓名時代而已，或當時膏澤實被於民，久之而莫能舉以爲言，則無從列入。名宦徒因散見史籍，姓氏時代猶存，備録而存之，不使没没也。縣志例載知縣以下，而汾陽舊爲汾州，自隋以前，縣統於郡，郡統於州。隋、唐州郡迭更，宋則州帶郡稱，所謂州郡，皆監縣者也。明之汾州，裁倚郭縣，州始與縣同爲親民吏。故知州題名，載自明初以前曰「州刺史」、曰「郡太守」，與萬曆中設府後曰「知府」，並爲上官。凡府志宜詳者，非縣志所得賅。至於名宦，如州郡、如府、如汾陽軍節度使，分守冀南道，縣既爲治所矣，則澤流自邇始，宜考其事列之，况以忠烈見者，爲國爲民，大節即著是地，不可不録也。食封流寓，亦稽古所不得而略，故次之職官後。

人物、孝義、科目、文苑、仕實、列女六者，表其人，正以彰風教也。人物必卓然可傳者，孝義即一節亦取，善善從長，凡舊志所有，悉仍之。或已入别目，則不重列。審非土著，然後削去。新有增補，固核實無敢濫也。科目、文苑、仕實，俱志體所宜備。列女非專屬節烈，而賢婦僅偶及一二者，庸德之行，其事本無所表襮，加以閨門之内，雖美弗彰也。封廕因科目連及之，故附見其後。

古蹟、壇廟、事考、雜識，存以備稽，而藝文終焉。塚墓附古蹟後，例得載之者也。地志有寺觀、仙釋、物産之目，今附寺觀於壇廟下，而仙釋即於寺觀中見之，明非正也。物産附雜識之首，以他處常産之物，是地土瘠氣寒，皆無之，其有者不足表異，故不泛列。雖唐志汾州土貢龍鬚蓆之類，時汾州領縣四，今自縣境而外，亦無有其物，聊摭之以見貨物之有無，今昔不可常云爾。凡志書録藝文，必有關於是地，非選文比也。文與詩於地無關，則例不當録。其題咏之可録，如所謂八景者，間亦摘取一二，即古蹟非實，無嫌也。他若碑記、考序等，雖人各一説，並存之，其得失自見也。

山川圖爲地志大節目。作圖無法，則失其實，檢圖考地適足滋惑。今先布方格，然後按其山之方嚮遠邇、水之委曲流注，不使圖與形勢或爽。因附縣治、學宫二圖，次之以沿革表，作表斷自秦以下，郡縣之始也。

汾州府之沿革〔一七〕

府境於禹貢屬冀州，周職方氏蓋屬并州。

禹貢冀州，河行其西，界乎雍、冀之間。南流爲西河，至華陰屈東，界冀與豫之間，爲南河。古黄河自大伾山西南折而北，界冀、兖之間，爲東河。爾雅釋地「兩河間曰冀州」，舉西河、東河言之者也。周禮職方氏「河内曰冀州，正北曰并州」。馬、鄭注虞夏書「肇十有二州」，並云「舜以冀州北廣大，分置并州」。

春秋時晉地。

古地名之見左氏春秋及國語、禮記者，曰隨、曰鄔、曰九原，並晉地。

隨，今介休縣東境，晉士會食邑。前此，魯隱公五年，翼侯奔隨，蓋奔於姜戎境，後乃爲晉有。又前此，晉穆侯時千畮之戰，即國語宣王三十九年戰於千畮，王師敗績於姜氏之戎是也。杜元凱春秋經傳集解云：「西河介休縣南，有地名千畮。」

鄔，今介休縣東北境。魯昭公二十八年，晉魏獻子爲政，分祁氏之田以爲七縣，司馬彌牟爲鄔大夫。

九原，漢爲京陵縣地，今平遥縣也。晉卿大夫墓所在，無遺蹟可考。酈道元水經注云：「侯甲水西北流，逕祁縣故城南，又西逕京陵縣故城北，於春秋爲九原之地也。」國語：「趙文子與叔向遊於九原，曰：『死者若可作也，吾誰與歸？』叔向曰：『其陽子乎？』文子曰：『夫陽子行廉直於晉國，不免其身，智不足稱。』叔向曰：『其舅犯乎？』文子曰：『夫舅犯見利而不顧其君，其仁不足稱。（吾）其隨（會）〔武子〕乎！納諫不忘其師，言身不失其友，事君不援而進，不阿而退。』」其京尚存，漢興，增陵於其下，故曰京陵焉。今案：絳州北二十里有九原山，和順縣西北五里又有九原山，忻州西有九原岡，地志皆援國語、禮記之文。考漢增陵事，因左氏春秋其處者爲劉氏而推本於士會。漢猶近古，以士會之葬在此，或未盡無稽，且與士會之食邑在隨，地相比近，則趙文子與叔向所遊，宜繫之此矣。明一統志引城塚記云：「京陵城，周宣王北伐時築。」此徒傅合小雅「薄伐玁狁，至於太原」而爲是説。水地記圖注曰：「玁狁入寇，由焦穫、鎬、方而至涇陽，王師逐之，當由涇陽追至太原，仍軍於鎬，平定後乃歸，故下云『來歸自鎬，我行永久』。」涇陽，漢爲安定郡朝那、涇陽之地，今平凉府平凉縣也，在周京西北六百餘里，而焦穫、鎬、方又在其外，太原又在焦穫之外，或以爲今固原州，以地望考之不遠。州在平凉府西北百七十里，焦穫、鎬、方三地，宜在此百餘里間。孔沖遠以郭璞爾雅注池陽之瓠中，當此詩焦穫，是直逼周京矣，非也。自宋而後，更以晉太原爲此詩所云太原者，不察二地相距東西千有餘里。顧炎武日知録云：「國語宣王料民於太原，以其地近邊而爲禦戎之備，必不料之於晉國。漢書賈捐之言，秦地南不過閩、越，北不過太原。若晉陽之太原，則其外有雁門、雲中、九原，不得云不過也。」顧氏援國語及賈捐之言，據證詳審。周宣王北征之蹟，無由在平遥縣甚明。然春秋昭公元年，晉荀吴帥師敗狄于太鹵，晉攘地始北至太原，宣王時非晉境也。「晉國」字蓋偶失檢。

七國時屬趙。

古地名之見於戰國策、史記者，曰皐狼、曰藺、曰離石，皆趙邑。皐狼，今永寧州西北，及臨縣之境。戰國策：「知伯使人之趙，請蔡、皐狼之地，趙襄子弗與。」語轉字異，亦曰郭狼。武靈王召樓緩謀曰：「我先王取藺、郭狼。」知伯所請蔡、皐狼，即武靈王稱藺、郭狼者，「藺」字轉寫訛作「蔡」，「皐」、「郭」，語之轉耳。藺，今永寧州西，乃臨縣之南境。離石，即永寧州境。史記趙世家成侯三年，當魏武侯之十五年，「魏敗我藺」，魏世家作「敗趙北藺」，張守節云「在石州，趙之西北」是也。二十四年，當秦孝公之十一年，「秦攻我藺」。肅侯二十二年，當秦惠文君之十年，秦取我藺、離石。武靈王十三年，當秦惠文君改元之十二年，秦拔我藺。六國表作「擊藺陽」。而戰國策：「秦攻趙，藺、離石、祁拔。

鄭朱對秦王曰：『夫藺、離石、祁之地，遠於趙而近於大國。』」其事與秦伐趙攻閼與相連屬，趙奢破秦軍閼與下，在趙惠文王二十九年，秦昭王三十七年，蓋邊邑時失時復靡常也。

秦莊襄王三年，初置太原郡。

史記秦本紀：「莊襄王二年，使蒙驁攻趙，定太原。三年，攻趙榆次、新城、狼孟，取三十七城，初置太原郡。」張守節云：「上黨以北皆太原地，即上三十七城也。」

漢初，項羽徙魏王豹爲西魏王。高帝三年，定魏地，置太原郡。元朔四年更置西河郡，皆屬并州刺史部。今府境在太原郡之西南，西河郡之東南。而太原治晉陽，西河治平定，與府界相去各遠。

漢書地理志：并州太原郡，領縣二十一。在今府境者茲氏、京陵、中都、鄔、界休。茲氏，今汾陽縣境，京陵，今平遥縣東境，中都，平遥縣西北境，鄔今介休縣東北境。界休，即今介休縣境，晉書始改「界」爲「介」。漢之平陶縣治，在今文水縣，非府境。西河郡領縣三十六，在府境者土軍、隰城、離石、藺、皋狼。土軍，今石樓縣境，隰城，今永寧州西南境，離石、藺，皋狼，今永寧州及臨縣境。又漢之中陽、西都，宜在永寧州及寧鄉縣之間，然無可證實矣。

史記高帝本紀：「十一年，立子恒以爲代王，都晉陽。」而文帝本紀及諸侯年表、陳豨列傳，並云都中都。文帝三年幸太原，復晉陽中都民三歲租，如淳以爲遷都於中都，其説是也。又文帝二年立子武爲代王，四年，徙爲淮陽王，而太原王參徙爲代王，復併得太原，都晉陽如故。以是時代王本都中都，太原王本都晉陽，參雖徙封代，不徙都也。水經注云：「侯甲水西逕京陵縣故城北，又西北逕中都縣故城南，春秋昭公二年晉侯執陳無宇於中都者也。」今案杜元凱春秋經傳集解，中都在西河界休縣東南，此即道元所本。唐魏王泰括地志：「中都故城在汾州平遥縣西北十二里。」以水經注地望考之適合，其爲漢舊縣無疑。明一統志：「中都城在介休縣東北五十里。」介休之東北，即平遥之西北也，杜氏言界休東南，或轉寫之訛。榆次縣東十五里亦有中都城，蓋北魏之中都縣。地形志：中都有「榆次城、壽陽城、平譚城」。榆次、壽陽今仍爲縣，平譚在今平定州西北二十五里。是北魏中都與漢中都遠隔，地志諸書不辨，皆謂文帝爲代王所都，非也。又皆實以執陳無宇事，考陳無宇送女致少姜，晉侯謂陳無宇非卿，執諸中都，蓋於在途執之，不使終禮。平遥、榆次，非當日齊、晉往來所經。水經注：「沁水東逕中都亭南，（左）〔又〕合界溝水，水上承光溝，東南流，又南逕中都亭西，而南流注於沁水。」地在野王縣，今爲河南懷慶府河内縣，自齊適晉道出於彼。然則執陳無宇在彼不在此，後人踵元凱之謬，遂不復精覈矣。

水經注：「離石水南流，逕離石縣故城西，又南出西轉，逕隰成縣故城南，其水西流，注於河。」據此，則漢之隰成縣，遠在離石水之西。而顧祖禹讀史方輿紀要云隰城故城，府西七十里漢縣，又引或云三國魏省隰城入兹氏，皆非也。後漢郡國志已無隰城，當省入離石，去兹氏則遠，不得越離石而省入兹氏。晉始改「成」爲「城」，所言在府西七十里者，今亦無可考。

東觀記：「西河郡治平定縣。」唐李吉甫元和郡縣圖志：「漢武帝元朔四年，置西河郡，理富昌縣。」吉甫蓋因地理志首列富昌，故云然。後漢書始云「凡縣名先書者，郡所治也」，孟堅作志，未有斯例，閻百詩潛邱劄記曾論之，如梁國先書碭而治睢陽，汝南郡先書平輿而治上蔡是也。百詩於西河郡亦從元和志，則偶失檢耳。後漢書光武帝紀：「建武十年，省定襄郡，徙其民於西河。」是時下距西河郡南徙凡百有三年，而太子賢注云「今石州離石縣」，誤也。

及永和五年九月，以匈奴寇掠，於是西河郡南徙五百九里，治離石，始在今府之西北境。

永和五年，上距元朔四年，凡二百六十五年。後漢書郡國志：并州刺史部太原郡，領十六城，在府境者如故。西河郡領十三城，在府境者離石、藺、皋狼，而無土軍、隰成，從併爵土，豈其就徙封之國在四年，不復推本言之歟？　水經注以碑繫之魏黃初二年，莫識八月癸亥，徙陳王斌爲西河王，四年十二月乙未，西河王斌薨，而碑文稱咸寧四年改命立，謚字與水經注微異。武帝紀：泰始元年十二月丁卯，封皇叔父斌爲陳王，咸寧三年西河繆王斌，字子政，魏中郎。武帝受禪，封陳王，三年，改封西河，咸寧四年薨。子隱崇、離石令宗羣等二百三十四人，刊石立碑，以述勳德，碑北廟基尚存也。』」今案，晉書邦邑，其郡帶山側塞矣。王以咸寧(四)〔三〕年改命爵土，其年十二月喪國，臣太農閻廟碑文云：『西河舊處山林，漢末擾攘，百姓失所，魏興，更開疆宇，分割太原四縣，以爲頭山。」酈道元注云：「縣，故秦置也。魏黃初二年，西河(恭)〔繆〕王司馬子(盛)〔政〕黃初二年，上距永和五年，凡八十二年。　水地記圖注曰：「水經：原公水出兹氏縣西羊

建安十八年省入冀州，魏黃初元年復置并州，自陘嶺以北並棄之。」

獻帝起居注：「建安十八年三月庚寅，省州併郡，復禹貢之九州。」晉書地理志：「并州，

建安中，省西河郡入太原。魏黃初二年，分太原之四縣置西河郡，仍治離石。

離石在郡南五百九里，永和五年，以匈奴寇掠，徙郡離石。」

後漢書順帝紀：「永和五年九月丁亥，徙西河郡居離石。」東觀記：「西河郡治平定縣，

省也。

其故。元和志云：「魏黄初二年，乃於漢兹氏置西河郡。」然則黄初二年實魏置西河郡之始，廟碑必有記置郡所起者，或碑文殘闕，上存「黄初二年」字，道元未深察，遂以碑繫於是年，非也。自黄初二年，下至晉咸寧四年，凡五十八年，又二百七年爲北魏太和八年，西河郡始治兹氏城。吉甫因水經注西河王廟碑在兹氏，又繫之魏黄初，遂以爲是時即置郡兹氏，亦非也。司馬斌葬兹氏，故有廟碑在此，其國仍都離石。晉書地理志「西河郡領縣四」，首離石，蓋魏、晉相承，皆因漢永和三年以來郡治之舊，碑文言其郡帶山側塞，宜爲離石而非兹氏甚明。況碑末稱離石令宗羣等以該餘三縣，魏、晉之西河郡未嘗移治兹氏，非單文孤證矣。

晉仍魏之舊。

晉書地理志：并州太原國，領縣十三。在今府境者京陵、中都、鄔。西河國領離石、隰城、中陽、介休四縣，並今府境。水經河水篇：「南過西河圁陽縣東，又南過中陽縣西，又南過土軍縣西。」酈道元云：「中陽故城在東，東翼汾水，隔越重山，不濱於河也。」道元所謂中陽故城，當爲魏之中陽縣，水經之中陽，蓋漢縣之舊。許叔重説文解字云：「溈水出西河中陽縣之西南，入河。」然則漢中陽縣濱河明矣。史記趙世家：「武靈王十年，秦取我西都及中陽。」秦本紀及六國表作「取趙中都西陽」，轉寫訛誤也。二地同時被兵，宜相去不遠，皆在離石之南、土軍之北，於今寧鄉縣境近之，但無可證實耳。是時秦、趙相攻，秦在河西，趙在河東，秦雖越河擊趙之藺、離石、中陽、西都，然旋得旋失；趙守險以禦秦全恃此。其距秦拔榆次、晉陽，尚隔七十餘年，則趙之中陽即漢中陽縣，爲濱河邊邑可知。張守節引括地志云：「中都故縣在汾州平遥縣西，即西都也，西陽即中陽也，在汾州隰城縣南。」此所言隰城縣南之中陽，正道元所稱東翼汾水不濱於河者，不可以釋趙中陽。水經注：「文水逕兹氏縣故城東，爲文湖，又東南逕中陽縣故城東；又東逕六壁城南，又東逕中陽故城南，又東合文水。」元和郡縣圖志於孝義縣下云：「魏移西河郡中陽於今理，永嘉後省入隰城。」吉甫詳中陽爲三國魏移置，是漢中陽，與魏、晉實兩地。其所本之書，道元殆偶失檢歟？張守節以平遥縣西之中都即西都，尤謬。漢書地理志，中都屬太原郡，中陽、西都屬西河郡，不得溷而一之。

永興初，匈奴左部帥劉淵，據離石稱漢，寇太原、中都。尋遷蒲子，置幽州刺史鎮離石。其後地入石勒，而苻健、慕容儁、苻堅、慕容垂迭有其地，勒改離石爲永石郡。

晉書惠帝紀：「永興元年八月，匈奴左賢王劉元海反於離石，自號大單于。十一月，劉元海僭號漢王。永嘉元年三月，并州諸郡爲劉元海所陷，刺史劉琨獨保晉陽。二年十月，劉元海僭帝號於平陽。」載記：「永興元年，元海遣其建武將軍劉曜寇太原、泫氏、屯留、長子、中都，皆陷之。」地理志：「永興元年，劉元海僭號於平陽稱漢，於是并州之地皆爲元海所有，元海乃以幽州刺史鎮離石。」今案：劉淵始稱大單于在離石，尋稱漢王在離石之左國城，皆永興元年事，其僭號於平陽乃永嘉二年事。凡五年間，名號三易，志約略其辭，繫之永興元年，疏矣。時并州刺史劉琨拒守晉陽，永嘉六年淵寇晉陽，琨保於陽曲。後劉曜置并州於蒲坂。而晉并州，石勒始有其地。志言并州皆爲元海所有，亦謬。愍帝紀：「建興四年十一月，石勒圍樂平，司空劉琨遣兵援之，爲勒所敗，司空長史李宏以并州叛降於勒。」元帝紀：「太興二年十一月，石勒僭即王位，國號趙。」載記：「太興二年，勒僞稱趙王，尋討鮮卑鬱粥於離石，悉降其衆城。」地理志：「自惠、懷之間，離石縣荒廢，勒於其處置永石郡。」今案，勒徙并州，置上黨。魏書地形志云「并州，漢、晉治晉陽，晉末治臺壁」是也。自石勒之後，苻氏、慕容氏彼此相繼，干戈擾攘，其互有并州諸郡也。苻健值晉永和中，慕容儁值晉升平二年，苻堅值晉太和五年，慕容垂值晉太元中。迨北魏皇始元年，值晉太元二十年，慕容垂卒。九月，魏軍次陽曲，并州牧慕容農棄城夜遁，魏軍略地晉川，獲慕容買得等於平陶城，由是并州入於北魏，上距永興元年凡九十二年。北魏天興初，置離石鎮。延和三年，置吐京鎮。太平真君九年，置吐京郡，治漢之土軍故城。太和八年，置西河郡，治兹氏城，是爲西河郡治在兹氏之始。西河、吐京二郡，並屬吐京鎮。十二年，改鎮爲汾州。汾州之名自是始矣。而汾州治蒲子城，非今府境。

太和八年，上距漢永和五年，凡三百四十五年。魏書地形志：并州太原郡，領縣十，在府境者平遥、鄔。汾州統郡四，在府境者西河郡領隰城、介休、永安三縣。永安析隰城置。吐京郡領新城、吐京二縣。吐京即「土軍」，語轉字異也。

孝昌中，汾州移治西河。是爲汾州治在西河之始，而西河郡則僑置平陽界，不復在此。永安中置顯州，治六壁城；兼置定戎郡，治瓜城；置建平郡，州治也。其西河郡在平陽界者亦廢，所領之隰城、介休，又僑置汲郡界中。東魏天平中，置真君郡，治東多城，亦屬於顯州。興和中，置寧州，治介休城。武定四年，置武昌郡，治團城；置武康郡，治東多城。而武昌屬顯州，武康屬寧州。外此僑置之州郡，尤名實交錯。齊天保七年詔文有云：「百室之邑，便立州名；三户之民，虛張郡目。循名督實，事歸烏有。」正謂此也。

魏書地形志：晉州有西河郡，領永安、隰城、介休三縣。於郡下云：「舊汾州西河民，孝昌二年，爲賊所破，遂居平陽界，還置郡。」隋書地理志：「臨汾有後魏永安縣，開皇初改爲西河，大業初省。」其故縣在今洪洞縣西南三十里，即孝昌二年西河郡所僑置也。及永安中，隰城、介休又僑置於汲郡界，而舊汾州不復有西河郡及所領之三縣矣。地形志言「還置郡」，非也，「還」字或「僑」字之訛。

孝昌中，汾州移治，其所屬吐京、五城、定陽三郡，並寄治西河。五城郡治五城縣，本在今吉州北；定陽郡治定陽縣即今吉州治。又是時改薄骨律鎮置靈州，後陷。天平中復置，寄治隰城縣界；置南朔州於介休城，不統郡縣。前此永安中改懷荒、禦（彝）〔夷〕二鎮置蔚州，亦寄治鄔縣界。魏書地形志：顯州統定戎、建平、真君、武昌四郡。靈州郡縣闕。寧州統武康、靈武、初平、武定四郡。蔚州統始昌、忠義、附恩三郡。元和志云：「介休縣後魏明帝時爲賊所破，至孝静帝更修築，遷朔州軍人鎮之，因立爲南朔州，但領軍人不領郡縣，其介休縣仍屬汾州。」今案，永安中隰城、介休僑置隸五城郡，屬司州，天平中屬北豫州，武定五年屬義州。義州本興和二年所置，治汲郡陳城，在今河南衛輝府汲縣界。然則元和志云，介休縣仍屬汾州者，是時汾州無介休縣，舊介休縣之地，乃寧州及寄治之蔚州也。吉甫偶疏於考。

東魏別置南汾州，統北吐京、西五城、南吐京、西定陽、定陽、北鄉、五城、中陽、龍門九郡。隋書地理志：「文城郡，東魏置南汾州，後周改爲汾州，後齊爲西汾州，後周平齊，置總管府。開皇四年府廢，十六年改爲耿州，後復爲汾州。」其地在今吉州，非府境。

梁所置南朔州治齊坂城者，爲北魏所取，見地形志。與此遷朔州軍人鎮介休縣，因名南朔州，兩不相蒙。

北齊於離石置懷政郡，又置西汾州，是時西河郡蓋復其故。北周建德五年，取齊、汾、并諸州。周置介休郡，又置介州，省齊之汾州入焉，而改西汾州爲石州，懷政郡爲離石郡。大象中，於離石置定胡、窟胡、烏突三郡。

自魏分爲二，齊承東魏，周承西魏，而周卒平齊，其詳無地志可考。隋書地理志西河郡下云：「後魏置汾州，後齊置南朔州，後周改曰介州。」介休縣下云：「後魏置定陽郡，後周改郡曰介休。」離石郡下云：「後齊置西汾州，後周改爲石州。」離石縣下云：「後齊置懷政郡，後周改曰離石郡。」修化縣下云：「後周置窟胡郡。」定胡縣下云：「後周置定胡郡。」太和縣下云：「後周置烏突郡。」元和志介休縣下云：「周武帝省南朔州。」今案隋書以南朔州爲齊置，又與介州並於西河郡下言之。元和志以南朔州繫之魏孝靜，其置南朔州也，在介休縣，但領軍人，視隋志爲覈。其汾州下，溷稱高齊又於此城置南朔州，謬同隋志。

隋志以魏置定陽郡繫之介休。今案魏末之介休，孝昌中僑置平陽界，永安中僑置汲郡界，此地不復有介休縣。而魏之定陽郡領平昌、西五城二縣，乃興和四年置，屬晉州，即隋志臨汾下所言，有東魏西河、敷城、伍城、北伍城、定陽等五郡，後周廢爲西河、定陽二郡者，其地在今臨汾縣，非介休。於臨汾、介休兩言之，自相矛盾矣。

西魏別置汾州，在今陜西延安府宜川縣。北周之汾州，在今吉州。而廢孝昌中移治西河之汾州，其郡縣屬介州。汾州、介州之於南朔州，有領郡縣不領郡縣之殊，不得云改南朔州爲介州，隋志之言亦疏。

隋開皇初，郡廢，州如故。大業初，復置西河、離石二郡，今府境兼有龍泉郡之石樓縣，其郡治非府境。義寧元年，分西河置介休郡。

隋書地理志西河郡領縣六，其四在今府境：隰城、介休、永安、平遥。龍泉郡領縣五，在府境者石樓一縣，石樓即吐京。離石郡領離石、修化、定胡、平夷、太和五縣，並今府境。修化即窟胡，太和即烏突。其隋開皇十六年所置汾州，十八年改爲吕州者，在今霍州，非府境。元和志介休縣下云：「義寧元年，於縣置介休郡。」舊唐書繫之唐義旗初。隋恭帝義寧，即唐義旗初也。

唐武德元年，以介休郡爲介州，西河郡爲浩州，離石郡爲石州，而龍泉郡改爲隰州，州治非今府境。二年，於石樓縣置西德州，方山縣置方州。三年，廢方州，改浩州爲汾州，於定胡縣置西定州，太和縣置北和州，新城縣東南四十五里置北隰州。貞觀元年，省介州、西德州、北隰州。二年，省西定州。三年，省北和州。天寶元年，改汾州爲西河郡，石州爲昌化郡。乾元元年，復爲汾州、石州。汾、石、隰三州，並屬河東道。

舊唐書地理志：「汾州，隋西河郡。義旗初，領隰城、介休、孝義、平遥四縣。其年割介休、平遥二縣屬介休郡。武德元年，以介休郡爲介州，西河郡爲浩州。三年，改浩州爲汾州，仍割并州之文水縣來屬。貞觀元年，省介州，以介休、平遥來屬，文水還并州。十七年，以廢吕州之靈石來屬。天寶元年，改爲西河郡。乾元元年，復爲汾州，舊領縣四，天寶領縣五。隰州石樓，武德二年於縣置西德州，領長壽、臨河、石樓三縣。貞觀元年廢西德州，省長壽、臨河二縣，以石樓屬東和州。二年又省東和州，以石樓來屬。石州，隋離石郡，武德元年改爲石州。五年置總管府，貞觀二年廢，三年復置都督，六年又廢。天寶元年改爲昌化郡，乾元元年復爲石州。定胡，武德三年置西定州。貞觀三年廢方山。武德二年置方州，三年州廢。」唐書地理志：河東道汾州，領縣五。在今府境者，西河、孝義、介休、平遥四縣，西河即隰城，孝義即永安。石州領離石、平夷、定胡、臨泉、方山五縣，並今府境，臨泉即太和。隰州領縣六，在府境者石樓、温泉二縣，温泉，武德三年分新城置。

五代時，後唐、晉、漢、東漢迭有其地。周顯德初，汾州防禦使來附，因置寧化軍，兼統石、沁二州，旋入東漢。

五代史周本紀：顯德元年四月乙卯，汾州防禦使董希顏叛於漢來附，壬戌取石、沁州。

今府境於五代時蓋承唐舊制，爲汾州、石州及隰州之石樓縣。

宋初，革五季諸鎮節度之患，命朝臣出守列郡，號權知軍州事。其後文武官參爲知州軍事，二品以上及帶中書樞密院宣徽使職事，稱判其州軍。而汾州兼西河郡軍事，後又改汾陽軍事，史不詳起自何年。石州兼昌化郡軍事，又帶嵐、石、隰三州都巡檢使。元符二年，以石州之臨泉縣隸晉寧軍。大觀二年，復以定胡縣隸焉。而晉寧軍本葭蘆川寨改置，在今陝西榆林府葭州，非府境。汾、石、隰三州及晉寧軍，並屬河東路。

宋史地理志：河東路汾州西河郡軍事，領縣五。其四在今府境：西河、平遥、介休、孝義。石州昌化郡軍事，領離石、平夷、方山三縣，並今府境。隰州太寧郡團練，領縣六，在府境者石樓一縣。晉寧軍領縣二，定胡、臨泉二縣，並今府境。靖康後地入於金。

金大會六年，當宋建炎之二年，置汾陽軍節度使，後又置河東南、北路提刑司，汾、石二州屬河東北路，隰州屬河東南路。

金史地理志：河東北路汾州領縣五。其四在今府境：西河、孝義、介休、平遥。石州領縣六，在府境者離石、方山、孟門、臨泉、寧鄉五縣。孟門即定胡，寧鄉即平夷。河東南路隰州領縣六，在府境者石樓一縣。（定興）〔興定〕後，地入於元。案汾陽軍之名，宋宣和以前已有之，元史地理志謂汾陽軍起於金，非也。

元初，立汾州元帥府。至元三年，以臨泉爲臨州，汾、石、臨三州屬冀寧路，隰州屬晉寧路，並河東山西道肅政廉訪司所轄。

元史地理志：冀寧路汾州領西河、孝義、平遥、介休四縣，石州領離石、寧鄉二縣，臨州不領縣，並今府境；晉寧路隰州領縣五，在府境者石樓一縣。

明洪武二年，臨州改爲縣。隆慶元年，改石州曰永寧。萬曆二十三年五月，改汾州爲府，屬山西承宣布政使司，又設冀南道駐此。

明史地理志：「汾州，洪武九年直隸布政司，萬曆二十三年五月升爲府。臨州，洪武二年降爲縣，萬曆二十三年五月來屬。永寧，元石州，隆慶元年更名，領縣一，寧鄉，萬曆二十三年五月來屬。沁州，洪武九年直隸布政司，領縣二，沁源、武鄉；萬曆二十三年五月改屬，三十二年仍直隸布政司。石樓，元屬隰州，萬曆四十年改屬。靈石，元屬霍州，萬曆二十三年五月改屬，四十三年屬平陽府。」

國朝以寧鄉縣隸於府，而永寧州不領縣。

府所領一州七縣，東四屬夾翼汾川，爲漢之太原郡境；西四屬瀕界黄河，爲漢之西河郡境。

汾陽縣，本漢兹氏縣，晉徙漢之隰成縣置於此，更「成」爲「城」，省兹氏入焉。北魏太延中，改爲什星軍。太和八年復爲隰城縣，又置西河郡治兹氏城。孝昌二年，僑置平陽界，而汾州移治西河。永安中，又僑置汲郡界。北齊天保七年，併省魏末浮置之州郡縣鎮戍，是時西河郡縣宜復其舊，而史文闕失。隋初隰城縣爲西河郡治，屬介州，蓋北周以來相承如故也。唐上元元年九月，改縣曰西河。明初省縣入汾州，萬曆二十三年五月，改州爲府，倚郭置汾陽縣以後仍而不改。

漢書地理志，太原郡兹氏。晉書地理志，西河國隰城。魏書地形志，西河郡隰城，太延中改爲什星軍，太和八年復。元和郡縣圖志：「汾州西河縣，本漢兹氏縣也，晉改兹氏爲隰城縣，上元元年改爲西河縣。」舊唐書地理志：「上元元年九月改爲西河縣。」明史地理志：汾州府汾陽，元曰西河，洪武初省入州，萬曆二十三年五月復置更名。

自唐上元元年以後，至明初，凡五百餘年，此地名西河縣。縣之名本因於郡，西河郡之設，其初在河西，故劉熙釋名云：「西河，在河水西也。」凡二百六十五年而南徙五百九里，治離石；凡六百有九年而徙治兹氏，治雖再遷，郡名不改。凡八百八十五年而縣名亦因之起。地志援子夏居西河及吴起爲西河守以實之。考秦本紀，惠文君六年，魏納陰晉，陰晉今華陰縣也。八年魏納河西地，六國表作與秦河西地少梁。十年魏納上郡十五縣，魏世家作盡入上郡於秦。前此秦、魏之界，張守節云：魏築長城界秦，自華州鄭縣以北濱洛，至慶州洛源縣白於山，即東北至勝州稒陽縣、東至河西是也。今陝西華陰縣西二里，蒲城縣東五十里，鄜州西南四里，綏德州西十五里，皆有魏長城遺蹟，然則魏未失陰晉、少梁以前，其疆土在河西者，南至華陰，西至洛水，北至今榆林府之北，而趙西北邊邑藺、離石與魏鄰，不與秦鄰。故趙成侯三年，當秦獻公十三年、魏武侯十五年，趙世家云，「魏敗趙藺」，及秦孝公八年，與魏戰，取少梁。越五年，爲秦孝公十一年，趙成侯二十四年，趙世家始云「秦攻我藺」，其後趙武靈王十九年，召樓緩謀曰：「西有林胡、樓煩，秦、韓之邊。」是時魏之西河、上郡及曲沃、平周俱失於秦，趙西境直與秦接，不復鄰魏矣。方文侯、武侯之時，魏都安邑，據有河西地，而吴起爲西河守以拒秦、韓，秦兵不敢東鄉，韓、趙賓從。史記：「武侯浮西河而下，中流顧而謂吴起曰：『美哉乎，山河之固，此魏國之寶也！』」蓋古所稱西河，未嘗以名郡縣，「西河守」亦非如後世之郡守，特舉龍門西河，該河之左右諸城。水經注以浮河事繫之夏陽，子夏陵及廟室繫之郃陽，並於安邑不遠。秦孝公八年以前，西河濱洛之地悉魏境，後人不察，唐上元初所名之西河縣，始終爲趙地，而謬摭魏事，由其迷於當時秦、趙、魏之疆域界畫，是以輾轉滋惑。至如左氏春秋：昭公十三年，「叔魚見季孫曰：『鮒也聞諸吏，將爲子除館於西河。』」杜元凱經傳集解云：「西使近河。」史記：「趙惠文王二年，主父行新地，遂出代西，遇樓煩王於西河而致其兵。」當在今寧武府偏關之外。二十年，趙惠文王「與秦昭王遇西河外」，在今河南澠池縣西。漢高帝二年，韓信擊魏，伏兵從夏陽，以木罌缻渡軍，襲安邑，而廣武君曰：「今將軍涉西河，虜魏王。」張守節云：「即同州龍門河，從夏陽渡者。」孔叢：「猗頓適西河，大畜牛羊於猗氏之南。」猗氏故城在今蒲州府猗氏縣南十里。靈帝中平五年，黄巾餘黨郭大等起於西河白波谷，在今太平縣東南三十五里。白波谷不屬西河郡，而曰西河白波谷者，徒以近龍門西河耳。由是言之，春秋、戰國以迄秦、漢，西河之名往往不專目一地如是，然絶無與於唐上元以後之西河縣。縣境去河遠，因西河郡治得稱，非有取義。

汾陽之爲縣名，漢及隋、唐皆非此地。漢書地理志：「太原郡汾陽，北山汾水所出。」水經：「汾水出太原汾陽縣北管涔山。」山在今寧武縣西六十里，值静樂縣北百四十里。隋書煬帝紀：「大業四年，以離石之汾源、臨泉，雁門之秀容，爲樓煩郡，起汾陽宫。」地理志：「樓煩郡静樂有汾陽宫，有管涔山、天池、汾水。」元和郡縣圖志：「静樂縣，隋汾陽故宫在縣北百五十里，天池在縣北燕京山上，周迴八里。」唐書地理志：「嵐州静樂，武德四年析置汾陽縣，六年省，有天池祠，有管涔山，有隋故汾陽宫。天池在今寧武縣西南四十里，汾陽宫在今寧武縣西南六十里。又隋志：太原郡所領縣有汾陽，舊曰陽曲，開皇六年改爲陽直，十六年又改名焉。舊唐書地理志：「陽曲，隋陽直縣，武德三年分置汾陽縣，七年省陽直，改汾陽爲陽曲。」考今静樂縣及寧武縣之寧化堡，陽曲縣之西北境，皆漢汾陽縣地，故隋、唐所析置者猶本其舊稱，遠在今汾陽縣之北。晉書地理志：司州河東郡有汾陽縣。又遠在今汾陽縣之南。今縣名即起於明萬曆二十三年，蓋本宋汾陽軍之稱以之名縣耳。外此，如國語夷吾私於公子縶曰：「中大夫里克與我矣，吾命之以汾陽之田百萬。」史記晉世家夷吾遺里克書曰：「誠得立，請遂封子於汾陽之邑。」賈侍中云「汾，水名，汾陽，晉地」，而不言所在。其地要不出今平陽府境内汾水之滸。今太平縣南有地名汾陽，爲縣境七舖之一，曰汾陽舖，又有汾陽山，雖不必舉以實汾陽之田，然可知地近晉都有名汾陽者矣。顧炎武云：霍山以北皆狄地，自悼公後始開縣邑，前此不見於傳。考國語，宰孔言「景霍以爲城」可證，顧氏之言爲覈。其北如今交城縣，即春秋時大戎、小戎之地。翼侯避曲沃之亂而奔隋，似奔於姜戎境。又唐叔始封在今翼城縣之故唐城，城北曰古堆坡，有唐叔虞墓。晉水即晉峽之欒池水，後人以太原有晉水，遂謂唐叔始封於彼，遠在翼之北且七百里，不然矣。魯襄公十六年，當晉惠公敗於韓之明年，狄侵晉，取狐厨、受鐸，涉汾及昆都。杜注云，平陽臨汾縣西北有狐谷亭。孔沖遠謂狐厨、受鐸皆在汾北。狄自北而侵，南涉汾水，昆都在汾南，今臨汾縣南有昆都聚。狐厨、受鐸皆在今襄陵縣，即北與狄鄰。當惠公時，晉之北境去今汾陽縣尚遠。及魯昭公元年，晉荀吴帥師敗狄於大鹵，始擴境北至太原。地志或援史記汾陽之邑傅合，尤謬。平遥縣，漢爲京陵、中都二縣，及鄔縣地。北魏徙漢平陶於此，以廟諱改爲平遥，而中都徙置於榆次。隋開皇十六年，析置清世縣，大業初省入焉，以後仍之。

漢書地理志：太原郡中都、京陵。魏書地形志：太原郡平遥，二漢、晉爲平陶，後改有京陵城、平遥城。隋書地理志：西河郡平遥，開皇十六年析置清世縣，大業初廢入焉。元和郡縣圖志：汾州平遥縣，本漢平陶縣地，魏改平陶爲平遥。京陵故城，在縣東七里；中都故城，在縣西十二里。舊唐書地理志：後魏廟諱改「陶」爲「遥」。今案漢平陶故城，在今文水縣西南二十五里，魏雖徙置，而西北境猶漢平陶縣故地。地形志所云有平遥城，即漢平陶城也。元和志「文水縣平陶城在縣西南二十五里」，與今不殊，則隋、唐已割魏平遥縣之西北境入文水縣矣。吉甫但云本漢平陶縣地，疏也。

介休縣本漢舊縣，曰界休，亦兼有鄔及中都二縣地。晉改「界」爲「介」，永興後並廢。北魏太和八年復置介休縣於漢縣之東南，十九年復置鄔縣，亦與漢縣異地。孝昌二年，介休縣僑置平陽界，永安中又僑置汲郡界。北齊省西河郡之介休入永安。北周復於漢故城置介休縣，大象中改曰平昌。隋開皇十六年，復改曰介休，以後仍之。

漢書地理志：太原郡界休、鄔。晉書地理志：太原國鄔，西河國介休。魏書地形志：

太原郡鄔，晉後罷，太和十九年復，有中都，有鄔城；西河郡介休，晉亂罷，太和八年復，有鄔城介休城。隋書地理志：西河郡介休，後魏置平昌縣，後周以介休縣入焉，開皇十八年改曰介休。元和郡縣圖志：汾州介休縣，本秦、漢之舊邑，在介山西，因名之，高齊省介休入永安縣，周武帝復置介休縣，宣帝改介休爲平昌縣。開皇末又改平昌爲介休縣。今案：隋志以魏之定陽郡平昌繫之介休。方輿紀要於介休縣云：東魏興和二年析置平昌縣，兼置定陽郡。考興和二年所置之平昌，隸北五城郡，不隸定陽，其隸定陽者，乃興和四年置，非二年。又北五城定陽皆屬晉州，乃興和中前後僑置之郡縣，不在介休境。元和志以周宣帝時介休改名平昌，隋開皇末始復舊名，似得其實。紀要本隋志之謬，又加舛耳。

孝義縣，本漢茲氏縣地，魏移西河郡中陽於此，永嘉後省入隰城。北魏太和十七年，分隰城置永安縣，孝昌二年僑置平陽界。北齊天保中復舊。唐武德二年置新城、高唐二縣，三年分新城縣地置温泉縣，貞觀元年省新城、高唐入温泉，改永安縣曰孝義。宋太平興國元年又改曰中陽，後復爲孝義，熙寧五年省入介休，元祐元年復置，元至元三年，割温泉縣之半入焉，以後仍之。

晉書地理志：西河國中陽。魏書地形志：西河郡永安，太和十七年分隰城置。唐書地理志：武德二年置新城、高唐二縣，貞觀元年省新城、高唐。元和郡縣圖志：「孝義縣，本漢兹氏縣地，魏移西河郡中陽縣於今理，永嘉後省入隰縣。後魏又分隰城於今靈石縣東三十里置永安縣。貞觀元年，以縣名與涪州縣名同，改爲孝義。後魏於土軍故縣東七十里置嶺東縣，孝文改爲新城縣。武德三年於縣東南四十里置温泉縣，因縣南温泉爲名。貞觀元年省新城縣。」宋史地理志：「汾州孝義，太平興國元年改爲中陽，後復爲孝義，熙寧五年省爲鎮，入介休，元祐元年復。」元史地理志：「汾州孝義，至元三年，割温泉縣之半置巡檢司，隸本縣。」案地形志建義元年，置永安郡，治永安城，領永安、楊二縣。東魏置永安戍。北周建德六年，宇文憲自雀鼠谷攻拔洪洞、永安二城。所謂永安城，即今霍州治，與西河之永安，同名而異地。

臨縣本藺、皋狼之地，晉省入離石，北周大象中於此置烏突縣，隋開皇中改曰太和，唐武德三年置臨泉縣，尋省太和縣入焉，金改臨泉爲臨水，元中統二年仍改曰臨泉，三年改臨泉縣爲臨州，至元五年己卯，州治南徙四十里，明洪武二年改州爲縣，以後仍之。

漢書地理志：西河郡皋狼、藺。隋書地理志：離石郡太和，後周置曰烏突，及置烏突郡，開皇初郡廢，縣尋改焉。元和郡縣圖志：石州臨泉縣，周大象元年於此置烏突縣，開皇元年改烏突縣爲太和縣，武德三年改太和爲臨泉。唐書地理志：石州臨泉，本太和，武德三年更名，別析置太和縣。元史地理志：冀寧路臨州，金置臨水縣，元中統二年仍改臨泉縣，三年升臨州。明史地理志：汾州府臨，元臨州，洪武二年降爲縣。今案，漢西河郡有臨水縣，或以爲即臨縣。然水經注與唐、宋地志絕不涉及，無可證實，闕之可也。臨泉縣，唐書以爲別析置太和，考太和本隋舊縣，武德三年蓋析太和置臨泉，非太和於此時始析置也，尋即併省，是以元和志但云改太和爲臨泉歟。元史謂臨泉金爲臨水，金史志仍作臨泉，未改，亦作史者失之。

石樓縣，本漢土軍縣地，北魏設石樓堡，太平真君九年於土軍故城置吐京郡，領縣二，曰嶺東、曰嶺西，太和二十一年改嶺東爲新城縣、嶺西爲吐京縣，孝昌中陷，寄治西河，北齊復故，隋開皇初郡廢爲吐京縣，十八年改曰石樓，唐武德元年析置長壽、臨河二縣，貞觀元年省長壽、臨河入石樓，以後仍之。

漢書地理志：西河郡土軍。魏書地形志：吐京郡，真君九年置，孝昌中陷，寄治西河，領縣二：新城，世祖名嶺東，太和二十一年改，吐京，世祖名嶺西，太和二十一年改。隋書地理志：龍泉郡石樓，舊置吐京郡及吐京縣，開皇初郡廢，十八年縣改名。元和郡縣圖志：隰州石樓縣，本漢土軍縣也，晉省，後魏於此城置吐京郡，開皇十八年改吐京爲石樓縣，因縣東石樓山爲名也。唐書地理志：隰州石樓，武德二年，以縣置長壽、臨河二縣，貞觀元年省長壽、臨河。

永寧州本漢離石縣，及藺、皐狼、隰成之地。后漢省隰成，晉省藺、皐狼，北齊置昌化、良泉二縣，北周改昌化縣爲離石縣，大象中析置定胡、窟胡、盧山三縣。隋開皇中改窟胡曰脩化，大業三年移良泉縣於方山，改名方山縣，其盧山縣，大業初併入脩化，而脩化縣省併不見史志。唐貞觀二年，改定胡縣曰孟門，七年省，八年復置定胡縣，十一年方山縣北徙三十五里。金明昌六年改定胡縣曰孟門，貞祐四年徙方山縣於積翠山。元中統二年省離石縣入石州，三年復置，至元三年省孟門、方山二縣入離石。明初省離石縣入石州，隆慶元年改州曰永寧，以後仍之。

漢書地理志：西河郡離石、隰成。隋書地理志：離石郡脩化，後周置曰窟胡，及置窟胡郡，開皇初郡廢，後縣改爲脩化，又後周置盧山縣，大業初併入焉。元和郡縣圖志：石州離石縣，東北有離石水，因取水名也。漢末廢，黄初復置，陷劉元海。高齊於此置昌化縣，後周復爲離石。定胡縣，周宣帝大象元年於此置定胡縣。貞觀二年改置孟門縣，七年廢縣爲孟門鎮，八年廢鎮，復爲定胡縣。方山縣，高齊於離石縣北六十八里置良泉縣，大業三年移就今縣南三十五里方山置，故名方山，貞觀十一年移於今理。舊唐書地理志：定胡，貞觀二年析置孟門縣，七年省。金史地理志：石州方山，貞祐四年徙治於積翠山。孟門，舊定胡，明昌六年更。元史地理志：石州，中統二年省離石縣入本州，三年復立，舊置司候司，後與孟門、方山俱省入離石。明史地理志：汾州府永寧州，元石州，洪武初以州治離石縣省入，隆慶元年更名。永寧州志：隆慶元年，蒙古陷城之後，署州事太原府同知李春芳，以「石」、「失」二字叶聲不吉，請更名爲永寧。今案定胡縣，元和志謂貞觀二年改置孟門，舊唐書以爲析置，非也。

寧鄉縣，本離石縣地，北周析離石置寧鄉縣，大象中又析置平夷縣，隋大業初，省寧鄉。金明昌六年改平夷曰寧鄉，以後仍之。

隋書地理志：離石郡離石，後周置寧鄉縣，大業初併寧鄉入焉。平夷，後周置。元和郡縣圖志：石州平夷，本漢離石縣地，周宣帝割縣西五十一里置平夷縣。金史地理志：石州寧鄉舊名平夷，明昌六年更。今案，水經次中陽於土軍之北，寧鄉縣宜爲漢西河郡之中陽，魏徙中陽置茲氏南，其地始併入離石。然自來地志失之，無可證實。又漢西河郡隰成、西都，與中陽地皆相比，後人但知有離石耳。寧鄉之名始於北周，其故城在今寧鄉縣東。金明昌六年改平夷曰寧鄉，實北周之舊名，然則大業初省寧鄉，其地蓋分入離石、平夷二縣。隋志但云併入離石，略也。唐書地理志平夷縣下云，有孝文山。考孝文山在離石縣北，平夷在離石縣南，唐書似有舛誤。

奉直大夫刑部浙江清吏司員外郎毛公墓誌銘〔一八〕

乾隆四十年九月十四日，刑部員外郎毛公卒。明年春，子鳳儀與季弟鶴儀將護柩歸葬，持行狀乞銘于庶吉士戴震。案狀，公諱德濟，字渭粱。父諱世榮，由户部郎中累官廣東高雷廉兵備道。公其少子也，生高州官署，九歲始隨父還吴。大父諱某，曾大夫諱某，贈官皆中憲大夫，妣皆恭人。

公篤孝，侍父病，旦夕不去左右者十餘年。及居喪時，哀毁思慕如禮稱「見似目瞿」者。一日，因所觸感大慟，血噴出，從此得嘔血症，歲餘乃已。娶周氏，翰林院編修歷官紹興府知府某之女。公始仕爲刑部湖廣司員外郎，僅五月，請假歸，以周宜人病劇謀就醫，未至家而宜人卒。戊子秋，補刑部四川司員外郎，僅三月，丁生母王太宜人憂，服闋，補刑部浙江司員外郎。在官勤慎。公生于雍正九年十二月三日，迨其卒也，年四十有五。

子男四人：長鳳儀，翰林院庶吉士，四庫全書館覆校官；次鴻儀，太學生，四庫全書館謄録；先公七日卒；次忠益，早卒；最少鶴儀。女五人：一適太學生周曰灉，一適舉人高應龍，一適太學生宋林，餘幼未字。孫男三人。將以某月某日葬公于某原。

鳳儀于予同年進士，余雖未獲睹公之行事，未一聆話言，然公三入刑曹，盡平恕居心，固耳熟也久。夫刑者，人之死生，苟不慎，是輕殺人者，未有不中其身及其子孫者也。鳳儀貌悛悛，蓋將光大其家聲者。然則公之平恕爲不誣矣，可銘也。銘曰：

維公之少，孝本性真。維公于仕，惻隱斯人。宜厥孫子，載芝載鶵。流光世世，俟以刻文。

校書提要〔一九〕

儀禮識誤

臣等謹案：儀禮識誤三卷，宋張淳撰。淳字忠甫，永嘉人。乾道八年，兩浙轉運判官直秘閣曾逮刊儀禮鄭氏注十七卷、陸氏釋文一卷。淳爲之校定，因舉所改字別爲是書。其引據有周廣順三年及顯德六年刊行之監本，有汴京之巾箱本，杭之細字本，嚴之重刊巾箱本，參以釋文、疏，覈訂異同，最爲詳核。

近世久無傳本，故朱彝尊經義考以爲已佚，惟永樂大典所載諸條，猶與諸家解說散附經文之後，尚可綴録成編。其鄉射、大射二篇，適在永樂大典缺卷之中，則不可復考矣。朱子語類有曰：「儀禮人所罕讀，難得善本。而鄭注、賈疏之外，先儒舊説多不復見，陸氏釋文亦甚疏略。近世永嘉張淳忠甫校定印本，又爲一書以識其誤，號爲精密，然亦不能無舛謬。」又曰：「張忠甫所校儀禮甚仔細，校他本爲最勝。」其見稱于朱子如是。

今觀其書，株守釋文，往往以習俗相沿之字轉改六書正體，則朱子所謂「不能無舛謬」者，誠所未免。然是書存，而古經漢注之訛文脱句藉以考識，宋槧諸本之不傳于今者亦藉以存其崖略。其有功于儀禮，誠匪淺小。今謹加案語，正其得失，俾瑜瑕不相揜。其原本殘缺數處，亦考訂補緝，各附于下方。是書宋史藝文志作一卷，而陳振孫書録解題、文獻通考咸作三卷。考淳自序言：「裒所校之字次爲二卷，以釋文、誤字爲一卷附其後，總爲三卷。」則宋志「一卷」爲傳寫之誤明矣。乾隆四十年二月恭校上。

儀禮集釋

臣等謹案：儀禮集釋三十卷，宋李如圭撰。如圭字寶之，廬陵人，官至福建路撫幹。案宋中興藝文志曰「儀禮既廢，學者不復誦習。乾道間，有張淳始訂其訛，爲儀禮識誤；淳熙中，李如圭爲集釋。出入經傳，又爲綱目以別章句之指，爲釋宫以論宫室之制。朱熹嘗與之校定禮書，蓋習於禮者」云云。則如圭當與朱子同時。而陳振孫書録解題言：「如圭淳熙癸丑進士。」文獻通考引振孫語又作「紹興癸丑進士。」考淳熙紀元凡十六年，中間寔無癸丑，紹興癸丑爲高宗改元之三年，朱子校正儀禮乃在晚歲，疑當爲紹熙癸丑。陳氏、馬氏並訛一字也。

宋自熙寧中廢罷儀禮，學者鮮治是經。如圭乃全録鄭康成注，而旁徵博引以爲之釋，多發賈公彦疏所未備，又撰綱目、釋宫各一篇。世無傳本，故朱彝尊經義考云「俱未見」。今從永樂大典録出，排纂成書。十七篇中首尾完具尚十五篇，惟鄉射、大射二篇及别行之綱目一篇，均在永樂大典缺卷之内，無從考補，姑仍其舊。然已得其十之九矣。

儀禮一經因治之者希，經文併注往往訛脱。如圭生于南宋，尚見古本，今據以校正，補注疏本經文脱字二十四，改訛字十四，删衍字一百六十九。并參考唐石經及陸德明經典釋文，張淳儀禮識誤及各本文句字體之殊，各加辯證者不勝指數，各附案語於下方。其鄉射大射兩篇，如圭之釋雖佚，亦參取惠棟、沈大成二家所校宋本，證以唐石經本，補經文脱字七，改訛字四，删衍字二，補注文脱字四十一，改訛字三十九，删衍字十七，以成儀禮之完帙。如圭舊本本十七篇，篇自爲卷，其間文句稍繁者篇頁太多，難于分帙，今析之得三十卷。其釋宫則仍自爲一書，别著于録焉。乾隆四十七年二月恭校上。

儀禮釋宮

臣等謹案：儀禮釋宮一卷，宋李如圭撰。如圭既爲儀禮集釋，以發明經義，羽翼鄭康成注，又爲是書，以考論古人宮室之制。體例仿爾雅釋宮，逐條之下，引經記注疏詳加討論。如大夫士東房西室之説，雖仍舊注，而據聘禮賓館於大夫士，證其亦有右房。據鄉飲酒及少牢饋食，證大夫士亦有左房東房之稱，與天子諸侯言左對右、言東對西者同。其考證明晰，深得經意。發先儒之所未發，大抵類此，非以空言説禮者比也。

考朱子大全集亦載其文，與此大略相同，惟無序引。宋中興藝文志稱朱子嘗與之校定禮書，疑朱子固嘗録如圭是篇，而集朱子之文者，遂疑爲朱子所撰，取以入集。猶蘇軾書劉禹錫語題姜秀才課册，遂誤編入軾集耳。觀朱子儀禮經傳通解，於鄉飲酒禮薦出自左房，聘禮負右房，皆但存賈疏，與是篇所言不同。是亦不出朱子之一證也。古者宮室各有定制，歷代屢變漸非其舊。如序楹、楣、阿、箱、夾牖、户，當榮當碑之屬，讀儀禮者倘不能備知其處，則于陳設之地，進退之位，俱不能知，甚或以後世之規模臆測先王之度數，殊失其真。是篇之作，誠治儀禮者之圭臬也。

宋陳汶嘗序集釋，刻之桂林郡學舍，並刻是篇。今刻本不傳，惟永樂大典内全録其文，別爲一卷，題云李如圭儀禮釋宫。蓋其所據猶爲宋本。今據以録出，仍與集釋相輔。其間字句與朱子集中所載多增省不同處〔二〇〕，似彼爲初藁，此爲定本。今悉從永樂大典録存，以復如圭之舊焉。乾隆四十二年三月恭校上。

大戴禮記

臣等謹案：大戴禮記十三卷，漢戴德撰。隋書經籍志云：「大戴禮記十三卷，漢信都王太傅戴德撰。梁有謚法三卷，後漢安南太守劉熙注，亡。」崇文總目云：「大戴禮記十卷三十五篇，又一本三十三篇。」中興書目云：「今所存止四十篇。」晁公武讀書志云：「篇目自三十九篇始，無四十三、四十四、四十五、六十一四篇，有兩七十四。」而韓元吉、熊朋來、黄佐、吴澄並云兩七十三，陳振孫云兩七十二，蓋後人于盛德第六十六，別出明堂一篇爲六十七。其餘篇第，或至文王官人第七十一改爲七十二，或至諸侯遷廟第七十二改爲七十三，或至諸侯釁廟第七十三改爲七十四。故諸家所見不同，因有新析一篇則與舊有之一篇篇數重出也。

漢許慎五經異義，論明堂稱「戴記禮説」、「盛德記」，即明堂篇語。魏書李謐傳、隋書牛弘傳，俱稱盛德篇或稱泰山盛德記。知析盛德篇爲明堂篇者，出于隋、唐之後。又鄭康成六藝論曰：戴德傳記八十五篇。司馬貞曰：大戴禮合八十五篇，其四十七篇亡，存三十八篇。蓋夏小正一篇多别行，隋、唐間録大戴禮者，或闕其篇，是以司馬貞云然。原書不别出夏小正篇，實闕四十六篇，存者宜爲三十九篇。中興書目乃言存四十篇，則竄入明堂篇題，自宋人始矣。隋志又曰：戴聖删大戴之書爲四十六篇，馬融足月令、明堂位、樂記，合爲四十九篇。今考孔穎達義疏于樂記云：按别録，禮記四十九篇，樂記第十九，然則樂記篇第劉向列之别録，即與今不殊。後漢書橋玄傳云：七世祖仁著禮記章句四十九篇，號曰「橋君學」。仁即班固所説「小戴授梁人橋仁季卿」者也。劉向當成帝時校理秘書，橋仁親受業小戴之門，亦成帝時爲大鴻臚劉橋所見篇數，已爲四十有九，而融遠在後漢之季，小戴書不待融足三篇甚明。康成嘗受學于融者，其六藝論亦但曰戴聖傳禮四十九篇，作隋書者徒附會大戴闕篇，以爲即小戴所録，而尚多三篇不符，遂漫歸之融耳。然因是而知隋、唐間，大戴闕篇與今本無異，故今本卷數適同隋志卷數也。書中夏小正篇最古，其諸侯遷廟、諸侯釁廟、投壺、公冠，皆禮古經遺文。又藝文志曾子十八篇久逸，是書猶存其十篇，自立事至天圓篇，題上悉冠以「曾子」者是也。

書有注者八卷，五卷無注，疑闕逸，非完書。朱子引明堂篇鄭氏注，云：法龜文。殆以注歸之康成，考注内徵引有康成、譙周、孫炎、宋均、王肅、范甯、郭象諸人，下逮魏、晉之儒。王應麟困學紀聞指爲盧辯注。據周書，辯字景宣，官尚書右僕射，以大戴禮未有解詁，乃注之。其兄景裕謂曰：昔侍中注小戴，今爾注大戴，庶纘前修矣。王氏之言信而有徵，是書正文并注，訛舛幾不能成誦，而永樂大典内散見僅十六篇。今以各本及古籍中摭引大戴禮記之文參互校訂，附案語于下方。史繩祖有言，大戴記列之十四經，其說今不可考。然先王舊制，時有徵焉，固亦禮經之羽翼也。乾隆四十二年六月恭校上。

蒙齋中庸講義

臣等謹案：蒙齋中庸講義四卷，宋袁甫撰。甫字廣微，鄞縣人，寶文閣直學士，燮之子，嘉定七年進士，官至吏部侍郎兼國子祭酒、權兵部尚書，謚正肅。事跡具宋史本傳。史稱所著有孟子解，今未見傳本，殆已亡佚。

此書散見永樂大典中，而史志顧未之及，惟朱彝尊經義考有「甫所撰中庸詳說二卷，注云已佚」，或即是書之别名歟？其書備列經文，逐節訓解。蓋平日録以授門弟子者，中間委曲推闡，往往言之不足，而重言以申之。其學出於楊簡，簡之學則出於陸九淵，故立說多與九淵相合。如講語大語小一節云：「包羅天地，該括事物，天下不能載者，惟君子能載之，而天下又何以載？幽通鬼神，微入毫髮，天下不能破者，惟君子能破之，而天下又何以破？」此即象山語録所云天下莫能載者，道大無外，若能載則有分限矣；天下莫能破者，一事一物，纖悉微末，未嘗與道相離之説也。其講「自誠明」一節云：「誠不可傳，可傳者明，明即性也，不在誠外也。」此即象山語録所云「誠則明，明則誠」，此非有次第，其理自如此之説也。其他宗旨大都不出於此，雖主持過當，或不免惝怳無歸。要其心得之處，未嘗不自成一家。

謹依經排輯，釐爲四卷，以存金谿之學派。至其甚謬於理者，則於書中別加案語，考正其誤，以杜狂禪恣肆之漸焉。乾隆四十六年九月恭校上。

方言注

臣等謹案：方言十三卷，舊本題漢揚雄撰，晉郭璞注。考晉書郭璞傳有注方言之文，而漢書揚雄傳備列所著之書，不及方言一字。藝文志亦惟小學有雄訓纂一篇，儒家有雄所序三十八篇，注云：「太玄十九，法言十三，樂四，箴二。」雜賦有雄賦十二篇。皆無方言。東漢一百九十年中，亦無稱雄作方言者。至漢末，應劭風俗通義序始稱：「周、秦常以歲八月遣輶軒之使求異代方言，還奏籍之，藏于秘室。及嬴氏之亡，遺棄脱漏，無見之者。蜀人嚴君平有千餘言，林閭翁孺才有梗概之法。揚雄好之，天下孝廉衛卒交會，周章質問，以次注續，二十七年爾，乃治正凡九千字。」又劭注漢書亦引揚雄方言一條，是稱雄作方言實自劭始。

魏、晉以後，諸儒轉相沿述，皆無異詞。惟宋洪邁容齋隨筆，始考證漢書，斷非雄作。然邁所摘劉歆與雄往返書中，既稱在成帝時，不應稱孝成皇帝，又東漢明帝始諱「莊」，不應西漢之末即稱莊遵爲嚴君平，則未深中其要領。考書首「成帝時」云云，乃後人題下標注之文，傳寫舛訛，致與書連爲一，實非歆之本詞，文義尚釐然可辨。書中載揚、莊之名，不作「嚴」字，實未嘗豫爲明帝諱。其「嚴君平」字，或後人傳寫追改，亦未可知，皆不足斷是書之僞。惟後漢許慎說文解字多引雄說，而其文皆不見于方言。又慎所注字義，與今方言相同者不一而足，亦皆不標揚雄方言字，知當慎之時，此書尚不名方言，亦尚不以方言爲雄作，故馬、鄭諸儒未嘗稱述。至東漢之末，應劭始有是說，魏孫炎注爾雅莫、豻、螳蜋、蝆字，晉杜預注左傳「授師孑焉」句，始遞相徵引。沿及東晉郭璞，遂注其書，後儒皆稱揚雄方言，蓋由于是。

然劭序稱方言九千字，而今本乃一萬二千九百餘字，則字數較原本幾溢三千。雄與劉歆往返書，皆稱方言十五卷，郭璞序亦稱三五之篇，而隋志、唐志乃並載揚雄方言十三卷，與今本同，則卷數較原本闕其二，均爲牴牾不合。考雄答歆書稱：語言或交錯相反，方復論思詳悉集之，如可寬假延期，必不敢有愛云云。疑雄本有此未成之書，歆借觀而未得，故七略不載，漢志亦不著録。後或侯芭之流收其殘稿，私相傳述。閲時既久，不免于輾轉附益，如徐鉉之增説文，故字多于前，厥後傳其學者，以漢志無方言之名，恐滋疑竇，而小學家有别字十三篇，不著撰人名氏，可以假借影附，證其實出于雄，遂併爲十三卷，以就其數。故卷減于昔歟？反復推求，其真僞皆無顯據，姑從舊本仍題雄名，亦疑以傳疑之義也。雄及劉歆二書，據李善文選注引「懸諸日月，不刊之書」句，已稱方言，則自隋、唐以來，原附卷末，今亦仍之。

其書世有刊本，然文字古奥，訓義深隱，校讎者猝不易詳，故斷爛訛脱幾不可讀。錢曾讀書敏求記，嘗據宋槧駁正其誤，然曾家宋槧，今亦不傳，惟永樂大典所收，猶爲完善。檢其中「秦有榛娥之臺」一條，與錢曾所舉相符，知即從宋本録入。今取與近本相較，始知明人妄行改竄，顛倒錯落，全失其初，不止錢曾所舉之一處。是書雖存而實亡，不可不亟爲釐正。謹參互考訂，凡改正二百八十一字，删衍文十七字，補脱文二十七字。神明煥然，頓還舊觀。并逐條援引諸書，一一疏通證明，具列案語如左。庶小學訓詁之傳，尚可以具見崖略，并以糾坊刻之謬，俾無迷誤後來。

舊本題曰輶軒使者絶代語釋别國方言，其文冗贅，故諸家援引及史志著録，皆省文謂之方言。舊唐書經籍志則謂之别國方言，實即一書。又容齋隨筆稱此書爲輶軒使者絶域語釋别國方言，以「代」爲「域」，其文獨異，然諸本並作「絶代」，書中所載亦無「絶域」、「重譯」之語。洪邁所云蓋偶然誤記，今不取其説焉。乾隆四十四年五月恭校上。

項氏家説

臣等謹案：項氏家説十卷，附録二卷，宋項安世撰。安世有周易玩辭，已别著録。此蓋其讀經史時條記所得，積以成編者。案嘉定辛未，樂章撰周易玩辭後序曰：「項公昔忤權臣，擯斥十年，杜門卻埽，足跡不涉户限，耽思經史，專意著述，成書數篇。迨兵端既開，邊事告急，被命而起，獨當一面，外禦憑陵，内固根本，成就卓然。」陳振孫書録解題亦稱其當慶元中得罪時，（論）〔謫〕居江陵，杜門潛心，起居不出一室，送迎賓友，未嘗踰閾。諸書皆有論説，然則是書，慶元間斥居江陵時作也。安世學有體用，通達治道，而説經不尚虚言。其訂覈同異，考究是非，往往洞見本原，迥出同時諸家之上。

是書見於宋史藝文志者十卷、附録四卷，又别出孝經説一卷，中庸説一卷。書録解題並同。自明初以來，其本久佚，今惟散見永樂大典各韻内。核其所載，多兼及説經、説事、説政、説學等篇名，而逐條又各有標題。其原書體例約略可見，篇帙亦尚多完善。謹依類排纂。經則按各經之文次之。卷一卷二並易説，卷三書説，卷四詩説，卷五周禮，卷六禮記，卷七論語、孟子等，是爲説經篇，凡七卷。其八、九、十三卷，則先以説事篇、次説政篇，次説學篇。雖原目無存，未必悉符其舊。然陳振孫説是書有云：「九經皆有論著。其第八卷以後雜説文史政學，則序次大致當亦不甚懸殊。」振孫又云：「附録孝經、中庸、詩篇次、邱乘圖，則各爲一書。重見諸類，似附録之四卷本，分爲四種單行，而復取以附於家説後者也。」今檢永樂大典，但有孝經説、中庸臆説二書，而詩篇次、邱乘圖未經收入，疑當時即已散佚，無可考補。謹據其現存者仍合爲附録二卷，次之於末，以略還原書之舊焉。乾隆四十四年五月恭校上。

水經注

臣等謹案：水經注四十卷，後魏酈道元撰，道元字善長，范陽人，官至御史中尉。自晉以來，注水經者凡二家：郭璞注三卷，杜佑作通典時猶見之，今惟道元所注存。崇文總目稱其中已佚五卷，故元和郡縣志、太平寰宇記所引滹沱水、涇水、洛水，皆不見于今書。然今書仍作四十卷，疑後人分析以足原數也。是書自明以來，絶無善本，惟朱謀㙔所校盛行于世，而舛謬亦復相仍。

今以永樂大典所引，各按水名，逐條參校。非惟字句之訛，層出疊見，其中脱簡，有自數十字至四百餘字者。其道元自序一篇諸本皆佚，亦惟永樂大典僅存。蓋當時所據，猶屬宋槧善本也。謹排比原文，與近本鉤稽校勘，凡補其闕漏者二千一百二十八字，删其妄增者一千四百四十八字，正其臆改者三千七百一十五字。神明焕然，頓還舊觀，三四百年之疑竇，一旦曠若發蒙。是皆我皇上稽古右文，經籍道盛，瑯嬛、宛委之祕，響然並臻，遂使前代遺編幸逢昌運，發其光于蠹簡之中，若有神物撝呵，以待聖朝而出者，是亦曠世之一遇矣。至于經文注語，諸本率多混淆，今考驗舊文，得其端緒。凡水道所經之地，經則云過，注則云逕，經則統舉都會，注則兼及繁碎地名。凡一水之名，經則首句標明，後不重舉，注則文多旁涉，必重舉其名以更端。凡書内郡縣，經則但舉當時之名，注則兼考故城之跡。皆尋其義例，一一釐定，各以案語附于下方。至塞外羣流，江南諸派，道元足跡皆所未經，故于灤河之正源、三藏水之次序、白檀、要陽之建置，俱不免附會乖錯，甚至以浙江妄合姚江，尤爲傳聞失實。自我皇上命使履視，盡得其脈絡曲折之詳。御製熱河考、灤源考證諸篇，爲之抉摘舛謬，條分縷擘，足永訂千秋耳食沿訛。謹録弁簡端，永昭定論。

又水經作者，唐書題曰桑欽，然班固嘗引欽説，與此經文異。道元注亦引欽所作地理志，不曰水經。觀其「涪水」條中，稱廣漢已爲廣魏，則決非漢時；「鍾水」條中，稱晉寧仍曰魏寧，則未及晉代。推尋文句，大抵三國時人。今既得道元原序，知并無桑欽之文，則據以削去舊題，亦庶幾闕疑之義爾。乾隆三十九年十月恭校上。

周髀算經

臣等謹案：周髀算經二卷，音義一卷。案隋書經籍志天文類，首列周髀一卷，趙嬰注。又一卷，甄鸞重述。唐書藝文志：李淳風釋周髀二卷，與趙嬰、甄鸞之注列之天文類，而復列李淳風注周髀算經二卷於曆算類，蓋一書重出也。是書内稱周髀長八尺，夏至之日晷一尺六寸。蓋髀者股也，於周地立八尺之表以爲股，其影爲勾，故曰「周髀」。其首章，周公與商高相問答，實勾股之鼻祖。故御定數理精蘊載在卷首而詳釋之，稱爲成周六藝之遺文。榮方問于陳子以下，徐光啓謂爲千古大愚。今詳考其文，惟論南北影差以地爲平遠，復以平遠測天，誠爲臆説。然與本文已絶不相類，疑後人傳説而誤入正文者。如夏小正之經傳參合，朱子未訂以前，使人不能讀也。其本文之廣大精微者，皆足以存古法之意，開西法之源。如書内以璇璣一晝夜環繞北極一周而過一度，冬至夜半璇璣起北極下子位，春分夜半起北極左卯位，夏至夜半起北極上午位，秋分夜半起北極右酉位，是爲璇璣四游所極，終古不變。以七衡六間測日躔法斂，冬至日在外衡，夏至在内衡，春秋分在中衡，當其衡爲中氣，當其間爲節氣，亦終古不變。古蓋天之學，此其遺法。蓋渾天如毬，寫星象於外，人自天外觀天；蓋天如笠，寫星象於内，人自天内觀天。笠形半圓，有如張蓋，故稱蓋天。合地上地下兩半圓體，即天地之渾圓矣。其法失傳已久，故自漢以迄元、明皆主渾天。

明萬曆中，歐邏巴人入中國，始別立新法，號爲精密。然其言地圓，即周髀所謂地法覆槃，滂沲四隤而下也。其言南北里差，即周髀所謂北極左右，夏有不釋之冰，物有朝生暮獲；中衡左右，冬有不死之草，五穀一歲再熟。是爲寒暑推移，隨南北不同之故。春分至秋分，極下常有日光；秋分至春分，極下常無日光。是爲晝夜永短，隨南北不同之故也。其言東西里差，即周髀所謂東方日中，西方夜半；西方日中，東方夜半。晝夜易處，如四時相反，是爲節氣合朔，如時早晚，隨東西不同之故也。

又李之藻以西法製渾蓋通憲，展晝短規使大於赤道規，一同周髀之展（半）〔外〕衡使大於中衡。其新法（算）〔曆〕書述第谷以前西法，三百六十五日四分日之一，每四歲之小餘成一日，亦即周髀所謂三百六十五日者三，三百六十六日者一也。西法多出於周髀，此皆顯證，特後來測驗增修，愈推愈密耳。明史曆志謂堯時宅西居昧谷，疇人子弟散入遐方，因而傳爲西學者，固有由矣。

此書刻本脱誤，多不可通。今據永樂大典内所載詳加校訂，補脱文一百四十七字，改訛舛者一百十三字，删其衍複者十八字。舊本相承，題云漢趙卿注。其自序稱「爽以暗蔽」，注内屢稱爽，或疑焉。爽未之前聞，蓋即君卿之名。然則隋、唐志之趙嬰，殆即趙爽之訛歟？注引靈憲、乾象，則其人在張衡、劉洪後也。舊有李藉音義，别自爲卷，今仍其舊。書内凡爲圖有五，而失傳者三，訛舛者一，謹據正文及注爲之補訂。古者九數，惟九章、周髀二書流傳最古，故訛誤亦特甚。然溯委窮源，得其端緒，固（述）〔術〕數家之鴻寶也。

九章算術

臣等謹案：九章算術九卷，蓋周禮保氏之遺法，不知何人所傳。永樂大典引古今事通曰：王孝通言，周公制禮，有九章之名。其理幽而微，其形祕而約。張蒼删補殘缺，校其條目，頗與（本）〔古〕術不同云云。今考書内有長安、上林之名。上林苑在武帝時，蒼在漢初，何緣預載？知述是書者，在西漢中葉後矣。舊本有注，題曰劉徽所作。考晉書稱，魏景元四年劉徽注九章，然注中所引有「晉武庫銅斛」，則徽入晉之後，又有增損矣。又有注釋，題曰李淳風所作。考唐書稱，淳風等奉詔注九章算術，爲算經十書之首。國子監置算學生三十人，習九章及海島算經，共限三歲，蓋即是時作也。

北宋以來，其術罕傳。自沈括夢溪筆談以外，士大夫少留意者，書遂幾於散佚。至南宋慶元中，鮑澣之始得其本於楊忠輔家，因傳寫以入秘閣，然流傳不廣。迨明又亡。故二三百年來，算數之家均未嘗得睹其全。惟分載於永樂大典者，依類裒輯，尚九篇具在。考鮑澣之後序稱，唐以來所傳舊圖，至宋已亡，又稱「盈不足」、「方程」之篇咸缺淳風注文。今校其所言，一一悉合，知即慶元之舊本。蓋顯於唐，晦於宋，亡於明，而幸逢聖代表章之盛，復完於今。其隱其見，若有數默存於其間，非偶然矣。

謹排纂成編，并考訂訛異，各附案語於下方。其注中指狀表目，如朱實、青實、黄實之類，皆就圖中所列而言。圖既不存，則其注猝不易曉，今推尋注意，爲之補圖。以成完帙。唐李籍音義一卷，亦并附焉。算術莫古於九數，九數莫古於是書。雖新法屢更，愈推愈密，而窮源探本，要百變不離其宗。録而傳之，固古今算學之弁冕矣。

孫子算經

臣等謹案：隋經籍志有孫子算經二卷，不著其名，亦不著其時代。唐藝文志稱，李淳風注甄鸞孫子算經三卷。于孫子上冠以甄鸞，蓋如淳風之注周髀算經，因鸞所注，更加辨論也。隋書論審度引孫子算術：「蠶所生吐絲爲忽，十忽爲秒，十秒爲毫，十毫爲氂，十氂爲分。」本書乃作「十忽爲一絲，十絲爲一毫」，又論嘉量引孫子算術：「六粟爲圭，十圭爲抄，十抄爲撮，十撮爲勺，十勺爲合。」本書乃作「十圭爲一撮，十撮爲一抄，十抄爲一勺」。考之夏侯陽算經引田曹、倉曹，亦如本書。而隋書中所引與史傳往往多合，蓋古書傳本不一，校訂之儒各有據證，無妨參差互見也。

唐之選舉，算學凡十書，孫子、五曹共限一歲習肄，于後來諸算術中，特爲近古，第不知孫子何許人。朱彝尊〔曝書亭〕集五曹算經跋云：「相傳其法出于孫武，然孫子別有算經，考古者存其說可爾。」又有孫子算經跋云：「首言度量所起，合乎兵法『地生度，度生量，量生數』之文。次言乘除之法，設爲之數。十三篇中所云廓地、分利、委積、遠輸、貴（賣）〔賤〕、兵役、分數，比之九章方田、粟米、差分、商功、均輸、盈不足之目，往往相符。而要在得算多，多算勝，以是知此編非僞託也。」彝尊之意蓋以爲確出于孫武。今考書内設問有云「長安、洛陽相去九百里」，又云「佛書二十九章，章六十三字」，則後漢明帝以後人語。孫武春秋末人，安有是語乎？舊本久佚，今從永樂大典所載，裒集編次，仍爲三卷，冠以原序。其甄、李二家之注則不可復考，是則姚廣孝等割裂刊削之過矣。乾隆四十一年二月恭校上。

五曹算經

臣等謹案：隋書經籍志有九章、六曹算經一卷，而無五曹之目。其六曹篇題亦不傳。唐書藝文志始有甄鸞五曹算經五卷，韓延五曹算經五卷，李淳風注五曹、孫子等算經二十卷，魯續新集五曹時要術三卷，甄、韓二家皆注是書者也。其作者則不知爲誰。考漢書梅福傳，福上書言：「臣聞齊桓之時，有以九九見者。」顔師古注云：「九九算術，若今九章、五曹之輩。」蓋算學雖多，不出乘除二者。而乘除不出自一至九，因而九之之數，故舉九九爲言。而師古即以其時所有九章、五曹等書實之，非梅福時有是書也。朱彝尊曝書亭集有五曹算經跋云：「相傳其法出于孫武。」然彝尊第曰「相傳」，無所引證，蓋不足據。觀唐書選舉志稱：「孫子、五曹共限一歲。」既曰「共限」，則五曹不出孫子明矣。姑斷以甄鸞之注，則其書確在北齊前耳。

自元、明以來，久無刻本，藏書家傳寫訛舛，殆不可通。今散見永樂大典内者，甄鸞、韓延、李淳風之注，雖亦散佚，而經文則逐條完善。今參互考校，俾還舊觀，遂爲絶無僅有之善本。考夏侯陽算經引田曹、倉曹者二，引金曹者一，而此書皆無其文。然此書首尾分明，脈絡通貫，亦不似有所亡失。疑隋志之九章、六曹，其目亦同。陽所引田曹、倉曹、金曹等名，乃彼書之文，故不敢據以補入以溷其真焉。乾隆四十一年六月恭校上。

五經算術

臣等謹案：五經算術二卷，北周甄鸞撰，唐李淳風爲之注。鸞長于步算，仕北周爲司隸校尉、漢中郡守。嘗撰周天和年曆及注九章、五曹、孫子、周髀等算經，不聞其有是書。而隋書經籍志有五經算術一卷，五經算術録遺一卷，皆不著撰人姓名。唐藝文志則有李淳風注五經算術二卷，亦不言其書爲誰撰。今考是書舉尚書、孝經、詩、易、論語、三禮、春秋之待算乃明者列之，而推算之術，悉加「甄鸞按」三字于上。則是書當即鸞所撰。又考淳風當貞觀初奉詔與算學博士梁述、助教王真儒等刊定算經，立于學官。唐選舉志及百官志並列五經算爲算經十書之一，與周髀共限一年習肄，及試士各舉一條爲問，此書注端悉有「臣淳風等謹按」字。然則唐時算科之五經算，即是書矣。

是書世無傳本，惟散見于永樂大典中。雖割裂失次，尚屬完書。據淳風注，于尚書推定閏條，自言其解釋之例，則知發端于此。又如論語「千乘之國」，周官「蓋弓宇曲」，並用開方之術，詳于前而略于後。循其義例，以各經之叙推之，其舊第尚可以考見。謹依唐藝文志所載之數，釐爲上下二卷。其中採摭經史，多唐以前舊本。如引司馬彪志序論十二律各統一月，當月者各自爲宫。今本後漢志：「統」訛作終，「月」訛作日，「革木之聲」今志訛作草木，「陽下生陰，陰上生陽，始于黄鍾，終于中吕」，今志脱「始于黄鍾」四字。「律爲寸，于準爲尺，律爲分，于準爲寸」，下文承準寸言「不盈者十之所得爲分」。今志脱「律爲分，于準爲寸」二句。禮記義疏引志，脱誤亦然。又兩引「上生不得過黄鍾之濁，下生不得不及黄鍾之清」，申之曰：是則上生不得過九寸，下生不得減四寸五分，與蔡邕月令章句謂「黄鍾少宫管長四寸五分」者合，且足證中央土律中黄鍾之宫乃黄鍾清律，不得溷同于仲冬月律中黄鍾爲最長之濁律。吕氏春秋先製黄鍾之宫，次製十有二筒，亦黄鍾有清律之證。今志作「上生不得過黄鍾之清濁，下生不得及黄鍾之數」，實因「清」字訛衍在上，後人改竄其下。揆諸律法，遂不可通。蓋是書不特爲算家所不廢，實足以發明經史，覈訂疑義，于考證之學尤爲有功焉。乾隆三十九年十月恭校上。

夏侯陽算經

臣等謹案：隋經籍志有夏侯陽算經二卷。唐藝文志列夏侯陽算經一卷，甄鸞注，又韓延夏侯陽算經一卷。韓延似作注者姓名，而直齋書録解題載元豐京監本乃云三卷無注。蓋傳寫互有分合，故卷帙各異也。然皆不言陽爲何代人。

考陽自序有云：「五曹、孫子述作滋多，甄鸞、劉徽爲之詳釋。」則其人在甄鸞後。唐書「甄鸞注」三字，殆因序文而誤歟？書内又稱：宋元嘉二年，徐受重鑄銅斛，至梁大同元年甄鸞校之。則陽疑隋初人，去梁稍遠，故目梁時斗尺爲古所用。其辨度量衡云：「在京諸司及諸州，各給稱尺，并五尺度斗升合等様，皆銅爲之。倉庫令諸量函所在官造，大者五斛，中者三斛，小者一斛，以鐵爲緣，勘平印書，然後給用。」及課租庸調章稱「賦役令」，論步數不等章稱「雜令」、「田令」之屬，皆據隋制言之。則陽爲隋人蓋無可疑。唐書選舉志所列算書十種，此居其一，蓋當時本懸之令甲，肄習考課。

今傳本久佚，惟永樂大典内有之，然逐條割裂，分附九章算術各類之下，幾於治絲而棼，不得其端緒。幸尚載原序、原目，猶可以尋繹編次，條貫其文。今裒輯排比，仍依元豐監本釐爲三卷。其十有二門，亦從原目。其書務切實用，雖九章古法非官曹民事所必需者，亦略而不載，於諸算經中最爲簡要，且於古今制度異同，多資考證，尤足寶重云。乾隆四十一年二月恭校上。

張丘建算經

臣等謹案：張丘建算經三卷，原本不題撰人時代。今據丘建自序，署曰「清河」，而序中引及夏侯陽、孫子之術，則當爲隋初人也。隋志載此書二卷，唐志一卷，甄鸞注，而別有李淳風注張丘建算經三卷。鄭樵通志藝文略：「張丘建算經二卷，又三卷，李淳風注。」宋藝文志、中興書目俱作三卷。此本乃毛晉汲古閣影抄宋槧，云得之太倉王氏。首題漢中郡守前司隸甄鸞注，經朝議大夫行太史令上輕車都尉李淳風等奉勅注釋，算學博士劉孝孫撰細草。蓋猶北宋時秘書監趙彦若等校定刊行之本。其中稱「術曰」者，乃鸞所注。「草曰」者，孝孫所增。其細字夾注稱「臣淳風等謹案」者，不過數十處。蓋有疑則釋，非節節爲之注也。

其書體例皆設爲問答，以參校而申明之，凡一百條。簡奥古質，頗類九章，與近術不同。而條理精密，實能深究古人之意。故唐代頒之算學，以爲顓業。今詳加校勘，其上卷起自乘除之數，至第十二問爲勾股測望，十三問爲勾股和較，十四問爲重勾股顛倒測望，十五問爲卧勾股左右進退測望。此四問皆籍圖以明，舊本所無，今特依義補入。自十六問以下皆取差分、和較、均輸參雜爲目，間附以方圓冪積，至中卷之六問，乃入商功。後復及貴賤、差分、倍半、衰〔分〕、方田諸（分）術。惟弧矢一問，原本不完，未可以他術增補，姑仍其缺。下卷首問失題，又細草下亦脱二十餘字，以有後文可據，謹爲補足。其鹿、垣、倉三條亦各爲之圖，系諸原問之左，俾學者得以考見其端委焉。乾隆四十六年四月恭校上。

海島算經

臣等謹案：海島算經一卷，晉劉徽撰，唐李淳風等奉詔注。據劉徽序九章算術有云：「徽尋九數，有重差之名。凡望極高，測絶深而兼知其遠者，必用重差，輒造重差，并爲注解，以究古人之意，綴于句股之下。度高者重表，測深者累矩，孤離者三望，離而又旁求者四望。」據此，則徽之書本名「重差」，初無「海島」之目，亦但附于句股之下，不别爲書。故隋志九章算術增爲十卷，下云劉徽撰，蓋以九章九卷合此而十也。而隋志、唐志又皆有劉徽九章重差圖一卷，蓋其書亦另本單行，故别著于録，一書兩出。至唐志兼列劉向九章重差一卷，則徽之重差既自爲卷，因遂訛「劉徽」爲「劉向」，而一書三出耳。今詳爲考證，定爲劉徽之書。至「海島」之名雖古無所見，不過後人因卷首以「海島」立表設問，而改斯名。然唐選舉志稱：「算學生九章、海島共限習三年，試九章三條，海島一條。」則改題海島自唐初已然矣。

其書世無傳本，惟散見永樂大典中。今裒而輯之，仍爲一卷。篇帙無多，而古法具在，因宜與九章算術同爲表章，以見算數家源流之所自焉。乾隆四十年四月恭校上。

海島算經正訛〔二二〕

臣淳風等謹按：此術意宜云：島謂山之頂上，兩表謂立表，木之端直。此句訛舛。據術意，言「立兩表齊高三丈，相去千步」者，謂立木爲表，兩表各高三丈。其地相去千步，必準之使平，則表端齊平，然後可測望也。又言「令後表與前表參相直」者，自海島至前表，自前表退至後表，三者令其參相當也，非木之端直。以人目於木末，望島參平。人去表一百二十三步爲前表之始，後立表末至人目於木末相望，去表一百二十七步，二表相去爲相多，以爲法。此亦訛舛。據術意：人去前表一百二十三步，以目著地望表末，斜與島峰參合；又去後表一百二十七步，以目著地望表末，亦與島峰參合，非於木末望島也。前後去表相減，餘四步爲相多，非二表相去也。當由傳寫失真，後人妄加改竄，遂不可通。

海島算經跋

劉徽序九章算術有云：「徽尋九數，有重差之名。凡望極高，測絶深，而兼知其遠者，必用重差，輒造重差，并爲注解，以究古人之意，綴於句股之下。度高者重表，測深者累矩，孤離者三望，離而又旁求者四望。」是徽之書，本名「重差」，初無「海島」之目，亦但附句股之末，不别爲書。故隋志九章增爲十卷，下云劉徽撰，蓋以九章九卷合此而十也。而隋志、唐志又皆有九章重差圖一卷，蓋圖本單出，故別著於録。而新、舊唐志兼列劉向九章重差一卷，則徽之重差既自爲卷，因遂訛「劉徽」爲「劉向」，而一書三出耳。至「海島」之名，雖古無所見，而書「鳥夷皮服」，正義曰：「孔讀鳥爲島，島是海之山。」九章算術所云『海島邈絶，不可踐量』是也。」故唐選舉志稱：「算學生九章、海島，共限習三年，試九章三條，海島一條。」則改題海島，自唐初已然矣。

其書世無傳本，惟散見永樂大典中，今裒而輯之，仍爲一卷。篇帙無多，而古法具在，固宜與九章算術同爲表章，以見算數源流之本焉。乾隆乙未夏四月休寧戴震。

爲程氏書聯〔二〕

論古姑舒秦以下，游心獨在物之初。

校注

〔一〕本篇及下篇旅酬下爲上皆輯自戴震全集第六册，清華大學出版社，一九九九年版。

〔二〕據戴震全集本注，自記後有三段評語：「文至此可謂如題，制義中最上乘也。此題震川先生作極浩沛矣。此更出以簡貴詞約而義精，可作傳注觀。寶東皐」「功候節次，俱與聖人比附，所見者精，所言者粹，能事乃不數王守溪。諸敬甫」「擇精語詳，有大醇而無小疵，聖人之自道，與所以勉學者處，體會尤爲人微。」

〔三〕據戴震全集本注，自記後有兩段評語：「博贍必須整理，前輩所以推鶴灘也。此作可以嗣音，故能爲章句圓其義。朴素而天下莫能與之争美，宗廟中琅琅禮樂器耶。方朴山」；「層層俱到，精核與彭作同，而文之蒼古則過之矣。」

〔四〕本篇輯自吳修昭代名人尺牘卷二十三，西泠印社影印本，光緒三十四年。題目爲整理者所擬。

〔五〕本篇輯自善餘堂文集附，題目爲整理者所擬。原件今藏上海圖書館。

〔六〕本篇輯自湖海文傳卷六十九。淮南子洪保收在解春集文鈔中。

〔七〕本篇輯自微波榭本東原文集。閩中師友淵源考，又名閩中理學淵源考，李清馥撰，計九十二卷，四庫全書收有其書。

〔八〕「公爲」句　李清馥爲李鍾倫之次子，李光地之孫。李氏福建安溪人，世稱李光地爲「安溪先生」，此乃指鍾倫。

〔九〕本篇輯自微波榭本東原文集。

〔一〇〕本篇輯自湖海文傳卷二十八。九數通考的作者屈曾發，字魯傳，號省園，清代知名的數學家。

〔一一〕該書爲項絪刻本，有戴震手校批語九十七條，另有何焯、沈大成及無名氏手校批語三種。何焯以朱筆楷書，其時間爲康熙三十三年（一六九四）。沈大成用緑筆，批語僅一條。無名氏用墨筆，所批甚多。估計戴震爲了與無名氏所批有别，故每條批語均有「東原云」。沈大成記曰：「庚辰初夏，從吾友吴中朱文斿奂借何義門先生校本，復校于廣陵。同觀者休寧戴東原震，亦耆古之士也。」（見於楊希閔過録沈大成校水經注）據此，戴震批校當作於乾隆二十五年庚辰（一七六〇）。該本現藏中國社會科學院考古研究所。

〔一二〕「河水」二句　項絪本列作經文，殿本已改作注文。本篇所謂經文、注文者，悉據項本，以下不另作注。

〔一三〕武陽　據殿本當作「武水」。本篇所引水經注文字悉據項本，以下不另出校説明。

〔一四〕本篇輯自胡適記哈佛大學藏的水經注所過録的戴東原校改殘本，見胡適遺稿及秘藏書信，第三册，九八頁，黄山書社，一九九四。

〔一五〕本篇輯自乾隆汾州府志。

〔一六〕本篇輯自乾隆汾陽縣志。

〔一七〕同〔一五〕。

〔一八〕本篇輯自微波榭本東原文集。

〔一九〕校書提要十六篇，蒙齋中庸講義、張丘建算經二篇提要輯自四庫全書（上海古籍出版社影印本），其餘皆輯自武英殿聚珍版叢書，並以四庫全書參校。凡戴震所校書的提要，武英殿本於文末署「總纂官内閣學士臣紀昀、侍讀學士臣陸錫熊、纂修官舉人（或進士、庶吉士）臣戴震」，而四庫本則一概删去了戴震的名字，而增加了總纂官孫士毅和總校官陸費墀的名字。本次整理將文末的署名一概略去。

〔二〇〕集中所載多增省不同處　四庫本作「本稍有異同」。

〔二一〕本篇及下一篇跋　均輯自微波榭本算經十書。

〔二二〕此聯後署「海昜戴震」，另有印章曰「葺荷散人」。「葺荷」爲程瑶田别號。印章下程瑶田記曰：「乾隆壬申歲，戴東原爲瑶田作此聯，自以爲不能作楷書，遂令瑶田爲書款也。自是之後，即篆書亦絶不肯爲。越廿有六年歲在丁酉，東原卒於京師。又後九年，偶見故人手跡，悲感交并，因援筆記之。乙巳正月廿一日。」下加其印「易田」。原件爲吴興蔣孟蘋所藏，今不知去向。北京大學國學季刊一九二五年十二月第二卷一號影印刊出。

戴震全書人名索引

童曉嵐　劉世琴　編

戴震全書人名索引説明

一、本索引所收録的人名，在《戴震全書》中或有著説徵引，或有事跡考辨，或有言行記述。一般性涉及而無評介的人名不予收録。上古三代人物，若無實質而具體的考證，不予收録。

二、收録的範圍以《戴震全書》正文和作者自注中的人名爲限。被注文、引文及附録中的人名概不收録。

三、習見傳、注、箋、疏（如《詩經》毛傳、鄭箋、孔疏、《三禮》鄭注）前的姓氏不作人名收録。

四、以姓名或常用稱謂列目。書中出現的異稱（如字號、别稱、爵名、謚號等）附注於後，並列參見條目，以便檢索。

五、書中以姓氏或名號出現的省稱，查証後補足名或姓，按姓名條目收録。以官職、里籍等表示的人名，其姓名難以確定者，則按原書稱謂收録（如犍爲文學、江西劉内翰）。

六、習見合稱（如孔孟、程朱），加注後仍以合稱列目。

七、同名異指者，加注説明分别列目。如：

劉瑾（元代學者）

劉瑾（明代宦官）

八、姓氏名號有書寫之異者，以習見條列目，並加注説明。如：

梅賾（一作枚賾）

劉原父（一作劉原甫）

九、人名的收録，以一頁爲單位，一頁之中重出的人名衹收録一次。爲之作書、序、銘、誌、傳、表的人名，一般於標題頁一次收録，餘下重出者不收録。與版本有關的人名（如《方言》曹毅之刻本），亦只於首出處收録一次，餘不重録。

十、由戴震代筆的文章中出現的戴氏名字予以收録。戴震文中自稱或文末署名概不收録。

十一、本索引採用四角號碼檢字法編排。首字號碼相同，以第二字上兩角號碼爲序；第二字上兩角號碼相同，暗取第三字上兩角號碼爲序。號碼相同，按一字名、二字名、三字名順序排列，並以此類推。

十二、人名下的數字，斜綫前爲册數，斜綫後爲所在册之頁碼。如1/369，即第一册第三六九頁。

十三、另編有索引字頭筆畫檢字表。筆畫數相同，按起筆筆形一丨丿丶乙爲序。

1/437
1/506
1/508
1/516
1/530
1/544
1/605
1/619
1/648
2/41
2/207
2/372
2/470
2/603
2/620
2/632
2/633
2/634
2/655
2/657
2/662
2/665
2/675
2/679
2/681
2/682
2/686
2/691
2/694
2/695
2/696
2/699
3/4
3/5
3/16
3/23
3/25
3/29
3/31
3/43
3/47
3/50
3/57
3/59
3/60
3/64
3/68
3/72
3/84
3/87
3/89
3/94
3/102
3/109
3/118
3/120
3/124
3/127
3/129
3/131
3/132
3/133
3/134
3/139
3/141
3/143
3/144
3/149
3/150
3/151
3/155
3/163
3/164
3/167
3/168
3/170
3/173
3/174
3/175
3/176
3/179
3/180
3/181
3/182
3/186
3/187
3/188

0821_2 施

0824_0 放

1014_1 聶

1020_0 丁

1021_2 元

1024_7 夏

1090_0 不

1173_2 裴

1241_0 孔

1/105	1/637	2/376
1/106	1/648	2/401
1/110	1/670	2/405
1/111	1/672	2/407
1/114	2/43	2/412
1/115	2/87	2/415
1/117	2/89	2/418
1/121	2/197	2/421
1/149	2/198	2/445
1/171	2/202	2/456
1/181	2/211	2/463
1/437	2/219	2/464
1/450	2/222	2/467
1/459	2/229	2/474
1/463	2/233	2/483
1/468	2/236	2/487
1/551	2/237	2/496
1/554	2/238	2/497
1/569	2/244	2/500
1/593	2/253	2/502
1/594	2/257	2/503
1/596	2/259	2/509
1/597	2/292	2/550
1/603	2/294	2/552
1/608	2/295	2/568
1/619	2/304	2/577
1/623	2/309	2/640
1/625	2/371	3/7
1/627	2/372	3/118

1249_3 孫

2/562	6/5	6/74
2/574	6/11	6/75
2/575	6/16	6/87
2/596	6/17	6/88
2/601	6/18	6/89
2/602	6/19	6/91
2/606	6/20	6/92
2/607	6/29	6/93
2/613	6/37	6/94
2/614	6/41	6/95
2/638	6/44	6/96
2/641	6/45	6/97
3/23	6/46	6/98
3/35	6/47	6/99
3/49	6/49	6/100
3/50	6/50	6/101
3/52	6/51	6/102
3/53	6/52	6/103
3/55	6/53	6/105
3/57	6/54	6/107
3/62	6/55	6/108
3/76	6/56	6/109
3/111	6/57	6/111
3/146	6/58	6/112
3/161	6/59	6/113
3/204	6/60	6/114
3/268	6/63	6/115
3/622	6/65	6/116
3/683	6/70	6/117

1712_0 刁

1712_7 鄧

1762_7 邵

1780_1 翼

1918_0 耿

2010_4 重

2071_4 毛

2110_0 上

2122_1 衛

2123_4 虞

2131_7 虢

2133_1 熊

2190_3 紫

2210_8 豐

2221_4 任

崔

2224_7 後

2239_3 穌

2300 卜

2323_4 伏

2/261	2/394	2/546
2/262	2/395	2/549
2/263	2/398	2/550
2/271	2/400	2/551
2/275	2/407	2/553
2/284	2/408	2/559
2/287	2/413	2/569
2/288	2/438	2/571
2/289	2/443	2/574
2/293	2/455	2/587
2/296	2/459	2/588
2/300	2/461	2/590
2/302	2/465	2/592
2/306	2/467	2/594
2/313	2/477	2/595
2/316	2/485	2/596
2/321	2/486	2/597
2/329	2/493	2/599
2/362	2/500	2/602
2/364	2/504	2/604
2/369	2/505	2/633
2/378	2/511	2/640
2/379	2/515	3/62
2/385	2/524	3/335
2/386	2/525	3/336
2/388	2/526	3/539
2/390	2/532	3/558
2/391	2/544	3/561
2/393	2/545	3/581

3/608	6/95	6/179
3/611	6/101	6/180
3/661	6/109	6/186
3/683	6/110	6/187
3/776	6/111	6/188
4/40	6/112	6/189
4/64	6/125	6/190
6/37	6/127	6/194
6/38	6/131	6/196
6/39	6/133	6/199
6/41	6/136	6/201
6/43	6/137	6/204
6/49	6/138	6/206
6/51	6/139	6/209
6/52	6/152	6/210
6/53	6/158	6/212
6/55	6/159	6/239
6/63	6/161	6/240
6/66	6/163	6/281
6/69	6/164	6/284
6/70	6/166	6/351
6/73	6/167	6/352
6/74	6/168	6/353
6/83	6/169	6/355
6/84	6/170	6/357
6/86	6/173	6/358
6/90	6/176	6/359
6/93	6/177	6/370
6/94	6/178	6/400

2590_6 种

2600_0 白

2610_4 皇

2620_0 伯

2641_3 魏

2643_0 吴

2691_4 程

3111_0 江

3111_4 汪

3112_0 河

3112_7 馮

3216_9 潘

3390_4 梁

3411_2 沈

3411_8 湛

3413_4 漢

3418_1 洪

4050$_6$ 韋

4292_7 橋

4301_0 尤

4373_2 裘

4385_0 戴

4410_0 封

4410_4 董

4422_7 蕭

4423_2 蒙

4424_0 苻

4424_7 蔣

4425_3 茂

4442$_7$ 萬

4443$_0$ 莫

樊

4445$_6$ 韓

4462$_7$ 荀

2/421
2/426
2/428
2/431
2/450
2/440
2/493
2/511
2/547
2/548
2/567
2/575
3/12
3/14
3/25
3/26
3/33
3/36
3/44
3/64
3/80
3/83
3/89
3/94
3/105
3/108
3/113
3/115
3/116
3/133
3/140
3/153
3/158
3/169
3/182
3/185
3/204
3/217
3/224
3/232
3/359
3/263
3/671
3/684
3/760
4/58
4/183
6/18
6/19
6/52
6/53
6/63
6/68
6/69
6/72
6/74
6/92
6/93
6/107
6/108
6/109
6/116
6/122
6/130
6/131
6/133
6/134
6/138
6/139
6/164
6/165
6/169
6/170
6/184
6/185
6/186
6/187
6/188
6/189
6/190
6/191
6/194
6/232
6/286
6/349
6/350
6/392

4471_2 老

4490_1 蔡

4722_7 鶴

4732_7 郝

4762_0 胡

4762_7 都

4792_7 柳

4794_7 穀

5580_6 費

5602_7 揚

5824_0 敖

6010_4 墨

6011_3 晁

6012_7 蜀

6022_7 易

6040_0 田

6060_0 吕

6080_1 是

6091_4 羅

6404_1 時

6624_8 嚴

1/3	1/111	2/510
1/8	1/112	2/536
1/11	1/114	2/543
1/13	1/118	2/594
1/17	1/542	2/597
1/30	2/17	3/25
1/36	2/198	3/31
1/37	2/203	3/38
1/55	2/219	3/39
1/58	2/222	3/47
1/59	2/229	3/135
1/69	2/233	3/141
1/70	2/235	3/149
1/74	2/236	3/165
1/75	2/237	3/210
1/77	2/238	3/615
1/80	2/240	3/755
1/84	2/269	4/56
1/85	2/270	4/179
1/86	2/277	4/299
1/93	2/278	5/26
1/95	2/295	5/354
1/97	2/359	5/432
1/98	2/401	6/222
1/103	2/403	6/225
1/105	2/407	6/363
1/106	2/409	6/438
1/109	2/460	6/553
1/110	2/509	6/619

7173_2 長

7210_0 劉

7529$_6$ 陳

7712_7 邱

7714_8 闞

7721_7 兒

7744, 段

7778_2 歐

7790_4 桑

8010_9 金

8073_0 公

8090_4 余

1/90	2/20	2/285
1/93	2/44	2/287
1/95	2/45	2/292
1/96	2/87	2/295
1/98	2/89	2/300
1/99	2/187	2/330
1/103	2/201	2/331
1/105	2/203	2/338
1/106	2/219	2/360
1/110	2/222	2/373
1/111	2/224	2/376
1/112	2/229	2/382
1/113	2/235	2/388
1/114	2/236	2/407
1/115	2/237	2/409
1/131	2/238	2/410
1/152	2/240	2/414
1/164	2/242	2/430
1/165	2/248	2/433
1/291	2/250	2/434
1/375	2/252	2/437
1/409	2/257	2/464
1/429	2/269	2/467
1/482	2/270	2/475
1/542	2/276	2/476
1/602	2/278	2/483
1/634	2/281	2/486
1/635	2/283	2/490
1/668	2/284	2/508

索引字頭筆畫檢字表

八　畫

九　畫

十　畫

十一　畫

十二　畫

十三　畫

蒙 4423_2
楊 4692_7
甄 1111_7
賈 1080_6
裘 4373_2
虞 2123_4
蜀 6012_7
義 8055_3
褚 3426_0
裨 3624_0

十四 畫

趙 4980_2
赫 4433_1
慕 4433_3
蔡 4490_1
蔣 4424_7
蓼 4420_2
輔 5302_7
臧 2325_0
裴 1173_2
廖 0022_2
端 0212_7
齊 0022_3
榮 9990_4
漢 3413_4
鄭 8742_7
翟 1721_4
熊 2133_1
鄧 1712_7
穀 4794_7
聶 1014_1

十五 畫

樊 4443_0
歐 7778_2
墨 6010_4
黎 2713_2
虢 2131_7
魯 2760_3
劉 7210_0
慶 0024_7
潘 3216_9
濂 3013_7

十六 畫

薛 4474_1
蕭 4422_7
橋 4292_7
盧 2121_7
穆 2692_2
衛 2122_1
錢 8315_3
鮑 2731_2
澮 3716_1
閻 7777_7

十七 畫

戴 4385_0
韓 4445_6
檀 4091_6
魏 2641_3
鍾 8211_4
謝 0460_0
應 0023_1
闊 7716_4
翼 1780_1

十八 畫

豐 2210_8
穌 2239_3
諸 0466_0
顏 0128_6

十九 畫

蘇 4439_4
羅 6091_4
譚 0164_6
譙 0063_1
廬 0021_7
龐 0021_3
關 7777_2

二十 畫

獻 2323_4

嚴 6624_8
釋 2694_1
饒 8471_1
鶴 4722_7
闞 7714_8

二十一　畫

酆 1722_7
顧 3128_6

二十二　畫

龔 0180_1